KINDLERS NEUES LITERATUR LEXIKON

Hauptwerke der englischen Literatur

Band 2

Hauptwerke der englischen Literatur

Einzeldarstellungen
und Interpretationen

Band 2

Von den Anfängen bis zum Ende
des Viktorianischen Zeitalters

verlegt bei Kindler

Zusammengestellt von Dr. Henning Thies

Satz: Satz-Rechen-Zentrum, Berlin
Druck und Verarbeitung: Franz Spiegel Buch, Ulm
Printed in Germany
ISBN 3-463-40272-6

1 3 5 4 2

Inhaltsverzeichnis

Vorwort

Mit dieser zweibändigen Sammlung von Beiträgen aus *Kindlers Neuem Literatur Lexikon* zu den Hauptwerken der englischen Literatur – parallel erscheint ein dritter Band zu den Hauptwerken der amerikanischen Literatur – folgt der Verlag der Anregung zahlreicher Benutzer dieser Enzyklopädie, bestimmte Literaturbereiche aus dem zwanzigbändigen Gesamtwerk herauszulösen und in Form von Auswahlbänden für Lehrer und Schüler, Studenten und Dozenten der entsprechenden philologischen Fachbereiche sowie für Kenner und Liebhaber der betreffenden Nationalliteraturen zur Verfügung zu stellen.

Anders als im Gesamtlexikon, wo die Werkbeiträge durchgehend von A bis Z nach dem Alphabet der Autoren angeordnet sind, gilt bei den Auswahlbänden ein *chronologisches Ordnungssystem*: Die Beitragskomplexe zu den einzelnen Autoren – beispielsweise zu Shakespeare, Dickens, Shaw, Virginia Woolf, Doris Lessing oder Patrick White – findet man *im literarhistorischen Epochenzusammenhang*, dort aber jeweils wieder in alphabetischer Reihenfolge. Zusätzlich findet der Leser am Ende beider Bände jeweils ein alphabetisches Register aller Autoren, deren Werke im betreffenden Band besprochen sind. Mit dieser in erster Linie chronologischen, in zweiter Linie alphabetischen Anordnung der Autoren und Beiträge wird der Stoff unterrichts- und examensgerecht präsentiert, denn aus dem historischen Entwicklungszusammenhang der Literatur, vor allem der verschiedenen Gattungen, ergeben sich die in Unterricht und Studium am häufigsten angewandten Möglichkeiten der Stofferschließung: »Der englische Roman des 19. Jahrhunderts«, »Die zeitgenössische englische Lyrik«, »Das englische Drama nach 1945« oder ähnliche Themen dominieren im akademischen Unterricht und Examenswesen. Auf derartige Zusammenhänge ist die vorliegende Auswahl bewußt ausgerichtet.

Deren zweiter Band bietet einen Überblick über die englische Literatur des 20. Jahrhunderts. Besonders verwiesen sei dabei auf die neuen Literaturen außerhalb Englands, auch unter der Bezeichnung »Commonwealth Literatures« bekannt, denen breiter Raum gegeben wird. Hat sich doch in den letzten beiden Jahrzehnten der Blick für die Vielgestaltigkeit der englischsprachigen Weltliteratur geschärft und die Praxis in Lehre und Unterricht (an Hochschule und Schule) nachhaltig verändert. Neuere Träger und Trägerinnen des Nobelpreises für Literatur wie Patrick White, Wole Soyinka, Derek Walcott oder Nadine Gordimer gehören zur englischsprachigen Weltliteratur, aber sie stammen nicht aus Großbritannien. Das galt natürlich schon immer auch für Anglo-Iren und Amerikaner, aber die Differenzierung der Literaturen in englischer Sprache schreitet weiter voran, so daß der Kanon der englischen Literatur im weiteren Sinne längst auch bedeutende Autoren aus Kanada, Australien, Afrika oder Indien umfaßt. Und so wie die traditionelle englische Literatur im einleitenden Essay zu Band I im Überblick skizziert wird, ist auch den neueren Literaturen in Band II jeweils ein kurzer einleitender Essay gewidmet.

Angesichts der in jüngster Zeit – vor allem in den USA, aber nicht nur dort – lebhaften Diskussion über literarhistorische Kanonbildung wirkt ein Begriff wie »Hauptwerke« problematisch, vielleicht sogar schon anachronistisch. Gleichwohl muß in einer Enzyklopädie wie *Kindlers Neuem Literatur Lexikon* pragmatisch verfahren und der Kanon möglichst flexibel gehalten werden. Das gilt auch für die vorliegenden Auswahlbände, in denen seit jeher bevorzugte Werke neben zu Unrecht vernachlässigten oder ganz aktuellen zu finden sind. Orientierungspunkt waren vor allem die Bedürf-

nisse von Schule und Universität; als Richtschnur dienten entsprechende Lektürepläne und Leseempfehlungen.
Auch die Epochenabgrenzungen sind in der englischen Literatur nicht unproblematisch; man denke nur an die seit langem umstrittene Frage, ob es ein englisches Barockzeitalter gegeben hat. In den vorliegenden Bänden dienen zur Epochenabgrenzung politisch-historische Eckdaten mit weitreichenden kulturellen Folgen ebenso wie literarhistorische Wendepunkte. Die Eroberung Englands durch die Normannen im Jahre 1066, der Beginn der Tudor-Herrschaft im Jahre 1485 oder die Restauration der Monarchie im Jahre 1660 gehören zu den politisch-kulturellen Eckdaten; 1798, das Erscheinungsjahr der *Lyrical Ballads* von Wordsworth und Coleridge mit dem berühmten Vorwort, ist dagegen eine rein literarhistorische Wendemarke. Besonders fließend sind die Verhältnisse beim Übergang vom 19. zum 20. Jahrhundert und in der Mitte des 20. Jahrhunderts, beim Übergang von der Moderne zur Postmoderne. Dies hat auch zur Folge, daß Autoren einer Übergangszeit manchmal nicht eindeutig zuzuordnen sind (gehören z. B. Shaw, H. G. Wells oder Joseph Conrad noch ins Viktorianische Zeitalter oder in die Moderne – und damit im vorliegenden Fall in den ersten oder in den zweiten Band?). Ein weiterer Grenzfall sind Autoren wie Samuel Beckett oder Vladimir Nabokov, die in mehreren Sprachen publiziert haben. In solchen Fällen erhielten bei der Werksauswahl immer die literarischen Zusammenhänge Priorität vor der sprachlichen Abgrenzung der Nationalliteraturen.
Einen besonderen Hinweis verdienen die breite Berücksichtigung der Lyrik (meist unter dem Kollektivtitel *Das lyrische Werk* den anderen Beiträgen zu den Werken des betreffenden Autors vorangestellt) und die teilweise sehr ausführlichen, aktuellen Bibliographien. Wie im zwanzigbändigen Lexikon spiegelt sich natürlich auch in der vorliegenden Auswahl, bedingt durch die große Zahl der Mitarbeiter, die Vielzahl der individuellen Methoden, Stile und Temperamente im Umgang mit Literatur, trotz des vorgegebenen Rahmens. Hier wurde von der Redaktion bewußt nicht normierend eingegriffen, zeigt sich doch darin ein wesentliches Element der Beschäftigung mit Literatur: Auch auf wissenschaftlicher Ebene darf weder die Individualität des literarischen Textes noch die des Betrachters einem abstrakten Konzept geopfert werden. Die bei einer derart umfangreichen Enzyklopädie trotz größter Sorgfalt unvermeidlichen Fehler wurden, soweit erkannt, in der vorliegenden Auswahl berichtigt. Für die auch diesmal übersehenen bittet die Redaktion um Nachsicht.

Henning Thies

I. Das Zeitalter der Moderne: 1910–1950

WYSTAN HUGH AUDEN

* 21.2.1907 York
† 29.9.1973 Wien

LITERATUR ZUM AUTOR:
Bibliographien:
E. Callan, *An Annotated Checklist of the Works of W.H.A.* (in TCL, 4, 1958, S. 30–50). – Ders., *W.H.A.: Annotated Checklist II – 1958–1969* (ebd., 16, 1970, S. 27–56). – *W.H.A.: A Bibliography 1924–1969*, Hg. B. C. Bloomfield u. E. Mendelson, Charlottesville/Va. 1972. – M. Gingerich, *W.H.A.: A Reference Guide*, Boston/Ldn. 1977.
Biographien:
C. Osborne, *W.H.A.: The Life of a Poet*, Ldn. 1979. – H. Carpenter, *W.H.A.*, Ldn. 1981.
Gesamtdarstellungen und Studien:
R. Hoggart, *A.*, Ldn. 1951. – G. Kalow, *Zwischen Christentum und Ideologie*, Heidelberg 1956. – J. W. Beach, *The Making of the A. Canon*, Minneapolis 1957. – M. K. Spears, *The Poetry of W. H. A.: The Disenchanted Island*, NY 1963; 21968. – *A.: A Collection of Critical Essays*, Hg. ders., Englewood Cliffs/N.J. 1964. – J. G. Blair, *The Poetic Art of W.H.A.*, Princeton/N.J. 1965. – H. Greenberg, *Quest for the Necessary: W. H. A. and the Dilemma of Divided Consciousness*, Cambridge/Mass. 1968. – J. Replogle, *A.'s Poetry*, Ldn. 1969. – G. T. Wright, *W.H.A.*, NY 1969; Boston 21981 (rev.; TUSAS). – G. W. Bahlke, *The Later Auden*, New Brunswick/N. J. 1970. – J. Fuller, *A Reader's Guide to W. H. A.*, Ldn. 1970. – R. Johnson, *Man's Place: An Essay on A.*, Ithaca/N.Y. 1973. – *W.H.A.: A Tribute*, Hg. S. Spender, Ldn. 1975. – E. Mendelson, *Early A.*, NY 1981. – *W.H.A.: The Critical Heritage*, Hg. J. Haffenden, Ldn. 1983. – A. Rodway, *A Preface to A.*, Ldn. 1984. – *W.H.A.: The Far Interior*, Hg. A. Bold, Ldn. 1985. – G. Jarfe, *Der junge A.: Dichterische Verfahrensweisen und ihre Bedeutung in W. H. A.s Frühwerk*, Heidelberg 1985. – W. Krull, *W.H.A.* (in KLFG, 10. Nlg., 1986). – A. L. Rowse, *The Poet A.: A Personal Memoir*, Ldn. 1987.

DAS LYRISCHE WERK (engl.) von Wystan Hugh AUDEN.

Von den großen englischsprachigen Dichtern des 20. Jh.s war W. H. Auden mit Abstand der vielseitigste. Das betrifft nicht nur seine Qualitäten als Stückeschreiber, Reiseschriftsteller, Librettist, Kritiker, Herausgeber, Übersetzer und akademischer Lehrer. Auch für sich genommen, imponiert das lyrische Werk durch seine Fülle gegensätzlichster Formtraditionen, Stilebenen und Themen. Da steht ein *popular song* neben der stilisierten Elegie, das sentenzhafte Haiku neben der Aubade (Tagelied), die bissige Satire neben dem Liebesgedicht, Sonett oder Sestina neben freien Rhythmen, Epithalamion neben polemischer Ballade, das metrische Gedicht neben *syllabic verse*. Diese Vielfalt ist nicht bloß Ausfluß einer proteischen Natur, eines Mangels an poetischer Identität, wie man tadelnd gemeint hat, sondern Konsequenz einer Kreativität, die sich nicht auf wenige Ausdrucksmuster einengen und festlegen lassen will und der es gelingt, auch gegensätzlichste und entlegenste Formtraditionen sich anzuverwandeln. Audens eigene Definition von Dichtung als *»game of knowledge«* verweist auf zwei Wurzeln seines Schaffens. Da ist einmal ein unbändiger Spieltrieb, da ist zum andern die stimulierende Kraft verschiedenster Wissensbestände. Tatsächlich besaß er schon früh ausgedehnte Kenntnisse nicht nur der literarischen, philosophischen und theologischen Traditionen, sondern auch zeitgenössischer Wissenschaftszweige. So war Auden der erste große Dichter, der Grundannahmen FREUDS rezipierte. Hinzu kommt noch ein theatralisches Element, das sich als Variante des Spieltriebs begreifen läßt. Ein wichtiges Diktum Audens, das wie kein anderes seine eigene Praxis erhellt, besagt: *»A naive rhetoric, one that is not confessedly ›theatrical‹, is now impossible in poetry.«* (*»Eine naive Rhetorik, die nicht bewußt ›theatralisch‹ wirkt, ist heutzutage in der Poesie nicht möglich«.*)

Ursächlich für dieses Insistieren auf einem primär theatralischen Gedichtbegriff war die umstürzende Erfahrung, daß Sprache zur Scheidemünze geworden ist und das Gedicht als *»honest self-revelation«* (»ehrliche Selbstoffenbarung«) nicht mehr möglich erscheint. Indem der Autor seine Sprecher übertrieben, gekünstelt, stilisiert reden oder zum Beispiel den Standpunkt des Bürokraten vertreten läßt, hofft er, dem Lügencharakter der Sprache beizukommen und in seinen Lesern das Mißtrauen gegen jede Art von Ideologie zu wecken. Sowohl die Entwicklung des von M. K. SPEARS in seiner Auden-Studie *»clipped lyric«* genannten enigmatischen Telegrammstils als auch das gleichfalls früh erkennbar werdende Interesse an der Tradition der *light poetry*, die auffälligen ideologischen Kehrtwenden der dreißiger Jahre ebenso wie die lebenslange Bereitschaft zum Experiment sind als Audens Reaktionen auf das sprachliche Dilemma des modernen Dichters zu werten.

Das Experimentieren mit wechselnden Sprechweisen und Stilformen, gepaart mit früh erwachter Sozialkritik, ergab das explosive Gemisch in *Poems* (1930), besonders in der veränderten 2. Auflage von 1933. Dieser Band zeichnete sich durch einen unverwechselbaren und bis dahin unerhörten Tonfall aus, der als »Audenesque« in die Literaturgeschichte eingegangen ist und schon bald Autoren wie W. Empson (1906–1984) zu Parodien gereizt hat. Es ist eine elliptische Sprache, deren Faszination durch eingestreute, allegorisch anmutende Versatzstücke aus der Welt aufgegebener Industrieanlagen noch verstärkt wird, und deren Sprecher durch drohende Untertöne Unheil anzukündigen scheint. Der Band machte Auden berühmt und ließ ihn bald als Sprecher einer neuen, aufsässigen Dichtergeneration erscheinen. Aus dem Zusammenhang gerissene Fragmente wie *»The game is up for you« (»Das Spiel ist aus für dich«)* oder *»it is later than you think« (»Consider this«) – »es ist später als du denkst« (»Betrachte dies«)* nährten den Verdacht, hier habe ein Marxist der Gesellschaft den Kampf angesagt. Nach allem, was wir heute wissen, war dies jedoch ein Mißverständnis. Auden fühlte sich weder zum Anführer einer Gruppe noch zum Umstürzler berufen. Es war eine seiner zahlreichen Masken. Und obwohl die damalige Aufregung der Intelligentsia auch heute noch nachvollziehbar erscheint, war weder der Band einem einzigen Formideal verpflichtet, noch blieb Auden lange bei dem Geleisteten stehen. Das Nebeneinander sehr unterschiedlicher Stile und Sprechweisen ist charakteristisch für Audens gesamte Produktion.

Schon der nächste Gedichtband *Look, Stranger!*, 1936 *(Schau, Fremder!)*, zeigte einen wesentlich veränderten Stil: vorwiegend reflektierend oder liedhaft. Er enthielt so unvergleichliche Stücke wie *Our hunting fathers (Unsere jagenden Vorfahren); Look, stranger! (Schau, Fremder!); Now the leaves are falling fast (Jetzt fallen die Blätter schnell); Underneath an abject willow (Unter einer trauernden Weide)*. Audens großes Thema, das sein gesamtes Schaffen wie ein roter Faden durchzieht, die Frage nach dem Zustand und den Überlebenschancen des Individuums in der Massengesellschaft, tritt hier schon deutlicher in Erscheinung *(»O what is that sound«)*. Auch die beiden für Audens Schaffen wichtigsten bildlichen Verfahrensweisen, die Metonymie und was man in Anlehnung an einen seiner Gedichttitel *paysage moralisé* genannt hat (psychische Zustände und Vorgänge werden durch landschaftliche Gegebenheiten suggeriert und repräsentiert), werden hier nachhaltig faßbar.

Der Band *Another Time*, 1940 *(Eine andere Zeit)*, enthielt eine eigene Abteilung *»Lighter Poems« (»Leichtere Gedichte«)* und räumte diesem für Auden so wichtigen Genre gebührenden Platz ein. Früh schon entdeckte Auden seine Vorliebe für *light verse*. Er edierte *The Oxford Book of Light Verse* (1938) und bereicherte selber die Gattung um viele Beispiele. Am bekanntesten sind seine Balladen (z. B. *Miss Gee; Victor*), welche die Tradition der Gattung umfunktionieren, indem sie – auf burleske Weise, versteht sich – die Auflösung der Person als autonomes Individuum thematisieren. Die gelungensten Beispiele von *light poetry* sind meist satirische Attacken gegen bürokratische und autoritäre Tendenzen der Massendemokratien *(The Unknown Citizen – Der unbekannte Bürger; Under Which Lyre – Im Zeichen welcher Lyra)*.

Die vierziger Jahre waren die Zeit der großen Bestandsaufnahme in den sogenannten *Longer Poems* (Langgedichte), in denen Auden die Katastrophe des Faschismus verarbeitete und das Verhältnis von Kunst und Leben nach der eigenen Rückkehr zum anglikanischen Glauben neu zu bestimmen versuchte. Auch in späteren Gedichtbänden blieb Audens Wandlungsfähigkeit das Grundmuster seines Dichtens, wurden immer wieder neue Facetten seines Künstlertums sichtbar. In den fünfziger Jahren erwies sich, daß Auden nicht nur zu Ironie, Satire und Sarkasmus fähig war, sondern auch genuin komische Gedichte schreiben konnte *(The Willow-Wren and the Stare – Der Weidenlaubsänger und der Star)*. Daneben entstanden Gebilde höchster künstlerischer Verdichtung wie *The Shield of Achilles*, 1955 *(Der Schild des Achill)*. Wieder später bewies der Dichter, daß er auch bukolische Themen brillant meisterte *(Bucolics)*, ja selbst über alltägliche Verrichtungen und Räumlichkeiten geistreich und bewegend dichten konnte *(Thanksgiving for a Habitat – Danksagung für eine Behausung)*. Das Gedicht über die Toilette, *The Geography of the House*, ist ein komisches Meisterstück. Hier lauert freilich auch ein Mißverständnis, gegen das Auden entschieden in Schutz zu nehmen ist. Seine Entwicklung verlief nicht einfach linear, schon gar nicht im Sinne eines Abstiegs zu den Wonnen der Alltäglichkeit. Was Auden früher einmal erreicht hat, bleibt als Potential im Späteren immer anwesend (Gedichte wie *City Without Walls*, 1969 – *Stadt ohne Mauern*, mit seinen Anklängen an den frühesten Auden wie auch an den mittleren des *Age of Anxiety*, 1947 und mit seiner satirischen Invektive gegen die Barbarei der Zivilisation beweisen das). Vor allem aber: Die Aufgabe der freien Rhythmen, die Rückkehr zur strophischen Form und Reimbildung wird begleitet durch zahlreiche lexikalische, metrische und bildbezogene Experimente.

Seit den späten dreißiger Jahren versuchte sich Auden am *syllabic verse*, dem »silbenzählenden Vers« *(In Memory of Sigmund Freud)*. Diese spröde und strenge Form, die nur wenige Dichter, darunter die amerikanische Lyrikerin Marianne Moore (1887–1972), überzeugend gemeistert haben, kam offenbar wegen ihres Mangels an metrisch-rhythmischen Zwängen Audens Neigung zur geistreichen Plauderei entgegen, die sie doch zugleich mit der selbstauferlegten Silbenzahl auch wieder streng unter Kontrolle hielt.

Viele der großen reflektierenden Gedichte aus den fünfziger und sechziger Jahren – etwa aus den Zyklen *Horae Canonicae* (z. B. *Prime*) und *Thanksgiving for a Habitat*, aber auch Einzelgedichte wie *The Horatians* – sind in silbenzählenden Strophenformen abgefaßt. Es spricht für Audens Meisterschaft, daß man dies selten auf Anhieb merkt, ja daß es ihm gelegentlich sogar gelingt, silbenzählenden und metrischen Normen zugleich zu genügen *(In Due Season – Die Zeit ist reif)*. Was aber den Vorwurf der Trivialität betrifft, so unterschlägt dieser die Dialektik von Audens Verfahren, das oft genug in einer überraschenden Schlußpointe die angenommene Position der Trivialität ironisch unterläuft. Auch der ältere Auden war keineswegs weniger kritisch hinsichtlich der Tendenzen der modernen Massengesellschaft. Nur: Wo er früher anprangerte und diagnostizierte, da war es ihm nunmehr darum zu tun, etwa noch vorhandene Reservate der Freiheit aufzuzeigen.

Die Kritik reagierte enthusiastisch und verstört. Begeisterte Zustimmung und heftige Ablehnung kamen oft von demselben Kritiker, der das Nebeneinander scheinbar sich ausschließender Stimmen als Beweis für mangelnde Reife nahm (F. R. Leavis etwa moniert *»undergraduate adolescence« – »studentenhafte Unreife«*), besonders da, wo einund dasselbe Gedicht von ganz verschiedenen Sprechern gesprochen zu sein scheint – keineswegs eine Seltenheit bei Auden. Es ist eine der von Auden entwickelten identifikationshemmenden Verfahrensweisen und kann im übrigen als formaler Reflex der auch von Adorno registrierten Liquidation des Individuums verstanden werden, ein besonderes Zeichen seiner Modernität. Hier wie anderswo war Auden seinen Kritikern weit voraus. Die implizit erhobene Forderung nach einem einheitlichen Stil galt ihm als obsolet, zumal die nach einem spezifisch poetischen Stil. Wenn er, bei aller Bewunderung für Yeats, in seiner berühmten Elegie *In Memory of W. B. Yeats* den Sprecher sagen läßt *»You were silly...« (»Du warst albern...«)*, so bezieht sich das nicht nur auf dessen merkwürdiges Interesse für obskure Mythologeme und einen unzeitgemäßen Aristokratismus, sondern auch auf den damit einhergehenden poetischen Faltenwurf, der Audens Naturell denkbar fremd war: *»to stink of poetry/is unbecoming (...)« – »Nach Poesie zu stinken/ ist ungehörig (...)« (The Cave of Making*, 1965 – *Die Höhle des Schaffens)*.

Aus heutiger Sicht erscheint Audens Beherrschung zahlreicher Stillagen, Gedichtformen, rhetorischer Möglichkeiten und seine Weigerung, sich auf eine Stimme festlegen zu lassen, beinahe als post-modern. Allerdings nur beinahe, denn wenn man nur genau genug hinhört, gibt es unter seinen vielen Sprechern und gebrochenen Stimmen doch so etwas wie einen dominierenden Ton: den des leisen, subtilen, sich selbst rücksichtslos in Frage stellenden Sprechers. G.Ja.

Ausgaben: *Collected Shorter Poems 1927–1957*, Ldn. 1966. – *Collected Longer Poems*, Ldn. 1968. – *Collected Poems*, Hg. E. Mendelson, Ldn. 1976. – *The English Auden: Poems, Essays and Dramatic Writings 1927–1939*, Hg. E. Mendelson, Ldn. 1977. – *Selected Poems*, Hg. ders., Ldn. 1979.

Übersetzungen: *Gedichte/Poems*, A. Claes, E. Fried u. a., Wien 1973 (engl.-dt.; Ausw.). – *Anrufung Ariels: Ausgewählte Gedichte Englisch/Deutsch*, E. Fried, H. E. Holthusen u. a. Mchn. 1987.

THE AGE OF ANXIETY. A Baroque Eclogue

(engl.; *Ü: Das Zeitalter der Angst*). Barocke Ekloge von Wystan Hugh Auden, erschienen 1947, mit dem Pulitzer-Preis ausgezeichnet. – Auden stellt sein Werk unter das Motto *»Lacrimosa dies illa / Qua resurget ex favilla / Iudicandus homo reus«* aus der Thomas von Celano zugeschriebenen Sequenz auf das Weltgericht (13. Jh.). Das äußere Geschehen erscheint gegenüber dem inneren fast als zufällig: Vier Personen (Quant, ein verwitweter, älterer Büroangestellter; Malin, ein kanadischer Militärarzt in mittleren Jahren; Rosetta, eine attraktive jüdische Warenhauseinkäuferin; und Emble, ein junger Marinesoldat) befinden sich am Abend eines Allerseelentages während des Zweiten Weltkrieges in einer New Yorker Bar. Alle vier sind allein in der Weltstadt und suchen die Nähe anderer Menschen. Man hört der Nachrichtensendung zu, die von Tod und Vernichtung berichtet, man trinkt, um zu vergessen. Die Zungen lösen sich, und die vier Fremden beginnen eine Unterhaltung. Keiner gibt, jeder will nur nehmen. Man redet, achtet kaum auf das, was die anderen sagen, und wartet nur auf sein eigenes Stichwort, um sich selbst sprechen zu hören. Der Freudschen Methode des freien Assoziierens folgend, schält Auden aus den dahingesagten Worten dieser Monologe die geheimen Gedanken der Sprechenden heraus. – Als das Lokal schließt, fahren die vier in Rosettas Wohnung, um dort ihre »Gespräche« fortzusetzen. Rosetta, *»die nicht so jung war, wie sie aussah«*, und der Soldat Emble kommen sich dabei näher, woraufhin sich die beiden anderen Besucher verabschieden und von Rosetta zum Fahrstuhl gebracht werden. In ihre Wohnung zurückgekehrt, findet Rosetta den kurz vorher noch so leidenschaftlichen Emble eingeschlafen vor; halb enttäuscht, halb erleichtert steht sie vor ihm. – Inzwischen haben Quant und Malin ihre Adressen ausgetauscht und sich versprochen, einander zu schreiben, obwohl sie genau wissen, daß sie es doch nicht tun werden. Jeder macht sich, allein und innerlich unbereichert, auf den Heimweg. Quant erreicht singend und trunken stolpernd seine Wohnung, während Malin an der Manhattanbrücke innehält. Er sieht den Tag über der Stadt heraufdämmern und begreift trotz der hemmenden Wirkung des Alkohols, daß er eine halbe Nacht sinnlos zerredet hat. Eine Art Schuldgefühl übermannt ihn, wenn er an die Pflichten des

kommenden Tages denkt. *»Er kehrte zur Pflicht zurück und wurde von der wirklichen Welt zurückverlangt, wo ein Zeitmaß herrscht, an dem Poesie kein Interesse haben kann.«*
Diese Dichtung Audens ist eine Anklage gegen unsere Zeit der Gewalttätigkeiten. Auden benutzt für die Aufzeichnung des Handlungsablaufs eine knappe, präzise Prosa, mit der er eine Art Gerüst errichtet, das die vielschichtige und heterogene Struktur der sich im Gedanklichen und Visionären abspielenden inneren Handlung aufzunehmen und zu tragen vermag. Diese innere Handlung fächert Auden im langzeiligen, durch Zäsur gegliederten, reimlosen altenglischen Alliterationsvers auf. – Den sechs Teilen der »Ekloge« sind jeweils Titel vorangestellt, die das innere Geschehen zusammenfassen *(Prolog; Die sieben Lebensalter; Die sieben Stationen; Der Grabgesang; Das Maskenspiel; Epilog)*. *Anxiety* ist für Auden etwas vom Menschen Unablösliches, eine Folgeerscheinung des Bewußtseins seiner Schuld, nicht das zu sein und nicht das leisten zu können, was dem Menschen von jeher aufgetragen und bestimmt war. Aus dieser Schuld und der daraus resultierenden Angst sind letztlich die Brüchigkeit und Heillosigkeit einer Welt zu erklären, deren Aspekte Auden in den Versen seines Werks zu gestalten sucht. Die Detailfülle und Verschiedenheit der Blickpunkte, die Spannung zwischen Sinnen- und Weltbejahung einerseits und der *anxiety* andererseits, das Nebeneinander von Friedhof (die fünfte der »sieben Stationen«) und Lustgarten (sechste Station), die Genauigkeit und die unsentimental zupackende Objektivität, mit der Schwäche und Gebrechlichkeit aufgedeckt werden, wie auch Audens Wahl des Barmilieus als eines Refugiums für Einsame, eines geradezu »idyllischen« Ortes inmitten der *»universal disorder of the world outside«*, rechtfertigen den Untertitel »Barokke Ekloge« selbst dann noch, wenn dem Autor bei dem Begriff »Ekloge« das »ausgewählte Einzelgedicht« im Sinn der Antike vorgeschwebt haben sollte. Der Ausklang des Werkes in der mystischen Annahme und Anerkennung der Liebe und des Erbarmens Gottes durch den einzelnen ist charakteristisch für Audens späteres Werk und beweist den Einfluß, den KIERKEGAARD und Reinhold NIEBUHR seit den vierziger Jahren auf den Autor ausübten. KLL

AUSGABEN: NY 1947. – Ldn. 1948. – Ldn. 1958 (in *Poems*).

ÜBERSETZUNGEN: *Das Zeitalter der Angst*, K. H. Hansen, Wiesbaden 1949 [gekürzt; Einl. G. Benn]. – Dass., ders., Mchn. 1958. – Dass., ders., Mchn. 1979.

LITERATUR: J. Randall, *From Freud to St. Paul: The Stages of A.'s Ideology* (in Partisan Review, 1945). – J. Storm, *The Writer's Situation and Other Essays*, Ldn. 1950. – M. K. Spears, *The Dominant Symbols of A.'s Poetry* (in SR, 1951, S. 392–425). – J. R. Boly, *The Glass of Vision: A Study of W. H. A.'s »New Year Letter«, »For the Time Being« and »The Age of Anxiety«*, Diss. Yale 1976 (vgl. Diss. Abstracts, 38, 1977, S. 274A). – Ders., *A. and the Romantic Tradition in »The Age of Anxiety«* (in Daedalus, 111, 1982, Nr. 2, S. 149–177).

THE RAKE'S PROGRESS

(engl.; *Ü: Der Wüstling*). Opernlibretto von Wystan Hugh AUDEN und Chester KALLMAN (* 1921), auf eine Anregung Igor Stravinskijs zurückgehend, 1947 bis 1951 in enger Zusammenarbeit mit dem Komponisten entstanden; Uraufführung der Oper: Venedig, 8. 9. 1951, Teatro La Fenice; deutsche Erstaufführung: Stuttgart, 4. 11. 1951, Württembergische Staatsoper. – Als Vorwurf diente William HOGARTHS (1697–1764) satirisch-didaktische Kupferstichserie gleichen Titels, die schon Georg Christoph LICHTENBERG zur literarischen Nachgestaltung und Ausdeutung angeregt hatte (vgl. *Ausführliche Erklärung der Hogarthischen Kupferstiche*). Auden, der das Handlungsgerüst entwarf und etwa die Hälfte des Texts verfaßte, hat nur wenige Einzelzüge der Vorlage (Bordell- und Irrenhausszenen, Versteigerung) direkt übernommen und das Geschehen, für das er Milieu und Atmosphäre des frühen 18. Jh.s beibehielt, durch moderne existentialistische und psychologische Mythen überhöht.
Die Handlung, deren drei Akte einen vollen Jahreskreis beschreiben, entfaltet sich in einer Reihe schaubildhafter Einzelszenen. Diesem mehr statischen Aufbau entspricht in der musikalischen Gestaltung ein (persiflierender) Rückgriff auf den Stil der Nummernoper, wie er sich bei Händel, Mozart und in der italienischen und französischen *opera buffa* findet: Arien, Duette, kleine Ensembles und Rezitative, im Libretto bereits durch strenge Strophenformen, locker gefügte Reimpaarverse und Prosapassagen differenziert, wechseln in zwangloser Reihung. – Tom Rakewell und Ann Trulove sind einander verlobt und besingen in idyllisch-pastoralen Versen das goldene Zeitalter des Frühlings und des unschuldigen Glücks. Tom jedoch, der sich in bester Komödienmanier dem Publikum als sympathischer Luftikus vorstellt und sich allen Versuchen von Anns Vater, ihm eine gesicherte bürgerliche Stellung zu verschaffen, widersetzt, wird kurz darauf von Nick Shadow, einer mephistophelischen Gestalt, in die Großstadt London entführt. Als Nick mittels einer unerwarteten Erbschaft Toms Wunsch nach Reichtum erfüllt, liefert sich ihm der Verblendete für *»ein Jahr und einen Tag«* aus. Diener und Mentor zugleich, führt Nick ihn im Bordell der Mutter Goose in die Riten von Venus und Mars ein, und nun verfällt Tom immer mehr dieser Welt des raffinierten Genusses. Ausgehöhlt von der Jagd nach sinnlosen Vergnügungen und geplagt von Schuldgefühlen gegenüber Ann, läßt er sich von Nick überreden, die Türkenbab, ein bärtiges Jahrmarktswunder, zu heiraten. Dieser absurde *act gratuit* (wie Auden es in einem Brief an

Stravinskij bezeichnet) soll ihm bestätigen, daß er sich Vernunft und Leidenschaft untertan gemacht hat, und ihm seinen zweiten Wunsch erfüllen, den nach Glück. Toms extravagantes Leben führt jedoch bald zum finanziellen Ruin; seine letzte Hoffnung, eine wunderbare Maschine, die Steine in Brot verwandeln und ihn zum Erlöser der Menschheit machen soll, erweist sich als weiteres Blendwerk seines teuflischen Begleiters. Als Ann, die Tom trotz seines wüsten Lebens noch immer liebt, ihn zu retten versucht, findet sie sein Haus von einer sensationslüsternen Menge überflutet, die sich zur öffentlichen Versteigerung seines Besitzes eingefunden hat. Toms Frist ist abgelaufen, und Nick fordert auf dem Kirchhof seine Seele. Von seinem Sieg überzeugt, erklärt er sich bereit, Tom im Kartenspiel eine letzte Chance zu geben. Entgegen aller Logik und Erfahrung wählt dieser in verzweifeltem Vertrauen auf Anns Liebe zweimal Herzdame, durchkreuzt damit die betrügerischen Pläne des Partners und rettet seine Seele. Dieser Kierkegaardsche »Sprung« in den Glauben, der mit der Absurdität des *act gratuit* kontrastiert wird, erfüllt Toms dritten und letzten Wunsch, den nach Liebe. Zwar verflucht der um sein Opfer geprellte Nick, bevor er mit einem Schrei zur Hölle fährt, Tom zum Wahnsinn, doch dessen wiedergewonnene Unschuld ist unzerstörbar, und so erfüllt sich schließlich bei Anns Besuch im Irrenhaus in ihrem Gelöbnis ewiger Treue der Mythos von Venus und Adonis.

Das Libretto, in dem sich lyrische, parodistische, märchenhaft groteske und tragische Elemente mischen, hat durch Stravinskijs intelligentes Spiel mit konventionellen Formen und harmonischen und rhythmischen Neuerungen eine ideale Vertonung erfahren. Im Gegensatz zu Audens Libretto der von Benjamin Britten komponierten Choral-Operette *Paul Bunyan* (1941) hat in *Rake's Progress* der Text gegenüber der Musik eine dienende Funktion, erhebt er nicht den Anspruch, als autonomes poetisches Kunstwerk zu gelten. Diese Einsicht, die Auden durch das Studium eines gegenteiligen Beispiels, des *Rosenkavalier*-Textes von HOFMANNSTHAL, gewann, kennzeichnet auch seine und Kallmans Neuübersetzung (1957) der *Zauberflöte* und das Libretto zu Hans Werner Henzes *Elegie für junge Liebende* (1961). M.Pf.

AUSGABEN: Ldn. 1951. – Ldn. 1951. – Ldn./NY 1952.

ÜBERSETZUNG: *Der Wüstling*, F. Schröder, Bonn/Ldn./NY 1951.

LITERATUR: W. H. Auden, *Selected Essays*, Ldn. 1964. – F. E. Hazard, *The A. Group and the Group Theatre. The Dramatic Theories and Practices of Rupert Doone, W. H. A., Christopher Isherwood, Louis MacNeice, Stephen Spender, and Cecil Day Lewis*, Diss. Univ. of Wisconsin 1964 (vgl. Diss. Abstracts, 25, 1964/65, S. 1913/1914). – E. Callan, *A.'s Ironic Masquerade. Criticism as Morality Play* (in University of Toronto Quarterly, 35, 1966, S. 133–143). – W. Spiegelman, *»The Rake's Progress«: An Operatic Version of Pastoral* (in Southwest Review, 63, 1978, S. 28–40). – Ders., *The Rake, the Don, the Flute: W. H. A. as Librettist* (in Parnassus, 10, 1982, Nr. 2, S. 171–187).

ELIZABETH BOWEN

* 7.6.1899 Dublin
† 22.2.1973 London

LITERATUR ZUR AUTORIN:
W. W. Heath, *E. B.: An Introduction to Her Novels*, Madison/Wis. 1961. – R. H. Rupp, *The Achievement of E. B.: A Study of Her Fiction and Criticism*, Diss. Univ. of Indiana (vgl. Diss. Abstracts, 25, 1964/65, S. 5286). – G. Greene, *E. B.: Imagination as Therapy* (in Perspective, 14, 1965, S. 42–52). – R. H. Rupp, *The Post-War Fiction of E. B.* (in Xavier Univ. Studies, 4, 1965, S. 55–67). – H. Strickhausen, *E. B. and Reality* (in SR, 73, 1965, S. 158–165). – J. Sellery, *E. B.: A Check List* (in Bulletin of the NY Public Library, 74, 1970, S. 219–274). – A. E. Austin, *E. B.*, NY 1971 (TEAS). – E. J. Kenney, *E. B.*, Lewisburg/Pa. 1974. – V. Glendinning, *E. B.*, NY 1978.

THE LAST SEPTEMBER

(engl.; *Der letzte September*). Roman von Elizabeth BOWEN, erschienen 1929. – Über Danielstown, dem Wohnsitz einer vornehmen Familie Irlands, liegt Septemberstimmung. Sir Richard und Lady Naylor, ihre Tochter Lois und deren Vetter Laurence empfinden die Melancholie des beginnenden Herbstes um so stärker, als die politische Situation Anfang der zwanziger Jahre ihnen und ihresgleichen nichts Gutes verheißt. Während man auf Danielstown Gäste empfängt und bei festlichen Diners, bei Tanz und Tennis traditionelle Geselligkeit pflegt, patrouillieren draußen englische Soldaten, um den Terror der nationalistischen Sinn-Féin-Bewegung einzudämmen. Der Gefährdung von außen entsprechen die inneren Verfallserscheinungen einer Gesellschaft, die sich nicht länger aus sich selbst regenerieren kann. Die Krise der Gesellschaft äußert sich im Stagnieren der zwischenmenschlichen Beziehungen (exemplifiziert an den Familien Naylor und Montmorency) oder auch im seelischen Zwiespalt einzelner – hier der sensiblen Lois, die sich aus ihrem wirklichkeitsfernen Milieu heraussehnt, ihm aber doch noch so verhaftet ist, daß sie in ihrer Liebe zu dem unbeschwerten Gerald Lesworth, einem jungen englischen Lehrer, der jetzt als Offizier in Irland Dienst tut, scheitert. Die historischen Ereignisse berücksichtigt die Autorin nur, insoweit sie das Denken und Fühlen der Romancharaktere beeinflussen. Innere Vorgänge und einschneidende äußere Geschehnisse finden, wie so oft bei Elizabeth Bowen, in den Landschaftsschilderungen eine kunstvolle Entsprechung – am zwingendsten beim Tod Geralds (er wird auf einer Patrouille von den Rebellen ermordet) und beim Untergang von Danielstown (das bald darauf von den Rebellen überfallen und niedergebrannt wird). Das Verlöschen einer nicht mehr lebensfähigen Welt hat die Verfassserin mit einer an Čechov erinnernden elegischen Eindringlichkeit im Bild des zerstörten Danielstown beschworen: *»Hier gab es keinen Herbst mehr, außer für die Bäume. Ein Jahr später hatte sich das Licht, noch immer überrascht, der Leere bemächtigt. Ein Jahr später fielen Kastanien und Eicheln ungehört auf die Wege, die schon vergrast waren und den Klang der Schritte geschluckt hätten – aber es gab keine Schritte mehr. Vom zögernden Wind getragen, wehten Blätter den Abhang hinunter, häuften sich formlos und verschreckt aufeinander, vor den allzu klaren Umrissen des Verfalls.«* J.v.Ge.

Ausgaben: Ldn. 1929. – Ldn. 1948. – Ldn. 1960. – NY 1964. – Harmondsworth 1982 (Penguin). – Ldn. 1985 (Cape). – Harmondsworth 1987 (Penguin).

Literatur: M. Scanlan, *Rumors of War: E. B.'s »Last September« and J. G. Farrell's »Troubles«* (in Èire, 20, 1985, H.2, S. 70–89).

THE LITTLE GIRLS

(engl.: *Ü: Die kleinen Mädchen*). Roman von Elizabeth Bowen, erschienen 1964. – Thema dieses Buchs, mit dem die Autorin ihr Werk nach einer Pause von neun Jahren fortsetzte und vielleicht krönte, ist die Magie des Gewesenen. Das Verhältnis der über sechzig Jahre alten Hauptfigur – Mrs. Dinah Delacroix – zum Phänomen der Zeit ist auf verwirrende Weise tief und oberflächlich zugleich. Für die feinsinnige, schöne, vom Prozeß des Alterns merkwürdig unberührte Besitzerin von Applegate ist die Gegenwart nur das Mittel aus Erinnerung und Zukunftsbewußtsein. Da sie glaubt, daß die Dinge das zeitlose Geheimnis des Lebens zu bewahren vermögen, hortet sie in einer Höhle ihres Gartens eine Fülle von Gegenständen, die ihr Vermächtnis an die Nachwelt darstellen. Die Antwort auf die Frage, ob diese Dinge wirklich wert sind, als Sinnträger einer vergangenen Zeit überliefert zu werden, versucht Dinah selbst zu finden, indem sie im Herbst des Lebens die Geister ihrer Kindheit heraufbeschwört.
Schon einmal, im Sommer 1914, hatte die damals elfjährige Dinah (Dicey) ein Vermächtnis hinterlassen. Sie und ihre Freundinnen Sheila (Skeikie) und Clare (Mumbo) vergruben im Garten der Internatsschule von St. Agatha eine mit den verschiedensten Dingen gefüllte Kiste, in die jede von ihnen zusätzlich einen vor den anderen geheimgehaltenen Gegenstand gelegt hatte. Um dieses Geheimnis zu lüften und damit gleichsam den Beweis für die Wirklichkeit ihrer Vergangenheit zu erhalten, arrangiert Dinah ein Wiedersehen mit den Schulfreundinnen. Bei ihrem von Vorbehalten und Mißverständnissen getrübten Treffen versuchen die drei alten Damen dort anzuknüpfen, wo sie als kleine Mädchen aufgehört haben. Doch der Brückenschlag über fünfzig Jahre gelebten Lebens hinweg gelingt nur Dinah. Nur sie erlebt die Vergangenheit als Gegenwart, durchlebt mit den verfeinerten Sinnen der die Zeit betrügenden, jugendlich gebliebenen Sechzigerin ihre Kindheit zum zweiten Mal: *»... es ist mehr als bloße Erinnerung. Man ist plötzlich mittendrin, genau im Mittelpunkt; alles geschieht um einen herum. Es ist – es ist verzehrend.«* Soviel Vorstellungskraft zu besitzen ist Geschenk und Gefährdung zugleich. Denn so intensiv das Erlebnis der wiedereroberten Vergangenheit ist – mit den tatsächlichen Kindheitserlebnissen hat es wenig zu tun. Es ist nachempfunden, ist nicht Wirklichkeit, sondern Traum, Fiktion. Ihrer Selbsttäuschung wird sich Dinah erst bewußt, als sie zusammen mit Sheila und Clare die Kiste ausgräbt, öffnet – und leer findet. Verstört versucht sie, sich damit abzufinden, aber aus dem zunächst als Spiel ersonnenen Ausflug in die Vergangenheit ist für sie längst Ernst geworden. An der Erkenntnis, daß ihre Rekonstruktion des Gewesenen auf einer falschen Einschätzung der Dinge beruht hat, zerbricht Dinah. Die leere Kiste wird zum Symbol ihres Lebens. *»Nichts ist mehr wirklich.«* Die leise Hoffnung, daß ihre kranke Seele sich aus der Verstrikkung ins Zeitengefüge lösen und die alte Dame zu ihren Söhnen und Enkeln zurückfinden könnte, deutet sich am Ende des Buchs an.
Die Handlung charakterisiert diesen Roman am allerwenigsten. Wesentlicher ist, daß die Autorin das Bedeutungsvolle in Situationen erspürt, die sich als Bilder einprägen, in Vorgängen, Dingen, Begegnungen. Ein winkendes Mädchen am abendlichen Strand, eine schräg in der Rotbuche hängende Kinderschaukel, in der Abendsonne aufflammende, regenglitzernde Dahlien – solche Details fügt Elizabeth Bowen in einer subtil aussparenden Sprache dem größeren Sinnzusammenhang ein. Wie diese Sprache das Wesen des Geschehenden und des Geschehenen hinter den äußeren Ereignissen behutsam einkreist, wie sie das Unsagbare in den Beziehungen der Personen in Gesprächen transparent werden läßt – das ist der Erzählkunst Virginia Woolfs verwandt. W.D.

Ausgaben: Ldn. 1964. – Harmondsworth 1985.

Übersetzung: *Die kleinen Mädchen*, H. Winter, Köln/Bln. 1965.

JOYCE CARY

eig. Arthur Joyce Lunel Cary
* 7.12.1888 Londonderry / Irland
† 29.3.1957 Oxford

LITERATUR ZUM AUTOR:
MFS, 9, 1963, Nr. 3 [Sondernr. *J. C.*]. – G. L. Larsen, *The Dark Descent: Social Change and Moral Responsibility in the Novels of J. C.*, NY 1966. – W. V. O'Connor, *J. C.*, NY 1966. – M. Foster, *J. C.: A Biography*, Boston 1968. – J. Wolkenfeld, *J. C.: The Developping Style*, NY 1968. – M. J. C. Echeruo, *J. C. and the Novel of Africa*, NY 1972. – R. W. Noble, *J. C.*, NY/Edinburgh 1973. – S. H. Kanu, *A World of Everlasting Conflict: J. C.'s View of Man and Society*, Ibadan 1974. – M. J. C. Echeruo, *J. C. and the Dimensions of Order*, Ldn./NY 1979. – B. Fisher, *J. C.: The Writer and His Theme*, Atlantic Highlands/N.J. 1980. – C. Cook, *J. C.: Liberal Principles*, Totowa/N.J. 1981. – H. Adams, *J. C.'s Trilogies: Pursuit of the Particular Real*, Gainesville/Fla. 1983. – K. E. Roby, *J. C.*, Boston 1984 (TEAS).

HERSELF SURPRISED

(engl.; *Ü: Frau Mondays Verwandlung*). Erster Band einer Romantrilogie von Joyce CARY, erschienen 1941, fortgesetzt mit *To Be a Pilgrim*, 1942 *(Im Schatten des Lebens)*, und *The Horse's Mouth*, 1944 *(Des Pudels Kern)*. – Die drei Romane werden allgemein die »Erste Trilogie« Carys genannt, doch sind die Bezeichnungen »Romanfolge« *(Sequence novels)* und »Triptychon« (wie der Kritiker Walter ALLEN sie nennt) treffender. Zusammen mit der die Chester-Nimmo-Romane umfassenden »Zweiten Trilogie« (vgl. *A Prisoner of Grace*) gelten sie als Carys bedeutendste Leistung. In jedem Band fungiert eine andere Gestalt als Ich-Erzähler und Zentralfigur, in jedem sind die Hauptcharaktere der anderen beiden Bände als Nebenfiguren gegenwärtig. Aus drei Perspektiven also *(triple vision)* fügen sich die Porträts dreier grundverschiedener Menschen und darüber hinaus ein vier Jahrzehnte umfassendes Panorama englischer Geschichte zusammen.

Das stärkste Verbindungsglied zwischen den Romanen ist die Gestalt der Sara Monday, die in *Herself Surprised* die Geschichte ihres Lebens, vor allem ihrer Beziehungen zu dem Anwalt Wilcher (Erzähler in *To Be a Pilgrim*) und dem Maler Jimson (Erzähler in *The Horse's Mouth*) berichtet. Sara sitzt im Gefängnis, als sie versucht, sich Rechenschaft über ihr an Verstrickungen reiches Leben abzulegen, ein Leben, das sie selbst – wie im englischen Romantitel zum Ausdruck kommt – stets von neuem überrascht hat. Ihre ungestüme Lebenskraft und Liebesfähigkeit hat diese zugleich naive und instinktsichere Frau mit Konvention und Gesetz in Konflikt gebracht. Als junge Köchin hat sie den sehr viel älteren Matthew Monday, den Sohn ihrer Arbeitgeberin, geheiratet. Mit ihm teilt sie Reichtum und Armut; als er stirbt, ist sie fast mittellos. Bereits vor Matthews Tod beginnt ihre Beziehung zu einem Außenseiter der Gesellschaft, der ihr zeitlebens mehr bedeutet als jeder andere Mann, dem sie Geliebte und Mutter zugleich sein möchte, dem sie aber schließlich zur Fessel wird, die er abwirft: zu Gulley Jimson. Während sie mit ihm zusammenlebt, hilft sie ihm bei seinen grotesken Versuchen, Bilder zu verkaufen, und nachdem er sie verlassen hat, unterstützt sie ihn finanziell. Sie wird Dienstmädchen bei dem älteren, wohlhabenden Anwalt Thomas Wilcher, der sie zu seiner Haushälterin und Geliebten macht. Schließlich erhält sie, die es mit dem Geld anderer nie sehr genau genommen hat und bereits einmal einer Scheckfälschung wegen in Schwierigkeiten geriet, eine Gefängnisstrafe, weil sie Wilcher bestohlen hat. Als der Richter sie *»eine Frau ohne Gefühl für Moral«* nennt, versucht sie nicht, sich zu rechtfertigen; sie ist nur über sich selbst und über ihre verhängnisvollen Handlungen überrascht. Was sie in den Augen derer, die sie wirklich kennen, rechtfertigt, sind ihr Lebensmut und ihre Ausdauer, ihre ständige Bereitschaft zum Glück und ihr Mangel an Selbstmitleid. *»Du hast deine Seele lebendig erhalten«*, sagt Wilcher zu ihr. – Saras unkompliziertem Wesen entspricht die geradlinige Erzählweise von *Herself Surprised*.

Um so komplexer ist die Struktur von *To Be a Pilgrim*. Der Lebensbericht Tom Wilchers hat drei Zeitebenen: Die Gegenwart (Ende der dreißiger Jahre) ist sein Gefangenendasein in Tolbrook Manor, dem Familiensitz der Wilchers, wo der schwerkranke alte Mann, der durch exhibitionistische Neigungen in der Öffentlichkeit Anstoß erregt hat, unter der Aufsicht seiner Nichte, einer Ärztin, lebt. Erfolglos bemüht er sich, die nüchterne Nachkriegsgeneration zu verstehen, der geheiligte Traditionen nichts mehr bedeuten und die in ihm das lädierte Relikt einer versunkenen Ära sieht. Immer wieder läßt Wilcher seine Gedanken in die Vergangenheit schweifen, um sich dann ebenso unvermittelt die Zukunft vorzustellen und Pläne zu schmieden, wie er der Verwandtschaft entrinnen und wieder zu Sara Monday gelangen könnte. Er erinnert sich seiner Jugendjahre, als er wie seine Geschwister von den Werken Bunyans begeistert war und *»ein Pilger sein«* wollte, der frei von äußerem Zwang durchs Leben wandert, als er aber sehr bald vor seiner dominierenden Schwester Lucy kapitulierte und sich in Bewunderung für seinen geltungssüchtigen Bruder Edward erschöpfte. Stets hat er nur am Leben anderer teilgenommen, nie sein eigenes gelebt. Und doch – während er sich mit den Schicksalen seiner Verwandten vier Jahrzehnte englischer Geschichte ins Gedächtnis ruft, erscheint Wilcher als ein Mensch, dessen Traditionalismus ihm die Fähigkeit zur Interpretation der gefährdeten Gegenwart verleiht. – Wilchers Erinnerungen an Sara, die jetzt nur noch Mitleid für ihn empfindet und ihm die Rückkehr verwehrt, fügen dem Charakterbild dieser Frau, wie es sich aus ihrem eigenen Bericht herausschälte, neue Züge zu, doch teilt sich auch aus ihnen vor allem die vitale Kraft Saras mit, in der gerade ein Mann wie Wilcher sich geborgen fühlt. – Cary ist es gelungen, die Abhängigkeit Wilchers von anderen Menschen auch auf den Stil dieser Lebensbeichte zu übertragen. Immer wieder läßt er den Ton umschlagen und den Erzähler in die Redeweise der Personen verfallen, die gerade aus seiner Erinnerung auftauchen.

The Horse's Mouth, wohl das bekannteste Buch des Autors, ist die *»erstaunliche Selbstenthüllung eines amoralischen Strolchs, der zufällig ein genialer Künstler ist«* (O. Prescott). Gulley Jimsons Erzählung setzt wie die Wilchers Ende der dreißiger Jahre ein, als der inzwischen Siebenundsechzigjährige wieder einmal völlig abgerissen aus einem Londoner Gefängnis entlassen wird. Im Gegensatz zu seiner einstigen Geliebten Sara fühlt er sich nie schuldig, wenn die Gesellschaft ihre Gesetze auf ihn anwendet, aber wie Sara bemitleidet auch er sich nicht. Für ihn zählt im Leben nur eines – malen, und wenn er Farben und Leinwand braucht, verschafft er sie sich bedenkenlos auch mit unlauteren Mitteln. Seine gesamte Umwelt ordnet er seinem Schaffen unter, ja, er empfindet sie als lästig, obwohl er selten auf Feindseligkeit stößt. Er erwartet nichts von der Gesellschaft und fühlt sich ihr daher nicht verpflichtet. Ständig hin und her gerissen zwischen seinem Sendungsbewußtsein und der Unzufriedenheit mit seiner Leistung, ist ihm die Unsicherheit der künstlerischen Existenz dennoch so selbstverständlich wie seine Berufung, die – wie er einem jungen Bewunderer warnend sagt – den *»Weg zum Ruin«* bedeutet. Jimsons oft überwältigend komischer Bericht ist alles andere als die Geschichte eines unter dem Unverständnis der Welt leidenden Künstlers. Seinen Vater hat dieses Unverständnis zerstört, er selbst jedoch ist zu zäh und hemmungslos, zu egozentrisch, auf seine illusionslose Art zu optimistisch und zu närrisch, um sich unterkriegen zu lassen. Immer wieder fängt er von vorn an und ist nicht im geringsten daran interessiert, den Erfolg, den ihm vor Jahren einige impressionistische Bilder eingebracht haben, fortzusetzen. Unbeeindruckt von schlechten Kritiken, wendet er sich neuen Stilen und Motiven zu. Tragikomisch wie das ganze Leben dieses genialischen Außenseiters ist auch der Schluß seiner Geschichte: Das letzte und gewaltigste seiner biblischen Gemälde, »Die Schöpfung«, malt er auf eine baufällige Kapellenmauer, deren Abbruch bereits im Gang ist. Sie stürzt genau zu dem Zeitpunkt zusammen, als drüben auf dem Kontinent der Zweite Weltkrieg ausbricht. – Jimsons Erinnerungen an Sara und die Schilderung seiner Wiederbegegnung mit ihr entsprechen ganz seinem jeweiligen Gemütszustand. Einmal sieht er in ihr die Frau, die sein kompromißloses Künstlerdasein gefährdet hat, dann wieder wünscht er sich den Trost ihrer mütterlichen Gegenwart, und noch nach ihrem von ihm mitverschuldetem Tod meint er, ihre Stimme zu hören. Und wie Tom Wilcher in *To Be a Pilgrim* dem ihm unheimlichen Anarchisten Jimson (dessen Namen er nie erwähnt) die Rolle neidet, die er in Saras Leben gespielt hat, so mißgönnt dieser dem Bourgeois Wilcher seine Jahre mit Sara.

Jimson erzählt episodisch und so, als male er Bilder. Farben leuchten auf, Muster und Umrisse erscheinen und verwischen sich wieder. Blake, den Jimson glühend bewundert *(»weil dieser verdammte Engländer von nichts etwas verstand als von der Freiheit«)*, wird zitiert und paraphrasiert, Dialoge in breitem Cockney und assoziative Bilder- und Gedankenfolgen im Stil von Joyce und Virginia Woolf lösen einander ab. Komische, burleske und pikareske Elemente (die Kritik hat u. a. immer wieder Smollett zu Vergleichen herangezogen) verstellen häufig den Blick auf den ernsthaft um die Kunst Ringenden. Aber Jimson macht eben – wie der Autor in seinem aufschlußreichen Vorwort (Carfax Edition) schreibt – *»aus dem Leben einen Spaß, weil er nicht wagt, es ernst zu nehmen«*. Doch er wagt, es zu lieben, und er gibt anderen als Quintessenz seiner Erfahrung Blakes Worte *»Geh hin und liebe«* mit auf den Weg und fügt hinzu: *»Helfen wird dir keine Hand.«* KLL

Ausgaben: *Herself Surprised*: Ldn. 1941. – Ldn. 1951; ern. 1960 *(Carfax Ed.)*. – *To Be a Pilgrim*: Ldn. 1942. – Ldn. 1951 *(Carfax Ed.)*. – NY 1960. – *The Horse's Mouth*: Ldn. 1944. – Ldn. 1951; ern. 1959 *(Carfax Ed.)*. – NY 1958 (*First Trilogy*, 3 Bde.). – Mattituck/N.Y. 1976. – NY 1980.

Übersetzungen: *Frau Mondays Verwandlung*, W. Dorn u. K. Lütgen, Essen 1949. – *Im Schatten des Lebens*, dies., Essen 1948. – *Des Pudels Kern*, H. E. Nossack, Hbg. 1949. – Dass., ders., Hbg. 1976.

Verfilmung: *The Horse's Mouth*, England 1958 (Regie: R. Neame).

Literatur: C. G. Hoffmann, *The Genesis and Development of J. C.'s »First Trilogy«* (in PMLA, 78, 1963, S. 431–439). – F. Stockholder, *The Triple Vision in J. C.'s »First Trilogy«* (in MFS, 9, 1963, S. 231–244). – H. Oppel, *J. C.: The »First Trilogy«* (in *Der moderne englische Roman*, Hg. ders., Bln. 1965, S. 262–300).

MISTER JOHNSON

(engl.; *Ü: Mister Johnson*). Roman von Joyce Cary, erschienen 1939. – Johnson, ein kaum zwanzig Jahre alter Neger, ist direkt aus der Missionsschule als Sekretär auf Probe von der britischen Bezirksverwaltung in Fada, Nigeria, angestellt worden, eine Position, die ihm zu Kopf steigt. Er besteht auf der Anrede »Mister«, kleidet sich europäisch und feiert, um seine Freunde zu beeindrucken, ausgelassene Feste. Unbekümmert macht er Schulden über Schulden, zumal der neue, noch reichlich unerfahrene Verwaltungsoffizier Rudbeck viel nachsichtiger ist als sein Vorgänger Blore und sich fast ausschließlich für den Straßenbau interessiert. Johnson fühlt sich auf dem Gipfel des Glücks, als er Bamu, die schöne Tochter des Fährmanns, trotz des hohen Kaufpreises zur Frau gewinnt. Als er jedoch nach einigen Monaten die fällige Rate nicht bezahlen kann und Bamu ihn verlassen will, betrügt er ohne jeden Skrupel seinen »Freund« Rudbeck und verkauft dem Vertrauensmann des Emirs von Fada geheime Informationen über die Engländer. Während Rudbecks Urlaub wirft sein Vertreter Tring nach Durchsicht der Kassenbücher Johnson hinaus, da dieser, mit Duldung Rudbecks, mehr Geld als bewilligt für den beschleunigten Ausbau der Nordroute verwendet hat. Johnson findet Arbeit bei dem weißen Ladenbesitzer und ehemaligen Sergeanten Gollup, an dessen Sauforgien er begeistert teilnimmt. Doch als er trotz Gollups Verbot in dessen Laden eines seiner berühmten Feste veranstaltet, wird er davongejagt. Er verschwindet aus Fada und taucht erst wieder auf, als Rudbeck zurückkehrt. Er verdingt sich beim Straßenbau, wird bald Vorarbeiter und entwickelt sich, da ihm diese Aufgabe liegt, zur treibenden Kraft des Unternehmens. Als die Nordroute fertig ist, entdeckt Rudbeck, daß Johnson Gelder aus der Kasse »geliehen« sowie »Brückengebühren« erhoben und eingesteckt hat. Er wird erneut entlassen und findet keine neue Arbeit. Bamu kehrt in den Dschungel zurück. Johnson aber will nicht wahrhaben, daß seine Illusion eines bedeutenden Lebens zerstört ist, feiert weiter seine Feste und stiehlt das Geld dafür aus Gollups Kasse. Als er eines Nachts von diesem ertappt wird, ersticht er ihn in panischer Angst und wird daraufhin trotz Rudbecks Fürsprache zum Tod durch den Strang verurteilt. Rudbeck erweist Johnson einen letzten Freundschaftsdienst und erschießt ihn auf dessen eigenen Wunsch.

Cary erzählt diese Geschichte im Präsens und läßt so den Leser Johnsons Schicksal aus der Sicht des unmittelbar Teilnehmenden miterleben. *»Die Ereignisse eilen vorbei, ohne dem Leser Zeit zum Nachdenken zu lassen. Aber da Johnson selbst nicht reflektiert, wollte ich vermeiden, daß der Leser dazu Zeit hat«* (Cary im Vorwort zur Carfax Edition, 1952). Jenseits von Gut und Böse lebt Johnson nur dem Heute: *»Er schwimmt auf der Oberfläche des Lebens.«* Die Wirklichkeit dichtet er zum Traum um, zur Illusion eines bedeutenden Geschicks. Seine Tragik besteht darin, daß er zwischen zwei Welten steht, der heidnisch-eingeborenen, jedem Wandel feindlichen Welt Bamus und des Emirs, und der im Formalen erstarrten, ideenleeren, institutionalisierten der Kolonialherren vom Schlag der Blores und Trings. An ihm zeigt Cary beispielhaft, daß *»das tragische Dilemma der Freiheit unheilbar ist«*. Johnson gerät aber darüber hinaus auch zwischen die beiden Pole Rudbeck und Gollup. Der erstere ist als komplementärer Charakter zu dem Neger angelegt. Beide setzen sich über bürokratische Formalitäten hinweg, wenn es um die Verwirklichung ihrer hochfliegenden Ideen geht, beide erfahren den Stimmungswechsel zwischen Begeisterung und Verzweiflung, für beide wird der Bau der Nordroute zum Symbol der schöpferischen Zusammenarbeit und des Fortschritts. Johnsons natürliche Intelligenz und Phantasie verbinden sich harmonisch mit Rudbecks technischer Befähigung und Tatkraft. Rudbeck selbst hat diese Wechselbeziehung erkannt und nimmt sich gewissermaßen als *alter ego* Johnsons das Recht, dessen Leben zu beenden. Demgegenüber ist Gollup der der Zivilisation und sich selbst entfremdete Europäer. Er kann gutmütig und liebenswert, aber auch sadistisch, herrschsüchtig und skrupellos sein. An ihm exemplifiziert Cary die Schizophrenie der Kolonialherren, ihr Schwanken zwischen missionarischem Idealismus und ausbeuterischem Materialismus.

Cary hat keinen kruden antiimperialistischen Roman geschrieben, sondern, aus eigener Erfahrung als Verwaltungsbeamter in Britisch-Nigeria schöpfend, ein differenziertes Bild der kolonialen Wirklichkeit gezeichnet, in der ein Mensch wie Johnson letztlich an seiner »Unschuld« scheitern muß. *Mister Johnson* ist der letzte einer Reihe von Afrikaromanen, in denen Cary die Problematik der zivilisatorischen Bemühungen der Briten aufzeigt. Er verzichtet hier jedoch auf die Stoffülle und die komplizierte Handlung der beiden mittleren Romane, *An American Visitor* (1933) und *The African Witch* (1936), und kehrt zur Geradlinigkeit von *Aissa Saved* (1932) zurück. H.Str.

AUSGABEN: Ldn. 1939. – Ldn. 1947. – NY 1951. – Ldn. 1952 *(Carfax Ed.)*. – NY 1961. – Ldn. 1975.

ÜBERSETZUNG: *Mister Johnson*, H. v. Bismarck, Hbg. 1954.

LITERATUR: B. R. Smith, *Moral Evaluation in »Mister Johnson«* (in Crit, 11, 1969, S. 101–110). – A. G. Sandison, *Living Out the Lyric: »Mr. Johnson« and the Present Day* (in English, 20, 1971, S. 11–16).

A PRISONER OF GRACE

(engl.; *Ü: Auf Gnade und Ungnade*). Erster Band einer Romantrilogie von Joyce CARY, erschienen 1952, fortgesetzt mit *Except the Lord*, 1953 *(Chester Nimmo)* und *Not Honour More*, 1955 *(Spiel ohne Ehre)*. – In einer zweiten Trilogie, nach ihrer zentralen Thematik die »politische« oder ihrer zentralen Figur »Chester-Nimmo-Trilogie« genannt, verwendet Cary erneut die Erzähltechnik der *triple vision* (vgl. *Herself Surprised*). Im Brennpunkt der drei Ich-Perspektiven steht Chester Nimmo, ein aus ärmlichen Verhältnissen zum Minister aufgestiegener Politiker, dessen Lebensdaten (1854 bis 1926) den zeitlichen Rahmen bilden.

Im ersten Band wird Nimmos Laufbahn geschildert, und zwar aus dem Blickwinkel seiner geschiedenen und inzwischen mit ihrem Jugendgeliebten

Jim Latter verheirateten Frau Nina, die – im Bewußtsein, *»daß jeder Tag der letzte sein kann«* – durch ihre bekenntnishaften Aufzeichnungen »Enthüllungen« von anderer Seite zuvorkommen will. Ihr Rückblick, gekennzeichnet von dem Bemühen um Aufrichtigkeit, beginnt mit den Ereignissen, die in den achtziger Jahren zu ihrer Verheiratung führten: Als Siebzehnjährige erwartet die Vollwaise Nina Woodville, die bei ihrer Tante Mary Latter auf dem Landgut Palm Cottage aufwächst, ein Kind von ihrem Vetter Jim. Um einen Skandal zu vermeiden, drängt die Tante sie zur Ehe mit dem wesentlich älteren Chester Nimmo, einem ehrgeizigen, redegewandten Angestellten der nahen Kleinstadt Tarbiton. Er behandelt Nina, die einen Sohn, Tom, zur Welt bringt, zunächst *»wie eine Prinzessin«*, da er in ihr ein gesellschaftliches Leitbild sieht. Doch gerade daraus entspringt der erste Konflikt, in dem Chesters eminente politische Veranlagung und Ninas geistige Unterwerfung offenkundig werden; denn je öfter Nina von ihrem Mann auf den seiner Überzeugung nach erniedrigenden Klassenunterschied hingewiesen wird, desto mehr fühlt sie sich verpflichtet, Gegenbeweise zu liefern, und ordnet sich schließlich völlig seinem Willen unter. – Die Unberechenbarkeit, die Chester im Privatleben zeigt, kennzeichnet auch seinen politischen Aufstieg. So distanziert er sich z. B. von der pazifistischen Bewegung, als er im Sommer 1914 als Produktionsminister ins Kriegskabinett berufen wird – ein Umschwung, der nach Ninas Meinung nicht aus politischem Opportunismus erfolgt, sondern ein unbewußter Akt des Selbstbetrugs ist. Die Jahre an Chesters Seite bringen Nina immer deutlicher zu Bewußtsein, daß im komplexen Bereich der Politik moralisch eindeutige Wertmaßstäbe nicht anwendbar sind. Sie glaubt, ihren Mann zu verstehen und sein Verhalten rechtfertigen zu müssen, doch gerade dieser moralische Relativismus verurteilt ihre wiederholten Versuche, von Chester loszukommen, zum Scheitern. Bereits als Jim Latter, durch seine Erfahrungen im Burenkrieg gereift, nach England zurückkehrt, will sie Chester verlassen, doch er zwingt sie zu bleiben; dazu ist ihm die Einschaltung von Ninas Tante ein ebenso willkommenes Mittel wie die Drohung, den kranken Nebenbuhler nach Afrika zurückbeordern zu lassen. Die Tatsache, daß Jim auch der Vater von Ninas zweitem Kind, Sally, ist, scheint ihn wenig zu stören. Ein Selbstmordversuch Ninas endet tragikomisch, tragisch hingegen das Leben Toms, der durch die Verständnislosigkeit seines Stiefvaters in den Freitod getrieben wird. Daraufhin willigt Chester, der nach Kriegsende seines Ministerpostens enthoben wird, in die Scheidung ein. Nina kehrt nach Palm Cottage zurück und heiratet Jim. Zwei Jahre später jedoch nistet sich Chester unter dem Vorwand, seine Memoiren nur mit ihrer Hilfe schreiben zu können, im Palm Cottage ein und macht Nina zum Objekt seiner Alterssexualität, die immer groteskere Formen annimmt. Mit dieser symbolhaften Konstellation schließen die Aufzeichnungen Ninas: Resignierend zwischen zwei Männern stehend hat sie jeglichen Wertbegriff verloren; indem sie darauf verzichtet, klare Entscheidungen zu treffen, hat auch sie ihr Leben »politisiert«.

Except the Lord spielt früher als die beiden anderen Romane und ist ein Rechenschaftsbericht Chester Nimmos über seine Jugend- und frühen Mannesjahre, niedergeschrieben zu einem Zeitpunkt, als er bereits geadelt ist und den Höhepunkt seiner Karriere erreicht hat und als der Krieg und seine Folgen die überkommenen religiösen Werte, die sein Verhalten bis dahin beeinflußt hatten, in Frage gestellt, wenn nicht bedeutungslos gemacht haben. Chester, Abkömmling verarmter Bauern und Laienprediger und zum Nonkonformisten erzogen, spürt schon früh den Drang, sich für die Armen und Unterdrückten einzusetzen, ist aber gleichzeitig von der Skrupellosigkeit der Unterdrücker fasziniert. Eine für seine weitere Entwicklung wesentliche Erfahrung macht er während seiner Tätigkeit als sozialistischer Agitator und Gewerkschaftler, als der er anfangs Gewaltmaßnahmen der Arbeiter befürwortet, bis er schließlich erkennt, daß daraus noch größeres Leid entsteht. Der prinzipientreue, überlegt handelnde Chester Nimmo dieses Romans scheint auf den ersten Blick wenig mit dem Mann zu tun zu haben, von dem Nina in *A Prisoner of Grace* berichtet hat. Gerade darin aber zeigt sich, wie souverän Cary die perspektivischen Möglichkeiten nutzt: Dank seiner (von Nina immer wieder hervorgehobenen) Fähigkeit, andere zu überzeugen, gelingt es dem Ich-Erzähler Chester beinahe auch, den Leser für sich einzunehmen. Allerdings verrät er durch seinen gelegentlich recht prätentiösen Stil, daß er sich in seinen Memoiren in Szene setzt.

Not Honour More knüpft an die Ereignisse an, mit denen Ninas Aufzeichnungen enden. Der Erzähler ist diesmal Jim Latter, den, nachdem er seine Frau Nina ermordet hat, der Strang erwartet, falls die Ärzte ihn nicht für unzurechnungsfähig erklären. Er selbst versteht sein Verbrechen als politische Tat, nämlich als Protest gegen ein England, in dem für seine soldatische Vorstellung von Ehre kein Platz mehr ist. Seine Rückschau führt in die Zeit des Generalstreiks von 1926, in dessen Wirren Chester Nimmo wieder in die Politik einsteigen will. Er erreicht über Mittelsmänner, daß Jim (dessen Versuch, ihn in einem Eifersuchtsanfall zu erschießen, Chester totzuschweigen trachtet) das Kommando über eine Sondertruppe der Polizei übernimmt, die im Raum von Tarbiton Gewalttätigkeiten verhindern soll. Als die Polizisten beschuldigt werden, bei der Festnahme des Kommunistenführers Pincomb zu hart vorgegangen zu sein, wird Maufe, einer der Männer Jims, zu drei Jahren Gefängnis verurteilt. Jim erfährt, daß zwischen Nimmo und Pincomb geheime Abmachungen bestanden und legt daraufhin sein Amt nieder. Als er nach Palm Cottage zurückkehrt, ertappt er seine Frau und Chester in einer unzweideutigen Situation. In der Erkenntnis, daß Nina nie von dem andern loskommen wird, resigniert er und bringt die beiden in die Stadt zurück, doch als Nina dort einen Selbstmordversuch unternimmt, schlägt er ihr vor, in Afrika mit ihm ein neues Leben zu beginnen. Sie stimmt zu. Aber als Jim zu der Überzeugung gelangt, daß sie ihrem ersten Mann bei der Unterdrückung von Maufes entlastenden Aussagen in eigener Sache geholfen hat, versucht er erneut, Chester zu ermorden – zum zweiten Mal vergeblich, denn dieser erliegt einem Herzschlag. In dem verzweifelten Gefühl, daß *»die Verderbtheit zu weit um sich gegriffen hat«* und die Ehre Englands zu sehr geschändet ist, tötet Jim Nina.

In Jim Latters Geschichte erfährt das zentrale Thema der Trilogie, die Verflechtung von privatem und politischem Leben, eine weitere Abwandlung: Sie zeigt die Tragödie dessen, der angesichts schwankender oder zerstörter Wertbegriffe an moralischen Normen festhalten will. Jims Standpunkt ist dabei nur einer von vielen möglichen in unserer *»indeterminierten Welt«* (R. Bloom): Cary will in seiner Trilogie keine Antwort im Sinn einer ablösbaren Moral geben, ihm genügt es, diese Welt fragwürdig im wörtlichen Sinn zu machen.

J.v.Ge.-KLL

AUSGABEN: Ldn. 1952 *(A Prisoner of Grace)*. – NY 1953 (*Except the Lord*; ern. 1962). – Ldn. 1955 (*Not Honour More*; ern. 1963). – Ldn. 1960 *(A Prisoner of Grace)*. – Ldn. 1966 (*Except the Lord*; Einl. u. Anm. A. C. Ward). – Ldn. 1966 *(Not Honour More)*. – Mattituck/N.Y. 1976. – NY 1985.

ÜBERSETZUNGEN: *Auf Gnade und Ungnade*, R. Frank, Zürich 1954; ern. Mchn. 1963 (Kindler Tb). – *Chester Nimmo*, C. Muth, Zürich 1956; ern. Mchn. 1963 (Kindler Tb). – *Spiel ohne Ehre*, U. v. Wiese, Zürich 1957; ern. Mchn. 1964 (Kindler Tb).

LITERATUR: G. Mitchell, *J. C.'s »Prisoner of Grace«* (in MFS, 9, 1963, S. 264–275).

AGATHA CHRISTIE

eig. Agatha Mary Clarissa Mallowan

* 15.9.1890 Torquay
† 12.1.1976 Wallingford bei Oxford

LITERATUR ZUR AUTORIN:
F. Wölcken, *Der literarische Mord*, Nürnberg 1953. – G. Egloff, *Detektivroman und engl. Bürgertum: Konstruktionsschema u. Gesellschaftsbild bei A. C.*, Düsseldorf 1974. – J. Symons, *The C. Mystery* (in NY Review of Books, 21, Dez. 1978, S. 37–39). – *The Bedside, Bathtub & Armchair Companion to A. C.*, Hg. D. Riley u. P. McAllister, NY 1979. – W. White, *A. C.: A First Checklist of Secondary Sources* (in Bull. of Bibliography, 36, 1979, S. 14–17; 49). – E. F. Bargainnier, *The Gentle Art of Murder: The Detective Fiction of A. C.*, Bowling Green/Oh. 1980. – R. H. Fitzgibbon, *The A. C. Companion*, Bowling Green 1980. – P. D. Maida u. N. B. Spornick, *Murder She Wrote: A Study of A. C.'s Detective Fiction*, Bowling Green 1982. – W. White, *A. C.: Additions to Secondary Sources* (in Bull. of Bibliography, 40, 1983, Nr. 2, S. 84–89).

THE MOUSETRAP

(engl.; *Ü: Die Mausefalle*). Kriminaldrama von Agatha CHRISTIE, Uraufführung: Nottingham 1952; deutsche Erstaufführung: Berlin, 6. 3. 1954, British Centre; gleichzeitig in Celle. – Obwohl zum Zeitpunkt der Uraufführung von *The Mousetrap* bereits mehrere Dramen von Christie existierten, befanden sich darunter nur zwei Originalstücke: *Black Coffee* (1930) und *Akhnaton* (1937). Auch *The Mousetrap* ist wieder eine Adaption, und zwar ihres Hörspiels *Three Blind Mice* von 1947. Da dieser Titel jedoch schon von einem anderen Stück besetzt war, das im West End lief, mußte ein neuer gefunden werden. Anthony Hicks, der Schwiegersohn der Autorin, machte den Vorschlag, den Namen, den Shakespeares Hamlet in III, 2 seinem Täuschungsspiel gibt – eben »The Mousetrap« – für Agatha Christies Drama zu verwenden. Damit begann eine unvergleichliche Aufführungsgeschichte. Die Laufzeit beträgt mittlerweile (1988) 36 Jahre, und es ist noch kein Ende abzusehen. Agatha Christie selbst hatte am Anfang mit einer Spieldauer von höchstens acht Monaten gerechnet. Inzwischen hat das Stück einen Umzug vom Londoner Ambassadors Theatre in das etwas größere St. Martin's Theatre gleich nebenan sowie den Einsatz zahlreicher verschiedener Schauspieler und Regisseure hinter sich, nachdem Peter Saunders, der die Erstaufführung in London inszeniert hatte, 1960 beschloß, Besetzung und Regisseur des Stükkes jährlich zu wechseln. *The Mousetrap* ist zur Institution und Touristenattraktion geworden wie der Tower oder Madame Tussauds Wachsfigurenkabinett. – Und diejenigen, die die Filmrechte für das Stück erworben haben, scheinen mit unglaublichem Optimismus gesegnet, denn: Eine Klausel besagt, daß dieser (vielleicht irgendwann einmal entstehende) Film erst sechs Monate nach Ende der Londoner Laufzeit des Dramas in die Kinos gebracht werden darf.

Der Ort des Geschehens in *The Mousetrap* ist Monkswell Manor, welches die Eheleute Mollie und Giles Ralston als Pension führen wollen. Als erstes ist auf der Bühne eine Stimme aus dem Radio zu hören, die den Mord an Mrs. Maureen Lyon sowie eine kurze Beschreibung des vermeintlichen Täters durchgibt. Draußen fällt unaufhaltsam der Schnee, und die Ralstons warten auf ihre Gäste, die schon bald eintreffen: Christopher Wren, ein junger Möchtegern-Architekt, Mrs. Boyle, eine mürrische Matrone, Major Metcalf, ein pensionierter Offizier, und Miss Casewell, eine recht männlich anmutende junge Dame. Bald darauf gesellt sich unangemeldet auch noch Mr. Paravicini hinzu, dessen Wagen im Schnee steckengeblieben ist. Inzwischen hat sich das Wetter so verschlechtert, daß Monkswell Manor völlig von der Außenwelt abgeschnitten ist. Nur Detective Sergeant Trotter, ein Polizeibeamter, schafft es noch, auf Skiern zu den Ralstons und ihren Gästen vorzudringen. Er ist gekommen, weil die Polizei vermutet, daß der Mörder von Maureen Lyon sich in der Pension aufhält, um dort sein nächstes Opfer zu suchen. Es ist bekannt, daß der Mord einen Racheakt für ein in der Vergangenheit verübtes Unrecht darstellt. Zwei der Anwesenden in Monkswell Manor müssen einen Bezug zu diesem Vorfall in der Vergangenheit haben: der Mörder und das nächste Opfer. In der Isolation des klassischen *»locked room mystery«* versucht Trotter nun, die Verbindungen der Eingeschneiten zueinander und das mögliche Tatmotiv zu enthüllen. In dem Maße, wie Verdachtsmomente aufgebaut werden, verändern sich die Vertrauensverhältnisse aller Beteiligten. Die Spannung wächst – bis zum überraschenden Ende, bei dem sich Christie ähnlich wie schon bei *The Murder of Roger Ackroyd* (1926, *Roger Ackroyd und sein Mörder*) über die Konventionen des traditionellen Auflösungsschemas hinwegsetzt. S.Hau.

Ausgaben: Ldn. 1954. – Ldn. 1956. – NY 1978 (in *The Mousetrap & Other Plays*). – NY 1986 (in dass.).

Übersetzungen: *Fuchsjagd*, K. Nachman, Bln./Wiesbaden 1953 [Bühnenms.]. – *Die Mausefalle*, M. Meinert (in *Die Mausefalle u. andere Fallen*, Mchn. 41978; Goldm. Tb). – Dass., dies., Bern/Mchn. 1984; 111987.

Literatur: A. Christie, *An Autobiography*, Ldn. 1977, S. 510–513. – C. Osborne, *The Life and Crimes of A. C.*, Ldn. 1982, S. 166–169.

THE MURDER OF ROGER ACKROYD

(engl.; *Ü: Roger Ackroyd und sein Mörder*). Kriminalroman von Agatha Christie, erschienen 1926. – Von den rund siebzig Büchern der erfolgreichsten Kriminalromanautorin unserer Zeit ist dies wahrscheinlich das berühmteste, sicher aber das am heftigsten umstrittene. Seit seinem Erscheinen haben Kritiker, darunter bekannte Vertreter dieser Romangattung, immer wieder den Vorwurf erhoben, die Autorin habe gegen das ungeschriebene Gesetz verstoßen, daß der Verfasser eines guten Kriminalromans den Leser in die Lage versetzen müsse, das Problem selbst zu lösen, und ihn auf keinen Fall bewußt in die Irre führen dürfe. Die »Ketzerei« der Christie bestand darin, daß sie den am wenigsten Verdächtigen, der noch dazu als rechte Hand des Detektivs agiert, nicht nur auf den letzten Seiten als Täter entlarvte, sondern ihn auch zum Ich-Erzähler des ganzen Romans machte. *»Diese Idee«*, so schrieb sie im Vorwort zur Penguin-Ausgabe von 1948, *»konnte nur einmal benutzt werden – sie war originell, fand dann allerdings viele Nachahmer.«* (Sie selbst verwandte später einen ähnlichen Überraschungseffekt in *Ten Little Niggers*.) Ganz so originell war die Idee freilich nicht. Schon in Poes letzter, weithin unbekannter Detektivgeschichte *Thou Art the Man!* (entstanden 1844) stellt sich ein anscheinend höchst ehrenwerter Mann, der sich an der Jagd nach einem Mörder beteiligt, als der Gesuchte heraus, und in Baroneß Orczys Roman *The Old Man in the Corner* (1909) entpuppt sich sogar der in der Ichform berichtende Detektiv als Täter. In den modernen Kriminalroman allerdings hat Agatha Christie dieses Überraschungsmoment eingeführt, kurz bevor ihr Kollege Antony Berkeley (d. i. A. B. Cox), Verfasser des vielleicht perfektesten aller Denksportkrimis, *The Poisoned Chocolates Case* (1929), unter dem Pseudonym »Francis Iles« in Romanen wie *Malice Aforethought* (1931) und *Before the Fact* (1932) den Leser gleich zu Anfang über Identität und Plan des Verbrechers aufklärte.

In *The Murder of Roger Ackroyd* spielt der Landarzt Sheppard nicht nur den Assistenten des pensionierten belgischen Detektivs Hercule Poirot (der mit seiner souveränen Mißachtung der englischen Syntax und seinem enormen Selbstbewußtsein den britischen Kriminalbeamten wie die Inkarnation gallischer Extrovertiertheit erscheint), er zeichnet auch die Ereignisse, die von einem länger zurückliegenden Giftmord, einem Selbstmord und dem im Titel genannten Verbrechen ausgelöst werden, persönlich auf. Er plant, seinen Bericht eines Tages als einen der wenigen »ungelösten« Fälle des berühmten Poirot zu veröffentlichen, und hält die seine eigene Rolle betreffenden Angaben für so raffiniert verschleiert, daß er schließlich Poirot selbst Einsicht in die Aufzeichnungen gewährt. Was Agatha Christie nach eigener Angabe an dieser Konstellation reizte, war die Notwendigkeit, bestimmte Stellen des Berichts so zweideutig zu formulieren, daß am Schluß, wenn die einzelnen Teile des Puzzlespiels von Poirot zusammengesetzt werden, der konsternierte Leser zugeben muß, daß er den Biedermann Sheppard zu Unrecht nicht in seine Überlegungen einbezogen hat. Es ist diese raffinierte Konstruktion, die *The Murder of Roger Ackroyd* zu einem jener seltenen Detektivromane gemacht hat, die dem Liebhaber des Genres beim zweiten Lesen mehr intellektuelles Vergnügen bereiten als beim ersten. Das Buch enthält eine der gelungensten Nebenfiguren der Autorin: die ältliche Schwester des Arztes, deren Neugier und gesunder Menschenverstand Poirot sehr zustatten kommen. G.Ba.

Ausgaben: Ldn. 1926. – Harmondsworth 1948 (Penguin). – Ldn. 1957. – Ldn./Glasgow 1964. – Ldn. 1967. – Ldn. 1969. – Ldn. 1976. – Ldn. 1983.

ÜBERSETZUNGEN: *Roger Ackroyd und sein Mörder*, I. Kafka, Mchn./Bln. 1928. – *Alibi*, F. Pütsch, Mchn. 41959; ern. Mchn. 1987 (Goldm. Tb). – Dass., ders., Mchn. 1984. – Dass., ders., Bern/ Mchn. 1986.

DRAMATISIERUNG: M. Morton, *Alibi* (Urauff.: Ldn. 1928, Prince of Wales' Theatre).

LITERATUR: D. R. Barnes, *A Note on »The Murder of Roger Ackroyd«* (in Mystery and Detection Annual, 1, 1972, S. 254–255). – M. L. Chapman, *A Crisis in the Private Life of Dame A. and »The Murder of Roger Ackroyd«* (in Lit. Sketches, 16, 1976, Nr. 2, S. 1–3).

SIR WINSTON CHURCHILL

eig. Winston Leonard Spencer Churchill
* 30.11.1874 Blenheim Palace / Woodstock bei Oxford
† 24.1.1965 London

LITERATUR ZUM AUTOR:
O. H. Richter, *W. S. Ch.: Mensch, Soldat, Staatsmann*, Stg. 1949. – F. Woods, *A Bibliography of the Works of S. W. Ch.*, Ldn. 1963, ern. 1975. – J. Améry, *W. S. Ch.: Ein Jahrhundert Zeitgeschichte*, Luzern 1965. – R. S. Churchill, *W. S. Ch.*, 5 Bde., Ldn. 1966–1976. – *Ch.*, Hg. M. Gilbert, Englewood Cliffs/N.J. 1967. – S. Haffner, *W. Ch.*, Reinbek 1967 (rm). – Ch. Moran, *Ch.: Der Kampf ums Überleben*, Mchn./Zürich 1967. – M. Ashley, *Ch. as Historian*, Ldn. 1968.– *Ch.: Four Faces and the Man*, Hg. A. J. P. Taylor u. a., Ldn. 1969. – W. G. Truchanowski, *W. Ch.*, Bln. 1972. – M. P. Schoenefeld, *S. W. Ch.: His Life and Times*, Hinsdale/Ill. 1973. – *Ch.: A Profile*, Hg. P. Stansky, Ldn./Basingstoke 1973. – M. Weidhorn, *A Bibliography of Material on Ch.'s Writing* (in PBSA, 67, 1973, S. 459–463). – D. Aigner, *W. Ch.: Ruhm und Legende*, Göttingen 1974. – H. Pelling, *W. Ch.*, Ldn./ Basingstoke 1974. – M. Weidhorn, *Sword and Pen: A Survey of the Writings of Sir W. Ch.*, Albuquerque 1974. – Ders., *Sir W. Ch.*, Boston 1979. – M. Gilbert, *Ch.*, Garden City/N.Y. 1980. – P. Brendon, *Ch.*, Mchn. 1984.

A HISTORY OF THE ENGLISH-SPEAKING PEOPLES

(engl.; *Ü: Geschichte*). Historisches Werk von Sir Winston CHURCHILL, begonnen vor dem Zweiten Weltkrieg, auszugsweise in Zeitschriften vorabgedruckt, erschienen 1956–1958. – Churchills großangelegtes Werk beginnt mit dem Jahr, in dem die britischen Inseln ins Blickfeld der damaligen zivilisierten Welt rückten, dem Jahr 55 v. Ch., als Caesar im keltisch besiedelten England landete. Im ersten Teil des *The Birth of Britain* genannten ersten Bandes behandelt der Autor die Geschichte der römischen Provinz Britannia, die angelsächsische Invasion im 5. und 6. Jh., die Konsolidierung Englands während der Heptarchie der Regionalkönigreiche und die Christianisierung. Er verweilt ausführlich bei der Regierungszeit Alfreds des Großen (871–899), der sich als erster »König der Engländer« nannte und erfolgreich gegen die Wikinger und Dänen kämpfte. Nach der 1071 abgeschlossenen Eroberung Englands durch Wilhelm von der Normandie beginnt der Abschnitt der englischen Geschichte, den Churchill *The Making of the Nation* nennt. Bei der Darstellung der inneren Festigung und der Integration der normannischen Oberschicht geht er vor allem auch auf den Ausbau des Finanz-, Rechts- und Verwaltungssystems unter Heinrich I. und Heinrich II. ein. Während er im folgenden mehr referiert als eigene Meinungen äußert, beurteilt er Richard III., mit dessen Niederlage und Tod in der Schlacht von Bosworth (1485) dieser Band schließt, eindeutig negativ. Churchills besonders eindringliche und klare Darstellung der Rosenkriege fand den Beifall vieler Fachhistoriker. – Im zweiten Band, *The New World* überschrieben, werden gleich im Eingangskapitel die wichtigsten Entwicklungen in der dem Zeitalter des englischen Feudalismus folgenden Ära zusammengefaßt: die Ausbreitung von Humanismus und Reformation und die großen Entdeckungsfahrten. Churchill behandelt in diesem Teil die Anfänge der englischen Weltmachtstellung unter Elisabeth I., die beginnende Besiedlung Nordamerikas, die Entwicklung des Parlaments von einer beratenden Institution zu einer regierenden Körperschaft, die Machtergreifung Cromwells, die »Glorious Revolution« von 1688 und den auch für die Beilegung der religiösen Differenzen so bedeutungsvollen Regierungsantritt Wilhelms von Oranien. Die Wende vom 17. zum 18. Jh. wird besonders kenntnisreich und engagiert beschrieben, nicht zuletzt wohl wegen der bedeutenden Rolle, die der Herzog von Marlborough, ein Vorfahr Churchills, als militärischer und politischer Führer der im Spanischen Erbfolgekrieg alliierten Seemächte gespielt hat. – Vom Konflikt zwischen England und Frankreich wird die im dritten Band, *The Age of Revolution*, geschilderte Entwicklung beherrscht, doch geht Churchill hier auch ausführlich auf den Aufstand der amerikanischen Kolonien ein, dessen Erfolg dem »Ersten Empire« ein Ende machte. Neben die Geschichte Englands tritt nun die der zweiten großen englisch sprechenden Nation, der USA. – Die Entwicklung im 19. Jh. nach der Niederwerfung Napoleons, vor allem den Widergewinn der Weltmachtstellung durch die Aufnahme Australiens, Neuseelands und Südafrikas ins Empire, stellt der Verfasser im vierten Band dar, dessen Titel, *The Great Democracies*, bereits auf die wachsende Bedeutung der Vereinigten Staaten hinweist. In dem gemeinsamen Kampf

Großbritanniens und der USA im Ersten Weltkrieg sieht Churchill den »Fluchtpunkt« der Geschichte des 19. Jh.s; nach der isolierten und durch den Bürgerkrieg verlangsamten Entwicklung der USA *»sollte der Erste Weltkrieg Amerika endgültig und untrennbar mit dem Schicksal der Alten Welt und Großbritanniens verbinden«*. Angelsächsisch-demokratisches Sendungsbewußtsein schwingt in den Schlußsätzen mit, in denen es heißt, daß die beiden Nationen als Verbündete im 20. Jh. *»schreckliche, aber siegreiche Kriege«* führten und daß diese *»Allianz überragender Tugenden«* vielleicht schon bald wieder aufgerufen sein könnte, *»Friede und Freiheit zu wahren«*.

Churchill führt zahlreiche Quellen von Caesar bis in die Gegenwart an und stützt sich bei seiner Darstellung des 17. und 18. Jh.s auch auf seine eigene Studie *Marlborough. His Life and Times* (1933–1938). Sein von ungebrochenem Sinn für die große Tradition Englands zeugendes Werk repräsentiert eine in Deutschland seltene Art der Geschichtsschreibung. Es ist nicht die Arbeit eines Fachhistorikers, sondern die mitreißende Darstellung eines Politikers, der neben stupenden Geschichtskenntnissen einen geschulten Blick für Machtverhältnisse, Persönlichkeiten, dramatische politische Situationen und strategische Erfordernisse mitbringt, der den Geist der Geschichte erspürt und es versteht, große historische Momente wiederaufleben zu lassen. (*»Eine der klügsten und erregendsten Geschichtsdarstellungen«* nannte der Historiker Alan Taylor das Werk.) Obwohl Churchill in diesem »Lesebuch« nationaler Geschichte in erster Linie rekapituliert, scheut er gelegentlich nicht davor zurück, bestimmte Ereignisse ihrer legendären Größe zu berauben, indem er nüchtern auf ihre tatsächliche Bedeutung und ihre historischen Folgen eingeht (etwa im Fall des Sieges über die Armada), oder unangenehme Dinge beim Namen zu nennen (etwa den Sklavenhandel, *»von dem Großbritannien in der Vergangenheit so schamlos profitiert hat«*, die ungeschickte, oft grausame Politik gegenüber Irland oder die unmenschlichen Maßnahmen britischer Militärs im Burenkrieg). Andererseits berücksichtigt er auch unsichere, oft eher dichterische, aber ins historische Bewußtsein der Engländer eingegangene Überlieferungen. Nicht selten verfällt er in einen leicht verklärenden, heroisierenden Ton. Aber auch dieser Ton gehört zu dem unverkennbaren Stil des Schriftstellers Churchill, der 1953 mit dem Nobelpreis für Literatur ausgezeichnet wurde, jenem Stil, von dem Golo Mann sagte: *»Ein goldener, ein blühender Stil, wir wollen es zugeben. Er kann nicht wiederkommen. In jeder anderen Hand wär's ein Anachronismus gewesen, nur in dieser nicht.«* J.Dr.

Ausgaben: Ldn. 1956–1958, 4 Bde. – Ldn. 1964 (*The Island Race*; Ausz.). – Ldn. 1965/66, 12 Bde. – NY 1983, 4 Bde. – NY 1985 (*The Island Race*).

Übersetzungen: *Geschichte*, P. Stadelmayer, 4 Bde., Stg. 1956–1958. – *Aufzeichnungen zur europäischen Geschichte*, anon., Bern/Mchn. 1964 [Ausz.]. – Dass., anon., Mchn. 1968 (Knaur Tb).

Literatur: Anon., Rez. zu Bd. 1, 2, 3 u. 4 (in TLS, 27. 4. 1956, S. 245 f.; ebd., 30. 11. 1956, S. 705 f.; ebd., 18. 10. 1957, S. 619; ebd., 21. 3. 1958, S. 145 f.). – G. Barraclough, Rez. zu Bd. 1 u. 2 (in Manchester Guardian, 23. 4. 1956, S. 7; ebd., 26. 11. 1956, S. 6). – Sir J. Squire, Rez. zu Bd. 1, 2, 3, 4 (in Illustrated London News, 28. 4. 1956, S. 400; ebd., 1. 12. 1956, S. 932; ebd. 19. 10. 1957, S. 639; ebd., 22. 3. 1958, S. 458). – D. Douglas, Rez. zu Bd. 1 (in English Historical Review, Jan. 1957, S. 88–91). – P. Geyl, Rez. zu Bd. 3 (in History Today, Dez. 1957, S. 857, 859, 861).

THE SECOND WORLD WAR

(engl.; *Ü: Der Zweite Weltkrieg*). Kriegserinnerungen in sechs Bänden von Sir Winston Churchill, die er nach seiner Wahlniederlage 1945 zu schreiben begann und für die er 1953 den Nobelpreis für Literatur erhielt; erschienen 1948–1954. – Schon während des Zweiten Weltkriegs beschäftigte ihn der Plan einer Geschichte des Kriegs. Systematisch stellte Churchill während seiner Amtszeit als Premierminister Material dafür bereit, so daß sich das Werk durch die Wiedergabe zahlreicher Dokumente als erstrangige Quelle für die politische und militärische Geschichte des Kriegs erweist. Der erste Band *(The Gathering Storm – Der Sturm zieht auf)*, dessen Anfangskapitel bereits in den dreißiger Jahren für eine ursprünglich geplante, dann aber nicht durchgeführte Geschichte der Zeit nach 1919 verfaßt wurden, behandelt die Vorgeschichte des Kriegs und bestimmte für lange Zeit maßgeblich das Urteil der Öffentlichkeit und der Geschichtsschreibung über die sogenannte Appeasementpolitik Neville Chamberlains, dessen Politik gegenüber dem nationalsozialistischen Deutschland Churchill einer schonungslosen Kritik unterwirft. Der zweite Band *(Their Finest Hour – Englands größte Stunde)* beinhaltet eine Chronik der deutschen Vorstöße im Westen und eine Schilderung der bedrängten Lage Großbritanniens, bis der Ausgang der »Schlacht um England« eine Erleichterung brachte. Im dritten Band *(The Grand Alliance – Die Große Allianz)* stellt Churchill – von September 1939 bis Mai 1940 Erster Lord der Admiralität, danach Premierminister – die Ausweitung des Kriegs zum Weltkrieg dar: Deutschlands Angriff auf die Sowjetunion und Churchills Bündnispolitik mit Stalin, dessen Nichtangriffspakt mit Hitler vom August 1939 verurteilt wird, sowie den Kriegseintritt der Vereinigten Staaten von Amerika.

Während Churchill bis hierher als der Warner und letztlich Recht behaltende Kritiker, als der Mobilisator und Heros britischer Kriegsanstrengung erscheint, tritt in den übrigen Bänden *(The Hinge of Fate – Schicksalswende, Closing the Ring – Der Ring schließt sich* und *Triumph and Tragedy – Triumph und Tragödie)* die Tendenz zur Rechtfertigung ge-

genüber nach 1945 einsetzender Kritik stärker hervor. Es handelt sich dabei um die Konferenz von Casablanca (mit der Formel der »bedingungslosen Kapitulation«), Teheran, Jalta und Potsdam, um die Probleme einer »Zweiten Front«, um die Politik gegenüber der Sowjetunion und die polnische Frage.
Durchweg dominieren politische und militärische Fragestellungen; die Erörterung wirtschaftlicher Zusammenhänge und sozialer Probleme fehlt fast völlig. Churchills Domänen sind Politik und Kriegsführung. Sein Denken ist ganz der historischen Großmachtpolitik Großbritanniens verpflichtet, Konzeptionen für die Rolle seines Landes in einer veränderten Welt entwickelt er nicht. *»Etwas ewig Gestriges ist in seinem Ton«* (C. J. Burckhardt). An Sprache und Geschichtsschreibung GIBBONS und MACAULAYS orientiert, entwirft Churchill eine ganz auf sich als die die Geschichte prägende Persönlichkeit zugeschnittene Darstellung des Zweiten Weltkriegs. Im Vorwort zum ersten Band bemerkt er dazu: *»Ich bin, soweit es mir möglich war, der Technik von Defoe's ›Memoirs of a Cavalier‹ gefolgt, in denen sich der Autor für die Schilderung und Erörterung bedeutender militärischer und politischer Ereignisse der persönlichen Erlebnisse eines Einzelnen bedient.«* So ergibt sich eine Mischung aus Autobiographie und Geschichtsschreibung. Dringend erforderlich wäre eine quellenkritische Untersuchung, die bisher nicht geleistet worden ist. G.Nie.

AUSGABEN: Ldn. 1948–1954, 6 Bde. – Ldn. 1959 [gek.]. – Ldn. 1964, 12 Bde. – Boston 1983, 6 Bde. – Boston 1985, 6 Bde. – Harmondsworth 1986, 6 Bde.

ÜBERSETZUNGEN: *Der Zweite Weltkrieg*, E. Thorsch u. a., 6 Bde., Bern 1948–1954. – Dass., ders., Bern u. a. 1960 [gek.; ern. 1962]. – *Der Zweite Weltkrieg: Memoiren*, ders. u. a., Ffm. u. a. 1985 [gek.]. – Dass., ders., Bern 1985.

LITERATUR: M. J. Lasky, *C. u. Stalin. Ein Streifzug durch W. C.s Kriegserinnerungen* (in Der Monat, 4, 1951/52, S. 141–154). – C. J. Burckhardt, *Bei der Lektüre von C.s Memoiren* (in Außenpolitik, 4, 1953, S. 5–9). – J. W. Brügel, *W. C.s Kriegserinnerungen* (in Neue Politische Literatur, 1, 1956, Sp. 149–175). – M. Schlenke, *Der Politiker als Geschichtsschreiber: W. C.* (ebd., 5, 1960, Sp. 169–182). – M. Toscano, *An Introduction to the History of Treaties and International Politics: The Documentary and Memoir Sources*, Baltimore 1966. – G. Grimm, *C.s »The Second World War« als Quelle für die Politik u. Strategie der Westalliierten in Südosteuropa* (in Südostforschungen, 26, 1967, S. 276–313). – B. Gardner, *C. in His Time: A Study in a Reputation 1939–1945*, Ldn. 1968. – J. H. Plumb, *The Historian* (in *C.: Four Faces and the Man*, Hg. A. J. P. Taylor u. a., Ldn. 1969, S. 119–151). – K. N. Hull, *The Literary Art of W. Ch.'s »The Second World War«*, Diss Univ. of Washington (vgl. Diss. Abstracts, 30, 1970, S. 4987/4988A).

IVY COMPTON-BURNETT

* 5.6.1884 London
† 27.8.1969 London

LITERATUR ZUR AUTORIN:
F. Baldanza, *I. C.-B.*, NY 1965 (TEAS). – M. McCarthy, *Les inventions d'I. C.-B.* (in Preuves, 1967, Nr. 192, S. 13–30). – B. Nevius, *I. C.-B.*, NY/Ldn. 1970. – *The Art of I. C.-B.: A Collection of Critical Essays*, Hg. Ch. Burkhart, Ldn. 1972. – C. Greig, *I. C.-B.: A Memoir*, Ldn. 1972. – V. Powell, *A C.-B. Compendium*, Ldn. 1973. – E. Sprigge, *The Life of I. C.-B.*, NY 1973. – H. Spurling, *Ivy When Young: The Early Life of I. C.-B., 1884–1919*, Ldn. 1974. – K. M. Huff, *I. C.-B.: A Bibliography* (in Bull. of Bibliography, 35, 1978, S. 132–142). – *I. C.-B. Issue*, Hg. Ch. Burkhart (TCL, 25, 1979, Nr. 2; Sondernr.). – H. Spurling, *Secrets of a Woman's Heart: The Later Life of I. C.-B.*, NY 1984.

ELDERS AND BETTERS

(engl.; *Die Älteren und die Überlegenen*). Roman von Ivy COMPTON-BURNETT, erschienen 1944. – Schauplatz der Handlung ist, wie in den meisten Romanen der Autorin, ein englisches Landhaus um die Jahrhundertwende. Die Familien Donne und Calderon (Benjamin Donne und Jessica Calderon sind Geschwister) werden von zwei Frauen tyrannisiert: von Benjamins und Jessicas Schwester Sukey, die ihre Krankheit und die Geldgier ihrer Verwandten zu eigenen Zwecken zu nützen versteht, und von Benjamins ältester Tochter Anne. Angelpunkt der recht melodramatischen Handlung ist die Vernichtung des gültigen Testaments der Tante Sukey durch Anne, die statt dessen eines der zahlreichen früher verfaßten Testamente aufbewahrt, in dem sie – und nicht wie später Jessica – als Erbin eingesetzt worden war. Jessica wird durch diese skrupellose Intrige in den Selbstmord getrieben, Anne »kauft« sich einen ihrer Vettern als Ehemann und wird zur despotischen Herrscherin über beide Familien.
Der Roman ist fast durchweg in einem stark stilisierten, komprimierten, häufig artifiziell wirkenden Dialog geschrieben, der, da der Sprachrhythmus bei den verschiedenen Personen nahezu der gleiche ist, an die Aufmerksamkeit und die Vorstellungskraft des Lesers erhebliche Anforderungen stellt.

Die Menschen des Romans sind als der Außenwelt, ja dem eigentlichen Leben entzogen dargestellt; sie existieren weniger als Persönlichkeiten denn als Personifikationen von Gefühlen, Wünschen und Begierden, die im Verlauf der Gespräche mit unheimlicher Folgerichtigkeit demaskiert werden. Kaum verhohlener Widerwille, Abneigung und gegenseitiger Haß bestimmen das Verhalten der meisten dieser Menschen. Die selbstsüchtige Liebe zwischen Mutter und Sohn, Vater und Tochter, die Gier nach Macht und Geld werden erbarmungslos analysiert.

Auf den Vorwurf der Kritik, daß wirkliche Personen niemals so sprächen wie ihre Charaktere, hat die Autorin einmal geantwortet, daß ihr das wirkliche Leben keinen Romanstoff zu bieten habe. Daß keines ihrer Bücher in der Gegenwart spielt, erklärte sie damit, daß man eine Ära erst dann geistig erfassen könne, wenn sie beendet sei. Ebenso unkonventionell wie diese Ansichten nehmen sich ihre Romane innerhalb der englischen Gegenwartsliteratur aus. J.v.Ge.

AUSGABEN: Ldn. 1944. – Ldn. 1977.

A FAMILY AND A FORTUNE

(engl.; *Ü: Eine Familie und ein Vermögen*). Roman von Ivy COMPTON-BURNETT, erschienen 1939. – In dem etwas gleichförmigen Dasein, das die an sich nicht sehr wohlhabenden Gavestons – die Familie des Titels – in einem langsam verfallenden Landhaus führen, scheint ein Glücksumstand Wandel zu bewirken: Dudley, der jüngere Bruder des Hausherrn, ein Junggeselle, erbt überraschend ein Vermögen. Damit ändert sich zunächst sein äußerer Status. Er, der im Haushalt des Bruders, diesem enger verbunden als Frau und Kinder, stets die zweite Geige zu spielen glaubte, kann nun die dankbare Rolle des Wohltäters übernehmen, die er in einer dialektisch großartig geführten Szene den anderen gegenüber als die des von ihnen »Beschenkten« interpretiert. Denn sie alle haben ihm erlaubt, ihre Wünsche zu erfüllen: sein wortarmer, gefühlskarger Bruder Edgar; Blanche, dessen mütterlich-betuliche Frau, die von Anfang an eine merkwürdige Gereiztheit zur Schau trägt; seine Nichte, die so offenherzige wie taktlose Justine; seine drei Neffen, der redlich-nüchterne Mark, der kalte, kluge, kalkulierende Clement und der ihm selbst am meisten wesensverwandte Aubrey, körperlich für sein Alter etwas zurückgeblieben, geistig wacher und hellsichtiger als alle seine Geschwister zusammengenommen – eine der eindrucksvollsten unter den zahlreichen Knabengestalten der Autorin. Auch die Schwester Blanches, die halb gelähmte, durch und durch boshafte Matty, und ihr greiser Vater, die beide nach dem Verlust ihres eigenen Vermögens in das Pförtnerhäuschen des Grundstücks gezogen sind, werden von Dudley nicht vergessen. Und mit alledem verstärkt sich sein Selbstgefühl. Der Fünfzigjährige trägt sich zum erstenmal mit Heiratsgedanken und hält um die Hand einer jüngeren Freundin Mattys an, die zufällig bei ihr zu Besuch weilt. Als er erhört wird, muß er auf der Rückgabe der von ihm großzügig verteilten Summen bestehen – der erste schmerzliche Stoß für seine neugewonnene Selbsteinschätzung. Die zweite Katastrophe ereignet sich, als sein Bruder nach dem überraschenden Tod Blanches ihm die künftige Frau abspenstig macht.

Dudley ist der neuen Rolle des großmütig Verzeihenden und Verzichtenden nicht gewachsen und flieht nach einer heftigen Auseinandersetzung mit dem Bruder aus dem Haus. Erst als er tödlich erkrankt und dann wiedergesundet, kommt es zur Versöhnung zwischen beiden Brüdern – auf Kosten freilich ihrer Gefühle für alle anderen Angehörigen. Damit ist die alte Lebensordnung wiederhergestellt, und das ererbte Vermögen bleibt in der Familie.

Die Erbschaft, die den Zusammenhalt einer Familie bedroht: das ist ein wohlbekanntes, zumeist ins Burleske oder Satirische gewendetes Thema. In diesem Roman werden ihm neue und sehr subtile Wirkungen abgewonnen. Keiner der Akteure ist unverhüllt geldgierig, es sei denn ausgerechnet der intellektuelle Clement. Aber keiner ist auch gegen den Zauber des Geldes immun, und dieser Zauber erweist sich als wirkungsmächtig vor allem im Bereich des Immateriellen – insofern nämlich, als er Charaktere wachsen und schrumpfen läßt. Das Verhältnis jedes einzelnen zum Geld, von dem in diesem Buch so viel die Rede ist, wird derart zum Sinnbild für menschliches Verhalten im allgemeinen, das Ivy Compton-Burnett unter dem Blickwinkel des geborenen Komödienautors betrachtet. Unerbittlich gegenüber ihren Figuren, läßt sie keinerlei »Vorwände« gelten.

Wie in ihren anderen Romanen ist auch hier das eigentliche Medium des Dialogs das unpersönliche Epigramm, das gleichwohl mehrere persönliche Funktionen zu erfüllen hat: die jeweiligen Gesprächspartner zu widerlegen, zu verwunden oder hinters Licht zu führen, zugleich aber den Sprechenden in dessen eigenen Augen zu drapieren, in denen des Lesers bloßzustellen.

Man hat dieses Buch als das »freundlichste« seiner Urheberin bezeichnet, nicht nur weil die darin abgehandelten Konflikte eine relativ glückliche Wendung nehmen, sondern weil Ivy Compton-Burnett hier einmal etwas von persönlicher Wärme spürbar werden läßt und eines der gefährlichsten ihrer Geschöpfe, die wie mit einem Ätzstift gezeichnete Tante Matty, zu einer Art Randexistenz verurteilt. Aber wie auch sonst bei ihr sind gallenbittere Komödie und sardonische Tragödie auf des Messers Schneide ausbalanciert, und auf eine einzige Handbewegung hin kann der heitere Grundton des Ganzen – wie etwa beim Tod Blanches oder der Erkrankung Dudleys – ins Elegische umschlagen, um sich dann aber, in ebenso unmerklicher Weise, bei der nächsten Handbewegung wieder einzuschwingen.

W.v.E.

AUSGABEN: Ldn. 1939. – Ldn. 1965. – NY 1965. – Ldn. 1979.

ÜBERSETZUNG: *Eine Familie und ein Vermögen*, W. v. Einsiedel, Köln 1966.

LITERATUR: L. Potter, *Show and Dumb Show in »A Family and a Fortune«* (in TCL, 25, 1979, S. 194–206).

JOSEPH CONRAD

eig. Jósef Teodor Konrad Nałęcz Korzeniowski

* 3.12.1857 bei Berditschew / Ukraine
† 3.8.1924 Bishopsbourne / Kent

LITERATUR ZUM AUTOR:
Bibliographien:
T. G. Ehrsam, *A Bibliography of J. C.*, Metuchen/N.J. 1969. – E. A. Bojarski, *J. C.: A Bibliography of Masters Theses and Doctoral Dissertations 1917–1963* (in Bull. of Bibliography 26, 1969, S. 61–66, 79–82). – Ders. u. H. R. Stevens, *C. in Academe: A Bibliography*, Ann Arbor/Mich. 1970. – R. Secor, *J. C. and American Writers: A Bibliographical Study of Affinities, Influences, and Relations*, Westport/Conn. 1985.
Zeitschrift:
Conradiana, Abilene/Tex. 1968 ff. [m. Bibliogr.].
Biographien:
G. Jean-Aubry, *The Sea-Dreamer: A Definitive Biography of J. C.*, Ldn. 1957. – J. Baines, *J. C.: A Critical Biography*, Ldn. 1960; ern. Harmondsworth 1971. – B. C. Meyer, *J. C.: A Psychoanalytical Biography*, Princeton/N.J. 1967. – B. Conrad, *My Father: J. C.*, Ldn. 1970. – F. R. Karl, *J. C.: The Three Lives: A Biography*, NY 1979 (dt. *J. C.: Eine Biographie*, Hbg. 1983). – P. Nicolaisen, *J. C.*, Reinbek 1988 (rm).
Gesamtdarstellungen und Studien:
W. F. Wright, *Romance and Tragedy in J. C.*, 1949. – A. Guerard, *C. the Novelist*, Cambridge/Mass. 1958. – F. R. Karl, *A Reader's Guide to J. C.*, Ldn./NY 1960; ern. 1969. – E. K. Hay, *The Political Novels of J. C.*, 1963. – *C.: A Collection of Critical Essays*, Hg. M. Mudrick, Englewood Cliffs/N.J. 1966. – E. W. Said, *J. C. and the Fiction of Autobiography*, Cambridge/Mass. 1966. – A. Fleishman, *C.'s Politics: Community and Anarchy in the Fiction of J. C.*, Baltimore 1967. – J. A. Palmer, *J. C.'s Fiction: A Study in Literary Growth*, Ithaca/N.Y. 1968. – N. Sherry, *C. and His World*, Ldn. 1972. – *C.: The Critical Heritage*, Hg. ders., Ldn./Boston 1973. – *J. C.: A Collection of Criticism*, Hg. F. R. Karl, NY 1974. – C. B. Cox, *J. C.: The Modern Imagination*, Ldn. 1974. – P. J. Glassman, *Language and Being: J. C. and the Literature of Personality*, NY 1976. – J. Hawthorne, *J. C.: Language and Fictional Self-Consciousness*, Lincoln/Nebr. 1979. – F. Schunck, *J. C.*, Darmstadt 1979 (EdF). – H. J. Weiand, *J. C.: Leben und Werk*, Düsseldorf 1979. – W. Senn, *C.'s Narrative Voice*, Bern 1980. – *The Art of J. C.: A Critical Symposium*, Hg. R. W. Stallman, Athens/Oh. 1982. – D. R. Schwarz, *C.: The Later Fiction*, Ldn. 1982. – A. Gillon, *J. C.*, Boston 1982 (TEAS). – H. Stelzer, *Narzißmus-Problematik u. Spiegel-Technik in J. C.s Romanen*, Ffm. u. a. 1983. – A. Hunter, *J. C. and the Ethics of Darwinism*, 1983. – M. Tucker, *J. C.*, Bln. 1984. – *C. Revisited: Essays for the Eighties*, Hg. R. C. Murfin, Univ. of Alabama Press 1985. – N. Page, *A C. Companion*, NY 1986. – S. Raval, *The Art of Failure: C.'s Fiction*, Boston u. a. 1986.

ALMAYER'S FOLLY. A Story of an Eastern River

(engl.; *Almayers Wahn*). Roman von Joseph CONRAD, erschienen 1895. – Dieser Erstlingsroman Conrads schildert Niedergang und Tod des holländischen Handelsmannes Almayer. Geschäftliche Mißerfolge, aber auch seine Verbissenheit in große Pläne halten ihn inmitten eines feindseligen und gefährlichen Dschungelgebietes Niederländisch-Ostindiens fest, eines Landes, dessen überwältigende Fremdartigkeit Almayers Einsamkeit und Entwurzelung nur noch bedrückender erscheinen läßt. Arabische und malaiische Dorfgrößen und Händler betrügen ihn oder machen ihn zum unfreiwilligen Werkzeug ihrer Intrigen. Seine holländischen Landsleute, die eine höchst labile Kolonialherrschaft über dieses Dschungelgebiet ausüben, verdächtigen Almayer zu Recht des Waffenhandels mit eingeborenen Häuptlingen. Seine streitsüchtige Frau, Tochter eines malaiischen Piraten, deren Welt ihm stets fremd geblieben ist, hat Almayer nur geheiratet, weil er sich Hoffnungen auf die Reichtümer ihres weißen Vormundes, Lingard, machte. Neben dem zur Wahnvorstellung gewordenen Traum, Lingards angeblich im Dschungel versteckte Schätze eines Tages zu besitzen, hält Almayer nur noch die Gegenwart seiner Tochter Nina aufrecht, die als Mischling unentschlossen zwischen der Welt ihres Vaters und der ihrer Mutter steht. Als sich Nina in einen Malaien verliebt, bringt sie die Ereignisse ins Rollen. Sie sagt sich von ihrem lebensuntüchtigen Vater und von der europäischen Zivilisation los, die den Dschungel und seine Bewohner so wenig verändern konnte, und ergreift – inmitten eines Wirrwarrs von Intrigen, einer Intervention der holländischen Flotte und eines erneuten Versuchs Almayers, eine Expedition zur Bergung der Lingardschen Schätze zu organisieren – mit ihrem Liebhaber die Flucht.
Trotz formaler Mängel, vor allem in der Charakterzeichnung, deutet *Almayer's Folly* thematisch bereits auf Conrads spätere Meisterwerke wie z. B.

Heart of Darkness (Das Herz der Finsternis) hin. Hier wie dort geht es um den Traum von Reichtum und Erfolg und das, was schließlich davon übrigbleibt. Eines der zentralen Themen ist die Konfrontation des Europäers mit den primitiven Kräften der Eingeborenen, denen er mit seinen geistigen Waffen nicht begegnen kann. Conrad problematisiert hier die Herauslösung von Wertbegriffen aus ihrem zivilisatorischen Rahmen und deren daraus resultierende Relativierung. J.v.Ge.

AUSGABEN: Ldn. 1895. – Ldn. 1923 (in *Works*, 22 Bde., 1923–1928, 1; *Uniform Ed.*). – Ldn. 1948. – Stg. 1952. – Harmondsworth 1976.

ÜBERSETZUNGEN: *Almayers Wahn*, E. McCalman, Bln. 1935. – Dass., G. Danehl (in *GW*, zus. m. *Der Verdammte d. Inseln*, Ffm. 1964). – Dass., ders., Ffm. 1972. – Dass., ders., Ffm. 1980; ^{3}1986.

LITERATUR: J. Conrad, *The Manuscript of »Almayer's Folly«* (in Bookman's Journal, 18, 1930). – J. H. Hicks, *C.'s »Almayer's Folly«: Structure, Theme and Critics* (in NCF, 19, 1964, S. 17–31). – W. B. Stein, *»Almayer's Folly«: The Terror of Time* (in Conradiana, 1, 1968, S. 27–34). – J. Watt, *»Almayer's Folly«: Memories and Models* (in Mosaic, 8, 1974, S. 165–182). – D. R. Schwarz, *Acts of Initiation in »Almayer's Folly« and »An Outcast of the Island«* (in Ariel, 8, Calgary 1974, S. 75–97). – S. M. Briggum u. T. K. Bender, *A Concordance to C.'s »Almayer's Folly«*, NY 1978. – C. Watts, *The Covert Plot of »Almayer's Folly«: A Structural Discovery* (in Conradiana, 15, 1983, S. 227–230).

FALK. A Reminiscence

(engl.; *Falk. Eine Erinnerung*). Erzählung von Joseph CONRAD, erschienen 1903. – Conrad hatte mit dieser Erzählung mehr im Sinn als nur eine Geschichte von der Liebe eines skandinavischen Seemanns zu einem stillen deutschen Mädchen. Worum es ihm eigentlich ging, war das Phänomen *»bestimmter unbedingter Charaktere, in denen sich natürliche Rücksichtslosigkeit mit einer unvermuteten Tiefe sittlichen Takts paart«*. – *»Falk«*, schreibt er in einem späten Kommentar für einen amerikanischen Verleger, *»gehorcht dem Gesetz der Selbsterhaltung mit unbarmherziger Folgerichtigkeit; im entscheidenden Augenblick seines bizarren Liebesabenteuers weigert er sich jedoch, die Wahrheit – eine furchtbare Wahrheit – zu verschweigen.«* Worin diese besteht, erfährt man erst gegen Ende der Erzählung. Jahre zuvor hatte sich die Mannschaft seines steuerlos im südlichen Polarmeer dahintreibenden Schiffes in eine Horde unmenschlicher, in der Verzweiflung des Hungers übereinander herfallender Kreaturen aufgelöst; Falk hatte gemordet, Menschenfleisch verzehrt und als der stärkste, d. h. »der beste Mann« überlebt. Er war zum Einzelgänger geworden und durchbricht seine stolze Isolation erst, als er mit der gleichen elementaren Leidenschaftlichkeit, mit der er damals um das Überleben gekämpft hatte, die Nichte eines deutschen Handelsschiffers umwirbt.

Der anonyme Erzähler dieser *»Erinnerung«*, den Falk zunächst für einen Nebenbuhler hält und mit emotionaler Heftigkeit brüskiert, spielt dabei lediglich die Rolle des Vermittlers und Beobachters. Er notiert fasziniert, wie der Skandinavier in die abgeschirmte Welt des unförmigen deutschen, wie mit einer Zahnbürste sauber geschrubbten Frachters einbricht, wie er auf die Gefahr hin, als eine Art Ungeheuer zu erscheinen, seine Geschichte andeutet und auch tatsächlich von den entsetzten Verwandten abgewiesen wird. Nur das Mädchen, eine blonde, walkürenhaft-germanische Schönheit, deren Name nie genannt wird und die während der ganzen Erzählung stumm bleibt, läßt sich durch die Offenheit seines Wesens gewinnen. Indem der *»zentaurenhafte«* Outcast die *»Sirene, die den düsteren Seefahrer, den erbarmungslosen Liebhaber der fünf Sinne, bezaubert hielt«*, erobert, bestätigt sich die *»mächtige Wahrheit eines unfehlbaren und ewigen Naturgesetzes«*. Beide verkörpern einen ungebrochenen und gleichsam vorzivilisatorischen Lebenswillen, der sich selbst genug ist und seine Legitimation in nichts als der unbedingten Offenheit seiner Leidenschaftlichkeit sucht.

Conrads Neigung, eine pathetische, nach dem Elementaren hin geöffnete Welt zeitloser Heroik von einem Bereich alltäglich-gesicherter Biederkeit und Beschränktheit in scharfem Kontrast abzuheben, ist in dieser frühen Erzählung fast paradigmatisch ausgebildet. Sie schreckt kaum vor naiver Simplifizierung zurück. An der Farblosigkeit der ins Idealtypische verzeichneten Hauptgestalten ändert auch die Tatsache wenig, daß man für sie und für eine Reihe von Details Modelle aus Conrads persönlichen Lebenserinnerungen ermittelt hat (G. Jean-Aubry) und daß man andererseits allenthalben auf Vorformen späterer, differenzierterer Romancharaktere stößt. *Falk* ist eine Studie in weitem Sinn, fertig und unfertig zugleich, Erinnerung und Entwurf. Umrißhaft zeichnet sich in ihr Joseph Conrads lebenslanges Bemühen ab, die hochimperialistische »Religion der Kraft« mit der viktorianischen Tradition einer verinnerlichten Sittlichkeit in Einklang zu bringen. Seine Germania-Gestalt in Postkartenformat, die bald als antike Nymphe, bald als Sirene, bald als Erdgöttin stilisiert wird, und Falk, die skandinavische Verkörperung des »männlichen Prinzips«, geraten in dieser Novelle freilich fast unwillkürlich in eine gefährliche Nähe zu dem literarischen Klischee nordischen Herrenmenschentums. Das geistige Klima des europäischen Jugendstils ist bis in Einzelheiten des Werkes hinein spürbar: Im Ineinanderspielen von monistischem Vitalismus und asketisch strenger Linienführung, von Moderne und mythologischem Ornament, formaler Zurückhaltung und einem kannibalischen Kern bestimmt es die Erzählung stilistisch und letzten Endes auch thematisch. Und nur am Rande stößt man auf die spezifischen erzählerischen Tugenden des reifen Conrad: seine vorsichtige, distanzsichere Standpunkttechnik, den verhaltenen Humor und die stille Gelassenheit, mit der das Handwerk des Seefahrens in seiner Abenteuerlichkeit und Gefährdung unaufdringlich zum Symbol einer fast zeitlosen *condition humaine* überhöht wird. R.Sch.

AUSGABEN: Ldn. 1903 (in *Typhoon, and Other Stories*). – NY 1924 (in *The Shorter Tales*). – Ldn. 1957 (in *Collected Ed. of the Works*, 21 Bde., 1946–1962, 10).

ÜBERSETZUNGEN: *Falk. Eine Erinnerung*, E. Ekkert (in *Sonderbare Käuze*, Stg. 1928). – *Falk*, F. Lorch (in *Geschichten vom Hörensagen*, Ffm. 1983).

LITERATUR: G. Jean-Aubry, *J. C.: Life and Letters*, Bd. 1, Ldn. 1927, S. 104 ff. – B. Johnson, *C.'s »Falk«: Manuscript and Meaning* (in MLQ, 26, 1965, S. 267–284). – D. David, *Selfhood and Language in »The Return« and »Falk«* (in Conradiana, 8, 1976, S. 137–147). – R. O'Hanlon, *Knife, »Falk« and Sexual Selection* (in EIC, 31, 1981, Nr. 2, S. 127–141).

GASPAR RUIZ. A Romantic Tale

(engl.; *Gaspar Ruiz*). Novelle von Joseph CONRAD, erschienen 1906. – Diese Geschichte eines *»starken Mannes, der an seiner eigenen Stärke zugrunde ging: an der Stärke seines Leibes, seiner Einfalt – seiner Liebe«* gehört zu den kunstvollsten, im engeren Sinn am strengsten novellistisch konzipierten Erzählungen, die Joseph Conrad geschrieben hat. Vor dem Hintergrund der südamerikanischen Unabhängigkeitskämpfe zeichnet er das Schicksal eines einfachen Bauernsohns, den die blutigen Wirren aus seiner dumpfen Verborgenheit reißen. Ungerechte Behandlung von seiten der Revolutionsarmee, ein fanatisches Rachebedürfnis und seine leidenschaftlich ergebene Liebe zu der stolzen Royalistentochter Erminia zwingen sein Leben auf eine Bahn, auf der er *»in ganz unerhörter Weise unerhörtes Unheil«* über den jungen chilenischen Freistaat bringt. Er wird zum Verräter und Freischärler. Die Macht des Hasses, den Doña Erminia in seinen hünenhaften Körper gießt, *»wie man Rausch, Irrsinn, Gift in eine leere Schale gießt«*, führt ihn auf eine einsame Höhe triumphalen Erfolgs. Länger als ein Jahr hält er die republikanischen Truppen in Atem, bis er an der blinden Unbedingtheit seiner Liebe zerbricht. Erminia, die ihm inzwischen ein Kind geboren hat, gerät in die Gewalt seiner Gegner. Ein verzweifelter Ansturm auf das Cordillerenfort, in dem sie gefangengehalten wird, scheitert; die Lafette eines Geschützes, das eine Bresche in den Palisadenverhau schlagen soll, geht beim Transport im Gebirge verloren. Da beugt er sich selbst unter die *»ungeheure Last dunkelschimmernder Bronze, unter eine Last, wie sie in der kläglichen Geschichte der Welt noch keines Mannes Liebe und Stärke je zu tragen gehabt hatte«*. Der dritte Schuß, unter dem sein Rückgrat zerbricht, sprengt das Tor; vergeblich – die republikanischen Entsatztruppen haben im gleichen Augenblick das Fort erreicht und zerstreuen die ihres Führers beraubten Scharen Gaspars.

Man hat diese Novelle nicht unter die charakteristischen Werke Conrads rechnen wollen und sie eher »kleistisch« genannt (Erhart Kästner). Sofern man sie an den zentralen, halb autobiographischen Schriften in der Art von *The Shadow Line*, 1917 *(Die Schattenlinie), The Mirror of the Sea*, 1906 *(Spiegel der See)*, oder *Youth*, 1902 *(Jugend)*, mißt, mag dies auch zutreffen. Ihr Konflikt ist »äußerlicher«; in reißender Präzipitation auf die Schlußkatastrophe hin überstürzt sich die Handlung in wunderbaren Zufällen, Rettungen, Erdbeben und Tableaux. Aber sie verrät zugleich auch in zahlreichen Ritardandos, distanzierenden Eingriffen und in der spartanischen Reduktion des Gefühlsmoments die objektivierende technische Meisterschaft des reifen Conrad. Ihr Kulminationspunkt bereichert den Themenkreis seiner eigentümlichen *»strong situations«* des Bewährens und Scheiterns um eine besondere Spielart: Im Scheitern Gaspars bewährt sich die unendlich vergebliche Reinheit eines einfältigen und großen Gefühls. Die donquijoteske Gestalt des südamerikanischen Rebellen steht für Conrads eigenes, lebenslängliches Integrationsbemühen, *»das ihn selbst einem Don Quixote so ähnlich machte«* (E. Franzen): Sein Traum von ungebrochener »Natürlichkeit« und sein moralistischer Rigorismus, der deterministische Pessimismus Hardyscher Prägung und der heroische Idealismus der spätimperialistischen Ära scheinen für einen geistesgeschichtlichen Augenblick in dieser utopischen, nur in der Verkleidung historischen Novelle zur Deckung gelangt. R.Sch.

AUSGABEN: Ldn. 1906 (in The Pall Mall Magazine, Juli–Okt. 1906). – Philadelphia 1906 (in Saturday Evening Post, 28. 7.–18. 8. 1906). – Ldn. 1908 (in *A Set of Six*). – Garden City/N.Y. 1960 (in *Tales of Heroes and History*; Einl. M. D. Zabel). – Ldn. 1961 (in *Collected Ed. of the Works*, 21 Bde., 1946–1962, 19).

ÜBERSETZUNGEN: *Gaspar Ruiz*, E. W. Günter [d. i. E. W. Freißler] (in *Das Duell*, Mchn. 1914). – Dass., ders. (in *Der Nigger vom Narzissus*, Bln. 1951). – Dass., ders. (in *Geschichten vom Hörensagen*, Ffm. 1959; Nachw. E. Kästner). – Dass., F. Lorch (in *Geschichten der Unrast u. 6 Erzählungen*, Ffm. 1963; ern. 1984). – Dass., ders. (in *Gaspar Ruiz und andere Erzählungen*, Ffm. 1984, FiTb).

LITERATUR: W. R. Martin, *»Gaspar Ruiz«: A Conradian Hero* (in Conradiana, 3, 1971/72, S. 46–48).

HEART OF DARKNESS

(engl.; *Das Herz der Finsternis*). Novelle von Joseph CONRAD, erschienen 1899. – Seit jeher hat man diese Novelle zu den zentralen und zugleich geheimnisvollsten Erzählungen Conrads gerechnet. Autobiographische Details und mythensüchtiger Exotismus, realistische Objektivität und ein dichtes Netz unaufdringlicher Symbole geben dieser Schilderung einer Expedition ins Innere Zentralafrikas ein eigentümliches, bewußt zwielichtiges Gepräge. *»Berückend, todbringend, wie eine Schlange«* öffnet sich dem jungen Kapitän Marlow der Flußlauf des Kongo, an dessen Ufern sich die Stationen seiner Handelsgesellschaft als verlorene Posten einer grotesken, von korrupten *»Pilgern des Fortschritts«* verwalteten Zivilisation hinziehen. Je tiefer er mit seinem Flußdampfer in die Wildnis vorstößt, um so eindringlicher überkommt ihn das Gefühl einer abenteuerlichen Reise in die *»Nacht der ersten Zeitalter«*. Vorweltliches und Gegenwärtiges scheinen sich zu durchdringen; die Fahrt ins Herz des Schwarzen Kontinents nimmt immer deutlicher den Charakter einer Entdeckungsreise ins Halb- und Unterbewußte an (A. J. Guerard), bis sie an ihrem Ziel in die Begegnung Marlows mit der mysteriösen Gestalt des Elfenbeinagenten Kurtz mündet. Diese suggestive, dämonische Variante der Conradschen *outlaws* verkörpert für Marlow alle Mächte der Finsternis. Kurtz beutet seinen Distrikt mit brutaler Furchtlosigkeit aus, er mordet, raubt, verliert sich in orgiastische Ausschweifungen und usurpiert als Komplize, Gegenspieler und zuletzt als Opfer der Wildnis *»einen hohen Platz unter den Teufeln des Landes«*. Marlows Versuch, den Todkranken, um dessen Vertrauen und »Rettung« er in dramatischen Szenen ringt, aus seiner tödlichen Verstrickung zu befreien, endet doppeldeutig: Kurtz stirbt im Bewußtsein des gelebten und gegenwärtigen Grauens, aber der junge Kapitän interpretiert seinen letzten verzweifelten Aufschrei (*»The horror! The horror!«*) zugleich als eine Absage an die dämonischen Mächte der Finsternis. *»Es war der fernste Punkt der Schiffahrt und zugleich der Gipfelpunkt meiner Erfahrung. Irgendwie schien es eine Art Licht auf alles um mich her zu werfen, auch noch in meine Gedanken hinein.«*

Hinter Conrads kühler, scheinbar ganz objektiver Diktion verbirgt sich hier ein höchst gewaltsames Integrationsbemühen. Der symbolistischen Überhöhung der Urwaldlandschaft zum seelischen Schicksalsraum entspricht der Parabelcharakter des melodramatischen »Abenteuers«, in dem man mit Recht Conrads ernsthaftesten Versuch gesehen hat, das Erlebnis seiner eigenen verhängnisvollen Kongofahrt im Jahr 1890 (auf der er erkrankte und dem Tod nahe war) zu bewältigen. Marlow, der durch sein seemännisches Verantwortungsbewußtsein gefesselte Odysseus, der dem Sirenengesang und den *»Tatzenhieben«* der Wildnis entgeht, und Kurtz, der seinen Teufelspakt mit dem Inhumanen mit dem Scheitern bezahlt, wirken wie zwei Varianten menschlichen Verhaltens in einer exemplarischen Auseinandersetzung. Beide – der skeptische Moralist und der pervertierte Idealist – verkörpern extreme und doch gleichsam dialektisch konzipierte Möglichkeiten spezifisch Conradschen Heldentums im Kampf *»gegen die Gewißheit der Vernichtung«* (E. Franzen). – Man hat *Heart of Darkness* als Ausdruck der *»tiefsten Erfahrung menschlichen Ausgeliefertseins an die Abgründigkeit der Existenz«* interpretiert (W. Hortmann). Und doch verkennt man die Komplexität dieser zu Beginn der »klassischen« Periode des Dichters erschienenen Novelle, wenn man sie allzu ausschließlich als *»Tragödie der seelischen Desintegration«* (R. Fricker) auffaßt. Anders als Albert CAMUS und Evelyn WAUGH, die das Thema der Erzählung aufnahmen und zu Exempeln einer ausweglosen *condition humaine* weiterspannen, bemüht sich der reife Conrad zugleich um das Korrektiv einer (durch Marlow verkörperten) skeptischen, des Inhumanen sich bewußten Humanität. Erst die ausgehaltene Spannung zwischen der *»Erkenntnis vom ›Herzen der Finsternis‹ und dem Verlangen, sich auf sichere und unangezweifelte Werte zurückzuziehen«* (D. Hewitt) reiht diese Novelle unter die repräsentativen Werke des Ethikers Conrad ein, der gestand, den Verdacht nie loszuwerden, *»das Ziel der Schöpfung könne kein ethisches sein«*. R.Sch.

AUSGABEN: Edinburgh/Ldn. 1899 (in Blackwood's Magazine). – Ldn. 1902 (in *Youth, a Narrative, and Two Other Stories*). – Ldn. 1961 (in *Collected Ed. of the Works*, 21 Bde., 1946–1962, 17). – NY 1963, Hg. R. Kimbrough. – NY 1971. – Ldn. 1976 (in *Heart of Darkness and Typhoon*). – Harmondsworth 1983. – Oxford 1984 (in *Youth; Heart of Darkness; The End of the Tether*).

ÜBERSETZUNGEN: *Das Herz der Finsternis*, E. W. Freißler (in *Jugend*, Bln. 1926). – Dass., ders. (in *Geschichten vom Hörensagen*, Ffm. 1959). – *Herz der Finsternis*, F. Lorch, Zürich 1977 (detebe). – Dass., ders., Ffm. 1985.

VERFILMUNG: *Apocalypse Now*, USA 1979 (Regie: F. Coppola).

LITERATUR: R. Fricker, *Der moderne englische Roman*, Göttingen 1958, S. 54–57. – *J. C.'s »Heart of Darkness«: Backgrounds and Criticisms*, Hg. L. F. Dean, Englewood Cliffs/N.J. 1960. – *C.'s »Heart of Darkness« and the Critics*, Hg. B. Harkness, San Francisco 1960. – S. C. Wilcox, *C.'s ›Complicated Presentation‹ of Symbolic Imagery in »Heart of Darkness«* (in PQ, 39, 1960, S. 1–17). – E. Franzen, *Aufklärungen*, Ffm. 1964, S. 76–84 (es). – D. R. Benson, *»Heart of Darkness«: The Grounds of Civilization in an Alien Universe* (in TSLL, 7, 1966, S. 339–347). – B. Johnson, *Names, Naming, and the »Inscrutable« in C.'s »Heart of Darkness«* (ebd., 12, 1971, S. 675–688). – B. R. Stark, *Kurtz's Intended: The Heart of »Heart of Darkness«* (ebd., 15, 1974, S. 535–555). – J. A. McClure, *The Rhetoric of Restraint in »Heart of Darkness«* (in NCF, 32, 1977,

S. 310–326). – I. Watt, *»Heart of Darkness« and Nineteenth-Century Thought* (in Partisan Review, 45, 1978, S. 108–119). – G. Stewart, *Coppola's C.: The Repetitions of Complicity* (in Critical Inquiry, 7, 1981, Nr. 3, S. 455–474). – T. Marshall, *Private and Public Spaces: Narrative Strategies in Dostoyevsky and C.*, Norwich 1982. – B. Reitz, *»I've never seen anything so unreal in my life«: Unwirklichkeit als Darstellungsproblem in Coppolas »Apocalypse Now« und C.s »Heart of Darkness«* (in Anglistik u. Englischunterricht, 16, 1982, S. 119–144). – J. Jericho, *J. C.'s »Heart of Darkness« and »The Secret Sharer«*, Woodbury/N.Y. 1984. – M. Wilding, *»Heart of Darkness«* (in Sydney Studies in English, 10, 1984/85, S. 85–102). – G. Schmidt, *Literarische Konstruktionen des Mangels: Studien zu Hardy, C., James und Cleland*, Ffm. u. a. 1987. – O. Lagercrantz, *Reise ins Herz der Finsternis – Eine Reise mit J. C.*, Ffm. 1988.

LORD JIM

(engl., *Lord Jim*). Roman von Joseph CONRAD, erschienen 1899/1900. – Wie alle großen Romane Conrads ist auch dieser – sein bekanntester – nicht eindeutig zu klassifizieren: Er ist sowohl weltanschaulicher wie psychologischer, Fernland- wie Abenteuerroman. Gelegentlich, scheint es, verliert sich diese Geschichte von Versagen und Erniedrigung eines jungen englischen Schiffsoffiziers ganz in die Gefilde bizarrer Südseeromantik; und doch liegt dieser Romantik ein im Kern reales Ereignis zugrunde. Sie ist durchsetzt mit Selbsterlebtem und Selbstbeobachtetem; neuere Forschungen (J. Allen) haben gezeigt, daß man sogar der Begegnung des Autors mit dem Urbild seines Titelhelden Glauben schenken darf: *»Eines schönen Sommerabends sah ich seine Gestalt in der gewöhnlichsten Umgebung einer Hafenstadt des Ostens vorübergehen – einnehmend – bedeutsam – im Zwielicht – vollkommen still... Meine Sache war es, mit aller Sympathie, deren ich fähig war, die rechten Worte für das zu finden, was er bedeutete. Er war ›einer von uns‹.«*

Es ist die Geschichte eines Träumers, der in einer imaginären Welt heroischer Taten lebt und im Augenblick der Bewährung versagt. Als der Dampfer »Patna«, auf dem Jim als Erster Offizier dient, unvermutet leck wird, fügt er sich dem Fluchtplan der Besatzung und überläßt achthundert seiner Obhut anvertraute Mekkapilger ihrem Schicksal. Wider Erwarten sinkt das Schiff nicht; in einer ausführlich geschilderten Gerichtsverhandlung wird er zur Verantwortung gezogen, verliert Patent und Ehre; sein Versagen trennt ihn fortan *»vom Rest der Menschheit, deren Anstandsideal noch nie auf die Probe eines so teuflischen und abscheulichen Scherzes gestellt worden war«*. Daß Jim selbst sein Versagen nur als »Zufall« und die Probe eben nur als »teuflischen Scherz« zu akzeptieren bereit ist, ist freilich wichtig; denn der weitere Ablauf der Handlung wird fast ausschließlich von seiner Anstrengung bestimmt, *»die Idee dessen, was seine moralische Person eigentlich sein sollte, vor dem Feuer zu retten«*. Es ist zunächst die Geschichte einer unaufhörlichen Flucht. Das Gerücht seiner Verfehlung treibt Jim, der sich zuerst als Hafenagent verdingt, immer weiter nach Osten, und es scheint fast, als sei die Welt *»nicht groß genug für ihn«*. Da bietet sich ihm eine letzte Chance der Rehabilitierung. Es gelingt ihm, auf der entlegenen Südseeinsel Patusan Fuß zu fassen und innerhalb zweier Jahre zum legendenumwobenen »weißen Lord« aufzusteigen. Er gewinnt die Liebe einer jungen Frau, Ehre und Selbstvertrauen. Von den Eingeborenen als mythischer Heilsbringer und Friedensstifter verehrt, scheint sich ihm eine Art arkadischen Inselglücks zu verwirklichen – *»weit romantischer als die wildesten Träume seines Knabenalters«*, bis schließlich auch diese traumhafte Existenz durch eine Horde weißer Desperados zerstört wird. In den melodramatischen Schlußkapiteln des Romans typisiert Conrad bewußt: Bei der Auseinandersetzung mit dem durch und durch brutalen Piraten Brown und dem heimtückischen Zwischenträger Cornelius, der personifizierten Gemeinheit, unterliegt Jim, der sich seiner eigenen Verfehlungen erinnert, durch sein Zögern. Er weigert sich, die Feinde mit Entschlossenheit zu vernichten, und wird dadurch am Tod seines einheimischen Freundes Dain Waris mitschuldig. Er, der sich *»aus der einen Welt wegen der Kleinigkeit eines unbedachten Sprungs zurückgezogen«* hat, büßt nun, nachdem auch *»die andere, das Werk seiner Hände, über seinem Haupt zusammengebrochen«* ist, mit seinem Leben.

Man hat in der Forschung bis heute darüber gerätselt, ob dieser Opfertod als Akt sieghafter Selbstbefreiung oder als letztes Versagen zu interpretieren sei. Man hat Lord Jim als Repräsentanten des *»selbstvernichtenden Triebs in der menschlichen Seele«* (W. Hortmann), sein Scheitern als *»Bestätigung der Gebrechlichkeit aller irdischen Existenz«* (W. Allen) oder als *»Apotheose seines Menschentums«* (R. Fricker) gedeutet; selbst der Versuch, in ihm – wie in seinem Gegenspieler Brown – einen symbolischen Vertreter des imperialistischen Kolonialismus zu sehen (L. Borinski), besitzt Glaubwürdigkeit. Conrad selbst vermeidet bewußt jede eindeutige Stellungnahme. Die hier meisterhaft gehandhabte Standpunkttechnik – Conrads *alter ego*, der melancholisch-lebenserfahrene Kapitän Marlow, trägt Jims Geschichte bruchstückweise zusammen – dient in diesem vielschichtigen Roman zur Herstellung eines eigentümlichen Schwebezustandes. *»Wie in einem Nebel«* läßt Conrad am Ende die Gestalt Jims als eines romantisch Einsamen verschwimmen, der sich im ständigen Kampf zwischen den beiden Mächten seiner eigenen heroisch-pessimistischen Weltanschauung – dem vitalen Selbsterhaltungstrieb und der Treue gegenüber einem vielleicht trügerischen *»abstrakten Tugendideal«* – zuerst zugunsten des einen, zuletzt zugunsten des anderen Prinzips entscheidet. R.Sch.

AUSGABEN: Ldn. 1899/1900 (in Blackwood's Magazine). – Edinburgh/Ldn. 1900. – Ldn./Toronto 1917 [m. Vorw.]. – Ldn. 1923 (in *Works*, 22 Bde., 1923–1928, 4; *Uniform Ed.*). – Ldn. 1948 (in *Collected Ed. of the Works*, 21 Bde., 1946–1962). – NY 1968. – Ldn. 1974. – Toronto/Ldn. 1981. – Leicester 1981. – Ldn. 1982. – Oxford 1983. – Harmondsworth 1984.

ÜBERSETZUNGEN: *Lord Jim*, E. W. Freißler u. H. Lachmann, Bln. 1927; [15]1947. – Dass., F. Lorch, Ffm. 1962; ern. 1983. – Dass., E. Berger, Lpzg. 1981. – Dass., F. Lorch, Zürich 1974 (detebe). – Dass., ders., Ffm. 1986.

VERFILMUNGEN: USA 1925 (Regie: V. Fleming). – England 1964 (Regie: R. Brooks).

LITERATUR: W. Allen, *The English Novel*, Ldn. 1954, S. 306 f. – L. Borinski, *Meister des modernen engl. Romans*, Heidelberg 1963, S. 136–142. – W. Hortmann, *Engl. Literatur im 20. Jh.*, Mchn./Bern 1965. – J. Allen, *The Sea Years of J. C.*, NY 1965 (dt.: *J. C.: Die Jahre zur See*, Wuppertal 1969). – R. Fricker, *Der moderne engl. Roman*, Göttingen [2]1966, S. 61–65. – T. Tanner, *C.: »Lord Jim«*, Ldn. 1963. – D. Kramer, *Marlow, Myth, and Structure in »Lord Jim«* (in Criticism, 8, 1966, S. 263–279). – *Twentieth Century Interpretations of »Lord Jim«*, Hg. R. E. Kuehn, Englewood Cliffs/N.J. 1969. – D. R. Schwarz, *The Journey to Patusan: The Education of Jim and Marlow in C.'s »Lord Jim«* (in StN, 4, 1972, S. 442–458). – P. S. Bruss, *»Lord Jim«: The Maturing of Marlow* (in Conradiana, 8, 1976, S. 13–26). – I. P. Watt, *The Ending of »Lord Jim«* (ebd., 11, 1979, S. 3–21). – D. Cottom, *»Lord Jim«: Destruction Through Time* (in Centennial Review, 27, 1983, Nr. 1). – H. J. Schnackertz, *J. C.: »Lord Jim«*, Mchn. 1984. – J. Jericho, *J. C.'s »Lord Jim«*, Woodbury/N.Y. 1985.

THE MIRROR OF THE SEA. Memories and Impressions

(engl.; *Spiegel der See*). Erinnerungen und Aufzeichnungen von Joseph CONRAD, erschienen 1906. – Joseph Conrad besaß weder das Alter noch den Ruhm herkömmlicher Memoirenschreiber, als er sich in diesem – seinem vielleicht persönlichsten – Werk *»mit der vollkommenen Offenherzigkeit einer Beichte in der Todesstunde«* über die bestimmenden Kräfte seines Lebens und Denkens Rechenschaft zu geben versuchte. So entstand ein Erinnerungsbuch, das den Charakter eines stillen, nachdenklichen Selbstgesprächs trägt und zugleich in der objektivierenden Sprache des reifen Dichters den drei großen Themen seiner Seemannslaufbahn und literarischen Existenz nachsinnt: *»der unvergänglichen See, den Schiffen, die nicht mehr sind, und den schlichten Männern, deren Zeit vorbei ist«*.

In fünfzehn Abschnitten vergegenwärtigt es mit beschwörender und doch nüchterner Eindringlichkeit die Urlandschaft der Weltmeere: Es spricht von Passaten, Kalmen, Schiffen und Docks wie von differenzierten Persönlichkeiten, von Stürmen, die wie Katzen heranschleichen oder wie ein gemessener Besuch anheben, und wie selbstverständlich verbindet es mit der anekdotenreichen Schilderung von Landfall, Ausreise und Stranden Betrachtungen über menschliche Grundsituationen. Conrad meinte es wörtlich und im übertragenen Sinn, wenn er dabei der handwerklichen Kunst der alten Segelschiffahrt größere Bedeutung beimaß als selbst der moralischen Integrität; diese Kunst galt ihm als *»etwas Umfassenderes, in dem Anständigkeit und innere Kraft und Ordnung von selbst enthalten sind«*. Er wehrte sich gegen billige Seeromantik (*»das Meer kennt kein Mitleid, keine Treue, kein Gesetz, kein Gedenken«*), pathetische Heldenverehrung (Kriege erschienen ihm als höchst überflüssige Mißverständnisse unter den Völkern) und die unpräzise Metaphorik des zeitgenössischen Marinejournalismus. Dagegen pries er die Genauigkeit seiner Berufssprache, die Bewährung im *»endlosen und unbeachteten Kampf mit der See«*, die *»hohe Kunst«* erfahrener Seemänner, die er mit der *»gleichen Inspiration«* ans Werk gehen sah wie andere Meister, *»die mit Pinsel und Leinwand hantieren«*; und er fand immer neue Worte für die *»tiefe und ernste Beziehung, in der ein Mann zu seinem Schiffe steht«*. *»Es hat Ansprüche, als ob es atmen und reden könnte ... und wahrhaftig, es gibt Schiffe, die für den rechten Mann alles tun, nur nicht sprechen.«*

Die eigentümliche, von der zeitgenössischen Literaturkritik schon bald erkannte Faszinationskraft des Buchs lag nicht nur in der detailpräzisen und außerordentlich persönlichen Erneuerung der alten Symbolik der Meerfahrt als Gleichnis menschlicher Existenz. Das *»männliche Talent«* Joseph Conrads, das Thomas MANN bewunderte, *»sein Engländertum, seine freie Stirn, sein fester, kühler und humoristischer Blick, seine erzählerische Verve, Kraft und ernste Lustigkeit«* konnten sich hier, wo es ihm vor allem um die Sache ging, freier als in seinen großen Romanen entfalten, deren psychologischen Konstruktionen oft etwas Bemühtes anhaftet. Zugleich erhielt dieser Traktat von besonnener Lebensführung und exakter Segeltechnik, der mit der gleichen Ernsthaftigkeit vom Berufsethos des Künstlers wie von dem des schlichten Seemanns sprach, eine besondere Würde durch die Strenge, mit der Conrad seine *»beiden Leben«* dem Gesetz der *austerity* und eines skeptischen Moralismus unterstellte. *»In einer Epoche jenseits von Gut und Böse«* stand er damit *»fast allein unter allen Zeitgenossen vor 1930«* (L. Borinski). R.Sch.

AUSGABEN: Ldn. 1906. – Ldn. 1923 (in *Works*, 22 Bde., 1923–1928, 12; *Unif. Ed.*). – Ldn. 1960 (in *Collected Ed. of the Works*, 21 Bde., 1946 bis 1962, 14). – Garden City/N.Y. 1961 (*The Mirror of the Sea; A Personal Record*, Hg. M. D. Zabel).

ÜBERSETZUNGEN: *Spiegel der See*, G. Spervogel, Bln. 1939. – Dass., ders., Hbg. 1958. – *Der Spiegel der See: Erinnerungen und Eindrücke*, E. Wagner, Ffm. 1983.

LITERATUR: F. Riesenberg, *»The Mirror of the Sea«* (in *A C. Memorial Library*, Hg. G. T. Keating, Garden City 1929). – W. E. Süskind, *Arbeit u. Kunst: Anmerkungen zu J. C.s »Spiegel der See«* (in Kölnische Ztg., 20. 7. 1939). – T. K. Bender, *Concordances to »The Mirror of the Sea« and »The Inheritors«*, NY 1983. – E. L. Kleiner, *C.'s »The Mirror of the Sea«* (in Explicator, 42, 1984, Nr. 3, S. 33–35).

THE NIGGER OF THE »NARCISSUS«. A Tale of the Sea

(engl., *Der Nigger von der »Narcissus«. Eine Seegeschichte*). Novelle von Joseph CONRAD, erschienen 1897. – In seiner ersten Seegeschichte verarbeitete Conrad Erfahrungen, die er wenige Jahre zuvor als Schiffsoffizier auf einer Fahrt von Indien nach Europa gemacht hatte. Im Hafen von Bombay nimmt der Segler »Narzissus« die Mannschaft für die Fahrt nach London an Bord. Als letzter heuert James (»Jimmy«) Wait an, ein hünenhafter, von chronischem Husten befallener Neger. Als einziger Schwarzer befindet er sich von vornherein in einer Außenseiterposition. Auf sein seltsam undurchdringliches Wesen, seine Melancholie, Duldsamkeit und Bereitschaft, ihm angetanes Unrecht zu vergeben, reagieren die anderen Besatzungsmitglieder unterschiedlich, aber sie alle geraten immer mehr in seinen Bann. Als er nach kurzer Zeit an Tuberkulose erkrankt, trägt gerade die Ungewißheit, ob er tatsächlich dem Tod nahe ist oder aus Gefallen an seiner Ausnahmerolle übertreibt, dazu bei, daß die Gedanken der anderen sich immer mehr auf ihn konzentrieren. Am Kap der Guten Hoffnung gerät die »Narzissus« in einen schweren Sturm und *»treibt dahin wie ein letzter Splitter der vernichteten Schöpfung«*. In dieser Bewährungsprobe sondert sich die Spreu vom Weizen. Der größte Teil der Besatzung hält jedoch zusammen, und einige Männer retten unter Lebensgefahr den in seiner Kabine eingeschlossenen »nutzlosen« kranken Neger. Dank der seemännischen Erfahrung und eisernen Energie Allisouns, des Kapitäns, und Singletons, des Steuermanns, übersteht das Schiff den Sturm. Im weiteren Verlauf der Fahrt verschärfen sich die durch das enge Nebeneinanderleben auf hoher See entstandenen Spannungen, wird, gefördert durch die Gespräche mit dem Neger, der Widerstreit der Meinungen und Temperamente immer heftiger. Die fatalistischen Äußerungen Jimmys, aus denen Ekel vor dem Leben und den Menschen zu sprechen scheint, erfüllen manche Seeleute mit Mitleid, andere mit Schrecken. Der charakterlose Matrose Donkin, der den Neger tödlich haßt und aus seinem Abscheu für die Anhänglichkeit, die andere Besatzungsmitglieder, etwa der romantisch-sentimentale Belfast, Jimmy gegenüber empfinden, kein Hehl macht, schürt die Spannungen zwischen Mannschaft und Offizieren. Doch die offene Meuterei wird durch ein Ereignis verhindert, das die meisten Männer unerwartet trifft: Nach viermonatiger Fahrt, kurz nachdem die englische Küste gesichtet ist, stirbt der Neger. Betroffen von der eindeutigen Antwort, mit der der Tod ihre, und wie manche von ihnen ahnen, auch Jimmys Zweifel hinfällig gemacht hat, übergibt die Mannschaft den Leichnam dem Meer.

Seefahrt und Meer, vom Autor mit realistischen und impressionistischen Mitteln dargestellt, erfüllen bereits in diesem Frühwerk eine symbolische Funktion. In der Vielfalt ihrer Erscheinungsformen spiegelt sich die menschliche Problematik, die Conrad selbst als das eigentliche Thema dieser langen Novelle bezeichnete. Es handle sich hier, so erklärte er, um ein Problem, das nicht mit dem Meer als solchem zu tun habe, sondern mit der Situation an Bord eines Schiffes, mit dem Zustand des völligen Abgeschnittenseins vom Festland. Das Motiv der Isolierung, Zentralproblem der exotischen Erzählungen wie der Seegeschichten des Autors, erfährt in dieser Novelle eine Doppelung: Selbst isoliert, hat sich die Besatzung der »Narzissus« mit dem Außenseitertum des Negers auseinanderzusetzen. Aus dieser Situation entwickelt Conrad mit psychologischer Meisterschaft ein weiteres Thema: die Entstehung der persönliche Zweifel und Vorurteile außer Kraft setzenden »gefühlsmäßigen Verwandtschaft« zwischen Menschen in Extremsituationen. Jimmy Wait, durch Hautfarbe, Wesen und Todesnähe von den anderen unterschieden, weckt in den ihrerseits grundverschiedenen Männern der »Narzissus« das *»schlummernde Gefühl der Verwandtschaft mit allen Geschöpfen Gottes«*, ruft ihnen *»die Solidarität unzähliger einsamer Herzen«* ins Bewußtsein und *»die gemeinsamen Träume, Freuden, Sorgen, Sehnsüchte, Illusionen, Hoffnungen und Ängste der Menschheit«*. W.Pü.-KLL

AUSGABEN: NY 1897 (in *The Children of the Sea. A Tale of the Forecastle*). – Ldn. 1921. – Ldn. 1923 (in *Works*, 22 Bde., 1923–1928, 3; *Uniform Ed.*). – NY 1951. – Ldn. 1957 (in *Collected Ed. of the Works*, 21 Bde., 1946–1962, 10). – Ldn. 1960, Hg. D. Brown. – NY 1968. – Ldn. 1976 (in *The Nigger of the »Narcissus« and »Youth«*). – NY 1979. – Oxford 1984.

ÜBERSETZUNGEN: *Der Nigger vom Narzissus*, E. W. Günther [d. i. E. W. Freißler], Mchn. 1912. – *Der Nigger von der »Narcissus«*, L. Krüger, Bln./Weimar 1977. – Dass., E. Wagner, Ffm. 1978; [4]1986 (FiTb). – Dass., ders., Lpzg./Weimar 1982.

LITERATUR: C. Scrimgeour, *Jimmy Wait and the Dance of Death: C.'s »Nigger of the ›Narcissus‹«* (in Critical Quarterly, 7, 1965, S. 339–352). – *Twentieth Century Interpretations of »The Nigger of the ›Narcissus‹«: A Collection of Critical Essays*, Hg. J. A. Palmer, Englewood Cliffs/N.J. 1969. – R. Foulke, *Postures of Belief in »The Nigger of the Narcissus«* (in MFS, 17, 1971, S. 249–262). – W. W. Bouney, *Semantic and Structural Indeterminacy in »The Nigger of the ›Narcissus‹«: An Experiment in Reading* (in ELH, 40, 1974, S. 564–583). – M. P. Jones, *Judgment and Sentiment in »The Nigger of the ›Nar-*

cissus« (in Conradiana, 9, 1977, S. 159–169). – R. D. Foulke, *Creed and Conduct in »The Nigger of the ›Narcissus‹«* (ebd., 12, 1980, S. 105–128). – J. W. Parins, *A Concordance to C.'s »The Nigger of the ›Narcissus‹«*, NY 1981. – R. Humphries, *How to Change the Subject: Narrative, Reader and Ideology in »The Nigger of the ›Narcissus‹«* (in Recherches Anglaises et Américaines, 15, 1982, S. 39–50).

NOSTROMO. A Tale of the Seaboard

(engl.; *Nostromo. Eine Geschichte von der Meeresküste*). Roman von Joseph Conrad, erschienen 1904. – *»Dieser Roman«*, so erklärte der Autor, *»ist das Resultat zweijähriger Arbeit. Er basiert auf einer vagen Geschichte, die ich in meiner Jugend hörte. Er wurde so umfangreich, weil ich ständig über die Möglichkeiten des Themas nachdachte und weil ich versuchte, den Geist einer Epoche der Geschichte Südamerikas einzufangen.«*

Sulaco, die »Okzidentalprovinz« der (fiktiven) Republik Costaguana, wird beherrscht von Charles Gould, dem Sohn einer alteingesessenen englischen Familie und Konzessionär der Silbermine von San Tomé. Er fühlt sich dazu berufen, als politische Ordnungsmacht zu wirken und der zurückgebliebenen Provinz die Segnungen des kapitalistischen Wirtschaftssystems zu bringen. Eines Tages wird der durch eine Revolution an die Macht gekommene Ribiera, Diktator-Präsident von Goulds Gnaden, von seinem Kriegsminister Montero und dessen Bruder Pedrito gestürzt. Geführt von Pedrito, der sich in den Besitz der Silbermine bringen will, rücken Aufständische zu Wasser und Lande gegen Sulaco vor. Gould will eine Bootsladung Silberbarren, die ungeschützt im Hafen liegt, in Sicherheit bringen lassen. Mit dieser Aufgabe soll der Genuese Gian' Battista Fidanza betraut werden, der Vormann der Schauerleute, allgemein »Nostromo« genannt (wörtliche Bedeutung: »Maat«, im übertragenen Sinn: *nostr'uomo* – »unser Mann«, »Kamerad«), ein überaus tüchtiger und verwegener Mann, dessen Unbestechlichkeit der Wunsch zugrunde liegt, jedermann möge nur Gutes über ihn sagen. Da er sich von der erfolgreichen Durchführung des Unternehmens Ruhm verspricht, übernimmt er den Auftrag. Er wird von Martin Decoud begleitet, einem frankophilen Skeptiker, in dem die Liebe zu einer Patriotin vaterländische Gefühle geweckt und der als Journalist die Abspaltung der Okzidentalprovinz propagiert hat. Jetzt ist er auf der Flucht vor den Aufständischen. Es gelingt Nostromo, die kostbare Silberladung aus dem Hafen zu schaffen, das Boot übersteht eine Kollision mit dem Truppentransporter der Revolutionäre, gilt jedoch allgemein als gesunken. Nostromo bringt Decoud auf eine einsame Insel in Sicherheit, vergräbt dort die Silberbarren und kehrt nach Sulaco zurück. Von dort unternimmt er einen tollkühnen Durchbruch durch die feindlichen Linien, holt das Entsatzheer unter General Barrios heran und führt so den Sieg der Gegenrevolution herbei. Doch als ihm der erhoffte Ruhm nicht zuteil wird, fühlt sich Nostromo aller moralischen Verpflichtungen gegenüber der herrschenden Klasse, die ihn und seinesgleichen nur als Werkzeug benützt, ledig. Er nimmt sich seinen Lohn selbst, indem er die andern in dem Glauben läßt, der Silberschatz sei versunken, und diesen von nun an als sein Eigentum betrachtet. Auf der Insel (auf der Decoud, dessen Skeptizismus sich angesichts der überwältigenden Einsamkeit als machtlos erweist, inzwischen Selbstmord begangen hat) gräbt Nostromo von Zeit zu Zeit einen Barren aus und gelangt durch den Verkauf des Silbers allmählich zu Reichtum. Das Silber, Hauptursache der politischen Machtkämpfe in Costaguana, hat auch ihn korrumpiert. Wenige Jahre später wird auf der Insel ein Leuchtturm errichtet, zu dessen Wärter man Nostromos Freund und Landsmann Giorgio Viola bestellt. Als Nostromo eines Nachts zu dem vergrabenen Schatz schleicht, hält Viola ihn für einen fremden Eindringling und erschießt ihn.

Man hat den Roman, dessen Niederschrift nach des Autors eigenen Worten *»ein subtiler Wandel im Wesen der Inspiration«* vorausgegangen war, als Conrads größte schöpferische Leistung bezeichnet (A. J. Guerard). Zum erstenmal in seinem Werk wurde hier biographisches Material fast völlig durch fiktives ersetzt. Das Gelingen der künstlerischen Absicht, ein imaginäres Land und seine politische Situation bis in die kleinsten Details »authentisch« darzustellen, macht die Größe dieses Romans aus, ist aber zugleich die Quelle seiner Mängel. Denn die zahllosen Informationen über Topographie und Geschichte Sulacos, über das dort ansässige Völkergemisch und seine Lebensumstände (*»Es gab da keinen Ziegel, kein Sandkörnchen, keinen Stein, die ich nicht eigenhändig angeordnet hätte«*) drängen die philosophisch-psychologische Thematik des Romans in den Hintergrund. Es ist dies eine Thematik, die den Autor in vielen seiner Romane und Erzählungen beschäftigt hat, die Konfrontation zweier verschiedener Arten zu leben und zu handeln, und die in *Nostromo* in verwirrend vielfältigen Kombinationen durchgespielt wird, am sinnfälligsten in der Charakterzeichnung von Gould und Decoud. Decoud, der sein auf wirtschaftliche und politische Macht gegründetes Handeln zu idealisieren versteht, ist erfolgreich, weil er in ständiger Selbsttäuschung lebt. Gould, der Skeptiker, scheitert, weil seine Tatkraft durch fortwährende Reflexion gelähmt wird.

Seine Erzähltechnik hat Conrad in *Nostromo* vervollkommnet. Um zu verhindern, daß der Leser sich mit einer der Romanfiguren identifiziert, und um einen aus eigener Skepsis entwickelten ironischen Realismus zur Wirkung gelangen zu lassen, bedient er sich des abrupten Szenen- und Standpunktwechsels, der Zersplitterung des zeitlichen Ablaufs, ja sogar des kausalen Zusammenhangs (jener Kunstmittel also, auf die er in späteren Werken um der besseren Lesbarkeit willen wieder verzichtete). Als Markstein auf dem Weg zur Auflösung der traditionellen Romanform kommt *Nos-*

tromo auch innerhalb des Conradschen Gesamtwerks eine Sonderstellung zu. Gleichzeitig ist das Buch als eine Art Wendemarke in der Entwicklung des Autors zu verstehen: *»Während Conrads frühere Prosa sich auf Nostromo hin zu entwickeln scheint, stellen die späteren Werke im großen und ganzen offenbar besondere Ausprägungen und Verarbeitungen von Elementen dar, die in diesem Buch angelegt sind«* (R. P. Warren). M.Kö.

AUSGABEN: Ldn. 1904 (in T. P.'s »Weekly«, 29. 1.–7. 10.). – Ldn./NY 1904. – Ldn. 1923 (in *Works*, 22 Bde., 1923–1928, 7; *Uniform Ed.*). – NY 1951, Hg. R. P. Warren. – Ldn. 1960 (in *Collected Ed. of the Works*, 21 Bde., 1946–1962, 13). – Harmondsworth 1963 (Penguin). – Ldn. 1970. – Ldn. 1975. – Oxford 1984.

ÜBERSETZUNGEN: *Nostromo*, E. W. Freißler, Bln. 1927. – *Nostromo. Eine Geschichte von der Meeresküste*, F. Lorch, Ffm. 1967. – Dass., ders., Ffm. 1982. – Dass., ders., Ffm. 1984 (FiTb).

VERFILMUNG: *The Silver Treasure*, USA 1926 (Regie: R. V. Lee).

LITERATUR: R. P. Warren, *The Great Mirage: C. and »Nostromo«* (in R. P. W., *Selected Essays*, NY 1958, S. 31–58; dt. *Ausgewählte Essays*, Gütersloh 1961, S. 46–77). – A. J. Guerard, *C. the Novelist*, Cambridge/Mass. 1958, S. 175–217. – P. Goetsch, *J. C.: »Nostromo«* (in *Der moderne engl. Roman*, Hg. H. Oppel, Bln. 1965, S. 49–77). – C. J. McCann u. V. Comerchero, *Setting as Key to the Structure and Meaning of »Nostromo«* (in Research Studies, 34, 1966, S. 66–84). – T. B. Tomlinson, *C.'s Trust in Life: »Nostromo«* (in Critical Review, 14, 1971, S. 62–81). – J. C. Oates, *»The Immense Indifference of Things«: The Tragedy of C.'s »Nostromo«* (in Novel, 9, 1975, S. 5–22). – G. Jenkins, *C.'s »Nostromo« and History* (in Literature and History, 6, 1977, S. 138–178). – M. Curreli, *Fictional Suicide and Personal Rescue: The Case-History of »Nostromo«* (in Studi dell Istituto Linguistico, 4, 1981, S. 97 bis 121). – J. W. Parins, *A Concordance to C.'s »Nostromo«*, NY 1984. – P. B. Armstrong, *C.'s Contradictory Politics: The Ontology of Society in »Nostromo«* (in TCL, 31, 1985, Nr. 1, S. 1–21). – H. F. Rieselbach, *C.'s Rebel: The Psychology of Revolution in the Novels from »Nostromo« to »Victory«*, Ann Arbor/Mich. 1985.

THE SECRET AGENT. A Simple Tale

(engl.; *Der Geheimagent. Eine einfache Geschichte*). Roman von Joseph CONRAD, in Fortsetzungen erschienen 1906/07. – Das Werk leitet eine neue Phase in der künstlerischen Entwicklung Conrads ein, der es selbst als ersten Versuch in einem neuen Genre bezeichnete und im Zusammenhang damit von einer Veränderung seiner Vorstellungskraft und geistigen Haltung sprach.

Im London der Jahrhundertwende versucht eine ausländische Gesandtschaft (angelsächsische Interpreten halten sie gern für die deutsche, deutsche für die russische), die öffentliche Meinung gegen die in der Stadt lebenden kontinentalen Revolutionäre aufzuwiegeln, um die englischen Behörden zu deren Verfolgung und Auslieferung zu zwingen. Diese Geschichte einer politischen Intrige erzählt Conrad als die eines Familiendramas, also als zweifache Geschichte. Adolf Verloc, zu Müßiggang und Geheimniskrämerei neigend, hat sich als *agent provocateur* in Sachen Anarchismus von einer fremden Macht anwerben lassen, leistet aber gleichzeitig der englischen Polizei Spitzeldienste. Zur Tarnung hat er mit der viel jüngeren Winnie einen kleinbürgerlichen Hausstand gegründet, dem auch seine Schwiegermutter und sein schwachsinniger Schwager Stevie angehören, und zu demselben Zweck unterhält er einen kleinen Laden. Winnie weiß nichts vom Doppelleben ihres Mannes, und daß in ihrer Wohnung außergewöhnliche Besucher – die führenden Anarchisten der Insel – außergewöhnliche Gespräche führen, stimmt sie nicht nachdenklich; ihr einziges Interesse und ihre ganze Liebe gehören dem jüngeren Bruder, dessen wirtschaftliche Existenz sie durch ihre Heirat gesichert zu haben glaubt. Ihr Mann allerdings gibt sich der Täuschung hin, um seiner selbst willen geliebt zu werden. Zu Beginn des Romans wird Verloc nach elf Jahren geruhsamen Dienstes von seinem neuen ausländischen Auftraggeber, Herrn Vladimir, mit der Mission betraut, innerhalb eines Monats die Anarchisten zu einem Sprengstoffanschlag auf die Sternwarte in Greenwich, das Symbol der Wissenschaft, des *»allerheiligsten Fetischs«* der bürgerlichen Gesellschaft, zu provozieren. Verloc weiß, daß keiner sich dazu bereitfinden wird, und leitet das Unternehmen selbst in die Wege. Stevie soll die Bombe im Park von Greenwich deponieren, doch er stolpert, löst dadurch die Explosion aus und wird in Stücke gerissen. Auf einem Mantelfetzen entdeckt Polizeiinspektor Heat die eingenähte Adresse Stevies, und als er dort vorspricht, legt Verloc bereitwillig ein Geständnis ab. Noch am selben Abend weist der Innenminister Herrn Vladimir in die Schranken. Vergeblich versucht Verloc, seiner vor Schmerz erstarrten Frau die Notwendigkeit einer sofortigen Flucht, die ihm Heat nahegelegt hat, verständlich zu machen. Aus ihrer Benommenheit erwachend, ersticht sie den Mörder ihres Bruders (eine Szene, die F. R. Leavis *»eine der erstaunlichsten Genieleistungen in der erzählenden Literatur«* nannte). Als Winnie sich ihrer Tat bewußt wird, packt sie die Angst vor dem Galgen, und sie beschließt, sich zu ertränken. Auf dem Weg zum Fluß trifft sie den Anarchisten und Frauenhelden Ossipon, der ihr vorspiegelt, mit ihr ins Ausland fliehen zu wollen, ihr dann aber Verlocs Ersparnisse stiehlt und sich während der gemeinsamen Bahnfahrt nach Dover aus dem Staub macht. Völlig gebrochen stürzt sich Winnie von der Kanalfähre.

Die Interpretationen dieses Romans gehen weit auseinander. Man hat Conrads *»einfache Geschich-*

te« als *»eines der doppeldeutigsten englischen Erzählwerke überhaupt«* bezeichnet (R. W. Stallman) und sich allein schon über die Bedeutung des Titels nicht einigen können: Ist mit *secret agent* Verloc, Winnies Liebe zu Stevie oder die Zeit gemeint? Andere Kritiker vertreten die Ansicht, das Buch begründe die Gattung des *»seriösen, psychologisch-politischen Kriminalromans«* (A. J. Guerard). Conrad selbst wollte es, wie sein Vorwort zeigt, verstanden wissen als die bitter ironische Geschichte der Winnie Verloc vor dem Hintergrund der bedrückenden Atmosphäre kleinbürgerlichen Lebens in der modernen Großstadt, nicht als politisch-ethische Auseinandersetzung mit dem Anarchismus und seinen philosophischen Implikationen. Über die künstlerische Leistung sind sich fast alle Kritiker mit dem Autor einig, der dieses Werk besonders schätzte. Hier, so erklärte er, sei es ihm gelungen, *»eine Vielzahl technischer Schwierigkeiten höchst erfolgreich zu meistern«* und *»einen melodramatischen Stoff durchgehend ironisch zu behandeln«*. M.Kö.

Ausgaben: o. O. 1906/07 (in Ridgeway's. A Militant Weekly for God and Country). – Ldn./NY 1907. – Ldn. 1923 (in *Works*, 22 Bde., 1923–1928, 8; *Uniform Ed.*). – Ldn. 1960 (in *Collected Ed. of the Works*, 21 Bde., 1946–1962, 11). – Harmondsworth 1963. – Ldn. 1974. – Oxford 1983. – NY 1983.

Übersetzungen: *Der Geheimagent. Roman*, E. W. Freißler, Bln. 1926 [Einl. Th. Mann]. – *Der Geheimagent. Eine einfache Geschichte*, G. Danehl, Ffm. 1963, ern. 1967. – Dass., ders., Zürich 1975 (detebe). – Dass., ders. (in *GW in Einzelbänden*, Ffm. 1984).

Dramatisierung: J. Conrad, *The Secret Agent* (Urauff.: Ldn. 1922; dt. Erstauff.: Hbg., 22. 9. 1956, Schauspielhaus).

Verfilmung: *Sabotage*, England 1936 (Regie: A. Hitchcock; amerik. Titel: *A Woman Alone*).

Literatur: A. J. Guerard, *C. the Novelist*, Cambridge/Mass. 1958, S. 218–231. – R. W. Stallman, *Time and »The Secret Agent«* (in *The Art of J. C.: A Critical Symposium*, Hg. ders., East Lansing/Mich. 1960, S. 227–254). – P. Goetsch, *J. C.: »The Secret Agent«* (in NSp, 11, 1962, S. 97–110). – N. N. Holland, *Style as Character: »The Secret Agent«* (in MFS, 12, 1966, S. 221–231). – R. S. Ryf, *»The Secret Agent« on Stage* (in MD, 15, 1972, S. 54–62). – P. S. Hoff, *»The Secret Agent«: A Typical C. Novel?* (in Polish Review, 20, 1975, S. 154–163). – W. B. Stein, *»The Secret Agent«: The Agon(ie)s of the Word* (in Boundary, 6, 1978, S. 521–540). – P. Stine, *C.'s Secrets in »The Secret Agent«* (in Conradiana, 13, 1981, S. 123–140). – M. Conroy, *The Panoptical City: The Structure of Suspicion in »The Secret Agent«* (ebd., 15, 1983, S. 203–217). – J. Hansford, *Reference and Figuration in »The Secret Agent«* (ebd., 10, 1985, S. 116–131).

THE SHADOW LINE. A Confession

(engl.; *Die Schattenlinie. Eine Beichte*). Erzählung von Joseph Conrad, in Fortsetzungen erschienen 1916/17. – Die Erzählung ist Conrads Sohn Boris und seiner Generation gewidmet, die schon früh im Leben unter dem Zwang des Weltkriegs jene »Schattenlinie« überschreiten mußten, die das Ende der Jugend markiert. Auch der Held der Erzählung befindet sich anfangs noch im *»Zwielichtbereich zwischen Jugend und Reife«*, in dem man zu vorschnellen Handlungen neigt, weil das bisherige Leben schal und unbedeutend erscheint. In einem Moment des Überdrusses heuert der Ich-Erzähler ohne jeden Grund in einem Hafen Ostasiens ab und quartiert sich in einem Seemannsheim ein, um auf ein Schiff nach England zu warten. Dem Hinweis eines alten, verständnisvollen Kapitäns folgend, bewirbt sich der bis dahin ganz mit sich selbst Beschäftigte erfolgreich um einen frei gewordenen Kapitänsposten und tritt noch am selben Abend die kurze Reise nach Bangkok an, wo »sein« Schiff ankert. Voller Tatendrang will der frischgebackene Kapitän sofort auslaufen, doch geschäftliche Komplikationen und ein an Bord ausgebrochenes Tropenfieber verzögern den Termin. Die Fahrt beginnt unter ungünstigen Bedingungen: Das Fieber ist nicht völlig auskuriert, der Erste Offizier Burns, der sich ständig übergangen fühlt, ist noch todkrank, und Fahrtwind ist kaum vorhanden. Der Kapitän sieht sich in seiner Hoffnung, alles werde sich zum Bessern wenden, sobald man dem unheilvollen Einfluß des Festlands entronnen sei, enttäuscht. Nur langsam kommt das Schiff voran, und in der Nähe der Insel Koh-Ring wird es schließlich nur noch im Kreis umhergetrieben. Das Fieber bricht erneut und heftiger als zuvor aus und verschont nur den Kapitän und den herzkranken Koch. Als der Erzähler entdeckt, daß die restlichen Medizinflaschen statt Chinin eine undefinierbare Mischung enthalten, quält er sich, obwohl die Mannschaft ihm keine Schuld gibt, mit Selbstvorwürfen, weil er die Bordapotheke vor Beginn der Fahrt nicht persönlich inspiziert hat. Pausenlos an Deck, ist er dem körperlichen und seelischen Zusammenbruch nahe. Der langsam genesende Burns macht für den Austausch der Medikamente den Vorgänger des Kapitäns verantwortlich, der, offenbar geistesgestört, kurz vor seinem Tod Schiff und Mannschaft den Untergang gewünscht hat. Er, der 8 Grad 20 Minuten nördlicher Breite am Golf von Siam begraben wurde, versuche nun – so Burns –, das Schiff am Überqueren dieser Linie zu hindern. Als nach fünfzehn Tagen ein Unwetter heraufzieht, gelingt es der Mannschaft mit letzter Kraft, wenigstens das Hauptsegel zu raffen, bevor ein tropischer Regen hereinbricht. In der darauffolgenden gespenstischen Stille kriecht Burns an Deck und verhöhnt mit irrem Gelächter den toten Kapitän. Damit scheint der Bann gebrochen: Eine stetige Brise kommt auf und bringt das Schiff in wenigen Tagen zum Ausgangshafen zurück. Der Erzähler sorgt für die ärztliche Betreuung der See-

leute und setzt dann unverzüglich mit einer neuen Mannschaft die Fahrt fort.
Mit dieser »Beichte« ist Conrad eine Art *»Ancient Mariner‹ in Prosa«* (F. R. Leavis) gelungen. Hier setzt er alle jene künstlerischen Mittel ein, die seinen Rang begründen: die prägnante Sprache, die intensive psychologische Einfühlung und ihre Umsetzung in Handlung, die Verknüpfung von realer und symbolischer Erzählebene, die farbige Schilderung der exotischen Kulisse, die authentische Darstellung des Lebens an Bord und dessen unsentimentale Verherrlichung. Die Seereise – und speziell das »erste Kommando« –, in deren Verlauf der »Held« zu sich selbst findet, ist ein Motiv, das Conrad in verschiedenen Phasen seines Schaffens aufgegriffen hat (vgl. *The Heart of Darkness* und *The Secret Sharer*). *The Shadow Line* ist die am stärksten autobiographisch geprägte Version und zugleich die ausgewogenste: Der Initiationsprozeß und die Entwicklung vom Träumer zum Handelnden vollziehen sich in Harmonie mit Erfahrung und Erkenntnis. M.Kö.

AUSGABEN: Ldn. 1916/17 (in English Review, Sept. 1916–März 1917). – Ldn./Toronto 1917. – Ldn. 1923 (in *Works*, 22 Bde., 1923–1928, 1; *Uniform Ed.*). – Garden City/N.Y. 1959, Hg. u. Einl. M. D. Zabel [zus. m. *Typhoon* u. *Secret Sharer*]. – Ldn. 1962 (in *Collected Ed. of the Works*, 21 Bde., 1946–1962, 21). – Oxford 1985.

ÜBERSETZUNGEN: *Die Schattenlinie. Eine Beichte*, E. McCalman, Bln. 1926 [Einf. J. Wassermann]. – Dass., dies., Bln./Ffm. 1948. – Dass., dies., Ffm./Hbg. 1961 (EC; Nachw. R. Sühnel). – *Die Schattenlinie: »Meiner unauslöschlichen Achtung würdig«*, E. Wagner, Ffm. 1981; 21985 (FiTb). – Dass., E. Berger, Bln./DDR 1984.

LITERATUR: F. R. Leavis, *On »Typhoon« and »The Shadow Line«* (in F. R. L., *The Great Tradition: G. Eliot, H. James, J. C.*, Ldn. 1955, S. 182–191). – I. Watt, *Story and Idea in C.'s »The Shadow Line«* (in Critical Quarterly, 2, 1960, S. 133–148). – J. Zuckerman, *The Architecture of »The Shadow Line«* (in Conradiana, 3, 1971/72, S. 87–92). – J. Bakker, *Crossing the Shadow-Line* (in Dutch Quarterly Review of Anglo-American Letters, 5, 1975, S. 195–205). – J. Simon, *Between the Conception and the Recreation Falls »The Shadow Line«* (in Hudson Review, 32, 1979, S. 239–244). – T. K. Bender, *Concordances to C.'s »The Shadow Line« and »Youth«*, NY 1980.

TYPHOON

(engl.; *Taifun*). Erzählung von Joseph CONRAD, in Fortsetzungen erschienen 1902. – Im Gegensatz zu Conrads späten Seestücken besitzt dieses frühe Beispiel keine symbolisch-psychologische Bedeutungsebene. Die Erzählung wurde berühmt wegen der bis heute unübertroffenen realistischen Beschreibung eines Taifuns. Im Mittelpunkt steht jedoch nicht das Wüten des Sturms, sondern die Verschiedenheit der Reaktionen, die er bei der englischen Besatzung eines siamesischen Dampfers auslöst.
Die »Nan-Shan«, die durch die Straße von Formosa nach Foutschou fährt, steht unter dem Kommando des Kapitäns McWhirr, eines unauffälligen, aber verläßlichen Mannes, der wegen seiner mangelnden Intelligenz von seinen Offizieren belächelt wird. Außer der üblichen Ladung befördert das Schiff diesmal zweihundert chinesische Kulis, die einige Jahre lang in verschiedenen Kolonien gearbeitet haben und jetzt in ihre Heimat zurückkehren. Jeder hat eine Kiste mit an Bord gebracht, die seine gesamte Habe enthält, darunter den am sorgsamsten gehüteten Besitz: ein unter tausend Mühen erworbenes Häufchen Silberdollars. Eines Morgens – *»die Luft ist zum Schneiden dick«* – steht das Barometer ungewöhnlich tief. Für Jukes, den jungen, phantasiebegabten Ersten Steuermann, sind das die untrüglichen Vorzeichen eines Wirbelsturms. Auch McWhirr erwartet *»schlechtes Wetter«*, doch *»sein rotes Gesicht verrät nichts von Beunruhigung. Vorzeichen sind für ihn nicht vorhanden; er ist nicht imstande, die Bedeutung einer Vorhersage zu erfassen, bis ihre Erfüllung sie ihm dicht unter die Augen rückt.«* Als die Dünung zunimmt und das Schiff ins Schlingern gerät, sucht Jukes den Kapitän auf, um ihn zu einer Kursänderung zu bewegen. Er findet ihn beim Studium eines Buches über Wirbelstürme, dessen theoretischen Ausführungen er, der Praktiker, nicht zu folgen vermag. Er kann nicht einsehen, warum man dem »schlechten Wetter« ausweichen und eine Verlängerung der Fahrt in Kauf nehmen soll; denn, so erklärt er, *»ein Sturm ist ein Sturm, und ein tüchtiger Dampfer muß ihm standhalten«*. Wenig später bricht der Taifun über die »Nan-Shan« herein, *»sie in allen Fugen erschütternd, als wäre ein großer, schützender Damm vom Sturm weggeblasen worden«*. Die Mannschaft flüchtet sich unter Deck, nur der Kapitän und Jukes harren auf der Kommandobrücke aus. Während dieser sich und das Schiff verloren gibt, bleibt McWhirr unerschütterlich bemüht, den Überblick zu behalten, *»dem Sturm ins Auge schauend wie einem persönlichen Gegner, um seine verborgenen Absichten zu durchschauen«*. Da erscheint der Bootsmann und meldet erregt, die Kulis seien vor Angst *»toll geworden«*. Obgleich Jukes es für Wahnsinn hält, daß McWhirr ihn unter diesen Umständen hinunter ins Zwischendeck schickt, wagt er nicht, gegen den Befehl zu meutern. Als er sich unter Einsatz seines Lebens zu den Chinesen vorgearbeitet hat, bietet sich ihm ein gespenstischer Anblick: Ein Knäuel von Leibern wird im Rhythmus der Schiffsbewegungen von einer Bordwand zur andern geschleudert; die Kulis kämpfen um ihr Leben und um die Silberdollars, die aus den geborstenen Kisten rollen. Inzwischen hat sich der Kapitän um der Aufrechterhaltung der Disziplin willen gezwungen gesehen, den Zweiten Steuermann wegen Unbotmäßigkeit niederzuschlagen. Von Jukes durch das Sprachrohr

über das Chaos im Zwischendeck informiert, befiehlt er, die Münzen unverzüglich einzusammeln und die Chinesen in Schach zu halten. Das schier Unmögliche gelingt unter Aufbietung aller Kräfte der gesamten Besatzung. Dann erreicht die »Nan-Shan« das windstille Zentrum des Taifuns. (Die zweite, gefahrvollere Etappe der Sturmfahrt hat Conrad mit Bedacht ausgespart.) Schwer beschädigt läuft der Dampfer bei Sonnenschein in Foutschou ein, wo der Kapitän die Silberdollars unter die Kulis aufteilt und den Rest den am schwersten Verwundeten zukommen läßt. Und nun muß auch Jukes zugeben, daß sich McWhirr *»sehr gut aus der Sache gezogen«* hat.

Daraus, daß der als »beschränkt« belächelte Kapitän sich allen Prüfungen der Fahrt gewachsen zeigt, der geistig bewegliche Jukes dagegen schon kurz nach Einsetzen des Sturms kleinmütig verzweifelt, ergibt sich eine für Conrad untypische Verkehrung der Werte: Der Steuermann scheitert an seiner Intelligenz, die ihn unfähig macht, den psychischen Belastungen standzuhalten, während die Tugenden des Kapitäns – Mut, unerschütterliches Selbstvertrauen, Verantwortungsbewußtsein, Disziplin und Gerechtigkeit – gerade in seinem begrenzten Denkvermögen ihren Ursprung haben. Solches Lob der Mittelmäßigkeit und des unauffälligen Heroismus entsprang einem tiefwurzelnden antiintellektuellen Affekt, der sich zwar in Conrads Briefen häufig Luft machte, in seinen Werken aber nur selten sichtbar wird. Die Mehrzahl der Helden Conrads (man denke etwa an den jungen Kapitän in *The Secret Sharer* oder den Ich-Erzähler in *The Shadow Line*) entsprechen weit mehr dem Typ des Steuermanns Jukes. M.Kö.

Ausgaben: Ldn. 1902 (in Pall Mall Magazine, Jan.–März). – NY/Ldn. 1902. – Ldn. 1912. – Ldn. 1923 (in *Works*, 22 Bde., 1923–1928, 3). – Ldn. 1946 (in *Collected Ed.*, 21 Bde., 1946–1962). – Ldn. 1955. – Ldn. 1960. – Ldn. 1980.

Übersetzungen: *Im Taifun*, E. Eckert, Stg. 1908. – *Taifun*, dies., Stg. 1927. – Dass., dies. (in *Taifun u. andere Erzählungen*, Zürich 1948; ern. 1964). – Dass., dies., Stg. 1977; ern. 1982 (RUB). – *Taifun. Zwischen Land und See*, E. Wagner (in *GW in Einzelbänden*, Ffm. 1978; ²1985).

Literatur: I. P. Pulc, *Two Portrayals of a Storm: Some Notes on C.'s Descriptive Style in »The Nigger of the ›Narcissus‹« and »Typhoon«* (in Style, 4, 1970, S. 49–57). – P. S. Bruss, *»Typhoon«: The Initiation of Jukes* (in Conradiana, 5, 1973, S. 46–55). – T. J. Rice, *»Typhoon«: C.'s Christmas Story* (in Cithara, 14, 1975, S. 19–35). – T. A. Birrell, *The Simplicity of »Typhoon«: C., Flaubert and Others* (in Dutch Quarterly Review of Anglo-American Letters, 10, 1980, S. 272–295).

Noël Coward

* 16.12.1899 Teddington / London
† 26.3.1973 Port Maria / Jamaika

Literatur zum Autor:
R. Mander u. J. Mitchenson, *Theatrical Companion to C.*, Ldn. 1957. – M. Levin, *N. C.*, NY 1968 (TEAS). – C. R. Morse, *Mad Dogs and Englishman: A Study of N. C.* (in Emporia State Research Studies, 21, 1973, Nr. 4, S. 5–50). – C. Lesley, *The Life of N. C.*, Ldn. 1976; ern. 1978. – J. Lahr, *C. the Playwright*, Ldn. 1982.

BLYTHE SPIRIT

(engl.; *Ü: Geisterkomödie*). Komödie von Noël Coward, Uraufführung: Manchester, 16. 6. 1941, Opera House; deutschsprachige Erstaufführung: Zürich, 8. 11. 1945, Schauspielhaus. – Eines der populärsten Stücke des Dramatikers, das später auch erfolgreich verfilmt wurde. Charles Condomine, ein wohlhabender Schriftsteller mittleren Alters, lebt mit seiner attraktiven zweiten Frau geruhsam in seinem kleinen Landhaus in Kent. Als man ihnen von einer alten Frau erzählt, die sich mediale Kräfte zuschreibt und behauptet, sie könne Verbindung mit Verstorbenen aufnehmen, bleiben die Condomines zwar skeptisch, laden aber die Alte in ihr Haus ein. Tatsächlich sind die Bemühungen der Besucherin erfolgreich: Sie läßt den Geist von Condomines erster Frau erscheinen. Vor allem die Tatsache, daß dieser Geist nur für Condomine sichtbar und hörbar ist, nicht aber für dessen zweite Frau, zeitigt nun die humorvollsten Effekte des Stückes. In leicht satirischer Form wird dabei das Verhältnis dieser drei Menschen zueinander skizziert, nicht ohne daß Coward vergäße, in heiterem Ton die Kritik an der modernen Ehe einzuflechten. Condomines zweite Frau wird schließlich von der ersten getötet und schließt sich ihr dann als Geist an. Sehr zufrieden mit diesem Ausgang der Geschehnisse macht sich Condomine am Ende des Stückes vor beiden Geistern aus dem Staube. J.v.Ge.-KLL

Ausgaben: NY 1941. – Ldn. 1942. – Ldn. 1958 (in *Play Parade*, 5 Bde., 1949–1958, 5). – Ldn. 1976. – Ldn. 1979 (in *Plays*, 4 Bde., 4; Einl. R. Mander u. J. Mitchenson; ern. 1983).

Übersetzung: *Geisterkomödie*, C. Goetz, 1959 [Bühnenms.].

Verfilmung: England 1945 (Regie: D. Lean).

DESIGN FOR LIVING

(engl.; *Ü: Unter uns Vieren*). Komödie von Noël Coward, Uraufführung: New York, 24. 1. 1933, Ethel Barrymore Theatre; deutsche Erstaufführung: Berlin, Mai 1952, Komödie. – Die Handlung des geschickt konstruierten Stücks kreist um die Liebe einer Frau zu zwei Männern und um den Versuch des Trios, seinen unkonventionellen Beziehungen eine dauerhafte Basis zu geben, sich aber zugleich mit seiner konventionellen Umwelt zu arrangieren. Otto ist Maler, Leo Schriftsteller und Gilda ist das Mädchen, das beide lieben. Gilda will zunächst nicht wahrhaben, daß sie beiden Männern in gleichem Maß zugetan ist und daß eine Art von *ménage à trois* sich als beste Lösung ihres gemeinsamen Problems anbietet. Einige sehr bühnenwirksame Szenen zeigen, wie Gilda zwischen ihren zwei Liebhabern hin und her pendelt. Einmal erwägt sie sogar, sich von beiden zu lösen und den gesetzten Ernest Friedmann zu heiraten, der in dem Stück als eine Art Kommentator fungiert. Als die drei Liebenden dann doch beschließen, wie bisher unkonventionell weiterzuleben, tun sie es mit der nicht gerade von großer Lebenserfahrung zeugenden Begründung, daß sie sich nur auf diese Weise die glücklichen Erinnerungen an die Zeit, in der sie jung und unternehmungslustig waren, bewahren könnten.

Das Stück ist streng symmetrisch aufgebaut und lebt von den Kontrasten, die sich auch inhaltlich (z. B. im Gegensatz Künstler-Bürger) fortsetzen. Gerade die straffe Konstruktion stellt Cowards Dramen in die Tradition der französischen *pièce bien faite* im Stil von Eugène Scribe. J.v.Ge.

Ausgaben: Ldn. 1933. – Garden City/N.Y. 1933. – Ldn. 1934 (in *Play Parade*). – Ldn. 1961 (in *Play Parade*, Bd. 1). – Ldn. 1979 (in *Plays*, 4 Bde., 3; Einl. R. Mander u. J. Mitcheson; ern. 1983).

Übersetzung: *Unter uns Vieren*, C. Goetz, Bad Reichenhall 1952 [Bühnenms.].

Verfilmung: Deutschland 1933 (Regie: E. Lubitsch).

DAPHNE DU MAURIER

* 13.5.1907 London
† 19.4.1989 Parr / Cornwall

REBECCA

(engl.; *Ü: Rebecca*). Roman von Daphne Du Maurier, erschienen 1938. – Unter den zahlreichen Erfolgsromanen der Autorin (einer Enkelin des Schriftstellers und Karikaturisten George Du Maurier) erfreut sich dieser Welt-Bestseller noch heute der größten Beliebtheit. Er ist ein Musterbeispiel für die Wirksamkeit des angelsächsischen Rezepts, daß eine wohldosierte, in gepflegtem Stil präsentierte Mischung aus Spannung, Romantik und psychologischer Einfühlung solide Unterhaltungsliteratur ergibt.

Die Ich-Erzählerin (deren Name nie erwähnt wird), ein verwaistes, bescheidenes Mädchen von natürlichem Charme, hat als Gesellschafterin einer reichen Amerikanerin den englischen Aristokraten Maxim de Winter kennengelernt und ist ihm kurz darauf als seine Frau nach Manderley, seinem Landsitz an der Küste Cornwalls, gefolgt. Das große Haus, dem die Unerfahrene vorstehen soll, trägt noch immer den Stempel Rebeccas, der ersten Frau Maxims, deren Andenken von der Haushälterin, Mrs. Danvers, mit einer an Abgötterei grenzenden Verehrung gepflegt wird. Immer stärker empfindet die neue Mrs. de Winter die Allgegenwart der Toten und ihre eigene Unfähigkeit, eine würdige Nachfolgerin der schönen, souveränen und von allen bewunderten einstigen Herrin von Manderley zu werden. Daß Maxim Rebeccas Zimmer verschlossen hält, ungern über die Vergangenheit spricht und in Melancholie oder Zorn verfällt, wenn er sich daran erinnert fühlt, vergrößert ihre Unsicherheit. Die Bucht, in der Rebecca mit ihrem Segelboot unterging, übt eine magische Anziehungskraft auf sie aus. Mit immer raffinierteren Mitteln versucht Mrs. Danvers, die Ehegatten einander zu entfremden, aber als ihr dies endlich gelungen scheint, nehmen die Ereignisse eine dramatische Wendung: Ein Schiff strandet in der Bucht, und bei den Bergungsarbeiten wird das Boot mit der Leiche Rebeccas gefunden. Jetzt erst enthüllt Maxim seiner Frau die Geschichte seiner ersten Ehe und den wahren Charakter Rebeccas. Aber auch er wird sich erst, als man ihn des Mordes an ihr bezichtigt, der Täuschung bewußt, mit der die triebhafte, skrupellose Frau ihn zu der Tat provoziert hat. Als weitere Recherchen gute Gründe für einen Selbstmord Rebeccas zutage fördern, schlägt deren letzter teuflischer Plan, die Verurteilung Maxims, fehl. Weit entfernt von England und Manderley, das kurz nach jenen Ereignissen bis auf die Mauern niederbrannte (offenbar eine Verzweiflungstat Mrs. Danvers'), versuchen die de Winters der düsteren Vergangenheit zu entfliehen.

Dort, wo sie den unheimlichen Einfluß des vom Geist der Toten erfüllten Hauses auf die Ich-Erzählerin beschreibt, erzielt die Autorin die stärksten Effekte, wie überhaupt die verständnisvolle Schilderung der Reaktionen der naiven jungen Frau auf das fremde Milieu zu den reizvollsten Aspekten des Romans gehört. G.Ba.

Ausgaben: Ldn. 1938. – Lpzg. 1939 (in *Works*, 4 Bde., 1931–1939, 4). – NY 1943 (Modern Library). – NY 1956. – NY 1961 (in *Three Romantic Novels: Rebecca, Frenchman's Creek, Jamaica Inn*). –

Harmondsworth 1970. – Ldn. 1976. – Ldn. 1977 (Hg. M. Tarner). – Ldn. 1980.

Übersetzung: *Rebecca*, K. v. Schab, Zürich 1940. – Dass., dies., Hbg. 1953. – Dass., dies., Reinbek 1966 u. ö. (rororo). – Dass., Bern/Mchn. 1972 (in *Drei Romane: Rebecca, Meine Cousine Rachel, Die Parasiten*). – Dass., dies., Bern/Mchn. 1981. – Dass., dies., Mchn. 1982 (Knaur Tb).

Dramatisierung: D. Du Maurier, *Rebecca* (Urauff.: Ldn., 5. 4. 1940, Queen's Theatre). – Dass., J. Moszkowicz, Norderstedt 1977 [unveröff. Bühnenms.].

Verfilmung: USA 1940 (Regie: A. Hitchcock).

Literatur: R. Church, *British Authors*, Ldn. 1943, S. 139–141. – G. J. Nathan, *»Rebecca«* (in G. J. N., *Theatre Book of the Year*, NY 1944/45, S. 244–249). – H. Smith, *The »Rebecca« Case* (in Saturday Review of Literature, 31, 1948, S. 18). – L. Stockwell, *Best Sellers and the Critics: A Case History* (in English Journal, 16, 1955, S. 214–221). – R. Bromley, *The Gentry, Bourgeois Hegemony, and Popular Fiction* (in Literature and History, 7, 1981, S. 166–183). – J. S. Bakerman, *D. Du M.* (in J. S. B., *And Then They Were Nine ... More Women of Mystery*, Bowling Green/Oh. 1985, S. 12–29).

Thomas Stearns Eliot

* 26.9.1888 Saint Louis / Missouri
† 4.1.1965 London

Literatur zum Autor:
Bibliographien:
D. Gallup, *T. S. E.: A Bibliography*, Ldn. 1937; ern. 1969. – M. Martin, *A Half-Century of E. Criticism: Annotated Bibliography of Books and Articles in English, 1916–1965*, Lewisburg/Pa. 1972. – B. Ricks, *T. S. E.: A Bibliography of Secondary Works*, Metuchen/N.J. 1980.
Zeitschrift:
T. S. E. Review, Hg. D. E. S. Maxwell u. S. Bagchee, Edmonton/Alberta 1975 ff. [ab 1977/1978 u. d. T. Yeats E. Review].
Forschungsberichte:
W. Riehle, *T. S. E.*, Darmstadt 1979 (EdF). – A. P. Frank, *T. S. E.: Criticism and Scholarship in German. A Descriptive Survey, 1923–1980*, Göttingen 1986.
Biographien:
J. Kleinstück, *T. S. E. in Selbstzeugnissen u. Bilddokumenten*, Reinbek 1967 (rm). – B. Bergonzi, *T. S. E.*, NY 1972. – T. S. Matthews, *Great Tom: Notes Toward the Definition of T. S. E.*, NY 1974. – L. Gordon, *E.'s Early Years*, NY 1977. – J. Chiari, *T. S. E.: A Memoir*, Ldn. 1982. – C. Behr, *T. S. E.: A Chronology of His Life and Works*, Ldn. 1983. – P. Ackroyd, *T. S. E.: A Life*, NY 1984 (dt. Ffm. 1988).
Gesamtdarstellungen und Studien:
F. O. Matthiesen, *The Achievement of T. S. E.*, Ldn. 1935; ern. 1959 [erw.]; zul. 1980. – *T. S. E.: A Study of His Writings*, Hg. B. Rajan, Ldn. 1947. – H. L. Gardner, *The Art of T. S. E.*, Ldn. 1949; ern. 1968. – E. Drew, *T. S. E.: The Design of His Poetry*, Ldn. ²1954. – G. C. Smith Jr., *T. S. E.'s Poetry and Plays: A Study in Sources and Meaning*, Chicago 1956. – *T. S. E.: A Collection of Critical Essays*, Hg. H. Kenner, Englewood Cliffs/N.J. 1962. – *T. S. E.: Selected Criticism*, Hg. L. Unger, Englewood Cliffs/N.J. 1962. – N. Frye, *T. S. E.*, Ldn. 1963. – C. H. Smith, *T. S. E.'s Dramatic Theory and Practice*, Princeton/N.J. 1963. – E. Thompson, *T. S. E.: The Metaphysical Perspective*, Carbondale/Ill. 1963. – G. Jones, *Approach to the Purpose: A Study of the Poetry of T. S. E.*, Ldn. 1964; ern. 1981. – H. Kenner, *The Invisible Poet: T. S. E.*, NY ²1965. – SR, 74, 1966 [Sondernr. *T. S. E.*, Hg. A. Tate]. – H. L. Gardner, *T. S. E. and the English Poetic Tradition*, Nottingham 1966. – R. Germer, *T. S. E.s Anfänge als Lyriker (1905–1915)*, Heidelberg 1966. – D. E. S. Maxwell, *The Poetry of T. S. E.*, Ldn. ⁵1966. – L. Unger, *T. S. E.: Moment and Patterns*, Minneapolis 1966. – *T. S. E.: The Man and His Work*, Hg. A. Tate, NY 1966. – K. Schlüter, *Der Mensch als Schauspieler: Studien zur Deutung von T. S. E.s Gesellschaftsdramen*, Bonn ²1966. – G. Williamson, *A Reader's Guide to T. S. E.: A Poem-by-Poem Analysis*, NY ²1967. – E. M. Browne, *The Making of T. S. E.'s Plays*, Ldn. 1969. – R. Kirk, *E. and His Age: T. S. E.'s Moral Imagination in the Twentieth Century*, NY 1971; zul. 1984. – J. Chiari, *T. S. E.: Poet and Dramatist*, NY 1972; ern. 1979. – J. D. Margolis, *T. S. E.'s Intellectual Development, 1922–1939*, Chicago 1972. – A. P. Frank, *Die Sehnsucht nach dem unteilbaren Sein: Motive u. Motivation in der Literaturkritik T. S. E.s*, Mchn. 1973. – T. R. Rees, *The Technique of T. S. E.*, Den Haag 1974. – *T. S. E.: A Collection of Criticism*, Hg. L. Wagner, NY 1974. – A. Mowbray, *T. S. E.'s Impersonal Theory of Poetry*, Lewisburg/Pa. 1974. – E. Schneider, *T. S. E.: The Pattern in the Carpet*, Berkeley/Los Angeles 1975. – S. Spender, *T. S. E.*, Hg. F. Kermode, NY 1975. – *Zur Aktualität T. S. E.s*, Hg. H. Viebrock u. A. P. Frank, Ffm. 1975. – B. Rajan, *The Overwhelming Question: A Study of the Poetry of T. S. E.*, Toronto 1976. – D. Traversi, *T. S. E.: The Longer Poems*, Ldn. 1976. – A. P. Brady, *Lyricism in the Poetry of T. S. E.*, Ldn. 1978. – P. Reinau, *Recurring Patterns in T. S. E.'s Prose and Poetry*, Bern 1978. – A. D. Moody, *T. S. E.: Poet*, Ldn. 1979. – *T. S. E.: The Critical Heritage*, Hg. M. Grant, 2 Bde., Ldn. 1982. – P. Gray, *T. S. E.'s Intellectual and Poetic Development 1909–1922*, Atlantic Highlands/N.J. 1982. – R. Bush, *T. S. E.: A Study in Character and Style*, NY 1984. – T. Pinkney, *Wom-*

en in the Poetry of T. S. E.: A Psychoanalytic Approach, Ldn. 1984. – D. Spurr, *Conflicts in Consciousness: T. S. E.'s Poetry and Criticism*, Chicago 1984, Southern Review, 21, 1985, Nr. 4 [Sondernr. *T. S. E.*, Hg. J. Olney]. – F. B. Pinion, *A T. S. E. Companion: Life and Works*, Ldn. 1986. – L. Menand, *Discovering Modernism: T. S. E. and His Context*, NY 1987. – A. Calder, *T. S. E.*, Brighton 1987. – S. Sultan, *E., Joyce, and Company*, Oxford 1987. – M. Scofield, *T. S. E.: The Poems*, Cambridge 1988.

DAS LYRISCHE WERK (engl.) von Thomas Stearns ELIOT.

Der gebürtige Amerikaner T. S. Eliot, der vor dem Ersten Weltkrieg in die Heimat seiner puritanischen Vorfahren zurückkehrte und 1927 englischer Staatsbürger wurde, gehört zu den Klassikern des anglo-amerikanischen Modernismus. Wie seine Dichterkollegen Ezra POUND und W. B. YEATS schuf er auf der Grundlage der Errungenschaften des französischen Symbolismus ein innovatives lyrisches Werk, mit dem er auf die Situation des Wertverfalls und der geistig-moralischen Heterogenität und Disharmonie der großstädtisch geprägten modernen Welt antwortete. Eliot, neben Pound der bedeutendste *poeta doctus* des 20. Jh.s, machte als Dichter und Kritiker Epoche. Seit den dreißiger Jahren sind Berge von Literatur über ihn geschrieben worden, bis es in den siebziger Jahren etwas ruhiger um ihn wurde. Der Weg zum Verständnis seiner Lyrik kann über seine kritischen Schriften gesucht werden. Eliot hat sein Dichtungsverständnis in einflußreichen Essays theoretisch dargelegt. In der Nachfolge von Rémy de GOURMONT und unter dem maßgeblichen Einfluß Pounds lehnte er die spätromantische Ästhetik ab und verlangte »Unpersönlichkeit« von der Kunst, wie er sie in seinem lebenslangen Leitbild DANTE verkörpert sah (*Tradition and the Individual Talent*, 1919). Die beiden wichtigsten Bestandteile seiner Dichtungstheorie sind die von der symbolistischen Ästhetik und der Erkenntnisphilosophie F. W. BRADLEYS beeinflußte Auffassung von der gegenständlichen Entsprechung *(objective correlative)*, die der Dichter für seine Emotion jeweils finden müsse (*Hamlet*, 1919), und die Forderung der Einheit von Denken und Fühlen, die vorbildlich bei den »Metaphysical Poets« des 17. Jh.s, besonders bei John DONNE, verwirklicht sei. Danach sei es zu einem Traditionsbruch, einem Auseinanderfallen von Fühlen und Denken *(»dissociation of sensibility«)* gekommen, an dem die englische Literatur seit MILTON kranke (*The Metaphysical Poets*, 1921). Poetisch drückt Eliot seine Bewunderung für die Dichter des frühen 17. Jh.s in dem Gedicht *Whispers of Immortality* aus. Eliot hat seine Theorie der »Dissoziation der Sensibilität« weiterentwickelt, später teilweise revidiert und Milton wie andere zuvor abgewertete Dichter rehabilitiert.

Eliots erster Gedichtband, *Prufrock and Other Observations* (1917), ist durch den ironisch-sardonischen Ton und die vielfach ins Zynische reichende Selbstbeobachtung und Selbstkritik seiner Rollensprecher dem französischen Symbolisten Jules LAFORGUE verpflichtet. Das Titelgedicht, *The Lovesong of J. Alfred Prufrock*, gehört der Gattung des dramatischen Monologs an. Der Sprecher ist ein alternder, desillusionierter Junggeselle, der, angewidert von der Schalheit und Sinnlosigkeit des großstädtischen Lebens und seiner kulturellen Prätentionen, sich selbst bohrende Fragen stellt, aber immer wieder der Mut- und Antriebslosigkeit anheimfällt und nicht aus dem Ritual gesellschaftlicher Nichtigkeiten – *»I have measured out my life with coffee spoons«* – ausbrechen und in eine echte Liebesbeziehung eintreten kann. Die Rettung durch die romantische Liebe ist dem Protagonisten versagt. Die Seejungfrauen *(»mermaids«)* singen nicht für ihn. Verwandt mit *Prufrock* ist der früher geschriebene, ebenfalls kultur- und gesellschaftskritisch pointierte Monolog *Portrait of a Lady*, in dem sich ein unsicherer, gehemmter junger Mann über seine unbefriedigende Beziehung zu einer hypergebildeten, vitalitätsschwachen Frau äußert, der er sich am Schluß durch die Flucht entzieht. Ironische Kulturkritik drückt sich auch in dem gelangweilt-geistreichen Aneinandervorbeireden des Dialoggedichts *Conversation galante* aus, das von allen Gedichten Eliots am stärksten von Laforgue beeinflußt ist. Intensiver auf die Wiedergabe einer widerständigen, chaotischen urbanen Umwelt und einer entsprechenden vereinzelten, entfremdeten und sinnentleerten menschlichen Existenz zielen *Preludes, Rhapsody on a Windy Night* und *Morning at the Window*, eindrucksvolle Großstadtgedichte, in denen Eliot nicht wie andernorts die sterile, überkultivierte vornehme Welt, sondern Häßlichkeit und Elend des Straßenmilieus darstellt. Ein positiver Charakter in Eliots erstem Versband ist Mr. Apollinax in dem gleichnamigen Gedicht, der Gefühl und Geist, Dionysisches und Apollinisches verbindet, vermutlich ein Portrait Bertrand Russells, bei dem Eliot 1914 ein Philosophie-Seminar in Harvard besuchte. – Das einzige Gedicht in Eliots erstem Band, in dem nicht die gefilterte Umgangssprache dominiert, sondern lyrischer Wohllaut und poetische Diktion, ist *La Figlia che Piange*, das freilich auch wie viele andere frühe Stücke des Dichters das Scheitern einer Liebesbeziehung darstellt.

In *Poems* (1920) stellt Eliot in einer Reihe von in vierzeiligen Strophen geschriebenen Gedichten den triebschwachen Ästheten wie Prufrock aus dem ersten Versband den Typus des geistlos-sinnlichen Erdmenschen Apeneck Sweeney gegenüber, dessen vulgäre Sinnlichkeit in *Mr. Eliot's Sunday Morning Service* nicht unvorteilhaft von dem kraftlosen Origenes *(»enervate Origen«)* absticht und in *Sweeney Among the Nightingales* unangefochten bleibt von der unheilkündenden Atmosphäre des Gedichts, die auf Verrat und Mord hindeutet und durch den Bezug auf die griechische Agamemnon-Geschichte und den Mythos von Philomela am Schluß ins Tragische weist. In *Poems* zeigt sich Eliots Lösung von dem im ersten Band dominierenden amerikanischen Milieu in drei französischen Gedichten und in der kosmopolitischen Orientierung von Stücken wie *Burbank with a Baedeker: Bleistein with a Cigar*, das eine flüchtige Liebesaffäre in Venedig in Versen von stupendem Allusionsreichtum darstellt. Wie schon in seiner ersten steht auch in dieser Sammlung das bedeutendste Gedicht an der Spitze, *Gerontion*, der Samuel BECKETT vorwegnehmende Monolog eines zusammengeschrumpften, seiner Sinneswerkzeuge beraubten Greises, der in einem verfallenen Haus, dem Symbol des geistigen, religiösen und kulturellen Ruins des Abendlandes, dahinvegetiert, vergeblich auf Regen wartend. Gerontion beschreibt seine Situation – seine Worte sind *»thoughts of a dry brain in a dry season«* – fest an konkreten Details haftend (wie dem des jüdischen Besitzers des Hauses, der in einem Estaminet in Antwerpen »ausgebrütet« wurde), aber auch in den weitesten Zusammenhängen der Geschichte der Menschheit: *»Think now / History has many cunning passages...«*

Höhepunkt und Abschluß von Eliots frühem lyrischem Werk ist *The Waste Land* (1922), ein Markstein in der Geschichte der modernen Literatur. Themen, Motive und Techniken, die im früheren Werk auf einzelne Gedichte verteilt auftreten, werden hier in einer großen innovativen Komposition zusammengeführt. Genannt seien u. a. die Montagetechnik, der Gebrauch frei wechselnder Rhythmen, die durchgängige Allusionstechnik, das Verfahren der Zitatcollage und die Leitmotiv- und Symbolisierungstechnik, die Darstellung der sinnentleerten, orientierungslosen, dehumanisierten, dem Tod anheimgefallenen Welt. Die Zusammensetzung des Gedichts aus einzelnen fragmentarischen Teilen entspricht der Disharmonie und Heterogenität der Nachkriegswelt. Kohärenzbildende Elemente stellen Mythen wie der des blinden griechischen Sehers Tiresias dar, der alle anderen Charaktere in sich vereinigt, und Vegetationsmythen, zu denen der Mythos der Gralssuche als Fruchtbarkeitsritus gehört. In Eliots lyrischer Diagnose einer chaotischen, moribunden Welt in *The Waste Land* drückt sich – wie vorher schon in *Gerontion* – unverkennbar auch das Verlangen nach Sinngebung und Erlösung aus, die Eliot in seiner späteren Dichtung im Zusammenhang des christlichen Glaubens zu erreichen sucht, wofür sein Übertritt zum Anglokatholizismus im Jahre 1927 ein biographisches Zeugnis ist.

Eliots Werk nach *The Waste Land* steht unter dem Zeichen der geistigen Suche nach einer neuen Ordnung, für die Philosophie und Theologie maßgeblich wurden. *The Hollow Men* (1925) präsentiert zwar zunächst noch eine total paralysierte, sinnentleerte, unter dem Zeichen des Todes stehende Existenzform. Die Ansätze zu liturgischem Sprechen scheitern, wie die Aposiopesen (Satzabbrüche) zeigen – *»For thine is ! Life is ! For thine is the –«*; das Gedicht schließt mit dem Wimmern *(»whimper«)* als Signum des trostlosen Endes einer trostlosen Welt. Im Gegensatz dazu kreisen aber die unter dem Titel *Ariel Poems* zusammengefaßten Weihnachtsgedichte *»Journey of the Magi«* (1927), *»A Song for Simeon«*, *»Animula«* (1929) und *»Marina«* (1930) um die Geheimnisse von Geburt, Tod und Wiedergeburt, wobei das letzte dieser Gedichte, das an die Wiedererkennungsszene im letzten Akt von SHAKESPEARES *Pericles* anschließt, eindringlich neuer Hoffnung Ausdruck gibt.

Eliots erstes größeres lyrisches Werk nach *The Waste Land* ist *Ash-Wednesday* (1930), eine Folge religiöser Meditationen, die einen mühsamen Läuterungsprozeß darstellen, der von der Selbsterforschung über den Rückzug von der Welt und die Hinwendung zu Maria bis zu dem eindringlichen Gebet um geistige und moralische Integrität reicht. In *Ash-Wednesday* rückt Eliot von dem unpersönlichen Dichtungsideal seiner Frühphase, von dem Verfahren der Zitatcollage und von der Montagetechnik ab. Von Anfang bis Ende spricht weitgehend eine lyrische Stimme. Statt des mythopoetischen Verfahrens dienen Wiederholungen, Parallelismen und liturgische Sprachelemente der Vereinheitlichung der Komposition. Neu ist in *Ash-Wednesday* die zuvor, etwa in *The Hollow Men*, nur ansatzweise zu beobachtende Tendenz zur abstrakten Diktion und Verwendung des Paradoxons, zwei Eigenschaften, die in *Four Quartets* (1943), Eliots letztem großen lyrischen Werk, der bedeutendsten religiösen Dichtung des 20. Jh.s, dominant werden. In *Four Quartets* handelt es sich um eine in Analogie zu musikalischen Strukturierungsmethoden komponierte Meditationsfolge, die zwischen mehr begrifflich und gedanklich und mehr erlebnishaft und symbolisch konzipierten Passagen wechselnd, von verschiedenen Standpunkten her das Problem behandelt, wie der Mensch in der Zeit der Zeitlosigkeit teilhaftig werden kann. Eliots *Four Quartets* gehören zusammen mit Wallace STEVENS' lyrischem Werk zu den herausragenden Beispielen der Begriffslyrik der Moderne, kein anderer Lyriker des 20. Jh.s hat das Paradoxon so intensiv mit poetischer Wirkung gebraucht wie Eliot.

Eliots Lyrik ist mit ihren dramatischen Monologen und dialogischen Passagen bis Ende der zwanziger Jahre latent dramatisch, und die Entwicklung zum »poetischen Drama« – das in *Murder in the Cathedral* (1935) am eindrucksvollsten verwirklicht ist – zeichnet sich auch in den *Collected Poems* (1936) ab, etwa in dem dramatischen Fragment *Sweeney Agonistes* (1932) mit seinen prägnant kolloquialisierten Dialogen und den Jazz-Rhythmen, oder in den Chören aus dem geistlichen Spiel *The Rock* (1934). Daß sich Eliot auch auf die Kunst des komischen Gedichts *(light verse)* verstand, belegt *The Old Possum's Book of Practical Cats* (1939), eine spielerisch-humorvolle Huldigung an sein Lieblingstier, die 1981 zu dem Musical *Cats* adaptiert wurde.

W.G.M.

AUSGABEN: *Prufrock and Other Observations*, Ldn. 1917. – *Poems*, Richmond 1919. – *Ara Vos Prec*, Ldn. 1920 (u. d. T. *Poems*, NY 1920). – *The Waste Land*, NY 1922. – *Collected Poems 1909–1935*, Ldn.

1936. – *The Old Possum's Book of Practical Cats*, Ldn. 1939. – *Four Quartets*, NY 1943. – *Collected Poems 1909–1962*, Ldn. 1963. – *The Complete Poems and Plays*, Ldn. 1969.

ÜBERSETZUNGEN: *Ausgewählte Gedichte*, K. G. Just u. a., Ffm. 1951 [engl.-dt.]. – *Gedichte*, dies., Ffm. 1964 [engl.-dt.]. – *Gesammelte Gedichte 1909–1962*, Hg. u. Nachw. E. Hesse (in *Werke*, Bd. 4, Ffm. 1988; engl.-dt.; st).

LITERATUR: vgl. Literatur zum Autor, *Gesamtdarstellungen und Studien.*

ASH-WEDNESDAY

(engl.; *Ü: Aschermittwoch*). Gedicht in sechs Teilen von Thomas Stearns ELIOT, erschienen 1927 bis 1930. – In T. S. Eliots erstem größerem Werk nach seiner Konversion zum Anglo-Katholizismus (1927) tritt die Welt der modernen Großstadtwüste mit ihren Attributen des Häßlichen und Ekelerregenden in den Hintergrund. Der Dichter wendet nun den Blick nach innen, um die während seines Ausfluges in die Zonen des *Waste Land (Das wüste Land)* gemachten Erfahrungen zu überprüfen, die Probleme auszuloten und die Konsequenzen für die eigene Existenz daraus zu ziehen.

Er vergleicht den Zustand seiner Seele mit dem eines altersschwachen Adlers. *Weil* die Wiederkehr seiner einmaligen, flüchtigen Existenz nicht gewährleistet ist, *weil* das, *»was wirklich ist, nur wirklich ist für eine Spanne Zeit und einen Ort«*, und *weil* ihm, als Nachkommen Adams, die ewige Wirklichkeit pardiesischer Erneuerung versagt bleiben muß, überschatten Hoffnungslosigkeit und Verzweiflung sein Bewußtsein. Die schale Vergänglichkeit der Welt will er überwinden, die helle Sphäre eines höheren Seins ist ihm jedoch verwehrt. Mit diesem Wissen dem Tod zu begegnen – das wird für ihn zum qualvollen Problem (Teil 1).

Das Bewußtsein taucht in das *»traumdurchquerte Zwielicht«* einer an Symbolen reichen Bilderwelt ein. *»Drei weiße Leoparden«*, gleichzeitig Gutes und Böses neutral verkörpernd, haben das Fleischliche seiner irdischen Existenz, haben sein Herz und seine Leber verschlungen. Nur weißes, lebloses Gebein bleibt nach diesem ersten Schritt auf dem Weg zur Reinigung übrig. Die Farbe Weiß wird zum Verbindungsglied mit dem Bild der *»Dame im weißen Kleid«*. Sie ist das Ideal reinen, schuldlosen Lebens und damit Gegensymbol zur Totenbleiche der Gebeine, die der Welt der *Wüste* zugehören. Die Symbolik der *Dame* verdichtet sich in der Litanei der Gebeine, wo Gegensätze ihre Unvereinbarkeit verlieren und schließlich in ein neues Symbol zusammenfließen, in den *»Garten, wo alle Liebe endet«*. Am Ende dieses Teils dominiert jedoch erneut das Reich der Wüste und der Gebeine; noch ist das Ringen des Dichters nicht zu Ende (Teil 2).

So sprunghaft wie das stimulierte Bewußtsein assoziiert, wechselt die Szenerie zu den Stufen einer aus der Dunkelheit emporgezogenen, windungsreichen Treppe. Zurückblickend erkennt der Dichter seinen eigenen Schatten im Kampf mit einer Teufelsfratze aus Hoffnung und Verzweiflung. Danach sieht er sich der Versuchung der Sinne ausgesetzt: Eine liebliche Schäferszene öffnet sich seinem Auge, betörende Flötenmusik klingt an sein Ohr. Nur unter Aufbietung seiner ganzen Willenskraft gelingt es ihm, auch den Garten Pans als trügerische Illusion zurückzulassen (Teil 3).

Die Vision eines Gartens von tieferer Schönheit belohnt seine Entscheidung. Als Herrin dieses Gartens tritt nun wieder die Dame auf, schweigend und verschleiert, gekleidet in der symbolischen weißblauen Farbe, der *»Farbe Marias«*. Der Reigen der Jahre ertönt nun mit dem alten, ewigen Vers: *»Erlöset die Zeit«*. Doch die Dame verharrt in Schweigen und macht das Zeichen des Kreuzes. Mit einem Symbol neuer Hoffnung schließt dieser Teil: Die Quelle des Gartens sprudelt empor und kündet von Erneuerung und Reinigung des Lebens (Teil 4).

Auf der vorletzten Stufe seines visionären Weges durch den Kosmos der Symbole und Assoziationen sieht sich der Dichter der reinen Wahrheit gegenüber: dem Wort. Offenbart sich Gott überhaupt einer Welt, der es an Stille mangelt? Werden die, *»die in Finsternis wandeln«*, seine Botschaft überhaupt vernehmen können? Vor allem aber: wird sich ihrer die *»verhüllte Schwester«*, die Herrin des Gartens, annehmen, um für die zu bitten, die *»in der letzten Wüste zwischen den letzten blauen Felsen«* in eitler Selbstsicherheit verharren? (Teil 5).

Der letzte Teil knüpft, die neuen Erfahrungen einbeziehend, an die Ausgangssituation des Werkes an. Nun aber wird das kausale *»weil«* des einleitenden Teils von einem konzessiven *»obgleich«* abgelöst. Geburt und Tod sind die beiden Pole des *»traumdurchquerten Zwielichtes«*, das sich Leben nennt. *Obgleich* der Dichter um die Vergänglichkeit dieses *»kurzen Durchgangs«* weiß, sind es jetzt gerade vergängliche Eindrücke – der Salzgeruch des Meeres, der Ruf der Wachtel –, die seine innere Erstarrung lösen. Sein Verhältnis zur Welt zwischen den *»blauen Felsen«* hat sich gewandelt, sein Glauben an den Willen Gottes bewirkt seine Bejahung der Welt, wird zur Hoffnung seines veränderten Lebens.

Ebenso wie die Thematik unterscheiden sich auch Sprache und Rhythmus dieses Werks von denen der früheren Gedichte Eliots. Sprachliche Klarheit und rhythmische Ausgewogenheit erinnern an die geglättete Einfachheit liturgischer Liedsequenzen. Gebetsformen aus der katholischen Meßordnung sind allenthalben zu finden. Vereinzelt angewandter Reim wirkt wie zufällig eingestreut. In den Visionen seiner Aschermittwoch-Dichtung gestaltet Eliot aus der eigenen Bewußtseinskrise heraus das Dilemma des zwischen *»Wüste«* und *»Garten«*, zwischen Welt und Gott hin und her gerissenen Menschen, das später immer wieder zum Zentralthema seiner Dramen werden sollte. W.F.S.

Ausgaben: 1927 (T. 2: *Salutation*, in Saturday Review of Literature, 10. 12. 1927). – 1928 (T. 1: *Perch' io non spero*, in Commerce, 15, 1928; engl. Text u. frz. Übers.). – 1929 (T. 3: *Som de l'escalina*, in Commerce, 21, 1929). – Ldn. 1930. – Ldn. 1941 (in *Later Poems, 1925–1935*). – Ldn. 1962.

Übersetzungen: *Aschermittwoch*, (Teil 1, in H. Feist, *Ewiges England*, Zürich 1945; Ausz.). – Dass., R. A. Schröder (in T. S. E., *Ausgew. Gedichte*, Ffm. 1951).

Literatur: M. D. Zabel (in Poetry, 34, Sept. 1930, S. 330–337; Rez.) – L. Unger, *Notes on »Ash Wednesday«* (in Southern Review, 4, 1939, S. 745–770). – M. Cleophas, *»Ash Wednesday«: The Purgatorio in a Modern Mode* (in CL, 11, 1959, S. 329–339). – F. Vergmann, *»Ash Wednesday«: A Poem of Earthly and Heavenly Love* (in OL, 14, 1959, S. 54–61). – C. Wooton, *The Mass: »Ash-Wednesday's« Objective Correlative* (in Arizona Quarterly, 17, 1961, S. 31–42). – G. R. Boardman, *»Ash-Wednesday«: E.'s Lenten Mass Sequence* (in Renascence, 15, 1962, S. 28–36). – E. K. Hewitt, *Structure and Meaning in T. S. E.'s »Ash-Wednesday«* (in Anglia, 83, 1965, S. 426–450). – A. T. Rodgers *T. S. E.'s ›Purgatorio‹: The Structure of »Ash-Wednesday«* (in Comparative Literature Studies, 7, 1970, S. 97–112). – E. Webb, *The Way Up and the Way Down: The Redemption of Time in T. S. E.'s »Ash-Wednesday« and »Four Quartets«* (in E. W., *The Dark Dove: The Sacred and Secular in Modern Literature*, Seattle 1975, S. 194–236). – L. A. Cuddy, *Sounding the Secular Depths of »Ash-Wednesday«: A Study of E.'s Allusional Design and Purpose* (in Studia Neophilologica, 55, 1983, S. 167–179).

THE COCKTAIL PARTY

(engl.; *Ü: Die Cocktail-Party*). Komödie in drei Akten von Thomas Stearns Eliot, Uraufführung: 22. 8. 1949 bei den Edinburgher Festspielen; deutsche Erstaufführung: Düsseldorf, 9. 12. 1950, Schauspielhaus. – In diesem Salon-Versdrama in freien Rhythmen, einem von der *Alkestis* des Euripides angeregten Stück, stellt Eliot die Entfremdung eines Ehepaares und die Rückkehr der Partner zueinander dar. Bei einer Cocktailparty im Haus der Chamberlaynes fehlt die Hausfrau Lavinia: Sie hat ihren Gatten Edward verlassen. Dieser hat sich Celia Coplestone zugewandt, während Lavinia sich in den jungen Peter Quilpe verliebt hat. Ein unbekannter Gast der Cocktailparty sagt voraus, daß Lavinia zurückkehren, das Zusammenleben des Ehepaares sich jedoch nicht bessern werde. Als Edward danach den Psychotherapeuten Sir Henry Harcourt-Reilly aufsucht, den seine Frau schon vorher heimlich konsultiert hat, erkennt er zu seinem Erstaunen in ihm den mysteriösen Gast wieder. Eine von Sir Henry arrangierte Gegenüberstellung der Ehepartner führt zur schonungslosen Enthüllung des Zerwürfnisses, der Durchschnittlichkeit und Einsamkeit der beiden. Sie erkennen, daß ihnen nur die Möglichkeit bleibt, *»aus einer schlimmen Lage das Beste zu machen«* und ihr Leben gemeinsam weiterzuführen. Auch Celia sucht in dem Gefühl, daß ihr Dasein seinen Sinn verloren hat, und in der Absicht zu sühnen den geheimnisvollen Seelenarzt auf. Als eine Art Sachwalter einer höheren Instanz weist er dem Mädchen den Weg zu einem Glauben, *»der aus der Verzweiflung entspringt«*. Als die wiedervereinten Chamberlaynes erneut zu einer Cocktailparty einladen, trifft die Nachricht ein, daß Celia in Afrika den Märtyrertod gestorben ist.

Im Gegensatz zu dem folgenden Stück Eliots, *The Confidential Clerk (Der Privatsekretär)*, vollzieht sich der Durchbruch zum Glauben in *The Cocktail Party* nicht aus der Gesellschaft selbst, sondern er wird erst durch einen *deus ex machina* ermöglicht, eben jene zentrale Figur des Seelenarztes, in dem sich Züge des euripideischen Herakles (der Alkestis dem Hades entreißt) und der Figur des Doktors im mittelalterlichen englischen Volksschauspiel verquicken. Das Schauspiel führt in eine *»Gesellschaft im Zustand der Verwirrung«* (Klatt), die des Eingreifens einer höheren, übermenschlichen Macht bedarf, um zur Klarheit zu gelangen. Mit einem Satz wie *»Ehrlichkeit geht vor Ehren«* grenzt Eliot Sittlichkeit und hohle Form gegeneinander ab, versucht er auszudrücken, daß Erkennen und Verstehen alle Konventionen außer Kraft setzen. Allerdings wird in dem Stück das Glaubensproblem streckenweise zum reinen Konversationsthema. Der als Überhöhung des dramatischen Geschehens beabsichtigte Bericht über den Tod Celias erscheint allzu epilogartig aufgesetzt, und die Einführung des alle Fäden in der Hand haltenden »Wunderdoktors« wirkt sich nach und nach als Regiezwang aus.

Trotz dieser Schwächen ist *The Cocktail Party* Eliots bestes, erfolgreichstes und meistgespieltes Stück. Es brachte dem Nobelpreisträger von 1948 den New York Drama Critics Circle Award für 1950 ein. Große Schauspieler wie Alec Guiness (in Edinburgh) und Gustav Gründgens (der bei der Düsseldorfer Aufführung zugleich Regie führte) empfanden die zentrale Rolle des Sir Henry als kongeniale Herausforderung. W.F.S.-KLL

Ausgaben: Ldn. 1950. – Ldn. 1962 (in *Collected Plays*).

Übersetzung: *Die Cocktail-Party*, N. Wydenbruck u. P. Suhrkamp, Ffm. 1950; ern. 1963.

Literatur: H. G. Klatt, *Sanatorium einer Ehe: Versuch einer Deutung von T. S. E.s »Cocktail Party«*, Hannover 1952. – E. Schwartz, *E.'s »Cocktail Party« and the New Humanism* (in PQ, 32, 1953, S. 58–68). – R. A. Colby, *The Three Worlds of »The Cocktail Party«: The Wit of T. S. E.* (in Univ. of Toronto Quarterly, 24, 1954, S. 56–69). – J. E. Hochwald, *E.'s »Cocktail Party« and Goethe's »Wahlver-*

wandtschaften« (in GR, 29, 1954, S. 254–259). – E. Staiger, *Gehalt u. Gestalt d. Dramas »The Cocktail Party« von T. S. E.* (in NSp, 7/8, 1954, S. 311–318). – T. Hanzo, *E. and Kierkegaard: ›The Meaning of Happening‹ in »The Cocktail Party«* (in MD, 3, 1960, S. 52–59). – J. Winter, *›Prufrockism‹ in »The Cocktail Party«* (in MLQ, 22, 1961, S. 135–148). – T. E. Porter, *The Old Woman, the Doctor, and the Cook: »The Cocktail Party«* (in T. E. P., *Myth and Modern American Drama*, Detroit 1969, S. 53–76). – *T. S. E.'s »The Cocktail Party«*, Hg. N. Coghill, Ldn. 1974.

THE FAMILY REUNION

(engl.; *Ü: Der Familientag*). Versdrama in zwei Teilen von Thomas Stearns ELIOT, erschienen 1939; Uraufführung London 21. 3. 1939, Westminster Theatre; deutschsprachige Erstaufführung: Zürich, 21. 6. 1945, Schauspielhaus. – Nachdem Eliot 1935 mit *Murder in the Cathedral (Mord im Dom)* den Versuch unternommen hatte, in einem christlichen Mysterienspiel das Thema von Schuld und Glauben zu behandeln, war er in *The Family Reunion*, anknüpfend an die *Sweeney-Agonistes*-Fragmente (1932), bestrebt, die englische Alltagswelt mit der in *Ash-Wednesday* (1927 bis 1930) und *Four Quartets* (1943) tief erlebten und intellektuell erfahrenen religiösen Wirklichkeit zu überschichten. Er greift hier wie O'NEILL in seinem Drama des psychologischen Determinismus, *Mourning Becomes Electra*, 1931 *(Trauer muß Elektra tragen)*, und SARTRE in seinem Stück von der existentiellen Auflehnung gegen Moral und Religion, *Les mouches*, 1943 *(Die Fliegen)*, das Orest-Thema auf. Die archaische Thematik des antiken Vorbilds AISCHYLOS deutet er um in die christliche Motivik von Schuld und Sühne, die mythische Figur in einen psychologisch faßbaren Ekstatiker, in dessen Neurose sich ein sündiges Bewußtsein ausdrückt. In seinem Stück durchdringen sich antike, christliche und gegenwartsbezogene Elemente.

Der fünfunddreißigjährige Harry, Lord Monchensey wird nach achtjähriger Abwesenheit zur Geburtstagsfeier auf dem Gut seiner verwitweten Mutter, Lady Amy, erwartet. Der Landsitz trägt den sprechenden Namen Wishwood. Auf Harry richten sich die Hoffnungen der alten Dame, er soll inmitten allgemeiner Fragwürdigkeit und Unsicherheit Erbe, Tradition und Ordnung weiterführen. Aber es gibt, wie bei allen auftretenden Personen, auch in Harrys Vergangenheit einen dunklen Punkt: Ein Jahr zuvor verschwand seine Frau auf geheimnisvolle Weise von einem Ozeandampfer. Harry kehrt als verstörter Fremdling zurück, dem sein Leben *»als Teil eines gewaltigen Mißgeschicks, eines ungeheuerlichen Mißgriffs und Irrtums aller Menschen, der Welt«* erscheint. Die *»wispernden Tanten«* (die spießige Ivy und die maliziöse Violet) ebenso wie seine beiden teils dümmlichen, teils selbstgefällig-vulgären Onkel Gerald und Charles sind unfähig, seine Konflikte zu begreifen, nur Tante Agatha scheint Verständnis für den Neffen zu haben. In quälerischen Selbstanklagen bezichtigt sich Harry des Mordes an seiner Frau. Für die Familie, die es vorzieht, diese Anklagen als krankhafte Zwangsvorstellungen abzutun, wie auch für Harry selbst ist es im Grund unerheblich, ob er diese Tat wirklich begangen hat. Sein wahnhaftes Schuldgefühl vertieft sich in der unheilschwangeren Atmosphäre des Vaterhauses: Nur ihm sichtbar, erscheinen die Erinnyen. Im Lauf des Familientreffens wird eine weitere Schuld aufgedeckt: Vor Harrys Geburt hatte Agatha ihre Schwester Amy mit deren Gatten betrogen und ihn davon zurückgehalten, seine schwangere Frau zu ermorden. Diese Enthüllung läßt Harry seinen Schuldkomplex als Fluch des Geschlechts (im christlichen Sinn als Erbsünde) erkennen und befreit ihn zu verantwortungsvoller, sühnender Tat: Er überläßt das Gut einem jüngeren Bruder, beschließt Missionar zu werden und reist ab, *»irgendwohin, jenseits der Verzweiflung«*. Seine Mutter, durch den offenbar gewordenen Ehebruch und die Mordabsichten ihres Mannes symbolisch um ihre Mutterschaft betrogen und ihrer Hoffnungen beraubt, überlebt seinen Abschied nicht.

Die beiden die Struktur bestimmenden gegenläufigen Entwicklungen Harrys und der Verwandten (letztere in der Rolle des Chores) führen ständig zu paradoxen Wendungen: Zwar kommentiert der Chor das innere Geschehen, deckt wähnend, erinnernd und andeutend vergangene Ereignisse und geheime Schuld auf, will aber zugleich müde und ängstlich das Überkommene, Ordnung und Lebensstil, bewahren. Mit Ausnahme der Hauptfigur gelingt es keinem, seine dunkle Vergangenheit, die brüchige Gegenwart und die angsterfüllte Zukunft zu durchstoßen und sich einem überzeitlichen Willen zu überantworten. Anders als der Chor der griechischen Tragödie ist Eliots Verwandten-Chor somit nicht in der Lage, die überpersönliche Bedeutung des Geschehens zu erfassen und den Zuschauern zu vermitteln.

The Family Reunion, Eliots erstes Gesellschaftsstück, zeigt manche Mängel: Die Exposition ist zu langatmig, der Schluß zu unvermittelt, der Held wirkt häufig wie ein »Salonmissionar«. Da außerdem die an sich wenig konturierte äußere Handlung vor dem Krankheitsbild des Helden noch mehr verblaßt und die poetischen Akzente die dramatischen in den Hintergrund drängen, trifft die Kritik von Ernst Robert CURTIUS, die Figuren Eliots seien *»stilvolle Puppen«*, weitgehend zu. Für die Entwicklung des Dramatikers Eliot ist dieses Versdrama von zentraler Bedeutung: In dem Bestreben, den alten Blankvers zu überwinden, schuf der Autor einen sehr elastischen drei- bis vierhebigen Vers mit deutlicher Zäsur. Mit diesem metrischen Gebilde, das sowohl das monotone Geleier banaler Konversation wie auch die poetische Vision zu tragen vermag, hat Eliot dem modernen Versdrama neue Wege aufgetan.

In seinem Vortrag *Poetry and Drama* (1951) distanzierte sich Eliot später von diesem Werk, indem er Handlung und Charaktere bemängelte, den esoterischen Aristokratismus des Helden und das Auftreten der Erinnyen verwarf. Im Hinblick auf die dichterische Verssprache jedoch hielt er *The Family Reunion* nach wie vor für sein bestes Stück.

W.F.S.-KLL

AUSGABEN: Ldn. 1939. – Ldn. 1962 (in *Collected Plays*). – NY 1988.

ÜBERSETZUNG: *Der Familientag*, R. A. Schröder u. P. Suhrkamp, Bln. 1949; ern. Ffm. 1962. – Dass., dies., Ffm. 1965 (es).

LITERATUR: R. Stamm, *The Orestes Theme in Three Plays by E. O'Neill, T. S. E. and J.-P. Sartre* (in ES, 30, 1949, S. 244–255). – D. Carne-Ross, *The Position of »Family Reunion« in the Work of T. S. E.* (in RLM, 1, 1950, S. 125–139). – K. Plewka, *»The Family Reunion«* (in NSp, 6, 1955, S. 264–276). – R. Gaskell, *»The Family Reunion«* (in EIC, 12, 1962, S. 292–301). – R. E. Palmer, *Existentialism in T. S. E.'s »The Family Reunion«* (in MD, 5, 1962, S. 174–186). – R. Germer, *T. S. E.: »The Family Reunion«* (in *Das moderne englische Drama. Interpretationen*, Hg. H. Oppel, Bln. 1963, S. 220–241). – M. J. Lightfoot, *»Purgatory« and »The Family Reunion«: In Pursuit of Prosodic Description* (in MD, 7, 1964, S. 256–266).

FOUR QUARTETS

(engl.; *Ü: Vier Quartette*). Gedichtzyklus von Thomas Stearns ELIOT, entstanden zwischen 1935 und 1942, erstmals im Zusammenhang erschienen 1943. – Nach seiner Konversion zum Anglo-Katholizismus, dessen unmittelbare geistige Erlebniswelt er in dem Gedicht *Ash-Wednesday* (1930) auslotete, ließ Eliot in den *Four Quartets* alle wesentlichen Motive seines früheren dichterischen Schaffens einmünden in das religiös geprägte Hauptthema von Sein und Zeit, in seine Meditationen über die Sinngebung der Zeit durch das zeitlose Sein, über jenen *»point of intersection of the timeless with time«*, an dem der Mensch gleichzeitig *»in and out of time«* ist.

Die Bezeichnung »Quartette« weist auf die der Kammermusik verwandten Kompositionsprinzipien der einzelnen Gedichte. (Das Werk wurde von Kritikern oft im Zusammenhang mit Beethovens späten Quartetten gedeutet.) Jedes Gedicht ist in fünf »Sätze« gegliedert: Im ersten werden zwei komplementäre Themen angeschlagen, im zweiten ist einem hochlyrischen Abschnitt ein in der Umgangssprache geschriebener nachgestellt, im dritten werden Haupt- und Gegenthema voll entwikkelt, im vierten erscheint eine kurze lyrische Passage, und im fünften werden – der Koda entsprechend – die Themen wieder aufgenommen und zum gemeinsamen Abschluß gebracht. Die Titel der vier Quartette bezeichnen geographische Orte, die im Leben Eliots eine Rolle spielten: *Burnt Norton* ein Landhaus in Gloucestershire, *East Coker* das in Somersetshire gelegene Dorf, von wo aus die Vorfahren des Dichters nach Amerika auswanderten, *The Dry Salvages* eine Felsgruppe an der Küste von Neuengland, wo Eliot seine Knabenjahre verbrachte, und *Little Gidding* eine anglikanische Gemeinde, die im 17. Jh. zerstört wurde.

Die rund neunhundert Verse des Werkes entziehen sich einer fortlaufenden stofflichen Interpretation: Inhalte und Motive ordnen sich erst im Muster der musikalischen Komposition, unter den Leitsymbolen der vier Elemente, im Zusammenhang mit dem Wechsel der Jahreszeiten und kirchlichen Feste, in Paradoxien, Aporien und ihrer Umkehrung; und da Eliot nach seinen eigenen Worten versucht hat, in *»Grenzbereiche des Bewußtseins«* vorzudringen, in denen *»Worte versagen, obwohl die Bedeutungen noch existieren«*, sind die Bedeutungen nicht selbstverständlich, sondern von einem vorsprachlichen Bewußtseinsraum her aufzufassen. Das Hauptthema, mit einem vorangestellten Fragment des HERAKLIT angedeutet, wird in den Eingangsversen umrissen: *»Time present and time past / Are both perhaps present in time future, / And time future contained in time past. / If all time is eternally present / All time is unredeemable.« (»Gegenwart und Vergangenheit / sind vielleicht in der Zukunft enthalten / und im Gewesenen das Künftige. / Ist aber jegliche Zeit stets Gegenwart, / wird alle Zeit unwiderrufbar.«)* Eliot bündelt die differenziertesten Ausläufer seiner weitverzweigten Geistigkeit, kombiniert topographische Begriffe, mystische Meditationen, kosmische Metaphern, begriffliche Antinomien, Zitate (unter anderem von Maria Stuart, seinem Vorfahr Sir Thomas Eliot, Johannes vom Kreuz und Juliana von Norwich), barocke Allegorien und fremdartige Emblematik, Vanitasbilder, indische Weisheit und christliche Dogmatik. *»Kostbare Fremdkörper«* hält, wie Ernst Robert CURTIUS es formulierte, *»das Pathos einer persönlichen geistigen Situation … der emotionale Gehalt einer gespannten individuellen Geistigkeit«* zusammen. Philosophische und theologische Reduktionen, wie sie oft versucht wurden, scheitern an den additiven und synthetischen Fügungen und zerreißen das feine Gewebe der Assoziationen.

Mag auf den ersten Blick die artistische Brillanz des Werkes größer erscheinen als sein theologischer Gehalt, so wird die Besinnung auf den dichterischen Vorgang bei Eliot diesen Eindruck korrigieren: Für ihn gehen das Kunstschöne und die religiöse Wahrheit im Zeitlosen ineinander über, seine Dichtung will, indem sie den steten Fluß des Zeitlosen und Zeitbedingten transzendiert, das Ewige abbilden. Der Gedanke von der Transzendierung der Zeit im schöpferischen Augenblick wurzelt in Anschauungen der Mystik, hat aber die Interpreten Eliots mehrfach veranlaßt, den Dichter auch mit KIERKEGAARD und HEIDEGGER in Beziehung zu setzen.

Mit den *Four Quartets* schuf Eliot *»für England das bedeutendste Gedichtwerk der zweiten Nachkriegszeit, wie ›The Waste Land‹ das der ersten war«* (Curtius).

Auch Eliot selbst hielt sein letztes großes Gedicht, ehe er sich endgültig der Essayistik und dem Drama zuwandte, für sein Meisterwerk. W.F.S.

AUSGABEN: *Burnt Norton*: Ldn. 1936. – *East Coker*: Ldn. 1940. – *The Dry Salvages*: Ldn. 1941. – *Little Gidding*: Ldn. 1942. – *Four Quartets*: NY 1943. – Ldn. 1944. – Ldn. 1960. – Ldn. o. J. [1963] (in *Collected Poems*). – NY 1988.

ÜBERSETZUNGEN: *East Coker*, D. Sternberger (in Die Wandlung, 1, 1945/46, H. 1). – *Vier Quartette*, N. Wydenbruck, Wien 1948.

LITERATUR: R. Preston, *»Four Quartets« Rehearsed: A Commentary of T. S. E.'s Cycle of Poems*, NY 1947. – C. de Masirevich, *On the »Four Quartets« of T. S. E.*, Ldn. 1953; ern. NY 1965. – W. Iser, *T. S. E.s »Four Quartets«* (in Jb. für Amerikastudien, 3, 1958, S. 192–204). – S. Bergsten, *Time and Eternity: A Study of the Structure and Symbolism of T. S. E.'s »Four Quartets«*, Stockholm 1960. – R. L. Brett, *Reason and Imagination: A Study of Form and Meaning in Four Poems*, Ldn./NY 1960. – M. D. Clubb Jr., *The Heraclitean Element in E.'s »Four Quartets«* (in PQ, 40, 1961, S. 19–33). – Th. Metscher, *T. S. E.s »Burnt Norton«: Eine Interpretation* (in *Kleine Beiträge zur amer. Literaturgeschichte*, Hg. H. Galinsky u. H. J. Lang, Heidelberg 1961). – J. Kligerman, *An Interpretation of T. S. E.'s »East Coker«* (in Arizona Quarterly, 18, 1962, S. 101–112). – A. K. Weatherhead, *»Four Quartets«: Setting Love in Order* (in Wisconsin Studies in Contemporary Literature, 3, 1962, S. 32–49). – P. Milward, *A Commentary on T. S. E.'s »Four Quartets«*, Tokio 1968. – *T. S. E.: »Four Quartets«. A Casebook*, Hg. B. Bergonzi, Ldn. 1969. – H. Blamires, *Word Unheard: A Guide Through E.'s »Four Quartets«*, Ldn. 1969. – H. F. Brooks, *»Four Quartets«: The Structure in Relation to the Themes* (in *E. in Perspective: A Symposium*, Hg. G. Martin, Ldn. 1970). – J. Olney, *»Four Quartets«* (in J. O., *Metaphors of Self: The Meaning of Autobiography*, Princeton 1972, S. 260–316). – F. R. Leavis, *»Four Quartets«* (in F. R. L., *The Living Principle: ›English‹ as a Discipline of Thought*, NY 1975, S. 155–264). – E. Webb, *The Way Up and the Way Down: The Redemption of Time in T. S. E.'s »Ash Wednesday« and »Four Quartets«* (in E. W., *The Dark Dove: The Sacred and Secular in Modern Literature*, Seattle 1975, S. 194–236). – K. Alldritt, *E.'s »Four Quartets«: Poetry As Chamber Music*, Ldn. 1978. – H. L. Gardner, *The Composition of »Four Quartets«*, Ldn. 1978. – W. V. Spanos, *Hermeneutics and Memory: Destroying T. S. E.'s »Four Quartets«* (in Genre, 11, 1978, S. 523–573). – J. S. Brooker, *F. H. Bradley's Doctrine of Experience in T. S. E.'s »Waste Land« and »Four Quartets«* (in MPh, 77, 1979, S. 146–157). – V. Rajendra, *Time and Poetry in E.'s »Four Quartets«*, New Delhi, 1979. – C. Delank, *Die Struktur des Zyklus »Four Quartets« von T. S. E.*, Diss. Bern 1982. – F. B. Brown, *›The Progress of the Intellectual Soul‹: E., Pascal, and »Four Quartets«* (in Journal of Modern Literature, 10, 1983, S. 26–39).

THE LOVE SONG OF J. ALFRED PRUFROCK

(engl.; *Ü: J. Alfred Prufrocks Liebesgesang*). Gedicht von Thomas Stearns ELIOT, erschienen 1915. – *»Ein bedeutendes Ereignis in der Geschichte der englischen Lyrik«* nannte der Literaturkritiker F. R. LEAVIS dieses 1911 entstandene Gedicht, in dem zum erstenmal der Kanon des Poetischen aufgegeben und bewiesen wurde, daß Trivial-Alltägliches zum Material eines großen Gedichts werden kann. Eliots Neuansatz bedeutet einen bewußten Bruch mit den Traditionen der viktorianischen und georgianischen Lyrik, ein Zurückgreifen auf die sprachliche Dichte und die komplexen *conceits* (geistreiche Metaphern) der spätelisabethanischen Dramatiker und der *metaphysical poets* des 17. Jh.s. In der präzisen Diktion, dem Konversationston und der eleganten Ironie der Verse ist der Einfluß des symbolistischen Lyrikers Jules LAFORGUE (1860 bis 1887) zu spüren.

Nicht um Liebeslyrik, wie der Titel erwarten läßt, handelt es sich hier, sondern um die Beschwörung eines *»stillen Fin-de-siècle-Infernos«* (H. Kenner). Der Liebhaber entpuppt sich als ängstlicher, unsicherer Mann mittleren Alters, der seinen mageren Körper unter gewählter Kleidung verbirgt, sich scheut, einen Pfirsich zu essen (hat er Magenbeschwerden oder trägt er eine Zahnprothese?), und mitleidigen Spott über sein sich lichtendes Haar fürchtet. Sein Name läßt sich verschieden deuten: u. a. als *proof rock* (Fels, an dem sich etwas erweisen muß), als Anspielung auf das Pendeln (schaukeln: *to rock*) zwischen Wunsch und Handeln oder als Zusammenziehung von *prude* (der Prüde) und *frock* (Kittel, Kutte). Dieser Prufrock ist gebildet, kultiviert, leicht dandyhaft, sensibel und sich im übrigen seiner Unerheblichkeit und der kläglichen Unangemessenheit seiner Rolle bewußt. Die Geliebte bleibt im Hintergrund, wird nur im sanften Halbdunkel einer Teeparty, bei der die Damen über Michelangelo plaudern, nur als Duft eines Parfüms, als Kurve eines Arms, als zerstreute oder abwehrende Geste gegenwärtig. – Ebensowenig, wie die dem Gedicht vorangestellten Worte Guido da Montefeltros (aus DANTES *Inferno*) an jemanden gerichtet sind, der aus der Hölle zu den Irdischen zurückkehren könnte, wird Prufrocks Liebeslied außerhalb des Gefängnisses seines Bewußtseins laut. Jede Kommunikation ist unmöglich geworden, da jede Einzelseele (wie Eliot, den Philosophen F. H. BRADLEY zitierend, im Anhang zu *Waste Land* schreibt) *»einen nach außen hin abgeschlossenen Kreis«* darstellt. Daher ist auch das »Du« des Gedichts – entsprechen Dantes Dialog mit Vergil – nicht als wirklicher, sondern als fiktiver Gesprächspartner aufzufassen, und es steht dem Leser frei, sich mit ihm zu identifizieren. So wird Prufrocks Monolog zur Darstellung der Unmöglichkeit

jedes Dialogs, der Heiratsantrag zur *»überwältigenden Frage«*. Sie zu stellen wäre gleichbedeutend mit dem Wagnis, die Ordnung des Universums zu stören (Vers 45 f. – ein Zitat aus einem Brief Laforgues).
Zwar zeichnen sich in Prufrocks Monolog konkrete Situationen und Handlungselemente ab – der Abend zu Hause, der Weg zur Geliebten durch eine neblige Oktobernacht, eine Teegesellschaft, das Hinausschieben des Entschlusses, das entscheidende Wort zu sagen –, aber einen »Handlungsverlauf« besitzt er nicht. In ihm herrscht die Gleichzeitigkeit des Bewußtseins, in der Erinnerung, Vorstellung und wirkliches Geschehen nicht zu scheiden sind. Auch die Umwelt, die Prufrock wahrnimmt, darf nicht aus ihrem Bezug auf sein Bewußtsein gelöst werden: Der Abend, der mit einem narkotisierten Patienten verglichen wird, die katzenhaft sich windenden Nebelschwaden, der vornehme *ennui* der Teegesellschaft, das schäbige Idyll des Mannes, der pfeifenrauchend im Fenster liegt, sind, wie Eliot, der Kritiker, formuliert, *»objective correlatives« (»objektivierende Entsprechungen«)* zu Prufrocks Bewußtseinslage. Durch sie definiert er sich selbst als jemanden, der sich ein Gesicht »zurechtlegen« muß, *»um den Gesichtern begegnen zu können, denen man eben begegnet«*, der sein Leben *»mit Kaffeelöffeln ausgemessen«* hat und der sich vor den Blicken und Worten der Gäste wie ein an die Wand gespießtes Insekt fühlt.
Das Maß seiner Unerheblichkeit, der Unzulänglichkeit seiner Existenz, ist ihm bei seinen (mehr oder weniger verschleierten) Anspielungen auf imposante Gestalten der abendländischen Kultur deutlich bewußt: Er ist kein Tatmensch wie der Feldherr Montefeltro, er ist kein Prophet wie Johannes der Täufer, kein von den Toten auferstandener Lazarus, und er kann sich, obwohl er mit Hamlet die Unentschlossenheit gemeinsam hat, doch nur mit Rosenkranz und Güldenstern, vielleicht noch mit Polonius oder Yorick vergleichen. (Diese Technik der Kontrastierung von mythischer Größe und bürgerlich begrenzter Existenz weist auf Joyces Verwendung des Mythos im *Ulysses* voraus). Die Flucht in die Vergangenheit, in den elfenbeinernen Turm des Ästheten, ist also für Prufrock kein Ausweg aus der Trivialität seines Daseins. So bleibt nur die Flucht in die Welt des Traums und der Phantasie, eine Welt, die er sich mit Bildern des Meeres ausmalt.
The Lovesong of J. Alfred Prufrock bildet den Höhepunkt von Eliots Frühphase als Lyriker und zählt zu den am häufigsten anthologisierten Werken des Autors. M.Pf.-KLL

Ausgaben: Chicago 1915 (in *›Poetry‹*). – Ldn. 1917 (in *Prufrock and Other Observations*). – Ldn. 1925 (in *Poems 1909–1925*). – Ldn. 1936 (in *Collected Poems 1909–1935*). – Ldn. 1963 (in *Collected Poems 1909–1962*).

Übersetzungen: *J. Alfred Prufrocks Liebesgesang*, K. G. Just (in *Ausgewählte Gedichte*, Ffm. 1951; engl.-dt.). – Dass., ders. (in *Gedichte*, Ffm. 1964; BS; engl.-dt.).

Literatur: A. Wormhoudt, *A Psychoanalytic Interpretation of »The Love Song of J. Alfred Prufrock«* (in Perspective, 2, 1949, S. 109–117). – S. Stepanchev, *The Origin of »J. Alfred Prufrock«* (in MLN, 66, 1951, S. 400 f.). – J. Margolis, *T. S. E.: »The Love Song of J. Alfred Prufrock«* (in *Interpretations: Essays on Twelve English Poems*, Hg. J. Wain, Ldn. 1955, S. 179–193). – W. A. Turner, *The Not So Coy Mistress of »J. Alfred Prufrock«* (in South Atlantic Quarterly, 54, 1955, S. 516–522). – T. C. Rumble, *Some Grail Motifs in E.'s »Prufrock«* (in *Studies in American Literature*, Hg. W. McNeir u. L. B. Levy, Baton Rouge/La. 1960, S. 95–103). – F. W. Locke, *Dante and T. S. E.'s »Prufrock«* (in MLN 78, 1963, S. 51–59). – J. F. Knapp, *E.'s »Prufrock« and the Form of Modern Poetry* (in Arizona Quarterly, 30, 1974, S. 5–14). – M. Nänny, *Michelangelo and T. S. E.'s »The Love Song of J. Alfred Prufrock«* (in *Modes of Interpretation*, Hg. R. J. Watts u. U. Weidmann, Tübingen 1984, S. 169–175). – E. Wolff, *T. S. E., »Prufrock«, »Hamlet« u. die Tradition* (in *Tradition u. Innovation in der engl. u. amer. Lyrik des 20. Jh.s*, Hg. E. Kreutzer u. a., Tübingen 1986, S. 18–31). – D. J. Childs, *Knowledge and Experience in »The Love Song of J. Alfred Prufrock«* (in ELH, 55, 1988, S. 685–699).

MURDER IN THE CATHEDRAL

(engl.; *Ü: Mord im Dom*). Religiöses Drama in zwei Teilen und einem Zwischenspiel, in Vers und Prosa von Thomas Stearns Eliot, Uraufführung: Canterbury Cathedral, 10. 5. 1935; deutschsprachige Erstaufführung: Zürich, Juni 1947, Schauspielhaus. – Nach *The Rock*, 1934 *(Der Fels)*, einem Festspiel zur Unterstützung Londoner Kirchen, ist dies der zweite Versuch des Anglokatholiken Eliot, die metaphysischen Implikationen seines Frühwerks christlich auszudeuten und dabei diese neuen Inhalte nicht mehr, wie in *Ash-Wednesday* (1927–1930), in lyrisch-enigmatischer Verschlossenheit zu verwahren, sondern einem breiten Publikum in dramatischer Form anschaulich zu machen. Als Auftragswerk zum Canterbury Festival von 1935 entstanden, wurde *Murder in the Cathedral* eins von Eliots meistgespielten Stücken. Es gibt mehrere Bühnenfassungen und eine Filmversion, die 1951 unter Eliots Mitwirkung entstand und wesentliche Abweichungen von Text und Struktur des auf einen kirchlichen Aufführungsort zugeschnittenen Festspiels erforderte.
Als Gegenstand wählte der Autor das Blutzeugnis des berühmtesten aller englischen Heiligen, des Thomas à Becket, der Kanzler und Vertrauter Heinrichs II. und von 1162 bis 1170 Erzbischof von Canterbury war. Nach dem Bruch mit dem König, dessen juristische Reformen er im Interesse der Kirche bekämpfte, in die Verbannung geschickt, wurde er nach trügerischer Aussöhnung

mit dem Herrscher am 29. 12. 1170 in seiner eigenen Kathedrale von vier normannischen Baronen, die im Sinne des Königs zu handeln glaubten, ermordert. Eliot geht es bei der Gestaltung dieses Stoffes nicht – wie z. B. TENNYSON in dem Blankversdrama *Becket* (1884) oder ANOUILH in *Becket ou L'honneur de Dieu* (1959) – um den aufs Menschliche übergreifenden historischen Konflikt von Staatsräson und kirchlichem Auftrag, sondern um den übergeschichtlichen Sinngehalt des Martyriums und seine Bedeutung für die Gemeinschaft der Gläubigen. Um diese Idee dramatisch zu gestalten, wendet sich Eliot vom nachshakespeareschen Blankversdrama ab und bedient sich ritualistischer Darstellungsformen des klassischen griechischen Dramas und didaktisch-allegorischer Techniken der mittelalterlichen Mysterienspiele und Moralitäten. Von diesen ist auch die Versgestaltung – Alliteration, gelegentlich End- und Binnenreim, freie Rhythmen – beeinflußt. Eine besondere Bedeutung kommt dem Chor der armen Frauen von Canterbury zu, der nicht nur kommentierende Funktion hat, sondern in das Heilsgeschehen einbezogen wird und als Mittler zwischen dem auf der Bühne dargestellten historischen Glaubensakt und dem modernen Publikum agiert.

Der erste Teil spielt am Tag der Rückkehr Beckets nach siebenjährigem Exil auf dem Kontinent. Die Frauen von Canterbury haben sich, von kollektiver Furcht vor den politischen Auswirkungen dieser Rückkehr ergriffen, vor der Kathedrale versammelt. *»Lebend und nur halb lebend«*, haben sie nur den Wunsch, unbehelligt zu bleiben. Auch die drei Priester, die ihre Hirten sein sollten, sind kleingläubig und verzagt. Die Begrüßungsworte Beckets, der, seinen Tod vorausahnend, das Leiden zum wahren Handeln erklärt, durch das der Plan Gottes erfüllt würde, bleiben den Priestern und Frauen unverständlich. Freilich ist sich auch Becket über den Unbedingtheitsanspruch seiner Worte noch nicht im klaren, denn noch immer will er aus eigener Macht leiden. So kann ihm – nachdem er drei allegorischen Versuchern widerstanden hat, die ihn zum Genuß diesseitiger Freuden, zu politischer Macht und zum Mißbrauch seines geistlichen Auftrags für weltliche Ziele verleiten wollten – der vierte Versucher seine eigenen Worte als Verlockung vorhalten. Jetzt erst begreift Becket, daß diese Versuchung zum Martyrium um der Glorie des Märtyrertums willen seinen geheimen Erwägungen und Wünschen entspricht und daß diese hochmütig sind. Die Erkenntnis, daß *»der größte Verrat«* darin besteht, *»das Rechte aus einem falschen Grund zu tun«*, verhilft ihm zur Überwindung seines Hochmuts. Schon in seiner Weihnachtspredigt (die das Zwischenspiel bildet und in Prosa verfaßt ist) verkündet er, der rechte Märtyrer sei jener, *»der zum Werkzeug Gottes geworden ist, dessen Wille in Gottes Willen aufgeht, der nichts mehr für sich selbst begehrt, nicht einmal den Ruhm des Märtyrers«*. – Der Chor zu Beginn des zweiten Teils zeigt, daß auch die Frauen aus Beckets Predigt gelernt haben: Die Möglichkeit einer geistigen Erneuerung zeichnet sich ab und wird in Bildern vegetativer Fruchtbarkeit beschworen, die im Gegensatz zur *Waste Land*-Metaphorik des Eingangschors stehen. Nach einer liturgischen Prozession der drei Priester, die das Verstreichen von drei Tagen symbolisiert, treten die Mörder, vier Ritter, auf und beschuldigen Becket in zynischen Worten des Hochverrats. Ihre Brutalität wird in Bildern aus der Raubtierwelt verdeutlicht: Das Böse soll als Abfall des Menschen von seiner geistigen Bestimmung in den Bereich des rein Animalischen, als Riß in der Stufenordnung alles Seins verstanden werden. Becket läßt den Mördern das Domportal öffnen und bietet seinen Leib ihren Schwertern dar, die auf ihn zielen wie die Speichen eines Rads auf die Achse. Diese ritualistische Gestaltung des Mordes betont die zentrale Metapher des Dramas, das Rad mit seiner Dialektik von Ruhe und Bewegung (vgl. ARISTOTELES: *Über die Seele*). Nur wer sich ganz dem Willen Gottes überantwortet hat, ist im ruhenden Mittelpunkt des Rads, bewegt andere, ohne selbst bewegt zu werden, handelt, indem er erleidet.

In einem abrupten Wechsel der Stilebene, der, wie Eliot in *Poetry and Drama* (1951) schreibt, *»die Zuhörer aus ihrer Selbstgefälligkeit aufschrecken«* soll, wenden sich die vier Mörder direkt ans Publikum und argumentieren im Jargon moderner politischer Redner, daß sie uneigennützig für die Aufrechterhaltung der Ordnung gesorgt und im Dienst sozialer Gerechtigkeit, demnach auch im Interesse des Publikums, gehandelt hätten. Becket habe in pathologischem Starrsinn seine Ermordung herausgefordert, also eigentlich Selbstmord begangen. Der Versuchung des historischen Helden im ersten Teil folgt also in dieser Rechtfertigungsszene die Versuchung des modernen Publikums mit seiner Indifferenz in Glaubensfragen. Der Schlußhymnus des Chors feiert den neuen Heiligen und preist seinen Tod als eine Quelle der Freude und Gnade, die, wie die Passion Christi, *»ewig die Erde belebt«*.

Eliots Mysterienspiel dient – wie die Moralität *Jedermann* und wie Samuel BECKETTS *Warten auf Godot* – weniger der Darstellung einer Folge von Ereignissen als der Erhellung einer Grenzsituation. Ihm liegen die scheinbar paradoxen Einsichten vom Leben aus dem Tod, vom Guten durch das Böse, von der Freiheit, die sich erst in der freiwilligen Aufgabe des Eigenwillens erfüllt, zugrunde. Deshalb gibt es darin auch kein zeitliches Nacheinander von Schuld und Katharsis, wie es die Tragödie kennt, sondern nur das überzeitliche Nebeneinander von Sünde und Gnade. M.Pf.

AUSGABEN: Ldn. 1935. – Ldn. 1962 (in *Collected Plays*).

ÜBERSETZUNGEN: *Mord im Dom*, R. A. Schröder, Bln. 1946. – Dass., ders., Ffm. 1949. – Dass., E. Fried (in *Werke*, Bd. 1, Ffm. 1966).

VERTONUNG: A. Pizetti, *L'assassino nella cattedrale* (Oper; Urauff.: Mailand, März 1958, Scala).

Verfilmung: England 1951 (Regie: G. Hoellering).

Literatur: J. Peter, *»Murder in the Cathedral«* (in SR, 61, 1953, S. 362–383). – H. Galinsky, *T. S. E.s »Murder in the Cathedral«: Versuch einer Interpretation* (in NSp, 7, 1958, S. 305–323). – H. Kosok, *Gestaltung u. Funktion der Rechtfertigungsszene in T. S. E.s »Murder in the Cathedral«* (ebd., 12, 1963, S. 49–61). – L. Hönnighausen, *Die Verwendung der ›Dies-Irae‹-Sequenz in E.s »Murder in the Cathedral«* (ebd., 14, 1965, S. 497–508). – B. Püschel, *T. S. E.: »Murder in the Cathedral«* (in Neusprachl. Mitt., 21, 1968, S. 23–32). – *Twentieth Century Interpretations of »Murder in the Cathedral«*, Hg. D. R. Clark, Englewood Cliffs/N.J. 1971. – M. Krieger, *The Classic Vision: The Retreat from Extremity in Modern Literature*, Baltimore 1971, S. 337–362). – L. Wyman, *»Murder in the Cathedral«: The Plot of Diction* (in MD, 19, 1976, S. 135–145). – R. W. Ayers, *»Murder in the Cathedral«: ›A Liturgy Less Divine‹* (in TSLL, 20, 1978, S. 579–598). – K. Tetzeli von Rosador, *Christian Historical Drama: The Exemplariness of »Murder in the Cathedral«* (in MD, 29, 1986, S. 516–531).

NOTES TOWARDS THE DEFINITION OF CULTURE

(engl.; *Ü: Beiträge zum Begriff der Kultur*). Essay von Thomas Stearns Eliot, erschienen 1948; der Anhang enthält drei Rundfunkvorträge über *The Unity of European Culture (Die Einheit der europäischen Kultur)*, die, an ein deutsches Publikum gerichtet, bereits 1946 in deutscher Sprache erschienen waren. – Der Lyriker und Dramatiker Eliot hat auch zahlreiche literaturkritische Schriften sowie eine Reihe bedeutender gesellschafts- und kulturkritischer Essays hinterlassen. Schon *Tradition and the Individual Talent* (1919, nachgedruckt in *The Sacred Wood*, 1920) zeigte seine verantwortungsbewußte und bei aller Aufgeschlossenheit für Neuerungen konservative Einstellung zur abendländischen Tradition, eine Haltung, die ihn in seinem Vorwort zur Festschrift *For Lancelot Andrewes* (1928) zu dem polemischen Bekenntnis bewog, er sei *»ein Anglokatholik in der Religion, ein Klassizist in der Literatur, ein Royalist in der Politik«*. In den kulturkritischen Arbeiten der dreißiger Jahre (*After Strange Gods*, 1934, und *The Idea of a Christian Society*, 1939) zog er die geistigen und praktischen Konsequenzen aus diesem Bekenntnis und definierte seine christlich-konservative Position gegenüber dem optimistischen Fortschrittsglauben, den modernen Tendenzen zur Vermassung und den Ansprüchen totalitärer Ideologien.

»Kultur« ist für Eliot ein sehr umfassender Begriff, der von gesellschaftlichen Umgangsformen über Fertigkeiten und Kenntnisse bis zur Philosophie und den schönen Künsten reicht. Er umschließt *»die ganze Lebensweise eines Volkes«*, alles, *»was das Leben lebenswert macht«*, und wird als »Inkarnation« der religiösen Vorstellungen eines Volkes gesehen. Kultur ist demnach nicht, wie Matthew Arnold in *Culture and Anarchy* (1867/68) darlegte, das Privileg künstlerischer oder intellektueller Eliten, sondern wird von *einer* Elite getragen, die sich aus allen Schichten der Gesellschaft zusammensetzt. Erst durch das Zusammenwirken und die Spannungen zwischen Individuum, Gruppe (oder Klasse) und Gesamtgesellschaft kann sich Kultur überhaupt entwickeln. Die Voraussetzung für jede lebendige Kultur sieht Eliot daher in der hierarchischen Gesellschaftsstruktur. Nur sie könne die fruchtbare Dialektik von Einheit und Vielfalt gewährleisten. Daß auch die regionale Gliederung eines Kulturraums dieser Wechselbeziehung förderlich ist, zeigt Eliot am Beispiel des Zusammenwirkens englischer, schottischer, walisischer und irischer Kultur auf den Britischen Inseln. Ebenso könne die europäische Kultur nur dann einen natürlichen Organismus bilden, wenn die einzelnen Länder weder voneinander isoliert noch *»zur Gleichheit reduziert«* seien. Dieses Prinzip müsse auch einer künftigen Weltkultur zugrunde liegen, und es müsse bei allen christlich-ökumenischen Bestrebungen beachtet werden.

Der konservative Denker Eliot sieht das Wachsen und Vergehen von Kulturen als organischen Vorgang, der weder durch politische noch durch erzieherische Maßnahmen unmittelbar beeinflußt werden könne. Grundlage der abendländischen Kultur sei das gemeinsame Erbe des Christentums und der Antike; der zunehmende Verlust dieses Erbes in den letzten fünfzig Jahren bedeute daher einen kulturellen Niedergang. Wie Oswald Spengler – mit dem er im übrigen wenig gemeinsam hat – nach dem Ersten Weltkrieg den »Untergang des Abendlands« prophezeite, malt Eliot nach dem Zweiten Weltkrieg das Menetekel von den *»barbarischen Nomaden der Zukunft… in ihren vollmechanischen Wohnwagen«* an die Wand. – So anfechtbar dieser Kulturpessimismus sein mag (der Essay löste in Amerika und England scharfe Kontroversen aus) und so bedauerlich die Tatsache, daß Eliot Neuansätze zu einem zwar nicht mehr christlichen, aber doch humanen Menschenbild aus seiner religiösen Sicht nicht genügend würdigen kann, so verdienen doch das Engagement und die abwägende Skepsis, mit denen er seine Analyse vornimmt, Beachtung. Sein Prosastil spiegelt diese geistige Distanz wider und ist *»mit seinem Verzicht auf poetische Bilder und anderen rhetorischen Schmuck Ausdruck eines suchenden, leidenschaftslosen und scharfsichtigen Geistes«* (John Hayward). M.Pf.

Ausgaben: Ldn. 1948. – NY 1949. – Ldn. 1954. – Ldn. 1962.

Übersetzungen: *Die Einheit der europäischen Kultur*, L. Hiller, Bln. 1946 [dt.-engl.; Nachw. H. Hennecke]. – *Beiträge zum Begriff der Kultur*, G. Hensel, Ffm. 1949. – *Zum Begriff der Kultur*, ders., Reinbek 1961 (rde). – Dass., ders., Ffm. 1967 (in *Werke* Bd. 2).

LITERATUR: R. Williams, *Second Thoughts: T. S. E. on Culture* (in EIC, 6, 1956, S. 302–318). – C. Amery, *Der gelehrte Revolutionär* (in FH, 15, 1960, S. 345–352). – C. A. Emge, *Die Frage nach einem neuen Kulturbegriff* (in Akad. d. Wiss. u. d. Lit. Mainz, Abh. d. geistes- u. sozialwiss. Kl., 1, 1962, 7, S. 368–433). – C. Greenberg, *The Plight of Our Culture* (in Commentary: The Commentary Reader, 1966, S. 425–437). – A. Austin, *T. S. E.: The Literary and Social Criticsm*, Bloomington 1971. – E. A. Hanson, *Towards a Conception of Culture in T. S. E.* (in Dolphin, 4, 1980, S. 5–38). – W. Wicht, *The Ideological Background of T. S. E.* (in ZAA, 30, 1982, S. 101–118).

THE WASTE LAND

(engl.; *Ü: Das Wüste Land*). Gedichtzyklus von Thomas Stearns ELIOT; Erstveröffentlichungen (ohne Anmerkungen) in den Zeitschriften ›Criterion‹ (Okt. 1922) und ›The Dial‹ (Nov. 1922); Buchveröffentlichung (mit Anmerkungen) 1922. – *The Waste Land* gilt als wichtigstes und einflußreichstes Langgedicht in der englischen Literatur der ersten Hälfte des 20. Jh.s. Es erschloß Neuland, und zwar in mehrfacher Hinsicht und auf mehreren Ebenen: Es war der erste bedeutsame Ausdruck einer einschneidenden Wende in der geistigen Entwicklung des modernen Menschen; Ausdruck einer brüchig gewordenen Welt, in der nach der Erschütterung des Ersten Weltkriegs die Menschheit in die Wüste der völligen Illusionslosigkeit, des scheinbaren Zerfalls aller Ideale und Werte geriet.

Das Werk besteht aus fünf Teilen von ungleicher Länge und Aussage, die jedoch durch Themen und Symbole miteinander verbunden sind. Man könnte sie Variationen über ein Doppelthema nennen, das im Grund religiösen Charakter hat: einerseits die angsterregende Sinnlosigkeit und Sterilität der modernen, säkularisierten Welt in ihrer verwirrenden Vielfalt, andrerseits die Notwendigkeit, diese Welt zu deuten, in ihr einen Sinn, womöglich eine Einheit zu finden. Die methodische Ausarbeitung des Themas geschieht, wie so oft bei Eliot, durch Gegenüberstellung scheinbar kontrastierender Ideen, hier vor allem des Todes und des Lebens, die ihrerseits Ideengegensätze in sich bergen. Denn für den Menschen ist ein Leben ohne Sinn wie ein Tod; dagegen bedeutet ein »Tod«, durch den Altes, Unfruchtbares, Lähmendes in ihm abstirbt, Läuterung zum Leben. In diesem Sinn ist wohl auch das Epigraph, der Todeswunsch der Cumäischen Sibylle *(»apothanein thelō« – »sterben will ich«)* aus PETRONIUS' *Satyricon* zu verstehen. Grundgedanken des *Waste Land* sind im gesamten Werk Eliots zu spüren, freilich zunehmend intensiviert durch einen positiven Glauben in und nach der Zeit seiner Konversion zum Anglo-Katholizismus (1927).

Das Gedicht hat keinen Erzählzusammenhang, zeigt aber eine kontinuierliche, durch gedankliche Vertiefung bewirkte Entwicklung. Die Teile kreisen gewissermaßen um ein »außerhalb« des eigentlichen Gedichts liegendes Grundthema. Es sprechen verschiedene Stimmen, auch die des Dichters selbst, aber es gibt weder eine zentrale Figur noch Charaktere im üblichen Sinn. Zu dem (teils realen, teils symbolischen) Hintergrund des Gedichts wie auch zu seiner spezifischen Atmosphäre tragen verschiedene Orte und Landschaften, Jahreszeiten und Epochen, Lebens-, Kultur- und Sprachbereiche bei: z. B. die Stadt und die Berge; München und London; BAUDELAIRES Paris und DANTES Inferno; Sommer, Regen, Nebel; Reichtum und Armut; die moderne Welt und die Antike. – Im ersten Teil, *Burial of the Dead (Das Begräbnis der Toten)*, wird der Gedanke entwickelt, wie schwierig und schmerzhaft es ist, sich aus dem todähnlichen Leben, das der moderne Mensch im wüsten Land führt, zu sinnvollem neuem Leben aufzuraffen. Der Mensch ist wie gelähmt von Angst – Angst vor allem Neuen, Erneuernden (Frühlingssymbolik, wobei jedoch der Frühling keine Freude bringt), vor der Unsicherheit der eigenen Existenz und der Unbeständigkeit der Liebe (2. Abschnitt), vor der unbekannten Zukunft (Besuch bei Madame Sosostris, der Kartenlegerin) und schließlich vor der Unwirklichkeit des Lebens im wüsten Land überhaupt, hier symbolisiert durch die Riesenstadt mit ihren Menschenmassen, die vergeblich versuchen, das Bewußtsein des eigenen Versagens zu begraben (Leichensymbol; vgl. auch die an ein Totenamt erinnernde Überschrift). Der hier angesprochene »Stetson« vertritt wohl alle Menschen, einschließlich des Autors und des Lesers.

Der zweite Teil, *A Game of Chess (Eine Schachpartie)*, schildert das Leben im wüsten Land auf zwei kontrastierenden sozialen Ebenen. Die vornehm-neurotische Dame, die in ihrem luxuriösen Boudoir Besuch empfängt, stellt die elegante Welt dar; die beiden Cockney-Frauen, die sich im Wirtshaus unterhalten, verkörpern das Volk. Ihr gemeinsames Problem ist die vereitelte oder unfruchtbare Liebe. Der Titel deutet auf eine Episode in Thomas MIDDLETONS Tragödie *Women Beware Women* (1657), wo Schach gespielt wird, um die Aufmerksamkeit von einer Verführungsszene abzulenken. Zwar wird der dritte Teil vom Thema der sterilen sexuellen Liebe beherrscht (Sweeney und Mrs. Porter; der Matrose und die Stenotypistin; Elisabeth I. und Leicester; die vergewaltigten Töchter der Themse), doch trägt er den an Buddha erinnernden Titel *The Fire Sermon (Die Feuerpredigt)* – ein Hinweis darauf, daß das Gedicht nun von der Schilderung zur Mahnung übergeht. Dies geschieht in den letzten vier Zeilen, in denen Buddha- und Augustinus-Zitate zum Gebet und zur Reue aufrufen. Nach dem kurzen vierten Teil, *Death by Water (Tod durch Wasser)*, dessen Thema der läuternde Tod ist, wird im fünften Teil *What the Thunder Said (Was der Donner sprach)*, dieser Gedanke weiter entwikkelt: Das wüste Land scheint nun eine zweifache Bedeutung zu gewinnen: einmal als die öde, gottlose, zusammenbrechende Welt, in der wir leben; zum anderen als die Wüste, die wir geduldig durchwandern müssen, um zum Heil zu gelangen. Die symbolische Landschaft nimmt alptraumhaften Charakter an: Steine und Felsen, Sand und Schweiß, aber kein Wasser; selbst in den Bergen findet man weder Ruhe noch Einsamkeit, statt dessen erblickt man böse Gesichter und hört Donner ohne Regen; die Grabkapelle ist leer, der heilige Ganges ausgetrocknet; der Emmausweg wird beschritten, aber die Christusgestalt ist von Mantel und Kapuze verhüllt und wird ebensowenig erkannt wie *The Hanged Man* im ersten Teil. Das Gedicht schließt mit Worten aus den *Upanischaden*: Der Mahnung zur Reue, Mitgefühl und Selbstbeherrschung folgt als Ausklang ein Friedenssegen.

In diesem Werk greift Eliot erneut das Motiv der »unwirklichen«, im Nebel verfremdeten Großstadt auf, das bereits in *Prufrock* zum Symbol des modernen Lebens wurde und später in *Four Quartets* wieder erscheint. Die wichtigste Figur des Gedichts ist der blinde Seher Tiresias, der in doppelter Gestalt, als Mann und als Frau, erscheint und so Wesen, Leiden und Schicksal des Menschen schlechthin verkörpert (vgl. Eliots Anmerkung zu Zeile 218). Nach Eliots Aussage (vgl. Vorwort zu den Anmerkungen) waren für den mythologischen Rahmen und die symbolische Gestaltung des Gedichts James Frazers *The Golden Bough* und Jessie Westons *From Ritual to Romance* (ein Buch über die Entstehung der Gralssage) von grundsätzlicher Bedeutung.

The Waste Land erschien zunächst ohne Anmerkungen. Als dann bei der Buchveröffentlichung einige unbedruckte Seiten übrigblieben, und wohl auch um die vielen Entlehnungen und Anspielungen zu »rechtfertigen«, wurde ein Anhang mit Erläuterungen beigefügt. Die ursprüngliche Fassung (um etwa die Hälfte länger als der gedruckte Text) entstand 1921, größtenteils in Lausanne, als Eliot in einer tiefen Lebenskrise räumlichen und seelischen Abstand von seiner Londoner Umgebung suchte und in der Konzentration auf sein erstes großes Gedicht auch fand. In Paris übergab er Anfang 1922 das Manuskript seinem Freund Ezra Pound, der zu erheblichen Änderungen und Kürzungen riet, mit denen Eliot weitestgehend einverstanden war – daher die erst im Januar 1923 hinzugefügte Widmung *»Für Ezra Pound*, den besseren *Künstler«*. Durch die Wiederentdeckung des angeblich in den zwanziger Jahren verlorengegangenen Manuskripts (siehe ›Times Literary Supplement‹ vom 7. 11. 1968, S. 1238–1240 und 1251) ist es möglich geworden, Art und Umfang dieser Änderungen zu studieren. Die Faksimile-Ausgabe mit Pounds Anmerkungen erschien, von Eliots zweiter Frau Valerie herausgegeben, im Jahre 1971. J.Bou.-KLL

Ausgaben: Ldn. 1922 (in Criterion, Okt.). – NY 1922 (in The Dial, Nov.). – NY 1922. – Richmond 1923. – Ldn. 1940. – NY 1956 (in *Collected Poems and Plays*). – Ldn. 1963 (in *Collected Poems 1909 to 1962*). – Ldn. 1969 (in *The Complete Poems and Plays*). – Ldn./NY 1971 (*The Waste Land: A Facsimile and Transcript of the Original Draft, Including the Annotations of Ezra Pound*, Hg. V. Eliot).

Übersetzungen: *Das Wüste Land*, E. R. Curtius (in NSRs, 20, 1927, S. 362–377). – Dass., ders., Wiesbaden 1957; ern. 1962 (IB; engl.-dt.). – Dass., ders., Ffm. 1975 (Vorw. H. E. Holthusen; BS).

Literatur: C. Brooks, *»The Waste Land«: An Analysis* (in Southern Review, 3, 1937, S. 106–136). – Ders., *»The Waste Land«: Critique of the Myth* (in C. B., *Modern Poetry and the Tradition*, Chapel Hill/N.C. 1939, S. 136–172). – C. M. Bowra, *T. S. E.: »The Waste Land«* (in C. M. B., *The Creative Experiment*, Ldn. 1949, S. 159–188). – J. Peter, *A New Interpretation of »The Waste Land«* (in EIC, 2, 1952, S. 242–266). – J. Korg, *Modern Art Technique in »The Waste Land«* (in Journal of Aesthetics and Art Criticism, 18, 1960, S. 453–463). – *Storm Over »The Waste Land«*, Hg. R. E. Knoll, Chicago 1964. – D. M. Green, *»The Waste Land«: A Critical Commentary*, NY 1965. – *»The Waste Land«: A Casebook*, Hg. C. B. Cox u. A. P. Hinchcliffe, Ldn. 1968. – K. H. Göller, *»The Waste Land«* (in *Die englische Lyrik*, Hg. ders., Bd. 1, S. 344–364, Düsseldorf 1968). – *A Collection of Critical Essays on »The Waste Land«*, Hg. J. Martin, Englewood Cliffs/N.J. 1968. – W. Sutton, *»Mauberley«, »The Waste Land« and the Problem of Unified Form* (in CL, 9, 1968, S. 15–35). – H. Williams, *T. S. E.: »The Waste Land«*, Ldn. 1968. – *The Merrill Studies in »The Waste Land«*, Hg. B. Gunter, Columbus/Oh. 1971. – M. C. Bradbrook, *T. S. E.: The Making of »The Waste Land«*, Harlow 1972. – H. L. Gardner, *»The Waste Land« 1972*, Manchester 1972. – A. C. Bolgan, *What the Thunder Really Said: A Retrospective Essay on the Making of »The Waste Land«*, Montreal 1973. – E. Hesse, *T. S. E. und »Das Wüste Land«*, Ffm. 1973. – *Eliot in His Time: Essays on the Occasion of the Fiftieth Anniversary of »The Waste Land«*, Hg. A. W. Litz, Princeton 1973. – *»The Waste Land« in Different Voices*, Hg. A. D. Moody, Ldn./NY 1974. – H. Wetzel, *Banale Vitalität u. lähmendes Erkennen: Drei vergleichende Studien zu T. S. E.s »The Waste Land«*, Bern/Ffm. 1974. – S. Sultan, *»Ulysses«, »The Waste Land« and Modernism*, Ldn. 1977. – N. D. Hargrove, *Landscape as Symbol in the Poetry of T. S. E.*, Jackson/Miss. 1978. – M. Thormählen, *»The Waste Land«: A Fragmentary Wholeness*, Lund 1978. – M. McLuhan, *Pound, E. and the Rhetoric of »The Waste Land«* (in New Literary History, 10, 1979, S. 557–580). – G. C. Smith, *»The Waste Land«*, Ldn. 1983. – H. F. Plett, *›A Heap of Broken Images‹: Bilder des Kulturverfalls in T. S. E.s »The Waste Land«* (in *Engl. u. amer. Naturdichtung im 20. Jh.*, Hg. G. Ahrends u. H. U. Seeber, Tübingen 1985, S. 235–259). – H. Bloom, *T. S. E.'s »The Waste Land«*, Ldn. 1986. – C. Bedient, *He Do the Police in Different Voices: »The Waste Land« and Its Protagonist*, Chicago 1987.

SIR WILLIAM EMPSON

* 27.9.1906 Yorkefleet Hall / Yorkshire
† 15.4.1984 London

SEVEN TYPES OF AMBIGUITY

(engl.; *Sieben Arten von Mehrdeutigkeit*). Literaturkritisches Werk von William EMPSON, erschienen 1930. – Mit diesen textanalytischen Untersuchungen hat der Schüler I. A. RICHARDS' (vgl. *The Meaning of Meaning*) nicht nur ein kaum zu überbietendes Beispiel von *close reading* gegeben, sondern auch methodisch einen neuen Ansatz zur Interpretation von sprachlichen, zumal lyrischen Kunstwerken erprobt. Auf das qualitativ Neue der Empsonschen Textanalysen und auf ihre Wirkung berief sich 1941 der amerikanische Lyriker und Kritiker J. C. RANSOM, als er – damit zugleich den programmatischen Titel seines Buches *The New Criticism* rechtfertigend – hervorhob, es gebe *»eine starke intellektuelle Bewegung, die die Bezeichnung ›new criticism‹ verdient«*.

Diese Neuorientierung der Literaturkritik wurde wesentlich mitbestimmt durch die kommunikationstheoretische Fragestellung, die Richards in *Principles of Literary Criticism* (1924) in die Ästhetik eingeführt hatte und in deren Konsequenz es lag, das Verstehen von Texten als eine Entschlüsselung zu sehen und sich der semantischen Vielschichtigkeit des Mediums Sprache als einer Voraussetzung für ästhetische Strukturierung bewußt zu werden. Empson erhebt für seine Methode keinen Prioritätsanspruch; wie er im Vorwort erwähnt, hat die Interpretation von SHAKESPEARES 129. Sonett *(»The expense of spirit in a waste of shame...«)* in R. GRAVES' und L. RIDINGS *A Survey of Modernist Poetry* (1927) den unmittelbaren Anstoß für seine Untersuchungen gegeben. Die Autoren zeigen dort an der Gegenüberstellung zweier Versionen des Sonetts, wie durch die »Modernisierung« der Interpunktion das *»Phänomen der oszillierenden Textbedeutung«* (H. Meller) zum Verschwinden gebracht und damit zugleich der Gehalt des Gedichts reduziert, ja geradezu entstellt wird; sie fassen das Ergebnis ihrer Analyse in einem Satz zusammen, den man als das auf den Bereich der Textauslegung übertragene Prinzip der *lectio difficilior* bezeichnen kann: *»It is always the most difficult meaning that is the most final.«* (Zu einer ähnlichen Erkenntnis war 1922 schon F. C. PRESCOTT in *The Poetic Mind* gekommen, als er eine mehrdeutige Shakespeare-Stelle erörterte.)

Empson verwendet das »Schlüsselwort« *ambiguity* in einem erweiterten Sinn und versteht darunter *»jede noch so geringfügige sprachliche Nuance, die Raum läßt für verschiedene Auffassungen derselben Textstelle«* (nach dem Wortlaut der 1. Auflage sollte der Begriff sogar alles umfassen, *»was der direkten Prosaversion irgendeine Nuance hinzufügt«*). Das typologische Schema will der Autor nicht überbewertet wissen: Soweit es nicht lediglich ein *»bequemer Rahmen«* für seine Analysen sei, habe es die Funktion, *»Stufen zunehmender logischer Unordnung«* zu bezeichnen. Die mit der Definition des Oberbegriffs fast gleichlautende Definition der ersten Spielart von Mehrdeutigkeit *(»a detail is effective in several ways at once«)* legt es nahe, diese gleichsam als »Archetyp« der restlichen sechs Arten zu charakterisieren. Empson behandelt hier u. a. die Frage der semantischen Valenz von Klang und Rhythmus und zeigt in einer meisterhaften Analyse von SIDNEYS Sestine, wie der Dichter, indem er das Formgesetz übererfüllt, alle latenten Implikationen der Themawörter zum Vorschein bringt. Die Hauptbelege für die nächste Spielart *(»zwei oder mehr als zwei Bedeutungen verschmelzen in einer einzigen«)* sind dem Werk Shakespeares entnommen. Im Hinblick auf die kommentierte Arden-Ausgabe meint Empson: *»Die konservative Einstellung zum Phänomen der Mehrdeutigkeit ist merkwürdig und ohne Zweifel weise; sie läßt es zu, daß auf einen Bedeutungskomplex in einer Anmerkung hingewiesen, nicht aber, daß er als solcher akzeptiert wird; der Leser wird ermuntert, das Ganze mit gebotener Zurückhaltung zu schlucken; man hält es für das beste, ihn darüber im unklaren zu lassen, daß sich sein Denken in einem so komplizierten Medium vollzieht.«* Wie wenig eine solche Auffassung Shakespeare gerecht wird, läßt sich an jenen asymmetrischen metaphorischen Fügungen vom Typ *»The A and B of C«* zeigen, bei denen keine *»unmittelbare Bedeutung«* angebbar ist; der Leser ist daher gezwungen, auf der Suche nach dem *»größten gemeinsamen Nenner«* für alle Assoziationen der ersten beiden Substantive offen zu sein und so eine *»poetische Haltung gegenüber Worten«* einzunehmen.

Die dritte Art von Mehrdeutigkeit, deren Definition auf die des Wortspiels *(pun)* hinausläuft, stellt in ästhetischer Hinsicht einen Grenzfall dar: Künstlerisch relevant sind nur solche Beispiele, die diesen Typus nicht rein erfüllen. Damit wird seine Abgrenzung von der vierten Spielart schwierig, bei der divergierende Bedeutungen *»kombiniert sind, um einen komplizierten Geisteszustand des Autors zu verdeutlichen«*. Als fünfte Art von Mehrdeutigkeit klassifiziert Empson jene Fälle, in denen *»ein Vergleich ... sich nicht auf etwas Bestimmtes bezieht, sondern, wenn der Autor von einem Gegenstand zum andern übergeht, auf halbem Weg zwischen beiden liegt«*. Dieses Verfahren der »unscharfen Einstellung«, durch das die späten »Metaphysical Poets« (MARVELL, VAUGHAN) den Dichtern des 19. Jh.s nahekamen, verleite besonders zum Mißbrauch und sei zu verwerfen, wenn es – wie nicht selten bei den Romantikern, aber auch in der modernen Lyrik – lediglich von gedanklicher Verschwommenheit herrührt. Die sechste Spielart liegt vor, wenn eine Äußerung *»tautologisch, widersprüchlich oder irrelevant ist und der Leser sich genötigt sieht, Interpretationen zu erfinden«*. Mit der siebten Art ist schließlich die größte logische Diskrepanz erreicht, denn hier entsprechen *»die beiden Bedeutungen des Wortes ... den vom Kontext definierten Gegensätzen; im ganzen genommen wird also die zutiefst ambivalente Einstellung des Autors gezeigt«.* Empson bringt hier bei der Analyse bekannter Gedichte von Keats, Crashaw und G. Herbert Kategorien aus Freuds *Traumdeutung* (»Verdichtung« usw.) ins Spiel.

Mit dem Vorwurf, in seinen Analysen allzu erfinderisch zu sein und persönliche Assoziationen in ein Gedicht hineinzulesen, mußte sich der Autor dieses berühmten, aber nach wie vor umstrittenen Buches wohl am häufigsten auseinandersetzen. (Geradezu notorisch wurde Empsons erstes Beispiel, die Interpretation der Zeile *»Bare ruined choirs, where late the sweet birds sang«* aus Shakespeares 73. Sonett; noch im Jahr 1953 kam es hierüber in der Zeitschrift ›Essays in Criticism‹ zu einer Kontroverse zwischen F. W. Bateson und dem Autor.) Sieht man von gewissen Schwächen des in einigen Passagen zu aperçuhaft geratenen Buches ab, so erweist sich Empsons Position im ganzen als überraschend stark. Er bestreitet die Gültigkeit des positivistisch-wissenschaftlichen Wahrheitsbegriffs für den Bereich der Dichtkunst, deren Charakter als *actus* er wesentlich durch Suggestivität bestimmt sieht. Für den Literaturkritiker hat das zur Folge, daß er sich in der Ausübung seines Handwerks vor eine durchgängige *crux interpretum* gestellt sieht: *»Zum Verständnis eines Dichters gelangt man, indem man seine Gedichte in Gedanken rekonstruiert.«* Dennoch hält Empson an der grundsätzlich analytischen Aufgabe der Literaturkritik fest. Es wäre freilich verfehlt, darin eine Inkonsequenz zu sehen; Empson ist durchaus nicht der Meinung, die Bedeutungsnuancen und Konnotationen eines Gedichttextes müßten säuberlich herauspräpariert werden, um zur Wirkung zu gelangen. Ausgehend von der Feststellung, daß die ästhetische Wahrnehmung komplexer ist als gemeinhin angenommen wird, visiert er bei der semantischen Analyse des Wort- und Lautmaterials eine sinnkonstituierende Schicht an, die er bald als *»Gedankenhintergrund«* umschreibt, bald *»das Vorbewußtsein«* oder *»das Unbewußte«* nennt. Diese Verbindung der semantischen und psychoanalytischen Sehweise ist auch für die folgenden Bücher Empsons kennzeichnend: *Some Versions of Pastoral* (1935) – hier mit marxistisch-soziologischer Akzentuierung – und *The Structure of Complex Words* (1951), wo er an Schlüsselwörtern wie *honest, delicate, sense* usw. ganz im Sinne der späteren Formulierung P. Ricœurs zu zeigen versucht, daß *»Revolutionen des Gefühls ... von semantischen Revolutionen abgesteckt sein«* können.

H.En.

Ausgaben: Ldn. 1930. – Ldn. ²1947 [bearb.]. – Ldn. ³1953. – NY 1955. – NY 1957. – Harmondsworth 1961. – Cleveland 1964.

Literatur: L. Riding u. R. Graves, *A Survey of Modernist Poetry*, Ldn. 1927, S. 62–82. – Ph. Wheelwright, *On the Semantics of Poetry* (in KR, 2, 1940, S. 263–283). – J. C. Ransom, *The New Criticism*, Norfolk/Conn. 1941, S. 101–131. – C. Brooks, *E.'s Criticism* (in Accent, 4, 1943/44, S. 208–216). – E. Olson, *W. E., Contemporary Criticism and Poetic Diction* (in MPh, 47, 1950, S. 222–252; auch in *Critics and Criticism. Ancient and Modern*, Hg. R. S. Crane, Chicago/Ldn. 1952, S. 45–82). – F. W. Bateson, *The Function of Criticism at the Present Time* (in EIC, 3, 1953, S. 1–27; vgl. auch ebd., S. 358–363). – W. K. Wimsatt u. C. Brooks, *Literary Criticism: A Short History*, NY/Ldn. 1957, S. 635–653. – R. Weimann, *New Criticism u. die Entwicklung bürgerlicher Literaturwissenschaft*, Halle 1962, S. 111–118. – J. Jensen, *The Construction of »Seven Types of Ambiguity«* (in MLQ, 27, 1966, S. 243–259). – R. Sale, *The Achievement of W. E.* (in Hudson Review, 19, 1966, S. 369–390). – J. H. Willis Jr., *W. E.*, NY 1969. – Ders., *Modern Heroism: Essays on D. H. Lawrence, W. E., and J. R. R. Tolkien*, Berkeley 1973. – H. Meller, *Das Gedicht als Einübung: Zum Dichtungsverständnis W. E.s*, Heidelberg 1974. – *W. E.: The Man and His Work*, Hg. R. Gill, Ldn. 1974. – P. u. A. Gardner, *The God Approached: A Commentary on the Poems of W. E.*, Ldn. 1978. – C. C. Norris, *W. E. and the Philosophy of Literary Criticism*, Ldn. 1978. – B. Hardy, *W. E. and »Seven Types of Ambiguity«* (in SR, 90, 1982, S. 430–439). – F. Day, *Sir W. E.: An Annotated Bibliography*, NY 1984. – C. C. Norris, *The Importance of E. (II): The Criticism* (in EIC, 35, 1985, S. 25–44). – Ders., *Reason, Rhetoric, Theory: E. and the Man* (in Raritan, 5, 1985, S. 89–106).

FORD MADOX FORD

eig. Ford Hermann Hueffer

* 17.12.1873 Merton / Surrey

† 26.6.1939 Deauville / Normandie

Literatur zum Autor:

Bibliographien:

D. D. Harvey, *F. M. F., 1873–1939: A Bibliography of Works and Criticism*, Princeton 1962; Nachdr. 1972. – L. Tamkin, *A Secondary Source Bibliography on F. M. F., 1962–1979* (in Bull. of Bibliography, 38, 1981, S. 20–25).

Biographien:

D. Goldring, *The Last Pre-Raphaelite: The Life and Writings of F. M. F.*, Ldn. 1948. – K. Young, *F. M. F.*, Ldn. 1956; ern. 1970. – F. MacShane, *The Life and Work of F. M. F.*, Ldn. 1965; Nachdr. 1984. – A. Mizener, *The Saddest Story: A Biography of F. M. F.*, NY 1971; Nachdr. 1985. – T. C. Moser, *The Life in the Fiction of F. M. F.*, Princeton/N.J. 1981.

Gesamtdarstellungen und Studien:
R. A. Cassell, *F. M. F.: A Study of His Novels*, Baltimore 1961; Oxford 1962; Nachdr. 1977. – J. A. Meixner, *F. M. F.'s Novels*, Minneapolis 1962. – P. L. Wiley, *Novelist of Three Worlds: F. M. F.*, Syracuse/N.Y. 1962. – R. W. Lid, *F. M. F.: The Essence of His Art*, Berkeley/Los Angeles 1964. – C. Ohmann, *F. M. F.: From Apprentice to Craftsman*, Middletown/Conn. 1964. – N. R. Leer, *The Limited Hero in the Novels of F. M. F.*, East Lansing/Mich. 1966. – C. G. Hoffmann, *F. M. F.*, NY 1967 (TEAS). – B. J. Poli, *F. M. F. and the ›Transatlantic Review‹*, Syracuse/N.Y. 1967. – H. R. Huntley, *The Alien Protagonist of F. M. F.*, Chapel Hill/N.C. 1970. – G. Smith, *F. M. F.*, Ldn./NY 1972. – *F. M. F.: The Critical Heritage*, Hg. F. MacShane, Boston/Ldn. 1972. – *F. M. F.: Modern Judgments*, Hg. R. A. Cassell, Ldn. 1972. – Ders., *Images of Collapse and Reconstruction: F.'s Vision of Society* (in ELT, 19, 1976, S. 265–282). – S. J. Stang, *F. M. F.*, NY 1977. – R. Green, *F. M. F.: Prose and Politics*, Cambridge 1981. – *The Presence of F. M. F.: A Memorial Volume of Essays, Poems, and Memoirs*, Hg. S. J. Stang, Philadelphia 1981. – *Pound/F.: The Story of a Literary Friendship*, Hg. B. Lindberg-Seyersted, Ldn./NY 1983 [Briefwechsel]. – R. F. Peterson, *F. M. F.* (in DLB, Bd. 34, 1985, S. 107–120). – *Antaeus: Essays on F. M. F.*, Hg. S. J. Stang, NY 1986. – P. B. Armstrong, *The Challenge of Bewilderment: Understanding and Representation in James, Conrad, and F.*, Ithaca/N.Y. 1987. – *F. M. F.*, Hg. R. A. Cassell, Boston 1987. – *F. M. F.*, Hg. W. Cockson u. P. Dale, Redding Ridge/Conn. 1988.

THE GOOD SOLDIER

(engl.; *Die allertraurigste Geschichte*). Roman von Ford Madox FORD, erschienen 1915. – Obwohl erst die zwischen 1924 und 1928 veröffentlichte Tetralogie *No More Parades (Schluß mit den Paraden)* den Kritiker und Förderer vieler literarischer Talente weithin bekannt gemacht hat, wird heute der kurze Roman *The Good Soldier* zu seinen besten Werken gezählt. Im Mittelpunkt der subtilen psychologischen Studie stehen vier Menschen: das englische Ehepaar Ashburnham und das amerikanische Ehepaar Dowell, die sich in Europa kennengelernt haben und die, wie es scheint, neun Jahre lang eine harmonische Freundschaft verbunden hat. Erst nach dem Tod seiner Frau Florence beginnt John Dowell, der als Erzähler fungiert, zu begreifen, daß in all diesen Jahren der Schein getrogen hat, beginnt er, den wahren Charakter seiner Freunde und seiner Frau zu erkennen.
Florence Dowell hat, ihre angegriffene Gesundheit vorschützend, ihren reichen, pedantischen Ehemann zum Krankenpfleger degradiert. Sie spielt die Zerbrechliche, während sie in Wirklichkeit ein vulgäres, selbstsüchtiges, männertolles Geschöpf ist. Mit Edward Ashburnham, dem »guten Soldaten«, dem englischen Grundbesitzer, den John Dowell stets für einen perfekten Gentleman gehalten hat, betrügt sie ihren Mann. In Ashburnham liegen eine starke Triebhaftigkeit und eine ebenso starke Bindung an die Standeskonvention miteinander in Widerstreit. Nicht nur die Erkenntnis, einer sozialen Schicht anzugehören, die keine wirkliche Aufgabe mehr hat und daher zum Untergang verurteilt ist, sondern auch eine Neigung zu Sentimentalität, die sich in seiner Bejahung der bestehenden Gesellschaftsordnung ebenso äußert wie in seinem Verhalten Frauen gegenüber, haben den von Natur großzügigen und idealistischen Mann zu einem Schwächling gemacht. (Die Situation des englischen Konservativen in einer sich wandelnden Welt ist ein für Ford charakteristisches Thema.) Edwards Frau Leonora kennt seine Veranlagung und weiß auch von seiner Untreue. Aber sie harrt bei ihm aus, begleicht seine Schulden und vertuscht seine Eskapaden; denn ganz gleich, wie weit er es treibt, sie will dem Mann, den sie liebt und an den sie sich als Katholikin ewig gebunden fühlt, »eine gute Ehefrau« bleiben. Mit ihrem Wissen kommt es zu jener Affäre zwischen Edward und der jungen, von religiösen Wahnvorstellungen geplagten Nancy Rufford, die die geistige Umnachtung des Mädchens und den Selbstmord Edwards zur Folge hat. Und auch Florence – so erkennt John Dowell, als er die Vergangenheit rekapituliert – ist, als sie freiwillig in den Tod ging, nicht so sehr das Opfer ihrer eigenen Verderbtheit als das der verlogenen Haltung der Ashburnhams geworden.
Der Kunstgriff des Autors, die Vorgänge aus der Perspektive eines Mannes zu schildern, der nach Veranlagung und Erziehung unfähig ist, Gefühlsverstrickungen zu verstehen, überläßt dem Leser die Entzifferung der Wahrheit. Dowell, der oft tragikomisch wirkende Übermittler dieser »allertraurigsten Geschichte«, der sich am Schluß mitschuldig fühlt und vor den Trümmern seines eigenen Lebens steht, hat aus den verfügbaren Tatsachen lediglich *eine* plausible Version des Geschehens zusammengesetzt. In dieser Erzähltechnik, die auf den Einfluß von Fords Freund Henry JAMES hinweist, drückt sich die Absicht des Autors aus, den viktorianischen Romanstil hinter sich zu lassen und einen streng durchdachten Roman zu schaffen – eine Absicht, in der er sich mit seinem Freund und Mitarbeiter Joseph CONRAD einig wußte. Als die wahren Vorbilder Fords dürfen jedoch die großen französischen Erzähler des 19. Jh.s gelten, vor allem FLAUBERT und MAUPASSANT. Von ihnen hat er gelernt, die psychologische Analyse verschiedener Erscheinungsformen der Liebe und Leidenschaft mit eingehenden Studien der gesellschaftlichen Hintergründe und sozialen Wandlungen zu verbinden. In diesem Zusammenhang ist interessant, daß Ford Madox Ford diesen Roman selbst ins Französische übertragen hat. J.v.Ge.

AUSGABEN: Ldn./NY 1915. – Ldn. 1928. – Harmondsworth 1946. – NY 1951 [Einl. M. Schorer]. – NY 1957. – Ldn. 1962 (in *The Bodley Head F. M. F.*, Hg. G. Greene, 4 Bde., 1962/63, 1).

Übersetzung: *Die allertraurigste Geschichte*, F. Lorch u. H. Henze, Olten/Freiburg i. B. 1962 [Nachw. M. Schorer]. – Dass., dies., Zürich 1988 (detebe).

Literatur: R. Macauley, *The Good F.* (in KR, 21, 1949, S. 269–288). – M. Schorer, *The Good Novelist in the »Good Soldier«* (in Horizon, 20, Aug. 1949, S. 132–138). – A. Mizener, *»The Good Soldier«* (in Southern Review, 6, 1970, S. 589–602). – P. Noçon, *Der Kommunikationsvorgang im Ich-Roman. Mit einer exemplarischen Analyse von F.s »The Good Soldier«*, Diss. Münster 1975. – P. B. Armstrong, *The Epistemology of »The Good Soldier«: A Phenomenological Reconsideration* (in Criticism, 22, 1980, S. 230–251). – C. R. Sabol, *A Concordance to F. M. F.'s »The Good Soldier«*, Ldn./NY 1981.

Edward Morgan Forster

* 1.1.1879 London
† 8.6.1970 Coventry

Literatur zum Autor:
Bibliographien:
A. Borello, *E. M. F.: An Annotated Bibliography of Secondary Materials*, Metuchen/N.J. 1973. – *E. M. F.: An Annotated Bibliography of Writings about Him*, Hg. F. P. W. McDowell, DeKalb/Ill. 1976. – B. J. Kirkpatrick, *A Bibliography of E. M. F.*, Ldn. 1965; ern. 1985. – Ders., *E. M. F.'s Broadcast Talks* (in TCL, 31, 1985).
Biographien:
P. N. Furbank, *E. M. F.: A Life*, 2 Bde., Ldn. 1977–1978; Neudr. NY 1981. – F. King, *E. M. F. and His World*, Ldn./NY 1978; Nachdr. 1988.
Gesamtdarstellungen und Studien:
R. Macaulay, *The Writings of E. M. F.*, Ldn./NY 1938; Nachdr. 1974. – L. Trilling, *E. M. F.: A Study*, Norfolk/Conn. 1943; Ldn. 1944; Nachdr. 1967. – R. Warner, *E. M. F.*, Ldn. 1950; ern. 1970 [m. Bibliogr.]. – F. R. Leavis, *The Common Pursuit*, Ldn. 1952. – J. K. Johnstone, *The Bloomsbury Group*, Ldn. 1954. – R. Fricker, *Der moderne englische Roman*, Göttingen 1958; ern. 1966 [erw.]. – J. B. Beer, *The Achievement of E. M. F.*, Ldn./NY 1962; Nachdr. 1983. – K. W. Gransden, *E. M. F.*, Edinburgh u. a. 1962; Nachdr. 1966. – A. Wilde, *Art and Order: A Study of E. M. F.*, NY 1964. – H. T. Moore, *E. M. F.*, NY/Ldn. 1965. – *F.: A Collection of Critical Essays*, Hg. M. Bradbury, Englewood Cliffs/N.J. 1966. – MFS, 7, 1967 [Sondernr. *E. M. F.*]. – G. H. Thomson, *The Fiction of E. M. F.*, Detroit 1967. – L. R. M. Brander, *E. M. F.: A Critical Study*, Ldn. 1968. – D. Godfrey, *E. M. F.'s Other Kingdom*, Edinburgh/Ldn. 1968. – F. P. W. McDowell, *E. M. F.*, NY 1969; ern. 1982 (TEAS). – *Aspects of E. M. F.: Essays and Recollections Written for His Ninetieth Birthday*, Hg. O. Stallybrass, Ldn./NY 1969. – R. Langbaum, *A New Look at E. M. F.* (in R. L., *The Modern Spirit: Essays on the Continuity of Nineteenth and Twentieth-Century Literature*, NY/Ldn. 1970, S. 127–146). – D. Zeh, *Studien zur Erzählkunst in d. Romanen E. M. F.s*, Ffm. 1970. – M. Rose, *E. M. F.*, Ldn. 1970. – A. Borello, *An E. M. F. Dictionary*, Metuchen/N.J. 1971. – Ders., *An E. M. F. Glossary*, Metuchen/N.J. 1972. – *E. M. F.: The Critical Heritage*, Hg. P. Gardner, Ldn./Boston 1973; Nachdr. 1984. – R. K. Martin, *The Love That Failed: Ideal and Reality in the Writings of E. M. F.*, Den Haag/Paris 1974. – B. B. Finkelstein, *F.'s Women: Eternal Differences*, NY/Ldn. 1975. – J. S. Martin, *E. M. F.: The Endless Journey*, Ldn. 1976. – H. Winter, *Zur Indien-Rezeption bei E. M. F. u. H. Hesse*, Heidelberg 1976. – G. K. Das, *F.'s India*, Ldn. 1977/Totowa (N.J.) 1978. – P. Gardner, *E. M. F.*, Harlow 1978. – G. Cavaliero, *A Reading of E. M. F.*, Ldn. 1979. – *E. M. F.: A Human Exploration: Centenary Essays*, Hg. G. K. Das u. J. B. Beer, Ldn./NY 1979. – *E. M. F.: Centenary Revaluations*, Hg. J. S. Herz u. R. K. Martin, Ldn. 1982. – B. Rosecrance, *F.'s Narrative Vision*, Ithaca (N.Y.)/Ldn. 1982. – D. N. Schwarz, *The Originality of E. M. F.* (in MFS, 29, 1983, S. 623–641). – C. J. Summers, *E. M. F.*, NY 1983; Nachdr. 1987. – R. Advani, *E. M. F. as Critic*, Ldn./Sydney 1984. – TCL, 31, 1985 [Sondernr. *E. M. F.*]. – F. P. W. McDowell, *E. M. F.* (in DLB, Bd. 34, 1985, S. 121–151). – *Critical Essays on E. M. F.*, Hg. A. Wilde, Boston 1985. – N. Page, *E. M. F.*, Ldn. 1987. – J. S. Herz, *The Short Narratives of E. M. F.*, Ldn. 1988.

ASPECTS OF THE NOVEL

(engl.; *Ü: Ansichten des Romans*). Kritische Untersuchung von Edward Morgan Forster, erschienen 1927. – Forster, der nach *Howards End* (1910) und *A Passage to India* (1924) als einer der bedeutendsten Romanciers seiner Zeit galt, schrieb seit 1924 keine Romane mehr, sondern betätigte sich in erster Linie als Kritiker und Essayist. Der Universität Cambridge, wo er während seiner Studienzeit am King's College (1897–1901) entscheidend als liberaler Humanist geprägt wurde und die wichtigsten Vertreter des Intellektuellenkreises kennenlernte, der später als »Bloomsbury Group« bekannt wurde, fühlte sich Forster zeitlebens verbunden (1946 kehrte er als Literaturdozent an das King's College zurück). Ausdruck dieser Verbundenheit war auch die Einladung des Trinity Colleges der Universität, 1927 die »Clark Lectures« zu halten, eine Vorlesungsreihe zur englischen Literatur seit Chaucer. Das Ergebnis war eine der zentralen Studien zur Romanästhetik im englischen Sprachraum, *Aspects of the Novel*. Im urbanen mündlichen Vortragsstil belassen, befassen sich die sieben Abschnitte des schmalen Bandes mit einigen Grundkategorien des

Erzählens *(Story, People, Plot, Fantasy, Prophecy, Pattern and Rhythm)*, d. h. mit Handlung (Fabel) und Charakteren, dem Zusammenhang von Charakterentwicklung und Handlungsstruktur, mit Widersprüchen bzw. Zusammenhängen von Phantasie, metaphysischer Vision und Realismus, sowie mit ästhetischen Strukturmustern. Verglichen mit dem heutigen Stand der Romantheorie oder gar den hochspezialisierten Diskussionen in der Disziplin Narrativik, wirkt Forsters Darstellung streckenweise amateurhaft und von geringem Abstraktionsniveau. In Anbetracht des studentischen Publikums und des Diskussionsstandes von 1927 jedoch muß *Aspects of the Novel* auch heute noch als Meilenstein auf dem Weg zu einer differenzierten Romankritik angesehen werden.

Forsters Vorlesungszyklus ist nicht literarhistorisch, sondern nach Problemfeldern organisiert. Knappe, aber einsichtsvolle Analysen wichtiger Romane aus der englischen, amerikanischen, französischen und russischen Literatur untermauern die Argumentation. Durchgängiger als es bei flüchtiger Lektüre den Anschein hat, setzt sich Forster mit den Theorien zur Erzählperspektive auseinander, die Henry JAMES in seinen kritischen Schriften entwickelt und Percy LUBBOCK in *The Craft of Fiction*, 1921 *(Das Handwerk des Erzählens)*, systematisiert hatte. *Aspects of the Novel* ist ein Gegenentwurf zu *The Craft of Fiction*. Wird bei Lubbock konsequentes perspektivisches Erzählen und damit die *»szenisch-dramatische Gestaltung«* des Romans favorisiert, so bricht Forster eine Lanze für das altmodisch anmutende panoramatische Erzählen mit wechselnden Perspektiven, wie es bei TOLSTOJ, im viktorianischen Roman und auch bei Forster selbst vorherrscht. Lubbocks Zentralkategorie *Point-of-View* spielt bei Forster, wie überhaupt der technisch-handwerkliche Aspekt des Schreibens, nur eine untergeordnete Rolle; im Gegensatz zu Zentralbegriffen wie *Plot* und *Character* ist dem Erzählerstandpunkt bei Forster kein eigenes Kapitel gewidmet. Der aus heutiger Sicht wichtigste Teil des Buches sind die beiden Kapitel über Romancharaktere. Anhand von Beispielen aus Werken von DEFOE, DICKENS, SCOTT und Jane AUSTEN entwickelt Forster hier die begriffliche Opposition von »flachen« und »runden« Charakteren (*flat* und *round character*), die bleibender Bestand der kritischen Terminologie wurde. Dabei geht es um die Unterscheidung zwischen berechenbaren zweidimensionalen Typenfiguren und unberechenbaren Individuen. Beide haben ihre Berechtigung, beide kommen in den Werken der wichtigsten Romanciers vor; Typencharaktere eignen sich besser für komische, runde Charaktere für tragische Konstellationen; in den meisten Romanen gibt es beide Arten. *»Ob es sich um einen runden Charakter handelt, ersieht man daran, ob er uns auf überzeugende Weise überraschen kann. Wenn er uns nie überrascht, ist er flach. Wenn er nicht überzeugt, ist er flach, tut aber so, als sei er rund. Ein runder Charakter trägt die Unkalkulierbarkeit des Lebens in sich – wohlgemerkt, die des Lebens auf Buchseiten.«* Unterschiede und Affinitäten von Literatur und Leben, von realer und fiktiver Welt, realen und fiktiven Personen – das ist Forsters eigentliches Thema. Insofern ist das Buch auch ein Beitrag zur Realismusdebatte. Alle Kunstfertigkeit eines Autors kann nach Forsters Ansicht die Überzeugungskraft eines Romans nicht gewährleisten, wenn er den Leser nicht gefangennehmen, ihn nicht durch Illusion in den Bannkreis der Fiktion ziehen kann. Dieses persönliche Credo des Humanisten (daher die besondere Betonung des Innenlebens der Figuren, menschlicher Kontakte und moralischer Probleme) und des Romanciers (der mit dem Romanschreiben aufhörte, als er sich seiner Überzeugungskraft nicht mehr sicher war, weil die Zeitumstände ihn zwangen, homosexuelle Problemkonstellationen im heterosexuellen Gewand darzustellen) bestimmt den Gedankengang des Buches. Dabei dienen Forster (offen wie unausgesprochen) die von ARISTOTELES eingeführten Kategorien als Maßstab, allerdings weniger die in dessen *Poetik* entwickelten als die der *Rhetorik*: Einerseits weist er den von Aristotelikern vertretenen Primat des *Plot* zugunsten größerer Autonomie der Charakterentwicklung im Roman zurück (die *Poetik* des Aristoteles gilt eher für das Drama), andererseits hebt er die rhetorischen Zentralkategorien der Angemessenheit und Glaubwürdigkeit hervor.

Die in der englischen Romantheorie eingebürgerte Unterscheidung von *romance* und *novel*, wobei *novel* stärkere mimetische Orientierung an der Alltagsrealität, *romance* größeren Gestaltungsspielraum bei der Einbeziehung übernatürlicher, phantastischer und parodistischer Elemente sowie des Innenlebens der Figuren bedeutet, ist bei Forster nicht explizit ausgeführt, doch gehören die Kapitel *Fantasy* und *Prophecy* in diesen Zusammenhang. Mythische Dimensionen und archetypische Symbolik schließen in Forsters Theorie und Praxis den empirischen Realismus genauer Sittenschilderungen nicht aus. Nicht *romance* oder *novel*, nicht D. H. LAWRENCE *oder* Jane Austen, sondern *romance* und *novel* in einer glaubwürdigen Kombination lautet Forsters Devise. H.Thi.

AUSGABEN: Ldn. 1927. – Ldn. 1958. – Ldn. 1963. – NY 1974 (in *Abinger Ed.*, Hg. C. Stallybrass, Bd. 12).

ÜBERSETZUNG: *Ansichten des Romans*, W. Schürenberg, Bln./Ffm. 1949; ern. Ffm. 1962 (BS).

LITERATUR: F. Stanzel, *Theorie des Erzählens*, Göttingen 1979.

HOWARDS END

(engl.; *Ü: Howards End*, auch *Wiedersehen in Howards End*). Roman von Edward Morgan FORSTER, erschienen 1910. – Das große Thema aller Romane Forsters, die Überwindung der Schranken zwischen Menschen unterschiedlicher Herkunft und

Lebensart, wird in seinem vierten Roman am Beispiel zweier wesensmäßig gegensätzlicher Familien abgehandelt. Das Buch spielt im England jener Übergangszeit, als die Viktorianische Epoche beendet war und Europa auf den Ersten Weltkrieg zutrieb. Im Motto *»Only connect«* drückt sich die Überzeugung des Humanisten Forster aus, daß der Kontakt von Mensch zu Mensch Gegensätze überbrücken kann.

In »Howards End«, dem in der Nähe Londons gelegenen Landhaus der Familie Wilcox, kommt es zu einer kurzen Romanze zwischen Paul, dem jüngsten Sohn des bei aller nüchternen Tatkraft traditionsbewußten Geschäftsmannes Henry Wilcox, und der zu Besuch weilenden Helen Schlegel, der intellektuellen, kultivierten Tochter eines deutschen Idealisten und einer Engländerin. (Zusammen mit ihrer Schwester Margaret verkörpert sie die Werte des Bloomsbury-Kreises um Leonard und Virginia Woolf, dem auch Forster angehörte.) Schon nach einem Tag erkennen Paul und Helen, daß sie nicht zueinander passen. Doch die Wege der Wilcox' und Schlegels kreuzen sich fortan immer wieder. Nachdem die Familie Wilcox eine Stadtwohnung in der Nachbarschaft Helens und Margarets bezogen hat, entwickelt sich zwischen der liebenswürdigen, empfindsamen Mrs. Wilcox und der ihr geistig weit überlegenen Margaret eine Freundschaft. Als Mrs. Wilcox stirbt, verschweigen die Hinterbliebenen, daß sie ihr Besitztum »Howards End« Margaret vermachen wollte. Insbesondere den Kindern der Verstorbenen gelten die beiden Schlegels als Eindringlinge in ihren Familienkreis. Doch der verwitwete Henry Wilcox lernt Margaret näher kennen, findet Gefallen an ihrer ruhigen, vernünftigen Art, faßt eine tiefe, wenn auch ganz unromantische Zuneigung zu ihr und heiratet sie, obwohl nicht nur seine Kinder, sondern auch Helen Schlegel diese Ehe mißbilligen.

Zur Versteifung der feindseligen Haltung Helens trägt das Schicksal Leonard Basts, eines Schützlings der Schlegels, bei, dessen wenig glückliche Versuche, sich weiterzubilden, um seinem armseligen Dasein als kleiner Bankangestellter zu entrinnen, das Verständnis der Schwestern gefunden haben. Durch einen etwas leichtfertigen Rat des sonst so nüchtern denkenden Henry Wilcox verliert Leonard seine Stellung. Als Helen daraufhin ihren Schwager für das Unglück des jungen Mannes verantwortlich machen will, stellt sich heraus, daß Basts plebejische Ehefrau vor Jahren ein Verhältnis mit Henry Wilcox hatte. Margaret, die sich feinfühlig auf die ihrem Wesen fremde Lebensauffassung ihres Mannes eingestellt hat, hält zu ihm. Zu einer ernsten Krise kommt es erst, als Helen, die sich aus übersteigertem Mitgefühl und mißverstandenem Idealismus Leonard hingegeben hat, von einem längeren Aufenthalt in Deutschland zurückkehrt. Die Tatsache, daß sie schwanger ist, empört vor allem Henry Wilcox und seinen Sohn Charles derart, daß sie Margarets Entschluß, mit der Schwester eine Nacht in »Howards End« zu verbringen, als eine Schändung des Besitzes der verstorbenen Mrs. Wilcox bezeichnen. Margaret riskiert, als sie ihren Mann auf den Widerspruch zwischen seinem einstigen Verhalten und der philiströsen Moral, die er jetzt vertritt, hinweist, das Scheitern ihrer Ehe. Die Schwestern begeben sich nach »Howards End«. Am nächsten Tag wird Leonard, der nicht weiß, daß er der Vater des Kindes ist, bei seinem Erscheinen im Landhaus von Charles Wilcox tätlich angegriffen, und er stirbt an einem Herzschlag. Als Charles trotzdem zu einer längeren Gefängnisstrafe verurteilt wird, ist Henry Wilcox' Energie gebrochen. Weiser und menschlich aufgeschlossener geworden, versöhnt er sich mit Margaret, die auch Helen in »Howards End« aufnimmt, in das Haus, das sie immer geliebt hat und das, wie die erste Mrs. Wilcox es wollte, nun endgültig ihr gehört.

Die Vielschichtigkeit von Struktur und Symbolik dieses Romans machen es dem Leser nicht leicht, sich in dem »Gewirr« – wie Margaret es nennt – der Ereignisse und menschlichen Beziehungen zurechtzufinden, zumal der Stimmungsumschlag vom stellenweise fast komödienhaften Kammerspiel zum Melodram oft sehr abrupt erfolgt. Aber wie jedem Labyrinth ein raffiniertes Baumuster zugrunde liegt, so schält sich auch hier auf kunstvolle Weise die große Linie heraus – das allmähliche Einmünden aller anfangs so unvereinbar scheinenden Auffassungen in gegenseitiges Verstehen oder zumindest gegenseitige Achtung, wie Margaret Schlegel sie, im Gegensatz zu ihrer oft bis zur Hysterie unbeugsamen Schwester, von Anfang an praktiziert (auch wenn ihr dabei bisweilen eine gewisse intellektuelle Überheblichkeit und etwas Gouvernantenhaftes eigen ist). Den Gedanken von der Überwindung der Schranken (hier zwischen dem am »Außen« orientierten Leben der Wilcox' und dem am »Innen« orientierten der Schlegels) entwickelt der Autor, dessen eigene Stimme, verständnisvoll und mild ironisch, in der Erzählung immer zu vernehmen ist, vor allem dort überzeugend, wo er die Funktion seiner Figuren im großen symbolischen Zusammenhang erklärt und kommentiert. Seine vom Intellekt beherrschte Prosakunst bewährt sich nicht so sehr bei der Darstellung vordergründiger Ereignisse als beim Nachzeichnen von »Landschaften«, seien es die der menschlichen Seele, sei es die englische *country-side* im Frühjahr und Sommer. Souverän verwendet Forster die Erzähltechnik der »erlebten Rede«, um die Gedanken und Emotionen seiner Figuren zu enthüllen, so etwa, wenn er schildert, was in den Köpfen verschiedener Personen beim Anhören einer Symphonie Beethovens vorgeht (eine brillante Satire auf die kulturellen Ambitionen und den Bildungsstand der damaligen englischen *middle-class*). – *Howards End* gilt neben *A Passage to India* als der bedeutendste Roman Forsters. J.Dr.

Ausgaben: Ldn. 1910. – NY 1941. – NY 1973 (in *Abinger Ed.*, Hg. C. Stallybrass, Bd. 4). – NY 1981. – NY 1985.

Übersetzungen: *Howards End*, W.E. Süskind,

Hbg./Baden-Baden 1949. – Dass., ders., Ffm. 1958 (FiBü). – *Wiedersehen in Howards End*, E. Pölinger, Mchn. 1987.

LITERATUR: C. Hoy, *F.'s Metaphysical Novel* (in PMLA, 75, 1960, S. 126–136). – M. Bradbury, *E. M. F.'s »Howards End«* (in Critical Quarterly, 4, 1962, S. 229–241). – Th. Churchill, *Place and Personality in »Howards End«* (in Crit, 5, 1962, S. 61–73). – R. Kayser, *E. M. F.: Gedankliche Analyse seines Romans »Howards End« im Rahmen des Gesamtwerkes* (in NSp, 1962, S. 341–363). – M. Bradbury, *E. M. F. as Victorian and Modern: »Howards End« and »A Passage to India«* (in M. B., *Possibilities: Essays on the State of the Novel*, Ldn./NY 1973, S. 91–120). – P. Widdowson, *E. M. F.'s »Howards End«: Fiction as History*, Ldn. 1977. – P. Firchow, *Germany and Germanic Mythology in »Howards End«* (in CL, 33, 1981, S. 50–68). – P. Hughes, *Mothers and Mystics: An Aspect of »Howards End« and »A Passage to India«* (in *Modes of Interpretation. Fs. f. E. Leisi*, Hg. R. J. Watts u. U. Weidmann, Tübingen 1984, S. 129–136).

A PASSAGE TO INDIA

(engl.; *Ü: Auf der Suche nach Indien*). Roman von Edward Morgan FORSTER, erschienen 1924. – Anläßlich der Eröffnung des Suezkanals hatte Walt WHITMAN das Gedicht *A Passage to India* geschrieben, das optimistisch die Vision einer durch den technischen Fortschritt geeinten Welt entwirft; Forsters Roman liest sich wie ein ironischer, skeptischer Kommentar zu Whitmans Prophezeiung. Gleich zu Beginn des ersten Buchs, *Die Moschee*, diskutieren der indische Arzt Dr. Aziz und seine Freunde über die Frage, *»ob es möglich ist, mit einem Engländer befreundet zu sein«*, und die Antwort, die der Roman darauf gibt, ist ein vorsichtiges »Noch nicht«. Aziz auf der einen und drei Engländer auf der anderen Seite versuchen, die Abgründe, die zwischen westlich-britischer und indischer Art zu leben, zu denken und zu fühlen, liegen, zu überbrücken, doch von Anfang an schleichen sich kleine Mißverständnisse und Fehlinterpretationen ein. Mrs. Moore, Mutter des Kolonialbeamten Ronny Heaslop, und Miss Quested, die seine Frau werden soll, sind Neulinge in Chandrapore, einer kleinen Stadt am Ganges; sie teilen noch nicht die Vorurteile der englischen Kolonie, die alle Versuche aufgegeben hat, zu den Indern mehr als dienstliche Kontakte zu unterhalten. Bei einer zufälligen Begegnung in einer Moschee empfinden Aziz und Mrs. Moore spontane Sympathie füreinander. Die beiden Engländerinnen veranlassen daraufhin den lokalen Verwaltungschef Turton, die angesehenen Inder der Gegend zu einer Party einzuladen, die jedoch ein Mißerfolg wird, weil beide Seiten befangen sind und sich kein gemeinsamer Verhaltenskodex herausbilden kann. Ronny fühlt sich dadurch in seiner Überzeugung bestärkt, daß gesellschaftlicher Verkehr mit Indern unmöglich sei; die Engländer, so stellt er fest, seien nicht in Indien, um sich *»nett zu benehmen«*, sondern *»um Recht zu sprechen und den Frieden zu erhalten«*. Zu weiteren Begegnungen zwischen dem Moslem Aziz, seinem Hindu-Freund Godbole und den Engländerinnen kommt es bei dem Lehrer Cryil Fielding, einem Außenseiter der englischen Kolonie, der sich mit Aziz anfreundet. Dieser lädt die Europäer zu einem Ausflug zu den berühmten Höhlen von Marabar ein. Spontan, in einem *»halb mystischen, halb sinnlichen Überschwang«* macht er diesen Vorschlag, mit dem er eigentlich nur seine Einladung zu einem Besuch in seinem (sehr bescheidenen) Heim auf möglichst höfliche Weise widerrufen will – eine Geste, die jedoch von den Engländerinnen ernst genommen wird.

Das zweite Buch, *Die Höhlen*, beschreibt den Ausflug, der mit einer Katastrophe endet: Aziz organisiert die Exkursion, teils mit Unbehagen, weil er fühlt, daß er damit *»den Geist der indischen Erde herausgefordert hat, der die Menschen in Kasten zu halten versucht«*, teils aber auch voller Stolz darauf, englische Gäste zu haben. Mrs. Moore besucht mit den Indern nur die erste Höhle, deren Akustik ihr ein mystisches Erlebnis vermittelt: Es ist, als löste sich alles Sprechen in ein Ur-Raunen auf, das sprachliche Unterschiede auslöscht, verbale Kommunikation aber unmöglich macht. Aziz, Adela Quested und ein Fremdenführer besuchen eine zweite Höhle, und nun konkretisiert sich Fieldings Vermutung, das indische *»Geheimnis«* sei nur ein *»Durcheinander«*, auf höchst seltsame Weise: Miss Quested behauptet, Aziz habe sich ihr in der Höhle unsittlich genähert, woraufhin sie geflohen sei; der indische Führer verschwindet spurlos, und Aziz, völlig gebrochen, in seiner Ehre zutiefst gekränkt, wird verhaftet. Fielding ist von seiner Unschuld überzeugt und macht sich alle Engländer zum Feind, als er offen für den Inder Partei ergreift; Miss Quested aber hat mit ihren Anschuldigungen etwas ausgelöst, auf das sie nicht gefaßt war. Während sie selbst, nach Überwindung ihres Schocks, ihre Auslegung des Vorfalls in Frage stellt, macht die englische Kolonie sie zur Heldin und Märtyrerin und verfällt in einen hysterischen Rassenhaß: *»Mitleid, Zorn und Heroismus erfüllten sie, aber die Fähigkeit, zwei und zwei zusammenzuzählen, war erloschen.«* Inzwischen hat Ronny seine Mutter, die seit jener Exkursion nur eine geheimnisvoll-unwirsche Verachtung für den Wirbel um Aziz und Miss Quested an den Tag gelegt hatte, auf ein Schiff nach England gebracht, auf dem sie kurz nach der Abreise stirbt. Im Prozeß widerruft Miss Quested plötzlich ihre Anschuldigung, worauf die Anklage zusammenbricht. Die Inder aber, überzeugt davon, daß Mrs. Moore zugunsten von Aziz ausgesagt hätte, machen die alte Dame spontan zur Halbgöttin eines Kults. In Gesprächen mit Fielding versucht Miss Quested zu klären, was wirklich in der Höhle geschah; sicher erscheint ihr nur, daß Aziz unschuldig ist, der Besuch der Höhlen verborgene Tiefen ihrer Seele angerührt hat und sie einer Halluzination erlegen ist. – Das letzte Buch, *Der Tempel*, zeigt Fielding, der inzwischen mit einer Tochter Mrs. Moores verheiratet ist, und Aziz auf einer neuen Stufe gegenseitigen Verstehens. Als sie sich zwei Jahre nach jenen Ereignissen am Hof eines Radschas wiedersehen, sind sie illusionsloser, weiser, vorsichtiger geworden und wissen, wo die Grenzen des Verständnisses liegen, jenseits derer die Wahrheit so unzugänglich wird wie der Dschungel. Gerade deshalb aber kann jeder von ihnen seinen Standpunkt behaupten, ohne dem anderen feind zu werden: *»Alle dummen Mißverständnisse waren aufgeklärt, aber in der Gesellschaft gab es keinen Ort, an dem sie sich treffen konnten.«*

»Wir existieren nicht in uns selbst, sondern so, wie wir von anderen wahrgenommen werden.« Mit dieser Erkenntnis benennt Fielding eine Quelle der gegenseitigen Mißverständnisse: Beide Seiten haben jeweils ihre eigenen Maßstäbe angelegt und dadurch die komplexeren Seelenregungen ihres Gegenübers verfehlt. Zugleich ist damit das Erzählprinzip des Autors angedeutet, der sich im *style indirect libre* dem Bewußtsein jeweils einer der nach Rasse, Temperament, Religion und Nationalität so verschiedenen Romanfiguren anpaßt. Seine Sympathie gilt offenbar mehr den Indern als den in einem Netz von Vorurteilen und Verallgemeinerungen gefangenen Engländern, die mit geschultem Verstand, aber *»ungeschultem Herzen«* die Situation zu meistern versuchen; doch sieht er in ihrem von unreflektiertem *Middle-class*-Denken bestimmten Verhalten eher die komödienhaften Züge als die tragischen Konsequenzen. So gesehen unterscheidet sich dieser Roman Forsters nur durch den Schauplatz von dem fast zwanzig Jahre älteren *Where Angels Fear to Tread (Engel und Narren)*, in dem bourgeoise englische Verhaltensmuster mit einer italienischen Umgebung konfrontiert und in Frage gestellt werden. Doch hat *A Passage to India* zweifellos höheren Rang als die vorangegangenen Romane Forsters; das Buch zeichnet sich durch eine so subtile Erzählkunst, einen so stimmigen Symbolismus, eine so ausgewogene Sicht der menschlichen und eine so intime Kenntnis der indischen Verhältnisse aus, daß es zu den klassischen Werken der modernen englischen Literatur gehört. Nach vierzigjährigem Ringen war Forster, der zwischen *Howards End* und *A Passage to India* kein wichtiges Erzählwerk veröffentlichte, sein Meiterwerk gelungen. Mit Ausnahme des postum erschienenen *Maurice* (entstanden 1913, mehrfach revidiert, erschienen 1971) sollte auch kein weiterer Roman folgen. J.Dr.

Ausgaben: Ldn. 1924. – NY 1924. – Ldn. 1942 (Everyman's Library). – NY 1946 (Penguin). – Harmondsworth 1957 (Penguin). – NY 1978 (in *Abinger Ed.*, Hg. O. Stallybrass, Bd. 6). – NY 1981. – Ldn. 1983 [Einl. M. Holroyd]. – NY 1985.

Übersetzungen: *Indien*, P. Fohr, Bln. 1932. – *Auf der Suche nach Indien*, W. v. Einsiedel, Ffm./Hbg. 1960 (FiBü).

Dramatisierung: S. Rama Rau, *A Passage to India* (Drama in 3 Akten; Urauff.: Oxford, 19. 1. 1960, Playhouse).

Verfilmung: Großbritannien 1984 (Regie: D. Lean).

Literatur: H. Maclean, *Structure of »A Passage to India«* (in Univ. of Toronto Quarterly, 22, 1953, S. 157–171). – G. O. Allen, *Structure, Symbol and Theme in E. M. F.'s »A Passage to India«* (in PMLA, 70, 1955, S. 934–954). – R. M. Cain, *Vision and Discovery in E. M. F.'s »A Passage to India«* (in *Twelve Original Essays on Great English Novels*, Hg. Ch. Shapiro, Detroit 1960, S. 253–275). – L. Dauner, *What Happened in the Cave? Reflections on »A Passage to India«* (in MFS, 7, 1961, S. 258–270). – G. H. Thomson, *Thematic Symbol in »A Passage to India«* (in TCL, 7, 1961, S. 51–63). – E. Horowitz, *The Communal Ritual and the Dying God in E. M. F.'s »A Passage to India«* (in Criticism, 6, 1964, S. 70–88). – G. Stebner, *E. M. F.: »A Passage to India«* (in *Der moderne englische Roman. Interpretationen*, Hg. H. Oppel, Bln. 1965, S. 135–159). – J. D. Hunt, *Muddle and Mystery in »A Passage to India«* (in ELH, 33, 1966, S. 497–517). – K. Burke, *Social and Cosmic Mystery: »A Passage to India«* (in K. B., *Language as Symbolic Action: Essays on Life, Literature, and Method*, Berkeley/Los Angeles 1966, S. 223–239). – J. Colmer, *»A Passage to India«*, Ldn. 1967. – P. Moody, *A Critical Commentary on E. M. F.'s »A Passage to India«*, Ldn. 1968. – *»A Passage to India«: A Casebook*, Hg. M. Bradbury, Ldn. 1970. – *»A Passage to India«: A Collection of Critical Essays*, Hg. A. Rutherford, Englewood Cliffs/N.J. 1970. – J. P. Levine, *Creation and Criticism: »A Passage to India«*, Lincoln (Nebr.)/Ldn. 1971. – M. Bradbury, *E. M. F. as Victorian and Modern: »Howards End« and »A Passage to India«* (in M. B., *Possibilities: Essays on the State of the Novel*, Ldn./NY 1973, S. 91–120). – J. Meyers, *Fiction and the Colonial Experience*, Totowa (N.J.)/Ipswich 1973, S. 29–54. – E. Thumboo, *E. M. F.'s »A Passage to India«: From Cave to Court* (in Southern Review (Adelaide), 10, Juli 1977, S. 112–144). – R. J. Lewis, *E. M. F.'s »A Passage to India«*, NY 1979. – R. W. Noble, *»A Passage to India«: The Genesis of E. M. F.'s Novel* (in Encounter, 54, Februar 1980, S. 51–61). – P. Hughes, *Mothers and Mystics: An Aspect of »Howards End« and »A Passage to India«* (in *Modes of Interpretation. Fs f. E. Leisi*, Hg. R. J. Watts u. U. Weidmann, Tübingen 1984, S. 129–136). – *E. M. F.'s »A Passage to India«*, Hg. H. Bloom, Ldn. 1987.

A ROOM WITH A VIEW

(engl.; *Ü: Zimmer mit Aussicht*). Roman von E. M. Forster, erschienen 1908. – Bereits 1901, während seines ersten Italienaufenthalts, begann E. M. Forster mit der Niederschrift eines Romanentwurfs, dem er nach seiner Hauptfigur den Titel

»Lucy« gab: Das satirische Porträt englischer Touristen in Italien blieb unvollendet. Auch der zweite Versuch (1903) führte nicht zum gewünschten Ergebnis, obwohl Forster sein ursprüngliches Manuskript vollständig umgearbeitet hatte. Erst 1907, nachdem er seine beiden Erstlingsromane veröffentlicht hatte, wandte er sich erneut dem Fragment zu und schloß es ein Jahr später unter dem Titel *A Room with a View* ab: Neben den Namen der Protagonisten erinnern nur noch einige Kapitelüberschriften und die Zweiteilung in eine Italien- und eine Englandhandlung an die Vorfassungen. Wie schon in *Where Angels Fear to Tread* wird auch hier das ungezwungene südländische Leben mit den beengenden Konventionen der englischen Mittelstandsgesellschaft konfrontiert.

Einen Mikrokosmos des von hierarchischem Standesdenken und strikten Verhaltensnormen geprägten England bildet die Pension Bertolini in Florenz, wo die attraktive Lucy mit ihrer altjüngferlichen Kusine Charlotte ihre Ferien verbringt. Das Domizil, von einer Britin geleitet und mit Bildern Kiplings und der Queen, den Galeonsfiguren des Viktorianismus, ausstaffiert, steht in ironischem Kontrast zu der florentinischen Lebensweise. Hier lernen die Kusinen den unkonventionellen Mr. Emerson kennen, der sich mit seinem schwermütigen Sohn George im selben Haus einquartiert hat. Als Charlotte ihrer Enttäuschung über die zum Hof hin gelegenen Zimmer Luft macht, schlagen die Emersons, denen Räume mit schöner Aussicht zugewiesen worden waren, spontan einen Tausch vor. Nach anfänglichem Zögern akzeptiert Charlotte das Angebot, obwohl sie darin, ebenso wie die übrigen Pensionsgäste, einen Verstoß gegen die gesellschaftlichen Regeln sieht. Sie ist bemüht, den Umgang mit den »unpassenden« Emersons fortan zu meiden, doch ihre Kusine ist zwischen ihrer Sympathie und dem Wunsch, sich den Erwartungen ihrer Umwelt gemäß zu verhalten, hin und her gerissen. An einem verregneten Nachmittag erstaunt Lucy ihre Zuhörer mit der leidenschaftlichen Interpretation einer Klaviersonate von Beethoven. Der Geistliche Mr. Beebe erkennt intuitiv das emotionale Potential der jungen Frau, das diese im Alltag jedoch nicht ausleben kann. Aufgewühlt durch ihr Spiel, entschließt sich Lucy zu einem Spaziergang. Auf der Piazza Signoria wird sie Zeugin einer tödlichen Messerstecherei; sie verliert das Bewußtsein und erwacht in den Armen George Emersons. Für Lucy, aber mehr noch für den jungen Mann, wird der Vorfall zu einem Initiationserlebnis: George, der bisher den Sinn seiner Existenz in Frage gestellt hatte, erkennt in der Konfrontation mit dem Tod eines anderen Menschen und unter dem Eindruck seiner beginnenden Leidenschaft den Wert des Lebens; auch Lucy fühlt sich zu George hingezogen, wagt jedoch nicht, sich ihr Begehren einzugestehen. Auffällig ist in diesem zentralen Kapitel die erotische Symbolik, die die Begegnung der jungen Leute vorbereitet: die Satyrfiguren am Brunnen, der Turm des Palazzo Vecchio, der Eingang zu einer Höhle. Das Romangeschehen erreicht seinen vorläufigen Höhepunkt, als George Lucy bei einem Ausflug leidenschaftlich küßt – eine Szene, die modellhaften Charakter annimmt: Die Figuren verlieren ihre Individualität und erscheinen als die archetypischen Liebenden; die Umgebung, eine blumenübersäte Wiese, repräsentiert einen idealisierten Frühling. Charlotte, die den Kuß beobachtet hatte, verspricht zwar zu schweigen, vertraut sich aber wenig später ihrer Freundin, der Schriftstellerin Eleanor Lavish, an. Gemeinsam verlassen die Kusinen Florenz, um in Rom mit Mrs. Vyse und ihrem Sohn Cecil, flüchtigen Bekannten der Familie, zusammenzutreffen.

Der zweite Teil des Romans beginnt mit dem Verlöbnis Lucys und Cecils; Schauplatz ist Windy Corner, Lucys Elternhaus in Surrey. Zufälle führen die Gäste der Pension Bertolini an diesem Ort erneut zusammen. Forster ignoriert dabei die Gesetze der Wahrscheinlichkeit, denn es geht ihm, wie in seinen anderen Werken, nicht um einen realistischen Handlungsablauf, sondern um die Veranschaulichung der inneren Motive seiner Charaktere. In dem kultivierten Snob Cecil wählt Lucy einen Partner, der zwar den gesellschaftlichen Anforderungen, nicht aber ihrer Leidenschaft gerecht wird. Cecil ist als Kontrastfigur zu George angelegt: Seine Unfähigkeit zur spontanen Gefühlsäußerung zeigt sich in dem – vom Autor ironisierend geschilderten – Versuch, Lucy zu küssen, der diese sehnsüchtig an George denken läßt. Der Charakterisierung der Gegensätze dienen auch die Vergleiche, die Lucy anstellt: Während der junge Emerson sie an einen römischen Heros erinnert, assoziiert sie Cecil mit einer gotischen Heiligenstatue – ein vernichtendes Urteil, bedenkt man Forsters radikale Ablehnung des Mittelalters. George verkörpert die vitale, lebensbejahende Kraft, Cecil das lebensfeindliche asketische Prinzip. Ausgerechnet Cecil ist es, der Lucy und George erneut zusammenbringt, indem er den Emersons ein leerstehendes Haus vermittelt. Bei einem gemeinsamen Treffen versucht Cecil, die Gäste mit einer trivialen Szene aus einem neuerschienenen Roman zu amüsieren; er kann nicht ahnen, daß es sich dabei um die kaum verschlüsselte Wiedergabe der Kußszene zwischen Lucy und George handelt, die Eleanor Lavish in ihrem jüngsten Werk verarbeitet hatte.

Diese Vorfälle und mehr noch ein Gespräch mit George, in dem dieser sie von Cecils Bindungsunfähigkeit überzeugt, bewegen Lucy, das Verlöbnis zu lösen. Zwar findet sie die Kraft zu diesem Schritt, doch fehlt ihr der Mut, sich gänzlich über die Konventionen hinwegzusetzen und sich für George zu entscheiden. Der bislang vorherrschende heiter-ironische Ton geht verloren, als sich Lucys Existenz zu verfinstern beginnt. Sie, für ein erfülltes, sinnvolles Dasein geschaffen, ist in Gefahr, ihr Leben zu ruinieren, indem sie sich unbewußt selbst täuscht und ihr Verlangen nach George leugnet. Der inneren Verdüsterung entspricht äußerlich der Wechsel der Jahreszeiten: Dem florentinischen Frühling wird das kalte englische Herbstwetter gegenübergestellt. Einzig Mr. Beebe ist mit der

Entwicklung der Verhältnisse zufrieden: Als Anhänger des Zölibats begrüßt er Lucys Entscheidung, unverheiratet zu bleiben. Während der Geistliche im ersten Teil des Romans zu den positiven Gestalten zählte, verficht er nun das lebensfeindliche, asketische Prinzip. (Der scheinbar unmotivierte Wandel der Figur gab Anlaß zur Kritik, doch erklärt er sich teilweise aus Veränderungen gegenüber dem ursprünglichen Manuskript, in dem die homophile Neigung Beebes zu George deutlich wird.) Schließlich ist es der alte Emerson, der eine Wendung zum Guten herbeiführt. Durch ihn erkennt Lucy ihre Liebe zu George. Das Schlußkapitel zeigt das glückliche Ehepaar erneut in der Pension Bertolini: Wieder ist es Frühling geworden – der Kreis hat sich geschlossen.
Den heutigen Leser mögen die belehrenden Kommentare und die auffällige Schwarzweißtechnik in der Charakterzeichnung stören. Die moralisierende Tendenz, die in allen Werken Forsters zu finden ist, gibt Aufschluß über seine literarischen Vorbilder, die weniger in der damaligen Avantgarde als unter den Romanciers des 19. Jh.s zu finden sind. Deutlich zeigt sich der Einfluß von George MEREDITH, deutlicher noch die Wirkung Samuel BUTLERS, dessen Gedanken in kaum veränderter Form in Sentenzen des alten Emerson begegnen, der ansonsten auch der Philosophie seines amerikanischen Namensvetters verpflichtet ist. Darüber hinaus wurzelt Forsters Menschenbild, seine Einsicht in die Notwendigkeit der Selbstverwirklichung, im Neuplatonismus. Auch der Romantiker SHELLEY beeinflußte Forsters Denken. Der Autor selbst stand seinem Werk skeptisch gegenüber. Besonders das forcierte Happy-End lehnte er im Rückblick ab. In einem 1958 erschienenen Essay mit dem Titel *A Room without a View*, in dem er das weitere Schicksal seiner »Helden« beschreibt, nimmt Forster der Romanze von Lucy und George ihren Glanz. Die erfolgreiche Filmfassung wurde 1987 mit drei Oscars ausgezeichnet. E.Ne.

AUSGABEN: Ldn. 1908. – NY 1911. – Ldn. 1924. – Ldn. 1944. – NY 1960. – Harmondsworth 1961. – Ldn. 1977 (in *Abinger Ed.*, Hg. C. Stallybrass, Bd. 3).

ÜBERSETZUNG: *Zimmer mit Aussicht. Eine Liebesgeschichte*, W. Peterich, Mchn. 1986.

VERFILMUNG: Großbritannien 1985 (Regie: J. Ivory).

DRAMATISIERUNG: Stephan Tait u. Kenneth Allot, *A Room with a View*, Ldn. 1951.

LITERATUR: L. Trilling, *»A Room with a View«* (in L. T., *E. M. F.*, Ldn. 1951, S. 85–97). – D. Shusterman, *»A Room with a View«: The Seizure of the Moment* (in D. S., *The Quest for Certitude in E. M. F.'s Fiction*, Ldn. 1965, S. 129–142). – J. Lucas, *Wagner and F.: Parsifal and »A Room with a View«* (in ELH, 33, 1966, S. 92–117). – N. Kelvin, *»A Room with a View«* (in N. K., *E. M. F.*, Ldn. 1967, S. 84 bis 102). – J. Meyers, *»Vacant Heart and Hand and Eye«: The Homosexual Theme in »A Room with a View«* (in ELT, 13, 1970, S. 181–192). – R. Macaulay, *»A Room with a View«* (in R. M., *The Writings of E. M. F.*, Ldn. 1972, S. 78–97). – E. Heine, *The Significance of Structure in the Novels of E. M. F. and Virginia Woolf* (in ELT, 16, 1973, S. 289–306). – J. Colmer, *E. M. F.: The Personal Voice*, Ldn. 1975, S. 83–110. – J. Meyers, *Giotto and »A Room with a View«* (in J. M., *Painting and the Novel*, Manchester 1975, S. 38–45). – T. Brown, *E. Carpenter, F. and the Evolution of »A Room with a View«* (in ELT, 30, 1987).

JAMES GEORGE FRAZER

* 1.1.1854 Glasgow
† 7.5.1941 Cambridge

THE GOLDEN BOUGH. A Study in Comparative Religion

(engl.; *Der Goldene Zweig. Das Geheimnis von Glauben und Sitten der Völker*). Ethnologisch-soziologisch-religionsgeschichtliches Werk von James George FRAZER, erschienen 1890 in zwei Bänden, bis 1936 auf dreizehn Bände erweitert. – Die Schrift ist eine jener monumentalen, strenggenommen vorwissenschaftlichen Kompilationen, die auf die zeitgenössische Meinungsbildung und die Ausprägung einer ganz neuen Forschungsrichtung einen kaum abzuschätzenden stimulierenden Einfluß ausgeübt haben. Mit dem für das 19. Jh. so charakteristischen positivistischen Elan, der sich auch in der Fragestellung von DARWINS *On the Origin of Species by Means of Natural Selection*, 1859 *(Über die Entstehung der Arten durch natürliche Auslese)*, oder von Ernest RENANS *Vie de Jésus*, 1863 *(Leben Jesu)*, findet, ging der schottische Anthropologe Frazer an die Sammlung und Auswertung eines breitgestreuten empirischen Materials, das er dann mit der schriftstellerischen Gewandtheit des umfassend gebildeten Gelehrten – er war ursprünglich klassischer Philologe – systematisierte und zu einer selbständigen Analyse des rituellen und tabuverhafteten menschlichen Verhaltens in der antiken Welt und in den »primitiven« Kulturen der Vergangenheit und Gegenwart verarbeitete. Dabei wird unausgesprochen die Absicht des Verfassers spürbar, durch eine »Entmythologisierung« mythologischer wie auch aus der anthropologischen Literatur belegbarer Verhaltensformen die magischen und die religiösen Praktiken auf den gleichen Ursprung zurückzuführen, um derart die Behauptung vieler seiner Zeitgenossen zu erhärten, der Glaube an transzendente Phänomene sei überholt, die Welt immanent erklärbar. Diese Absicht wird noch deutlicher erkennbar im neuen Untertitel der zwischen 1907 und 1915 erschienenen zwölfbändigen Ausgabe des Werkes: *A Study in Magic and Religion (Eine Studie magischen und religiösen Verhaltens)*. Bald darauf weitete Frazer sein im Grund nicht anders konzipiertes, bereits 1887 erschienenes Buch *Totemism* ebenfalls aus (*Totemism and Exogamy*, 5 Bde., 1910–1937). Ihm war inzwischen die günstige Aufnahme seiner Thesen und seiner Methodik bewußt geworden, die mit der geradezu populären zweibändigen Kurzfassung des *Golden Bough* von 1922 ihren Höhepunkt erreichte.

Zum Ausgangspunkt seiner weitläufigen Entwicklungsgeschichte der Mythen und Motive des antiken, mittelalterlichen und modernen Volksglaubens, die zu einer Geschichte der Urreligionen wurde, machte Frazer die Überlieferung von den römischen Priesterkönigen, die als Inkarnation der Gottheit und Verkörperung des Baumgeistes galten und deren Nachfolge nur antreten konnte, wer einen Zweig vom heiligen Baum im Hain der Nemi brach und dann den Priester erschlug – ein Amt, das flüchtigen Sklaven vorbehalten war. Frazer versuchte, eine – von der Forschung inzwischen widerlegte – Parallele zwischen dieser Überlieferung und dem im sechsten Buch der *Aeneis* beschriebenen Abstieg des Helden in die Unterwelt zu ziehen, der zuvor einen *»goldenen Zweig«* brechen mußte. – Nach und nach schwoll diese Untersuchung zum vielbändigen Kompendium an, in dem die vielen Kulturen gemeinsamen Züge von Tötungsriten, Opferfeuern, Karnevalssitten, Fruchtbarkeitszaubern oder *»Sündenbock-orientiertem«* Verhalten zusammen mit den Zwangshandlungen oder Tabus, die ihnen – zwischen Eismeer und Polynesien – zugeordnet wurden, ihren Platz fanden.

Zu der Überzeugung, daß Magie und Religion ursprünglich Ersatzkonzepte für fehlendes Tatsachenwissen gewesen sind, waren bereits viele Denker und Wissenschaftler gerade des 19. Jh.s gelangt. Hier schloß Frazer an unmittelbare Vorläufer, etwa Herbert Spencer und Friedrich M. Müller, an; auch der französische Soziologe Émile Durkheim arbeitete gleichzeitig über das Inzesttabu, das er wie Frazer eng mit primitiven religiösen Vorstellungen in Verbindung brachte. Frazers Verdienst liegt in erster Linie in der mühevollen Kleinarbeit, die er auf die Auswertung aller erreichbaren klassischen Quellen, sämtlicher Sagenbücher und einer Unzahl von Reiseberichten aus abgelegenen Teilen der Erde verwandte. Auch frühere Kompilationen wie die von Richard Andree, Adolf Bastian und Wilhelm Mannhardt nahm er zu Hilfe; die Werke bedeutender Historiker wie Plutarch oder George Bancroft galten ihm ebenso viel wie die Aufzeichnungen von Provinzarchivaren. – Sein Werk, das in den meisten Einzelheiten inzwischen ebenso überholt ist wie seine These von der evolutionären Präzedenz der Magie vor der Religion, beeindruckt noch heute durch die »unwissenschaftliche« Unmittelbarkeit seines Stils. Frazers Hauptverdienst ist der Nachweis, daß zwischen den von ihm untersuchten, zeitlich und räumlich geschiedenen ethnischen Gruppen hinsichtlich magisch-religiöser Vorstellungen überraschende Parallelen und entwicklungsgeschichtliche Beziehungen bestehen.

Es ist gesagt worden (Gaster), Frazer habe für das Verständnis gesellschaftlicher und kultureller Kollektivphänomene das geleistet, was Freud für das Verständnis des durch sein Unterbewußtsein geprägten Individuums tat, weil Frazer im *Golden Bough* die Analogien zwischen den Vorstellungen und Handlungen der »Primitiven« und den im »kollektiven Unbewußten« wurzelnden, noch heute gültigen Sitten und Institutionen aufzeigt (C. G. Jung). So blieb es nicht aus, daß sein Werk für Religionssoziologen und Anthropologen – Lucien Lévy-Bruhl, Bronislaw Malinowski, Ruth Benedict, Margaret Mead – zur Fundgrube und zum unentbehrlichen, wenn auch kritisch benutzten Handwerkszeug wurde; in gleichem Maß galt dies für vergleichende Literarhistoriker, die auf die Ähnlichkeit bestimmter Fabeln in Werken und Überlieferungen aus unterschiedlichsten Kulturbereichen und -stufen aufmerksam wurden, und vor allem auch für Schriftsteller des 20. Jh.s, die – wie etwa T. S. Eliot in *The Waste Land* (1922) – unmittelbar Bezug auf den *Golden Bough* nahmen oder aber – wie O'Neill, Waugh, Bellow und nicht zuletzt die Trivialliteratur – ihre Stoffe durch die Einbeziehung religiös-magischer Rituale bereicherten. R.G.

Ausgaben: Ldn. 1890, 2 Bde. – Ldn. 1900, 3 Bde. – Ldn. 1906 (*Adonis. Attis. Osiris. Studies in the History of Oriental Religion:* d. i. später Tl. 4 von *The Golden Bough*). – Ldn. 1907–1915 (*The Golden Bough. A Study in Magic and Religion*, 12 Bde.). – Ldn. 1935 (dass.). – Ldn. 1936 (*Aftermath. A Supplement to »The Golden Bough«*). – NY 1959 (*The New Golden Bough. A New Abridgment of the Classic Work*, Hg. Th. Gaster; ern. 1964). – New Hyde Park/N.Y. 1961 (*Adonis. Attis. Osiris. Studies in the History of Oriental Religion*).

Übersetzung: *Der Goldene Zweig. Das Geheimnis von Glauben u. Sitten der Völker*, H. v. Bauer, Lpzg. 1928 [gek.].

Literatur: Th. Bestermann, *A Bibliography of Sir J. G. F.*, Ldn. 1934. – T. Parsons, *The Structure of Social Action. A Study of Social Theory with Special Reference to a Group of Recent European Writers*, NY/Ldn. 1937. – R. A. Downie, *J. G. F.: The Portrait of a Scholar*, NY 1941. – J. P. Bishop, *»Golden Bough«* (in J. P. B., *The Collected Essays*, Hg. E. Wilson, NY 1948, S. 23–36). – B. Malinowski, *On Sir J. G. F.* (in B. M., *Sex, Culture, and Myth*, Ldn. 1963, S. 268–282). – H. Weisinger, *The Branch That Grew Full Straight* (in H. W., *The Agony and the Triumph*, East Lansing/Mich., 1964, S. 118 bis 133). – R. A. Downie, *F. and the »Golden Bough«*,

Ldn. 1970. – J. B. Vickery, *The Literary Impact of »The Golden Bough«*, Princeton/N.J. 1973.

CHRISTOPHER FRY

eig. Christopher Hammond Harris
* 18.12.1907 Bristol

LITERATUR ZUM AUTOR:
Bibliographie:
B. L. Schear u. E. G. Prater, *A Bibliography on C. F.* (in TDR, 4, 1960, H. 3, S. 88–98).
Gesamtdarstellungen und Studien:
D. Stanford, *C. F.*, Ldn. 1951; ern. 1971 [m. Bibliogr.]. – R. Stamm, *C. F. and the Revolt against Realism in Modern English Drama* (in Anglia, 72, 1954, S. 78–109). – H. Koziol, *Die Dramen C. F.s* (in NSp, 4, 1955, S. 1–14). – K.-H. Rösler, *Die Versdramen C. F.s, gedeutet aus ihrem metaphorischen Stil*, Diss. Marburg 1955. – K. Otten, *Die Überwindung des Realismus im modernen engl. Drama* (in NSp, 9, 1960, S. 265–278). – H. Itschert, *Studien zur Dramaturgie des ›Religious Festival Play‹ bei C. F.*, Tübingen 1963. – R. Fricker, *Das moderne engl. Drama*, Göttingen 1964; erw. 1974, S. 97–109. – R. Stamm, *Der jahreszeitliche Dramenzyklus von C. F.* (in R. S., *Zwischen Vision u. Wirklichkeit*, Mchn./Bern 1964, S. 187–201). – E. L. Roy, *C. F.*, Carbondale/Ill. 1969. – A. Geraths, *C. F.* (in *Engl. Literatur der Gegenwart in Einzeldarstellungen*, Hg. H. W. Drescher, Stg. 1970, S. 344–376). – S. M. Wiersma, *C. F.: A Critical Essay*, Grand Rapids/Mich. 1970. – W. Senn, *Die Gedankenwelt in den Dramen C. F.s* (in NZZ, 5. 8. 1973). – D. F. Gillespie, *Language as Life: C. F.'s Early Plays* (in MD, 21, 1978, S. 287–296). – H. M. Schnelling, *C. F.s ›Seasonal Comedies‹: Funktional-strukturalistische Untersuchungen zur Kritik der thematischen Konzeption der ›Jahreszeiten‹*, Ffm./Bern 1981. – A. Williamson, *C. F.* (in DLB, Bd. 13, 1982, S. 185–192). – S. M. Wiersma, *More Than the Ear Discovers: God in the Plays of C. F.*, Chicago 1983. – W.-D. Weise, *C. F.* (in KLFG, 6. Nlg., 1985).

THE LADY'S NOT FOR BURNING

(engl.; *Ü: Die Dame ist nicht fürs Feuer*). Verskomödie in drei Akten von Christopher FRY, Uraufführung: London, 10. 3. 1948, Arts Theatre; deutsche Erstaufführung: Berlin 1950, Schloßpark-Theater. – Dem Frühling als Sinnbild des über den Tod triumphierenden, sich verjüngenden Lebens widmet Fry das erste seiner vier Jahreszeitenstücke, dem er *Venus Observed*, 1950 *(Venus im Licht)*, *The Dark is Light Enough*, 1954 *(Das Dunkel ist Licht genug)*, und *A Yard of Sun*, 1970 *(Ein Hof voll Sonne)*, als Paraphrasen herbstlicher, winterlicher und sommerlicher Stimmungen folgen ließ. – Der Autor versieht den Schauplatz, einen kleinen englischen Marktflecken, zwar mit mittelalterlichem Dekor, beugt aber schon durch die unbestimmte Zeitangabe *»1400, mehr oder weniger, oder auch ganz genau«* der Vermutung vor, es handle sich in dieser ernsthaften Komödie um historische Themen und Sachverhalte. Er betont vielmehr die überzeitlichen Aspekte des menschlichen Daseins und hält den Mächten des Todes und der Verzweiflung die versöhnende Kraft der Liebe entgegen. Der Soldat Thomas Mendip, der, nachdem er *»sieben Jahr lang den Menschen die Rippen brechend durch Flandern flaniert«* ist, den Krieg im besonderen und das Leben im allgemeinen satt hat, beschließt, sich aufhängen zu lassen, muß aber feststellen, daß die Behörden nicht ohne weiteres bereit sind, ihn ins Jenseits zu befördern. Um bürokratischer Pedanterie Genüge zu tun, gesteht er Bürgermeister Tyson und Richter Tappercoom zwei Morde, die er gar nicht begangen hat. Sein Pech, daß die von einem fanatischen Mob beeinflußte Obrigkeit glaubt, der alte Lumpensammler Skipps, den er getötet haben will, sei von Jennet Jourdemayne, einem der Hexerei bezichtigten jungen Mädchen, in einen Hund verwandelt worden! Am liebsten würde er mit Jennet tauschen, die sich vor dem Scheiterhaufen fürchtet, weil sie das Leben bejaht. Je leidenschaftlicher sie jedoch ihre Unschuld beteuert, desto hartnäckiger glaubt man an ihre Schuld, je heftiger sich Mendip schuldig spricht und auf seiner Hinrichtung besteht, desto sicherer hält man ihn für einen harmlosen, misanthropischen Narren. Es fruchtet auch nichts, daß er an den gleichen Aberglauben appelliert, der Jennet verketzert, und daß er sich als der Teufel persönlich ausgibt. Die Liebe zu Jennet leitet seine Bekehrung ein, noch bevor der alte Skipps, beschwipst und kreuzfidel, den Verdacht aus der Welt schafft, er sei tot bzw. ein verzauberter Hund. Von neuem Lebensmut erfüllt, stehlen sich der Soldat und das Mädchen im Morgengrauen aus dem Ort. – Die Liebe ist auch das Thema der schwankhaften Nebenhandlung, in der die Neffen des Bürgermeisters, Humphrey und Nicholas Devize, sich wegen der lieblichen Alizon Eliot in die Haare geraten und dann verblüfft feststellen, daß das Mädchen mit dem sympathischen Amtsschreiber Richard durchgebrannt ist.

Sehnsucht nach dem Tod und Sehnsucht nach dem Leben sind die beiden extremen Haltungen, die in diesem Stück auf dem Hintergrund christlicher Weltanschauung ins Lot gebracht werden. So vielfältig Themen wie Schuld, Sünde, Glaube und Gerechtigkeit anklingen – Fry verkündet in erster Linie eine ästhetische Botschaft: die Botschaft von der Unbedingtheit der reinen, allem Zeitlichen entrückten Sprache. Er verwendet die Bildersprache SHAKESPEARES und der Elisabethaner, als sei sie so aktuell wie eh und je, und ignoriert bewußt die in der zeitgenössischen Literatur weitverbreitete

Sprachskepsis (*»Und Liebe spannt ihr lichtes Zelt inmitten von Sonn und Mond.« – »Gott bewahre Euch, mein Hellespont zu werden.«*). KLL

AUSGABEN: Ldn. 1949. – Ldn. 1958. – NY 1960. – Ldn. (1969) (in *Plays*). – Ldn. 1973. – Ldn. 1977.

ÜBERSETZUNGEN: *Die Dame ist nicht fürs Feuer*, H. Feist, Ffm. 1950. – Dass., ders. u. R. Schnorr, Ffm. 1981; ern. 1986 (FiTb).

LITERATUR: G. Urang, *The Climate Is the Comedy: A Study of C. F.'s »The Lady 's Not for Burning«* (in Christian Scholar, 46, 1963, S. 61–86). – S. M. Wiersma, *Spring and Apocalypse, Law and Prophets: A Reading of C. F.'s »The Lady 's not for Burning«* (in MD, 14, 1971, S. 432–447).

A PHOENIX TOO FREQUENT

(engl.; *Ü: Ein Phoenix zuviel*). Verskomödie in einem Akt von Christopher FRY, Uraufführung: London, 25. 4. 1946, Mercury Theatre; deutsche Erstaufführung: Berlin, 19. 9. 1951, Schloßpark-Theater. – Nach den religiösen Spielen *The Boy with a Cart* (1938) und *The Firstborn* (1946) ist dies die erste Komödie des Autors, der sich neben T. S. ELIOT um die Wiederbelebung des Versdramas verdient gemacht hat. Wie er in den Essays *Poetry in the Theatre* (1953) und *Why Verse?* (1955) schreibt, bedeutet der Gebrauch des Verses für ihn eine Abwendung von der unpoetischen Prosa der »realistischen« Gesellschaftsstücke eines Noël COWARD oder Terence RATTIGAN, die nur die »Oberflächenrealität« darstellen könnten, während es ihm um die höhere und eigentliche Realität des Daseins gehe, um *»die vertiefte Erkenntnis dessen, was zum Leben und was zum Tod führt«*.

In *A Phoenix too Frequent* gestaltet Fry die aus dem *Satyricon* des PETRONIUS stammende drastische Episode der Witwe von Ephesus, die ihrem Gatten freiwillig in den Tod folgen will, sich dann aber in seiner Gruft von einem Soldaten zu neuem Liebesglück verführen läßt; schließlich willigt sie sogar ein, anstelle eines der Gehenkten, der während der Abwesenheit des Soldaten gestohlen wurde, den Leichnam ihres eigenen Mannes aufknüpfen zu lassen, um ihren neuen Geliebten vor Bestrafung zu bewahren. Fry stützt sich bei der Dramatisierung dieses in der Weltliteratur oft behandelten Stoffes auf Jeremy TAYLORS Version in der Predigt *The Rule and Exercises of Holy Dying* (1651). Während Petronius mit dieser Episode den Versuch, erotische Leidenschaft durch platonische Liebe zu ersetzen, ironisiert, dient sie dem Geistlichen Taylor als Exemplum für die Notwendigkeit, den goldenen Mittelweg einzuschlagen, den die Protagonistin verfehlt. Fry schließlich feiert in seiner Heldin, der er den Lebenskraft symbolisierenden Namen Dynamene gibt, den *»ekstatischen Triumph des Willens zum Leben über die Instinkte der Selbstzerstörung«* (E. Roy). Ihre schwärmerische Todessehnsucht wird durch die naive Sinnlichkeit und natürliche Skepsis ihrer treuen Dienerin Doto von Anfang an in Frage gestellt und in einer Sommernacht vom Leben selbst besiegt. Die Wandlung der tugendhaften Witwe ist ein positiver Vorgang, denn ihr Ideal der Liebe über den Tod hinaus wird im Verlauf des Stücks als Folge ihres Schuldgefühls gegenüber dem alles andere als virilen Gatten Virilius aufgedeckt. Der Verstorbene steht für die alte Welt der Vernunft und der Paragraphen, der Dynamenes neuer Geliebter Tegeus wegen seines Wachvergehens beinah zum Opfer fällt. Doch die von ihm aus ihrem Todeswillen Befreite wird zur Retterin ihres Retters – der Tod somit zur Voraussetzung des Lebens (R. Fricker). Von hier aus erschließt sich auch die Phönix-Metapher des Titels (ein MARTIAL-Zitat in der Übersetzung Robert BURTONS) als Symbol der Wiedergeburt des Lebens aus dem Tod. – Das Biologische trifft sich hier, wie überall bei Fry, mit dem Religiösen: Christliche Bezüge finden sich nicht nur im Titel (der Phönix verweist ja auch auf Christus), sondern ebenso in der im Morgengrauen des dritten Tags nach der Grablegung spielenden Szene, in der sich die Handlung erfüllt. Diese Ostersymbolik wird von Anfang an durch den Kontrast von Nacht und Tag, Dunkel und Licht, Tod und Leben leitmotivisch unterstrichen.

Vor dem tragischen Hintergrund des Todes, in der Gruft des verstorbenen Gatten, entfaltet sich das komödiantische Spiel um die Liebe, das vor allem aus dem Wortwitz lebt, aus der ironischen Kontrastierung verschiedener Sprachebenen (Dynamene – Doto, Doto – Tegeus) und der burlesken Verwendung antipathetischer Gegensätze. Frys locker gefügter Blankvers ist flexibel genug, solche Umschwünge und Kontraste in sich aufzunehmen, wobei der virtuose Einsatz poetischer Klangmittel (Binnenreim, Alliteration, Assonanz) und die reiche Metaphorik ihn vor dem Abgleiten in Prosa bewahren. M.Pf.

AUSGABEN: Ldn. 1946. – Ldn. 1955. – Ldn./NY 1959 [Ill. R. Searle]. – Mchn. 1968, Hg. u. Anm. P. Kämmer. – Ldn. 1969 (in *Plays*). – Ldn. 1973. – Ldn. 1977.

ÜBERSETZUNG: *Ein Phönix zuviel*, H. Feist u. H. Königsgarten, Ffm. 1954 (zus. m. *Über das zeitgenössische Theater*).

LITERATUR: T. Dotzenradt, *C. F.: »A Phoenix too Frequent«: Versuch einer Deutung des Titels* (in NSp, 5, 1956, S. 475–479). – S. M. Wiersma, *F.'s »A Phoenix too Frequent«* (in Explicator, 37, 1978). – J. Woodfield, *›The Figure of Dance‹: C. F.'s »A Phoenix too Frequent«* (in Ariel, 9, Calgary 1978).

A SLEEP OF PRISONERS

(engl.; *Ü: Ein Schlaf Gefangener*). Religiöses Festspiel in metrisch freien Versen von Christopher

Fry, Uraufführung: Oxford, 23.4. 1951, University Church; deutsche Erstaufführung: Berlin 1951, Schloßpark-Theater. – Nach *The Boy with a Cart* (1938) und *Thor with Angels* (1948) ist dies das dritte und erfolgreichste religiöse Festspiel des Autors. Auch hier verweisen die Aufführung in einem Kirchenraum, die Entscheidung für den Vers und die Absicht, christliches Heilsgeschehen in der realen Welt der Zuschauer »nachzuvollziehen«, auf T. S. Eliots *Murder in the Cathedral* (1935) als Vorbild. Wie Eliot versuchte Fry eine Erneuerung des religiösen Festspiels aus der Tradition mittelalterlicher Mysterienspiele. Diese Bestrebungen wurden vor allem durch die »Religious Drama Society« und die »Pilgrim Players« gefördert. – Das Spiel gestaltet *»eine Episode, die sich in einer Kirche zuträgt und darum auch in einer Kirche gespielt werden kann«* (Fry). Der Autor aktualisiert dabei einen Vorfall aus dem englischen Bürgerkrieg: 1649 wurde die Kirche von Burford/Oxfordshire von Cromwells Truppen als Gefangenenlager benutzt. Während eines nicht näher bestimmten modernen Kriegs sind vier Soldaten als Kriegsgefangene in einer Kirche eingeschlossen. Diese reale Situation wird zum Ausgangspunkt eines Traumspiels, wobei Fry eine höchst komplexe Dramaturgie einsetzt: *»Jeder der vier Männer wird durch die Schlafgedanken der anderen gesehen, und jeder spricht in seinem eigenen Traum so, wie er im innersten Herzen ist, und nicht als der, für den er selbst sich hält.«*

Im Vorspiel entlädt sich die aufgestaute Spannung der Eingeschlossenen in einem tätlichen Angriff des unduldsamen David King auf den sich pazifistisch gebärdenden und seine geistige Überlegenheit ironisch ausspielenden Peter Able. Dieser Zwischenfall, der dank der Intervention des älteren, leiderfahrenen Tim Meadows und des um Ordnung besorgten Korporals Joe Adams nicht mit einem Mord endet, wird in den folgenden Traumszenen in alttestamentliches Geschehen umgesetzt. In der Rolle Gottes träumt Meadows den Brudermord Kains, wobei ihm King als Kain und Able als Abel erscheinen. Im zweiten Traum projiziert David King das eben Erlebte in die Szene von Absaloms Aufruhr, die er aus der Perspektive des Vaters und Königs David erlebt und in der er Able die Rolle Absaloms und Adams die Rolle Joabs, der auf Davids Befehl den Verräter tötet, zuordnet. Peter erlebt sich in seinem Traum als Isaak, der von Abraham (David King) geopfert wird, während Meadows als Eseltreiber und Adams als Engel fungieren. Zeigen bereits diese Traumsequenzen, daß der Autor die psychologischen und moralischen Parallelen zwischen den realen und den geträumten Personen sichtbar machen will und daß er das eigentliche Thema des Spiels, den Kampf zwischen dem Göttlichen und der Sünde, im Sinn einer Überwindung des Bösen durch das Gute gestaltet, so wird dies im vierten – kollektiv geträumten – Traum noch deutlicher. Adams, King und Able als die Jünglinge im Feuerofen und Meadows als göttlich inspirierter Prophet finden mittels »Geduld«, »Liebe« und »Aufrichtigkeit« den Weg aus Schuld und Sünde. Die Erkenntnis, daß das Gute »wehrlos«, aber dennoch *»unzerstörbar«* ist, bestimmt auch den hoffnungsvollen Ton des Nachspiels. Dieser dramatische Nachvollzug der christlich interpretierten Menschheitsgeschichte vom ersten Mord bis zum Atomkrieg (Feuerofen) setzt ein Publikum voraus, das den gelegentlich verschlüsselten biblischen Anspielungen und der oft esoterischen Metaphorik zu folgen vermag. Überzeugend gelungen ist dem Autor die dramatische Verknüpfung der beiden Spielebenen, der im Sprachlichen die virtuose Mischung von Soldatenjargon und der Bibelsprache nachempfundener Ausdrucksweise entspricht. M.Pf.

Ausgaben: Ldn. 1951. – Ldn. 1959. – Ldn. 1960 (in *Three plays*). – Ffm. [4]1967, Hg. u. Anm. K. Schrey. – Ldn. 1971 (in *Plays*).

Übersetzung: *Ein Schlaf Gefangener*, H. Feist, Ffm. 1952.

Literatur: J. Fergusson, *C. F.'s »A Sleep of Prisoners«* (in English, 10, 1954, S. 42–47). – K. Spael, *Wandlungen der Wirklichkeit im Traumspiel »A Sleep of Prisoners« von C. F.* (in NSp, 7, 1958, S. 415–429; 461–475). – S. Turck, *An Interpretation of C. F.'s »A Sleep of Prisoners«*, Ffm./Bln. 1966. – J. Gurney, *C. F.: »A Sleep of Prisoners« – Growth, or Confusion of Vision?* (in Agenda, 18/19, 1981, S. 120–125).

LEWIS GRASSIC GIBBON

d.i. James Leslie Mitchell

* 13.2.1901 Hillhead of Segget / Auchterless (Schottland)

† 7.2.1935 Welwyn Garden / Schottland

A SCOTS QUAIR

(engl.; *Ü: Ein schottisches Buch*). Romantrilogie von Lewis Grassic Gibbon, bestehend aus den Bänden *Sunset Song*, 1932 *(Sonnenuntergangslied)*, *Cloud Howe*, 1933 *(Wolkental)*, und *Grey Granite*, 1934 *(Grauer Granit)*; eine Gesamtausgabe erschien 1946 unter dem Titel *A Scots Quair*. – Gibbons schottische Trilogie entstand in den Jahren hektischer schriftstellerischer Tätigkeit kurz vor seinem frühen Tod; in diese Zeit fallen auch vier weitere Romane mit kulturhistorischen Themen, die nicht in Schottland angesiedelt sind und die unter Gibbons eigentlichem Namen Mitchell erschienen: *The Thirteenth Disciple*, 1931 *(Der dreizehnte Jünger)*, *Three Go Back*, 1932 *(Drei kehren zurück)*,

The Lost Trumpet, 1932 *(Die verlorene Trompete)*, und *Image and Superscription*, 1933 *(Bild und Überschrift)*. Wie weitere anthropologische und historische Veröffentlichungen, z. B. über die Mayas und den Spartacus-Sklavenaufstand, zeigen die sog. »englischen Romane«, daß Gibbon nicht in erster Linie Regionalist war. Dennoch gilt die schottische Trilogie als sein bedeutendstes und überzeugendstes Werk.

Wie die Protagonistin Chris Guthrie entstammte auch Gibbon einer schottischen Bauernfamilie. Das bäuerliche Leben und die agrarisch geprägte Landschaft von Kincardineshire, wo er den größten Teil seiner Kindheit verbrachte, bilden den Hintergrund von *A Scots Quair* und verleihen ihm authentisches Lokalkolorit. Das Werk erschließt sich dem Leser über mehrere Bedeutungsebenen; die Personen und ihrer Schicksale, der sozialhistorische Kontext und die symbolische bzw. mythologische Bedeutung sind auf vielfältige Weise miteinander verflochten. Auf der Ebene der handelnden Personen erzählt die Trilogie die Lebensgeschichte von Chris Guthrie, der Tochter eines schottischen Pachtbauern, die zwischen ihrer Vorliebe für die englische Kultur und ihrer Verbundenheit mit der schottischen Heimat hin und her gerissen wird. *A Scots Quair* ist somit auch eine Studie über das gespaltene Ich und seine Identitätsfindung, über die Persönlichkeitsentwicklung einer Frau in ständiger Auseinandersetzung mit ihren inneren Konflikten. Gleichzeitig sind die drei Bücher eine Chronik des sozialen Wandels in Schottland zwischen 1911 und 1932 und eine psychologische Studie über das Schicksal eines Individuums im Wandel der Zeiten und sein Zurechtfinden in der modernen Welt. Diese Konfrontation verknüpft Gibbon einerseits mit seinen sozialistischen Anschauungen – er wurde durch die russische Oktoberrevolution, die in ihm die Hoffnung auf eine bessere Welt wachrief, und durch das Kennenlernen urbaner Armut und Verelendung in Glasgow, wo er 1919 als Journalist arbeitete, zu einem begeisterten Kommunisten – und andererseits mit seiner mythischen Vision von Schottlands ferner Vergangenheit. Individuelle Lebensgeschichte und Sozialhistorie sind dabei nur Teil eines größeren mythologischen Zyklus, in dem lediglich das Land, die Jahreszeiten und die innere Verbundenheit mit archaischen Vorfahren von Bestand sind. Da Chris alle drei Dimensionen in sich vereint, wird sie schließlich zu »Chris Caledonia«, d. h. zu Schottland selbst, und ihr Tod ähnelt einer langersehnten Vereinigung mit schottischer Erde und Geschichte.

Der erste Roman, *Sunset Song*, schildert die Kindheit und Jugendjahre von Chris, die unter ihrer Haßliebe zu Schottland leidet. Sie haßt das rauhe Land, die Derbheit seiner Bewohner und die unmenschlichen Lebensbedingungen, die die Menschen zermürben: Ihre Mutter, erschöpft durch qualvolle Geburten, begeht in panischer Angst vor einer erneuten Schwangerschaft Selbstmord und ihr Vater, abgestumpft durch die harte Arbeit und verhärtet durch eine unbarmherzige Religion, treibt seinen Sohn zur Emigration. Er erleidet schließlich einen Schlaganfall, so daß Chris den Hof allein bewirtschaften muß. Andererseits haben jedoch die herbe Schönheit des Landes und die sinnliche Faszination seiner vielfältigen Gesichter im Wechsel der Jahreszeiten von ihr Besitz ergriffen. In dieser Ambivalenz der Gefühle gelangt Chris zur körperlichen und geistigen Reife, entschlossen, stets nur sie selbst zu sein, und tritt zusammen mit ihrem Mann das väterliche Erbe an. Der Erste Weltkrieg zerstört nicht nur ihre Ehe – ihr Mann wird als Deserteur erschossen – sondern auch die Welt um Chris: Die Bäume, Symbol des naturverbundenen Lebens, werden als Baumaterial abgeholzt, das alte Pachtbauernsystem wird durch profitorientierte landwirtschaftliche Großeinheiten verdrängt und soziale Beziehungen lösen sich auf. Chris heiratet erneut und tritt mit dem idealistischen Pfarrer Robert Colquohoun den Weg in die neue Zeit an.

In *Cloud Howe*, dem zweiten Buch, zieht Chris mit Robert nach Segget, einer schottischen Kleinstadt, und versucht dort – vergebens – sich Ideologie und Träume ihres von revolutionärem Eifer ergriffenen Mannes zu eigen zu machen. Für sie sind die ideologischen Auseinandersetzungen nur flüchtige Erscheinungen ohne Dauer, »Wolken«, denen die Menschen nachjagen. Politische und soziale Probleme – z. B. ein Streik der Leinenweber – treten jetzt stärker in den Vordergrund der Erzählung. Robert, ein liberaler Sozialist, der in seinen Predigten die Leiden des Volkes im Krieg mit Jesu Leiden am Kreuz vergleicht, der die Bergarbeiter im Generalstreik von 1926 unterstützt und den verachteten und ausgebeuteten Leinenwebern in ihrem politischen Kampf zu helfen versucht, bricht unter der Last der Schicksalsschläge zusammen: Der politische Kampf war vergeblich, und Chris' und Roberts Kind stirbt bei der Geburt. Robert gerät in eine Glaubenskrise, leidet unter bedrückenden Wahnvorstellungen und stirbt schließlich an den Spätfolgen seiner Kriegsverletzung. Mit ihm scheinen in Segget die letzte Hoffnung und auch der christliche Glaube begraben zu werden. Von Anfang an wird der zunehmende Zerfall menschlicher Werte und Würde durch eine immer stärker wuchernde Tiermetaphorik angedeutet: Menschen werden mit Tieren verglichen und sogar – in der Romanwirklichkeit wie in Roberts Vorstellung – von Ratten gefressen. Am Ende von *Cloud Howe* bleibt Chris erneut allein zurück, jedoch in der Auseinandersetzung mit verschiedenen Ehemännern und beim Erdulden stets neuer Schicksalsschläge im Kern ihres Wesens unverändert.

Der zweite Roman weist nicht mehr die Geschlossenheit von *Sunset Song* auf, das mit seiner eindringlichen Schilderung der mit ihrem Boden verwurzelten Bauern und ihres Widerstandes gegen die destruktiven sozialen Kräfte, mit seiner präzisen Beschreibung des Jahreszeitenzyklus und des bäuerlichen Lebens sowie mit seiner Verwendung von Chris' Bewußtsein als zentraler Perspektive der überzeugendste Teil der Trilogie ist. Auch werden in dem zweiten Buch die Charaktere zusehends zu Trägern von Gibbons persönlicher Philosophie und Mythologie und verlieren dadurch an Komplexität. Dies trifft in noch stärkerem Maße auf *Grey Granite* zu (der Titel spielt auf das dominierende Baumaterial in Duncairn an, einer fiktiven Großstadt an der schottischen Ostküste, die Züge von Aberdeen, Dundee und Glasgow trägt). Hier stellt Gibbon das soziale Chaos des Stadtlebens und die gärende revolutionäre Unruhe unter den Unzufriedenen dar. Allerdings überwuchert die intensive Beschäftigung des Autors mit Marxismus, Anthropologie und keltischem Mystizismus das Werk immer mehr, so daß der letzte Teil der Trilogie häufig als der unbefriedigendste betrachtet wird. Das Buch verfolgt das Engagement von Ewan, Chris' Sohn aus ihrer ersten Ehe, für den Kommunismus, der für Chris nur eine weitere »Wolke« ist und an der eigentlichen Wahrheit und Bedeutung des Lebens vorbeigeht. So führen Mutter und Sohn, jeder auf seine Weise in der Stadt isoliert, schließlich getrennte Leben. Ewan verliert seinen träumerischen Idealismus, als er wegen seiner Mitwirkung an einer Demonstration von der Polizei verprügelt und gedemütigt wird. Er identifiziert sich daraufhin mit der gesamten leidenden Menschheit, mit den Unterdrückten und Ausgebeuteten, und mit deren Haß auf ihre Quäler. Chris geht auch in diesem Buch eine neue Ehe ein, aber als ihr Mann Ake bemerkt, daß ihm Chris' eigentliches Ich verschlossen bleibt, verläßt er sie und wandert nach Kanada aus. Chris ist jetzt endgültig allein und lebt immer mehr in ihrer Gedankenwelt, die von der Vision unveränderlichen Wandels in einer Welt ohne Hoffnung, Liebe oder Haß bestimmt wird. Sie zieht in die Gegend ihrer frühen Kindheit und hängt auf einem Hügel, auf dem sich früher eine piktische Befestigungsanlage befand, ihren Reflexionen über ihre Lebensreise und über die Rolle des Wandels in der Welt nach, der ihr gleichzeitig als Zerstörer, Erlöser und Freund erscheint. Der Romanschluß deutet ihr nahes Ende an, während Ewans Zukunft – er plant einen Hungermarsch der Arbeiter nach London – noch offen ist.

Gibbon postuliert in *A Scots Quair* einen mythologischen Zyklus, dem die Welt unterworfen ist und in dem es letztlich nichts Beständiges außer dem Wandel selbst und dem Land gibt: *»Und dann kam [Chris] inmitten der nassen Felder der eigenartige Gedanke, daß letztlich nichts von Dauer war, nichts außer dem Land, über das sie schritt... Das Meer und der Himmel und die Menschen ..., sie alle hatten nur einen Atemzug lang Bestand, waren wie eine Nebelschwade in den Hügeln, aber das Land existierte ewig...«* Nur eine Frau kann diese Wahrheit begreifen, denn die Frau ist als Lebensspenderin Teil der ewigen Natur; der Mann dagegen errichtet vergängliche Kulturen und jagt seinen Träumen nach. Durch diesen Glauben wird die Frau eins mit ihren Vorfahren aus einem matriarchalisch geprägten Zeitalter. In dieser Sicht der menschlichen Natur spiegelt sich Gibbons Beschäftigung mit Archäologie und Anthropologie wider, die ihn zu einem Anhänger des Diffusionismus werden ließ. Nach dieser von Ethnologen wie L. Frobenius, W. Schmidt, H. Baumann u. a. vertretenen Theorie begann die Zivilisation mit der Entdeckung der Landwirtschaft im alten Ägypten, verbreitete sich von dort aus über die ganze Welt und zerstörte dabei das Goldene Zeitalter der umherstreifenden Jäger mit ihrer naturhaften, animalisch-schlichten Lebensweise, die weder die Verwirrung durch Gefühle wie Hoffnung, Liebe und Haß noch das Eigentum oder die Ausbeutung des Arbeiters kannten. Gibbon assoziierte dieses Goldene Zeitalter mit der Zeit der Pikten in Schottland und betrachtete die bodenverbundenen Bauern im Nordosten des Landes als deren Nachkommen, die durch zivilisatorische Einflüsse von ihrem geistigen Erbe entfremdet wurden. Nur Chris gelangt auf ihrem schmerzlichen Weg zu diesem Erbe zurück.

In dem Maße, wie sich Chris von der Welt entfremdet und sich aus ihr zurückzieht, ändert sich die Erzählperspektive: Einem retrospektiven Tagebuch ähnlich, das immer wieder zur Gegenwart zurückkehrt, erinnert sich Chris an vergangene Schlüsselereignisse. Aber während in *Sunset Song* ihr eigenes Bewußtsein die zentrale Perspektive ist und daher äußere Ereignisse und eigene Gedanken in gleicher Weise behandelt, wird in *Cloud Howe* ihre Perspektive, da Chris ja nicht wirklich ein Teil dieser Kleinstadtgesellschaft ist, häufig durch die Stimme eines anonymen Bewohners der Stadt ersetzt, der sich an Klatsch, Skandalen und derben Scherzen ergötzt, über die sozialen Ereignisse berichtet und sich sogar spöttisch über Chris äußert. In *Grey Granite* ist Chris noch mehr Außenstehende, und so werden die Geschehnisse jetzt durch eine Vielzahl von zumeist anonym bleibenden Personen vermittelt, deren Identifizierung dem Leser überlassen bleibt. Durch das Nebeneinander verschiedener Erzählinstanzen wird die Beziehungslosigkeit der Charaktere zueinander und die Einsamkeit des Individuums in der Großstadt verdeutlicht. J.Ass.

Ausgaben: Ldn. 1932 *(Sunset Song)*. – Ldn. 1933 *(Cloud Howe)*. – Ldn. 1934 *(Grey Granite)*. – Ldn. 1946 *(A Scots Quair)*. – Ldn. 1950 (dass.). – Ldn. 1971 (*Sunset Song*, Hg. J. T. Low). – NY 1977 *(A Scots Quair)*.

Übersetzung: *Ein schottisches Buch*, H. Petersen, 2 Bde., Bln. o. J.

Literatur: G. Walch, *Bemerkungen zu L. G. G.s »A Scots Quair«* (in ZAA, 10, 1962, S. 143–152). – D. Macaree, *Myth and Allegory in L. G. G.'s »A Scots Quair«* (in Studies in Scottish Literature, 2, 1964, S. 45–55). – J. S. Munro, *Leslie Mitchell: L. G. G.*, Edinburgh 1966. – D. F. Young, *Beyond the Sunset: A Study of J. L. Mitchell*, Aberdeen 1973. – I. Campbell, *Chris Caledonia: The Search for an Identity* (in Scottish Literary Journal, 1, 1974). – G. Whittington, *The Regionalism of L. G. G.* (in Scottish Geographical Magazine, 90, 1974, S. 74–84). – R. Johnson, *L. G. G. and »A Scots*

Quair« (in Renaissance and Modern Studies, 20, 1976, S. 39–53). – F. R. Hart, *The Scottish Novel from Smollett to Spark*, Cambridge/Mass. 1978, S. 229–241. – P. J. Wilson, *Freedom and God: Some Implications of the Key Speech in »A Scots Quair«* (in Scottish Literary Journal, 7, 1980, S. 55–79). – I. Murray, *Action and Narrative Stance in »A Scots Quair«* (in *Literature of the North*, Hg. D. Hewitt u. M. Spiller, Aberdeen 1983, S. 109–120).

HARLEY GRANVILLE-BARKER

* 25.11.1877 London
† 31.8.1946 Paris

THE VOYSEY INHERITANCE

(engl.; *Das Voysey-Vermächtnis*). Schauspiel in fünf Akten von Harley GRANVILLE-BARKER, Uraufführung: London, 7. 11. 1905, Court Theatre. – *The Voysey Inheritance* ist wahrscheinlich das beste, aber nicht das typischste Stück des auch als Schauspieler, Theaterleiter und Shakespeareforscher hervorgetretenen Dramatikers. Vor allem ist hier der Dialog rhetorischer und zugleich zügiger als in seinen meisten anderen Dramen. Charakteristisch für das Gesamtwerk des Autors ist allerdings die ironische Grundsituation, in die sich die Hauptfigur gestellt sieht. Auf dieser Situation und nicht auf der bewußt ereignisarm gehaltenen Handlung – ein typisches Merkmal des modernen Dramas nach Ibsen – liegt das Hauptgewicht des Stückes. Eward Voysey, Teilhaber in der Anwaltsfirma seines Vaters, entdeckt, daß dieser seit Jahrzehnten Gelder seiner Mandanten veruntreut und für sich verbraucht hat. Um sich an dem Betrug nicht mitschuldig zu machen, will er sofort Konkurs anmelden, verschiebt dies aber, um den Vater zu schonen, bis nach dessen Tod. Dann aber muß er zu seiner Überraschung und Empörung feststellen, daß keines seiner gutbürgerlichen Geschwister bereit ist, ihm bei der Wiedergutmachung finanziell zu helfen. Ironische Inversionen konventioneller moralischer Erwartungen bestimmen auch den weiteren Verlauf des Geschehens. Um wenigstens die ärmsten seiner Klienten vor dem Schlimmsten zu bewahren, bemüht Edward sich, die Verluste durch harte, ehrliche Arbeit etwas auszugleichen. Den Erpressungsversuch seines Buchhalters Peacey kann er abwehren, aber als George Booth, sein reichster Mandant und ein enger Freund der Familie, plötzlich sein Kapital abziehen und von einer anderen Firma verwalten lassen will, scheint die Katastrophe unvermeidlich. Allerdings hat der Held nicht mit dem Egoismus Booths gerechnet, der rasch einsieht, daß ihm Stillschweigen mehr einbringen kann als eine Anzeige bei der Polizei. Er und sein Freund, der Dorfpfarrer Colpus, der sein Geld ebenfalls der Firma Voysey anvertraut hat, zwingen Edward, ihnen Zinsen und Kapital nach und nach auszuzahlen, wobei sie ihre Forderungen auch auf längst erloschene Konten ausdehnen. Während Edwards äußere Existenz immer stärker von der verhängnisvollen »Erbschaft« bedroht wird, vollzieht sich in ihm ein erstaunlicher Wandel: Aus einem unreifen, selbstgerechten, in seine privaten Probleme und Ansichten verstrickten Menschen entwickelt sich eine tatkräftige, sich und ihre Umwelt realistisch einschätzende, verantwortungsbewußte Persönlichkeit. Ironischerweise wird er gerade dadurch seinem betrügerischen Vater in mancher Hinsicht immer ähnlicher, und schließlich erscheint es sogar möglich, daß er das Jonglieren mit Bankkonten (womit er zunächst nur die Aufdeckung des Defizits lange genug verhindern wollte, um den Schaden wiedergutzumachen) aus Freude an der eigenen Geschicklichkeit und zu seinem Nutzen auch weiterhin praktizieren wird. Ebendieser Versuchung ist, wie Peacey enthüllt hat, Edwards Vater erlegen, nachdem er von seinem Vater das gleiche verbrecherische Vermächtnis übernehmen mußte. Am Ende ist Edward an seiner Aufgabe menschlich so gewachsen, daß ihn seine Kusine Alice Maitland, die ihn vorher zu Recht für einen eingebildeten Tugendpinsel hielt, achten und lieben kann.

Über die Darstellung dieser Charakterentwicklung hinaus geht es Granville-Barker um eine Analyse des Großbürgertums und seiner kapitalistischen Wirtschaftsform. Das Streben nach den höchsten Gewinnspannen, der Opportunismus und der Betrug sind nach Auffassung des Autors dafür kennzeichnend. Exemplifiziert wird dies nicht nur am alten Voysey, sondern auch an den anderen Mitgliedern der Familie und an ihren Freunden, die die verschiedensten Bereiche des öffentlichen Lebens – Armee, Kirche, Justiz, Handel und Kunst – verkörpern. Granville-Barker, dem mit diesem Drama der Vorstoß in die vorderste Reihe der zeitgenössischen Theaterautoren gelang, gleicht in der sozialkritischen Thematik SHAW und GALSWORTHY, vermeidet aber im Gegensatz zu ihnen jede eindeutige ideologische Stellungnahme. W.Kl.

AUSGABEN: Ldn. 1909 (in *Three Plays*). – Ldn. 1967 (in *The Collected Plays*, 1967 ff., Bd. 1; Vorw. J. B. Priestley; Einl. I. Brown).

LITERATUR: F. May u. M. M. Morgan, *The Early Plays of H. G.-B.* (in MLR, 51, 1956, S. 324–338). – C. B. Purdom, *H. G.-B.*, Ldn. 1955; Cambridge/Mass. 1956. – M. M. Morgan, *A Drama of Political Man: A Study in the Plays of H. G.-B.*, Ldn. 1961. – D. D. Paschall, *A Study of the Plays and Criticism of H. G.-B.*, Diss. Univ. of Oxford, 1976. – M. M. Morgan, *Edwardian Feminism and the Drama: Shaw and G.-B.* (in Cahiers d'études et de recherches victoriennes et édouardiennes, 9/10, 1979, S. 63–85). – D. Kennedy, *G.-B. and the Dream of Theatre*, Cambridge 1985.

ROBERT GRAVES

eig. Robert von Ranke-Graves

* 26.7.1895 Wimbledon / London
† 7.12.1985 Deyá / Mallorca

LITERATUR ZUM AUTOR:
Bibliographien:
F. H. Higginson, *A Bibliography of the Works of R. G.*, Ldn./Hamden (Conn.) 1966; ern. 1987 [erw.]. – D. E. Pownall, *An Annotated Bibliography of Articles on R. G.* (in Focus, 2, 1973, S. 17–23). – H. B. Bryant, *R. G.: An Annotated Bibliography*, Boston 1986.
Biographien:
J. McKinley, *Subject R. G.: Random Notes of a Biographer* (in New Letters, 40, 1974, S. 37–60). – M. Seymour-Smith, *R. G.: His Life and Work*, Ldn. 1982; Neudr. 1988.
Gesamtdarstellungen und Studien:
M. Seymour-Smith, *R. G.*, Ldn. 1956; ern. 1987 [umgearb.]. – G. Steiner, *The Genius of R. G.* (in KR, 22, 1960, S. 340–365). – J. M. Cohen, *R. G.*, Edinburgh 1960; ern. NY 1965. – D. J. Enright, *R. G. and the Decline of Modernism* (in EIC, 2, 1961, S. 319–336). – Shenandoah, 13, 1962 [Sondernr. *R. G.*]. – G. Stade, *R. G.*, Ldn./NY 1967. – J. S. Mehoke, *R. G.: Peace-Weaver*, Den Haag 1975. – Malahat Review, 35, 1975 [Sondernr. *R. G.*]. – K. Snipes, *R. G.*, NY 1979. – P. J. Keane, *R. G.* (in DLB, Bd. 20, 1983, S. 153–182). – M. Seymour-Smith, *R. G.* (in *British Writers*, Hg. I. Scott-Kilvert, Bd. 7, NY 1984, S. 257–272). – *R. G.*, Hg. H. Bloom, NY 1987.

DAS LYRISCHE WERK (engl.) von Robert GRAVES.

Trotz zahlreicher Preise und Ehrungen stand das lyrische Werk von Robert Graves immer im Schatten seiner Romane, deren Erfolg den seiner Gedichte bei weitem übertrifft. Dies sagt jedoch über den Wert seiner Lyrik nichts aus; Graves selbst sah sich als Lyriker, der nur zur Existenzsicherung Prosa schrieb. Dementsprechend weisen seine historischen Romane kaum Berührungspunkte mit seiner Dichtung auf, ganz im Gegensatz etwa zu seinen Schriften zur Mythen- und Religionsgeschichte, denn Graves' durchaus eigenständige Vorstellungen in diesem Bereich beeinflußten sein Denken und Schreiben nachhaltig. Darin liegt auch einer der Gründe dafür, daß Graves keiner der Schulen und Gruppen in der Lyrik der Moderne zuzuordnen ist. Seine Sonderstellung zeigt sich ebenfalls in den theoretischen Äußerungen zur Lyrik, besonders in den eigenwilligen *Clark Lectures*, die er 1954 in Cambridge hielt, und in seinen Vorlesungen als *Professor of Poetry* in Oxford von 1961 bis 1966. Unverkennbar weist sein Dichtungsverständnis mit dem der Romantiker Gemeinsamkeiten auf. Daneben war er jedoch Realist, Formalist und Rationalist genug, das Dionysisch-Irrationale seiner tiefsten Emotionen im Zaum zu halten und ihm klassische, oft epigrammatisch-knappe Form zu verleihen. Über sechzig Jahre lang verfolgte er so seinen eigenen, von kontinuierlichem Wandel der Anschauungen und Formen gekennzeichneten Weg.

Dieser Wandel prägt auch das Erscheinungsbild seiner mehr als dreißig Gedichtsammlungen: In diesen von ihm selbst ausgewählten Bänden ist kaum ein konstanter Kanon erkennbar; Graves änderte seine Präferenzen beständig. Wiederholt abgedruckte Gedichte wurden oft überarbeitet. So spiegelt auch die Sammlung letzter Hand, *Collected Poems 1975*, lediglich den von Graves in diesem Jahr bevorzugten Kanon wider. Mit guten Gründen werden jedoch seine Präferenzen, besonders die Überschätzung des Spätwerks, von der Kritik als Verzerrung des Gesamtwerks angesehen. So steht eine repräsentative Gesamtausgabe, die auch alle Varianten berücksichtigt, noch aus. Trotz Graves' Idiosynkrasien sind sich Leser, Dichterkollegen und Kritiker heute einig, daß seine ausgeprägte formale Begabung, seine große sprachliche Kraft und die Fähigkeit, ein Gleichgewicht zwischen ungezügelter Leidenschaft und überlegter Kontrolle zu erzielen, ihm zwar keinen Platz unter den wichtigsten englischsprachigen Lyrikern des 20. Jh.s sichern, wohl aber den Rang eines bedeutenden *minor poet*.

Graves' poetisches Schaffen läßt sich in vier große Phasen einteilen, die mit der Biographie des Dichters in enger Verbindung stehen. Die erste, von 1916–1926, ist, abgesehen von einigen Juvenilia, durch das Erlebnis des Ersten Weltkriegs geprägt. (Generell ist der außerordentliche Einfluß persönlicher Erfahrungen auf Graves' Gesamtwerk hervorzuheben.) Die Offenlegung zum Teil auch intimster Regungen – am deutlichsten wird sie in der berühmten Autobiographie *Good-Bye to All That* (1929) – gerät allerdings manchmal zur Selbststilisierung und in die Nähe sentimentaler oder sarkastischer Posen. Die traumatischen Erlebnisse in den Schützengräben werden (anders als in den Gedichten von Graves' Regimentskamerad Siegfried Lorraine SASSOON und von Wilfred OWEN) nicht realistisch gestaltet, sondern eher in Form von Gegenbildern und Wunschträumen. Neben der in solchen Spannungen sich offenbarenden seelischen Krise bestimmt das Thema romantischer Liebe die frühen Gedichte, deren psychotherapeutischer Charakter von Graves ausdrücklich betont wurde (u. a. in *On English Poetry*). In den pastoralen Liebesgedichten von *Country Sentiment* (1920) dominiert die Aufarbeitung von Ehe und Vaterschaft. Bis zu den *Poems 1924–1926* (1927) prägt der Wille zur Objektivierung intensivster persönlicher Gefühle alle Äußerungen. Seit *Whipperginny* (1923) kommt auch Ernüchterung in der Behandlung der Liebesthematik hinzu, um die neben der Gottesidee und der Konflikttheorie – ihr ist der Großteil

von *Mock Beggar Hall* (1924) gewidmet – bis zum Ende dieser Schaffensperiode alle weiteren Gedichte kreisen. Sprachlich lehnt sich Graves in den frühen Werken häufig (aufgrund enger Vertrautheit) an Ballade, Volkslied und Kinderreim an. Trotz zahlreicher oberflächlicher Übereinstimmungen mit den sog. »Georgian Poets« (Rupert BROOKE, Walter de LA MARE, Sassoon u. a.) unterscheidet sich Graves im Kunstwollen und im eingeschlagenen Weg wesentlich von dieser Gruppe.
Selten ist ein Wandel der Formen und vor allem der Inhalte im Werk eines Dichters so abrupt wie der bei Graves ab 1926 zu beobachtende. Die Erklärung liegt in dem Einfluß der amerikanischen Lyrikerin Laura RIDING (1901–1991), die seit diesem Jahr mit Graves zusammenlebte und -arbeitete und deren Einfluß bis 1939 bestimmend blieb. Graves' Ausdrucksweise wurde noch kontrollierter und knapper; am nachhaltigsten aber wirkten die von Laura Riding vermittelten neuen Werte, vor allem die Forderung nach konsequenter Übereinstimmung von dichterischem Selbstverständnis und moralischen Grundsätzen. Der kompromißlos der Wahrheit verpflichtete Dichter steht kommentierend außerhalb des historischen Zeitenlaufs und der Gesellschaft. Er muß sich von Fremdbestimmung freimachen und sein wahres Selbst allein finden. Gelingt dieser durchaus schmerzhafte Prozeß, erlangt der Dichter eine Freiheit und Perspektive, die ihn über die Durchschnittsmenschen erheben. Der Leser wird dann für das Werk unwichtig, da die tieferen Einsichten, die es vermittelt, auch ohne Rezipienten ihre Geltung behalten.
Die Zusammenarbeit mit der dominanten Laura Riding gewährleistete, daß (anders als in der ersten Phase) entscheidende Veränderungen der persönlichen Lebensumstände kaum Widerhall in Graves' Werk fanden. Nachdem die Lyrikerin zunächst in London und Kairo, wo Graves ein Jahr lang an der Universität Englisch unterrichtete, mit der ganzen Familie zusammengelebt hatte, zerbrach dieses Arrangement 1929 nach einem Selbstmordversuch der Dichterin. Graves verließ seine Familie und zog noch im selben Jahr mit Laura Riding nach Deyá, Mallorca, wo er – mit einer kriegsbedingten Unterbrechung von 1936 bis 1946 – bis zu seinem Tode lebte. Erst Laura Ridings Entscheidung für einen anderen Mann – wiederum war in den USA ein kurzlebiges Experiment einer Dichterkommune vorangegangen – erschütterte 1939 Graves so tief, daß Weltbild und Selbstverständnis sich erneut wandelten. – Nach mehreren vorangegangenen Sammlungen (besonders 1931 und 1933) enthalten die *Collected Poems* von 1938 das Wichtigste aus Graves' zweiter Schaffensphase, aber auch wichtige frühe Gedichte. (Laura Riding publizierte 1938 ebenfalls ihre *Collected Poems*.) Da auch seine erfolgreichsten Prosawerke, *Good-Bye to All That* und die beiden Claudius-Romane (1934), in diesen Zeitabschnitt fallen, gilt Graves' zweite Schaffensphase zu Recht als die fruchtbarste. Auch einige von Graves' besten Gedichten über den Krieg entstanden erst in den dreißiger Jahren.
Die Lektüre mittelalterlicher walisischer Texte Anfang der vierziger Jahre veranlaßte Graves (einen Nachkommen des deutschen Historikers Leopold von RANKE, der auf sein väterliches anglo-irisches Erbe stolz war und der in W. B. YEATS zeitlebens einen Konkurrenten sah), zu dem Versuch, den Mythos der alten matriarchalischen Kulturen zu rekonstruieren. Dies ist der Gegenstand von *The White Goddess: A Historical Grammar of Poetic Myth* (1948). Doch bereits in den Jahren der Arbeit an diesem Buch bestimmte (auch als Nachklang der Erfahrungen mit seiner Muse Laura Riding) der Mythos der zugleich liebend inspirierenden und zerstörerischen Göttin sein Denken und Dichten, z. B. in *Work in Hand* (1942).
Die Werke dieser dritten Phase lassen erkennen, daß Graves endgültig zu sich selbst gefunden hat. In den mythologischen Rekonstruktion der Weißen Göttin, die zugleich Mutter, Geliebte und Zerstörerin ist, fand Graves' Lebenserfahrung ihre Entsprechung. Die Göttin gewährt ihren Auserwählten Liebe und Inspiration, führt aber unweigerlich auch deren Tod herbei. In dieser Vorstellung verbinden sich Elemente der frühgriechischen Antike (mit der sich Graves schon während seines Studiums in Oxford beschäftigte) und des keltischen Kulturkreises mit okkulten Zügen und magischen Neigungen in der romantischen Seite von Graves' Wesen. Alles im Leben läßt sich in den Zyklus von Geburt, Vergehen und Wiedergeburt einbinden; positive und negative Aspekte des weiblichen Prinzips werden als zwei Seiten einer übergeordneten Realität akzeptiert.
Nach 1959 schließlich wandelt sich das Bild, das Graves von der Liebe zeichnet, erneut. Die jetzt in seinen Vorstellungen dominante, eher mystisch-orphische »Schwarze Göttin« ist weniger entrückt als die »Weiße«. Das Leiden beider Partner wird als notwendiger Bestandteil einer Liebesbindung gesehen. Die Grenzen der Leidensfähigkeit stehen im Mittelpunkt der Überlegungen, Gegenseitigkeit wird zum neuen Prinzip. Gleichzeitig wird die sprachliche Form der Gedichte noch konziser. Andeutungen und Brüche fordern den Leser auf, die Tiefe der Aussage für sich zu erschließen. Häufig fehlt den Spätwerken aber die innere Unruhe und Unmittelbarkeit, die den Leser der früheren Gedichte fesselt. Graves erlag jetzt oft der Gefahr, Sicherheit und Zufriedenheit überzubetonen. Nicht zuletzt deshalb ist die starke Hervorhebung von Gedichten aus der letzten Schaffensphase in den *Collected Poems 1975* problematisch.
Graves' Platz in der Geschichte der englischen Lyrik ist nicht nur aufgrund der formalen Qualitäten seiner Werke gesichert. Mit typisch britischer Ironie, Skepsis und Selbstdistanz gelang ihm die Balance zwischen romantischer Bekenntnislyrik und unpersönlichem Rationalismus, zwischen archaischer Stilisierung und unmittelbarem Selbstausdruck. Daß er der Dichter eines mühsam gefundenen Mittelwegs ist, macht zugleich seine Größe und seine Beschränkung aus.

W.Bo.-H.Thi.

Ausgaben: *Over the Brazier*, Ldn. 1916. – *Goliath and David*, Ldn. 1916. – *Fairies and Fusiliers*, Ldn. 1917/NY 1918. – *Treasure Box*, Ldn. 1919. – *Country Sentiment*, Ldn./NY 1920. – *The Pier-Glass*, Ldn./NY 1921. – *Whipperginny*, Ldn./NY 1923. – *The Feather Bed*, Richmond 1923. – *Mock Beggar Hall*, Ldn. 1924. – *John Kemp's Wager: A Ballad Opera*, Oxford/NY 1925. – *Welchman's Hose*, Ldn. 1925. – *R. G.*, Ldn. 1925 [The Augustan Books of Modern Poetry]. – *The Marmosite's Miscellany*, Ldn. 1925 [unter dem Pseudonym John Doyle]. – *Poems (1914–1926)*, Ldn. 1927; NY 1929. – *Poems (1914–1927)*, Ldn. 1927. – *Poems (1929)*, Ldn. 1929. – *Ten Poems More*, Paris 1930. – *Poems 1926–1930*, Ldn. 1931. – *To Whom Else?*, Deyá/Mallorca 1931. – *Poems 1930–1933*, Ldn. 1933. – *Epilogue. A Critical Summary*, 3 Bde., Deyá (Mallorca)/Ldn. 1935–1937 [m. L. Riding]. – *Collected Poems*, Ldn. 1938; NY 1939. – *No More Ghosts. Selected Poems*, Ldn. 1940. – *Work in Hand*, Ldn. 1942 [mit A. Hodge u. N. Cameron]. – *R. G.*, Ldn. 1943 [The Augustan Poets]. – *Poems 1938–1945*, Ldn./NY 1946. – *Collected Poems (1914–1947)*, Ldn. 1948. – *Poems and Satires 1951*, Ldn. 1951. – *Poems 1953*, Ldn. 1953. – *Collected Poems 1955*, NY 1955. – *The Crowning Privilege. The Clark Lectures 1954–1955. Also Various Essays on Poetry and Sixteen New Poems*, Ldn. 1955. – *Poems Selected by Himself*, Ldn. 1957 [veränd. Nachdr. 1961, 1966, 1972 u. 1978]. – *5 Pens in Hand*, Garden City/N.Y. 1958. – *The Poems of R. G.: Chosen by Himself*, NY 1958. – *Steps: Stories, Talk, Essays, Poems, Studies in History*, Ldn. 1958. – *Collected Poems 1959*, Ldn. 1959. – *Food for Centaurs: Stories, Talks, Critical Studies, Poems*, Garden City/N.Y. 1960. – *More Poems 1961*, Ldn. 1961. – *Collected Poems 1961*, Garden City/N.Y. 1961. – *The More Deserving Cases. Eighteen Old Poems for Reconsideration*, Marlborough College 1962. – *New Poems 1962*, Ldn. 1962; NY 1963. – *Man Does, Woman Is*, Ldn./NY 1964. – *Love Respelt*, Ldn. 1964; NY 1966. – *Collected Poems 1965*, Ldn. 1965. – *Collected Poems 1966*, Garden City/N.Y. 1966. – *17 Poems Missing from »Love Respelt«*, Ldn. 1966. – *Colophon to »Love Respelt«*, Ldn. 1967. – *Poems 1965–1968*, Ldn. 1968/NY 1969. – *Love Respelt Again*, Garden City/N.Y. 1969. – *Beyond Giving*, Hatfield 1969. – *Poems About Love*, NY 1969. – *Poems 1968–1970*, Ldn. 1970/NY 1971. – *The Green-Sailed Vessel*, Ldn. 1971. – *Poems 1970–1972*, Ldn. 1972/NY 1973. – *Timeless Meeting*, Ldn. 1973. – *At the Gate*, Ldn. 1974. – *Collected Poems 1975*, Ldn. 1975 [als *New Collected Poems*, Garden City/N.Y. 1977]. – *R. G.: Poems*, Hg. E. Kerrigan, NY 1980.

Theoretische Äußerungen: *On English Poetry. Being an Irregular Approach to the Psychology of This Art, from Evidence Mainly Subjective*, Ldn./NY 1922. – *Poetic Unreason*, Ldn. 1925. – *Contemporary Techniques of Poetry. A Political Analogy*, Ldn. 1925. – *Another Future of Poetry*, Ldn. 1926. – *The English Ballad. A Short Critical Survey*, Ldn. 1927. – *A Survey of Modernist Poetry*, Ldn. 1927; NY 1928 [m. L. Riding]. – *A Pamphlet Against Anthologies*, Ldn./NY 1928 [m. L. Riding]. – *The White Goddess. A Historical Grammar of Poetic Myth*, Ldn./NY 1948 [erw. Ldn. 1952, 1961 u. NY 1958]. – *The Common Asphodel: Collected Essays on Poetry*, Ldn. 1949. – *Occupation: Writer*, NY 1950/Ldn. 1951. – *Oxford Addresses on Poetry*, Ldn./NY 1962. – *Mammon and the Black Goddess*, Ldn./NY 1965. – *Poetic Craft and Principle*, Ldn. 1967. – *On Poetry*, Garden City/N.Y. 1969.

Literatur: S. Musgrove, *The Ancestry of »The White Goddess«*, Auckland 1962. – D. Day, *Swifter Than Reason: The Poetry and Criticism of R. G.*, Chapel Hill/N.C. 1963. – D. Hoffman, *Barbarous Knowledge: Myth in the Poetry of Yeats, G., and Muir*, NY/Ldn. 1967. – M. Kirkham, *The Poetry of R. G.*, Ldn./NY 1969. – J. B. Vickery, *R. G. and the White Goddess*, Lincoln/Nebr. 1972. – J.-P. Forster, *R. G. et la dualité du réel*, Bern 1975. – P. J. Keane, *A Wild Civility: Interaction in the Poetry and Thought of R. G.*, Columbia/Mo. 1980.

GOOD-BYE TO ALL THAT

(engl.; *Ü: Strich drunter*). Autobiographischer Bericht von Robert Graves, erschienen 1929. – Dem bis dahin mit Gedichten, Essays und einem Buch über T. E. Lawrence hervorgetretenen Autor brachten diese Erinnerungen an das Vor- und Nachkriegsleben in England und vor allem an sein eigenes Fronterlebnis den ersten großen Erfolg. Im selben Jahr wie Remarques *Im Westen nichts Neues* erschienen, gehört *Good-bye to All That* zu jenen Antikriegsbüchern, in denen sich Ende der zwanziger Jahre mehrere bedeutende englische Autoren der Kriegsgeneration zu Wort meldeten, darunter Edmund Blunden *(Undertones of War)*, Richard Aldington *(Death of a Hero)* und Graves' Regimentskamerad Siegfried Sassoon *(Memoirs of an Infantry Officer)*.

Robert Graves, ein Urenkel Leopold von Rankes, erzählt eingangs von seiner Kindheit im Vorkriegsengland, wo er als Sohn einer musisch interessierten und begabten, für den Mittelstand aber keineswegs untypischen Familie aufwuchs. Es folgen Schilderungen seiner Schuljahre in Charterhouse, der berühmten Lehranstalt, die einst auch Addison, Steele und Thackeray besucht hatten, seines Philologie- und Geschichtsstudiums in Oxford, seiner ersten Ehe und des Beginns seiner schriftstellerischen Laufbahn. So interessant Graves' Begegnungen und Freundschaften mit berühmten Persönlichkeiten aus den verschiedensten Lebensbereichen sind (die Namen reichen von Thomas Hardy bis T. E. Lawrence) und so faszinierend es ist, dem Entwicklungsgang eines der bedeutendsten englischen Lyriker des 20. Jh.s zu folgen, so sind es doch vor allem die schonungslos berichteten Kriegserfahrungen, die das Buch zu einem Dokument von bleibendem Wert machen. Bemüht, *»wenigstens annähernd«* die Wahrheit zu sagen, hat Graves, den nach seinen eigenen Worten das Fronterlebnis bis 1928 zutiefst bedrückte, die Auswirkungen des Krieges auf die jungen Intellektuellen einer ganzen Generation dargestellt. Wie die obengenannten Autoren macht auch er die Kluft zwischen den der Kriegsmaschinerie ausgelieferten Soldaten und den von der patriotischen Propaganda fanatisierten Zivilisten deutlich. Für ihn hat der Krieg das auch in Friedenszeiten existierende Generationenproblem derart vertieft, daß ihm in den Jahren nach 1918 die Menschheit in zwei Lager gespalten schien, zwischen denen eine Verständigung kaum mehr möglich war: auf der einen Seite die Kriegsteilnehmer, auf der anderen die zu Hause Gebliebenen. Ohne Selbstmitleid und ohne Pathos rechnet Graves mit einer Epoche ab, die für ihre Probleme keine andere Lösung wußte, als die Jugend vieler Völker zur Schlachtbank zu führen. Das »Nie mehr«, das aus dem Titel seines Buches klingt (der Titel wurde in England rasch zum geflügelten Wort), war vielen aus dem Herzen gesprochen; die ein Jahr später erschienene Fortsetzung nannte der Verfasser *But It Still Goes On (Aber es geht trotzdem weiter)*. J.v.Ge.

AUSGABEN: Ldn. 1929. – NY 1930. – NY 1957. – Ldn. 1957 [rev. Ausg.]. – Harmondsworth 1969 (Penguin). – Philadelphia 1980.

ÜBERSETZUNG: *Strich drunter*, G. R. Treviranus, Bln. 1930.

LITERATUR: F. S. Frank, *The Cool Web of Memory: An Initiatory Reading of R. G.'s »Good-Bye to All That«* (in Focus, 5, 1976, S. 74–82).

I, CLAUDIUS. From the Autobiography of Tiberius Claudius, Emperor of the Romans, Born B. C. 10, Murdered and Deified A. D. 54

(engl.; *Ü: Ich Claudius, Kaiser und Gott*). Roman von Robert GRAVES, erschienen 1934. – Im Untertitel dieses zugleich informativen und unterhaltsamen historischen Romans gibt der Verfasser vor, auf eine Autobiographie des Tiberius Claudius zurückgegriffen zu haben. Er läßt in diesen fiktiven Memoiren den Titelhelden bis zu jenem Tag über sein Leben berichten, an dem er, nach der Ermordung Caligulas (41 n. Chr.), zum römischen Kaiser ausgerufen wurde. Von Geburt an mißgestaltet, stotternd, von Freunden und Verwandten mit Spitznamen wie »Claudius der Idiot«, »Clau-Clau-Claudius« und später »Der gute Onkel Claudius« belegt, schildert diese unheroische Figur im Plauderton ihre Eindrücke und Erlebnisse unter den Regierungen der Vorgänger Augustus, Tiberius und Caligula, so daß – wie nebenbei – eine *chronique scandaleuse* der julisch-claudischen Dynastie und ein lebendiges Bild des zerfallenden Imperiums entsteht. Eingerahmt werden diese Skandalgeschichten von wohlfundierten und geistreichen Kommentaren zu zeitgenössischen politischen, wirtschaftlichen und militärischen Problemen. Der Autor interpretiert die Geschichte des antiken Rom recht subjektiv, läßt aber historische Fakten unangetastet. Daß die politischen Äußerungen des Claudius bisweilen ebenso modern anmuten wie Graves' psychologische Analysen, entspricht der Absicht des Autors, dem Leser den Zugang zu dem behandelten Geschichtsabschnitt so leicht wie möglich zu machen und gleichzeitig auf moderne Parallelen hinzuweisen.

Immer wieder wird in Claudius' Schilderung auf die schändlichen Zustände am Kaiserhof – vor allem unter Tiberius und Caligula – Bezug genommen, Zustände, für die vor allem seine Großmutter, die Kaiserin Livia, mitverantwortlich war. Die Charakterisierung dieser Frau, in deren Wesen Machtgier und organisatorische Begabung, Grausamkeit und Staatsidealismus sich die Waage halten, ist Graves ebenso brillant gelungen wie die des Caligula, den übersteigertes Machtbewußtsein und zügellose Lasterhaftigkeit in den Wahnsinn treiben, und wie die des Claudius selbst, hinter dessen physischen Gebrechen sich ein hellwacher Intellekt verbirgt.

Mit seinem schlicht als *»conversational piece of writing«* bezeichneten Roman hat Graves bewiesen, daß die erzählerische Rekonstruktion vergangener Zeit nicht notwendig ein melodramatischer Maskenreigen zu sein braucht. *»Seine Einstellung* [zur Geschichte] *ist die eines Kriminalromanautors«* (J. M. Cohen). Kein Wunder also, daß sein Buch in alle Weltsprachen übersetzt wurde und sich bis heute großer Beliebtheit erfreut. In der ebenfalls 1934 erschienenen Fortsetzung, *Claudius the God and His Wife Messalina*, schildert der Kaiser seine Regentschaft, die Ehe mit Messalina, seiner dritten Frau, und mit Agripinilla (Augusta), der Mutter Neros, deren Mordanschlag er im Jahr 54 zum Opfer fiel. J.v.Ge.

AUSGABEN: Ldn. 1934. – NY 1934. – Ldn. 1934 (*Claudius the God and His Wife Messalina*). – NY 1935. – NY 1961. – Harmondsworth 1969. – Ldn. 1976. – NY 1977.

ÜBERSETZUNG: *Ich Claudius, Kaiser u. Gott*, H. Rothe, Lpzg. 1934 [d. i. *I, Claudius* u. *Claudius the God and His Wife Messalina*; gek.]. – Dass., ders., Mchn. 1955. – Dass., ders., Mchn. 1977 (dtv).

VERFILMUNG: England 1937 (Regie: J. v. Sternberg; unvollendet). – Großbritannien 1976 (TV; Regie: H. Wise; dt. Fassg. 1978; BR).

LITERATUR: Vgl. Literatur zum Autor.

JAMES HANLEY

* 3.9.1901 Dublin
† 11.11.1985 London

THE OCEAN

(engl.; *Ü: Ozean*). Roman von James HANLEY, erschienen 1941. – Als der Ire James Hanley, der in den dreißiger Jahren zu den produktivsten und kontroversesten Romanautoren Großbritanniens zählte, 1941, gut zehn Jahre nach dem Erfolg seiner ersten Romane *Drift*, 1930 *(Strömung)*, und *Boy*, 1931 *(Der Junge)*, mit *The Ocean* den bedeutendsten seiner zahlreichen Seeromane veröffentlichte, hatte er den von Armut, Gewalt und Abenteuern bestimmten Teil seines bewegten Lebens schon hinter sich. Zehn Jahre war er zur See gefahren (1914–1924), in den zehn Jahren seit 1930 hatte er 21 Bücher geschrieben, darunter Sozialreportagen wie *Grey Children*, 1937 *(Graue Kinder)*, Kurzgeschichtenbände und Essaysammlungen sowie vier der fünf Bände seine »Furys-Saga«, der Chronik einer Seemannsfamilie, die 1958 mit *An End and a Beginning (Ende und Neubeginn)* abgeschlossen wurde. Hanley, der bis ins hohe Alter produktiv blieb und neben Proletarier- und Seeromanen auch zahlreiche Hörspiele und Dramen hinterließ, erfreute sich bei so unterschiedlichen Autoren wie Henry MILLER und George ORWELL großer Wertschätzung. Und doch sind die meisten seiner Werke inzwischen vergessen, selbst wenn manche Kritiker ihn als den bedeutendsten Seeschriftsteller seit Joseph CONRAD bezeichnet haben.

Der relativ kurze Roman *The Ocean* schildert in existentialistischen Tönen eine archetypische Notsituation. Im U-Boot-Krieg auf dem Atlantik ist ein englisches Passagierschiff auf der Fahrt nach Kanada von einem deutschen Torpedo getroffen worden und gesunken. Fünf Überlebende und ein Toter treiben nun mit einer Trinkwasserration für sechs Tage in einem Rettungsboot auf dem weiten Meer; ob sie am Ende gerettet werden, bleibt offen. In der Gruppe der Schiffbrüchigen (der Tote wird ziemlich bald unauffällig der See übergeben) hat der Zufall einen repräsentativen Querschnitt der Gesellschaft zusammengewürfelt: Einziger Fachmann (und damit zum »Steuermann« prädestiniert) ist der Matrose Joseph Curtain; mit ihm sitzen (auch metaphorisch) in einem Boot ein alter Priester, ein Lehrer, ein Geschäftsmann und ein schwächlicher, vom Fieber geplagter Jüngling. Die wechselhaften, tastenden Beziehungen dieser fünf Fremden zueinander, das Auf und Ab von Hoffnung, Täuschung und Enttäuschung werden psychologisch genau und mit großer erzähltechnischer Raffinesse geschildert. Häufiger Perspektivenwechsel und monodramatische Erinnerungssequenzen (besonders markant die des Geschäftsmannes, dessen Frau mit dem Schiff untergegangen ist) bestimmen den Gang der Erzählung. Selbst ein großer Wal, der das Boot einige Zeit begleitet, verführt den Erzähler nicht zu plakativ-symbolischer Sinngebung; vielmehr fungiert der Wal als Katalysator für subtile seelische und sprachliche Interaktionen unter den Schiffbrüchigen.

Natürlich bleiben den Männern (physischer wie psychischer) Sturm und Rebellion nicht erspart. Eigennutz und Eifersucht triumphieren über Vernunft und Solidarität; Streit um das Trinkwasser und um den rechten Kurs (angesichts von halluzinierten rettenden Schiffen und Küsten) zeigt den Matrosen als einsame rationale und soziale Ordnungsinstanz. Besonders der Lehrer versagt vor der Aufgabe, gemeinsam mit dem Matrosen »den Kurs zu bestimmen«. Immer wieder ist die Versuchung für die Schiffbrüchigen groß, in apathisches Schweigen zu verfallen, und immer wieder steht dagegen das Bemühen, vor allem des Matrosen, sich redend seiner selbst und der anderen zu vergewissern: *»Man mußte über irgend etwas reden... Man mußte sich etwas vorstellen und seine Gedanken damit beschäftigen, mußte den Ozean aussperren.«* Worte werden so zu Rettungsringen und Sicherheitsleinen.

Ähnlich wie in Stephen CRANES thematisch verwandter Erzählung *The Open Boat*, 1898 *(Das offene Boot)*, ist die Natur dem Menschen gegenüber indifferent. Die trostlose Weite des Meeres versinnbildlicht das existentielle Ausgesetztsein des Menschen, und angesichts dieser hoffnungslosen Situation wirkt die Vision des Priesters, die den Roman beschließt, wenngleich sie das Ende offenhält, wie grausame Ironie: Ein Boot mit der *»Gestalt des Erlösers«* bewegt sich auf ihn zu, aber es ist deutlich, daß der Sterbende einer Halluzination verfallen ist. – Mit dem Ziel, Hanley im deutschen Sprachraum bekannt zu machen, setzten die Herausgeber 1987 *Ozean* an den Anfang einer geplanten zwanzigbändigen Edition. H.Thi.

AUSGABEN: Ldn. 1941. – NY 1941. – Ldn. 1946. – Ldn. 1965. – Ldn. 1976.

ÜBERSETZUNGEN: *Ozean*, anon., Zürich 1942. – Dass., B. Mammitzsch, Hbg. 1987.

LITERATUR: E. Stokes, *The Novels of J. H.*, Ldn. 1964. – W. Meyer, *Fünf Männer auf hoher See* (in FRs, 26. 3. 1988). – K. H. Kramberg, *Spannungen, die sich entladen* (in SZ, 20. 4. 1988). – J. Manthey, *Fünf Mann in einem Kahn* (in Die Zeit, 11. 11. 1988).

LESLIE POLES HARTLEY

* 30.12.1895 Whittlesea / Cambridgeshire
† 13.12.1972 London

LITERATUR ZUM AUTOR:
H. Webster, *The Novels of L. P. H.*, (in Critique, 4, 1961, S. 39–51). – P. Bloomfield, *L. P. H. and E. Powell*, NY/Ldn. 1962. – P. Bien, *L. P. H.*, Ldn. 1963. – J. Hall, *Games of Apprehension: L. P. H.* (in J. H., *The Tragic Comedians: Seven Modern British Novelists*, Bloomington/Ind. 1963, S. 111–128). – K. Wicki, *L. P. H.s Weltbild*, Zürich 1971. – A. M. Mulkeen, *Wild Thyme, Winter Lightning: The Symbolic Novels of L. P. H.*, Ldn./Detroit 1974. – E. T. Jones, *L. P. H.*, Boston 1978 (TEAS). – E. T. Jones, *L. P. H.* (in DLB, Bd. 15, 1983, S. 176–186).

THE GO-BETWEEN

(engl.; *Ü: Der Zoll des Glücks*). Roman von Leslie P. HARTLEY, erschienen 1953. – Als der sechzigjährige Leo Colston zufällig das Tagebuch wiederfindet, das er als Junge von dreizehn Jahren geführt hat, werden in ihm Erinnerungen wach, die er jahrzehntelang in sich begraben und *»sorgsam einbalsamiert«* hatte, Erinnerungen an einen Sommer, in dem er erst jetzt den Schlüssel für die Enttäuschungen und Niederlagen seines einsamen Lebens findet. Und nun erst schreibt er nieder, was er damals dem Tagebuch nicht anvertrauen konnte.
In jenem Sommer war Leo eingeladen worden, die Ferien auf dem bei Norwich gelegenen Landsitz zu verbringen, den die Familie seines Schulkameraden Marcus Maudsley gemietet hatte. Für den Jungen, der bei seiner verwitweten Mutter in engen Verhältnissen aufwächst, bedeuten die Tage in Brandham Hall und das ungezwungene Landleben im Kreis der Maudsleys und ihrer Hausgäste die Begegnung mit einer anderen Welt. Er genießt den Aufenthalt um so mehr, als er glaubt, die besondere Sympathie Marians, der älteren Schwester seines Freundes, gewonnen zu haben, die sogar dafür sorgt, daß er die passende Feriengarderobe erhält. Daher ist er gern bereit, heimliche Botengänge für das schöne Mädchen zu übernehmen. Marian gibt vor, sie habe mit dem Empfänger der Briefe, dem Farmer Ted Burgess, geschäftliche Angelegenheiten zu verhandeln. In Wirklichkeit benutzt sie Leo, seine knabenhafte Verehrung mißbrauchend, als Postillon d'amour. Obwohl der Junge bald Verdacht schöpft und das Gefühl hat, etwas Unrechtes zu tun und mit seinen Botengängen den von ihm bewunderten Lord Trimingham, Marians künftigen Ehemann, zu hintergehen, trägt er weiter Briefe hin und her: Er brennt darauf, von Ted Burgess etwas über die geheimnisvoll-schrecklichen Dinge zu erfahren, die die Erwachsenen treiben und die in den Gesprächen der Schuljungen eine so große Rolle spielen. Doch als er der Wahrheit allzu nahe kommt, erträgt er den Gewissenskonflikt nicht länger. Seine Weigerung, weiter als Vermittler *(go-between)* zu dienen, führt zu einem Zornausbruch Marians, deren wahres Gesicht ihm Furcht und Entsetzen einflößt. Er hofft, Brandham Hall vorzeitig verlassen zu können, und stellt, um von Marian nicht für undankbar gehalten zu werden, noch ein paar Briefe zu. Einer, der ihm in Gegenwart von Marians Mutter aus der Tasche fällt, wird nicht nur dem Liebespaar, sondern auch ihm selbst zum Verhängnis. In einem alten Schuppen entdeckt die argwöhnisch gewordene Mrs. Maudsley im Beisein Leos die Tochter und den Farmer in einer eindeutigen Situation. Der Junge erleidet einen Schock. Die einzige Nachricht, die zu dem Fiebernden dringt, bevor er aus Brandham Hall fortgebracht wird, ist die vom Selbstmord Ted Burgess'.
Als der Sechzigjährige sich dieses Erlebnis von der Seele geschrieben hat, fährt er nach Norwich und tritt noch einmal Marian Trimingham, geb. Maudsley, gegenüber. Von allen Gefährten jenes längst vergangenen Sommers ist sie als einzige noch am Leben. Und wieder hat sie einen Auftrag für ihn: Er soll ihrem Enkel, der darunter leidet, daß sein Vater nicht Lord Triminghams, sondern Ted Burgess' Sohn war, die Geschichte ihrer »großen Liebe« erzählen. Leo Colston erkennt, daß Marian sich selbst betrügt, wenn sie die Affäre jenes Sommers idealisiert, ein Selbstbetrug, der dem gleichkommt, dem er bereits als Schuljunge erlegen ist. Er reist ab, ohne diesen letzten Botengang getan zu haben.
Wie in der vorher entstandenen Trilogie *Eustace and Hilda* erweist sich Hartley auch in diesem Roman (der den Höhepunkt seines erzählerischen Schaffens markiert) als einfühlsamer Gestalter jugendlicher Charaktere. *The Go-Between* ist in einem ausgefeilten, verhaltenen, an Henry JAMES erinnernden Stil geschrieben und besticht durch die mit undramatischen Mitteln – insbesondere Naturbeschreibungen – erreichte Steigerung der geheimnisvollen Bedrohung, die der Junge auf jenen Sommerwochen lasten fühlt. G.Ha.-KLL

AUSGABEN: Ldn. 1953. – NY 1954. – Ldn. 1980 [m. Einl. des Autors]. – Ldn. 1987.

ÜBERSETZUNG: *Der Zoll des Glücks*, M. Wolff, Mchn. 1956.

VERFILMUNG: Großbritannien 1971 (Regie: J. Losey; Buch: H. Pinter).

LITERATUR: M. A. Moan, *Setting and Structure: An Approach to H.'s »The Go-Between«* (in Crit, 15, 1973, S. 27–36). – M. B. Willmott, *›What Leo Knew‹: The Childhood World of L. P. H.* (in English, 24, 1975, S. 3–10). – R. E. Pritchard, *L. P. H.'s »The Go-Between«* (in Critical Quarterley, 22, 1980, S. 45–55).

RICHARD HUGHES

* 19.4.1900 Weybridge
† 28.4.1976 Moredrin bei Harlech / Wales

LITERATUR ZUM AUTOR:
P. Thomas, *R. H.*, Cardiff 1973. – R. Poole, *Morality and Selfhood in the Novels of R. H.* (in Anglo-Welsh Review, 1975, Nr. 57, S. 10–29). – B. Humfrey, *R. H.* (in DLB, Bd. 15, 1983, S. 186–194). – H. Kruse, *Bauformen u. Erzählverfahren in den Romanen von R. H.*, Ffm./Bern. 1983.

A HIGH WIND IN JAMAICA

(engl.; *Ü: Ein Sturmwind auf Jamaika*). Roman von Richard HUGHES, erschienen 1929. – *»Eine der erstaunlichsten Erzählungen . . ., die ich wohl nie wieder vergessen werde«* nannte Hermann HESSE dieses Buch, das den Waliser Hughes berühmt machte und heute einen Platz unter den bedeutendsten modernen Erzählwerken über Kinder und ihre Welt einnimmt. Der Roman spielt in den sechziger Jahren des 19. Jh.s. Auf Jamaika hat wieder einmal ein Hurrikan gewütet und das Leben der Pflanzer bedroht. Zwei Elternpaare, die Engländer Bas-Thornton und die Kreolen Fernandez, beschließen, ihre Kinder nach England zu schicken, bevor sich eine neue Naturkatastrophe ereignet. Der Kapitän des Segelschiffes »Clorinda« nimmt die sieben jungen Passagiere in seine Obhut. Unterwegs plündern Piraten das Schiff und entführen die Kinder. Diese Piraten sind in Wirklichkeit keineswegs die blutrünstigen Bösewichte, als die der Kapitän der »Clorinda« sie nach seiner Freilassung schildert, sondern erstaunlich gutmütige Männer, die recht unentschlossen ihrem aussterbenden »Gewerbe« nachgehen. Weit entfernt davon, den Kindern etwas anzutun, zerbrechen sie sich den Kopf, was sie auf dem Schoner mit ihnen anfangen sollen. Den Kindern selbst aber macht das Abenteuer bald Vergnügen, und die älteren unter ihnen lassen die Piraten nach ihrer Pfeife tanzen. Vergeblich versuchen die seltsamen Seeräuber, in einer kleinen Küstenstadt ihre »Beute« in Pflege zu geben. Als der Segler wieder ausläuft, sind nur noch sechs Kinder an Bord: John Bas-Thornton, der Älteste, ist an Land einem selbstverschuldeten Unfall zum Opfer gefallen. Seine Schwester Emily, die die Ereignisse der Fahrt besonders intensiv erlebt (und die immer mehr in den Mittelpunkt des Geschehens rückt), gerät kurz danach in eine schreckliche Situation: Sie soll den holländischen Kapitän eines von den Piraten gekaperten Frachtschiffes bewachen, beobachtet, wie der Gefesselte sich zu befreien sucht, wird, als ihre Hilferufe ungehört bleiben, von Panik ergriffen und ersticht den Mann. Die entsetzten Piraten, die die dreizehnjährige Margaret Fernandez für die Täterin halten, sind zutiefst erleichtert, als ein Passagierschiff die Kinder an Bord nimmt. Hier und bei der Ankunft in England, wo die Eltern sie erwarten, erregen die Kinder mit ihren verworrenen Erzählungen von der »Gefangenschaft« das Mitleid und die Bewunderung der Erwachsenen, deren einseitiger Interpretation der Ereignisse sie nicht widersprechen. Ihr Abenteuer hat ein grausam-ironisches Nachspiel: Die Piraten werden gefangen und aufgrund von Emilys mißverständlicher Aussage gehängt.

Die starke, erschreckende Wirkung und die Originalität des Romans beruhen auf der Gegenüberstellung des Verhaltens der Kinder und der Reaktionen der Erwachsenen. Ohne zu psychologisieren, räumt Hughes mit der sentimentalen Vorstellung von der »unschuldigen« Kinderseele auf. Seine jungen Protagonisten besitzen die Unschuld der jenseits von Gut und Böse lebenden Kreatur; sie sind unendlich weit von der Welt der Erwachsenen entfernt, in der Schuld als Schuld, Grausamkeit als Grausamkeit, Lüge als Lüge erkannt wird. Aus der Gestalt Emilys, der Zehnjährigen, die im Verlauf der Ereignisse an die Schwelle zwischen Unbewußtheit und Ich-Erfahrung gelangt, teilt sich auf immer beklemmendere Weise die »Exklusivität« der Kindheitswelt mit, einer Welt, in der Wesen leben, die sich vielleicht einem Tier verwandter fühlen als einem Erwachsenen. (Szenen wie die, in der ein junger Alligator, nach Wärme suchend, auf Emilys Bett kriecht, haben Symbolcharakter und sind zugleich beispielhaft für Hughes' scheinbar berichtenden und beschreibenden, in Wirklichkeit aber höchst hintergründigen Stil.) Hat Emily bewußt nur die halbe Wahrheit gesagt, oder hat ihre kindliche Phantasie das tatsächliche Geschehen verdrängt? Ihr Vater weiß keine Antwort auf diese Fragen. Und Emily selbst wird ein Schulmädchen wie alle anderen, dem niemand die schrecklichen Erlebnisse ansieht. J.v.Ge.

AUSGABEN: Ldn. 1929. – NY 1929 (*The Innocent Voyage*). – NY 1959 [Einl. M. Bogart]. – Ldn. 1975. – Ldn. 1976.

ÜBERSETZUNGEN: *Ein Sturmwind von Jamaika*, E. MacCalman, Bln. 1931. – *Ein Sturmwind auf Jamaika*, A. Seidel, Ffm. 1950. – Dass., dies., Ffm. 1973 (BS). – Dass., dies., Ffm. 1984 (st).

DRAMATISIERUNG: P. Osborn, *The Innocent Voyage* (Urauff.: NY, 15. 12. 1943).

VERFILMUNG: USA 1965 (R.: A. Mackendrick).

LITERATUR: A. Schöne, *Tragische Ironie bei R. H.* (in GRM, 40, 1959, 1). – T. J. Henighan, *Nature and Convention in »A High Wind in Jamaica«* (in Crit, 9, 1966, S. 5–18). – R. Poole, *Irony in »A High Wind in Jamaica«* (in Anglo-Welsh Review, 1974, Nr. 51, S. 41–57). – S. M. Dumbleton, *Animals and Humans in »A High Wind in Jamaica«* (ebd., 1981, Nr. 68, S. 51–61).

THOMAS ERNEST HULME

* 16.9.1883 Endon bei Stoke-on-Trent
† 28.9.1917 Nieuwport / Belgien

LITERATUR ZUM AUTOR:
M. Roberts, *T. E. H.*, Ldn. 1938; ern. Manchester 1982. – A. R. Jones, *The Life and Opinions of T. E. H.*, Ldn. 1960 [m. Bibliogr.]. – E. Csengeri, *T. E. H.: An Annotated Bibliography of Writings About Him* (in ELT, 29, 1986, S. 388–428).

SPECULATIONS. Essays on Humanism and the Philosophy of Art

(engl.; *Spekulationen. Aufsätze über Humanismus und Kunstphilosophie*). Essaysammlung von Thomas Ernest HULME, erschienen 1924. – Als Hulme wenige Tage nach seinem 34. Geburtstag in Flandern fiel, war er nur einigen Eingeweihten bekannt: als brillanter Salon-Aphoristiker im Londoner Maler- und Bildhauerkreis um Jacob Epstein, als Amateurphilosoph und Chefideologe der Lyriker-Avantgarde um Ezra POUND und T. S. ELIOT, als Verfasser einer knappen Handvoll von Kurzgedichten, in deren Machart man das revolutionierende Dichtungsverständnis des sogenannten »Imagismus« modellhaft demonstriert sah. Seither zeitigten seine Poetik und seine nachgelassenen kulturkritischen Beiträge eine so ausgedehnte Nachwirkung auf die angelsächsische Lyriktheorie zwischen den beiden Weltkriegen, daß Vergleiche mit dem gewaltigen Einfluß von COLERIDGE auf die Kritik des 19. Jh.s angestellt werden konnten. Die Ausstrahlung seiner in den *Speculations* vereinigten bruchstückhaften Arbeiten (vor allem des Essays *Romanticism and Classicism*) sollte aber nicht darüber hinwegtäuschen, daß seine Kunstphilosophie stärker zu ideologischer Polemik als zu widerspruchsfreier Systematik neigt.
Mit Eliot darf man Hulmes Ausgangspunkt als bewußt bezogene Gegenposition zur eklektischen Toleranz des durch die Geschichtsumwälzung empfindlich diskreditierten Liberalismus verstehen. Mit dem Rückgriff auf archaische Ausdrucksideale der Kunst leistete Hulme der Entwicklung einer modernistischen Ästhetik mit philosophisch-reaktionärer Basis Vorschub. Seine Standortwahl ist der Schlüssel zur zeitgemäßen Ausstrahlungskraft seiner Ideen und zur Fragwürdigkeit von deren metaphysischer Verankerung: Hulme versteht sich einerseits als Wegbereiter eines neuen Klassizismus und der »Entpersönlichung« der Künste; klassizistischen Klarheitsbegriffen entspricht andererseits wenig sein auf Henri BERGSON, Georges SOREL und Wilhelm WORRINGER zurückgehender Intuitionismus, der in seiner geradezu fanatischen Abkehr vom humanistischen Aufklärertum unversehens in einen antidemokratischen, protofaschistischen Syndikalismus umschlägt, wie er in agnostischer Ausprägung außer von Hulme auch von Pound und Wyndham LEWIS, in traditionalistisch-orthodoxer Abwandlung vom konvertierten Eliot und von den neochristlichen »Agrariern« der amerikanischen Südstaaten (J. C. RANSOM, Allen TATE) propagiert worden ist. Hulmes pauschale Ablehnung der Romantik unter gleichzeitiger Absage an die gesamte Humanismustradition des Abendlandes seit dem Abklingen der feudalstaatlich gebundenen Scholastik gründet auf außerästhetischen Gedankengängen. Im Kern der romantischen Ästhetik sieht er die ketzerische Vergottung des Individuums, das sich die Möglichkeit des denkerischen Transzendierens ins Unbegrenzte anmaßt – und sich gefährlichen Utopien und idealistischen Revolutionen preisgibt. Mit seiner Parteinahme für den Klassizismus meint Hulme also eigentlich die Hinwendung zur Konzeption der ontologischen Begrenztheit und einer nichtrationalen Gehaltenheit des Menschen. Zur schöpferischen Entfaltung bedürfe der Mensch stets zuallererst des Demutsbekenntnisses zu seiner Imperfektibilität und strenger, ordnungschaffender Disziplin.
Bei der literarkritischen Feldvermessung seiner *Spekulationen* kündigt Hulme eine Dichtung des Maßes an, der formalen Präzision, der Bescheidung in unmittelbarer, lebensnaher Deskription. Die Schule dieser neuen *»trockenen, harten, klassischen«* Dichtung, die sich der neuromantisch-spätviktorianischen Poesie selbstbewußt entgegenstellt und die Hulme nicht nur prophezeit, sondern im Verein mit Ezra Pound, T. S. Eliot, Hilda DOOLITTLE (H. D.), Richard ALDINGTON und E. E. CUMMINGS auch mitbegründet hat, geht von zwei auf die geistige Situation der Zeit des Ersten-Weltkriegs-Erlebnisses hin aktualisierten Leitvorstellungen aus: Sprachreinigung als ethische Funktion des dichterischen Handwerks, Bildhaftigkeit als Medium poetischer Ausdrucksweise. Die Daseinsberechtigung der Lyrik ergibt sich für Hulme ebenso aus der sozialen Aufgabe, die Sprachmittel der Kulturgemeinschaft zu vitalisieren, wie aus der hermeneutischen Verpflichtung, im Gedichttext subtile Bezüge und Analogien konkret aufzuzeigen und kommunizierbar zu machen. Die Technik moderner Lyrik sieht er entsprechend bestimmt durch vorrangige Bemühung um erhellende und unverlogene Neufügungen der Bildsyntax. H.Me.

AUSGABEN: Ldn./NY 1924 (*Humanism and the Religious Attitude, Modern Art and Its Philosophy, Romanticism and Classicism, Bergson's Theory of Art, The Philosophy of Intensive Manifolds, Cinders, Appendices: A. Reflections on Violence. B. Plan for a Work on Modern Theories of Art. C. The Complete Poetical Works of T. E. H.*, Hg. H. Read u. Vorw. J. Epstein; ern. 1965). – Ldn. 1960, Hg. u. Vorw. dies. – NY 1961, Hg. u. Vorw. dies. – Ldn. 1987, Hg. H. Read.

LITERATUR: H. Viebrock, *Englischer Klassizismus u. europäische Kunstrevolution: T. E. H.* (in Akzente, 4, 1957, S. 174–192). – B. B. Paliwal, *T. E. H.'s Poetics* (in Literary Criterion, 8, 1967, S. 33–38). – M. Hansen u. H. Viebrock, *T. E. H.s »Speculations«: Kunstphilosophie und Dichtungstheorie im Dienste von Weltanschauung* (in *Engl. und amerikanische Literaturtheorie: Studien zu ihrer historischen Entwicklung*, Bd. 2, Hg. R. Ahrens u. E. Wolff, Heidelberg 1978, S. 281–311). – M. Hansen, *T. E. H.: Mercenary of Modernism, or, Fragments of Avant-Garde Sensibility in Pre-World War I Britain* (in ELH, 47, 1980, S. 355–385).

ALDOUS HUXLEY

* 26.7.1894 Godalming / Surrey
† 29.11.1963 Hollywood

LITERATUR ZUM AUTOR:
Bibliographien:
C. J. Eschelbach u. J. L. Shober, *A. H.: A Bibliography 1916–1959*, Ldn. 1961 [Vorw. A. H.]. – Th. D. Clareson u. C. S. Andrews, *A. H.: A Bibliography, 1960–1964* (in Extrapolation, 6, 1964, S. 2–21). – D. D. Davis, *A. H.: A Bibliography, 1965–1973* (in Bull. of Bibliography, 31, 1974, S. 67–70). – E. E. Bass, *A. H.: An Annotated Bibliography of Criticism*, NY 1981.
Biographien:
R. W. Clark, *The Huxleys*, Ldn./NY 1968. – L. A. Huxley, *This Timeless Moment: A Personal View of A. H.*, NY 1968; Nachdr. Millbrae/Calif. 1975. – Ph. Tody, *A. H.: A Biographical Introduction*, Ldn. 1973. – S. Bedford, *A. H.: A Biography*, 2 Bde., Ldn. 1973/74; ern. 1987. – Th. Schumacher, *A. H. in Selbstzeugnissen u. Bilddokumenten*, Reinbek 1987 (rm).
Gesamtdarstellungen und Studien:
A. J. Henderson, *A. H.*, Ldn./NY 1935; Nachdr. 1968. – S. Heintz-Friedrich, *A. H.: Entwicklung seiner Metaphysik*, Mchn./Bern 1949. – G. S. Fraser, *The Modern Writer and His World*, Ldn./NY 1953. – J. Brooke, *A. H.*, Ldn. 1954. – S. Chatterjee, *A. H.: A Study*, Kalkutta 1955. – Th. W. Adorno, *Prismen*, Ffm. 1955; ern. 1976 (stw). – J. Atkins, *A. H.: A Literary Study*, Ldn. 1956; ern. 1967 [rev.]. – B. Hines, *The Social World of A. H.*, Loretto/Penn. 1957. – S. Ghose, *A. H.: A Cynical Salvationist*, NY 1962. – J. Gottwald, *Die Erzählformen der Romane von A. H. u. D. H. Lawrence*, Diss. Mchn. 1964. – S. J. Greenblatt, *Three Modern Satirists: Waugh, Orwell and H.*, Ldn. 1965. – G. Heard, *The Poignant Prophet* (in KR, 27, 1965, S. 49–93). – P. Bowering, *A. H.: A Study of the Major Novels*, Ldn./NY 1968. – J. Meckier, *A. H.: Satire and Structure*, Ldn. 1969. – H. H. Watts, *A. H.*, NY 1969 (TEAS). – L. Fietz, *Menschenbild u. Romanstruktur in A. H.s Ideenromanen*, Tübingen 1969. – Ch. M. Holmes, *A. H. and the Way to Reality*, Ldn. 1970; ern. 1978. – L. Brander, *A. H.: A Critical Study*, Ldn. 1970. – M. Birnbaum, *A. H.'s Quest for Values*, Knoxville/Tenn. 1971. – G. Woodcock, *Dawn and the Darkest Hour: A Study of A. H.*, Ldn./NY 1972. – K. M. May, *A. H.*, Ldn./NY 1972. – P. E. Firchow, *A. H.: Satirist and Novelist*, Ldn. 1972. – *A. H.: A Collection of Critical Essays*, Hg. R. E. Kuehn, Ldn. 1974. – *A. H.: The Critical Heritage*, Hg. D. Watt, Ldn. 1975. – B. Krishnan, *Aspects of Structure, Technique and Quest in A. H.'s Major Novels*, Stockholm 1977. – Studies in the Novel, 9, 1977 [Sondernr. *A. H.*]. – C. Bode, *Intellektualismus und Entfremdung. Das Bild des Intellektuellen in den frühen Romanen A. H.s*, Bonn 1979. – Ch. S. Ferns, *A. H.: Novelist*, Ldn. 1980. – W. Erzgräber, *Utopie u. Antiutopie: Morus, Morris, Wells, H., Orwell*, Mchn. 1980. – K. Gandhi, *A. H.*, Ldn. 1981. – R. S. Baker, *The Dark Historic Page: Social Satire and Historicism in the Novels of A. H., 1921–1939*, Ldn. 1982. – J. W. Carlson, *A. H.* (in DLB, Bd. 36, 1985). – K. Greinacher, *Die frühen satirischen Romane A. H.s*, 1986.

AFTER MANY A SUMMER

(engl.; *Ü: Nach vielen Sommern*). Roman von Aldous HUXLEY, erschienen 1939. – In seinem ersten Roman nach der Übersiedlung nach Hollywood, wo er die letzten fünfundzwanzig Jahre seines Lebens verbrachte, knüpft Huxley zum einen an die brillante intellektuelle Satire seiner frühen Romane an, zum anderen an die mystischen Weltverbesserungsspekulationen des vorangehenden Romans *Eyeless in Gaza* (1936) – Spekulationen, die im gesamten Spätwerk des Autors häufig in den Vordergrund treten und die Wirkung der Satire stellenweise beeinträchtigen. Im ersten Teil des Romans, dessen Titel mit Bezug auf TENNYSONS Gedicht *Tithonus (»Man comes and tills the field and lies beneath / And after many a summer dies the swan.«)* auf das Thema der Langlebigkeit verweist, dominiert das satirische Porträt der südkalifornischen Neureichenkultur, im zweiten Teil die phantastisch-utopische Spekulation.
Der kalifornische Millionär Joseph Stoyte, der sein Geld einem Tankstellen-Imperium und einem florierenden Netz von Bestattungsunternehmen verdankt, selbst aber panische Angst vor dem Sterben hat, hat den Forscher Dr. Sigmund Obispo mit der Entwicklung eines Lebenselixirs beauftragt, um sich ein langes Leben zu sichern. (Daß Obispo wie einige andere Figuren Huxleys den Vornamen Sigmund trägt, ist natürlich eine Anspielung auf Sigmund FREUD). Außerdem hat Stoyte den ältlichen britischen Literaturwissenschaftler Jeremy Pordage aus Cambridge in sein mit Kunstgegenständen vollgestopftes Riesenschloß geholt, um den Nachlaß einer englischen Adelsfamilie aus dem 18. Jh., die sogenannten »Haubeck Papers«, auszuwerten.

Pordage wird im Stil der frühen Romane Huxleys zunächst satirisch mit der Welt der Neureichen konfrontiert, ehe er in den Dokumenten entdeckt, daß ein exzentrischer Adliger, der fünfte Earl of Gonister, offenbar bereits im späten 18. Jh. entdeckte, wonach Obispo noch sucht: Die Darmflora von Karpfen enthält Stoffe, die Langlebigkeit, nicht jedoch ewige Jugend garantieren (vgl. den Tithonus-Mythos). Der sonderliche, nach Ausweis seines Tagebuches lasziv-hedonistische Graf hatte fleißig die Eingeweide von Karpfen verspeist und war im Alter von 97 Jahren plötzlich verschwunden. Da Dr. Obispo inzwischen zu ähnlichen Forschungsergebnissen gekommen ist, beschließt man, eine Exkursion nach England zu unternehmen, um den offenbar immer noch lebenden Grafen aufzuspüren. Hoyte, Obispo und Pordage werden auf dieser Reise auch von Hoytes Geliebter, der einfältigen, aber sehr attraktiven und sexuell erfahrenen Virginia Maunciple, begleitet. Im Keller seines Schlosses spüren die Amerikaner den alten Grafen auf; allerdings hat er sich zu einem zähnefletschenden Affenwesen zurückentwickelt, das freilich libidinöser Erfüllung mit einer gleichfalls langlebigen Partnerin durchaus noch teilhaftig werden kann und dabei Mozart-Melodien summt, wie die Besucher miterleben. Man würde erwarten, daß Stoyte, durch dieses Exempel kuriert, von seinen Plänen abließe; nach einer Schrecksekunde entschließt er sich jedoch, es selbst auszuprobieren, und der Roman schließt mit den Worten: *»Wenn man erst den ersten Schock verdaut hat, nun, dann sieht es doch so aus, als hätten sie sich prächtig amüsiert.«*
Thematisch wie chronologisch steht *After Many a Summer* zwischen *Brave New World* (1932) und *Ape and Essence* (1948). Die Hybris des Menschen, alles wissenschaftlich Mögliche auch durchzuführen und durch Eingriffe in die Natur Verderben über sich zu bringen, ist zwar schon Gegenstand romantischer Schauerromane, aber bei Huxley trägt die Darstellung deutliche Züge des 20. Jh.s, was utopische Phantasie natürlich nicht ausschließt. Pointierte Handlungsspannung, der bei Huxley übliche enzyklopädische Anspielungsreichtum und satirische Ironie vereinigen sich über weite Strekken des Romans zu einer überzeugenden künstlerischen Einheit. Deshalb fallen freilich die gelegentlich wuchernden metaphysischen Spekulationen um so mehr aus dem Rahmen, was die Kritik Huxley auch sofort ankreidete. Beim Lesepublikum war der Roman allerdings trotzdem recht erfolgreich.

H.Thi.

AUSGABEN: Ldn. 1939. – NY 1939 (*After Many a Summer Dies the Swan*; Nachdr. 1977). – Ldn. 1950. – Ldn. 1968. – Ldn. 1976. – Ldn. 1980.

ÜBERSETZUNG: *Nach vielen Sommern*, H. E. Herlitschka, Zürich 1948. – Dass., ders., Mchn. 1954. – Dass., ders., Mchn. 1986 [Tb.].

ANTIC HAY

(engl.; *Ü: Narrenreigen*). Roman von Aldous HUXLEY, erschienen 1923. – Den Titel entnahm Huxley einem Vers aus Christopher MARLOWES Tragödie *Edward II (»My men like satyrs grazing on the lawns / Shall with their goatfeet dance the Antic Hay«)*. – Theodore Gumbril, ein unsteter Intellektueller, gibt, da er sich nicht dazu berufen fühlt, seine Lehrtätigkeit auf. Durch die groteske Erfindung einer Hose mit aufblasbarer Sitzfläche sichert er sich den finanziellen Rückhalt, um ein Leben in der Welt der Bohemiens und Intellektuellen im London der frühen zwanziger Jahre zu beginnen.
Dem Vorbild der satirischen Ideenromane von Thomas Love PEACOCK entsprechend, ist die Handlung von *Antic Hay* recht karg. Gumbril bei Liebesabenteuern, getarnt mit einem rabelaisschen Bart, um seinen im Grund recht schüchternen Charakter zu verbergen; Gumbril bei Versuchen, seine Erfindung an den Mann zu bringen; und Gumbril in Künstlerstudios, Konzerten, Ausstellungen, Restaurants und Nachtklubs – das ist der äußere Rahmen für lange Konversationen. Einerseits ist *Antic Hay* eine Satire auf die Prätentionen der Menschen und ihre lächerlich geringen tatsächlichen Leistungen. Der Künstler Lyppiatt, dessen überdimensionale Träume und Ideale eher in die Renaissance gepaßt hätten, ist in Wirklichkeit als Maler, Dichter und Musiker ein Versager, personifiziert also Huxleys These, daß hohe Ideale, harte Arbeit und persönliche Integrität niemals das Talent ersetzen können. Die enzyklopädischen Kenntnisse, der Fleiß und die Ausdauer des Wissenschaftlers Shearwater werden durch seinen Mangel an Verantwortungsgefühl und Menschenkenntnis wertlos. Der Kritiker Mercaptan wiederum verfügt zwar über eine profunde Kenntnis literarischer Belanglosigkeiten, ist aber unfähig, wirkliche Kunstwerke zu würdigen, und vesteht unter »zivilisierter« Kunst etwas, das, losgelöst von den Leidenschaften und Gewalttätigkeiten des Lebens, eine rein dekorative Funktion zu erfüllen hat. Andererseits enthüllt der Roman das Versagen aller modernen Philosophien und Glaubensbekenntnisse. Wie tanzende Paare bewegen sich die handelnden Personen in einem Reigen der Sinnlosigkeit. So steht beispielsweise dem unfähigen Künstler Lyppiatt der unfähige Kunstbetrachter Mercaptan gegenüber, und die nymphomane Myra Viveash wird mit Emily Stanley kontrastiert, der späten Repräsentantin und dem späten Opfer viktorianischer Moral.
Huxleys Hauptargument: der Geist des Menschen hat nicht nur seinen Körper, sondern auch sein Moralgefühl in der Entwicklung überholt. Dieses Argument kommt beispielsweise in der Szene zum Ausdruck, in der eine moderne Hamletfigur im Kabarett auftritt und beweist, daß der von ekelerregenden Krankheiten entstellte Körper eines Scheusals Sensibilität und Intelligenz verbirgt. Auch in der Charakteranlage Gumbrils ist diese These deutlich erkennbar: In seiner übersteigerten Geistigkeit, die ihn nahezu unfähig zum Handeln macht,

ist er der prädestinierte Held eines Romans, den man oft eine Art Prosa-Gegenstück zu ELIOTS *Waste Land (Das wüste Land)* genannt hat. Huxleys geschickte Verquickung von possenhaften und satirischen Elementen mit einer Überfülle anregender, ja provokativer Ideen bewirkte, daß das Buch sofort einen literarischen Skandal auslöste und ihm daher ein Modeerfolg beschieden war. Aber auch die Kritik beurteilte es positiv, und Huxley wurde damit zu einer Schlüsselfigur in der englischen Literatur der zwanziger Jahre. Strukturell und thematisch weist *Antic Hay* bereits auf eines von Huxleys Hauptwerken, *Point Counter Point* (1928), voraus. J.v.Ge.

AUSGABEN: Ldn. 1923. – NY. 1923. – Ldn. 1947 ff. (in *Collected Edition*). – NY 1957. – Ldn. 1977.

ÜBERSETZUNG: *Narrenreigen*, H. Schlüter, Mchn. 1983; 21985 [Tb.].

LITERATUR: R. S. Baker, *The Fire of Prometheus: Romanticism and the Baroque in H.'s »Antic Hay« and »Those Barren Leaves«* (in TSLL, 19, 1977).

APE AND ESSENCE

(engl.; *Ü: Affe und Wesen*). Roman von Aldous HUXLEY, erschienen 1948. – Der in Form eines Filmdrehbuches verfaßte Kurzroman kann als eine Art freud- und hoffnungsloses Nachspiel zu Huxleys früherem Roman *Brave New World* (1932) gelten. Dem ins Extreme gesteigerten Realismus jenes Werkes folgt in *Ape and Essence* die pseudoreligiöse Übersteigerung, in die der Mensch verfällt, wenn er sich »absolute« Vorstellungen zu eigen macht. Huxley sieht in dem Pseudo-Ethos, der Handlungsweise und den Zielen moderner Vertreter des Totalitarismus Beispiele einer solchen Übersteigerung. In *Brave New World* wurde die Stabilität einer den Bedürfnissen des Menschen total untergeordneten Wirklichkeit zu einem Eckpfeiler der Huxleyschen Utopia. In *Ape and Essence* dagegen führt die bedingungslose Suche nach absoluter Wahrheit auf Kosten der Wirklichkeit – der natürlichen Ordnung der Dinge – den nach-atomaren »Teufelsstaat« herbei, eine Dämonokratie, in der Belial angebetet wird und in der der ins Animalische abgesunkene Mensch eine barbarische, verderbte und bestialische Welt errichtet hat. Diese Welt wird am sinnfälligsten in ihren scheußlichen Sexualbräuchen charakterisiert, rein zweckbedingten, lust- und lieblosen Paarungsvorgängen. Im Mittelpunkt der Handlung, die bei dem eigentlich essayistischen Charakter des Buches ziemlich dürftig bleibt, stehen die Ankunft eines Mannes, der in Neuseeland den Atomkrieg überlebt hat, in dem (in ein atomar verwüstetes Kalifornien verlegten) fiktiven Staat Belials, sein innerer Widerstand gegen diese Welt des »Affentums« und schließlich seine Flucht.

Trotz der ironischen Distanz, die Huxley gegenüber seinem antiutopischen Entwurf wahrt, kann *Ape and Essence* nicht uneingeschränkt überzeugen. Huxley läßt das eigentliche »Drehbuch« in einer realistischen Rahmenhandlung ständig von fiktiven Filmfachleuten aus Hollywood kommentieren, und gerade in dieser Atmosphäre wirken die apokalyptischen Visionen wie künstlich aufgesetzt. Durch die überspitzte Darstellung des gesamten fiktiven Staates Belial erhöht er den Eindruck der Künstlichkeit noch und lenkt so die eigentliche Argumentation auf eine primär formale negative Ästhetisierung, so daß die Grundthese des Buches, nämlich daß der Genius des Menschen sich immer wieder in den Dienst des Bösen stellt, verwässert wird. – William GOLDING erhielt von *Ape and Essence*, einer der düstersten Anti-Utopien des 20. Jh.s, entscheidende Anregungen für seinen Roman *Lord of the Flies* (1954). J.v.Ge.-KLL

AUSGABEN: NY 1948. – Ldn. 1948 (in *Collected Edition*). – Ldn. 1949. – NY 1958. – NY 1972. – Ldn. 1985.

ÜBERSETZUNGEN: *Affe und Wesen*, H.E. Herlitschka, Zürich 1951. – Dass., ders., Mchn. 1959. – *Affe und Wesen. Ein Roman aus der Zeit nach dem Atomkrieg*, H. Schlüter, Mchn. 1984; 31988 [Tb].

VERFILMUNG: Großbritannien 1965 [TV].

LITERATUR: H. Schulte-Herbrüggen, *Utopie u. Anti-Utopie. Von der Strukturanalyse zur Strukturtypologie*, Bochum 1960.

BRAVE NEW WORLD

(engl.; *Ü: Schöne neue Welt*). Roman von Aldous HUXLEY, erschienen 1932. – Huxleys bekanntester Roman steht in einer literarischen Tradition der Utopie, die bis zu PLATONS *Politeia* und Thomas MORES *Utopia* (1516) zurückreicht. Im Gegensatz zu Mores Darstellung eines idealen Staatswesens gehört Huxleys Roman dem Genre der negativen Utopie an, dessen Anfänge bei H. G. WELLS' *The Time Machine*, 1895 *(Die Zeitmaschine)*, und *When the Sleeper Wakes*, 1899 *(Wenn der Schläfer erwacht)*, zu suchen sind. Huxleys *Schöne neue Welt* bildet zusammen mit Jevgenij SAMJATINS *My*, 1924 *(Wir)*, und ORWELLS *1984* (1949) das klassische Dreigestirn der negativen Utopie, der »Anti-Utopie« (H. Schulte-Herbrüggen) oder »Dystopie« (F. K. Stanzel), die der positiven Utopie im 20. Jh. als adäquate literarische Reaktion auf die Realität entgegengesetzt wurde und jene heute auch an Bedeutung weit übertrifft.

Huxleys »schöne neue Welt« ist im Jahre 632 »nach Ford« angesiedelt. Die Zeitrechnung beginnt mit der Herstellung des ersten Ford T-Modells, einem Meilenstein in der Geschichte der industriellen Massenproduktion. Ford und damit die Idee von Massenproduktion und -konsum im Dienste der

Stabilität des Staatsgebildes sind an die Stelle Gottes und der Religion getreten. Der Wahlspruch des Weltstaats lautet *»Gemeinschaftlichkeit, Einheitlichkeit, Beständigkeit« (Community, Identity, Stability)*. Höchstes Ziel ist die Beständigkeit, die absolute Statik des Erreichten – seit jeher ein Wunschtraum jeglicher Utpoie. Und dieses Ziel ist erreicht. In einer Welt der völligen Promiskuität und des universellen Glücks sind keine Tragödien mehr möglich. Individuelle Stabilität erzeugt soziale Stabilität. Und für die Flucht aus Momenten des persönlichen Ungleichgewichts gibt es die Droge Soma. Die Gleichförmigkeit des Menschen ist das Ergebnis eines *»betriebssicheren Systems der Eugenik, darauf berechnet, das Menschenmaterial zu normen«* (Vorwort). Trotzdem bedarf es der sozialen Hierarchisierung, die sich in einer Einteilung der Menschen in fünf Kasten manifestiert. Sie wird bereits im embryonalen Stadium mittels mechanischer und chemischer Konditionierung in Retorten und nach dem »Entkorken« (das an die Stelle der Geburt getreten ist) durch Suggestionstechniken, vor allem die Hypnopädie (»Schlafschule«), betrieben. Dadurch wird es möglich, *»das Problem des Glücks«* zu lösen, nämlich *»das Problem, wie man Menschen dahin bringt, ihr Sklaventum zu lieben«* (Vorwort). Universelles Glück ist nur machbar, wenn alle destabilisierenden Faktoren unter Kontrolle sind: Überschüssige Energie wird in den »Eintrachtsandachten« – orgiastischen, gottesdienstähnlichen Ritualen – abgebaut, verschüttete Energie durch regelmäßige Adrenalinstöße aktiviert. Individuelle Werte wie Wahrheit (das Idealziel der Wissenschaft) und Schönheit (die in der Kunst ihren Ausdruck finden könnte) sind dem statischen »Glück« aller Bewohner der schönen neuen Welt zum Opfer gefallen.

Diese Welt verdankt ihren Namen zwar einem Repräsentanten der Individualität (der Titel ist ein Zitat aus SHEAKESPEARES *The Tempest*), sie erhält ihn jedoch von einem Wilden *(Savage)*, der aus dem Indianer-Reservat Malpais, einem primitiven Gegenentwurf zur dargestellten »utopischen Welt«, kommt und sich als Außenseiter mit der neuen Welt auseinandersetzen muß. Dieses Außenseitertum teilt er mit den beiden anderen Protagonisten des Romans, Bernard Marx (dt. Sigmund Marx) und Helmholtz Watson (dt. Helmholtz Holmes-Watson; man beachte die Namensymbolik). Bernard steht wegen eines »Fabrikationsfehlers«, der zur Folge hat, daß er nicht dem Idealbild seiner Kaste (der Alphas) entspricht und anachronistische Liebesgefühle zu Lenina Crowne entwickelt, abseits, Helmholtz wegen seiner geistigen Überlegenheit, die ihn im Gegensatz zur herrschenden Ideologie seine eigenen Wege gehen läßt. So sind es auch Helmholtz und der Wilde, die im Namen der Freiheit einen Aufstand gegen das System anzufachen suchen – ohne Erfolg. Helmholtz und Bernard werden ins Exil geschickt, der Wilde versucht, sich aus der Gesellschaft zurückzuziehen. Doch die schöne neue Welt holt ihn ein. Ihm bleibt nur noch der Selbstmord.

»Dem Wilden werden nur zwei Möglichkeiten geboten: ein wahnwitziges Leben im Lande Utopia oder das Leben eines Eingeborenen in einem Indianerdorf, ein Leben, das in mancher Hinsicht menschlicher, in anderer aber kaum weniger verschroben und anomal ist. Zur Zeit, als das Buch verfaßt wurde, war dieser Gedanke, daß den Menschen die Willensfreiheit gegeben ist, zwischen Wahnsinn einerseits und Irrsinn andererseits zu wählen, etwas, was ich belustigend fand und für durchaus möglich hielt«, schreibt Huxley in seinem Vorwort von 1949. Letztlich ist dies auch die Alternative, die er dem Leser bietet – und keine der beiden Möglichkeiten ist akzeptabel. Deshalb setzte sich Huxley auch später noch mehrfach mit diesem Thema auseinander: essayistisch in *Brave New World Revisited (Dreißig Jahre danach oder Wiedersehen mit der Wackeren neuen Welt)* von 1958, worin er die seit der Veröffentlichung von *Schöne neue Welt* eingetretenen Entwicklungen kritisch beleuchtet, sowie fiktional in der negativen Vision *Ape and Essence*, 1949 *(Affe und Wesen)*, und in *Island*, 1962 *(Eiland)*, einer der Anlage nach positiven Utopie, die am Ende jedoch von außen zerstört wird. S.Hau.

AUSGABEN: Ldn. 1932. – Garden City/N.Y. 1932. – Hbg. 1933. – Ldn. 1950 (in *Collected Edition*). – NY 1958 *(Brave New World Revisited)*. – NY 1960 *(Brave New World and Brave New World Revisited)*. – Ldn. 1977. – NY 1979. – Ldn. 1983, Hg. M. S. Ellis. – Ldn. 1984 *(Brave New World and Brave New World Revisited)*.

ÜBERSETZUNGEN: *Welt – wohin?*, H. E. Herlitschka, Lpzg. 1932. – *Wackere neue Welt*, ders., Zürich 1950. – *Schöne neue Welt*, ders., Ffm. 1953 (FiBü); [41]1986 (rev.; FiTb). – *Dreißig Jahre danach oder Wiedersehen mit der Wackeren neuen Welt*, ders., Mchn. 1960. – *Dreißig Jahr danach oder Wiedersehen mit der Schönen neuen Welt*, ders., Mchn. 1976 [Tb.; [2]1981; rev.]. – *Schöne neue Welt*, E. Walch, Bln./DDR 1978. – *Wiedersehen mit der Schönen neuen Welt*, H. E. Herlitschka, Mchn. 1987 [Tb.].

LITERATUR: Th. W. Adorno, *Prismen*, Ffm. 1955; ern. 1976 (stw). – F. K. Stanzel, *Gulliver's Travels. Satire, Utopie, Dystopie* (in Die modernen Sprachen, 7, 1963, S. 106–116). – E. P. Firchow, *The Satire of H.'s »Brave New World«* (in MFS, 12, 1966, S. 451–460). – G. Wing, *The Shakespearean Voice of Conscience in »Brave New World«* (in Dalhousie Review, 51, 1971, S. 153–164). – J. H. J. Westlake, *A. H.'s »Brave New World« and George Orwell's »Nineteen Eighty-Four«: A Comparative Study* (in NSp, 21, 1972, S. 94–102). – U. Broich, *Gattungen des modernen engl. Romans*, Wiesbaden 1975, S. 94–142. – P. E. Firchow, *Science and Conscience in H.'s »Brave New World«* (in ConL, 16, 1975, S. 301–316). – J. Calder, *H. »Brave New World« and Orwell »Nineteen Eigthy-Four«*, Ldn. 1976. – B. Thiel, *A. H.'s »Brave New World«*, Amsterdam 1980. – *Alternative Welten*, Hg. M. Pfister, Mchn. 1982. – W. Matter, *On »Brave New*

World« (in *No Place Else: Explorations in Utopian and Dystopian Fiction*, Hg. E. S. Rabkin u. a., Carbondale/Ill. 1983, S. 94–109). – W. Erzgräber, *A. H.: »Brave New World« (1932)* (in *Die Utopie in der angloamerikanischen Literatur: Interpretationen*, Hg. H. Heuermann u. B.-P. Lange, Düsseldorf 1984, S. 198–218). – C. Bode, *A. H., »Brave New World«: Text: u. Geschichte*, Mchn. 1985.

CROME YELLOW

(engl.; *Ü: Eine Gesellschaft auf dem Lande*). Roman von Aldous Huxley, erschienen 1921. – Der Schauplatz von Huxleys erstem Roman ist der englische Landsitz der Familie Wimbush, Crome, dessen Namen Huxley im Titel zu einem der für ihn typischen Wortspiele verwendet. Der hier entwikkelte Typ des lose strukturierten satirischen Ideenromans, der in Huxleys Werken der zwanziger Jahre dominiert, verzichtet auf eine Fabel im eigentlichen Sinn und konzentriert sich statt dessen auf Gespräche. Menschen verschiedensten Charakters sind im Sommer 1920 auf Crome zu Gast. Nichts Außerordentliches geschieht; man geht spazieren, tanzt, nimmt an den kleinen lokalen Ereignissen teil. All dies wird Huxley zum Anlaß, seine Romanfiguren in höchst intelligenten, witzigen Gesprächen, die oft in geschliffene essayistische Monologe münden, seine eigenen Ansichten vortragen zu lassen. Der witzige und gelehrte Mr. Scogan, der brillante junge Dilettant Ivor, die *femme fatale* Anne, die törichte, etwas snobistische, aber liebenswerte Mary, Denis Stone, der Prototyp des erfolglosen Helden Huxleys – sie alle sind scharf profilierte Charaktere. Der Roman enthält eine Reihe in sich abgeschlossener Partien, wie etwa Mr. Wimbushs, des Hausherrn, Familienchronik, Mr. Bodihams »Höllenpredigt« oder auch Mr. Scogans Auftritt als Wahrsagerin und Hexe auf der Cromer Kirmes. Gedankengänge, die Huxley später ausführlich entwickelte, werden hier bereits angedeutet; beispielsweise wird das Hauptthema von *Brave New World*, 1932 *(Schöne neue Welt)*, von Mr. Scogan angeschnitten. Auch die Überspitzung gegensätzlicher Positionen, wie sie Huxley in seinen späteren Werken häufig als Kompositionsmittel verwendet, findet sich hier bereits: Der romantische, gehemmte Denis wird mit der sexuell erfahrenen, doch gefühlskalten Anne Wimbush kontrastiert und diese wiederum mit Mary, die alles, was mit Liebe zu tun hat, lediglich aus der Theorie kennt.

Der nach dem Modell der romantisch-ironischen Ideenromane Thomas Love Peacocks, hier speziell *Nightmare Abbey* (1818), geschriebene Roman zeigt Huxleys starke satirische Begabung, sein geradezu enzyklopädisches Wissen, und machte ihn auf Anhieb zum Sprachrohr der desorientierten britischen Nachkriegs-Intelligenz. J.v.Ge.-KLL

Ausgaben: Ldn. 1921. – NY 1922. – Ldn. 1928. – Garden City/N.Y. 1933 (in *Retrospect. An Omnibus of A. H.'s Books*). – Ldn. 1955. – Ldn. 1977.

Übersetzung: *Eine Gesellschaft auf dem Lande*, H. Schlüter, Mchn. 1977. – Dass., ders., Mchn. 1981 (dtv.)

Literatur: A. Dommergues, *A. H.: Une œuvre de jeunesse: »Crome Yellow«* (in Études Anglaises, 21, 1968, S. 1–18). – M. Moran, *Bertrand Russell as Scogan in A. H.'s »Crome Yellow«* (in Mosaic, 17, 1984, Nr. 3, S. 117–132).

EYELESS IN GAZA

(engl.; *Ü: Geblendet in Gaza*). Roman von Aldous Huxley, erschienen 1936. – Der Titel ist einer Zeile aus John Miltons Verstragödie *Samson Agonistes* entnommen *(»Eyeless in Gaza at the mill with slaves...«)* und verweist auf Blindheit und Unfreiheit, die Huxley seiner Zeit attestiert. Der Roman umfaßt die Zeit von der Jahrhundertwende bis zur Mitte der dreißiger Jahre. In dem für ihn kennzeichnenden essayistisch wirkenden Erzählstil befaßt sich der Autor mit einer Gruppe von Charakteren, wie sie ähnlich in vielen seiner frühen Werke auftauchen (besonders *Antic Hay*, 1923, und *Point Counter Point*, 1928): mit kultivierten, hochintelligenten und diskussionsfreudigen Typen, die Huxley die Stellungnahme zu einer Vielzahl von Themen ermöglichen.

Hauptfigur ist der dem begüterten Mittelstand entstammende Soziologe Anthony Beavis, im Kreis seiner Freunde und Bekannten der einzige, dessen Verhalten nicht ausschließlich von Herkunft, Umgebung, Erfahrung und deren Nutzanwendung bestimmt ist, sondern der mit seinem überwachen Verstand einer freien Willensentscheidung fähig scheint. Das Leben Beavis' und seiner Freunde, die er seit der Schulzeit kennt, wird, beginnend mit ihrer Kindheit, aufgerollt. In ihnen allen erkennt man Prototypen aus anderen Werken Huxleys wieder: Brian Foxe ist der idealistische »Heilige«, dessen Überzeugungen mit seiner fast krankhaften Negierung körperlicher Bedürfnisse erklärt werden (wie überhaupt die Eigentümlichkeiten der Charaktere so geschildert werden, als handle es sich um Freudsche Fallanalysen). Mark Staithes wiederum erscheint als eine reifere, ernster zu nehmende Spielart der früheren Nihilisten Huxleys; er ist angeekelt von den physischen Aspekten des Lebens, fähig, andere zu verstehen und zu respektieren, aber unfähig, an irgend etwas zu glauben. Hugh Ledwidge, der impotente Ästhet mit dem rein akademischen Interesse an Liebe und Leidenschaft, steht für jene, denen die Kunst zum Lebensersatz geworden ist. Beavis' erste, bedeutend ältere Geliebte, Mary Amberley, erliegt ihrer Hemmungslosigkeit, wird zur Nymphomanin und Morphinistin. Ihre Tochter (und Nachfolgerin in Beavis' Gunst) findet kein Betätigungsfeld für ihre Begabung und läßt sich von Mann zu Mann, von Idee zu Idee treiben, bis sie, ohne echte Überzeugung, Kommunistin wird.

Mehr noch als sein Freund Staithes gleicht der dreiundreißigjährige Anthony Beavis dem blinden Simson, der unentwegt im Kreis laufend Fronarbeit verrichtet: Die Fundamente der Welt, in der er aufwuchs, sind erschüttert; zuviel Gesehenes, zuviel Erfahrenes haben ihn geblendet, seinen Willen, seine Fähigkeit, zu handeln und sich zu engagieren, gelähmt; mehr noch, er ist mitschuldig geworden am Selbstmord seines Freundes Foxe und am Unglück der beiden Frauen. Um ihn herum spielt sich der Zersetzungsprozeß Europas ab: Das bürgerliche Viktorianische Zeitalter ist tot, Kommunismus und Faschismus greifen um sich, ein zweiter Weltkrieg droht, Wissenschaft und Technik steuern atembeklemmenden Erkenntnissen zu. Und doch wird Beavis noch die Möglichkeit einer Entscheidung, ja einer Rettung zugestanden: Er folgt Staithes nach Mexiko und wird dort gläubiger Anhänger eines gewissen Dr. Miller. Dieser seltsame Altruist und »Mystiker« will mit Hilfe einer pazifistischen Vereinigung eine Alternative zum selbstzerstörerischen Materialismus schaffen. Nach der vorausgehenden scharfsinnigen Diagnose der Krankheitssymptome eines Zeitalters wirkt die Therapie, die Dr. Miller, Beavis – und Huxley – am Schluß gefunden zu haben glauben, unbefriedigend; ein anspruchsvolles Gedankengebäude versinkt gleichsam in einer vagen Menschheitsbeglükkungs-Ideologie. Vier Jahre nach dem Welterfolg von *Brave New World* zeigt sein nächster Roman Huxley bereits auf der spekulativen Suche, die für sein Spätwerk charakteristisch ist, ohne daß er die aufgeworfenen Fragen beantworten könnte.

In formaler Hinsicht ist *Eyeless in Gaza* ein interessantes Experiment. Huxley löst die Chronologie der Ereignisse auf und verzahnt Assoziationen, bruchstückhafte Erfahrungen und Erkenntnisse seiner Hauptfigur zu einer Aussage über den Weg des europäischen Denkens jener Jahrzehnte. Diese Erzähltechnik steht im Einklang mit seiner Absicht, am Beispiel des Anthony Beavis zu demonstrieren, daß der Punkt, an dem Vergangenheit, Gegenwart und Zukunft sinnentleert erscheinen, nur überwunden werden kann, wenn man ihr Ineinandergreifen erkennt, wenn man die blinde »Suche nach der verlorenen Zeit« aufgibt (daher Beavis-Huxleys Haßtirade gegen PROUST), wenn man sich des unabhängig vom Zeitablauf wirkenden höheren Ordnungsprinzips bewußt wird.

J.v.Ge.-KLL

AUSGABEN: Ldn. 1936. – NY 1936. – Ldn. 1955. – Ldn. 1969.

ÜBERSETZUNG: *Geblendet in Gaza*, H.E. Herlitschka, Mchn. 1953. – Dass., ders., Reinbek 1959 (rororo). – Dass., ders., Mchn. 1987 [Tb.].

LITERATUR: P. Bentley, *The Structure of »Eyeless in Gaza«* (in English Journal, 26, 1937, S. 127–132). – P. Vitoux, *Structure and Meaning in A. H.'s »Eyeless in Gaza«* (in Yearbook of English Studies, 2, 1972, S. 212–224).

POINT COUNTER POINT

(engl.; *Ü: Kontrapunkt des Lebens*). Roman von Aldous HUXLEY, erschienen 1928. – Mit den Mitteln der Satire, Ironie und Komik zeichnet Huxley ein Bild der englischen Gesellschaft der zwanziger Jahre, einer vom Antagonismus zwischen Denken und Fühlen gekennzeichneten chaotischen Welt. Er verdeutlicht diesen Antagonismus an einer Vielzahl von kontrapunktisch angelegten Personengruppen und Handlungsabläufen. Zu dieser Kompositionstechnik (die sich in Ansätzen bereits in *Antic Hay*, 1923, findet) äußert sich im Roman der Schriftsteller Philip Quarles – eine ironische Selbstdarstellung Huxleys – folgendermaßen: *»Die Musikalisierung der Prosadichtung. Nicht nach Art der Symbolisten durch Unterordnung des Sinns unter den Klang ... sondern in großem Maßstab, in der Konstruktion ... Die jähen Übergänge ... Man braucht nur eine genügende Anzahl von Charakteren und parallelen, kontrapunktischen Handlungen. Die Modulationen und Variationen aber sind interessanter, wenn auch schwieriger. Ein Romancier moduliert, indem er Situationen und Charaktere mehrfach darstellt.«* Besonders sinnfällig ist diese Gestaltungsweise in der Schilderung eines Festes bei den aristokratischen Tantamounts (im ersten Teil des Romans), wo illustre Gäste verschiedenster Prägung aufeinandertreffen und aneinander vorbeireden. Wie im ganzen Roman blendet Huxley in filmischer Manier von einer Situation zur anderen und vermittelt so das beklemmende Bild einer zu echter Kommunikation unfähigen Gesellschaft.

Die Figuren des Romans sind Verkörperungen bzw. Karikaturen zeitgenössischer Persönlichkeiten und Geistesrichtungen. Der Biologe Illidge etwa, das Zerrbild eines Kommunisten, ist in Wirklichkeit ein verhinderter Bourgeois, Everald Webley, der Führer der faschistischen »Britischen Freimannen«, ein phrasendreschender Prediger der Gewalt, Sidney Quarles, der Vater Philips, ein arroganter politischer Dilettant, der alternde Maler John Bidlake ein rücksichtsloser Sensualist, dessen Kunst steril geworden ist und der sich bis zum Tod entsetzt gegen seinen körperlichen Verfall wehrt. In Philip Quarles, den Huxley zum Spiegel seiner eigenen künstlerischen Problematik gemacht hat, ist der ganz vom Intellekt beherrschte Schriftsteller porträtiert. Quarles bemüht sich um die literarische Bewältigung eben jenes heterogenen Materials, das Huxley in *Point Counter Point* verarbeitet hat – ein metafiktionaler Kunstgriff, der dem Roman eine Art Zentrum gibt, der zugleich eine weitere Variation des Grundthemas ermöglicht und mit dem sich der Verfasser André GIDES Kompositionstechnik in *Les fauxmonnayeurs*, 1925 *(Die Falschmünzer)*, und *Les caves du Vatican*, 1914 *(Die Verliese des Vatikans)*, verpflichtet zeigt.

Die Indienreise Quarles' wird zum Symbol der vergeblichen Suche nach der Einheit von Ich und Welt. Auch seine Frau Elinor entfremdet sich ihm gegen ihren Willen immer mehr, und nur der Tod ihres Sohnes bewahrt sie davor, mit Webley die Ehe zu brechen. Am Schluß des Romans rüsten sie und Philip zu einer neuen Reise, einer neuen Flucht vor sich selbst. Wie Quarles ist auch der junge, empfindsame Literat Walter Bidlake zur Liebe unfähig. Vergeblich sucht er Erfüllung im sexuellen Abenteuer mit der ebenso faszinierenden wie gefühlskalten Lucy Tantamount. Seinem Vorgesetzten, dem frömmelnden Burlap, der eine Literaturzeitschrift herausgibt und in dem Huxley den Schriftsteller John Middleton Murry vernichtend karikiert, gelingt es dagegen, seine außerehelichen Affären mit seiner christlichen »Moral« in Einklang zu bringen. Mit kalter Berechnung macht er die naive, reiche Beatrice Gilray zum willigen Objekt seiner Perversionen. Haftet Burlap letztlich etwas Spießiges an, so verkörpert seine Kontrastfigur Maurice Spandrell den teuflischen Zyniker und zugleich den verzweifelten Gottsucher. (Er trägt deutlich Züge Baudelaires und einiger Romanfiguren Dostoevskijs). Maurice, der es seiner abgöttisch geliebten Mutter nie verziehen hat, daß sie sich nach dem Tod seines Vaters einem anderen zuwandte, glaubt, sich an ihr rächen zu können, indem er die unschuldige Harriet verführt und sie dann höhnisch von sich stößt. Um die Auseinandersetzung mit Gott zu erzwingen, begeht er schließlich ein Verbrechen: Zusammen mit Illidge ermordet er Webley. Sogleich aber wird er sich der Sinnlosigkeit seiner Tat bewußt. Einen Augenblick lang meint er, in der Musik Beethovens das Göttliche gefunden zu haben. Erneut vom Zweifel überwältigt, fällt er Webleys Leuten in die Hände und wird niedergeknallt. – Einziger Lichtblick in diesem Panorma des Scheiterns, der Unreife und des Verrats am Nächsten ist das Ehepaar Rampion. Mark Rampion, Schriftsteller und Maler eines erotischen Vitalismus, steht für D. H. Lawrence (dessen tragische Züge Huxley ihm allerdings nicht mitgegeben hat), seine Frau Mary für Frieda Lawrence geb. von Richthofen. Huxley verklärt die Ehe der Rampions zur Idylle und kontrastiert die hier erreichte Harmonie von Geist und Trieb mit Maurice Spandrells Gespaltenheit. Ironischerweise findet außer den Rampions nur Burlap zu einer Erfüllung.

»Der Ideenroman«, so lautet eine der zahlreichen Arbeitsnotizen von Quarles/Huxley, *»hat den großen Fehler, etwas Gekünsteltes zu sein.«* Diese Gefahr bestätigt sich in den artifiziellen Romanfiguren Huxleys, während er sie in der ihm besonders gemäßen essayistischen Präsentation divergierender Geisteshaltungen und in der Analyse der Nachkriegsgesellschaft glänzend überspielt. *Point Counter Point* wird so zum *»Schlüsselroman einer Epoche und ihrer geistigen Situation«* (K. Otten) und gilt mit Recht als eines der Hauptwerke Huxleys.

H.Str.

Ausgaben: Ldn. 1928. – Garden City/N.Y. 1928. – Harmondsworth 1955 (Penguin). – Ldn. 1958. – NY 1965. – Ldn. 1978.

Übersetzung: *Kontrapunkt des Lebens*, H. E. Herlitschka, Lpzg. 1930. – Dass., ders., Mchn. 1957. – Dass., ders., Reinbek 1963 (rororo). – Dass., ders., Mchn. 1976; [3]1982 (dtv). – Dass., ders., Mchn. 1989 [Tb].

Dramatisierung: C. Dixon, *This Way to Paradise*, Ldn. 1930.

Literatur: F. Baldanza, *»Point Counter Point«: A. H. on »The Human Figure«* (in South Atlantic Quarterly, 58, 1959, S. 248–257). – K. Otten, *A. H.: »Point Counter Point«* (in *Der moderne engl. Roman*, Hg. H. Oppel, Bln. 1965, S. 201–221). – M. Birnbaum, *Politics and Character in »Point Counter Point«* (in StN, 9, 1977, S. 468–487). – P. Bowering, *›The Source of Light‹: Pictorial Imagery and Symbolism in »Point Counter Point«* (ebd., S. 389–405). – J. Quina, *The Mathematical-Physical Universe: A Basis for Multiplicity and the Quest for Unity in »Point Counter Point«* (ebd., S. 428–444). – D. Watt, *The Fugal Construction of »Point Counter Point«* (ebd., S. 509–517).

Christopher Isherwood

eig. Christopher William Bradshaw-Isherwood

* 26.8.1904 Disley / Cheshire
† 4.1.1986 Santa Monica / Calif.

Literatur zum Autor:

Bibliographien:
S. Westby u. C. M. Brown, *C. I.: A Bibliography 1923–1967*, Los Angeles 1968. – S. Orphanis, *C. I.: A Checklist 1968–1975* (in TCL, 22, 1976, S. 354–361). – R. W. Funk, *C. I.: A Reference Guide*, Boston 1979.

Biographien:
J. H. Fryer, *I.: A Biography of C. I.*, Ldn. 1977. – B. Finney, *C. I.: A Critical Biography*, Ldn./NY 1979. – J. Lehmann, *C. I.: A Personal Memoir*, NY 1988 [m. Ill.].

Gesamtdarstellungen und Studien:
G. H. Bantock, *The Novels of C. I.* (in *The Novelist as Thinker*, Hg. B. Rajan, Ldn. 1945, S. 46–57). – H. Maes-Jelinek, *The Knowledge of Man in the Works of C. I.* (in Revue des Langues Vivantes, 26, 1960, S. 341–360). – C. Heilbrun, *C. I.*, NY 1970. – A. Wilde, *C. I.*, NY 1971 (TUSAS). – A. Wilde, *Language and Surface: I. and the Thirties* (in ConL, 16, 1975, S. 478–491). – TCL, 22, 1976 [Sondernr. *C. I.*]. – S. L. Hynes, *The Auden Generation: Literature and Politics in England in the 1930s*, Ldn. 1976. – G. Vidal, *Art, Sex and I.* (in NY Review of Books, 9. 12. 1976, S. 10–18). – F. H. King, *C. I.*, Ldn. 1976. – P. Piazza, *C. I.: Myth and Anti-Myth*, NY 1978. – C. J. Summers, *C. I.*, NY 1980. –

P. Fussell, *Abroad: British Literary Travelling Between the Wars*, Oxford 1980. – C. J. Summers, *C. I.* (in DLB, Bd. 15, 1983, S. 206–219). – H.-Ch. Oeser, *C. I.* (in KLFG, 6. Nlg., 1985).

THE ASCENT OF F 6

(engl.; *Die Besteigung des F 6*). Tragödie in zwei Akten (Prosa und Vers) von Christopher ISHERWOOD und Wystan Hugh AUDEN (1907–1973), erschienen 1936; Uraufführung: London, 26. 2. 1937, Mercury Theatre. – Von den Versdramen, die in den dreißiger Jahren im Zusammenhang der Bemühungen um eine Erneuerung des englischen Dramas und Theaters entstanden, war *The Ascent of F 6* neben T. S. ELIOTS *Murder in the Cathedral*, 1935 *(Mord im Dom)*, das erfolgreichste. Nach der Rückkehr aus Berlin, wo die Schulfreunde Auden und Isherwood zwischen 1928 und 1933 entscheidende Impulse für ihr weiteres Schaffen erhielten (allerdings weniger vom Drama des jungen BRECHT als von Film, Kabarett und satirischen Revuen sowie generell von der Aufbruchstimmung jener Jahre und vom Aufkommen des Faschismus), arbeiteten beide eng mit dem 1932 gegründeten Group Theatre zusammen. Diese nichtkommerzielle Londoner Truppe, deren Arbeit sowohl von künstlerischen Experimenten als auch vom politischen Engagement geprägt war, hatte an der Realisierung der drei von Auden und Isherwood gemeinsam verfaßten Dramen *The Dog Beneath the Skin*, 1935 *(Des Pudels Kern)*, *The Ascent of F 6* und *On the Frontier*, 1938 *(An der Grenze)*, entscheidenden Anteil, besonders der Regisseur Rupert Doone, der Komponist Benjamin Britten, der die Bühnenmusik schrieb, und natürlich die Schauspieler, die sich mit den Zielen der Truppe identifizierten. Aber auch dem Group Theatre verbundene Autoren wie Stephen SPENDER, E. M. FORSTER, Cecil DAY LEWIS und Louis MACNEICE trugen durch publizistische Schützenhilfe zum Gelingen bei.

Nach einer erfolgreichen Londoner Saison mit über 130 Aufführungen wurde *The Ascent of F 6* in den späten dreißiger, aber auch in den fünfziger Jahren in zahlreichen englischen Städten, in New York und auch als Hörspiel bei der BBC wiederaufgeführt. 1939 spielte Alec Guinness im Londoner Old Vic Theatre die Hauptrolle des Stücks und arbeitete dabei besonders deutlich heraus, was Audens und Isherwoods Zeitgenossen kaum verdeutlicht werden mußte: Der Bergsteiger Michael Ransom, der sich als eigentlich kontemplativer Mensch gegen seinen Willen zum Mann der Tat und zum Nationalhelden entwickelt und der einer imperialistisch motivierten Expedition zum Erfolg verhilft, ist dem berühmten Archäologen und Kolonialagenten T. E. LAWRENCE (»Lawrence von Arabien«) nachgebildet. Auch das Thema Bergsteigen lag im Zeichen der großen Himalaya-Expeditionen der dreißiger Jahre nahe; wie zuvor schon die Flugpioniere wurden auch die Bergsteiger zu exemplarischen Helden der Zeit. Nicht um Heldenverehrung freilich geht es in *The Ascent of F 6*, sondern neben der individualpsychologischen Problematik des Willens- und Tatmenschen stehen vor allem der imperialistische Zusammenhang der Bergexpedition und eine von Oberschicht-Interessen geprägte, perfide Medienstrategie im Blickpunkt: die Art und Weise, wie das für die meisten Expeditionsteilnehmer tödliche Wagnis zur Domestizierung der unzufriedenen Massen daheim benutzt wird.

Der hauptsächlich der Exposition dienende erste Akt beginnt mit einem Prosamonolog Michael Ransoms, der in Dichterpose auf einem Berggipfel im englischen Lake District über die politischen und psychologischen Grundlagen der Zivilisation nachsinnt: Politisches Handeln ist Triebsublimation, Macht korrumpiert den Menschen. So dienen ihm die Berge als Refugium aus den Niederungen des Alltags, die sogleich im ersten der zahlreichen Versdialoge zwischen Mr. A und Mrs. A illustriert werden. Wie Ransom suchen die A's im öden, entfremdeten Alltag nach Lebenssinn und Abenteuer; als Vertreter der kleinen Leute sind sie zugleich Opfer der Verhältnisse und kommentierende Chorfiguren. Ihre stilisierten Dialoge bilden neben der stärker satirisch-realistisch geprägten Haupthandlung eine zweite Ebene des Stücks. Sodann wird in einer satirisch pointierten Szene die dritte Personengruppe des Stückes vorgestellt: Michaels Bruder Sir James Ransom, ein hoher Kolonialbeamter, diskutiert mit Vertretern der Oberschicht, einem General, einem Presselord und einer Lady, der Tochter eines Gouverneurs, die bedrohliche Lage in der Kolonie Britisch-Sudoland: Von der benachbarten Kolonie Ostnisch-Sudoland aus wird Aufruhr unter den Eingeborenen geschürt. Die Grenze zwischen beiden Kolonien bildet ein Gebirgszug, dessen höchster Gipfel der bisher unbezwungene F 6 ist, auf dem nach der Überlieferung der Eingeborenen ein Dämon haust. Über ganz Sudoland wird nach dieser Überlieferung herrschen, wer als erster den F 6 bezwingt. Also muß schnellstens eine britische Expedition auf diesen Berg geschickt werden, denn die Ostnier sind bereits unterwegs. Michael Ransom, der zu seinem Bruder allerdings ein gespanntes Verhältnis hat, soll als Expeditionsleiter gewonnen werden.

In der Kontrastwelt der Bergsteiger (neben Ransom die späteren Expeditionsteilnehmer Gunn, Shawcross, Lamp und Williams) treten nun wie im mittelalterlichen Moralitätendrama – außer der Stationentechnik verweisen auch andere strukturelle Eigenheiten von *The Ascent of F 6* auf diese in Eliots Versdramen ebenfalls herangezogene Dramenform – Sir James und seine Verbündeten als Versucher des Protagonisten auf. Freilich ohne Erfolg, denn Ransom durchschaut die Zusammenhänge. Erst die herbeigerufene Mutter kann ihn zum Kampf mit dem Dämon motivieren. An dieser Stelle wird die innere Widersprüchlichkeit der Motivation des Helden erstmals deutlich: Trotz Einsicht in den geplanten politischen Mißbrauch seines Tuns erliegt Ransom einem unbewältigten

Ödipus-Komplex (Bruderrivalität um die Gunst der Mutter). So wird die Expedition für ihn vorrangig zur Suche nach dem Selbst, während sie sich zunächst doch als ideologiekritisches Lehrstück über imperialistische Interessenkonstellationen angelassen hatte.

Daß FREUD und MARX in *The Ascent of F 6* schließlich deutlich in Konflikt geraten, läßt sich in der Schlußszene des zweiten Aktes, mit der die Autoren und die meisten Kritiker trotz mehrfacher Revisionen unzufrieden blieben, nicht mehr verbergen: Nachdem die Kameraden, die den Skeptiker Ransom am Abbruch des Unternehmens gehindert hatten, mit Ausnahme von Williams, der im Basislager blieb, tödlich verunglückt sind, offenbart sich dem allein auf dem Gipfel des F 6 sterbenden Ransom in einer Halluzination der Dämon als seine Mutter. In Anspielung auf den Schluß von IBSENS *Peer Gynt* stirbt der Held im Schoß seiner Mutter. Das marxistische Denkmodell, das bis zur vorletzten Szene (Vertröstung der A's mit Ersatzheroismus) noch Gültigkeit besessen hatte, tritt endgültig zugunsten des psychoanalytischen zurück.

Während Handlungsentwurf und Prosapassagen weitgehend Isherwoods Werk sind, schuf Auden (laut Isherwood) die »Arien« zu dessen »Libretto«. Daß Auden dabei einige seiner eindrucksvollsten Verspartien gelangen, wird auch dadurch unterstrichen, daß er sie in seine *Collected Poems* aufnahm. Nicht nur die Bühnenfassung, sondern auch die Druckfassungen des Werkes wurden mehrfach revidiert. H.Thi.

AUSGABEN: Ldn. 1936. – NY 1937. – Ldn. 1937 (rev.). – Ldn. 1958 (zus. mit *On the Frontier*); ern. 1961, zul. 1983.

LITERATUR: E.M. Forster, Rez. (in Listener, 14.10. 1936). – F.R. Leavis, Rez. (in Scrutiny, 5, 1936, S. 323–327). – S. Spender, *Fable and Reportage* (in Left Review, Nov. 1936, S. 779–782). – A.R. Humphreys, Rez. (in Cambridge Review, 30.4. 1937). – C.D. Lewis, Rez. (in Poetry, 49, 1937, S. 225–228). – L. MacNeice, Rez. (in The Spectator, 5.3. 1937). – G.J. Nathan, Rez. (in Scribner's Magazine, Sept. 1937, S. 66–68). – J.A. Smith, Rez. (in The Criterion, 16, 1937, S. 329–333). – E. Wilson, Rez. (in New Republic, 24.2. 1937). – D. Gerstenberger, *Poetry and Politics: The Verse Drama of Auden and I.* (in MD, 5, 1962/63, S. 123–132). – G. Stebner, *»The Ascent of F 6«* (in *Das moderne englische Drama*, Hg. H. Oppel, Bln. 1963). – M.K. Spears, *The Poetry of W.H. Auden*, NY 1963, S. 90–105. – B.C. Bloomfield, *W.H. Auden: A Bibliography. The Early Years Through 1955*, Charlottesville/Va. 1964, S. 16–19. – B. Mitchell, *W.H. Auden and Ch.I.: The ›German Influence‹* (in Oxford German Studies, 1, 1966, S. 163–172). – M. Jurak, *English Political Verse Drama of the Thirties: Revision and Alteration* (in Acta Neophilologica, 1, 1968, S. 67–78). – Ders., *The Group Theatre: Its Development and Significance for the Modern English Theatre* (ebd., 2, 1969, S. 3–43). – J. Fuller, *A Reader's Guide to W.H. Auden*, Ldn. 1970, S. 90–95. – I. Hahnloser-Ingold, *Das englische Theater und Bert Brecht*, Bern 1970, S. 84–124, bes. 104–109. – S. Hynes, *The Auden Generation*, Ldn. 1976, S. 190 f., 236–241. – Ch. I., *Christopher and His Kind, 1929–1939*, NY 1976/Ldn. 1977, S. 179–181, 199–201.

GOODBYE TO BERLIN

(engl.; *Ü: Leb' wohl, Berlin. Ein Roman in Episoden*). Roman von Christopher ISHERWOOD, erschienen 1939. – Wie *Mr. Norris Changes Trains*, 1935 *(Mr. Norris steigt um)*, schrieb Isherwood auch *Goodbye to Berlin* ursprünglich als Teil eines großangelegten (dann aber nicht vollendeten) Episodenromans über das Berlin kurz vor Beginn des Hitler-Regimes. Die beiden Bücher (bzw. drei, wenn man die bereits 1937 als unabhängige Novelle publizierte *Sally Bowles*-Sequenz aus *Goddbye to Berlin* mitzählt) brachten ihm den Ruf eines scharfsichtigen Chronisten der deutschen Entwicklung in den Jahren 1930 bis 1933 ein, die er selbst als Sprachlehrer in Berlin verbracht hatte.

In den sechs Episoden des Buches fungiert der mittellose Schriftsteller Mr. Isherwood, der sich schlecht und recht mit Englischstunden durchbringt, als Ich-Erzähler. Er nennt sich *»eine Kamera ... die registriert, nicht denkt«*. Aber allein schon die intelligente Auswahl der Objekte, die diese Kamera fotografiert, der Einstellungen und der Hintergründe ihrer Aufnahmen ist mehr als bloßes Registrieren. Die beiden ersten Abschnitte *(Berliner Tagebuch* und *Sally Bowles)* spielen vorwiegend in einer der für das Berliner Westend so kennzeichnenden kleinen Pensionen, in der der Mieter Isherwood bunt zusammengewürfelte Typen beobachtet. Hier lauscht er geduldig den leicht verrückten Geschichten, die Sally Bowles ihm von ihren Männerbekanntschaften erzählt, jene bei aller Flatterhaftigkeit und schockierend-naiven Amoralität liebenswerte »Barsängerin«, mit der der Autor einen später oft kopierten Typ kreiert hat (zu ihren »Nachfahrinnen« zählt beispielsweise Holly Golightly aus Truman CAPOTES *Breakfast at Tiffany's*). – In der dritten und vierten Episode *(Auf Rügen* und *Die Nowaks)* beobachtet Isherwood zuerst den Berliner Arbeiterjungen Otto Nowak, der, frech und lebenshungrig, mit recht fragwürdigen Mitteln versucht, der Wedding-Atmosphäre zu entrinnen, und dann Ottos Angehörige, bei denen er nicht nur das Berliner Proletariermilieu kennenlernt, sondern auch die Auswirkungen der politischen Schizophrenie jener Jahre auf den kleinen Kreis einer Familie. – Die fünfte Episode *(Die Landauers)* bringt den Erzähler in Kontakt mit der im Tiergartenviertel wohnenden Familie eines jüdischen Warenhausbesitzers, an deren einzelnen Mitgliedern er unterschiedliche Reaktionen auf die antisemitische Hetze der Nazis beobachtet. – Im letzten Teil (wieder *Berliner Tagebuch* betitelt) nimmt der englische Gast im Frühling 1933 Abschied von einer Stadt, auf deren Straßen der Terror herrscht. Wehmütig, noch kaum fähig zu glauben, daß es »sein« Berlin nicht mehr gibt, sagt er »Goodbye«. Den Kunstgriff, Fiktion, persönliche Erinnerung und politische Reportage zu kombinieren, beherrscht Isherwood souverän. Indem er einen nahezu gesichtslosen Erzähler zum Bindeglied zwischen den einzelnen Episoden macht, läßt er die teils exzentrischen, teils alltäglichen Charaktere und die Berliner Szene für sich selbst sprechen, vermeidet er den Ton des Moralisten oder des Leitartiklers. Daß der informierte Leser die Ereignisse durchweg besser in größere Zusammenhänge einordnen kann als der naive Erzähler, ist eine wichtige Quelle der Ironie. Das Ergebnis ist ein Buch, das bei aller Zeitbezogenheit noch heute nicht zeitgebunden wirkt, eine Darstellung der politischen und moralischen Auflösung Deutschlands, wie sie in dieser Intensität wenigen ausländischen Erzählern gelungen ist. Auch im Vergleich mit der nunmehr direkt-autobiographischen Schilderung derselben Berliner Jahre in *Christopher and His Kind 1929–1939* (1976), dem zweiten Band einer dreiteiligen Autobiographie, bleibt *Goodbye to Berlin* die faszinierendere Version. J.v.Ge.-KLL

AUSGABEN: Ldn. 1937 *(Sally Bowles)*. – Ldn. 1939. – Ldn. 1952. – Ldn. 1980, Hg. G. Halson. – Ldn. 1985 [m. *Mr. Norris Changes Trains*]. – Ldn. 1987.

ÜBERSETZUNG: *Leb' wohl, Berlin. Ein Roman in Episoden*, S. Rademacher, Hbg. 1949. – Dass., dies., Bln. 1974. – Dass., dies., Ffm./Bln. 1986.

DRAMATISIERUNG: J. van Druten, *I Am a Camera*, Ldn. 1954.

VERTONUNG: J. Kander u. F. Ebb, *Cabaret*, NY 1966 (Musical; Buch: J. Masteroff; Film: USA 1972, Regie: B. Fosse).

LITERATUR: D. P. Thomas, *»Goodbye to Berlin«: Refocusing I.'s Camera* (in ConL, 13, 1972, S. 44 bis 52). – K. S. Knodt, *»Goodbye to Berlin«: The Diaries as Structure* (in Descent, 1, 1975, S. 40–48). – P. Thomas, *›Camp‹ and Politics in I.'s Berlin Fiction* (in Journal of Modern Literature, 5, 1976).

DENIS JOHNSTON

* 18.6.1901 Dublin
† 8.8.1984 Dublin

LITERATUR ZUM AUTOR:
U. Ellis-Fermor, *The Irish Dramatic Movement*, Ldn. 1939; ²1954. – K. Spinner, *»Die alte Dame sagt: Nein!«. Drei irische Dramatiker: C. Robinson, S. O'Casey, D. J.*, Bern 1961 [m. Bibliogr.]. – R. Fricker, *Das moderne engl. Drama*, Göttingen 1964. – R. Hogan, *After the Irish Renaissance: A Critical History of the Irish Drama Since »The Plough and the Stars«*, Ldn. 1968. – H. Ferrar, *D. J.'s Irish Theatre*, Dublin 1973. – R. V. O'Reilly, *The Realism of D. J.* (in *Myth and Reality in Irish Literature*, Hg. J. Ronsley, Waterloo/Ontario 1977, S. 281–295). – G. A. Barnett, *D. J.*, Boston 1978 (TEAS). – J. Ronsley, *D. J.: A Retrospective*, Gerrards Cross 1981. – G. A. Barnett, *D. J.* (in DLB, Bd. 10, 1982).

THE OLD LADY SAYS »NO!«

(engl.; *Die alte Dame sagt »Nein!«*). Schauspiel von Denis JOHNSTON, Uraufführung: Dublin 3.7. 1929, Gate Theatre. – Das erste und neben *The Moon in the Yellow River* erfolgreichste Stück des irischen Dramatikers wird von einer historischen Szene eingeleitet: Robert Emmet, der romantische irische Revolutionär aus dem frühen 19. Jh., nimmt Abschied von Sarah Curran, seiner Geliebten. Pathos und Sentimentalität dieser aus zahlreichen Zitaten irischer Dichter montierten Szene zielen auf die fragwürdige Idolisierung der Gestalt des Freiheitskämpfers. Dieser wird von Major Sirr, dem Chef der englischen Staatspolizei, verhaftet und von einem Soldaten mit dem Gewehrkolben bewußtlos geschlagen. Nun weicht die Illusion der Vergangenheit der Bühnenrealität: Der Schauspieler, der Emmets Rolle gesprochen hat, bleibt auf der Bühne liegen. Der nun folgende Hauptteil des Stücks ist als Traumspiel in der Nachfolge STRINDBERGS konzipiert, dem Johnston ebenso wie den deutschen Expressionisten, dem Amerikaner O'NEILL und seinem Landsmann JOYCE verpflichtet ist, ohne daß er in bloße Nachahmung verfiele. – Während ein Arzt sich um den »Sprecher« kümmert, identifiziert sich dieser geistig mit seiner Rolle und tritt nun als Robert Emmet in das Dubliner Leben der Zeit um 1920. Doch das Irland des 20. Jh.s weiß mit seinem Heros nichts anzufangen. Die Menschen auf der Straße berauschen sich zwar zunächst an einem blinden Patriotismus, wenden sich aber, als der »Sprecher« (ähnlich wie die Schauspieler bei PIRANDELLO) immer wieder aus der Rolle fällt, gegen Emmet. Bei dem Versuch, sich durch einen Revolverschuß zu retten, verletzt dieser den jungen Joe tödlich. Auch auf dem Empfang des irischen Kultusministers stößt er auf Verständnislosigkeit: Ein Teil der Anwesenden betrachtet ihn lediglich als ein ähnliches Dekorationsstück wie die Statue seines Kampfgenossen und Gegners Grattan, der für eine gewaltlose und evolutionäre Loslösung Irlands von England eingetreten war, ein Teil erkennt ihn überhaupt nicht. In der Schlußszene sieht man den »Sprecher« im Sterbezimmer des jungen Joe und hört gleichzeitig den Streit der beiden an den Vorgängen völlig unbeteiligten Brüder Emmets, die die Positionen der irischen Freistaatler und Republikaner verkörpern. Die Mutter der drei Brüder, die alte, vulgäre Blumenfrau, die vorher das Volk gegen sein einstiges Idol aufgebracht hatte, entpuppt sich als die legendäre Cathleen ni Houlihan und damit (man denke an YEATS) als die Personifizierung Irlands, in der Emmet auch das andere Ich Sarah Currans erkennen muß. Das Stück endet mit dem Wiederauftritt des Arztes in der Bühnenrealität des Anfangs.

Durch die Konfrontation von Vergangenheit und Gegenwart, von patriotischem Traum und politisch-gesellschaftlicher Wirklichkeit hat Johnston eine geistreich-vernichtende Satire auf beide Seiten geschaffen, die alle Möglichkeiten des Traumspiels in bezug auf Raum und Zeit ausschöpft. Zu voller Wirkung kann das Stück freilich nur gelangen, wenn die zahllosen historischen und literarischen Anspielungen verstanden werden, die in ihrer Dichte und Raffinesse an Ezra POUND und T. S. ELIOT erinnern und dem Geschehen funktional eingegliedert sind. Diese Technik stellt große Anforderungen an den Zuschauer, beteiligt ihn andrerseits aber auch aktiv an der Realisierung des Dramas. Daraus erklärt sich, warum das Stück eigentlich nur in Irland spielbar ist. – In seiner ablehnenden Haltung gegenüber dem irisch-gälischen Mythos stellt sich Johnston eindeutig gegen das »Irish Dramatic Movement« und damit gegen die Gruppe um YEATS, SYNGE und Lady GREGORY, deren Nein zu einer Aufführung in ihrer Hochburg, dem Dubliner Abbey Theatre, Johnstons Drama, das ursprünglich *Shadowdance (Schattentanz)* heißen sollte, seinen endgültigen Titel gegeben hat.

W.Kl.

AUSGABEN: Ldn. 1932; ern. 1949 (enth. auch *The Moon in the Yellow River*). – Ldn. 1960 (in *Collected Plays*, 2 Bde., 1). – Boston *(The Old Lady Says »No!« and Other Plays)*. – Gerrards Cross 1977 (in *Dramatic Works*, Bd. 1).

LITERATUR: M. Ch. St. Peter, *D. J.'s »The Old Lady Says »No!«: The Gloriable Nationvoice*, Diss. Univ. of Toronto 1979 (vgl. Diss. Abstracts, 40, 1980).

DAVID JONES

* 1.11.1895 Brockley / Kent
† 28.10.1974 London

LITERATUR ZUM AUTOR:
R. Hague, *D. J.: A Reconnaissance* (in Twentieth Century, 168, 1960, S. 27–45). – J. H. Johnston, *D. J.: The Heroic Vision* (in Review of Politics, 24, 1962, S. 62–87). – N. Braybrooke, *D. J.: Painter and Poet* (in Queen's Quarterly, 70, 1964, S. 508–514). – J. H. Johnston, *English Poetry of the First World War*, Ldn. 1964. – Agenda, 5, 1967 [Sondernr. *D. M. J.*]. – D. M. Blamires, *D. J.: Artist and Writer*, Manchester 1971. – Agenda 11/12, 1973/74 [Sondernr. *D. M. J.*]. – R. Hague, *D. J.*, Cardiff 1975. – J. Hooker, *D. J.: An Exploratory Study of the Writings*, Ldn. 1975. – *D. J.: Eight Essays on His Work as Writer and Artist*, Hg. R. Mathias, Llandysul 1976. – S. Rees, *D. J.: An Annotated Bibliography and Guide to Research*, Ldn./NY 1977. – Ders., *D. J.*, NY 1978 (TEAS). – J. Hooker, *J. C. Powys and D. J.: A Comparative Study*, Ldn. 1979. – W. Blissett, *The Long Conversation: A Memoir of D. J.*, Ldn./NY 1981. – Ph. Pacey, *D. J. and Other Wonder Voyagers*, Bridgend 1982. – E. Ward, *D. J.: Mythmaker*, Manchester 1983. – V. B. Sherry, *D. M. J.* (in DLB, Bd. 20, 1983, S. 182–191). – T. Dilworth, *The Shape of Meaning in the Poetry of D. J.*, Toronto 1988.

THE ANATHEMATA. Fragments of an Attempted Writing

(engl.; *Ü: Anathemata. Fragmente eines Schreibversuchs*). Gedicht von David JONES, mit Illustrationen und Kalligraphien des Autors, erschienen 1952. – Nach Angabe des Verfassers geht das Werk auf sprachliche Experimente der Jahre 1938–1945 zurück, die er zwischen 1946 und 1951 überarbeitete, um ihre Aussage den Wandlungen von Ich und Umwelt anzupassen. Auf Drängen und Vermittlung T. S. ELIOTS erschien das experimentelle Langgedicht 1952 bei Faber & Faber in London. Die acht Teile des Werkes bestehen aus rhythmisch und metrisch frei gestalteten Versen mit eingefügten Prosateilen, deren Aussage – wie seit den deutschen Expressionisten in der modernen Lyrik üblich – durch entsprechende Zeichensetzung und ein vom Autor arrangiertes optisches Druckbild unterstützt wird. In thematischer Hinsicht lehnt sich Jones an die keltisch-gälische Mythologie an, der er sich von seinen Vorfahren her verbunden fühlte. Er versuchte, dieses heidnische Erbe und Christlich-Katholisches zu einer künstlerischen Einheit zu verbinden. Nicht zuletzt deshalb hat Jones' Dichtung sakramentalen, z. T. liturgischen Charakter. In diesen Zusammenhang gehört auch der Titel des Buches, denn der englische Plural *anathemata* bewahrt im Gegensatz zu *anathemas* (Bannflüche) die Bedeutung *»geweihte Dinge« (»devoted things«)*. Der Inhalt umfaßt nach Jones *»alles, was sich im Verlauf der heiligen Messe durch eine Art scheinbar freier Assoziationen in meinem Geist und meiner Seele regen mag«*.

Den besonderen Problemen und Schwierigkeiten bei der Synthese keltischer und lateinisch-romanischer Sprachelemente mit dem Englischen begegnet Jones, indem er für die keltischen Bestandteile eine phonetisch-assoziative Transkription vornimmt, die lateinischen in ihrer Form bestehen läßt und beide durch Anmerkungen und Verweise auf die von ihm benutzten Kontexte glossiert. Bei keltischen Namen verweist er zudem auf Literatur über den Namensträger. Thematisch verbindet Jones Fragmente einer britischen Kulturgeschichte mit Aussagen zur quasi-religiösen Mission des Künstlers und der Kunstwerke (= Anathemata) in einer säkularisierten Welt. Im Schlußteil wird das Kunstwerk sogar mit dem Sakrament in der Messe verglichen.

Obwohl dem Werk, nach des Autors eigenen Worten, kein Plan zugrunde liegt, wird es dennoch bei aller Heterogenität und scheinbaren Zufälligkeit durch die überaus bewußte Reflexion über den Entstehungsprozeß zusammengehalten. Wenn er es mit einem Mysterium vergleicht, das zugleich offenbart und verhüllt, so faßt er damit treffend die widersprüchlichen Eindrücke zusammen, die es vermittelt. Man wird dem Werk und seiner teilweise incantatorischen Sprache (im Vorwort plädiert Jones für lautes Lesen) Artistik im Sinn der Dichtungstheorie Gottfried BENNS bestätigen müssen, wozu ein gut Teil Philologie gekommen ist. Trotz (oder gerade wegen) seiner Schwierigkeiten erfreut sich *Anathemata* wachsender kritischer Anerkennung. Bereits 1954 erhielt Jones, als erster Nicht-Amerikaner für dieses Werk den Lyrik-Preis des American National Institute of Arts and Letters.

M.W.-KLL

AUSGABEN: Ldn. 1952. – NY 1963. – Ldn. 1972.

ÜBERSETZUNG: *Anathemata. Fragmente eines Schreibversuchs*, C. Spaemann, Basel 1988 [dt.-engl.; m. Einf. u. Komm.].

LITERATUR: R. Hague, *A Commentary on »The Anathemata« of D. J.*, Toronto 1977. – T. Dilworth, *The Anagogical Form of »The Anathemata«* (in Mosaic, 12, 1979, S. 183–195). – H. Summerfield, *An Introductory Guide to »The Anathemata« and the »Sleeping Lord« Sequence of D. J.*, Victoria/B.C. 1979. – A. C. Daly, *The Amphibolic Structure of »The Anathemata«: D. J.'s Rhetoric of ›Anamnesis‹*, Diss. Johns Hopkins Univ. 1980 (vgl. Diss. Abstracts, 40, 1980, S. 5063A). – Th. Dilworth, *D. J.'s Glosses on »The Anathemata«* (in Studies in Bibliography, 33, 1980, S. 239–253). – N. Corcoran, *The Song of Deeds: A Study of »The Anathemata« of D. J.*, Cardiff 1982.

IN PARENTHESIS

(engl.; *In Parenthese*). Dichtung in Prosa und Versen von David JONES, erschienen 1937. – Das in sieben Abschnitte gegliederte, 1928–1935 entstandene Werk des anglowalisischen Malers und Dichters ist mit zwei Abbildungen und einer Kartenskizze des Verfassers sowie einer Einführung und Anmerkungen versehen, die Jones (wie T. S. ELIOT in *The Waste Land*) als Teil des Ganzen ansah. Wie später auch in *The Anathemata* (1952) benutzt er eine unkonventionelle, persönliche Zeichensetzung zur Unterstützung von Inhalt und Form.

Das Werk gehört, oberflächlich betrachtet, zu jenen Büchern, die sich mit dem Geschehen an der Westfront des Ersten Weltkriegs auseinandersetzen, zu GRAVES' *Goodbye to All That*, SASSOONS *Memoirs of an Infantry Officer* u. a. Als modernistisches Wortkunstwerk nimmt es jedoch eine besondere und hervorragende Stellung ein. Das Gerüst der Handlung in diesem modernen Epos bilden die Erlebnisse des gemeinen Soldaten John Ball: die Parade vor der Einschiffung des aus Walisern und Londonern aufgestellten Regiments, die Schiffsreise nach Flandern, der Marsch zur Front, der erste Tag in der fremden Welt der Gräben und Unterstände, die Assimilation an den anderen Rhythmus dieser Welt, der Marsch zum Sammelplatz der Somme-Offensive, schließlich der Angriff auf den Wald des Dorfes Mametz, bei dem Ball verwundet wird und die meisten Kameraden fallen. Diese faktische Grundlage ist autobiographisch. Jones rückte 1915 mit den Royal Welsh Fusiliers ein und kehrte 1918 zurück. Von diesem Zeitraum benutzte der Autor nach eigener Aussage die Spanne zwischen Dezember 1915 und Juni 1916, jene Zeit an der Westfront, die dem einzelnen noch Raum für seine Individualität, für persönliche Assoziationen zum äußeren Geschehen ließ und die mit der Entpersönlichung, der Degradierung des Menschen zum Material während der Somme-Offensive endete. Jones bekennt sich zu Änderungen der historischen Sequenzen des Geschehens, zur Fiktivität der Charaktere, zu leichten Anachronismen – der Vorwegnahme späterer Ereignisse und Fakten –, zum dichterischen Schaffensprozeß der freien Reflexion, Assoziation, Anamnese. Zu keiner Zeit als jener, die er in einer unrealen Grabenlandschaft von eigenartigem Reiz verbrachte, habe er mit mehr Bewußtheit aus und mit der historischen und kulturellen Vergangenheit gelebt.

Wie sehr das zutrifft, zeigt der Name des Soldaten John Ball, den der Autor nach jenem Priester benannte, der 1381, während des ersten großen Volksaufstands der englischen Geschichte, als Führer der Bauern hingerichtet wurde. Es zeigt sich augenfällig an den auf die Titelseite des Buchs (*»Seinnyessit e gledyf ym penn mameu« – »Der Klang seines Schwertes dröhnte wider in den Häuptern der Mütter«*) und – in neuenglischer Übersetzung – vor die Kapitel gesetzten Verszitaten. Sie entstammen dem ANEIRIN (6. Jh.) zugeschriebenen, altkymrischen Epos *Y Gododdin*, das den Kriegszug von dreihundert walisischen Kelten in das britische Königreich Deira schildert. – Deutlicher werden die Bezüge zur Vergangenheit im Text selbst. Für den Katholiken Jones, der in Wales das Herz der britisch-anglisch-römisch-keltischen Tradition, in London die diese Tradition vereinigende Schwester Trojas und Roms sah, war jedes Faktum der Kriegsjahre nur das auslösende Moment eines tiefreichenden Assoziationsstranges, der sich in seinem geschichts- und kulturbewußten Wissen verzweigte. So ist die dichterisch umgestaltete Kriegswirklichkeit von 1915/16 zur Synthese gebracht mit der keltischen Mythologie und Dichtung (etwa

den *Mabinogi*-Erzählungen), mit Chaucer, Malorys Artusroman, Shakespeares Königsdramen (vor allem *Henry V*), mit den Dichtungen von Milton, Coleridge, Tennyson, Hopkins, mit Folklore und kymrischen Kirchenhymnen, mit Liturgie und *Heiliger Schrift*, der Karfreitagsmesse der römischen Kirche – um die wichtigsten Bezüge zu nennen.
Die Grundlage dieser faszinierend dichten und dissonanzlosen Komposition ist eine intensive, an überraschenden Bildern und ungewöhnlichen Metaphern reiche, bis an die Grenze stilistischer Gestaltungsmöglichkeiten beherrschte und in meisterhaftem Wechsel den jeweiligen Inhalten angemessene Prosa, in die Verspartien in freien Rhythmen eingelagert sind. Dieser Wechsel von Prosa und Vers wird entweder durch eine von der Prosadiktion auf den Leser ausstrahlende starke Spannung vorbereitet, die nach Lösung durch ein lyrisches Zwischenstück verlangt, oder die Prosa ist so weit rhythmisiert, daß der in Anlehnung an irische Epen durchgeführte Übergang zum Vers fließend wird. – Jones hat sein in mancher Hinsicht esoterisches, artistisch und künstlerisch sicher vollendetes Werk *In Parenthesis* genannt, weil er es *»in a kind of space between«* geschrieben hat, in einem dem Künstler vorbehaltenen, zur Vollendung des Werks nötigen *loco secreto*, weil der Krieg – für ihn mehr als für andere – etwa »in Parenthese« bedeutet, und weil *»unsere seltsame Art der Existenz als Ganzes eben nur ›in parenthesis‹ ist«*. – Als großer Außenseiter seiner Dichtergeneration wird der von Eliot und W. H. Auden hoch geschätzte Jones vielfach mit dem großen Esoteriker unter den Romantikern, William Blake, verglichen. *In Parenthesis* wurde 1938 mit dem Hawthornden-Preis ausgezeichnet. M.W.

Ausgaben: Ldn.1937; ²1961 [Einl. T. S. Eliot]. – NY 1962.

Literatur: S. Spender, Rez. (in NY Times Book Review, 15.4. 1962). – J. P. Gemmill, *»In Parenthesis«: A Study of Narrative Technique* (in Journal of Modern Literature, 1, 1971, S. 311–328). – A. C. C. Murray, *In Perspective: A Study of D. J.'s »In Parenthesis«* (in Critical Quarterly, 16, 1974, S. 254–263). – W. Blissett, *»In Parenthesis« Among the War Books* (in Univ. of Toronto Quarterly, 42, 1973, S. 258–288). – T. Dilworth, *The Parenthetical Liturgy of D. J.* (ebd., S. 241–257). – Ders., *The Liturgical Parenthesis of D. J.*, Ipswich 1979. – V. B. Sherry, *The Habit of Monologue: Poetic Voices and Literary Tradition in D. J.'s »In Parenthesis«*, Diss. Univ. of Toronto 1979 (vgl. Diss. Abstracts, 40, 1980, S. 4611A). – Ders., *D. J.'s »In Parenthesis«: New Measure* (in TCL, 28, 1982, S. 375–380). – Ders., *A New Boast for »In Parenthesis«* (in Notre Dame English Journal, 14, 1982). – Ders., *›Unmistakable Marks‹: Symbols and Voices in D. J.'s »In Parenthesis«* (in Critical Quarterly, 25, 1983).

James Joyce

* 2.2.1882 Rathgar / Dublin
† 13.1.1941 Zürich

Literatur zum Autor:
Bibliographien und Forschungsberichte:
J. J. Slocum u. H. Cahoon, *A Bibliography of J. J.*, New Haven/Conn. 1953; Nachdr. 1971. – R. H. Deming, *A Bibliography of J. J. Studies*, Kansas City 1965; ern. Boston 1977 [rev. u. erw.]. – M. Beebe, Ph. H. Herring u. A. W. Litz, *Criticism of J. J.: A Selected Checklist* (in MFS, 15, 1969, S. 105–182). – Th. F. Staley, *J. J.* (in *Anglo-Irish Literature: A Review of Research*, Hg. R. J. Finneran, NY 1976, S. 366–435). – U. Multhaup, *J. J.*, Darmstadt 1980 (EdF). – Th. J. Rice, *J. J.: A Guide to Research*, NY 1982. – Th. F. Staley, *J. J.* (in *Recent Research on Anglo-Irish Writers*, Hg. R. J. Finneran, NY 1983). – *A Companion to J. Studies*, Hg. Z. R. Bowen u. J. F. Carens, Westport/Conn. 1984.
Zeitschriften:
J. J. Review, NY 1957–1959. – J. J. Miscellany, NY/Carbondale (Ill.) 1959–1962. – A Wake Newsletter, Colchester 1962 ff. – J. J. Quarterly, Tulsa/Okla. 1963/64 ff. – J. J. Broadsheet, Ldn. 1980 ff.
Biographien:
H. S. Gorman, *J. J.: His First Forty Years*, NY 1924; Nachdr. 1982. – L. Edel, *J. J.: The Last Journey*, NY 1947; Nachdr. zul. 1982. – I. Svevo, *J. J.*, NY 1950. – P. Hutchins, *J. J.'s World*, Ldn. 1957. – M. u. P. Colum, *Our Friend J. J.*, NY 1958. – S. Joyce, *My Brother's Keeper: J. J.'s Early Years*, Hg. R. Ellmann, NY 1958 (Einl. u. Anm. R. Ellmann; Vorw. T. S. Eliot; dt. *Meines Bruders Hüter*, Ffm. 1975; st). – R. Ellmann, *J. J.*, Oxford/NY 1959; ern. 1966 [rev.]; ern. 1982 (dt. Zürich 1961; ern. Ffm. 1979, 2 Bde.; st). – S. Beach, *Shakespeare and Company*, NY 1959 (dt. Ffm. 1982; st). – J. Paris, *J. J. par lui-même*, Paris 1957 (dt. *J. J. in Selbstzeugnissen u. Bilddokumenten*, Reinbek 1960; zul. 1988; rm). – S. Joyce, *The Dublin Diary of Stanislaus J.*, Hg. G. H. Healey, Ithaca/N.Y. 1962; ern. 1971 (erw.; dt. *Das Dubliner Tagebuch des S. J.*, Ffm. 1984; st). – Ch. G. Anderson, *J. J. and His World*, Ldn. 1967. – D. v. Recklinghausen, *J. J.: Chronik von Leben u. Werk*, Ffm. 1968 (es). – A. Power, *Conversations with J. J.*, Ldn. 1974. – S. Gébler Davies, *J. J.: A Portrait of the Artist*, Ldn. 1975; Nachdr. 1982 [dt. Mchn. 1987; Heyne Tb]. – *Portraits of the Artist in Exile: Recollections of J. J. by Europeans*, Hg. W. Potts, Ldn. 1979; Nachdr. 1986. – E. O'Brien, *James and Nora: A Portrait of J.'s Marriage*, Northridge/Calif. 1981. – B. Bradley, *J. J.'s Schooldays*, Dublin 1982 [Vorw. R. Ellmann]. – B. Maddox, *Nora: The Real Life of Molly Bloom*, NY 1988.
Gesamtdarstellungen und Studien:
H. Broch, *J. J. u. die Gegenwart*, Wien/Prag 1936;

ern. Ffm. 1972 (BS). – H. Levin, *J. J.: A Critical Introduction*, Norfolk/Conn. 1941; ern. 1960 (rev.; dt. Ffm. 1977; BS). – *J. J.: Two Decades of Criticism*, Hg. S. Givens, NY 1948; ern. 1963. – W. Y. Tindall, *J. J.: His Way of Interpreting the Modern World*, Ldn./NY 1950; Nachdr. 1979. – H. Kenner, *Dublin's J.*, Bloomington/Ind. 1956; Nachdr. 1987. – M. Magalaner u. R. M. Kain, *J.: The Man, the Work, the Reputation*, NY 1956; Nachdr. 1979. – W. Rothe, *J. J.*, Wiesbaden 1957. – J. I. M. Stewart, *J. J.*, Ldn. 1957; ern. 1964. – MFS, 4, 1958 [Sondernr. *J. J.*]. – M. Magalaner, *Time of Apprenticeship: The Fiction of Young J. J.*, NY 1959. – W. Y. Tindall, *A Reader's Guide to J. J.*, NY 1959; 31970. – A. W. Litz, *The Art of J. J.: Method and Design in »Ulysses« and »Finnegans Wake«*, Ldn. 1961; Nachdr. 1968. – S. L. Goldberg, *J. J.*, NY 1962. – A. W. Litz, *J. J.*, NY 1964 (TEAS; ern. 1972; rev.). – J. Prescott, *Exploring J. J.*, Carbondale/Ill. 1964. – A. Burgess, *Re J.*, NY 1965 (u. d. T. *Here Comes Everybody: An Introduction to J. J. for the Ordinary Reader*, Ldn. 1965; ern. 1982; rev.). – D. O'Brien, *The Conscience of J. J.*, Princeton/N.J. 1967. – *J. J. Today: Essays on the Major Works*, Hg. Th. F. Staley, Bloomington/Ind. 1967. – A. M. Goldman, *J. J.*, Ldn./NY 1968. – Ders., *The J. Paradox*, Evanston/Ill. 1968. – J. Prescott, *J. J.: The Man and His Work*, Toronto 1969. – *J. J.: The Critical Heritage*, Hg. R. H. Deming, 2 Bde., Ldn. 1970; Nachdr. 1987. – E. Brandabur, *A Scrupulous Meanness: A Study of J.'s Early Work*, Urbana/Ill. 1971. – J. Gross, *J. J.*, Ldn. 1971 (dt. Mchn. 1974; dtv). – H. O. Brown, *J. J.'s Early Fiction: The Biography of a Form*, Ldn. 1972. – A. Burgess, *Joysprick: An Introduction to the Language of J. J.*, Ldn. 1973. – Th. Fischer, *Bewußtseinsdarstellung im Werk von J. J.: Von »Dubliners« zu »Ulysses«*, Ffm. 1973. – U. Multhaup, *Das künstlerische Bewußtsein u. seine Gestaltung in J. J.s »A Portrait of the Artist as a Young Man« u. »Ulysses«*, Ffm./Bern 1973. – *J.: A Collection of Critical Essays*, Hg. W. M. Chace, Englewood Cliffs/N.J. 1974. – B. Mitchell, *J. J. and the German Novel 1922–1933*, Athens/Oh. 1976. – R. M. Adams, *After J.: Studies in Fiction after »Ulysses«*, NY 1977. – B. Benstock, *J. J.: The Undiscover'd Country*, Dublin 1977. – R. Ellmann, *The Consciousness of J.*, Ldn. u. a. 1977. – M. Hodgart, *J. J.: A Student's Guide*, Ldn. 1978. – H. Kenner, *J.'s Voices*, Berkeley/Calif. 1978. – C. MacCabe, *J. J. and the Revolution of the Word*, Ldn. 1978. – J. Gordon, *J. J.'s Metamorphoses*, Dublin 1981. – M. T. Reynolds, *J. and Dante: The Shaping Imagination*, Princeton 1981. – K. P. Müller, *Epiphanie: Begriff u. Gestaltungsprinzip im Frühwerk von J. J.*, Ffm./Bern 1982. – *J. J. and Modern Literature*, Hg. W. J. McCormack u. A. Stead, Boston 1982. – *J. J.: An International Perspective*, Hg. S. B. Bushrui u. B. Benstock, Gerrards Cross 1982. – J. P. Riquelme, *Teller and Tale in J.'s Fiction: Oscillating Perspectives*, Baltimore/Md. 1983. – F. Senn, *Nichts gegen J. – J. versus Nothing: Aufsätze 1959–1983*, Zürich 1983. – *Studenten lesen J.: Interpretationen zum Frühwerk: »Stephen Hero« – »Dubliners« – »A Portrait of the Artist as a Young Man«*, Hg. J. Klein, Essen 1984. – P. Parrinder, *J. J.*, Cambridge 1984. – B. K. Scott, *J. and Feminism*, Bloomington/Ind. 1984. – *Poststructuralist J.*, Hg. D. Attridge u. D. Ferrer, Cambridge 1985. – B. Benstock, *J. J.* (in DLB, Bd. 36, 1985, S. 79–105). – Ders., *J. J.*, NY 1985. – *Critical Essays on J. J.*, Hg. ders., Boston 1985. – *J. J.*, Hg. H. Bloom, NY 1986. – *International Perspectives on J. J.*, Hg. G. Gaiser, Troy/N.Y. 1986. – H. Blamires, *Studying J. J.*, Ldn. 1987.

DUBLINERS

(engl.; *Ü: Dubliner*). Erzählungen von James Joyce, entstanden zwischen 1904 und 1912, erschienen 1914. – Dieses erste Prosawerk des irischen Autors wurde von vierzig Verlegern abgelehnt, bevor es endlich gedruckt wurde. Alle fünfzehn Geschichten dieses Bandes führen in das Milieu, dem Joyce selbst entstammte, das kleine und mittlere Bürgertum Dublins, und kreisen um typische Charaktere und exemplarische Situationen. Das Werk ist das erste literarische Zeugnis der Haßliebe, mit der Joyce dieser Stadt zugetan war. Die Atmosphäre der Erzählungen, die im Typus von der Kurzgeschichte bis zur ausgedehnten Genreszene reichen, ist düster und pessimistisch. Das geheime Thema (die Erzählungen haben keinen direkten Höhepunkt der Handlung, vielmehr nur eine Art versteckte, negative Klimax) ist *frustration*, also eine Desillusionierung, eine Enttäuschung oder ein moralisches Versagen. Einige Beispiele: Ein Priester, der einst aus Ungeschicklichkeit den Abendmahlskelch fallen ließ, stirbt, und ein Junge, der ihn als väterlichen Freund verehrt hat, wird durch die Gespräche der Schwestern des Toten über die seelischen Auswirkungen jenes Vorfalls in tiefe Verwirrung gestürzt *(The Sisters)*. – Eine Ehe kommt zustande, aber nur, weil der Mann zu schwach ist, um dem moralischen Druck zu widerstehen, dem er von verschiedenen Seiten ausgesetzt ist *(The Boarding House)*. – Eine einsame Frau begeht Selbstmord, weil ein Mann aus Selbstgerechtigkeit und moralischem Hochmut ihre Liebe verschmäht, um nicht eines Tages Ehebruch begehen zu müssen. Danach ist er so einsam, wie sie es vor ihrem Tod war *(A Painful Case)*. – Ein junger Mann will aus seinem langweiligen Leben ausbrechen, findet aber nicht die Kraft dazu *(A Little Cloud)*. – Ein Angestellter beleidigt seinen Chef, muß sich entschuldigen, kommt verärgert und betrunken nach Hause und verprügelt seinen kleinen Sohn *(Counterparts)*. – Eine menschlich vereinsamte Wäschereiarbeiterin hat einen freien Abend, besucht die Kinder, deren Amme sie einst war, und merkt in ihrer Einfalt nicht, daß sie von ihnen genasführt wird *(Clay)*. – Ein Mann erfährt von seiner Frau, daß sie seit Jahren die Erinnerung an einen Jungen bewahrt, der sie liebte und ihretwegen starb, und fühlt sich plötzlich allein und getrennt von der, die ihm am nächsten steht *(The Dead)*.

Wie diese Beispiele zeigen, sind die Erzählungen arm an äußerer Handlung. Es geht dem Erzähler allein um innere Vorgänge, und seiner Darstellung, Enthüllung oder Bloßstellung eines Charakters oder einer Situation entspricht die knappe, auf kurze Hinweise sich beschränkende Sprache. Der Autor ist dabei entweder nur Aufzeichnender, der nie direkt kommentiert (etwa dort, wo er ausführlich Gespräche, Gesten und Erzählungen von Personen wiedergibt, die sich durch patriotische Reden, endloses Trinken oder Singen über den lähmenden Einfluß des *»schmutzigen alten Dublin«* auf ihr Leben hinwegtäuschen wollen), oder er verlegt den Erzählerstandpunkt im Sinn der *Point-of-view-*Technik von Henry James ins Bewußtsein der Personen, an denen er die *»unheilbare Einsamkeit der Seele« (»the soul's incurable loneliness«)* darstellt. Bei Joyce geht der Erzählerstandpunkt bereits in *Dubliners* noch mehr im Dargestellten auf als bei James; er verwendet nicht nur die Form der »erlebten Rede«, sondern paßt auch die Sprache selbst den Erzählfiguren an, die er auf diese Weise besonders intim kennzeichnet. So benutzt der Schuljunge und Ich-Erzähler in der Geschichte *An Encounter* eine stark mit Slangausdrücken untermischte Sprache, die er einem bewunderten Schulfreund abgelauscht hat. In *Clay* entspricht der Erzählstil dem einfachen Gemüt der Wäschereiarbeiterin. Die Sprache der gegen Schluß der Erzählung *The Dead* äußerst sensibel und nuancenreich wiedergegebenen Reflexionen ist die des Literaten Gabriel Conroy selbst, von dem die Geschichte berichtet. – Diese Flexibilität des sprachlichen Ausdrucks steht ganz im Dienst der differenzierten psychologischen Einsicht in die verschiedenen Charaktere.

Über ihren eigenen literarischen Wert hinaus deuten alle in *Dubliners* versammelten Erzählungen voraus auf Sprache, Charaktere und Schauplatz der drei großen Romane des Verfassers. Die Technik der »erlebten Rede« in *Dubliners* (und *A Portrait of the Artist as a Young Man*) fortentwickelnd, konzipierte Joyce später die Form des »inneren Monologs« im *Ulysses*. Einige aus der großen Zahl der im *Ulysses* auftauchenden Personen finden sich schon in *Dubliners*. Eine weitere Beziehung zwischen beiden Werken ergibt sich daraus, daß Joyce den Tageslauf des Mr. Leopold Bloom, der Hauptgestalt des *Ulysses*, ursprünglich als eine der Erzählungen in *Dubliners* geplant hatte, diese Episode aber dann wegließ, um sie in seinem großen Roman auszugestalten. Jedenfalls führen bereits diese Erzählungen ein in jene »Welt Dublin«, die im *Ulysses* zum dichterischen mikrokosmischen Modell des Makrokosmos werden sollte. J.Dr.

AUSGABEN: Ldn. 1914. – NY 1916. – NY 1958. – Harmondsworth 1976 (Penguin). – Ldn. 1977. – NY 1978, Hg. M. Groden [Faks. d. Ms.]. – Harmondsworth 1982 (Penguin). – Ldn. 1988. – Harmondsworth 1988 (Penguin).

ÜBERSETZUNGEN: *Dublin*, G. Goyert, Basel/Zürich 1928; 41953. – *Dubliner*, D. E. Zimmer (in *Werke*, Hg. K. Reichert u. F. Senn, Bd. 1, Ffm. 1969; *Frankfurter Ausg.*). – Dass., ders., Ffm. 1976 (BS). – *Die Toten*, ders., Ffm. 1976 (engl.-dt.; Nachw. R. Ellmann; BS). – *Gnade*, ders., Ffm. 1979 (engl.-dt.; Nachw. H. Winter; RUB). – *Dubliner*, ders., Ffm. 1986 (*Frankfurter Ausg.*; es).

VERFILMUNG: *The Dead*, USA 1987 (Regie: J. Huston).

LITERATUR: R. Scholes, *Further Observations on the Text of »Dubliners«* (in Studies in Bibliography, 17, 1964, S. 107–122). – W. Beck, *J.'s »Dubliners«: Substance, Vision, and Art*, Durham/N.C. 1969. – *Twentieth-Century Interpretations of »Dubliners«*, Hg. P. K. Garrett, Ldn. 1969. – *J. J.'s »Dubliners«: Critical Essays*, Hg. C. Hart, Ldn./NY 1969. – E. San Juan, *J. J. and the Craft of Fiction: An Interpretation of »Dubliners«*, Rutherford/N.J. 1972. – U. Schneider, *J. J.: »Dubliners«*, Mchn. 1972. – *J. J.: »Dubliners« and »A Portrait of the Artist as a Young Man«. A Casebook*, Hg. M. Beja, Ldn. 1973. – *J.s »Dubliner«*, Hg. K. Reichert u. a., Ffm. 1985 (st). – D. T. Torchiana, *Backgrounds for J.'s »Dubliners«*, Boston 1985. – *J. J.'s »Dubliners«*, Hg. H. Bloom, NY 1988. – C. Werner, *»Dubliners«: A Pluralistic World*, Boston 1988.

FINNEGANS WAKE

(engl.; *Ü: Finnegans Wake*). Roman von James JOYCE, geschrieben von 1923 bis 1938, erschienen 1939. – Das Werk, vor seiner Publikation unter dem Arbeitstitel *Work in Progress* bekannt, gilt als einer der schwierigsten Romane der Weltliteratur. Als *»strangest dream that was ever half dreamt« (»der seltsamste Traum, der je halb geträumt wurde«)*, aber auch als *»war in words« (»Krieg in Worten«)* – wie es im Buch selbst heißt – hat *Finnegans Wake* die verschiedensten Deutungen und Bewertungen erfahren. Bis heute hat die Forschung weder über die dem Buch zugrundeliegende Fabel noch über weite Strecken des Textes völlige Klarheit erreicht.

Die Intention des Buches ist in den Umrissen erkennbar: Es will ein umfassendes Epos der Menschheitsgeschichte sein, so wie der *Ulysses* (1922) das Epos eines Großstadtalltags zu Beginn des 20. Jh.s ist; gerade in dieser episch-mythischen Dimension reichen beide Werke weit über den herkömmlichen Roman hinaus. Zugleich soll *Finnegans Wake* als »Nachtbuch« dem *Ulysses* als »Tagbuch« entsprechen; es ist ein ausgedehnter, von Blitzen gargantuesker Komik erhellter Alptraum. Der Mehrzahl der Interpreten gilt das Buch denn auch als die Erzählung eines riesigen Traums, den der Dubliner Humphrey Chimpden Earwicker in einer einzigen Nacht träumt. H. C. Earwicker figuriert in diesem Traum zum einen als er selbst, zum andern aber auch als eine allumfassende, quasimythische Menschengestalt, als die er *»Here Comes Everybody«, »Hircus Civis Eblanensis«* und *»Haveth Childers Everywhere«* heißen oder als Vater des ganzen Menschengeschlechts »Adam« sein kann; in dieser Funktion ist er die ins Monströse reichende Steigerung der Gestalt des modernen Jedermann Mr. Leopold Bloom aus dem *Ulysses*. Auf der realistischen Ebene der Erzählung ist Earwicker der Vater einer Dubliner Kleinbürgerfamilie, der sich im Phoenix Park einer sittlichen Verfehlung schuldig gemacht hat, verhaftet wird, sich aber dank seiner Schlauheit und Findigkeit befreien kann. Symbolisch aber wird er damit zum Adam des Sündenfalls (Phoenix Park: Tod und Auferstehung: Garten Eden). Als lokalmythische Wesenheit Dublins ist er *»Howth Castle and Environs«*, ein Berg bei Dublin also, der die Volkskraft Irlands in der Gestalt des schlafenden, im Verlauf der Erzählung aber wiedererwachenden keltischen Sagenhelden Finn *(»Hohoho, Mister Finn, you're going to be Mister Finnagain«)* repräsentiert. Earwickers Frau, Anna Livia Plurabelle, ist sowohl Eva (das A in Anna deutet auf den Schöpfungsbeginn) als auch die Verkörperung des Dubliner Flusses Liffey, der allen Schmutz wegschwemmt, als auch die versöhnende und lebenspendende Allmutter. Ihre Kinder sind das Mädchen Issy, auch Isolde, Isolt und Iseult genannt, und die Brüder Shen und Shaun (oder Jem und Jaun), die miteinander verfeindet sind. Die Schuld, die H. C. Earwicker bzw. *Here Comes Everybody* durch seine Verfehlung auf sich geladen hat, steht für andere religiöse oder mythische Sündenfälle, aber auch für alltägliche Unfälle, etwa für den Sturz von einer Leiter, der wiederum ein bekanntes irisch-amerikanisches Lied in Erinnerung bringt, das von Sturz und Tod eines Arbeiters namens Finnegan handelt. Von seiner Schuld wird HCE durch seine Frau befreit, die ihm, als alle anderen Bürger ihm ihre Sympathie versagen und ihn bei einer lokalen Wahl durchfallen lassen, verzeiht. Diese Erlösung und Entsühnung ist nach Meinung mancher Interpreten Hauptthema des Buches.

Als gigantischer Traum Earwickers ist der Roman zugleich die halb mythologische, halb modellhaft-realistische sprachliche Darstellung der Geschichte der Menschheit in vier wiederkehrenden Phasen, entsprechend der zyklischen Geschichtstheorie des italienischen Philosophen Vico (1668–1744). Mit diesen Phasen sollen allerdings auch die vier Evangelisten, die vier Himmelsrichtungen und die vier Provinzen Irlands gemeint sein. Die Entwicklung der Menschheit seit Adam und Eva, deren Namen gleich in den ersten Zeilen des Buches genannt werden, durchläuft verschiedene Stadien und führt durch eine göttlich-theologische, eine heroische, eine menschliche und schließlich eine chaotische Phase, um, wie *Finnegans Wake* selbst, nach Vollendung dieses Zyklus wieder in ihren Anfang zu münden. Im Buch sind die Übergänge von einer Periode zur anderen durch fast hundertbuchstabige verbale Donnerschläge markiert. Joyce versucht, im Fluß der Traumbilder diese Abfolge der Menschheitsgeschichte an Hand einiger Prototypen darzustellen, die er gemäß der Idee von der Seelenwanderung, der Metamorphose und der *»recirculation«* (der geschichtlichen Wiederkehr) ins Mythisch-Vieldeutige überhöht. In verschiedenen Inkarnationen der *»Metempsychose«* (das Wort und die Vorstellung tauchen schon im *Ulysses* auf) kann Earwicker zugleich auch Adam, Noah, Buddha, Finn, Falstaff, Caesar, Napoleon und Oscar Wilde sein. Das Motiv der Metamorphose erscheint in *Finnegans Wake* mehrmals, in der Mitte des Buches an der Stelle, wo sich zwei Waschweiber in Baum und Stein und ihre Klatschgeschichten in den Fluß Liffey verwandeln, und am Ende des Romans, als Anna Livia Plurabelle sich ebenfalls ganz in den *»riverrun«*, das *»Flußfließen«* des Liffey, zurückverwandelt. Das geschichtsphilosophische Prinzip der *recirculation*, ebenfalls schon in den ersten Zeilen genannt, bestimmt schließlich die Gesamtstruktur des Buches: Das Ende geht wieder in den Anfang über, das Geschehen kreist in sich selbst.

Soweit stimmen die Deutungen, die der Roman erfahren hat, überein. Die Schwierigkeiten beginnen dort, wo es zu entschlüsseln gilt, wer an einer bestimmten Stelle der Erzählung geträumt wird bzw. wer gerade als Traumfigur spricht. Es erscheint möglich, daß Earwickers Bewußtsein mythisch vieldeutig, durchlässig und allwissend ist und er deshalb ungetrennt zuweilen in andere Personen übergeht oder in seinem Bewußtsein mit ihnen verschmilzt. Außerdem herrscht in der Kritik keine Einigkeit über die Interpretation der Gestalten der Söhne Earwickers. Zum Teil sind sie sicher als Verkörperungen von James Joyce und seinem Bruder Stanislaus aufzufassen. Daß der Autor selbst in Shem steckt (der auch *»Shem the Penman«*, also *»Shem, der Mann der Feder«* genannt wird) läßt sich unter anderem aus den anspielungsreichen Titeln der Bücher schließen, die dieser geschrieben haben soll, etwa *chambermade music, an unartistic portrait of himself* und vor allem ein *usylessly unreadable Blue Book of Eccles* (im *Ulysses* wohnt Mr. Bloom in der Eccles Street). Was die Gestalt des Shaun anbelangt, so hat sich das gespannte Verhältnis zwischen Joyce und seinem Bruder gewiß in vielen der Invektiven gegen Shaun niedergeschlagen, der oft als wendiger Karrieremacher geschmäht wird. Überhaupt weisen gerade die düstersten und obszönsten Passagen des Buches auf Vorgänge in der Familie Joyce hin, wenn auch solche Anspielungen in *Finnegans Wake* stets verschlüsselt und von Assoziationen überwuchert sind.

Joyce selbst hat betont, er habe versucht, *»viele Erzählungsebenen zu einem einzigen künstlerischen Zweck aufzuschichten«*. Er erreicht dies durch die revolutionär neue Art der Sprachbehandlung, auf die auch die Vielzahl der sich widersprechenden Interpretationen zurückzuführen ist. Die Mehrdeutigkeit beginnt schon beim Titel: *Finnegans Wake* kann, jeweils mit leichter Verschiebung der Aussprache oder der Schreibung, gelesen werden als *Finn again's wake* (Finn ist wieder wach), *Finnegan's Wake* (Finnegans Totenwache, oder aber Finnegans Kielwasser), *Finnegan's Week* (Finnegans Woche), *Finnegan's Work* (Finnegans Arbeit) usw.; schließlich erscheint der Titel einmal völlig verdreht als *Funnycoon's Week* (die Woche des komischen Waschbären). Auf die Mehrdeutigkeit der Namen H. C. Earwickers wurde schon hingewiesen; sie alle beginnen mit der Buchstabengruppe HCE, und das Wort Earwicker selbst heißt »Ohrenpopler«, enthält aber zugleich auch den *»earwig«* (Ohrenkäfer), der HCE nachts belästigt und dessen ganzen Traum überhaupt erst verursacht; schließlich wird der Name ins Französische übersetzt und lautet dann *»perce-oreille« (earwig)*, was nach Rückübertragung wiederum den irischen Namen Persse O'Reilly ergibt. – Zarathustra erscheint als *»Zero-Thruster«*, Mendelssohn als *»mumblesome«*, Wagner als *»wagoner«*, MACPHERSONS Ossian als *»Makefearsome's ocean«*, und das ganze Buch wird einmal *»meandertale«* genannt (Anspielung sowohl auf den Neandertaler als auch auf einen mäandrierenden Fluß im Tal und, in metaphorischer Bedeutung, eine umwegreiche Erzählung), ein andermal *»collideorscape«* (hier sind *kaleidoscope, to collide* und *to escape* in ein Wort zusammengezogen). Die sprachliche Struktur ganzer Passagen des Buches ist dem Satz *»Was liffe worth leaving?«* ähnlich, der bedeuten kann *»War das Leben lebenswert?«*, *»War das Leben verlassenswert?«* oder *»War es der Mühe wert, den Liffey* [die Gegend bei Dublin also] *zu verlassen?«* Mittels solcher Wortbastardierungen, solcher ambi- und polyvalenter Wort- und Satzgebilde hat Joyce die Sprache des Buches äußerst dicht mit Bedeutungen und Assoziationen aufgeladen, die die Interpreten vor fast unlösbare Probleme stellen. Zuweilen erscheinen die Wortspiele als Kalauer und Sprachwitze um ihrer selbst willen, wobei es allerdings möglich ist, daß eine versteckte Bedeutung nur noch nicht entdeckt wurde. Aus Berichten über Joyce' Arbeitsweise ist zudem bekannt, daß er bisweilen um Verschlüsselung durch das entlegenere Wort bemüht war, zufällig gehörte Rufe und Geräusche einbaute und sich an der Unverständlichkeit des dadaistischen »höheren Unsinns« freute; in *Finnegans Wake* wird dem Leser an einer Stelle zugerufen: *»Shun the Punman!« (»Hütet euch vor dem Wortwitzemacher!«)* In dieser Kunst des Wortspiels hat Joyce viel von der Sprachtechnik der Erzählungen *Alice in Wonderland* und *Through the Looking Glass* von Lewis CARROLL gelernt, die der Übersetzung ähnliche Schwierigkeiten bereiten wie *Finnegans Wake*, da viele ihrer Sprachfiguren und Wortwitze ganz an die Möglichkeiten der englischen Sprache gebunden sind. Das Verständnis von *Finnegans Wake* wird noch dadurch erschwert, daß Joyce sich nicht mit dem Vokabular der englischen Sprache begnügte (die nur das sprachliche Gerüst des Romans abgibt), sondern Wörter oder Sätze aus insgesamt zweiundzwanzig Sprachen einflocht. Die Anspielungen auf entlegene orientalische und indische Mythologeme und Dichtungen, auf den *Koran, Buddhas Reden*, die *Bibel*, die irische Geschichte, die Dichtung der Antike usw. machen eine ausführliche Kommentierung unerläßlich.

Theoretisch wird Joyce' Technik der Sprachanwendung und Sprachverwandlung dadurch gerechtfertigt, daß der Stil des Buches dem Traum und der Art des träumenden Umgangs mit der Sprache entsprechen soll. Die Freudsche Theorie der sprachlichen Fehlleistungen im Alltagsleben, der Zensur und Entstellung von Bildern und Wörtern im Traum, der Verdrängung und des Verfließens von Gegenständen und Menschen im Traum war Joyce vertraut. Gerade in der sprachlichen Nachbildung dieser Verwandlungen nimmt er zugleich das antike mythologische und poetische Motiv der Metamorphose auf. Sprunghaft wie ein Traum verläuft in seinem Buch auch die Bewegung der Sprache. Er selbst sagt an einer Stelle, daß sich ein *»freudful mistake«* in den Roman eingeschlichen habe, womit er eben diese Art der sprachspielerischen Irreleitung und Verdeckung und die aus der Traumtheorie bekannte Mehrfachdetermination des Traumsymbols bzw. -gegenstandes meinte, die er in Sprache umzusetzen suchte. Andere Aspekte des Romans erschließen sich von der Psychologie C. G. JUNGS her. Vor allem die Mehrsprachigkeit des Buches ist in Verbindung mit der Jungschen Theorie vom »kollektiven Unbewußten« zu sehen. H. C. Earwicker, als mythischer *»Here Comes Everybody«* die Summe vieler Einzelbewußtseine, kann auch in mehreren Sprachen träumen und vermag, da er im Sinn der Metempsychose-Theorie die Inkarnation vieler Menschen zugleich ist bzw. im Lauf der Erzählung in all diesen Inkarnationen auftritt, deren gesamtes Wissen auch im Traum simultan zu reproduzieren. Sprachfluß und Sprachrhythmus sind in den verschiedenen Passagen des Werkes sehr unterschiedlich. Oft besitzt die Sprache große Musikalität, Weichheit und klangliche Schönheit, so besonders am Anfang, später im sogenannten »Wäscherinnen-Kapitel« und in der Schlußpassage, die auch im Sprachduktus wieder genau zum Anfang, in den sie mündet, stimmt. Daneben gibt es allerdings Stellen, die kaum artikulierbar sind, da ihr Rhythmus zu brüchig und kurzatmig ist; aber die notwendig eindeutige Aussprache des Geschriebenen läßt ohnehin die semantische Mehrdeutigkeit der Schreibung oft nicht zur Geltung kommen, die nur mit dem Auge erfaßt werden kann.

J. I. M. STEWART nannte das Buch *»ein großes komisches Werk, das schlimm mißglückt ist«*, Stanislaus JOYCE bezeichnete es abfällig als *»die Bibel des Kreuzworträtselsüchtigen«*, Arno SCHMIDT sprach von einem *»niederträchtigen Pasquill«* und wieder andere von einer Aneinanderreihung von Streit-, Sauf-, Schimpf- und Sexualszenen. Joyce selbst nannte es ein »Puzzlespiel«, das vom Leser eine lebenslange Bemühung um Verständnis verlange. Aber auch wenn der Text den einzelnen Leser überfordert – sein Reichtum ist so groß, daß bereits ein nur annäherndes Verständnis des Werkes ausreicht, dessen Größe und phantastische Komik zu ahnen und in Details zu genießen. Gerade der Kraft der *vis comica*, des grotesken Humors in *Finnegans Wake*, wird man sich schwer entziehen können; trotz aller Unklarheiten ist dieses Werk ein *»funferal«*, nämlich zugleich ein *»funeral«*, ein Begräbnis-Buch voller Trauer und Pessimismus, und ein

»fun for all«, ein (Auferstehungs-)*»Spaß für alle«*, wie Joyce selbst es in einem Wortspiel ausgedrückt hat. J.Dr.

Ausgaben: Vorabdrucke: NY 1928 *(Anna Livia Plurabelle)*. – Paris 1929 *(Tales Told of Shem and Shaun)*. – Paris 1930 *(Haveth Childers Everywhere)*. – Den Haag 1934 *(The Mime of Mick, Nick and the Maggies)*. – Weitere Vorabdrucke in den Zeitschriften Transition u. Transatlantic Review. – Ldn./NY 1939. – Ldn. 1945 *(Corrections of Misprints in »Finnegans Wake«)*. – Ldn. 1945. – Ldn. 1957. – NY o. J. [1959]. – Minneapolis 1960 (*Anna Livia Plurabelle. The Making of a Chapter*, Hg. F.M. Higginson; enth. Textentwürfe). – Evanston/Ill. 1961 (*Scribbledehobble; the Ur-Workbook for »Finnegans Wake«*, Hg. Th. E. Connolly). – Austin 1963 (*A First-Draft Version of »Finnegans Wake«*, Hg. D. Hayman; m. Anm.). – Ldn. 1966 (*A Shorter Finnegans Wake*, Hg. u. Komm. A. Burgess; Ausw.; Nachdr. 1973). – Ldn. 1975. – NY 1982. – Harmondsworth 1982 (Penguin).

Übersetzungen [Ausz.]: *Anna Livia Plurabelle*, W. Hildesheimer (in W. H., *Interpretationen: J. J.; G. Büchner; Zwei Frankfurter Vorlesungen*, Ffm. 1969; ²1973; S. 27–29, es). – Dass., ders. u. H. Wollschläger, Ffm. 1970 (2 Übers.; Einf. K. Reichert, engl.-dt.; BS). – Dass., dies., Ffm. 1981 (st). – Dass., dies. (in *Werke*, Hg. K. Reichert u. F. Senn, Bd. 4/2, Ffm. 1981; engl.-dt.; m. Anm.; *Frankfurter Ausg.*). – Dass., dies. (in *Gesammelte Gedichte. Anna Livia Plurabelle*, Ffm. 1986; engl.-dt.; *Frankfurter Ausg.*; es). – *Finnegans Wake. Übertragungen*, Hg. K. Reichert u. F. Senn, Ffm. 1989 (es; m. Übers. v. G. Goyert, K. Janslin, A. Schmidt, F. Rathjen, I. Horn, H. Beck, R. Weninger, H. Hildesheimer, H. Wollschläger).

Dramatisierungen: M. Manning, *The Voice of Shem*, Ldn. 1957. – J. Erdmann, *The Coach with the Six Insides*, 1963.

Vertonungen: J. Cage, *Writing Through »Finnegans Wake«*, 1978. – Ders., *Roaratorio: An Irish Circus on »Finnegans Wake«*, 1979. – Ders., *Muoyce*, 1984.

Literatur: S. Beckett u. a., *Our Exagmination Round His Factification for Incamination of »Work in Progress«*, Hg. E. Jolas, Paris 1929; Norfolk/Conn. ³1939; Nachdr. 1962. – E. Wilson, *The Dream of Humphrey Chimpden Earwicker* (in E. W., *The Wound and the Bow: Seven Studies in Literature*, Cambridge/Mass. 1941, S. 243–271). – J. Campbell u. H. M. Robinson, *A Skeleton Key to »Finnegans Wake«*, NY 1947; Ldn. 1957; Nachdr. Harmondsworth 1977 (Penguin). – A. Glasheen, *A Census of »Finnegans Wake«: An Index to the Characters and Their Roles*, Evanston/Ill. 1956. – F. M. Boldereff, *Reading »Finnegans Wake«*, NY 1959. – C. Hart, *Structure and Motif in »Finnegans Wake«*, Ldn. 1962. – Ders., *A Concordance of »Finnegans Wake«*, Minneapolis 1963. – B. Benstock, *Joyce-Agains Wake: An Analysis of »Finnegans Wake«*, Seattle 1965. – *Twelve and a Tilly: Essays on the Occasion of the 25th Anniversary of »Finnegans Wake«*, Hg. C. Hart u. J. P. Dalton, Ldn. 1966. – W. Y. Tindall, *A Reader's Guide to »Finnegans Wake«*, NY 1969. – J. S. Atherton, *The Books at the Wake: A Study of Literary Allusions in J. J.'s »Finnegans Wake«*, Carbondale/Ill. 1974. – M. H. Begnal u. F. Senn, *A Conceptual Guide to »Finnegans Wake«*, Univ. Park/Pa. 1974. – C. Hart, *A Concordance to »Finnegans Wake«*, Mamaroneck/N.Y. 1974. – M. C. Norris, *The Decentered Universe of »Finnegans Wake«: A Structuralist Analysis*, Baltimore 1977. – A. Glasheen, *A Third Census of »Finnegans Wake«: An Index to the Characters and Their Roles*, Berkeley 1977. – L. O. Mink, *A »Finnegans Wake« Gazetteer*, Ldn. 1978. – P. A. McCarthy, *The Riddles of »Finnegans Wake«*, Ldn. u. a. 1980. – R. McHugh, *Annotations to »Finnegans Wake«*, Ldn. 1980. – Ders., *The »Finnegans Wake« Experience*, Berkeley 1981. – D. Rose u. J. O'Hanlon, *Understanding »Finnegans Wake«: A Guide to the Narrative of J. J.'s Masterpiece*, Ldn./NY 1982. – J. Gordon, *»Finnegans Wake«: A Plot Summary*, Dublin 1986.

A PORTRAIT OF THE ARTIST AS A YOUNG MAN

(engl.; *Ü: Stephen der Held. Ein Portrait des Künstlers als junger Mann*). Roman von James Joyce, 1914/15 in Fortsetzungen in der Zeitschrift ›The Egoist‹ erschienen, in Buchform publiziert 1916. – Seit 1904 trug sich Joyce mit dem Plan, einen Roman über die Entwicklung eines jungen Künstlers zu schreiben, in dem er hauptsächlich autobiographisches Material verwenden wollte. Im Januar 1904 verfaßte er ein kurzes Prosastück mit dem Titel *A Portrait of the Artist*; als die Skizze von der Zeitschrift, in der er sie veröffentlichen wollte, nicht angenommen wurde, begann er das Manuskript zu einem Roman umzuarbeiten, der ihn von 1904 bis 1906 beschäftigte. Diese Vorstufe zu *A Portrait of the Artist as a Young Man* trug den Titel *Stephen Hero* und umfaßte 1000 Manuskriptseiten, von denen die allein noch erhaltenen 400 erstmals 1944 veröffentlicht wurden. Sie zu kennen erweist sich als nützlich, wenn man ermessen will, welch revolutionäre Fortschritte Joyce in der Erzähltechnik gemacht hatte, als er das *Portrait* schrieb. *Stephen Hero* ist ein weitgehend autobiographischer Künstlerroman; was uns erhalten ist, beschreibt zwei Jahre aus dem Leben des Stephen Dedalus, von seinem Eintritt in die Universität bis zu seiner inneren Distanzierung von allen auf eine dem Studium folgende bürgerliche Karriere gerichteten Erwartungen. In einem objektiven, realistischen, sehr nüchternen und klaren Erzählton berichtet Joyce vom Leben Stephens in Dublin, von seiner Liebe zu Emma Clery, von seinen Freunden und den religiösen, ästhetisch-theoretischen und familiären Problemen, mit denen sich Stephen, zu immer größerer Klarheit und Unabhängigkeit des Urteils und der Selbsteinschätzung gelangend, auseinandersetzen muß. Ein überlegener, »allwissender« Erzähler gibt hier im Stil des Romans des 19. Jh.s einen an Charakteren, Situationen, Dialogen und breit ausgeführten Details reichen Bericht, in dessen Mittelpunkt zwar die Entwicklung Stephens steht, neben dem aber auch andere Personen eine durchaus selbständige Existenz haben und der Aufmerksamkeit des Erzählers sicher sind.

In *A Portrait of the Artist as a Young Man*, das Joyce 1907 zu schreiben begann und im November 1914 beendete, steht Stephen in der Weise im Zentrum, daß alles Geschehen von seinem Bewußtsein, seinem subjektiven Erleben her dargestellt wird. Der Erzähler gibt die distanzierte Position auf, übernimmt die Perspektive Stephens und reproduziert bis in den Sprachstil hinein die Alters- und Bewußtseinsstufen, die sein Held von den Kindertagen bis zu dem Zeitpunkt, an dem er sich von Irland lossagt und nach Paris gehen wird, durchläuft. Im *style indirect libre*, der »erlebten Rede«, werden die Denk- und Wahrnehmungsvorgänge und die Ausdrucksweise Stephens deutlich; von einer kindlich-einfachen, noch wortarmen Sprache mit parataktischer Syntax bis zu der von kühler Intellektualität geprägten Redeweise des jungen Studenten und Künstlers reicht die Skala der Sprachstufen, die Stephens Entwicklung in aller Plastizität vermitteln.

Als Kind zu Hause, als Schüler bei den Jesuiten in Clongowes und Belvedere wächst er, ein ängstlicher, kränklicher, sensibler Einzelgänger, heran. Frühzeitig kommt er mit den Irland aufwühlenden politischen Konflikten in Berührung. Sein Vater und seine Tante streiten über Kirche und Politik, und er selbst rebelliert in der Schule schon bald gegen die Forderung der Patres nach absolutem Gehorsam: Als er ungerecht bestraft wird, beschwert er sich beim Rektor und bekommt sein Recht. In diesem Vorfall ist bereits seine spätere Rebellion gegen alles, was ihn binden und abhängig halten soll, vorgebildet: *»Der tapfere Junge ist der Vater des arroganten jungen Mannes«* (R. Ellmann). Seine Entwicklung bewegt sich auf das zunächst aus religiösen Gründen als hochmütig verworfene, später aber mit Stolz ausgesprochene *»non serviam«* zu, jenes *»I will not serve«*, mit dem er sich von Familie, Nation und Kirche lossagt, um seiner Bestimmung als Künstler zu folgen. Während seine Familie durch die Unfähigkeit des Vaters verarmt, zeichnet sich Stephen unter den Mitschülern immer mehr durch feines Gespür für Dichtung und präzises Denkvermögen aus; er ist *»ein Führer, der sich vor seiner eigenen Autorität fürchtet; stolz, sensibel und mißtrauisch, im Kampf mit dem Chaos seines Lebens und dem Aufruhr in seinem Inneren«*. Dieser Aufruhr erreicht einen Höhepunkt, als der Sechzehnjährige bei Dubliner Prostituierten seine ersten sexuellen Erfahrungen macht und sich noch einmal in tiefe religiöse Verzweiflung gestürzt sieht. Drei Predigten Father Arnalls über die Letzten Dinge, über Tod und Gericht, Hölle und Himmel, versetzen ihn in Gewissensqualen, aus denen er sich durch ein asketisches Leben mit Gebet und strengen Selbstprüfungen befreit, so daß einer der Patres ihn fragt, ob er nicht Priester werden wolle. Doch dann fallen in kurzer Zeit alle wichtigen Entscheidungen: Er entschließt sich gegen den geistlichen Beruf, und als er sich kurze Zeit später über seinen Beweggrund klarzuwerden versucht, fällt ihm eine Zeile ein, die er selbst verfaßt hat. Das bedeutet: Er ist stärker fasziniert von der *»Betrachtung einer inneren Welt individueller Gefühle, widergespiegelt in durchsichtiger, geschmeidiger, gegliederter Prosa«*. Daß er Dedalus heißt, erscheint ihm wie ein Omen, und statt der religiösen erlebt er eine profan-ästhetische Offenbarung, eine »Epiphanie«, in der ihm diesseitige Dinge schön und das Leben der künstlerischen Gestaltung wert erscheinen. Begeistert und getragen von solchen Momenten plötzlicher Einsicht, arbeitet er weiter an sich und – in Gesprächen mit seinem Freund Lynch – an der Klärung seiner ästhetischen Ideen; er benutzt in diesem Denkprozeß zwar noch die Begrifflichkeit Aristoteles' und Thomas von Aquins, doch seine Konzeption des Kunstwerks hat sich von jeglicher Bevormundung gelöst. Bald darauf wird fast beiläufig deutlich, daß er sich auch von seiner Nation gelöst hat: In einer Diskussion weigert er sich, einen nationalistischen Standpunkt einzunehmen, und kritisiert Irland heftig als das Land, das seine größten Söhne verraten habe, als *»die Sau, die ihre Ferkel frißt«*. Gegen den Wunsch seiner Mutter nimmt er nicht mehr am Ostergottesdienst teil; seine Abkehr auch von der Kirche ist vollzogen. Er sieht seinen Weg vorgezeichnet: *»Schweigen, Verbannung, List«* sind – nach dem Vorbild von Lucien de Rubemprés *»Fuge … late … tace«* in Balzacs *Splendeurs et misères des courtisanes* – die einzigen Waffen, mit denen er zu kämpfen gedenkt. Und in den Tagebuchaufzeichnungen, mit denen das Werk schließt, ruft er seinen mythisch-weltlichen Namenspatron Dädalus, den Erbauer des Labyrinths von Knossos, an: *»Alter Vater, alter Artifex, steh mir bei jetzt und immerdar.«* – Noch einmal allerdings taucht Stephen im Werk Joyce' auf: In den ersten drei Kapiteln des *Ulysses* finden wir ihn, aus Paris zurückgekehrt, wieder in Dublin, in niedergedrückter Stimmung, ohne den Enthusiasmus und die Selbstsicherheit, die ihn in den Schlußsätzen des *Portrait* beflügelten. Erst Jahre später wird er – den man weitgehend mit Joyce gleichsetzen darf – imstande sein, jene epischen Labyrinthe zu bauen, die Joyce mit *Ulysses* und *Finnegans Wake* schuf. *»Wir sind [als Leser] fest in Stephens Kopf eingeschlossen«* – so beschreibt J. I. M. Stewart die allein vom Bewußtsein des Helden bestimmte Perspektive des Romans. Das Entstehen eines Gedichts, die Ausformung von Gedanken, die subtilsten Gefühlsregungen sind durch die dem inneren Monolog engverwandte »erlebte Rede« mit einer Intimität wiedergegeben, die der Ausschließlichkeit dieser Perspektive vollkommen entspricht. Dabei wird Stephens Heranreifen nicht als kontinuierlicher Prozeß, sondern in fünf den Akten eines Dramas vergleichbaren Kapiteln bzw. Stationen verdeutlicht; zeitliche Zwischenräume werden aufgefüllt bzw. ergänzt durch Erinnerungen oder Anspielungen Stephens. Das Werk ist schon bei einer vergleichsweise vordergründigen Lektüre durchaus verständlich, dem um tieferes Eindringen bemühten Leser erschließt sich jedoch eine weitere Dimension durch das subtile Netz symbolischer Beziehungen und Bedeutungen, das sich durch den ganzen Roman zieht: Selbst realistische Details wie zum Beispiel die »Muhkuh«, von der dem Kind Stephen erzählt wird, und die Namen des Helden und anderer Personen haben tiefere, teils religiöse, teils mythische Bedeutungen, sind symbolische Verweise, die im *Ulysses* und noch in *Finnegans Wake* wiederaufgegriffen werden. Doch nicht nur in dieser Symboltechnik, auch in der strengen Hinordnung der Personen und Erlebnisse auf Dedalus zeigt sich, um wieviel konsequenter und neuer die Kompositionsform dieses Romans gegenüber *Stephen Hero* ist, der sich im Vergleich fast nur wie Rohmaterial für das *Portrait* ausnimmt.

Ezra Pound war der erste, der die revolutionären Qualitäten des Werks erkannte, und auf seine Empfehlung wurde es im ›Egoist‹ veröffentlicht. Die Bedeutung des Buchs für die Entwicklung der Erzähltechnik im 20. Jh. wird wohl nur noch von Joyce' späteren Romanen und von Prousts *A la recherche du temps perdu* erreicht. Ford Madox Ford, H. G. Wells und Wyndham Lewis bestätigten schon bald nach Erscheinen des *Portrait* dessen außerordentlichen Rang, T. S. Eliot erklärte, in diesem Buch habe unser Jahrhundert seinen Ausdruck gefunden, und der Literaturwissenschaftler J. I. M. Stewart faßte die einstimmig hohe Einschätzung des Werks in Kritik und Wissenschaft in dem Satz zusammen, *A Portrait of the Artist as a Young Man* sei *»ein ebensolcher Markstein in der Geschichte des englischen Romans wie ›Joseph Andrews‹, ›Middlemarch‹ oder ›The Way of All Flesh‹«.* J.Dr.

Ausgaben: Ldn. 1914/15 (in The Egoist, 2. 2. 1914–1. 9. 1915). – Ldn./NY 1916. – Ldn. 1932. – Ldn. 1944 (*Stephen Hero*, Hg. T. Spenser; erw. 1956, Hg. u. Einl. J. J. Slocum u. H. Cahoon). – Harmondsworth 1960 (Penguin). – NY 1962, Hg. Ch. G. Anderson [krit.]. – NY 1964, Hg. R. Ellmann [endgült. Fssg. Ch. G. Anderson]. – NY 1968, Hg. Ch. G. Anderson (krit.; m. Bibliogr.; Nachdr. Harmondsworth 1977; Penguin). – Harmondsworth 1976 (Penguin). – Ldn. 1977. – NY 1982, Hg. R. Ellmann.

Übersetzungen: *Jugendbildnis*, G. Goyert, Basel 1926. – Dass., ders., Zürich 1945. – *Stephen Daedalus*, ders., Pfullingen 1958. – *Jugendbildnis des Dichters*, ders., Ffm. 1960 (Nachw. H. Viebrock; EC). – *Jugendbildnis*, ders., Ffm. 1965. – *Jugendbildnis des Dichters*, ders., Ffm. 1967 (FiBü). – *Stephen der Held. Ein Portrait des Künstlers als junger Mann*, K. Reichert (in Werke, Hg. ders. u. F. Senn, Bd. 2, Ffm. 1971; *Frankfurter Ausg.*). – Dass., ders., Ffm. 1976 (BS). – Dass., ders., Ffm. 1987 (*Frankfurter Ausg.*; es).

Dramatisierung: H. Leonard, *Stephen D.: A Play in Two Acts*, Ldn./NY 1964.

Literatur: W. T. Noon, *J. and Aquinas*, New Haven (Conn.)/Ldn. 1957. – R. M. Kain u. R. E. Scholes, *The First Version of J.'s »Portrait«* (in Yale Review, 49, 1960). – R. S. Ryf, *A New Approach to J.*, Berkeley/Los Angeles 1962. – *J.'s »Portrait«: Criticisms and Critiques*, Hg. T. E. Conolly, NY 1962. – *The Workshop of Daedalus: J. J. and the Raw Materials for »A Portrait of the Artist as a Young Man«*, Hg. R. E. Scholes u. R. M. Kain, Evanston/Ill. 1965. – W. Erzgräber, *J. J.: »A Portrait of the Artist as a Young Man«* (in *Der moderne engl. Roman*, Hg. H. Oppel, Bln. 1965; [2]1971, S. 78–114). – L. Hancock, *Word Index to J. J.'s »Portrait of the Artist«*, Carbondale (Ill.)/Ldn. 1967. – Ch. G. Anderson, *J. J. and His World*, Ldn. 1967. – D. C. Gifford u. R. J. Seidman, *Notes for J.: »Dubliners« and »A Portrait of the Artist as a Young Man«*, NY 1967. – *Twentieth-Century Interpretations of »A Portrait of the Artist as a Young Man«: A Collection of Critical Essays*, Hg. W. M. Schutte, Englewood Cliffs/N.J. 1968. – T. F. Staley, *A Critical Study Guide to J. J.'s »A Portrait of the Artist as a Young Man«*, Totowa/N.J. 1968. – K. E. Robinson, *The Stream of Consciousness Technique and the Structure of J.'s »Portrait«* (in J. J. Quarterly, 9, 1971, S. 63–84). – *J. J.'s »Portrait«: Das ›Jugendbildnis‹ im Lichte neuerer dt. Forschung*, Hg. W. Füger, Mchn. 1972. – *J. J.: »Dubliners« and »A Portrait of the Artist as a Young Man«. A Casebook*, Hg. M. Beja, Ldn. 1973. – H. P. Sucksmith, *J. J.: »A Portrait of the Artist as a Young Man«*, Ldn. 1973. – *Materialien zu J. J.s »Ein Porträt des Künstlers als junger Mann«*, Hg. K. Reichert u. F. Senn, Ffm. 1975 (m. Bibliogr.; es). – H.-W. Ludwig, *Stephen Dedalus als Sprachkünstler: J. J.s Künstlerbildnis zwischen Ästhetizismus u. Moderne* (in Anglia, 94, 1976, S. 98–120). – *Approaches to J.'s »Portrait«: Ten Essays*, Hg. T. F. Staley u. B. Benstock, Pittsburgh 1976. – A. Heller, *Ambiguous Equilibrium: J.'s »A Portrait« Reconsidered* (in LWU, 11, 1978, S. 32–41). – *J. J.'s »A Portrait of the Artist as a Young Man«*, Hg. H. Bloom, NY 1988.

ULYSSES

(engl.; *Ü: Ulysses*). Roman von James Joyce, entstanden 1914–1921, auszugsweise 1918–1920 vorabgedruckt in der Zeitschrift ›The Little Review‹, Erstausgabe 1922. – Joyce plante zunächst, die Erzählung vom Tageslauf des Annoncenakquisiteurs Leopold Bloom den Geschichten des Bandes *Dubliners* als dreizehnte beizugeben, verzichtete aber darauf und begann 1914, die bescheidene Handlung zu einem Epos von einmaliger Komplexität und Beziehungsfülle und die Person Blooms zu einem der am detailliertesten beschriebenen

Charaktere der Weltliteratur umzugestalten. In siebenjähriger Arbeit wurde aus der Geschichte vom Alltag eines Dubliner Kleinbürgers ein Romanwerk, das an Vielschichtigkeit der Bedeutung, an Differenziertheit der Erzähltechniken, an Motiv- und Symbolfülle in der Literatur des 20. Jh.s eine singuläre Erscheinung ist: Epos, Chronik und Drama, Reportage, Essay und Entwicklungsroman zugleich, eine *»spaßhaft-geschwätzige allumfassende Chronik mit vielfältigstem Material«* (Joyce), die Beschreibung des *»Welt-Alltags der Epoche«* (Hermann Broch). – Vordergründig-realistisch ist *Ulysses* die Geschichte dreier Einwohner Dublins, ihrer Handlungen, Begegnungen und Gedanken am 16. Juni 1904 von acht Uhr früh bis zum nächsten Morgen um etwa drei Uhr, die Geschichte eines Tages im Leben von Leopold Bloom, Anzeigenagent des »Freeman's Journal«, seiner Frau Marion (»Molly«) und des jungen Lehrers und Schriftstellers Stephen Dedalus (Hauptfigur von Joyce' 1916 erschienenem Roman *Portrait of the Artist as a Young Man*). Um diese Gestalten gruppiert sich eine Unzahl von Bürgern Dublins, mit denen die drei im Verlauf dieses Tages in Berührung kommen und bei denen es sich zum Teil um Personen handelt, die bereits in *Portrait* oder *Dubliners* aufgetreten sind. Diese Story erhält ihre Plastizität und Tiefendimension auf dreierlei Weise: 1. durch eine von Kapitel zu Kapitel wechselnde Erzähltechnik, die vom objektiven Erzählstil (Er-Form) über die erlebte Rede und den inneren Monolog bis zur Dramatisierung und schließlich zur Auflösung der Szene in Frage-und-Antwort-Spiele reicht; 2. durch eine in der bisherigen Romanliteratur unerreichte Präzision und Rücksichtslosigkeit in der Darstellung feinster, bis in die Zonen des Vor- und Unbewußten reichender psychischer Regungen, Vorstellungen und Wünsche; 3. durch die Verwendung von HOMERS *Odyssee* als mythisch-poetischer Folie, als Bezugs- und Deutungssystem, das die trivial-moderne Szene ständig relativiert, parodiert, in Relief setzt.

Der Roman ist in achtzehn Episoden gegliedert. Hauptperson der ersten drei ist Stephen Dedalus, der aus dem Pariser Exil, wo er sein Medizinstudium abgebrochen hat, nach Irland zurückgekehrte Künstler. In der ersten Episode, *Telemachus* genannt (weil Stephen wie Telemachos, Odysseus' Sohn, auf der Suche nach einem Vater ist), frühstückt Stephen zusammen mit seinem Medizinerfreund Buck Mulligan und dem Oxfordstudenten Haines in seiner Wohnung im Martello Tower, einem alten Befestigungsturm an der Dubliner Bucht. Bereits hier beginnt Joyce' symbolisch-leitmotivische Arbeit, die den ganzen Roman durchzieht und seiner äußeren Handlung ein Netz von Bezügen unterlegt, die die zahlreichen Episoden und Personen miteinander verknüpfen: Hier taucht das Fruchtbarkeitssymbol der Kuh auf (als Frühstücksmilch), hier erscheinen bereits die Zynismen des Mediziners Mulligan, die ersten Anspielungen auf Homer und auf die Shakespeare-Studien und -Thesen Stephens (von denen in der 9. Episode ausführlicher die Rede sein wird) sowie die ersten Parallelen zwischen Stephen und Leopold Bloom (beide sind gutmütig und werden betrogen: Stephen von Mulligan, der ihn ausnutzt, Bloom von seiner Frau, die am Nachmittag desselben Tages mit dem Sänger Blazes Boylan Ehebruch begeht). Eine Stunde später ist Stephen (in der zweiten, der *Nestor-Episode*) als Lehrer an der Schule Mr. Deasys tätig, der ihm – ein Nestor der Moderne – Ratschläge und Prophezeiungen mit auf den Weg gibt, antisemitische Expektorationen und außerdem einen Brief betreffend die Behandlung der Maul- und Klauenseuche, den Stephen später in der Zeitung, für die Bloom arbeitet, unterzubringen versucht. Die Technik des »inneren Monologs« wird erstmals in größerem Stil in der dritten Episode, *Proteus*, verwandt: Nach der Schule geht Stephen am Strand spazieren, führt in Gedanken Selbstgespräche, erinnert sich an die Monate in Paris, an die Rückkehr nach Dublin kurz vor dem Tod seiner Mutter, der er in kaltem Stolz die Erfüllung ihrer letzten Bitte, er möge an ihrem Sterbelager beten, verweigert hat – seine Gewissensbisse sind im Verlauf des Romans als *»agenbite of inwit«* (spätmittelenglische Form) häufig wiederkehrendes Motiv und Stichwort – und konzipiert ein Gedicht, das er auf einem Zettel notiert. Damit ist eine Hauptperson eingeführt, die sich im Lauf des Tages »proteisch« wandeln wird: Der Tag mag ein Tag wie viele andere sein, an seinem Ende aber wird Stephen aus der Begegnung mit Bloom gewandelt und gereifter hervorgehen.

Der humane, aber durchschnittliche Leopold Bloom, der moderne Jedermann, Ire ungarisch-jüdischer Abstammung, tritt erstmals in der vierten Episode *(Calypso)* auf. Er bereitet das Frühstück für Molly, liest einen Brief seiner Tochter Milly, kauft sich Nieren zum Frühstück, ißt, geht aufs WC, wo er in einer alten Illustrierten eine Kurzgeschichte liest. Wie Odysseus die Calypso, so verläßt Bloom seine Frau und beginnt seine tägliche Odyssee durch Dublin, während seine Gedanken immer wieder zu Molly zurückschweifen, die er bei der Heimkehr als eine Penelope, realiter: eine treue Gattin, wiederzusehen hofft. Sein Weg führt ihn zunächst zum Postamt, wo er unter dem Namen »Henry Flower« einen postlagernden Brief abholt: Er korrespondiert heimlich mit einer Stenotypistin namens Martha Clifford – ein bescheidenes Pendant zu den vielen Ehebrüchen seiner Frau. Dann wohnt er kurz einem Gottesdienst bei, kauft ein Stück Seife, geht in ein öffentliches Bad und regrediert narzißtisch: Er betrachtet sich im Wasser, gedankenlos und egoistisch wie die Gefährten des Odysseus, die von den *Lotos*-Pflanzen aßen, die das Symbol dieser Episode sind. Seine *Hades*-Fahrt führt Bloom zum Friedhof, wo um elf Uhr sein Freund Paddy Dignam begraben wird. Unter den Trauergästen ist auch Stephens Vater Simon Dedalus. Dignam ist einer Herzschwäche erlegen – und das Herz wie die Lunge, die das symbolische Organ der nächsten Episode, des *Aeolus*-Kapitels, ist, sind Organe des »Kreislaufs«; dieser Oberbegriff verbindet die beiden Kapitel. »Circulation« ist auch das Stichwort für die Zeitung, wo Bloom kurz nach Mittag vorspricht und über ein Schlüsselemblem verhandelt, das in einer Anzeige verwandt werden soll. Hier kommt es beinahe zur Begegnung mit Stephen, der gerade versucht, Mr. Deasys Artikel unterzubringen, und dann mit den Journalisten in eine Kneipe geht. Ums Fressen geht es in der nächsten Episode: Es ist Lunch-Zeit, und die Dubliner sind so gierig (wie die *Lästrygonen*, das menschenfressende Riesenvolk aus der *Odyssee*), daß Bloom Mühe hat, ein Restaurant zu finden, wo er seine bescheidene Mahlzeit einnehmen kann. Noch einmal führen Blooms und Stephens Wege nur knapp aneinander vorbei: Als Bloom in der Bibliothek nach einer alten Zeitung sucht, diskutiert Stephen in einem Nebenraum seine Shakespeare-Theorien, doziert er ein paar Zuhörern und Mitdiskutanten »Theologicophilologik«, bringt er hochgelehrte Thesen vor, die er dann allerdings selbst nicht ganz ernst nimmt. Bloom hört einen Moment zu, entkommt dann aber (wie Odysseus der Scylla und der Charybdis), während Stephen weiterredet: Der Geist des Königs in *Hamlet* sei Shakespeare selbst, und Prinz Hamlet sei die Verkörperung von Shakespeares Sohn Hamnet, der mit elf Jahren starb – Vorausdeutung wieder auf die Vater-Sohn-Thematik (die später in der nächtlichen Begegnung zwischen Bloom und Stephen ihren Höhepunkt findet) und zugleich die letzte Episode, in der Stephen seine ganze hochmütige Schärfe im Gebrauch von Begriffen demonstriert. Wie durch die *Irrfelsen*, die einmal in der *Odyssee* erwähnt werden, bewegen sich in den achtzehn kurzen Abschnitten der zehnten Episode eine Reihe von Dublinern, in immer neuen Konstellationen von Nähe und Ferne zueinander, im Labyrinth ihrer Stadt; der gemeinsame Bezugspunkt ihrer höchst unterschiedlichen Wege, Gedanken und Wahrnehmungen ist die Fahrt des Vizekönigs durch Dublin: Alle sehen ihn, manche nur kurz, manche länger. Ein beigeordnetes Leitmotiv ist ein den Liffey hinabtreibender zerknüllter Zettel, den Bloom am Morgen in den Fluß geworfen hat und der ebenfalls von verschiedenen Personen auf verschiedene Weise wahrgenommen wird. Die *Sirenen* hinter einem »Thekenriff« sind das quasi homerische Personal des Restaurants Ormond, wo neben Bloom auch Simon Dedalus und Blazes Boylan einkehren. Bloom schreibt dort an seine unbekannte Briefpartnerin und will dann Martin Cunningham treffen, um gemeinsam mit ihm den verarmten Hinterlassenen Paddy Dignams zu helfen. Sirenenhaft-musikalisch ist auch die Sprache dieses Kapitels: Wie Themen eines Musikstückes werden zu Beginn eine Anzahl von Sätzen exponiert, die dann erweitert, »durchgeführt«, wiederaufgenommen, variiert und wie Notensequenzen umgestellt werden. Inzwischen ist es fünf Uhr nachmittags geworden; Bloom geht in Barney Kiernans Pub, läßt sich dort in ein Gespräch mit einem Dubliner, dem »Bürger«, ein, einem irischen Nationalisten der Sinn-Fein-Bewegung und Antisemiten, der ihn beleidigt und schließlich – Parodie des Polyphem, der dem fliehenden Odysseus einen Felsen nachschleudert – mit einer Teebüchse nach Bloom wirft, der in einem Wagen den Gewalttätigkeiten des (im übertragenen Sinn) »Einäugigen«, des vorurteilsbeladenen, megalomanen Autochthonen entkommt. Am Strand findet Bloom etwas Ruhe; aus der Ferne beobachtet er drei Mädchen, unter ihnen die sentimentale, aber durchtriebene Gerty McDowell, aus deren Perspektive zunächst erzählt wird. Als sie Blooms Blicke bemerkt, nehmen ihre Wunschphantasien eine eindeutige Richtung: Sie hebt ihre Röcke, um Bloom zu erregen, der nun zum Voyeur wird und onaniert – wiederum eine Szene der mißlungenen Kommunikation, Zeichen der Ausgeschlossenheit Blooms, der seiner Veranlagung nach ein vorsichtiger Einzelgänger, als Jude ein Exilierter und in seinen Liebesbeziehungen frustriert ist: Seit elf Jahren hat er nicht mehr mit seiner Frau geschlafen, und wie dem Odysseus der Besitz Nausikaas (nach der diese Episode benannt ist), so bleibt Bloom der Besitz Gertys verwehrt.

Sein Mitleid führt ihn dann ins Frauenspital, wo eine Bekannte, Mrs. Purefoy, in den Wehen liegt. Während er sich im unteren Stockwerk mit Stephen, Mulligan, dem Arzt Dixon, der ihm – eines der immer wiederkehrenden Motive des Buches – einst einen Bienenstachel entfernt hat, unterhält, schenkt droben Mrs. Purefoy einem Sohn das Leben. *»Jede Episode ... sollte ihre eigene Erzähltechnik nicht nur bedingen, sondern geradezu hervorbringen«*, schreibt Joyce in einem Brief, und die Erzähltechnik dieses Kapitels spiegelt die Entwicklung eines Embryos in einer sprachlichen Analogie wider: Joyce ahmt hier den englischen Prosastil vom Altenglischen über MANDEVILLE, SWIFT, STERNE, CARLYLE und RUSKIN bis zu WILDE und einem zeitgenössischen Schüler- und Studentenslang nach – Sprachgeschichte als Embryologie. Die jungen Mediziner im Spital machen allerdings nur Witze über Mrs. Purefoys Entbindung, vergehen sich gegen ihre Fruchtbarkeit wie Odysseus' Gefährten gegen die *Rinder des Helios* (Titel dieser Episode) und eilen zur Vorortbahn, um zum Bordell der Bella Cohen, der Dubliner *Circe*, zu fahren. Ein Traumspiel, ein zweihundertseitiges Pandämonium, hebt an; die untersten Seelenschichten der Beteiligten werden zuoberst gekehrt: Bloom wird halluzinatorisch zur Frau, gebiert, wird von »Bello« (die Bordellmutter als Mann) gequält, seine sado-masochistischen Neigungen kommen zum Vorschein. »Circe« verwandelt ihn und seine Gefährten in Schweine: Blooms Visionen sind erotisch-pervers, Stephens grotesk und tragisch, doch am Ende erblickt Bloom, ähnlich wie Stephen, der seine tote Mutter beschwört, einen Menschen, den er geliebt und verloren hat: seinen Sohn Rudy. Die Satansmesse des freigesetzten Unbewußten, die tiefenpsychologische Walpurgisnacht endet, als Stephen, von Bloom begleitet, aus dem Bordell flieht. Erst als er sich vom Straßenpflaster erhebt (ein Soldat hat ihn niedergeschlagen, und Bloom hat wie ein Vater bei ihm gewacht), bewegt sich die

Erzählung wieder ruhiger, dann aber auch müder und zerfahrener voran. Die beiden kehren in einer Kutscherkneipe ein, unterhalten sich, reden allerdings auch aneinander vorbei: Stephen ist nervös und reizbar, Blooms bescheidener, wenn auch vorurteilsloser Geist ist ihm nicht gewachsen. Dennoch entwickelt sich in dieser (nach *Eumäus*, dem treuen Sauhirten des Odysseus, benannten) Episode zwischen beiden eine unausgesprochene Sympathie. Dann ziehen sie Arm in Arm zu Blooms Wohnung in der Eccles Street Nr. 7; Bloom muß durch ein Hinterfenster einsteigen (heimlich und unerkannt betritt er sein Heim wie der zurückgekehrte Odysseus seinen Palast), und als Getränk kann er Stephen nur Kakao anbieten: Parodie des Weines, mit dem die Kommunion-Kommunikation der beiden durch eine mystische Vater-Sohn-Beziehung Verbundenen eigentlich vollzogen werden müßte. Und in ironischer Distanz zu der menschlichen Wärme, die zwischen ihnen aufkommt, steht auch die Erzählweise dieser Episode, der Heimkehr von Vater und Sohn nach *Ithaka*: In einem katechismusartigen, pseudodogmatischen, pseudowissenschaftlichen Fragespiel mit umständlich-exakten Antworten wird die Situation genau analysiert, bis Stephen schließlich das Haus verläßt. Odysseus ist heimgekehrt und legt sich neben *Penelope* (Molly) schlafen. Damit beginnt der letzte Abschnitt des Romans, der vierzigseitige innere Monolog der Molly Bloom, der interpunktionslos wiedergegebene Strom ihres Bewußtseins, der seinen Ausgang bei dem zurückgekehrten Bloom nimmt (den Molly verachtet und betrügt und an dem sie dennoch hängt) und der schließlich wieder zu Bloom zurückkehrt. *»Ich bin das Fleisch, das stets bejaht«* – so kennzeichnet Joyce die dem Irdischen verhaftete, unintellektuelle, sinnliche Molly, die Verkörperung von Fruchtbarkeit, Wärme und Leben, und mit einem »Ja« beginnt und endet, als sie frühmorgens einschläft, ihre Gedankenflucht: *»... und dann umschlangen ihn meine Arme ja ich zog ihn herab zu mir daß er meine duftenden Brüste fühlte ja und ganz wild schlug ihm das Herz und ja ich sagte ja ich will ja.«*

Ezra Pound, T. S. Eliot und Valéry Larbaud gehörten zu den ersten Bewunderern des Buches, das schon kurz nach seinem Erscheinen zu Berühmtheit gelangte, aber erst Jahre später größere Verbreitung fand. Die englische und amerikanische Zensur, aber auch die Fülle von romantechnischen Neuerungen, die die Lektüre bis heute schwierig gestalten, verhinderten eine breitere Rezeption. Die für viele schockierende Freizügigkeit, mit der Joyce Vorgänge und Wünsche, die die Sexual- und Uro-Anal-Sphäre betreffen, darstellte, war auch der Grund für die Eingriffe der Zensur in den puritanischen angelsächsischen Ländern (in Irland durfte der *Ulysses* lange Zeit nicht verkauft werden). Zum anderen setzt die Motivtechnik des Romans, die Verwendung von Wörtern und Bildern, die erst später ihre Erklärung bzw. ihre direkte oder indirekte Aufhellung erfahren und in einen Zusammenhang gestellt werden, ein gutes Gedächtnis und eine geschulte Lesetechnik voraus. Bei genauer Lektüre jedoch erweist sich *Ulysses* als ein Werk, für dessen ingeniöse Konstruktion und für dessen Dichte in der Weltliteratur nur wenig Vergleichbares zu finden ist. Es gibt keine stumpfen Motive, keine losen Enden in dem Anspielungs- und Verweisungsgefüge dieses Buches, das in der Bedeutungsgeladenheit jedes einzelnen Satzes eher mit streng komponierter Lyrik als mit der herkömmlichen Romanliteratur verglichen werden kann.

Joyce ist im *Ulysses* minuziöser Realist; er zeichnet das Dublin des Jahres 1904 so plastisch und – von Fleischkonservenmarken bis zu Schiffsnamen, von damals gängigen Liedern bis zu Straßennamen – so detailgetreu, daß Arno Schmidt das Werk ein *»Handbuch für Städtebewohner«* nennen konnte. Ebenso minuziös wird die psychische Realität der Personen aufgezeichnet; *Ulysses* ist einer der ersten Romane, in die die tiefenpsychologischen Erkenntnisse Freuds eingingen, und Joyce fand in der Technik des inneren Monologs, der unmittelbaren Reproduktion der bewußten und halbbewußten Träume, Gedanken, Wünsche des Menschen, das adäquate literarische Instrument, psychische Vorgänge ohne einen vorgeschalteten fiktiven Erzähler wiederzugeben. Er erkannte, obwohl Édouard Dujardin in *Les lauriers sont coupés* (1888) den inneren Monolog schon vor ihm benutzt hatte, die Möglichkeiten dieser Erzähltechnik, die er bereits so differenziert einsetzte, daß die verschiedenen Arten des Assoziierens sich deutlich voneinander abheben: Die assoziative Gedankenflucht Stephens tendiert zum Begrifflichen, Philosophisch-Spekulativen; Bloom assoziiert Zivilisatorisches, Seife, Essen, Reklameverse, Operettenmelodien; Molly dagegen Körperliches, Sexuelles, Düfte usw. Joyce verliert sich dabei nicht ins Mikroskopische, stellt vielmehr – gewiß halb ironisch – Dublin und seine Menschen in kosmische Bezüge, macht es zum *omphalos*, zum Nabel der Welt, und heitert die triste Alltäglichkeit seines Stoffes vor allem durch die antike Folie auf, durch die witzig-komplexen Bezüge auf die heroische Welt Homers.

Die Wirkung des Werkes, das aufgrund seiner vielschichtigen Struktur und seines Anspielungsreichtums eine schon heute unüberschaubare Fülle von literarkritischen und philologischen Studien nach sich gezogen hat, ist kaum abzuschätzen. Die kompositorische Stringenz des *Ulysses*, die Sprachbehandlung und die Präzision der Detailbeobachtung haben für die Romankunst Maßstäbe gesetzt, denen im 20. Jh. wenige andere Werke, darunter wohl Prousts *A la recherche du temps perdu*, Musils *Der Mann ohne Eigenschaften* und Döblins *Berlin Alexanderplatz*, gerecht werden. Fortgewirkt hat vor allem die Technik des inneren Monologs, die sich z. B. bei Döblin, in Thomas Manns *Lotte in Weimar*, in Hermann Brochs *Tod des Vergil*, bei Alfred Andersch, Uwe Johnson und Arno Schmidt findet. – Bewunderung bei den Kritikern aber fand vor allem die konsequent durchgehaltene – von Stuart Gilbert nach Hinweisen von

Joyce aufgeschlüsselte – Symbol- und Motivstruktur des Buches, die Zuordnung eines Schauplatzes, eines Organs, eines Symbols (oder einer Symbolfigur) und einer bestimmten Erzähl- oder Sprachtechnik zu jedem einzelnen Kapitel, ohne daß daraus ein trockenes Konstruktionsprinzip würde. Weder zynisch noch pessimistisch, wie man ihm oft vorgeworfen hat, ist der *Ulysses* auf weite Strecken von überwältigender Realistik und oft geradezu halkyonischer Heiterkeit. *»Ich habe nichts gelesen, das ihm übertrifft, und bezweifle, je etwas gelesen zu haben, das ihm gleichkäme«* (A. Bennett). J.Dr.

AUSGABEN: NY 1918–1920 (in Little Review, März 1918 – Okt. 1920; Ausz.). – Paris 1922. – Ldn. 1922. – Ldn. 1937; ern. 1958 [1. vollst. Ausg.]. – Ldn. 1967. – Harmondsworth 1969. – Berkeley 1974, Hg. C. Hart u. D. Hayman. – Ldn./NY 1975, 3 Bde. [Faks. d. Ms.; Einl. H. Levin]. – Harmondsworth 1978 (Nachw. R. Ellmann; Penguin). – NY 1984, Hg. H. W. Gabler u. a., 3 Bde. [krit.; m. Synopse]. – Harmondsworth 1986, Hg. H. W. Gabler u. a. (Penguin).

ÜBERSETZUNGEN: *Ulysses*, G. Goyert, Basel 1927. – Dass., ders., Zürich 1956. – Dass., ders., Mchn. 1966 (dtv). – Dass., ders., Ffm. 1967 [Einf. C. Giedion-Welcker; Nachdr. 1973]. – Dass., H. Wollschläger (in *Werke*, Hg. K. Reichert u. F. Senn, Bd. 3, Ffm. 1975; *Frankfurter Ausg.*). – Dass., ders., Ffm. 1981 (*Frankfurter Ausg.*; es). – *Penelope. Das letzte Kapitel des »Ulysses«*, ders. u. G. Goyert, Ffm. 1981 (engl.-dt.; es).

VERFILMUNG: England 1967 (Regie: J. Strick).

LITERATUR: T. S. Eliot, *»Ulysses«: Order and Myth* (in Dial, 75, 1923, S. 480–483). – E. R. Curtius, *J. J. u. sein »Ulysses«*, Zürich 1929. – S. Gilbert, *J. J.'s »Ulysses«: A Study*, Ldn. 1930; ²1952 (dt.: *Das Rätsel Ulysses. Eine Studie*, Zürich 1960; ern. Ffm. 1983). – F. Budgen, *J. J. and the Making of »Ulysses«*, Ldn. 1934; ern. Bloomington/Ind. 1960; ern. Ldn. 1972 [rev. u. erw.; Einl. C. Hart]. – M. L. Hanley, *Word Index to J. J.'s »Ulysses«*, Madison 1953. – R. Ellmann, *The Background of »Ulysses«* (in KR, 16, 1954, S. 337–386). – R. Loehrich, *The Secret of Ulysses: An Analysis of J. J.'s »Ulysses«*, Ldn. 1955. – W. M. Schutte, *J. and Shakespeare: A Study in the Meaning of »Ulysses«*, Ldn. 1957. – R. M. Kain, *Fabulous Voyager: J. J.'s »Ulysses«*, Chicago 1957. – R. M. Adams, *Surface and Symbol: The Consistency of J. J.'s »Ulysses«*, NY 1962. – W. B. Stanford, *The Ulysses Theme: A Study in the Adaptability of a Traditional Hero*, Oxford ²1963. – S. Sultan, *The Argument of Ulysses*, Ohio 1964. – H. Blamires, *The Bloomsday Book: A Guide Through J.'s »Ulysses«*, Ldn. 1966; ern. 1974 [rev.; zul. 1988]. – C. Hart, *J. J.'s »Ulysses«*, Sydney 1968. – E. Kreutzer, *Sprache u. Spiel im »Ulysses« von J. J.*, Bonn 1969. – U. Schneider, *Die Funktion der Zitate im »Ulysses« von J. J.*, Bonn 1970. – *Approaches to »Ulysses«: Ten Essays*, Hg. T. F. Staley u. B. Benstock, Pittsburgh 1970. – D. Hayman, *»Ulysses«: The Mechanics of Meaning*, Englewood Cliffs/N.J. 1970; ern. 1982 [rev.]. – M. Beebe, *»Ulysses« and the Age of Modernism* (in J. J. Quarterly, 10, 1972, S. 172–188). – R. Ellmann, *Ulysses on the Liffey*, Ldn./NY 1972; ern. 1978 [rev.]. – S. Field, *Bloomsday: An Interpretation of J. J.'s »Ulysses«*, Ldn. u. a. 1972. – U. Mühlheim, *Mythos u. Struktur in J. J.s »Ulysses«: Die Verarbeitung d. klassischen Mythos für die Darstellungstechnik von J. J.*, Diss. Köln 1973. – E. R. Steinberg, *The Stream of Consciousness and Beyond in »Ulysses«*, Ldn. 1973. – *J. J.'s »Ulysses«: Critical Essays*, Hg. C. Hart u. D. Hayman, Berkeley 1974. – M. Shechner, *J. in Nighttown: A Psychoanalytic Enquiry into »Ulysses«*, Ldn. 1974. – M. French, *The Book as World: J. J.'s »Ulysses«*, Ldn. 1976. – M. Seidel, *Epic Geography: J. J.'s »Ulysses«*, Princeton/N.J. 1976. – J. H. Raleigh, *The Chronicle of Leopold and Molly Bloom: »Ulysses« as Narrative*, Berkeley 1977. – *J. J.s »Ulysses«: Neuere deutsche Aufsätze*, Hg. Th. Fischer-Seidel, Ffm. 1977 (es). – E. Lobsien, *Der Alltag des »Ulysses«: Die Vermittlung von ästhetischer u. lebensweltlicher Erfahrung*, Stg. 1978. – H. Kenner, *»Ulysses«*, Ldn. 1980; Nachdr. 1987 (dt. Ffm. 1981; es). – K. Lawrence, *The Odyssey of Style in »Ulysses«*, Princeton/N.J. 1981. – Ch. Schöneich, *Epos u. Roman: J. J.s »Ulysses«. Beitrag zu einer historisierten Gattungspoetik*, Heidelberg 1981. – B. Thomas, *J. J.'s »Ulysses«: A Book of Many Happy Returns*, Baton Rouge/La. 1982. – W. Erzgräber, *J. J.s »Ulysses«: Zur Konstruktion u. Komposition eines modernen Romans* (in Universitas, 40, 1985, S. 289–301). – *J.'s »Ulysses«: The Larger Perspective*, Hg. R. D. Newman u. W. Thornton, Newark/Del. 1987. – D. R. Schwarz, *Reading J.'s »Ulysses«*, Ldn. 1987. – *J. J.'s »Ulysses«*, Hg. H. Bloom, NY 1988. – D. E. Zimmer, *Der J. J.-Krieg* (in Die Zeit, 10. 3. 1989).

ARTHUR KOESTLER

* 5.9.1905 Budapest
† 3.3.1983 London

LITERATUR ZUM AUTOR:
G. Orwell, *A. K.* (in G. O., *Critical Essays*, Ldn. ²1951; ern. 1960). – P. A. Huber, *A. K.: Das literarische Werk*, Zürich 1962. – J. Calder, *Chronicles of Conscience: A Study of G. Orwell and A. K.*, Ldn. 1968. – *Astride the Two Cultures: A. K. at 70*, Hg. H. Harris, Ldn. 1975. – S. A. Pearson, *A. K.*, Boston 1978 (TWAS). – R. Merrill u. T. Frazier, *A. K.: An International Bibliography*, Ann Arbor/Mich. 1979. – I. Hamilton, *K.: A Biography*, NY 1982. – G. Mikes, *A. K.: The Story of a Friendship*, Ldn. 1983. – S. A. Pearson, *A. K.* (in DLB, Bd. 15, 1983,

S. 113–122). – Th. Koebner, *A. K.s Abkehr vom Stalinismus* (in *Exilforschung*, Bd. 1, Hg. ders. u. W. Köpke, Mchn. 1983, S. 95–108). – M. Levene, *A. K.*, NY 1984; Ldn. 1985. – H. Komuth, *Manès Sperber, A. K. und George Orwell: Der Totalitarismus als Geißel des 20. Jh.s*, Würzburg 1987. – F. Day, *A. K.: A Guide to Research*, NY 1987.

DARKNESS AT NOON

(engl.; *Ü: Sonnenfinsternis*). Roman von Arthur KOESTLER, erschienen 1940. – Koestlers erfolreichstes, in 31 Sprachen übersetztes Buch zählt zu den meistgelesenen politischen Romanen der jüngeren Vergangenheit; es wurde bald nach Erscheinen im Zuge der Politik des »Kalten Krieges« zum Kultbuch des ideologischen Antikommunismus. Koestler greift darin kaum verschlüsselt die von Stalin angeordneten Moskauer »Säuberungsprozesse« 1936–1938 auf und untersucht in der Fallstudie des N. S. Rubashov, einer Figur in Anlehnung an Nikolai BUCHARIN, Lev TROCKIJ und Karl RADEK, die *»Ethik des Revolutionärs«* (Th. Koebner). Rubashov ist ein Kommunist der Alten Garde, ehemaliger Volkskommissar und seit der Revolution eine führende Persönlichkeit in der kommunistischen Partei der Sowjetunion. Aber jetzt, gegen Ende der dreißiger Jahre, sind die meisten seiner einstigen Mitkämpfer auf Anordnung von »Nummer Eins«, dem uneingeschränkten Machthaber, liquidiert worden. Zu Beginn des Romans wird auch Rubashov verhaftet. Man wirft ihm verschwörerische Machenschaften gegen die Partei und Nummer Eins vor und verlangt, er solle vor der Erschießung ein Geständnis ablegen. Eingeflochtene Rückblenden, Auszüge aus Rubashovs Tagebuch und Verhörszenen führen hinter die Kulissen der Parteiorganisation der Kommunistischen Internationale und breiten ein psychologisches Szenarium aus, das die Instrumentalisierung des einzelnen Menschen durch die totalitäre Ideologie veranschaulicht.

Im Gefängnis wird Rubashov zwar nicht körperlich gefoltert, aber man versucht, ihn mit anderen Mitteln zu zermürben: Er darf während der langen Verhöre nicht einschlafen, nicht rauchen und muß ständig in grelles Licht blicken. An die Methoden der deutschen Gestapo gewöhnt, gibt er nicht so leicht auf, zumal er dialektisch ebenso geschult ist wie seine Opponenten. Als sein Studienfreund und Kampfgefährte von einst, Ivanov, der das Verhör leitet, selbst verhaftet wird, übernimmt der junge Gletkin den Fall Rubashov. Zwar hat der Angeklagte den »moralischen« Vorteil, schon für die Revolution gekämpft zu haben, als Gletkin noch ein Kind war, doch der junge Funktionär, ein typisches Produkt des Stalinismus, ist im Gegensatz zu Ivanov ein Anhänger der harten Verhörmethode. Es kommt zum öffentlichen Schauprozeß. Rubashov weiß so gut wie seine Ankläger, daß die Verbrechen, die man ihm vorwirft, einer Farce dienen, er weiß aber auch, daß er andere Verbrechen begangen hat, die er vor diesem Tribunal und vor der Öffentlichkeit nicht bekennen kann. Im Interesse der kommunistischen Planung »auf lange Sicht« und der »größeren historischen Perspektive« hat er einst Parteiaufträge skrupellos exekutiert und dabei Genossen verraten. Sein eigentliches Verbrechen – und seine Tragödie – besteht darin, daß sich trotz allem noch manchmal das Gewissen eines Bourgeois in ihm regt. Er hat begonnen, über einzelne nachzudenken, die der Revolution, der Partei, dem Staat geopfert wurden, und er hat, noch halb im Unterbewußtsein, angefangen zu bezweifeln, daß diese Opfer notwendig und gerechtfertigt waren und daß der Standpunkt der Partei richtig ist, für die solche Opfer dasselbe sind wie ein chirurgischer Eingriff an einem Kranken. Ja, er fragt sich, ob die Partei und Nummer Eins überhaupt noch die Idee der Revolution verkörpern. Und doch existiert er überhaupt nur noch als Mitglied der Partei. Seine »humanitären« Anwandlungen erscheinen ihm selbst nur als romantische Sentimentalitäten. Er »gesteht«, weil er ohne die Partei ein Mann ohne Existenz ist und weil er in seinem Geständnis die letzte Möglichkeit sieht, der Partei zu dienen. Rubashov – der für jeden der liquidierten Altbolschewisten stehen könnte – ist zu einer leeren Hülle geworden, für die es keine »objektive Wahrheit« mehr gibt.

Koestler ist es in *Darkness at Noon* gelungen, aus der Perspektive des Revolutionärs das Phänomen des stalinistischen Apparats, die Psychologie der Parteidisziplin und öffentlichen Selbstbezichtigung auszuleuchten; damit hat er fünfzehn Jahre vor dem XX. Parteikongreß Tatsachen enthüllt, die erst seit der »Entstalinisierung« allgemein bekannt sind. Er hat dies in einem Buch getan, das, über seine dokumentarische Bedeutung hinaus, auch als Roman von außerordentlicher Eindringlichkeit ist und als künstlerisch gelungen bezeichnet werden kann. Seiner Darstellung des blutigen Verrats an zahllosen idealistischen Revolutionären liegt – nach George ORWELLS Worten – die Erkenntnis zugrunde, daß jeder Revolution zwangsläufig Korruption und Niedergang folgen und daß letztlich jede scheitert. In *Darkness at Noon* sind die revolutionären Ideale bereits erstickt in politischen Machtkämpfen und im bürokratischen Apparat. Orwell, der unter dem Eindruck dieses Buches stand, als er *1984* schrieb, bezeichnete es als den großen Markstein auf Koestlers Weg vom Kommunismus zu einem *»pessimistischen Konservatismus«*. Sowohl dem Roman als der Dramatisierung von Sidney KINGSLEY war ein bis heute andauernder Erfolg beschieden. J.v.Ge.-KLL

AUSGABEN: Ldn. 1940 (aus dem Dt. übers. v. D. Hardy). – Ldn. 1961. – Harmondsworth 1969 (Penguin). – Ldn. 1973. – NY 1984 (Bantam). Deutsche Ausgaben: Stg. 1948. – Bern/Stg. 1960 (zus. m. *Die Gladiatoren* u. *Ein Mann springt in die Tiefe*). – Wien 1978. – Ffm./Bln. 1979 (Ullst. Tb). – Ffm. 1983 (FiTb).

DRAMATISIERUNG: S. Kingsley, *Darkness at Noon*, NY 1952.

LITERATUR: F. J. Hoffmann, *»Darkness at Noon«: The Consequences of Secular Grace* (in Georgia Review, 13, 1959, S. 331–345). – H. Wetzel, *Revolution and the Intellectual: Büchner's Danton and K.'s Rubashov* (in Mosaic, 10, 1977, S. 23–36). – R. Marrill, *Ideology and the Individual: »Darkness at Noon« Forty Years Later* (in South Atlantic Quarterly, 80, 1981, S. 143–155).

DAVID HERBERT LAWRENCE

* 11.9.1885 Eastwood / Nottinghamshire
† 2.3.1930 Vence bei Nizza

LITERATUR ZUM AUTOR:
Bibliographien und Forschungsberichte:
W. Roberts, *A Bibliography of D. H. L.*, Ldn. 1963; Cambridge ²1982. – J. E. Stoll, *D. H. L.: A Bibliography, 1911–1975*, NY 1977. – P. Eggert, *L. Criticism: Where Next?* (in Critical Review, 21, 1979, S. 72–84). – *D. H. L.: An Annotated Bibliography of Writings About Him*, Hg. J. C. Cowan, 2 Bde., De Kalb/Ill. 1982–1985. – T. J. Rice, *D. H. L.: A Guide to Research*, NY 1983.
Zeitschrift:
D. H. Lawrence Review, Fayetteville/Ark. 1968 ff.
Biographien:
H. T. Moore, *The Life and Works of D. H. L.*, NY/Ldn. 1951; ern. Ldn. 1963. – *D. H. L.: A Composite Biography*, Hg. E. Nehls, 3 Bde., Madison/Wis. 1957–1959. – R. Aldington, *D. H. L. in Selbstzeugnissen u. Bilddokumenten*, Reinbek 1961; zul. 1981 (rm). – E. Delavenay, *D. H. L.: L'homme et la genèse de son œuvre. Les années de formation: 1885–1919*, Paris 1969 [engl. *D. H. L.: The Man and His Work: The Formative Years*, Carbondale/Ill. 1972]. – *D. H. L.: Novelist, Poet, Prophet*, Hg. S. Spender, Ldn. 1973. – H. T. Moore, *The Priest of Love: A Life of D. H. L.*, Ldn./NY 1974. – K. Sagar, *The Life of D. H. L.*, NY 1980. – D. J. Schneider, *The Consciousness of D. H. L.: An Intellectual Biography*, Lawrence/Kans. 1986.
Gesamtdarstellungen und Studien:
F. R. Leavis, *D. H. L.: Novelist*, Ldn. 1955; ern. NY 1970. – M. Spilka, *The Love Ethic of D. H. L.*, Bloomington/Ind. 1955. – M. Freeman, *D. H. L.: A Basic Study of His Ideas*, Gainesville/Fla. 1955. – G. Hough, *The Dark Sun: A Study of D. H. L.*, Ldn. 1956. – J. B. Vickery, *Myth and Ritual in the Shorter Fiction of D. H. L.* (in MFS, 5, 1959, S. 65–82). – A. Beal, *D. H. L.*, Edinburgh 1961. – K. Widmer, *The Art of Perversity: D. H. L.'s Shorter Fictions*, Seattle/Wash. 1962. – A. Arnold, *D. H. L. and German Literature*, Montreal 1963. – J. Moynahan, *The Deed of Life: The Novels and Tales of D. H. L.*, Princeton/N.J. 1963. – E. W. Tedlock, *D. H. L., Artist and Rebel: A Study of L.'s Fiction*, Albuquerque/N.M. 1963. – *D. H. L.: A Collection of Critical Essays*, Hg. M. Spilka, Englewood Cliffs/N.J. 1963. – R. P. Draper, *D. H. L.*, NY 1964. – H. M. Daleski, *The Forked Flame: A Study of D. H. L.*, Evanston (Ill.)/Ldn. 1965. – D. J. Gordon, *D. H. L. as a Literary Critic*, New Haven/Ldn. 1966. – K. Sagar, *The Art of D. H. L.*, Cambridge 1966; ern. NY 1975. – C. Clarke, *River of Dissolution: D. H. L. and English Romanticism*, Ldn. 1969. – *D. H. L.: The Critical Heritage*, Hg. R. P. Draper, NY/Ldn. 1970; ern. 1979 [rev.]. – K. Alldritt, *The Visual Imagination of D. H. L.*, Evanston (Ill.)/Ldn. 1971. – R. E. Pritchard, *D. H. L.: Body of Darkness*, Pittsburgh/Ldn. 1971. – *D. H. L.: A Critical Anthology*, Hg. H. Coombes, Harmondsworth 1973. – *D. H. L.: A Collection of Criticism*, Hg. L. Hamalian, NY 1973. – S. Sanders, *D. H. L.: The World of Five Major Novels*, NY 1974. – S. Sklar, *The Plays of D. H. L.*, Ldn. 1975. – G. Holderness, *Who's Who in D. H. L.*, NY 1976. – A. Niven, *D. H. L.: The Novels*, Cambridge 1978. – *L. and Women*, Hg. A. Smith, NY 1978. – R. Beck, *D. H. L.*, Heidelberg 1978. – D. A. Dervin, *D. H. L. and Freud* (in American Imago, 36, 1979, S. 95–117). – F. B. Pinion, *A D. H. L. Companion: Life, Thought, and Works*, NY 1979. – K. Sagar, *D. H. L.: A Calendar of His Works*, Austin/Tex. 1979. – R. Wettern, *D. H. L.: Zur Funktion und Funktionsweise von literarischem Irrationalismus*, Heidelberg 1979. – C. Dix, *D. H. L. and Women*, Totowa/N.J. 1980. – D. Gutierrez, *Lapsing Out: Embodiments of Death and Rebirth in the Last Writings of D. H. L.*, Ldn. 1980. – G. Ben-Ephraim, *The Moon's Dominion: Narrative Dichotomy and Female Dominance in L.'s Earlier Novels*, Rutherford/N.J. 1981. – Modernist Studies: Literature and Culture 1920–1940, 4, 1982 [Sondernr. *D. H. L.*]. – G. Holderness, *D. H. L.: History, Ideology, and Fiction*, Dublin 1982. – *A D. H. L. Handbook*, Hg. K. Sagar, Manchester u. a. 1982. – J. H. Harris, *The Short Fiction of D. H. L.*, New Brunswick/N.J. 1984. – J. Ruderman, *D. H. L. and the Devouring Mother: The Search for a Patriarchal Ideal of Leadership*, Durham/N.C. 1984. – D. J. Schneider, *D. H. L.: The Artist as Psychologist*, Lawrence/Kans. 1984. – *D. H. L. and Tradition*, Hg. J. Meyers, Amherst/Mass. 1985. – A. Burgess, *Flame Into Being: The Life and Work of D. H. L.*, NY 1985. – K. Sagar, *D. H. L.: Life Into Art*, Athens/Ga. 1985. – K. Widmer, *D. H. L.* (in DLB, Bd. 36, 1985, S. 115–149). – *The Spirit of D. H. L.: Centenary Studies*, Hg. G. Salgado u. G. K. Das, Ldn. 1986. – *D. H. L.*, Hg. H. Bloom, NY 1986. – H. Viebrock, *Malerei als Komplement der Prosadichtung: D. H. L. als ›expressionistischer‹ Maler* (in *Studien zur englischen u. amerikanischen Prosa nach dem Ersten Weltkrieg*, Hg. M. Diedrich u. Chr. Schöneich, Darmstadt 1986). – *D. H. L.: New Studies*, Hg. C. Heywood, NY 1987. – *The Legacy of D. H. L.*, Hg. J. Meyers,

NY 1987. – *Essays on D. H. L.*, Hg. T. R. Sharma, Meerut/Indien 1987. – C. Milton, *L. and Nietzsche: A Study in Influence*, Aberdeen 1987. – O. Wüst, *Die Romane von D. H. L.*, Diss. Zürich 1987. – P. Balbert, *D. H. L. and the Phallic Imagination: Essays on Sexual Identity and Feminist Misreading*, NY 1989.

THE FOX

(engl.; *Ü: Der Fuchs*). Erzählung von David Herbert LAWRENCE, erschienen 1923. – Schauplatz des Geschehens ist ein Dorf im England des Jahres 1918. Dort wird ein kleiner, abgelegener, nicht sehr ertragreicher Hof von zwei Mädchen bewirtschaftet, die überall mit ihren Familiennamen Banford und March angeredet werden. In dem alltäglichen, unerfüllten Leben der beiden bahnt sich eine Wandlung an, als eines Tages ein Fuchs in ihren Hühnerstall einbricht. Vergeblich versuchen sie, das Tier, das mit erstaunlicher Unbekümmertheit die Umgebung heimsucht, unschädlich zu machen. Seit March eines Tages den Fuchs gesehen hat, steht sie auf fast magische Weise in seinem Bann. Kurz danach kommt der junge Soldat Henry Grenfel auf den Hof, der früher im Besitz seiner Familie war. Während seines kurzen Aufenthaltes entwickelt sich zwischen ihm und der zehn Jahre älteren March ein eigentümliches Verhältnis. Grenfel fasziniert das Mädchen auf ähnliche Weise wie vorher der Fuchs, und für den Soldaten ist March ebenso begehrenswert wie ein Stück Wild für den Jäger. Er kämpft entschlossen um sie, gegen den Widerstand Banfords, die in ihm den Zerstörer ihrer und Marchs Gemeinschaft sieht. March verspricht Grenfel schließlich, seine Frau zu werden, und bevor dieser den Hof verläßt, erschießt er den Fuchs. Als er kurz danach eine Absage von March erhält, erfaßt ihn kalter Haß auf Banford. Er kehrt ins Dorf zurück, zwingt March erneut in seinen Bann und verursacht beim Fällen eines Baumes bewußt einen tödlichen Unfall Banfords. Auf dem Weg zu leidenschaftlicher Erfüllung darf der Mann auch vor unmoralischen Taten nicht zurückschrecken; diese Kehrseite von Lawrences vitalistischer Weltanschauung wird in *The Fox* deutlich wie in wenigen anderen Werken.

Der starken Symbolkraft der drei handelnden Figuren und des Fuchses steht die durchaus naturalistische, um genaueste Schilderung von Milieu und Zeitumständen bemühte Erzählweise gegenüber. Thematik und Symbolik entstammen dem Lawrenceschen Kanon: Banford repräsentiert die »zivilisierte« Liebe, der Leidenschaft und Sensualität fremd sind. Marchs natürliche Leidenschaft ist bis zu jenen Ereignissen latent geblieben. Mit dem Fuchs bricht eine anfangs von beiden als feindlich empfundene Natur in die Welt der Mädchen ein. Es ist bezeichnend für March und weist voraus auf die spätere Entwicklung, daß sie sich plötzlich diesem »Feind« wesensverwandt fühlt und ihn nicht tötet, als sich ihr die Gelegenheit bietet. Die Erzählung gewinnt an innerer Spannung, je intensiver der *»Kampf der Willen«* zwischen den drei Menschen wird. Lawrence hat hier Dogmatismus und Predigerton vermieden, unter denen andere Werke wie *The Rainbow, Aaron's Rod, The Plumed Serpent* und zum Teil auch *Lady Chatterley's Lover* leiden. Frei von Verkrampfung, eine geglückte Synthese aus exakter Beobachtung und dichterischer Einfühlung, gehört *The Fox* zu den Höhepunkten im erzählerischen Werk des Autors. J.v.Ge.-KLL

AUSGABEN: Ldn. 1923 (zus. m. *The Ladybird* u. *The Captain's Doll*). – Ldn. 1934 (in *The Tales*). – Ldn. 1955 (in *The Short Novels*, 2 Bde., 1). – NY 1961 (in *The Complete Short Stories*). – Ldn. 1971. – Harmondsworth 1982 (in *The Complete Short Novels*, Hg., Einl. u. Anm. K. Sagar u. M. Partridge). – Stg. 1986, Hg. J. Poziemski (RUB).

ÜBERSETZUNGEN: *Der Fuchs*, E. Jaffe-Richthofen, Lpzg. 1926 (IB; ern. Wiesbaden 1953). – Dass., M. Beheim-Schwarzbach (in *Der Fuchs... Kurzromane I*, Zürich 1975; detebe).

VERFILMUNG: Kanada 1968 (Regie: M. Rydell).

LITERATUR: H. T. Moore, *»The Fox«* (in *A D. H. L: Miscellany*, Hg. H. T. M., Carbondale 1959, S. 28–44). – E. Bergler, *D. H. L.'s »The Fox« and the Psychoanalytical Theory of Lesbianism* (ebd., S. 44–55). – J. Gregor, *»The Fox«: A Caveat* (in EIC, 9, 1959, S. 10–21). – P. Brayfield, *L.'s ›Male and Female Principles‹ and the Symbolism of »The Fox«* (in Mosaic, 4, 1971, S. 41–51). – E. F. Shields, *Broken Vision in L.'s »The Fox«* (in SSF, 9, 1972, S. 353–363). – J. Ruderman, *Prototypes for L.'s »The Fox«* (in Journal of Modern Literature, 8, 1980, S. 77–98). – L. K. Greiff, *Bittersweet Dreaming in L.'s »The Fox«: A Freudian Perspective* (in SSF, 20, 1983, S. 7–16). – J. Ruderman, *The New Adam and Eve in L.'s »The Fox« and Other Works* (in Southern Humanities Review, 17, 1983, S. 225–236).

LADY CHATTERLEY'S LOVER

(engl.; *Ü: Lady Chatterley*). Roman von David Herbert LAWRENCE, erschienen 1928. – Lawrence begann seinen letzten Roman im Oktober 1926 in Italien. Ende Februar des folgenden Jahres lag die erste Fassung vor (die 1944 unter dem Titel *The First Lady Chatterley* erstmals veröffentlicht wurde), eine verhältnismäßig kurze, düstere Skizze mit starken politischen Akzenten, die Lawrence noch im Sommer desselben Jahres umarbeitete. Die zweite, viel längere Fassung (erstmals 1954 in italienischer Sprache als *La seconda Lady Chatterley* und 1972 als *John Thomas and Lady Jane* im englischen Original erschienen) *»löst sich aus der trüben Atmosphäre der ersten und ist von einem starken lyrischen Gefühl und natürlicher Vitalität durchdrungen«* (M. Schorer). In einer erneuten Revision (Herbst 1927 bis Januar 1928) bemühte sich der

Autor um größere Plausibilität der Handlung und schärfere Herausarbeitung der geistigen Probleme. In allen Überarbeitungen fällt die zunehmende Offenheit in der Darstellung der Liebesszenen auf. 1928 erschien die dritte und endgültige Version als Privatdruck in Florenz. Von ihm nicht autorisierte Nachdrucke veranlaßten Lawrence, 1929 in Paris eine Volksausgabe herauszubringen. Die Londoner und New Yorker Ausgaben von 1932 konnten aus Zensurgründen nur gekürzt und »gereinigt« erscheinen.

Gegenüber den voraufgegangenen Romanen *Aaron's Rod* (1922), *Kangaroo* (1923) und *The Plumed Serpent* (1926) ist *Lady Chatterley's Lover* sorgfältiger und ausgewogener komponiert. Die Handlung konzentriert sich weitgehend auf zwei Schauplätze: Wragby Hall, Wohnsitz der Chatterleys, und Wragby Wood, Zufluchtsort des Wildhüters Mellors. Das im Gebiet der Grafschaften Nottinghamshire (Lawrences Heimat) und Derbyshire in den Midlands gelegene Herrenhaus wie auch das nahegelegene Dorf Tevershall mit seinen Erzgruben, seinen stinkenden, die Landschaft verräuchernden Hochöfen und seinen Bewohnern, *»ausgemergelt, konturlos und öde wie der ganze Landstrich«*, vermitteln den Eindruck von Düsterkeit und Häßlichkeit und stehen für eine naturfeindliche, zerstörerische und sterile Zivilisation. Diese Sterilität kennzeichnet auch Clifford Chatterley, den Herrn auf Wragby Hall. Im Weltkrieg zum Krüppel geschossen, für immer an den Rollstuhl gefesselt, will er seine Impotenz durch hektische geistige Produktivität kompensieren. Er sucht Selbstbestätigung und Anerkennung als Verfasser brillant geschriebener, aber bedeutungsleerer Erzählungen über Menschen seiner Gesellschaftsschicht. Als der große Erfolg auf sich warten läßt, gibt er das Schreiben unvermittelt auf und versucht sich als Unternehmer im Kohlenbergbau. Constance (genannt Connie), seine junge, schöne, freizügig erzogene und vitale Frau – sie ist Ende Zwanzig – hat längst erkannt, daß alles, was Clifford tut, der *»warmen Menschlichkeit«* ermangelt, und wird in diesem Leben der Substanzlosigkeit an der Seite eines menschlichen Automaten immer rastloser. Clifford, dem sie nur Objekt seiner Selbstbestätigung ist, will sie nicht freigeben, gestattet ihr jedoch sexuelle »Ausflüge« aus der Ehe und wäre sogar bereit, ein uneheliches Kind Connies als das seine anzuerkennen, vorausgesetzt, daß der Vater aus gutem Hause käme. Ein flüchtiges Liebesabenteuer mit dem jungen Dramatiker Michaelis bringt Connie keine Erfüllung. Immer stärker isoliert sie sich von Clifford und stellt, um nicht ständig um den Gelähmten sein zu müssen, die Pflegerin Mrs. Bolton ein. Sich aus eigener Kraft ganz von Clifford zu lösen, vermag sie nicht. Der Anstoß dazu kommt von außen, von Oliver Mellors, der als Wildhüter im Dienst Chatterleys arbeitet.

Wie Connie ist auch Mellors vom Leben »versehrt« worden. Der in Tevershall aufgewachsene Sohn eines Bergmanns war aus einer unglücklichen Ehe nach Indien geflohen, wo er es dank seiner Intelligenz zum Offizier gebracht hatte. Nach dem Tod seines ihm wohlgesonnenen Vorgesetzten hatte er erneut eine Zuflucht gesucht, diesmal in einem asketischen Leben in der Einsamkeit des Waldes von Wragby. Für den sensiblen, durch eine Lungenkrankheit geschwächten Mann ist dieser Wald Sinnbild einer heilen Welt, von magischer Ganzheit, ja »heilig«, ein Refugium vor der Zivilisation, der Mellors auch mit seinem bewußten Verzicht auf das Englisch der Gebildeten zugunsten seines derben Heimatdialekts eine trotzige Absage erteilt. In der pastoralen Welt des Waldes, *»unter der kargen Schweigsamkeit der Bäume«* begegnen sich der zehn Jahre ältere Mellors und Connie und erleben in der sexuellen Vereinigung, die beide schon bald als einen Akt wahrer Liebe vollziehen, die Regeneration ihrer Natur und die Erfüllung ihrer Individualität (beides immer wiederkehrende Leitmotive im Werk von Lawrence). Ungeachtet Mellors' pessimistischer Warnungen ist Connie bereit, die Komplikationen, die sich aus ihrer unstandesgemäßen Liebesbeziehung für ihr weiteres Leben ergeben, auf sich zu nehmen. Als sie ein Kind erwartet, bietet sie der Gesellschaft die Stirn und hält trotz aller Anfeindungen zu dem Geliebten. Ohnmächtig steht Clifford dieser Entwicklung gegenüber und sucht, in seinem Egoismus tief verletzt, Zuflucht bei Mrs. Bolton, die seinen geschlechtslos-kindischen Zärtlichkeiten zugleich angewidert und fasziniert nachgibt. Während Connie Wragby Hall verläßt, um vorläufig bei ihrer Schwester in Schottland zu leben, arbeitet Mellors in einer anderen Gegend der Midlands auf einer Farm, wartet auf seine und hofft auf Connies Scheidung. Mit einem Brief, den er voller Melancholie, Sehnsucht, aber auch Vertrauen auf die Zukunft an die Geliebte richtet, schließt der Roman.

Den unmittelbar einsetzenden Skandalerfolg verdankte das Buch der Freizügigkeit, mit der die sexuellen Beziehungen des Paares geschildert werden. Man warf Lawrence Obszönität, Verherrlichung des Ehebruchs und hemmungslose Zivilisationsfeindlichkeit vor – Angriffe, die in England und den USA das Erscheinen einer ungekürzten Ausgabe lange Zeit unmöglich machten. Noch 1960 mußte der Penguin-Verlag vor Gericht gehen, um in England die erste vollständige Fassung herausbringen zu könen. Lawrence selbst setzte sich in *A Propos of Lady Chatterley's Lover* (1930) mit diesen Vorwürfen auseinander und verband damit eine Zivilisationskritik am England der zwanziger Jahre, dem er *»imitierte Gefühle«*, *»Frivolität«* und *»Zynismus in der Ehe«* bescheinigte. Einer Lebensauffassung, *»der der Körper bestenfalls das Werkzeug des Geistes, und schlimmstenfalls sein Spielzeug ist«*, stellt er seine Idee vom harmonischen Ausgleich zwischen Geist und Körper entgegen, der allein die *»wahre Liebe«* kennzeichne und am besten in der Ehe zu verwirklichen sei. Bewußt bezieht sich Lawrence mit seiner These von der *»ewigen Ehe«* als dem Weg zur irdischen *»Erfüllung in der Gemeinschaft von Mann und Frau«* auf Vorstellungen der katholischen Kirche, wobei er diese Gemeinschaft allerdings nur dann als wahre Ehe gelten läßt, wenn sie *»in ihrer Grundlage phallisch ist«*. (So verstanden ist Lady Chatterleys Mißachtung ihrer Bindung an Clifford kein Ehebruch.) Das Fehlen dieser Harmonie, dieses *»Blut-Sexus«* im *»sexlosen England«* macht nach Lawrence die Tragik seines Landes und seiner Zeit aus, eine kritische Erkenntnis, die schon im ersten Satz des Romans anklingt und die der Konfrontation von mechanisiert-zivilisierter Leblosigkeit (Wragby Hall, Clifford) und *living universe* (Wald, Mellors) zugrunde liegt.

Da die Sympathie des Autors Mellors und dem, was er repräsentiert, gehört, wirkt diese Gestalt bei aller Symbolfunktion in sich geschlossen und glaubhaft motiviert. (Sie ist dem vitalen, zivilisationsfeindlichen Waldhüter Annable aus Lawrences erstem Roman, *The White Peacock*, 1911, nahe verwandt.) Dagegen bezeichnete es die Kritik immer wieder als eine der großen Schwächen des Romans, daß Lawrence der Figur des Clifford, die alles das verkörpert, was der Autor verabscheute, einen plakativen, flachen Zuschnitt gegeben habe. Begreift man Clifford jedoch als Illustration der Kontaktlosigkeit des Menschen in der technisierten Welt, als absurd gezeichnete Symbolfigur von oft fast grotesker Komik, so verlieren diese Einwände viel von ihrem Gewicht. Die Kombination von satirischer Kritik und pastoraler Utopie ist für diesen Roman ebenso charakteristisch wie für Lawrences Gesamtwerk. – Nur die Gestalt der Lady Chatterley entzieht sich der eindeutig symbolischen Fixierung. Erscheint Connie vordergründig zunächst als frustrierte Dame der Gesellschaft, die sich aus Langeweile und mangelnder sexueller Befriedigung einem Mann aus dem Volk hingibt, so gewinnt sie ihr wahres Format und ihre eigentliche Bedeutung für Lawrences These von dem Augenblick an, als sie sich (nach innerem Konflikt zwischen Körper und Verstand) diesem Mann in wahrer Liebe schenkt und dadurch jene warme Menschlichkeit *(humanitas)* wiederfindet, die Lawrence schon in seinem ersten Arbeitstitel benannte: *Tenderness*.

H.Str.

Ausgaben: Florenz 1928 [Privatdr.]. – Paris 1929 [Volksausg.; Privatdr.; mit Vorw. *My Skirmish with Jolly Roger*]. – NY 1932 [gek.]. – Ldn. 1932 [gek.]. – Hbg./Paris/Bologna 1933 *(Odyssey Press Ed.)*. – NY 1944 (*The First Lady Chatterley*, Hg. E. Forbes; Vorw. F. Lawrence). – Mailand 1954 (*La seconda Lady Chatterley*, Übers. C. Izzo; In *Le tre »Lady Chatterley«*). – NY 1959 [Einl. M. Schorer]. – Harmondsworth 1960 (Penguin; ern. 1961, Einl. R. Hoggart). – Ldn. 1963 *(Phoenix Ed.)*. – NY/Ldn. 1972 (2. Fassg. als *John Thomas and Lady Jane*). – Harmondsworth 1973 u. ö. (Penguin). – Ldn. 1982. – NY 1983.

Übersetzungen: *Lady Chatterley u. ihr Liebhaber*, H. E. Herlitschka, Lpzg./Wien 1930. – *Die erste Lady Chatterley*, U. v. Wiese, Bern 1946. – Dass., dies., Hbg. 1949. – *Lady Chatterley*, W. Rebhuhn, Reinbek 1960. – Dass., ders., Reinbek 1973 u. ö. (rororo). – *John Thomas & Lady Jane*, S. Rademacher, Zürich 1975 (2. Fassg.; ern. 1978; detebe).

Verfilmungen: *L'amant de Lady Chatterley*, Frankreich 1955 (Regie: M. Allégret). – Großbritannien/Frankreich 1981 (Regie: J. Jaeckin).

Literatur: D. H. Lawrence, *A Propos of »Lady Chatterley's Lover«*, Ldn. 1930 (dt. in *D. H. L., »Lady Chatterley«: Marginalien*, Reinbek 1960, S. 35–71). – T. M. Pearce, *The Unpublished »Lady Chatterley's Lover«* (in New Mexico Quarterly, 8, 1938, S. 171–179). – E. Wilson, *Signs of Life: »Lady Chatterley's Lover«* (in E. W., *The Shores of Light*, Ldn. 1952, S. 403–407). – M. Schorer, *On »Lady Chatterley's Lover«* (in Evergreen Review, 1, 1957, S. 149–178; dt. *»Lady Chatterley« – eine Einführung*, in *D. H. L., »Lady Chatterley«: Marginalien*, Reinbek 1960, S. 7–34). – J. Moynahan, *»Lady Chatterley's Lover«: The Deed of Life* (in ELH, 26, 1959, S. 66–90). – J. Benedikt, *The »Lady Chatterley's Lover« Case* (in American Mercury, 90, 1960, S. 3–15). – U. C. Knoepflmacher, *The Rival Ladies: Mrs. Ward's »Lady Connie« and L.'s »Lady Chatterley's Lover«* (in Victorian Studies, 4, Dez. 1960, S. 141–158). – K. A. Porter, *A Wreath for the Gamekeeper* (in Encounter, 14. Febr. 1960, S. 69–77). – S. Bedford, *The Last Trial of Lady Chatterley* (in Esquire, 60, Apr. 1961, S. 132–138; 141–155). – Ph. Thody, *»Lady Chatterley's Lover«: A Pyrrhic Victory* (in Threshold, 5, 1962, H. 2, S. 36–49). – D. R. Donald, *The First and Final Versions of »Lady Chatterley's Lover«* (in Theoria, 22, 1964, S. 85–97). – S. Gill, *The Composite World: Two Versions of »Lady Chatterley's Lover«* (in EIC, 21, 1971, S. 347–364). – M. Squires, *Pastoral Patterns and Pastoral Variants in »Lady Chatterley's Lover«* (in ELH, 39, 1972, S. 129–146). – K. Widmer, *The Pertinence of Modern Pastoral* (in StN, 5, 1973, S. 298–313). – R. Beck, *Die drei Versionen von »Lady Chatterley's Lover«* (in Anglia, 96, 1978, S. 409–429). – J. C. Voelker, *The Spirit of No-Place: Elements of the Classical Ironic Utopia in D. H. L.'s »Lady Chatterley's Lover«* (in MFS, 25, 1979, S. 223–239). – D. King, *The Influence of Forster's »Maurice« on »Lady Chatterley's Lover«* (in ConL, 23, 1982, S. 65–82). – J. B. Humma, *The Interpenetrating Metaphor: Nature and Myth in »Lady Chatterley's Lover«* (in PMLA, 98, 1983, S. 77–86). – M. Squires, *The Creation of »Lady Chatterley's Lover«*, Baltimore 1983. – *D. H. L.'s ›Lady‹: A New Look at »Lady Chatterley's Lover«*, Hg. D. Jackson, Athens/Ga. 1985. – D. Britton, *»Lady Chatterley's Lover«: The Making of a Novel*, Ldn./Boston 1988 [m. Bibliogr.].

THE PLUMED SERPENT

(engl.; *Ü: Die gefiederte Schlange*). Roman von David Herbert Lawrence, erschienen 1926. – Nach dem Tod ihres Mannes, eines irischen Freiheitskämpfers, hat sich Kate Leslie, der mechanisierten Zivilisation Europas überdrüssig, nach Mexiko geflüchtet. *»Sie wollte nicht länger Liebe, Vergnügungen, all das, was ihr Leben bisher ausfüllte. Sie war vierzig. Sie wollte, daß sich die Blume ihrer Seele öffnete.«* Mexiko fasziniert sie und stößt sie zugleich ab. In der indianischen Bevölkerung spürt sie etwas geheimnisvoll Lebendiges, *»die Seele, die dem Blut zugehört«*, und doch teilt sich ihr aus jeder Begegnung mit Land und Leuten auch wilde Grausamkeit und Lust an der Zerstörung mit. Sinnfälliger Ausdruck dieser Erfahrung ist der zu Beginn des Romans geschilderte Stierkampf in Mexico City, dem Kate angeekelt beiwohnt. Als sie jedoch aus einer Zeitungsnotiz vom Kult des Gottes Quetzalcoatl am See von Sayula erfährt, ist sie davon seltsam berührt: Das Irrationale spricht ihr irisches Gemüt an. Statt wie geplant nach Europa zurückzukehren, bleibt sie in Mexiko. Ihre Reise nach Sayula wird zugleich zum Aufbruch ins Lockend-Unbekannte, ins *»zerbrechliche, zarte Mysterium«*. In Sayula mietet sie ein Haus, und nun gerät sie immer mehr in den Bannkreis des Kultes. Auf der Plaza nimmt sie selbstvergessen und *»eins mit dem Kosmischen«* am Tanz der Quetzalcoatl verehrenden Männer teil. In Sayula trifft sie auch den General Cipriano Viedma und Don Ramón Carrasco wieder, denen sie bereits in Mexico City begegnet war. Sie sind die Initiatoren der neuen religiös-politischen Bewegung. Ramóns Ziel ist es, das Christentum durch die alte Religion der Azteken zu ersetzen. Mexiko, so glaubt er, kann weder durch Jesus noch durch den Sozialismus oder den Kapitalismus geholfen werden, sondern allein durch die Wiederkunft der aztekischen Götter. Jesus ist tot; der alte und zugleich neue, junge Gott aber ist Quetzalcoatl, die »gefiederte Schlange«, der neue »Erlöser«, der gekommen ist, den Indianern das »Leben«, die »Seele«, das »Mysterium des Blutes« zurückzugeben. Ramón selbst versteht sich als Inkarnation des Gottes. Kate gerät rasch in den Bann der beiden ungewöhnlichen Männer. Wenngleich sie sich immer wieder gegen die unheimliche Faszination des Kultes wehrt, erliegt sie ihr schließlich.

Ramóns Frau, die strenggläubige Katholikin Carlota, verabscheut dagegen das gotteslästerliche Treiben. Als Ramón die Kirche von Sayula dem Gott Quetzalcoatl weiht, bricht Carlota, die lange gehofft hatte, ihren Mann »retten« zu können, zusammen und stirbt. Ramón und auch Kate bleiben davon unberührt. In Teresa findet Ramón eine willfährigere Ehefrau. Als von katholischer Seite ein Attentat auf ihn unternommen wird, entgeht er mit Hilfe Kates nur knapp dem Tod. Aber der Siegeszug seiner Idee ist nicht mehr aufzuhalten. Stärker noch als von der neuen Religion (die später zur Staatsreligion erhoben wird) fühlt sich Kate von Cipriano fasziniert. Obgleich sie ihn zunächst abweist, da er der indianischen Rasse zugehört, verfällt sie schließlich doch der dämonischen Kraft dieses Mannes, der als Gott Huitzilopochtli seine Inthronisation mit Blutopfern feiert. Überzeugt davon, *»daß der Schlüssel zum Leben ... die lebendige Blut-Beziehung zwischen Mann und Frau ist«*, sieht Kate in Cipriano *»das uralte phallische Mysterium, das uralte Gott-Teufel-Sein des männlichen Pans«* verkörpert. Sie heiratet ihn und findet bei ihm die sexuelle Erfüllung. Gleichzeitig aber erkennt sie, daß ein Leben mit ihm nur möglich ist, wenn sie ihre Selbständigkeit, ihre Individualität aufgibt. Nach einem letzten vergeblichen Ausbruchsversuch unterwirft sie sich ihm völlig.

Das zentrale Thema des Romans, den Lawrence selbst für seinen bedeutendsten hielt, ist die geistige Odyssee Kates. Wie Lady Chatterley (in dem zwei Jahre später erschienenen Roman) empfindet sie die moderne Zivilisation als steril und lebensfeindlich. Wie Ramón und die Titelheldin der thematisch eng verwandten Erzählung *The Woman Who Rode Away*, 1925 *(Die Frau, die davonritt)*, sucht sie Erlösung in einer an Instinkt und Gefühl, nicht an Intellekt und Vernunft appellierenden Religion. Lawrence schrieb den Roman in der deutlichen Absicht, über die Idee einer Regeneration Mexikos hinaus der Menschheit einen Weg zur Erneuerung zu zeigen. In einem Brief bekannte er sich ausdrücklich zu den von Ramón vertretenen Anschauungen; er war überzeugt, daß nur eine neue, aus atavistischen Quellen gespeiste Religion der Menschheit das »Mysterium des Lebens« zurückgeben könne. Immer wieder, bis zur Ermüdung des Lesers, versucht er die für ihn so zentralen Begriffe »Leben« und »Blut« zu definieren, doch bleiben sie eigentümlich verschwommen. Mit Akribie erfindet er für seine neue Religion Riten, Tänze und Hymnen, die die Begegnung mit dem »lebendigen Kosmos« symbolisieren sollen – ein Unterfangen, das gelegentlich unfreiwillig komisch wirkt. Die sexuelle Thematik korrespondiert mit der religiös-politischen (Kate selbst weist auf die geheime Einheit zwischen Sexus und Religion hin), bleibt dieser aber untergeordnet. Erst in *Lady Chatterley's Lover* hat Lawrence sie voll entfaltet. – Dem tendenziösen Charakter des Buchs entsprechend sind die Hauptfiguren lediglich Sprachrohre Lawrencescher Philosophie. Seine weitschweifigen theoretischen Exkurse versucht der Autor immer wieder durch die Schilderung spannender, zuweilen sensationell gefärbter Ereignisse schmackhaft zu machen, doch gelingt es ihm letztlich nicht, Idee und Romanhandlung zur Deckung zu bringen. Über diese Schwäche täuscht auch die Tatsache nicht hinweg, daß er die Eigenart von Land und Leuten intuitiv erfaßt und daß die stimmungsmächtige Darstellung der mexikanischen Landschaft zum Besten gehört, was er je geschrieben hat. H. Str.

AUSGABEN: Ldn. 1926. – NY 1926. – Ldn. 1936. – Harmondsworth 1950 (Penguin). – NY 1951, Hg. u. Einl. W. Y. Tindall. – Ldn. 1955 *(Phoenix Ed.)*. – Ldn. 1960. – Cambridge 1987, Hg. L. D. Clark *(Cambridge Ed.)*.

ÜBERSETZUNG: *Die gefiederte Schlange*, G. Goyert, Lpzg. 1932. – Dass., ders., Zürich 1986 (detebe).

Literatur: W. Y. Tindall, *»The Plumed Serpent«* (in *The Achievement of L.*, Hg. F. J. Hoffman u. H. T. Moore, Norman/Okla. 1953). – J. F. Kessler, *Descent in Darkness: The Myth of »The Plumed Serpent«* (in *A D. H. L. Miscellany*, Hg. H. T. Moore, Ldn. u. a. 1959, S. 239–261). – L. D. Clark, *Dark Night of the Body: D. H. L.'s »The Plumed Serpent«*, Austin/Tex. 1964. – J. C. Cowan, *The Symbolic Structure of »The Plumed Serpent«* (in Tulane Studies in English, 14, 1965, S. 75–96). – A. Baldwin, *The Structure of the Coatl Symbol in »The Plumed Serpent«* (in Style, 5, 1971, S. 138–150). – J. Meyers, *»The Plumed Serpent« and the Mexican Revolution* (in Journal of Modern Literature, 4, 1974, S. 55–72). – F. Ramey, *Words in the Service of Silence: Preverbal Language in L.'s »The Plumed Serpent«* (in MFS, 27, 1981/82, S. 613–621). – U. Böker, *D. H. L.s transpolitischer Antirassismus* (in anglistik & englischunterricht, 16, 1982, S. 31–50). – G. Doherty, *The Throes of Aphrodite: The Sexual Dimension in D. H. L.'s »The Plumed Serpent«* (in Studies in the Humanities, 12, 1985, S. 67–78).

THE PRUSSIAN OFFICER and Other Stories

(engl.; *Ü: Der preußische Offizier*). Kurzgeschichtensammlung von David Herbert Lawrence, erschienen 1914. – Die zwölf Kurzgeschichten in Lawrences erster Sammlung entstanden in den Jahren 1907 bis 1913 und verarbeiten zum großen Teil autobiographische Erfahrungen. So sind die frühesten Erzählungen im Bauern- und Bergarbeitermilieu Mittelenglands angesiedelt; die späteren wurden durch sein Deutschland-Erlebnis inspiriert, das am Anfang der gemeinsamen Flucht mit seiner späteren Frau Frieda von Richthofen (1912) stand. Daß diese Sammlung heterogener Geschichten dennoch eine Einheit bildet, ist den intensiven Überarbeitungen zu verdanken, durch die Lawrence die Qualitätsunterschiede auszugleichen versuchte. Begnügte er sich in den frühen Versionen mit der Darstellung der bloßen Begebenheiten, so dominieren nun die Charaktere – vornehmlich das Un- und Halbbewußte ihrer Motive und Empfindungen.

Die Anordnung der Kurzgeschichten kehrt die Entstehungschronologie nahezu um. Die erste Fassung der Titelerzählung, die ursprünglich *Honour and Arms (Waffen und Ehre)* hieß und zu Lawrences besten Frühwerken gehört, entstand 1913. Im Mittelpunkt steht der tödliche Konflikt zwischen einem aristokratischen Hauptmann und seiner Ordonnanz. Das unbewußte Selbstvertrauen und die instinktsichere Daseinsfreude des Untergebenen fordern den Offizier, dessen Vitalität durch den Militärdienst in Destruktivität verkehrt wurde, unablässig heraus. Mit sadistischem Vergnügen ersinnt er immer neue Torturen, zumal er dabei uneingestandene homoerotische Neigungen unterdrücken kann. In einer Aufwallung von Haß und Verzweiflung tötet der junge Mann seinen Peiniger und flieht in die Wälder. Doch zerstört die Tat auch seinen eigenen Bezug zur Welt: Die früher selbstverständliche Geborgenheit in der Natur weicht dem Gefühl der Entfremdung, das ihm nur noch eine fragmentarische Wahrnehmung seiner Umwelt erlaubt. Er überlebt seinen Widersacher nur um wenige Stunden. Erst im Tod – die Todessehnsucht wird durch die Anziehungskraft der verschneiten Berggipfel auf den Soldaten wiederholt angedeutet – sind Peiniger und Opfer gleich; im Schlußtableau liegen sie nebeneinander im Leichenhaus. Als Repräsentanten der polaren Prinzipien Wille (Offizier) und Instinkt (Ordonnanz) sind beide Akteure dialektisch verbunden; sie lassen sich auch als Projektionen der gespaltenen Subjektivität des Autors deuten. Die Instinkte (das »Blutsbewußtsein«) können den destruktiven Intellekt nur um den Preis der Selbstvernichtung annullieren.

In der ebenfalls 1913 entstandenen und im Militärmilieu angesiedelten Erzählung *The Thorn in the Flesh (Dorn im Fleisch)* stößt ein schikanierter Soldat unwillentlich seinen Vorgesetzten einen Abhang hinunter und flieht dann instinktiv zu seiner Geliebten. Im körperlichen Liebesakt kann er die demütigende Erfahrung beim Militär überwinden. Die »natürliche« Polarität der beiden gewährleistet eine befriedigende Beziehung: Emilie entspricht Lawrences Ideal einer Frau, die ihr Heil in der Unterwerfung unter den Mann findet, ihr Liebhaber verfügt über einen Körper, *»der zu befehlen versteht«*. Durch einen Zufall wird der Soldat jedoch entdeckt und verhaftet, die geplante Auswanderung mit der Geliebten nach Amerika scheitert. – Aus beiden Kurzgeschichten spricht Lawrences Verachtung der willkürlichen Autorität des militärischen Systems, doch ist *The Prussian Officer* die komplexere und konsequentere Erzählung.

Mit *Daughters of the Vicar* (*Die Töchter des Pfarrers*; die erste Fassung entstand 1911 unter dem Titel *Two Marriages*), der längsten Erzählung der Sammlung, beginnt der Zyklus der Englandgeschichten. Mary und Louisa, die charakterlich gegensätzlichen Töchter eines verarmten, aber dünkelhaften Pfarrers in einer Bergarbeitergemeinde, fristen ein freudloses, isoliertes Dasein. Als der Vater erkrankt, übernimmt Reverend Massy seine Vertretung. Doch der mit Spannung Erwartete erweist sich als Enttäuschung: Körperlich zurückgeblieben und unfähig, menschliche Wärme zu vermitteln, verfügt er lediglich über einen scharfen, kalten Verstand. Während die leidenschaftlichere Louisa ihn verabscheut, willigt Mary, fasziniert durch die gesellschaftliche Stellung und den Intellekt des Partners, gegen ihren Instinkt in eine Heirat ein. Louisa hingegen fühlt sich zu dem warmherzigen, vitalen Bergarbeiter Alfred hingezogen. Dieser Verbindung steht jedoch nicht nur der Standesunterschied, sondern auch die ödipale Beziehung Alfreds zu seiner Mutter entgegen. Erst nach deren Tod kann Louisa Alfreds Liebe gewinnen. Von der Pfarrersfamilie bestärkt, beschließt das Paar, dem klassenbewußten England den Rücken zu kehren und nach Kanada auszuwandern. – *Daughters of the Vicar* nimmt in Lawrences Gesamtwerk eine Schlüsselstellung ein: Immer wieder griff der Autor Motive, Konstellationen und Versatzstücke aus dieser Erzählung auf. Am deutlichsten ist die Parallele zu *The Virgin and the Gipsy* (1930), aber auch Teile von *Women in Love* und *Sons and Lovers* sowie die Erzählungen *The Horse-dealer's Daughter*, 1916 *(Die Tochter des Pferdehändlers)*, *The Lovely Lady*, 1927 *(Reizende alte Dame)* und *Mother and Daughter*, 1929 *(Mutter und Tochter)* – letztere in der postum erschienenen Sammlung *The Lovely Lady* (1933) –, gehören in diesen Zusammenhang.

In der autobiographischen Geschichte *The Shades of Spring (Frühlingsschatten)* besucht Syson, ein verheirateter Intellektueller, seine Jugendliebe Hilda, die sich am Tag seiner Eheschließung bewußt einem vitalen Wildhüter zugewandt hatte (vgl. *Lady Chatterley's Lover*), der jedoch nur ihre physischen Bedürfnisse befriedigt. Mißverständnisse und falsche Idealisierungen, die der Verbindung im Wege standen, werden dem Paar jetzt deutlich. – Ähnliche Handlungsmuster und Themen liegen auch den Erzählungen *Second Best (Der Zweitbeste)* und *The Shadow in the Rose Garden (Der Schatten im Rosengarten)* zugrunde. Durch mehrfache Überarbeitung entwickelte sich *The Shadow in the Rose Garden* von einer sentimentalen Geschichte über verlorene Liebe zu einem subtilen psychologischen Charakterporträt. Während in *Goose Fair (Gänsemarkt)* beide Partner nicht den Mut haben, eine unbefriedigende Beziehung zu beenden, wird in *The White Stocking (Der weiße Strumpf)* die Dreieckssituation durch eine physische Machtdemonstration des Ehemannes (er bringt seine Frau durch Schläge zur Räson) aufgelöst und die zuvor (im Lawrenceschen Sinne) ideale Partnerbeziehung, in der sich die Frau ganz dem Manne hingibt, wiederhergestellt. Lawrences viriler Chauvinismus muß viele Leser abstoßen, doch kompensieren die fiktionalen Muskelakte die schwächliche Physis des kränkelnden Autors.

Die Sammlung schließt mit drei Geschichten aus dem Bergarbeitermilieu. *A Sick Collier*, 1912 *(Der kranke Bergmann)*, beschreibt die Konflikte, die sich in einer ungleichen Ehe ergeben, als der »physische« Partner erkrankt und nun der Kritik seiner intellektuell überlegenen Frau ausgesetzt ist, die ihn nur seiner Vitalität wegen geheiratet hatte. *The Christening*, 1912 *(Die Taufe)*, schildert die Taufe des unehelichen Kindes einer Bergmannstochter, wobei dieses Ereignis sekundär bleibt. Im Mittelpunkt stehen Charakterporträts der einzelnen Familienmitglieder, besonders des herrschsüchtigen Großvaters, der seine Kinder an der Entfaltung hindert (vgl. die Großmutter in *The Virgin and the Gipsy*).

Odour of Chrysanthemums (Chrysanthemenduft) ist die neben der Titelerzählung wichtigste und beste Geschichte des Bandes. Die Urfassung von 1910, die zu Lawrences Drama *The Widowing of Mrs. Holroyd*, 1914 *(Wie Mrs. Holroyd Witwe wurde)*, in enger Beziehung steht, wurde 1911 für die Zeitschriftenpublikation und 1914 für die Sammlung erneut sorgfältig überarbeitet. Das Bergarbeitermilieu bildet hier lediglich den Hintergrund für einen tiefen menschlichen Konflikt. Erst als ihr grober, trunksüchtiger Ehemann bei einem Grubenunglück ums Leben gekommen ist, erkennt Mrs. Bates beim Herrichten der Leiche plötzlich intuitiv sein wahres Wesen und die Ursache für ihr unglückliches Leben: Ihr wird bewußt, daß ihr Mann ihr fremd geblieben war; voll Scham denkt sie an die durch keine Vertrautheit gerechtfertigte Intimität ihrer gemeinsamen Jahre zurück. Nicht die Trauer um den Toten, sondern die Beschämung über ihr Versagen vor dem Leben bestimmt die Gedanken und Gefühle der Protagonistin. Die Beschreibung der herbstlichen Landschaft und die leitmotivische Symbolik der Chrysanthemen als Totenblumen überhöhen das Geschehen poetisch; Leben und Tod, Eros und Thanatos sind zu einer eindringlichen Synthese verbunden.

Selten gelingt es Lawrence, seinen frühen Geschichten eine klare und überzeugende Struktur zu geben oder einen Konflikt schlüssig darzustellen, doch wirken die Charaktere in *The Prussian Officer* lebensnäher und überzeugender als die Figuren des Spätwerks, auch der Kurzgeschichtenbände *England, My England*, 1922 *(England, mein England)*, und *The Woman Who Rode Away*, 1928 *(Die Frau, die davonritt)*, die häufig instrumentalisiert werden, um die Weltanschauung des Autors zu verkünden. E.Ne.

AUSGABEN: Ldn. 1914; Nachdr. Freeport/N.Y. 1971. – NY 1916. – Harmondsworth 1968 (Penguin). – Cambridge 1983, Hg. J. Worthen *(Cambridge Ed.)*. – Ldn. 1984. – Ldn. 1985.

ÜBERSETZUNG: *Der preußische Offizier*, E. Schnack u. M. Beheim-Schwarzbach, Zürich 1975 (*Sämtliche Erzählungen I*; detebe).

LITERATUR: K. Widmer, *The Art of Perversity: D. H. L.'s Shorter Fictions*, Seattle/Wash. 1962. – A. Hsia, *D. H. L.: Die Charaktere in der Handlung und Spannung seiner Kurzgeschichten*, Bonn 1968. – B. H. Finney, *D. H. L.'s Progress to Maturity: From Holograph Manuscript to Final Publication of »The Prussian Officer and Other Stories«* (in Studies in Bibliography, 28, 1975, S. 321–332). – S. Rose, *Physical Trauma in D. H. L.'s Short Fiction* (in ConL, 16, 1975, S. 73–83). – K. Cushman, *D. H. L. at Work: The Emergence of the »Prussian Officer« Stories*, Charlottesville/Va. 1979. – J. Harris, *The Short Fiction of D. H. L.*, New Brunswick/N.J. 1984.

THE RAINBOW

(engl.; *Ü: Der Regenbogen*). Roman von David Herbert LAWRENCE, erschienen 1915. – Der zeitliche Rahmen von Lawrences viertem Roman, der wie *Women in Love* aus einem geplanten größeren Werk, *The Sisters*, hervorging, umspannt drei Generationen; die Protagonisten sind Angehörige der Familie Brangwen. Auf der Marsh-Farm, dem an der Grenze zwischen Derbyshire und Nottinghamshire gelegenen Familiensitz, wächst Tom Brangwen auf. Das ländliche Leben mit seinem natürlichen Rhythmus von Werden und Vergehen schafft eine eigene Kontinuität, die dem Wesen Toms, dem abstraktes Denken fremd ist, völlig entspricht. Seine Entwicklung ist gekennzeichnet vom Zwiespalt zwischen sexuellem Trieb und nahezu religiöser Verehrung des Weiblichen, als dessen ideale Verkörperung ihm die Mutter erscheint. Als der Achtundzwanzigjährige die sechs Jahre ältere Lydia Lensky, Witwe eines exilierten polnischen Arztes, heiratet, glaubt er, Geliebte und Mutter in einer Person gefunden zu haben, doch bald wird ihm schmerzlich bewußt, daß ihre Natur der seinen konträr ist. Selbst in den intimsten Augenblicken fühlt er sich ihr fremd. Während Lydia sich immer mehr in sich selbst zurückzieht, sucht Tom in seiner Ratlosigkeit die Liebe seiner kleinen Stieftochter Anna zu gewinnen, die sich nach anfänglichem Zögern eng an ihn anschließt. Im Lauf der Zeit lernt er, Lydias Anderssein zu akzeptieren und eine harmonische Ehe mit ihr zu führen. – Im zweiten Lebenszyklus wird die Geschichte Annas erzählt. Zwischen Ungezügeltheit und Scheu schwankend, wächst das junge Mädchen heran und entzieht sich allmählich dem Einfluß des Stiefvaters. In Annas Liebe zu ihrem Vetter und späteren Ehemann Will Brangwen, der als Designer in einer Spitzenfabrik arbeitet, variiert der Autor das Thema der mit fortschreitender Bewußtwerdung der eigenen Individualität immer konfliktreicheren Beziehung zwischen den Geschlechtern. Im Gegensatz zu Tom und Lydia leben Anna und Will sich immer mehr auseinander: Wills Neigung zum Mystischen, zu einer auf die *»emotionale Erfahrung des Unendlichen, des Absoluten«* (A. Beal) gerichteten Religiosität provoziert in Anna einen zerstörerischen Rationalismus. Vor ihrem Spott flüchtet er sich in seine Alltagspflichten – Haus, Beruf, Kirche – und sucht dort Ersatz für die ihm verwehrte seelische Erfüllung. Mit Anna, die in der Mutterschaft (neun Schwangerschaften) ihren Lebenssinn findet, verbindet ihn nicht mehr Liebe, sondern nur noch Wollust (in den Augen des Autors etwas Negatives). Seine geistig-seelische Verkrüppelung wird in der erotisch gefärbten Zuneigung zu seiner ältesten Tochter Ursula offenbar, auf die sich seine ganze Liebesfähigkeit konzentriert.

In der dritten Generation hat Ursula Brangwen, George Eliots Maggie Tulliver (vgl. *The Mill on the Floss*) verwandt, den Mut, mit Konventionen zu brechen, doch ihr Weg führt immer wieder in die Desillusionierung. Gegen den Widerstand der Eltern ergreift sie einen Beruf, aber sowohl die Tätigkeit als Volksschullehrerin in Ilkeston als auch das spätere Studium an der Universität von Nottingham lassen sie intellektuell unbefriedigt. In der Beziehung zu dem Halbpolen Anton Skrebensky, einem entfernten Verwandten, erweist sie sich von Anfang an als die stärkere Persönlichkeit. Während er als Leutnant am Burenkrieg teilnimmt, verfällt sie der jungen, emanzipierten Lehrerin Winifred Inger, löst sich dann aber ernüchtert und angeekelt aus dieser Bindung. Als Anton sechs Jahre später nach England zurückkehrt, glaubt sie an eine Erneuerung ihrer Liebe und gibt sich ihm bedenkenlos hin. Obwohl sie spürt, daß er unfähig ist, sich über den starren Rahmen seiner Pflichten und die etablierte Ordnung der Dinge hinaus zu freier Individualität zu entwickeln, ist sie zur »Unterwerfung« bereit, doch Anton, der die Bedingungslosigkeit, mit der sie auch in der Liebe nach Selbstverwirklichung trachtet, als Demütigung seiner Männlichkeit empfindet, verläßt sie. Nach einer Fehlgeburt erleidet Ursula einen seelisch-körperlichen Zusammenbruch, schließlich aber befreit sie sich von der Vergangenheit und stellt sich mit neuem Lebenswillen der Zukunft. Symbol dafür ist der die Erde überspannende Regenbogen, wie im Alten Testament Zeichen einer *»aus der lebendigen Wahrheit neu errichteten Welt«*.

Die verschiedenen Milieus (um deren realistische Zeichnung er bemüht ist), dienen Lawrence ebenso wie die äußeren Ereignisse lediglich dazu, die Reaktionen seiner Romangestalten auf exemplarische Situationen wiederzugeben. *»Der Charakter wird nicht durch die Handlung erhellt, und diese wiederum entwickelt sich nicht aus dem Charakter«* (E. Vivas). Auf diese Besonderheit, die in der Romanliteratur der Zeit etwas Neues darstellte, hat Lawrence selbst hingewiesen; an den Kritiker Edward Garnett schrieb er während der Abfassung des Werks: *»Du darfst in meinem Roman nicht nach dem alten stabilen Ego der Charaktere suchen.«* Diese Konzeption wirkte sich deutlich auf die Erzähltechnik aus. So tritt an die Stelle einer schlüssig motivierten, straff geführten und sich zuspitzenden Handlung eine rhythmisch strukturierte Abfolge von Episoden und Lebenszyklen, in denen die Auseinandersetzung der Romangestalten mit metaphysischen Problemen, ihre erotischen und sexuellen Erfahrungen und ihr Ringen um Selbstverwirklichung fast durchweg in Form des inneren Monologs dargestellt werden. Ursula wird dabei in der zweiten Romanhälfte immer mehr zur dominanten Gestalt. In Schlüsselpassagen neigt Lawrence zu mystischer Exaltiertheit und magischen Wortwiederholungen. – Daß Anna und Will, Ursula und Anton aneinander scheitern, erklärt sich nicht zuletzt aus dem Verlust jener engen Verbundenheit *(blood-intimacy)* mit der Natur, die Tom Brangwen noch besaß. Im Wandel der Umwelt von der ländlichen Idylle zur Industrielandschaft veranschaulicht Lawrence diese Entfremdung. Ursula Brangwen allerdings ist, wie das Hoffnungssymbol am Schluß des Romans andeutet, nicht endgültig gescheitert. Wie bei Paul Morel in *Sons and Lovers*, zu dem sie Ähnlichkeiten aufweist, bleibt Ursulas weitere Entwicklung offen.

Obwohl *The Rainbow* nicht die strukturelle Geschlossenheit von *Women in Love* erreicht, und trotz innerer Widersprüche in Lawrences Konzeption der erotischen Befreiung und Erfüllung in einer zu Anomie und Entfremdung tendierenden Welt zählt der Roman zu Lawrences besseren Werken. Jahrzehntelang war er nur in »gereinigten« Fassungen auf dem Markt, nachdem die Erstausgabe wegen Obszönität verboten worden war.

H.Str.-KLL

AUSGABEN: Ldn. 1915 [gek.]. – NY 1915 [gek.]. – Ldn. 1927 (in *The Novels*, 3 Bde., 3). – Hbg. 1934 (The Albatross Modern Continental). – Harmondsworth 1949 (ungek.; Penguin). – Ldn. 1955 (Einl. R. Aldington; *Phoenix Ed.*). – Ldn. 1968 [Einl. u. Komm. P. J. Shepherd]. – NY 1968. – Harmondsworth 1973, Hg. J. Worthen (Penguin). – Ldn. 1981. – NY 1981.

ÜBERSETZUNGEN: *Der Regenbogen*, F. Francius, Lpzg. 1922. – Dass., G. Günther, Reinbek 1964; 41968; zul. 1984 (rororo).

LITERATUR: S. Lainoff, *»The Rainbow«. The Shaping of Modern Man* (in MFS, 1, 1955, S. 23–27). – M. Spilka, *The Shape of an Arch: A Study of L.'s »The Rainbow«* (ebd., S. 30–38). – M. Mutdrick, *The Originality of »The Rainbow«* (in *A D. H. L. Miscellany*, Carbondale/Ill. 1959, S. 56–82). – E. Vivas, *D. H. L.: The Failure and the Triumph of Art*, Evanston/Ill. 1960. – S. L. Goldberg, *»The Rainbow«: Fiddle-Bow and Sand* (in EIC, 11, 1961, S. 418–434). – A. L. Clements, *The Quest for the Self: D. H. L.'s »The Rainbow«* (in Thoth, 3, 1962, S. 90–100). – *Twentieth Century Interpretations of »The Rainbow«*, Hg. M. Kinkead-Weekes, Englewood Cliffs/N.J. 1971. – F. G. Smith, *D. H. L.: »The Rainbow«*, Ldn. 1971. – V. Raddatz, *Lyrical Elements in D. H. L.'s »The Rainbow«* (in Revue des Langues Vivantes, 40, 1974, S. 235–242). – E. J. Hinz, *The Paradoxical Fall: Eternal Recurrence in D. H. L.'s »The Rainbow«* (in ESC, 3, 1977, S. 466–481). – D. R. Schwartz, *L.'s Quest in »The Rainbow«* (in Ariel, 11, Calgary 1980, S. 43–66). – R. S. Sharma, *»The Rainbow«: A Study of Symbolic Mode in D. H. L.'s Primitivism*, Hyderabad 1981. – A. Kennedy, *After Not So Strange Gods in »The Rainbow«* (in ES, 63, 1982, S. 220–230). – C. Nixon, *To Procreate Oneself: Ursula's Horses in »The Rainbow«* (in ELH, 49, 1982, S. 123–142). – J. Haegert, *L.'s World Elsewhere: Elegy and History in »The Rainbow«* (in Clio, 15, 1986, S. 115–135). – G. Hoffmann, *Raum, Situation, erzählte Wirklichkeit. Poetologische u. historische Studien zum englischen u. amerikanischen Roman*, Bln. 1986, S. 75–78; 242–253; 310–314.

SONS AND LOVERS

(engl.; *Ü: Söhne und Liebhaber*). Roman von David Herbert LAWRENCE, erschienen 1913. – Vordergründig eine *family story*, wie sie zu jener Zeit in England überaus beliebt war, ist der im Kohlenrevier von Nottinghamshire spielende Roman – Lawrences frühes Meisterwerk – eine psychologische Studie der komplexen Beziehungen zwischen Mutter und Sohn. Bei der Abfassung des Romans war der Autor noch nicht mit der (später von ihm abgelehnten) Psychologie FREUDS vertraut, doch zeigt die endgültige Version, daß er unter dem Einfluß Frieda von Richthofens, die er 1913 kennenlernte und 1914 heiratete, begonnen hatte, sich damit zu beschäftigen.

Im Mittelpunkt des ersten Teils steht die bürgerlich erzogene, kultivierte und nach Höherem strebende Gertrude Morel, die, von der Vitalität, Sinnlichkeit und Sorglosigkeit des Bergarbeiters Walter Morel fasziniert, unter ihrem Stand geheiratet hat. Für diese beiden ungleichen Naturen ist die Ehe bereits nach acht Jahren zur Hölle geworden. Morel, unfähig, die Existenz der Familie zu sichern, flüchtet sich in den Alkohol, Gertrude in die Liebe zu ihren vier Kindern, vor allem zum ältesten Sohn William, dem, als er herangewachsen ist, der von ihr erhoffte Aufstieg aus dem proletarischen Milieu zu gelingen scheint. Als er, kurz nachdem die Mutter ihm seine Verlobung mit einem lebenslustigen Mädchen ausgeredet hat, an Lungenentzündung stirbt, ist Gertrude wie erstarrt. Doch als auch ihr Sohn Paul erkrankt, wendet sie ihm ihre ganze Liebe zu. Ihr Bangen und Ringen um sein Leben schafft eine Vertrautheit zwischen Mutter und Sohn, die für das weitere Schicksal der beiden bestimmend wird. Diese wachsende gegenseitige Abhängigkeit ist das zentrale Thema des zweiten Teils. Paul Morel, sensibel und künstlerisch begabt, schwankt ständig zwischen seiner – zuweilen deutlich erotisch gefärbten – Liebe zur Mutter und dem manchmal an Haß grenzenden Verlangen, sich ihrem übermächtigen Einfluß zu entziehen. Aber nach jedem Befreiungsversuch kehrt er in dem Bewußtsein, *»Fleisch von ihrem Fleisch«* zu sein, zu ihr zurück. Andere Frauen treten in sein Leben, zuerst die scheue junge Bauerntochter Miriam Lievers, eine »Heilige«, wie Paul sie nennt. Sie, die den geistigen Kontakt sucht und vor der Sexualität zurückschreckt, weckt den Künstler, den Maler in Paul. Gerade dadurch aber zieht sie sich den Haß Gertrudes zu, die ihren Anspruch, die geistige Entwicklung des Sohnes allein zu lenken, gefährdet sieht. Als Miriam schließlich Pauls Begierde nachgibt, erkennt er, daß sie zu echter Hingabe nicht fähig ist, sondern ihm ein Opfer gebracht hat, und verläßt sie. – Ist Miriam ganz »Geist«, so ist die verheiratete Clara Dawes, die Pauls Geliebte wird, ganz »Körper«, ganz sinnliche Leidenschaft. Damit ist sie für Gertrude ungefährlich und wird von ihr akzeptiert. Aber auch diese Spielart der Liebe vermag Paul auf die Dauer nicht zu befriedigen. Den letzten Anstoß zur Trennung von Clara gibt wiederum seine alles überdauernde Bindung an die Mutter, die inzwischen an Krebs erkrankt ist. Der zweite Teil endet wie der erste mit einem Tod und einem Dennoch: Als Gertrude gestorben ist, erscheint Paul das Leben sinnlos, dann aber schöpft er aus dem Gedanken, daß sie in ihm und durch ihn weiterleben wird, neue Hoffnung. Die lichterfunkelnde Stadt, der er am Ende des Romans entgegenwandert, wird ihm zur Vision eines neuen Anfangs.

Der in den Romangestalten wie in der sie umgebenden Natur verkörperte Wille zum Leben, für Lawrence eine Urgewalt, erreicht seinen Höhepunkt in der großen Emotion, der Leidenschaft, die sich als Liebe, aber auch als Haß manifestiert. Doch macht Lawrence zugleich deutlich, daß sowohl die von der Ratio denaturierte Leidenschaft (Miriam, Gertrude) als auch die auf das Körperlich-Sinnliche reduzierte (Clara, Walter Morel) zur Entfremdung führen und menschliche Bindungen zerstören muß. Liebe, richtig verstanden, hat für ihn religiöse Qualität – ein Credo, dem er in seinen späteren Romanen stets von neuem Ausdruck gegeben hat. Im Gegensatz zu diesen ist er jedoch in *Sons and Lovers* stets um Kontinuität und straffen Aufbau der Handlung bemüht, enthält er sich des persönlichen Kommentars, der in späteren Werken häufig penetrant und ermüdend wirkt. Die den Roman strukturierende Antithetik von Leben und Tod (als die Erstarrung alles Lebendigen) wendet er nicht ins Tragische; weder Gertrude noch Paul Morel verharren in der Erstarrung. *»Leben ist nur in den Lebenden«*, schreibt Lawrence, und so sind seine Protagonisten weder fatalistisch, noch brechen sie unter den Schlägen eines übermächtigen Schicksals zusammen. Darin unterscheidet sich der Autor von *Sons and Lovers* etwa von Thomas Hardy, dem er andrerseits in der Konzeption der Frauengestalten wie in der symbolträchtigen Naturschilderung manches verdankt.

Sons and Lovers ist ein autobiographischer Roman. In Paul Morels Erfahrungen hat Lawrence, selbst Sohn eines Bergarbeiters aus Nottinghamshire (sein Heimatort Eastwood ist das Dorf Bestwood des Romans), seine eigenen Jugenderlebnisse, sein von der Mutter gefördertes Verlangen, diesem Milieu zu entrinnen, und seine frühen künstlerischen Ambitionen dargestellt. H.Str.

Ausgaben: Ldn. 1913. – NY 1913. – NY 1921. – Ldn. ⁴1927. – Ldn./Toronto 1944. – Harmondsworth 1949; ern. 1965. – NY 1951 [Einl. M. Schorer]. – Ldn./Glasgow 1955. – Ldn. 1956 *(Phoenix Ed.)*. – NY 1958. – NY 1960. – NY 1962 [Einl. A. Kazin]. – NY 1968, Hg. u. Anm. J. Moynahan; Nachdr. Harmondsworth 1979 (Penguin). – Berkeley u. a. 1977 [Faks. d. Ms.; Einl. M. Schorer]. – NY 1986.

Übersetzungen: *Söhne und Liebhaber*, F. Franzius, Lpzg. 1925. – Dass., G. Goyert, Lpzg. 1937. – Dass., ders., Wiesbaden 1947. – Dass., ders. (in *GW in Einzelausgaben*, Bd. 1, Wien/Mchn. 1956). – Dass., ders., Reinbek 1960 u. ö. (rororo).

Verfilmung: England 1960 (Regie: J. Cardiff).

Literatur: V. S. Pritchett, *»Sons and Lovers«* (in V. S. P., *The Living Novel*, NY 1947, S. 131–138). – M. Spilka, *The Floral Pattern in »Sons and Lovers«* (in New Mexico Quarterly, 25, 1955, S. 44–56). – L. Fraiberg, *The Unattainable Self: D. H. L.'s »Sons and Lovers«* (in Ch. Shapiro, *Twelve Original Essays on Great English Novels*, Detroit 1960, S. 175–201). – D. Van Ghent, *The English Novel: Form and Function*, NY/Ldn. 1961, S. 245–262. – A. Kazin, *Sons, Lovers and Mothers* (in Partisan Review, 29, 1962, S. 373–385). – M. Beebe, *L.'s Sacred Fount: The Artist Theme of »Sons and Lovers«* (in TSLL, 4, 1962, S. 539–552). – B. Reddick, *»Sons and Lovers«: The Omniscient Narrator* (in Thoth, 7, 1966, S. 68–75). – G. Salgādo, *D. H. L.: »Sons and Lovers«*, Ldn. 1966. – *D. H. L. and »Sons and Lovers«: Sources and Criticism*, Hg. E. W. Tedlock, Ldn./NY 1966. – J. C. F. Littlewood, *Son and Lover* (in Cambridge Quarterly, 4, 1969, S. 323–361). – J. M. Eichrodt, *Doctrine and Dogma in »Sons and Lovers«* (in Connecticut Review, 4, 1970, S. 18–32). – *Twentieth Century Interpretations of »Sons and Lovers«*, Hg. J. Farr, Englewood Cliffs/N.J. 1970. – E. J. Hinz, *»Sons and Lovers«: The Archetypal Dimensions of L.'s Oedipal Tragedy* (in D. H. L. Review, 5, 1972, S. 26–53). – S. Panken, *Some Psychodynamics in »Sons and Lovers«* (in Psychoanalytic Review, 61, 1974/75, S. 571–589). – J. N. Schmidt, *D. H. L.: »Sons and Lovers«*, Mchn. 1983. – R. C. Murfin, *»Sons and Lovers«: A Novel of Division and Desire*, Boston 1987.

ST. MAWR

(engl.; *Ü: Der Hengst St. Mawr*). Kurzroman von David Herbert Lawrence, erschienen 1925. – Die junge, wohlhabende, kosmopolitisch erzogene Amerikanerin Lou Witt lebt seit ihrer Heirat in London, wo sie sich bald der Künstlichkeit und Leere ihres gesellschaftlichen Lebens bewußt wird. Ihrer Ehe mit dem in Australien geborenen Aristokraten Rico Carrington, einem ebenso erfolgreichen wie talentlosen Porträtmaler, fehlt jene spontane Leidenschaft und undomestizierte Vitalität, als deren Verkörperung Lou der goldbraune Hengst St. Mawr erscheint und nach der sie sich insgeheim sehnt. Obgleich sie voraussieht, daß Rico, für den sie das ungebärdige Pferd gekauft hat, der Konfrontation mit dieser natürlichen »Lebenskraft« nicht standhalten wird, ist sie bereit, ihn zu »opfern«. Als St. Mawr bei einem Ritt über Land vor einer toten Viper scheut, unter Ricos roher Hand steigt und im Fallen den Reiter unter sich begräbt und schwer verletzt, verlangt Rico wutentbrannt zunächst die Erschießung, dann die Kastration des Hengstes. Unterstützt von ihrer energischen Mutter, die den Schwiegersohn von Anfang an als Mann nicht für voll genommen hat, bricht Lou mit Rico und kehrt mit Mrs. Witt, St. Mawr und dessen Pfleger Lewis in die Staaten zurück. Doch nun erscheint ihr auch Amerika dekadent und steril, und als der Hengst auf Mrs. Witts Ranch von den Cowboys zugeritten und gefügig gemacht wird, verliert auch er jede Faszination für sie. Schließlich zieht sie sich auf die kleine Farm »Las

Chivas« in den Bergen Neu-Mexikos zurück. Hier, in der wilden, unberührten Natur, will sie, frei von jeder Konvention, zu sich selbst und zum Einklang mit dem verborgenen großen Pan finden, den sie einst intuitiv in St. Mawr erfühlt hat.

Lawrence geht in diesem Werk erneut mit der modernen industriellen Zivilisation ins Gericht (wobei er nicht selten, besonders in den auktorialen Kommentaren, in einen lehrhaften Ton verfällt). Repräsentiert wird diese Zivilisation vor allem durch Rico, wie Clifford Chatterley (vgl. *Lady Chatterley's Lover*, 1928) ein Mensch, der seinen Mangel an echter künstlerischer Begabung durch äußeren Erfolg zu kompensieren sucht. Seiner Welt der mechanischen Wiederholungen, der Oberflächlichkeiten, des Sterilen und Lebensfeindlichen hält Lawrence im Bild des Hengstes, der für alle Romangestalten zum *»Herrn des Schicksals«* wird, die *life-power* in ihrer ganzen dämonisch-magischen Ungezügeltheit entgegen. Mit ihr konfrontiert, flüchtet sich Rico, Sinnbild »kastrierten« Lebens und, wie Mrs. Witt sarkastisch bemerkt, nicht Pan, sondern einem *pan-cake* vergleichbar, in eine Geste ohnmächtiger Wut, will er den Hengst durch Kastration zähmen und damit seiner eigenen Welt angleichen. Er ist jener Typ des kraft-, geschlechts- und leidenschaftslos gewordenen »Mannes«, der nach Lawrences Auffassung für die englische Gesellschaft um 1920 symptomatisch ist. Zum Sprachrohr seiner zuweilen maßlosen Polemik gegen diese Gesellschaft macht der Autor die im Vergleich zu Rico individueller charakterisierte Mrs. Witt. Gleichzeitig aber karikiert er in ihr die Rastlosigkeit, Vermännlichung und Herrschsucht der amerikanischen Frau. Obwohl Mrs. Witt Rico verachtet, hat sie letztlich mit seiner Welt mehr gemeinsam als mit der St. Mawrs, und so ist auch ihr Versuch, des Lebensmysteriums teilhaftig zu werden, zum Scheitern verurteilt. Vergebens wirbt sie um den verschlossenen, in sich ruhenden Pferdepfleger Lewis, der als einziger zu St. Mawr und dem, was er verkörpert, eine magische Beziehung hat.

Wenn Lou – wie Connie Chatterley – aus dem Bannkreis einer sterilen Zivilisation flüchtet, wenn sie in der Einsamkeit inmitten der ungezähmten Natur von »Las Chivas« (deren hymnische Schilderung einen Höhepunkt in Lawrences Prosadichtung darstellt) das wahre Leben sucht, so bedeutet dies nicht, daß Lawrence in einem simplen »Zurück zur Natur« die Lösung gefunden zu haben glaubt. In dem ein Jahr nach der Publikation von *St. Mawr* begonnenen Roman *Lady Chatterley's Lover* bietet er mit der Liebesbeziehung Connie – Mellors eine andere Alternative zur lebensfeindlichen Zivilisation an. H.Str.

AUSGABEN: Ldn. 1925 (zus. m. *The Princess*). – NY 1925. – NY 1928; ern. 1959. – Harmondsworth 1951 (zus. m. *The Virgin and the Gipsy*; Penguin; Nachdr. 1981). – Ldn. 1955 (in *Short Novels*, 2 Bde., 2). – NY/Toronto 1959. – Harmondsworth 1982 (in *The Complete Short Novels*, Hg., Einl. u. Anm. K. Sagar u. M. Partridge). – Cambridge 1983 (in *St. Mawr and Other Stories*, Hg. B. Finney; *Cambridge Ed.*).

ÜBERSETZUNGEN: *Der Hengst St. Mawr*, H. E. Herlitschka, Lpzg. 1931. – Dass., G. v. Uslar, Reinbek 1960 (rororo). – Dass., dies., Zürich 1975 (*Kurzromane II*; detebe).

LITERATUR: A. Wilde, *The Illusion of »St. Mawr«: Technique and Vision in D. H. L.'s Novel* (in PMLA, 79, 1964, S. 164–170). – H. Oppel, *D. H. L.: »St. Mawr«* (in *Der moderne englische Roman. Interpretationen*, Hg. ders., Bln. 1965, S. 115–134). – J. Wasserman, *»St. Mawr« and the Search for Community* (in Mosaic, 5, 1972, S. 113–123). – M. Gidley, *Antipodes: D. H. L.'s »St. Mawr«* (in Ariel, 5, Calgary 1974, S. 25–41). – M. Scholtes, *»St. Mawr«: Between Degeneration and Regeneration* (in Durch Quarterly Review, 5, 1975, S. 253–269). – K. Brown, *Welsh Red Indians: D. H. L. and »St. Mawr«* (in EIC, 32, 1982, S. 158–179).

STUDIES IN CLASSIC AMERICAN LITERATURE

(engl.; *Studien zur klassischen amerikanischen Literatur*). Literaturkritisches Werk in zwölf Kapiteln von David Herbert LAWRENCE, nach zwei früheren, nur teilweise erhaltenen Fassungen 1923 in Buchform erschienen. Von der ersten, 1917/18 geschriebenen Version erschienen acht Kapitel (darunter ein später fallengelassenes, *The Two Principles*, eine kosmologische Einführung in das Werk DANAS und MELVILLES) vom November 1918 bis Juni 1919 in der ›English Review‹; von der zweiten, 1920 in Sizilien überarbeiteten Fassung erschien nur das abschließende Kapitel über WHITMAN in ›The Nations and Athenaeum‹ vom 23. 7. 1921, bevor der Autor im Winter 1922/23 das Werk in Amerika einer letzten Revision unterzog. – Lawrences Versuch einer Gesamtinterpretation der amerikanischen Literatur anhand einiger als exemplarisch empfundener Klassiker (FRANKLIN, CRÈVECŒUR, COOPER, POE, HAWTHORNE, Dana, Melville und Whitman) ist das ambitiöseste literarkritische Werk des Autors und eine der originellsten und aufschlußreichsten Studien zur Literatur der Neuen Welt. Darüber hinaus nimmt es in der Auseinandersetzung des Autors mit den Prämissen seiner eigenen Ethik und Ästhetik einen zentralen Platz ein. Amerika als neue, noch im Wachsen begriffene Zivilisation war für Lawrence ein willkommenes Beispiel im Zusammenhang mit seiner eigenen Vision von einer Erneuerung des europäischen Bewußtseins — einer Vision, die man ihrerseits im Kontext der romantischen Revolution gegen das statisch-mechanistische Denken der Aufklärung und für ein dynamisch-organisches Weltbild sehen kann (J. C. Cowan). Dem Übergewicht von Willen und Vernunft (*»the nervebrain self«*) über die »dunklen Götter« des Unbewußten, Ge-

fühlsbestimmten (*»the blood-self«, »the passional center«*) in der europäischen Kultur setzt Lawrence die Hoffnung auf einen Ausgleich der Pole Wissen und Sein durch die Betonung des schöpferischen Unbewußten entgegen.
Im Eingangskapitel des Buches (*The Spirit of Place*) stellt er die Flucht aus der Alten Welt, die Rebellion gegen die geistige Vaterschaft Europas als einen Versuch dar, das alte Bewußtsein abzustreifen (daher die *»mächtige desintegrierende Wirkung Amerikas auf die weiße Psyche«*) und ein neues Lebensgefühl zu artikulieren. Amerika ist nicht nach dem Gesetz eines idealen Neuentwurfs angetreten, sondern tastet nach einer neuen Bestimmung von Freiheit aus dem Einklang des Individuums mit seinen innersten Gefühlen. Demgemäß gelingt dem amerikanischen Künstler das Erschaffen bedeutsamer Mythen nicht aus rationaler Kunstabsicht, sondern nur aus der Artikulation irrationaler Wunschvorstellungen, einer *»leidenschaftlichen, ihm innewohnenden Moral«*, die oft genug im Widerspruch zur erklärten didaktischen Absicht steht. *»Trau nie dem Künstler. Trau dem Werk. Die eigentliche Funktion des Kritikers besteht darin, das Werk vor dem Künstler, der es geschaffen hat, zu retten.«* In diesem Sinn waren Cooper, Hawthorne, Melville und Whitman die großen mythenschaffenden Künstler Amerikas. Franklins perfektionistischen Lebensentwurf und seinen Glauben an die egalitäre Demokratie kann Lawrence dagegen nur satirisch als einen Rückfall interpretieren, während er Poe als nichtkonstruktiven, zersetzenden Geist kennzeichnet, der den doppelten Rhythmus jeder wahren Kunst, ihre zerstörende und neuschaffende Kraft, um die zweite Komponente verkürzt hat. In Cooper siegt das unbewußte Wunschdenken, der Sog der ungebändigen Natur, über die lächerlichen Gentleman-Ideale seiner *»weißen Seele«* und enthüllt die gefährliche Neigung der *»essentiell amerikanischen Seele«* zu *»Verhärtung, Isolierung, Gleichmut und Grausamkeit«*. Der *»blauäugige Hawthorne«* versucht, seine dunkleren Einsichten in den Dualismus und Dämonismus der menschlichen Seele durch Idealisierungen zu verdecken (vgl. die Brook-Farm-Utopisten in *The Blithedale Romance*). Melville dagegen nimmt es mit den Elementen selbst auf, ohne sich von prähistorischen Südsee-Idyllen verführen zu lassen, aber auch ständig im aufreibenden Kampf mit falschen Idealen begriffen – Verkörperung des *»manischen Fanatismus unseres weißen Bewußtseins«*. Whitman schließlich artikuliert die Desintegration der individuellen Seele und ihren Ausbruch auf die *»offene Straße«*, den Beginn *»ihres langen Weges von der Sklaverei zur Freiheit«*.
Lawrence bedient sich in diesen Essays eines durchweg apokalyptisch-expressiven Stils, der stets polemisch, provokativ, plakativ wirkt. Erfrischend und irritierend zugleich, kann diese aperçuhafte Sprache blitzartig das Wesen dichterischer Erfahrung beleuchten, aber auch die genialische Einseitigkeit des Bilderstürmers Lawrence am Beispiel penetranter Leitsymbole und fixer Ideen aufdecken. Lawrence, der sich kurz zuvor in zwei Essays gründlicher mit Freudschen Kategorien auseinandergesetzt hatte (*Psychoanalysis and the Unconscious*, 1921, und *Fantasia of the Unconscious*, 1922), betreibt hier in zweifacher Richtung tiefenpsychologische Mythenkritik, auch im Hinblick auf das eigene schwankende Lebensverständnis angesichts der weit offenen Landschaft Neu-Mexikos. Amerika als Land und als literarisches Phänomen zu erleben bedeutete für Lawrence, eine Pilgerfahrt über die Grenzen des ererbten Kulturbewußtseins hinaus zu unternehmen. Seine von der allgemeinen Brutalisierung durch den Ersten Weltkrieg geförderte Europamüdigkeit führte ihn in der ersten Version seiner Essays zu dem Glauben an eine – mystisch beschworene – Wiedergeburt der weißen Seele in einem visionären Amerika der liebenden Integration von Rassen und Seinsimpulsen; in der Endfassung schlug dieser sehnsuchtsvolle Mythos in das *»stoische Stakkato«* einer unsicheren Skepsis um (R. Swigg), wurde anstelle von Melvilles Vision einer versöhnten Natur (»Die große Armada« in *Moby-Dick*) das Unbehagen an der Zivilisation, wie es Coopers Lederstrumpf empfindet, zum Angelpunkt von Lawrences Interpretation der amerikanischen Literatur. Lawrence artikuliert hier (wie auch – mit häufig sich wandelnden Begriffen – in Briefen, nachgelassenen Schriften und verstreuten Essays) zentrale Gedanken seiner Lebensphilosophie, denen er in seinem erzählerischen Werk kaum je ähnlich pointierten Ausdruck verliehen hat. K.E.

Ausgaben: Ldn. 1918/19 (in English Review, Nov.-Juni; 8 Kap.). – Ldn. 1921 (in The Nation and Athenaeum; 23.7.; Ausz.). – NY 1923 [vollst.]. – NY 1943 (in *The Shock of Recognition*, Hg. E. Wilson, Bd. 2). – Fontwell/Sussex 1962 (D. H. Lawrence, *The Symbolic Meaning: The Uncollected Versions of Studies in Classic American Literature*, Hg. A. Arnold). – Ldn. 1964 (*Phoenix Ed.*). – Harmondsworth 1977 (Penguin).

Literatur: A. Arnold, *D. H. L. and America*, NY 1959. – D. J. Gordon, *D. H. L. as a Literary Critic*, New Haven/Ldn. 1966. – J. C. Cowan, *D. H. L.'s American Journey: A Study in Literature and Myth*, Cleveland/Ldn. 1970. – R. Swigg, *L., Hardy, and American Literature*, Ldn. 1972. – C. L. T. Fox, *The Artistic and Critical Significance of D. H. L.'s »Studies in Classic American Literature«*, Case Western Reserve Univ. 1972 (vgl. Diss. Abstracts, 33, 1973, S. 5172/73A). – G. Y. Trail, *L.'s Whitman* (in D. H. L. Review, 14, 1981, S. 172–190). – R. Wellek, *The Literary Criticism of D. H. L.* (in SR, 91, 1983, S. 598–613). – D. Journet, *D. H. L.'s Criticism of Modern Literature* (in D. H. L. Review, 17, 1984, S. 29–47). – O. Seavey, *D. H. L. and the ›First Dummy American‹* (in Georgia Review, 39, 1985, S. 113–128). – A. M. Axelrad, *Wish Fulfillment in the Wilderness: D. H. L. and the »Leatherstocking Tales«* (in American Quarterly, 39, 1987, S. 563–585).

WOMEN IN LOVE

(engl.; *Ü: Liebende Frauen*). Roman von David Herbert LAWRENCE, erschienen 1920. – Lawrences fünfter Roman, sein vielschichtigster, wurde 1916 vollendet, aber erst vier Jahre später – unter heftigen Protesten sittenstrenger Kreise – veröffentlicht. Zur Zeit seiner Entstehung war das ohnehin geringe Vertrauen des Autors in eine Selbsterneuerung der bürgerlichen Gesellschaft endgültig zerstört. *Women in Love* ist das Dokument einer oft verzweifelten Suche nach neuen, von traditionellen Zwängen freien Lebensformen, die eine universale Veränderung im zwischenmenschlichen (und damit auch sozialen) Bereich bewirken könnten.

Obgleich Lawrence alle herkömmlichen Erzähltechniken zugunsten einer »organischen« Entwicklung des Handlungsverlaufs ablehnte, weist der Roman ein streng symmetrisches Figurenschema auf, innerhalb dessen jede Gestalt durch einen spiegelbildlich konzipierten Gegenpart beleuchtet, kommentiert und in ihrem Handeln beeinflußt wird. Dem Paar Birkin – Ursula, das als einziges am Schluß heiratet, steht das Paar Gerald – Gudrun gegenüber; jeder der beiden Männer löst sich zu Beginn aus einer Bindung (Rupert Birkin aus der zu Hermione, Gerald Crich aus der zu Minette); Ursula Brangwen (die Heldin des vorausgegangenen Romans *The Rainbow*, der sich wie *Women in Love* aus dem ursprünglich geplanten Werk *The Sisters* entwickelte) hat eine unglückliche Affäre (mit Anton Skrebensky) hinter sich, Gudrun eine völlig pervertierte Beziehung (zu Loerke) vor sich; Ursula und Gudrun sind Schwestern, Birkin und Gerald verbindet eine zuweilen haßerfüllte, aber stets intime »Blutsbrüderschaft«. Auf vorgeformte Lösungen verzichtend, hat Lawrence gleichwohl die Personen als Sprachrohre für antagonistische Auffassungen konzipiert, die er als Modelle für das alte und das neue Leben einander gegenüberstellt.

Rupert Birkin, Schulinspektor in den englischen Midlands, ein Lawrence-Held *par excellence*, trennt sich von Hermione Roddice, die ganz der Welt der Ideen und des Intellekts verhaftet ist (*»She was a* Kulturträger«), und wendet sich der Lehrerin Ursula Brangwen zu. Zwischen beiden entbrennt ein leidenschaftlicher Kampf um das stets gefährdete Gleichgewicht ihrer Liebe, deren persönliche Begrenztheit Birkin überwinden will. Sein Versuch, die Sexualität zu transzendieren und einem universal-kosmischen Plan einzufügen, soll der Selbstfindung des Paares in einer Art Individuationsprozeß dienen: Der Liebesakt schafft ein kosmisches Gleichgewicht *(star equilibrium)*, das – trotz vollkommener Vereinigung der Partner – dank der biologischen Polarität eine strikte Trennung der Eigenpersönlichkeit gewährleistet. Die Vorstellung von der besitzergreifenden »Magna Mater«, die dieses Gleichgewicht stört, erfüllt Birkin mit Haß; in einem intensiv erlebten symbolischen Vorgang kommt dies zum Ausdruck: Er zerstört das Spiegelbild des Mondes auf der Wasseroberfläche mit Steinwürfen. Als Antithese zur organisch-natürlichen Lebensaktivität und instinktiven »Energieentladung« begreift Lawrence/Birkin jede Unterwerfung unter die toten, starren Gesetze einer blutleeren Verstandesexistenz (Hermione), die oberflächliche, »nervöse« Spielart der sich selbst genügenden Sexualität (Minette und der Londoner Künstlerkreis) sowie die Selbstzerstörung in der perfekt organisierten modernen Industriegesellschaft. – Gerald Crich, der tragisch-dämonische Liebhaber Gudruns und reiche Erbe eines Bergwerksbesitzers, macht sich seine Mitmenschen im privaten und sozialen Bereich so lange untertan, bis er selbst stärkeren Gewalten zum Opfer fällt: Aufgrund seines Machttriebs und seiner Befangenheit in der alten Ordnung bereits im Leben erstarrt, findet er den Tod im Eis der österreichischen Alpen. Die letzte Steigerung in diesem Drama der Desintegration einer heillosen Welt wird in der Begegnung Gudruns mit dem nihilistischen Bildhauer Loerke erreicht, dessen Programm einer zweiten industriellen Revolution der Autor mittels Symbolen der Verwesung, der Gewalt und der Erniedrigung kennzeichnet. Lawrence läßt offen, ob aus der Zerstörung neues Leben, ob aus der Asche der Phönix erstehen wird. Das Werk schließt mit der bewegten Klage Birkins um Gerald, mit dem er – jenseits seiner »einseitigen« Liebe zu Ursula – eine »ewige Bindung« der Freundschaft eingehen wollte (die homoerotische Komponente dieser Beziehung wird an verschiedenen Stellen deutlich).

Der Roman, in dessen Hauptfiguren sich einige Zeitgenossen des Autors porträtiert glaubten (so J. Middleton MURRY und Katherine MANSFIELD in Gerald und Gudrun), ist in Einzelepisoden unterteilt, die meist in sich geschlossen sind und wichtige Stationen in der emotionalen Entwicklung der Personen darstellen. Obgleich Birkins weitschweifige Reflexionen den Gang der Handlung immer wieder verlangsamen, erreicht Lawrence eine erzählerische Intensität und symbolische Dichte, die *Women in Love* nicht nur zu einem faszinierenden Porträt der englischen Gesellschaft um 1914, sondern auch zu einer bedeutenden visionären Dichtung machen. Was als »Lebensphilosophie« oft plakativ und ideologisch fragwürdig anmutet, wird dank der eindringlichen Ergründung komplexer psychologischer Motivationen zur umfassenden Studie einer zwischen den widersprüchlichsten Ideen und Glaubenssätzen schwankenden Generation. Die Schwächen des Romans sind dabei von seinen Stärken kaum zu trennen: die Mischung von Vitalismus, Mystizismus und einer primitiv-heidnischen Privatkosmogonie; die auf Gegensatzpaare angelegte Bilderwelt, die auf archetypische Stadien der Bewußtseinsentwicklung verweist; die fast monotonen Wiederholungen im syntaktischen Rhythmus, die der Sprache aber zugleich eine magische Wirkung verleihen; und schließlich der missionarische Ton, in dem sich Lawrences Affassung vom moralisch-philosophischen Auftrag des Romans überhaupt niederschlägt. Die zahlreichen Bewunderer und Kritiker von *Women in Love* haben übereinstimmend die Meisterschaft gewürdigt, mit der

Lawrence seine ätzende Verurteilung der modernen Zivilisation und seine Vorstellung von der »Umwertung der Werte« in ein komplexes Drama menschlicher Beziehungen übersetzt hat. J.N.S.

Ausgaben: NY 1920 [Privatdr.]. – Ldn. 1921. – Ldn. 1936 (in *The Novels*). – Ldn. 1957 [Einf. R. Aldington; *Phoenix Ed.*]. – Harmondsworth 1960 u. ö. (Penguin; zuerst 1921). – NY 1961. – Harmondsworth 1982, Hg. Ch. Ross (Penguin). – Cambridge 1987, Hg. D. Farmer u. a.

Übersetzungen: *Liebende Frauen*, Th. Mutzenbecher, Lpzg. 1927. – Dass., H. E. Herlitschka, Lpzg. 91932. – Dass., Th. Mutzenbecher, Reinbek 1967 u. ö. (rororo).

Verfilmung: England 1969 (Regie: K. Russell).

Literatur: J. M. Murry, *Son of Woman*, Ldn. 1931; 41954, S. 106–138. – *D. H. L.: »The Rainbow« and »Women in Love«. A Casebook*, Hg. C. C. Clarke, NY 1969. – *Twentieth Century Interpretations of »Women in Love«*, Hg. S. J. Miko, Englewood Cliffs/N.J. 1969. – D. S. Barber, *Community in »Women in Love«* (in Novel, 5, 1971). – A. Rudrum, *Philosophical Implications in L.'s »Women in Love«* (in Dalhousie Review, 51, 1971, S. 240–250). – S. J. Miko, *Toward »Women in Love«*, New Haven/Ldn. 1971. – S. Jacobson, *The Paradox of Fulfillment: A Discussion of »Women in Love«* (in Journal of Narrative Technique, 3, 1973, S. 53–65). – J. Kestner, *Sculptural Character in L.'s »Women in Love«* (in MFS, 21, 1975, S. 543–553). – J. C. Oates, *L.'s Götterdämmerung: The Tragic Vision of »Women in Love«* (in Critical Inquiry, 4, 1978, S. 559–578). – J. F. Scott, *›Continental‹: The Germanic Dimension of »Women in Love«* (in LWU, 12, 1979, S. 117–134). – D. J. Schneider, *The Laws of Action and Reaction in »Women in Love«* (in D. H. L. Review, 14, 1981, S. 238–262). – D. Journet, *Symbol and Allegory in »Women in Love«* (in South Atlantic Review, 49, 1984, S. 42–60). – G. Holderness, *»Women in Love«*, Philadelphia 1986. – M. Levenson, *The Passion of Opposition in »Women in Love«* (in MLS, 17, 1987).

Thomas Edward Lawrence

* 15.8.1888 Tremadoc/ Wales
† 19.5.1935 Moreton / Dorset

THE SEVEN PILLARS OF WISDOM

(engl.; *Ü: Die sieben Säulen der Weisheit*). Autobiographischer Bericht über den arabischen Aufstand (1916–1918) von Thomas Edward Lawrence, erschienen 1926. – Nachdem Lawrence die erste Fassung seines Berichts 1920 unter geheimnisvollen Umständen abhanden gekommen war, schrieb er aus dem Gedächtnis eine zweite Version (1922 von ihm selbst verbrannt). Erst die dritte Fassung erreichte 1926 die Öffentlichkeit in etwa 100 Exemplaren. Der gleichzeitigen Kurzfassung *Revolt in the Desert (Aufstand in der Wüste)* war ebenfalls nur mäßiger Erfolg beschieden, ehe nach dem Tod des Autors 1935 der sensationelle Publikumserfolg einsetzte und Lawrence selbst zur Kultfigur wurde. Der Titel des Werkes lehnt sich an einen Passus in den *Sprüchen Salomos* (IX, 1) an: *»Die Weisheit baute ihr Haus und hieb sieben Säulen.«* Lawrence hatte diesen Titel ursprünglich für ein früheres, dann jedoch verworfenes Werk bestimmt. — Daß das Werk den ersten Sensationserfolg und die kurze Zeitspanne politischer Aktualität überdauert hat, liegt in erster Linie daran, daß hier einer der Regisseure des arabischen Aufstands einen detaillierten, authentischen Bericht über seine Tätigkeit gibt, daß der berühmte »Lawrence von Arabien« seinem glorifizierten und geheimnisumwitterten Bild ein zweispältiges, im Grunde noch undurchsichtigeres und bis heute umstrittenes Selbstporträt entgegenstellt, und schließlich an der stilistischen Brillanz seines Berichtes.

Nach dem Rückzug von den Dardanellen (Januar 1916) und der Kapitulation bei Kut el-Amara (29.4. 1916) wollten die Engländer die Kriegssituation im Nahen Osten dadurch beeinflussen, daß sie die unter türkischer Herrschaft stehenden Araber zum Aufstand zu bewegen suchten. Die britischen Generäle stellten als Gegenleistung den arabischen Völkern die Unabhängigkeit in Aussicht, obgleich sich England und Frankreich schon am 16. Mai 1916 über die spätere Aufteilung des arabischen Raums in Mandatsgebiete geeinigt hatten. Am 10. Juni 1916 proklamierte Husein Ibn'Ali, Emir von Mekka, den Aufstand. Lawrence, der schon zuvor im Nahen Osten Forschungs- und Geheimdienstaufträge durchgeführt hatte, wurde aufgrund seiner Erfahrung, Tatkraft und Intelligenz rasch zur Schlüsselfigur unter den britischen Verbindungsmännern. Nach anfänglichen Rückschlägen gelang es dem arabischen Heer unter der Führung von Huseins Sohn Feisal, in einem für die damalige Zeit neuartigen, wechselvollen Guerillakrieg die türkischen Streitkräfte in zahlreiche leicht angreifbare Besatzungsposten aufzusplittern und durch Überfälle entscheidend zu schwächen, allerdings nur mit dem Ergebnis, daß die Araber die türkische Bevormundung gegen eine britisch-französische eintauschen mußten.

Bemerkenswert an der Art der Kriegsführung ist die weitgehend von Lawrence entwickelte Strategie des Guerillakriegs, die den Prototyp des modernen Partisanenkampfs darstellt. Die psychologische Taktik ging davon aus, die Araber nicht mehr dem Kommando fremder, sondern einheimischer Führer zu unterstellen. So wurde – trotz des Widerstands führender englischer Militärs – Feisal als

Prophet der arabischen Freiheit hochgespielt. Ihm gelang es dann auch, die zerstrittenen Stämme zu gemeinsamer Aktion zu einen. Die militärische Taktik zielte darauf ab, *»nur Flanken und keine Front«* zu schaffen und die verstreuten feindlichen Posten durch Überfälle aufzureiben. Dadurch konnten die Araber bald die türkischen Nachschublinien unterbrechen, die Hedschasbahn kontrollieren, Akaba im Handstreich nehmen und schließlich Damaskus besetzen. Neben dieser Darstellung militärischer Vorgänge charakterisiert Lawrence im Stil herkömmlicher Reisebeschreibung eingehend die arabische Mentalität, die Bräuche der Wüstenvölker, einzelne Persönlichkeiten und landschaftliche Eigenarten.

Lawrence spielt hier nicht die Rolle des abwägenden Chronisten, sondern die des aktiven Kämpfers, der, isoliert vom regulären Kriegsschauplatz, auf eigene Faust lebensgefährliche Aktionen ins Werk setzt. Aus diesem persönlichen Engagement des Berichterstatters erklären sich die Dramatik seiner Schilderung und die Lebendigkeit der Charakterisierung. Die Versuche, den Charakter des Autors und die Motive seiner nahezu selbstzerstörerischen Einsatzbereitschaft zu erhellen, sind bis heute nicht abgerissen. Unterdrückte homosexuelle Neigungen spielen dabei als Handlungsmotiv Lawrences ebenso eine Rolle wie seine Willensentscheidung, vom Wissenschaftler zum Tatmenschen zu werden. Rätselvoll bleibt Lawrence nicht zuletzt deshalb, weil er in *The Seven Pillars of Wisdom* jeden Ansatz zur Selbstanalyse sofort in Schilderungen seiner Aktionen umbiegt.

Das Werk ist reich an Hinweisen darauf, daß der Einsatz für das arabische Freiheitsideal und oft auch der bloße Kampf um den Sieg Lawrence nicht nur zunehmend seinem Agentenauftrag entfremdeten, sondern zum eigentlichen Ziel seiner Anstrengungen wurden: *»Mit der Zeit wurde unser Drang, für das Ideal zu kämpfen, zu einer blinden Besessenheit... Der Geisteszustand gewöhnlicher Sklaven ist schrecklich genug – sie haben die Welt verloren – wir aber hatten nicht nur den Leib, auch die Seele der alles beherrschenden Gier nach Sieg überantwortet. Durch eigenen Willensakt hatten wir Moral, Selbstbestimmung, Verantwortung von uns getan, so daß wir waren wie dürre Blätter im Wind.«* Als die Araber Lawrence von Freund zu Freund nach den wirklichen Absichten der Engländer fragen, entpuppt er sich auch ihnen gegenüber als Schwankender und wiederholt die britischen Versprechungen. Diese Lüge wird ihm zum Trauma: *»Anstatt stolz zu sein auf unsere gemeinsamen Taten, nagte an mir begreiflicherweise dauernd eine bittere Scham.«* Die innere Zerrissenheit, die sich bei Lawrence später zu einem Drang nach Selbstvernichtung steigerte, überscharfe Intelligenz, Abenteuertrieb, Ehrgeiz, Arroganz, Verwegenheit, Verschlagenheit, Verachtung von Leib, Leben, Tod, Freuden und Strapazen sind die auffallendsten Züge dieser Gestalt; aber nicht selten werden sie zur Maske, hinter der sich Lawrence nicht nur vor der Umwelt, sondern wohl auch vor sich selbst verbirgt. A.U.-KLL

AUSGABEN: Ldn. 1926 [m. Ill.; ²1935]. – Harmondsworth 1962. – NY 1966. – Ldn. ⁹1967. – Ldn. 1976.

ÜBERSETZUNG: *Aufstand in der Wüste*, D. v. Mikusch, Lpzg. 1927 (Ausz.). – *Die sieben Säulen der Weisheit*, ders., Lpzg. 1936; Nachdr. Mchn. 1988. – *Faisals Aufgebot*, ders., Stg. 1957 (RUB; Nachw. R. Schroers; Ausz.). – Dass., ders., Mchn. 1979 u. ö. (dtv).

VERFILMUNG: *Lawrence of Arabia*, Großbritannien 1962 (Regie: D. Lean).

LITERATUR: R. Aldington, *Lawrence of Arabia: A Biographical Enquiry*, NY 1954 (dt.: *Der Fall T. E. L.: Eine kritische Biographie*, Mchn. o. J. [1955]). – F. Armitage, *The Desert and the Stars: A Portrait of T. E. L.*, Ldn., 1956 (dt.: *Lawrence von Arabien. Die Wüste u. die Sterne*, Mchn. 1963). – R. Payne, *Lawrence of Arabia: A Triumph*, Ldn. 1966. – C. Simpson u. Ph. Knightley, *The Secret Lives of Lawrence of Arabia*, Ldn. 1969 (dt.: *Das Geheimleben des Lawrence von Arabien*, Hbg. 1969). – T. J. Henighan, *T. E. L.'s »Seven Pillars of Wisdom«: Vision as Pattern* (in Dalhousie Review, 51, 1971, S. 49–59). – G. W. Knight, *T. E. L.* (in G. W. K., *Neglected Powers: Essays on Nineteenth and Twentieth Century Literature*, Ldn. 1971, S. 309–351). – F. Clements, *T. E. L.: A Reader's Guide*, Newton Abbot 1972. – J. Meyers, *The Revisions of »Seven Pillars of Wisdom«* (in PMLA, 88, 1973, S. 1066–1082). – Ders., *The Wounded Spirit: A Study of »Seven Pillars of Wisdom«*, Ldn. 1973. – K. N. Hull, *Creeds, History, Prophets and Geography in »Seven Pillars of Wisdom«* (in Texas Quarterly, 18, 1975, Nr. 3, S. 15–28). – R. P. Graves, *L. of Arabia and His World*, NY 1976. – K. Morsey, *T. E. L. und der arabische Aufstand 1916–1918*, Osnabrück 1976. – *T. E. L.: Lawrence of Arabia*, Hg. J. M. Wilson, Oxford 1977. – J. E. Mack, *T. E. L. and the Uses of Psychology in the Biography of Historical Figures* (in *Psychological Dimensions of Near Eastern Studies*, Hg. L. C. Brown u. N. Itzkowitz, Princeton 1979, S. 27–59). – T. J. O'Donnell, *The Confessions of T. E. L.: The Romantic Hero's Presentation of Self*, Athens/Oh. 1979. – Ch. E. Carrington, *T. E. L.*, Ldn. 1982. – V. Richards, *Portrait of T. E. L.*, Ldn. 1982. – D. Stewart, *L. von Arabien*, Mchn. 1982. – *The T. E. L. Puzzle*, Hg. S. E. Tabachnick, Athens (Ga.)/Ldn. 1984 [m. Bibliogr.]. – Sir H. Walpole, *»Seven Pillars of Wisdom«: T. E. L. in Life and Death*, Ldn. 1985. – V. M. Thompson, *T. E. L. as Publisher: »Not a Suitable Hobby for an Airman«*, Ldn. 1986. – *T. E. L.: A Bibliography*, Hg. Ph. O'Brien, Winchester 1987. – M. Brown u. J. Cave, *Life of T. E. L.: Touch of Genius*, Ldn. 1988. – R. D. Knight, *T. E. L. and the Max Gate Circle*, Weymouth 1988. – H. Williamson, *T. E. L.: Genius of Friendship*, Cambridge 1988 [Nachdr. d. Ausg. 1941].

CECIL DAY LEWIS

eig. Cecil Day-Lewis
* 27.4.1904 Ballintubber / Irland
† 22.5.1972 London

DAS LYRISCHE WERK (engl.) von Cecil Day Lewis.

Day-Lewis (so sein eigentlicher Name) gilt – neben Auden, MacNeice und Spender (zuweilen als »Group« oder »Macspaunday« bezeichnet) – als der wichtigste sozial und politisch engagierte englische Lyriker der dreißiger Jahre, der zudem Vergil übersetzt, Lyrikanthologien ediert sowie Kinderbücher und – unter dem Pseudonym Nicholas Blake – Detektivromane geschrieben hat. 1968 wurde der seit den vierziger Jahren wieder traditionellere Day Lewis, der kurze Zeit der kommunistischen Partei angehört hatte, 1941–1946 für das Informationsministerium arbeitete und in Oxford (1951–1955), Harvard (1964/65) und Hull (1968) lehrte, zum *Poet laureate* ernannt – sinnfälliges Zeichen seiner lyrischen Reorientierung.
Im Zentrum der frühen Dichtung des zunächst mit *Beechen Vigil* (1925) in der Naturlyriktradition der Georgian Poetry schreibenden jungen Day Lewis, der in Oxford unter den Einfluß des vitaleren W. H. Auden geriet, steht das Wissen um den generellen Orientierungsverlust der desintegrierten Nachkriegsgesellschaft; deshalb sucht er nach neuen gemeinschaftlichen Lebensformen. Nach dem mit Auden verfaßten, manifestartigen Vorwort zu *Oxford Poetry 1927*, das Anregungen von T. S. Eliot, der Psychoanalyse und des Sozialismus verarbeitet, suchte Day Lewis in dem vierteiligen, wie Eliots *The Waste Land* mit Anmerkungen versehenen *Transitional Poem* (1929) unter metaphysischen, ethischen, psychologischen und ästhetischen Gesichtspunkten nach einer neuen personalen Ganzheit, die er dem Chaos der Erfahrungswirklichkeit als *»tetragonal/Pure symmetry of brain«* entgegensetzen konnte. In diesem (in Leonard und Virginia Woolfs Hogarth Press erschienenen) Band fand Day Lewis auch eine neue poetische Diktion, die das Subjektive der eher traditionellen Naturlyrik mit der Sprache der Großstadt und der Naturwissenschaften und Technik verbindet. Wenn *Transitional Poem* von privaten Erfahrungen – den Liebesbeziehungen zur künftigen Ehefrau – ausgeht, dann gilt Ähnliches auch für *From Feather to Iron* (1931), obwohl die Gedichte dieses Bandes sehr viel deutlicher durch die Geste des Aufbruchs in ein neues »Land« gesellschaftlicher Existenz und durch das Bild der Reise miteinander verknüpft sind. Die neunmonatige Entwicklung des Kindes im Leib der Mutter – dies die thematische Basis der Texte – findet ihren Höhepunkt in der Geburt, einem Augenblick, der metaphorisch immer wieder mit dem gesellschaftliche Dimensionen andeutenden Bild des Eisenbahnzuges umspielt wird, der durch den Tunnel dem Licht zu rast *(»Lovely the leap, explosion into light«)*, und zwar – wie die Weltgeschichte – auf geraden, die Richtung vorbestimmenden Geleisen.
An die Stelle parabolisch-metaphorischen Sprechens tritt – nach den Beiträgen zur programmatischen Anthologie *New Signatures* (1932) der »Macspaunday«-Gruppe – im ebenfalls vierteiligen Band *The Magnetic Mountain* (1933) der direktere politische Appell des Dichters, der sich im Einleitungstext dem vom Wind getragenen Turmfalken zugesellt. Das Bild, das Bedeutungselemente von Shelley *(Westwind-Ode)* und G.M. Hopkins *(The Windhover)* zu verschmelzen scheint, macht die elitäre Haltung des innerhalb der bürgerlichen Gesellschaft existierenden Dichters bürgerlicher Herkunft mit marxistisch-revolutionären Zielen sinnfällig: Lediglich der sich vom Hier und Jetzt aufschwingende Turmfalke kann bis zu jenem Ort vordringen, den bislang noch kein Zug erreichen kann, bis zum *»magnetischen Berg«*, der Himmel und Erde (Utopie und Realität) miteinander *»vernietet«*. Der so mit dem Falken verglichene Dichter, der Seele und Geist im Feuer *»gestählt«* hat, wird vom Magneten angezogen, den zu erreichen er keinen Sextanten benötigt. Er folgt deshalb, so die Implikation der heterogene Natur- und Technikbilder verbindenden Aussage, wie ein Komet auf festgelegter Bahn dem gleichsam naturnotwendigen Lauf der Weltgeschichte, den allerdings nur der von der Masse Abgehobene erkennen kann. Der derart distanzierte *»einsame Flieger, Vogelmensch«*, der seine Einsichten mit wenigen Gleichgesinnten teilt (Auden und Rex Warner werden genannt), stellt sich im zweiten und dritten Teil des Bandes selbstbewußt den in dramatischen Monologen sprechenden und sich dabei in ideologische Widersprüche verwickelnden *»Verteidigern«* des Alten und *»Feinden«* des Neuen entgegen. In Anspielung auf den bei den Viktorianern populären Satz aus Brownings *Pippa Passes (»God's in his heaven/All's right with the world«)* läßt Day Lewis die aus seiner Sicht reaktionären Manipulatoren aus dem Establishment verkünden: *»All's well with our lovely England / And God's in our capital«* (dabei sind sowohl »Hauptstadt« als auch »Kapital« gemeint). Day Lewis findet insbesondere in den Antworten auf die Reden von Verteidigern und Feinden überraschende Satz- und Bildfolgen, aber auch zuweilen einfache und einprägsame Vergleiche *(»In time of drought they drain the reservoir / Through private pipes for baths and sprinklers«)*; und obwohl er gelegentlich von der notwendigen Operation spricht *(»It is now or never, the hour of the knife, / The break with the past, the major operation«)*, will er doch weniger die Massen kämpferisch zur direkten gesellschaftlichen Aktion als die intellektuellen Vertreter der Mittelklasse zum moralischen Einstellungswandel *(»change of heart«)* aufrufen.
In dem Essay *A Hope for Poetry* (1934) diskutiert Day Lewis dann die Probleme, die aus der Lage des

progressiven Dichters in der bürgerlich-industriellen Gesellschaft resultieren: Diese braucht dringend seine *»poetische Vision«* und seine als revolutionäre Kraft gesehene Emotionalität. Obwohl die Lyrik seit Beginn des Jahrhunderts deutlich an Popularität eingebüßt habe und sich angesichts des fehlenden Massenpublikums die Frage nach der Wirksamkeit des dichterischen Wortes stelle, lehnt Day Lewis doch die Alternative, die direkte Propaganda und das vordergründige *»rote Symbol«* ab: Lyrik sei immer noch etwas Persönliches, nicht *»schwere Artillerie«*, sondern Waffe im *»Grabenkampf Mann gegen Mann«*. Der revolutionäre bürgerliche Dichter könne jedoch wie der proletarische Lyriker, so heißt es in *Revolutionaries and Poetry* (1935), erst unter den Bedingungen einer klassenlosen Gesellschaft *»das Gedicht zum [wahren] Ausdruck seines wirklichen Ich«* machen. Day Lewis war sich also der Probleme bewußt, die die Entfaltung seiner dichterischen Kreativität zu hemmen schienen; dennoch hat er gerade in der politischen Lyrik ein Ausdrucksmittel gefunden, das er mit großer Virtuosität und sprachlicher Kraft zu handhaben wußte, auch wenn der Einfluß Audens zuweilen deutlich wird.

Als Day Lewis in der kommunistischen Partei aktiv mitarbeitete (1935–1938) und aus finanziellen Gründen die heute noch populären Detektivromane zu schreiben begann, erschienen mit dem lyrischen Drama *Noah and the Waters* (1936) sowie den Lyrikbänden *A Time to Dance* (1935) und *Overtures to Death* (1938; darin auch *The Naraba*, ein den Spanischen Bürgerkrieg thematisierendes Erzählgedicht), weitere politische Dichtungen. Danach beginnt wie bei Auden und Spender die Phase der Absage an das Politische. Sie wird mit der Übersetzung von VERGILS *Georgica* (1940) eingeleitet (später folgten die *Aeneis*, 1952, und die *Eklogen*, 1963). Day Lewis wandte sich nun privaten Gegenständen wie der eigenen Ehe zu (*Poems 1943–1947*, 1948), schrieb Reisegedichte (*An Italian Visit*, 1953) und vor allem Gedichte über Dichtung (*Pegasus*, 1957; *The Gate*, 1962; *The Room*, 1965). – Day Lewis hat sich zudem auch immer wieder theoretisch – etwa in *The Poetic Image* (1947), *The Poet's Task* (1951), *The Poet's Way of Knowledge* (1957) oder *The Lyric Impulse* (1965) – über Lyrik geäußert und in der Autobiographie *The Buried Day* (1960) zum eigenen Werk Stellung genommen. U.Bö.

AUSGABEN: *Collected Poems*, Ldn. 1954; Nachdr. Westport/Conn. 1988. – *C. D. L.: Selections from His Poetry*, Hg. P. Dickinson, Ldn. 1967. – *Poems of C. D.-L.*, Hg. I. Parsons, Ldn. 1977.

ÜBERSETZUNG: Chr. Enzensberger u. U. u. W. Knoedgen (in *Moderne engl. Lyrik*, Hg. W. Erzgräber u. U. Knoedgen, Stg. 1976; engl.-dt.; Ausw; RUB).

LITERATUR: Ch. I. Glicksberg, *Poetry and Marxism: Three English Poets Take Their Stand* (in Univ. of Toronto Quarterly, 4, 1937, S. 309–325). – J. G. Southworth, *C. D. L.* (in SR, 45, 1937, S. 469–483). – C. Dyment, *C. D. L.*, Ldn. 1955. – H. Harris, *The Symbols and Imagery of Hawk and Kestrel in the Poetry of Auden and D. L. in the Thirties. With Particular Reference to »The Magnetic Mountain« of C. D. L.* (in ZAA, 13, 1965, S. 276 bis 285). – G. Handley-Taylor u. T. d'Arch Smith, *C. D. L., the Poet Laureate: A Bibliography*, Chicago 1968. – D. Stanford, *St. Spender, L. MacNeice, C. D. L.*, Grand Rapids/Mich. 1969. – R. Bouyssou, *L'angoisse existentielle de C. D. L.* (in Caliban, 7, 1970, S. 59–65). – J. N. Riddel, *C. D. L.*, NY 1971. – S. Day-Lewis, *C. D. L.: An English Literary Life*, Ldn. 1980. – J. Whitehead, *C. D. L.: The Road from Musbury* (in EIC, 31, 1981, S. 162–168). – W. Erzgräber, *Politische Lyrik der dreißiger Jahre: W. H. Auden und C. D. L.* (in *Englische Literatur und Politik im 20. Jh.*, Hg. P. Goetsch u. H.-J. Müllenbrock, Wiesbaden 1981). – R. H. Canary, *C. D. L.* (in DLB, Bd. 19, 1983, S. 112–125). – M. Juillard, *L'expression poétique chez C. D. L.: Vocabulaire, syntaxe, métaphore. Étude stylostatistique*, Genf 1983. – E. Pujals, *Los poetas de Oxford y la Guerra de España: C. D. L. y su poema »The Nabara«: Un episodio de la Guerra civil* (in LdD, 13, 1983, S. 69–92).

WYNDHAM LEWIS

* 17.3.1884 auf See vor Amherst / Nova Scotia
† 7.3.1957 London

LITERATUR ZUM AUTOR:
Bibliographien:
M. Daniels, *W. L.: A Descriptive Catalogue of Manuscripts*, Ithaca/N.Y. 1972. – O. S. Pound u. P. Grover, *W. L.: A Descriptive Bibliography*, Hamden/Conn. 1978. – J. Meyers, *W. L.: A Bibliography of Criticism 1912–1980* (in Bull. of Bibliography, 37, 1980, S. 33–52).
Biographien:
J. Meyers, *The Enemy*, Ldn. 1980. – Ders., *The Quest for W. L.* (in Biography, 4, 1981, S. 66–81).
Zeitschrift:
Lewisletter, Hg. W. L. Society, Glasgow 1974–1979.
Gesamtdarstellungen und Studien:
J. Gawsworth, *Apes, Japes, and Hitlerism*, Ldn. 1932. – H. G. Portens, *W. L.*, Ldn. 1932. – G. E. H. Grigson, *A Master of Our Time: A Study of W. L.*, Ldn. 1951. – *The Art of W. L.*, Hg. Ch. Handley-Read, Ldn. 1952. – Shenandoah, 4, 1953 [Sondernr. *W. L.*]. – H. Kenner, *W. L.*, Norfolk (Conn.)/Ldn. 1954. – E. W. F. Tomlin, *W. L.*,

Ldn. 1955. – R. Neuhäuser, *Eine Studie über P. W. L.*, Diss. Wien 1956. – G. Wagner, *W. L.: A Portrait of the Artist as Enemy*, New Haven/Conn. 1957, ern. 1973. – J. Holloway, *The Charted Mirror*, Ldn. 1960. – E. Hemingway, *A Moveable Feast*, NY 1964. – J. Harrison, *The Reactionaries*, NY 1967. – Canadian Literature, 35, 1968, [Sondernr. *W. L.*]. – W. H. Pritchard, *W. L.*, NY 1968 (TEAS). – P. Groth, *Der Vortizismus in Literatur, Kunst und Wissenschaft*, Hbg. 1971. – H. Kenner, *The Pound Era*, Berkeley/Calif. 1971. – W. Michel, *W. L.: Paintings and Drawings*, Ldn. 1971. – I. A. Richards u. a., *Essays on W. L.*, Folcroft/Pa. 1971 [zuvor Sondernr. von Agenda, 7/8, 1969/70]. – *W. L. in Canada*, Hg. G. Woodcock, Vancouver 1971. – D. G. Bridson, *The Filibuster*, Ldn. 1972. – W. Pritchard, *W. L.*, Ldn. 1972. – R. T. Chapman, *W. L.: Fictions and Satires*, NY 1973. – T. Materer, *W. L. the Novelist*, Detroit 1976. – F. Jameson, *Fable of Aggression: W. L., the Modernist as Fascist*, Berkeley 1979. – *W. L.: A Revaluation. New Essays*, Hg. J. Meyers, Montreal 1980. – *W. L.*, Hg. G. Cianci, Palermo 1982. – *Blast 3*, Hg. S. Cooney u. a., Santa Barbara/Calif. 1984.

TARR

(engl.; *Tarr*). Roman von Wyndham Lewis, in Fortsetzungen erschienen 1916/17 in der Zeitschrift ›The Egoist‹, als Buch 1918. – Bevor er *Tarr*, seinen ersten Roman, veröffentlichte, hatte sich Lewis auf dem Gebiet der Malerei als einer der prominentesten Vertreter des Vortizismus und auf dem literarischen Sektor als Herausgeber der Zeitschrift ›Blast‹ (1914/15) einen Namen gemacht. *Tarr* war denn auch der Versuch, früher erarbeitete Prinzipien auf avantgardistisch verstandene Literatur zu übertragen. *»Als ich ›Tarr‹ schrieb«*, bekannte Lewis in einem Brief an Hugh Kenner, *»wollte ich sowohl einen Roman als auch ein Stück Literatur schaffen, das eines Neuerers im Bereich der abstrakten Kunst würdig ist.«* Das Ergebnis war auf stilistischer Ebene *»eine etwas kantige Prosa«*, die Lewis in der zehn Jahre später erschienenen zweiten Auflage glättete. Mit seiner Ansicht, er habe *»gewissermaßen das erste Buch einer neuen Epoche in England«* geschrieben, stand der Autor nicht allein. Ezra Pound stellte den Roman zusammen mit Joyce' *Portrait of the Artist as a Young Man* als das literarische Ereignis seiner Zeit hin, und auch T. S. Eliot rezensierte ihn positiv.

Wesentlicher als die (teils autobiographischen) äußeren Ereignisse, die sich in der Pariser Boheme zu Anfang des 20. Jh.s abspielen, ist die geistige Atmosphäre um die Hauptgestalten Frederick Tarr und Otto Kreisler. Der Engländer Tarr, ein um Distanz zum Leben bemühter Schriftsteller und in vielem das Sprachrohr Lewis', formuliert seine Ansichten vornehmlich in Streitgesprächen, in denen er sich fast ausschließlich über das Verhältnis von Kunst und Leben äußert. Seine Diskussionspartner sind oft karikaturhaft gezeichnet, am beißendsten wohl der Schriftsteller Alan Hobson, der für den Ästhetizismus der »Bloomsbury Group« steht (*»... er kultivierte seine Gemüse-Ideen und daneben seine Rosen und viktorianischen Lilien«)*. Tarrs Gegenfigur ist der Deutsche Otto Kreisler, ein ständig in Geldnot lebender Maler, wie Tarr ruhelos und egozentrisch, aber im Gegensatz zu ihm unfähig, seine heftigen Emotionen im künstlerischen Schaffensprozeß zu sublimieren. (Lewis selbst hat darauf hingewiesen, daß er Kreisler als Marionette konzipiert habe, die mechanisch auf die Umwelt reagiert.) Diese Unfähigkeit wirkt sich für ihn tragisch aus. Er bemüht sich vergeblich um die faszinierende Anastasya Vasek, vergewaltigt in einer Art Ersatzhandlung Tarrs ehemalige Geliebte, die Deutsche Bertha Lunken, und läßt sich gegenüber Tarr, der sich aus unerfindlichen Gründen von ihm angezogen fühlt, zu einer handgreiflichen Attacke hinreißen. In der Folge wird er immer gewalttätiger; als er Anastasya in Begleitung des Polen Soltyk antrifft, fordert er diesen grundlos zum Duell, erschießt ihn, stellt sich nach kurzer Flucht der Polizei und erhängt sich in seiner Zelle. Tarr, erneut zwischen der Forderung der Kunst und den Erfordernissen des Lebens stehend, versucht beiden gerecht zu werden; er heiratet Bertha, die von Kreisler ein Kind erwartet, lebt jedoch mit Anastasya zusammen.

Im nachhinein hat man Kreisler als eine Verkörperung des von Lewis vorausgeahnten Hitlerdeutschlands gedeutet. Der Autor selbst stellte später eine gewisse Ähnlichkeit zwischen seiner Romanfigur und Goebbels fest, während V. S. Pritchett erklärte, mit der Gestalt Kreislers sei Hitler bereits Jahre vor seinem Auftreten in der Literatur geschaffen worden. Eine solche Deutung verdeckt freilich allzu leicht das eigentliche Thema des Romans: die Dialektik von Kunst und Leben, von Tragik und Komik. *»Das Leben«*, so bemerkt Tarr gegen Ende des Buches, *»unterscheidet sich letztlich durch den Tod von der Kunst.«* Der Selbstmord Kreislers ist auf einer symbolischen Ebene Zeichen dafür, daß dieser als Künstler gescheitert ist. Tarr dagegen kann sich im Bereich des Untragischen, auf weite Strecken sogar Komischen bewegen, weil ihm die Trennung von Kunst und Leben und damit die Existenz als Künstler möglich ist. K.Hä.

Ausgaben: Ldn. 1916/17 (in The Egoist). – Ldn. 1918. – NY 1918. – Ldn. 1928 [rev.]. – Ldn. 1951. – Ldn. 1968. – Chester Springs/Pa. 1970. – NY 1983 (Penguin).

Übersetzung: *Tarr*, W. Held, Ffm. 1990 [m. Nachw. d. Übers.].

Dramatisierung: W. Lewis u. D. G. Bridson, *Tarr* (Hörspiel; Musik: W. Goehr; Erstsendung: 18. 7. 1956, BBC).

Literatur: T. S. Eliot, *»Tarr«* (in The Egoist, 5, 1918, S. 105/106). – D. Goldring, *The Author of »Tarr«* (in D. G., *Reputations: Essays in Criticism*,

NY 1920, S. 133–144). – M. Ayrton, *Tarr and Flying Feathers* (in Shenandoah, 7, 1955, S. 31–43). – D. Parker, *»Tarr« and W. L.'s War-Time Stories* (in Southern Review, 8, Adelaide 1975, S. 166–181). – J. Russell, *W. L.: »Tarr« and »Self Condemned«* (in J. R., *Style in Modern British Fiction*, Baltimore 1978, S. 123–157). – R. Currie, *W. L., E. T. A. Hoffmann, and »Tarr«* (in RESt, 30, 1979, S. 169–181). – R. B. Henkle, *The ›Advertised‹ Self: W. L.'s Satire* (in Novel, 13, 1979, S. 95–108). – A. Davies, *»Tarr«: A Nietzschean Novel* (in *W. L.*, Hg. J. Meyers, Montreal 1980, S. 133–148). – A. Starr, *»Tarr« and W. L.* (in ELH, 1982, S. 179–189). – M. Levenson, *Form's Body: W. L.'s »Tarr«* (in MLQ, 45, 1984, S. 241–262).

RICHARD LLEWELLYN

eig. Richard Dafydd Vivian Llewellyn Lloyd
* 8.12.1906 St. David's / Pembrokeshire
† 30.11.1983 Dublin

HOW GREEN WAS MY VALLEY

(engl.; *Ü: So grün war mein Tal*). Roman von Richard LLEWELLYN, erschienen 1939. – In seinem ersten Roman, seinem besten und erfolgreichsten Werk, schildert der walisische Autor am Beispiel einer Familie die tiefgreifenden sozialen Wandlungen, denen sich die Bergarbeiter seiner Heimat zwischen 1870 und 1900 ausgesetzt sahen. Huw Morgan, der Ich-Erzähler, sitzt als Sechzigjähriger einsam in seinem Elternhaus und schlägt, bevor er dem Tal den Rücken kehrt, den Bilderbogen seiner Erinnerungen auf. Die Eltern sind tot, die Brüder ausgewandert, das Haus wird von einer riesigen Schlackenhalde bedroht, und das einst grüne Tal ist unterm Kohlenstaub erstickt. Huw denkt an die heile Welt seiner Kindheit, als die Kumpel und ihre Familien zufrieden in bescheidenem Wohlstand lebten. Er erinnert sich des Vaters, eines rechtschaffenen, vitalen Mannes, der es gewohnt war, seine Angelegenheiten allein zu regeln, und der als echter Waliser auch seine Fäuste gebrauchte, wenn es ihm nötig schien. Huw sieht die Mutter vor sich, die neun Kinder großzog, und in Gedanken spürt er wieder ihre Zärtlichkeit und Fürsorge. Sein eigener Reifeprozeß gleicht einer Fieberkurve, an der abzulesen ist, wie die auf familiären Zusammenhalt gegründete Lebensordnung immer stärker erschüttert wurde.

Die neuen sozialen Ideen führen zum Konflikt zwischen den Generationen. Huws ältere Brüder, die wie ihr Vater Gwilym unter Tage arbeiten, ziehen aus dem unsozialen Verhalten der Unternehmer andere Konsequenzen als dieser und die meisten Angehörigen seiner auf Einzelinitiative vertrauenden Generation. Vor allem Davy ist überzeugt, daß die Arbeiter ihre Forderungen nur durchsetzen können, wenn sie vereint vorgehen. So kommt es zu schweren Meinungsverschiedenheiten zwischen dem um seine Autorität fürchtenden Vater und seinen Söhnen. Während der alte Morgan von der Grubenleitung mit einer verantwortlichen Stellung betraut wird – ohne deshalb ins kapitalistische Lager überzuwechseln –, gehört Davy zu den Initiatoren der Gewerkschaftsbewegung, die sich in heimlichen Versammlungen immer mehr konsolidiert. Anfangs haben die Unternehmer den längeren Atem. Ein gegen geplante Lohnsenkungen organisierter Streik stürzt die Arbeiterfamilien in furchtbares Elend. Als Davy und seine Anhänger zusehen müssen, wie Kinder verhungern, geben sie nach. Huw wird Zeuge der Resignation seiner Brüder, die in der Emigration den einzigen Ausweg sehen. (Später wird die von Davy erstrebte unpolitische Solidarität der Arbeiter von politischen Kräften untergraben.) Immer wieder bricht in Huw das walisische Temperament durch. Nachdem er wegen eines tätlichen Angriffes auf einen chauvinistischen englischen Lehrer von der Schule verwiesen wurde, verliert er nach einer Schlägerei auch seinen Arbeitsplatz in der Grube, den er, entgegen den Plänen des Vaters, einem Universitätsstudium vorgezogen hat. Er wird Schreiner und bringt es zur eigenen Werkstatt. Sein Vater fällt in der inzwischen stillgelegten Grube einem Unfall zum Opfer, und nach dem Tod seiner abgehärmten Mutter gibt es nichts mehr, was Huw in der schwarzen Einöde des Tales halten könnte.

Die Absicht, den von vornherein emotional stark engagierten Ich-Erzähler aus der Perspektive seiner jeweiligen Altersstufe berichten zu lassen, kann der Autor nicht immer verwirklichen. Bisweilen dominiert die Nostalgie dessen, dem angesichts einer traurigen Gegenwart die Vergangenheit als Idyll erscheint. Gelungen ist Llewellyn jedoch die kernige, oft humorvolle Schilderung des Bergarbeitermilieus und der Menschen von Wales. Da sind zunächst die Morgans selbst, allesamt freikirchlich *(chapel)* und gottesfürchtig, hartnäckig und erdverbunden, mit einem gehörigen Schuß liebenswerter Sentimentalität. Da ist Bronwen, die schöne junge Frau Ivor Morgans, deren Einsamkeit Huw, der die Schwägerin im stillen liebt, nach dem tödlichen Unfall ihres Mannes teilt und die ihn die Willensstärke eines über den Tod hinaus liebenden Menschen lehrt. Da ist Pfarrer Gruffyd, der verständnisvoll und gütig seine nonkonformistische Gemeinde leitet, bis eine böswillige Verleumdung ihn aus dem Tal vertreibt. Und da sind schließlich die beiden Waliser Originale Dai Bando und Cyfartha Lewis, zwei wortkarge Preisboxer von unbändiger Rauflust. Die atmosphärische Ausstrahlung des Buches wird durch das im Rahmen des Verständlichen einbezogene walisische Idiom noch verstärkt.

In drei Fortsetzungen verfolgt Llewellyn, der insgesamt 23 Romane schrieb und in allen Teilen der

Welt zu Hause war, Huw Morgans weiteren Lebensweg: In dem 1960 erschienenen Roman *Up, Into the Singing Mountain (Das neue Land der Hoffnung)* lebt Huw, durch die vergebliche Liebe zu Bronwen zur Emigration getrieben, in einer walisischen Kolonie in der argentinischen Provinz Patagonien. Wie oft bei Llewellyn überwiegt das sozialhistorische Interesse des Autors gegenüber dem Schicksal individueller Charaktere. Dies gilt auch für *Down Where the Moon Is Small*, 1966 *(Wo der Mond klein ist)*, den dritten Teil der Saga, in dem Huw es inmitten politischer und sozialer Spannungen im Grenzland von Argentinien und Chile zum Millionär bringt. Der Erzählstil dieses Romans knüpft trotz recht unübersichtlicher Handlung wieder bei *How Green Was My Valley* an: Huw ist in sein walisisches Elternhaus zurückgekehrt und erinnert sich an sein Leben. In *Green, Green My Valley Now*, 1975 *(Jetzt ist mein Tal wieder grün)*, schließlich wird Huws Rückkehr nach Wales geschildert. Ökologische und politische Fortschritte erleichtern dem argentinischen Millionär und seiner Indio-Frau die Eingliederung. Als Roman freilich fällt der vierte Teil der Tetralogie im durch den Titel ausdrücklich herausgeforderten Vergleich zu *How Green Was My Valley* stark ab; es fehlt an einer thematischen Mitte (gerade weil zeitgeschichtliche Probleme wie der walisische Nationalismus oder der IRA-Terrorismus eine so große Rolle spielen) und an überzeugenden Charakteren.
So sind sich Kritiker und Leser einig, daß der vielfach unterschätzte Romancier Llewellyn, ein später Nachfahre der großen Realisten des 19. Jh.s, mit seinem ersten zugleich seinen besten Roman schrieb. Auch John Fords preisgekrönte Verfilmung von *How Green Was My Valley* (1941) zählt wie die von John Steinbecks *The Grapes of Wrath* – nicht nur die Filme, sondern beide Romane haben einen vergleichbaren Status – zu den Klassikern des Genres. W.D.-KLL

Ausgaben: Ldn. 1939. – NY 1940. – Ldn. 1958. – NY 1967. – Mattituck/N.Y. 1983.

Übersetzungen: *So grün war mein Tal*, A. Gysin, Zürich 1941. – Dass., N. O. Scarpi [d. i. F. Bondy], Stg. 1950. – Dass., A. Gysin, Mchn. 1982 (Goldm. Tb). – Dass., ders., Mchn. 1987 (dtv).

Verfilmung: USA 1941 (Regie: J. Ford).

Literatur: A. Road, *How Green Is His Valley* (in Observer, 20. 4. 1975, S. 36–39). – M. Felton, *R. L.* (in DLB, Bd. 15, 1983, S. 322–335). – D. Price, *»How Green Was My Valley«: A Romance of Wales* (in *The Progress of Romance: The Politics of Popular Fiction*, Hg. J. Radford, Ldn. 1986, S. 73–94).

MALCOLM LOWRY

* 28.7.1909 Merseyside bei Liverpool
† 27.6.1957 Ripe / Sussex

UNDER THE VOLCANO

(engl.; *Ü: Unter dem Vulkan*). Roman von Malcolm Lowry, erschienen 1947. – Von den zwölf Kapiteln des in den Jahren 1936–1944 entstandenen, mehrfach überarbeiteten Werkes beschreiben elf einen einzigen Tag im November 1938, den letzten Lebenstag des ehemaligen britischen Konsuls Geoffrey Firmin in der kleinen mexikanischen Stadt Quauhnahuac. Das erste Kapitel – Gedanken und Erinnerungen des Filmproduzenten Jacques Laruelle, der seinem Jugendfreund Firmin dort wiederbegegnet ist – ist gleichzeitig Einführung und Kommentar zu dem ein Jahr zurückliegenden Geschehen. – Firmin, eine teilweise autobiographische Figur, ist trunksüchtig, der Welt völlig entfremdet, sich seiner Entfremdung scharf bewußt, jedoch unfähig, wieder Kontakt zur Wirklichkeit zu finden. An jenem 2. November 1938, an dem der Roman spielt (wie in Joyce' *Ulysses* ist das Geschehen auf einen Tag komprimiert), besuchen ihn Yvonne, seine geschiedene Frau, und sein Halbbruder Hugh, ein radikalliberaler Journalist. Beide hoffen auf seine Rettung und wollen ihren Teil dazu beitragen, doch bald erkennen sie, daß sein Verfall unaufhaltsam ist. Am Ende des Tages wird Firmin, der seine Ausweispapiere verloren hat (und dessen Identitätsverlust damit auch äußerlich besiegelt ist) von einer Bande mexikanischer Faschisten gefangengenommen und erschossen. Die Todesart erscheint absurd, der Tod selbst jedoch ist die einzige Lösung für Firmin, der in verzweifeltem Stolz seit langem auf ihn zugelebt hat.
Noch im letzten Stadium der Trunksucht läßt Firmin Bildung, menschliche Würde und die Fähigkeit, seinen Zustand zu analysieren, erkennen. In einem Brief an Yvonne schreibt er: *»Und manchmal sehe ich mich als großen Entdeckungsreisenden, der irgendein merkwürdiges Land entdeckt hat, von dem er nie zurückkehren kann, um der Welt sein Wissen darüber mitzuteilen: dieses Land ist die Hölle.«* Sein Schicksal und seine Einsichten haben faustische Züge. Sichtbares Symbol seiner inneren Hölle ist seine mexikanische Umwelt, eine von zwei mächtigen Vulkanen beherrschte, schluchtenreiche Urweltlandschaft. Assoziativ gereihte Bilder, konkrete Schilderungen und Anspielungen auf einschlägige Werke der Weltliteratur (besonders Dante Alighieris *Inferno*, Goethes *Faust* und Shakespeare) beschwören Vorstellungen vom Tod und vom Jüngsten Gericht herauf. Die Atmosphäre des Romans ist zudem deutlich von der politischen Katastrophenstimmung jener Jahre geprägt (Spanischer Bürgerkrieg, drohender Weltkrieg). Den-

noch leuchten in dieser Welt der Verzweiflung und der Todesschatten Visionen des Glücks und Augenblicke wirklicher Glückserfahrung auf, in denen sich die Hoffnung auf ein anderes, menschenwürdiges Leben abzeichnet.

Der Roman läßt sich in Struktur und Stil (Assoziationstechnik, innerer Monolog, fremdsprachliche Einschübe, etymologisches Interesse, Einbeziehung von Werbeslogans u. ä.) mit Joyce' Werken vergleichen, erweist sich aber im Zusammenklang von Thema und sprachlicher Gestaltung als durchaus eigenständig. Faszinierende Landschaftsbeschreibungen, die an D. H. LAWRENCE' mexikanische Werke erinnern, tragen zur Atmosphäre und Symbolik des Romans ebenso bei wie politische Anspielungen und allegorische Überhöhungen des Geschehens. Gegenüber dem Protagonisten fallen die anderen Figuren deutlich ab; keine erreicht die Komplexität Geoffrey Firmins, was freilich auch mit der bewußtseinsorientierten Erzählweise zusammenhängt.

Under the Volcano blieb der einzige von Lowry vollendete Roman außer dem Jugendwerk *Ultramarine* (1933) und einigen kürzeren Erzählungen. Einige unvollendete autobiographische Romane, die die Vielschichtigkeit von *Under the Volcano* nicht im entferntesten erreichen, wurden postum ediert. Lowrys Hauptwerk jedoch zählt zu den interessantesten und eigenwilligsten Leistungen der neueren englischen Romanliteratur. In den USA war das Werk 1947 ein Bestseller; auch bei den Kritikern überwogen die positiven Reaktionen. In Großbritannien waren Kritiker und Leser wesentlich reservierter. John Hustons gelungene Verfilmung von 1984 verhalf dem Roman erneut zu großer Resonanz beim Publikum. W.Ph.-KLL

AUSGABEN: NY 1947. – Ldn. 1947. – Ldn./NY 1965. – Ldn. 1967 [Einl. S. Spender]. – Ldn. 1970. – Ldn. 1984. – NY 1984.

ÜBERSETZUNGEN: *Unter dem Vulkan*, C. ten Holder, Stg. 1951. – Dass., S. Rademacher, Reinbek 1963 [Nachw. R. Haas]. – Dass., dies., Reinbek 1974; zul. 1983 (Nachw. ders.; rororo). – Dass., dies., Bln./DDR 1979 [Nachw. W. Skodorenko]. – Dass., dies., rev. K. Graf, Reinbek 1984 [Vorw. M. Lowry]; ern. 1988 (rororo).

VERFILMUNG: USA 1984 (Regie: J. Huston).

LITERATUR: *M. L.: The Man and His Work*, Hg. G. Woodcock, Vancouver 1971. – R. H. Costa, *M. L.*, NY 1972. – D. Day, *M. L.: A Biography*, Ldn. 1973; ern. Oxford 1984. – T. Kilgallin, *M. L.*, Erin 1973. – M. C. Bradbrook, *M. L.: His Art and Early Life. A Study in Transformation*, Cambridge 1974. – D. Markson, *M. L.'s »Volcano«: Myth, Symbol, Meaning*, NY 1978. – W. H. New, *M. L.: A Reference Guide*, Boston 1978. – *The Art of M. L.*, Hg. A. Smith, NY 1978. – R. Bromley, *The Boundaries of Commitment: God, Lover, Comrade – »Under the Volcano« as a Reading of the 1930's* (in *1936: The Sociology of Literature*, Bd. 1, Hg. F. Barker, Colchester 1979, S. 273–296). – *M. L.: The Writer and His Critics*, Hg. B. Wood, Ottawa 1980. – M. Champan, *›Alastor‹: The Spirit of »Under the Volcano«* (in Studies in Canadian Literature, 6, 1981, S. 256–272). – H. Woolmer, *M. L.: A Bibliography*, Revere 1983. – C. H. Ackerley u. L. J. Clipper, *A Companion to »Under the Volcano«*, Vancouver 1984. – Sh. E. Grace, *The Voyage That Never Ends: M. L.'s Fiction*, Vancouver 1984. – J. Sartorius, *M. L.* (in KLFG, 3 Nlg., 1984/16. Nlg., 1988). – *Spinette der Finsternis. Über M. L.*, Hg. ders., Reinbek 1984. – N. Wehr, *M. L. und die Deutschen* (in Schreibheft, 1984, Nr. 23). – M. Cripps, *Lost in the Wilderness: The Puritan Theme in »Under the Volcano«* (in ESC, 10, 1984, S. 457–475). – *M. L. Remembered*, Hg. G. Bowker, Ldn. 1985. – M. Bock, *De Quincey, »Rifacimento«, and the Fictionalizing of M. L.* (in MFS, 33, 1987, S. 233 bis 243). – H. Hoven, *M. L. mit Selbstzeugnissen u. Bilddokumenten*, Reinbek 1988 (rm).

PERCY LUBBOCK

* 4.6.1879 London
† 2.8.1965 Lerici / Italien

THE CRAFT OF FICTION

(engl.; *Das Handwerk des Erzählens*). Kritische Studie von Percy LUBBOCK, erschienen 1921. – Als eine der ersten wissenschaftlichen Untersuchungen zur Struktur erzählender Prosa gilt *The Craft of Fiction* neben E. M. FORSTERS *Aspects of the Novel*, 1927 *(Ansichten des Romans)*, auch heute noch als bahnbrechend auf diesem Gebiet. Lubbocks Erkenntnisse leiten sich von Henry JAMES' kritischen Schriften her (Lubbock gab James' Briefe und die letzten Bände der New Yorker James-Ausgabe heraus) und stellen eine umfassende, systematische Erweiterung dieser Prinzipien im Hinblick auf Romanwerke im allgemeinen dar.

Weil der Roman seines Umfangs wegen das am schwersten zu überschauende und im Blick zu behaltende Kunstwerk sei, definiert Lubbock ihn zunächst als eine gewisse Masse von Leben, die durch das Auswahl- und Betonungsprinzip der Struktur geordnet und so dem Leser zugänglich gemacht wird – der Roman als Artefakt, was allerdings ein *»schöpferisches Lesen«*, einen *»Nachvollzug«* dieser beabsichtigten künstlerischen Ordnung verlangt. *»Wie Romane gemacht werden«* ist daher das Hauptanliegen des Buches. Nur wenn Vorstellung und Ausführung, Gegenstand und gewählte Form aufeinander abgestimmt sind, kann ein Roman gelingen: *»Das gut geschriebene Buch ist dasjenige, in dem*

Gegenstand und Form sich decken und voneinander ununterscheidbar sind, in dem die Sache ganz in der Form aufgegangen und zum Ausdruck gekommen ist.« Die formale Methode hängt für Lubbock (und darin liegt seine enge Bindung an James) wiederum ganz von dem besonderen Blickpunkt *(»point of view«)* des Erzählers ab. Für die beiden polaren grundsätzlichen Möglichkeiten der Erzählhaltung prägt er die Begriffe *»panoramisch-malerisch«* und *»szenisch-dramatisch«*, die sich zu verschiedenen Graden in den untersuchten Beispielen mischen oder gegenseitig ausschließen. Tolstojs *Krieg und Frieden* eröffnet den Reigen der treffenden Einzeluntersuchungen als Beispiel eines panoramischen Romans, in dem das dargestellte Leben die künstlerische Grundidee (Darstellung des Ablaufs von Generationen im Rhythmus von Jugend und Alter, in der wiederkehrenden Spannung von Aspiration und erreichter Lebensform) fast verschleiert, der in der gleichzeitigen Darstellung von Geschichte und menschlichem Leben eigentlich keinen Schwerpunkt hat und doch allen formalen Erfordernissen zum Trotz ein großer Roman geworden ist (wie *Anna Karenina*, wo ebenfalls ein doppeltes formales Prinzip wirksam wird). – Wenn die rein formale Untersuchung von *Krieg und Frieden* nach den Prinzipien von James vielleicht zu einseitig ist, so wird sie einem Buch wie Flauberts *Madame Bovary* um so gerechter, das den Konflikt zwischen einem erdrückenden Milieu und einer leidenschaftlichen Frau schildert und von den sich im sorgfältig abgewogenen Wechsel von Szene, Rückblick und Bericht ergebenden Perspektiven kunstvoll zu profitieren weiß. Für Thackeray ergibt sich in *Vanity Fair (Jahrmarkt der Eitelkeit)* die Methode des vertraulich einbeziehenden panoramischen Berichts aus seinem Interesse für ein *»Panorama von Sitten«*, für *»das Gefühl einer Gesellschaft und Zeit«* im ganzen; in *The History of Henry Esmond, Esquire (Die Geschichte des Henry Esmond)* unternimmt er mit der Wahl der Ich-Erzählung den ersten Schritt zu einer Dramatisierung des Berichtes, ebenso wie Meredith in *The Adventures of Harry Richmond (Die Abenteuer des Harry Richmond)* – von Lubbock wohl etwas überschätzt – und Dickens in *David Copperfield*, obwohl jeweils mit verschiedener Absicht.

Der Roman *The Ambassadors (Die Gesandten)* von Henry James zeigt die Dramatisierung eines in sich ganz *»undramatischen Seelenzustandes«* in höchster Verfeinerung; *»das Drama wird in die Arena des Bewußtseins vorgetrieben«* (wie auch in Dostoevskijs *Schuld und Sühne*), stille Gedanken, Impulse und Reaktionen werden zu dramatisch sichtbar gemachten Akteuren. Ähnlich verhält es sich in *The Wings of the Dove (Die Flügel der Taube)*, während *The Awkward Age (Das unbeholfene Zeitalter)* ein extremes Experiment mit einer rein dramatischen Struktur unter Ausschluß aller anderen formalen Prinzipien darstellt.

So erscheint die Dramatisierung eines Erzählvorgangs jeweils als das Kriterium, das die Methode bestimmt (bei Richardson den sehr speziellen Fall des Briefromans mit seinen Vor- und Nachteilen, bei Dickens und Balzac recht komplizierte Mischformen), während der Gegenstand den Grad der Dramatisierung bestimmen und rechtfertigen muß. – Lubbocks Phänomenologie des Romans ist trotz ihrer Beschränkung auf die Erzählperspektive methodisch stichhaltig und für Einzelinterpretationen fruchtbar. Erzähltheoretisch ist das Werk freilich inzwischen durch eine größere Zahl systematischer Untersuchungen überholt worden (u. a. W. Booth, *The Rhetoric of Fiction*; F. Stanzel, *Theorie des Erzählens*; S. Chatman, *Story and Discourse*). K.E.

Ausgaben: Ldn. 1921; ern. 1955. – NY 1957. – Ldn. 1966.

Literatur: A. Brown, *Hommage to P.L.* (in Southern Review, 15, 1979, S. 22–33). – F. Stanzel, *Theorie des Erzählens*, Göttingen 1979.

HUGH MACDIARMID

d.i. Christopher Murray Grieve

* 11.8.1892 Langholm / Dumfriesshire
† 9.9.1978 Edinburgh

DAS LYRISCHE WERK (engl.) von Hugh MacDiarmid.

Hugh MacDiarmid gilt heute als der bedeutendste schottische Dichter des 20. Jh.s. Dichtung war für ihn Teil seines nationalen Bewußtseins wie auch politisches Instrument; die politische Aussage seiner Gedichte, die vor allem in den dreißiger Jahren sein Werk bestimmte, führte des öfteren zu heftiger Ablehnung seiner Dichtung bei der schottischen Leserschaft und zu polemischen Angriffen auf den Autor. – MacDiarmids erste – in Englisch geschriebene – Gedichte entstanden Anfang der zwanziger Jahre während seiner Tätigkeit als Herausgeber von Anthologien zeitgenössischer schottischer Literatur (*Northern Numbers*, 1920–1922; in ihnen waren auch seine ersten Gedichte enthalten) und einer Reihe von kurzlebigen Zeitschriften über schottische Kunst, Literatur und Politik (›Scottish Chapbook‹, 1922/23; ›Scottish Nation‹, 1923; ›Northern Review‹, 1924). Als diese frühen Gedichte 1923 in dem Sammelband *Annals of the Five Senses* erschienen, hatte ihr Verfasser sich bereits vom Englischen abgewandt, obgleich er noch zwei Jahre vorher, ganz in der Tradition des literarischen Selbstverständnisses Schottlands seit dem 18. Jh., den schottischen Dialekt als Literatursprache abgelehnt hatte, da sich mit Englisch eine größere Leserschaft ansprechen lasse und es dem Schottischen auch an Ausdrucksvielfalt überlegen sei. Als Ergebnis intensiver Beschäftigung mit James WILSONS *Lowland Scotch as Spoken in the Lower Strathearn District of Perthshire* (1915) und John JAMIESONS *Etymological Dictionary of the Scottish Language* (1808/09) entwickelte MacDiarmid eine schottische Literatursprache, die außer dem tatsächlich gesprochenen Dialekt auch eine Vielzahl nicht mehr gebräuchlicher Dialektwörter umfaßte, die er den Wörterbüchern entnahm. Daneben griff er auf die kraftvoll-bildhafte Sprache des Mittelschottischen und die sprachschöpferische Haltung der schottischen Dichter des 15. und 16. Jh.s (DUNBAR, DOUGLAS, HENRYSON) zurück.

Aus diesen Quellen entstand MacDiarmids *Synthetic Scots*, das er als schottischen Beitrag zu den literarischen Experimenten des 20. Jh.s – z. B. T. S. ELIOTS anspielungsreichem Englisch und J. JOYCE' dichter Prosa – verstand. Das *Synthetic Scots* sollte der schottischen Dichtung wieder intellektuelle Tiefe und die Themenvielfalt ermöglichen, die MacDiarmid an Dunbars Werk bewunderte. Er wollte auf diese Weise den Provinzialismus der schottischen Literatur seit dem 17. Jh. und ihre Sentimentalität im 19. Jh. überwinden und sie so erneut zu einem Teil der europäischen Literatur werden lassen. Sein Ziel, *»eine im wesentlichen ländliche Sprache den viel komplexeren Erfordernissen unserer städtischen Zivilisation anzupassen«*, verwirklichte er erstmals in einer Folge kurzer lyrischer Gedichte, die zuerst in einzelnen Ausgaben des ›Scottish Chapbook‹ und später in den beiden Sammelbänden *Sangschaw* (1925) und *Penny Wheep* (1926) veröffentlicht wurden, mit denen MacDiarmid bekannt wurde.

Als sein Meisterwerk gilt das 2685 Zeilen lange *A Drunk Man Looks at the Thistle* (1926), das in seiner Vielgestaltigkeit Züge der Volksballade, verschiedenste metrische Formen, Satire, Burleske, Parodien von T. S. ELIOTS Dichtung, Anspielungen auf zahlreiche kontinentale Dichter und Übersetzungen von Teilen russischer, französischer und deutscher Literatur enthält. Die Einheit des Werkes besteht nach MacDiarmids eigenen Aussagen in seiner Auseinandersetzung mit den zentralen Aspekten der schottischen Psyche. Die einem dramatischen Monolog ähnlichen satirischen Meditationen, die traditionelle schottische Werte und das nationale Selbstbewußtsein in Frage stellen, sind in eine »Rahmenhandlung« eingebettet: Ein Betrunkener stürzt auf dem Heimweg und kommt vor einer riesigen Distel zu liegen, die sich im Mondlicht vor seinen Augen in ständiger Metamorphose befindet. Während er über seine Trunkenheit und über den Zustand Schottlands nachsinnt, verwandelt sie sich in Dudelsackmusik, einen Blasebalg, ein Skelett, in Körperteile etc. Im Mittelpunkt der Reflexionen steht das Bemühen des Betrunkenen, sich über den Sinn des menschlichen Daseins und seine Stellung im Kosmos klarzuwerden. Schließlich kehrt er, jetzt wieder nüchtern, von seiner Gedankenreise zur Wirklichkeit des harten Bodens und seiner keifenden Frau zurück.

MacDiarmid bedient sich eines Betrunkenen, da der Alkohol festgefügte Normen und Hierarchien auflöst, dem Blasphemischen und Obszönen den Weg öffnet und das Aufeinanderstoßen von Gegensätzen ermöglicht. Der Betrunkene auf der Suche nach seinem Bett wird in seinen sprunghaften, oft widersprüchlichen Reflexionen, in denen gelegentlich die Sexualität mit ungewöhnlicher Offenheit dargestellt wird, zum Sucher seiner nationalen Identität, der im Verlauf seiner Odyssee zur Erkenntnis gelangt, daß die Zukunft Schottlands in dem Prinzip der Einheit in der Verschiedenheit zu finden ist: Die Individualität des Schotten muß Teil seiner Existenz als Weltbürger sein, die nationale Befreiung muß durch die persönliche Emanzipation erfolgen, so wie der Betrunkene sich von seiner anfangs nur Robert BURNS und Whisky umfassenden schottischen Gedankenwelt zu einem kosmischen Bewußtsein bewegt.

MacDiarmid fand die zentrale Idee seines Hauptwerks in Gregor SMITHS *Scottish Literature: Character and Influence* (1919), wo dieser den Begriff des *»Caledonian antisyzygy«* prägte, mit dem er das grundlegende Merkmal schottischer Geschichte und Literatur zu erfassen versuchte: das dynamische Gleichgewicht von Gegensätzen und Widersprüchen, einen intellektuellen und emotionellen Dualismus, in dem *»wirkliches Leben und Phantasie, Alltagsgeschehnisse und Übernatürliches, Heiliges und Weltliches«* sich vermischen. MacDiarmid betrachtete diesen Dualismus als ein allgemeines Charakteristikum der europäischen Kunst und des Denkens seiner Zeit und sah darin für die schottische Literatur die historische Chance, erneut europäische Geltung zu erlangen. Die Distel – Schottlands Nationalsymbol – war für ihn das Emblem eines spezifisch schottischen Dualismus: Stolz und Hoffnungen eines Landes sind an ein Unkraut gebunden, das selbst wiederum die Gegensätze von starren, stacheligen Blättern und weicher Distelwolle in sich vereint.

Nach *A Drunk Man Looks at the Thistle* wandte sich MacDiarmid allmählich von seiner Mission der Wiederbelebung einer schottischen Literatursprache ab, wenngleich der engstirnige Provinzialismus Schottlands auch später immer wieder von ihm kritisch aufgegriffen wird (vgl. *To Circumjack Cencrastus*, 1930). Die dreißiger Jahre waren MacDiarmids »politische Dekade«. Nach kurzer Mitgliedschaft in der National Party of Scotland trat er der Communist Party of Great Britain bei (die ihn 1938 wegen *»nationalistischem Abweichlertum«* wieder ausschloß) und feierte im Titelgedicht des Bandes *Hymn to Lenin* (1931) den russischen Revolutionär als Hoffnungsträger der Menschheit. Seine Rechtfertigung von Lenins Politik führte dazu, daß ein großer Teil seiner Leserschaft sich von ihm abkehrte. MacDiarmid bediente sich jetzt eines mit schottischen Elementen versehenen Englisch und wandte sich immer mehr einem komplizierten, wissenschaftlich-gelehrten Vokabular zu. Gedichte wie *The Skeleton of the Future* und *On the Ocean Floor*, die sein sozialistisches Glaubensbekenntnis enthalten, oder auch *On a Raised Beach* belegen sein besessenes Bemühen, den englischen Wortschatz auszuschöpfen, und sind aufgrund ihrer gelehrten Diktion nur noch schwer lesbar. Ende der dreißiger Jahre war der Dichter nach persönlichen Krisen, gesundheitlichen Rückschlägen und Armut zu einem verbitterten Einzelgänger geworden, dessen Werke weitgehend unbeachtet blieben. Erst nach 1945 fand er in Großbritannien wie im Ausland allgemeine Anerkennung. Mit *In Memoriam James Joyce* (1955) und *The Kind of Poetry I Want* (1961) gelangen ihm noch einmal sprachliche Meisterleistungen, jedoch leiden diese Werke unter dem Hang des Dichters zur Ausbreitung seines vielseitigen Wissens in katalogartiger Aneinanderreihung. Auch hier ist aber der Wesenszug von MacDiarmids Gesamtwerk sichtbar: das gesamte Potential der Sprache für die Erforschung kosmischer Fragen auszuschöpfen. J.Ass.

Ausgaben: *Annals of the Five Senses*, Montrose 1923. – *Sangschaw*, Edinburgh/Ldn. 1925. – *Penny Wheep*, Edinburgh/Ldn. 1926. – *A Drunk Man Looks at the Thistle*, Edinburgh/Ldn. 1926. – *To Circumjack Cencrastus*, Edinburgh/Ldn. 1930. – *Scots Unbound and Other Poems*, Stirling 1932. – *Selected Poems of H. M.*, Glasgow 1944. – *In Memoriam James Joyce*, Glasgow 1955. – *Three Hymns to Lenin*, Edinburgh 1957. – *The Kind of Poetry I Want*, Edinburgh 1961. – *Poet and Play and Other Poems*, o. O. 1965 [Privatdr.]. – *Song of the Seraphim*, Ldn. 1973. – *Complete Poems: 1920–1976*, Hg. M. Grieve, Ldn. 1978. – *A Drunk Man Looks at the Thistle*, Hg. K. Buthlay, Edinburgh 1987.

Literatur: *H. M.: A Festschrift*, Hg. K. D. Duval u. S. G. Smith, Edinburgh 1962. – D. Glen, *H. M. and the Scottish Renaissance*, Edinburgh/Ldn. 1964. – *H. M.: A Critical Survey*, Hg. ders., Edinburgh/Ldn. 1972. – E. Morgan, *H. M.*, Ldn. 1976. – K. Buthlay, *H. M.*, Edinburgh 1982. – R. Watson, *H. M.*, Milton Keynes 1985. – J. Baglow, *H. M.: The Poetry of Self*, Kingston/Montreal 1987. – A. Bold, *M.: Christopher Murray Grieve. A Critical Biography*, Ldn. 1988.

COMPTON MACKENZIE

eig. Edward Montagu Compton Mackenzie

* 17.1.1883 West Hartlepool bei Durham
† 30.11.1972 Edinburgh

Literatur zum Autor:
L. Robertson, *C. M.: An Appraisal of His Literary Work*, Ldn. 1954. – M. Kennedy, *The Outlaws of Parnassus*, Ldn. 1958. – K. Young, *C. M.*, Ldn. 1968 [m. Bibliogr.]. – D. J. Dooley, *C. M.*, NY 1974 (TEAS). – P. Guéguen u. A. Louis-David, *C. M. (1883–1972)* (in Études Anglaises, 27, 1974, S. 302–316). – A. Bold, *Modern Scottish Literature*, Ldn./NY 1983, S. 173–182 u. ö. – B. Murray, *C. M.* (in DLB, Bd. 34, 1985, S. 221–231). – D. u. J. Thomas, *C. M.: A Bibliography*, Ldn. u. a. 1986. – G. Wallace, *C. M. and the Scottish Popular Novel* (in *The History of Scottish Literature*, Hg. C. Craig, Bd. 4, Aberdeen 1987, S. 259–276).

SINISTER STREET

(engl.; *Düstere Straße*). Roman von Compton Mackenzie, in zwei Bänden erschienen 1913/14. – Der Held dieses Entwicklungsromans, der wie später J. D. Salingers *The Catcher in the Rye* (1951) zum Kultbuch ganzer Schüler- und Studentengenerationen wurde, entstammt der Generation des Autors, dessen eigene Erlebnisse vor allem in den Schul- und Universitätsepisoden verarbeitet sind, die in der Erzählung breiten Raum einnehmen. Michael Fane, unehelicher Sohn eines Lords, scheint zum Erfolg geboren. Er wächst in finanziell gesicherten Verhältnissen auf, besitzt überdurchschnittliche Intelligenz und Einfühlungsgabe, sportlichen Ehrgeiz und die Fähigkeit, bei geringem Arbeitsaufwand stets der Erste zu sein, selbst während des Studiums in Oxford. Obgleich der Roman in der dritten Person erzählt ist und auch die Entwicklung von Michaels Schwester Stella verfolgt, zielt der Autor – allein schon durch die fast ausschließliche Beschränkung auf die Perspektive Michaels und durch eine geschickte Sympathielenkung – auf die Identifizierung des Lesers mit dem Protagonisten ab. Jede Phase seiner inneren Entwicklung wird einer sorgfältigen Analyse unterzogen (wobei Mackenzie sich bewußt in Gegensatz zu den analytischen Methoden Freuds stellt); in den ersten Abschnitten über Michaels Kindheit ergeben sich in der strikten Perspektivenwahl des kleinkindlichen Bewußtseins Parallelen zu Joyces *A Portrait of the Artist as a Young Man* (1916). Hinzu kommt die lebhafte Schilderung von Michaels Bildungserlebnissen (darunter einige Europareisen), zahlreichen Frendschaften (von nachhaltiger Wirkung vor allem die zu dem jungen Dichter Hazelwood) und den ersten sexuellen Erfahrungen. In der romantischen Vorstellung, damit zur Besserung der Menschheit beizutragen, macht sich der knapp Vierundzwanzigjährige auf die Suche nach seiner Jugendliebe Lily Haden, die auf die schiefe Bahn geraten ist. Er will sie aus der Gosse retten und heiraten. In der düsteren Atmosphäre der Londoner Unterwelt beginnt die Desillusionierung des jungen Idealisten: Er findet Lily als Schützling der ungleich intelligenteren Prostituierten Silvia Scarlett, die das haltlose Mädchen vor dem völligen Absinken bewahrt hat, und entführt sie aus der Obhut der ihm an Lebensklugheit weit überlegenen Frau. Als Lily ihn betrügt, schickt er sie resigniert in die »düstere Straße« zurück.

Fanes Versuch, sich mit Hilfe eines Zuhälters in den Straßen des Lasters und Verbrechens zurechtzufinden, hat Mackenzie so realistisch und mit so großer Offenheit geschildert, daß Henry JAMES ihm bescheinigte, er habe *»den englischen Roman emanzipiert«*. Der große Erfolg des Buchs ist zum einen auf das heile (letztlich romantisierte) Jugendbild zurückzuführen, das der Verfasser von einer bald darauf »verlorenen« Generation zeichnet, zum andern auf die öffentlichen Kontroversen über die angeblich unmoralische Handlung. Das Werk, dessen Einfluß in zahlreichen Schul- und Universitätsromanen spürbar ist (neben Salinger ist auch F. Scott FITZGERALDS *This Side of Paradise*, 1920, besonders erwähnenswert) war von Mackenzie als Teil einer umfangreichen Romanfolge geplant, in der, ähnlich wie bei THACKERAY und GALSWORTHY, die Lebenswege der um die Hauptfigur gruppierten Personen verfolgt werden sollten. Nachdem in kurzen Abständen *The Early Life and Adventures of Sylvia Scarlett* (1918), *Sylvia and Michael* (1919) und *The Vanity Girl* (1920) erschienen waren, wandte sich der Autor anderen Stoffen zu. *Sinister Street* blieb jedoch der beste und erfolgreichste seiner zahlreichen Romane. J.v.Ge.-KLL

AUSGABEN: NY 1913, Bd. 1 *(Youth's Encounter)*. – Ldn. 1913/14, 2 Bde. – NY 1914. – Ldn. 1921, 2 Bde. – Harmondsworth 1960. – Ldn. 1968. – Ldn. 1970.

WILLIAM SOMERSET MAUGHAM

* 25.1.1874 Paris
† 16.12.1965 Cap Ferrat / Nizza

LITERATUR ZUM AUTOR:
Bibliographien und Forschungsberichte:
F. T. Bason, *A Bibliography of the Writings of W. S. M.*, Ldn. 1931; ern. 1982. – K. W. Jonas, *A Bibliography of the Writings of W. S. M.*, Folcroft/Pa. 1950; ern. 1969. – R. T. Stott, *The Writings of W. S. M.*, Ldn. 1956; ern. 1973 [erw.]. – *W. S. M.: An Annotated Bibliography of Writings About Him*, Hg. Ch. Saunders, Decatur/Ga. 1970.
Biographien:
J. Brown, *W. S. M.*, Ldn. 1970. – J. Dobrinsky, *La Jeunesse de S. M., 1874–1903*, Paris 1976. – F. Raphael, *W. S. M. and His World*, Ldn. 1976. – T. Morgan, *M.*, NY 1980; ern. 1985.
Gesamtdarstellungen und Studien:
G. Guéry, *La Philosophie de S. M.*, Paris 1933. – C. S. McIver, *S. M.: A Study of Technique and Literary Sources*, Philadelphia 1936. – Ph. Dottin, *Le Théatre de M.*, Paris 1937. – R. H. Ward, *W. S. M.*, Ldn. 1937. – J. Brophy, *S. M.*, Ldn. 1952; ern. 1964 [rev.; m. Bibliogr.]. – H. Papajewski, *Die Welt-, Lebens- und Kunstanschauung W. S. M.s*, Köln 1952. – R. Mander u. J. Mitchenson, *Theatrical Companion to S. M.*, NY 1955. – *The World of S. M.*, Hg. K. W. Jonas, NY 1959; ern. 1972. – W. Menard, *The Two Worlds of S. M.*, NY 1959. – R. A. Cordell, *S. M.*, Bloomington (Ind.)/Ldn. 1961; ern. 1969. – L. Brander, *S. M.: A Guide*, Edinburgh/Ldn. 1963. – M. K. Naik, *W. S. M.*, Norman/Okla. 1966. – R. E. Barnes, *The Dramatic Comedy of W. S. M.*, Den Haag 1968. – I. Brown, *W. S. M.*, Ldn. 1970. – D. Riesner, *W. S. M.* (in *Englische Dichter der Moderne: Ihr Leben u. Werk*, Hg. R. Sühnel u. D. Riesner, Bln. 1971, S. 355 bis 372). – R. L. Calder, *W. S. M. and the Quest for Freedom*, Ldn. 1972. – A. Curtis, *The Pattern of M.: A Critical Portrait*, Ldn. 1973. – C. S. Almeida, *S. M.: His Life, His Ideas* (in Estudos Anglo-Americanos, 3/4, 1979/80, S. 64–94). – R. P. Shaffner, *The Apprenticeship Novel: A Study of the Bildungsroman as a Regulative Type in Western Literature with a Focus on Three Classic Representatives by Goethe, M., and Mann*, NY 1984. – F. D. Burt, *W. S. M.*, Boston 1985 (TEAS). – Cahiers Victoriens et Edouardiens, 22, Okt. 1985 [Sondernr. *Studies in S. M.*, Hg. u. Einl. J. Dobrinsky]. – *S. M.: The Critical Heritage*, Hg. A. Curtis u. J. Whitehead, Ldn. 1987. – Ch. Innes, *S. M.: A Test Case for Popular Comedy* (in MD, 30, 1987, S. 549–559). – A. K. Loss, *W. S. M.*, NY 1987. – F. Occhiogrosso, *W. S. M.* (in DLB, Bd. 77, 1989, S. 214–220).

ASHENDEN, OR THE BRITISH AGENT

(engl.; *Ü: Ashenden oder Der britische Geheimagent*). Kurzgeschichtenzyklus von William Somerset MAUGHAM, erschienen 1928. – Die Geschichte eines britischen Geheimagenten zur Zeit des Ersten Weltkriegs basiert auf eigenen, aber beträchtlich veränderten und romanhaft erweiterten, jedoch in Form miteinander verbundener Kurzgeschichten geschilderten Erlebnissen des Autors. – Ashenden, von Beruf Schriftsteller, arbeitet als Agent in der Schweiz und in Frankreich, gelegentlich auch in Italien. Seine Abenteuer sind Episoden, deren Beginn und Ausgang Ashenden, dem von oben dirigierten Strohmann, selbst niemals bekannt sind. Maugham verzichtet im allgemeinen darauf, sie zu dramatisieren. Er konzentriert sich mehr auf Charakterisierung und Motivanalyse als auf die Darstellung erregender Vorgänge. Durchaus überzeugend legt er dar, daß das Leben eines Geheimagenten nicht so sehr aus heroischen Taten als aus dem ständigen Kampf gegen Langeweile und monotone Routineaufträge besteht. Ashenden ist sozusagen ein einfacher Soldat in einer Phantomarmee, der seine Kameraden niemals kennenlernt, selten den Feind zu Gesicht bekommt und auch niemals das Ergebnis der sich im Dunkeln abspielenden Kämpfe erfährt, an denen er auftragsgemäß teilnehmen muß. Damit weist Maugham auf Autoren wie Graham GREENE und John LE CARRÉ voraus, die zu Beginn der sechziger Jahre ihre »Helden« und die Agentenwelt insgesamt zunehmend entheroisierten und so zu einer größeren Komplexität des Genres Agentenroman beitrugen. Zu Maughams Entheroisierung des Genres trägt auch Ashendens Bewußtsein für die menschliche Dimension des Spionagegeschehens bei: In *The Traitor* etwa erlebt der Leser den unausweichlichen Tod eines Briten, der zu den Deutschen übergelaufen ist, aus der Sicht seiner verängstigten Frau. In *Miss King* löst sich eine melodramatische Spionagesituation in Nichts auf; statt dessen rücken der Tod einer alten britischen Gouvernante, der Titelfigur der Geschichte, und ihre Einsamkeit fern der Heimat in den Mittelpunkt. Es ist vor allem – Äußerungen Greenes, Le Carrés und Eric AMBLERS bestätigen dies – die menschliche, unheroische Perspektive, die Maugham durch Willie Ashenden, der als Erzähler erneut im Roman *Cakes and Ale* (1930) auftritt, in das Genre der Spionageerzählung einführte (bei gleichzeitigem Verzicht auf Melodrama und Nervenkitzel), die Maughams Stellung in der Gattungsgeschichte definiert. – Alfred HITCHCOCKS berühmter Film *The Secret Agent* (1936) basiert zum Teil auf Maughams Erzählungen in *Ashenden*. J.v.Ge.-KLL

AUSGABEN: Ldn. 1928; Faks. Salem o.J. – Ldn. 1934. – Ldn. 1965, Hg. u. Anm. E. R. Wood. – Ldn. 1976 (in *Collected Ed. of the Works*, 25 Bde., 1967–1976, 5). – NY 1977.

ÜBERSETZUNGEN: *Ein Abstecher nach Paris*, E. Schönfeld, Bern/Mchn. 1967. – Dass., dies., Ffm./Bln. 1970 (Ullst. Tb). – *Ashenden oder Der britische Geheimagent*, H. Mayer, W. Teichmann u. E. Schönfeld, Zürich 1976 (detebe; ern. 1986).

VERFILMUNG: *The Secret Agent*, USA 1936 (Regie: A. Hitchcock).

LITERATUR: R. Jeffreys-Jones, *W. S. M.: Anglo-American Agent in Revolutionary Russia* (in American Quarterly, 28, 1976, S. 90–106). – J. F. Bedell, *S. M.'s »Ashenden« and the Modernization of Espionage Fiction* (in Studies in Popular Culture, 7, 1984, S. 40–46).

THE CIRCLE

(engl.; *Ü: Der Kreis*). Komödie in drei Akten von William Somerset MAUGHAM, Uraufführung: London, 3. 3. 1921, Haymarket Theatre; Buchausgabe 1921. – Mit einer auch vom versierten Dramatiker Maugham selten erreichten Geschlossenheit des Aufbaus besticht dieses neben *Our Betters*, 1917 *(Unsere Oberen)*, *The Constant Wife* (1926) und *Lady Frederick* (1907) bekannteste und beste Stück des Autors. Wie meistens bei Maugham steht auch in dieser Gesellschaftskomödie die Eheproblematik im Mittelpunkt, genauer: der Konflikt zwischen gesellschaftlicher Konvention und Freiheit, zwischen Ehe und Liebe, Vernunft und unkalkulierbarer Leidenschaft.

In Aston-Adey, dem Landsitz der Familie, erwarten Arnold und Elizabeth Champion-Cheney den Besuch von Arnolds Mutter Kitty, die vor dreißig Jahren Mann und Sohn verließ, um mit Lord Porteous, dem besten Freund ihres Mannes, durchzubrennen. Auch die attraktive Elizabeth steht, von der Ehe mit dem farblosen Arnold, einem Parlamentsabgeordneten, gelangweilt, vor einer ähnlichen Entscheidung: Edward Luton, Besitzer einer kleinen Plantage in Malaya, hat während eines Heimaturlaubs Elizabeth seine Liebe gestanden und möchte sie mit auf die Plantage nehmen. (Auf den Kreislauf dieser beiden Dreieckssituationen bezieht sich der Titel.) Elizabeth erhofft sich von der Begegnung mit Lady Kitty Entscheidungshilfe. Lord Porteous und Lady Kitty, die ihr Außenseiterleben vor dreißig Jahren mit großen Hoffnungen begonnen hatten (eine Ehe freilich war und ist wegen der Weigerung von Lord Porteous' Frau, sich scheiden zu lassen, unmöglich), erweisen sich im Verlauf der Handlung keineswegs als das liebende Paar, das man erwartet hatte. Kitty ist eine geschwätzige komische Alte geworden, Lord Porteous wirkt vorzeitig gealtert und läßt Kitty seine Enttäuschung gereizt und direkt spüren. So erscheinen die beiden – dies ein heimlicher Triumph für Arnolds ebenfalls anwesenden Vater Clive, der die Enttäuschung über Kittys Verrat immer noch nicht verwunden hat – als ideales abschreckendes Beispiel für Elizabeth. Deshalb rät Clive seinem Sohn, Elizabeth gegenüber Großzügigkeit zu zeigen und sie freizugeben; ohne den romantischen Reiz des Abenteuers werde sie schon bei Arnold bleiben, gesellschaftliche Position und Reichtum dem riskanten Abenteuer vorziehen. Doch wenn es um Liebe und Leidenschaft geht, so lautet Maughams Lebensphilosophie, stehen die Erfahrungen anderer und die Vernunft auf verlorenem Posten. Von Kitty unterstützt, setzt Elizabeth auf Edward, der ihr eher einen harten Existenzkampf als ein leichtes Glück in Aussicht stellt, und macht sich mit dem Geliebten auf den Weg nach Asien; während draußen das Auto davonfährt, welches Kitty und Porteous dem Paar beschafft haben, wiegt sich im Salon Clive triumphierend in Sicherheit. Sein Lachen, in das – wenn auch aus entgegengesetzten Gründen – Kitty und Lord Porteous einstimmen (Elizabeths Entscheidung brachte sie einander wieder näher), hat mit einem traditionell glücklichen Komödienschluß nichts zu tun.

Dies spürte auch das Londoner Premierenpublikum, das mit Buhs nicht sparte, den Erfolg des Stückes aber nicht verhindern konnte. *The Circle* ist mit seinen geschliffenen Dialogen, seinem straffen Aufbau und seiner großen Bühnenwirksamkeit ein typisches *well-made play* (eine Mischung aus Salonkomödie und Problemstück). Zu den Ahnherren dieser Gattung zählen neben SCRIBE und SARDOU auf französischer sowie Henry Arthur JONES, A. W. PINERO und SHAW auf englischer Seite auch

Maughams spezielle Vorbilder WILDE und IBSEN. Maugham selbst freilich war der Vollender dieser Tradition, *The Circle* und *The Constant Wife* seine Meisterwerke. H.Thi.

AUSGABEN: Ldn. 1921. – NY 1921. – Ldn. 1931 (in *Collected Plays*, 3 Bde., 2; ern. 1966). – Ldn. 1932 (in *Plays*, 4 Bde., 1920–1932, 4). – Garden City/N.Y. 1937 (in *Six Comedies*). – Ldn. 1976 (in *Selected Plays*; Pan).

ÜBERSETZUNG: *Der Kreis*, M. Zoff, Bln. 1923 [Bühnenms.].

VERFILMUNG: *Strictly Unconventional*, USA 1930 (Regie: D. Burton).

LITERATUR: R. B. Parker, *»The Circle« of S. M.* (in *Shaw: Seven Critical Essays*, Hg. N. Rosenblood, Toronto 1971, S. 36–50). – J. Martin, *»The Circle« de S. M.: Critique des illusions et illusions de la critique* (in Cahiers Victoriens et Edouardiens, 9/10, 1979, S. 203–217). – R. T. Levine, *The Weight of a Title: An Analysis of M.'s »The Circle«* (in Theatre Annual, 39, 1984, S. 1–13).

THE CONSTANT WIFE

(engl.; *Ü: Finden Sie, daß Constanze sich richtig verhält?*). Komödie in drei Akten von William Somerset MAUGHAM, Uraufführung: New York, 29. 11. 1926, Elliott Theatre; Buchausgabe 1927. – John Middleton, ein erfolgreicher Londoner Modearzt, betrügt seine Frau Constance mit deren bester Freundin; Constance aber lehnt es ab, darauf so zu reagieren, wie es die Konvention von einer hintergangenen Ehefrau verlangt. Obwohl sie seit etwa einem halben Jahr von der Affäre ihres Mannes weiß, macht sie ihm weder die hysterischen Szenen, die ihre Schwester von ihr erwartet, noch flüchtet sie sich in die würdevolle Pose der leidgeprüft resignierenden Betrogenen, zu der ihre Mutter rät. In einer verräterischen Szene deckt sie ihren Mann sogar. Constance erklärt ihr Verhalten damit, daß sie und John nach fünfzehnjähriger Ehe zwar noch Zuneigung und Sympathie füreinander empfänden, ihre Liebe aber schon lange erloschen sei. Da ihr Mann in jedem Fall verpflichtet sei, für ihren Unterhalt zu sorgen, sie selbst ihm aber kaum mehr etwas zu bieten habe, könne sie sich nicht beklagen, wenn John sich nun anderweitig vergnüge. Constance hält sich strikt an diesen eigenwilligen »Ehrenkodex«. Sie wird berufstätig, und als sie finanziell unabhängig geworden ist, kehrt sie die Spielregeln der bürgerlichen Ehe um: Sie überweist ihrem Mann Unterhaltsgeld und geht unabhängig auf Geschäftsreisen – wahrscheinlich in Begleitung eines Jugendfreundes. Die Frage, ob Constance sich richtig verhält, bleibt offen.

The Constant Wife, ein Stück, das vor allem durch die unbefangene Sachlichkeit der Titelfigur überzeugt, ist eine von Maughams gelungensten, auch heute noch häufig gespielten Komödien. Zwar weist das Stück nicht die epigrammatische, an Oscar WILDE erinnernde Brillanz von *Lady Frederick* (1907) und *The Circle* (1921) auf, doch wird dafür – wie in *For Services Rendered* (1932) und einigen anderen Stücken Maughams – deutlich, daß auch IBSEN zu den Vorbildern des Autors gehörte. Zwar schlägt Constance nicht wie Ibsens Nora ihrem Mann die Tür zu (sie verspricht bei der Abreise, nach einiger Zeit in die Ehe zurückzukehren), doch zeigt sie unaufdringlich das Selbstbewußtsein der *new woman*, der Ibsen und SHAW zu Ansehen auf der Bühne verholfen hatten. J.v.Ge.-KLL

AUSGABEN: NY 1927. – Ldn. 1927. – Ldn. 1931 (in *Collected Plays*, 3 Bde., 2; ern. 1966). – Garden City/N.Y. 1937 (in *Six Comedies*). – Ldn. 1976 (in *Selected Plays*; Pan).

ÜBERSETZUNG: *Finden Sie, daß Constance sich richtig verhält?*, H. Zoff, o. O. u. J. [ca. 1927; Bühnenms.].

VERFILMUNGEN: *Charming Sinners*, USA 1929 (Regie: R. Milton). – *Finden Sie, daß Constanze sich richtig verhält?*, BRD 1962 (Regie: T. Pevsner).

LITERATUR: F. Swinnerton, *The Georgian Literary Scene, 1910–1935*, NY [6]1950, S. 157–174. – R. Mander u. J. Mitchenson, *Theatrical Companion to S. M.*, NY 1955. – R. E. Barnes Jr., *The Dramatic Comedy of W. S. M.*, Diss. Stanford Univ. 1963. – S. L. Carlson, *Women in Comedy: Problem, Promise, Paradox* (in *Drama, Sex, and Politics*, Hg. J. Redmond, Cambridge 1985, S. 159–171).

THE LETTER

(engl.; *Ü: Der Brief*). Kurzgeschichte von William Somerset MAUGHAM, erschienen 1926 in der Erzählungssammlung *The Casuarina Tree*; gleichnamige Dramatisierung durch den Autor, Uraufführung: London, 24. 2. 1927, Playhouse; Buchausgabe 1927. – Maugham war einer der produktivsten, erfolgreichsten und meistgelesenen Kurzgeschichtenautoren seiner Zeit. An MAUPASSANT geschult und mit einer Begabung für spannende Handlungskonstruktion, die auch seine besten Dramen und Romane auszeichnet, schrieb Maugham zwar viele (nach Ansicht der meisten Kritiker zu viele) Dramen und Erzählungen, die höheren Ansprüchen nicht genügen und reine Unterhaltungsware sind, doch finden sich in seinen insgesamt sieben Erzählungssammlungen, die in Buchform erschienen (von *The Trembling of a Leaf*, 1921, bis *Creatures of Circumstance*, 1947), zahlreiche Kurzgeschichten, die zu den bekanntesten Exemplaren der Gattung im englischen Sprachraum gehören und die in unzähligen Anthologien und Schulausgaben weltweit verbreitet sind. Neben *Rain* (1921), Maughams wohl bester Kurzgeschichte, gehören zu dieser Kategorie *The Force of Circumstance, The Outstation* und *The Letter* aus dem Band *The Casuarina Tree* (1926), Erzählungen, die in den englischen Kolonien spielen (oft im Südseegebiet), mit KIPLINGS Kolonialerzählungen aber wenig gemein haben, sowie *Jane* (1931), *The Human Element* (1931) und die Spionage-Erzählungen in *Ashenden* (1928) – um nur einige der bedeutendsten zu nennen.

Wie in Maughams Dramen geht es in den Kurzgeschichten meistens um den Gegensatz von Schein und Sein, von gesellschaftlicher Fassade und verdrängter Wahrheit, um die irrational-leidenschaftlichen Instinkte des Menschen, freilich ohne daß damit eine Geschlechtermetaphysik im Sinne von NIETZSCHE und D. H. LAWRENCE verbunden wäre. Ebenfalls nicht zufällig ist die Ähnlichkeit im formalen Aufbau zwischen Maughams Dramen und Kurzgeschichten; viele sind auf Pointen und Enthüllungen hin konstruiert, und außer *The Letter* lagen auch andere Dramen des Autors zunächst in Kurzgeschichtenform vor.

The Letter ist eine gut gebaute Kriminalerzählung ohne philosophischen Tiefgang. Handlungsorte sind Singapur und eine Plantage in der Nähe, auf der Leslie Crosbie, Angeklagte in einem Mordprozeß, mit ihrem ziemlich langweiligen Mann, dem Pflanzer Robert Crosbie, lebt. Leslie hat Geoffrey Hammond, einen benachbarten Pflanzer, erschossen, als dieser sie eines Nachts in Abwesenheit ihres Mannes aufsuchte. Nach Leslies Version war es Notwehr, weil Hammond versuchte, sie zu vergewaltigen, und von dieser Version gehen zunächst alle Beteiligten aus: die Crosbies ebenso wie ihr Anwalt Joyce, der zu ihrem Freundeskreis zählt. Angesichts dieser Sachlage erscheint der Prozeß als reine Formalie, die nur mit einem Freispruch enden kann. Joyce' chinesischem Juniorpartner wird jedoch ein kompromittierender Brief zugespielt, den Leslie am Tage der Tat geschrieben hatte und in dem sie ihren Nachbarn in leidenschaftlichem Ton zu sich einlud. Punkt für Punkt erhärtet sich für Leser, Zuschauer (in der Dramenversion) und Figuren der Verdacht, daß Leslie mit Hammond ein Verhältnis hatte und ihn aus Eifersucht erschoß. Hammond nämlich hatte sich für eine Chinesin als Lebensgefährtin entschieden, was ihn wiederum in den Augen der weißen Kolonialgesellschaft diskreditiert hatte. Einem solchen Mann traute man auch eine Vergewaltigung zu. Leslies Handlungsmotive werden allerdings erst nach dem Prozeß vollständig enthüllt. Zuvor mußte sich der Anwalt, um den Brief in seinen Besitz zu bringen und seine Mandantin vor dem für Mord obligatorischen Todesurteil zu bewahren, illegaler Methoden bedienen. Hammonds chinesische Freundin und Joyce' chinesischer Partner, die beide vom Lösegeldvertrag profitieren, übergeben den Brief in konspirativer Manier an Robert Crosbie, der dafür sein ganzes Vermögen opfern muß, und an Mr. Joyce.

Ohne den Brief nimmt der Prozeß seinen farcischen Verlauf, und nach dem Freispruch prallen Schein und Sein zum letzten Mal hart aufeinander: Während nach einem Festessen zu Leslie Crosbies Ehren im Haus von Mr. Joyce dessen mit Leslie befreundete Frau das Gästezimmer richtet, um der armen Leidgeprüften einen luxuriösen Mittagsschlaf zu ermöglichen, gesteht die Mörderin ihrem Anwalt die Wahrheit. Robert Crosbie, der jetzt die wahren Zusammenhänge durchschaut, fährt ohne seine Frau auf die Plantage zurück. Es wird (in der Dramenfassung sogar noch deutlicher) klar, daß Leslie die Hölle erst noch bevorsteht, daß vielleicht der Tod durch den Strang nicht nur die gerechtere, sondern auch die langfristig leichtere Lösung für sie gewesen wäre. Die durchgängige moralische Ambiguität und Maughams eindringlich-verhaltene, dennoch auf melodramatische Effekte nicht verzichtende Darstellung der Problematik heben *The Letter* über eine durchschnittliche Detektiverzählung hinaus. H.Thi.

AUSGABEN: Ldn. 1926 (in *The Casuarina Tree*). – NY 1926. – Ldn./NY 1927 [Dramenfassg.]. – Garden City/N.Y. 1934 (in *East and West: The Collected Short Stories*; auch Ldn. 1934 u. d. T. *Altogether: The Collected Short Stories*). – Ldn. 1951 (in *Complete Short Stories*, 3 Bde., 3; ern. 1965). – Harmondsworth 1963 (in *Complete Short Stories*, 4 Bde., 4; ern. 1986). – Ldn. 1974 (in *The Casuarina Tree; The Works*). – Ldn. 1980 [m. *For Services Rendered* u. *Home and Beauty*]. – Stg. 1985, Hg. U. Hiller (RUB). – Oxford u. a. 1986 (in *The Casuarina Tree and Other Stories*).

ÜBERSETZUNGEN: *Der Brief*, K. Wagenseil (in *Die Macht der Umstände*, Bern u. a. 1959). – Dass., ders. (in dass., Zürich 1972; detebe; ern. 1986). – Dass., ders. (in *Die besten Geschichten*, Zürich 1985).

VERFILMUNGEN: USA 1929 (Regie: J. De Limur). – *La lettre*, Frankreich 1930 (Regie: L. Mercanton). – *Weib im Dschungel*, Deutschland 1930 (Regie: D. Boukhovietski). – USA 1940 (Regie: W. Wyler). – USA 1981 (Regie: J. Erman).

LITERATUR: J. W. Lynn u. H. W. Taylor, *A Foreword to Fiction*, NY/Ldn. 1935, S. 77–81 u. ö.

LIZA OF LAMBETH

(engl.; *Ü: Lisa von Lambeth*). Roman von William Somerset MAUGHAM, erschienen 1897. – Maughams erster Roman entstand zu einer Zeit, da er als Medizinstudent im Londoner St. Thomas' Hospital das Leben der Slumbewohner aus der Nähe studieren konnte – Erfahrungen, die seinem Roman die überzeugende atmosphärische Dichte geben. Schauplatz ist die Vere Street im Londoner Elendsviertel Lambeth in den neunziger Jahren des vorigen Jahrhunderts. Hier lebt die Fabrikarbeiterin Liza Kemp, ein junges, attraktives Mädchen, mit ihrer verwitweten, stets kränkelnden und dem Trunk ergebenen Mutter. Trotz der bedrückenden

Lebensumstände ist Liza unbekümmert, lebenslustig und empfänglich für die derben Aufmerksamkeiten der Männer. Auf einem Ausflug am Bankfeiertag verliebt sie sich in den erheblich älteren Jim Blakeston, der verheiratet und Vater von fünf Kindern ist. Über seiner faszinierenden Männlichkeit vergißt sie die Zuneigung zu ihrem stillen Verehrer Tom. Immer in der Angst, von Bekannten gesehen zu werden, treffen sich Jim und Liza heimlich weitab von der Vere Street. Doch ihr Verhältnis bleibt nicht lange verborgen. Liza, deren sonniges Wesen früher alle für sie eingenommen hat, muß immer häufiger hämische Blicke und boshafte Anspielungen ertragen. Schließlich tritt ihr auf offener Straße Jims Frau entgegen, fällt unter dem Gelächter der Umstehenden über sie her und richtet sie übel zu. Die Folgen dieser Prügelei führen zu einer Fehlgeburt, an der Liza stirbt.

Maugham erzählt diese einfache Liebesgeschichte unprätentiös aus der Sicht des distanzierten Beobachters und vermeidet so die dem Thema latent innewohnende Sentimentalität. Einfühlsam porträtiert er die Personen, mit naturalistischer Detailtreue schildert er ihr hartes, aber nicht ganz freudloses Dasein. Seine Romanfiguren sprechen drastischen, bildkräftigen Cockney-Slang; der größte Teil des Romans besteht aus Dialogen und dramatischen Szenen. So äußert sich schon hier die Doppelbegabung des Autors als Erzähler und Dramatiker. Mit der Titelheldin ist Maugham eine seiner überzeugendsten Frauengestalten gelungen. – Der Roman steht in der Tradition FLAUBERTS, MAUPASSANTS (den Maugham selbst als sein Vorbild bezeichnete), ZOLAS und ihrer englischen Adepten George MOORE, Arthur MORRISON (*Tales of Mean Streets*, 1895) und George GISSING (*Workers in the Dawn*, 1880). Doch sind Maughams Schilderungen der Slums objektiver als etwa die Zolas oder Gissings. Es fehlt der Ton sozialer Anklage: Wie Flaubert und Maupassant beobachtet und erzählt Maugham, ohne zu verurteilen. J.v.Ge.–KLL

AUSGABEN: Ldn. 1897. – Ldn. 1904 [rev.]. – NY 1921. – Ldn. 1930 [m. Vorw.]. – Ldn. 1953 (in *Selected Novels*, 3 Bde., 1). – Harmondsworth 1967 u. ö. (Penguin). – Ldn. 1976 (in *Collected Ed. of the Works*, 25 Bde., 1967–1976, 1). – NY 1978.

ÜBERSETZUNG: *Lisa von Lambeth*, I. Muehlon, Zürich/Stg. 1953. – Dass., dies., Ffm./Bln. 1975 (Ullst. Tb). – Dass., dies., Zürich 1985 (detebe).

LITERATUR: W. E. Colburn, *Dr. M.'s Prescription for Success* (in Emory Univ. Quarterly, 19, 1963, S. 14–21). – E. R. Peschel, *Callousness or Caring: Portraits of Doctors by S. M. and Richard Selzer* (in Mosaic, 15, 1982, S. 77–88). – K. S. Hawkinson, *Three Novels by S. M.: An Analysis Based on the Rhetoric of Wayne C. Booth*, Diss. Southern Illinois Univ., Carbondale 1986 (vgl. Diss. Abstracts, 47, 1987, S. 2370A).

OF HUMAN BONDAGE

(engl.; *Ü: Der Menschen Hörigkeit*). Roman von William Somerset MAUGHAM, erschienen 1915. – Maughams stark autobiographisch gefärbter Erziehungs- und Bildungsroman schildert den schmerzhaften Bewußtwerdungsprozeß Philip Careys, der mit einem Klumpfuß geboren ist und (wie Maugham, der eine Sprachstörung hatte) von Kind an seelisch unter diesem Gebrechen leidet. In traditioneller Erzählweise folgt das Buch chronologisch dem Lebensweg des Helden. Als der Neunjährige nach dem Tod der Eltern in den kinderlosen Haushalt seines Onkels William, eines engstirnigen, selbstgerechten Dorfpfarrers, und seiner zwar warmherzigen, aber ihrem Mann gegenüber willenlosen Tante Louisa kommt, wächst seine Vereinsamung. Im Internat machen sich die Mitschüler über seinen Klumpfuß lustig, und Philips einzige Waffe gegen die anderen ist sein Sarkasmus. Nachdem er sich an die Spitze der Klasse gearbeitet und die Achtung der Kameraden und Lehrer gewonnen hat, löst sein Zweifel an Gott und den Menschen in ihm eine jener Reaktionen aus, die für seine ganze weitere Entwicklung symptomatisch sind: Er verläßt die Schule ein Jahr vor Abschluß und verzichtet damit zur Enttäuschung seines Onkels auf das Stipendium für ein Theologiestudium. Seine nächste Station ist Heidelberg, wo er ein Jahr lang Deutsch und Philosophie studiert, anfangs beglückt über die vielfältigen neuen Eindrücke, dann erneut desillusioniert und schließlich die Existenz Gottes negierend. Nach London zurückgekehrt, beginnt er eine kaufmännische Lehre, bringt aber weder das Interesse noch die Energie auf, sie zu Ende zu führen. In der romantischen Vorstellung, zum Künstler berufen zu sein, siedelt er, heimlich von seiner Tante unterstützt, nach Paris über, wo er nach zwei Jahren mühevoller Malversuche die Mittelmäßigkeit seiner Begabung erkennt. Nun entschließt er sich zum Medizinstudium in London, das er, wiederum ein Jahr vor Abschluß, abbricht; durch eine Börsenspekulation mittellos geworden, muß er eine Stellung in einem Textilgeschäft annehmen. Als er mit Hilfe der ihm vom Onkel hinterlassenen Summe sein Medizinstudium zu Ende führen kann, scheut er zunächst davor zurück, sich im bürgerlichen Leben zu etablieren.

Philip Careys vergeblichen Bemühungen, den Erniedrigungen des Lebens zu entfliehen, entspricht seine immer wieder enttäuschte Sehnsucht nach Liebe. Am härtesten trifft ihn die Erfahrung, die er mit Mildred Rogers macht, einer Kellnerin, der er mit einer seiner wahren Natur zuwiderlaufenden Ausschließlichkeit verfallen ist. Erst als ihm voll bewußt wird, mit welcher Berechnung und Verworfenheit Mildred seine Hörigkeit ausgenutzt hat, bricht er, zutiefst gedemütigt, mit ihr. Seine spätere ehrliche und unkomplizierte Bindung an Sally, die Tochter des Journalisten Athelyn, der ihm in mancher Krise beistand, bewegt ihn schließlich dazu, das Leben zu nehmen, wie es ist, und sich als Landarzt niederzulassen.

Maugham hat in diesem Roman, mit dem er sich von Erinnerungen befreien wollte, die ihn *»auf unerträgliche Weise verfolgten«*, die Rolle des objektiv schildernden Beobachters, als den man ihn aus seinen anderen Werken kennt, aufgegeben. Er projiziert eigene leidvolle Erfahrungen in die Lehr- und Wanderjahre Philip Careys, eines Hörigen im Sinne SPINOZAS (aus dessen *Ethik* der Romantitel übernommen ist), eines Gefangenen seiner Illusionen und seiner Triebe, eines Menschen, der auf der Suche nach Selbstbestätigung immer wieder den falschen Weg einschlägt, sich dabei immer weiter von Gott entfernt, bis er schließlich Leben, Leiden und Tod des Menschen nur noch als unabänderliche Phase im Kreislauf der Natur begreift. Dieser deterministischen Weltsicht entspricht die (sieht man von dem forciert wirkenden »glücklichen« Ausgang ab, für den sich Maugham unter dem Eindruck von Samuel BUTLERS *The Way of All Flesh* entschied) durchweg von Pessimismus durchdrungene, mitleidlose Schilderung der fortschreitenden Vereinsamung Careys. Der Einfluß der französischen Naturalisten auf den Autor zeigt sich vor allem in den Mildred-Szenen, in denen Abgründe menschlicher Niedrigkeit und Erniedrigung ausgeleuchtet werden.

Of Human Bondage, dessen erste Fassung bereits 1898 entstanden war, beschäftigte den inzwischen erfolgreichen Theaterautor Maugham ab 1912 nochmals intensiv, bis der Roman seine endgültige Form gefunden hatte. Das mehrfach verfilmte Werk zählt zu den stärksten Leistungen Maughams und noch heute weltweit zu den verbreitetsten Werken des Autors. Während die englischen Kritiker anfangs eher negativ reagierten, wurde der Roman in den USA sofort (u. a. von Sinclair LEWIS und Theodore DREISER) enthusiastisch begrüßt. Zusammen mit DICKENS' *David Copperfield*, Butlers *The Way of All Flesh*, D. H. LAWRENCE' *Sons and Lovers* und JOYCE' *A Portrait of the Artist as a Young Man* gehört *Of Human Bondage* zu den wichtigsten Entwicklungsromanen der englischen Literatur. Auch in Maughams Romanwerk nimmt es eine Schlüsselrolle ein; zahlreiche Themen und Motive kehren in den späteren Romanen wieder.

KLL

AUSGABEN: Ldn. 1915. – NY 1915. – Garden City/N.Y. 1945. – Harmondsworth 1963 u. ö. (Penguin). – Ldn. 1973 (in *Collected Ed. of the Works*, 25 Bde., 1967–1976, 2). – Ldn. 1978. – Cutchogue/N.Y. 1981.

ÜBERSETZUNGEN: *Der Menschen Hörigkeit*, R. Seiller, Zürich/Lpzg. 1939. – Dass., M. Zoff, Zürich 1954. – Dass., dies., Ffm. 1959 (FiBü). – Dass., dies. u. S. Feigl, Zürich 1972. – Dass., dies., Zürich 1975 (detebe; ern. 1986).

VERFILMUNGEN: USA 1934 (Regie: J. Cromwell). – USA 1946 (Regie: E. Goulding). – England 1963 (Regie: K. Hughes).

LITERATUR: Th. Dreiser, *»Of Human Bondage«* (in New Republic, 5, 1925, S. 202–204). – H. T. Webster, *Possible Influence of George Gissing's »Workers in the Dawn« on M.'s »Of Human Bondage«* (in MLQ, 7, 1946, S. 315). – R. Spence, *M.'s »Of Human Bondage«: The Making of a Masterpiece* (in Pennsylvania Univ. Library Chronicle, 17, 1951, S. 104–114). – S. Archer, *Artists and Paintings in M.'s »Of Human Bondage«* (in ELT, 14, 1971, S. 181–189). – R. P. Shaffner, *»Of Human Bondage«, »Wilhelm Meisters Lehrjahre«, and »Der Zauberberg«: Three Steps in an Apprenticeship to Life and Death*, Diss. Univ. of North Carolina, Chapel Hill 1974. – R. S. Breen, *A Chamber Theatre Production of W. S. M.'s »Of Human Bondage«: A Report by the Director* (in Literature in Performance, 1, 1979, S. 62–67). – R. F. Fleissner, *Of Dickensian Bondage: A Probe* (in Research Studies, 48, 1979, S. 50–56). – T. Vurran, *Variations on a Theme* (in *The English Novel and the Movies*, Hg. M. Klein u. G. Parker, NY 1981, S. 228–234). – *York Notes on »Of Human Bondage«*, Hg. P. Kuch, Ldn. 1982. – B. H. Braendlin, *The Prostitute as Scapegoat: Mildred Rogers in S. M.'s »Of Human Bondage«* (in *The Image of the Prostitute in Modern Literature*, Hg. P. L. Horn u. M. B. Pringle, NY 1984). – *Agrégation 1987/1988: W. S. M.: »Of Human Bondage« – Bibliographie Sélective* (in Cahiers Victoriens et Édouardiens, 26, 1987, S. 136–143).

RAIN

(engl.; *Ü: Regen*). Erzählung von William Somerset MAUGHAM, erschienen 1921 in der Kurzgeschichtensammlung *The Trembling of a Leaf*. – Diese Erzählung, eine der bekanntesten und besten Maughams, handelt vom seelischen Zusammenbruch eines religiösen Fanatikers. Der anglikanische Missionar Davidson ist aus dem Holz geschnitzt, aus dem Inquisitoren gemacht sind: Um seinen Schutzbefohlenen das Fegefeuer zu ersparen, wäre er durchaus bereit, sie in dieser Welt auf dem Scheiterhaufen zu verbrennen. Er hat es verstanden, den unbefangenen Eingeborenen einer nördlich von Samoa gelegenen Inselgruppe durch Einschüchterung, Drohung und Bestrafung das düstere Sündenbewußtsein der Puritaner einzuflößen, ohne das sie vorher glücklich und natürlich gelebt hatten. – Das Schiff, das ihn und seine Frau in sein Missionsgebiet zurückbringen soll, muß wegen Seuchengefahr die Insel Pago-Pago anlaufen; während dieses Zwangsaufenthalts, der durch den Tag und Nacht niederrauschenden Regen immer unerträglicher wird, logieren in einem primitiven Gasthaus neben den Davidsons drei weitere Passagiere, Dr. Macphail und Frau (die als Beobachter der Ereignisse fungieren) und Miss Sadie Thompson, die sich als Prostituierte entpuppt. Davidson rüstet in heiligem Zorn sogleich zum Feldzug: Er sondert sie von den andern ab und überredet den Gouverneur der Insel, sie mit dem nächsten Schiff nach San Francisco zu schicken, wo sie eine Gefängnisstrafe abzusitzen hat. Vergeblich appelliert sie an Davidsons Mitleid, vergeblich bittet sie ihn, sie mit einem anderen Schiff nach Australien fahren zu lassen. Im Vollgefühl seiner eigenen Rechtschaffenheit und Unfehlbarkeit bezeichnet er ihre bevorstehende Haft als wohlverdiente, von Gott verhängte Sühne. In langen Zwiegesprächen versucht er, ihre Seele zu retten, und die Sünderin scheint tatsächlich in sich zu gehen. Eines Tages aber wird Davidson mit durchschnittener Kehle am Strand gefunden: Er hat, scheinbar unverständlicherweise, Selbstmord begangen. Sadie Thompson aber stellt wieder triumphierend ihre Reize und ihren Flitterkram zur Schau. Ihre letzten, an Dr. Macphail gerichteten Worte *(»Ihr Männer! Ihr dreckigen, verkommenen Schweine! Ihr seid alle gleich, alle! Schweine! Schweine!«)* lassen keinen Zweifel daran, welcher Art der Sündenfall des Missionars war.

Die Nebenumstände breit ausmalend, zeichnet Maugham das Charakterporträt eines Mannes, der sich als Stellvertreter eines Gottes versteht, der weder Gnade noch Barmherzigkeit noch Liebe kennt, eines Selbstgerechten, dessen Religion so extrem körperfeindlich ist, daß er seine eigene Entgleisung als Todsünde begreift. Eine echte Auseinandersetzung mit diesem fanatischen Bewußtsein umgeht Maugham allerdings dadurch, daß er den humanen und aufgeklärten Dr. Macphail – unter Berufung auf dessen Schüchternheit – nur einige halbherzige Interventionsversuche machen, ihn im übrigen aber untätig zusehen läßt. J.v.Ge.

AUSGABEN: NY/Ldn. 1921 (in *The Trembling of a Leaf: Little Stories of the South Sea Islands*; ern. 1933). – Ldn. 1928 (in *Sadie Thompson and Other Stories of the South Sea Islands*). – Ldn. 1951 (in *Complete Short Stories*, 3 Bde., 1; ern. 1965). – Harmondsworth 1963 (in *Collected Short Stories*, 4 Bde., 1; ern. 1986). – Ldn. 1974 (in *Collected Ed. of the Works*, 25 Bde., 1967–1976, 16: *The Trembling* ...). – Mchn. 1978, Hg. u. Anm. U. Hiller.

ÜBERSETZUNGEN: *Regen*, E. Aldendorff (in *Menschen der Südsee*, Lpzg./Wien 1932). – *Der Regen*, I. Krämer (in *Betörende Südsee*, Mchn. 1956; ern. Ffm./Bln. 1965 u. ö.; Ullst. Tb). – Dass., dies. (in dass., Zürich 1961; ern. 1986).

DRAMATISIERUNG: J. Colton u. C. Randolph, *Rain* (Schauspiel; Urauff.: NY, 7. 11. 1922; dt. Buchausg.: R. Kommer, Bln. 1925).

VERFILMUNGEN: *Sadie Thompson*, USA 1927 (Regie: R. Walsh). – USA 1932 (Regie: L. Milestone). – *Miss Sadie Thompson*, USA 1953 (Regie: C. Bernhardt).

LITERATUR: W. E. Colburn, *Dr. M.'s Prescription for Success* (in Emory Univ. Quarterly, 19, 1963, S. 14–21). – Z. Li, *Personal Views on Chinese Version of M.'s »Rain«* (in Waiguoyu, 1, 1986).

ALAN ALEXANDER MILNE

* 18.1.1882 London
† 31.1.1956 Hartfield / Sussex

LITERATUR ZUM AUTOR: F. Swinnerton, *The Georgian Scene*, NY 1934. – A. A. Milne, *Autobiography*, NY 1939. – Ders., *The Georgian Literary Scene 1910–1935*, NY 1950. – E. Graham, *A. A. M.* (in The Junior Bookshelf, März 1956, S. 51–59). – R. L. Green, *Tellers of Tales*, Ldn. 1965. – T. B. Swann, *A. A. M.*, NY 1971 (TEAS). – T. Haring-Smith, *A. A. M.: A Critical Bibliography*, NY/Ldn. 1982. – M. J. Mendelsohn, *A. A. M.* (in DLB, Bd. 10, 1982, S. 42–45).

WINNIE-THE-POOH

(engl.; *Ü: Pu der Bär*). Kindererzählungen von Alan Alexander MILNE, erschienen 1926. – Milne, als Journalist, stellvertretender Herausgeber von *Punch*, Komödien- und Romanautor bekanntgeworden, hatte sich bereits mit mittlerem Erfolg an Einaktern für Kinderamateurbühnen versucht, als er einige Gutenachtgeschichten für seinen dreijährigen Sohn Christopher Robin in Verse faßte und 1924 unter dem Titel *When We Were Very Young* veröffentlichte. Die Vorbilder für die darin erscheinenden Tiergestalten, u. a. für den Bären Winnie-the-Pooh, waren Christophers Stofftiere, die Mrs. Milne mit individuellen Stimmen ausgestattet hatte und die E. H. Shepard nach den »lebenden Modellen« (Milne) zeichnete. In dem zwei Jahre später erschienenen *Winnie-the-Pooh*, seinem größten Erfolg, erzählt Milne von den Abenteuern des gutmütigen, liebenswerten und vergeßlichen Pooh, des naiv-ängstlichen Schweinchens Piglet, der der weltfremden und gelehrten Eule, des hypochondrischen Esels Eeyore, des geschäftigen Kaninchens sowie der Känguruhmutter Kanga mit ihrem Baby Roo. Als einzige menschliche Gestalt tritt, als Vermittler fungierend, der kleine Christopher Robin auf, der nie um guten Rat verlegen ist und in einer Welt der leisen Verdrehtheiten die klärende Vernunft und verzeihende Güte repräsentiert. Er ist Gefährte, Freund, Retter und Tröster in einem – seine Stellung unter den Tieren entspricht der des vernünftigen Erwachsenen unter liebenswert-unerfahrenen Kindern. Der Charme des Buches resultiert vor allem aus dem unwiderstehlichen, gutmütigen Humor, mit dem Poohs Narreteien glossiert werden: etwa wenn er und Piglet so lange einen Baum umkreisen, bis sie ihre eigenen Fußstapfen für die Spuren fremder wilder Tiere halten und Reißaus nehmen.

Milnes Schilderung all der harmlosen Abenteuer hält sich sprachlich genau in der Mitte zwischen verspielter Absurdität (Wortspiele, Tautologien, Nonsensverse) und didaktischer, auf die innere Stimmigkeit einer geordneten Welt hinweisender Einfachheit (*»Die Klassenstruktur wird nicht sehr beschädigt«*, heißt es in einer frühen Rezension). Mit dieser Erzählweise steht das zu den klassischen Werken der englischen Kinderliteratur zählende *Winnie-the-Pooh* zwischen Lewis CARROLLS Sinnwidrigkeiten durch übersteigerte Logik und der häuslich-viktorianischen Lehrhaftigkeit Beatrix POTTERS. Milnes unaufdringliche Kombination von Unterhaltung und Belehrung, sein Eingehen auf die Auffassungsgabe und die Phantasie des Kindes haben im Verein mit Shepards einfachen Illustrationen, die halb beschreibend, halb kommentierend den Text begleiten, zur bleibenden Beliebtheit des Buches beigetragen. Neben zahlreichen Übersetzungen in moderne Sprachen liegen auch eine lateinische Fassung und ein *Winnie-Kochbuch* vor. Frederick C. CREWS' *The Pooh Perplex* nimmt *Winnie-the-Pooh* und die 1928 erschienene Fortsetzung *The House at Pooh Corner* zum Anlaß für eine glänzende Satire auf modische Strömungen in der amerikanischen Literaturkritik; durch diese Hintertür wurde Christopher Robins Stoffbär sogar zum Objekt tiefschürfender akademischer Diskussionen. J.N.S.

AUSGABEN: Ldn. 1926 [Ill. E. H. Shepard]. – NY 1926. – Ldn. 1960 *(The World of Pooh, Containing Winnie-the-Pooh and The House at Pooh Corner)*. – NY 1965 (in *Pooh's Library*). – Ldn./NY 1971 [Faks.-Ausg.]. – Ldn. 1986, Hg. W. Disney. – NY 1987 (in *A Treasury of Winnie-the-Pooh*, 4 Bde., 1; Ill. E. H. Shepard). – Oxford 1988.

ÜBERSETZUNGEN: *Pu der Bär*, E. L. Schiffer, Bln. 1928; ²1965 [Neubearb.]. – Dass., U. Lehrburger, Bln. 1975. – Dass., E. L. Schiffer, Bearb. M. Torris, Hbg./Zürich 1980 [Ill. E.H. Shepard]. – Dass., H. Lehrburger, Bearb. M. Torris, Hbg. 1980 [Ill. ders.].

VERFILMUNGEN: USA 1965 (Regie: W. Reitherman). – USA 1968 (Regie: ders.).

LITERATUR: R. Sale, *Child Reading and Man Reading: Oz, Babar and Pooh* (in *The Great Excluded: Essays in Children's Literature*, Hg. F. Butler, Bd. 1, Storrs/Conn. 1972, S. 162–172). – A. Lurie, *Back to Pooh Corner* (ebd., Bd. 2, 1973, S. 11–17). – E. Tremper, *Instigorating »Winnie-the-Pooh«* (in The Lion and the Unicorn, 1, 1977, Nr. 1, S. 33 bis 46). – A. Low, *Religious Myth in »Winnie-the-Pooh«* (in Greyfriar, 22, 1981, S. 13–16). – C. A. Stranger, *»Winnie-the-Pooh« Through a Feminist Lens* (in LWU, 11, 1987, S. 34–50).

CHARLES MORGAN

* 22.1.1894 Bromley / Kent
† 6.2.1958 London

LITERATUR ZUM AUTOR: K. Pintschovius, *Menschliche Atmosphäre: Gedanken zu C. M.s Romanen* (in NRs, 49, 1938, S. 89–104). – E. T. Sehrt, *C. M.s Begriff vom Wesen der Kunst* (in GRM, 26, 1938, S. 425–440). – O. Delere, *Metaphysik u. Ethik in den Werken von C. M.*, Diss. Bonn 1939. – H. Papajewski, *Das Problem der Wirklichkeit bei C. M.*, Bln. 1940. – C. Schürkes, *Kunst, Liebe, Tod: Die drei Wege zur Transzendenz bei C. M.*, Diss. Marburg 1941. – H. Viebrock, *Die Bedeutung der Einbildungskraft bei C. M.* (in GRM, 31, 1941, S. 184–193). – O. Funke, *C. M.* (in O. F., *Wege u. Ziele*, Bern 1945, S. 75–96). – G. Kirchner, *Die Grundideen in C. M.s Werken*, Diss. Innsbruck 1949. – W. Fischer, *Zu C. M.s künstlerischer Entwicklung* (in Forschungen u. Fortschritte, 26, 1950, S. 1–6). – A. Hoffmann, *Die Frauengestalten in C. M.s Romanen*, Diss. Tübingen 1950. – H. Ch. Duffin, *Ch. M.'s Novels* (in Contemporary Review, 193, März 1958, S. 123–128). – H. C. Duffin, *The Novels and Plays of C. M.*, Ldn. 1959. – C. Ikle, *Individualität u. Transzendenz bei C. M.*, Zürich 1961. – V. de Pange, *C. M.*, Paris 1962. – S. B. John, *The Mirror of the Stage: Vichy France and Foreign Drama* (in *Literature and Society: Studies in Nineteenth and Twentieth Century French Literature Presented to R. J. North*, Hg. C. A. Burns, Birmingham 1980, S. 200–213). – N. Palazzani, *Ch. M.'s Novels of Ideas* (in Annali. Istituto Univ. di Lingue Moderne: Sede di Feltre, 6, 1983, S. 219–243). – J. Raimond, *La Fuite devant l'autre et le culte du moi dans la poétique de Ch. M.* (in *L'Autre dans la sensibilité anglo-saxonne*, Reims 1983, S. 93–106). – M. Modlish, *Ch. M.* (in DLB, Bd. 34, 1985, S. 231–234).

PORTRAIT IN A MIRROR

(engl.; *Ü: Das Bildnis*). Roman von Charles MORGAN, erschienen 1929. – Der erste international berühmte Roman Morgans, der einerseits TURGENEVS psychologischer Erzählung *Erste Liebe* (1880) verpflichtet ist, andrerseits autobiographische Züge aufweist, ist den späteren Romanen *The Fountain* (1932) und *Sparkenbroke* (1936) thematisch eng verwandt: In den drei Werken geht es um Wesen und Möglichkeiten der Kunst.

Der Maler Nigel Frew blickt als gereifter Mann auf die für seine Entwicklung entscheidende Zeitspanne zwischen seinem 17. und 21. Lebensjahr zurück. Damals hatte sich der im ländlichen Kent aufgewachsene Ich-Erzähler seiner vom viktorianischen Geschäftssinn des Vaters geprägten Umgebung

(deren Atmosphäre Morgan auch sprachlich zu evozieren sucht) in zunehmendem Maß entfremdet. Schicksalhaft wird für ihn die Einladung nach Lisson, dem Landsitz der großbürgerlichen Familie Trobey, wo der gesellschaftsscheue und künstlerisch frühreife Nigel sich in Clare Sibright verliebt, mit der ihn, wie er glaubt, eine Wahlverwandtschaft verbindet. Doch Clare, zu jener Zeit bereits mit Ned, dem Sohn des Gesellschaftsmalers Henry Fullaton, verlobt, weist den vier Jahre Jüngeren zurück, tröstet ihn aber gleichzeitig mit der *»egoistischen Zärtlichkeit, die eine Frau für ein unglückliches Kind empfindet«*. Ihr Verhalten erklärt sich aus ihrer zwiespältigen Natur, in der eine gesteigerte Sensibilität und das Bedürfnis nach gesellschaftlicher Anerkennung in Widerstreit liegen. Nigel aber sucht in ihr nur die seinem Wesen verwandten Züge und scheitert deshalb auch an dem Porträt, das er von Clare malen soll: *»Ich sah immer tausend verschiedene Aspekte auf tausend Arten ausgedrückt ... aber niemals das ganze Bild.«*
Als die beiden einander erneut begegnen, ist Nigel der Schüler Henry Fullatons und Clare die Frau Neds, die offenbar ganz in ihren gesellschaftlichen Pflichten als Hausherrin des Landsitzes Windrush aufgeht. Doch der Schein trügt, und als Nigel (für dessen künstlerischen Fortschritt das Porträt der alten Miss Fullaton der beste Beweis ist) spürt, daß Clare ihn leidenschaftlich zu lieben beginnt, reist er mit Rücksicht auf Ned nach Paris. Drei Jahre später kommt es auf Lisson zu einer für Nigel völlig überraschenden dritten Begegnung, die zum Ehebruch führt. Doch die physische Vereinigung bringt beiden die ernüchternde Erkenntnis, daß ihr *»Verlangen, neu geschaffen zu werden«* unerfüllt bleiben muß. Ihr dritter Abschied bedeutet die endgültige Trennung.
Dieser einst – wie die meisten Romane Morgans vor allem in Frankreich, aber auch in England und Deutschland – sehr geschätzte und erfolgreiche Roman (er wurde mit dem Femina-Vie-Heureuse-Preis ausgezeichnet), hat heute an Wertschätzung eingebüßt, vor allem, weil man in Morgans Darstellung der Künstlerproblematik zuviel pseudophilosophischen Ballast entdeckt hat. Wo der Autor sein Thema in Handlung umsetzt – etwa in der Gegenüberstellung der drei Künstlerfiguren Nigel Frew, Henry Fullaton und Agatha Trobey – überzeugt er ebenso wie in der nostalgisch-poetischen Vergegenwärtigung einer vergangenen Epoche; wo er jedoch in trockene Abhandlung verfällt, mangelt es ihm an Substanz. J.v.Ge.-KLL

AUSGABEN: Ldn. 1929. – NY 1929. – Lpzg. 1930 (in *Works*, 1). – Hbg. 1935. – Ldn. 1957. – Darby/ Pa. 1982 [Nachdr. d. Ausg. NY 1932].

ÜBERSETZUNG: *Das Bildnis*, H. E. Herlitschka, Stg./Bln. 1937; ern. Stg. 1952.

LITERATUR: L. Bonnerot, *Essai sur les romans de Mr. C. M.* (in Revue Anglo-Américaine, 10, 1932/ 33, S. 123–136). – W. Scherbacher, *C. M.: »Portrait in a Mirror« – »Sparkenbroke«* (in W. S., *Der Künstler im modernen englischen Roman 1916–1936*, Diss., Tübingen 1954, S. 138–154). – D. Riesner, *C. M.: »Portrait in a Mirror«* (in *Der moderne englische Roman. Interpretationen*, Hg. H. Oppel u. W. Erzgräber, Bln. 1965, S. 222–244).

FLANN O'BRIEN

d.i. Brian O'Nolan, ir. Briain O'Nuallain
* 5.10.1911 Strabane / Tyrone (Irland)
† 1.4.1966 Dublin

LITERATUR ZUM AUTOR:
Myles: Portraits of Brian O'Nolan, Hg. T. O'Keefe, Ldn. 1973. – Journal of Irish Literature, 3, 1974, Nr. 1 (Sondernr. *F. O'B.*). – A. Clissmann, *F. O'B.: A Critical Introduction to His Writings*, Dublin/NY 1975. – R. Imhof, *F. O'B.* (in *Einführung in die zeitgenössische irische Literatur*, Hg. J. Kornelius u. a., Heidelberg 1980, S. 161–179). – J. C. Voelker, *»Doublends Jined«: The Fiction of F. O'B.* (in Journal of Irish Literature, 12, 1983, Nr. 1, S. 87–95). – P. Costello u. P. van de Kamp, *F. O'B.: An Illustrated Biography*, Ldn. 1987. – A. Cronin, *No Laughing Matter: The Life and Times of F. O'B.*, Ldn. 1989.

AT SWIM-TWO-BIRDS

(engl.; *Ü: In Schwimmen-Zwei-Vögel, oder Sweeny auf den Bäumen*). Roman von Flann O'BRIEN, erschienen 1939. – Mit seinem ersten Roman stellte sich Flann O'Brien, der als satirischer Zeitungskolumnist auch unter seinem zweiten Pseudonym »Myles na Gopaleen« bekannt wurde, in eine Traditionslinie der modernen irischen Erzählliteratur, in der – ausgehend von James STEPHENS' *The Crock of Gold* (1912) und dem *Cyclops*-Kapitel in James JOYCES *Ulysses* (1922) – Stoffe aus altirischen Sagen und Epen mit modernen, teilweise parodistischen Erzähltechniken in Verbindung gebracht werden. Der Roman ist außerdem ein Musterbeispiel für selbstreflexives Erzählen, für *metafiction* in der Tradition von Laurence STERNES *Tristram Shandy* (1759–1767).
Den äußeren Erzählrahmen dieses *»äußerst lustigen Ein-Mann-Symposiums über irische Literatur«* (J. Coleman) bildet die einfache Handlung um den namenlosen Ich-Erzähler, einen Studenten des Dubliner University College der dreißiger Jahre. Im Zuge seiner *»literarischen Freizeitgestaltung«* im Bett beginnt der Student einen Roman über den Schriftsteller Trellis, der wiederum an einem Roman arbeitet, in den weitere Ebenen erzählter

Wirklichkeit verschachtelt sind. Das romanpoetische Credo des Rahmenerzählers fordert: *»Der gesamte Bestand der vorhandenen Literatur sei als Limbus anzusehen, dem scharfsinnige Autoren ihre Figuren je nach Bedarf entnehmen könnten ..., der moderne Roman habe weitgehend aus Verweisen zu bestehen.«* Dementsprechend finden sich im Roman des Binnenerzählers Trellis die verschiedensten Gestalten, wie z. B. ein irischer Teufel, der Pooka MacPhellimey, eine Gute Fee, und eine Reihe von Dubliner Figuren, Cowboys und Dienstmädchen, die von einem Schriftstellerkollegen ausgeliehen worden sind. Auch der altirische Sagenheld Finn MacCool tritt auf, um seinerseits die Geschichte vom wahnsinnigen Sweeny zu erzählen. (Dieses Handlungselement sowie der Ortsname »Snámh-dá-én« / »Schwimmen-zwei-Vögel« entstammen dem mittelirischen Epos *Buile Suibhne – Der Wahnsinn Sweenys*, das 1983 von Seamus HEANEY neu ins Englische übertragen wurde.) Orlick Trellis, der volljährig und als kompetenter Autor geboren wird, nachdem sich Trellis sen. an einer seiner weiblichen Romanfiguren vergangen hatte, führt die Revolte der mit ihren Lebens- und Arbeitsbedingungen unzufriedenen Romanfiguren an. Orlick schreibt eine Geschichte, bei der sich das Romanpersonal alle möglichen körperlichen Qualen für Trellis ausdenkt und ihm schließlich den Prozeß macht. Diese fiktive Welt mit den Figuren aus Trellis' Roman nimmt ein plötzliches Ende, als ein Dienstmädchen versehentlich Seiten von Trellis' Manuskript ins Feuer wirft.

Zum einen ist *At Swim-Two-Birds* deutlich von der Brillanz des Spielerischen und der Kunst des Fabulierens geprägt, zum anderen werden auch ernsthafte Probleme des modernen Romans aufgeworfen: Wie wirklich ist die erzählte Wirklichkeit? Was macht die Fiktionalität von Fiktion aus? Sicher hat sich Flann O'Brien bezüglich der Verschachtelung verschiedener Realitätsebenen von James Branch CABELLS Romanen *The Cream of the Jest* (1917) und *Jurgen* (1919) sowie von Aldous HUXLEYS *Point Counter Point* (1928) inspirieren lassen. Doch weist die kunstvolle Integration heterogener Erzählelemente und -techniken *At Swim-Two-Birds* als innovativen Roman aus. Es fallen insbesondere auf: die Selbstreflexivität des Romans, d. h. die Einschübe des *self-conscious narrator*, der Handlungszusammenfassungen gibt, die einzelnen Erzählebenen klar abgrenzt und das Erzählgeschehen unterbricht, um die verwendeten stilistischen Mittel mit den exakten rhetorischen Termini zu benennen; die Verfahren der Intertextualität, d. h. die beziehungsreiche, collagenartige Verwendung von Zitaten (z. B. aus Enzyklopädien und der *Bibel*), von Anspielungen (besonders auf Joyce), Übersetzungen und Beinahe-Parodien auf Versatzstücke der irisch-gälischen Literatur. Ferner beeindruckt den Leser die stilistische Gewandtheit, mit der Flann O'Brien – ähnlich wie Joyce in *Ulysses* – die unterschiedlichsten Register meistert, sei es das Pathos der altirischen Heldensagen, den lässigen Ton von Western-Romanen, den beschränkten und stereotypen Code Dubliner Kneipengespräche oder die Blasiertheit studentischer Konversation. Joyce wußte *At Swim-Two-Birds* angeblich als *»a really funny book«* zu schätzen. Der Ausbruch des Zweiten Weltkriegs wenige Monate nach Erscheinen des Romans hat seine Rezeption allerdings erheblich beeinträchtigt. Bis zu seiner Wiederveröffentlichung (1960) und einige Zeit danach galt *At Swim-Two-Birds* als Kultbuch. Seit den siebziger Jahren genießt der Roman zunehmend Anerkennung als ein Prototext der literarischen Postmoderne. W.H.

AUSGABEN: Ldn. 1939. – NY 1951. – Ldn. 1960. – Ldn. 1962. – Harmondsworth 1967 (Penguin). – Ldn. 1976. – NY 1976. – Harmondsworth 1990.

ÜBERSETZUNG: *Zwei Vögel beim Schwimmen*, L. Fiedler, Reinbek 1966. – Dass., dies., Ffm. 1978 (BS). – Dass., dies., Bln. 1981; ern. 1983. – *In Schwimmen-Zwei-Vögel*, H. Mennicken u. H. Rowohlt, Zürich 1989.

LITERATUR: E.-U. Klein, *Die frühen Romane F. O'B.s: »At Swim-Two-Birds« und »The Third Policeman«*, Diss. Münster 1971. – J. M. Silverthorne, *Time, Literature, and Failure: F. O'B.'s »At Swim-Two-Birds« and »The Third Policeman«* (in Éire-Ireland, 11, 1976, Nr. 4, S. 66–83). – E. Wäppling, *Four Irish Legendary Figures in »At Swim-Two-Birds«*, Uppsala 1984. – *Alive-Alive O!: F. O'B.'s »At Swim-Two-Birds«*, Hg. R. Imhof, Dublin/Totowa (N.J.) 1985. – J. M. Conte, *Metaphor and Metonymy in F. O'B.'s »At Swim-Two-Birds«* (in RCF, 5, 1985, Nr. 1, S. 128–134). – C. G. Ó'Háinle, *Fionn and Suibhne in »At Swim-Two-Birds«* (in Hermathena, 142, 1987, S. 13–49). – P. L. Henry, *The Structure of F. O'B.'s »At Swim-Two-Birds«* (in Irish University Review, 20, 1990, Nr. 1, S. 35–40).

SEAN O'CASEY

eig. John Casey

* 30.3.1880 Dublin

† 18.9.1964 Torquay / Devon

LITERATUR ZUM AUTOR:

Bibliographien und Forschungsberichte:

E. H. Mikhail, *S. O'C.: A Bibliography of Criticism*, Ldn. 1972. – *O'C.: A Bibliography*, Hg. R. Ayling u. M. J. Durkan, Ldn. 1978. – E. H. Mikhail, *S. O'C. and His Critics: An Annotated Bibliography, 1916–1982*, Metuchen/N.J. u. a. 1985.

Zeitschriften:

The S. O'C. Review, Hg. R. G. Lowery, Bd. 1–8,

Holbrook 1974–1982. – O.'C. Annual, Hg. ders., Bd. 1–4, Ldn. 1982–1985.
Biographien:
E. O'Casey, *S.*, Ldn. 1971. – D. Krause, *S. O'C. and His World*, Ldn. 1976. – G. O'Connor, *S. O'C.: A Life*, NY 1988.
Gesamtdarstellungen und Studien:
J. Koslow, *The Green and the Red*, NY 1950; ern. 1966. – R. Hogan, *The Experiments of S. O'C.*, Toronto 1960. – MD, 4, 1961 [Sondernr. *S. O'C.*]. – K. Spinner, *Die alte Dame sagt: Nein!*, Bern 1961. – W. A. Armstrong, *O'C.*, Ldn. 1967. – T. Metscher, *S. O'C.s dramatischer Stil*, Braunschweig 1967. – *The S. O'C. Reader*, Hg. J. B. Atkinson, NY 1968. – K. Völker, *Irisches Theater, II: S. O'C.*, Velber 1968. – R. Ayling, *S. O'C.*, Ldn. 1969 [m. Bibliogr.]. – H. Goldstone, *In Search of a Community*, Cork/Dublin 1972. – H. Kosok, *S. O'C.: Das dramatische Werk*, Bln. 1972. – *S. O'C.*, Hg. T. Kilroy, Englewood Cliffs/N.J. 1975. – R. Ayling, *Continuity and Innovation in O'C.'s Drama*, Salzburg 1976. – B. Benstock, *Paycocks and Others: S. O'C.'s World*, Dublin/NY 1976. – D. Da Rin, *S. O'C.*, NY 1976; ern. 1985. – J. Frayne, *S. O'C.*, NY 1976. – D. D. Wilson, *S. O'C.'s Tragi-Comic Vision*, NY 1976. – B. Winkler, *Wirkstrategische Verwendung populärer Elemente in S. O'C.s Werk unter besonderer Berücksichtigung des Melodramas*, Göppingen 1977. – J. Achilles, *Drama als problematische Form*, Ffm. u. a. 1979. – J. R. Scrimgeour, *S. O'C.*, Ldn. 1979. – R. G. Rollins, *S. O'C.'s Drama: Verisimilitude and Vision*, University/Ala. 1979. – P. Stapfelberg, *S. O'C. und das deutschsprachige Theater*, Ffm. 1979. – Irish Univ. Review 10, 1980 [Sondernr. *S. O'C.*]. – Ch. D. Greaves, *S. O'C.: Politics and Art*, Ldn. 1980. – H. Hunt, *O.'C.*, Dublin 1980. – K. P. S. Jochum, *Die späten Dramen O'C.s* (in *Einführung in die zeitgenössische irische Literatur*, Hg. J. Kornelius u. a., Heidelberg 1980, S. 79–91). – *O.'C. Enigma*, Hg. M. O'Raodha, Cork 1980. – *S. O'C.: Centenary Essays*, Hg. D. Krause u. R. G. Lowery, Gerrards Cross 1981. – *S. O'C.: From Times Past*, Hg. R. G. Lowery, Ldn. 1982. – C. Kleiman, *S. O'C.'s Bridge of Vision*, Ldn. 1982. – B. Lahrmann-Hartung, *S. O.'C. und das epische Theater Bertolt Brechts*, Ffm. u. a. 1983. – J. Simmons, *S. O'C.*, Ldn. 1983. – H. Kosok, *S. O'C. the Dramatist*, Gerrards Cross 1984. – J. O'Riordan, *A Guide to O'C.'s Plays*, Ldn. 1984. – *S. O'C.*, Hg. N. Jones, Ldn. 1986. – S. Kenneally, *S. O'C. and the Art of Autobiography*, Gerrards Cross 1987. – N. Jones, *S. O'C. and Expressionism*, Cambridge 1988. – J. Kostow, *O.'C.: The Man and His Plays*, Horsham 1988.

COCK-A-DOODLE DANDY

(engl.; *Ü: Gockel, der Geck*). Tragische Burleske in drei Szenen von Sean O'Casey, Uraufführung: Newcastle-on-Tyne, 11. 12. 1949, People's Theatre; deutsche Erstaufführung: Wuppertal, 25. 10. 1960. – In dem kleinen irischen Nest Nyadnanave (»Nest der Heiligen«) sitzen Mahan und Michael im Garten vor Michaels Haus und besprechen in freundschaftlicher Verschlagenheit und bitterernstem Geiz Geschäftsfragen. Doch Michael ist noch von anderen Dingen beansprucht, von Problemen tieferer, »dämonischer« Art: Er hält seine hübsche Tochter aus erster Ehe, Loreleen, für eine Hexe, und auch Lorna, seine junge zweite Frau, und die Magd Marion scheinen ihm im Bann des Teufels zu stehen. Seit Loreleens Rückkehr aus England scheint es im Dorf zu spuken. In einer kleinen, von Pater Domineer geführten Prozession wird Lornas kranke Schwester Julia zum Bahnhof gebracht. Sie soll nach Lourdes fahren, um durch ein Wunder geheilt heimzukehren. Heillose Verwirrung richtet bei den Männern ein Hahn an, ein prächtiges und eitles Federvieh mit riesigem Kamm, ein *»zynischer Spaßvogel«*, der hinreißend krähen kann. *»Der Vogel ist los unter unschuldigen Menschen.«* Shanaar, der *»alte, alte Mann voller Weisheit und Wissen um die tieferen Dinge«*, bestätigt, daß dieses Tier ebenso des Teufels ist wie die Frauen. Einzig und allein der »Bote«, ein junger Mann mit Hermesflügelchen am Rockaufschlag, ist über die Feigheit erhaben. Er führt das schöne Tier (Symbol der Jugend, der sexuellen Freiheit und der ungezwungenen Lebensfreude), das im Haus Unfug getrieben hat, im Paradeschritt ab. Der bornierte und fanatische Pater Domineer erschlägt im Jähzorn einen Lastwagenfahrer, der in wilder Ehe lebte. Anschließend wird in musikalisch-turbulenten Szenen ein phantastisches Kaleidoskop von allerhand teuflischem Spuk vorgeführt: Den Frauen wachsen Hörner aus der Stirn; eine verzauberte Whiskyflasche glüht, doch die Frauen trinken ungehindert daraus. Die Polizei macht, von einer Musikkapelle angefeuert, Jagd auf den Hahn, erlegt aber nur einen Zylinder – der folglich auch besessen sein muß. Pater Domineer dringt in das Haus ein, um es zu entzaubern; er verläßt es, angeschlagen, aber stolz auf sein Wunder. Die Dorfmeute treibt ihrem Priester die Hexe Loreleen zu, die beim Ehebruch mit Mahan erwischt wurde, und der Bote kann gerade noch einen Lynchmord verhindern; entsetzt fliehen die zerschundene Loreleen, Lorna und Marion aus dem Dorf. Julia kehrt, kränker als zuvor, von der anstrengenden Wunderreise zurück. Der Bote spielt Ziehharmonika und rät dem verschüchtert zurückbleibenden Michael: *»Sterben. Es gibt nichts Nützlicheres, was ihr tun könntet, du und deinesgleichen.«* Dann verläßt auch er das Dorf, um den Frauen dorthin zu folgen, *»wo das Leben dem Leben ähnlicher ist«.*

Die Geschichte einer Verblendung, das grausame Schicksal ihrer Opfer und die bittere Anklage des Dichters gegen ein ewig beschränktes, abergläubisches Hinterwäldlertum sind hier in ein üppig-burleskes Geschehen gekleidet. Ein dunkler, magischer Sturm treibt mit grünen, roten und blauen Blitzen über die Bühne, aufgerührt von den grellsten Elementen irischen Humors. Mit manchmal verträumter Musikalität wird die Wirkung des aus einer anderen, besseren Welt stammenden Fremdlings auf das irische Dorf gezeigt. In einem an RABELAIS erinnernden grotesken Bilderbogen geißelt der Dichter mit höhnisch-bitterem Zorn die Feigheit und Lüge; Natürlichkeit, Schönheit und Freiheit aber besingt er in bauschig-zärtlichen Couplets, die der Bote vorträgt. – Im Bewußtsein, daß sich das gutgebaute realistische Problemstück *(well-made play)* abgenutzt habe, versuchte O'Casey nach eigener Aussage, *»alle Künste im Drama«* zu vereinigen: *»Musik, Architektur, Malerei, Tanz und gesprochenes Wort, als Vers oder schöne Prosa. ›Cock-a-Doodle Dandy‹ ist ein Versuch in diese Richtung.«* E.St.-KLL

AUSGABEN: Ldn. 1949. – Ldn. 1951 (in *Collected Plays*, 4 Bde., 1949–1951, 4). – Harmondsworth 1964 (in *Classic Irish Drama*). – Ldn. 1984 (in *Complete Plays*, 5 Bde., 4).

ÜBERSETZUNGEN: *Gockel, der Geck*, E. Freundlich u. G. Anders, o. O. 1960 [Bühnenms.]. – *Hahnenspuk*, I. u. O. Brandstädter (in *Rebell zum Schein. Ausgewählte Stücke*, Zürich 1966). – *Kikiriki*, H. Bayerl u. G. Simmgen (in *Stücke*, Hg. u. Vorw. W. Schuch, Bd. 2, Bln./DDR 1978). – Dass., dies. (in *Das S. O'C. Lesebuch*, Hg. U. Widmer, Zürich 1984).

LITERATUR: B. L. Smith, *Satire in O'C.'s »Cock-A-Doodle Dandy«* (in Renascence, 19, 1966/67, S. 64–73). – D. Daniel, *The False Paradise Pattern in O'C.'s »Cock-A-Doodle-Dandy«* (in CLA, 13, 1969, S. 137–143). – R. G. Rollins, *From Ritual to Romance in »Within the Gates« and »Cock-A-Doodle-Dandy«* (in MD, 17, 1974, S. 11–18). – C. Zeiss, *S. O'C.'s Final Tragicomedies: A Comment on the Dramatic Modes Employed in »Cock-A-Doodle-Dandy« and »The Bishop's Bonfire«* (in *Studies in Anglo-Irish Literature*, Hg. H. Kosok, Bonn 1982, S. 278–286).

JUNO AND THE PAYCOCK

(engl.; *Ü: Juno und der Pfau*). Tragödie in drei Akten von Sean O'CASEY, Uraufführung: Dublin, 3. 3. 1924, Abbey Theatre; deutschsprachige Erstaufführung: Basel, 15. 2. 1950, Stadttheater. – Das Stück spielt 1922 in der Mietwohnung der Dubliner Proletarierfamilie Boyle. Daß sich das Leben in Irland nach den turbulenten Jahren des Kampfes gegen die englische Bevormundung noch immer nicht völlig normalisiert hat, daß vielmehr die irische Revolution, von einigen Fanatikern geschürt, im Untergrund weiterschwelt, wird schon in den ersten Dialogsätzen erschreckend deutlich, in denen von der Erschießung des jungen Tancred, eines Hausgenossen der Boyles, durch die Polizei die Rede ist. Es sind schwere Zeiten für die tapfere und leidgeprüfte Mrs. Boyle, genannt »Juno«, zumal ihre labile Ehehälfte, der »Pfau« (die Anspielung auf Juno, die Hüterin der Ehe, und ihren heiligen Pfau ist unverkennbar), ein Filou und Schwadroneur erster Sorte, ihr die ganze Sorge für die Familie aufbürdet und sich, anstatt zu arbeiten, lieber mit seinem schmarotzenden Saufkumpan Joxer Daly herumtreibt. Mrs. Boyle wird nur von ihrer Tochter Mary unterstützt, denn auch ihr Sohn Johnny, der bei den Revolutionskämpfen einen Arm verloren hat und zum Neurotiker geworden ist, geht keiner geregelten Arbeit nach. Weil sie dem Armeleutemilieu, in dem sie großgeworden ist, entrinnen will, gibt Mary dem aufrichtig um sie werbenden Gewerkschaftssekretär Jerry Devine einen Korb und setzt alle Hoffnung auf den Engländer Charles Bentham, einen nebenher der Juristerei frönenden Lehrer, der die naiven Boyles mit seiner theosophischen Schaumschlägerei beeindruckt. Er steigt noch höher im Kurs, als er ihnen ankündigt, daß ein entfernter Verwandter dem Hausherrn ein beträchtliches Vermögen hinterlassen habe. Die Familie, allen voran natürlich der »Pfau«, wird von einer regelrechten Wohlstandshysterie ergriffen: Auf Pump werden Möbel und Kleider angeschafft, alle Not scheint vergessen. Doch dann stellt sich heraus, daß die Erbschaft durch einen Verfahrensfehler Benthams hinfällig geworden ist. Auch dafür, daß Mary ein Kind von ihm erwartet, kann Bentham nicht zur Rechenschaft gezogen werden, weil er sich rechtzeitig nach England abgesetzt hat. Sowohl Jerry als auch Vater und Bruder lassen Mary ihre ganze pharisäische Verachtung spüren. Nur »Juno« hält zu ihrer Tochter. Kurz bevor beide das Haus für immer verlassen, trifft die Nachricht ein, daß Johnny als Verräter Tancreds entlarvt und von Mitgliedern der irischen Befreiungsorganisation erschossen worden ist. Joxer und der »Pfau« lassen sich von all dem nicht aus der Ruhe bringen. Es entspricht ganz der grimmigen Ironie des Autors, daß dem alten Boyle das Schlußwort vorbehalten bleibt; er lallt Joxer sozusagen die Quintessenz seiner Säuferphilosophie zu: *»Ich sag' dir ... Joxer ... die ganze Welt is' in einem schrecklichen Bruchzustand ...«*

Wie die anderen frühen Stücke des selbst für seine eigenen Landsleute unbequemen Rebellen aus Wahrheitsliebe ist auch *Juno and the Paycock* im Dubliner Dialekt geschrieben (*paycock* steht für *peacock*). O'Casey nimmt kein Blatt vor den Mund und sprengt alle Gattungsschranken, wenn es darum geht, irische Nationalschwächen halb verständnissinnig lächelnd, halb tadelnd zu enthüllen. Solche unbekümmerte szenische Freiheit gibt der fast musikalisch-folkloristischen Sprach- und Bildrhythmik freien Raum. Während O'Casey selbst seine Stücke als Tragödien zu bezeichnen pflegte, erkannte SHAW, daß mit den Werken seines Landsmanns *»ein neuer Typ von Drama aus noch unausgeloteten Tiefen aufsteigt«*. *»O'Caseys Sprache hebt die drastische Milieuschilderung in den Bereich des poetischen Dramas«* (R. Stamm). – Sein saftiger volkstümlicher Humor bewahrt den Autor auch in diesem Schauspiel (eher eine Tragikomödie) vor der Gefahr allzu platter und tendenziöser Gesellschaftskritik. Mit *Juno and the Paycock* gelang dem Vierundvierzigjährigen der Durchbruch; 1926 wurde das Stück mit dem begehrten Hawthornden-Preis ausgezeichnet. E.St.-KLL

AUSGABEN: Ldn./NY 1925 (in *Two Plays*). – NY 1929 (in *Plays of the Irish Renaissance, 1880–1930*, Hg. C. Canfield). – Ldn. 1949 (in *Collected Plays*, 4 Bde., 1949–1951, 1). – NY 1967 (in *Three Plays*; ern. Ldn. 1980; Pan). – Pennsylvania 1980 (in *Six Plays*). – Ldn. 1984 (in *Complete Plays*, 5 Bde., 1). – Ldn. 1988.

ÜBERSETZUNGEN: *Juno und der Pfau*, G. Goyert, Mchn. 1949; ²1953. – Dass., I. u. O. Brandstädter (in *Rebell zum Schein. Ausgewählte Stücke*, Zürich 1966). – Dass., M. Hamburger u. A. Dresen (in *Dubliner Trilogie*, Zürich 1972; detebe; ern. 1982). – Dass., dies., Lpzg. 1977 (IB). – Dass., dies. (in *Stücke*, Hg. u. Vorw. W. Schuch, Bd. 1, Bln./DDR 1978).

VERTONUNG: *Juno and the Peacock*, NY 1955.

VERFILMUNG: England 1930 (Regie: A. Hitchcock).

LITERATUR: E. Robinson, *»Juno and the Paycock«: An Introduction* (in The Use of English, 11, 1959, S. 111–118). – R. Fricker, *S. O'C., »Juno and the Paycock«* (in *Das moderne englische Drama*, Hg. H. Oppel, Bln. ²1966, S. 181–200; ern. 1976; rev.). – F. L. Barmish, *»Juno«: Notes*, Ldn. 1970. – M. K. Kaufman, *O'C.'s Structural Design in »Juno and the Paycock«* (in Quarterly Journal of Speech, 58, 1971, S. 191–198). – E. Durbach, *Peacocks and Mothers: Theme and Dramatic Metaphor in S. O'C.'s »Juno«* (in MD, 15, 1972, S. 15–25). – B. Schrank, *Dialectical Configuration in »Juno and the Paycock«* (in TCL, 21, 1975, S. 438–456). – R. Ayling, *»Juno«: A Textual Study* (in Modernist Studies, 2, 1976, S. 15–26). – B. Hayley, *»Juno«: Notes*, Harlow 1981. – *O.'C.: The Dublin Trilogy … A Casebook*, Hg. R. Ayling, Ldn. 1985. – H. Kosok, *»Juno«: The Influence of S. O'C. on Twentieth-Century Drama* (in *Irish Writers and the Theatre*, Hg. M. Sekine, Totowa/N.J. 1986, S. 71–86). – L. Thomson, *Opening the Eyes of the Audience: Visual and Verbal Imagery in »Juno«* (in MD, 29, 1986, S. 556–566). – P. Rafroidi, *»Juno«: Tradition and Innovation* (in Études Anglaises, 41, 1988, S. 48–55).

THE PLOUGH AND THE STARS

(engl.; *Ü: Der Pflug und die Sterne*). Tragödie in vier Akten von Sean O'CASEY, Uraufführung: Dublin, 8. 2. 1926, Abbey Theatre; deutsche Erstaufführung: Osnabrück, 7. 1. 1931, Theater am Domhof. – Das Drama, eher eine Tragikomödie als eine Tragödie, das mit *The Shadow of a Gunman* und *Juno and the Paycock* zur realistischen Dubliner Abbey-Periode O'Caseys gehört, spielt vor dem Hintergrund der irischen Unruhen 1915/16. Der Osteraufstand gegen die englische Herrschaft kündigt sich in den ersten beiden Akten immer drohender an, sein Ausbruch bringt für die Bewohner einer Mietskaserne in den Slums von Dublin die Katastrophe. Der Maurer Jack Clitheroe und der Taglöhner Peter Flynn sind Anhänger der Freiheitskämpfer, setzen sich für die Sache Irlands aber nicht aus echter Überzeugung, sondern mehr aus persönlichem Geltungsbedürfnis ein. Besonderen Gefallen finden sie an ihren Uniformen. Dagegen lassen sich ihre Nachbarn Fluther Good und »The Covey« nicht vom Hurrapatriotismus anstecken. Covey hängt einem platten Kommunismus an und traktiert jeden Gesprächspartner mit seinem Lieblingsautor Jenersky und dessen Schrift *Über Ursprung, Entwicklung und Konsolidierung der evolutionären Idee des Proletariats*. Damit übertreibt er die sozialistische Position so eindeutig, daß sie im Stück nicht als echte Alternative zum Nationalismus erscheint, obwohl O'Casey selbst sie als solche empfand. Clitheroes junge Frau Nora versucht ihren Mann aus den Revolutionswirren herauszuhalten, doch gelingt ihr das nur so lange, als er sich bei einer Beförderung innerhalb der Irischen Bürgerarmee übergangen glaubt. Als er dann doch sein Kommando erhält, eilt er zum Sammelpunkt. Dieses Treffen erlebt der Zuschauer nicht direkt mit, sondern von einer Stehkneipe aus, durch deren Fenster der Lärm und Bruchstücke der patriotischen Reden hereindringen (die O'Casey aus Ansprachen des zeitgenössischen Agitators Pádraic H. Pearse montiert hat). In der Kneipe erscheinen nacheinander die Bewohner des Elendsquartiers und heizen ihre vaterländische Begeisterung mit Alkohol weiter an. So gelingt dem Autor eine sehr aussagekräftige Kontrastierung von hochtönenden Idealen und trüber Wirklichkeit, ein Gegensatz, der sich noch verstärkt, als die Fahnenträger mit ihren Flaggen ebenfalls an die Theke kommen; im Banner der »Irish Citizen Army« mit den Symbolen des Pflugs und der Sterne wiederholt sich dieses Thema auf bildlicher Ebene. Nur Fluther Good behält in diesem Taumel einen klaren Kopf und hat auch noch Sinn für die Reize der Prostituierten Rosie Redmond, die er sogar ritterlich in Schutz nimmt, als sie von Covey beleidigt wird. Diese Szene, die nach Meinung irischer Patrioten das Andenken der Freiheitskämpfer beschmutzte, verursachte bei der Uraufführung einen Theaterskandal, den selbst W. B. YEATS nicht aufzuhalten vermochte (*»Soll sich denn ewig das gleiche wiederholen, wenn sich ein neuer irischer Genius ankündigt?«* rief er ins Publikum) und der zum Boykott O'Caseys und zu dessen Übersiedlung nach London führte.
Der dritte und vierte Akt zeigen immer unerbittlicher, welcher Geist bei den Osterunruhen herrschte. Die Freischärler kämpfen, weil sie sich schämen, ihre Angst einzugestehen, und die Slumbewohner plündern. Sogar die streitsüchtigen Nachbarinnen der Clitheroes, Mrs. Gogan und Bessie Burgess, versöhnen sich und ziehen mit einem leeren Kinderwagen auf Beute aus. Nora irrt auf der Suche nach Jack verzweifelt durch die umkämpfte Stadt, und Fluther, der – anfangs einer jener Tagediebe,

wie sie für O'Caseys Stücke typisch sind – immer positivere Charakterzüge zeigt, kann sie nur unter Einsatz seines Lebens retten. Clitheroe kehrt kurz zurück, um Nora, die sich in seinen Augen ehrlos benommen hat, zur Rede zu stellen, überwirft sich mit ihr, verläßt sie und fällt wenig später. Fluther riskiert noch einmal sein Leben, um eine Beerdigung zu arrangieren, die wahren Helden und Opfer der Ereignisse aber sind die Frauen. Nora hat eine Fehlgeburt erlitten und den Verstand verloren. Mrs. Gogans kranke Tochter ist gestorben, und Bessie Burgess wird getötet, als sie Nora unter dem Kugelhagel der Engländer in Sicherheit bringen will. Das Stück endet mit einer bitteren Satire: Englische Soldaten sitzen am Teetisch der toten Bessie und singen *»Keep the home fires burning«*, während draußen die Brände über Dublin lodern. Fluthers Lachen aber verstummt auch jetzt nicht, und die Frauen bewahren auch in dieser Situation ihre Menschlichkeit. W.Kl.

Ausgaben: Ldn./NY 1926. – Ldn./NY 1932. – Ldn. 1935 (in *Five Irish Plays*). – Ldn. 1949 (in *Collected Plays*, 4 Bde., 1949–1951, 1). – NY 1967 (in *Three Plays*; ern. Ldn. 1980; Pan). – Pennsylvania 1980 (in *Six Plays*). – Ldn. 1984 (in *Complete Plays*, 5 Bde., 1).

Übersetzungen: *Der Pflug und die Sterne*, G. Goyert (in *Spectaculum*, Bd. 6, Ffm. 1963). – Dass., I. u. O. Brandstädter (in *Rebell zum Schein. Ausgewählte Stücke*, Zürich 1966). – Dass., V. Canaris u. D. Hildebrandt (in *Dubliner Trilogie*, Zürich 1972; detebe; ern. 1982). – Dass., dies. (in *Stücke*, Hg. u. Vorw. W. Schuch, Bd. 1, Bln./DDR 1978).

Verfilmung: USA 1936 (Regie: J. Ford).

Literatur: W. A. Armstrong, *The Sources and Themes of »The Plough and the Stars«* (in MD, 4, 1961, S. 232–242). – *Drama: The Major Genres. An Introduction*, Hg. R. Hogan u. S. E. Molin, NY/Toronto 1962, S. 456–464. – R. Trouwborst, *S. O'C. und sein »Pflug und die Sterne«* (in *Spectaculum VI: Sieben moderne Theaterstücke*, Ffm. 1963, S. 357–361). – W. I. Thompson, *The Imagination of an Insurrection: Dublin, Easter 1916. A Study of an Ideological Movement*, NY 1967, S. 202–227. – B. L. Smith, *Satire in »Plough«* (in Ball State Univ. Forum, 10, 1968, Nr. 3, S. 3–11). – H. Kosok, *O'C.: »The Plough and the Stars«* (in *Das englische Drama: Vom MA bis zur Gegenwart*, Hg. D. Mehl, Bd. 2, Düsseldorf 1970, S. 217–239). –R. Ayling, *History and Artistry in S. O'C.'s »The Plough and the Stars«* (in Ariel, 8, Calgary 1977, S. 73–85). – G. M. Handley u. S. King, *Notes*, Ldn. 1980. – B. Schrank, *A Comparison of S. O'C.'s »The Plough and the Stars« and Denis Johnston's »The Scythe and the Sunset«* (in MLS, 11, 1980/81, S. 12–16). – *A Whirlwind in Dublin: »The Plough and the Stars« Riots*, Hg. R. G. Lowery, Westport (Conn.)/Ldn. 1984. – *O'C.: The Dublin Trilogy ... A Casebook*, Hg. R. Ayling, Ldn. 1985. – B. Schrank, *Anatomizing an Insurrection: S. O'C.'s »The Plough and the Stars«* (in MD, 29, 1986, S. 216–228). – Dies., *Language and Silence in »The Plough and the Stars«* (in Moderne Sprachen, 80, 1986, S. 289–296).

RED ROSES FOR ME

(engl.; *Ü: Rote Rosen für mich*). Tragikomödie in vier Akten von Sean O'Casey, erschienen 1942; Uraufführung: Dublin, 15. 3. 1943, Olympia Theatre; erste professionelle Aufführung: London, 26. 2. 1946, Embassy Theatre; deutschsprachige Erstaufführung: Basel, 2. 4. 1948, Stadttheater. – Nach *The Star Turns Red* (1940) ist dies das zweite »rote« Drama des Autors, der sich in den letzten fünfzig Jahren seines Lebens zu einem sehr persönlichen, christlich verstandenen Kommunismus bekannte. Wie in fast allen seinen Stücken verzichtet er auch hier auf eine streng kausallogische Handlungsstruktur und zentriert das Geschehen locker um die Hauptfigur, den jungen Arbeiter Ayamonn Breydon, einen der wenigen positiven männlichen Helden in seinem Gesamtwerk. Das Drama spielt zur Zeit des »Great Lockout« von 1913, des Dubliner Generalstreiks, der zu schweren Zusammenstößen zwischen Militär und Arbeiterschaft führte und nach sechs Monaten ergebnislos abgebrochen wurde. Da O'Casey selbst zu den Organisatoren der »Transport and General Workers' Union« gehörte und ein Anhänger des Gewerkschaftsführers Jim Larkins war, ist es nicht verwunderlich, daß neben den historischen auch zahlreiche autobiographische Züge in das Werk eingeflossen sind: Ayamonn begeistert sich wie O'Casey für die Malerei und für Shakespeare, seine Mutter erinnert an die des Autors, und Sheila Moorneen, Ayamonns Freundin, an Nora Creena, mit der O'Casey wegen ihres engstirnigen Katholizismus gebrochen hatte. Doch vermeidet der Autor jede Selbstglorifizierung; Ayamonn ist ein eigenständiger Charakter, und O'Casey bekennt sich vor allem zu Ayamonns Ansichten.

In den ersten beiden Akten macht sich Ayamonn immer mehr von der Bindung an Mutter und Geliebte und von seinen privaten, in erster Linie künstlerischen Interessen frei, um ganz der Sache der Arbeiter dienen zu können, bei deren Streik er eine Rede halten soll. Die Gegenseite, die nur durch Inspektor Finglas von der berittenen Polizei vertreten ist, wird hier nicht, wie noch in *The Star Turns Red*, in Schwarzweißmanier diskreditiert: Trotz seiner Verachtung für die Streikenden warnt der Inspektor Ayamonn vor der ihm drohenden Gefahr und versucht sogar, ihn im Kampf zu schützen – allerdings vergeblich. Ayamonn wird erschossen. Sheila, die sich von ihm abgewandt hatte, weil sie nicht verstand, daß ihm der Kampf um einen einzigen Schilling Lohnerhöhung wichtiger war als ihr gemeinsames Lebensglück, begreift an seiner Leiche, daß er für alle Armen und Unterdrückten Irlands gefallen ist. Abschließend identifiziert sie sich mit der Frauengestalt des von Ayamonn verfaßten (und im Stück leitmotivisch verwendeten) Liedes *»Red Roses for Me«*, das das Schicksal einer armen, düster gekleideten Irin zum Thema hat, deren Hoffnung auf ein von Liebe und Schönheit erfülltes Leben durch einen Rosenstrauß symbolisiert ist. Mit Sheila hat O'Casey eine neue, realere und trotzdem auch poetische Cathleen-ni-Houlihan-Gestalt (Symbol Irlands; vgl. YEATS' gleichnamigen Einakter) geschaffen. Wieviel Ayamonn und seine Sache für die Armen Dublins bedeuten, macht vor allem der dritte Akt sinnfällig: Die abgestumpften Arbeitslosen, Tagediebe und Straßenhändler auf der Liffey-Brücke werden durch seine Worte in schöne, freie Menschen verwandelt, die, in den wunderbaren Glanz der sinkenden Sonne getaucht, hoffnungsvoll in eine der großen Vergangenheit Irlands würdige Zukunft blicken. Die Darstellungstechnik dieses Aktes (Kleidungswechsel, Musik, Tanz, Lichteffekte) greift O'Caseys Erfahrungen mit dem deutschen Expressionismus eines Ernst TOLLER und vergleichbaren Effekten bei O'NEILL auf und erinnert an die symbolgeladenen Szenen in *The Silver Tassie*, 1928 *(Preispokal)*, ist dem realistischen Kontext aber viel enger angepaßt und bruchloser eingefügt.

Red Roses for Me zählt nicht zu den besten Dramen O'Caseys, nimmt in seinem Werk aber eine Art Schlüsselposition ein: Stilistisch gehört es zu den Dramen der mittleren Schaffensphase, stofflich greift es auf die sogenannte Dublin-Trilogie *(The Shadow of a Gunman, Juno and the Paycock, The Plough and the Stars)* zurück, und in der optimistischen Tendenz weist es auf die letzten Dramen voraus. Zugleich erinnert das Stück daran, daß O'Casey eine bedeutende sechsbändige Autobiographie (1939–1954) schrieb, deren zweiter Band, *Pictures in the Hallway*, 1942 *(Bilder in der Vorhalle)*, mit *Red Roses for Me* nicht nur inhaltliche Gemeinsamkeiten aufweist. W.Kl.

AUSGABEN: Ldn. 1942. – NY 1943. – Ldn. 1951 (in *Collected Plays*, 4 Bde., 1949–1951, 3). – Ldn. 1969 (in *Three More Plays*; Einl. J. C. Trewin; ern. 1980). – Pennsylvania 1980 (in *Six Plays*). – Ldn. 1984 (in *Complete Plays*, 5 Bde., 3).

ÜBERSETZUNGEN: *Rote Rosen für mich*, R. Schnorr, Zürich 1948 [Bühnen-Ms.]. – Dass., I. u. O. Brandstädter (in *Rebell zum Schein. Ausgewählte Stücke*, Zürich 1966). – Dass., dies. (in *Stücke*, Hg. u. Vorw. W. Schuch, Bd. 2, Bln./DDR 1978).

LITERATUR: A. Lewis, *Irish Romantic Realism – S. O'C.: »Red Roses for Me«* (in *The Contemporary Theatre*, NY 1962, S. 169–191). – P. M. Esslinger, *S. O'C. and the Lockout of 1913: ›Materia Poetica‹ of the Two Red Plays* (in MD, 6, 1963, S. 53–63). – M. Malone, *»Red Roses for Me«: Fact and Symbol* (ebd., 9, 1966, S. 147–152). – C. Kleiman, *O'C.'s ›Debt‹ to Toller: Expressionism in »The Silver Tassie« und »Red Roses for Me«* (in Canadian Journal of Irish Studies, 5, 1979, S. 69–86). – R. Rollins, *Finn Again: O'C. Resurrects Celtic Heroes in »Red Roses for Me«* (in Irish Univ. Review, 10, 1980).

THE SILVER TASSIE

(engl.; *Ü: Der Preispokal*). Tragikomödie in vier Akten, in Prosa und Versen, von Sean O'CASEY, erschienen 1928; Uraufführung: London, 11. 10. 1929, Apollo Theatre; deutschsprachige Erstaufführung: Zürich, 8. 11. 1952, Schauspielhaus. – Das bedeutendste pazifistische Stück des irischen Dramatikers spielt 1916 vor dem Hintergrund des Ersten Weltkriegs, an dem viele Iren aus finanziellen Gründen als Freiwillige teilnahmen. Es zeigt zu Beginn die Freunde Sylvester Heegan und Simon Norton in einer Auseinandersetzung mit der jungen Susie Monican, die mit ihrer fanatischen *»tambourine theology«* – ihrer Heilsarmee-Gläubigkeit – den beiden alten Schwadroneuren schwer zusetzt. Im Innersten feige wie Jack Boyle und Joxer Daly in *Juno and the Paycock*, sehen sie danach tatenlos zu, wie ihr Nachbar, der Kriegsurlauber Teddy Foran, seine Wohnung kurz und klein schlägt, weil er die Freude seiner geldgierigen Frau über seine bevorstehende Rückkehr an die Front bemerkt hat. Sylvesters und Simons einziges Interesse gilt der lokalen Fußballmannschaft, den »Avondales«, und deren Star Harry Heegan, Sylvesters Sohn, der soeben den Siegestreffer in einem Meisterschaftsspiel erzielt hat und im Triumphzug nach Hause geleitet wird. Ohne die ihn bewundernde Susie zu beachten, trinkt Harry, kurz vor Auslaufen des Schiffes, das ihn nach Frankreich zurückbringen soll, in Siegerpose mit seiner Freundin Jessie aus dem Preispokal, der *silver tassie*, während seine Mutter, die die Heirat der beiden verhindert hat, um sich selbst die den Angehörigen von Frontsoldaten gewährte Rente zu sichern, ihn zum Aufbruch mahnt. Der Toast aus dem Pokal ist als lebenslustige und parodistisch-blasphemische Abendmahlsfeier zu Ehren der Liebe stilisiert.

Der zweite Akt, überwiegend in Versen verfaßt, spielt an der Westfront vor einem zerschossenen Kloster. Zu Füßen einer beschädigten Figur des Gekreuzigten, die die Inschrift »Princeps Pacis« trägt und deren abgebrochener Arm auf eine Madonna zeigt, verbringen britische Soldaten (ihre Namenlosigkeit weist auf das kollektive Kriegsleid) im Halbschlaf die naßkalte Nacht. Ein feister, rotbäckiger Frontbesucher, der sich soldatisch auszudrücken versucht, und ein wortkarger Korporal inspizieren das Schlachtfeld. Satire auf die Heimatfront und Abrechnung mit den patriotischen Phrasen der Journalisten und Feldgeistlichen schlagen bald um in eine erschütternde Darstellung der Todesverfallenheit und Gewalthörigkeit auch der einfachen Soldaten. Das einzige unversehrte Requisit der Szene ist eine Haubitze, vor der die Soldaten beim Durchbruch des Gegners zusammen mit dem wie eine Personifikation des Todes anmutenden »Croucher«, einem Schwerverwundeten, niederknien: *»We believe in God and we believe in thee.«* Die

expressionistischen Stilzüge und surrealistischen Bilder dieses Akts, dessen aus Soldatenjargon, Slang und parodierter Bibelsprache gemischter Dialog am Ende in eine Art Antiphon mündet, erinnern an die Technik STRINDBERGS, TOLLERS und O'NEILLS, erwachsen aber zwingend aus O'Caseys eigenem Werk und wurzeln nicht zuletzt im burlesken irischen Melodrama eines Dion BOUCICAULT (1820–1890). Auch die Kriegslyrik von OWEN, SASSOON und anderen britischen »Schützengrabendichtern« ist als stilistischer Einfluß zu nennen. Die letzten beiden Akte sind wie der erste vorwiegend naturalistisch konzipiert – ein bewußter Stilbruch, der die Inhumanität des Kriegs betonen soll. Der dritte Auftritt zeigt die Hauptfiguren im heimatlichen Hospital. Der infolge einer Kriegsverletzung von der Hüfte abwärts gelähmte Harry wird nun von seinen einstigen Bewunderern im Stich gelassen: Simon und Sylvester beschäftigen sich nur noch mit ihren eingebildeten Krankheiten, Susie, stolz auf ihre neue Würde als Krankenschwester, hat mit ihrer Frustration auch ihre Schwärmerei für Harry abgeschüttelt und ihre Gunst einem Arzt geschenkt. Im Schlußakt, der während einer Tanzveranstaltung im Klubhaus der »Avondales« spielt, überläßt auch Jessie den invaliden Fußballstar seinem Schicksal und wendet sich dem gesund heimgekehrten, einst eng mit Harry befreundeten Barney Bagnal zu. Resignierend zertrümmert Harry den Preispokal als Verkörperung eines falschen Diesseitskultes und verläßt mit dem im Krieg erblindeten Teddy Foran die Gesunden, die nach diesem Zwischenfall wieder zur Tagesordnung übergehen und ungerührt weiterfeiern.
Die Ablehnung des Stücks durch den Leiter des Abbey Theatre, W. B. YEATS, der O'Casey dramaturgische Fehler und mangelnde Kenntnis der Kriegswirklichkeit vorwarf, löste eine scharfe literarische und zugleich politische Kontroverse aus, die weite Kreise zog. Unter denen, die die Bedeutung des Werks für die Entwicklung des Dramatikers O'Casey und für das moderne englische Drama überhaupt erkannten, war George Bernard SHAW, der die Londoner Aufführung in die Wege leitete und die Meinung vertrat, dieses *»verdammt großartige Stück«* stelle alle anderen modernen Kriegsdichtungen in den Schatten. W.Kl.

AUSGABEN: Ldn./NY 1928. – Ldn. 1951 (in *Collected Plays*, 4 Bde., 1949–1951, 2). – Ldn. 1969 (in *Three More Plays*; Einl. J. C. Trewin; ern. 1980).

ÜBERSETZUNGEN: *Der Preispokal*, E. Freundlich u. G. Anders, Zürich u. a. 1952 [Bühnen-Ms.]. – Dass., I. u. O. Brandstädter (in *Rebell zum Schein. Ausgewählte Stücke*, Zürich 1966). – Dass., T. Dorst (in *Stücke*, Hg. u. Vorw. W. Schuch, Bd. 1, Bln./DDR 1978).

BEARBEITUNG: T. Dorst, *Der Pott* (m. Songs v. K. Wesseler; Bühnenfassung: P. Zadek; Uraufführung: Wuppertal 1967, Wuppertaler Bühnen; Buchausg. Darmstadt 1967).

LITERATUR: *The Abbey Directors and Mr. S. O'C.* (in Irish Statesman, 10, 1928, S. 268–272). – W. Smith, *The Dying God in the Modern Theatre* (in Review of Religion, 5, 1940/41, S. 264–275). – G. W. Brandt, *Realism and Parables (from Brecht to Arden)* (in *Contemporary Theatre*, Hg. J. R. Brown u. B. Harris, Ldn. 1962, S. 36–40). – R. G. Rollins, *O'C., O'Neill and Expressionism in »The Silver Tassie«* (in Bucknell Review, 10, 1962, S. 364–369). – B. Smith, *From Athletic to Statue: Satire in O'C.'s »The Silver Tassie«* (in Arizona Quarterly, 27, 1971, S. 347–361). – R. G. Rollins, *Pervasive Patterns in O'C.'s »The Silver Tassie«* (in Éire-Ireland, 6, 1971, S. 29–37). – B. Mathelin, *From the Shadow of War to the Broken Tassie* (in *Aspects of the Irish Theatre*, Hg. P. Rafroidi u. a., Paris 1972, S. 97–105). – J. Doyle, *Literary Imagery in S. O'C.'s »The Silver Tassie«* (in MD, 21, 1978, S. 29–38). – R. G. Rollins, *»The Silver Tassie«: The Post-World-War-I-Legacy* (ebd., 22, 1979, S. 125–135). – N. S. Pasachoff, *Unity of Theme, Image, and Diction in »The Silver Tassie«* (ebd., 23, 1980, S. 58–64).

FRANK O'CONNOR

d.i. Michael O'Donovan

* 17.9.1903 Cork
† 10.3.1966 Dublin

LITERATUR ZUM AUTOR:
G. Saul, *A Consideration of F. O.'C.'s Short Stories* (in Colby Library Quarterly, 6, 1963, S. 329 bis 342). – G. Brenner, *F. O.'C.: A Bibliography* (in West Coast Review, 2, 1967, S. 55–64). – Ders., *F. O.'C.'s Imprudent Hero* (in TSLL, 10, 1968, S. 457–469). – *Michael/Frank: Studies on F. O.'C.*, Hg. M. Sheehy, NY 1969. – Journal of Irish Studies, 4, 1975 [Sondernr. *F. O'C.*]. – J. Matthews, *F. O.'C*, Lewisburg/Pa. 1976. – M. Wohlgelernter, *F. O.'C.: An Introduction*, NY 1977. – W. Tomory, *F. O.'C.*, Boston 1980 (TEAS). – D. Averill, *The Irish Short Story from George Moore to F. O.'C.*, Washington D.C. 1982. – J. Matthews, *Voices: A Life of F. O'C.*, Dublin/NY 1983. – J. Alexander, *An Annotated Bibliography of Works about F. O.'C.* (in Journal of Irish Literature, 16, 1987, S. 40–48). – J. Hildebidle, *Five Irish Writers: The Errand of Keeping Alive*, Cambridge 1989.

GUESTS OF THE NATION

(engl.; *Ü: Eine kleine Grube im Moor*). Kurzgeschichte von Frank O'CONNOR, erschienen 1931. – Während der Kämpfe der Iren gegen die Engländer nach dem Osteraufstand von 1916: Zwei Soldaten

der irischen Befreiungsarmee, der Ich-Erzähler Bonaparte und Noble, haben den Auftrag, zwei englische Gefangene namens Hawkins und Belcher zu bewachen. Die beiden machen ihnen diese Aufgabe nicht schwer. So vertreibt man sich denn zu viert die Zeit mit Kartenspielen, Noble diskutiert mit Hawkins über religiöse Fragen, und Belcher hilft der alten Frau, deren Wohnung als »Gefängnis« dient, bereitwillig im Haushalt. Die Tatsache, daß alle vier aus ähnlichen Verhältnissen stammen, trägt dazu bei, daß sie sich nicht mehr als Gegner fühlen, und zudem sprechen sie ja auch dieselbe Sprache. Nur der Vorgesetzte der beiden Bewacher, Donovan, bleibt den Gefangenen gegenüber reserviert: Er hat von Anfang an gewußt, daß man sie als Geiseln festhält, um das Leben einiger von den Engländern gefangener irischer Rebellen zu retten. Als die Nachricht von deren Erschießung eintrifft, ist das Schicksal der beiden Gefangenen besiegelt. Das Entsetzen der mit der Exekution beauftragten Bewacher ist fast noch größer als das der Opfer. Warum sollen sie Menschen töten, die ihnen so sympathisch geworden sind? Bonaparte und Noble können es nicht, und so führt Donovan allein den Befehl aus.
Daß diese kurze, ganz aus den knappen Charakterporträts lebende Titelerzählung der Kurzgeschichtensammlung von 1931 tiefer anrührt als mancher wortreiche Roman gegen Krieg und Völkerhaß, ist O'Connors Fähigkeit zu verdanken, mit undramatischen Mitteln innere Spannung zu erzeugen. Er verliert kein Wort über Sinnlosigkeit und Verbrechen des Krieges, er argumentiert und protestiert nicht, sondern läßt eine Situation für sich selbst sprechen, die den Menschen, der in sie hineingerät und sie nicht fassen kann, zutiefst hilflos und einsam macht. William Butler YEATS, Landsmann und Freund O'Connors, hat nicht zuletzt diesen Verzicht auf die melodramatische Geste zugunsten der Eigenwirkung von Charakter, Situation, Nuance und Andeutung gemeint, wenn er gesagt hat: *»O'Connor tut für Irland, was Čechov für Rußland getan hat.«* Neben Séan O'FAOLÁIN und James JOYCE gilt O'Connor heute als wichtigster irischer Kurzgeschichtenautor des 20. Jh.s (dt. *Gesammelte Erzählungen*, 6 Bde., 1977). J.v.Ge.

AUSGABEN: Ldn. 1931. – Ldn. 1933. – Ldn. 1953 (in *The Stories*). – NY 1981 (in *Collected Stories*; Einl. R. Ellmann). – Dublin 1979. – Dublin 1990.

ÜBERSETZUNG: *Eine kleine Grube im Moor*, E. Schnack (in *Die lange Straße nach Ummera*, Zürich 1959).

LITERATUR: G. Davenport, *F. O.'C and the Comedy of Revolution* (in Éire-Ireland, 8, 1973, S. 108 bis 116). – F. Erni, *F. O.'C. und die Kurzgeschichte. Konzept der Erzählform u. Realisierung in seinem Werk*, Zürich 1975, S. 238–251. – R. Chatalic, *F. O'C. and the Desolation of Reality* (in *The Irish Short Story*, Hg. P. Rafroidi, Atlantic Highlands/N.J. 1979, S. 189–204). – M. Bardotti, *»Guests« di F. O.'C.: Una proposta di lettera* (in Studie dell' Istituto Linguistico, 7, 1984, S. 273–299). – J. Crider, *Jupiter Pluvius in »Guests«* (in SSF, 23, 1984, S. 407–411). – M. Storey, *The Guests of F. O.'C. and Albert Camus* (in Comparative Literature Studies, 23, 1986, S. 250–262). – M. Liberman, *Unforeseen Duty in F. O'C.'s »Guests«* (in SSF, 24, 1987, S. 438–441). – P. Rafroidi, *»Guests«: The Seminal Story of Modern Irish Literature?* (in Journal of the Short Story in English, 8, 1987).

SEÁN O'FAOLÁIN

eig. John Francis Whelan
* 22.2.1900 Cork
† 20.4.1991 Dublin

LITERATUR ZUM AUTOR:
M. Harmon, *S. O'F.: A Critical Introduction*, Ldn. 1966; ern. Dublin 1984 [rev.]. – S. Hyman, *O'F.'s Wonderful Fish* (in S. H., *Standards: A Chronicle of Books for Our Time*, NY 1966, S. 53–57). – P. Doyle, *S. O'F.*, NY 1968 (TEAS). – S. McMahon, *O My Youth; O My Country* (in Éire, 6, 1971, S. 145–155). – G. Davenport, *S. O'F.'s Troubles: Revolution and Provincialism in Modern Ireland* (in South Atlantic Quarterly, 75, 1976, S. 312–322). – Irish Univ. Review, 6, 1976 [Sondernr. *S. O'F.*, Hg. M. Harmon]. – J. O'Faoláin, *Seán at Eighty* (in London Magazine, 20, 1980, S. 18–28). – G. Henderson, *S. O'F.* (in DLB, Bd. 15, 1983, S. 397–406). – J. Cahalan, *The Realistic Visions of S. O'F. and Francis MacManus* (in J. C., *Great Hatred, Little Room: The Irish Historical Novel*, Syracuse/N.Y. 1983, S. 109–131). – R. Bonaccorso, *S. O'F.'s Irish Vision*, Albany/N.Y. 1987. – J. Hildebidle, *Five Irish Writers: The Errand of Keeping Alive*, Cambridge 1989.

THE COLLECTED STORIES

(engl.; *Die gesammelten Kurzgeschichten*). Kurzgeschichtensammlung von Seán O'FAOLÁIN, erschienen 1980. – O'Faoláins erster Erzählband, durch den er sogleich bekannt wurde, *Midsummer Night Madness and Other Stories*, 1932 *(Sonnwend-Tollheit)*, analysiert die Situation in Irland während der sogenannten »Troubles«. Wie in der Titelgeschichte dieser Sammlung sind die tragenden Themen die mangelnde Organisation sowie das verantwortungslose Handeln innerhalb der irisch-republikanischen Armee, ihre unreifen Führergestalten, der Schrecken der »Black and Tans«, der Kontrast zwischen extremer Armut der einfachen Leute und der Eleganz der aristokratischen, vom Verfall bedrohten Herrenhäuser sowie die gesellschaftlichen Wirren in einer Zeit der Differenzen, des Krieges und der Rebellion. Zentrale Figur ist der widerwillige republikanische Rebell – ein junger Mann, der eine Entwicklung durchläuft von enthusiastischer Identifikation mit romantischem Nationalismus zur entschiedenen Ablehnung abstrakter politischer Ideen. Desillusion und Verbitterung prägen am Ende sein Fühlen und Denken. In *Fugue*, einem Bericht über die Erlebnisse zweier Rebellen auf der Flucht, sind die Gefahren und Schrecken der »Troubles« der Schönheit der Natur und der ewigen Wahrheit der Liebe gegenübergestellt. In *The Patriot* kontrastiert O'Faoláin einen patriotischen Idealisten, der in seinem Fanatismus und seiner Gleichgültigkeit menschlichen Werten gegenüber nicht davor zurückschreckt, Menschenleben für eine sinnlose Sache zu opfern, mit einem desillusionierten Freiheitskämpfer, der Erfüllung in der Liebe gefunden hat. – Nachteilig ist, daß der Autor in diesem frühen Band häufig seinen Zorn und seine Verbitterung romantisiert. Er selbst gesteht in seiner Autobiographie, *Vive Moi!* (1964), die eigene leidenschaftliche Verwicklung in die kollektive Bewältigung einer historischen Krise seines Landes habe ihm den Blick für die Tugenden des gewöhnlichen Lebens versperrt, und er sei mit seinem Zorn gegenüber seinen Landsleuten *»wholly unreasonable«* gewesen.

A Purse of Coppers (1937), der zweite Kurzgeschichtenband O'Faoláins, behandelt das Irland nach den politischen Unruhen, in den späten zwanziger und frühen dreißiger Jahren, einer schläfrigen Ära, in der die Republik Irland sich erholte und ökonomische wie gesellschaftliche Entscheidungen zu treffen hatte. Hauptthema dieser Erzählungen ist die individuelle Freiheit. Vor dem lähmenden Hintergrund der postrevolutionären Gesellschaft gehen sie der Frage nach, wie die menschliche Natur sich unter frustrierenden Umständen zu entwickeln vermag. Es ist eine »zerbrochene Welt«, wie die Geschichte *A Broken World* nahelegt. Im Gespräch zwischen einem Geistlichen, einem Farmer und dem intellektuellen Erzähler zeigt sich, daß das Land eine moralische Einheit vermissen läßt. Es ist eine Welt, in der die Reichen auf der einen, die Armen auf der anderen Seite leben. Eine Verbesserung der Situation scheitert paradoxerweise an den Farmern, die, geprägt von den Enttäuschungen der Vergangenheit, indifferent, fortschrittsfeindlich und faul sind. *The Old Master* thematisiert die irische Zwangsvorstellung von sexueller Unschicklichkeit und kommentiert scharf, am Beispiel des Kunstliebhabers O'Sullivan und seiner Einstellung zum Gastspiel eines russischen Balletts, die Lage des Künstlers und der Kunst – beide von der Kirche verteufelt. Der Freistaat Irland ist ohne Schönheit und ohne Kunst. In *A Born Genius* verspielt Pat Lenihan, begabt mit einer wunderbaren Tenorstimme, eine brillante Karriere aus religiöser Intoleranz sowie dem Unwillen, die Unvollkommenheiten des Lebens anzuerkennen. – *A Purse of Coppers* zeigt einen künstlerischen Reifeprozeß von O'Faoláins erzählerischen Mitteln. Der involvierte, romantisierende Stil des früheren Bandes weicht hier einer distanzierten, konzisen Erzählweise – einer an MAUPASSANT und ČECHOV geschulten Technik der Andeutung.

Teresa and Other Stories (1947) setzt den Prozeß der Objektivierung fort. Der Erzähler in *The Man Who Invented Sin* registriert die Vorgänge unbeteiligt und präsentiert sie kommentarlos. Ein Geistlicher läßt, indem er übertriebene Autorität ausspielt, ein Gefühl der Sünde entstehen, wo ehedem nur Unschuld herrschte. Tonangebend ist der Kontrast zwischen einem quasi-paradiesischen Zustand der Unschuld und der rigid-restriktiven Welt des Klerus, der teuflische Züge trägt. *Teresa* handelt von einer jungen Nonne, die dem verführerischen Gefühl, Heiligkeit zu erringen, abschwört und statt dessen Erfüllung in der Ehe findet. *The Silence of the Valley* zeigt die Abkehr vom einfachen, erdverbundenen alten Leben in Irland, repräsentiert durch einen todkranken Flickschuster, und eine Hinwendung zur Verstädterung, zur Technologie und zum Fortschritt. Im »Schweigen« (oder der »Ruhe«) des Tals liegt das Ende einer bestimmten Lebensweise. – O'Faoláin begann nun, weniger Probleme des postrevolutionären irischen Lebens zu analysieren, als vielmehr den Charakter des irischen Menschen zu beleuchten, und er befand ihn als chaotisch, ohne klar definierte Werte und Ziele, etwa in *One True Friend*, einer einfühlsamen Studie menschlicher Schwächen. Der Kontrast des Neuen und Alten spielt weiter eine zentrale Rolle, so in *Unholy Living and Half Dying*, wo die alten Werte an die Gestalt der Mrs. Canty, die neuen an die Figur des Jack Cardew geknüpft sind. Jacky belächelt zwar Mrs. Cantys Überzeugungen, zeigt sich jedoch selbst von moralischer Zerrüttung befallen. In *Lovers of the Lake* unternimmt ein Liebespaar eine Pilgerfahrt nach Lough Derg; Jenny und Bobby gewinnen dabei Selbsterkenntnis; doch der Aufenthalt in St. Patrick's Purgatory gerät letztlich zum Mißerfolg: Am Ende kehren die beiden zu einem Leben der Kompromisse und der Selbsttäuschung zurück.

I Remember! I Remember! (1961) konzentriert sich auf Themen wie Zeit und Wandel, die Unbeständigkeit der Jugend und des Alters, die Anpassungen in mittleren Jahren. Vergangenheit und Gegenwart stehen sich signifikant gegenüber. Die Figuren erinnern sich und werden zur schmerzlichen Erkenntnis über die Flüchtigkeit des Lebens und die Nichtigkeit des Menschen getrieben. Der einzelne Mensch wird nicht als Opfer politischer oder sozialer Gegebenheiten begriffen, sondern die restriktiven Kräfte sind Teil jedes Charakters. In *A Touch of Autumn in the Air* erinnert Daniel Cashen sich an Begebenheiten in seinem Leben und erkennt, daß seine Erinnerungen Ausdruck persönlicher Wünsche und Begierden sind. Er erkennt auch, was er entbehren mußte. Das Ausblenden streng irischer Belange verleiht den Erzählungen dieses Bandes – und generell O'Faoláins späteren Erzählungen – größere Universalität.

The Heat of the Sun (1966) wendet sich den mannigfaltigen Aspekten der menschlichen Liebe zu – vom feurigen Anfang bis zum späteren Verglühen, in Phasen der Torheit und Blindheit, des Mißverständnisses, der Zärtlichkeit und Unschuld. Vergleichbares thematisches Interesse kennzeichnet *Foreign Affairs* (1976). Die Titelgeschichte ist eine witzige, feinfühlige Analyse einer sonderbaren Liebesbeziehung, die dadurch zustande kommt, daß eine charakterstarke Frau einem labilen, prahlerischen Mann zu einer erfolgreichen Karriere als Botschaftsangehöriger verhilft und ihn, der ein eingefleischter Junggeselle ist, listig zu ihrem Ehemann macht. *How to Write a Short Story* ist eine geistreiche Metastory insofern, als darin ein Schriftsteller sich von einem Freund ein Erlebnis berichten läßt, das er zu einer Erzählung zu verarbeiten trachtet. Seine wiederholten Einwände gegenüber bestimmten Details, die angeblich ungeeignet seien, werden durch die Tatsache widerlegt, daß O'Faoláin gleichwohl daraus eine Geschichte schafft. – O'Faoláins gesammelte Erzählungen – in mancher Hinsicht stellen die in dem Band *Foreign Affairs* vereinigten einen künstlerischen Höhepunkt dar – nehmen innerhalb der Tradition der irischen Kurzerzählung einen vorrangigen Platz ein. Auch in deutscher Übersetzung liegen O'Faoláins Kurzgeschichten – unter Titeln und in Zusammenstellungen, die von den englischen Original- und Sammelausgaben abweichen – komplett vor. R.Im.

AUSGABEN: *Midsummer Night Madness and Other Stories*, Ldn. 1932; NY 1932. – *A Purse of Coppers*, Ldn. 1937; NY 1938. – *Teresa and Other Stories*, Ldn. 1937; NY 1948 (u. d. T. *The Man Who Invented Sin and Other Stories*). – *Midsummer Night Madness and Other Stories*, Ldn. 1980 [enth. alle Erzz. der 3 vorigen Bde.]. – *The Finest Stories*, Boston 1957; Ldn. 1958 (u. d. T. *The Stories*). – *I Remember! I Remember!*, Boston 1961; Ldn. 1962; ern. Harmondsworth 1983. – *The Heat of the Sun*, Boston 1966; Ldn. 1966. – *The Talking Trees*, Boston 1970; Ldn. 1971. – *Foreign Affairs and Other Stories*, Boston 1976; Ldn. 1976; ern. Harmondsworth 1982. – *The Collected Stories*, Ldn. 1980.

ÜBERSETZUNGEN: *Der erste Kuß. 8 Stories*, E. Schnack, Mchn. 1958. – *Sünder und Sänger. Meistererzählungen aus Irland*, Zürich 1960; ern. 1976 (*Ausgew. Erzählungen*, Bd. 1; detebe). – *Dividenden. Neun Liebesgeschichten*, dies., Zürich 1969; ern. 1980 u. d. T. *Trinker und Träumer* (*Ausgew. Erzählungen*, Bd. 2; detebe). – *Lügner und Liebhaber*, dies., Zürich 1980 (m. Nachw.; *Ausgew. Erzählungen*, Bd. 3; detebe).

LITERATUR: J. S. Rippier, *The Short Stories of Seán O'Faoláin*, Gerrards Cross 1976.

LIAM O'FLAHERTY

* 28.8.1896 Inishmore / Aran Islands (Irland)
† 7.9.1984 Dublin

LITERATUR ZUM AUTOR:
J. Gawsworth, *The Works of L. O'F.* (in J. G., *Ten Contemporaries*, Bd. 2, Ldn. 1933, S. 137–164). – L. Paul-Dubois, *Un romancier réaliste en Erin: L. O'F.* (in RDM, 21, 1934, S. 884–904). – S. O'Faoláin, *Don Quixote O'F.* (in The Bell, 2, 1941, S. 28–36). – B. Kiely, *L. O'F.: Study of Discontent* (in The Month, 2, 1949, S. 183–193). – V. Mercier, *Man Against Nature: The Novels of L. O'F.* (in Wascana Review, 1, 1966, S. 37–46). – J. O'Brien, *L. O'F.*, Lewisburg/Pa. 1970. – P. Doyle, *L. O'F.*, NY 1971 (TEAS). – Ders., *L. O'F.: An Annotated Bibliography*, Troy/N.Y. 1972. – A. A. Kelly, *L. O'F.: The Storyteller*, Ldn. 1976. – P. Sheeran, *The Novels of L. O'F.: A Study in Romantic Realism*, Dublin 1976. – J. Cahalan, *L. O'F.'s Natural History* (in J. C., *Great Hatred, Little Room: The Irish Historical Novel*, Syracuse/N.Y. 1983, S. 133–153). – M. O'Toole, *L. O'F.* (in DLB, Bd. 36, 1985, S. 178–182). – H.-Chr. Oeser, *L. O'F.* (in KLFG, 17. Nlg., 1988). – J. Hildebidle, *Five Irish Writers: The Errand of Keeping Alive*, Cambridge 1989.

THE ASSASSIN

(engl.; *Ü: Der Mörder*). Roman von Liam O'FLAHERTY, erschienen 1928. – Michael McDara, ein irischer Rebell, kehrt nach kurzer Abwesenheit nach Dublin zurück, um dort den Mord an einer bedeutenden politischen Persönlichkeit zu planen und auszuführen, obwohl die Zeit der Unruhen und der Revolution vorbei ist: Mit den Engländern ist ein Vertrag geschlossen worden, Irland hat seine Unabhängigkeit erreicht und ist nun vollauf mit friedlichen Projekten beschäftigt. McDaras Motive sind jedoch nicht politisch-patriotischer Natur. Unabhängigkeit und Frieden bedeuten für ihn keine Lösung der Probleme Irlands. Diese können nach der – entfernt an NIETZSCHE erinnernden – Ansicht McDaras nur von einer neuen Menschenrasse bewältigt werden. Die meisten seiner Mitverschwörer handeln aus anderen Motiven: Langeweile, Habgier, Furcht und eine perverse Sucht nach religiösem Märtyrertum sind einige der treibenden Kräfte, die sie zu Anhängern McDaras und seiner Mordpläne werden lassen.
Der äußere Rahmen des Romans ist der eines Thrillers; aber obwohl die Vorbereitungen, der Mord selbst und seine Folgen den größten Teil der Handlung ausmachen, gilt O'Flahertys Hauptinteresse der psychologischen Bewältigung seines

Themas. Dazu hätte es freilich der Gestaltungskraft eines DOSTOEVSKIJ bedurft. Der Roman hat dennoch seine Vorzüge: Er ist gedrängt und mit sparsamen Mitteln geschrieben, schroff und in unterkühltem Stil nach der Art HEMINGWAYS. Das Milieu von Dublin wird realistisch geschildert, die Figur des McDara beeindruckt als Porträt eines Idealisten, der in einer Welt voller Lügen, Kompromisse und Verrat einem an Wahnwitz grenzenden Fatalismus verfallen ist.
Zusammen mit den Romanen *The Informer* und *Famine* und mit den brillanten Kurzgeschichten gehört *The Assassin* zu den besten und bekanntesten Werken von O'Flaherty. J.v.Ge.

AUSGABEN: Ldn. 1928. – NY 1928. – NY 1955 (in *The Stories*). – Dublin 1983.

ÜBERSETZUNG: *Der Mörder*, F. Fein, Bln. 1929.

FAMINE

(engl.; *Ü: Zornige grüne Insel. Eine irische Saga*). Historischer Roman von Liam O'FLAHERTY, erschienen 1937. – Der Roman – viele Kritiker halten ihn für O'Flahertys besten – führt in die westirische Grafschaft Crom und spielt gegen Mitte des 19. Jh.s, zu einer Zeit also, da Irlands wirtschaftliche Lage noch ausschließlich von der jährlichen Kartoffelernte abhing. Das Land wird gnadenlos ausgebeutet von den in England lebenden Grundbesitzern, deren Agenten den Kleinpächtern selbst in einem guten Erntejahr nur ein Existenzminimum belassen. Religiöser Zwist, Ignoranz und Aberglaube tragen ihren Teil zu dem ohnehin harten Los der Bauern bei. Als in zwei aufeinanderfolgenden Jahren die Kartoffelpest die Ernte vernichtet, bricht eine Hungersnot aus. Da trotzdem die Pacht eingezogen werden soll, kommt es zum Aufstand. Brutal wird dieser von englischen Soldaten und Polizisten niedergeschlagen. Aber obwohl die Führer der Rebellion ins Gefängnis geworfen oder deportiert werden und andere Pächter mit ihren Familien heimatlos durchs Land ziehen oder nach Amerika auswandern, glauben die Zurückbleibenden weiter an das Erscheinen des »Ritters mit dem strohgelben Haar«, der die Freiheit Irlands symbolisiert.
Der damalige Hungeraufstand war ein Glied in der Kette der Ereignisse, die zu einer organisierten nationalen Bewegung führten. In der Romanhandlung von *Famine* geht O'Flaherty nicht über die ersten Anzeichen für eine solche Bewegung hinaus; doch baute der Autor das Werk später zu einer Trilogie aus, die den historischen Zusammenhang bis zum Osteraufstand von 1916 verfolgt. *Land* (1946) und *Insurrection*, 1950 *(Aufstand)*, erreichen freilich nicht die dichte Komplexität, die O'Flahertys Darstellung der Ereignisse in *Famine* auszeichnet. Er rekonstruiert dort die furchtbaren Ereignisse der Hungerjahre, wie sie von seinen Hauptgestalten erlebt und erlitten wurden: von der Pächterfamilie Kilmartin, von einem katholischen und einem protestantischen Geistlichen, einem Landarzt und dem englischen Gutsverwalter Chadwick. Dennoch ist *Famine* in erster Linie nicht ein gut dokumentierter historischer Roman, sondern ein weiterer Beitrag O'Flahertys zu einer Analyse des Wesens seiner irischen Landsleute und ihres nationalen Schicksals. Der Roman ist in dem für den Autor charakteristischen prägnanten, fast lakonischen Stil geschrieben; die oft kraß realistischen Schilderungen rechtfertigen den Ruf O'Flahertys als eines »irischen Zola«. – In seinen Kurzgeschichten freilich, besonders in seinen Tiererzählungen, zeigt der Autor, daß er auch ein ausgesprochenes Talent für schlichte Beschreibungen, die ländliche Atmosphäre evozieren, und für impressionistische Charakterskizzen hatte. Vor allem die Kurzgeschichten sind es auch, in denen sich O'Flaherty als Erbe der gälischen Erzähltraditionen seiner westirischen Heimat zeigt. J.v.Ge.-KLL

AUSGABEN: Ldn. 1937. – NY 1937. – Dublin 1979. – Boston 1982. – Dublin 1982. – Dublin 1989.

ÜBERSETZUNGEN: *Das braune Segel*, H. Roch, Bln. 1942. – *Das schwarze Tal*, ders., Hbg. 1952. – *Hungersnot*, E. Schnack, Zürich 1965. – *Zornige grüne Insel. Eine irische Saga*, H. Roch, Zürich 1987 (detebe).

CHARLES KAY OGDEN
IVOR ARMSTRONG RICHARDS

Charles Ogden
* 1.6.1889 Fleetwood / Lancastershire;
† 20.3.1957 London

Ivor Armstrong Richards
* 26.2.1893 Sandbach / Cheshire
† 7.9.1979 Cambridge

THE MEANING OF MEANING. A Study of the Influence of Language upon Thought and of the Science of Symbolism

(engl.; *Die Bedeutung der Bedeutung: Eine Untersuchung des Einflusses der Sprache auf das Denken und der Wissenschaft des Symbolismus*). Semantische Untersuchung von Charles Kay OGDEN und Ivor Armstrong RICHARDS, erschienen 1923. – Die Verfasser begreifen ihr Buch, in dem sie unbekümmert mit ihren Vorgängern auf diesem Gebiet ins Gericht gehen, mehr als Manifest denn als wissenschaftliches Werk. Ausgehend von der Auffassung, daß Sprache ein »System von Zeichen« ist, befassen sie sich mit Wesen und Interpretation dieser Zeichen sowie mit dem Entwurf einer Wortbedeutungslehre, die auch auf das Verstehen von Kunst anwendbar ist. Ihre Grundposition ist rein nominalistisch, ihre Methode eklektisch-psychologisch. Ogden, der Pädagoge, und Richards, der Moralpsychologe und Literaturkritiker, entwickeln eine eigene Terminologie, deren zentrale, für das Verständnis aller »Interpretationen von Zeichen« grundlegende Begriffe die folgenden sind: *symbol* (Beziehung eines Zeichens auf ein Objekt), *reference* (die Art der Beziehung zu etwas), *context* (situationsgemäßer Zusammenhang) und *referent* (Objekt des Bezugs). Die Funktionsweise dieser Elemente des Denkprozesses wird in der »Wissenschaft des Symbolismus« erläutert, die in der Folgezeit auf die modernen Semantiker und linguistischen Positivisten (WITTGENSTEIN, CARNAP u. a.) beträchtlichen Einfluß ausübte. Die Verfasser untersuchen ferner die Beziehung zwischen Denkprozeß und Verstehen *(interpretation)*, analysieren die verschiedenen Konventionen des Denkens *(canons of reasoning)* wie Wahrheit, Realität, Universalität und Abstraktion und untersuchen schließlich die Bedeutung von »Bedeutung« *(meaning)*. Letzterer Begriff hat nach Meinung der Autoren bisher eine falsche Auslegung erfahren und ist so zur Quelle zahlreicher, noch in der modernen Philosophie wirksamer Mißverständnisse geworden. Sie halten den Begriff nur dann für anwendbar, wenn er auf einen rationalen, wissenschaftlich brauchbaren Kern reduziert wird, der nur durch die Semantik – oder wie sie es nennen, durch die »Wissenschaft des Symbolismus« – unter Zuhilfenahme von Psychologie (Funktion des Gedächtnisses) und Biologie (Erblichkeit) erarbeitet werden kann. Sie lehnen den Begriff der »Eindeutigkeit« ab und argumentieren, daß im Prozeß des Verstehens immer nur »Ähnlichkeiten« verglichen werden.

Die so gewonnenen Erkenntnisse testen sie am Beispiel des Begriffes »Schönheit« (wobei sie Themen aus ihrem und James WOODS Werk *The Foundation of Aesthetics*, 1922, wiederaufnehmen) sowie an Beispielen aus Philosophie und Dichtung. – Grundlegend ist die Unterscheidung zwischen zwei Funktionen der Sprache, einer »symbolischen« oder deskriptiven (für das wissenschaftlich-logische Denken) und einer »emotiven« oder evokativen (für die Formulierung von Gefühlen, Wünschen und Wertungen im Bereich der Dichtung). Die Autoren greifen dabei auf J. S. MILLS kontrastierende Begriffe *denotation* (Bezeichnung) und *connotation* (Nebenbedeutung) zurück, eine Unterscheidung, die von großem Einfluß auf die moderne englische und amerikanische Literaturkritik (»New Criticism«) war. Wesentliche Anregungen verdankt das Werk u. a. der utilitaristischen Philosophie BENTHAMS, den Erkenntnissen des Sprachphilosophen AYER, des Begründers des Pragmatismus, PEIRCE, sowie des Anthropologen und Ethnologen MALINOWSKI, dessen Essay *The Problem of Meaning in Primitive Languages*, eine Untersuchung über den Magiecharakter der Sprache, im Anhang zur Erstausgabe und auch in der deutschen Ausgabe abgedruckt ist.

Die Studie stieß sofort auf die heftige Kritik von Philosophen und Psychologen. Das verhinderte jedoch nicht, daß Richards, der in Cambridge und an der Harvard University lehrte, in der Folge zum einflußreichsten Theoretiker vor allem der amerikanischen Literaturkritik wurde. Er schuf die Grundlagen für die sprachliche Analyse von Texten und ergänzte in seinem literaturkritischen Hauptwerk *The Principles of Criticism*, 1924 *(Prinzipien der Literaturkritik)*, die in *The Meaning of Meaning* für die »symbolische« Sprache erarbeitete theoretische Grundlage durch eine ebensolche für den Bereich der »emotiven« Sprache. William EMPSON (vgl. *The Seven Types of Ambiguity*) und Richard P. BLACKMUR (vgl. *Language as Gesture*) haben sich ebenso kritisch wie anerkennend mit Richards' und Ogdens Theorien auseinandergesetzt, und Kenneth BURKES literaturphilosophische Arbeiten (vgl. *Philosophy of Literary Form*) sind ohne *The Meaning of Meaning* nicht zu denken. KLL

AUSGABEN: Ldn./NY 1923. – Ldn. [4]1936 [rev.]. – Ldn. [6]1944 [rev.]. – Ldn. 1960. – Ldn. 1985. – NY 1989.

ÜBERSETZUNG: *Die Bedeutung der Bedeutung. Eine Untersuchung des Einflusses der Sprache auf das Denken u. der Wissenschaft des Symbolismus*, G. H. Müller, Ffm. 1974 [Übers. nach d. Ausg. Ldn. [10]1949].

LITERATUR: D. W. Harding, *I. A. R.* (in *Determinations. Critical Essays*, Hg. F. R. Leavis, Ldn. 1934, S. 218–243). – A. Tate, *Literature as Knowledge: Comment and Comparison* (in A. T., *Reason in Madness: Critical Essays*, NY 1941, S. 20–61). – M. Black, *O. and R.: Theory of Interpretation* (in M. B., *Language and Philosophy: Studies in Method*, Ithaca/N.Y. 1949, S. 189–200). – R. S. Crane, *I. A. R. on the Art of Interpretation* (in *Critics and Criticism, Ancient and Modern*, Hg. R. S. C., Chicago 1952, S. 27–44). – S. E. Hyman, *The Armed Vision: A Study in the Methods of Modern Literary Criticism*, NY 1955, S. 278–326. – W. H. N. Hotopf, *Language, Thought and Comprehension: A Case Study of the Writings of I. A. R.*, Ldn. 1965, S. 10–32. – J. Anderson u. a., *Ch. K. O.: A Collective Memoir*, Ldn. 1977. – H. Grabes, *I. A. R.s Bedeutungs- u. Literaturtheorie* (in *Englische u. amerikanische Literaturtheorie*, Hg. R. Ahrens u. E. Wolff, Bd. 2, Heidelberg 1979, S. 420–436). – H.-H. Lieb, *Das ›semiotische Dreieck‹ bei O. und R.: Eine Neuformulierung des Zeichenmodells von Aristoteles* (in *Logos Semantikos*, Bd. 1, Hg. J. Trabant, Bln. 1981, S. 137–156). – J. Russo, *Belief and Sincerity in I. A. R.* (in MLQ, 47, 1986, S. 154–191). – H. Bredin, *I. A. R. and the Philosophy of Practical Criticism* (in Philosophy and Literature, 10, 1986, S. 26–37).

George Orwell

d.i. Eric Arthur Blair
* 25.6.1903 Motihari / Bengalen (Indien)
† 21.1.1950 London

Literatur zum Autor:
Bibliographien:
J. u. V. Meyers, *G. O.: An Annotated Bibliography of Criticism*, NY/Ldn. 1977. – T. A. Karel, *G. O.: A Pre-»1984« Bibliography of Criticism, 1975–1983* (in Bull.of Bibliography, 41, 1984, S. 133–147).
Biographien:
P. Stansky u. W. Abrahams, *Unknown O.*, Ldn. 1975. – Dies., *O.: The Transformation*, Ldn. 1979. – B. R. Crick, *G. O.: A Life*, Ldn. 1980 (dt.: *O.: Ein Leben*, Ffm. 1984). – P. Lewis, *G. O.: Biographie*, Bln. 1982. – H. C. Schröder, *G. O.*, Mchn. 1988.
Gesamtdarstellungen und Studien:
L. Trilling, *The Opposing Self: G. O. and the Politics of Truth*, NY 1955. – E. M. Thomas, *O.*, Edinburgh/Ldn. 1965. – B. T. Oxley, *G. O.*, Ldn. 1967. – G. Woodcock, *The Crystal Spirit: A Study of G. O.*, Ldn. 1967. – K. Alldritt, *The Making of G. O.*, Ldn. 1969. – R. A. Lee, *G. O.'s Fiction*, Indiana 1969; ern. 1972. – *The World of G. O.*, Hg. M. Gross, Ldn. 1971. – R. Williams, *G. O.*, Ldn. 1971; ern. 1984. – D. L. Kubal, *Outside the Whale: G. O.'s Art and Politics*, Notre Dame/Ind. 1972. – *G. O.: A Collection of Critical Essays*, Hg. R. Williams, Englewood Cliffs/N.J. 1974. – A. Zwerdling, *O. and the Left*, New Haven (Conn.)/Ldn. 1974. – MFS, 21, 1975, Nr. 1 [Sondernr. *G. O.*]. – J. Meyers, *A Reader's Guide to G. O.*, Ldn. 1975. – *O.: The Critical Heritage*, Hg. ders., Ldn. 1975. – Ch. Small, *The Road to Minilev*, Ldn. 1975. – W. Erzgräber, *Utopie u. Antiutopie in der engl. Literatur*, Mchn. 1980. – R. I. Smyer, *G. O.'s Development as a Novelist*, Ldn. 1980. – J. R. Hammond, *A G. O. Companion*, Ldn. 1982 [m. Bibliogr.]. – H.-J. Lang, *G. O.: Eine Einführung*, Mchn. 1983. – College Literature, 11, 1984, Nr. 1 [Sondernr. *G. O.*]. – L. Hunter, *G. O.: The Search for the Voice*, Milton Keynes 1984. – J. Thompson, *O.'s London*, Ldn. 1984. – *Inside the Myth: Orwell. Views from the Left*, Hg. Ch. Norris, Ldn. 1984. – *Reflections on America, 1984: An O. Symposium*, Hg. R. Mulvihill, Athens/Ga. 1984. – *Über G. O.*, Hg. M. Papst, Zürich 1984 (detebe). – M. Linstead, *G. O.* (in KLFG, 7. Nlg., 1985). – I. Slater, *O.: The Road to Airstrip One*, NY/Ldn. 1985. – P. Reilly, *G. O.: The Age's Adversary*, Ldn. 1986. – A. Sandison, *G. O.: After 1984*, Ldn. 1986. – *Critical Essays on G. O.*, Hg. B. Oldsey u. J. Browne, Boston 1986. – M. Carter, *G. O. and the Problem of Authentic Existence*, Ldn. 1987. – A. Gardner, *G. O.*, Boston 1987 (TEAS). – D. Wykes, *A Preface to O.*, Ldn. 1987. – *G. O.*, Hg. C. Wemyss u. A. Ugrinsky, Ldn. 1988. – A. Rai, *O. and the Politics of Despair*, Cambridge 1989.

ANIMAL FARM: A Fairy Story

(engl.; *Ü: Farm der Tiere. Eine Fabel*). Roman von George Orwell, erschienen 1945. – Die Fabel vom Aufstand der Tiere des Farmers Jones und vom allmählichen Umschlag der Revolution in ihr den Status quo ante wiederherstellendes Gegenteil gehört zu den bekanntesten literarischen Werken des 20. Jh.s. Der Satz *»All animals are equal but some animals are more equal than others« (»Alle Tiere sind gleich, aber einige Tiere sind gleicher als andere«)*, der das anfängliche Gleichheitspostulat der zwar von unterschiedlichen Interessen und Charakteren geprägten, aber doch solidarisch handelnden Tiere im letzten der zehn Kapitel in die Restauration eines Zweiklassensystems (Arbeitende sowie von der Arbeit anderer Lebende) zurückführt, wurde zum geflügelten Wort. Die Ende 1942 begonnene und Anfang 1944 fertiggestellte – wie viele Essays Orwells anti-stalinistische – *»kleine Satire, ... die politisch nicht so OK ist, daß ich im Vorhinein kaum sicher sein kann, ob sie jemand veröffentlichen mag«* (Brief vom 17. 2. 1944 an Gleb Struve), wurde erst nach zahlreichen Ablehnungen (u. a. durch T. S. Eliot als Lektor von Faber & Faber) publiziert. Wie Orwell in dem nach Beginn des Kalten Krieges 1947 geschriebenen Vorwort zu einer in München erschienenen ukrainischen Übersetzung bemerkt, hatte er den Roman als anti-stalinistische Satire konzipiert (das erklärt die Entsprechungen zwischen den historischen Ereignissen und der fiktionalen Handlung), und zwar um die englische, Stalin gegenüber unkritische Öffentlichkeit über die *»Korruption der ursprünglichen Idee des Sozialismus«* in der Sowjetunion aufzuklären und so die *»Wiederbelebung der sozialistischen Bewegung«* zu ermöglichen (*Collected Essays*, Bd. 3, 1968). Der beginnende Ost-West-Konflikt leistete jedoch einer entgegengesetzten Deutung Vorschub.

Für den Sozialisten Orwell stellt sich die während der vierziger Jahre zentrale Frage nach den Gründen für das Scheitern der Revolution. Die fiktionale Antwort wird innerhalb des relativ kurzen Textes mit analytischer Schärfe gegeben. Orwell hebt dabei vor allem die Gefahren hervor, die in der Machtübernahme durch eine managerartige intellektuelle Elite liegt, die den *common man* mit den Mitteln totalitärer Propaganda manipuliert.

Keim der Revolution ist der aus Lebenserfahrung resultierende Traum eines alten Ebers, Old Major, der die gegebene Aufteilung in Arbeitskraft einbringende Produzenten (Tiere) und lediglich parasitär Konsumierende (Menschen) und zugleich das konservative Postulat von der Naturnotwendigkeit bestimmter Ordnungen in Zweifel stellt. Der eigentliche Umsturz folgt dann jedoch nicht aus der rein intellektuellen Einsicht in das Unrecht des bestehenden Regimes, sondern ist eine spontane Reaktion auf eine durch Jones' Kurzsichtigkeit herbeigeführte Notsituation.

Daß die anfänglich positiven Entwicklungen (Solidaritätsbewußtsein, Arbeitswille, erhöhte Effizienz) zunichte gemacht werden, ist eine Folge der

Machtpolitik einer intellektuell überlegenen Elite (der Schweine), die zunächst noch formaldemokratisch legitimiert ist (Versammlungen, Abstimmungen), dann aber das gemeine arbeitende Tier (Volk) zunehmend von der Entscheidungsfindung aussperrt (vor allem seit der Vertreibung des mit dem Schwein Napoleon rivalisierenden Führerschweins Snowball). Napoleon bedient sich zwar auch der offensichtlicheren Mittel totalitärer Herrschaft – des offenen Terrors durch eine Geheimpolizei (eine Horde gewaltiger Hunde), die schließlich eine Säuberungsaktion durchführt, der öffentlichen Akklamation durch jubelnde Hurra-Schreier (die Schafe) –, aber vor allem versteht er es, den Herrschenden materielle Privilegien (Ernährung, Wohnen) zu sichern.

Die eigentlichen Gründe für den zunehmenden Verfall der revolutionären Errungenschaften liegen dann aber in der Tatsache, daß die arbeitenden Tiere auf einem Bildungsstand gehalten werden, der es möglich macht, ihre Sprachlosigkeit manipulatorisch auszunutzen. Die *»Gehirnarbeiter«* (Napoleon und Snowball) reduzieren Wirklichkeit zunächst auf ein abstraktes System *(»Animalism as a system of thought«)*, um an dessen Stelle dann zunehmend vereinfachte Regeln – schließlich einen einzigen Satz – zu setzen. Damit wird einerseits die Möglichkeit, Individualität zu entfalten, eingeschränkt, zum anderen werden damit jedoch die unmittelbaren Wirklichkeitserfahrungen der Tiere immer stärker in ein abstraktes, sprachlich vorgeformtes und medial weiter verformbares Konstrukt eingezwängt. Eines der in Analogie zu Entwicklungen in der Sowjetunion von Orwell verwendeten Beispiele sind die immer neuen Begründungen für den Verrat des um die Macht und den richtigen Weg (Entwicklung von Agrarwirtschaft oder Schwerindustrie am Beispiel der Windmühle) konkurrierenden und angeblich zum Feind übergelaufenen Snowball (Trockij), dem schließlich die Rolle des aggressionsableitenden Sündenbocks übertragen wird. Die mangels einer Schriftkultur auf Gedächtnis und mündliche Traditionen zurückverwiesenen Tiere verlieren allmählich jeden Sinn für geschichtliche Fakten und Kontinuitäten. Wirklichkeit wird, da sie nur über die politisch verwaltete Sprache vermittelt ist, grundsätzlich instabil.

Allerdings bleibt ein letzter, zum Schluß des Romans satirisch ausgespielter Orientierungspunkt, der sichtbare Unterschied zwischen den aufrecht gehenden Menschen und jenen Tieren, die sich den ehemaligen Ausbeutern aufrecht gehend (physisch) und betrügend (geistig) angleichen. Die manipulierten Tiere scheinen am Ende die allgemeinen Gründe für ihre Situation zu ahnen, ohne daß sie daraus Folgerungen zögen. Das zu tun ist für Orwell Aufgabe des auf die eigene politische Situation zurückverwiesenen Lesers.

Orwell, der *Animal Farm* als sein erstes Werk bezeichnete, in dem er *»politische und ästhetische Intention«* zu einer Einheit verschmelzen konnte (*Why I Write*, 1946), hat seine Satire auf einen derartigen Erkenntniseffekt hin angelegt. Indem er sich einer vorwiegend personal beschränkten Erzählperspektive bedient, kann er den Kontrast zwischen den manipulatorischen Reden und Handlungen der intellektuellen Elite und der Unwissenheit der Tiere, die frühere Aussagen oder Erklärungen vergessen, herausarbeiten. Die von anderen verwehrte Einsicht in die politischen Zusammenhänge wird durch zahlreiche komische, auf die Erkenntnis von Unzulänglichkeiten und Widersprüchen angelegte Details verstärkt, so daß die revolutionären Fehlentwicklungen den Charakter des Irreversiblen verlieren.

Der Text, der in der amerikanischen Besatzungszone Deutschlands seit 1948 zur politischen Umerziehung verwendet wurde, ist durch die eingängige erzählerische Einfachheit auch zu einer beliebten Schullektüre geworden. Die unverminderte Popularität der Fabel auch in England zeigte sich bei der Aufführung der einzigen von den Erben Orwells autorisierten, 1984 im National Theatre sowie in weiteren 90 englischen Städten gespielten Dramatisierung von Peter HALL, die einen aus dem Text vorlesenden Jungen zum Erzähler macht; die von Adrian MITCHELL verfaßten, von R. Peaslee vertonten Gedichte akzentuieren noch zusätzlich die eigentlichen satirischen Intentionen Orwells.

U.Bö.

AUSGABEN: Ldn. 1945. – NY 1946. – Harmondsworth 1951 u.ö. (Penguin). – Ldn. 1954 [Ill. J. Batchelor u. J. Halas]. – Ldn. 1960 [Einl. u. Anm. L. Brander]. – Paderborn 1977, Hg. u. Anm. R. Höppner; ern. 1981. – Cutchogue/N.Y. 1982. – Harmondsworth 1984 (in *The Penguin Complete Novels*). – NY 1986. – Ldn. 1987 (in *Complete Works*, 1986 ff., Bd. 8). – Harmondsworth 1989, Hg. M. Bradbury. – Ldn. 1989 (in *Four Best-Sellers*).

ÜBERSETZUNGEN: *Farm der Tiere. Eine Fabel*, N. O. Scarpi [d. i. F. Bondy], Zürich 1946. – *Die Republik der Tiere*, ders., Wien 1951. – *Farm der Tiere*, ders., Ffm./Hbg. 1958 (FiBü; ern. 1972; FiTb). – Dass., ders., Zürich 1974 (detebe). – *Farm der Tiere. Ein Märchen*, M. Walter, Zürich 1982 (m. einem neuentdeckten Nachw. des Autors; detebe). – Dass., ders., Zürich 1982 [Ill. F. K. Waechter].

DRAMATISIERUNG: P. Hall, *Animal Farm* (Urauff.: Ldn., 25. 4. 1984, National Theatre).

VERFILMUNG: England 1954 (Zeichentrickfilm; Regie: J. Batchelor u. J. Halas).

LITERATUR: J. O'Doherty, *»A. F.«: A Study Guide*, Dublin 1974. – *G. O.'s »Animal Farm«*, Hg. J. L. Baker, Ldn. 1976. – W. G. Müller, *Formen des Alogischen in G. O.'s »Animal Farm«* (in LWU, 12, 1979, S. 22–36). – *G. O.'s »A. F.«*, Hg. R. Welch, Ldn. 1980. – J. Quéval, *Les Voyages de G. O.* (in Crit, 40, 1984, S. 349–361). – J. Armstrong, *»A. F.«*, Ldn. 1985. – F. F. Paden, *Narrative Dyna-*

mics in »A. F.« (in Literature in Performance, 5, 1985, S. 49–55). – B. P. Lange, *O. und die Utopie* (in GRM, 36, 1986, S. 195–208). – R. I. Smyer, *»Animal Farm«: Pastoralism and Politics*, Boston 1988.

COMING UP FOR AIR

(engl.; *Ü: Auftauchen, um Luft zu holen*). Roman von George Orwell, erschienen 1939. – Der gerade aus dem Spanischen Bürgerkrieg zurückgekehrte Orwell begann im Laufe des Jahres 1938 einen Roman zu schreiben, dem man die düstere Stimmung der faschistischen Bedrohung und des bevorstehenden Krieges deutlich anmerkt (*»... we might as well all pack our bags for the concentration camp«*, Brief an C. Connolly, 14. 3. 1938). Es ist die aus der Erinnerungsperspektive erzählte Geschichte des fünfundvierzigjährigen Versicherungsagenten George Bowling, der sich – in einer Situation des bereits unvermeidlich scheinenden großen Krieges – in seine Kindheit und das Vorkriegsleben in dem kleinen Ort Lower Binfield, in Oxfordshire und also im Herzen von England, zurückversetzt und dem Ort dann einen kurzen Besuch abstattet, ohne daß er dem modernen Leben des *ersatz*, des *streamlining*, der Industrialisierung und der Urbanisierung entkommen kann.

Der aus vier Teilen bestehende Roman, der in einer für Orwell charakteristischen Verbindung von Rückschau und dystopischem Blick in die Zukunft das Bewußtsein historischer Entwicklungen vermittelt und damit die Frage nach möglichen Alternativen zur Gegenwart stellt, ist nach dem Prinzip einer fortschreitenden Ausweitung des örtlichen, zeitlichen und politisch-sozialen Blickfeldes strukturiert. Bowling wird in den Kapiteln des ersten Teils nacheinander als Individuum, im Kreis seiner Familie, als Mitglied einer sozialen Schicht und als Engländer vorgestellt, ehe ihn eine Zeitungsmeldung über einen King Zog an Og, den König von Bashan, an die Bibel, die Kindheit und das Leben in Lower Binfield erinnert (imaginative Rückkehr: Teil II; Besuch des Ortes: Teil IV).

Das assoziativ über Geräusche und – typisch für Orwell – vor allem Gerüche bewirkte Eintauchen in die Vergangenheit und die Verschränkung der Zeitebenen wird durch die sinngebende Metapher des Fisches geleistet. Bowling assoziiert das zwar keineswegs harmonische, aber doch überschaubare und eher kontinuierlich dahinfließende Leben in Lower Binfield mit der Tätigkeit des Angelns: *»The very idea of sitting all day under a willow tree beside a quiet pool ... belongs to the time before the war, before the radio, before the aeroplanes, before Hitler«*; Fischen sei in dieser Form das *»Gegenteil des Krieges«*. Erinnerungen vor allem an den nicht gefangenen großen Fisch verknüpfen sich gelegentlich mit dem (untergründig ironisierten) Gedanken einer allgemeinen Ordnung: *»God's in heaven«* (Anspielung auf einen Satz von R. Browning und dessen ironisch zu verstehende Ergänzung *»all's well with the world«*), *»Christ's on the cross, Jonah's in the whale, Shadrach, Meshach, and Abednego are in the fiery furnace..., the Lion and the Unicorn«* (letzteres Titel eines politischen, die *»englische Revolution«* propagierenden Essays Orwells von 1940). Wie Orwell in dem 1939 entstandenen Essay *Inside the Whale* (1940) bemerkt, der zugleich den Einfluß von H. Millers *Tropic of Cancer* (1935) auf Erzählperspektive und Figurenkonzeption von *Coming Up for Air* bezeugt, deutet die volkstümliche Verwechslung von Fisch (Jonah 1,17) und Wal auf den regressiven Wunsch passiver Akzeptanz der nicht mehr kontrollierbar scheinenden historischen Entwicklungen hin. Orwell erklärt Bowlings Faszination durch Fisch/Wal und die Vergangenheit als Sehnsucht nach einer heilen Welt. Die Regression in den schützenden, weil nach außen hin abgeschlossenen pastoralen (agrarischen) Raum (Bauch) ist allerdings nicht mehr möglich: Das zeigt mit großer Deutlichkeit der Besuch im nunmehr urbanisierten und industrialisierten, von übenden Bombern überflogenen Lower Binfield, auf dessen Straßen bereits Gasmaskengestalten die Schweine von Orwells *Animal Farm* vorwegnehmen. Das Resümee Bowlings lautet deshalb: *»The old life's finished ... you can't put Jonah back into the whale«*; oder mit dem Titel des Romans: *»Coming up for air! But there isn't any air. The dustbin we're in reaches up to the stratosphere.«*

Die Ursachen der historischen Veränderungen, die auch den Vater Bowlings, einen kleinen Ladenbesitzer, in ihren Strudel gezogen haben, liegen für Orwell im ungehemmten politischen Liberalismus (Lower Binfield gehörte zu einem traditionell liberal orientierten Wahlkreis), der auf der Basis der *laissez faire*-Ideologie den ungezügelten wirtschaftlichen Wettbewerb, die Ausweitung von Märkten, Urbanisierung, Technisierung und damit die Vernichtung der natürlichen Umwelt brachte und deshalb – dies die Implikation des Titels – jetzt das Atmen unmöglich macht. Aber wesentlich sind für Orwell primär die geistigen Implikationen. So ist er sich bereits 1938/39 *»fast sicher, daß wir uns in Richtung auf ein Zeitalter der totalitären Diktatur zubewegen – auf ein Zeitalter, in dem die Freiheit des Gedankens zunächst eine Todsünde ist und später eine sinnlose Abstraktion« (Inside the Whale)*. Der rundliche, innen jedoch *»dünne«*, das heißt sensible, Vergangenheit und mögliche Zukunft imaginierende Bowling (*bowl* bedeutet Kugel oder offene Schale) kehrt zum Schluß in einer Haltung der Resignation – *»There's no escape«* – zur Familie zurück (Anfang und Schluß werden auf diese Weise in einem Zirkelschluß verklammert). Orwell gestaltet damit, im bewußten Kontrast zu den linksorientierten und kämpferischen Autoren der dreißiger Jahre und in Anknüpfung an H. Miller, das Bewußtsein des *»ordinary man«*, des *»average sensual man«*, der sich – in Modifikation des Jonah-Bildes – vom nicht mehr steuerbaren Leben um sich herum – vom jetzt als Bedrohung empfundenen Wal (Leviathan) – schlucken läßt.

Die Zerstörung der Kultur des Liberalismus und

der ihr zugeordneten Autonomie des Individuums (und des Schriftstellers) scheint Orwell zu diesem Zeitpunkt keine andere Alternative mehr zuzulassen, als ähnlich wie Miller und im Unterschied zum politisch engagierten Schreiber den Quietismus des *ordinary man* einfach nur darzustellen. Wenn Bowlings abschließender Blick auf die *»miles and miles of ugly houses, with people living dull decent lives inside them«* jedoch immer noch ein gewisses Vertrauen in die Widerstandskraft des *common man* gegen die drohende totalitäre Machtübernahme erkennen läßt, dann tritt in *1984* an dessen Stelle die Warnung vor der neuen Möglichkeit einer totalen Manipulierbarkeit des Menschen, selbst in den innersten, bisher für uneinnehmbar geltenden Winkeln des Ich. Während *1984* deshalb düsterer ist und zugleich deutlicher auf die Notwendigkeit des rechtzeitigen politischen Widerstands hindeutet, gestaltet Orwell in *Coming up for Air* die Sicht eines den Widerwärtigkeiten des modernen Lebens eher mit heiterer Gelassenheit begegnenden Helden, der sich trotz des ihm durchaus bewußten selektiven Rückblicks in die Vorkriegszeit immer noch im Besitz relativ klarer Erinnerungen weiß.
Gerade die Erosion derartiger Erinnerungen aber, die in *Coming up for Air* mit einer Fülle konkreter Details evoziert werden und die es überhaupt erst gestatten, historische Prozesse durchschaubar zu machen und moralische Orientierungspunkte zu setzen, wird in *Animal Farm* und *1984* als Ursache oder Begleitumstand gesellschaftlicher Fehlentwicklungen diagnostiziert. U.Bö.

AUSGABEN: Ldn. 1939. – Ldn. 1948. – Ldn. 1959. – Ldn. 1967. – NY 1969. – Harmondsworth 1970 (Penguin). – Harmondsworth 1984 (in *The Penguin Complete Novels*). – Ldn. 1986 (in *Complete Works*, 1986 ff., Bd. 7).

ÜBERSETZUNGEN: *Das verschüttete Leben*, H.M. Braem, Stg. 1953. – Dass., ders., Bearb. J. Muehlon, Zürich 1973. – *Auftauchen, um Luft zu holen*, H.M. Braem, Zürich 1981 (detebe; ern. 1982).

LITERATUR: H. Fink, *The Shadow of Men Like Gods: O.'s »Coming Up for Air« as Parody* (in *H. G. Wells and Modern Science Fiction*, Hg. D. Suvin u. R. M. Philmus, Lewisburg/Pa. 1977, S. 144–158). – Ders., *»Coming Up for Air«: O.'s Ambiguous Satire on the Wellsian Utopia* (in Studies in the Literary Imagination, 6, 1977, S. 51–60). – W. Poznar, *O.'s George Bowling: How to Be* (in Wascana Review, 14, 1979, S. 80–90). – J. Hunter, *O., Wells, and »Coming Up For Air«* (in MPh, 78, 1980, S. 38–47). – F. Marroni, *Retorica e struttura topologica in »Coming Up for Air«* (in Trimestre, 13/14, 1980, S. 115–125). – G. Bonifas, *»Coming Up for Air«: Entre militantisme et défaitisme* (in Années, 30, 1983, Nr. 1, S. 1–42). – B. Bergonzi, *»1984« and the Literary Imagination* (in Dutch Quarterly Review of Anglo-American Letters, 15, 1985, S. 211–228).

HOMAGE TO CATALONIA

(engl.; *Ü: Mein Katalonien*). Autobiographischer Bericht von George ORWELL, erschienen 1938. – Als im Juli 1936 Offiziere unter Führung des Generals Franco gegen die spanische Regierung putschten und England trotz der deutschen und italienischen Unterstützung für Franco eine strikte Politik der Nichteinmischung verfolgte, engagierten sich zahlreiche britische Intellektuelle öffentlich für die Sache der Republikaner; viele gingen als Freiwillige nach Spanien. Dichter wie Julian BELL und John CORNFORD fielen, andere, wie A. KOESTLER und G. Orwell, berichteten von teilweise ernüchternden Kriegserfahrungen.
Orwell, der bereits die Armutsreportage *Down and Out in Paris and London* (1933) und den für den Left Book Club geschriebenen Bericht über die Situation der Arbeiter in Lancashire und Yorkshire (*The Road to Wigan Pier*, 1937) veröffentlicht hatte, wollte zunächst als Journalist tätig werden, schloß sich aber, als Mitglied der Independent Labour Party mit den Anarchisten symphatisierend, bald der Miliz des Partido Obrero de Unificación Marxista (POUM) an, der allerdings wenig später durch die von Moskau unterstützte Partido Socialista Unificado de Cataluña (PSUC) liquidiert wurde (Orwell schreibt darüber auch in den nicht datierten *Notes on the Spanish Militias* in den *Collected Essays*, Bd. 1, 1968).
Orwell, Augenzeuge auch der politischen Auseinandersetzungen innerhalb der Linken, datierte sein verstärktes schriftstellerisches Engagement *»gegen den Totalitarismus und für den demokratischen Sozialismus«* (*Why I Write*, 1946) auf die Erfahrungen des Jahres 1937. *Homage to Catalonia* ist insofern der Schlüssel für seine weitere Entwicklung. Der Bericht zeichnet zwar ein eher düsteres Bild von den Vorgängen in Katalonien, erklärt aber auch, warum Orwell in der Folgezeit als überzeugter Anhänger eines demokratischen Sozialismus erbittert gegen stalinistische Formen des Kommunismus kämpfte und gleichzeitig mit *Animal Farm* und *1984* Dystopien verfaßte, die häufig als Ausdruck des Zweifels am Sozialismus und als Manifest eines tiefen Pessimismus verstanden wurden. Der Spanienbericht wie die beiden Romane sind jedoch als essayistische bzw. narrative Analysen von Fehlentwicklungen zu verstehen, entstanden aus einer trotzigen Haltung des *Credo quia absurdum*. Die gedankliche Ausgangsbasis des Katalonienbuches lautet: Die moskauorientierte Politik der PSUC ist Verrat am Sozialismus, und die historische Tatsachen verdrehende Propaganda der Kommunisten wird in England von der Linken blindlings für bare Münze genommen. Diese Resultate aus Orwells Spanienerfahrungen bestimmen die Struktur des über weite Strecken chronologisch erzählenden Buches, das dem Leser aus einer beschränkten Perspektive und durchaus gewollt subjektiv die Eindrücke des Frontkämpfers vermittelt, der während eines Urlaubs im Mai 1937 in die Straßenkämpfe von Barcelona verwickelt

wird, erneut an der Front bei einem Halsdurchschuß knapp dem Tode entgeht und im Juni, zusammen mit seiner Frau, nur mit Mühe den Kommunisten entkommen kann.
Der das unmittelbare Erleben in den Mittelpunkt rückende Bericht der ersten vier Kapitel wird durch eine ausgedehnte Analyse unterbrochen (Kap. V), mit der Orwell nunmehr aus der Rückschau über die ideologischen Gegensätze auf der Linken informiert. Wegen des allmählich größeren Wissens des an den Auseinandersetzungen zwischen POUM und PSUC auf den Straßen Barcelonas beteiligten Orwell werden Bericht und Analyse dann innerhalb eines einzigen Kapitels (XI) stärker miteinander verschränkt, so daß die abschließenden Kapitel (Verfolgung durch die Kommunisten, Flucht über die Grenze) vom nunmehr durchblickenden, weil aufgeklärten englischen Leser konsequenterweise als logische Folge aus dem bisher Vorgetragenen gelesen werden müßten.
Orwell berichtet jedoch in den ersten Kapiteln seines Buches nicht nur vom frustrierenden, meist ereignislosen Fronteinsatz, von der mangelhaften Bewaffnung, der militärischen Ineffizienz, der allgemeinen Sinnlosigkeit, obwohl er andererseits sehr wohl Zeichen einer erfolgreichen Revolution – die Veränderung der Besitzverhältnisse, die Herrschaft der Arbeiter, die Atmosphäre der Solidarität, das Gefühl der Gleichheit – sieht. Er gesteht sogar ein, daß er – obwohl in den Reihen der anti-stalinistischen POUM kämpfend – zunächst nicht deren politische Position vertrat, die – wie er meinte – die Revolution bereits ein Stück vorangetrieben hatte, sondern die Strategie der zentralistischen PSUC für richtig hielt, obwohl sie aus außenpolitischen Erwägungen (Verhältnis zu Frankreich) nicht an einer radikalen spanischen Umwälzung interessiert war und einen antirevolutionären Rechtskurs eingeschlagen hatte. Orwell schenkte – und in dieser Hinsicht glich er dem aufzuklärenden englischen Leser – zunächst der Version der Linken (Bürgerkrieg als Verteidigung der Zivilisation gegen den Faschismus) Glauben und meinte, ohne die eigentlichen Gründe etwa für die Waffenmisere der Anarchisten zu kennen, bei der PSUC mehr Effizienz zu finden.
Orwell betont diesen offen eingestandenen Meinungswandel, weil er den Irrtum als ein produktives Entwicklungsmoment versteht: *»(It) taught me things that I could not have learned in any other way«*. Genau aus dieser Überzeugung von der Dialektik des Irrtums aber konfrontierte er in den folgenden Jahren auch seine Leser mit narrativ, also am Modell aufgezeigten Fehlentscheidungen: Was ihn selbst der *»reign of terror«* der Kommunisten von Barcelona, was ihn Propaganda, Lüge und Geheimpolizei gelehrt hatten, das sollte der Leser am Beispiel der irregeführten Tiere und des zu spät revoltierenden Winston Smith (in *1984*) erkennen. Wenn Orwell bekennt, die spanischen Erfahrungen hätten seinen Glauben an die *»decency of human beings«* eher gestärkt denn geschwächt, dann ist das auch der Grund für die düsteren Visionen von *Animal Farm* und *1984*: Nur durch die auf Erkenntnis der Ursachen hinauslaufende Konfrontation mit Irrtümern und Fehleinschätzungen konnte der zeitgenössische Leser den richtigen Weg finden.
In dem gewöhnlich zusammen mit *Homage to Catalonia* gedruckten Essay *Looking Back on the Spanish War* (1942) hebt Orwell angesichts der zunehmenden Rolle der politischen Propaganda vor allem den Verlust historischer Objektivität und Wahrhaftigkeit hervor, der – wie in *Animal Farm* gezeigt – bis zur ideologischen Kontrolle von »Vergangenheit« gehen kann; und nicht der Intellektuelle, sondern der Arbeiter bzw. der *common man* begründet seine Hoffnungen auf einen Sieg über den Faschismus. Die letzten Zeilen des abschließenden, den ehemaligen Kameraden gewidmeten Gedichts faßt diese Hoffnung in einem Symbol zusammen: *»No bomb that ever burst / Shatters the crystal spirit.«*
U.Bö.

Ausgaben: Ldn. 1938. – Ldn. 1954. – Harmondsworth 1962 (Penguin; ern. 1981). – NY 1969. – Harmondsworth 1984 (zus. m. *Looking Back on the Spanish War*; Penguin). – Ldn. 1986 (in *Complete Works*, 1986 ff., Bd. 6). – Harmondsworth 1989, Hg. R. E. Hoggart.

Übersetzung: *Mein Katalonien*, W. Rieger, Mchn. 1964. – Dass., ders., Ffm. 1966 (Einl. L. Trilling; FiTb). – Dass., ders., Zürich 1975 (detebe; ern. 1982).

Literatur: E. Edrich, *Naïveté and Simplicity in O.'s Writings: »Homage to Catalonia«* (in Univ. of Kansas City Review, 27, 1961, S. 289–297). – R. Carr, *O. in the Spanish Civil War* (in *The World of G. O.*, Hg. M. Gross, Ldn. 1971). – J. Meyers, *›An Airlifting Flame‹: O.'s »Homage«* (in Arizona Quarterly, 27, 1971, S. 5–22). – M. Sperber, *›Marx: G. O.'s Dog‹: A Study of Politics and Literature in »Homage«* (in Dalhousie Review, 52, 1972, S. 226–236). – J. F. Falván Reula, *Estudio literario de »Homage«* (in Revista Canaria de Estudios Inglese, 2, 1981, S. 26–50). – L. Hartveit, *Between the Scylla of Fact and the Charybdis of Fiction: The Dilemma of the Documentary Writer as Demonstrated in O.'s »Homage«* (in *Papers From the First Nordic Conference for English Studies, Oslo, 17.–19. Sept., 1980*, Hg. S. Johansson u. B. Tysdahl, Oslo 1981, S. 55–65). – H. J. Lang, *Der spanische Bürgerkrieg als Wendepunkt* (in *Englische Literatur u. Politik im 20. Jh.*, Hg. P. Goetsch u. H.-J. Müllenbrock, Wiesbaden 1981, S. 149–163). – M. Cowley, *No Homage to Catalonia: A Memory of the Spanish Civil War* (in Southern Review, 18, 1982, S. 131–140). – D. Wykes, *O. in the Trenches* (in Virginia Quarterly Review, 59, 1983, S. 415–435). – Ch. L. Anderson, *»Homage«: O. in Mid-Thought* (in Perspectives on Contemporary Literature, 11, 1985, S. 20 bis 27). – I. Haywood, *Facecrime: G. O. and the Physiognomy of Politics* (in Textual Practice, 2, 1988, S. 345–366). – A. Ivers, *O.'s Spanish Experience* (in Dolphin, 16, 1988, S. 7–28).

NINETEEN EIGHTY-FOUR

(engl.; *Ü: 1984*). Roman von George ORWELL, erschienen 1949. – Die Handlung des seit 1943 geplanten Romans *»about the future – that is ... in a sense a fantasy«* (noch 1948 schwankte Orwell zwischen dem ursprünglichen Titel *»The Last Man in Europe«* und der endgültigen Version) spielt in der näheren Zukunft. Die drei Supermächte Oceania, Eurasia und Eastasia führen permanent Krieg miteinander, und auf britischem Boden hält eine Partei-Oligarchie von zwei Prozent der Bevölkerung (die politisch-intellektuelle Elite der Inner Party mit dem *»great brother«* an der Spitze) weitere 13 Prozent (die Funktionäre der Outer Party) mit der sie ständig bespitzelnden Gedankenpolizei in einem Zustand der Angst; das gemeine Volk der *»proles«* ist davon ausgenommen, vegetiert aber in geistiger Unmündigkeit dahin. Unter diesen Bedingungen, die mit kollektiven, auf den angeblichen Feind Emmanuel Goldstein gerichteten Haßriten gefestigt werden, gibt es weder historische Wahrheit noch Gerechtigkeit. Andererseits läßt sich an der Darstellung des Schauplatzes London (= *»Airstrip One«*; nur wenige Abschnitte spielen in einer ländlichen Idylle), der Diskussion von Problemen wie Güterrationierung oder schlechte Wohnqualität oder von Themen wie Kollektivismus, Militarismus, Massenliteratur, politische Propaganda und Sprachverfall erkennen, warum Orwell selbst die Gattungsbestimmung *»fantasy«* durch *»in the form of a naturalistic novel«* (an F.J. Warburg, 1947) ergänzen zu müssen meinte.

Ausgangspunkt des Romans ist Orwells Befürchtung, die englischen Intellektuellen könnten, wie sich angesichts der unkritischen Haltung gegenüber Stalin Ende der dreißiger Jahre bereits angedeutet hatte, endgültig den Lockungen totalitären Machtdenkens erliegen: *»... the older men, nurtured in a Liberal tradition, are safe, but the younger generation is suspect and the seeds of totalitarian thought are probably widespread among them«* (Orwells Pressemitteilung 1949). Orwell meinte deshalb direkter als vergleichbare, in der ferneren Zukunft spielende Utopien an das Selbstverständnis des Lesers der Nachkriegszeit appellieren zu müssen; er tat das durch die aktualisierende, »naturalistische« Verankerung des Textes. Da Orwell zudem die auch von der traditionellen Utopie (bzw. dem negativen Gegenbild: der Dystopie) aufgeworfene Frage nach der Plastizität der menschlichen Natur skeptischer beurteilte – der Roman führt die These von den uneinnehmbaren Resistenzpotentialen im Menschen *ad absurdum* –, mußte er die aus dem Alptraum von *1984* zu ziehende Moral – *»Don't let it happen. It depends on you«* – um so eindringlicher vortragen. Da Orwell im Sinne eigener Fehleinschätzungen zu Beginn des Spanienengagements *(Homage to Catalonia)* vom heilsamen Nutzen des Irrtums überzeugt war, entwarf er in *1984* eine aus historischen Fehlschlüssen hervorgegangene Zukunft, die viele Leser wegen der düsteren Ausweglosigkeit als Ausdruck eines tiefen Pessimismus deuteten, obgleich Orwell selbst unvermindert an seiner Hoffnung auf die Errichtung einer sozialistischen Gesellschaft festhielt (*Toward European Unity*, 1947).

Das Schicksal des neununddreißigjährigen, im *»Minitrue«* (= Propagandaministerium) arbeitenden Protagonisten Winston Smith, der zwischen den *proles* und der obersten, am Erhalt der Macht um ihrer selbst willen interessierten Schicht steht, exemplifiziert, da Smiths »Rebellion« in sich zusammenbricht, überdeutlich die prognostizierten politischen Gefahren. Die Figurenzeichnung deutet jedoch die Bedingungen für die Fehlentwicklungen an, die sich im allgegenwärtigen Big Brother, in der Lehre des *»Ingsoc«* (= *»English socialism«*), im *»doublethink«* (*»Doppeldenk«*, einer Begriffsdialektik von der Form *»War is peace« – »Krieg ist Frieden«*) sowie in der reglementierenden *»Newspeak« (»Neusprech«)* manifestieren: Winston Smiths Geburtsjahr 1945 fällt mit dem Höhepunkt der politischen Macht Winston Churchills (für Orwell ebenso *»power-hungry«* wie Stalin und Roosevelt) zusammen, aber auch mit dem Wahlsieg der Sozialisten als den Fürsprechern des *»common man«*. Die beiden Namenskomponenten deuten somit unterschiedliche politische Wertorientierungen an, die in Träumen und Erinnerungen als konservativ-autoritäre bzw. sozialistisch-demokratische Motivationsmuster aufscheinen und die Smith zu einer – divergierende Entwicklungsmöglichkeiten in sich bergenden – exemplarischen Figur machen. Vor allem seine Träume deuten auf eine dem wirtschaftlichen Überlebenskampf entstammende sozialdarwinistische Ideologie des notwendigen Opfers und des Rechts des Stärkeren hin, was sich besonders in der Faszination zeigt, die der kraftvolle und brutale, zur Parteispitze gehörende O'Brien auf ihn ausübt. Smith steht in Orwells Überlegungen für eine Position wie die James BURNHAMS (*The Managerial Revolution*, 1941; *The Machiavellians*, 1943), auf dessen Gedanken zahlreiche Hintergrundmotive zurückgehen. Burnham sah den Kapitalismus in die planwirtschaftlich-zentralistische Herrschaft einer *»managerial class«* von Bürokraten und Technokraten münden; für Orwell war er die Verkörperung einer sich passiv den historischen Entwicklungen unterordnenden Anbetung der Macht (einer *»power worship so prevalent among intellectuals«*; vgl. *»James Burnham and the Managerial Revolution«*, 1946/47, in *Collected Essays*, Bd.4, 1968).

Smiths Erinnerungen an seine Mutter und an ihre Schutzgesten verweisen dagegen auf den alternativen Wert der Solidarität *(»human brotherhood«)*, und sie sind Ausdruck seiner Auflehnung gegen das System (und damit entscheidender Handlungsmotor). Smith artikuliert seinen Dissens noch bewußter in einem Tagebuch, und er rekurriert damit auf verpönte Werte wie Individualität, Aufrichtigkeit und Gerechtigkeit. Er hofft, daß die vitaleren *proles* einen politischen Wandel herbeiführen könnten, ohne jedoch zu bedenken, daß unter den gegebenen Verhältnissen die hegemoniale Kultur die Ent-

wicklung eines revolutionären Bewußtseins nicht gestattet. Vor allem ist jedoch das geheime, weil gegen die sexualfeindliche Parteidoktrin verstoßende Liebesverhältnis zu Julia in einer vermeintlich ausgegrenzten Idylle Ausdruck seiner Auflehnung.
O'Brien, dem Smith vertraut, verurteilt durch seine nicht erkennbaren Überwachungsaktionen die Rebellion jedoch zum Scheitern. Er gibt ihm zwar Emmanuel Goldsteins Buch *»The Theory and Practice of Oligarchical Collectivism«* zu lesen, die Abhandlung einer fiktiven Figur, deren Name eine Anspielung auf den Abweichler Trockij (eigentlich L. D. Bronstein) und die amerikanische Anarchistin Emma Goldman darstellt; was Smith hier über Rede-, Versammlungs- und Pressefreiheit erfährt, dient aber letztlich doch nur seiner Manipulation. Smith wird schließlich nach seiner Festnahme in einem im *»Ministery of Love«* stattfindenden *»brainwashing«* im Innersten zerstört und psychisch umstrukturiert. Dieser Veränderungsprozeß wird (im Staat Oceania) mit Bildern und Metaphern angedeutet, die das Versinken im Meer der Bewußtlosigkeit *(»drowning of consciousness«)* andeuten. Vor allem bei der Konfrontation mit den aggressiven Ratten in einem den Kopf umgebenden Käfig zeigt sich die absolute Plastizität der menschlichen Natur: *»We control life... we create human nature. Men are infinitely malleable« (»Wir kontrollieren das Leben... Wir erschaffen die menschliche Natur. Die Menschen sind unendlich formbar.«)*
Der Roman wird mit einem separaten Essay über *The Principles of Newspeak (Die Grundlagen des Neusprech)* abgeschlossen, der – so die Fiktion – nach Ende der Herrschaft des Großen Bruders entstanden ist (wie eine Änderung herbeigeführt werden könnte, verschweigt Orwell allerdings). Dieser Essay beschäftigt sich u. a. mit der bereits in der englischen Sprache der Zeit erkennbaren Vereinfachungstendenz, in der Orwell ein mögliches Mittel der ideologischen Manipulation sieht und die sich in *1984* beispielhaft in der als Übersetzung drapierten Vernichtung der großen Werke der Kultur zeigt.
Die Popularität des Romans ist wohl zum Teil auf die Erzählweise zurückzuführen. Während Utopien/Dystopien normalerweise systematisch und relativ abstrakt über die alternativen politisch-sozialen Zustände informieren, werden die Details über die Herrschaft des Großen Bruders bei Orwell über die Erlebnisperspektive Smiths und damit seine durch die fortschreitende Handlung bedingten selektiven Wahrnehmungen vermittelt. Nur an wenigen Stellen (z. B. O'Briens Machtphilosophie) bedient sich Orwell eines eher expositorischen Stils.
1984 ist inzwischen zu einer scheinbar nicht mehr erklärungsbedürftigen Metapher für totalitäre Verhältnisse geworden. Nachdem das Buch während des Kalten Krieges etwa als Schullektüre ideologisch, d. h. antikommunistisch, vereinnahmt wurde, ist die Analyse des Textes, der auch von Politologen und Kulturkritikern immer wieder als Illustrationsbeispiel verwendet wird, differenzierter geworden. Dies gilt für Erich Fromms Nachwort zur Signet Classics-Ausgabe von 1962 oder die in I. Howes Sammelband (1983) abgedruckten Beiträge u. a. von Leszek Kołakowski, Milovan Djilas, Johano Strasser und Richard Löwenthal. Die Diskussion, die im Jahr 1984 einen Höhepunkt fand, erhielt auch durch A. Burgess' essayistisch-fiktionale Auseinandersetzung mit Orwell im aktualisierten Zukunftsentwurf *1985* (1978) und durch Terry Gilliams Verfilmung *Brazil* (1985), einer mit zeitgenössischen Science-fiction-Elementen durchsetzten Adaption (Drehbuchmitarbeiter Tom Stoppard), neuen Auftrieb. U.Bö.

Ausgaben: Ldn. 1949. – NY 1949. – Ldn. 1954 u. ö. (Penguin). – NY 1962 (*1984*; Nachw. E. Fromm). – NY 1963 (*Nineteen Eighty-Four: Text, Sources, Criticism*, Hg. I. Howe; ²1982). – Oxford 1984, Hg., Einl. u. Anm. B. P. Crick. – Ldn. 1984, Hg. P. Davison [Faks.]. – Harmondsworth 1984 (in *The Penguin Complete Novels*). – Ldn. 1987 (in *Complete Works*, 1986 ff., Bd. 9). – Ldn. 1989 (in *Four Best-Sellers*). – Harmondsworth 1989, Hg. B. Pimlott.

Übersetzungen: *Neunzehnhundertvierundachtzig*, K. Wagenseil, Stg. u. a. 1950; Zürich ²²1974. – Dass., ders., Konstanz u. a. ⁵1956 [Nachw. A. Koestler]. – Dass., ders., Ffm./Bln. 1974 (Ullst. Tb). – *1984*, ders., Zürich 1983 (detebe). – Dass., M. Walter, Ffm./Bln. 1984, Hg. u. Nachw. H. W. Franke (Ullst. Tb; ⁶1990). – Dass., M. Walter, Hg. u. Einl. P. Davison, Ffm. u. a. 1984 [Vorw. D. G. Siegel]. – Dass., K. Wagenseil, Ffm. 1984 [m. Beitr. v. I. Fetscher, G. Grass, A. Muschg, E. Fromm u. H. L. Arnold].

Verfilmungen: England 1956 (Regie: M. Anderson). – *Brazil*, England 1985 (Regie: T. Gilliam).

Literatur: G. Krause, *G. O.s Utopie »1984«* (in NSp, 1954, S. 529–542). – R. Gerber, *Utopian Fantasy: A Study of English Utopian Fiction since the End of the 19th Century*, Ldn. 1955. – L. Elsbree, *The Structured Nightmare of »1984«* (in TCL, 4, 1959, S. 135–141). – H. J. Harris, *O.'s Essay and »1984«* (ebd., S. 154–161). – J. Slater, *The Fictional Values of »1984«* (in Essays in Literary History, 16, 1961, S. 249–264). – E. Edrich, *G. O. and the Satire in Horror* (in TSLL, 4, 1962, S. 96–108). – *20th-Century Interpretations of »1984«*, Hg. S. Hynes, Englewood Cliffs/N.J. 1971. – W. Steinhoff, *G. O. and the Origins of »1984«*, Ann Arbor/Mich. 1975 [m. Bibliogr.]. – J. Calder, *Huxley and Orwell: »Brave New World« and »1984«*, Ldn. 1976. – D. McCormick, *Approaching »1984«*, Newton Abbot/Ldn. 1980. – B.-P. Lange, *G. O.: »1984«*, Mchn. 1982. – P. Reilly, *»1984«: The Failure of Humanism* (in Critical Quarterly, 24, 1982, S. 19–30). – F. A. Allen, *»1984« and the Eclipse of Private Worlds* (in Michigan Quarterly Review, 22, 1983, S. 517–540). – *»1984« in 1984*, Hg. P. Chilton u.

C. Aubrey, Ldn. 1983. – *»1984« Revisited*, Hg. I. Howe, NY 1983. – B. Kahrmann, *G. O., »1984«* (in *Literarische Utopien von Morus bis zur Gegenwart*, Hg. U. Seeber, Königstein/Ts. 1983, S. 233–250). – W. Meyer-Larson, *Der Orwell-Staat 1984: Vision u. Wirklichkeit*, Reinbek 1983. – R. Plank, *G. O.s »1984«: Eine psychologische Studie*, Ffm. 1983. – *On »1984«*, Hg. P. Stansky, NY 1983. – W. Steinhoff, *Utopia Reconsidered* (in *No Place Else*, Hg. M. H. Greenberg u. a., Carbondale/Ill. 1983, S. 147–161). – R. Welch, *G. O.'s »1984«*, Harlow 1983. – *Notes on »1984«*, Hg. ders., Ldn. 1983. – A. Berkhof, *Bad Or-Well '84*, Antwerpen 1984. – U. Böker, *Der sozialistische und der totalitäre Winston Smith: Übersehene Aspekte der politischen Analyse in O.s »1984«* (in ASSL, 221, 1984, S. 268 bis 285). – W. F. Bolton, *G. O.'s English and Ours: The Language of »1984«*, Oxford 1984. – *1984 to »1984«: A Companion to G. O.'s Classic Novel*, Hg. C. J. Cuppig, NY 1984. – K. Dittmar, *Die Fiktionalisierung der Wirklichkeit als antiutopische Fiktion. Manipulative Realitätskontrolle in G. O.s »1984«* (in DVLG, 58, 1984, S. 679–712). – *The Future of »1984«*, Hg. E. J. Jensen, Ann Arbor/Mich. 1984. – J. Schmidt, *G. O.: »1984«* (in *Die Utopie in der angloamerikanischen Literatur*, Hg. H. Heuermann u. B.-P. Lange, Düsseldorf 1984, S. 235–258). – *G. O. and »1984«*, Hg. M. Skovmand, Aarhus 1984. – *G. O. and »1984«*, Hg. B. J. Suykerbuyk, Antwerpen 1984. – G. Woodcock, *O.'s Message: »1984« and the Present*, Oxford 1984. – Gulliver, 14, 1984 [Sonderbd. *»1984«*]. – *G. O. and 1984: The Man and the Book*, Washington D.C. 1985 [m. Bibliogr.]. – U. Böker, *Zur Namengebung in O.s »1984«* (in Anglia, 104, 1986, S. 122–131). – C. Greenland, *Images of »1984«: Fiction and Prediction* (in *Storm Warnings*, Hg. G. E. Slusser u. a., Carbondale/Ill. 1987, S. 125–134). – *G. O.'s »1984«*, Hg. H. Bloom, NY 1987. – B. Bergonzi, *»1984« and the Literary Imagination* (in *Between Dream and Nature*, Hg. D. Baker-Smith u. C. C. Barfoot, Amsterdam 1987, S. 211–228).

WILFRED OWEN

* 18.3.1893 Oswestry / Shropshire
† 4.11.1918 bei Landrecies / Frankreich

DAS LYRISCHE WERK (engl.) von Wilfred OWEN.
Owen, mit 25 Jahren 1918 im Stellungskrieg kurz vor dem Waffenstillstand in Frankreich gefallen, wurde schon bald nach Kriegsende zum Inbegriff des *war poet*, des Dichters, der die Unmenschlichkeit des Krieges aus unmittelbarer Anschauung und in lyrisch überzeugender Weise zum Ausdruck brachte. Die Intensität, mit der er diesen Gegenstand poetisch verarbeitete, sowie die expressionistische Aussagekraft resultieren zwar zunächst aus dem konkreten Anblick des unsäglichen Leids, der seelischen Belastungen und der Vermaterialisierung des Menschen; in den Tiefenschichten der ästhetischen Gestaltung und der gehaltlichen Aussage kommen jedoch auch Owens Vorstellungen vom Wesen der Dichtung, von Leitbildern und Grundüberzeugungen aus der Zeit vor dem Ersten Weltkrieg zum Tragen.
Das lyrische Frühwerk des eher stillen, in sich selbst ruhenden und keineswegs intellektuellen Autors aus der Provinz sticht zwar nicht durch besondere Eigenheiten hervor. Es ist jedoch gekennzeichnet durch relative Distanz zu den dichterischen Einflüssen seiner Zeit, also zu den sog. »Edwardians« und »Georgians«, sowie zur Verskunst und zur Dekadenz des ausgehenden 19. Jh.s. Owen leitete seinen Ästhetizismus vielmehr von John KEATS ab, dessen Idee der Schönheit, der Intensität des Empfindens und der bloßen, interpretationsfreien Wiedergabe des Leidens als Aufgabe der Kunst er ebenso übernahm wie die Vorliebe für das Sonett. Keats war Owens lebenslanger *»dichterischer Begleiter«*; sein Einfluß ist in Einzelformulierungen genauso spürbar wie in der Bildersprache der Kriegslyrik und der anderen frühen Gedichte. Zunächst weniger deutlich war der Einfluß eines weiteren Romantikers, Percy B. SHELLEYS, dessen dynamischer Humanismus und rebellisch-pazifistischer Geist die persönliche wie dichterische Verarbeitung des Kriegs beeinflußt haben dürften.
Der politisch wenig engagierte Owen stand wie zahlreiche Zeitgenossen zunächst unter dem Einfluß der Kriegseuphorie, die ab 1914 auch in der englischen Lyrik vorherrschte. Seine diesbezüglichen Formulierungen sind jedoch sehr gemäßigt, beschränken sich im wesentlichen auf den Gedanken der Unausweichlichkeit von Geschichte und Schicksal und zeugen von einem entschlossenen Optimismus moralischer Überlegenheit im Dienst der Idee des *»fair play«*. Owen zögerte zunächst, die unmittelbare Erfahrung des Krieges im Schützengraben dichterisch zu gestalten, und wendete sich verstärkt und geradezu eskapistisch in Gedichten wie *Happiness (Glück), The Fates (Schicksalsmächte)* oder auch *My Shy Hands (Meine scheuen Hände)* dem Gedanken der Schönheit im Sinne von Keats zu, der Refugium vor den Schrecknissen der Zeit und, wie er selbst sagt, geradezu zu seinem Credo wird. Im Zuge der Frühjahrsoffensive 1917, bei der er einen Nervenschock erlitt, wurde Owen die Grausamkeit des Kriegsgeschehens immer drängender bewußt. Die Begegnung mit Siegfried SASSOON, einem Frontoffizier mit ähnlicher Entwicklung wie er selbst, einem bereits arrivierten Dichter auch und gerade im Bereich der Kriegslyrik, bewirkte im Sommer 1917 den Umschwung in Owens lyrischem Schaffen, der in Gedichten wie *The Unreturning (Umkehrlosigkeit)* und *Strange Meeting (Seltsames Zusammentreffen)* deutlich wird. Der ungeschminkte Realismus und die ganz

konkrete Wiedergabe der unmittelbaren Empfindungen und Vorgänge in nüchterner, umgangssprachlicher Ausdrucksweise erschienen Owen nunmehr mit dem Wesen lyrischer Dichtung vereinbar. Zwar erkannte er, daß die überlieferten Ausdrucksweisen und Symbole der Lyrik und der literarischen Ästhetik dort unbrauchbar waren, wo junge Leute *»wie Schlachtvieh sterben«*, wie er in *Anthem for Doomed Youth (Hymne an die zum Untergang verdammte Jugend)* sagt, aber er vermied auch den lediglich anklagenden Ton, die bissige Satire und die Grausamkeit als Mittel der Agitation. Owen schrieb aus Betroffenheit über die Verhöhnung der Menschlichkeit und die Schändung des Guten, verbunden mit dem Verlust der Harmonie und des Schönen im Sinne von Keats. Owen führt daher in erster Linie Klage über die Verderbtheit der Menschen, die solches Leid schuf, und über die Toten, die ihr Leben hingeben mußten. Mitgefühl und Trauer, die seine Gedichte erwecken sollen, wie er im vielzitierten Vorwort für die im Sommer 1918 geplante Veröffentlichung seiner Gedichte sagt *(»My subject is War, and the pity of War. / The Poetry is in the pity.«)*, sind daher existentiell und keineswegs nur emotional konzipiert. Mitgefühl soll das Empfinden der Menschen im innersten Kern berühren und eine Denkungsart herbeiführen, die wesentlich über die Bloßstellung der Schrecknisse des Krieges und über die Hoffnungslosigkeit der Menschen hinausgeht. Dies geschieht zum Beispiel unter der ganz faktenbezogen wiedergegebenen Oberfläche von Lebensumständen und Empfindungen der Soldaten im Kampfeinsatz in einem so prominenten Gedicht wie *Exposure (Bloßstellung)*, von dem man eigentlich explizite Denunziation erwarten würde. Die lyrischen Mittel der Bewußtmachung und die eher elegische Grundhaltung Owens sind dabei weder entpolitisiert noch unpolitisch: Protest äußert sich in seiner Lyrik vielmehr im kommentarlosen Nebeneinanderstellen und in unaufdringlichen, jedoch unübersehbaren Aussageweisen dichterischer Formkunst. So verdeutlichen etwa die auch in der Kriegslyrik vorhandenen Ankläge an Keats und Shelley den gleichsam irreparablen Bruch zwischen der Realität und dem Ideal einer humanen, harmonischen Welt, z. B. in der Zusammenfügung einer aus der Liebeslyrik bekannten Bildersprache mit der Abschlachtung der Menschen in dem Gedicht *Conscious (Bewußt)*: *»Music and roses burst through crimson slaughter« (»Musik und Rosen brechen auf in blutgerötetem Niedermetzeln«)*.

Die ausgesprochen intensive Verwendung von Halbreimen und Assonanzen verschiedener Art in Gedichten wie *Bugles Sang (Signalhörner bliesen), Strange Meeting, A Terre (Zur Erde), Futility (Sinnlosigkeit)* oder *The Unreturning* führt in der Dissonanz und durch Vereitelung der erwarteten klanglichen Entsprechung den Bruch, die Niedergeschlagenheit und die Ratlosigkeit auch metrisch vor Augen. Daß Owen nach der Begegnung mit Sassoon die von ihm besonders geschätzte Form des Sonetts seltener verwendete, dafür aber Sonette und sonettartige Einheiten mit der dieser Gedichtform eigenen Sinnstiftung in längere Kompositionen einarbeitete (z. B. in *Dulce et Decorum Est – Es ist edel und geziemend; The Dead-Beat – Die Erschöpfung; Smile, Smile, Smile – Lächeln, lächeln, lächeln*; u. a.), ist aufschlußreich; signalisiert diese Verfahrensweise doch, daß es bei Owen keinen völligen inneren Zusammenbruch gab, keine absolute Verzweiflung und keinen Nihilismus, sondern daß letztlich seine humane Grundhaltung fortbestand.

Die Demaskierung falscher und gefährlicher Vorstellungen hat bei Owen viele Formen: In *Apologia Pro Poemate Meo (Verteidigung meiner Dichtung)* stellt der Autor durchschnittliche Bewußtseinsinhalte ihrem Pendant aus der Sicht des Stellungskriegs gegenüber. In der Darstellung der Krüppel und Kriegsopfer, z. B. in *Disabled (Nicht mehr tauglich), Mental Cases (Irre), A Terre* oder *Conscious*, entlarvt er den irregeleiteten Heroismus und die falsche Idealität. Sarkasmus und Ironie kennzeichnen das eher erzählerische Gedicht *The Dead-Beat*; ein Meisterwerk subtiler Anspielung und Verspottung der Klischees von Sieg und Heldentum ist eines der beiden letzten Gedichte mit dem Titel *Smile, Smile, Smile*. Hier verzichtete Owen auf Bildersprache, Reimkunst und elegischen Grundton, widmet sich dafür aber um so mehr der Ironisierung der offiziellen Kriegsideologie, die von Presse und Music Hall gleichermaßen breitgetreten wurde: Durch verfremdete Zitate werden Ruhm- und Endsiegsphrasen als Torpedierung der Friedensbemühungen, wird der übliche Gefühlsaufwall der Anteilnahme als oftmals bloße psychische Entlastung der Daheimgebliebenen entlarvt. Der Titel des Gedichts *Dulce et Decorum Est* wirkt wie ein Hohn angesichts der geschilderten Arten des Todes für das Vaterland.

Die anfangs noch vorhandenen Anklänge an eine christliche Sinngebung des schrecklichen Geschehens wie in *Greater Love (Eine größere Liebe hat niemand...), Mental Cases* oder auch *Exposure* werden allmählich immer spärlicher. Das in der Kriegslyrik überstrapazierte Bild vom Soldaten, der sich wie Christus für das Leben anderer opfert, sowie der Gedanke des christlichen Trosts, beide in dem frühesten Gedicht über den Schützengrabenkrieg, *At a Calvary near the Ancre (An einem Kalvarienberg beim Fluß Ancre)* deutlich vorhanden, werden ihm im Verlauf seines letzten Lebensjahrs zusehens suspekt. Von der Überwindung Mariens durch die Hölle ist in *Le Christianisme (Das Christentum)* bildlich die Rede; Patriotismus und Religion mit ihrer Forderung des lediglich passiven Widerstandes scheinen Owen bereits 1917 unvereinbar, weshalb er zum Pazifismus neigt; in den Gedichten *Soldier's Dream (Der Traum des Soldaten)* und *The Parable of the Old Man and the Young (Die Parabel vom alten und vom jungen Mann)* schließlich steht der Soldat zwischen einer inhumanen Gesellschaft, die Opfer solcher Art verlangt, und einem unbarmherzigen Gottvater. Zwar enthält Owens Lyrik auch weiterhin religiöse Anspielungen, doch kehren sich diese letztlich nicht gegen die Religion

selbst, sondern gegen die sich christlich nennende Denkungsart der Gesellschaft, die das schreckliche Unheil des Kriegs zuließ und damit Verrat am Evangelium beging.
Die Nachwirkung der Lyrik Owens reicht von deutlicher Ablehnung bei YEATS zu ausgesprochenem Beifall seitens der Dichter um H. W. AUDEN. Yeats kritisierte den spätromantischen und pathetischen Ton, die stilistischen Schwankungen und die mangelnde formale Durchdringung, hatte es jedoch selbst abgelehnt, den Krieg in seiner eigenen Dichtung zu thematisieren. Für die eher linksorientierte Gruppe der Dichter um Auden war Owen mit seiner Kontrastierungstechnik, seiner Verwendung der gesprochenen Sprache, seiner Reimkunst und Bildersprache, aber auch wegen seiner Haltung gegenüber dem Krieg der entscheidende Anwalt der Moderne. Stephen SPENDER sah in ihm das dichterische Vorbild für die zwischen den Weltkriegen angestrebte *»anti-fascist pacifist poetry«*, auf die man Owens Lyrik jedoch bestenfalls ansatzweise festlegen kann. – Benjamin BRITTEN vertonte in seinem *War Requiem* (1962) mehrere Gedichte Owens. P.E.

AUSGABEN: *Poems*, Hg. S. Sassoon, Ldn. 1920; NY 1921. – *The Poems of W. O.*, Hg. E. Blunden, Ldn./NY 1931. – *The Collected Poems of W. O.*, Hg. C. D. Lewis, Ldn. 1963, ern. 1971; NY 1964. – *War Poems*, Hg. D. Hibberd, Ldn. 1973. – *The Collected Poems and Fragments*, Hg. J. Stallworthy, Ldn. 1983. – *The Poems*, Hg. J. Silkin, Harmondsworth 1985. – *Collected Letters*, Hg. J. Bell u. H. Owen, Ldn./NY 1967.

VERTONUNG: B. Britten, *War Requiem* (Urauff.: Coventry 1962).

LITERATUR: D. Welland, *W. O.: A Critical Study*, Ldn. 1960; ern. 1969. – H. Owen, *Journey from Obscurity: W. O., 1893–1918*, 3 Bde., Ldn./NY 1963–1965. – J. Johnston, *English Poetry of the First World War*, Princeton/N.J. 1964, S. 155–212. – W. White, *W. O. (1893–1918): A Bibliography* (in Serif, 2, 1965, S. 2–16). – H. Combecher, *W. O.: »Exposure«* (in *Die moderne englische Lyrik*, Hg. H. Oppel, Bln. 1967). – G. White, *W. O.*, NY 1969 (TEAS). – A. Lane, *An Adequate Response: The War Poetry of W. O. and Siegfried Sassoon*, Detroit 1972. – J. Silkin, *Out of Battle: The Poetry of the Great War*, Ldn. 1972, S. 197–248. – J. Stallworthy, *W. O.*, Ldn. 1974. – D. Hibberd, *W. O.*, Ldn. 1975. – S. Bäckman, *Tradition Transformed: Studies in the Poetry of W. O.*, Lund 1979. – M. B. McDowell, *W. O.* (in DLB, Bd. 20, 1983, S. 258–269). – U. Schneider, *Die literarische Verarbeitung des Ersten Weltkriegs in W. O.s »Smile, Smile, Smile«* (in *Tradition u. Innovation in der englischen u. amerikanischen Lyrik des 20. Jh.s*, Hg. K. Höltgen u. a., Tübingen 1986).

JOHN COWPER POWYS

* 8.10.1872 Shirley / Derbyshire
† 17.6.1963 Blaenau Ffestiniog / Wales

LITERATUR ZUM AUTOR:
Bibliographien:
R. Ch. Churchill, *The P. Brothers*, Ldn. 1962. – A. J. Aderson, *J. C. P.: A Bibliography* (in Bull. of Bibliography, 25, 1966, S. 78–81).
Biographien:
K. Hopkins, *The P. Brothers: A Biographical Appreciation*, Ldn. 1967. – R. P. Graves, *The Brothers P.*, NY 1983 [m. Bibliogr.].
Zeitschriften:
P. Newsletter, Hamilton/N.Y. 1970 ff. – P. Review, Hg. P. Humfrey u. P. Miles, Dyfed 1977 ff.
Gesamtdarstellungen und Studien:
W. Kehr, *J. C. P.: Leben, Weltanschauung, episches Werk*, Mainz 1958. – M. Gresset, *J. C. P., notre contemporain* (in Preuves, 163, 1964, S. 74–78). – A. Wilson, *»Mythology« in J. C. P.'s Novels* (in Review of English Literature, 1, 1963, Nr. 4, S. 9 bis 20). – G. W. Knight, *The Saturnian Quest: A Chart of the Prose Works of J. C. P.*, Ldn. 1964. – F. J. Raddatz, *Verstellte Wirklichkeiten. Mythos u. Realitäten im Werk des J. C. P.* (in FH, 20, 1965, S. 775–783). – H. P. Collins, *J. C. P.*, Ldn. 1966. – D. Langridge, *J. C. P.: A Record of Achievement*, Ldn. 1966. – K. Hepfer, *Der Mythos im Werk von J. C. P.*, Diss. Hbg. 1972. – *Essays on J. C. P.*, Hg. B. Humfrey, Cardiff 1972. – G. Cavaliero, *J. C. P.: Novelist*, Oxford 1973. – J. Hooker, *J. C. P.*, Cardiff 1973. – M. Krissdottir, *J. C. P. and the Magic Quest*, Ldn. 1980. – C. A. Coates, *J. C. P. in Search of a Landscape*, Ldn. 1982. – R. L. Blackmore, *J. C. P.* (in DLB, Bd. 15, 1983, S. 448–464). – E. Schenkel, *Natur u. Subjekt im Werk von J. C. P.*, Ffm. 1983. – G. Reinmann, *Romancier, Kritiker, Philosoph, Magier und Scharlatan. Über J. C. P. (1872–1963)* (in die horen, 30, 1985, Nr. 137, S. 124–132).

A GLASTONBURY ROMANCE

(engl.; *Eine Glastonbury-Sage*). Roman von John Cowper POWYS, erschienen 1932. – Das über tausend Seiten umfassende Buch des englisch-walisischen Autors galt jahrelang bei einigen europäischen und amerikanischen Literaten (unter ihnen Hans Henny JAHNN und Henry MILLER) als eine Art Geheimtip. Innerhalb der englischen Literatur des 20. Jh.s nimmt das exzentrische Werk eine ähnliche Außenseiterposition ein wie die Romane von Ronald FIRBANK (1886–1926), von denen es sich allerdings durch Stoff und Erzählweise unterscheidet. Schon sein Titel weist auf das Außergewöhnliche hin: Als *romance* will es über das Romanhafte hinaus in die Dimension des Wunderbaren vorstoßen, wie sie den alten Sagen und Legenden eigen ist. Die Wahl des Schauplatzes hängt eng mit dieser Absicht zusammen: eine alte, versponnene Provinzstadt im Westen Englands, die im Sagenkreis um König Artus und den Gral eine Rolle spielt. Hier, in der Grafschaft Somerset, nahe dem prähistorischen sakralen Bauwerk von Stonehenge, sollen Artus und Guinevere begraben liegen, soll Joseph von Arimathia ein Kloster gegründet haben. Der *genius loci* erweist sich für alle Romanfiguren, ob sie an die Gralslegende glauben oder nicht, als schicksalhaft.

Die in den zwanziger und dreißiger Jahren des 20. Jh.s spielende Handlung beginnt in Norfolk, wo sich einige der Hauptpersonen bei einer Testamentseröffnung treffen. Der alte Kanonikus William Crow hat überraschenderweise sein Vermögen einem Prediger aus Glastonbury, John Geard, vermacht. Während Crows Enkel John sich gleichgültig verhält, ist ein anderer Enkel, der Fabrikbesitzer Philip Crow aus Glastonbury, bitter enttäuscht; er hatte gehofft, mit dem Erbe seine industrielle Macht zu mehren. – John Crow hat sich in seine Kusine Mary verliebt, will ihr nach Glastonbury folgen und wandert, da er mittellos ist, zu Fuß quer durch England. In der Nähe von Stonehenge hat er eine seltsame Begegnung: Owen Evans, ein Antiquitätenhändler, der von sadomasochistischen Wunschvorstellungen gequält wird, eng vertraut ist mit den Sagen um Glastonbury und ein »Leben Merlins« schreiben will, nimmt ihn im Wagen mit in den Ort. Obwohl John in Glastonbury sofort den Unwillen der Einwohner erregt, als er offen bekennt, nicht an die alten Legenden zu glauben, wird er Mitarbeiter jenes John Geard, der ein großes Passionsspiel veranstalten und damit eine neue Religion stiften will, die Elemente der Gralssage enthalten soll. Auf Betreiben des Revolutionärs Red Robinson und der ortsansässigen Kommunisten wird Geard zum Bürgermeister gewählt; er soll mithelfen, die Fabriken seines großen Gegenspielers, des reinen Verstandes- und Machtmenschen Philip Crow, ins Eigentum der Stadt zu überführen. – Die Pläne für das Passionsspiel scheinen zunächst zu scheitern, da Geard in einen *»mystischen Schlaf«* versinkt und die entscheidende Bürgerversammlung versäumt. Doch John Crow arbeitet trotz seiner Skepsis erfolgreich für Geard und beauftragt den jungen Dichter Ned Athling, den Text für das Spiel zu schreiben. Eines Tages, während eines Spaziergangs am Fluß Brue, glaubt er plötzlich, das blitzende Schwert des Königs Artus ins Wasser fallen zu sehen, macht sich aber keine Gedanken darüber, ob er den Vorfall als mystisches Erlebnis oder als Sinnestäuschung auffassen soll. Obwohl die Erzählung sich immer wieder von der Haupthandlung wegbewegt und dem Schicksal zahlreicher Nebenpersonen nachgeht, rückt doch die Gestalt des seltsamen Heiligen John Geard immer mehr in den Mittelpunkt. Endlich wird vor vielen ausländischen Besuchern die Passion Christi, vermischt mit den Glastonbury-Legenden, dargestellt. Streikende Arbeiter aus Philips Fabriken demonstrieren zwar gegen den *»religiösen Mummenschanz«*, doch schlau versteht es Geard, sie abzulenken. Dennoch nimmt das Spiel einen unerwarteten Ausgang: Owen Evans, der als Christus auftritt (teils um seine mystischen, teils um seine masochistischen Neigungen zu befriedigen, zugleich aber auch, um in dieser Rolle den »Teufel« der Perversität aus sich zu vertreiben), wird am Kreuz bewußtlos.

Die Handlung des zweiten Teils steuert einem ganz anderen Höhepunkt entgegen. Zunächst geht der Kampf zwischen *medievalism* und *industrialism* weiter. Philip Crows Machtstreben erhält neuen Auftrieb, als er in den Höhlen von Wookey Hole, die er zu einer Touristenattraktion gemacht hat, Zinn entdeckt, doch auch seine Gegenspieler gewinnen Terrain. Die städtische Andenkenproduktion läuft auf Hochtouren und stellt mythologische Figürchen her; vor allem aber wird ein von dem Anarchisten Trent, dem Kommunisten Spear und dem haßerfüllten Rebellen Robinson ausgeheckter Plan verwirklicht: Die Geschäfte und ein großer Teil der Fabriken werden zu einer Genossenschaft zusammengefaßt. Geard schließlich (sein Bild schwankt noch immer zwischen dem eines wundertätigen Heiligen und dem eines Scharlatans vom Format Cagliostros) macht aus der Quelle am Wirral Hill eine Art Wallfahrtsstätte und errichtet eine Rotunda, in der er sein Evangelium, die Grundlage seiner neuen mystischen Religion, lehrt. Doch den Plänen beider feindlicher Lager setzt die Natur ein Ende: Im Frühjahr kommt die große Flut und überschwemmt das tief im mythischen Tal von Avalon gelegene Glastonbury. Geard, dessen letzter Lehrvortrag in einem Tumult endete und der einen *»mystischen Tod«* in den Elementen sucht, kommt in den Fluten um. Philip Crow wird zwar gerettet, ist aber wirtschaftlich ruiniert. Ob John Crow, der vorher einem von Evans inszenierten Mordanschlag entronnen ist, mit seiner Kusine inzwischen nach Norfolk abgereist ist, bleibt offen. Das Buch klingt aus in einer Prosahymne an die beiden Abteitürme, die als die Türme auf der Stirn der Göttin Kybele gedeutet werden, als die *»Türme des Unmöglichen«*, die noch immer *»in der Dunkelheit sich bewegen von Kult zu Kult, von Offenbarung zu Offenbarung«*.

Bei der Exzentrizität des Stoffes überrascht die sehr konventionelle Erzählweise. Powys verfügt hier selten über andere Erzählmittel als etwa Dickens. Zwar gibt es Passagen von eigenartigem Zauber und grotesker Phantastik, doch überwiegt vor allem im Mittelteil eine wortreiche Monotonie. Sie wird verstärkt durch die wenig variierte Umgebung der als Typen ebenfalls leicht überschaubaren Charaktere, die provinziell wirken und eher dem 19. als dem 20. Jh. anzugehören scheinen. Daran ändert auch die Tatsache nichts, daß Kommunisten und Kapitalisten erbittert diskutieren und Betriebe sozialisiert werden. *»Begriffe wie Kapitalismus, Soziologie, Kommunismus, selbst Krieg oder Artillerie klappern wie Fremdworte im Text, bleiben Vokabeln«* (F. J. Raddatz). Zum anderen erscheint aber auch das immer wieder aufgerufene Übernatürliche – die Visionen, Wunder und kosmisch-mythischen Einflüsse – ambivalent, stets relativiert und abgeschwächt. Für die erlebenden Personen (etwa den Pfarrerssohn Sam Dekker und John Crow) bleibt es wirkungslos oder stellt es sich so dar, daß sie auch eine natürliche Erklärung dafür finden könnten. Auch die Einstellung des Autors zum Erzählten oszilliert: Erliegt für ihn die Stadt Glastonbury einer Art von chaotischer Massenhysterie, oder entwikkeln sich die Ereignisse aus echten religiösen Motiven? Diese Doppeldeutigkeit bestimmt vor allem auch die Figur des John Geard, des phlegmatischen Propheten, der dem von ihm inaugurierten Frömmigkeitsbetrieb indifferent, ja abschätzig gegenübersteht. Es wird nie klar, ob er nur ein Provinzscharlatan ist oder ob es ihm Ernst ist mit der neuen Gralsreligion. Vielleicht ist er nur der am genialischsten verwirrte unter den Einwohnern von Glastonbury. Wie Powys in seiner Autobiographie es von sich selbst behauptet hat, wirkt auch Geard wie ein *»vorsintflutliches Monstrum«*, versetzt in ein englisches Provinzstädtchen und umgeben von den *»Merlin-Phantasien«*, mit denen der Verfasser nach den Worten seines Bruders Llewelyn *»Himmel und Erde gefüllt hat«*. J.Dr.

AUSGABEN: NY 1932. – Ldn. 1933. – Ldn. 1955. – Ldn. 1979. – Woodstock 1987.

LITERATUR: A. D. Cook, *J. C. P.'s »A Glastonbury Romance«: A Modern Mystery Play* (in ConL, 13, 1972, S. 341–360). – G. Steiner, *Über die Schwierigkeiten bei der Lektüre von J. C. P.* (in Akzente, 1981, H. 2, S. 123–128). – C. Lock, *Polyphonic P.: Dostoevsky, Bakhtin, and »A Glastonbury Romance«* (in Univ. of Toronto Quarterly, 55, 1986, S. 261–281). – D. v. Huene Greenberg, *Stone Worship and the Search for Community in J. C. P.'s »A Glastonbury Romance«* (in P. Review, 1986, Nr. 18/19, S. 36–42). – S. Rands, *Aspects of the Topography of »A Glastonbury Romance«* (ebd., 1987, Nr. 20/21, S. 27–40).

WOLF SOLENT

(engl.; *Ü: Wolf Solent*). Roman von John Cowper POWYS, erschienen 1929. – Zeitlich und konzeptionell steht im Zentrum von Powys' umfangreichem Werk, das neben mehreren Romanen, die im Westen Englands spielen, auch solche über historische und mythische Gestalten aus Wales sowie Lyrik und literaturkritische Arbeiten umfaßt, der Roman *Wolf Solent*; als erster der vier »Wessex-Romane« (in der Wahl des Schauplatzes, weniger in Thema und Menschenbild lehnt sich Powys an Thomas HARDY an, mit dem er befreundet war) wird *Wolf Solent* freilich an Monumentalität noch von *A Glastonbury Romance* (1932) übertroffen, während *Weymouth Sands* (1934) und *Maiden Castle* (1936) sich Hardys Wessex-Romanen nähern. In einem auf 25 Kapitel angelegten Zyklus entwickelt *Wolf Solent* die zentralen Elemente der äußeren wie inneren Biographie seines Protagonisten. Der rekonstruierbare Aufbau entspricht dabei vordergründig dem Schema des Entwicklungsromanes, wodurch die modernen Elemente des Textes, die das Konventionelle der Gattung sprengen, zunächst verdeckt bleiben. Nach dem Ausbruch des 35jährigen Protagonisten aus seinem Alltagsleben (Kap. 1) wird sein Neuansatz immer problematischer, bis dessen Scheitern (Kap. 23/24) mit der neuerlichen Akzeptanz einer Normalität (Kap. 25) endgültig wird.

Der eingangs dargestellte gesellschaftliche Protest Solents richtet sich gegen das Großstadtleben Londons und seine damit verbundene berufliche Tätigkeit als Geschichtslehrer. Er kehrt in die ländliche Umgebung seiner Kindheit zurück, setzt sich dadurch aber in Gegensatz zu seiner Mutter, auf deren Betreiben und mit der zusammen er Dorset vor zehn Jahren verlassen hatte, um sich vom in Asozialität geendeten Nonkonformismus des Vaters zu distanzieren. Bei der jetzt versuchten Annäherung an die Lebensumstände des Vaters sieht sich Solent mit den entgegengesetzten Sichtweisen zweier Frauen konfrontiert: Die abschätzige Haltung der Mutter erhält ihr Gegengewicht im positiven Andenken Selena Gaults. Das wichtigste Moment von Solents Neuanfang aber liegt zunächst in der Übernahme der Sekretärsstelle bei Squire Urquhart in King's Barton, Dorsetshire, für den er eine Chronik des Bezirkes fertigstellen soll, deren programmatische Intention auf das Abseitige des menschlichen Zusammenlebens zielt. Dorset soll als *»ein Palimpsest aus verschiedenen aufeinanderfolgenden Schichten menschlicher Impressionen«* entziffert werden. Dieses Projekt und Solents Aufklärung der eigenen Familiengeschichte verbinden sich; dabei gerät Solent inhaltlich derartig in den Bann der Chronik, daß er seine Verbindung mit deren Abnormität nur noch als bedrohliche Perversion erfahren kann. In deutlicher Analogie zu seinem Vater versucht er durch das Beharren auf der Intensität des eigenen Wollens (*»Alles, was ich wünsche, sind gewisse Empfindungen«*) ein Glück jenseits von Erfolg und Mißerfolg zu erreichen. Auch er gerät dabei in das Spannungsfeld zweier gegensätzlicher Frauen: Der erotischen Ausstrahlung Gerdas steht der intellektuelle Habitus Christies gegenüber. Wo die Landidylle gegen ihren Anschein auf einen perversen Kern reduziert wird, wie in Urquharts Chronik, übernimmt Solents private Naturmythologie deren kulturkritische Funktion. Vor allem die Beziehung zu Gerda versetzt ihn in diese gesteigerte Form der Naturerfahrung und verhilft seiner oppositionellen Haltung gegenüber Urquhart zum Durchbruch.

Der Bruch mit Urquhart zwingt ihn zu einer ersten Renormalisierung: Erneut übt er seinen Beruf als Geschichtslehrer aus. Die damit verbundene ökonomische Abhängigkeit vom gesellschaftlichen Leben verschärft sich durch die Ehe mit Gerda, die darüber hinaus auch die gefühlsmäßige Intensität der Beziehung banalisiert. Entscheidend jedoch bleibt die Unmöglichkeit, sich der latenten Perversionen der gesellschaftlichen Umgebung zu erwehren: *»Jedes mißliche Ereignis ... schien in dem schlammigen Trog der Vegetation gebraut, als ob sich die grundlosen Wege ... ja die Erdscholle Dorsets selbst – mit den Wechselfällen menschlichen Schicksals verschworen hätten.«* Die intellektuelle Durchdringung dieser fatalistischen Konstellation zwischen Geschichte und Natur gelingt Solent nicht. Sein Scheitern zeigt sich auch in seiner Beziehung zu Christie Malakite. Der in die inzestuöse Atmosphäre ihres Vaterhauses gebannten Christie gelingt durch schriftstellerische und literarisch-rezeptive Tätigkeit nur scheinbar eine Absetzung von ihrer Umgebung; eine letzte Loslösung, die sich gerade im sexuellen Bereich gegenüber Solent erweisen könnte, mißlingt jedoch.

Das Grundmuster des ganzen Romans ist eine immer intensivere Verstrickung, an der zahlreiche Figuren und Handlungsebenen beteiligt sind. Solent überläßt sich schließlich einer unklaren Mischung aus seiner Empfindungsmythologie mit der ihr widersprechenden Gefühlsentstellung seiner gesellschaftlichen Umwelt. Es fehlt ihm letztlich die Kraft, sich dem schicksalhaft anmutenden Verlauf seines Lebens radikal entgegenzustemmen: *»Seine Zukunft war bereits da, vor ihm aufgezeichnet. Es handelte sich nur darum, dem Gleis zu folgen ... Das Gleis war schon da ... und es führte wieder zurück!«* – So bleibt es auch bei einer vagen Synthese der weltanschaulichen und philosophischen Gegensätze: Leben und Tod, Gut und Böse, Geist und Materie, Körper und Seele – im Spannungsfeld all dieser Dualismen sieht sich Solent, Powys' Intentionen entsprechend, schließlich metaphysischen Konflikten ausgesetzt.

Hans Henny Jahnn, der wie Hermann Hesse, Max Brod und Simone de Beauvoir zu den Bewunderern dieses Romans gehörte, zeigte in einer frühen Rezension (1932) die inhärente Logik des Scheiterns in *Wolf Solent* auf; andere Kritiker hingegen lasen das Romanende eher im Sinn einer gelungenen Selbstfindung »positiv«. T.J.S.-KLL

Ausgaben: NY 1929, 2 Bde.; Nachdr. St. Clair Shores/Mich. 1979, 2 Bde. – Ldn. 1929. – Harmondsworth 1984.

Übersetzung: *Wolf Solent*, R. Hoffmann, 3 Bde., Bln. u. a. 1930; ern. 1957. – Dass., ders., Wien 1986.

Literatur: H. H. Jahnn, *J. C. P., »Wolf Solent«* (in H. H. J., *Werke u. Tagebücher*, Bd. 7, Hbg. 1974, S. 255 f.). – J. A. Brebner, *The Demon within: A Study of J. C. P.'s Novels*, Ldn. 1973, S. 58–87.

John Boynton Priestley

* 13.9.1894 Bradford / Yorkshire
† 14.8.1984 Stratford-upon-Avon

Literatur zum Autor:
Bibliographie:
A. E. Day, *J. B. P.: An Annotated Bibliography*, NY/Ldn. 1980 [Einl. J. B. P.].
Gesamtdarstellungen und Studien:
I. Brown, *J. B. P.*, Ldn. 1957; ern. 1964. – D. J. Hughes, *J. B. P.: An Informal Study of His Work*, Ldn. 1958. – L. Löb, *Mensch u. Gesellschaft bei J. B. P.*, Bern 1962. – G. L. Evans, *J. P. the Dramatist*, Ldn. 1964. – J. A. Rogers, *The Time Plays of J. B. P.* (in Extrapolation, Dez. 1968). – S. Cooper, *J. B. P.: Portrait of an Author*, Ldn. 1970. – K. Young, *J. B. P.*, Ldn. 1977. – M. Sutschek, *Literatur als Landeskunde? Einige grundsätzliche Überlegungen am Beispiel von J. B. P.* (in Arbeiten aus Anglistik u. Amerikanistik, 4, 1978, S. 81–89). – J. Braine, *J. B. P.*, Ldn. 1979. – A. A. DeVitis u. A. E. Karlson, *J. B. P.*, Boston 1980 (TEAS). – H. Kosok, *Drama u. Theater im England des 20. Jh.s*, Düsseldorf u. a. 1980. – J. Atkins, *J. B. P.: The Last of the Sages*, Ldn. 1981. – H. Klein, *J. B. P.'s Plays*, Ldn./Basingstoke 1988. – S. McCarn Elliott, *J. B. P.* (in DLB, Bd. 77, 1989, S. 239–245).

DANGEROUS CORNER

(engl.; *Ü: Gefährliche Kurve*). Schauspiel in drei Akten von John Boynton Priestley, Uraufführung: London, 17. 5. 1932, Lyric-Theatre. – Das Stück, das in Deutschland auch unter dem Titel *Wenn ...?* aufgeführt wurde, ist in Kreisform konstruiert. Es beginnt damit, daß einige der Dramengestalten das Ende eines Hörspiels erleben, in dem ein Mann Selbstmord begeht, nachdem er die unangenehme Wahrheit über seine Freunde und Verwandten erfahren hat. Der Schluß zeigt dieselbe Konstellation und läßt offen, ob die inzwischen auf der Bühne dargestellten Geschehnisse (die denen des Hörspiels gleichen) sich tatsächlich ereignet haben oder ob sie lediglich zeigen sollten, daß unter bestimmten Umständen ein solcher Verlauf möglich gewesen wäre. Im Mittelpunkt dieser Geschehnisse steht der Versuch Robert Caplans, die Gründe für den Selbstmord seines Bruders Martin, mit dem zusammen er seinen Verlag geleitet hat, aufzudecken. Im Verlauf seiner Nachforschungen stellt sich heraus, daß nicht nur seine Geschäftspartner Stanton und Whitehouse und deren Frauen ein Leben der Lüge führen, sondern daß auch er selbst der Täuschung und dem Selbstbetrug zum Opfer gefallen ist. Als er schließlich zu dem Resultat kommt, daß Martin nicht Selbstmord begangen hat, sondern das Opfer selbstverschuldeter unglücklicher Umstände wurde, sieht er sich gleichzeitig der schockierenden Wahrheit über sich und seine Freunde gegenüber, einer Wahrheit, die ihn zum Selbstmord treibt (oder, um in Priestleys Rahmen zu bleiben, treiben könnte). Die »glückliche« Ehe von Gordon und Betty Whitehouse stellt sich als eine Farce heraus: Gordon ist homosexuell veranlagt und war Martin so leidenschaftlich verbunden, daß er sich sogar von dem Toten innerlich nicht lösen kann; seine Frau – von Caplan stets bewundert – unterhält ein Verhältnis mit Stanton. Dieser wiederum wird nicht nur als Ehebrecher, sondern auch als Dieb entlarvt. Caplans eigene Frau schließlich hatte eine Affäre mit Martin.

In diesem auf den ersten Blick wie ein Kriminalstück wirkenden Schauspiel geht es Priestley um zwei seiner Lieblingsthemen: um das Wesen der Wahrheit und um die Relativität des Zeitbegriffs. Er geht von der Voraussetzung aus, daß niemand jemals die ganze Wahrheit über ein Ereignis erfassen kann, sondern daß je nach der Art der bekannten Einzelheiten dieses Ereignis aus verschiedener Sicht verschieden beurteilt wird. Genauso wenig absolut ist für ihn das Wesen der Zeit. Folglich ist es letzten Endes gleichgültig, in welche Straße man einbiegt, denn ob man an eine »gefährliche Kurve« gelangen wird oder nicht, entzieht sich sowieso dem eigenen Urteil. – Das dramaturgisch sehr wirkungsvolle Stück war ein großer Bühnenerfolg und löste Diskussionen und Kontroversen aus. Mit ihm begann der als Romancier bereits bekannt gewordene Autor seine Karriere als Dramatiker. J.v.Ge.

AUSGABEN: Ldn. 1932. – Ldn. 1948 (in *Plays*, 3 Bde., 1948–1950, 1). – Ldn. 1962 (in *Plays*, 3 Bde., 1; ern. 1984).

ÜBERSETZUNGEN: *Wenn...?*, H. Feist, Mchn. o. J. [um 1933; Bühnenms.]. – *Gefährliche Kurve*, ders., o. J. [um 1946; Bühnenms.]. – Dass., G. Fraser (in *Dramen*, Hg. G. Klotz, Bln./Weimar 1976).

BEARBEITUNG: R. Holland, *Dangerous Corner*, Ldn. 1934 (Roman).

THE GOOD COMPANIONS

(engl.; *Ü: Die guten Gefährten*). Roman von John Boynton PRIESTLEY, erschienen 1929. – Priestleys umfangreicher dritter Roman, sein erster großer Erfolg, erzählt die Geschichte dreier Menschen, die, obwohl nach Herkunft und Lebensart verschieden, einen Wunsch gemeinsam haben: Sie wollen ihrer gewohnten Umwelt entfliehen. Jess Oakroyd, ein arbeitsloser Schreiner aus Yorkshire, verläßt seine ewig nörgelnde Frau und seinen verzogenen Sohn und macht sich auf die Wanderschaft »nach Süden«. Elizabeth Trant, unverheiratet, in mittleren Jahren, nach dem Tod ihres Vaters gezwungen, den Familiensitz in Westengland zu vermieten, fährt in ihrem kleinen Auto davon, angeblich, um Kathedralen zu besichtigen, in Wahrheit aber, um sich endlich einmal »unsichtbar« zu machen. Der junge Lehrer Inigo Jollifant schließlich, den die geistige Enge seiner im Süden Englands gelegenen Internatsschule bedrückt und der von einer literarischen Karriere träumt, läuft eines Nachts davon, immer der Straße nach. Der Zufall führt die drei »Rebellen« zusammen; sie schließen sich den »Dinky Doos« an, einer Truppe wandernder Schauspieler und Sänger, die kreuz und quer durch England zieht. Miss Trant rettet die Truppe vor dem finanziellen Ruin, Jollifant übernimmt den Posten des Klavierspielers und schreibt mitreißende Songs, Oakroyd bewährt sich als Schreiner, Elektriker und »Mädchen für alles«. Die alten und neuen Mitglieder der Wanderbühne halten zusammen wie Pech und Schwefel und nennen von nun an ihr Unternehmen »The Good Companions«. Sie haben zahlreiche Schwierigkeiten zu überwinden, bis ihnen endlich in Yorkshire der große Erfolg beschieden ist. Danach trennen sich ihre Wege. Die Künstler finden gute Engagements, Oakroyd und Miss Trant kehren – wenn auch unter veränderten Vorzeichen – ins bürgerliche Leben zurück: Er zieht zu seiner Tochter nach Kanada, sie heiratet einen Jugendfreund. Jollifant bleibt seinem Talent treu: Er verdient Geld mit populären Liedern und schreibt nebenbei weit weniger populäre literarische Essays. Eines Tages, so hofft er, wird ihn die ebenfalls berühmt gewordene junge Sängerin der »Good Companions«-Truppe heiraten.

Die tragende Idee des Romans drückt bereits der Titel aus: das kameradschaftliche Mit- und Füreinander, das aus noch so bunt zusammengewürfelten Menschen gute Gefährten macht. Der verläßliche, hilfsbereite Oakroyd, der Mann mit der rauhen Schale und dem goldenen Herzen, der den breiten Dialekt Yorkshires, der Heimat Priestleys, spricht, verkörpert diese Idee besonders augenfällig und wird damit zum eigentlichen Helden des Romans. – In bewußter Ablehnung moderner Erzähltechniken stellte sich Priestley mit *The Good Companions* und – noch eindeutiger – mit dem ein Jahr später erschienenen *Angel Pavement (Engelgasse)* in die Nachfolge DICKENS', der auch bei vielen Charakteren beider Werke Pate stand. An den Schelmenroman, dessen Tradition Priestley hier offensichtlich weiterführen wollte, erinnern nur die Vielfalt des Erlebten und die häufig wechselnden Schauplätze. Denn die liebenswürdigen Ausbrecher Priestleys sind alles andere als »Landstörzer«; ihre mild skurrilen Abenteuer bringen sie nicht in Konflikt mit dem Gesetz, und anstatt Gesellschaftskritik wird ein Rezept zur Menschheitsbeglückung präsentiert. – Der spektakuläre Erfolg des Romans (und seiner Dramatisierung) ist nicht zuletzt auf den heiteren Optimismus zurückzuführen, den diese Geschichte von den erfüllten – und letzten Endes doch unerfüllt bleibenden – romantischen Träumen alltäglicher Menschen ausstrahlt. J.v.Ge.

AUSGABEN: Ldn. 1929. – NY 1929. – Harmondsworth 1962.

Übersetzung: *Die guten Gefährten*, M. Chenaud, Bern 1947. – Dass., ders., Mchn. 1985. – Dass., ders., Bergisch-Gladbach 1988.

Verfilmungen: England 1933 (Regie: V. Saville). – England 1957 (Regie: J. Lee-Thompson).

Dramatisierung: J. B. P. u. E. Knoblauch [auch: Knoblock], *The Good Companions*, Ldn. 1935 (Urauff.: London, 14. 5. 1931, His Majesty's Theatre).

AN INSPECTOR CALLS

(engl.; *Ü: Ein Inspektor kommt*). Schauspiel in drei Akten von John Boynton Priestley, Uraufführung (in russischer Übersetzung): Moskau 1946; englische Erstaufführung: London, 1. 10. 1946, New Theatre; deutsche Erstaufführung: Bremen, Juli 1947, Kammerspiele. – Das Drama, in dem die fragwürdige soziale Moral des kapitalistischen Bürgertums enthüllt wird, ist teils Kriminalstück, teils eine moderne Spielart der mittelalterlichen Moralität. Es beginnt mit einem trügerischen Familienidyll: An einem Frühlingsabend des Jahres 1912 feiert Arthur Birling, ein erfolgreicher Industrieller, der zu den Honoratioren des nordenglischen Städtchens Brumley zählt, im engsten Familienkreis die Verlobung seiner Tochter Sheila mit Gerald Croft, dem Sohn seines größten Geschäftskonkurrenten. Die selbstzufriedene Feststimmung wird jäh durch das Erscheinen eines Kriminalinspektors gestört, der den Anwesenden mitteilt, ein Arbeitermädchen namens Eva Smith habe Selbstmord begangen, und er wolle in diesem Zusammenhang einige Fragen stellen. Geschickt und unnachgiebig unterzieht er die fünf Personen der Reihe nach einem Verhör, in dessen Verlauf jedem einzelnen klar wird, daß er eine moralische Mitschuld am Tod des Mädchens trägt: Arthur Birling hatte die Arbeiterin entlassen, seine Tochter Sheila zu ihrem Stellungsverlust in einem Modegeschäft beigetragen; Croft und Eric Birling, Sheilas Bruder, hatten mit Eva Smith Liebesbeziehungen; und Frau Birling hatte dem Mädchen, das von Eric ein Kind erwartete, die Wohlfahrtsunterstützung versagt. Doch als der Inspektor gegangen ist, verfallen die Eltern Birling rasch wieder in ihre alte Selbstgerechtigkeit. Telefonische Nachfragen bei der Polizei und im Krankenhaus ergeben, daß es weder einen Inspektor namens Goole noch eine Selbstmörderin gibt. Nur Sheila und ihr Bruder Eric, die von ihrer Schuld überzeugt sind, geben sich nicht mit der Erklärung zufrieden, der geheimnisvolle Besucher habe sich einen Scherz erlaubt. Da klingelt das Telefon: Ein Mädchen hat Selbstmord begangen, und ein Inspektor ist unterwegs zu den Birlings, um einige Fragen zu stellen.

»Wir sind füreinander verantwortlich ... die Zeit wird kommen, in der die Menschen das lernen werden, es unter Feuer und Blut und Tränen lernen werden.« In diesen Worten des Inspektors sind die Botschaft und die Warnung enthalten, die Priestley, wie stets ohne große literarische Ambitionen, dafür aber in einer höchst bühnenwirksamen »Verpackung«, dem Publikum übermittelt. Das Dénouement im allerletzten Augenblick ist der Überraschungseffekt eines versierten Theaterautors, aber es ist kein billiger Trick. Es bedeutet *»eine Art Urteil über die Mehrheit* [der auftretenden Personen]: *Das Unerwartete erscheint zunächst als unangenehme Illusion, dann als Prophezeiung«* (G. L. Evans). Der Aufbau des Stücks, die Spannungstechnik, das Experimentieren mit dem Kausalitätsbegriff und das Eingreifen in den Zeitfluß erinnern stark an Priestleys erstes Schauspiel *Dangerous Corner* (1932). Die ambivalente Funktion des Inspektors, dessen realistische Untersuchungsmethoden nicht auf die Entdeckung des »Schuldigen«, sondern auf die Gewissenserforschung aller Befragten abzielen, hat manche Interpreten des Stücks bewogen, in dieser Figur eine übernatürliche Macht, den *»Vertreter eines himmlischen Überwachungskomitees«* (J. C. Trewin) zu sehen. Demgegenüber weist G. L. Evans in seiner Priestley-Studie darauf hin, daß der Autor selbst dem Inspektor nichts Überirdisches mitgegeben habe, sondern ihn eher als Verkörperung eines Kollektivgewissens, als Katalysator der Wahrheit verstanden wissen wolle. – Das Stück wurde ein Welterfolg und erscheint immer wieder auf den Spielplänen, wenn auch kaum in London, wo es von Anfang an kühl aufgenommen wurde.

J.v.Ge.-KLL

Ausgaben: Ldn. 1947. – Ldn. 1950 (in *The Plays*, 3 Bde., 1948–1950, 3). – Ldn. 1962 (in *Plays*, 3 Bde., 3; ern. 1984). – Ldn. 1965 [Einl. R. E. Wood]. – Paderborn 1981, Hg. K. Schrey. – Harlow 1987 [Hg. D. Hyland, Einl. B. Murray]. – Stg. 1987 (engl.-dt.; RUB).

Übersetzungen: *Ein Inspektor kommt*, J. Strudthoff, Bln. 1947. – Dass., dies., Stg. 1955 (RUB; zul. 1989). – Dass., dies. (in *Theater*, Wien/Hbg. 1964).

Literatur: W. Roth, *J. B. P.: »An Inspector Calls«* (in *Insight: Analyses of Modern British Literature*, Hg. J. V. Hagopian u. M. Dolch, Bd. 2, Ffm. 1970, S. 293–302). – M. A. K. Halliday, *The De-Automatization of Grammar: From P.'s »An Inspector Calls«* (in *Language Form and Linguistic Variation*, Hg. J. Anderson, Amsterdam 1982, S. 129–159). – B. Nightingale, *J. B. P., »An Inspector Calls«* (in B. N., *An Introduction to Fifty Modern British Plays: A Reader's Guide to Fifty Modern British Plays*, Ldn. 1982).

TIME AND THE CONWAYS

(engl.; *Ü: Die Zeit und die Conways*). Schauspiel in drei Akten von John Boynton Priestley, Uraufführung: London, 26. 8. 1937, Duchess Theatre; deutschsprachige Erstaufführung: Wien 1946,

Theater in der Josefstadt; deutsche Erstaufführung: Kiel, Mai 1949, Stadttheater. – Unter dem Eindruck des Zeitgeschehens zwischen den beiden Weltkriegen und in Anlehnung an die empirisch orientierte Erkenntnis- und Zeittheorie E. A. ABBOTTS, J. W. DUNNES und P. D. OUSPENSKYS hat Priestley den Verfall einer Großfamilie des englischen Mittelstands als Ideen- und Familienstück dramatisiert. Wie in seinen anderen, ebenfalls in den dreißiger Jahren entstandenen Zeitstücken verzichtet er auf einen zentralen Helden und gruppiert statt dessen um zwei völlig verschiedene Frauengestalten (Kay; Mrs. Conway) eine Anzahl mehr oder weniger durchschnittlicher Familienangehöriger.

Der erste Akt des in einer kleinen Industriestadt spielenden Stücks zeigt die verwitwete Mrs. Conway, ihre vier Töchter (Carol, Hazel, Kay, Madge), ihre beiden Söhne (Alan, Robin), sowie Hazels Freundin Joan Helford, Gerald Thornton, den Anwalt der Familie, und dessen Freund Ernest Beevers bei der Feier von Kays 21. Geburtstag im Jahr 1919. Man kostümiert sich für die Darstellung eines Silbenrätsels, die typisch ist für die Familienatmosphäre dieser Gesellschaftsschicht: *»ein wenig Intelligenz, Begeisterung und Wohlanständigkeit«*. Die dichterisch begabte Kay leitet das Spiel, das ihre Schwestern dazu benutzen, nach künftigen Ehepartnern Ausschau zu halten.

Wie der 1937 spielende zweite Akt zeigt, ist Hazel, die Schönste von allen, die unglückliche Frau des häßlichen, aber reichen Emporkömmlings Beevers geworden, der ihrer jüngsten Schwester, der fröhlich beschwingten (inzwischen verstorbenen) Carol als einzigem Mitglied der ihn verabscheuenden Familie echte Sympathie entgegengebracht hatte. Joan Helford hat Robin geheiratet, den Lieblingssohn Mrs. Conways, die ihr Geld an ihn verschwendet und vor allem um seinetwillen in der Nachkriegszeit das Familienvermögen verspekuliert hat. Der heruntergekommene Robin hat Joan und die Kinder verlassen, kehrt aber zu ihnen zurück, nur um zu verhindern, daß sein in einem kleinbürgerlichen Leben zufriedener Bruder Alan, der Joan liebt, ihn bei ihr aussticht. Madge bemüht sich vergeblich, ihr soziales Prestige als Lehrerin gegenüber der ebenfalls unverheirateten Kay zu verteidigen, die ihr Ziel, eine berühmte Schriftstellerin zu werden, nicht erreicht hat, aber der Kleinstadtatmosphäre entkommen und, vor allem von Hazel beneidet, Filmjournalistin in London geworden ist. Madges Versuch, den einst fortschrittsgläubigen Gerald Thornton für ihre sozialreformerischen Bestrebungen zu begeistern, scheitert; zudem trägt Mrs. Conway, die allen ihren Kindern Versagen vorwirft, entscheidend dazu bei, daß die langjährige Freundschaft zwischen beiden endgültig zerstört wird. – In der Darstellung der zentralen Themen dieses Familiendramas – des Kampfes um Geld und sozialen Status, der enttäuschten Zukunftshoffnungen, der Verblendung (Mrs. Conway ohrfeigt Beevers und bettelt später vergeblich um seine finanzielle Hilfe) und der schwierigen Verwirklichung sozialistischer Ideen (Robin wird als Streikbrecher aus der Luftwaffe entlassen), verknüpft Priestley das vordergründige Geschehen mit der hintergründigen Realität des Zeitverständnisses der Geschwister Alan und Kay.

Nach der im dritten Akt vollzogenen Rückkehr in die glückliche Zeit des ersten Aktes tröstet Alan die um das Schicksal der Familie besorgte Schwester mit den Theorien des Erfinders, Mathematikers und Philosophen Dunne: Gegenwart, Vergangenheit und Zukunft existierten gleichzeitig; die Zeit raffe nicht alles unwiederbringlich hinweg; unter dem Aspekt der – nicht christlich zu verstehenden – Ewigkeit (Dunnes vierte Dimension im *regressus ad infinitum*) habe vergangenes Glück ebenso Dauer wie künftiges Unglück; nur wer die Zeit traditionell als Begrenzung des Lebens auffasse, sei böse und unglücklich, wer sie aber wie er, Alan, verstehe, lebe selbstlos, rücksichtsvoll und zufrieden.

Diese Theorie bestimmt auch den Aufbau des Stükkes: Die Geburtstagsfeier im ersten Akt wird durch Kays visionäre Schau der Zukunft der Familienangehörigen, dargestellt im zweiten Akt, unterbrochen, so daß der Zuschauer in dem an die Ereignisse des ersten anknüpfenden letzten Akt die Koexistenz der Zeitabschnitte nachvollziehen kann und mit ironischer Spannung auf die Bestätigung dessen wartet, was er bereits weiß. Dieser Perspektivismus entspricht Priestleys Theorie, daß dramatische Erfahrung im Erleben einer erhöhten Wirklichkeit besteht, die zugleich äußerst unwirklich ist (*The Art of the Dramatist*, 1939). Damit reiht er sich in eine Tradition technisch und thematisch ähnlicher englischer und amerikanischer Familienstücke ein, zu deren wichtigsten Vertretern T. S. ELIOT *(The Family Reunion, The Cocktail Party)*, Thornton WILDER *(Alcestiad, Our Town)* und Arnold WESKER *(Chicken Soup with Barley)* gehören. Und schließlich erweist sich die Dramatisierung von Zeitgeschichte und Zeittheorie als einheitsstiftend nicht nur für dieses, sondern für fast alle wichtigen Werke Priestleys. Aus dieser weitergreifenden Sicht kann man A. C. WARDS Urteil, Priestleys dramatische und epische Gestaltungen philosophischer Theorien seien mißlungen, kaum teilen – auch wenn in *Time and the Conways* die Verzweiflung des zweiten und die fast unerträgliche Ironie des dritten Aktes der Absicht, metaphysischen Trost zu spenden, zuwiderlaufen. Uneingeschränkt anzuerkennen ist Priestleys psychologisch und dramatisch überzeugende Verlebendigung der Stimmungen und zwischenmenschlichen Beziehungen innerhalb der Familie Conway. O.Ku.

AUSGABEN: Ldn. 1937. – Ldn. 1937 (in *Two Time Plays*; m. Einf.). – Ldn. 1948 (in *Plays*, 3 Bde., 1948–1950, 1). – Ldn. 1962 (in *Plays*, 3 Bde., 1; ern. 1984).

ÜBERSETZUNGEN: *Die Conways und die Zeit*, M. Teichs, Bln. 1949 [Bühnenms.]. – *Die Zeit und die Conways*, G. Fraser (in *Theater*, Wien/Hbg. 1964). – Dass., ders. (in *Dramen*, Hg. G. Klotz, Bln./Weimar 1976).

Verfilmung: *Die glücklichen Jahre der Thorwalds*, Deutschland 1962 (Regie: J. Olden u. W. Staudte).

Literatur: E. Petrich, *Die Dramentechnik der drei Zeitstücke P.s*, Diss. Wien 1950.

terence Rattigan

* 10.6.1911 London
† 30.11.1977 Hamilton / Bermudas

Literatur zum Autor:
H. Reich, *T. R.*, Diss. Wien 1951. – J. C. Trewin, *Diplomatist R.* (in J. C. T., *Dramatists of Today*, Ldn. 1953). – T. C. Worsley, *R. and His Critics* (in London Magazine, Sept. 1964, S. 60–72). – J. R. Taylor, *The Rise and Fall of the Well Made Play*, NY 1969. – M. Darlow u. G. Hodson, *T. R.: The Man and His Work*, Ldn. 1979. – R. Foulkes, *T. R.: Variations on a Theme* (in MD, 22, 1979, S. 375–382). – H. Kosok, *Drama u. Theater im England des 20. Jahrhunderts*, Düsseldorf u. a. 1980. – H. Hill, *R.'s Renaissance* (in Contemporary Review, 240, 1982, Nr. 1392, S. 37–42). – S. Rusinko, *T. R.* (in DLB, Bd. 13/2, 1982, S. 420–433). – Dies., *T. R.*, Boston 1983 (TEAS). – B. A. Young, *The R. Version*, Ldn. 1986.

THE DEEP BLUE SEA

(engl.; *Ü: Lockende Tiefe*). Schauspiel in drei Akten von Terence Rattigan, Uraufführung: London, 6. 3. 1952, Duchess Theatre; deutsche Erstaufführung: Berlin, 30. 1. 1953, Theater am Kurfürstendamm. – Das Stück beginnt mit dem mißlingenden Selbstmordversuch der Hauptfigur. Hester Collyer, eine attraktive Dreißigerin, ist mit einem wohlhabenden, angesehenen Richter verheiratet und besitzt alles, was – oberflächlich betrachtet – ein glückliches Leben gewährleisten könnte. Aber erst die zufällige Begegnung mit dem Testpiloten Freddy Page zeigt ihr, daß diesem Leben bisher die große Leidenschaft gefehlt hat. Sie verfällt Page und verläßt ihren Mann, um mit dem Geliebten zusammenzuleben. Aber dieser ist unfähig, ihre Gefühle in gleichem Maße zu erwidern; der ehemalige erfolgreiche Kriegsflieger ist ein seelisch unreifer Mensch, der sich in der ihm eintönig erscheinenden Nachkriegswelt nicht mehr zurechtfinden kann und immer mehr dem Trunk verfällt. Er liebt Hester auf eine fast schuljungenhafte Art, ist aber nicht in der Lage, die sich daraus ergebende Verantwortung zu übernehmen. Die Intensität von Hesters Gefühl erschreckt ihn. Die wohlmeinenden Vermittlungsversuche des Ehemannes, der Hester immer noch liebt, bleiben ohne Erfolg. Als Page Hester schließlich endgültig verläßt, verhindert ihr Nachbar Miller, früher ein erfolgreicher Arzt, der seinen geliebten Beruf wegen einer Vorstrafe nicht mehr ausüben darf, einen weiteren Selbstmordversuch Hesters. Gemeinsam lernen die beiden, illusionslos in die Zukunft zu blicken.
Indem Rattigan sich bewußt auf die Darstellung ihm vertrauter Typen beschränkte, gelang ihm ein zwar nicht sonderlich originelles, aber ein – trotz mancher Sentimentalitäten – in der Gestaltung des menschlichen Konflikts und der Milieuschilderung überzeugendes Schauspiel. Wie immer – selbst in seinen trivialeren Stücken – kommt ihm dabei seine technische Versiertheit, d. h. seine Fähigkeit, flüssige Dialoge und lohnende Rollen zu schreiben und die Handlung spannend aufzubauen, zugute. Die in sich schlüssigste Gestalt ist die des Freddy Page: Mit seinem überlebten Luftwaffen-Jargon, seinem ziellos von Tag zu Tag und von einem Drink zum anderen gelebten Leben und seiner chronischen Unreife verkörpert er einen Typ, wie man ihm nach jedem Krieg begegnet. An der Gestalt der Hobbymalerin Hester wird deutlich, daß die eigentliche Ursache ihrer Tragödie in einer antiquierten Traditionen folgenden Erziehung zu suchen ist, die sie unvorhergesehenen Situationen hilflos ausliefert. – *The Deep Blue Sea* gehört zu den meistgespielten Stücken Rattigans. J.v.Ge.-KLL

Ausgaben: Ldn. 1952. – Ldn. 1953 (in *Collected Plays*, 4 Bde., 1953–1978, 2; 61977). – Ldn. 1985 (in *Plays*, 2 Bde., 1981–1985, 2).

Übersetzung: *Tiefe blaue See*, auch: *Lockende Tiefe*, A. H. Unger, 1953 [Bühnenms.].

Verfilmung: England 1954 (Regie: A. Litvak).

THE WINSLOW BOY

(engl.; *Ü: Der Fall Winslow*). Schauspiel in zwei Akten von Terence Rattigan, Uraufführung: London, 23. 5. 1946, Lyric Theatre; deutsche Erstaufführung: Düsseldorf, 25. 10. 1949, Schauspielhaus. – Das kurz vor dem Ersten Weltkrieg spielende Stück beruht auf einem wirklichen Vorfall, der 1908 in England heftige Diskussionen auslöste: dem Prozeß des Bankiers Archer-Shee gegen die Marine, die seinen Sohn wegen angeblichen Scheckbetrugs aus einer Kadettenschule relegiert hatte. – Der vierzehnjährige Ronnie Winslow, Kadett am Royal Naval College von Osborne, gerät in Verdacht, eine Postanweisung über fünf Schilling gestohlen zu haben, und wird von der Anstalt verwiesen. Obgleich die Admiralität und die staatlichen Instanzen eine öffentliche Gerichtsverhandlung verweigern und den Fall als abgeschlossen betrachten, versucht der von der Unschuld seines Sohnes überzeugte Bankdirektor Arthur Winslow durch eine an die Krone gerichtete »Petition of

Rights« einen Prozeß zu erzwingen. Auf seinen Wunsch übernimmt Sir Robert Morton, einer der berühmtesten Strafverteidiger des Landes, den Fall, nachdem er Ronnie einem zermürbenden Kreuzverhör unterzogen hat. Sir Robert, die faszinierendste Figur des Stückes, setzt mit eiskalter Hartnäckigkeit sein berufliches Prestige und seine politischen Ambitionen aufs Spiel, mobilisiert die Presse und erreicht schließlich, daß unter dem Druck der öffentlichen Meinung das Parlament sich mit dem Fall Winslow befaßt. Erst zwei Jahre nach Ronnies Ausschluß aus dem College kommt es zur Gerichtsverhandlung, in der der Junge für unschuldig erklärt wird. Zwar haftet nun dem Namen Winslow kein Makel mehr an, doch dieser Sieg ist teuer erkauft: Arthur Winslow, in seinem fanatischen Kampf um Gerechtigkeit zu jedem persönlichen Opfer bereit, ist am Schluß ein finanziell und gesundheitlich schwer geschädigter Mann; Ronnies Bruder Dickie kann sein teures Studium in Oxford nicht fortsetzen; seine Schwester Catherine schließlich muß ihre Verlobung mit einem Offizier aus Rücksicht auf seine traditionsbewußte Familie lösen, doch deutet die wachsende Zuneigung zwischen ihr und Sir Robert auf ein Happy-End.
Das Stück will demonstrieren, daß jeder Bürger ein in der Verfassung verankertes Anrecht darauf hat, gehört zu werden und Gerechtigkeit zu erfahren. Der Kampf des einzelnen gegen scheinbar übermächtige staatliche Institutionen wird von Rattigan äußerst bühnenwirksam dargestellt. Wie perfekt er theatralische Mittel und Effekte beherrscht, zeigt sich vor allem in den Szenen um Sir Robert, die dramatische Höhepunkte sind. *The Winslow Boy* erhielt den »Ellen Terry Award« 1946, erwies sich als dauerhafter Bühnenerfolg und wurde für Film und Funk bearbeitet. Wie kein zweites Stück Rattigans wurde es auch von der Literaturkritik ernst genommen. J.N.S.

AUSGABEN: Ldn. 1950 [zus. m. *French without Tears*]. – Ldn. 1946. – NY o. J. [1948]. – Ldn. 1953 (in *Collected Plays*, 4 Bde., 1953–1978, 1; [6]1977). – Ldn. 1961. – Ldn. 1981 (in *Plays*, 2 Bde., 1981–1985, 1).

ÜBERSETZUNG: *Der Fall Winslow*, A. H. Unger, Bln. 1949 [Bühnenms.].

VERFILMUNG: England 1949 (Regie: A. Asquith).

LITERATUR: T. R. Terres, »*The Winslow Boy*« (in *Insight: Analyses of Modern British Literature*, Hg. J. V. Hagopian u. M. Dolch, Ffm. 1970, S. 303 bis 310).

DOROTHY MILLER RICHARDSON

* 17.5.1873 Abingdon / Berkshire
† 17.6.1957 Beckenham / Kent

PILGRIMAGE

(engl.; *Pilgerschaft*). Zwölfbändiger Romanzyklus von Dorothy Miller RICHARDSON, bestehend aus den Bänden *Pointed Roofs* (1915), *Backwater* (1916), *Honeycomb* (1917), *The Tunnel* (1919), *Interim* (1919), *Deadlock* (1921), *Revolving Lights* (1923), *The Trap* (1925), *Oberland* (1927), *Dawn's Left Hand* (1931), *Clear Horizon* (1935) und *Dimple Hill* (1938); vierbändige Gesamtausgabe 1938.
Den Inhalt der autobiographischen Romanserie bildet das Leben einer zu Beginn der Handlung siebzehnjährigen Engländerin in der Zeitspanne von 1890 bis etwa 1915. Miriam Henderson stammt aus einer Familie der *middle class* und muß ihren Lebensunterhalt selbst verdienen. Als junges Mädchen verläßt sie das Elternhaus, um Lehrerin an einem kleinen norddeutschen Mädcheninternat zu werden. In den folgenden Jahren arbeitet sie in ähnlichen Stellungen in London, wird Erzieherin der Kinder eines reichen Rechtsanwalts in Südengland und läßt sich dann wieder in London, diesmal als Sekretärin eines Zahnarztes, nieder. Sie verdient nicht viel, aber genug, um ihren kurzen Urlaub in der Schweiz zu verbringen und einigermaßen sorgenfrei zu leben. Sie hat eine Anzahl Verehrer, doch ist ihr die eigene (schwer erkämpfte) Unabhängigkeit zu wichtig, als daß sie sie zugunsten der Bindung an einen Mann aufgeben würde. Mehrere Heiratsanträge lehnt Miriam ab, und auch von den beiden Männern, die ihr am nächsten stehen, akzeptiert sie keinen für eine dauernde Bindung, weder den Exilrussen Michael Shatov noch den Engländer Hypo Wilson (letzterer ist ein Porträt von H. G. WELLS, mit dem Dorothy Richardson lange befreundet war). Durch ihren Umgang mit Intellektuellen und Kunstinteressierten lernt sie die geistigen Strömungen der Zeit kennen, die zu bedenken und zu erörtern einen großen Teil ihrer Freizeit ausfüllt. Sie ist empfänglich für künstlerische Dinge, insbesondere für Musik, liest viel und repräsentiert sowohl in ihrem geistigen Habitus wie auch in ihrer sozialen Stellung den Typ der unabhängigen Frau, dem man im England jener Jahre erstmals in größerer Anzahl begegnete. Daß der Romanzyklus damit auch dokumentarischen Wert besitzt, ist nicht immer genügend gewürdigt worden.
Was die Aufmerksamkeit der Kritiker und Literarhistoriker vor allem auf Dorothy Richardson lenkte, ist ihre neuartige Erzähltechnik, für deren Charakterisierung die Schriftstellerin May SINCLAIR in einer Rezension 1918 erstmals den von William JAMES geprägten Begriff *stream of consciousness*

übernahm. Zwar sind die Romane nicht (wie später bzw. gleichzeitig entstandene vergleichbare Werke anderer Autoren, die sich des »inneren Monologs« bedienten) in der ersten, sondern in der dritten Person geschrieben, doch werden alle Ereignisse aus der Perspektive der Heldin ohne jeglichen Kommentar eines übergeordneten Erzählers dargestellt, und das Bewußtsein Miriams bestimmt auch, was erzählt und was verschwiegen wird. Es gibt keine Handlung im eigentlichen Sinn, keine Höhepunkte, auf die die Schilderung sich zubewegt, und nicht einmal Miriams persönliche Entwicklung wird so akzentuiert, daß sie als das große Thema des Zyklus zu bezeichnen wäre. (Daß der Zyklus auch nach dem zwölften Band, *Dimple Hill*, unabgeschlossen wirkt, hat freilich eher mit Umständen der Publikationsgeschichte zu tun; ursprünglich war eine Fortsetzung geplant.) Wirklichkeit wird dargestellt als ein ununterbrochener Fluß von Wahrnehmungen, die ins Bewußtsein Miriams gelangen, und deren Leben stellt sich dar als eine Kette von emotionalen und rationalen Reaktionen, von Erinnerungen und Assoziationen, die ausgelöst werden von dem, was sie liest, hört, sieht, erlebt. Es ist diese – von James JOYCE und Virginia WOOLF wahrscheinlich unabhängig von Dorothy Richardson und noch differenzierter angewandte – Erzählweise, die den Romanzyklus berühmt machte. Die *Stream of consciousness*-Technik steht hier in einem spezifischen Zusammenhang mit der Tatsache, daß die Heldin eine Frau ist, eine »Feministin«, wie Miriam Henderson und die Autorin sagen würden. Dieser Terminus bezieht sich hier weniger auf eine Frau, die für Gleichberechtigung und für Unabhängigkeit vom Mann plädiert, sondern will das besondere Verhältnis der Frau zur Wirklichkeit kennzeichnen, in dem der Intuition, der Empfänglichkeit der Sinne, mehr Spielraum gegeben ist als beim Mann, der sich rationaler und intellektueller mit der Umwelt auseinandersetzt und ihr seinen Stempel aufprägt. Daß Miriam sich diesen Spielraum bewahren will, erklärt ihren Entschluß, sich nicht durch die Ehe in eine von Männern determinierte, auf diese hin definierte Welt hineinzwingen zu lassen.

Die gravierendsten Schwächen dieses von anderen Romanciers hochgeschätzten Romanzyklus (zu den Bewunderern gehörten neben Wells und Virginia Woolf auch J. C. POWYS und Conrad AIKEN) sind das langsame Erzähltempo, obwohl sich hier die Kehrseite eines faszinierenden Empfindungs- und Detailreichtums zeigt, und der große Umfang des Werkes. Miriams Geist und Bewußtsein, ihr Denken und Erleben sind nicht interessant genug, um in zwölf Bänden vor dem Leser ausgebreitet zu werden. Joyce und Woolf waren sich der Möglichkeiten und Grenzen dieser Erzähltechnik klarer bewußt und setzten sie gezielter, über kürzere Passagen ein. – Während des Zweiten Weltkriegs und in den Jahren danach arbeitete Richardson, nun über 70 Jahre alt, am dreizehnten Band, *March Moonlight*, der 1946 auszugsweise in einer Londoner Zeitschrift erschien. Als 1967 in einer neuen Gesamtausgabe des Zyklus auch *March Moonlight* erschien, war die Autorin schon zehn Jahre tot und die Zeit über ihre fiktionale Autobiographie hinweggegangen. Beim breiten Lesepublikum wurde *Pilgrimage* nie populär, doch sind nicht nur Feministinnen der Ansicht, daß der Romanzyklus zu den bahnbrechenden Leistungen im Bereich des Romans im 20. Jh. gehört. J.v.Ge.-KLL

AUSGABEN: Ldn. 1915 (*Pointed Roofs. Pilgrimage*; ern. NY 1919; Einl. M. Sinclair). – Ldn. 1916 (*Backwater*; ern. NY 1919). – Ldn. 1917 (*Honeycomb*). – Ldn./NY 1919 (*The Tunnel*). – Ldn. 1919 (*Interim*; ern. NY 1920). – Ldn. 1921 (*Deadlock*; ern. NY 1921). – Ldn. 1923 (*Revolving Lights*). – Ldn. 1925 (*The Trap*). – NY 1928 (*Oberland*). – Ldn. 1931 (*Dawn's Left Hand*). – Ldn. 1935 (*Clear Horizon*). – NY 1938 (*Pilgrimage*, 4 Bde.). – Ldn./NY 1967 (*Prilgrimage*, 4 Bde.; Einl. W. Allen). – Ldn. 1979 (*Pilgrimage*„ 4 Bde.; Einl. G. Hanscombe; Nachdr. d. Ausg. v. 1967).

LITERATUR: J. C. Powys, *D. R.: A Study*, Ldn. 1931. – G. Tomkinson, *D. M. R.: Pioneer* (in Dalhousie Review, 38, 1959, S. 465–471). – C. R. Blake, *D. R.*, Ann Arbor/Ldn. 1960 [m. Bibliogr.]. – G. H. Gilkin, *D. M. R.: The Personal »Pilgrimage«* (in PMLA, 78, 1963, S. 586–600). – Dies., *D. M. R.: An Annotated Bibliography About Her* (in ELT, S. 12–35). – H. Gregory, *D. R.: An Adventure in Self-Discovery*, NY 1967. – S. Rose, *The Unmoving Center: Consciousness in D. R.'s »Pilgrimage«* (in ConL, 10, 1969, S. 366–382). – Dies., *D. R.'s Theory of Literature: The Writer As Pilgrim* (in Criticism, 12, 1970, S. 20–37). – J. Rosenberg, *D. R.: The Genius They Forgot*, Ldn./NY 1973. – S. Rose, *D. R.'s Focus On Time* (in ELT, 17, 1974, S. 163–172). – S. J. Kaplan, *Feminine Consciousness in the Modern British Novel*, Urbana (Ill.)/Ldn. 1975. – P. Tiessen, *A Comparative Approach to the Form and Function of Novel and Film: D. R.'s Theory of Art* (in Literature/Film Quarterly, 3, 1975, S. 83–90). – T. F. Staley, *D. R.*, Boston 1976 (TEAS). – G. G. Fromm, *D. R.: A Biography*, Urbana (Ill.)/Ldn. 1977. – E. Showalter, *A Literature of Their Own: British Women Novelists from Brontë to Lessing*, Princeton/N.J. 1977. – S. Henke, *Male and Female Consciousness in D. R.'s »Pilgrimage«* (in Journal of Women's Studies in Literature, 1, 1979, S. 51–60). – U. Bucher, *Streams of Consciousness: D. R. and James Joyce*, Lausanne 1981. – G. G. Fromm, *What Are Men to D. R.?* (in Women and Literature, 2, 1982, S. 168–188). – G. E. Hanscombe, *The Art of Life: D. R. and the Development of Feminist Consciousness*, Ldn. 1982; ern. Athens/Oh. 1983. – G. G. Fromm, *D. M. R.* (in DLB, Bd. 36, 1985, S. 203–220).

VICTORIA MARY SACKVILLE-WEST

* 9.3.1892 Knole Castle / Kent
† 2.6.1962 Sissinghurst Castle / Kent

LITERATUR ZUR AUTORIN:
S. R. Watson, *V. S.-W.*, NY 1972 (TEAS). – N. Nicolson, *Portrait of a Marriage*, NY 1973 (dt.: *Porträt einer Ehe*, Ffm./Bln. 1990; m. Nachw.; Ullst. Tb). – M. Stevens, *V. S.-W.: A Critical Biography*, Ldn. 1973. – J. Trautmann, *The Jessamy Brides: The Friendship of Virginia Woolf and V. S.-W.*, Philadelphia 1975. – S. M. Alsop, *Lady S.: A Biography*, Ldn. 1978. – J. Michel-Dalès, *V. S.-W.: autobiographie et fiction*, Lille 1980. – V. Glendinning, *Vita: The Life of V. S.-W.*, NY/Ldn. 1983; ern. Harmondsworth 1984. – M. A. Leaska, *Introduction* (in *The Letters of V. S.-W. to Virginia Woolf*, Hg. L. A. DeSalvo u. dies., Ldn. 1984, S. 9–46). – P. Diaz-Dorr, *V. S.-W.* (in DLB, Bd. 34, 1985, S. 255–264). – C. Ames, *Nature and Aristocracy in V. S.-W.* (in *British Novelists Since 1900*, Hg. J. I. Biles, NY 1987, S. 117–132).

THE EDWARDIANS

(engl.; *Ü: Schloß Chevron*). Roman von Victoria Mary SACKVILLE-WEST, erschienen 1930. – Eine englische Aristokratenfamilie zur Zeit Eduards VII. steht im Mittelpunkt der 1905 einsetzenden Handlung dieses autobiographisch geprägten Romans (auch die Autorin, die mit Virginia WOOLF eng befreundet war, stammte als Nachfahrin des elisabethanischen Autors Thomas SACKVILLE aus dem englischen Hochadel). Der zu Beginn des Romans neunzehnjährige Sebastian, ein romantisch veranlagter junger Mann, Erbe eines großen Vermögens und Herr auf Chevron, ist unzufrieden mit der Welt, in der er lebt, obwohl er nie eine andere kennengelernt hat. Seine Mutter und ihre Freunde gehören zur leichtlebigen Londoner Gesellschaft. Ihr Leben erschöpft sich in stereotypen Vergnügungen, hohlen gesellschaftlichen Funktionen, kleinlichem Geschwätz und amourösen Intrigen; sie haben Geld und Einfluß, aber keinerlei Verantwortung. Sebastians eigenes Leben verläuft in festgelegten Bahnen, ohne Aussicht auf Veränderungen oder Überraschungen. Dieser Schablone versucht Sebastian immer wieder zu entkommen: zuerst durch ein Verhältnis mit Sylvia Roehampton, einer älteren verheirateten Frau seiner eigenen Klasse, dann durch den Versuch, eine Frau aus einem völlig anderen sozialen Milieu zu verführen, und danach durch eine kurze Affäre mit einem Mädchen aus der Londoner Boheme. Aber erst, als er mit einer Forschungsexpedition England verläßt, gelingt es ihm, die Fesseln der Familientradition zu sprengen.

Die Autorin nimmt nicht nur die Londoner Gesellschaftshyänen, sondern die gesamte englische Oberschicht aufs Korn. Es ist ihre Absicht zu zeigen, daß auch die sittenstrengeren Mitglieder dieser Schicht Gefangene ihrer Tradition, arrogante, egozentrische Marionetten sind, die mechanisch ihre Rollen in einem Stück weiterspielen, vor dem der Vorhang längst gefallen ist. Ihnen allen fehlt jene intellektuelle Neugier, die allein ihrem müßigen Dasein einen Inhalt geben könnte; ihr Leben spiegelt sich, zur Karikatur verzerrt, in den mechanischen Funktionen der Dienerschaft. Daß unter solchen Umständen Charakterstärke allein nicht zählt, solange es an Mut zu einer neuen Lebensform mangelt, erweist sich im Fall von Lord George Roehampton. An der Affäre seiner Frau wird gleichzeitig demonstriert, daß in dieser Gesellschaft alles erlaubt ist, solange der äußere Schein gewahrt bleibt, daß sich also letztlich das Verhalten der »Edwardianer« in nichts von dem der sogenannten niederen Schichten unterscheidet.
Es ist vor allem der Distanz der Autorin zu ihrem autobiographischen Stoff zu verdanken, daß diesem Roman ein dauerhafter Erfolg beschieden war. Victoria Sackville-West verurteilt nicht, sondern läßt durchblicken, daß es nicht nur die Schuld ihrer Protagonisten ist, wenn sie charakterlich ihrer exponierten gesellschaftlichen Stellung nicht gewachsen sind. Aber sie stellt ihre Lebensweise als so steril dar, ihr Denken und ihr Verhalten als so trivial und blind konformistisch, daß an der Unausweichlichkeit des Untergangs ihrer Welt kein Zweifel aufkommen kann. J.v.Ge.

AUSGABEN: Ldn. 1930. – Ldn. 1931. – Ldn. 1935. – Ldn. 1952. – Ldn. 1983, Hg. V. Glendinning.

ÜBERSETZUNG: *Schloß Chevron*, K. Rosenberg u. H. B. Wagenseil, Bln. 1931. – Dass., dies., Ffm. 1985 (FiTb).

LITERATUR: W. R. Irwin, *Permanence and Change in »The Edwardians« and »Told by an Idiot«* (in MFS, 2, 1956, S. 63–67). – G. Hicks, *»The Edwardians«* (in *The Critic as Artist*, Hg. G. A. Harrison, NY 1972, S. 158–161).

DOROTHY L. SAYERS

* 13.6.1893 Oxford
† 17.12.1957 Witham / Essex

LITERATUR ZUR AUTORIN:
J. Hitchman, *Such a Strange Lady: An Introduction to D. L. S., 1893–1957*, Ldn. 1975. – *Dorothy L. Sayers Historical and Literary Society Bulletin*, Witham

1976 ff. – *Sayers Review*, Los Angeles 1976–81. – R. B. Harmon u. M. A. Burger, *An Annotated Guide to the Works of D. L. S.*, NY/Ldn. 1977. – C. B. Gilbert, *A Bibliography of the Works of D. L. S.*, Ldn./Hamden (Conn.) 1978. – *As Her Whimsey Took Her: Critical Essays on the Work of D. L. S.*, Hg. M. P. Hannay, Kent 1979. – A. S. Dale, *Maker and Craftsman: The Story of D. L. S.*, Grand Rapids/Mich. 1979. – R. E. Hone, *D. L. S.: A Literary Biography*, Kent 1979. – M. B. Durkin, *D. L. S.*, Boston 1980 (TEAS). – T. H. Hall, *D. L. S.: Nine Literary Studies*, Ldn. 1980. – N. M. Tischler, *D. L. S.: A Pilgrim Soul*, Atlanta 1980. – J. Brabazon, *D. L. S.: A Biography*, NY 1981. – D. Gaillard, *D. L. S.*, NY 1981. – R. T. Youngberg, *D. L. S.: A Reference Guide*, Boston 1982. – B. Benstock, *D. L. S.* (in DLB, Bd. 77, 1989, S. 254–272). – M. Siebald, *D. L. S.*, Wuppertal 1989.

GAUDY NIGHT

(engl.; *Ü: Aufruhr in Oxford*). Roman von Dorothy L. Sayers, erschienen 1935. – Nachdem sie zuerst mit religiösen Gedichten und Erzählungen an die Öffentlichkeit getreten war, begann Dorothy L. Sayers neben Versdramen und Essays ebenfalls religiösen Inhalts eine Reihe von Kriminalromanen zu veröffentlichen. Ihren besonderen Reiz und ihre bis heute anhaltende Beliebtheit verdanken diese vor allem den intellektuellen Fähigkeiten und dem gesellschaftlichen Nimbus, mit denen die Autorin ihren fast legendär gewordenen Detektiv, Lord Peter Wimsey, ausstattete, einen blaublütigen Amateurkriminologen aus der Schule Sherlock Holmes'.

Gaudy Night spielt in einem Mädchencollege in Oxford, einem Milieu, mit dem die Autorin, eine der ersten Frauen, die in Oxford Examen machten, bestens vertraut war. Harriet Vane – erfolgreiche junge Autorin von Detektivgeschichten und seit einem Kriminalfall, in den sie verstrickt war und den Wimsey löste, dessen große Liebe – nimmt an einem Treffen im Shrewsbury College teil, wo sie früher studiert hat. Dort gehen unheimliche Dinge vor sich, und da die Leitung des College das Aufsehen scheut, das bei einer polizeilichen Untersuchung unvermeidlich wäre, wird Harriet gebeten, sich als Detektivin zu betätigen. Zuerst erhalten Schülerinnen und Lehrkräfte anonyme Drohbriefe, dann findet man eine Strohpuppe von einem Messer durchbohrt am Dachbalken der Schulkapelle hängen, und nachts geht ein unheimlicher Poltergeist um, der die Einrichtung demoliert. Eine Studentin wird durch diesen Nervenkrieg fast zum Selbstmord getrieben, und Harriet entgeht mit knapper Not einem Mordanschlag. Doch nun erscheint Lord Peter Wimsey auf der Bildfläche, löst das Rätsel und entlarvt den Verbrecher mit einem Scharfsinn, den niemand hinter seiner gepflegten Lässigkeit vermutet hätte.

Den Adepten des zügig geschriebenen, harten Thrillers hat Dorothy L. Sayers wenig zu bieten. Daß sie eine Außenseiterin unter den Kriminalautoren ist, zeigt sich vor allem in der »Verpackung« ihres Stoffes: Da gibt es Milieuschilderungen und Charakterporträts von liebevoller Ausführlichkeit, geschliffene Gespräche, die weniger mit dem Fall selbst als mit der sozialen Sphäre der auftretenden Personen zu tun haben und die im Fall Peter Wimseys und seiner Verwandtschaft das Lebensgefühl des englischen Snobs manchmal geradezu karikaturhaft wiedergeben. Wie die Bücher von Agatha Christie werden die der Sayers jener Kategorie des Kriminalromans zugerechnet, die man in England *country-house crossword-puzzle* nennt. Tatsächlich teilen die beiden berühmten Autorinnen die Vorliebe für einen engbegrenzten Schauplatz des Verbrechens und für eine aus genau aufeinander abgestimmten Bausteinchen zusammensetzbare Lösung. Aber Dorothy Sayers schreibt einen bei weitem ausgefeilteren Stil und geht ernsthafter auf die psychologischen Aspekte des Verbrechens, der Bestrafung und der Sühne ein. J.v.Ge.

Ausgaben: Ldn. 1935. – Lpzg. 1938. – NY 1960. – NY 1968. – Ldn. 1981. – Boston 1982. – NY 1986. – NY 1988 *(Gaudy Night. A Lord Wimsey Mystery with Harriet Vane)*. – Bath 1989.

Übersetzungen: *Aufruhr in Oxford*, M. v. Schön, Hbg. 1937. – Dass., dies., Ffm. 1960. – Dass., O. Bayer, Tübingen 1972. – Dass., ders., Tübingen 1981 [Nachw. W. Killy]. – Dass., ders., Reinbek 1983 u. ö. (rororo).

Bearbeitung: E. G. Bentley, *Greedy Night* (Parodie, in D. L. Sayers, *Lord Peter, a Collection of All the Lord Peter Stories*, Hg. J. Sandoe, NY 1972).

Literatur: L. K. Ray, *The Mysteries of »Gaudy Night«: Feminism, Faith, and the Depths of Character* (in *Mystery and Detection Annual 1973*, Hg. D. Adams, Beverly Hills 1974, S. 272–285). – N. Auerbach, *D. S. and the Amazons* (in Feminist Studies, 3, 1975, S. 54–62). – S. L. Clark, *The Female Felon in D. L. S.'s »Gaudy Night«* (in Publications of the Arkansas Philological Association, 3, 1977, S. 59–67). – M. P. Hannay, *Head versus Heart in D. L. S.'s »Gaudy Night«* (in Mythlore, 6, 1979, S. 33–37). – L. M. Heldreth, *Breaking the Rules of the Game: Shattered Patterns in D. L. S.'s »Gaudy Night«: An Investigation of Truth* (in Seven, 4, 1983, S. 98–114). – L. R. Edwards, *Reciprocity and Power in »The Odd Women«, »Daughter of Earth«, and »Gaudy Night«* (in L. R. E., *Psyche as Hero: Female Heroism and Fictional Form*, Middletown 1984, S. 150–187). – M. Brody, *The Haunting of »Gaudy Night«: Misreadings in a Work of Detective Fiction* (in Style, 19, 1985, S. 94–116). – W. Reynolds, *Literature, Latin, and Love: D. L. S.'s »Gaudy Night«* (in Clues, 6, 1985, S. 67–78).

THE NINE TAILORS. Changes Rung on an Old Theme in Two Short Touches and Two Full Peals

(engl.; *Ü: Der Glocken Schlag. Variationen über ein altes Thema in zwei kurzen Sätzen und zwei vollen Zyklen*). Roman von Dorothy L. SAYERS, erschienen 1934. – Lord Peter Wimsey, der Amateurdetektiv, der in den Romanen von Dorothy L. Sayers mit snobistischer Lässigkeit Verbrechen aufklärt, verbringt eine Neujahrsnacht zufällig beim Pfarrer von Fenchurch St. Paul, einem kleinen, nur durch das alte Glockenspiel seiner Kirche bekannten Dorf in East Anglia, wo er beim großen neunstündigen Neujahrsläuten als Aushilfsglöckner mitwirkt. Nach vier Monaten kehrt Lord Peter auf Wunsch des Pfarrers in das Dorf zurück: Man hat in einem alten Grab eine Leiche gefunden, deren Hände abgehackt sind und deren Gesicht bis zur Unkenntlichkeit zerschlagen ist. Das Verbrechen scheint mit einem Jahre zurückliegenden Juwelendiebstahl zusammenzuhängen, der von Deacon, dem Butler der bestohlenen Adelsfamilie, und einem Londoner Gauner namens Cranton begangen worden war; beide hatten ins Gefängnis gemußt, Deacon allerdings war ausgebrochen und offenbar kurz danach bei einem Unfall ums Leben gekommen. Lord Peter gelingt es, sich mit seinem bewährten Scharfsinn an die Lösung des Falles heranzutasten. Er entdeckt, daß Deacon nicht tot, sondern in Frankreich untergetaucht und kurz vor jener Neujahrsnacht nach Fenchurch zurückgekehrt war, wo Cranton sich mit ihm treffen wollte. Doch nicht Cranton hat den Mord begangen, obwohl er allen Grund gehabt hätte, Deacon – denn kein anderer ist der Tote – umzubringen, sondern unwissentlich haben zehn Menschen als Werkzeuge einer höheren Gerechtigkeit diesen getötet: Vom zweiten Mann seiner einstigen Frau gefesselt und – ohne Mordabsicht – im Glockenturm der Kirche versteckt, war Deacon durch das neunstündige Dröhnen der »neun Schneider«, wie die Glocken von Fenchurch St. Paul genannt werden, in der Neujahrsnacht zu Tode geläutet worden. Erst danach wurde der Leichnam verstümmelt, um die Identifizierung zu erschweren. Was zu Beginn des Buchs als eine um ihrer selbst willen erzählte Episode erschien, das Mitwirken Wimseys beim traditionellen Läuten, entpuppt sich bei der Aufklärung des Falles als entscheidendes Glied der Beweiskette.

Dorothy Sayers hat die alte Kunst des Wechselläutens auf raffinierte Weise in den komplizierten *plot* eingebaut. Nicht nur ist ein Kryptogramm, das bei der Lösung des Falles eine Rolle spielt, nur durch Kenntnis des Glockensystems zu dechiffrieren (wodurch wiederum die versteckten Juwelen entdeckt werden), sondern die ganze Handlung entwickelt sich (wie auch in mehreren anderen Werken der Autorin, deren religiöses Engagement sich vor allem in Versdramen wie dem für die BBC geschriebenen Weihnachtsspiel *The Man Born to Be King*, 1943, ausdrückte) vor einem religiös-gedanklichen und gelehrten Hintergrund. Sowohl diesen Aspekt des Romans als auch die liebevoll ausführliche Landschafts- und Menschenschilderung meinte Edmund WILSON als quasi literarisches, prätentiöses Beiwerk abtun zu können, mit dem die marionettenhafte Gestalt des adligen Detektivs und die übliche Kreuzworträtsel-Konstruktion der Handlung verbrämt seien. Dagegen äußerten andere Kritiker, darunter Sinclair LEWIS, die Zitate aus alten Glockenspiel-Anweisungen, aus Abhandlungen über Kirchenarchitektur und aus den Psalmen seien keineswegs nur Zutaten, sondern integrierende Bestandteile, die viel zur besonderen Qualität dieses Detektivromans beitrügen.

J.v.Ge.-KLL

AUSGABEN: Ldn. 1934. – Ldn. 1962. – NY 1966. – Ldn. 1970. – Ldn. 1978 (in *Three Great Lord Peter Novels*). – Boston 1982. – Ldn. 1984. – Ldn. 1989.

ÜBERSETZUNG: *Glocken in der Neujahrsnacht*, H. Homeyer, Bln./Buxtehude 1946. – *Die neun Schneider*, dies., Tübingen 1958. – Dass., dies., Ffm./Hbg. 1965 (FiBü; zul. Ffm. 1977; FiTb). – *Der Glocken Schlag. Variationen über ein altes Thema in zwei kurzen Sätzen und zwei vollen Zyklen*, D. Bayer, Tübingen 1978 [Nachw. W. Killy]. – Dass., ders., Reinbek 1980 (rororo).

LITERATUR: H. Haycraft, *The Art of the Mystery Novel*, NY 1946, S. 208–221. – E. Wilson, *A Literary Chronicle: 1920–1950*, Garden City/N.Y. 1956, S. 339–341. – J. G. Cawelti, *Adventure, Mystery, and Romance: Formula Stories as Art and Popular Culture*, Chicago 1976. – L. Urdang, *»Nine Tailors«* (in Verbatim, 12, 1986, S. 15/16). – N.-L. Patterson, *A Ring of Good Bells: Providence and Judgement in D. L. S.'s »The Nine Tailors«* (in Mythlore, 16, 1989, S. 50–52).

GEORGE BERNARD SHAW

* 26.7.1856 Dublin
† 2.11.1950 Ayot Saint Lawrence / Hertfordshire

LITERATUR ZUM AUTOR:
Bibliographien:
G. H. Wells, *Bibliography of G. B. S.*, Boston 1979. – D. H. Laurence, *B. S.: A Bibliography*, 2 Bde., Oxford 1983. – *G. B. S.: An Annotated Bibliography of Writings About Him*, Hg. D. Haberman, DeKalb/Ill. 1985. – F. P. McDowell, *A B. S. Bibliography* (in PQ, 66, 1987, S. 509–520).
Biographien:
H. Pearson, *B. S.*, Ldn. 1942; ern. 1987. – St. J. Ervine, *B. S.*, Ldn. 1956. – A. Henderson, *G. B. S.:*

Man of the Century, 2 Bde., NY 1956. – H. Stresau, *G. B. S. in Selbstzeugnissen u. Bilddokumenten*, Reinbek 1962 (rm; zul. 1986). – A. Arnold, *G. B. S.*, Bln. 1965. – I. Brown, *S. in His Time*, Ldn. 1965. – P. J. Smith, *The Unrepentant Pilgrim*, Boston 1965. – S. Weintraub, *Journey to Heartbreak*, NY 1971. – N. Harris, *The S.s*, Ldn. 1978. – S. Weintraub, *The Unexpected S.: Biographical Approaches to G. B. S. and His Work*, NY 1982. – M. Holroyd, *B. S.*, Ldn. 1988.
Zeitschriften:
The Shavian Society Bulletin, Ldn. 1946–1953; gefolgt v. The Shavian: The Journal of the S. Society, N. S., Ldn. 1953 ff. – The S. Bulletin, University Park/Pa., 1951–1958 [auch u. d. T. The Bulletin of the S. Society of America; ern. u. d. T. The S. Review, NY]; gefolgt v. The S. Review, Hg. S. Weintraub, University Park/Pa. 1959–1980; gefolgt v. The Annual of B. S. Studies, Hg. Ch. A. Berst, University Park/Pa. 1981 ff. [m. fortlauf. Bibliogr.]. – The Independent Shavian, NY 1962 ff.
Gesamtdarstellungen und Studien:
E. Bentley, *B. S.*, Norfolk/Conn. 1947; ern. Ldn. 1960, ²1967. – R. Mander u. J. Mitchenson, *Theatrical Companion to S.*, Ldn. 1954 [zu den ersten Aufführungen der Stücke]. – J. B. Kaye, *B. S. and the 19th Century Tradition*, Norman/Okla. 1958. – R. Ohmann, *S.: The Style and the Man*, Middletown/Conn. 1962. – M. Meisel, *S. and the 19th-Century Theatre*, Princeton/N.J. 1963; Nachdr. NY 1984. – C. B. Purdom, *A Guide to the Plays of B. S.*, Ldn. 1963. – *G. B. S.: A Collection of Critical Essays*, Hg. R. J. Kaufmann, Englewood Cliffs/N.J. 1965. – G. Mander, *S.*, Hannover 1965. – F. Mayne, *The Wit and Satire of G. B. S.*, NY 1976. – Ch. A. Carpenter, *B. S. and the Art of Destroying Ideals*, Madison/Wis. 1969. – L. Crompton, *S. the Dramatist*, Lincoln/Nebr. 1969; Ldn. 1971. – C. Wilson, *B. S.: A Reassessment*, Ldn. 1969. – G. E. Brown, *G. B. S.*, Ldn. 1970. – E. B. Adams, *B. S. and the Aesthetes*, Columbus/Oh. 1971 [m. Bibliogr.]. – MD, 14, 1971, Nr. 3 [Sondernr. *G. B. S.*]. – F. Denninghaus, *Die dramatische Konzeption G. B. S.s*, Stg. u. a. 1971. – H. Leon, *B. S.: Playwright and Preacher*, Ldn. 1971. – D. Schwanitz, *G. B. S.: Künstlerische Konstruktion u. unordentliche Welt*, Darmstadt 1971. – *S.: Seven Critical Essays*, Hg. N. Rosenblood, Toronto 1971. – M. Morgan, *The Shavian Playground*, Ldn. 1972. – C. A. Berst, *S. and the Art of Drama*, Urbana/Ill. 1973. – B. F. Dukore, *B. S.: Playwright*, Columbia/Mo. 1973. – M. u. M. Hardwick, *The B. S. Companion*, Ldn./NY 1973. – H. Kramer, *Künstlerische und politische Extravaganz im Spätwerk S.s*, Bern 1973. – M. Valency, *The Cart and the Trumpet: The Plays of G. B. S.*, NY 1973; ern. 1983. – K. H. Schoeps, *B. Brecht und B. S.*, Bonn 1974. – J. L. Wisenthal, *The Marriage of Contraries*, Cambridge/Mass. 1974. – E. H. Andrecht, *Sprachsoziologische Aspekte in der dramatischen Sprachgestaltung B. S.s*, Ffm. 1976. – P. M. Carr, *B. S.*, NY 1976. – *S.: The Critical Heritage*, Hg. T. F. Evans, Ldn. 1976. – N. Greiner, *Idealism u. Realism im Frühwerk G. B. S.*s, Heidelberg 1977. – *G. B. S.*, Hg. K. Otten u. G. Rohmann, Darmstadt 1978 (WdF). – E. C. Hill, *G. B. S.*, Boston 1978 (TEAS). – R. F. Whitman, *G. B. S. and the Play of Ideas*, Ithaca/N.Y. 1978. – *The Genius of S.*, Hg. M. Holroyd, Ldn./NY 1979. – S. A. Yorks, *The Evolution of B. S.*, Washington D.C. 1981. – A. Silver, *B. S.: The Darker Side*, Stanford 1982. – S. Weintraub, *The Unexpected S.*, NY 1982. – A. Ganz, *G. B. S.*, Ldn. u. a. 1983. – A. M. Gibbs, *The Art and Mind of S.: Essays in Criticism*, Ldn. 1983. – N. Grene, *B. S.*, Ldn. 1984. – D. H. Laurence u. M. Quinn, *S. on Dickens*, NY 1985. – D. H. Laurence u. J. Rambeau (Hg.), *B. S.: Agitations: Letters to the Press 1875–1950*, NY 1985. – H. Bloom, *G. B. S.*, NY 1987. – J. L. Wisenthal, *S.'s Sense of History*, Oxford u. a. 1988.

ANDROCLES AND THE LION

(engl.; *Ü: Androklus und der Löwe*). Märchenspiel in einem Prolog und zwei Akten von George Bernard Shaw, Uraufführung: 1. 9. 1913, London, St. James Theatre; erschienen 1916. – Das auf eine gleichnamige Erzählung des Aulus Gellius (2. Jh. n. Chr.) zurückgehende, in der Tradition der englischen Weihnachts-Pantomime stehende Drama behandelt im burlesken Gewand eine ernste religiöse Thematik. Das legendenhafte Vorspiel (Shaw bezeichnete das Stück als »Legende«) zeigt, wie der als Christ vertriebene Schneider Androklus auf der Flucht einen Löwen trifft, dem er einen Dorn aus der Tatze zieht. Im ersten Akt wird eine Gruppe gefangener Christen zum Kolosseum geführt, um dort den Märtyrertod zu sterben. Alle weigern sich, dem Christentum abzuschwören. Der zweite Akt führt ins Kolosseum selbst. Die Christen – unter ihnen der starke Ferrovius, die stolze Lavinia und Androklus – bereiten sich darauf vor, in den Tod zu gehen. Ferrovius lehnt es ab, in die Prätorianergarde einzutreten. Als er in die Arena geführt wird, packt ihn jedoch ein unchristlicher Zorn, und er tötet mehrere Gladiatoren. Da er damit seinen Glauben verraten hat, willigt er nun ein, Mitglied der Garde zu werden. Obgleich sein Sieg über die Gladiatoren den Kaiser Nero (eine burleske Version seiner Cäsar-Figur aus *Caesar and Cleopatra*) so beeindruckte, daß er seine Prätorianer auffordert, Christen zu werden, und andererseits die Freilassung der anderen Christen anordnet, soll dennoch einer von ihnen den Löwen vorgeworfen werden, um das Publikum zufriedenzustellen. Als Androklus einsam die Arena betritt, sieht er sich einem höchst friedlichen Löwen gegenüber: Sein alter Freund, den er einst von seinen Schmerzen befreite, hat ihn erkannt und legt sich ihm dankbar zu Füßen. Kaiser und Publikum bestaunen das Wunder, und Androklus wird begnadigt.

Wenn dieses Schauspiel auch recht locker gebaut und das Thema weniger dramatisch als dialektisch durchgeführt ist, hat Shaw es doch verstanden, das legendenhafte Vorspiel und das eigentliche Märtyrerdrama organisch miteinander zu verbinden. Die einzelnen Personen des Stücks verkörpern verschiedene Formen der Religiosität. Androklus in seiner Mensch und Tier gleichermaßen umfassenden Güte ist ein franziskanischer Christ. Neben diesem naiven Christentum des kleinen Schneiders steht der bewußte Glaube der stolzen Patrizierin Lavinia; sie bekennt sich zu jenem Geschlecht, das – wie sie sagt – ins Helle vorschreitet. Für sie ist der christliche Gott der Gott aller geistigen Menschen, den zu verleugnen der Selbstaufgabe gleichkäme. Diesen echten Christen stehen die falschen gegenüber: der Opportunist Spintho, der seinen Glauben verrät und zur Strafe von den Löwen gefressen wird, und Ferrovius, der sich bewußt wieder der alten Religion des Mars zuwendet, da er erkannt hat, daß er unfähig ist, ein wahrhaft christliches Leben zu führen. Auch wenn die Haltung der genannten Personen sich aus völlig verschiedenen Motiven ableitet, so leisten sie doch alle Widerstand gegen die Staatsgewalt und gegen das konventionelle Denken. Shaw ging es nicht um eine Relativierung des Begriffs »Christentum«, sondern um die Darstellung des problematischen Verhältnisses zwischen der auf einer festen religiösen, sozialen und politischen Ordnung gegründeten Macht des Staates und dem Individuum, das sich dieser Ordnung nicht fügt. Wie er im Nachwort zu seinem Stück betont, sind Verfolger und Verfolgte als zeitlose Gestalten zu verstehen. – Mit der Tötung der Gladiatoren durch Ferrovius erreicht Shaw nicht nur in dramaturgischer Hinsicht den Wendepunkt; indem er danach den Kaiser allen Gladiatoren befehlen läßt, Christen zu werden, um so gut kämpfen zu lernen wie Ferrovius, gibt er zu verstehen, daß die Erhebung des Christentums zur Staatsreligion bereits der Beginn jener völligen Veräußerlichung des Glaubens ist, die nach Shaws Ansicht unsere Zeit kennzeichnet. R.R.

Ausgaben: Ldn. 1916. – Ldn. 1951 *(Standard Ed.)*. – NY 1963. – Ldn. 1972 (in *The Bodley Head B. S.*, 7 Bde., 1970–1974, 4). – Paderborn 1984, Hg. E. Neis. – Milwaukee/Wis. 1986, Hg. C. Storr [Ill. P. Hood]. – Ldn. 1986.

Übersetzungen: *Androklus und der Löwe*, S. Trebitsch, Bln. 1913. – Dass., ders. (in *Komödien des Glaubens*, Zürich 1947; *Ges. dramat. Werke*). – H. Mueller, Ffm. 1971 [Bühnenms.]. – Dass., ders. (in *Lustspiele in neuen Übersetzungen*, Ffm. 1977).

Vertonung: L. Edelkötter, *Androklus und der Löwe* (Musical; Text H. Mueller; Musical-Version u. Liedtexte: T. Hollweg, Ffm. 1979; Bühnenms.).

Literatur: J. Bab, *»Androklus u. der Löwe«* (in Die Weltbühne, H. 50, 1913). – S. Jacobson, dass. (ebd., H. 6, 1924). – D. McCarthy, *S.'s Plays in Review*, NY 1951. – N. T. Carrington, *G. B. S.: »Androcles and the Lion«*, Bath 1966. – K. Lines, *»Androcles and the Lion«, »Major Barbara«: Notes*, Toronto 1967. – D. Schwanitz, *G. B. S.: Künstlerische Konstruktion* ..., Darmstadt 1971, S. 92–102. – R. S. Nelson, *Wisdom and Power in »Androcles and the Lion«* (in Yearbook of English Studies, 2, 1972, S. 192–204). – D. E. S. Maxwell, *B. S.: »Androcles and the Lion«*, Beirut/Ldn. 1980. – B. Cardullo, *The Artistic Evolvement of »Androcles and the Lion«* (in Studia Neophilologica, 57, 1985, S. 187–190). – A. Turco Jr., *Reflections on »Androcles«: Self, Fable, and History* (in Independent Shavian, 3, 1989, Nr. 3, S. 51–59).

THE APPLE CART. A Political Extravaganza

(engl.; *Ü: Der Kaiser von Amerika. Eine politische Extravaganz*). Schauspiel in zwei Akten von George Bernard Shaw, Uraufführung: 14. 6. 1929, Warschau, Teatr Polski; englische Erstaufführung: 19. 8. 1929, Malvern Festival; deutsche Erstaufführung: Berlin 1930, Deutsches Theater; Erstausgabe 1930. – In dieser politischen Komödie, einem Alterswerk, stellt Shaw die Probleme einer konstitutionellen Monarchie denen einer Demokratie gegenüber. Der Premierminister des Königs Magnus und die Mitglieder des Kabinetts versuchen, ihre Macht als gewählte Vertreter des Volkes zu stärken, indem sie ultimativ fordern, der Monarch müsse alle seine Reden von der Regierung genehmigen lassen und öffentliche Hinweise auf das ihm verbliebene Vetorecht unterlassen. König Magnus zögert die Entscheidung über Annahme oder Ablehnung dieser Forderungen hinaus. Auch gegenüber dem Vorschlag des amerikanischen Botschafters, wonach die Vereinigten Staaten wieder Mitglied des Commonwealth werden und König Magnus zum Kaiser von Amerika machen sollen, verhält er sich abwartend. Als unmittelbar nach diesem Gespräch das Kabinett abermals erscheint, erklärt der König, er könne die Forderungen der Regierung nicht erfüllen und wolle daher abdanken, läßt jedoch die Minister wissen, daß er nach Auflösung des Parlaments als Abgeordneter kandidieren und sich von seinem Sohn und Nachfolger mit der Regierungsbildung betrauen lassen werde. Dieser Plan veranlaßt die auf ihre Posten bedachten Minister, auf ihre Forderungen zu verzichten, und man trennt sich in gegenseitigem Einvernehmen.

In diesem im späten 20. Jh. angesiedelten Stück wird die Erörterung der politischen Probleme einer Demokratie zur brillanten politischen Satire. Einem Kabinett von größtenteils wenig intelligenten Ministern steht in Magnus ein geist- und humorvoller Monarch gegenüber, der es versteht, seinen Willen durchzusetzen. Wenngleich sich Shaw bei der Gestaltung des Königs Magnus nicht ganz von seiner Vorliebe für große Männer, ja mitunter für Diktatoren, freimachen konnte und wenngleich er in den Figuren des Kabinetts die Schwächen und Ungeschicklichkeiten von bestimmten Labour-Ministern kritisiert, so erweist er sich doch wieder als guter Sozialist, wenn er die Diskussion um die konstitutionelle Monarchie zu einer Debatte über die Problematik des Kapitalismus werden läßt.

Dramaturgisch gesehen ist das handlungsarme Stück flüchtig konstruiert. Das Zwischenspiel, das Magnus mit seiner Geliebten Orinthia zeigt, hat lediglich die Funktion zu erfüllen, die beinahe liebenswerten Schwächen des Königs zu zeigen. Der eigentliche Reiz des Stückes liegt in den Dialogen. Durch geschickten Rückgriff auf den Phrasenschatz der Parlamentsredner, der politischen Wahlagitatoren, der Journalisten und der Wissenschaftler gelingt es Shaw, jede seiner Figuren zu profilieren und bloßzustellen. R.R.

AUSGABEN: Ldn. 1930. – Ldn. 1949 (in *Saint Joan and The Apple Cart; Standard Ed.*). – Ldn. 1973 (in *The Bodley Head B. S.*, 7 Bde., 1970–1974, 6). – NY 1989.

ÜBERSETZUNGEN: *Der Kaiser v. Amerika*, S. Trebitsch, Bln. 1929. – Dass., ders. (in *Gekrönte Häupter*, Zürich 1948; *Ges. dramat. Werke*). – Dass., A. u. H. Böll, Ffm. 1972. – Dass., dies. (in *Lustspiele in neuen Übersetzungen*, Ffm. 1977).

LITERATUR: G. Bernhard, *»D. Kaiser v. Amerika«* (in Vossische Ztg., 23. 10. 1929). – B. Diebold, *Heldenverehrung* (in Frankfurter Ztg., 23. 10. 1929). – F. P. W. McDowell, *The Eternal against the Expedient: Structure and Theme in S.'s »The Apple Cart«* (in MD, 2, 1959, S. 99–113; m. Bibliogr.). – M. M. Morgan, *Two Varieties of Political Drama, »The Apple Cart« and Granville-Barker's »His Majesty«* (in Shavian, 2, 1962, 6, S. 9–16). – H. J. Donaghy, *»The Apple Cart«: A Chestertonian Play* (in S. Review, 11, 1968, S. 104–108). – H. Kramer, *Künstlerische u. politische Extravaganz im Spätwerk S.s*, Bern 1973. – W. S. Smith, *The Search for Good Government: »The Apple Cart«, »On the Rocks«, and »Geneva«* (in S. Review, 21, 1978).

ARMS AND THE MAN

(engl.; *Ü: Helden*). Schauspiel in drei Akten von George Bernard SHAW, Uraufführung: London, 14.4. 1894, Avenue Theatre; erschienen 1898; deutsche Erstaufführung: Berlin 1904. – Mit diesem Stück, einer seiner gelungensten Komödien überhaupt, begründete Shaw seinen Ruf als Dramatiker, während ihm dies mit den Enthüllungsdramen *Widowers' Houses* (1892) und *Mrs. Warren's Profession* (1898) bei den Zeitgenossen nicht gelang. Wie jene von Shaw selbst so genannten »unerquicklichen Stücke« beruht freilich auch *Arms and the Man* auf dem Bauprinzip parodistischer Umkehrungen. Aus romantischen Idealisten werden Realisten, und umgekehrt.

Während des serbisch-bulgarischen Kriegs von 1885 gerät der als Hauptmann in serbischen Diensten stehende Schweizer Bluntschli auf der Flucht in das Schlafzimmer der jungen Bulgarin Raina Petkoff, die ihn, ihre anfänglichen »patriotischen« Skrupel überwindend, vor seinen Verfolgern verbirgt und ihm später weiterhilft. Nach Kriegsschluß kehren Rainas Vater, Major Petkoff, und ihr Verlobter Sergius zurück, und auch Bluntschli findet sich ein, um Raina seinen Dank abzustatten. Es gelingt dem Schweizer, Raina für sich zu gewinnen und, da er sich als reicher Hotelbesitzer entpuppt, den Segen ihrer Eltern zu erhalten. Der frühere Verlobte Rainas, der außer heißblütigem Husarenstolz und Byron-Nachahmung nichts zu bieten hat, tröstet sich mit dem temperamentvollen und ehrgeizigen Dienstmädchen Louka.

Der Reiz dieser Komödie liegt vor allem im Gegensatz zwischen dem romantisch-sentimentalen Patriotismus und dem militärischen Heldenideal der Petkoffs und Sergius Saranoffs einerseits und der ans Zynische grenzenden Nüchternheit Bluntschlis andererseits. (Der Titel des Stücks bezieht sich auf die ersten Worte von VERGILS *Aeneis*.) Dem Zeitkritiker Shaw geht es darum, das Falsche und Sentimentale der landläufigen Vorstellungen von Leben, Liebe und Krieg bloßzustellen. Der Realist Bluntschli, der Pralinen statt Patronen in seiner Munitionstasche trägt, aber, wenn es darauf ankommt, das militärische Handwerk sehr wohl beherrscht, hält praktischen Erfolg und die Rettung des eigenen Lebens für wichtiger als eine fragwürdige, romantisch verbrämte Tapferkeit. Als freier Bürger der Schweiz personifiziert er Shaws These, daß das Leben, unbeeinflußt von Leidenschaften, von den Erkenntnissen des kritischen Verstandes gelenkt werden müsse.

In *Helden* hat Shaw Milieu und Atmosphäre eines imaginären Balkanstaates, in dem sich zum großen Teil englische Verhältnisse spiegeln, meisterhaft getroffen und die Charaktere mit wenigen Strichen zu umreißen verstanden. Das locker gebaute Stück zeichnet sich durch spritzig-ironische Dialoge aus. Kurze, parataktisch aneinandergereihte Hauptsätze und weitgehender Verzicht auf bildhafte Sprache kennzeichnen den Stil. R.R.-KLL

AUSGABEN: Ldn. 1898 (in *Four Pleasant Plays*). – Ldn. 1952 (in *Plays Pleasant and Unpleasant*, 2 Bde.; *Standard Ed.*). – Indianapolis 1969, Hg. L. Crompton. – Ldn. 1970 (in *The Bodley Head B. S.*, 7 Bde., 1970–1974, 1). – NY 1981 [Einl. N. Jenckes; Faks. d. Hs.]. – Ldn. 1984.

ÜBERSETZUNGEN: *Helden*, S. Trebitsch, Stg. 1903. – Dass., ders. (in *Erquickliche Stücke*, Zürich 1946; *Ges. dramat. Werke*). – Dass., W. Hildesheimer, Ffm. 1969. – Dass., ders. (in *Lustspiele in neuen Übersetzungen*, Ffm. 1977). – Dass., ders., Ffm. 1990 (st).

VERTONUNG: Oscar Straus, *Der tapfere Soldat*, Wien 1908 (Operette; später: *Der Pralinésoldat*).

VERFILMUNG: *Helden*, BRD 1958 (Regie: F. P. Wirth).

LITERATUR: A. Polgar, *»Helden«* (in Die Weltbühne, 1913, H. 37). – A. Kerr, *»Helden«* (in Vossische Ztg., 26. 9. 1924). – A. Eloesser, *»Helden«* (ebd.,

22. 3. 1933). – E. Schor, *»Arms and the Man«: A Critical Commentary*, NY 1965. – C. A. Berst, *Romance and Reality in »Arms and the Man«* (in MLQ, 27, 1966, S. 197–211). – R. Nickson, *S.'s »Arms and the Man«*, NY 1966. – *Notes on »Arms and the Man«*, Ldn. 1969. – C. T. Higgs, Jr., *S.'s Use of Vergil's »Aeneid« in »Arms and the Man«* (in S. Review, 19, 1976, S. 2–16). – B. King, *B. S.: »Arms and the Man«*, Beirut/Ldn. 1980. – G. Blaicher, *Mortifikation: Ein vernachlässigter Aspekt der Komödientheorie* (in Arbeiten aus Anglistik u. Amerikanistik, 13, 1988, S. 139–153).

BACK TO METHUSELAH. A Metabiological Pentateuch

(engl.; *Ü: Zurück zu Methusalem*). Schauspiel in fünf Teilen von George Bernard SHAW, erschienen 1921; Uraufführung: 27. 2., 6. 3. und 13. 3. 1922, New York, Garrick Theatre; englische Erstaufführung: Birmingham 1923; deutsche Erstaufführung: Berlin 1925, Deutsches Theater. – Dieser aus fünf Einzeldramen bestehende *»metabiologische Pentateuch«* darf als philosophisches Hauptwerk Shaws gelten. In ihm wird die Geschichte der Menschheit vom Sündenfall bis zur heutigen Zeit metaphysisch gedeutet und die Vision einer zukünftigen Entwicklung dargestellt.
Der erste Teil *(At the Beginning)* zeigt Adam und Eva im Garten Eden. Sie empfinden die Aussicht, ewig leben zu müssen, als furchtbar. Ihre Unzufriedenheit wird von der Schlange ausgenützt, die ihnen zur »Entdeckung« des noch unbekannten Todes verhilft. Damit mißachten Adam und Eva das metaphysische Urprinzip der *life force* (Lebenskraft), jener göttlichen Macht, der die Welt ihre Existenz verdankt. Durch die »Erfindung« des Todes wird das menschliche Leben zunächst freiwillig auf tausend Jahre beschränkt. Mit Hilfe anderer »Erfindungen«, wie Mord (Kain) und Krieg, verkürzt es sich erneut. In diesem Verstoß gegen die *life force* sieht Shaw den Sündenfall der Menschheit. – Im zweiten Drama *(The Gospel of the Brothers Barnabas)*, einer zeitkritischen Analyse, wird die alles beherrschende Dummheit und Verantwortungslosigkeit des Menschen auf seine kurze Lebensdauer zurückgeführt, die nicht ausreicht, um ihn zu Weisheit gelangen zu lassen, so daß er im Grunde ein reines Reflexwesen bleibt. – Im dritten Drama *(The Thing Happens)*, das im Jahre 2170 spielt, wird dargestellt, wie einige Menschen die normale Kurzlebigkeit der Gattung überwinden und ein Alter von über zweihundert Jahren erreichen. – Die dadurch entstehenden Probleme werden in den letzten beiden Teilen des Zyklus genauer erörtert. In der *Tragedy of an Elderly Gentleman* haben sich die Langlebigen zusammengeschlossen. Sie stehen bei den Kurzlebigen (den »normalen« Menschen) in großem Ansehen und werden fast als göttliche Wesen verehrt. – Im letzten Teil *(As Far as Thought Can Reach)*, der im Jahr 31920 n. Chr. spielt, existieren die Kurzlebigen nicht mehr. Sie sind dem langlebigen Übermenschen gewichen, der, bereits voll entwickelt, im Alter von zwanzig Jahren einem Ei entschlüpft. Seine vier Jahre dauernde »Kindheit«, die einer menschlichen Entwicklung von weiteren fünfzig Jahren entspricht, ist ganz dem Spiel, dem Tanz, der Liebe gewidmet. Danach verliert er jedes Interesse an diesen Dingen und wird zum »Alten«, der nur noch denkend lebt und damit dem Geheimnis des Lebens immer näher kommt.
In künstlerischer Hinsicht vermag dieser handlungsarme, überlange Zyklus nicht voll zu befriedigen. Dauernde Wiederholungen, mangelnde begriffliche Klarheit und unausgeführte Motive lassen Shaws Beitrag zur »modernen Bibel« (wie er im Vorwort seine Absicht umschreibt) als nicht ganz gelungen erscheinen. In diesem Zyklus legt Shaw seine Religion der schöpferischen Entwicklung dar: Die göttliche *life force*, von der der Mensch durch die Hinwendung zum Tod abgefallen ist, steigert den Menschen auf dem Weg der Evolution zum Übermenschen. Dieser findet als reines Geistwesen wieder zur *life force* zurück und erkennt damit die »Wahrheit« allen Lebens. Ziel dieser Evolution ist die Befreiung des Lebens von den Fesseln der Materie. Aus Gedankengängen von LAMARCK, SCHOPENHAUER, NIETZSCHE, BERGSON und anderen hat Shaw eine Philosophie gemixt, die zwar nicht unbedingt durch Konsequenz, auf jeden Fall aber durch Originalität besticht. R.R.

AUSGABEN: Ldn. 1921. – Ldn. 1949 *(Standard Ed.)*. – Ldn. 1972 (in *The Bodley Head B. S.*, 7 Bde., 1970–1974, 5). – NY 1988.

ÜBERSETZUNG: *Zurück zu Methusalem*, S. Trebitsch, Bln. 1923. – Dass., ders., Zürich 1947 *(Ges. dramat. Werke)*.

LITERATUR: M. Jacobs, *»Zurück zu Methusalem«* (in Vossische Ztg., 27. 11. 1925). – F. Köppen, dass. (in Berliner Börsenztg., 22. 9. 1925). – E. Franzen, *D. Gespenst Methusalem* (in Dt. Allgemeine Ztg., 19. 1. 1926). – M. H. Geduld, *»Back to Methuselah« and the Birmingham Repertory Company* (in MD, 2, 1959, S. 115–129). – D. Leary u. R. Foster, *Adam and Eve, Evolving Archetypes in »Back to Methuselah«* (in S. Review, 3, 1960, 2, S. 18–26). – M. M. Morgan, *»Back to Methuselah«* (in Essays and Studies, N. S. 13, 1960, S. 82–98). – J. Lindblat, *Creative Evolution and S.'s Dramatic Art: With Special Reference to »Man and Superman« and »Back to Methuselah«*, Uppsala 1971. – R. S. Nelson, *»Back to Methuselah«: S.'s Modern Bible* (in Costerus, 5, 1972, S. 117–123). – M. Parker, *Creative Evolution and Its Undercut: S.'s Philosophy and Antic Disposition in »Man and Superman«, »Back to Methuselah« and »Saint Joan«* (in Gypsy Scholar, 6, 1979, S. 18–31). – V. Rao, *»Back to Methuselah«: A Blakean Interpretation* (in S. Review, 1, 1981, S. 141–181). – D. Armstrong, *»Back to Methuselah«: S.'s Debt to Swift* (in Cahiers Victoriens et Édouardiens, 21, April 1985, S. 63–71).

CAESAR AND CLEOPATRA

(engl.; *Ü: Caesar und Cleopatra*). Historiendrama von George Bernard Shaw, Uraufführung: 15. 3. 1899, Newcastle-on-Tyne, Theatre Royal; deutsche Erstaufführung: Berlin 1906; erschienen 1901. – Zusammen mit *The Devil's Disciple (Der Teufelsschüler)* und *Captain Brassbound's Conversion (Kapitän Brassbounds Bekehrung)* gehört *Caesar und Cleopatra* zu den *Drei Stücken für Puritaner*. In seinem Vorwort zur Ausgabe dieser Dramen (dem ersten seiner berühmten langen polemischen Begleitessays zu den Stücken) sagt Shaw, er habe sie so genannt, weil er in ihnen der Scheinwelt des Melodramatischen und Nur-Erotischen den Kampf angesagt habe. Er definiert in diesem Vorwort den Teufel als den *»Ersatz intellektueller Tätigkeit und Ehrlichkeit durch die sinnliche Ekstase«*. Das puritanische Moment der Stücke liegt somit in Shaws Eintreten für intellektuelle Redlichkeit. In diesem Sinn ist auch seine ablehnende Haltung gegenüber Shakespeares *Antony and Cleopatra* und *Julius Caesar* zu verstehen. Im Vorwort schreibt er, daß Shakespeare in seinen Römerdramen zwar das Leben sehe, wie es ist, daß er aber romantisch darüber denke und daß eben diesem Denken sein, Shaws, Kampf gelte.

Zu Beginn des 48/47 v. Chr. spielenden, 1898 entstandenen Stückes, das mit Shakespeare zwar noch die komplizierte, melodramatische Handlungsstruktur gemein hat, diese aber vor allem parodistisch bloßstellt, ist die Königin Cleopatra aus Angst vor den in Ägypten einmarschierten Römern in die Wüste zur Sphinx geflohen. Dort trifft sie Caesar, der sich ihr aber erst später, nach der Einnahme ihres Palastes, zu erkennen gibt. Caesar greift sofort in die inneren Verhältnisse Ägyptens ein und ordnet an, daß die kindliche Cleopatra zusammen mit ihrem noch jüngeren Bruder Ptolemäus regieren solle. Die Großmütigkeit, mit der er die ägyptischen Gefangenen freiläßt, wird schlecht belohnt: Es kommt zu einem Aufstand, dem Caesar jedoch entrinnt. Der gefangene Pothinus, Vormund von Ptolemäus, intrigiert gegen Cleopatra. Als Caesar ihn voller Verachtung ebenfalls freiläßt, gibt Cleopatra ihrer Amme Ftatateeta den Auftrag, Pothinus zu töten. Um den Imperator vor einem möglicherweise auch ihm drohenden Mordanschlag zu bewahren, tötet jedoch der Römer Rufio die Amme. Die Ermordung des Pothinus löst einen zweiten allgemeinen Aufruhr der Ägypter aus, den Cäsar, nachdem er durch eine Fehleinschätzung der Lage in eine kritische Situation gekommen ist, ebenfalls niederschlägt und bei dem Ptolemäus umkommt. Caesar setzt seinen Getreuen Rufio als Statthalter ein und kehrt nach Rom zurück. Beim Abschied verspricht er Cleopatra, ihr einen Jüngeren – Marc Anton – zu schicken.

Shaw stellt Caesars Kampf gegen die Ägypter zugleich als einen Kampf gegen die in Konventionen erstarrte, der Wirklichkeit entrückte Scheinwelt Ägyptens dar. Sein Caesar ist, anders als bei Shakespeare, der unbestritten große Herrscher, der seinen Aufstieg nicht nur der Macht Roms und seiner Feldherrnkunst verdankt, sondern vor allem seiner Vorurteils- und Illusionslosigkeit und seinem gesunden Menschenverstand – also der typische Held Shaws. Indem der Autor den Imperator als einen alternden Mann mit all seinen Schwächen porträtiert, wird einerseits die Absicht verwirklicht, einen antiromantischen Helden zu schaffen, andererseits bilden die auf eben diese Schwächen eingehenden geistreich-verspielten Dialoge zwischen Caesar und der kindlich-koketten Cleopatra einen reizvollen Kontrast zu den entscheidenden Szenen, in denen Caesars Größe voll zur Geltung kommt. Auch die Nebengestalten dienen letztlich nur als Kontrastfiguren in dem Spiel zwischen dem Römer und der ägyptischen Königin. – Cleopatra lernt zwar von Caesar die Kunst der Diplomatie, entwikkelt sich innerhalb des Schauspiels jedoch, wie E. Bentley sagt, lediglich vom Kätzchen zu einer ausgewachsenen Katze. Es gelingt ihr nicht, sich Caesars Vorurteilslosigkeit zu eigen zu machen, und sie bleibt letztlich eine Gefangene ihrer Illusionen. R.R.

Ausgaben: Ldn. 1901 (in *Three Plays for Puritans*). – Ldn. 1904. – Ldn. 1952 (in *Three Plays for Puritans; Standard Ed.*). – Ldn. 1971 (in *The Bodley Head B. S.*, 7 Bde., 1970–1974, 2). – Indianapolis 1974, Hg. G. Larson. – NY 1981 [Einl. J. L. Wisenthal; Faks. der Hs.]. – Ldn. 1985.

Übersetzungen: *Caesar und Cleopatra*, S. Trebitsch, Bln. 1904. – Dass., ders. (in *Stücke für Puritaner*, Zürich 1946; *Ges. dramat. Werke*). – Dass., A. u. H. Böll, Ffm. 1965 (es; 71987). – Dass., dies. (in *Klassische Stücke in neuen Übersetzungen*, Ffm. 1975).

Verfilmung: *Caesar and Cleopatra*, England 1945 (Regie: G. Pascal).

Literatur: A. Kerr, *»Caesar u. Cleopatra«* (in NRs, 1906, S. 748). – L. Feuchtwanger, *»Caesar u. Cleopatra«* (in Die Weltbühne, 1911, Nr. 10 u. 11). – A. Polgar, *»Caesar u. Cleopatra«* (ebd., 1912, Nr. 15). – S. Weintraub, *S.'s Mommsenite Caesar* (in *Anglo-German and American-German Crosscurrents*, Hg. P. A. Shelley u. A. O. Lewis Jr., Bd. 2, Chapel Hill/N.C. 1962, S. 257–272). – D. J. Leary, *The Moral Dialectic in »Caesar and Cleopatra«* (in S. Review, 5, 1962, S. 42–53). – G. H. Schwartz, *G. B. S.'s »Caesar and Cleopatra«*, NY 1965. – R. Thomas, *»Caesar and Cleopatra«: A Critical Commentary*, NY 1965. – C. A. Berst, *The Anatomy of Greatness in »Caesar and Cleopatra«* (in JEGPh, 68, 1969, S. 74–91). – G. W. Couchman, *This is Our Caesar: A Study of G. B. S.'s »Caesar and Cleopatra«*, Den Haag 1973 [m. Bibliogr.]. – B. F. Dukore, *»Too Much of a Good Thing«? Structural Features of »Caesar and Cleopatra«* (in ETJ, 25, 1973, S. 193–198). – M. Mason, *»Caesar and Cleopatra«: A Shavian Exercise in Both Hero-Worship and Belittlement* (in Humanities Association Journal, 25,

1974, S. 1–10). – *S.'s »Caesar and Cleopatra«*, Hg. N.T. Carrington, Ldn. 1976. – K. Otten, *G. B. S.: »Caesar and Cleopatra«* (in *Das englische Drama im 18. u. 19. Jh.*, Hg. H. Kosok, Bln. 1976, S. 347–361). – R.N. Roy, *G. B. S.'s Historical Plays*, Delhi u. a. 1976. – A. Parkin, *Notes on »Caesar and Cleopatra«*, Ldn. 1980. – J. A. Bertolini, *S.'s Ironic View of Caesar* (in TCL, 27, 1981, S. 331 bis 342). – J. K. Lowers u. M. O. Harper, *Notes on S.'s »Man and Superman« and »Caesar and Cleopatra«*, Lincoln/Nebr. 1982. – P. Vitoux, *Le César de Mommsen et le César de G. B. S.* (in *Présence de César*, Hg. R. Chevallier, Paris 1985, S. 347–354). – *S.'s »Caesar and Cleopatra« and »Arms and the Man«*, Ldn. 1986.

CANDIDA. A Mystery in Three Acts

(engl.; *Ü: Candida*). »Mysterium« in drei Akten von George Bernard SHAW, Uraufführung: Aberdeen 1897; deutsche Erstaufführung: Berlin, 19. 11. 1903; erschienen 1898. – Shaw, der auf den tieferen Sinn dieses 1894 entstandenen Stücks hintersinnig durch die Bezeichnung »Mysterium« verwies, wählte als dramatische Ausgangssituation ein Dreiecksverhältnis: Der Pfarrer James Morell, seine Frau Candida und der junge Dichter Eugene Marchbanks sind die Hauptgestalten. Morell, ein allgemein beliebter und verehrter Geistlicher, der als Prediger und christlich-sozialethischer Redner seine (vor allem weiblichen) Zuhörer rhetorisch zu faszinieren versteht, hat im Bewußtsein eigener Tüchtigkeit vergessen, daß auch seine Frau, die in aufopfernder Liebe die Sorgen des Alltags von ihm fernhält, maßgeblich an seinem Erfolg beteiligt ist. Der Vorwurf von Candidas Anbeter Marchbanks, er vernachlässige Candida sträflich und sei einer solchen Frau gar nicht würdig, versetzt Morell, der Marchbanks als seinen Protegé ansieht, in größtes Erstaunen. Als ihm jedoch der junge Mann seine Leidenschaft für Candida gesteht und Candida kurz darauf unabsichtlich in ähnlicher Form auf Morells Schwächen hinweist, bemerkt dieser, welch verständnis-, ja liebevolles Interesse seine Frau für den schwärmerischen Marchbanks empfindet (der einige Züge SHELLEYS trägt, aber auch wichtige Ansichten mit Shaw teilt). Nun ist seine bisher so selbstsichere Haltung erschüttert. Es kommt zu einer Auseinandersetzung zwischen Pastor und Poet, in deren Verlauf Candida sich für einen der beiden entscheiden muß. Morell hat ihr sein Ansehen und die Geborgenheit seines Heims zu bieten, Marchbanks seine Jugend, seine Sensibilität und seinen Weltschmerz. Als Candida wie eine mütterliche Heilige erklärt, sie werde den schwächeren wählen, glaubt der Pfarrer, der Unterlegene zu sein. Doch da gibt ihm seine Frau zu verstehen, daß gerade er, der nur scheinbar Stärkere, ihre Kraft brauche, während Marchbanks es gewohnt sei, von seiner Umwelt verkannt zu werden, und um seines Künstlertums willen eher auf bürgerliches Glück verzichten könne.

Im Gegensatz zu den meisten anderen Dramen Shaws ist *Candida*, eines seiner meistgespielten Stücke, ein verhaltenes Kammerspiel. Die Titelfigur ist mit ihrer Gefühlswärme, ihrem mütterlichen Charme und ihrer natürlichen weiblichen Koketterie eine der reizvollsten Frauengestalten des Autors (Shaws Freundin und sozialistische Kampfgefährtin Beatrice WEBB nannte sie freilich eine *»sentimentale Prostituierte«*). Mit Major Barbara und der heiligen Johanna kommt sie dem Shawschen Frauenideal am nächsten – stark, natürlich, realistisch, charmant. Insofern stellt sie auch eine bewußte Weiterentwicklung von IBSENS Nora-Gestalt dar, und es ist kein Zufall, daß das Londoner Independent Theatre, das *Candida* 1897 zuerst bei einer Tour durch die Provinz aufführte, dieses Stück mit *Nora* koppelte. Die Figur des Dichters Marchbanks hingegen wirkt heute eher überspannt.

In dem Stück bleiben komische und satirische Züge auf die Nebenrollen beschränkt: auf den unproblematischen Hilfspfarrer, die säuerliche, ihren Chef anbetende Sekretärin Morells und den Vater Candidas, einen Parvenu, den Shaw – wie stets phonetischen Experimenten zuneigend – Londoner Dialekt sprechen läßt. R.R.-KLL

AUSGABEN: Ldn. 1898 (in *Four Pleasant Plays*). – Ldn. 1952 (in *Plays Pleasant and Unpleasant*, 2 Bde.; *Standard Ed.*). – Harlow/Essex 1964. – Ldn. 1970 (in *The Bodley Head B. S.*, 7 Bde., 1970–1974, 1). – NY 1973, Hg. R. S. Nelson. – NY 1981 [Einl. J. P. Smith; Faks. d. Hs.].

ÜBERSETZUNGEN: *Candida*, S. Trebitsch, Stg. 1905. – Dass., ders. (in *Erquickliche Stücke*, Zürich 1946; *Ges. dramat. Werke*). – Dass., A. u. H. Böll, Ffm. 1971 [Bühnenms.]. – Dass., dies. (in *Klassische Stücke in neuen Übersetzungen*, Ffm. 1975). – Dass., dies., Ffm. 1986 (BS); ern. 1990 (st).

LITERATUR: S. Jacobson, *»Candida«* (in Die Weltbühne, 13. 5. 1920). – G. Kutzsch, *Der Fall »Candida«. Eine kritische Studie*, Lpzg. 1941. – W.N. King, *The Rhetoric of »Candida«* (in MD, 2, 1959, S. 71–83). – J. H. Adler, *Ibsen, S. and »Candida«* (in JEGPh, 59, 1960, S. 50–58). – *A Casebook on »Candida«*, Hg. S. S. Stanton, NY 1962. – *Notes on B. S.'s »Candida«*, Lucknow o. J. – T. Otten, *Candida and Henry Higgins: S.'s Mentors to the Human Spirit* (in Discourse, 15, 1968, S. 312–316). – C. A. Berst, *The Craft of »Candida«* (in College Literature, 1, 1974, S. 157–173). – W. Lazenby, *Love and Vitality in »Candida«* (in MD, 20, 1977, S. 1–19). – *Notes on S.'s »Candida«*, Hg. C. S. Nassaar u. S. B. Bushrui, Ldn. 1985. – R. R. Miller, *O'Neill's Servitude, S.'s »Candida«, and the Comic Vision* (in *Text and Presentation*, Hg. K. Hartigan, Lanham/Md. 1988, S. 147–156). – R. B. Nathan, *»Candida« and »Exiles«: The S.-Joyce Connection* (in *James Joyce and His Contemporaries*, Hg. D.A. Ben-Merre u. M. Murphy, Westport/Conn. 1989, S. 97–103).

CAPTAIN BRASSBOUND'S CONVERSION

(engl.; *Ü: Kapitän Brassbounds Bekehrung*). Komödie in drei Akten von George Bernard SHAW, private Uraufführung: 16.2. 1900, London, Strand Theatre; erschienen 1901. – Das zu den *Stücken für Puritaner* gehörende, 1899 entstandene Drama schrieb Shaw für die Schauspielerin Ellen Terry, mit der er befreundet war und die 1906 in einer der ersten öffentlichen Inszenierungen die Rolle der Lady Cicely spielte. In dem Stück geht es um unterschiedliche Interpretationen des Begriffes »Gerechtigkeit«. Der berühmte Richter Sir Howard Hallam ist mit seiner Schwägerin Lady Cicely Waynflete zu Gast bei dem Missionar Rankin in Mogador. Als Lady Cicely den Wunsch äußert, das Innere Marokkos kennenzulernen, wird der ortskundige Schmuggler, Kapitän Brassbound, gebeten, die Reisenden zu begleiten. Obwohl er dunkel andeutet, daß in diesem Gebiet eine andere Art von Gerechtigkeit herrsche als in den Gerichtssälen Englands, starten die Reisenden ohne Bedenken. Doch bald deckt Brassbound seine Karten auf: Er erklärt seine Schützlinge für gefangen und gibt sich als Neffe Sir Howards zu erkennen, dem er vorwirft, den Tod seiner (des Neffen) Mutter verschuldet und sein Erbe (eine Plantage in Brasilien) veruntreut zu haben. Als er den Richter einem christenfeindlichen Scheich in die Sklaverei verkaufen will, gelingt es Lady Cicely, Brassbound von seinem Vorhaben abzubringen, indem sie ihm (in einer psychologisch meisterhaften Szene) klarmacht, daß er aus fanatischer Rachsucht blind und böse geworden ist. Die Reisenden sind endgültig gerettet, als der inzwischen alarmierte Kadi eintrifft. Bei der Verhandlung gegen Brassbound bewahrt Lady Cicely den Kapitän vor einer Verurteilung.

Shaw weist in seinem Nachwort zur Buchausgabe darauf hin, daß er den Schauplatz seines Stückes aus R. B. CUNNINGHAME GRAHAMS Buch *Mogrebel Acksa (Marokko das Allerheiligste)* übernommen hat. Die exotische Welt bleibt bei Shaw jedoch nur Kulisse. Wie in den anderen *Stücken für Puritaner* verwendet er auch hier wieder melodramatische Motive, um das Melodrama burlesk zu parodieren, etwa wenn er den Titelhelden gegen Schluß des Stückes seine Gefühle für Lady Cicely entdecken läßt, die nicht erwidert werden. – Kapitän Brassbound, der wie KLEISTS Michael Kohlhaas eher bereit ist, sich selbst zugrunde zu richten, als auf seine – wie er meint – gerechte Rache zu verzichten, weicht mit dieser Einstellung sowohl von dem rein formalen Gerechtigkeitsbegriff des Juristen Sir Howard ab als auch von dem der Araber, die die Ungläubigen töten wollen. Diese drei Auffassungen werden gegeneinander ausgespielt und als relativ enthüllt. – Lady Cicely, eine jener Frauen, die in geradezu aufreizender Weise vernünftig und dennoch unwiderstehlich charmant sind, steht in ihrer Unbefangenheit im Grunde jenseits aller konventionellen Moralbegriffe und erweist sich damit als typische Heldin Shaws. Ihre Rolle gilt denn auch als die ergiebigste des Stückes. R.R.

AUSGABEN: Ldn. 1901 (in *Three Plays for Puritans*). – Ldn. 1952 (in *Three Plays for Puritans; Standard Ed.*). – Ldn. 1971 (in *The Bodley Head B.S.*, 7 Bde., 1970–1974, 2). – NY 1981 [Einl. R. Weintraub; Faks. der Hs.].

ÜBERSETZUNG: *Kapitän Brassbounds Bekehrung*, S. Trebitsch, Bln. 1908. – Dass., ders. (in *Stücke für Puritaner*, Zürich 1946; *Ges. dramat. Werke*).

LITERATUR: A. Polgar, *Shaw-Spiel* (in Die Weltbühne, H. 9, 1919). – R. S. Nelson, *The Quest for Justice in »Captain Brassbound's Conversion«* (in Iowa English Bulletin, Yearbook, 21, 1971, S. 3–9). – R. A. Duerksen, *Shelleyan Witchcraft: The Unbinding of Brassbound* (in S. Review, 15, 1972, S. 21–25). – I. R. Hark, *Lady Cicely, I Presume: Converting the Heathen, Shavian Style* (ebd., 1, 1981, S. 57–73). – R. Weintraub, *Captain Brassbound's Roots: The Ancestry of a Play* (in *Studies in Anglo-Irish Literature*, Hg. H. Kosok, Bonn 1982, S. 117–125).

CASHEL BYRON'S PROFESSION

(engl.; *Ü: Cashel Byrons Beruf*). Roman von George Bernard SHAW, in Fortsetzungen erschienen 1885, Buchausgabe 1886. – Shaws Interesse für Cashel Byrons Beruf, das Preisboxen, hat biographische Hintergründe: Sein Freund, der irische Dichter Pakenham BEATTY, machte ihn mit dem Faustkampf vertraut und vermittelte ihn an den bekannten Trainer Ned Donelly (im Buch: Ned Skene), der vergeblich versuchte, Shaw auf einen Kampf vorzubereiten. In dem daraufhin entstandenen Roman wird der Boxsport zum Ausgangspunkt einer heiter-ironischen Attacke gegen gesellschaftliche Vorurteile: Cashel Byron muß seinen Beruf geheimhalten, um die Liebe von Lydia Carew, einer reichen jungen Lady, zu gewinnen. Einst war der geistig unbewegliche, körperlich jedoch früh entwickelte Sohn einer berühmten Schauspielerin aus dem Internat geflohen, um sich in Australien als Preisboxer ausbilden zu lassen. Dieser Wechsel von der verhaßten Kopfarbeit zur Betätigung mit den Fäusten wird in den ersten Kapiteln des Romans mit viel verständnisvollem Humor erzählt, während die nach Cashels Rückkehr einsetzende Haupthandlung zu stark mit burlesken Szenen und skurriler Situationskomik durchsetzt ist. Einzig das Ratespiel der Londoner High Society, welcher sozialen Schicht der Titelheld nun eigentlich angehört, verrät den scharfen Blick des Autors für die absurde Mechanik des Klassendenkens; hier vor allem bewahrheitet sich auf amüsante Weise PRIESTLEYS Charakterisierung von Shaw als dem *»Anführer des Aufräumungskommandos zur Beseitigung viktorianischen Gerümpels«*. Obgleich sich Cashel mit seiner etwas schwerfälligen Naivität in der feinen Gesellschaft nicht durchsetzen kann, findet die gescheite, das Spiel durchschauende Lydia Gefallen an dem jungenhaft scheuen Verehrer, setzt sich über alle Konventionen hinweg und heiratet ihn. Es wird eine glückliche Ehe, und der ehemalige Berufsboxer avanciert schließlich zum Parlamentsabgeordneten.

»Verrückt und höchst ergötzlich« nannte R. L. STEVENSON diesen in Anlage und Erzähltechnik eher konventionellen Roman, der 1882 entstand und drei Jahre lang von den Verlegern kommentarlos abgelehnt worden war, nach der Veröffentlichung schlechte Kritiken erhielt, dann aber – als einziger Roman Shaws – ein Publikumserfolg wurde. Späterer Kommentar des Autors: *»Ich erinnere mich nie ganz ohne Schaudern daran, daß ich mit 26 Jahren drauf und dran war, ein erfolgreicher Romancier zu werden.«* Noch während der Arbeit an dem Buch, dem vorletzten seiner insgesamt fünf Romane, engagierte sich Shaw für den Sozialismus und wandte sich ganz der Kritik und dem Drama zu. 1901 verfaßte er eine Bühnenversion (Blankverse) von *Cashel Byron's Profession*, die 1906 unter dem Titel *The Admirable Bashville* uraufgeführt wurde.

J.N.S.

AUSGABEN: Ldn. 1885 (in To-Day). – Ldn. 1886. – Ldn. 1950 *(Standard Ed.)*. – Harmondsworth 1979 (Penguin).

DRAMATISIERUNG: G.B. Shaw, *The Admirable Bashville*, Ldn. 1909 (Uraufführung 1906; dt. *Der Boxkampf*, S.Trebitsch, Bln. 1924).

ÜBERSETZUNG: *Cashel Byrons Beruf*, A. Brieger, Bln. 1908. – Dass., ders., Bln. 1927 [Vorw. H.G. Scheffauer]. – Dass., ders., Bln. 1958. – Dass., ders., Mchn. 1960 (GGT).

VERFILMUNG: *Román Boxera*, Tschechoslowakei 1921 (Regie: V. Binovec).

LITERATUR: E. B. Adams, *A »Lawrentian« Novel by B.S.* (in D.H. Lawrence Review, 2, 1969, S. 245–253). – R. F. Dietrich, *Portrait of the Artist as a Young Superman: A Study of S.'s Novels*, Gainesville/Fla. 1969. – B. Green, *S.'s Champions: G. B. S. and Prizefighting from Cashel Byron to Gene Tunney*, Ldn. 1978.

THE DEVIL'S DISCIPLE. A Melodrama in Three Acts

(engl.; *Ü: Der Teufelsschüler*). »Melodrama« in drei Akten von George Bernard SHAW, Uraufführung: Albany/N.Y., 1. 10. 1897, Hermanus Bleecker Hall; deutsche Erstaufführung: Wien 1903; erschienen 1901. – Zusammen mit *Caesar and Cleopatra* und *Captain Brassbound's Conversion* gehört das Drama zu den *Stücken für Puritaner*, in denen Shaw am Beispiel seiner Protagonisten (Caesar, Lady Cicely Waynflete und des Teufelsschülers Richard Dudgeon) demonstriert, daß Weisheit und Vernunft nur dort walten können, wo »unpuritanisch«-romantischer Gefühlsseligkeit kein Raum gegeben wird. Wie in *Caesar and Cleopatra* werden in *The Devil's Disciple* historische Ereignisse ihres Nimbus beraubt. Ausgehend von der These, daß der wahre Charakter des Menschen sich erst in einer Ausnahmesituation enthüllt, stellt Shaw die beiden männlichen Hauptgestalten dieses Schauspiels aus der Zeit des amerikanischen Unabhängigkeitskrieges in eine solche Situation.

Nach dem Einmarsch der britischen Truppen in Websterbridge (Neuengland) im Jahre 1777 will der Komandant den Pfarrer des Ortes als Geisel aufhängen lassen. Irrtümlicherweise wird Dick Dudgeon, der »Teufelsschüler«, der sich als bewußter Außenseiter der puritanischen Gesellschaft gerade zu einer Diskussion mit Pfarrer Anderson und seiner hübschen Frau Judith im Pfarrhaus befindet, als Anderson zu einem Krankenbesuch gerufen wird, anschließend anstelle des Pfarrers Anderson verhaftet. Er klärt den Irrtum nicht auf, um Anderson nicht an den Galgen zu bringen. Als der Pfarrer nach Hause kommt und erfährt, was geschehen ist, wird aus dem friedliebenden Seelsorger ein überzeugter Freiheitskämpfer; die Gefahr mißachtend, verläßt er sein Haus und führt die amerikanische Miliz bei der Eroberung eines Nachbarortes an. In der Zwischenzeit wird Dick in einem farcenhaft durchgeführten Prozeß zum Tode verurteilt, obwohl sich mittlerweile herausgestellt hat, daß er der falsche Angeklagte ist. Als ihm auf der Richtstätte der Strick um den Hals gelegt wird, erscheint Anderson als Abgesandter der anrückenden amerikanischen Truppen und rettet ihn. Das Schauspiel endet damit, daß Pfarrer Anderson erklärt, er sei in Wahrheit zum Soldaten berufen, während Dick das Zeug zu einem Heiligen habe. Was als äußerliche Verwechslung und Tausch der Röcke begann, entpuppt sich als schicksalhafte Fügung: Sowohl Dick als auch Anderson haben impulsiv in existentieller Entscheidung, durch einen Willensakt im Sinne SCHOPENHAUERS und NIETZSCHES, zu ihrem wahren Wesen gefunden. Allein Judith, die sich bewundernd in Dick verliebt hat (bei dieser Dreieckssituation ergeben sich Anklänge an *Candida*), kann die existentielle Tragweite des Geschehens nicht erfassen: Sie mißversteht Dicks Handlungsweise als verkappten Liebesbeweis und wird durch Dicks Erklärung, daß er sie nicht liebe, enttäuscht.

Die fesselndste Gestalt des Stückes ist der Titelheld. Er, der erkannt hat, daß der Puritanismus, wie seine Mutter ihn praktiziert, nur eine Scheinreligion ist, die, völlig sinnentleert, den menschlichen Geist knebelt, bekennt sich als Jünger des Teufels und hat so seine innere Freiheit gefunden. Gerade dadurch, daß Shaw den scheinbar unmoralischen Dick menschlich handeln und den Pfarrer vor dem Tode bewahren läßt, macht er deutlich, daß Dick im Grunde der wahre (wenn auch weltliche) Christ ist, während Anderson und Dicks Mutter in einer pseudoreligiösen, in äußeren Konventionen erstarrten Scheinwelt des Glaubens leben.

Im *Teufelsschüler* verwendet Shaw Elemente des Melodramas, dessen Motive – von der schlechten Behandlung eines armen Kindes über romantische Liebe und Erbstreitigkeiten bis hin zu der Fast-Hinrichtung eines Unschuldigen – er glänzend persifliert. Die starke innere Spannung des Stückes erzielt er dadurch, daß er den Gegensatz zwischen dem vermeintlichen und dem wahren Charakter der beiden Protagonisten von Akt zu Akt schärfer erkennbar macht. – Nach dem großen Erfolg des Stückes in New York (und später in London) gab Shaw seine Position als Theaterkritiker auf und widmete sich ganz seinem dramatischen Werk. Neben *Candida* wurde der *Teufelsschüler* als erstes Shaw-Drama 1903 auf deutschen Bühnen gespielt.
R.R.-KLL

AUSGABEN: Ldn. 1901 (in *Three Plays for Puritans*). – Ldn. 1914. – Ldn. 1952 (in *Three Plays for Puritans; Standard Ed.*). – Ldn. 1958. – Ldn. 1971 (in *The Bodley Head B. S.*, 7 Bde., 1970–1974; 2). – NY 1981 [Einl. R. F. Whitman; Faks. der Hs.]. – Harlow/Essex 1984, Hg. M. M. Morgan.

ÜBERSETZUNGEN: *Ein Teufelskerl*, S. Trebitsch (in *Drei Dramen*, Stg. 1903). – *Ein Teufelskerl (Der Teufelsschüler). Historische Komödie*, ders., Stg. 1905. – *Der Teufelsschüler*, ders. (in *Stücke für Puritaner*, Zürich 1946; *Ges. dramat. Werke*). – Dass., H. G. Michelsen, Ffm. 1970 [Bühnenms.]. – Dass., ders., Ffm. 1990 (st).

VERFILMUNG: England 1957 (Regie: G. Hamilton).

LITERATUR: A. Polgar, *»Der Teufelsschüler«* (in Die Weltbühne, 1916, H. 14). – A. Eloesser, *»Der Teufelsschüler«* (in Vossische Ztg., 24. 4. 1930). – A. S. Abbott, *S. and Christianity*, NY 1965. – D. P. Costello, *The Serpent's Eye: S. and the Cinema*, Notre Dame/Ind. 1965 [Vorw. C. Lewis]. – J. Hubert, *Upstaging in »The Devil's Disciple«* (in ETJ, 35, März 1983, S. 51–57). – U. Broich, *Wandlungen des Melodramas: Boucicaults »Arrah-na-Pogue«, S.s »The Devil's Disciple« und Arden/D'Arcys »Vandaleur's Folly«* (in *Gattungsprobleme in der anglo-amerikanischen Literatur*, Hg. R. Borgmeier, Tübingen 1986, S. 108–124).

THE DOCTOR'S DILEMMA

(engl.; *Ü: Der Arzt am Scheideweg*). Schauspiel in fünf Akten von George Bernard SHAW, Uraufführung: London, 14. 7. 1906; deutsche Erstaufführung: Berlin, 20. 11. 1908; Erstausgabe 1911. – Sir Colenso Ridgeon, ein berühmter Arzt, der ein neues Mittel zur Bekämpfung der Tuberkulose entdeckt hat, kann wegen Überfüllung seiner Klinik gegenwärtig nur noch einen Patienten aufnehmen. Er muß sich zwischen dem erzbraven Dr. Blenkinsop, der als Armenarzt vielen Menschen hilft, und dem völlig amoralischen, aber genialen Künstler Dubedat entscheiden. Seine Wahl fällt auf den Kollegen und bedeutet praktisch das Todesurteil für Dubedat, da dieser sich in die Behandlung eines mit dem neuen Mittel noch nicht genügend vertrauten Modearztes begibt. Der letzte Akt enthüllt, daß die scheinbar so moralische Handlungsweise Sir Colensos von seiner Liebe zu Mrs. Dubedat, also von egoistischen Motiven, beeinflußt war. Da Mrs. Dubedat sich nach dem Tode ihres Mannes sehr schnell wiederverheiratet hat, muß Sir Colenso erkennen, daß er gewissermaßen einen »uneigennützigen Mord« begangen hat.

Zwar steht auch im Mittelpunkt dieses Stückes, das Shaw trotz seines satirischen Witzes als »Tragödie« bezeichnete, die bei Shaw immer wiederkehrende Frage nach der Gültigkeit der individuellen Moralbegriffe, die zugleich eine Frage nach dem Wert des einzelnen Menschen ist, doch wird sie hier recht oberflächlich behandelt. Die relative Einfallslosigkeit des Dramas zeigt sich schon in der Anlage der einzelnen Charaktere, deren jeder von einer anderen fixen Idee besessen ist. Die stereotype Rede- und Verhaltensweise der Personen ist zwar Teil der Satire, wirkt aber durch häufige Wiederholung aufdringlich. Der Angriff auf die Schulmedizin im ersten Akt nimmt einen so breiten Raum ein, daß das dramaturgische Gleichgewicht des Stückes gestört erscheint. Selbst noch die sehr theatralische Sterbeszene des vierten Akts ist mit moralisierenden Betrachtungen befrachtet. In diesem Drama attakkiert Shaw die Mediziner stellvertretend für alle Wissenschaftler: Indem er vor allem ihre Tendenz, sich für unfehlbar zu halten, und den damit verbundenen hochmütigen Skeptizismus gegenüber allen außerwissenschaftlichen Phänomenen kritisiert, erweist er sich als gelehriger Schüler Samuel BUTLERS. Es ist vorwiegend auf diese satirische Absicht zurückzuführen, daß das Stück trotz künstlerischer Schwächen auch beim heutigen Theaterpublikum noch Erfolge zu verzeichnen hat.
R.R.

AUSGABEN: Ldn. 1911 [zus. m. *Getting Married* u. *The Shewing-Up of Blanco Posnet*]. – Ldn. 1913. – Ldn. 1948 *(Standard Ed.)*. – Ldn. 1957, Hg. A. C. Ward. – Ldn. 1971 (in *The Bodley Head B. S.*, 7 Bde., 1970–1974, 3). – NY 1981 [Einl. M. M. Morgan; Faks. der Hs.].

ÜBERSETZUNGEN: *Der Arzt am Scheideweg*, S. Trebitsch (in *Kleine Dramen*, Bln. 1909). – Dass., ders. (in *Komödien des Unglaubens*, Zürich 1946; *Ges. dramat. Werke*). – *Des Doktors Dilemma*, H. G. Michelsen, Ffm. 1969 [Bühnenms.]. – Dass., ders. (in *Lustspiele in neuen Übersetzungen*, Ffm. 1977).

VERFILMUNG: England 1958 (Regie: A. Asquith).

LITERATUR: A. Polgar, *»Der Arzt am Scheideweg«* (in Die Weltbühne, H. 6, 1910). – J. P. Smith, *A Shavian Tragedy: »Doctor's Dilemma«* (in *The Image of the Work. Essays in Criticism*, Hg. B. H. Lehman, Berkeley 1955). – A. Turco, *Sir Colenso's White Lie* (in S. Review, 13, 1970, S. 14–25). –

L. H. Hugo, *»The Doctor's Dilemma« at the Court Theatre* (in Unisa English Studies, 10, 1972, Nr. 2, S. 29–33). – V. Summers, *Brodie's Notes on B. S.'s »The Doctor's Dilemma«*, Ldn. 1979.

HEARTBREAK HOUSE. A Fantasia in the Russian Manner on English Themes

(engl.; *Ü: Haus Herzenstod*). Schauspiel in drei Akten von George Bernard SHAW, erschienen 1919; Uraufführung: New York, 10. 11. 1920, Garrick Theatre; deutschsprachige Erstaufführung: Wien 1920, Burgtheater. – Das Stück, von Shaw als *»zornige Komödie«* bezeichnet, entstand in der Zeit von 1913 bis 1919. Im umfangreichen Vorwort schreibt der Dichter, der Titel beziehe sich auf das verfeinerte, müßige Europa vor dem Krieg, als die Kanonen schon geladen waren. Der Untertitel *Eine Fantasie im russischen Stil über englische Themen* weist auf Shaws enge Anlehnung an ČECHOV hin (*Heartbreak House* ist gleichsam ein ins englische Milieu übertragener *Kirschgarten*). Überall in Europa, so schreibt Shaw, seien *»dieselben netten Menschen, dieselbe äußerste Wertlosigkeit ... dieselbe erhitzte Salonatmosphäre«* zu finden, die der Russe geschildert hat.

Das Stück, das nicht aus einer Handlung im üblichen Sinn, sondern aus der Vielstimmigkeit der Gespräche lebt, spielt an einem symbolisch zu verstehenden Schauplatz: einem in Form eines Schiffes gebauten Landhaus in Sussex, dessen Eigentümer der achtzigjährige skurrile Kapitän Shotover ist. Dort findet sich im September 1914 eine Gesellschaft zusammen, deren Wertbegriffe zerbrökkelt sind. Bei Shotover lebt seine Tochter Hesione mit ihrem Mann, dem zu harmlosen Eskapaden neigenden Hector Hushabye. Ariadne, die verstoßene jüngere Tochter des Kapitäns, die vor 23 Jahren gegen dessen Willen den hohen Kolonialbeamten Sir Hastings Utterword geheiratet hat, kehrt – anfangs vom Vater nicht wiedererkannt – zurück, und ihr auf dem Fuße folgt Randall Utterword, der in sie verliebte Bruder ihres Mannes. Hesione hat zur gleichen Zeit die junge Ellie Dunn, deren Vater Mazzini Dunn und den Industriekapitän Mangan eingeladen. Die beiden Dunns halten diesen für ihren Wohltäter, und Ellie ist sogar bereit, ihn zu heiraten, obwohl sie sich in einen gewissen Marcus verliebt hat. Aber in Shotovers Haus entdeckt sie nicht nur, daß dieser Marcus in Wirklichkeit Hector Hushabye ist, sondern erfährt auch von Mangan, daß er ihren Vater als Werkzeug für seine Spekulationen benutzt hat und nur vom Geld anderer lebt. Die erstickende Atmosphäre von Zerrüttung und Ziellosigkeit wird noch verstärkt durch das Verhalten Ariadnes, die, immer auf der Suche nach der »wahren« Liebe, es ungeniert zuläßt, daß ihre beiden Schwäger ihr den Hof machen. Plötzlich taucht in diesem Labyrinth schaler menschlicher Beziehungen ein fremdes Element auf: ein Einbrecher, der, nachdem man ihn ertappt hat, verlangt, der Polizei ausgeliefert zu werden, damit er seine Schuld sühne. Als die Anwesenden darüber diskutieren, ob sie sich der Unannehmlichkeit einer polizeilichen Untersuchung aussetzen sollen, überfliegen feindliche Flugzeuge das Haus, eine Bombe fällt und tötet den Einbrecher und Mangan.

Zentralthema dieses Dramas ist, wie in den meisten Werken Shaws, das Problem von Schein und Sein. Die eigentümlich unwirklich-wirkliche Atmosphäre im Haus des Kapitäns, das von Ellie »Heartbreak House« genannt wird, zwingt jeden, der eintritt, in ihren Bann und konfrontiert ihn mit der Wahrheit. Hier kommt es, wie Ellies Vater sagt, nicht darauf an, wer jemand ist, sondern darauf, was er wahrhaft ist. In diesem Haus muß die junge Ellie erkennen, daß ihre romantischen Vorstellungen und sentimentalen Ideen unwahr sind, und an dieser Erkenntnis *»zerbricht ihr Herz«*, das heißt, ihre Illusionen werden zerstört. Als Schein werden aber auch die kapitalistische Gesellschaftsordnung, das Streben nach Geld, Macht und Bequemlichkeit entlarvt. Mit der absoluten Desillusionierung wird das Ende des Glücks, aber auch der Anfang des Friedens erreicht: Erst jetzt kann sich die Wahrheit des Geistes entfalten, erst jetzt kann die Aufwärtsentwicklung des Menschen beginnen, jene schöpferische Evolution, die Shaw in *Man and Superman* (1903) skizzierte, in *Back to Methuselah* (1921) systematisch darstellte und in *Saint Joan* (1923) ihre reinste Ausprägung finden ließ. Kapitän Shotover, der ruhende Pol des Stückes, der »übernatürliche« alte Mann, besitzt die Fähigkeit, die Wahrheit in den Herzen der anderen zu erkennen. Nur an ihm findet das desillusionierte junge Mädchen noch Halt, und das lange Gespräch, in dem Ellie von ihm erfährt, daß er nicht wie sie nach Sicherheit, sondern *»nach Mühsal, Gefahr, Schrecken und Tod«* verlangt habe, um das Leben in sich *»intensiver zu fühlen«*, ist Kern- und Höhepunkt des Schauspiels. Aber auch Shotover ist noch nicht vollkommen, noch nicht ganz Geist, sondern noch immer dem Körperlichen verhaftet: Den *»siebten Grad der Konzentration«*, den er nach seinen eigenen Worten erstrebt, erreicht er vorläufig nur mit Hilfe seiner geliebten Rumflasche.

Die verfließenden Konturen des Dramas, ein gewisser Mangel an begrifflicher Klarheit, die Schwächen in der Charakterisierung der oft fast allegorisch wirkenden Hauptfiguren und in der Motivierung der ohnehin dürftigen Handlung mit ihren forcierten grotesken Elementen sind die Ursachen dafür, daß dieses selten aufgeführte Schauspiel nur bedingt zu überzeugen vermag, wenn auch Shaws blitzende Aperçus bis heute nichts von ihrem Glanz verloren haben. R.R.-KLL

AUSGABEN: Ldn. 1919 (in *Heartbreak House and Other Plays*). – Ldn. 1949 *(Standard Ed.)*. – Ldn. 1972 (in *The Bodley Head B. S.*, 7 Bde., 1970 bis 1974, 5).

ÜBERSETZUNGEN: *Haus Herzenstod*, S. Trebitsch, Bln. 1920. – Dass., ders. (in *Das Inselreich*, Zürich 1948; *Ges. dramat. Werke*). – Dass., H. G. Michelsen, Ffm. 1969 [Bühnenms.]. – Dass., ders. (in *Lustspiele in neuen Übersetzungen*, Ffm. 1977). – Dass., ders. u. S. Trebitsch, Ffm. 1987 (st).

LITERATUR: E. Friedell, *»Haus Herzenstod«* (in Berliner Ztg., 3. 12. 1920). – A. Polgar, *»Haus Herzenstod«* (in Die Weltbühne, 1920, H. 49). – F. P. W. McDowell, *Technique, Symbol, and Theme in »Heartbreak House«* (in PMLA, 68, 1953, S. 335–356). – H. Clurman, *Notes for a Production of »Heartbreak House«* (in TDR, 5, 1961, Nr. 3, S. 58–67). – L. Crompton, *S.s »Heartbreak House«* (in Prairie Schooner, 39, 1965, S. 17–32). – R. Wilkenfeld, *Perpetual Motion in »Heartbreak House«* (in TSLL, 13, 1971, S. 321–335). – D. J. Leary, *S.'s Blakean Vision: A Dialectic Approach to »Heartbreak House«* (in MD, 15, 1972, S. 89–103). – S. Weintraub, *»Heartbreak House«: S.'s »Lear«* (ebd., S. 255–265). – T. W. Smith, *Notes on B. S.: »Heartbreak House«*, Bath 1974. – J. R. Hark, *Anti-Shavian Satire in »Heartbreak House«* (in Dalhousie Review, 58, 1978/79, S. 661–673). – S. P. Vogt, *»Heartbreak House«: S.'s Ship of Fools* (in MD, 21, 1978, S. 267–286). – A. Wright, *Literature of Crisis, 1910–22: »Howard's End«, »Heartbreak House«, »Women in Love« and »The Waste Land«*, NY 1984. – J. Woodfield, *Ellie in Wonderland: Dream and Madness in »Heartbreak House«* (in ESC, 11, 1985, S. 334–345). – E. M. Thaler, *Apocalyptic Vision in »Heartbreak House« and »Endgame«: The Metaphor of Change* (in ZAA, 34, 1986, S. 343–351). – A. Kruse, *B. S.'s »Heartbreak House«: The War in ›Neverland‹* (in Sydney Studies in English, 13, 1987/88, S. 100–119). – M. Throne, *The Social Value of the Privileged Class: A Comparison of S.'s »Heartbreak House« and Friel's »Aristocrats«* (in Colby Library Quarterly, 24, 1988, S. 187–196). – H. D. Henderson, *›All Life Transfigured‹: Structural and Thematic Disillusionment in S.'s »Heartbreak House«*, Diss. Yale Univ. 1988 (vgl. Diss. Abstracts, 50, 1989, S. 1311A).

THE INTELLIGENT WOMAN'S GUIDE TO SOCIALISM AND CAPITALISM

(engl.; *Ü: Wegweiser für die intelligente Frau zum Sozialismus und Kapitalismus*). Politische Schrift von George Bernard SHAW, erschienen 1928. – Der Anlaß zu diesem Buch gleicht einem Witz aus einer der Komödien Shaws: Seine Schwägerin bat ihn im Jahr 1925, ihr ein paar Stichworte zu notieren, damit sie ihren Frauenklub über den Sozialismus aufklären könne. Das Ergebnis war ein Traktat von 470 Seiten (Erstausgabe). Mit der Shaw eigenen Verve und stilistischen Brillanz geschrieben, ist dieser »Führer zum Sozialismus« ein durchaus subjektives Werk. Seine ganze Argumentation basiert auf der Annahme, daß der Kapitalismus verderbt und unfähig sei, während der Sozialismus vernünftige und segensreiche Auswirkungen zeitigen werde. U. a. agitiert der Autor munter gegen freies Unternehmertum, kapitalistischen Wucher, Verschwendung menschlicher Arbeitskraft im wirtschaftlichen Konkurrenzkampf und ungerechte Verteilung des Besitzes und plädiert für die Gleichheit aller Einkommen, für staatliche Wirtschaftsplanung, die Verstaatlichung der Eisenbahnen und ganz allgemein für eine rationale und zentrale Regulierung gesellschaftlicher Vorgänge. Einzig die Wahl des Ehepartners will er dem einzelnen anheimstellen und dann der Natur, der *»life force«*, vertrauen, *»daß etwas Gutes dabei herauskommt«*.

Das wortreiche, oft mit trockenem Witz vorgebrachte Plädoyer für den Sozialismus zeigt den Stand von Shaws politischem Denken zu Ende der zwanziger Jahre. Um dieses Denken dem Leser plausibel zu machen, vertraut der Autor, bei allem persönlichen Engagement, hauptsächlich auf rationale Argumente, die, verglichen mit den Argumenten der 1884 von ihm mitbegründeten, für einen nicht revolutionären, sondern evolutionären Sozialismus eintretenden Fabian Society, nur leicht gemildert erscheinen. Der Traktat, Shaws essayistisches Hauptwerk, ist nicht ohne innere Widersprüche: Kollektivistische und anarchistisch-individualistische Tendenzen liegen im Widerstreit, wenn Shaw einerseits stärkere Planung fordert, andererseits aber für den einzelnen größere Freiheit und Entfaltungsmöglichkeit erhofft. Zudem wirkt der *common sense*, mit dem der Autor die vielen seine Thesen illustrierenden Beispiele aussucht, bisweilen etwas abgestanden und kurzsichtig. Gerade bei seinen auf den ersten Blick anschaulichsten und handfestesten Beispielen übersieht er wichtige Details; er will weder die günstigen Auswirkungen des kapitalistischen Konkurrenzprinzips wahrhaben noch die Tatsache, daß Einzelhändler keineswegs unbegrenzt hohe Preise fordern können, und er behauptet schließlich – und hier ist der Wunsch eindeutig der Vater des Gedankens –, die Prohibition in den USA habe sich auf die Moral der Bevölkerung so günstig ausgewirkt, daß man zugleich mit den Bars viele Gefängnisse habe schließen können. Einige seiner Argumente, in denen er sich zum Anwalt der *»zum Kostenpreis«, »ohne Gewinne«* arbeitenden, *»freundlichen«* Regierung macht, sind von fast grotesker Simplizität.

Shaw wurde später gemäßigter in seinen Überzeugungen und vorsichtiger mit seinen Beweisführungen. Und selbst wenn er wirklich glaubte, was er 1928 veröffentlichte – der Kluft zwischen Theorie und Praxis war er sich zweifellos bewußt. Schon ein Jahr nach dem großen Sozialismus-Traktat führte er in dem Stück *The Apple Cart (Der Kaiser von Amerika)* ein aus Schlagwort-Sozialisten bestehendes Kabinett vor, das vor einem entschlossenen Monarchen klein beigibt. Später, in *Everybody's Political What's What* (1944), schrieb er den prophetischen Satz: *»Es mag sich herausstellen, daß der Sozialismus in korrupten und dummen Händen viel korrupter ist als eine Plutokratie, die einfach nur selbstsüchtig ist.«*

Shaws sozialistisches Lehrbuch erfuhr die verschiedensten Beurteilungen. Während James Ramsay MacDonald, der erste Labour-Premierminister, ein

Freund des Autors, es in den höchsten Tönen pries (*»das wichtigste Buch der Menschheit neben der Bibel«*), bemängelte ein anderer enger Freund, der Dramatiker und Kritiker St. John ERVINE, Shaws Neigung zu *»allzustarker Vereinfachung«*. Aldous HUXLEY schließlich hielt Shaws Forderung nach der Gleichheit aller Einkommen für ein Hirngespinst. J. Dr.

AUSGABEN: Ldn. 1928. – Ldn. 1932. – Ldn. 1937 [erw.]. – Ldn. 1949 *(Standard Ed.)*. – NY 1982. – New Brunswick/N.J. 1984, Einl. S. M. Olkin.

ÜBERSETZUNGEN: *Wegweiser für die intelligente Frau zum Sozialismus und Kapitalismus*, S. Trebitsch u. E. W. Freissler, Bln. 1928. – Dass., U. Michels-Wenz, Ffm. 1978.

LITERATUR: L. Le Mesurier, *The Socialist Woman's Guide to Intelligence. A Reply to Mr. S.*, Ldn. 1929. – T. A. Knowlton, *The Economic Theory of G. B. S.*, Orono/Me. 1936. – E. Strauss, *B. S.: Art and Socialism*, Ldn. 1942. – G. B. Philipp, *B. S.s Stellung zu Demokratie u. Faschismus*, Diss. Münster 1950. – J. B. Kaye, *B. S. and the 19th-Century Tradition*, Norman/Okla. 1958, S. 182–186. – K. Körbel, *Staat u. Gesellschaft im Lebenswerk S.s*, Diss. Wien 1959. – B. B. Watson, *A Shavian Guide to the Intelligent Woman*, Ldn./NY 1964; ern. NY 1972.

MAJOR BARBARA

(engl.; *Ü: Major Barbara*). Komödie in drei Akten von George Bernard SHAW, Uraufführung: London, 28. 11. 1905, Royal Court Theatre; deutsche Erstaufführung: Wien, 27. 3. 1909, Deutsches Volkstheater; Erstausgabe 1907. – Wie in den späteren Dramen *Back to Methuselah* und *Saint Joan* setzt sich Shaw auch in *Major Barbara* mit religiösen Fragen auseinander, die er hier mit sozialen Problemen verbindet, wie sie in seinen frühen Stükken im Vordergrund standen. Barbara Undershaft, die Titelheldin des von Shaw als »Komödie« bezeichneten, parabelhaften Schauspiels, hat als Major der Heilsarmee den Kampf gegen Hunger und Elend aufgenommen. Mehr aus Liebe zu ihr als aus christlicher Überzeugung unterstützt sie dabei ihr Verlobter, der Altphilologe Adolphus Cusins. Lady Britomart Undershaft macht sich Sorgen um die finanzielle Zukunft Barbaras, um die ihrer anderen Tochter Sarah, die kurz vor der Heirat mit dem von seinem reichen Vater enterbten Nichtsnutz Charles Lomax steht, und um die ihres Sohnes Stephen, der eine »gute Erziehung« genossen und nichts gelernt hat. Stephen kann zudem seinen Vater nicht beerben: Die Waffenfabrik Andrew Undershafts muß gemäß der Familientradition jeweils von einem unehelich geborenen Findling übernommen werden, da man nur einem Menschen unbekannter Herkunft die fürs Rüstungsgeschäft nötige Skrupellosigkeit zutraut. Weil sie weder mit dieser Bestimmung noch mit dem Geschäftsgebaren ihres Mannes einverstanden ist, hat sich Lady Britomart von ihm getrennt. Der von ihr veranlaßte Besuch des Vaters bei seinen Kindern gipfelt im ersten Akt in einer farcenhaften Wiedersehensszene, in der Undershaft nacheinander die beiden Verlobten seiner Töchter mit seinem Sohn verwechselt. Doch dann weckt Barbaras Lebensanschauung sein Interesse. Er lädt sie ein, seine Fabrik zu besichtigen, sie fordert ihn zum Besuch des Predigtschuppens der Heilsarmee auf.

Barbaras Versuch, den Vater zu ihren Ansichten zu bekehren, mißlingt; vielmehr zerstört dieser ihren Glauben an ihr Werk, indem er ihr auseinandersetzt, daß gerade die Heilsarmee den Kapitalisten in die Hand arbeite, da sie die Armen durch ihre Almosen und die Vertröstung auf ein besseres Leben im Jenseits von der Auflehnung gegen die Ausbeuter abhalte. Der Zusammenhang zwischen Religion und Elend wird Barbara noch deutlicher demonstriert, als Undershaft zusammen mit dem Schnapsfabrikanten Bodger, dessen Fusel die Droge der Armen ist, durch eine großzügige Spende die »Soldaten Christi« unterstützt, die das »schmutzige Geld« annehmen, um ihre Organisation vor dem Bankrott zu retten. Empört legt Barbara daraufhin ihr Amt nieder.

Im dritten Akt, in dem sich das Stück immer mehr zum Diskussionsdrama in der Nachfolge IBSENS entwickelt, besucht die Familie die Waffenfabrik, die sich zur allgemeinen Überraschung als ein sehr sozial geführtes Unternehmen herausstellt, dessen Arbeiter das Elend des Proletariats nicht mehr kennen. Undershaft erläutert diesen Sachverhalt ausführlich. Er bezeichnet die Armut als die einzige wirkliche Sünde, die alle anderen nach sich ziehe, und erklärt, daß selbst ein Verbrecher durch anständigen Lohn und durch Besitz zum friedlichen Bürger mit all seinen oft recht lächerlichen Charakterzügen werde. Um die Armut zu überwinden, sei jedes Mittel recht; außerdem verleihe die Waffenproduktion Macht, und wer Macht besitze, könne die Welt verändern. Die Idealistin Barbara bekehrt sich zu den realistischen Ansichten ihres Vaters und findet bei seinen Arbeitern, die im Gegensatz zu ihren Heilsarmeeschützlingen nicht aus Hunger Gläubigkeit heucheln müssen, ein neues Missionsfeld. Als sich herausstellt, daß ihr Verlobter einer in England nicht gültigen Ehe entstammt, also in gut farcischer Manier die Vorbedingung zur Übernahme der Fabrik erfüllt, tritt dieser trotz seiner pazifistischen Einstellung das Erbe des sarkastischen Rüstungsmagnaten an. Undershafts Realismus hat auch ihn auf den Boden der Tatsachen zurückgeholt.

Im Vorwort schreibt Shaw, es sei ihm in diesem Stück auf die tragikomische Ironie des Konflikts zwischen wirklichem Leben und romantischen Vorstellungen angekommen. Erst der Schritt in die Freiheit von Illusionen, Vorurteilen und romantischem Klischeedenken – so zeigt er am Beispiel seiner Titelheldin – befähigt den Menschen dazu, Nächstenliebe nicht mehr um seiner eigenen Vorstellungen, sondern um ihrer selbst willen zu praktizieren; denn erst dann wird er sich bewußt, daß das Nur-Gute und das Nur-Böse überhaupt nicht existieren, weil es *»nur* ein *Leben«* gibt. – Das oft mißverstandene Stück gehört zu Shaws provozierendsten Werken und regte (neben anderen Vorlagen) Bertolt Brecht zu seinem Parabelstück *Die heilige Johanna der Schlachthöfe* (1929/30) an. KLL

Ausgaben: Ldn. 1907 (in *John Bull's Other Island and Major Barbara*). – Ldn. 1909. – Ldn. 1947 *(Standard Ed.)*. – Ldn. 1971 (in *The Bodley Head B. S.*, 7 Bde., 1970–1974, 3). – NY 1981 [Einl. B. F. Dukore; Faks. der Hs.]. – Ldn. 1985.

Übersetzung: *Major Barbara*, S. Trebitsch, Bln. 1909. – Dass., ders. (in *Komödien des Unglaubens*, Zürich 1946; *Ges. dramat. Werke*). – Dass., H. Ritzerfeld (in *Klassische Stücke in neuen Übersetzungen*, Ffm. 1975). – Dass., dies., Ffm. 1990 (st).

Verfilmung: England 1940/41 (Regie: G. Pascal).

Literatur: A. Polgar, Rez. (in Die Weltbühne, 1909, Nr. 15). – J. Frank, *»Major Barbara«: S.'s ›Divine Comedy‹* (in PMLA, 71, 1956, S. 61–74). – C. Frankel, *Efficient Power and Inefficient Virtue: »Major Barbara«* (in *Great Moral Dilemmas in Literature, Past and Present*, Hg. R. M. MacIver, NY 1956, S. 15–24). – L. Compton, *»Major Barbara«: S.'s Challenge to Liberalism* (in *Literature and Society*, Hg. B. Slote, Lincoln/Nebr. 1963, S. 121–141). – B. F. Dukore, *Toward an Interpretation of »Major Barbara«* (in S. Review, 6, 1963, S. 62–70). – J. T. Nourse, *G. B. S.'s »Major Barbara«*, NY 1965. – B. Watson, *Sainthood or Millionaires: »Major Barbara«* (in MD, 11, 1968, S. 227–244). – R. J. Jordan, *Theme and Character in »Major Barbara«* (in TSLL, 12, 1970, S. 471–480). – *20th-Century Interpretations of »Major Barbara«: A Collection of Critical Essays*, Hg. R. Zimbardo, Englewood Cliffs/N.J. 1970. – K. Tetzeli von Rosador, *The Natural History of »Major Barbara«* (in MD, 17, 1974, S. 141–153). – M. Arkin, *Notes on B. S.'s »Major Barbara«*, Ldn. 1978. – S. E. Baker, *Logic and Religion in »Major Barbara«: The Syllogism of St. Andrew Undershaft* (in MD, 21, 1978, S. 241–252). – P. J. Smith, *S.'s Own Problem Play: »Major Barbara«* (in ESC, 4, 1978, S. 450–467). – T. Whittock, *»Major Barbara«: Comic Masterpiece* (in Theoria, 51, 1978, S. 1–14). – J. Fisher, *Notes on S.'s »Major Barbara« and »Saint Joan«*, Lincoln/Nebr. 1982. – R. G. Potter, *The Rhetoric of a Shavian Exposition: Act I of »Major Barbara«* (in MD, 26, 1983, S. 62–74). – S. B. Garner Jr., *S.'s Comedy of Disillusionment* (ebd., 28, 1985, S. 638–658). – M. Goldman, *S. and the Marriage in Dionysus* (in *The Play and Its Critic: Essays for Eric Bentley*, Hg. M. Bertin, Lanham/Md. 1986, S. 97–111). – T. J. Matheson, *The Lure of Power and the Triumph of Capital: An Ironic Reading of »Major Barbara«* (in ESC, 12, 1986, S. 285–300). – H. Bloom, *G. B. S.'s »Major Barbara«*, NY 1988. – B. F. Dukore, *Dolly Finds a Father: S.'s Dramatic Development* (in PLL, 24, 1988, S. 81–90). – M. v. Albrecht, *Fate or Hate? A Textual Problem in S.'s »Major Barbara«* (in NQ, 36, 1989, S. 196/197).

MAN AND SUPERMAN. A Comedy and a Philosophy

(engl.; *Ü: Mensch und Übermensch*). Schauspiel in vier Akten von George Bernard Shaw, erschienen 1903; Uraufführung (ohne das *Zwischenspiel in der Hölle*): London, 23. 5. 1905, Royal Court Theatre; deutsche Erstaufführung: Berlin, 7. 12. 1906, Deutsches Theater, Kammerspiele. – Das 1915 in Edinburgh erstmals vollständig aufgeführte Ideendrama, vom Autor als »eine Komödie und eine Philosophie« bezeichnet, ist ideologisch und formal eines der wichtigsten Stücke Shaws. Seine dialektischen und theatralischen Mittel voll ausspielend, gibt er darin eine Exposition seiner Auffassung von der *life force*, der Urkraft des Lebens, die die Beziehung der Geschlechter zueinander bestimme und die Frau bei der Wahl des Partners intuitiv beeinflusse, um dadurch die Schaffung des Übermenschen zu gewährleisten. Diesem werde in der Zukunft die Lösung der sozialen und politischen Probleme der Menschheit gelingen. Diese Theorie, in der sich Nietzsches Begriff des »Übermenschen« und Bergsons Vorstellung von der »schöpferischen Evolution« mit älteren Evolutionskonzepten verbinden und die Shaw im Vorwort ausführlich erläutert hat, findet in der Handlung des Stücks ihre Entsprechung. Bewegendes Motiv ist die zwanghafte Anziehung, die das Verhältnis zwischen John Tanner, einem zynisch-radikalen Gesellschaftstheoretiker, dem Verfasser des »Revolutionist's Handbook«, und seinem Mündel Ann Whitefield bestimmt. Tanner ist sich zunächst nicht über Anns Absicht, ihn zu heiraten, im klaren, obwohl er als einziger ihre hinter der Maske schwacher Weiblichkeit verborgene Entschlossenheit und Skrupellosigkeit erkennt. Zu Beginn des Stücks läßt er sich von ihr »erpressen«, zusammen mit dem sich zwar fortschrittlich gebärdenden, im Grund aber viktorianischen Vorstellungen verhafteten Roebuck Ramsden die Vormundschaft über sie zu übernehmen. Später klärt ihn sein Chauffeur, der Cockney Henry Straker, über die wahren Pläne Anns auf, vor der er nun, unter dem Vorwand, mit seinem Auto einen neuen Langstrecken- und Geschwindigkeitsrekord aufstellen zu wollen, die Flucht ergreift. Ann, Ramsden, der junge, poetisch veranlagte Octavius Robinson (der Ann liebt und von Tanner zunächst für ihr wahres »Opfer« gehalten wird), dessen Schwester Violet und ihr heimlicher Ehemann, der amerikanische Millionärssohn Hector Malone, holen ihn in Spanien ein, wo er in der Sierra Nevada von Mendoza, dem Anführer einer aus Sozialisten, Anarchisten und Freidenkern bestehenden Räuberbande, aufgehalten worden ist. Nach seiner Befreiung kapituliert Tanner in Granada endlich vor der *life force*: Er nimmt Ann zur Frau.

Das Handlungsschema der im Drama des 16. und 17. Jh.s so beliebten »Liebesjagd« steht hier unter umgekehrten Vorzeichen: Bei Shaw stellt die Frau dem Mann nach. Durch den neuen philosophischen Hintergrund erhält das an sich stark farcenhafte Geschehen tiefere Bedeutung, auf die immer wieder im Dialog, besonders durch Tanner, hingewiesen wird. Für die philosophische Deutung ist vor allem das *Zwischenspiel in der Hölle* wichtig, ein in den dritten Akt eingeschalteter Traum, in dem sich Tanner in Don Juan, Mendoza in den Teufel, Ramsden in den Komtur und Ann in Donna Anna verwandelt. Shaw denkt hier gewissermaßen Mozarts Oper weiter und läßt die Hauptfiguren aus *Don Giovanni* nach ihrem Tod in der Hölle über die Welt, das Leben und die Liebe diskutieren. Der Don-Juan-Mythos wird dabei, gemäß Shaws These von der *life force*, völlig umgekehrt, der Verfolger der Frauen wird nun selbst zum Verfolgten. Er wird als Denker gedeutet, der sich seiner physischen Aufgabe, bei der Schaffung des Übermenschen mitzuwirken, zugunsten seiner intellektuellen Aufgabe, der Bewußtseinsevolution, entziehen will. Aber gerade durch das Wagnis, die Grundfragen des Lebens kraft seines Intellekts zu lösen, dient auch er (wie Shaw später in *Back to Methuselah* erneut darzulegen versuchte) dem eigentlichen Ziel des Lebens: der Befreiung von den Fesseln der Materie und damit der Verwirklichung des Daseins, in dem die schöpferische Intelligenz sich voll entfalten kann.

Haupthandlung und Zwischenspiel, häufig getrennt aufgeführt (als *Don Juan in Hell* wurde die Traumsequenz zum beliebten Lesedrama), entsprechen sich in den Aussagen und ergänzen einander. Die Präfiguration des Übermenschen in Tanner beziehungsweise Don Juan wird in jedem Akt des Stücks mit einem anderen falschen *superman* kontrastiert: mit dem Pseudosozialisten Ramsden, dem nüchternen Techniker Straker, dem philosophierenden Revolutionär Mendoza und schließlich mit Malone senior, dem kapitalistischen Selfmademan aus dem vermeintlich so fortschrittlichen Amerika. Auch die Nebenhandlung zwischen Violet Robinson und Hector Malone dient dazu, im Spiegel komischer Inversion die Bedeutung des Geschehens zwischen Tanner und Ann Whitefield noch deutlicher herauszustellen. W.Kl.

Ausgaben: Ldn. 1903. – Ldn. 1947 *(Standard Ed.)*. – NY 1959 [Einl. B. Atkinson]. – Ldn. 1971 (in *The Bodley Head B. S.*, 7 Bde., 1970–1974, 2).

Übersetzungen: *Mensch und Übermensch*, S. Trebitsch, Bln. 1907. – Dass., ders., Zürich 1946 *(Ges. dramat. Werke)*. – Dass., A. u. H. Böll, Ffm. 1972 (BS). – Dass., dies., Ffm. 1990 (st).

Literatur: A. Kerr, Rez. (in NRs, 1, 1907). – W. Irvine, *»Man and Superman«, a Step in Shavian Disillusionment* (in Huntington Library Quarterly, 10, 1947, S. 209–224). – E. Kochanowsky, *Evolution u. Übermensch bei B. S. im Anschluß an das Denken des 19. Jh.s*, Diss. Kiel 1950. – Ch. Scott, *Genus, Superman; Species, Multiform* (in ETJ, 12, 1960, S. 289–294). – R. Nickson, *G. B. S.'s »Man and Superman«*, NY 1965. – M. Trousdale, *»Man and Superman«: A Critical Commentary*, Hg. u. Einl. J. F. Adams, NY 1965. – G. Crane, *S.'s Comic Techniques in »Man and Superman«* (in ETJ, 23, 1971, S. 13–21). – C. Hoy, *S.'s Tragicomic Irony: From »Man and Superman« to »Heartbreak House«* (in Virginia Quarterly Review, 47, 1971, S. 56–78). – V. J. Emmett, *Roebuck Ramsden's Study: S. as Philosophical Conservative* (in Journal of Irish Literature, 11, 1982, S. 103–108). – J. K. Lowers u. M. O. Harper, *Notes on S.'s »Man and Superman« and »Caesar and Cleopatra«*, Lincoln/Nebr. 1982. – S. De Vincentiis, *Metamorfosi di Don Giovanni: Da Tirso a S.* (in Lingua e stile, 17, 1982, S. 295–315). – J.-C. Amalric, *Lecture sémiotique de »Man and Superman« de G. B. S.* (in Études Anglaises, 37, 1984, S. 412–423). – Ders., *B. S.: »Man and Superman«* (in Cahiers Victoriens et Edouardiens, 24, Okt. 1986, S. 153–160). – *G. B. S.'s »Man and Superman«*, Hg. H. Bloom, NY 1987.

MRS WARREN'S PROFESSION

(engl.; *Ü: Frau Warrens Gewerbe*). Schauspiel in vier Akten von George Bernard Shaw, erschienen 1898; private Uraufführung: 5. 1. 1902, New Lyric Theatre; deutsche Erstaufführung: Berlin 1907. – Zusammen mit den beiden anderen *Unerquicklichen Stücken (Plays Unpleasant)* – *Widowers' Houses* und *The Philanderer* – bildet dieses Drama die schärfste sozialkritische Attacke im Frühwerk des Autors, der allerdings seine Antwort auf die angeschnittenen gesellschaftlichen Probleme (eine Antwort, die er im Sozialismus sah) nicht in den Stücken selbst gab. Wie Ibsen, von dem er stark beeinflußt war, stellt Shaw hier alte Konventionen des Bürgertums in Frage. In enger Parallele zu *Widowers' Houses* erfährt auch in *Mrs Warren's Profession* ein junger Mensch, Vivie Warren, die eigentliche Heldin des Stücks, von den anrüchigen Geldquellen ihrer Mutter, der Bordellbesitzerin Kitty Warren. Vivie ist fern von ihr aufgewachsen und hat gerade ihr Mathematikstudium in Cambridge mit Auszeichnung abgeschlossen, eine für die damalige Zeit aufsehenerregende Tatsache. Sie ist allerdings keineswegs naiv stolz auf ihren Erfolg, sondern betrachtet ihn kühl als die Frucht harter Arbeit, die sie zudem nicht um ihrer selbst willen, sondern aufgrund einer Wette über 50 Pfund auf sich nahm. Vivie verkörpert den Typ der *new woman* und ist emanzipiert genug, Zigarren zu rauchen und Whisky zu trinken. Während ihres Examensurlaubs enthüllt sich ihr nach und nach die Wahrheit über ihre Mutter, die zunächst als Prostituierte und später als Geschäftsführerin einer Kette von Bordellen in europäischen Großstädten zu Wohlstand gelangt ist. Mrs. Warren, eine Frau von niedriger Herkunft, hat es durch Zielstrebigkeit, Skrupellosigkeit und Umsicht erreicht, daß sie, anstatt ausgebeutet zu werden, andere ausbeuten kann: Ihre Etablissements werfen jährlich mindestens 35 Prozent Reingewinn ab, und an ihren Unternehmungen sind auch »anständige« Leute von Rang, wie etwa Sir George Croft, beteiligt.

Vivie läßt sich zunächst, beeindruckt von der Offenheit der Mutter, von deren Argumenten überzeugen. Kitty Warren schildert ihr die Prostitution als einzige erfolgversprechende Karriere für hübsche, aber arme Mädchen, da die moderne kapitalistische Industriegesellschaft der Frau nur niedere und schlechtbezahlte Arbeit zugestehe – eine Überzeugung, die auch Shaw selbst in der als »Apologie« bezeichneten Vorrede zur Ausgabe von 1903 vertritt. Die Ehe wird von Mrs. Warren ebenfalls als bürgerliche Form »käuflicher Liebe« gebrandmarkt – eine These, die Shaw auch in *The Intelligent Woman's Guide to Socialism and Capitalism* (1928) verfocht. Doch wendet sich Vivie schließlich von der Mutter ab, als sie erfährt, daß diese auch jetzt, da ihre materielle Existenz gesichert ist, noch ihrem alten Gewerbe nachgeht, und als ihr klar wird, daß Mrs. Warren in ihrer sentimental-doppelbödigen Einstellung zum Leben und zu ihrer Tochter eine Bürgerlichkeit verrät, die sie, Vivie, inzwischen abzulehnen gelernt hat.

Die Entdeckung des wahren Charakters der Mutter und der schweigenden Duldung ihres Gewerbes durch die Gesellschaft ist freilich nicht die einzige Erkenntnis, mit der Vivie im Verlauf der Ereignisse fertig werden muß; sie wird auch vor die Entscheidung über ihr künftiges Leben gestellt. Mit dem Heiratsantrag des geschäftstüchtigen Sir George, der ihr finanzielle Sicherheit und einen Adelstitel bietet und sogar mit dem Hinweis operiert, daß er ja doch bald sterben würde, eröffnet sich ihr die Möglichkeit, das konventionelle Dasein der verheirateten Frau zu führen; durch das stille Werben des Architekten Praed lernt sie die Schönheit der Kunst als Lebensinhalt des reinen Ästheten kennen und in der witzig-galanten Werbung Frank Gardners den »Traum von junger Liebe«, Ideal aller romantisch veranlagten Mädchen. Die unromantische Vivie entscheidet sich jedoch schließlich für ein unabhängiges Leben der Arbeit und illusionslosen Ehrlichkeit, ein Ziel, dem sie von Anfang an zustrebte und vor das sich alle anderen Möglichkeiten gewissermaßen als »Versuchungen« gestellt hatten. Denn alle drei Heiratsanträge basieren auf Täuschungen über die Realität des wirtschaftlichen Konkurrenzkampfes und des Zusammenlebens der Geschlechter, die bei Frank Gardner sogar so weit gehen, daß er sich von Vivie aushalten lassen würde. Zudem besteht die Möglichkeit, daß der Pfarrersohn Frank ihr Halbbruder ist.

Das 1893 entstandene Stück, das bewußt stofflich verwandte »Magdalena«-Dramen um die Figur einer »gefallenen« Frau wie Dumas' *La dame aux camélias* oder Pineros *The Second Mrs. Tanqueray* als Bezugspunkt wählt, die Problematik aber mit schonungsloser Offenheit behandelt, erregte großes Aufsehen, wurde von der Zensur verboten und erst 1902 in einer privaten Aufführung auf die Bühne gebracht. Die erste öffentliche Inszenierung fand 1905 in den USA statt, die erste öffentliche Aufführung in England erst 1925. W.Kl.

Ausgaben: Ldn. 1898 (in *Three Unpleasant Plays*). – Ldn. 1902. – Ldn. 1952 (in *Plays Pleasant and Unpleasant*, 2 Bde.; *Standard Ed.*). – Ldn. 1970 (in *The Bodley Head B. S.*, 7 Bde., 1970–1974, 1). – NY 1981 [Einl. M. Peters; Faks. der Hs.]. – Stg. 1984, Hg. H. Geisen (RUB).

Übersetzungen: *Frau Warrens Gewerbe*, S. Trebitsch, Stg. 1906. – Dass., ders. (in *Unerquickliche Stücke*, Zürich 1946; *Ges. dramat. Werke*). – *Frau Warrens Beruf*, M. Walser, Ffm. 1970. – Dass., ders. (in *Klassische Stücke in neuen Übersetzungen*, Ffm. 1975). – Dass., ders., Ffm. 1991 (st).

Verfilmung: *Frau Warrens Gewerbe*, BRD/Schweiz 1959 (Regie: A. v. Rathony).

Vertonung: Ch. Kalman, *Frau Warrens Gewerbe* (Text: P. Goldbaum; Norderstedt ca. 1975).

Literatur: W. Handl, *»Frau Warrens Gewerbe«* (in Die Schaubühne, 1906, Nr. 42). – S. M. Holberg, *The Economic Rogue in the Plays of B. S.* (in Univ. of Buffalo Studies, 21, 1953, S. 34–119). – G. E. Wellwarth, *»Mrs Warren« Comes to America* (in S. Review, 2, 1959, S. 8–16). – G. Bullough, *Literary Relations of S.'s »Mrs Warren's Profession«* (in PQ, 41, 1962, S. 339–358). – H. Oppel, *G. B. S.: »Mrs Warren's Profession«* (in *Das moderne engl. Drama*, Hg. ders., Bln. 1963, S. 11–27; ³1976). – Ch. A. Berst, *Propaganda and Art in »Mrs Warren's Profession«* (in ELH, 33, 1966, S. 390–404). – R. S. Nelson, *»Mrs Warren's Profession« and English Prostitution* (in Journal of Modern Literature, 2, 1972, S. 357–366). – S. Lorichs, *The Unwomanly Woman in B. S.'s Drama and Her Social and Political Background*, Uppsala 1973. – M. H. Sterner, *The Changing Status of Women in Late Victorian Drama* (in *Within the Dramatic Spectrum*, Hg. K. V. Hartigan, Lanham/Md. 1986, S. 199–212).

THE PERFECT WAGNERITE. A Commentary on »The Ring of the Nibelungs«

(engl.; *Ü: Ein Wagner-Brevier. Kommentar zum »Ring des Nibelungen«*). Musikkritische Schrift von George Bernard Shaw, erschienen 1898. – Wagner zählt zu den europäischen Komponisten, die den größten Einfluß auf die englische Literatur ausgeübt haben. Joyce, D. H. Lawrence, T. S. Eliot und, zeitlich vor ihnen, auch Shaw gehörten zu seinen Anhängern. Diese Feststellung ist angesichts des Widerstands, der Wagner zunächst in England entgegengebracht wurde, überraschend. Erst 1870 wurde mit dem *Fliegenden Holländer* eine seiner Opern vollständig aufgeführt, und London mußte bis 1882 warten, um ihn im deutschen Originaltext zu hören. Seit 1873 bemühte sich die englische

»Wagner Society« um die Anerkennung des Komponisten, für den vorher nur einzelne Anhänger wie Eduard DANNREUTHER und Francis HUEFFER gekämpft hatten. 1877 lud man Wagner ein, eigene Kompositionen in einem Konzertzyklus an der Royal Albert Hall zu dirigieren; und anläßlich seines Todes im Jahre 1883 nannte ihn die ›Times‹ schließlich den größten zeitgenössischen Komponisten.

Angesichts dieser Entwicklung kommt Shaws Plädoyer im Jahre 1898 deutlich verspätet; es richtet sich aber nur an der Oberfläche gegen jene kleine Minderheit konservativer Musikliebhaber, die Wagner immer noch als *»notoriety-hunting charlatan in six silk dressing-gowns who could not write a bar of music«* betrachteten. Gegen diese Gruppe hatte Shaw schon seit 1888 in seinen Musikbesprechungen für die Zeitungen ›The Star‹ und ›The World‹ gekämpft, obwohl ihm, wie er sagte, *»real Mozart«* immer noch lieber sei als *»imitation Wagner«*. Als musikalischer Autodidakt bei einer Mutter aufgewachsen, die eine bekannte Sängerin war, hatte Shaw Wagners Musik schon in seiner Dubliner Jugendzeit durch seinen Freund Chichester BELL kennengelernt und war dann in London auch der englischen Wagner Society beigetreten. Im *Perfect Wagnerite* versuchte er vor allem, die Aspekte des Komponisten herauszuarbeiten, *»which are most likely to be lacking in the conventional Englishman's equipment«*, also die Bezüge, an die der gutsituierte englische Bildungsbürger beim Opernbesuch vermutlich am wenigsten dachte. Wagner galt diesem Publikum als großer Künstler und eventuell noch als Vertreter eines mythischen Weltbildes, das gewisse Defizite des von der Naturwissenschaft geprägten 19. Jh.s kompensieren konnte. Shaw dagegen interpretierte den *Ring des Nibelungen*, auf den sich seine Analyse trotz des allgemeiner gehaltenen Titels beschränkt, als *»drama of today and not of a remote and fabulous antiquity«*. Er geht dabei von Wagners eigener Biographie und von dessen kritischen Schriften wie *Kunst und Revolution* (1849), *Das Kunstwerk der Zukunft* (1850) und *Oper und Drama* (1852) aus. Wagner hatte darin von der Artifizialität und dem Philistertum der zeitgenössischen Gesellschaft gesprochen und die despotische Autorität von Staat und Kirche angeklagt, gegen die sich das Volk aufgrund seiner natürlich-kreativen Zerstörungskraft erheben werde. Shaw verbindet diese Ansichten mit dem Hinweis auf Wagners eigene Bekanntschaft mit dem russischen Anarchisten BAKUNIN und auf seine Beteiligung am Dresdener Aufstand von 1849, die zur Verfolgung durch die Polizei und zu seiner Flucht in die Schweiz und nach Frankreich führten.

Das Geschehen des *Rings* deutet Shaw einerseits als Diagnose der sozio-ökonomischen Verhältnisse des 19. Jh.s, andererseits als Modell der Menschheitsgeschichte. Alberich erscheint ihm als *»sworn plutocrat«*, als finanzkräftiger Fabrikherr im Zylinder, wofür Ring und Tarnkappe stehen. Nibelheim interpretiert er als Fabrik, in der heute Zündhölzer hergestellt würden, ein sowohl für hohe Rendite als auch für gefährliche Berufskrankheiten bekannter Fertigungszweig. Unter Alberichs Ausbeutung leiden nach Shaws Ansicht vor allem die Riesen, die er zum Symbol der Masse der Arbeiter erhebt und damit erheblich positiver konnotiert, als dies der Text Wagners nahelegt. Eher im Sinne Wagners dürfte die Interpretation Wotans als Vertreter der göttlichen Macht sein, die ihre gesellschaftliche Autorität durch rationale Ausdeutung (Loki) und legalistische Konkretisierung (Fricka) sichert. Auch Shaw sieht Wotans Raub an Alberich als tragische Konsequenz dieser Entwicklung, ohne aber die spätere Entwicklung des Götterkönigs in seine Analyse mit einzubeziehen. Sein Interesse gilt vielmehr Siegfried als einer Art »Übermensch«, wobei er die halbgöttliche Herkunft des Helden im Sinne NIETZSCHES umdeutet und ihn als weitere Stufe einer *»metabiologischen«* Menschheitsentwicklung begreift, weil er den *»unavailing thought«* der Götter in *»effective will and life«* transformiere. Siegfried paßt für Shaw damit in eine allgemeine Entwicklungstendenz des Lebens im *Ring*, das sich *»into all living shapes, bird, beast, beetle and fish«* organisiere, *»rising to the human marvel in cunning dwarfs and laborious muscular giants«*. Die Götter scheinen einerseits eine Projektion des Bewußtheitsgrades und der metaphysischen Bedürfnisse der jeweiligen menschlichen Entwicklungsstufe zu sein, als die sie auch in Shaws späterer Erzählung *The Adventures of the Black Girl in Her Search for God* (1932) auftreten, andererseits aber auch das Prinzip der Lebenskraft selbst wie im Falle Erdas darzustellen. Siegfried als Mensch steht auf jeden Fall nicht unter, sondern über den nordischen Göttern; die Klimax des *Rings* ist für Shaw der Schwertstreich, mit dem der Held Wotans Speer zertrümmert. Er setzt sich damit über die auf dieser Waffe verzeichneten Gebote und Verträge, die die Götter mit den Menschen geschlossen haben, hinweg und lehnt den gewaltsam erzwungenen Gehorsam gegenüber den Herren von Walhalla ab. Die Evolution von den Zwergen und Riesen zum Übermenschen kann sich Wagner nach Shaws Ansicht nur revolutionär vorstellen; schließlich habe Siegfried sich seine Waffe Nothung auch nicht durch das Reparieren des Schwertes seines Vaters geschaffen, sondern dieses erst vollkommen zerstört, um es sich aus den Eisenspänen neu zu gießen. Mime und Fafner habe er bedenkenlos getötet, als sie sich gegen ihn stellten; er sei *»a totally amoral person, a born anarchist, the ideal of Bakoonin.«*

Zu Shaws großer Enttäuschung läßt Wagner dann Siegfried aber nicht Alberichs Bürde schultern und ein neues Reich gründen, sondern sich in Brünnhilde verlieben. Mit dieser Glorifizierung sexueller Leidenschaft als *»romantic nostrum for all human ills«* ist für ihn der *Ring* vom Ideendrama zur konventionellen Oper abgeglitten. Daß die Liebe zwischen dem Helden und der Walküre für Wagner eine tragisch-positive Bedeutung trägt, will Shaw nicht anerkennen, der in den meisten eigenen Dramen seiner frühen Schaffensperiode die Helden erotische Anziehung zugunsten höherer Verpflichtungen überwinden läßt. Den angeblichen Bruch in der Konzeption des *Rings* erklärt Shaw sich mit Wagners Enttäuschung durch die Revolution von 1848, mit Bakunins Streit mit der kommunistischen Internationale und mit der Entwicklung des europäischen Kapitalismus bis zur Bismarckzeit.

Der überwiegende Teil des *Perfect Wagnerite* ist der Analyse von Wagners Text gewidmet. Abschließend kommt Shaw aber auch auf die Musik zu sprechen und erörtert vor allem die Technik der Leitmotive. Ihre Anordnung und Verarbeitung setzt er gegen die Konventionen der traditionellen Oper und die Gesetze der »absoluten« Musik ab. Dies ist für Shaw ein sehr wichtiges, im *Perfect Wagnerite* aber nur kurz ausgeführtes musikgeschichtliches Problem, denn er versteht absolute Musik lediglich als *»purely decorative sound-patterns«*, denen Wagner das neue Prinzip der »Tondichtung« in Weiterentwicklung der Ansätze in Mozarts *Zauberflöte* und Beethovens *Neunter Symphonie* entgegensetzte. Nur diese neue Musikform sei in der Lage, Gefühle auszudrücken und, in Verbindung mit einem verbalen Text, Gedanken zu übermitteln. Shaw greift hier Vorstellungen Wagners auf, integriert sie aber in eine eindeutig didaktisch orientierte Kunsttheorie, wie sie die Basis seines eigenen dramatischen Schaffens bildete. – Shaw hat später seine Verehrung für Wagner wieder etwas relativiert und dessen Werk entsprechend als Krönung der Musik des 19. Jh.s erklärt, nicht so sehr als Anfang der Musik des 20. Jh.s. Schumann und Brahms, von ihm zunächst zugunsten Wagners abqualifiziert, stiegen entsprechend in seiner Achtung. W.Kl.

Ausgaben: Ldn. 1898. – Ldn. 1906. – Ldn. 1932 (in *Major Critical Essays*). – Ldn. 1948 (in dass.; *Standard Ed.*).

Übersetzungen: *Ein Wagnerbrevier. Kommentar zum »Ring des Nibelungen«*, S. Trebitsch, Bln. 1908. – *Ein Wagner-Brevier. Kommentar zum »Ring des Nibelungen«*, B. Vondenhoff, Ffm. 1973 (Vorw. J. Kaiser; BS; zul. 1989).

Literatur: M. Arns, *Kritische Betrachtungen über B. S.: »Ein Wagnerbrevier«*, Würzburg 1939. – J. Barzun, *Darwin, Marx, Wagner*, Boston 1941. – E. Bentley, *The Cult of the Superman*, Ldn. 1947. – H. Pischner, *Musik u. Revolution. R. Wagner als 48er Revolutionär*, Weimar 1948. – O. Mosley, *Wagner and S.: A Synthesis*, Ldn. 1956. – G. S. Barber, *S.'s Contribution to Music Criticism* (in PMLA, 72, 1957, S. 1005–1017). – W. Blissett, *B. S.: Imperfect Wagnerite* (in Univ. of Toronto Quarterly, 27, 1958, S. 185–199). – J. Henson, *B. S.'s Contribution to the Wagner Controversy in England* (in S. Review, 4, 1961, S. 21–26). – R. Donington, *Wagner's »Ring« and Its Symbols*, Ldn. 1963. – A. Turco, *Ibsen, Wagner and S.'s Changing View of »Idealism«* (in S. Review, 17, 1974, S. 78–85). – R. F. Whitman, *B. S. and the Play of Ideas*, Ithaca/N.Y. 1977. – M. del Guidice, *De Bakounine à la »Tetralogie«* (in Musique en Jeu, 31, 1978). – E. L. Gilbert, *Wagnerian Music Drama and English Literature* (in Journal of Aesthetic Education, 12, 1978). – A. D. Sessa, *R. Wagner and the English*, Rutherford/N.J. 1979. – C. Osborne, *The Music Critic* (in *The Genius of S.*, Hg. M. Holroyd, NY 1980). – H. P. Breuer, *Form and Feeling: B. S. as a Music Critic* (in Journal of Irish Literature, 11, 1982, S. 74–102). – J. Clive, *The Versatile Signor di Bassetto: An Essay in Crime Prevention* (in Daedalus, 111, 1982, S. 51–63). – T. D. O'Sullivan, *»The Perfect Wagnerite«: S.'s Reading of »The Ring«* (in ELT, 30, 1987, S. 39–47).

PYGMALION. A Romance

(engl.; *Ü: Pygmalion*). Komödie in fünf Akten von George Bernard Shaw, Uraufführung (in deutscher Sprache): Wien, 16. 10. 1913, Burgtheater; englische Erstaufführung: London, 11. 4. 1914, His Majesty's Theatre. – Der 1912 entstandenen populärsten Komödie Shaws liegt die Sage vom kyprischen König Pygmalion zugrunde, der sich in eine weibliche Statue verliebte, die von Aphrodite zum Leben erweckt wurde; in Ovids *Metamorphosen* wird der König zum Bildhauer, der sich in die von ihm geschaffene Statue der Galatea verliebt. Shaws Pygmaliongestalt ist ein Phonetiker, Professor Henry Higgins, dessen einzige Leidenschaft der Reinheit und dem Adel der englischen Sprache gilt und der davon überzeugt ist, daß die soziale Stellung eines Engländers einzig und allein von seinem Akzent abhängt. Higgins' Galatea ist das Blumenmädchen Eliza Doolittle, deren Gossenjargon ihm eines Abends in Covent Garden auffällt. Aufgrund einer Wette mit seinem Fachkollegen Oberst Pickering geht er daran, sie soweit von ihrem Cockney-Akzent und ihren Armeleutemanieren zu befreien, daß sie in der besten Gesellschaft als feine Dame auftreten kann. Der Komfort in Higgins' Junggesellenhaushalt in der Wimpole Street, die neuen Kleider und die Möglichkeit, ihrer Vorliebe für Taxifahrten und Konfekt zu frönen, täuschen Eliza nicht lange über die erniedrigende Tatsache hinweg, daß sie für Higgins nur ein Versuchskaninchen ist. Ohne an die Folgen seines Experiments für den *Menschen* Eliza zu denken *(»Wenn ich mit ihr fertig bin, können wir sie ja in die Gosse zurückstoßen«)*, unterwirft er sie in seinem Sprachlabor einem gnadenlosen Drill. Daß er ihr dabei lediglich den Akzent und die Manieren einer Lady andressiert, beweist ihr Debut in der Gesellschaft: Bei einem Empfang im Salon von Mrs. Higgins, der mit viel *common sense* begabten Mutter ihres Lehrers, hält sie sich allzu strikt an dessen Anweisung, nur über das Wetter und die Gesundheit zu sprechen, und erzählt in allen Einzelheiten zuerst den Wetterbericht und dann die Krankheitsgeschichte ihrer Tante, wobei sie am Ende den Verdacht äußert, man habe *»die alte Frau abgemurkst«*. Ihre in bester Aussprache vorgebrachten vulgären

Redewendungen schockieren und erheitern als angeblich »neuer Ton« der guten Gesellschaft die Anwesenden, unter denen auch Freddy Eynsford Hill ist, ein junger, unbedeutender Mann, den Elizas Natürlichkeit bezaubert.

Daß es schließlich doch noch gelingt, aus dem Mädchen eine wirkliche Dame zu machen, ist nicht Higgins zu verdanken, dessen eigene Manieren denkbar rüpelhaft sind, sondern Pickering, der sich Eliza gegenüber von Anfang an als Gentleman benommen hat. Als sie den entscheidenden Test, einen Botschaftsempfang, glänzend besteht, sonnt sich Higgins in seinem Triumph und ist gänzlich unfähig, Elizas Verzweiflung zu verstehen. Sie hat erkannt, daß seine »Erziehung« sie untauglich für ihren einstigen Broterwerb als Blumenmädchen gemacht hat und daß ihre soziale und finanzielle Zukunft ihn nicht kümmert. Empört wirft sie ihm seine Pantoffeln (die zu suchen bis dahin eine ihrer »Aufgaben« im Haushalt Higgins' war) an den Kopf und demonstriert damit, daß nicht die Bildung, sondern die Selbstachtung ihr zur wahren Menschwerdung verholfen hat. Sie flüchtet sich zu Freddy und rechnet dann in einer großen Szene endgültig mit ihrem »Schöpfer« ab, wobei Mrs. Higgins ihr voller Genugtuung assistiert. Zum erstenmal im Leben muß sich Higgins geschlagen geben; für einen Moment vergißt er sogar seine egoistisch-selbstherrliche Attitüde und gesteht Eliza, er habe sie »schätzen« gelernt. Den romantischen Märchenschluß des deutlich anklingenden Aschenputtel-Motivs vermeidet Shaw jedoch, um die Emanzipation seiner Heldin nicht wieder rückgängig machen zu müssen. Sein ausführliches Nachwort, in dem er die weitere Lebensgeschichte Elizas erzählt, begründet der Autor damit, daß unsere Einbildungskraft geschwächt sei durch die *»üble Abhängigkeit von ... der Massenware in Trödelläden, wo die Romantik ihre Vorräte an ›glücklichen Ausgängen‹ verschleißt«*. Seine Erklärung, warum Eliza nicht Higgins, sondern Freddy heiratet, ist ein geistreicher essayistischer Exkurs über die Ehe.

Das Leitthema der Emanzipation findet eine komische Umkehrung im Schicksal von Elizas Vater. Der Müllkutscher Alfred Doolittle, der Higgins die Rechte an seiner Tochter für fünf Pfund abtritt, charakterisiert sich selbst zu Beginn des Stücks als einen sein Leben genießenden *»unwürdigen Armen«*, der die Moral des Mittelstands verachtet. Am Ende aber läßt ausgerechnet er sich in das Korsett der bürgerlichen Ehrbarkeit zwängen, weil er es nicht übers Herz bringt, das Legat eines amerikanischen Millionärs und Gründers von Sittlichkeitsvereinen abzulehnen, das er einer scherzhaften Empfehlung Higgins' zu verdanken hat. Die beiden Auftritte dieses *»originellsten englischen Moralisten unserer Zeit«*,wie der Professor ihn in einem Brief an jenen Philanthropen nennt, sind ebenso wie die letzte Auseinandersetzung zwischen Eliza und Higgins exemplarisch für die Kunst Shaws, ein Stück ganz aus dem Dialog leben zu lassen, ohne es zu einer bloßen Lehrdiskussion zu machen. – *Pygmalion*, schon auf der Bühne und im Film ein durchschlagender Erfolg, kam zu neuen Ehren, als 1956 die Musical-Version *My Fair Lady* einen unerhörten Siegeszug antrat. Hier ist allerdings die von Shaw bewußt ausgesparte Liebesromanze zwischen Eliza und Higgins Teil der Handlung geworden. W.Kl.

AUSGABEN: Ldn. 1913. – Ldn. 1916 [zus. m. *Androcles and the Lion*]. – Ldn. 1951 *(Standard Ed.)*. – Ldn. 1957 [Einl. u. Anm. A.C. Ward]. – Ldn. 1972 (in *The Bodley Head B. S.*, 7 Bde., 1970 bis 1974, 4). – NY 1982 (m. Ill.; Penguin). – Stg. 1990, Hg. H. Geisen (RUB).

ÜBERSETZUNGEN: *Pygmalion*, S. Trebitsch, Bln. 1913. – Dass., ders. (in *Die Lustspiele*, Bd. 1, Zürich 1948; *Ges. dramat. Werke*). – Dass., H. Mueller, Ffm. 1970 (BS). – Dass., ders. (in *Klassische Stücke in neuen Übersetzungen*, Ffm. 1975). – Dass., ders., Ffm. 1990 (st).

VERTONUNG: F. Loewe, *My Fair Lady* (Text: A. J. Lerner; Musical; Urauff.: NY, 4. 2. 1956; dt. v. R. Gilbert; Erstauff.: Bln. 25. 10. 1961, Theater des Westens).

VERFILMUNGEN: Deutschland 1935 (Regie: E. Engel). – Niederlande 1936 (Regie: L. Berger). – England 1938 (Regie: A. Asquith u. C. Howard). – *My Fair Lady*, USA 1963 (Regie: G. Cukor).

LITERATUR: A. Polgar, *»Pygmalion«* (in Die Schaubühne, 9, 1913, H. 45). – A. Schröer, *S.s »Pygmalion« u. Henry Sweet* (in Englische Studien, 62, 1928, S. 383–394). – L. Brandl, *Entstehungsgeschichtliches zu B. S.s »Pygmalion«* (in GRM, 18, 1930, S. 443–457). – G. Kirchner, *S.s »Pygmalion« u. Smolletts »Peregrine Pickle«* (in NSp, N. F. 1, 1952, S. 409–417). – K. Otten, *G. B. S.: »Pygmalion«* (in *Das moderne englische Drama*, Hg. H. Oppel, Bln. 1963, S. 126–148; [3]1976). – J. C. Neibrief u. C. Z. Rothkopf, *»Pygmalion«: A Critical Commentary*, Hg. u. Einl. W. E. Coles, NY 1964. – S. J. Solomon, *The Ending of »Pygmalion«: A Structural View* (in ETJ, 16, 1964, S. 59–63). – J. A. Mills, *The Comic in Words: S.'s Cockneys* (in Drama Survey, 5, 1966, S. 137–150). – D. Roll-Hansen, *S.'s »Pygmalion«: The Two Versions of 1916 and 1941* (in Review of English Literature, 8, 1967, S. 81–90). – *Notes on G. B. S.'s »Pygmalion«*, Ldn. 1969. – R. Huggett, *The Truth about Pygmalion*, Ldn./NY 1969. – I. Brown, *B. S.: »Pygmalion«*, Ldn. 1972. – N. Carrington, *S.'s »Pygmalion«*, Ldn. 1976. – E. Durbach, *»Pygmalion«: Myth and Anti-Myth in the Plays of Ibsen and S.* (in English Studies in Africa, 21, 1978, S. 23–31). – *Notes on »Pygmalion«*, Ldn. 1980. – E. H. Andrecht, *Das sprachsoziologische Interesse an kritisch-realistischen Dramendialogen: G. B. S.s »Pygmalion«* (in *Literatur u. Konversation*, Hg. E. W. B. Hess-Lüttich, Wiesbaden 1980, S. 341–358). – M. O. Harper, *Notes on S.'s »Pygmalion«*, Lincoln/Nebr. 1981. – M. Quinn, *The In-*

forming Presence of Charles Dickens in B. S.'s »Pygmalion« (in Dickensian, 80, 1984, Nr. 3, S. 144 bis 150). – K. Takahashi, *Eliza's English* (in Area and Culture Studies, 34, 1984, S. 91–113). – S. Renaux, *Turgenev's Doctor Shpigelsky: A Prototype for S.'s Professor Higgins?* (in Revista Letras, 33, 1984, S. 121–129). – H. Bloom, *G. B. S.'s »Pygmalion«*, NY 1988. – J. M. Miller, *Some Versions of »Pygmalion«* (in *Ovid Renewed: Ovidian Influences on Literature and Art from the Middle Ages to the 20th Century*, Hg. Ch. Martindale, Cambridge 1988, S. 205–214).

THE QUINTESSENCE OF IBSENISM

(engl.; *Ü: Ein Ibsenbrevier. Die Quintessenz des Ibsenismus*). Literaturkritischer Essay von George Bernard SHAW, erschienen 1891, in erweiterter und veränderter Ausgabe 1913. – Shaws Aufsatz ist eine der wichtigsten englischen Publikationen der neunziger Jahre über den norwegischen Dramatiker, für den sich um diese Zeit auch andere Schriftsteller und Dichter wie William MORRIS, George MOORE, Thomas HARDY, YEATS und JOYCE zu interessieren begannen. Die britische Ibsen-Rezeption, die schon Ende der siebziger Jahre mit den Publikationen Edmund GOSSES und, etwas später, den Übersetzungen William ARCHERS eingesetzt hatte, trat 1889 mit der Aufführung von *Nora oder Ein Puppenheim* (1879) in eine kritische Phase; der Autor galt für viele plötzlich als ein subversiver Frauenrechtler und Befürworter der freien Liebe. Die englische Presse begleitete besonders die Londoner Inszenierungen von *Rosmersholm, Hedda Gabler* und den *Gespenstern* 1891 mit geradezu hysterischen Kommentaren. In dieser besonderen Situation trat Shaw als Verteidiger Ibsens hervor. Er hatte sich zwar erst 1885 unter dem Einfluß seines Freundes Archer für Ibsens Dramen begeistert, aber bereits die für den Ruf des Norwegers entscheidende Aufführung von *Nora* positiv vorangezeigt und rezensiert. 1890 übernahm er dann für die Vortragsreihe *Socialism in Contemporary Literature* der linksintellektuellen »Fabian Society« den Ibsen-Abend, bei dem er den Dramatiker als eigenständigen und überparteiischen Kritiker starrer bürgerlicher Konventionen und einseitiger ideologischer Positionen präsentierte, ihn aber nicht als Sozialisten bezeichnete.

Auch die erweiterte Druckfassung des Vortrags, *The Quintessence of Ibsenism*, stellte 1891 die zwar dichterisch intuitive und unsystematische, aber nach Shaws Ansicht doch radikale Kritik des Norwegers an der bürgerlichen Gesellschaft in den Mittelpunkt. Auf eine Diskussion der *»poetic beauties«* der Stücke wird explizit verzichtet; Shaw unterstreicht jedoch die Bedeutung der Wahl eines realistischen Milieus und alltagsnaher Charaktere zur Verstärkung der thematischen Aussage. Nicht die breite Masse des Bürgertums, nach Shaws Quantifizierung 70 Prozent, stelle den Angriffspunkt Ibsens dar; Ziel sei vielmehr die kleinere Gruppe derjenigen, die unter den einseitigen, überlebten oder von vornherein falschen Normen der Gesellschaft litten. Solche Vorschriften heißen bei Shaw auch »Götzenbilder« und »Ideale«, ihre Opfer entsprechend »Idealisten«. Diese kompensieren, so Shaw, ihre Enttäuschungen durch die Überhöhung der Konventionen zu verbindlichen Regeln, während die große Masse der Gesellschaft, von Shaw »Philister« genannt, unkritisch mit ihrem Leben zufrieden sei. Nur ein Mensch unter tausend, der »Realist«, sei in der Lage, die Artifizialität der Ideale zu durchschauen, die die Frustrationen ihrer Opfer kompensieren sollen und sich auch zur Manipulation der Gesamtgesellschaft anbieten. Shaws Ibsenscher »Realist« weigert sich, nach den alten Normen zu handeln; er setzt an ihre Stelle neue, von den Lebensnotwendigkeiten und den eigenen Bedürfnissen abgeleitete Regeln. Auch diese neuen Konzepte können keine absolute Gültigkeit beanspruchen, nähern sich nach Shaw der Wirklichkeit aber graduell an. Die Basis solcher Optimierung liefere nicht der Verstand, sondern der Wille des Individuums, eine von Ibsen abgeleitete, an SCHOPENHAUER orientierte, im Grunde aber eigenständige Konzeption Shaws, die später zur Basis seiner »Life Force«-Philosophie wurde und als Thema Dramen wie *Man and Superman* (1903) und *Back to Methuselah* (1921) bestimmt.

Shaw benützt dieses weit über die Vorstellungen Ibsens hinaus systematisierte Modell als Diskussionsrahmen für dessen Vorstellungen von Ehe, Familie und bürgerlicher Gesellschaft. An *Nora* etwa betont er nicht nur die Entwicklung der Protagonistin von der Philisterin zur Realistin, die die Notwendigkeit erkennt, sich von der Bevormundung durch ihren Mann zu befreien – ihr Türenschlagen sei für das 19. Jh. wichtiger geworden als *»the cannon of Waterloo«* –, sondern auch die Brisanz von Helmers Darstellung als Mustergatte. Es geht Ibsen nach Shaws Meinung nicht so sehr um das Recht der Ehefrau auf Notwehr gegen einen Haustyrannen, sondern um das weitergehende Unrecht, das sich aus der Vorstellung von zwei prinzipiell unterschiedlichen, weil geschlechtlich verschiedenen Arten von Menschen ableitet. Dieser Fehlschluß kann sich, wie Shaw betont, aber auch gegen den Mann richten: In seiner spöttischen Fortsetzung von Walter BESANTS Ibsenparodie *The Doll's House – And After* als *Still after The Doll's House* (beide 1890) läßt er Nora formulieren: *»Mastery is the worst slavery of all.«*

Die Kritik hat Shaw oft vorgehalten, daß er sich bei seiner Analyse vor allem auf die realistischen Prosadramen der mittleren Schaffensperiode Ibsens gestützt habe. Es stimmt zwar, daß *Quintessence* die Jugendwerke weitgehend ignoriert und sich erst mit *Brand* (1866) genauer beschäftigt; aber gerade dieses Stück stellt neben *Peer Gynt* (1867) den immer wieder aufgegriffenen Bezugspunkt für die Analyse des Idealisten in den späteren Prosadramen dar. Shaw betont an diesen Idealisten, bei aller zugestandenen Sympathie des Autors Ibsen für diesen Charaktertyp, mehr das Scheitern als den

heroischen Konflikt; er mißbraucht seine Deutung aber nicht zu einer simplen Abrechnung mit bürgerlichen Fehlern, wie sie etwa an *Ein Volksfeind* (1883) unschwer durchzuspielen wäre. Niemals unterstellt er Ibsen ein Patentrezept; die Quintessenz der Dramen sei, *»that there is no formula«*. Immer wieder aber betont er die Wichtigkeit, alle Stücke im Kontext des Gesamtwerks und in ihrer chronologischen Abfolge zu betrachten; nur so werde deutlich, wie konsequent Ibsen seine Position entwickelt habe. So habe er Nora, die ihren Mann verlasse, in *Gespenster* (1882) die Studie Frau Alvings entgegengesetzt, die sich dadurch schuldig macht, daß sie um jeden Preis bei ihrem Mann ausharrt. Absolute sittliche Normen gebe es also nicht: *»the golden rule is that there is no golden rule.«*
Getreu seiner Absicht, die thematische Relevanz und nicht die dramatische Technik Ibsens zu erörtern, hat Shaw in der Erstausgabe der *Quintessence* jeweils die allgemeine Situation der Figuren untersucht, ohne dabei zwischen Vorgeschichte und Bühnenhandlung zu unterscheiden. Wesentliche Themen und Strukturen der Dramen Ibsens werden auf diese Weise jedoch unterschlagen: die schicksalsträchtige Macht der Vergangenheit, die Tragik des Erkenntnisprozesses und die analytische Dramentechnik. Auch die zentrale Funktion der Symbole in den Stücken wird an keiner Stelle erwähnt. Daß dies eine bewußte Selbstbeschränkung Shaws darstellt, verdeutlicht jedoch der Blick auf die späteren Ibsenkommentare in den Theaterkritiken und Vorworten. In der zweiten Ausgabe der *Quintessence* (1913) gab Shaw diese Selbstbeschränkung bis zu einem gewissen Grad auf und fügte etwa ein neues Kapitel über Ibsens *»technical novelty«* an, in dem er die Bedeutung der Diskussion des Problems anstelle einer Auflösung durch die übliche Katastrophe unterstreicht. Ibsens Stükke wirkten deshalb mehr forensisch-analytisch als unterhaltsam-spannend. Das Publikum werde nicht amüsiert, sondern unvermutet angeklagt, da es sich in einem Drama, in dem der traditionelle Unterschied zwischen Held und Schurke wegfalle, häufig mit der falschen Seite identifiziere. Auch in diesem Punkt knüpfte der Dramatiker Shaw bei Ibsen an.
The Quintessence of Ibsenism fand als Frühwerk eines noch weitgehend unbekannten Autors zunächst nur im engeren Kreis der linken Intellektuellen Resonanz. Shaws Polemik zugunsten Ibsens erübrigte sich zudem bald, da dieser ab der Mitte der neunziger Jahre auch in England als moderner Klassiker anerkannt wurde. Shaw selbst spottete bereits 1893 in *The Philanderer* über die Exzesse der Ibsen-Mode. Eine simple Umbenennung des Essays in »Quintessence of Shavianism« erscheint aber ob der tiefgreifenden Veränderungen, die sich im Selbstverständnis des englischen Dramas und in der Haltung des britischen Theaterpublikums der neunziger Jahre auch unter dem Eindruck Ibsens und der Argumentation Shaws, Archers und anderer Ibsenanhänger ergeben haben, als eindeutig zu kurz gegriffen. W.Kl.

AUSGABEN: Ldn. 1891. – Ldn. 1913 [erw. Ausg.]. – Ldn. 1948 (in *Major Critical Essays; Standard Ed.*). – Toronto/Buffalo 1979 (in *S. and Ibsen*, Hg. u. Einl. J. L. Wisenthal; m. Bibliogr.).

ÜBERSETZUNG: *Ein Ibsenbrevier. Die Quintessenz des Ibsenismus*, S. Trebitsch, Bln. 1908.

LITERATUR: R. Huber, *Ibsens Bedeutung für das engl. Drama*, Marburg 1914. – F. Fischer, *G. B. S. als Dramatiker u. sein Verhältnis zu Ibsen*, Weimar 1917. – M.A. Franc, *Ibsen in England*, Boston 1919. – H. Granville-Barker, *The Coming of Ibsen* (in *The Eighteen-Eighties*, Hg. W. de La Mare, Cambridge 1930). – E. J. West, *S.'s Criticism of Ibsen* (in Colorado Studies, 1953, Nr. 4, S. 101 bis 127). – J. B. Kaye, *B. S. and the 19th Century Tradition*, Norman/Okla. 1958. – D.C. Gerould, *G. B. S.'s Criticism of Ibsen* (in CL, 15, 1963, S. 130–145). – J. Gassner, *S. on Ibsen and the Drama of Ideas* (in *Ideas in the Drama: English Institute Essays, 1964*, NY 1965). – H. Fromm, *B. S. and the Theater in the Nineties*, Lawrence/Kans. 1967. – C. A. Carpenter, *B. S. and the Art of Destroying Ideals*, Ldn. 1969. – E. Bentley, *Ibsen, S., Brecht* (in *The Quest for Imagination*, Hg. O. B. Hardison, Cleveland/Oh. 1971). – *Ibsen: The Critical Heritage*, Hg. M. Egan, Ldn. 1972. – A. Turco, *S.'s Moral Vision*, Ithaca/N.Y. 1976. – N. Greiner, *»Idealism« u. »Realism« im Frühwerk G. B. S.s*, Heidelberg 1977. – I. M. Britain, *B. S., Ibsen and the Ethics of English Socialism* (in Victorian Studies, 21, 1977/78, S. 381–401). – F. W. P. McDowell, *Fountainhead and Fountain: Ibsen and S.* (in S. Review, 23, 1980, S. 139–147). – I. M. Britain, *A Transplanted Doll's House: Ibsenism, Feminism and Socialism in Late Victorian and Edwardian England* (in *Transformations in Modern European Drama*, Hg. I. Donaldson, Atlantic Highlands/N.J. 1983). – K. M. May, *Ibsen and S.*, Ldn. 1985.

SAINT JOAN

(engl.; *Ü: Die heilige Johanna*). »Dramatische Chronik« in sechs Szenen und einem Epilog von George Bernard SHAW, Uraufführung: New York, 28. 12. 1923, Garrick Theatre; deutsche Erstaufführung: Berlin, 14. 10. 1924, Deutsches Theater; erschienen 1924. – Der Anti-Idealist und Sozialist Shaw sieht in Jeanne d'Arc die Vorkämpferin einer neuen Zeit, in der Protestantismus und Nationalismus die mittelalterliche Gesellschaftsordnung abzulösen beginnen. Mit dieser Interpretation verstößt er bewußt gegen die historische Wahrheit, obwohl er die Handlung des Dramas eng an die geschichtlichen Fakten, wie sie in den 1841–1849 erstmals veröffentlichten Prozeßakten belegt sind, anlehnt. Bekannte Themen und Motive Shaws kennzeichnen auch dieses Stück, so die Fortschrittsproblematik, die Bedeutung des gesunden Menschenverstandes und die Umkehrung der Rollen von Mann und Frau. Die Form des *chronicle*

play, des Geschichtsdramas in lockerer Szenenfolge, erlaubt Shaw große Freiheit im Aufbau.
Das Drama beginnt mit einer Auseinandersetzung zwischen Baudricourt, dem Kommandanten der Burg von Vaucouleurs, und Johanna, die Pferd, Rüstung und Begleitmannschaft verlangt, um zu dem von den verbündeten Engländern und Burgundern hart bedrängten Dauphin zu reiten. Sie verstößt damit sowohl gegen die Regeln der Kriegskunst als auch gegen Konventionen der weiblichen Geschlechterrolle. Baudricourt nennt Johanna deshalb »irrsinnig«, ist aber der Logik ihrer Argumente nicht gewachsen. Nachdem er ihr seine Zusage gegeben hat, beginnen die Hühner, die nicht mehr gelegt hatten, »wie verrückt« Eier zu produzieren – ein Vorfall, dessen Erklärung (grotesker Zufall oder Zeichen des Himmels?) Shaw offenläßt; hier wie auch im weiteren Verlauf schwebt das Geschehen häufig zwischen realistischer Erklärbarkeit und den Wundern des traditionellen Heiligendramas. Für Shaw ist diese Ambiguität ein Mittel, die dem konventionellen Zeitgenossen unerklärliche Neuheit des geschichtlichen Fortschritts und der menschlichen Evolution in Richtung einer tieferen Erkenntnis der Wirklichkeit zu demonstrieren.
Bei ihrem ersten Auftritt am Hof wird Johanna als Botin einer neuen Welt einer anderen Probe unterzogen, die sie glänzend besteht: Sie muß den Dauphin unter den versammelten Adligen herausfinden – ein historischer Vorfall. Es gelingt ihr, den unentschlossenen Kronprinzen von ihrer Sendung zu überzeugen und die Gunst des Hofes und den Segen der Kirche zu erringen. Als sie, mit dem Oberkommando der Truppen betraut, an der Loire erscheint, geschieht ein weiteres »Wunder«: Der Wind schlägt plötzlich um, Johanna kann mit den Truppen übersetzen, Orleans befreien und damit die Voraussetzung für die Krönung des Dauphins schaffen. Hier schaltet Shaw eine seiner typischen, den folgenden Stimmungsumschwung vorbereitenden Diskussionsszenen ein: Der englische Oberbefehlshaber, der Earl of Warwick, und der Bischof von Beauvais, Monseigneur Cauchon, gelangen im Gespräch über Johanna zu der Erkenntnis, daß diese, indem sie das Recht des Individuums gegenüber den etablierten gesellschaftlichen Mächten vertritt, zu ihrer gemeinsamen Feindin geworden ist: Johannas glühende Vaterlandsliebe und ihre Forderung »Frankreich den Franzosen« stellen eine Gefahr für das Feudalsystem dar, das nur die Bindung an den Lehnsherrn, aber keine nationale Identität kennt. Ebenso gefährdet ihre Haltung die Stellung der Kirche, denn anstatt sich vom Klerus über den Willen Gottes belehren zu lassen, folgt Johanna ihren »Stimmen« (die Shaw nicht als tatsächlich übernatürliche Phänomene, sondern als Johannas sehr lebhafte, durch ihre starke Vorstellungskraft vertiefte Erfahrung der eigenen Gedanken verstanden wissen will). Bevor Johanna ihren größten Triumph feiern kann, ist durch Warwicks und Cauchons Bündnis ihr Schicksal bereits besiegelt. Nach der Krönung des Dauphins in Reims streben ihre einstigen Freunde nur noch nach einem vorteilhaften Frieden, statt die allgemeinen Ziele der Heldin, die Volk und Truppen unerwartete Kraft zum Kampf gegeben haben, weiterzuverfolgen. Sie dagegen besteht darauf, die Engländer vom französischen Boden zu verjagen, wird von den Burgundern gefangengenommen und für »eine hübsche Summe« an Warwick verkauft.
Den Inquisitionsprozeß hat Shaw betont unparteiisch gestaltet, da er, wie er in der Vorrede schreibt, sein Drama *»nur so auf dem Niveau der hohen Tragödie halten und davor bewahren konnte, zu einer bloßen Polizeigerichts-Sensation zu werden«*. Johannas erklärter Feind, Bischof Cauchon, ist als gerechter Richter gezeichnet, der sogar ihr Leben zu retten versucht. Aber obwohl außer einem Pariser Domherrn und Warwicks Kaplan Stogumber (dessen britischen Chauvinismus Shaw als komische Folie für Johannas wahren Patriotismus verwendet) alle Mitglieder des Gerichts der Angeklagten Sympathie entgegenbringen, redet sie sich im festen Glauben an die Richtigkeit ihrer Überzeugung um Kopf und Kragen. Unter dem Eindruck des Verbrennungsurteils widerruft sie, doch da ihr lebenslange Kerkerhaft noch grausamer als der schrecklichste Tod erscheint, bekennt sie sich erneut zu ihrer wahren Überzeugung. Ihr Untergang ist zugleich ihr Triumph; ihre Hinrichtung besiegelt das Schicksal der alten päpstlich-feudalen Ordnung. Warwick und Cauchon wissen, daß sie mit Johannas Vernichtung die historische Entwicklung nicht aufhalten können; sie haben nicht die Idee, sondern lediglich ihre erste Vertreterin beseitigt. Der »Epilog« gibt ihnen recht: Nach ihrer fünfundzwanzig Jahre später erfolgten Rehabilitierung erscheint Johanna dem von ihr gekrönten Karl VII. und den versammelten Hauptakteuren, die nun, jeder auf seine Art, ihr damaliges Verhalten bedauern. Als ein modern gekleideter Herr erscheint und von der Heiligsprechung Johannas (1920) berichtet, fragt diese die Anwesenden, ob sie vom Tode auferstehen und als wunderwirkende Heilige ihr Werk vollenden solle. Aber alle lehnen peinlich berührt ab und machen sich eilig davon: Nicht ein einzelner, sondern die historische Situation und menschliche Engstirnigkeit haben Johanna getötet. Ihre Richter konnten unter den obwaltenden Umständen nicht anders urteilen. *»O Gott, der du diese wunderschöne Erde geschaffen hast«*, lauten ihre letzten Worte, *»wie lange wird es dauern, bis sie bereit sein wird, deine Heiligen zu empfangen, wie lange, o Gott, wie lange!«*
Mit *Saint Joan*, seiner einzigen Tragödie im konventionellen Sinn, erreichte Shaw den Höhepunkt seines dramatischen Schaffens und zugleich seinen größten Publikumserfolg. W.Kl.

Ausgaben: Ldn. 1924. – Ldn. 1949 *(Standard Ed.)*. – Indianapolis 1971, Hg. u. Anm. S. Weintraub. – Ldn. 1973 (in *The Bodley Head B. S.*, 7 Bde., 1970–1974, 6). – Harlow/Essex 1983.

Übersetzungen: *Die hl. Johanna*, S. Trebitsch, Bln. 1924. – Dass., ders. (in *Komödien des Glaubens*,

Zürich 1947; *Ges. dramat. Werke*). – *Die heilige Johanna*, W. Hildesheimer, Ffm. 1965 (es). – Dass., ders. (in *Klassische Stücke in neuen Übersetzungen*, Ffm. 1975). – Dass., ders., Ffm. 1990 (st).

VERFILMUNGEN: England 1927 (Regie: W. Newman; Drehbuch: G. B. Shaw). – USA 1948 (Regie: Y. Fleming). – England 1957 (Regie: O. Preminger). – BRD/England 1980 (TV; Regie: Jane Howell).

LITERATUR: F. Liebermann, *S.s Bildnis der Jungfrau von Orléans* (in HZ, 133, 1926, S. 20–40). – E. Merian-Genast, *Schillers »Johanna von Orléans« u. S.s »Heilige Johanna«* (in Zs. f. Deutschkunde, 5, 1926, S. 584–591). – J. M. Robertson, *Mr. S. and ›the Maid‹*, Ldn. 1926. – W. Grenzmann, *Die Johanna von Orléans in der Dichtung*, Bln. 1929, S. 57–66. – J. Huizinga, *B. S.s Heilige* (in J. H., *Wege zur Kulturgeschichte*, Mchn. 1930, S. 171–208). – F. S. Boas, *Joan of Arc in Shakespeare, Schiller, and S.* (in Shakespeare Quarterly, 2, 1951, S. 35–45). – R. Schirmer-Imhoff, *»Saint Joan«, die Quelle u. ihre Bearbeitung* (in Anglia, 74, 1956, S. 102–132). – H. Papajewski, *G. B. S.: »Saint Joan«* (in *Das moderne englische Drama*, Hg. H. Oppel, Heidelberg 1964, S. 166–182). – J. L. Gribben, *S.'s »Saint Joan«: A Tragic Heroine* (in Thought, 40, 1965, S. 549–566). – M. Raitt, *»Saint Joan«: A Scene-by-Scene Analysis with Critical Commentary*, NY 1965. – G. H. Schwartz, *S.'s »Saint Joan«*, NY 1965. – *»Saint Joan« 50 Years After: 1923/24–1973/74*, Hg. S. Weintraub, Baton Rouge/La. 1973. – K. Tetzeli v. Rosador, *S.s »Saint Joan« u. die Historiker* (in GRM, 23, 1973, S. 342–355). – J. J. Dolis, *B. S.'s »Saint Joan«: Language is Not Enough* (in Mass. Studies in English, 4, 1974/75, S. 17–25). – S. Weintraub, *The Genesis of »Saint Joan«* (in LWU, 10, 1977, S. 254–274). – J. Fisher, *Notes on S.'s »Major Barbara« and »Saint Joan«*, Lincoln/Nebr. 1978. – H. Slogsnat, *G. B. S., »Saint Joan«: Ein Idealfall des Literaturunterrichts* (in anglistik & englischunterricht, 9, 1979, S. 85–106). – K. D. Gottschalk, *St. Athanasius gegen Saint Joan bei S.* (in LWU, 13, 1980, S. 284–295). – B. F. Tyson, *The Story of S.'s »Saint Joan«*, Kingston/Montreal 1982. – *Notes on S.'s »Saint Joan«*, Hg. A. Wright, Ldn. 1984. – S. Watt, *S.'s »Saint Joan« and the Modern History Play* (in Comparative Drama, 19, 1985, S. 58–86). – H. Bloom, *G. B. S.'s »Saint Joan«*, NY 1987. – J. DiSalvo, *Milton and S. Once More: »Samson Agonistes« and »Saint Joan«* (in Milton Quarterly, 22, 1988, Nr. 4, S. 115–120).

WIDOWERS' HOUSES

(engl.; *Ü: Die Häuser des Herrn Sartorius*). Schauspiel in drei Akten von George Bernard SHAW, private Uraufführung: London, 9. 12. 1892, Independent Theatre Society, Royalty Theatre; Erstausgabe 1893. – Im Banne IBSENS schrieb Shaw sein erstes Theaterstück bewußt als *new drama*, das heißt als modernes Stück, mit dem er Front gegen das traditionelle Theater des 19. Jh.s machen wollte. Die Entstehungsgeschichte von *Widower's Houses* reicht bis 1885 zurück, als Shaw und der berühmte Publizist und Kritiker William ARCHER beschlossen, gemeinsam ein Drama, *Rhinegold*, zu verfassen, zu dessen von Archer entworfenem *plot* Shaw den Dialog schreiben sollte. Der Plan wurde rasch aufgegeben, weil sich Shaw nicht in die Regeln des sogenannten *well-made play* fügen wollte und Archers recht mechanische Handlungskonstruktion umstieß. Hier zeigt sich bereits die für das Gesamtwerk des Autors typische Ablehnung von Handlung im überkommenen Sinne, die für Shaw zu sehr von der eigentlichen Aufgabe des Theaters ablenkt, den Zuschauer mit neuen Ideen zu konfrontieren und ihm die wahre Realität zu demonstrieren. Sieben Jahre später vollendete er das Fragment auf seine Weise: Aus der geplanten romantischen Gesellschaftskomödie wurde das erste seiner *Unpleasant Plays*, eine scharfe Attacke gegen die kapitalistische viktorianische Gesellschaft.

Harry Trench, frischgebackener Doktor der Medizin, begegnet auf einer Bildungsreise rheinaufwärts, die er zusammen mit seinem älteren Freund Cokane unternimmt, einem Mr. Sartorius und dessen Tochter Blanche, in die er sich sofort verliebt. Von der berechnenden jungen Dame ermutigt, macht er ihr einen Heiratsantrag und ist sich, nachdem seine adlige Verwandtschaft sich einverstanden erklärt hat, der Zustimmung ihres Vaters sicher. Bis dahin nimmt das Geschehen also einen verhältnismäßig konventionellen Verlauf, obwohl Blanche als Charakter weniger dem Klischee der romantischen Heldin als dem der erotischen Abenteurerin entspricht. Doch unmittelbar vor der entscheidenden Unterredung erfährt Trench durch Zufall, daß Sartorius durch die Vermietung von Elendsquartieren in den Londoner Slums reich geworden ist. Empört stellt er Blanche vor die Wahl, entweder auf das Geld ihres Vaters oder auf ihn zu verzichten. Blanche hält dies für einen Vorwand, die Verlobung zu lösen, fühlt sich beleidigt und bricht, da sie ohnehin nicht bereit ist, auf den gewohnten Luxus zu verzichten, mit Trench. In einem traditionellen Stück wäre damit ein irreparabler Bruch der Beziehungen des Heldenpaars gegeben; nicht so in *Widowers' Houses*. Die allzu korrekten Moralvorstellungen des Liebhabers wenden sich nämlich gegen ihn selbst: Als Trench von Sartorius erfährt, daß sein eigenes kleines Einkommen wie auch das seiner Verwandten aus Hypotheken auf eben jenen Elendsquartieren stammt, fühlt er sich moralisch vernichtet. Erst als seine Zustimmung zu einer Grundstücksspekulation benötigt wird, tritt er wieder in Beziehung zu Sartorius. Er lehnt ab, diesmal aber nicht aufgrund moralischer Bedenken, sondern weil er Zweifel am finanziellen Erfolg der Spekulation hat. So ist aus dem korrekten, aber naiven Helden ein scharf kalkulierender Profiteur geworden. Doch Sartorius' Drohung, seine Hypothek zu kündigen und Trench damit die finanzielle Grundlage zu entziehen, sowie die Aus-

söhnung mit Blanche bewegen Trench schließlich zur Einwilligung. Damit hat er sich der Welt des Mr. Sartorius angepaßt, die von der Ausbeutung der Ärmsten der Armen lebt und die nur willfährige Handlanger gebrauchen kann.
Shaws Angriff gilt nicht den harten Geschäftspraktiken des Mr. Sartorius, sondern einer Gesellschaft, die mittelbar Nutzen aus der Not der Unterprivilegierten zieht oder vor deren Elend die Augen verschließt. Solange diese Zustände nicht geändert werden, wird es, wie Shaw in diesem Stück deutlich macht, immer einen Mr. Sartorius geben, dessen Intelligenz und Geschäftssinn im Grunde sogar zu bewundern sind. Die Lösung, die für Shaw im Sozialismus liegt, wird im Stück nicht explizit diskutiert; vielmehr dient diese Leerstelle als Denkanstoß für das Publikum, das nur dann von der Richtigkeit der Antwort überzeugt sein kann, wenn es selbst entsprechende Schlüsse ziehen darf.
Widowers' Houses (der Titel bezieht sich auf Matthäus 23,14: *»Weh euch, Schriftgelehrte und Pharisäer, ihr Heuchler, die ihr der Witwen Häuser fresset und wendet lange Gebete vor!«*) wurde von Shaw in späteren Jahren ein *bluebook play* genannt, d. h. ein Drama, in dem, wie im Protokoll einer Regierungskommission, eine soziale Frage untersucht wird. Es sei daher, ähnlich wie *Mrs Warren's Profession*, zeitgebunden und würde nach Bereinigung des angeschnittenen Problems niemanden mehr interessieren – eine Prognose, die sich nicht erfüllt hat. Das Stück, das 1892 einen Entrüstungssturm entfachte, lebt auch als Parodie bestimmter hohler, romantisch verbrämter Konventionen weiter, die damals wie heute die Trivialliteratur durchziehen.
W.Kl.

Ausgaben: Ldn. 1893. – Ldn. 1898 (in *Plays Unpleasant*). – Ldn. 1952 (in *Plays Pleasant and Unpleasant*, 2 Bde.; *Standard Ed.*). – Ldn. 1970 (in *The Bodley Head B. S.*, 7 Bde., 1970–1974, 1). – NY 1981 [Einl. J. E. Bringle; Faks. d. Hs.].

Übersetzungen: *Heuchler*, S. Trebitsch, Bln. 1907. – *Die Häuser des Herrn Sartorius oder Heuchler*, ders. (in *Unerquickliche Stücke*, Zürich 1946; *Ges. dramat. Werke*). – *Die Häuser des Herrn Sartorius*, H. Mueller, Ffm. 1971 [Bühnenms.]. – Dass., ders., Ffm. 1991 (st).

Vertonung: O. Schütt u. H.-G. Schindler, *Die Häuser meines Vaters* (Text: P. Goldbaum), Norderstedt o. J. [ca. 1985].

Literatur: R. Ehrmann, *S. u. der viktorianische Sozialismus*, Antwerpen 1937. – Ch. Shattuck, *S.'s »Bad Quarto«* (in JEGPh, 54, 1955, S. 651–663). – J. McKee, *B. S.'s Beginnings on the London Stage* (in PMLA, 74, 1959, S. 470–481). – R. S. Nelson, *S.'s »Widowers' Houses«* (in Research Studies, 37, 1969, S. 27–37). – J. E. Bringle, *The First Unpleasant Play by B. S.: An Analysis of the Formation and Evolution of »Widowers' Houses«*, Diss. New York Univ. 1970 (vgl. Diss. Abstracts, 32, 1971, S. 3294A). – B. F. Dukore, *»Widowers' Houses«: A Question of Genre* (in MD, 17, 1974, S. 27–32). – H. Oppel, *G. B. S.: »Widowers' Houses«* (in *Das englische Drama im 18. u. 19. Jh.*, Hg. H. Kosok, Bln. 1976, S. 281–293). – K. Morrison, *›Horrible Flesh and Blood‹* (in Theatre Notebook, 35, 1981, S. 7–9). – W. Sedlak, *Die Erstrezeption von G. B. S.s sozialem Drama »Widowers' Houses« in ihrem gesellschaftlichen Kontext* (in *Die Nineties: Das englische Fin de siècle zwischen Dekadenz u. Sozialkritik*, Hg. M. Pfister u. B. Schulte-Middelich, Mchn. 1983, S. 295–315).

DAME EDITH SITWELL

* 7.9.1887 Scarborough
† 9.12.1964 London

Literatur zur Autorin: R. L. Mégroz, *The Three Sitwells*, Ldn. 1927; ern. Port Washington/N.Y. 1969. – C. M. Bowra, *E. S.*, Monaco 1947. – H. Motekat, E. S. (in H. M., *Experiment u. Tradition*, Ffm. 1962, S. 145–189). – *A Celebration for E. S.*, Hg. J. G. Villa, NY 1948; ern. Freeport 1972. – R. Fifoot, *A Bibliography of E., Osbert and Sacheverell S.*, Ldn. 1963; ern. Hamden/Conn. 1971. – R. J. Mills, *E. S.*, Grand Rapids/Mich. 1966. – E. Salter, *The Last Years of a Rebel: A Memoir of E. S.*, Ldn./Boston 1967. – J. Brophy, *E. S.: The Symbolist Order*, Carbondale/Ill. 1968. – J. Lehmann, *A Nest of Tigers: The Sitwells in Their Times*, Ldn. 1968. – G. Singleton, *E. S.: The Hymn to Life*, Ldn. 1969. – J. W. Ehrstine u. D. D. Rich, *E. S.: A Critical Bibliography 1951–1973* (in Bull. of Bibliography, 31, 1974, S. 111–116). – J. Pearson, *Façades: E., Osbert and Sacheverell S.*, Ldn. 1978. – G. Elborg, *E. S.: A Biography*, Ldn. 1981. – V. Glendinning, *E. S.: A Unicorn among the Lions*, Ldn./NY 1981. – R. K. Martin, *E. S.* (in DLB, Bd. 20, 1983, S. 335–346). – G. A. Cevasco, *The Sitwells: E., Osbert, and Sacheverell*, Boston 1987 (TEAS). – E. Sitwell, *Mein exzentrisches Leben. Autobiographie*, Ffm. 1989.

FAÇADE

(engl.; *Fassade*). Gedichtzyklus von Edith Sitwell, erschienen 1922. – Die 33 Gedichte entstanden in den Jahren nach dem Ersten Weltkrieg, als sich eine junge, illusionslose Dichtergeneration um die Erneuerung der englischen Dichtung bemühte. In der Lyrik war es neben T. S. Eliot vor allem Edith Sitwell, die in der Zertrümmerung ausgelaugter Metren und sprachlicher Klischees eine unerläßliche Voraussetzung für das neue, bewußt »produzierte« und zeitkritische Gedicht sah.

Charakteristisch für diese Zeit des Umbruchs war das Experiment, das ernste Spiel mit neuen Formen und Techniken. Dementsprechend nennt die Dichterin ihre *Façade*-Kompositionen gelegentlich *»abstrakte Gedichte«*. Der theoretische Ansatz, dem der Zyklus seine Entstehung verdankt, bringt es mit sich, daß sich die Logik des Inhalts bisweilen ganz einer formalen Bewegung unterordnet, die sich am ehesten mit der Struktur des Traumes vergleichen ließe. Wie bei einem Gemälde von Kandinsky zersplittert der Sinn in Rhythmen und Partikel, die einander nach immanenten Gesetzen zugeordnet sind. Edith Sitwell greift auf Tanzformen wie Mazurka, Walzer, Foxtrott und Polka zurück, unterlegt ihren Etüden die Muster von Volkstänzen, Kinderliedern und Gassenhauern, immer auf der Suche nach spontanen, elektrisierenden Ausdrucksmöglichkeiten. Stakkatoartig hämmernde Kurzzeilen wechseln mit weit pendelnden Verseinheiten, flüchtige Klangtupfen mit erzählfreudigem Ostinato. Eine reiche Skala fein differenzierter Klänge, Assonanzen, Dissonanzen und genau in den jeweiligen rhythmischen Duktus eingepaßter Reime entspricht der Vielzahl der Stile, die die Dichterin beherrscht. Balladenstil *(The Drum)*, parodistischer *(Jodelling Song)*, satirischer *(When Sir Beelzebub)* und dramatischer Stil *(Clowns' Houses)*, Farce *(Country Dance)* und Groteske *(Mazurka; Said King Pompey)* erscheinen nicht streng voneinander getrennt, sondern gehen meist oszillierend ineinander über. Ebenso wie der Rhythmus will auch die Sprache provozieren und aufrütteln. Hier zeigt sich Edith Sitwell vor allem von den Imagisten (Ezra POUND) und von T. S. Eliot beeinflußt, die für die bewußte Umsetzung von Sinneseindrücken in präzise, korrelative Bildkomplexe eintraten.

In ihren Bildern und Metaphern weist die Dichterin dem Tierhaften eine zentrale Rolle zu. Es steht oft für das hinter den Fassaden lauernde Dunkle und Drohende, kann aber auch andere Funktionen erfüllen *(Madame Mouse Trots)*. Die Art und Weise, wie sich das Fassadenthema durch den ganzen Zyklus zieht, macht deutlich, daß es sich, bei aller Experimentierfreude, in diesen Gedichten nicht nur um avantgardistische Fingerübungen handelt. Es geht letztlich um Illusionen und Masken, die der Krieg zerstört hat, um jenes spätromantisch-bürgerliche Weltbild, dessen tönerne Selbstgefälligkeit um 1918 endgültig in Scherben lag. Die Dichterin sieht das eisige Schweigen hinter den Häuserwänden und Dingen, weiß um Triebgefangenheit und Gefährdung des Menschen unter der zivilisierten Oberfläche *(The Drum; Clowns' Houses; Dark Song)*. Aber sie kennt andererseits auch eine dionysische, satyrhafte Natur voll sinnlicher Unmittelbarkeit.

Der Zyklus *Façade* (21 Gedichte daraus wurden im Jahr 1924 von William Walton vertont) gilt zu Recht als ein Höhepunkt in der englischen Literatur der zwanziger Jahre. Als fruchtbar für die Entwicklung der modernen englischen Lyrik erwies sich besonders die Verabsolutierung des Rhythmus zum formalen Prinzip. Damit gehört Edith Sitwell in die Reihe englischer Dichter, die das traditionelle Schema verließen, um aus ihrer lebendigen Umwelt heraus der Dichtung neue Impulse zu verleihen. In diesem Sinn ist sie die unverkennbare Erbin einer außergewöhnlichen Tradition, deren zeitlose Modernität von John SKELTON bis zu Gerard Manley HOPKINS und William Butler YEATS reicht. W.D.

AUSGABEN: Ldn. 1922. – Ldn. 1950 (in *Façade and Other Poems, 1920–1935*; Einl. J. Lindsay; ern. 1971). – NY 1954 (in *Collected Poems*; ern. 1979). – Ldn. 1957. – Ldn. 1987, Hg. P. Hunter.

VERTONUNG: W. Walton, *Façade* (Rezitativ; Urauff.: Ldn., 24. 1. 1922).

PARODIE: N. Coward, *London Calling* (Revue; Urauff.: Ldn., September 1923, Duke of York Theatre).

LITERATUR: A. Williams-Ellis, Rez. (in The Spectator, 22. 4. 1922, S. 504). – O. Sitwell, *»Façade«* (in O. S., *Laughter in the Next Room*, Westport [2]1972, S. 187–223). – E. Newman, *»Façade«* (in E. N., *From the World of Music*, NY 1957, S. 101–104). – S. R. Craggs, *»Façade« and the Music of Sir William Walton* (in Library Chronicle of the Univ. of Texas, 25/26, 1984, S. 101–117).

GOLD COAST CUSTOMS

(engl.; *Ü: Gebräuche an der Goldküste*). Gedicht von Edith SITWELL, erschienen 1929. – Das große Thema dieser modernen Totentanzdichtung kündigt sich bereits in einer vorangestellten Erläuterung an: »Gebräuche« *(customs)* hießen die kannibalischen Zeremonien in Afrika, bei denen Sklaven und arme Leute geschlachtet wurden, damit man die Gebeine reicher oder mächtiger Verstorbener in Menschenblut waschen konnte. – In dem Gedicht werden drei Motivkomplexe aufeinander bezogen, ineinander verzahnt und schließlich durch kunstvolle Montage in einem einzigen schrecklichen Gleichnis zusammengefaßt. Lady Bamburgher – den gespenstischen Figuren aus *Façade* (1922) verwandt – und die »Gebräuche« ihrer Parties stehen für die seelenlose moderne Zivlisationsgesellschaft, die sich in nichts von Götzentum und Barbarei afrikanischer Menschenfresser unterscheidet. Die Herzen der fratzenhaften Partygäste dröhnen im dumpfen, rasenden Takt der Menschenhauttrommeln aus den Sümpfen Afrikas – Liturgie einer vertierten, gottfernen Welt. Mit ihren aufgepeitschten, nach Opfern gierenden Stimmen vermischen sich die Schreie aus den Elendsvierteln, wo das Grauen und der Tod aus Kehricht und Lumpen, aus Hunger und Unzucht aufsteigen. Die Blutriten der Goldküste, die grinsenden Totenschädel von Lady Bamburghers Party und der Elendsreigen der Säufer, Bettler und Huren aus den Slums geraten in einen sich immer wilder drehenden Höllenstrudel. Die *»faulende Welt«*, der Morast aus verwesendem Leben, das *»ermordete Herz«* und die sterbende Seele versinken im lehmigen Dunkel. Das Tollhaus der Welt geht in Flammen auf, mitsamt den Kadavern der Armen und Reichen, die es beherbergt hat. In den visionären Bildern, die die prophetische Stimme der Dichterin heraufbeschwört, wird die Apokalypse zum konkreten Ereignis (das lodernde London). – Doch die Feuer von Gomorrha sind nicht das Ende. In der Schlußstrophe heißt es im Ton seherischer Gewißheit: *»... denn die Feuer Gottes schreiten voran.«* Hier deutet sich schon der Heilsmythos an, der in den späteren Werken der (1954 zum Katholizismus konvertierten) Dichterin die Schrecken des Krieges und der seelischen Vereinsamung überwindet – im Zeichen des Gekreuzigten.

Gold Coast Customs ist der Höhepunkt der ersten Schaffensperiode Edith Sitwells. Verglichen mit dem *Façade*-Zyklus, in dem die rhythmischen und klanglichen Experimente zu einem Feuerwerk an exzentrischen Einfällen und Formnuancen geführt haben, überwiegen hier der sichere Einsatz der Stilmittel und die gleichnishafte Aussage. Der Rhythmus der Kannibalentrommeln, der den Vers in harten, hämmernden Sequenzen vorantreibt, assonantische und dissonantische Klänge, Echowirkungen und kurze, jagende Reime intensivieren den Eindruck der pausenlos aufeinanderfolgenden Schreckensbilder. Unversehens aber werden zarte lyrische Töne, leise Gitarrenlaute vernehmbar, wenn im Inferno des Totentanzes plötzlich die Sehnsucht nach sündlos-idyllischer Schönheit sich regt. Und weil hinter den Fassaden die Sünde lauert und die Herzen der Menschen – das von Kain und Judas ebenso wie das der Lady Bamburgher und der Menschenfresser – verpestet, müssen die Fassaden fallen, die opferheischenden Partygäste des Lebens zum Gericht gerufen werden und eine kranke Welt in Flammen aufgehen, damit eine gequälte Menschheit erlöst werde. W.D.

AUSGABEN: Ldn. 1929. – Ldn. 1950 (in *Façade and Other Poems, 1920–1935*; Einl. J. Lindsay; ern. 1971). – NY 1954 (in *Collected Poems*). – Ldn. 1957 (in *Collected Poems*; ern. 1979).

ÜBERSETZUNG: *Gebräuche an der Goldküste*, Ch. Enzensberger (in *Gedichte*, Hg. W. Vordtriede, Ffm. 1964; engl.-dt.).

VERTONUNG: H. Searle, *Gold Coast Customs* (Rezitativ; Urauff.: Ldn., 17.5. 1949, BBC-House).

LITERATUR: B. Deutsch, *Poetry in Our Time*, NY 1952, S. 245–246. – R. J. Mills, *The Poetic Roles of E. S.* (in Chicago Review, 14, 1961, S. 46–53). – K. D. Cuffel, *The Shadow of Cain: Themes in Dame E. S.'s Later Poetry* (in Personalist, 46, 1965, S. 518–519). – J. B. Ower, *Block Oracle: Theme and Motif in E. S.'s »Gold Coast Customs«* (in Cithara, 12, 1972, S. 3–25).

STEPHEN SPENDER

* 28.2.1909 London

LITERATUR ZUM AUTOR:
S. Spender, *World within World: The Autobiography of S. S.*, Ldn. 1951; ern. 1977. – J. J. Connors, *Poets and Politics: A Study of the Careers of C. Day Lewis, S. S., and W. H. Auden in the 1930's*, New Haven/Conn. 1967. – D. Stanford, *S. S., Louis MacNeice, Cecil Day Lewis: A Critical Study*, Grand Rapids/Mich. 1969. – D. E. S. Maxwell, *Louis MacNeice and S. S.: Sense and Sensibility* (in D. E. S. M., *Poets of the Thirties*, NY 1970, S. 173–201). – H. B. Kulkarni, *S. S.: Poet in Crisis*, Glasgow 1970. – W. H. Pritchard, *Auden and Co.* (in W. H. P., *Seeing through Everything: English Writers, 1918–1940*, Oxford 1970, S. 154–177). – G. Thurley, *A Kind of Scapegoat: A Retrospect on S. S.* (in G. T., *The Ironic Harvest*, NY 1974, S. 79–97). – E. E. Smith, *S. S.: The Proletarian Poet* (in E. E. S., *The Angry Young Men of the Thirties*, Carbondale/Ill. 1975, S. 35–68). – A. K. Weatherhead, *S. S. and the Thirties*, Lewisburg (Pa.)/Ldn. 1975. – H. B. Kulkarni, *S. S.: Works and Criticism. An Annotated Bibliography*, NY/Ldn. 1976. – S. Spender, *The Thirties and After*, Ldn. 1978. – D. L. Eden, *S. S.* (in DLB, Bd. 20, 1983, S. 351–365). – R. Carter, *Thirties Poets: ›The Auden Group‹: A Casebook*, Ldn. 1984. – M. Jurak, *An Interview with S. S.* (in Acta Neophilologica, 21, 1988, S. 21–30).

DAS LYRISCHE WERK (engl.) von Stephen SPENDER.

Spender gehörte zusammen mit Louis MACNEICE und Cecil Day LEWIS zum engeren Kreis der Dichter, die sich in den dreißiger Jahren in Oxford um W. H. AUDEN scharten, und ist damit einer der Hauptvertreter der englischen Lyrik zwischen den Weltkriegen. In der Versdichtung war diese Epoche eine ausgesprochene Zeit der Neuorientierung, in der sich das individuelle lyrische Talent einer Fülle von heterogenen Einflüssen ausgesetzt sah. Neben viktorianischen, insbesondere jedoch neuromantischen Strömungen, die im Konservativismus der Nachkriegszeit ihren Rückhalt fanden, gehören dazu: die spezifische Verbindung feinsinniger Sensibilität mit krassem Realismus in der Kriegslyrik von Rupert BROOK, Siegfried SASSOON und Wilfred OWEN; die sich ausweitenden Formen expressionistischer Kunst; das von Umwertung der Werte, Desintegration und Desillusion geprägte geistige Klima dieser Jahre sowie vielfältige Impulse durch die Psychoanalyse, die totalitären Ideologien, das neue technische Zeitalter und die Industriegesellschaft. All diese Anstöße galt es dichterisch in adäquater Weise zu verarbeiten.

Den einzig realistischen Ausweg aus der Enge des

traditionellen Denkens und aus den versteinerten sozialen und politischen Strukturen versprach in den Jahren nach dem Ersten Weltkrieg die kommunistische Ideologie; in ihr verbanden sich die Gedanken einer allseitigen Befreiung und eines enthusiastischen Neubeginns mit einem visionären, letztlich romantisch inspirierten Fortschrittsglaubens. Gemeinsames Ziel der Lyriker um Auden war es daher, ihre linksradikalen Anschauungen eher intellektueller als konkret programmatischer Prägung in Lyrik umzusetzen und so den Marxismus zu propagieren. In diesem Sinne verfaßte auch der junge Spender einige Gedichte zum Preis des werktätigen Heldentums im Stachanow-System, gegen den Faschismus in Deutschland *(Van der Lubbe)* sowie über das armselige Dasein der Arbeitslosen und Ausgebeuteten (z. B. in *Unemployed – Arbeitslos*). Er kam jedoch schon bald zu der Überzeugung, daß das Individuum und nicht das Kollektiv Ausgangspunkt aller Veränderung sein müsse (vgl. *Not Palaces – Keine Paläste*).

Für die Lyriker der Zwischenkriegszeit hatte freilich Wilfred Owen mit seinen Gedichten, die die Sensibilität eines John KEATS, das Postulat der *impassibilité* des Dichters und den grausamen Realismus des aus allernächster Nähe erlebten (und dichterisch adäquat wiedergegebenen) Krieges miteinander verbanden, bereits einen anderen gangbaren Weg gewiesen. Denn Owens Lyrik verpflichtete den Dichter zur Wirklichkeitsnähe und zum Engagement ebenso wie zur personalen Empfindungsfähigkeit und hatte bei alledem den Vorzug, weder desillusionierend noch destruktiv oder nihilistisch zu sein, sondern vielmehr den Blick auf eine innere Erneuerung des Menschen sowie eine letztendlich doch humanitäre Welt zu eröffnen.

Diese aus der romantischen Tradition stammende positive Grundhaltung mündete in der Nachkriegszeit in das Bewußtsein ein, daß die Welt in eine neue Phase technischen Fortschritts und wirtschaftlicher Kraftentfaltung eingetreten sei, deren Dynamik auch den inneren Menschen mit sich reißen und zu bislang ungeahnten Höhen führen werde. So wandten sich die Lyriker verstärkt dem konkreten Leben zu, um die Alltagsrealität in ihren technischen Dimensionen dichterisch zu gestalten. Spender nahm hierbei eine führende Stellung ein. Nicht nur zollte er in seinem Frühwerk mit Gedichten wie *Airman (Flieger), The Express (Der Schnellzug), The Landscape Near an Aerodrome (Die Landschaft bei einem Flugplatz)* diesem Thema Beifall, sondern er schrieb mit *The Pylons (Die Hochspannungsmasten)* auch jenes Gedicht, das zum Inbegriff dieser Art von Lyrik wurde und nach dem ihre Vertreter (in allerdings zumeist geringschätziger Weise) »Hochspannungsmastpoeten« genannt wurden. *The Pylons* thematisiert den bereits geläufigen Kontrast zwischen der pastoral-romantischen Natur und der Implantation eines leblosen, technischen Konstrukts, das sich anschickt, die herkömmliche Welt abzulösen. Das Wesen der Technik wird zwiespältig gesehen: Vom Standpunkt der Imagination aus erscheint sie vorwiegend negativ, als Künder der unheimlichen Kraft des neuen Zeitalters erregt der Hochspannungsmast aber auch Bewunderung. In noch stärkerem Maße setzt er freilich Befürchtungen frei.

In einem Zeitalter der Schwäche, des nicht einsetzen wollenden Aufbruchs und der Weltwirtschaftskrise faszinierten an der Maschine besonders ihre kontinuierliche Kraftentfaltung nach dem Willen bewußt planender menschlicher Intelligenz sowie ihre nicht nachlassende Zielrichtung und Energievergabe. Zu dieser Thematik und der entsprechenden Metaphorik gesellte sich auch bei Spender der Bereich der Pionierleistungen, des Aufsteigens und des vorwärts gerichteten Forscherdrangs, der oft als prototypisch für den Menschen angesehen wird, wie in *Polar Exploration (Polarforschung)*.

Entschlossenheit, Einsatz und planmäßiges Handeln erforderte in analoger Weise auf ihrem speziellen Gebiet auch die kommunistische Ideologie. Die Dichter der linksintellektuellen Auden-Gruppe stellten sich dementsprechend dem Verfall der Werte in den zwanziger Jahren, den ungehemmten Freizügigkeiten und dem Kult der Jugendlichkeit entgegen und suchten Kraft in der geistigen Disziplinierung. Die Aktion im Dienst gewaltsamer politischer Veränderungen unterstützten sie nachdrücklich, erwarteten die Revolution jedoch aus dem Denken und Fühlen des einzelnen, und zwar weniger im Sinne eines jeweils isolierten individuellen Perfektionismus, sondern in einer Art gemeinschaftlicher Brüderlichkeit der Liebe unter Mitbürgern sozialistischer Gesinnung. Das stark rhetorisch und inkohativ gestaltete Gedicht *Oh young men, oh young comrades (Oh junge Männer, junge Kameraden)* ist hierfür ein gutes Beispiel.

In der Gedichtsammlung *The Still Centre*, 1939 *(Der stille Mittelpunkt)*, in der Spender die Erfahrung des Spanischen Bürgerkriegs dichterisch verarbeitet, kündigt sich eine Abkehr vom Kommunismus an, zu dem sich die Sammlung *Poems* (1933) noch deutlich bekannt hatte. Die Gründe für diese Abkehr, in *Ruins and Visions*, 1942 *(Ruinen und Visionen)*, klar erkennbar, sind vielfältig. Sie liegen jedoch in erster Linie in der Persönlichkeit des Autors begründet. Spender war ein sensibler, in sich selbst ruhender Dichter, dessen Individualismus und Sensualismus einer Massenbewegung mit stringenter Gemeinschaftsideologie im Wege standen. Er liebte RILKE und GARCÍA LORCA, von denen er einzelne Gedichte (wie etwa *Herbst*) übersetzte oder dichterisch nachgestaltete. Sein ausgesprochenes, letztlich christlich begründetes Mitgefühl für die Schwachen und die Leidenden (wie z. B. in *Ultima Ratio Regum – Der letzte Ausweg der Könige*, oder in *Coward – Feigling*) trat in Gegensatz zur zündenden politischen Idee und verhinderte ein Gefühl heroischer Entschlossenheit, die im Dienst der Sache und des Volkes auch über Leichen zu gehen bereit ist. Seine Vorstellung von Heroismus war ambivalent: Er wollte die heldische Tat, zugleich aber wollte er ihr entfliehen. Die Gedichte über den Spanischen Bürgerkrieg hat man wegen der Solidarisierung mit dem leidenden

Individuum und mit den Opfern, insbesondere aber wegen ihres elegischen Tons als geradezu defätistisch bezeichnet und von einem Kult der Schwachheit und der Sympathie für das Kraftlose gesprochen. Die Tatsache, daß Spender in der Auden-Gruppe als ausgesprochen persönlicher Dichter galt und daß seine Werke deutliche Züge privater Bekenntnislyrik aufweisen, fügt sich in dieses Bild.

Spender, der selbst von seiner *»Skepsis gegenüber allen dogmatischen Ansichten«* sprach, vermied in seiner Lyrik weitgehend die abstrakte Diktion, an der das kommunistische Schrifttum jener Zeit reich war. Seine Bildersprache war vielmehr selbst in propagandistischen Gedichte den Kräften des sich organisch entwickelnden Lebens verpflichtet, wie z.B. in *After they have tired of the brilliance of cities (Nachdem sie des Glanzes der Städte müde geworden sind)*. Den Zwängen der Ideologie wich er nach Meinung mancher Kritiker durch vermehrte Aktivität im sensuellen Bildbereich aus, was jedoch das jeweilige politische Argument gerade dichterisch überzeugend macht. Die Absage an den Krieg aus ideologischen Gründen – und damit an die Ideologie selbst – verdeutlichen bezeichnende Gedichttitel wie *Thoughts During an Air Raid (Gedanken während eines Luftangriffs), The Uncreating Chaos (Das unschöpferische Chaos), Darkness and Light (Dunkel und Licht), The Human Situation (Conditio Humana)* und *Variations on My Life (Variationen über mein Leben)*.

Die Lyrik bis zum Zweiten Weltkrieg enthält bereits die wesentlichen Konstanten Spenderscher Dichtung: das Verständnis von Lyrik als Erforschung des eigenen Selbst und als Suche nach einem transzendentalen Ego; die Sympathie für das Leiden, das menschliche Unvermögen, das Sich-Entziehen-Wollen, das Selbstmitleid; der Heroismus einer imaginativen Teilnahme am Leiden, das unausweichlich ist; die Meidung der Themenbereiche Familienleben und -glück, konkrete Alltäglichkeit und Liebe; die Hinwendung zum denkenden und handelnden Individuum, dessen Imagination sich am Gegenstand des Krieges, der Technik und des Fliegens entzündet. In den Gedichten der vierziger und fünfziger Jahre verlagert sich das lyrische Zentrum von der Introspektion zur Versenkung in andere Existenzen und Wesenheiten. Dadurch werden wie in *Elegy for Margaret*, 1945 (*Elegie für Margaret*, die krebskranke Schwägerin des Autors), *Missing my Daughter*, 1953 *(Ich vermisse meine Tochter)*, oder *Seascape*, 1949 *(Seelandschaft)*, und anderen Naturgedichten neue dichterische Dimensionen freigesetzt und das komplexe Empfinden einfacher gestaltet.

Der Anschluß an die englische Lyrik der Nachkriegszeit und an das neue dichterische Empfinden dieser Generation findet jedoch, abgesehen von einigen Gedichten der Sammlung *The Generous Days*, 1971 *(Die großmütigen Tage)*, nicht statt, und deshalb ist Spenders Einfluß auf die Entwicklung der Verskunst gering geblieben. Deutlich in der von Auden inaugurierten Praxis des dichterischen Nachrufs stehen die späteren Gedichte *Louis MacNeice, Cyril Connolly, Late Stravinsky Listening to Late Beethoven (Der späte Stravinsky hört dem späten Beethoven zu)* und schließlich das Meisterwerk *Auden's Funeral (Die Beerdigung Audens)*.

Die geringe Nachwirkung der Lyrik Spenders resultiert einerseits aus dem ganz neuen Bewußtsein und der veränderten Problematik des Lebens nach dem Zweiten Weltkrieg, andererseits aber auch aus der Tatsache, daß der Autor weite (und insbesondere experimentelle) Bereiche der Lyrik zwischen den Weltkriegen zugunsten der Introspektion gemieden hat.

Auf wenig Gegenliebe stießen auch Spenders stilistische Eigenheiten. Seine relativ geringe formkünstlerische Leistung hat der Autor selbst beklagt: die konventionelle Diktion, die zögerliche Handhabung der Sprache, die geringe syntaktische Spannkraft; den Vorrang der Wortwahl vor dem Interesse an Akzent und Rhythmus; den unauffälligen freien Vers, aus dem jedoch urplötzlich wie in *No Palaces* (Z. 12f.) ein hohes Maß an lyrischer Konzentration hervorbrechen kann; den ernsthaften, rhetorischen Ton, der weder Humor, noch Ironie oder gar Ambivalenz zuläßt; schließlich insgesamt die Langsamkeit seiner Einbildungskraft, die nur die allmähliche Entwicklung einer poetischen Komposition zuließ. Das sorgfältige, mitunter mühevoll wirkende Gestalten machte jedoch im Spätwerk größerer Leichtigkeit und bemerkenswerter lyrischer Intensität Platz, die insbesondere kleinen alltäglichen Geschehnissen einen poetischen Reiz verliehen, der jedoch für die junge Generation von Dichtern bereits zur Selbstverständlichkeit geworden war. P.E.

Ausgaben: *Nine Experiments*, Ldn. 1928. – *Twenty Poems*, Oxford 1930. – *Poems*, Ldn. 1933; Ldn. 1934 [erw.]; NY 1934. – *The Still Centre*, Ldn. 1939. – *Selected Poems*, Ldn./NY 1940. – *Ruins and Visions: Poems 1934–1942*, Ldn./NY 1942. – *Poems of Dedication*, Ldn. 1947; NY 1947. – *The Edge of Being*, Ldn. 1949; NY 1949. – *Collected Poems 1928–1953*, Ldn. 1955. – *Selected Poems*, NY 1964. – *The Generous Days*, Ldn. 1971. – *Recent Poems*, Ldn. 1978. – *Collected Poems 1928–1985*, Ldn. 1985; NY 1986; Oxford 1987.

Literatur: F. Scarfe, *Auden & After: The Liberation of Poetry, 1930–1941*, Ldn. 1942; ern. 1969. – G. S. Fraser, *Vision and Rhetoric: Studies in Modern Poetry*, Ldn. 1959; NY 1960. – H. Nemerov, *A Wild Civility* (in H. N., *Poetry and Fiction*, New Brunswick/N.J. 1963, S. 125–133). – R. Whittemore, *English Bards and a Hot Reviewer* (in R. W., *The Fascination of the Abomination*, NY 1963, S. 295–305; ern. 1972). – M. Leardi, *La Poesia di S. S.* (in English Miscellany, 19, 1968, S. 205–250). – L. M. Thompson, *S.'s »Judas Iscariot«* (in English Language Notes, 8, 1970, S. 126–130). – A. K. Weatherhead, *S. S.: Lyric Impulse and Will* (in ConL, 12, 1971, S. 451–465). – J. Sekula, *The Role of Romanticism in S. S.'s Criticism and Poetry*, Knoxville/Tenn. 1972. – R. Kamel, *The Impending Holocaust: S.'s »Vienna« and »Trial of a Judge«* (in Durham Univ. Journal, 36, 1975, S. 189–199). – P. Stitt, *The Art of Poetry* (in Paris Review, 77, 1980, S. 119–154). – S. N. Pandey, *S. S.: A Study in Poetic Growth*, Salzburg 1982. – P. Goetsch, *Natur und Industrie in der englischen Dichtung der dreißiger Jahre* (in *Englische u. amerikanische Naturdichtung im 20. Jh.*, Hg. G. Ahrends u. H. U. Seeber, Tübingen 1985, S. 91–109).

JAMES STEPHENS

* 2.2.1882 (?) Dublin
† 26.12.1950 London

LITERATUR ZUM AUTOR:
On J. S., Hg. P. Colum, NY 1928; Nachdr. Folcroft/Pa. 1973. – H. Poepping, *J. S.: Eine Untersuchung über die irische Erneuerungsbewegung in der Zeit von 1900–1930*, Halle 1940. – B. Bramsbäck, *J. S.: A Literary and Bibliographical Study*, Uppsala 1959; Nachdr. Norwood/Pa. 1978. – H. Pyle, *J. S.: His Work and an Account of His Life*, Ldn. 1965. – *Letters of J. S.*, Hg. R. J. Finneran, Ldn. 1974. – Journal of Irish Literature, 4, Sept. 1975, Nr. 3 [Sondernr. *J. S.*, Hg. R. J. Finneran u. P. McFate]. – J. F. Carens, *J. S.* (in *Anglo-Irish Literature: A Review of Research*, Hg. R. J. Finneran, NY 1976, S. 459–469). – A. Martin, *J. S.: A Critical Study*, Dublin 1977. – P. McFate, *The Writings of J. S.*, Ldn. 1979. – W. Huber, *Towards a J. S. Bibliography: A Checklist of Criticism, 1958–1978* (in Irish Booklore, 4, 1980, Nr. 2, S. 123–135). – W. Huber, *J. S.' frühe Romane: Text, Intention, Rezeption*, Ffm./Bern 1982. – *Uncollected Prose of J. S.*, 2 Bde., Hg. P. McFate, Ldn./Dublin 1983.

THE CROCK OF GOLD

(engl.; *Der goldene Hort*). Roman von James STEPHENS, erschienen 1912. – Mit *The Crock of Gold* erlangte Stephens jene außerordentliche Popularität, die seinem Freund und Weggefährten James JOYCE und dessen Erstlingswerken zu etwa der gleichen Zeit zunächst versagt blieb. Der Roman zählt mit *The Charwoman's Daughter* (1912) und *The Demi-Gods* (1914) zu der Gruppe der originellen frühen Romane, die durch das Experimentieren mit verschiedenen Erzählstilen (Realismus, Märchen, Fantasy) gekennzeichnet sind und denen Stephens' Bearbeitungen von Stoffen aus der irischen Mythologie in den zwanziger Jahren gegenüberstehen.

In *The Crock of Gold* herrscht Uneinheitlichkeit als Stil- und Konstruktionsprinzip. Dies gilt zum einen für die Komplexität der Handlungsführung und des Zeitschemas, zum anderen für den Wechsel zwischen verschiedenen Stilformen und Tonarten. Strukturell wird der Roman durch die Gegenüberstellung zweier Welten bestimmt: auf der einen Seite die irische Alltagswelt um den exzentrischen Philosophen und seine Familie in Coilla Doraca (ir., »dunkler Wald«), auf der anderen Seite die Welt der Gottheiten und Erdgeister der irischen Mythologie und Folklore. Diese dualistische Struktur setzt sich in der Symbolik (Hell-Dunkel) und Motivik des Romans fort. Aus den Oppositionen Mann/Frau, Kopf/Herz, Verstand/Gefühl entfaltet sich die zentrale Thematik des Romans, und die Vermittlung zwischen diesen verschiedenen Positionen ist zugleich die emanzipatorische Botschaft des Romans. Im wesentlichen wird dies an dem Handlungsmoment der Reise, der Queste, gezeigt, die der Philosoph, die Dünne Frau von Inis Magrath und die Bauerntochter Caitilin jeweils unternehmen. Alle drei durchlaufen Entwicklungen. In ihren Begegnungen mit dem Hirtengott Pan und mit Angus óg (dem griechischen Gott Apoll vergleichbar) entdeckt Caitilin Ni Murrachu ihre Sexualität und ihre Identität als Frau. Die Anklänge an den irischen Allerweltsnamen Murphy (ir. Murrachu) und an die traditionelle Personifikation Irlands als Cathleen Ni Houlihan (vgl. W. B. YEATS) sind nicht zufällig. Als politische Allegorie steht Caitilin für das erwachende Nationalbewußtsein des irischen Volkes kurz vor dem Osteraufstand von 1916. Durch seine Begegnung mit den Göttern lernt der Philosoph als »Gehirntier« die menschlicheren Seiten des Lebens (Eros, Liebe, Humanität) kennen. Auch die Dünne Frau, besessen von der Idee des immerwährenden Kampfs der Geschlechter, findet zu einer harmonischeren Einstellung.

Eine solche Reduktion der Handlung auf die drei Protagonisten läßt *The Crock of Gold* gänzlich als philosophische Fabel erscheinen, doch dürfen auch die weniger ernsten, weniger bedeutungsgeladenen Handlungsteile und ihre Träger nicht vergessen werden. Der Goldschatz des Titels gehört den irischen Heinzelmännchen (Leprechauns), die die Kinder des Philosophen entführen und ihn bei der Polizei anzeigen, nachdem er das Versteck des Schatzes an Caitilins Vater verraten hat. Die tolpatschigen Polizisten, die den Philosophen daraufhin verhaften und ins Gefängnis abführen wollen, sind Anlaß für burlesk-komische Szenen.

Die erzählerische Einheit des Werks wird gleichermaßen gestört durch die vielen epigrammatischen Einschübe und Reflexionen des allwissenden Erzählers sowie durch einige in sich geschlossene Textteile, so z. B. die von Figuren im Roman erzählten und zuvor separat veröffentlichten Kurzgeschichten, die in ihrer Thematik (Vereinsamung und Entfremdung in der Arbeitswelt) teilweise an das Milieu und das Paralyse-Motiv in JOYCE' *Dubliners* oder MELVILLES *Bartleby the Scrivener* erinnern.

Der Roman lebt eindeutig von Stephens' Fabulierkunst und -lust, von seiner Gewandtheit, zwischen hohem und niederem Stil, zwischen Pathos und Burleske zu wechseln. Dennoch bleibt die Frage nach der gewichtigen symbolischen Last der Handlung und ihrer Bedeutung. Nach Stephens' eigenen Andeutungen sollte der Grundplan darin bestehen, daß die einzelnen Figuren des Romans verschiedene Aspekte des menschlichen Wesens repräsentieren: Pan – *»his sensual nature«*, Caitilin – *»his emotional nature«*, der Philosoph – *»his intellect at play«*, Angus óg – *»his intellect spiritualized«*, die Polizisten – *»his conventions and logics«*, die Leprechauns – *»his elemental side«*, die Kinder – *»his innocence«*. Dieser Gedanke der Atomisierung des Individuums findet sich deutlich ausgeprägt in William Blakes *The Four Zoas* (1804), wie Stephens überhaupt Blakeschen Ideen stark verpflichtet ist. (Man vergleiche auch die in *The Crock of Gold* eingestreuten Epigramme mit denen Blakes in *The Marriage of Heaven and Hell*, 1793.) Ein zweiter wichtiger Einfluß auf Stephens ist Nietzsche, wie die Gegenüberstellung von Pan als dem Verkünder des Dionysischen und Angus óg als dem Vertreter des Apollinischen zeigt. Der »apokalyptische« Schluß des Romans mit dem Aufmarsch der irischen Götter und Halbgötter und ihrem Zug nach Dublin, um den Philosophen aus dem Gefängnis zu befreien und den Menschen die Botschaft vom Tanzen und unbeschwerten Leben zu bringen, ist eine leicht parodistische Anspielung auf konkrete Vorstellungen von W. B. Yeats und G. W. Russell (AE), die um die Jahrhundertwende ernsthaft einen »Celtic Avatar«, die gesellschaftliche Erneuerung durch die Offenbarung keltischer Mysterien, erwarteten.
Mit *The Crock of Gold* begründete Stephens eine Traditionslinie innerhalb der modernen irischen Erzählliteratur, die – besonders im Hinblick auf den Fantasy-Aspekt und die teilweise respektlose Behandlung von Gestalten der irischen Mythologie und Folklore – Autoren wie Joyce (im *Cyclops*-Kapitel seines *Ulysses*), Eimar O'Duffy, Austin Clarke, Mervyn Wall und vor allem Flann O'Brien mit seinen schwadronierenden Polizisten und altirischen Sagenhelden in Dubliner Pubs umfaßt. W.H.

Ausgaben: Ldn. 1912. – Boston 1912. – Ldn. 1922 [m. Ill.]. – Ldn. 1926 [m. Ill.]; Nachdr. Ldn. 1980. – NY 1942 [m. Ill.]. – Ldn. 1953; Nachdr. 1978 [Vorw. W. de la Mare]. – NY 1967 [m. Ill.].

Übersetzungen: *Götter, Menschen, Kobolde: Eine irische Erzählung*, H. Hartmannshenn, Wiesbaden 1947. – *Der goldene Hort*, J. Kalka, Stg. 1985.

Bearbeitung: E. Y. Harburg u. B. Lane, *Finian's Rainbow / Der goldene Regenbogen* [1947], Ldn. 1968 (Musical).

Literatur: G. M. Boyer, *»The Crock of Gold«* (in Antigonish Review, 44, Winter 1980, S. 91–99). – W. Huber, *J. S.: His Philosophy of Composition* (in *Studies in Anglo-Irish Literature*, Hg. H. Kosok, Bonn 1982, S. 182–189). – B. Bramsbäck, *The Philosophical Quest in »The Crock of Gold«* (ebd., S. 190–197). – J. W. Foster, *Fictions of the Irish Literary Revival*, Syracuse (N.Y.)/Dublin 1987, S. 261–272.

LYTTON STRACHEY

* 1.3.1880 London
† 21.1.1932 Inkpen / Berkshire

Literatur zum Autor:
K. R. S. Iyengar, *L. S.: A Critical Study*, Ldn. 1939; ern. 1979. – M. Beerbohm, *L. S.: The Rede Lecture for 1943*, Cambridge 1943. – J. K. Johnstone, *The Bloomsbury Group*, Ldn. 1954. – R. A. Scott-James, *L. S.*, Ldn. 1955. – R. Altick, *Lives and Letters: A History of Literary Biography*, NY 1956, S. 281–300. – Ch. R. Sanders, *L. S.: His Mind and Art*, New Haven 1957; ern. 1973. – M. Kallich, *The Psychological Milieu of L. S.*, New Haven 1961. – Ders., *L. S.: An Annotated Bibliography of Writings about Him* (in ELT, 5, 1962, Nr. 3, S. 1–77). – F. Swinnerton, *Apostles of Culture* (in F. S., *Figures in the Foreground*, Ldn. 1963, S. 136–151). – M. Holroyd, *L. S.: A Critical Biography*, 2 Bde. Ldn. 1967/68; rev. Ausg. Ldn. 1973. – Ch. R. Sanders, *L. S.'s Conception of Biography* (in *British Victorian Literature*, Hg. S. K. Kumar, NY 1969, S. 408–432). – *The Bloomsbury Group: A Collection of Memoirs, Commentary and Criticism*, Hg. S. P. Rosenbaum, Toronto 1975. – M. Edmonds, *L. S.: A Bibliography*, NY 1981. – M. H. Sherman, *L. and James Strachey: Biography and Psychoanalysis* (in *Blood Brothers: Siblings as Writers*, Hg. N. Kiell, NY 1983, S. 329–364). – G. Luciani, *L'arte della biografia: Saggio su L. S.*, Rom 1987. – J. Ferns, *L. S.*, NY 1988 (TEAS).

EMINENT VICTORIANS. Cardinal Manning, Florence Nightingale, Dr. Arnold, General Gordon

(engl.; *Große Viktorianer*). Biographische Studien von Lytton Strachey, erschienen 1918. – Das als konventionelle biographische Darstellung getarnte Werk ist in Wirklichkeit ein Angriff auf die gesamte Viktorianische Ära. Die vier Persönlichkeiten, die hier einer kritischen Betrachtung unterzogen werden, galten schon zu Lebzeiten als Symbole ihrer Epoche: Henry Edward Kardinal Manning (1808–1892), der vom Anglikanismus zum Katholizismus konvertierte, wurde zum Oberhirten

der Katholiken Englands und Erzbischof von Westminster, indem er – so schreibt Strachey – Demut vor Gott mit Arroganz gegenüber den Menschen, heiligmäßigen Lebenswandel mit Intrigantentum, Furcht vor dem Fegefeuer mit skrupellosem Ehrgeiz verband. Dr. Thomas Arnold (1795–1842), Direktor der berühmten Schule von Rugby, reformierte das Erziehungssystem der Privatschulen, doch während er mit barbarischen Zuständen aufräumte, bahnte er dem arroganten Glauben an die eigene moralische Überlegenheit und der selbstgefälligen Ignoranz den Weg. Florence Nightingale (1820–1910) focht ihre weitreichenden Reformen des Sanitätswesens der Armee und des staatlichen Gesundheitswesens mit oft fragwürdigen Mitteln gegen unvorstellbare Widerstände durch. General Charles George Gordon (1833–1885) schließlich, ein exzentrischer Abenteurer, wurde nach seinem Tod bei der Erstürmung von Khartum durch die Aufständischen unter Führung des Mahdi zum Nationalhelden.
Strachey greift seine »Helden« nicht in vernichtender Frontalattacke an, sondern macht sie und die Epoche, die sie bewunderte, mit Ironie und beißendem Witz lächerlich. Vom heutigen Standpunkt aus mag zwar Manning immer noch als frömmelnder Heuchler, mag Arnold als selbstzufriedener Ignorant und Pedant erscheinen; Gordon aber hat mehr Anspruch auf Mitleid als auf Verachtung, und Florence Nightingales Kampf ist nach wie vor als heldenhaft zu bezeichnen. Die eigentlichen Angriffsziele Stracheys sind freilich nicht sosehr diese vier Menschen und die ganze Schar der übrigen Berühmtheiten von Gladstone bis Newman; seine Attacke gilt vor allem den beiden christlichen Kirchen in England, der Armee, dem Bildungswesen, der Regierung, kurz, dem Ethos und der Lebenshaltung der gesamten Epoche. In gewisser Hinsicht war das Werk im Jahre 1918 genau das rechte Buch zur rechten Zeit: Die jüngere Generation, die die Schrecken des Stellungskriegs in Frankreich kannte und die eine Kluft von der älteren trennte, besaß, wie George ORWELL es nannte, *»eine Fähigkeit zu echtem Haß«*. Ein so gescheites, sachlich fundiertes und geistreiches Werk, das alle Glaubenssätze und Ideale der älteren Generation fragwürdig machte, mußte der Jugend von damals als wahres Gottesgeschenk erscheinen. Das Werk hat jedoch diesen ersten Publikumserfolg überdauert, und seinem Verfasser wird heute fast der Rang eines »Klassikers« zugebilligt. Strachey, der ein führendes Mitglied des »Bloomsbury«-Intellektuellenzirkels um Virginia WOOLF war, räumte auf mit der Einstellung »De mortuis nil nisi bene« und brachte die »destruktive« Biographie in Mode. Exaktes Wissen und Respekt vor historischen Fakten mit stets angriffslustiger Ironie verbindend, schuf er einen Stil der Lebensbeschreibung, der die Überlebenden der viktorianischen Generation anfangs nasführte. Erst später begriffen sie, welche Tabus Strachey zerstört hatte. J.v.Ge.

AUSGABEN: Ldn. 1918. – Ldn. 1948 (in *Collected Works*, Hg. J. Strachey, 6 Bde.). – NY 1969. – Ldn. 1989.

ÜBERSETZUNGEN: *Geist und Abenteuer*, H. Reisiger, Bln. 1932 [enth. nur *Das Ende des Generals Gordon*]. – *Macht und Frömmigkeit: Florence Nightingale. Kardinal Manning. 2 Bildnisse aus der Viktorianischen Zeit*, ders. u. W. v. Einsiedel, Bln. 1937 [unvollst.].

LITERATUR: G. Koentges, *Die Sprache in der Biographie L. S.s*, Diss. Marburg 1938. – J. R. Sanders, *L. S. and the Victorians* (in MLQ, 15, 1954, S. 326–342). – J. Clive, *More or Less Eminent Victorians* (in Victorian Studies, 2, 1958, S. 5–28). – G. K. Simson, *L. S.'s Use of His Sources in »Eminent Victorians«*, Diss. Univ. of Minnesota 1963. – A. E. Dyson, *L. S.: The Technique of Debunking* (in A. E. D., *The Crazy Fabric*, NY 1965, S. 151–165). – G. Merle, *»Eminent Victorians« de L. S. (1918–1968)* (in LangMod, 1, 1968, S. 57–64). – J. Stratford, *»Eminent Victorians«* (in British Museum Quarterly, 32, 1968, S. 76–92). – I. B. Nadel, *S.'s ›Subtler Strategy‹: Metaphor in »Eminent Victorians«* (in Prose Studies, 4, 1981, S. 146–152). – W. Epstein, *Recognizing Biography*, Philadelphia 1987.

DYLAN MARLAIS THOMAS

* 27.10.1914 Swansea
† 9.11.1953 New York

LITERATUR ZUM AUTOR:
J. A. Rolph, *D. T.: A Bibliography*, Ldn. 1956. – *A Casebook on D. T.*, Hg. J. M. Brinnin, NY 1960. – *D. T.: The Legend and the Poet*, Hg. E. W. Tedlock, Ldn. 1960. – C. Emery, *The World of D. T.*, Coral Gables/Fla. 1962. – J. Ackerman, *D. T.: His Life and Work*, Oxford 1964. – A. T. Davies, *D.: Druid of the Broken Body*, Ldn. 1964; ern. Swansea 1977. – B. Read, *The Days of D. T.*, Ldn. 1964 (dt.: *D. T. in Selbstzeugnissen u. Bilddokumenten*, Reinbek 1968; zul. 1989; rm). – J. Korg, *D. T.*, NY 1965 (TEAS). – W. Moynihan, *The Craft and Art of D. T.*, Ithaca/N.Y. 1966. – *D. T.: A Collection of Critical Essays*, Hg. C. B. Cox, Englewood Cliffs/N.J. 1966. – *New Critical Essays*, Hg. W. Davies, Ldn. 1972. – R. Kidder, *D. T.: The Country of the Spirit*, Princeton/N.J. 1973. – C. Fitzgibbon, *The Life of D. T.*, Ldn. ²1975. – A. Sinclair, *D. T.: Poet of His People*, Ldn. 1975. – R. B. Kershner, *D. T.: The Poet and His Critics*, Chicago 1976. – P. Ferris, *D. T.*, Ldn. 1977; ern. u. d. T. *D. T.: A Biography*, Ldn. 1989 [erw.]. – J. Ackerman, *Welsh D.: D. T.'s Life, Writings and His Wales*, Oxford 1979. – D. E. Middle-

ton, *D. T.* (in DLB, Bd. 20, 1983, S. 365–394). – W. Davies, *D. T.*, Milton Keynes 1986. – J. A. Davies, *D. T.'s Places: A Biographical and Literary Guide*, Swansea 1987. – *Critical Essays on D. T.*, Hg. G. Gaston, Boston 1989.

DAS LYRISCHE WERK (engl.) von Dylan Thomas.

Ein lebhaftes, durch Vorbilder aus seinem Verwandtenkreis gewecktes und gefördertes Interesse für Sprache, Musik und Natur kennzeichnet die Kindheit des walisischen Dichters, der bereits als Elfjähriger Schriftsteller werden wollte. Im Dezember 1925 erschien sein erstes Gedicht *(The Song of the Mischievous Dog)* in der Schülerzeitung des Swanseaer Gymnasiums, an der Thomas von 1929 bis 1931 mitarbeitete, zuletzt als Chefredakteur. Begeistert las er sich damals in die zeitgenössische Lyrik ein; reserviert hingegen war und blieb seine Haltung den Klassikern sowie allem Akademischen gegenüber.

Nach dem Schulabschluß (Juli 1931) war er bis zu seiner Übersiedlung nach London (November 1934) als Reporter für die ›South Wales Daily Post‹ sowie als Lyrik-Experte für die Wochenzeitung ›Herald of Wales‹ tätig, zugleich eifriger Mitarbeiter an einem Laientheater. Es war eine seiner kreativsten Phasen: Der *»Rimbaud vom Cwmdonkin Drive«*, wie er sich selbstironisch nannte, schrieb in dieser Zeit mindestens 212 Gedichte, darunter die Erstfassungen einiger seiner bedeutendsten (z. B. *And Death Shall Have No Dominion; The Force that through the Green Fuse Drives the Flower*). Mehrere davon wurden im ›New English Weekly‹ sowie im »Poet's Corner« des Londoner ›Sunday Referee‹ abgedruckt, zwei mit ersten Preisen und alle mit hohem Lob bedacht.

Durch Vermittlung namhafter Kritiker erschien im Dezember 1934 im Verlag der Londoner Buchhandlung Parton seine erste Gedichtsammlung, *Eighteen Poems*, deren neuer Ton die Rezensenten aufhorchen ließ, wiewohl man die Bildwelt dieser eigenwilligen Gedichte als »dunkel« empfand. Ihr thematisches Zentrum ist die *»womb/tomb«*-Motivik: Assoziativ verschlungene, surrealistisch anmutende Bilder aus dem Umkreis von Zeugung, Geburt und Tod beschwören das Ineinander von Werden und Vergehen in einem sexualitätsdurchwirkten Kosmos. Weithin Gleiches gilt auch für den zweiten Sammelband, *Twenty-Five Poems*, den der zunehmend zum Bohemien gewordene, von der Londoner Surrealisten-Ausstellung (Juni 1936) tief beeindruckte Dichter im September 1936 veröffentlichte. Dieser Band enthält unter dem Titel *Altarwise by Owl-Light in the Half-Way House* auch zehn religiöse Sonette, deren esoterische Metaphorik Freud und die *Bibel* miteinander verquickt.

Zu einer schlichteren, in ihrer Evokationskraft aber nicht minder eindrucksvollen Sprache fand Thomas, der im Sommer 1938 mit seiner Frau Caitlin in den walisischen Ort Laugharne (Schauplatz von *Under Milk Wood*) zog, in seinem nächsten, Verse und Prosastücke enthaltenden Sammelband *The Map of Love* (1939), in dem erstmals auch persönliche zwischenmenschliche Beziehungen zum zentralen Thema von Gedichten wurden, wie z. B. in der Elegie auf seine Tante Ann Jones *(After the Funeral)*, einem Text, an dessen Genese sich die zunehmende künstlerische Reife des Autors deutlich ablesen läßt.

Eine weitere Steigerung erfuhr seine Sprachkunst trotz widriger äußerer Umstände – der als Asthmatiker wehruntauglich Geschriebene vermochte seine ständige Geldnot durch Mitarbeit bei der BBC sowie an kulturellen Kurzfilmen nur mühsam zu lindern – während der Kriegsjahre. Produkt dieser Schaffensphase ist die große Gedichtsammlung von 1946, *Deaths and Entrances*. Der Titel verweist auf die nach wie vor zentrale Thematik von Geburt und Tod, doch wird letzterer nunmehr auch als Wiedereingang in die kosmische Einheit eines unzerstörbaren Seins empfunden (z. B. in *A Refusal to Mourn the Death, by Fire, of a Child in London*). Daneben steht die Erinnerung an das verlorene, allein in der Kunst wiedergewinnbare Paradies der zeitenthobenen Weltsicht des Kindes *(Fern Hill; Poem in October)*. In Gedichten wie diesen erreicht Thomas den Gipfelpunkt seiner Kunst, die nunmehr auch einen stärkeren Formwillen erkennen läßt, komplizierte Reimschemata entwirft und ein breites Spektrum unterschiedlicher Ausdrucksformen durchspielt, von der fast balladenhaften Einfachheit eines Gedichtes wie *A Hunchback in the Park* bis zu den Manierismen der zwölf Figurengedichte von *Vision and Prayer*.

International bekannt wurde der Autor, der weiterhin diverse Hörfunkbeiträge und Filmdrehbücher verfaßte, vor allem durch seine vier Lesetourneen (erstmals 1950) in den USA. Im Kontext der zweiten (1952) erschien in der Reihe New Directions das sechs längere Gedichte (darunter eines auf den Tod seines Vaters: *Do Not Go Gentle Into That Good Night*) umfassende Bändchen *In Country Sleep*, und im Mittelpunkt der dritten stand die Aufführung des hochpoetischen Hörspiels *Llareggub* (Mai 1953), der Vorstufe von *Under Milk Wood*. Auf seiner letzten USA-Reise starb Thomas im November 1953 an den Folgen seiner Alkoholsucht. Postum erschien 1956 das Fragment *Elegy*, das die Thematik von *Do Not Go Gentle Into That Good Night* fortführt. Seinen größten Triumph aber hatte er noch selbst erleben können: die Publikation seiner *Collected Poems* im November 1952, nach deren Erscheinen Philip Toynbee schrieb: *»Man gilt nicht mehr als exzentrisch, wenn man behauptet, daß Thomas der größte lebende Dichter englischer Sprache ist.«*

Dieses seinerzeit weithin akzeptierte Urteil provoziert den Vergleich mit Eliot, Pound and Auden, denen Thomas auf seine Weise durchaus ebenbürtig ist. Die Neuartigkeit und Eigenständigkeit seiner Lyrik werden gerade vor diesem Kontrasthintergrund besonders deutlich. Thomas ist kein »gelehrter« Dichter wie Eliot und Pound, kein politisch engagierter wie der frühe Auden. Nicht als

Kosmopolit wie diese versteht er sich, sondern als ein zutiefst in der Landschaft und Tradition von Südwales Verwurzelter, dessen dichterische Aussage weder die Objektivität eines ditanzierten Weltbetrachters noch das Sendungsbewußtsein eines Parteigängers anstrebt, sondern ganz aus der spontanen Vision des sich dezidiert allen Normen entziehenden Außenseiters lebt. Trotz ihrer effekthascherischen Zuspitzung nicht unzutreffend ist deshalb die Selbstcharakterisierung, mit der er sich 1947 in Rom seinem Publikum vorstellte: *»Erstens: Ich bin Waliser; zweitens: Ich bin ein Trunkenbold; drittens: Ich bin ein Liebhaber der menschlichen Rasse.«*

Hinsichtlich des letztgenannten Aspekts geht es ihm stets um die Stellung des Menschen im universalen Lebensstrom, um die transhistorische Dimension zeitenthobener Wirklichkeiten, um das Ausloten des kollektiven Unbewußten mittels assoziations- und klanggesteuerter irrationaler Bilderfolgen, die sich vornehmlich aus dem Bereich der Natur sowie dem des menschlichen Körpers speisen, speziell im Hinblick auf deren Wandlungsprozesse und Interdependenzen. Typisch für Thomas ist dabei die ständige Fusion heterogener Bildsphären (etwa: *»Womb's weathers«*: Wetter des Mutterleibes) und grammatischer Kategorien (*»A grief ago«*: vor einem Schmerz), von Gefühlen und Dingen (*»the lilting house«*: das trällernde Haus), von Raum und Zeit (*»once below a time«*: unterhalb einer Zeit), desgleichen der reichliche Gebrauch von Binnenreimen, Alliterationen und Assonanzen. Beeinflußt ist seine Metaphorik teils von Yeats und D. H. Lawrence, häufig von der Bibel, und oft erinnern seine idiosynkratischen Wendungen (*»pinned-around-the-spirit / Cut-to-measure flesh«: »um den Geist gestecktes / Maßgeschneidertes Fleisch«*), seine akzentbestimmten Verse und flexiblen Rhythmen an G. M. Hopkins, von dem ihn thematisch freilich seine Zentrierung im Biologistischen und Archetypischen unterscheidet. Den Anschluß an die große Tradition englischer Dichtung findet Thomas in *Fern Hill*, einem seiner besten Gedichte, in dem ihm eine überzeugende Neugestaltung des bereits von Traherne und Wordsworth meisterhaft gestalteten Themas des verlorenen Kindheitsparadieses gelingt.

Unbeschadet dessen ist die undifferenzierte, oft überschwengliche Hochschätzung, die dem Dichter in seinen letzten Lebensjahren zuteil wurde und die ihn zeitweise zu einer Kultfigur werden ließ, mittlerweile einer nüchterneren Haltung gewichen. Spätere Kritiker haben manche Schwächen – speziell seiner frühen Gedichte – offengelegt, hauptsächlich die manchmal allzu gewollte, posenhafte Extravaganz und obsessive Introvertiertheit dieser ungezügelten Sturzflut worttrunkener Bilder, deren Dunkelheit nicht immer ein Ausdruck von poetischer Tiefe ist. Gleichwohl hat Thomas in vielen seiner Gedichte die Evokationskraft der Sprache in einem Maße entfaltet und vorangetrieben wie wenige englische Dichter vor ihm. Mit seinen reifsten Leistungen, in denen das dionysische und das apollinische Prinzip zu einer geglückten Synthese gelangen, ist und bleibt er einer der bedeutendsten englischen Lyriker unseres Jahrhunderts.

W. Fü.

Ausgaben: *Eighteen Poems*, Ldn. 1934. – *Twenty-Five Poems*, Ldn. 1936. – *The Map of Love*, Ldn. 1939. – *New Poems*, Norfolk/Conn. 1943. – *Deaths and Entrances*, Ldn. 1946. – *Twenty-Six Poems*, Ldn. 1950. – *In Country Sleep*, NY 1952. – *Collected Poems, 1934–1952*, Ldn. 1952 [ern. 1954; Everyman's Library; zul. 1984]; NY 1953. – *The Poems*, Hg. u. Anm. D. Jones, Ldn. 1971; ern. 1974 [rev.; ^{2}1978]. – *Collected Poems, 1934–1953*, Hg. W. Davies, Ldn. 1988. – *The Notebook Poems, 1930–1934*, Hg. R. Maud, Ldn. 1989.

Übersetzungen: *Tode und Tore*, R. P. Becker, Heidelberg 1952 [engl.-dt.]. – *Ausgewählte Gedichte*, E. Fried, Mchn. 1967 [engl.-dt.; ern. 1984; Tb.]. – *Dies Brot, das ich breche: Gedichte*, R. Harbaum, Göttingen 1983. – *Und dem Tod soll kein Reich mehr bleiben*, Hg. K. H. Berger, Bln./DDR 1984 [engl.-dt.]. – *Arbeit am Wortwerk: Gedichte und Geschichten*, R. P. Becker u. a., Hg. B. Scheller, Lpzg. 1985 (RUB). – *Im Wetter des Herzens*, R. Harbaum, Göttingen 1988. – *Gesammelte Gedichte*, E. Fried u. a. (in *AW in Einzelausg.*, Hg. K. Martens, Mchn. 1991 ff., Bd. 1/2; engl.-dt.; in Vorb.).

Literatur: D. Holbrook, *Llareggub Revisited: D. T. and the State of Modern Poetry*, Ldn. 1962. – H. H. Kleinman, *The Religious Sonnets of D. T.*, Berkeley 1963. – R. Maud, *Entrances to D. T.'s Poetry*, Lowestoft 1963. – Ders., *The Notebooks of D. T.*, NY 1965. – A.-R. Tellier, *La poésie de D. T.*, Paris 1963. – H. R. Neuville, *The Major Poems of D. T.*, NY 1965. – L. B. Murdy, *Sound and Sense in D. T.'s Poetry*, Den Haag 1966. – *A Concordance to the Collected Poems of D. T.*, Hg. R. C. Williams, Lincoln/Nebr. 1967. – W. Karrer, *Die Metaphorik in D. T.s »Collected Poems«. Eine syntaktische Untersuchung*, Bonn 1971. – J. V. Crewe, *The Poetry of D. T.* (in Theoria, 38, 1972, S. 65–83). – G. Lane, *A Concordance to the Poetry of D. T.*, Metuchen/N.J. 1976. – J. Kertzer, *The Early Poetry of D. T.* (in ConL, 20, 1979, S. 293–315). – R. B. Kershner Jr., *D. T.* (in DLB, Bd. 13, 1982, S. 519–524). – Ders., *Poetic Arguments: Studies in Modern Poetry*, Montreal 1988. – P. Volsik, *Neo-Romanticism and the Poetry of D. T.* (in Études Anglaises, 42, 1989, S. 39–54).

UNDER MILK WOOD. A Play for Voices

(engl.; *Ü: Unter dem Milchwald. Ein Spiel für Stimmen*). Hörspiel von Dylan Thomas, Urlesung: New York, 24. 10. 1953, in einer leicht veränderten, amerikanisierten Fassung. Der heute als authentisch geltende Text der englischen Erstausgabe wurde am 25. 1. 1954 von der BBC zum erstenmal gesendet; deutsche Erstsendung: 1954, Nordwestdeutscher Rundfunk. – Das Stück, ein Auftragswerk der BBC, in viele Sprachen übersetzt und mehrmals mit Erfolg an großen Bühnen inszeniert (u. a. in Edinburgh und am Broadway), begründete den weltweiten Ruhm des walisischen Autors. Die komplizierte Entstehungsgeschichte zeigt, daß sich Thomas über ein Jahrzehnt mit dem Thema beschäftigte. Die Hörfolge *Quite Early One Morning* (1944 vom walisischen Rundfunk gesendet), *»erster Markstein in der Entwicklungsgeschichte des Stücks«* (H. Meller), enthält bereits das Kernthema: die kleinbürgerliche Welt einer walisischen Kleinstadt. Der erste Teil des Stücks erschien 1952 mit dem Titel *Llareggub: A Piece for Radio Perhaps*. Obwohl Thomas bis kurz vor seinem Tod das Manuskript unermüdlich überarbeitete, konnte er eine letzte umfassende Revision nicht mehr verwirklichen. Auch die Rundfunkskripten *The Londoner* und *Conversation about Christmas* stehen durch Sprache, Struktur und Thematik in engem Zusammenhang mit dem Stück. Seine teilweise gewagte Metaphorik ist nur vor dem Hintergrund der Gedichte von Thomas verständlich.

Das Spiel beschränkt sich auf einen einzigen, sonnenüberstrahlten Frühlingstag in der fiktiven Stadt Llareggub. Das Alltagsleben der Einwohner wird in loser Episodenreihung dargestellt, ein dramatischer *plot* fehlt. Zwei anonyme Sprecher (»Erste« und »Zweite Stimme«), die rein epische Funktion haben und zwischen den Figuren und dem Hörer vermitteln, führen die zahlreichen Personen des Spiels ein und verbinden die assoziativ verknüpften Dialoge. Das zyklisch konzipierte Stück setzt mit einem Vorspiel ein, in dem die verworrenen Träume der karikaturnah gezeichneten Stadtbewohner hörbar werden. Eine kurze, den Reiseführerstil parodierende Beschreibung der Stadt leitet zur Schilderung des geschäftigen Morgens über. Bald löst träge Nachmittagsstimmung das bunte Treiben ab, bis sich schließlich die Dämmerung über den Ort senkt und die Nacht, erfüllt von Liebe und Musik, den Tageskreislauf schließt.

Die Liebe in ihren verschiedensten Erscheinungsformen verleiht dem heterogenen Stück thematische Einheit: Die sinnliche Liebe, von der der blinde Kapitän Cat nur noch träumt, ist u. a. in der Gestalt Polly Garters, der Mutter mehrerer unehelicher Kinder, und in der des Bäckers Dai Bread, der in Bigamie lebt, verkörpert; die platonische Liebe in der Beziehung zwischen dem Tuchhändler Mog Edwards und der Schneiderin Myfawny Price, die sich täglich glühende Liebesbriefe schreiben, deren Inhalt der Briefträger Willy Nilly genau kennt; die Haßliebe im Schulmeister Pugh, der seine ständig nörgelnde Frau vergiften will; die Nächstenliebe in der fast ausschließlich in Versen sprechenden Figur des Ortsgeistlichen Eli Jenkins. Die Liebesthematik läßt sich bis in die Beschreibung der Natur verfolgen *(»liebeskranke Ringeltauben«)*; Llareggub wird zum *»Ort der Liebe«*. – Der »Milchwald« des Llareggub-Hügels (für die Verliebten willkommene Liebeslaube, für den puritanischen Schuster Jack Black Ort der Sünde, für Eli Jenkins Zeugnis von der Unschuld des Menschengeschlechts) und das Meer sind die beiden das Geschehen tragenden »Elementarbereiche«. Über seine reale Bedeutung hinaus erscheint der Wald in der Gesamtschau des Stücks als *»uralter Hain der Fruchtbarkeit«* (R. Haas).

Das mit zahlreichen Liedern und Märchenmotiven durchsetzte Spiel zeigt Thomas' große Vertrautheit mit den technischen Möglichkeiten des Hörfunks. Es baut allein auf die Allgewalt der Sprache und ihre poetische Wirkung; es ist ein Formexperiment, das mit kühnen Formulierungen und geschickten Geräuscheffekten (etwa wenn Captain Cat die einzelnen Schulkinder am Schritt erkennt) zu überzeugen sucht. Die mit ungewöhnlichen und verblüffenden Metaphern überfrachtete Sprache stellt Hörer und Kritiker manchmal vor eine schwierige Aufgabe; die sehr persönliche und oft unkontrolliert assoziative Bildwelt entzieht sich an einigen Stellen der verstehenden Analyse. Lange Adjektivreihungen, Assonanz, Alliteration, rein auf Klang beruhende Wortspiele sind nur einige Kennzeichen von Thomas' Stil. Wurde zunächst der poetischen Sprache des Stückes hoher Originalitätswert zuerkannt, so betont die neuere Kritk eher die bis zu einzelnen wörtlichen Entlehnungen (Joyce, Dickens) reichende Abhängigkeit des Autors von der literarischen Tradition. M.Mü.

Ausgaben: Ldn. 1954 [Vorw. u. *musical settings* v. D. Jones; ern. 1975; m. neuem Vorw.]. – Ldn. 1959. – Ldn. 1983. – Stg. 1989 (RUB).

Übersetzung: *Unter dem Milchwald. Ein Spiel für Stimmen*, E. Fried, Heidelberg 1954. – Dass., ders., Stg. 1970 u. ö. (Nachw. H. Benler; RUB). – Dass., ders., Mchn. 1973; ern. Mchn. 1979 (dtv). – Dass., ders., Ffm. 1984 u. ö. (FiTb). – Dass., ders. (in *A W in Einzelausg.*, Hg. K. Martens, Mchn. 1991 ff., Bd. 5; in Vorb.).

Verfilmung: England 1973 (Regie: A. Sinclair).

Literatur: R. Williams, *D. T.'s Play for Voices* (in Critical Quarterly, 1, 1959, S. 18–26). – H. Meller, *Zwischen Laugharne u. Llareggub: Zur Entstehungsgeschichte von D. T.' »Under Milk Wood«* (in *Fs. für W. Hübner*, Hg. D. Riesner u. H. Gneuss, Bln. 1964, S. 327–337). – R. Haas, *D. T.: »Under Milk Wood«* (in *Das moderne englische Drama*, Hg. H. Oppel, Bln. ²1966, S. 288–301). – H. Meller, *Zum literarischen Hintergrund von D. T.' »Under Milk Wood«* (in NSp, 15, 1966, S. 49–58). – D. Cleverdon, *The Growth of »Milk Wood«*, NY 1969. – L. Lerner, *Sex in Arcadia* (in L. L., *The Uses of Nostalgia*, NY 1972, S. 81–104). – H. Bokanowski, *D. T.*, Paris 1975. – E. M. Parsons, *Notes on D. T.'s »Under Milk Wood«*, Ldn. 1977. – C. Davis, *The Voices of »Under Milk Wood«* (in Criticism, 17, 1978, S. 74–89). – P. S. Lewis, *The Radio Road to Llareggub* (in *British Radio Drama*, Hg. J. Drakakis, Cambridge 1981, S. 72–110). – C. Meir, *D. T.:*

»Under Milk Wood«. Notes, Harlow 1983 (York Notes). – G. Morgan, *Llareggub: Espace utopique; Ou, La Représentation de la ville dans »Under Milk Wood«* (in Cycnos, 1, 1984, S. 5–13).

JOHN RONALD REUEL TOLKIEN

* 3.1.1892 Bloemfontein / Südafrika
† 2.9.1973 Bournemouth

THE LORD OF THE RINGS

(engl.; *Ü: Der Herr der Ringe*). Romantrilogie von John Ronald Reuel TOLKIEN, entstanden zwischen 1937 und 1949, erschienen 1954/55. – Der Autor, bis 1959 Professor für germanische Philologie in Oxford, war durch langjährige Mythenforschung und vor allem durch philologische Experimente und Spielereien mit dem Altenglischen und den keltischen Sprachen dazu angeregt worden, ein Phantasiereich zu erfinden, dessen Bewohner – er nannte sie »Hobbits« – eine eigene Sprache mit voll ausgebildeter Grammatik besitzen. In seinem ersten phantastischen Roman, *The Hobbit*, 1937 *(Der kleine Hobbit)*, siedelte er diese menschenähnlichen Wesen, die nicht einmal Zwergengröße erreichen, im *»Nordwesten der Alten Welt, östlich des Meeres«* an und nannte ihre Ära das *»Dritte Zeitalter der Mittel-Erde«*. In *The Lord of the Rings* haben sie nach langen Wanderjahren ein »Shire« genanntes Land im Westen ihrer alten Heimat besiedelt. Wie in seinem ersten Roman gibt der Autor auch in der Trilogie vor, er habe auf das »Rote Buch von Westmarch« zurückgegriffen, in dem Bilbo Baggins (in der deutschen Fassung: Bilbo Beutlin), der berühmteste aller Hobbits, die Geschichte seines Volkes aufgezeichnet habe.
Im Prolog des ersten Teils, *The Fellowship of the Ring*, 1954 *(Die Gefährten)*, wird berichtet, wie Bilbo in Mordor, dem Land der Orcs, der größten Feinde der Hobbits und aller guten Lebewesen, einem lemurenhaften Ungeheuer namens Gollum einen Ring abgewonnen haben will, den er jedoch in Wahrheit gefunden hat. Die eigentliche Handlung beginnt damit, daß der 111 Jahre alte Bilbo, kurz bevor er wieder einmal die Heimat verläßt, seinem jungen Verwandten und Erben Frodo den Ring vermacht. Als Bilbos alter Berater, der Zauberer Gandalf der Graue, entdeckt, daß von allen »Ringen der Macht« dieser die größte Macht verleiht, wird ein Rat einberufen, der beschließt, den gefährlichen Ring zu vernichten. Da dies nur im »Berg des Feuers« geschehen kann, mitten im feindlichen Mordor, dessen böser Herrscher Sauron seine Schwarzen Reiter bereits nach Shire ausgesandt hat, wird eine Bruderschaft gegründet und mit der Aufgabe betraut, die Welt vom Ring zu befreien. In ihr vertreten Aragorn und Boromir die Menschen, Legolas die Elfen, Gimli die Zwerge, Frodo, sein Diener Samwise und seine Verwandten Meriadoc und Peregrin die Hobbits. Der weise Zauberer Gandalf gehört ihr ebenfalls an. Die Gefährten ziehen, verfolgt von den Spionen Saurons, durchs Land und bereiten sich und ihre Völker auf den Kampf gegen die Orcs vor. Als der machtlüsterne Boromir versucht, den Ring für sich zu gewinnen, zerfällt die Bruderschaft. Frodo, der »Ringträger«, und sein Diener fliehen.
Der zweite Teil, *The Two Towers*, 1954 *(Die zwei Türme)*, handelt von den weiteren Schicksalen der einzelnen Mitglieder der Bruderschaft, von Verrat in den eigenen Reihen, von der zeitweisen Zähmung des Ungeheuers Gollum durch den keineswegs heroischen, aber mit gesundem Hobbitverstand begabten Frodo, dessen Diener am Schluß von seinem scheinbar tödlich verletzten Herrn den Ring übernimmt, um die Aufgabe allein zu vollenden. – *The Return of the King*, 1955 *(Die Rückkehr des Königs)*, schließlich erzählt von der »Großen Dunkelheit«, dem Krieg zwischen den Vertretern des Guten (die nach Gandalfs Plänen vorgehen und von dem genesenen Frodo und seinen ihrer Aufgabe treu gebliebenen Gefährten geführt werden) und den Mächten des Bösen, den Orcs; von der Vernichtung des Ringes, Gollums und des Landes Mordor; von der Krönung Aragorns zum »König der Mark«; von Frodos und des wiederaufgetauchten Bilbo Aufbruch in ein *»fernes grünes Land überm Meer«*; und von Samwises Rückkehr ins friedliche Land der Hobbits. – Ein ausführlicher Anhang enthält historische und genealogische Überblicke, Zeittafeln, den Kalender und die Schriftzeichen der Hobbits, Hinweise auf die verschiedenen, im »Dritten Zeitalter« gesprochenen Sprachen und Anmerkungen zur »Übersetzung« der Hobbit-Aufzeichnungen.
Tolkien erzählt die aus vielen alten Mythen gespeiste Geschichte in einer leichtverständlichen, von Archaismen weitgehend freien Sprache. Gelegentliche Anklänge an die Diktion der *Bibel* und an altenglische Literaturformen haben in seinem kunstvollen Schattierungs- und Phrasierungssystem ebenso ihren Platz wie die moderne Umgangssprache, in der sich die meisten seiner Phantasiegeschöpfe unterhalten. Obwohl der Autor seine Trilogie als »historischen Bericht« verstanden wissen wollte, wurde sie immer wieder als Allegorie interpretiert. Manche ihrer Bewunderer (zu denen u. a. W. H. AUDEN, Richard HUGHES und C. S. LEWIS gehören) setzten sie in Beziehung zu SPENSERS *Faerie Queene*, MALORYS *Le Morte Darthur* und ARIOSTS Rolandepen, wieder andere sahen in ihr eine gigantische Utopie, alle aber sprachen von einem literarischen Ereignis. Ebenso engagiert äußerten sich die Gegner des Werks, denen das Experiment Tolkiens zu aufwendig, das Ergebnis zu gering erschien.
Unabhängig von der kontroversen kritischen Rezeption avancierte Tolkiens Trilogie jedoch in den

späten sechziger Jahren (in denen sie auch ins Deutsche übersetzt wurde) international zu einem Kultbuch der Jugend. Die Fantasy-Literatur, die in den siebziger und achtziger Jahren an Breitenwirkung gewann (vgl. etwa Marion Zimmer Bradleys Bestseller *The Mists of Avalon*, 1982 – *Die Nebel von Avalon*), verdankt *The Lord of the Rings* entscheidende Impulse. Letztlich wird die Einstellung jedes einzelnen Lesers zu diesem eigenartigen Werk jedoch immer davon abhängen, ob er Tolkiens unbändige Phantasie und philologische Akrobatik zu goutieren weiß. – Die (technisch neuartige) Zeichentrickfilm-Version von 1978 verhalf *The Lord of the Rings* auch als Buch in den achtziger Jahren zu erneuter außerordentlicher Breitenwirkung.

J.v.Ge.-KLL

Ausgaben: Ldn. 1954/55, 3 Bde. (Bd. 1: *The Fellowship of the Ring*, 1954; Bd. 2: *The Two Towers*, 1954; Bd. 3: *The Return of the King*, 1955). – Ldn. 1978, 3 Bde. – Ldn. 1988, 3 Bde. – Ldn. 1988, 4 Bde. (mit *The Hobbit*).

Übersetzung: *Der Herr der Ringe*, 3 Bde. (Bd. 1: *Die Gefährten*; Bd. 2: *Die zwei Türme*, Bd. 3: *Die Rückkehr des Königs*), M. Carroux u. E. M. v. Freymann, Stg. 1969/70, [m. den Anhängen; ern. 1990]. – Dass., dies., 3 Bde., Stg. 1972; 14-16 1988/89 [dazu: *Der Herr der Ringe – Anhänge. – Annalen der Könige und Herrscher. Zeittafel der Westlande. Familien-Stammbäume. Auenland-Kalender. Schriftzeichen u. Buchstaben*, Übers. M. Carroux, Stg. 1978; 6 1988]. – Dass., dies., 3 Bde., Stg. 1987 [Ill. H. Edelmann; m. den Anhängen].

Verfilmung: *The Lord of the Rings*, Part I, USA 1978 (Regie: R. Bakshi).

Literatur: N. D. Isaacs u. R. A. Zimbardo, *T. and the Critics: Essays on J. R. R. T.'s »The Lord of the Rings«*, Notre Dame/Ldn. 1968. – W. Ready, *Understanding T. and »The Lord of the Rings«*, NY 1969; ern. 1978. – R. C. West, *T. Criticism: An Annotated Checklist*, Kent/Oh. 1970. – Ph. H. Kocher, *Master of Middle-Earth: The Fiction of J. R. R. T.*, Boston 1972. – R. Helms, *T.'s World*, Boston 1974. – D. Grotta-Kursha, *J. R. R. T.: Architect of Middle-Earth*, NY 1976. – H. Carpenter, *T.: A Biography*, Boston 1977 (dt. Stg. 1979). – J. C. Nitzche, *T.'s Art: A Mythology for England*, Ldn. 1979. – D. Petzold, *J. R. R. T.: Fantasy Literature als Wunscherfüllung u. Weltdeutung*, Heidelberg 1980. – K. F. Crabbe, *J. R. R. T.*, NY 1981. – *T.: New Critical Perspectives*, Hg. N. D. Isaacs u. R. A. Zimbardo, Lexington/Ky. 1981. – *J. R. R. T.: This Far Land*, Hg. R. Giddings, Totowa (N.J.)/Ldn. 1983. – A. M. Kolich, *J. R. R. T.* (in DLB, Bd. 15, 1983, S. 520–530). – K. N. Bauer, *J. R. R. T.* (in KLFG, 2. Nlg., 1983). – J. Johnson, *J. R. R. T., Six Decades of Criticism*, Ldn. 1986. – R. E. Blackwelder, *A T. Thesaurus*, NY 1990.

Zeitschriften: Mythlore. A Journal of J. R. R. T., C. S. Lewis, Charles Williams, General Fantasy and Mythic Studies, Los Angeles 1969 ff. – Mallorn. The Journal of the T. Society, Hove/Sussex 1970 ff. – The New T. Newsletter, Bath 1980 ff. – Inklings – Jb. f. Literatur u. Ästhetik, Aachen 1983 ff.

PAMELA LYNDON TRAVERS

* 1906 Queensland / Australien

MARY POPPINS

(engl.; *Ü: Mary Poppins*). Erzählung für Kinder von Pamela L. Travers, erschienen 1934. – Dies ist der erste Band einer Serie von Kinderbüchern, die der irischstämmigen, in Australien geborenen und in England lebenden Autorin Welterfolg brachten. Die weiteren Bände sind: *Mary Poppins Comes Back* (1935), *Mary Poppins Opens the Door* (1944), *Mary Poppins in the Park* (1952), *Mary Poppins from A to Z* (1963), *Mary Poppins in the Kitchen* (1975) und *Mary Poppins in Cherry Tree Lane* (1982). Alle sieben Bücher erzählen von den Erlebnissen der vier Kinder der Familie Banks, Jane, Michael, John und Barbara, mit Mary Poppins, einer Kinderfrau rätselhafter Herkunft. Als Mutter Banks eines Tages verzweifelt ein neues Kindermädchen sucht, kommt Mary Poppins zum erstenmal in das kleine Haus in der Londoner Cherry Lane buchstäblich hineingeweht. Sie weigert sich, Zeugnisse vorzulegen, verspricht aber, so lange für die Kinder zu sorgen, *»bis der Wind umschlägt«*. Neben durchaus irdischen Eigenschaften – sie besitzt eine gehörige Portion Eitelkeit, versteht es, sich bei den Kindern energisch durchzusetzen, und verbirgt unter einer rauhen Schale ein weiches Herz – verfügt Mary Poppins über viele wunderbare Fähigkeiten. Sie verteilt eine Zaubermedizin, die für jeden, der sie schluckt, den gewünschten Geschmack annimmt; sie kann, zusammen mit ihrem Freund, einem Streichholzverkäufer und Straßenmaler, Bilder zum Leben erwecken und gleich Alice im Wunderland in sie hineingehen; sie versteht die Sprache der Vögel und Hunde, der Babies und des Windes, von dem sie sich durch die Lüfte tragen läßt, und sie kann mit Hilfe eines Kompasses sich und ihre Schützlinge auf eine Reise um die Welt zaubern. Der Höhepunkt der wunderbaren Abenteuer während ihres ersten Aufenthalts bei den Kindern ist ein nächtlicher Besuch im Zoo, wo die Tiere, weil Mary Poppins Geburtstag hat und gerade Vollmond ist, zu reden beginnen und die Menschen imitieren, die sie sogar zeitweise in ihre Käfige einsperren. Diese und andere Szenen, etwa auch die, in der die Säuglinge Barbara und John halb spöttisch,

halb mitleidig über das alberne Benehmen der Erwachsenen im Umgang mit Babies »diskutieren«, sind eine heiter-ernste Kritik an einer rationalisierten Welt, die es verlernt hat, in ihrer phantasielosen Nüchternheit Wunder hinter der Alltagswirklichkeit wahrzunehmen. Mary Poppins lehrt die Kinder, daß die Welt, wenn Phantasie und Realität zusammenwirken, »wunder-voll« ist.
Diese Erzählungen eroberten sich nicht nur die Herzen jugendlicher Leser. *»Es ist das köstlichste und originellste Buch für alle Lebensalter, das seit ›Winnie the Pooh‹ in England geschrieben wurde; es übt einen unwiderstehlichen Zauber aus«*, hieß es in einer Rezension der ›New York Herald Tribune‹ über den ersten Band, und viele Kritiker teilten diese Meinung. In den sechziger Jahren sorgte die Verfilmung durch Walt Disney für eine Mary-Poppins-Renaissance, die sich sogar auf die Spielwaren- und Bekleidungsindustrie auswirkte. G.Bj.

AUSGABEN: Ldn. 1934. – Ldn. 1940 [zus. mit *Mary Poppins Comes Back*]. – Harmondsworth 1962; ern. 1984. – NY 1964 [zus. mit *Mary Poppins Comes Back*]. – NY 1981. – Ldn. 1982 [rev.; ern. 1989].

ÜBERSETZUNGEN: *Jungfer Putzig*, E. Seidel, Stg. 1935. – *Mary Poppins*, E. Kessel, Bln. 1952 [Ill. H. Lemke; ern. 1971]. – Dass., dies., Hbg. 1984.

VERFILMUNG: USA 1964 (Regie: R. Stevenson; Produktion: W. Disney).

LITERATUR: P. L. Travers, *Only Connect* (in *Only Connect: Readings on Children's Literature*, Hg. S. Egoff u. a., Oxford 1969, S. 183–206). – S. Bergsten, *»Mary Poppins« and Myth*, Stockholm 1978. – P. L. Travers, *I Never Wrote for Children* (in NY Times Magazine, 2. 7. 1978, S. 16–18; 30). – A. V. Schwartz, *»Mary Poppins« Revised: An Interview with P. L. T.* (in *Racism and Sexism in Children's Books*, Hg. J. Stinton, Ldn. 1979, S. 27–34). – R. B. Moore, *A Letter from a Critic* (in Children's Literature, 10, 1982, S. 211–213). – P. L. Travers, *A Letter from the Author* (ebd., S. 214–217). – *P. L. T.* (in *Something About the Author*, Bd. 54, Hg. A. Commire, Detroit 1988, S. 148–162).

EDGAR WALLACE

eig. Richard Horatio Edgar Wallace
* 1.4.1875 Greenwich / London
† 10.2.1932 Hollywood

LITERATUR ZUM AUTOR:
R. Curtis, *E. W. – Each Way*, Ldn. 1932. – E. V. Wallace, *E. W. by His Wife*, Ldn. 1932. – M. Lane, *E. W.: The Biography of a Phenomenon*, Ldn. 1938; ern. 1964 [rev.] (dt.: *E. W. Das Leben eines Phänomens*, Hbg. 1966; Vorw. G. Greene). – J. E. Nolan, *E. W.* (in Films in Review, 18, 1967, S. 71–85). – Edgar Wallace Society Newsletter, Oxford 1969–1985; ab 1986 als Crimson Circle Magazine. – W. O. G. Lofts u. D. Adley, *The British Bibliography of E. W.*, Ldn. 1969. – *E. W. Almanach*, Hg. F. A. Hofschuster, Mchn. 1982. – J. R. Cox, *E. W.* (in DLB, Bd. 70, 1988, S. 290–302).

THE GAUNT STRANGER

(engl.; *Der Hexer*). Kriminalroman von Edgar WALLACE, erschienen 1925, 1926 unter dem Titel *The Ringer*. – Erst nach dem überwältigenden Erfolg der Bühnenfassung von 1926, die den späteren Titel trug, wurde auch dieser Roman des Autors, der im Verlauf von 27 Jahren rund 170 erfolgreiche Bücher schrieb, zum dauerhaften Bestseller, an dessen Beispiel die Machart sämtlicher Kriminalromane des Autors aufgezeigt werden kann. Der Werkstattprozeß war immer der gleiche: Die Figuren erhielten feste Umrisse, für die Entwirrung der Fäden und den Schluß wurde ein klares Konzept erarbeitet; wie bis dahin die Fäden gesponnen und verwirrt werden sollten, gaben Augenblick und Laune dem Autor ein, der, hatte er einmal mit der Niederschrift begonnen, nicht mehr nach innerer Logik und Motivation fragte. Gewisse realistische Details der Personen- und Milieuschilderung suggerieren dem Leser Bezüge zu einer im Grunde nicht vorhandenen Wirklichkeit.
Die Personen in *The Ringer* sind mit denen der anderen Kriminalromane des Autors austauschbar. Immer ist der Held ein Detektiv oder Zeitungsreporter – im vorliegenden Fall Alan Wembury von Scotland Yard, ein frischgebackener Bezirksinspektor von bewundernswertem Anstand und lauterster Menschlichkeit, eine Figur wie Larry Holt in *The Dead Eyes of London (Die toten Augen von London)* oder John Wade in *The India-Rubber Men (Das Gasthaus an der Themse)*. Als Heldin figuriert stets ein schönes Mädchen, hier Mary Lenley von Lenley Court, die, schuldlos verarmt, ihr Leben als Stenotypistin fristet – wie z. B. auch Daphne Olroyd in *The Feathered Serpent (Gucumatz)*. Grauenhafte Gefahren führen das längst von Amors Pfeilen getroffene Heldenpaar im Verlauf der Handlung immer näher zusammen; doch da die Geschlechtsmoral der beiden untadelig ist, kommt es erst im letzten Drittel des Buches zum ersten, züchtigen Kuß, der die baldige Heirat ankündigt. – Diesen Helden steht gewöhnlich eine Dreier-Konstellation von Bösewichten gegenüber, im vorliegenden Fall Henry Arthur Milton, genannt »der Hexer«, als – ausnahmsweise – sympathischer Oberverbrecher, der erst ganz zum Schluß identifiziert wird und auf den bis dahin kaum der Schatten eines Verdachts gefallen ist (weshalb denn auch Gerald Du Maurier bei der Uraufführung der Bühnenfassung die Rolle

des Polizeirates Dr. Lomond nicht spielen durfte, um als Star der Truppe das Publikum nicht vorzeitig auf die richtige Fährte zu bringen). Häufig tarnt sich Wallace' Meisterverbrecher durch schrulliges Benehmen, gibt vor, die Polizei zu unterstützen, oder ist sogar – wie in *The Ringer* – beigeordnetes Mitglied der Ermittlungsbehörde. Der zweite Schurke, dessen schlechter Charakter immer schon zu Beginn des Romans enthüllt wird (im vorliegenden ist es Marys Bruder Johnny Lenley), ist ein williges Werkzeug in den Händen eines Dritten – nicht selten eines Rechtsanwalts –, in dem sich Züge von Geisteskrankheit und Perversion mit der unheimlichen Fähigkeit mischen, Macht über seine Umwelt auszuüben. In *The Ringer* heißt dieser Unhold Maurice Messer (der ausländische Vorname erfüllt hier eine ähnliche Funktion wie der gezwirbelte Schnurrbart beim viktorianischen Bösewicht), ist Anwalt und Hehler und wird, wie immer, wenn Wallace die Gestalt des dritten Schurken verwendet, kurz vor der Aufklärung des Falles ermordet.

Um diese fünf Hauptpersonen gruppiert sich eine meist verwirrende Fülle von Nebenfiguren, zu denen in *The Ringer* vor allem Cora Ann Milton, die Frau des Hexers, und Hauptinspektor Bliss von Scotland Yard zählen, für dessen Identität mit dem Hexer alles zu sprechen scheint, bis der Leser im letzten Augenblick eines Besseren belehrt wird. – Die Story, wie meist bei Wallace überaus dünn, wird so aufgerollt, als läge ihr eine raffiniert ausgeklügelte Idee zugrunde, hält jedoch bei näherem Hinsehen logischen Kriterien nicht stand: Gerüchten zufolge droht Maurice Messer die Heimkehr des totgeglaubten Hexers, *»der nur tötete, weil er sich rächen oder weil er strafen wollte«*. In Messers Obhut hatte dieser perfekte Verkleidungskünstler seine Schwester gegeben, als er ins Ausland fliehen mußte. Der schurkische Anwalt jedoch hat aus Gründen, die der Leser nur vermuten kann, das Mädchen in den Tod getrieben. Lüstern stellt er nun unter dem Vorwand, eine Sekretärin zu benötigen, seinem nächsten Opfer, Mary Lenley, nach. Ihr Bruder Johnny, von Messer zu Diebstählen angestiftet, mißbilligt die Freundschaft zwischen Mary und Inspektor Wembury, weil sie eine Lenley und er der Sohn des Obergärtners von Lenley Court ist (so einfach werden bei Wallace Probleme konstruiert, wobei zu vermerken ist, daß das Thema des Standesunterschieds bei einem Autor des Jahrgangs 1875, der zudem als unehelicher Sohn einer kleinen Schauspielerin lebenslänglich um gesellschaftliche Anerkennung buhlte, verständlicherweise immer wieder auftaucht). Doch schon bald wird Jonny abgeschoben – ins Gefängnis: Um sich des lästigen Beobachters zu entledigen, hat Maurice Messer ihn anonym denunziert. Jetzt ist Mary der Spielball zweier Mächte, der guten und der bösen, des Anwalts Messer und des Kriminalisten Wembury. Erst als die Frau des Hexers in London eintrifft, steht für die Polizei fest, daß der Hexer nicht im Hafen von Sydney ertrunken, sondern – da er sich stets dort aufhält, wo sein liebendes Weib weilt – nach England zurückgekehrt ist, um seine Schwester an Messer zu rächen. Es bleibt Wallace' Geheimnis, warum die Rachetat erst am Ende geschieht, nachdem Haupt- und Nebenfiguren einander immer wieder begegnet sind, sei es bei Messer, bei der Polizei oder anderswo.

In dem Wust aus Unwahrscheinlichkeiten bildet schließlich nur noch die Gewißheit, daß Messer nicht der Vergeltung und das junge Paar nicht dem Happy-End entgehen werden, eine Art roten Faden. Als Johnny aus dem Gefängnis zurückkehrt (begnadigt, weil er bei einem Aufstand dem stellvertretenden Gefängnisdirektor das Leben gerettet hat), versucht Messer, ihn durch neue Intrigen aus dem Weg zu schaffen. Motiviert mit Messers Angst vor dem Hexer, wird in der zweiten Hälfte des Romans der neue Diener und »Beschützer« des Anwalts eingeführt, der komische kleine Cockney-Ganove Sam Hackitt, der etwas Würze in die fade Suppe bringt. Die Story selbst wird immer kruder und unübersichtlicher, bis dann im letzten Kapitel der angstzerfressene Messer, der inzwischen Batterien von Flaschen geleert, gekokst und die meiste Zeit am Klavier verbracht hat, im eigenen Haus in Anwesenheit aller Hauptpersonen mit seinem eigenen Stockdegen an die Wand gespießt wird. Bliss entlarvt den Polizeiarzt als den Hexer, dieser kann mittels eines raffinierten Tricks entfliehen, kehrt als Polizist verkleidet zurück, wird mit der Überwachung Mrs. Miltons (seiner eigenen Frau) beauftragt – worauf die beiden durch einen Geheimgang entkommen und sich im Privatflugzeug davonmachen. *»Niemand sah den Hexer wieder, weder in dieser Nacht, noch in den vielen Nächten, die dieser folgten«* (bis er dann in *Again the Ringer*, 1929 – *Neues vom Hexer* – wieder auftauchte).

Geheimnisse und Geheimniskrämerei, Geheimgänge, -codes und -schatullen, unheimliche Geräusche und Lichtsignale, nächtliches Dunkel und Nebel über der Themse gehören ebenso wie die verarmten Aristokraten, die geld- und machthungrigen Parvenus, die schönen, geheimnisumwitterten Damen und die immer sympathische Polizei zu den unentbehrlichen Requisiten, hinter denen der Autor seine Sprachlosigkeit verbirgt. Er geht dabei völlig deskriptiv, scheinbar objektiv vor. Gefühle und Empfindungen manifestieren sich bestenfalls in den häufigen Dialogen (die sich, ebenso wie die Figuren- und Milieubeschreibung, nur aus Klischees speisen). So muten *The Ringer* und die anderen Kriminalromane über weite Strecken eher wie Drehbücher an. Daß man *nolens volens* Spannung empfindet, erklärt sich daraus, daß die Verdachtsmomente, die zumeist willkürlich auf alle Figuren – mit Ausnahme des jungen Liebespaares – verteilt sind, tatsächlich Irritation hervorrufen. Hinzu kommt, daß das in keinem Wallace-Roman fehlende Gruselkabinett mit immer neuen Überraschungen aufwartet, wobei oft ein Hauch von Weltläufigkeit ins Spiel kommt – Erinnerungen des Autors an einen Afrika-Aufenthalt.

Die gesellschaftlichen Strukturen entsprechen denen des zeitgenössischen Trivialromans: Hier wie dort wird mit Vorliebe gezeigt, daß kleine Leute dank ihrer edlen Haltung in der feinen Gesellschaft Anerkennung finden, ja dieser Gesellschaft, die besonders skrupellose Verbrecher hervorbringt, charakterlich überlegen sind. So spiegeln sich auch Kindheitsträume des Autors in diesen Kriminalromanen, die er, da die Tantiemen ihm die späte Erfüllung solcher Träume ermöglichten, so eilig zu Papier brachte, daß er oft (wie Graham GREENE im Vorwort zur Wallace-Biographie von Margret LANE, der Tochter des Autors, vermerkte) am Ende eines Absatzes dessen Anfang bereits vergessen hatte und sich innerhalb von zehn Zeilen widersprach; doch gehört offenbar auch dies zum Erfolgsgeheimnis des wohl nachlässigsten und eindimensionalsten aller zu weltweiter Popularität gelangten Schriftsteller. M.Th.

AUSGABEN: Ldn. o. J. [1925]. – Garden City/N.Y. 1926 *(The Ringer)*. – Ldn. 1927 (*The Ringer*, in *Novels*, 19 Bde., 3). – Ldn. 1948. – Ldn. 1950.

DRAMATISIERUNG: E. Wallace, *The Ringer* (Urauff.: Ldn., 1. 5. 1926, Wyndham Theatre; dt. Erstauff.: Bln., 27. 5. 1927, Deutsches Theater).

VERFILMUNGEN: *The Ringer*, England 1953 (Regie: G. Hamilton). – *Der Hexer*, BRD 1964 (Regie: A. Vohrer).

ÜBERSETZUNGEN: *Der Hexer*, M. E. Schirmer, Lpzg. 1927. – Dass., F. Pütsch, Mchn. 1951; ern. 1953 (GGT). – Dass., G. Müller, Mchn. 1982. – Dass., G. Stege, Mchn. 1983.

LITERATUR: G. K. Chesterton, *On Detective Story Writers* (in G. K. Ch.; *Come to Think of It*, NY/Toronto 1931, S. 33–38). – J. Symons, *Bloody Murder: From the Detective Story to the Crime Novel*, Ldn. 1972.

SIR HUGH WALPOLE

* 13.3.1884 Auckland / Neuseeland
† 1.6.1941 London

LITERATUR ZUM AUTOR:
H. W.: Appreciations, Hg. G. Overton, NY 1923. – J. B. Priestley, *H. W., Novelist* (in Fortnightly Review, 128, 1927, S. 753–763). – C. Dane, *Tradition and H. W.*, Garden City/N.Y., 1929. – M. Steen, *H. W.: A Study*, Ldn. 1933. – A. Wall, *Sir H. W. and His Writings*, Wellington 1947. – R. Hart-Davis, *H. W.: A Biography*, Ldn. 1952; ern. 1963. – B. Nichols, *All I Could Never Be*, NY 1952, S. 23–33. – D. B. Paul, *Some Thoughts on H. W. and the Popular Novel* (in Turnbull Library Record, 12, 1954, S. 3–19). – F. Swinnerton, *Figures in the Foreground*, Garden City/N.Y. 1964. – E. Steele, *H. W.*, NY 1972 (TEAS). – Dies., *H. W.: An Annotated Bibliography of Writings about Him* (in ELT, 19, 1976, S. 150–233). – M. A. O'Toole, *H. W.* (in DLB, Bd. 34, 1985, S. 272–277).

THE CATHEDRAL

(engl.; *Ü: Die Kathedrale*). Roman von Sir Hugh WALPOLE, erschienen 1922. – Wie in anderen seiner Werke greift Walpole auch in diesem, das er selbst als sein bestes bezeichnete, auf persönliche Erlebnisse zurück. Der anglikanische Archidiakon Adam Brandon, ein unnachgiebiger, herrischer und egozentrischer Mann, hat sich in der Domstadt Polchester eine Machtstellung verschafft, die nach der Ernennung des fortschrittlich gesinnten neuen Kanonikus Frederick Ronder ins Wanken gerät; denn viele Geistliche, die Brandon kritisch gegenüberstanden, wagen es nun, sich offen zu Ronders Ansichten zu bekennen. So kommt es zu einer bitteren Feindschaft zwischen den beiden Männern. Zugleich muß Brandon schwere persönliche Schicksalsschläge hinnehmen: Sein Sohn Falk wird von der Universität Oxford verwiesen, läuft mit einer Gastwirtstochter davon und heiratet sie; seine Frau, die er immer nur als eine Art Dienstbotin betrachtet hatte, verläßt ihn für immer. Eine Abstimmung über die Neubesetzung einer wichtigen Pfarrei, bei der Brandon für einen konventionell denkenden, unbegabten Pfarrer stimmt, während die anderen Geistlichen für den aggressiv-fortschrittlichen, von Brandon als Atheist verdächtigten Mr. Wistons eintreten, und bei der Brandon unterliegt, führt zu seinem völligen inneren und äußeren Zusammenbruch; unmittelbar darauf stirbt er an einem Herzanfall.

Dieser auch heute noch lesenswerte Roman, der zahlreichen Kritikern als Walpoles Meisterwerk gilt, zeigt den Autor auf der Höhe seiner Kunst. Die äußere Handlung ist in dreifacher Steigerung bis zum Höhepunkt hin straff gegliedert. Der Stil verzichtet auf Metaphorik und ist weitgehend parataktisch. An einigen Stellen tritt der Erzähler aus seiner Anonymität als ein die Ereignisse kommentierendes Ich hervor. Mit der (sparsam gebrauchten) Technik des Standpunktwechsels schafft sich Walpole die Möglichkeit, Brandon von den verschiedensten Seiten her darzustellen. Der geschickt verwendete Kunstgriff, Dialog und erlebte Rede alternieren zu lassen, weist auf den Einfluß von Henry JAMES hin, mit dem der Autor befreundet war. Im Gegensatz zu thematisch ähnlichen früheren Romanen Walpoles klingt hier ein neuer Ton an: Brandon erkennt am Schluß, daß der Mensch nicht völlig auf sich allein gestellt leben kann, daß er den anderen braucht, den er lieben kann und der ihn liebt. Mit der Geschichte der letzten, entscheidenden Monate in Brandons Leben verbindet sich die bisweilen ans Satirische grenzende Darstellung des Lebens in einem sozialen Gemeinwesen. Damit fügt sich der Roman in die englische Erzähltradition des 19. Jh.s ein, aus der besonders TROLLOPE dem Autor als Vorbild galt. Thematische Anklänge ergeben sich freilich auch zu Nathaniel HAWTHORNE, eine Geistesverwandtschaft, auf die Walpole selbst mit den Worten hinwies: *»There are two strands – say Hawthorne and Trollope – from wich I am derived.«* R.R.-KLL

AUSGABEN: Ldn. 1922. – NY 1922. – NY 1933. – Ldn. 1937. – Ldn. 1967.

ÜBERSETZUNG: *Die Kathedrale*, K. Schmidt, Stg. 1952.

LITERATUR: G. Overton, *The Courage of H. W.* (in G. O., *When Winter comes to Main Street*, NY 1922, S. 15–32). – E. J. Bidwell, *A Twentieth Century Trollope?* (in Queen's Quarterly, 20, 1923, S. 365–371). – J. Hergesheimer, *H. W.'s »Cathedral«* (in Bookman, NY, 56, 1923, S. 625–628). – W. H. Hutton, *The Cathedral in Fiction* (in Quarterly Review, 239, 1923, S. 336–348). – H. Stagg, Rez. (in Reviewer, 3, 1923, S. 793–794).

THE HERRIES CHRONICLE

(engl.; *Ü: Die Herries-Chronik*). Romantetralogie von Sir Hugh WALPOLE, bestehend aus den Bänden *Rogue Herris* (1930), *Judith Paris* (1931), *The Fortress* (1932) und *Vanessa* (1933); Gesamtausgabe 1939. – Die Schicksale der englischen Familie Herries von 1730 bis Anfang der dreißiger Jahre des 20. Jh.s sind Inhalt dieses Romanzyklus, dessen einzelne Teile jeweils so abgerundet sind, daß sie auch ohne Kenntnis der anderen verstanden werden können. Im Mittelpunkt des ersten Bandes steht Francis Herries, ein ungebärdiger, ausschweifend lebender Mann, der mit seiner Frau, seinen Kindern David und Deborah und seiner Geliebten nach Cumberland, der Heimat seiner Vorfahren, zieht. Nachdem seine sanfte Frau, die er nie wirklich geliebt hat, gestorben ist und seine Mätresse ihn verlassen hat, verliebt sich der innerlich einsame Mann, der seines zynischen, herrischen Wesens wegen in der ganzen Gegend gefürchtet ist, in Mirabell Starr, ein Zigeunermädchen. Aber erst nach langen Jahren der Irrungen, erst, als seine eigenen Kinder verheiratet sind, kann er Mirabell für sich gewinnen. Im Jahr 1774 schenkt sie ihm eine Tochter, Judith, stirbt bei der Geburt, und kurz danach erliegt der alte Herries einem Schlaganfall.

Im zweiten Band, der bis 1822 reicht, wird erzählt, wie Judith in dem in Uldale gelegenen Herrenhaus ihres Halbbruders David zusammen mit dessen Kindern aufwächst. In ihrem Wesen verbindet sich ein gesunder Wirklichkeitssinn mit der von den Eltern geerbten Heißblütigkeit. Schon früh versucht sie, sich der Bevormundung durch David und seine Frau, denen dieses Mädchen immer unheimlich bleibt, zu entziehen. In jungen Jahren verliebt sie sich leidenschaftlich in den Franzosen Georges Paris, einen Abenteurer und Schmuggler. Er heiratet sie, kauft ihr in der Nähe Uldales einen kleinen Besitz und läßt sie dort viel allein. Eines Tages tötet er seinen Geschäftspartner, dessen Vater blutige Rache an ihm nimmt. Nach Jahren der Einsamkeit gibt sich Judith, die nach Georges keinen anderen Mann mehr lieben kann, aus Mitleid einem entfernten Verwandten hin, der sie lange umworben hat, flieht aber, als sie ein Kind erwartet, nach Paris und bringt kurz nach dem Tod des Vaters einen unehelichen Sohn, Adam, zur Welt. Während sie mit ihrem Kind einsam auf ihrem Besitz in Cumberland lebt, hat sich die Familie Herries aufgrund eines banalen Streites in zwei Lager gespalten. Francis, der Sohn des verstorbenen David Herries, hat sich die Feindschaft seines Bruders William zugezogen. Vor allem aber ist es dessen Sohn Walter, der Francis und seine Familie permanent mit seinem Haß verfolgt. Kaltblütig zerstört er die Ehe seines Onkels und treibt diesen zum Selbstmord. Um Francis' willen, den sie als Kind geliebt hat, zieht Judith nach Uldale und nimmt sich der Witwe und der Kinder an.

Der Titel des dritten Bandes, *The Fortress*, bezieht sich auf das Haus, das Walter Herries oberhalb des von Francis' Hinterbliebenen, Judith und Adam bewohnten Familiensitzes erbaut hat und in dem er sich wie in einer Festung verschanzt. Walters einziger Sohn, Uhland, verfolgt John, den einzigen Sohn von Francis, mit glühendem Haß, der noch gesteigert wird, als seine Schwester Elizabeth und John gegen den Willen der verfeindeten Familien heiraten. Die Fehde erreicht ihren Höhepunkt, als Uhland seinen Schwager im Streit tötet und dann Selbstmord begeht. Damit ist der Haß des alten, vereinsamten Walter Herries gebrochen; er versöhnt sich mit seiner Tochter, und im Jahr 1874 erlebt Judith den Triumph, daß es an ihrem hundertsten Geburtstag zur Aussöhnung der Familie kommt.

Titelfigur des letzten Bandes, der mit Judiths Tod beginnt und vor allem in London spielt, ist Adams Tochter Vanessa. Ihre Liebe zu Walter Herries' Enkel Benjamin, ihr Leben im viktorianischen London an der Seite eines reichen, ungeliebten Mannes, den sie später verläßt, um mit Benjamin zusammenzuleben, dessen Erlebnisse im Ersten Weltkrieg, der Tod Vanessas, das Nachkriegsschicksal ihrer und Benjamins unehelicher Tochter Sally, in der die guten Eigenschaften der Herries endgültig die Oberhand gewonnen haben, und schließlich die Rückkehr des alten Benjamin nach Cumberland bilden die Haupthandlung.

Mit seiner Familienchronik verfolgte Walpole mehrere Ziele: Zunächst wollte er der Grafschaft Cumberland, die ihm zur zweiten Heimat geworden war, seinen Dank abstatten, indem er diese eigenartige Landschaft mit ihrer zerklüfteten Küste und ihren Seen zum Schauplatz eines großen Romanwerkes machte. Weiter wollte er zugleich mit der Geschichte einer Familie im Wandel zweier Jahrhunderte die gesellschaftliche und kulturelle

Entwicklung Englands aufzeigen. Daher werden Ereignisse aus der Geschichte des Landes und des europäischen Kontinents immer wieder in die Handlung einbezogen, u. a. die Französische Revolution und ihre Auswirkungen auf England, der Karlistenaufstand, die Chartistenerhebung und der Burenkrieg. Auch berühmte Persönlichkeiten, etwa die Cumberland eng verbundenen Dichter COLERIDGE, WORDSWORTH und SOUTHEY, läßt Walpole auftreten. Zugleich hat er in seiner Tetralogie seine Lieblingsthemen erneut aufgegriffen und im Unterschied zu seinen frühen realistischen Romanen vorwiegend romantisch gestaltet: den Gegensatz zwischen Gut und Böse und den Gegensatz zwischen dem Abenteurer und dem Träumer. Häufiger als in seinen anderen Werken bedient sich Walpole hier der indirekten Charakterisierung durch leitmotivisch wiederkehrende Symbole und Metaphern. Bilder wie das der Zigeunerin oder das des Träumers durchziehen den ganzen Zyklus. In den objektiven Erzählberichten sind subjektive Tagebuchaufzeichnungen und Briefe eingefügt. Sehr geschickt verwendet Walpole den Kunstgriff der Zeitraffung, der es ihm ermöglicht, oft mit einem einzigen Satz mehrere Jahrzehnte zu überbrücken. Im Gegensatz zu seinem Zeitgenossen GALSWORTHY, dessen *Forsyte Saga* eines seiner Vorbilder war, ging es Walpole nicht um Zeitkritik und -anklage, sondern um die Verlebendigung eines weiten sozialen und kulturellen Panoramas. Daß er für Zeiterscheinungen ein scharfes Auge hatte und die Fähigkeit besaß, farbig zu schildern und spannend zu erzählen, verleiht seinem Hauptwerk einen gesicherten Platz unter den großen Familienromanen der modernen Literatur. – Zwei später entstandene Romane Walpoles – *The Bright Pavilions*, 1940 *(Die Lustgärten Gottes)*, und *Katharine Christian*, 1944 *(Katharine Christian)* – behandeln das abenteuerliche Schicksal von Vorfahren der in der Tetralogie auftretenden Herries in der Elisabethanischen Ära und zur Zeit Cromwells. R.R.-KLL

AUSGABEN: Ldn./Garden City (N.Y) 1930 *(Rogue Herries)*. – Ldn./Garden City 1931 *(Judith Paris)*. – Ldn./Garden City 1932 *(The Fortress)*. – Ldn./Garden City 1933 *(Vanessa)*. – Ldn. o.J. (1939), 4 Bde. – Ldn. 1985, 2 Bde. (Bd. 1: *Rogue Herries / Judith Paris*, Bd. 2: *The Fortress / Vanessa*).

ÜBERSETZUNG: *Die Herries-Chronik*, V. Rodewald-Grebin, Bln. 1937–1939 (*Herries, der Vagant*, 1937; *Judith Paris*, 1937; *Die Festung*, 1938; *Vanessa*, 1939). – Dass., dies., 4 Bde., Genf 1952–1954.

LITERATUR: W. S. Knickerbocker, *Analysis of H. W.'s »Rogue Herries«* (in Creative Writing, 4, 1930, S. 366–380). – G. Bullett, Rez. *Judith Paris Triumphs* (in Observer, 28. 8. 1932, S. 4). – H. Nicolsen, Rez. *Highbrows, Lowbrows and Mr. H. W.* (in Daily Telegraph, 13. 10. 1933). – P. Quennell, Rez. *»Vanessa«* (in New Statesman and Nation, 16. 9. 1933, S. 328).

HERBERT GEORGE WELLS

* 21.9.1866 Bromley / Kent
† 13.8.1946 London

LITERATUR ZUM AUTOR:
Bibliographien:
J. R. Hammond, *H. G. W.: An Annotated Bibliography*, NY/Ldn. 1977. – W. J. Scheick u. J. R. Cox, *H. G. W.: A Reference Guide*, Boston 1988.
Zeitschrift:
The Wellsian, Nottingham/Ldn. 1966 ff.
Biographien:
V. Brome, *H. G. W.: A Biography*, Ldn./NY 1951. – L. Dickson, *H. G. W.: His Turbulent Life and Times*, Ldn. 1969. – N. u. J. MacKenzie, *The Time Traveller*, Ldn./NY 1973. – A. West, *H. G. W.: Aspects of a Life*, Ldn./NY 1984. – D. C. Smith, *H. G. W.: Desperately Mortal*, New Haven/Conn. 1986.
Gesamtdarstellungen und Studien:
B. Bergonzi, *The Early H. G. W.: A Study of the Scientific Romances*, Manchester 1961. – I. Raknem, *H. G. W. and His Critics*, Oslo 1962. – R. H. Costa, *H. G. W.*, NY 1967 (TEAS; ern. Boston 1985; rev.). – M. R. Hillegas, *The Future as Nightmare: H. G. W. and the Anti-Utopians*, NY 1967. – P. Parrinder, *H. G. W.*, Edinburgh 1970; ern. NY 1977. – J.-P. Vernier, *H. G. W. et son temps*, Paris 1971. – *H. G. W.: The Critical Heritage*, Hg. P. Parrinder, Ldn. 1972. – *H. G. W.: A Collection of Critical Essays*, Hg. B. Bergonzi, Englewood Cliffs/N.J. 1976. – *H. G. W. and Modern Science Fiction*, Hg. D. Suvin, Lewisburg/Pa. 1977. – A. Wykes, *H. G. W. in the Cinema*, Ldn. 1977. – J. R. Hammond, *An H. G. W. Companion*, Ldn. 1979. – R. D. Haynes, *H. G. W.: Discoverer of the Future*, NY 1980. – F. McConnell, *The Science Fiction of H. G. W.*, NY 1981. – P. Kemp, *H. G. W. and the Culminating Ape*, Ldn. 1982. – J. R. Reed, *The Natural History of H. G. W.*, Athens/Oh. 1982. – B. Loing, *H. G. W. à l'œuvre: les débuts d'un écrivain, 1894–1900*, Paris 1984. – W. J. Scheick, *The Splintering Frame: The Later Fiction of H. G. W.*, Victoria/B.C. 1984. – J. Batchelor, *H. G. W.*, Cambridge 1985. – M. Draper, *H. G. W.* (in DLB, Bd. 34, 1985, S. 292–315). – Ders., *H. G. W.*, NY 1988. – B. Murray, *H. G. W.* (in DLB, Bd. 70, 1988, S. 303–316). – Ders., *H. G. W.*, NY 1990.

THE ISLAND OF DOCTOR MOREAU

(engl.; *Dr. Moreaus Insel*). Roman von Herbert George WELLS, erschienen 1896. – Edward Prendick, der Ich-Erzähler dieser vom Autor später als Satire oder »theologische Groteske« bezeichneten biologischen Schreckensutopie, gelangt nach einem Schiffsunglück auf eine abgelegene Pazifikinsel, die von seltsamen Zwittergeschöpfen, halb Tier, halb Mensch, bevölkert ist. Herr und Meister dieser monströsen Menagerie ist der teuflisch-geniale Physiologe Dr. Moreau. Nachdem er seiner sadistischen Tierversuche wegen England verlassen mußte, läßt er auf der Insel seinem krankhaften Forschertrieb freien Lauf. Unterstützt von seinem stets betrunkenen Faktotum Montgomery, kreuzt er verschiedene Tierarten miteinander und zwingt den wehrlosen Opfern durch grausame Gehirnoperationen menschenähnliche Züge auf. Die Tiermenschen hausen in vorzivilisatorischen Lebensgemeinschaften mit primitivem Sittenkodex und urtümlicher Religion. Prendick glaubt zunächst, in Tiere zurückverwandelte Menschen vor sich zu haben, und flieht aus Angst vor einem ähnlichen Schicksal in den Dschungel. Doch Moreau jagt ihn, hält ihn auf und erklärt ihm den wahren Sachverhalt. Dann aber wird Prendick Zeuge der von Moreau selbst heraufbeschworenen Katastrophe: Das Blut eines durch chirurgischen Eingriff verstümmelten Pumas weckt in den Monstren die animalischen Instinkte. Sie erheben sich gegen ihre beiden Peiniger und töten sie. Prendick gelingt es, im Verein mit dem Hundemenschen die aufgebrachten Kreaturen zu besänftigen und die Insel in einem angetriebenen Boot zu verlassen. Zuvor beobachtet er noch, wie Moreaus Geschöpfe allmählich ihre natürliche Tiergestalt zurückgewinnen. Nach seiner Rückkehr in die Zivilisation kann Prendick freilich zwischen den Tiermenschen, die er auf der Insel kennengelernt hat, und seinen Mitbewohnern kaum noch einen Unterschied feststellen.

Der packende Realismus dieses darwinistischen Alptraums beruht auf den ausgedehnten naturwissenschaftlichen Kenntnissen des Autors, der bei Th. H. Huxley Biologie studierte und zu jener Zeit ein Anhänger des Darwinismus war. In diesem Roman schildert er, mit welch chaotischen Folgen moralisch verantwortungslose Forscher die Theorien Darwins mißbrauchen könnten. Sein Buch, ein interessantes Bindeglied zwischen dem Schauerroman à la *Frankenstein* und der modernen Science-fiction-Literatur, ist sowohl eine unheimliche Parodie auf die Schöpfungsgeschichte als eine beißende Satire auf die Degenerationserscheinungen in der modernen Zivilisationsgesellschaft. Es zählt heute zu den Klassikern des Genres und wurde zweimal (mit Charles Laughton und Burt Lancaster in den Hauptrollen) verfilmt. J.v.Ge.-KLL

Ausgaben: Ldn./NY 1896. – Ldn. 1924–1927 (in *Works*, 28 Bde., 2; *Atlantic Ed.*). – Ldn. 1926/27 (in *Works*, 24 Bde., 14; *Essex Ed.*). – Ldn. 1933. – Ldn. 1963 (in *Three Novels*; ern. 1978). – Bath 1978.

Übersetzung: *Doktor Moreaus Insel*, F. P. Greve, Minden 1904; ²1924.

Dramatisierungen: J. Stone, *The Horrors of Dr. Moreau*, NY 1972. – T. Kelly, *The Crazy, Mixed-Up Island of Dr. Moreau*, NY 1977.

Verfilmungen: *The Island of Lost Souls*, USA 1932 (Regie: E. C. Kenton). – USA 1977 (Regie: D. Taylor).

Literatur: A. Maurois, *Magiciens et logiciens*, Paris 1935, S. 65–98. – V. S. Pritchett, *The Scientific Romances* (in V. S. P., *The Living Novel*, Ldn. ²1964, S. 160–169). – R. Bowen, *Science, Myth, and Fiction in H. G. W.'s »Island of Dr. Moreau«* (in StN, 8, 1976, S. 318–335). – G. Beauchamp, *»The Island of Dr. Moreau« as Theological Grotesque* (in PLL, 15, 1979, S. 408–417). – M. M. Hennelly, *Reader Vivisection in »The Island of Dr. Moreau«* (in Essays in Arts and Sciences, 9, 1980, S. 217–233). – R. M. Philmus, *The Satiric Ambivalence of »The Island of Dr. Moreau«* (in Science Fiction Studies, 8, 1981, S. 2–11). – R. Crossley, *Parables for the Modern Researcher* (in Malahat Review, 64, 1983, S. 173–188). – M. Paris, *La femme et le monstreux: réflexions à partir de »L'Ile du Docteur Moreau«* (in *Le monstreux dans la littérature et la pensée anglaises*, Hg. N. J. Rigaud, Aix-en-Provence 1985, S. 171 bis 184). – R. D. Haynes, *The Unholy Alliance of Science in »The Island of Doctor Moreau«* (in The Wellsian, 11, 1988, S. 13–24).

KIPPS. The Story of a Simple Soul

(engl.; *Kipps*). Roman von Herbert George Wells, in Fortsetzungen erschienen 1905 in ›Pall Mall Gazette‹, im selben Jahr als Buchausgabe. – In drei Abschnitten (*The Making of Kipps, Mr. Coote the Chaperon* und *Kippses*) beschreibt Wells in seinem gelöstesten und bis heute beliebtesten Kleinbürgerroman die grotesken Versuche des naiven Titelhelden, in der starren Prinzipien verhafteten Gesellschaft der Jahrhundertwende Fuß zu fassen. Von Anfang an kommt Arthur Kipps mit seiner Umwelt nicht zurecht: Sie stellt für ihn ein einziges unüberwindliches Hindernis dar. Kein Wunder, daß er sich als schlecht bezahlter und schamlos ausgenutzter Gehilfe eines Tuchhändlers in der Kleinstadt New Romney unglücklich fühlt (der Autor selbst hatte in seiner Jugend mit diesem Beruf die denkbar schlechtesten Erfahrungen gemacht). Da erbt Kipps plötzlich ein beträchtliches Vermögen und ist mit einem Schlag ein unabhängiger Mann, der es nicht nötig hätte, sich von der Gesellschaft reglementieren zu lassen. Doch einige raffinierte Parasiten sorgen dafür, daß er immer mehr von dem Bedürfnis nach sozialem Prestige beherrscht wird. Er besucht eine Schule, in der die Anstandsregeln der damaligen Gesellschaft gelehrt werden. Helen Walshingham, die Lehrerin, macht sich unter dem Vorwand, ihn zu einem perfekten Gentleman erziehen zu wollen, an ihn heran und hat mit dieser Taktik zunächst Erfolg: Kipps ist gefügig und verlobt sich sogar mit ihr. Doch weder Miss Walshingham noch ihr Helfershelfer Mr. Coote erreichen ihr Ziel, aus Kipps einen Snob zu machen. So begeht er zum Beispiel beim Dinner in einem vornehmen Londoner Restaurant einen komischen

Fauxpas nach dem anderen, und mit den schönen Künsten weiß er ebensowenig anzufangen wie mit den eleganten Kleidern, in die man ihn zwängt. Schließlich ist er seines verunglückten Gastspiels in der sogenannten guten Gesellschaft so überdrüssig, daß er in seine frühere Umgebung zurückkehrt und seine Jugendliebe Ann heiratet. Den falschen Freunden bleibt die Genugtuung, ihn um sein Vermögen gebracht zu haben. Der Geprellte hat jedoch Glück im Unglück: Er kommt wieder zu Geld, kauft einen kleinen Buchladen, und kann nun endlich das beschauliche Dasein führen, das seinem schlichten Gemüt entspricht.

Wie in seinen anderen komisch-realistischen Romanen aus der Welt des kleinen Mannes registriert Wells auch in *Kipps* zeitkritisch die Diskrepanz zwischen einem seinem Wesen nach nur beschränkt anpassungsfähigen Individuum und der auf totaler Anpassung bestehenden Gesellschaft. Mit dem Titelhelden ist ihm ein originelles Pendant zu den komischen Romanfiguren DICKENS' gelungen. Auch der humorvolle Realismus seiner ungemein farbigen Milieuschilderungen rückt Wells in die Nähe dieses Vorbilds. Es ist bezeichnend für sein Erzählen, daß er auf ausgefeilten Stil wenig, auf die stoßkräftige Formulierung seiner Gesellschaftskritik um so mehr Mühe verwendet. Seine von reformerischer Absicht getragene Satire gilt einer Lebens- und Bildungsnorm, die die natürliche Entfaltung des Menschen verhindert und sein Dasein institutionalisiert. Die beiden großen Komplexe, in die sich das Gesamtwerk des Autors gliedert – die wissenschaftlichen Utopien und die soziologischen Romane – verhalten sich demnach zueinander eher komplementär als diametral. Hier zeigt Wells überholte Formen menschlichen Zusammenlebens, dort entwirft er ein Bild der fortschrittlichen Gesellschaft des technischen Zeitalters, weist aber zugleich auf dessen Gefahren hin. – In Briefen an Wells zeigten sich Henry JAMES und Joseph CONRAD begeistert von diesem Roman, der auch als Film und Musical ein Erfolg wurde. J.v.Ge.-KLL

AUSGABEN: Ldn. 1905 (in Pall Mall Gazette). – Ldn. 1905. – NY 1905. – Ldn. 1924–1927 (in *Works*, 28 Bde., 8; *Atlantic Ed.*). – Ldn. 1926/27 (in *Works*, 24 Bde., 2; *Essex Ed.*). – Ldn./Glasgow 1952 [Einl. E. Shanks]. – Ldn. 1960 [Einl. u. Anm. A. C. Ward]. – Oxford 1984, Hg. B. Green.

ÜBERSETZUNG: *Kipps*, J. Wagner, Wien 1982. – Dass., ders., Ffm./Bln. 1985 (Ullst. Tb).

DRAMATISIERUNGEN: R. Besier, *Kipps* (Urauff.: Ldn., 5. 3. 1912, Vaudeville Theatre). – B. Cross u. D. Heneker, *Half a Sixpence*, 1963 (Musical; Urauff.: Ldn., 21. 3. 1963, Cambridge Theatre).

VERFILMUNGEN: England 1921 (Regie: H. Shaw; Stummfilm). – *The Remarkable Mr. Kipps*, England 1942 (Regie: C. Reed). – *Half a Sixpence*, England 1967 (Regie: G. Sidney).

LITERATUR: N. T. Carrington, *H. G. W., »Kipps«*, Ldn. o. J. [1952]. – K. N. Newell, *»Kipps«* (in K. N. N., *Structure in Four Novels by H. G. W.*, Den Haag 1968, S. 42–72). – H. Wilson, *The Death of Masterman: A Repressed Episode in H. G. W.'s »Kipps«* (in PMLA, 86, 1971, S. 63–69). – Ch. Davies, *Making Fun of Work: Humor as Sociology in the Works of H. G. W.* (in *W. Under Revision*, Hg. P. Parrinder u. Ch. Rolfe, Selingsgrove/Ldn. 1990, S. 82–96).

THE TIME MACHINE. An Invention

(engl.; *Die Zeitmaschine. Eine Erfindung*). Roman von Herbert George WELLS, endgültige Fassung erschienen 1895. – Als Student der Normal School of Science, South Kensington, veröffentlichte Wells 1888 in der von ihm mitbegründeten Zeitschrift ›The Science School's Journal‹ eine Erzählung mit dem Titel *The Chronic Argonauts (Die Zeitargonauten)*. Es war die erste Version jenes Werks, das in revidierten Fassungen in ›The National Observer‹ (1894) und ›The New Review‹ (1895) und schließlich im gleichen Jahr in Buchform veröffentlicht wurde. Später räumte ihm Wells die erste Stelle in dem Sammelband ein, der seine *scientific romances* enthielt. Diese Bezeichnung weist bereits auf die Tradition der naturwissenschaftlich-utopistischen (heute Science fiction genannten) Erzählung, die, in ihren Anfängen bis ins 17. Jh. zurückreichend (BACON: *Nova Atlantis*; KEPLER: *Somnium*; CYRANO DE BERGERAC: *L'histoire comique des estats et empires de la lune* u. a.), durch Jules VERNE auf einen Höhepunkt geführt wurde. Das naturwissenschaftlich-technische Element bleibt in Wells' Erzählung allerdings auf die Rahmenhandlung beschränkt, in der eine Gruppe typenhaft gezeichneter Londoner (darunter der Ich-Erzähler) mit dem namenlos bleibenden »Zeitreisenden« in mäeutischem Gespräch die Idee von der Zeit als vierter Dimension erörtert. Der theoretischen Diskussion folgt das Experiment: Ein Modell der »Zeitmaschine« (eines Apparats, der eine beschleunigte Vor- und Rückwärtsbewegung auf der Zeitachse ermöglicht, dessen technische Details aber nur vage beschrieben werden) entschwindet vor den Augen der Gesprächspartner ins Nichts. Als acht Tage danach die nächste Zusammenkunft stattfindet, stellt sich der Zeitreisende verspätet ein; erschöpft und gezeichnet von seinen Erlebnissen, berichtet er, wie es ihm mittels des Apparates gelungen ist, stets am selben Ort verweilend die Jahrtausende zu überspringen. (Das Motiv der Entrückung in entlegene Zeiträume wurde schon in früheren Zukunftsromanen behandelt, etwa in E. BELLAMYS *Looking Backward*, 1888, W. H. HUDSONS *A Crystal Age*, 1887, und W. MORRIS' *News from Nowhere*, 1890, doch ermöglichten dort Traum und Hypnose, nicht eine technische Erfindung, den Zeitsprung.)

In der eingelagerten Erzählung des Zeitreisenden nimmt die Schilderung seiner Erlebnisse nach seiner ersten »Landung« im Jahr 802 701 den breitesten Raum ein. Sein erster Eindruck war der eines paradieshaften Idylls: In einer klimatisch ausgeglichenen Natur, die eine Fülle seltsamer eßbarer Pflanzen hervorbringt, leben die »Eloi«, neugierig-zutrauliche Geschöpfe mit der physischen und psychischen Konstitution von fünfjährigen Kindern voller spielerischer Unbekümmertheit in den Tag hinein. Bei Einbruch der Nacht jedoch erweist sich dieses Paradies als Trug, denn dann ergreift die Eloi eine instinktive Furcht, deren Ursache sich dem Zeitreisenden erst allmählich enthüllt: Es ist die Angst vor einer zweiten Art menschenähnlicher Wesen, den »Morlocks«, lemurenhaften Geschöpfen mit *»bleichen, kinnlosen Gesichtern und großen, lidlosen, rötlich-braunen Augen«*. Tagsüber hausen sie in unterirdischen Gängen und Maschinenhallen, nachts aber kommen sie herauf, um die Eloi als eine Art Schlachtvieh einzufangen. In der Erklärung dieses Verhaltens deutet sich Wells' Sozialkritik an: Der Zeitreisende begreift die Zustände des Jahres 802 701 als Ergebnis einer konsequent fortgeführten Aufspaltung der menschlichen Gesellschaft in – wie Disraeli es nannte – »zwei Nationen«, die der *»Haves«* (der Besitzenden) und die der *»Have-Nots«* (der Besitzlosen). Deutlicher als dieses gesellschaftskritische Moment tritt ein an Th. H. Huxley orientierter Evolutionspessimismus zutage, der, entgegen der Ansicht, der Mensch entwickle sich ständig auf höhere moralische und soziale Kategorien hin, durch den Evolutionsprozeß eine körperlich-geistige (Eloi) und eine seelische Degeneration (Morlocks) bedingt sieht.

Der Zeitreisende findet diese Theorie im weiteren Verlauf seines Experiments bestätigt: Seine Flucht vor den Morlocks führt ihn in eine noch fernere Zukunft, in der das menschliche Geschlecht von der Erde verschwunden ist und im düsteren Licht einer roten Sonne nur noch primitive Lebensformen existieren. Als er seine Maschine ein drittes Mal anhält, findet er sich in einer rund dreißig Millionen Jahre entfernten Zeit, in der der Wärmetod der Erde unmittelbar bevorsteht. – Teils betroffen, teils ungläubig nimmt die Diskussionsrunde den Bericht des Zeitreisenden auf. Von einer zweiten Reise kehrt er nicht mehr zurück. Ist er in vergangene Zeiten aufgebrochen und (im Gegensatz zu dem Protagonisten aus Egon Friedells 1946 erschienenem Roman *Die Reise mit der Zeitmaschine*) ihren Gefahren nicht mehr entronnen, oder ist er freiwillig in einer fernen, besseren Zukunft geblieben? Als die *»erste gut ausgearbeitete und gedanklich stimmige Darstellung einer Zukunft, die schlechter ist als die Gegenwart«* (M. R. Hillegas), wurde *The Time Machine* richtungweisend für die literarische Gattung der Gegenutopie und damit für eine Reihe von Werken, die aus der literarischen Landschaft des 20. Jh.s nicht wegzudenken sind, etwa E. M. Forsters *The Machine Stops* (1928), Zamjatins *My* (entstanden 1920), A. Huxleys *Brave New World* (1932), Orwells *Nineteen Eighty-Four* (1949) und Bradburys *Fahrenheit 451* (1953).

K.Hä.

Ausgaben: NY/Ldn. 1895. – Ldn. 1924–1927 (in *Works*, 28 Bde.; 1; *Atlantic-Ed.*). – Ldn. 1926/27 (in *Works*, 24 Bde., 16; *Essex Ed.*). – NY 1931. – NY 1956, Hg. L. P. Bunce. – Ldn. 1963 (in *Three Novels*; ern. 1978). – Ldn. 1968. – NY 1977, Hg. F. McConnell [zus. m. *War of the Worlds*]. – Stg. 1984, Hg. D. Hamblock (RUB). – Ldn. 1985. – Bloomington/Ind. 1987 (*The Definitive Time Machine*, Hg. H. M. Geduld; krit.).

Übersetzungen: *Die Zeitmaschine*, F. P. Greve, Minden 1904. – Dass., ders., Hbg. 1951 (rororo). – *Die Zeitmaschine. Eine Erfindung*, P. Naujock, Zürich 1974 (detebe; ern. 1985). – *Die Zeitmaschine*, A. Reney u. A. Auer, Ffm./Bln. 1982 (Ullst. Tb).

Verfilmungen: USA 1960 (Regie: G. Pal). – *Time After Time*, USA 1979 (Regie: N. Meyer; Adaption).

Bearbeitungen [Romane]: E. Friedell, *Die Reise mit der Zeitmaschine*, Mchn. 1946. – G. Pal u. J. Morhaim, *Time-Machine*, NY 1981.

Literatur: M. M. Hennelly, *»The Time Machine«: A Romance of ›The Human Heart‹* (in Extrapolation, 20, 1979, S. 154–167). – D. J. Lake, *Images of Death in »The Time Machine«* (in Science Fiction Studies, 6, 1979, S. 77–84). – D. Suvin, *Metamorphoses of Science Fiction*, New Haven/Conn. 1979, S. 222–242. – R. Wasson, *Myth and Ex-Nomination of Class in »The Time Machine«* (in Minnesota Review, 15, 1980, S. 112–122). – Ders. *Myths of the Future* (in *The English Novel and the Movies*, Hg. M. Klein u. G. Parker, NY 1981, S. 187–196; zum Film v. 1960). – J. Huntington, *The Logic of Fantasy: H. G. W. and Science Fiction*, NY 1982. – H.-U. Seeber, *Utopien u. Biologen: Zu H. G. W.' »The Time Machine« u. »A Modern Utopia«* (in *Literarische Utopien von Morus bis zur Gegenwart*, Hg. K. L. Berghahn, Königstein/Ts. 1983, S. 172–190). – R. J. Begiebing, *The Mythic Hero in H. G. W.'s »The Time Machine«* (in Essays in Literature, 11, 1984, S. 201–210). – V. Hollinger, *Deconstructing »The Time Machine«* (in Science Fiction Studies, 14, 1987, S. 201–221). – K. Tucker, *»The Time Machine«: H. G. W.' Early Fable of Human Identity* (in Journal of Evolutionary Psychology, 9, 1988, S. 352–363). – R. A. Berger, *The Film Version of H. G. W.'s »The Time Machine« and the Cold War* (in Literature/Film Quarterly, 17, 1989, S. 177–187; zum Film v. 1960). – K. Hume, *Eat or Be Eaten: H. G. W.'s »Time Machine«* (in PQ, 69, 1990, S. 233–251).

TONO-BUNGAY

(engl.; *Tono-Bungay*). Roman von Herbert George Wells, in Fortsetzungen erschienen 1908/09 in ›English Review‹, Buchausgabe 1909. – George Ponderevo, der Ich-Erzähler dieser fiktiven

Autobiographie, verbringt seine Kindheit vorwiegend in den Bedientenkammern des feudalen Familiensitzes Bladesover, wo seine Mutter als Haushälterin arbeitet. Da er schon frühzeitig zu erkennen gibt, daß er weder das Klassensystem noch die christliche Tugendlehre respektiert, wird er in die Obhut seines Onkels Edward gegeben, eines in der südenglischen Kleinstadt Wimblehurst lebenden, von einer großen Karriere träumenden Apothekers. Hier erwacht Georges Interesse an der Naturwissenschaft, der er sich so zielstrebig widmet, daß er schließlich zum Studium in London zugelassen wird. Bald taucht auch sein Onkel dort auf, der Bankrott gemacht hat und seine ganze Hoffnung auf eine von ihm »erfundene« Feld-Wald-und-Wiesen-Medizin setzt, der er den geheimnisvollen Namen »Tono-Bungay« gegeben hat. Eine auf die Dummheit der Menschen zielende Werbekampagne macht das Präparat zum Verkaufsschlager und Edward zum Millionär. Trotz großer Skrupel nimmt George das lukrative Angebot des Onkels an und wird dessen Verkaufsschef und Marktberater. Er erlebt einen raschen finanziellen Aufstieg, der es ihm erlaubt, sich in der Freizeit seinen Experimenten mit Segelflugzeugen und Ballons zu widmen. Sein Privatleben ist dagegen, wie der Rückblick auf seine gescheiterte Ehe und seine leidenschaftliche, ebenfalls unglücklich endende Beziehung zu seiner standesbewußten aristokratischen Jugendgeliebten zeigt, eine einzige Kette von Mißerfolgen. Als seinem Onkel, der ständig neuen Projekten nachjagt und einem aufwendigen Lebensstil huldigt, erneut der Ruin droht, läßt sich George zu einer Schiffsexpedition nach Mordet, einer ostafrikanischen Insel, überreden, wo er illegal *»quap«*, eine radioaktive Substanz, laden soll, deren Besitz den Ponderevos eine Monopolstellung verschaffen würde. Das gefährliche Unternehmen, in dessen Verlauf George die rebellischen Matrosen in Schach halten muß und einen Eingeborenen tötet, endet mit einem Schiffbruch und dem Verlust der gesamten Ausbeute. Nach England zurückgekehrt, muß er seinem geschäftlich ruinierten und des Betrugs bezichtigten Onkel in einem von ihm selbst entworfenen Flugzeug zur Flucht nach Frankreich verhelfen, wo Edward kurz nach der Landung stirbt. Am Schluß seines Lebensberichts sagt sich George desillusioniert vom kapitalistischen Wirtschaftssystem, das er so lange unterstützt hat, los. Er will nur noch der »Wahrheit und Wissenschaft« dienen – und konstruiert Kriegsschiffe.

Die Hauptschwäche von Wells' ambitioniertestem sozialkritischem Roman liegt in der Anlage des Protagonisten, den der Autor häufig zum Sprachrohr seiner eigenen Überzeugung von der überragenden Bedeutung der Naturwissenschaft und Technik für die Zukunft der Menschheit macht, der aber in der ihm zugedachten Rolle als Gradmesser für soziale Übel kaum überzeugt. Als Charakterporträt wird George, der eine seltsame Mischung aus romantisch-sentimentalen Vorstellungen und Fortschrittsglauben ist, von der DICKENS nachempfundenen Gestalt seines halbgebildeten, aber nach »Höherem« strebenden, temperamentvoll-exzentrischen Onkels überschattet. Erzählerische Höhepunkte des mit langen Erörterungen überfrachteten Romans sind die Bladesover-Szenen, in denen Wells der Perspektive des gegen seine Umwelt rebellierenden Jungen glänzende ironische Effekte abgewinnt, sowie die Schilderung von Georges Erfahrungen während der Expedition. Die Satire auf hemmungsloses Unternehmertum und Leichtgläubigkeit der Massen erweist Wells als bissigen Kritiker der sozialen Situation in der spätviktorianischen und Edwardianischen Ära. J.v.Ge.

AUSGABEN: Ldn. 1908/09 (in English Review, Dez. – März). – NY 1909. – Ldn. 1909. – Ldn. 1924–1927 (in *Works*, 28 Bde., 12; *Atlantic Ed.*). – Ldn. 1926/27 (in *Works*, 24 Bde., 7; Essex Ed.). – NY 1931. – NY 1962, Hg. N.H. Strouse [m. Einl.]. – Boston 1966, Hg. B. Bergonzi. – Ldn. 1972. – Lincoln (Nebr.)/Ldn. 1978, Hg. B. Bergonzi.

ÜBERSETZUNGEN: *Der Traum*, O. Mandl, H.M. Reiff u. H.E. Redtenbacher, Bln. 1927. – *Tono-Bungay*, G. Zoller u. H. v. Sauter, Ffm./Bln. 1983 (Ullst. Tb).

LITERATUR: W. H. G. Halfmann, *H. G. W.: Vereinigung von Pazifismus u. Imperialismus u. ihre Grundlagen in der englischen Literatur* (in Englische Studien, 59, 1925, S. 193–259). – M. Schorer, *Technique as Discovery* (in *Forms of Modern Fiction*, Hg. W. V. O'Connor, Minneapolis 1948, S. 9–29). – K.N. Newell, *The Structure of H. G. W.' »Tono-Bungay«* (in ELT, 4, 1961, S. 1–8). – D. Lodge, *»Tono-Bungay« and the Condition of England* (in D. L., *Language of Fiction*, NY 1966, S. 214–242). – R.H. Costa, *H. G. W.'s »Tono-Bungay«: Review of New Studies* (in ELT, 10, 1967, S. 89–96). – L. Herbert, *»Tono-Bungay«: Tradition and Experiment* (in MLQ, 33, 1972, S. 140–155). – B. Bergonzi, *»Tono-Bungay«* (in B. B., *The Turn of a Century*, NY 1973, S. 72–98). – J.H. Buckley, *H. G. W.: The Hero as Scientist* (in J. H. B., *Season of Youth*, Cambridge/Mass. 1974, S. 186–203). – J.-P. Vernier, *»Tono-Bungay« et le crépuscule des nations* (in Études Anglaises, 28, 1975, S. 409–419). – A. C. Patterson, *Cyril Povey: The Emblem of Social Change* (in ELT, 19, 1976, S. 248–264). – J. Colmer, *The Modern ›Condition of England‹ Novel* (in J. C., *Coleridge to »Catch-22«*, NY 1978, S. 139 bis 161). – G. G. Harpham, *Minority Report: »Tono-Bungay« and the Shape of W.'s Career* (in MLQ, 39, 1978, S. 50–62). – L. R. Anderson, *Self and Society in H. G. W.'s »Tono-Bungay«* (in MFS, 26, 1980, S. 199–212). – J. Sommers, *W.'s »Tono-Bungay«: The Novel Within the Novel* (in StN, 17, 1985, S. 69–79). – J. Allett, *»Tono-Bungay«: The Metaphor of Disease in H. G. W.'s Novel* (in Queen's Quarterly, 93, 1986, S. 365–374). – J. Allett, *The Durkheimian Theme of Suicide in »Tono-Bungay«* (in The Wellsian, 13, 1990, S. 35–43).

THE WAR OF THE WORLDS

(engl.; *Der Krieg der Welten*). Roman von Herbert George WELLS, in Fortsetzungen erschienen in ›Pearson's Magazine‹, April–Dezember 1897, in Buchform 1898. – In der Nähe von Woking, Surrey, geht ein Flugkörper nieder, den Beobachter zunächst für einen Riesen-Meteoriten halten, der sich dann aber als Raumschiff vom Mars entpuppt. Spaziergänger und Bewohner der umliegenden Ortschaften eilen herbei und beobachten neugierig und arglos, wie der Metallzylinder von innen geöffnet wird und seltsame, ledersackähnliche Gestalten aussteigen. Die Wesen aus dem All, die nur aus Gehirn, Händen und einem Kreislaufsystem bestehen und die sich mittels einer Art Transfusion vom Blut anderer Lebewesen ernähren, beginnen sofort, ihre »Körper« zu montieren – riesenhafte Arbeits- und Kampfmaschinen. Ihre Hitzestrahlen brennen die friedlichen Zuschauer nieder. Nur wenige entgehen dem grauenhaften Massaker, unter ihnen der Ich-Erzähler, ein Philosoph und Schriftsteller, den die Landung der Marsianer aus der Arbeit an einer Studie über das Verhältnis zwischen zivilisatorischem Fortschritt und moralischem Handeln aufgeschreckt hat. Seine weiteren schreckensvollen Erlebnisse stellen eine drastische Stellungnahme Wells' zum Fortschrittsoptimismus seiner Zeitgenossen dar.

Es erweist sich, daß die Marsianer den Erdbewohnern technologisch weit überlegen sind: Jede Nacht landet ein weiterer Flugkörper, immer mehr Kampfmaschinen eilen mit ameisenhafter Beweglichkeit übers Land, verbrennen kurzerhand ganze Armeen, radieren mit ihren Waffen alles Leben aus, »desinfizieren« ganze Landstriche mit Giftgas. Die Invasoren bauen ihre Brückenköpfe aus und bereiten sich auf die Eroberung der Erde vor. – Aus einem Abstand von sechs Jahren schildert der Roman in realistischen Einzelszenen den Leidensweg der Einwohner von Berkshire, Surrey, Middlesex und schließlich von London. Die Perspektive des ersten Erzählers wechselt mit der seines Bruders, der die verzweifelte Flucht der Massen aus der Hauptstadt zum Meer miterlebt, wo sie versuchen, sich auf Schiffe zu retten, um den Kontinent zu erreichen. Innerhalb weniger Tage bricht die Gesellschaftsordnung zusammen, fallen zivilisierte Menschen in die Barbarei zurück. In dieser hoffnungslosen Lage scheinen die Überlebenden dazu verurteilt, entweder als eine Art Schlachtvieh unter der Herrschaft der fremden Intelligenzen dahinzuvegetieren oder als Widerstandskämpfer eine rattenhafte Untergrundexistenz zu führen. Da tritt eine überraschende Wendung ein: Die Marsianer fallen einem Gegner zum Opfer, mit dem sie nicht gerechnet haben: irdischen Krankheitserregern. Reglos stehen die Kampfmaschinen in der Landschaft. Krähen und Hunde zerreißen die überdimensional entwickelten Gehirne.

Die Schockwirkung, die das Buch auf die zeitgenössischen Leser ausübte, ist wohl nicht zuletzt darauf zurückzuführen, daß Wells mit exakten Orts- und Zeitangaben gearbeitet, die Handlung also im vertrauten Erlebnisraum seiner Landsleute angesiedelt hat. Er schreckte sie aus ihrer viktorianischen Selbstgerechtigkeit auf, zeigte ihnen die Kehrseite des technischen Fortschritts. Sie sollten verstehen lernen, wie es etwa den Eingeborenen einer Kolonie zumute war, wenn ein waffenstrotzendes englisches Kriegsschiff dort vor Anker ging: »*Die Tasmanier wurden, obwohl sie wie Menschen aussahen, in einem von europäischen Auswanderern angezettelten Vernichtungskrieg innerhalb von fünfzig Jahren völlig ausgerottet. Sind wir wirklich solche Apostel der Barmherzigkeit, daß wir uns rechtens beklagen könnten, falls die Marsianer den gleichen Krieg gegen uns führten?*« – Was bei Wells Kritik am Imperialismus und Warnung vor allzu großem Fortschrittsoptimismus war, geriet den meisten seiner Nachfolger zum reinen Horrorstück. Davon ist auch Orson WELLES nicht auszunehmen, der den Stoff als Hörspiel bearbeitete. Als angebliche Lifesendung wurde es am 30. 10. 1938 vom New Yorker CBS ausgestrahlt und rief im ganzen Land eine Panik hervor. Noch heute zehren die Verfasser primitiver Fernsehserien und Gruselfilme von Wells' menschenfeindlichen Invasoren aus dem All, ungeachtet jener Science-fiction-Autoren, die sich – optimistischer als Wells – ernsthaft Gedanken darüber machen, ob und wie eine friedliche Begegnung mit außerirdischen Intelligenzen stattfinden könnte (z. B. Chad OLIVER in *Unearthly Neighbors* und Robert HEINLEIN in *Red Planet*).

W. J.

AUSGABEN: Ldn. 1897 (in Pearson's Magazine, Apr.–Dez.). – Ldn. 1898. – NY 1898. – Ldn. 1924–1927 (in *Works*, 28 Bde., 10; *Atlantic Ed.*). – Ldn. 1926/27 (in *Works*, 24 Bde., 13; *Essex Ed.*). – Harmondsworth 1946 u. ö. – NY 1963 (in *Three Novels*; ern. 1978). – Ldn. 1975. – Ldn. 1983.

ÜBERSETZUNGEN: *Der Krieg der Welten*, G. A. Crüwell, Wien 1901. – Dass., ders. u. C. Schmölders, Zürich 1974 (detebe).

DRAMATISIERUNG: C. L. Graves u. E. V. Lucas, *The War of the Venuses*, Bristol 1898.

BEARBEITUNG: O. Welles, *The War of the Worlds* (Hörspiel; Ursendung: NY, 30. 10. 1938, CBS-Radio).

VERFILMUNGEN: USA 1953 (Regie: B. Haskin). – *The War of the Worlds – The Next Century*, Polen 1981 (Regie: P. Szulkin; Adaption des Hörspiels v. O. Welles).

VERTONUNG: J. Wayne, *The War of the Worlds*, 1978 (Pop-Oper; CBS).

LITERATUR: H. Cantril, *The Invasion from Mars: A Study in the Psychology of Panic with the Complete Script of the Famous Orson Welles Broadcast*, Princeton/N.J. 1940. – G. S. Morson, *The War of the*

Well(e)s (in Journal of Communication, 29, 1979, S. 10–20). – P. Parrinder, *H. G. W.: »The War of the Worlds«*, Ldn. 1981 (York Notes). – W. Faulstich, *Medienästhetik u. Mediengeschichte: Mit einer Fallstudie zu »The War of the Worlds« von H. G. W.*, Heidelberg 1982. – Ders., *Jeff Wayne: »The War of the Worlds«: Analyse u. Interpretation einer Popmusik-Oper*, Tübingen ²1983. – K. Hume, *The Hidden Dynamics of »The War of the Worlds«* (in PQ, 62, 1983, S. 279–292). – C. Manlove, *Dualism in W.'s »The Time Machine« and »The War of the Worlds«* (in Riverside Quarterly, 8, 1990, S. 173–181).

PELHAM GRENVILLE WODEHOUSE

* 15.10.1881 Guildford / Surrey
† 14.2.1975 New York

LITERATUR ZUM AUTOR:
R. B. D. French, *P. G. W.*, Edinburgh 1966. – R. J. Voorhees, *P. G. W.*, NY 1966 (TEAS). – H. W. Wind, *The World of P. G. W.*, Ldn. 1972; 1981. – *Homage to P. G. W.*, Hg. T. Cazalet-Keir, Ldn. 1973. – R. A. Hall, *The Comic Style of P. G. W.*, Hamden/Conn. 1974. – O. D. Edwards, *P. G. W.: A Critical and Historical Essay*, Ldn. 1977. – G. Jaggard, *Wooster's World*, Sevenoaks 1979. – P. G. Wodehouse, *W. on W.*, Ldn. 1980 [enth. *Bring on the Girls, Performing Flea* u. *Over Seventy*]. – N. T. P. Murphy, *In Search of Blandings*, Carshalton 1981. – *P. G. W.: A Centenary Celebration 1881–1981*, Hg. J. H. Heineman u. D. R. Benson, NY/Ldn. 1981. – B. Green, *P. G. W.: A Literary Biography*, Ldn. 1981. – F. Donaldson, *P. G. W.: A Biography*, NY 1982. – R. J. Voorhees, *P. G. W.* (in DLB, Bd. 34, 1985, S. 331–342).

THE INIMITABLE JEEVES

(engl.; *Ü: Jeeves rettet die Situation*). Achtzehn Erzählungen von Pelham Greenville WODEHOUSE, erschienen 1923. – *»Tatsache ist, daß Kammerdiener mich stets fasziniert haben«*, bekennt der Autor in seiner Autobiographie *Over Seventy* (1957). *The Inimitable Jeeves* ist der erste einer Serie von Erzählungsbänden (u. a. *Very Good, Jeeves*, 1930; *Thank you, Jeeves*, 1934; *Right Ho, Jeeves*, 1934; *The Code of the Woosters*, 1938), in denen Wodehouse der legendären Figur des englischen Kammerdieners ein literarisches Denkmal gesetzt hat. Sein Jeeves ist ein Muster an Takt, Verschwiegenheit, Selbstbeherrschung und praktischer Vernunft. Unnachahmlich souverän laviert er seinen Herrn und Schützling Bertie Wooster, den Ich-Erzähler dieser Stories, einen reichen jungen Hohlkopf, dessen Mentalität sich auch in den teuersten englischen Schulen nicht über die eines Fünfzehnjährigen hinausentwickelt hat, durch die Untiefen des Lebens. Immer wieder gerät Bertie in Situationen, die mit Geld allein nicht zu bewältigen sind, und jedes Mal hilft ihm Jeeves gleich einer fürsorglichen Mutter, die ihr täppisches Kind vor Schaden bewahren will, mit Rat und Tat aus der Klemme. Das seltsame Gespann bewegt sich in einer Welt, die der Autor mit den Requisiten altmodischer musikalischer Komödien und Farcen ausgestattet hat und in der Typen wie Berties imponierend gebieterische Tante Agatha oder sein dandyhafter, stets in Liebesaffären verwickelter Freund Bingo Little auftreten, von den heiratsfähigen höheren Töchtern und den spleenigen alten Lords ganz zu schweigen. Die meisten der lose aneinandergereihten Episoden enden damit, daß Jeeves' Intelligenz und Schläue über den unterentwickelten Verstand seines Herrn triumphieren. Als beispielsweise Berties wettfreudige Freunde ein Handicap veranstalten, in dem es darum geht, welcher Pfarrer des Bezirks am Sonntag die längste Predigt halten wird, ist Jeeves, wie stets, besser als Bertie über die Dinge informiert, die sich hinter den Kulissen abspielen, und schöpft bei diesem *»sportlichen Ereignis«* den Rahm ab *(The Great Sermon Handicap)*.

Die beiden Protagonisten dieser ohne sozialkritische Ambition geschriebenen Geschichten aus dem »guten alten England« vor dem Ersten Weltkrieg gehören bis heute zu den populärsten Figuren der humoristischen englischen Literatur. Ihre Wirkung nicht nur auf das breite Publikum, sondern auch auf zahlreiche Kritiker verdanken sie vor allem den stilistischen Kunstgriffen ihres Schöpfers. Wodehouse läßt Jeeves, Bertie Wooster und Konsorten in einer unwiderstehlich komischen Mischung aus Understatements und gespreiztem High-Society-Englisch, aus Studentenjargon, umständlicher Beamtensprache und den in politischen Reden beliebten Klischees sprechen und garniert ihre Unterhaltungen mit mehr oder weniger verballhornten Zitaten verschiedensten Ursprungs. – *»Mr. Wodehouses idyllische Welt kann nie veralten«*, sagte Evelyn WAUGH, *»... er hat eine Welt für uns geschaffen, in der wir leben und uns amüsieren können.«* J.v.Ge.

AUSGABEN: Ldn. 1923. – NY 1923 *(Jeeves)*. – Lpzg. 1935 (in *Works*, 38 Bde., 1924–1939, 28). – Harmondsworth 1975 (Penguin). – Ldn. 1977.

ÜBERSETZUNG: *Jeeves rettet die Situation*, Lpzg. 1933.

BEARBEITUNG: C. N. Parkinson, *Jeeves: A Gentleman's Personal Gentleman*, Ldn. 1979.

LITERATUR: R. J. Voorhees, *W. at the Top of His Form* (in Univ. of Windsor Review, 16, 1981, S. 13–25). – E. Späth, *P. G. W.'s »Jeeves«: The Butler as Superman* (in *Functions of Literature*, Hg. U. Broich u. a., Tübingen 1984, S. 269–281).

Virginia Woolf

* 25.1.1882 London
† 28.3.1941 River Ouse bei Lewes / Sussex

Literatur zur Autorin:
Bibliographien und Forschungsberichte:
R. Majumdar, *V. W.: An Annotated Bibliography of Criticism 1915–1974*, NY 1976. – A. Maack, *Aspekte der W.-Kritik* (in LWU, 11, 1978, S. 230–253). – B. J. Kirkpatrick, *A Bibliography of V. W.*, Oxford [3]1980. – T. J. Rice, *V. W.: A Guide to Research*, NY 1984. – C. Schöneich, *V. W.*, Darmstadt 1989 (EdF). – A. u. V. Nünning, *A Survey of Recent Developments in V. W. Criticism* (in LWU, 24, 1991, Nr. 1, S. 41–64).
Biographien:
Q. Bell, *V. W.*, Ldn./NY 1972 (vgl. TCL, 20, 1974, S. 96–113). – J. O. Love, *V. W.*, Berkeley 1977. – G. Spater u. I. Parsons, *Marriage of True Minds: An Intimate Portrait of Leonard and V. W.*, Ldn. 1977. – R. Poole, *The Unknown V. W.*, NY 1978. – P. Rose, *Woman of Letters: A Life of V. W.*, Oxford 1978. – S. Trombley, *All that Summer She Was Mad: V. W. and Her Doctors*, Ldn. 1981. – J. Gindin, *Method in the Biographical Study of V. W.* (in Biography, 4, 1981, Nr. 2, S. 95–107). – W. Waldmann, *V. W. mit Selbstzeugnissen und Bilddokumenten*, Reinbek 1983 (rm; zul. 1990). – L. Gordon, *V. W.: A Writer's Life*, Oxford 1984 (dt.: *V. W.: Leben einer Schriftstellerin*, Ffm. 1987). – J. Klein, *V. W.: Genie-Tragik-Emanzipation*, Mchn. 1984. – E. L. Bishop, *A V. W. Chronology*, NY/Ldn. 1988. – L. DeSalvo, *V. W.: The Impact of Childhood Sexual Abuse on Her Life and Work*, Boston 1989.
Gesamtdarstellungen und Studien:
R. Friedman, *The Lyrical Novel*, Princeton/N.J. 1963. – J. Guiguet, *V. W. and her Works*, Ldn. 1965. – J. O. Schaefer, *The Three-Fold Nature of Reality in the Novels of V. W.*, Den Haag 1965. – H. Marder, *Feminism and Art: A Study of V. W.*, Chicago/Ldn. 1968. – H. Richter, *V. W.: The Inward Voyage*, Princeton/N.J. 1970. – E. Dölle, *Experiment und Tradition in der Prosa V. W.s*, Mchn. 1971. – *V. W.: A Collection of Critical Essays*, Hg. C. Sprague, Englewood Cliffs/N.J. 1971. – N. T. Bazin, *V. W. and the Androgynous Vision*, New Brunswick/N.J. 1973. – A. v. B. Kelley, *The Novels of V. W.: Fact and Vision*, Chicago/Ldn. 1973. – A. McLaurin, *V. W.: The Echoes Enslaved*, Ldn. 1973. – J. Naremore, *The World Without Self: V. W. and the Novel*, New Haven/Conn. 1973. – J. Alexander, *The Venture of Form in the Novels of V. W.*, Port Washington (N.Y.)/Ldn. 1974. – A. Fleishman, *V. W.: A Critical Reading*, Baltimore 1975. – J. Novak, *The Razor Edge of Balance: A Study of V. W.*, Coral Gables 1975. – *V. W.: A Collection of Criticism*, Hg. T. S. W. Lewis, NY 1975. – *V. W.: The Critical Heritage*, Hg. R. Majumdar u. A. McLaurin, Ldn. 1975. – M. A. Leaska, *The Novels of V. W.*, NY 1977. – H. Lee, *The Novels of V. W.*, Ldn. 1977. – S. R. Gorsky, *V. W.*, Boston/Mass. 1978; ern. 1989 (TEAS, 243). – T. E. Apter, *V. W.: A Study of Her Novels*, Ldn./Basingstroke 1979. – B. A. Schlack, *Continuing Presences: V. W.'s Use of Literary Allusions*, University Park/Pa. 1979. – *V. W.: Revaluation and Continuity*, Hg. R. Freedman, Berkeley 1979. – M. DiBattista, *V. W.'s Major Novels: The Fables of Anon*, New Haven/Ldn. 1980. – L. A. Poresky, *The Elusive Self: Psyche and Spirit in V. W.'s Novels*, Newark/N.J. 1981. – W. Wicht, *V. W., James Joyce, T. S. Eliot: Kunstkonzeptionen u. Künstlergestalten*, Bln. 1981. – *New Feminist Essays on V. W.*, Hg. J. Marcus, Lincoln/Nebr. 1981. – W. Erzgräber, *V. W.: Eine Einführung*, Mchn./Zürich 1982. – B. R. Silver, *V. W.'s Reading Notebooks*, Princeton/N.J. 1983. – E. Steele, *V. W.'s Literary Sources and Allusions: A Guide to the Essays*, NY/Ldn. 1983. – *V. W.: New Critical Essays*, Hg. P. Clements u. I. Grundy, Ldn./Totowa (N.J.) 1983. – *V. W.: Centennial Essays*, Hg. E. K. Ginsburg u. L. M. Gottlieb, Troy/N.Y. 1983. – *V. W.: A Feminist Slant*, Hg. J. Marcus, Lincoln/Nebr. 1983. – *V. W.: A Centenary Perspective*, Hg. E. Warner, NY 1984. – D. Dowling, *Bloomsbury Aesthetics and the Novels of Forster and W.*, Ldn. 1985. – S. M. Squier, *V. W. and London: The Sexual Politics of the City*, Chapel Hill/N.C. 1985. – J. J. Wilson, *V. W.* (in DLB, Bd. 36, 1985, S. 292–313). – M. Hussey, *The Singing of the Real World: The Philosophy of V. W.'s Fiction*, Columbus/Oh. 1986. – J. Marcus, *V. W. and the Language of Patriarchy*, Bloomington/Ind. 1986. – Th. Riedl, *Emanzipation bei V. W.: Eine Studie zu ihrer nichtfiktionalen Prosa*, Essen 1986. – E. B. Rosenman, *The Invisible Presence: V. W. and the Mother – Daughter Relationship*, Baton Rouge 1986. – L. P. Ruotolo, *The Interrupted Moment: A View of V. W.'s Novels*, Stanford 1986. – A. Zwerdling, *V. W. and the Real World*, Berkeley 1986. – *V. W.: Modern Critical Views*, Hg. H. Bloom, NY 1986. – J. M. Paul, *The Victorian Heritage of V. W.*, Norman/Okla. 1987. – E. Steele, *V. W.'s Rediscovered Essays: Sources and Allusions*, NY/Ldn. 1987. – *V. W. and Bloomsbury*, Hg. J. Marcus, Ldn. 1987. – R. Bowlby, *V. W.: Feminist Destinations*, Oxford/NY 1988. – D. F. Gillespie, *The Sisters' Arts: The Writing and Painting of V. W. and Vanessa Bell*, Syracuse/N.Y. 1988. – C. R. Miller, *V. W.: The Frames of Art and Life*, NY/Ldn. 1988. – M. Minow-Pinkney, *V. W. and the Problem of the Subject*, New Brunswick/N.J. 1988. – E. Abel, *V. W. and the Fiction of Psychoanalysis*, Chicago 1989. – D. R. Baldwin, *V. W.: A Study of the Short Fiction*, Boston 1989. – S. Dick, *V. W.*, Ldn./NY 1989. – S. McNichol, *V. W. and the Poetry of Fiction*, Ldn./NY 1989. – J. Wheare, *V. W.: Dramatic Novelist*, NY/Ldn. 1989. – E. L. Bishop, *V. W.*, Ldn./NY 1990. – A. Fox, *V. W. and the Literature of the English Renaissance*, Oxford 1990. – V. Nünning, *Die Ästhetik V. W.s: Eine Rekonstruktion ihrer philoso-*

phischen u. ästhetischen Grundanschauungen auf der Basis ihrer nichtfiktionalen Schriften, Ffm. 1990. – L. DeSalvo, *V. W.: Die Auswirkung sexuellen Mißbrauchs auf ihr Leben u. Werk*, Mchn. 1990. – S. Roe, *Writing and Gender: V. W.'s Writing Practice*, Brighton 1990. – S. Hotho-Jackson, *Zwischen Tradition u. Moderne: Geschichte bei V. W.*, Heidelberg 1990. – P. Batchelor, *V. W.: The Major Novels*, Cambridge 1991. – H. M. Kastinger Riley, *V. W.*, Bln. 1991. – P. Laurence, *The Reading of Silence: V. W. in the English Tradition*, Stanford 1991. – J. Mepham, *V. W.: A Literary Life*, Ldn./Basingstoke 1991. – A. u. V. Nünning, *V. W. zur Einführung*, Hbg. 1991. – *V. W.*, Hg. A. Lavizzari, Ffm. 1991 (st).

BETWEEN THE ACTS

(engl.; *Ü: Zwischen den Akten*). Roman von Virginia Woolf, postum erschienen 1941. – Nachdem Woolfs kontrovers beurteiltes letztes Werk, *Between the Acts*, das im Zeitraum von 1938 bis 1941 entstand und erst nach dem Freitod der Autorin veröffentlicht wurde, lange Zeit wenig Beachtung fand, haben sich weite Teile der Kritik in den letzten zwanzig Jahren die Einschätzung der Autorin zu eigen gemacht und den Roman zu Recht als Quintessenz ihres Schaffens gewürdigt. Woolf setzt in *Between the Acts* ihr Bemühen um eine Erneuerung der Romanform, mit der sie seit den zwanziger Jahren experimentiert hatte, konsequent fort. Durch die Integration dramatischer und lyrischer Elemente überschreitet sie in diesem Spätwerk erneut Gattungsgrenzen; zudem erprobt sie neue Formen der Darstellung von kollektivem Bewußtsein.

Wie in *Mrs. Dalloway* ist die Gegenwartshandlung, die im Jahre 1939 spielt und von der Angst vor dem Ausbruch des Krieges überschattet wird, auf einen Junitag begrenzt, an dem Freunde und Bekannte der Familie Oliver auf deren Landsitz Pointz Hall zusammenkommen. Sie wollen der Laienaufführung eines von Miss La Trobe verfaßten Historienspiels beiwohnen, in dem verschiedene Epochen der englischen Geschichte (das Elisabethanische Zeitalter, die Restaurationszeit und das 18. Jh., die Viktorianische Epoche und die fiktive Gegenwart) in vier Akten charakterisiert werden. In diesem Stück versucht Miss La Trobe, eine ambivalente Künstlerfigur, deren Stimmung zwischen Glauben an die einheitsstiftende Kraft der Kunst und verzweifelter Angst vor einem künstlerischen Fehlschlag oszilliert, kontingentes historisches Geschehen zu einer ästhetischen Einheit zu formen. Die Vorbereitung des jährlich stattfindenden Dorffestes und die Aufführung des in das Geschehen eingebetteten Schauspiels, das dem flüchtigen Augenblick den kontinuierlichen Fluß der Zeit gegenüberstellt und ihm historische Tiefendimension verleiht, bilden lediglich den äußeren Handlungsrahmen. Wie in Woolfs früheren experimentellen Romanen liegt der Akzent auf den komplex verknüpften Assoziationen, Gefühlen, Erinnerungen und Eindrücken der Zuschauer während der Aufführung und »zwischen den Akten«. Der für den Roman zentrale thematische Gegensatz zwischen Einheit und »Zersplitterung« *(dispersity)* zeigt sich in der Konstellation der Figuren, die wie in *The Years* aus drei Generationen stammen. Auf der einen Seite stehen diejenigen, die auf der Suche nach einer auf Einheit, umfassender Harmonie und Schönheit beruhenden Sinnhaftigkeit sind *(unifiers)*, auf der anderen die Gruppe der »Separatisten«, deren um Habsucht, Haß und Sex kreisende Gedanken von einer fatalistischen Ergebenheit gegenüber der sinnlosen und fragmentarisierten Existenz des modernen Menschen zeugen. Diese Opposition prägt etwa die konfliktreiche Beziehung zwischen der passiven, phantasievollen und melancholischen Isabella Oliver und ihrem ebenso frustrierten wie aggressiven Ehemann Giles, wobei deren Ehe zugleich auf die zeitlose Problematik der zwischen Liebe und Haß schwankenden Spannungen zwischen den Geschlechtern verweist, die auch in dem aufgeführten Theaterstück thematisiert wird.

In der dramatisierten Vergegenwärtigung von Historie entspricht dieser Kontrastierung unterschiedlicher Weltanschauungen eine Darstellung der Geschichte Englands, der zufolge die ursprüngliche Einheit der Gemeinschaft seit der frühen Neuzeit zunehmend Zerfallserscheinungen unterworfen war, die in der für die Moderne kennzeichnenden Fragmentarisierung gipfelten. Außer im stark stilisierten Historienspiel kommt auch in den zum Publikum gehörenden Geschwistern Bartholomew Oliver und Lucy Swithin, die trotz ihrer unterschiedlichen Einschätzung von Intuition und Rationalität beide gleichermaßen von der Tradition englischer Geschichte und Literatur geprägt sind, Woolfs lebenslanges Interesse an historischen Themen zum Ausdruck. Im (auch für den Roman *Orlando* charakteristischen) Zurücktreten der politischen Geschichte zugunsten von Literatur-, Geistes- und Sozialgeschichte schlägt sich Woolfs Auffassung nieder, daß die Entscheidungen großer Persönlichkeiten nur insofern wichtig sind, als sie das Leben durchschnittlicher Menschen betreffen. Mit der Gegenüberstellung zyklischer, progressiver und degenerativer Geschichtsauffassungen wirft der Roman die Frage nach der Tragfähigkeit der – am Vorabend des Zweiten Weltkrieges bedrohten – Zivilisation und Kultur auf, die allerdings ebenso unbeantwortet bleibt wie die vom fiktiven Publikum diskutierte Frage nach der Bedeutung des Historienspiels.

Die Einbindung aller Phänomene in den Zusammenhang der – sinnhafte Kontinuität ermöglichenden – Geschichte und die durchgängige Auseinandersetzung mit den Themen »Geschichtsbewußtsein« und »Geschichtsbewältigung« verleihen dem zwischen epischen und dramatischen Passagen alternierenden Werk eine einheitliche Struktur. Die kohärenzstiftenden lyrischen Elemente des in Versform gehaltenen Schauspiels durchziehen den Roman leitmotivisch in Form eines komplexen Netzwerks von literarischen Anspielungen und Bildern, wobei Woolfs Modifizierung traditioneller Geschichtsmetaphern wie »Haus« und »Baum« konventionellem Fortschrittsdenken eine Absage erteilt. Indem Woolf bei der Darstellung der gemeinschaftlichen Reaktion des Publikums auf das Historienspiel die Grenzen zwischen den Perspektiven der einzelnen Figuren teilweise verwischt, macht sie ein kollektives Geschichtsbewußtsein sichtbar, hinter dem eine spezifisch britische Mentalität aufscheint. Mit seiner hybriden Form ist dieser ungewöhnliche Roman (der sich wie *The Waves* einer Einordnung nach herkömmlichen Gattungsbegriffen entzieht) seit der wegweisenden Arbeit von A. Fleishman (1971) mit Gewinn als ein neuer Typus des historischen Romans interpretiert worden. A.Nü.

Ausgaben: Ldn. 1941. – NY 1941. – Ldn. 1953 u. ö. *(Uniform Ed.)*. – Ldn. 1961. – NY 1970. – Ldn. 1974. – Ldn. 1978. – NY 1983 (*Pointz Hall: The Earlier and Later Typescripts of »Between the Acts«*, Hg. M. A. Leaska).

Übersetzung: *Zwischen den Akten*, H. E. u. M. Herlitschka, Ffm. 1963. – Dass., dies., Ffm. 1978 u. ö. (FiTb).

Literatur: R. Watkins, *Survival in Discontinuity: V. W.'s »Between the Acts«* (in Mass. Review, 10, 1969, S. 356–376). – A. Fleishman, *The English Historical Novel: Walter Scott to V. W.*, Baltimore 1971, S. 233–255. – A. Y. Wilkinson, *A Principle of Unity in »Between the Acts«* (in *V. W.: A Collection of Critical Essays*, Hg. C. Sprague, Englewood Cliffs/N.J. 1971, S. 145–154). – M. S. Shanahan, *»Between the Acts«: V. W.'s Final Endeavour in Art* (in TSLL, 14, 1972, S. 123–138). – F. Stadtfeld, *V. W.s letzter Roman: ›more quintessential than the others‹* (in Anglia, 91, 1973, S. 56–76). – S. M. Kenney, *Two Endings: V. W.'s Suicide and »Between the Acts«* (in Univ. of Toronto Quarterly, 44, 1975, S. 265–289). – D. F. Gillespie, *V. W.'s Miss La Trobe: The Artist's Last Struggle against Masculine Values* (in Women and Literature, 5, 1977, S. 38–46). – J. Little, *Festive Comedy in W.'s »Between the Acts«* (ebd., S. 26–37). – R. S. Lyons, *The Intellectual Structure of V. W.'s »Between the Acts«* (in MLQ, 38, 1977, S. 149–166). – A. Zwerdling, *»Between the Acts« and the Coming of War* (in Novel, 10, 1977, S. 220–236). – J. Wyatt, *Art and Allusion in »Between the Acts«* (in Mosaic, 11, 1977/78, S. 91–100). – B. H. Fussell, *W.'s Peculiar Comic World: »Between the Acts«* (in *V. W.: Revaluation and Continuity*, Hg. R. Freedman, Berkeley 1980, S. 263–282). – N. Eisenberg, *V. W.'s Last Words on Words: »Between the Acts« and ›Anon‹* (in *New Feminist Essays on V. W.*, Hg. J. Marcus, Ldn. 1981, S. 253–266). – *A Concordance to »Between the Acts« by V. W.*, Hg. J. M. Haule u. P. H. Smith, Oxford 1982. – J. H. Miller, *»Between the Acts«: Repetition as Extrapolation* (in J. H. M., *Fiction and Repetition: Seven English Novels*, Cambridge/Mass. 1982, S. 203–231). – M. Boyd, *The Art Theme in »Between the Acts«* (in Studies in English Literature, Tokio 1983, S. 49–64). – S. Sears, *Theater of War: V. W.'s »Between the Acts«* (in *V. W.: A Feminist Slant*, Hg. J. Marcus, Lincoln/Nebr. 1983, S. 212–235). – T. C. Beattie, *Moments of Meaning Dearly Achieved: V. W.'s Sense of Ending* (in MFS, 32, 1986, S. 521–541). – I. Weber, *Die Sprache des Schweigens in V. W.s Roman »Between the Acts«* (in *Theorie u. Praxis im Erzählen des 19. u. 20. Jh.s*, Hg. W. Herget u. a., Tübingen 1986, S. 141–152). – E. Barret, *Matriarchal Myth on a Patriarchal Stage: V. W.'s »Between the Acts«* (in TCL, 33, 1987, S. 18–37). – J. L. Johnston, *The Remediable Flaw: Revisioning Cultural History in »Between the Acts«* (in *V. W. and Bloomsbury*, Hg. J. Marcus, Basingstoke/Ldn. 1987, S. 253–277). – P. Maika, *V. W.'s »Between the Acts« and Jane Harrison's »Con/Spiracy«*, Ann Arbor/Mich. 1987. – H. Marder, *Alienation Effects: Dramatic Satire in »Between the Acts«* (in PLL, 24, 1988, S. 423–435). – M. Hussey, *Reading and Ritual in V. W.'s »Between the Acts«* (in Anima, 15, 1989, Nr. 2, S. 89–99). – P. K. Joplin, *The Authority of Illusion: Feminism and Fascism in V. W.'s »Between the Acts«* (in South Central Review, 6, 1989, Nr. 2, S. 88–104). – M. Cuddy-Keane, *The Politics of Comic Modes in V. W.'s »Between the Acts«* (in PMLA, 105, 1990, S. 273–285).

THE COMMON READER

(engl.; *Ü: Der gewöhnliche Leser*). Essaysammlung von Virginia Woolf, erschienen 1925. – In Auswahl und Zusammenstellung der teilweise bereits früher veröffentlichten und hier zu einer neuen Einheit zusammengefügten Essays werden Woolfs Vorstellungen von Literatur, Geschichte und Literaturkritik deutlich. In den sorgfältig überarbeiteten Essays stellt die Autorin jeweils das Charakteristische einer Person, eines literarischen Werks, einer Gattung oder eines allgemeinen literarischen Problems wie der Beziehung zwischen Autor und Leser *(The Patron and the Crocus)* heraus. Woolf verwendet in diesen Essays, die im Tonfall eines ungezwungenen Gesprächs gehalten sind, häufig Vergleiche und Metaphern, um literarhistorische Informationen und ästhetische Maßstäbe in einer anschaulichen, scheinbar spielerischen Weise zu vermitteln. Sie bemüht sich, ihre Leser zur eigenen Lektüre anzuregen, und verzichtet daher völlig auf dogmatische Belehrung.

Durch die Wahl des Titels, den sie dieser und einer weiteren, 1932 als *The Common Reader, Second Series* veröffentlichten Essaysammlung gab, signalisiert Woolf bereits, daß sich ihre Literaturkritik nicht an den gelehrten Experten, sondern an den allgemeinen Durchschnittsleser richtet, der zu seinem Vergnügen liest. In bewußter Abgrenzung von der Autorität professioneller Literaturkritiker und Wissenschaftler nimmt Woolf selbst die Rolle des *Common Reader* ein und stellt sich damit auf eine Stufe mit ihren nichtakademischen Lesern. Anstatt die Bedeutung eines Werks abstrakt zu erläutern, wirbt sie um Interesse für Literatur und versucht, zur eigenen Urteilsbildung anzuregen und zu befähigen. Stets darum bemüht, Hemmschwellen und Vorurteile abzubauen, knüpft sie bei historisch oder geographisch entlegenen Werken an das Vorwissen zeitgenössischer englischer Leser an. So konzediert sie etwa in *Notes on an Elizabethan Play* zunächst, daß die Lektüre elisabethanischer Dramen eine Tortur sein kann, um dann die unterschiedliche Wirklichkeitsauffassung der Elisabethaner zu erläutern, die den Zugang zu Werken aus jener Zeit erschwert.

Der großen Bedeutung, die Woolf den soziokulturellen Gegebenheiten der Entstehungszeit eines Werkes beimaß, trägt sie zum einen dadurch Rechnung, daß die Erörterung einzelner Werke oft mit Informationen über den historischen Hintergrund angereichert ist, zum anderen durch die Anordnung der Essays: Zwischen Aufsätze zum Werk eines Schriftstellers *(Defoe, Joseph Conrad)* oder zu ihren berühmten Vorgängerinnen Jane Austen und George Eliot setzt Woolf biographische Porträts bekannter und völlig unbekannter Personen (*Rambling Round Evelyn, The Duchess of Newcastle*, bzw. *Laetitia Pilkington, Miss Mitford, Archbishop Thomson*). Auch im Einleitungsessay *The Pastons and Chaucer*, durch dessen Anordnung die chronologische Reihenfolge der Essays durchbrochen wird, unterstreicht Woolf, daß die geistesgeschichtlichen Umstände eine wesentliche Voraussetzung für das Verständnis von Literatur bilden. Zunächst evoziert sie die Lebensumstände der Familie Paston, die die Werke Chaucers las, um dann die Merkmale von dessen Erzählungen vor dem Hintergrund der Entstehungszeit zu erläutern.

Woolf versucht außerdem, den Leser für formale Aspekte literarischer Werke zu sensibilisieren und ihm ästhetische Maßstäbe für die Beurteilung von Literatur nahezubringen, denn für sie gehört ein abschließendes Urteil ebenso zur Lektüre wie ein verständnisvolles und vorurteilsfreies Sich-Einlassen auf Literatur. Ihre Überzeugung von der Autonomie des Kunstwerks, der eine rigide Trennung von Kunst und Propaganda zugrunde liegt, prägt auch ihre Vorstellung von der spezifischen Wirkung von Kunst, die moralische Werte durch die Form des Werks vermittelt und tiefere Bewußtseinsveränderungen veranlassen kann als Predigten. Woolfs Literaturkritik war auch von dem Ziel bestimmt, die Voraussetzungen für eine angemessene Rezeption moderner Literatur, insbesondere neuer Formen des Romans, zu schaffen. In *Modern Fiction* erörtert sie die Probleme zeitgenössischer Autoren, die für eine Leserschaft schrieben, deren Erwartungshaltung durch die Konventionen des realistischen Romans aus dem 19. Jh. geprägt war. Mit ihrer Kritik an den obsoleten erzählerischen Verfahren, die von den zu ihrer Zeit sehr populären Romanciers A. Bennett, H. G. Wells und J. Galsworthy nach wie vor verwendet wurden, warb Woolf um Verständnis für ihr Programm des »neuen Romans«, das eine Anpassung der Gattungskonventionen an die veränderte Wirklichkeitsauffassung der Moderne forderte.

Ihre bewußte Distanzierung von akademischer Literaturkritik und philologischer Fachsprache sowie ihre unterhaltsame Vorgehensweise trugen Woolf lange den Ruf einer impressionistischen Kritikerin ein, die lediglich subjektive Eindrücke festhalte und keine ästhetischen Maßstäbe besitze. Woolfs umfangreiches essayistisches Werk, das mehr als 800 (zum größten Teil zuerst in Zeitschriften erschienene) Rezensionen und Essays umfaßt, von denen postum zunächst nur ein kleiner Teil in Sammelbänden wie *Granite and Rainbow*, 1958 *(Granit und Regenbogen)*, und in den von ihrem Ehemann Leonard herausgegebenen vierbändigen *Collected Essays* (1966/67) nachgedruckt wurde, rechtfertigt es durchaus, sie als *»die letzte der großen englischen Essayisten«* (A. McNeillie) zu bezeichnen. Die Voraussetzung für eine umfassende Würdigung ihrer nichtfiktionalen Schriften wird durch die auf sechs Bände projektierte Gesamtausgabe McNeillies (1986 ff.) geschaffen, die eine vollständige chronologische Rekonstruktion von Woolfs essayistischem Werk unternimmt. V.Nü.

AUSGABEN: *The Common Reader*: Ldn. 1925. – NY 1925. – Ldn. 1929. – Harmondsworth 1938 (Penguin). – NY 1955. – Ldn. 1984, Hg. A. McNeillie. – *The Common Reader: Second Series*: Ldn. 1932. – NY 1932 *(The Second Common Reader by V. W.)*. – NY 1948 *(The Common Reader: First and Second Series)*. – Ldn. 1986 (*The Common Reader: Second Series*), Hg. A. McNeillie. – *The Essays of V. W.*, Bd. I: 1904–1912, Ldn. 1986; Bd. II: 1912–1918, Ldn. 1987; Bd. III: 1919–1924, Ldn. 1988, Hg. jeweils A. McNeillie.

ÜBERSETZUNG: *Der gewöhnliche Leser/Der gewöhnliche Leser 2*, H. Faden u. H. Viebrock, 2 Bde., Ffm. 1989 (*GW*, Hg. K. Reichert).

LITERATUR: M. P. King, *The Price of Awareness: V. W. as Practitioner-Critic*, Diss. Univ. of Texas, Austin 1962. – S. Henig, *The Literary Criticism of V. W.*, Diss. NY 1969. – M. Goldman, *V. W. and the Critic as Reader* (in *V. W.: A Collection of Critical Essays*, Hg. C. Sprague, Englewood Cliffs/N.J. 1971, S. 155–168). – B. C. Bell u. C. Ohman, *V. W.'s Criticism: A Polemical Preface* (in *Feminist Literary Criticism: Explorations in Theory*, Lexington/Ky. 1975, S. 48–61). – M. Goldman, *The Reader's Art: V. W. as Literary Critic*, Den Haag 1976. – V. L. Sharma, *V. W. as Literary Critic: A Revaluation*, New Delhi 1977; 21980. – R. Wellek, *V. W. as Critic* (in Southern Review, 13, 1977, S. 419–437). – M. Barrett, *Introduction* (in *V. W.: Women and Writing*, Hg. dies., Ldn. 1979, S. 1–36). – T. M. McLaughlin, *V. W.'s Criticism: Interpretation as Theory and as Discourse* (in Southern Humanities Review, 17, 1983, S. 241–253). – V. Nünning, *V. W. als Literaturkritikerin* (in *V. W.*, Hg. A. Lavizzari, Ffm. 1991, S. 179–200).

JACOB'S ROOM

(engl.; *Ü: Jacobs Raum*). Roman von Virginia WOOLF, erschienen 1922. – Im gleichen Jahr veröffentlicht wie James JOYCE' *Ulysses*, T. S. ELIOTS *The Waste Land* und Edith SITWELLS *Façade*, die die moderne Erzählkunst und Lyrik revolutionierten, zeigt dieser Roman auch Virginia Woolf auf der Suche nach neuen, einer veränderten Wirklichkeitserfahrung angemessenen Darstellungstechniken. – Wie Joyce sieht sie die Aufgabe des modernen Romanciers darin, die ganze Komplexität des Lebens in einer Fülle heterogener Sinneseindrücke zu erfassen, deren »Ordnung« einzig das sie empfangende Bewußtsein bestimmt.

Der junge, scheue, intelligente und sehr belesene Jacob Flanders (der viele Züge des frühverstorbenen Bruders der Autorin, Thoby, trägt) ist nicht mehr der handelnde Held, wie er noch für den Roman des 19. Jh.s charakteristisch war. Seine Lebenswelt erschließt sich vielmehr in prismatischer Brechung durch sein Bewußtsein und das anderer Figuren, die Impulse aus ihrer Umwelt aufnehmen und ihrer Individualität entsprechend verarbeiten. Der diffusen Wirklichkeit, die von allen Seiten auf ihn eindringt, versucht Jacob sich zu entziehen, indem er nach einem ganzheitlichen Weltbild strebt. So repräsentiert er jene Geisteshaltung, die der Erste Weltkrieg zum Anachronismus deklassierte. Enttäuscht von der Mechanik des wissenschaftlichen Lehrbetriebs, verläßt er Cambridge, wo er im Jahr 1906 sein Studium begann, und geht nach London. Dort hat er mehrere flüchtige Freundschaften und Liebeserlebnisse, die ihm seine Einsamkeit nur noch deutlicher zum Bewußtsein bringen. Inmitten der Großstadtwüste wird Jacobs Zimmer zu einer Eremitage des Geistes, in der er bis spät in die Nacht die Werke der griechischen Klassiker und der Elisabethaner, nicht aber die zeitgenössischer »Literaten« wie Shaw und Wells, liest und darüber die Gegenwart vergißt. Als er erkennen muß, daß die moderne Zivilisation über seinesgleichen unbekümmert hinweggeht, verläßt er England und reist über Paris nach Italien und Griechenland. Im Parthenon und in andern klassischen Kunstdenkmälern erkennt er den Ausdruck harmonischer Schöpferkraft, aber durch dieses Erlebnis zeitloser Schönheit und Größe verliert er endgültig jede Bindung an die heterogene Wirklichkeit seines eigenen Jahrhunderts. Daß diese Wirklichkeit schließlich doch im Leben des sensiblen Individualisten Jacob Flanders das letzte Wort behält, gibt dem Schluß des Romans die tragisch-ironische Note. Im Kriegsinferno, in dem die den Roman durchziehende Todesthematik gipfelt, verwischt sich die Spur Jacobs – ähnlich der Hans Castorps aus Thomas MANNS *Zauberberg*. Am Ende gähnt das leere Londoner Zimmer, das mit dem Tod des Vierundzwanzigjährigen in Flandern seinen Symbolcharakter verloren hat und in das nun die Laute der Wirklichkeit dringen.

Die fiktive Biographie des Jacob Flanders, die thematisch in der Tradition des Bildungsromans steht, wird vermittelt in Form einer kaleidoskopischen Folge von flüchtigen Augenblicken, symbolischen Situationen, Gesprächsfetzen und Bildern. Die fragmentarische Erzählstruktur schlägt sich sowohl in der Behandlung von Raum und Zeit als auch in der Darstellung der Hauptfigur nieder, die *»aus einer Reihe von Bruchstücken eines unvollendeten Mosaiks in einem prinzipiell unabgeschlossenen Prozeß der Rekonstruktion«* (C. Schöneich) entsteht. Eine Entwicklung seines subjektiven Bewußtseins findet nicht statt. Jacob bleibt bis zu seinem Ende, was er immer gewesen ist: ein Mensch auf der Suche nach jener Einheit des Denkens und Fühlens, die seiner Zeit verlorenging. Aus der Unvereinbarkeit von Traum und Wirklichkeit ergibt sich auch die formale Spannung dieses experimentellen Erzählwerks. Die Erzählerin setzt den Assoziationen Jacobs bisweilen ihre eigene Perspektive entgegen, gesteht aber ein, daß auch sie nicht fähig ist, Jacobs Innenleben vollständig zu durchdringen. Die starke Bildhaftigkeit ihrer rhythmischen Prosa manifestiert sich in kühnen surrealistischen Vergleichen, in den zum Teil glänzend satirischen Charakterskizzen und expressionistischen Landschaftsschilderungen sowie in den Passagen über das Lebensgefühl des modernen Großstadtmenschen. Diese Großstadtbilder sind gleichsam mit den Farbwerten (vor allem gelb erscheint immer wieder) und Strichtechniken Van Goghs und der Nachimpressionisten gemalt, denen damals Virginia Woolfs besonderes Interesse galt. W.D.-KLL

AUSGABEN: Ldn. 1922. – NY 1923. – Ldn. 1929 u. ö. *(Uniform Ed.)*. – Ldn. 1945. – Ldn. 1954. – NY 1959 [zus. m. *The Waves*]. – Harmondsworth 1965 (Penguin). – Ldn. 1976. – NY 1978.

ÜBERSETZUNG: *Jacobs Raum*, G. K. Kemperdick, Ffm. 1981. – Dass., ders., Ffm. 21987 (FiTb).

LITERATUR: E. M. Forster, *The Early Novels of V. W.* (in E. M. F., *Abinger Harvest*, NY 1936, S. 106–115). – F. Stanzel, *Die Erzählsituation in V. W.s »Jacob's Room« und »To the Lighthouse«* (in GRM, N.F. 4, 1954, S. 196–213). – C. G. Hoffman, *›From Lunch to Dinner‹: V. W.'s Apprenticeship* (in TSLL, 10, 1969, S. 609–627). – B. S. Morgenstern, *The Self-Conscious Narrator in »Jacob's Room«* (in MFS, 18, 1972, S. 351–361). – A. Maack, *Das Simultanerlebnis der Wirklichkeit: Zur Struktur von V. W.s Roman »Jacob's Room«* (in LWU, 10, 1972, Nr. 2, S. 88–103). – K. Schwank, *Bildstruktur u. Romanstruktur bei V. W.: Untersuchungen zum Problem der Symbolkonstitution in »Jacob's Room«, »Mrs. Dalloway« und »To the Lighthouse«*, Heidelberg 1975. – C. Ohmann, *Culture and Anarchy in »Jacob's Room«* (in ConL, 18, 1977, Nr. 2, S. 160–172). – R. Freedman, *The Form of Fact and Fiction: »Jacob's Room« as Paradigm* (in *V. W.: Revaluation and Continuity*, Hg. ders., Berkeley 1980, S. 123–140). – J. Little, *»Jacob's Room« as Comedy: W.'s Parodic Bildungsroman* (in *New Feminist Essays on V. W.*, Hg. J. Marcus, Ldn.

1981, S. 105–124). – M. Church, *Joycean Structure in »Jacob's Room« and »Mrs. Dalloway«* (in M. C., *Structure and Theme: »Don Quixote« to James Joyce*, Columbus/Oh. 1983, S. 169–184). – R. Kiely, *»Jacob's Room« and »Roger Fry«: Two Studies in Still Life* (in *Modernism Reconsidered*, Hg. ders., Cambridge/Mass. 1983, S. 147–166). – J. Archer, *The Characterization of Gender-Malaise: Gazing Up at the Windows of »Jacob's Room«* (in *Gender Studies: New Directions in Feminist Criticism*, Hg. J. Spector, Bowling Green/Oh., 1986, S. 30–42). – E. L. Bishop, *The Shaping of »Jacob's Room«: W.'s Manuscript Revisions* (in TCL, 32, 1986, S. 115–135). – K. Dobie, *This is the Room that Class Built: The Structure of Sex and Class in »Jacob's Room«* (in *V. W. and Bloomsbury*, Hg. J. Marcus, Basingstoke/Ldn. 1987, S. 195–207). – *A Concordance to »Jacob's Room« by V. W.*, Hg. J.M. Haule u. P.H. Smith, Ann Arbor/Mich. 1988. – F. Kazan, *Description and the Pictorial in »Jacob's Room«* (in ELH, 55, 1988, S. 701–719). – A. Lavizzari, *Von »The Mark on the Wall« (1917) zu »Jacob's Room« (1922): V. W.s Aufbruch in die Moderne* (in *V. W.*, Hg. A. L., Ffm. 1991, S. 40–60).

MRS. DALLOWAY

(engl.; *Ü: Mrs. Dalloway*). Roman von Virginia Woolf, erschienen 1925. – Dieser Roman, in dem es der Autorin gelang, die neuen Darstellungstechniken, mit denen sie in *Jacob's Room* (1922) experimentiert hatte, weiterzuentwickeln und zu einer strukturierten Einheit zu formen, ist ein Markstein der modernen Erzählkunst – vergleichbar mit Joyce' *Ulysses* (1922) und Prousts *A la recherche du temps perdu* (1913–1927).

In ihrem Essay *Mr. Bennett and Mrs. Brown* (1924) hatte sich Woolf ironisch gegen die herkömmlichen Erzählkonventionen der »Edwardianer« Bennett, Wells und Galsworthy gewandt, indem sie erklärte, es sei nicht die Aufgabe des Romanciers, *»Lehren zu predigen, Lieder zu singen oder das Britische Weltreich zu verherrlichen«*, sondern die Psyche des Menschen zu ergründen und die fragmentierte Wirklichkeitserfahrung der Moderne mit neuen literarischen Mitteln darzustellen: *»Das Bewußtsein empfängt eine Myriade von Eindrücken – triviale, phantastische, vorüberhuschende oder solche, die sich mit stählernem Griffel eingraben. Von allen Seiten kommen sie, ein unaufhörlicher Schauer von ungezählten Atomen ... ist es nicht die Aufgabe des Romanciers, diesen sich wandelnden, diesen unbekannten und unumschriebenen Geist – ganz gleich, welche Verirrungen oder Komplexität er aufweisen mag – mit möglichst geringer Beimischung von Fremdartigem und Äußerlichem zu vermitteln?«* Entsprechend zieht Woolf in *Mrs. Dalloway* die erzählerische Konsequenz aus der Einsicht, daß im Bewußtsein des Menschen widersprüchliche Erfahrungen, momentane Stimmungen, sensorische Reize, halbbewußte Erinnerungen und flüchtige Eindrücke aneinandergereiht sind: Die Ereignischronologie und die Gesetze von Raum und Zeit werden zugunsten von ausführlicher Bewußtseinsdarstellung und kohärenzstiftender Leitmotivtechnik zurückgedrängt. Die Hauptfigur ist dementsprechend nicht mehr, wie im traditionellen Roman, ein handelnder Held und nicht mehr objektiv beschreib- oder kommentierbar, sondern stellt sich perspektivisch, gespiegelt in ihrer unmittelbaren Selbsterfahrung oder im Bewußtsein der Nebenfiguren dar.

Das äußere Geschehen des Romans ist auf einen einzigen Tag beschränkt, dessen chronologischer Ablauf nur die Punkte markiert, von denen die Bewußtseinsabläufe der Figuren ihren Ausgang nehmen. Die zweiundfünfzigjährige Clarissa Dalloway gibt an diesem Junitag des Jahres 1923 eine ihrer berühmten Abendgesellschaften, bei denen sich Mitglieder der *upper class* Londons treffen. Am Morgen kauft sie in der Bond Street Blumen und schlendert dann durch den Regent's Park nach Hause. Dort erhält sie überraschend den Besuch ihres aus Indien zurückgekommenen Jugendfreunds Peter Walsh, trifft Vorbereitungen für die Einladung, unterhält sich kurz mit ihrem vielbeschäftigten Gatten Richard, der Parlamentsmitglied ist, und entläßt ihre siebzehnjährige Tochter Elizabeth mit der Erzieherin Miss Kilman zu einem Nachmittagsspaziergang. Am Abend erfüllt sie die konventionellen Pflichten der Gastgeberin und sieht ihre Jugendfreundin Sally Seton, die jetzige Lady Rossiter, wieder. – Im Mittelpunkt des zeitlich parallel dazu verlaufenden zweiten Handlungsstranges steht der nervenkranke Kriegsveteran Septimus Warren-Smith, der von Woolf als Doppelgänger Clarissas konzipiert wurde und der sich am Ende des Romans durch seinen Selbstmord der Einweisung in eine Nervenheilanstalt entzieht. – Die äußere Handlung wird fast ausschließlich durch die Reflexionen und Erinnerungen Mrs. Dalloways und der übrigen Figuren perspektivisch gebrochen vermittelt. Strukturiert wird das Geschehen durch die Glockenschläge des Big Ben, der das Motiv der verrinnenden Zeit versinnbildlicht (»The Hours« sollte der Roman ursprünglich heißen), während die Gedanken und Empfindungen im Bewußtsein der Figuren durch Vergangenheit und Gegenwart gleiten.

Der strahlende Frühsommermorgen erfüllt die Titelfigur mit einem intensiven Glücksgefühl, sie genießt das Leben und gibt sich ihm vorbehaltlos hin. Diese Hochstimmung schwindet, als sie zu Hause erfährt, daß ihr Mann eine Einladung zum Mittagessen angenommen hat, und als das Wiedersehen mit dem Jugendgeliebten Reflexionen über versäumte Möglichkeiten, über die Konventionalität ihrer Ehe und die Kühle und Sprödigkeit ihrer eigenen Gefühlswelt in ihr auslöst. Ihre Erinnerungsphasen führen zurück in die ungebundene, naiv-idealistische Vorstellungswelt ihrer Mädchenzeit und ihrer engen Freundschaft mit der romantischen Sally Seton. Vage homoerotische Momente mischen sich in diese Assoziationen, werden durchkreuzt von trivialen Gedankenfetzen und überlagert von Haßgefühlen gegenüber der fanatisch religiösen Miss Kilman. Während der Abendgesellschaft, bei der die unaufgelöste Diskrepanz zwischen oberflächlichen sozialen Konventionen und dem individuellen Erleben der Figuren die Ambivalenz des offenen Endes betont, erreicht das Ineinanderfließen von Sinneseindrücken, Empfindungen und Erinnerungen seinen Höhepunkt. Momenten, in denen Mrs. Dalloway ihre Rolle im Ritual der vornehmen Gesellschaft als Selbstentäußerung begreift, folgt immer wieder die Konzentration auf die üblichen Partygespräche. Die Nachricht vom Selbstmord des Septimus Warren-Smith, dessen Bewußtseinsvorgänge in den letzten Stunden seines Lebens kontrapunktisch zu Clarissa Dalloways routinemäßigem Tagesablauf dargestellt werden, und ihr empathisches Miterleben seines Todes verstärken am Ende Clarissas Bejahung des Lebens, ohne die Vergänglichkeit alles Lebendigen zu ignorieren.

Die Furcht vor der Vergänglichkeit hat, ebenso wie die Hingabe an den Augenblick, in dem Geflecht von Korrespondenzen, aus dem sich das Porträt Mrs. Dalloways facettenartig erschließt, leitmotivische Funktion. Gleichzeitig tauchen diese Motive, elegant ins Satirische gewendet, in der Charakterisierung der vornehmen Londoner Gesellschaft auf. Deren Wertvorstellungen werden durch die distanzierte Perspektive des Außenseiters Peter Walsh relativiert und durch die negative Darstellung des selbstgerechten Arztes Bradshaw kritisiert, dessen verständnislose Gleichgültigkeit und rationalistische Normalitätsvorstellung Septimus in den Tod treiben. – Souverän verbindet Virginia Woolf in diesem Roman traditionelle Erzählweisen (Beschreibung, direkte Rede) und moderne Stilmittel (innerer Monolog, erlebte Rede), die sie der jeweiligen Bewußtseinsebene entsprechend einsetzt und ebenso fließend ineinander übergehen läßt wie die Bewußtseinsströme der verschiedenen Figuren. Das äußerst dichte Netzwerk von Anspielungen und Bildern, das die beiden Handlungsstränge verknüpft und auch die späteren Werke der Autorin durchzieht, macht *Mrs. Dalloway* zu *»einem Werk von klassischer Geschlossenheit und innerer Ausgewogenheit«* (W. Erzgräber). W.F.S.-KLL

Ausgaben: Ldn. 1925. – NY 1925. – NY 1928. – Ldn. 1929 u. ö. *(Uniform Ed.)*. – Ldn. 1942. – Ldn. 1947. – NY 1949. – Harmondsworth 1964 (Penguin). – NY 1964. – Ldn. 1968. – Ldn. 1976. – NY 1981. – NY 1990. – San Diego/Calif. 1990.

Übersetzungen: *Eine Frau von fünfzig Jahren*, T. Mutzenbecher, Lpzg. 1928. – *Mrs. Dalloway*, dies., Lpzg. 1977 [rev.]. – Dass., H. E. u. M. Herlitschka, Ffm. 1955. – Dass., dies., Ffm. 1977 u. ö. (FiTb).

Literatur: E. A. Hungerford, *My Tunnelling Process: The Method of »Mrs. Dalloway«* (in MFS, 3, 1957, S. 164–167). – A. Page, *A Dangerous Day: Mrs. Dalloway Discovers Her Double* (ebd., 7, 1961, S. 115–124). – A. D. Moody, *The Unmasking of Clarissa Dalloway* (in Review of English Literature, 3, 1962, S. 67–79). – W. Erzgräber, *V. W.: »Mrs. Dalloway«* (in *Der moderne englische Roman*, Hg. H. Oppel, Bln. 1965, S. 160–200). – R. W. Weber, *Die Glocken von Big Ben: Zur Strukturfunktion der Uhrzeit in »Mrs. Dalloway«* (in DVLG, 39, 1965, S. 246–258). – C. G. Hoffmann, *From Short Story to Novel: The Manuscript Revisions of V. W.'s »Mrs. Dalloway«* (in MFS, 14, 1968, S. 171–168). – R. Tilak, *»Mrs. Dalloway«: A Critical Study*, New Delhi 1971. – A. Kettle, *»Mrs. Dalloway«*, Ldn. 1973. – J. M. Wyatt, *»Mrs. Dalloway«: Literary Allusion as Structural Metaphor* (in PMLA, 88, 1973, S. 440–451). – J. Hawthorn, *V. W.'s »Mrs. Dalloway«: A Study in Alienation*, Sussex 1975. – O. P. Sharma, *Feminism and Aesthetic Vision: A Study of V. W.'s »Mrs. Dalloway«* (in Women's Studies, 3, 1975, S. 61–73). – K. Hamburger, *»Mrs. Dalloway«* (in *Wissen aus Erfahrungen*, Hg. A. v. Borman u. a., Tübingen 1976, S. 712–723). – K. Moon, *Where is Clarissa? Doris Kilman and Recoil from the Flesh in V. W.'s »Mrs. Dalloway«* (in CLA, 23, 1980, S. 273–286). – S. H. Henke, *Mrs. Dalloway: The Communion of Saints* (in *New Feminist Essays on V. W.*, Hg. J. Marcus, Ldn. 1981, S. 125–147). – J. H. Miller, *»Mrs. Dalloway«: Repetition as the Raising of the Dead* (in J. H. M., *Fiction and Repetition: Seven English Novels*, Cambridge/Mass. 1982, S. 176–202). – E. Abel, *Narrative Structure(s) and Female Development: The Case of »Mrs. Dalloway«* (in *The Voyage In: Fictions of Female Development*, Hg. E. Abel u. a., Hanover/N.H. 1983, S. 161–185). – N. Armstrong, *A Language of One's Own: Communication and Modeling Systems in »Mrs. Dalloway«* (in Language and Style, 16, 1983, S. 343–360). – E. Jensen, *Clarissa Dalloway's Respectable Suicide* (in *V. W.: A Feminist Slant*, Hg. J. Marcus, Lincoln/Nebr. 1983, S. 162–179). – *A Concordance to »Mrs. Dalloway« by V. W.*, Hg. J. M. Haule u. P. H. Smith, Oxford 1984. – T. C. Beattie, *Moments of Meaning Dearly Achieved: V. W.'s Sense of Ending* (in MFS, 32, 1986, S. 521–541). – E. Bishop, *Writing, Speech, and Silence in »Mrs. Dalloway«* (in ESC, 12, 1986, S. 397–423). – W. Erzgräber, *›Reason in Madness‹ bei V. W. und Doris Lessing* (in *Studien zur englischen u. amerikanischen Prosa nach dem Ersten Weltkrieg*, Hg. M. Diedrich u. C. Schöneich, Darmstadt 1986, S. 21–34). – H. Marder, *Split Perspective: Types of Incongruity in »Mrs. Dalloway«* (in PLL, 22, 1986, S. 51–69). – E. Mendelson, *The Death of Mrs. Dalloway: Two Readings* (in *Textual Analysis: Some Readers Reading*, Hg. M.A. Caws, NY 1986, S. 272–280). – J. Pattison, *»Mrs. Dalloway« by V. W.*, Ldn. 1987. – *V. W.'s »Mrs. Dalloway«*, Hg. H. Bloom, NY 1988. – D. Guth, *›What a Lark! What a Plunge!‹: Fiction as Self-Evasion in »Mrs. Dalloway«* (in MLR, 84, 1989, Nr. 1, S. 18–25). – H. Richter, *The Ulysses Connection: Clarissa Dalloway's Bloomsday* (in StN, 21, 1989, S. 305–319). – J. Tambling, *Repression in Mrs. Dalloway's London* (in EIC, 39, 1989, Nr. 2, S. 137–155). – D. Guth,

Rituals of Self-Deception: Clarissa Dalloway's Final Moment of Vision (in TCL, 36, 1990, Nr. 1, S. 35–42). – D. Dowling, *»Mrs. Dalloway«: Mapping Stream of Consciousness*, Boston 1991.

ORLANDO. A Biography

(engl.; *Ü: Orlando. Die Geschichte eines Lebens*). Roman von Virginia WOOLF, erschienen 1928. – Dieser humorvollste Roman Virginia Woolfs, der zunächst als eine amüsante fiktionale Biographie ihrer Freundin und Schriftstellerkollegin Vita SACKVILLE-WEST geplant war, stellt gewissermaßen eine Schaltstelle zwischen *To the Lighthouse* (1927) und *The Waves* (1931) dar. Mit der Stimme eines pompösen Biographen, dessen Ideal detailgetreuer Faktizität Woolf als Fiktion entlarvt, um so den Stil der traditionellen Biographie zu parodieren, schildert die Autorin die Erlebnisse ihres Phantasiegeschöpfes Orlando, die dreieinhalb Jahrhunderte umspannen, Orlando selbst aber nur zwanzig Jahre älter werden lassen.

Als Sechzehnjähriger tritt die Titelfigur dem Leser im Jahr 1586 erstmals gegenüber, am Schluß des Romans lebt sie, sechsunddreißigjährig und inzwischen zur Frau geworden, im Jahr 1928. Zunächst ist der literarisch ambitionierte junge Adlige Orlando ein Protegé Königin Elisabeths I., dann lebt er am Hof Jakobs I., wo er eine Liebesaffäre mit einer russischen Prinzessin hat, die ihn betrügt und verläßt. Vom Hof verbannt, widmet er sich in der Einsamkeit seines Schlosses der Lektüre und der Dichtkunst, verläßt dann, abgestoßen von der Zudringlichkeit einer rumänischen Herzogin, die Heimat und geht als Botschafter Jakobs II. nach Konstantinopel. Während eines Festes in seiner Residenz sinkt der inzwischen erst Dreißigjährige, der gerade die Herzogswürde erhalten hat, in tiefen Schlaf, erwacht nach sieben Tagen als Frau und akzeptiert diesen Geschlechtswandel (der, wie es im Buch heißt, zwar die Zukunft, nicht aber die Identität Orlandos verändert) ohne jede Erregung. Sie zieht eine Zeitlang mit Zigeunern umher, wird dann von Heimweh gepackt, kehrt in das England des frühen 18. Jh.s zurück, muß lange um ihren Familienbesitz prozessieren, geht weiterhin ihren von der jeweiligen literarischen Epoche bestimmten schriftstellerischen Neigungen nach und heiratet im 19. Jh. den Seeoffizier und Forschungsreisenden Marmaduke Bonthrop Shelmerdine. Nach ihrer letzten Metamorphose ist sie zu einer ausgeglichenen und selbständigen Dichterin des 20. Jh.s gereift, die männliche und weibliche Eigenschaften in sich vereinigt und sich nicht länger von opportunistischen Kritikern Literaturnormen vorschreiben läßt. Daß sie dank ihres androgynen Wesens nun ein gelungenes Werk schreiben kann, verweist auf Woolfs Ideal der Androgynität, das im Zentrum ihrer Theorie kreativen Schaffens steht.

Zahlreiche Details der »Biographie« Orlandos sind der Familiengeschichte der Sackvilles und dem Leben Vita Sackville-Wests entlehnt, der Woolf das Buch widmete: Das Stammschloß der Sackvilles, Knole, lieferte das Vorbild für Orlandos Residenz, und auch ihr Wappentier, der Leopard, ja sogar die Namen der Dienerschaft wurden übernommen. Für die Förderung, die Orlando den Dichtern Dryden und Pope angedeihen läßt, finden sich ebenfalls Parallelen in der Familiengeschichte der Sackvilles. – Ihre Absicht, die Biographie zu revolutionieren, setzte Woolf auch bei der Zeitbehandlung um: Wie bereits in *Mrs. Dalloway* und *To the Lighthouse* sagen die äußeren Lebensdaten der Kalenderzeit weniger über das wahre Ich eines Menschen aus als das subjektive Zeitempfinden der Titelfigur, das Vitas von einer jahrhundertealten Familientradition geprägtem Erleben nachempfunden ist. Daß Virginia Woolf die verschiedenen Kulturepochen Englands, die das Wesen Orlandos prägen, nicht retrospektiv oder nur als Vorgeschichte dessen schildert, was Orlando im Jahr 1928 darstellt, sondern daß sie ihn (bzw. sie) selbst durch die Jahrhunderte voranschreiten läßt, verleiht dem Roman seine phantastische Lebendigkeit und illustriert die prägende Kraft der Geschichte.

Das Thema der Doppelgeschlechtigkeit, das auch an der rumänischen Herzogin und an Marmaduke Shelmerdine durchgespielt wird, gibt der Autorin Gelegenheit, sich auf humorvolle und selbstironische Weise mit gesellschaftlichen Vorurteilen und den rigiden Rollenerwartungen an Frauen auseinanderzusetzen, wobei die feministischen Themen besonders im viktorianischen Abschnitt der »Biographie« eine Zuspitzung erfahren. Die drei für das Gesamtwerk Virginia Woolfs bedeutsamen Probleme des Ichs, der Zeit und des Unterschieds zwischen den Geschlechtern werden in *Orlando* aus der Distanz, die der Humor verleiht, gesehen und fast spielerisch bewältigt. Zum beschwingten Ton des Romans, der mit einem Netz von Anspielungen eine skizzenhafte Sozial- und Literaturgeschichte Englands vom 16. bis ins 20. Jh. entwirft, tragen die geistvolle Nachahmung literarischer Stile und vor allem das Spiel mit der biographischen Form bei, die Woolf in ähnlicher Weise in *Flush. A Biography* (1933) parodiert, einem Werk, in dem die fiktive Geschichte von Elizabeth Barrett Brownings Cockerspaniel erzählt wird. Obwohl der überzeichnete Biograph den Bericht immer wieder mit stoßseufzerähnlichen Hinweisen auf seine schwierige Aufgabe unterbricht, folgt Woolf den Spielregeln genau genug, um ihr Werk auch noch mit einem komisch-ernsten Vorwort und einem bewußt unzulänglichen Register auszustatten. – Trotz dieser eindeutig ironischen Elemente wurde *Orlando* im Buchhandel zunächst als Biographie geführt, was den Erfolg allerdings nicht verhinderte. Die Kritik wiederum betrachtete das Buch, das Merkmale des historischen Romans, des (phantastischen) Entwicklungsromans und der fiktiven Biographie vereinigt, lange Zeit als reine Spielerei und räumte ihm erst spät den ihm gebührenden Platz im Kanon der Werke Virginia Woolfs ein. W.Kl.-KLL

Ausgaben: Ldn. 1928. – NY 1928. – Ldn. 1933 u. ö. *(Uniform Ed.)*. – Ldn. 1942. – NY 1946. – NY 1960. – Ldn. 1964. – NY 1973. – Ldn. 1977.

Übersetzungen: *Orlando. Die Geschichte eines Lebens*, K. Lerbs, Lpzg. 1929. – *Orlando: Eine Biographie*, H. E. u. M. Herlitschka, Ffm. 1961. – Dass., dies., Ffm. 1977 u. ö. (FiTb). – Dass., B. Walitzek, Ffm. 1990 (*GW*, Hg. K. Reichert).

Literatur: F. Baldanza, *»Orlando« and the Sackvilles* (in PMLA, 70, 1955, S. 274–279). – J. Graham, *The Caricature Value of Parody and Fantasy in »Orlando«* (in Univ. of Toronto Quarterly, 30, 1961, S. 345–366). – H. German u. S. Kaehele, *The Dialectic of Time in »Orlando«* (in CE, 24, 1962, S. 35–41). – C. G. Hoffmann, *Fact and Fantasy in »Orlando«: V. W.'s Manuscript Revision* (in TSLL, 10, 1968/69, S. 435–444). – J. F. Stewart, *Historical Impressionism in »Orlando«* (in StN, 5, 1973, S. 71–85). – F. Kellermann, *A New Key to V. W.'s »Orlando«* (in ES, 59, 1978, S. 138–150). – E. M. Shore, *V. W., Proust, and »Orlando«* (in CL, 31, 1979, S. 232–245). – C. Snider, *A Single Self: A Jungian Interpretation of V. W.'s »Orlando«* (in MFS, 25, 1979, S. 263–267). – H. Skulsky, *V. W.'s »Orlando«: Metamorphosis as the Quest for Freedom* (in H. S., *Metamorphosis: The Mind in Exile*, Cambridge 1981, S. 195–222). – J. J. Wilson, *Why is »Orlando« Difficult?* (in *New Feminist Essays on V. W.*, Hg. J. Marcus, Ldn. 1981, S. 170–184). – T. S. W. Lewis, *Combining ›the advantages of fact and fiction‹: V. W.'s Biographies of Vita Sackville-West, Flush and Roger Fry* (in *V. W.: Centennial Essays*, Hg. E. K. Ginsberg u. L. M. Gottlieb, Troy/N.Y. 1983, S. 295–324). – K. Schwank, *›Granite and Rainbow‹: V. W.'s »Orlando« zwischen Historiographie u. Fiktion* (in Anglistik u. Englischunterricht, 24, 1984, S. 7–21). – *A Concordance to »Orlando« by V. W.*, Hg. J. M. Haule u. P. H. Smith, Oxford 1985. – M. Philipson, *Biography as Fiction: V. W.'s »Orlando«* (in Infini, 16, 1986, S. 77–85). – S. M. Squier, *Tradition and Revision in W.'s »Orlando«: Defoe and ›The Jessamy Brides‹* (in Women's Studies, 12, 1986, S. 167–177). – R. Hoberman, *Feminism and Biography: »Orlando« and »Flush«, V. W.'s ›Jokes‹* (in R. H., *Modernizing Lives: Experiments in English Biography 1918–1939*, Carbondale/Ill. 1987, S. 133–160). – S. E. Knopp, *If I Saw You Would You Kiss Me? Sapphism and the Subversiveness of V. W.'s »Orlando«* (in PMLA, 103, 1988, S. 24–34). – J. Little, *(En)gendering Laughter: W.'s »Orlando« as Contraband in the Age of Joyce* (in Women's Studies, 15, 1988, S. 179–191). – V. Nünning, *Voraussetzungssystem u. Produktionshandlungen V. W.s am Beispiel von »Orlando«* (in Siegener Periodicum zur Internationalen Empirischen Literaturwissenschaft, 7, 1988, Nr. 2, S. 347 bis 372). – E. Cooley, *Revolutionizing Biography: »Orlando«, »Roger Fry«, and the Tradition* (in South Atlantic Review, 55, 1990, Nr. 2, S. 71–83). – I. Schabert, *In Quest of the Other Person: Fiction as Biography*, Tübingen 1990, S. 66–84.

A ROOM OF ONE'S OWN

(engl.; *Ü: Ein Zimmer für sich allein*). Essay von Virginia Woolf, erschienen 1929. – Der Essay geht auf zwei Vorträge über das Thema *Women and Fiction* zurück, die Woolf im Oktober 1928 in Cambridge an den beiden Colleges für Frauen, Newnham und Girton, hielt. Das unterhaltsam und anschaulich geschriebene Buch, das sich an ein weibliches Publikum wendet und junge Frauen zum eigenständigen Nachdenken anregen will, erhebt keinen Anspruch auf Objektivität in der Darstellung. Woolf vermischt bei ihren originellen Reflexionen über die Stellung und die historischen Hindernisse für die Persönlichkeitsentwicklung der Frau in Geschichte und Literatur bewußt Fakten und Fiktion, vermeidet abstrakte Argumentation und überläßt die Antworten auf viele der aufgeworfenen Probleme ihren Zuhörerinnen.

Bereits im Titel des Essays ist eine der beiden Bedingungen genannt, die Woolf für die schöpferische Entfaltung einer Schriftstellerin für erforderlich hält: Erst die Abgeschlossenheit des eigenen Zimmers, das als Metapher die Privatsphäre der Frau symbolisiert, ermöglicht es einer Autorin, sich ungestört in kreative Arbeit zu versenken und selbständig zu denken. Woolfs zweite These, daß eine Autorin ein Jahreseinkommen von 500 Pfund benötige, um die erforderliche finanzielle Unabhängigkeit zu besitzen, verweist auf ihre Überzeugung, daß geistige Freiheit von materiellen Umständen abhängig ist und daß eine ausgewogene Einschätzung der Literatur von Frauen daher deren Lebensumstände berücksichtigen muß. Anhand einer Gegenüberstellung von zwei College-Mahlzeiten verdeutlicht Woolf, daß bereits die materielle Ausgangssituation für Männer und Frauen sehr unterschiedlich ist. Ein kurzer Versuch, die sozialhistorischen Bedingungen für die Armut von Frauen aufzuspüren, führt zu der ernüchternden Einsicht in die Unzulänglichkeit traditioneller Geschichtsschreibung, die Alltagswelt und Denkweisen von Frauen weitgehend ausblendet.

Um die begrenzten Entfaltungsmöglichkeiten und die Widerstände, auf die Frauen bei der Verwirklichung ihrer literarischen Ambitionen stießen, zu veranschaulichen, skizziert Woolf die imaginäre Laufbahn von Judith Shakespeare, einer von ihr erfundenen Schwester William Shakespeares: Obwohl Judith ebenso begabt ist wie ihr Bruder, hindern sie die familiäre Umgebung und die Verhältnisse an den Theatern daran, ihre kreativen Fähigkeiten zu entwickeln. Nachdem sie in London weder als Schauspielerin noch als Dramatikerin eine Beschäftigung findet, wird sie von einem Literaten mißbraucht und nach ihrem Selbstmord unter einer Wegkreuzung begraben. Anhand einer überblicksartigen Darstellung der englischen Frauenliteratur seit dem 17. Jh. rekonstruiert Woolf dann die literarische Tradition der Frau und verdeutlicht die Fülle an soziokulturellen und mentalen Schwierigkeiten, mit denen sich schreibende Frauen konfrontiert sahen.

Bis zum 18. Jh. galt die Veröffentlichung literarischer Werke als ein Verstoß gegen das vorherrschende Weiblichkeitsideal, das Künstlerinnen diskriminierte, weil es Bescheidenheit und Anonymität von der Frau verlangte. Neben den verschiedenen materiellen und ideologischen Hindernissen nennt Woolf den begrenzten Erfahrungshorizont der Frau, das weitgehende Fehlen einer weiblichen literarischen Tradition sowie bitteren Zorn gegenüber erlittenen Ungerechtigkeiten (der etwa Charlotte Brontës Werken oft einen unausgewogenen und anklagenden Charakter verleiht) als weitere Probleme, die es Autorinnen erschwerten, sich ungehindert auf ihre kreative Arbeit zu konzentrieren. Dagegen kann eine zeitgenössische Autorin nicht nur auf eine lange Tradition von Schriftstellerinnen zurückblicken, sondern sie genießt auch jene materielle Unabhängigkeit und geistige Ausgeglichenheit, die sie für die freie und umfassende Entfaltung ihrer künstlerischen Fähigkeiten braucht.

Im letzten Kapitel legt Woolf ihre vieldiskutierte Androgynitätstheorie dar, die von einigen feministischen Kritikerinnen als Bruch innerhalb der Argumentation angesehen wird, jedoch im Kontext ihrer Ästhetik eher als Fazit ihrer Darstellung aufgefaßt werden kann. Woolf benutzt das Bild eines Paares, das in ein Taxi steigt, als Symbol für einen ausgeglichenen Bewußtseinszustand, der für sie eine wichtige Voraussetzung ungehinderter Kreativität war. In diesem Idealzustand der Androgynie, der die Ganzheit des menschlichen Geistes symbolisiert, ermöglicht das harmonische Zusammenwirken »männlicher« und »weiblicher« Elemente die Integrität des individuellen künstlerischen Ausdrucks. Der Essay schließt mit einem Appell, durch eine solche ausgewogene und unverzerrte Umsetzung der eigenen Sicht von Realität die literarische Tradition zu bereichern.

Der von den Kritikern und Lesern positiv aufgenommene Essay wurde zu Woolfs bekanntester nichtfiktionaler Schrift und avancierte in der Folgezeit zu einem der meistzitierten Texte der Frauenforschung. Während Woolfs Androgynitätstheorie und ihre Einbeziehung der Literatur von Männern in feministischen Kreisen bis heute umstritten sind, antizipiert ihre Forderung nach einem Umschreiben der Geschichte neueste historiographische Entwicklungen wie Alltags-, Frauen- und Mentalitätsgeschichte. Mit ihrer geistreichen Polemik und ihren überzeugenden Schlußfolgerungen begründete Woolf zudem die Beschäftigung mit der literarischen Tradition der Frau sowie mit den Fragen nach weiblichem Schreiben und einer erweiterten Kanonbildung. V.Nü.

Ausgaben: Ldn. 1929. – NY 1929. – Ldn. 1930. – Harmondsworth 1945 (Penguin). – NY 1963. – Ldn. 1984 (in *A Room of One's Own and Three Guineas*, Hg. u. Einl. H. Lee).

Übersetzungen: *Ein Zimmer für sich allein*, R. Gerhardt u. W. Teichmann, Bln. 1978. – Dass., dies., Ffm. 1979 u. ö. (FiTb).

Literatur: J. C. Marcus, *Art and Anger* (in Feminist Studies, 4, 1978, Nr. 1, S. 69–99). – J. C. Salem, *On Naming the Oppressor: What W. Avoids Saying in »A Room of One's Own«* (in Women's Studies, 3, 1980, S. 209–218). – J. Burt, *Irreconcilable Habits of Thought in »A Room of One's Own« and »To the Lighthouse«* (in ELH, 49, 1982, S. 889–907). – K. G. Klein, *A Common Sitting Room: V. W.'s Critique of Women Writers* (in *V. W.: Centennial Essays*, Hg. E. K. Ginsberg u. L. M. Gottlieb, Troy/N.Y. 1983, S. 231–249). – A. Fox, *Literary Allusion as Feminist Criticism in »A Room of One's Own«* (in PQ, 63, 1984, Nr. 2, S. 145–162). – E. C. Jones, *Androgynous Vision and Artistic Process in V. W.'s »A Room of One's Own«* (in *Critical Essays on V. W.*, Hg. M. Beja, Boston 1985, S. 227–239). – H. Quadflieg, *»The Values of a Woman are not the Values of a Man.« Die Feministin V. W.* (in *V. W.*, Hg. A. Lavizzari, Ffm. 1991).

TO THE LIGHTHOUSE

(engl.; *Ü: Die Fahrt zum Leuchtturm*). Roman von Virginia Woolf, erschienen 1927. – In diesem Roman, in dem die Autorin Kindheitserinnerungen verarbeitet, führt Virginia Woolf die Motivik und Erzähltechnik von *Mrs. Dalloway*, ihrem ersten Meisterwerk, konsequent weiter und bringt sie zu noch größerer Vollendung. Wieder sind die Figuren um eine thematisch zentrale Frauengestalt, hier um Mrs. Ramsay, gruppiert, wieder wird das äußere Geschehen vorwiegend nicht durch einen übergeordneten Erzähler, sondern gespiegelt im Bewußtsein der verschiedenen Figuren wiedergegeben. Die klare Struktur des Romans, der keinen *plot* im herkömmlichen Sinn enthält, beruht auf strengen Konstruktionsprinzipien und auf einem Geflecht von Bildern, durch die die Impressionen und Erinnerungen der Figuren verknüpft werden.

To the Lighthouse ist in drei Teile gegliedert: Um ein kurzes lyrisches Mittelstück *(Time Passes)*, in dem das Verstreichen eines Jahrzehnts geschildert wird, sind spiegelbildlich die Darstellungen weniger Stunden zweier Tage angeordnet (*The Window* und *The Lighthouse*). Der in einem Ferienhaus an der schottischen Westküste von anderen Menschen abgeschirmte Personenkreis umfaßt die Familie Ramsay und ihre Sommergäste. Im ersten Teil wird ein Bootsausflug zum Leuchtturm auf der der Bucht vorgelagerten Insel geplant, ein Vorhaben, das wegen schlechten Wetters aufgegeben werden muß und erst zehn Jahre später – nach dem Tod Mrs. Ramsays und zweier ihrer acht Kinder – durchgeführt werden kann. Damit erhält der Roman, dessen Geschehen von vielen scheinbar unbedeutenden Ereignissen bestimmt ist, eine Strukturklammer, die noch dadurch betont wird, daß der Versuch der Künstlerin Lily Briscoe, das Haus der Ramsays zu malen, ebenfalls im ersten Teil scheitert und im letzten gelingt.

In der Überzeugung, daß die Wirklichkeit durch eine kausallogisch aufgebaute Handlung nicht adäquat erfaßt werden kann, legt Virginia Woolf das Gewicht auf den visionären Moment, in dem sich der Mensch der tieferen Realität, die gewöhnlich hinter einem chaotischen Wirbel atomisierter Impressionen verborgen ist, intuitiv nähern kann. Einen solchen Augenblick erleben die Ramsays und ihre Gäste beim Abendessen im ersten Teil, bei dem alle in überpersönlicher Harmonie an der Ganzheit des Lebens teilzuhaben vermögen. Die besondere Begabung Mrs. Ramsays, andere zu verstehen und zueinander zu führen, bestätigt sich auch, etwas komisch verfärbt, in ihrem Bestreben, Ehen zu stiften. Während Mrs. Ramsay menschliche Probleme intuitiv angeht, gelingt es dem sehr intelligenten Mr. Ramsay, hinter dem in manchen Zügen der Vater der Autorin, der viktorianische Literaturpapst Sir Leslie Stephen, sichtbar wird, gerade deshalb nicht, sie ganz zu begreifen, weil er sich ausschließlich rationaler Mittel bedient. Zwar ist für ihn, den Professor der Philosophie, die Problematik »Subjekt, Objekt und Wesen der Realität« beruflich von zentraler Bedeutung, doch erweist sich immer wieder, daß er sie mit seiner Logik und seiner einseitig faktischen Weltsicht nicht erfassen kann. Im »Alphabet der Wirklichkeit« kommt er, wie der Text ironisch nachzählt, immer nur bis zum Buchstaben Q. So wird er von der Autorin auch zum Vertreter des männlichen Prinzips des Verstandes stilisiert, dem sie mit seiner Frau die vor allem weibliche Intuition gegenüberstellt. Das wahre Ideal, hier durch eine Ehe angedeutet, wäre das der Androgynität, in dem beide Sehweisen eine harmonische Einheit eingehen.

Mr. Ramsay diskreditiert seine Rationalität aber auch dadurch, daß er sie aufgrund seines Egoismus und seiner Neigung zu väterlicher Tyrannei häufig nicht zur Klärung der Dinge, sondern lediglich zur Selbstbestätigung benützt, womit er seine Mitmenschen vor den Kopf stößt und sich seine Kinder zu Feinden macht. James Ramsays Haß auf den Vater löst sich erst bei jener endlich verwirklichten Fahrt zum Leuchtturm, bei der James die komplexe Natur aller Dinge verstehen lernt. Aber auch für Mr. Ramsay ist dieser in Erinnerung an seine tote Frau unternommene Ausflug bedeutungsvoll: Zum erstenmal vermag er zu seiner Tochter Cam und zu James vorzustoßen. Der Leuchtturm wird in diesem Zusammenhang zu einem vieldeutigen Symbol, das sowohl das Du des Mitmenschen als auch generell das Außer-Ich, zugleich aber das Feste und Beständige im Fluß der Dinge und schließlich sogar das Männliche bedeuten kann. Dieses Symbol, das sich trotz einer Vielzahl unterschiedlicher Interpretationen allen Festschreibungsversuchen entzieht, stellt die Dichterin immer wieder in Kontrast zum Meer, das für die dauernde Veränderlichkeit des Lebens, aber auch für die einende Harmonie und für das Weibliche steht. Die Fahrt übers Meer zum Leuchtturm wird in Parallele zur Vollendung von Lily Briscoes Gemälde gesetzt, die im gleichen Moment wie die andern ihre Vision der Harmonie hat. Bei ihr steht diese Vision noch eindeutiger unter dem Zeichen Mrs. Ramsays, die ihr für einen Augenblick hinter dem Fenster des Hauses erscheint.

Nahezu einhellig als eine der kompositorisch und sprachlich geglücktesten Leistungen Virginia Woolfs gewertet, wird *To the Lighthouse* oft neben die thematisch und erzähltechnisch verwandten Meisterwerke von James Joyce und Marcel Proust gestellt. W.Kl.-KLL

Ausgaben: Ldn. 1927. – NY 1927. – Ldn. 1930 u. ö. *(Uniform Ed.)*. – Ldn. 1938. – NY 1949. – Ldn. 1962. – Harmondsworth 1964 (Penguin). – NY 1964. – Ldn. 1977. – NY 1981. – Toronto 1982 (*The Original Holograph Draft*, Hg. S. Dick). – Ldn. 1984. – Ldn. 1988. – NY 1989.

Übersetzungen: *Die Fahrt zum Leuchtturm*, K. Lerbs, Lpzg. o. J. [1931]; ern. 1979 [rev.]. – Dass., H. E. u. M. Herlitschka, Ffm. 1956; ern. 1984. – Dass., dies., Ffm. 1979 u. ö. (FiTb).

Literatur: G. Pedersen, *Vision in »To The Lighthouse«* (in PMLA, 73, 1958, S. 585–600). – R. Cohn, *Art in »To the Lighthouse«* (in MFS, 8, 1962, S. 127–136). – E. Auerbach, *Mimesis*, Bern/Mchn. [4]1967, S. 488 ff. – K. May, *The Symbolism of Painting in »To the Lighthouse«* (in Review of English Literature, 8, 1967, S. 91–98). – W. A. Davenport, *»To the Lighthouse«*, Oxford 1969. – *V. W.: »To the Lighthouse«. A Casebook*, Hg. M. Beja, Ldn. 1970. – M. A. Leaska, *V. W.'s »Lighthouse«: A Study in Critical Method*, NY 1970. – *Twentieth Century Interpretations of »To the Lighthouse«*, Hg. T. A. Vogler, Englewood Cliffs/N.J. 1970. – S. McNichol, *V. W.: »To the Lighthouse«*, Ldn. 1971. – S. W. Proudfit, *Lily Briscoe's Painting: A Key to Personal Relationships in »To the Lighthouse«* (in Criticism, 13, 1971, S. 26–38). – A. Pratt, *Sexual Imagery in »To the Lighthouse«: A New Feminist Approach* (in MFS, 18, 1972, S. 417–431). – K. P. Steiger, *Der Romananfang von V. W.s »To the Lighthouse«* (in GRM, 54, 1973, S. 105–115). – W. Erzgräber, *Nachimpressionistische Anschauungen über Kompositionstechnik u. Farbsymbolik in V. W.s Roman »To the Lighthouse«* (in *Miscellanea Anglo-Americana*, Hg. K. Schuhmann u. a., Mchn. 1974, S. 148–183). – J. Mepham, *Figures of Desire: Narration and Fiction in »To the Lighthouse«* (in *The Modern English Novel*, Hg. G. Josipovici, Ldn. 1976, S. 149–185). – J. Lilienfeld, *›The Deceptiveness of Beauty‹: Mother Love and Mother Hate in »To the Lighthouse«* (in TCL, 23, 1977, S. 345–376). – L. Ruddick, *The Seen and the Unseen: V. W.'s »To the Lighthouse«*, Cambridge/Mass. 1977. – S. Dick, *The Restless Searcher: A Discussion of the Evolution of ›Time Passes‹ in »To the Lighthouse«* (in ESC, 5, 1979, S. 311–329). – M. Corner, *Mysticism and Atheism in »To the Lighthouse«* (in StN, 13, 1981, S. 408–423). – J. Lilienfeld, *Where the Spear Plants Grew: The Ramsays' Marriage in »To the Lighthouse«* (in *New Feminist Essays on V. W.*, Hg. J. Marcus, Ldn. 1981, S. 148–169). – *A Concordance to »To the Lighthouse« by V. W.*, Hg. J. M. Haule u.

P. H. Smith, Oxford 1983. – M. Gliserman, *V. W.'s »To the Lighthouse«: Syntax and the Female Center* (in American Imago, 40, 1983, Nr. 1, S. 51–101). – J. M. Haule, *›Le Temps passe‹ and the Original Typescript: An Early Version of the ›Time Passes‹ Section of »To the Lighthouse«* (in TCL, 29, 1983, S. 267 bis 311). – G. Beer, *Hume, Stephen, and Elegy in »To the Lighthouse«* (in EIC, 34, 1984, S. 33–55). – T. G. Matro, *Only Relations: Vision and Achievement in »To the Lighthouse«* (in PMLA, 99, 1984, S. 212–224). – B. L. Knapp, *V. W.: Impressionism and Cezannism in »To the Lighthouse«* (in *Word/Image/Psyche*, Hg. dies., Alabama 1985, S. 169 bis 199). – I. Bell, *›Haunted by Great Ghosts‹: V. W. and »To the Lighthouse«* (in Biography, 9, 1986, S. 150–175). – E. Greenwald, *Casting off from ›The Castaway‹: »To the Lighthouse« as Prose Elegy* (in Genre, 19, 1986, S. 35–57). – E. Abel, *›Cam the Wicked‹: W.'s Portrait of the Artist as Her Father's Daughter* (in *V. W. and Bloomsbury*, Hg. J. Marcus, Basingstoke/Ldn. 1987, S. 170–194). – J. W. Bicknell, *Mr. Ramsay was Young Once* (ebd., S. 52–67). – A. Kelley, *»To the Lighthouse«*, Boston 1987. – J. Mepham, *»To the Lighthouse« by V. W.*, Ldn. 1987. – *V. W.'s »To the Lighthouse«*, Hg. H. Bloom, NY 1988. – V. R. Hyman, *»To the Lighthouse« and Beyond: Transformations in the Narratives of V. W.*, NY 1988. – S. Raitt, *»To the Lighthouse«*, Brighton 1990. – S. Reid, *»To the Lighthouse«*, Ldn./Basingstoke 1991.

THE WAVES

(engl.; *Ü: Die Wellen*). Roman von Virginia WOOLF, erschienen 1931. – Noch radikaler als in ihren früheren Werken bricht Virginia Woolf in *The Waves* mit der traditionellen Erzähltechnik des englischen Romans, indem sie die äußere Wirklichkeit fast völlig hinter der reinen Innensicht zurücktreten läßt. Auf einen berichtenden Erzähler wird hier ebenso verzichtet wie auf eine greifbare Handlung und präzis fixierte Schauplätze und Szenen. Das gesamte Werk besteht aus den inneren Monologen von sechs Charakteren: Im Bewußtsein von Bernard, Louis, Neville, Rhoda, Jinny und Susan spiegeln sich Erlebnisse und Erfahrungen von der frühen Kindheit bis ins reife Erwachsenenalter. Dieser Entwicklungsprozeß wird in neun Phasen dargestellt, denen jeweils symbolhafte Schilderungen von Abschnitten eines Tages- und Jahresablaufs an der Meeresküste in den im Druckbild abgesetzten ›Interludien‹ vorangestellt sind. Der frühen Kindheit etwa entspricht ein Frühlingsmorgen, der Schulzeit ein Vormittag im Frühsommer. Die Bilder des Meeres, der Gezeiten und besonders der Wellen tauchen auch in den Monologen auf, so daß eine leitmotivartige Verbindung entsteht. Neben der thematischen Einheit ist es vor allem die zwingende Entwicklung der bereits in früher Kindheit ausgeprägten Charaktere, die dem Roman Geschlossenheit verleiht. Obgleich die Monologe nicht durch individuelle Sprechweisen differenziert, sondern in einer hochstilisierten, ausdruckskräftigen Sprache von stets gleichem Niveau verfaßt sind, vermittelt die Fülle der bedeutsamen Details und die Zuordnung von Leitmotiven, in denen sich die unterschiedlichen Lebenseinstellungen bildhaft ausdrücken, dem Leser ein bei aller Unvollständigkeit scharf umrissenes Bild der Romangestalten. Bernard ist aufgeschlossen, gesprächig und, als begabter Erzähler, ständig auf der Suche nach neuen literarischen Stoffen; die naturverbundene Susan versucht mit Erfolg, im Leben Fuß zu fassen, und will geben und nehmen; Rhoda flüchtet sich in eine Traumwelt und zieht sich in sich selbst zurück; Jinny ist sinnlich und jagt der Abwechslung nach; Neville liebt die Ordnung und strebt – auch als Lyriker – nach intellektueller Klarheit; Louis schließlich ist, obwohl seiner selbst nicht ganz sicher, im täglichen Leben und als Geschäftsmann erfolgreich. So ergibt sich eine Vielzahl von Gemeinsamkeiten und Kontrasten zwischen den sechs Figuren, die zunächst miteinander aufwachsen, sich dann trennen und später – in der Mitte des Romans – über ihren gemeinsamen Freund Percival, der eine harmonisierende Kraft darstellt, wieder zueinander finden. In der Liebe zu ihm finden sie sich zu einer überindividuellen, der tieferen Realität näheren Ganzheit zusammen, die nach Percivals unerwartet frühem Tod wieder in isolierte Einzelwesen zersplittert. Ihrer Individualität entsprechend nähert sich jede dieser Figuren, die unterschiedliche Möglichkeiten menschlicher Lebens- und Welterfahrung verkörpern, der Realität von einer anderen Seite, ohne sie je ganz zu erfassen; dies gelingt nur Percival, der instinktiv eins mit ihr ist. Ebenso hat jede Person ihre eigenen Momente der Erkenntnis: Rhoda z. B. bei der Ersteigung des spanischen Berges, von dem aus sie Afrika, einen von Europa völlig verschiedenen Kontinent, zu erblicken hofft; Louis in der Schulzeit, während einer Zugfahrt, bei der er sich als ein Glied der gesamten Menschheitsgeschichte erkennt; und Bernard noch einmal während des Schlußgesprächs, das er im Restaurant mit einem Fremden führt. Hier zieht er, stellvertretend für die anderen, eine Art Resümee ihres Lebens: Sie alle sind Teile eines größeren Ganzen, das sowohl als ewige Wiederkehr des erfüllten Moments in der Gegenwart wie auch als Glied in der historischen Kette begriffen wird; sie gleichen der Welle, die sich am Strand bricht, während das Meer ewig weiterexistiert. Sowohl Bernards zusammenfassende Einsicht als auch die allen Figuren gleichermaßen eigene, stark formalisierte Sprache deuten auf einen die Subjektivität des Individuums transzendierenden Gesamtzusammenhang des menschlichen Lebens hin.

Wie *Orlando* und ihr letzter Roman, *Between the Acts*, überschreitet *The Waves* herkömmliche Gattungsgrenzen, indem er das Genre des Romans in die Nähe zur lyrischen Gattung des dramatischen Monologs rückt. Früher oft als gekünstelt und als unbefriedigendes Form- und Stilexperiment kritisiert, gilt *The Waves* heute als Werk, in dem Virginia Woolf ihr in den Romanen der zwanziger Jahre begonnenes Experimentieren mit einer neuartigen Erzähltechnik mit bewundernswürdiger Konsequenz zur Vollendung führte. W.Kl.-KLL

Ausgaben: Ldn. 1931. – NY 1931. – Ldn. 1933 (in *Works*, 11 Bde., 1929–1935, 10; *Uniform Ed.*). – Ldn. 1943. – Harmondsworth 1951; ern. 1964. – Toronto 1976 (*The Two Holograph Drafts*, Hg. J.W. Graham). – Ldn. 1977. – NY 1978. – Magnolia/Mass. 1983.

Übersetzung: *Die Wellen*, H.E. u. M. Herlitschka, Ffm. 1959. – Dass., dies., Ffm 1964 (BS; ern. 1984). – Dass., dies., Ffm. 1974. – Dass., dies., Ffm. 1979 u.ö. (FiTb).

Literatur: P. u. M. Harvard-Williams, *›Bateau Ivre‹: The Symbol of the Sea in V. W.'s »The Waves«* (in ES, 34, 1953, S.9–17). – Dies., *Mystical Experience in V. W.'s »The Waves«* (in EIC, 4, 1954, S.71–84). – R.G. Collins, *V. W.'s Black Arrows of Sensation: »The Waves«*, Ilfracombe 1962. – M. Brandt, *Realismus und Realität im modernen Roman: Methodologische Untersuchungen zu V. W.s »The Waves«*, Bad Homburg 1968. – S. Gorsky, *›The Central Shadow‹: Characterization in »The Waves«* (in MFS, 18, 1972, S.449–466). – R.O. Richardson, *Point of View in V. W.'s »The Waves«* (in TSLL, 14, 1973, S.691–709). – I. Weber-Brandies, *V. W.: »The Waves«: Emanzipation als Möglichkeit des Bewußtseinsromans*, Ffm. 1974. – M.S. Shanahan, *The Artist and the Resolution of »The Waves«* (in MLQ, 36, 1975, S.54–75). – E. Huber-Grünewald, *V. W.: »The Waves«. Eine textorientierte psychoanalytische Interpretation*, Bern 1979. – M. Moore, *Nature and Community: A Study of Cyclical Reality in »The Waves«* (in *V. W.: Revaluation and Continuity*, Hg. R. Freedman, Berkeley 1980, S.219–240). – *A Concordance to »The Waves« by V. W.*, Hg. J.M. Haule u. P.H. Smith, Oxford 1981. – J.F. Stewart, *Spatial Form and Color in »The Waves«* (in TCL, 28, 1982, S.86–107). – S. Dick, *›I Remembered, I Forgotten‹: Bernard's Final Soliloquy in »The Waves«* (in MLS, 13, 1983, Nr.3, S.38–52). – J.W. Graham, *Manuscript Revision and the Heroic Theme of »The Waves«* (in TCL, 29, 1983, S.312–332). – G. Levin, *The Musical Style of »The Waves«* (in Journal of Narrative Technique, 13, 1983, Nr.3, S.164–171). – J.H. McGavran, *Shelley, V. W., and »The Waves«: A Balcony of One's Own* (in South Atlantic Review, 48, 1983, Nr.4, S.58–73). – M.W. Schneider, *The Arnoldian Voice in W.'s »The Waves«* (in Arnoldian, 10, 1983, Nr.2, S.7–20). – E.B. Sypher, *»The Waves«: A Utopia of Androgyny?* (in *V. W.: Centennial Essays*, Hg. E.K. Ginsberg u. L.M. Gottlieb, Troy/N.Y. 1983, S.187–213). – E. Warner, *V. W.: »The Waves«*, Cambridge 1987. – J.F. Hulcoop, *Percival and the Porpoise: W.'s Heroic Theme in »The Waves«* (in TCL, 34, 1988, S.468–488). – S.J. Miko, *Reflections on »The Waves«: V. W. at the Limits of Her Art* (in Criticism, 30, 1988, S.63–90). – R.B. Du Plessis, *Woolfenstein* (in *Breaking the Sequence: Women's Experimental Fiction*, Hg. E.G. Friedman, Princeton/N.J. 1989, S.99–114). – S.A. Henke, *V. W.'s »The Waves«: A Phenomenological Reading* (in Neoph, 73, 1989, S.461–472). – W. Erzgräber, *»The Waves«: Die Struktur des Romans u. ihre Beziehung zur Thematik* (in *V. W.*, Hg. A. Lavizzari, Ffm. 1991, S.138–161).

William Butler Yeats

* 13.6.1865 Dublin
† 28.1.1939 Cap Martin / Frankreich

Literatur zum Autor:
Bibliographien und Forschungsberichte:
K.P.S. Jochum, *W. B. Y.'s Plays: An Annotated Checklist of Criticism*, Saarbrücken 1966. – Ders., *W. B. Y.: A Classified Bibliography of Criticism*, Chicago/Ldn. 1978; ern. 1990 [erw.]. – R.J. Finneran, *W. B. Y.* (in *Recent Research on Anglo-Irish Writers*, Hg. ders., NY 1983, S.85–153). – E. Timm, *W. B. Y.*, Darmstadt 1987 (EdF; engl.: *W. B. Y.: A Century of Criticism*, Columbia/S.C. 1990). – D. Pierce, *W. B. Y.: A Guide through the Critical Maze*, Bristol 1989.
Zeitschriften:
Yeats Annual, Hg. W. Gould, Ldn. 1982ff. [m. jährl. Bibliogr. ab Bd.3]. – Yeats: An Annual of Critical and Textual Studies, Hg. R.J. Finneran, Ann Arbor/Mich. 1983ff. [m. jährl. Bibliogr.].
Biographien:
J.M. Hone, *W. B. Y., 1865–1939*, Ldn. 1943; ern. Ausg. 1965 [rev.; Nachdr. 1989]. – R. Ellmann, *Y.: The Man and the Masks*, Ldn. 1949; ern. Oxford 1979 [rev.]. – A.N. Jeffares, *W. B. Y.: Man and Poet*, Ldn. 1949; ern. NY 1966. – M. MacLiammoir, *W. B. Y. and His World*, NY 1972. – A. N. Jeffares, *W. B. Y.: A New Biography*, Ldn. 1988.
Gesamtdarstellungen und Studien:
B. Bjersby, *The Interpretation of the Cuchulain Legend in the Works of W. B. Y.*, Uppsala 1950. – T.R. Henn, *The Lonely Tower*, Ldn. 1950. – R. Ellmann, *The Identity of Y.*, Ldn. 1954; 21964. – G.B. Saul, *Prolegomena to the Study of Y.'s Plays*, Philadelphia 1958. – F.A.C. Wilson, *W. B. Y. and Tradition*, Ldn. 1958. – Ders., *Y.'s Iconography*, Ldn. 1960. – J. Kleinstück, *W. B. Y.*, Hbg. 1963. – P. Ure, *Y. the Playwright*, Ldn. 1963. – H.H. Vendler, *Y.'s Vision and the Later Plays*, Cambridge/Mass. 1963. – T.R. Whitaker, *Swan and Shadow: Y.'s Dialogue with History*, Chapel Hill/N.C. 1964. – D.R. Clark, *W. B. Y. and the Theatre of Desolate Reality*, Dublin 1965. – L.E. Nathan, *The Tragic Drama of W. B. Y.*, NY 1965. – Th. Klimek, *Symbol u. Wirklichkeit bei W. B. Y.*, Bonn 1967. – B. Rajan,

W. B. Y.: A Critical Introduction, NY/Ldn. ²1969. – I. v. Bülow, *Der Tanz im Drama: Untersuchungen zu W. B. Y.s dramatischer Theorie u. Praxis*, Bonn 1969. – H. Bloom, *Y.*, NY 1970. – D. Donoghue, *W. B. Y.*, NY 1970, Glasgow 1971. – Ph. L. Marcus, *Y. and the Beginning of the Irish Renaissance*, Ithaca/N.Y. 1970. – K. P. S. Jochum, *Die dramatische Struktur der Spiele von W. B. Y.*, Ffm. 1971. – J. R. Moore, *Masks of Love and Death: Y. as Dramatist*, Ldn. 1971. – R. Skene, *The Cuchulain Plays of W. B. Y.*, Ldn. 1974. – A. N. Jeffares u. A. S. Knowland, *A Commentary on the Collected Plays of W. B. Y.*, Ldn. 1975. – R. O'Driscoll u. L. Reynolds, *Y. and the Theatre*, Niagara Falls/N.Y. 1975. – J. W. Flannery, *W. B. Y. and the Idea of a Theatre*, Ldn. 1976. – R. Taylor, *The Drama of W. B. Y.: Irish-Myth and the Japanese Nō*, New Haven/Conn. 1976. – B. R. Friedman, *Adventures in the Deeps of the Mind: The Cuchulain Cycle of W. B. Y.*, Princeton/N.J. 1977. – L. Miller, *The Noble Drama of W. B. Y.*, Dublin 1977. – *W. B. Y.: The Critical Heritage*, Hg. A. N. Jeffares, Ldn. 1977. – A. Parkin, *The Dramatic Imagination of W. B. Y.*, Dublin 1978. – A. Bradley, *W. B. Y.*, NY 1979. – J. L. Schneider, *Unity of Culture in Y.'s Drama*, Seoul 1980. – M. H. Thuente, *W. B. Y. and Irish Folklore*, Dublin 1980. – A. E. Myles, *Theatre of Aristocracy: A Study of W. B. Y. as a Dramatist*, Salzburg 1981. – J. L. Allen, *Y.'s Epitaph: A Key to Symbolic Unity in His Life and Work*, Washington/D.C. 1982. – R. F. Peterson, *W. B. Y.*, Boston 1982 (TEAS). – S. Weintraub, *W. B. Y.* (in DLB, Bd. 10, 1982, S. 227–237). – D. N. Archibald, *Y.*, Syracuse/N.Y. 1983. – G. C. Kline, *The Last Courtly Lover: Y. and the Idea of Woman*, Epping 1983. – A. S. Knowland, *W. B. Y.: Dramatist of Vision*, Gerrards Cross 1983. – B. L. Reid, *W. B. Y.* (in DLB, Bd. 19, 1983, S. 399–452). – A. Martin, *Y.*, Dublin 1983; ern. 1990. – K. Dorn, *Players and Painted Stage: The Theatre of W. B. Y.*, Brighton 1984. – R. Taylor, *A Reader's Guide to the Plays of W. B. Y.*, Ldn. 1984. – *Critical Essays on W. B. Y.*, Hg. R. J. Finneran, Boston 1986. – E. B. Loizeaux, *Y. and the Visual Arts*, New Brunswick/N.J. 1986. – M. Good, *W. B. Y. and the Creation of a Tragic Universe*, Ldn. 1987. – *Y. the European*, Hg. A. N. Jeffares, Gerrards Cross 1989. – C. A. Balliet, *W. B. Y.*, NY 1990. – R. V. Billigheimer, *Wheels of Eternity*, NY 1990. – *Y. and the Noh: A Comparative Study*, Hg. M. Sekine u. Ch. Murray, Gerrards Cross 1990.

DAS LYRISCHE WERK (engl.) von William Butler YEATS.

Yeats' lyrisches Werk ist in seiner Vielschichtigkeit und Breite wohl nur mit der Dichtung GOETHES vergleichbar. Über einen Zeitraum von mehr als 50 Jahren hat es Anteil an zwei Jahrhunderten und damit an vielen verschiedenen Epochen. Stil- und ideengeschichtlich reicht es von Spätromantik und Viktorianismus bis hin zur Hochmoderne; historisch-politisch begleitet es einen der unruhigsten Abschnitte der irischen und gesamteuropäischen Geschichte der neueren Welt (Erster Weltkrieg, Osteraufstand von 1916, Anglo-Irischer Krieg, Irischer Bürgerkrieg). Mit dem »Olympier« Goethe ist Yeats auch vergleichbar im Hinblick auf die Vielseitigkeit der Interessen und Aktivitäten und auf die Offenheit für neue Einflüsse. Yeats trug nämlich auch als Dramatiker, Intendant und Mitbegründer des Dubliner Abbey Theatre sowie als Sammler und Herausgeber von irischer Erzählliteratur wesentlich zur Herausbildung einer neuen kulturellen Identität Irlands bei; selbst als Politiker engagierte er sich zwischen 1922 und 1928 im neu gegründeten irischen Freistaat.

Im Laufe seines Lebens experimentierte Yeats mit einer Vielzahl von ganzheitlichen Gedankensystemen, die immer wieder Einfluß auf Thematik und Bildlichkeit seines lyrischen Werks nahmen. Zu nennen wären so verschiedene Richtungen wie Theosophie, kabbalistische Mystik, Spiritualismus, Rosenkreuzertum, keltische Mysterienorden, indische Philosophie, japanisches Noh, die Geschichtsphilosophie VICOS und BLAKES private Mythologie. Dem ganzheitlichen Denken entspricht die Anordnung und Aufeinanderbeziehung der Gedichte in den meisten vorliegenden Gesamtausgaben. Da eine geplante *Édition de Luxe* als Ausgabe letzter Hand nicht zustande kam, ist die Reihenfolge, besonders aber die Anordnung der einzelnen Sammlungen und Gedichte in einer Gesamtausgabe, im Detail noch relativ umstritten. (Man vergleiche die diesbezüglich kontroversen Neuausgaben FINNERANS von 1983 und JEFFARES' von 1984). Außerdem stehen bei Yeats Vision und Revision in ständigem Wechsel; eine Zeile aus *An Acre of Grass*, *»Myself must I remake«*, könnte als Motto über Yeats' ganzem Werk und Lebensentwurf stehen. Bei einem Dichter, der erklärt, *»a poet writes always of his personal life«*, lassen sich leicht Anhaltspunkte für eine Gliederung des Gesamtwerks aus der Biographie oder den Zeitumständen finden.

Yeats' Anfänge als Lyriker werden überschattet vom Erbe der englischen Romantiker (besonders Blake, SHELLEY, KEATS) und der Tradition der Präraffaeliten. Geziert, synästhetisch und epithetonbeladen sind die ersten Versuche in *Crossways* (1889), woraus *Down by the Salley Gardens* (nach einer Volksweise) eines der bekanntesten Gedichte Yeats' sein dürfte. Mit dem längeren dramatischen Gedicht *The Wanderings of Oisin* (1889) schlug Yeats dann einen Weg ein, der für seine weitere Karriere richtungsweisend sein sollte: Oisin ist der Ossian der gälischen Tradition, der nach drei Jahrhunderten im Feenreich nach Irland zurückkehrt und statt seiner heidnischen Kampfgenossen den Heiligen Patrick vorfindet. Die Themen des Bandes sind Zeit und Vergänglichkeit, Schönheit und Jugend. Das Feenreich, die Anders-Welt, steht für den Bereich der unerreichbaren Ideale. Für Yeats, dessen lyrisches Ich sich die Gestalten der irischen Mythologie und Sagenwelt (Fergus, Cuchulain, Aengus) anverwandelte, verkörperte Irland einen neuen spirituellen Gegenpol zum Materialismus Englands. In *To Ireland in the Coming Times*, dem

Schlußgedicht der Sammlung *The Rose* (1893) stellt sich der Dichter in die Tradition der Poeten, die Irlands Schicksal besingen (MANGAN, DAVIS, FERGUSON), wenngleich er tiefere Schichten des Menschheitsgedächtnisses, der JUNGschen *anima mundi*, ausloten will: *»My rhymes more than their rhyming tell / Of things discovered in the deep.«*

In der Sammlung *The Rose* – wie auch in *The Wind among the Reeds* (1899) – wird erstmals eines jener Symbole eingeführt, die – wie Turm, Falke, Schwan, Tanz und der sephirotische Baum der Kabbala – das ganze lyrische Werk durchziehen. Gleichzeitig wird hier deutlich, wie vieldeutig das Symbol »Rose« ist. Außer für die Perfektion und die ideale, unerreichbare Schönheit im Sinne der Rosenkreuzer-Hermetik kann die Rose auch als *»little dark rose«* (Róisín Dubh) der irischen Folklore für das Land selbst stehen. Darüber hinaus verweist die Rose auf Maud Gonne, eine politische Aktivistin, deren Liebe Yeats nicht gewinnen konnte und die in vielerlei Gestalt in seinen Gedichten und Dramen genauso wie in seinem Leben eine wichtige Rolle spielte. Verstechnisch bedient sich Yeats in seinen frühen Sammlungen einfacher Metren und Versschemata, die Volksballaden nachempfunden sind.

Das Thema der unerfüllten Liebe zu Maud Gonne, die nach ihrer Heirat mit John McBride, einem der späteren Anführer des Osteraufstandes, dem Verlangen des Dichters immer mehr entrückt war, setzt sich in *The Seven Woods* (1903) und in den Gedichten aus dem Band *The Green Helmet and Other Poems* (1910) fort. Maud Gonne wird zwar hier noch als Helena verklärt *(No Second Troy)*, aber insgesamt werden die privaten Gefühle des lyrischen Ichs weniger hermetisch-mythologisch verhüllt. Der Grund dafür mag in Yeats' zunehmender öffentlicher Bedeutung liegen, die er mit seiner Arbeit für das Abbey Theatre und mit seinem Eingreifen in kulturpolitische Kontroversen *(›theatre business, management of men«)* gewann. Eine Mitstreiterin und Patronin fand er dabei in Lady Augusta GREGORY, deren Landsitz Coole Park mit den »sieben Wäldern« gemeint ist. Die zunehmende Extrovertiertheit von Yeats' Lyrik zeigt sich auch darin, daß spätromantische Schwärmerei zugunsten einer *»popular rhetoric«* zurücktritt: Die Gedichte werden immer mehr von einem Konversationston und einer dem Alltagsleben entnommenen Bildlichkeit bestimmt, traditionelle Versformen immer häufiger durch unreine Reime, Enjambements und Mißachtung des Versmaßes modifiziert. Zunehmend werden poetologische Selbstreflexionen eingestreut, wie z. B. in *Adam's Curse: »A line will take us hours maybe; / Yet if it does not seem a moment's thought, / Our stitching and unstitching has been naught'« (»An einem einzigen Vers sitzen wir vielleicht Stunden; / Und doch, wenn er nicht wie eine spontane Eingebung wirkt, / War alles Herumfeilen umsonst«)*.

Der Band *Responsibilities* (1914) befaßt sich mit der öffentlichen Verantwortung des Dichters. Unter dem Einfluß Ezra POUNDS, mit dem Yeats lange befreundet war, zeigen diese Gedichte leicht satirische Elemente, wenn sie Zeitumstände kritisieren. Besonders attackiert Yeats – paradigmatisch im Streit um die Lane Gallery – die Krämerseelen der katholischen Mittelklasse Irlands *(To a Wealthy Man Who Promised a Second Subscription...)*. Deren rein materiellem Denken setzt er die aristokratischen Ideale der italienischen Renaissance (*sprezzatura*, Urbanität und Großzügigkeit) oder den Idealismus der irischen Nationalbewegungen des 19. Jh.s entgegen *(September 1913)* und formuliert dabei eine der ersten Äußerungen seines elitär-aristokratischen Standpunktes gegenüber der prosaischen Gegenwart *(»the filthy modern tide«)*. Eines der bemerkenswertesten Gedichte aus dieser Periode ist *The Cold Heaven*, eine Meditation über Leben und Tod und das Leben nach dem Tod. Das Gedicht entstand unter dem Einfluß von Yeats' John DONNE-Lektüre und erinnert in der Kühnheit und Schärfe seiner Bilder an die *metaphysical poets* des 17. Jh.s

Das Thema des Alterns und der Vergänglichkeit ist vielen Gedichten aus der Sammlung *The Wild Swans at Coole* (1919) gemein. Die Zeit ihrer Entstehung ist von einem einschneidenden Wandel in der historischen und persönlichen Situation gekennzeichnet (Erster Weltkrieg und Osteraufstand auf der einen Seite, auf der anderen die endgültige Ablehnung von Yeats' Heiratsanträgen an Maud Gonne und dann an ihre Tochter Iseult, letztlich seine Heirat mit Georgie Hyde-Lees). Besonders repräsentativ für diese Schaffensphase ist das zwölfstrophige Epitaph *In Memory of Major Robert Gregory*, in dem Yeats das Andenken an die toten Freunde und Weggefährten feiert. Beachtlicherweise gelingt es Yeats dabei, trotz eines strengen Versschemas den Konversationston der mittleren Jahre durchzuhalten.

Die Sammlungen *The Wild Swans at Coole* (mit *The Double Vision of Michael Robartes*) und *Michael Robartes and the Dancer* (1921) enthalten Material, das aus dem größeren Zusammenhang von Yeats' ausführlich formuliertem philosophischen System oder Welterklärungsschema *A Vision* (1925) stammt. Die wichtigsten Philosopheme darin sind: der Gegensatz von *self and anti-self* (Ich und Maske), dann die 28 Mondphasen als übergreifendes Ordnungsprinzip und drittens das zyklische Geschichtsbild, veranschaulicht durch das Bild der ineinandergestülpten gegenläufigen Kegel *(»gyres«)*. Die Symbolik des berühmten Gedichtes *The Second Coming (Die Wiederkunft)* kann letztlich nur aus *A Vision* heraus verstanden werden, dennoch beeindrucken vordergründig die Direktheit und Präzision der Bilder, mit denen Yeats seinen pessimistischen Reflexionen über zwei Jahrtausende christlicher Zivilisation Ausdruck verleiht: *»Things fall apart; the centre cannot hold; / Mere anarchy is loosed upon the world...«* Das zweite sehr bekannte Gedicht aus *Michael Robartes* behandelt ein traumatisches Ereignis der irischen Geschichte, den Aufstand irischer Nationalisten gegen die britische Herrschaft *(Easter 1916)*. Yeats revidiert darin seine Fehleinschätzung der politischen und menschlichen Fähigkeiten der Anführer, die nach der Niederschlagung des Aufstandes hingerichtet wurden und deren Größe und Bedeutung er, ohne sentimental zu werden, anerkennt: *»All changed, changed utterly; / A terrible beauty is born.«*

Nach seiner Heirat mit Georgie Hyde-Lees, die durch ihr »automatisches Schreiben« viel Material für *A Vision* lieferte, kaufte Yeats einen alten normannischen Turm, Thoor Ballylee in der Grafschaft Galway, der ihm und seiner Familie von 1918 an als Sommersitz diente. Der Turm mit seiner Wendeltreppe steht über den Unruhen der Zeit, ist aber gleichzeitig auch dem Zahn der Zeit ausgesetzt. Autobiographische und symbolische Züge werden in den Gedichten dieser Zeit aufs engste miteinander verknüpft; zudem sind die beiden Sammlungen *The Tower* (1928) und *The Winding Stair and Other Poems* (1933) einander gegenübergestellt und durch vielfältige Beziehungen miteinander kontrastiert. Dominiert in *The Tower* die Verbitterung des alten Dichters, der die steril gewordene Körperlichkeit überwinden möchte und in den unsterblichen Schöpfungen der Kunst Trost sucht *(Sailing to Byzantium; Among School Children; Meditations in Times of Civil War)*, so wird diese Haltung der Resignation und Körperfeindlichkeit in *The Winding Stair* geradezu umgekehrt. Die sogenannten *Crazy Jane*-Gedichte aus dem Unterzyklus *Words for Music Perhaps* zeigen diese Wandlung am deutlichsten. Yeats läßt Crazy Jane als Maske oder *»anti-self«* in einfachen balladenhaften Formen ohne Hemmungen über ihre vergangenen Liebhaber und die sinnlichen Freuden der Jugend sprechen und allgemein über Sexualität philosophieren. Die aus der Überwindung der Seele-Körper-Dichotomie und aus dem Akzeptieren des Körperlichen wie des Alterns gewonnene Reife des neuen Standpunkts spricht am klarsten aus dem zweiten *Byzantium*-Gedicht von 1930: *»I hail the superhuman; / I call it death-in-life and life-in-death.«* Die Gedichte aus *The Tower* und *The Winding Stair* stellen für viele Kritiker den Höhepunkt von Yeats' lyrischem Werk dar. Sie bestechen durch die Gewandtheit, mit der Yeats die verschiedensten Versformen beherrscht, mit der er getragenes Pathos und Lebhaftigkeit der Alltagssprache vermischt, ohne sich je ganz von traditionellen Reim- und Versschemata zu lösen.

Parnell's Funeral and Other Poems, auch als Gedichte aus *A Full Moon in March* (1935) bekannt, entstammen hingegen einer Phase, die – nach dem Tod von Lady Gregory – durch Orientierungslosigkeit und allgemeine politische Desillusionierung geprägt ist. Kernfrage (etwa in *Church and State*) ist die Frage nach dem angemessenen Gegenstand für einen alternden Dichter.

Von etwa 1935 bis zu seinem Tode erreichte Yeats' lyrisches Schaffen nochmals einen Höhepunkt mit *Last Poems and Other Poems* (1936–1939), deren erste Hälfte separat als *New Poems* (1938) veröffentlicht wurde. Die Abgeklärtheit und Altersweisheit (*»gaiety«* ist das Schlagwort), mit der Yeats auf die Wirren der Zeit herabblickt, findet ihren vielleicht sinnfälligsten Ausdruck in *Lapis Lazuli*: Die orientalischen Edelsteinarbeiten sind – im Sinne T. S. ELIOTS – ein *objective correlative* für diese Haltung. Ähnlich wie in KEATS' *Ode on a Grecian Urn* ist dieses Gedicht ein Hymnus auf die Zeitenthobenheit der Kunst. Ein mehr poetologisches Gedicht ist *The Circus Animals' Desertion*, in dem Yeats noch einmal die Themen seines gesamten Schaffens anspricht. Aus der Altersperpektive läßt er den falschen Idealismus und die Träume, die sein Werk trugen, Revue passieren, um am Schluß zu der realistisch-vermittelnden Einsicht zu gelangen, wo die Quellen aller Poesie liegen: *»in the foul rag-and-bone shop of the heart« (»im verkommenen Trödelladen des Herzens«)*. In *Under Ben Bulben* gibt Yeats sein künstlerisches Vermächtnis für die Nachwelt, mit entsprechenden Instruktionen für die kommenden Dichter Irlands. Die letzte Sektion dieses Gedichts ist zugleich Yeats' eigenes Epitaph für sein Grab unter dem Berg Ben Bulben in der Grafschaft Sligo im Nordwesten Irlands. Dieses Beispiel zeigt noch einmal deutlich, wie stark Yeats' lyrisches Gesamtwerk Teil eines autobiographischen Gesamtentwurfs ist und wie es seiner irischen Heimat verbunden ist: *»Mad Ireland hurt you into poetry« (»Irlands Wahnsinn trieb dich schmerzlich in die Dichtung«)* heißt es in W. H. AUDENS Gedicht auf Yeats' Todestag. – Bei der Kritik war Yeats' Lyrik – im Gegensatz zu seinen Dramen – von Beginn an wenig umstritten. Sein Status als einer der bedeutendsten englischsprachigen Lyriker des 20. Jh.s neben T. S. Eliot und Ezra Pound war schon relativ früh gesichert, wenngleich er deren Hang zum formellen Experiment nicht teilte und im allgemeinen eher konservative Versformen und einen pathetisch-getragenen Gestus bevorzugte. Besonders das Spätwerk hatte großen Einfluß auf die Lyriker der Auden-Generation. W.H.

AUSGABEN: *Collected Poems*, Ldn./NY 1933; ern. 1956 [korr.; ern. 1990]. – *The Poems*, Ldn. 1949. – *Selected Poetry*, Hg. A. N. Jeffares, Ldn. 1962; ern. 1990. – *Variorum Ed. of the Poems*, Hg. P. Allt u. R. K. Alspach, Ldn. ³1966 [korr.]. – *The Poems: A New Ed.*, Hg. R. J. Finneran, NY 1983; Ldn. 1984; ²1989. – *Poems of W. B. Y.: A New Selection*, Hg. A. N. Jeffares, Ldn. 1984. – *Y.'s Poems*, Hg. ders., Dublin/Ldn. 1989. – *The Poems*, Hg. D. Albright, Ldn. 1990. – *Collected Poems*, Hg. A. Martin, Ldn. 1990. – *Selected Poems*, Hg. T. Webb, Harmondsworth 1991.

ÜBERSETZUNGEN: *Gedichte*, H. E. Herlitschka, Zürich 1958. – *Ausgewählte Gedichte*, ders. u. a. (in *Werke*, Hg. W. Vordtriede, Bd. 1, Neuwied/Bln. 1970). – *Liebesgedichte*, Hg. ders., Darmstadt ⁵1982; ⁶1989 (SLu). – *Irland: Gedichte und Prosa von W. B. Y.*, ders. u. a., Wien 1982 [Ill. K. Korab].

VERTONUNGEN: Vgl. B. Gooch u. D. S. Thatcher, *Musical Settings of Late Victorian and Modern British Literature*, NY/Ldn. 1976, S. 831–874.

LITERATUR: G. B. Saul, *Prolegomena to the Study of Y.'s Poems*, Philadelphia 1957. – J. Unterecker, *A Reader's Guide to W. B. Y.*, NY 1959. – F. A. C. Wilson, *Y.'s Iconography*, Ldn. 1960. – S. M. Parrish u. J. A. Painter, *A Concordance to the Poems of W. B. Y.*, Ithaca/N.Y. 1963. – B. Rajan, *W. B. Y.: A Critical Introduction*, Ldn. 1965; ²1969. – J. Lander, *W. B. Y.: Die Bildersprache seiner Lyrik*, Stg. 1967. – A. Esch, *W. B. Y.: ›Among School Children‹* (in *Die moderne englische Lyrik: Interpretationen*, Hg. H. Oppel, Bln. 1967, S. 137–149). – W. Erzgräber, *W. B. Y.: ›A Dialogue of Self and Soul‹* (ebd., S. 164–184). – G. u. G. Hoffmann, *W. B. Y.: ›The Wild Swans at Coole‹* (in *Die englische Lyrik*, Hg. K. H. Göller, Bd. 2, Düsseldorf 1968, S. 299–308). – G. Hoffmann, *W. B. Y.: ›Sailing to Byzantium‹* (ebd., S. 309–320). – S. M. Schaup, *W. B. Y. in deutscher Sicht*, Diss. Salzburg 1968. – *Y.: Last Poems*, Hg. J. Stallworthy, Ldn. 1968. – *W. B. Y.: The Byzantium Poems*, Hg. R. J. Finneran, Columbus/Oh. 1970. – T. F. Parkinson, *W. B. Y., Self-Critic: A Study of His Early Verse and the Later Poetry*, 2 Bde., Berkeley 1971. – N. K. Buchta, *Rezeption u. ästhetische Verarbeitung romantischer Poetologie im lyrischen Werk W. B. Y.'*, Königstein/Ts. 1982. – H. Salinger, *W. B. Y.: Seine Gedichte u. Gedanken*, Bern/Mchn. 1983. – A. N. Jeffares, *A New Commentary on the Poems of W. B. Y.*, Ldn. 1984. – *Y.: Poems 1919–35*, Hg. E. Cullingford, Ldn. 1984. – W. H. O'Donnell, *The Poetry of W. B. Y.: An Introduction*, NY 1986. – H. Adams, *The Book of Y.'s Poems*, Tallahassee/Fla. 1989. – R. J. Finneran, *Editing Y.'s Poems: A Reconsideration*, Ldn. 1989. – S. B. Bushrui u. T. Prentki, *An International Companion to the Poetry of W. B. Y.*, Savage (Md.)/Gerrards Cross 1990. – S. Smith, *W. B. Y.: A Critical Introduction*, Ldn. 1990.

AT THE HAWK'S WELL or Waters of Immortality

(engl.; *An der Falkenquelle*). Lyrischer Einakter von William Butler YEATS, Uraufführung: London, 2. 4. 1916, im Salon der Lady Cunard vor geladenen Gästen. – Das Versdrama, eine keltische Version der Gralslegende, war ursprünglich nicht für die öffentliche Aufführung bestimmt, wurde aber später im Dubliner Abbey Theatre gespielt. Es gehört zu Yeats' *Plays for Dancers (Spiele für Tänzer)* und zeigt – wie z. B. auch *The Dreaming of the Bones, The Only Jealousy of Emer, Calvary* und *The Cat and the Moon* – den Einfluß des klassischen japanischen Nō-Theaters.

Seit fünfzig Jahren wartet ein alter Mann an der geheiligten Quelle, die, irgendwo zwischen Gebirge und Meer gelegen, von einer schwarz gekleideten Frau, die Habichtsgestalt annehmen kann, bewacht wird. Der Alte hat vergeblich gewartet, denn das Quellwasser, Symbol der Weisheit und Unsterblichkeit, ist seither nur dreimal geflossen, und jedesmal hat er den entscheidenden Moment verschlafen. Unfähig, der dämonischen Wächterin tapfer ins Auge zu blicken, ist er dem Fluch der Vergeblichkeit verfallen. Da taucht der junge Krieger Cuchulain auf, der, angriffslustig und auf sein Glück bauend, sein Ziel verfolgt: Nicht eher werde er die geheiligte Stätte verlassen, als bis er Unsterblichkeit erlangt habe. Die Warnung des Alten, daß der Fluch auch ihn treffen könne, daß er dann vielleicht nie mehr wahre Liebe empfinden, ja sgoar seine eigenen Kinder töten werde, kann Cuchulain ebensowenig von der Quelle vertreiben wie die Erscheinung der Habichtsfrau. Als diese einen magischen Tanz beginnt, fließt plötzlich das wunderwirkende Wasser aus der Quelle, doch der Alte ist in einen tiefen Erschöpfungsschlaf und Cuchulain in einen Trancezustand verfallen, der ihn unbeweglich macht. Unter dem Fluch der Wächterin haben beide den erlösenden Augenblick versäumt. Während der Alte weiter an der Quelle wartet, folgt der junge Krieger, der vergeblich gesucht hat, sich der Habichtsfrau zu bemächtigen, den von den Bergen herabschallenden Schlachtrufen. Nicht auf der Suche nach einem abstrakten Ideal, sondern in der heroischen Bewährung, die tragische Opfer fordert, will er Unsterblichkeit erringen. Passives Warten auf Vollendung wäre Selbsttäuschung und würde, wie am alten Mann offenkundig wird, zum Verlust jeglicher Tatkraft führen. Obwohl dem im Irdischen befangenen Cuchulain der göttliche Zustand der Unsterblichkeit versagt ist, erwartet ihn eine höhere Bestimmung als die Jagd nach einer Chimäre.

Wie das Nō-Theater verwendet Yeats reale Gegenstände und Vorgänge als Symbole für die Welt jenseits physischer Erfahrungen. Stilisierte Bewegungen, stummer Ausdruck des Unsagbaren, rituelle Tänze, Masken, akustische Effekte durch die Verwendung von Zither, Trommel und Gong, die das Geschehen begleitenden Lieder der drei Musikanten – all dies akzentuiert die ganz nach innen verlegte Dramatik einer Dichtung, deren magisch-lyrischer Charakter die Herkunft des Stoffes aus Sage und Legende unterstreicht. J.N.S.

AUSGABEN: Ldn. 1917 (*At the Hawk's Well or Waters of Immortality*, in Harper's Bazar; März; m. Vorw.). – Ldn. 1917 (in To-day; Juni; ohne Vorw.). – Ldn. 1917 (in *The Wild Swans at Coole*; Nachdr. Dublin 1970). – Ldn. 1921 (in *Four Plays for Dancers*). – NY 1924 (in *Plays and Controversies*). – Ldn. 1934 (in *Collected Plays*; ²1952). – Ldn. 1966 (in *Variorum Ed. of the Plays*, Hg. R. K. u. C. C. Alspach; krit.). – Ldn. 1982 (in *Collected Plays*). – Ldn./NY 1990 (in *Collected Plays*).

ÜBERSETZUNG: *An der Falkenquelle*, U. Clemen (in *Werke*, Hg. W. Vordtriede, Bd. 3, Neuwied/Bln. 1972).

LITERATUR: A. Sandberg, *The Anti-Theatre of W. B. Y.* (in MD, 4, 1961, S. 131–137). – H.-J. Linke, *Das Los des Menschen in den Cuchulain-Dramen* (in NSp, 14, 1965, S. 252–268). – H. A. Reeves, *Dramatic Effectiveness of the Imagery in Y.'s*

»At the Hawk's Well« (in McNeese Review, 19, 1968, S. 27–35). – E. G. Sharoni, *»At the Hawk's Well«: Y.'s Unresolved Conflict Between Language and Silence* (in Contemporary Drama, 7, 1973, S. 150–173). – K. M. Vogt, *Counter-Components in Y.'s »At the Hawk's Well«* (in MD, 17, 1974, S. 319–328). – J. Kleinstück, *W. B. Y.: »At the Hawk's Well«* (in *Das moderne englische Drama: Interpretationen*, Hg. H. Oppel, Bln. ³1976, S. 154–170). – F. C. McGrath, *»At the Hawk's Well«: Unified Form in Y.'s Drama* (in Canadian Journal of Irish Studies, 3, 1977, S. 59–71). – N. C. Schmitt, *Intimations of Immortality: W. B. Y.'s »At the Hawk's Well«* (in ETJ, 31, 1979, S. 501–510). – B. Knapp, *A Jungian Reading of W. B. Y.'s »At the Hawk's Well«* (in Études irlandaises, 8, 1983, S. 121–138). – W. B. Worthen, *The Discipline of the Theatrical Sense: »At the Hawk's Well«...* (in MD, 30, 1987, S. 90–103).

CATHLEEN NI HOULIHAN

(engl.; *Cathleen ni Houlihan*). Einakter von William Butler YEATS, Uraufführung: Dublin, 2. 4. 1902, St. Teresa's Hall. – Immer wenn Kriege und Unruhen sich ankündigen, zieht ein seltsames altes Weib von Haus zu Haus durch die vier Provinzen Irlands; so auch im Jahre 1798 in Killane, kurz vor der Landung der französischen Truppen. Glücklich und stolz bereiten Peter und Bridget Gillane gerade die Hochzeit ihres ältesten Sohnes Michael mit der schönen, tüchtigen Delia vor, als ihr kleiner Sohn Patrick, der am Fenster hockt, ein altes Bettelweib kommen sieht. Die Fremde wird, obwohl ein ungebetener Besuch, mit bäuerlicher Gastfreundschaft empfangen und neugierig befragt. Mit ihren seltsamen Antworten erschreckt sie die Eltern, nimmt aber mit lockenden und werbenden Liedern den jungen Bräutigam immer mehr gefangen. Sie klagt, daß zu viele Fremde in ihrem Hause wohnten und daß sie ihres Landes, ihrer vier schönen grünen Felder, beraubt worden sei. Stolz aber erzählt sie, daß viele junge Männer aus Liebe zu ihr alles verlassen hätten und in den Tod gegangen seien. Die Eltern sehen angstvoll, wie sie mit Verheißungen ewigen Ruhmes und Heldentums den Sohn für sich gewinnt. Schließlich verläßt Michael Eltern und Braut, um mit dem alten Weib in den Krieg zu ziehen. Vom Fenster aus sieht Patrick, wie sein Bruder neben *»einem jungen Mädchen mit dem Gang einer Königin«* zur Küste hinabgeht, an der eben die Franzosen landen.

Der Einakter, der von einem revolutionären, doch nicht unbedingt kriegerischen Pathos getragen wird, wurde – mit der berühmten Maud Gonne in der Titelrolle – von der englischen Presse und nicht zuletzt auch von den irischen Arbeitern begeistert aufgenommen. Als Theaterereignis leistete diese Allegorie des leidenden und kämpfenden Irlands wertvolle Vorarbeit zur Gründung des irischen Nationaltheaters, als politisches Ereignis half sie, den Osteraufstand von 1916 vorzubereiten. Yeats, der in diesem Stück bewußt und bedingungslos die Poesie in den Dienst der Agitation stellte, beklagte es noch im Alter, daß er mit seiner *Cathleen ni Houlihan* irische Männer ausgesandt habe, um Engländer zu töten. Die Schönheit und die Traurigkeit des Schauspiels sowie sein glücklicher Beitrag zum Theater und sein unglücklicher zum Krieg sind beispielhaft für die Durchdringung von Wirklichkeit und Kunst im irischen Bühnenschaffen. E. St.

AUSGABEN: Ldn. 1902. – Ldn. 1904 (in *Plays for an Irish Theatre*, Bd. 2). – Ldn. 1908 (in *Collected Works in Prose and Verse*, 8 Bde., 4). – NY 1928 (in *Plays in Prose and Verse*). – Ldn. 1934 (in *Collected Plays*; ²1952). – Ldn./NY 1967 (in *Eleven Plays*, Hg. A. N. Jeffares). – Ldn. 1982 (in *Collected Plays*). – Ldn./NY 1990 (in *Collected Plays*).

ÜBERSETZUNGEN: *Cathleen, die Tochter Houlihans*, H. v. Heiseler (in *Irische Schaubühne*, Mchn. 1933). – *Cathleen ni Houlihan*, E. E. Stein (in *Werke*, Hg. W. Vordtriede, Bd. 3, Neuwied/Bln. 1972).

VERTONUNG: I. Gurney, *Cathleen ni Houlihan* (in I. G., *Twenty Songs*, Bd. 1, Ldn. 1938; 10 Lieder).

LITERATUR: R. McHugh, *Y. and Irish Politics* (in Texas Quarterly, 5, 1962, Nr. 3, S. 90–100). – A. Coleman, *A Calendar for the Production and Reception of »Cathleen ni Houlihan«* (in MD, 18, 1975, S. 127–140). – D. E. Bessai, *Who was Cathleen ni Houlihan?* (in Missouri Historical Review, 42, 1977, S. 114–129). – J. Chadwick, *Family Romance as National Allegory in Y.'s »Cathleen ni Houlihan« and »The Dreaming of the Bones«* (in TCL, 32, 1986, S. 155–168). – E. B. Cullingford, *›Thinking of Her ... as... Ireland‹: Y., Pearse, and Heaney* (in Textual Practice, 4, 1990, S. 1–21).

THE COUNTESS CATHLEEN

(engl.; *Die Gräfin Cathleen*). Versdrama in einem Akt (5 Szenen) von William Butler YEATS, erschienen 1892; Uraufführung (der dritten Fassung): Dublin, 8. 5. 1899, Ancient Concert Rooms; deutsche Erstaufführung (unter dem Titel *Die arme alte Frau*): Frankfurt/Main, 14. 2. 1934, Schauspielhaus. – Düstere und unglaubliche Vorzeichen künden dem unter einer Hungersnot leidenden Irland neue Schrecken an. Zwei dämonische Gestalten tauchen aus dem Nichts auf und ziehen als Händler durchs Land. Sie überlassen den hungernden Armen Brot und Geld für den Preis ihrer Seelen. – Die Gräfin Cathleen, die mit ihrer Amme Oona und ihrem Geliebten, dem Dichter Aleel, auf dem Weg zu ihrem Schloß in den Wäldern ist, schenkt einem armen Bauern ihr letztes Geld. Im Schloß angelangt, befiehlt sie, ihr gesamtes Vermögen zum Kauf von Herden und von Schiffsladungen mit Mehl zu verwenden. Doch die beiden Händler kommen ihr zuvor, verhindern die Rettung der Hungernden und treiben Cathleen mit einer List zu einer Verzweiflungstat: Unter der Bedingung, daß alle gekauften Seelen zurückgegeben werden, verkauft sie ihre eigene Seele für 50 000 Kronen. Vergeblich versucht Aleel, die Geliebte zu retten; sein Angebot, ihnen seine eigene Seele zu überlassen, müssen die Teufel ablehnen, da sie nicht mehr ihm, sondern der Gräfin gehört. Doch als Aleel am Leichnam Cathleens trauert und Zeit und Schicksal verflucht, erscheint ein Engel und verkündet, daß Cathleen gerettet sei, denn *»das Licht des Lichtes fragt nach dem Ende, niemals nach den Taten«*.

Mit seinem symbolhaften Stück ist Yeats ein Meisterwerk des irischen poetischen Theaters gelungen und zugleich ein Hohelied auf den Freiheitskampf seiner Heimat. Die Titelheldin verkörpert das neue, ewig alte Irland, um dessen Errettung der Dichter betet. Zugleich trägt sie Züge der Freiheitskämpferin Maud Gonne, in die sich Yeats hoffnungslos verliebt hatte (autobiographische Züge des Dichters Aleel). Aus heidnischen und katholischen Motiven schuf Yeats die Gestalt der Cathleen, um das Erbarmen des Menschen mit dem Nächsten und zugleich die Gnade Gottes zu feiern. – Yeats ist auch in *The Countess Cathleen* vor allem Lyriker; doch die Fabel, die er einer alten irischen Legende entnahm, ist so reich an dramatischer Spannung und die Mission des Dichters und seiner Gestalten teilt sich so unmittelbar aus den Versen mit, daß man das Stück nicht als Lesedrama abtun kann. Bei der Uraufführung kam es zu heftigen Protesten des katholischen Publikums. Später überarbeitete Yeats das Drama noch mehrfach, um es als irisches Nationaldrama für alle Iren akzeptabel zu machen. E.St.-KLL

AUSGABEN: Ldn. 1892 (in *The Countess Cathleen and Various Legends and Lyrics*). – Ldn. 1908 (in *Collected Works in Prose and Verse*, 8 Bde., 3). – Dublin 1912. – NY 1924 (in *Plays and Controversies*). – Dublin 1929 [zus. m. *The Land of Heart's Desire*]. – Ldn. 1934 (in *Collected Plays*; [2]1952). – Ldn. 1982 (in *Collected Plays*). – Ldn./NY 1990 (in *Collected Plays*).

ÜBERSETZUNGEN: *Die Gräfin Cathleen*, E. E. Stein, Hellerau 1925. – Dass., H. v. Heiseler (in *Irische Schaubühne*, Mchn. 1933). – *Die Gräfin Katlin*, H. E. Herlitschka, Köln 1962 [Bühnenms.]. – *Die Gräfin Cathleen*, E. E. Stein (in *Werke*, Hg. W. Vordtriede, Bd. 3, Neuwied/Bln. 1972).

VERTONUNG: W. Egk, *Irische Legende* (Oper; Urauff.: 17. 8. 1955, Salzburger Festspiele).

LITERATUR: H. Orel, *Dramatic Values: Y. and »The Countess Cathleen«* (in MD, 2, 1959, S. 8–16). – H. Reischle, *Die sieben Fassungen des Dramas »The Countess Cathleen« von W. B. Y.*, Diss. Tübingen 1961. – M. J. Sidnell, *Manuscript Versions of Y.' »The Countess Cathleen«* (in PBSA, 56, 1962, S. 79–103). – P. Ure, *The Evolution of Y.' »The Countess Cathleen«* (in MLR, 57, 1962, S. 12–24). – G. Stebner, *W. B. Y.: »The Countess Cathleen«* (in *Das moderne englische Drama*, H. Oppel, Bln. 1963, S. 28–43). – D. R. Clark, *Vision and Revision: Y.'s »The Countess Cathleen«* (in *The World of W. B. Y.*, Hg. R. Skelton u. A. Saddlemyer, Seattle 1965, S. 158–176). – H. Bergner, *»The Countess Cathleen«* (in *Das englische Drama*, Hg. D. Mehl, Bd. 2, Düsseldorf 1970, S. 173–185). – A. Clark, *The Cardinal and the Countess* (in Ariel, 3, Calgary 1972, S. 58–68). – S. Patsch, *»The Countess Cathleen«: Sage – Drama – Oper – Illustration*, Innsbruck 1974. – P. A. Smith, *The Scenery of »The Countess Cathleen«* (in Éire-Ireland, 14, 1979, S. 65–82). – W. E. Hall, *W. B. Y.: Prose Works and »The Countess Cathleen«* (in W. E. H., *Shadowy Heroes*, Syracuse/N.Y. 1980, S. 155–175). – J. L. Cribb, *Y., Blake and »The Countess Cathleen«* (in Irish Univ. Review, 11, 1981, S. 165–178). – B. Cardullo, *Notes toward a Production of W. B. Y.'s »The Countess Cathleen«* (in Canadian Journal of Irish Studies, 11, 1985, S. 49–67). – A. Frazier, *The Making of Meaning: Y. and »The Countess Cathleen«* (in SR, 95, 1987, S. 451–469).

DEIRDRE

(engl.; *Deirdre*). Verstragödie in einem Akt von William Butler YEATS, Uraufführung: Dublin, 24. 11. 1906, Molesworth Hall; private deutsche Aufführung: Vorderleiten (bei Brannenburg), 18. 4. 1928, im Haus des Übersetzers Henry von Heiseler; bearbeitete Fassungen 1911 und 1912. – Deirdre, die große Liebende der alten irischen Sage, ist mit ihrem Geliebten Naoise nach Schottland geflohen, um dem Drängen des mächtigen Königs Conchubar von Ulster zu entgehen, der sie zu seiner Königin machen will. Nach sieben Jahren strahlenden Liebesglücks kehren Deirdre und Naoise heim; der treue alte Fergus, der für sie beim König Frieden und Versöhnung ausgehandelt hat, führt sie nach Irland. Die beiden Liebenden warten in einer Waldhütte auf den Boten des Königs. Immer quälender werden die düsteren Vorahnungen Deirdres, die drei in der Hütte einkehrende Musikantinnen in ihre Angst einweiht. Endlich kommt der König selbst, aber nur, um entgegen seinen Versprechungen Deirdre nun doch für sich zu fordern. Er läßt Naoise durch einen Henker hinrichten. Deirdre verspricht, dem König zu folgen, falls er sie von Naoise Abschied nehmen ließe. Dann tötet sie sich an der Leiche des Geliebten.

Yeats entkleidet diese schönste und reichste irische Liebesgeschichte aller epischen Einzelheiten. Er löst die Dramatik des beklemmenden, düsteren Geschehens in Szenen auf, die sich gewissermaßen musikalisch steigern und aus denen seine dichterische Phantasie das Grauen mit mythischer Gewalt aufsteigen läßt. *Deirdre* ist ein Schulbeispiel für das symbolistische poetische Drama, wie Yeats es für sein Abbey Theatre in Dublin schuf, ein Drama, in dem Handlungselemente und Charaktere ihrer theatralischen Funktion enthoben werden, um ganz in den Dienst der Lyrik zu treten. E.St.

AUSGABEN: Ldn./Dublin 1907 (in *Plays for an Irish Theatre*, Bd. 5). – Ldn. 1908 (in *Collected Works in Prose and Verse*, 8 Bde., 2). – NY 1928 (in *Plays in Prose and Verse*). – Ldn. 1934 (in *Collected Plays*; ²1952). – Ldn. 1965 (in *Verse Plays. The Revisions 1900–1910*, Hg. S. B. Bushrui). – Ldn./NY 1967 (in *Eleven Plays*, Hg. A. N. Jeffares). – Ldn. 1982 (in *Coll. Plays*). – Ldn./NY 1990 (in *Coll. Plays*).

ÜBERSETZUNGEN: *Deirdre*, H. v. Heiseler (in *Irische Schaubühne*, Mchn. 1933). – Dass., ders., bearb. v. S. Schaup (in *Werke*, Hg. W. Vordtriede, Bd. 3, Neuwied/Bln. 1972).

LITERATUR: D. R. Clark, *W. B. Y.' »Deirdre«: The Rigour of Logic* (in Dublin Magazine, 1958, H. 33, S. 13–21). – D. H. Reimann, *Y.'s »Deirdre«* (in ES, 42, 1961, S. 218–232). – R. Stamm, *W. B. Y.: »Deirdre«* (in *Das moderne englische Drama. Interpretationen*, Hg. H. Oppel, Bln. 1963, S. 62–85). – D. R. Clark, *W. B. Y. and the Theatre of Desolate Reality*, Dublin 1965. – B. Bjersby-Bramsbäck, *The Musician's Knife in Y.'s »Deirdre«* (in Studia Neophilologica, 41, 1969, S. 359–366). – M. Richardson, *AE's »Deirdre« and Y.'s Dramatic Development* (in Éire-Ireland, 20, 1985, S. 89–105). – J. Genet, *Y.'s »Deirdre« as a Chess-Game and a Poet's Game* (in *Multiple Worlds, Multiple Words*, Hg. H. Maes-Jelinek u. a., Lüttich 1987, S. 123–138). – V. Mercier, *The Morals of »Deirdre«* (in Y. Annual, 5, 1987, S. 224–231). – R. Agostini, *W. B. Y. et le mythe de »Deirdre«, ou un poème philosophique à théâtraliser* (in Mythes, croyances et religions dans le monde Anglo-Saxon, 7, 1989, S. 33–50).

THE SHADOWY WATERS

(engl.; *Die schattigen Wasser*). Einakter in Vers und Prosa von William Butler YEATS, erschienen 1900, Uraufführung: Dublin, 14. 1. 1904, Molesworth Hall; in einer neuen Fassung uraufgeführt 1906, erschienen 1907. – Das Drama zählt zum Frühwerk Yeats' und gilt als der klarste Ausdruck der romantisch-ästhetisierenden Tendenzen dieser Periode des Dichters. Die Handlung, die Suche des Helden nach einem Land *»westlich der Sonne«*, ist eine nicht näher bezeichnete heroische Vorzeit verlegt. (Die ferne Insel im Westen ist ein bekanntes Motiv keltischer Jenseitsvorstellungen.) Forgaels Führer bei dieser Fahrt, zu der er mit einem Piratenschiff aufgebrochen ist, sind die Seelen der Toten, die unter den Klängen seiner Zauberharfe auch den einfachen und gänzlich diesseitsgebundenen Seeleuten in der Gestalt geflügelter Menschen sichtbar werden. Gerade als die Piraten meutern wollen, weil die ihnen versprochene reiche Beute ausbleibt, gelingt es, ein Schiff voller Schätze zu kapern, dessen Herrin Dectora, eine schöne Königin, sich in Forgael verliebt. Sie folgt ihm auf seiner Suche, während die Seeleute und mit ihnen alles Irdische auf dem gekaperten Schiff zurückbleiben.
Die stark von Bildern bestimmte Sprache entspricht dem symbolisch zu verstehenden Geschehen. Forgaels Ziel ist ein übernatürlich-göttlicher Bereich, zu dem er durch die Liebe Dectoras Zugang gewinnt. Es handelt sich bei diesem Gefühl nicht um eine irdisch unvollkommene und vergängliche Leidenschaft, sondern um eine schlakkenlos reine und unauflösbare Bindung, die in der realen Welt nicht verwirklicht werden kann. Das Heldenpaar muß deshalb trotz seiner Liebe das Land der Toten *»hinter der Sonne«*, dem ewigen Garten der keltischen Mythologie vergleichbar, suchen und finden. Forgael und Dectora verkörpern Mann und Frau schlechthin. Diese archetypischen Figuren setzt Yeats bis zu einem gewissen Grad auch mit Vernunft und Willen gleich. Die Lilie auf der Brust Forgaels und die Rose auf Dectoras Kleid symbolisieren über ihre traditionellen emblematischen Deutungen (Reinheit und Liebe) hinaus auch Todeswunsch und Lebenswillen; beides muß erst zu einer höheren Einheit verschmelzen, bevor das gemeinsame Ziel erreicht werden kann. Die Schiffe, auf denen die beiden Hauptfiguren zunächst getrennt voneinander fahren, stehen für die menschliche Isolation, das sie umgebende Meer für die störende diesseitige Realität. Die zauberkräftige Harfe, die Forgael von einem offenbar göttlichen Narren geschenkt wurde, öffnet – ähnlich wie die dichterische Imagination – den Blick für die Wahrheit und das Übernatürliche. Auch hier schließt Yeats an vertraute Konzepte der keltischen Mythologie und Sagenwelt an.
Die Handlung ist auf eine einzige Situation reduziert, deren symbolischer Sinngehalt bereits zu Beginn in einem Gespräch zwischen Forgael und seinem Freund und Steuermann Aibric deutlich wird. In dieser »statischen Dramatik« gleicht das Werk den Stücken MAETERLINCKS, mit denen sich Yeats auch kritisch auseinandergesetzt hat. Am auffallendsten aber ist die Parallele zu VILLIERS DE L'ISLE-ADAMS *Axël* (1890), einem Drama, das Yeats in Paris gesehen und das ihn tief beeindruckt hatte. Auch der Sprachstil mit seinen geheimnisvollen, zum Teil aus dem Okkultismus geschöpften Bildern findet sich dort bereits vorgeformt. Gerade dieses Element, das in dem zunächst zur Aufführung gelangten Text von 1900 stark vertreten war, tilgte Yeats in einer einschneidenden Revision weitgehend; die *acting version*, erstmals 1906 im Dubliner Abbey Theatre auf die Bühne gebracht, ist sprachlich sehr viel klarer als der ursprüngliche Wortlaut. W.Kl.

AUSGABEN: Boston 1900 (in North American Review, 170). – Ldn. 1900. – Ldn. 1907. – Ldn. 1913 (in *Plays for an Irish Theatre*; Ill. G. Craig). – NY 1928 (in *Plays in Prose and Verse*). – Ldn. 1934 (in *Collected Plays*; ²1952). – Ldn. 1966 (in *Variorum Ed. of the Plays*, Hg. R. K. u. C. C. Alspach; krit.). – Ldn./NY 1990 (in *Collected Plays*).

ÜBERSETZUNGEN: *Die schattigen Wasser*, H. v. Heiseler (in *Irische Schaubühne*, Mchn. 1933). – Dass., W. Deinert (in *Werke*, Hg. W. Vordtriede, Bd. 3, Neuwied/Bln. 1972).

LITERATUR: T. McGreevy, *Mr. W. B. Y. as a Dramatist* (in Revue Anglo-Américaine, 7, 1929, S. 19–36). – E. Bentley, *Y. as a Playwright* (in KR, 10, 1948, S. 196–208). – D. Donoghue, *Y. and the Clean Outline* (in SR, 65, 1957, S. 202–213). – P. Ure, *The Plays* (in *An Honoured Guest. New Essays on W. B. Y.*, Hg. D. Donoghue u. J. R. Mulryne, Ldn. 1965, S. 143–164). – D. R. Clark, *Half the Characters Had Eagles Faces: W. B. Y.' Unpublished »Shadowy Waters«* (in Massachusetts Review, 6, 1965, S. 151–180). – Th. Klimek, *Symbol u. Wirklichkeit bei W. B. Y.*, Bonn 1967. – D. R. Clark u. G. Mayhew, *A Tower of Polished Black Stones: Early Versions of »The Shadowy Waters«*, Dublin 1971. – M. J. Sidnell u. a., *Druid Craft: The Writing of »The Shadowy Waters«*, Amherst/Mass. 1971. – T. L. Byrd, *The Early Poetry of W. B. Y.: The Poetic Quest*, Port Washington/N.Y. 1978, S. 11–134.

II. Die zeitgenössische Literatur: 1950–1990

Eric Ambler

* 28.6.1909 London

Literatur zum Autor:
Autobiographie:
E. Ambler, *Here Lies*, Ldn. 1985.
Gesamtdarstellungen und Studien:
Hollins Critic, 1971 (Sondernr. *E. A.*). – H. Haycraft, *Murder for Pleasure. The Life and Times of the Detective Story*, NY 1974, S. 205 f. – J. Hopkins, *An Interview with E. A.* (in Journal of Popular Culture, 9, 1975, S. 285–293). – R. Ambrosetti, *The World of E. A.: From Detective to Spy* (in *Dimensions of Detective Fictions*, Hg. L. N. Landrum u. a., Bowling Green/Oh. 1976, S. 102–109). – *Encyclopedia of Mystery and Detection*, Hg. Chr. Steinbrunner u. O. Penzler, Ldn./Henley 1976, S. 7 ff. – D. McCormick, *Who's Who in Spy Fiction*, Ldn. 1977, S. 22–26. – B. Merry, *Anatomy of the Spy Thriller*, Dublin 1977. – *Reclams Kriminalromanführer*, Hg. A. Arnold u. J. Schmidt, Stg. 1978, S. 53 f. – *Über E. A.*, Hg. G. Haffmans, Zürich 1979. – Ch. Linder, *Die Maske E. A.s* (in SZ, 3./4. 11. 1979). – P. Rüedi, *A.s Erbschaft* (in Die Weltwoche, 7. 12. 1979). – A. N. Jeffares, *E. A.* (in *Twentieth-Century Crime and Mystery Writers*, Hg. J. M. Reilly, Ldn./Basingstoke 1980, S. 30–33). – H. Mitgang, *The Thrilling E. A.* (in NY Times Book Review, 13. 9. 1981, S. 3, 22 f.). – B. Lenz, *Factifiction. Agentenspiele wie in der Realität. Wirklichkeitsanspruch und Wirklichkeitsgehalt des Agentenromans*, Heidelberg 1987. – J. Vogt, *Im Wettlauf mit der Zeit* (in die horen 32/4, 1987, S. 215–218).

THE LEVANTER

(engl.; *Ü: Der Levantiner*). Roman von Eric Ambler, erschienen 1972. – Moderne Erzähltechnik und die Fähigkeit, komplizierte politische Sachverhalte verständlich darzustellen und, ohne schematisch zu vereinfachen, in anspruchsvolle, zugleich unterhaltsame Literatur zu überführen, haben Ambler und seinen späteren politischen Romanen, für die *The Levanter* modellhaft stehen kann, bei Kritikern und breiten Leserschichten hohes Ansehen verschafft, während der akademische Literaturbetrieb gegenüber Ambler eher vornehme Zurückhaltung übt. Das ist eigentlich unverständlich bei einem Autor, der Graham Greene und John Le Carré verwandt ist und der mit seinen stets an der zeitgenössischen Realität orientierten Romanen das Prädikat eines Chronisten der Zeitgeschichte verdient.

Die Welt des *Levanter* ist – typisch Ambler – unheroisch und chaotisch, kennt keine positiven, zur Identifikation reizenden Helden und wird geprägt von Ungereimtheiten, Widersprüchen und Zufällen – eine Durchschnitts- und Jedermannswelt. Als Schauplatz des Geschehens wählt Ambler den östlichen Mittelmeerraum, die Levante, freilich nicht um ihrer Exotik willen, sondern wegen ihrer Bedeutung als Brennpunkt des Nahostkonflikts und der arabisch-israelischen Auseinandersetzungen im Jahre 1971. Sie bleiben jedoch nicht unverbindlicher, Authentizität vorgaukelnder Rahmen, sondern werden zu einem politischen Labyrinth, in dem sich die Titelfigur verirrt. Michael Howell, ein Levantiner, der sich selbst jedoch als *»levantinischer Mischling«* bezeichnet, hat als gerissener Geschäftsmann alle politischen Krisen gut gemeistert und sich geschickt mit der amtierenden syrischen Regierung über eine Kooperation verständigt. Ohne daß Howell es bemerkt hätte, ist jedoch seine Batterienfabrik von Salah Ghaled unterwandert worden, einem von der PLO geächteten, von der syrischen Regierung allerdings tolerierten politischen Wirrkopf und Freiheitskämpfer, der mit seiner Splittergruppe, dem »Palästinensischen Aktionskommando«, einen Vernichtungsschlag gegen Israel vorbereitet, deshalb in Howells Betrieb zunächst heimlich Sprengkörper herstellt und schließlich auch diesen selbst zum Mitmachen zwingt. Howell gelingt es zwar, Kontakt zum israelischen Geheimdienst aufzunehmen, aber keine politische Seite – weder die Syrer noch die Israelis – schenkt ihm Vertrauen, weil er sich durch sein nur am Profit orientiertes Taktieren überall verdächtig macht. Als unfreiwilliger Held gerät Howell in den Dschungel der Weltpolitik; er kann zwar seinen Kopf retten, indem er Ghaled erschießt und so den Israelis einen Dienst erweist, aber das internationale Aufsehen, das dieser Fall erregt, schadet seinem ohnehin fragwürdigen Ruf und seinen Geschäften beträchtlich. Ambler läßt Howell seine Geschichte überwiegend selbst erzählen, wirkt aber dessen einseitiger, rührseliger Darstellung durch kontrastierende Erzählperspektiven entgegen. Lewis Prescott, ein Auslandskorrespondent aus Amerika, relativiert durch seine Skepsis und durch sein Bemühen um politische Objektivität Howells Schilderung ebenso wie selbst Howells Freundin und Mitarbeiterin Teresa Malandra, die sein berechnendes Lavieren mißtrauisch und mißbilligend verfolgt und das Levantinische an seinem Charakter deutlich werden läßt: Howell ist keineswegs nur ein Spielball verschwörerischer Politik, sondern auch ein aalglatter, pragmatisch denkender Geschäftsmann, der stets seinen eigenen Vorteil sucht. – Auch im *Levanter* verschließt sich Ambler einer simplifizierenden Schwarzweiß-Betrachtung, unterläuft durch seine perspektivische Technik eine dichotomische Weltsicht und arbeitet politische Nuancen heraus. *»Was bleibt«*, so bilanziert H. C. Blumenberg, *»ist schließlich eine delikate Melange aus Resignation und kühlem Zynismus. Die moralischen Positionen heben sich gegenseitig auf«*. Ambler, der für den *Levanter* den Gold-Dagger-Award der »Crime Writers Association of Great Britain« erhielt, braucht den Vergleich mit anderen politisch ambitionierten Schriftstellern nicht zu scheuen, weder mit Graham Greene, als dessen Weggenosse er chronologisch wie thematisch gelten kann, noch mit John Le Carré, der in *The Little Drummer Girl*, 1983 *(Die Libelle)*, gleichfalls den israelisch-palästinensischen Konflikt zum Zentrum eines Romans macht. Als politischer Aufklärer, der Widersprüche erkennt und Ideologien aufdeckt, bohrende Fragen stellt, ohne fertige Antworten liefern zu wollen, ist Ambler, wie Graham Greene urteilte, *»zweifellos unser bester Thriller-Autor«*, vielleicht sogar, um mit Helmut Heissenbüttel zu sprechen, *»einer der bedeutendsten lebenden Autoren überhaupt«*. B.Le.

Ausgaben: Ldn. 1972. – Ldn. 1974. – NY 1982.

Übersetzung: *Der Levantiner*, T. Knoth, Zürich 1973. – Dass., ders., Zürich 1975.

Literatur: G. Ortlepp, Rez. (in Der Spiegel, 24. 9. 1973). – H. Heißenbüttel, Rez. (in SZ, 10. 10. 1973). – H. C. Blumenberg, Rez. (in Die Zeit, 26. 10. 1973). – W. Roth, Rez. (in FRs, 30. 3. 1974).

KINGSLEY AMIS

* 16.4.1922 London

Literatur zum Autor:
W. G. Rothermel, *K. A.* (in *Englische Literatur der Gegenwart in Einzeldarstellungen*, Hg. H. Drescher, Stg. 1970, S. 150–172). – D. Salwak, *K. A.: A Reference Guide*, Boston 1978. – Ph. Gardner, *K. A.*, Boston 1981 (TEAS).

LUCKY JIM

(engl.; *Ü: Glück für Jim*). Roman von Kingsley Amis, erschienen 1954. – Weit davon entfernt, der Glückspilz zu sein, als der er im Titel apostrophiert wird, und ohne die geringste pädagogische Begeisterung geht Jim Dixon seiner Tätigkeit als Dozent für mittelalterliche Geschichte an einer englischen Provinzuniversität nach. Über seine wissenschaftliche Qualifikation macht er sich nichts vor: Auf das Studium des Mittelalters hat er sich nur deshalb verlegt, weil *»die schriftlichen Examensarbeiten über das Mittelalter für einfach gehalten wurden«*. Um das Wohlwollen der Fakultät zu gewinnen und seine Position zu sichern, bemüht sich Dixon um die Veröffentlichung seiner Abhandlung über die Schiffsbaukunst zwischen 1450 und 1458, einer Arbeit, von der er selbst nicht viel hält. Außerdem tut er alles, um bei Professor Welch, dem bornierten Vorstand des Historischen Seminars, gut angeschrieben zu sein. Folgsam und geduldig nimmt er an den stumpfsinnigen »kulturellen« Wochenendparties teil, die Welch in seinem Haus veranstaltet, gerät aber, mangels musischer Begabung und bürgerlichen Wohlverhaltens, von einer peinlichen Situation in die andere. Bei den Welchs hat, nach einem theatralischen Selbstmordversuch, die Dozentin Margaret Peel Aufnahme gefunden. Um ihn an sich zu fesseln, spielt diese frustrierte Neurotikerin, die in Wirklichkeit gar nicht aus ihrer Isolation herausfinden will, Jim eine abgeschmackte Komödie von unglücklicher Liebe und Lebensangst vor. Neben Margaret geht Jim vor allem Welchs widerlich arroganter Sohn Bertrand auf die Nerven, der sich für einen bedeutenden Maler hält. Auf einer jener Parties trifft Jim die aparte, aber recht naive Christine Callaghan, bei deren Onkel, dem Kunstmäzen Gore-Urquhart, Bertrand Sekretär werden möchte. Zunächst aus spontaner Antipathie, dann aus gegenseitiger Eifersucht entwickelt sich zwischen ihm und Dixon eine Feindschaft; sie gipfelt in einer Schlägerei, bei der Bertrand zu Boden geht. Waren schon diese und andere gesellschaftliche Entgleisungen seiner Universitätskarriere alles andere als förderlich, so macht sich Jim mit seinem skandalösen Festvortrag über das Allerweltsthema »Merry England«, in dessen Verlauf er, in leicht angetrunkenem Zustand, unwillkürlich den Vortragsstil von Professor Welch parodiert, vollends unmöglich. Schließlich stellt sich auch noch heraus, daß der Herausgeber der Zeitschrift, in der seine Abhandlung erscheinen sollte, ihn in einem eigenen Artikel schamlos plagiiert hat. Daß Dixon am Ende trotzdem Glück im Unglück hat, verdankt er allein der Kompromißbereitschaft des Autors, der den labilen Außenseiter für sein Scheitern an der etablierten Wissenschaft und Gesellschaft generös entschädigt: Gore-Urquhart beruft Jim auf den vakanten Sekretärsposten, und Christine schenkt ihm ihre Liebe.

Lucky Jim gehört zu den erfolgreichsten englischen Nachkriegsromanen. Dieser Erfolg basiert sowohl auf der zugleich treffsicheren und amüsanten Sa-

loppheit vieler Erzählszenen und Dialoge wie auf der Tatsache, daß sich eine ganze Generation junger, des reaktionären Kulturbetriebs überdrüssiger Nonkonformisten mit Jim Dixon identifizierte. Auf Schriftsteller wie Amis, John WAIN und natürlich vor allem John OSBORNE wandte man damals die Bezeichnung »zornige junge Männer« an. Aber sowohl Amis als auch Wain gehören nicht zu denen, die das Establishment radikal verdammen: Sie karikieren die Gesellschaft, anstatt Sturm gegen sie zu laufen. Jim Dixon und Charles Lumley (in Wains 1953 erschienenem Roman *Hurry On Down*) sind bildungsmüde Intellektuelle mit Anpassungsschwierigkeiten, aber ohne revolutionären Ehrgeiz.
Der Protestcharakter dieser Romane wurde seinerzeit zweifellos überbewertet. Trotzdem sollte man die Stellung von *Lucky Jim* innerhalb des Genres »Universitätsroman«, dem auch Romane wie Malcolm BRADBURYS *Stepping Westward* (1965) und *The History Man* (1975) angehören, nicht unterschätzen. Amis selbst erklärte, er habe nichts anderes als *»ein lustiges Buch«* schreiben wollen. Der Tatsache, daß ihm darüber hinaus brillante und humorvolle Kommentare zum sozialen Klima und akademischen Provinzialismus im Nachkriegsengland gelungen sind, verdankt sein *Lucky Jim* einen hervorragenden Platz in der modernen englischen Romanliteratur.

J.v.Ge.

AUSGABEN: Ldn. 1953 [recte 1954]; [25]1972. – Genf 1974. – Harmondsworth 1976 (Penguin). – Ldn. 1984.

ÜBERSETZUNG: *Glück für Jim*, E. Schnack, Zürich 1957.

VERFILMUNG: England 1957 (Regie: J. Boulting).

LITERATUR: W. Allen, *University Wits* (in W. A., *The Novel of To-Day*, Ldn. 1955, S. 29-31). – J. D. Hurrell, *Class and Conscience in John Braine and K. A.* (in Crit, 2, 1958, S. 39–53). – D. Colville, *The Sane World of K. A.* (in Bucknell Review, 9, 1960, S. 46–57). – R. B. Parker, *Farce and Society: The Range of K. A.* (in Wisconsin Studies in Contemporary Literature, 2, 1961, H. 3, S. 27–38). – D. Lodge, *The Modern, the Contemporary, and the Importance of Being A.* (in Critical Quarterly, 5, 1963, S. 335–354). – R. Conquest, *Christian Symbolism in »Lucky Jim«* (ebd., 7, 1965, S. 87–92). – G. Strauch, *Calendar, Construction, and Character in K. A.'s »Lucky Jim«* (in Recherches Anglaises et Américaines, 3, 1974, S. 57–66). – T. F. Dixon, *Chance and Choice in »Lucky Jim«* (in Ball State Univ. Forum, 17, 1976, Nr. 4, S. 75–80). – B. Stovel, *Traditional Comedy and the Comic Mask in K. A.'s »Lucky Jim«* (in ESC, 4, 1978, S. 69–80). – J. P. Kenyon, *»Lucky Jim« and After : The Business of University Novels* (in Encounter, Juni 1980, S. 81–84).

JOHN ARDEN

* 26.10.1930 Barnsley / Yorkshire

LITERATUR ZUM AUTOR:
W.-D. Weise, *Die ›Neuen englischen Dramatiker‹ in ihrem Verhältnis zu Brecht*, Bad Homburg 1969. – S. Trussler, *J. A.*, NY/Ldn. 1973. – A. Hunt, *J. A.: A Study of His Plays*, Ldn. 1974. – J. Arden, *To Present the Pretence*, Ldn. 1977. – F. Gray, *J. A.*, Ldn. u. a. 1982. – M. Page, *J. A.*, Boston 1984 (TEAS). – M. Esslin u. J. Kabierske, *J. A.* (in KLFG, 7. Nlg., 1985). – M. Page, *A. on File*, Ldn. 1985.

SERJEANT MUSGRAVE'S DANCE. An Un-Historical Parable

(engl.; *Ü: Der Tanz des Sergeanten Musgrave*). Schauspiel in drei Akten (mit Song-Einlagen) von John ARDEN, Uraufführung: London, 22. 10. 1959, Royal Court Theatre; deutsche Erstaufführung: Bamberg, Sept. 1962, Junges Theater. – Obwohl das Stück in der zweiten Hälfte des 19. Jh.s spielt und laut Regieanweisung in zeitgetreuen Kostümen aufzuführen ist, hat ihm der Autor den Untertitel *Eine unhistorische Parabel* gegeben. Treffender wäre vielleicht »negative Parabel«, denn »Black« Jack Musgrave, Sergeant der britischen Kolonialarmee, demonstriert, welcher Logik man nicht folgen darf, will man *»das Rad ganz herumdrehen«* und *»die Schuld heimbringen, dorthin, wo sie angefangen hat«*. Im tiefsten Winter quartiert er sich mit seinen Soldaten Attercliff, Hurst und Sparkey in einem von der Außenwelt abgeschnittenen Städtchen des nordenglischen Kohlenreviers ein, angeblich, um Freiwillige zu rekrutieren. Angesichts eines Bergarbeiterstreiks, der sich, wie man befürchtet, zu einem Aufstand ausweiten könnte, sind die Honoratioren des Orts über Musgraves Erscheinen hocherfreut – allen voran der Bürgermeister, dem die Grube gehört. In der Hoffnung, einige Aufrührer loszuwerden, erklärt er sich sofort bereit, dem Sergeanten für jeden ausbezahlten Werbeschilling zwei Pfund zu geben.
Die Bergleute dagegen stehen den Soldaten zunächst feindselig gegenüber und lassen sich erst nach einigen Runden Freibier davon überzeugen, daß die vier nicht als Streikbrecher gekommen sind. Unterdessen verliebt sich Sparkey in Annie, das Schankmädchen; in der Nacht will er mit ihr fliehen, wird dabei aber in eine Rauferei mit seinen Kameraden verwickelt und durch einen unglücklichen Zufall erstochen. Zur selben Zeit versuchen einige Bergleute den Schuppen, in dem die Soldaten ihre Waffen unter Verschluß halten, aufzubrechen. Das Unternehmen wird vereitelt, der Bürgermeister aber vermutet darin das Zeichen zum Aufstand. Er drängt den Sergeanten, sofort mit seiner

großen Werbeaktion auf dem Marktplatz zu beginnen, um die Zeit bis zum Eintreffen der angeforderten Dragoner (inzwischen hat Tauwetter eingesetzt) zu überbrücken.
Im Verlauf dieser Veranstaltung enthüllt Musgrave seine eigentliche – »göttliche« – Mission: Er hat den Kolonialkrieg als *»Krieg der Sünde und des ungerecht vergossenen Bluts«* durchschaut und ist mit seinen Leuten desertiert, um auf seine Weise den Gewalttaten ein Ende zu bereiten. Zu diesem Zweck hat er das Skelett des Soldaten Billy Hicks mitgebracht, der das Städtchen verließ, als Annie ein Kind von ihm erwartete. In den Kolonien war Billy von Partisanen ermordet worden, woraufhin die britischen Truppen bei einem Vergeltungsschlag fünf unschuldige Zivilisten töteten. Deshalb, so errechnet Musgrave mit der *»widerspruchsvollen Logik«* soldatischer Arithmetik, müssen nun fünfundzwanzig Bürger des Orts zur neuerlichen Vergeltung sterben, damit das abschreckende Exempel statuiert werde, das in Zukunft jegliches Blutvergießen verhindern soll. Die Bergleute jedoch halten den Sergeanten für verrückt und verweigern ihm die Bundesgenossenschaft, da ihnen nicht einleuchtet, daß sein Krieg und ihr Streik die Folgen ein und derselben Korruption sein sollen. Auch der überzeugte Pazifist Attercliff, der es bei der Zurschaustellung des Skeletts bewenden lassen wollte, kann seinem Vorgesetzten nicht mehr folgen und quittiert den »Dienst«. Es kommt zu einem Handgemenge, das von den plötzlich eintreffenden Dragonern rasch beendet wird. Musgrave und Attercliff ergeben sich ohne Gegenwehr, Hurst wird auf der Flucht erschossen. Während die Bergleute wohl oder übel in den allgemeinen Jubel über die Wiederherstellung von Ruhe und Ordnung einstimmen, sinnt der Sergeant im Gefängnis über den Ausgang seiner Mission nach, die scheitern mußte, weil man, wie ihn sein Untergebener belehrt, *»die Lues nicht durch Weiterhuren kurieren kann«*.
Arden ist einer jener »zornigen jungen Männer«, die Ende der fünfziger Jahre das englische Theater neu belebten. Im Gegensatz zu bekannteren – aber nicht begabteren – Autoren wie Osborne und Pinter geht es ihm weniger um das Verhalten von Individuen untereinander als um das von Klassen; er behandelt öffentliche, nicht private Probleme. Im vorliegenden Fall etwa ließ er sich durch einen Zwischenfall aus der englischen Besatzungszeit Zyperns anregen. Aus seinem politischen und soziologischen Interesse erklären sich die Stärken und Schwächen seiner Stücke. So tritt in *Serjeant Musgrave's Dance* der Klassen- und Interessenkonflikt zwischen Soldaten, Arbeitern und Besitzbürgern deutlich hervor, während die handelnden Personen selbst im Bereich des Standestypischen verbleiben. Daß der Autor bei der Motivierung der Hauptgestalten manche Frage offenläßt und daß er den Zuschauer, ohne selbst Stellung zu nehmen, mit einem auf verschiedene Weise interpretierbaren Geschehen konfrontiert, mag zur kühlen Aufnahme des Stückes beigetragen haben, das erst nach mehreren Aufführungen an Universitäten die ihm gebührende Anerkennung fand. Der von der Kritik aufgeworfenen Frage, ob es ein pazifistisches Lehrstück sei oder ob es zeigen solle, daß moralischer Protest durch religiösen Fanatismus ad absurdum geführt wird, begegnete Arden mit der Erklärung, er könne nicht einsehen, warum ein soziales Drama nicht so konstruiert sein dürfe, daß man die Probleme der Personen verstehen könne, ohne gleichzeitig ihre Reaktionen darauf unbedingt gutheißen zu müssen. M.Kö.

Ausgaben: Ldn. 1960. – Ldn. 1968. – Ldn. 1977 (in *Plays One*; Methuen). – Ldn. 1982 (Methuen).

Übersetzungen: *Der Tanz des Sergeanten Musgrave*, E. Fried u. E. Gilbert (in *Englisches Theater unserer Zeit*, Reinbek 1961; Einl. F. Luft). – Dass., E. Fried u. K. Fruchtmann, Reinbek 1967 (zus. m. *Armstrong sagt der Welt Lebwohl*).

Literatur: J. R. Taylor, *Anger and After*, Ldn. 1962, S. 72–78. – *Experimental Drama*, Hg. W. A. Armstrong, Ldn. 1963, S. 206–214. – R. Fricker, *Das moderne englische Drama*, Göttingen 1964, S. 156–160. – G. E. Wellwarth, *The New English Dramatists. The Traditionalists: J. A.* (in G. E. W., *The Theatre of Protest and Paradox: Developments in the Avantgarde Drama*, NY 1964, S. 267–273). – R. J. Jordan, *Serjeant Musgrave's Problem* (in MD, 13, 1970, S. 54–62). – M. W. Steinberg, *Violence in »Serjeant Musgrave's Dance«: A Study in Tragic Antitheses* (in Dalhousie Review, 57, 1977, S. 437–452). – F. Lagarde, *Shakespearian Reminiscences in »Serjeant Musgrave's Dance«* (in Cahiers Elisabethains, 17, 1980, S. 77–81). – H. Forsås-Scott, *Life and Love and Serjeant Musgrave: An Approach to A.'s Play* (in MD, 26, 1983, S. 1–11).

THE WORKHOUSE DONKEY. A Vulgar Melodrama

(engl.; *Ü: Der Packesel*). Stück in drei Akten von John Arden, Uraufführung: Chichester, 8. 7. 1963, Festival Theatre; deutsche Erstaufführung: Berlin, 16. 4. 1964, Freie Volksbühne. – Arden, einer der prominentesten Vertreter des Mitte der fünfziger Jahre neu belebten englischen Dramas, knüpft mit diesem Stück an die Tradition der englischen Typenkomödie an und verbindet Elemente der Satire, der Farce, der Groteske, der Music Hall und der Pantomime zu einer Feier des Dionysischen und des Anarchischen.
Im Mittelpunkt steht hier eine beliebige Industriestadt im Yorkshire der frühen sechziger Jahre. Dorthin kommt mit Colonel Feng ein neuer Polizeichef, der sich seiner absoluten Unbestechlichkeit und Unparteilichkeit rühmt. Anläßlich der Begrüßung Fengs und der Einweihung des neuen Polizeihauptquartiers präsentieren sich die Honoratioren der Stadt – von der regierenden Labour Party mit Bürgermeister Boocock über die Konservati-

ven bis hin zur korrupten Polizei – in trauter Harmonie. Störendes Element ist lediglich der stets lautstark und arrogant auftretende Butterthwaite, ehemaliger Bürgermeister und jetziger Vorsitzender der Labour Party, der seine politische Machtposition ganz unverhohlen zur persönlichen Bereicherung nutzt. Butterthwaite wird besonders vom Fußvolk der Partei geschätzt, während der lokalen Parteispitze seine häufigen nostalgischen Reminiszenzen an die gute alte Zeit der zwanziger und dreißiger Jahre mit ihren harten politischen Auseinandersetzungen eher peinlich sind. – Ausgangspunkt für die sich entwickelnde Serie von Mißverständnissen, Enthüllungen und Intrigen sind Fengs Bemühungen, ohne Ansehen der Person Ordnung und Moral in der Stadt aufrechtzuerhalten. Dies führt zunächst zu einer Aktion gegen einige Labour-Politiker wegen Überschreitung der Sperrstunde, worin Butterthwaite fälschlicherweise den Beweis für Fengs Kooperation mit den Konservativen wittert. Im Gegenzug will er den Konservativen Sweetman der Förderung der Unmoral in dessen Nachtclub überführen. Doch all diese Aktivitäten und die mit ihnen verbundenen Verwirrspiele enden letztlich nur mit der Vertreibung der beiden Außenseiter Feng und Butterthwaite, während das politisch-gesellschaftliche Establishment beider Seiten gestärkt aus der Affäre hervorgeht: In einer von Lady Sweetman inszenierten Aktion wird Butterthwaites vermeintlicher Freund, der dubiose Arzt Dr. Blomax, bei dem Butterthwaite hoch verschuldet ist, dazu überredet, von Butterthwaite die Rückzahlung seiner Schulden zu fordern. Dies läßt Butterthwaite ohne Zögern in die Stadtkasse greifen, was schließlich der Polizei das Mittel zur Beseitigung des nicht mehr salonfähigen Politikers in die Hand gibt. Blomax darf zur Belohnung seine uneheliche Tochter mit Sweetmans Sohn und sich selbst mit der ehemaligen Geschäftsführerin von Sweetmans Nachtclub verheiraten. Feng erkennt schließlich, daß er nur als Handlanger für politische Intrigen benutzt wurde und verläßt resigniert die Stadt, deren Honoratioren sich am Ende in wiederhergestellter Harmonie bei der Einweihung des zur »Sweetman Memorial Art Gallery« umfunktionierten Nachtclubs präsentieren.

Schon im Untertitel verweist der Autor auf eine der Traditionen, in der dieses Stück steht – *»a vulgar melodrama«* –, wobei Arden unter Melodrama, wie schon in der Antike, zunächst nur die Mischung von dramatischen mit musikalischen Elementen versteht. Schon daraus ergibt sich die Struktur der Handlung, in der die einzelnen Szenen inhaltlich zwar durchaus miteinander verbunden sind, durch die häufige Einfügung von Songs, ständigen Apostrophen an das Publikum und durch Tanzimprovisationen jedoch eher wie die einzelnen Nummern in einer Music Hall Show wirken. Dies bleiben nicht die einzigen Momente der Episierung, die Arden das Etikett eines »British Brecht« eintrugen – so fungiert z. B. Dr. Blomax nicht nur als Drahtzieher der Intrigen, sondern er präsentiert sich auch als eine Art Spielleiter, der einleitend oder abschließend Handlungsentwicklungen zusammenfaßt oder kommentiert. Auch der Wechsel zwischen Prosa und Vers (in dem den einzelnen Figuren Gelegenheit zur Darlegung ihres Bewußtseins- oder Gefühlszustandes gegeben wird), wirkt ebenso anti-illusionistisch wie die geraffte Darstellung von Butterthwaites Griff in die Stadtkasse und der sich anschließenden Polizeiaktion, die in acht wie von Reporterkameras blitzlichtartig beleuchteten Bildern die einzelnen Stadien dieser Aktion zeigt.

Arden verbindet Strukturelemente des modernen Dramas mit Elementen der Typenkomödie, wie sie zu elisabethanischen Zeiten z. B. von Ben JONSON gepflegt wurde. Dazu gehört u. a. die eher eindimensionale Figurenkonzeption, die hier mit Sweetman und Boocock Politiker aller Couleurs zur satirischen Karikatur der Mittelmäßigkeit sowohl auf der Ebene der Politik als auch im Bereich korrupter Manipulation werden läßt. Noch deutlicher überzeichnet sind die beiden Gegenspieler Feng und Butterthwaite, die ob ihrer Extremität – der eine als Inkarnation absoluter Korrektheit, der andere als Ausbund unverblümter Korruptheit – dem gesellschaftlich etablierten Mittelmaß zur Bedrohung werden. Gerade Butterthwaite, der »Napoleon of the North« (der bereits in *Waters of Babylon* aufgetreten war), verweist durch seine Identifikation mit einem »workhouse donkey« nicht nur auf ein gängiges Verfahren der Satire; mit ihm als einer Art moderner »Lord of Misrule« knüpft Arden auch an die Ursprünge des Dramas und der Komödie als einer Feier der karnevalesken *mundus inversus* an, und wenn Butterthwaite mit dem »Mob« am Ende des Stücks die bürgerliche Zeremonie der Ausstellungseröffnung sprengt, so gehören ihm die Sympathien des Autors. H.Qu.

AUSGABEN: Ldn. 1963 (in Plays and Players, Aug. u. Sept.; Vorabdruck). – Ldn. 1964 (Methuen). – Ldn. 1977 (in *Plays One*; Methuen).

ÜBERSETZUNG: *Der Packesel*, K. Fruchtmann, Reinbek 1965 [Bühnenms.].

LITERATUR: F. Bonfond, *Falstaffian Characters in Two Plays by J. A.* (in Revue des Langues Vivantes, 1972, H. 2, S. 164–174).

ALAN AYCKBOURN

* 12.4.1939 London

THE NORMAN CONQUESTS

(engl.; *Ü: Normans Eroberungen*). Dramentrilogie von Alan AYCKBOURN, Uraufführung: Scarborough, Juli 1973. – Alan Ayckbourn gilt als einer der wichtigsten Neuerer des englischen *well-made play* und der Farce, der die traditionelle sprachliche und handwerkliche Perfektion dieser in Großbritannien hoch geschätzten Gattungen durch das raffinierte Spiel mit thematischen und strukturellen Konventionen bereichert und ihm neue Dimensionen eröffnet hat.

Die Trilogie *The Norman Conquests* stellt – wie für das *well-made play* typisch – eine Art Familientreffen an einem Sommerwochenende dar, und jedes der drei Stücke deckt die Zeitspanne von Samstagabend bis Montagmorgen ab, wobei sich die einzelnen Stücke zum Teil auf unterschiedliche, zum Teil auf gleichzeitig verlaufende Phasen innerhalb dieses Zeitraums beziehen. Dabei konzentriert sich jedes der drei Schauspiele auf einen bestimmten Ort des Geschehens: das Eßzimmer in *Table Manners (Tischmanieren)*, das Wohnzimmer in *Living Together (Trautes Heim)* und den Garten in *Round and Round the Garden (Quer durch den Garten)*. In jedem Stück finden sich immer wieder Querverweise auf Geschehnisse der beiden anderen. Die Teile der Trilogie können einzeln als selbständige Vorstellungen auf die Bühne gebracht werden, oder wie bei der Uraufführung an drei aufeinanderfolgenden Abenden. Die Einhaltung einer bestimmten Reihenfolge ist dabei nach Absicht des Autors weder vorgeschrieben noch notwendig.

Im Zentrum der farcenhaft grotesken Gesellschaftskomödie stehen – wie bei Ayckbourn meistens – typische Vertreter der Mittelschicht: die Geschwister Annie, Ruth und Reg sowie deren Ehepartner bzw. Verehrer. Reg und seine Frau Sarah wollen Annie entlasten, die die bettlägerige Mutter betreut; niemand ahnt, daß Annie mit ihrem Schwager Norman ein amouröses Wochenende geplant hat, auch nicht Annies dümmlicher Verehrer, der Tierarzt Tom. Die betuliche, stets um die Familienharmonie besorgte Sarah wird schließlich eingeweiht und informiert Tom. Dieser reagiert jedoch keineswegs empört, er läßt sich vielmehr vom »Eroberer« Norman über den richtigen Umgang mit Frauen beraten. Der geplante Ausflug von Norman und Annie findet allerdings nicht statt; einerseits deshalb, weil der egozentrische Norman schon bei der Vorbereitung zu ungeschickt ist, als er zum Beispiel viel zu früh eintrifft. Andererseits empfindet Annie plötzlich Skrupel, trotz der Liebesbeteuerungen Normans – die sich im weiteren Verlauf als recht hohl erweisen sollen. Norman gesteht nämlich später auch Sarah seine Liebe und lädt auch sie zu einem gemeinsamen Wochenende ein. Sein Ansinnen stößt bei Sarah keineswegs auf Widerstand. Schließlich versichert Norman seine Liebe auch noch Ruth, der Ehefrau, nachdem er ihr all seine Verfehlungen eingestanden hat.

Aufdeckung und Klärung dieses Beziehungsgeflechts dienen gleichsam als Folie für eine Kette farcenhaft komischer Szenen, in denen das Scheitern der Figuren, ihrer Träume und Illusionen an der Realität den Zuschauer immer wieder zwischen satirischer Distanz und verständnisvoll schmunzelnder Einfühlung schwanken läßt. Ayckbourn setzt dabei geschickt das Mittel der eingeschränkten Perspektive ein, denn in der Regel agieren nur zwei Personen in einer Szene. Ein Großteil der Komik resultiert aus dem Informationsvorsprung des Zuschauers, der die Akteure in wechselnden Konstellationen erlebt und damit den Überblick über das Gesamtgeschehen hat. Neben der Situationskomik stehen auch die schnellen, witzigen Rededuelle, mit denen Ayckbourn hier brilliert, ganz in der Tradition des *well-made play*. Allerdings überschreitet der Autor damit zugleich die Grenzen dieses Genres und nähert sich – wie etwa in der Parallelisierung simultan ablaufender Dialoge in *Table Manners* – den Techniken der *sophisticated comedies* des Films an.

Kritik und Literaturwissenschaft haben Ayckbourn wegen der deutlichen Tendenz zum Farcenhaften lange Zeit unterschätzt und in ihm einen zwar kunstfertigen, aber doch zu seichten Autor gesehen (J. R. Taylor). Seit Ende der siebziger Jahre wird seine herausragende Rolle als scharfer Kritiker der englischen Mittelschicht und gewichtiger Dramatiker, der in seinen erfolgreichen Komödien Entertainment und Sozialkritik zu verbinden weiß, kaum noch in Zweifel gezogen. Seit den späten achtziger Jahren wird Ayckbourn auch von den deutschen Staatstheatern, die ihn bis dahin als vermeintlichen »Boulevard«-Autor eher ablehnten, entdeckt, wobei hier dem Regisseur Peter Zadek als einem der ersten deutschen »Fürsprecher« Ayckbourns eine besondere Rolle zukommt. F.W.P.

AUSGABEN: Ldn. 1975. – NY 1977.

ÜBERSETZUNG: *Normans Eroberungen, U. Liederwald u. Chr. Ferber, Reinbek 1975 (Bühnenms.).*

LITERATUR: G. Almansi, *Victims of Circumstance: A.'s Plays* (in Encounter, April 1978, S. 58–65). – *British Theatre Criticism*, Hg. J. Elsom, Ldn. 1981, S. 233–240. – J. R. Taylor, *Art and Commerce* (in C. W. E. Bigsby, *Contemporary English Drama*, Ldn. 1981, S. 182–185). – I. Watson, *Conversations with A.*, Ldn. 1981. – E. M. Blistein, *A.: Few Jokes, Much Comedy* (in MD 26, 1983, S. 26–35). – M. Page, *The Serious Side of A. A.* (ebd., S. 36–44). – M. Billington, *A. A.*, Ldn. 1983. – S. H. White, *A. A.*, Boston 1984 (TEAS). – U. Bartsch, *A. A.s Dramenfiguren*, Hildesheim 1986. – P. Becker, *Der berühmte Unbekannte – ein Molière der Middleclass?* (in Theater 1987, Jb. d. Zs. Theater heute, 1987, S. 26–38).

JOHN BANVILLE

* 8.12.1945 Wexford / Irland

KEPLER

(engl.; *Kepler*). Roman von John BANVILLE, erschienen 1981. – Wie in *Doctor Copernicus* (1976), dem Vergänger seines *Kepler*-Romans, steht auch im Zentrum dieses fünften Romans des irischen Autors ein Mann, der an der Genese des neuzeitlichen Weltbilds und der modernen Wissenschaften erheblichen Anteil hatte. Er etablierte, als Astronom, die wissenschaftliche Methode der Verifikation von Hypothesen durch Beobachtung, begründete im wesentlichen die Optik, wußte die Mathematik für Berechnungsverfahren im Alltag praktisch zu nutzen und wurde kaiserlicher Mathematicus. Wie eine Ironie nimmt sich vor diesem Hintergrund aus, daß er die Welt als Werk Gottes und die Wissenschaft als Gottesdienst auffaßte, seinen astrologischen Kenntnissen und Neigungen das Wohlwollen Wallensteins verdankte, von früher Jugend an kurzsichtig, ein Träumer und in den Dingen des Alltags unpraktisch und unsicher bis zur Hilflosigkeit war, sich trotz höfischer Stellung materiell immer schlecht gestellt fand, mit seiner christlich-humanistischen Gesinnung zwischen die konfessionellen Fronten geriet (seine geliebte *alma mater* in Tübingen verweigerte sich ihm als Lehrer), die religiös-politischen Auseinandersetzungen des Dreißigjährigen Kriegs *ad personam* und familiär zu spüren bekam (Landesverweisung, Hexenprozeß gegen seine Mutter) und im persönlichen Leben wegen seiner wissenschaftlichen Leidenschaft ohne Glück und Frieden blieb.

Im Gegensatz zum Wissenschaftsheroen der Geschichtsbücher ermöglicht Banvilles Kepler Einblicke in die zahllosen Facetten menschlichen Daseins. Das Interesse des Autors gilt weder dem Astronomen als einem Prototyp des modernen *homo faber* oder dem wissenschaftlich-schöpferischen Akt als einem erkenntnistheoretischen Problem noch dem Porträt eines wichtigen und turbulenten historischen Zeitabschnitts, sondern den Dichotomien von Keplers Wesen. So gesehen sind in der Tat Zweifel daran erlaubt, ob Banvilles Buch eher als historischer oder als epistemologischer Roman aufgefaßt werden muß.

Keples lebenslange Suche nach dem Prinzip der Weltharmonie und dem persönlichen Glück und Frieden angesichts aller möglichen heterogenen und zentrifugalen Kräfte in Wissenschaft, Politik, Gesellschaft, Religion, Familie und im Bewußtsein der Vielschichtigkeit seiner eigenen Person wird im Roman durch eine bestechende Verschmelzung von Inhalt und Form gestaltet. Die Ereignisse werden zwar in fünf Kapiteln linear erzählt: von Keplers Ankunft auf Schloß Benatek im Februar 1600 – der Ptolemäer Tycho Brahe hatte eine entsprechende Einladung an den Anhänger der von Kopernikus entwickelten Theorien ergehen lassen – bis zu seinem Tod im Januar 1630 in Regensburg. Doch endet der Roman, wie er beginnt – mit dem Motiv eines Traums – und deutet damit eine ringförmige Struktur an. Das dritte Kapitel ist ähnlich gestaltet. Den anderen Kapiteln unterliegt zudem noch eine zeitlich-kreisförmige Anlage. Im vierten, an einen Briefroman erinnernden Kapitel z. B. beginnen die datierten Schreiben im Tiefpunkt des Jahres 1605, kulminieren im Jahr 1612 und führen danach wieder zeitlich auf das Jahr 1605 zurück. Im vorletzten Brief des vorletzten Kapitels schreibt Kepler über die geplante Gliederung seines Buchs *Harmonice mundi*. Diese Äußerungen erweisen sich zugleich als Strukturplan von Banvilles Roman. Keplers Untergliederung in fünf Büchern entsprechen die fünf Romankapitel mit den Buchtiteln wichtiger wissenschaftlicher Arbeiten des Astronomen als Überschriften: I. *Mysterium cosmographicum* (Kepler: 1596); II. *Astronomia nova* (1609); III. *Dioptrice* (1611); IV. *Harmonice mundi* (1619); V. *Somnium* (1634, postum). Keplers Absicht war, in der Fünfteilung sein Weltsystem mit den fünf regelmäßigen platonischen Körpern darzustellen. Innerhalb der Bücher sollte die jeweilige Kapitelanzahl der Flächenanzahl dieser Körper entsprechen. Banvilles erstes Kapitel hat demgemäß sechs Unterabschnitte (= Quader), das zweite vier (= Tetraeder), das dritte zwölf (= Dodekaeder), das vierte zwanzig (= Isokaeder), das fünfte acht (= Oktaeder). In die Kapitelanfänge wollte Kepler, der Wissenschaftler als Mitglieder einer Bruderschaft betrachtete, Akrosticha als Verbeugung vor bestimmten Berühmtheiten und zur Dekoration einarbeiten. Banville greift diese Idee auf; seine Abfolge von Akrosticha ergibt: Johannes Kepler, Tycho Brahe, Galileo Galilei, Newton. Das Erlebnis dieser Werkästhetik insgesamt wird dadurch erhöht, daß sie keine von vornherein durchschaubare Komposition ist.

Als eine dem Tycho von Gott gesandte Geißel zur Erlangung seines Heils wird Kepler in Max BRODS Roman *Tycho Brahes Weg zu Gott* (1916) gesehen, den Banville allerdings nicht kannte. Bei dessen Kepler-Porträt fallen dafür die differenziertere Charakterdarstellung und die große historische Sorgfalt auf. Gewissenhaftigkeit, Korrektheit und kompositorische Geschlossenheit sind, wie Banvilles übrige Werke zeigen, generelle Merkmale seines Schaffens. Seinem Protagonisten, der sich als Wissenschaftler der Wahrheit verschrieben hatte, ist er darin ein verwandter Geist. U.Ma.

AUSGABEN: Ldn. 1981. – Boston/Ldn. 1983. – Boston 1984.

LITERATUR: B. Levin, Rez. (in Sunday Times, 25. 1. 1981). – P. Taylor, Rez. (in TLS, 30. 1. 1981). – B. Glacken, Rez. (in Irish Times, 31. 1. 1981). – M. Irwin, Rez. (in London Review of Books, 3, 1981, H. 3).

JULIAN BARNES

* 19.1.1946 Leicester

FLAUBERT'S PARROT

(engl.; *Ü: Flauberts Papagei*). Roman von Julian Barnes, erschienen 1984. – Barnes dritter Roman ist eine Mischung aus biographischem Essay, literaturwissenschaftlicher Untersuchung, ironischer Phantasie, reiner Fiktion, Reisebeschreibung und einer Montage aus Flauberts Schriften und Briefen. Der Roman schildert das leidenschaftliche, ja besessene Interesse des pensionierten Arztes Geoffrey Braithwaite für Leben und Werk des französischen Autors Gustave Flaubert (1821–1880). Sein Faible äußert sich sowohl in Versuchen, unbekannte Tatsachen aus Flauberts Leben zu recherchieren wie auch in dem Wunsch, seine eigene Auffassung von Flauberts Persönlichkeit und seinen Schriften darzulegen. In fünfzehn Kapiteln beleuchtet der Erzähler unter wechselnden Aspekten den zentralen Themenkomplex – das Verhältnis zwischen dem Leben und Werk eines Autors und dessen Überlieferung – um dieses ironisch zu hinterfragen. Der Erzähler beginnt mit der Beschreibung eines Besuchs in Rouen. Er schildert das Flaubert-Denkmal, das Flaubert-Museum in dem alten Krankenhaus Hôtel-Dieu, das Flaubert-Haus in Croisset, aber auch die verschiedenen Örtlichkeiten in der Stadt, die nach dem großen Dichter benannt sind – Symptome, in denen sich ein Hauptthema des Romans andeutet: der Unwille der Leser, sich mit den Schriften eines Autors zu begnügen, ihre daraus resultierende Sucht nach konkreten Lebensspuren, nach Handschriften, Kleidungsstücken, Bildern, Berichten über seine Persönlichkeit. Der Glaube, man könne mittels Denkmälern und Gedenkstätten – zu denen letztlich auch die literarische Biographie zählt – den Autor dingfest machen, sich seiner vergewissern, soll als Illusion entlarvt werden. Es folgt ein dreifacher Lebenslauf Flauberts, in dem zuerst nur seine Erfolge aufgezählt werden; die zweite Variante verzeichnet die Unglücksfälle, Verluste und Mißerfolge, und schließlich folgt eine Montage von Selbstaussagen. Durch dieses Verfahren sollen die subjektiven und einseitigen Gewichtungen, die beim Erstellen derartiger Chroniken notwendigerweise eine Rolle spielen, veranschaulicht werden. In weiteren Kapiteln häuft der Erzähler Details über Flauberts Leben an: seine Familie, seine Geliebten, seine Gedankenprozesse, seine Gesundheit, seine Obsessionen. Er berichtet über die Benutzung von Tiermetaphorik in seinen Schriften, nennt Beispiele für prägnante Zufälle im Leben des Autors, geht auf die Erwähnung von Eisenbahnreisen ein, wie auch auf jene Projekte Flauberts, die nie zu Büchern wurden. Er ahmt den Meister nach in einem »Wörterbuch der Gemeinplätze über Flaubert«, verteidigt ihn gegen fünfzehn typische Anklagen bezüglich seiner politischen, ästhetischen und moralischen Einstellungen, wie auch gegen die Kritik von Flaubert-Forschern und stellt eine Prüfung zum Thema »Flaubert« zusammen.

Auf verschiedenen Wegen wird der Versuch, ein vergangenes Leben in einer Erzählung wiederzugeben, problematisiert. Der Erzähler probiert, in Anlehnung an die Techniken des französischen *nouveau roman*, unterschiedliche Erzählperspektiven aus, z. B. die direkte Anrede der Du-Form. Eine Episode beschreibt die Beziehung zwischen Flaubert und der von ihm abgelehnten Louise Colet aus deren Sicht. Verdeutlicht wird die subjektive Färbung einer jeden Beschreibung aber auch dadurch, daß sich im Verlauf des Romans die Figur des Erzählers in den Vordergrund drängt. Es wird ersichtlich, daß Braithwaites Interesse an Flaubert eng verknüpft ist mit dem Versuch, den Selbstmord seiner Frau zu verstehen und zu rechtfertigen (eine Anspielung auf das Schicksal Charles Bovarys). Die Kriterien, die der Erzähler bei der Deutung von Ereignissen in Flauberts Leben anlegt, die Betonungen, die er in seiner Diskussion setzt, die Verknüpfungen, die er herstellt, die Ereignisse und Eigenschaften, die wiederholt werden, lassen schließlich ein Psychogramm des Erzählers selbst erkennen. So sind die Hauptthemen, die Braithwaite herausarbeitet – Flauberts Einsamkeit und Abstinenz, sein Verzicht auf das Leben zugunsten der Kunst – zwar keine reinen Erfindungen des Erzählers, dennoch aber Ausdruck seiner ganz persönlichen Lesart von Flauberts Leben. Dadurch stellt Barnes dar, daß Kunst und Leben sich gegenseitig bedingen, daß diese Bereiche ineinander fließen. Aufgezeigt wird aber auch, daß der Möglichkeit, einen fremden Menschen, eine andere Zeit zu erkennen, Grenzen gesetzt sind, daß jede Beschreibung notwendigerweise auch ein Stück Selbstprojektion und Dichtung enthält. Diese intendierte Aussage spiegelt sich im formalen Aufbau des Romans, der Einbettung einer metapoetischen Diskussion in die Erzählung. Barnes' Verfahren wird auch durch die häufigen Verweise auf Nabokov gestützt, der mit seinem Roman *Pale Fire*, 1962 *(Fahles Feuer)*, für diese selbstreflexive Erzählweise vorbildhaft war.

Doch gerade die Vermischung von Fakten und Fiktion läßt diesen Roman nicht nur zu einem weiteren Beispiel für »unzuverlässiges« Erzählen werden, sondern beweist, daß alle Kommentare zwangsläufig subjektiv gefärbt sein müssen. Ästhetischer Genuß erweist sich als wiedererkennendes Sehen, die Beschreibung eines fremden Lebens trägt stets auch autobiographische Züge. Indem Barnes seinen Erzähler bei dessen Versuch, den authentischen Papagei zu finden, den Flaubert in seinem Schreibzimmer hatte, als er die Novelle *Das einfache Herz* schrieb, scheitern läßt, will er uns zeigen, daß man zur Authentizität *post facto* nicht zurückgelangen kann, daß alle Versuche, Flaubert wiederauferstehen zu lassen, nur weitere Fiktionen sind, qualitativ nicht authentischer als die von jenem hinterlassenen Schriften. E.Br.

AUSGABEN: Ldn. 1984. – NY 1985.

ÜBERSETZUNG: *Flauberts Papagei*, M. Walter, Zürich 1987.

LITERATUR: J. B., *Maughams Tor, Flauberts Papagei, Koestlers Zigaretten* (in Merkur, 41, 1987, H. 456, S. 174–179). – G. Ortlepp, Rez. (in Der Spiegel, 1.6. 1987). – W. Winkler, Rez. (in Die Zeit, 4.9. 1987). – J. Drews, Rez. (in SZ, 24.10. 1987).

SAMUEL BECKETT

* 13.4.1906 Dublin
† 22.12.1989 Paris

LITERATUR ZUM AUTOR:
Bibliographien:
R. Federman u. J. Fletcher, *S. B., His Works and His Critics: An Essay in Bibliography*, Berkeley 1970. – R. J. Davis, *Essai de bibliographie des œuvres de S. B. (1929–1966)*; J. Bruyer u. M. J. Friedman, *Essai de bibliographie des études en langues française et anglaise consacrées à S. B. (1931–1966)*, Paris 1971 (Calepins de bibliographie, Bd. 2; m. Komplement). – R. J. Davis, *S. B. Checklist and Index of His Published Works 1967–1976*, Stirling 1979. – B. Mitchell, *A S. B. Bibliography: New Works 1976–1982* (in MFS, 29, 1983, S. 131–152). – R. Breuer u. a., *B. Criticism in German: A Bibliography*, Mchn. 1986.
Zeitschrift:
Journal of Beckett Studies, Hg. J. Knowlson, Ldn./NY 1976 ff.
Biographien:
L. Janvier, *B. par lui-même*, Paris 1969. – K. Birkenhauer, *S. B. in Selbstzeugnissen und Bilddokumenten*, Reinbek 1971; zul. 1987 (rm). – D. Bair, *S. B.*, Ldn./NY 1978.
Gesamtdarstellungen und Studien:
N. Gessner, *Die Unzulänglichkeit der Sprache. Eine Untersuchung über Formzerfall und Beziehungslosigkeit bei S. B.*, Diss. Zürich 1957. – H. Kenner, *S. B.: A Critical Study*, NY 1961 (dt. Mchn. 1965). – R. Cohn, *S. B.: The Comic Gamut*, New Brunswick/N.J. 1962. – J. Fletcher, *The Novels of B.*, Ldn. 1964; ²1972. – M. Esslin, *Das Theater des Absurden*, Reinbek 1965, S. 19–65; ern. 1985 (rde). – *S. B.: A Collection of Critical Essays*, Hg. M. Esslin, Englewood Cliffs/N.J. 1965. – R. Federman, *Journey to Chaos: S. B.s Fiction*, Berkeley 1965. – P. Melèse, *B.*, Paris 1966. – L. Janvier, *Pour S. B.*, Paris 1966. – J. Fletcher, *S. B.'s Art*, Ldn. 1967 (dt. Ffm. 1976; st). – K. Schoell, *Das Theater S. B.s*, Mchn. 1967. – J. Onimus, *B.*, Paris 1968. – O. Bernal, *Langage et fiction dans le roman de B.*, Paris 1969. – U. Dreysse, *Realität als Aufgabe. Eine Untersuchung über Aufbaugesetze und Gehalte des Romanwerks von S. B.*, Bad Homburg 1970. – M. Foucré, *Le geste et la parole dans le théâtre de S. B.*, Paris 1970. – *S. B. Now*, Hg. M. G. Friedman, Chicago 1970. – L. E. Harvey, *S. B.: Poet and Critic*, Princeton 1970. – M. Smuda, *B.s Prosa als Metasprache*, Mchn. 1970. – D. Coulmas, *S. B.* (in *Frz. Literatur der Gegenwart in Einzeldarstellungen*, Hg. W. D. Lange, Stg. 1971, S. 623–649). – G. Croussy, *B.*, Paris 1971. – *Les critiques de notre temps et B.*, Hg. D. Nores, Paris 1971. – W. Iser, *Ist das Ende hintergehbar? Fiktion bei B.* (in W. I., *Der implizite Leser*, Mchn. 1972, S. 391–413). – A. Alvarez, *S. B.*, NY 1973 (dt. Mchn. 1975; dtv). – M. Winkgens, *Das Zeitproblem in S. B.s Dramen*, Bern 1975. – *Das Werk von S. B.*, Hg. H. Mayer u. U. Johnson, Ffm. 1975 (st). – R. Breuer, *Die Kunst der Paradoxie. Sinnsuche und Scheitern bei S. B.*, Mchn. 1976. – P. Ehrard, *Anatomie de S. B.*, Basel 1976. – W. Gölter, *Entfremdung als Konstituens bürgerlicher Literatur, dargestellt am Beispiel S. B.*, Heidelberg 1976. – G. Hensel, *S. B.*, Mchn. 1976 (dtv). – *S. B.: The Art of Rhetoric*, Hg. E. Morot-Sir u. a., Chapel Hill/N.C. 1976. – B. Rojtman, *B.: Forme et signification dans le théâtre de B.*, Paris 1976. – J. Pilling, *S. B.*, Ldn. 1976. – *S. B.*, Hg. T. Bishop u. R. Federman, Paris 1976 (Cahiers de l'Herne). – V. Mercier, *B./B.*, NY 1977. – A. Tagliaferri, *B. et la surdetermination littéraire*, Paris 1977. – H. Laass, *S. B.: Dramatische Form als Medium der Reflexion*, Bonn 1978. – E. Simpson, *S. B. Traducteur de lui-même. Aspects de bilinguisme littéraire*, Quebec 1978. – R. L. Admussen, *The S. B. Manuscripts: A Study*, Boston 1979. – J. Knowlson u. J. Pilling, *Frescoes of the Skull: The Later Prose and Drama of S. B.*, Ldn. 1979. – J. Martini, *Das Problem der Entfremdung in den Romanen S. B.s*, Köln 1979. – *S. B.: The Critical Heritage*, Hg. L. Graver u. R. Federman, Ldn./Boston 1979. – W. Iser, *Die Artistik des Mißlingens. Ersticktes Lachen im Theater B.s*, Heidelberg 1979. – H.-H. Hildebrand, *B.s Proust-Bilder*, Stg. 1980. – E. P. Levy, *B. and the Voice of Species: A Study of the Prose Fiction*, Dublin/Totowa 1980. – W. M. Lüdge, *Anmerkungen zu einer Logik des ›Zerfalls‹: Adorno–B.*, Ffm. 1981 (es). – W. Schröder, *Reflektierter Roman*, Ffm. u. a. 1981. – G. Schwab, *B.: Endspiel mit der Subjektivität*, Stg. 1981. – *Modernes französisches Theater: Adamov – B. – Ionesco*, Hg. K. A. Blüher, Darmstadt 1982 (WdF). – U. Pothast, *Die eigentliche metaphysische Tätigkeit. Über Schopenhauers Ästhetik und ihre Anwendung durch S. B.*, Ffm. 1982. – D. Schulze, *Fluchtpunkte der Negativität. Spiegelungen der Dramatik S. B.s in der marxistischen Literaturkritik*, Ffm. 1982. – A. Moorjani, *Abysmal Games in the Novels of S. B.*, Chapel Hill 1983. – A. Simon, *S. B.*, Paris 1983 (dt. Ffm. 1988). – U. Quint-Wegemund, *Das Theater des Absurden auf der Bühne und im Spiegel der literatur-*

wissenschaftlichen Kritik, Ffm. 1983. – C. B. Lyons, *S. B.*, Ldn. 1983. – *A S. B. Reader*, Hg. J. Calder, Ldn. 1983. – *S. B.: Humanistic Perspectives*, Hg. M. Beja u. a., Ohio State Univ. Press 1983. – M. Bönisch, *Archaische Formen in B.s Romanen*, Ffm./Bern 1984. – *B.'s Theaters – Interpretations for Performance*, Hg. S. Homan, Lewisburg (Pa.)/Ldn. 1984. – H. Laass u. W. Schröder, *S. B.*, Mchn. 1984. – R. Rabinowitz, *The Development of B.'s Fiction*, Champaign/Ill. 1984. – *S. B.*, Hg. H. Engelhardt, Ffm. 1984 (st). – S. E. Gontarski, *The Intent of Undoing in S. B.'s Dramatic Texts*, Bloomington 1985. – *B. avant B.*, Hg. J. M. Rabaté, Paris 1985. – *B. in Berlin*, Hg. K. Völker, Bln. 1986. – P. Gidal, *Understanding B.: A Study of Monologue and Gesture in the Works of S. B.*, Ldn. 1986. – *B. at Eighty, B. in Context*, Hg. E. Brater, NY 1986. – H.-H. Hildebrand, *B.* (in KLFG). – W. Floeck, *B.* (in KLRG). – J. Fletcher u. J. Spurling, *B. the Playwright*, Ldn. [3]1985 [rev. u. erw.]. – *S. B.*, Hg. P. Chabert, Paris 1986 [Sondernr. der Revue d'esthétique]. – L. Ben-Zvi, *B.*, Boston 1986 (TWAS). – R. Endres, *Am Anfang war die Stimme. Zu B.s Werk*, Reinbek 1986. – Hermathena, Dublin 1986, Nr. 141 [Sondernr. *S. B.*]. – K. Schoell, *Exakte Beschreibung und vorsichtige Einschränkung: Bemerkungen zu B.s Prosastil* (in ZFSL, 96, 1986, S. 12–21). – J. Ch. Trilse, *Der Clown S. B. – oder: Spiele einer großen Absage* (in SuF, 38, 1986, S. 851–875). – *B.'s Later Fiction and Drama*, Hg. J. Acheson u. K. Arthur, Ldn. 1987.

COMMENT C'EST

(frz.; *Ü: Wie es ist*). Roman von Samuel Beckett, erschienen 1961; unter dem Titel *How it is* 1964 vom Autor ins Englische übersetzt. – Wie in Becketts Roman *L'Innommable* (1953) steht auch hier ein Namenloser, dessen Identität im Stadium der Auflösung ist, unter dem Zwang, seine Situation in Worte zu fassen. Mit dem Gesicht im Dreck liegend, Konservendosen um den Hals gebunden, gibt er einen Bericht in drei Abschnitten: wie es »vor Pim«, »mit Pim« und »nach Pim« war. Pim ist jener kleine alte Mann, der sich dem Erzähler zugesellt hat und der ihn erkennen läßt, daß er nicht allein dem Schrecken des Nichts ausgesetzt ist. Bevor Pim auf der Bildfläche erschien, war der Erzähler von der Einmaligkeit seiner Einsamkeit überzeugt, nun aber wird ihm klar, daß er sich mitteilen kann. Er tut dies freilich auf eine höchst seltsame Weise: Er sticht Pim mit einem Büchsenöffner, versetzt ihm Nierenschläge, um ihn zum Sprechen zu bringen, und hämmert auf seinen Kopf ein, wenn er schweigen soll. Schließlich verläßt der so Gequälte den Erzähler. Einer Phantasmagorie von Heimsuchungen ausgesetzt, wünscht dieser sich die Rückkehr Pims. Als ein anderer ihn ebenso quält, wie er selbst es mit Pim getan hat, begreift er, daß in dieser Welt jeder einmal Schinder, einmal Geschundener ist, und akzeptiert dies als eine Art von höherer Ordnung. Am Schluß freilich gibt er zu erkennen, daß er die ganze Zeit mit seinen Worten eigentlich nur gespielt hat, daß sein Bericht vielleicht nur ein Produkt seiner Phantasie ist. Und nun beeilt er sich, das Ende seines Monologs in den Anfang einmünden zu lassen, zu jener Situation zurückzukehren, in der das einzig Gewisse die Ungewißheit ist. Obwohl auf jede Interpunktion verzichtet wird, erlaubt es der abgehackte, scharfe Rhythmus der kurzen Absätze, den Wahrnehmungsfetzen eines Bewußtseins zu folgen, das sich nicht mehr in vorgegebenen Sprachstrukturen auszudrücken vermag, das, im Bestreben, nicht mehr Sagbares zu vermitteln, immer wieder von neuem anhebt, verändert, variiert. – In *Comment c'est* werden Becketts Erkenntnisse an der informellen Malerei für die Methode seines Schreibens wichtig: Unter Verzicht auf jeden Rest einer Fabel setzt der Autor ein relativ begrenztes Wortrepertoire ein, das unaufhörlich zerlegt und in immer neuen Variationen anders zusammengestellt wird, so daß die dadurch entstehenden Textvarianten den Leser vor die Aufgabe stellen, in kaum ersichtlichen Abweichungen das (vorläufige) Ganze des Textes zu suchen. Doch angesichts der in jeweils anderen Kontexten wiederkehrenden Satzfragmente, die den Eindruck erwekken, der Text befinde sich ständig in Bewegung, verbietet es sich, diesen Roman als eine Einheit aufzufassen. Es geht nicht mehr darum, Bedeutung entstehen zu lassen, sondern darum, die Unabschließbarkeit des Schreibens durch die Variation eines begrenzten Wortschatzes vorzuführen.

J.D.Z.-B.We.

Ausgaben: Paris 1961. – Ldn. 1964 (*How it is*; engl. Übers. S. B.). – NY 1964 *(How it is)*; ern. 1970 (in *The Collected Works*, 16 Bde.). – Ldn. 1972 *(How it is)*.

Übersetzung: *Wie es ist*, E. Tophoven, Ffm. 1961 (frz.-dt.; BS). – Dass., ders., Ffm. 1976 (in *Werke*, Hg. ders. u. K. Birkenhauer mit S. B., 4 Bde., 3; bzw. 10 Bde.; es). – Dass., ders., Ffm. 1986 (st).

Literatur: J. Thibaudeau (in Les Temps Modernes, 16, 1960/61, S. 1384–1392). – E. Fournier, *Pour que la boue me soit contée* (in Critique, 17, 1961, S. 412–418). – R. Cohn, *»Comment c'est«. De quoi rire* (in FR, 35, 1962, S. 563–569). – F. Kermode, *B., Snow and Pure Poverty* (in F. K., *Puzzles and Epiphanies*, Ldn. 1962, S. 155–163). – G. Brée, *B.'s Abstractors of Quintessence* (in FR, 36, 1962/63, S. 567–576). – J. R. Brown, *Mr. B.'s Shakespeare* (in Critical Quarterly, 5, 1963, S. 310–326). – R. Federman, *»How it is« with B.'s Fiction* (in FR, 38, 1964/65, S. 459–468). – J. Shadoian, *The Achievement of »Comment c'est«* (in Crit, 12, 1970, S. 5–18). – H. Kenner, *B. Translating B.: »Comment c'est«* (in Delos, 5, 1970, S. 194–211). – B. Finney, *Since »How it is«: A Study of B.'s Later Fiction*, Ldn. 1972. – C. Krance, *Alienation and Form in B.'s »How it is«* (in Perspectives on Contemporary Literature, 1, 1975, S. 85–103). – H. Copeland-Case, *The Couples in »Comment c'est«* (in *B.:*

The Art of Rhetoric, Hg. E. Morot-Sir u. a., Chapel Hill 1976, S. 237–247). – J. Dearlove, *The Voice and its Words: »How it is« in B.'s Canon* (in Journal of B. Studies, 3, 1978, S. 56–75). – D. St. Pierre, *»Comment c'est« de B.* (in RLMod, 1981, Nr. 605–610, S. 85–113). – F. N. Smith, *Fiction as Composing Process: »How it is«* (in *S. B.*, Hg. M. Beja u. a., Ohio State UP 1983, S. 107–121). – G. Bruns, *B.s »Wie es ist«* (in *S. B.*, Hg. H. Engelhardt, Ffm. 1984, S. 147–162).

COMPANY

(engl.; *Ü: Gesellschaft*). Prosatext von Samuel BECKETT, erschienen 1980. – Mit den *Residua* (1967) schien Beckett das in seinen Prosatexten seit *Murphy* (1938) erzähltechnisch angestrebte Ziel des Verstummens weitgehend erreicht zu haben. Zweifellos überraschend für die meisten Beckett-Leser kam deshalb die Veröffentlichung des – verglichen mit den *Residua* – erstaunlich langen Prosatextes *Company*, der wie fast alle späten Beckett-Texte eigentlich die Kenntnis aller vorhergehenden voraussetzt, weil sich ansonsten die implizite Textstrategie nur schwer enthüllt. Der Autor hat dem Text den ironischen Untertitel *Eine Fabel* gegeben, ein Begriff, der laut *Duden* die »einer Dichtungsform zugrunde liegende Handlung in ihren wesentlichen Zügen« bezeichnet. In Wirklichkeit ist der Text eine Art Fabel der Fabel, nämlich die Reflexion über die Unmöglichkeit, zu einer Fabel zu finden. Es handelt sich, wie eigentlich schon seit *Molloy* (1951), erneut um einen Metatext, ein Stück *»Transzendentalpoesie«* im Sinne F. SCHLEGELS, d. h. die innerliterarische Reflexion über Bedingungen, Formen und Grenzen der Produktion und Rezeption von Literatur selbst.

Schon in *L'Innommable*, 1953 *(Der Namenlose)*, wird eigentlich nicht mehr erzählt, sondern in einem quasi transzendentalen Raum über Möglichkeit und Unmöglichkeit des Erzählens reflektiert, und zwar als einer fiktionalen Form sprachlicher Realitäts- und Ich-Konstitution. Dieser Versuch führte in einen methodischen *Regressus ad infinitum*, weil das erzählende Ich durch sprachliche Setzungen und Ich-Entwürfe sich selbst nicht näher kommt, da es stets funktionale Hervorbringung seiner selbst, Erzähler und Erzähltes, Medium und Produkt zugleich ist. Das einzig Deutliche in diesem Reflexionskontinuum ist die Existenz einer *»Stimme«*, die unaufhörlich spricht und nicht aufhören kann. Genau an diesem Punkt knüpft *Company* wieder an, wenn es im ersten Satz heißt: *»Eine Stimme kommt zu einem im Dunkeln. Erträumen«* – eine Feststellung, die wenige Zeilen später präzisiert wird: *»Eine Stimme erzählt einem auf dem Rükken im Dunkeln aus einer Vergangenheit ... all das erträumend, um sich Gesellschaft zu leisten.«* Wichtig an diesem Zitat sind seine unausgesprochenen Postulate: Erzählt soll werden, damit Gesellschaft möglich wird. Gesellschaft soll sein, damit der einzelne, Sprechende sich als Subjekt erfahren kann. Erzählt werden kann immer nur von Vergangenheit. Vergangenheit jedoch ist konstitutives Moment von Ich-Identität. Und diese muß erinnert werden, ist also zugleich Imagination, Akt des Erträumens. In *Company* entfaltet sich diese hochkomplizierte Dialektik fiktionaler Ich-Konstitution im Medium literarischen Sprechens anhand der *»Stimme«* und von *»jemand«*, der zuhört. Es bleibt dabei offen, welche oder wessen Stimme zu wem spricht, statt dessen wird die Reflexion darüber mehr und mehr zum Gegenstand des Erzählens selbst, das immer wieder um die entscheidende »Leerstelle« eines eben erst aufzufindenden »Ich« kreist: *»Der Gebrauch der zweiten Person kennzeichnet die Stimme. Der Gebrauch der dritten die des wuchernden anderen. Könnte er zu dem und über den sprechen, über den die Stimme spricht, so gäbe es eine erste. Er kann es jedoch nicht. Du kannst es nicht. Du wirst es nicht.«* Der quasi subjektlose Erzählvorgang verläuft deshalb durchgehend in der objektivierenden »Er«- oder »Du«-Form, wobei im Erzählvorgang selbst eine ungefähre, aber aporetische Zustandsbeschreibung des Sprechvorgangs abwechselt mit vermeintlich in sich konsistenten Erinnerungsfetzen an Geburt, Mutter, Vater, erste Liebe, Greisendasein. Diese werden aber fortlaufend als nur potentielle Ich-Projektionen, Fiktionen, *»Trugbilder«* bloßgestellt und demontiert, indem sie ständig in die Reflexion über die Frage nach den Bedingungen und der Möglichkeit, überhaupt Realität sprachlich konstruieren zu können, eingebunden werden. Es geht also offenbar um die Uneinholbarkeit des sprechenden Ich *in actu* des Sprechens, die empirische Unerreichbarkeit des transzendentalen Subjekts: *»Erfinder der Stimme und des Hörers und seiner selbst. Erfinder seiner selbst, um sich Gesellschaft zu leisten.«* Aber der Versuch, endlich »Ich« sagen zu können, der Identitätsfindung also, scheitert; die erträumten Figuren und Erinnerungen lassen sich nicht zu einer »Fabel«, zu einer Ich-Geschichte zusammenschließen, der kreative Geist ist *»erschöpft durch ein so anstrengendes Erträumen«*. Der Text endet mit den Worten: *»Und du wie eh und je. Allein.«* Gesellschaft, und damit eine Spur von Hoffnung, verbürgt nur die *»Stimme«*, die unendliche Fortsetzung des Sprechens selbst. Denn *»die Stimme erzeugt einen Schimmer. Das Dunkel lichtet sich, wenn sie spricht.«*

Einem Autor gegenüber, der zutiefst davon überzeugt ist, daß *»Kunst nichts mit Klarheit zu tun hat, nicht im Klaren herumpfuscht und nicht klar macht«* (Beckett), blieb einer an traditionellen Interpretationsmustern orientierten Literaturkritik wenig mehr übrig, als sich *»als inkompetent zu erklären und sich mehr oder wenig anmutig vom Kampfplatz zurückzuziehen«* (J. Pilling). Da Beckett zum Zeitpunkt des Erscheinens von *Company* schon längst den Rang eines Klassikers der Moderne innehatte, wurde auch dieser Text mehr gelobt als wirklich untersucht; eine breitere Leserschaft erreichte er gar nicht mehr. Zu Recht konstatiert R. Endres: *»Bekkett ist mit der leidenschaftlichsten Sprache, die im Moment geschrieben wird, wirklich allein.«* H.Ve.

Ausgaben: Ldn. 1980. – Paris 1980 (*Compagnie*; frz. Übers. S. B.).

Übersetzung: *Gesellschaft: eine Fabel*, E. Tophoven, Ffm. 1981 (engl.-frz.-dt.). – Dass., ders., Ffm. 1983 (BS).

Literatur: R. Endres, *Welch ein Beitrag zur Gesellschaft* (in Die Zeit, 27. 11. 1981; ern. in R. E., *Am Anfang war die Stimme. Zu B.s Werk*, Reinbek, 1986, S. 17–27). – J. E. Dearlove, *Accomodating the Chaos: B.'s Nonrelational Art*, Durham/N.C. 1982. – D. Read, *B.'s Search for Unseeable and Unmakable: »Company« and »Ill seen ill said«* (in MFS, 29, 1983). – J. Pilling, *Eine Kritik der Armut: »Schlecht gesehen schlecht gesagt«* (in *S. B.*, Hg. H. Engelhardt, Ffm. 1984, S. 302–314; st). – E. Tophoven, *B.s »Company« im Computer* (ebd., S. 280–293). – E. Barmack-Balgley, *Autoréflexivité et parodie dans »Compagnie« de B.* (in *Philosophie et littérature*, Brüssel 1985, S. 55–67). – K. Arthur, *Texts for »Company«* (in *B.'s Later Fiction and Drama*, Hg. ders. u. J. Acheson, Ldn. 1987). – S. E. Gontarski, *Company for »Company«: Androgynity and Theatricality in S. B.'s Prose* (ebd.).

LE DÉPEUPLEUR

(frz.; *Ü: Der Verwaiser*). Prosatext von Samuel Beckett, erschienen 1970. – Dieser Text wurde 1966, also vor *Bing* und *Sans*, geschrieben und zunächst in Teilen *(Dans le cylindre; Séjour; L'Issue)* veröffentlicht. Der Schlußabsatz wurde erst 1970 hinzugefügt. Der französische Originaltitel, dem die deutsche Übersetzung durch E. Tophoven 1972 folgte, bezieht sich auf eine Gedichtzeile von A. de Lamartine: *»Un seul être vous manque et tout est dépeuplé.«* In der selbst besorgten und leicht veränderten englischen Übersetzung (1972) verzichtete Beckett auf die Lamartine-Anspielung.

Der in einem wissenschaftlich-trockenen, um mathematische Genauigkeit bemühten Stil geschriebene Text liest sich *»wie der Bericht einer Enquête-Kommission über die Situation im Purgatorium«* (A. Alvarez) und läßt literarhistorische Reminiszenzen an Dante und Kafka aufkommen. Schauplatz des Geschehens ist *»das Innere eines niedrigen Zylinders mit einem Umfang von fünfzig Metern und einer Höhe von sechzehn wegen der Harmonie«*, in den etwa 200 *»Körper beider Geschlechter und jeden Alters vom Greise bis zum Kleinkind«* eingepfercht sind, die *»immerzu suchen, jeder seinen Verwaiser«*. Ziel und Sinn dieser Suche bleiben unklar, *»im trüben Leuchten der Decke hütet der Zenith noch seine Legende«*. Boden und Wand des verschlossenen Zylinders bestehen aus Gummi oder ähnlichem. Das einzige Inventar sind 15 Leitern, mit denen die eingeschlossenen *»Körper«* zu Nischen und Höhlen auf halber Höhe der kahlen Zylinderwand gelangen können, welche wabenförmig miteinander verbunden sind oder in toten Stollen enden. Das Licht innerhalb des Zylinders ist oszillierend gelblich, die Temperatur schwankt etwa alle vier Sekunden zwischen fünf und 25 Grad, der Raum ist erfüllt von einem *»insektenförmigen Gezirpe«*. Der Zylinderboden läßt sich in drei Zonen unterteilen: Zone 1 ist ein etwa ein Meter breiter Außenring, die Stellfläche für die Leitern, an denen ständig ein Teil der Körper abwechselnd Schlange steht; Zone 2 ist ein etwa 80 cm breiter Trampelpfad, auf dem sich ein Teil der Körper ständig im Gänsemarsch kreisförmig bewegt; Zone 3 ist die verbleibende Fläche in der Zylindermitte, wo sich die Mehrheit der Zylinderpopulation befindet. Offenbar existiert eine Art unausgesprochener Hierarchie: a) die *»Nichtsucher«* oder *»Besiegten«*, die Gruppe derjenigen, die mit angezogenen Knien regungslos an der Wand kauern; b) die *»Seßhaften«*, die Gruppe derjenigen, die sich nur noch bewegen, wenn sie aus ihrer Ecke vertrieben werden; c) die *»Sucher-Luger«*, die Gruppe derjenigen, die sich zumeist in Bewegung befinden, aber gelegentlich eine Ruhepause einlegen; d) die *»Kletterer«*, die Gruppe derjenigen, die sich ständig in Bewegung befinden und versuchen, die Leitern hinauf oder hinunter zu klettern. Alle Aktivitäten in diesem Gewimmel auf engstem Raum *(»ein Körper pro Quadratmeter«)* folgen einem ausgeklügelten und strengen Regelsystem, gegen das jedoch immer wieder, wenngleich vergeblich, verstoßen wird, was ständig *»Wut und Gewalttätigkeit«* zur Folge hat. Die Suchenden finden offenbar nie, was sie suchen, geben irgendwann auf, schließen sich der Gruppe der *»Besiegten«* an und verfallen – ein Grundmotiv Becketts – in totale Passivität wie Dantes Belacqua. Dies scheint der Idealzustand innerhalb des Zylinders zu sein – wenn er von allen erreicht sein wird, wird der Zylinder endlich zur Ruhe kommen und ein Zustand vollkommener Ruhe und *»Ordnung«* – wie in der Physik die Entropie – erreicht sein.

Im Gegensatz zu fast allen anderen Texten Becketts läßt sich *Le Dépeupleur* weitgehend allegorisch-symbolisch lesen, insofern der Text zweifellos als Allegorie der *conditio humana* und der Menschheitsgeschichte konzipiert ist. Der Zylinder selbst bezeichnet offenbar die Erde oder das erkennbare Universum; die Zylinderdecke symbolisiert die Grenze menschlicher Wahrnehmung und Erkenntnis *(»nur im Zylinder gibt es Gewißheit, und draußen nichts als Rätsel«)*; die Unbestimmtheit der schließlich aufgegebenen Suche verweist auf *»die höllische Sinnlosigkeit menschlichen Strebens«* (J. Kaiser). Daß den Eingeschlossenen ein Augenblick der Brüderlichkeit *»ebenso fremd wie den Schmetterlingen ist«*, verweist auf die Unmöglichkeit solidarischen Handelns im Horizont der Sinnlosigkeit. Die ständigen, aber vergeblichen Regelverstöße der *»Sucher«* konterkarieren die Dialektik von Freiheit und Determination in der abendländischen Philosophie. Die (scheinbare) Leidenschaftslosigkeit, mit der all das von einem a-personalen Erzähler beschrieben wird, reflektiert *ex negativo* den radikalen Nihilismus Becketts, dessen Nährboden eine nicht eingestandene existentielle Verzweiflung ist, die ihn immer wieder neue Höllenszenarios erfinden läßt.

Als ein *»furchtbares Buch, eines der grauenhaftesten der modernen Literatur«* hat zutreffend M. KESTING *Le Dépeupleur* bezeichnet. Von einem *»finsteren Höhlengleichnis«*, in dem sich *»Aufklärung und Antiaufklärung, Entzauberung und Mystifizierung berühren«*, ist bei J. KAISER die Rede. H.Ve.

AUSGABEN: Paris 1970. – Ldn. 1972 (*The Lost Ones*; engl. Übers. S. B).

ÜBERSETZUNG: *Der Verwaiser*, E. Tophoven, Ffm. 1972 (frz.-dt.; BS).

LITERATUR: H. Kenner, *A Reader's Guide to S. B.*, Ldn. 1973, S. 176–182. – R. Breuer, *Die Kunst der Paradoxie*, Mchn. 1976, S. 152–156. – S. Wirsing, *Eine Hölle für B.* (in FAZ, 23. 9. 1976). – *S. B.: The Critical Heritage*, Hg. L. Graver u. R. Federman, Ldn. 1979, S. 313–327. – M. Kesting, *Zylinder und Schädelraum oder B. und die Verhaltensforschung. Zur Interpretation des »Dépeupleur«* (in Sprache im technischen Zeitalter, März 1980, Nr. 73). – M. Lichtwitz, *Materialien zu S. B.s »Der Verwaiser«*, Ffm. 1980 (st). – D. Porush, *Deconstructing the Machine: B.'s »The Lost Ones«* (in D. P., *The Soft Machine: Cybernetic Fiction*, NY/Ldn. 1985, S. 157–171).

EN ATTENDANT GODOT

(frz.; *Ü: Warten auf Godot*). Schauspiel in zwei Akten von Samuel BECKETT, Uraufführung: Paris, 5. 1. 1953, Théâtre de Babylone; deutsche Erstaufführung: Berlin 8. 9. 1953, Schloßpark-Theater. – Das Spiel, das der irische Autor unter dem Titel *Waiting for Godot* ins Englische übertrug, war einer der größten Erfolge der Nachkriegszeit und die Faszination, die von diesem Stück ausgeht, ist bis heute nahezu ungebrochen. Es nimmt, zusammen mit Becketts späteren Theaterstücken, eine äußerste Position innerhalb der Geschichte des Dramas ein. Nicht nur ist das Dekor auf sparsamste Elemente beschränkt, auch der Dialog, der mit den Worten beginnt: *»Nichts zu machen«*, ist in einer ganz außergewöhnlichen Weise reduziert. Eine Landstraße und ein kahler Baum – beides wesentliche Requisiten und Symbole auch des Nô-Spiels – bezeichnen den Ort des Geschehens; der Dialog ist aller Funktionen entkleidet, die ihm bislang als dramatischem Medium zukamen: Er ist nicht mehr Träger einer Handlung, weder einer äußeren noch einer inneren, er schafft und löst keine psychologischen Konflikte, er entwickelt keine ethischen oder politischen Reformprogramme, er bietet keine Deutung der Probleme menschlicher Existenz an. Ja, die außerordentliche Kunst dieses außerordentlichen Dramas liegt gerade darin, daß jedem Interpretationsansatz von seiten des Hörers oder Lesers immer wieder unversehens der Boden entzogen wird, daß die gleichen Daten und Beziehungen in immer anderen Konstellationen und Beleuchtungen erscheinen, sich gegenseitig immer aufs neue in Frage stellen, ohne sich jedoch aufzuheben. Alles bleibt, einem kaum zu erahnenden übersubjektiven Bezugssystem vage eingeordnet, in der Schwebe: Unbestimmt ist der Raum, die Landstraße kommt aus dem Irgendwo und führt ins Irgendwohin, die Zeit, obwohl von kosmischen Rhythmen – Sonnenuntergang, Mondaufgang und dem Ausschlagen des kahlen Baumes – skandiert, schwankt unzuverlässig im Bewußtsein der Personen; selbst die Identität dieser Personen ist weder objektiv noch subjektiv gesichert. Wenn aber der Dialog nicht Vehikel von Aktionen, Tendenzen, psychologischen Entwicklungen ist, was ist hier seine Funktion? Einzig die, das scheinbar Evidente, nämlich das Warten, zu registrieren und die Langeweile dieses Wartens erträglich zu machen. Der Dialog hat keinen direkten Bezug auf das eigentliche Geheimnis der Situation, die Erwartung und das (mögliche) Kommen Godots, er spart es aus und umspielt es in einem Zeremoniell knapper, straff rhythmisierter Stichomythien (einzeiliger Wechselreden), deren litaneiartige Aufzählungen und echohafte Responsorien einer hochpoetischen Liturgie gleichen. In den bald banal realistischen, bald burlesken oder von Tiefsinn und Ironie jäh durchblitzten Wechselreden der vier Hauptpersonen werden keine Erkenntnisse zutage gefördert, wird kein Ausweg aus der problematischen Situation der Wartenden gefunden. Das Denken geschieht um seiner selbst willen; es ist – Pozzo nennt es bei der Aufzählung von Luckys Talenten in einem Atem mit Tanz, Gesang, Deklamation – Spiel und Kunst und als solches der Ort möglicher Freiheit.

Die Träger des Dialogs sind die beiden Tramps Estragon, genannt Gogo, und Wladimir, alias Didi, beide offensichtlich durch nichts anderes als die Langeweile des Wartens auf Godot miteinander verbunden. Sie sind nur vage charakterisiert: Gogo als egoistisch, rationalistisch, selbstgefällig, doch von Angstträumen geplagt, Didi als hilfsbereit, mitleidig, impulsiv und sangesfreudig. Als dynamisches Gegenstück zu dieser statischen Gruppe treten die beiden Reisenden Pozzo und Lucky auf, die zueinander im Verhältnis von Herr und Sklave stehen – ein Verhältnis, in dem Pozzo von seinem kadavergehorsamen Knecht nicht weniger abhängig ist als dieser von ihm (besonders, nachdem Pozzo im zweiten Akt als Blinder, Lucky als Stummer erscheint). Sie veranstalten – Pozzo mit seiner grotesken Zirkuspathetik, Lucky mit seinen grausig-komischen Tanz- und Denkvorführungen – ein Stück Theater auf dem Theater. Zweimal tritt ein namenloser Bote auf, der das Kommen seines Herrn, Godots, jeweils für den nächsten Tag ankündigt. Über Godot erfährt man nicht viel mehr, als daß Gogo und Didi sich mit ihm verabredet haben; doch über den Grund und den Zweck dieser Verabredung sind sich beide ebensowenig im klaren wie über die Person Godots. War vielleicht Pozzo jener Godot? Wird er morgen, wird er überhaupt jemals kommen? Sie wissen es nicht. Sie warten weiter. Ob der Autor dieses Warten als positive Leistung oder als Torheit wertet, bleibt gleichfalls im Ungewissen. Das einzig Sichere ist – und Wladimir-Didi nennt das ein Glück –, zu *wissen*, daß man wartet, auf Godot oder auf die Nacht, gleichviel. Es ist dieses Wissen, das in aller Unsicherheit einen Halt gibt. G.He.

AUSGABEN: Paris 1952. – Ldn. 1956 (*Waiting for Godot*; engl. Übers. S. B.). – Ldn. 1957 *(Waiting for Godot)*. – Ffm. 1963 (in *Dramatische Dichtungen in drei Sprachen*, 2 Bde., 1963/64, 1; m. dt. Übers.). – NY 1970 (*Waiting for Godot* in *The Collected Works*, 16 Bde.). – Paris 1971 (in *Théâtre*, Bd. 1). – Ffm. 1971; ern. 1976 (frz.-engl.-dt.; st).

ÜBERSETZUNG: *Warten auf Godot*, E. Tophoven, Bln./Ffm. 1953. – Dass., ders., Ffm. 1963 (es); ern. 1976 (in *Werke*, Hg. ders. u. K. Birkenhauer mit S. B., 4 Bde., 1; bzw. 10 Bde.; es).

LITERATUR: C. Chadwick, *»Waiting for Godot«: A Logical Approach* (in Symposium, 1960, 14, S. 252–257). – R. Champigny, *Interprétation de »En attendant Godot«* (in PMLA, 75, 1960, S. 329–331). – L. E. Harvey, *Art and the Existential in B.'s »Waiting for Godot«* (ebd., S. 137–146). – E. Flood, *A Reading of B.'s »Godot«* (in Culture, 12, 1961, S. 257–262). – H. L. Butler, *Balzac and Godeau, B. and Godot: A Curious Parallel* (in RoNo, 1962, S. 13–20). – J. Ashmore, *Philosophical Aspects of Godot* (in Symposium, 16, 1962, S. 296–306). – R. S. Cohen, *Parallels and the Possibility of Influence between Simone Weil's »Waiting for God« and B.'s »Waiting for Godot«* (in MD, 6, 1963/64, S. 425–436). – *Casebook on »Waiting for Godot«*, Hg. R. Cohn, NY 1967. – K. Schoell, *»En attendant Godot«* (in *Das frz. Theater vom Barock bis zur Gegenwart*, Hg. J. v. Stackelberg, Düsseldorf 1968, S. 322–340, 418–420). – B. Lalande, *B. »En attendant Godot«*, Paris 1970. – E. Lavielle, *»En attendant Godot« de B.*, Paris 1972. – F. Maierhöfer, *S. B.: »Warten auf Godot«*, Mchn. 1973. – *Materialien zu S. B.: »Warten auf Godot«*, Hg. U. Dreysse, Ffm. 1973; Bd. 2, Hg. H. Engelhardt u. D. Mettler, Ffm. 1979 (st). – K. Knauth, *Luckys und Bonaventuras unglückliche Weltansichten* (in RJb, 26, 1975, S. 147–169). – R. Cormier u. J. L. Pallister, *Waiting for Death: The Philosophical Significance of B.'s »En attendant Godot«*, Univ. of Alabama 1976. – R. Breuer, *The Solution as Problem: B.'s »Waiting for Godot* (in MD, 19, 1976, S. 225–236). – B. O. States, *The Shape of Paradox: An Essay on »Waiting for Godot«*, Berkeley u. a. 1978. – G. P. u. M. Knapp, *B.: »Warten auf Godot«*, Ffm. u. a. 1978. – F. Busi, *The Transformation of »Godot«*, Lexington/Ky. 1979. – K. A. Knauth, *Invarianz und Variabilität literarischer Texte. Ch. Baudelaires »Spleen IV« u. S. B.s »En attendant Godot«*, Amsterdam 1980. – J. P. Little, *»En attendant Godot« and »Fin de partie«*, Ldn. 1981. – O. F. Bollnow, *B.s »Warten auf Godot«* (in *Modernes frz. Theater: Adamov – B. – Ionesco*, Hg. K. A. Blüher, Darmstadt 1982, S. 125–131). – R. Ahrens, *Kompositionsprinzipien in B.s »Waiting for Godot« und »Endgame«* (ebd., S. 204–211). – M. Esslin, *B.s »En attendant Godot«* (ebd. S. 212–227). – J. L. Calderwood, *Ways of Waiting in »Waiting for Godot«* (in MD, 29, 1986, S. 363–375). – G. R. Strickland, *The Seriousness of B.* (in Cambridge Quarterly, 15, 1986, S. 13–32).

FIN DE PARTIE

(frz.; *Ü: Endspiel*). Schauspiel in einem Akt von Samuel BECKETT. Uraufführung: London, 3. 4. 1957, Royal Court Theatre; deutsche Erstaufführung; Berlin, 30. 9. 1959, Schiller-Theater. – Ein kahler Raum, trübes Licht. In der Mitte des Raums, in einem »mit Röllchen versehenen Sessel« sitzend, zunächst wie eine Leiche mit einem Tuch zugedeckt, blind und gelähmt, Hamm. Ihm zur Seite sein Diener Clov, der nicht sitzen kann. Beide sind aufeinander angewiesen, da einerseits nur Clov Hamm füttern, andererseits Clov sich nur aus Hamms Vorräten versorgen kann. In zwei Mülleimern stecken Nagg und Nell, Hamms Eltern, die *»verfluchten Erzeuger«*, verkrüppelt, infantil, menschliche Ruinen. In diesem Rahmen vollzieht sich und um diese vier Personen kreist das *Endspiel*, eine postapokalyptische Farce. Es legt wie alle Werke Becketts die Situation des Menschen heute als ein äußerstes Stadium der Regression aus, die zu keinem Ende kommen kann, weil das Ende schon überschritten ist. Regression, sichtbar am physischen Verfall der *dramatis personae*, manifestiert sich ebenso in der oszillierenden Unbeweglichkeit der Handlung, in den zu Belanglosigkeiten geschrumpften Ereignissen, in der Zusammenhanglosigkeit der Rede, in der Unmöglichkeit, Sinn zu bezeugen, im Zerfall der Form, die nur noch wie eine Parodie des klassischen Dramas wirkt.

»... Ende, es ist zu Ende, es geht zu Ende, es geht vielleicht zu Ende ...«, sagt Clov zu Beginn des Stückes, und gleich darauf Hamm: *»Ich bin dran. (...) Jetzt spiele ich.«* Im Gegensatz zu den beiden Alten im Mülleimer, die ihren Verfall zu Ende *leben*, spielen Hamm und Clov ihr auf ein Minimum (ein Aufputschmittel am Morgen, ein Beruhigungsmittel am Abend) reduziertes Leben. Ihr »Spielen« schafft, stärker als in den früheren Werken Becketts, einen gewissen Abstand zu ihrer latenten Verzweiflung, die nur hin und wieder und ohne daß dabei auch nur die Stimme erhoben würde, zum Ausdruck kommt. Das Bewußtsein ihrer Lage unterscheidet Hamm und Clov von den beiden Alten und von der Vergangenheit, die diese repräsentieren. Sie wissen, daß sie tot sind (Hamm: *»Diese Nacht habe ich in meine Brust gesehen. Darin war eine kleine Wunde.«* Clov: *»Du hast dein Herz gesehen.«* Hamm: *»Nein, es lebte«*), und sie wissen, daß sie nicht sterben können (Hamm: *»Warum tötest du mich nicht?«* Clov: *»Ich weiß nicht, wie der Speiseschrank aufgeht.«*). Es gibt keinen Ausweg. Eine Grenze ist überschritten. Jenseits dieser Grenze hat sich ein Niemandsland aufgetan, in dem Leben und Tod ineinander übergehen zu einer endlosen Agonie. Selbst die Furcht, es könnte das Leben sich

noch einmal erneuern, aus einem Floh, den Clov entdeckt hat, eine neue Schöpfung entstehen, und selbst die Hoffnung auf den Tod als Erlösung sind grundlos. Sie gehören nur zu der Clownerie, als die das Weiterspielen inszeniert werden muß; denn das Ende wird nicht dargestellt, sondern gespielt.

Ausgestorben, bewegungslos, trüb wie der Innenraum ist auch die Außenwelt, die Clov auf Befehl seines Herrn ab und zu durchs Fenster mit dem Fernrohr beobachtet. *»Alles ist aus.«* Nirgends ist ausgesprochen, ob es durch eine katastrophale Zerstörung oder durch eine katastrophale Entwicklung dazu gekommen ist. Allein an der Furchtbarkeit des Endspiels läßt sich die Furchtbarkeit der vorausgegangenen Katastrophe ermessen. Die Vergangenheit mit allem, was in ihr den Menschen ausgezeichnet hat – Geist, Sprache, Geschichte, Bedeutung –, reicht nur als unbrauchbares Strandgut in die Zeit der Überlebenden. Absurd taucht die Idee von der zentralen Stellung des Menschen auf, wenn Hamm nörglerisch darauf besteht, daß Clov seinen Sessel genau in die Mitte des Raumes schiebt. Und wenn Hamm am Schluß – als Clov reisefertig erscheint, als ob er ihn verlassen wollte – ein blutbeflecktes Taschentuch als einzigen Besitz behalten will, so ist in dieser Anspielung auf das Schweißtuch Christi der Erlösungsgedanke parodiert. Beckett parodiert nicht, wie z. B. Eugène Ionesco, bestimmte Aspekte des heutigen Lebens. Vielmehr erscheint bei ihm das Leben des heutigen Menschen als eine Parodie vergangenen Lebens. Indem Beckett die Vergangenheit in sein Stück hineinreichen läßt, werden mit dem Bruch zwischen ihr und der Gegenwart zugleich die Bedingungen des Absurden sichtbar. Darin geht Beckett weit über alle vergleichbaren Stücke des sogenannten »absurden Theaters« hinaus.

»Der Prozeß der Verdichtung, den Beckett in seinem Essay über Proust als das eigentliche Ziel des Künstlers bezeichnet hat, ist hier erfolgreich zu Ende geführt worden. ›Endspiel‹ erforscht nicht die äußere Welt der Erscheinungen; es ist vielmehr ein tief in den Kern des Seins hineingetriebener Stollen, in dem die verschiedensten Stufen sichtbar werden« (M. Esslin). A.B.

Ausgaben: Paris 1957. – Ldn. 1958 (*Endgame*; engl. Übers. S.B.). – Ffm. 1963 (in *Dramatische Dichtungen in drei Sprachen*, 2 Bde., 1963/64, 1; m. dt. Übers.). – NY 1970 (*Endgame* in *The Collected Works*, 16 Bde.). – Paris 1971 (in *Théâtre*, Bd. 1). – Ffm. 1974 (frz.-engl.-dt.; st).

Übersetzung: *Endspiel*, E. Tophoven, Ffm. 1957. – Dass., ders., Ffm. 1960 [frz.-dt.]; ern. Ffm. 1964 (fr.-dt.; es); ern. Ffm. 1976 (in *Werke*, Hg. ders. u. K. Birkenhauer mit S. B., 4 Bde., 1; bzw. 10 Bde.).

Literatur: J. Lemarchand, *»Fin de partie«* (in NNRF, 9, 1957, S. 1085–1089). – H. M. Enzensberger, *Die Dramaturgie der Entfremdung* (in Merkur, 11, 1957, S. 231–237). – J. Vannier, *»Fin de partie« et »Acte sans paroles«* (in Théâtre Populaire, 25, 1957, S. 68–72). – R. M. Eastman, *The Strategy of S. B.'s »Endgame«* (in MD, 2, 1959, S. 36–44). – R. Cohn, *»Endgame«: The Gospel According to Sad S. B.* (in Accent, 20, 1960, S. 223–234). – T. W. Adorno, *Versuch, das »Endspiel« zu verstehen* (in *Noten zur Literatur II*, Ffm. 1961, S. 188–236; ern. in *Aufsätze zur Literatur des 20. Jh.s*, 1, Ffm. 1973, S. 167–214; st). – G. Weales, *The Language of »Endgame«* (in TDR, 6, 1962, Nr. 4, S. 107–177). – A. Robbe-Grillet, *B. ou la présence sur la scène* (in A. R.-G., *Pour un nouveau roman*, Paris 1963, S. 95–107). – M. Esslin, *Das Theater des Absurden*, Ffm. 1964, S. 58–74. – J. D. Hainsworth, *Shakespeare, Son of B.?* (in MLQ, 25, 1964, S. 346–355). – R. Lamont, *La farce métaphysique de B.* (in RLMod, 1964, Nr. 100, S. 99–116). – W. Mittenzwei, *Endspiele der Absurden. Zum Problem des Figurenaufbaus* (in SuF, 16, 1964, S. 733–751). – *Materialien zu B.s »Endspiel«*, Ffm. 1968. – *Twentieth Century Interpretations of »Endgame«*, Hg. B. G. Chevigny, Englewood Cliffs/N.J. 1969. – *S. B. inszeniert das »Endspiel«*, Probenbericht von M. Haerdter, Ffm. 1969. – A. Cohn-Blum, *»Fin de partie«* (in *Das moderne frz. Drama*, Hg. W. Pabst, Bln. 1971, S. 260–282). – S. Cavell, *Must We Mean What We Say?*, Cambridge 1976. – F. Maierhöfer, *B.: »Endspiel«*, Mchn. 1977. – M. Louzon, *»Fin de partie« de B.* (in Les voies de la création théâtrale, 5, 1977, S. 377–445). – S. K. Lee, *S. B. und das Nô-Theater* (in Poetica, 10, 1978, S. 88–105). – P. Lawley, *Symbolic Structure and Creative Obligation in »Endgame«* (in Journal of B. Studies, 5, 1979, S. 45–86). – H. u. S. Goeppert, *Zum Verständnis von Sprache und Übertragung in B.s »Endspiel«* (in *Psychoanalytische und psychopathologische Literaturinterpretation*, Hg. B. Urban u. W. Kudszus, Darmstadt 1981, S. 72–86). – J. P. Little, *»En attendant Godot« and »Fin de partie«*, Ldn. 1981. – G. Schwab, *B.: Endspiel der Subjektivität*, Stg. 1981. – W. Füger, *B.s »Endspiel« als degeneriertes Gefangenendilemma* (in GRM, 63, 1982, S. 74–84). – M. Kesting, *B.: »Endgame«* (in *Englisches Drama von B. bis Bond*, Hg. H. F. Plett, Mchn. 1982, S. 50–75). – R. Ahrens, *Kompositionsprinzipien in B.s »Waiting for Godot« und »Endgame«* (in *Modernes frz. Theater: Adamov – B. – Ionesco*, Hg. K. A. Blüher, Darmstadt 1982, S. 204–211). – J. Kott, *König Lear oder »Das Endspiel«* (ebd., S. 161–183). – K. Heitmann, *Die Welt als Wüste* (ebd., S. 228–263). – U. Meier, *B.s Endspiel Avantgarde*, Basel/Ffm. 1983. – E. Jacquart, *L'archétype bourreau-victime dans »Fin de partie«* (in TLL, 23, 1985, S. 155–195). – W. J. McCormack, *Seeing Darkely: Notes on Th. W. Adorno and S. B.* (in Hermathena, 1986, Nr. 141, S. 22–44).

HAPPY DAYS

(engl.; *Ü: Glückliche Tage*). Stück in zwei Akten von Samuel Beckett. Uraufführung: New York, 17. 9. 1961, Cherry Lane Theatre; deutsche Erstaufführung: Berlin, 30. 9. 1961, Werkstatt des Schiller-Theaters. – Die menschliche Existenz als

Grenzsituation zwischen Leben und Tod, Gestalten, die auf der ewig enttäuschten Illusion des Wartens beharren oder in tragikomischer Hilflosigkeit die Gewißheit ihres Verfalls überspielen – darum geht es in allen Stücken Becketts. Im Zyklus dieser Apokalypse auf Raten zeigt *Glückliche Tage* Existenz im vorletzten Stadium der Auflösung.
Ein ältliches Paar, Winnie und Willie, vegetiert in einem zeitlichen und geographischen Vakuum seinem Ende entgegen. Winnie steckt bis zur Brust in einem Erdhaufen – ein weiblicher Torso, der so tut, als sei er ein intaktes menschliches Wesen. Vor der Gewißheit ihrer Verwesung flüchtet sie sich in das rastlos zelebrierte Ritual banaler Betätigungen, in ein albern nutzloses Spiel mit Gegenständen, die ihren Sinn verloren haben und zu austauschbaren Requisiten geworden sind. Sie schminkt sich und hält auf ihr Aussehen, während ihr Körper versinkt. Die Monologe ihrer qualvollen Isolation – durch viele Pausen markierte Sprachfetzen – balancieren am Rand des Schweigens, das ihren Partner Willie bereits umfängt. Seine seltenen schwachen Lebenszeichen elektrisieren Winnie, erfüllen sie mit einer Glückshoffnung, die in ironischem Gegensatz zu ihrer und Willies Situation steht. Meist jedoch döst die Larve des einstigen Individuums Willie unter der gleißenden Sonne, die die öde Szenerie ausleuchtet, oder verschwindet hinter dem Erdhügel. – Der zweite Akt ist, wie häufig bei Beckett, eine allerdings zugespitzte, Wiederholung des ersten. Die Frau ist nun *»bis zum Hals eingebettet«*. In dem Maße, in dem ihr Körper abstirbt, überspielt sie das Wissen um ihr baldiges Ende. Grotesker Höhepunkt des handlungsarmen Stücks: In Willie zukken Funken von Vitalität auf, letzte Reste von Erotik, die dieses fast schon leblose Bündel Mensch unvermittelt in die Karikatur eines geilen Beau verwandeln, der vergeblich den die Frau langsam verschlingenden Hügel zu erklimmen sucht. Für Winnie jedoch wird durch diese Clownerie die Zeitwüste ein letztes Mal zum »glücklichen Tag«. Mit einer Operettenschnulze täuscht sie sich über die Unabänderlichkeit der Dinge hinweg.
In *Glückliche Tage* führt Beckett den (damals in Mode gekommenen) Existentialismus nach allen Regeln seines Endzeittheaters ad absurdum. *»Beckett stellt die Existentialphilosophie vom Kopf auf die Füße«* (Adorno). Sinn macht in dieser Tragikomödie nur noch die Sinnlosigkeit dessen, was sich auf der Bühne abspielt. Auch die Zeit als historische Dimension ist ironisch außer Kraft gesetzt: Klingelzeichen ertönen anstelle des Lichtwechsels von Tag und Nacht. Neben *Warten auf Godot* und *Endspiel* zählt *Glückliche Tage* zu den meistgespielten und erfolgreichsten Stücken des Autors. W.D.

Ausgaben: NY 1961. – Ldn. 1962. – Paris 1963; 21975 (*Oh les beaux jours*, frz. Übers. S. B.). – Ffm. 1964 (in *Dramatische Dichtungen in drei Sprachen*, 2 Bde., 1963/64, 2; mit dt. Übers.). – Ldn. 1966. – NY 1970 (in *The Collected Works*, 16 Bde.). – Ffm. 1975 (engl.-frz.-dt.; st). – Ldn./Boston, Hg. J. Knowlson [engl.-frz.].

Übersetzung: *Glückliche Tage*, E. u. E. Tophoven (in *Spectaculum*, Bd. 5, Ffm. 1962). – Dass., dies., Ffm. 1963 (BS). – Dass., dies., Ffm. 1976 (in *Werke*, Hg. E. Tophoven u. K. Birkenhauer mit S. B., 4 Bde., 1; bzw. 10 Bde.; es).

Literatur: E. Franzen, *Der Mythos der »Glücklichen Tage«* (in *Spectaculum*, Bd. 5, Ffm. 1962, S. 269 f.). – R. M. Eastman, *S. B. and »Happy Days«* (in MD, 6, 1964, S. 417–424). – M. Beausang, *Myth and Tragicomedy in B.'s »Happy Days«* (in Mosaic, 5, 1971, S. 59–77). – J. Hoegl, *Die Krise der Verständigung. B.s »Happy Days«* (in Sprache im technischen Zeitalter, 57, 1976, S. 65–72). – *S. B. inszeniert »Glückliche Tage«*, Probenprotokoll aufgezeichnet von A. Hübner, Ffm. 1976 (es). – S. E. Gontarski, *B.'s »Happy Days«*, Columbus/Oh. 1977. – A. S. Brennan, *Winnie's Golden Treasury* (in Arizona Quarterly, 35, 1979, S. 205–227).

KRAPP'S LAST TAPE

(engl.: *Ü: Das letzte Band*). Einakter von Samuel Beckett, Uraufführung: London, 28. 10. 1958, Royal Court Theatre; deutsche Erstaufführung: Berlin 28. 9. 1959, Werkstatt des Schiller-Theaters. – Becketts Kurzstück ist ein Monodrama mit zwei Stimmen: Krapp, ein einsamer alter Mann, lauscht den Tonbändern, auf denen er alljährlich seine Erlebnisse im vergangenen Jahr aufgezeichnet hat, und kommentiert diese Aufzeichnungen immer von neuem – ein sinnloser Kreislauf von längst abgeschlossenen Erfahrungen, vergangenen Beziehungen und irreparablen Fehlschlägen. Schon seit über dreißig Jahren führt Krapp, der erfolglose Schriftsteller, dieses »Gespräch« mit seinem ihm immer fremder gewordenen Tonband-Ich. Verächtlich lacht er über die Selbsteinschätzung des einstigen Krapp *(»Hörte mir soeben den albernen Idioten an, für den ich mich vor dreißig Jahren hielt«)*, und immer wieder spult er das an seinem 39. Geburtstag aufgenommene Band zurück, um einen glücklichen Augenblick zu rekapitulieren, eine Liebesbeziehung, die – wie man erst beim dritten Mal erfährt – von Anfang an zum Scheitern verurteilt war. – Unmittelbar nach Becketts Beschäftigung mit Proust entstanden, mutet das Stück wie eine Travestie der *mémoire involontaire* an, die hier nicht Vergangenes in der Gegenwart einholt, sondern sich nur unaufhörlich reproduziert und auf der Suche nach der verlorenen Identität in eine mechanische Rückwärts- und Vorwärtsbewegung geraten ist, die erst im Tod zum Stillstand kommen kann (hierin ähnelt Krapp den Romanfiguren Becketts). Der Erkenntnis, daß ihm ein aktives Leben nicht mehr möglich ist, kann Krapp nicht entrinnen: Nach dem Versuch, sich eine »normale Existenz« mit geordneten menschlichen Beziehungen vorzustellen, wird er ungeduldig *(»Einmal war nicht genug für dich«)*, reißt das Band aus dem Gerät und wirft es weg. Am Schluß ist er sich bewußt, daß die Jahre, in denen *»noch Aussicht auf Glück bestand«*

unwiederbringlich vorbei sind, mehr noch: er hat aufgehört, sie zurückzuwünschen. Bewegungslos steht er vor dem Gerät und starrt vor sich hin, während das letzte Band leer weiterläuft.
Dieses kurze Stück vereint die meisten der für Beckett kennzeichnenden Themen in sich: Die bedeutungsleere »Metasprache« Krapps speist sich nur noch aus sich selbst, da ihr neue Erfahrungszusammenhänge nicht mehr zuwachsen können; das Gedächtnis funktioniert, aber es ist ein vom unmittelbaren Leben abgetrennter Mechanismus; was bleibt, ist ein Warten, das mit der Gestik eines Clowns und dem starren Blick eines Pantomimen ausgefüllt wird (auch für dieses Stück gibt Beckett genaue Regieanweisungen). Mehr noch als ein Endspiel ist *Krapp's Last Tape* ein Nachspiel zum eigentlichen Akt des Lebens, ein Nachspiel, das, immer von neuem geprobt, sich in Reminiszenzen an eine unglückliche Kindheit, eine gescheiterte Liebe und ein paar grotesk-absurde Ereignisse erschöpft. Die Tonbandaufzeichnungen schaffen die Möglichkeit zu Krapps Dialog mit seinem früheren Ich, die mechanische Reproduktion dieses Ich unterstreicht aber zugleich die Selbstentfremdung, die diesen Dialog unmöglich macht. In dem Hohlraum, den seine eigenen Fiktionen um ihn geschaffen haben, besteht Krapps einziges Vergnügen darin, isolierte Wörter herauszugreifen und auf ihren Klanggehalt zu prüfen. Nicht mehr um Bedeutungen geht es in Becketts Stück, sondern nur noch um den Vorgang ihrer Zerstörung. Es ist ein Vorgang, der – je nach dem Blickpunkt des Interpreten – entweder ins hoffnungslos Absurde führt oder die Sinnentleerung der Sprache als letzte Konsequenz der Selbstentfremdung erkennen läßt. J.N.S.

AUSGABEN: Ldn. 1959 *(Krapp's Last Tape and Embers.)* – Paris 1959 (*La dernière bande*; frz. Übers. S.B.). – NY 1960; ern. 1970 (in *The Collected Works*, 16 Bde.). – Ffm. 1964 (in *Dramatische Dichtungen in drei Sprachen*, 2 Bde., 1963/64, 1; mit dt. Übers.). – Ffm. 1974 (engl.-frz.-dt.; st). – Ldn. 1980, Hg. J. Knowlson.

ÜBERSETZUNG: *Das letzte Band*, E. u. E. Tophoven (in Spectaculum, Bd. 3, Ffm. 1960). – Dass., dies. (in *Glückliche Tage u. andere Stücke*, Ffm. 1963; BS). – Dass., dies., Ffm. 1974 (engl.-frz.-dt.; [4]1985: alle 3 Fass. v. Verf. u. den Übers. rev. u. überarb.; st). – Dass., dies., Ffm. 1976 (in *Werke*, Hg. E. Tophoven u. K. Birkenhauer mit S. B., 4 Bde., 1; bzw. 10 Bde; es).

VERTONUNG: M. Mihalovici, 1961.

LITERATUR: *Das letzte Band. Regiebuch einer Berliner Inszenierung*, Hg. V. Canaris, Ffm. 1970 (es). – S. E. Gontarski, *Krapp's First Tapes* (in Journal of Modern Literature, 6, 1977, S. 61–68). – S. K. Lee, *S. B. und das Nô-Theater* (in Poetica, 10, 1978, S. 88–105). – *S. B. »Krapp's Last Tape«: A Theatre Workbook*, Hg. J. Knowlson, Ldn. 1980. – S. D. Henning, *B.'s »Film« and »La dernière bande«* (in Symposium, 35, 1981, S. 131–153). – U. Kaiser, *B., »Krapp's Last Tape«* (in Der fremdsprachliche Unterricht, 16, 1982, S. 93–101). – S. Demmer, *B.s »Das letzte Band«* (in S. D., *Untersuchungen zu Form und Geschichte des Monodramas*, Köln/Wien 1982, S. 230–243). – A. E. Quigley, *B., »Krapp's Last Tape«* (in A. E. Q., *The Modern Stage and Other Worlds*, NY/Ldn. 1985, S. 199–220).

MOLLOY

(frz.; *Ü: Molloy*). Erster Band einer Romantrilogie von Samuel BECKETT, erschienen 1951, fortgesetzt mit *Malone meurt*, 1951 *(Malone stirbt)*, und *L'Innommable*, 1953 *(Der Namenlose)*. – Becketts Romane sind vieldeutige, paradoxe Chiffren einer postexistentialistischen Welt- und Selbstdeutung, Dokumente eines schöpferischen Martyriums: Erzählen zu müssen im Wissen, daß es nichts substantiell Neues mehr zu erzählen gibt. Das gilt insbesondere für die Trilogie, die der Autor zwischen 1945 und 1950, fast völlig von der Außenwelt abgeschlossen, in Paris schrieb und die gewissermaßen die Quintessenz seines literarischen Schaffens darstellt. Beckett wählte die Isolation nicht aus sektiererischer Weltverachtung, sondern wandte DESCARTES' Lehre vom absoluten Primat des Geistes, dem alles sinnlich Wahrnehmbare untergeordnet sei, konsequent auf die erzählerische Praxis an. Molloy, Malone, der Namenlose und ihre diversen Gegenspieler und *alter ego* sind Inkarnationen eines Bewußtseins, das unermüdlich versucht, seiner Identität inne zu werden, indem es sich literarisch unverfälscht artikuliert, das sich bemüht, die richtigen Worte zu finden, um ein für allemal schweigen zu können.
Bereits für Molloy, Synthese und Weiterentwicklung früherer Romanfiguren Becketts wie Murphy, Watt, Mercier und Camier, geht es nur noch darum, *»zu Ende zu kommen«*. Aus diesem Grund berichtet er über die vergebliche Suche nach seiner Mutter, in deren Bett er jetzt bewegungsunfähig liegt, ohne zu wissen, wie er dorthin gelangt ist. Er erinnert sich daran, daß schon zu Beginn seiner Reise eines seiner Beine steif war – ob es das linke oder das rechte war, bereitet ihm nachträglich Kopfzerbrechen – und daß er trotzdem sein Fahrrad bestieg, um die Stadt zu suchen, in der er seine Mutter vermutete. Unterwegs überfährt er einen Hund, dessen Eigentümerin, Madame Lousse, die Festnahme des Schuldigen durch einen martialischen Polizisten verhindert, um die menschliche Ruine Molloy sozusagen an Hundes statt anzunehmen und nach bürgerlichen Maßstäben zu restaurieren. Molloy erträgt die karitative Aufdringlichkeit der Dame nicht lange und sucht bei der erstbesten Gelegenheit das Weite. Von nun an muß er sich ohne Fahrrad behelfen. Er schleppt sich über Ebenen, durchquert Wälder und macht für längere Zeit am Meer Station, wo er die Mathematik des Steinelutschens erkundet und feststellt, daß auch sein zweites Bein steif zu werden beginnt. Schließ-

lich setzt er seine Reise fort und landet, mühsam auf dem Bauch kriechend, in einem Straßengraben, wo ihn unbekannte Samariter finden und ins Zimmer seiner inzwischen offenbar verstorbenen Mutter bringen. Molloys Geschichte endet mit ihrem Anfang, ein Formprinzip, das auch den zweiten Teil des Romans kennzeichnet, in dem der subalterne Bourgeois Jacques Moran über seine vergebliche Suche nach Molloy berichtet. Die Reise, die er im Auftrag eines mysteriösen Chefs namens Youdi (ein Vorgänger Godots?) per Fahrrad und in Begleitung seines vom ihm malträtierten Sohnes unternimmt, führt ins Leere. Am Ende kehrt Moran unverrichteter Dinge wieder an seinen Ausgangspunkt zurück, ohne Fahrrad, frustriert und mit erlahmenden Beinen. Er hat Molloy nicht gefunden, aber er ist ihm zum Verwechseln ähnlich geworden, ja er ist vielleicht nur die bürokratische Variation ein und derselben Figur.

Malone, die Titelfigur des zweiten Romans, beginnt seinen Monolog dort, wo Molloy aufgehört hat. Wie dieser befindet er sich, ans Bett gefesselt, in einem unwirtlichen Zimmer. Ein Zitat aus *Molloy* unterstreicht die Analogie (*»Wie ich hierhergekommen bin, weiß ich nicht«*). Gleich mit seinem ersten Satz – *»Ich werde endlich doch bald ganz tot sein«* – gibt Malone jedoch zu erkennen, daß der Verfall seiner physischen Existenz wesentlich weiter fortgeschritten ist als der Molloys und daß daher seine Reflexionen noch unmittelbarer um das Nichts kreisen. Was von seinem Körper übriggeblieben ist, mustert er mit der gleichen interessierten Unvoreingenommenheit, mit der er seine im Zimmer verstreuten Utensilien inspiziert. Sein Intellekt ist ein völlig autonom funktionierender Apparat, für den das Gegenständliche nur als Material einer methodischen Selbstauslotung Bedeutung hat. Die meiste Zeit verbringt Malone mit dem Erzählen von Geschichten, die er, teils widerwillig, teils unverdrossen, mit abgelutschtem Bleistift in ein Schulheft einträgt. Der Wahrheitsanspruch nicht nur bestimmter historischer Erzählmethoden, sondern des Erzählens überhaupt, wird fragwürdig, wenn Malone mit jeder seiner Geschichten (*»diese stinklangweiligen Geschichten über Leben und Tod«*) Schiffbruch erleidet. Der junge, um Kontakt mit natürlichem Leben bemühte, wie eine vergilbte Attrappe Wilhelm Meisters wirkende Sapo, der alte Vagabund und Irrenhäusler Macmann und die mit ihm liierte Lustgreisin Moll – sie alle sind Bestandteile eines erzählerischen Solls, das Malone zu erfüllen hat, um dem Zustand des Schweigens näherzukommen. Schließlich läßt er Macmann sterben, und als mit einem erlösungsgewissen *»nichts mehr«* sein Sprechen verebbt, scheint in Erfüllung zu gehen, was er zu einem früheren Zeitpunkt prophezeit hatte: *»Dann wird es aus sein mit den Murphy, Mercier, Molloy, Moran und Malone und so weiter, es sei denn, daß es jenseits des Grabes weitergeht.«*

Jenseits des Grabes – diese Formel trifft auf die Situation des Namenlosen zu, der regungslos und unförmig inmitten eines unendlichen Raumes hockt und seinen Vorgängern Molloy, Malone usw., die auf Kreisbahnen um ihn rotieren, Beschimpfungen zuruft. Der Namenlose ist die äußerste Reduktion des Menschlichen auf das reine Denken. Auch er ist ein zur Erzeugung von literarischen Fiktionen verurteiltes Bewußtsein, auch er ein Erkenntnismodell von Becketts dichterischer Schaffensproblematik. Auch der Namenlose produziert Phantasiegeschöpfe, denen er Physiognomien, Eigenschaften, biographische Details andichtet, deren Identität er sich ausborgt, um seiner Namenlosigkeit zu entrinnen, während er andererseits – und darin zeigt sich die Absurdität seines Verhaltens – seiner totalen Absorbierung durch das Nichts, das Schweigen entgegenfiebert. Einer seiner Doppelgänger heißt Mahood und behauptet, einen Rundbau umkreist zu haben, aus dem die Anfeuerungsrufe seiner Familie drangen. Schließlich habe er die Tür erreicht und geöffnet – zu spät: Seine Angehörigen waren bereits an einer Fleischvergiftung gestorben. Der Namenlose bezeichnet diese Geschichte als Hirngespinst und Täuschungsmanöver. In Wirklichkeit hause Mahood in einem großen Krug, der als Blickfang für Gäste vor einem Restaurant stehe. Als der Namenlose erkennt, daß er sich mit Mahood nicht länger identifizieren kann, läßt er ihn unter den Tisch fallen. Dann erfindet er die Figuration seines künftigen Erloschenseins, den amorphen gespenstischen Worm. Das schließliche Verstummen seines Erzählens bedeutet jedoch nicht, daß er sich des Schweigens versichert hätte. Es bleibt vielmehr bei der Vision: *»...es wird ich sein, es wird das Schweigen sein, da wo ich bin, ich weiß nicht, ich werde es nie wissen, im Schweigen weiß man nicht, man muß weitermachen, ich werde weitermachen.«* Die Ungewißheit darüber, wann Sprechen in Schweigen übergeht, die Unmöglichkeit, das Schweigen sprachlich zu artikulieren, die Sehnsucht nach der Sprachwerdung des Schweigens – in diesem Bannkreis der unaufhebbaren Widersprüche bewegt sich der Erzähler Beckett.

Daß der Schluß des dritten Romans gewissermaßen in den Anfang des ersten mündet, verleiht dem die Trilogie durchziehenden Motiv des Kreises formale Qualität. In einem Gespräch mit Georges Duthuit über den Maler Bram van Velde erläuterte Beckett 1949 seine Ansichten über moderne Kunst und bezeichnete es als ihre Aufgabe, auszudrücken, *»daß es nichts gibt, das auszudrücken wäre, nichts, womit sich etwas ausdrücken ließe, nichts, von wo aus sich etwas ausdrücken ließe, daß aber zugleich die Verpflichtung zum Ausdruck besteht«*. Die Romantrilogie ist die literarische Konkretisierung dieser Kunstdialektik. Beckett schreibt darin voller Skepsis gegen ein jahrhundertealtes Erzähl- und Sprachritual an: *»Die Trilogie ist, unter anderem, ein kurzgefaßter Abriß aller Romane, die je geschrieben wurden, auf ihre allerallgemeinsten Wesenszüge reduziert«* (Hugh Kenner). Er zerlegt – vor allem in *L'Innommable* – die ausgeleierte, vielfach kompromittierte Sprache so konsequent in ihre Einzelbestandteile, enthüllt ihre syntaktischen Mechanismen so schonungslos, daß er gefährlich nahe an die

Grenzen sprachlichen Gestaltens gerät. Mit dem *Namenlosen* schien Beckett einen Punkt erreicht zu haben, über den hinaus Kunst nicht mehr möglich ist, nicht einmal als Antizipation des Schweigens. Daß danach noch Werke wie *Fin de partie*, 1957 *(Endspiel)*, und *Comment c'est*, 1961 *(Wie es ist)*, entstehen konnten, zeigt, daß die Kunst nicht am Ende ist, solange sie ihr Ende zum Gegenstand der Kunst erhebt. W.D.

AUSGABEN: Paris 1951; ern. 1982 *(Molloy)*. – Paris 1951; ern. 1970 (10/18) *(Malone meurt)*. – Paris 1953 *(Molloy)*. – Paris 1953 *(L'Innommable)*. – NY 1955 (*Molloy*; engl. Übers. S. B.). – Ldn. 1958 (*Malone Dies*; engl. Übers. S. B.). – Ldn. 1958 *(The Unnamable)*. – Paris 1959 [enth. ges. Trilogie]. – Ldn. 1960 [enth. ges. Trilogie]. – NY 1970 (in *The Collected Works*, 16 Bde.; enth. ges. Trilogie; engl.).

ÜBERSETZUNGEN: *Molloy*, E. Franzen, Ffm. 1954; zul. 1975 (st). – *Malone stirbt*, E. Tophoven, Ffm. 1958; ern. 1977 (st). – *Der Namenlose*, ders., Ffm. 1959; ern. 1979 (st). – *Molloy, Malone stirbt, Der Namenlose*, E. Franzen u. E. Tophoven, Ffm. 1976 (in *Werke*, Hg. E. Tophoven u. K. Birkenhauer mit S. B., 4 Bde., 3; bzw. 10 Bde.; es).

LITERATUR: H. Gregory, *B.'s Dying Gladiators* (in Commonweal, 65, 1956, S. 88–92). – E. Kern, *Moran-»Molloy«: The Hero as Author* (in Perspective, 9, 1959, S. 183–193). – G. Cmarada, *»Malone Dies«: A Round of Consciousness* (in Symposium, 14, 1960, S. 199–212). – F. Fanizza, *La parola e il silenzio nel»L'Innommable« di S. B.* (in Aut'Aut', 1960, Nr. 600, S. 380–391). – M. Gerard, *»Molloy« Becomes Unnamable* (in Quarterly Review, 10, 1960, S. 314–319). – M. Rickels, *Existential Themes in B.'s »Unnamable«* (in Criticism, 4, 1962, S. 134–147). – B. Pingaud, *»Molloy«douze ans après* (in Temps Modernes, 18, 1962/63, S. 1283 bis 1300). – E. Franzen, *Aufklärungen*, Ffm. 1964, S. 164–167 (es). – D. Hayman, *»Molloy« à la recherche de l'absurde* (in RLM, 100, 1964, S. 131–151). – K. Schoell, *»Molloy«* (in *Der moderne frz. Roman*, Hg. W. Pabst, Bln. 1968, S. 213–230). – D. Bajomée, *Lumière, tenèbres et chaos dans »L'Innommable« de S. B.* (in LR, 23, 1969, S. 139–158). – J. Fletcher, *Interpreting »Molloy«* (in *S. B. Now*, Hg. M. J. Friedman, Chicago/Ldn. 1970, S. 157–170). – D. Hayman, *»Molloy« or the Quest for Meaninglessness* (in ebd., S. 129–156). – *Twentieth Century Interpretation of »Molloy«, »Malone dies«, »The Unnamable«*, Hg. J. D. O'Hara, Englewood Cliffs/N.J. 1970. – P. H. Solomon, *The Life after Birth: Imagery in S. B.'s Trilogy*, Mississippi University 1975. – D. Sherzer, *Structure de la trilogie de B.*, Den Haag/Paris 1976. – *Materialien zu B.s Romanen »Molloy«, »Malone stirbt«, »Der Namenlose«*, Hg. H. Engelhardt u. D. Mettler, Ffm. 1976 (st). – B. Fitch, *Dimensions, structures et textualité dans la trilogie romanesque de B.*, Paris 1977. – M. Raether, *Molloy und Tarzan* (in *Bildung und Ausbildung in der Romania*, Bd. 1, Hg. R. Kloepfer u. a., Mchn. 1979, S. 408–419). – R. Rabinowitz, *»Molloy« and the Archetypal Traveller* (in Journal of B. Studies, 5, 1979, S. 25–44). – H. Vestner, *Erzählstruktur und Erzählstrategie in S. B.s »Molloy«, »Malone Dies« und »The Unnamable«*, Diss., Mchn. 1980. – J. D. O'Hara, *Jung and the Narratives of »Molloy«* (in Journal of B. Studies, 7, 1981, S. 19–47). – G. Braun, *Norm und Geschichtlichkeit der Dichtung*, Bln./NY 1983, S. 217–300. – H. Kenner, *Die Trilogie* (in *S. B.*, Hg. H. Engelhardt, Ffm. 1984, S. 84–109). – M. Sheringham, *»Molloy«*, Ldn. 1985.

MURPHY

(engl.; *Ü: Murphy*). Roman von Samuel BECKETT, erschienen 1938. – Bevor er Dublin für immer mit seiner Wahlheimat Paris vertauschte, hielt sich Beckett von 1933 bis 1935 in London auf. Später erklärte er, er erinnere sich nur ungern an diese Zeit. Er war damals ohne feste Arbeit, litt unter Geldmangel und schweren Depressionen. In dieser Verfassung konzipierte er *Murphy*, seinen zweiten Roman (das Manuskript des ersten, unvollendeten, *Dream of Fair to Middling Women*, hat er nicht zur Veröffentlichung freigegeben, obwohl einzelne Teile publiziert wurden und einzelne Kritiker das Manuskript nach Einsichtnahme zusammenfassend wiedergeben durften), zu dem ihn ein Besuch in der Nervenheilanstalt von Beckenham anregte.

Murphy ist die folgerichtige Weiterentwicklung des phlegmatischen Träumers Belacqua, den Beckett aus dem vierten Gesang von DANTES *Purgatorio* übernommen und zur zentralen Figur seiner Kurzgeschichtensammlung *More Pricks than Kicks* (1934) gemacht hatte. Noch qualvoller als Belacqua empfindet Murphy den Zwiespalt von Körper und Intellekt, von physischer und psychischer Existenz. Sein Bewußtsein ist eine die Wirklichkeit ausklammernde, eigengesetzliche Welt, die es ihm gestattet, seine irdische Bedingtheit mystisch zu entgrenzen: Stundenlang harrt er zu diesem Zweck nackt und bewegungslos auf einem Schaukelstuhl aus, an den er sich mit Riemen gefesselt hat. Das banale Leben schüttelt er auf diese Weise allerdings nur vorübergehend ab. In Gestalt der Dirne Celia, seiner Geliebten, stellt es ihn vor mißliche Entscheidungen. Celia droht, sie werde ihn verlassen, falls er sich nicht zum Geldverdienen entschließen könne. Da Arbeit das Ende seiner meditativen Freiheit bedeuten würde, bleibt ihm nichts anderes übrig, als Celia aufzugeben. In seiner irischen Heimat bahnt sich unterdessen neues Unheil für Murphy an: In der Absicht, den verlorenen Sohn heimzuholen, brechen Miss Counihan, deren Jungmädchenschwarm Murphy ist, Mr. Neary, Murphys Universitätslehrer, dessen Faktotum Cooper und Mr. Wylie, der es auf Miss Counihan abgesehen hat, nach London auf. Aber zum Glück hat Murphy inzwischen in der Irrenanstalt »Magdalen Mental Mercyseat«, wo gerade eine Pflegestelle frei ist, Quartier bezogen. Während seine Landsleute vergeblich nach ihm suchen, gerät er bei seinen Vorgesetzten in Mißkredit: Seine Verbrüderung mit einem Geisteskranken hat zu einem schweren Zwischenfall geführt, der seine Entlassung notwendig macht. Doch bevor es dazu kommt, befördert sich Murphy mittels einer defekten Gasleitung ins Jenseits. Miss Counihan, Celia, Neary und Konsorten wohnen seiner Einäscherung bei. In seinem Testament hat Murphy verfügt, daß seine Asche in einer Papiertüte nach Dublin gebracht werden solle (ein ironischer Seitenhieb des Autors auf den Irlandkult vieler seiner Landsleute). Durch die Unachtsamkeit Coopers landen Murphys Überreste jedoch statt in Dublin auf dem schmutzigen Boden einer Londoner Kneipe – eine »Beerdigung« ohne Gefühlsduselei und große Worte.

Murphy ist Becketts wirklichkeitsnächster und humoristischster Roman. Mit autobiographischen Bezügen durchsetzt, schildert er eines Iren *»tragikomische Suche nach Nirwana, sein Scheitern und seinen lächerlichen Tod«* (J. Fletcher). Murphys Abkehr von der Wirklichkeit weist auf spätere Romanfiguren Becketts wie Molloy und Malone voraus, die, freilich in noch weit stärkerem Maß existentiell verkrüppelt, Zerrbilder des idealistischen Glaubens an die Größe und Vollkommenheit des Menschen sind. Bereits in diesem Frühwerk zeichnet sich die Tendenz zur Sprachzertrümmerung ab: Beckett parodiert die Erzählklischees der traditionellen Romanliteratur *(»Celia liebte Murphy, Murphy liebte Celia, es war ein unverkennbarer Fall von erwiderter Liebe«)* und bezieht auch den Leser in sein ironisches Spiel ein: *»Der obige Abschnitt wurde sorgfältig darauf zugeschnitten, den gebildeten Leser zu verderben.«* W.D.

Ausgaben: Ldn. 1938. – NY 1938. – Paris 1947; ern. 1971 (frz. Übers. S. B.; 10/18). – Ldn. 1963. – NY 1970 (in *The Collected Works*, 16 Bde.). – Ldn. 1973.

Übersetzung: *Murphy*, E. Tophoven, Ffm. 1958. – Dass., ders., Hbg. 1959; ern. 1987 (rororo). – Dass., ders., Ffm. 1976 (in *Werke*, Hg. ders. u. K. Birkenhauer mit S. B., 4 Bde., 2; bzw. 10 Bde; es).

Literatur: S. J. Mintz, *B.'s »Murphy«: A Cartesian Novel* (in Perspective, 9, 1959, S. 156–165; vgl. ebd., S. 132–141). – G. Zeltner-Neukomm, *Die eigenmächtige Sprache. Zur Poetik des nouveau roman*, Olten/Freiburg i. B. 1965, S. 109–128. – R. Harrison, *B.'s »Murphy«: A Critical Excursion*, Athens/Ga. 1968. – S. Kennedy, *Murphy's Bed*, Lewisburg/Pa. 1971. – S. C. Steinberg, *The External in Internal in »Murphy«* (in TCL, 18, 1972, S. 93–110). – M. J. Leisure, *»Murphy« or the Beginnings of an Esthetic of Monstrosity* (in *S. B.: The Art of Rhetoric*, Hg. E. Morot-Sir u. a., Chapel Hill/N.C. 1976, S. 189–200). – W. Tritt, *Statistics on Proper Names in »Murphy«* (ebd., S. 201–210). – M. E. Mooney, *Presocratic Scepticism* (in ELH, 49, 1982, S. 214 bis 234). – B. Brugière, *»Murphy« de B.* (in Études Anglaises, 35, 1982, S. 39–56). – R. Rabinovitz, *Unreliable Narrative in »Murphy«* (in *S. B.: Humanistic Perspectives*, Hg. M. Beja u. a., Ohio State UP 1983). – T. Dylan, *»Murphy«* (in *S. B.*, Hg. H. Engelhardt, Ffm. 1984, S. 57–59). – M. Gresset, *Of Sailboats and Kites: The ›Dying Fall‹ in Faulkner's »Sanctuary« and B.'s »Murphy«* (in *Intertextuality in Faulkner*, Univ. Press of Mississippi 1985, S. 57–72). – R. Hillgärtner, *Labour, Alienation and Exile: B.'s Early Novel »Murphy«* (in WZHalle, 35, 1986, Nr. 2, S. 78–94).

WATT

(engl.; *Ü: Watt*). Roman von Samuel Beckett, erschienen 1953. – Mit seinem dritten Roman, dem letzten, den er in englischer Sprache schrieb, löst sich Beckett noch entschiedener als mit *Murphy* (1938) von der Erzähltradition des 19. Jh.s und stößt in literarisches Neuland vor. Nur noch Rudimente einer »Handlung« sind auszumachen, das Erzählte ist bruchstückhaft und wird ständig in Frage gestellt, die Hauptfigur hat den Nimbus des Romanhelden eingebüßt und fungiert als dessen parodistisches Zerrbild. In den Augen der bürgerlichen Gesellschaft hat Watt sogar seinen Status als Mensch verloren: Mit einer *»verschnürten Zeltbahn«* bzw. einem *»Kloakenrohr«* wird er bei seinem ersten Auftritt verglichen. Watts Reise zu Mr. Knott, sein Aufenthalt in dessen Haus und seine Abreise bilden das spärliche Handlungsgerüst. In der ersten Phase seines Aufenthalts bei Knott (englische Aussprache: *not*, d. h. »nicht«, hier im übertragenen Sinn »Nichts«) tut Watt (*what* – was?) Dienst im Erdgeschoß, in der zweiten Phase obliegt ihm die Versorgung seines im ersten Stock *»in lautloser Leere, in luftlosem Dunkel«* hausenden Herrn. Dieser bleibt ebenso anonym wie der Urheber des Reglements, das den Arbeitsablauf in Knotts Haus bestimmt. Herrschaft und Abhängigkeit ad infinitum – auf diese Formel läßt sich Knotts Verhältnis zu seinen Dienern bringen, die ausgewechselt werden, wenn sie die vorgesehene Zeit im Parterre und im ersten Stock verbracht haben. Daß sie sich diesem autoritären Prinzip unterwerfen, es auch innerlich akzeptieren und bis zum Ende arbeiten – diese Dienermentalität kommt Knott zustatten, denn ihn bewahrt nur der Mechanismus von Herrschaft und Abhängigkeit vor dem Ende. Im Unterschied zu Watt ist Mr. Knott durch totalen Sprachverlust gekennzeichnet: Er vermag nur noch mehr oder weniger unartikulierte Laute von sich zu geben. Watt, von dem es gegen Ende des Romans heißt, er habe sich an seinen »Seinsverlust« gewöhnt, stillt mit Hilfe der Sprache sein Verlangen nach »semantischem Trost« und repariert die Stellen, an denen die Sprache brüchig und formelhaft geworden ist. Ihn interessiert nicht, was die Dinge in Wirklichkeit bedeuten, sondern *»was* *zu bedeuten sie veranlaßt werden könnten, mit ein wenig Geduld, ein wenig Findigkeit«.* Watts zwanghafte Suche nach den möglichen Bedeutungen von Dingen und Ereignissen manifestiert sich in Aussagen, die über weite Strecken aus Hypothesen bestehen, Hypothesen über das Nichts: *»Denn die einzige Möglichkeit, über nichts zu sprechen, ist, darüber zu sprechen, als ob es etwas wäre.«* Im Mittelteil des Romans, der erzählchronologisch nach dem Schlußteil anzusetzen ist und der den Erzähler Sam mit seinem Gewährsmann Watt im Irrenhaus zusammenführt, macht dieser die vorgegebene Sprache zum Gegenstand eines radikalen Experiments: Er kehrt zunächst die Reihenfolge der Wörter im Satz um, dann die der Buchstaben im Wort, der Sätze in der Periode usw., und kombiniert schließlich alle diese Inversionen zu einer hermetischen Gegensyntax. So absurd dieses Sprachexperiment anmutet, es ist in sich ebenso logisch wie Watts »absurdes« Denken und Handeln insgesamt. Schemenhaft wie er am Anfang aufgetaucht ist, verschwindet Watt am Ende auf einem Bahnhof.

Der Roman entstand zwischen 1942 und 1944, als sich Beckett bei Bauern im Rhonetal aufhielt, um nicht in die Hände der Nazis zu fallen. Schreibend, so erklärte er später, habe er Krieg und Besatzung entrinnen wollen. *Watt* ist ein schwieriges, aber beileibe kein humorloses Buch. Im Gegenteil: Kaum je finden sich bei Beckett Humor, Ironie, Parodie und Satire in ähnlicher Fülle. Für übereifrige Interpreten hält der Autor im Nachtrag eine Warnung bereit: *»Weh dem, der Symbole sieht!«* W.D.

AUSGABEN: Paris 1953; ern. 1969. – Paris/Ldn. 1958. – Ldn. 1963; ern. 1970. – NY 1970 (in *The Collected Works*, 16 Bde.).

ÜBERSETZUNG: *Watt*, E. Tophoven, Ffm. 1970; ern. 1972 (st). – Dass., ders., Ffm. 1976 (in *Werke*, Hg. ders. u. K. Birkenhauer mit S. B., 4 Bde., 2; bzw. 10 Bde.; es).

LITERATUR: D. H. Hesla, *The Shape of Chaos: A Reading of B.'s »Watt«* (in Crit, 6, 1963, S. 85–105). – S. Warhafft, *Threne and Theme in »Watt«* (in Wisconsin Studies in Contemporary Literature, 4, 1963, S. 261–278). – S. F. Senneff, *Song and Music in S. B.'s »Watt«* (in MFS, 10, 1964, S. 137–149). – F. Martel, *Jeux formels dans »Watt«* (in Poétique, 3, 1972, S. 153–175). – M. Kesting, *Der Verweigerer* (in M. K., *Auf der Suche nach der Realität*, Mchn. 1972, S. 104–108). – J. Chalker, *The Satiric Shape: »Watt«* (in *B.: The Shape Changer*, Hg. K. Worth, Ldn./Boston 1975, S. 19–37). – R. Rabinovitz, *The Addenda to B.s »Watt«* (in *S. B.: The Art of Rhetoric*, Hg. E. Morot-Sir u. a., Chapel Hill/N.C. 1976, S. 211–223). – M. Winston, *Watt's First Footnote* (in Journal of Modern Literature, 6, 1977, S. 69–82). – A. B. Moorjani, *Narrative Game Strategies in B.s »Watt«* (in EsCr, 17, 1977, S. 235–244). – J. C. Di Pierro, *Structure in B.s »Watt«*, York/S. C. 1981. – G. Büttner, *B.s Roman »Watt«*, Heidelberg 1981. – M. Beausang, *»Watt«* (in *B. avant B.*, Hg. J. M. Rabaté, Paris 1984, S. 153–172). – J. J. Mood, *Das persönliche System. B.s »Watt«* (in *S. B.*, Hg. H. Engelhardt, Ffm. 1984, S. 60–83). – N. Ramsay, *»Watt« and the Significance of the Mirror Image* (in Journal of B. Studies, 10, 1985, S. 21–36). – A. Beer, *»Watt«, Knott and B.s Bilinguism* (ebd., S. 37–75).

BRENDAN BEHAN

* 9.2.1923 Dublin
† 20.3.1964 Dublin

LITERATUR ZUM AUTOR:
A. Simpson, *Beckett and B. and a Theatre in Dublin*, Ldn. 1962. – B. Kiely, *That Old Triangle: A Memory of B. B.* (in Hollins Critic, 2, 1965, S. 1–12). – *The World of B. B.*, Hg. S. McCann, Ldn. 1965. – R. Jeffs, *B. B.: Man and Showman*, Ldn. 1966. – S. McCann, *The Wit of B. B.*, Ldn. 1968. – T. E. Boyle, *B. B.*, NY 1969 (TEAS). – P. R. Gerdes, *The Major Works of B. B.*, Ffm. 1973. – Beatrice Behan, D. Hickey u. G. Smith, *My Life with Brendan*, Los Angeles 1974. – C. Kearney, *The Writings of B. B.*, Dublin 1977. – J. Kaestner, *B. B.: Das dramatische Werk*, Ffm. 1978. – *The Art of B. B.*, Hg. E. H. Mikhail, Totowa/N.J. 1979. – Ders., *B. B.: An Annotated Bibliography of Criticism*, Ldn. 1980. – *B. B.: Interviews and Recollections*, Hg. ders., Ldn. 1982.

THE HOSTAGE

(engl.; *Ü: Die Geisel*). Schauspiel in drei Akten von Brendan BEHAN, Uraufführung: London, 14. 10. 1958, Theatre Royal Stratford; deutsche Erstaufführung: Ulm 1961. – Wie sein erfolgreiches Erstlingsstück *The Quare Fellow (Der Mann von morgen früh)* stand auch dieses Werk des nonkonformistischen irischen Dramatikers unter dem Bühnenprotektorat Joan Littlewoods und ihres »Theatre Workshop«. Schauplatz der knappen Handlung, für die Behan erneut seine Erlebnisse in der irischen Aufstandsbewegung verwertet hat, ist eine von Dirnen, Strichjungen und anderen Außenseitern der Gesellschaft frequentierte Absteige in Dublin. Dorthin bringen Mitglieder der IRA (Irish Republican Army) den jungen englischen Soldaten Leslie, den sie als Geisel festhalten, um die Hinrichtung eines jungen Iren im Gefängnis von Belfast zu verhindern. Das unterschiedliche, menschlich entlarvende Verhalten der Wächter und Bordellinsassen gegenüber dieser Geisel bestimmt die innere Dramatik des zweiten Aktes. Die meisten zeigen menschliches Mitgefühl, weil sie selbst in irgendeiner Weise Opfer sind. Das arme Stubenmädchen Teresa setzt sich sogar über alle patriotischen Vorbehalte hinweg und erlebt mit dem Gefangenen ein kurzes Liebesglück. Während eines Kampfes mit der plötzlich eindringenden englischen Polizei, die der Verräter Mulleady über das Versteck informiert hat, wird der Soldat – fast beiläufig – erschossen. Pat, der alte Hotelpächter, zieht das Fazit dieses sinnlosen Geschehens: *»Keiner hat Schuld. Keiner wollte ihn töten.«*

Eigentliches Thema des Schauspiels ist, ähnlich wie in *The Quare Fellow*, der leidende Mensch als unschuldiges Opfer von Institutionen und Ideologien. Behan kritisiert jede Form der politischen und religiösen Institutionalisierung, von der katholischen Kirche über die englische Monarchie bis zum überholten Nationalismus der IRA und ihrer Gefolgsleute. Diese Kritik präsentiert sich dem Zuschauer im typischen Workshop-Stil Joan Littlewoods als eine bunte Revue von satirischen Couplets, Tanzeinlagen, Pantomimen, direkten Ansprachen an das Publikum, parodistischen Schlagern, Kirchenliedern und Balladen – als eine Show über das sinnlose Sterben in einer verrückten Welt. Künstlerisch ist dieser Verfremdungseffekt allerdings nicht ganz bewältigt: Das Spiel der Bordellbewohner verselbständigt sich bisweilen derart, daß die Geisel und damit der eigentliche dramatische Vorgang in den Hintergrund gedrängt wird. Für den Mangel an formaler Geschlossenheit entschädigt Behan wie stets durch die pralle Vitalität seiner Figuren und die ungeschminkte Vehemenz ihrer Sprache. KLL

Ausgaben: Ldn. 1958. – Ldn. 1962. – Ldn. 1978 (in *The Complete Plays of B. B.*; Methuen).

Übersetzungen: *Die Geisel*, A. u. H. Böll (in *Stücke fürs Theater*, Neuwied/Bln. 1962). – Dass., dies., Bln. 1982 (in *Stücke/B. B.*, Einf. H. Böll; Nachw. U. Nyssen).

Literatur: K. Tynan, *Curtains*, Ldn. 1961, S. 218–220. – J. Jordan, *The Irish Theatre – Retrospect and Premonition* (in *Contemporary Theatre*, Ldn. 1962, S. 165ff.; Stratford-upon-Avon Studies). – W. Kerr, *The Theatre in Spite of Itself*, NY 1963, S. 108–112. – J. R. Taylor, *Anger and After: A Guide to the New British Drama*, Harmondsworth 1963, S. 108–111. – R. Fricker, *Das moderne englische Drama*, Göttingen 1964, S. 55/56. – J. Kleinstück, *B. B.'s »The Hostage«* (in Essays and Studies by Members of the English Association, 24, 1971, S. 69–83). – P. M. Levitt, *Hostages to History: Title as Dramatic Metaphor in »The Hostage«* (in NSp, 24, 1975, S. 401–406). – B. Cardullo, *B.'s »The Hostage«* (in Explicator, 43, 1984, Nr. 1, S. 56–57). – Ders., *»The Hostage« Reconsidered* (in Éire, 20, 1985, Nr. 2, S. 139–143).

THE QUARE FELLOW

(engl.; *Ü: Der Mann von morgen früh*, auch: *Der Spaßvogel*). Schauspiel in drei Akten von Brendan Behan, entstanden 1955 aus dem Einakter *The Twisting of Another Rope*, Uraufführung: London, 24. 5. 1956, Theatre Royal Stratford (Theatre Workshop); deutsche Erstaufführung: Berlin, 13. 3. 1959, Schiller-Theater. – Schon der Titel (im Dubliner Strafgefangenenjargon wird ein zum Tod Verurteilter als *»quare fellow«* bezeichnet) verweist auf Schauplatz und Thematik des Stücks: In episodischer Szenenreihung wird vor dem Hintergrund einer bevorstehenden Exekution das Leben in einem Gefängnis beschworen. Aus dem Kontrast zwischen dem tragischen Vorgang einer Hinrichtung, deren Vorbereitung ritualistische Züge trägt, und der Trivialität des Gefängnisalltags bezieht das Schauspiel seine tragikomische Spannung, die sich auch in der Bezeichnung *»A Comedy-Drama«* andeutet. – Brendan Behan, der als aktives Mitglied der illegalen irischen Freiheitsarmee (IRA) fast sechs Jahre seines Lebens im Gefängnis verbrachte, stellt hier, wie später in seinem autobiographischen Bericht *Borstal Boy* (1958), seine genaue Kenntnis der Gefangenenwelt in den Dienst eines faktentreuen Realismus. Anhand einer Galerie von Insassen und Wärtern (bei deren Darstellung er den drastischen Gefangenenjargon virtuos nachahmt und die selbstgefälligen Sprachklischees des Gefängnispersonals entlarvt) charakterisiert Behan das besondere Milieu einer Strafanstalt, das Wächter wie Bewachte dem Leben »draußen« entfremdet. Da sind etwa die beiden routinierten Zuchthäusler Dunlavin und Neighbour, die alle Schliche kennen und sich mit dem zum Einreiben ihrer angeblich rheumatischen Beine bestimmten Alkohol vollaufen lassen; da sind die jungen Sträflinge, die nichts anderes im Sinn haben, als die weiblichen Gefangenen beim Wäscheaufhängen zu beobachten; da ist »Silver-top«, der ursprünglich mit dem *»quare fellow«* hingerichtet werden sollte, dann aber begnadigt wird und angesichts einer lebenslänglichen Zuchthausstrafe versucht, sich das Leben zu nehmen. Die Skala des Gefängnispersonals reicht vom karrieresüchtigen, subalternen Donelly bis zum heimwehkranken jungen Wärter Crimmin, der jede Gelegenheit nutzt, um sich mit einem Häftling von der irischen Westküste auf Gälisch zu unterhalten; von den Vorgesetzten, die jede mitleidige Regung unterdrücken oder sich, wie Inspektor Healy, in salbungsvolle Worte flüchten, bis zur positiven Kontrastfigur Regan, der als Kommentator die Argumente des Autors gegen die Todesstrafe ausspricht und die schizophrene Haltung der Öffentlichkeit zu diesem Problem aufdeckt: *»Der Henker hat doch nicht mehr damit zu tun als du oder ich oder die Leute, die uns bezahlen, nicht mehr als jeder Mann oder jede Frau, die Steuern zahlen oder wählen. Wenn sie es nicht wollten, dann wär's auch nicht so.«*

Im Mittelpunkt des Stückes steht die Hinrichtung des *»quare fellow«*, der selbst nie auftritt, aber in den Gesprächen der Wärter und Gefangenen ständig

gegenwärtig ist. Das Schauspiel (das sich trotz der lockeren Szenenfügung streng an die klassische Einheit der Zeit hält, indem es sich auf den letzten Tag und die letzte Nacht vor der Hinrichtung beschränkt) entgeht gerade durch diese Technik der indirekten Darstellung der Gefahr melodramatischer Sentimentalisierung. Das Verbrechen des zum Tod Verurteilten – er hat seinen Bruder mit der Axt zerstückelt – wird in keiner Weise beschönigt, die bevorstehende Exekution aber als institutionalisierter Mord enthüllt. Die Figuren des ewig betrunkenen Henkers und seines fromme Lieder singenden Gehilfen machen, ebenso wie die Kommentierung des Gangs zur Hinrichtung im Stil einer Sportreportage die letzten Szenen zu einer *»von schwarzem Humor gefärbten Ballade«* (S. Melchinger). Den episch-balladesken Ton unterstreicht auch das Lied vom *»ollen Triangel«*, das leitmotivisch die Akte eröffnet oder beschließt.
Dieses erste erfolgreiche Werk des aggressiven und sprachgewaltigen irischen Dramatikers verdankt seine letzte Ausformung Joan Littlewoods *Theatre Workshop*-Inszenierung mit ihren revueartigen Elementen, ihren satirischen Liedeinlagen und ihrer Betonung gestischer Komik. In Deutschland wurde es nach der etwas enttäuschenden Berliner Erstaufführung erst in Peter Zadeks Bremer Inszenierung (1964) adäquat präsentiert. M.Pf.

AUSGABEN: Ldn. 1956. – NY 1956. – Ldn. 1961. – NY 1964 (zus. m. *The Hostage*). – Ldn. 1978 (in *The Complete Plays of B. B.*; Methuen).

ÜBERSETZUNG: *Der Mann von morgen früh*, H. u. A. Böll (in *Stücke fürs Theater*, Neuwied/Bln. 1962). – *Der Spaßvogel*, dies. (in Theater heute, 5, 1964; dt. Bühnenbearb. P. Zadek u. R. Becker). – Dass., dies., Bln. 1982 (in *Stücke/B. B.*, Einf. H. Böll; Nachw. U. Nyssen).

LITERATUR: K. Tynan, *Curtains*, Ldn. 1961, S. 136–138. – J. Jordan, *The Irish Theatre-Retrospect and Premonition* (in *Contemporary Theatre*, Ldn. 1962, S. 165 ff.; S. 180; Stratford-upon-Avon Studies). – J. R. Taylor, *Anger and After: A Guide to the New British Drama*, Harmondsworth 1963, S. 104–108. – W. Kerr, *The Theatre in Spite of Itself*, NY 1963. – *Der Spaßvogel ist tot – es lebe der »Spaßvogel«: Zum Tode B. B.s* (in Theater heute, 5, 1964, S. 57). – R. Fricker, *Das moderne englische Drama*, Göttingen 1964, S. 155/156. – R. Hogan, *After the Irish Renaissance: A Critical History of the Irish Drama since »The Plough and the Stars«*, Ldn. 1968, S. 200–203. – P. C. Hogan, *Class Heroism in »The Quare Fellow«* (in Études Irlandaises, 8, Dez. 1983, S. 139–144).

JOHN BERGER

* 5.11.1926 London

LITERATUR ZUM AUTOR:
J. H. McMahon, *Marxist Fictions: The Novels of J. B.* (in ConL, 23, 1982, S. 202–224). – A. R. Bras, *A Sense of the Future: The Work of J. B.* (in Crit, 25, 1984, S. 125–135). – A. Maack, *Der experimentelle englische Roman der Gegenwart*, Darmstadt 1984 (WdF). – G. Dyer, *The Ways of Telling: The Work of J. B.*, Ldn. 1986. – *J. B. at 60* (in Edinburgh Review, 75, 1987, S. 110–127).

G.

(engl.; *G.*). Roman von John BERGER, erschienen 1972. – G., der illegitime Sohn einer amerikanischen Mutter und eines reichen italienischen Kaufmanns, gezeugt vier Jahre nach Garibaldis Tod (1882), geboren in Paris, erzogen in England, stirbt an dem Tag in Triest, an dem Italien Österreich den Krieg erklärt. Nationale Zugehörigkeit und Identität von G. sind ebenso schwer zu bestimmen wie sein Name, der erst spät mit G(iovanni) angegeben wird.
Ereignisse seines Lebens werden mit Ereignissen der europäischen Geschichte in Verbindung gebracht. Die Mutter engagiert sich für den Fabianismus und überläßt G.s Erziehung ihren Geschwistern in England, die eine inzestuöse Beziehung zueinander haben. Mit elf Jahren begegnet G. zum erstenmal seinem Vater in Mailand und gerät in die Wirren des blutigen Arbeiteraufstands 1898, wo er Tote und Verwundete sieht. Der aufgrund des väterlichen Erbes reiche und privilegierte G. ist eine wurzellose, isolierte Figur, ein Produkt der bürgerlichen Gesellschaft. Er lebt ganz in der Gegenwart: Viele Passagen des Romans sind daher im Präsens geschrieben. Bei den geschilderten Ereignissen aus G.s Leben handelt es sich vornehmlich um sexuelle: Sie umfassen die erste schwärmerische Liebe zu seiner Gouvernante, die Verführung durch seine Tante, Verhältnisse mit Zimmermädchen und Bankiersgattinnen und schließlich dem bosnischen Arbeitermädchen Nusa. Der Erzähler, der in diskursiven Passagen über Sex, Geschichte und Romantheorie immer wieder die Fiktion durchbricht, deutet diese Begegnungen als einzigartige, die durch ihre Singularität ermöglichen, die eigene Subjektivität zu erfahren. Im sexuellen Akt, so kommentiert der Erzähler, zählt nur das Hier und Jetzt, der zeitlose Augenblick, in dem Erfahrung geteilt wird. Seine Einzigartigkeit bewirkt auch, daß diese Erfahrung literarisch kaum vermittelt werden kann. Durch seine zahlreichen sexuellen Abenteuer wird G. zu einer überindividuellen Don-Juan-Figur. Die ganz individuellen Erfahrungen von G. werden

mit historischen Ereignissen kontrastiert, wenn der unbedeutende G. mit historischen Figuren, dem Volksheld Garibaldi oder dem von den Massen bewunderten Geo Chavez, der 1910 als erster die Alpen überflog, verglichen wird. Ereignisse aus G.s und Chavez' Leben werden parallel erzählt: Während Chavez' historischem Flug verführt G. ein Zimmermädchen; als Chavez nach seiner Bruchlandung im Sterben liegt, wird G. im gleichen Krankenhaus wegen einer Schußwunde behandelt, die ihm ein eifersüchtiger Ehemann beigebracht hat. Neben die Erzählung von sexuellen Begegnungen und individuellen geschichtlichen Ereignissen werden kollektive historische Erfahrungen, Massenerlebnisse, gestellt: die Revolution in Livorno 1840, die Besetzung Neapels durch Garibaldis Armee 1860, der Arbeiteraufstand in Mailand 1898, Ereignisse aus dem Vierten Kaffernkrieg oder dem Burenkrieg, die Verschwörung bosnischer Nationalisten in Triest 1915. Bezugspunkt beim Vergleich sexueller Begegnungen und historischer Vorgänge ist das Konzept der Freiheit, die G.s sexuelles Verhalten bestimmt und die in sozialen und politischen Umwälzungen erreicht werden soll. Bei einem Aufenthalt in Triest 1915 wird er von Österreichern und Italienern als Spion verdächtigt. Er provoziert beide Seiten, als er mit der Bosnierin Nusa einen Ball besucht und sich zum erstenmal politisch engagiert, indem er sich für den Freiheitskampf der unterdrückten völkischen Minderheiten einsetzt: Er übergibt Nusa seinen Paß, um ihrem Bruder damit zur Flucht zu verhelfen. So wie sich Don Juan der Rache des Komtur, an den im letzten Kapitel erinnert wird, nicht entziehen kann, wird G. in den Sog der historischen Ereignisse hineingezogen: Er gerät in die plündernde Menschenmenge von Irredentisten, die sich am Tag der Kriegserklärung Italiens an Österreich bildet, und nimmt an deren Brandstiftungen aktiv teil. Schließlich wird er für einen österreichischen *agent provocateur* gehalten, getötet und ins Meer geworfen.

Die historischen Ereignisse werden nicht in chronologischer Folge berichtet, sondern dem Erfahrungshorizont der Figuren entsprechend eingeblendet. Ziel der Montagetechnik von Berger ist es, nicht einen Zeitverlauf, sondern gleichzeitig verfügbare Momente der Erinnerung wiederzugeben, Augenblicke der Vergangenheit, die im Bewußtsein eines Erlebenden vergegenwärtigt werden. Berger lehnt sich an R. G. Collingwoods (1889–1943) Geschichtsverständnis an, das im Text paraphrasiert wird. Auch der Einfluß von Walter Benjamin, für den Vergangenheit sich nur in erinnerten Momenten vergegenwärtigt, wird deutlich, wenn Berger es als Aufgabe der Massen ansieht, das Kontinuum der Geschichte aufzusprengen. Die Verbindung von Erzählung und Vergangenheit nachvollziehenden Bewußtseinsakten, Historie und Romantheorie machen *G.* zu einem »metahistorischen« Roman. Im Jahr seines Erscheinens erhielt das Buch den Booker Prize.

A.Maa.

Ausgaben: Ldn. 1972. – NY 1980.

Literatur: D. Caute, *What We Might Be and What We Are: J. B. and the Artist's Duty to Transcend Despair* (in TLS, 9. 6. 1972).

PIG EARTH

(engl.; *Ü: Sau-Erde*). Gedichte, Erzählungen und Essays von John Berger, erschienen 1979. – Das Buch beruht auf den Erfahrungen, die Berger sammelte, als er sich fünf Jahre lang in einem Bauerndorf in Savoyen aufhielt und gemeinsam mit den Bauern arbeitete. Daß zwischen ihnen und dem Maler, Schriftsteller und marxistischen Kunstkritiker Berger jedoch eine Distanz bleibt, erläutert der Essay *Explanation (Eine Erläuterung)*. Die Sammlung unterschiedlicher Genres, von Erzählungen, Gedichten und Essays will die Arbeit und Erfahrungen der Bauern schildern, ihr hartes Leben und die Leiden einzelner darstellen und so eine historisch gewachsene Lebensweise, die durch soziale Umschichtungen und ökonomische Veränderungen vom Aussterben bedroht ist, vor der Vernichtung bewahren.

Die Gedichte verbinden den zyklischen Ablauf des Lebens der Menschen mit dem der Natur und der Jahreszeiten. – Die Erzählungen sind Augenzeugenberichte, die das Portrait eines Dorfes entstehen lassen, dessen Lebensweise durch Traditionen bestimmt wird. Wie Berger selbst erweist sich ein alter Mann, dessen überliefertes Wissen mehr als 100 Jahre zurückreicht, als Geschichtenerzähler, der ein fiktionales Bild des Dorfes entwirft: Geschichte und Geschichten vermischen sich wie Vergangenheit und Gegenwart, Wirkliches und Erfundenes. Die Erzählungen beschreiben in präziser, emotionsloser Sprache wichtige Arbeitsabläufe im Dorf, in *A Question of Place (Eine Frage des Platzes)* wie eine Kuh geschlachtet, in *A Calf Remembered (Erinnerung an ein Kalb)* wie ein Kalb geboren wird, in *Addressed to Survivors (An Überlebende)* wie eine Kuh auf der Alm einen Abhang herabstürzt und abtransportiert werden muß. In *The Wind Howls Too (Auch der Wind heult)* ist das Schlachtfest im Winter Anlaß, über die Familiengeschichte nachzudenken und zu fragen, ob in der Zukunft noch Platz für die Lebensweise der Bauern sein wird. *The Value of Money (Vom Wert des Geldes)* illustriert den Generationenkonflikt zwischen dem traditionsbewußten Bauern Marcel und seinen Söhnen, die das Dorf verlassen haben. Den Traktor, den einer seiner Söhne ihm kauft, lehnt er ab. Für Marcel sind Maschinen ein Mittel, das ihn seiner ländlichen Umgebung entfremdet, ihm Schulden aufbürdet und ihn schließlich von seinem Hof vertreibt. Als er für seinen aus der eigenen Apfelernte destillierten Schnaps Steuern zahlen muß, rebelliert er, indem er die staatlichen Inspektoren kidnappt und sie einige Tage die Entbehrungen des Bauernlebens spüren läßt. Die Gefängnisstrafe, zu der er dafür verurteilt wird, empfindet er deshalb als ungerecht, weil er durch sie seiner harten Lebensweise entwöhnt wird und Arbeiten für ihn bedeutet, tradiertes Wissen zu bewahren. – Die weitaus längste Erzählung, *The Three Lives of Lucie Cabrol (Die drei Leben der Lucie Cabrol)* besteht aus der Lebensgeschichte der zwergwüchsigen Bauerntochter Lucie von ihrer Geburt 1900 bis zu ihrem Tod 1967. Der Erzähler ist Jean, den Lucie im Alter von 20 Jahren verführt, der aber die von allen als *cocadrille*, eine Art Wechselbalg, bezeichnete Lucie nicht heiratet. In ihrem »ersten Leben«, das bis zum Ende des Zweiten Weltkriegs dauert, arbeitet Lucie wie ein Mann auf dem Hof, der der Familie gehört. Als zwei Widerstandskämpfer, denen sie geholfen hat, von ihren Brüdern verraten und von den Deutschen hingerichtet werden, zieht sie sich von der Familiengemeinschaft zurück und lebt von kleinen Diebereien. Sie wird beschuldigt, Feuer an die Scheune der Familie gelegt zu haben, vom Hof gejagt und enterbt. – In ihrem »zweiten Leben« wohnt sie in einem baufälligen Haus, außerhalb der Dorfgemeinschaft, die sie wegen ihres Wuchses und wunderlichen Verhaltens als Hexe betrachtet. Sie trifft nach über 40 Jahren Jean wieder, der aus der Ferne, aus Paris und Amerika, wo er hart gearbeitet hat, aber nicht reich geworden ist, ins Dorf zurückgekehrt ist. Ihm erzählt Lucie, wie sie in 20 Jahren ein Vermögen angehäuft hat, indem sie wilde Blumen und Früchte gesammelt, jenseits der Grenze in der Stadt verkauft und auf dem Rückweg Zigaretten geschmuggelt hat. Sie hat den Wert und die Wirkung des Geldes kennengelernt. Die alte Lucie bittet Jean, sie zu heiraten. Bevor er ihr seine Antwort überbringt, wird Lucie – vermutlich von einem Dorfbewohner wegen ihres Vermögens – ermordet. – Lucies »drittes Leben« beginnt nach ihrer Beerdigung. Jean hört ihre Stimme und sieht sie und die Toten des Dorfes, die gemeinsam ein Bergchalet aufbauen. Die Botschaft, die die Toten den Lebenden vermitteln, ist, für das Überleben der bäuerlichen Gemeinschaft zu kämpfen.

Im *Historical Afterword (Historisches Nachwort)* kommentiert Berger sein Verständnis von den Bauern, die er als eine »Klasse von Überlebenden« bezeichnet. Er reflektiert über die ökonomischen Grundlagen, die Kultur und den Wandel, dem diese Form des dörflichen Zusammenlebens unterliegt. Bereits in *A Fortunate Man* (1967) hatte Berger das Leben eines Landarztes dokumentiert, in *A Seventh Man* (1975) die Schicksale von Wanderarbeitern in Europa beschrieben. *Pig Earth* schildert eine Dorfgemeinschaft, aus der eine große Zahl solcher Arbeiter stammt. Es ist der erste Teil eines auf drei Bände geplanten Projekts mit dem Titel *Into Their Labours*, das die Lebensweisen in der bäuerlichen Gemeinschaft und in der Hauptstadt darstellen soll. A.Maa.

AUSGABEN: Ldn. 1979. – NY 1982.

ÜBERSETZUNG: *Sau-Erde: Geschichten vom Lande*, J. Trobitius, Mchn. 1982. – Dass., ders., Ffm./Bln. 1984 (Ullst. Tb).

LITERATUR: T. Eagleton, Rez. (in New Statesman, 15.6. 1979, S. 876). – R. Mazurek, *Totalization and Contemporary Realism: J. B.'s Recent Fiction* (in Crit, 25, 1984, S. 136–146).

EDWARD BOND

* 18.7.1934 London

LITERATUR ZUM AUTOR:
J. R. Taylor, *Anger and After: A Guide to the New British Drama*, Ldn. 1969, S. 108–111. – L. Truchlar, *E. B.* (in *Englische Literatur der Gegenwart*, Hg. H.W. Drescher, Stg. 1970, S. 476–492). – J. R. Taylor, *The Second Wave*, Ldn. 1971, S. 77–93. – K. Gross, *Darstellungsprinzipien im Drama E. B.s* (in NSp, 22, 1973, S. 313–324). – P. Iden, *E. B.*, Mchn. 1973 (dtv). – R. Scharine, *The Plays of E. B.*, Lewisburg/Pa. 1975. – P. Wolfensperger, *E. B.: Dialektik des Weltbildes und dramatische Gestaltung*, Bern 1976. – S. Trussler, *E. B.*, Harlow 1976. – T. Coult, *The Plays of E. B.*, Ldn. 1977. – J. Franke, *Elemente des Theaters der Grausamkeit und des Absurden im Werk des engl. Dramatikers E. B.*, Diss. Mainz 1978. – D. Donahue, *E. B.: A Study of His Plays*, Rom 1979. – M. Hay u. Ph. Roberts, *E. B.: A Study of His Plays*, Ldn. 1980. – R. Cohn, *The Fabulous Theatre of E. B.* (in *Essays on Contemporary British Drama*, Hg. H. Bock u. A. Wertheim, Mchn. 1981, S. 185–204). – K. J. Worth, *E. B.* (ebd., S. 205–222). – M. Hay u. Ph. Roberts, *E. B.: A Companion to the Plays*, Ldn. 1985. – D. L. Hirst, *E. B.*, Ldn. 1985.

BINGO

(engl.; *Ü: Bingo*). Stück in sechs Szenen von Edward BOND, Uraufführung: Exeter, 14. 11. 1973, Northcott Theatre; deutsche Erstaufführung: Bonn, 5. 5. 1976, Theater der Stadt. – Das 1973 entstandene Stück *Bingo* gehört mit *Lear* (1971) und *The Fool* (1975) zu der Gruppe von Dramen, in denen sich der sozialkritische Engländer Edward Bond mit historischen Themen zu dem Zweck auseinandersetzt, gegenwärtige Entwicklungen besser verstehend umreißen zu können und soziale Protesthaltungen aus einer Einsicht in geschichtliche Zusammenhänge zu kanalisieren und zu konkreten Handlungen werden zu lassen. Der Umgang mit historischem Material ist mithin weniger auf die Korrektheit der Authentizität von Fakten gerichtet, wenngleich auch Bond um die globale Richtigkeit seiner Darstellung bemüht ist, als vielmehr im Hinblick auf mögliche Aktualisierbarkeit und die unmittelbare Bedeutung der dargestellten Problematik für die Gegenwart konstruiert. Bond, der die Auseinandersetzung mit Geschichte für ein zentrales Konstituens schriftstellerischer Tätigkeit hält, gestaltet in dem außergewöhnlich erfolgreichen Stück am Beispiel Shakespeares das Verhältnis von Künstler und Gesellschaft und das damit verbundene Problem von der sozialen Verantwortung des Künstlers. *Bingo* zeigt *»das Scheitern eines Individuums, in seinem eigenen Leben gegen Korruption vorzugehen«* (Coult).

Die Handlung setzt im Herbst 1615 ein. Shakespeare wird gezeigt als ein einsamer, der Familie entfremdeter, von der Londoner Theaterwelt in Stratford zurückgezogen lebender alter Mann, der hofft, in Ruhe und mit persönlicher Sicherheit seinen Lebensabend zu verbringen, und der sich gleichwohl den Problemen der ihn umgebenden frühneuzeitlichen Gesellschaft nicht entziehen kann. In die Idylle des Gartens, in dem er sich zu Beginn vorzugsweise aufhält, brechen in Gestalt der jungen Frau, des Grundbesitzers William Combe und des Sohnes seiner Hausbediensteten die zeittypischen Konfliktpotentiale der Landstreicherei und Armut, der Einhegungspolitik (der Kampf um die *enclosures* entspricht dem nach numerierten Feldern gegliederten Spiel Bingo) und der fanatischen Religiosität im Sinne eines enthusiastischen Puritanismus ein und fordern ihn dazu auf, Stellung zu beziehen. Dabei wird Shakespeares Passivität und Lethargie immer wieder in Regieanweisungen *(»SHAKESPEARE reagiert nicht.«)* und in Dialogen mit anderen Figuren *(»Was werden Sie tun?«)* betont. Sein Rückzugsversuch aus der geldorientierten öffentlichen Sphäre der Gesellschaft, aber auch aus dem geldorientierten privaten Raum der Familie in die eigene Welt der Gedanken wird demontiert; er muß handeln, und jedes Handeln wird öffentlich. Dadurch gerät Shakespeare in einen Zwiespalt; obwohl seine Sympathie intellektuell bei den Vertretern des Volkes liegt, schlägt er sich aus Sorge um seine persönliche Sicherheit auf die Seite der Mächtigen.

Die durch sein Handeln (Unterzeichnung des Kontrakts mit Combe) besiegelte Parteinahme, die sich gegen seine tieferen Einsichten richtet, ihn aber momentan gegen den Verlust von Pachtgeldern absichert, wird kommentierend unterstützt durch die Episode um die Landstreicherin, der er zwar helfen will *(»Man muß sich um sie kümmern.«)*, die aber dennoch ausgepeitscht wird und am Galgen endet. Die gedankliche Solidarität mit dem Volk wird durch das Motiv seines Handelns, die Suche nach materieller Sicherheit, zunichte gemacht; Shakespeare wird Teil einer korrumpierenden Welt, die seinen Idealen entfremdet ist; er verliert den Glauben an sich selbst. Seine Reflexionen über den Zufall der Macht, das Leid und die Aggression münden in immer stärker werdende Selbstzweifel: *»Ich dachte, ich wüßte die Fragen. Habe ich sie vergessen?«* Auch in Reminiszenzen an London, den Ort seiner Triumphe, findet er seine Selbstsicherheit nicht wieder; der Konflikt um die Einhegungen zwischen Combe und der Gruppe um den Sohn spitzt sich weiter zu, während Shakespeare und Ben Jonson (auf dem Weg nach Schottland) als Vertreter einer handlungsohnmächtig gewordenen alten Generation im Alkohol das Vergessen suchen. Auf dem Heimweg vom Gasthaus wird der betrunkene Shakespeare Zeuge des eskalierenden Kampfes um die ausgehobenen und immer wieder zugeschütteten Grenzziehungsgräben, in dessen Verlauf der alte Mann und Vater des religiös-fanatischen Sohnes erschossen wird. Nachdem er seine Passivität als falsches Verhalten erkannt hat *(»Ich hätte so viel tun können. ... Ich schrie auf, wenn ich sie leiden sah, doch sie wurden ausgepeitscht und gehenkt, damit ich frei sein konnte.«)* und zu seiner Wahrheit und damit der der anderen (der Sohn hat den eigenen Vater getötet) vorgestoßen ist, begeht er mit dem von Jonson erworbenen Gift in seinem Zimmer Selbstmord.

Die sechs *»Szenen von Geld und Tod«* beschreiben mithin eine Welt, deren von Geld und Gewalt korrumpierte Gesellschaftsform das Individuum in den Wahnsinn treibt. Der Infantilismus des alten Mannes, der religiöse Wahn seines Sohnes, der schließlich in der Neuen Welt einen neuen Raum der Freiheit zu finden hofft, die Verzweiflung Shakespeares, aber auch der Materialismus seiner Tochter Judith, die am Schluß des Stücks ganz aufgeregt nach dem Testament sucht, sind gleichermaßen Reaktionen auf die Erfahrung der Welt als eines Ortes der Korruption und auf die Leichtigkeit der Verstrickung für den, dem es nicht gelingt, *»so nah wie möglich nach der Maßgabe der Wahrheit seiner eigenen Erfahrung zu leben«* (Coult). In der Einführung zur Buchausgabe seines Stücks deutet Bond die Korrumpierung Shakespeares durch die Macht des Geldes insofern als strukturell analog zur zeitgenössischen westlichen Gesellschaft, als auch hier der Mensch durch materielle Einflüsse fremdbestimmt und im Gegensatz zu seinen Idealen und Werten handle. Dabei verwahrt er sich stark gegen die Interpretation des Wahnsinns als einer unvermeidlichen Konsequenz aus dem Leben in einer vermeintlich absurden Gesellschaft; der Absurdität als fatalistischem Irrationalismus stellt er den Rationalismus selbständigen, eigenverantwortlichen Handelns gegenüber: Es sei nun an der *»Zeit, Verantwortung zu übernehmen«*. Dadurch wird *Bingo* über ein historisches Drama hinaus zum politischen Lehrstück, dessen Lehre Bond zugleich auch praktisch einlösen will. Mit der aktualisierenden Funktionalisierung historischer Faktizität, mit der Einbeziehung intertextueller Verweistexte *(King Lear; The Winter's Tale)* und der Überblendung faktischer und fiktiver Ebenen (Shakespeares wiederholt geäußerter Satz: *»Ist etwas getan worden?«* stammt aus den Tagebuchaufzeichnungen Leonardo da Vincis) betrachtet und gestaltet Bond die letzten Monate von Shakespeares Leben mit dem Blick des Fremden, der aus dem Vergangenen Anweisungen für das eigene Handeln in der Gegenwart erschließen will. Daraus erklärt sich auch die lockere Szenenfolge und die Reduktion der Handlung zugunsten der Konzentration auf den inneren Prozeß, den Shakespeare durchzumachen hat. Für Bond ist jede Kunst politisch, und jede Kunst, die sich nicht dem Problem politischen Handelns im Hinblick auf die Werte einer rationalen Gesellschaft stellt, *»hat nicht mehr Relevanz als eine Partie ›Bingo‹ und ist dabei weniger aufrichtig«*.

A.Mah.

AUSGABEN: Ldn. 1974. – NY 1975. – Chicago 1977.

ÜBERSETZUNG: *Bingo*, Chr. Enzensberger, Ffm. 1976. – Dass., ders., Ffm. 1987 (in *Gesammelte Stücke*, 2 Bde.).

LITERATUR: H. Hobson, Rez. (in Sunday Times, 18. 11. 1973). – M. Billington, Rez. (in Guardian, 15. 8. 1974). – I. Wardle, Rez. (in Times, 15. 8. 1974). – R. Schostack, Rez. (in FAZ, 20. 8. 1974). – F. Thorn, Rez. (in SZ, 4. 9. 1974).

LEAR

(engl.; *Ü: Lear*). Schauspiel in drei Akten von Edward BOND, Uraufführung: London, 29. 9. 1971, Royal Court Theatre; deutsche Erstaufführung: Frankfurt a. M., 29. 9. 1972, Städtische Bühnen. – *Lear* gilt weitgehend als das bislang anspruchsvollste Drama Bonds, das innerhalb des von seinem Autor vorgegebenen theoretischen Konzepts eines ›rationalen Theaters‹ wichtige Tendenzen und Einflüsse des modernen Theaters (v. a. BRECHT und ARTAUD) zusammenfaßt und daher Modellcharakter hat. Bond sah sein Stück als eine Auseinandersetzung mit SHAKESPEARES *King Lear*, dessen Dialektik der Gewalt er als idealistisch und falsch beurteilt und sie deshalb umkehrt: Geht bei Shakespeare die Gewalt nicht von den sozialen Normen aus, sondern von den animalischen und in sich destruktiven menschlichen Trieben, die sich gegen eine humane menschliche Gesellschaft auflehnen und bei deren Versagen Zerstörung verbreiten, so ist für Bond die biologische Natur des Menschen gut, und das Böse erwächst aus ihrer Vergewaltigung durch eine widernatürliche Gesellschaft, die die natürlichen Bedürfnisse des Menschen nicht berücksichtigt.

Die drei Akte des in seiner Handlungsführung stark schematisierten Dramas entsprechen drei einander ablösenden Regimes (Lear; seine Töchter Bodice und Fontanelle; die Guerillaführerin Cordelia) und drei Stufen des Learschen Erkenntnisprozesses. Das Stück führt bereits in seiner ersten Szene die Mauer vor, das Symbol der sich verselbständigenden Gewalt, die vom Menschen hervorgerufen wird und ihn dann zum hilflosen Opfer des Kreislaufs von Gewalt und Gegengewalt macht. Lear inspiziert mit seinen Töchtern den Bau der Mauer, die sein Reich gegen Feinde von außen schützen soll, aber ihn aus Sorge um die Disziplin der Arbeiter zwingt, gegen sein eigenes Volk mit brutaler Gewalt vorzugehen: Als ein Arbeiter bei einem Unfall an der Mauer getötet wird, läßt Lear einen willkürlich herausgegriffenen Mann wegen angeblicher Sabotage erschießen. Seine Töchter wenden sich daraufhin gegen ihren Vater: Sie heiraten die Herzöge North und Cornwall und bekriegen Lear, um selbst die Macht zu übernehmen. Schon bald will jede von ihnen den eigenen Gatten und die Schwester töten lassen, um Lears General Warrington zu heiraten. Als ihre Pläne scheitern, foltern sie Warrington, während Lear durch die Wälder irrt und schließlich vom Totengräbersohn und dessen Frau Cordelia aufgenommen wird. Die pastorale Idylle findet ein jähes Ende, als ein Trupp Soldaten auf der Suche nach Lear den Totengräbersohn erschießt und Cordelia vergewaltigt.

Der zweite Akt wird durch einen Schauprozeß der Töchter gegen Lear eröffnet. Lear erblickt in einem Spiegel ein verstümmeltes Tier in einem Glaskäfig – die Schlüsselmetapher im Stück für die Verstümmelung der wahren Natur des Menschen durch die von Bond immer wieder angeprangerte gesellschaftliche Moral. Bodice und Fontanelle werden in ihrer Macht von Cordelia bedroht, die sich an die Spitze einer Rebellenarmee gestellt hat und einen Guerillakrieg gegen die Regierungstruppen führt. Fontanelle wird gefangengenommen und vor den Augen Lears erschossen und obduziert. Lear selbst, der in ihren Leib blickt und von ihrer »inneren Schönheit« – ihrer eigentlichen, der menschlichen Natur – fasziniert ist, wird geblendet und gelangt, analog zu Gloucester in Shakespeares Drama, anschließend auf den Weg zur inneren Erkenntnis, zur Einsicht in die eigene Schuld und in den Mechanismus der Gewalt. – Im dritten Akt wendet er sich aktiv gegen das neue Regime, das unter Cordelia die »neue Gesellschaft« mit brutaler Gewalt schaffen will und dazu den Mauerbau fortführt und politische Gefangene liquidiert. Lear wird schließlich bei dem Versuch erschossen, die Mauer abzutragen.

Bond wollte mit *Lear* die Tragödie einer Gesellschaft darstellen, die sich über ihren ungezügelten Machthunger immer mehr in Gewalt verstrickt, das Recht zum Verbrechen, und die Moral zur Gewalt umfunktioniert. Mit Hilfe von Modellsituationen zeigt Bond Beispiele pervertierten Verhaltens auf; das auf der Reihung von Parallel- und Kontrastszenen beruhende Strukturprinzip des Dramas hebt das zerstörerische Wechselspiel von Gewalt und Gegengewalt deutlich hervor. Mittels Repetition und Variation wird der Eindruck einer von maßloser Brutalität bestimmten Welt und der Unentrinnbarkeit aus diesem unmenschlichen Kosmos hervorgerufen. Die geistige Verstümmelung der Figuren findet ihre sprachliche Entsprechung in einer von Wortzusammenziehungen und -verballhornungen geprägten Alltagsdiktion, ihre sichtbare Korrespondenz im Bild des gefangenen Tieres. Der Ausbruch aus dem Teufelskreis der Gewalt kann, wie der Archetypus Lear mit seinem erlöserhaften Ende anzudeuten scheint, nur durch gewaltlose Aktion gegen die herrschende Gewalt erfolgen. Bond sieht daher die Aufgabe des Schriftstellers im

Aufzeigen der gesellschaftlichen Gewalt in ihren kollektivpsychologischen Auswirkungen: Das Drama muß, wie Bond in seinem einführenden Essay über das *»Rationale Theater«* betont, mittels rationaler Analyse aufklären und so über die Einsicht der Menschen in das Wesen der Gewalt zur Veränderung der Gesellschaft beitragen. J.Ass.

Ausgaben: Ldn. 1978. – Ldn. 1983.

Übersetzung: *Lear*, Chr. Enzensberger, Ffm. 1972 (BS). – Dass., ders., Ffm. 1987 (in *Gesammelte Stücke*, 2 Bde.).

Literatur: G. Klotz, *Erbezitat und zeitlose Gewalt. Zu E. B.s »Lear«* (in Shakespeare-Jb, 110, 1974, S. 44–53). – G. Stratmann, *E. B.: »Lear«* (in *Das zeitgenössische englische Drama*, Hg. K.-D. Fehse, Ffm. 1975, S. 274–298). – H. Oppel, *E. B.: »Lear«* (in *Das englische Drama der Gegenwart*, Hg. ders., Bln. 1976, S. 222–238). – W. Habicht, *E. B.: »Lear«* (in *Englische Literatur der Gegenwart 1971–1975*, Hg. R. Lengeler, Düsseldorf 1977, S. 22–31). – L. Smith, *E. B.'s »Lear«* (in Comparative Drama, 13, 1979, S. 65–85).

SAVED

(engl.; *Ü: Gerettet*). Schauspiel in 13 Szenen von Edward Bond, Uraufführung: London, 3. 11. 1965, Royal Court Theatre; deutsche Erstaufführung: München, 15. 4. 1967, Kammerspiele. – Das nach *The Pope's Wedding* (1962) zweite Stück Edward Bonds wurde bei der Premiere von der englischen Kritik fast einhellig abgelehnt, dann jedoch wurde ihm – als Folge des Einschreitens der Zensur – ein enormer Skandalerfolg zuteil. Mit dem Protest gegen die Eingriffe des Lord Chamberlain wuchs zugleich die Bereitschaft, sich mit Bond als einem ernstzunehmenden Autor des jungen englischen Theaters auseinanderzusetzen.

In einem programmatischen Vorwort nennt Bond das Stück *»fast unverantwortlich optimistisch«* und *»formal eine Komödie«*. Dieser »Optimismus« manifestiert sich darin, daß der Protagonist des Stückes den *»denkbar hoffnungslosen Zustand«* (Vorwort), in dem sich die Menschen seiner Umgebung befinden, erkennt, sich aber dennoch nicht von ihnen abwendet. – Mit naturalistischen Bühnen- und Sprachmitteln (die Akteure sprechen Südlondoner Slang) führt Bond in eine Welt, aus der jede Hoffnung verbannt scheint: Ein junger Mann namens Len zieht zu seiner neuen Freundin Pam, die bei ihren Eltern wohnt. Die Eingangsszene, die Lens sexuelle Unsicherheit in einer unvertrauten Umgebung zeigt, ist ein Meisterstück an Komik und Charakterisierungskunst. Harry und Mary, die Eltern Pams, haben schon vor Jahren aufgehört, miteinander zu reden, und bei Pam selbst schlägt die anfängliche Zuneigung für Len schon bald ins Gegenteil um. Aber obwohl sie ihn grausam und zynisch ihre Verachtung spüren läßt und ihm gesteht, daß sie ein Kind von Fred, einem seiner Schlägerkumpel, erwartet, hält Len weiterhin zu ihr und später auch zu dem Baby, das Pam als lästige Bürde empfindet. In der sechsten Szene (die die Zensur als anstößig empfand) sind Lens jugendliche Kumpane mit dem Kinderwagen allein. Nun enladen sich ihre Aggressionen *»nicht in notwendiger, zielgerichteter, sondern geradezu in beiläufiger, spielerischer Weise, wofür gewiß auch das Gefühl der Langeweile, Schalheit, Indifferenz verantwortlich gemacht werden muß«* (L. Truchlar): Während Fred unbeteiligt zusieht, peinigen die anderen das Baby, schmieren ihm Exkremente ins Gesicht und steinigen es schließlich zu Tode. (*»Es ist klar«*, schreibt Bond im Vorwort des Stückes, *»daß die Steinigung eines Babys in einem Londoner Park ein typisch englisches Understatement ist. Verglichen mit der ›strategischen Bombardierung‹ deutscher Städte ist dies eine geringfügige Greueltat, verglichen mit der geistigen und emotionellen Aushungerung der meisten unserer Kinder sind die Konsequenzen belanglos.«*) Noch als Fred im Gefängnis sitzt, versucht Pam, ihn an sich zu ziehen, doch er stößt sie mit der gleichen grausamen Gleichgültigkeit von sich, die sie Len gegenüber an den Tag legt. Einzig in der Beziehung Lens zu ihren Eltern deutet sich zuweilen die Möglichkeit einer, wenn auch zaghaften, Verständigung an. Nachdem Harry Zeuge einer – vom Autor mit drastischer Komik entwickelten – Verführungsszene zwischen Len und Mary geworden ist, redet er zum erstenmal seit Jahren mit seiner Frau. Sie bedroht ihn daraufhin mit einer Teekanne, aber auch darin wird deutlich, daß die beiden begonnen haben, aus ihrer unmenschlichen Kommunikationslosigkeit zu menschlichen Reaktionen zurückzufinden. Die Abschlußszene zeigt, wie Len, Pam, Mary und Harry im Wohnzimmer schweigend ihrer Beschäftigung nachgehen – ein dramatisch einprägsames Bild dafür, daß sie sich *»in einer stummen gesellschaftlichen Sackgasse«* (Bond im Vorwort) befinden. Aber: *»Sich an Strohhalme zu klammern, ist das einzig Realistische, was man tun kann«*, kommentiert der Autor. Len tut es; er macht weiter und hält trotz dieser emotionalen Grenzerfahrung zu den Menschen, die auf die Hoffnungslosigkeit ihrer Existenz nur noch mit atavistischer Wut und Grausamkeit reagieren. Len ist »gerettet«.

In den folgenden Stücken *Early Morning* (1968), *Narrow Road to the Deep North* (1968) und vor allem *Lear* (1971) hat Bond zwar den Naturalismus von *Saved* immer deutlicher zugunsten einer stilisierten Darstellungsform aufgegeben, seiner Thematik aber ist er treu geblieben: Er stellt Gefühlsleere, Brutalität und selbst Kannibalismus als Folgen eines inhumanen Gesellschaftssystems dar und zeigt einen »Märtyrerhelden«, der sich entweder dagegen auflehnt oder damit zu leben versucht. Die Kritik hat Bond einerseits die Verherrlichung von Gewalt und eine sensationslüsterne Behandlung »schockierender Themen« vorgeworfen, ihn andererseits aber auch als bedeutendsten englischen Vertreter des Artaudschen »Theaters der Grausamkeit« gewürdigt. J.N.S.

AUSGABEN: Ldn. 1966. – NY 1966. – Ldn. 1969. – Ldn. 1977 (in *Plays*). – Ldn. 1983 (*Plays One: Saved, Early Morning, The Pope's Wedding*). – Ldn. 1984 (Methuen).

ÜBERSETZUNG: *Gerettet*, K. Reichert, Ffm. 1967. – Dass., ders., Ffm. 1971 [zus. m. *Die Hochzeit des Papstes*; es 461]. – Dass., ders., Ffm. 1987 (in *Gesammelte Stücke*, 2 Bde.).

LITERATUR: *Unsere Aufführung des Jahres: E. B., »Gerettet«* (in *Theater 1967. Chronik u. Bilanz eines Bühnenjahres*, S. 57–76; Sonderheft der Zs. Theater heute). – U. Mehlin, *Die Behandlung von Liebe u. Aggression in Shakespeares »Romeo und Julia« u. in E. B.s »Gerettet«* (in Jb. der Deutschen Shakespeare-Gesellschaft. West, 1970, S. 132–159). – W. Babula, *Scene Thirteen of B.'s »Saved«* (in MD, 15, 1972, S. 147–149).

THE SEA

(engl.; *Ü:Die See*). Komödie in acht Szenen von Edward BOND, Uraufführung: London, 22. 5. 1973, Royal Court Theatre; deutsche Erstaufführung: Hamburg, 17. 11. 1973, Deutsches Schauspielhaus. – *The Sea* zeigt, als eine hoffnungsvolle Antwort auf den unbarmherzigen Bühnenkosmos von *Lear* (1971), die Fähigkeit der Menschen, selbst die schlimmsten Erfahrungen zu überleben, sich ihren Optimismus zu bewahren und sich nicht von Wahnsinn und Ungerechtigkeit der Welt zerstören zu lassen. Bond wurde nach eigenen Aussagen zu diesem Stück durch ein Kindheitserlebnis angeregt: Das Schicksal eines ertrunkenen Schiffbrüchigen, der im verzweifelten Kampf um sein Leben vergeblich versucht hatte, sich den beim Schwimmen hinderlichen Pullover über den Kopf zu ziehen, wird in der sechsten Szene aufgegriffen und weitet sich in dem Stück aus zum Bild des Menschen, der sich »freikämpfen« muß, der seine Maske und mit ihr sein soziales Kostüm ablegen muß, um überleben zu können.

Das Drama beginnt mit einer Sturmnacht in einem kleinen Ort an der englischen Ostküste im Jahre 1907 – zu der Zeit also, als sich die politischen Spannungen zwischen Großbritannien und dem aufrüstenden Deutschland verstärkten – und mit den Hilferufen von Willy Carson, der sich inmitten der tobenden Elemente nach dem Kentern seines Bootes an Land rettet. Seine Bemühungen, seinen Freund Colin Bentham zu retten, sind erfolglos, vor allem auch deswegen, weil die beiden Mitglieder der Küstenwache, Evens und Hatch, sich weigern, ihm zu helfen: der eine, weil er betrunken ist, der andere, weil er in seiner Wahnvorstellung in den beiden Gekenterten außerirdische feindliche Wesen sieht, die England mit einer Invasion bedrohen. Die zweite Szene zeigt den Tuchhändler Hatch in einer Auseinandersetzung mit Mrs. Rafi – Dorfherrscherin und Symbolfigur einer Gesellschaftsordnung, die auf Gewalt und Unterdrükkung beruht und daher den Menschen zerstört. Sie terrorisiert den wirtschaftlich von ihr abhängigen Hatch, indem sie immer wieder große Warenmengen bestellt und durch den Widerruf der Bestellungen Hatch mit dem Ruin bedroht, so daß dieser schließlich in einem Wahnanfall seiner Aggressivität freien Lauf läßt, das von Mrs. Rafi zurückgewiesene Tuch zerschneidet, diese selbst angreift und schließlich den angeschwemmten Leichnam Colins, den er für Willy hält, mit einem Messer zerfleischt. In ihm, der seine Lage nicht begreift und unter der Ungerechtigkeit leidet, ohne ihr Wesen und ihre wirklichen Ursachen zu verstehen, deckt Bond erneut den Kreislauf der Gewalt auf, die immer wieder neue Gewalt hervorbringt. Neben der paranoiden Welt von Hatch existiert jedoch auch die Welt von Mrs. Rafi, die mit Zügen der grotesken Komödie ausgestaltet wird und anhand der Proben zu einem Drama über Orpheus und Eurydike sowie während der farcenhaften Totenfeier für Colin das subtile Netz der Repression spürbar werden läßt, das Mrs. Rafi um das Dorf gesponnen hat. Ein drittes Strukturelement erscheint in der Entwicklung Willys, der, teilweise unter dem Einfluß von Evens und der sich vertiefenden Beziehung zu Rose, der Verlobten seines ertrunkenen Freundes, immer mehr zur Reife und zur Einsicht in das Wesen der Welt gelangt.

The Sea ist von allen Stücken Bonds am wenigsten deutlich politisch. Es äußert sich jedoch um so klarer über die Notwendigkeit, mit der Tragödie »Welt« zurechtzukommen, die Dinge so zu sehen, wie sie sind, und dennoch weiterzuleben. Der trunksüchtige aber weise Evens, der für Willy immer mehr zur ratgebenden Instanz wird, formuliert dies am deutlichsten: *»Gib die Hoffnung nicht auf. Das ist immer töricht. Die Wahrheit wartet auf dich, sie ist sehr geduldig und du wirst sie finden ... du mußt die Welt ändern.«* Der Außenseiter Willy gelangt über das Leiden und über die Konfrontation mit den drei Hauptfiguren Mrs. Rafi, Hatch und Evens zum Verständnis seiner Stellung in der Welt. Er verkörpert Bonds stets von pessimistischen Untertönen begleiteten hartnäckigen Glauben an eine evolutionäre Zukunft. Seine Gegenfigur, Mrs. Rafi, vertritt eine moribunde viktorianisch-repressive Moral, die in ihrer Überlebtheit sogar ihr selbst bewußt wird. Sie muß sich eingestehen: *»Ich habe mein Leben weggeworfen«*, denn ihr Menschenbild war nicht auf Liebe, sondern auf Unterdrückung gegründet. In ihrer Gestalt zeigen sich Züge von G. B. SHAWS Mrs. Warren, wie auch der Aufbau des Dramas – Exposition, Entwicklung der Situation, Diskussion und Analyse – sich an Shaws Technik des *drama of ideas* anlehnt. J.Ass.

AUSGABEN: Ldn. 1973. – NY 1975.

ÜBERSETZUNG: *Die See. Eine Komödie*, H. Müller, Ffm. 1974 (st). – Dass., ders., Ffm. 1987 (in *Gesammelte Stücke*, 2 Bde.).

SUMMER

(engl.; *Ü: Sommer*). Drama in sieben Szenen von Edward Bond, Uraufführung: London, 27. 1. 1982, Cottesloe Theatre; deutsche Erstaufführung: München, 20. 2. 1983, Kammerspiele. – *Summer* unterscheidet sich in Form und Stil völlig von Bonds vorherigen Stücken. Die erste Szene führt über die von Ibsen übernommene Technik der narrativen Exposition durch die scheinbar belanglose Konversation der Personen in deren persönliche Welt ein, die, von den Ereignissen des Zweiten Weltkriegs geprägt, sich von Szene zu Szene mehr erschließt. Scheint das Stück an der Oberfläche Vergangenheitsbewältigung und historische Schuldzuweisung zu thematisieren, so liegt die eigentliche Problematik in der Beurteilung von Freundlichkeit und Ehrlichkeit als Mittel zur Verbesserung der gesellschaftlichen Realität.
Die Engländerin Xenia besucht zusammen mit ihrer Tochter Anne die krebskranke Marthe und deren Sohn David, einen jungen Arzt, die jetzt in dem Haus – in einem nicht näher bezeichneten Ostblockstaat – wohnen, das bis Kriegsende Xenias Familie gehört hatte. Als Großgrundbesitzer und mit der deutschen Besatzungsmacht kollaborierende Oberschicht wurde Xenias Familie nach dem Krieg enteignet, ihr Vater zur Zwangsarbeit verurteilt, die zu seinem baldigen Tod führte. In den retrospektiven Dialogen Marthes und Xenias werden die Ereignisse heraufbeschworen, die ihr Leben geformt haben. Die Deutschen hatten eine Insel in Blickweite von Xenias Haus als Konzentrationslager eingerichtet und dort Geiselerschießungen vorgenommen, denen auch Marthe, damals Dienstmädchen in Xenias Familie, zum Opfer fallen sollte. Sie wird durch Xenias Intervention gerettet, die anderen Geiseln werden erschossen. Die Heraufbeschwörung der grausamen Vergangenheit intensiviert sich nach einem Szenenwechsel, als Xenia auf der Insel einen Deutschen trifft, der als Soldat damals an den Geiselerschießungen beteiligt war und jetzt jegliche Verantwortung ablehnt. Seine Unschuldsbeteuerungen verbinden sich mit seiner Rechtfertigung des Nationalsozialismus zu jener Theorie, die Bond in seinen Werken vehement bekämpft, nämlich daß die Menschen von Natur aus schlecht und destruktiv seien und daher die Verteidigung des kulturellen Erbes mit allen Mitteln lebensnotwendig ist: *»Die Menschen sind Tiere ... Was rettet uns vor uns selbst? Die Kultur. Die Werte unserer Väter ... Deshalb zogen wir in den Krieg.«* Seine Erinnerungen werden für Xenia implizit zur Anklage ihrer eigenen Person, als er unwissentlich sie selbst erwähnt, die als das *»weißgekleidete Mädchen«* auf der Terrasse des Hauses den Soldaten zum Symbol ihres Glaubens an ihre Aufgabe wurde. In der darauffolgenden Auseinandersetzung zwischen Marthe und Xenia tritt die verschiedene Vergangenheitsauslegung offen zutage. Xenia kann nicht verstehen, daß ihr Vater ausgerechnet von jenem Partisanen verhaftet wurde, an den er die Informationen über die Deutschen weitergegeben hatte, während Marthe ihr entgegenhält, daß diese nur oberflächlich helfenden Taten – wie die Rettung ihres eigenen Lebens – letztlich sinnlos gewesen seien, da sie an der tatsächlichen Situation und an der gesellschaftlichen Machtverteilung nichts geändert hätten. Marthe stirbt wenige Stunden später, an einem Sommermorgen, und Anne findet, kurz vor ihrer Abreise nach England, zu ihrem Freund und Geliebten David zurück.
Bond kontrastiert in diesem parabelhaften Stück, das mit den Konventionen des bürgerlich-naturalistischen Dramas eine politische Botschaft gestaltet, Freundlichkeit und Ehrlichkeit. Marthe bringt Bonds Auffassung zum Ausdruck, daß Freundlichkeit und guter Wille die Welt nicht ändern und daher sinnlos bleiben, solange die Grundstrukturen der Gesellschaft nicht auf einer gerechten Ordnung basieren – ja, daß sie den Menschen letztlich nur vom Kampf um eine gerechtere Ordnung abhalten. Der historische Hintergrund ist dabei für Bond nur der äußere Rahmen des Stücks. Er sieht das System des Nationalsozialismus und dessen Fortentwicklung zum staatlich sanktionierten Völkermord als unvermeidbare Folge von Kapitalismus und Imperialismus. Die Grausamkeiten des Zweiten Weltkriegs haben ihre Ursachen nicht in nationalen, sondern in internationalen Gesellschaftsordnungen und Denkweisen, wie Bond in einem Begleitgedicht betont: *»Wäre Auschwitz in Hampshire gewesen / dann hätten es Engländer bewacht / die Listen geführt / die Gasöfen in Betrieb gehalten«.* Die scheinbar brutale Offenheit Davids gegenüber seiner todkranken Mutter dagegen bewertet Bond als eine Vorbedingung für eine gerechte und rationale Lebensordnung, da sie Marthe zwingt, der Realität ins Gesicht zu sehen, und sie so mit Gelassenheit in den Tod geht. J.Ass.

Ausgabe: Ldn. 1982. – Ldn. 1987 (in *Plays. Three*)

Übersetzung: *Sommer*, Chr. Enzensberger (in *Spectaculum 37*, Ffm. 1983). – Dass., ders., Ffm. 1987 (in *Gesammelte Stücke*, 2 Bde.).

Literatur: Ph. Roberts, *»Summer«: ›A Voice from the Working Class‹* (in MD, 26, 1983, S. 127–138).

John Braine

* 13.4.1922 Bradford / Yorkshire
† 28.10.1986 London

Literatur zum Autor:
J. D. Hurrell, *Class and Conscience in J. B. and Kingsley Amis* (in Crit, 2, 1958, S. 39–53). – R. Weimann, *J. B.* (in ZAA, 7, 1959, S. 179–186).

– J. W. Lee, *J. B.*, NY 1968 (TEAS). – J. Jain, *The New Philistines: A Study of the Novels of J. B.* (in Rajasthan University Studies in English, 9, 1976, S. 58–69). – D. Salwak, *J. B. and John Wain: A Reference Guide*, Boston 1980.

ROOM AT THE TOP

(engl.; *Ü: Der Weg nach oben*). Roman von BRAINE, erschienen 1957. – Der soziale Aufstieg eines ehrgeizigen jungen Mannes aus dem Arbeitermilieu in Industriellenkreise ist Thema des in der Ichform erzählten, kurz nach dem Zweiten Weltkrieg spielenden Romans. Schon früh, unter dem Eindruck der bedrückenden Verhältnisse seiner Kindheit, hat Joe Lampton sich zum Ziel gesetzt, einmal ganz nach oben zu gelangen. Er ist fünfundzwanzig Jahre alt, als er in der kleinen nordenglischen Industriestadt Warley eintrifft, entschlossen, hier seinen Weg zu machen und eines Tages selbst auf dem Hügel über der Stadt, der bevorzugten Wohngegend der Geldaristokratie, zu residieren. Er mietet sich bei den Thompsons ein, die zur besseren Gesellschaft Warleys gehören. Durch sie findet er Zugang zu einer Laienspielgruppe, deren Mitglieder zumeist aus begüterten Familien stammen, und wird, obwohl er nur ein kleiner, wenn auch geschätzter Angestellter bei der Finanzverwaltung ist, in dem exklusiven Kreis freundlich aufgenommen. Hier begegnet er zwei grundverschiedenen Frauen, Susan Brown und Alice Aisgill, die sein Leben entscheidend beeinflussen. Susan zieht ihn durch ihre Jugend und Unbefangenheit, vor allem aber durch ihren Reichtum an, doch fällt es dem Arbeitersohn zunächst schwer, in Gegenwart der Industriellentochter seine Unsicherheit zu überwinden, zumal sein Nebenbuhler Jack Wales ihn immer wieder die gesellschaftliche Kluft empfinden läßt. Bald jedoch gelingt es Joe, Susan gegenüber als verständnisvoller Freund und perfekter Liebhaber aufzutreten und alles zu vermeiden, was an seine bescheidene Herkunft erinnern könnte. Im Gegensatz zur naiven Susan ist Alice, die mit dem wohlhabenden George Aisgill eine sinnentleerte Ehe führt, ein reifer, unkonventioneller Mensch. Joe ist von der zehn Jahre älteren Frau zugleich fasziniert und beunruhigt. Aus der sexuellen Leidenschaft, die beide zusammenführt, wird bald Liebe. Alice akzeptiert Joe, wie er ist; in ihrer Gegenwart fühlt er sich frei von dem Zwang, seine Herkunft verschleiern zu müssen. Ihren Höhepunkt erreicht die Beziehung, als die Liebenden vier idyllische Tage in einem einsamen Haus auf dem Lande verbringen. Hier erkennt Joe, daß er nur mit Alice wirklich glücklich sein kann. Doch kurz danach wird er zu Mr. Brown gerufen. Vor die Wahl zwischen Susan, die schwanger ist, und Alice gestellt, entscheidet er sich für Susan und damit für Karriere, Erfolg und Reichtum. Alice, verzweifelt über die Trennung, steuert in betrunkenem Zustand ihren Wagen gegen eine Mauer. *»Ich habe sie umgebracht«*, bekennt Joe in der Rückschau.

Trotz des zuweilen kolportagehaften Zuschnitts und der recht konventionellen Erzählform zählte *Room at the Top* zu den meistdiskutierten englischen Romanen der fünfziger Jahre. Die Kritik hat den Verfasser den »Angry Young Men« zugeordnet und sein Buch an die Seite von John WAINS *Hurry on Down* (1953) und Kingsley AMIS' *Lucky Jim* (1954) gestellt, dabei aber die unterschiedliche Haltung von Braines Protagonisten nicht immer genügend berücksichtigt. Wains Charles Lumley verachtet die etablierte Gesellschaft, Joe Lampton bejaht sie und paßt sich ihr mit allen Mitteln an. Dabei verliert er immer mehr jene Spontaneität, die seine Beziehung zu Alice geprägt hat, und wird schließlich zur Marionette. Er akzeptiert die Wertbegriffe der Geldaristokratie Warleys, läßt sich von ihren materialistischen Statussymbolen (die im Roman leitmotivische Funktion haben) faszinieren und zahlt den Preis für seinen Aufstieg, denn – so formuliert er es aus einer Distanz von zehn Jahren – *»man ist gezwungen, durch Dreck zu waten, um zu bekommen, was man haben will«*. Der Preis dafür ist Alice, und er ist zu hoch, denn mit ihr stirbt Joes besseres Ich. (Sein Leben »auf dem Hügel« schildert eine 1962 erschienene, schwächere Fortsetzung, *Life at the Top*.) H.Str.

AUSGABEN: Ldn. 1957. – Boston 1957. – Harmondsworth 1981 (Penguin).

ÜBERSETZUNGEN: *... und nähme doch Schaden an seiner Seele*, H. Schlüter, Bln. u. a. 1957; ²1959. – *Der Weg nach oben*, ders., Gütersloh 1960. – Dass., ders., Mchn. 1981 (dtv).

VERFILMUNGEN: England 1958 (Regie: J. Clayton). – *Life at the Top*, England 1965 (Regie: T. Kotcheff).

LITERATUR: K. Schlüter, *Die Kunst des Erzählens in J. B.s Roman »Room at the Top«*, Heidelberg 1965. – S. Laing, *»Room at the Top«: The Morality of Affluence* (in *Popular Fiction and Social Change*, Hg. Ch. Pawling, NY 1984, S. 157–184).

HOWARD BRENTON

* 13.12.1942 Portsmouth

LITERATUR ZUM AUTOR:
P. Ansorge, *Disrupting the Spectacle: Five Years of Experimental and Fringe Theatre in Britain*, Ldn. 1975. – St. Grant, *Voicing the Protest* (in *Dreams and Deconstructions: Alternative Theatre in Britain*, Hg. S. Craig, Ldn. 1980, S. 117–127). – Interview mit H. B. (in *New Theatre Voices of the Seventies*,

Hg. S. Trussler, Ldn. 1981, S. 85–97). – R. Cornish, *H. B.* (in DLB, Bd. 13/1, 1982, S. 100–108). – J. Bull, *New British Political Dramatists*, Ldn. 1984. – H. B., *Preface* (in H. B., *Plays I*, Ldn. 1986).

THE ROMANS IN BRITAIN

(engl.; *Die Römer in England*). Drama in zwei Akten von Howard Brenton, Uraufführung: London, 16. 10. 1980, National Theatre. – Brenton hatte mit *Wesley* (1970) und *Scott of the Antarctic*, 1971 *(Scott der Antarktis)*, bereits historische Helden auf die Bühne des alternativ-experimentellen Theaters gebracht und andererseits 1972 zusammen mit D. Hare, D. Edgar, S. Wilson u. a. mit 20 in der Gegenwart spielenden Szenen *»der britischen Öffentlichkeit den Gestank der irischen Probleme«* nahebringen wollen *(England's Ireland)*. Aber erst mit *The Romans in Britain* – nach der Bearbeitung von Brechts *Leben des Galilei* entstanden – wurde das Publikum in einem strukturell wie gehaltlich irritierenden »Historiendrama für das Heute« mit dem irischen Thema konfrontiert.

Gemeinsam ist den *Caesars Zahn* und *Artus' Grab* betitelten Akten zu zweimal sieben plus einer Szene die Invasionsthematik. Wie die Römer im Jahr 54 v. Chr. auf die Insel vordringen, so unterjochen nach Ende der römischen Herrschaft 515 n. Chr. die Angelsachsen die Kelten und so herrschen schließlich 1980 in Irland die englischen Invasoren. Brenton präsentiert jedoch nicht etwa abgeschlossene historische Momentaufnahmen, sondern reiht mit Hilfe seiner Technik der Diskontinuität Szenen aneinander, die zum einen im Sinne des epischen Theaters Parallelisierungs- bzw. Kontrastfunktion haben und in denen zum anderen der allmähliche (in II, 7 kulminierende) Aufbau eines historischen Bewußtseins stattfindet. Dieses Bewußtsein manifestiert sich, oberflächlich betrachtet, in einer Figur aus der Gegenwartshandlung – dem Engländer Chichester, der privat, zuerst mit Mordabsicht, dann pazifistisch, das Irlandproblem lösen will –, ist jedoch insgesamt erst dem kausale Zusammenhänge und Transzendierungsmöglichkeiten erkennenden Zuschauer zugänglich.

Während in den ersten sechs Szenen anhand von exemplarischen Ausschnitten die Zerstörung der keltisch-matriarchalischen Kultur durch die einfallenden Römer dargestellt wird, deren an Zahnschmerzen leidender Feldherr Caesar zweckrationalistisch auch noch das geringste *»Massaker als Politik«* umzudeuten weiß, transformiert Brenton in der siebten Szene unvermittelt-schockartig Vergangenheit in Gegenwart: Die Sklavin, die sich mit einem Stein *(»Meine Heimat ist jetzt, wo ich einen Stein in der Hand halte«)* ihres kriminellen Begleiters entledigt, wird von den plötzlich in englischen Uniformen und mit modernen Waffen auftretenden Römern erschossen: Caesar – dies die ideologische Legitimation – will mit seinem Feldzug Gewalt auf ein *»annehmbares Niveau«* senken und die Zivilisation retten. Die ersten fünf Szenen des zweiten Akts spielen dann abwechselnd in der Vergangenheit von 515, kurz vor der letzten Niederlage des legendären Königs Artus gegen die Angelsachsen bei Camulodunum und 1980, als Chichester, aus der Nähe des Ortes stammend, in Irland nach der *»keltischen Ordnung«* der Dinge sucht. Chichester bleibt dabei ständig als Verkörperung der Gegenwartsperspektive und Medium der vom Autor beabsichtigten Analogie für den Zuschauer auf der Bühne anwesend. So wie an drei Stellen des ersten Akts Figuren erschlagen werden, so tötet nun (5. Szene) Cai einen verirrten, tödlich verwundeten englischen Soldaten und wird selbst wenig später von seiner Tochter mit Anklang an den Schluß des ersten Aktes mit einem Stein erschlagen: *»Wir atmen«* den Krieg; und so wird in den folgenden Szenen, wo Vergangenheit und Gegenwart übereinander montiert sind, zunächst eine von der Pest entstellte Anglo-Römerin von ihrem Verwalter in der Nähe des erschlagenen Angelsachsen getötet, und in Szene 7 erschießen dann die IRA-Leute den nunmehr im Bewußtsein der historischen Wahrheit zum Frieden bereiten Chichester: Der Kreislauf der Gewalt scheint sich zwanghaft fortzusetzen.

Nach zweimal sieben Szenen endet das Stück mit einer fünfzehnten Szene, die den Mythos eines *»goldenen Zeitalters, verloren und doch noch bevorstehend«*, verkörpert vielleicht in König Artus, evoziert (von Figuren der mittleren Geschehnisebene mit arturisch klingenden Namen: Morgana, Corda). Deshalb wäre es falsch, dem marxistischen Autor ein zyklisches Geschichtsbild zuzuschreiben. Allerdings verzichtet Brenton trotz der erbarmungslosen Geißelung der britischen Herrschaft in Nordirland mit seinem offenen Schluß auf plakative politische Appelle. – Vor allem wegen einer Szene, in der ein römischer Soldat einen niedergeschlagenen Kelten vergewaltigt, geriet die Aufführung zum öffentlichen Skandal, der in den Leserbriefspalten der Zeitungen und im Unterhaus so sehr angeheizt wurde, daß man eine Subventionskürzung für das National Theatre forderte und der Regisseur – allerdings erfolglos – von einer Zuschauerorganisation wegen Verstoßes gegen das Sexual Offences Act von 1956 verklagt wurde.

U.Bö.

Ausgabe: Ldn. 1980.

Literatur: F. Fasse, *Geschichtsdrama als Problem von Literatur. Das Geschichtsdrama bei H. B. u. R. Hochhuth*, Ffm. 1983, S. 151–171. – Ph. Roberts, *H. B.'s »Romans«* (in Critical Quarterly, 23, 1981, S. 5–23). – B. Weiner, *The »Romans in Britain« Controversy* (in Drama Review, 25, 1981).

WEAPONS OF HAPPINESS

(engl.; *Waffen des Glücks*). Drama in zwei Akten von Howard Brenton, Uraufführung: London,

14. 7. 1976, National Theatre. – Nach den frühen, seit 1968 für kleinere experimentelle Gruppen (insbesondere das »Portable Theatre«) geschriebenen kürzeren Stücken (im Sinne GROTOWSKIS sind es *Plays for the Poor Theatre [Stücke für das arme Theater]*, 1980), konnte Brenton 1972/73 als Gast der English Stage Company im Royal Court Theatre die Möglichkeiten eines größeren Theaters studieren. Nach *Magnificence*, 1973 (aufgef. im Royal Court Theatre, 1973), *Brassneck*, 1973 (*Messingnacken*, mit David HARE), und *The Churchill Play*, 1974 *(Das Churchill-Spiel)* – beide für das Nottingham Playhouse –, war *Weapons of Happiness* eine unter der Regie von David Hare aufgeführte Auftragsarbeit für das National Theatre.

Der Titel – Graffiti-Slogan eines Hausbesetzers in *Magnificence* – stellt erneut die für Brenton zentrale Frage nach dem richtigen Weg zum Sozialismus. Während der Terrorismus in *Magnificence* als falsche Antwort auf gesellschaftliche Unterdrückung und als »Vergeudung« politischer Energie erscheint, stellt in *Weapons of Happiness* der Stalinismus eine derartige »Vergeudung« dar. Protagonist des in der unmittelbaren Gegenwart spielenden Stücks ist der im Londoner Exil lebende Tscheche Joseph Frank (der historische Frank wurde 1952 in Prag gehängt). Nach anfänglichem Zögern schließt er sich am Ende des ersten Akts und nach der Frage nach den »Waffen des Glücks« jüngeren Arbeitern an, die angesichts drohenden Bankrotts und Verkaufs ihre Fabrik besetzen. Im zweiten Akt stürmt die Polizei die Fabrikhalle; die Besetzer entkommen, müssen aber den durch die Prager Ereignisse von 1968 desillusionierten Frank zurücklassen. In der letzten Szene fragen sich die Entflohenen auf einem verlassenen Hof nach dem rechten Weg, der sie zurück in die Stadt führen wird.

Weapons of Happiness ist jedoch weder ein realistisches Drama noch ein Agitprop-Stück. Brenton bedient sich vielmehr auch hier seiner teilweise an das jakobäische Drama, teilweise an BRECHT anschließenden Technik des epischen Theaters. Nach dem Prinzip der Diskontinuität machen Brüche in der Personendarstellung, der Handlungsentwicklung oder der Zeitgestaltung die einzelnen Szenen zu voneinander abgesetzten »Fenstern«, durch die an zentralen Punkten des Geschehens eine Figurenentwicklung sichtbar wird. So gibt es neben herkömmlichen episierenden Kommentaren des Protagonisten oder einer eingefügten Parabel (Christus und der Großinquisitor; II, 1) optische Verfremdungsverfahren (Beleuchtung) sowie durch unvermittelte Rollenwechsel herbeigeführte Sprünge in die Vergangenheit. Am Ende der unvorbereitet eingeblendeten Szene mit dem Parteisekretär Frank in Moskau (I, 7) erscheint zudem in einer tableauartig interpolierten, pantomimischen Binnensequenz wie geisterhaft Stalin (I, 7); anderswo geht eine harmlosere Polizeibefragung im Gegenwartsgeschehen unvermittelt in eine Gefängnisszene über, in der Frank 1952 auf seine erzwungene Selbstbezichtigung im Schauprozeß vorbereitet wird (I, 4). Durch die personale Verzahnung der beiden Zeitebenen in einer Szene veranschaulicht Brenton dann eindringlich die Notwendigkeit historischen Bewußtseins, das den jungen Arbeitern noch fehlt (II, 1). Der Höhepunkt dieser montageartigen Erweiterung der politisch-gesellschaftlichen Dimensionen ist die Fluchtszene (II, 4): Nach Franks resignativer Erinnerung an das Prag von 1968 und dem zukunftsgewandten Rat an die Jüngeren, sich nicht zu »vergeuden«, wird Stalin neben einem russischen Panzer eingeblendet, über dessen Geschützrohr der zum Bleiben Entschlossene sterbend seinen Mantel wirft. Obwohl der Stalinismus Frank im Innersten gebrochen hat, lernen die jungen Arbeiter im Laufe des Stücks aus dem lähmenden wie auch produktiven historischen Bewußtsein Franks und seinem Rat, aus dem Überschwang utopischer Selbstsicherheit heraus nicht die kostbare Chance einer wahren »Revolte« zu vertun.

Der Schluß des Stücks, dem Charles MAROWITZ wegen der karikaturistischen Zeichnung des bankrotten Fabrikbesitzers und seiner Frau sowie des establishmenthörigen Gewerkschaftsfunktionärs fehlende kritische Genauigkeit vorgeworfen hat, läßt die Frage nach der zukunftsgerichteten Praxis offen. Allenfalls gibt der Entschluß der jungen Leute, wieder in die Stadt zurückzukehren (also keine Agrarutopie zu versuchen) sowie ihr Abgang mit ineinander verschränkten Armen und der im letzten Satz vollzogenen Identifizierung des »alten« Mannes als eines (zu ergänzen: wahren) »Kommunisten« die Richtung an, in der das Publikum Brentons nach den adäquaten »Waffen des Glücks« weiterfragen sollte. U.Bö.

AUSGABEN: Ldn. 1976; ²1981. – Ldn. 1986 (in *The Plays of the Seventies*, Hg. R. Cornish u. V. Ketels). – Ldn. 1986 (in *Plays I*).

LITERATUR: G. Schnabl, *Historische Stoffe im neueren politischen Drama Großbritanniens*, Ldn. 1982, S. 185–195.

ANTHONY BURGESS

eig. John Anthony Burgess Wilson

* 25.2.1917 Manchester

† 25.11.1993 London

LITERATUR ZUM AUTOR:
R. K. Morris, *The Consolation of Ambiguity: An Essay on the Novels of A. B.*, Columbia/Mo. 1971. – A. A. DeVitis, *A. B.*, NY 1972 (TEAS). – J. Brewer, *A. B.: A Bibliography*, Ldn./Metuchen (N.J.) 1980. – S. Coale, *A. B.*, NY 1981. – MFS, 27, 1981, Nr. 3 [Sondernr. *A. B.*]. – P. Boytinck, *A. B.: An Annotated Bibliography and Reference Guide*, NY u. a.

1985. – M. Ghosh-Schellhorn, *A. B.: A Study in Character*, Ffm. u. a. 1986. – G. Aggeler, *A. B.: The Artist as Novelist*, University/Ala. 1986. – *Critical Essays on A. B.*, Hg. ders., Boston 1986. – *A. B.*, Hg. u. Einl. H. Bloom, NY u. a. 1987. – M. Beyer, *A.B.* (in *Der engl. Roman der Gegenwart*, Hg. R. Imhof u. A. Maack, Tübingen 1987, S. 68–91). – W. Winkler, *A. B.* (in KLFG, 12. Nlg., 1987).

A CLOCKWORK ORANGE

(engl.; *Ü: Uhrwerk Orange*). Roman von Anthony Burgess, erschienen 1962. – *A Clockwork Orange* ist ein moralphilosophisch-politischer Roman im Spannungsfeld zwischen Individuum und Gesellschaft. Die sprachliche Gestaltung dieses Bestsellers gilt aufgrund der Verwendung des aus Cockney und Russisch künstlich geschaffenen Teenagerslangs »Nadsat« als didaktisch unübertroffene Provokation.

Im Zentrum des ersten Teils (Kap. 1–7) steht die Geschichte von Alex, dem fünfzehnjährigen Protagonisten, und seinen *»droogs«*, die als gewalttätige Bande die nächtliche Großstadt mit brutalen Raubüberfällen und Vergewaltigungen, mit Körperverletzung und Totschlag in Schrecken versetzen. Die folgende Inhaftierung vermittelt Alex nun selbst die Erfahrung polizeilicher Gewalt und setzt seinem pathologischen Verlangen nach Lust durch Gewaltanwendung und durch Berieselung mit Musik von Beethoven und Mozart vorläufig ein Ende. Wie schon der erste Teil des Romans, so beginnen auch die beiden folgenden mit der bezeichnenden Frage – die ursprünglich vom Gefängniskaplan stammt –: *»What's it going to be then, eh?«*

Der fünfzehnjährige Gewalttäter, bislang Herr über unschuldige Menschen, wird nun seinerseits das Opfer einer Gesellschaft, die ihn mittels audiovisueller und chemischer Medikation gewaltsam zu resozialisieren versucht. Dieser Mittelteil (Kap. 8–14) endet nach der ›erfolgreichen‹ Konditionierung durch die *»Ludovico-Technik«* mit der Entlassung des Delinquenten. Wenn auch der Innenminister diesen Erfolg im Wahlkampf als Trumpfkarte auszuspielen versteht, so bringt doch wenigstens der Gefängnisgeistliche die moralische Fragwürdigkeit dieser Konditionierung zum Guten deutlich zur Sprache, wenn er dem Arzt Dr. Brodsky entgegenhält: *»Wahlmöglichkeit... Er hat keine wirkliche Wahlmöglichkeit..., oder? Eigenliebe, Angst vor physischem Schmerz trieben ihn zu jenem grotesken Akt der Selbsterniedrigung. Die Verstellung war klar zu erkennen. Er hört auf, ein Übeltäter zu sein. Er hört auf, ein Wesen zu sein, das moralischer Wahlfreiheit fähig ist.«* – *»Ludovico's technique«* besteht darin, daß Alex, an einen Stuhl gefesselt, gezwungen wird, sich Filme von unglaublicher Brutalität, wie sie von Japanern und Nazis im Zweiten Weltkrieg ausgeübt wurde, anzuschauen. Während früher Gewalt bei Alex höchste Lustgefühle erzeugte, verursacht sie nun unerträglichen Ekel und Kopfschmerz. Beethovens *Fünfte* wird wie jede andere Art von klassischer Musik, die er vordem so sehr schätzte, zur Ursache für unendlichen Schmerz, weil sie mit gewaltverherrlichenden Filmen gekoppelt ist.

Im dritten Teil (Kap. 15–21) muß der entlassene und ›geheilte‹ Alex zunächst feststellen, daß seine Eltern ihn abgeschrieben und sein Zimmer vermietet haben und daß ehemalige Mitkämpfer und Opfer sich an ihm zu rächen trachten, so daß sich die Situation aus dem ersten Teil nunmehr umgekehrt hat und der konditionierte Alex nun selbst hilflos der Gewalt ausgeliefert ist. Die Methode zur gesellschaftlichen Konditionierung soll zudem am Beispiel Alex' öffentlich demonstriert werden; doch statt sich als politischer Märtyrer mißbrauchen zu lassen, verübt Alex einen Suizidversuch, so daß die Regierung sich gezwungen sieht, zur Beruhigung der Öffentlichkeit Maßnahmen zu einer Rekonditionierung von Alex einzuleiten.

Die amerikanische Fassung und auch Kubricks Filmversion enden hier, d. h. mit dem 20. Kapitel. Dies entspricht jedoch nicht der Intention des Autors; vielmehr soll auch der dritte Teil des Romans – wie in der englischen Ausgabe – sieben Kapitel aufweisen: Im 21. Kapitel sitzt Alex mit neuen Freunden in der bekannten Korova Milchbar, verläßt diese aber und wandert nachdenklich durch die Straßen. Gewalttätigkeit verabscheut er jetzt genauso wie ein früherer, inzwischen verheirateter Kumpan aus der Bande, den er zufällig in der Stadt trifft. Auch Alex sehnt sich nun nach einer bürgerlichen Existenz, nach Familie und Geborgenheit. In der Tat beabsichtigt er, seinen künftigen Sohn über den wirklichen Gang der Welt zu belehren, obwohl er bezweifelt, daß er ihn vor Fehlhandlungen wird bewahren können. Alex' Wandlung macht so aus einer dystopischen Satire einen Entwicklungsroman, eine Befreiungsgeschichte, die im Rahmen der dem Werk zugrundeliegenden Geschichtsphilosophie von Augustinismus und Pelagianismus den exemplarischen Charakter vom Wandlungs- und Reifungsprozeß des jugendlichen Menschen hervortreten läßt: Alex ist jeglichen Zwanges enthoben und reformiert sich aus Einsicht.

Der Protagonist erkennt die Jugend als *»clockwork humanity«*, als eine Zeit fremdbestimmter Mechanismen. In dieser »augustinischen« Phase besitzt der Mensch noch kein Verständnis seiner selbst; erst im reiferen Alter können mit Beginn der »pelagianischen« Phase Bewußtheit und Autonomie folgen. Jetzt, mit seinem Eintritt in das Stadium der Freiheit gibt Alex paradoxerweise seiner Überzeugung Ausdruck, daß sich die Phase der Unfreiheit trotz allen pädagogischen Bemühens im Leben seines Sohnes wiederholen wird. Individualgeschichte und Weltgeschichte durchlaufen so mit dem ständigen Wechsel der zwei opponierenden Prinzipien Determinismus und Freiheit entweder zyklisch oder gleichzeitig ihre augustinischen und pelagianischen Phasen.

Grundlage von Burgess' Geschichtsphilosophie, die von einem Zyklusmodell *(»Pelphase – Interphase – Gusphase«)* ausgeht, ist die manichäische Vorstellung vom ewigen Kampf der Prinzipien Gut und Böse. Dieser kosmische Konflikt spiegelt sich u. a. auch in allen irdischen Auseinandersetzungen zwischen den politischen Ideologien des Ostens und Westens. Entsprechend dem manichäischen Dualismus unterscheidet Burgess daher zwei Staatsformen: den politischen Konservativismus und den politischen Liberalismus. Der konservative Staatsgedanke geht vom erbsündlich belasteten Menschen, von der Notwendigkeit der Gnade und der Pflicht zur Disziplinierung seitens des Staates aus; der liberale Staat dagegen setzt die Perfektibilität des Menschen, seine Fähigkeit zur Selbsterlösung und die rational bestimmte Wahl des Guten voraus. Diese Fehlannahme, daß nämlich der Mensch grundsätzlich vervollkommnungsfähig sei, führt immer wieder zu einem Wechsel der Phasen, führt zu Gewalttätigkeiten und zu Eingriffen des Staates. Der Romantitel (eigentlich *Uhrwerk Mensch*) kennzeichnet die Situation des heutigen Menschen, der so vielfältigen gesellschaftlichen und kommerziellen Einflüssen und Manipulationen ausgesetzt ist, daß er sich ihnen wie fremdbestimmten Prinzipien und Gesetzen willenlos zu unterwerfen scheint oder sich brutal gegen sie auflehnt.

In einem Interview hat Burgess darauf hingewiesen, daß er mit diesem Roman auf die Gefahren von Überlegungen mit dem Ziel der Auslöschung von Kriminalität durch moderne Techniken hinweisen wolle. Er ist fest von der permanenten Bedrängnis durch das Böse, freilich noch mehr von der ethischen Forderung, die Willensfreiheit des Menschen auch angesichts seiner Sündenanfälligkeit verteidigen zu müssen, überzeugt. Trotzdem geht es ihm in diesem Roman an erster Stelle um eine Analyse der maschinenähnlich funktionierenden »Clockwork-Orange-Welt« des modernen Staates, wie sie insbesondere anhand von »Ludovico's Technique« im zweiten Teil des Romans vor Augen geführt wird.

Die Verwendung der Kunstsprache Nadsat soll nach Absicht des Erfinders sowohl verfremden wie abschrecken, das Bewußtsein von der Einheit der Menschheit (angesichts der Teddy Boys in London und in Leningrad) fördern und den Leser mit Beginn der Lektüre einem Lern- und Konditionierungsprozeß unterwerfen, der dem von Alex nicht unähnlich ist. In seiner Auseinandersetzung mit George ORWELL *(1985)* hat Burgess einen wesentlichen Aspekt seines weltanschaulichen Credos formuliert: *»Die Freiheit des Menschen beginnt erst lebendig zu werden, wenn er die Natur dieses Geschenkes versteht.«* So ist *A Clockwork Orange* also ein didaktisch konzipierter Ideenroman über die Willensfreiheit, über das Verhältnis von Individuum und Gesellschaft, über die sechziger Jahre, über Probleme des Heranwachsens und Reifens. Burgess selbst veranschlagte den Wert dieses Buches innerhalb seines Gesamtwerks nicht allzu hoch. Dennoch wurde es weltberühmt durch die Verfilmung von Stanley Kubrick (mit der der Autor wegen des darin unberücksichtigt gebliebenen Schlußkapitels jedoch nie einverstanden war). W.Ar.

AUSGABEN: Ldn. 1962. – NY 1963. – Harmondsworth 1981 (Penguin).

ÜBERSETZUNG: *Uhrwerk Orange*, W. Brumm, Mchn. 1972; [21]1985 (Heyne Tb); ern. 1987.

VERFILMUNG: USA 1971 (Regie: S. Kubrick).

DRAMATISIERUNG: *Clockwork Orange – Ein Spiel mit Musik* (Urauff.: Bonn, 28. 5. 1988, Schauspielhaus).

LITERATUR: R. Evans, *Nadsat: The Argot and Its Implications in A. B.'s »A Clockwork Orange«* (in Journal of Modern Literature, 1, 1971, S. 406 bis 410). – J. Cullinan, *A. B.'s »A Clockwork Orange«: Two Versions* (in English Language Notes, 9, 1972, S. 287–292). – N. D. Isaacs, *Unstuck in Time: »Clockwork Orange« and »Slaughterhouse Five«* (in Literature-Film Quarterly, 1, 1973, S. 122–131). – J. Stinson, *The Manichee World of A. B.* (in Renascence, 26, 1973, S. 37–47). – G. Aggeler, *Pelagius and Augustine in the Novels of A. B.* (in ES, 55, 1974, S. 43–55). – Th. Elsaesser, *Screen Violence: Emotional Structure and Ideological Function in »A Clockwork Orange«* (in *Approaches to Popular Culture*, Hg. C. W. E. Bigsby, Ldn. 1976, S. 171 bis 200). – E. Petix, *Linguistics, Mechanics and Metaphysics in A. B.'s »Clockwork Orange«* (in *Old Lines, New Forces*, Hg. R. K. Roberts, New Jersey 1976, S. 38–52). – R. Rabinovitz, *Mechanism versus Organism: A. B.'s »A Clockwork Orange«* (in MFS, 24, 1978/79, S. 538–541). – Ders., *Ethical Values in A. B.'s »A Clockwork Orange«* (in StN, 11, 1979, S. 43–50). – L. E. Sheldon, *Newspeak and Nadsat: The Disintegration of Language in »1984« and »A Clockwork Orange«* (in Studies in Contemporary Satire, 6, 1979, S. 7–13). – A. Sirka, *Überlegungen zum phantastischen Film am Bsp. von S. Kubricks »A Clockwork Orange«* (in *Phantastik in Literatur u. Kunst*, Hg. Chr. W. Thomsen u. J. M. Fischer, Darmstadt 1980, S. 492–513). – P. E. Ray, *Alex Before and After: A New Approach to B.'s »A Clockwork Orange«* (in MFS, 27, 1981, S. 479–487). – D. Petzold, *Der Moralist als Provokateur: A. B.s Erfolgsroman »A Clockwork Orange«* (in Anglistik u. Englischunterricht, 19, 1983, S. 7–20). – G. Hanselmann, *Die Zukunftsromane von A. B.*, Pfaffenweiler 1985.

1985

(engl.; *Ü: 1985*). Roman von Anthony BURGESS, erschienen 1978. – Diese Auseinandersetzung mit George ORWELLS klassischer negativer Utopie *1984* erschien bereits einige Jahre vor dem ominösen Datum. Burgess' Werk, das aus einem interpretatorischen Essay und einer darauf aufbauenden alternativen Antiutopie besteht, ist aber kein Produkt der im Jahre 1984 kulminierenden Orwell-Welle, sondern führt die bereits in *A Clockwork Orange* vorhandenen Tendenzen fort.

Im ersten, *1984* betitelten Teil fragt Burgess teilweise in sokratisch-dialogischer Form, teilweise in essayistischer Manier nach Orwells konzeptionellen Ansatzpunkten und der Genese seines Klassikers. Richtig sieht er, daß der Sozialist Orwell nicht nur die Londoner Nachkriegsatmosphäre der wirtschaftlichen Sparmaßnahmen in seine Fiktion einbrachte, sondern sich im wesentlichen mit der Totalitarismusanfälligkeit der englischen, Stalin seiner Meinung nach verharmlosenden Linksintellektuellen auseinandersetzte. Andererseits glaubte Orwell – im Unterschied zu Burgess – an die Möglichkeiten einer totalen Manipulierbarkeit des Menschen; dies ist der eigentliche Ausgangspunkt seiner als Warnung gedachten Antiutopie. Insofern handelt es beim sog. »Ingsoc-System« in *1984* (English Socialism = englischer Sozialismus) aus Orwells Perspektive keineswegs um eine *»nicht realisierbare Vorstellung vom Totalitarismus«*, wie Burgess meint. Burgess geht wie schon in *A Clockwork Orange* vom Konzept einer *»uneinnehmbaren Zitadelle im menschlichen Kopf«* aus, wo die Werte des Individualismus überdauern können. Insofern sieht er, zumal seiner Meinung nach nicht der Staat an sich, sondern Minoritäten (wie etwa in England die Gewerkschaften) immer dominanter werden, nicht die Gefahr zunehmend mächtigerer *»Kakotopien«* und *»Großer Brüder«*. Da er sich in die *»hebräisch-hellenistisch-christlich-humanistische Tradition«* einordnet, fordert er nicht nur – in Kritik am anarchistischen Anti-Etatismus à la Bakunin – ein durch Tradition und Erziehung zu bewahrendes historisches Bewußtsein, sondern vor allem auch die *»moralische Freiheit der Wahl«* zwischen Gut und Böse und die Möglichkeit spielerischen Erlernens von Liebe.

Im zweiten, *1985* betitelten Teil des Buches erzählt Burgess die Geschichte des ehemaligen Geschichtslehrers Bev Jones, der Orwells Winston Smith entspricht. Wegen eines Streiks der Feuerwehr brennt in diesem Staat der nahen Zukunft, die von den Trade Unions und den in England investierenden arabischen Ölstaaten dominiert wird, das Krankenhaus ab, in dem Jones' Ehefrau liegt. Der danach märtyrergleich gegen das ungerechte System »TUClands« (*Trade Union Congress* = Gewerkschaftskongreß) kämpfende Jones, der nicht mehr arbeiten darf, schließt sich zunächst einer anarchistischen Bande von Jugendlichen an, die er in Geschichte unterrichtet. Nach einem Ladendiebstahl wird Jones zur Rehabilitation nach Crawford Manor geschickt, das – so suggeriert Burgess – seiner jahrhundertealten, der englischen Oberschicht anvertrauten Kulturtradition nicht mehr gerecht wird: Es dient jetzt als Umerziehungscamp zur Reintegration der Insassen in die Konsumgesellschaft. Die neue Welt der »Gleichmacherei«, die Burgess verschiedentlich mit der vom Satiriker A. Pope in *The Dunciad* für die heraufkommende bürgerliche Gesellschaft des 18. Jh.s diagnostizierten *»dullness«* (Stumpfheit) assoziiert, erlaubt allerdings durchaus innere Freiheit, vorausgesetzt, das Individuum unterwirft sich den Marktgesetzen. Demgegenüber fordern Jones (und Burgess), innere und äußere Wirklichkeit müßten eine Einheit darstellen (eine Position, die Edward Bond zwei Jahre später in seinem Drama *The Worlds – Die Welten* aus marxistischer Sicht mit den gleichen Begriffen neu formuliert). Nachdem Jones, innerlich nicht manipulierbar, Crawford Manor wieder verlassen hat, schließt er sich vorübergehend der »Free-Britons-Bewegung« des Colonel Lawrence an, ehe er erkennt, daß dahinter eine fundamentalistische islamische Interessengruppe steht. Ein Generalstreik bringt dann jedoch wieder die alten Herrscher an die Macht. Jones, den man in eine Anstalt für Geistesgestörte einliefert, unterrichtet dort Geschichte, geht zum Schluß allerdings resignativ in den selbstgewählten Tod am elektrischen Zaun. In einem abschließenden, interviewartigen Epilog diskutiert der Autor zwar die Frage nach der Zukunft auch der Nordamerikaner, gibt sich jedoch – mit einem Zitat aus G. B. Shaws *Back to Methuselah (Zurück zu Methusalem)* – wachsam und optimistisch. Burgess ist von manchen Kritikern u. a. wegen seiner als simplizistisch bezeichneten »Tory-Rhetorik« gescholten worden; andererseits hat J. J. Stinson auf das keineswegs starre Ideengebäude eines manichäistisch konzipierten *»Duoversums«* verwiesen. Burgess bestehe letztlich nur auf dem *»Recht des Menschen auf Einsamkeit, Exzentrik, Rebellion, Genie«*; freilich geht er auch von der als ganz natürlich gesehenen (geistig-moralischen) *»Überlegenheit des einen Menschen über den anderen«* aus.

U.Bö.

Ausgaben: Ldn. 1978. – Ldn. 1980. – Ldn. 1985.

Übersetzung: *1985*, W. Brumm, Mchn. 1982; 31984 (Heyne Tb).

Literatur: B. Schulte-Middelich, *»1984 is not going to be like that all«: A. B.s Alternative in »1985«* (in LWU, 17, 1984, S. 211–231). – J. J. Stinson, *»Better to be hot or cold«: »1985« and the Dynamic of the Manichaean Duoverse* (in MFS, 27, 1981, 505–516). – A. Whellens, *A. B.'s »1985«* (in Studi dell' Istituto Linguistico, 5, 1982, S. 223–244). – G. Hanselmann, *Die Zukunftsromane von A. B.*, Pfaffenweiler 1985.

ALAN BURNS

* 29.12.1929 London

DREAMERIKA! A surrealist fantasy

(engl.; *Dreamerika! Eine surrealistische Phantasie*). Roman von Alan Burns, erschienen 1972. – Zur

Entstehungsgeschichte dieses Buches berichtete der Autor selbst, er benötige als Grundlage seiner Werke stets »Rohmaterial«. Beim Ordnen seines Schreibtisches habe er plötzlich die Möglichkeit erkannt, unter Zuhilfenahme der Zeitungsausschnitte aus seinem eigenen Roman *Babel* (1969) eine visuelle Collage herzustellen (G. Gordon). Wie er selbst später (1981) meinte, sei es damals noch sein Ziel gewesen, eine Veränderung der Gesellschaft im Sinne des Marxismus herbeizuführen.

Den Handlungsvorwurf von *Dreamerika!* bildet ein Ausschnitt aus der schicksalhaften Familiengeschichte der Kennedys. Die ersten sieben der neun Kapitel sind ausschließlich dieser Familie gewidmet. Dabei liegt das Hauptgewicht auf den Figuren Jack (John F.) und Bobby (Robert F.) Kennedy; ihnen sind je zwei Kapitel gewidmet. Die narrative Sequenz ergibt allerdings keine zusammenhängende Geschichte; sie besteht vielmehr aus dem auf das geschichtliche Ereignis bezogenen auktorialen Kommentar, der seinerseits von den als Faksimile gedruckten Zeitungsausschnitten (Überschriften und Berichten) unterbrochen wird, die den Grad der Ambiguität des Textes durch die ursprünglich nicht intendierte, neue Kontextualisierung wesentlich erhöhen. Auf diese Weise werden die geschichtlichen Tatsachen zu einer phantastischen Geschichte umgeformt.

Im ersten Kapitel geht es um den finanziellen und gesellschaftlichen Aufstieg, aber auch um den Tod des Vaters Joe (Joseph P.) Kennedy, der den Clan begründete. Ausführlich wird der Leser zudem über die dunklen Seiten und die Unglücksfälle im Leben von dessen Kindern unterrichtet: Rosemary ist geistesgestört, Joseph findet bei einem Flugzeugabsturz den Tod, das Schiff des zweitältesten Sohnes Jack wird von einem Zerstörer versenkt, Kathleens Flugzeug stürzt ab und sie stirbt an den Folgen. Das zweite Kapitel berichtet von der Präsidentschaft und der Ermordung John F. Kennedys, der bei einer Wahlversammlung in Dallas am 22. 11. 1963 im offenen Wagen erschossen wurde. Das dritte Kapitel befaßt sich mit der Suche nach den Mördern und den Hintermännern des Attentats, während das folgende Kapitel mit Johns Beisetzung und den Studentenunruhen der sechziger Jahre den Übergang zur Geschichte Bobby Kennedys bildet, der dem Familienmythos der Kennedys entsprechend für das Präsidentenamt kandidiert. Bei der Skizzierung des Verhältnisses zu seiner Mutter werden Bobby homosexuelle Neigungen unterstellt. Auch ihm haftet der Makel des Versagers an; er wird nämlich in Los Angeles von einem Mann namens Sirhan getötet. Skandalträchtig ist auch das von Überfluß und Luxus gekennzeichnete Leben Edward Kennedys, dessen Signum der von ihm bei Chappaquiddick verschuldete Unfall ist, bei dem seine Freundin Mary Jo Kopechne ums Leben kam (6. Kap.). Im folgenden Kapitel bildet Jackie Kennedys wohlberechnete Heirat mit dem Milliardär Aristoteles Onassis den Gegenstand, während sich die beiden letzten Kapitel mehr und mehr von den Kennedys entfernen. Zwar erscheint noch Bobbys Sohn Joe für einen Moment, es weitet sich der Blick aber auf die Morde von Charles Manson an der hochschwangeren Schauspielerin und Ehefrau des Regisseurs Roman Polanski, Sharon Tate, und ihren Freunden sowie auf die Hippiebewegung, deren Geschick durch eine feindliche Einstellung der Gesellschaft und durch die Suche nach neuen Formen des Zusammenlebens gekennzeichnet ist. Der Roman endet mit einer apokalyptischen Vision, einem vieldeutigen Konstellationsschema der Gestirne und einer Zustandsbeschreibung des Planeten Erde nach einer atomaren Katastrophe.

Der Interpret geht nicht fehl, wenn er in *Dreamerika!* die Entlarvung des Kennedymythos erkennt und den Roman als Satire auf die amerikanische Gesellschaft versteht, eine Satire, die hier aus marxistischer Sicht als Kritik am Kapitalismus mit seiner Rücksichtslosigkeit (Joe K.) und Brutalität (der Fall Kopechne) sowie als Kritik am Imperialismus (Kubakrise und Vietnamkrieg) vorgetragen wird. Was aber ins Auge springt, ist vor allem die formale Gestaltung dieses zum »konkreten« Roman zu rechnenden und als Metafiktion zu bezeichnenden Textes, der sich als Mischung aus Zeitungsüberschriften von unterschiedlicher Länge, Form und Größe, aus locker assoziierten Episoden, Bildern und Photos präsentiert. Die Zufälligkeit des erwähnten Materialfundes auf dem Schreibtisch des Autors und die bedeutungsvolle Komposition durch Rekontextualisierung führt zu Text- und Bildsequenzen, die als visuelle Collage oder, wie es Burns im Untertitel tut, als »surrealistische Phantasie« bezeichnet werden können. Üblicherweise versteht man unter *»fantasy«* ein Abrücken von der Realität. So wird sich denn auch der Kenner der dokumentarischen Fakten ihrer entlarvenden, satirisch gemeinten Verdrehung und Verfälschung bewußt. Die Technik des *»debunking«* bedient sich dieser Mittel ebenso wie der Übertreibung und der Verfremdung bekannter Fakten und Zusammenhänge. Die offensichtlichen Verdrehungen und Insinuationen (bei der Schilderung der Karriere des Clan-Vaters Joe P., bei der Darstellung des Zwischenfalls mit dem Torpedoboot, bei der Erwähnung der *»speech-writers«* und dem Bericht sowohl über den Hergang beim Attentat auf Jack Kennedy wie auch über die Ereignisse bei Chappaquiddick) mögen auch mit dem Phänomen Humor und mit der Infragestellung des dokumentarischen Realismus zu tun haben, wie Burns in einem Interview feststellte (G. Gordon); aber insgesamt zielen sie über das Beispiel der Kennedys hinaus auf die Unzulänglichkeiten und Mißstände der amerikanischen ebenso wie der westlichen Industriegesellschaften mit ihrem Materialismus und ihrer Profitgier, mit Umweltzerstörung und Rüstungswettlauf, mit ihrer permanenten Identitätskrise und religiösen Orientierungslosigkeit. In dieses Bild paßt auch die radikale Abwendung der Jugend von der Gesellschaft und ihre Suche nach etwas Neuem, das Arbeitslosigkeit, Kriegsgefahr und kosmische Katastrophen ausschließt.

Das Deckblatt des achten Kapitels von *Dreamerika!* kann dies beispielhaft illustrieren; es trägt den Titel *The Young* und beginnt in der Texttype des Buches mit dem Satz: *»There are no heroes...«* Dabei hat der Zeitungsausschnitt mit der Titelüberschrift die Form eines Magneten, der *»profit«* und *»SOUL?«*, die je zur Hälfte mit *»SHOOTING«* bzw. *»DOOMED«* überklebt sind, anzieht. Im Mittelfeld dazwischen sind die Begriffe *»WASTE«*, *»Identity«*, *»revolution«* und *»boom«* angesiedelt, während die erste Zeile auf der Seite ein mit *»outer space«* überdecktes großes *»MAO«* aufweist und die Schlußzeile der Seite mit den Phrasen *»THE RISK«* und *»THE END OF THE WORLD«* gestaltet ist. Der Text, in Querrichtung gelesen und ergänzt von unten nach oben, besagt, daß jedes Jahr mehr und mehr Studenten um die besten Stellen in der Industrie konkurrieren. (Damit ist ein Großteil der Seite lediglich inhaltlich wiedergegeben, aber nicht visuell verdeutlicht.) Der Autor versucht auf diese Weise, eine Jugend vorzustellen, die im Zwiespalt zwischen materialistischer und religiöser Orientierung und angesichts des mörderischen kapitalistischen Konkurrenzkampfes zeitweilig für die kommunistische Lösung aus dem Dilemma optiert, aber auf der Suche nach der eigenen Identität zwischen florierender Wegwerfgesellschaft und Revolution auf dem eigenen Risiko sitzen bleibt und sich dem Ende der Welt gegenübersieht, das nur noch eine Frage der Zeit zu sein scheint.

N. H. Reeve sieht in seiner Untersuchung des Romans in der ungemütlichen Anstrengung bei der Lektüre eine Metapher für das Unbehagen des Gegenstandes: Unterbrechungen in der Erzählung zeugen von den Verzerrungen, die sich auf der Ebene von ›wahrheitsgetreuen‹ Behauptungen abspielen. Die Burnsschen Versionen, die teilweise neben den faktographischen herlaufen oder sie überlagern, sind zweifellos auf Entmythologisierung angelegt. Aber die Zeitungsausschnitte, die mitunter gar als Sprechblasentexte benutzt werden und wirkungsvoll die Herabsetzung der menschlichen Würde verdeutlichen, schaffen wie die Sprache der Medien und des Journalismus mit ihrer unendlichen Wiederholbarkeit aus ihren Figuren selbst wieder Mythen, weshalb Reeve diesen Text im Vergleich zu den drei voraufgehenden Romanen *Europe after the Rain* (1965), *Celebrations* (1967) und *Babel* (1969) als gedankentiefer und beunruhigender einschätzt. Bei der Frage: *»Wahrheit über Tatsachen oder Fiktion«* scheint sich Burns selbst nicht so ganz sicher zu sein. Er ist sich aber über seine Absicht im klaren, schockieren, extrem gestalten und seine Verachtung für die traditionelle Literatur ausdrücken zu wollen. Dies entspricht ebenso den Forderungen der Surrealisten wie die, sich gegen die Herrschaft der Logik aufzulehnen und die Erfahrungen des Unbewußten und des Traums auszuschöpfen. In diesem Roman wollte Burns denn auch aus dem Unbewußten schreiben (und zwar über seine Obsessionen: Familie und Tod) und aus dem vorgefundenen Material ein Mosaik gestalten. *Dreamerika!* (= Traum-erika!) beginnt mit dem Tod eines einzelnen, handelt vom Schicksal einer todgeweihten Familie und endet mit der Vision einer durch Atombomben zerstörten Welt.

»Ich möchte eher einem Maler gleichen als einem Schriftsteller. Setz Bilder nebeneinander und laß sie von etwas Ungewissem und Ruhelosem erzählen«, meint Burns (P. Kitchen). Die in den Romantext integrierten Überschriften haben verschiedene Funktionen; sie deuten voraus, kommentieren, verschärfen, fassen zusammen, sie sind aber häufig auch einfach Bestandteil des Buchtextes und schaffen in den meisten Fällen neue Assoziationsmöglichkeiten. So erzielt Burns eine bildtypische Simultaneität. Die Bildcollage des ersten Kapitels kennzeichnet in der Kombination Wolkenkratzer und Schriftzug *»More Power than Any King«* eindrucksvoll den Aufstieg Joe Kennedys zu wirtschaftlicher Macht. Ähnlich ist es bei der Abbildung des Meeres mit den zwei Brückenpfeilern, den Autoreifen, der unteren Hälfte einer Mannsgestalt mit dem Schriftzug *»The Man Who Cracked«* (6. Kap.). Die hier in allen Fällen verwendeten visuellen Techniken stellen einen Appell an das Unterbewußtsein des Lesers dar, der auf assoziative Weise zu völlig neuen, eben surrealistischen »Bildern« geführt und so aktiv an der Konstitution und Interpretation des Textes beteiligt wird. W.Ar.

Ausgaben: Ldn. 1972.

Literatur: *Beyond the Words*, Hg. G. Gordon, Ldn. 1975. – N. H. Reeve, *Reflections on ›Fictionality‹* (in *The Contemporary Novel*, Hg. M. Bradbury u. D. Palmer, Ldn. 1979, S. 114–123). – A. Burns u. C. Sugnet, *The Imagination on Trial: British and American Writers Discuss Their Working Methods*, Ldn. 1981, S. 161–168. – A. Maack, *Der experimentelle engl. Roman der Gegenwart*, Darmstadt 1984.

ANGELA CARTER

* 7.5.1940 Eastbourne
† 16.2.1992 London

THE INFERNAL DESIRE MACHINES OF DOCTOR HOFFMAN

(engl.; *Ü: Die infernalischen Traummaschinen des Doktor Hoffman*). Roman von Angela Carter, erschienen 1972. – Der surrealistische Roman fügt sich in die Reihe von Erzählungen und Romanen ein, in denen sich die Gesellschaftskritikerin Carter mit den abendländischen, patriarchalisch bestimmten Kulturtraditionen auseinandersetzt. Ihr Hauptinteresse gilt der Analyse und dem Infragestellen gesellschaftlicher Tabus, vornehmlich der Sexualität. Carter greift dabei sowohl formal als auch inhaltlich mit aufklärerischer Absicht auf traditionelle Romangenres, wie die *Gothic Romance* und den pikaresken Roman zurück. Diese literarischen Präfigurationen haben jedoch nicht nur strukturierende Funktion, sondern werden von der Autorin in ihrem Wahrheitsanspruch als *»narrative Konstrukte von Wirklichkeit«* (H. Schwarzbauer) untersucht.

Eine konventionelle Liebesgeschichte bildet die erzählerische Verklammerung des Kaleidoskops phantastischer Szenerien, in denen Carter sich sowohl mit der antiken und christlichen Mythologie als auch mit aktuellen Problemstellungen der Philosophie und Psychoanalyse auseinandersetzt, stets jedoch in verschlüsselter Form oder in variantenreichen Anspielungen. Der Ich-Erzähler Desiderio schildert als gealterter Mann rückblickend *»längst geschichtlich gewordene«* Begebenheiten aus seiner Jugend, die ihn eher zufällig und nicht aus ihm später angedichteter heroischer Entschlossenheit zum Helden machten: In der amerikanischen Stadt, in der Desiderio lebt, ist die Welt aus den Fugen geraten. Kraft einer Geheimformel verwandelt der Physiker Hoffman mit seinen infernalischen Wunschmaschinen die Wirklichkeit. Er läßt die Welt zur Emanation der subjektiven Lust der einzelnen werden. Dinge und Menschen verlieren ihren gesicherten Realitätsstatus, ihr eigenes Selbst. Fortan unterliegen sie, ihres festen Persönlichkeitskernes beraubt, einer ständigen Fluktuation ihres Selbstverständnisses. Aufgrund der Verwandlung des subjektiven Lustprinzips in objektivierte, wahrnehmbare und doch unwirkliche Gebilde, verlieren jegliche Sinnsysteme ihre Berechtigung. Den zunehmenden Auflösungserscheinungen der wirklichen Welt versucht eine in ihrer Beschreibung an die SS gemahnende Geheimpolizei durch rigorose Überprüfung des »Wirklichkeits«-Gehalts von Dingen und Menschen entgegenzuwirken. Mit Hilfe totalitärer Praktiken soll sie im Auftrag des herrschenden Ministers der epidemisch um sich greifenden subjektiven Entgrenzung Einhalt gebieten und die »Un«-Wirklichkeit in Quarantäne halten. Was der Authentifizierung dieser sogenannten Definitonspolizei nicht standhält, wird liquidiert. Durch Zufall avanciert Desiderio zum persönlichen Mitarbeiter des Ministers und nimmt, obwohl er innerlich nicht wirklich von dessen Partei überzeugt ist, den Auftrag an, Dr. Hoffman zu ermorden. Die sozial isolierte Stellung Desiderios, der indianischer Abstammung ist, seinen Vater nicht kennt und dessen Mutter der Prostitution *»in ihrer anspruchslosesten Form«* nachging, prädestiniert ihn als Ausführenden des Anschlags gegen Hoffman. In der Nacht, bevor Desiderio Zeuge der Verhandlungen zwischen seinem Auftraggeber und einem Abgesandten Hoffmans wird, erscheint ihm im Traum die elfenhafte Albertina, in die er sich sofort verliebt und die ihn künftig in immer neuen Verkleidungen auf seinen Abenteuern begleitet. Die Fahndung nach Hoffman führt Desiderio in eine Provinzstadt, in der er den erblindeten Lehrmeister Hoffmans trifft, der nun Inhaber einer Peep-Show ist und Desiderio bruchstückhaft von Hoffmans Theorie erzählt. Die Szene, in der Desiderio in der Show die *»Sieben Weltwunder in drei naturgetreuen Dimensionen«* betrachtet, hat eine Schlüsselfunktion für den Roman: In phantastischen Bildern werden verschiedene Stationen der bevorstehenden turbulenten Reise Desiderios vorweggenommen. Er erblickt u. a. Albertina im Schloß Hoffmans, ahnt jedoch noch nicht, daß sie dessen Tochter ist. Die Motive der Show sind der Traumlehre Freuds entlehnt und *»strukturieren mit Hilfe der Prinzipien der Verschiebung und Verdichtung Desiderios Reise als Traum«*. (H. Schwarzbauer) Kurze Zeit nachdem Desiderio Albertinas Gaukelbild erblickt hat, wird er zu Unrecht verdächtigt und beschuldigt, in einen Sexualmord verwickelt zu sein, und muß vor der Polizei fliehen.

In der Folgezeit erfährt er an stets wechselnden Aufenthaltsorten die libidinöse Entgrenzung der Wirklichkeit: Er lernt zum Teil als Objekt der Begierde (*»the Desired One«*) und zum Teil als selbst Lust Empfindender das breiteste Spektrum sexueller Begierden und Praktiken kennen. U. a. lebt er bei einem inzestuösen Indianerstamm mit kannibalistischen Riten, wird Opfer einer Massenvergewaltigung bei einer Gauklertruppe und beobachtet als Reisebegleiter von Graf Dracula dessen raffiniertes sadomasochistisches Luststreben. Desiderios Begleiterin, Albertina, gibt sich ihm gegen Ende der Reise zu erkennen, entzieht sich jedoch immer wieder seinem körperlichen Begehren. Die beiden gelangen letztendlich in das Schloß Hoffmans. Desillusioniert muß Desiderio erkennen, daß die bisher sanfte Albertina in Wirklichkeit eine herrische, machtsüchtige Tochter Hoffmans ist, die dessen Werk vollenden will. Desiderio entlarvt den Repräsentanten des Lustprinzips, den Irrationalisten Hoffman als Heuchler. Im unterirdischen Labor des Doktors, einer modernen Form des Burgverlieses im traditionellen Schauerroman, wird die »erotische Energie« von Liebessklaven, permanent kopulierenden, in Käfigen eingeschlossenen Paaren, für Hoffmans Zwecke kanalisiert. Die durch sie freiwerdende Energie schafft die Wunderwelten Hoffmans, löscht Zeit und Raum. Hoffman gibt vor, Lust zu befreien, kaserniert sie jedoch. Als Desiderio gewahr wird, daß die stets aufgeschobene Vereinigung mit Albertina zum Zweck der Freisetzung eines gewaltigen Energieschubs im Labor des Doktors vollzogen werden soll, tötet er Hoffman und seine Tochter.

Erst seit Beginn der achtziger Jahre findet der Bestseller auch in der Forschung Beachtung. Während A. MAACK die philosophischen Implikationen des Romans herausstellt und die gegensätzlichen Weltanschauungen des Ministers und Hoffmans als zwei Abwandlungen der Cartesianischen Formel zu *»Ich leide, also existiere ich«* und zu *»Ich begehre, also bin ich«* ansieht (Desiderio lernt sie als Lust- und Realitätsprinzip kennen und überwindet beide Thesen, indem er einsieht, daß er sich zu beiden gleichermaßen hingezogen fühlt), betont H. SCHWARZBAUER die psychoanalytische Komponente: Sie betrachtet den Roman gar als Auseinandersetzung zwischen FREUD und REICH. *»Ironischerweise«* werde *»für die Triebsublimierung zugunsten des Realitätsprinzips optiert«*. Das Buch lasse sich also als *»Kritik am Mythos der ›sexuellen Revolution‹ der sechziger Jahre«* lesen. Die detailreiche Vorführung entfesselter sexueller Phantasien, mit der Carter ohne Zweifel aufklärerische Absichten verfolgt, rief in der Kritik neben Zustimmung auch Ratlosigkeit sowie völlige Ablehnung hervor. Vor allem von feministischer Seite aus wurde Carter vorgehalten, ihre eigenen Ziele damit zu konterkarieren. E.S.R.-KLL

AUSGABEN: St. Albans 1972. – Harmondsworth 1972; ern. 1982.

ÜBERSETZUNG: *Die infernalischen Traummaschinen des Doktor Hoffman*, J. Kalka, Stg. 1984. – Dass., ders., Mchn. 1988 (dtv).

LITERATUR: D. Punter, *Modern Perceptions of the Barbaric: [...] A. C.* (in D. P., *The Literature of Terror: A History of Gothic Fictions from 1765 to the Present Day*, Ldn./NY 1980). – Ders., *Narratives and the Unconscious. A. C.: Supersessions of the Masculine* (in D. P., *The Hidden Script: Writing and the Unconscious*, Ldn. 1985). – K. Goldsworthy, *A. C.* (in Meanjin, 44, 1985, Nr. 1, S. 4–13; Interview). – A. Maack, *A. C.* (in *Der engl. Roman der Gegenwart*, Hg. R. Imhof u. A. Maack, Tübingen 1987). – H. Schwarzbauer, *A. C.* (in KLFG, 17. Nlg., 1988).

CARYL CHURCHILL

* 3.9.1938 London

TOP GIRLS

(engl.; *Ü: Top Girls*). Stück in zwei Akten von Caryl CHURCHILL, Uraufführung: London, 28. 8. 1982, Royal Court Theatre; deutsche Erstaufführung: Köln, 29. 11. 1983, Schauspielhaus. – Experimentierfreude und Geschichtsbewußtsein, beides Zeugnisse von Churchills Lehrjahren in der alternativen Theaterszene Englands, prägen diese kritische Studie über einen falsch verstandenen Feminismus in einer von männlichen Werten geprägten, erfolgsorientierten modernen Wohlstandsgesellschaft. Zusammen mit der ernsten Gesellschaftskomödie *Cloud 9*, 1979 *(Der siebte Himmel)*, begründete *Top Girls* den Weltruhm der Autorin. Das Stück ist eine Fusion zweier separat geplanter Dramen, die durch thematische Echos eine kontrastreiche und aussagekräftige inhaltliche Einheit erzielen. Das nur mit Frauenrollen besetzte Stück stellt einer surrealistischen Anfangsszene, die historische Kontinuität vermittelt, eine realistische Gegenwartsbetrachtung gegenüber.

In der ersten Szene präsentiert die Autorin durch die Verwendung anachronistischer Gestalten aus der Geschichte und aus der Welt der Kunst ein Panorama weiblicher Tatkraft, Leidensfähigkeit und Emanzipation. Die neuzeitliche »Erfolgsrakete« Marlene, soeben zur Direktorin der Top-Girls-Stellenvermittlungsagentur avanciert, lädt zur Feier ihres beruflichen Triumphes ein Potpourri fiktiver und historischer Frauengestalten: die schottische Weltreisende Isabella Bird, die buddhistische Nonne Nijo, Dulle Griet aus einem Gemälde von Breughel, die Päpstin Johanna sowie die Geduldige Griselda aus Boccacios *Decamerone* und Chaucers *Canterbury Tales*. Die Lebensberichte dieser außergewöhnlichen Frauen, die alle Symbole weiblicher Stärken und Erfolge sind, lassen keine rechte Stimmung aufkommen. Sie alle haben Leid ertragen und sich zu ungewöhnlichen Taten aufgerafft, denen Marlenes Bewunderung gilt. Jedoch stellt sich heraus, daß sie sich dabei den Normen der Männerwelt angepaßt und diese unreflektiert ihren Handlungen zugrunde gelegt haben, im Falle Johannas, die, als Mann verkleidet, zum Papst ernannt wurde, sogar auf Kosten ihrer Identität als Frau. Die weiteren Szenen dokumentieren in unchronologischer Folge Marlenes beruflichen Werdegang. Aus einfachen Verhältnissen stammend, die ihren Kampfgeist erweckten, hat sie sich durch energisches Auftreten und totale Hingabe an den Beruf im Konkurrenzkampf gegen die Männer bewährt, dabei aber mehr Verluste erlitten (ohne sich dessen bewußt zu sein), als ihre mythisierten Vorbilder zusammen. In ihrem Lebenslauf summieren sich nicht nur jene positiven Energiepotentiale, sondern auch die Schattenseiten des Erfolgs. In dem Maße, wie ihre Ellenbogenmentalität überhand nahm, schwanden ihre Mutterliebe, ihre Familienbindung und ihre Solidarität mit anderen Frauen. Ihre eigene Tochter Angie hat Marlene ihrer Schwester Joyce überlassen, um für ihre Karriere frei zu sein. Befangen in einem rücksichtslosen Effizienzdenken, verachtet sie Menschen, die ihrer Meinung nach *»dumm und faul und lahmarschig«* sind und zu denen sie bedenkenlos auch ihre heranwachsende, verträumte Tochter zählt. Um der eigenen Selbstverwirklichung willen huldigt sie all jenen – ›männlichen‹ – Eigenschaften, die jahrhundertelang die Unterdrückung der Frau in der Gesellschaft begünstigt haben. Diese falsche Auffassung von Emanzipation führt zum Verlust der Emotionen, zu einer Entfremdung der eigenen Natur.

Churchills Kritik richtet sich über die letztlich gesellschaftskonforme Einstellung der Protagonistin hinaus gegen die menschenverachtenden Mechanismen der modernen Geschäftswelt. Die Einbuße familiärer und sogar mütterlicher Bindungen, die vor allem im Schlußdisput zwischen Marlene und ihrer klassenkämpferischen Schwester Joyce deutlich wird, verweist auf ein generelles Defizit an sozialer Kooperation. Sein sprachliches Pendant findet dieser Mangel an Verständigungsbereitschaft im Stilmittel des sich überlappenden Dialogs. Das ständige Sich-ins-Wort-Fallen der Dialogpartner zeigt vor allem in der Anfangsszene, daß die beteiligten Frauen nicht willens sind, aus ihrem gesammelten Erfahrungsschatz fruchtbare Lehren zu ziehen. Churchills Kritik an den Frauen ist jedoch *»solidarisch«*, denn sie *»zeichnet die Figuren kantig und widersprüchlich, ohne sie gegeneinander auszuspielen, sie will nichts mit ihnen beweisen – niemand oder alle behalten recht. ›Top Girls‹ ist ein Stück der Fragen, nicht der Antworten. Wenn Macht-Haben für Frauen bedeutet, die besseren Männer zu werden, lohnt sich das dann? Oder: Ist es richtiger, gegen die bestehende Gesellschaft zu versagen, als mit ihr (durch sie) Erfolg zu haben?«* (R. Klett). K.G.

AUSGABEN: London 1982. – Ldn. 1984 [rev. Fassg.].

ÜBERSETZUNG: *Top Girls*, H. Zerning (in Theater heute, 1984, H. 1, S. 28–43). – Dass., dies., Köln 1986 (in *Top Girls u. andere Stücke*, Hg. U. Nyssen).

LITERATUR: *Contemporary Literary Criticism*, Bd. 31, S. 81–90. – C. Itzin, *Stages in the Revolution*, Ldn. 1980, S. 279–287. – H. Keyssar, *Feminist Theatre*, Ldn. 1984, S. 77–101. – R. Klett, *»Auf der Bühne ist möglich, was man will«* (in Theater heute, 1984, H. 1, S. 19–27). – J. Marohl, *De-Realised Women: Performance and Identity in »Top Girls«* (in MD, 30, 1987, S. 376–388).

LEN DEIGHTON

eig. Leonard Cyril Deighton

* 18.2.1929 Marylebone / London

LITERATUR ZUM AUTOR:
J. Symons, *Bloody Murder*, Harmondsworth 1972. – J. P. Becker, *Der englische Spionageroman*, Mchn. 1973. – F. Erisman, *Romantic Reality in the Spy Stories of L. D.* (in *Proceedings of the Sixth National Convention of the Popular Culture Association*, Hg. M. T. Marsden, Chicago 1976, S. 233–250). – B. Merry, *Anatomy of the Spy Thriller*, Dublin 1977. – L. L. Panek, *The Special Branch: The British Spy Novel, 1890–1980*, Bowling Green/Oh. 1981. – S. M. Neuse, *Bureaucratic Malaise in the Modern Spy Novel: Deighton, Greene and Le Carré* (in Public Administration London, 60, 1982, S. 293–306). – B. Lenz, *Popularität und Krise des Agentenromans: Das England der siebziger Jahre und die Nachfolger Ian Flemings* (in anglistik & englischunterricht, 19, 1983, S. 161–178). – J. Atkins, *The British Spy Novel: Styles in Treachery*, Ldn. 1984. – L. O. Sauerberg, *Secret Agents in Fiction: Ian Fleming, John le Carré and L. D.*, Ldn. 1984. – P. Hasenberg, *›The Teuton's inbred mistake...‹: Das Deutschlandbild im britischen Agentenroman* (in anglistik & englischunterricht, 29/30, 1986, S. 217–245). – E. Milward-Oliver, *L. D.: An Annotated Bibliography, 1954–1985*, o. O. 1986. – Ders., *The L. D. Companion*, Ldn. u. a. 1987. – K. Bangert u. J. Kamm, *Die Darstellung des Zweiten Weltkrieges im englischen Roman: Eine Untersuchung zum Problem der Fiktionalisierung von Zeitgeschichte anhand der Erzählwerke von Henry Patterson, L. D., Evelyn Waugh und William Golding*, 2 Bde., Ffm. 1987. – J. G. Cawelti u. B. A. Rosenberg, *The Spy Story*, Chicago/Ldn. 1987. – M. Denning, *Cover Stories: Narrative and Ideology in the British Spy Thriller*, Ldn./NY 1987. – B. Lenz, *FACTIFICTION. Agentenspiele wie in der Realität. Wirklichkeitsanspruch und Wirklichkeitsgehalt des Agentenromans*, Heidelberg 1987. – J. Helbig, *Der parahistorische Roman. Ein literarhistorischer und gattungstypologischer Beitrag zur Allotopieforschung*, Ffm. u. a. 1988.

FUNERAL IN BERLIN

(engl.; *Ü: Finale in Berlin*). Roman von Len DEIGHTON, erschienen 1964. – Fast zeitgleich mit John LE CARRÉ leitete Len Deighton Anfang der sechziger Jahre eine kritische, in der Tradition von Eric AMBLER und Graham GREENE stehende Neuorientierung des Agentenromans ein, die das von Ian FLEMING geprägte Leitbild der fünfziger Jahre mit James Bond als heroisch-patriotischem Kalten Krieger in Zweifel zog. *Funeral in Berlin*, nach *The Ipcress File*, 1962 *(Ipcress – Streng geheim)*, und *Horse Under Water*, 1963 *(Fische reden nicht)*, Deightons dritter Roman, wurde von den Lesern enthusiastisch aufgenommen, war 1966 mit Michael Caine in der Hauptrolle auch als Film ein Riesenerfolg und gilt zahlreichen Kritikern noch heute als einer der besten Romane des Autors.

Der anonyme, widerwillig den Decknamen »Edmond Dorf« akzeptierende Ich-Erzähler, Agent einer Sonderabteilung des englischen Geheimdienstes, erhält den Auftrag, zusammen mit Johnnie Vulkan in Berlin das Überlaufen des sowjetischen Wissenschaftlers Semitsa zu arrangieren, dem der KGB-Offizier Stok zur Flucht in den Westen verhelfen will, weil Semitsa eine langjährige Gefängnisstrafe droht. Stok, ein gerissener Pragmatiker und Zyniker und in dieser Hinsicht ein dem Erzähler kongenialer Antagonist, soll den als Leiche getarnten Semitsa am Checkpoint Charlie der Organisation Gehlen zum Weitertransport übergeben. Bei den Vorbereitungen dieser geheimen und äußerst gefährlichen Transaktion stößt der Erzähler auf viele Ungereimtheiten, die ihn zu Nachforschungen östlich und westlich des Eisernen Vorhanges veranlassen, die Fragen des Nazitums und der Konzentrationslager tangieren und zu überraschenden Erkenntnissen führen: Sein Mitagent in Berlin, der angebliche SS-Wachposten Vulkan, entpuppt sich als ehemaliger jüdischer Insasse eines Konzentrationslagers, der Vulkan ermordete und seinen Namen als Tarnung verwendete, jetzt aber dank der Hilfe Hallams, eines bestochenen Beamten aus dem englischen Innenministerium, die für Semitsa bestimmten, jedoch auf Vulkans ursprünglichen Namen ausgestellten Papiere an sich bringen will, um mit der wiedergewonnenen Identität an sein auf einem Schweizer Bankkonto ruhendes riesiges Vermögen zu kommen. Daneben ist auch der israelische Geheimdienst an Semitsa interessiert, dessen Dienste sich die Israelis im Kampf gegen die für Ägypten arbeitenden deutschen Wissenschaftler sichern wollen. Stoks reizvolle Offerte des Semitsa-Handels erweist sich freilich nur als taktischer Zug in einem Spiel, das der Schachexperte Stok – Kommentare zum Schachspiel dienen auch als Motti zu den einzelnen Kapiteln und als Illustrationen der Handlung – inszeniert hat, um den englischen Geheimdienst aus der Reserve zu lokken. Der feierliche Leichenzug endet mit einem großen Bluff, denn der pompöse Sarg enthält nichts anderes als Propagandamaterial, das schließlich der israelische Geheimdienst in Unkenntnis des wahren Sachverhalts triumphierend entführt. Den abschließenden Höhepunkt des Romans bildet ein infernalisches Guy-Fawkes-Spektakel in London, das Hallam, um seinen Kopf zu retten, zu einem Mordanschlag auf den Erzähler auszunutzen versucht.

Deighton, den Kritiker als *»Raymond Chandler unter den Mantel-und-Degen-Autoren«*, als *»eine Art Poet des Agentenromans«* oder als *»Flaubert der zeitgenössischen Thriller-Autoren«* bezeichnet haben, vereint unterhaltsam-spielerisches Anliegen mit ernsthafter Weltsicht und vertritt – ähnlich wie Ambler – eine eher ideologieneutrale Position: *»Kapitalismus ist die Ausbeutung des Menschen durch den Menschen. Ja? Nun, Sozialismus ist genau das Gegenteil«*, so verdeutlicht Stok die Angleichung der Systeme mit einem Witz. Politische Indoktrination spielt bei Deighton eine untergeordnete Rolle, Tugenden und Laster verteilen sich, anders als in Flemings Romanen, gleichmäßiger auf beide Seiten. Der Ich-Erzähler, ein aus der Arbeiterklasse stammender, politisch links orientierter Antiheld, unterminiert durch seine ironisch-distanzierte Erzählweise ideologische Positionen und übt auch Kritik am Oxbridge-Establishment. Deightons realistische Beschreibungen der Geheimdienstwelt, seine raffiniert gebauten, komplizierten Plots, seine geschliffenen Dialoge und sein elliptischer Stil haben auch zu einer literarischen Aufwertung des Genres beigetragen. Zugleich zeigen sich in diesem Frühwerk bereits typische Themen, die Deightons weitere Entwicklung wie ein roter Faden durchziehen, beispielsweise sein ausgeprägtes Interesse an historischen Sachverhalten, insbesondere seine anhaltende Faszination für die deutsche Geschichte, und – wie auch schon in *The Ipcress File* – die Erörterung des politischen und menschlichen Verrats. B.Le.

Ausgaben: Ldn. 1964. – NY 1965. – Ldn. 1966 (Penguin Books). – Ldn. 1987.

Übersetzung: *Finale in Berlin*, W. Thaler, Bern/Mchn. 1966. – Dass., ders., Mchn. 1988 (Knaur Tb).

Verfilmung: England 1966 (Regie G. Hamilton).

Literatur: S. Hugh-Jones, Rez. (in New Statesman, 18. 9. 1964). – A. Boucher, Rez. (in New York Times Book Review, 17. 1. 1965). – *Contemporary Literary Criticism*, Hg. S. R. Gunton u. J. C. Stine, Bd. 22, Detroit 1982.

SHELAGH DELANEY

* 25.11.1939 Salford / Lancashire

A TASTE OF HONEY

(engl.; *Ü: Bitterer Honig*). Schauspiel in zwei Akten von Shelagh Delaney, Uraufführung: Stratford, 27. 5. 1958, Theatre Royal, deutsche Erstaufführung: Berlin, 1. 12. 1959, Berliner Theater. – Dieses vielfach preisgekrönte Erfolgsstück eines achtzehnjährigen Arbeitermädchens ist das Produkt einer selten günstigen Konstellation: Der dramatische Versuch der Autodidaktin fand die notwendige handwerkliche Ergänzung durch Joan Littlewoods experimentierfreudigen Theatre Workshop. Wie im Fall Brendan Behans (*The Hostage* und *The Quare Fellow*) kamen die dramatischen Qualitäten des Stücks erst durch Littlewoods inspirierte Regie zu voller Bühnenwirksamkeit. Im charakteristischen Workshopgewand (Wendung ans Publikum, Anleihen bei der Revue, getanzte Auftritte und Abgänge) wurde der Realismus des Werks in der Theateraufführung ins Überdimensionale gesteigert, erhielt die Milieustudie Züge eines Traumspiels.

Vor dem Hintergrund der Slums im Industriegebiet um Manchester entwickelt sich ein karges Geschehen. Die siebzehnjährige Jo und ihre leichtfertige Mutter Helen hausen in einer schäbigen Mansarde in einer dumpfen Atmosphäre der Lieb- und Kontaktlosigkeit. Ohne jeden Skrupel läßt Helen die Halbwüchsige allein zurück, um Peter, ihren neuesten Liebhaber, zu heiraten. Als Jo, die sich in ihrer Verlassenheit mit einem farbigen Matrosen

eingelassen hat, ein Kind erwartet, findet sie in dem homosexuellen Kunststudenten Geoffrey, der sie mit uneigennütziger Zuneigung umsorgt, sich im Gegensatz zu ihr auf das Kind freut und sogar bereit ist, sie zu heiraten, eine Art Mutterersatz. Doch die leise Zukunftshoffnung, die in dieser fast grotesken Episode mitschwingt, wird jäh zerstört: Helen kehrt nach dem Scheitern ihrer Beziehung in die Mansarde zurück und verdrängt in der theatralischen Pose der eifersüchtig-besorgten Mutter Geoffrey aus Jos Leben. Jo lehnt sich nicht dagegen auf: Sie akzeptiert ihre triste Umwelt und findet sich damit ab, ihre Probleme allein bewältigen zu müssen.
Daß die Autorin sich für die Dialoge des auf den Straßen und in den Fabriken ihrer Heimatstadt gängigen Jargons bedient, trägt entschieden zur Glaubwürdigkeit der weiblichen Hauptpersonen, ihres beklemmenden Milieus und der denaturierten Mutter-Tochter-Beziehung bei. Das Stück enthält keine These, kein weltanschauliches Programm. Gegen die Nivellierung im Wohlfahrtsstaat aufzubegehren, wie es die »zornigen jungen Männer« des englischen Nachkriegstheaters taten, ist nicht Shelagh Delaneys Sache. Aber gerade weil sie die Einsamkeit und Desillusioniertheit eines jungen Menschen, der in jeder modernen Industriegesellschaft leben könnte, zum zentralen Thema macht, gewinnt ihr Stück exemplarischen Charakter. Den Erfolg ihres ersten Stücks konnte die Autorin allerdings nicht wiederholen. W.D.

AUSGABEN: Ldn./NY 1959; ern. 1967. – NY 1962 (in *Seven Plays of the Modern Theatre*, Hg. H. Clurman). – Ldn. 1974. – Ldn. 1982.

ÜBERSETZUNG: *Bitterer Honig*, E. Gilbert (in *Englisches Theater unserer Zeit*, Reinbek 1961; Einl. F. Luft).

VERFILMUNGEN: England 1961 (Regie: T. Richardson). – England 1962 (Regie: J. Littlewood).

LITERATUR: J. Noel, *Some Aspects of S. D.'s Use of Language in »A Taste of Honey«* (in Revue des Langues Vivantes, 26, 1960, Nr. 4, S. 284–290). – J. R. Taylor, *Anger and After*, Ldn. 1962 (dt. *Zorniges Theater*, Reinbek 1965, S. 99–107). – A. Wexler, *Der abgeschnittene Kopf* (in DRs, 88, 1962, S. 50–55). – J. Gindin, *Postwar British Fiction*, Berkeley 1963; ern. Westport/Conn. 1976, S. 55–58. – W. Kerr, *»A Taste of Honey«* (in W. K., *The Theatre in Spite of Itself*, NY 1963, S. 126–129). – G. E. Wellwarth, *The Theatre of Protest and Paradox*, NY 1964, S. 250–253. – Anderson, *»A Taste of Honey«* (in *The Encore Reader*, Hg. Ch. Marowitz u. a., NY 1965, S. 78–80). – A. K. Oberg, *»A Taste of Honey« and the Popular Play* (1966; ern. in *Das englische Drama nach 1945*, Hg. K. P. Steiger, Darmstadt 1983, S. 130–142; WdF). – W.-D. Weise, *Die »neuen englischen Dramatiker« in ihrem Verhältnis zu Brecht*, Bad Homburg u. a. 1969, S. 74–79. – Keyssar, *Feminist Theatre*, Ldn./Basingstoke 1984, S. 38–45. – M. Wandor, *Charry On: Understudies Theatre and Sexual Politics*, Ldn./NY 1986, S. 143/144; 147/148. – Dies., *Look Back in Gender*, Ldn./NY 1987, S. 39–43.

NIGEL DENNIS

* 16.1.1912 Bletchingley / Surrey
† 19.7.1989 London

CARDS OF IDENTITY

(engl.; *Identitätsnachweis*). Roman von Nigel DENNIS, erschienen 1955. – In seinen Schauspielen und Romanen stellt der Gesellschaftskritiker Dennis geistreich-satirisch die Schwächen moderner Menschen, Berufsgruppen, Vereine und Weltanschauungen bloß. Absurdes wird in ernsthaft-überzeugendem Ton als etwas fast Selbstverständliches beschrieben, Scharade und Klamauk erhalten metaphysische Obertöne. Entscheidende Anregungen zu seinem zweiten Roman erhielt Dennis von dem österreichischen Psychologen Alfred ADLER, dessen Werke er 1935/36 in New York übersetzte. Adlers Theorie, persönliche Identität sei im wesentlichen eine vom Wunschdenken geprägte Fiktion, inspirierte Dennis nach eigenem Bekunden, psychologische Fiktionen im Medium literarischer Fiktion darzustellen (nach dem Motto »Jedermann sein eigener Roman«).
Im Mittelpunkt des Romans steht der »Identity Club«, dessen Mitglieder es als ihre vornehmste Aufgabe betrachten, anderen Menschen durch Suggestion und Hypnose die Identität zu stehlen und sie quasi in eine andere »Haut« zu stecken, in der sie dann dem Club dienlich sein können. Die Mitglieder wollen ihr Jahrestreffen diesmal auf dem Land abhalten und senden zur Quartierbeschaffung ein Team ihrer besten Organisatoren voraus: Captain Mallet, eine als seine Frau auftretende Dame (übrigens das einzige weibliche Mitglied des Clubs) und einen jungen Mann namens Beaufort, der sich als Sohn Mallets ausgibt. Unter dem Vorwand, die Erben der verstorbenen Miss Mallet zu sein, lassen sie sich auf einem schloßähnlichen Landsitz nieder, der sich vortrefflich für die Konferenz eignen würde, wenn die nötigen Dienstboten vorhanden wären. Um dieses Problem zu lösen, werden die ersten Besucher, die auf dem Landsitz auftauchen, kurzerhand ihrer Identität beraubt und als Butler, Köchin, Hausmädchen, Gärtner und Gärtnergehilfe beschäftigt. Die Pointe dieses Identitätstausches ergibt sich daraus, daß der Oberst und seine Helfer trotz ihrer egoistischen Beweggründe die geheimen Sehnsüchte ihrer Opfer erraten haben, die diese in ihren neuen Rollen

nun endlich stillen können. So kann sich z. B. der Arzt nun seinen geliebten Rosen widmen, und seine Oberschwester darf ihm dabei helfen.
Bei ihrer Tagung halten die Clubmitglieder dann endlose pseudo-psychologische Vorträge über besonders interessante Fälle aus ihrer Praxis, wobei sie die strenge Wissenschaftlichkeit ihrer (letztlich fiktionalen) Methoden betonen. Dogmenstreit bricht aus, und insgeheim entbrennt ein mörderischer Kampf um die Präsidentschaft des Clubs. Am Ende ist der alte Vorsitzende tot, und Captain Mallet übernimmt die Führung. Zum Abschluß des Kongresses führen die fünf Verwandelten unter der Regie der Oberschwester ein Schauspiel auf, das – frei nach Shakespeares *Sommernachtstraum* – im Spiel von Schein und Sein die Identitätsthematik künstlerisch spiegelt. Am Ende der Vorstellung klopft ein Polizist an die Tür, und die Clubmitglieder verschwinden unauffällig. Nach allerlei komischen Verwicklungen finden die »Dienstboten« wieder zu ihrer alten Identität zurück.
Das von Kritikern wie W. H. Auden und Walter Allen überschwenglich gelobte intellektuelle Brillantfeuerwerk des Romans erwies sich in gestraffter Form auch als bühnenwirksam. Dennis' eigene Bühnenbearbeitung wurde 1956 am Londoner Royal Court Theatre unter der Regie von George Devine unmittelbar nach Osbornes *Look Back in Anger* aufgeführt und trug Dennis zeitweilig die unzutreffende Charakterisierung als »Angry Young Man« ein. R.B.-H.Thi.

Ausgaben: Ldn. 1955. – NY 1955. – NY 1960. – Harmondsworth 1960; ern. 1966. – NY 1984.

Dramatisierung: N. Dennis, *Cards of Identity* (in *Two Plays and a Preface*, Ldn. 1958).– NY 1959.

Literatur: J. D. Scott, Rez. (in Spectator, 11. 2. 1955, S. 64). – Rez. (in Times, 12. 2. 1955, S. 9). – G. Devine, *The Royal Court Theatre: Phase One* (in International Theatre Annual, 2, 1957, S. 152 bis 162). – K. Allsop, *The Angry Decade*, Ldn. 1958, S. 139–145. – K. Tynan, *Curtains*, NY 1961, S. 138–140, 183–185. – G. Ewart, *N. D.: Identity Man* (in London Magazine, 3, Nov. 1963, S. 35–46). – G. Wellwarth, *The Theatre of Protest and Paradox*, NY 1964/Ldn. 1965, S. 261–267. – J. Olney, *»Cards of Identity« and the Satiric Mode* (in StN, 3, 1971, S. 374–389). – D. J. Dooley, *The Satirist and the Contemporary Nonentity* (in Satire Newsletter, 10, 1972, S. 1–9). – A. Saltzmann, *»Cards of Identity« and the Case of the Sundered Self* (in Studies in Contemporary Satire, 9, 1981, S. 9–16). – D. H. Walker, *N. D.* (in DLB, 15, 1983, S. 79–86).

Margaret Drabble

* 5.6.1939 Sheffield

Literatur zur Autorin:
V. K. Beards, *M. D.: Novels of a Cautious Feminist* (in Crit, 15, 1973, S. 35–47). – V. G. Myer, *M. D.: Puritanism and Permissiveness*, Ldn. 1974. – M. V. Libby, *Fate and Feminism in the Novels of M. D.* (in ConL, 16, 1975, S. 175–192). – E. Showalter, *A Literature of Their Own: British Women Novelists from Brontë to Lessing*, Princeton/N.J. 1977. – G. Fensterling, *Die Frau im zeitgenössischen englischen Roman (1953–1975)*, Bonn 1978. – E. Fox-Genovese, *The Ambiguity of Female Identity: A Reading of the Novels of M. D.* (in Partisan Review, 46, 1979, S. 234–248). – C. Seiler-Franklin, *Boulder-Pushers: Women in the Fiction of M. D., D. Lessing, and I. Murdoch*, Bern u. a. 1979. – D. Barnouw, *M. D.s populäre Romane* (in Merkur, 34, 1980, S. 1162–1167). – E. C. Rose, *The Novels of M. D.*, Ldn. 1980. – M. F. Harper, *M. D. and the Resurrection of the English Novel* (in ConL, 23, 1982, S. 145–168). – M. H. Moran, *M. D.: Existing Within Structures*, Carbondale/Ill. 1983. – S. Roxman, *Guilt and Glory: Studies in M. D.'s Novels 1963–1980*, Stockholm 1983. – J. V. Creighton, *M. D.*, NY 1985. – *Critical Essays on M. D.*, Hg. E. C. Rose, Boston 1985. – J. Hannay, *The Intertextuality of Fate: A Study of M. D.*, Columbia/Mo. 1986. – L. V. Sadler, *M. D.*, Boston 1986 (TEAS). – S. Kohl, *M. D.* (in *Der engl. Roman der Gegenwart*, Hg. R. Imhof u. A. Maack, Tübingen 1987, S. 209–225). – *Radikalität und Mäßigung: Der engl. Roman seit 1960*, Hg. dies., Darmstadt 1993.

THE MILLSTONE

(engl.; *Ü: Der Mühlstein*). Roman von Margaret Drabble, erschienen 1965. – Wie in allen ihren frühen Romanen konzentriert sich Margaret Drabble auch hier auf den überaus schwierigen Identitätsfindungsprozeß einer jungen Frau in der entscheidenden Phase zwischen Studium und Beruf, Ungebundenheit und emotionaler Bindung, Elternhaus und eigenem Lebensentwurf. Der Eintritt ins Erwachsenenalter fordert auch die Entscheidung für eine bestimmte Frauenrolle. Doch die Suche nach der adäquaten Lebensform ist durch tiefgreifende Orientierungslosigkeit gekennzeichnet; der Druck der Gesellschaft mit ihren halbherzigen Emanzipationsangeboten und die Unfähigkeit der Frauen, sich von den Fesseln ihrer angelernten Überlebensstrategien zu befreien, lassen, wie Margaret Drabble darzustellen vermag, diese Suche oft genug in unbefriedigende Kompromisse münden. Rosamund Stacey, die Ich-Erzählerin in *The Millstone*, tut, was von ihr erwartet wird. Um es allen recht zu machen, setzt sie eine Art emotionale Tarnkappe auf; direkte Gefühle wie Haß, Liebe, Wut oder Trauer werden sofort umgemünzt in Fragen von Schuld oder moralischer Gerechtigkeit, eine direkte Kommunikation mit ihren Mitmenschen ist nicht mehr möglich. Zur Zerreißprobe kommt es durch eine ungewollte Schwangerschaft. Der Romantitel bezieht sich auf eine Äußerung Jesu über die Kinder (*Matthäus* 18,6), und in der Tat belastet die bevorstehende Geburt ihres unehelichen Kindes die Heldin wie ein Mühlstein den Ertrinkenden, zwingt sie jedoch auch zu inneren Veränderungen.

Rosamund Stacey ist die Tochter intellektueller Sozialisten: Ihre Eltern sind aktive Anhänger der »Fabian Society«. Beide leben vorübergehend im Ausland; sie haben Rosamund ihre Londoner Wohnung überlassen, wo sie an ihrer literaturwissenschaftlichen Doktorarbeit schreibt. Rosamund wünscht sich nichts sehnlicher, als alle Ansprüche ihrer Eltern zu erfüllen und eine moderne, emanzipierte junge Frau zu sein, obgleich ihre persönliche Entwicklung weit hinter diesen Ansprüchen herhinkt. Unfähig, anderen Menschen ihre panische Angst vor der Sexualität einzugestehen, geht sie mit zwei Männern aus, denen sie jeweils erzählt, sie habe eine sexuelle Beziehung zu dem anderen. Diese Konstruktion hält jedoch nur so lange, bis ihre erste und einzige sexuelle Erfahrung mit einem dritten Mann zur Schwangerschaft führt. Während sie in ihrer Umwelt nun erst recht als bewundernswerte »Emanze« gilt, beginnt für Rosamund eine qualvolle Zeit schwerer innerer Kämpfe. Trotz großer Sehnsucht und dem Wunsch nach Geborgenheit und Hilfe verbietet sie es sich immer wieder, zu George, dem Vater ihres Kindes, Kontakt aufzunehmen. Ein gescheiterter Abtreibungsversuch, die Arztbesuche während der Schwangerschaft und schließlich die Geburt selbst zwingen sie zur Auseinandersetzung mit der Außenwelt und mit dem eigenen Körper. Als ihre Tochter wenige Monate nach der Geburt schwer erkrankt, der Mutter das Besuchsrecht im Krankenhaus jedoch verweigert wird, rebelliert Rosamund zum erstenmal gegen die von außen gesetzten Ansprüche, überwindet die eigene Angst, anderen mit ihren Wünschen und Bedürfnissen zur Last zu fallen. So entsteht zu ihrer Tochter zwar die erste verbindliche Liebesbeziehung ihres Lebens, doch die Liebe zu einem gleichen Partner ist immer noch nicht möglich geworden: Ein Jahr nach der Geburt der gemeinsamen Tochter kommt es zu einer zufälligen Begegnung mit George. Beide sprechen von ihrem Wunsch nach Nähe, und für kurze Zeit scheint eine gegenseitige Öffnung möglich. Doch Rosamund läßt George in dem Glauben, das Kind sei von einem anderen Mann. Die beiderseitige Angst vor Zurückweisung und die Unfähigkeit, Gefühle direkt zu äußern, lassen eine wirkliche Beziehung nicht zustande kommen.

Der Roman, der mit großem Erfolg aufgenommen wurde und der Autorin zu internationaler Anerkennung verhalf, verdeutlicht die Schwierigkeit, innere Barrieren zu überwinden, die durch ein anerzogenes Normensystem entstehen – und zwar auch dann, wenn es sich um Normen handelt, die über das gesellschaftlich Gesetzte hinausgehen und sich nach außen hin fortschrittlich geben. Die Diskrepanz zwischen äußerer Selbstdarstellung und Innenleben wird sehr sensibel nachgezeichnet; die konsequent durchgehaltene Ich-Erzählung erweist sich als adäquate Form dieser Darstellung. I.E.

AUSGABEN: Ldn. 1965. – Harmondsworth 1968 (Penguin). – NY 1984.

ÜBERSETZUNG: *Der Mühlstein*, I. Erckenbrecht, Mchn. 1987.

VERFILMUNG: *A Touch of Love*, England 1968 (Regie: W. Hussein).

LITERATUR: C. Butler, *M. D.: »The Millstone« and »Wordsworth«* (in ES, 59, 1978, S. 353–360). – S. Spitzer, *Fantasy and Femaleness in M. D.'s »The Millstone«* (in Novel, 11, 1978, S. 227–245). – R. Sherry, *M. D.'s »The Millstone«: A Feminist Approach* (in Edda, 79, 1979, S. 41–53). – L. R. Sørbø, *The Way Contemporary Woman Write: An Analysis of M. D.'s »The Millstone«* (ebd., 81, 1981, S. 93–101).

THE REALMS OF GOLD

(engl.; *Ü: Gold unterm Sand*). Roman von Margaret DRABBLE, erschienen 1975. – Nach den ersten Romanen mit reiner Ich-Erzählstruktur und einigen formalen Experimenten gegen Ende der sechziger Jahre entwickelte Margaret Drabble in den siebziger Jahren schließlich jene formale Struktur, die für ihre späteren Werke typisch ist, nämlich das perspektivische Erzählen durch mehrere Hauptpersonen. Dabei treten nun auch männliche Figuren gelegentlich in den Vordergrund. *The Realms of Gold* ist in vier Teile gegliedert. Wie so oft stellt Margaret Drabble der Metropole London neben einigen internationalen Schauplätzen eine eher spießige englische Kleinstadt gegenüber. Hier laufen die Fäden der familiären Vergangenheit von Frances Wingate zusammen, nach der die Heldin ebenso forscht und gräbt wie nach den Goldschätzen längst vergangener Kulturen unter dem Wüstensand.

Allseits als erfolgreiche Archäologin und Spezialistin für nordafrikanische Kulturen geschätzt, pendelt Frances zwischen einem aktiven, befriedigenden Berufsleben und ihrem Heim in London hin und her, in dem ihre drei Kinder aus einer glücklich abgelegten Ehe auf sie warten. Von allen Heldinnen Margaret Drabbles vermittelt sie das weitaus optimistischste Bild der Möglichkeiten weiblicher Selbstverwirklichung. Die Autorin bezeichnet Frances als eine »Ausnahmefrau« mit »Ausnahmebegabungen«. Kontrastiert wird ihr aktives Leben durch das eintönige, beklemmende Hausfrauendasein, das ihre Cousine Janet in der Kleinstadt Tockley fristet. Nach dem Tod ihrer gemeinsamen Großtante lernt Frances Janet und weitere bislang unbekannte Verwandte kennen, geht der Vergangenheit ihrer Familie nach, erkennt ihre sozialen Ursprünge und vervollkommnet so ihr Selbstbild. Dennoch können diese Erfolge sie nicht zufriedenstellen. In einer Phase großer beruflicher Fortschritte und persönlicher Unabhängigkeit richten sich alle ihre Bemühungen darauf, die Beziehungen zu Karel, ihrem früheren Geliebten, wieder aufzunehmen. Die Verbindung war gescheitert, weil Karel nicht in der Lage gewesen war, sich aus seiner unbefriedigenden Ehe zu lösen. Das scheinbar glückliche Ende des Romans läßt jedoch einige Zweifel aufkommen. Allzu durchsichtig wirkt der Kunstgriff, mit dem Karels Frau aus dem Weg geräumt wird (sie entdeckt, daß sie lesbisch ist, verläßt Karel und zieht in eine Frauenwohngemeinschaft). Und allzu unglaubwürdig erscheint Frances' Abschied von einer glänzenden Karriere, ihre Rückbesinnung auf die Familie und ihre Ehe mit Karel. Ein wichtiges, zuvor ausdrücklich positiv geschildertes Ziel, nämlich die berufliche und finanzielle Unabhängigkeit, bleibt auf der Strecke. In *The Realms of Gold* illustriert Margaret Drabble besonders deutlich eine wichtige These, die alle ihre Romane wie ein roter Faden durchzieht: Die gegebenen Umstände verwehren den Frauen eine vollständige Selbstverwirklichung als Mütter, Partnerinnen und erfolgreiche Kolleginnen. Der berufliche Erfolg allein ist unbefriedigend und muß mit dem Verlust emotionaler Wärme und familiärer Bindungen bezahlt werden. Berufliche Unabhängigkeit und emotionale Geborgenheit widersprechen einander. Jede Frau ist gezwungen, Opfer zu bringen. Und wie auch immer sie sich entscheidet, einen Teil ihres Selbst muß sie dabei zwangsläufig verleugnen. I.E.

Ausgaben: Ldn. 1975. – Harmondsworth 1979.

Übersetzung: *Gold unterm Sand*, A. Anders, Reinbek 1978.

Literatur: S. Roger, *»The Realms of Gold«* (in Hudson Review, 28, 1975/76, S. 616–628). – P. Sharpe, *On First Looking into »The Realms of Gold«* (in Michigan Quarterly Review, 16, 1977, S. 225–231). – C. Davis, *Unfolding Form: Narrative Approach and Theme in »The Realms of Gold«* (in MLQ, 40, 1979, S. 390–402). – J. Little, *M. D. and the Romantic Imagination: »The Realms of Gold«* (in Prairie Schooner, 55, 1981, S. 241–252). – *M. D.: Golden Realms*, Hg. D. Schmidt u. J. Seale, Edinburg/Tex. 1982 [m. Bibliogr.]. – J. A. Quinn, *Christianity and Secularism in the Later M. D.* (in Univ. of Windsor Review, 18, 1984).

Lawrence Durrell

* 27.2.1912 Jullundur / Indien
† 7.11.1990 Sommières

Literatur zum Autor:
R. A. Potter u. B. Whiting, *L. D.: A Checklist*, Los Angeles 1961. – *The World of L. D.*, Hg. H. T. Moore, Carbondale/Ill. 1962; NY ²1964. – *A Symposium on L. D.*, Hg. ders., Carbondale 1962. – Ch. I. Glicksberg, *The Fictional World of L. D.* (in Bucknell Review, 11, 1963, S. 118–133). – J. Unterecker, *L. D.*, NY/Ldn. 1964. – J. A. Weigel, *L. D.*, NY 1965 (TEAS). – MFS, 13, 1967 [Sondernr. *L. D.*]. – G. S. Fraser, *L. D.*, Ldn. 1968 [m. Bibliogr.]; ²1973 [erw.]. – L. Truchlar, *Landschaft des Ich: Kosmo- und Psychographik in L. D.s Reisebüchern* (in LWU, 5, 1972, S. 144–153). – K. Sajavaara, *Imagery in L. D.'s Prose*, 1975. – Deus Loci: The L. D. Newsletter, Kelowa/B.C. 1977 ff. – H.-O. Feistel, *L. D. in the German Speaking Countries: A Preliminary Bibliography* (ebd., 6, 1982/83, S. 1–27). – A. G. Thomas u. J. A. Brigham, *L. D.: An Illustrated Checklist*, Carbondale 1983. – G. Kums, *Fiction, or the Language of Our Discontent*, Ffm. u. a. 1985. – S. Vander Closter, *Joyce Cary and L. D.: A Reference Guide*, Boston 1985. – A. W. Friedman, *L. D.'s World of Death* (in *Essays on the Contemporary English Novel*, Hg. H. Bock u. A. Wertheim, Mchn. 1986, S. 67–78). – H. Isernhagen, *L. D* (in *Der engl. Roman der Gegenwart*, Hg. R. Imhof u. A. Maack, Tübingen 1987, S. 32–52). – Ders., *L. D.* (in KLFG, 15. Nlg. 1988).

THE ALEXANDRIA QUARTET

(engl.; *Ü: Das Alexandria-Quartett*). Romantetralogie von Lawrence Durrell, bestehend aus den Bänden *Justine, Balthazar, Mountolive* und *Clea*, erschienen 1957–1960. – Durrell konzipierte sein vierbändiges Romanwerk, an dem er seit 1947 arbeitete und das er eine *»Untersuchung über die moderne Liebe«* nannte, in der ehrgeizigen Absicht, eine auf der Relativitätstheorie basierende Prosaform zu entwickeln: *»Aus drei Raumebenen und einer Zeitebene wird das Rezept für ein Kontinuum gemischt.«* Dementsprechend erscheinen in den drei ersten Romanen dieselben Ereignisse in jeweils anderem Zusammenhang, aus jeweils anderer Perspektive (drei Raumebenen); erst im vierten Roman wird die Erzählung chronologisch fortgeführt (Zeitebene). Deutlich wird dabei die Relativität von Wahrheit und Erkenntnis. Verständnis und Interpretation des einen Romans sind nur im Zusammenhang mit den anderen möglich.
In *Justine* wird das Hauptthema in chiffrierter Form angeschlagen. Namen und Anlage der Titel-

heldin des ersten Bandes (die neben dem Erzähler die Zentralfigur der Tetralogie bleibt) entnahm Durrell dem Roman *Justine ou Les malheurs de la vertu (Justine oder Das Unglück der Tugend)* des Marquis de SADE, aus dem auch die Motti seiner Alexandria-Romane stammen. Durrells Justine, ein lebensvolles und von Leidenschaften getriebenes Geschöpf, ist eine alexandrinische Jüdin – Produkt und Opfer ihrer Heimatstadt, in der griechische und orientalische Einflüsse sich durchdringen und die Durrell einmal *»die große Kelter der Liebe«* nennt. Justines an Nymphomanie grenzende vor- und außereheliche Eskapaden sowie die komplexe Beziehung zu ihrem Ehemann, dem reichen koptischen Bankier Nessim Hosnani, lernt der Leser aus der Rückschau des irischen Lehrers und Schriftstellers Darley kennen, der als Außenseiter in den Sog der Ereignisse um Justine gezogen wurde, kurze Zeit ihr Geliebter war und dann in der Einsamkeit Zyperns (das auch in Durrells Leben und Werk eine wichtige Rolle spielt) versucht, sich seine Verwirrung von der Seele zu schreiben: *»Glied um Glied taste ich mich an der eisernen Kette der Erinnerung zurück in die Stadt, in der wir nur so kurze Zeit wohnten; ... die uns in Konflikte stürzte, welche die ihren waren und welche wir für die unseren hielten: geliebtes Alexandria.«* Daß Darleys Interpretation nur ein Segment der tatsächlichen Zusammenhänge erfaßt, ahnt man bereits an einigen Stellen des Romans.

Die rätselhaften Ereignisse und die höchst ambivalenten menschlichen Beziehungen (die im Rahmen einer Inhaltsangabe auch nicht andeutungsweise umrissen werden können) scheinen dann im zweiten Teil aufgehellt zu werden. Hier werden dieselben Ereignisse in der Version des Kabbalisten und Arztes Balthazar (eines Vertrauten Justines) vorgetragen – aber diese Version präsentiert sich in Form eines »Interlineartextes«, eines Palimpsests: Darley, der auch in *Balthazar* als Erzähler fungiert, vergleicht die Kommentare und Korrekturen, die der Kabbalist zwischen die Zeilen seines, Darleys, »Justine«-Manuskripts geschrieben hat. Plötzlich erscheinen ihm die damaligen Geschehnisse in neuem Licht, verlagert sich das Gewicht der Rollen bestimmter Akteure (so etwa des anfangs wie eine Randfigur erscheinenden englischen Schriftstellers Pursewarden, der der Achse des Geschehens nun immer näher rückt); Darley ahnt Zusammenhänge, die über die verflochtenen Beziehungen des alexandrinischen Freundeskreises hinaus in die explosive Atmosphäre der nahöstlichen Politik vor dem Zweiten Weltkrieg reichen.

Nach den ersten beiden Bänden, die den Leser von einem Geheimnis in das andere stürzen und ihn immer wieder der Faszination der Doppelbödigkeit, dem flirrenden Zwielicht des Durrellschen Alexandria aussetzen, wirkt der dritte Roman, *Mountolive*, als Antiklimax. Er ist in der dritten Person geschrieben, und Darley, der bisherige Erzähler, wird nun zum Objekt wie alle anderen Figuren. Im Mittelpunkt steht der Engländer David Mountolive, der vor Jahren als junger Diplomat in Ägypten durch seine Liebe zu Leila, der Mutter der Brüder Hosnani und jetzigen Schwiegermutter Justines, die exotisch-perverse Atmosphäre Alexandrias erlebt hatte und der nun, zum Zeitpunkt der *Justine*-Ereignisse, als britischer Botschafter dorthin zurückgekehrt ist. In naturalistischer Erzählweise, gleichsam gekühlt durch die Distanz zwischen dem Engländer und den Orientalen, wird geschildert, wie sich die Ereignisse in Alexandria für Mountolive in den Rahmen einer politischen und religiösen Verschwörung gegen das ägyptische Königshaus und die britische Herrschaft einordnen, einer Verschwörung, deren Fäden bei seinen alten Freunden zusammenlaufen und die er pflichtgemäß aufdekken muß. Alexandria erscheint nicht mehr als ein gigantisches Weib von mythischer Größe, dessen heißer, verbrauchter Atem seine eigenen Kinder geheimnisvoll infiziert, sondern ist – wie Mountolive es ausdrückt – abstoßend, niederdrückend, ermüdend geworden. Nach der Betonung der erotischen *(Justine)* und gesellschaftlichen Beziehungen *(Balthazar)* des Freundeskreises dominiert in *Mountolive* die politische Perspektive des Kolonialbeamten.

Im Schlußband *Clea* läßt Durrell wiederum Darley berichten, diesmal über seine Rückkehr nach Alexandria während des Zweiten Weltkriegs. Die Erwartung des Lesers, die letzte, klärende Phase des Durrellschen »Kontinuums« zu erleben, wird allerdings teilweise enttäuscht. Die komplizierten Beziehungen des Freundeskreises bleiben auch jetzt noch rätselhaft; der Romanzyklus bewegt sich nicht weiter in die Nähe des Agentenromans. Vielmehr tritt nun als bisher untergeordnetes Thema die in Durrells Gesamtwerk zentrale Künstlerproblematik in den Vordergrund. Darley, der in seinen bisherigen schriftstellerischen Versuchen (den beiden ersten Romanen) der selbstgewählten Rolle des Detektivs nicht gewachsen war, findet zur Kreativität des Schriftstellers zurück. Analoges widerfährt der Malerin und Bildhauerin Clea, deren Verhältnis zu Darley im Mittelpunkt des vierten Romans steht (sie hatte zuvor eine erotische Beziehung zu Justine unterhalten). Clea kann den Verlust einer Hand (bei einem rätselhaften Unfall) künstlerisch kompensieren. Das Schicksal des Schriftstellers und Kolonialbeamten Pursewarden, dessen Selbstmord schon in *Justine* und *Mountolive* zur Sprache kam, wird nochmals erörtert, aber nicht überzeugend motiviert: Inzest mit seiner Schwester, die dann Mountolives Frau wurde, soll ihn zu diesem Schritt bewogen haben, nicht politisches Versagen. Für Darleys Entwicklung aber wird Pursewardens Vermächtnis in Form eines Notizbuches entscheidend; dessen kreative Krisen weisen ihm den Weg aus der eigenen. Darley akzeptiert schließlich die Vielschichtigkeit der Welt und die Grenzen menschlicher Erkenntnismöglichkeiten. Die Wahrheit liegt in der Vielfalt.

Zahlreiche Kritiker modifizierten nach dem Abschluß der Tetralogie ihr aufgrund der ersten beiden Bände außerordentlich positives Urteil über Durrells literarische Leistung. So reichen die kritischen Kommentare von höchstem Lob *(»Nachfolger von Joyce und Proust«, »der beste englische Romancier seiner Generation«, »nobelpreiswürdig«)* bis zu den Vorwürfen, Durrell hätte von Anfang an nur geblufft und hätte nichts anderes zu bieten als eine *»Inflation der Perspektiven«*, eine *»Fin-de-siècle-Dekadenz«*, ein *»exotisches Märchen in Technicolor«*. Der Erfolg der ersten beiden Bände gab allerdings Durrells Freund Henry MILLER recht, der vorausgesagt hatte, daß die Menschen in *Justine* den europäischen Leser geradezu hypnotisch fesseln würden, da sie die ganze Unruhe und das Delirium des Nahen Ostens verkörperten. G.Ba.-H.Thi.

AUSGABEN: *Justine:* Ldn. 1957. – NY 1957. – Ldn. 1961. – Bath 1974. – *Balthazar:* Ldn. 1958. – NY 1958. – Ldn. 1961. – NY 1982. – *Mountolive:* Ldn. 1958. – NY 1959. – Ldn. 1961. – NY 1982. – *Clea:* Ldn. 1960. – NY 1960. – Ldn. 1961. – NY 1982.

ÜBERSETZUNGEN: *Justine*, M. Carlsson, Hbg. 1958. – Dass., dies., Reinbek 1965; zul. 1985 (rororo). – *Balthasar*, dies. u. G. v. Uslar, Hbg. 1959. – Dass., dies., Reinbek 1965; zul. 1985 (rororo). – *Mountolive*, dies., Hbg. 1960. – Dass., dies., Reinbek 1965; zul. 1986 (rororo). – *Clea*, W. Schürenberg, Hbg. 1961. – Dass., ders., Reinbek 1965; zul. 1987 (rororo). – *Das Alexandria-Quartett*, dies., Reinbek 1977 [enth. alle 4 Romane].

LITERATUR: H. Becher, *L. D.s Tetralogie u. die literarische Kritik* (in Stimmen der Zeit, 168, 1961, S. 360–369). – S. G. Eskin, *D.'s Themes in »The Alexandria Quartet«* (in Texas Quarterly, 5, 1962, S. 43–60). – B. Romberg, *»The Alexandria Quartet«: Studies in the Narrative Technique of the First-Person Novel*, Stockholm 1962. – A. K. Weatherhead, *Romantic Anachronism in »The Alexandria Quartet«* (in MFS, 10, 1964, S. 128–136).– R. Fricker, *L. D.: »The Alexandria Quartet«* (in *Der moderne engl. Roman*, Hg. H. Oppel, Bln. 1965, S. 399–416). – G. Lebas, *L. D.'s »Alexandria Quartet« and the Critics: A Survey of Published Criticism* (in Caliban, 6, 1969, S. 91–114). – Ders., *The Mechanisms of Space-Time in »The Alexandria Quartet«* (ebd., 7, 1970, S. 80–97). – A. W. Friedman, *L. D., and »The Alexandria Quartet«: Art for Love's Sake*, Norman/Okla. 1970. – R. K. Morris, *L. D.: »The Alexandria Quartet«: Art and the Changing Vision* (in R. K. M., *Continuance and Change*, Carbondale/Ill. 1972, S. 51–71). – W. H. Rubrecht, *D.s »Alexandria Quartet«*, Bern 1972 [m. Bibliogr.]. – C. Dawson, *From Einstein to Keats: A New Look at »The Alexandria Quartet«* (in Far-Western Forum, 1, 1974, S. 109–128). – G. Lampert, *Symbolik u. Leitmotivik in L. D.s »Alexandria Quartet«*, Diss. Mainz 1974. – J. Meillard, *The Unity of L. D.'s »Alexandria Quartet« (1)* (in Linguistics in Literature, 1, 1975, S. 77–143). – W. Hoops, *Die Antinomie von Theorie u. Praxis in L. D.s »Alexandria Quartet«*, Ffm. u. a. 1976. – W. G. Creed, *The Muse of Science and »The Alexandria Quartet«*, Norwood/Pa. 1977. – J. L. Pinchin, *Alexandria Still: Forster, D., Cavafy*, Princeton/N.J. 1977, S. 159–177. – M.-R. Cornu, *La dynamique du »Quatuor d'Alexandrie« de L. D.: trois études*, Montreal 1979. – J. v. d. Ghinste, *L. D.: Le quatuor Alexandrin et le mythe de la creation*, 1983.

THE AVIGNON QUINTET

(engl.; *Das Avignon-Quintett*). Romanfolge von Lawrence DURRELL, bestehend aus den Bänden *Monsieur, or the Prince of Darkness* (1974; *Ü: Monsieur oder Der Fürst der Finsternis*), *Livia, or Buried Alive* (1978; *Ü: Livia oder Lebendig begraben*), *Constance, or Solitary Practices* (1982; *Ü: Constance oder Private Praktiken*), *Sebastian, or Ruling Passions* (1983; *Ü: Sebastian oder Die Gewalt der Leidenschaft*) und *Quinx, or the Ripper's Tale* (1985; *Ü: Fünfauge oder Was der Frauenmörder erzählt*). – Wie Durrells *Alexandria Quartet* ist das *Avignon-Quintett* nach dem zentralen Schauplatz, der alten Papst-Stadt in der Provence, benannt. Das *Quintett* ist nicht chronologisch angelegt, sondern das Verhältnis der Romane zueinander entspricht der geometrischen Figur eines Quincunx, einer Figur, die zweidimensional wie die fünf Augen eines Würfels angeordnet ist oder dreidimensional als Pyramide gesehen werden kann. Der Quincunx ist alchemistisches Emblem einer Einheit, die die Gegensätze von Vier- und Fünfzahl, Gerade und Ungerade, Symmetrie und Asymmetrie überwindet. Die Beziehung der Romane zueinander ist daher organisch, einer ist *»vom anderen nur insoweit abhängig … wie Echos es sein könnten« (Livia)*. – Wie im *Alexandria Quartet* dominieren Fragen nach dem Verhältnis von Wirklichkeit und Kunst, nach ihren Vermittlungsformen, nach dem Wesen der Liebe und allen ihren Varianten sowie nach der Bewältigung des menschlichen »Urtraumas«, des Todes. Durrell versucht erneut, aus vielen Einzelperspektiven ein Raum-Zeit-Kontinuum zusammenzufügen, dessen wesentliche Schauplätze Avignon und die Provence, Ägypten und Genf sind. Verbunden sind die Romane durch die zentralen Schriftstellerfiguren Sutcliffe und Blanford, deren Manuskripte ineinander verschachtelt werden. Obwohl Sutcliffe eine von Blanford erfundene Figur, sein *Alter ego* ist, diskutieren beide miteinander, begegnen sich erfundene und »reale« Figuren und stellen so ihre Existenz wechselseitig in Frage. Wie die beiden Schriftsteller sind auch weitere Figuren oder Figurenpaare aufeinander bezogen; durch Freundschaft, Verwandtschaft, inzestuöse, hetero- oder homosexuelle Liebesbeziehungen sind sie miteinander verbunden. Als Inkarnationen oder Transformationen des jeweils anderen sind einzelne Figuren und ganze Figurengruppen, die sich schon äußerlich ähneln, spiegelbildlich angelegt; auch daß Durrell gleiche Namen für unterschiedliche Figuren wählt, unterstreicht, daß er die Grenzen zwischen den Figuren fließend hält. Parallel dazu werden durch die Erzählsituation die Grenzen von Fiktion und Realität aufgehoben.

Der erste Band, *Monsieur*, führt die Handlungsstränge und Themen ein, die in der Romanfolge immer wieder aufgegriffen werden. Zu den Themen gehören u. a. die Geschichte des Templerordens, seine Vernichtung und sein verschollener Schatz, sowie die Lehren einer mysteriösen gnostischen Sekte. Der Roman setzt mit der Nachricht vom Tod des Diplomaten Piers de Nogaret ein, eines Nachfahren der Tempelritter, der in einem billigen Hotel in Avignon starb. Piers wurde als junger Mann in Ägypten Anhänger einer gnostischen Sekte, nach deren Glauben Gott entthront wurde und an seiner Stelle der Fürst der Finsternis regiert. Die Mitglieder des inneren Zirkels dieser Sekte verweigern sich der irdischen Welt, indem sie einen Todeseid schwören, der nach ihrer Denkweise die Überwindung der Spaltung von Geist und Materie bedeutet; ihr vorbestimmter Tod durch die Hand eines Sektenmitglieds wird zu einem wohlgeordneten Akt im Chaos dieser Welt. Piers' Freund, der Mediziner Bruce Drexel, der mit Piers' Schwester Sylvie verheiratet ist, hält die Merkwürdigkeiten von dessen Tod und Beerdigung in einem schriftlichen Bericht fest. Neben diesem sind weitere Manuskripte realer und erfundener Figuren in den Roman eingelagert: Der Historiker Toby geht der Geschichte des Templerordens und dessen angeblicher Ketzerei nach, und der Bestsellerautor Blanford wird zum Biographen des von ihm erfundenen Schriftstellers Sutcliffe, der seinerseits ebenfalls Manuskripte produziert. Ob der in einer Genealogie im Anhang mit »D.« bezeichnete Erzeuger aller Figuren und Erzählfragmente, Zitate, Aphorismen, Tagebücher und Gedichte Durrell selbst ist oder der im Titel genannte *diable*, bleibt offen.

Die wechselseitigen Abhängigkeiten von Autor und fiktivem Geschöpf werden im zweiten Band, *Livia*, noch komplizierter, wenn Sutcliffe, der am Ende des ersten Bandes gestorben war, seinen Schöpfer Blanford auffordert, ihn wiederauferstehen zu lassen. Der Band führt zurück in die zwanziger Jahre, in die Jugend Blanfords und seiner Freunde, des jungen englischen Diplomaten Felix Chatto und der Geschwister Constance, Livia und Hilary, und verfolgt ihr Leben bis zum Beginn des Zweiten Weltkriegs, als sie einen glücklichen Sommer gemeinsam auf Constances Landsitz Tu Duc bei Avignon verbringen. Emotionale und erotische Verirrungen der Figuren setzen ein: Obwohl Blanford Constance liebt, heiratet er die lesbische Livia, die ihn bald wegen der Schwarzen Trash verläßt. Constance selbst heiratet Sam, der als britischer Offizier eingezogen wird. Die Beziehung Blanford-Livia spiegelt sich in der von Sutcliffe und Bruce Drexels Schwester Pia, die in Wien von Freud psychoanalytisch behandelt wird und bei den einsetzenden Judenverfolgungen Freuds Couch rettet. (Das Möbelstück hat leitmotivische Funktion und taucht später in Constances Haus Tu Duc wieder auf.) Felix' Onkel, der jüdische Bankier Lord Galen, gerät in den Bann Hitlers, den er sogar finanziell unterstützt, nachdem er überzeugt ist, daß Hitler einen zweiten Judenstaat gründen will. Während sich diese Investition bald als Fehlschlag erweist, verfolgt Lord Galen weiter die Suche nach dem legendären Templerschatz, die sein Sekretär leitet. Auch Livia verfällt der Nazi-Ideologie und wird zuletzt in einer Wochenschau gesehen, in der sie den Arm zum »deutschen Gruß« ausstreckt. Der Roman endet in Avignon mit einem Gelage, das der Geschäftsfreund Lord Galens, Prinz Hassad, veranstaltet und das das Ende der Friedenszeit markiert.

Der dritte Roman, *Constance*, der im Diagramm des Quincunx das Zentrum bildet, ist der umfangreichste der Serie. Er umfaßt die Zeit vom Beginn des Zweiten Weltkriegs, der die Freunde auseinanderreißt, bis zur Niederlage der Deutschen in Frankreich. Er zeigt eine Welt, in der das Böse regiert und die durch Tod und Zerstörung bestimmt ist; ganz Europa ist ein *»Selbstmörderverein«*. Blanford, der als Privatsekretär des Prinzen Hassad in Ägypten dem Krieg entfliehen will, gerät bei einem Ausflug in die Wüste in ein britisches Manöverschießen und wird schwer am Rückgrat verletzt; sein Freund Sam, Constances Ehemann, stirbt. Als neue Figur wird der General von Esslin eingeführt, ein typischer Nazi adeliger Herkunft mit Wagnerbegeisterung, Mutterbindung und verklemmtem Sexualleben, der von seiner Heimat in Friesland an die wichtigsten Kriegsschauplätze im Osten, in Frankreich und schließlich nach Avignon gelangt. Auch Constance, die als Psychoanalytikerin in Genf tätig ist, wo Toby und Sutcliffe für den britischen Geheimdienst arbeiten, kehrt im Auftrag des Roten Kreuzes nach Avignon zurück. Sie begegnet dort von Esslin und dem Doppelagenten Smirgel, der ihre Schwester Livia für die Nazi-Ideologie begeisterte und der nun im Auftrag Hitlers nach dem Templerschatz sucht; Smirgel propagiert weiter das Endziel einer neuen Ordnung, die durch das Böse erreicht werden soll. Constance trifft Livia nur einmal; sie findet sie schließlich erhängt in Tu Duc. Nach dem Tod der Schwester kehrt Constance nach Genf an ihre Arbeit zurück und verliebt sich leidenschaftlich in den ägyptischen Diplomaten Affad, dessen gnostische Sexualphilosophie ihre durch Freud geprägten Überzeugungen in Frage stellt. Affad setzt seine Sexualphilosophie der kranken europäischen Zivilisation entgegen, die er für die Schrecken der Nazi-Herrschaft und die Atombombe verantwortlich macht und die durch die drei Namen Marx, Freud und Einstein vertreten wird. Für Affad bedeutet die Liebe zu Constance, daß er seiner Sekte und seinem Todeseid untreu wird. Er verläßt Constance, um sich in Alexandria dem Tribunal seiner Sekte zu stellen. Erst nach Affads Abreise trifft in Genf der an ihn gerichtete Brief ein, mit dem ihm der Tod angekündigt wird und den Constance in ihrer Bibel aufbewahrt. Das Schlußkapitel beschreibt den Kampf um Avignon, in dessen Verlauf auch die Irrenanstalt durch Bomben getroffen wird, deren Insassen in die Innenstadt ziehen und ihre Befreiung sowie die der Stadt von den Deutschen feiern. Auf dem Höhepunkt der Massenhysterie wird die Geliebte des Gestapo-

Chefs als Kollaborateurin gelyncht, obwohl sie einigen Juden das Leben gerettet hatte.
Nachdem Affad, dessen eigentlicher Name Sebastian ist, um Lösung von seinem Eid gebeten hatte, kehrt er zur Sekte zurück und bittet zur Sühne für den Abfall um den rituellen Vollzug seines Opfertodes *(Sebastian)*. Das Tribunal der Sekte entspricht seinem Wunsch. Währenddessen widmet sich in Genf Constance zwei Patienten, Affads autistischem Sohn, dessen Apathie sie durchbrechen kann, und dem wahnsinnigen Mörder Mnemidis, in dessen Hände durch Zufall Affads Todesbrief gelangt. Mnemidis gelingt es, aus der Anstalt zu fliehen; er will seine Analytikerin Constance töten, ermordet jedoch in ihrer Wohnung und auf ihrem Bett Affad, der auf der Suche nach dem Brief mit seinem Todesdatum nach Genf gereist war. Constances alter Freund und Kollege Schwarz begeht Selbstmord: Er hatte seine jüdische Frau in der Kriegszeit in Wien zurückgelassen und ist nun, nachdem sie das Konzentrationslager überlebt hat, nicht in der Lage, mit ihr als lebendiger Anklage weiterzuleben. Constance, Sutcliffe und Blanford, dessen Rückgratverletzung in Genf behandelt wurde, verlassen mit Sylvie und Affads Sohn Genf, um in Avignon ihr Leben neu zu beginnen.
Im letzten Roman, *Quinx*, treffen die Romanfiguren wieder in Avignon bei Lord Galen zusammen, der immer noch nach dem Templerschatz sucht, obwohl sein Sekretär glaubt, daß der wahre Templerschatz nicht materieller, sondern spiritueller Art ist, d. h. aus Erkenntnis besteht. Mit Lord Galen sucht auch Prinz Hassad, der aus Ägypten geflohen ist, als die Briten Mitglieder der gnostischen Sekte unter dem Verdacht umstürzlerischer Tätigkeiten verhaften ließen. Um etwas über die Vergangenheit ihrer Schwester Livia zu erfahren, trifft Constance Smirgel, der für den Tod ihres Bruders Hilary verantwortlich ist und damit indirekt auch für Livias Selbstmord. Sie erfährt, daß während der Okkupationszeit in Avignon österreichische Pioniere große Mengen Sprengstoff und Munition in den Höhlen beim Pont du Gard lagerten und dabei auf den Templerschatz stießen, den sie mit Minen sicherten. Die Pioniere wurden später exekutiert, als sie sich weigerten, Avignon in die Luft zu sprengen. Der Lageplan des Schatzes, den die Pioniere angefertigt hatten, ist im Besitz Smirgels, der ihn an Lord Galen weitergeben will, wenn dieser ihn im bevorstehenden Kriegsverbrecherprozeß schützt. Blanford und Constance haben endlich als Liebende zueinander gefunden (ihre Zukunftspläne lassen erkennen, daß der Band *Livia*, in dessen erstem Kapitel Constances Tod berichtet wird, zeitlich an die hier geschilderten Ereignisse anschließt). Bei einem Fest zu Ehren der heiligen Sara versammeln sich Zigeuner, die in die Stadt zurückgeströmt sind, sowie Lord Galen, Prinz Hassad, Smirgel, Sutcliffe, Blanford und Constance, um den Schatz in den Höhlen zu heben. Mit dieser Episode, in der die Realität die Fiktion ablösen und laut Blanford etwas völlig Unvorhergesehenes eintreten wird, endet der Roman. Das *Quinx* vorangestellte Motto, dem zufolge ein Roman selbst die Geschmackskriterien entwickeln muß, nach denen er beurteilt werden soll, könnte über dem gesamten *Avignon-Quintett* stehen.
Durch die Verschachtelung der Erzählebenen, die ineinander fließenden oder voneinander abhängigen Figuren, die zahlreichen Echos aus der europäischen Literatur, durch häufige Anspielungen auf mythische Figuren wie Tiresias oder Faust, auf östliche wie westliche Philosophien und Ideologien (Judentum, Christentum, Gnostik, Buddhismus) wird die Romanserie zu einem häufig schwer entzifferbaren Palimpsest. Die beiden Schriftstellerfiguren diskutieren immer wieder romantheoretische Fragen und erörtern Teilaspekte der Romanfolge, etwa wenn sie das *Avignon-Quintett* als Detektiverzählung charakterisieren *(Quinx)* oder als *»ein Buch ... aus den Ersatzteilen anderer Bücher« (Constance)*; sie liefern damit dem Leser Verständnishilfen. – Das kritische Echo auf das Quintett ist bisher verhalten. Rezensionen verweisen auf die Nähe zu D. H. Lawrence und zu Henry Miller, während das formale Experiment, das Ineinanderfließen von Teilen zu einer neuen Einheit, oft übersehen wird. A.Maa.

Ausgaben: *Monsieur, or the Prince of Darkness:* Ldn. 1974. – NY 1975. – Ldn. 1976. – Harmondsworth 1984 (Penguin). – *Livia, or Buried Alive:* Ldn. 1978. – NY 1979. – Ldn. 1981. – Harmondsworth 1984 (Penguin). – *Constance, or Solitary Practices:* Ldn. 1982. – NY 1983. – Ldn. 1983. – Harmondsworth 1984 (Penguin). – *Sebastian, or Ruling Passions:* Ldn. 1983.– NY 1983. – Ldn. 1985. – Harmondsworth 1985 (Penguin). – *Quinx, or The Ripper's Tale:* Ldn. 1985. – NY 1985.

Übersetzungen: *Monsieur oder Der Fürst der Finsternis*, S. Lepsius, Reinbek 1977. – *Livia oder Lebendig begraben*, dies., Reinbek 1980. – *Constance oder Private Praktiken*, dies., Reinbek 1984. – *Sebastian oder die Gewalt der Leidenschaft*, dies., Reinbek 1986. – *Fünfauge oder Was der Frauenmörder erzählt*, dies., Reinbek 1989.

Literatur: J. P. Carley, *An Interview with L. D.* (in Malahat Review, 51, 1979, S. 42–46). – Ders., *L. D.'s Avignon Quincunx and Gnostic Heresy* (ebd., 61, 1982, S. 156–166).

David Edgar

* 26.2.1948 Birmingham

Literatur zum Autor:
D. Edgar, *Ten Years of Political Theatre, 1968–1978*

(in Theatre Quarterly, 32, 1979, S. 25–33). – Ders., *Towards a Theatre of Dynamic Ambiguities* (ebd., 33, S. 3–23; Interview). – C. Itzin, *Stages in the Revolution*, Ldn. 1980. – J. Bull, *New British Political Dramatists*, Ldn. 1984. – E. Swain, *D. E.: Playwrigth and Politician*, NY 1986 [m. Bibliogr.].

MAYDAYS

(engl.; *Ü: Maifeiertage*). Stück in drei Akten von David EDGAR, Uraufführung: London, Oktober 1983, Barbican Theatre. – Edgar gehört zu den prominentesten Vertretern des engagiert politischen Theaters im zeitgenössischen England. In einer dezidierten Wendung gegen das sozialkritische Drama der fünfziger und sechziger Jahre, das – wie er meinte – zu sehr den Blick auf die psychologische Motivation von Figuren gerichtet und dadurch von den politischen Hintergründen abgelenkt hatte, betonte Edgar zunächst verstärkt die Elemente des Agitprop, des epischen Theaters und des *history play* und präsentierte seine Texte als »faction«, d. h. als Mischung fiktiver und tatsächlicher Ereignisse, um das hinter der Realität wirkende Bewußtsein deutlich zu machen.

In *Maydays* verwebt Edgar stärker als in seinen früheren Stücken, aus denen er den Bereich des Privaten bewußt ausgespart hatte, die private und die politische Sphäre; dennoch dominiert auch hier die Darstellung von Figuren in ihrem politischen Kontext. Wie die früheren Stücke ist auch *Maydays* deutlich episodisch strukturiert, stärker als früher aber bemüht sich der Autor, den Eindruck der chronologischen Abfolge der einzelnen Episoden und Handlungssequenzen zu unterstreichen, indem er die einzelnen Szenen immer wieder übereinanderblendet und auf diese Weise die zum Teil recht großen zeitlichen Abstände zwischen ihnen überspielt. Damit wird der thematische Zusammenhang dem zeitlichen übergeordnet. Hauptthema ist die Kontrastierung der Entwicklung der westlichen Linken von 1956 bis in die achtziger Jahre mit der Entstehung des politischen Dissidententums im Osten.

Im Mittelpunkt der Handlung steht zunächst der junge Martin Glass, der aus einem gutbürgerlichen Haus mit einem gewissen Wohlstand kommt und dessen politisches Bewußtsein relativ hoch entwickelt ist. Schon in der Schule hatte Martin sich für nukleare Abrüstung engagiert, war dann an den studentischen Protesten der 67er und 68er Generation beteiligt, bis er sich 1970 der trotzkistischen »Socialist Vanguard« (SV) anschließt, aus der er nach einigen Jahren wegen mangelnder Linientreue wieder ausgeschlossen wird. Nach einer Phase des betont individuellen Liberalismus landet Martin schließlich als Journalist bei der etablierten ›Sunday Times‹ und bei einer Gruppe betont Konservativer, die mit einem »Committee for the Defence of Liberty« den Kampf nach außen gegen den angeblichen Expansionsdrang der diktatorischen Sowjetunion und nach innen gegen die »Verweichlichung« der britischen Jugend durch den Wohlfahrtsstaat predigen. Martin folgt mit dieser Entwicklung seinem ehemaligen Lehrer Jeremy, der ihm auf dem Weg von der extremen politischen Linken zu den kalten Kriegern der Rechten immer nur eine Station voraus ist. Jeremy verkörpert die Generation der letzten Ausläufer der »Red Thirties«, für die er, wie er immer wieder bedauert, leider etwas zu spät geboren wurde. In der ersten Szene erscheint Jeremy als Siebzehnjähriger, der bei den Maifeiern des Jahres 1945 als begeisterter Sprecher der »Young Communist League« seine Hoffnungen auf ein »new Jerusalem« ausdrückt. Nach der brutalen Niederschlagung des Ungarnaufstands verläßt Jeremy die Kommunistische Partei, durchläuft zunächst eine Phase liberaler Toleranz gegenüber der aufständischen 68er Jugend (die er als inzwischen etablierter Universitätsdozent erlebt) und des humanitären Engagements für sowjetische Dissidenten und wird schließlich zum kulturpessimistischen Kritiker des Wohlfahrtsstaates, der durch »Vermassung« nur zur Senkung des allgemeine Niveaus geführt habe. Einige Jahre früher als Martin findet sich Jeremy in den konservativen Kreisen wieder, in denen schließlich auch Martin landet und die von dem ehemaligen Minister Trelawney dominiert werden, dessen geplante Ermordung einst zur Verhaftung von Martins Freund Phil geführt hatte.

Die Entwicklung von Jeremy und Martin findet ihr Pendant in der Entwicklung des ungarischen Freiheitskämpfers Paloczi, der 1956 als überzeugter Sozialist für die kostenlose Verteilung von Lebensmitteln eingetreten und deswegen von den sowjetischen Okkupatoren verhaftet worden war. Nachdem ihm der sowjetische Besatzungsoffizier Lermontov zur Flucht verholfen hat, findet man Paloczi im Westen wieder als Fürsprecher für inhaftierte Dissidenten, der sich schließlich von Trelawney für den kalten Krieg vereinnahmen läßt. Als positiver Widerpart zu Paloczi erscheint der Offizier Lermontov, der nach seinen Erfahrungen während des Ungarnaufstands in kritische Distanz zum sowjetischen Regime gerückt war und schließlich in den Westen abgeschoben wird. Anders als Paloczi entzieht sich aber Lermontov der Vereinnahmung durch den westlichen Konservativismus; er bewahrt seine Kritikfähigkeit und verweigert die Annahme des vom »Committee« ausgesetzten Preises, als er die Parallelen zwischen den autoritären Machthabern im Osten und der reaktionären Rechten im Westen erkennt. Damit wird Lermontovs kritische Aufrichtigkeit zum Angelpunkt einer trotz der pessimistischen Darstellung der verschiedenen sozialistischen Gruppierungen eher optimistischen Perspektive, die auch durch Martins ehemalige Freundin Amanda verkörpert wird. Amanda, die zunächst ein sehr engagiertes Mitglied der SV gewesen war, hatte diese schließlich wegen der dogmatischen Gängelung verlassen, ohne ihr soziales und politisches Engagement aufzugeben. So bleibt sie auch verschont von der beißenden Ironie, mit der die übrigen »68er« und ihre diversen politischen Aktivitäten karikiert werden (etwa die komisch wirkende Zersplitterung der Linken in diverse, sich gegenseitig heftig bekämpfende Untergruppierungen; der politische Party-*small-talk*, die Trivialisierung der ehemals hohen Ideale in der Reduktion der »International Brigade« auf den Namen einer Popgruppe, usw.) Damit ist Amanda, die schließlich mit einer Fraueninitiative ein Stück Land neben einem US-Stützpunkt besetzt und ihre politische Arbeit in Nachbarschaftshilfen fortsetzt, ebenso Träger der politischen Hoffnungen wie es die russischen Dissidenten sind, die trotz aller Bedrohungen ihren Kampf um Menschenrechte fortsetzen.

Mit seiner perspektivenreichen Darstellung eines sehr breiten politischen Spektrums »linker« Einstellungen und ihrer Schattierungen hat sich Edgar deutlich vom Agitproptheater entfernt, aus dem er ursprünglich gekommen war, ohne damit seine Ansprüche an politisches Theater aufzugeben und den Versuchungen eines psychologisierenden *social realism* anheimzufallen. Auch wenn seine Figuren individueller greifbar werden als in früheren Stükken, so bleibt *Maydays* doch – unterstützt auch durch die episierenden Zitate aus z. B. Marcuse, Spender, Steiner, Solženicyn vor jedem Akt – in erster Linie ein Dokument des politischen Theaters. H.Qu.

Ausgabe: Ldn. 1984.

Übersetzung: *Maifeiertage*, G. Petzoldt, Bln. 1984 [Bühnenms.].

ian (lancaster) Fleming

* 28.5.1908 London
† 12.8.1964 Canterbury

Literatur zum Autor:
B. Bergonzi, *The Case of Mr. Fleming* (in The Twentieth Century, 163, 1958, S. 220–228). – P. Johnson, *Sex, Snobbery and Sadism* (in New Statesman, 5.4. 1958). – O. F. Snelling, *Double O Seven James Bond: A Report*, Ldn. 1964. – K. Amis, *The James Bond Dossier*, Ldn. 1965. – *Der Fall James Bond: 007 – ein Phänomen unserer Zeit*, Hg. O. del Buono u. U. Eco, Mchn. 1966. – R. Gant, *I. F.: The Man with the Golden Pen*, NY 1966. – *Nur für Bond-Freunde*, Hg. S. Lane, Mchn. 1966. – A. S. Boyd, *The Devil With James Bond*, Ldn. 1967. – C.M. Starkey, *James Bond: His World of Values*, Ldn. 1967. – R. Harper, *The World of the Thriller*, Cleveland/Oh. 1969. – C. Watson, *Snobbery With Violence: Crime Stories and Their Audience*, Ldn. 1971. – J. Brosnan, *James Bond in the Cinema*, South Brunswick/N.Y. 1972. – G. Grella, *James Bond* (in *The Critic as Artist: Essays on Books 1920–1970*, Hg. G. A. Harrison, Liveright 1972, S. 138–144). – J. Symons, *Bloody Murder: From the Detective Story to the Crime Novel. A History*, Ldn. 1972. – J.-P. Becker, *Der englische Spionageroman. Historische Entwicklung, Thematik, literarische Form*, Mchn. 1973 (Goldm. Tb). – I. Nolting-Hauff, *Märchen und Märchenroman. Zur Beziehung zwischen einfacher Form und narrativer Großform in der Literatur* (in Poetica, 6, 1973, S. 129–178). – J. Pearson, *James Bond: The Authorized Biography of 007. A Fictional Biography*, NY 1973. – B. Martin, *James Bond: A Phenomenon of Some Importance* (in *Cunning Exiles: Studies of Modern Prose Writers*, Hg. D. Anderson u. S. Knight, Ldn. 1974, S. 218–238). – B. Merry, *Anatomy of the Spy Thriller*, Dublin 1977. – J. Palmer, *Thrillers: Genesis and Structure of a Popular Genre*, Ldn. 1978. – L. L. Panek, *The Special Branch: The British Spy Novel, 1890–1980*, Bowling Green/Oh. 1981. – S. Rubin, *The James Bond Films*, Norwalk/Conn., 1981. – J. Atkins, *The British Spy Novel*, Ldn./NY 1984. – L. O. Sauerberg, *Secret Agents in Fiction: Ian Fleming, John le Çarré and Len Deighton*, Ldn./Basingstoke 1984. – *Contemporary Literary Criticism*, Hg. J. C. Stine u. D. G. Marowski, Bd. 30, Detroit 1984, S. 130–150. – T. Bennett u. J. Woollacott, *Bond and Beyond: The Political Career of a Popular Hero*, Basingstoke/Ldn. 1987. – J. G. Cawelti u. B. A. Rosenberg, *The Spy Story*, Ldn./NY 1987. – M. Denning, *Cover Stories. Narrative and Ideology in the British Spy Thriller*, Ldn./NY 1987. – B. Lenz, *FACTIFICTION. Agentenspiele wie in der Realität. Wirklichkeitsanspruch und Wirklichkeitsgehalt des Agentenromans*, Heidelberg 1987. – A. Masters, *Literary Agents: The Novelist as Spy*, Oxford/NY 1987. – D. Stafford, *The Silent Game: The Real World of Imaginary Spies*, Harmondsworth 1989.

CASINO ROYALE

(engl.; *Ü: Casino Royale*). Roman von Ian Fleming, erschienen 1953. – In der inzwischen fast einhundertjährigen Gattungsgeschichte des Agentenromans hat kein anderer fiktiver Protagonist eine ähnliche Popularität erlangt wie James Bond, der patriotische Meisteragent der englischen Spionageabwehr in mehr als einem Dutzend Romanen und Kurzgeschichten von Ian Fleming, einem ehemaligen Mitarbeiter des englischen Geheimdienstes. James Bond, der modellhaft die kommunistische Verschwörung bekämpft, die Werte der in Gefahr geratenen westlichen Welt verteidigt und ihre Überlegenheit demonstriert, ist dank seiner Loyalität und seines Heroismus zum fiktiven Leitbild der Ära des Kalten Krieges geworden.

Im ersten der Romane Flemings, *Casino Royale*, mit dem nach dem Zweiten Weltkrieg eine neue Phase des Agentenromans beginnt, erhält Bond von seinem namenlos bleibenden Vorgesetzten M den Auftrag, zusammen mit seiner Geliebten (und Gespielin) Vesper Lynd den in finanziellen Schwierigkeiten steckenden Le Chiffre auszuschalten, einen äußerst rücksichtslosen, wie alle Gegner Bonds physisch abstoßenden und moralisch skrupellosen Agenten der UdSSR, der den Fonds seiner kommunistischen Gewerkschaft für eigene Geschäfte mißbraucht und dabei hohe Verluste erlitten hat. Dieser Auftrag bildet den Auftakt zu einem in allen James-Bond-Romanen gleichbleibenden Handlungsbogen: Bond trifft zunächst auf seinen Gegenspieler, der ihn vorübergehend sogar gefangennehmen kann; Bond kann jedoch schließlich entkommen und seinen Gegner endgültig besiegen. In *Casino Royale* gelingt es Bond zu Beginn, Le Chiffre beim Baccara im Kasino von Royale-les-Eaux finanziell zu ruinieren und damit dessen Geheimdienst auf den Plan zu rufen; dann tappt er allerdings beim Versuch, die entführte Vesper Lynd zu retten, in eine Falle Le Chiffres. Dem spielerischen Gambit am Baccaratisch folgt ein aktionsgeladener brutaler Kampf, in dem Bond nach dem Zufallssieg im Spiel seine moralische und physische Überlegenheit – unter anderem in einer an Grausamkeit kaum zu überbietenden Folterungsszene – unter Beweis stellen kann. Allerdings bringt nicht Bond Le Chiffre zur Strecke, sondern die russische Geheimdienstorganisation SMERSH, *»diese eiskalte Waffe des Todes und der Rache«*, in deren Auftrag Bonds Gegner zu arbeiten pflegen. Der Vernichtung Le Chiffres schließt sich – eher untypisch für Fleming – eine ausgedehnte ideologische Diskussion über die *»Natur des Bösen«* an, die zu der überraschenden Schlußpointe überleitet. Der für den französischen Geheimdienst Deuxième Bureau tätige Mathis, neben Felix Leiter vom CIA Bonds wichtigster und zuverlässigster Partner, muß Bonds Zweifel zerstreuen, ob sich Gut und Böse, Recht und Unrecht, Helden und Bösewichte wirklich eindeutig unterscheiden lassen. Der Ausgang des Romans überzeugt Bond von der Richtigkeit seiner Mission, wenn sich herausstellt, daß Bonds Partnerin Vesper Lynd, die Selbstmord begeht, eine von den Russen gedungene Doppelagentin war.

Der Erfolg von *Casino Royale* – innerhalb kurzer Zeit wurden eine halbe Million Exemplare verkauft – setzte sich auch bei den weiteren, in jährlichem Abstand erscheinenden Bond-Romanen fort (*Live and Let Die*, 1954, bis hin zu *The Man With the Golden Gun*, 1965) und leitete eine Bond-Manie ein (z.B. Zeitungsabdrucke, Comics, Fanzeitschriften, Gebrauchsgegenstände, nicht zuletzt zahlreiche Verfilmungen, die sich im Vergleich zu den Büchern fast wie Parodien ausnehmen). Fleming selbst bezeichnete seine Romane einmal als *»pure Hirngespinste«*; in Wirklichkeit sind sie jedoch eine hybride Mischung aus realitätsfernen und realitätsnahen Elementen, *»moderne Märchenromane«* (I. Nolting-Hauff), die auf einer mythischen, romanzenhaften Grundstruktur aufbauen, jedoch Ritter, Drachen und Schlösser durch zeitgemäßere Ingredienzen ersetzen. Die publikumsträchtige Mischung aus schönen Frauen, einem zur Identifikation reizenden Helden, überzeichneten Schurken und exotischen Plots, oft auf die Kurzformel *»Sex, Snobismus und Sadismus«* gebracht, hat zu vehementer Kritik (z.B. B. BERGONZI), aber auch zu prominenter Rechtfertigung (z.B. K. AMIS) geführt. Inzwischen ist die emotionale Diskussion um Wert oder Unwert der Romane Flemings sachlich fundierter, wissenschaftlicher Analyse gewichen, die die gegen Fleming vorgebrachten Einwände des Rassismus, Faschismus und Sexismus, die Erzählstruktur der Werke und ihre literarische Tradition eingehend untersucht.

Das langsame Aufweichen der politischen Blockbildung hat Fleming in seinen späten Romanen zur Suche nach neuen Feindfiguren veranlaßt, zugleich aber auch parodistische Agentenromane und Gegenfiguren zu James Bond entstehen lassen, die Flemings schematische Weltsicht in Frage stellen (Graham GREENE, John LE CARRÉ, Len DEIGHTON). Trotzdem geht auch die Bond-Rezeption ungebrochen weiter, ja in den achtziger Jahren erfolgte sogar in den Romanen John GARDNERS (zuerst mit *Licence Renewed*, 1981) eine Reaktualisierung und Anpassung der Bond-Figur an unsere Zeit.

B.Le.

AUSGABEN: Ldn. 1953. – NY 1954. – Ldn. 1955 (Pan Books). – Ldn. 1960. – NY 1965 (Signet Books). – NY 1966. – St. Albans 1978 (Triad Books). – Bath 1979 (Large print ed.) – Ldn. 1988 (Coronet Books).

ÜBERSETZUNG: *Casino Royale*, G. Eichel, Ffm. 1960 u.ö., zul. 1982 (Ullst. Tb).

VERFILMUNG: USA/England 1967 (Regie: J. Huston, K. Hughes, V. Guest, R. Parrish, J. McGrath).

LITERATUR: Anon., Rez. (in TLS, 17.4. 1953). – R.D. Charques, Rez. (in The Spectator, 17.4. 1953). – J.D. Scott, Rez. (in The New Statesman and Nation, 9.5. 1953). – K.-H. Wocker, *Casino Royale. Fünf Regisseure suchen einen Bond* (in Film, 6, 1968, H.1, S.26/27).

JOHN FOWLES

* 31.3.1926 Leigh-on-Sea / Essex

LITERATUR ZUM AUTOR:
Bibliographien:
K.M. Myers, *J.F.: An Annotated Bibliography, 1963–1976* (in Bulletin of Bibliography, 33, 1976, Nr. 4). – B. u. T. Olshen, *J.F.: A Reference Guide*,

Boston 1980. – R. C. Dixon, *Criticism of J. F.: A Selected Checklist* (in MFS, 31, 1985, Nr. 1).
Gesamtdarstellungen und Studien:
R. Binns, *J. F.: Radical Romancer* (in Critical Quarterly, 15, 1973, S. 317–334). – W. J. Palmer, *The Fiction of J. F.*, Columbia/Mo. 1974. – P. Wolfe, *J. F.: Magus and Moralist*, Lewisburg/Pa. 1976; ²1979 [rev.]. – B. N. Olshen, *J. F.*, NY 1978. – R. Burden, *J. F., John Hawkes, Claude Simon: Problems of Self and Form in the Post-Modernist Novel*, Würzburg 1980. – R. Huffaker, *J. F.*, Boston 1980 (TEAS). – D. H. Walker, *Subversion of Narrative in the Work of André Gide and J. F.* (in *Comparative Criticism*, Hg. E. S. Shaffer, Cambridge 1980, S. 187–212). – Journal of Modern Literature, 8, 1980/81, Nr. 2 [Sondernr. *J. F.*]. – P. J. Conradi, *J. F.*, Ldn./NY 1982. – K. McSweeney, *Four Contemporary Novelists*, Montreal 1982. – R. Runyon, *F., Irving, Barthes: Canonical Variations on an Apocryphal Theme*, Columbus/Oh. 1982. – E. Pifer, *J. F.* (in DLB, Bd. 14, 1983, S. 309–336). – H. W. Fawkner, *The Timescapes of J. F.*, Ldn. 1984. – B. Woodcock, *Male Mythologies: J. F. and Masculinity*, Brighton/Totowa (N.J.) 1984. – W. Krull, *J. F.* (in KLFG, 6. Nlg., 1985). – MFS, 31, 1985, Nr. 1 [Sondernr. *J. F.*]. – S. Loveday, *The Romances of J. F.*, Ldn. 1985. – H. Buchholz, *Die schöpferische Elite und ihre geistige Verantwortung*, Ffm./Bern 1986. – H. Zirker, *J. F.* (in *Der englische Roman der Gegenwart*, Hg. R. Imhof u. A. Maack, Tübingen 1987, S. 162–186).

THE COLLECTOR

(engl.; *Ü: Der Sammler*). Roman von John Fowles, erschienen 1963. – Der erste veröffentlichte Roman von Fowles, der in Oxford Romanistik studierte, war nicht sein erster: Neben zahlreichen unveröffentlichten Manuskripten entstand auch *The Magus* (1965) vor *The Collector*. Der große Erfolg des Erstlings bei Kritikern und Lesern (und dann auch als Film) überraschte Fowles, denn schon in *The Collector* zeigt sich die Neigung zum erzähltechnischen Experiment, die Fowles zu einem der bedeutendsten postmodernen Erzähler machte. Die Geschehnisse des zweiteiligen Romans werden aus zwei verschiedenen Perspektiven erzählt: aus der Sicht des etwa fünfundzwanzigjährigen Ich-Erzählers Frederick Clegg und aus jener der zwanzigjährigen Kunststudentin Miranda Grey. Beide Protagonisten werden als Gefangene ihrer sozialen Lebensbedingungen dargestellt, aus denen sie sich letztlich nicht befreien können.
Clegg stammt aus einer englischen Kleinbürgerfamilie, durch deren Normen er geformt wurde. Früh verwaist, wurde er von seiner Tante in einer Umgebung aufgezogen, die ihn zum schäbig-gemeinen, prüden, gefühlskalten Menschen ohne eigene Identität machte. Er arbeitet als kleiner Verwaltungsangestellter, sein einziges Hobby ist das Schmetterlingssammeln. Er hat keine Freunde, träumt aber von der hübschen Miranda, die in der Nähe wohnt, die er einst durch ein Fenster erblickt hatte und deren Leben er von diesem Zeitpunkt an ausspioniert. Als er eines Tages im Fußballtoto gewinnt, sieht er eine Möglichkeit, seinen Traum zu realisieren und Miranda zu besitzen. Er kauft ein altes, einsam gelegenes Haus in Sussex und bereitet es darauf vor, Miranda aufzunehmen, die er wie einen schönen Schmetterling seiner Kollektion einzuverleiben gedenkt. Er entführt das ahnungslose Mädchen, nachdem er es wie seine Schmetterlinge chloroformiert hat, und sperrt es in den vom Tageslicht abgeschirmten Keller seines Hauses. Die Interaktion zwischen Täter und Opfer, das mit Cleggs Traumgestalt wenig gemein hat, bestimmt den Rest des ersten Romanteils, der einige Tage vor Mirandas Tod infolge einer Lungenentzündung endet.
Der zweite Teil des Romans besteht aus Mirandas Tagebuch, das sie heimlich während ihrer achtwöchigen Gefangenschaft schrieb und in dem sie ihre Gedanken und ihr Leiden lebhaft darstellt. Auch Miranda, Tochter aus einer Familie des gehobenen Bürgertums, ist durch die überkommenen Vorstellungen ihrer Klasse geprägt. Ihre klischeehaften, konventionellen Ansichten über Liebe, Sexualität und die Beziehungen zwischen Mann und Frau ändern sich zwar im Lauf ihrer Gefangenschaft, wobei sich der jeweilige Bewußtseinsstand in ihren verschiedenen Befreiungsversuchen spiegelt. Aber so wie ihre immer durchdachteren Anstrengungen fehlschlagen, mißlingen auch ihre Versuche, sich von den verinnerlichten Konventionen zu lösen. Sie kann zwar Cleggs Ängste und Motive, vor allem sein Besitzstreben, scharfsinnig analysieren und zu der Einsicht gelangen, daß das Verhältnis der Geschlechter auch ein Machtkampf ist, letztlich verfestigen sich aber nur ihre erworbenen, teilweise arrogant wirkenden Ansichten. Ihr physischer Tod versinnbildlicht die Unfähigkeit, aus dem Gefängnis ihrer Wertvorstellungen auszubrechen. Dennoch sieht sie richtig, daß Clegg *»in Wahrheit der Gefangene ist, nämlich im Gefängnis seiner haßerfüllten, engen Welt.«* Auch er, der durch Miranda in mancher Hinsicht verunsichert wird, geht aus dem Lernprozeß schließlich mit verfestigten Anschauungen hervor. Im kurzen Schlußabschnitt, nach Mirandas Tod von Clegg erzählt, ist ihm klargeworden, daß er eine ihm unterlegene Frau finden sollte, weil er nur ihr seine Überzeugungen beibringen kann. Fowles bietet dem Leser durch Clegg vorübergehend zwei Schlüsse an, einen romantischen à la Romeo und Julia und einen deterministischen, doch am Ende schließt sich der Kreis: An einer Kreuzung erblickt Clegg ein Mädchen, das Miranda ähnlich sieht; es wird alles noch einmal geschehen.
In *The Aristos: A Self-Portrait in Ideas*, 1964 (rev. 1968; *Der Beste: Ein Ideen-Selbstporträt*), reagierte Fowles auf den großen Erfolg von *The Collector*, vor allem auf die Tatsache, daß viele Leser und Kritiker das Buch als Thriller mißverstanden. Wie in seinen späteren Romanen benutzt Fowles literarische Formen und Konventionen (hier die des

Thrillers) als Vehikel für Ideen, in diesem Fall für die existentialistische Frage nach der inneren und äußeren Freiheit des Menschen. So schreibt er in *The Aristos: »All unsere ›freien‹ Entscheidungen sind vielleicht letztlich einer Prägung zuzuschreiben, über die wir keine Kontrolle haben. Wir leben in einer Gefängniszelle.«* A.Ja.-KLL

AUSGABEN: Boston 1963. – Ldn. 1963. – NY 1966. – Ldn./NY 1973. – NY 1975. – Ldn. 1986.

ÜBERSETZUNG: *Der Sammler*, M. Wolff, Bln. 1964. – Dass., dies., Ffm./Bln. 1968 (Ullst. Tb).

VERFILMUNG: USA 1965 (Regie: W. Wyler).

LITERATUR: S. Bagchee, *»The Collector«: The Paradoxical Imagination of J. F.* (in Journal of Modern Literature, 8, 1980/81, S. 219–234). – P. Nodelman, *J. F.'s Variations in »The Collector«* (in ConL, 28, 1987, S. 332–346).

THE FRENCH LIEUTENANT'S WOMAN

(engl.; *Ü: Die Geliebte des französischen Leutnants*). Roman von John FOWLES, erschienen 1969. – In Fowles' bekanntestem, erfolgreichstem und wohl auch bestem Roman spiegelt sich die Belesenheit des Autors in besonderem Maße wider. Abgesehen von zahllosen literarischen Zitaten und Anspielungen gestaltet das Werk einen viktorianischen Roman nach, allerdings in ironisch-gebrochener Form. Dieser Kunstgriff erlaubt es dem Autor, die Hintergründe der weltanschaulichen Normen sowohl des viktorianischen als auch des modernen Zeitalters aufzudecken: *»Das gutbürgerliche Gewand wird dauernd linksgewendet, so daß die Nähte, die es zusammenhalten, bloßgelegt werden.«* (W. Wicht). Trotz dieser intellektuellen Ansprüche wurde das Werk ein Bestseller.

Der aus einer aristokratischen Familie stammende 32 Jahre alte Charles Smithson hat sich mit der hübschen Ernestina, der einzigen Tochter des neureichen Londoner Tuchhändlers Freeman, verlobt. Obzwar lebhaft und zu witzig-ironischen Bemerkungen fähig, in der Regel allerdings auf Kosten anderer, ist Ernestina ganz in den konventionellen Vorstellungen ihrer Zeit befangen. Der Roman schildert zu Beginn die schicksalhafte Begegnung des jungen Paares mit der mysteriösen Außenseiterin Sarah Woodruff auf der Mole der Kleinstadt Lyme Regis in Dorset, wo Ernestina einige Wochen bei ihrer Tante verbringt und von Charles besucht wird, der sich in dieser Gegend zudem seiner Liebhaberei, der Paläontologie, widmet. Von Sarah geht das Gerücht, daß sie die Geliebte eines schiffbrüchigen französischen Leutnants gewesen sei, den sie gesund gepflegt, der sie aber verlassen habe, worauf sie in tiefe Melancholie verfallen sei. Dieses für Viktorianer (der Roman spielt 1867) unverzeihliche Vergehen stempelt Sarah ein für allemal ab: Man nennt sie fortan »die Geliebte des französischen Leutnants«. Die aus kleinbürgerlichen Verhältnissen stammende Sarah, die ein Unterkommen als Gesellschafterin bei der bigotten, bösartigen und demonstrativ philanthropischen Mrs. Poulteney gefunden hat, ist eine außergewöhnliche Frau. Intelligent und klug, ist sie sich der Dummheit und Arroganz ihrer Umwelt bewußt und sehnt sich nach einem Leben, in dem ihr Verlangen nach Selbständigkeit, Gerechtigkeit, Bildung und Schönheit befriedigt werden kann. Nach der ersten Begegnung trifft Charles sie auf einem ihrer langen Spaziergänge wieder. Er fühlt sich unwiderstehlich von ihr angezogen und weiß nicht mehr, für welche der beiden Frauen er sich entscheiden soll. Für viktorianische Verhältnisse unerhört, ergreift Sarah die Initiative und führt weitere Treffen mit Charles herbei. Sie gesteht ihm, daß sie auf ihn ihre ganze Hoffnung gesetzt habe, um aus den sie einschnürenden, unerträglichen Verhältnissen herauszukommen. Charles ist fasziniert, schreckt aber allen darwinistisch-aufklärerischen Gedanken zum Trotz, die er in langen Gesprächen mit Doktor Grogan, dem Arzt in Lyme Regis, diskutiert, vor dem entscheidenden Schritt zurück, der ihn seine Stellung in der Gesellschaft kosten würde.

Ins Wanken gerät Charles' bis dahin scheinbar so fest gegründete Welt, als sein Onkel, dessen beträchtliches Vermögen er zu erben gehofft hatte, eine jüngere Witwe heiratet. Mr. Freeman fordert daraufhin seinen zukünftigen Schwiegersohn auf, in sein Handelsgeschäft einzutreten. Der ist über das Ansinnen entsetzt, denn Berufstätigkeit verträgt sich nicht mit dem Status eines Gentleman. Auch Sarah Woodruff trifft soziales Unglück: Sie wird von Mrs. Poulteney fristlos entlassen, weil sie deren Anordnungen nicht befolgt hatte, und verläßt Lyme Regis. Charles heiratet Ernestina, und als seinem Onkel Zwillinge geboren werden, was gleichbedeutend mit dem Verlust seines Erbes ist, steigt Charles in das Geschäft von Mr. Freeman ein. Nach etwa zwei Dritteln (in Kapitel 44) erreicht der Roman einen ersten, ironischen Schlußpunkt. In spielerisch-auktorialer Manier (im Stile etwa von Henry FIELDING) greift der Erzähler ein und konstruiert ein Romanende im Sinne von poetischer Gerechtigkeit, im Sinne auch viktorianischer Lesererwartungen: Die alle negativen viktorianischen Eigenschaften verkörpernde Mrs. Poulteney stirbt und kommt in die Hölle, die Liebenden werden glücklich vereint.

Bei dieser Burleske aber läßt es Fowles nicht bewenden. Er verlegt die Handlung wieder zurück an die Stelle, wo Charles die Wahl zwischen Ernestina und Sarah hatte. Nach dem Gespräch mit Mr. Freeman in London entschließt sich Charles, Sarah in Exeter aufzusuchen, wohin diese sich gewendet hatte. Dort kommt es zwischen beiden zu einer leidenschaftlichen sexuellen Vereinigung.

Charles erfährt, daß Sarah nie die Geliebte des französischen Leutnants gewesen war. Für Sarah bedeutet dieser Liebesakt das endgültige Verwerfen aller Konventionen. Sie hat sich damit bewußt zur

Ausgestoßenen gemacht, um frei zu sein, ihr eigenes Leben unabhängig von den Normen der Gesellschaft zu gestalten. Charles' Diener Sam unterschlägt den Brief, in dem jener Sarah um ihre Hand hatte bitten wollen. Charles löst die Verlobung mit Ernestina und sucht verzweifelt und vergeblich nach der verschwundenen Sarah, bis er in Amerika erfährt, daß Sarah im Hause des präraffaelitischen Dichters und Malers Dante Gabriel Rossetti (1828–1882) lebt. *»Die Präraffaeliten«*, so hatte Fowles schon vorher in einem seiner auktorialen Einschübe erläutert, *»waren eine revolutionäre Kunstrichtung jener Zeit: Sie machten wenigstens den Versuch, Natur und Sexualität zu ihrem Recht kommen zu lassen«*.
An diesem Punkt bietet Fowles erneut zwei Schlußvarianten an: In der ersten weigert sich eine in eigener künstlerischer Arbeit Befriedigung findende Sarah zunächst, Charles in die Ehe zu folgen. Nach der melodramatischen Enthüllung aber, daß Charles und sie eine gemeinsame Tochter haben, widerruft Sarah ihre erste Entscheidung. In der zweiten Variante erklärt sie, daß sie Charles nicht wie eine Ehefrau lieben könne. Charles verläßt das Haus, wiedergeboren, aber mit der Hilflosigkeit eines neugeborenen Kindes. Er muß noch einmal neu anfangen zu lernen, aber er hat auch ein winziges Quantum Selbstvertrauen gefunden, auf dem er sein weiteres Leben aufbauen kann.
Fowles spielt in den drei verschiedenen Romanenden mit den Erwartungen eines jeweils andersartigen Lesepublikums. Daß der erste Schluß nicht der »richtige« ist, wird schon durch seine Stellung im Roman und durch den ironischen Ton unterstrichen. Dem modernen Leser würde der zweite, »romantische« Ausgang der Liebesgeschichte zusagen. Der dritte Schluß aber ist der, den Fowles meint. Hier wird deutlich, daß es, anders als der Titel vermuten läßt, nicht um Sarah, sondern um Charles geht. Sarah hat den entscheidenden Schritt zur Emanzipation nicht getan, sie hat letztlich einen Kompromiß geschlossen, indem sie sich in die Obhut anderer Emanzipierter, der Präraffaeliten, begab. Charles dagegen nimmt das existentielle Wagnis des Lebens auf sich, unabhängig und frei von allen gesellschaftlichen Forderungen und Regeln. Nur so, und das scheint Fowles' Botschaft zu sein, kann der Mensch zu sich selbst finden. Damit wird am Schluß des Romans auf die Aussage des dem Werk voranstehenden Mottos aus Karl Marx' *Zur Judenfrage* (1844) Bezug genommen: *»Alle Emanzipation ist Zurückführung der menschlichen Welt, der Verhältnisse, auf den Menschen selbst«*.
In diesem mehrfach preisgekrönten Roman, der inzwischen zum modernen Klassiker wurde, verabschiedet Fowles auch die viktorianische Vorstellung vom allwissenden, allmächtigen Autor. Er spielt in ironischer und parodistischer Weise sowohl mit den literarästhetischen wie auch mit den gesellschaftlichen Konventionen der im Wandel begriffenen Welt gegen Ende des 19. Jh.s. Indem er so beide Welten miteinander vergleicht, erhellt er sie gegenseitig. A.Ja.-KLL

Ausgaben: Boston 1969. – Ldn. 1969. – NY 1970. – Franklin Center/Pa. 1977.

Übersetzung: *Dies Herz für Liebe nicht gezähmt*, R. Federmann, Bln. 1970. – *Die Geliebte des französischen Leutnants*, ders., Ffm./Bln. 1974; zul. 1982 (Ullst. Tb). – Dass., ders., Bln./Weimar 1983.

Verfilmung: England 1981 (Regie: K. Reisz; Buch: H. Pinter).

Literatur: I. Watt, *A Traditional Victorian Novel? Yes, and Yet...* (in NY Times Book Review, 9. 11. 1969, S. 1; 74/75). – W. Allen, *The Achievement of J. F.* (in Encounter, 35, Aug. 1970, S. 64–67). – P. Brantlinger, I. Adams u. S. Rothblatt, *»The French Lieutenant's Woman«: A Discussion* (in Victorian Studies, 15, 1972, S. 339–356). – E. D. Rankin, *Cryptic Coloration in »The French Lieutenant's Woman«* (in Journal of Narrative Technique, 3, 1973, S. 193–207). – *Études sur »The French Lieutenant's Woman« de J. F.*, Hg. J. Chevalier, Caen 1977. – H. Pinter, *»The French Lieutenant's Woman«: A Screenplay*, Boston 1981 [Vorw. J. F.]. – J. V. Hagopian, *Bad Faith in »The French Lieutenant's Woman«* (in ConL, 23, 1982, S. 191–201). – L. Hutcheon, *Freedom Through Artifice: »The French Lieutenant's Woman«* (in L. H., *Narcissistic Narrative: The Metafictional Paradox*, NY/Ldn. 1984, S. 57–70). – W. Wicht, *J. F.' »Die Geliebte des französischen Leutnants«* (in WB, 10, 1986).

THE MAGUS

(engl.; *Ü: Der Magus*). Roman von John Fowles, erschienen 1965, überarbeitete Version 1977. – Mit *The Magus*, entstanden als sein erster Romanversuch, hat sich Fowles ein ganzes Vierteljahrhundert beschäftigt. Seit 1952 arbeitete er immer wieder daran, und kurz nachdem die erste Version erschienen war, begann Fowles bereits mit einer erneuten Überarbeitung. – Das in drei Teile gegliederte Werk handelt von der Erziehung des jungen Nicholas Urfe durch den »Magier« Maurice Conchis. Nicholas durchläuft eine Art Queste vom kindischen Narren, der nichts über sich weiß, bis zum erwachsenen Mann, der sich selbst erkennt und erst dadurch Verständnis für seine Mitmenschen entwickeln kann.
Nach seinem Oxford-Studium nimmt Nicholas (wie Fowles selbst) eine Stelle als Englischlehrer an einer Privatschule auf der (fiktiven) griechischen Insel Phraxos an (verwandt mit dem griechischen Wort für Plan, Konzept). In London hatte er kurze Zeit mit der jungen Australierin Alison Kelly zusammengelebt. Die warmherzige und selbstlose Alison liebt Nicholas; für ihn ist sie jedoch nur sexuell attraktiv. Ihre tieferen Gefühle zu ihm ignoriert er. Der zweite Teil handelt von dem »Gott-Spiel« (*godgame*, ursprünglich auch der Untertitel des Romans), das Conchis, der wie Prospero in Shakespeares *The Tempest (Der Sturm)* die Insel

beherrscht, mit Nicholas anstellt, indem er ihn in ein Labyrinth von Illusionen führt. Nicholas (und mit ihm der Leser) verliert bald die Orientierung, weiß nicht mehr, was Täuschung, was Wirklichkeit ist. Die Personen, mit denen er konfrontiert wird, wechseln ständig ihre Identität. Hinter jeder Frage, die er glaubt, beantwortet zu haben, steckt eine neue. Jede »Wahrheit«, die er meint, entdeckt zu haben, entpuppt sich als Täuschung. Der alle Fäden in Händen haltende Conchis inszeniert mit einer Gruppe von Schauspielern ein dramatisches, spannendes Drehbuch, auf dessen Höhepunkt Nicholas klar wird, daß alles dazu diente, ihn an jenen Punkt zu bringen, an dem er *»die absolute Freiheit der Entscheidung«* hat. – In Athen trifft Nicholas Alison wieder, aber er gibt ihr ein weiteres Mal den Laufpaß, da er sich in Lily, eine von Conchis' Schauspielerinnen verliebt hat. Nicholas ist nicht in der Lage, Alison als ein individuelles menschliches Wesen zu begreifen. Für ihn gibt es nur zwei Arten von Frauen, die im Drehbuch des Magus von Lily (Jungfrau) und Rose (Hure) verkörpert werden. Nicholas erfährt, daß Alison nach ihrer Begegnung in Athen Selbstmord begangen habe.

Im dritten Teil des Romans wird der junge Engländer von Conchis gleichsam an der langen Leine geführt. Er ist zwar nicht aus dem Machtbereich des Zauberers entlassen, aber doch weitgehend frei, über seine nächsten Schritte zu entscheiden. Nicholas versucht zunächst, Lily zu finden, um sie für ihre Täuschungsmanöver zu bestrafen, ein Zeichen dafür, daß sein Lernprozeß noch nicht abgeschlossen ist. Erst als er in der Lage ist, in der verlassenen und verwahrlosten Jo-Jo, einem halberwachsenen Mädchen aus Glasgow, und in seiner Wirtin Kemp, die das Leben einer heruntergekommenen Bohemienne führt, mit menschlichen Qualitäten ausgestattete Individuen zu erkennen, wird ihm erlaubt, Alison wiederzusehen, deren Tod ihm nur vorgetäuscht worden war. Nicholas' Erziehung ist beendet; sie bestand darin, ihn zu lehren, in verantwortungsvoller Weise menschlich zu handeln. Fowles läßt das Ende des Romans offen: Es wird sich erweisen, ob Nicholas' neue Fähigkeit ihn in die Lage versetzt, Liebe zu geben und zu empfangen.

Wie *The Collector*, dessentwegen Fowles die Arbeit an *The Magus* unterbrach, reflektiert der Roman auch das Verhältnis von Autor und Leser. Der Magier Conchis repräsentiert den allmächtigen Autor, dem der Leser – wie Nicholas – hilflos ausgeliefert ist. Je enger sich nun der Leser am Credo des Magiers/Autors von der existentiellen Bedeutung individueller Entscheidungsfreiheit orientiert, desto klarer wird ihm, daß er in diesem Text die Möglichkeit der Selbstbestimmung nicht hat. Fowles war sich dieser Paradoxie bewußt und versuchte deshalb in *The Collector*, besonders aber in *The French Lieutenant's Woman*, dem Leser größere Freiheit zu suggerieren, indem er ihm die Wahl zwischen verschiedenen Schlüssen und damit die Möglichkeit individueller Sinnstiftung ließ.

Der Verfilmung (1968) war kein großer Erfolg beschieden. Der Roman fand besonders bei jüngeren Lesern Interesse, vielleicht weil es sich, so Fowles, *»um einen Roman vom Erwachsenwerden handelt, geschrieben von einem retardierten Erwachsenen.«*

A.Ja.-KLL

Ausgaben: Boston 1965. – Ldn. 1966. – Ldn. 1977 [rev.]. – Boston 1977. – NY 1979.

Übersetzung: *Der Magus*, W. Schürenberg u. M. Kluger, Bln. 1969; ern. 1980. – Dass., dies., Ffm./Bln. 1980 (Ullst. Tb).

Verfilmung: England 1968 (Regie: G. Green; Buch: J. Fowles).

Literatur: M. Bradbury, *J. F.'s »The Magus«* (in *Sense and Sensibility in Twentieth-Century-Writing*, Hg. B. Weber, Carbondale/Ill. 1970, S. 26–38; ern. in M. B., *Possibilities: Essays on the State of the Novel*, Oxford 1973, S. 256–271). – R. Rubinstein, *Myth, Mystery, and Irony: J. F.'s »The Magus«* (in ConL, 16, 1975, S. 328–339). – A. Fleishman, *»The Magus« of the Wizard of the West* (in Journal of Modern Literature, 5, 1976, S. 297–314). – M. Boccia, *›Visions and Revisions‹: J. F.'s New Version of »The Magus«* (ebd., 8, 1980/81, S. 235–246). – E. McDaniel, *»The Magus«: F.'s Tarot Quest* (ebd. S. 247–260).

BRIAN FRIEL

* 9.1.1929 Omagh / Nordirland

Literatur zum Autor:
D. E. S. Maxwell, *B. F.*, Lewisburg/Pa. 1973. – R. Kearny, *Language Play: B. F. and Ireland's Verbal Theatre* (in Studies, 72, 1983, S. 20–56). – A. Liwergant, *Der irische Dramatiker B. F.* (in Kunst u. Literatur, 31, 1983, S. 523–530). – U. Dantamus, *B. F.*, Göteborg 1985.

PHILADELPHIA, HERE I COME!

(engl.; *Ü: Ich komme, Philadelphia!*). Stück in drei Episoden von Brian Friel, Uraufführung: Dublin, 28. 9. 1964, Gaiety Theatre; deutsche Erstaufführung: Ulm, 13. 10. 1967, Ulmer Theater. – Brian Friel gilt als derzeit wohl bedeutendster angloirischer Dramatiker, dessen Bühnenstücke (bisher sind vierzehn im Druck erschienen) typisch irische Stoffe und Themen in oft herausfordernd unkonventioneller Sichtweise darstellen und dabei auch formal immer wieder eigene Wege gehen. Als Katholik in Nordirland geboren, wurde Friel zunächst Lehrer und schrieb nebenbei Kurzgeschichten, dann auch Hörspiele und Theaterstücke. Mit dem Drama *The Enemy Within* (1962) fand er erstmals in Irland größere Beachtung, und mit *Philadelphia, Here I Come!* gelang 1964 der Durchbruch zu internationalem Erfolg. Wichtige weitere Stationen in Friels künstlerischer Entwicklung sind *The Freedom of the City* (1973), erstmals ein Stück aus aktuellem politischem Anlaß, nämlich dem brutalen Tod harmloser Demonstranten in Derry, und *Translations* (1980).

In *Philadelphia, Here I Come!* geht es um eines der klassischen Themen der jüngeren irischen Geschichte, die Auswanderung. Gareth O'Donnell, 25jähriger Gehilfe im Dorfladen seines Vaters, nimmt am Vorabend seiner Abreise nach Philadelphia, wohin seine kinderlose Tante ihn eingeladen hat, Abschied von Angehörigen und Freunden. Die scheinbar so guten Gründe für seinen Entschluß, die Aussicht auf mehr Wohlstand, Freiheit und Selbsterfüllung, werden jedoch Zug um Zug relativiert, bis er schließlich selbst nicht mehr weiß, warum er überhaupt reisen soll. Die eher trivial verlaufenden letzten Begegnungen mit einem alten Lehrer, den Fußballfreunden, der früheren Freundin (die einen anderen, reicheren Mann geheiratet hat), dem Vater und der Haushälterin machen Gareth seine Gefühlsbindungen an die Heimat bewußt. Sein Aufbruchs-Optimismus wird auch dadurch fragwürdig, daß er sich seine amerikanische Zukunft in romantischen Filmrollen vorstellt, gemäß den Klischees vom schnellen Geld, von Cowboy-Heldentaten, von später aber um so vollkommenerer Liebe. Einen Höhepunkt stellt sein Versuch dar, mit dem in Gewohnheit erstarrten alten Vater so spontan und persönlich zu sprechen, daß für einen Augenblick jeder etwas von den geheimen Nöten und der fast verschütteten Liebe des anderen verspürt. – Das auffälligste Merkmal der Darstellungstechnik in Friels Stück ist die »Spaltung« der Gestalt Gareths in eine »öffentliche« und eine »private« Rolle. Der »private« Gareth wird von den anderen Personen auf der Bühne nicht wahrgenommen und tritt nur in Gareths Dialogen mit sich selbst hervor. Das ermöglicht eine unmittelbare Dramatisierung seines inneren Zwiespalts, wobei der »private« Gareth radikal, aber mit viel spöttischer Ironie, die Hohlheiten und Schwächen seiner »öffentlichen« Selbstdarstellung entlarvt und auf Anerkennung seiner wahren Empfindungen besteht. Vor allem erlaubt es diese Technik, im individuellen und zugleich sehr irischen Dasein Gareths die Einsamkeit des modernen Menschen zu zeigen, dem die volle mitmenschliche Kommunikation kaum je gelingt. E.Gr.

Ausgabe: Ldn. 1965.

Übersetzungen: *Philadelphia, ich bin da!*, E. Schnack, Zürich 1965 [Rollenbuch]. – Dass., dies. (in *Stücke*, Bln./DDR 1977). – *Ich komme, Philadelphia*, E. Walch, Bln./DDR 1981 [Rollenbuch].

Verfilmung: USA 1975 (Regie: J. Quested).

Literatur: R. Küsgen, *B. F.: »Philadelphia, Here I Come!«* (in *Das englische Drama der Gegenwart: Interpretationen*, Hg. H. Oppel, Bln., 1976, S. 95–106).

William Golding

* 19.9.1911 St. Columb Minor / Cornwall
† 19.6.1993 Perranarworthal bei Falmouth

Literatur zum Autor:
Bibliographien:
J. I. Biles, *A W. G. Checklist* (in TCL, 17, 1971, S. 107–122). – J. D. Vann, *W. G.: A Checklist of Criticism* (in Serif, 8, Juni 1971, S. 21–26). – H. Lutz, *A W. G. Bibliography* (in Bulletin of Bibliography, 36, 1979, S. 53–70).
Gesamtdarstellungen und Studien:
F. Kermode, *W. G.* (in F. K., *Puzzles and Epiphanies: Essays and Reviews, 1958–1961*, Ldn. 1962, S. 198–213). – P. Green, *The World of W. G.* (in Transactions and Proceedings of the Royal Society of Literature, 32, 1963, S. 37–57). – S. Hynes, *W. G.*, NY/Ldn. 1964. – B. S. Oldsey u. S. Weintraub, *The Art of W. G.*, NY 1965. – J. R. Baker, *W. G.: A Critical Study*, NY 1965. – B. F. Dick, *W. G.*, NY 1967; ²1987 (rev.; TEAS). – M. Kinkead-Weekes u. I. Gregor, *W. G.: A Critical Study*, Ldn. 1967; ern. 1984. – C. Pemberton, *W. G.*, Ldn. 1969. – L. Hodson, *W. G.*, Edinburgh 1969. – J. I. Biles, *Talk: Conversations with W. G.*, NY 1970. – B. Kahrmann, *W. G.* (in *Engl. Literatur der Gegenwart in Einzeldarstellungen*, Hg. H. W. Drescher, Stg. 1970, S. 306–326). – J. Gindin, *Harvest of a Quiet Eye: The Novel of Compassion*, Bloomington/Ind. 1971. – H. S. Babb, *The Novels of W. G.*, Columbus/Oh. 1971. – R. Hindmarsh, *W. G.* (in *Engl. Dichter der Moderne: Ihr Leben u. Werk*, Hg. R. Sühnel u. D. Riesner, Bln. 1971, S. 546–559). – J. J. Stinson, *Trying to Exorcise the Beast: The Grotesque in the Fiction of W. G.* (in Cithara, 11, 1971, S. 3–30). – V. Tiger, *W. G.: The Dark Fields of Discovery*, Ldn. 1974. – H. Lutz, *W. G.s Prosawerk im Lichte der analyt. Psychologie C. G. Jungs u. der Psychoanalyse S. Freuds*, Diss. Ffm. 1975. – S. Medcalf, *W. G.*, Ldn. 1975. – S. Hynes, *W. G.* (in S. H., *Six Contemporary British Novelists*, NY 1976, S. 165–218). – R. Leibold, *Der Mythos von Unschuld u. Fall als ›Pattern‹ in W. G.s Romanen*, Diss. Erlangen-Nürnberg 1977. – *W. G.: Some Critical Considerations*, Hg. J. I. Biles u. R. O. Evans, Lexington/Ky. 1978 [m. Bibliogr.]. – M. Fasching, *Menschenbild u. Sprache in den Romanen W. G.s* (in *Essays in Honour of E. Stürzl on His Sixtieth Birth-*

day, Hg. J. Hogg, 2 Bde., Salzburg 1980, S. 136–206). – A. Johnston, *Of Earth and Darkness: The Novels of W. G.*, Columbia (Mo.)/Ldn. 1980. – TCL, 28 1982 [Sondernr. *W. G.*]. – B. Oldsey, *W. G.* (in DLB, Bd. 15, 1983, S. 119–134). – U. Broich, *W. G. and the Religious Function of Literature* (in *Functions of Literature*, Hg. ders. u. a., Tübingen 1984, S. 305–326). – D. Crompton, *A View from the Spire: W. G.'s Later Novels*, Oxford 1985. – A. Swift, *W. G.* (in KLFG, 3. Nlg., 1985). – Ph. Redpath, *W. G.: A Structural Reading of His Fiction*, Ldn. 1986. – *W. G.: The Man and His Books*, Hg. J. Carey, NY 1987. – V. V. Subbarao, *W. G.: A Critical Study*, NY 1987. – *Critical Essays on W. G.*, Hg. J. R. Baker, Boston 1988. – J. Gindin, *W. G.*, Ldn. 1988. – S. J. Boyd, *The Novels of W. G.*, Brighton/NY 1988.

DARKNESS VISIBLE

(engl.; *Ü: Das Feuer der Finsternis*). Roman von William GOLDING, erschienen 1979. – Nach fast zehnjähriger Schaffenspause kam 1979 ein neuer Golding-Roman heraus, der bereits im Titel die Verbindung zu MILTONS Hölle herstellt und dessen Epigraph von einem Zitat aus dem sechsten Buch der *Aeneis* VERGILS gebildet wird, wo der epische Held vor dem Abstieg in die Unterwelt die Mächte der Finsternis anruft. Diese Finsternis sichtbar zu machen, ist Thema und Intention des mehrschichtigen, teilweise von Dunkelheiten durchsetzten Romans, der den Auftakt zu Goldings Spätwerk darstellt und die bekannte metaphysische Sondierung der Tiefen menschlicher Existenz weiterführt. Das Szenario entstammt zwar den apokalytischen Texten von Ezechiel und Johannes auf Patmos, die Perspektive ist jedoch zeitgenössisch: Drogen, Sex, Terrorismus und Gewalt überziehen die Welt und treiben sie dem Abgrund zu. Im Gegensatz zu *Rites of Passage*, das in England eine enthusiastische Rezeption erfuhr, hat *Darkness Visible* dort wenig Beachtung gefunden; in den USA hingegen traf es auf eine Endzeit- und Guruwelle, die fragend den schönen Schein durchbricht und letzte Antworten erwartet.

Das Böse erscheint im Roman in Gestalt von Bomben und Verwüstung. Betroffen ist vor allem Matty (Teil 1 ist nach ihm benannt), der zwar *»als Kind aus dem Feuerofen«* dem Inferno der Bombenangriffe auf London entronnen ist, aber nach seiner Verbrennung durch den teilweise hautlosen Schädel, das verstümmelte Ohr und das Hinkebein derart entstellt ist, daß er sich im sozialen und kulturellen Umgang völlig als Fremder erlebt und durch neue Entdeckungen nach und nach eine eigene Welt aufbaut. Als gedächtnislose »Vollwaise Nr. 7« wird er in der Amtssprache schließlich als Matthew Septimus Windrove geführt. Da er der imaginativen Vorstellungskraft verlustig gegangen ist, bedeutet Sprache für ihn Literalsinn (d. h. Wahrheit im buchstäblichen Sinn). Entsprechend stellt das menschgewordene Wort der *Bibel* für ihn auch die einzige Wahrheit dar, der eines Tages zu dienen sein inniges Sehnen ist. Obwohl es ihn auch nach Australien verschlägt, wo er lieblose Ablehnung erfährt, aber auch eine moralische Prüfung zu bestehen hat, ist doch das englische Greenfield der eigentliche Ort, wo er als Hilfsgärtner an einer Internatsschule sein Leben als Liebesdienst vollzieht. In einer Welt wie der unseren jedoch, wo sich das Gute immer wieder mit dem Bösen mischt, dürfen auch die finsteren Schatten nicht fehlen. Sie tauchen in Teil 2 *(Sophy)* als die schönen Zwillingsschwestern Stanhope auf, die dem Schein nach glücklich sind, deren letzte Erfüllung aber in der Zerstörung ihrer Mitmenschen liegt. Toni engagiert sich als Terroristin in Kuba, Afghanistan und »Palästina« und Sophy, »die Hure von Babylon« und schicksalhaft Getriebene, versucht, einen arabischen Prinzensohn zu entführen und Lösegeld für ihn zu erpressen. Dies schlägt (in Teil 3: *Eins zu eins*) deshalb fehl, weil Matty bei dem geplanten Sprengstoffanschlag Feuer fängt und umkommt, so daß er das prophezeite Brandopfer darbringt und dem Sohn des Scheichs zur Freiheit verhilft. Eine Tagebucheintragung läßt auch erkennen, daß Matty sich am tödlichen Unfall des Schülers Henderson mitschuldig fühlt und dafür zu sühnen bereit ist. Während aber Matty altruistisch denkt und handelt, ist für Sophy die totale Selbstverwirklichung oberstes Gebot; sie entscheidet sich für die amoralische Verantwortungslosigkeit, die allerdings im letzten scheitert, während Mattys Streben nach moralischer Sinngebung als gerechtfertigt erscheint. Dennoch hat auch er zeitlebens die Frage nach seiner Identität gestellt. Da es Matty z. B. versteht, in einer Krankenschwester, die ihn pflegt, die Überzeugung von der Existenz einer geistigen Dimension zu wecken, gewinnt der Leser den Eindruck von Mattys Mittlerfunktion gegenüber dem Guten. Gerade wegen seiner Einsicht in die eigene Sündhaftigkeit vermag Matty selbst dem pädophilen und homosexuellen Pedigree zu verzeihen: *»Richtet nicht, damit auch ihr nicht gerichtet werdet.«*

Die innere Struktur des Romans ist (laut R. A. Swanson) von einem Dualismus bestimmt, der sich als *doublethink* auch in anderen Romanen des Handlungszeitraums Mitte bis Ende des 20. Jh.s findet. Die Perspektive des Er-Erzählers sei gewählt worden, weil es kein »Ich« gebe; Ausgangspunkt des Romans sei das Unbewußte im dualen Denkprozeß. Jede Romanfigur repräsentiere nur eine Hälfte dieses Prozesses. Demnach ist Sebastian Pedigree der bewußte Prozeß, sein *alter ego*, Matty Windrove, der unbewußte; zusammengenommen konstituieren sie eine Person, doch diese Person ist ein Nicht-Individuum. Ähnliches gelte von Toni bzw. Sophy Stanhope und vielen anderen Figuren. In der Tat erfährt Matty in seinen fünfunddreißig Lebensjahren dreizehn Änderungen seines Familiennamens (Windy, Wandgrave, Windrop, Wildwort, Windwood, Windsome, Woodrave, Wildwave etc.). Diese verschiedenen Varianten machen die Abwesenheit des Selbst offenkundig und dokumentieren damit die Fragmentierung der Persönlichkeit im 20. Jh. Dabei ist jedoch nicht zu übersehen, daß Matty als Charakter und in seiner Wortwahl eine mystische Gestalt ist (so G. Cleve), die als Instrument der Gnade, und auch des Geistes, den göttlichen Einfluß in der Welt des Romans wiederholt unter Beweis stellt, ja gar christologische Parallelen aufweist. – Golding verleugnet seine Neigung zu moralischer Didaxe auch in diesem Werk, das strukturell komplexer ist, als es die luzide Dreigliederung vermuten läßt, keineswegs. Die zahlreichen religiös-christlichen Deutungen des Romans, einschließlich der religiös-metafiktionalen im weiteren Sinn unter Einschluß des Problems der literarischen Vermittlung religiöser Phänomene und Erfahrungen (U. Broich), gehen damit konform. W.Ar.

Ausgaben: Ldn. 1979. – NY 1979. – Toronto u. a. 1981 (Bantam).

Übersetzung: *Das Feuer der Finsternis*, U. Leipe, Mchn. 1980. – Dass., dies., Mchn. 1983 (dtv).

Literatur: C. Raine, *Between the Stars* (in New Statesman, 12. 10. 1979, S. 552 f.). – G. Cleve, *Some Elements of Mysticism in W. G.'s Novel »Darkness Visible«* (in NphM, 83, 1982, S. 457–470). – I. Gregor u. M. Kinkead-Weekes, *The Later G.* (in TCL, 28, 1982, S. 109–129). – W. Nelson, *The Grotesque in »Darkness Visible« and »Rites of Passage«* (ebd. S. 181–194). – D. W. Crompton, *Biblical and Classical Metaphor in »Darkness Visible«* (ebd. S. 195–215). – U. Broich *W. G. and the Religious Function of Literature* (in *Functions of Literature*, Hg. U. Broich, u. a., Tübingen 1984, S. 305 bis 326). – H. Petter, *G.'s »Darkness Visible«* (in *Modes of Interpretation*, Hg. R. J. Watts u. U. Weidmann, Tübingen 1984, S. 159–166). – R. A. Swanson, *Versions of Doublethink...* (in World Literature Today, 58, 1984, S. 203–208).

LORD OF THE FLIES

(engl.; *Ü: Herr der Fliegen*). Roman von William Golding, erschienen 1954. – Eine Gruppe sechs- bis zwölfjähriger englischer Schuljungen, die als einzige den Absturz eines Flugzeugs überlebt haben, das sie vor einem Atomkrieg in Sicherheit bringen sollte, sieht sich auf einer unbewohnten Insel im Pazifik plötzlich in die abenteuerliche Lage ihrer Idole aus Büchern wie Defoes *Robinson Crusoe*, Ballantynes *The Coral Island* and Stevensons *Treasure Island* versetzt (die letzteren werden bei Golding ausdrücklich erwähnt). Zunächst halten sich das erregende Gefühl grenzenloser Freiheit, das Erlebnis einer unberührten, exotischen Natur und die Einsicht, eine gewisse Ordnung aufrechterhalten zu müssen, die Waage. Wie früher ihre Lehrer das Megaphon als Zeichen ihrer Autorität benutzten, so läßt jetzt einer der Jungen, der sportliche, verständige Ralph, ein silbriges Muschelhorn ertönen: Seine Kameraden versammeln sich und wählen ihn zu ihrem Anführer. Den demokratischen Prinzipien, die Ralph verkündet, beugt sich in dieser Phase auch Jack, der herrschsüchtige »Befehlshaber« eines Knabenchors: *»Wir brauchen Gesetze, denen wir gehorchen. Schließlich sind wir keine Wilden. Wir sind Engländer, und die Engländer können alles am besten.«* Die Gültigkeit dieser Worte wird alsbald durch Meinungsverschiedenheiten über die Rangfolge der zu lösenden Aufgaben in Frage gestellt. Während Ralph die Rettung von der Insel zum Hauptziel erklärt, rückt für Jack die Fleischbeschaffung in den Vordergrund. Statt das lebenswichtige Feuer zu hüten, das Ralph mit Hilfe der Brillengläser seines von den andern gehänselten, mickrig und phlegmatisch wirkenden, in Wahrheit aber mit viel gesundem Menschenverstand begabten Adlaten Piggy (Schweinchen) entfacht hat, gehen Jack und sein Sängerkollektiv nackt, mit grell gemalten Gesichtern (*»Die schützende Bemalung machte frei, hemmungslos frei«*) auf Schweinejagd. Nur Piggy, der körperlich schwache, in sich gekehrte Simon und die unzertrennlichen Zwillinge »Samneric« (Sam und Eric) helfen Ralph beim Bau von Schutzhütten gegen Sturm und Regen.

Die Freude am Töten ergreift immer stärker Besitz von Jack, so daß er Ralphs vernünftigen Argumenten schließlich nicht mehr zugänglich ist. Der Machtkampf zwischen den beiden Kontrahenten wird jedoch durch eine grausige Entdeckung hinausgezögert: Einer der Kleinen, die in ständiger Angst vor einem geheimnisvollen »Untier« leben, führt Ralph und Jack zu einer Anhöhe, auf der sie entsetzt eine gespenstische Gestalt erblicken, die im Wind hin und her schwankt. Die »Jäger« bringen ihr einen aufgespießten Schweinskopf zum Opfer dar, der, von unzähligen Fliegen umschwirrt, für Simon zum ekligen Symbol ihrer eigenen satanischen Perversion, des »Untiers« in ihnen selbst wird. (»Herr der Fliegen«, d. i. Beelzebub, hebräisch: Baal-Sebub.) Als Simon allein zu jener geheimnisvollen Gestalt zurückkehrt, entdeckt er, daß es sich um einen toten Flieger handelt, dessen Fallschirm sich in den Felsen verfangen hat. Bevor er dies den andern Jungen mitteilen kann, wird er von den aufgeputschten »Jägern«, die während einer Tanzorgie ihren atavistischen Trieben freien Lauf lassen, blindwütig zerfleischt. Als später der »Häuptling« Jack und seine Horde Piggys Brille rauben, um selbst Feuer zu machen, appelliert der Bestohlene im Namen des Muschelhorns, des Symbols der Ordnung, vergeblich an den Gerechtigkeitssinn der »Jäger«. Sie setzen einen Felsblock in Bewegung, der Piggy in die Tiefe reißt. Ralph entgeht der Ermordung mit knapper Not: Nach einer erbarmungslosen Verfolgungsjagd, während der die andern, um ihn auszuräuchern, die Insel in Brand stecken, bricht er vor einem britischen Marineoffizier zusammen, der gekommen ist, englische Schuljungen zu retten, und nun fassungslos einem Rudel von Bestien gegenübersteht.

Goldings Roman läßt verschiedene Deutungen zu.

Den gemeinsamen Nenner, auf den sie gebracht werden können, hat der Autor selbst formuliert, als er *Lord of the Flies* als einen Versuch bezeichnete, *»die Gebrechen der Gesellschaft auf die Gebrechen der menschlichen Natur zurückzuführen. Die Schußfolgerung ist, daß der Zustand einer Gesellschaft vom sittlichen Bewußtsein des einzelnen abhängt und nicht von irgendeinem politischen System, mag es noch so logisch und ehrbar erscheinen.«* Die Handlung ist eine makabre Travestie der viktorianischen Robinsonade *The Coral Island* (1858), in der Kinder (die Protagonisten tragen dieselben Namen wie bei Golding) zu Sendboten imperialistischen Herrenmenschentums werden. Sie ist darüber hinaus eine schwarze Allegorie der weder vor einem Rückfall in die Barbarei noch vor der Unterwerfung unter Diktatoren sicheren westlichen Zivilisation des 20. Jh.s. Den einzigen Hoffnungsschimmer bringen die Gestalten Ralphs, Simons und Piggys in das düstere Romangeschehen. Alle drei sind, jeder auf seine Weise, Vertreter der Menschlichkeit, Ralph und Simon in einem vorwiegend paradigmatischen, Piggy (eine meisterliche psychologische Studie Goldings) in einem ganz individuellen Sinn. Sprachlich zieht Golding die verschiedensten Register, von der sachlichen Beschreibung der äußeren Ereignisse und der präzisen Wiedergabe der Schülerjargons bis zur Verdichtung der kindlichen Vorstellungswelt und des symbolhaften Geschehens in beklemmende Bilder und poetische Chiffren. Eine Vielzahl von Symbolen macht den eschatologischen Charakter der Vorgänge sinnfällig. Wenn Ralph am Ende den Verlust der Unschuld beklagt, klingen unüberhörbar Sündenfallmotive an. So konstruiert der Schluß des Romans wirkt, mit dem Kulturpessimismus Goldings steht er in Einklang: Das vor der Insel ankernde Kriegsschiff wird die Geretteten (die nach der Wiederbegegnung mit der Erwachsenenwelt sehr rasch ihre »Wildheit« ablegen) nicht in eine heile, sondern in eine vom Chaos bedrohte Welt zurückbringen. J.v.Ge.-KLL

AUSGABEN: Ldn. 1954. – NY 1955. – Ldn. 1962 [Einl. u. Anm. I. Gregor u. M. Kinkead-Weekes]. – Ldn. 1962. – Ldn./NY 1964, Hg. R. Baker u. A. B. Siegler. – Ldn. 1977.

ÜBERSETZUNG: *Herr der Fliegen*, H. Stiehl, Bln./Ffm. 1956. – Dass., ders., Ffm. 1974; ern. 1988 (FiTb). – Dass., ders., Ffm. 1983.

VERFILMUNG: England 1961–1963 (Regie: P. Brook).

LITERATUR: C. Rosenfield, *›Men of a Smaller Growth‹: A Psychological Analysis of W. G.'s »Lord of the Flies«* (in Literature and Psychology, 11, 1961, S. 93–101). – J. R. Baker, *Why It's No Go: A Study of W. G.'s »Lord of the Flies«* (in Arizona Quarterly, 19, 1963, S. 293–305). – *W. G.'s »Lord of the Flies«: A Source Book*, Hg. W. Nelson, NY 1963. – B. Oldsey u. S. Weintraub, *»Lord of the Flies«: Beelzebub Revisited* (in CE, 25, 1963, S. 90–99). – E. C. Bufkin, *»Lord of the Flies«: An Analysis* (in Georgia Review, 19, 1965, S. 40–57). – A. Esch, *W. G.: »Lord of the Flies«* (in *Der moderne englische Roman. Interpretationen*, Hg. H. Oppel, Bln. 1965, S. 328 bis 343). – G. Handley, *W. G.: »Lord of the Flies«*, Bath 1965. – H.-A. Taloñ, *Irony in »Lord of the Flies«* (in EIC, 18, 1968, S. 296–309). – G. Pira, *Die Macht des Bösen in G.s Roman »Lord of the Flies«* (in NSp, 17, 1969, S. 67–73). – D. Spitz, *Power and Authority: An Interpretation of G.'s »Lord of the Flies«* (in Antioch Review, 3, 1970, S. 21–33). – J. S. Whitley, *G.: »Lord of the Flies«*, Ldn. 1970. – P. Freese, *Verweisende Zeichen in W. G.s »Lord of the Flies«* (in NSp, 21, 1972, S. 160–172). – J. Veale, *W. G.: »Lord of the Flies«*, Dublin/Ldn. 1972. – W. K. Thomas, *The Lessons of Myth in »Lord of the Flies«* (in Cithara, 16, 1977, S. 33–58). – E. Thumboo, *G.'s »Lord of the Flies«: Topography, Character and Theme* (in Literary Criterion, 13, 1978, S. 6–17).

PINCHER MARTIN

(engl.; *Ü: Der Felsen des zweiten Todes*). Roman von William GOLDING, erschienen 1956. – In fesselnder realistischer Detailschilderung rollt das Oberflächengeschehen in Goldings drittem Roman ab: der Kampf des ehemaligen Schauspielers und jetzigen Marineleutnants Christopher (Chris) H. Martin mit der See nach der Torpedierung seines Kreuzers und sein Versuch, auf einem kahlen Felsen mitten im Atlantik zu überleben und dem Wahnsinn zu entgehen. Erst im letzten Kapitel wird dem Leser bewußt, daß die sechs Tage Robinson-Dasein nie wirklich existiert haben: Sie waren Projektionen von Chris' ungeheurem Willen, der sich im Augenblick seines Todes gegen die Vernichtung seiner Identität aufbäumte und versuchte, seine eigene Welt zu erschaffen, um darin fortleben zu können.

Aus der Notwendigkeit, Chris' Identität unzweideutig festzulegen, folgt die Reduktion des Individuellen auf nur eine Eigenschaft: seine Gier. Sie deutet sich an in seinem Spitznamen »Pincher« (Langfinger), sie ist Thema sämtlicher Episoden aus seinem zivilen Leben, die wie filmische Rückblenden kurz und unwirklich aufleuchten und Chris stets in jener Rolle zeigen, die er einst in einem Moralitätenspiel verkörpert hatte: die Todsünde der Habgier, *»geboren mit offenem Maul und offenem Hosenschlitz, beide Hände zum Zupacken ausgestreckt«*. Chris' Wesen verdeutlicht sich in immer neuen Bildern aus dem Bereich des Essens (das nur *»ein grober Ausdruck eines universalen Prozesses«* ist), am eindringlichsten wohl in der Beschreibung jenes chinesischen Delikateßgerichts, das bereitet wird, indem man einen Fisch in einer Dose von Maden aufzehren läßt, die sich dann gegenseitig auffressen, bis schließlich nur noch *»eine einzige riesige, siegreiche Made«* übrig ist. Chris glich in seinem Leben dieser Made – jetzt aber, im Augenblick seines Alleinseins angesichts des Todes, fehlt ihm das zu seiner Identitätsbestätigung notwendige reale Gegenüber. Er weicht aus in die Erinnerung an sein Leben und in den Bereich der Phantasie: In ihm erschafft und benennt er analog zur Genesis Himmel und Erde und deren Wesen, und *»am sechsten Tag schuf er Gott ... Nach seinem eigenen Bilde schuf er Ihn.«* Seine Schöpfung gewinnt immer deutlicher Züge seines eigenen Wesens: Der Felsen nimmt die Form eines riesigen Rachens an, die vorgelagerten Riffe nennt Chris selbst »die Zähne«. In zunehmendem Maße verfließen dann in seinen Halluzinationen die Grenzen zwischen dem Innen und dem Außen.

Chris' »zweiter Tod« jedoch resultiert aus der Tatsache, daß es ihm nicht gelingt, die von ihm erfundene Welt von jenem Element frei zu halten, das seine Negation bedeutet: selbstlose Hingabe. Sie ist das Kennzeichen jener Menschen, die Chris' Aggression widerstehen konnten und die nun religiöse Züge gewinnen: Nathaniel Walterson und Mary Lovell. Beide vereinigen sich mit der »Alten« seiner Kinderalpträume und seiner Konzeption eines Gottes in der von ihm aufgeschichteten Steinfigur, dem »Zwerg«, der somit zu dem ihm feindlichen Prinzip schlechthin wird; als Chris schließlich in irrer Wut auf ihn einsticht, läuft durch seine zur Kulisse erstarrten Welt ein senkrechter Riß, der sich verästelt und hinter dem die Schwärze der Vernichtung sichtbar wird: *»der schwarze Blitz, der alles zerstört, was wir Leben nennen«*, wie Nathaniel es in einem Gespräch über *»die Technik des In-den-Himmel-Sterbens«* vorhergesagt hatte. Am längsten widerstehen Chris' zu Hummerzangen transformierte Hände, bis auch sie von einem *»Mitgefühl, das zeit- und gnadenlos«* ist, dem Nichts anheimgegeben werden. Das prometheische Aufbäumen ist zu Ende, die letzte Frage, ob der Tod für Chris nur Vernichtung oder auch Erlösung ist, bleibt offen. Das außerordentlich dichte und subtile Symbolgefüge und die Konzeption des Post-mortem-Bewußtseins verleihen *Pincher Martin* eine gesteigerte Esoterik, die wohl der Hauptgrund dafür ist, daß dieses Buch nicht zu einem ähnlichen Publikumserfolg wurde wie Goldings zwei Jahre früher erschienener Roman *Lord of the Flies*. Mehr noch als Goldings andere Romane ist *Pincher Martin* reich an literarischen Anspielungen (u.a. Shakespeare, Milton, T.S. Eliot und Joseph Conrad) und Strukturmustern. So bestimmen z.B. der Gedanke, das Bewußtsein sterbe nicht gleichzeitig mit dem Körper, sowie die daraus resultierende philosophische und erzähltechnische Ambiguität die Struktur zweier berühmter amerikanischer Kurzgeschichten: Ambrose Bierces *An Occurence at Owl Creek Bridge* (1891) und Hemingways *The Snows of Kilimanjaro* (1936). K.Hä.-KLL

Ausgaben: Ldn. 1956. – Ldn. 1957. – NY 1957 *(The Two Deaths of Christopher Martin)*. – NY 1968.

Übersetzung: *Der Felsen des zweiten Todes*, H. Stiehl, Ffm./Hbg. 1960 (FiBü); ern. Ffm. 1981 (FiTb). – *Pincher Martin*, ders., Lpzg. 1980.

Literatur: M. Quinn, *An Unheroic Hero: W. G.'s »Pincher Martin«* (in Critical Quarterly, 4, 1962, S. 247–256). – J. I. Biles u. C. R. Kropf, *The Cleft Rock of Conversion: »Robinson Crusoe« and »Pincher Martin«* (in Studies in the Literary Imagination, 2, 1969, S. 17–43). – L. M. Whithead, *The Moment Out of Time: G.'s »Pincher Martin«* (in ConL, 12, 1971, S. 18–41). – J. S. Ryan, *The Two Pincher Martins: From Survival Adventure to G.'s Myth of Dying* (in ES, 55, 1974, S. 140–151). – A. Henry, *The Pattern of »Pincher Martin«* (in Southern Review, 9, Adelaide, 1976, S. 3–26).

RITES OF PASSAGE

(engl.; *Ü: Äquatortaufe*). Roman von William Golding, erschienen 1980. – *Rites of Passage*, im Erscheinungsjahr mit dem begehrten Booker Prize ausgezeichnet und monatelang auf der britischen Bestsellerliste, verbindet inhaltlich wie strukturell Grundmuster des Reise- und Seeromans mit Elementen der Gesellschaftssatire und der Parodie. Als Erzähler und Protagonist figuriert ein junger englischer Snob namens Edmund Talbot, der im Auftrag seines aristokratischen Gönners Tagebuch führt über seine Schiffsreise nach Australien, wo er sich als Kolonialbeamter eine große Karriere erhofft. Berichtszeitraum ist das erste Viertel des 19. Jh.s, die Zeit nach den Napoleonischen Kriegen, als die Linientaufen noch praktiziert bzw. lebhaft erinnert wurden. Ort der Handlung ist ein notdürftig umgebautes, altes Kriegsschiff, auf dem nicht nur Vieh, sondern auch bunt zusammengewürfelte Passagiere aus allen Schichten zu den Antipoden unterwegs sind. Das Schiff stellt einen Mikrokosmos dar, der Perspektiven auf gesamtgesellschaftliche Ideenmuster eröffnet, wie sie vor allem im nachrevolutionären Zeitalter des beginnenden 19. Jh.s mit seinem Widerstreit von Vernunft und Gefühl, Ordnung und Freiheit virulent waren. Die Welt des Schiffes ist durch rigide Klassenunterschiede zwischen Offizieren und Mannschaften, Passagieren mit Kabinen und gemeinen »Emigranten« ebenso geprägt wie durch herkunfts- und bildungsbedingte Sprachgebung und andere gesellschaftliche Abstufungen. Der Name des Schiffes könnte in der Tat »Britannia« heißen. In diesem Rahmen entwickelt sich die Tragödie des Robert James Colley, eines naiven Geistlichen mit den Christusinitialen J. C., der tief gedemütigt wird und sich aus Scham das Leben nimmt. Dem Geschehen liegt eine historische Begebenheit aus dem Jahre 1797 zugrunde, die sich auf Wellingtons Expedition nach Manila ereignete.

Die formale Struktur des Romans, der im wesentlichen aus den Journalberichten Talbots und dem Brief des gedemütigten Geistlichen an seine Schwester besteht, ist erzähltechnisch (besonders in seinen plötzlichen Schnitten und Enthüllungsschritten) vom Kriminalroman und vom Film beeinflußt. Mit Talbots abschließenden Tagebucheintragungen bricht die Erzählung bald nach dem

Tode Colleys ab, ohne die Reise zu Ende zu führen. Die Überschrift des letzten Kapitels *(»&«)* deutet die offene Struktur von *Rites of Passage* an. Obwohl der voraufgehende Abschnitt quasi als Abschluß des Themas konstatiert hatte: *»Fügen wir in das nicht allzu dicke Buch des menschlichen Wissens vom Menschen diesen Satz ein: Der Mensch kann an seinem Schamgefühl sterben«*, bleibt der Schluß prinzipiell offen, denn es geht nicht um die Darstellung einer vollendeten Schiffsreise zu den Antipoden, sondern – analog zu Arnold van GENNEPS *Les Rites des Passages*, 1909 *(Übergangsriten)* – um fiktional gestaltete Durchgangs- und Initiationsriten, die jenseits völkerkundlicher Erkenntnisse als Prozesse des Aufwachsens und Älterwerdens einer Deutung bedürfen.

Talbots Tagebuch erzählt dem Leser natürlich nicht nur die Geschehnisse des Romans, es berichtet auch über den Schreiber selbst. Talbots aristokratischer Adressat in England, ein alternder gichtbefallener Weltmensch mit Neigungen zu Frauen und Literatur, wünscht, daß Talbot über alles und jedes berichtet: *»Laß mich noch einmal durch dich leben.«* Und Talbot geht auf diese Adressatenwünsche ein. Neben diesem nicht ganz zuverlässigen Ich-Erzähler rechnen zu den bedeutenderen Romanfiguren der aufgeklärte Freigeist Mr. Prettiman, der Kunstmaler und Zuhälter Mr. Brocklebank und seine beiden Flittchen, von denen er eines als seine Tochter ausgibt, und der antiklerikale Kapitän Anderson, der alles, was mit Religion zu tun hat, leidenschaftlich haßt. Unter den Matrosen ragen das Mädchen-für-alles, Wheeler, und der Schönling Billy Rogers heraus, der in besonderer Weise zu Reverend Colleys Verderben beiträgt. Am auffälligsten erscheint jedoch Colley selbst. Nach Gestalt, Benehmen und Selbsteinschätzung von der Natur nicht gerade großzügig bedacht, bietet er sich der rauhbeinigen Schiffsmannschaft für die Linientaufe geradezu als Zielscheibe des Spotts und Klamauks an. Zwei maskierte Seeleute holen den nur leicht Bekleideten vor dem Überqueren der Linie aus seiner Kabine, lassen ihn vor König Neptun niederknien und verhöhnen ihn ausgelassen mit den zum Spektakel versammelten Kameraden, die ihn immer wieder in ein mit schmutzig-schleimigem Wasser gefülltes Becken stoßen. Über diesen Vorfall erfährt der Leser allerdings erst durch Colleys Brief an seine Schwester und nicht durch die Eintragungen Talbots, der sich zu diesem Zeitpunkt bei Zenobia Brocklebank aufhielt.

Der Geistliche führt beim Kapitän Beschwerde und verlangt eine Entschuldigung, weil er sich nicht als Privatperson, sondern als Diener der Kirche bloßgestellt und verhöhnt fühlte. Kapitän und Offiziere suchen Reverend Colley davon abzubringen, in vollem Ornat ins Vorderschiff hinabzusteigen und den Matrosen eine Moralpredigt zu halten. Als er auch noch laut zu singen beginnt, läßt ihn der Kapitän in seine Kabine zurückführen. Bald darauf erscheint Colley jedoch erneut; diesmal allerdings betrunken und nur spärlich bekleidet. Er schockiert die ehrbaren Damen der Gesellschaft, indem er gegen die Reling uriniert und obendrein noch allen Anwesenden seinen Segen erteilt. Nach dieser blasphemisch wirkenden Szene wird Colley in seine Kabine zurückgeführt. Als er in nüchternem Zustand nochmals alle Ereignisse Revue passieren läßt, erinnert er sich auch einer homosexuellen Handlung mit Billy Rogers, zu der man ihn angestiftet hatte. Er erkennt sich als Opfer der skrupellosen Seeleute, wird sich aber auch seiner eigenen Verantwortung und Schuld bewußt. Nachdem er sich in seine Zelle eingeschlossen hat, stirbt er nach wenigen Tagen aus Scham. Der Kapitän läßt die Vorgänge untersuchen und kommt zu dem ironisch klingenden Urteil, Colley sei an einem *»niederen Fieber«* gestorben. Mr. Brocklebank und der Kapitän sind zugegen, als man den mit zwei Kanonenkugeln beschwerten Leichnam den Wellen übergibt.

Es lassen sich mehrere Übergangsriten und -phänomene, die nicht alle mit Hilfe des symbolträchtigen Reise- und Seefahrtsmotivs erklärt werden können, unterscheiden. So hat Colley durch Leiden Einsicht gewonnen in die dunklen Tiefen der menschlichen Natur und Gesellschaft. Auch Talbot wird sich nach der Lektüre von Colleys Brief seiner Verantwortung und Teilschuld am Tod des Geistlichen bewußt. Außerdem markieren Talbots Journal und Colleys Brief stilistisch wie geistesgeschichtlich die Wende vom 18. zum 19. Jh., von der Aufklärung zur naturmystischen Romantik; Naturauffassung und -beschreibung in Colleys Brief erinnern an COLERIDGES Gedicht *The Ancient Mariner*, mit dessen Schicksal sich der Geistliche durch seine Isolation und Verurteilung als Sündenbock symbolisch verbunden fühlt.

Während in *The Spire*, 1964 *(Der Turm der Kathedrale)*, die Rituale der heidnischen Tradition denen des Christentums weichen müssen, gewinnen in *Rites of Passage* die heidnischen Bräuche über ihr christliches Opfer die Oberhand. In parodistischer Umkehrung der Situation hat der pathologische Religionshasser Anderson auf hoher See das Recht und die Pflicht, Hochzeiten und Beerdigungen zu halten und nun auch Colleys Todesfall zu untersuchen. In der zentralen Szene wird der Vertreter des Christentums gezwungen, vor einem heidnischen Gott niederzuknien und sich verspotten zu lassen. Colley versucht jedoch schließlich, den Affront gegenüber der von ihm vertretenen Religion abzuwehren.

Im Kontext von Goldings Gesamtwerk zeichnet sich *Rites of Passage* wie der Roman *The Inheritors*, 1954 *(Die Erben)*, durch den Wechsel von zunächst einer zu zwei Erzählperspektiven aus, die unterschiedliche Versionen desselben Geschehens bieten und die Frage nach dem Verhältnis von Kunst und Wahrheit aufwerfen. Wie *Free Fall*, 1959 *(Freier Fall)*, und *The Spire* beleuchtet *Rites of Passage* einen Geistlichen im Dilemma zwischen den hohen Idealen des Geistes und den widerstrebenden und obsiegenden Bedürfnissen des Fleisches (ein Durchgangsritual psychologisch-moralischer Natur). Wie im Roman *Darkness Visible*, 1979 *(Das*

Feuer der Finsternis), liegt auch hier die innere Bedeutung in den Übergangsriten von einem Seelenzustand zum anderen und in den sie begleitenden Rätselhaftigkeiten. Im Gegensatz zu Colley hat Talbot zwar gesiegt, aber um den Preis einer wesentlichen Mitverantwortung am Tod des Geistlichen. Er hat weder seine Schiffsreise nach Australien beendet noch seine Lebensreise zu entscheidender Reife geführt. Erst der Roman *Close Quarters*, 1987 *(Die Eingepferchten)*, der den Erzählfaden von *Rites of Passage* wieder aufnimmt, handelt von härteren Lebensbedingungen, die Edmund Talbot als gestählten Seeveteranen und selbstbewußten Autor aus der zweiten Etappe hervorgehen lassen, während *Fire Down Below*, die Vollendung der Talbot-Trilogie von 1989, die Ankunft in Neusüdwales ein Jahr später schildert und einen Talbot vorstellt, der aufgrund eigenen und fremden Leides die Reise gewinnbringend erinnert und umsetzt. Durch intertextuelle Verklammerung mit der klassischen Tradition der Reiseliteratur, mit Homers *Odyssee*, mit Bunyan, Melville und Conrad, wie auch mit der Gesellschaftssatire eines Fielding und Defoe stellt Golding die anthropologisch zentralen Themen in *Rites of Passage* in einen universalen Zusammenhang: In der Kernaussage seines Romans erreicht sein Pessimismus allerdings einen Höhepunkt, denn die Reise zur ethischen Erhellung führt in Scham und Tod. W.Ar.

Ausgaben: Ldn. 1980. – Fakenham 1982.

Übersetzung: *Äquatortaufe*, H. Schlüter, Mchn. 1983.

Literatur: J. R. Baker, *An Interview with W. G.* (in TCL, 28, 1982, S. 130–170). – I. Gregor u. M. Kinkead-Weekes, *The Later G.* (ebd. S. 109 bis 129). – W. Nelson, *The Grotesque in »Darkness Visible« and »Rites of Passage«* (ebd., S. 181–194). – V. Tiger, *W. G.'s ›Wooden World‹: Religious Rites in »Rites of Passage«* (ebd., S. 216–231). – P. Krahé, *Die Linientaufe und ihre Folgen in W. G.s »Rites of Passage«* (in LWU, 18, 1985, S. 13–31).

Graham Greene

* 2.10.1904 Berkhamsted / Hertfordshire
† 3.4.1991 Vevey / Schweiz

Literatur zum Autor:
Bibliographien:
J. D. Vann, *G. G.: A Checklist of Criticism*, Kent/Oh. 1970. – R. H. Miller, *G. G.: A Descriptive Catalog*, Lexington/Ky. 1979. – R. A. Wobbe, *G. G.: A Bibliography and Guide to Research*, NY 1979.
Biographie:
N. Sherry, *The Life of G. G., Volume I: 1904–1939*, NY 1989.
Gesamtdarstellungen und Studien:
K. Allott u. M. Farris, *The Art of G. G.*, NY 1951; Nachdr. 1963. – *G. G.: Some Critical Considerations*, Hg. R. O. Evans, Lexington/Ky. 1963. – Ph. Stratford, *Faith and Fiction: Creative Process in G. and Mauriac*, Notre Dame/Ind. 1964. – J. Atkins, *G. G.*, Ldn. ²1966. – D. Lodge, *G. G.*, NY 1966. – G. R. Boardman, *G. G.: The Aesthetics of Exploration*, Gainesville/Fla. 1971. – J. E. Geist, *The Critical Reception of G. G. in Selected American Catholic Periodicals, 1930–1970*, Diss. Univ. of Kansas 1972. – P. Wolfe, *G. G., the Entertainer*, Carbondale/Ill. 1972. – D. Pryce-Jones, *G. G.*, Edinburgh ²1973. – *G. G.: A Collection of Critical Essays*, Hg. S. L. Hynes, Englewood Cliffs/N.J. 1973. – F. L. Kunkel, *The Labyrinthine Ways of G. G.*, Mamaroneck/N.Y. ²1973. – G. D. Phillips, *G. G.: The Films of His Fiction*, NY 1974. – A. Weber, *Die Erzählstruktur von G. G.s katholischen Romanen*, Bern 1978. – U. Böker, *Autor- u. Werkstereotypien durch rezeptionsleitende Instanzen in der BRD-Kritik: Beharrende Tendenzen in der Rezeption G. G.s* (in Internationales Archiv f. Sozialgeschichte der dt. Literatur, 6, 1981, S. 145–175). – Ders., *Loyale Illoyalität: Politische Elemente im Werk G. G.s*, Mchn. 1982. – J. Spurling, *G. G.*, Ldn. 1983. – Q. Falk, *The Cinema of G. G.*, Ldn. 1984. – R. M. Kelly, *G. G.*, NY 1984. – R. Sharrock, *Saints, Sinners and Comedians: The Novels of G. G.*, Tunbridge Wells 1984. – A. A. DeVitis, *G. G.*, NY ²1986 (rev.; TEAS). – G. Smith, *The Achievement of G. G.*, Brighton 1986. – V. Schulz, *Das kurzepische Werk G. G.s: Gesamtdarstellungen u. Einzelinterpretationen*, Trier 1987. – M. Couto, *G. G.: On the Frontier: Politics and Religion in the Novels*, Ldn. 1988.

BRIGHTON ROCK

(engl.; *Ü: Am Abgrund des Lebens*). Roman von Graham Greene, erschienen 1938. – Nachdem Greenes lyrisch-psychologischer Roman *The Man Within*, 1929 *(Zwiespalt der Seele)*, mit dem innerlich gespaltenen, von Loyalitätskonflikten zerrissenen Helden als vielversprechender Anfang eines jungen Romanciers gewürdigt worden war, gelangen ihm in den durch ökonomische Unsicherheit geprägten Jahren nach der Weltwirtschaftskrise erst mit den bald auch verfilmten, für seine Schreibweise nunmehr typischen, spannungsgeladenen Thrillern *Stamboul Train*, 1932 *(Orient Expreß)*, und *A Gun for Sale*, 1936 *(Das Attentat)*, größere Erfolge; sie spielen in der unmittelbaren Gegenwart und in einer Welt, die bald als typisches, in eine Atmosphäre von *»seediness«* gehülltes *»Greeneland«* bezeichnet wurde. Der den Kampf aller gegen alle thematisierende gesellschaftskritische Roman *It's a Battlefield*, 1934 *(Schlachtfeld des Lebens)*, sicherte dem während der dreißiger Jahre vor allem für den ›Spectator‹ als Literatur-, Theater- und Filmkritiker tätigen Greene auch wegen der teilweise modernistischen Erzähltechniken (*stream of consciousness*, kinematographische Montagen) die Anerkennung der literarischen Kritik. Während jedoch die frühen Romane vor allem die Erfahrung des *»Chaos in einem Niemandsland« (A Gun for Sale)* isoliert nebeneinander existierender Individuen und den Verlust des Glaubens an die Möglichkeit einer politisch realisierbaren gerechten Gesellschaft thematisieren, die als utopische Norm für Greene immer Gültigkeit behält, versuchte der bereits 1927 aus *»intellektuellen Gründen«* zum Katholizismus konvertierte Autor seit Mitte der dreißiger Jahre, den Orientierungsverlust durch eine verstärkte religiöse Vertiefung seiner Themen auszugleichen. Nachdem Greene auf seiner Afrikareise (*Journey Without Maps*, 1936 – *Der Weg nach Afrika*) mit der Psychoanalyse nach dem *»Punkt, an dem wir* [die europäische Zivilisation] *vom Wege abgekommen sind«*, geforscht hatte, begegnete er bei seiner Reise durch das sozialistische, teilweise von Glaubensverfolgung geprägte Mexiko (*The Lawless Roads*, 1939 – *Gesetzlose Straßen*) einer Form des Glaubens, die nur unter den Bedingungen extremer Gefährdung möglich schien.

Brighton Rock, während dieser Zeit entstanden, war zunächst als Kriminalroman mit einem *»ungewöhnlichen Detektiv«* und einem *»ungewöhnlichen Verbrecher«* geplant. Pinkie Brown, der siebzehnjährige Anführer einer Bande im Seebadeort Brighton, bringt den Journalisten Hale um, den er für den Tod des früheren Bandenchefs Kite durch die rivalisierende Gang des mit der kapitalistischen Gesellschaft assoziierten Gauners Colleoni verantwortlich macht. Eine flüchtige Bekannte des Journalisten, Ida Arnold, mißtraut dem medizinischen Befund (Herzversagen) und spürt die junge Kellnerin Rose auf, die wegen eigener Beobachtungen Pinkie – so meint er selbst – gefährlich werden könnte; obwohl aufgrund bedrückender kindlicher Erfahrungen sexualfeindlich eingestellt, heiratet er Rose, damit sie als Ehefrau nicht gegen ihn aussagen kann.

Als Greene nach dem reißerischen Anfang *(»Hale knew they meant to murder him ...«)* und einer an T.S. ELIOT (*The Waste Land*, 1922) sowie an V. WOOLF (*Mrs. Dalloway*, 1925) erinnernden Ökonomie der synekdochischen Bildverknappung, die eine bedrückende Atmosphäre von Bedrohung, Gewalt und Sinnverlust evoziert, in Mexiko an *Brighton Rock* weiterarbeiten wollte, veränderte er sein Konzept in entscheidenden Punkten: Er verlagerte den Schwerpunkt nunmehr ganz auf Pinkie Brown und rückte damit auch die theologische Problematik von Verdammnis und Erlösung in den Mittelpunkt der Handlung. Pinkie, der einen weiteren Mord begeht und zum Schluß Rose mit einem vorgetäuschten *»Selbstmordpakt«* zum Schweigen bringen will, scheint als Katholik in immer stärkerem Maße der Verdammnis ausgeliefert. Um die theologische Problematik zu akzentuieren, sind die Verfolgerin Ida Arnold und der junge Verbrecher zwei verschiedenen Lebenswelten zugeordnet, die durch die Handlungsführung, die erzählerischen Kommentare und vor allem die realistisch präzise wie imagistisch evokative Bildlichkeit miteinander kontrastiert werden. Ida ist der materialistischen Welt des oberflächlichen Genusses, den ihr auch die Jagd auf die Schuldigen bereitet, zugeordnet, ist optimistisch, selbstgerecht, denkt in den säkularen Kategorien von Recht und Unrecht, nicht wissend, daß das Recht – wie Greene auch in den vorangegangenen Romanen demonstriert hatte – den Interessen der Mächtigen und Reichen untergeordnet ist. Pinkie dagegen ist Produkt eines gescheiterten Liberalismus, gesellschaftliche Randexistenz, kämpft in Formen, die die Konturen des Diktators aus kleinbürgerlichen Verhältnissen andeuten, um versagte Anerkennung.

Für den aus dem Slum stammenden Jungen sind jedoch theologische Begriffe wie Hölle oder Sünde in der konkreten Erfahrungswirklichkeit verankert. So verfügt er, anders als die säkulare Gesellschaft um ihn herum mit ihren relativierten Werten von Wahrheit und Gerechtigkeit, über eine Sprache, mit deren Hilfe er den im Transzendenten verankerten Gegensatz von Gut und Böse und die Vorstellung nichtkorrumpierbarer göttlicher Gnade wenigstens ansatzweise begreifen kann. Deshalb ist seine auf einem *»religious sense«* basierende Art der Wirklichkeitsorientierung derjenigen anderer Figuren überlegen.

Obwohl Pinkie – wie manche Interpreten meinen – die Inkarnation des Bösen und so eine fast allegorische Figur zu sein scheint, gilt die Sympathie des Erzählers diesem jugendlichen Protagonisten. Allerdings muß der Schluß des Romans offenbleiben, da für Greene göttliche Gerechtigkeit und Gnade sich grundsätzlich dem menschlichen Verständnis entziehen. Narrativ formulierbar ist das jedoch wiederum nur als Paradoxon, wie das Schlußkapitel zeigt. Rose will, nachdem der Junge, sich selbst mit der zerbrechenden Flasche Vitriol Höllenqualen bereitend, über die Klippen ins Meer gestürzt ist, wie Pinkie verdammt sein; mit der Äußerung des Priesters über jenen Franzosen, der, wenn nur eine einzige Seele verdammt wäre, gleicherweise zu den Verdammten gehören wollte, spielt Greene dabei auf Charles PÉGUY (1873–1914) an, dessen Opferthematik Hintergrund der folgenden religiösen Romane sein wird. Der Priester spricht von der *»appalling ... strangeness of the mercy of God«*. Der Roman endet jedoch mit dem Hinweis auf die Rose noch bevorstehende tiefe Enttäuschung: Sie will sich eine zuvor von Pinkie besprochene Schallplatte anhören, auf der er ihr jedoch nicht, wie sie annimmt, seine Liebe gesteht, sondern sie als *»the worst horror of all«* schmäht. Der Versuch, mit der eigenen Verdammnis sozusagen die Errettung eines anderen auszuhandeln, ist, wie Greene dann mit *The Heart of the Matter* (1948) zeigen wird, zwar Ausdruck tiefen Glaubens, aber doch nur innerweltlich gedacht. Und selbst wenn Rose ihren Entschluß, freiwillig die ewige Verdammnis auf sich zu nehmen, rückgängig machen sollte, behielte aus der Sicht Greenes der Satz von der unbegreiflichen Gnade Gottes seine Gültigkeit. So ist *Brighton Rock* ein wegen seines offenen Schlusses irritierender Roman, ohne daß andererseits die im Jahre 1938 klar verstehbaren Assoziationen des die *»ganze sichtbare Welt ..,. die Kassen und Polizisten und Prostituierten, das Parlament und die Gesetze«* besitzenden Verbrechers Colleoni mit den *»semitischen Gesichtern«*, die Pinkie weiter in die selbstgerechte Verzweiflung treiben, verschwiegen werden sollten. U.Bö.

Ausgaben: Ldn. 1938. – Harmondsworth 1943 u. ö. (Penguin). – Ldn. 1970 (in *Collected Edition*, Bd. 1).

Übersetzung: *Am Abgrund des Lebens*, M. H. Larsen, Bln./Wien 1948. – Dass., dies., Hbg. 1950 (rororo; zul. Reinbek 1984). – Dass., dies. (in *GW*, Bd. 3, Hbg./Wien 1963).

Dramatisierung: G. Greene u. F. Harvey, *Brighton Rock* (dt. Erstauff.: *Am Abgrund des Lebens*, Oberhausen u. Pforzheim, 30. 1. 1957).

Verfilmung: England 1947 (Regie: J. Boulting; Buch: G. Greene).

Literatur: A. A. DeVitis, *Allegory in »Brighton Rock«* (in MFS, 3, 1957, S. 216–224). – D. P. Consolo, *Music as Motif: The Unity of »Brighton Rock«* (in Renascence, 15, 1962, S. 12–20). – R. O. Evans, *The Satanist Fallacy in »Brighton Rock«* (in *G. G.: Some Critical Considerations*, Hg. ders., Lexington/Ky. 1963, S. 151–168). – M. Routh, *»Brighton Rock«*, Harlow 1963. – A. Price, *»Brighton Rock«*, Oxford 1969. – G. C. Jones, *G. G. and the Legend of Péguy* (in CL, 21, 1969, S. 138–145). – D. L. Kubal, *G. G.'s »Brighton Rock«: The Political Theme* (in Renascence, 23, 1970, S. 46–54). – G. H. Cox III, *G. G.'s Mystical Rose in Brighton* (ebd., S. 21–30). – C. Astier, *La tentation du roman policier dans deux romans, »Un crime«, de G. Bernanos, »Le Rocher de Brighton«, de G. G.* (in RLC, 44, 1970, S. 224–243). – L. P. Ruotolo, *Rose Wilson* (in L. P. R., *Six Existential Heroes: The Politics of Faith*, Cambridge/Mass. 1973, S. 37–53). – D. S. Lenfest, *»Brighton Rock«/Young Scarface* (in Literature/Film Quarterly, 2, 1974, S. 373–378). – R. Hoskins, *Hale, Pinkie, and the Pentecostal Themes in »Brighton Rock«* (in Modernist British Literature, 3, 1978, S. 56–66). – C. Kaplan, *G. G.'s Pinkie Brown and Fl. O'Connors Misfits* (in Renascence, 32, 1980, S. 116–128). – R. Hoskins, *The Napoleonic Strategist of »Brighton Rock«* (in College Literature, 12, 1985, S. 11–17).

THE COMEDIANS

(engl.; *Ü: Die Stunde der Komödianten*). Roman von Graham Greene, erschienen 1966. – Wie auch in anderen Fällen hat Greene den Schauplatz des Romans zuvor bereist. Der Bericht über das seit 1957 von François Duvalier beherrschte Haiti betont das Alptraumhafte des durch die Geheimpolizei der Tontons Macoute geprägten Terrorregimes, das sich weder durch *»verschrobenen Idealismus«* noch durch eine *»verdrehte Philosophie«* legitimieren könne, sondern lediglich der Bereicherung einiger weniger diene. Greene betont in *Nightmare Republic*, einem Artikel im ›Sunday Telegraph‹ (1963), jedoch nicht nur Korruption und Armut, sondern auch Willkür und Unvorhersehbarkeit als Elemente einer farcenhaften Wirklichkeit.

Zwar ist er nach der Begegnung mit haitianischen Rebellen (die u. a. bei der späteren Verfilmung des Buches mitwirkten) vom Widerstand beeindruckt. Aber das Farcenhaft-Komische dominiert doch über weite Strecken einen Roman, dessen Hauptfiguren ein ehemaliger amerikanischer Präsidentschaftskandidat namens Smith (1948 Gegner H. S. Trumans mit dem Programm des Vegetarismus), ein dubioser Söldner namens Jones, der auf Haiti sein Glück machen will, und der Hotelier Brown sind; Brown ist der involvierte Ich-Erzähler, der gerade vergeblich versucht hat, in New York sein Hotel in Port-au-Prince zu verkaufen, und der während der Rückkehr auf einem Schiff mit dem bedeutungsvollen Namen »Medea« mit den anderen beiden zusammentrifft.

Während sich Jones und Brown, der im Laufe der Erzählung seine eigene, in einem jesuitischen Kolleg in Monte Carlo begonnene Lebensgeschichte rekapituliert, zunächst als entweder komödiantisch durch die Welt irrende oder Rollen spielende Figuren entpuppen, deren moralische Orientierungslosigkeit die einzig mögliche Reaktion auf die Absurdität der Welt zu sein scheint, werden Smith und seine ihn begleitende Frau eher von einem naiv und wirklichkeitsfremd scheinenden Idealismus motiviert, der den Übergang von dem auch die Protagonisten von *The Quiet American* (1955) oder *A Burnt-Out Case* (1961) prägenden Glaubensverlust zu einer die ganze Existenz umgreifenden Form konsistenten Handelns darstellt, dessen Basis ein unspezifischer allgemein-menschlicher oder ein präziser politischer »Glauben« ist. Greene hat diesen zweiten, nicht mehr farcenhaften, sondern eher zu tragischen Resultaten führenden Aspekt vor allem in zwei Figuren dargestellt: in der Frau eines südamerikanischen Botschafters, Martha Pineda, mit der der eifersüchtig-besitzhungrige Brown – immer wieder gestört durch komische Verwicklungen und Hindernisse aller Art – ein Liebesverhältnis hat, vor allem jedoch in dem marxistischen Arzt Dr. Magiot, der die Ehrlichkeit seines Glaubens mit der Bereitschaft, den Tod in Kauf zu nehmen, unter Beweis stellt. Um die Funktion dieses »Glaubens« in einem nichtreligiösen Sinn deutlicher hervorzuheben, hat Greene auf das Begriffspaar *»politique – mystique«* des katholischen Sozialisten Charles Péguy zurückgegriffen, der in *Notre Jeunesse*, 1910 *(Unsere Jugend)*, damit den Gegensatz zwischen einem opportunistisch sich anpassenden, am bloßen Machterhalt orientierten Handeln und dem eher konsistenten und konsequenten (politischen) Tun auf der Grundlage einer für Theorie und Praxis verbindlichen Philosophie verdeutlicht.

Während die Smiths – mit der Realität des Terrorregimes konfrontiert – allmählich die Sinnlosigkeit ihres wirklichkeitsfremden politischen Entwicklungsprogramms – Einrichtung eines vegetarischen Zentrums in einem extrem verarmten Land – einsehen müssen, steigt der zunächst von der Geheimpolizei festgehaltene Jones plötzlich in der Gunst der Machthaber. Als man jedoch den Betrugsabsichten des aufschneiderischen Jones auf die Schliche kommt, sucht der angebliche »Major« in der Botschaft Pinedas Asyl. Um sich des jedermann zum Lachen bringenden Rivalen, den auch Martha mag, zu entledigen, will Brown Jones heimlich zu einer unter der Führung des ehemaligen Dichters Philipot kämpfenden Rebellengruppe bringen. Sie werden zwar von den Tontons Macoute gestellt, aber von den Rebellen wieder befreit. Brown kann sich über die Grenze nach Santo Domingo retten; Jones jedoch bleibt bei den Guerilleros; wie Brown später erfährt, hat der militärisch unerfahrene, aber Lebensmut und Optimismus verbreitende angebliche Major den Rückzug der Gruppe gedeckt und ist dabei getötet worden. Im Schlußkapitel des Romans liest Brown, jetzt Teilhaber eines Bestattungsunternehmens und zuständig für die (nicht so zahlreichen) weißen Toten, den an ihn gerichteten letzten Brief seines kommunistischen Freundes Dr. Magiot, der von den Tontons Macoute – Duvalier bezeichnet Haiti als letztes Bollwerk gegen den Kommunismus – getötet worden ist: *»Kommunisten und Katholiken haben große Verbrechen begangen, aber sie haben wenigstens nicht abseits gestanden wie die etablierte Gesellschaft ... wenn du einen Glauben verloren hast, gib nicht jeglichen Glauben auf.«* Brown – der Autor betont im Vorwort, *»Brown ist nicht Greene«* – gesteht sich zwar ein, daß er die Fähigkeit zum Engagement verloren hat; aber er zählt sich zu den *»Glaubenslosen«*, die diejenigen bewundern, die sich einer Sache verpflichtet sehen.

The Comedians ist insofern ein politischer Roman, als Greene darin nicht nur mit großer Detailtreue und noch größerer Suggestivwirkung die Existenz eines totalitären Staates beschreibt, sondern auch – diesen Staat als *pars pro toto* einer ganzen Welt nehmend – die für sein Werk zentrale allgemeinere Thematik von Glaubensverlust, Indifferenz und Engagement von einem humanistischen Standpunkt aus behandelt. Insofern geht auch der in einer Broschüre des haitianischen Außenministeriums mit zwölf verschiedenen Beiträgen veröffentlichte Angriff – darin wird Greene, der auch das Drehbuch für den unter Mitwirkung von A. Guinness, P. Ustinov, R. Burton und E. Taylor gedrehten Film verfaßte, u. a. Rassismus vorgeworfen – am Kern des Werkes vorbei. U.Bö.

AUSGABEN: Ldn. 1966. – Harmondsworth 1967 u. ö. – Ldn. 1976 (in *Collected Edition*, Bd. 17).

ÜBERSETZUNG: *Die Stunde der Komödianten*, H. Spiel, Hbg. 1966. – Dass., dies., Reinbek 1969 (rororo; zul. 1987). – Dass., dies., Bln./DDR 1983.

VERFILMUNG: USA 1967 (Regie: P. Glenville).

LITERATUR: K. Amis, *Slow Boat to Haiti* (in Observer, 30. 1. 1966). – A. Burgess, *New Fiction* (in Spectator, 3. 2. 1966). – D. Lodge, *G. G.'s »Comedians«* (in Commonweal, 25. 2. 1966). – A. A. DeVitis, *G.'s »The Comedians«: Hollower Men* (in Renascence, 18, 1966, S. 129–136, 146). – R. Hill, *Bekenntnisse eines Hotelbesitzers* (in Hochland, 59, 1966, S. 90–94). – M. Butcher, *Komödianten und Engagierte* (in Dokumente, 22, 1966, S. 161–164). – K. Spinner, *»The Comedians«* (in NZZ, 2. 4. 1966). – M. Reich-Ranicki, *Erotik mit guten Manieren* (in Die Zeit, 29. 12. 1967). – Hayti – Bulletin du Départment des Affaires Etrangères, *G. G. Démasqué*, Port-au-Prince 1968. – C. Widmann, *Grand Hotel Oloffson, Port-au-Prince: Notizen aus dem Haiti Papa Docs und G. G.s* (in SZ, 12./13. 9. 1970). – M. Routh, *G.'s Parody of Farce and Comedy in »The Comedians«* (in Renascence, 26, 1974, S. 139–151). – C. S. Ferns, *Brown is not G.: Narrative Role in »The Comedians«* (in College Literature, 12, 1985, S. 60–67).

THE END OF THE AFFAIR

(engl.; *Ü: Das Ende einer Affäre*). Roman von Graham GREENE, erschienen 1951. – In dem zwischen 1948 und 1951 entstandenen Roman bedient sich Greene zum erstenmal nach dem Vorbild von DICKENS' *Great Expectations* (1864) eines perspektivisch beschränkten Ich-Erzählers, der es ermöglicht, stärker als zuvor vom linearen Handlungsablauf abzuweichen. Dargestellt wird der Versuch des Schriftstellers Maurice Bendrix, sich im Jahre 1949 über eine 1939 begonnene und von Sarah Miles, der Frau eines hohen Verwaltungsbeamten, 1944 plötzlich abgebrochene Liebesaffäre klarzuwerden. Als der eifersüchtige Bendrix Sarah wenig später einer Affäre mit einem anderen Mann verdächtigt, läßt er detektivische Nachforschungen anstellen (Teile von Buch I); gleichzeitig erzählt der sich über seinen emotionalen Zustand zur Zeit der Niederschrift nicht sichere Bendrix von den Anfängen seiner Beziehungen zu Sarah (I, 3; I, 7). Ähnlich werden in Buch II die Erzählgegenwart und die verschiedensten Stufen der erlebten Vergangenheit so ineinander verwoben, daß Realitätserfahrung und Schreiben – anders als der Titel des Romans vermuten läßt – als offene Prozesse erscheinen.

In II, 5 berichtet Bendrix dann zunächst vom (vermeintlichen) Ende der *»ganzen ›Affäre‹«*, als er bei einem deutschen V1-Angriff im Juni 1944 für kurze Zeit bewußtlos unter Trümmern begraben liegt. Erst aus dem in Buch III eingefügten, vom Detektiv entwendeten Tagebuch Sarahs erfährt Bendrix den wahren Sachverhalt. Im Glauben, ihr Geliebter sei ums Leben gekommen, hat sie – ähnlich wie die Protagonisten von *The Power and the Glory* (1940) und *The Heart of the Matter* (1948) – Gott ein Opferangebot gemacht, an das sie sich gebunden fühlt: Sie will Bendrix aufgeben und glauben, wenn Gott ihn wieder zum Leben erweckt. Das Tagebuch verrät dem Schriftsteller darüber hinaus, in welchem Maße Sarah ihn immer noch liebt. Sie fühlt sich innerlich leer, ist aber unfähig, sich entweder für ihren Mann oder Bendrix zu entscheiden. Wie Scobie in *The Heart of the Matter* oder Fowler in *The Quiet American* (1955) will sie – Christus als Vorbild – Leiden auf sich nehmen, um die anderen vor Schmerz zu bewahren. Sie sehnt sich zwar einerseits nach *»gewöhnlicher verderbter menschlicher Liebe«*, erfährt jedoch andererseits durch einen Priester von der Unauflösbarkeit der Ehe. Als sie erkrankt, sucht sie – alle Hilfe ablehnend – schließlich passiv den Tod. Allerdings endet der Roman nicht an dieser Stelle, da, so meinten manche Interpreten, Sarah einer Heiligen zu ähneln scheint.

Vielmehr geht es in einem differenzierteren Verständnis von Endlichkeit und Zeitlosigkeit um die über das *»Ende der Affäre«* hinausreichenden Auswirkungen einer in Sarah erreichten Einsicht in die Notwendigkeit, Liebe zu Gott und zum anderen Menschen als eine körperlich-geistige Einheit zu sehen. In den beiden letzten Büchern des Romans läßt Greene deshalb seinen Protagonisten von den durch Eifersucht und Haß geprägten Gefühlen gegenüber einem Gott berichten, der ihm Sarah geraubt hat. Mit dieser Emotionalität eines gerade deshalb potentiell der Liebe und des Glaubens fähigen Individuums, das ein für Greenesche Helden typisches *»uneasy conscience«* aufweist, wird die mangelnde Offenheit von Nebenfiguren kontrastiert, die – wie etwa ein zuvor eingeschworener Rationalist – angesichts zweifellos seltsamer Koinzidenzien von Wundern sprechen und sie auf das heiligmäßige Wirken Sarahs zurückführen.

Bei einer genauen Lektüre lassen sich in allen Fällen vermeintlicher »Wunder« natürliche Erklärungen finden. Greene hat zudem in der für die *Collected Edition* revidierten Fassung des Romans im Sinne seines »ursprünglichen Plans« diese Interpretationsmöglichkeit weiter herausgearbeitet. Im Zentrum des Romans steht denn auch nicht, wie häufig angenommen wird, eine auf Abstraktion und Belehrung abzielende theologische Argumentation, sondern die keineswegs geradlinig verlaufende Entwicklung des Schriftstellers Bendrix: Nachdem er sich zunächst als Realist der Wirklichkeit als einer zu reproduzierenden Sammlung von strukturierbaren Materialien zu bemächtigen können glaubte, wird er durch die zwischen 1939 und 1944 bzw. Anfang 1945 – also vor dem Hintergrund des tief beunruhigenden Zweiten Weltkriegs – stattfindenden, ihn als Person involvierenden Ereignisse immer stärker in seiner Selbstsicherheit erschüttert. Mit der verlorengehenden Distanz zur Liebesaffäre, durch die er ursprünglich an fiktional verwertbare Informationen über Henry Miles gelangen wollte, schwindet auch die Kontrolle über den Erzählprozeß. Bendrix ist immer stärker den spontan aus dem Unterbewußten heraufdrängenden Einfällen ausgeliefert, die ihn – mit dem Bild des ohne Landkarten in ein fremdes Land Reisenden – weitgehend orientierungslos werden lassen; diese Orientierungslosigkeit, die sich in seiner kreativen, Erzählton und Zeitstufen wechselnden Beweglichkeit spiegelt, entspricht dem Greeneschen Begriff vom Menschsein: *»Wenn man nicht sicher ist, lebt man«* (*The Potting Shed*, 1958 – *Das Geheimnis*). Der kreativen Offenheit entspricht schließlich auch die Öffnung für die Möglichkeit des Glaubens; in diesem Sinne hat Greene tatsächlich vom Ende einer Affäre im simplen Wortsinn und vom Übergang in eine für ihn humanere Existenzweise erzählt, derzufolge Realität prinzipiell eine sich immer wieder abstrakten Systematisierungen und ideologischen Einvernahmen verweigernde Entität ist. U.Bö.

Ausgaben: Ldn. 1951. – Harmondsworth 1962 u. ö. (Penguin). – Ldn. 1974 (in *Collected Edition*, Bd. 13; rev.).

Übersetzung: *Der Ausgangspunkt*, W. Puchwein, Wien 1951. – *Das Ende einer Affäre*, ders., Wien 1953. – Dass., ders., Hbg. 1955 (rororo; zul. Reinbek 1983). – Dass., ders. (in *GW*, Bd. 1, Hbg./Wien 1962). – Dass., ders., Bln./DDR 1979.

Dramatisierung: G. M. Verano, *Ende einer Affaire* (deutschsprachige Erstauff.: Wien, Okt. 1954, Palais Esterhazy).

Verfilmung: England 1954 (Regie: E. Dmytryk).

Literatur: U. Spier, *Melodrama in G. G.'s »The End of the Affair«* (in MFS, 3, 1957, S. 235–240). – N. Braybrooke, *G. G. the Double Man: An Approach to His Novel »The End of an Affair«* (in Queen's Quarterly, 77, 1970, S. 29–39). – G. C. Jones, *Léon Bloy et G. G.: L'influence de »La Femme Pauvre« sur »The End of the Affair«* (in RLC, 44, 1970, S. 540–546). – D. L. Higdon, *Saint Cathérine, Von Hügel, and G. G.'s »The End of the Affair«* (in ES, 62, 1981, S. 46–52). – G. Schwab, *G. G.'s Pursuit of God* (in *Literature, Arts, and Religion*, Lewisburg/Pa. 1982, S. 45–57). – R. G. Walker, *World Without End: An Approach to Narrative Structure in G. G.'s »The End of the Affair«* (in TSLL, 26, 1984, S. 218–241). – R. M. Davis, *The Struggle with Genre in »The End of the Affair«* (in Genre, 18, 1985, S. 397–412). – R. Creese, *Abstracting and Recording Narration in »The Good Soldier« and »The End of the Affair«* (in Journal of Narrative Technique, 16, 1986).

THE HEART OF THE MATTER

(engl.; *Ü: Das Herz aller Dinge*). Roman von Graham Greene, erschienen 1948. – Die Hauptfigur dieses Romans, der die Mitleidsthematik des während Greenes Geheimdiensttätigkeit in Freetown, Sierra Leone, entstandenen Spionageromans *The Ministry of Fear*, 1943 *(Zentrum des Schreckens)*, weiterführt, spielt in einer westafrikanischen Hafenstadt. Der hier seit fünfzehn Jahren tätige Polizeibeamte Major Scobie, der – zur Enttäuschung seiner mit dem Leben in dem so englisch scheinenden, aber doch schäbigen Kolonialort unzufriedenen Frau Louise – erneut bei der Beförderung übergangen wird, ist zunächst ein Muster von Integrität und Gewissenhaftigkeit. Bald zeigt sich jedoch, daß sich Scobies Ideal weltlicher Gerechtigkeit angesichts einer durch komplexe und doppeldeutige menschliche Beziehungen charakterisierten Wirklichkeit nicht realisieren läßt. Die Bilder des Geiers, der Ratte, der Hitze oder des Sturms, die eine den Roman beherrschende Atmosphäre evozieren, deuten auf diese Grundsituation hin, ebenso wie die Metaphern von Welle, Flut und Schiffahrt, die in der christlichen Tradition auf die *Peregrinatio animae ad Deum* verweisen.

Die erste Hälfte des Romans zeigt, in welchem Maß sich der Polizeibeamte immer tiefer in Widersprüche verwickelt, die sein Privatleben und sein Amt betreffen. Einerseits leiht er sich von Yusef, einem syrischen Händler und Diamantenschmuggler, Geld, um seiner Frau einen Erholungsurlaub in Südafrika zu ermöglichen; er kann aber nicht verhindern, daß er aufgrund seiner gerüchteweise bekannten Beziehungen zu Yusef, der einen syrischen Konkurrenten ausschalten möchte, in das Zwielicht der Korruption gerät. Zum anderen begeht er während der Abwesenheit seiner Frau mit der jungen Helen Rolt, die nach einem Schiffbruch hatte gerettet werden können und die dann in der Nähe Scobies wohnt, Ehebruch.

Scobies Handeln wird, wie das Arthur Rowes in *The Ministry of Fear* und anderer Greenescher Helden danach, bestimmt durch die Unfähigkeit, andere Menschen leiden zu sehen. Die – allerdings weniger klar als im vorhergehenden Roman – angedeutete Motivation scheint aus dem lange Jahre zurückliegenden Tod der eigenen Tochter zu resultieren. Jedenfalls kommt Scobie in seinen Erinnerungen immer wieder darauf zurück, und alle Begegnungen mit anderen – häufig als Kinder gesehenen – Menschen werden davon überlagert. Diese Form eines auf imaginative Offenheit und Sensibilität zurückführbaren, aber ins Extrem gesteigerten Mit-Leidens, das durch ein fundamentales Gefühl der Verantwortlichkeit ergänzt wird, zeigt sich in der ersten Hälfte des Romans mehrfach: vor allem als Scobie mit ansehen muß, wie ein Junge, der wie Helen Rolt vierzig Tage nach dem durch feindliche Angriffe verursachten Schiffbruch zwar gerettet wird, aber dann doch – trotz Scobies Gebeten, in denen er sich selbst als Opfer anbietet – an Erschöpfung stirbt.

Die eher weltliche Problematik des ersten Romanteils wird nach der in Buch II, 3 angekündigten und in III, 1 erfolgenden Rückkehr Louises von einer theologischen Problematik überlagert (die nach Erscheinen des Romans die Diskussion beherrschte): Scobie ist gläubiger Katholik; damit gerät sein Ziel, Leiden anderer zu verhindern, in Konflikt mit fundamentalen Glaubenspositionen. Er will einerseits keine der beiden Frauen, die für ihn eigentlich Kinder sind, für die er sich verantwortlich fühlt, verletzen; andererseits macht er sich damit einer Todsünde schuldig und meint, daß sein Handeln schließlich sogar – im Bild des *»in den Schmutz des Stalles«* gestoßenen Antlitzes *»des Kindes«* (d.h. Jesu) – das Leiden des wehrlos scheinenden Gottes bedingt. Insofern fühlt er sich wie ein Exilierter in einem Land von Menschen, die nur halbherzig glauben und daher für Scobies Grundproblematik taub sind. Statt – dies die Alternative des Schlusses – auf Gott zu vertrauen, meint Scobie seine im Zusammenhang mit dem Korruptionsvorwurf entstehenden Probleme nur lösen zu können, indem er sich einem Menschen – Yusef – anvertraut. Der aber läßt den schwarzen Diener Scobies, dem er zu Unrecht mißtraut, umbringen; der Tod dieses »Boy« wird für Scobie zum Symbol für seinen *»Mord«* an Gott. Andererseits bittet er, da er *»niemandem mehr Schmerz zufügen«* will, Gott, ihn wie jemanden, der *»Leiden wie Körpergeruch«* mit sich herumträgt, zu töten. Tatsächlich hat er jedoch bereits seit einiger Zeit Vorbereitungen getroffen, um seinen sorgfältig geplanten Selbstmord als einen Fall von Angina pectoris erscheinen zu lassen. Wie die letzten Kapitel zeigen, hat er jedoch sein Ziel, *»das Glück der anderen zu schützen«* – und das bezieht sich auch auf Gott –, nicht erreicht. Seine Frau wußte schon seit längerem von seinem Verhältnis, ein anderer Beamter scheint seinen getarnten Selbstmord zu durchschauen.

Scobie gehört zu den Greeneschen Figuren, die zwar ein *»unruhiges Gewissen«* haben, aber nicht die Fähigkeit besitzen, sich mit dem Gefühl *»persönlichen Scheiterns«* als einer menschlichen Grunderfahrung abzufinden. In diesem Sinne deutet Scobies Erinnerung an R. M. RILKES Gedicht *Herbst* mit der Mahnung, daß *»Einer«* (Gott) *»dieses Fallen unendlich sanft in seinen Händen hält«*, auf den Verlust des fundamentalen Gottvertrauens hin. Andererseits steht der Held des Romans für Greene jedoch, wie das von Charles PÉGUY stammende Motto andeutet, als Sünder *»im Herzen«* der Christenheit: Gerade die extreme Sündhaftigkeit Scobies, seine Anmaßung gegenüber Gott und sein Selbstmord resultieren aus dem tiefen Einblick in die prekäre Situation des Menschen, der Kriege, Grausamkeiten und Haß erleiden muß und der wie in diesem Falle zum vermeintlich letzten Mittel, der stellvertretenden Selbstopferung, greift. U.Bö.

AUSGABEN: Ldn. 1948. – Harmondsworth 1962 u. ö. (Penguin). – Ldn. 1971 (in *Collected Edition*, Bd. 6). – NY 1973 (in *The Portable G. G.*, Hg. Ph. Stratford; rev. Fassg. m. einem in d. Erstausg. gestrichenen Kap.; ern. Harmondsworth 1977).

ÜBERSETZUNG: *Das Herz aller Dinge*, W. Puchwein, Hbg. 1949. – Dass., ders., Hbg. 1954 (rororo; zul. Reinbek 1988). – Dass., ders. (in *GW*, Bd. 1, Hbg./Wien 1962). – Dass., ders., Bln./DDR 1978 [Nachw. G. Antosch]. – Dass., ders., Hbg./Wien 1983.

Verfilmungen: England 1953 (Regie: G. M. O'Ferral). – BRD 1972 (TV; Regie: O. Döpke; Buch: D. Klante).

Literatur: M. B. Mesnet, *G. G. and »The Heart of the Matter«: An Essay*, Ldn. 1957. – H. Barratt, *Adultery as Betrayal in G. G.* (in Dalhousie Review, 45, 1965, S. 324–332). – B. King, *G. G.'s Inferno* (in Études Anglaises, 21, 1968, S. 35–51). – G. Levin, *The Rhetoric of G.'s »The Heart of the Matter«* (in Renascence, 23, 1970, S. 14–20). – J. Hynes, *The Facts at »The Heart of the Matter«* (in TSLL, 13, 1972, S. 711–726). – R. C. Walker, *Seriation as a Stylistic Norm in G. G.'s »The Heart of the Matter«* (in Language and Style, 6, 1973, S. 16–75). – T. Fay u. M. G. Yetman, *Scobie the Just: A Reassessment of »The Heart of the Matter«* (in Renascence, 29, 1977, S. 142–156). – D. L. Higdon, *G. G.'s Second Thoughts: The Text of »The Heart of the Matter«* (in Studies in Bibliography, 30, 1977, S. 249 bis 256). – D. Karnath, *Bernanos, G. and the Novel Convention* (in ConL, 19, 1978, S. 429–445). – Ph. Stratford, *Second Thoughts of G. G.'s Second Thoughts: The Five Texts of »The Heart of the Matter«* (in Studies in Bibliography, 31, 1978, S. 263–266). – R. Sharrock, *G. G. at »The Heart of the Matter«* (in Essays and Studies, 36, 1983, S. 56–75). – J. S. Choi, *G. G.: »The Heart of the Matter«* (in Journal of English Language and Literature, 26, Korea 1984, S. 119–138).

THE HONORARY CONSUL

(engl.; *Ü: Der Honorarkonsul*). Roman von Graham Greene, erschienen 1973. – Wie im vorangegangenen komisch-farcenhaften Roman mit durchaus ernster Aussageintention, *Travels with my Aunt*, 1969 *(Die Reisen mit meiner Tante)*, spielt die Handlung von *The Honorary Consul* in einer Provinzstadt am Paraná, dem Grenzfluß zwischen Paraguay und Argentinien. Über weite Strecken wird das Geschehen aus der Sicht des fünfunddreißigjährigen anglo-argentinischen Arztes Eduardo Plarr dargestellt, dessen Schulfreunde – Leon Rivas, ein jetzt verheirateter Priester, und Aquino, ein politischer Lyriker – von Argentinien aus gegen den Diktator General Stroessner kämpfen. Der mit dem ansässigen englischen Honorarkonsul Charley Fortnum befreundete Plarr (mit der jungen Frau des Konsuls, einer ehemaligen Prostituierten, hat er ein Verhältnis) gibt – obwohl er anders als sein verschollener Vater, politisch kaum engagiert und eigentlich von der Ineffektivität der Guerilleros überzeugt ist – seinen Freunden Informationen über die Route einer Besichtigungsfahrt, während der der amerikanische Botschafter entführt werden soll. Als sich herausstellt, daß ihnen irrtümlicherweise Fortnum in die Hände gefallen ist, gelingt es Plarr nicht, die Freunde davon zu überzeugen, daß sie mit einem Honorarkonsul kaum die Freilassung politischer Häftlinge werden erzwingen können. Da Plarr auf dem Weg ins Versteck, als er zu dem verletzten Gefangenen eilte, gesehen worden ist, muß er bleiben und wird schließlich bei der Befreiungsaktion getötet. Erst von der überlebenden Geisel erfährt jedoch der Leser, daß der um Fortnums Rettung bemühte Plarr nicht etwa von Rivas – so die offizielle Version – erschossen wurde, sondern daß beide durch Schüsse der Fallschirmjäger den Tod gefunden haben.

Dieser Schluß läßt erkennen, daß sich sowohl der eher distanzierte Plarr als auch der zunächst lächerlich erscheinende Fortnum – wie auch andere Figuren des Romans – unter dem Eindruck der Ereignisse innerlich gewandelt haben. Diese Wandlung vollzieht sich – dem Motto aus einem Gedicht von Thomas Hardy gemäß: *»All things merge in one another – / good into evil, generosity into / justice, religion into politics ...«* – unter dem Gesichtspunkt der für jegliches Handeln verbindlichen Einsicht in die Interdependenz aller Lebensphänomene, aber auch der moralischen Ambivalenz menschlichen Tuns. Unter bestimmten – im vorliegenden Fall gegebenen – Bedingungen kann Aggressivität Ausdruck von Liebe sein, wie Greene unmißverständlich mit der Figur des immer noch tief gläubigen, den Ideen des kolumbianischen Priesters und Sozialrevolutionärs Camillo Torres verpflichteten Leon Rivas zeigt. Für Rivas hat Christus von einem bestimmten historischen Standpunkt aus das Verhältnis des Menschen zum Staat formuliert, ohne zukünftige Entwicklungen voraussehen zu können. Angesichts brutaler Folter und mangelnder Bereitschaft, soziale Veränderungen herbeizuführen, muß, so meint Rivas, die Theologie bestimmte Formen des Widerstandes gutheißen. Nur wenn der Mensch selbst im Sinne des Gebots der Liebe handelt, wird sich, so argumentiert der an Teilhards Evolutionskonzept orientierte Priester, auch Gott wandeln: *»Gott ist mit uns in einer Art Bluttransfusion verbunden«*; erst dann wird das Problem der Theodizee verschwinden.

Zwar kann man Rivas kaum als das explizite Sprachrohr Greenes bezeichnen; in der Figur des Priesters jedoch scheint das gleiche Problem dramatisiert wie in der des emotional eher distanzierten Arztes mit zahlreichen Liebesaffären, der in den *barrios* der Armen zwar tätige Nächstenliebe zeigt, aber erst zum Schluß, als er zur Rettung Fortnums aus der Tür des Verstecks tritt, instinktiv sein Verständnis von Liebe demonstriert. Ähnliches gilt auch für den politischen Romancier Saavedra, dessen Erzählungen durch südamerikanischen *machismo* geprägt sind und der damit im Sinne von Rivas noch zu viel vom zürnenden Jehova in sich birgt: Saavedra bietet sich schließlich mit einer im Sinne des *machismo* heroisch scheinenden Geste zum Austausch für die Geisel an, verkörpert aber damit eine andere Spielart von Liebe im neuen Sinne. Schließlich trifft Entsprechendes auch auf die Titel-

figur des Honorarkonsuls zu, der zum Schluß menschlich gereift scheint und mit seiner Vermutung *»Perhaps it was love of a kind. People do get caught by love«* auf die zentrale Problematik des Romans verweist.
Der zielgerichteten politischen Aktion, die die Humanisierung der Welt herbeiführen soll, die aber im Sinne von *The Heart of the Matter* (1948) in unauflösliche Widersprüche führen kann, die auch für Rivas noch gegeben sind, setzt Greene hier wie im gesamten Spätwerk eine nicht mehr rational steuerbare, sondern spontan immer wieder durchbrechende humanere Art von Liebe entgegen, die für ihn höherrangig ist. Zwar spricht aus *The Honorary Consul* unmißverständlich die Sympathie Greenes für die Opfer gesellschaftlicher Macht; aber seine Skepsis gegenüber politischen Ideologien und Theorien von der rationalen Manipulierbarkeit von Realität muß sich – wenn auch nur partiell – selbst auf das Widerstandskonzept eines Rivas erstrekken. Die eigentliche – aber doch nur angedeutete – Lösung der Problematik liegt wohl eher in einem alle positiven Figuren des Romans kennzeichnenden instinktiven, spontanen Handeln, dessen illoyales Abweichen von sanktionierten gesellschaftlichen Normen im Sinne von *Under the Garden*, 1963 *(Unter dem Garten)*, und *Travels with my Aunt* zugleich Ausdruck von lebenszugewandter Kreativität und Liebe ist. Entscheidend für das Verständnis des Romans ist schließlich, daß der zunächst eher als komische Figur konzipierte Fortnum im Angesicht des Todes seine Liebe zu Clara, seiner jungen Frau, emotional vertieft und dann *»eine Sprache wiedererlernt, die er seit seiner Kindheit in einem anderen Land nicht gesprochen hatte«*. Fortnum wird in einer Welt abwesender (im Falle von Plarr, Aquino, Rivas) oder grausamer Väter (Jehova, Stroessner, der Vater des Struwwelpeter) für den noch nicht geborenen unehelichen Sohn von Clara und Eduardo ein liebender Vater sein: Andeutung eines winzigen Schrittes von der Nacht- zur Tagseite Gottes. U.Bö.

AUSGABEN: Ldn. 1973. – Harmondsworth 1975 u.ö. (Penguin). – Ldn. 1980 (in *Collected Edition*, Bd. 21).

ÜBERSETZUNG: *Der Honorarkonsul*, S. Rademacher u. H.W. Polak, Hbg./Wien 1973. – Dass., dies., Bln./DDR 1975. – Dass., dies., Reinbek 1976 (rororo; zul. 1984).

VERFILMUNG: USA 1982 (Regie: J. Mackenzie).

LITERATUR: G. Hensel, *Mit Gott und Geisel für die Armen* (in SZ, 10. 10. 1973). – R.W. Leonhardt, *Gott und Whisky* (in Die Zeit, 30. 10. 1973). – B. Lenz, *G. G.: »The Honorary Consul«* (in *Englische Literatur der Gegenwart*, Hg. R. Lengeler, Düsseldorf 1977, S. 201–215). – R. Jones, *The Improbable Spy* (in Virginia Quarterly Review, 55, 1979, S. 338–349). – R. Piontek, *Das Wertesystem u. seine Bedeutung in G. G.s Romanen: »The Ministry of Fear«, »The Heart of the Matter« und »The Honorary Consul«* (in NSp, 32, 1983, S. 337–356).

THE HUMAN FACTOR

(engl.; *Ü: Der menschliche Faktor*). Roman von Graham GREENE, erschienen 1978. – Wie für den im vorcastroschen Cuba spielenden Roman *Our Man in Havanna*, 1958 *(Unser Mann in Havanna)*, hat Greene auch für *The Human Factor* das Milieu des Geheimdienstes als Hintergrund einer spannenden und zugleich zentrale Fragen des politisch-moralischen Engagements reflektierenden Handlung gewählt. Im Unterschied zur farcenhaft-komödiantischen Geschichte um den Staubsaugervertreter Wormold *(Our Man in Havanna)*, der – um seine ideologisch verblendeten Auftraggeber in London zufriedenzustellen – den Schaltplan eines Hoover-Staubsaugers für die Skizze einer Raketenabschußrampe ausgibt, zeichnet sich *The Human Factor* durch einen bis in kleinste Details reichenden unaufdringlichen, zugleich urban-leichten Erzählstil und eine auch in früheren Werken selten so erreichte Ökonomie der differenzierten Figurenzeichnung und des dramatischen Dialogs aus. Die Handlung wird zwar im wesentlichen aus der Perspektive des Protagonisten Maurice Castle dargestellt, aber durch den Wechsel zu anderen Standpunkten und – bei weitgehend im Hintergrund bleibendem Erzähler – durch die Technik gegeneinander versetzter Kapitel gelingt es Greene, die Grundthematik dieses aus sechs Teilen (mit bis zu acht stets knappen und eindringlichen Szenen) bestehenden Werks herauszuarbeiten: das der Illoyalität im Sinne einer höheren, das Recht auf Selbstbestimmung und Heimat akzentuierenden Loyalität gegenüber den politisch Machtlosen. Gleichwohl bleibt auch der Verrat Castles, der keineswegs auf die gleiche Weise kritisch dargestellt wird wie das Mitleid Scobies in *The Heart of the Matter* (1948), immer noch moralisch ambivalent.
Maurice Castle – dies die Vorgeschichte – hat, als Soziologe getarnt, in Südafrika für den britischen Secret Service gearbeitet und Liebesbeziehungen mit der Schwarzafrikanerin Sarah begonnen, die Verbindungen zum kommunistischen Widerstand hat. Der Versuch der Geheimpolizei, Castle damit zu erpressen und Sarah ins Gefängnis zu bringen, ist fehlgeschlagen: Der Kommunist Carson hat die Frau im Augenblick höchster Gefahr über die Grenze gebracht. Als Castle wieder im Londoner Hauptquartier arbeitet und mit Sarah und dem kurz nach der Flucht geborenen Sam (der Vater ist ein Schwarzer) in Berkhamsted (Greenes Geburtsort) wohnt, bittet ihn Carson um Hilfe. Castle gibt in der folgenden Zeit Geheiminformationen preis, mit deren Hilfe – er ahnt davon nichts – ein Doppelagent im Osten gedeckt werden soll.
Castle hat sich zum Verrat entschlossen, weil er die in seiner Abteilung gesammelten Daten sowieso für irrelevant hält; zum anderen will er sich jedoch für die Rettung Sarahs und Sams den kommunisti-

schen Freunden gegenüber, die trotz Stalin ihre Menschlichkeit bewiesen haben, dankbar zeigen. Als die undichte Stelle entdeckt wird, fällt der Verdacht auf Castles Mitarbeiter, den harmlosen Junggesellen Davis, der vom Arzt des Geheimdienstes in einer vorschnellen Aktion mit Hilfe eines keinerlei Spuren hinterlassenden bakteriellen Giftes getötet wird. Castle, der die Zusammenhänge ahnt, bricht die Verbindung zur Gegenseite ab, um den Verdacht nicht auf sich selbst zu lenken. Als jedoch der südafrikanische Geheimdienstler Muller in London die britische Zustimmung für den »Uncle Remus«-Plan, mit dem die Apartheid endgültig besiegelt werden soll, einhandeln will und Castle Aufzeichnungen über eine »Endlösung« des Problems in die Hände fallen, gibt er aus moralisch-politischen Gründen die Materialien weiter. Während er selbst, im fernen Moskau *Robinson Crusoe* lesend, seine Heimat hat aufgeben müssen, weiß er, daß sein Verrat dem Kampf der Schwarzafrikaner für Selbstbestimmung und Heimat nützen wird.
Der Verrat bleibt – im Sinne des Mottos, das Joseph Conrads *Victory* (1915) entnommen ist – eine Form der *»corruption«*; andererseits ist es jedoch unumgänglich, daß ein Mensch wie Castle, der emotionale, zutiefst humane Bindungen eingegangen ist, im Sinne von Greenes eigenem Grundsatz der *»Tugend der Illoyalität«* (dies der Titel seiner Rede bei der Entgegennahme des Shakespeare-Preises in Hamburg 1969) vorgegebene politische Normen mißachtet. Castle, der sich wie viele Greenesche Helden vor ihm nach einem *»permanenten Zuhause«* sehnt, wo er *»ohne Glaubensgelöbnis aufgenommen werden könnte, nicht die Stadt Gottes oder die von Marx, sondern eine Stadt genannt Frieden des Geistes«*, kann diesen Zustand zwar nicht selbst durch politisches Handeln herbeiführen; aber das Ziel bleibt mit der das Spätwerk Greenes charakterisierenden, manchmal absurd scheinenden Hoffnung auf eine Welt ohne Exil und Exilierte stets als utopische Zukunftsprojektion präsent.

U.Bö.

Ausgaben: Ldn. 1978. – Harmondsworth 1979 u. ö. (Penguin). – Ldn. 1982 (in *Collected Edition*, Bd. 21).

Übersetzung: *Der menschliche Faktor*, L. Wasserthal-Zuccari u. H.W. Polak, Hbg./Wien 1978. – Dass., dies., Reinbek 1981 (rororo; zul. 1988). – Dass., dies., Bln./DDR 1986.

Verfilmung: Großbritannien 1980 (Regie: O. Preminger; Buch: T. Stoppard).

Literatur: A. Burgess, *The Quiet Defector* (in Observer, 19. 3. 1978). – D. Caute, *Picture Frame for Treason* (in Guardian, 16. 3. 1978). – D. Lodge, *The Loyal Traitor* (in Tablet, 18. 3. 1978). – M. Allott, *G. G. and the Way We Live Now* (in Critical Quarterly, 20, 1978, S. 9–20). – R. Jones, *The Improbable Spy* (in Virginia Quarterly Review, 55, 1979, S. 338–349). – J. Newman, *Games in Greeneland: »The Human Factor«* (in Dutch Quarterly Review of Anglo-American Letters, 14, 1984, S. 250–268). – G. Storhoff, *To Choose a Different Loyalty: G. G.'s Politics in »The Human Factor«* (in Essays in Literature, 11, 1984, S. 59–66). – G. Seehase, *Horizonte des künstlerischen Bildes in G. G.s Roman »The Human Factor«* (in ZAA, 32, 1984, S. 19–31).

THE POWER AND THE GLORY

(engl.; *Ü: Die Kraft und die Herrlichkeit*). Roman von Graham Greene, erschienen 1940. – Dieser besonders in der Zeit nach dem Zweiten Weltkrieg in den angelsächsischen Ländern wie auch in Deutschland und Frankreich vielgelesene Roman um einen vor der Staatsgewalt fliehenden Priester entstand im Anschluß an eine Reise des Autors nach Mexiko (1938), das seit der sozialistischen Revolution (1910–1917) von vielen Schriftstellern und Intellektuellen besucht und zum Gegenstand zahlreicher Erzählungen und Romane gemacht worden war (u. a. D. H. Lawrence, *The Plumed Serpent*, 1926 – *Die gefiederte Schlange*). Greene sah sich in Mexiko mit Formen von Gewalttätigkeit, Korruption und Verantwortungslosigkeit konfrontiert, die für ihn zu Symbolen eines allgemeinen, auch Nordamerika und Europa bestimmenden Geisteszustandes wurden: eine Welt kapitalistischer Ausbeutung und totalitärer Herrschaft, die in Tabasco, im *»gottlosen Staat«* des Gouverneurs Canabal, eine Symbiose eingegangen zu sein schienen. In dieser Provinz ohne Priester und Kirche – für Greene vergleichbar mit der *»sündenlosen, gnadenlosen Chrom-Welt«* der *»sozialen Errungenschaften«* und der *»mechanisierten Zukunft«* des Westens – stieß Greene auf Berichte von einem Whisky-Priester, der hier von der Nachbarprovinz Chiapas aus gewirkt hatte. Greene, der nach der Reise durch die südlichen USA der katholischen Kirche zwar bescheinigte, sie müsse erst die *»Technik der Revolution«* wiederentdecken, hielt sie aber trotzdem als einzige Institution dazu in der Lage, *»konsistent und zuweilen erfolgreich«* – dies der Kerngedanke des folgenden Romans – gegen den Totalitarismus zu kämpfen.
The Power and the Glory stellt in diesem Sinne mit der Konfrontation zwischen einem sich seiner Verantwortung und seines Glaubens bewußt werdenden Priester und seinem Gegenspieler, einem priestergleich von seiner atheistischen Mission überzeugten Polizeioffizier, den Konflikt zwischen zwei *»revolutionären«* Sinngebungsansätzen dar: einem diesseitigen, im weitesten Sinne sozialistischen und einem religiös-transzendenten, die beide innerhalb einer Sinnfragen ausblendenden Gesellschaft miteinander konkurrieren. Gleichzeitig gelingt es Greene jedoch mit Hilfe einer an H. James (1843–1916) und französischen Romanciers wie L. Bloy (1846–1917) und F. Mauriac (1885 bis 1970) orientierten Erzähltechnik, die realistische Genauigkeit, bildhafte Suggestivwirkung und Im-

plikation des Exemplarischen und Universellen miteinander verbindet, die Spannung des Lesers auf den Ausgang der Verfolgungsjagd bis zum Schluß aufrechtzuerhalten. Der vor dem Polizeioffizier fliehende Priester (beide bleiben, die Allgemeinheit des Konflikts betonend, namenlos) wird zwar zum Schluß des Romans hingerichtet; in einem für Greene typischen offenen Schluß deutet sich jedoch die größere *»Macht und Herrlichkeit«* Gottes im nicht unterdrückbaren, weiterwirkenden *»religious sense«* an.

Der Roman besteht aus drei Teilen: Anfang und Schluß sind multiperspektivisch und in der Handlungsführung mehrsträngig angelegt, während das so gerahmte Textzentrum (Teil II–III, 3) aus einer Folge von sieben gleich langen Episoden besteht, die die sechswöchige Flucht des dem Alkohol ergebenen Priesters schildern. Zu Beginn, genau in der Mitte und zum Schluß des Mittelteils begegnet er seinem Verfolger, wird aber erst beim dritten Mal erkannt. Während der Erzähleinsatz die weitere Entwicklung mit großer metaphorischer Suggestivkraft andeutet und wie die übrigen Kapitel des rahmenden Anfangs die Perspektive von Nebenfiguren – verantwortungslos und indifferent dahinlebender *»Anarchisten«* im Sinne von *The Lawless Roads*, 1939 *(Gesetzlose Straßen)* – vermittelt, wodurch die menschliche Grundsituation des Gefangenseins in einer gottfernen Lebensweise thematisiert wird, deutet sich im Zentralkapitel (II, 3), das im Gefängnis der Hauptstadt spielt, die Universalität dieses Zustandes an. Der Priester, der sich zu Beginn des Mittelteils (II, 1) bei der Begegnung mit der eigenen Tochter der *»unermeßlichen Last der Verantwortung«* bewußt wird – die *»Leidenschaft zu schützen«* erwacht in ihm –, löst sich jedoch im Laufe der weiteren sechs Stationen seines (auf diese Weise auch mit Christus assoziierten) Weges von seinen sozialen Vorurteilen, seinem Stolz und seiner inneren Unwahrheit. Wohl wissend, daß der mit Judas assoziierte Mestize ihn von jenseits der Grenze nicht nur zu dem im Sterben liegenden Mörder Calver (der angeblich nach ihm verlangt hat), sondern in eine Polizeifalle führen wird, kann er der priesterlichen Verantwortung gegenüber seinen geistlichen *»Kindern«* gerecht werden.

Die geistig-seelische Wandlung des Protagonisten, die zum Schluß mit der gleichgebliebenen Indifferenz der Nebenfiguren kontrastiert wird, führt zu einer schonungslosen, beichteähnlichen Selbstprüfung, der auch der asketisch lebende und weltlichpflichtbewußte Polizeioffizier Bewunderung zollt. Nicht die dem kleinen Louis vorgelesene, frömmelnde Heiligenlegende, die mit der Hauptfabel kontrastiert, sondern die Glaubensintensität und Bedingungslosigkeit, mit der der Priester – von den *»gesetzlosen Straßen«* abweichend – in den Tod geht, motiviert schließlich die unvermittelte Religiosität des zunächst den Polizeioffizier wie einen Revolutionshelden verehrenden Jungen: Zum Schluß versteckt er – zeichenhaft – den neuen Priester im elterlichen Haus *(»es war seine Pflicht«)*.

In diesem Sinne hat Greene in *The Power and the Glory* versucht, die Sinnleere der zeitgenössischen Welt zwei konkurrierenden Varianten von Sinngebung gegenüberzustellen: einer weltlichen und einer religiösen. Aber nicht die verbürgerlichte Kirche der Reichen, sondern die religiös motivierte Verantwortlichkeit, die keinerlei soziale Unterschiede kennt, ist für Greene im Jahre 1940 die eigentlich neu zu entdeckende Form von »Revolution«. U.Bö.

AUSGABEN: Ldn. 1940. – NY 1940 (unter d. amer. Titel *The Labyrinthine Ways*). – Harmondsworth 1962 u.ö. (Penguin). – Ldn. 1963 [Einl. G. Greene]. – Ldn. 1971 (in *Collected Edition*, Bd. 5).

ÜBERSETZUNGEN: *Die Kraft und die Herrlichkeit*, V. Magd u. B. Zebrowski, Bln. 1948. – Dass., V. Magd u. W. Puchwein, Hbg. 1953 (rororo; zul. Reinbek 1987). – Dass., dies. (in *GW*, Bd. 1, Hbg./Wien 1962).

DRAMATISIERUNGEN: *Der Schnapspriester* (Hörspiel; Bearb. K. P. Biltz; SWF 1950). – D. Cannan u. P. Bost, *Die Kraft und die Herrlichkeit* (deutschsprachige Erstauff. Wuppertal, 24. 10. 1954, Wuppertaler Bühnen). – Dass. (Hörspiel; Bearb. W. Semmelroth; NWDR 1954). – Dass. (Hörspiel; Bearb. C. Goetz-Plug; SFB 1955).

VERFILMUNGEN: *The Fugitive*, USA 1947 (Regie: J. Ford). – BRD 1957 (TV; Regie: R. Wolffhardt; Buch: H. Pigge). – USA 1961 (TV; Regie: M. Daniels).

LITERATUR: R. Hoggart, *The Force of Caricature: Aspects of the Art of G. G. with Particular Reference to »The Power and the Glory«* (in EIC, 3, 1953, S. 447–462). – K. Patten, *The Structure of »The Power and the Glory«* (in MFS, 3, 1957, S. 225–234). – K. H. Göller, *G. G.: »The Power and the Glory«* (in *Der moderne englische Roman*, Hg. H. Oppel, Bln. 1965, S. 245–261). – M. Céleste, *Bernanos and G. G. or the Role of the Priest* (in Culture, 30, 1969, S. 287–298). – A. Yates, *»The Power and the Glory«*, Toronto 1969. – A. Grob, *»The Power and the Glory«: G. G.'s Argument from Design* (in Criticism, 11, 1969, S. 1–30). – U. Böker, *H. James, G. G. und das Problem der Form* (in LWU, 7, 1974, S. 16–33). – D. H. Brock u. J. M. Welsh, *G. G. and the Structure of Salvation* (in Renascence, 27, 1974, S. 31–39). – D. L. Higdon, *A Textual History of G. G.'s »The Power and the Glory«* (in Studies in Bibliography, 33, 1980, S. 222–239). – J. Janisch, *»The Power and the Glory«* (in Crux, 14, 1980, Nr. 2, S. 30–37). – G. G. Jordan, *Adultery and Its Fruit in »The Scarlet Letter« and »The Power and the Glory«* (in Yale Review, 71, 1981, S. 72–87). – C. H. Muller, *Religious Themes in »The Power and the Glory«* (in Communiqué, 8, 1983, Nr. 2, S. 22–38).

THE THIRD MAN

(engl.; *Ü: Der dritte Mann*). Erzählung von Graham Greene, erschienen 1950. – Nachdem der während der dreißiger Jahre auch als Filmkritiker tätige Greene mehrfach Drehbücher nach eigenen Werken verfaßt hatte (*The Green Cockatoo*, 1940; *Brighton Rock*, 1947; *The Fallen Idol*, 1948), wurde er 1949 durch den an Originalschauplätzen in Wien unter Beteiligung bedeutender deutscher Schauspieler (neben Orson Welles, Alida Valli und Joseph Cotten u.a. Paul Hörbiger, Ernst Deutsch und Erich Ponto) unter der Regie von Carol Reed gedrehten Film um den gewissenlosen Schwarzmarktschieber Harry Lime weltberühmt. – Vorstufe des Films ist eine aus einem älteren Einfall für einen Geschichtenanfang hervorgegangene Erzählung, die unter Mitwirkung von Reed in ein Script umgewandelt wurde. Während Greene, dessen Erzähltechnik häufig als kinematographisch bezeichnet wird, im Script am Anfang eine Folge von kurzen, montageartig gegeneinander versetzten Szenen vorgesehen hatte, kehrte man im Film mit der anonymen Erzählerstimme zum ursprünglichen Prosakonzept zurück; denn dort wird das Geschehen (allerdings durchgängig) aus der Perspektive des als Beglaubigungs- und Rekonstruktionsinstanz fungierenden englischen Polizeioffiziers Calloway dargeboten. Auf ihn trifft im von den Siegermächten besetzten Wien Rollo Martins: Lime hatte den ihn seit den Schultagen wie einen Helden bewundernden, augenblicklich unter dem Pseudonym Buck Dexter schreibende Westernautor in die österreichische Hauptstadt gerufen (aus Besetzungsgründen – Welles und Cotton – wurden aus den Freunden im Film zwei Amerikaner). Martins, der gerade noch rechtzeitig zur Bestattung des angeblich bei einem Autounfall ums Leben gekommenen Lime erscheinen kann, beginnt insbesondere wegen des beim Unfall von mehreren Zeugen gesehenen ominösen »dritten Mannes« eigene Nachforschungen. Nachdem er zunächst die Anschuldigungen Calloways, Lime sei ein gewissenloser Schwarzmarktschieber gewesen, als böse Verleumdung bezeichnet, entschließt er sich – mit der Wahrheit konfrontiert, daß Lime mit verdünntem Penicillin den Tod zahlreicher Kinder verursachte –, seine Nachforschungen abzubrechen; als jedoch offensichtlich ist, daß Limes Unfall nur vorgetäuscht war (Lime selbst war der »Dritte«), stellt Martins sich als Lockvogel zur Verfügung.

Wie in den früheren spannungsreichen, eher auf unterhaltsame Lektüre abzielenden (und von Greene daher zeitweise zur Abgrenzung von den *novels* als *entertainments* bezeichneten) Romanen führen die Nachforschungen der Hauptfigur auch in diesem Falle nicht zu einem individuellen Schuldigen, sondern zur Aufdeckung von Verbrechen mit politischer Tragweite. Während in *A Gun for Sale*, 1936 *(Das Attentat)*, die Machenschaften der Rüstungsindustrie enthüllt werden, spielt *The Confidential Agent*, 1939 *(Jagd im Nebel)*, vor dem Hintergrund des Spanischen Bürgerkriegs (die Faschisten wollen englische Kohlelieferungen an die Republikaner verhindern), und in *The Ministry of Fear*, 1943 *(Zentrum des Schreckens)*, zeichnet Greene die drohende Gefahr einer totalitären Unterwanderung Englands. In diesem Sinne ist auch Harry Lime in *The Third Man* nicht bloß ein einfacher Schwarzmarktschieber; er selbst betont vielmehr freimütig, daß gegenwärtig sowieso niemand mehr an das Individuum denke: *»Die Regierungen tun's nicht, warum also wir? ... Die haben ihren Fünfjahres-Plan, ebenso wie ich.«* Die Opfer einer derartigen Politik sind bezeichnenderweise Kinder, die insbesondere in den Romanen von *A Gun for Sale* bis *The Quiet American* (1955) immer im konkreten und im übertragenen Sinne als Opfer fungieren und deren Leiden die Greeneschen Romanfiguren zum handelnden Engagement im Sinne einer höheren Loyalität veranlassen. Martins' »Heldenverehrung« wird daher genau in dem Augenblick unterminiert, als Calloway ihm die Photographien der durch die Behandlung mit dem verdünnten Penicillin gezeichneten Kinder zeigt.

Die zweite, für die totalitarismuskritische Haltung Greenes um 1950 charakteristische, entscheidende Wende wird durch die Begegnung zwischen Martins und Lime im Riesenrad des Praters herbeigeführt. Dieses Rad, das von Anfang an Wien zu überschatten scheint und dessen Konturen sich bildhaft in den wie Speichen auseinanderstrebenden Wegen des Zentralfriedhofs oder in den Stadtsektoren spiegeln, ermöglicht Lime den menschenverachtenden, distanzierten Blick auf die *»schwarzen Fliegen«* tief unter ihm, die für ihn gesichtslose, individualitätslose Größen in einer abstrakten Rechnung darstellen. Der als Planer bezeichnete Lime ist, darin den Faschisten in *The Ministry of Fear* vergleichbar, selbst als noch nicht identifizierter *»dritter Mann«* zunächst gesichtslos (auch in einem Traum von Martins). Er wird zudem über den Bildbereich der Kälte (die Handlung spielt im eisigen Winter – bei der ersten Bestattung muß man die gefrorene Erde mit Preßluftbohrern aufgraben) mit der inhumanen Erstarrung bloß abstrakten Denkens assoziiert. Der stereotype Western schreibende Martins ist jedoch letztlich in der Lage, sich aus dieser intellektuellen Verstrickung zu befreien: Er ist es schließlich, der im vollen Bewußtsein der moralischen Ambivalenz seiner Handlungsweise Harry Lime jenen Todesschuß versetzt, der zahlreiche frühe Kritiker des (u.a. in Cannes ausgezeichneten) Films entrüstet hat. Mit dieser das spezifisch Greenesche *»uneasy conscience«* ausdrückenden Aktion ist auch das entscheidende Engagement des Protagonisten für die Kommunisten und gegen den Unheil stiftenden Pyle in *The Quiet American* vorweggenommen. U.Bö.

Ausgaben: Ldn. 1950 [zus. m. *The Fallen Idol*; Vorw. G. G.]. – Harmondsworth 1971 u.ö. (Penguin). – Ldn. 1976 (in *Collected Edition*, Bd. 16). – Ldn. 1969; ²1973 [Text d. Filmfassg.]. – Harmondsworth 1977 (in *The Portable G. G.*, Hg. Ph. Stratford). – Stg. 1987, Hg. B. Lenz (RUB).

ÜBERSETZUNGEN: *Der dritte Mann*, F. Burger (in *Der dritte Mann. Kleines Herz in Not*), Zürich 1951. – Dass., ders., Reinbek 1957 (rororo; zul. 1987). – Dass., ders. (in *GW*, Bd. 6, Hbg./Wien 1965). – Dass., F. Burger, Hbg./Wien 1983.

VERFILMUNG: England 1949 (Regie: C. Reed; Musik: A. Karas).

LITERATUR: L. Alloway, *Symbolism in »The Third Man«* (in World Review, 1950, Nr. 13, S. 57–60). – J. W. Palmer u. M. M. Riley, *The Lone Rider in Vienna: Myth and Meaning in »The Third Man«* (in Literature/Film Quarterly, 8, 1980, S. 14–21). – N. MacLeod, *»This strange, rather sad story«: The Reflexive Design in G. G.'s »The Third Man«* (in Dalhousie Review, 63, 1983, S. 217–241). – S. Vineberg, *The Harry Lime Mystery: G.'s »Third Man« Screenplay* (in College Literature, 12, 1985, S. 33–44).

TREVOR GRIFFITHS

* 4.4.1935 Manchester

LITERATUR ZUM AUTOR:
J. Wolff u. a., *Problems of Radical Drama: The Plays and Productions of T. G.* (in *Literature, Society, and the Sociology of Literature*, Hg. F. Barker u. a., Colchester 1976, S. 133–153). – G. Klotz, *Alternativen im britischen Drama der Gegenwart*, Bln. 1978, S. 105–115; 165–167. – C. Itzin, *Stages in the Revolution: Political Theatre in Britain since 1968*, Ldn. 1980, S. 165–175. – C. W. Thomson, *Three Socialist Playwrights: John McGrath, Caryl Churchill, T. G.* (in *Contemporary English Drama*, Hg. C. W. E. Bigsby, Ldn. 1981, S. 156–175). – J. Bull, *New British Political Dramatists*, Ldn. 1984. – W. Floeck, *Tendenzen des Gegenwartstheaters*, Tübingen 1988.

COMEDIANS

(engl.; *Ü: Komiker*). Stück in drei Akten von Trevor GRIFFITHS, Uraufführung: Nottingham, 20. 2. 1975, Nottingham Playhouse; überarbeitete Fassung uraufgeführt 1979; deutsche Erstaufführung: Hamburg 26. 1. 1978, Thalia Theater. – Trevor Griffiths gehört zu den exponiertesten Vertretern des zeitgenössischen sozialkritischen englischen Dramas. Für ihn als erklärten Marxisten hat das Theater die Aufgabe, Ort kritischer Auseinandersetzung mit der zeitgenössischen Realität und politischen Engagements zu sein, was sich bereits in der Entscheidung für einen eindeutig zeitgenössischen räumlichen, zeitlichen und figuralen Rahmen seiner Stücke niederschlägt. So ist *Comedians* entgegen dem traditionellen »London-Zentrismus« der englischen Dramenliteratur in der Industriestadt Manchester angesiedelt, das Personal des Stücks entstammt der Unterschicht und der unteren Mittelschicht, und Griffiths betont die Aktualität seines Stücks noch, indem er die durch eine Uhr auf der Bühne angezeigte Tageszeit synchron mit der tatsächlichen Spielzeit schaltet.
Einer der Hauptaspekte in den programmatischen Überlegungen des Autors ist die Hinwendung zu populären Unterhaltungsmedien – im Gegensatz zu vielen seiner Kollegen begrüßt er etwa die Zusammenarbeit mit dem Fernsehen als eine Möglichkeit, durch *»strategic penetration«* eine weitaus größere Publikumsschicht für seine kritische Auseinandersetzung mit politischen Problemen zu erreichen als ihm je über das Theater möglich wäre. Diese theoretische Auseinandersetzung Griffiths' mit den Möglichkeiten und Grenzen populärer Unterhaltungsformen und deren Verhältnis zu sozialkritischem Engagement ist auch zentrales Thema von *Comedians*; damit steht Griffiths in der Tradition des zeitgenössischen »Metatheaters«, d. h. des neueren englischen Dramas, in dem das Theater selbst zum Mittel der Auseinandersetzung mit den Möglichkeiten des Theaters und im Besonderen der Komik gemacht wird.
Im Mittelpunkt von *Comedians* stehen die verschiedenen Berufen angehörenden Teilnehmer eines Abendkurses für angehende Komiker und ihr Lehrer Eddie Waters. Der erste und dritte Akt des Stücks spielen in einem Klassenzimmer und rahmen mit ihrer eher theoretischen Entfaltung eines Spektrums unterschiedlicher Auffassungen von Komik und deren gesellschaftlicher Funktion den in einer Bingo Hall angesiedelten zweiten Akt ein, in dem die Kandidaten vor einem gleichgültigen Publikum ihren ersten Auftritt haben.
Den zentralen Gegensatz des Stücks zwischen einer die bestehenden gesellschaftlichen Normen und Strukturen affirmierenden Komik einerseits und einer gesellschaftskritischen Komik andererseits verkörpern Eddie Waters und Bert Challenor. Der erfolgreiche Waters gehört als »Lancaster Lad« in die Tradition der nordenglischen Music Hall eines Frank Randle, während die Sympathien Challenors, der als Talentsucher für große Clubs tätig ist, eher den weltläufigen Londoner Music Hall Comedians wie etwa Max Bygrave gehören. Im ersten Akt proben die »Schüler« mit Waters noch einmal für ihren großen Auftritt, der ihnen die Tür zur weiteren Karriere öffnen soll. Als deutlich wird, daß Challenor im Gegensatz zu Waters die Aufgabe des Komikers darin sieht, das Publikum zu unterhalten, ohne es in irgendeiner Weise in seinen festgefügten Anschauungen und Vorurteilen zu irritieren, verändern einige der Kursteilnehmer im zweiten Akt ihren ursprünglichen Auftritt: Der jüdische Barbesitzer Samuels reiht dümmliche Witze über Juden, Iren, Neger und Feministinnen aneinander, der (Nord-)Ire McBrain ergeht sich in einem

Schwall obszöner Witze über Iren und vor allem Frauen. Andere »Schüler« wie der (Süd-)Ire Connor halten an ihrem mit Waters erarbeiteten Programm fest und beleuchten etwa in durchaus auch komischer Weise die englische Ausländerfeindlichkeit. Waters' Lieblingsschüler Price dagegen, der schon vor dem Erscheinen Challenors eine Änderung seines Programms angekündigt hatte, präsentiert sich auf der Bühne als »unkomisch« und hart im Stile des berühmten Clowns Grock und irritiert durch seine Vorführung und »Ermordung« von zwei Puppen (die als schick gekleidete »berufsmäßige« Söhne und Töchter im Stil der »Sloane Rangers« erscheinen) das Publikum.
Der dritte Akt schließlich zeigt die Bewertung der verschiedenen Auftritte durch Challenor als den Repräsentanten der etablierten Gesellschaft. Er schließt mit Samuels und McBrain weiterführende Verträge – also mit jenen beiden Komikern, deren Witze auf Kosten von Minderprivilegierten und Randgruppen das Bingo-Hall-Publikum in seinen Vorurteilen bestätigt haben –, während den gesellschaftskritischen Auftritten kein Erfolg beschieden ist. Zusätzlich wird nun jedoch in der Konfrontation zwischen Waters und Price auch das Spektrum innerhalb der gesellschaftskritischen Position erweitert: Während Waters weiterhin auf die durch das Aufzeigen von Vorurteilen und Denkstrukturen aufklärende Kraft der Komik setzt, baut Price auf Schockwirkung – für Griffiths Ausdruck des beständigen Konflikts in der politischen Linken zwischen dem, was er die »sozialdemokratische« bzw. die »revolutionäre« Tradition nennt, wobei in bezug auf Waters und Price keine eindeutige Stellungnahme zugunsten der einen oder der anderen Position erkennbar ist. Griffiths lotet hier also vor dem Hintergrund der ursprünglich proletarischen Music-Hall-Tradition und deren zeitgenössischem Pendant, der Bingo Hall, die Möglichkeiten von Komik im Hinblick auf deren gesellschaftskritisches Potential aus. Die Synthese dieser unterschiedlichen Auffassungen von Komik scheint dabei in der Figur des Pakistani Patel (der als eine Art *running gag* immer wieder in das Klassenzimmer hineinplatzt) und in dessen leise subversivem Witz mit seiner letztlich gesellschaftsverändernden Wirkung zu liegen. H.Qu.

AUSGABEN: Ldn. 1976. – Ldn. 1979 [überarb. Fassg.].

ÜBERSETZUNG: *Komiker*, P. Zadek u. K. Wesseler (in Theater heute, 1978, H. 3). – Dass., dies., Bln. 1978.

LITERATUR: P. Ansorge, *»Comedians«* (in Plays and Players, April 1975, S. 22 f.). – H. Rischbieter, *Kann miese Komik Kunst sein?* (in Theater heute, 1978, H. 3, S. 33–36). – M. Pfister, *T. G.: »Comedians«* (in *Englisches Drama von Beckett bis Bond*, Hg. F. Plett, Mchn. 1982, S. 313–332).

THOM GUNN

eig. Thomson William Gunn
* 29.8.1929 Gravesend / Kent

DAS LYRISCHE WERK (engl.) von Thom GUNN.
Thom Gunn, Sohn eines Journalisten, studierte in Cambridge, Rom und Stanford (Kalifornien). Zusammen mit Kingsley AMIS, George CONQUEST, Elizabeth JENNINGS, Philip LARKIN und John WAIN ist er einer der Hauptvertreter einer Gruppe junger Lyriker der Mitte der fünfziger Jahre, die man wegen ihres akademischen Werdegangs, der Nüchternheit und Intellektualität ihrer Verskunst sowie der Anknüpfung an die metaphysische Lyrik des 17. Jh.s entweder als »New University Wits« oder einfach als »the Movement« bezeichnet hat. Sie praktizieren eine strenge Sachlichkeit, die weder ästhetizistisch noch romantisch, noch ethisch überhöht ist; sie meiden Pathos, Emotion und hintergründige Metaphorik; der sozialen oder politisch engagierten Lyrik der dreißiger Jahre, der Verzweiflung und dem Leiden der vierziger Jahre erteilen sie ebenso eine Absage wie dem Bemühen um eine höhere Sinnstiftung ihrer in unmittelbarem Bezug zum konkreten Leben stehenden Gedichtthemen: insbesondere Liebe, sexuelles Erleben, Unterdrückung, Leiden, Vergessen, Hoffnung, Verzweiflung.
Gunn hat sich seit 1958 vorwiegend in Kalifornien aufgehalten, wo er acht Jahre als Dozent tätig war und von Ivor WINTERS' (1900–1968) neukritischen Dichtungsprinzipien beeinflußt wurde. Er debütierte 1954 mit der Gedichtsammlung *Fighting Terms (Bedingungen des Kämpfens)*, in der eine ausgesprochen aggressive und schonungslos offene Haltung in bezug auf Liebe, gegenseitige Zuneigung, Besitzergreifung und Liebesvollzug zutage tritt *(To his cynical mistress; La prisonnière; Carnal knowledge)*. Der melodramatische Tenor, das latente Selbstmitleid und die ostentative Gefühlskälte sind Charakteristika der englischen Literatur der fünfziger Jahre und verweisen in den weiteren Zusammenhang der »Angry Young Men«-Generation, die sich insbesondere im Drama und im Roman profilierte.
Die dichterische Gestaltung von Themen des modernen Lebens hat Gunn in der Folgezeit unter dem Einfluß der amerikanischen Stadtkultur und ihrer Subkulturen weiterentwickelt. Zu den Gegenständen seiner Lyrik gehören Großstadtszenen, Tramps, Rocker in Lederjacken und mit schweren Motorrädern, Elvis Presley, Bettszenen, der letzte Überlebende nach einem Atomkrieg, LSD-Träume und andere auch von den Massenmedien weit verbreitete Themen.
Der zweite Gedichtband, *The Sense of Movement*,

1957 *(Der Sinn der Bewegung)*, hat ebenfalls noch die geschlossene, traditionelle Versform der fünfziger Jahre. Die Themen sind zwar weit gesteckt und kreisen insbesondere um die Einstellung zu den Verhaltensweisen von Rockern und jugendlichen Randexistenzen, wofür das erste Gedicht, *On the Move*, charakteristisch und bekanntgeworden ist. Andererseits aber zeigt sich auch hier wie in den Titeln *Human Condition; Merlin in the Cave: He Speculates Without a Book; The Corridors; Vox Humana* das Bemühen um Erkenntnis einer letztlich doch anzusetzenden Sinngebung. Ihre Vermittler sind die Schlüsselworte dieser Schaffensphase, nämlich Selbstdisziplin, Härte, Willensstärke. Diese aber verkörpern die Eigenschaften des Mannes der Tat, der angesichts des metaphysischen und des empfindungsmäßigen Nichts das mutige Dennoch der Aktion in einer sinnlos erscheinenden Welt setzt und damit seine Existenz im Stile der Existenzphilosophie Jean Paul SARTRES vollzieht. Gunns diesbezügliche Formulierungen sind dabei einfach, unaufdringlich und der Tradition des englischen *understatement* verpflichtet: *»How can a man live, and not act or think / Without an end? But I must act, and make / The meaning in each movement that I take« (Merlin in the Cave)*. In *On the Move* weist die Bewegung an sich, wie immer ziellos und unbenennbar sie auch sein mag, über sich hinaus auf eine im Unbewußten ruhende Signifikanz *(»One moves ... always toward, toward ... and at best, / Reaching no absolute, ... / One is always nearer by not keeping still«)*.

Die Sammlung *My Sad Captains*, 1961 *(Meine standhaften Leitbilder)*, ist in mehrfacher Hinsicht bemerkenswert. Gunn hat in ihr erstmals den silbenzählenden Vers und nicht mehr die strenge rhythmische Form der frühen Gedichte verwendet, worin sich der Einfluß der amerikanischen Lyrik, aber auch W. H. AUDENS zeigt. Thematisch gesehen hat er das mit einer gewissermaßen romantischen Aura versehene Handlungskonzept des Existentialismus dichterisch ausgelotet, indem er der Weite des Willens, der Absicht und des Begehrens die Begrenztheit der Ausführung und der Aktion gegenüberstellt. Bewunderung zollt er schließlich insgesamt den standfesten und unerschütterlichen Leitbildern in dem Titelgedicht – so die hier anzusetzende Bedeutung, die das Adjektiv *sad* (»traurig«) im 17. Jh. noch hatte, wobei jedoch *sad* eine bezeichnende Bedeutungsdialektik entfaltet. Diese ist letzten Endes ebenso eng mit dem Existentialismus verbunden wie die Absage an den Nihilismus, dessen Schrecken der Mensch dadurch bannt, daß er sich ihm stellt *(In Santa Maria del Populo; The Annihilation of Nothing)*.

Mit den Gedichtbänden *Positives (Positiva)* und *Touch (Berührung)*, beide 1967, vollzieht sich eine neue Entwicklung. Ton und Zielsetzung sind weniger aggressiv und hart, die nach wie vor vorhandene Faktizität der Dinge ist versöhnlicher, ein *»touch of sympathy that should be the aim of human intercourse«*, wie der Dichter selbst sagt, hält Einzug. Trotz Isolation und auswegloser Situation *(No Speech from the Scaffold; In the Tank; Misanthropos)* und sachlich umgangssprachlicher Stilebene in freien Rhythmen wird daher ein gewisses Zusammengehörigkeitsgefühl des Menschen mit den Gegebenheiten und Determinanten seiner Existenz sichtbar. Auch in den Publikationen der Folgezeit, *Moly*, 1971 (die Wunderpflanze, mit der in der *Odyssee* der Zauber Circes aufgehoben wird, in Anspielung auf die LSD-Droge), und *Jack Straw's Castle* (1976) versucht Gunn, die organische Kraft in der Natur und im Menschen und die sie kennzeichnende Bewegung dichterisch zu gestalten (z. B. *From the Wave* in *Moly*). Dabei tritt der Gegensatz von Sinnlichkeit und Körperlichkeit einerseits und Intellekt und Spiritualität andererseits hervor, der an einzelnen Stellen durch die lebensphilosophieartige Eingliederung des Bewußtseins in den Fluß des Lebens in *Jack Straw's Castle* überwunden zu sein scheint. Dessen ungeachtet ist Gunn jedoch auch hier wie in der Lyrik der Folgezeit von dem Thema der Großstadt und ihren Erscheinungsformen weiterhin fasziniert und betrachtet den freien Rhythmus als das ihm gemäße Kunstmittel.

Die Gedichte der Sammlung *The Passages of Joy*, 1982 *(Vorübergang der Freude)*, verbinden einerseits eine bewußt umgangssprachliche, geradezu nachlässige Diktion mit Themen großer Tragweite (Selbstmord in *Elegy*, Ehebruch in *Adultery*), andererseits sind sie wortreich, mißachten die Genauigkeit der Analyse, bezeichnen eher indirekt, wirken paraphrastisch und erwarten eine Art meditatives Sich-Einfädeln in den Gegenstand (z. B. *Selves*). Erscheinungsformen des Großstadtlebens werden an dem Automatenspielen *(Bally; Power Play)*, am raschen Mittagessen während des Dienstes *(Waitress)* und an einer Art Nekrolog auf Elvis Presley *(Painkillers)* exemplifiziert. Gunn begnügt sich dabei mit der bloßen Beschreibung und ist im Gegensatz zu den frühen Gedichten nicht mehr an einer Sinndeutung existentialistischer oder organisch-naturhafter Art interessiert. Zu trivialen Feststellungen, die redundant wirken, gesellt sich die Neigung zu künstlerisch und aussagemäßig unbegründeter Drastik bei der Wiedergabe hetero- und homosexueller Akte *(Miracle; Victim)*. Andererseits wiederum wird die Verbindung zu Monumenten der englischen Literatur gesucht: Der Titel der Sammlung ist Dr. JOHNSON, dem Vertreter des englischen Spätklassizismus, entlehnt; das Gedicht *Keats at Highgate* läßt den großen Romantiker in Erscheinung treten; in *Exercise* spricht sich Gunn über SHELLEYS These in *Ode to the Westwind* aus, nach der der Dichter sich mit der enormen Kraft der Natur identifiziert und aus ihr die Kunst ins Leben ruft. Gunn ist durchaus in der Lage, der Intensität des Empfindens, die z. B. das Gedicht *Exercise* anstrebt, lyrisch adäquaten Ausdruck zu verleihen, was u. a. auch aus dem Gedicht *Interruption* hervorgeht. Der weiten Fächerung, der Aktualität seiner Interessen sowie der prototypischen und in gewisser Weise auch zeitgebundenen Aussage fehlt jedoch oftmals die überzeitliche lyrische Singgebung. Aus der Trennung beider Bereiche soll jedoch offensichtlich die Totalität aller Formen von Lebendigkeit und Welt ebenso hervorgehen wie ihre spirituelle Ergänzungsbedürftigkeit. P.E.

AUSGABEN: *Poems 1950–1966: A Selection*, Ldn. 1969. – *Selected Poems 1950–1975*, Ldn. 1979. – *The Passages of Joy*, Ldn. 1982.

LITERATUR: H. Oppel, *Th. G.: »In the Tank«* (in *Die moderne englische Lyrik*, Hg. H. Oppel, Bln. 1967). – F. Goerling, *Th. G.* (in *Englische Literatur der Gegenwart*, Hg. H. Drescher, Stg. 1970). – A. Bold *Th. G. and Ted Hughes*, Edinburgh 1976. – R. Lengeler, *Th. G.: »Rites of Passage«* (in *Englische Literatur der Gegenwart, 1971–1975*, Hg. R. Lengeler, Düsseldorf 1977). – H. Dörfel, *Th. G.: »Breaking Ground« (1971)* (in *Moderne englische Lyrik*, Hg. E. Platz-Waury, Heidelberg 1978). – *Th. G.: The Occasions of Poetry. Essays in Criticism and Autobiography*, Hg. C. Wilmer, Ldn. 1982. – J. Rückert, *The Touch of Sympathy: Philip Larkin u. Th. G.: Zwei Beiträge zur engl. Gegenwartsdichtung*, Heidelberg 1982. – V. Link, *Diagrams and Iron Landscapes: Tradition und Wandel in Th. G.s Gedichten* (in *Tradition und Innovation in der engl. und amerikan. Lyrik des 20. Jh.s*, Hg. K.-J. Höltgen u. L. Hönnighausen, Tübingen 1986).

CHRISTOPHER HAMPTON

* 26.1.1946 Fayal / Azoren

LITERATUR ZUM AUTOR:
D. Colby, *As the Curtain Rises: On Contemporary British Drama 1966–1976*, Ldn. 1978, S. 49–73. – G. Klotz, *Alternativen im britischen Drama*, Bln. 1978, S. 83–88. – J. Hilton, *The Court and Its Favours* (in *Contemporary English Drama*, Hg. C. W. E. Bigsby, Stratford-upon-Avon Studies, 19, 1981, S. 138–143). – S. Black, *Makers of Real Shapes: C. H. and His Story-Tellers* (in MD, 25, 1982, S. 207–221). – *»Die Impotenz der Intellektuellen«: G. Jäger im Gespräch mit C. H.* (in Theater heute, 1983, H. 5, S. 28/29).

THE PHILANTHROPIST

(engl.; *Ü: Der Menschenfreund*). Drama in sechs Szenen von Christopher HAMPTON, Uraufführung: London, 3. 8. 1970, Royal Court Theatre; deutsche Erstaufführung: Berlin, 6. 1. 1971, Schloßpark-Theater. – Hampton schrieb mit diesem Drama, das er im Untertitel als *»a bourgeois comedy«* bezeichnet, eine Gesellschaftskomödie, die dem Vorbild MOLIÈRE nicht nur als thematische Umkehrung von dessen *Menschenfeind*, sondern auch durch ihre geschliffenen Dialoge und leise Ironie nahesteht. Nachdem Hampton bereits in den beiden vorangegangenen Stücken *When Did You Last See My Mother* (1966) und *Total Eclipse* (1968) sein Geschick in der Darstellung ungewöhnlicher menschlicher Beziehungsgeflechte bewiesen hatte, schildert er in *The Philanthropist* den Philologen Philip und dessen Beziehungen zu den Menschen seiner Umgebung.

Philip, als Gegenfigur zu Molières Alceste stets ängstlich darauf bedacht, zu jedermann freundlich zu sein und niemanden zu verletzen, erlebt schon in der ersten Szene auf tragische Weise das Scheitern seiner Menschenfreundlichkeit: John, ein junger und ehrgeiziger, aber seelisch labiler Autor, faßt Philips unverbindlich-freundliches Lob seines neuen Stücks als bösartige Kritik auf und erschießt sich vor seinen Augen. Eine wenige Tage später bei Philip stattfindende Party steht im Mittelpunkt der Komödie. Philip isoliert sich durch sein unbeholfenes Bemühen, allen zu Gefallen zu sein, schrittweise von allen seinen Bekannten. Er weiß das Angebot seiner Freundin Celia, ihm nach der Party beim Aufräumen zu helfen, nicht richtig zu deuten und treibt sie so in die Arme des blasierten Schriftstellers Braham. Seine Unfähigkeit, Menschen unangenehme Wahrheiten zu sagen, führt dazu, daß er die Nacht mit der Nymphomanin Araminta verbringt. Am nächsten Morgen verärgert er sie durch eine ungeschickte Bemerkung und sieht auch seine Beziehung zu Celia in die Brüche gehen, da diese Araminta bei ihm vorfindet und ihr darüber hinaus auch klar geworden ist, daß der allzu rücksichtsvolle Philip für sie kein geeigneter Ehepartner ist. Philip zieht daraufhin die zurückhaltende Liz in Betracht, muß aber feststellen, daß sie und sein Kollege Don die vergangene Nacht miteinander verbracht haben. So bleibt er allein und deprimiert in seiner Wohnung zurück, zieht eine Pistole, richtet sie auf seinen Mund – und zündet sich mit der Pistole, die in Wirklichkeit ein Feuerzeug ist, eine Zigarette an. Diese letzte Szene des Stücks verweist deutlich auf die Problematik von Schein und Sein als Grundthematik des Dramas. Die Bühnenhandlung ist nicht immer das, was sie zu sein vorgibt, und die Personen in dem Stück sind nicht das, was sie wirklich sind: Alle Anwesenden auf der Bühne spielen eine Rolle, als Schauspieler gegenüber den Zuschauern und als Charaktere gegenüber den Menschen, mit denen sie zu tun haben. Philip scheitert in seinen Beziehungen zu anderen Menschen, weil er stets nur die Oberfläche sieht und daher das Verhalten der Personen falsch deutet. Deshalb gelangt er auch nie zu einem Verständnis des wahren Wesens der Menschen und wird immer wieder von den falschen Identitäten getäuscht.

Die Welt von *The Philanthropist* besteht ausnahmslos aus Menschen, die *»entweder bewußt andere täuschen oder unbewußt sich selbst«* (D. Colby). So konfrontiert das Stück Philip mit einer Reihe von Demaskierungen: Braham tritt bei Wohltätigkeitsveranstaltungen aus Geldgier auf; die über Philips Seitensprung empörte Celia hat selbst mit einem anderen Mann geschlafen; die scheue Liz stellt sich als temperamentvolle Geliebte heraus, und Philips Kollege Don verbirgt hinter der Maske des engagierten Lehrers völliges Desinteresse am Beruf und an seinen Studenten. Philip erliegt der Täuschung durch andere und täuscht auch selbst, denn hinter seinem rücksichtsvollen Verhalten verbirgt sich letztlich ein Menschen*feind*. Seine Oberflächlichkeit hindert ihn daran, moralische Normen zu entwickeln, auf denen Achtung vor den Menschen und aufrichtige Hilfsbereitschaft aufbauen können. Er übersieht die Fehler der anderen aus egoistischen Motiven, nämlich aus dem Bedürfnis, von allen geliebt zu werden. Seine Oberflächlichkeit im Umgang mit Menschen findet ihre Entsprechung in seinem Hobby, Anagramme zu bilden, d.h. mit den Buchstaben als der Oberfläche der Wörter zu spielen und die Wortbedeutungen als unverbindlich hinzunehmen. So wie Philip es unterläßt, dem Sinngehalt der Wörter nachzugehen, bemüht er sich auch nicht, die Wahrheit in den Personen zu erkennen, um nicht moralisch Position beziehen zu müssen. Philips verzweifelte Versuche, der Wahrheit auszuweichen und so auch der unvermeidlichen Erkenntnis zu entgehen, daß jemand ihn hassen könnte, werden in einem Schlüsselerlebnis in komprimierter Form deutlich: Philip überfuhr in Hongkong einen Bettler, als er kein passendes Geld bei sich hatte und daher nicht die gewohnte Rolle des Wohltäters spielen konnte. Die Furcht vor Ablehnung und Haß führte zu panischer Flucht.

So wie auf der Bühne die Charaktere sich gegenseitig täuschen, erliegt auch der Zuschauer manchmal dem Schein. Als John in der ersten Szene pathetisch seinen Selbstmord ankündigt, ist dem Publikum nicht bewußt, daß er nur sein neues Stück vorträgt. Als er sich am Ende der Szene tatsächlich tötet, rechnet der Zuschauer mit einem weiteren Spiel im Spiel, wird jedoch erneut getäuscht. Der schwarze Humor ist allerdings nur ein Teil der Komik des Dramas. Das dominierende komische Element bilden die witzig-geistreichen Dialoge mit ihrer Vorliebe für Wortspiele, zynische Selbstdarstellung und feine Ironie. Selbst die Musikstücke, die jede Szene beschließen, sind ironische Kommentare des vorangegangenen Bühnengeschehens: So endet z.B. die vierte Szene, die Philips Beziehung zu Celia und Araminta in einem Scherbenhaufen zurückläßt, mit dem Chor *Vollendet ist das große Werk* aus Haydns *Die Schöpfung*. J.Ass.

AUSGABE: Ldn. 1970.

ÜBERSETZUNG: *Der Menschenfreund*, M. Walser (in *Spectaculum*, Bd. 14, Ffm. 1971).

SAVAGES

(engl.; *Ü: Die Wilden*). Drama in 22 Szenen von Christopher HAMPTON, Uraufführung: London, 12.4. 1973, Royal Court Theatre; deutsche Erstaufführung: Bochum, 16.12. 1973, Schauspielhaus. – Nach einigen kleineren Erfolgen am Royal Court Theatre wurde Hampton 1970 mit der Komödie *The Philanthropist* international bekannt. Mit *Savages* entfernte er sich dann vom realistischen Theater seiner früheren Werke und versuchte sich an einem allegorisch ausgerichteten Drama mit rituellen Zügen. Trotz der eindeutigen politischen Botschaft ist das Stück keine platte Polemik, sondern eine multiperspektivische Studie über verschiedene Einstellungen der Menschen *»zu einem unlösbaren politischen Problem: wie die Kultur der Indianer in eine Industriegesellschaft integriert werden kann«* (R. Hayman). Dennoch wurde dem Stück von manchen Kritikern aufdringliche Propaganda und übertriebene Ausbreitung politischer Information vorgeworfen. Hampton wurde zu diesem Drama durch einen Artikel im ›Sunday Times Magazine‹ vom 23. 2. 1969 angeregt, der im Rahmen eines historischen Überblicks über die Ausbeutung und Vernichtung der südamerikanischen Indianer auch über ein Massaker am Stamm der brasilianischen Cintas-Largas-Indianer berichtete, das im Auftrag einer großen Kautschukfirma erfolgt war. Hampton beschäftigte sich daraufhin vier Jahre lang mit dieser Problematik, studierte die einschlägige Literatur und stellte persönliche Nachforschungen in Brasilien an. Das Stück beruht somit, obgleich die meisten Charaktere fiktiv sind, weitgehend auf authentischen Geschehnissen.

Savages entfaltet seine Thematik auf vier Handlungsebenen, deren erste gleichzeitig den Rahmen bildet, der die 22 Szenen im Sinne eines traditionellen *plot* verbindet: Es handelt sich um eine fiktive Entführungsgeschichte, die aber insofern einen realen Hintergrund hat, als in den Jahren 1969 und 1970 mehrmals Diplomaten der USA, Japans, der Schweiz und der Bundesrepublik Deutschland in Südamerika von Untergrundkämpfern entführt wurden. Der englische Diplomat Alan West wird das Opfer einer Entführung durch Mitglieder der Guerillaorganisation »Movimento Revolucionario Brasileiro«, die auf diese Weise die Freilassung politischer Gefangener erzwingen will. Der Untergrundkämpfer Carlos versucht, West die Zeit der Gefangenschaft so angenehm wie möglich zu machen, und versichert ihm, daß sein Leben nicht in Gefahr sei, da die Regierung den Tod ausländischer Geiseln nicht riskieren könne. Er klärt den die Auseinandersetzung mit der konkreten politischen Realität scheuenden West über die Verelendung der Bevölkerung und die grausamen Foltermethoden des Regimes auf, läßt aber auch keinen Zweifel daran, daß seine Organisation keine demokratische Regierung anstrebe, da angesichts der Armut im Land Demokratie ein Luxus sei, für den das Volk politisch noch nicht reif sei. Auch die systematische Ausrottung der Indianer ist für Carlos nur ein unwichtiges Randproblem. Weil die Regierung nicht nachgibt, sieht sich Carlos schließlich gezwungen, West zu erschießen, bevor er selbst durch die Polizei getötet wird.

Ein zweiter Handlungsstrang konfrontiert den Zuschauer durch Rückblenden aus Wests Leben in Brasilien mit der Problematik der Landausbeutung und Vertreibung bzw. Ausrottung der Indianer durch skrupellose Spekulanten und Investoren, die sich der heimlichen Unterstützung durch eine korrupte Verwaltung und Regierung sicher sein können. In der Erörterung dieses Problems mit wechselnden Gesprächspartnern treten verschiedene Einstellungen zur Lebensweise und Kultur der Indianer hervor: Während West sich anfangs nur literarisch und ästhetisch mit den Indianern befaßt (er will ihre Legenden publizieren), sieht der Anthropologe Crashaw zwar Leben und Kultur der Indianer als ein komplexes System und deckt die Integration der Indianer in die weiße Gesellschaft als eine subtilere, aber nicht weniger grausame Art des Völkermords auf. Er scheut jedoch die Mühen des politischen Kampfes und zieht sich statt dessen auf die Pose des wissenschaftlich aufgeklärten Zynikers zurück. Major Brigg, der früher im Dienst des »Indian Protection Service« mit Waffengewalt Weiße an der Vernichtung der Indianer hinderte, wird dagegen durch seinen Mangel an Reflexion zum Mörder an den Indianern: Er löscht, ohne dies zu wollen, durch seine Grippeinfektion einen ganzen Indianerstamm aus und raubt seinem indianischen Hausdiener einen Teil seiner Identität und Kultur, indem er seinen *»endlosen unaussprechbaren Namen«* durch einen »weißen« Namen ersetzt. Am bedrückendsten wird West die Entwürdigung und Entfremdung der Indianer durch den amerikanischen Missionar Penn vorgeführt, der die »Wilden« im Sinne einer christlichen »Leistungsgesellschaft« zu zivilisieren versucht und sie dabei zu abhängigen, jammervollen Geschöpfen erniedrigt. So zeigen sich die Personen, jede auf ihre Weise, unfähig, die Indianer als Menschen mit einer eigenständigen, der weißen gleichberechtigten Kultur zu akzeptieren.

Die extreme Konsequenz aus dieser Haltung wird im dritten Handlungsstrang vorgeführt: Er umfaßt in zwei Szenen die Befragung – basierend auf Originalprotokollen – von Ataide Pereira über eine Expedition, bei der im Auftrag einer Kautschukfirma ein Indianerdorf überfallen und alle Bewohner ermordet wurden. – Parallel zu diesen drei Handlungsebenen treten in fünf Szenen wortlos Indianer auf, die das *Quarup* vorbereiten, ein jährlich stattfindendes Ritual der Lebenserneuerung, bei dem die Schöpfungslegende dargestellt wird. Der Ritus wird begleitet durch von West gesprochene indianische Mythen über den Ursprung des Feuers, der Sterne und der Musik sowie über den Tod und das Leben nach dem Tode, die stets auch als Kommentare zu den Geschehnissen der anderen Handlungsebenen fungieren. Das *Quarup* endet mit der Bombardierung des Dorfes, und der Vorhang schließt sich über einem blutigen Leichenhaufen getöteter Indianer mit den Piloten in lässiger Siegerpose.

Die Hauptfigur West tritt als ein Lernender auf, der mit schockierenden Enthüllungen (Carlos, Crashaw, Brigg) und eigenen Erfahrungen (Penn) konfrontiert wird. Ansatzweise beginnt er die Indianerproblematik zu verstehen. So deutet er die von Major Brigg erzählte Geschichte vom Auffinden eines skelettierten Menschen im Urwald, der vor seinem Tod noch *»IMAGINEUS«* in einen Baumstamm geritzt hatte, dementsprechend als die Aufforderung »Imagine us«, d. h. als einen Appell, das Leben der Indianer mit ihren eigenen Augen und nicht mit denen der weißen Zivilisation zu sehen. Jedoch münden bei West Erkenntnis und moralische Entrüstung nicht in den aktiven politischen Kampf für die Indianer ein. Hampton kritisiert mit *Savages* daher letztlich die Flucht des einzelnen vor der politischen Verantwortung und stellt mit der Ausrottung der Indianer die Gefahren einer solchen Haltung dar. J.Ass.

AUSGABE: Ldn. 1974.

ÜBERSETZUNG: *Die Wilden*, M. Walser (in Theater heute, 1974, H. 2, S. 35–48).

LITERATUR: P. Holland, *The Director Intervenes: C. H.'s »Savages«* (in Comparative Drama, 13, 2, 1979, S. 142–149).

DAVID HARE

* 5.6.1947 Bexhill / Sussex

LITERATUR ZUM AUTOR:
C. Itzin, *Stages in the Revolution: Political Theatre in Britain since 1968*, Ldn. 1980, S. 330–336. – G. Klotz, *Britische Dramatiker der Gegenwart*, Bln./DDR 1982, S. 237–256. – J. Bull, *New British Political Dramatists: H. Brenton, D. H., T. Griffiths and D. Edgar*, Ldn. 1984, S. 60–94; 209–211. – *D. H.* (in Der Spiegel, 2. 12. 1985, S. 218 u. 221). – D. I. Rabey, *British and Irish Political Drama in the Twentieth Century*, Ldn. 1986, S. 166–175. – R. A. Cave, *New British Drama in Performance on the London Stage: 1970 to 1985*, Gerrards Cross 1987, S. 184–212.

A MAP OF THE WORLD

(engl.; *Ü: Eine Weltkarte*). Stück in zwei Akten von David HARE, Uraufführung: Adelaide, März 1982, Opera Theatre; deutsche Erstaufführung: Essen, 6. 3. 1987, Rathaus-Theater. – In Stücken wie *Knuckle* (1974, *Eine Stadt wird vernommen*) und *Plenty* (1978, *In Hülle und Fülle*) setzte sich David Hare kritisch mit den Werten der Wohlstandsgesellschaft auseinander. Dabei war ein zentrales Thema die Suche des einzelnen nach moralischer Integrität in einer dekadenten Gesellschaft wie der Englands in der Nachkriegszeit. Mit *Fanshen* (1975) und *A Map of the World* stellt Hare ähnliche gesellschaftskritische Fragen in globalen Zusammenhängen dar.

A Map of the World spielt auf zwei verschiedenen Ebenen: Schauplatz der Handlung ist zunächst ein Hotel in Bombay, in dem 1976 eine UNESCO-Konferenz über Armut in der Dritten Welt stattfindet. Erst in der zweiten Szene wird deutlich, daß die gezeigten Ereignisse – in der Wirklichkeit des Theaterstücks – die Proben und Dreharbeiten zu einem Film darstellen, der wenige Jahre später in einem Aufnahmestudio in der Nähe von London gedreht werden soll. Während der Konferenz treffen ein junger englischer Journalist und ein indischer Romanschriftsteller in einem ideologischen Wettstreit aufeinander. Stephen Andrews, der für eine linksgerichtete Zeitung über die Konferenz berichten soll, ist eine Art »zorniger junger Mann« und ein stürmischer Idealist. Seine Sympathie gilt ganz den Vertretern der unterentwickelten Nationen. Sein Gegenüber, der Schriftsteller Victor Mehta, ein arroganter und konservativer Zyniker, hat die Kultur seines Heimatlandes und dessen soziale Probleme hinter sich gelassen und lebt jetzt in England. Auf Betreiben Stephens soll Mehta vor seinem Vortrag bei der Konferenz erklären, daß Romane aus Lügen bestehen und die Wirklichkeit verzerren. Es wird deutlich, daß auf beiden Seiten persönliche Motive, nämlich Eifersucht und Unzufriedenheit, hinter der jeweils vertretenen ideologischen Position stehen. Mehta und Stephen begehren die gleiche Frau, Peggy Whitton, eine naive amerikanische Schauspielerin, die sich der Promiskuität verschrieben hat, um sich nicht emotional binden zu müssen. Man einigt sich auf eine Disputation zur Austragung der politisch-weltanschaulichen Konflikte zwischen Mehta und Stephen, wobei als Preis eine Nacht mit Peggy zu gewinnen ist. In dem Streitgespräch zeigt sich Stephens neu gewonnene Reife und sein Selbstbewußtsein in bezug auf seine politische Position. Er zieht sich aus der Debatte zurück. – Bei der Verfilmung von Mehtas Roman werden die Spannungen der zugrundeliegenden Begebenheiten noch einmal reflektiert, und zwar zum einen in der Auseinandersetzung der Filmschauspieler mit ihren Rollen bei den Dreharbeiten und zum anderen in der Begegnung Peggys und Mehtas mit ihrer Vergangenheit, die sie in dem Film verzerrt und verflacht dargestellt finden.

Dramentechnisch besticht das Stück durch die raffinierte Verbindung der beiden Handlungsebenen; auf eine Szene in dem Konferenzhotel in Bombay folgt regelmäßig eine Szene im Filmstudio, wobei die Übergänge teilweise fließend gestaltet sind. Auf der inhaltlichen Seite wird eine ganze Reihe von Gegensätzen thematisiert: im politischen Bereich der Nord-Süd-Konflikt und das Gegenüber von Pragmatismus und Idealismus, im Generellen die Gegensätze zwischen Realität und Fiktion, zwischen Kunst und Kommerz. Man kann einwenden, daß das Stück mit zu vielen gegenwärtig relevanten gesellschaftlichen Problemen überfrachtet ist, die lediglich eingeworfen und angerissen, aber ihrer Brisanz gemäß nicht ausgespielt werden. Dennoch lassen sich vornehmlich aus der Entwicklung und den Reifeprozessen der Hauptpersonen Hares Intentionen recht deutlich machen: das Plädoyer für Idealismus und einen Glauben an die Möglichkeit gesellschaftlicher Veränderung. Darauf scheint auch der Titel zu verweisen, der Oscar WILDES Diktum entnommen ist: *»Eine Weltkarte, die das Land Utopia nicht enthielte, wäre nicht wert, daß man einen Blick darauf wirft, denn auf ihr fehlte das einzige Land, in dem die Menschheit immer landet.«* W.H.

AUSGABEN: Ldn.1982. – Ldn. 1983 [rev.].

ÜBERSETZUNG: *Eine Weltkarte*, P. Bäcker, Reinbek 1986 [Bühnenms.].

LITERATUR: Rez. (in London Theatre Record, 3, Jan./Febr. 1983, S. 43–48; 101/102). – J. R. Taylor, Rez. (in Plays and Players, Nr. 354, März 1983, S. 30/31).

PLENTY

(engl.; *Ü: In Hülle und Fülle*). Stück in zwölf Szenen von David HARE, Uraufführung: 7./12.4. 1978, London, National Theatre (Lyttleton). – 1978 beschrieb Hare in einer Vorlesung in Cambridge das Anliegen seiner *history plays*, zu denen neben *Knuckle* (1974) und *Licking Hitler* (1978) auch *Plenty* zählt: Ihm gehe es darum, den Engländern ihre jüngste Geschichte vorzuführen, besonders den Zerfall des Empire in den drei Jahrzehnten nach dem Zweiten Weltkrieg, der dem Land noch einmal unverdientermaßen eine Periode des Reichtums beschert habe, wobei gleichzeitig aber auch ein Verlust von Idealen und Werten zu verzeichnen sei. In *Plenty* wird dieses Klima der Orientierungslosigkeit in einer sich wandelnden Gesellschaft besonders deutlich am Schicksal einer jungen Frau, Susan Traherne, dargestellt.

Die erste Szene spielt im Jahr 1962, als Susan dabei ist, ihren Ehemann Raymond Brock, einen gescheiterten Diplomaten, zu verlassen. In den Szenen zwei bis zehn werden Bilder und Stationen aus Susans Leben in chronologischer Reihenfolge geschildert, beginnend mit ihren Erlebnissen als Kurier für die Widerstandsbewegung im besetzten Frankreich 1943. Diese Zeit der Gefahr, des intensiven Lebens, prägt sie so nachhaltig, daß ihr die Mittelmäßigkeit und satte Zufriedenheit der englischen Nachkriegsgesellschaft zuwider werden und sie sich um ihre Ideale und Ziele, für die sie gekämpft hatte, betrogen fühlt. In einer Reihe von Szenen, die überwiegend in London spielen, werden ihre fehlende Anpassungsfähigkeit und auch wachsende psychische Labilität dargestellt, so etwa in ihrem Wechsel verschiedener Berufe, ihrem Umgang mit ihrer künstlerisch-unkonventionellen Freundin Alice und ihrem Wunsch nach einem unehelichen Kind von einer Zufallsbekanntschaft. Die Desillusionierung im größeren Rahmen zeigt sich in Susans Verbindung mit diplomatischen Kreisen durch ihren Mann. Gerade vor dem Hintergrund der Suez-Krise (1956) und der fragwürdigen Außenpolitik der Eden-Regierung wird somit auch der Umbruch in der diplomatischen Welt (am Beispiel der Lebensgeschichte Brocks und des Botschafters Leonard Darwin) deutlich gemacht. Susans psychische Instabilität nimmt immer mehr zu, sie sehnt sich nach der Zeit in Frankreich und einer kurzen, aber intensiven Bekanntschaft mit einem Mitkämpfer, von dem sie nur den Kode-Namen kennt. Mit ihm kommt es 1962 zu einem kurzen Wiedersehen in einem Hotel in Blackpool (Szene elf), wo sich beide quasi als Vertreter einer *»lost generation«* ihre Enttäuschung mit dem Leben nach den Frankreich-Erlebnissen bekennen. Das letzte Bild leitet, als ob es ein Traum Susans sei, über in eine pastorale Szene im befreiten Frankreich von 1944.

Mit Susan Traherne ist Hare die Gestaltung einer äußerst komplexen Frauenrolle gelungen. Diese besticht nicht nur durch ihre starke Individualität und die vielfältigen und zwiespältigen Reaktionen, die sie beim Publikum hervorrufen kann, sondern sie funktioniert auch als Vehikel für Hares Sozialkritik. Aber vielleicht beeindrucken den Zuschauer mehr noch als die stark gezeichnete Hauptfigur die Ökonomie und der geschickte Einsatz der wenigen dramatischen Mittel, mit denen Hare ein Panorama der englischen Nachkriegsgesellschaft (besonders der Mittelschicht) entwirft und zur Zielscheibe seiner Kritik macht. Diese Kritik ist eine Variation seines Lieblingsthemas: die Entwicklung der Nachkriegsjahre mit ihrem materiellen Gewinn *(plenty)* und dem hohen Preis dafür, nämlich geistig-moralischer Verarmung. W.H.

AUSGABEN: Ldn. 1978. – Ldn. 1984 (in *History Plays*; Einl. D. Hare).

ÜBERSETZUNG: *In Hülle und Fülle*, P. Bäcker, Reinbek 1979 [Bühnenms.].

BEARBEITUNG: A. Osmond, *Plenty*, Ldn. 1985 [Roman].

VERFILMUNG: *Plenty/Eine demanzipierte Frau*, USA 1985 (Regie: F. Schepisi).

LITERATUR: D. Hare, *A Lecture Given at King's College, Cambridge* (in D. H., *Licking Hitler*, Ldn. 1978, S. 57–71). – P. Ansorge, Rez. (in Plays and Players, April 1978, S. 13–16). – W. St. Gilbert, Rez. (ebd., Juni 1978, S. 28/29). – R. Brustein, Rez. (in The New Republic, 29. 11. 1982). – St. H. Gale, *Sex and Politics: D. H.'s »Plenty«* (in *Drama, Sex and Politics*, Hg. J. Redmond, Cambridge 1985, S. 213–220).

SEAMUS HEANEY

* 13.4.1939 Mossbawn / Derry (Nordirland)

DAS LYRISCHE WERK (engl.) von Seamus HEANEY.

Seamus Heaney gilt schon jetzt vielen Kritikern als der bedeutendste irische Dichter nach William Butler YEATS (1865–1939). Die beiden ersten Gedichtbände, *Death of a Naturalist*, 1966 *(Tod eines Naturforschers)*, und *Door into the Dark*, 1969 *(Tür ins Dunkel)*, basieren hauptsächlich auf frühen Erlebnissen Heaneys, der in der nordirischen Grafschaft Derry aufwuchs. Seinen Geburtsort Mossbawn beschrieb Heaney als *»eine Metapher für die geteilte Kultur Ulsters«*. Religiöse, politische und kulturelle Grenzlinien zwischen Protestanten und pro-britischen Unionisten auf der einen und Katholiken und pro-irischen Nationalisten auf der anderen Seite durchzogen alle Bereiche des Lebens in Heaneys Jugend. Auch wenn diese Schranken im alltäglichen Zusammenleben nicht so deutlich hervortraten, waren für ihn im Hintergrund doch immer die Mythen und Bilder der katholischen und nationalistisch gesinnten Minderheit, der er angehörte, lebendig.

Death of a Naturalist beeindruckte die Rezensenten vor allem durch die sinnlich-anschauliche Abbildung der frühen Erfahrungen des Dichters auf dem Lande. Tätigkeiten wie das Ausgraben von Kartoffeln, Torfstechen, Brombeerpflücken, Butterschlagen und Pflügen werden mit präzisen lautmalerischen Effekten wiedergegeben. Das Eingangsgedicht *Digging (Vom Graben)* thematisiert das Handwerk des Dichters und bringt es mit der physischen Tätigkeit des Bauern in Verbindung. Heaney entwickelt diesen zentralen poetologischen Vergleich in seinem späteren Werk weiter, wenn er metaphorisch seinen Spaten ansetzt, um die Schätze seiner Kulturtradition und »Stammesgeschichte« zu heben.

Die frühen Gedichte verraten eine Vielzahl von literarischen Einflüssen: Robert FROST (1874 bis 1963), Robert GRAVES (1895–1985) und ganz besonders Patrick KAVANAGH (1904–1967), dessen längeres Gedicht über das irische Landleben *The Great Hunger* Heaneys *At a Potato Digging (Bei einer Kartoffelernte)* eine tiefere Dimension verleiht. Andere Gedichte, vornehmlich *Death of a Naturalist*, *The Barn (Die Scheune)* und *Blackberry Pikking (Brombeeren pflücken)*, erinnern in ihren Naturbeschreibungen an WORDSWORTH. Im letzten Gedicht des Bandes, *Personal Helicon (Privater Helikon)*, nennt der Dichter die Gründe für sein Schreiben: *»I rhyme/To see myself, to set the darkness echoing«* (*»Ich mache einen Reim,/Um mich zu sehen, ein Echo zu rufen in der Nacht«*). In seinem späteren Werk wird Heaney das thematische Wechselspiel zwischen den historisch begründeten Anliegen seiner Gesellschaftsgruppe und der Suche nach persönlicher Identität fortsetzen.

Door into the Dark erkundet nicht nur die dunkleren Seiten des Ichs und des kreativen Prozesses, sondern auch die Irlands, seiner Landschaft und seiner Geschichte. Einige Gedichte wie *The Forge (Die Schmiede)* und *The Thatcher (Der Mann, der die Strohdächer deckt)* erinnern an die gesellschaftlichen Betrachtungen des ersten Bandes; das letzte Gedicht, *Bogland (Moorland)*, weist voraus auf die Reihe der sog. *»bog poems« (»Moorgedichte«)*, die die quasi archäologischen Erkundungen des Dichters nach *»innen und unten«* weitertreiben.

Als *Wintering Out (Überwintern)* 1972 veröffentlicht wurde, merkten die Rezensenten an, daß Heaney das immer akuter werdende Problem der politischen Gewalt in Nordirland umgehe. Dieses Thema wird allerdings im Widmungsgedicht und in *Stump (Stumpf)* angesprochen: *»What do I say if they wheel out their dead?/I'm cauterized, a black stump of home« (»Was sage ich, wenn sie ihre Toten hinausfahren?/Ich bin ausgebrannt, ein schwarzer Stumpf von Heimat«)*. Geschichte wird zudem an einzelnen Figuren veranschaulicht, so besonders am Beispiel einer mumifizierten Leiche aus der Eisenzeit in *The Tollund Man (Der Tollund-Mann)*. Diese Figur wird zum stellvertretenden Opfer jeglicher Art von politischer Gewalt.

Mit seinem Umzug in die Republik Irland 1972 gewann Heaney die nötige Distanz zur Auseinandersetzung mit der Nordirland-Krise. Im Zentrum von *North*, 1975 *(Norden)*, steht die Sequenz der *»bog poems«*, in denen er sich komplexer Bilder und Symbole bedient, um seine persönliche Reaktion auf die politischen Ereignisse wiederzugeben. Im ersten Teil des Bandes wird die Eroberung Irlands allegorisch verfremdet dargestellt, während der zweite Teil die aktuelle Lage thematisiert. Das Titelgedicht unterstreicht wieder einmal die vorrangige Beschäftigung des Dichters mit der Beziehung zwischen Leben und Kunst. Das Schlußgedicht *Exposure (Ausgesetzt)* zeigt den Dichter auf der Suche nach seiner Motivation als innerer Emigrant, der *»dem Massaker entflohen«* ist. *Field Work*, 1979 *(Feldarbeit)*, markiert einen Wendepunkt in Heaneys Schreiben. Bilder der Dunkelheit werden hier von solchen des Lichts und der Helligkeit abgelöst. Waren vorausgegangene Bände durch die kurze Zeilenform gekennzeichnet, so sind die Gedichte jetzt vielfältiger in der Form, weniger konzentriert, weitläufiger und dem Konversationston näher. *Field Work* enthält Elegien, politische Gedichte, Liebesgedichte, pastorale Gedichte und sogar eine Übersetzung (aus Dante ALIGHIERIS *Inferno*). Obwohl es bewußte Anklänge an Robert LOWELL (1917–1977) gibt, ist die dominierende Gestalt des Bandes Dante. Wie dieser begegnet Heaney den Toten, und die Elegien, die dies beschreiben, erlauben es dem Dichter, sich als Künstler neu zu beurteilen und sich noch einmal den Realitäten des Todes durch Gewalt und der komplexen Frage der politischen Sympathien zu stellen. Die Sequenz der *Glanmore Sonnets* gibt Zeugnis davon, wie sehr Heaney auch der lyrischen Tradition Englands und besonders Wordsworth verpflichtet ist. Natur und Dichtkunst verbinden sich in kühnen Metaphern miteinander: *»Vowels ploughed into other: opened ground« (»Vokale pflügten ineinander, öffneten den Boden«)*.

1983 veröffentlichte Heaney eine Übersetzung des mittelirischen Epos *Buile Suibhne* unter dem Titel *Sweeney Astray*. Die Gestalt Sweeneys, des irren Dichters, erscheint wieder in allen drei Teilen von *Station Island* (1984). Die einleitenden Gedichte dieser Sammlung sind Meditationen über autobiographische Erfahrungen, der Duktus ist strenger und weniger anschaulich als in *Field Work*. Das Titelgedicht handelt von einer Wallfahrtsinsel in Lough Derg, sie wird zum Ort der Begegnung zwischen Gestalten aus der persönlichen Vergangenheit des Dichters und der allgemeinen Geschichte. Die Zwänge, die Religion und Kultur auferlegen, werden aufgezeigt, und in der Begegnung mit dem Geist von James JOYCE wird der Weg, der über die Kunst zur persönlichen Freiheit führt, deutlich gemacht. Im Schlußteil der Sammlung wird Sweeney zur Maske, durch die hindurch der Dichter sein bisheriges Leben und seinen Ruhm kritisch betrachten kann. Im Mittelpunkt von *The Haw Lantern*, 1987 *(Die Mehlbeerenlaterne)*, steht ein Sonettzyklus über den Tod der Mutter. Augenblicke aus dem Leben der toten Frau werden dramatisiert, und als der Dichter sich an ihr Mißtrauen gegenüber großen Worten erinnert, ist ihm dies Anlaß, vor der potentiell zerstörerischen Kraft von Sprache zu warnen. In *Alphabets* wird die geheime Verführung des Kindes durch Zeichen demonstriert. An Politik und Religion geht der Vorwurf, Sprache jeweils für ihre eigenen Interessen zu mißbrauchen. Der Dichter sehnt sich nach dem Land des Ungesagten, für ihn zugleich auch der einzige Ausweg aus den gegenwärtigen Problemen Irlands. Auch dieser Band führt Heaneys Ringen um Identität fort, und das Titelgedicht stellt dafür ein passendes Symbol bereit, denn die gemeinte Weißdornfrucht erinnert an die Laterne des Diogenes, der, wie das Gedicht sagt, *»einen einzigen gerechten Mann«* suchte.

D. Mk.-W. H.

AUSGABEN: *Death of a Naturalist*, Ldn. 1966. – *Door into the Dark*, Ldn. 1969. – *Wintering Out*, Ldn. 1972. – *North*, Ldn. 1975. – *Field Work*, Ldn. 1979. – *Selected Poems 1965–1975*, Ldn. 1980. – *Sweeney Astray*, Ldn. 1984. – *Station Island*, Ldn. 1984. – *The Haw Lantern*, Ldn. 1987.

ÜBERSETZUNGEN: *Ausgewählte Gedichte/Selected Poems 1965–1975*, H. Beese, Stg. 1984 [m. Nachw.]. – *Norden*, R. Pietraß, Lpzg. 1987 [engl.-dt.; Nachw. W. Wicht]. – *Gedichte*, G. Bandini u. D. König (in Akzente, H. 2, April 1989, S. 97–112; Ausw. aus *The Haw Lantern*).

LITERATUR: R. Lengeler, *S. H., »Exposure«* (in *Englische Literatur der Gegenwart: 1971–1975*, Hg. ders., Düsseldorf 1977, S. 367–372). – N. H. Platz,

S. H.: »Freedman« (in *Moderne englische Lyrik*, Hg. E. Platz-Waury, Heidelberg 1978, S. 231–251). – H. Oppel, *Die Suche nach Irlands Vergangenheit u. einer anglo-irischen Dichtersprache in S. H.s »North«*, Wiesbaden 1979. – B. Morrison, *S. H.*, Ldn. 1982. – D. Johnston, *Irish Poetry after Joyce*, Notre Dame/Ind. 1985, S. 138–166. – J. Westlake, *S. H.'s »Punishment«: An Interpretation* (in LWU, 18, 1985, S. 49–58). – N. Corcoran, *S. H.*, Ldn. 1986. – M. J. Durkan, *S. H.: A Checklist for a Bibliography* (in Irish Univ. Review, 16, 1986, S. 48–76). – N. McGuinn, *S. H.: A Student's Guide to the Selected Poems 1965–1975*, Leeds 1986. – W. Wicht, *S. H.'s Field Work: The Politics of Poetry* (in ZAA, 35, 1987, S. 299–309). – B. Robben, *Ein Interview mit S. H. und einige Vorbemerkungen* (in Sprache im technischen Zeitalter, 1987, Nr. 101, S. 50–57). – E. Andreas, *The Poetry of S. H.*, Ldn. 1988.

GEOFFREY WILLIAM HILL

* 18.6.1932 Bromsgrove / Worcestershire

DAS LYRISCHE WERK (engl.) von Geoffrey Hill.

In der gegenwärtigen Lyrik Großbritanniens verfolgt Geoffrey Hill einen eigenständigen Weg. Formale Strenge verbindet er mit großer Sprachgewalt. Seine Themen – Kunst und Geschichte, Dichtung und Dichter, menschliches Leid und Gewalt, Liebe und Glaube – behandelt er in Gedichten, die zahlreiche Bedeutungsebenen in sich bergen. Seine unabhängige Stellung und die gewollte Komplexität seiner Werke erschweren es ihm, weite Leserschichten zu finden, doch erhielten die wenigen Gedichtsammlungen zahlreiche, überwiegend positive Besprechungen. Radioprogramme, die Anerkennung etwa im ›Times Literary Supplement‹, Preise und das Erscheinen der *Collected Poems* (1985) sind Beleg und ihrerseits wieder Ursache für wachsende kritische Anerkennung.

Seiner akademischen Lehr- und Forschungstätigkeit in Leeds (1954–1980) und Cambridge (seit 1981) widmet sich Hill mit großer Energie. Dies ist jedoch nicht der Hauptgrund für den begrenzten Umfang seines Œuvres. Vielmehr sind es seine hohen Qualitätsmaßstäbe, sein Mißtrauen gegenüber der möglichen bloß affirmativen Wirkung von Sprache und die Tiefe der Gedanken und Gefühle, die in jedem seiner perfekt geschliffenen Gedichte erkennbar werden. Noch während seines Studiums veröffentlichte Hill 1952 in einem kleinen Bändchen seine ersten fünf Gedichte, von denen drei in *For the Unfallen: Poems 1952–1958* (1959) wieder abgedruckt wurden. Schon hier werden christlichen Glaubensinhalten Bilder der Gewalt und des Leidens zugeordnet, ein Kennzeichen auch von Hills späteren Werken. Ebenfalls von Kontinuität geprägt sind die poetologischen Überlegungen. Wiederholt ist die Kunst Gegenstand und/oder Anlaß von Gedichten, in denen sie mit den Schrecken des Daseins kontrastiert und in denen ihre Verantwortung für diese Zustände zum Problem erhoben wird. Hill bezieht bewußt Anregungen aus den Werken anderer, aus Architektur, Malerei und Musik genauso wie aus der Literatur, Einflüsse lassen sich aus dem angelsächsischen Sprachraum von altenglischen bis zu zeitgenössischen Autoren nachweisen. Daneben sind vor allem französische Lyriker wichtig, besonders Saint-John Perse und Charles Péguy. Selbst wörtliche Übernahmen gewinnen in den neuen Kontexten jedoch völlig neue Aussagekraft.

Die Frage, welche Antworten die Kunst auf die Erfahrung einer grausamen und bedrohlichen Umwelt geben könne, rückt zwar immer stärker in den Mittelpunkt von Hills Denken, doch bereits in *For the Unfallen* gewinnt neben der mythischen, religiösen Sphäre die der Geschichte jene große Bedeutung, die ihr im weiteren Wirken des Dichters zukommt. Schon der Titel der Sammlung bezieht sich zugleich auf die Überlebenden des Krieges und auf die Aufrechten im christlichen Wortverstand. Unter den frühen Gedichten läßt *Requiem for the Plantagenet Kings* bereits die besondere Bedeutung der Syntax im Schaffen Hills erkennen. Sie verhindert oft eindeutige Bezüge und den schnellen Fluß der Gedanken. Sie zwingt den Leser, jedes Element genau für sich und in seiner Stellung im Zusammenhang zu betrachten.

1964 erschien in sehr kleiner Auflage die Sammlung *Preghiere*. Ihr Thema ist die Macht oder Ohnmacht der Lyrik, wie das Gebet die sichtbare, triste Wirklichkeit zu überwinden und eine höhere Daseinsebene zu eröffnen. In *King Log* (1968) wurden diese Werke, um andere erweitert, einer breiteren Öffentlichkeit zugänglich gemacht. Besonders hervorzuheben ist in diesem Band die Sonettfolge *Funeral Music*, die die Rosenkriege als Ausgangspunkt nimmt. In der Sequenz *The Songbook of Sebastian Arrurruz* werden von der Persona des Dichters sein Schaffen und der Verlust seiner Frau – nicht ohne erotische und ironische Untertöne – zueinander in Bezug gesetzt.

1971 erschien die nach einer Überschrift in der bekannten Anthologie *Sweet's Anglo-Saxon Reader* (1876) benannte Sammlung *Mercian Hymns*. In ihr werden eine moderne Kindheit und die historisch-legendäre Herrschaft König Offas im Reich Mercia miteinander verknüpft. So gelingt es Hill, die zeitlosen Antriebe menschlichen Handelns zu reflektieren. 1976/77 beschäftigte sich Hill mit seiner Versübersetzung von Ibsens *Brand* (diese Fassung wurde 1978 im National Theatre in London uraufgeführt), und 1978 erschienen die seit 1971 entstandenen Gedichte in der Sammlung *Tenebrae*. Schon der Titel, der auf die Karfreitagsliturgie verweist, läßt die Bedeutung christlicher Vorstellungen erkennen. Die Sequenz *The Pentecost Castle* umfaßt Gedichte, die alle auf spanische Vorlagen aus der Gegenreformation zurückgehen. *Lachrimae, or Seven Tears Figured in Seven Passionate Pavans* sind sieben Sonette, die erneut versuchen, religiöse Empfindungen mit Bildern der sinnlichen Liebe zu fassen. Der Rhythmus ist den Kompositionen John Dowlands angepaßt. Trotz der intensiven Hinwendung zu Gott bleibt der Mensch, im Verständnis Hills, verantwortlich für sein Tun in der Welt, wie der Sonettzyklus *An Apology for the Revival of Christian Architecture in England* verdeutlicht. Die Sammlung schließt mit einigen kurzen Gedichten, die mit *Tenebrae* überschrieben sind. In ihnen taucht wieder die mystische Verquikkung von religiöser und sinnlicher Ekstase auf. Die Fähigkeit, diesen und so viele andere Gegenstände aufzunehmen, ist eine der Grundlagen für den Sonderstatus des Kunstwerks, das den Wechsel der menschlichen Empfindungen und Gedanken so intensiver zu beleuchten vermag.

1983 erschien im ›Times Literary Supplement‹ *The Mystery of the Charity of Charles Péguy*, ein Tribut an den französischen sozialistischen Dichter, der im Ersten Weltkrieg fiel. In das Werk fließen Überlegungen zur generellen politischen Verantwortlichkeit des Lyrikers und zu seiner Wirkungsmöglichkeit mit ein. Die in den *Collected Poems* (1985) erstmals abgedruckten *Hymns to Our Lady of Chartres* erinnern stark an *The Pentecost Castle*. Allerdings sind nun Marienlieder die Vorlage, an der sich Hill orientiert. Traditionellen, christlichen Vorstellungen werden erneut Überlegungen zu deren Konsequenzen an die Seite gestellt. Die hinter ihnen verborgenen Interessen werden entlarvt, wie denn überhaupt die Suche nach der bewußten oder unbewußten Indienstnahme der Kunst und die Einsicht in die Verantwortung des Schöpfers für die Wirkungen seiner Werke die Lyrik Hills formal und inhaltlich prägt. Die strenge Formdisziplin des »Movement« der fünfziger Jahre verbindet sich in Hills Dichtung mit Inhalten, die Unabhängigkeit und eine ausgeprägte Sensibilität für die Macht des Wortes verraten. W.Bo.

AUSGABEN: *G.H.*, Oxford 1952. – *For the Unfallen: Poems 1952–1958*, Ldn. 1959. – *Preghiere*, Leeds 1964. – *King Log*, Ldn. 1968. – *Mercian Hymns*, Ldn. 1971. – *Somewhere is Such a Kingdom: Poems 1952–1971*, Boston 1975. – *»Brand« by Henry Ibsen: A Version for the English Stage*, Ldn. 1978; ern. Minneapolis 1981 [veränd.] – *Tenebrae*, Ldn. 1978; Boston 1979. – *The Mystery of the Charity of Charles Péguy* (in TLS, 4. 2. 1983; ern. NY 1984). – *The Lords of Limit: Essays ...*, Ldn./NY 1984. – *Collected Poems*, Harmondsworth 1985.

ÜBERSETZUNG: *Hymnen aus Mercia*, U. Kolbe (in *Englische Lyrik 1900–1980*, Hg. A. Calder, Lpzg. 1983, S. 313–324).

LITERATUR: W. D. Martin, *Beyond Modernism: Christopher Middleton and G.H.* (in ConL, 12, 1971, S. 420–436). – J. Silkin, *The Poetry of G.H.* (in *British Poetry Since 1960*, Hg. M. Schmidt u. G. Lindop, Manchester 1972, S. 143–164). – S. Heaney, *Artists on Art: Now and in England* (in Critical Inquiry, 3, 1977, S. 471–488; Nachdr. als *Englands of the Mind*, in S. H., *Preoccupations*, Ldn. 1980). – A. K. Weatherhead, *The British Dissonance: Essays on Ten Contemporary Poets*, Columbia/Mo. 1983, S. 71–94. – Agenda 17, 1979, Nr. 1 [Sondernr. *G.H.*]. – A. Waterman, *The Poetry of G.H.* (in *British Poetry Since 1970*, Hg. P. Jones u. M. Schmidt, Manchester 1980, S. 85–102). – M. E. Brown, *Double Lyric*, Ldn./NY 1980, S. 20–72. – J. Haffenden, *An Interview with G.H.* (in *Viewpoints: Poets in Conversation with John Haffenden*, Ldn. 1981, S. 76–99). – D. J. Jones, *Myth and History in the Poetry of G.H., Seamus Heaney and George Mackay Brown*, Diss. Aberystwyth 1981. – T. H. Getz, *G.H.: History as Poetry, Poetry as Salutation* (in Contemporary Poetry, 4, 1982, S. 4–23). – H. Hart, *The Poetry of G.H.*, Diss. Oxford 1983. – M. Dodsworth, *Ted Hughes and G.H.: An Antithesis* (in *The New Pelican Guide to English Literature*, Bd. 8, Harmondsworth 1983, S. 281–293). – *G.H.: Essays on His Work*, Hg. P. Robinson, Milton-Keynes 1985. – V. B. Sherry Jr., *G.H.* (in DLB, Bd. 40, 1985, S. 202–215). – *G.H.*, Hg. H. Bloom, NY 1986. – H. Hart, *The Poetry of G.H.*, Carbondale/Ill. 1986.

TED HUGHES

eig. Edward James Hughes

* 17.8.1930 Mytholmroyd / Yorkshire

DAS LYRISCHE WERK (engl.) von Ted HUGHES.

Ted Hughes, einer der bedeutendsten englischen Lyriker des 20. Jh.s, war bis zu deren Freitod (1963) mit der amerikanischen Lyrikerin Sylvia PLATH verheiratet und erlangte auch als ihr Nachlaßverwalter und Herausgeber große Bedeutung. Seit 1984 ist er offizieller Hofdichter *(poeta laureatus)*. Die Anfänge seiner Lyrik liegen in den fünfziger Jahren, in denen sich eine Gruppe junger Dichter profilierte, die man »The New University Wits« oder auch »The Movement« nannte. Sie strebten eine strenge Sachlichkeit an, die ästhetische und emotionale Überhöhung ausschloß und sich entschieden von der kühnen, als zu esoterisch empfundenen Lyrik der »New Apocalypse« im Stile Dylan THOMAS' abzuheben suchte. Ähnlich wie Thom GUNN hat Hughes dabei in seinem ersten Gedichtband *The Hawk in the Rain*, 1957 *(Der Falke im Regen)*, grundsätzliche Themen, insbesondere den Kampf zwischen Lebendigkeit und Tod gerade

auch im Bereich der Liebe, in so aggressiver Form behandelt, daß man seine Dichtung als *poetry of violence* (»Lyrik der Gewalttätigkeit«) bezeichnet hat. Schon mit *The Hawk in the Rain* wurde Hughes als Sieger eines Lyrik-Wettbewerbs, zu dessen Jury W.H. AUDEN, Stephen SPENDER und Marianne MOORE gehörten, international bekannt.
Wie die Gedichte der Folgezeit zeigen (z.B. *Thrushes*, 1960 – *Drosseln; Thistles*, 1967 – *Disteln; Eagle*, 1977 – *Adler*), ist die Aggressivität jedoch in erster Linie Zeichen eines elementaren Lebensdrangs, eines der Natur innewohnenden *élan vital*, der sich im Sinne der Lebensphilosophie Henri BERGSONS und des Jahrhundertbeginns den Formen der Leblosigkeit entgegenstellt. Bereits in der Gedichtsammlung *Lupercal*, 1960 *(Die Luperkalien)*, die nach dem römischen Fest zu Ehren des Lupercus, des Beschützers der Herden vor den Wölfen, benannt ist, wird der Charakter des Lebens in wesentlich differenzierterer Form zum Ausdruck gebracht, auch wenn das Thema des Lebenskampfes wiederum vorherrscht. Bereits hier wie auch insbesondere in der Lyrik der Folgezeit geht es Hughes im Gegensatz zu der Orientierung der Dichter des »Movement« an Zivilisation und Stadtkultur um die erdhafte, in sich ruhende Vitalität, um das vor allem Bewußtsein liegende intuitiv-instinktmäßige Eingefügtsein in die organische Natur und ihre Selbsterhaltungskräfte, das im Verhalten von Tieren und in dem auf solche Weise ursprünglich lebenden Menschen sichtbar wird. Aus dem Gedichtband *Crow*, 1970 *(Krähe*, bzw. *Krähenmensch)*, geht jedoch hervor, daß Hughes nicht beabsichtigte, Zivilisationskritik gepaart mit Naturverherrlichung etwa im Stile der Neuromantik und mit den dichterischen Mitteln der sechziger Jahre vorzutragen. In dieser z. T. folkloristisch-sarkastischen Gedichtsequenz (man vergleiche z.B. die Genesis-Parodie in *Crow's First Lesson*) geht es Hughes vielmehr um die Entwicklung einer Art privater Mythologie mit fundamentaler, religiöser Neudeutung. Diese hatte sich bereits in Gedichten wie *Reveille* (Erwachen), *Theology, Logos, Pibroch* u.a. aus der Sammlung *Wodwo* (1967; der Titel ist die mittelenglische Bezeichnung für einen Waldgeist) angedeutet, verbleibt in *Crow* allerdings ganz im Rahmen des Imaginativen und Mystischen. Mit der Entwicklung Crows aus Dunkel und Urschrei über Geburt, Jugend und Erfahrungen knüpft Hughes an das Lehrgedicht an, in das er naturmythische, anthropologische und tiefenpsychologische Materialien einarbeitet. Das Bild von der Übermacht Gottes, die nach seiner Meinung dem ewigen Walten der Natur untergeordnet ist, die Kläglichkeit der Zivilisation, die Antithese von biologisch-organischer und maschineller Energie erinnern dabei ebenso wie das Bemühen um liedhafte Eingängigkeit, das Insistieren auf bestimmten Wortfeldern und der häufige Gebrauch der Anapher an die Mythenschöpfung des Romantikers William BLAKE oder des Symbolisten W.B. YEATS. In der *»great Emptiness« (»der großen Leere«)*, in der nach *Stations* (1967) alles Leben seinen letzten Urgrund hat, schuf Hughes jedoch einen Antimythos nicht nur privater, sondern auch spezifischer und zugleich überzeitlich moderner Prägung. Die Leere ist einerseits monolithische Gleichheit, Indifferenz und Feindlichkeit im Sinne des Naturalismus Thomas HARDYS sowie insgesamt des europäischen Nihilismus. Andererseits ist sie zugleich Ort des instinktiv-fatalistischen Daseins, der Verwurzelung, des Einswerdens mit der Erde, des geradezu fernöstlich anmutenden Eintauchens in die totale Abwesenheit, des Einmündens in das ewige Nichts, des Sich-Hingebens, der Verwandlung von Leben: kurzum Inbegriff von Wesens- und Bewußtseinszuständen, die der Autor in Tier- und Pflanzengedichten wie *You drive in a circle (Du drehst dich im Kreis), Skylarks (Lerchen), Gnat-psalm (Mücken-Psalm)* und *Still Life* (alle in *Wodwo*) durch nunmehr stärkere Verwendung von Symbolen mit Erfolg veranschaulicht.
Mit dieser Schöpfung eines imaginativ-mythischen Weltbildes, das im Prinzip der dynamischen Bild- und Sprachmagie der Lyrik des Dylan Thomas verwandt ist, geht Hughes über die Gegenwartsanalyse der meisten seiner eher zivilisatorisch interessierten Kollegen weit hinaus. Ihrem Wesen entsprechend bieten solche poetischen Schöpfungen nur indirekte Antworten auf die brennenden Fragen der Existenz, gerade wenn sie einer inhaltslosen und insofern »leeren« Transzendenz, einer Metaphysik des letztlich Unmetaphysischen, das Wort reden. Andererseits ist hinter dem Konzept Hughes' und in seiner Lyrik insgeheim die geballte, jedoch zugleich eigentümlich hermetische Kraft seiner Sinngebung erkennbar. Vermittler dieser Kraft ist die sprachliche Gestaltung, in der Hughes' Auffassung der *»art of explosive compression«*, d.h. der Kunst als Resultat explosiver Komprimation, zum Ausdruck kommt. Konzentration und Intensität vermitteln der dynamische Verbalstil, die an Gerard Manley HOPKINS erinnernden Wortzusammensetzungen sowie die mit dessen Prinzip des *instress* vergleichbare Versgestaltung, ferner das Interesse an der Ursprünglichkeit und Realität des behandelten Gegenstandes, auch und gerade unter Preisgabe der syntaktischen Ordnung und Folgelogik, mit der unweigerlich Denkstrukturen vorgegeben sind, die das Wesen von Hughes' intuitiver und komplexer Einbildungskraft nicht hinlänglich zum Ausdruck bringen können.
Mit der Sammlung *Crow* zeichnete sich bereits der Übergang zu größeren kompositorischen Einheiten ab, die das lyrische Werk der siebziger Jahre kennzeichnen. Zunächst ist hier die Sammlung *Prometheus on His Crag*, 1973 *(Prometheus an seinen Felsen gekettet)*, zu nennen. Sie ist den innerseelischen Vorgängen und Erfahrungen des Prometheus gewidmet, die in kurzen inneren Monologen vermittelt werden und um die menschliche Existenz im Angesicht des Bösen, der Feindschaft, des Leids und des Schicksals kreisen. Monologform und Konzentration auf jeweils einen Bildbereich stehen im Dienst des inneren Bewußtwerdens und damit der Befreiung trotz des unabänderlichen Lei-

dens. Sie spiegeln personale Erfahrungen wider, die durch die Folie des klassischen Mythos objektiviert werden sollen, ohne daß dabei eine Weltdeutung intendiert wäre. Ebenfalls als innerer Monolog, jedoch in der Art eines rückschauenden Tagebuchs und damit im Ansatz episch, sind die Gedichte der Sammlung *Gaudete*, 1977 *(Freuet Euch!)*, angelegt. Ihr Zentrum ist die geistige und seelische Krise eines anglikanischen Geistlichen, der als gespaltene Persönlichkeit im Sinne von Märchen und Sage, aber auch keltischer Mythen sowie insbesondere psychologischer Tiefenbestände und Interpretationen, eine Art innere Reinigung oder Wiedergeburt in der Unterwelt erfährt, während sein unterbewußtes, in die Welt geschicktes Double animalische Leidenschaften sexueller und mörderischer Art entfesselt, zu Tode gehetzt und verbrannt wird. Diese Thematik vermittelt Hughes durch eine reichhaltige Symbol- und Impressionskunst, die ohne Pathos ist und gleichsam umgangssprachlich schlichte Diktion mit ausgesprochener gedanklicher Hintergründigkeit, teilweise sogar Dunkelheit, verbindet.

Die Sammlung *Season Songs*, 1976 *(Gesänge der Jahreszeiten)*, die sich ähnlich wie andere Titel auch an eine junge Leserschaft wendet, enthält hingegen Gedichte einfacherer Art und ist um lyrische Sangbarkeit bemüht, auch wenn sie präzise Formulierungen und intensiv angelegte Bildbereiche sucht. Obwohl sie keine heile Naturwelt kreieren, ist der Zugang zu diesen Gedichten leicht, die Stimmungslage bejahend. Die unter dem Titel *Cave Birds*, 1978 *(Höhlenvögel)*, veröffentlichten Gedichte hingegen sind weniger eingängig. Sie waren ursprünglich als dichterische Illustrationen von Vogelzeichnungen gedacht, die sich jedoch dann zu einer Art lyrischer Folge dramatisch-statuierenden Charakters, zu einem *»symbolic drama«* (Hughes), ausweiteten. Ihre Thematik ist kulturmorphologisch angelegt, geistesgeschichtlich gesehen dualistisch und mythologisch-spirituell, wobei Tier und Mensch in kontrapunktischer Weise den grundsätzlichen, jedoch immer wieder neu gefaßten Anliegen der Lyrik des Autors Ausdruck verleihen, so wie dies auch in der Dialektik von Fluß und Flußufer der Illustrationsgedichte zu dem Fotoband *River*, 1983 *(Fluß)*, der Fall ist. P.E.

AUSGABEN: *Selected Poems 1957–1967*, Ldn. 1968. – *Crow: From the Life and Songs of the Crow*, Ldn. 1970; 21972 [erw.]. – *Cave Birds*, Ldn. 1975; 21978 [erw.]. – *Moon Bells*, Ldn. 1978. – *Remains of Elmet*, Ldn. 1979. – *Moortown*, Ldn. 1979. – *Selected Poems 1957–1981*, Ldn. 1982. – *Flowers and Insects*, Ldn. 1986.

ÜBERSETZUNGEN: *Gedankenfuchs*, E. Faas u. M. Seletzky, Bln. 1971 [engl.-dt.; ern. 1981]. – *Krähe*, E. Schenkel, Stg. 1986 [engl.-dt.].

LITERATUR: H. Oppel, *T. H.: »Pibroch«* (in *Die moderne engl. Lyrik*, Hg. ders., Bln. 1967). – E. Faas, *T. H.* (in *Engl. Literatur der Gegenwart*, Hg. H. W. Drescher, Stg. 1970). – G. Haefner, *Formen surrealistischer und realistischer Lyrik in England, 1910–1970*, Köln 1972, S. 84–122. – W. Migutsch, *Zur Lyrik von T. H.: Eine Interpretation nach Leitmotiven*, Salzburg 1974. – S. Hirschberg, *Myth and Anti-Myth in T. H.'s »Crow«* (in Contemporary Poetry, 2, 1975, S. 1–8). – W. Keutsch, *A Reading of T. H.'s »Thrushes«* (in LWU, 9, 1976, S. 115–121). – A. Bold, *Thom Gunn and T. H.*, Edinburgh 1976. – R. Lengeler, *T. H.: »Crow's First Lesson«* (in *Engl. Literatur der Gegenwart 1971–1975*, Hg. ders., Düsseldorf 1977). – K. Sagar, *The Art of T. H.*, Cambridge 1975; 21978 [erw.]. – F. Wieselhuber, *T. H.: »Gnat-Psalm«* (in *Moderne engl. Lyrik*, Hg. E. Platz-Waury, Heidelberg 1978). – E. Faas, *T. H.: The Unaccomodated Universe*, Santa Barbara/Calif. 1980. – T. Gifford u. N. Roberts, *T. H.: A Critical Study*, Ldn. 1981. – *The Achievement of T. H.*, Hg. K. Sagar, Manchester 1983. – Ders. u. S. Tabor, *T. H.: A Bibliography, 1946–1980*, Ldn. 1983. – Th. West, *T. H.*, NY 1985. – W. Erzgräber, *Die Welt aus der Perspektive der Krähe: Zu T. H.' »Crow« (1970)* (in *Engl. u. amerik. Naturdichtung im 20. Jh.*, Hg. G. Ahrends u. H.-U. Seeber, Tübingen 1985). – R. B. Shaw, *T. H.* (in DLB, Bd. 40, 1985, S. 258–276). – K. H. Göller, *T. H.' »Apple Tragedy«: Eine Verkehrung des biblischen Schöpfungsmythos* (in *Tradition u. Innovation in der engl. u. amerikanischen Lyrik des 20. Jh.s*, Hg. K.-J. Höltgen u. a., Tübingen 1986).

ANN PATRICIA JELLICOE

* 15.7.1927 Middlesbrough / Yorkshire

THE KNACK

(engl.; *Ü: Was ist an Tolen so sexy?*). Komödie in drei Akten von Ann Patricia JELLICOE, Uraufführung: Cambridge, 9. 10. 1961, Arts Theatre; deutsche Erstaufführung: Bremen, 4. 10. 1963, Theater der Freien Hansestadt. – In der Euphorie des Aufbruchs, die nach dem Sensationserfolg von John OSBORNES *Look Back in Anger* (1956) unter den jungen Dramatikern Großbritanniens herrschte, gelang es einigen Schriftstellerinnen, die absolute Dominanz der männlichen Autoren im britischen Theaterwesen zu durchbrechen. Die teils sehr erfolgreich aufgeführten Stücke von Ann Jellicoe, Shelagh DELANEY, Margaretta D'ARCY, Joan LITTLEWOOD und Doris LESSING waren Vorboten des in den siebziger Jahren erstarkenden feministischen Dramas (Caryl CHURCHILL, Pam GEMS, Michelene WANDOR, Sarah DANIELS u. a.). Der eigenständige Beitrag dieser Autorinnen zur Modernisierung und Politisierung des britischen Dramas

Ende der fünfziger und Anfang der sechziger Jahre ist jedoch bislang nicht ausreichend gewürdigt worden.

Ann Jellicoe brach in ihren frühen Stücken, die sie häufig selbst im Royal Court Theatre Londons mit der experimentierfreudigen »English Stage Company« inszenierte, radikaler als die meisten ihrer männlichen Kollegen mit den Konventionen des fest etablierten *well-made play*. Ähnlich dem Konzept Antonin ARTAUDS erachtete die erfahrene Regisseurin Theater als ein Medium, das nicht primär auf den Intellekt, sondern auf die Sinne, die Gefühle und die Imagination des Zuschauers wirken sollte. In dem Erstling *The Sport of My Mad Mother* (1958) reduzierte sie die Handlung weitgehend auf rituelle Bewegungsfolgen und die Sprache auf ihre tonalen und rhythmischen Qualitäten. Der enorme finanzielle Mißerfolg dieses Dramas und die Ablehnung des utopischen Stücks *The Rising Generation* (1958) veranlaßten Jellicoe, in der Komödie *The Knack* ihre verwirrenden stilistischen und dramaturgischen Mittel sparsamer und gezielter einzusetzen und ihr Theaterkonzept implizit von einer Dramenfigur (Tom) erläutern zu lassen.

Die Absicht der Autorin, das britische Drama zu modernisieren, zeigt sich bereits symbolisch im Schauplatz dieser verfremdeten Salonkomödie. Als »Salon« fungiert ein zur Renovierung ausgeräumtes Zimmer in einem von drei jungen Männern bewohnten Haus. Auf das zentrale Thema der zwischengeschlechtlichen Beziehungen verweist ein Bett, das der Hausherr Colin zu Beginn dieser lärmenden Zimmerschlacht in den Raum schleppt. Dem schüchternen Lehrer Colin bereiten seine Kontaktprobleme mit Frauen ernste Sorgen; er will deshalb sein Bett gegen ein größeres eintauschen. Unverhohlen beneidet er seinen Hausgenossen Tolen, der den gewissen Kniff (engl. *knack*), Frauen »rumzukriegen«, meisterhaft beherrscht und gleichsam als olympische Disziplin ausübt. Von Colin nach dem Geheimnis des Erfolgs befragt, erläutert der gefühlskalte Schürzenjäger Tolen gönnerhaft seine chauvinistische, faschistoide Machtphilosophie: Frauen wollen von führungsstarken Herrenmenschen unterworfen werden. Die Gegenposition zu Tolens rational-kalter Theorie der Verführung vertritt der dritte Hausbewohner, Tom, ein sexuell enthaltsamer Intellektueller, der sich durch kritisches Urteilsvermögen und künstlerische Kreativität auszeichnet. Tom plädiert für das naive Ausleben konkreter Erfahrungen, für spontanes Fühlen unter Ausschaltung des Intellekts, das zu ursprünglichen Harmonieerlebnissen führen kann. Als die siebzehnjährige Nancy, die aus der Provinz kommt und sich verlaufen hat, in den Männerhaushalt gelangt, entwickelt sich ein – den Positionskämpfen in Harold PINTERS Dramen vergleichbarer – Konflikt zwischen Tom und Tolen. Tolen will an diesem Versuchsobjekt sein Können demonstrieren. Tom versucht, dies zu verhindern, indem er Colin und Nancy in Kontaktspiele verwickelt. So erklärt er das Bett zu einem Klavier, auf dem die beiden bald wie Kinder ein Lied improvisieren. Tolen jedoch zerstört diese ersten Kontakte und zieht Nancy in seinen Bann. Als Tom ihn mit einem Trick daran hindert, die junge Frau endgültig zu verführen, wird Tolen aggressiv und erschreckt Nancy so sehr, daß sie in Ohnmacht fällt. Tolen versucht daraufhin, den leicht manipulierbaren Hausherrn auf seine Seite zu ziehen. Er lockt Colin mit dem Angebot, ihn an seinen und an den Frauen eines Freundes teilhaben zu lassen, wenn er zu dessen Gunsten Toms Mietvertrag kündige. Sein Ränkespiel wird jedoch von einem plötzlichen Angriff Nancys unterbrochen: Sie behauptet, während ihrer Ohnmacht vergewaltigt worden zu sein, und droht lautstark mit der Polizei. Die Männer erwirken mit Mühe eine Beratungspause, in der Tom für Verhandlungen, Tolen für gewaltsame Einschüchterung plädiert. Schließlich versucht Colin, der Tolens Einfluß wie eine Marionette erlegen ist, mit autoritärer Gewalt gegen Nancy vorzugehen. Als diese aber ihre Anklage nun gegen ihn allein richtet, ihn damit sowohl in die Enge treibt als auch in seinen männlichen »Potentialen« bestätigt, gesteht ihr Colin auf seine unbeholfen-ehrliche Art seine Sehnsucht nach einer Beziehung und verabredet sich mit ihr für den Abend. Gegenseitig schützen sie sich vor weiteren Angriffen Tolens, der schließlich das Feld räumt, um wieder auf Frauenjagd zu gehen.

Die Bühnenwirksamkeit des Stückes, in dem die Sprache oft auf stakkatoartig gesprochene Parolen und Stichomythien reduziert ist, hängt in besonderem Maße von der künstlerischen Leistung des Regisseurs ab. Die bewegungsreiche, quirlige Handlung erfordert eine präzise und bildkräftige Choreographie, die die wechselnden Spannungsfelder in der Charakterkonstellation hervorhebt. Das Bühnengeschehen besitzt in der Dramenfigur Tom einen internen Regisseur, der mit den übrigen Charakteren Gesellschaftsspiele nach Mustern der Verhaltensforschung inszeniert. Nancy lernt von Tom durch ein »Löwenspiel«, wie sie mit einer Mischtaktik aus Offensive und Defensive den angreifenden »Löwen« Colin letztlich bändigen kann. Von der neueren feministischen Kritik wird dem Stück jedoch vorgeworfen, es behandle das ernste Problem der Vergewaltigung von Frauen auf zu scherzhaft-spielerische Weise. Die vielfältigen politischen Untertöne verleiteten andere Kritiker zu der nicht unbegründeten Annahme, die Komödie sei auch ein Kommentar zum schwelenden kalten Krieg der Supermächte.

Nach den Mißerfolgen ihrer späteren Dramen *Shelley; or, The Idealist* (1965) und *The Giveaway* (1969) war Jellicoe als literarische Beraterin des Royal Court tätig und schrieb einige Kinderstücke *(Jelliplays)*. Ende der siebziger Jahre begann sie sich für das sogenannte *Community Theatre* zu engagieren. Mit ihren Inszenierungen selbstverfaßter lokalhistorischer Dramen ist sie zu einer der führenden Kräfte dieser Bewegung geworden, die durch das Einbeziehen einer ganzen Dorf- oder Stadtbevölkerung in eine Schauspielproduktion das Theatergeschehen in der Region fördert. K.G.

AUSGABEN: Ldn./NY 1962. – NY 1964 (in *Two Plays*). – Ldn. 1964; ern. 1968. – Ldn. 1985 (m. *The Sport of My Mad Mother*).

ÜBERSETZUNG: *Was ist an Tolen so sexy?*, Bremen 1963 [Bühnenms.].

VERFILMUNG: *The Knack ... and How to Get It*, USA 1965 (Regie: R. Lester).

LITERATUR: M. Gottfried, *A Theater Divided*, Boston 1967, S. 218–225. – A. Jellicoe, *Some Unconscious Influences in the Theatre*, Ldn./NY 1967. – M.-C. Pasquier u. a., *Le Nouveau Théâtre Anglais*, Paris 1969, S. 229–233. – J. R. Taylor, *Anger and After*, Ldn. 1969, S. 73–83. – H. Sperber, *A. J.: »The Knack« (1961)* (in *Das zeitgenössische englische Drama*, Hg. K.-D. Fehse u. N. Platz, Ffm. 1975, S. 164–178). – K. King, *Twenty Modern British Playwrights: A Bibliography*, NY/Ldn. 1977, S. 65–68. – *At the Royal Court: 25 Years of the English Stage Company*, Hg. R. Findlater, NY 1982. – B. J. Small, *A. J.* (in DLB, Bd. 13, 1982, S. 255–261). – A. Jellicoe, *Covering the Ground* (in *Women and Theatre*, Hg. S. Todd, Ldn. 1984, S. 82–96). – H. Keyssar, *Feminist Theatre*, Ldn. 1984. – A. Jellicoe, *Community Plays: How to Put Them on*, Ldn. 1987. – M. Wandor, *Look Back in Gender*, Ldn. 1987, S. 47–49.

B. S. JOHNSON

eig. Bryan Stanley Johnson
* 5.2.1933 London
† 13.11.1973 London

CHRISTIE MALRY'S OWN DOUBLE-ENTRY

(engl.; *Christie Malrys doppelte Buchführung*). Roman von B. S. JOHNSON, erschienen 1973. – Der im Alter von 40 Jahren durch Suizid aus dem Leben geschiedene Johnson, dessen dichterisches und filmisches Werk unter dem Einfluß von James JOYCE und Samuel BECKETT steht, gilt als Verfechter des Rechts und der Notwendigkeit von Innovationen und Formexperimenten. Er sah es sogar als seine Pflicht an, nach Stilformen und Darstellungstechniken zu suchen, die es ermöglichen, eine in ständigem Wandel befindliche Welt wahrheitsgetreu wiederzugeben, statt ihr vorgeformte und unzulängliche Erzählmuster aufzuzwingen. *The Unfortunates* (1969) z. B., ein bewegender Roman über den Tod eines Freundes, besteht aus 27 separat gebundenen Folios von vier bis zwölf Seiten Länge in einem Schuber (daher auch *novel-in-a-box* genannt), die es dem Leser gestatten, ihre Reihenfolge – abgesehen von der ersten und letzten Episode – selbst zu bestimmen. Die Welt sei eben chaotisch und zufällig. – Wie in diesem dritten seiner autobiographischen Romane, so geht es Johnson auch beim Schreibvorgang und bei den Inhalten der beiden vorangehenden, *Albert Angelo* (1964) und *Trawl* (1966), um Psychotherapie und exorzistische Bannung von Gefühlen der Isolation und Kontaktlosigkeit. Bei dieser Zielstellung läßt sich leicht nachvollziehen, daß es in Johnsons Romanen häufig zu einer Autor/Erzähler-Identifikation kommt.

Dies ist beispielsweise der Fall in *Christie Malry's Own Double-Entry* – einem Frühwerk, das allerdings erst zehn Jahre nach der Entstehung erschien –, einem Roman mit allwissendem Erzähler/Autor, der den Leser bei jedem Schritt über Eingriffe in das Leben anderer Figuren informiert, unverblümt über seine erzählerische Funktion und über sein Eindringen in das Denken des Protagonisten Christie spricht, obwohl der Leser schon wisse, in wessen Kopf sich alles abspiele. Am Ende erscheint der Autor selbst als Charakter an Christies Sterbebett, das er freilich auf Weisung der naiven Schwestern verläßt, die nicht wissen, wer er ist, und die nicht ahnen, daß der Patient nicht ohne ihn sterben kann. Auch die übrigen Charaktere sprechen über sich selbst als Romanfiguren, kritisieren die Kunstform des Romans, zumal den Neoviktorianismus britischer Romanciers (es sei anachronistisch, lange Romane zu schreiben; die gesellschaftlichen Bedingungen hätten sich geändert) und markieren auf diese Weise sowohl den Grad ihrer Selbstreflexion als auch den Fortschritt ihrer emotionalen Entfernung von der äußeren Realität.

Entscheidend ist für Johnson die in der Nachfolge von Joyce verpflichtende Vielfalt der Stile, die Fortschritt und Freiheit für den Schriftsteller bedeuten. Das Leben erzähle keine Geschichten, es sei vielmehr fließend und zufällig. Deshalb lasse es auch unendlich viele Enden offen, verlange neue Stilformen und Perspektiven. Daher wählt Johnson auch in *Christie Malry* den Weg von den bekannten Baugesetzen des Narrativen hin zum Reflexiven, zur Exploration des eigenen Hirns. Das Leben des Lebens und das Schreiben sind für ihn praktisch identisch; sie beeinflussen und verstärken sich gegenseitig oder schaffen einander gar erst. Kurz nach Beendigung des letzten Romans *See the Old Lady Decently* (1975), der nach dem Tod der Mutter deren frühes Leben rekonstruiert, ist auch der Autor tot.

Der letzte zu Lebzeiten Johnsons veröffentlichte Roman, *Christie Malry*, stellt einen jungen Mann aus ärmlichen Verhältnissen dar, der ans große Geld zu kommen versucht und als Stadtguerilla »Krieg« gegen die Gesellschaft (*»THEM«)* führt, indem er als Bankangestellter das System der von einem Zeitgenossen Leonardo da Vincis, Fra Luca Bartolomeo Pacioli, erstmals kodifizierten doppelten Buchführung eigenen Zwecken und Zielen dienstbar macht. Jedes »Soll«, d. h. jegliche Art schlechter Behandlung seitens der Gesellschaft, gleicht Christie umgehend aus, indem er es mit einem entsprechenden »Haben« zu seinen Gunsten bilanziert. Praktisch setzt er diese *»großartige Idee«* erstmals um, als er erkennt, daß ein Bürogebäude seiner Bewegungsfreiheit Grenzen setzt und diktiert, wie er zu gehen hat; dies ahndet er mit einem meterlangen Kratzer an der Portland-Stein-Wand des Gebäudes: *»It's a Great Idea! Eureka! My very own Double-Entry!«*

Der Roman besteht aus 24 Kapiteln, die durch fünf als solche kenntlich gemachte und im Text eigens herausgestellte »Abrechnungen« *(reckonings)* unterbrochen sind und die ihrerseits jeweils aus einem Pacioli-Zitat und einem Kassenbogen mit »Belastung« *(aggravation)* und »Entschädigung« *(recompense)* in Gestalt von Pfunden und Pennies bestehen. Zu den bilanzierten Belastungen zählen z. B. zugefügte körperliche und seelische Unannehmlichkeiten; ärgerliche Tatsachen wie etwa das Phänomen allgemeiner Ausbeutung, das generelle Erziehungstrauma oder die dem Sozialismus vorenthaltene Möglichkeit, sich zu etablieren und zu bewähren. Auf der Haben-Seite stehen gestohlene Büromaterialien, Telephonterror und Bombendrohungen, ein aufgeflogenes Steuerbüro, vor allem aber der zum Kopfpreis von £1,30 berechnete Tod von 20479 unschuldigen Westlondonern, die durch vergiftetes Trinkwasser umgekommen sind. Auf der letzten Seite des Romans wird das mit £352394,53 ausgeglichene Konto geschlossen. Man ist quitt. Trotzdem stirbt der Protagonist – wie in anderen Johnson-Romanen – zuletzt an Krebs und wird damit selbst als rächender »Sieger« Opfer einer heimtückischen Krankheit. Der Roman unterwirft sich damit trotz seiner Abweichung von den traditionellen Bauformen zu guter Letzt dem Prinzip der poetischen Gerechtigkeit und bringt mit der Überschrift des letzten Kapitels *(Schlußabrechnung)* selbstironisch den Gedanken an das Jüngste Gericht ins Spiel.

Christie Malry ist ein gesellschaftskritischer Roman, weil er die Rücksichtslosigkeit gegenüber dem Menschen und den geringen Wert des menschlichen Lebens an sich brandmarkt. Er ist aber, teilweise zumindest, auch ein religionskritisches Buch. Denn offenkundig verkörpert der Protagonist trotz seines biblischen Namens eher eine Verkehrung der Christusfigur; außerdem versucht er z. B., seine Kirche mit Hilfe der »Trade Descriptions Act« zu belangen. Dies entspricht durchaus der aggressiv antireligiösen Einstellung Johnsons, obwohl er laut Patrick Parrinder unterschwellig doch stark von puritanischem Denken geprägt ist: Seine Ablehnung des »Geschichtenerzählens« (zugunsten einer echten Wahrheitsfindung mit Hilfe der Reflexion) gehört zum traditionellen Erbe des Puritanismus. Im Werk von Schriftstellern wie John Bunyan und Edmund Gosse wird die Abfassung von fiktiven Erzählungen jeglicher Art häufig als Sünde angesehen. Das Führen eines geheimen Tagebuches im Sinne der Auflistung von Soll und Haben vor Gott war dagegen bei Puritanern des 17. Jh.s gang und gäbe und diente einerseits der Bewußtmachung eigener Unzulänglichkeit und Schuld, andererseits der Bewahrung vor Versuchungen und Trugbildern dieser Welt, die den Fortschritt des Pilgers behindern könnten. Die eigentliche Bedeutung von Johnsons Werk sieht Parrinder darin, daß es von einer bewußten Ästhetik, nämlich der Absage an Lügengeschichten geprägt ist. Es bleibt zu entscheiden, ob Johnsons technische Exploration mit der psychischen in Einklang steht und ob sein Werk angesichts zu hoch gesteckter Ziele dem Eingeständnis gleichkommt, daß Wahrheit facettenreicher und befremdlicher sein kann als Fiktion. Fest steht hingegen, daß Johnson zu den wenigen bewußten Experimentatoren des zeitgenössischen britischen Romans gehörte. W.Ar.

Ausgaben: Ldn. 1973. – Harmondsworth 1984.

Literatur: B. S. Johnson, *Introduction to »Aren't You Rather Young to Be Writing Your Memoirs?«* [1975] (nachgedr. in *The Novel Today: Contemporary Writers on Modern Fiction*, Hg. M. Bradbury, Ldn. 1977, S. 151–168). – P. Parrinder, *Pilgrim's Progress: The Novels of B. S. J. (1933–1973)* (in Critical Quarterly, 19, 1977, Nr. 2, S. 45–59). – R. S. Ryf, *B. S. J. and the Frontiers of Fiction* (in Crit, 19, 1977, S. 58–74). – B. Bergonzi, *Fictions of History* (in *The Contemporary English Novel*, Hg. M. Bradbury u. D. Palmer, Ldn. 1979, S. 43–56). – A. Burns u. Ch. Sugnet, *The Imagination on Trial*, Ldn. 1981, S. 83–94. – M. P. Levitt, *The Novels of B. S. J.: Against the War Against Joyce* (in MFS, 27, 1981/82, S. 571–586). – R. Imhof, *B. S. J.* (in *Der englische Roman der Gegenwart*, Hg. ders. u. A. Maack, Tübingen 1987, S. 187–208).

PHILIP LARKIN

* 9.8.1922 Coventry
† 2.12.1985 Hull

DAS LYRISCHE WERK (engl.) von Philip Larkin.

Neben Ted Hughes war der öffentlichkeitsscheue Bibliothekar Larkin der wohl bekannteste zeitgenössische Lyriker Englands. Sein schmales Œuvre, das aus relativ wenigen, zumeist langen Gedichten besteht, läßt sich nur schwer einer bestimmten Richtung der englischen Lyrik nach dem Zweiten Weltkrieg zuordnen. Weder experimentierte Larkin mit Sprache oder Stil, noch verfremdete oder »zerstörte« er die Realität; obwohl er dem »Movement« zugerechnet wird, teilte er die Ansichten dieser Gruppe im Grunde nicht. Brutalität und Gewalttätigkeit hielt er für Modeerscheinungen, Leidenschaftlichkeit und Pathos mied er. Im Gegensatz zu vielen Lyrikern seiner Zeit hat er wenig (und wenn überhaupt, so lediglich lapidar) über sein eigenes Schaffen literaturtheoretisch nachgesonnen. Er sträubte sich gegen die Vorgaben der Lyrik des 19. Jh.s, insbesondere gegen Romantik, Idealismus, Ästhetizismus und das sozio-politische Engagement. Nach anfänglicher Begeisterung für YEATS wandte er sich rasch der Lyrik HARDYS zu, dessen deterministisches Natur- und Menschenbild seinen eigenen Vorstellungen am nächsten kommt. Still und unaufdringlich, jedoch nicht kunstlos, widmete er sich in der Folgezeit den alltäglichen Erfahrungsinhalten des einfachen, unprätentiösen Menschen. Gewißheit und Sicherheit des Empfindens treten in seinem lyrischen Werk zurück. An ihre Stelle tritt der innere Sinn des unbewußten Selbst, der das Wesen der Dinge lediglich dunkel erahnt, nicht aber kennt und daher Schlüsse nur mit großer Behutsamkeit zieht.

Ein Gedicht enthält nach Larkins Meinung die Wiedergabe der Dinge, so wie sie sind. Dichterische Einbildungskraft und Metaphorik behindern dabei eher den Erkenntnisvorgang, anstatt ihn zu fördern. Das Gedicht ist immer eine in sich selbst ruhende Originalschöpfung, die in der Individualität des Dichters ohne Einbeziehung vergangener oder gegenwärtiger Leistungen anderer, etwa im Sinne der Kunsttheorie eines T. S. ELIOT, ihren alleinigen Ursprung hat. Tradition, klassische oder biblische Anklänge, ja die Form insgesamt bedeuteten Larkin daher nichts: *»Content is everything«* (*»Inhalt ist alles«*). Das Bekenntnis zur Konventionalität, zur Unmittelbarkeit der Dinge, zu lediglich erahnter Sinnstiftung, zu den kaum bemerkten und lediglich angedeuteten Niederlagen der menschlichen Existenz wurde vom englischen Leser nach dem Kriege als Gegenstück zur Lyrik der »New Apocalypse« und anderer eher dunkler und hermetischer Aussageweisen sowie als erfreuliche Neuerung und Rückkehr zu Vernunft und Verständlichkeit empfunden. Solcher Applaus rührt zweifellos auch von der ungebrochenen Popularität der Lyrik im Stile des Romantikers WORDSWORTH her, als dessen dichterischer Nachfahre in moderner Gewandung Larkin gelten könnte. Zu den Affinitäten mit Wordsworth in Grundhaltung und Stil gehören auch Larkins großes Interesse am eigenen Ich, an seiner Entwicklung, an der jeweils konkreten persönlichen Erfahrung als Grundlage des Gedichts sowie das entsprechende relative Desinteresse an der Welt der anderen Menschen, so z. B. in den Gedichten *Age (Alter)* und *Reasons for Attendance (Gründe für die Teilnahme)* aus der Sammlung *The Less Deceived*, 1955 *(Desto weniger enttäuscht)*. Das dichterische Ausloten des subjektiven Empfindens, dessen Ausschließlichkeit man ihm vorgeworfen und als Ausgangspunkt einer Verengung kritisiert hat, dürfte auch der Anlaß für seine Absage an die Epik gewesen sein. Denn bereits die beiden Romane *Jill* (1946) und *A Girl in Winter* (1947), die er als *»überdimensionale Gedichte«* empfand, sind eher an Empfindungsvorgängen und inneren Entwicklungen des Ichs der Figuren als an der Eigengesetzlichkeit der Erzählkunst interessiert. Nach Larkin entspricht letztlich nur die Lyrik als subjektiv-monologische Gattung der Zentrierung im eigenen Ich: *»Poetry is about yourself« (»Lyrik handelt von einem selbst«)*.

In seinem ersten Gedichtband *The North Ship*, 1945 *(Das Nordschiff)*, befreite sich Larkin vom Symbolismus Yeats' und verarbeitete den Einfluß der Lyrik Hardys, besonders dessen Vorstellung von der blind waltenden Natur, der Hilflosigkeit des Menschen und der Begrenztheit des eigenen Ichs – Themen, die ihn auch in seiner späteren Dichtung beschäftigten. *The North Ship* ist im Vergleich zu den späteren Werken weniger realistisch, eher den Empfindungen als dem Verstand zugeneigt, dem nachromantischen Hang zu Desillusion und Melancholie verpflichtet. Das Urteil des Dichters steht im Vordergrund, nicht jedoch die Haltung des lyrischen Individuums. Den Durchbruch zu schlichten Empfindungen und alltäglichen Geschehnissen fern aller kunstmäßigen Ästhetisierung bietet die Sammlung *The Less Deceived* (1955). Ihr Generalthema ist, wie der Titel und insbesondere das Titelgedicht *Deceptions* besagen, die Enttäuschung – Enttäuschung über die nicht vorhandene Autonomie des Menschen, über mangelnde Erfüllung von Hoffnungen, über die Realität und die generelle Ungewißheit. Enttäuschungen und Leiden werden jedoch als notwendiger Durchgang zu innerer Reife gewertet. Sie machen den Menschen fähig, den Tatsachen illusionslos ins Auge zu sehen und sich zu behaupten, z. B. durch das Sich-Verweigern *(Places, Loved Ones – Geliebte Orte; No Road – Kein Weg)*. Am Bild des allmählich vorüberziehenden Schiffes wird in *Next Please (Der Nächste bitte)* die nur kurzzeitige Erfüllung deutlich; in *Wires (Zäune)* führt Larkin im Bild der vom stromgeladenen Zaun umfriedeten Tiere die Notwendigkeit vor Augen, unter Schmerzen Begrenzungen zu erfahren und zu akzeptieren. In ähnlicher Weise steht vielleicht dem geschändeten Mädchen in *Deceptions* (Anlaß des Gedichtes war eine im Vorspann angeführte Zeitungsmeldung) ein Leben leidvoller Entfaltung bevor. Um den Verlust der Glaubensfähigkeit und des Sinnes für Grundwerte und Überzeugungen, für Geschichte und Tradition geht es in Larkins wohl bekanntestem Gedicht, *Church Going (Besuch der Kirche)*. Hinter der Desillusion, in der bloßen Stille und Besinnlichkeit des Kirchenbesuchs zeigen sich jedoch deutlich eine innere Kraft und Reste entfernter Transzendenz, die auf die verbliebene moralische Natur des Menschen verweisen.

Die vielbeachtete Sammlung *The Whitsun Weddings*, 1964 *(Die Hochzeiten zu Pfingsten)*, entspricht in Stil und Thematik den vorangegangenen Gedichten des Autors: Das dichterische Bild ist, falls überhaupt vorhanden, noch stärker dem Bereich alltäglicher Erfahrung angepaßt, die Sprachebene noch deutlicher kolloquial. Stasis liegt auch in der eher negativen Grundeinstellung vor. Selbst in der größten Nähe überwindet die Liebe die Isolation nicht *(Talking in Bed – Reden im Bett)*, noch hat sich der Pessimismus über Sinn und Zweck des Lebens verringert *(Dockery and Son)*. Der dramatische Monolog tritt deutlicher zutage, sei es in der Bekräftigung des eigenen Ichs *(Self's the Man – Selbst ist der Mann)* oder in der Fähigkeit, das Empfinden anderer zu erfassen *(Mr. Bleany; Faith Healing – Heilung durch den Glauben)*. Das Titelgedicht *The Whitsun Weddings* vermittelt anhand der vielen Hochzeitsgesellschaften dieses Pfingsttages dem Ich das Gefühl von Teilhabe am pulsierenden Leben mitten im Strom der Dinge, von Gemeinschaft ohne Isolation. Am Gedichtende wird ähnlich wie in *Church Going* eine Eigenheit der Lyrik Larkins deutlich: das plötzliche Transzendieren des rein faktischen Rahmens sowie Sinnstiftung durch die ansonsten eher gemiedene Metapher. Auch das Gegenteil dieses Verfahrens, das Abdriften einer angestellten Überlegung ins Leere oder die Zurücknahme eines Arguments, ist charakteristisch für den Dichter *(Mr. Bleaney; Self's the Man)*.

Die letzte Gedichtsammlung *High Windows*, 1974 *(Hohe Fenster)*, setzt das dualistische Argument, die Ironisierung der eigenen Person und die insgesamt mokante Grundhaltung früherer Gedichte fort *(Sympathy in White Major – Sympathie in Weiß Dur; Posterity – Nachwelt)*. Andererseits eröffnet eine ganze Reihe von Gedichten auch einen zuversichtlichen Ausblick, z. B. das geradezu mythische Gedicht *Solar (Sonnenartig)*, *The Trees (Die Bäume)*, das den Neubeginn des Lebens im Frühling benennt, *Livings (Lebendes)* oder *Dublinesque (Dublinartig)*, anläßlich des Leichenzugs für ein Straßenmädchen. Die Hoffnung auf eine noch unbekannte Erfüllung äußert sich am Ende des Titelgedichts, in dem die schmalen, spitzen Kirchenfenster das Sehnen der Menschen über die Realitäten hinaus in dem fernen blauen Licht des Himmels binden: *»And beyond it, the deep blue air, that shows / Nothing, and is nowhere, and is endless.«*

Auch wenn solche Aussagen durch Zögern und Zweifel – erneut in *Aubade*, 1977 *(Morgenständchen)*, durch das allzu Banale (*This Be the Verse – Dies sei der Vers*; die Diskrepanz von Titel und Inhalt in *Annus Mirabilis* u. a.) oder schließlich auch durch die Verselbständigung der Einzelimpression mangels hinreichender Stringenz im Gedichtaufbau relativiert werden, so liegt in ihnen doch ein ausgewogenes Urteil Larkins vor, dessen Lyrik wie er selbst alltäglich und – auf eher dialektische Weise – zugleich überalltäglich ist. P.E.

Ausgaben: *The North Ship*, Ldn. 1945; ern. Ldn. 1966 [erw.]. – *Jill*, Ldn. 1946; ern. Ldn./NY 1964 [erw.]. – *A Girl in Winter*, Ldn. 1947; ern. NY 1963. – *The Less Deceived*, Hessle/Yorkshire 1955; ern. NY 1960. – *The Whitsun Weddings*, Ldn./NY 1964. – *High Windows*, Ldn./NY 1974.

Übersetzungen: *Ein Mädchen im Winter*, R. Welland-Freeman, Bln. 1948. – I. Arnold-Dielewicz (in *Engl. Lyrik der Gegenwart*, Hg. dies. u. M. Butler, Mchn. 1981). – *Gedichte*, W. A. Mitgutsch, Stg. 1988 [Ausw.; engl.-dt.].

Literatur: J. Kleinstück, *Ph. L.: »Church Going«* (in *Die moderne englische Lyrik*, Hg. H. Oppel, Bln. 1967, S. 295–302). – D. Welz, *Ph. L.* (in *Englische Literatur der Gegenwart*, Hg. H. Drescher, Stg. 1970, S. 579–589). – D. Davie, *Thomas Hardy and British Poetry*, Ldn./NY 1972, S. 63–82. – D. Timms, *Ph. L.*, Edinburgh 1973. – C. Bedient, *Eight Contemporary Poets*, Ldn./NY 1974, S. 69–94. – L. Kuby, *An Uncommon Poet for the Common Man*, Den Haag 1974. – D. Lodge, *The Modes of Modern Writing*, Birkenhead 1977, S. 212–220. – G. Collier, *Ph. L.: »The Old Fools«* (in *Moderne englische Lyrik*, Hg. E. Platz-Waury, Heidelberg 1978, S. 206–230). – B. K. Martin, *Ph. L.*, Boston 1978 (TEAS). – B. C. Bloomfield, *Ph. L.: A Bibliography 1933–1976*, Ldn. 1979. – P. R. King, *Nine Contemporary Poets*, Ldn. 1979, S. 1–43. – S. Petch, *The Art of Ph. L.*, Sydney 1981. – I. Rückert, *The Touch of Sympathy: Ph. L. und Thom Gunn. Zwei Beiträge zur engl. Gegenwartsdichtung*, Heidelberg 1982. – A. Motion, *Ph. L.*, Ldn. 1982. – W. Bies, *Ph. L.* (in KLFG, 5. Nlg., 1984; 11. Nlg., 1986). – B. K. Martin, *Ph. L.* (in DLB, Bd. 27, 1984, S. 194–205). – G. Latré, *Locking Earth to the Sky: A Structuralist Approach to Ph. L.'s Poetry*, Ffm. 1985. – G. Schmitz, *Wirklichkeit u. Wahrheit in Ph. L.s »Dockery and Son«* (in *Tradition u. Innovation in der engl. u. amerikanischen Lyrik des 20. Jh.s*, Hg. K. Höltgen u. a., Tübingen 1986). – T. Whalen, *Ph. L. and English Poetry*, Ldn. 1987. – *Ph. L.: The Man and His Work*, Hg. D. Salwak, Ldn. 1988.

JOHN LE CARRÉ

eig. David John Moore Cornwell

* 19.10.1931 Poole / Dorset

Literatur zum Autor:
R. Harper, *The World of the Thriller*, Cleveland/Oh. 1969. – C. Watson, *Snobbery With Violence: Crime Stories and Their Audience*, Ldn. 1971. – J. Symons, *Bloody Murder: From the Detective Story to the Crime Novel. A History*, Ldn. 1972; ern. Harmondsworth 1974. – J. P. Becker, *Der englische Spionageroman. Historische Entwicklung, Thematik, literarische Form*, Mchn. 1973 – B. Merry, *Anatomy of the Spy Thriller*, Dublin 1977. – J. R. Snyder, *The Spy Story as Modern Tragedy* (in Literature/Film Quarterly, 5, 1977, S. 216–234). – J. Palmer, *Thrillers: Genesis and Structure of a Popular Genre*, Ldn. 1978. – A. Rutherford, *The Literature of War: Five Studies of Heroic Virtue*, Ldn. 1978, S. 135–156. –

J. Halperin, *Between Two Worlds: The Novels of J. Le C.* (in South Atlantic Quarterly, 79, 1980, S. 17–37). – L. L. Panek, *The Special Branch: The British Spy Novel, 1890–1980*, Bowling Green/Oh. 1981. – S. Neuse, *Bureaucratic Malaise in the Modern Spy Novel: Deighton, Greene and Le C.* (in Public Administration, 60, 1982, S. 293–306). – B. Lenz, *Popularität u. Krise des Agentenromans. Das England der siebziger Jahre u. die Nachfolger Ian Flemings* (in anglistik & englischunterricht, 19, 1983, S. 161–178). – D. Monaghan, *J. Le C. and England: A Spy's-Eye View* (in MFS, 29, 1983, S. 569–582). – G. W. Most, *The Hippocratic Smile: J. Le C. and the Traditions of the Detective Novel* (in *The Poetics of Murder: Detective Fiction and Literary Theory*, Hg. ders. u. W. W. Stowe, NY 1983, S. 341–365). – J. Atkins, *The British Spy Novel: Styles in Treachery*, Ldn./NY 1984. – L. O. Sauerberg, *Secret Agents in Fiction: Ian Fleming, J. Le C. and LenDeighton*, Ldn./Basingstoke 1984. – P. Lewis, *J. Le C.*, NY 1985. – D. Monaghan, *The Novels of J. Le C.*, Oxford 1985. – T. Barley, *Taking Sides: The Fiction of J. Le C.*, Milton Keynes/Philadelphia 1986. – E. Homberger, *J. Le C.*, Ldn./NY 1986. – D. Monaghan, *Smiley's Circus: A Guide to the Secret World of J. Le C.*, Ldn. 1986. – J. Vogt, *J. Le C.* (in KLFG, 9. Nlg., 1986). – *J. Le C.*, Hg. H. Bloom, NY u. a. 1987. – J. G. Cawelti u. B. A. Rosenberg, *The Spy Story*, Ldn./NY 1987. – M. Denning, *Cover Stories: Narrative and Ideology in the British Spy Thriller*, Ldn./NY 1987. – B. Lenz, *FACTIFICTION. Agentenspiele wie in der Realität. Wirklichkeitsanspruch u. Wirklichkeitsgehalt des Agentenromans*, Heidelberg 1987. – A. Masters, *Literary Agents: The Novelist as Spy*, Oxford/NY 1987. – P. Wolfe, *Corridors of Deceit: The World of J. Le C.*, Bowling Green/Oh. 1987. – D. Stafford, *The Silent Game: The Real World of Imaginary Spies*, Harmondsworth 1989.

THE QUEST FOR KARLA

(engl.; *Die Suche nach Karla*). Romantrilogie von John LE CARRÉ, erschienen 1974–1980, bestehend aus den Bänden *Tinker, Tailor, Soldier, Spy* (1974 *Ü: Dame, König, As, Spion*), *The Honourable Schoolboy* (1977 *Ü: Eine Art Held*), und *Smiley's People* (1980 *Ü: Smileys Leute oder Agent in eigener Sache*); Gesamtausgabe u. d. T. *The Quest for Karla* 1982. – Nach Le Carrés von vielen Kritikern als mißglückt bezeichnetem Versuch, mit *The Naïve and Sentimental Lover*, 1971 *(Der wachsame Träumer)*, seine literarischen Fähigkeiten außerhalb des Agentenromans unter Beweis zu stellen, kehrt er Mitte der siebziger Jahre zu seinem ursprünglichen Terrain zurück, dem er auch bis zu seinem bislang letzten Roman, *The Russia House*, 1989 *(Das Rußland-Haus)*, treu geblieben ist. Die erst nachträglich *The Quest for Karla* betitelte Trilogie besticht wie nur wenige andere Werke der Gattung durch die geglückte Synthese von literarischem Anspruch, spannender Unterhaltung und Gesellschaftsanalyse. Die Welt dieser Romane ist geprägt von der Fragwürdigkeit politisch-moralischer Normen, von dem Zwiespalt zwischen politischem Zweckdenken und dem Verlust an Menschlichkeit, den fast zur selben Zeit auch Graham GREENE in seinem Agentenroman *The Human Factor*, 1978 *(Der menschliche Faktor)*, beklagte.

In *The Quest for Karla* feiert der schon in Le Carrés ersten Romanen auftretende George Smiley als Protagonist Wiederauferstehung, ein äußerlich unscheinbarer, in seiner Ehe gescheiterter, pensionsreifer Agent, *»ein fetter, barfüßiger Spion, ..., betrogen in der Liebe und ohnmächtig im Haß«*, freilich mit einer präzisen Logik ausgestattet, gleichsam der Hercule Poirot des Agentenromans. Sein in der gesamten Trilogie gleichbleibender, unter dem Decknamen Karla bekannter Widersacher auf der russischen Seite, mit dem Smiley seit ihrer ersten Begegnung zu Zeiten des Kalten Krieges eine Art Haßliebe verbindet, hat den britischen Geheimdienst in eine tiefe Krise gestürzt, denn wie sich herausstellt, hat sich schon seit geraumer Zeit ein von Karla geführter »Maulwurf« in der Spitze des britischen Geheimdienstes eingenistet. Dem zunächst gleichfalls zum Kreis der Verdächtigen zählenden, deshalb ausgemusterten, jedoch nach Überprüfung reaktivierten Smiley fällt die schwierige Aufgabe zu, den Verräter zu entlarven und den krisengeschüttelten, ineffizienten Geheimdienst zu reorganisieren. Die Trilogie schildert das Aufdekken des am historischen Fall Philby orientierten Verrats, in Le Carrés Terminologie der *»Sündenfall«*, und den mühsamen Wiederaufstieg des britischen Geheimdienstes unter der Führung Smileys. Im ersten Band der Trilogie, *Tinker, Tailer, Soldier, Spy*, gelingt es Smiley in zäher detektivischer Arbeit, die Vergangenheit zu rekonstruieren und den Verräter zu überführen, den politischen und menschlichen Verrat paarenden Bill Haydon, der mit Smileys – Seitensprüngen nicht abgeneigter – Frau Ann ein Verhältnis hat. – Im zweiten Roman, *The Honourable Schoolboy*, geht der inzwischen zum Chef aufgestiegene Smiley zum Gegenangriff gegen Karla über und versucht, trotz der Störaktionen der eher feindlich gesinnten *»Cousins«* vom amerikanischen Geheimdienst, die den Briten nach dem Fall Haydon verständlicherweise sehr mißtrauen, *»als Kapitän eines havarierten Schiffes«* verlorenes Terrain zurückzuerobern. Smiley entsendet Jerry Westerby, einen gelegentlich für den britischen Geheimdienst arbeitenden Reporter, nach Südostasien, um die Spur des von Karla engagierten Chinesen Nelson Ko aufzunehmen, ihn zum Überlaufen zu bewegen und so Karla einen schweren Schlag zu versetzen. Dies gelingt. Allerdings sanktioniert Smiley die Ermordung des den Durchblick verlierenden und zu einer Gefahr für die eigene Sache werdenden Westerby und muß, nachdem er den Augiasstall ausgemistet hat, seine abermalige Entlassung aus dem Geheimdienst in Kauf nehmen. – In dem das Agentenepos abschließenden Roman *Smiley's People* läßt Le Carré den aus dem wohlverdienten Ruhestand zurückgerufe-

nen Smiley die Fährte seines ermordeten früheren Freundes und Mitagenten, des Generals Vladimir, quer durch ganz Europa verfolgen und ein letztes Mal mit Karla zusammentreffen, der aus Liebe zu seiner kranken Tochter in Smileys Falle tappt und schließlich überläuft. Sein Übertritt an der Berliner Mauer, mit dem Le Carré motivisch auf *The Spy Who Came in from the Cold* zurückverweist, erfüllt den siegreichen Smiley jedoch keineswegs mit Genugtuung, denn Karlas Niederlage resultiert aus seiner Menschlichkeit, einer Qualität, die, wie Smiley aus eigener Erfahrung weiß, mit dem Agentenberuf eigentlich unvereinbar ist.
Le Carré wird auch in *The Quest for Karla* seinem Ruf gerecht, einer der bedeutendsten Repräsentanten und Neuerer des Agentenromans zu sein, der sich in der Tradition eines Joseph Conrad oder Eric Ambler und im Verein mit seinem engsten literarischen Rivalen, Len Deighton, simpler Schwarzweißzeichnung widersetzt: Die Gegner Smiley und Karla zeichnen sich jenseits aller politischen Antagonismen durch eine verblüffende Ähnlichkeit aus, sind *»Zwillingsstädte«* oder *»zwei Seiten desselben Apfels«*. Le Carrés nach wie vor desillusionierende Weltsicht zeigt sich daran, daß *»der Weg von Schmerz und Verrat«* dominiert, dessen Allgegenwart der Autor an der Korrespondenz zwischen dem Mikrokosmos der Geheimdienste und dem Makrokosmos des menschlichen Lebens exemplifiziert und in Smiley die Erkenntnis reifen läßt: *»Heute weiß ich nur noch, daß ich gelernt habe, das ganze Leben als eine Verschwörung zu verstehen.«* Die Pervertierung menschlicher Werte verdeutlicht Le Carré außer an Smiley auch an Psychogrammen von Außenagenten, etwa an dem als Köder mißbrauchten und seitdem in seiner Persönlichkeit gestörten Jim Prideaux aus *Tinker, Tailor, Soldier, Spy* oder an Jerry Westerby, der Titelfigur des *Honourable Schoolboy*, der von seiner eigenen Seite geopfert wird – ein Bauernopfer, um letztlich den Sieg des Systems sicherzustellen. Diese komplexe Analyse des menschlichen Lebens konstituiert eine den Agentenroman übergreifende tiefere Bedeutungsschicht, die zusammen mit der Le Carré immer wieder bescheinigten subtilen Handlungsführung und Erzähltechnik den literarischen Rang seiner Romane ausmacht. Allerdings widersetzt sich die fiktive Welt der Trilogie vielfach einer leichten Verständlichkeit: Ein im Kern konstantes Figurenarsenal kommuniziert häufig untereinander, aber am Leser vorbei; der Geheimdienstjargon muß erst vom Leser erschlossen werden; die elliptische Erzähltechnik baut die Handlungsspannung zum Teil ab und erschwert das Verständnis des Geschehens, doch kompensiert Le Carré den anfänglichen Spannungsverlust und die fast provokative Verunsicherung des Lesers mit literarischem Gewinn. B.Le.

Ausgaben: *Tinker, Tailor, Soldier, Spy*: Ldn. 1974. – NY 1974. – Ldn. 1975 (Pan). – NY 1975 (Bantam). – *The Honourable Schoolboy*: Ldn. 1977. – NY 1977. – Ldn. 1978 (Pan). – NY 1978 (Bantam). – *Smiley's People*: Franklin Center/Pa. 1979. – Ldn. 1980. – NY 1980. – Ldn. 1980 (Pan). – NY 1980 (Bantam). – *The Quest for Karla* [einbändige Gesamtausg.]: Ldn. 1982. – NY 1982.

Übersetzungen: *Dame, König, As, Spion*: R. u. H. Soellner, Hbg. 1974. – Dass., dies., Mchn. 1977 (Knaur Tb). – Dass., dies., Mchn. 1987 (Heyne Tb). – *Eine Art Held*: Dies., Hbg. 1977. – Dass., dies., Mchn. 1979 (Knaur Tb). – Dass., dies., Mchn. 1985 (Heyne Tb). – *Agent in eigener Sache*: Dies., Hbg. 1980. – Dass., dies., Mchn. 1982 (Knaur Tb; ern. 1983 u. d. T. *Smileys Leute oder Agent in eigener Sache*). – Dass., dies., Mchn. 1988 (Heyne Tb).

Verfilmungen: *Tinker, Tailor, Soldier, Spy*, England 1979 (Regie: J. Irvin). – *Smiley's People*, England 1981 (Regie: S. Langton).

Literatur: Rez. zur Gesamtausg.: A. Broyard (in NY Times Book Review, 29. 8. 1982). – Zu den Rezensionen der Einzelausgaben vgl. J. Vogt, *J. Le C.* (in KLFG, 9. Nlg. 1986; Bibliogr.).

THE SPY WHO CAME IN FROM THE COLD

(engl.; *Ü: Der Spion, der aus der Kälte kam*). Roman von John Le Carré, erschienen 1963. – In seinem dritten Roman – nach *Call for the Dead*, 1961 *(Schatten von gestern)*, und *A Murder of Quality*, 1962 *(Ein Mord erster Klasse)* – entlarvte der einstige Eton-Lehrer und Angehörige des Diplomatischen Dienstes (von 1960 bis 1964) das Geschäft der Spionage in seinem ganzen kalten Automatismus wie seiner moralischen Indifferenz und leitete mit diesem begeistert aufgenommenen Agententhriller eine Renaissance der Gattung, die Wende zum sogenannten realistischen Agentenroman ein.
Alec Leamas hat versagt. Der langjährige Chefagent des britischen Geheimdienstes hat nacheinander alle wichtigen Verbindungsleute in der DDR verloren: Sein Gegenspieler Mundt (eine Figur, die bereits in Le Carrés erstem Roman den Typ des politisch und moralisch völlig skrupellosen Agenten verkörpert), die Nummer Zwei der ostdeutschen Spionageabwehr, hat sie unschädlich gemacht. Leamas wird von seinem Posten abberufen, aber die Zentrale in London gibt ihm eine letzte Chance. Seinem neuen Auftrag gemäß soll er nach seiner Scheinentlassung den Eindruck eines finanziell ruinierten und moralisch immer haltloseren Menschen erwecken und damit erreichen, daß die Gegenseite in ihm einen potentiellen Überläufer sieht und ihn schließlich anheuert. In dieser Rolle soll er dem ostdeutschen Geheimdienst Informationen geben, die Mundt zum britischen Agenten stempeln. Damit hofft man, diesen gefährlichen Mann für immer auszuschalten. Alles verläuft zunächst wie geplant, Mundt steht bereits vor Gericht – da wird Leamas entlarvt: Schwachstellen in seiner Tarnung, von denen er selbst nichts wußte, haben

ihn verraten. Aber der wahre Zweck seines Einsatzes, der Leamas und auch dem Leser erst am Ende dämmert, ist trotzdem erreicht: Der Gegner ist irregeführt und Mundt in seiner Funktion als Doppelagent abgesichert. Als Leamas das Spiel seiner Auftraggeber schließlich durchschaut, als ihm klar wird, mit welcher Skrupellosigkeit und Menschenverachtung man ihn selbst und ihm Nahestehende als Figuren auf dem Schachbrett des kalten Krieges manipuliert hat, wählt der scheinbar so Hartgesottene nicht die bereits greifbar nahe Freiheit, sondern den Tod im ostdeutschen Kugelhagel an der Berliner Mauer.
So verblüffend es klingen mag: Die in der Grundidee eher phantastisch anmutende Story überzeugt und gewinnt den Leser durch ihren Realismus. Er wird weder mit falscher, Brutalität verherrlichender James-Bond-Romantik noch mit patriotischem Pathos konfrontiert, sondern mit professionellem Zynismus, schmuddeligem Alltag und dem Verlust moralischer Normen (aufschlußreich in dieser Hinsicht ist vor allem die weltanschauliche Auseinandersetzung zwischen Leamas und dem Kommunisten Fiedler). Glaubhaftigkeit gewinnt die Darstellung auch durch die psychologische Differenziertheit der handelnden Figuren – selbst wenn diese noch nicht die Tiefe der späten Romane Le Carrés erreicht – und die sorgfältige Gestaltung des sachlichen Details. Die Spannung, die das primäre Qualitätsmerkmal des Thrillers ist, gewinnt das Buch nur am Rande durch die Verwendung konventioneller Mittel (Gefahrenmoment, Suche nach dem Täter). Es sind vor allem die drei Verständnisebenen der Handlung – Leamas' faktisches Verhalten, sein Scheinauftrag und sein wirklicher Auftrag –, die in ihrer Widersprüchlichkeit den Leser auf der Suche nach der Wahrheit selten zur Ruhe kommen lassen, ihn stets von neuem verunsichern, ohne daß er sich am Ende vom Autor mit billigen Tricks hinters Licht geführt fühlt. Dieses Buch, das in vieler Hinsicht die Konventionen des Agentenromans durchbricht, bildete den Auftakt zu Le Carrés ständigen Experimenten mit der Gattung und begründete seinen mittlerweile in über dreißig Jahren gefestigten Ruf als Verfasser ernstzunehmender, ideologiekritischer Agentenromane. Er brandmarkt die Arbeit der Geheimdienste in Ost und West als *»ein Schein- und Schattengefecht, sinnlos begonnen, sinnlos zu Ende geführt ... Die Heiligung unmoralischer Mittel wird unweigerlich zum Selbstzweck und schließt damit den Teufelskreis«* (H. Spiel). W.J.H.

AUSGABEN: Ldn. 1963. – NY 1964. – Ldn. 1965 (Pan). – NY 1965 (Bantam).

ÜBERSETZUNG: *Der Spion, der aus der Kälte kam*, Chr. Wessels u. M. v. Conta, Wien 1964. – Dass., dies., Reinbek 1966 u. ö. (rororo).

VERFILMUNG: England 1965 (Regie: M. Ritt).

LITERATUR: H. Spiel, *Weder Gott noch Marx* (in FAZ, 5. 3. 1966). – Zu den weiteren Rezensionen vgl. J. Vogt, *J. Le C.* (in KLFG, 9. Nlg. 1986).

DORIS (MAY) LESSING

* 22.10.1919 Kermanshah / Persien

LITERATUR ZUR AUTORIN:
Bibliographien:
C. Ipp, *D. L.: A Bibliography*, Johannesburg 1967. – S. Burkom u. M. Williams, *D. L.: A Checklist of Primary and Secondary Sources*, Troy/N.Y. 1973. – D. Seligman, *D. L.: An Annotated Bibliography of Criticism*, Westport/Conn. 1981.
Zeitschrift:
D. L. Newsletter, Sherborn/Mass. 1976 ff.
Gesamtdarstellungen und Studien:
D. Brewster, *D. L.*, NY 1965. – B. Scheer-Schäzler, *D. L.* (in *Englische Literatur der Gegenwart*, Hg. H. Drescher, Stg. 1970, S. 86–103). – P. Schlueter, *The Novels of D. L.*, Carbondale/Ill. 1973. – ConL, 14, 1973 [Sondernr. *D. L.*]. – *D. L.: Critical Studies*, Hg. A. Pratt u. L. S. Dembo, Madison/Wis. 1974. – S. J. Kaplan, *Feminine Consciousness in the Modern Novel*, Urbana/Ill. 1975, S. 136–172. – M. Ahearn, *Science Fiction in the Mainstream Novel: D. L.* (in *Proceedings of the Fifth National Convention of the Popular Culture Association, 1975*, Hg. M. Marsden, Bowling Green/Oh. 1976, S. 1227 bis 1296). – N. S. Hardin, *The Sufi Teaching Story and D. L.* (in TCL, 23, 1977, S. 314–326). – E. Showalter, *A Literature of Their Own: British Women Novelists from Brontë to L.*, Princeton/N.J. 1977, S. 298–319. – B. H. Rigney, *Madness and Sexual Politics in the Feminist Novel*, Madison/Wis. 1978, S. 65–89. – M. Thorpe, *D. L.'s Africa*, Ldn. 1978. – R. Rubenstein, *The Novelistic Vision of D. L.: Breaking the Form of Consciousness*, Urbana/Ill. 1979. – R. Spiegel, *D. L.: The Problem of Alienation and the Form of the Novel*, Ffm. 1980. – MFS, 26, 1980, Nr. 1 [Sondernr. *D. L.*; m. Bibliogr.]. – H. Kessler, *Individuum u. Gesellschaft in den Romanen der D. L.*, Ffm. u. a. 1982. – *Notebooks/Memoirs / Archives: Reading and Rereading D. L.*, Hg. J. Taylor, Boston 1982. – S. Cramer u. J. Vogt, *D. L.* (in KLFG, Grundlfg., 1983). – B. Draine, *Substance Under Pressure: Artistic Coherence and Evolving Form in the Novels of D. L.*, Madison/Wis. 1983. – L. Sage, *D. L.*, Ldn. 1983. – P. Schlueter, *D. L.* (in DLB, Bd. 15, 1983, S. 274–297). – B. Dalhaus-Beilner, *Wahnsinn – Symptom u. Befreiung: Funktion u. narrative Vermittlung extremen Irrationalismus' im Werk D. L.s*, Amsterdam 1984. – M. Knapp, *D. L.*, NY 1984. – K. Fishburn, *The Unexpected Universe of D. L.: A Study in Narrative Technique*, Westport/Conn. 1985. – H. Keller-

mann, *Die Weltanschauung im Romanwerk von D. L.*, Ffm. 1985. – *D. L.*, Hg. E. Bertelsen, Johannesburg 1986. – R. Rubenstein, *The Fiction of D. L.* (in *Essays on the Contemporary British Novel*, Hg. H. Bock u. A. Wertheim, Mchn. 1986, S. 101–118). – A. Maack, *D. L.* (in *Der englische Roman der Gegenwart*, Hg. R. Imhof u. A. Maack, Tübingen 1987, S. 137–161). – P. Parrinder, *D. L.* (in P. P., *The Failure of Theory*, NY 1987).

CANOPUS IN ARGOS: ARCHIVES

(engl.; *Ü: Canopus im Argos. Archive*). – Romanserie in fünf Bänden von Doris Lessing, erschienen 1979–1983: *Shikasta*, 1979 *(Shikasta)*, *The Marriage Between Zones Three, Four, and Five*, 1980 *(Die Ehen zwischen den Zonen Drei, Vier und Fünf)*, *The Sirian Experiments*, 1981 *(Die sirianischen Versuche)*, *The Making of the Representative for Planet 8*, 1982 *(Die Entstehung des Repräsentanten von Planet 8)* und *Documents Relating to the Sentimental Agents in the Volyen Empire*, 1983 *(Die sentimentalen Agenten im Reich des Volyen)*. – In einer Welt, in der die Fakten die ungezügeltste Phantasie Lügen strafen, verläßt die Autorin die Enge realistischen Erzählens, taucht ein in Urbewußtsein, Mythen und Heilige Schriften (Einfluß von C. G. Jung und Sufismus), entwickelt eine den Mondflügen analoge Weltraumperspektive und betreibt die Fusion der Subgattung Science Fiction mit dem Erzählgenre Roman. »Kosmischer Mystizismus« und Science-fiction sind Bewältigungsstrategien einer Schriftstellerin, die von tiefster Sorge erfaßt ist um einen ins Chaos treibenden, amoklaufenden Planeten Erde. Dem Erkunden von Innenräumen der Seele vorausgegangener Werke folgt mit diesem Zyklus das Abrücken von menschlich-irdischer Verblendung und der Versuch der satirischen Korrektur aus galaktischer Warte. Bezugsrahmen ist die spannungsgeladene Konstellation der drei Sternbilder Canopus, Sirius und Puttiora-Shammat. Nicht ohne Ironie ist von den Weltreichen dieser Gestirne und ihren Kolonialverwaltungen die Rede, werden Einflußsphären der Supermächte abgesteckt, überlagern sich Machtgefälle und ethische Polarisierung, mit Shammat als dem ›Vater der Lügen‹, Sirius im Banne technokratischer Hybris und Canopus als Ausdruck gedanklicher Allgegenwart sowie moralisch einfühlsamer Potenz.

In *Shikasta* [etablierter Kurztitel für *Re: Colonised Planet 5, Shikasta: Personal, Psychological, Historical Documents Relating to Visit by Johor (George Sherban). Emissary (Grade 9) 87th of the Period of the Last Days*] führt eine kosmische Katastrophe dazu, daß Rohanda, der fruchtbare Planet, zu Shikasta, dem gebrochenen und heimgesuchten Planeten, verkommt. Sirius widmet sich verhalten der südlichen Hemisphäre, und Shammat gedeiht in zunehmender Auflösung und wachsender Empörung. Im Gewand einer Chronik erscheint der Roman als Sammlung von Dokumenten und Zeugnissen, die canopäische Archivare als geschichtliche Aufzeichnung der Geschicke Shikastas zusammenstellen. Unterschiedliche Textsorten wie Tagebuch, Brief, Bericht und Historiographie sind typographisch deutlich voneinander abgesetzt. Als Handlungsgerüst fungieren die drei Einsätze des Canopus-Agenten Johor auf Shikasta. Vor allem das Versagen seines Freundes Taufig macht den ausgedehnten dritten Besuch notwendig. Im wesentlichen konzentriert sich das Geschehen auf das »Jahrhundert der Zerstörung« mit seinen drei den gesamten Planeten erfassenden Kriegen. Im Detail dokumentiert Johor den Niedergang anhand von acht Fallgeschichten. Drei zeigen, daß als wahnsinnig Eingestufte verzweifelt versuchen, den moralischen Einfluß von Canopus nicht versiegen zu lassen. Vier demonstrieren, wie innerer Druck zu terroristischem Aktionismus führt. Eine dokumentiert die Doppelbelastung gerade der einfachen Frau. Im letzten Drittel des Romans, der sich ursprünglich keineswegs zu einer Pentalogie auswachsen sollte, dominiert das Tagebuch der Rachel Sherban, das sie vom vierzehnten Lebensjahr an führt und welches die Fremdartigkeit Johors in der Inkarnation als ihr Bruder George beleuchtet. Politisch unterliegt ein großer Teil der nördlichen Hemisphäre chinesischer Hegemonie und sieht sich überdies der Rache der Dritten Welt ausgesetzt. Subtil unterläuft Johor/George den gewaltigen Schauprozeß im Rahmen einer internationalen Jugendkultur in Griechenland und kann den Ausbruch von Rachepogromen verhindern. Die Bombardierung der Stätte der Begegnung löst den dritten umfassenden Krieg aus. Doch Shammats anfängliches Frohlocken endet in seiner Selbstvernichtung. – Die auf Überwindung der Fragmentierung zielende inhärente Synopse weist noch über *The Golden Notebook* hinaus. Positives Begreifen in der Schizophrenie stellt den Zusammenhang mit *The Four-Gated City* her (Lynda Coldridge). Verdeckt äußert der Roman herbe Kritik an Konsum- und Wohlstandsgesellschaft, südafrikanischem Rassismus, an Generationenkluft und Jugendbanden auf dieser Erde. Destruktiv-sektiererischem Denken steht konstruktiv-heitere Gelassenheit gegenüber. Die soziale Komponente betont der Roman symbolhaft in der Vorstellung von *»SOWF« (substance of we feeling/substantielles Wir-Gefühl)*, das als Lebenselixier die Verbindung zwischen Canopus und Shikasta darstellt und, zyklisch verknappt, nach Shammats Fall wieder zunimmt.

In *The Marriages between Zones Three, Four, and Five* bewegen sich die vier Zonen Zwei bis Fünf im Rahmen traditioneller Oben-Unten- und Licht-Dunkel-Symbolik. Das Interesse gilt jedoch hauptsächlich der Kontrastierung der beiden mittleren Zonen. Einer inneren Stimme gehorchend, suchen Al-Ith, Königin der in sich ruhenden Zone Drei, und Ben Ata, Herr über die militärische Zone Vier, die eheliche Verbindung, um die Stagnation ihrer beiden Welten zu überwinden. Im Stil der Ritterromanzen wird die Verkrustung des weiblich-beschaulichen wie des männlich-rigiden Extrems demonstriert; beiden fehlt in ihrer Statik der Drang zum Höheren. Positive Aussage ist die hervorgehobene Notwendigkeit einander stimulierender Gegensätze, einschließlich der daraus resultierenden Höherentwicklung.

Ambien II, die Protagonistin in *The Sirian Experiments: The Report by Ambien II, of the Five*, ist weibliches Mitglied der auf Sirius herrschenden Pentarchie. Zielsetzung ihres Berichtes ist es, den übrigen Mitgliedern des Hohen Rates ihren Sinneswandel zu verdeutlichen und ihre Abweichung von der Linie der anderen Ratsmitglieder zu rechtfertigen. Der Roman bildet das Pendant zum ersten Band des Zyklus, indem er das kosmisch beeinflußte Geschehen auf Rohanda aus der Sicht von Sirius, nach dem Waffenstillstand mit Canopus, beleuchtet. Die von Disziplin und Utilitarismus bestimmte Sirius-Zivilisation führt aus sozio-ökonomischen Beweggründen genetische »Entwicklungsprogramme« durch, in deren Rahmen u. a. besonders belastbare Arbeiter-Rassen »gezüchtet« werden. Diese Experimente sind Reaktionen auf Probleme des Mutterplaneten wie Übervölkerung, Arbeitsverknappung, Existenzkrise. Dementsprechend ist der Kolonialdienst lediglich Ventil und vordergründige Sinngebung durch Beschäftigungstherapie. Strukturprinzip des Romans ist das dialogische Verhältnis von Ambien II zu dem Vertreter von Canopus, Klorathy. Sie sträubt sich gegen seine sanften Überzeugungsbestrebungen, bis sie durch die eigene Erfahrung am Beispiel ihrer beider unterschiedlichen Tuns auf Rohanda das canopäische Modell als das höherstehende zu begreifen lernt. Doppelbödiges Denken, Mißtrauen, überkompensierte Minderwertigkeitsgefühle werden im Zuge fortschreitender Selbstkritik abgebaut. Selbstüberschätzung will zurückgenommen und Geduld erlernt sein. Analog dazu liegt die größte Schwäche Taftas, des Vertreters des Bösen, in dessen ausgeprägtem Hang zur hemmungslosen Selbsttäuschung.

Diese »Entwicklungsgeschichte des Herzens« ist ein Plädoyer für Unangepaßtheit. Kybernetisch gestaltet der Roman das Problem, wie sich höhere Intelligenz einer niedereren mitzuteilen vermag, zumal die Grenzen der dieser eigenen Konformität des Denkens nahezu unüberwindbar erscheinen. Kommunikationstheorie und Sprachreflexion verdecken jedoch nur das zugrunde liegende Meister-Schüler-Verhältnis, wobei der Lehrer durch Demonstration, durch Anleitung zum eigenen Erleben, zu überzeugen versucht und nicht durch rein abstrakte Belehrung.

In *The Making of the Representative for Planet 8*, dem kürzesten Roman des Zyklus, hält Doeg, der Hüter des kollektiven Gedächtnisses und Mitglied der führenden Fünf aus der Runde der fünfzig Repräsentanten des Planeten Acht, Zwiesprache mit dem Leser. Er berichtet vom Kältetod des Planeten und der damit einhergehenden Bewußtseinsveränderung seiner Bewohner, die ihre Existenz direkt der von Canopus kommenden Fürsorge verdanken. Die schwarze Mauer, die sie auf Geheiß rund um ihren Planeten bauen, bringt ihr grenzenloses Vertrauen bereits ins Wanken. Die Erkenntnis, daß auch Canopus den Gesetzen galaktischen Wandels unterworfen ist und die versprochene Evakuierung nicht zu leisten vermag, stürzt sie vollends in Verzweiflung und Apathie. Den Degenerationserscheinungen der Masse steht die Einsicht einiger weniger gegenüber, Durchgangsstation im Hinblick auf eine ferne Zukunft zu sein. In Eis und Schnee stemmen sie sich mit Johors Hilfe der verführerischen Selbstaufgabe entgegen. Der Gedanke, daß das Leben sie, die Funktionsträger, und sei es auch nur in ihren jeweiligen Funktionen dereinst wiedererschaffen wird, ist ihnen Trost, und sie erfahren, eins geworden, die Entrückung in das Canopus-Bewußtsein. – In diesem Roman liegt die besondere Betonung auf der enormen Leistungsfähigkeit unter extremsten Belastungen einerseits – wozu Scotts Antarktis-Expedition und ihre Zeugnisse offenbar den Anstoß gaben – und den Bedingungen einer Revision allgemein akzeptierter Denkinhalte andererseits.

Anliegen von *Documents Relating to the Sentimental Agents in the Volyen Empire* ist die »vergleichende Imperialogie«, welche die Entlarvung der *»lügnerischen Rhetorik von Invasoren«* sowie die Demystifizierung umstürzlerischer Propaganda einschließt. In der Verstrickung der Gestirne Sirius, Motz, Alput, Volyen, Volyenadna, Volyendesta, Maken und Slovin vollzieht sich der wiederholte Rollentausch von Usurpatoren und Unterdrückten. Die Handlung konzentriert sich darauf, Garanten einer nichtrepressiven Ordnung aufzuspüren, die sich, sozio-psychologischer Verhaltensmuster bewußt, im Einklang mit galaktischer Notwendigkeit wissen. Strukturell setzt sich der Roman im wesentlichen aus Berichten zusammen, die Klorathy an Johor schreibt. Im Zentrum steht, einem Moralitätenspiel vergleichbar, das Ringen von Klorathy und dem Shammat-Vertreter Krolgul um den wankelmütigen Canopus-Agenten Incent, der von schwadronierender Revolutionsrhetorik erst abläßt, als er mit Hilfe Klorathys den Terror sowohl der Französischen wie der Russischen Revolution intensiv durchleben muß. Generell führt der Roman uniformes Denken und automatische Gruppenloyalität ad absurdum. Er attackiert unreflektierte Worttrunkenheit und undifferenzierte Verwendung von bloßen Reizwörtern im politischen Sprachgebrauch.

Insgesamt geht der moralisierende Tenor des Romanzyklus dahin, das Wirken eherner kosmischer Gesetze anzunehmen und einzusehen, lediglich der unbedeutende Gegenstand einer unausweichlichen Notwendigkeit zu sein, um so dem verbreiteten Hang zur gefährlichen Selbstüberschätzung entgegenzuwirken. Gemäß der auch in England popularisierten Sufi-Lehre (Idies Shah) muß eine solche Einsicht in erster Linie emotional nachvollzogen statt nur intellektuell erkannt werden. P.Stu.

AUSGABEN: Ldn. 1979–1983, 5 Bde. – NY 1979–1983, 5 Bde. – Ldn. 1985.

ÜBERSETZUNGEN: *Shikasta*, H. Pfetsch, Ffm. 1983. – *Die Ehen zwischen den Zonen Drei, Vier und Fünf*, M. Ohl u. H. Sartorius, Ffm. 1984. – *Die sirianischen Versuche*, dies., Ffm. 1985. – *Die Entstehung des Repräsentanten von Planet 8*, dies., Ffm. 1985. – *Die sentimentalen Agenten im Reich des Volyen*, dies., Ffm. 1985. – *Canopus im Argos. Archive*, H. Pfetsch, M. Ohl u. H. Sartorius, 5 Bde., Ffm. 1987 (FiTb).

VERTONUNGEN: P. Barker, *The Marriages Between Zones Three, Four, and Five*, 1985. – Ph. Glass, *The Making of the Representative for Planet 8*, 1988 [Oper in drei Akten].

LITERATUR: F. C. Stern, *The Changing ›Voice‹ of L.'s Characters: From Politics to Sci Fi* (in WLWE, 21, 1982, S. 456–467). – C. Oumhani, *D. L. et le soufisme* (in RLC, 57, 1983, S. 81–93). – R. Rubenstein, *»The Marriages Between Zones Three, Four, and Five«* (in Extrapolation, 24, 1983, S. 201–215). – G. Kums, *The Satirical Cosmos: »Canopus in Argos«* (in *Just the Other Day. Essays on the Suture of the Future*, Hg. L. de Vos, Antwerpen 1985, S. 267–280).

CHILDREN OF VIOLENCE

(engl.; *Ü: Kinder der Gewalt*). Romanserie in fünf Bänden von Doris LESSING, erschienen 1952 bis 1969: *Martha Quest*, 1952 *(Martha Quest)*, *A Proper Marriage*, 1954 *(Eine richtige Ehe)*, *A Ripple from the Storm*, 1958 *(Sturmzeichen)*, *Landlocked*, 1965 *(Landumschlossen)*, und *The Four-Gated City*, 1969 *(Die viertorige Stadt)*. – Kriege als Zeitmarkierungen umgrenzen die in der Romanserie behandelte Epoche; die für ihre Generation exemplarische Protagonistin Martha Quest, aus deren Perspektive berichtet wird, ist geboren am Ende des Ersten Weltkriegs, durchlebt als junge Frau den Zweiten und kommt kurz vor der Jahrtausendwende in den Wirren eines imaginären dritten um. Aus der zeitlichen Konstellation werden Thema, Tradition und Entwicklung des Werkes erfaßbar. Thema ist der Krieg als Symbol und expressivste Form der Gewalt (der *violence* des Titels) sowie das Verhalten von einzelnen und der oft als Kollektiv verstandenen Gruppe unter dem Druck der Gewalt. Verschiedene Traditionen sind in dieser Romanserie miteinander verwoben: der Realismus der Meister des 19. Jh.s (BALZAC, STENDHAL, TOLSTOJ), der Sozialistische Realismus, ein durch die reportageartige Darstellung verfremdeter Typus des Entwicklungsromans und schließlich der vor allem dem 20. Jh. zugehörige Versuch, Klarheit über historische Ereignisse und die Wechselfälle des individuellen Lebens mittels intensiven Nacherlebens im Prozeß der bewußtmachenden Erinnerung zu gewinnen. Der fünfte Band nähert sich utopischen Schriften und der psychologisch orientierten Science-fiction-Literatur, die im späteren Werk von Lessing eine bedeutende Rolle spielen. Die Entwicklung des Werkes führt von den der Dokumentation dienenden realistischen Spielarten zu einer Emphase der imaginativen Kräfte und der wachsenden Überzeugung vom Wirken des Irrationalen, vornehmlich verkörpert im parallelen Entwicklungsprozeß Marthas, deren jugendliche Protesthaltung über bedingte Affirmation zu radikalem Humanismus reift.

Die autobiographische Grundlage wird in der Szenerie und den äußeren Ereignisabläufen von Marthas Leben ersichtlich. Der nach ihr benannte erste Band setzt mit Marthas konfliktträchtigem Heranwachsen als Tochter eines ärmlichen, doch wohlanständigen britischen Farmers in der Kolonie »Zambesia« ein. Das frühreife, intelligente Mädchen lehnt sich leidenschaftlich gegen alle vorgegebenen persönlichen Rollen und gesellschaftlichen Normierungen auf; aus Trotz schlägt sie die beiden für die gehorsame höhere Tochter vorgesehenen Lebensbahnen des Studiums und der mehr oder weniger arrangierten Heirat aus und wird Sekretärin in der nahen Stadt. Dort gerät sie inmitten des hektischen Treibens einer sinn- und haltsuchenden Jugend an Douglas Knowell, den sie in Auflehnung gegen die Konventionalität der älteren Generation, vor allem ihrer Mutter, und nur um die Entscheidungsgewalt über ihr eigenes Leben zu demonstrieren, wider besseres Wissen heiratet. Marthas Revolte, so linkisch und altersbedingt ihre Erscheinungsformen auch sein mögen, werden jedoch auch objektive Ursachen zugebilligt: Mit der am finanziellen Mißerfolg ihrer Eltern und deren Prätentionen geschärften Beobachtungsgabe registriert und verurteilt sie die sozialen Spannungen zwischen »British« und »Afrikaans« und mehr noch die Kluft zwischen Weiß und Schwarz sowie die ihr als Frau in einer von Männern regierten Welt auferlegten Schranken. In ihrer Heirat, dieser an sich selbst vollzogenen Gewalttat, geht nur allzu bald die Saat der Gewalt auf.

Dies ist Gegenstand des sarkastisch betitelten zweiten Romans, *A Proper Marriage*, der vor allem das Scheitern von Marthas Ehe darstellt. Die Geburt ihrer Tochter Caroline vertieft nur Marthas Gefühl, in die Falle einer ihr wesensfremden Konventionalität geraten zu sein. Die Verachtung des »standesgemäßen« Lebens als Gattin eines vom System unweigerlich emporgetragenen Beamten provoziert eine Fragmentation ihrer Persönlichkeit, angedeutet schon in der mit der Situation wechselnden Namensgebung Martha/Matty. Die kritische und selbstkritische Martha kommentiert teils ironisch, teils verzweifelt ihr *alter ego*, die nur zu gern gefällige, aus Bequemlichkeit in ihr Schicksal als Hausfrau und Mutter einwilligende Matty. Dieses Thema der Spaltung der Persönlichkeit, das vor allem in den letzten beiden Bänden entwickelt wird, klingt hier zum erstenmal deutlich an, doch gelten bereits jetzt die Worte Marthas über sich selbst, die an signifikanter Stelle in *Landlocked* stehen: Martha beschreibt sich als *»person who must preserve wholeness through a time of dryness and disintegration«* (*»jemand, der während einer Zeit der Trockenheit* *und Desintegration ihre Ganzheit bewahren muß«)*, als Menschen, der unentwegt darum ringt, die auseinanderfallenden Bereiche und Aspekte des Lebens in Einklang zu bringen. Ihr Beruf hat nichts mit ihrem Privatleben zu tun, ihr Privatleben steht in Widerspruch zu ihrer politischen Einstellung, ihre fraulichen Rollen als Tochter, Gattin und Mutter werden von kaum miteinander kommunizierenden Akteuren getragen. Wie später in *Landlocked* die für Martha erkennbaren Strukturen der Weltpolitik, so zerfallen hier die Gefüge von Marthas privater bürgerlicher Existenz. Sie nimmt Kontakte mit der kommunistischen Partei auf, unterstützt nach Ausbruch des Krieges aktiv linke Organisationen – eine Tätigkeit, durch die sie den deutschen kommunistischen Flüchtling Anton Hesse kennenlernt – und verläßt nach vierjähriger Ehe ihren Mann mit dem für ihn unfaßbaren Vorsatz, »anders zu leben«.

Dementsprechend werden im Folgeband *A Ripple from the Storm* die Interessen nach außen hin, zur Gruppe, zum politischen Komitee und zur internationalen Politik verlagert. Es ist ein humaner und politischer Akt, wenn Martha Anton Hesse heiratet, um ihn vor Internierung und Deportation zu schützen. Vorerst befriedigt sie ihre erfolgreiche Tätigkeit inmitten eines (treffend gezeichneten) politischen Kreises; doch der verdrängte Anspruch der Frau, die insgeheim den idealen Gefährten sucht, läßt sie auf ihre Bindung zu Anton falsche Hoffnungen setzen. Mit ihrer beginnenden Frustration in Ehe und Partei endet das Buch. – *Landlocked*, der vierte Roman, berichtet vom Ende des Krieges, der Scheidung von Anton, der den Verlokkungen des kapitalistischen Materialismus erlegen ist, und von Marthas Affäre mit dem polnischen Flüchtling Thomas Stern. Der gedanklich schwer befrachtete Band hält das Interesse des Lesers nicht so wach wie die vorhergehenden Teile, doch entschädigt dafür die überzeugende Darstellung von Marthas Liebe zu Thomas, die sie selbst in ihrer Unbedingtheit als Einbruch des Irrationalen erlebt. Thomas verläßt sie, und wieder endet der Bericht einer Rastlosen mit einem Aufbruch: Martha beschließt, nach England zu reisen.

The Four-Gated City, mit Abstand der längste und aspektreichste Band, durchmißt die Nachkriegszeit sowie die fünfziger und sechziger Jahre, deren unterschiedliche Atmosphäre aus zahlreichen fein differenzierten Beobachtungen des englischen Lebens deutlich wird, und endet um das Jahr 2000 mit Aufzeichnungen und Briefen der wenigen, die die diversen durch die zerstörte Umwelt bedingten Katastrophen und militärisch erzwungenen Machtverschiebungen überlebt haben. Martha betreut im Londoner Haus des Schriftstellers Mark Coldridge dessen Arbeit und Familie, unterstützt sein Projekt, einen Teil der Bevölkerung in kommuneartige Siedlungen auf dem Lande zu evakuieren, und stirbt schließlich auf einer der nordwestlichen Inseln an den Folgen radioaktiver Strahlungen. Der Titel des Bandes verweist bereits auf die Bedeutungsverschiebung von realistischer Darstellung mit historischem Echtheitsanspruch zur Betonung von Archetypus, Symbol und Psychoanalyse mit überzeitlichem Wahrheits- und Geltungsanspruch. Die mystische Stadt, die Mark in seinem Werk »A City in the Desert« beschreibt, ist sinnbildliche Herberge der Wunschvorstellung von Ordnung, Harmonie und Lebensfreude, ein Refugium des Sinnvollen inmitten der unaufhaltsamen Desintegration. Die durchgehende Gebäudesymbolik, besonders evident an Marks Haus, verdichtet sich in deutlich implizierten Analogien zu den Strukturen der menschlichen Psyche; der Erforschung ihrer Grenzzonen ist ein Großteil des Bandes gewidmet. In der furchtlosen Selbstanalyse befreit sich Martha von der letzten Barriere der Konvention, dem Zwang zum »Normal«-Sein, und eröffnet sich dadurch den Weg in ein verbreitertes Wirklichkeitsspektrum. Das die gesamte Serie durchziehende, an Marthas Symbolnamen geknüpfte Motiv der *quest*, der Gralssuche, findet damit eine bewußtseinserweiternde Ausdeutung.

Eine Möglichkeit zur Bewältigung von *violence*, dem Zentralbegriff in Doris Lessings Hauptwerk, liegt in der umfassenden künstlerischen Darstellung der Gewalt, wie sie die Romanserie demonstriert; *»... all the pain, and the killing and the violence is safely held in the story« (The Golden Notebook)*.

B.S.S.

Ausgaben: Ldn. 1952–1969, 5 Bde. – NY 1964–1969, 3 Bde. – Ldn. u. a. 1982/83, 5 Bde.

Übersetzungen: *Martha Quest*, K. Kersten u. I. Wagner, Stg. 1981. – *Eine richtige Ehe*, dies., Stg. 1982. – *Sturmzeichen*, dies., Stg. 1983. – *Landumschlossen*, dies., Stg. 1983. – *Die viertorige Stadt*, dies., Stg. 1984. – *Kinder der Gewalt*, dies., 5 Bde., Mchn. 1989 (dtv).

Literatur: M. Thorpe, *Martha's Utopian Quest* (in *Conference of Commonwealth Literature*, Hg. A. Rutherford, Aarhus 1971, S. 101–113). – N. Porter, *Silenced History: »Children of Violence« and »The Golden Notebook«* (in WLWE, 12, 1971, S. 161–179). – M. C. Steele, *»Children of Violence« and Rhodesia: A Study of D. L. as Historical Observer*, Salisbury/Rhodesien 1974. – R. F. Ryf, *Beyond Ideology: D. L.'s Mature Vision* (in MFS, 21, 1975, S. 193–201). – F. J. Karl, *The Four-Gated Beast of the Apocalypse: D. L.'s »The Four-Gated City«* (in *Old Lines, New Forces*, Hg. R. K. Morris, Rutherford/N.J. 1976, S. 181–199). – E. C. Rose, *The Tree Outside the Window: D. L.'s »Children of Violence«*, Hannover/N.H. 1976. – K. Fishburn, *The Nightmare Repetition: The Mother-Daughter Conflict in D. L.'s »Children of Violence«* (in *The Lost Tradition: Mothers and Daughters in Literature*, Hg. C.N. Dandson u. E.M. Brown, NY 1980, S. 207–216). – I. Holmquist, *From Society to Nature: A Study of D. L.'s »Children of Violence«*, Göteborg 1980. – J. Pickering, *Marxism and Madness: The Two Faces of D. L.'s Myth* (in MFS, 26, 1980, S. 17–30). – C. Sprague, ›*Without Contraries Is No*

Progression‹: L.'s »The Four-Gated City« (ebd., S. 99–116). – C. R. Stimpson, *D. L. and the Parables of Growth* (in *The Voyage In: Fictions of Female Development*, Hg. E. Abel u. a., Hanover/N.H. 1983, S. 186–205). – E. Wikborg, *The Ambivalent Narrator* (in *Papers on Language and Literature. Presented to A. Ellegård and E. Frykman*, Hg. S. Bäckman u. G. Kjellmer, Göteborg 1985, S. 385–399). – G. Greene, *D. L.'s »Landlocked«: A New Kind of Knowledge* (in ConL, 28, 1987, S. 82–103).

THE GOLDEN NOTEBOOK

(engl.; *Ü: Das goldene Notizbuch*). Roman von Doris LESSING, erschienen 1962. – Die Entstehung des *Golden Notebook* fällt mitten in die Zeit der *Children of Violence*-Serie, von deren fünf Bänden 1962 drei erschienen waren. Gegenüber dem bis 1962 vorherrschenden literarischen Stil Lessings, einem verhältnismäßig konventionellen Realismus, weist *The Golden Notebook* eine sehr eigenständige Form und Erzähltechnik sowie eine neue Komplexität der Thematik auf, so daß manche Kritiker das Werk als einen Durchbruch in eine neue künstlerische Dimension empfunden haben.

Zentralgestalt des Romans ist Anna Wulf, die – wie Martha Quest in der *Children of Violence*-Serie – mancherlei Ähnlichkeiten mit der Autorin aufweist, so daß man auch hier von einem autobiographischen Werk sprechen kann. Anna Wulf ist eine aus Südafrika stammende, in London lebende Schriftstellerin, die aus einer geschiedenen Ehe eine Tochter Janet hat und die sich politisch im Umkreis der kommunistischen Partei betätigt. Diese Frau macht als etwa Dreißigjährige (die erzählte Zeit umfaßt die Jahre 1950–1957) eine vielschichtige Lebenskrise durch, zu der die Desillusionierung über den Stalinismus genauso beiträgt wie eine radikale Skepsis über ihre bisherige schriftstellerische Praxis (so daß ihre Schaffenskraft gelähmt ist) und auf der privaten Ebene die Erfahrung einer Unfähigkeit, auf bestimmte Ereignisse gefühlsmäßig angemessen zu reagieren (weswegen sie sich in psychotherapeutische Behandlung begibt). Bei ihrem Versuch, mit all diesen Problemen ins reine zu kommen, setzt Anna sich in vier getrennten, verschiedenfarbig eingebundenen Notizbüchern mit ihnen auseinander. In einem schwarzen rekonstruiert sie möglichst genau die Stimmung und die Geschehnisse ihres Lebens in Südafrika während des Krieges, um zu entdecken, weshalb ihr darauf basierender Roman ihr jetzt mißlungen und unwahr vorkommt. Ein rotes Tagebuch verzeichnet ihre politischen Aktivitäten und Reflexionen. Ein gelbes hält Ideen und Skizzen für Romane und Kurzgeschichten fest, in denen sie ihre Erfahrungen verarbeiten will. Schließlich gibt es noch das blaue Tagebuch, das dem möglichst unmittelbaren Festhalten privater Ereignisse dient. Ein Höhe- und Wendepunkt der Krise wird erreicht, nachdem Anna von ihrem langjährigen Liebhaber verlassen worden ist; in der sehr intensiven und schmerzhaften Beziehung zu einem neuen Geliebten, Saul Green, gelangt Anna zu einem neuen Verständnis ihrer selbst, zu der Erkenntnis, daß Böses nicht nur überall draußen in der Welt existiert, sondern auch und zuallererst in tiefsten Bezirken ihrer selbst, in Form einer Boshaftigkeit, die sie mehrfach als *»joy in spite« (»Freude an ihrer Gehässigkeit«)* umschreibt. Am Ende hat Anna diesen Aspekt ihrer selbst akzeptiert und wird nicht mehr am Rand des Wahnsinns davon umgetrieben, so daß sie zu einer neuen Ganzheit ihrer Persönlichkeit, einer neuen Solidarität mit den Menschen und einer neuen Stabilität ihres Verhältnisses zur Wirklichkeit überhaupt gelangt. An diesem Punkt sind die getrennten Schreib-Bücher für sie unergiebig geworden; sie schließt sie alle wie Rechnungsbücher ab und schreibt in einem einzigen, goldenen Buch weiter (das für das Gesamtwerk den Titel hergibt). Damit ist auch die Lähmung ihrer künstlerischen Schaffenskraft vorbei; sie beginnt erneut einen Roman, der ihre kürzlichen Erfahrungen zum Gegenstand hat und den Titel *Free Women* trägt.

Diese übersichtliche Zusammenfassung stellt allerdings die konkrete Leseerfahrung auf den Kopf. Tatsächlich bietet sich das Werk als höchst eigenwillige Montage der Teile dar. Der Roman *Free Women* dient als eine Art Skelett; er besteht aus fünf Kapiteln, deren erstes den Roman *The Golden Notebook* eröffnet und deren letztes das Werk abschließt. Zwischen diese Kapitel sind jeweils Teile aller vier Tagebücher eingeschoben, die dem Leser zunächst auch als Einbettungen im Sinne der narrativen Struktur, des Verhältnisses von Rahmen- und Binnengeschichte, erscheinen müssen, zumal es am Ende des ersten Kapitels von *Free Women* von der Protagonistin (hier Anna Freeman genannt), heißt, sie setze sich nun an ihre vier Schreib-Bücher. Erst im letzten Einschub tritt das wahre Verhältnis der Teile zutage: Im goldenen Notizbuch berichtet Anna Wulf u. a., daß Saul Green ihr nahelegt, doch eine Erzählung über ihre eigene Gespaltenheit zu schreiben, mit dem Beginn: *»The two women were alone in the London flat.«* Genau diese Worte aber bildeten auch den ersten Satz des Romans *Free Women* (und damit auch des Romans *The Golden Notebook*). So ist eine Form voller paradoxer Spannung und symbolischer Bedeutsamkeit gefunden; sie verweist auf zentrale Themen des Werks: etwa die Gespaltenheit (Selbstentfremdung) des Menschen und die Möglichkeit ihrer Überwindung, die das Ausbrechen aus einem gewohnten Selbst- und Wirklichkeitsverständnis voraussetzt; oder das problematische Verhältnis von erlebter Wirklichkeit und ihrer notwendigerweise verzerrenden Abbildung im literarischen Text.

In den ersten Jahren nach Erscheinen des *Golden Notebook* wurde diese komplizierte Struktur allerdings zumeist nicht beachtet oder nicht durchschaut, so daß die Autorin sich in einem Vorwort zur Neuauflage von 1972 zu einer Klärung veranlaßt sah. Wenn schon nicht als anspruchsvolles Kunstwerk, so wurde der Roman immerhin als rückhaltlose, authentische Darstellung weiblicher Erfahrung in der modernen Welt so begeistert aufgenommen, daß er als ein Kultbuch der feministischen Bewegung bezeichnet worden ist. Dabei galt Anna Wulf (mitsamt all ihren Spiegelungen) keineswegs einhellig als Leitbild der emanzipierten Frau – für viele verkörperte sie eher eine gescheiterte Emanzipation; aber ihr exemplarischer Wert für einschlägige Diskussionen wurde nicht bestritten. Jüngere Interpretationen haben demgegenüber mehr den tiefenpsychologischen Aspekt (Anna Wulfs Krise als Geschichte einer Individuation im Sinne C. G. JUNGS) im Zusammenhang von Lessings Gesamtwerk betont. E.Gr.

AUSGABEN: Ldn. 1962; [3]1982 [rev.]. – NY 1962. – Harmondsworth 1966 (Penguin). – Ldn. 1972 [Vorw. D. Lessing]. – Toronto/NY 1981 (m. neuem Vorw. v. D. Lessing; Bantam]. – NY 1984.

ÜBERSETZUNG: *Das goldene Notizbuch*, I. Wagner, Ffm. 1978. – Dass., dies., Ffm. 1982 (FiTb).

DRAMATISIERUNG: *Play with a Tiger. A Play in Three Acts* (Urauff.: Ldn. 1962, Comedy Theatre; Buchausg. Ldn. 1971; deutschsprachige Erstauff.: Dortmund: 7. 3. 1965, Schauspielhaus; Buchausg. Stg. 1985).

LITERATUR: A.M. Mulkeen, *Twentieth Century Realism: The ›Grid‹ Structure of »The Golden Notebook«* (in StN, 4, 1972, S. 262–274). – E.W. Brooks, *The Image of Woman in L.'s »The Golden Notebook«* (in Crit, 15, 1973, S. 101–109). – E. Hinz u. J. J. Teunissen, *The Pietà as Icon in »The Golden Notebook«* (in ConL, 14, 1973, S. 457–470). – E. Morgan, *Alienation of the Woman Writer in »The Golden Notebook«* (ebd., S. 471–480). – J. Hynes, *The Construction of »The Golden Notebook«* (in Iowa Review, 4, 1973, S. 100–113). – N. Porter, *Silenced History: »Children of Violence« and »The Golden Notebook«* (in WLWE, 12, 1973, S. 161–179). – A. Pratt, *The Contrary Structure of D. L.'s »The Golden Notebook«* (ebd., S. 150–161). – D. Porter, *Realism and Failure in »The Golden Notebook«* (in MLQ, 35, 1974, S. 56–65). – M. J. Lightfoot, *Breakthrough in »The Golden Notebook«* (in StN, 7, 1975, S. 277–284). – R. Rubenstein, *D. L.'s »The Golden Notebook«* (in American Imago, 32, 1975, S. 40–58). – V. Carnes, *›Chaos, That's the Point‹: Art as Metaphor in D. L.'s »The Golden Notebook«* (in WLWE, 15, 1976, S. 17–28). – B. B. Watson, *Leaving the Safety of Myth: D. L.'s »The Golden Notebook«* (in *Old Lines, New Forces*, Hg. R. K. Morris, Rutherford/N.J. 1976, S. 12–37). – M. J. Lightfoot, *›Fiction‹ vs. ›Reality‹: Clues and Conclusions in »The Golden Notebook«* (in Modern British Literature, 2, 1977, S. 182–188). – B. Draine, *Nostalgia and Irony: The Postmodern Order of »The Golden Notebook«* (in MFS, 26, 1980, S. 31–48). – H. Marder, *The Paradox of Form in »The Golden Notebook«* (ebd., S. 49–54). – L. Martens, *The Diary Novel*, Cambridge 1985. – P. P. Schweikart, *Reading a Wordless Statement: The Structure of D. L.'s »The Golden Notebook«* (in MFS, 31, 1985).

THE GRASS IS SINGING

(engl.; *Ü: Afrikanische Tragödie*). Roman von Doris LESSING, erschienen 1950. – Dieses Erstlingswerk brachte der Autorin sofort Anerkennung und Erfolg in England, wohin sie 1949 emigriert war. In ihre Heimat Südrhodesien führt der in den dreißiger und vierziger Jahren spielende Roman, in dem die Geschichte einer unglücklichen Ehe und ihres katastrophalen Endes erzählt wird. – Der Leser erfährt zunächst nur von dem Mord an der fünfundvierzigjährigen Farmersfrau Mary Turner. Der Täter ist ihr schwarzer Hausdiener Moses. Der verstörte Ehemann, sein junger Farmhelfer Marston, der Polizist Denham und die Nachbarfarmer tabuieren sofort die näheren Umstände des Mordes, der auch vor Gericht weniger untersucht als vertuscht wird: Man stellt ihn als typisches Verbrechen eines minderwertigen Schwarzen hin, der wohl einen Diebstahl geplant habe. Dann erst wird die Geschichte der Ermordeten und ihrer Ehe aufgerollt.
Mary, Tochter eines trunksüchtigen Eisenbahnarbeiters, trennt sich nach kurzem Schulbesuch von ihrer zerrütteten Familie, wird Sekretärin in einer rhodesischen Kleinstadt und ist mit ihrem harmlos und eintönig verlaufenden Leben zufrieden. In ihrer Naivität, Verklemmtheit und Blindheit sich selbst gegenüber merkt sie nicht, daß sie mit dreißig Jahren auf dem besten Weg ist, eine alte Jungfer zu werden. Schockiert durch Bemerkungen ihrer Bekannten, sucht sie sich halb widerwillig einen Mann. Ohne viel zu überlegen, glaubt sie, die eine krankhafte Abneigung gegen sexuelle Dinge hat, in dem Farmer Richard Turner einen Partner gefunden zu haben, bei dem *»diese alberne Sexualität«* keine zu große Rolle spielt. Turner ist zunächst dankbar, eine Frau auf seiner einsamen Farm zu haben, stellt aber bald fest, daß Mary keineswegs so praktisch und vernünftig ist, wie er angenommen hat. Sie kann nicht mit den schwarzen Dienern und Arbeitern umgehen, ist von den ärmlichen Verhältnissen auf der Farm enttäuscht, entwickelt keinerlei Aktivität und verfeindet sich in verstocktem Stolz mit den weißen Nachbarn. Mary ihrerseits entdeckt, daß ihr Mann nicht zum Farmer taugt und nie aus seiner finanziellen Misere herausfinden wird. Zu hoffnungslosem Kampf gegen die Armut und gegeneinander verdammt, leben die beiden nebeneinander her. Die entscheidende Wendung tritt ein, als Richard den Farmarbeiter Moses zum neuen Hausdiener macht, ohne zu wissen, daß Mary den Schwarzen einst mit der Peitsche ins Gesicht geschlagen hat. Im Umgang mit Moses, den sie insgeheim fürchtet, bewahrt Mary nicht die als notwendig erachtete Distanz zwischen weißem Herrn und schwarzem Diener. Als sie eines Tages aus Angst vor Richards Reaktion auf einen erneuten Dienerwechsel den zur Kündigung entschlossenen

Moses unter Tränen bittet, nicht zu gehen, hat sie ihre »Superiorität« endgültig verspielt. Moses bleibt, halb aus Gutmütigkeit, halb aus Genugtuung darüber, daß er nun ihr überlegen ist.
Unterdessen geht Marys seelischer Verfall weiter. Ihr Geist beginnt sich zu umnachten, sie wird immer apathischer, spürt aber noch die *»dunkle Faszination«*, die Moses auf sie ausübt, eine Empfindung, die – wie ihre Träume zeigen – aus ihrer unterdrückten Sexualität und ihrem Angstkomplex resultiert. Unbewußt identifiziert sie Moses mit ihrem verhaßten und gefürchteten Vater. Wie weit es mit ihr gekommen ist, wird aber erst dem jungen Marston klar, der Turners Farm übernehmen soll: Er sieht, wie Mary sich von Moses ankleiden läßt (wobei offenbleibt, ob ihr dies Genuß bereitet oder ob sie es nur aus Angst vor dem Schwarzen geschehen läßt). Wütend jagt Marston den Diener fort und wird dabei zunächst von der offenbar erleichterten Mary unterstützt. Doch sie ahnt, daß der zutiefst verletzte Neger sich rächen wird. In der Nacht vor ihrer Abfahrt von der Farm, auf der sie fünfzehn deprimierende Jahre verbracht hat, wird sie von Moses ermordet.
Die eindringliche Wirkung des erzähltechnisch recht konventionellen Romans rührt zum einen von der subtilen Darstellung eines psychopathologischen Falles her, zum andern von der verständnisvollen, bewußt unaufdringlichen Schilderung des diffizilen Verhältnisses zwischen den Schwarzen, die nicht an strenge Arbeitsmethoden gewohnt sind, und den zwar nicht schlechten, aber von ihrer »Überlegenheit« durchdrungenen Weißen, die halb aus Gedankenlosigkeit, halb aus Resignation vor den widrigen Lebensumständen zu Ausbeutern werden. J.Dr.

AUSGABEN: Ldn. 1950. – NY 1950. – Harmondsworth 1976 (Penguin). – Ldn. 1978. – Ldn. 1982.

ÜBERSETZUNG: *Afrikanische Tragödie*, E. Sander, Gütersloh 1953. – Dass., ders., Ffm. 1981. – Dass., ders., Ffm. 1982 (FiTb).

VERFILMUNG: Großbritannien/Schweden 1981 (Regie: M. Raeburn).

LITERATUR: M. W. Zak, *»The Grass Is Singing«: A Little Novel About the Emotions* (in ConL, 14, 1973, S. 481–490). – L. C. Gottlieb und W. Keitner, *Colonialism as Metaphor and Experience in »The Grass Is Singing« and »Surfacing«* (in *Awakened Conscience: Studies in Commonwealth Literature*, Hg. C. D. Narasimhaiah, New Delhi 1978, S. 307 bis 314). – Ch. u. L. Sarvan, *D. H. Lawrence and D. L.'s »The Grass Is Singing«* (in MFS, 24, 1978, S. 533–537). – *»The Grass Is Singing«* (in Literary Half-Yearly, 19, 1978, S. 17–26). – E. Manion, *›Not about the Colour Problem‹: D. L.'s Portrayal of the Colonial Order* (in WLWE, 21, 1982, S. 434–455).

THE MEMOIRS OF A SURVIVOR

(engl.; *Ü: Die Memoiren einer Überlebenden*). Roman von Doris LESSING, erschienen 1974. – Es ist weithin üblich, das bisher vorliegende Gesamtwerk Lessings in zwei große Schaffensphasen einzuteilen: eine frühere, realistische und gesellschaftlich engagierte, zu der *Children of Violence* (1952 bis 1969, 5 Bde.) und rein chronologisch auch *The Golden Notebook* (1962) gehören, und eine spätere, eher surrealistische, mystische und visionäre, die spätestens mit *Briefing for a Descent into Hell* (1971) begann und einen vorläufigen Höhepunkt in der Serie der Weltraum-Romane *Canopus in Argos: Archives* (1979–1983, 5 Bde.) fand. *The Memoirs of a Survivor* ist zeitlich und auch inhaltlich-thematisch der letzteren Phase zuzuordnen.
Wie schon der Titel erkennen läßt, geht es um das Durchstehen einer lebensbedrohenden Krise. Die Erzählerin, eine namenlos bleibende Frau mittleren Alters, beobachtet von ihrer Wohnung im Erdgeschoß eines Großstadthauses aus, wie ein von Osten und Süden sich der Stadt näherndes, nicht genauer beschriebenes Unheil sich auf das Leben der Menschen auswirkt. Die meisten fliehen nach und nach, es kommen Ströme von anderen Flüchtlingen in die Stadt, die auf der Straße kampieren oder sich in leerstehenden Häusern einnisten; die Regierung wird völlig unwirksam, es müssen neue Versorgungs- und Überlebenstechniken improvisiert und neue Formen des Zusammenlebens entwickelt werden; je schlimmer die Krise wird, desto mehr kommt es auch zu atavistischen Verhaltensweisen (Bandenbildung, Totschlag, Kannibalismus). Vor dem Hintergrund dieses kollektiven Geschehens werden einige persönliche Schicksale dargestellt: Jemand gibt ein Mädchen namens Emily mitsamt Hund Hugo in die Obhut der Erzählerin; Emily macht in kurzer Zeit die Pubertät durch und wird zur Helferin und Geliebten des wenig älteren Gerald; dieser führt zunächst eine Straßenbande von Jugendlichen, gründet später eine Art Kommune für verwaiste Kinder und wird gegen Ende beinahe ein Opfer der angstvollen Aggressionen seiner eigenen Schützlinge. Neben all diesem Geschehen in der »realen« Welt erlebt die Erzählerin eine Folge von traumhaft-visionären Szenen in einer »imaginären« Welt hinter der Wand ihres Wohnzimmers, wobei zwei Grundsituationen wiederkehren: einmal die Kindheit Emilys in einem bedrückenden Kinderzimmer mit sehr bürgerlichen Eltern, und zum anderen die Ahnung von einem unsichtbaren *alter ego* in einem unordentlichen, verfallenden Haus, das schließlich verschwindet und einer wunderschönen Naturidylle Platz macht. Am Ende eines langen und entbehrungsreichen Winters, in dem die Erzählerin, die beiden jungen Leute und der Hund kaum je die Wohnung verlassen, öffnet sich die »imaginäre« Welt hinter der Wand auch für Emily, Gerald und Hugo; sie treten alle ein, plötzlich sind auch Emilys Eltern und Geralds ärgstes Problemkind da, sie stehen erwartungsvoll um ein riesengroßes eisernes Ei, das

zerbricht und dem die schöne Erscheinung des *alter ego* entsteigt, um aus der nun in sich zusammenfallenden Welt den anderen voranzuschreiten *»into another order of world altogether«*.

Die surrealen, visionären Aspekte liegen bereits in dieser Inhaltsangabe auf der Hand. Die deutsche Übersetzung des Romans hat in den Jahren der Nachrüstungsdebatte und des wachsenden Umweltbewußtseins ihre Leser wohl vor allem als Vision einer atomaren oder ökologischen Katastrophe fasziniert, und zwar durch die eindringliche Darstellung einer technologischen und sozialen Zukunft, die z.T. schon begonnen hatte (vgl. Hausbesetzungen, Kommunen u. a.). Nicht wenige Kritiker haben im Hinblick auf die »imaginäre« Welt hinter der Wand und den mystischen Romanschluß der Autorin freilich auch vorgeworfen, den Problemen unserer wirklichen Welt, für deren Lösung sie sich früher so rückhaltlos engagiert habe, nunmehr zugunsten eines fragwürdigen »Weges nach innen« den Rücken zu kehren. Gegenüber diesem Deutungsansatz des Romans als gesellschaftlicher Utopie bzw. Dystopie hat die Autorin freilich mehrfach auf dem autobiographischen und zugleich »metaphorischen« Charakter dieser *Memoiren* beharrt. Das kann nur auf den Versuch hinauslaufen, alles Geschehen, hinter und vor der Wand, als symbolischen Ausdruck innerer Erfahrungen zu verstehen. Deren Gesamtheit läßt sich dann als Geschichte einer Bewußtseinserweiterung auffassen: eine Entwicklungsstufe hat sich überlebt und gerät in die Krise, eine neue Stufe mit einer neuen Einheit und Ganzheit der Persönlichkeit wird erreicht, durchaus im Sinne der »Individuation« nach C. G. JUNG, dessen Einfluß auf Lessing groß ist. In dieser Perspektive stellt sich die Gestalt der Emily, sowohl in ihrer »realen« Erscheinung als auch in den »imaginären« Kindheitsszenen, als Teilaspekt der Protagonistin heraus, die in diesen Projektionen wichtige und z.T. verdrängte Teile ihrer Vergangenheit besser verstehen und integrieren lernt, während Gerald ihr idealistisches soziales Engagement verkörpert. Eine wesentliche Voraussetzung für den Reifungsschritt ist offenbar die Haltung des geduldigen Abwartens und Beobachtens, das Sich-Öffnen für neue seelische Erfahrungen und das Sich-Lösen von zwanghaften alten Verhaltensmustern, alles Momente, die für die Ich-Erzählerin durchgängig kennzeichnend sind. Von diesem Gesamtverständnis des Romans aus erschließen sich auch ohne weiteres die vielen Symbole, z. B. das mehrfach vorkommende Ei.

Man muß diese Bewußtseinserweiterung oder Individuation nicht notwendigerweise als individualistische Flucht aus der Welt brandmarken; für Lessing selbst bedeutet sie die durchaus hoffnungsvolle Möglichkeit, daß so etwas wie ein neuer Mensch entsteht, als Voraussetzung für die Überwindung des gegenwärtig so desolaten Zustandes der Welt.

E.Gr.

AUSGABEN: Ldn. 1974. – NY 1975. – NY 1981. – NY 1988.

ÜBERSETZUNG: *Die Memoiren einer Überlebenden*, R. Hermstein, Ffm. 1979. – Dass., ders., Ffm. 1981 (FiTb).

VERFILMUNG: Großbritannien 1981 (Regie: D. Gladwell).

LITERATUR: K. Stromberg, Rez. (in SZ, 10. 11. 1979). – B. Draine, *Changing Frames: D. L.'s »Memoirs of a Survivor«* (in StN, 11, 1979, S. 51–62). – L. Cederstrom, *›Inner Space‹ Landscape: D. L.'s »Memoirs of a Survivor«* (in Mosaic, 13, 1980, S. 115–132). – B. Duyfhuisen, *On the Writing of Future-History: Beginning the Ending in D. L.'s »The Memoirs of a Survivor«* (in MFS, 26, 1980, S. 147–156). – A. Sullivan, *»The Memoirs of a Survivor«: L.'s Notes Toward a Supreme Fiction* (ebd., S. 157–162). – G. Dietze, *Wir haben diesen Planeten verlassen: Ein Gespräch mit D. L.* (in NRs, 12, 1981, S. 5–17). – G. Schütz-Güth, *D. L.: »The Memoirs of a Survivor«* (in *Die Utopie in der angloamerikanischen Literatur*, Hg. H. Heuermann u. B. P. Lange, Düsseldorf 1984, S. 310–327). – A. Maack, *Aus dem Chaos eine neue Form der Stärke: D. L.s »Memoiren einer Überlebenden«* (in *Apokalypse: Weltuntergangsvisionen in der Literatur des 20. Jh.s*, Hg. G. Grimm u. a., Ffm. 1986, S. 168 bis 186). – M. J. Daymond, *Areas of Mind: »The Memoirs of a Survivor« and D. L.'s African Stories* (in Ariel, 17, Calgary 1986, S. 65–82).

DAVID LODGE

* 28.1.1935 London

CHANGING PLACES: A TALE OF TWO CAMPUSES

(engl.; *Ü: Ortswechsel*). Roman von David LODGE, erschienen 1975. – Lodge hat seit Ende der fünfziger Jahre sowohl realistische und humoristische Romane veröffentlicht, die sich mit religiösen Themen (*The Picturegoers*, 1960) oder dem akademischen Betrieb (*The British Museum is Falling Down*, 1965) beschäftigen, als auch literaturwissenschaftliche Bücher geschrieben (er lehrt seit 1960 an der Universität Birmingham). Wie im Falle des häufig mit ihm verglichenen Malcolm BRADBURY stehen theoretische Reflexion, interpretatorische Praxis und kreative Tätigkeit in einem Wechselverhältnis. So hat der Katholik Lodge Monographien über G. GREENE (1966) und E. WAUGH (1971) veröffentlicht, sich mit Realisten des 19. Jh.s beschäftigt (AUSTEN, ELIOT, HARDY), die Frage nach den *Modes of Modern Writing* (1977) gestellt und die Unterschiede zwischen *Modernism, Antimodernism*

and Postmodernism (1977) erörtert, die auch für sein Erzählwerk zentral sind.
Noch 1972 ordnete sich Lodge in die spezifisch englische (auch den frühen Joyce umfassende) Tradition des realistischen Erzählens ein, dessen Basis seit jeher die subjektive, aber klassen- oder schichtenspezifische Erfahrung von Wirklichkeit gewesen ist (im Falle von Lodge: die untere Mittelklasse des suburbanen London in der ökonomisch schwierigen, aber soziale Mobilität erlaubenden Nachkriegszeit). Allerdings ist er bereits in *The British Museum is Falling Down* (1965, noch vor dem eher realistisch erzählten »Bildungsroman« *Out of Shelter*, 1970, veröffentlicht) zu Techniken des Farcenhaften und Parodistischen übergegangen. Die Gründe für diesen sich auch in *Changing Places* dokumentierenden Strukturwandel liegen in Lodges Einsicht, daß angesichts der Tendenzen zur imaginativ freien *fabulation* bei experimentellen Autoren (etwa Hawkes oder Barth), aber auch der gegenläufigen Entwicklung zur *non-fiction novel* (wie Capotes *In Cold Blood*) der traditionelle Realismus unmöglich geworden sei. Lodge hielt zwar während der siebziger Jahre weiterhin am Realismus als der Synthese aus Imaginativem und Faktischem sowie an der Funktion des Realisten, Erfahrungswirklichkeit sinnvoll zu ordnen, fest: Fundament des Realismus sei die *»Ästhetik des Kompromisses«* und damit letztlich der Liberalismus. Mit *fabulation* und *faction* konfrontiert, stehe der Romanautor jedoch an einem zum Überdenken seiner Positionen nötigenden *»Scheideweg«* (*The Novelist at the Crossroads*, 1971). Lodge plädiert indes für keine der *»radikalen Formen«* des den herkömmlichen Realismus suspendierenden Erzählens, die er als Produkte einer an der Grauenhaftigkeit oder der Absurdität von Wirklichkeit verzweifelnden *»apokalyptischen Imagination«* bezeichnet, sondern für die *»problematic novel«*. Schreiben ist für Lodge vor allem ein Prozeß der Arbeit, in dessen Verlauf das subjektive Moment des Imaginativen, den Standards von *»Genauigkeit«*, *»Übereinstimmung mit der Geschichte«*, *»Solidität des Faktischen«* unterworfen, in Transsubjektives umgewandelt wird. Angesichts der neuen Entwicklungen müsse man jedoch das *»Zögern am Scheideweg«* mit in den Erzählprozeß einbringen. Resultat sei ein Romantyp, der den Leser nicht mit eindeutigen Botschaften konfrontiere, der vielmehr das paradoxe Verhältnis von Kunst (Ordnung) und Leben (Kontingenz) aufdecke. Der Schriftsteller behält also im Sinne des von Lodge beschworenen Liberalismus seine wichtige gesellschaftliche Leitfunktion, ist sich aber der Pluralität seiner Weltentwürfe und Sinnangebote bewußt. Seine metafiktionalen Schreibtechniken heben zwar im Sinne des klassischen Strukturalismus die Arbitrarität und den Systemcharakter der Zeichen hervor, legen aber nicht im Sinne des Poststrukturalismus von einem festen Standpunkt aus deren ideologischen Charakter offen (Lodge trifft eine derartige Unterscheidung in der Einleitung zu *Working with Structuralism*, 1981).
Die Fabel von *Changing Places* ist einfach: Zu Beginn des Jahres 1969 tauschen zwei Akademiker, der renommierte amerikanische Austen-Spezialist Morris Zapp und der von einer englischen Provinzuniversität stammende Austen-Kenner Phillip Swallow, für ein Semester ihre Plätze. Swallow geht an die weltberühmte Universität des Bundesstaates Euphoria in Plotinus an der amerikanischen Westküste nahe Esseph, Zapp an eine unbedeutende Universität in den Midlands, nach Rummidge. Beide werden an den für sie relativ fremden Orten mit andersartigen Kulturen und sozialen Strukturen konfrontiert, geraten in Verhältnisse mit den zu Hause gebliebenen Ehefrauen ihres Kollegen, vermitteln bei Konflikten zwischen Studenten und Establishment, müssen ihre Seitensprünge eingestehen; schließlich treffen sich alle vier in einem New Yorker Hotel.
Lodge schließt mit dem Thema der europäisch-amerikanischen Kulturbegegnung – im Medium der spezifisch amerikanischen Gattung der *»campus novel«* – an eine alte Tradition an, deren bekanntester Vertreter H. James ist, und er verwandelt zugleich – im Sinne seiner Erzähltheorie – die aus der eigenen Amerikareise resultierenden Erfahrungen des geänderten Bewußtseins der *»eigenen Identität, Werte und Möglichkeiten«* und des *»euphorischen«* Lebensgefühls an der Westküste (*»The Bowling Alley and the Sun«* in *Write On*, 1986) in transsubjektive Erzählstrukturen. Zum einen macht er durch die verfremdende Namengebung aus Rummidge und Euphoria, die erkennbar metonymisch bzw. metaphorisch auf Birmingham und Berkeley verweisen, repräsentative Orte unterschiedlicher Existenzweisen und Lebensgefühle. Zum anderen schildert er das Geschehen kontrastierend aus der Perspektive zweier Figuren. Deren zunehmende Öffnung für die jeweils andere Lebenswirklichkeit spiegelt sich in der Abfolge von Techniken, die die Entwicklung romanhaften Erzählens vom 18. bis zum 20. Jh. als Prozeß zunehmender Offenheit abbilden.
Auf diese Weise kann er den Unterschied zwischen der britischen Enge und Provinzialität und der Offenheit der amerikanischen Westküste verdeutlichen. Während Zapp noch mit den ideologischen Relikten des Viktorianismus konfrontiert wird, ist der sich seiner Vorurteile und seiner emotionalen Verkrustungen bewußt werdende Swallow vom *»kulturellen Golfstrom«* getragen, der seine Richtung geändert hat. Entsprechend erweist sich Zapp als ein Mann, der die sich in Rummidge auftürmenden Probleme auf »amerikanische« Weise zu lösen imstande ist; konsequenterweise bietet man ihm den Lehrstuhl für Englische Literatur an.
Der neuen Offenheit insbesondere für die durch sexuelle Befreiung, Frauenemanzipation und Vietnamkonflikt geprägten Vereinigten Staaten entspricht im Sinne der *»problematic novel«* die intellektuelle Öffnung beim Leser, die durch bestimmte Erzählverfahren hervorgerufen werden soll. Nicht nur die Ortsnamen oder Koinzidenzen, die erkennbar inszeniert sind, deuten auf einen Erzähler hin,

der die Wirklichkeitspartikel bewußt-willkürlich arrangiert. Das geschieht auch durch die anfänglich omniszienten Einreden im Stile des frühen realistischen Romans; so kommentiert der Erzähler, das konstruktive Element betonend, die in hinreichender Entfernung voneinander stattfindende Begegnung der beiden Professoren in ihren Boings 707, wunderbarerweise exakt über dem Nordpol und genau am 1. Januar 1969. Der *»narrator of this duplex chronicle«* fordert den Leser ausdrücklich dazu auf, sich mit ihm von der (künstlichen!) *»privilegierten Erzählhöhe«* herab (noch »über« den beiden Flugzeugen) dies oder jenes vorzustellen, und er schließt dann das Kapitel mit zwei angeblich genau zum gleichen Zeitpunkt erfolgenden Landungen *(»Bump! / Bump!«)* ab. Im nächsten Kapitel alterniert er – manchmal verwirrend und in immer schnellerem Tempo – zwischen der Zapp- und der Swallow-Handlung, während das dritte Kapitel aus Briefen zwischen den Eheleuten, das vierte aus collageartig angeordneten Zeitungsausschnitten, Aufrufen, Verlautbarungen etc. besteht und das fünfte die beiden Handlungsstränge ohne Sprünge (nach Manier des anti-modernistischen neueren englischen Romans) in zwei kontinuierlichen Sequenzen fortführt; das Schlußkapitel (ausdrücklich als *»Ending«* bezeichnet) gleicht einem Filmskript, dessen Dialog die Künstlichkeit erzählerischer Schlüsse thematisiert. Damit wird die Illusion des unreflektierten Realismus, Wirklichkeit gleichsam unvermittelt präsentieren zu können, unterlaufen; auch der Leser hat am *»Zögern des Autors am Scheideweg«* teil. Das Spiel mit dem Schluß in einem Text, der vorgibt, Filmskript zu sein, aber Teil eines Romans ist, und der gleichzeitig das Problem ohne Lösung zur Sprache bringt, entspricht der postmodernen *»Kurzschluß«*-Technik, die die Differenz zwischen Realität und Kunst aufhebt und das *»Geschäft des Lesens und Schreibens literarischer Fiktion«* in Frage stellt, ohne daß der Autor damit seinen Anspruch, die soziale und historische Wirklichkeit interpretieren zu wollen, aufgibt.
Denn der Wechsel zwischen dem anfänglich selbstherrlich-auktorialen und den weitgehend vermittlungsneutralen Präsentationsverfahren des Schlusses bildet einerseits formal den von Swallow angesprochenen Rückzug des Subjekts aus Geschichte und Kunst ab, andererseits lassen jedoch die ausdrücklichen Schnitt- und Fokusanweisungen das vermittelnde Eingreifen eines lenkenden Subjekts erkennen. Swallows Beschwörung der *»alten liberalen Tradition des unverletzlichen Individuums«* bleibt deshalb trotz aller durch die Fabel und die Erzähltechniken angedeuteten Zweifel im Zentrum von Lodges Wirklichkeits- und Geschichtskonzept. Das ist auch der Fall in den ebenfalls im Umkreis von Rummidge spielenden und neue literaturtheoretische Entwicklungen thematisierenden Romanen *Small World* (1984) und *Nice Work* (1988).

U.Bö.

AUSGABEN: Ldn. 1975. – Harmondsworth 1978 (Penguin).

ÜBERSETZUNGEN: *Ortswechsel*, R. Orth-Guttmann, Mchn. 1986.

LITERATUR: N. Hepburn, *Fathering* (in The Listener, 27. 2. 1975, S. 285/286). – M. Parnell, *The Novels of D. L.* (in Madog [Wales], Sommer 1979). – S. Midgley, *How D. L. Changes Places* (in Times Higher Education Suppl., 28. 11. 1980, S. 10). – B. Bergonzi, *D. L.* (in *Contemporary Novelists*, Hg. J. Vinson, NY ³1982, S. 401/402). – P. Widdowson, *The Anti-History Men: Malcolm Bradbury and D. L.* (in Critical Quarterly, 26, 1984, S. 5–34). – E. Reckwitz, *Literaturprofessoren als Romanciers – die Romane von D. L. und M. Bradbury* (in GRM, 37, 1987, S. 199–217).

NORMAN MACCAIG

* 14.11.1910 Edinburgh

DAS LYRISCHE WERK (engl.) von Norman MACCAIG.
Obwohl MacCaig neben seinem Freund Hugh MACDIARMID zu den bedeutendsten schottischen Lyrikern des 20. Jh.s gehört und für seine sechzehn Gedichtbände zahlreiche Literaturpreise erhielt, darunter 1986 die »Queen's Goldmedal for Poetry«, blieb er außerhalb Schottlands relativ unbekannt. Seine ersten Bände, *Far Cry* (1943) und *The Inward Eye* (1946), gehören noch in den Zusammenhang der »New Apocalypse«, einer literarischen Bewegung, die vor und während des Zweiten Weltkriegs als Reaktion gegen die vernunftbestimmte Lyrik der Auden-Generation und unter Berufung auf D. H. LAWRENCE neue Wege durch die Einbeziehung des Unterbewußten in surrealistischen Formen suchte. Diese frühen Gedichte sind durch einen stark assoziativen, überladen metaphorischen Stil und reimende Strophen geprägt; ihre Themen (Wahrnehmungsprozeß, Natur, Liebe, Zeit) kehren in den folgenden Gedichtbänden wieder. Doch distanzierte sich der Autor später entschieden von seinen beiden Erstlingswerken und nahm sie nicht in die *Collected Poems* (1985) auf. Nach einer Pause *(»the long haul towards lucidity«)* stellte sich MacCaig dann in *Riding Lights* (1955) mit dem kontrolliert-präzisen Stil vor, der sein Werk seither charakterisiert. Kurze, knappe Gedichte vermitteln in klarer Form und treffender Metaphorik den visuell erlebten Moment mit dem Dilemma, das sich aus dem subjektiven Wahrnehmen und dem Wunsch ergibt, die Eigenheit der Dinge zu erfassen. Gemäß der Entwicklung dieser Grundthematik und der ihr zugeordneten künstlerischen Verfahrensweisen kann man MacCaigs Werk in drei Abschnitte gliedern.

In der ersten Phase, die die Bände *Riding Lights* (1955), *The Sinai Sort* (1957), *A Common Grace* (1960), *A Round of Applause* (1962) und *Measures* (1965) umfaßt, steht die Subjektivität der Wahrnehmung im Mittelpunkt eines abstrakt-gedanklichen Prozesses. Strenge des Metrums, Reim und fester Strophenbau vermitteln die inhaltliche Komplexität. So wie *Summer Farm* von der Beschreibung eines Bauernhofs zu den Gedanken des lyrischen Ichs übergeht und sich die Perspektive in den letzten Zeilen auf das beobachtende Auge verengt, gehen viele Gedichte vom visuellen Impuls zum Beobachter über und thematisieren dessen Sichtweise. Wegen seiner komplexen Bilder und Gedankengänge wurde MacCaig als *»metaphysical physical«* (Louis MacNeice) bezeichnet, eine adäquate Kategorisierung der ersten Phase, in der sich der Einfluß von John DONNE vor allem in den Gedichten von *The Sinai Sort* (1957) bemerkbar macht. Die nicht eindeutig auflösbare Metaphorik ist in der Forschung freilich auch als *»flippancy«*, als leichtfertiges Sprachspiel, kritisiert worden.

Die zweite Phase, zu der *Surroundings* (1966), *Rings on a Tree* (1968), *A Man in My Position* (1969), *Selected Poems* (1971) und *The White Bird* (1973) gehören, ist von kritischer Auseinandersetzung mit der wahrgenommenen Welt geprägt. Die strikte Form bricht auf zum beweglichen freien Vers, dessen ausgewogene syntaktische Phrasen und Wortwiederholungen den Rhythmus der Gedichte bestimmen. Der Erweiterung der Schauplätze (New York, Italien) entspricht das Bedürfnis nach größerer metrischer Beweglichkeit. Das lyrische Ich wertet nun vom Gedichtanfang an seine Umwelt, die oft durch einen mit »you« angesprochenen Adressaten repräsentiert wird *(No Wizard, No Witch)*. Die Gedichte beklagen das Unvermögen der Sprache, das Wesen einer Person zu erfassen *(No Choice)*, sowie die sich notwendig aus der sprachlichen Benennung ergebende Subjektivierung *(No Nominalist)*. Neben abstrakt-gedanklicher und konkreter Thematik (Dinge, Tiere) treten jetzt auch einzelne Personen in den Vordergrund *(Aunt Julia)*. In *Assisi* wird die Gleichgültigkeit der Touristen gegenüber einem verwachsenen Bettler kritisiert. Die Gedichte dieser Phase sind geprägt von dem Geist der Revolte als einem Aufbegehren gegen die subjektiven Grenzen.

In der dritten Phase, die *The World's Room* (1974), *Tree of Strings* (1977), *Old Maps and New: Selected Poems* (1978), *The Equal Skies* (1980), *A World of Difference* (1983), *Collected Poems* (1985) und *Voice Over* (1988) umfaßt, vereinen sich Subjektivität und Objektivität im persönlichen Erlebnis, das durch die Einfachheit und Klarheit der Form, die geschickt Wortwiederholungen, freien Vers und Strophenbau mit traditionellen Bildern des Alten Testaments und der griechischen Mythologie verbindet, nachvollziehbar und allgemeingültig wird. Das Dinggedicht *In Memoriam* stellt den tiefen Schmerz über den Tod eines engen Freundes ohne Sentimentalität dar und erhebt durch die Distanz der Bildlichkeit die Erfahrung ins Allgemeinmenschliche. Die Subjektivität der Erlebnisse wird weder thematisiert noch kritisiert, sondern als immanent gegeben akzeptiert. Diese Gedichte, besonders der Band *The Equal Skies*, zeigen den Dichter auf der Höhe seiner Kunst.

Wegen seiner gälischen Herkunft und klassischen Bildung ist für MacCaig der formale Ordnungsrahmen unerläßlich, um die emotional-gedankliche Thematik zu vermitteln. Seine Gedichte zeichnen sich durch klare gedankliche Strukturen aus und durch streng reimende, jambische Strophen, die durch Sprungrhythmen und Assonanzen variiert und später durch den freien Vers mit syntaktischer Balance der Phrasen und Wiederholungsfiguren ersetzt werden. Bis auf wenige Ausnahmen in *Surroundings* (1966) und *Rings On A Tree* (1968) sind MacCaigs Gedichte an den Ort Edinburgh gebunden, wo er immer gewohnt und gearbeitet hat, sowie an die Gegend um Lochinver im Nordwesten Schottlands. Sie stellen alltägliche Szenen dar, in deren Mittelpunkt gewöhnliche Tiere wie Frösche *(Frogs)* und Spatzen *(Sparrow)*, die Landschaft Sutherlands und einzelne Personen stehen. Neben dem Wahrnehmungsprozeß sind der Tod, die Phänomene der Zeit und Erinnerung sowie die Liebe die Hauptthemen. MacCaig bezeichnet seine Gedichte als *»celebrations«*, als ein Feiern des Alltäglichen, wodurch er dem Leser die Augen öffnen will für das Besondere im Gewöhnlichen. Diese bejahende Achtung den Dingen gegenüber führt zur peinlich genauen Beobachtung, dargestellt in einer witzig-treffenden, sensuellen Metaphorik. Seine bissigen Attacken gegen heuchlerischen Glauben *(Street Preacher)* sowie die Skepsis abstrakten Konzepten gegenüber *(Smuggler)* runden das Gesamtbild ab. Sein Werk trägt die Züge eines konsequent persönlichen Stils.

Die Leitprinzipien der Ehrlichkeit sich selbst und andern gegenüber, der Gefühlskontrolle in klarer Form sowie der Ausrichtung an alltäglichen Erfahrungen teilt MacCaig mit Philip LARKIN, der ebenfalls weder die romantische Tendenz von Dylan THOMAS noch die politische Orientierung der Auden-Gruppe aufgriff. MacDiarmid beschrieb seinen Freund als *»von Natur aus apolitisch«*. An direkten Einflüssen auf sein Werk nennt MacCaig selbst neben Donne Wallace STEVENS, mit dem ihn die Dialektik von innerer Gedanken- und Vorstellungswelt und äußerer Realität verbindet, wobei MacCaig nie das Konkret-Faßbare aus den Augen verliert. Wie die Symbolisten lehnt er den Begriff der Inspiration strikt ab. Die Dinggedichte der späteren Phase erinnern an RILKE. Seine Vorliebe für die präzise Darstellung in einfacher Alltagssprache bei der Wiedergabe des Dinglichen verbindet ihn mit den Imagisten, insbesondere mit W. C. WILLIAMS' feierlichem Erstaunen vor den Dingen. Mit seinem Mißtrauen den Möglichkeiten von Sprache und Kunst gegenüber und dem Bewußtsein der grundsätzlichen Unfähigkeit des Menschen, die äußere Welt in ihrer Eigenheit zu erfassen, hat MacCaig teil an einer generellen Tendenz der Nachkriegslyrik; seine affirmativ-distanzierte Darstellung des Gegenständlichen hebt ihn dagegen deutlich ab von der Selbstanalyse der »confessional poets« wie Robert LOWELL. A.De.

AUSGABEN: *Far Cry*, Ldn. 1943. – *The Inward Eye*, Ldn. 1946. – *Riding Lights*, Ldn. 1955; NY 1956. – *The Sinai Sort*, Ldn./NY 1957. – *A Common Grace*, Ldn. 1960. – *A Round of Applause*, Ldn. 1962. – *Measures*, Ldn. 1965. – *Surroundings*, Ldn. 1966. – *Rings On A Tree*, Ldn. 1968. – *A Man in My Position*, Ldn. 1969. – *Selected Poems*, Ldn. 1971. – *The White Bird*, Ldn. 1973. – *The World's Room*, Ldn. 1974. – *Tree of Strings*, Ldn. 1977. – *Old Maps and New: Selected Poems*, Ldn. 1978. – *The Equal Skies*, Ldn. 1980. – *A World of Difference*, Ldn. 1983. – *Collected Poems*, Ldn. 1985. – *Voice-Over*, Ldn. 1988.

LITERATUR: G. S. Fraser, *N. M.: Four Poems Examined* (in AKROS, 3, 1968, S. 37–47). – M. J. Scott, *Neoclassical M.* (in Studies in Scottish Literature, 10, 1973, Nr. 3, S. 135–144). – R. Fulton, *Contemporary Scottish Poetry: Individuals and Contents*, Loanhead 1974, S. 69–87. – S. W. Porter, *The Poetry of N. M.* (in AKROS, 11, 1976, S. 37–53). – E. Frykman, *»Unemphatic Marvels«: A Study of N. M.'s Poetry*, Göteborg 1977. – W. Keir, *The Poetry of N. M.* (in Scottish Review, 21. Febr. 1981, S. 27–32). – A. Bold, *Physical and Metaphysical: Bruce and M.* (in *Modern Scottish Literature*, Ldn. 1983, S. 64–71). – Ch. Levenson, *N. M.* (in DLB, Bd. 27, 1984, S. 224–240). – T. Crawford, *N. M. – Makar Compleit* (in Chapman, 45, 1986, Nr. 2, S. 4–14).

IAN McEWAN

* 21.6.1948 Aldershot / Hampshire

THE CEMENT GARDEN

(engl.; *Ü. Der Zementgarten*). Roman von Ian MCEWAN, erschienen 1978. – Wie in vielen seiner früher entstandenen, auf Anhieb sehr erfolgreichen Kurzgeschichten stehen im Mittelpunkt von McEwans erstem Roman Heranwachsende, ihr Verhältnis zur Welt der Erwachsenen und die Auseinandersetzung mit ihrer Sexualität. Der Gegensatz zwischen der minutiös-realistischen Beschreibung und dem betont abstoßenden, ja ekelerregenden Charakter des Beschriebenen hebt den Inhalt des Romans über das bloß Sensationelle des pervertierten Alltäglichen hinaus und fesselt den Leser, der sein makabres Vergnügen nicht zuletzt auch dem (reichlich schwarzen) Humor des Autors verdankt; denn gerade der Umschlag des Komischen ins Grauenhafte macht neben der enormen Stilsicherheit des Autors den Reiz des Werkes aus und stellen es in eine bis in die Anfänge der *gothic novel* zurückreichende Tradition angelsächsischer Erzählkunst.

Jack, der pubertierende Ich-Erzähler des Romans, seine zwei Jahre ältere Schwester Julie und die etwa drei Jahre jüngere Sue sowie der gerade ins Schulalter gekommene Tom leben mit ihren Eltern in einem einsam in einer Abbruchgegend gelegenen Haus; ihre sozialen Kontakte beschränken sich, von den Schulbesuchen und sehr oberflächlichen Beziehungen zu Schulkameraden abgesehen, ganz auf die Familie. Die Handlung setzt ein, als der wenig geliebte Vater beschließt, den Garten hinter dem Haus aus Gründen der leichteren Pflege zu zementieren, und bei dieser ihn überanstrengenden Tätigkeit einem Herzinfarkt erliegt, während der Ich-Erzähler seine erste, durch die Erinnerung an die regelmäßig mit den Schwestern betriebenen Doktorspiele ausgelöste Ejakulation erlebt. Ein Jahr später erkrankt die Mutter, so daß die Kinder immer mehr auf sich gestellt sind. Der erste Teil des Romans, der aus der Perspektive Jacks eine morbide, durch dessen Rebellion gegen die ältere Schwester, die Sorge um die Mutter und deren gleichzeitige Vernachlässigung zugunsten einer intensiven Beschäftigung mit sich selbst geprägte Atmosphäre vermittelt, findet seinen Höhepunkt, als die Mutter kurz nach Jacks fünfzehntem Geburtstag von Julie tot aufgefunden wird und die Kinder, aus Angst, als Waisen voneinander getrennt zu werden, die Leiche im Keller einzementieren. Die nüchterne, fast teilnahmslose Schilderung dieser »Bestattung« durch den emotional ja eigentlich stark betroffenen Erzähler ruft beim Leser ein kaum zu steigerndes Grauen hervor, das lediglich durch das Ende des zweiten und letzten Teiles übertroffen wird: Nachdem die Kinder einige Sommermonate auf sich gestellt verbracht haben, wird der Leichengeruch immer intensiver. Julies neu erworbener Freund Derek entdeckt bald die Ursache dafür und überrascht Jack und Julie auch noch dabei, wie diese, während Tom daneben in seinem Kinderbettchen schläft, den lange angebahnten Inzest endgültig vollziehen. Wiederum erzielt McEwan die beabsichtigte Schockwirkung mit der geradezu selbstverständlichen Alltäglichkeit, in der der Erzähler die Deflorierung seiner Schwester völlig naiv und keineswegs pornographisch beschreibt.

Obschon der Roman von manchen Kritikern als noch zu wenig geschlossen gerügt wurde, ist seine Einschätzung als ein *»Meisterwerk von erschreckender Faszination«* durchaus zutreffend. M.Ho.

AUSGABEN: Ldn./NY 1978. – Ldn. 1980.

ÜBERSETZUNG: *Der Zementgarten*, Chr. Enzensberger, Zürich 1982.

LITERATUR: M. Duperray, *Insolite Modernité: »The Cement Garden« (1974) d'Ian McEwan. Chef-d'œuvre d'une nouvelle littérature de l'angoisse* (in

Études Anglaises, 35, 1982, S. 420–429). – D. Sampson, *McEwan/Barth* (in Southern Review, 17, 1984, 68–80). – G. Klaus, *Le monstrueux et la dialectique du pur dans »The Cement Garden« de I. M.* (in *Le monstrueux dans la littérature et la poésie anglaises*, Hg. N. J. Rigaud, Aix-en-Provence 1985). – W. Wicht, *Von »David Copperfield« zu I. M.s »The Cement Garden«: Veränderungen im Diskurs der Ich-Erzähler* (in *Literarische Diskurse u. historischer Prozeß. Beiträge zur engl. u. amer. Literatur u. Geschichte*, Hg. B. de la Motte, Potsdam 1988, S. 57–76). – A. Nünning, *Kurzgeschichten von I. M. in einem Englisch-Leistungskurs: Darstellung grotesker Welten aus der Perspektive des ›verrückten Monologisten‹* (in LWU, 23, 1990, H. 1).

ADRIAN MITCHELL

* 24.10.1932 London

TYGER. A Celebration Based on the Life and Work of William Blake

(engl.; *Tiger. Eine Feier auf der Basis von William Blakes Leben und Werk*). Schauspiel von Adrian MITCHELL, Uraufführung: London, 20. 7. 1971. – Der lange Zeit als geistig verwirrt bezeichnete Romantiker William BLAKE ist seit der einflußreichen Werkedition von W. B. YEATS und E. J. ELLIS (1893) und den anschließenden Bemühungen um eine Entschlüsselung seines Symbolsystems zum Exponenten einer sowohl politisch als auch ästhetisch radikalen Kunstauffassung geworden. Insbesondere seit der mit dem *New Criticism* brechenden Rezeption Blakes durch Allen GINSBERG und der Bedeutung, die er für die Lyrik der amerikanischen Beat Poets gewonnen hat, wurde er auch zur Leitfigur der englischen Protestlyrik der sechziger Jahre. Der 1932 geborene Adrian Mitchell ist mit mehreren Gedichten über Blake *(Lullaby for William Blake; To the Statues in Poet's Corner, Westminster Abbey)* in der Blake mit dem Titel programmatisch zitierenden Anthologie *Children of Albion: Poetry of the ›Underground‹ in Britain* (1969) vertreten. Der Herausgeber M. HOROVITZ verweist dabei auf die Tendenz, der Dichtung etwa durch die Kombination mit Jazz- oder Pop-Musik und den Vortrag bei Poetry Festivals – wie der »First International Poetry Incarnation at Albert Hall«, an der VOZNESENSKIJ, NERUDA, FERNANDEZ, JANDL, FERLINGHETTI, Ginsberg und andere teilnahmen – ihre befreiende, potentiell utopische Rolle in der friedlichen Umgestaltung gesellschaftlichen Lebens zurückzugeben, die sie für den Romancier, Lyriker und Dramatiker Mitchell bereits bei Blake hatte. Mitchell hat Blake in den Mittelpunkt des nach einem kolorierten Stich des Romantikers benannten Fernsehspiels *Glad Day* (1979) sowie von *Tyger* gestellt, einem Stück, das zur neuen Form der dramatisierten Biographie gehört (1971 wurde im Fernsehen auch sein Dokumentarfilm *William Blake* gezeigt). Im ersten Akt läßt Mitchell in einer Folge von ineinander übergehenden Szenen, in die von Mike Westbrook vertonte Gedichte Blakes bzw. Mitchells eingefügt sind, den Romantiker als eine auch körperlich kraftvolle Figur auftreten, die sich vom Kunstestablishment – repräsentiert durch Sir Joshua Rat (= Reynolds) – an ihrer Entfaltung gehindert sieht und die gleichzeitig von der Medienpolizei wegen politischer Radikalität observiert wird. Blake muß notgedrungen für den phantasielosen Mäzen Dr. Trussler arbeiten (I, 3), wendet sich wegen eines Stipendiums an das »British Cultural Committee«, das sich aus satirisch typisierten Figuren wie Lord Nobodaddy, Sir Joshua Rat, dem *»kulturellen Mittelsmann«* Klopstock und der Amateurautorin Lady Twat zusammensetzt (I, 6); sein Antrag wird jedoch abgelehnt, weil er *»mit [s]einen Brüdern und Schwestern ... Jerusalem. In England«* errichten will, im Sinne des im Epos *Jerusalem* entworfenen und einer etwa bei A. WESKER *(I'm talking about Jerusalem* und *Their Very Own and Golden Cities)* sozialistisch konzipierten gesellschaftlichen und geistigen Utopie. Nachdem der wie andere Figuren des Stückes aus der Biographie Blakes entnommene Soldat Scofield, der Blake vor Gericht gebracht hatte, den Dichter mit einer *»mechanischen Kreatur«*, die ein *»Stück Eigentum«* repräsentiert, zu einer Regung des Mitleids provozieren kann, wird der Romantiker zum Objekt einer Versteigerung und landet als Sklave im Gefängnis; schließlich bekommt er von J. G. Stedman den Auftrag, dessen Bericht von der Negerrevolte in Surinam zu illustrieren. Der erste Akt endet mit einem langen Blake-Zitat, das die notwendige Einheit von Kunst und Erfahrung bei der Gestaltung eines Themas wie das der Unfreiheit verdeutlicht und mit dem zentralen Blake-Satz *»For every thing that lives is Holy«* endet.

Mitchell arbeitet insgesamt mit den dramatischen Mitteln der humoristisch-satirischen Verfremdung und der assoziativen Verknüpfung von Handlungssequenzen, der anspielungsreichen Überlagerung von historisch-dokumentarischem Material mit aktuellen Verweisen; er verwendet Elemente der Bühnenshow, der Revue, des Slapstick, bedient sich eines singenden Chors und emblematischer Figuren (der mechanischen Kreatur bzw. – nach einer Blake-Zeichnung – des *»Ghost of the Flea«*). Vor allem folgt er Blakes Verfahren der symbolischen Repräsentanz unterschiedlicher geistiger Positionen durch historische und mythologische Gestalten. Der zweite Akt führt die seit der Aufhebung der Bühnenzensur (1968) und den Experimenten des Fringe Theatre von zahlreichen Konventionen befreite Dramatik des anti-illusionistischen und zumeist politisch radikalen Theaters fort. Wenn zunächst lediglich die Freunde Fuseli und Palmer in Blakes Arbeitszimmer erscheinen und über dessen

gegenwärtige Vermarktung sprechen, kommen wenig später die Großen der englischen Literatur – von Chaucer über Shakespeare, Milton, die Gruppe »The Romantic Revival«, einige Viktorianer sowie die beiden Amerikaner Whitman und Ginsberg, um Blake zum Geburtstag zu gratulieren. Der Dichter wird dann wegen seines Plans, Jerusalem zu errichten, angeklagt, aber freigesprochen. Allerdings will *»Mad King George the Fifty«* die *»neue Rasse der Revolutionäre, Visionäre, rosa Nigger«*, die sämtlich wie Blake aussehen, ausradiert wissen: Blake wird – ein Kompromiß – schließlich vom König auf den Mond geschickt, wo er seine Utopie des neuen Jerusalem verkündet. Die *»Children of the New Age«* errichten auf der Bühne, während einzelne Seiten aus Blakes *Jerusalem* an die Wand projiziert werden, die neue Stadt.
Das Stück endet mit dem bekannten Ausruf des Romantikers Blake: *»England! awake! awake! awake!«* Die spezifische Gestaltung der Hauptfigur und die Rolle, die der Dichtung bei der Umgestaltung der Gesellschaft zuerkannt wird, resultiert aus dem hoffnungsvollen Enthusiasmus der Jahre nach 1968 und dem Vertrauen auf die revolutionäre Kraft des dichterischen Wortes. Allerdings fehlt dem Stück notwendigerweise eine politische Analyse der historischen Situation. Es bezieht seine Kraft vor allem aus dem respektlosen Angriff auf das Establishment und der effektvollen Überzeichnung der Hauptfigur. U.Bö.

AUSGABE: Ldn. 1971.

LITERATUR: T. S. Zinman, *A. M.* (in DLB, Bd. 40, 1985, S. 371-379). – G. Sadler, *A. M.* (in *Contemporary Dramatists*, Hg. D. L. Kirkpatrick, Chicago [4]1988, S. 374–376).

PAUL MULDOON

* 20.6.1951 County Armagh / Nordirland

DAS LYRISCHE WERK (engl.) von Paul MULDOON.
Als jüngster der »Ulster Poets«, einer lockeren Gruppe nordirischer Lyriker, die seit den sechziger Jahren der englischsprachigen Dichtung neue Impulse gegeben hat (Seamus HEANEY, Derek MAHON, Tom PAULIN u. a.), ist Muldoon zugleich deren eigenwilligster Repräsentant. Schon in seinen frühen Bänden *New Weather* (1973) und *Mules* (1978) zeichnen sich thematische und formale Tendenzen ab, die für sein bisheriges Schaffen charakteristisch bleiben sollten. Dazu gehören die genaue Wiedergabe konkreter Alltagsbeobachtungen und zwischenmenschlicher Erfahrungen im Familien- und Freundeskreis; die Auseinandersetzung mit Identitätsproblemen und Entwicklungsstadien; die Diskussion von Leben und Kunst; die Evokation der irischen Umwelt, ihrer kulturellen Vergangenheit und politisch brisanten Gegenwart; die verallgemeinernde Entgrenzung lokaler Ausschnitte; die indirekte Demonstration von Wahrnehmungsweisen und sprachlichen Phänomenen. Nach einer anfänglichen Neigung zur moralisierenden Ausdeutung, etwa in der Übertragung von Naturbildern auf den Menschen, hat sich Muldoon um eine vorurteilsfreie Offenheit bemüht und eine erkundungsfreudige Vielseitigkeit bewiesen.
Charakteristische Merkmale seiner Verfahrensweise sind deshalb die »Bauchrednerkunst« multiperspektivisch eingesetzter Sprecherrollen; die – von Robert FROST beeinflußte – komplexe Anreicherung der Tiefenschichten eines oberflächlich eingängigen Textes; die Entwicklung ambivalenter Situationen und relativierender Fragestellungen; die unvermittelte Nebeneinanderstellung von Textsegmenten; das Spiel mit Überraschungs- und Verfremdungseffekten bei der (assoziativen oder manipulierten) Verknüpfung heterogener Details, eine Verfahrensweise, die an die Stiltradition des *metaphysical conceit* erinnert. Sprachlich herrschen kolloquiale, idiomatische Sprechweisen vor, deren lakonische Aussparungen oder Implikationen oft wichtiger sind als das, was vordergründig ausgesagt wird. Prosanahe, sprechbare Verse mit nur annähernd regelmäßiger Zeilenlänge, in denen Assonanzen, Konsonanzen und Halbreime dominieren, bilden strophenartige Abschnitte, wobei eine Vorliebe des Autors für den sonettähnlichen Vierzehnzeiler deutlich wird.
Die Titel(gedichte) von Muldoons Sammlungen verweisen jeweils auf einen übergreifenden Zusammenhang. In *Wind and Tree* verbildlicht das Ich programmatisch den Konflikt zwischen dem selbsterhaltenden Absonderungsbedürfnis und der leidgeprüften Fähigkeit des Zugehens auf »Wetterwechsel« *(New Weather)*, während im Titelgedicht von *Mules* die aus der Artenkreuzung resultierende Sterilität zum Sinnbild des Lebens in Irland wird. Eine Besonderheit im Aufbau der Bände ist der Abschluß mit einem längeren, mehrteiligen oder erzählenden Gedicht, das typische Züge des Vorangehenden vereint, wie die Sequenz *Armageddon, Armageddon* in *Mules* oder die Reiseerzählung *Immram* in *When Brownlee Left* (1980).
Letztere verbindet Episoden einer altirischen fabulösen Abenteuergeschichte von der Suche des Helden nach seinem eremitenhaften Vater mit dem zeitgemäßen Stil eines unter kalifornischen Parvenus und Gangstern spielenden Thrillers à la CHANDLER, um das Ausgeliefertsein des Menschen an ein in Irrwege verstrickendes Geschehen zu verdeutlichen. Der Gegensatz von »unberechenbaren Abweichungen« und idealistischen Zielvorstellungen taucht auch sonst in *When Brownlee Left* auf, etwa im Titelgedicht, das dem rätselhaften Verschwinden eines gutgestellten irischen Bauern nachgeht. Insgesamt wird im dritten und in den

nachfolgenden Gedichtbänden Muldoons oft übermütige, aber durchaus hintersinnige Experimentierfreude vollends sichtbar. Die Vorliebe für die Vermischung von Realität und Traum (teils unter Drogeneinfluß), für irritierende Wendungen, ironische Verdrehungen, parodistische Anspielungen und sprachspielerische Virtuosität macht den Reiz der Texte aus.
Am weitesten geht darin das aus 49 Vierzehnzeilern zusammengesetzte Gedicht *The More a Man Has the More a Man Wants* am Ende von *Quoof* (1983), das in grotesker Verschränkung von Realität und Phantastik die Geschichte der flüchtigen Jedermannsfigur Gallogly (alias Gollogly, Golightly, Ingoldsby, English – die Namenspermutationen erinnern an Joyce) erzählt, dabei den indianischen Gegenspieler Jones und die französische Freundin Beatrice einbezieht, die Terror-Szene Nordirlands mit USA-Episoden versetzt und all dies in einer fulminanten Folge surrealer Bilder, dramatischer Situationsentwürfe, filmischer Schritte sowie eingeblendeter Zitate und Gemäldeverweise (von Ovid über Thoreau, Lewis Carroll und Gertrude Stein bis zu Aldous Huxley und Edward Hopper) zum Ausdruck bringt. Das Motto des Bandes bezieht sich auf die schamanistische Macht der Verwandlung in den nordamerikanischen Trickster-Mythen, die durch den Zusammenhang von Metamorphose und Gewalt im Schlußgedicht besonders pointiert wird. Eine der vorherrschenden Brutalität entsprechende gewaltsame Bildlichkeit kehrt in der Sammlung wieder. Das Titelgedicht rückt anhand einer Liebesbegegnung den thematisch ebenso wichtigen Gegensatz zwischen intimer Wärme (*quoof* bzeichnet im Sprachgebrauch der Familie Muldoon die Wärmflasche) und erschwerter Kommunikation (die Partnerin spricht nur gebrochen Englisch) in den Mittelpunkt.
Muldoons vorläufig letzter Gedichtband, *Meeting the British* (1987), der auch Teile der Sammlung *The Wishbone* (1984) enthält, zeigt eine unverminderte breite Palette der Motive und Methoden: Neben einer Prosaskizze mit Reise- und Traumprotokollen stehen Gedichte mit familiären, zeitatmosphärischen oder elegischen Erinnerungen sowie lyrische Evokationen von Mythos, Geschichte und aktueller Realität in Nordirland; ferner ungewöhnliche Symbolisierungen von Tieren oder Gegenständen, moderner Kunst wie fernöstlichem Essensdekor gewidmete Reflexionen und eine Sequenz dramatischer Monologe. Das Titelgedicht und seine kolonialgeschichtliche Reminiszenz – die Verwicklung von Briten, Franzosen und Indianern auf kanadischem Boden – deuten die Thematik der interkulturellen Mobilität an, die auch in andere Texte hineinspielt. Das gilt vor allem für die Schlußsequenz *7, Middagh Street*, die fiktive Monologe realer Persönlichkeiten aneinanderreiht: Der emigrierte englische Lyriker W. H. Auden, die amerikanische Varietétänzerin Gypsy Rose Lee, der englische Komponist Benjamin Britten, Chester Kallman, Audens amerikanischer Lebensgefährte, der spanische Maler Salvador Dalí, die amerikanische Erzählerin Carson McCullers und der angloirische Lyriker Louis MacNeice treffen sich 1940 zum Erntedankfestessen im New Yorker Haus der McCullers und reflektieren über den eigenen Lebensweg, über die anderen, das Zeitgeschehen und die Kunst.
Mit seiner Fähigkeit, vertrauten Phänomenen verblüffende Aspekte abzugewinnen, und mit seinem sprachspielerischen Einfallsreichtum, der immer zugleich die Ausdrucksbedingungen des poetischen Mediums beleuchtet, hat Muldoon große Beachtung gefunden. E.Kr.

Ausgaben: *New Weather*, Ldn. 1973. – *Mules*, Ldn./Winston-Salem (N.C.) 1977. – *When Brownlee Left*, Ldn./Winston-Salem 1980. – *Quoof*, Ldn./Winston-Salem (N.C.) 1983. – *The Wishbone*, Dublin 1984. – *Mules and Earlier Poems*, Winston-Salem 1986. – *Selected Poems 1968–1983*, Ldn. 1986/NY 1987. – *Meeting the British*, Ldn./Winston-Salem 1987.

Literatur: J. Haffenden, *P. M.* (in *Viewpoints: Poets in Conversation with John Haffenden*, Ldn. 1981, S. 130–142). – L. I. Conner, *P. M.* (in DLB, Bd. 40, 1985, S. 400–405). – D. Johnston, *Irish Poetry after Joyce*, Notre Dame/Ind. 1985, S. 247–272. – W. A. Wilson, *P. M. and the Poetics of Sexual Difference* (in ConL, 28, 1987, S. 317–331). – J. Goodby, *»Armageddon, Armagh-geddon«: Language and Crisis in the Poetry of P. M.* (in *Anglo-Irish and Irish Literature*, Hg. B. Bramsbäck u. C. Martin, Uppsala 1988, Bd. 2). – E. Grennan, *Two-Part Invention: Reading into Duncan and M.* (in *New Irish Writing*, Hg. J. D. Brophy u. E. Grennan, Boston 1989).

Iris Murdoch

* 15.7.1919 Dublin

Literatur zur Autorin:
Bibliographie:
K. Begnal, *I. M.: A Reference Guide*, Boston 1987.
Gesamtdarstellungen und Studien:
A. S. Byatt, *Degrees of Freedom: The Novels of I. M.*, NY 1965; ern. 1970. – H. German, *The Range of Allusions in the Novels of I. M.* (in Journal of Modern Literature, 2, 1971, S. 57–85). – L. Martz, *I. M.: The London Novels* (in *Twentieth-Century Literature in Retrospect*, Hg. R. A. Brower, Cambridge 1971, S. 65–86). – L. Hermes, *Formen u. Funktionen des Symbolgebrauchs in den Werken I. M.s*, Wiesbaden/Ffm. 1972. – F. Baldanza, *I. M.*, NY 1974 (TEAS). – L. Bredella, *Wirklichkeitserfahrung u. Erzählstruktur in den Romanen von I. M.* (in *Miscel-*

lanea Anglo-Americana: Fs. f. H. Viebrock, Hg. K. Schuhmann u.a., Mchn. 1974, S. 4–25). – D. Gerstenberger, *I. M.*, Lewisburg/Pa. 1975. – A. S. Byatt, *I. M.*, Ldn. 1976. – R. Rabinovitz, *I. M.* (in *Six Contemporary Novelists*, Hg. G. Stade, NY 1976, S. 271–332; m. Bibliogr.). – M. Scanlan, *The Machinery of Pain: Romantic Suffering in Three Works of I. M.* (in Renascence, 29, 1977, S. 69–85). – W. Völker, *The Rhetoric of Love: Das Menschenbild u. die Form des Romans bei I. M.*, Amsterdam 1978. – R. Todd, *I. M.: The Shakespearean Interest*, Ldn. 1979. – E. Reckwitz, *Der notwendige Zufall: Die Romane von I. M.* (in GRM, 31, 1981, S. 334–356). – S. Cohan, *From Subtext to Dream Text: The Brutal Egoism of I. M.'s Male Narrators* (in Women and Literature, 2, 1982, S. 222–242). – E. Dipple, *M.: Work for the Spirit*, Ldn. 1982. – G. Lloyd, *I. M. on the Ethical Significance of Truth* (in Philosophy and Literature, 6, 1982, S. 62–75). – W. Slaymaker, *Myths, Mystery, and the Mechanisms of Determinism: The Aesthetics of Freedom in I. M.'s Fiction* (in PLL, 18, 1982, S. 166–180). – L. Hunter, *Rhetorical Stance in Modern Literature: Allegories of Love and Death*, NY 1984. – W.-D. Weise, *I. M.* (in KLFG, 8. Nlg., 1985). – R. Todd, *I. M.*, Ldn. 1984. – *I. M.*, Hg. H. Bloom, NY 1986. – P. Conradi, *I. M.: The Saint and the Artist*, Houndmills 1986. – M. E. Fogarty, *The Fiction of I. M.: Amalgam of Yeatsian and Joycean Motifs* (in *Literary Interrelations: Ireland, England and the World*, Hg. H. Kosok, Tübingen 1987, S. 323 bis 334). – D. Johnson, *M.*, Bloomington 1987. – Ch. Jordis, *Une lecture magique du monde: L'œuvre d'I. M.* (in NRF, 1987, Nr. 414–415, S. 229–240). – A. Malak, *I. M.: Liberalism and the Theory of Fiction* (in Arizona Quarterly, 43, 1987).

THE BELL

(engl.; *Ü: Die Wasser der Sünde*). Roman von Iris MURDOCH, erschienen 1958. – Murdochs vierter Roman führt in die religiöse Laiengemeinschaft von Imber Court in Gloucestershire, die in enger Verbindung zu dem benachbarten Nonnenkloster von Imber Abbey steht. Eine der leitenden Persönlichkeiten der Laienbruderschaft ist der homosexuelle Michael Meade, der sich einst zum Priester berufen fühlte, dann aber Lehrer wurde und aufgrund einer publik gewordenen unzüchtigen Handlung an einem Schüler seine Stellung verlor. Dieser Schüler, Nick Fawley, hat sich inzwischen ebenfalls der Gemeinschaft von Imber Court angeschlossen, um seiner Schwester Catherine nahe zu sein, die gegen seinen Willen in das Kloster eintreten will und die ihren Bruder heimlich liebt. Symbolischer Mittelpunkt des Geschehens ist die Glocke von Imber Abbey, die vor mehreren Jahrhunderten im nahegelegenen See versank, ein Ereignis, um das sich zahlreiche Legenden und ein Gestrüpp von Aberglauben ranken. Kurz bevor das Kloster die Weihe einer neuen Glocke feiert, wird die versunkene Glocke von zwei Besuchern der Gemeinde entdeckt: von Dora Greenfield, einer modernen »Hexe«, in der sich eine Art heidnischer Unschuld und Amoral zu verkörpern scheinen, und von dem achtzehnjährigen Toby Gashe, der für die Unschuld der Unerfahrenheit steht. Der Versuch der beiden, ihren überraschenden Fund als »Wunder« hinzustellen, scheitert, aber das Fest der Glockenweihe wird dennoch gestört: Nick Fawley treibt seine Schwester in einen Selbstmordversuch, nach dessen rechtzeitiger Entdeckung durch Dora Greenfield sie einen Nervenzusammenbruch erleidet. Außerdem nimmt er in diabolischer Weise Rache an seinem einstigen Verführer Meade: Er begeht dieselbe Handlung an dem jungen Toby, zu dem Meade eine Zuneigung gefaßt hatte. Danach tötet sich Nick, dessen allegorische Rolle durch seinen Namen (»Nick« = Teufel) ebenso verdeutlicht wird wie die Michaels (Erzengel).

Hinter den zahlreichen Gefühlsverstrickungen verbirgt sich im Grunde eine allegorische Darstellung der verschiedenen Erscheinungsformen religiöser Berufung: Der Glaubenssicherheit der von der Welt abgeschlossenen Nonnen von Imber Abbey steht die gefährdete Glaubenswelt der Mitglieder der Imber-Court-Gemeinde gegenüber. Die legendenumwobene Glocke selbst, der jeder der Beteiligten einen anderen Symbolwert beimißt, kann bei objektiver Betrachtung ebenfalls als Sinnbild religiösen Lebens verstanden werden – aber bei diesem von versteckten allegorischen Anspielungen und Metaphern wie auch von gewollt »doppelbödigen« Charakteren geprägten Roman muß eine solche Interpretation spekulativ bleiben. Erzählt wird überwiegend chronologisch, aber multiperspektivisch, vor allem aus der Sicht Doras, deren innere Entwicklung hin zu einer entsagungsvollen Liebe zu Michael Meade ein wesentliches Element des Romans darstellt. – Farcische Szenen wie z. B. die verhinderte Glockenweihe durch den Bischof dienen als *comic relief*.

Bei Erscheinen des Buches schwankte die englische Kritik zwischen Bewunderung für Iris Murdochs Erzähltalent und gescheite Analyse menschlichen Verhaltens und Mißbilligung ihrer unverhüllten Absicht, dem Leser Rätsel aufzugeben. *The Bell* wurde in Form einer Fernsehserie 1982 erneut populär. J.v.Ge.-KLL

AUSGABEN: Ldn. 1958. – NY 1969. – Ldn. 1984. – NY 1987. – Harmondsworth 1988 (Penguin).

ÜBERSETZUNG: *Die Wasser der Sünde*, M. Wolff, Mchn. 1962.

VERFILMUNG: England 1982 (Fernsehfilm; Regie: B. Davis).

LITERATUR: I. Souvage, *Symbol as Narrative Device, an Interpretation of I. M.'s »The Bell«* (in ES, 43, 1962, S. 81–96). – E. A. Ashdown, *Form and Myth in Three Novels by I. M.: »The Flight From the Enchanter«, »The Bell«, and »A Servered Head«*, Diss. Univ. of Florida 1975 (vgl. Diss. Abstracts, 35,

1975, S. 5334/35A). – J. F. Stewart, *Dialectics in I. M.'s »The Bell«* (in Research Studies, 48, 1980, S. 210–217). – D. A. Winsor, *I. M. and the Uncanny: Supernatural Events in »The Bell«* (in Literature and Psychology, 30, 1980, Nr. 3/4, S. 147–154). – D. W. Beams, *The Fortunate Fall: Three Actions in »The Bell«* (in TCL, 34, 1988, S. 416–433).

THE BLACK PRINCE

(engl.; *Ü: Der schwarze Prinz*). Roman von Iris MURDOCH, erschienen 1973. – Murdochs 15. Roman bringt in besonderer Weise ihre Doppelexistenz als Philosophiedozentin in Oxford und als erfolgreiche Romanautorin zur Geltung, da Reflexionen über Liebe, Kunst, den Schrecken in der Welt, über die Kontingenz und das Absurde einen so breiten Raum einnehmen wie sonst in keinem ihrer Romane.

Im Mittelpunkt steht als Hauptfigur und Ich-Erzähler (der aber in seinen kunsttheoretischen Aussagen nicht einfach mit der Autorin gleichzusetzen ist) der gebildete und literarisch ambitionierte Steuerbeamte des höheren Dienstes Bradley Pearson, der sich selber als *»konventionell, ängstlich, puritanisch (und) Sklave(n) seiner Gewohnheiten«* bezeichnet. Im Alter von 58 Jahren läßt er sich vorzeitig pensionieren, um seinen Traum eines großen literarischen Kunstwerks zu realisieren. Inbegriff eines solchen Meisterwerks ist für ihn SHAKESPEARES *Hamlet*, dessen Titelfigur auch der *»schwarze Prinz«* von Murdochs Titel ist. Immer wieder kommt Bradley auf Shakespeares Charakterisierungskunst zu sprechen. Er selbst hat zwar nach eigenem Bekunden schon drei Bücher publiziert, darunter, als er 25 Jahre alt war, einen Roman; Erfolg und literarische Anerkennung sind ihm aber versagt geblieben – ganz im Gegensatz zu seinem Schriftstellerfreund Arnold Baffin, der nahezu jedes Jahr einen erfolgreichen Roman veröffentlicht und deshalb von ihm zugleich beneidet und verachtet wird. Um seinen Traum zu realisieren, mietet Pearson ein abgeschiedenes Haus am Meer, wird aber durch einen Anruf Baffins an der Abreise gehindert: Baffin glaubt, im Streit seine Frau Rachel erschlagen zu haben, und bittet Pearson dringend, ihm zu helfen. Zufällig ist bei Pearson gerade der Arzt Francis Marloe zu Besuch, ein Bruder seiner geschiedenen Frau Christiane, die nach dem Tod ihres zweiten Mannes als begüterte und selbstbewußte Witwe aus den USA nach England zurückgekommen ist, um dort zu leben. Francis will zwischen Bradley und Christiane vermitteln, da diese in aller Freundschaft Kontakt mit ihrem geschiedenen Mann aufnehmen möchte, was dieser jedoch kategorisch ablehnt. Da Bradley meint, ein Arzt könne nach dem Anruf seines Freundes hilfreich sein, nimmt er Francis mit zu den Baffins. Es stellt sich jedoch heraus, daß Rachel Baffin nur eine leichte Gehirnerschütterung erlitten hatte, als sie bei der Auseinandersetzung mit ihrem Mann stürzte.

In dem sich nun entspinnenden komplexen Handlungs- und Beziehungsgeflecht spielen Pearsons Schwester Priscilla und die zwanzigjährige Tochter der Baffins, Juliane, wichtige Rollen. Stationen der weiteren Handlung sind Priscillas Nervenzusammenbruch, das Scheitern ihrer Ehe und ihr anschließender Selbstmord, der nicht zuletzt von Bradley mitverschuldet ist, der sich zwar über den Schrecken der Welt und die schnöde Handlungsweise ihres Mannes, der mit einer zwanzig Jahre jüngeren Frau zusammenleben will, moralisch entrüstet, selber aber seiner Schwester keine Hilfe leistet, sondern von dem Anblick der alternden, verzweifelten Frau nur angewidert ist und dies auch deutlich zum Ausdruck bringt; dann die Affären zwischen Christiane und Arnold Baffin sowie zwischen Bradley und Rachel Baffin (die jedoch nicht ausgelebt wird, da Bradley noch im Bett von moralischen Skrupeln geplagt wird). Der zweite Teil von Bradley Pearsons Bericht schildert Entstehung und Entwicklung seiner Passion zur zwanzigjährigen Juliane Baffin, die den stocksteifen, distanzierten Puritaner zu einem sinnenfreudigen und offen auf seine Umwelt reagierenden Menschen verändert, der nun auch überzeugt und selbstgewiß ist, daß er sein »großes Werk« schreiben kann. Die an NABOKOVS *Lolita* erinnernde Idylle der beiden Verliebten am Meer wird aber gestört, als Arnold Baffin mitten in der Nacht auftaucht, seinen Freund zur Rede stellt und seine Tochter auffordert, Bradley zu verlassen und nach London zurückzukehren, was diese auch tut.

Der Bericht endet damit, daß Bradley erneut zu den Baffins gerufen wird, diesmal von Rachel, da sie ihren Mann umgebracht habe, was sich diesmal auch als richtig erweist. Bradley beseitigt mögliche Indizien, die für die Täterschaft Rachels sprechen könnten, besonders einen Brief Arnolds an Bradley, den dieser Rachel zugespielt hatte und in dem Bradley von Arnold aufgefordert wird, sich um Rachel zu kümmern, da er, Arnold, Christiane liebe. Bradley wird daraufhin als Tatverdächtiger verhaftet und in einem Indizienprozeß zu lebenslanger Haft verurteilt. Aus der Haft schreibt er, auch hierin Nabokovs Humbert Humbert ähnlich, einige Jahre später sein ›großes Werk‹, nämlich den Bericht dieses ereignisreichen Sommers. Nach dessen Vollendung stirbt er an Krebs.

Nun beläßt es die Autorin nicht bei diesem Bericht des verhinderten Schriftstellers Pearson, sondern bettet den Ich-Roman ein in ein Vorwort des Herausgebers P. Loxias, den Bradley erst im Gefängnis kennengelernt hat und der ihm auch in seinen letzten Stunden beisteht, in ein weiteres Vorwort des »Autors« Bradley Pearson sowie in vier Postskripte der handelnden Personen (Christiane, Rachel, Francis, Juliane), in denen diese auf Bradleys Darstellung der Ereignisse bzw. zu seiner Person Stellung beziehen, und je ein weiteres Postskript von Bradley und P. Loxias. So gelingt Murdoch eine Perspektivierung und Relativierung der Haupthandlung; letztlich bleibt sogar unklar, wer Arnold Baffin ermordet hat, obwohl der Bericht Bradleys trotz der Widersprüchlichkeit des Ich-Erzählers die größte Plausibilität hat. Durch dieses Arrangement kann die Autorin das theoretische Credo ihres Schaffens literarisch umsetzen, daß nämlich theoretische Aussagen über die Welt in hohem Maße defizient sind und daß angesichts der epistemologischen Aporien der literarische Entwurf der Wahrheit am nächsten kommt, weil er sich – ähnlich wie die Realität – gegen eine einsinnige erklärende Auflösung sperrt.

Mit guten Gründen ist *The Black Prince* von der Kritik wegen der Vielfalt der angesprochenen Themen (Liebe und ihre Irrungen, Wahrheit und Wahn, Schuld und Sühne, Literatur und Leben), wegen der gelungenen Charakterisierung und der geglückten Verbindung von Unterhaltung und anspruchsvoller Literatur als einer der besten Romane der Autorin bezeichnet worden. F.W.P.

Ausgaben: Ldn. 1973. – NY 1973. – Ldn. 1975.

Übersetzung: *Der schwarze Prinz*, H. Schlüter, Düsseldorf 1975. – Dass., dies., Mchn. 1979 (dtv).

Literatur: H. Winter, Rez. (in FAZ, 1. 12. 1975).

THE SEA, THE SEA

(engl.; *Ü: Das Meer, das Meer*). Roman von Iris Murdoch, erschienen 1978. – In drei Romanen der Schriftstellerin, die aus ihrer Blütezeit in den siebziger Jahren stammen, figurieren Künstlergestalten als Ich-Erzähler: in *The Black Prince*, 1973 *(Der schwarze Prinz)*, *A World Child* (1975) und in dem vorliegenden Roman von 1978, für den die Autorin im gleichen Jahr den »Booker Prize« erhielt. Während *The Black Prince* ständig auf Shakespeares *Hamlet* Bezug nimmt, ist *The Sea, the Sea* auf Murdochs Lieblingsstück *The Tempest* bezogen; dort ist die Rede von Versöhnung und vom Triumph der Tugend. Der Roman ist die Geschichte der Obsessionen des Protagonisten Charles Arrowby. Er handelt vom Meer und vom Theater, von erotischer Besessenheit, Frauenschicksalen, Verfolgt- und Gefangensein, vom Kontrast zwischen Künstler und Soldat, von Gegensätzen zwischen Gebildeten und Ungebildeten, von Magie, Religion, Schuld und Tugend und erzielt so thematisch eine beispielhafte Universalität. Der Romantitel erinnert zwar an den griechischen Feldherrn Xenophon, dessen Soldaten auf dem langen Wüstenmarsch von Persien zurück in die Heimat beim plötzlichen Anblick des Meeres vor lauter Freude ausgerufen haben sollen: *»Thalatta, thalatta« (»Das Meer, das Meer!«)*, in Wirklichkeit leitet er sich aber von Paul Valérys Gedicht *Le Cimetière marin (Der Friedhof am Meer)* ab, in dem die Zeile vorkommt: *»La mer, la mer, toujours recommencée!« (»Das Meer, das Meer, immer wieder von neuem!«)*. Ans Meer hat sich der gefeierte Theaterdirektor und Schauspieler Charles Arrowby in ein einsames Haus zurückgezogen, um dort sein tyrannisches Leben zu beweinen, seine Selbsttäuschungen abzuklären und um zu lernen, ein guter Mensch zu sein. Die damit verbundenen Vorgänge gedenkt er einer Chronik anzuvertrauen, die vielleicht zu einer vergangenheitsorientierten Autobiographie, vielleicht aber auch zu einem gegenwartsbezogenen Tagebuch gedeihen könnte. Er möchte der selbstischen Magie und Zauberei – auf der Londoner Bühne hat er häufig Shakespeares Prospero gespielt – sowohl in Gestalt des Theaters wie der persönlichen Macht abschwören. Der Roman zeigt, welch schwierige, im Grunde unlösbare Aufgabe damit verbunden ist.

Arrowbys eigentliche »History«, die aus sechs Abschnitten besteht und nahezu vier Fünftel des Romans einnimmt, wird umrahmt von der Vorgeschichte *(Prehistory)* und einem meditierenden Nachwort *(Life Goes on)*. Schon bald gewinnt der Leser den Eindruck, daß es in dem häßlichen Ziegelstein-Haus an der Küste spukt. Eine Vase zerspringt grundlos, ein Spiegel aus den neunziger Jahren verschwindet von der Wand, ein Seeungeheuer mit grünen Augen erscheint, Gestalten stehen stumm vor den Fenstern des Hauses. Der Leser begreift aber nach und nach, daß all dies nur Spiegelungen der despotischen Allmachtsphantasien des Protagonisten sind, für den Theater und Leben sich immer stärker zu vermengen scheinen. In seiner selbstgewählten Einsamkeit wird er häufig von Tages- oder Wochenendbesuchern aus seinem alten Londoner Zirkel gestört, besonders von den alten Freundinnen Rosina und Lizzie, aber auch von dem servilen »Caliban« Gilbert. Zu einer Krise kommt es allerdings erst, als er erfährt, daß seine alte Jugendliebe Mary Hartley Smith – seit langem unglücklich mit Ben Fitch verheiratet – im Nachbarort wohnt. Charles fühlt sich getrieben, Hartley mit allen Mitteln zu »befreien« und in Shruff End »gefangenzusetzen«, um so alte und jetzige Phantasien Wirklichkeit werden zu lassen. Dieses Ziel sucht er auch über Hartleys Adoptivsohn Titus zu erreichen, der sich, nachdem er zwei Jahre verschollen war, den Besuchern von Shruff End zugesellt, der aber wegen unterlassener Warnungen vor den Gefahren dieses Küstenabschnittes schon bald im Meer ertrinkt. Besonders betrübt über diesen Tod ist Charles' Cousin James, ein ehemaliger General, der sich mitverantwortlich fühlt. James gegenüber sah sich Charles immer unterlegen, weil James gebildete und reiche Eltern hatte, sich aber trotzdem von seiner Familie, ja vom Leben überhaupt zurückziehen wollte. Trotz seiner offensichtlichen Sympathien für den Buddhismus und trotz seines Willens zum Tode wird James schließlich in die Realität zurückgeführt durch die von Charles fast vergessene, gegen Ende des Romans in Erinnerung gebrachte Geschichte von dessen Errettung aus einem tödlichen Strudel mit Hilfe von James' übernatürlichen Kräften.

The Sea, the Sea ist ein Roman über einen Künstler und über die Kunst: gelehrt und voller Zitate aus Shakespeare, Buddha, der Bibel, den griechischen

Klassikern. Aber seine poetische Magie und die Illusionsfähigkeit des Protagonisten lassen immer wieder zweifeln an der Zuverlässigkeit des Erzählers. *»Kunst, besonders die Literatur, ist eine große Halle der Reflexion, in der alles unter der Sonne geprüft und erwogen werden kann«*, schrieb Murdoch in ihrer Platon-Studie *The Fire and the Sun* (1977). Kunst ist aber auch ein Meer, ein Ozean des Geistes, aus dem die Vergangenheit in Gestalt von Personen und Ereignissen heraufsteigt, Form und Bedeutung gewinnt, ironisiert und parodiert oder auch erlöst wird. Nicht ohne Grund hält sich dieser Roman so lange auf Prosperos Insel und in Platons Höhle auf, umschreitet er kräftig Buddhas Baum der Erleuchtung. Evokation und Magie, Meditation und Maske, Mitleid und Liebe, Unterwerfung und Eifersucht – sie alle vereinen sich zum facettenreichen Geflecht dieses Werkes. Doch konkret führt Charles' Reise immer wieder in die Muster und Wiederholungen des Alltags, dessen Bedeutungszentrum freilich Hartley ist, deren alte Schönheit zurückzuerobern er der verwandelnden Kraft seiner Liebe noch zutraut. Die Romantik der Jugend verbindet sich mit der Romantik des Alters, doch der aggressiven Verteidigung Hartleys durch Ben (und ihrer »Verschickung« nach Australien) vermag sie schließlich nicht zu widerstehen. Auch Rosinas Mann Peregrine weiß sich für Charles' Liebesaffäre zu rächen, so daß schließlich alle romantischen Illusionen gewaltsam zerstört sind. Gerettet aber wird Charles vor dem Ertrinken in Minn's Cauldron durch seinen Cousin James. Dieser stirbt unter mysteriösen Umständen, als ob er dem Leben freiwillig Adieu gesagt hätte.

Doch Charles (und damit Iris Murdoch) versagt sich einen billigen Romanschluß; nach zwei Nächten außer Hauses kehrt er in James' Wohnung mit all ihrem orientalischen Tand zurück und ergeht sich in sporadischen Kommentaren und Reflexionen (wie schon früher sind diese teilweise metafiktional) über das Geschehen der Geschichte. *»Was kommt, so frage ich mich, auf der dämon-besessenen Pilgerschaft des menschlichen Lebens als nächstes?«* lautet der letzte Satz. – In *The Sea, the Sea* führte Iris Murdoch eines ihrer Leitthemen, die gefährliche »Magie« des Selbstbetrugs und der Manipulation anderer, zu höchster Vollendung. Neben *The Black Prince* gilt dieser Roman als ihr reifstes und bestes Werk. W.Ar.

Ausgaben: Ldn. 1978. – NY 1978. – Harmondsworth 1980.

Übersetzung: *Das Meer, das Meer*, M. Hervás u. K. Stromberg, Düsseldorf 1981. – Dass., dies., Mchn. 1983 (Heyne Tb).

Literatur: J. Gribble, *The Art of I. M.* (in Quadrant, Mai 1979, S. 36–39).

THE UNICORN

(engl.; *Das Einhorn*). Roman von Iris Murdoch, erschienen 1963. – Murdoch betrachtet den Roman generell als Medium zur Darstellung und Kommentierung der *condition humaine* und unterscheidet hinsichtlich des Wirklichkeitsbezuges zwischen dem journalistischen und dem realistischen, zwischen dem symbolistisch-allegorischen und dem mythischen Roman. Während sie den ersteren ablehnt und dem symbolistischen skeptisch gegenübersteht – beide werden der von ihr selbst geforderten Charakterzeichnung nicht gerecht, denn sie berauben die Romanfiguren ihrer »kontingenten«, d. h. wesensnotwendig zufälligen Erfahrung –, bevorzugt sie aufgrund ihrer philosophischen Neigung und Ausbildung von Anfang an phantasievolle mythische Darstellungen von moral- und religionsphilosophischen Themen wie Freiheit und Ordnung, Gut und Böse, Magie und Gewalt, Leiden und Tod. Wie die nachfolgenden Romane *The Italian Girl*, 1964 *(Das italienische Mädchen), The Red and the Green* (1965) und *The Time of the Angels* (1966), so handelt schon *The Unicorn* von einer sonderbar selbstzerstörerischen Familie; magische Bannung, mysteriöses Leiden, Freiheit und Gewalt sind hier zum Sujet eines metaphysischen Ideenromans verwoben. Gemessen an der Alltagserfahrung wirkt *The Unicorn* so unwahrscheinlich wie eine Begegnung mit dem Titelwesen, einem Einhorn.

Um nach einer unglücklichen Affäre Abstand zu gewinnen, hat Marian Taylor eine Tätigkeit als Hauslehrerin auf Gaze Castle angenommen, das in einer romantisch-kargen, ja Schrecken erregenden Gegend im westlichen Irland liegt. Ihr Entsetzen beim Eintritt in diese Landschaft und die Abgeschlossenheit des Ortes lassen das romantisch Sublime des Schauerromans und seine von Sex und Gewalt bestimmte Atmosphäre erahnen. Da es dort aber keine Kinder gibt, die sie in Französisch und Italienisch unterrichten könnte, erkennt Marian ihre Aufgabe schon bald als Gesprächspartnerin der Schloßherrin Hannah Crean-Smith, die hier von ihrem grausamen, nun in den USA lebenden Ehemann, den sie betrogen und zu töten versucht hat, unter der Aufsicht von Gerald Scottow, einem ehemaligen Liebhaber ihres Mannes, gefangen gehalten wird. Die Ortsbewohner nehmen an, sie müsse sterben, sobald sie ihren Garten verlasse, und nach den geheimnisvollen sieben Jahren, die gerade vorüber sind – der Roman als Ganzes und seine ersten beiden Kapitel sind siebenteilig (»magisch«) strukturiert –, werde etwas Entscheidendes geschehen. Die Verbannung hat aber teilweise auch den Charakter eines selbstauferlegten Opfers; »Crean-Smith« ist das Anagramm von *»Christ-name«* (R. Scholes). Umgeben ist Hannah von Dienern (Denis Nolan u. a.) und den beiden armen Verwandten Jamesie Evercreech, der sexuell Gerald Scottow hörig ist, und seiner älteren Schwester Violet, die dem Anschein nach aber alle als Gefängniswärter fungieren.

In der Nachbarschaft, auf dem Landsitz Riders, lebt die Familie Lejour: Pip, der ehemalige Liebhaber Hannahs, sein Vater Max, ein Philosoph und Platon-Spezialist, und Pips Schwester Alice. Pip hat Hannah zwar verlassen, *»schaut« (to gaze)* aber täglich mit einem Feldstecher zu Gaze Castle hinüber. Pips Freund, Effingham Cooper, bringt Hannah ebenfalls seine Verehrung entgegen, die ihrerseits Effingham bewundert. Effingham und Marian sind die beiden »normalen« Charaktere im Roman, die Hannah veranlassen wollen, sich gewaltsam ihre Freiheit zu sichern, doch wird ihr Plan durch die Umstände vereitelt. Effingham entgeht knapp dem Tod im Moor, und Gerald Scottow kündigt die Rückkehr von Hannahs Ehemann Peter aus New York an, worauf alle entsetzt reagieren. Auch Gerald will Hannah »befreien«, verführt sie aber offenbar. Alle haben das Gefühl, ihre Freiheit wiedererlangt zu haben, so daß sich neue Verbindungen ergeben zwischen Marian und dem Diener Denis sowie zwischen Effingham Cooper und Alice Lejour. Doch sie überdauern nicht die Ankündigung von Gerald Scottow, daß Hannah zu guter Letzt Gaze Castle doch nicht verlassen werde. Es kommt zur Gewalt: Hannah tötet Gerald mit einer Pistole; Peter kehrt aus New York zurück, wird aber von Denis ertränkt, der Böses mit Bösem vergelten will. Marian hat Hannah zwar befreit, aber diese springt über die Klippen ins Meer. Gaze Castle fällt an Max Lejour; die Evercreeches werden enterbt. Denis verläßt die Gegend; Marian und Effingham kehren ins wirkliche Leben zurück.

Zwar sind häufige, plötzliche Partnerwechsel sowie homoerotische Beziehungen charakteristisch für die Romane von Iris Murdoch, deren Figuren sich meist aus der Intelligenz der oberen Mittelklasse rekrutieren, doch geht es in *The Unicorn* um mehr; schon der kryptische Romantitel verlangt eine Erklärung. Ist Hannah das Einhorn des Titels? In einem Gespräch zwischen dem Philosophen Max und seinem häufigen Besucher Effingham (Kap. 12) ist u. a. die Rede vom Gegensatz zwischen dem Polizeistaat auf Gaze und der freien Gesellschaft auf Riders, von höfischer Liebe, von Wahrheit, Schönheit und Glück. Von Hannah heißt es: *»›... wir kommen nicht umhin, sie als Sündenbock zu benutzen. Dazu ist sie irgendwie da, und das zu erkennen heißt, ihr Ehre zu erweisen. Sie ist für uns ein Bild für die Bedeutung des Leidens. Aber wir müssen sie auch als real betrachten. Und das wird uns mitleiden lassen.‹ ›Ich bin nicht sicher, ob ich das verstehe‹, sagte Effingham. ›Ich weiß, daß man sie sich nicht als legendäres Geschöpf vorstellen darf, als schönes Einhorn –‹ ›Das Einhorn ist auch das Bild für Christus. Aber wir haben es mit einer normalen schuldigen Person zu tun.‹«* Da Hannah als schuldig angesehen wird, das Einhorn aber in den mittelalterlichen Bestiarien für den unschuldig leidenden Christus steht, haben Interpreten auch die »Maid Marian« mit dem Titelsymbol in Verbindung gebracht. Für die Autorin selbst ist Hannah jedoch eine wirklich kontingente, in Schuld verstrickte Figur. So gewinnt das Einhorn-Symbol, in seiner negativen Umkehrung wie in seiner neuen Unbestimmbarkeitsqualität, dadurch an Bedeutung, daß Romangestalten die empirische wie die geistige Welt mit ihren eigenen Emotionen und Erwartungen so einfärben, daß die Wirklichkeit nicht nur *ent*stellt, sondern daß der Zugang zu ihr selbst *ver*stellt wird. (Im Gegensatz etwa zu K. AMIS oder J. WAIN geht Murdoch nicht von dem egozentrischen Konzept der Aufrichtigkeit, sondern von einem außengeleiteten Begriff objektiver Wahrheit aus, den sie in der platonischen Welt der ewigen Ideen verankert sieht.) Da somit die Romanfiguren eigene Schuld und Pein auf die charakterlich unbestimmte, passiv erscheinende Gestalt Hannahs projizieren, wird diese zur Repräsentantin des Innenlebens dieser anderen und gerät selbst in den Bannkreis von Sünde und Befreiung, ohne daß der Leser »objektiv« über ihr wahres Wesen ins Bild gesetzt wird. So wie das Einhorn gleichzeitig Symbol für verschiedene ideelle Kontexte ist, für Einsamkeit und Jungfräulichkeit, für Sexualität und ihre Sublimation, für männliche Kraft und weibliche Passivität, erscheint die gefangene Hannah als Objekt verschiedenster emotionaler Projektionen bis hin zu Ideen von Erlösung und Heiligkeit.

So schafft sich die Autorin eine mythopoetische Struktur, eine romanzen- und fabelhafte Romanwelt, in die Marian und Effingham als Wesen aus der realen Außenwelt eindringen, wo ihre liberalen, aufgeklärten Ideen von individueller Verantwortung und Wahlfreiheit mit denen der Romanfiguren kollidieren und durch die Ereignisse auf dem mittelalterlich-feudalen Schloß von Gaze getestet werden. Wenn auch wie in modernen Allegorien nicht alle anklingenden Fragen beantwortet werden, wird doch deutlich, daß sich praktisch alle Charaktere in einer erotischen Knechtschaft befinden, wobei Eros nach Murdoch *»Sex, Gewalt, Begierde, Inspiration, und die Energie für das Gute und Böse«* umfaßt und im vorliegenden Roman zu einer Mischung aus Geistigkeit und Leiblichkeit, Licht und Dunkel, Freiheit und Schicksalsergebenheit verdichtet ist. So stellt in *The Unicorn*, dem siebten, von der Autorin besonders geschätzten Roman, nicht der Wille, sondern – wie im Werk Simone WEILS – die altruistisch orientierte Aufmerksamkeit, das Erschauen und Erkennen der Eigenart und Andersartigkeit des andern, die entscheidende moralische Kategorie dar. W.Ar.

AUSGABEN: Ldn. 1963. – NY 1963. – Harmondsworth 1966 (Penguin).

LITERATUR: R. Scholes, *Fabulation and Metafiction*, Urbana (Ill.)/Ldn. 1979, S. 56–74. – R. Decap, *Mythe et modernité: »The Unicorn« d'I. M.* (in Caliban, 27, 1990, S. 83–97).

JOE ORTON

eig. John Kingsley Orton
* 1.1.1933 Leicester
† 9.8.1967 London

LITERATUR ZUM AUTOR:
K. Fraser, *J. O.: His Brief Career* (in MD, 14, 1971, S. 413–419). – J. R. Taylor, *The Second Wave: New British Drama for the Seventies*, Ldn./NY 1971, S. 125–140. – Ch. Thomsen, *J. O. und das englische Theater der sechziger Jahre* (in Maske und Kothurn, 19, 1973, S. 321–341). – L. Smith, *Democratic Lunacy: The Comedies of J. O.* (in Adam: International Review, 394–396, 1976, S. 73–92). – I. Watschke, *Erscheinungsformen der Grausamkeit im zeitgenössischen englischen Drama*, Ffm. 1976, S. 100–113. – M. Draudt, *Comic, Tragic, or Absurd? On Some Parallels between the Farces of J. O. and Seventeenth-Century Tragedy* (in ES, 59, 1978, S. 202–217). – J. Lahr, *Prick Up Your Ears: The Biography of J. O.*, Ldn. 1978. – M. Esslin, *J. O.: The Comedy of (Ill) Manners* (in *Contemporary English Drama*, Hg. C. W. E. Bigsby, NY 1981, S. 93–107). – J. Bull u. F. Gray, *J. O.* (in *Essays on Contemporary English Drama*, Hg. A. Wertheim u. H. Bock, Mchn. 1981, S. 71–96). – M. D. Allen, *J. O.* (in DLB, Bd. 13, 1982, S. 364–370). – C. W. E. Bigsby, *J. O.*, Ldn. 1982. – M. Charney, *J. O.*, Ldn. 1984. – K. J. Worth, *Form and Style in the Plays of J. O.* (in *Modern British Dramatists: New Perspectives*, Hg. J. R. Brown, Englewood Cliffs/N.J. 1984, S. 75–84).

LOOT

(engl.; *Ü: Die Beute*). Schauspiel in drei Akten von Joe ORTON, Uraufführung: Brighton, Februar 1965; deutsche Erstaufführung: Hamburg, 15. 2. 1966, Deutsches Schauspielhaus. – Neben dem Erstlingsstück *Entertaining Mr. Sloane* (1964) war *Loot* der größte kommerzielle und künstlerische Erfolg, der Joe Orton in seiner kurzen, durch einen gewaltsamen Tod jäh beendeten Karriere beschieden war. Der von der Kritik als *»Oscar Wilde des Wohlfahrsstaates«* (R. Bryden) bezeichnete Autor verbindet in *Loot* geschickt Elemente der traditionellen Farce, der Kriminalgroteske und der Sittenkomödie; das Ergebnis ist ein Meisterwerk des schwarzen Humors, in dem der vulgäre Spaß am Entsetzlichen und die zynische Demontage von Klischees so offen auf Schockwirkung abzielen, daß sich die englische Zensur zu Eingriffen veranlaßt sah.

Die Handlung kreist um Tabus wie Totenkult, Perversion, Korruption der Polizei. Bereits die Anfangsszene zeigt Ortons Vorliebe für makabre Komik: Um den aufgebahrten, einbalsamierten Leichnam von Mrs. McLeavy versammeln sich ihr Ehemann, ihr Sohn Hal, dessen Intimfreund Dennis und die Krankenschwester Fay, die, wie sich herausstellt, in dieser Verkleidung bereits sieben ihrer Patienten und Ehemänner aus dem Weg geräumt und auch Mrs. McLeavy vergiftet hat, um sich Gunst und Vermögen des Witwers zu erschleichen. Im selben Zimmer haben Hal und Dennis das bei einem Bankraub erbeutete Geld in einem Schrank versteckt.

Mit der Ankunft des bestechlichen, brutalen Polizeiinspektors Truscott, der sich als angeblicher Beamter der Wasserwerke Zugang zum Totenzimmer verschafft hat, beginnt ein mit dramatischer Verve und viel Situationskomik in Szene gesetztes Such- und Versteckspiel, in dessen Verlauf die Leiche im Schrank und das Geld im Sarg landet. Die Beerdigung der Banknoten wird durch einen grausigen Unfall verhindet, der auf dem Weg zum Friedhof passiert. Nachdem man den Sarg ins Haus zurückgebracht hat, scheint die Aufklärung der Verbrechen bevorzustehen: Truscott läßt Fay verhaften und ordnet eine Hausdurchsuchung an. Doch wie stets bei Orton verhindern Habgier und Unmoral den Sieg der Gerechtigkeit: Da das Beweisstück für den Giftmord – die in einer Urne aufbewahrten Eingeweide der Toten – verschwunden ist, muß Fay aus der Haft entlassen werden. Das Geld wird schließlich in eben jener Urne von Truscott entdeckt, der gegen Beteiligung an der Beute den Fall auf sich beruhen läßt. Und so wird als einziger der unschuldige Mr. McLeavy ins Gefängnis geschickt, wo Truscott dafür sorgen wird, daß er vor dem Prozeß einem »tödlichen Unfall« zum Opfer fällt. Fay will Dennis, ihr vermutlich nächstes Opfer, heiraten, doch werden beide aus dem Haus wegziehen, *»um den Schein zu wahren«*.

Die Wahrung des Scheins ist das Hauptthema des Stückes, das religiöse, sexuelle und familiäre Konventionen mit zynischem Witz als Heuchelei entlarvt, sprachliche Klischees und literarische Genres persifliert und die Autoritätsgläubigkeit ad absurdum führt. Es treibt mit »geheiligten Werten« bitterbösen Scherz und verschont kaum eine gesellschaftliche Institution mit seinem genüßlich-destruktiven Sarkasmus. Orton erzielt die enorm komische Wirkung dieses Stücks mittels eines formalisierten, »hohen« Sprachduktus, der selbst in den skandalösesten Situationen das Dekorum aufrechterhält. Die oft absurd anmutende Diskrepanz zwischen der infamen Handlungsweise der Personen und ihrer affektierten, mit zahlreichen Euphemismen durchsetzten Sprache soll die Brüchigkeit der von Gesellschaft und Kirche absolut gesetzten moralischen Werte deutlich machen. J.N.S.

AUSGABEN: Ldn. 1967. – NY 1967. – Ldn. 1976/NY 1977 (in *Complete Plays*, Hg. J. Lahr). – Ldn. 1985.

ÜBERSETZUNG: *Die Beute*, U. Kröger u. E. Vierheller, Reinbek 1967 (rororo).

LITERATUR: R. Bryden, *The Unfinished Hero and Other Essays*, Ldn. 1969. – J. Lahr, *Artist of the Outrageous* (in Evergreen Review, 14, 1970, S. 30–34; 83/84). – M. Charney, *O.'s »Loot« as ›Quotidien Farce‹: The Intersection of Black Comedy and Daily Life* (in MD, 24, 1981, S. 514–524). – B. Cardullo, *›The Love of Money Is the Root of All Evil‹: J. O.'s »Loot«* (in Notes on Contemporary Literature, 13, 1983, S. 5–6). – K. K. Schäfer, *J. O., »Loot«* (in K. K. S., *Handlung im neueren britischen Drama*, Ffm. 1985, S. 241–258).

JOHN OSBORNE

* 12.12.1929 London
† 24.12.1994 Shropshire

LITERATUR ZUM AUTOR:
Bibliographie:
C. Northhouse u. Th. P. Walsh, *J. O.: A Reference Guide*, Boston 1974.
Gesamtdarstellungen und Studien:
R. Weimann, *Die Dramen J. O.s* (in ZAA, 7, 1959, S. 143–169). – N. Mennemeier, *J. O.* (in N. M., *Das moderne Drama des Auslandes*, Düsseldorf 1961, S. 159–171). – J. R. Taylor, *Anger and After*, Ldn. 1962 (dt.: *Zorniges Theater: Eine Analyse des engl. Dramas seit O.*, Reinbek 1965). – Ch. Marowitz u. a., *The Encore Reader*, Ldn. 1965. – R. Hayman, *J. O.*, Ldn. 1968; ern. 1976. – M. Banham, *O.*, Edinburgh 1969. – A. Carter, *J. O.*, Edinburgh 1969; ern. 1973 [m. Bibliogr.]. – S. Trussler, *The Plays of J. O.: An Assessment*, Ldn. 1969. – W. D. Weise, *Die »Neuen englischen Dramatiker« in ihrem Verhältnis zu Brecht*, Bad Homburg u. a. 1969, S. 111–140. – J. R. Brown, *Theatre Language*, Ldn. 1972, S. 118–157. – H. Ferrar, *J. O.*, NY 1973. – K. J. Worth, *Revolutions in Modern English Drama*, Ldn. 1973, Kap. 5. – A. Kennedy, *Six Dramatists in Search of a Language*, Cambridge 1975, Kap. 5. – M. Anderson, *Anger and Detachment: A Study of Arden, O. and Pinter*, Ldn. 1976. – S. H. Gale, *J. O.: Look Forward in Fear. Thematic Developments, 1965–1980* (in *Essays on Modern English Drama*, Hg. A. Wertheim u. H. Bock, Mchn. 1981, S. 5–29). – A. P. Hinchliffe, *Whatever Happened to J. O.* (in *Contemporary English Drama*, Hg. C. W. E. Bigsby, NY 1981, S. 53–63). – H. Goldstone, *Coping with Vulnerability: The Achievement of J. O.*, Washington D.C. 1982 [m. Bibliogr.]. – G. Klotz, *Britische Dramatiker der Gegenwart*, Bln. 1982, S. 59–78. – K. J. Worth, *The Angry Young Man* (in *Das englische Drama nach 1945*, Hg. K. P. Steiger, Darmstadt 1983, S. 79–93). – G. L. Evans, *J. O. and Naturalism* (in *Modern British Dramatists: New Perspectives*, Hg. J. R. Brown, Englewood Cliffs/N.J. 1984, S. 13–24). – A. P. Hinchliffe, *J. O.*, Boston 1984 (TEAS). – H. Ridley, *J. O.* (in KLFG, 8 Nlg., 1985). – G. Watson, *O., Pinter, Stoppard: A Playful Look at London Since 1956* (in Virginia Quarterly Review, 62, 1986, S. 271–284).

THE ENTERTAINER

(engl.; *Ü: Der Entertainer*). Schauspiel in 13 »Nummern« von John OSBORNE, Uraufführung: London, 10. 4. 1957, Royal Court Theatre; deutsche Erstaufführung: Hamburg, 29. 9. 1957, Deutsches Schauspielhaus. – Archie Rice, die Titelfigur, ist ein Conférencier der alten Schule, der seine Glanzzeit erlebt hat, als das Music-Hall-Varieté in England die populärste Massenunterhaltung war. In einer Mietwohnung im heruntergekommenen Viertel einer Küstenstadt lebt er mit seiner Frau Phoebe, die in Selbstmitleid schwelgt und im Alkohol Trost sucht, und mit seinem Vater Billy, dem Relikt einer Ära, in der Großbritannien wirklich noch groß und das Pfund noch ein Pfund wert war. Archies Sohn Frank, ein Kriegsdienstverweigerer, und seine Tochter Jean, die sich einmal linksgerichtet, einmal liberal gebärdet, repräsentieren die jüngere Generation. Ein weiterer Sohn, Mick, kämpft als Feldwebel der britischen Armee in Ägypten. Die Ereignisse spielen sich zur Zeit der Suez-Krise von 1956 ab. Archie und seine Familie verkörpern das England dieser Krisenperiode: die einstige Weltmacht, die nicht fähig oder nicht willens ist, ihren neuen Status als zweitrangige Größe zu akzeptieren, ein Land ohne Zukunft, das zwischen sentimentalen Erinnerungen und billigem Zynismus hin und her schwankt. Die eigentlichen Geschehnisse des Stückes ereignen sich gewissermaßen hinter den Kulissen. Auf der Bühne erlebt man die Reaktion der Familie auf die Nachrichten von Micks Gefangennahme in Ägypten, von seiner voraussichtlichen Entlassung und seinem plötzlichen Tod; man hört von Archies Plan, sich von Phoebe scheiden zu lassen, ein Mädchen zu heiraten, das halb so alt ist wie er, und das Geld ihrer Eltern zur Finanzierung einer neuen Show zu verwenden. Als sein Vater dieses moralisch fragwürdige Vorhaben vereitelt, betreibt Archie die Rückkehr Billys, der früher Komödiant war, zur Bühne. Aber der alte Mann ist den Anforderungen des Schauspielerlebens nicht mehr gewachsen und geht an ihnen zugrunde.

Osborne verwendet in diesem Stück Verfremdungseffekte des Brechtschen epischen Theaters. In Form von 13 Varieté-Nummern wechseln realistische Familienszenen mit Passagen, in denen sich Archie mit Conférencen und Songs an ein Publikum wendet, das für ihn nur noch ein *»Pöbelhaufen«* ist – ebenso ausgebrannt wie er, ebenso verfault wie die moderne Welt. Wie in *Look Back in Anger* und *Luther* (1961) sind Osborne im *Entertainer* eine zwingende Zentralgestalt und einige mitreißende Dialoge geglückt, in diesem Fall ätzende Kommentare zu den Verhältnissen in Eng-

land während der Suezkrise, aus denen die bittere Desillusionierung eines ganzen Landes spricht. Osborne selbst steht meistens auf der Seite des müde gewordenen Zynikers Archie und seiner müde gewordenen Kinder.
Seinen überwältigenden Erfolg verdankte das Stück, das mit dem abgewrackten Schauspieler auch menschliches Rollenspiel als solches thematisiert (vgl. Archies Schlußworte), nicht zuletzt hervorragenden Schauspielern wie Sir Laurence Olivier, der die Rolle des Archie Rice auch in der Verfilmung übernahm, Gustaf Gründgens und Martin Held. Sie alle bewältigten die schwierige Aufgabe, *»mit höchster Kunst einen absolut kunstlosen Bühnen-›Künstler‹ zu spielen«* (Georg Hensel), meisterhaft.
J.v.Ge.-KLL

Ausgaben: Ldn. 1957. – NY 1958. – Hbg. 1980. – Stg. 1985, Hg. H. Geisen (RUB).

Übersetzungen: *Der Entertainer*, H. Sahl, Ffm./Hbg. 1958 (FiBü). – Dass., ders. (in *Blick zurück im Zorn. Der Entertainer. Luther*, Lpzg. 1975; RUB). – Dass., H. H. Fischer, Ffm. 1990.

Verfilmungen: England 1960 (Regie: T. Richardson). – USA 1975 (Regie: D. Wrye).

Literatur: B. Dobrée, *The London Theatre, 1957* (in SR, 1958). – J. Bailhache, *Angry Young Men* (in Esprit, Mai 1958, S. 693–711). – A. Nicoll, *Somewhat in a New Dimension* (in *Contemporary Theatre*, Hg. J. R. Brown u. B. Harris, Ldn. 1962, S. 77–95). – D. Schwanitz, *J. O.: »The Entertainer« und J. O., the Entertainer* (in *Englisches Drama von Beckett bis Bond*, Hg. H. R. Plett, Mchn. 1982, S. 100–117).

LOOK BACK IN ANGER

(engl.; *Ü: Blick zurück im Zorn*). Schauspiel in drei Akten von John Osborne, Uraufführung: London, 8. 5. 1956, Royal Court Theatre; deutsche Erstaufführung: Berlin, 7. 10. 1957, Schloßpark-Theater. – Jimmy Porter, ein fünfundzwanzigjähriger Intellektueller, der der Arbeiterklasse entstammt und als Stipendiat ein Provinzcollege besucht hat, rebelliert in ohnmächtigem Zorn gegen eine Gesellschaftsordnung, die ihm den, wie er glaubt, ihm zustehenden Platz verweigert. In einer mittelenglischen Industriestadt betreibt er einen Süßwarenstand, Zeichen seines Protests gegen das starre Klassensystem, das er zutiefst verabscheut. Seine chronische Unzufriedenheit, seine geistige Ruhe- und Ratlosigkeit, seinen Ekel vor einer Welt, die zu gedankenlos, zu stumpf geworden ist, um sich für eine gute Sache zu begeistern und zu engagieren, aber auch sein Selbstmitleid reagiert er teils an der Jazztrompete, meist aber an seiner jungen Frau Alison ab, die er gegen den Willen ihrer bürgerlich-konservativen Eltern (ihr Vater ist ein pensionierter Oberst) geheiratet hat. Die unterschiedlichen Anschauungen und Verhaltensmuster seiner und ihrer sozialen Sphäre führen zu ständigen Reibereien zwischen Jimmy und Alison, die in der engen, schäbigen Einzimmerwohnung miteinander streiten, sich versöhnen und im nächsten Augenblick einander erneut herausfordern. Jimmys ständig überkochender Zorn äußert sich meist in einem Wortschwall oder in lapidaren Beschimpfungen, gelegentlich aber auch in physischer Quälerei. Der gemeinsame Freund Cliff Lewis kann trotz seiner verständnisvoll ausgleichenden Art die fortschreitende Entfremdung zwischen den beiden nicht aufhalten. Gerade als Alison Jimmy mitteilen will, daß sie schwanger ist, treiben dessen Provokationen sie ins Elternhaus zurück. Eine Zeitlang nimmt Helena Charles, die auf die Demütigung und Verächtlichmachung ihrer Freundin Alison mit Empörung reagiert hat, deren Platz ein: In einer Art Haßliebe bleibt sie bei Jimmy, wird seine Geliebte, zugleich aber – da seine Theatralik stets ein Publikum braucht – die neue Zielscheibe seiner Angriffe. Schließlich kehrt Alison, die ihr Kind und ihre letzten Illusionen verloren hat, zurück. Sie akzeptiert ihre Erniedrigung, ist bereit, der Welt, die Jimmy zu dem gemacht hat, was er ist, den Rücken zu kehren, bereit, Jimmys Sprache zu verstehen. In einer Art von kindlich-naivem Rollenspiel (als »Bär« und »Eichhörnchen«) drängen beide den Gedanken an die Fragwürdigkeit einer gemeinsamen Zukunft zurück.
Das Stück, das keine formalen Neuerungen bringt und seine Herkunft vom naturalistischen Drama nicht verleugnen kann, verdankt seinen überwältigenden Erfolg der absolut dominierenden Gestalt Jimmy Porters. Seine gereizten Tiraden gegen die etablierte Ordnung, eine Reihe von Solo-Nummern, sind ein Trommelfeuer aggressiver und zugleich selbstquälerischer, intellektualistisch und pathetisch dekorierter, blasphemischer und obszöner Sätze in einer Mischung aus Slang und Alltagssprache. Durch diese Gestalt und durch diesen neuen Ton wurde Osborne zum Sprachrohr des aufbegehrenden, sozial nicht integrierten geistigen Halbproletariats seiner Generation. Als »zorniger junger Mann Nr. 1« wurde er zum Verkünder und Exponenten des von vielen empfundenen, aber nie zuvor mit solcher Prägnanz formulierten Lebensgefühls in einem neuen intellektuellen Klima. Dieses fanalhaft aufgenommenen Symbolcharakters wegen konnte das Stück einen Widerhall finden, der seine künstlerischen Qualitäten weit überstieg. Mit *Look Back in Anger*, einem von Osbornes Adepten und Nachfolgern als programmatisch aufgefaßten Werk, war der Weg für ein neues, antikonventionelles, sozial engagiertes Drama vorgezeichnet, das Mitte der fünfziger Jahre als erste bedeutsame Umwälzung seit Shaw dem englischen Theater eine neue Richtung gegeben hat, eine Richtung, die sich durch Autoren wie Osborne, Wesker, Pinter und Arden auch außerhalb Englands Geltung verschafft hat. Das zeitgenössische europäische Drama verdankt ihr wesentliche Impulse.
J.v.Ge.-KLL

AUSGABEN: Ldn. 1957; [7]1965. – NY 1957; [10]1967. – Ffm. 1969 u. ö., Hg. u. Anm. U. Bliesener. – Harmondsworth 1982 u. ö. (Penguin). – Ldn. 1984.

ÜBERSETZUNGEN: *Blick zurück im Zorn*, H. Sahl, Ffm./Hbg. 1958 (FiBü). – Dass., ders. (in *Blick zurück im Zorn. Der Entertainer. Luther*, Lpzg. 1975; RUB). – Dass., ders., Ffm. 1979 u. ö. (FiTb). – Dass., H. H. Fischer, Ffm. 1990.

VERFILMUNG: England 1958 (Regie: T. Richardson).

LITERATUR: J. Selz, *J. O. and Jimmy Porter* (in Les Lettres Nouvelles, 61, 1958, S. 908–911). – A. E. Dyson, *»Look Back in Anger«* (in Critical Quarterly, 1, 1959, S. 318–326). – S. A. Weiss, *O.'s Angry Young Play* (in ETJ, 12, 1960, S. 285–288). – H. Oppel, *J. O. »Look Back in Anger«* (in *Das moderne englische Drama*, Hg. ders., Bln. 1963, S. 317–331). – M. D. Faber, *The Character of Jimmy Porter: An Approach to »Look Back in Anger«* (in MD, 13, 1970/71, S. 67–77). – *»Look Back in Anger«: A Casebook*, Hg. J. R. Taylor, Ldn. 1968; ern. Southampton 1975. – J. Kreuzer, *Entfremdung u. Anpassung*, Mchn. 1972, S. 88–96. – E. G. Bierhaus Jr., *No World of Its Own: »Look Back in Anger« Twenty Years Later* (in MD, 19, 1976, S. 47–55). – B. Murphy, *Jimmy Porter's Past: The Logic of Rage in »Look Back in Anger«* (in Midwest Quarterly, 18, 1977, S. 361–371). – D. Schulz, *Ritual und Spiel in J. O.s »Look Back in Anger«* (in Sprachkunst, 9, 1978, S. 171–182). – J. Neumann, *»Look Back in Anger«: Psychoanalyse u. sozialer Kontext* (in anglistik u. englischunterricht, 7, 1979, S. 27–38). – *Notes on »Look Back in Anger«*, Hg. Griffiths, Ldn. 1981. – U. Böker, *»Look Back in Anger« im Kontext von J. O.s Dramenkonzeption u. Ideologie* (in Literatur für Leser, 4, 1982, H. 1, S. 33–44). – M. Brady, *Looking Back at the Language of »Look Back in Anger«* (in *M. B., Four Fits of Anger*, Udine 1986, S. 150–170). – D. Cairns u. S. Richards, *No Good Brave Causes? The Alienated Intellectual and the End of Empire* (in Literature and History, 14, 1988, S. 194–206). – H. Zapf, *Das Drama in der abstrakten Gesellschaft*, Tübingen 1988, S. 61–86.

A PATRIOT FOR ME

(engl.; *Ü: Ein Patriot für mich*). Schauspiel in drei Akten von John OSBORNE, Uraufführung: London, 30. 6. 1965, Royal Court Theatre (aus Zensurgründen als geschlossene Club-Veranstaltung); erste öffentliche Aufführung: London, 1973, Watford Palace Theatre; deutsche Erstaufführung: Bremen, 21. 9. 1966, Theater am Goetheplatz. – Das Stück stellt in 23 Szenen mit häufig wechselnden Schauplätzen und mehr als 80 verschiedenen Rollen Aufstieg und Fall des habsburgischen Offiziers Alfred Redl in den Jahren 1890 bis 1913 dar, der als Mitglied der Spionageabwehr eine glänzende Karriere machte, jedoch aufgrund seiner Homosexualität zur Tätigkeit eines Doppelagenten erpreßt wurde und schließlich in aussichtsloser Lage Selbstmord beging. Die freizügige Darstellung von Homosexualität auf der Bühne war für die britischen Zensurbehörden der Anlaß, einer öffentlichen Aufführung nicht zuzustimmen.

Als Quelle des Dramas dienten ein Bericht in der ›Times‹ vom 30. 5. 1913 über den »Selbstmord eines österreichischen Offiziers«, Robert ASPREYS Redl-Biographie *The Panther's Feast* (1959) sowie eine Serie von Spionage- und Erpressungsskandalen, die England in den sechziger Jahren erschütterten. Der Titel des Stücks bezieht sich auf eine Bemerkung des österreichischen Kaisers Franz III., der bei einem Gespräch über einen zur Beförderung anstehenden Offizier, dessen Patriotismus gerühmt wurde, erwidert haben soll: *»Aber ist er ein Patriot für mich?«* Osborne greift die Karriere des aus einer jüdischen Arbeiterfamilie stammenden Alfred Redl auf, der sich durch Intelligenz und unermüdlichen Fleiß emporarbeitet, und setzt sie in Bezug zur Gesellschaft eines sterbenden Kaiserreichs, das von gesellschaftlichen und moralischen Vorurteilen, von strikter sozialer Hierarchie und Heuchelei gekennzeichnet ist. So tritt Redl z. B. in der ersten Szene als Sekundant seines Kameraden Sicynski auf, der im Duell von seinem aristokratischen Widersacher, Major von Kupfer, getötet wird. Der Aufsteiger Redl, der sich an den Vergnügungen der anderen Offiziere kaum beteiligt, zieht die Aufmerksamkeit von Oberst Oblensky vom russischen Geheimdienst auf sich, der über die Gräfin Delyanoff, die den jungen ehrgeizigen Offizier umgarnt, dessen Schwachstellen zu ergründen sucht. Nach dem Abbruch seiner Beziehung zur Gräfin, der bereits andere sexuelle Enttäuschungen vorausgegangen sind, wendet sich der Protagonist Männerfreundschaften zu und verstrickt sich aufgrund seines Lebensstils immer mehr in Schulden. Der Transvestitenball zu Beginn des zweiten Akts zeigt den Widerspruch auf, an dem Redl zugrunde gehen wird: Einerseits ist die Homosexualität sozial bedingt und bietet Redl, der unter dem Zwang zu Selbstverleugnung und äußerster Disziplin leidet, die Möglichkeit, eine neue Identität zu finden und – wenn auch flüchtige – Beziehungen aufzubauen; andererseits wird sie von der Öffentlichkeit nicht gebilligt und ermöglicht so Oblensky, Redl mit seinen Männerbekanntschaften zu erpressen. Nachdem Redl – um sich selbst keinem Verdacht auszusetzen – einen russischen Spion enttarnt hat, opfert er als Gegenleistung Major von Kupfer. Als er selbst schließlich als Spion entlarvt wird, läßt man ihm die Gelegenheit zu einem »ehrenvollen Selbstmord«. Das Stück schließt mit einer kurzen Szene, in der Oblensky sich bereits sein nächstes Opfer auswählt.

A Patriot For Me schildert in epischer Szenenreihung eine hohle, zerbröckelnde Gesellschaft, an der das Talent und die Energie des Außenseiters Redl zerbrechen müssen. Die Hauptfigur ist eine introvertierte Gestalt, die wenig über sich selbst und ihre Gefühle spricht und die der Zuschauer in erster Linie durch die Augen der anderen Figuren erschließen muß. Am Schicksal Redls zeigt Osborne *»die Zwänge auf, die gesellschaftliche Vorurteile dem von der sexuellen Norm Abweichenden auferlegen«*, und verurteilt *»nicht den Homosexuellen, sondern die Gesellschaft, die Homosexualität ächtet«* (K. Tynan). Dabei mokiert Osborne sich mit der karikaturistisch übertriebenen Gestalt des Neurologen Schoepfer auch über die Einstellung der Freudianer zur Homosexualität. Das eigentliche Thema aber ist das generelle Problem der Auswirkungen einer Gesellschaft auf eine Persönlichkeit, die wegen ihrer Abstammung, ihres Stolzes und unbeugsamen Willens verwundbar ist und unter dem Zwang zum Rollenspiel immer stärker leidet. In den Versuchen der Elite dieser Gesellschaft, den Redl-Skandal zu vertuschen, entlarvt diese sich selbst; schuldbewußt verdrängt sie die eigene Korruption. – Unter den vielen entfremdeten Protagonisten in Osbornes Stücken ist Redl der einsamste; insofern führt eine Linie von Jimmy Porter und Archie Rice über Luther (im gleichnamigen, 1961 uraufgeführten Historiendrama) und Bill Maitland (in *Inadmissible Evidence*, 1964 – *Richter in eigener Sache*) zu Alfred Redl. Formal steht das 1965 mit dem ›Evening Standard‹-Dramapreis ausgezeichnete, aber selten gespielte Stück *Luther* am nächsten; beide Dramen ähneln sich in ihrer epischen Struktur und ihrem Schwerpunkt auf der Psyche des historischen Außenseiters. Formal erinnern sie entfernt an Brechts Stücke, doch fehlt ihnen das historisch-didaktische Element. J. Ass.

Ausgaben: Ldn. 1966. – NY 1970. – Ldn. 1983 [zus. m. *A Sense of Detachment*].

Übersetzung: *Ein Patriot für mich*, M. Schell, Ffm./Hbg. 1968 (zus. m. *Richter in eigener Sache*; FiBü).

HAROLD PINTER

* 10.10.1930 London

Literatur zum Autor:

Bibliographien und Forschungsberichte:
H. T. Schroll, *H. P.: A Study of His Reputation and a Checklist*, Metuchen/N.J. 1971. – R. Imhof, *H. P.: A Bibliography*, Ldn./Los Angeles 1976. – S. Gale, *H. P.: An Annotated Bibliography*, Boston 1978.

Zeitschrift:
The Pinter Review, Hg. F. Gillen u. S. H. Gale, Tampa/Fla. 1987 ff. [m. Bibliogr.].

Gesamtdarstellungen und Studien:
J. R. Taylor, *A Room and Some Views* (in J. R. T., *Anger and After*, Ldn. 1962, S. 321–360; ern. 1969). – M. Esslin, *Das Theater des Absurden*, Reinbek 1965 (rde; ern. 1985; erw.) – Ders., *H. P.*, Velber 1967; ern. 1977. – A. P. Hinchliffe, *H. P.*, NY 1967; rev. 1981. – W. Kerr, *H. P.*, Ldn. 1967. – D. Allgaier, *Die Dramen H. P.s: Eine Analyse von Form und Inhalt*, Diss. Ffm. 1968. – *Modern British Dramatists*, Hg. J. R. Brown, Englewood Cliffs/N.J. 1968. – R. Hayman, *Contemporary Dramatists: P.*, Ldn. 1968; zul. 1980. – L. G. Gordon, *Stratagems to Uncover Nakedness: The Dramas of H. P.*, Columbia/Mo. 1969. – J. R. Taylor, *H. P.*, Ldn. 1969; ern. 1973. – M. Esslin, *The Peopled Wound: The Work of H. P.*, Garden City/N.Y. 1970 [m. Bibliogr.; zul. u. d. T. *P.: The Playwright*, Ldn. 1984]. – J. R. Hollis, *H. P.: The Poetics of Silence*, Ldn. 1970. – A. Sykes, *H. P.*, St. Lucia 1970. – K. H. Burkman, *The Dramatic World of H. P.: Its Basis in Ritual*, Columbus/Oh. 1971. – J. R. Brown, *Theatre Language*, Ldn. 1972, S. 15–117. – *P.: A Collection of Critical Essays*, Hg. A. Ganz, Englewood Cliffs/N.J. 1972. – V. Klotz, *Individuum u. Gesellschaft im englischen Drama der Gegenwart: Arnold Wesker und H. P.*, Bln. 1972. – W. Baker u. W. E. Tabachnik, *H. P.*, Edinburgh 1973. – S. Trussler, *The Plays of H. P.: An Assessment*, Ldn. 1973. – MD, 17, 1974, Nr. 4 [Sondernr. *H. P.*]. – A. Quigley, *The P. Problem*, Princeton/N.J. 1975. – M. Anderson, *Anger and Detachment*, Ldn. 1976. – L. Fietz, *H. P.: Menschenbild u. Dramenstruktur*, Tübingen 1976. – L. P. Gabbard, *The Dream Structure of P.'s Plays*, Rutherford/N.J. 1976. – R. Imhof, *H. P.s Dramentechnik: Gestalterische Mittel im Kontext des Gesamtwerks*, Bonn 1976. – P. Münder, *H. P. und die Problematik des absurden Theaters*, Ffm. 1976. – M. Damian, *Zur Geschichtlichkeit des Theaters des Absurden*, Ffm. 1977. – S. H. Gale, *Butter's Going Up: A Critical Analysis of H. P.'s Work*, Durham/N.C. 1977. – D. Müller-Zanoth, *Der Dialog in P.s Dramen*, Ffm. 1977. – K.-H. Stoll, *H. P.*, Düsseldorf 1977. – E. Mengel, *H. P.s Dramen im Spiegel der soziologischen Rollentheorie*, Ffm./Bern 1978. – S. Sahai, *H. P.: A Critical Evaluation*, Salzburg 1981. – B. F. Dukore, *H. P.*, Ldn./Basingstoke 1982. – H. D. Heitmann, *Dramaturgie des Raumes*, St. Augustin 1982. – V. Klotz, *H. P.* (in V. K., *Britische Dramatiker der Gegenwart*, Bln. 1982, S. 128–148). – G. Almansi u. S. Henderson, *H. P.*, Ldn. 1983. – M. Esslin u. S. Rasche, *H. P.* (in KLFG, 2. Nlg., 1983). – *H. P.: You Never Heard Such Silence*, Hg. A. Bold, Ldn./Totowa (N.J.) 1984. – *H. P.*, Hg. S. H. Gale, Ldn. u. a. 1986. – D. T. Thompson, *H. P.*, Ldn. 1986. – *H. P.*, Hg. H. Bloom, NY 1987. – H. E. Gerzymisch-Arbogast, *Das Absurde in den Dramen H. P.s: Versuch einer Erklärung aus linguistischer Sicht* (in NSp, 37, 1988, S. 405–421). – E. Sakellaridou, *P.'s Female Portraits*, Totowa/N.J. 1988. – V. Strunk, *H. P.: Towards a Poetics of His Plays*, Ffm. u. a. 1989.

BETRAYAL

(engl.; *Ü: Betrogen*). Drama in neun Szenen von Harold PINTER, Uraufführung: London, 15. 11. 1978, National Theatre; deutschsprachige Erstaufführung: Wien, 17. 12. 1978, Akademietheater. – *Betrayal* markiert einen deutlichen Wandel in Pinters Schreibweise. In dem Stück sind zahlreiche Elemente seiner früheren Dramen, z. B. das unbestimmte Gefühl das Bedrohtseins *(comedies of menace)*, die allegorischen Züge, die fehlende Vergangenheit und Motivierung seiner Personen sowie die zwischen Realität und Traum angesiedelte Handlung, nicht mehr vorhanden. Statt dessen stellt Pinter hier realistisch eine Ehebruchsgeschichte dar: Das Dreieck besteht aus Jerry, einem erfolgreichen Literaturagenten, Emma, einer Galeristin, und deren Mann Robert, einem Verleger, der zugleich Jerrys bester Freund ist. Das im Grunde triviale Geschehen erhält seinen Reiz dadurch, daß es in gegenläufiger Richtung erzählt wird. Entsprechend ist die Handlung strukturiert: Die von den Protagonisten erinnerte Vergangenheit wird in der jeweils nächsten Szene zur Bühnengegenwart. So kann der Zuschauer stets das tatsächlich Geschehene mit dem durch die Erinnerung der beteiligten Personen veränderten Geschehen vergleichen.

Das Stück beginnt im Frühjahr 1977 mit einem Treffen von Emma und Jerry, zwei Jahre nachdem ihr Verhältnis zu Ende gegangen ist. Emma erzählt dem beunruhigten Jerry, daß sie die Scheidung von ihrem Mann, der sie seit langem betrügt, erwäge und daß sie ihn während einer Auseinandersetzung in der vorangegangenen Nacht auch über die jahrelange Liebesaffäre mit Jerry aufgeklärt habe – für Jerry ein Verrat an seiner Freundschaft zu Robert. Als Jerry sich kurz darauf mit Robert trifft, muß er feststellen, daß Emma ihn belogen hat und daß Robert, ohne sein Verhalten gegenüber seinem Freund geändert zu haben, bereits seit Jahren nach einem Geständnis seiner Frau von dem Verhältnis wußte. Nachdem dieses Geflecht des gegenseitigen Betrügens in den ersten beiden Szenen erstellt worden ist, wird die Entwicklung der Liebesaffäre in umgekehrter Chronologie dargestellt. Ausgangspunkt ist der Winter 1975, als Jerry und Emma – angeblich wegen beruflichen Zeitdrucks – ihr Verhältnis beenden; es folgen mehrere Szenen über die Männerfreundschaft von Jerry und Robert, deren Ironie darin besteht, daß Robert trotz seines Wissens um das Liebesverhältnis seiner Frau sein Verhalten nicht ändert und daß Jerry wiederholt Roberts Aufforderung zum Squash-Spiel (einer rituellen ›männlichen‹ Auseinandersetzung) ausweicht. Letztlich verweigert er so den »Vollzug« der Männerfreundschaft, und dieser »Betrug« trifft Robert wesentlich stärker als Jerrys Ehebruch mit Emma. Die letzte Szene spielt im Jahre 1968 und zeigt den Beginn der Affäre, in die Emma, nachdem sie sich den Avancen des betrunkenen Jerry widersetzt hat, letztlich durch die Gleichgültigkeit ihres Mannes getrieben wird.

Die Struktur des Stücks verweist auf Pinters Beschäftigung mit dem Problem der Realität und der Brechung realen, vergangenen Geschehens in der menschlichen Erinnerung. Im Zentrum steht jedoch das Thema des Betrügens, das hier in vielfältigen Variationen durchgespielt wird. Die Gesellschaft, der die Protagonisten – und mit ihnen Pinter selbst und ein Teil seines Publikums – angehören, erscheint als ein Geflecht verlogener Beziehungen von Ehebruch und Betrug, von Betrügern und betrogenen Betrügern. Dabei deutet Pinter über das Liebesverhältnis von Emma und Jerry und die wechselnden Verhältnisse Roberts hinaus noch weitere Affären an. Alle sexuellen Beziehungen sind jedoch von größter Oberflächlichkeit und finden ihre Parallele in den banalen, sich größtenteils im Kreis drehenden Gesprächen, in denen unverbindliche Nettigkeiten ausgetauscht und triviale Erfahrungen erörtert werden. Dabei ist das Engagement der Personen füreinander genauso gering wie ihr Interesse an ihrem beruflichen Gegenstand: der Kunst. Unter der gefälligen Oberfläche werden die Leere und Hohlheit ihres Lebens sowie ihre Unfähigkeit zu aufrichtigen Emotionen spürbar. So steht Roberts Tätigkeit als Verleger in bezeichnendem Gegensatz zu seinem Geständnis, er hasse Bücher, und Jerrys pathetische Liebesbeteuerungen in der letzten Szene sind durch die vorangegangenen Szenen bereits als leere Rhetorik entlarvt worden. Weil Pinter in *Betrayal* eine außergewöhnlich karge Sprache verwendet, treten die wenigen Leitmotive (wie das Hochwerfen von Emmas Tochter durch Jerry) um so deutlicher hervor.

J.Ass.

AUSGABEN: Ldn. 1978. – Ldn. 1981 (in *Plays*, 4 Bde., 1976–1981, 4; zul. 1986). – NY 1981 (in *Complete Works*, 4 Bde., 1977–1981, 4).

ÜBERSETZUNG: *Betrogen*, H. M. Ledig-Rowohlt, Reinbek 1979 (rororo). – Dass., ders. (in *Spectaculum*, Bd. 34, Ffm. 1981).

VERFILMUNG: England 1982 (Regie: D. Jones).

LITERATUR: E. Mengel, *Unterschiedliche Formen der Bewußtseinsdiskrepanz und ihre dramatische Funktion in H. P.s »Betrayal«* (in GRM, 32, 1982, S. 333–344). – L. P. Gabbard, *The Depths of »Betrayal«* (in Journal of Evolutionary Psychology, 4, 1983, S. 228–237). – L. S. Wells, *Discourse on Failed Love: H. P.'s »Betrayal«* (in MLS, 13, 1983, S. 22–30). – K. H. Burkman, *H. P.'s »Betrayal«: Life Before Death – and After* (in ETJ, 34, 1982, Nr. 4, S. 505–518). – G. Woodroffe, *De ›Kinsale Drive‹ à ›Wessex Grove‹. Une étude psychanalytique de »Betrayal« de H. P.* (in Cycnos, 3, 1986/87, S. 111–127).

THE BIRTHDAY PARTY

(engl.; *Ü: Die Geburtstagsfeier*). Drama in drei Akten von Harold PINTER, Uraufführung: Cambridge, 28.4. 1958, Arts Theatre; deutsche Erstaufführung: Braunschweig, 10.12. 1959, Staatstheater. – Das erste abendfüllende Schauspiel des Autors wird wie seine späteren Stücke als eine *comedy of menace* bezeichnet, d.h. eine schwarze Komödie, in der durch inhaltliche und sprachliche Mehrdeutigkeit ein Klima der Unsicherheit erzeugt wird und deren Protagonist einer unbekannten und deshalb um so schrecklicheren Bedrohung ausgesetzt ist. Für den Einfluß Kafkas, Becketts und des amerikanischen Gangsterfilms, die Pinter als seine wichtigsten Vorbilder bezeichnet hat, sprechen in *The Birthday Party*: das Ausgeliefertsein an anonyme Mächte; die absurd-komische Logik, die aus der Verfremdung des Mechanismus der Alltagssprache resultiert; und der Einbruch der Gewalt in die »ordentliche« Welt des Bürgers.

In einer schäbigen englischen Strandpension, die einem älteren Ehepaar – der töricht-fürsorglichen Meg und dem schweigsamen Petey – gehört, wohnt seit Jahren als einziger Gast ein heruntergekommener Mann namens Stan, der jeden Kontakt mit der Außenwelt ängstlich meidet. Einst, so behauptet er, sei er ein vielversprechender Konzertpianist gewesen, doch bereits sein zweiter Auftritt sei von unbekannten bösen Mächten verhindert worden. (Indem Pinter die Vorgeschichte der Personen und ihre Beziehung zueinander verschleiert – empfindet Meg wirklich nur mütterliche Zuneigung zu Stan? –, suggeriert er dem Zuschauer von Anfang an ein Gefühl der Unsicherheit und Doppelbödigkeit.) Das seltsame Idyll wird plötzlich von zwei Fremden gestört, dem schwatzhaften Juden Goldberg und dem wortkargen Iren McCann. Der Zweck ihres Besuches bleibt ebenso dunkel wie der Sinn ihrer Worte, die von Augenzwinkern, Grinsen und halb unterdrückten Drohungen begleitet sind. Während Meg und Petey an den beiden Gefallen finden, wirken sie auf Stan wie Verkörperungen seiner geheimen Ängste. Sind sie Killer, führen sie einen Auftrag aus (welchen? in wessen Namen?), oder spielen sie ihm nur einen üblen Streich? Er wird von ihnen ins Kreuzverhör genommen, wobei abrupte Fragen, schreckliche Anschuldigungen und absurde historisch-politische Reminiszenzen einander ablösen. Anschließend arrangieren die modernen Inquisitoren eine Geburtstagsfeier für Stan. (Hat er wirklich Geburtstag? Er selbst verneint es.) Die Party, an der auch das ahnungslose Ehepaar teilnimmt, gipfelt in einem Blindekuhspiel, bei dem der seiner Brille beraubte Stan immer hysterischer reagiert, schließlich Meg zu erwürgen droht und von McCann und Goldberg in sein Zimmer getragen wird. Am nächsten Morgen schaffen sie ihn in einem großen, schwarzen Wagen fort. Er ist frisch rasiert, trägt gestreifte Hosen und einen schwarzen Rock und starrt sprach- und ausdruckslos vor sich hin – *»ein neuer Mensch«* (McCann). Meg und Petey aber sprechen begeistert von der gelungenen Geburtstagsfeier.

Pinter, der sich selbst als »traditionellen Stückeschreiber« bezeichnet hat, lehnt jede eindeutige Interpretation seiner Dramen ab. In *The Birthday Party* haben Angst und Entsetzen keinen Namen mehr, sie sind vieldeutig, unbestimmt und unvorhersehbar in einer kleinbürgerlichen Welt, hinter deren äußerer Banalität sich das Grauen eines nicht begriffenen »Schicksals« verbirgt. Die Absurdität des mit allerlei melodramatischen Effekten angereicherten Geschehens wird durch das totale Unverständnis der alten Leute noch verstärkt. Wie in seinen späteren Dramen, Bearbeitungen und Filmdrehbüchern erweist sich schon hier Pinters ausgeprägter Sinn für verborgene Bedeutungsschichten und sprachliche Doppelbödigkeit. Gefahr droht dem Menschen nicht allein durch anonyme Mächte, sondern ebenso durch seine eigene Angewohnheit, aus Angst vor der Wirklichkeit jeder echten Kommunikation auszuweichen und durch beschwörende Wiederholungen, Euphemismen, Verzicht auf logisches Denken und Flucht in Gemeinplätze eine Mauer des Mißtrauens um sich zu bauen. In *The Birthday Party* zeigt Pinter sowohl die oft absurde Komik wie auch die Tragik dieser Verständigungsunfähigkeit, die Stan zum Opfer gesellschaftlicher Anpassung macht. *»Du wirst mit eingegliedert werden«*, sagt Goldberg am Ende, und es klingt wie ein Todesurteil. – Nach einem verheißungsvollen Start in Cambridge fiel das Stück bei der Londoner Premiere durch, gelangte aber bald darauf zu internationalem Erfolg und hat heute einen festen Platz in der Geschichte des modernen Dramas. J.N.S.

Ausgaben: Ldn. 1959. – Ldn. 1960 *(The Birthday Party and Other Plays)*. – Ldn. 1976 (in *Plays*, 4Bde., 1976–1981, 1; zul. 1981). – NY 1977 (in *Complete Works*, 4Bde., 1977–1981, 1). – Ldn. 1981. – NY 1989.

Übersetzung: *Die Geburtstagsfeier*, W.H. Thiem (in *Englisches Theater unserer Zeit*, Reinbek 1961; Einl. F. Luft). – Dass., ders. (in *Dramen*, Reinbek 1970; ern. 1976). – Dass., ders. (in *5 Theaterstücke*, Reinbek 1980).

Verfilmung: England 1968 (Regie: W. Friedkin).

Literatur: R.B. Heilman, *Demonic Strategies: »The Birthday Party« and »The Firebugs«* (in *Sense and Sensibility in 20th-Century Writing*, Hg. B. Weber, Carbondale/Ill. 1970, S. 57–74). – S.H. Gale, *H. P.'s »The Birthday Party« and Other Works*, NY 1971. – L. Bredella, *Die Intention u. Wirkung literarischer Texte: A Weskers »Chips With Everything« und H. P.'s »The Birthday Party«* (in Der fremdsprachliche Unterricht, 7, 1973, S. 34–49). – A. Brody, *The Gift of Realism: Hitchcock and Pinter* (in Journal of Modern Literature, 3, 1973, S. 149–172). – H.W. Schwarze, *Orientierungslosigkeit u. Betroffensein: Spielelemente in H. P.s »The Birthday Party«* (in LWU, 7, 1974, S. 98–114). – H. Zimmermann, *H. P.: »The Birthday Party«* (in *Das zeitgenössische englische Drama*, Hg. K.D. Fehse u. N.H. Platz, Ffm. 1975, S.43–70). – H.F.

Plett, *Dramaturgie der Unbestimmtheit: Zur Ästhetik der obscuritas bei Eliot, Beckett u. P.* (in Poetica, 9, 1977, S. 417–445). – E. T. Kirby, *The Paranoid Pseudo-Community in P.'s »The Birthday Party«* (in ETJ, 30, 1978, S. 157–164). – A. Fischer, *Poetry and Drama: P.'s Play in Light of His Poem »A View of the Party«* (in ES, 60, 1979, S. 484–497). – R. A. Andretta, *The Chicken That Crossed the Road: A Study of H. P.'s »The Birthday Party«* (in Journal of English, 8, 1980, S. 75–108). – R. Stamm, *Geburtstag in T. S. Eliots »The Family Reunion« und H. P.s »The Birthday Party«* (in *Die amerikanische Literatur in der Weltliteratur*, Hg. C. Uhlig u. V. Bischoff, Bln. 1982, S. 323–338). – *H. P.: A Casebook on »The Birthday Party«, »The Homecoming« and »The Caretaker«*, Hg. M. Scott, Ldn./Basingstoke 1986. – H. Zapf, *Das Drama in der abstrakten Gesellschaft*, Tübingen 1988, S. 87–134.

THE CARETAKER

(engl.; *Ü: Der Hausmeister*). Drama von Harold PINTER, Uraufführung: London, 27. 4. 1960, Arts Theatre Club; deutsche Erstaufführung: Düsseldorf, 29. 10. 1960, Schauspielhaus. – Mit *The Caretaker*, das zu den wichtigsten Stücken des Autors und des englischen Dramas nach dem Zweiten Weltkrieg gehört, gelang Pinter der endgültige Durchbruch auf der Bühne. Standen *The Room* (1957) und *The Birthday Party* (1958) noch im Bann des absurden Theaters eines BECKETT oder IONESCO, so ist *The Caretaker*, obgleich ebenfalls eine *comedy of menace*, auch im Bereich eines (bewußt vagen) psychologischen Realismus angesiedelt. Durch den Zusammenstoß dreier Charaktere in einem geschlossenen Raum wird die für Pinter typische bedrohliche Atmosphäre geschaffen.

Aston, ein verschlossener junger Mann, der nach einer Elektroschockbehandlung aus der Nervenklinik entlassen wurde, wohnt in einem verlotterten Haus, dessen Renovierung ihm sein Bruder Mick übertragen hat. Diese Beschäftigungstherapie ist bisher jedoch erfolglos geblieben: Aston hat sich noch nicht einmal entschlossen, mit der Arbeit anzufangen. Das Stück beginnt damit, daß Aston dem obdachlosen alten Davies, den er zufällig kennengelernt hat, Unterkunft in seinem eigenen Zimmer gewährt; das unbescheidene Auftreten und das Geschwätz des neuen Freundes nimmt er in Kauf und bietet ihm sogar die Beschäftigung als Hausmeister an. Als kurz darauf Mick Davies ein ähnliches Angebot macht (allerdings auch, um ihn zu testen und in eine Falle zu locken), fühlt der Alte sich Aston überlegen und glaubt, nicht mehr auf ihn angewiesen zu sein. Er versucht, sich mit Mick gegen Aston zu verbünden, wird jedoch nun von beiden Brüdern fallengelassen und muß gehen.

Zu Pinters Hauptthema, der Schwierigkeit menschlicher Kommunikation (hier vor allem an Aston dargestellt), tritt in diesem Stück ein neues Motiv: die teils realistische, teils farcenhafte Darstellung ambivalent-berechnenden Verhaltens (besonders bei Davies, aber auch bei Mick). Davies' Benehmen schwankt zwischen Dreistigkeit und Unterwürfigkeit, Bösartigkeit und vorurteilsgeladener Häme. Allen drei Figuren ist jedoch der markante Kontrast zwischen großen Plänen und der Unfähigkeit, sie in die Tat umzusetzen, gemeinsam: Davies findet immer wieder Gründe und Ausreden, warum er seine Personalpapiere nicht besorgen und eine bürgerliche Existenz beginnen kann; Micks großspurige Baupläne werden ebensowenig Realität werden wie Astons Vorhaben, einen Schuppen zu bauen. Leitmotivisch ziehen sich diese Lebenslügen durch das Stück. Gegen eine symbolische Deutung dieser menschlichen Verhaltensstrukturen hat sich der Autor ausdrücklich gewandt: *»Für mich ist dieses Stück nur eine besondere menschliche Situation, die drei bestimmte Leute betrifft und nicht etwa Symbole.«*

Die Tragikomödie dieser Dreiecksgeschichte (eine Personenkonstellation, für die Pinter eine besondere Vorliebe hat) wird auch durch die Sprache unterstrichen: Ironisierung von Klischees geht einher mit Ausdrucksnot (besonders bei Aston), Vulgarismen (Davies), sprachlichen Mißverständnissen und beredtem Schweigen. Spätestens in *The Caretaker* wurde diese Orchestrierung von Sprachfloskeln und Kommunikationsproblemen zum Markenzeichen der Pinterschen Dramenkunst.

Das Stück wurde inzwischen auf allen größeren Bühnen der Welt gespielt, zählt zu den (auch in Schulen und Universitäten) meistdiskutierten englischen Dramen des 20. Jh.s und hatte unter dem Titel *The Guest* auch als Film Erfolg. In der Filmfassung, an der Pinter mitwirkte, wird die realistische Komponente des Stückes noch stärker herausgearbeitet als auf der Bühne. Der Film spielt konkret in jenem Londoner Arbeiterviertel, aus dem der Autor stammt. J.F.-H.Thi.

AUSGABEN: Ldn. 1960. – Ldn. 1977 (in *Plays*, 4 Bde., 1976–1981, 2; zul. 1988). – NY 1977 (in *Complete Works*, 4 Bde., 1977–1981, 2). – Ldn. 1988 [Einl. u. Anm. P. Hern]. – NY 1989.

ÜBERSETZUNG: *Der Hausmeister*, W. H. Thiem (in *Englisches Theater unserer Zeit*, Reinbek 1961). – Dass., ders. (in *Spectaculum*, Bd. 8, Ffm. 1965). – Dass., ders. (in *5 Theaterstücke*, Reinbek 1980).

VERFILMUNG: *The Guest*, England 1963 (Regie: C. Donner).

LITERATUR: V. Minogue, *Taking Care of »The Caretaker«* (in Twentieth Century, 1960, S. 243 bis 248). – F. J. Goldman, *P.'s »The Caretaker«: The Lower Depths Descended* (in Midwest Quarterly, 5, 1964, S. 117–126). – D. Allgaier, *An Interpretation of H. P.'s »The Caretaker«*, Ffm. u. a. 1971. – J. Deurbergue, *Sujet, personnage, parole dans »The Caretaker«* (in Recherches anglaises et américaines, 5, 1972, S. 47–63). – E. Durbach, *»The Caretaker«: Text and Subtext* (in English Studies in Africa, 18, 1975, S. 23–47; ern. in *Das englische Drama nach*

1945, Hg. K.P. Steiger, Darmstadt 1983, S. 318–328). – H. Groene, *»The Caretaker«: Interpretationsprobleme bei P.* (in LWU, 8, 1975, S. 18–29). – G. M. Berkowitz, *P.'s Revision of »The Caretaker«* (in Journal of Modern Literature, 5, 1976, S. 109–116). – Ch. A. Carpenter, *Quicksand in Pinterland: »The Caretaker«* (in Arizona Quarterly, 33, 1977, S. 65–75). – F. Corin, *H. P.'s Play »The Caretaker«: An Interpretation* (in *Mélanges de linguistique et de littérature offerts au Prof. Henri Draye à l'occasion de son éméritat*, Hg. J. Lerot u. R. Kern, Löwen 1978, S. 174–184). – O. Durrani, *Partners in Isolation: An Inquiry into Some Correspondences between Kafka's »Der Verschollene« and P.'s »The Caretaker«* (in FMLS, 16, 1980, S. 308–318). – R. Andretta, *H. P.'s Technique of Character Revelation in »The Caretaker«* (in Journal of English, 11, 1983, S. 19–47). – *H. P.: A Casebook on »The Birthday Party«, »The Homecoming« and »The Caretaker«*, Hg. M. Scott, Ldn./Basingstoke 1986. – Y. Shafer, *Archetypal Figures in »The Caretaker«: Trickster vs. Intruder* (in Literature in Performance, 6, 1986, S. 38–43). – K. K. Gautam, *P.'s »The Caretaker«: A Study in Conversational Analysis* (in Journal of Pragmatics, 11, 1987).

THE HOMECOMING

(engl.; *Ü: Die Heimkehr*). Schauspiel in zwei Akten von Harold Pinter, Uraufführung: Cardiff, 26. 3. 1965, New Theatre; deutsche Erstaufführung: Berlin, 11. 10. 1965, Schloßpark-Theater. – Das Stück, nach *The Caretaker*, 1960 *(Der Hausmeister)*, der zweite internationale Erfolg des Autors, scheint auf den ersten Blick die Studie eines abseitigen, proletarischen Milieus zu sein, eine naturalistische Variante der Beckettschen Konstellation von Individuen, die sich hassen und doch in Sentimentalität und Schwäche einander verbunden bleiben. Vier Männer, Max, verwitweter Pensionär und ehemaliger Fleischermeister, sein Bruder Sam, Privatchauffeur, und seine Söhne Lenny und Joey, ein Zuhälter und ein Boxer, leben in einer Art sadomasochistischer Symbiose in einem schmuddeligen Haus im Norden Londons. Man zankt sich in unflätigem Jargon um Banalitäten, schlägt und verträgt, bedroht und beschimpft sich, schwelgt (vor allem der alte Vater Max) in teils mit Sentimentalitäten, teils mit Grobheiten versetzten Erinnerungen und döst in seiner grauen Durchschnittsexistenz dahin. Diese frauenlose Menage wird durch die Ankunft des dritten Sohns, Teddy, und seiner Frau Ruth gestört, deren Heimkehr – Teddy ist, wenn man ihm glauben darf, Philosophiedozent an einem amerikanischen College, war auf Europareise und will sich kurz zu Hause umsehen – die ebenso müden wie rüden Männer aufscheucht. Als seien sie in Circes Bann geraten, streichen die vier um die Frau, und nachdem Lenny und Joey erste handfeste Erfolge erzielt haben, beschließt man, Ruth im Haus zu behalten. Zur Aufbesserung der schmalen Haushaltskasse soll sie auf den Strich geschickt werden – ein Ansinnen, das bei dem einstigen Aktmodell keineswegs auf Ablehnung stößt. Ehemann Teddy muß, obwohl er sich dem verwahrlost-vitalen Quartett geistig überlegen fühlt und dies in peinlich großspurigen Reden verkündet, den Verhandlungen, in denen über die seltsam indifferente Ruth wie über eine Ware verfügt wird, hilflos beiwohnen. Den diskret und kühl Abwägenden hervorkehrend, reist er schließlich, mit allem einverstanden, letztlich aber doch als der Unterlegene, allein ab, nachdem seine Anwesenheit von den vier Männern sowieso geflissentlich übersehen worden ist und seine Hinweise darauf, daß Ruth immerhin seine Frau und die Mutter seiner Kinder sei, das Ohr seiner Brüder offenbar nie erreicht haben. Das Leben zu fünft kann beginnen.

Das Stück läßt den Zuschauer verblüfft und nach Erklärungen für das Verhalten vor allem Ruths und Teddys suchend zurück. Was anfangs so realistisch anmutete, endet in Rätselhaftigkeit. Denn weder treibt Pinter das Stück bis zur Absurdität und Abstraktion der Dramen Becketts vor, noch gibt er, wie etwa Tennessee Williams, psychologische oder soziologische Motivationen für übersteigerte Sexualität. Am ehesten mag die Deutung zutreffen, daß am Verhalten Ruths, der *»verdrossenen Sphinx«* (K. Niehoff), die ungerührt Familie und Respektabilität fallenläßt und sich der Unordnung anheimgibt, die Unfähigkeit, dem eigenen Leben Sinn abzugewinnen, und die Unmöglichkeit, sich andern mitzuteilen, demonstriert werden sollen. Dem entspricht auch, daß der Dialog immer wieder abreißt und daß, ähnlich wie bei Beckett, häufig völlig starre und bedeutungsleere (aber offensichtlich bedeutungsvoll einkomponierte) Pausen entstehen, denen dann wieder neue Verständigungs- oder wenigstens Redeversuche der Personen folgen. Die Frage nach den Gründen für die Unsicherheit und Isolierung dieser Existenzen bleibt im Raum stehen, die Antwort darauf überläßt Pinter dem Zuschauer: *»Ich hatte genug Schwierigkeiten, das Stück zu schreiben. Ich habe keine Zeit, über seinen Sinn nachzudenken.«* J.Dr.

Ausgaben: Ldn. 1965. – NY 1967. – Ldn. 1978 (in *Plays*, 4 Bde., 1976–1981, 3; zul. 1989). – NY 1978 (in *Complete Works*, 4 Bde., 1977–1981, 3). – NY 1989.

Übersetzung: *Die Heimkehr*, W. H. Thiem (in Theater heute, 6, H. 11, 1965). – Dass., ders. (in *5 Theaterstücke*, Reinbek 1980).

Verfilmung: England 1974 (Regie: P. Hall).

Literatur: A. Natan, Rez. (in Christ u. Welt, 18, 1965, Nr. 26, S. 18). – J. R. Brown, *Dialogue in P. and Others* (in Critical Quarterly, 7, 1965, S. 225–243). – K. Niehoff, Rez. (in SZ, 19. 10. 1965). – J. R. Brown, *»The Homecoming« and Other Plays by H. Pinter* (in *Modern British Dramatists*, Hg. ders., Englewood Cliffs/N.J. 1968, S. 25–45). – K. T. v. Rosador, *P.: »The Homecoming«* (in *Das* *englische Drama*, Hg. D. Mehl, Düsseldorf 1970, S. 319–335). – J. M. Warner, *The Epistemological Quest in P.'s »The Homecoming«* (in ConL, 11, 1970, S. 340–353). – S. H. Gale, *H. P.'s »The Homecoming« and Other Works*, NY 1971. – *A Casebook on H. P.'s »The Homecoming«*, Hg. J. Lahr, NY 1971. – R. C. Lamont, *P.'s »The Homecoming«: The Context of the Gods* (in Far-Western Forum, 1, 1974, S. 47–73). – R. M. Coe, *Logic, Paradox, and P.'s »The Homecoming«* (in ETJ, 27, 1975, S. 488–497). – B. F. Dukore, *P.'s Revised »Homecoming«* (ebd., 30, 1978, S. 151–156). – P. Prentice, *Ruth: P.'s »The Homecoming« Revisited* (in TCL, 26, 1980, S. 458–478). – U. Spreckelsen, *H. P.s »The Homecoming«* (in U. S., *Die Konzeption »Family Life« im zeitgenössischen englischen Drama*, Ffm./Bln. 1980, S. 107–118). – L. S. Wells, *Literature of Menace: Three Contemporary Perspectives*, Diss. Univ. of Wisconsin 1980 (vgl. Diss. Abstracts, 41, 1981, S. 4396A). – B. Dukore, *What's in a Name? An Approach to »The Homecoming«* (in ETJ, 33, 1981, S. 173–181). – T. Postlewait, *P.'s »The Homecoming«: Displacing and Repeating Ibsen* (in Comparative Drama, 15, 1981, S. 195–212). – Ch. A. Carpenter, *›Victims of Duty‹?: The Critics, Absurdity, and »The Homecoming«* (in MD, 25, 1982, S. 489–495). – M. Hinden, *To Verify a Proposition in »The Homecoming«* (in ETJ, 34, 1982, S. 27–39). – K. D. Schäfer, *Handlung im neueren britischen Drama*, Ffm. 1985, S. 210–240. – A. Wertheim, *The Modern British Homecoming Play* (in Comparative Drama, 19, 1985, S. 151–165). – *H. P.: A Casebook on »The Birthday Party«, »The Homecoming« and »The Caretaker«*, Hg. M. Scott, Ldn./Basingstoke 1986. – B. Cardullo, *Life in the Foreground: Dramatic Method in »The Homecoming«* (in Ariel, 18, Calgary 1987, S. 67–74). – S. H. Gale, *Character and Motivation in H. P.'s »The Homecoming«* (in Journal of Evolutionary Psychology, 8, 1987, S. 278–288).

NO MAN'S LAND

(engl.; *Ü: Niemandsland*). Drama in zwei Akten von Harold PINTER, Uraufführung: London, 23. 4. 1975, National Theatre (Old Vic); deutsche Erstaufführung: Hamburg, 29. 11. 1975, Thalia-Theater. – *No Man's Land* greift das vertraute Pintersche Thema des Eindringlings auf, der sich – wie der Tramp Davies in *The Caretaker* – mit Schmeicheleien in einen Haushalt einzunisten sucht und die bisherige Ordnung gefährdet. Wie im vorangehenden Drama *Old Times*, 1971 *(Alte Zeiten)*, geht es außerdem um Erinnerungsrituale, um den Versuch der Figuren, die Vergangenheit zu klären. Dabei ist es dem Zuschauer weitgehend unmöglich, zwischen echten, von der zeitlichen Distanz verzerrten oder aus strategischen Gründen bewußt verfälschten Erinnerungen zu unterscheiden, die das Gespräch der beiden Hauptpersonen, Spooner und Hirst, bestimmen.

Hirst, ein erfolgreicher älterer Autor und Literaturkritiker, hat den gleichaltrigen Spooner in einer Kneipe getroffen und ihn am späten Abend zu sich in sein stattliches Haus eingeladen. Spooner, der offensichtlich ein Studienfreund Hirsts war, gibt sich zwar als Dichter und Mäzen, lebt jedoch in Wirklichkeit von Gelegenheitsarbeiten. Er zeigt sich anfangs seinem stark alkoholisierten und einsilbigen Gastgeber gegenüber von unterwürfiger Freundlichkeit und beschwört eine idyllische Vergangenheit herauf. Ein erster Mißton kommt auf, als Spooner das Gespräch auf Hirsts Frau lenkt und dieser ein Glas nach ihm wirft. Hirst verläßt anschließend vollkommen betrunken auf allen vieren den Raum. Kurz darauf tauchen Forster und Briggs auf, die offensichtlich, obwohl sie Angestellte Hirsts sind, im Haus das Sagen haben, und enthüllen in einem bedrohlich wirkenden Gespräch die armselige Existenz Spooners. Dieser behauptet jedoch, er tue in der Kneipe, in der Forster und Briggs ihn beim Aufräumen sahen, nur gelegentlich dem Wirt einen Gefallen, da dieser sein Freund sei, und flüchtet sich in die Pose des kultivierten, auf dem Lande lebenden Gentlemans. Hirst, von einem Alptraum aus dem Schlaf gerissen, kehrt zurück und erkennt Spooner nicht mehr. Er hängt seinen Erinnerungen nach und wird schließlich von Briggs unwirsch hinausgebracht. – Am nächsten Morgen (im zweiten Akt) wird das undurchdringliche Geflecht von Lüge und Wahrheit, von Dominanzverhalten und Taktieren weitergesponnen. Hirst behandelt Spooner als einen Freund, beschwört die gemeinsame Zeit in Oxford herauf und behauptet, eine Liebesaffäre mit Spooners Frau gehabt zu haben. Spooner bietet sich in der letzten Szene in einem unterwürfig-umständlichen Monolog Hirst als Sekretär an, worauf dieser nicht eingeht und lediglich ankündigt, er werde ab sofort nie mehr das Thema wechseln.

Das Stück, das mit seinen – bis zum Selbstzitat reichenden – Anklängen an frühere Dramen des Autors wie eine Summe seines bisherigen Schaffens wirkt, stellt zunächst eine soziale Situation dar: Der erfolgreiche, wohlhabende Schriftsteller, der allmählich in seiner bequemen Abhängigkeit von seinen Angestellten zu deren Sklaven geworden ist, versucht mit Hilfe seiner spontanen Einladung an Spooner aus dem Gefängnis auszubrechen, das er sich selbst geschaffen hat. Dieser Versuch ist für ihn *»die letzte Etappe in einem Wettlauf«* um die Sinnerfüllung des Lebens, den er jedoch verliert. Hirst bleibt Briggs und Forster endgültig ausgeliefert; er befindet sich, wie Spooner am Ende des Stückes formuliert, *»in einem Niemandsland. Das sich nie regt, sich nie ändert, nie älter wird, doch ewig bleibt, eisig und stumm.«* Ihm steht Spooner gegenüber, der in dem *»Duell der Erinnerungen«* (M. Esslin) über Hirst dominieren will, von diesem aber zurückgewiesen wird, da Hirst in ihm nicht eine Hilfe zur Erringung der Freiheit, sondern nur eine weitere mögliche Unterdrückungsinstanz neben Forster und Briggs erkennt.

Das eigentliche Thema des Dramas ist (nach Esslin) jedoch die Erforschung der Angst vor dem Alter. Der beruflich erfolgreiche Hirst, dessen Privatleben leer geblieben ist, sieht sich zu einem einsamen Lebensabend in seinem luxuriösen Gefängnis verurteilt, mit Alkohol als einzigem Trost. Der erfolglose Spooner ist zwar »frei«, sehnt sich aber nach der Geborgenheit eines Heims. Beide Charaktere erweisen sich trotz ihres kontinuierlichen Bühnendialogs als unfähig zu wahrer Kommunikation und können daher auch keine Beziehung herstellen, die es ihnen erlauben würde, ihre letzte Chance zu nützen und ihre psychische Leere zu überwinden. Diese wird gerade bei Spooner überzeugend durch eine Überfülle inhaltsleerer Wort- und Satzhülsen vermittelt. Allgemein tendieren jedoch die brillanten Wortduelle der Figuren dazu, die psychologische Problematik zu überdecken. – Anders als die vorangehenden großen Dramen fand dieses Stück bei Theater- und Literaturkritikern geteilte Aufnahme. Bemängelt wurde allgemein die Tendenz zur Selbstwiederholung. Vielleicht auch deshalb wagte Pinter mit seinem nächsten abendfüllenden Drama, *Betrayal* (1978), einen dramaturgischen Neuansatz. J.Ass.

AUSGABEN: Ldn. 1975. – Ldn. 1981 (in *Plays*, 4 Bde., 1976–1981, 4; zul. 1986). – NY 1981 (in *Complete Plays*, 4 Bde., 1977–1981, 4).

ÜBERSETZUNG: *Niemandsland*, R. u. M. Esslin (in *5 Theaterstücke*, Reinbek 1980).

LITERATUR: H. D. Pearce, *Dimensions of Mimesis: Sophocles' »Philoctetes« and P.'s »No Man's Land«* (in *All the World: Drama Past and Present, II*, Hg. K. V. Hartigan, Washington D.C. 1982, S. 65 bis 74). – K. H. Burkman, *Hirst as Godot: P. in Beckett's Land* (in Arizona Quarterly, 39, 1983, S. 5–14). – R. Cohn, *Words Working Overtime: »Endgame« and »No Man's Land«* (in Yearbook of English Studies, 9, 1979, S. 188–203). – T. R. Whitaker, *Playing Hell* (ebd., S. 167–187). – S. F. u. R. Melrose, *Drama, ›Style‹, Stage* (in *Functions of Style*, Hg. D. Birch u. a., Ldn. 1988, S. 98–110).

PETER PORTER

* 16.2.1929 Brisbane / Australien

DAS LYRISCHE WERK (engl.) von Peter PORTER.

Der in Australien geborene und dort aufgewachsene Autor, der 1951 nach England ging und hier seine Wahlheimat fand, gehört zu jenen australischen Intellektuellen seiner Generation, die sich stark von der Kulturmetropole London angezogen fühlten. In seinem Werk kehren zwar regelmäßig Reminiszenzen an Australien wieder, doch sehr viel ausgiebiger und eindringlicher beschäftigt er sich mit der Londoner Umwelt, die häufig allerdings auch den Blick freigibt für das kulturelle Erbe Kontinentaleuropas. Darüber hinaus widmet der Autor sich gleichermaßen persönlichen Erfahrungen und weltanschaulichen Betrachtungen. Aus der halb faszinierten, halb distanzierten Warte des relativ Außenstehenden verfolgt er den sozialen Wandel, der sich in der englischen Metropole seit den fünfziger Jahren vollzieht, und auf Reisen vor allem in den österreichisch-italienischen Raum geht er ausgeprägten Interessen des Musik- und Kunstliebhabers nach. Literarisch steht er in der Tradition der satirischen oder reflektierenden Dichtung des englischen Klassizismus, der dramatischen Monologe Robert BROWNINGS sowie der skeptisch-ironischen Schreibweise von T. S. ELIOT und W. H. AUDEN. Ein antikes Vorbild ist für ihn offensichtlich der aus dem kolonialen Spanien stammende, im 1. Jh. n. Chr. in Rom als Verssatiriker wirkende MARTIAL (Gaius Valerius Martialis), von dessen Gedichten er eine Auswahl in einer vielgerühmten und auch dem eigenen Schaffen förderlichen Nachdichtung übertragen hat (*After Martial*, 1972). Trotz dieser englisch-europäischen Orientierung sieht Porter sich selbst als einen Lyriker, der Reste eines australischen Tonfalls nie ganz aufgegeben hat.

In den Gedichtbänden bis Anfang der siebziger Jahre trat Porter vor allem als scharfer Lokal- und Zeitkritiker auf, der die Auswüchse einer konsumsüchtigen, sich freizügig gebenden, doch letztlich sterilen Gesellschaft mit dem schillernden Image des »Swinging London« aufs Korn nimmt (ein typisches Beispiel ist *Made in Heaven*). In der Bloßstellung der Symptome des allgemeinen Werteverfalls wird der Standpunkt eines aufgeschlossenen, aber in der humanistischen Tradition stehenden Moralisten erkennbar, der ohne den Rückhalt der Religion und ohne Verklärung der Vergangenheit seine mahnende Stimme erhebt. Die früh hervortretende Thematik von Besitzgier, Triebhaftigkeit, Zerstreuung, Vereinsamung, Sinnleere, Schrekken, Verzweiflung und Tod wird dabei immer wieder auch in einen allgemein menschlichen Zusammenhang gerückt. Probleme der internationalen Politik im Nuklearzeitalter werden aber ebenso wenig ausgespart wie die der Zeitgeschichte, die Auschwitz ermöglichten, oder solche der Kolonialgeschichte, die die eigene Herkunft betreffen (etwa in *Sydney Cove, 1788*). Eine komplementäre Funktion übernehmen häufig jene Gedichte, die sich auf die Künste beziehen. Porter hat viele solcher Texte geschrieben: »Postkarten-Gedichte« über Gemälde, auf Lieblingskomponisten wie Bach verweisende oder bei diversen Autoren und Werken ansetzende Gedichte.

In den weiteren Bänden der siebziger Jahre entwickelt Porter eine differenziertere Betrachtungsweise, die unterschiedliche emotionale Reaktionen zuläßt und Reflexionen in ihrem tastenden Entstehungsprozeß wiedergibt, aber auch durch die Häufung gelehrter Anspielungen und die Tendenz zur aussparenden Textverdichtung teilweise zur Schwerverständlichkeit führt. Zugleich kommt ein persönlicherer Ton auf, am eindrucksvollsten in den Elegien auf den Tod seiner Frau *(Exequy; The Delegate)*. Gleichwohl setzt Porter insgesamt seine thematischen Ansätze fort, die nun subtiler und suggestiver zur Sprache gebracht werden. Das gilt nicht zuletzt für die wiederkehrende Gegenüberstellung von Leben und Kunst, die nachhaltige Relativierung der Künste in ihrer Unzulänglichkeit *(The Lying Art; English Subtitles)*. Auch in den Gedichtbänden, die in unverminderter Produktivität nach der Bestandsaufnahme der *Collected Poems* (1983) erschienen sind, bleibt Porter bei der Auseinandersetzung mit persönlichen, existentiellen, sozialen und kulturellen Problemen, Phänomenen der Umwelt und der Geschichte; und noch in den letzten Texten bricht immer aufs neue die Passion des Satirikers durch.

Porter bedient sich einer Vielfalt lyrischer Gattungen, die er zeitgemäß abwandelt. Dazu gehören Verssatire und -essay, Lied, Sonett und Ode, dramatischer Monolog und Epigramm. Er arbeitet ebenso mit diversen konventionellen Metren wie mit freien Versen und zeigt eine besondere Vorliebe für einen Gedichttypus von etwa vierzig bis fünfzig Zeilen in freien Versen, die Pentametern nicht fern stehen. Grundzüge seines Stils sind die urbane, kolloquiale Schreibweise, die Neigung zur ironischen Pointe, zur paradoxen, sentenziösen Formulierung, zum wortspielerischen Witz und zur assoziativen Anspielung.

Porters lyrisches Werk hat wegen seines uneinheitlichen Charakters bislang keine einhellige Aufnahme gefunden und ist außerhalb von England oder Australien nur wenig zur Kenntnis genommen worden, wobei der Autor wohl das Schicksal all jener teilt, die sich der eindeutigen nationalliterarischen Zuordnung entziehen, ohne weltliterarischen Rang beanspruchen zu können, und so weniger Aufmerksamkeit erregen, als sie verdienen.

E.Kr.

AUSGABEN: *Once Bitten, Twice Bitten*, Northwood 1961. – *Poems Ancient and Modern*, Lowestoft 1964. – *A Porter Folio: New Poems*, Lowestoft 1969. – *The Last of England*, Oxford 1970. – *After Martial*, Oxford 1972. – *Preaching to the Converted*, Oxford 1972. – *Living in a Calm Country*, Oxford 1975. – *The Cost of Seriousness*, Oxford 1978. – *English Subtitles*, Oxford 1981. – *Collected Poems*, Oxford 1983. – *Fast Forward*, Oxford 1984. – *The Automatic Oracle*, Oxford 1987. – *Possible Worlds*, Oxford 1989. – *A Porter Selected*, Oxford 1989.

LITERATUR: R. Garfitt, *P. P.* (in *British Poetry Since 1960*, Hg. M. Schmidt u. G. Lindop, Oxford 1972, S. 49–57). – M. Richards, *The Citizenship of P. P.* (in Australian Literary Studies, May 1978, S. 351–359). – M. Hulse, *Love and Death: Nine Points of P. P.* (in Quadrant, 27, 1983, Nr. 9, S. 31–38). – D. Williams, *»A Map of Loss«: The Recent Poetry of P. P.* (in Critical Quarterly, 25, 1983, Nr. 4, S. 55–62). – P. Steele, *The Radiations of P. P.* (in Westerley, 29, 1984, Nr. 3, S. 78–91). – B. Bennett, *The Expatriate Vision of P. P.* (in *European Relations: Essays for Helen Watson-Williams*, Hg. ders. u. J. Hay, Perth 1985, S. 103–114). – Th. Dilworth, *P. P.* (in DLB, Bd. 40, 1985, S. 400–405). – M. O'Neill, *The Lying Art: An Aspect of the Poetry of P. P.* (in Durham University Journal, 79, 1987 Nr. 2, S. 367–372).

ANTHONY POWELL

eig. Anthony Dymoke Powell
* 21.12.1905 London

A DANCE TO THE MUSIC OF TIME

(engl.; *Ein Tanz zur Musik der Zeit*). Zwölfbändiger Romanzyklus von Anthony POWELL, erschienen 1951–1975. – Das breit angelegte Erzählwerk, das auf die Tradition des *roman fleuve* zurückgreift und M. PROUSTS *A la recherche du temps perdu* nicht nur durch die Betonung des Zeit-Moments im Titel verpflichtet ist, gilt als Powells Hauptwerk. Anhand eines facettenreichen Kaleidoskops von Figuren, Geschehnissen, Beobachtungen, Erinnerungen und philosophischen Betrachtungen bietet der Zyklus einen umfassenden und überaus detaillierten Einblick in die Denk- und Verhaltensmuster der britischen Mittel- und Oberschichten, deren Lebensgewohnheiten, aber auch schrullige Absonderlichkeiten, deren Erwartungen, aber auch Enttäuschungen seit dem Ersten Weltkrieg bis in die späten sechziger Jahre dieses Jahrhunderts verfolgt werden.

Als wichtigstes einheitstiftendes Element innerhalb des Zyklus fungiert die Gestalt des Ich-Erzählers Nicholas Jenkins, der sich durch seine Schilderungen als humorvoller, umsichtiger, verständnisbereiter und um Objektivität bemühter Chronist jener oberen Schichten der britischen Gesellschaft erweist, denen er selbst angehört. Powell hat nachdrücklich beteuert, daß es sich bei der Gestalt des Erzählers nicht um eine autobiographische *persona* handele, doch sind die Übereinstimmungen in den *vitae* von Autor und Hauptfigur auffallend. Wie sein geistiger Schöpfer, so wird auch Jenkins, Sohn einer Offiziersfamilie, in Eton und Oxford erzogen (obwohl beide Ortsnamen im Zyklus unerwähnt bleiben), arbeitet später als Lektor in einem Kunstverlag, verdient seinen Lebensunterhalt nebenbei durch gelegentliche Rezensionen, bleibt als Romancier zunächst ebenso erfolglos wie als Drehbuchautor in der noch jungen Filmindustrie, dient im Zweiten Weltkrieg als Verbindungsoffizier zu

den polnischen, belgischen, tschechoslowakischen und französischen Streitkräften und gewinnt erst nach Kriegsende wieder die innere Ruhe, um die durch die Kriegswirren unterbrochene Arbeit an seinem Romanwerk erfolgreich wiederaufzunehmen.
Jenkins' zwölf Bände umfassende Lebensrückschau, bei der er nur gelegentlich Einblicke in sein Privatleben gestattet, gliedert sich in vier Trilogien, in denen der Erzähler vier deutlich voneinander getrennten Zeitabschnitten nachspürt. Die ersten drei Romane, *A Question of Upbringing*, 1951 *(Ü: Eine Frage der Erziehung)*, *A Buyer's Market*, 1952 *(Ü: Tendenz steigend)*, und *The Acceptance World*, 1955 *(Ü: Die neuen Herren)*, umspannen die Jahre 1921–1933 und bieten Einblicke in die Jugend und das frühe Mannesalter des Erzählers: seine Erziehung an einer *public school*, die Erlebnisse während seines Universitätsstudiums, die ersten verwirrenden Eindrücke von der »feinen Gesellschaft« als Partygast in London, die Einführung in die Welt der Kunst und Künstler sowie die sexuelle Initiation des Erzählers, mit dessen gescheiterter erster Liebschaft *The Acceptance World* endet. Die folgenden drei Romane, *At Lady Molly's*, 1957 *(Ü: Lady Molly's Menagerie)*, *Casanova's Chinese Restaurant*, 1960 *(Casanovas chinesisches Restaurant)*, und *The Kindly Ones*, 1962 *(Die Wohlwollenden)*, schildern die Bemühungen der Gestalten aus Jenkins' Generation, in der Welt von Wirtschaft, Hochfinanz und Politik einerseits und in der Welt der Kunst und der Intellektuellen andererseits Fuß zu fassen, wobei einzelne Figuren wie der egoistische, machtbesessene und willensstarke Kenneth Widmerpool kein Mittel unversucht lassen, um den persönlichen Aufstieg voranzutreiben. Ergänzt wird das Sittengemälde der britischen Gesellschaft in den dreißiger Jahren durch Jenkins' Beobachtungen der komplexen bis absonderlichen Beziehungsgeflechte innerhalb einzelner Familien, der zerrütteten Ehen, Seitensprünge und rapide wechselnden Partnerschaften und einer konstanten Vergnügungssucht, die alkoholische Exzesse ebenso einschließt wie sexuelle Ausschweifungen. Als eine der wenigen Ausnahmen von solcher Dekadenz erscheint der Erzähler selbst, der aus der zweiten Trilogie, die mit dem Ausbruch des Zweiten Weltkrieges schließt, als verheirateter Mann hervorgeht.
Die Kriegsjahre bilden den zeitlichen Rahmen für die folgende Trilogie, die die Romane *The Valley of Bones*, 1964 *(Das Feld der Gebeine)*, *The Soldier's Art*, 1966 *(Die Kunst des Soldaten)*, und *The Military Philosophers*, 1968 *(Die Philosophen des Krieges)*, umfaßt. Dank eines glücklichen Zufalls gelingt es Jenkins, obwohl er als Mittdreißiger für eine Offizierslaufbahn eigentlich zu alt ist, sich eine Einberufung als Leutnant in ein walisisches Regiment zu sichern, das in Nordirland stationiert ist. In den folgenden Jahren bekleidet er verschiedene untergeordnete Positionen innerhalb der britischen Militärverwaltung und dient bei Kriegsende im Rang eines Majors als Verbindungsoffizier zu alliierten Streitkräften, ohne einen aktiven Fronteinsatz erlebt zu haben. Obwohl der Autor damit bewußt auf grelle Effekte verzichtet, führen die Erfahrungen des Erzählers von Trennung, Einsamkeit, Langeweile und intellektueller Isolation, aber auch seine Schilderungen von Selbstmorden aus Verzweiflung und seine Trauer über gefallene, vermißte oder in Bombenangriffen getötete Freunde und Bekannte zu einer eindringlichen Darstellung der dehumanisierenden Allmacht des Kriegs. Vervollständigt wird diese Sichtweise durch Jenkins' Beschreibungen der aufgeblähten, weitgehend anonymen und den Gesetzen einer starren Bürokratie gehorchenden Kriegsmaschinerie, die sich von durchtriebenen Machtmenschen wie Widmerpool und Sunny Farebrother als perfektes Werkzeug zum Schmieden der eigenen Rankünen benutzen läßt, in ihrer Unpersönlichkeit aber ungezählte Menschen erbarmungslos ihrem Schicksal überantwortet. Gemeinsam mit E. Waughs dreibändigem Romanwerk *Sword of Honour* (1952–1961) zählt Powells Trilogie zu den bedeutendsten literarischen Bearbeitungen des Zweiten Weltkrieges innerhalb der britischen Erzählprosa.
Die letzte Trilogie, bestehend aus *Books Do Furnish a Room*, 1971 *(Bücher zieren ein Zimmer)*, *Temporary Kings*, 1973 *(Könige auf Zeit)*, und *Hearing Secret Harmonies*, 1975 *(Der Klang geheimer Harmonien)*, führt mit Jenkins' Beobachtungen aus den Jahren 1945 bis 1971 den Zyklus zum Abschluß. Thematisch werden diese drei Romane von den Versuchen der Gestalten beherrscht, ihr berufliches und privates Leben nach den Wirren des Kriegs neu zu ordnen. Der Erzähler findet als Redakteur einer Literaturzeitschrift erneut Zugang zu der sich allmählich wieder etablierenden Londoner Kunstszene, in die er sich nicht zuletzt aufgrund seines eigenen Romanschaffens schließlich erfolgreich zu integrieren vermag. Überschattet wird Jenkins' künstlerische Entwicklung durch den graduellen Zerfall des Freundeskreises, in dessen Folge grüblerische bis melancholische Reflexionen über die Zeit, das Altern und den Tod zunehmend einfließen, sowie durch die wachsende Gewißheit, mit den eigenen Lebens- und Wertvorstellungen einer bereits vergangenen Generation anzugehören.
Der Gang der Ereignisse in *The Music of Time* unterliegt weniger einer strikten logischen Abfolge im Sinne der kausalen Koppelung von Ursachen und Folgen, sondern gehorcht dem durch die Kraft der Zeit geformten und der Philosophie F. Nietzsches entliehenen Prinzip der ewigen Wiederkehr – auf das in *The Music of Time* wiederholt explizit verwiesen wird –, wonach einzelne Geschehnisse, Figurenkonstellationen und selbst Schauplätze zwangsweise in eine zyklische Abfolge treten. Als ein besonders illustratives Beispiel für die kreisförmige Erzählbewegung des Zyklus dient das Bild der fröstelnden Straßenarbeiter, die sich in der winterlichen Kälte an einer Tonne voll glühender Kohlen wärmen, denn mit dieser Vision des Erzählers beginnt und endet *The Music of Time*. Mit der zyklischen Bewegung von Winter zu Winter wird innerhalb der Imagination des Erzählers die Jahres-

spanne und in symbolischer Betrachtung die Lebensspanne durchmessen, was durch die Komposition des Zyklus in zwölf Bände und vier Trilogien in Analogie zu den zwölf Monaten des Jahres und den vier Jahreszeiten unterstrichen wird.
Eine weitere Bestätigung dieser Analogie liefert der Beginn von *A Question of Upbringing*, als der Anblick der frierenden Arbeiter vor der Winterlandschaft im Erzähler ein Spiel der Assoziationen freisetzt. Nicholas Jenkins' Imagination beschwört dabei das Gemälde des französischen Malers und Namensvetters Nicolas Poussin (1594 ? – 1665) herauf, dessen Gemälde *A Dance to the Music of Time* (Wallace Collection, London) Powells Romanzyklus seinen Titel verdankt. Poussins allegorische Darstellung zeigt vier Frauengestalten als Verkörperungen von Armut, Mühsal, Reichtum und Luxus, die *»Hand in Hand, die Gesichter nach außen gewandt«*, wie Jenkins es formuliert, zu den Klängen der Leier tanzen, die von Chronos gespielt wird, allegorisch verkörpert durch einen bärtigen, unbekleideten Greis. Poussins Gemälde und Jenkins' Reminiszenzen verraten ein gemeinsames thematisches Anliegen, denn in beiden Fällen wird das fieberhafte menschliche Streben nach Ruhm, Macht und Erfolg als eitel und nutzlos verworfen, da nicht nur die Endlichkeit menschlichen Seins, sondern auch der die Welt durchdringende Zeitrhythmus jede Hoffnung auf eine vollständige Kontrolle individuellen Handelns zunichte macht. Wie die Frauengestalten in Poussins allegorischer Verbildlichung, so bewegen sich die fast fünfhundert Romangestalten wie Tänzer nach dem Rhythmus der Zeit durch das Leben, wobei sie aneinandergeraten, sich zu Gruppen formieren, stürzen und sich wieder aufraffen, um sich mit anderen Figuren zu neuen Konstellationen wieder zusammenzuschließen. Die weitgehend anekdotische Schilderung der Ereignisse dieses ›Zeitentanzes‹, der farcenhafte, düstere, absurde, sich häufig überstürzende, die extremsten Formen von Egoismus, Verschrobenheit und Melancholie widerspiegelnde Geschehnisse einschließt, bringt somit das verwirrende Fortschreiten des Lebens selbst zur Gestaltung. Die leitmotivisch verwendeten Begriffe *dance, music* und *time* wirken dabei der Vereinzelung des Romangeschehens entgegen.
Als weiterhin bedeutsam für den Zusammenhalt der zwölf Romane untereinander erweist sich, neben der konstanten Präsenz der Erzählergestalt, das von den unerforschlichen Rhythmen der Zeit gesteuerte Prinzip der ewigen Wiederkehr. Das immer wieder verblüffende Zusammentreffen der Gestalten in völlig unerwarteten Situationen und Konstellationen ist von seiten der Kritik verschiedentlich als unrealistisch und unglaubwürdig verworfen worden. Allerdings lassen solche Einwände nicht nur die Bedeutung der zugrunde gelegten Tanzmetapher außer acht, sondern führen auch an Powells ästhetischer wie philosophischer Konzeption vorbei. Der Reifeprozeß des Erzählers schlägt sich nachgerade in Jenkins' wachsender Erkenntnis des zyklischen Prinzips nieder, und schon deshalb empfehlen sich die Romane in ihrer chronologischen Abfolge zur Lektüre. Wie der Titel des abschließenden Bandes anzeigt, akzeptiert Jenkins in *Hearing Secret Harmonies* die kreisförmige Wiederkehr der Dinge, ohne die Gesetzmäßigkeiten vollends durchschauen zu können.
Der Erkenntniswille des Erzählers äußert sich u. a. in den wiederholten Anspielungen auf Mythen (Sisyphos, Orpheus, Orlando, Gyges, Dionysos), die aufgrund ihres von Zeit und Individualität unberührten ontologischen Status als übergeordnete Referenzebene und als Erklärungsschemata für das Handeln der Figuren herangezogen werden. Der Analogieschluß zur antiken Polarität zwischen Apollo und Dionysos etwa gestattet dem Erzähler eine grobe Zweiteilung des gesamten Figurenrepertoires: Während die eine Gruppe, vertreten durch Trapnel, Stringham, Moreland, Barnby und Jenkins selbst, dem dionysischen Prinzip folgt und sich der Kunst und der Imagination zuwendet, gehorchen Gestalten wie Widmerpool und Sir Magnus Donners dem apollinischen Prinzip, das in einer von Willenskraft, Machtkämpfen, Intrigen und Krieg beherrschten Welt ausgelebt wird. Dynamik gewinnt der Zyklus immer wieder aus Momenten, in denen diese beiden entgegengesetzten Prinzipien miteinander kollidieren, so wie sich im antiken Delphi Apollo und Dionysos jährlich miteinander verbinden mußten, da sie – nach Auffassung PLATONS – erst gemeinsam den Menschen das Gefühl von Rhythmus und Harmonie schenkten. Dennoch scheitert Jenkins daran, zwischen Schein und Sein der Figuren unterscheiden zu können. In den geschliffenen, gelegentlich manierierten Konversationsstil des Erzählers mischen sich offenkundige Momente der Unsicherheit und der Spekulation, wenn es dem Chronisten in dem undurchdringlich werdenden Dickicht von Schein und Sein nicht gelingt, die wahren Motive der Gestalten zweifelsfrei beschreiben zu können. Daher kann Jenkins auch nicht die ewigen Werte ausmachen, die Marcel in Prousts *A la Recherche* als in der Alltagswelt verborgene *essence* entdeckt, sondern Powells Erzähler verharrt in der Pose des analytischen Betrachters, der alles Sein einem ewigen und damit zur Erfolglosigkeit verdammten Prozeß der Neubewertung und Neudefinition unterwirft. Da sich die Vergangenheit auf diese Weise ständig in einem neuen Licht präsentiert, wird die Perzeption der Gegenwart zur trügerischen intellektuellen Abstraktion, während Jenkins' Glaube daran, daß sich alle Ereignisse in fast identischer Form in endlosen Zyklen wiederholen, die in *The Music of Time* nicht geäußerte Folgerung aufdrängt, daß menschliche Existenz letztlich einer wahrnehmbaren und beschreibbaren Sinnsetzung entbehrt.
Powells Romanzyklus läßt sich daher deuten als philosophische Abhandlung über die Grenzen menschlicher Wahrnehmungsfähigkeit, als philosophisch-theologischer Disput mit dem 20. Jh., aber auch als Darstellung des intellektuellen und gesellschaftlichen Lebens in Großbritannien seit dem Ersten Weltkrieg aus konservativer Sicht und

schließlich als sozialgeschichtliches Zeugnis des Verfalls der britischen Mittel- und Oberschichten und ihrer Werte in diesem Jahrhundert. Die thematische, gedankliche und gestalterische Komplexität des Werkes machen *A Dance to the Music of Time* zu einer der bedeutendsten Arbeiten innerhalb der britischen Erzählprosa seit 1945. J.Km.

AUSGABEN: *A Question of Upbringing*, Ldn. 1951. – *A Buyer's Market*, Ldn. 1952. – *The Acceptance World*, Ldn. 1955. – *At Lady Molly's*, Ldn. 1957. – *Casanova's Chinese Restaurant*, Ldn. 1960. – *The Kindly Ones*, Ldn. 1962. – *The Valley of Bones*, Ldn. 1964. – *The Soldier's Art*, Ldn. 1966. – *The Military Philosophers*, Ldn. 1968. – *Books Do Furnish a Room*, Ldn. 1971. – *Temporary Kings*, Ldn. 1973. – *Hearing Secret Harmonies*, Ldn. 1975. – Ldn. 1967–1977 [Tb.-Ausg. des Zyklus].

ÜBERSETZUNGEN (nur einzelner Romane): *Lady Molly's Menagerie*, K. Focke, Stg. 1961. – *Tanz zur Zeitmusik*, Bd. Schlienzmann, Stg. 1966 [enth. *Eine Frage der Erziehung; Tendenz steigend; Die Welt des Wechsels*]. – *Ein Tanz zur Musik der Zeit*, H. Feldmann, Mchn. 1985ff. [bis 1990 ersch.: *Eine Frage der Erziehung*, 1985; *Tendenz steigend*, 1986; *Die neuen Herren*, 1987].

LITERATUR: J. Russell, *A. P.: A Quintet, Sextet, and War*, Bloomington/Ldn. 1970. – E. Stürzel, *A. P.* (in *Englische Literatur der Gegenwart in Einzeldarstellungen*, Hg. H.W. Drescher, Stg. 1970, S. 65–85). – B. Bergonzi, *A. P.*, Harlow ²1971. – F. R. Karl, *Sisyphus Descending: Mythical Patterns in the Novels of A. P.* (in Mosaic, 4, 1971, S. 12–22). – D. McLeod, *A. P.: Some Notes on the Art of the Sequence Novel* (in StN, 3, 1971, S. 44–63). – N. F. Brennan, *A. P.*, NY 1974 (TEAS). – D. Gutierrez, *The Discrimination of Elegance: A. P.'s »A Dance ...«* (in Malahat Review, 34, 1975, S. 126–141). – E. A. Flory, *The Imagery of A. P.'s »A Dance ...«* (in Ball State Univ. Forum, 17, 1976, S. 51–59). – R. Jones, *A. P.'s »Music«: Swansongs of the Metropolitan Romance* (in Virginia Quarterly Review, 52, 1976, S. 353–369). – J. Tucker, *The Novels of A. P.*, Ldn./NY 1976. – H. Spurling, *Handbook to A. P.'s »Music of Time«*, Ldn. 1977. – R. Bader, *A. P.'s »Music of Time« as a Cyclic Novel of Generations*, Bern 1980. – D. Gutierrez, *The Doubleness of A. P.: Point of View in »A Dance...«* (in Univ. of Dayton Review, 14, 1980, S. 15–27). – T. P. Wiseman, *The Centaur's Hoof: A. P. and the Ancient World* (in Classical and Modern Literature, 2, 1981, S. 7–23). – H. R. Harrington, *A. P., Nicolas Poussin, and the Structure of Time* (in ConL, 24, 1983, S. 431–448). – W.T. Rix, *A. P., »A Dance...«: Circular Progression* (in *Essays on the Contemporary British Novel*, Hg. H. Bock u. A. Wertheim, Mchn. 1986, S. 27–46).

BARBARA PYM

* 6.6.1913 Oswestry / Shropshire
† 11.1.1980 Oxford

LITERATUR ZUR AUTORIN:
Ph. Larkin, *The World of B. P.* (in TLS, 11. 3. 1977, S. 260). – B. Brothers, *Women Victimised by Fiction* (in *Twentieth-Century Women Novelists*, Hg. Th. F. Staley, Totowa/N.J. 1982, S. 61–80). – P. Binding, *B. P.* (in DLB, 14, 1983, S. 604–607). – M. J. M. Ezell, *›What Shall We Do with Our Old Maids?‹ B. P. and the ›Woman Question‹* (in International Journal of Women's Studies, 7, 1984, S. 450–465). – L. Peterson, *B. P.: A Checklist, 1950–1984* (in Bull. of Bibliography, 41, 1984, S. 201–206). – R. E. Long, *B. P.*, NY 1986. – D. Benet, *Something to Love: B. P.'s Novels*, Columbia/Mo. 1986. – J. Berndt, *B. P.: A Supplementary List of Secondary Sources* (in Bull. of Bibliography, 43, 1986, S. 76–80). – J. Epstein, *Miss Pym and Mr. Larkin* (in Commentary, 82, Juli 1986, S. 38–46; auch in: Quadrant, 30, Dez. 1986, S. 9–17). – *The Life and Work of B. P.*, Hg. D. Salwak, Iowa City 1987. – J. Rossen, *The World of B. P.*, Basingstoke 1987. – *Independent Women: The Function of Gender in the Novels of B. P.*, Hg. J. Rossen, Brighton 1988. – K. A. Ackley, *The Novels of B. P.*, NY 1989.

EXCELLENT WOMEN

(engl.; *Ü: Vortreffliche Frauen*). Roman von Barbara PYM, erschienen 1952. – Die sich über zwölf Monate erstreckende Romanhandlung wird aus der Sicht der gut dreißigjährigen Mildred Lathbury, einer der zahlreichen nichtverheirateten und allein lebenden Frauen in Pyms Werk, erzählt. Gleich zu Beginn setzt sich die distanziert-humorvolle Erzählerin, auf Ch. BRONTËS Roman anspielend, vom möglichen literarischen Vorbild *Jane Eyre* ab: Tatsächlich wird ihr Leben nicht durch die große Liebesleidenschaft beherrscht, es sind vielmehr die kleinen Dinge des Alltags, die Gefühle von Einsamkeit, relativer Unabhängigkeit, unerwiderter Liebe und Entsagung. Die Dinge des Lebens, so verallgemeinert Mildred, das sind *»the small unpleasantnesses rather than the great tragedies; the little useless longings rather than the great renunciations and dramatic love affairs of history or fiction«*. Obwohl Mildred, Tochter eines anglikanischen Geistlichen, in einem Londoner Vorort wohnt, scheint das Leben um sie herum kurz nach Ende des Zweiten Weltkriegs kaum vom urbanen Treiben der Metropole tangiert. Wenngleich in ihrer gesellschaftlichen Bedeutung gemindert, bildet die Kirche doch immer noch das Zentrum des eher provinziellen Milieus, dessen Darstellung bewußt in der Tradition von J. AUSTEN und A. TROLLOPE

steht. Allerdings geht es für Mildred nicht um die großen Glaubensprobleme, sondern um Aktivitäten wie Sammlungen, Wohltätigkeitsbasare, Teenachmittage, Kirchendekorationen usw.
Das Romangeschehen wird u. a. durch das freundschaftliche Verhältnis Mildreds zum Vikar Julian Malory bestimmt, der mit seiner Schwester Winifred im großen Pfarrhaus wohnt. Der Einzug der wohlhabenden Witwe Allegra Grey, die er heiraten will, und ihr Auszug nach den Reibereien mit Winifred markieren ebenso wie Ein- und Auszug der Napiers in das Haus Mildreds den Handlungsverlauf. Helena Napier ist eine Anthropologin, die in ihren jungen Mitarbeiter Everard Bone verliebt ist, der allerdings nichts von ihr wissen will; Rockingham Napier, ein ehemaliger Offizier der Marine, den seine Frau zeitweilig verläßt, wird heimlich von Mildred geliebt, während ihre Bekannten sie bedauern, weil sie meinen, der Vikar habe ihre Zuneigung nicht bemerkt. Im zeitlichen Rahmen des Kalenderjahres und markiert durch Ein- und Auszüge stellt der Roman damit eine Reihe von zwischenmenschlichen Kontakten und aufkeimenden, aufgrund banaler Alltagsprobleme wieder zerbrechenden, verhaltenen Liebesbeziehungen zumeist einseitiger Art dar. Angesichts der platzenden Verlobung des Vikars mit der Witwe und der eigentlich gescheiterten Ehe der Napiers schickt sich auch Mildred nach einem zwischenzeitlichen, maßvollen Ausbruch ins »Romantische« in ihr Schicksal der *»spinsterhood«*. Dem traditionell diskriminierten Typ der älter und nutzloser werdenden Jungfer setzt Pym mit dieser Figur die nach dem Vorbild der biblischen Martha aufopfernd dienende, aber sich ihrer Unabhängigkeit bewußte Frau entgegen, *»who could not comfortably sit and make conversation when she knew that yesterday's unwashed dishes were still in the sink«*. Mildred bleibt, in der Hoffnung allerdings, vielleicht einem Mann wie Everard Bone bei seinen wissenschaftlichen Arbeiten nützlich sein zu können, allein.
Pyms nächster Roman, *Jane and Prudence* (1953) berichtet am Rande von der Heirat beider, *An Unsuitable Attachment* (1963; veröff. 1982) gibt sogar einen kurzen Einblick in die Ehe. Obwohl vom *spinster*-Stereotyp abweichend, entspricht Pyms Zeichnung der alleinstehenden Frau kaum emanzipierten feministischen Vorstellungen. Da der Mann bei Pym für vieles im Haus ungeeignet zu sein scheint, übernehmen Figuren wie Winifred oder Mildred, sich aufopfernd, entsprechende Aufgaben: Darin dokumentiert sich für Pym deren *»excellence«* des Romantitels.
Nachdem die Autorin von 1931 bis 1934 in Oxford studiert und während des Krieges im Women's Royal Navy Service gedient hatte, war sie von 1946 bis 1974 Redaktionsassistentin der anthropologischen Zeitschrift *Africa* des International African Institute in London. Pym machte aufgrund dieser Erfahrungen nicht nur mehrere ihrer Figuren zu Anthropologen (etwa auch in *Less Than Angels*, 1955); sie glich darüber hinaus ihre Erzähltechnik der Beobachtungs- und Beschreibungsmethode wissenschaftlicher Feldstudien an. Die Erzählerin registriert die trivialen und banalen Ereignisse in ihrer Umwelt und stellt die Oberflächenphänomene aus einer zumeist leicht humorvollen Distanz realistisch dar. Sie protokolliert vor allem Gespräche und Klatsch, Details über das Wohnen, die Kleidung und das Essen sowie die alltäglichen, aber auch die in größeren Abständen wiederkehrenden quasi ritualisierten privaten Handlungen innerhalb der relativ homogenen sozialen Schicht der oberen Mittelkasse. Das Element des Traditionalistischen, das sowohl die Kirche als Institution als auch den Gegenstand anthropologischer Forschung ausmacht, prägt auch die Romanstruktur: Dies gilt für die räumliche und zeitliche Eingrenzung des Handlungsablaufs und die Gruppierung der beiden Bezugspaare (variiert: vorehelich, ehelich) um die alleinstehende Zentralfigur. Der besondere Reiz des Romans liegt sicherlich auch in der Tatsache, daß die sexuelle Gebräuche und Verwandtschaftsbeziehungen in primitiven Gesellschaften erforschenden Figuren Everard und Helena selbst zu teilweise komischen Objekten ironisch-humorvoller Beschreibung werden.
Excellent Women gehört in die mittlere, 1950 mit *Some Tame Gazelle* beginnende Schaffensperiode der ersten veröffentlichten Romane Pyms. Nach *Jane and Prudence* (1953), *Less than Angels* (1955), *A Glass of Blessings* (1958) und *No Fond Return of Love* (1961) lehnte der Verleger die Publikation eines weiteren Romans ab, obwohl Autoren wie I. COMPTON-BURNETT, E. TAYLOR oder Ph. LARKIN Pym schätzten. Erst als Larkin und Lord D. CECIL bei einer Befragung des ›Times Literary Supplement‹ (1977) unabhängig voneinander Pym als die am meisten unterbewertete englische Autorin des Jahrhunderts bezeichneten, wurde sie als eine zwar thematisch eingeschränkte, aber doch das spezifisch Britische, den Traditionalismus, das Stabilitätsdenken und die Verpflichtung gegenüber der Kultur vor allem des 19. Jh.s verkörpernde Erzählerin wiederentdeckt. U.Bö.

AUSGABEN: Ldn. 1952. – Ldn. 1977. – NY 1978. – Harmondsworth 1980. – NY 1980 (Perennial Library). – NY 1984 [Vorw. A. Tyler].

ÜBERSETZUNG: *Vortreffliche Frauen*, D. Winkler, Mchn. 1988.

LITERATUR: Anon. Rez. (in TLS, 28. 3. 1952, S. 217). – F. Wyndham, *The Gentle Power of B. P.* (in Sunday Times, 18. 9. 1977, S. 71). – J. C. Oates, Rez. (in Quest, Greenwich/Conn., Nov. 1978, S. 78). – J. Updike, *Lem and P.* (in New Yorker, 26. 2. 1979, S. 116–120). – A. Fischer, *Die List des Textes* (in SZ, 30. 3. 1988, S. 71). – M. Reichart, *Vortreffliche Frauen in London* (in Die Zeit, 5. 5. 1989). – R. J. Graham, *Cumbered with Much Serving: B. P.'s ›Excellent Women‹* (in Mosaic, 17, 1984, S. 141–160). – S. Radner, *B. P.'s People* (in Western Humanities Review, 39, 1985).

JAMES SAUNDERS

* 8.1.1925 Islington / London

Literatur zum Autor:
H. Spiel, *Im Strom des Absurden: J. S.: Ein Porträt* (in Die Zeit, 20, 1965, Nr. 37, S. 18; 20). – J. R. Taylor, *Anger and After: A Guide to the New British Drama*, Ldn. 1962 (dt.; *Zorniges Theater: Eine Analyse des englischen Dramas seit Osborne*, Reinbek 1965, S. 161–163). – D. Berger, *Komik u. Tragik des Paradoxen bei J. S.* (in Maske u. Kothurn, 20, 1974, S. 191–207). – R. Imhof, *Realität als Spielmaterial im englischen Drama der Gegenwart* (in *Drama u. Theater im England des 20. Jh.s*, Hg. H. Kosok, Düsseldorf 1980, S. 142–157). – D. Brown, *J. S.* (in DLB, Bd. 13, 1982, S. 440 bis 444). – C. Schmuderer, *J. S.* (in *Knaurs großer Schauspielführer*, Hg. R. Radler, Mchn. 1985, S. 572–577). – N. Sammels, *Giggling at the Arts: Tom Stoppard and J. S.* (in Critical Quarterly, 28, 1986, Nr. 4, S. 71–78).

NEXT TIME I'LL SING TO YOU

(engl.; *Ü: Ein Eremit wird entdeckt*). Schauspiel in zwei Akten von James Saunders, Uraufführung: Ealing, 18. 6. 1962, Questors Theatre; deutsche Erstaufführung: Berlin, 11. 10. 1963, Schillertheater (Werkstatt). – Das Stück, mit dem Saunders der internationale Durchbruch als Dramatiker gelang, wurde von der Kritik mit Pirandellos *Sechs Personen suchen einen Autor* (1921) verglichen – zu Recht, was die Vermischung der Ebenen von Theaterwirklichkeit und auf dem Theater darzustellender Wirklichkeit betrifft. Hier allerdings suchen fünf Schauspieler nach einer Person, nach Leben, Denken und Fühlen einer rätselhaften Existenz, über die sie ein Stück improvisieren und die einer von ihnen verkörpern soll. Meff, Dust, Rudge, Lizzie und ein alter Schauspieler, der nur als »der Eremit« bezeichnet wird, finden sich auf der Bühne ein und versuchen unter Anleitung Rudges, sich ein Spiel auszudenken, in dessen Mittelpunkt ein im Jahr 1942 nach über vierzigjähriger Einsamkeit in einer Hütte in Essex gestorbener Eremit stehen soll. Meff liest mechanisch einige Manuskriptseiten vor, deren Text ähnlich hochtrabend und hohl klingt wie die Tiraden, die Lucky in Becketts *Warten auf Godot* (1953) herunterleiert. Lizzie, für die Rolle eines Mädchens vorgesehen, dem der Eremit liebevoll zugetan war, interessiert sich ebenso wie Meff, mit dem sie während der Spielversuche anbändelt, nicht sonderlich für das Experiment. Doch ab und zu finden die Schauspieler Ansätze zu einer spielbaren Szene aus dem Eremitenleben, wenngleich sie einander immer wieder durch schale Späße, Streitereien und Abschweifungen unterbrechen. Langsam tasten sie sich aus verschiedener, jeweils durch ihr Temperament und ihren Charakter bedingter Sicht an das Rätsel der Einsiedlerexistenz von Alexander James Mason heran. Der Schauspieler aber, der ihn verkörpern soll, wächst allmählich so in seine Rolle hinein, daß er die Spekulationen der anderen korrigiert und gegen eine allzu respekt- und verständnislose Interpretation der Figur protestiert. Den nach den möglichen Motiven für Masons einsames Leben fragenden Kollegen gibt er am Ende als der Eremit selbst Auskunft: Die Menschen hätten ihn, ebenso wie die Schauspieler jetzt und hier auf der Bühne, verärgert und angewidert, und daher habe er nach dem Vorbild des Franz von Assisi das Leben eines Heiligen geführt – wobei offenbleibt, ob er damit etwas Gültiges über den Eremiten aussagt oder aus Mimeneitelkeit diesen (bzw. seine Rolle) verklärt darstellt. Und während bei den Spielversuchen nicht nur die Existenz des Eremiten, sondern die menschliche Existenz überhaupt immer fragwürdiger wird, gewinnt der alte Schauspieler zunehmend an Sicherheit, bis er schließlich fast religiöse, ausgewogene Sinndeutungen des Lebens findet. Als er, vollends identisch geworden mit dem Eremiten, stirbt, ist auch dies ein Protest gegen die Mitspieler, von denen er um so rüder behandelt wurde, je stärker seine Auslegung der Rolle sich von der ihren unterschied. *»Wir wenigstens sind nicht tot«* – das ist die einzige Gewißheit, die den vier Schauspielern am Ende bleibt.

Das Stück kreist um die Einsamkeit des Menschen, die zu durchdringen einem andern kaum möglich ist; die Schwierigkeiten der Schauspieler bei der Darstellung des Eremiten sind die eines jeden Menschen, der einen andern verstehen will, und vor diesen Schwierigkeiten weichen sie immer wieder in die Ironisierung ihrer eigenen Bemühungen, in Resignation, Clownerien, Platitüden und mit absurder Hartnäckigkeit geführte Wortwechsel aus. Gewiß sind Saunders' Anleihen bei Beckett und Ionesco nicht zu übersehen. Doch ist aus dem *»Wust von Witz, Blödelei, Heftigkeit, Schweigen, Hin und Her, den er mit erstaunlich geschicktem Ungeschick aufgehäuft hat«* (H. Rischbieter) durchaus ein eigener Ton herauszuhören, der in seiner Melancholie zwar an Beckett erinnert, zugleich aber weniger stark stilisiert und der Realität – sei es auch nur der Realität unkonzentriert und mißmutig extemporierender Schauspieler – wesentlich näher ist. – Die Einsiedlerexistenz des Alexander James Mason († 1942) wurde außer von Saunders auch von Henry Livings in dem Fernsehspiel *Jim All Alone* dramatisiert; beide Autoren stützen sich auf Raleigh Trevelyans *A Hermit Disclosed* (1960), den Versuch einer Biographie des Eremiten. J.Dr.

Ausgaben: Ldn./NY 1963. – Ldn. 1965. – Harmondsworth 1971 (in *Four Plays*).

Übersetzung: *Ein Eremit wird entdeckt*, H. Spiel, Reinbek 1963 [Bühnenms.]. – Dass., dies. (in Theater heute, 4, 1963, H. 10).

LITERATUR: H. Rischbieter, Rez. (in Theater heute, 4, 1963, H. 11, S. 18). – E. Auberlen, *Die Nutzung des dramatischen Mediums in J. S.'s »Next Time I'll Sing to You«* (in GRM, 30, 1980, S. 191–210). – K. J. Gentile, *A Hermit Dramatized* (in MD, 28, 1985, S. 490–499). – K. D. Schäfer, *Handlung im neueren britischen Drama*, Ffm. 1985, S. 170–193.

PAUL SCOTT

* 25.3.1920 London
† 1.3.1978 London

THE RAJ QUARTET

(engl.; *Ü: Das Reich der Sahibs*). Roman-Tetralogie von Paul SCOTT, bestehend aus den Bänden *The Jewel in the Crown* (1966), *The Day of the Scorpion* (1968), *The Towers of Silence* (1971) und *A Division of the Spoils* (1975); unter dem Sammeltitel erschienen 1976. – Scott, der sich schon in früheren Romanen vorzugsweise mit dem südasiatischen Raum der vierziger Jahre auseinandergesetzt hatte, entwirft in seiner fast 2000 Seiten umfassenden Tetralogie ein facettenreiches Bild Indiens, zumal des städtischen Nordens, während der letzten fünf Jahre der britischen Kolonialherrschaft *(raj)* vor der Unabhängigkeit im Jahre 1947.

Den Auftakt bilden in *The Jewel in the Crown (Das Juwel in der Krone)* zwei brutale Gewalttaten, die während der durch Gandhis »Quit India«-Kampagne ausgelösten Unruhen an zwei Engländerinnen und deren indischen Begleitern verübt werden und die als symptomatische Fälle die britische Kolonie wie die Inder von »Mayapore« beschäftigen. Sie geben der gesamten Romanfolge in fortgeführten Enthüllungen und vielstimmigen Kommentaren einen Bezugsrahmen. Edwina Crane, langjährig leitende Missionsschullehrerin, die mit der indischen Sache sympathisiert, wird von Demonstranten mißhandelt und muß mitansehen, wie ihr vorbildlicher Kollege Mr. Chaudhuri, mit dem sie spät erst vertraut geworden war, ermordet wird. Sie verfällt in einen schwermütigen Zustand und verbrennt sich nach Art hinduistischer Witwen. – Sensationeller noch wirkt die Schreckenstat, deren Opfer Daphne Manners wird. Die Nichte einer Gouverneurswitwe ist erst seit kurzem in Indien und verliebt sich in den Journalisten Hari Kumar, der aus einer hinduistischen Familie stammt und eine englische Schul- und Universitätsausbildung genossen hat. Bei ihrer ersten Intimität in einem Park werden die beiden von einer Gang indischer Jugendlicher überrascht, die Daphne vergewaltigen und Kumar zusammenschlagen. Der eifersüchtige, durchtriebene Polizeichef Ronald Merrick will das Verbrechen Kumar anlasten, und da die Liebenden sich durch das Abstreiten einer Beziehung gegenseitig zu schützen versuchen, bezichtigt er Kumar der politischen Subversivität, um ihn so in Haft nehmen zu können.

The Day of the Scorpion (Der Skorpion) schildert die heimtückischen Schikanen, mit denen Merrick seinen Gefangenen demütigt, während Daphne bei der Geburt einer Tochter stirbt. Der Roman rückt aber nun die Offiziersfamilie Layton in den Vordergrund, zumal die Entwicklung der beiden Töchter Susan und Sarah. Die oberflächliche Susan heiratet einen Hauptmann, der beim Einsatz an der asiatischen Front im Zweiten Weltkrieg fällt – ein Ereignis, das sie dauerhaft verstört hinterläßt. Die nachdenklich-zurückhaltende Sarah lernt den zur Armee gestoßenen Merrick sowie Ahmed Kasim, den Sohn eines inhaftierten Abgeordneten, näher kennen. Das Geschehen verlagert sich hauptsächlich in den Fürstenstaat »Mirat«, dessen muslimischer Nawab mit Hilfe des weißrussischen Emigranten Bronowsky sein Land zu modernisieren versucht.

The Towers of Silence (Die Türme des Schweigens) konzentriert sich auf das Porträt von Barbie Batchelor, einer alten Bekannten von Miss Crane, die von deren Schicksal tief betroffen ist. Sie schließt sich Sarah Laytons Tante Mabel an und zieht sich aus der Gesellschaft, die in ihr eine Exzentrikerin sieht, zurück, um sich ihren spirituellen Bedürfnissen zu widmen.

Der vierte Band, *A Division of the Spoils (Die Verteilung der Beute)*, erweitert wiederum das Geschehen, führt diverse Handlungsstränge zum Abschluß und verstärkt die Verbindungen zwischen ihnen. Der liberale Historiker Guy Perron kommt als Angehöriger des Abschirmdiensts der Armee nach Indien und freundet sich mit Sarah an. Susan heiratet Merrick, der später als heimlicher Päderast von indischen Jugendlichen grausam umgebracht wird. Kumar kommt endlich aus dem Gefängnis frei und lebt in bescheidenen Verhältnissen. Der intrigante Bronowsky versucht vergebens, Ahmed mit der Tochter des Nawab zu verheiraten, und findet in Nigel Rowan, der sich des Falls Kumar angenommen hatte, einen hartnäckigen politischen Gegenspieler. Als die Briten größtenteils das unabhängig werdende Land verlassen, stoßen bei den ausbrechenden religiösen Konflikten Gruppen von Hindus und Muslims aufeinander. Unter den Todesopfern befindet sich auch Ahmed.

Scott präsentiert sein Indien-Panorama anhand einer Vielzahl von Figuren, die als Typen unterschiedliche Milieus repräsentieren, aber auch als Persönlichkeiten differenziert sind. Sie verkörpern so diverse Standpunkte im Verhältnis von Engländern und Indern. Das Spektrum der Hauptfiguren reicht von den moralische Maßstäbe setzenden Personen am Rande des Geschehens (wie Barbie und Perron) über ambivalent in die Handlung verstrickte Figuren (wie den zwischen zwei Welten aufgeriebenen Kumar und die halbherzig sich von ihrer Umwelt lösende Sarah) bis zu dem das Geschehen manipulierenden Merrick, der mit seinem Minderwertigkeitskomplex, seinem egozentrischen Willen zur Macht, seinem verlogenen Sendungsbewußtsein, seinen rassistischen Vorurteilen, faschistischen Anschauungen und sadomasochistischen Neigungen und mit seiner diabolischen Destruktivität die düsterste Seite der Kolonialherrschaft hinter der Fassade männlich kompetenten Auftretens verkörpert.

Die meisten Figuren erfahren unter dem Druck der Gruppenkonstellationen und der weltanschaulichen Verunsicherungen eine Desintegration der Persönlichkeit. Das für die Begegnung von Ost und West symptomatische Haß-Liebe-Verhältnis wird in zwischenmenschlichen Beziehungen variiert, die selbst bei bestem Willen zwangsläufig Mißverständnisse mit sich bringen. Das Zusammenwirken der Konflikte zwischen den Kulturen, Rassen, Klassen, Religionen, Ideologien, Sprachen und Generationen läßt keine dauerhafte Harmonisierung zu. Die Kolonialgesellschaft wird über die einzelnen Repräsentanten hinaus in ihren sozialen Institutionen vor Augen geführt: dem Familienleben, dem Verwaltungsapparat, der Militärmaschinerie, der kodifizierten Welt der Clubs. Außerdem wird die fiktionale Handlung beständig im Zusammenhang mit dem innen- und außenpolitischen Zeitgeschehen gezeigt.

Scott verwendet vorwiegend eine multiperspektivische Erzählweise, die das wiedergegebene Geschehen fortwährend durch Ergänzungen oder Umdeutungen modifiziert. Neben der gelegentlich auktorial kommentierten Er-Erzählung bringt er auch Einschübe in der Ich-Form und fiktive Dokumente wie Tagebücher, Memoiren, Briefe, Amtsprotokolle usw. Er bemüht sich sowohl um eine detailgetreue Evokation der Lokalatmosphäre als auch um eine symbolisch-leitmotivische Stilisierung, die schon in den Titeln deutlich wird. Wie das strukturelle Konzept bleibt der Stil trotz einiger Flexibilität konventionell und tendiert zur ausladenden Breite.

Scotts kritische Auseinandersetzung mit dem britischen Kolonialismus in Indien und die skeptische Beurteilung der Annäherungsmöglichkeiten zwischen Engländern und Indern folgen der Tradition von E. M. Forster, dessen *A Passage to India* (1924) er durch die Konzentration auf den Übergang zur Unabhängigkeit aktualisiert und politisiert. In der multiperspektivischen Anlage der Tetralogie steht er Lawrence Durrell nahe, der in seinem *Alexandria Quartet* (1957–1960) das Modell eines erzählerischen Relativitätsprinzips geliefert hatte.

Scott, der mit dem Roman *Staying On* (1977) über zwei in Indien verbleibende Nebenfiguren des *Raj Quartet* der Tetralogie noch eine Art Coda folgen ließ, hat mit seiner authentischen Fiktionalisierung eines markanten zeitgeschichtlichen Prozesses und mit der sozialpsychologischen Subtilität bei der Problematisierung des Kulturkonflikts große Beachtung gefunden. Er hat allerdings auch mit dem Rückgriff auf teils stereotype Darstellungsweisen die Kritik eines Salman Rushdie herausgefordert und mit der wiederkehrenden Langatmigkeit die Geduld der Leser strapaziert. Erhebliche Breitenwirkung erzielte das Werk durch die – als Beispiel einer gelungenen Literaturverfilmung gerühmte – Fernsehbearbeitung von 1984. E. Kr.

Ausgaben: *The Jewel in the Crown*: Ldn. 1966; NY 1966. – *The Day of the Scorpion*: Ldn. 1968; NY 1968. – *The Towers of Silence*, Ldn. 1971; NY 1972. – *A Division of the Spoils*: Ldn. 1975; NY 1975. – *The Raj Quartet*: Ldn. 1976; NY 1976. – *Staying On*: Ldn. 1977; NY 1977.

Übersetzungen: *Das Reich der Sahibs*, M. Ohl u. H. Sartorius: *Das Juwel in der Krone*, Stg. 1985. – *Der Skorpion*, Stg. 1986. – *Die Türme des Schweigens*, Stg. 1987. – *Die Verteilung der Beute*, Stg. 1988.

Verfilmung: *The Jewel in the Crown*, England 1984 (14teilige Fernsehbearbeitung der gesamten Tetralogie; Regie: Ch. Morahan u. J. O'Brien).

Literatur: P. Swinden, *P. S.: Images of India*, Ldn. 1980; ern. 1990. – K. B. Rao, *P. S.*, Boston 1980 (TEAS). – P. Swinden, *P. S.*, Windsor/Berks. 1982. – J. Bonheim, *P. S.: Humanismus u. Individualismus in seinem Werk*, Ffm. 1982. – B. Hoffmann, *P. S.s »Raj-Quartet« – Fiktion u. Geschichtsschreibung*, Ffm. 1982. – M. M. Mahood, *P. S.'s Guardians* (in Yearbook of English Studies, 13, 1983, S. 244–258). – J. Tedesco u. J. Popham, *Introduction to the »Raj Quartet«*, Lanham/Md. 1985. – Ch. Hitchens, *A Sense of Mission: »The Raj Quartet«* (in Grand Street, 4, 1985, Nr. 2, S. 180–199). – D. C. R. A. Goonetilleke, *Images of the Raj: South Asia in the Literature of Empire*, Ldn. 1986, S. 132–156. – D. Rubin, *After the Raj: British Novels of India Since 1947*, Hanover/N.H. 1986, S. 103–156. – J. Kleinstück, *P. S. und sein »Raj Quartet«* (in Anglia, 105, 1987, S. 94–114). – P. Sharrad, *The Books Behind the Film: P. S.'s »Raj Quartet«* (in East West Film Journal, 1, 1987, Nr. 2, S. 78–90). – H. Spurling, *P. S.*, Ldn. 1990. – R. Moore, *P. S.'s Raj*, Ldn. 1990.

PETER SHAFFER

* 15.5.1926 Liverpool

Literatur zum Autor:
J. R. Taylor, *P. S.*, Ldn. 1974. – J. F. Dean, *P. S.'s Recurrent Character Type* (in MD, 21, 1978, S. 297–305). – D. A. Klein, *P. S.*, Boston 1979 (TEAS). – L. Fietz, *Variationen des Themas vom*

›fragmentarischen Existieren‹ im zeitgenössischen Drama: Pinter, Bond, S. (in Anglia, 98, 1980, S. 383–402). – D. A. Klein, *Literary Onomastics in P. S.'s »Shrivings« and »Equus«* (in Literary Onomastics Studies, 7, 1980, S. 127–138). – M. Hinden, *When Playwrights Talk to God: P. S. and the Legacy of O'Neill* (in Comparative Drama, 16, 1982, S. 49–63). – D. A. Klein, *P. and A. S.: A Reference Guide*, Boston 1982. – W. S. Smith, *P. S.* (in DLB, Bd. 13, 1982, S. 451–469). – R. S. Carlson, *P. S.* (in *Critical Survey of Drama*, Hg. F. N. Magill, Bd. 4, Englewood Cliffs/N.J. 1985, S. 1676 bis 1688). – M. Hinden, *Trying to Like S.* (in Comparative Drama, 19, 1985, S. 14–29). – *File on S.*, Hg. V. Cooke u. M. Page, Ldn. 1987. – G. A. Plunka, *P. S.: Role, Rites and Rituals in the Theatre*, Rutherford (N.J.)/Ldn. 1988. – P. Iking, *Strukturen gestörter Kommunikation in den Dramen P. S.s*, Essen 1989.

AMADEUS

(engl.; *Ü: Amadeus*). Drama in zwei Akten von Peter Shaffer, Uraufführung: London, 2. 11. 1979, National Theatre; deutsche Erstaufführung: Wien, 27. 2. 1981, Burgtheater. – Shaffers bislang erfolgreichstes und publikumswirksamstes Theaterstück greift auf Gerüchte und Spekulationen zurück, die nach Mozarts Tod bis ins 19. Jh. weit verbreitet waren. Danach soll Mozart von seinem heute relativ unbekannten Zeitgenossen, dem Wiener Hofkompositeur Antonio Salieri, vergiftet worden sein. Bereits Puškin hatte diesen Stoff 1830 in einer kurzen Tragödie bearbeitet, die Rimskij-Korsakov 1898 als Oper vertonte.

In *Amadeus* wird ähnlich wie in *Equus* (1973) das dramatische Geschehen von einem Rahmen aus eingeführt und von dort aus wiederholt kommentiert. Wenige Stunden vor seinem geplanten Selbstmord im Jahre 1823 »inszeniert« Salieri für ein imaginäres Publikum der Zukunft ein Spiel mit dem Titel »Der Tod Mozarts«. Durch sein Bekenntnis, Mozart vergiftet zu haben, wenn auch nur im psychologischen Sinn, wie sich herausstellen wird, will Salieri seinen Namen mit dem Mozarts und dessen unsterblichem Ruhm verknüpfen.

Die Ereignisse zwischen 1781 und Mozarts Tod im Jahr 1791 werden von Salieri als »Spielleiter« eingeführt, aus seiner Perspektive dargeboten und kommentiert. Die Konfrontation Salieris mit Mozart ist im wesentlichen die Begegnung zweier grundverschiedener Künstlertypen. Salieri ist der seriöse, solide arbeitende Komponist, der immer innerhalb der tradierten Normen bleibt, während Mozart, das Original-Genie, der göttlich inspirierte und begnadete Erneuerer der Kunst ist. Salieri, dessen Ziel es ist, höchsten Ruhm zu erreichen, hatte in seiner Jugend einen Pakt mit Gott geschlossen, in dem er ein tugendreiches Leben gelobte, wenn Gott ihm die Gabe schenkte, die »absolute Musik« zu schreiben. Als Salieri merkt, daß nicht er, sondern der kindische und vulgäre Mozart *»die Zauberflöte Gottes«* und er selbst nur dazu verurteilt ist, als einziger die wahre Qualität von Mozarts Musik zu erkennen, nimmt er sich vor, das Instrument Gottes, Amadeus Mozart, zu vernichten. Mehrere aufeinanderfolgende Szenen zeigen, wie er mit einer Reihe von Intrigen seinen Rivalen allmählich in Armut, Krankheit und schließlich in den Tod treibt. Wo sich der Rahmen schließt, finden wir Salieri bei einem Selbstmordversuch, den er überlebt. Niemand nimmt ihm sein Bekenntnis, Mozart vergiftet zu haben, ab. Auch hierin versagt er; als *»Patron der Mittelmäßigen«* segnet er das Publikum, das er zu Beginn beschworen hatte.

Das Stück zeichnet sich durch die völlige Integration verschiedener theatralischer Elemente aus: episches Theater, analytisches Drama, Tragik, Komik, Einbeziehung der Zuschauer, Musik. Aus seiner Struktur und den Wechselbeziehungen zwischen dramatischen und musikalischen Elementen und Motiven bezieht das Stück den Charakter einer Oper als »Gesamtkunstwerk«. Seine Beliebtheit beim Publikum läßt sich auch daraus erklären, daß das Stück eine ganze Reihe populärer Passagen aus Mozarts Werk zitiert, in die Handlung integriert und ihre Entstehung psychologisch aus verschiedenen biographischen Situationen erklärt (so wird z. B. Mozarts Vater zum Steinernen Gast in *Don Giovanni*). Ein weiterer Reiz liegt in der intellektuellen Durchdringung des Stoffes; Shaffer beleuchtet anhand populärwissenschaftlicher Paradigmen aus Psychologie, Soziologie, Theologie und Musikwissenschaft die Beziehung zwischen Mozart und Salieri aus verschiedenen Blickwinkeln. Die Gegenüberstellung zweier verschiedener Künstlernaturen verweist auf ein zentrales Thema bei Shaffer, das Gegenüber von Ratio und Leidenschaft, von Mittelmäßigkeit und Genialität entsprechend Nietzsches Formel vom Apollinischen gegenüber dem Dionysischen. W.H.

Ausgaben: Ldn. 1980. – Harmondsworth 1981 [rev.]. – NY 1982 (in *Collected Plays*). – Ldn. 1985. – Harmondsworth 1985 [rev.]. – Stg. 1987 (RUB).

Übersetzung: *Amadeus*, N. Adler, Ffm. 1982.

Verfilmung: USA 1984 (Regie: M. Forman).

Literatur: R. Gelatt, *P. S.'s »Amadeus«: A Controversial Hit* (in Saturday Review, Nov. 1980, S. 11–14). – C. J. Gianakaris, *A Playwright Looks at Mozart: P. S.'s »Amadeus«* (in Comparative Drama, 15, 1981, S. 37–53). – J. K. Larson, *»Amadeus«: S.'s Hollow Men* (in Christian Century, 98, 1981, S. 578–583). – Chr. W. Thomsen u. G. Brandstetter, *Mozart u. Salieri: Das Schauspiel als Oper. Überlegungen zu P. S.s »Amadeus«* (in Anglistik u. Englischunterricht, 16, 1982, S. 191–210). – W. Huber u. H. Zapf, *On the Structure of P. S.'s »Amadeus«* (in MD, 27, 1984, S. 299–313). – C. J. Gianakaris, *Drama into Film: The S. Situation* (ebd., 28, 1985, S. 83–98).

EQUUS

(engl.; *Ü: Equus*). Drama in zwei Akten von Peter Shaffer, Uraufführung: London, 26. 7. 1973, National Theatre/Old Vic; deutsche Erstaufführung: Hamburg, 24. 1. 1974, Deutsches Schauspielhaus. – Nach Thema und formaler Anlage weist *Equus* innerhalb von Shaffers Œuvre die größten Ähnlichkeiten zu *The Royal Hunt of the Sun* (1964) auf. Mit größter Bühnenwirksamkeit wird jeweils eine analytische Handlung präsentiert, die das Thema des Mythisch-Ursprünglichen im Gegensatz zur Verflachung des Lebens in der westlichen Zivilisation behandelt.

In *Equus* geht die analytische Form auf einzigartige Weise Hand in Hand mit der dargestellten dramatischen Situation. Im Mittelpunkt des Stücks steht Martin Dysart, ein desillusionierter Psychiater, der sich in einer Art Lebenskrise und *»beruflicher Menopause«* befindet. Sein Behandlungszimmer gibt den Rahmen ab für ein ausgeklügeltes Ineinander verschiedener Handlungsebenen, nämlich der fortschreitenden analytischen Behandlung eines Falles und der schrittweisen Aufdeckung der Hintergründe in Form szenischer Einblendungen. Der »Fall« ist der des siebzehnjährigen Alan Strang, der (aus allmählich zutage tretenden Motiven) sechs Pferden die Augen ausgestochen hat. Dysarts Behandlung löst die Rekonstruktion von Alans Entwicklung und Sozialisation als nachgespielter Vorgeschichte aus. Der Junge ist früh in ein Netz widersprüchlicher Erwartungen geraten, die seine Eltern mit ihren verschiedenen Wertvorstellungen an ihn stellten. Alans Mutter, eine ehemalige Lehrerin, ist eine streng religiöse und überängstliche Frau, sein Vater, aus der Arbeiterklasse stammend, ein aufgeklärter Atheist mit ausgeprägtem Klassenbewußtsein. Nach einem tiefen Frustrationserlebnis in seiner Kindheit entwickelt sich Alans Begeisterung für Pferde zu einer Art Kult mit sexuellen Obertönen. Bei seiner Arbeit als Stallbursche nutzt er die Gelegenheit zu heimlichen nächtlichen Ausritten, bei denen er nackt auf den von ihm vergötterten Pferden sitzt und ein Einswerden mit dem Pferdegott Equus anstrebt. (Auf der Ebene der Dramenhandlung endet der erste Akt mit einem solchen orgiastischen Erlebnis.) Als sich Alan die Möglichkeit einer sexuellen Begegnung mit seiner Freundin Jill im Reitstall bietet, versagt er, weil er sich vor den Pferden gehemmt fühlt und ihre anklagenden Blikke auf sich spürt. Daraufhin sticht er den Pferden die Augen aus. – Dieser Fall bestätigt Dysart in seinen Zweifeln an sich selbst und an seinem Beruf. Er, der Humanist und leidenschaftslose Intellektuelle, muß Alan auf den Weg zur sogenannten Normalität zurückbringen, während er den Jungen um seine Leidenschaft und die Fähigkeit beneidet, sich ganz einer erfüllenden vitalen Idee hinzugeben.

Das Stück besticht durch die exzellente Handhabung episch-dramatischer Mittel (Verknüpfung der Spielebenen, Illusionsdurchbrechung) und die Wahl der archetypischen Thematik. Es geht um das Unbehagen an einer Zivilisation, die das Ekstatisch-Dionysische, die »Sehnsucht nach dem Ursprünglichen«, hier verkörpert durch den modernen Zentauren Alan Strang, zugunsten von Rationalität, Normalität und Fortschritt unterdrückt. Mit der durch Dysart geäußerten Kritik an dem Vitalitätsverlust in der zeitgenössischen Gesellschaft stellt sich Shaffer in eine Reihe mit Nietzsche und D. H. Lawrence. Auch ist der Einfluß des antifreudianischen Psychiatrie-Konzepts von R. D. Laing spürbar. W.H.

Ausgaben: Ldn. 1973. – NY 1974. – Ldn./NY 1976. – Harmondsworth 1976 (in *Three Plays*). – Harmondsworth 1977. – NY 1982 (in *Collected Plays*).

Übersetzung: *Equus*, W. Mandt (in Theater heute, 1974, H. 3, S. 31–48).

Verfilmung: USA 1977 (Regie: S. Lumet).

Literatur: G. Jäger u. R. Michaelis (in Theater heute, 1974, H. 3, S. 28–31). – J. Simon, *Hippodrama at the Psychodrome* (in Hudson Review, 28, 1975, S. 97–106). – R. Vandenbroucke, *»Equus«: Modern Myth in the Making* (in Drama and Theatre, 12, 1975, S. 129–133). – L. Černy, *P. S.: »Equus«* (in *Englische Literatur der Gegenwart, 1971–1975*, Hg. R. Lengeler, Düsseldorf 1977, S. 157–169). – B. Lounsberry, *God-Hunting: The Chaos of Worship in P. S.'s »Equus« and »The Royal Hunt of the Sun«* (in MD, 21, 1978, S. 13–28). – J. D. Ebner, *The Double Crisis of Sexuality and Worship in S.'s »Equus«* (in Christianity and Literature, 31, 1982, Nr. 2, S. 29–47). – R. Lengeler, *P. S.: »Equus«: Der Mythos vom ursprünglichen Leben* (in *Englisches Drama von Beckett bis Bond*, Hg. H. Plett, Mchn. 1982, S. 272–294). – D. W. Walls, *»Equus«: S., Nietzsche, and the Neuroses of Health* (in MD, 27, 1984, S. 314–323).

THE ROYAL HUNT OF THE SUN

(engl.; *Ü: Die königliche Jagd auf die Sonne*). Drama in zwei Akten von Peter Shaffer, Uraufführung: Chichester, 7. 7. 1964, National Theatre; deutschsprachige Erstaufführung: Zürich, 25. 11. 1967, Schauspielhaus. – Nach den beiden Einaktern *The Private Ear (Hören Sie zu!)* und *The Public Eye*, 1962 *(Geben Sie acht!)*, schrieb Shaffer mit *The Royal Hunt of the Sun* ein Drama von epischer Breite, das thematisch wie formal zu den anspruchsvollsten Werken des modernen Theaters zählt, seinen hohen Anspruch jedoch nicht ganz einlösen kann. Der Autor, der auch als Musik- und Literaturkritiker hervortrat, versuchte hier, fast alle Konventionen des traditionellen und modernen Theaters einzubeziehen: *chronicle play*, episches Theater, Charaktertragödie, Ideendrama, Elemente des japanischen Kabuki-Theaters und von Artauds Theater der Grausamkeit werden zu einem nicht immer konsistenten Gesamtkunstwerk von Text, Musik,

Pantomime und Ritual verschmolzen. Die Thematik des Dramas knüpft an Shaffers Erstlingswerk *Five Finger Exercise*, 1958 *(Fünffingerübung)*, an und verweist auf seine späteren Werke *The Battle of Shrivings*, 1970 *(Exerzitien)*, und *Equus* (1973): Im Mittelpunkt dieser Stücke steht die Glaubenskrise einer ihrer Zivilisation entfremdeten Hauptfigur, die sich durch den Kontakt mit einer primitiven, vitaleren Kultur der Sinnlosigkeit des eigenen Daseins schmerzlich bewußt wird.

In *The Royal Hunt of the Sun* wählt Shaffer Pizarros Eroberung des Inkareiches als Handlungsrahmen und nimmt die Gefangennahme und Hinrichtung des letzten Inka-Gottkönigs Atahuallpa als Anlaß, die Sinnsuche des gealterten, nihilistischen Konquistadors darzustellen. Die »Jagd« ist daher in dem Drama nicht primär eine Jagd nach Macht und Gold, sondern eine *quest* nach sinnvollen Werten und einem neuen Glauben. Das Stück beginnt mit der Rekrutierung von Söldnern für Pizarros Expedition in seinem Heimatdorf. Der fünfzehnjährige Young Martin, der als Old Martin das gesamte Geschehen aus der zeitlichen Distanz von vierzig Jahren kommentierend erzählt, schließt sich als Pizarros Page dem rauhen Haufen an, um sein träumerisches Ritterideal zu verwirklichen. Pizarro erscheint in diesen ersten Szenen als ein machtbewußter, desillusionierter Zyniker, der sich nach einem Leben voller Enttäuschungen mit der Eroberung des sagenhaften Inkareiches zeitlosen Ruhm und Unsterblichkeit erwerben will. Er ist daher von Atahuallpas göttlichem Unsterblichkeitsanspruch fasziniert und nimmt unsägliche Mühen auf sich, um den Inka in der Stadt Cajamarca zu treffen. Dort läßt er Atahuallpa gefangennehmen, seine waffenlosen Krieger niedermetzeln und verspricht dem Inka die Freilassung, wenn dieser seinen Gefängnisraum mit Goldgegenständen füllen lasse. Während die Untertanen des Inkaherrschers aus seinem gesamten Reich Gold herbeitragen, entwickelt sich zwischen Pizarro und seinem Gefangenen ein fast freundschaftliches Verhältnis, da die beiden Männer trotz ihrer offensichtlichen Verschiedenheit eine tiefe Geistesverwandtschaft entdecken. Pizarro wird jedoch von seinen Männern gezwungen, sein Versprechen zu brechen und den Inkaherrscher hinrichten zu lassen. Während diese Initiation in Verrat und Tod Young Martins Weltbild und Glauben endgültig zerstört, findet Pizarro in seinen Tränen der Verzweiflung über der Leiche Atahuallpas seine verschüttete Menschlichkeit wieder.

Als gelernter Historiker hatte Shaffer, der sich in der Darstellung der geschichtlichen Ereignisse weitgehend auf William Hickling PRESCOTTS *History of the Conquest of Peru* (1847) stützte, sein Drama ursprünglich als ein *chronicle play* über die Eroberung Perus konzipiert und daher die historische Dimension in den Mittelpunkt stellen wollen. Die Endfassung trägt jedoch Züge einer religiösen Allegorie und gestaltet den Zusammenstoß der beiden Kulturen als Konfrontation nicht nur zweier Religionen, sondern vor allem zweier abstrakter Prinzipien, nämlich *»europäischer Hoffnung und indianischer Hoffnungslosigkeit; von indianischem Glauben und europäischer Glaubenslosigkeit«* (Shaffer in der ›New York Times‹, 24. 10. 1965). Der spanische Eroberer wird zum Prototypen des kalten, empirisch denkenden Menschen, der sich eine rationale, entmythologisierte Welt ohne Glauben geschaffen und somit auch seinem Leben die Möglichkeit der intensiven Erfahrung genommen hat. Das Bewußtsein, trotz allem der zerstörerischen Macht der Zeit ausgeliefert zu sein, liegt Pizarros Nihilismus zugrunde. In Atahuallpa sieht er die Möglichkeit, einen neuen, der Vergänglichkeit enthobenen Gott gefunden zu haben. Pizarros Entschluß, seinen Gefangenen töten zu lassen, entspringt daher auch der Überlegung, daß sich die Göttlichkeit Atahuallpas letztlich nur so verifizieren lasse. Obgleich er enttäuscht wird, erkennt Pizarro an seiner Trauer, daß die Menschlichkeit, die sich selbst im Augenblick des Todes, dem Inbegriff der Sinnlosigkeit, behauptet, zumindest ein bescheidenes Stück Unsterblichkeit darstellt.

Die allegorischen Züge des Dramas werden durch die Absicht des Autors, ein »totales Theater« zu schaffen, verstärkt. Shaffer gestaltet das Stück als ein prachtvolles, farbenfrohes Spektakel mit rituellen Elementen, in dem nicht-verbale Komponenten gleichberechtigt neben dem Dialog stehen. Viele Details der aufwendigen Chichester-Inszenierung, der Kritiker die Vernachlässigung von Sprache und Struktur zugunsten der Bühneneffekte vorhielten, wurden in Shaffers spätere Textfassungen aufgenommen, so daß *The Royal Hunt of the Sun* auch als Beispiel einer Annäherung von Text und Inszenierung gelten kann. J. Ass.

AUSGABEN: Ldn. 1964. – NY 1965. – Harmondsworth 1981. – NY 1982 (in *Collected Plays*).

ÜBERSETZUNG: *Die königliche Jagd auf die Sonne*, R. Günther, Bln. o. J. [Bühnenms.].

LITERATUR: J. Glenn, *Twins in Disguise: A Psychoanalytic Essay on »Sleuth« and »The Royal Hunt of the Sun«* (in Psychoanalytic Quarterly, 43, 1974, S. 288–302). – D. Schulz, *P. S.: »The Royal Hunt of the Sun«* (in *Das englische Drama der Gegenwart*, Hg. H. Oppel, Bln. 1976, S. 107–119). – J. R. Stacy, *The Sun and the Horse: P. S.'s Search for Worship* (in ETJ, 28, 1976, S. 325–337). – J. M. Clum, *Religion and Five Contemporary Plays: The Quest for God in a Godless World* (in South Atlantic Quarterly, 77, 1978, S. 418–432). – B. Lounsberry, *God-Hunting: The Chaos of Worship in P. S.'s »Equus« and »Royal Hunt of the Sun«* (in MD, 21, 1978, S. 13–28). – P. L. Podol, *Contradictions and Dualities in Artaud and Artaudian Theatre: The »Conquest of Mexico« and the Conquest of Peru* (ebd., 26, 1983, S. 518–527). – K. H. Westarp, *Myth in P. S.'s »Royal Hunt of the Sun« and in Arthur Kopit's »Indians«* (in ES, 65, 1984, S. 120–128).

ALAN SILLITOE

* 4.3.1928 Nottingham

LITERATUR ZUM AUTOR:
J. Updike, *A. S.* (in J. U., *Assorted Prose*, NY 1965). – G. Klotz, *A. S.'s Heroes* (in *Essays in Honour of William Gallacher*, Hg. E. Lingner, Bln. 1966, S. 259–263). – S. Maloff, *The Eccentricity of A. S.* (in *Contemporary British Novelists*, Hg. Ch. Shapiro, Carbondale/Ill. 1965, S. 95–113). – A. R. Penner, *A. S.*, NY 1972 [m. Bibliogr.]. – S. S. Atherton, *A. S.: A Critical Assessment*, Ldn. 1979 [m. Bibliogr.]. – R. Paul, *»Fire in Our Hearts«: A Study of the Portrayal of Youth in a Selection of Post-War British Working-Class Fiction*, Diss. Göteborg 1982. – C. Smith, *A. S.* (in DLB, Bd. 14, 1983, S. 666–675). – D. Craig, *The Roots of S.'s Fiction* (in *The British Working-Class Novel in the Twentieth Century*, Hg. J. Hawthorn, Ldn. 1984, S. 94–109). – J. Rothschild, *The Growth of a Writer: An Interview with A. S.* (in Southern Humanities Review, 20, 1986, S. 127–140). – Ch. Taylor, *Realism and the Language of Realism in the Works of A. S.* (in *Four Fits of Anger: Essays on the Angry Young Men*, Udine 1986, S. 100–149). – A.-M. Brumm, *A. S. – From Angry Young Man to Universal Writer* (in Neohelicon, 14, 1987, S. 89–113). – P. Hitchcock, *Working-Class Fiction in Theory and Practice: A Reading of A. S.*, Ann Arbor 1989. – U. Spee u. B. Kartelmeyer, *A. S.* (in KLFG, 24. Nlg.. 1991).

THE LONELINESS OF THE LONG-DISTANCE RUNNER

(engl.; *Ü: Die Einsamkeit des Langstreckenläufers*). Erzählung von Alan SILLITOE, erschienen 1959. – Der junge Colin Smith, der dem Industrieproletariat entstammt und zur Zeit Zögling einer Erziehungsanstalt ist, erzählt im Nottingham-Idiom (der Autor selbst verbrachte seine Jugend in diesem Industriezentrum) seine eigene Geschichte. Nach dem Tod des Vaters – der die ihm verordnete Medizin ablehnte und damit gewissermaßen Colins Geste des Aufbegehrens vorwegnahm – bringen der Sohn und die auf bürgerliche Wohlstandsattribute erpichte Mutter die Versicherungsprämie durch. Das neue Fernsehgerät macht Colin vor allem deshalb Spaß, weil er den phrasendreschenden Politikern den Ton abdrehen und sich dann an ihrem stummen Mienenspiel ergötzen kann. Er ist intelligent und gerissen, jedoch nicht gerissen genug: Nach einem Einbruch, den er zusammen mit seinem Freund Mike geplant und ausgeführt hat, wird er durch einen Zufall überführt. In der Erziehungsanstalt gewinnt er dank seiner Leistungsfähigkeit im Langstreckenlauf bald die Protektion und Sympathie des Direktors, der nicht nur eine Bestätigung seiner strammen *Mens sana in corpore sano*-Philosophie braucht, sondern auch aus beruflichem Ehrgeiz den Sieg Colins beim jährlich stattfindenden Sportwettkampf der Erziehungsanstalten wünscht. Für Colin ist das Laufen Quelle und Symbol der Freiheit. Auf seinen Trainingsläufen der Natur, läßt er seine soziale Klasse und seinen kriminellen Status hinter sich zurück. Gleichzeitig aber ist ihm klar, daß sein Sieg ein Eingehen auf die Wünsche des Direktors, ein Akzeptieren der Spielregeln der Autorität und damit der ganzen etablierten Ordnung bedeuten würde. Und so trainiert er nur, um bei der Meisterschaft als Erster bis kurz vors Ziel zu laufen und sich dann von seinem besten Konkurrenten ein- und überholen zu lassen. Mit dem Wettlauf verliert er auch die Chance, frühzeitig entlassen zu werden, die Chance, »draußen« seine persönliche Freiheit zu beweisen.
In der »Normalität« des Anstaltsleiters, der die fragwürdigen Werte der etablierten Gesellschaft repräsentiert, und dem zornigen Individualismus seines Zöglings stehen sich zwei einander ausschließende Gesellschaftskonzeptionen gegenüber. Colin selbst umschreibt diesen Konflikt mit der Antinomie *in-laws* und *out-laws* (innerhalb und außerhalb des Gesetzes Lebende) und versteht ihn als einen mit aller Konsequenz geführten Krieg. Er muß sich selbst, seinen Mitzöglingen und der Gesellschaft beweisen, daß er ein wirklich freies Individuum ist, daß zwar die Polizei und der Direktor ihn einsperren können, daß aber er ganz allein Herr über seine Laufbegabung, Herr über seinen Willen ist. Er zieht die Rolle des Außenseiters einem Verlust an innerer Freiheit vor. – Formal zeichnet sich die Erzählung, eine der besten und eigenständigsten aus dem Umkreis der *»Angry Young Men«*, durch ihre novellistisch pointierte Knappheit und die geschickte Verbindung zweier Zeitebenen zum Protokoll eines Bewußtseins aus. M.Pf.

AUSGABEN: Ldn. 1959. – NY 1960. – Ldn. 1966 (zus. mit K. Waterhouse, *Billy Liar*; Heritage of Literature Ser., Abt. B, 85). – Ldn. 1975. – Hbg. 1984.

ÜBERSETZUNG: *Die Einsamkeit des Langstreckenläufers u. andere Erzählungen*, G. Klotz u. H. Jolenberg, Zürich 1967. – Dass., dies., Zürich 1975 (detebe).

VERFILMUNG: England 1962 (Regie: T. Richardson).

LITERATUR: N. Denny, *The Achievement of the Long Distance Runner* (in Theoria, 24, 1965, S. 1–12). – A. R. Penner, *Human Dignity and Social Anarchy: S.'s »The Loneliness ...«* (in ConL, 10, 1970, S. 253–265). – J. A. Byers, *The Initiation of A. S.'s »Long-Distance Runner«* (in MFS, 22, 1976/77, S. 584–591). – H. W. Drescher, *A. S.: »The Loneliness...«: Zur Behandlung einer englischen Short Story in der Studienstufe* (in NSp, 27, 1978, S. 400 bis 412). – H. Isernhagen, *A. S.s »The Loneliness...«:*

(in Anglia, 99, 1981, S. 134–161). – E. F. Quirk, *Social Class as Audience: S.'s Story and Screenplay »The Loneliness...«* (in Literature/Film Quarterly, 9, Nr. 3, 1981, S. 161–171). – J. B. Rollins, *Novel into Film: »The Loneliness...«* (ebd., S. 172–188). – W. Hutchings, *The Work of Play: Anger and the Expropriated Athletes of A. S. and David Storey* (in MFS, 33, 1987, S. 35–47).

SATURDAY NIGHT AND SUNDAY MORNING

(engl.; *Ü: Samstag Nacht und Sonntag Morgen*). Roman von Alan SILLITOE, erschienen 1958. – Der Romanerstling Sillitoes führt in das Arbeitermilieu von Nottingham Mitte der fünfziger Jahre, ein Milieu, das der Autor aus eigener Erfahrung kennt. Der Titel bezieht sich auf die Freizeit am Wochenende, in der die Fabrikarbeiter in einem Taumel der Vergnügungssucht, in egoistischer und amoralischer Augenblicksbefriedigung ihrer monotonen, mechanisierten Arbeitswelt entfliehen. Hauptfigur ist der einundzwanzigjährige, in einer Fahrradfabrik beschäftigte Arthur Seaton, dessen Leben während eines Jahres in lockerer Szenenfolge dargestellt wird. Er wünscht sich nichts weiter als *»ein gutes Leben ... einen Haufen Arbeit, ordentlich was zu saufen und, bis ich neunzig bin, jeden Monat 'nen Weiberrock«*. Doch den Ausschweifungen des Samstagabends folgt unweigerlich die Ernüchterung des Sonntagmorgens. Als er schließlich der jungen Arbeiterin Doreen zuliebe seine hartnäckig verteidigte Bindungslosigkeit aufgibt, beginnt für ihn die Anpassung an gesellschaftliche und moralische Normen.

In der naturalistischen Darstellungsweise ist das Buch den in den dreißiger Jahren erschienenen angloamerikanischen Romanen über das Industrieproletariat verwandt, im Gegensatz zu diesen steht jedoch bei Sillitoe die Sozialkritik im Hintergrund. Sein Protagonist ist ein integrierter Rebell, der das Gesellschaftssystem als Ganzes nie in Frage stellt und nur innerhalb dessen Grenzen gegen einzelne Institutionen protestiert, um das Beste für sich selbst herauszuschlagen: Der Steuereinnehmer, der Polizist und der Feldwebel sind für den ungebärdigen jungen Mann persönliche Feinde, nicht Vertreter der etablierten Gesellschaft. – Ohne klassenkämpferisches Pathos, in legerer, dialekthaltiger Umgangssprache und mit Humor geschrieben, zählt diese Milieustudie zu den bemerkenswertesten nach dem Zweiten Weltkrieg erschienenen Erzählwerken über die Welt der englischen Fabrikarbeiter. Erzähltechnisch verdeutlichen ungekünstelte innere Monologe, Zeitsprünge und häufige Schauplatzwechsel die fragmentarische Weltsicht des Protagonisten. J.v.Ge.-KLL

AUSGABEN: Ldn. 1958. – NY 1959. – Ldn. 1977. – Boulder/Colo. 1990.

ÜBERSETZUNG: *Samstag Nacht und Sonntag Morgen*, M. v. Uslar, Reinbek 1961. – Dass., dies., Zürich 1970 (detebe).

DRAMATISIERUNG: D. Brett, *Samstag Nacht und Sonntag Morgen* (Übers. G. v. Uslar; dt. Erstauff.: Bln., 3. 12. 1965, Schillertheater).

VERFILMUNG: England 1960 (Regie: K. Reisz).

LITERATUR: G. Klotz, *Naturalistische Züge in A. S.s Roman »Saturday Night and Sunday Morning«*: (in ZAA, 10, 1962, H. 2, S. 35–48). – H. B. Staples, *»Saturday Night and Sunday Morning«: A. S. and the White Goddess* (in MFS, 10, 1964, S. 171–181). – J. R. Osgerby, *A. S.'s »Saturday Night and Sunday Morning«* (in *Renaissance and Modern Essays. Presented to Vivian de Sola Pinto*, Hg. G. R. Hibbard u. a., Ldn. 1966, S. 215–230). – S. Nathan, *The Proper Subject of »Saturday Night and Sunday Morning«* (in ZAA, 24, 1976, S. 57–70). – L. Hermes, *A. S.: »Saturday Night and Sunday Morning« (1958)* (in *Der Roman im Englischunterricht der Sekundarstufe II: Theorie und Praxis*, Hg. P. Freese u. L. H., Paderborn 1977, S. 261–276). – K. Wilson, *Arthur Seaton Twenty Years On: A Reappraisal of S.'s »Saturday Night and Sunday Morning«* (in ESC, 7, 1981, S. 414–426). – K. Schluter, *The Time and Life of Arthur Seaton in A. S.'s »Saturday Night and Sunday Morning«* (in Anglia, 101, 1983, S. 99–116). – I. v. Rosenberg, *A. S.: »Saturday Night and Sunday Morning«*, Mchn. 1984.

ANDREW SINCLAIR

* 21.1.1935 Oxford

LITERATUR ZUM AUTOR:
T. F. Fyvel, *Intellectuals Today: Problems in a Changing Society*, Ldn. 1968, S. 69–74. – B. Bergonzi, *The Situation of the Novel*, Pittsburgh 1970. – *Contemporary Literary Criticism*, Hg. C. Rile u. B. Hart, Bd. 2, Detroit 1974, S. 400–402; Bd. 14, 1980, S. 488–490. – N. H. Reeve, *Reflections on ›Fictionality‹* (in *The Contemporary English Novel*, Hg. M. Bradbury u. D. Palmer, Ldn. 1979, S. 113–130). – J. Vincent, *A. S.* (in DLB, Bd. 14, 1983, S. 675–681). – B. Bergonzi, *A. S.* (in *Contemporary Novelists*, Hg. J. Vinson u. D. L. Kirkpatrick, Ldn. [4]1986, S. 754–756).

GOG

(engl.; *Gog*). Roman von Andrew SINCLAIR, erschienen 1967. – Wie bereits in dem Science-fiction-Roman *The Project* (1960) und in *The Raker*

(1964), in dem er erstmals Geschichte und Mythos mit Fiktion verbindet, verläßt Sinclair auch in seinem sechsten und bis heute bekanntesten Roman *Gog* den Boden des realistischen Erzählens. Das allegorisch konzipierte Werk, in dem Gog als Repräsentant des Guten für das unterdrückte Volk eintritt, sein Gegenspieler Magog hingegen die korrupte Welt von Mammon und Moloch verkörpert, verknüpft keltische Mythologie und britische Geschichte mit der fiktiven Biographie des englischen Titelhelden. Durch die geschickte Vermischung gesellschaftspolitischer Probleme der Nachkriegszeit mit Fragen nach dem Prozeß der historischen Erkenntnis und durch die Verwendung der dem *Alten Testament* und GEOFFREY OF MONMOUTHS *Historia Regum Britanniae* entlehnten Mythen von den Riesen Gog und Magog als Bezugs- und Deutungssystem kommt es zu einer Verschachtelung verschiedener Fiktionsebenen.

Trotz der Begrenzung des Geschehens auf den Zeitraum zwischen dem Sieg der Alliierten in Europa (8.5. 1945) und dem Ende des Japanischen Krieges (15.8. 1945) zeichnet sich der ausgeprägt experimentierfreudige Roman durch panoramische Breite aus. Am Anfang der episodenhaften Handlung wird der nach dem legendären Riesen Gog benannte Titelheld, der an einer temporären Amnesie leidet, an der schottischen Küste ans Ufer gespült, nachdem sein U-Boot von einer Mine zerstört worden ist. Die dem Motiv der Quest folgende und ganz auf Bewußtseinsdarstellung verzichtende Identitätssuche, die Gogs Vergangenheit analytisch darstellt, wird durch eine pikareske Reise von Edinburgh nach London in ein abenteuerliches Geschehen umgewandelt. Dabei bleibt unklar, ob es sich um tatsächliche Erlebnisse oder um Traumvorstellungen eines unter Verfolgungswahn leidenden Opfers einer Kriegsneurose handelt. Während seiner Wanderschaft, die Gog unter anderem zu der mit dem Sagenkreis um König Artus verbundenen Provinzstadt Glastonbury und der prähistorischen Kultstätte Stonehenge führt, wird er von seiner Frau Maire, einer typischen *femme fatale*, verfolgt, die mit allen Mitteln ihre Macht über ihn wiedererlangen will und ihn brutalen physischen Leiden unterwirft. Der epische Held begegnet nicht nur seiner lebenslustigen Mutter Merry, einer Personifikation des »Merry Old England«, die in einer D.H. LAWRENCE' *Lady Chatterley's Lover* parodierenden Szene als Lady Chastity von einem Wildhüter begleitet wird, seinem früheren Lateinlehrer Evans, einem fanatischen keltischen Freiheitskämpfer, und seiner verschrobenen Großmutter, sondern er trifft auch auf mythische, historische und literarische Figuren wie den kauzigen Vagabunden Wayland Merlin Blake Smith, der die Namen seiner verschiedenen Inkarnationen trägt und die bevorstehende Apokalypse prophezeit, den Marquis de Sade und den Ritter von Sacher-Masoch. Durch diese phantastischen Begegnungen mit den überwiegend proteischen Figuren findet Gog allmählich heraus, daß er eigentlich Dr. George Griffin heißt und sich früher als Historiker an der Universität Durham ausgiebig mit dem Gog-Magog-Mythos beschäftigt hat. Die Zirkelstruktur des Romans – der Beginn von Kapitel 34, das Gogs an Odysseus erinnernde Heimkehr schildert, ist mit dem Romananfang nahezu identisch – verstärkt die Zweifel an der Realität der abenteuerlichen Reise ebenso wie Maires Behauptung, Gog im Krankenwagen von Edinburgh zurückbegleitet zu haben. Nach einer Konfrontation mit seinem Halbbruder Magnus, der für Gog die Welt des Magogs seiner Phantasie verkörpert, und nach einer phantastischen Verfolgungsjagd quer durch London erkennt Gog in Magnus schließlich den hilflosen Mitmenschen. Ob er sich am Ende des Romans dafür entscheidet, zu Maire zurückzukehren oder erneut auf Wanderschaft zu gehen, bleibt ebenso offen wie die Frage, inwieweit die bizarren Konfrontationen und die skurrilen Gestalten lediglich Projektionen von Dr. Griffins Forschungsinteressen, Bedürfnissen und Ängsten sind.

Die Komplexität historischer Prozesse wird dadurch angemessen wiedergegeben, daß die kaleidoskopische Vielfalt historischer, mythischer, politischer und kultureller Themen mit einem entsprechend breiten Spektrum erzählerischer Darstellungsformen vermittelt wird. Von der Struktur her den Konventionen des pikaresken Romans, der Sage und des Epos folgend, mit dem *Gog* auch die zahlreichen Kampfszenen gemeinsam hat, nutzt der Roman auch Techniken der Montage. So wird das Motiv vom ewigen Sieg der Mächtigen über die Schwachen auch in Auszügen aus nordischen Sagenfragmenten, einem Filmdrehbuch und einem Horror-Comic wiederaufgenommen und gebrochen. Mit der fortschreitenden Freilegung neuer Erinnerungsschichten, der Durchdringung verschiedener Zeitebenen und dem Rückgriff auf die Konventionen unterschiedlichster Gattungen und Medien entlarvt der Roman den zwangsläufig fiktionalen Charakter *jeder* Form von Geschichtsdarstellung. Wenn der Geschichtsdozent Sinclair, der auch als Filmregisseur und Verleger hervorgetreten ist, mit Mythos und Legenden auch jene Erfahrungs- und Überlieferungsformen thematisiert, die von der Geschichtswissenschaft, wie sie von Gogs pedantischem Universitätskollegen Miniver repräsentiert wird, als unexakte Materie ausgegrenzt werden, betont er damit die nationale Identität eines Volkes als ein buntes Gemisch aus den Fakten der belegten Geschichte und der Überlieferung von Sagen und Volkslegenden. Die pluralistische Relativierung aller in *Gog* thematisierten Ideologien und Formen von Geschichtsdeutung negiert jeglichen Absolutheitsanspruch ebenso wie die Möglichkeit objektiver Wahrheitsfindung, betont den Konstrukt-Charakter literarischer wie historiographischer Erzählungen und impliziert, daß sich Dichtung und Geschichtsschreibung nicht mehr durch den Gegensatz von Fiktion und historischer Faktizität unterscheiden lassen. Durch die zahlreichen intertextuellen Anspielungen, die von der keltischen Mythologie über mittelalterliche Mysterienspiele, Werke von CHAUCER, SHAKESPEARE,

BLAKE und COLERIDGE bis zur literarischen Moderne reichen, wird *Gog* zudem zu einer *»Echokammer«* (im Sinne von Roland BARTHES), in der die gesamte englische Kulturgeschichte widerhallt.
Von der Literaturkritik wurde der Roman mit beträchtlichem, wenngleich keineswegs einhelligem Beifall bedacht. Während die gewalttätige Atmosphäre und die phantastische Detailfülle des Buches kritisiert wurden, gelten der Rückgriff auf mythologische Motive, die Auflösung der Grenzen zwischen Fiktion und Historie und die Vorwegnahme typischer Kennzeichen postmodernen Erzählens (wie die metafiktionalen Komponenten, das offene Ende und die Auflösung des festen Charakters) heute zu Recht als wegweisende Innovationen. – Zwei weitere, von der Kritik eher verhalten aufgenommene Romane setzen die Geschichte um Gog und Magog fort und bilden nun zusammen mit *Gog* die Romanfolge *The Albion Triptych. Magog* (1972), in dem die mythologischen Anspielungen reduziert werden, entwirft anhand der Karriere von Gogs materiell erfolgreichem Halbbruder ein desillusioniertes Bild von Englands Nachkriegsgeschichte bis 1970. Abgeschlossen wurde Sinclairs exzentrische Trilogie, die thematische und formale Parallelen zu den phantastischen Romanen von Wyndham LEWIS und J.C. POWYS sowie zu Lawrence DURRELLS Romanfolgen aufweist, durch den Roman *King Ludd* (1988), der Gogs Version der Aufstände der »Ludditen«, der Maschinenstürmer von 1811 bis 1814, schildert. Vor allem *Gog* weist auf ein seit Mitte der siebziger Jahre beliebtes Genre des postmodernen Romans voraus, das durch Autoren wie E. L. DOCTOROW, John FOWLES, Graham SWIFT und Nigel WILLIAMS popularisiert worden ist und als *»historiographische Metafiktion«* bezeichnet wird. A.Nü.

AUSGABEN: Ldn. 1967. – NY 1969. – Sevenoaks 1988.

LITERATUR: T.C. Lethbridge, *Gogmagog: The Buried Gods*, Ldn. 1957. – L.T. Lemon, *Gog and Magog* (in Prairie Schooner, 48, 1974, S. 83/84). – P. Wolfe, *England's Greatest Tourist and Tourist Attraction: A. S.'s »Gog«, »Magog« (1967, 1972)* (in *Old Lines, New Forces: Essays on the Contemporary British Novel, 1960–1970*, Hg. R. K. Morris, Rutherford (N.J.)/Ldn. 1976, S. 151–180). – A. Maack, *Der experimentelle englische Roman der Gegenwart*, Darmstadt 1984. – R. Nye, Rez. »King Ludd« (in The Times, 21. 10. 1989, S. 37).

CHARLES PERCY SNOW

* 15.10.1905 Leicester
† 1.7.1980 London

STRANGERS AND BROTHERS

(engl.; *Ü: Fremde und Brüder*). Zyklus von elf Romanen von Charles Percy SNOW, erschienen 1940–1970. – Diese mit erzählerischem Ehrgeiz konzipierte Romanfolge negiert in vielem die Entwicklung, die der Roman in den letzten fünfzig Jahren genommen hat. Im deutlichen Gegensatz zum *»völlig nach innen verlegten Drama der menschlichen Psyche«* (Snow) in den Werken von JOYCE, WOOLF und ähnlichen Autoren ist der Verfasser besonders an der Rolle seiner Figuren im öffentlichen Leben interessiert; er läßt sie vornehmlich in Universitäts- und Regierungskreisen auftreten, die seit je beliebte Schauplätze gehobener Unterhaltungsromane gewesen sind. Snow schildert eine letztlich autarke Gesellschaft, in der es zwar »Probleme« wie Machtstreben und atomare Bedrohung gibt, die sich aber immer wieder als einzig möglicher Kompromiß zwischen den nun einmal bestehenden Gegensätzen erweist. Die pragmatische Grundhaltung sowohl der Figuren *(»vernünftige Männer, die zu vernünftigen Ergebnissen kommen«)* als auch des Autors ist unverkennbar und läßt bei der Behandlung von Themen wie »Eliteuniversität« und »Machtpolitik« viele den Leser bewegende Fragen offen. Zu unverkennbar ist das Riesenwerk als Lehrbeispiel positiver Charakterentwicklung konzipiert, zu langatmig sind die zahlreichen, sich wiederholenden Erklärungen und Analysen, die die Handlungsweise der Protagonisten abstützen sollen, als daß die Romanfolge über eine mit politisch-philosophischen Klischees durchsetzte Grundsatzdiskussion hinausreichen könnte.
Der Fortschrittsoptimismus, der die – handlungschronologisch gesehen – erste Romangruppe zu einem großen Publikumserfolg werden ließ, beschränkt sich auf die »Kunst des Möglichen« in der privaten und politischen Sphäre. Dieses Prinzip führt zu einer merkwürdig engen Selbstgenügsamkeit auf seiten des Protagonisten, der allzu bereitwillig die Unvollkommenheit seiner Umgebung und seine eigenen Mängel akzeptiert. Kaum jemals erlangt Lewis Eliot eine Repräsentanz, die über sein privates Schicksal und seine spezifische Berufskarriere hinausreicht. In seiner von Armut geprägten Jugend kämpft er auf der liberal-progressiven Seite für eine »bessere Welt«, neigt jedoch später, nachdem er die Mechanismen von Macht, Ehrgeiz und Intriganz in Verwaltung und Regierung durchschaut hat, einem *»moralischen Agnostizismus«* (W. Allen) zu. Auf der Erfolgsleiter oben angelangt, bekennt er sich voll und ganz zu einer »realitätsbezogenen« Weltsicht, die die Labilität

und Unberechenbarkeit des Individuums einkalkuliert und diesem nicht mehr abverlangt, als es zu leisten imstande ist. Die Kritik hat an Snow vor allem gerühmt, daß seine Fähigkeit, ein Problem von den verschiedensten Seiten zu beleuchten, ihn vor vorschnellen moralischen Urteilen bewahre. Dies ist auch der Grund, warum Snows Romanheld in seinem »Verständnis« für alle und in seiner Gesamtschau mehr einer gedanklichen Synthese als einem realen Charakter gleicht.

Die Chronik der beiden Bände *Time of Hope* (1949) und *Homecomings* (1956) umfaßt Eliots Aufstieg aus dem Kleinbürgertum, seine ersten Erfolge als Student und Rechtsanwalt, seine Ernennung zum *fellow* der Universität Cambridge und den dadurch ermöglichten Eintritt in den »British Civil Service«. Die beiden Frauen, die sein Leben entscheidend beeinflussen, sind die neurotische Sheila Knight, die in der Ehe mit ihm Selbstmord begeht, und die lebenstüchtige Margaret Davidson, die sich seinetwegen scheiden läßt. – In den Romanen der zweiten Gruppe fungiert Eliot vorwiegend als Beobachter und Kommentator. *The Masters* (1951) handelt von zwei rivalisierenden Kandidaten für den Posten des Collegeleiters und von den Intrigen und taktischen Manövern, die der Wahl vorausgehen. Die gleichen Personen haben in *The Affair* (1960) über das Schicksal eines jungen, politisch suspekten Naturwissenschaftlers zu entscheiden, der in den Verdacht geraten ist, eine wissenschaftliche Fälschung begangen zu haben. Der Roman *The New Men* (1954) verläßt den Universitätsbereich und wirft in zahlreichen Diskussionen zwischen Ministern, Staatsbeamten und Wissenschaftlern die Frage auf, ob Großbritannien Atommacht werden soll. Die nukleare Parität mit Amerika und der Sowjetunion ist auch das Zentralproblem von *Corridors of Power* (1964): Ein ehrgeiziger junger Politiker versucht erfolglos und um den Preis seiner Karriere, Englands Verzicht auf eine kostspielige atomare Aufrüstung zu erreichen. Wie durch den unberechenbaren Faktor der persönlichen Macht universitäre, nationale und weltweite Entscheidungen gefällt bzw. verhindert werden, ist das verbindende Thema dieser vier Romane.

Die dritte Romangruppe behandelt das Schicksal dreier begabter junger Männer. In *Strangers and Brothers* (1940) ist es der idealistische, aber in naiver Selbsttäuschung befangene Jurist George Passant, der seine fortschrittlichen Ideen vergeblich im konservativ-provinziellen Kleinbürgertum zu verbreiten sucht. Der glänzende Orientalist Roy Calvert, in seiner desillusionierten Scharfsichtigkeit Passants genaues Gegenteil, verfällt immer mehr in Melancholie, Verzweiflung und Todesverachtung, als er während des Krieges bei Bomberflügen über Deutschland eingesetzt wird (*The Light and the Dark*, 1947). Der Bankierssohn Charles March schließlich, der für das im Romantitel *The Conscience of the Rich* (1958) angesprochene Gewissen steht, widersetzt sich den Wünschen seiner strenggläubigen jüdischen Familie, um seiner Berufung zu folgen und Arzt zu werden.

In die Diskussion über die Konsequenzen sexueller Freizügigkeit griff *The Sleep of Reason*, 1968 *(Der Schlaf der Vernunft)*, ein. Eliot beobachtet hier den Prozeß gegen George Passants lesbische Nichte und ihre Freundin, die einen kleinen Jungen nach grausamen Folterungen ermordeten. Das Problem menschlicher Verantwortung wird dabei von Eliot auf allgemein-gesellschaftlicher wie auf persönlicher Ebene reflektiert, wenn er Passants liberales Reden als mögliche Ursache des Mordens erkennen will. Der den Zyklus beschließende Roman *Last Things*, 1970 *(Letzte Dinge)*, nimmt Ereignisse aus der Zeit der Studentenbewegung nur vordergründig zum Thema: Als Mitglied einer Studentengruppe stiehlt Eliots Sohn Charles Unterlagen zur künftigen Kriegführung Englands, um sie der Öffentlichkeit zugänglich zu machen. Im Kern aber ist der Roman *ars moriendi* und elegisches Traktat über das richtige Altern: Die Betrachtung der politischen und moralischen Grundsätze, von denen die Jungen geleitet werden, läßt den Vater – fern allen Altersstarrsinns – zu neuen Werten gelangen und ein befriedigendes Verhältnis zu seinem Sohn finden.

Snows Ruhm liegt, wie die Kritik fast übereinstimmend feststellt, mehr in der Gewichtigkeit seiner Themen begründet als in seiner Fähigkeit, die Probleme über ihre – oft langwierige – Erörterung hinaus an der Handlungsweise der Romangestalten sinnfällig zu machen. Als Gesellschaftsschilderer Galsworthy nicht unähnlich, steht er diesem in der satirischen Durchleuchtung einer ganzen Epoche nach – nicht zuletzt deshalb, weil er die Hauptfigur Eliot auf seine eigenen Überzeugungen festgelegt hat. J.v.Ge-S.Ko.

Ausgaben: *Strangers and Brothers*, Ldn. 1940; NY 1958; ern. 1970 u. d. T. *George Passant*. – *The Light and the Dark*, Ldn. 1947; ern. 1952; NY 1948; ern. 1961. – *Time of Hope*, Ldn. 1949; NY 1950. – *The Masters*, Ldn./NY 1951. – *The New Men*, Ldn./NY 1954. – *Homecomings*, Ldn./NY 1956. – *The Conscience of the Rich*, Ldn./NY 1958. – *The Affair*, Ldn. 1960. – *Corridors of Power*, Ldn./NY 1964. – *The Sleep of Reason*, Ldn./NY 1968. – *Last Things*, Ldn./NY 1970.

Übersetzungen: *Fremde und Brüder*, G. Felten, Stg. 1964. – *Die lichten und die dunklen Gewalten*, W. Puchwein, Wien 1948. – *Jahre der Hoffnung*, Th. Kauer, Wien 1951; u. d. T. *Zeit der Hoffnung*, G. Felten, Stg. 1960. – *Die Lehrer*, G. Goyert, Mchn. 1952. – *Entscheidung in Barford*, G. Felten, Stg. 1970. – *Wege nach Haus*, G. Felten, Stg. 1962. – *Das Gewissen der Reichen*, D. u. R. Michaelis, Stg. 1961. – *Die Affäre*, G. Felten, Stg. 1963. – *Korridore der Macht*, G. Felten, Stg. 1967.

Dramatisierungen: R. Millar, *The Affair*, Ldn. 1963 (French's Acting Edition). – Ders., *The Masters*, Ldn. 1964 (ebd.). – Ders., *The New Men*, Ldn. 1964 (zus. m. *The Affair* u. *The Masters*).

LITERATUR: W. Cooper [i.e. H. S. Hoff], *C. P. S.*, Ldn. 1959. – R. Greacen, *The World of C. P. S.*, Ldn. 1962. – F. R. Leavis, *Two Cultures? The Significance of C. P. S.*, Ldn. 1962. – F. R. Karl, *C. P. S.: The Politics of Conscience*, Carbondale/Ill. 1963. – J. Thalé, *C. P. S.*, Edinburgh 1964. – R. G. Davis, *C. P. S.*, NY 1965. – N. C. Graves, *The Two Culture Theory in C. P. S.'s Novels*, Hattiesburg/Miss. 1971. – M. Bradbury, *Possibilities: Essays on the State of the Novel*, Ldn. 1973. – D. Shusterman, *C. P. S.*, Boston 1975 (TEAS). – S. Ramanathan, *The Novels of C. P. S.*, Ldn./NY 1978. – J. Halperin, *C. P. S.: An Oral Biography*, Brighton 1983. – D. Shusterman, *C. P. S.* (in DLB, Bd. 15, 1983, S. 472–490).

MURIEL SPARK

* 1.2.1918 Edinburgh

LITERATUR ZUR AUTORIN:
Gesamtdarstellungen und Studien:
D. Stanford, *M. S.: A Biographical and Critical Study*, Ldn. 1963. – K. Malkoff, *M. S.*, NY 1968. – G. S. Laffin, *M. S.'s Portrait of the Artist as a Young Girl* (in Renascence, 24, 1972, S. 213–223). – V. B. Richmond, *The Darkening Vision of M. S.* (in Crit, 15, 1973, S. 71–85). – P. Stubbs, *M. S.*, Harlow 1973. – P. Kemp, *M. S.*, Ldn. 1974. – B. Harrison, *M. S. and Jane Austen* (in *The Modern English Novel: The Reader, the Writer, and the Work*, Hg. G. Josipovici, NY 1976, S. 225–251). – V. M. K. Kelleher, *The Religious Artistry of M. S.* (in Critical Review, 18, 1976, S. 79–92). – A. Massie, *M. S.*, Edinburgh 1979. – W. McBrien, *M. S.: The Novelist as Dandy* (in *Twentieth-Century Women Novelists*, Hg. Th. F. Staley, Totowa/N.J. 1982, S. 153–178). – R. Whittaker, *The Faith and Fiction of M. S.*, Ldn. 1982. – P. Parrinder, *M. S. and Her Critics* (in Critical Quarterly, 25, 1983, Nr. 2, S. 23–31). – J. Little, *Comedy and the Woman Writer: Woolf, Spark and Feminism*, Lincoln/Nebr. 1983. – *M. S.: An Odd Capacity for Vision*, Hg. A. Bold, Totowa/N.J. 1984. – H. Hahnl, *Vor Interpreten wird gewarnt: Über M. S.* (in Literatur und Kritik, 1984, H. 185/186, S. 309–319). – V. B. Richmond, *M. S.*, NY 1985. – A. Bold, *M. S.*, Ldn. 1986. – M. Rutschky, *Eine katholische Dame voller List: Über M. S.* (in Merkur, 40, 1986, S. 326–331). – G. Jarfe, *M. S.* (in *Der englische Roman der Gegenwart*, Hg. R. Imhof u. A. Maack, Tübingen 1987, S. 92–122). – J. Halio, *M. S.: The Novelist's Sense of Wonder* (in *British Novelists Since 1900*, Hg. J. I. Biles u. V. A. Kramer, NY 1987, S. 267–277). – S. Sabin, *M. S.* (in KLFG, 14. Nlg., 1987). – V. Shaw, *M. S.* (in *The History of Scottish Literature*, Bd. 4, Hg. C. Craig, Aberdeen 1987, S. 277–290). – J. Glavin, *M. S.'s ›Unknowing‹ Fiction* (in Women's Studies, 15, 1988, S. 221 ff.).

THE MANDELBAUM GATE

(engl.; *Ü: Das Mandelbaumtor*). Roman von Muriel SPARK, erschienen 1965 (vorabgedruckt in demselben Jahr in der Zeitschrift ›The New Yorker‹). In ihrem achten Roman verarbeitet Spark autobiographische Erfahrungen einer Reise nach Jerusalem. Es geht um Grenzziehungen zwischen Religionen, Rassen, politischen Gruppierungen und sozialen Klassen. Der Roman umfaßt wenige Wochen im Leben der unverheirateten Lehrerin Barbara Vaughan, einer zum Katholizismus konvertierten Halbjüdin, die im August 1961 eine Pilgerreise in das geteilte Jerusalem antritt. Barbara, deren Mutter Jüdin war, wuchs mit der Erfahrung auf, sowohl bei den Verwandten in Golders Green wie bei denen des Vaters in Worcestershire eine Außenseiterin zu sein. Bei einem Verwandtenbesuch verliebt sie sich in den Archäologen Harry Clegg, der aufgrund seiner sozialen Herkunft und als Absolvent einer *red brick university* ebenfalls Außenseiter ist. Barbaras Glaube führt zum Konflikt zwischen ihrem Wunsch, die Liebesbeziehung mit dem nichtkatholischen und geschiedenen Clegg fortzusetzen, und dem Wunsch, trotzdem die Regeln der Kirche zu beachten. Ihre Identitätskrise zwischen Liebe und Religion, Katholizismus und Judentum hofft sie in Jerusalem, einer Stadt, die Altes und Neues Testament verkörpert, zu lösen. Ob sie Clegg, der an Ausgrabungsarbeiten am Toten Meer in Jordanien beteiligt ist, besucht, will sie davon abhängig machen, ob der in Rom beantragten Annullierung von Cleggs Ehe stattgegeben wird, ohne die eine Heirat mit dem Segen der Kirche nicht möglich wäre.

Im israelischen Teil Jerusalems begegnet sie dem etwa 55jährigen Freddy Hamilton, der in der britischen Botschaft in Israel beschäftigt ist und immer noch von seiner Mutter in Harrogate dominiert wird. Durch Freddys Briefe an seine Mutter, in denen er Miss Vaughan und ihren Verlobten erwähnt, erfährt die Schulleiterin Miss Rickward von den Plänen ihrer Freundin und fährt ebenfalls nach Jerusalem. Freddy verbringt seine Wochenenden regelmäßig bei den Cartwrights im jordanischen Teil Jerusalems, den er durch das Mandelbaumtor erreicht, einen Grenzübergang, der Diplomaten und Nichtjuden mit einem Taufzeugnis offensteht. Mit den Cartwrights diskutiert er über die Gefahren, die ein Besuch in Jordanien für die Halbjüdin Barbara Vaughan mit sich bringen würde. Zur Überraschung aller treffen sie Barbara jedoch bereits auf jordanischer Seite, im Laden des arabischen Händlers Alexandros. Bevor sie die Grenze überquerte, hatte sie einen Tag lang als Zuhörerin am Eichmann-Prozeß teilgenommen. Sie fällt danach die Entscheidung, Harry auch außerhalb der Kirche zu heiraten und nicht wieder in Miss Rick-

wards Schule zurückzukehren, ohne daß die Gründe dafür erläutert werden.
Während bisher die Chronologie der Ereignisse überschaubar war, fällt es von nun an schwer zu rekonstruieren, was sich ereignet hat: Freddy Hamilton kehrt nicht, wie er glaubt, wie üblich am Sonntag, sondern erst am Dienstag danach zu seinem Hotel auf israelischer Seite zurück, wo seine Kollegen schon nach ihm suchen. Seine Amnesie, die ihn zwei abenteuerliche Tage vergessen läßt, verliert sich erst, als ihm 14 Tage später mitgeteilt wird, daß seine Mutter von einer alten Dienerin in religiösem Wahn auf brutale Weise getötet wurde. Allmählich rekonstruiert er, was an dem Wochenende geschah. Am Samstag entschloß sich Freddy zu einer Reihe spontaner und irrationaler Handlungen: Zunächst verließ er die Cartwrights, besuchte Alexandros und vernichtete dort die Briefe seiner Mutter und ihrer Dienerin sowie seine Antworten. Mit Alexandros plante er, Miss Vaughan aus dem Sankt-Helena-Kloster, wo sie übernachtete, zu ihrer eigenen Sicherheit zu entführen, damit sie, als arabische Dienerin verkleidet, unerkannt und ungefährdet ihre Pilgerreise antreten könnte. Begleitet werden sollte sie dabei von Suzi Ramdez, deren Vater eine Reise-Agentur betreibt und deren Bruder Freddy arabischen Sprachunterricht gegeben hat. Barbaras Entführung gelang; sie erkrankte jedoch an Scharlach und wurde von Suzi im Haus ihrer Stiefmutter in Jericho untergebracht. Freddy, der sie begleitete, entdeckte, daß von diesem Haus aus ein Spionagering operierte, zu dessen Enttarnung er dann später beitragen kann. Barbara, die für die Zeit ihres Aufenthalts in Jordanien als verschwunden galt, kann nach ihrer Genesung ihre Pilgerreise in Suzis Begleitung durchführen und kehrt schließlich als Nonne verkleidet durch das Mandelbaumtor nach Jerusalem zurück. Sie trifft dort Harry Clegg.
Miss Rickward, die später Ramdez heiraten und zum Islam übertreten wird, will mit einer gefälschten Geburts- und Taufurkunde von Harry die Heirat Barbaras verhindern; die nicht erkannten Fälschungen ermöglichen jedoch die Annullierung der früheren Ehe und führen dazu, daß Barbara mit dem Segen der Kirche heiraten kann.
The Mandelbaum Gate ist Sparks längster Roman und der letzte, in dem der Katholizismus zentrales Thema ist. Durch den Roman zieht sich ein Zitat aus der *Apokalypse* (3,16), mit dem die indifferente Glaubenshaltung einzelner Figuren kritisiert wird. Die Kritik beurteilt ihn als den ambitioniertesten, aber nicht unbedingt gelungensten Roman der Autorin. A.Maa.

Ausgaben: Ldn./NY 1965. – Harmondsworth 1967. – NY 1967. – Harmondsworth 1970.

Übersetzung: *Das Mandelbaumtor*, H. Wollschläger, Reinbek 1967. – Dass., ders., Reinbek 1981 (rororo). – Dass., ders., Zürich 1986.

Literatur: F. Kermode, *The Novel as Jerusalem* (in Atlantic Monthly, 1965, 216, S. 92–98). – M.-J. Codaccioni, *L'Échange dans »The Towers of Trebizond« et »The Mandelbaum Gate«* (in *Échanges: Actes du Congrès de Strasbourg*, Paris 1982, S. 271–279). – M. Poitou, *La Rage d'être autre: »The Mandelbaum Gate« de M. S.* (in Cycnos, 2, 1985/86, S. 17–25).

MEMENTO MORI

(engl.; *Ü: Memento mori*). Roman von Muriel Spark, erschienen 1959. – *»Wenn man über siebzig ist, lebt man wie im Krieg. Alle unsere Freunde sind dem Tode nahe oder sind schon tot, und wir leben unter den Toten und den Sterbenden weiter wie auf einem Schlachtfeld.«* Das hohe Alter als Krieg, als Schlachtfeld – nichts könnte den Inhalt und das besondere Fluidum von Muriel Sparks drittem Roman treffender charakterisieren als dieses barock anmutende Bild. Die meisten auftretenden Personen haben das siebzigste, manche sogar das achtzigste Lebensjahr überschritten. Sie alle bekommen von Zeit zu Zeit geheimnisvolle Telefonanrufe: *»Denken Sie daran, daß Sie sterben müssen!«* Die Stimme am anderen Ende der Leitung scheint einem Mann zu gehören – nur in einem Fall meldet sich eine weibliche Stimme. Da sie aber immer ein wenig anders klingt, hält man das Ganze für den geschmacklosen Scherz einer Bande von Rowdies. Die Mehrzahl der Betroffenen ist viel zu sehr mit privaten Problemen und Interessen beschäftigt, um sich über den Sinn der Anrufe ernsthaft Gedanken zu machen. Nur einige Besonnenere sind darüber beunruhigt, daß die Nachforschungen der Polizei erfolglos bleiben.
Je mysteriöser die Angelegenheit wird, desto erschreckender kommt ihnen zu Bewußtsein, daß sie vielleicht gar nicht von einem taktlosen Flegel zum besten gehalten werden, sondern daß der Tod selbst sich der modernen Technik bedienen könnte, um sein Erscheinen anzukündigen. In grotesker Verkennung ihrer wirklichen Lage tun die alten Leute so, als würde ihr Leben ewig dauern. Lettie Colston zum Beispiel mischt sich nach wie vor in die Angelegenheiten ihrer Freunde und Verwandten, besonders in die ihres Bruders Godfrey, der nie aufgehört hat, seine Frau Charmian um ihre Erfolge als Romanschriftstellerin zu beneiden. Die Ehe der beiden besteht nur noch aus Lügen und den verschiedensten Formen moralischer Erpressung. Zwei andere Romanfiguren, der Dichter Percy Mannering und der Kritiker Guy Leet, tragen wie eh und je lächerliche Kontroversen wegen Literaten von sekundärer Bedeutung aus. Dr. Alec Warners ebenso umständliches wie unergiebiges »Studium« von Alterserscheinungen soll lediglich seine übersteigerte persönliche Neugier bemänteln. Nur Jean Taylor, Charmians langjährige Dienerin, und Henry Mortimer, ein pensionierter Polizeioberinspektor, versuchen bis zu einem gewissen Grad mit der Vergangenheit und dem bevorstehenden Tod ins reine zu kommen. Wie ihre übrigen Altersge-

fährten sind aber auch sie am Testament der verstorbenen Lisa Brooke interessiert, die ihr Vermögen überraschend ihrer früheren Hausangestellten und Pflegerin, Mrs. Pettigrew, vermacht hat. Man vermutet, daß diese ihre Arbeitgeberin eingeschüchtert und erpreßt hat. Tatsächlich ist die Verdächtige einer jener »Aasgeier«, die sich an hilflosen alten Menschen bereichern. Mit Einschüchterung versucht sie es auch bei Charmian, deren Pflege Lettie und Godfrey ihr anvertraut haben. Und Godfrey selbst sieht sich ihren Erpressungen ausgesetzt, da sie von seinen früheren Seitensprüngen weiß. Alle diese Probleme und Kontroversen werden erst aus der Welt geschafft, als einen nach dem andern das Schicksal ereilt, das ihm der merkwürdige Telefonanrufer angekündigt hat.

Memento Mori ist ein außergewöhnliches Buch über das Alter und über den Tod, *»das erste der vier letzten Dinge, an die man sich stets erinnern muß«*. In der neueren englischen Romanliteratur sind die physischen Leiden und die psychische Anfälligkeit, die das Alter mit sich bringt, kaum je so eindringlich und kompromißlos dargestellt worden wie in diesem Roman, der Muriel Spark international bekannt machte. Der elliptische, kunstvoll karge Stil der Autorin schafft einen witzig-ironischen Abstand zur skurrilen Gesellschaft der Greise und Greisinnen, die in ewiger Selbsttäuschung an der Existenz des Todes vorbeileben und ohne Glauben an etwas, das ihren Gebrechen, ihrem bisherigen Leben und dem nahen Ende einen tieferen Sinn verleihen könnte, buchstäblich bis zum letzten Atemzug Begierden und Intrigen frönen, die immer lächerlicher werden, je weiter der körperliche und geistige Verfall dieser Menschen fortschreitet.

J.v.Ge.

AUSGABEN: Ldn. 1959. – NY 1960. – NY 1982.

ÜBERSETZUNG: *Memento mori*, P. Naujack, Zürich 1960. – Dass., ders., Stg./Hbg. 1964. – Dass., ders., Zürich 1982 (detebe).

LITERATUR: H. R. Meijer, *Het satirische Talent van M. S.* (in Tirade, 6, 1962, S. 157–169). – G. F. Manning, *Sunsets and Sunrises: The Nursing Home as Microcosm in »Memento Mori« and »Mr. Scobie's Riddle«* (in Ariel, 18, 1987, H. 2, S. 27–43).

THE PRIME OF MISS JEAN BRODIE

(engl.; *Ü: Die Blütezeit der Miss Jean Brodie*). Roman von Muriel SPARK, erschienen 1961 (vorabgedruckt in demselben Jahr in der Zeitschrift ›The New Yorker‹). – Die Titelheldin von Muriel Sparks sechstem Roman, Lehrerin an einer Mädchenschule in Edinburgh, bevorzugt eine Gruppe von sechs Schülerinnen, die sie über den Lehrplan hinaus unterrichtet und auch außerhalb der Schule betreut. Die Erzählung setzt 1936 ein, als die Mädchen 16 Jahre alt sind, und blendet zurück ins Jahr 1930, als sie Schülerinnen von Miss Brodie wurden, die selbst *»in ihrer Blütezeit«* (40 Jahre alt) ist. Zu den außergewöhnlichen Erziehungsmethoden der Lehrerin gehört es, die von ihr Auserwählten im Garten der Schule vorgeblich in Geschichte zu unterrichten, ihnen in Wirklichkeit aber von ihrem in Flandern gefallenen Verlobten zu erzählen oder auf einem Rundgang durch die Altstadt von Edinburgh die Schlange der Arbeitslosen mit dem Hinweis zu kommentieren, daß Italien unter Mussolini dieses Problem gelöst habe. Die egozentrische Miss Brodie, der jede Selbstkritik fehlt, vermittelt den Mädchen apodiktisch ihre Weltsicht. Sie beeinflußt vor allem Sandy Stranger, die in ihrer Imagination die Wirklichkeit umformt, wenn sie Dialoge mit den Helden ihrer Lektüre – der Lady of Shalott oder dem Helden von *Kidnapped* – führt oder eine Korrespondenz zwischen Miss Brodie und ihrem Geliebten erfindet. Auch als die Mädchen die Oberstufe besuchen, reißt die Verbindung zu Miss Brodie nicht ab. Sie beobachten, daß Miss Brodie in den einarmigen Kunstlehrer Mr. Lloyd verliebt ist, aber ein Verhältnis mit Mr. Lowther, dem unverheirateten Musiklehrer, hat, in dessen Haus auf dem Land die Mädchen am Wochenende eingeladen werden. Die Mädchen erzählen dabei von ihren Besuchen bei Mr. Lloyd, dem sie Modell stehen; alle Bilder ähneln jedoch stets Miss Brodie. Miss Brodies Wunschvorstellung, daß eins der Mädchen, Rose, als ihre Stellvertreterin Mr. Lloyds Geliebte wird und Sandy sie über die Affäre informiert, verwirklicht sich nicht: Die Rollen der beiden Mädchen kehren sich um. Sandy hat eine Affäre mit Mr. Lloyd; sie interessiert sich mehr und mehr für sein Denken, tritt (wie die Autorin selbst) zum Katholizismus über und geht schließlich ins Kloster. Sandy, das Mädchen mit den kleinen Augen, ist diejenige, die Miss Brodie durchschaut und aus deren Perspektive streckenweise erzählt wird. Sie versteht, daß Miss Brodie wie die Vorsehung die Geschicke der Menschen lenkt und glaubt, *»sie sei Gott und sehe das Ende«*.

Die Zusammenschau von Anfang und Ende erleichtert auch die Erzähltechnik von Rückblende und Vorausschau, die die Zukunft der Mädchen als Erwachsene mit den Schuljahren von 1930 bis 1939 verknüpft. So erfährt der Leser schon im ersten Kapitel, daß Mary Macgregor mit 23 Jahren bei einem Hotelbrand sterben wird, im zweiten Kapitel, daß Miss Brodie 1946 sterben und daß Sandy Nonne und als Autorin einer psychologischen Abhandlung, *Die Verwandlung des Alltäglichen*, bekannt werden wird, und im dritten, daß sie es war, die Miss Brodie »verraten« hat. Diesen »Verrat«, den Sandy 1939 begeht, nachdem alle Mädchen der Gruppe die Schule verlassen haben, und der Miss Brodies Suspendierung bewirkt, verwindet die Lehrerin bis zu ihrem Tod nicht. Sandy entschließt sich dazu, der Lehrerin das »Handwerk« zu legen, als sie erfährt, daß Miss Brodie einer Schülerin geraten hatte, auf der Seite Francos im Spanischen Bürgerkrieg zu kämpfen. Miss Brodie stürzt nicht durch ihre Liebesaffären, sondern weil sie faschistische Lehren verbreitet.

Echosätze und Wiederholungen sind Mittel, um die Orientierung in der Zeitstruktur zu erleichtern. – In der Kritik gilt dieser Roman als eines der überzeugendsten Werke der Autorin. Hervorgehoben werden besonders die emotionslose Darstellung der realen Situation und die Komik, die durch die Dialoge der Mädchen entsteht, in denen sich romantische Klischees mit ihrer pubertären Vorstellungswelt mischen. A.Maa.

Ausgaben: Ldn. 1961. – NY 1964. – NY 1984. – Stg. 1985, Hg. G. Jarfe (RUB). – NY 1989.

Übersetzung: *Die Lehrerin*, P. Naujack, Zürich 1962; ern. 1972. – *Die Blütezeit der Miss Jean Brodie*, ders., Zürich 1983 (detebe).

Verfilmung: England 1968 (Regie: T. Wakerell u. M. Cullingham).

Literatur: A. B. Dobie, *»The Prime of Miss Jean Brodie«: M. S. Bridges the Credibility Gap* (in Arizona Quarterly, 25, 1969, S. 217–228). – D. Lodge, *The Novelist at the Crossroads*, Ldn. 1971, S. 119–144. – J. Holloway, *Narrative Structure and Text Structure: Isherwood's »A Meeting by the River« and M. S.'s »The Prime of Miss Jean Brodie«* (in Critical Inquiry, 1, 1975, S. 581–604). – A. Paul, *M. S.: »The Prime of Miss Jean Brodie«* (in Dutch Quarterly Review of Anglo-American Letters, 7, 1977, S. 170–183). – M. W. Schneider, *The Double Life in M. S.'s »The Prime of Miss Jean Brodie«* (in Midwest Quarterly, 18, 1977, S. 418–431). – G. Jarfe, *Die Erzählsituation in M. S.s »The Prime of Miss Jean Brodie«* (in GRM, 29, 1979, S. 75–85). – J. Leonard, *M. S.'s Parables: The Religious Limits of Her Art* (in *Foundations of Religious Literacy*, Hg. J. Apczynski, Chicago 1983). – I. Murray u. B. Tait, *Ten Modern Scottish Novels*, Aberdeen 1984. – S. L. Kimball, *Intentional Garble: Irony in the Communication of M. S.* (in West Virginia University Philological Papers, 33, 1987).

TOM STOPPARD

* 3.7.1937 Zlin / Tschechoslowakei

Literatur zum Autor:
C. W. E. Bigsby, *T. S.*, Harlow 1976; [2]1979. – R. Hayman, *T. S.*, Ldn. 1977. – V. L. Cahn, *Beyond Absurdity: The Plays of T. S.*, 1979. – F. H. Londré, *T. S.*, NY 1981. – D. Bratt, *T. S.: A Reference Guide*, Boston 1982. – H.-E. Weikert, *T. S.s Dramen. Untersuchungen zu Sprache und Dialog*, Tübingen 1982. – J. Hunter, *T. S.'s Plays*, Ldn. 1982. – R. Whitaker, *T. S.*, Ldn. 1983. – R. Corballis, *S.: The Mystery and the Clockwork*, Oxford 1984. – T. Brassell, *T. S.: An Assessment*, Ldn. 1985. – B. Neumeier, *Spiel u. Politik: Aspekte der Komik bei T. S.*, Mchn. 1986. – *T. S.*, Hg. H. Bloom, NY 1986. – M. Billington, *S., the Playwright*, Ldn. 1987. – A. Jenkins, *The Theatre of T. S.*, Cambridge 1987; [2]1989. – *T. S.: A Casebook*, Hg. J. Harty, NY 1987. – N. Sammels, *T. S.: The Artist as Critic*, Ldn. 1988. – S. Hu, *T. S.'s Stagecraft*, Ffm. 1989. – P. Delaney, *T. S.: The Moral Vision of the Major Plays*, Basingstoke 1990.

JUMPERS

(engl.; *Ü: Akrobaten*). Schauspiel von Tom Stoppard, Uraufführung: London, 2. 2. 1972, National Theatre; deutschsprachige Erstaufführung: Wien, 20. 10. 1973, Akademietheater. – In diesem Stück geht es, oberflächlich gesehen, um die Beziehungen zwischen dem Professor der Moralphilosophie George Moore, seiner Frau Dorothy, einer ehemaligen Sängerin, und dem Vizekanzler der Universität, Archie Jumper, der mit der neurotischen Dotty (engl. auch *»übergeschnappt«*) ein Verhältnis hat. Die Ehebruchsgeschichte wird überlagert von Universitäts-, Kriminal- und Politstorys: Als George für ein bevorstehendes Symposium einen Vortrag über die Frage, ob der Mensch gut, böse oder gleichgültig sei, vorbereitet, wird sein schärfster philosophischer Widersacher, der logische Positivist Duncan McFee, erschossen (Inspektor Bone kommt bei seinen Ermittlungen zu keinem Ergebnis und zieht sich zurück, nachdem er Dotty sexuell belästigt hat); das alles geschieht zu einem Zeitpunkt, da die Radikalliberalen (Jumpers) einen Wahlsieg errungen haben, der wohl eher ein Staatsstreich ist (man hört von Paraden und vernimmt den Lärm donnernder Kampfflugzeuge). Bei der wilden Party zu Beginn des Stücks, die ohne Beteiligung des am Vortrag arbeitenden George stattfindet, soll Dotty nach langer Unterbrechung ihrer Karriere wieder einmal auftreten. Offensichtlich hat sie, deren Spezialität poetisch-sentimentale Mondsongs sind, jedoch die Landung des ersten Engländers auf dem Mond – auf einem Fernsehschirm sind immer wieder Bruchstücke einer Übertragung zu sehen – künstlerisch verwirrt. Höhepunkte der Party sind dann die auf einer mondartigen Schaukel strippende Sekretärin sowie die acht Akrobaten (Philosophieprofessoren): Als einer aus der unteren Reihe der von ihnen gebildeten Pyramide erschossen wird, bricht das gymnastische Kunstwerk nicht sofort in sich zusammen: Allerdings bleibt – eines der vielen Stoppardschen Wortspiele – eine *»vacancy«* (im Englischen »Leerstelle« bzw. »verwaister Lehrstuhl«).

Die Technik der verfremdenden Montage heterogener Text-, Sprach- und Gattungselemente mit dem Ziel, durch nonsens- und wortspielartige Sinnverschränkungen überraschende Einblicke zu vermitteln, kennzeichnet das gesamte Stück. So kündigt Dotty zunächst den Tod Duncan (!)

McFees mit den leicht variierten Macduff-Worten aus *Macbeth* II, 3, 65–66 an; damit wird jedoch die wahrscheinliche Mörderin weder zu einer Lady Macbeth, noch ist *Jumpers* deshalb eine *Macbeth*-Adaptation. Vielmehr deutet das Zitat im Kontext weiterer Handlungselemente die Relativierung ontologischer Positionen und den Verlust moralischer Kategorien an, die in der herrschenden philosophischen Meinung den Status von konventionellen bzw. subjektiven emotionalen Äußerungen erhalten. Zu diesen auf den Verlust eines festen Standortes hindeutenden Elementen gehört die zerstückelte TV-Reportage über den Kommandanten, der vor dem Rückflug vom Mond den anderen Astronauten niederschlägt und zurückläßt, die Beförderung des liberalradikalen Landwirtschaftsexperten, des Agnostikers James Clegthorpe, zum Erzbischof von Canterbury, die dermatologischen Kontrollen, die James Archer in seiner angemaßten Rolle als Psychiater an der nackten Dotty vornimmt, und vor allem die Identifizierung der Akrobaten: *»Logical positivists, mainly, with a linguistic analyst or two, a couple of Benthamite Utilitarians ... lapsed Kantians and empiricists generally ... and of course the usual Behaviourists ... a mixture of the more philosophical members of ... the more gymnastic members of the Philosophy School«*. George Moore, der sich als Freund des verstorbenen B. Russell zu erkennen gibt und unglücklicherweise Namensvetter des berühmteren G. E. Moore, des Autors der *Principia Ethica*, ist, führt in der vom Wissenschaftsgeist beherrschten rationalen Gesellschaft als Moralist *(»a variety of a crank, haranguing the bus queue with the demented certitude of one blessed with privileged information«)* einen vergeblichen Kampf gegen diese Akrobaten: Die philosophische Logik scheitert an der Kontingenz der Wirklichkeit, die von verharmlosenden Technologen beherrscht wird. Der Abstand zwischen Philosophie und Leben deutet sich an, wenn George seinen Vortrag dem eigenen Spiegelbild diktiert sowie der anfänglich als Stripperin auftretenden Sekretärin, die als Zeichen für die Kommunikationsprobleme eine stumme Rolle spielt. Moore, der sich mit den Aporien des griechischen Dialektikers Zenon (»Der fliegende Pfeil ruht«; Achilles und die Schildkröte) abplagt, aber seine philosophischen Überlegungen zu den Problemen von Wissen und Glauben, Ethik und Pragmatik doch einigermaßen kohärent präsentieren kann, wird zum Schluß des zweiten Akts mit der bestürzenden Einsicht konfrontiert, daß zwischen der Eindeutigkeit der Logik und der Kontingenz des Lebens letztlich ein unüberbrückbarer Graben liegt: Bei der experimentellen Überprüfung der Zenonschen Aporie vom *»ruhenden Pfeil«* hat er, einen Hilferuf Dottys mißverstehend (*»fire«* = Feuer bzw. *feure* – Hinweis auf die von den logischen Positivisten nicht geklärte Problematik der mehrdeutigen Umgangssprache), versehentlich seinen Hasen Thumper getötet, und er tritt dann auch noch ebenso zufällig die Schildkröte zu Tode (der Einsatz beider Tiere sollte die empirische Überprüfung logischer Beweise ermöglichen). Da Logik und Realität nicht miteinander vereinbar sind, stößt George zum Schluß des zweiten Akts konsequenterweise den gleichen Hilfeschrei aus wie zuvor die künstlerisch versagende Dotty, mit dem bereits vorher zitierten, jetzt zu ergänzenden Zusatz der Macduff-Worte aus *Macbeth*: *»Confusion now hath made its masterpiece ...«*

Stoppard stellt diese Konfusion dann in der *»traumartigen«* Coda dar, dem philosophischen Symposium, das vom Pförtner Croucher geleitet wird. Die Antwort des Erz-Akrobaten Archie auf die Leitfrage *»Man – good, bad, or indifferent«* besteht aus einem unverständlichen Wortsalat, den die Kampfrichter mit den höchsten Noten bewerten. Als die Akrobaten den Erzbischof von Canterbury als Ersatzmann in ihre Reihen aufnehmen, wird auch der erschossen, aber die Pyramide bricht jetzt, Zeichen wohl für die Schwächen theologischer Argumentationen, sofort zusammen. Das Stück schließt mit einer von Verzweiflung geprägten logischen Folgerung Moores, die Archie mit wohlklingenden Beschwichtigungsworten beantwortet.

Stoppards theaterwirksames, mit den Mitteln des Wortspiels, der Komik und des überraschenden Bühneneffekts vorgetragenes Resümee läuft auf die Erkenntnis von der Unzulänglichkeit von Kunst und Ethik angesichts einer kontingenten Wirklichkeit hinaus: Der Zusammenbruch der über die Unangemessenheit Miltonscher und Keatsscher Mondgedichte im Zeitalter der Mondmissionen klagenden Dotty findet seine Entsprechung im Zusammenbruch des im Vergleich zu seinem Vorgänger weniger bedeutenden George Moore. U.Bö.

Ausgaben: Ldn. 1972. – Ldn. 1973 [rev. Ausg.].

Übersetzung: *Akrobaten*, H. Spiel, Reinbek 1973 (rororo).

Literatur: L. P. Gabbard, *T. S., »Jumpers«: A Mystery Play* (in MD, 20, 1977, S. 87–95). – R. Omasreiter, *T. S., »Jumpers«: Das dramatische Spiel mit der Relativität* (in anglistik & englischunterricht, 7, 1979, S. 75–87). – G. B. Crump, *The Universe as Murder Mystery: T. S.'s »Jumpers«* (in ConL, 20, 1979, S. 354–368). – M. R. Davidson, *Historical Homonyms: A New Way of Naming in T. S.'s »Jumpers«* (in MD, 22, 1979, S. 305–313). – J. A. Bailey, *»Jumpers« by T. S.: The Ironist as Theistic Apologist* (in Michigan Academician, 11, 1979, S. 237–250). – W. Riehle, *T. S.'s »Jumpers«* (in ASSL, 216, 1979, S. 280–290). – T. Brassell, *»Jumpers«: A Happy Marriage?* (in Gambit, 37, 1980, S. 43–59). – W. B. Durham, *Symbolic Action in T. S.'s »Jumpers«* (in ETJ, 32, 1980, S. 169–179). – P. Delaney, *The Flesh and the Word in »Jumpers«* (in MLQ, 42, 1981, S. 369–388). – M. Hindin, *»Jumpers«: S. and the Theatre of Exhaustion* (in TCL, 27, 1981, S. 1–15). – R. A. Shiner, *Showing, Saying, Jumping* (in Dialogue, 21, 1982,

S. 625–646). – G. Bas, *»Jumpers« de T. S., dystopie politique* (in *Radicaux à l'anglaise*, Hg. O. Lutaud, Paris 1984, S. 66–84). – B. Kreps, *How Do We Know that We Know What We Know* (in TCL, 32, 1986, S. 187–208).

ROSENCRANTZ AND GUILDENSTERN ARE DEAD

(engl.; *Ü: Rosenkranz und Güldenstern*). Schauspiel von Tom Stoppard, Uraufführung: Edinburgh Festival, 24. 8. 1966; deutschsprachige Erstaufführung: Wien, 19. 10. 1967, Burgtheater. – Dieses 1964 während eines Aufenthaltes als Stipendiat beim Literarischen Colloquium in Berlin begonnene, 1966 von einer Amateurgruppe im Fringe-Programm des Edinburgh Festival aufgeführte und 1967 vom Londoner National Theatre professionell produzierte zweite Stück brachte dem in der Tschechoslowakei geborenen, im Fernen Osten (der Vater war britischer Offizier) und seit 1946 in England lebenden Autor Weltruhm ein. Es handelt sich dabei um eine der zahlreichen *Hamlet*-Adaptationen, freilich bedeutender als B. Kops' *The Hamlet of Stepney Green* (1958) oder Ch. Marowitz' collageartige Version (1965; in *The Marowitz Shakespeare*, 1978).

Im Mittelpunkt stehen, wie bereits in G. S. Gilberts Persiflage *Rosencrantz and Guildenstern* (1891), zwei Shakespeare-Nebenfiguren. Stoppard hält am Handlungsverlauf der Rachetragödie des Elisabethaners, die das Problem des *»grenzenlosen Mißverhältnisses der denkenden und tätigen Kraft«* (F. Schlegel) vor dem Hintergrund des Widerspruchs zwischen altem Feudalismus und neuem Humanismus gestaltet, weitgehend fest und integriert zusätzlich collageartig Passagen des Originaltexts. Allerdings sieht er die beiden auf Hamlet angesetzten Höflinge nicht als Henker, sondern als Figuren, die weder mit Pragmatismus noch mit philosophischer Spitzfindigkeit der Absurdität und Richtungslosigkeit der dem Tod zustrebenden menschlichen Existenz Herr zu werden vermögen.

Stoppard zeigt die beiden Hauptfiguren zu Beginn des Stückes bei einem Münzwettspiel, dessen Ergebnis sich trotz syllogistischer Raffinesse und des Bemühens der Wahrscheinlichkeitsgesetze dem Begreifen entzieht. »Ros« und »Guil«, die wegen der Absurdität ihres Tuns und ihrer sich im Vergessen manifestierenden Desorientierung mehrfach mit den Gestalten in S. Becketts *Waiting for Godot* (1952) verglichen wurden (Stoppard schätzt mehr noch Becketts Romane), werden danach mit den später am Hof von Helsingör auftretenden Schauspielern konfrontiert, die mit ihrer bezahlten und sich daher am Publikum orientierenden Kunst in die *»Welt der Intrige und Illusion«* nichtkontingenter Wirklichkeit entrücken, wo sie auch den Tod zu spielen in der Lage sind. Mit dem pantomimischen Auftritt Hamlets und Ophelias sowie der Einfügung einer Originalpassage aus *Hamlet* (II,2, 1–49) erfolgt ein Wechsel von der philosophisch argumentativen, oft ins Komische abstürzenden Sprechweise Ros' und Guils (Stoppards Dialoge sind generell wortfreudig und originell und unterscheiden sich daher von der zum Schweigen tendierenden Sprache Pinters und Becketts) zu einer stilisierten höfischen Diktion, die zugleich Handlungsdirektiven vermittelt (sie sollen Hamlet beobachten). Die anschließende Rückkehr in den Ros-Guil-Dialog offenbart jedoch den grundlegenden Spiel- und Illusionscharakter eines Textes, der, in den Kommentaren der Schauspieler bereits angedeutet, Sinnhaftigkeit lediglich supponiert. Guil empfiehlt zwar zunächst kindlich-blindes Vertrauen in die Eigenlogik der Ereignisse, muß aber wenig später eingestehen, daß nur noch die Sprache als Spielmaterial übrigbleibt, wenngleich nicht einmal die Regeln bekannt sind. Die folgenden Szenen, in die erneut Originalpassagen aus *Hamlet* II,2 eingefügt sind, verstärken das Gefühl der Unsicherheit angesichts der Stoppards Figuren immer wieder irritierenden Einsicht, daß Wahrheit nur das ist, was als wahr gilt, eine Einsicht, die der Schauspieler als die einzige *»Währung des Lebens«* bezeichnet, deren Verlust den Tod bedeutet.

Nach dem erneuten Eingeständnis der Orientierungslosigkeit machen die in den zweiten Akt eingefügten weiteren Shakespeare-Passagen sowie der Kommentar zum *Hamlet*-Handlungsverlauf durch den Schauspieler deutlich, daß Kunst bloßen Konventionen folgt und deshalb eigentlicher Sinnhaftigkeit entbehrt. Im dritten Akt, der an Bord des nach England segelnden Schiffes spielt, erbrechen Ros und Guil den Brief mit dem Auftrag, Hamlet zu töten, bevor Hamlet das Schreiben durch ein anderes mit dem Befehl, die beiden Überbringer zu töten, ersetzt. Plötzlich tauchen die Schauspieler auf, die in Fässern verborgen waren, wenig später überfallen Piraten das Schiff und verschwinden ebenso wie Hamlet; Ros und Guil bleiben bei ihrem Auftrag, lesen aber den Brief mit ihrem eigenen Todesurteil, bevor die Schauspieler den Tod in allen Variationen spielen. Die Titelfiguren, mit bloßen Ereignissen konfrontiert, die keinerlei Zusammenhang aufweisen, müssen zum Schluß eingestehen, daß die Kunst, für die Spieler eigentlich die Darstellung des Todes, versagt: *»Death is not anything ... It's the absence of presence, nothing more.«* Im Unterschied zum erhellenden Spiel im Spiel bei Shakespeare unterstreicht Stoppards Spiel im Spiel, in dem Ros und Guil Akteure und Zuschauer sind, die Artifizialität jeglicher Kunst, deren Fiktionen dramatischen Konventionen folgt, ohne Sinn erkennbar machen zu können. Durch die mißlingenden Orientierungsbemühungen Ros' und Guils, die auch das tatsächliche Theaterpublikum von Akt II an gestisch in ihr Sinn-Koordinatensystem einbeziehen, erscheint die Kunstwelt Stoppards keinesfalls der Shakespeares überlegen. Die im Stück verwendete Theatermetapher elisabethanischer Herkunft *(»totus mundus agit histrionem«)* klammert das Publikum mit ein und macht es während des Spiels zum Bestandteil einer Wirklichkeit, die weder Gesetzen der Wahrscheinlichkeit noch der Kausalität gehorcht. So erkennt sich der Zuschauer in den Nebenfiguren Ros und Guil wieder. Das gilt vor allem für den Schluß. Ros und Guil scheinen zwar im abschließenden Tableau des Stückes und den Reden des Ambassador bzw. Horatio (*Hamlet* V,2, 359–378), die vom Tod der beiden Nebenfiguren berichten, in ein kausales Sinngefüge zurückgeholt: Es ist jedoch zu bedenken, daß es sich bei Stoppard um eine illusionäre Spielwelt handelt. Was bei Shakespeare im Rahmen der *Hamlet*-Logik durch den vertauschten Brief erklärbar ist, läßt sich bei Stoppard als Abgang und Tod nicht mehr sinnvoll ausdeuten.

Stoppard arbeitet trotz der philosophischen Reden, die dem Zuschauer ein hohes Maß an Aufmerksamkeit abverlangen, mit den bühnenwirksamen Mitteln einer ins Possenhafte gesteigerten Komik, die immer wieder die grundlegende Absurdität sinnfällig macht. Stoppard wurde zwar anfänglich der Vorwurf gemacht, er habe Shakespeare parasitär entweiht. Daß er jedoch mit Hilfe der *Hamlet*-Collage sein eigenes Weltverständnis auf künstlerisch originelle und einleuchtende Weise darstellt, ist heute unumstritten. Auch wenn Stoppard in *The Fifteen Minute (Dogg's Troupe) Hamlet* (1978) erneut respektlos mit dem klassischen Bildungsgut umgeht, so entwickelt er doch in *Dogg's Hamlet, Cahoot's Macbeth* (1979) mit der Kontrastierung einer Schulaufführung des gekürzten Hamlet und der Zimmertheater-*Macbeth*-Produktion durch Pavel KOHOUT unter den Bedingungen der kommunistischen Zensur eines seiner Hauptthemen: das an linguistische Theorien WITTGENSTEINS anschließende Sprachspiel, das in diesem Fall politischen Widerstand ermöglicht. U.Bö.

AUSGABEN: Ldn. 1967. – Ldn. 1967 [rev. Ausg.]. – NY 1968 u. ö. – Ldn. 1978.

ÜBERSETZUNG: *Rosenkranz und Güldenstern*, H. Lunin, Reinbek 1967 (rororo).

VERFILMUNG: England 1990 (Regie: T. Stoppard).

LITERATUR: C. J. Gianakaris, *Absurdism Altered: R&G* (in Drama Survey, 7, 1968, S. 52–58). – W. D. Asmus, *R&G* (in Shakespeare Jb. West 1970, S. 118–131). – D. Mehl, *S.: R&G* (in *Das englische Drama: Vom Mittelalter bis zur Gegenwart*, Hg. D. Mehl, Düsseldorf 1970, Bd. 2, S. 336–346). – W. Baumgart, *Hamlet's Excellent Good Friends: Beobachtungen zu Shakespeare und S.* (in *Englische Dichter der Moderne*, Hg. R. Sühnel u. D. Riesner, Bln. 1971, S. 588–598). – N. Berlin, *R&G: Theater of Criticism* (in MD, 16, 1973, S. 269–277). – S. Bassnett-McGuire, *Textual Understructures in J.-L. Barrault's Rabelais and T. S.'s R&G* (in Comparison, 1, 1975, S. 102–140). – D. Zeh, *T. S.: R&G* (in *Das zeitgenössische englische Drama*, Hg. K. D. Fehse u. N. Platz, Ffm. 1975, S. 229–246). – H. Zimmermann, *T. S.s Publikumsverwirrung: Zu Rezeption und Sinn von R&G* (in Shakespeare Jb. West, 114, 1978, S. 184–200). – Chr. W. Thomsen, *T. S., R&G: Spiel vom Sterben, Spiel vom Tod im Leben* (in Maske und Kothurn, 24, 1978, S. 230–243). – B. Rojahn-Deyk, *Tod ohne Verklärung. Zur Todesthematik in T. S.s R&G* (in anglistik & englischunterricht, 7, 1979, S. 61–73). – A. Geraths, *R&G: Hamlet-Varianten bei W. S. Gilbert und T. S.* (in *Anglo-amerikanische Shakespeare-Bearbeitungen des 20. Jh.s*, Hg. H. Priessnitz, Darmstadt 1980, S. 251–274). – W. E. Gruber, *»Wheels within wheels, etcetera«: Artistic Design in R&G* (in Comparative Drama, 15, 1981, S. 291–310). – J. E. Duncan, *Godot Comes: R&G* (in Ariel, 12, 1981, S. 57–70). – J. L. Levenson, *Hamlet Andante/Hamlet Allegro: T. S.'s Two Versions* (in Shakespeare Survey, 36, 1983, S. 21–28). – J. M. Perlette, *Theatre at the Limit: R&G* (in MD, 28, 1985, S. 659–669). – S. Patsalidas, *The Plays vis-a-vis the Play's Design: R&G* (in Yearbook of English Studies, 1, 1989). – M. Scott, *Shakespeare and the Modern Dramatist*, NY 1989, S. 13–27.

TRAVESTIES

(engl.; *Ü: Travesties*). Schauspiel von Tom STOPPARD, Uraufführung: London 10. 6. 1974, Aldwych Theatre; deutschsprachige Erstaufführung: Wien, 2. 12. 1976, Akademietheater. – Das ursprünglich als Drama über Lenin, in dessen frühen Schriften Stoppard den späteren stalinistischen Terror vorgebildet sieht, und den Dadaisten Tristan Tzara geplante Stück wurde nach der Lektüre von R. ELLMANNS *Joyce*-Biographie auf die Präsentation eines Dreigespanns, das in Politik und Kunst entscheidende Veränderungen herbeiführte, ausgeweitet. Die Joyce-Biographie lieferte Stoppard die Figur des H. W. Carr, eines kleinen britischen Botschaftsangestellten, der 1918 in einer von Joyce inszenierten Aufführung von O. WILDES *The Importance of Being Earnest* die Rolle des Algernon spielte. Meinungsverschiedenheiten zwischen beiden führten später zu Prozessen und zu Joyces Porträtierung des Gegners als den brutalen Private Carr in *Ulysses*.

In diesem Stück, das eine *»perfekte Verbindung von Ideendrama und Farce oder ... hoher Komödie«* (Stoppard) sein soll, bedient sich Stoppard der Techniken des bei S. BECKETT (*Krapp's Last Tape*, 1958) oder H. PINTER (*Old Times*, 1971) vorgebildeten *memory play*, auf die er bereits in seinem Hörspiel *Artist Descending a Staircase* (1972) rekurriert hatte. Im Jahre 1974, so die Fiktion, versucht der (tatsächlich 1962 gestorbene) alte Carr die historischen Ereignisse des Jahres 1917 und das (nicht bezeugte) Zusammentreffen zwischen Lenin, Joyce und Tzara in Memoirenform zu rekonstruieren. Wie in *Rosencrantz and Guildenstern are Dead* wird damit eine Randfigur zur zentralen Vermittlungsinstanz für die Positionen von Gestalten, mit Hilfe derer Stoppard die in der Eröffnungssequenz mit

dem Vertauschen zweier Manuskripte Lenins und Joyces angedeutete Frage stellt, *»ob die Begriffe ›Revolutionär‹ und ›Künstler‹ Synonyme sein können ... oder sich gegenseitig ausschließen«*.
Das in Henry Carrs Apartment und in der Stadtbücherei spielende Stück wechselt zwischen verschiedenen Zeitebenen, die szenisch, narrativ bzw. (aus der Sicht erinnerter agierender Figuren) auch historisierend-diskursiv vermittelt werden; zudem werden disparate raum-zeitliche Vorgänge zu Simultanhandlungen zusammengefügt (summarische Berichte werden z. B. szenisch-pantomimisch weiter vergegenwärtigt). Der monologisierende Carr versucht aber nicht nur, Vergangenes in ein Gedächtnis zurückzuholen, das erratisch, digressiv, wenn nicht senil ist. Der Erinnerungsprozeß spielt zudem einzelne Ereignissequenzen (etwa einen Besuch Tzaras bei Carr) mehrfach und auf völlig unterschiedliche Weise durch (die Sequenzen sind durch verbal identische Einleitungsformeln markiert). Historisches Bewußtsein wird damit auf immer wieder komisch-farcenhaft wirkende Weise nicht nur als Selektions- und Umdeutungsvorgang gekennzeichnet, sondern zum Produkt subjektbedingter Zufälligkeiten gemacht. So ist für den Carr des Jahres 1917 die Schweiz ein Ort absoluter Permanenz, und die politischen Veränderungen in Europa interessieren wenig. Demgegenüber spricht der alte Carr in tönenden Worten von seiner Begegnung mit den großen Gestalten von Politik und Kunst, und er bezeichnet etwa die Bewegung des Dada als *»historical halfway house between Futurism and Surrealism«*.
Dabei werden die Erinnerungen auch jeweils durch unterschiedliche Stile überformt, deren virtuose Verwendung wesentlich zur Komik des Stücks beiträgt. So reproduziert Stoppard stellenweise marxistischen Jargon, läßt in einer anderen Szene die Künstler (inklusive Carr) in Limericks reden, während Carr und Tzara sich wenig später wie Figuren aus *The Importance of Being Earnest* geben (die jeweiligen Assistentinnen Lenins und Joyces, Cecily und Gwendolyn, stellen, ebenso wie das Motiv des Vertauschens, Übernahmen aus Wildes Stück dar, an dessen Aufführung Carr beteiligt war). Stoppard bedient sich also der Travestie im Sinne der ursprünglichen Wortbedeutung von Verkleidung oder Maskerade, erkennbar vor allem an der sinnaufschließenden Verwendung der Kleidermetapher: Kleidung und Verkleidungen spielen bei allen Figuren (und bereits bei Wilde) eine große Rolle, ebenso wie das Hervorzaubern von Kunst nicht mehr aus dem Inneren, sondern aus der äußeren Hülle von Hut oder Jackentasche (so Tzara bzw. Joyce zu Beginn).
Damit werden zunächst einmal hohe Gegenstände – Kunst, Politik, Revolution – in einem weiteren Sinne travestiert: Sie erscheinen als Kleider, die subjektive Zufälligkeiten einer *»komplexen, enigmatischen Persönlichkeit«* (so Carr über Lenin und Joyce) umhüllen. Der junge Carr wehrt sich in einem Gespräch mit Tzara gegen den Bedeutungswandel des Begriffes *»Kunst«*. Während der Dadaist *»the idea of the artist as a special kind of human being«* demontiert und die Bedeutung des Wortes an die subjektive Festlegung durch den sich als Künstler Bezeichnenden koppelt, beharrt Carr auf seinem konservativen Standpunkt. Für Tzara resultiert aber die anti-bürgerliche Entgrenzung des Kunstbegriffs aus der Korruption der politischen Sprache, die lediglich unter dem Deckmantel rationaler Argumente expansionistische Eigeninteressen verbirgt: *»That is why anti-art is the art of our time.«* Wenn Carr mit der Tautologie *»We're here because we're here ... because we're here because we're here ...«* auf die politisch ausgerichtete Sprachkritik Tzaras antwortet, erscheint die beliebig zu erweiternde Silbenreihung *»Dada«* als die genaue Replik auf diese Position (an einer Stelle erwidert er tatsächlich so).
Gegen Ende des ersten Aktes wird jedoch die Position Tzaras im Kontrast zu Joyce relativiert. Während der Dadaist sich auf das Prinzip des Zufalls und die Destruktion *(»now we need vandals and desecrators«)* beruft (augenfällig gemacht anhand seines zerschnittenen und reorganisierten Shakespeare-Sonnetts), bezieht Joyce sein Material zwar aus der Historie und der ihr innewohnenden Destruktivität (Troja), aber er haucht gerade dem *»Leichnam«* Leben ein, ohne allerdings wie Tzara oder Lenin die Kunst vor die Aufgabe zu stellen, aktiv in Geschichte einzugreifen *(»yes by God there's a corpse that will dance for some time yet and leave the world precisely as it finds it«)*. Konsequenterweise endet der erste Akt mit der Erinnerung an einen Traum Carrs, der Joyce fragt, was er während des großen Kriegs getan habe. Die exakt im Mittelpunkt des Stückes stehende Antwort lautet: *»I wrote Ulysses«*.
Der zweite Akt verlagert das Schwergewicht der Diskussion auf die Positionen Lenins. Sie werden zunächst in Form einer Vorlesung seiner Mitarbeiterin Cecily als historischer Abriß vorgetragen, der im Sinne des Dokumentartheaters der dreißiger Jahre durch gestisch-mimisches Sichtbarmachen erwähnter Figuren verlebendigt wird. Ähnlich wie Tzara zuvor die Einwände Joyces mit unflätigen Schimpfworten zu erledigen suchte, tut das auch die marxistische Cecily mit Carr, den sie zudem mit abstrakten Worthülsen (Revisionismus, Ökonomismus, Opportunismus etc.) überschwemmt, ehe sie sich ihm in einer dritten Szenenvariation bürgerlich hinter dem Tisch hingibt. Bei allen Unterschieden insbesondere im Hinblick auf die bedeutenden Relikte einer bürgerlichen Kunstverehrung bei Lenin, der etwa Beethovens *Appassionata* sentimental als *»superhuman music«* verehrt, aber andererseits die Kunst politisch knebelt, entsprechen die Vorstellungen von der revolutionär in die Gesellschaft hineinwirkenden antibürgerlichen Kunst in mancher Hinsicht denen Tzaras. Während der Dadaismus den Zufall regieren läßt ist das Theoriegebäude des Marxismus ebenso wie die russische Revolution auf historischen Zufällen gegründet. Während also die künstlerisch und politisch revolutionär wirkenden Tzara und Lenin auf vielfältige

Weise miteinander gleichgesetzt werden, scheint Joyce eher für die Position der strikten Trennung von Kunst und Wirklichkeit zu stehen (deshalb wird andererseits sein Prozeß gegen Carr besonders hervorgehoben). In der Schlußsequenz macht die alte Cecily Carr klar, was er alles erfunden hat: Untergründig und unabhängig von der subjektiven Perspektive des Erinnernden zeichnet sich aber doch die für Stoppard wichtige These von der notwendigen Sonderstellung der Kunst ab. Dichtung ist nicht, wie Tzara meint, bloß *»a reshuffling of a pack of picture cards, and all poets are cheats«*, sondern, wie Joyces Bloom-Kapitel, ein virtuoses, von Stoppard auf eigene Weise nachgebildetes *»miracle of compression«*. U.Bö.

AUSGABE: Ldn. 1975.

ÜBERSETZUNG: *Travesties*, H. Spiel, Reinbek 1976 (rororo).

LITERATUR: H. F. Plett, *T. S.: »Travesties«* (in *Englische Literatur der Gegenwart 1971–1975*, Hg. R. Lengeler, Düsseldorf 1977, S. 81–93). – M. Gold, *Who are the Dadas of »Travesties«* (in MD, 21, 1978, S. 59–65). – A. Geraths, *Geschichte und Geschichtskritik in T. S.s ›Ideen-Komödie‹ »Travesties«* (in anglistik & englischunterricht, 7, 1979, S. 89–101). – J. W. Cooke, *The Optical Allusion: Perception and Form in S.'s »Travesties«* (in MD, 29, 1981, S. 525–539). – H. Castrop, *T. S.: »Travesties«* (in *Englisches Drama von Beckett bis Bond*, Hg. H. F. Plett, Mchn. 1982, S. 295–312). – A. Goldman, *Joyce, Ulysses, ›Circe‹, S. and Dada* (in Scripsi, 1/2, 1982, S. 89–97). – D. K. Rod, *Carr's Views on Art and Politics in S.'s »Travesties«* (in MD, 26, 1983, S. 536–542). – B. Brugière, *De la parodie à une esthétique de la duplication: T. S. »Travesties«* (in Études Anglaises, 36, 1983, S. 267–280). – W. Wolf, *Geschichtsfiktion im Kontext dekonstruktivistischer Tendenzen ...: T. S.s »Travesties«* (in Poetica, 18, 1986, S. 305–357). – N. Sammels, *Earning Liberties: »Travesties«* (in MD, 29, 1986, S. 376–387). – T. Nelson, *T. S.s »Travesties«: Die hohe Komödie der Ideen* (in *Europäische Komödie*, Hg. H. Mainusch, Darmstadt 1990, S. 121–138).

DAVID STOREY

* 13.7.1933 Wakefield / Yorkshire

LITERATUR ZUM AUTOR:
N. Gray, *Silent Majority: A Study of the Working Class in Post-War British Fiction*, Ldn. 1973. – J. R. Taylor, *D. S.*, Ldn. 1974. – Ch. A. Carpenter, *Bond, Shaffer, Stoppard, S.: An International Checklist of Commentary* (in MD, 24, 1981, S. 546–556). – J. W. Hutchings Jr., *The Significance of Ritual in the Plays of D. S.*, Diss. Univ. of Kentucky 1981 (vgl. Diss. Abstracts, 42, 1981, S. 1160A). – J. Gindin, *D. S.* (in DLB, Bd. 13, 1982, S. 501–513; als Dramatiker). – D. Jackson, *D. S.* (ebd., Bd. 14, 1983, S. 689–708; als Romanschriftsteller). – R. H. Hilton, *D. S.: A Personal View of Social Experience. Reality and Its Transformation in the Novels and Plays*, Diss. Univ. of Lancaster 1983.

HOME

(engl.; *Ü: Heim*). Drama in zwei Akten von David STOREY, Uraufführung: London, 17. 6. 1970, Royal Court Theatre; deutsche Erstaufführung: Hamburg, 1971, Schauspielhaus. – Mit diesem 1967 entstandenen Fünfpersonenstück entfernt sich Storey am weitesten vom Theater des sozialen Realismus, dem er ansonsten weitgehend verpflichtet scheint. Die Handlung im Sinne einer dynamischen Serie von Situationsveränderungen ist in diesem deutlich an PINTER erinnernden Stück stark reduziert, die Sprache hat ihre, in der Terminologie Roman JAKOBSONS, »referentielle« Funktion weitgehend zugunsten der »phatischen« Funktion verloren, d. h. die hier vorgeführten Dialoge dienen kaum mehr dazu, Mitteilungen über Sachverhalte zu machen, sondern in erster Linie zur Aufrechterhaltung des Kontakts zwischen den Figuren. Darüber hinaus liegen zwischen den einzelnen Repliken häufig längere Sprechpausen.
Im ersten Akt wird zunächst das etwas ungleiche Paar Harry und Jack vorgestellt: Beide sind gleichermaßen gut gekleidet, doch während Harry eher als bürgerliche Erscheinung präsentiert wird, inszeniert sich Jack schon von seiner äußeren Erscheinung her eher als Dandy. Diese Selbstinszenierung Jacks korreliert mit seinem sprachlichen Verhalten. Nimmt der Zuschauer Jacks Erzählungen über seine Verwandten und Bekannten zunächst noch für bare Münze, so macht ihn allein die Häufung der Fälle, für die Jack zur Illustration seiner Ausführungen immer neue Verwandte heranzieht, schon mißtrauisch, ehe auch inhaltliche Widersprüche den Wahrheitsgehalt von Jacks Erzählungen zweifelhaft erscheinen lassen. Doch für die Beziehung zwischen Jack und Harry ist dies völlig bedeutungslos, sind ihre – häufig sehr kurzen – Repliken doch ohnehin oft nur mangelhaft aufeinander bezogen oder beschränken sich auf den Austausch von »gepflegten« Konversationsphrasen. Als Gegenstück dazu erscheint nach ihrem Abgang das Paar Kathleen und Marjorie: Ihre Repliken sind zwar sehr viel direkter aufeinander bezogen, doch durch die Reduzierung ihrer sprachlichen Ausdrucksmittel, die mit der im Vergleich zu den männlichen Figuren ungepflegten äußeren Erscheinung der beiden korreliert, erscheint auch ihre Kommunikation als gestört. Die »Handlung« des zunächst scheinbar in einem Seebad oder Kurort angesiedelten Stückes beschränkt sich auf das Zu-

sammentreffen der vier Figuren in unterschiedlichen Kombinationen, die handlungsstiftenden »Ereignisse« beschränken sich auf gelegentliche kurze Auseinandersetzungen über die Verteilung der vorhandenen Gartenstühle und auf die akrobatischen Einlagen des jungen Alfred, der sich die Zeit mit artistischen Spielereien mit diversen Möbelstücken vertreibt. Trotz dieses Mangels sowohl der äußeren als der inneren Handlung stellt sich für den Zuschauer oder den Leser die Situation am Ende des Stückes anders dar als zu Beginn, denn das vermeintliche Seebad wird durch die Dialoge implizit als eine Verwahranstalt für psychisch gestörte Menschen erkennbar.

Auch wenn *Home* durch seinen Verweis auf gesellschaftliche Rituale – etwa der Konversation oder auch der Festivitäten (Marjories regelmäßige depressive Anfälle zu Weihnachten) – die Gleichsetzung der Anstaltswelt mit der Fragmentarisierung und Entfremdung in der zeitgenössischen britischen Gesellschaft stellenweise nahelegt, so bleibt dieser allgemeine gesellschaftliche Bezug doch relativ vage. Gleichzeitig aber fehlt der Darstellung der Verstörtheit der Figuren die Dimension des Erschreckenden (die sie etwa bei Pinter häufig hat) und der existentialistischen Aussage über eine letztlich absurde *conditio humana* im Sinne Becketts gerade dadurch, daß die »Handlung« in einer Irrenanstalt angesiedelt und damit aus dem Bereich des »normalen« gesellschaftlichen Lebens ausgeklammert wird. Das scheinbar Absurde oder Fragmentarisierte bleibt hier also letztlich doch erklärbar innerhalb der Koordinaten eines realistisch-mimetischen Welt- und Kunstverständnisses.

Das sowohl von den Londoner als auch von den New Yorker Theaterkritikern als bestes Stück der Saison 1970/71 ausgezeichnete Drama erfreute sich in New York eines großen Publikumserfolges.

H.Qu.

Ausgaben: Ldn. 1970. – NY 1971. – Harmondsworth 1978 [zus. m. *The Changing Room* u. *Mother's Day*].

Übersetzung: *Heim*, H. H. Vollmer, Mchn. 1971 [Bühnenms.].

Verfilmung: USA 1971 (TV; Regie: L. Anderson).

Bearbeitung: M. Duras, *Home*, Paris 1973.

Literatur: A. Kalson, *Insanity and the Rational Man in the Plays of D. S.* (in MD, 19, 1976, S. 111–128). – G. Ecker, *D. S., »Home«: ›Schönes Wetter heute‹ oder Strukturen des ›small talk‹* (in *Englisches Drama von Beckett bis Bond*, Hg. H. F. Plett, Mchn. 1982, S. 250–271). – S. Joyce, *A Study in Dramatic Dialogue: A Structural Approach to D. S.'s »Home«* (in Theatre Annual, 38, 1983, S. 65–81).

A PRODIGAL CHILD

(engl.; *Ein verlorener Sohn*). Roman von David Storey, erschienen 1982. – David Storey gehört zu den wenigen zeitgenössischen englischen Autoren, die sich sowohl als Dramatiker wie auch als Romanciers etablieren konnten. Nachdem *Saville*, Storeys längster Roman, dessen Entstehung sich über fast zehn Jahre hinzog, dem Autor 1976 allgemeine Anerkennung und den Booker-Preis eingebracht hatte, variierte Storey in *A Prodigal Child*, seinem siebten Roman, ein Thema, das trotz aller Unterschiedlichkeit sein umfangreiches Œuvre wie ein roter Faden durchzieht: der Wechsel zwischen verschiedenen sozialen Klassen (vor allem über die Bereitstellung von Bildungsmöglichkeiten) und die damit verbundenen psychischen Deformationen. Der ganz in der Tradition des realistischen Erzählens stehende Roman mit Elementen des Adoleszenzromans weist deutlich autobiographische Züge und Anklänge an D. H. Lawrence auf: Er erzählt die Kindheit und Jugend des Bryan Morley, des Sohns eines Landarbeiters aus der nordenglischen Kleinstadt Stainforth, der in den Jahren vor dem Zweiten Weltkrieg vom kinderlosen Ehepaar Corrigan, die zur wohlhabenden Bürgerschicht Stainforths gehören, in Pflege genommen wird. Damit wird der Grundstein gelegt für eine Entwicklung, die den künstlerisch begabten Bryan aus der Lebenswelt seiner Eltern und seines Bruders herausführt und ihm schließlich auch eine erste Entfaltung als Maler ermöglicht. Der Roman endet mit der vorübergehenden Rückkehr des erwachsenen Bryan in das Haus der Eltern, ehe er sich auf den Weg nach London macht und damit sein bisheriges Ambiente hinter sich läßt.

Die Entfernung Bryans vom engen, kleinbürgerlichen Milieu seiner Eltern wird kontrastiert mit der Entwicklung einer Reihe weiterer sozialer Aufsteiger, und das Thema der Überwindung der Grenzen zwischen verschiedenen sozialen Schichten wird damit in mehrfacher Weise perspektiviert. Mr. Morleys Arbeitgeber, der wohlhabende Farmer Spencer, hatte sich wie auch seine Schwester, die jetzige Mrs. Corrigan, seinen sozialen Aufstieg »erheiratet«. Während Spencers Ehe als durchaus geglückte Verbindung erscheint und er es seinen Arbeitern gegenüber zumindest nicht an einer prinzipiell freundlichen Einstellung fehlen läßt, verleugnet Mrs. Corrigan inzwischen ihre proletarische Herkunft. Gleichzeitig jagt sie trotz scheinbar harmonischer Ehe ständig neuen Affären nach. Auch die Aufnahme des jugendlichen Bryan in den Haushalt der Corrigans stellt sich im Verlauf der Entwicklung als »Geschenk« Corrigans an seine Frau heraus. Bei der Darstellung der bis kurz vor Schluß rein platonischen Beziehung zwischen der verschwenderischen Mrs. Corrigan und dem pubertierenden Bryan, der sich schon beim ersten Anblick in die wesentlich ältere Frau verliebt hatte, weist der Roman, der über weite Strecken versucht, aus der Perspektive Bryans zu erzählen, deutliche Schwächen auf; die Figuren gewinnen trotz des Bemühens um »Realismus« nur wenig Tiefe. Auch Mr. Morleys Eingeständnis, er habe mit der »Abschiebung« seines Sohnes Schuld auf sich geladen, das zum Ausgangspunkt der Versöhnung zwischen Bryan und seinen Eltern wird, steht kaum in einem psychologisch plausiblen Zusammenhang zur vorher beschriebenen Entwicklung Bryans.

Inkonsequent erscheint der Text auch im Hinblick auf seine sozialkritischen Aspekte. Zwar wird im Zusammenhang mit Mr. Morleys kleinen Diebstählen auf den Feldern und in den Ställen seines Arbeitgebers mehrmals darauf verwiesen, daß er schließlich die gleiche Arbeit dafür geleistet habe wie Spencer selbst und er sich damit nur hole, was ihm ohnehin zustünde. Doch wird dieser Ansatz zu klassenkämpferischen Parolen – wie alle übrigen gelegentlich eingestreuten sozialkritischen Passagen – sowohl im Hinblick auf die Zeichnung Morleys selbst als auch bezüglich des gesamten Romans nicht integriert und bleibt weitgehend unmotiviert. So erscheint *A Prodigal Child* in mehrfacher Hinsicht als ein nicht sehr geglückter Versuch, Elemente des psychologischen Realismus und des sozialen Realismus zu vereinen. H.Qu.

AUSGABEN: Ldn. 1982. – NY 1983.

LITERATUR: B. M. Smith, *Looking Back at Anger: The Novels of Kingsley Amis, John Wain, John Braine, D. S., and Alan Sillitoe*, Diss. Indiana Univ. 1981 (vgl. Diss. Abstracts, 42, 1981, S. 1146A).

EMMA TENNANT

* 20.10.1937 London

THE BAD SISTER

(engl.; *Die böse Schwester*). Roman von Emma TENNANT, erschienen 1978. – Zusammen mit Angela CARTER repräsentiert Emma Tennant eine charakteristische Richtung der zeitgenössischen englischen Erzählprosa, die sich von der überwiegend realistischen Tradition abhebt, indem sie eine psychopathologisch-mythische Phantastik mit einer teils realistischen, teils satirischen Gesellschaftskritik verbindet und dabei besonders die Situation der Frau problematisiert. Nach dem dystopischen Frühwerk *The Time of the Crack* (1973), einer apokalyptischen Groteske der technologischen Konsumwelt, konzentriert sich die Autorin in *The Bad Sister*, ihrem fünften Roman, auf die Gattung des *»female Gothic«*, eine Variante des Schauerromans, die vorzugsweise mit dem Doppelgängermotiv und den die weibliche Psyche prägenden Mythen und Märchen arbeitet.

Das Werk setzt sich aus zwei Textarten zusammen: der Einleitung und dem Nachwort einer anonymen Journalistin sowie dem Hauptteil des von ihr herausgegebenen *Journal of Jane Wild*, den Aufzeichnungen der vermutlichen Attentäterin in einem sensationellen Doppelmord-Fall. Die Journalistin versucht, von der nahen Zukunft (1986) aus das unaufgeklärte Verbrechen an Michael Dalzell und seiner Tochter zu rekonstruieren und durch das hinterlassene Tagebuch der Mordverdächtigen neu zu beleuchten. Bei Jane Wild scheint es sich um die verstoßene Tochter aus dem außerehelichen Verhältnis Dalzells mit einer irischen Verkäuferin zu handeln. Der schottische Aristokrat, der sich seit seiner Verheiratung in den fünfziger Jahren auf seinen Landsitz zurückgezogen hat, wird im nächsten Jahrzehnt durch eine Kommune von Feministinnen aufgestört, die als Hausbesetzer auf seinem Land Fuß fassen und ihn mit seiner unehelichen Tochter erpressen. Es gelingt ihm zwar, die Kommune zu vertreiben, doch wird er durch Spielschulden zur Aufgabe seiner Ländereien und zur Übersiedlung nach London gezwungen, wo er durch eine Erbschaft erneut zu Geld kommt, jedoch wiederum von seiner unehelichen Tochter heimgesucht und schließlich zusammen mit seiner ehelichen Tochter ermordet wird.

Während die Journalistin sich dokumentarisch an die Hintergründe des Falls heranarbeitet, vermitteln die Aufzeichnungen Janes, die sich als *»two-women-in-one«* gespalten fühlt, eine irritierend verzerrte Innensicht konkreter Alltagserfahrungen, traumatischer Erinnerungen und eskapistisch-utopischer Phantasien. Jane, die als Filmkritikerin in London tätig ist, schildert vor allem ihre fortgeschrittene Identitätskrise, die sie unter dem hypnotischen Einfluß Megs, der Leiterin einer dem Feminismus, Okkultismus und Sozialismus verschriebenen Frauengruppe, zu überwinden hofft. Sie führt in mehrfacher Hinsicht ein Doppelleben. Dem befreundeten Drehbuchautor Tony ist sie zutiefst entfremdet, kann sich aber aus Eifersucht auf dessen frühere Freundin Miranda schwer von ihm lösen. Sie sieht sich von der vermeintlichen Rivalin ebenso verfolgt wie von der ehelichen Halbschwester Ishbel, mit der sie aus Neid auf ihr privilegiertes Zuhause schon in der Kindheit im Streit gelegen hatte. Aus der Alltagssituation bricht Jane in wiederkehrenden »Metamorphosen« – bis zur Unkenntlichkeit gewandelt und mit magischen Kräften ausgestattet – zu Reisen in Traumlandschaften auf, die zugleich ihr eigenes Inneres versinnbildlichen. Diese heimlichen Abwege betrachtet sie als Strecken auf der Suche nach einem neuen, ganzheitlichen Selbst, in dem die Aufspaltung in diverse weibliche *alter egos* rückgängig gemacht und das abgetrennte männliche Prinzip wieder anverwandelt wird. Eine Voraussetzung für diese Entwicklung bildet aufgrund des mit Meg eingegangenen Seelenpakts die Beseitigung der schattenhaften »bösen Schwester«, die vor allem in Ishbel und Miranda verkörpert erscheint. Als Jane die Tat auf einem Maskenball verübt, wird sie von dem in Vi-

sionen herbeigesehnten Gil-Martin, dem zwielichtigen Vertreter des männlichen Prinzips, zur gemeinsamen Schiffsreise erwartet. Wie das Nachwort aufgrund weiterer Ermittlungen andeutet, hat Jane als gepfählter Vampir in Schottland den Tod gefunden und so einen hohen Preis für das erreichte Ziel bezahlt.
Der Roman bietet verschiedene Deutungsmöglichkeiten an, ohne eine schlüssige Version nahezulegen. Handelt es sich um das Attentat einer irregeleiteten Terroristin an einer patriarchalischen Symbolfigur, das gleichzeitig die Aussicht der Alleinerbin auf das der Kommune zugute kommende Geld eröffnet? Ist es die rachsüchtige Wahnsinnstat einer Geistesgestörten, die an einer Schizophrenie mit paranoiden Zwangsvorstellungen leidet? Liegt der Fall einer im christlichen Sinne dämonisch Besessenen vor? Oder wird hier der esoterisch-revolutionäre Akt der Wiedergewinnung vorzivilisatorischer Magie und eines ganzheitlichen Menschenbilds versinnbildlicht? Jane, die in der bezeichnenden Nachbarschaft eines Frauenhauses und eines Lesbierinnenclubs lebt, versteht die geschlechtsspezifische Persönlichkeitsspaltung in den alptraumhaften Projektionen ihrer »Schatten«-Ichs als Wurzel der sozialen Übel, die in der Desorientiertheit, dem Materialismus und der repressiven Rigidität der Umwelt offenbar werden und ihrem innersten Harmoniebedürfnis entgegenstehen. Ihre Situation ist durch zugespitzte Konflikte und wechselnde Reaktionsweisen gekennzeichnet. Zwischen Verfolgungswahn und Suchobsession, Entdekkungsreise und Horrortrip, dem Selbstverständnis als Opfer und Täter, einzelgängerischem Wagemut und zwischenmenschlicher Verunsicherung, den archetypischen Rollen der guten bzw. bösen Schwester, dem Alltag und der Traumwelt findet sie sich hin und her gerissen.
Ein dualistischer Grundzug prägt vielschichtig den Roman: vom zentralen Doppelgängermotiv über das Spiel mit der Realität und der Fiktionalität des Films (Überblendungs- und Schnittmethoden als Strukturmittel) und die komplementären Perspektiven der Textteile bis hin zum Konzept der Anlehnung an James Hoggs Roman *The Private Memoirs and Confessions of a Justified Sinner* (1824). Dem Hoggschen Vorbild folgt die Autorin in der Herausgeberfiktion, dem Handlungsgerüst, der Verschränkung von Realismus und Phantastik, dem Doppelgängermotiv und den psychologischen Ansätzen. Doch im geschlechtskomplementären Pendant der Hauptfiguren rückt sie an die Stelle von Hoggs Problematik des religiösen Fanatismus die des feministischen Rigorismus, und sie schafft darüber hinaus durch zeitkritische Akzente eine aktuelle Version. – Das intertextuelle Verfahren kehrt auch in späteren Romanen der Autorin wieder: *The Adventures of Robina* (1986) bezieht sich auf Daniel Defoes *Roxana* (1724), *Two Women of London* (1989) auf Robert L. Stevensons *The Strange Case of Dr. Jekyll and Mr. Hyde* (1886) und *Sisters and Strangers* (1990) auf das *Alte Testament*. Auch die Tendenz zur Gattungskombination – *The Bad Sister* ist eine Mischung von Thriller, psychologischem Schauerroman und surrealer Dystopie – bleibt mit der dazugehörigen Vorliebe für das Pastiche ein variationsreiches Kennzeichen von Emma Tennants Gesamtwerk. E.Kr.

Ausgaben: Ldn. 1978. – NY 1978. – Ldn. 1979. – Ldn. 1989.

Literatur: G. L. Lambert, *E. T.* (in DLB, Bd. 14, 1983, S. 708–715).

Ronald Stuart Thomas

* 29.3.1913 Cardiff

DAS LYRISCHE WERK (engl.) von R. S. Thomas.
Thomas, einziges Kind seiner Eltern, wurde, da der Vater zur See fuhr, ausschließlich von der Mutter erzogen, die bestrebt war, ihn vor in seiner Umgebung wirkenden plebejischen Einflüssen zu bewahren. Es ist denkbar, daß hier die Wurzeln für Einsamkeit und Einzelgängertum des späteren Dichters liegen. Rührend beschreibt Thomas, wie sein Versuch, in der Rugby-Mannschaft seines Colleges Fuß zu fassen, daran scheiterte, daß ihm als Außenstürmer keine Bälle zugespielt wurden: *»I never really got rid of my cold feet and after a spell with the second fifteen, I retired and returned to my old habit of going for a long walk in the country, to look on the beauty of nature and to think the long vain thoughts of adolescence.«* Nach einem Studium der klassischen Sprachen in Bangor ließ sich Thomas in Llandaff zum anglikanischen Geistlichen ausbilden. 1940 heiratete er und betreute danach verschiedene Pfarrstellen in kleinen walisischen Landgemeinden. Seit 1978 lebt er im Ruhestand.
Einer breiteren Öffentlichkeit Großbritanniens ist Thomas vor allem durch sein Frühwerk bekannt, in dem er sich zum Anwalt der ausgebeuteten Natur und der unterdrückten Kultur seiner walisischen Heimat macht. In *Welsh Landscape* beschwört er die Geschichtsträchtigkeit dieser Region, um jedoch zugleich deren negative Seite anzusprechen: eine sterile, ja morbide Rückwärtsgewandtheit. Er beklagt die *»teuflische Zweisprachigkeit«*, die *»wie ein Mühlstein«* um den Hals des Dichters hänge. (Die außergewöhnliche Kreativität, welche gerade anglo-walisische und anglo-irische Schriftsteller bewiesen haben, wirft allerdings die Frage auf, ob einer solchen Bikulturalität nicht sogar ein besonderes geistiges und poetisches Potential innewohnt.) Allmählich distanziert sich Thomas von den Themen wie auch von den stilistischen Besonderheiten dieser frühen Lyrik, ihrer oft anthropo-

morphen Naturschilderung, der die häufige Charakterisierung des Menschen durch Naturbilder entspricht. In *No Through Road* bekennt er: *»I have failed after many seasons / To bring truth to birth, / And nature's simple equations / In the mind's precincts do not apply. // But where to turn?«* (*»In vielen Jahren ist es mir nicht gelungen, / Die Wahrheit ans Licht zu bringen. / In meinem Kopf gelten / die einfachen Gleichungen der Natur nicht. // Aber wohin soll ich mich wenden?«*) Man könnte den Eindruck gewinnen, Thomas habe durch sein poetisches Eintreten für den walisischen Bauern die Distanz verringern wollen, die er zu diesem als gebildeter Geistlicher einer vor allem mit England assoziierten Kirche empfindet, die sich in Wales nur auf eine Minderheit von Anhängern stützen kann (vgl. *The Priest*).

Neben diesem Gefühl des sozialen Abgesondertseins drückt sich in einigen Gedichten von Thomas auch das Leiden an der Trennung der Geschlechter aus, wie etwa in *The Way of It*, wo die Frau emotionslos den Mann als Mittel zum Zweck benutzt, oder in *Acting*, wo sie als narzißtische Schauspielerin erscheint, der er verbittert applaudiert. In *Female*, einer Kontrafaktur des Schöpfungsmythos, stellt der Autor die Frau, weit krasser, als dies selbst in der früheren christlichen Theologie geschah, als das Böse schlechthin dar. Das Gedicht bedient sich unauffälliger Anklänge an den alttestamentlichen Stil; die Zäsuren werden fast ständig vom Versende in die Versmitte verlegt, wodurch der Fluß der Sprache immer wieder angetrieben und sogleich wieder gehemmt wird: *»The man turned to her, / Crazy with the crushed smell / Of her hair; and her eyes warned him / To keep off. And she spoke to him with the voice/ Of his own conscience, and rippled there / In the shade. So he put his hands / To his face, while her forked laughter / Played on him, and his leaves fell / Silently round him, and he hung there / On himself, waiting for the God to see.«* (*»Der Mann wandte sich ihr zu, / Betört vom zerwühlten Geruch/ Ihrer Haare; und ihre Augen warnten ihn, / Ihr nicht zu nahe zu kommen. Und sie sprach zu ihm mit der Stimme / Seines eigenen Gewissens, und wiegte sich dort / Im Schatten. So schlug er sich die Hände / Vors Gesicht, während ihr schlangenzüngiges Gelächter / Mit ihm spielte. Und seine Blätter fielen / Still um ihn herum, und er hing / An seinem eigenen Stamm und wartete darauf, daß der Gott ihn sah.«*)

Der seiner Sinnlichkeit und seinem von der Frau beherrschten Gewissen ausgelieferte Mann wird von ihrem *»forked laughter«*, das sowohl Gefühllosigkeit wie auch Schlangenzüngigkeit der Frau impliziert, gepeinigt. Er erscheint als der biblische Baum des Lebens, der unter dem Einfluß ihres bösen Spiels seine Vitalität einbüßt, zum kahlen Kreuz wird, an dem er, auf einen fernen Erlöser wartend, selbst hängt.

Dieses christliche Symbol erhält in der Dichtung von Thomas oft eine besondere Funktion. Es ist einerseits der magische Punkt, der das Bewußtsein des lyrischen Subjekts immer wieder fesselt, andererseits wirkt es in auffälligem Maße subjektiviert und wird geradezu ein Spiegel der Seele. Leer und düster erscheint es in *Pietà*, in *The Journey* erwartet es den Gläubigen am Ende seiner Pilgerreise, beiseite gedrängt blickt der Gekreuzigte in *Fair Day* auf die bösartig wuchernde Stadt. In *Ann Griffith* sehnt sich ein dürstender Gott am Kreuz nach den Küssen eines Mädchens.

Leer, *»unbewohnt«*, wie Thomas es ausdrückt, ist das Kreuz auch in *In Church*, seinem wohl bekanntesten Gedicht, in dem das Empfinden des lyrischen Ichs deutlicher spürbar wird als in den meisten anderen Werken dieses Autors. Dieses Ich nimmt hier nur sich selbst wahr; denn Gott bleibt im steinernen Leib der Kirche, dem Gebete kein Leben einzuhauchen vermögen, verborgen: *»There is no other sound / In the darkness but the sound of man / Breathing, testing his faith / On emptiness, nailing his questions / To an untenanted cross.«* (*»Kein anderes Geräusch / In der Dunkelheit, nur das Atemgeräusch / Des Menschen, der die Leere zum Prüfstein / Seines Glaubens macht und seine Fragen / An ein unbewohntes Kreuz nagelt.«*)

Nicht nur das Kreuz, auch Gott selbst verliert in den Gedichten von Thomas mitunter die Objektivität seiner Existenz. Jähzornig und gewalttätig schlägt er in *Echoes* die Erde, die ihm stumm den Tribut einer Antwort verweigert. Ihre Geschöpfe dagegen gehorchen seiner Forderung und erfüllen seinen Wunsch nach einem Echo mit jener Grausamkeit, die ihn selbst auszeichnet. Wenn aber Gott und seine Geschöpfe solchermaßen Ebenbilder sind, dann läßt sich die Gleichung auch umdrehen und der angebliche Schöpfer sich als Resultat des Wunsches nach einem Echo auffassen.

Die Gedichte von R. S. Thomas sind selten länger als eine Seite, ihr Stil ist unprätentiös, auf die Aussparung alles Überflüssigen zielend; ihre Titel bestehen oft nur aus einem Wort, dessen zunächst angenommene Bedeutung sich beim Lesen des betreffenden Werks verändert. Schon diese Äußerlichkeiten weisen auf die Unterschiede zwischen R. S. Thomas und seinem Namensvetter Dylan THOMAS hin, als dessen Nachfolger innerhalb der Entwicklung der anglo-walisischen Literatur er oft gesehen wird. Von den englischen Dichtern der Nachkriegszeit dürfte ihn LARKIN mit seiner Realitätsnähe stärker beeinflußt haben als Ted HUGHES durch seine fruchtbare Fantasie. Thomas' Versuche, metaphysische und empirische Erfahrung in Einklang zu bringen, erinnern an die *metaphysical poets*, wie etwa George HERBERT. Vor allem aber scheint er dem Romantiker WORDSWORTH verpflichtet, dessen Rückzug auf eine von der Zivilisation weniger zerstörte Randregion der Insel er nachvollzieht und dessen Streben nach Aufrichtigkeit und Schlichtheit auch als charakteristisch für sein Werk gelten kann. Als zentrales Thema findet sich bei Thomas die romantische Kritik an der Industrialisierung; so etwa in *The Other*, wo die Maschine als lyrisches Subjekt ihre Dominanz über ihren Schöpfer auch formal zum Ausdruck bringt: *»They did it to me. / I preferred dead, lying / in the mind's mortuary. / Come out, they shouted; / with a screech of steel / I jumped into the world / smiling my* *cogged smile, / breaking with iron hand / the hands they extended.«* (*»Sie haben's ja so von mir gewollt. / Ich fand es besser, als ich tot / In der Leichenkammer des Geistes lag. / Komm raus!, haben sie geschrien; / Und so bin ich mit Stahlgekreische / In die Welt gesprungen, / Habe mein Zahnradlächeln aufgesetzt / Und mit eiserner Hand die Hände / Zerbrochen, die sie mir entgegenstreckten.«*) Der Dichter, zunächst noch mutiger Widersacher der Maschine, muß sich alsbald verschüchtert zurückziehen.

Thomas ist an der Tradition orientiert, aber keineswegs epigonal. Die karge Erhabenheit seines lyrischen Stils ist Ausdruck des für die Kunst des 20. Jh.s charakteristischen Dilemmas, Schönheit für Wahrheit opfern zu müssen. Thomas' an Gott oder sich selbst gerichtete Bitte, zu den alten Prioritäten zurückkehren zu dürfen, blieb, wie er in *Petition* sagt, unerfüllt: *»One thing I have asked / Of the disposer of the issues / Of life: that truth should defer / To beauty. It was not granted.«* (*»Nur eines habe ich vom Lenker / Des Lebens erbeten: / Daß Wahrheit sich der Schönheit / Unterordnen möge. Die Bitte wurde abgelehnt.«*) E.Spä.

Ausgaben: *Poetry for Supper*, Ldn. 1958. – *Tares*, Ldn. 1961. – *Pietà*, Ldn. 1966. – *Not That He Brought Flowers*, Ldn. 1968. – *Song at the Year's Turning: Poems 1942–1964*, Ldn. 1969. – *H'm: Poems*, Ldn. 1972. – *Selected Poems: 1946–1968*, Ldn. 1973; NY 1974. – *Laboratories of the Spirit*, Ldn. 1975; Boston 1976. – *The Way of It*, Sunderland 1977. – *Frequencies*, Ldn. 1978. – *Between Here and Now*, Ldn. 1981. – *Later Poems: A Selection*, Ldn. 1983. – *Ingrowing Thoughts*, Bridgend 1985. – *Experimenting With an Amen*, Ldn. 1986.

Literatur: A. E. Dyson, *The Poetry of R. S. T.* (in Critical Quarterly, 20, 1978, S. 5–31). – C. Meir, *The Poetry of R. S. T.* (in *British Poetry Since 1970: A Critical Survey*, Hg. P. Jones u. M. Schmidt, Manchester 1980, S. 1–13). – *Critical Writings on R. S. T.*, Hg. S. Anstey, Bridgend 1982. – S. Volk, *Grenzpfähle der Wirklichkeit: Approaches to the Poetry of R. S. T.*, Ffm. u. a. 1985. – D. Z. Phillips, *R. S. T.: Poet of the Hidden God*, Ldn. 1986. – J. P. Ward, *The Poetry of R. S. T.*, Bridgend 1987.

John Wain

* 14.3.1925 Stoke-on-Trent

Literatur zum Autor:

Bibliographien:

D. Salwak, *John Braine and J. W.: A Reference Guide*, Boston 1980. – D. Gerard, *J. W.: A Bibliography*, Westport/Conn. 1987.

Gesamtdarstellungen und Studien:

R. Weimann, *Die Literatur der ›Angry Young Men‹: Ein Beitrag zur Deutung englischer Gegenwartsliteratur* (in ZAA, 7, 1959, S. 117–189). – J. Gindin, *Postwar British Fiction: New Accents and Attitudes*, Ldn. 1962, S. 128–144. – F. R. Karl, *A Reader's Guide to the Contemporary English Novel*, Ldn. 1962, S. 220–237. – F. Kermode, *The House of Fiction: Interviews with Seven English Novelists* (in Partisan Review, 30, 1963, S. 61–82). – A. Burgess, *The Novel Now*, Ldn. 1966, S. 140–153. – R. Rabinowitz, *The Reaction against Experiment in the English Novel 1950–1960*, NY/Ldn. 1967. – E. W. Mellown, *Steps toward Vision: The Development of Technique in J. W.'s First Seven Novels* (in South Atlantic Quarterly, 68, 1969, S. 330–342). – B. Schleußner, *Der neopikareske Roman: Pikareske Elemente in der Struktur moderner englischer Romane, 1950–1960*, Bonn 1969. – W. P. Rothermel, *J. W.* (in *Englische Literatur der Gegenwart in Einzeldarstellungen*, Hg. H. W. Drescher, Stg. 1970, S. 133–149). – D. Salwak, *J. W.*, Boston 1981 (TEAS). – J. Schwend, *J. W.: Schriftsteller u. Kritiker*, Heidelberg 1984. – A. T. Tolley, *J. W.* (in DLB, Bd. 27, 1984, S. 356–362).

HURRY ON DOWN

(engl.; *Runter mit dir*). Roman von John Wain, erschienen 1953. – In seinem Erstlingsroman, der zusammen mit *Lucky Jim* (1954) des befreundeten Kingsley Amis eine neue Epoche des englischen Romans einläutete, obgleich aus heutiger Sicht Wain nicht zu den sogenannten »Angry Young Men« zu rechnen ist, nimmt der Autor ironisch zu Problemen Stellung, die sich aus der Gleichschaltung des einzelnen durch die moderne Massengesellschaft ergeben. Nach einem mit mäßigem Erfolg absolvierten Universitätsstudium zögert der aus kleinbürgerlichen Kreisen stammende, unscheinbare Ich-Erzähler, Charles Lumley, das zu tun, was man von seinesgleichen erwartet, nämlich einen achtbaren Beruf zu ergreifen und zu heiraten. Er ist bestrebt, seine persönliche Unabhängigkeit zu bewahren und sich nicht auf soziale, politische und religiöse Normen festlegen zu lassen. Kurz entschlossen bricht er alle Brücken hinter sich ab, trampt quer durch Nordengland und schlägt sich eine Zeitlang als Fensterputzer, Fahrer einer Autoexportfirma, Krankenpfleger, Privatchauffeur und Rausschmeißer in einem Nachtklub durch. Schließlich findet er eine gutbezahlte Stellung als *gag-writer* für Radiosendungen. Sein Vagabundendasein schützt Lumley zwar vor der doppelten Moral der bürgerlichen Gesellschaft, läßt ihn aber menschlich schuldig werden. Um sich eine Liaison mit der anspruchsvollen Veronica Roderick, der er in blinder Leidenschaft ergeben ist, leisten zu können, wird er zum Handlanger von Rauschgifthändlern. Am Tod des sensationsgierigen Journalisten Dogson, der der Bande auf die Spur gekommen ist, fühlt sich Lumley zumindest moralisch mitschuldig. Daß er seine Unabhängigkeit nur auf Kosten anderer bewahren kann, beweist auch sein widersprüchliches Verhalten gegenüber der Krankenschwester Rosa, einem aufrichtig empfindenden Mädchen aus Arbeiterkreisen, das er zu lieben vorgibt und dann doch schroff zurückweist.

Der englische Gegenwartsroman verdankt Wains pikaresker, in schnoddrig-provozierendem, doch nie zügellosem Stil geschriebener Erzählung entscheidende neue Impulse. An die Stelle des traditionellen gepflegten Gesellschaftsromans mit seinem Landhaus- oder Stadtgesellschaftshintergrund tritt bei Wain, Amis, SILLITOE und anderen Autoren das soziale Milieu Nordenglands, an die Stelle einer kultivierten Literatursprache der Alltagsjargon, an die Stelle bürgerlicher oder aristokratischer Helden der pikareske Antiheld. Erzähltechnisch freilich sind Romane wie *Hurry on Down* konventionell gehalten, denn auch von den Experimenten der zwanziger und dreißiger Jahre setzte sich der Roman der fünfziger Jahre bewußt ab.

J.v.Ge.-KLL

AUSGABEN: Ldn. 1953. – NY 1954 *(Born in Captivity)*. – Harmondsworth 1960; ³1985. – Ldn. 1978 [m. Einl. d. Verf.].

LITERATUR: W. Allen, *University Wits: J. W.: »Hurry on Down«* (in W. A., *The Novel of Today*, Ldn. 1955, S. 29–31). – B. Dobrée, Rez. (in SR, 65, 1957, S. 309–326). – D. J. Dooley, *Some Uses and Mutations of the Picaresque* (in Dalhousie Review, 38, 1958, S. 363–377). – M. Walzer, *J. W.: The Hero in Limbo* (in Perspective, 10, 1958, S. 137–145). – J. Wain, *Sprightly Running: Part of an Autobiography*, Ldn. 1962. – U. Broich, *Tradition u. Rebellion. Zur Renaissance des pikaresken Romans in der engl. Literatur der Gegenwart* (in Poetica, 1, 1967, S. 214–229; vgl. U. B., *Gattungen des modernen engl. Romans*, Wiesbaden 1975, S. 158–183). – B. Schleußner, *»Hurry on Down«: Der Antiheld als Gefangener* (in B. S., *Der neopikareske Roman*, Bonn 1969, S. 117–122). – I. Kreuzer, *Die Schein-Geburt zum ›Neuen Menschen‹. Desillusionierung der Freiheit: J. W.: »Hurry on Down« (1953)* (in I. K., *Entfremdung u. Anpassung. Die Literatur der Angry Young Men im England der fünfziger Jahre*, Mchn. 1972). – W. J. Douglas u. R. G. Walker, *A Moralist Perchance Appears: J. W.'s »Hurry on Down«* (in Renascence, 31, 1978).

STRIKE THE FATHER DEAD

(engl.; *Ü: Jeremy und der Jazz*). Roman von John WAIN, erschienen 1962. – Nachdem Wain an den großen Erfolg seines Erstlings *Hurry on Down* (1953) mit seinen unmittelbar nachfolgenden Romanen (*Living in the Present*, 1955; *The Contenders*, 1955; *A Travelling Woman*, 1959), die eine für ihn typische Mischung aus geistreichem Humor und moralischer Ernsthaftigkeit aufweisen, nicht anknüpfen konnte, gelang ihm mit *Strike the Father Dead* ein thematisch und formal ausgereifter Roman, der die Themen seiner frühen Werke (Kritik an Klassenbewußtsein, Konkurrenzkampf, Besitzstreben und anderen bürgerlichen Wertvorstellungen) aufgreift, sich aber durch eine schlüssigere Handlung und eine komplexere Erzählstruktur auszeichnet. Mit dem im Zentrum des Romans stehenden Vater-Sohn-Konflikt verarbeitet Wain eines der bekanntesten Motive der Weltliteratur, dem er durch die präzise sozio-kulturelle Situierung der Hauptfiguren im Universitätsmilieu bzw. im anrüchigen Londoner Nachtleben eine Reihe interessanter neuer Aspekte abgewinnt.

Jeremy Coleman reißt 1942 im Alter von siebzehn Jahren von zu Hause aus, um in London und später in Paris als Jazzpianist Karriere zu machen. Mit seinem Aufbegehren gegen sein Elternhaus enttäuscht er sämtliche von seinem Vater Alfred, einem Professor für klassische Philologie, in ihn gesetzten Erwartungen, denn für diesen besteht die Pflicht eines jeden darin, die ihm aufgrund seiner Klassenzugehörigkeit zukommende Rolle zu erfüllen. Jeremy wendet sich bewußt von dessen rigoroser Pflichterfüllungs- und Arbeitsethik ab, die in seinen Augen mit ihrer Idealisierung von Selbstverleugnung und Enthaltsamkeit keinen Raum für Lebensfreude und die freie Entfaltung der Individualität läßt. Alfred reagiert auf den Schritt seines Sohnes mit völligem Unverständnis und empfindet dessen Werdegang als persönliche Niederlage und Schande. Alfred selbst hat sich zwar dem Wunsch seines Vaters, er solle Geistlicher werden, ebenfalls widersetzt, aber er hat sich dessen bürgerliche Wertmaßstäbe und die in der Armee verkörperten Vorstellungen von Ehre und Tapferkeit so sehr zu eigen gemacht, daß er sogar sein Versagen im Schützengraben im Ersten Weltkrieg zwanghaft verdrängt. Ein Aussöhnungsversuch scheitert erwartungsgemäß an der kompromißlosen Unnachgiebigkeit des Vaters. Jeremy erwählt sich den schwarzen Trompeter Percy Brett und den charmanten, hedonistischen Schmeichler Tim, der sich jedoch als notorischer Lügner und verantwortungsloser Schmarotzer entpuppt, zu seinen Mentoren und geht nach Paris, wo sie mit ihrer Jazzband zunächst großen Erfolg haben. Nach wechselvollen Jahren finden sich die Musiker, die zeitweilig getrennte Wege gegangen sind, in London wieder zusammen, wo Percy und der ihm zu Hilfe eilende Jeremy von weißen Rassenfanatikern brutal zusammengeschlagen werden. Erst als Alfred Coleman am Ende des Romans nach jahrelanger Trennung dem verletzten Jeremy im Krankenhaus ein Versöhnungsangebot macht und seinem Sohn von den eigenen Erfahrungen im Krieg erzählt, die seine Einstellung zum Leben geprägt haben, erkennen beide die Parallelen zwischen ihren Lebensgeschichten und werden sich bewußt, daß sie einander trotz der scheinbar unüberbrückbaren Differenzen doch sehr ähnlich sind.

Das Geschehen wird in der Rückschau alternierend aus den Perspektiven von Alfred, seiner Schwester Eleanor (die seit dem Tod von Jeremys Mutter den

Haushalt führt und zwischen Vater und Sohn zu vermitteln versucht) und von Jeremy wiedergegeben, dessen Darstellung den breitesten Raum einnimmt. Im Gegensatz zu Wains frühen Werken äußert sich das humanistische Anliegen des Autors, repressive Normen zu lockern, Barrieren zwischen Menschen abzubauen und Toleranz für Andersdenkende zu wecken, in *Strike the Father Dead* weniger in Form von expliziter Gesellschaftskritik als in der multiperspektivischen Erzählweise. Durch die Gegenüberstellung der sich nur zum Teil ergänzenden Schilderungen, in denen sich die alters-, geschlechts- und klassenspezifischen Einstellungen der Beteiligten widerspiegeln, werden die jeweiligen Standpunkte relativiert und einige der Wertvorstellungen der Figuren – etwa die Selbstgerechtigkeit und der Stolz des Vaters, aber auch Jeremys undifferenzierte Rebellion gegen alles Herkömmliche – als Hindernisse für wechselseitiges Verstehen entlarvt. Während die männlichen Hauptfiguren stärker individualisiert sind als die Protagonisten in Wains frühen Romanen, kommt die Darstellung der Frauenfiguren über etablierte Weiblichkeitsstereotypen nicht hinaus.

Obwohl der ehemalige Oxford-Dozent Wain, der auch als Lyriker (mit Philip Larkin einer der Begründer des »Movement«), Kritiker (u. a. schrieb er eine bedeutende Samuel Johnson-Biographie) und Essayist hervorgetreten ist, wie die meisten Romanautoren seiner Generation auf formale Experimente verzichtet und sich in seinen Gedichten und Romanen an der gesprochenen Alltagssprache orientiert, unterscheiden sich seine Romane von denen der »zornigen jungen Männer« (K. Amis, J. Braine, A. Sillitoe) dadurch, daß der Protest der – meist jugendlichen – Antihelden gegen die konventionellen Normen des Establishments bei ihm stärker im Dienste moralisch-aufklärerischer Absichten steht. Wains gesellschaftskritisches Engagement und die Überzeugung, daß Literatur einen wichtigen Beitrag zur Humanisierung leisten kann, sowie die auch in seinen späteren Romanen (*A Winter in the Hills*, 1970; *The Pardoner's Tale*, 1978) vorherrschende realistische Erzählweise stellen ihn in die Tradition der großen englischen Romanciers des 18. und 19. Jh.s, von denen Henry Fielding, Charles Dickens und George Eliot ebenso zu seinen Vorbildern zählen wie im 20. Jh. Arnold Bennett und George Orwell. A.Nü.

Ausgaben: Ldn. 1962. – NY 1962.

Übersetzung: *Jeremy und der Jazz*, N. O. Scarpi [d. i. F. Bondy], Zürich/Stg. 1964.

Literatur: W. Allen, Rez. (in NY Times Book Review, 23. 9. 1962). – Rez. (in TLS, 23. 3. 1962). – D. Lodge, *The Contemporary Novel and all that Jazz* (in London Magazine, Aug. 1962, S. 73–80).

KEITH WATERHOUSE

* 6.2.1929 Leeds

BILLY LIAR

(engl.; *Ü: Billy, der Lügner*). Roman von Keith Waterhouse, erschienen 1959. – Nach dem mäßigen Erfolg seines reportagehaften Romanerstlings *There Is a Happy Land* (1957) avancierte Waterhouses zweites Werk, *Billy Liar*, zu einem der bekanntesten humoristischen Romane in England seit dem Zweiten Weltkrieg. – Im Mittelpunkt des in den fünfziger Jahren angesiedelten Geschehens steht der aus kleinbürgerlichen Verhältnissen stammende Antiheld Billy Fisher, dem seine notorische Neigung zur Unwahrheit im Verlauf der auf einen Samstag beschränkten Handlung zum Verhängnis wird. Die als Ich-Erzähler fungierende jugendliche Titelfigur charakterisiert sich als Außenseiter, der des eintönigen Lebens in der fiktiven nordenglischen Kleinstadt Stradhoughton, in der er als Angestellter eines Bestattungsunternehmens tätig ist, überdrüssig ist. Er trägt sich deshalb mit der Absicht, die verhaßte Provinz zu verlassen, um in London *gag-writer* bei einem Komiker zu werden. Aus seinem monotonen Alltag flüchtet der mit einer ausgeprägten Einbildungskraft ausgestattete Billy immer wieder in eine positiv besetzte Phantasiewelt, ein imaginäres Land namens »Ambrosia«, wo er all jene glanzvollen Hauptrollen spielen kann, die ihm in der Realität verwehrt bleiben.

Während diese tagträumerischen Fluchtversuche für die eigentliche Handlung ohne Folgen sind, gerät Billy durch seine unkontrollierte Fabulierlust – er erfindet etwa eine kleine Schwester, um sie bald darauf wieder sterben zu lassen – in viele unangenehme Situationen, aus denen der Autor einen Großteil der Komik des analytisch strukturierten Romans entwickelt. Selbst mit all seinen Lügen kann Billy nicht verhindern, daß es zum Konflikt mit seinem Arbeitgeber Shadrack sowie zur Konfrontation mit seinen beiden Bräuten kommt, der unreifen, sentimentalen, sexuell desinteressierten Büroangestellten Barbara *(»Witch«)* und der Billy mehr als ebenbürtigen Liz, die seine sprachlichen Klischees durchschaut und ihn auffordert, sein Rollenspiel aufzugeben. In einer Folge von komischen Episoden werden Billys Lügen, Unterschlagungen und Täuschungsmanöver nacheinander aufgedeckt, bis er schließlich vor seinen Eltern, seinem Chef und seinen Verlobten und Freunden als der »Lügner« entlarvt ist. Orientierungslos und einmal mehr in Phantasievorstellungen versunken, verzichtet Billy am Ende des Romans darauf, seinen mit Hilfe von Liz gefaßten Entschluß, in London neue Möglichkeiten der Selbstverwirklichung zu suchen, in die Tat umzusetzen, und kehrt statt dessen in sein Elternhaus zurück.

Wie in den meisten von Waterhouses realistisch erzählten Romanen wird die fiktive Welt aus der subjektiven Perspektive der statisch konzipierten Titelfigur geschildert, die sich als Opfer der von ihr einseitig negativ beurteilten Umwelt darstellt, ohne sich der eigenen Schwächen und unfreiwilligen Selbstentlarvung bewußt zu sein. Das Spektrum der aus Billys Sicht charakterisierten und daher stark typisierten Nebenfiguren reicht von seinen engstirnigen Eltern über seinen humorvollen Freund Arthur und seinen mißgünstigen Kollegen Stamp bis zu der hübschen, aber vulgären und dümmlichen Bardame Rita. Der Roman verdankt seine Wirkung vor allem der von Teenagerslang, Witz und Kolloquialismen geprägten Sprache des Erzählers, auf der auch die Komik der Figurendarstellung beruht. Billy ist sich der Klischeehaftigkeit der von ihm und anderen Figuren verwendeten Verhaltensweisen und Redewendungen bewußt und parodiert diese mit Vorliebe, indem er sich chamäleonartig an die Sprache seiner jeweiligen Dialogpartner anpaßt. – Mit seiner Konzentration auf das Schicksal eines einsamen Außenseiters, mit der amüsanten Erzählweise und der realistisch-satirischen Darstellung der englischen Klassengesellschaft entspricht *Billy Liar* den Haupttendenzen des englischen Romans der fünfziger Jahre, in denen von der Kritik als »zornige junge Männer« bezeichnete Autoren wie K. Amis, J. Braine und A. Sillitoe ihrer Protesthaltung gegenüber bürgerlichen Wertmaßstäben durch unkonventionelle Antihelden und deren Durchbrechung tradierter Tabus Ausdruck verliehen. Im Vergleich zu anderen neopikaresken Romanen treten in *Billy Liar* gesellschaftskritische Elemente allerdings zugunsten der komisch dargestellten Entwicklungskrise eines Heranwachsenden in den Hintergrund. – Der Stoff des Romans wurde auch zu einem sehr erfolgreichen Theaterstück (mehr als 600 Aufführungen) verarbeitet, das Waterhouse wie alle seine zahlreichen Dramen und Filmdrehbücher zusammen mit Willis Hall verfaßte, sowie anschließend verfilmt, als Fernsehserie gezeigt (1973/74) und in einer Musicalfassung aufgeführt. Waterhouses vierter Roman, *Billy Liar on the Moon* (1975), setzt die Handlung von *Billy Liar* mit den Abenteuern des nunmehr etwa fünfzehn Jahre älteren Titelhelden fort. – Viele von Waterhouses Werken waren zwar beträchtliche Publikumserfolge, haben aber in der wissenschaftlichen Kritik bislang nur wenig Beachtung gefunden. A.Nü.

Ausgaben: Ldn. 1959. – NY 1960. – Harmondsworth 1962. – Ldn. 1966, Hg. D. Elloway. – Ldn. 1974 (m. A. Sillitoe, *The Loneliness of the Long-Distance Runner*). – Harlow 1989, Hg. L. Marsh.

Übersetzung: *Billy, der Lügner*, G. Petersen, Bln. 1964. – Dass., dies., Stg. 1989.

Dramatisierung: K. Waterhouse u. W. Hall, *Billy Liar* (Urauff.: Ldn., 13. September 1960, Cambridge Theatre).

Verfilmung: England 1962 (Regie: J. Schlesinger). – England 1973/74 (TV-Serie).

Vertonung: *Billy* (W. Goodhart, J. Kander, F. Ebb), 1974 (Musical).

Literatur: Rez. (in TLS, 4. 9. 1959). – J. Updike, Rez. (in NY Times Book Review, 3. 1. 1960). – J. Gindin, *Postwar British Fiction: New Accents and Attitudes*, Ldn. 1962, S. 109–114. – R. Rabinowitz, *The Reaction against Experiment in the English Novel 1950–1960*, NY/Ldn. 1967, S. 1–37. – M. Ratcliffe, *The Novel Today*, Ldn. 1968, S. 8–18. – B. Schleußner, *Der neopikareske Roman: Pikareske Elemente in der Struktur moderner englischer Romane, 1950–1960*, Bonn 1969, S. 99–103, 129–135. – Ders., *K. W.* (in *Englische Literatur der Gegenwart in Einzeldarstellungen*, Hg. H. W. Drescher, Stg. 1970, S. 190–206). – I. Kreuzer, *Der ›embryonale Charakter‹ im Schoß der Familie. Flucht in die Imagination: K. W., »Billy Liar«, ein Roman (1959) und ein Stück (mit Willis Hall, 1960)* (in I. K., *Entfremdung und Anpassung. Die Literatur der Angry Young Men im England der fünfziger Jahre*, Mchn. 1972, S. 76–87). – N. Gray, *The Silent Majority: A Study of the Working Class in Post-War British Fiction*, Ldn./NY 1973, S. 49–72. – U. Broich, *Gattungen des modernen englischen Romans*, Wiesbaden 1975, S. 161–164. – G. Schröder, *K. W.: »Billy Liar« (1959)* (in *Der Roman im Englischunterricht der Sekundarstufe II: Theorie und Praxis*, Hg. P. Freese u. L. Hermes, Paderborn 1977, S. 277–293). – J. Thompson, *K. W.* (in DLB, Bd. 13, 1982, S. 531–539; zu den Dramen). – P. Schlueter, *K. W.* (in DLB, Bd 15, 1983, S. 559–569; zu den Romanen).

EVELYN WAUGH

eig. Evelyn Arthur St. John Waugh

* 28.10.1903 Hampstead / London
† 10.4.1966 Taunton / Somerset

Literatur zum Autor:
Bibliographien:
M. Morriss u. D. J. Dooley, *E. W.: A Reference Guide*, Boston 1984. – P. A. Doyle u. a., *A Bibliography of E. W.*, Troy/N.Y. 1986.
Zeitschrift:
The E. W. Newsletter, Garden City/N.Y. 1967 ff.
Biographien:
Ch. Sykes, *E. W.: A Biography*, Boston 1975. – M. Stannard, *E. W.: The Early Years, 1903–1939*, Ldn. 1986.
Gesamtdarstellungen und Studien:
A. Dauch, *Das Menschenbild in den Werken W.s*,

Diss. Köln 1955. – A. A. De Vitis, *Roman Holiday: The Catholic Novels of E. W.*, NY 1956. – F. J. Stopp, *E. W.: Portrait of an Artist*, Ldn. 1958. – S. J. Greenblatt, *Three Modern Satirists: W., Orwell and Huxley*, Ldn. 1965. – J. F. Carens, *The Satiric Art of E. W.*, Seattle/Ldn. 1967. – P. A. Doyle, *E. W.*, Grand Rapids/Mich. 1969. – K. Schlüter, *Kuriose Welt im modernen engl. Roman*, Bln. 1969. – W. J. Cook, *Masks, Modes, and Morals: The Art of E. W.*, Rutherford/N.J. 1971. – D. Lodge, *E. W.*, NY 1971. – *E. W. and His World*, Hg. D. Pryce-Jones, Boston 1973. – K. O. Wyss, *Pikareske Thematik im Romanwerk E. W.s*, Bern 1973. – G. D. Phillips, *E. W.'s Officers, Gentlemen, and Rogues: The Fact Behind His Fiction*, Chicago 1975. – Y. Tosser, *Le sens de l'absurde dans l'œuvre d'E. W.*, Lille 1977. – R. M. Davis, *E. W., Writer*, Norman/Okla. 1981. – C. W. Lane, *E. W.*, Boston 1981 (TEAS). – J. Heath, *The Picturesque Prism: E. W. and His Writing*, Ldn. 1982. – I. Littlewood, *The Writings of E. W.*, Oxford 1983. – *E. W.: The Critical Heritage*, Hg. M. Stannard, Ldn. 1984. – J. McDonnell, *W. on Women*, Ldn. 1986. – *Critical Essays on E. W.*, Hg. J. F. Carens, Boston 1987. – G. McCartney, *Confused Roaring: E. W. and the Modernist Tradition*, Bloomington/Ind. 1987. – K. W. Crabbe, *E. W.*, NY 1988. – H. Carpenter, *The Brideshead Generation: E. W. and His Friends*, Ldn. 1989; Boston 1990. – R. M. Davis, *E. W. and the Forms of His Time*, Washington D.C. 1989. – W. Myers, *E. W. and the Problem of Evil*, Ldn. 1991.

BRIDESHEAD REVISITED. The Sacred and Profane Memoirs of Captain Charles Ryder

(engl.; *Ü: Wiedersehen mit Brideshead. Die heiligen und profanen Erinnerungen des Hauptmanns Charles Ryder*). Roman von Evelyn WAUGH, erschienen 1945, Neufassung 1960. – Als eines der bedeutendsten Bücher Waughs, das in England und in den USA auf Anhieb ein Bestseller wurde, in der Kritik jedoch bis heute umstritten blieb, markiert *Brideshead Revisited*, das Porträt einer verfallenden Familie, einen Wendepunkt in Waughs Gesamtwerk. Die Marchmains auf Brideshead sind eine alte englische Familie katholischen Glaubens, die sich der Gegenwart, in der ihr alter Status nicht mehr viel gilt, immer mehr entfremdet. Die letzten Stadien ihres Niedergangs werden von einem Außenstehenden beobachtet, von Charley Ryder, den seine Freundschaft aus Oxforder Studententagen mit Lord Marchmains jüngstem Sohn, Sebastian Flyte, mit der Familie in Berührung bringt und der dann seine Zuneigung auch Sebastians Schwester Julia Flyte zuwendet. Trotz seiner Liebe zu den Geschwistern und seiner Sympathie für die anderen Familienmitglieder bleibt Ryder objektiv genug, um in ihnen allen die nahezu tragischen Opfer einer überholten Tradition zu erkennen. Am Schluß des Romans ist aus Sebastian ein unheilbarer Trinker geworden, und Julias religiöse Überzeugung, die weniger echte Glaubensbindung als ein Anklammern an die Tradition ist, hat zum Bruch zwischen ihr und Charles geführt.

Sowohl in der Thematik als auch in der Gestaltung ist dies ein ehrgeizigeres Buch als Waughs bis dahin veröffentlichte satirische Romane. Nicht nur hat der Autor in *Brideshead Revisited*, das als sein erster »katholischer« Roman bezeichnet wird, den Konflikt zwischen Glauben und Vernunft menschlich überzeugend behandelt, obgleich zahlreiche Aspekte des Katholizismus eher satirisch verzerrt erscheinen (manche katholische Kritiker bezeichneten das Buch geradezu als »anti-katholisch«) – sondern er entwarf auch ein farbiges Gesellschaftspanorama, das die Bereiche der Londoner Aristokratie, des Landadels, der Politik und der Künste einschließt und die gesamte Periode zwischen den beiden Weltkriegen umspannt. Erwähnenswert ist dabei besonders die letztlich tragische Gestalt des Ästheten Anthony Blanche, eine der denkwürdigsten Gestalten im Gesamtwerk des Autors.

Die Kritik erkannte zwar den literarischen Rang des Buches, war jedoch zum Teil skeptisch gegenüber der deutlichen Sympathie und dem entschiedenen Eintreten Waughs für eben die Gesellschaft und die Traditionen, die er zuvor so brillant attakkiert hatte. Auch sind in *Brideshead Revisited* gewisse Widersprüche zwischen der satirischen und der romantisch-nostalgischen Perspektive nicht zu übersehen. So enthielt die erste Ausgabe des Romans einige von Romantizismen geradezu strotzende Passagen, die der Autor jedoch in der Ausgabe von 1960 im wesentlichen ausmerzte. Gleichwohl ist der Stil auch der zweiten Fassung weit romantischer als alles, was Waugh zuvor geschrieben hatte. – Auch wer Waughs Weigerung, den Einbruch des 20. Jh.s in England zu akzeptieren, kritisiert, kann freilich nicht leugnen, daß er die Begleiterscheinungen dieses Wandels scharfsichtig gestaltet und daß seine Sorge um eine Gesellschaft begründet ist, die Traditionen untergehen läßt, ohne neue Werte an ihre Stelle zu setzen. – Der Roman erreichte durch die Fernsehverfilmung von 1982 erneut eine große Breitenwirkung. J.v.Ge.-KLL

AUSGABEN: Ldn. 1945. – Ldn. 1949. – Ldn. 1960 [rev.]. – Harmondsworth 1970; ern. 1981. – Ldn. 1981. – Boston 1982.

ÜBERSETZUNGEN: *Wiedersehen mit Brideshead. Die geheiligten u. profanen Erinnerungen des Captain Charles Ryder*, F. Fein, Hbg. 1947; ern. Ffm. 1964 (FiBü). – Dass., H. Bütow, Hbg. 1948. – *Wiedersehen mit Brideshead. Die heiligen u. profanen Erinnerungen des Hauptmanns Charles Ryder*, Ffm. 1975 (BS). – Dass., ders., Ffm./Bln. 1982 (Ullst. Tb). – Dass., ders., nach der rev. Fassg. bearb. v. A. Conradi, Düsseldorf 1983.

VERFILMUNG: England 1982 (TV; Regie: Ch. Sturridge u. M. Lindsay-Hogg; Buch: J. Mortimer).

LITERATUR: T. J. Beary, *Religion and the Modern*

Novel (in Catholic World, 166, 1947, S. 203–211). – S. Beeger, *Die englische Gesellschaft zwischen den Kriegen* (in NSp, 1, 1952, S. 244–257). – F. J. Stopp, *Grace in Reins: Reflections on Mr. W.'s »Brideshead« and »Helena«* (in Month, 10, 1953, S. 69–84). – J. F. Kermode, *Mr. W.'s Cities* (in F. K., *Puzzles and Epiphanies*, Tampa/Fla. 1962, S. 164–175). – J. E. Hardy, *»Brideshead Revisited«: God, Man and Others* (in J. E. H., *Man in the Modern Novel*, Seattle 1964, S. 159–174). – M. LaFrance, *Context and Structure of E. W.'s »Brideshead Revisited«* (in TCL, 10, 1964, S. 12–18). – R. Delasanta u. M. L. D'Avanzo, *Truth and Beauty in »Brideshead Revisited«* (in MFS, 11, 1965, S. 140–152). – H. Kosok, *E. W.: »Brideshead Revisited«* (in *Der moderne englische Roman: Interpretationen*, Hg. H. Oppel, Bln. 1965, S. 301–327). – T. Churchill, *The Trouble with »Brideshead Revisited«* (in MLQ, 28, 1967, S. 213–228). – C. Wooton, *E. W.'s »Brideshead Revisited«: War and Limited Hope* (in Midwest Quarterly, 10, 1969, S. 359–375). – S. G. Auty, *Language and Charm in »Brideshead Revisited«* (in Dutch Quarterly Review, 6, 1979, S. 291–303). – R. S. Powell, *Uncritical Perspective: Belief and Art in »Brideshead Revisited«* (in Critical Quarterly, 22, 1980, S. 53–67). – O. Rauchbauer, *The Presentation and Function of Space in E. W.'s »Brideshead Revisited«* (in Wiener Beiträge zur englischen Philologie, 78, 1983, S. 61–76). – J. Hynes, *Two Affairs Revisited* (in TCL, 33, 1987, S. 234–253). – V. Kennedy, *E. W.'s »Brideshead Revisited«: Paradise Lost or Paradise Regained?* (in Ariel, 21, Calgary, 1990, S. 23–39). – U. Schönberg, *Architecture and Environment in E. W.'s »Brideshead Revisited«* (in OL, 45, 1990, S. 84–95).

DECLINE AND FALL

(engl.; *Ü: Auf der schiefen Ebene*). Roman von Evelyn WAUGH, erschienen 1928. – Paul Pennyfeather, ein unscheinbarer, biederer Theologiestudent am Scone College in Oxford, wird unfreiwillig in einen Studentenstreich verwickelt und daraufhin zu Unrecht von der Universität relegiert. Für kurze Zeit unterrichtet er an einer Privatschule (wahrscheinlich der seltsamsten, die je in der modernen Literatur beschrieben wurde). Er macht die Bekanntschaft Margot Beste-Chetwyndes, einer reichen Schönheit aus der »besseren« Gesellschaft, die am organisierten Laster verdient. Wiederum völlig unschuldig, wird er an ihrer Stelle verhaftet und wegen Beteiligung am weißen Sklavenhandel eingesperrt. Dank dem bis in die Ministerien reichenden Einfluß seiner Freundin wird er schließlich aus dem Gefängnis herausgeschmuggelt, mit einer neuen »Identität« ausgestattet und ans Scone College zurückgeschickt, um dort seine theologischen Studien wiederaufzunehmen. – Im Lauf der Handlung begegnet Pennyfeather in seinen ständig wechselnden Rollen einer Reihe höchst merkwürdiger Gestalten: So trifft er während seiner Lehrtätigkeit an der Privatschule Mr. Prendergast, einen von Glaubenszweifeln gequälten ehemaligen Geistlichen, den er später im Gefängnis wiedersieht, wo ein von religiösem Wahn Befallener ihm den Kopf abschneidet; ferner Captain Grimes, der nach zahlreichen unrühmlichen Abenteuern mit ihm zusammen hinter Gittern sitzt und dort auf mysteriöse Weise verschwindet. Augustus Fagan, Pauls einstiger Schuldirektor, kreuzt seinen Weg später als Eigentümer der Klinik, in der Pauls Identität vertauscht wird. Nicht zu vergessen die Mitglieder der Londoner High Society, in deren Machenschaften Paul auf so sensationelle wie unglückselige Weise verstrickt wird.

Decline and Fall – Waughs Erstlingsroman – ist eine eigentümlich faszinierende Mischung aus Satire, Farce, Burleske und Groteske. Noch bemerkenswerter als der Stoff ist die Erzähltechnik, die Waugh auch in späteren Werken wie *Vile Bodies (Lust und Laster)*, *Scoop*, 1938 *(Die große Meldung)*, und *The Loved One (Tod in Hollywood)* anwandte und die immer wieder von anderen Autoren imitiert wurde. Sein ungewöhnlich ökonomischer Stil zeigt den Einfluß von Ronald FIRBANK, die scharf pointierte Dialogführung den von P. G. WODEHOUSE. Weitere Kunstgriffe des Autors sind die parodistische Verwendung bestimmter Sprachrhythmen, Akzente, Dialekte, Slangausdrücke und des aufgeblasenen Stils öffentlicher Ansprachen, sowie die Plazierung makabrer und schockierender Begebenheiten vor einem komischen Hintergrund. Man hat Waugh vorgeworfen, daß in diesem und den unmittelbar folgenden Romanen die geradezu anarchistische Amoralität (die ohne seinen schriftstellerischen Elan und seinen grimmigen Humor wohl schwer verdaulich wäre) seine Gesellschaftskritik entwerte. Mag dieser Vorwurf auch teilweise berechtigt sein, so hat er doch keineswegs die starke Wirkung des Buches beeinträchtigen können, das nicht nur ein Mode- und Skandalerfolg war, sondern auf viele Schriftsteller großen literarischen Einfluß ausgeübt hat und bis heute immer wieder neu aufgelegt wurde. J.v.Ge.

AUSGABEN: Ldn. 1928. – NY 1929. – Ldn. 1962. – Ldn. 1962 [rev.]. – Ldn. 1967. – Harmondsworth 1969. – Boston 1977.

ÜBERSETZUNGEN: *Auf der schiefen Ebene*, H. v. Kleeborn, Wien 1953; ern. Mchn. 1955. – Dass., U. Simon, Zürich 1984 (detebe).

VERFILMUNG: *Decline and Fall ... of a Bird Watcher*, England 1969 (Regie: J. Krish).

LITERATUR: J. W. Nichols, *Romantic and Realist: The Tone of E. W.'s Early Novels* (in CE, 24, 1962, Nr. 46, S. 51–56). – J. Symons, *A Long Way from Firbank* (in J. S., *Critical Occasions*, Ldn. 1966, S. 74–79). – P. D. Farr, *The Success and Failure of »Decline and Fall«* (in Études Anglaises, 24, 1971, S. 257–270). – G. Lord, *Heroic Games: Homer to W.* (in College Literature, 3, 1976, S. 180–202). –

J. Meckier, *Cycle, Symbol, and Parody in E. W.'s »Decline and Fall«* (in ConL, 20, 1979, S. 51–75). – J. Heath, *Intellect, Appetite and Example in the Novels of E. W.* (in ESC, 11, 1985, S. 53–69). – M. Gorra, *Through Comedy toward Catholicism: A Reading of E. W.'s Early Novels* (in ConL, 29, 1988, S. 201–220). – S. Walia, *Sense of an Ending: E. W.'s »Decline and Fall«* (in Panjab Univ. Research Bull., 19, 1988, S. 23–40).

THE LOVED ONE. An Anglo-American Tragedy

(engl.; *Ü: Tod in Hollywood. Eine anglo-amerikanische Tragödie*). Roman von Evelyn WAUGH, erschienen 1948. – Waughs »anglo-amerikanische Tragödie« spielt im Hollywood der unmittelbaren Nachkriegszeit und ist eine bissige Satire auf die amerikanischen Bestattungsbräuche. Der Selbstmord des abgewirtschafteten britischen Filmautors und -journalisten Sir Francis Hinsley bringt dessen Schützling, den jungen Dichter Dennis Barlow, in persönlichen Kontakt mit dem exklusiven Beerdigungsinstitut »Whispering Glades« (»Flüsternde Haine«), in dem die verblichenen Lieben entsprechend den Wünschen ihrer Angehörigen fürs Jenseits eingekleidet, geschminkt und manchmal sogar operativ verschönt werden. Auch Barlow ist es nicht gelungen, in der Welt des Films Fuß zu fassen, was ihn aber keineswegs entmutigt. Zum Entsetzen der versnobten britischen Kolonie Hollywoods verdingt er sich bei »Happier Hunting Ground« (»Glücklichere Jagdgründe«), einem Unternehmen, das sich von den »Flüsternden Hainen« nur dadurch unterscheidet, daß es seine Dienste toten Tieren angedeihen läßt (satirischer Kontrast). Zwischen Barlow und Aimée Thanatogenos, einer Kosmetikerin der »Flüsternden Haine«, kommt es zu einer kurzen Romanze.

Aimée ist hin und her gerissen zwischen dem skrupellosen Zyniker Barlow und ihrem Chef und Verlobten, Mr. Joyboy, einem infantilen Weichling in mittleren Jahren (ein Seitenhieb auf den vor allem bei Henry JAMES vorherrschenden Kontrast zwischen amerikanischer Unschuld und europäischer Verderbtheit). In ihrer Unentschlossenheit sucht Aimée Rat beim Briefkastenonkel einer Zeitung, einem Spezialisten für einsame, gequälte Herzen, der für Aimée Vater-, Mutter-, Lehrer- und Beichtvaterersatz in einem ist. Ihr naives Vertrauen geht so weit, daß sie schließlich den zynischen Rat dieses »Psychologen«, ihre Probleme durch Selbstmord zu lösen, befolgt. Dem hilflosen Joyboy, der für den Ruf seines Unternehmens fürchtet, falls die Vergiftete in seinem Haus gefunden würde, eröffnet Barlow – gegen eine erkleckliche Summe – einen eleganten Ausweg: Die Leiche wird ohne Formalitäten im Tierkrematorium der »Glücklicheren Jagdgründe« verbrannt, und die Öffentlichkeit läßt man in dem Glauben, Aimée habe Barlow geheiratet und mit ihm zusammen Hollywood verlassen.

Hinsichtlich des Stils und der Fabel bedeutet dieser Roman eine Rückkehr zu der Satire anarchistischer Tendenz, die Waughs Frühwerke kennzeichnet, doch sind die satirischen Kommentare in *The Loved One* noch prägnanter, noch ätzender. In dieser makabren Erzählung über das nicht weniger makabre amerikanische Geschäft mit dem Tod fehlt es nicht an sarkastischen Seitenhieben auf den Filmbetrieb in Hollywood, aber auch die Vertreter der Alten Welt – der eitle, heuchlerische Sir Ambrose Abercrombie, tonangebendes Mitglied der britischen Kolonie, und der keiner natürlichen Regung mehr fähige Barlow, eine mit reptilhaften Zügen ausgestattete Neuauflage des Basil Seal (vgl. *Black Mischief*) – kommen nicht viel besser weg. Hauptzielscheibe der Satire ist jedoch der Infantilismus, den Waugh in allen Bereichen des amerikanischen Lebens zu erkennen glaubt. Ihn verkörpert die sich intellektuell gebärdende, in Wirklichkeit aber sehr unreife Aimée, die in ihren Mußestunden über »Tod und Kunst« meditiert und deren akademische Ausbildung das Hauptfach *beautycraft*, sprich Kosmetik, und die Nebenfächer Psychologie und Chinesisch umfaßt, ebenso wie Mr. Joyboy, der Prototyp des Muttersöhnchens, eine perfekte Mischung aus schleimiger Heuchelei und kindlicher Verantwortungslosigkeit. Am deutlichsten aber läßt Waugh diesen infantilen Zug in den Bestattungsinstituten zutage treten, die täglich beweisen, in welch monströsen Unsinn eine jedweden ernsthaften Inhalts beraubte Religiosität umschlagen kann, und die die raffiniertesten Techniken moderner Wissenschaft dazu benutzen, die kindisch-sentimentalen Träume ihrer Kunden zu verwirklichen. – Das Werk, das wegen seiner antiamerikanischen Haltung einige Kontroversen auslöste, hat heute einen festen Platz unter den großen Satiren der Weltliteratur. J.v.Ge.

AUSGABEN: Ldn. 1948. – Boston 1948. – Ldn. 1965 [rev.]. – Harmondsworth 1970. – Boston 1977. – Stg. 1988, Hg. A. Mahler (RUB).

ÜBERSETZUNG: *Tod in Hollywood*, P. Gan, Zürich 1950. – Dass., ders., Ffm. 1955 (FiBü). – Dass., ders., Mchn. 1980 (dtv). – *Tod in Hollywood. Eine anglo-amerikanische Tragödie*, ders., Zürich 1984 (detebe).

VERFILMUNG: USA 1964 (Regie: T. Richardson).

LITERATUR: O. Prescott, *Satirists: W., Marquand* (in O. P., *In My Opinion*, Indianapolis 1952, S. 165–179). – S. Spender, *The World of E. W.* (in S. S., *The Creative Element*, Ldn. 1953, S. 159–174). – D. Wecter, *On Dying in Southern California* (in Pacific Spectator, 2, 1948, S. 375–387). – F. MacShane, *Forest Lawn* (in Prairie Schooner, 35, 1961, S. 137–148). – J. M. Cameron, *Candy in Lotusland: The Film of »The Loved One«* (in Newsweek, 18. 10. 1965, S. 122–127). – R. M. Davis, *»The Loved One«: Text and Context* (in Texas Quarterly, 15, 1972, S. 100–107). –

P. Venne, *Death in Hollywood: An English Satirist Looks at Modern America* (in Fu Jen Studies, 9, 1976, S. 19–28). – V. K. Lasseter, *»Anglo-American Confidence Men«: The Theme of Fraud in »The Loved One«* (in Studies in Contemporary Satire, 4, 1977, S. 14–20). – Ph. Stratford, *An Anglo-American Travesty: E. W. and »The Loved One«* (in Encounter, Sept. 1978, S. 46–51). – J. J. Lynch, *Tennyson's »Tithonus«, Huxley's »After Many a Summer« and W.'s »The Loved One«* (in South Atlantic Review, 51, 1986, S. 31–47).

SWORD OF HONOUR

(engl.; *Ü: Ohne Furcht und Tadel*). Romantrilogie von Evelyn WAUGH, bestehend aus *Men at Arms* (1952), *Officers and Gentlemen* (1955) und *Unconditional Surrender* (1961). – In seinem Vorwort zur leicht gekürzten Gesamtausgabe von 1965 schrieb Waugh: *»Ich habe versucht, den Zweiten Weltkrieg so darzustellen, wie er von einem einzelnen, untypischen Engländer gesehen und erlebt wurde, und zu zeigen, wie sich der Krieg auf ihn auswirkte.«* Dieser »untypische« Engländer ist der zu Beginn der Handlung 35jährige römisch-katholische Guy Crouchback, der, von seiner Frau getrennt, in Italien lebt und sich bei Ausbruch des Kriegs zum Kreuzzug gegen das *»moderne Zeitalter«* aufgerufen fühlt, um den Verfall der alten Ordnung aufzuhalten. Seine allmähliche Desillusionierung ist das zentrale Thema der Trilogie.

Men at Arms erzählt vorwiegend von Guys Offiziersausbildung in England. Seine Entwicklung verläuft zunächst moralitätenhaft. Er steht zwischen zwei Figuren, die als verkörperte Prinzipien zwei verschiedene Seiten seines Wesens ansprechen und um ihn werben: Apthorpe, ebenfalls künftiger Offizier und gewissermaßen ein Doppelgänger Guys, kommt dessen Verlangen nach menschlichem Kontakt entgegen, während Ritchie-Hook, der Brigadekommandeur, Guys knabenhaft-romantischen Vorstellungen von Abenteuer, Heldentum und Hingabe an die Kreuzzugsidee entspricht. Wer den Kampf um Guy gewinnen wird, läßt sich bereits an den Kapitelüberschriften ablesen, in denen vom »triumphierenden«, vom »rasenden« und schließlich vom »geopferten« Apthorpe die Rede ist. Die Bemühungen Apthorpes, Ritchie-Hook aus dem Feld zu schlagen, sind oft von vordergründiger Komik. Kennzeichnend dafür ist der Streit der beiden um Apthorpes »Donnerkiste«, eine tragbare Toilette. Wirkt diese Episode zunächst nur wie eine Satire auf militärische Taktik, so beweist sie letztlich die Überlegenheit Ritchie-Hooks und weist auf seinen Sieg im Kampf um Guy voraus. Der weitere Verlauf des äußeren Geschehens zeichnet den Wandel in der Beziehung der drei Männer nach: Guy und Ritchie-Hook stillen bei einem eigenmächtigen Unternehmen in der Nähe von Dakar (*»ein kleiner, völlig inoffizieller Spaß«*, der sie fast das Leben kostet) ihr Verlangen nach dem Abenteuerlichen. Und schließlich führt Guy unabsichtlich den Tod Apthorpes herbei, indem er dem in einem westafrikanischen Hospital liegenden Fieberkranken Whisky zukommen läßt. Dakar und Apthorpes Tod bedeuten jedoch auf einer anderen Ebene die Befreiung Guys aus Passivität und Bevormundung.

Officers and Gentlemen berichtet in einer verwirrenden Fülle von Ereignissen und Personen von Guys weiteren Kriegserlebnissen und seiner zunehmenden inneren Unsicherheit. Seine Überzeugung, der Krieg würde die alte Ordnung wiederherstellen, da er von Ehrenmännern geführt werde, erweist sich immer deutlicher als Illusion. Das Mißverhältnis zwischen Absicht und Ergebnis ist nicht mehr zu übersehen. Trimmer etwa, hochgespielter Volksheld und personifizierte Verneinung aller Traditionen und Ehrbegriffe, der mit Guys Frau Virginia eine Goodwilltour durch England unternimmt, pervertiert die Kreuzzugsidee ins Farcenhafte. Den Tiefpunkt erreicht Guy bei der gescheiterten Landung auf Kreta, bei der sich sein Freund Ivor Claire – seiner Meinung nach die *»Quintessenz Englands«* und *»der Mann, mit dem Hitler nicht gerechnet hat«* – als feiger Deserteur erweist. Wahres Heldentum zu zeigen bleibt Korporal Ludovic, dem genauen Gegenteil eines militärischen Draufgängers, vorbehalten. Guy selbst gerät in Spionageverdacht, und seine Akte beim britischen Geheimdienst füllt sich mit konstruierten Beweisen. Nirgends schafft der Krieg Ordnung, überall begünstigt er Mißverständnis und Täuschung.

In *Unconditional Surrender* ist zwar noch Satire, kaum aber die oft zur Farce und Groteske neigende Komik der vorausgehenden Romane zu finden. Hier bestimmen der Tod einiger Romangestalten (unter ihnen Virginia und Ritchie-Hook) und die Todesfixiertheit der Überlebenden die Atmosphäre, in der Guy endlich Sinn und Ziel seiner Pilgerfahrt erkennt: Nicht durch Kriegstaten, die ideologisch motivierten Ehrvorstellungen entspringen, kann eine zerbrochene Ordnung wiederaufgerichtet werden, sondern nur durch die persönliche karitative Tat, die freilich, wie bei Guys Versuch, jüdischen Flüchtlingen in Jugoslawien zu helfen, nicht immer zur rettenden Tat wird. Guy hat erfahren, daß der Krieg jeden mit Schuld belädt und daß er selbst seit den Ereignissen um Apthorpe immer von neuem schuldig geworden ist.

Beherrschendes Strukturprinzip der Trilogie sind die einander relativierenden gegenläufigen Bewegungen. Dies gilt für Einzelepisoden ebenso wie für den Gesamtverlauf, in dem der Desillusionierung Guys die Entwicklung Ludovics entgegengesetzt wird, der dort endet, wo Guy begonnen hat: als wirklichkeitsfremder Phantast im italienischen Santa Dulcina. Dem allgemeinen moralischen Zersetzungsprozeß, der sich auch in der immer beherrschenderen sexuellen Thematik und in der zunehmenden Verwendung der Tiermetaphorik ausdrückt, steht die festgefügte katholische Morallehre gegenüber, unterstrichen durch häufige Hinweise auf Sakramente, Liturgie und kirchliche Feste und am reinsten verkörpert in der Gestalt des alten

Crouchback. Der Katholizismus erscheint in dieser Trilogie als die einzige Macht, die den sozialen und moralischen Niedergang unbeschadet überdauern und ewige Werte über den Krieg hinwegretten kann. Von dieser Auffassung rückte Waugh gegen Ende seines Lebens ab; 1965 nannte er *Sword of Honour* einen *»Nachruf auf die römisch-katholische Kirche, wie sie jahrhundertelang in England existiert hat«* und gestand, es sei ihm damals nie in den Sinn gekommen, daß die Kirche anfällig für Veränderungen sei. *»Ich habe mich getäuscht und habe dort, wo ich Unwandelbares vermutete, Spuren einer Revolution wahrgenommen.«* K.Hä.

Ausgaben: *Men at Arms*: Ldn. 1952. – Boston 1952. – Harmondsworth 1970. – *Officers and Gentlemen*: Ldn. 1955. – Boston 1955. – Harmondsworth 1970. – *Unconditional Surrender*: Ldn. 1961. – Boston 1961. – Harmondsworth 1970. – *Sword of Honour*: Ldn. 1965. – Boston 1966. – Harmondsworth 1984.

Übersetzung: *Ohne Furcht und Tadel*, W. Peterich, Hbg. 1979. – Dass., ders., Ffm. 1981 (FiTb).

Literatur: F. J. Stopp, *An Interpretation of Mr. W.'s »Men at Arms«* (in Month, 2, 1954, S. 18–34). – R. J. Voorhees, *E. W.'s War Novels* (in Queens Quarterly, 65, 1958, S. 53–63). – B. Bergonzi, *E. W.'s Gentlemen* (in Critical Quarterly, 5, 1963, S. 23–36). – R. Kiely, *The Craft of Despondency – The Traditional Novelists* (in Daedalus, 92, 1963, S. 220–237). – H. E. Semple, *E. W.'s Modern Crusade* (in English Studies in Africa, 11, 1968, S. 47–59). – P. Costello, *An Idea of Comedy and W.'s »Sword of Honour«* (in Kansas Quarterly, 1, 1969, S. 41–50). – J. M. Heath, *Apthorpe Placatus?* (in Ariel, 5, Calgary, 1974, S. 5–24). – B. W. Wilson, *»Sword of Honour«: The Last Crusade* (in English, 23, 1974, S. 87–93). – M. LaFrance, *»Sword of Honour«: The Ironist Placatus* (in Dalhousie Review, 55, 1975, S. 23–53). – H. Kosok, *Die Darstellung des Zweiten Weltkrieges im Romanwerk von E. W.* (in LWU, 9, 1976, S. 85–99). – J. J. Riley, *Gentlemen at Arms: The Generative Process of E. W. and Anthony Powell before World War II* (in MFS, 22, 1976, S. 165–181). – A. Rutherford, *The Christian as Hero: W.'s »Sword of Honour«* (in A. R., *The Literature of War*, NY 1979, S. 113–134). – C. O'Hare, *The Sacred and Profane Memories of E. W.'s Men at War* (in PLL, 20, 1984, S. 301 bis 311). – H. Schulte-Herbrüggen, *Der unsterbliche Ritter: E. W.s »Sword of Honour«* (in *Das Ritterbild in MA und Renaissance*, Hg. ders., Düsseldorf 1985, S. 131–148).

VILE BODIES

(engl.; *Ü: Lust und Laster*). Roman von Evelyn Waugh, erschienen 1930. – In seinem (nach *Decline and Fall*) zweiten satirischen Roman gibt Waugh eine sardonisch-pessimistische Zustandsbeschreibung der Londoner Gesellschaft, die im eleganten Mayfair der zwanziger Jahre ein äußerlich sorgloses Leben über einem Abgrund von Heuchelei und Verzweiflung führt. Die Erzählstruktur ist durch die lockere Reihung und halb zufällige Verflechtung zahlreicher Einzelschicksale bestimmt, die idealtypisch auf die Mentalität einer ganzen Gesellschaftsschicht verweisen, ohne daß Waugh sich sonderlich um die psychologische Durchdringung der Charaktere bemüht. Die am häufigsten auftretende Figur ist Adam Symes, ein Klatschreporter, der seine Spalte im »Daily Excess« mit erfundenen Sensationen füllt und der seinen Entschluß, die junge, indifferente Nina Blount zu heiraten, von seiner jeweiligen, sich oft stündlich verändernden finanziellen Situation abhängig macht. Adam findet Zugang zum Zirkel der Londoner *jeunesse dorée*, der »Bright Young People«, die eines Nachts in Downing Street Nr. 10 eine Orgie feiern und dadurch eine von vielen Staatskrisen auslösen. Andere Figuren des turbulenten Geschehens sind: Lord Outrage, der »Premierminister der vergangenen Woche«, der sich immer wieder mit dem intrigierenden Jesuitenpater Rotchild zusammenfindet; Agatha Runcible, deren zielloses Leben in einem Unfall beim Autorennen endet; und Mrs. Melrose-Ape, eine amerikanische Evangelistin, die mit ihren zehn »Engeln« durch Europa reist.

Waughs Verweilen auf der oft absurden Handlungsoberfläche erweist sich als ein der satirischen Tendenz des Romans adäquates Gestaltungsmittel, da sich die beschriebenen Personen ebenfalls nur noch auf einer brüchig gewordenen Oberfläche bewegen, die beim Ausbruch eines nicht näher bezeichneten Krieges (in dem *Happy Ending* genannten Schlußkapitel) endgültig zerbirst.

In dieser Gesellschaft ist nichts mehr stabil und verbürgt: Die Hauptakteure wechseln nach Belieben ihre Identiät oder werden ohne ihr Zutun für andere gehalten, politische und geistliche Titel sind nur noch Dekoration innerhalb hohl gewordener Konventionen, die Unterhaltungen erschöpfen sich in der gedankenlosen Wiedergabe vorgeprägter Formeln, und das materielle Tauschprinzip wirkt sich auch auf die private Sphäre aus (etwa wenn Adam seine Freundin einem anderen buchstäblich verkauft, um eine fürstliche Zeche bezahlen zu können). Politische und persönliche Entscheidungen liegen nicht mehr im Ermessen des einzelnen, sondern sind Zufallsprodukt oft widersinniger Konstellationen. Durch die satirische Diskrepanz zwischen Realität und verzerrtem Erscheinungsbild entsteht eine Atmosphäre hoffnungsloser Leere und unausweichlichen Scheiterns, die der konservative Gesellschaftskritiker Waugh mit einer Mischung aus Abscheu und belustigter Faszination einfängt. J.N.S.

Ausgaben: Ldn. 1930. – NY 1930. – Ldn. 1965 [rev.]. – Harmondsworth 1970. – Boston 1977.

Übersetzungen: *... aber das Fleisch ist schwach*, H. v. Kleeborn, Wien 1951. – *Aber das Fleisch ist* *schwach*, ders., Hbg. 1959 (rororo). – *Lust und Laster*, U. Simon, Zürich 1984 (detebe).

LITERATUR: S. A. Jervis, *E. W., »Vile Bodies« and the Younger Generations* (in South Atlantic Quarterly, 66, 1967, S. 440–448). – Ch. E. Linck u. R. M. Davis, *The Bright Young People in »Vile Bodies«* (in PLL, 5, 1969, S. 80–91). – J. R. Clark, *Symbolic Violence in »Vile Bodies«* (in Studies in Contemporary Satire, 1, 1975, S. 17–27). – R. M. Davis, *Title, Theme, and Structure in »Vile Bodies«* (in Southern Humanities Review, 11, 1977, S. 21–27). – K. Bangert, *The Use of Short Story Techniques in »Vile Bodies«* (in E. W. Newsletter, 21, 1987, S. 3–6). – A. Mahler, *Zwischenkriegsbewußtsein u. die Inszenierung satirischen Erzählens am Beispiel von E. W.s »Vile Bodies«* (in DVLG, 64, 1990, S. 311–337).

FAY WELDON

* 22.9.1933 Alvechurch / Worcestershire

PRAXIS

(engl.; *Ü: Die Decke des Glücks*). Roman von Fay WELDON, erschienen 1978. – Mit ihrem Werk, das neben Dramen, Hörspielen und Fernsehstücken bisher vierzehn Romane und drei Kurzgeschichtensammlungen umfaßt, hat Fay Weldon – nicht nur in England – ein breites Publikum gefunden. Vom Standpunkt der entschiedenen, doch kaum dogmatischen Feministin aus setzt sich die sozialkritisch engagierte Autorin mit den geschlechtsspezifischen Identitätskonflikten der modernen Frau zwischen dem Bedürfnis nach Selbstverwirklichung und den Rollenzwängen einer Männergesellschaft auseinander – mit dem Ziel, die alle Lebensbereiche prägenden patriarchalischen Mythen zu entlarven. Zur Wirkung ihrer Romane trägt maßgeblich ein charakteristischer Erzählstil bei, der zu lapidarer Verknappung und lakonischer Ironie tendiert und den Text in minimale Abschnitte zergliedert.

Praxis, für viele Kritiker ihr komplexester Roman, verdeutlicht am exemplarischen Werdegang der Titelheldin vor dem Hintergrund provinzieller wie großstädtischer Mittelstandsmilieus und des Zeitenwandels der dreißiger bis siebziger Jahre in England die graduelle Bewußtwerdung und kämpferische Auflehnung der Frau, die sich mit den wiederkehrenden Erfahrungen der in ihren Partnerschaften, im Berufsleben und im sozialen Umgang Diskriminierten nicht abfinden kann.

Praxis (auch Patricia) Duveen wächst als uneheliche Tochter der ambitionierten Lucy und eines jüdischen Lebemanns zusammen mit der Schwester Hypatia (auch Hilda) im kleinbürgerlichen Brighton auf. In einer Atmosphäre der Doppelmoral scheint sie durch eine vermeintlich lesbische Schwärmerei die Mutter in den Wahnsinn zu treiben. Das Studium gibt sie zugunsten des sie sexhungrig vereinnahmenden Willy auf. Als sie der häuslichen Festlegung in dieser »wilden« Ehe durch heimliche Prostitution zu entrinnen versucht, wird sie das Opfer eines Inzests mit dem Vater. Sie sucht nun in der respektablen Ehe mit dem Londoner Geschäftsmann Ivor Zuflucht, fühlt sich jedoch als Mutter zweier dem Vater näher stehender Kinder und in der scheinheiligen Wohlsituiertheit der Vorstadt ebenso deplaciert und wendet sich dem progressiven Filmemacher Philip zu, der sie nach der gescheiterten Ehe mit der gemeinsamen Studienfreundin Irma heiratet. Auch dieser Versuch mißglückt aufgrund der Zerrüttung der Familie: Der drogensüchtige Stiefsohn, die lesbische Stieftochter, der realitätsentfremdete und in eine Starlet-Affäre verwickelte Mann und die an der beruflich-häuslichen Doppelbelastung leidende Praxis gehen wieder auseinander. Endlich auf sich gestellt, findet die Heldin nach vorurteilsbehaftetem Zögern Anschluß an eine feministische Gruppe und wird zur einflußreichen Herausgeberin von deren Zeitschrift. Als die angehende Ärztin Mary, von Praxis seit je wie eine Tochter betrachtet, ein uneheliches mongoloides Kind zur Welt bringt, statt es abzutreiben, tötet Praxis das nur schwerstbehindert überlebensfähige Baby, um der Mutter ein Leben unmenschlicher Aufopferung zu ersparen. Sie bekennt sich zu der Tat, für die sie ins Gefängnis kommt, und wird zugleich immer wieder von Skrupeln heimgesucht. Als haftentlassene, gebrechliche, vereinsamte Frau lebt sie schließlich von der Sozialfürsorge und betrachtet zwiespältig die Unbekümmertheit der jungen Frauengeneration, für deren Rechte sie gekämpft hat.

Weldon entwirft das Porträt einer seit ihrer Jugend als »Bastard«, »Jüdin«, »Flittchen« usw. stigmatisierten Frau, die ihrerseits diverse Tabus bricht (Doppelleben als Hausfrau und Hure, Inzest, Im-Stich-Lassen der Kinder, Euthanasie-Mord). Der dabei entstehende Minderwertigkeitskomplex und das Gefühl, vom Leben betrogen zu werden, führen bis an den selbstmörderischen Rand der Verzweiflung. Die Gründe für ihr Scheitern sucht die Heldin allerdings hartnäckig bei sich selbst statt in den herrschenden Denkklischees und Verhaltensschemata. Erst als sie durch feministische Anstöße die politische Dimension des Einzellebens zu erfassen beginnt, kann sie die Voraussetzungen und Folgen einer die Frauen unterdrückenden Gesellschaft systematisch kritisieren. Erst dann findet sie im aktiven Einsatz für die Frauenbewegung ein neues Selbstverständnis. Aus dieser Sicht werden gängige Vorstellungen relativiert; etwa von der »Natur«, in deren Namen man gern menschliche Gesetzmäßigkeiten unterstellt (statt – wie in den Leitstern-Visionen der Heldin – ein kosmisches Verständnis der Natur als übergeordneter »Kraft«

zu bekunden), oder vom »Wahnsinn«, den man als krankhafte Abnormität diagnostiziert, ohne den sozialen Leidensdruck als auslösendes Moment zu berücksichtigen (was der Fall Lucy zeigt).
Der gewonnene Standpunkt bewahrt Praxis freilich nicht vor erneuten Selbstzweifeln, zwiespältigen Gefühlen und argumentativen Unsicherheiten. Die radikale Infragestellung sexistischer Phänomene aus einer prinzipiell beibehaltenen Offenheit heraus erscheint wichtiger als die Formulierung einer unumstößlichen feministischen Ideologie. Der Roman demonstriert vor allem die Langwierigkeit eines Entwicklungsprozesses; ein entscheidender Schritt weg von der Misere der Frau wird bereits im Stadium der rebellischen Wut und des befreienden Lachens erreicht. Den größeren Teil ihres Lebens reibt sich Praxis in den Rollen der Geliebten, Gehilfin, Mutter, Hausfrau und berufstätigen Frau auf, die – von befristeten Glücksphasen abgesehen – ständige Ängste, Frustrationen, Haß- und Ohnmachtsgefühle sowie ein dumpfes Bewußtsein der Fremdbestimmtheit und inneren Leere mit sich bringen. Das soziale Umfeld der Heldin wird durch die Reihe ihrer Partner repräsentiert, die als unterschiedliche Männertypen die übereinstimmend sexistischen Verhaltensweisen nur um so stärker offenbaren. Auch die kontrastiv oder parallel verfolgten Frauenschicksale aus Praxis' Familien- und Freundeskreis (Hypatia als auf vieles verzichtende Karrierefrau, Irma als zur Feministin gewandeltes Society-Püppchen) dienen der Verbreiterung des sozialen Spektrums. Hinzu treten die kritisch beleuchteten Institutionen: Kirche und Schule mit ihrer verlogenen Verdrängung der Sexualität, die Universität mit ihrem Vorurteil gegenüber weiblicher Intelligenz, die Medien mit ihrer Vermarktung des weiblichen Körpers und der unterschwelligen Bestätigung herkömmlicher Rollenbilder.
Sein strukturelles Gepräge erhält der Roman durch den Wechsel zwischen der Erzählung in der dritten Person, die den Lebensweg von Praxis chronologisch nachzeichnet, und der kürzeren Ich-Erzählung der Heldin, die aus der retrospektiven Schreibsituation die eigene Entwicklung angesichts frauenfeindlicher Determinanten kommentiert, aber auch auf Unsicherheiten der Selbstdarstellung hinweist, die sich aus dem unzuverlässigen Gedächtnis und der schwierigen Trennung von Realität und Fiktion ergeben. Weldons charakteristischer Stil zeigt sich in der Bevorzugung asyndetisch-parataktischer Kurzsätze, extrem reduzierter Absätze (die eine ruckartig fokusbildende oder sprunghaft Lücken andeutende Wirkung haben können), pointierter Ironien und – oft leitmotivisch eingesetzter – lakonischer Floskeln. – Diese stilistischen wie thematischen Grundzüge behielt Weldon in ihrer bislang fruchtbarsten Schaffensperiode bei, auch wenn sie in den beiden folgenden Romanen die Akzente variierte und sich der Phantastik näherte: In *Puffball*, 1980 *(Das Haus auf dem Lande)*, tritt die satirische Tendenz zugunsten einer naturnahen, spirituellen Neubestimmung der weiblichen Körperlichkeit zurück, während in *The Life and Loves of a She-Devil*, 1983 *(Die Teufelin)*, die farcenhafte Ausführung einer weiblichen Rache- und Befreiungsphantasie im Zentrum steht.
E.Kr.

Ausgaben: *Praxis*, Ldn. 1978. – NY 1979. – Sevenoaks/Kent 1980.

Übersetzung: *Die Decke des Glücks*, S. Körnstke, Mchn. 1983.

Literatur: A. N. Krouse, *Feminism and Art in F. W.'s Novels* (in Crit, 20, 1978, Nr. 2, S. 5–20). – H. Blodgett, *F. W.* (in DLB, Bd. 14, 1983, S. 750 bis 759). – O. Kenyon, *Women Novelists Today: A Survey of English Writing in the Seventies and Eighties*, Brighton 1988, S. 104–128.

Arnold Wesker

* 24.5.1932 London

Literatur zum Autor:
H. U. Ribalow, *A. W.*, NY 1965 (TEAS). – *A. W.*, Hg. M. Marland, Ldn. 1970. – R. Hayman, *A. W.*, Ldn. 1970; [3]1979 [rev.]. – G. Leeming u. S. Trussler, *The Plays of A. W.: An Assessment*, Ldn. 1971. – J. R. Brown, *A. W.: Theatrical Demonstration* (in J. R. B., *Theatre Language*, NY/Ldn. 1972, S. 158–189). – G. Klotz, *Individuum u. Gesellschaft im englischen Drama der Gegenwart: A. W. und Harold Pinter*, Bln. 1972. – Ders., *Zwischen Revolution u. privatem Schmerz: A. W.* (in G. K., *Alternativen im britischen Drama der Gegenwart*, Bln. 1978, S. 36–94). – M. Bornau, *Studien zur Rezeption A. W.s in der Bundesrepublik Deutschland*, Ffm. 1979. – C. Itzin, *Stages in the Revolution*, Ldn. 1980. – V. Lindemann, *A. W. als Gesellschaftskritiker*, Salzburg 1980. – T. F. Evans, *A. W.* (in DLB, Bd. 13, 1982, S. 539–560). – G. Leeming, *W. the Playwright*, Ldn. 1983. – K. u. V. Lindemann, *A. W.*, Mchn. 1985. – *W. on File*, Hg. G. Leeming, Ldn. 1985.

CHICKEN SOUP WITH BARLEY. – ROOTS. – I'M TALKING ABOUT JERUSALEM

(engl.; *Ü: Die Trilogie: Hühnersuppe mit Graupen. Tag für Tag. Nächstes Jahr in Jerusalem*). Dramentrilogie von Arnold Wesker, Uraufführungen (alle in Coventry im Belgrade Theatre): *Chicken Soup with Barley*: 7.7. 1958; *Roots*: 25.5. 1959; *I'm Talking about Jerusalem*: 28.3. 1960; Erstaufführ-

rung als Trilogie: London, 7.6., 30.6. und 27.7. 1960, Royal Court Theatre. Deutsche Erstaufführung des 1.Teils: Heidelberg, 16.1. 1963; des 2.Teils: Bremen, 12.10. 1962; des 3.Teils: Wuppertal, 17.9. 1963.
In seiner Dramentrilogie setzt sich der skeptische Sozialist Wesker mit der Entwicklung der englischen Arbeiterklasse zwischen 1936 und 1959 auseinander. Am Beispiel der jüdischen Arbeiterfamilie Kahn aus London macht er deutlich, warum die nach Marx revolutionäre Klasse im Wohlstandsstaat in eine Krise geraten ist. Die drei Stücke sind formal und inhaltlich eng miteinander verflochten. Das erste spiegelt den Entwicklungsprozeß in seiner Gesamtheit wider (1.Akt: London, 1936; 2.Akt: London, 1946/47; 3.Akt: London, 1955/56), die beiden anderen greifen bestimmte Phasen heraus, wobei *Roots* auf einen Zeitraum von vierzehn Tagen beschränkt ist (Norfolk, Ende der fünfziger Jahre) und *I'm Talking about Jerusalem* die Nachkriegsentwicklung in mehreren kurzen Zeitabschnitten dokumentiert (1.Akt: Norfolk, 1946; 2.Akt: Norfolk, 1947 und 1953; 3.Akt: Norfolk, 1956 und 1959).
Revolutionäre Kampfstimmung kennzeichnet den ersten Akt von *Chicken Soup with Barley*. Die Kellerwohnung der Kahns im Londoner East End ist Treffpunkt überzeugter Kommunisten, die dem Faschismus im eigenen Land (Mosley-Partei) den Kampf angesagt haben und sich bei Ausbruch des Spanischen Bürgerkriegs spontan zu den Internationalen Brigaden melden. Sarah Kahn verkörpert eine Generation von Aktivisten, die die Herrschaft der Arbeiterklasse mit Gewalt erzwingen wollen. Auch Ada, ihre vierzehnjährige Tochter, wird von dem revolutionären Überschwang erfaßt, während sich Sarahs Ehemann Harry als Schwächling erweist. – Im Jahr 1946 scheinen alle Voraussetzungen für einen Aufschwung der Arbeiterklasse gegeben: Hitler-Deutschland ist besiegt, in England regiert die Labour Party, große soziale Reformen stehen bevor. Sarah Kahn und ihr jüngster Sohn Ronnie, der ein sozialistischer Schriftsteller werden will, blicken optimistisch in die Zukunft. Anders Ada und ihr Mann, Dave Simmonds, der jahrelang in Spanien gegen Franco gekämpft hat. Beide haben im Verlauf des Krieges ihren politischen Enthusiasmus eingebüßt. Ihnen ist klargeworden, daß das Ende des Faschismus nicht gleichbedeutend ist mit dem Anbruch besserer Zeiten für die Arbeiterklasse, sondern daß diese in der modernen Industriegesellschaft vor Probleme gestellt wird, die mit den alten kommunistischen Parolen nicht zu bewältigen sind. Ihrer Mutter hält Ada entgegen: *»Die einzig verrottete Gesellschaft ist die Industriegesellschaft. Sie läßt einen Mann kopfstehen und überzeugt ihn dann noch, daß es ihm so besser geht. Gegen den Dschungel einer industriellen Massengesellschaft hat niemals einer von euch protestiert. Ihr wolltet ihre Werte nicht zertreten, denn ihr wolltet sie einfach selbst besitzen.«* Auch Ronnie Kahn, die zentrale Figur der Trilogie, durchläuft einen Desillusionierungsprozeß. Von entscheidender Bedeutung für ihn sind dabei drei Erfahrungen: die Invasion der Russen in Ungarn 1956, seine deprimierenden Erlebnisse als Koch in einem großen Pariser Restaurant (der autobiographische Bezug dieser Figur zum Autor wird hier am deutlichsten) und das resignative Scheitern Adas und Daves, seiner Vorbilder aus der Aktivistenzeit.
Deren Versuch, auf dem Land, fern den großen Industriezentren, eine Reformsiedlung zu gründen, die nicht den Regeln der kapitalistischen Gesellschaftsordnung unterworfen ist, ist das Thema von *I'm Talking about Jerusalem*. Adas und Daves Experiment entspringt ihrer Sehnsucht, wieder zu den Wurzeln *(roots)* zu finden, einer Sehnsucht, die sie in einem Gemeinwesen verwirklichen wollen, dessen Mitglieder, wie Dave es ausdrückt, Sozialismus *leben*, anstatt darüber zu diskutieren. Doch dieses »neue Jerusalem« schöpferischer Selbstverwirklichung ist zum Scheitern verurteilt, weil Dave, der von seiner Hände Arbeit leben will und die Verwendung von Maschinen ablehnt, als kleiner Tischler nicht mit der Industrie konkurrieren kann. Am Ende sehen er und Ada sich gezwungen, nach London zurückzukehren. An ihrem Beispiel will Wesker zeigen, daß nur eine globale Veränderung der Verhältnisse, nur der organisierte Kampf gegen den Wohlstandskapitalismus zur Befreiung des Individuums führen kann. Organisierter Kampf aber setzt Einsicht in die politischen Zusammenhänge, setzt Klassenbewußtsein voraus. Daran jedoch mangelt es dem Proletariat in der Wohlstandsgesellschaft: Viele einstige Aktivisten sind zu unkritischen, saturierten Bürgern geworden, ein großer Teil des Landproletariats hat sich mit den herrschenden Verhältnissen abgefunden, ist seiner Wurzeln beraubt, d.h. in die Rolle von angepaßten Konsumenten und politischen Statisten gedrängt worden.
Diesem Teil der Arbeiterklasse ist das Mittelstück der Trilogie, *Roots*, gewidmet. Im Zentrum der spärlichen Handlung steht die junge Beatie Bryant, die aus einer Landarbeiterfamilie in Norfolk stammt, in London als Kellnerin arbeitet und mit Ronnie Kahn befreundet ist. Er, dessen Intellektualität sie bewundert, hat versucht, sie zu lehren, daß Sprache Wissen ist und daß die Unterprivilegierten ihre Lage nur dann entscheidend verbessern können, wenn sie ihr nur noch konsumorientiertes Verhalten aufgeben und ihre echten menschlichen Bedürfnisse, ihre »Wurzeln«, wiederentdecken. Als Beatie in ihrem Heimatdorf ihre Eltern und Verwandten von diesen Ideen überzeugen will, muß sie erfahren, daß sie sich ihnen nicht verständlich machen kann. Und das um so weniger, als sie selbst, wie sich später herausstellt, Ronnies Theorien zitiert, ohne sie wirklich verstanden zu haben. Bildungsfeindlichkeit, wie sie Beaties durch die zermürbenden Zwänge des Alltags abgestumpfte Familie an den Tag legt, ist nach Weskers Überzeugung die Hauptursache für die Krise der Arbeiterklasse, weil sie diese wirtschaftlich und politisch manipulierbar macht. Im Gegensatz zu ihren Verwandten gelingt es Beatie schließlich, ein neues

Selbstbewußtsein zu entwickeln: Sie löst sich aus der Abhängigkeit von Ronnie und findet ihre eigene Sprache.

In der letzten Szene von *I'm Talking about Jerusalem* steht Ronnie vor dem Scherbenhaufen seiner Ideale – einer jener jungen Linksintellektuellen, die erkennen müssen, daß die Veränderung der Gesellschaft mit Worten allein nicht zu bewerkstelligen ist. Damit wird aber nicht nur die Wirkungsmöglichkeit des Intellektuellen in Frage gestellt, sondern auch die des politischen Theaters. Wesker hat sich diesem Theater in der erklärten Absicht verschrieben, wie sein Vorbild Brecht den Zuschauer mit Thesen und Tatsachen zu konfrontieren und dadurch zu aktivieren. Um das Theater von dem Odium zu befreien, es sei eine Einrichtung für das Bildungsbürgertum, gründete Wesker im Norden Englands das »Centre 42«, ein Kulturzentrum, das speziell die Arbeiter ansprechen sollte. In seiner Trilogie hat er also nicht nur das Dilemma der Arbeiterklasse dargestellt, sondern wohl auch sein eigenes: die Kommunikationsschwierigkeiten zwischen dem politisch engagierten Autor und dem Publikum der Wohlstandsgesellschaft. W.D.

Ausgaben: *Chicken Soup with Barley*: Ldn. 1959 (in E.M. Browne, *New English Dramatists*, Bd. 7). – Ldn. 1960. – NY 1961. – Ldn. 1962. – *Roots*: Harmondsworth 1959. – Ldn. 1960. – NY 1961. – *I'm Talking about Jerusalem*: Harmondsworth 1960. – Ldn. 1960. – NY 1961. – *GA*: Ldn. 1960 *(The Wesker Trilogy)*. – Harmondsworth 1964. – Ldn. 1965 [Einl. u. Anm. A.H.M. Best u. M. Cohen]. – NY 1976 (in *Plays*, 2 Bde., 1976/77, 1). – Harmondsworth 1979 (in *Plays*, 1979ff., Bd. 1).

Übersetzungen: *Hühnersuppe mit Graupen: Stück in drei Akten*, W.H. Thiem, Ffm. 1965. – *Tag für Tag*, ders., Ffm. 1965. – *Nächstes Jahr in Jerusalem: Ein Stück in drei Akten*, P. Braun, Ffm. 1965. – *Die Trilogie: Hühnersuppe mit Graupen. Tag für Tag. Nächstes Jahr in Jerusalem*, W.H. Thiem u. P. Braun, Ffm. 1967 (es). – Dass., dies. (in *Gesammelte Stücke*, Ffm. 1969).

Literatur: J. Mander, *Art and Anger* (in J.M., *The Writer and Commitment*, Chester Springs 1962, S. 179–211). – A.H.M. Best u. M. Cohen, *Introduction and Notes to the W. Trilogy*, Ldn. 1965. – L. Curti, *La nuova Gerusalemme di A. W.* (in AION, 8, 1965, S. 211–260). – J. Kershaw, *»Roots«: A. W., the Determined Missionary* (in J.K., *The Present Stage*, Ldn. 1966, S. 43–53). – D. Peinert, *»Chicken Soup with Barley«. Untersuchungen zur Dramentechnik A. W.s* (in LWU, 3, 1970, S. 169 bis 186). – H.J. Weiand, *The Chicken Soup Trilogy: »Roots«* (in *Insight IV: Analyses of Modern British and American Drama*, Hg. ders., Ffm. 1975, S. 167–173). – H. Oppel, *The Chicken Soup Trilogy* (in *Das moderne englische Drama: Interpretationen*, Hg. ders., Bln. 31976, S. 352–378). – T.P. Adler, *»The Wesker Trilogy« Revisited* (in Quarterly Journal of Speech, 65, 1979, S. 429–438). – U. Spreckelsen, *The Chicken Soup Trilogy* (in U. S., *Die Konzeption ›family life‹ im zeitgenössischen englischen Drama*, Ffm. 1980, S. 65–85). – R. Hillgärtner, *The Chicken Soup Trilogy. Die Frage nach der individuellen Lebensperspektive* (in *Englisches Drama von Beckett bis Bond*, Hg. H.F. Plett, Mchn. 1982, S. 118–141). – S. Quilliam, *A. W.: »Roots«*, Harmondsworth 1987.

JOHN WHITING

* 15.11.1917 Salisbury / Wiltshire
† 16.6.1963 London

Literatur zum Autor:
Ch.R. Lyons, *The Futile Encounter in the Plays of J. W.*: (in MD, 11, 1968, S. 283–298). – R. Hayman, *J. W.*, Ldn. 1969. – S. Trussler, *The Plays of J. W. An Assessment*, Ldn. 1972. – E. Salman, *J. W.*, NY 1975 (TEAS). – Ders., *The Dark Journey: J. W. as Dramatist*, Ldn. 1979. – A. Williamson, *J. W.* (in DLB, Bd. 13, 1982, S. 560–565).

THE DEVILS. A Play Based on a Book by Aldous Huxley

(engl.; *Ü: Die Teufel*). Historiendrama von John Whiting, Uraufführung: London, 20.2. 1961, Aldwych Theatre; deutsche Erstaufführung: Berlin, 23.2. 1962, Schiller-Theater. Dem Stück liegt die historische Studie *The Devils of Loudun*, 1952 *(Die Teufel von Loudun)*, von Aldous Huxley zugrunde, in der dieser sich mit der angeblichen Besessenheit der Nonnen von Loudun im Frankreich des 17. Jh.s befaßt.

Schwester Jeanne des Anges, die Priorin des Klosters, und einige ihrer Nonnen behaupten, von Teufeln bessessen zu sein. In ihrer Raserei (die Whiting bei Jeanne des Anges als Folge sexueller Frustration und Ausdruck einer neurotischen Veranlagung, bei den anderen teils als Clownerie, teils als Exhibitionismus interpretiert) beschuldigen die »Besessenen« Urbain Grandier, den Ortsgeistlichen, der für ihren Zustand verantwortliche Hexenmeister und Teufelsknecht zu sein. In Wirklichkeit ist Grandier ein kluger Kopf, ein gelehrter Freigeist, der bei einigen Ortsgewaltigen unbeliebt ist, ein welterfahrener Mann, den seine eigenen Vorgesetzten nicht leiden können, und, was sich für ihn am schlimmsten auswirkt, ein Freund von Adligen und Politikern, die Gegner des nahezu allmächtigen Kardinals Richelieu sind. Für Mutter Jeanne, die sich ohne sein Wissen von ihm angezogen und dann zurückgestoßen gefühlt hat, ist er das Objekt ihres eifersüchtigen Hasses, der Schurke in ihren krankhaften Sexualphantasien, ein Mann, der um jeden Preis zu Fall gebracht werden muß. Grandier, der aufgrund dieser Anklagen nach Abschluß eines Scheinverfahrens hingerichtet wird, ist in Whitings Stück die eigentliche Zentralfigur. Es geht, wie auch in anderen Werken des Autors, vor allem um das Thema der Selbstzerstörung. In *The Devils* wird diese als Folge leidenschaftlichen Glaubens und der Sehnsucht nach Vereinigung mit Gott dargestellt, Emotionen, die sich in Whitings Porträt des Pfarrers Grandier durchaus mit dessen Intelligenz und Vernunft in Einklang bringen lassen.

Was der Autor mit Gestalt und Schicksal Grandiers zum Ausdruck bringen will, auf dessen Leben sich Whiting – anders als Huxley – weitgehend konzentriert, klingt in den Worten des Bischofs von Poitiers an: *»Alle Eitelkeit ist Selbstbehauptung, und diese öffnet dem Teufel Tür und Tor«*, und ebenso in Grandiers Selbstdarstellung: *»Alle weltlichen Dinge haben für einen Menschen meiner Art nur einen einzigen Zweck. Politik, Macht, Sinnenleben, Reichtum, Stolz und Autorität: ich wähle sie mit der gleichen Sorgfalt, mit der Ihr, Sir, eine Waffe aussucht. Aber meine Absicht ist dabei eine andere: ich muß sie gegen mich selbst wenden.«* An anderer Stelle spricht er von sich als von einem *»toten Mann, der gezwungen ist, zu leben«*: Nur der Tod als Mittel zur Vereinigung mit Gott kann seinem Leben einen Sinn geben, wobei der Begriff »Gott« für ihn auch all das einschließt, was er selbst als wahr erkannt hat.

Abgesehen davon, daß ihm gelegentlich Anachronismen unterlaufen, ist Whiting (der selbst schauspielerische Erfahrung hatte) die Dramatisierung dieser erregenden Ereignisse – ein Auftragswerk der Royal Shakespeare Company – glänzend gelungen. Seine Vorstellungskraft, seine gebändigte Sprache, souveräne Dialoggestaltung und vor allem die an filmische Überblendungstechniken erinnernde Szenenführung des überlangen Stückes, das thematische Berührungspunkte zu Arthur MILLERS *The Crucible*, 1953 *(Hexenjagd)*, aufweist, wurden von vielen Kritikern gerühmt und brachten den *Devils* größeren Erfolg als den vorher entstandenen Stücken. Dieser vielversprechenden Entwicklung setzte der frühe Tod des Autors ein Ende. – Das Stück wurde auch erfolgreich verfilmt und diente Krzysztof Penderecki als Opernlibretto.

J.v.Ge.-KLL

AUSGABEN: Ldn. 1961. – NY 1961. – Harmondsworth 1963, Hg. T. Maschler [Einl. H. Hobson]. – Ldn./NY 1969 (in *Collected Plays*, Hg. R. Hayman, 2 Bde., 2). – NY 1972.

ÜBERSETZUNG: *Die Teufel*, E. Fried (in Theater heute, April 1962). – Dass., ders., Ffm. 1966.

VERTONUNG: K. Penderecki, *Die Teufel von Loudon* (Libretto: K. P.; Oper; Urauff.: Hbg., 20. 6. 1969, Staatsoper).

VERFILMUNG: England 1973 (Regie: K. Russel).

LITERATUR: R. S. Brustein, *The Third Theatre*, NY 1969, S. 95–97. – H. Hammerschmidt, *Das historische Drama in England, (1956–1971)*, Wiesbaden 1972, S. 140–160). – E. Platz-Waury, *»The Devils«* (in *Das zeitgenössische englische Drama*, Hg. K. D. Fehse u. N. Platz, Ffm. 1975, S. 147–163). – J. M. Ditsky, *The Onstage Christ*, NY 1980, S. 172–185. – E. T. Kirby, *Demonic Possession and the ›Religious Game‹ in J. W.'s »The Devils«* (in *Proceedings of Asclepius at Syracuse*, Albany/N.Y. 1980, S. 29–36). – M. Garstenauer, *A Selective Study of English History Plays in the Period between 1960 and 1977*, Salzburg 1985. – J. Goodall, *»The Devils« and Its Sources: Modern Perspectives on the Loudun Possession* (in *Drama and Philosophy*, Hg. J. Redmond, Cambridge 1990, S. 185–198).

HEATHCOTE WILLIAMS

* 15.11.1941 Helsby / Cheshire

AC. DC

(engl.; *AC/DC*). Schauspiel von Heathcote WILLIAMS, Uraufführung: London, 14. 5. 1970, Royal Court Theatre. – Williams, bekannt auch durch seine Darstellung des Prospero in Derek Jarmans experimenteller Verfilmung von W. SHAKESPEARES *The Tempest* (1979), begann seine schriftstellerische Laufbahn mit dem Roman *The Speakers* (1964) und dem Stück *The Local Stigmatic*, das zuerst 1966 in dem für das gesamte englische *Fringe Theatre* wichtigen Traverse Theatre in Edinburgh und anschließend zusammen mit H. PINTERS *The Dwarfs* (*Die Zwerge*; zuerst 1960 als Hörspiel, Bühnenfassung 1963) am Londoner Royal Court Theatre aufgeführt wurde. Die Atmosphäre der Bedrohung, die es mit Pinters Stück gemeinsam hat, prägt auch das auf der Experimentierbühne der English Stage Company aufgeführte zweite Werk Williams'. *AC/DC* wurde von den Kollegen als *»work of ferocious and finely controlled power«* hoch gelobt und danach mehrfach wieder aufgeführt sowie 1970 mit dem ›Evening Standard‹ Drama Award und dem George Devine Award ausgezeichnet.

Der Titel *AC/DC* enthält die Abkürzungen für die Begriffe *alternating current* (Wechselstrom) bzw. *direct current* (Gleichstrom); in der Zusammenstellung wecken die Abkürzungen im Englischen aber auch die Assoziation von bisexuell. Die beiden Teile des Stücks stellen die auch für englische Theaterbesucher der ersten Aufführungen irritierenden Gespräche zwischen fünf jungen Menschen dar, die auf der Suche nach einer neuen, selbstbestimmten Lebensweise sind. Im ersten Akt treten unter der

Überschrift *Alternating Current* zunächst drei Amerikaner – die beiden Mädchen Sadie und Melodie und der Junge Gary – in einem englischen Spielsalon mit diversen Spielautomaten auf. Sie befinden sich zu Beginn des Stücks hinter dem Vorhang eines Photoautomaten – ein Bild, das auf die Thematik der durch die Medien verursachten Persönlichkeitszerstörung verweist. Während Gary und Melodie den Aspekt einer mittels der Sexualität zu erreichenden Transzendierung der Individualität ansprechen *(»We just melted ourselves altogether in a giant gentle atom bomb of sperm and cunt juice«)*, bekundet die wichtigste Figur, Sadie, ihren für das Stück programmatischen Wunsch *»I wanta go solo«*. Später kommen Maurice, der in dem Amüsierbetrieb Arcade arbeitet, und sein Freund Perowne hinzu, der unter Schizophrenie leidet, aber eine eigene Persönlichkeit *(»own per-son«)* sein möchte. Da der zuckende Perowne wieder einmal durch das Fernsehen mit fremder elektrischer/elektronischer Energie *»überladen«* und psychisch blockiert ist, *»entmagnetisiert«* Maurice die auf die Persönlichkeitsmultiplizierung verweisenden magnetischen Bänder in seinem Hirn. Seine Methode ist die primär verbale *»regressive Hypnose«*, mit der er zurückliegende Medien-Emissionen rückgängig machen will (etwa *»Dieland Thomas being pumped thro me now to clear up Perowne's drunk tracks... I'm the heir to Shakespeare, he said to me; I said you're the anal heir, no one else's. Get off my back you fuckin Druid tart«*). Während Maurice versucht, die über die Medien verbreiteten verwässerten Nepal-Nachrichten über *»the Absolute Mind. i.e. En-Soph of the Cabbala. Transfinite Sabbath of the Earth«* elektromagnetisch abzulenken, stellt sich heraus, daß die beiden Amerikaner Gary und Melodie – sie scheinen ebenfalls auf der Suche nach einer Möglichkeit, ihre weitgehend konditionierten Persönlichkeitsstrukturen bewußtseinerweiternd zu transzendieren – eigentlich an bürgerlichen Positionen festhalten. Sadie, die sich zum Schluß des ersten Aktes von einem *»Amerikaka«* lossagt, das innerhalb des Stücks für *»Medienkapitalismus«* und die vor allem durch das Fernsehen bewirkte Persönlichkeitszerstörung steht, bezeichnet die beiden – Melodie trägt z. B. eine Halskette mit einem Bild Mick Jaggers – als *»MEDIA TURDS«: »you're into the same territory-sex-adrenalin bullshit as the stone men who run the insurance companies.«*

Der zweite unter dem Titel *Direct current* stehende Akt spielt im Zimmer Perownes, in dem zahlreiche Videobildschirme stehen und an dessen Wänden ungefähr 2000 Photos bekannter Persönlichkeiten hängen sollen, Hinweis auf die von Sadie bereits zuvor angesprochene *»Überbevölkerung«* des psychischen Innenraums. Maurice hat sich allerdings bereits aufgrund des medialen *»Umweltbombardements«* und der zahlreichen Bänder, die die fremden, auf Perowne einwirkenden *»Vibrationsexkremente«*, die er als *»psychic reostat to spare them hitting you all the time«* neutralisieren will, einen krankhaften *»Medienausschlag«* zugezogen. Er berichtet, daß er deswegen einen Arzt aufgesucht habe. Der Psychiater hat jedoch kein Interesse daran, die Krankheitsursachen zu ermitteln, sondern schlägt lediglich zunächst eine Elektroschocktherapie vor, dann als Alternative die Verabreichung von Psychopharmaka, um sich schließlich – Zeichen der *»paranoiden«* Tendenz der Psychiatrie in der Sicht des Autors – in eine ekstatisch-mystische Vision zu steigern. Als Perowne über die weitergehenden *»Chromosomenschäden«* klagt und den ratlosen Maurice dazu auffordert, die Medienverantwortlichen zu *»neutralisieren«*, erscheint Sadie. Der folgende Dialog beschäftigt sich mit der Möglichkeit einer *»operativen«* Entfernung der *»random noise«* verursachenden *»psychischen Parasiten«*, nämlich der *»berühmten Persönlichkeiten«*, die wie ein falscher Dünger das *»ökologische Gleichgewicht«* der Psyche stören. Während Perowne fürchtet, es sei bereits zu spät, dem medialen *»sensory assault«* noch wirksam Einhalt zu gebieten, will Sadie das *»TV yoga«* beenden, um die Möglichkeit zum Atmen zu geben. Während Perowne zunächst sein Heil in einem quasi-kybernetischen Modell der Synchronizität sieht, demzufolge mediale Angriffe vorausschauend neutralisiert werden könnten, lehnt Sadie den *»computer shit. Lot of fucking symbolism«* ab und plädiert für die *»Clean Machine«*, die die psychische Energie nicht mehr auf Berühmtheiten verschwendet: in einer längeren Passage läßt sich Sadie über die vermeintlichen Symbolträger des Bewußtseinswandels der sechziger Jahre aus: *»5000 million by energy went into that Beatle machine... Heroes just suck up everybody else's energy and then explode... The GENES are BLOCKED. Blocked by psychic capitalists heading off all the energy.«* Sadies Ideal ist der durch derartige mediale Persönlichkeiten nicht mehr umgeleitete *»TOTAL ACCESS«*. Das heißt auch, daß sie Maurices und Perownes Vorstellung über die zwischengeschalteten Absorbierungsmedien (Maurice für Perowne), die lediglich eine Hypostasierung der ursprünglichen Situation bedeuten und daher die Macht über den Patienten perpetuieren, demontieren muß. Sie befreit sie deshalb von den *»teevee heebie jeebies«*, indem sie während des folgenden Dialogs zwischen Maurice und Perowne mit den zusamengerollten Photos masturbiert *(»... I'M SENDING THEM ALL ON A HUGE COSMIC COME MISSION FROM WHICH THE'LL NEVER RETURN... I'M FEEDING YOUR WHOLE SCHIZOID MEDIA RASH CRAP INTO MY CUNT... I'M GONNE FIRE IT INTO OUTER SPACE«)*. Schließlich entnimmt Sadie ihrer Tasche eine Schriftrolle über den *»Homo Sapiens Correctus«*, deren Inhalt Perowne als *»another Utopian heresy«* und *»the delectable Mountains«* charakterisiert. Sie öffnet dann mit einem *»AC/DC«*-Trepanierinstrument den Schädel Perownes, um das im Laufe der genetischen Evolution zur Zirbeldrüse atrophierte *»Dritte Auge«* wieder zu öffnen: *»A Lost Paradise of Lost Brain Blood Volume«*. Sie tut das in einer direkten Kommunikation mit der *»kosmischen Energie«* herstellenden orgiastischen Szene, die das Stück beschließt: die gedruckte Fassung enthält zudem

noch einige Zeilen mit nicht entzifferbaren Schriftzeichen, Hinweise auf die neue Form der Kommunikation.
Das Stück, das als *»Klassiker der Gegenkultur«* der sechziger Jahre (F. R. Anderson) und als ein Höhepunkt englischer ARTAUD-Rezeption (Ch. W. Thomsen) bezeichnet wurde, ist eines der wenigen experimentellen Dramen der Zeit. Williams bedient sich einer Sprache, die Elemente der Beat-, Underground- und Hippie-Kultur ebenso verarbeitet wie den Wortschatz der Kybernetik, der Computertechnologie und der Science-fiction, um die Folgen der kulturindustriellen Inbesitznahme individuellen Bewußtseins von einem radikalen anarchistischen Standpunkt aus zu destruieren.
U.Bö.

AUSGABEN: Ldn. 1972. – NY 1973 *(AC/DC and The Local Stigmatic)*.

LITERATUR: N. de Jongh, *»AC/DC«* (in The Guardian, 16. 5. 1970). – Anon., *»AC/DC« at the Upstairs* (in Stage, 21. 5. 1970). – J. R. Taylor, *»AC/DC«* (in Plays and Players, Januar 1971, S. 47). – I. Wardle, *Interview* (in Gambit, 5, 1971, S. 139–144). – K. King, *H. W.* (in *Twenty Modern British Playwrights: A Bibliography 1956 to 1976*, NY 1977, S. 269–271). – Ch. W. Thomsen, *Das englische Theater der Gegenwart*, Düsseldorf 1980, S. 264–268. – S. Grant, *Voicing the Protest* (in *Dreams and Deconstructions: Alternative Theatre in Britain*, Hg. S. Craig, Ldn. 1980, S. 130/131). – R. v. Liebenstein-Kurtz, *Das subventionierte englische Theater. Produktionsbedingungen u. Auswirkungen auf das moderne englische Drama (1956–1976)*, Tübingen 1981, S. 238–249. – K. King, *H. W.* (in DLB, Bd. 13, 1982, S. 565–570).

NIGEL WILLIAMS

* 20.1.1948 Cheadle / Cheshire

WITCHCRAFT

(engl.; *Hexerei*). Roman von Nigel WILLIAMS, erschienen 1987. – In seinem bislang experimentierfreudigsten Werk beschäftigt sich Williams, der auch als Verfasser erfolgreicher Bühnenstücke, Fernsehspiele und Filmdrehbücher hervorgetreten ist, mit der Identitätskrise eines von seiner Ehe frustrierten Schriftstellers, der während seiner Recherchen für eine Fernsehserie immer mehr in den Bann einer obskuren Gestalt aus dem 17. Jh. gerät. Nach einem Nervenzusammenbruch im Sanatorium liegend, versucht der 39jährige Jamie Matheson, der sich selbst als exzentrischen Einzelgänger und unglaubwürdigen Erzähler charakterisiert, aus der Rückschau Klarheit darüber zu gewinnen, wie es zu seiner schizophrenen Persönlichkeitsentwicklung gekommen ist. Wie die Protagonisten in Williams' früheren Romanen, etwa *My Life Closed Twice* (1977) und *Star Turn* (1985), erinnert der Ich-Erzähler mit seiner unkonventionellen Grundhaltung, seiner humorvollen Erzählweise und seiner ausgeprägten Fabulierlust an einige Antihelden aus den Romanen der »zornigen jungen Männer«, etwa an die Protagonisten von K. AMIS' *Lucky Jim* (1954) und K. WATERHOUSE' *Billy Liar* (1959), wobei sich *Witchcraft* durch seine ernste Thematik und die komplexere Erzählstruktur von diesen neopikaresken Vorläufern abhebt.
Mit dem Auftrag, eine sechsteilige Fernsehserie mit dem Titel *»Cavaliers«* über die Englische Revolution zu schreiben, begibt sich der unter Minderwertigkeitsgefühlen leidende Matheson, der mit seiner nervenkranken Frau Margaret, seinen drei Töchtern und seiner Schwiegermutter Juliet im Londoner Stadtteil Putney lebt, im Februar 1986 in die British Library, um dort geeignetes Material zu sammeln. Gleich zu Beginn stößt er auf ein 1650 gedrucktes Pamphlet eines fiktiven Puritaners namens Ezekiel Oliphant, der sogleich eine enorme Faszination auf ihn ausübt. Mit Hilfe der attraktiven Anna, mit der er eine kurze, aber leidenschaftliche Liaison hat, obwohl sie ihrem Freund Derwent den Vorzug gibt, begibt sich Jamie auf die Spuren dieses fanatischen Veterans aus Cromwells *New Model Army*, dessen Lebensgeschichte in montagehafter und fragmentarischer Form wiedergegeben wird. Bei seinen Nachforschungen trifft Matheson unter anderem auf einen Nachfahren Ezekiels, den paranoiden Geschichtsdozenten Ron Oliphant, der ihm ebenso wie der auf Hexenverfolgung spezialisierte Historiker Rick Mason weitere Hinweise über Ezekiel liefert. Dieser denunzierte offenbar seine eigene Frau als Hexe, was ihm den Beinamen »Bloomsbury Witchfinder« eintrug, bis er aufgrund seiner Verstrickung in ein Komplott gegen den Protektor selbst des Paktes mit dem Teufel bezichtigt und wie zuvor seine Frau zum Tode verurteilt wurde.
Schon bald ist Jamie besessen von der Vorstellung, Ezekiel würde ihm in der Gegenwart begegnen, in sein Leben eingreifen und schließlich so sehr Besitz von seinem Körper und Geist ergreifen, daß er in bestimmten Situationen die Oberhand gewinnt. In der Folge spitzt sich die subtil gestaltete Beziehung zwischen den beiden Figuren zu einem bizarren, undurchschaubaren Kampf zu, in dessen Verlauf Jamie sich einbildet, Anna erwürgt zu haben. Während das Interesse des Erzählers vor allem Ezekiel gilt, geht es eigentlich um seinen eigenen psychischen Verfall, dessen Gründe in seinem Unbewußten liegen. Daß am Ende die Frage, inwieweit der Protagonist von seinen Wahnvorstellungen geheilt ist, ebenso offenbleibt wie die Zukunft seiner Ehe, zeugt von einem ausgeprägten Sinn für die gefährdete Identität des modernen Ichs sowie von einer

auch in Williams' übrigen Romanen implizierten Skepsis gegenüber der Möglichkeit eines harmonischen Zusammenlebens der Geschlechter. Wenn Margaret, die sich als feministische Hobbyhistorikerin nach Jamies Zusammenbruch eingehend mit Hexerei beschäftigt, ihrem Mann schließlich mitteilt, daß die von ihm zugrunde gelegten Dokumente über Ezekiels Leben Fälschungen seiner Nachfahren aus dem 19. Jh. seien, so wird die Grenze zwischen Fakten und Fiktionen einmal mehr in Zweifel gezogen.

Der analytisch strukturierte Roman bezieht seine Spannung aus der originellen, psychoanalytisch gefärbten Abwandlung des Doppelgängermotivs, das hier – wie in vielen Werken seit der Romantik – eng mit der Vorstellung der Ichspaltung verknüpft ist. Im Verlauf der streckenweise phantastischen Handlung entwickelt sich Oliphant immer mehr zu einer spukhaften Doppelgängergestalt, wobei die nuancierte Darstellung von Mathesons tagträumerischen Angstzuständen an Dostoevskijs *Dvojnik*, 1846 *(Der Doppelgänger)*, erinnert. Psychologisch begründet ist das Auftauchen des Doppelgängerphantoms durch die Persönlichkeitsschwäche des Protagonisten, der ein Opfer seiner inneren Zwiespältigkeit und seiner überaus regen Phantasie wird. Ezekiels Eingriffe in Jamies Leben sind für den Leser als Projektionen der Psyche des Protagonisten durchschaubar, denn der imaginäre Doppelgänger verkörpert als sein *»Schatten«* (im Sinne von C. G. Jung), als der er Jamie meist erscheint, viele seiner verdrängten Wünsche, unbewußten Ängste und unterdrückten Schuldgefühle. Durch die Duplizität von Ereignissen auf der Handlungsebene, durch Parallelen zwischen den Schauplätzen sowie zahlreiche thematische Ähnlichkeiten zwischen den beiden Lebensgeschichten (so tragen etwa auch die Ehefrauen Doppelgängerzüge) kommt es zu einer Häufung der fiktiven Doppelungen, und dadurch werden auch beide Zeitebenen zusätzlich verknüpft.

Formal wird die enge Verbindung zwischen den nur scheinbar völlig heterogenen Handlungssträngen durch das montagehafte und anachronische Konstruktionsprinzip des Romans unterstützt, in dem Oliphants Lebensgeschichte und Mathesons Rekonstruktion alternierend und unvermittelt nebeneinander gestellt werden. Während es zunächst noch möglich ist, deutlich zwischen Jamies Erlebnissen und den durch den archaisierenden Sprachgebrauch abgesetzten Passagen Ezekiels zu unterscheiden, wird dies aufgrund der arabeskenhaften Verquickung der Geschichten und der zunehmenden stilistischen Assimilierung später schwierig, bis schließlich die Grenzen zwischen Vergangenheit und Gegenwart sowie zwischen fiktiver Realität und Halluzination immer fließender (und passagenweise ganz verwischt) werden. Sowohl die psychologische Bedeutung Oliphants als auch die Entfremdung von seiner eigenen Ehefrau, die ihn mitsamt ihren Kindern für einige Monate verläßt, sind dem Erzähler weitgehend unerklärlich. Letztlich bleibt es dem Leser überlassen, aus Jamies Bericht, den Passagen aus Ezekiels bekenntnishafter Autobiographie und den Parallelen zwischen ihren Lebensgeschichten eigene Schlußfolgerungen zu ziehen. Aufgrund der fortschreitenden Durchdringung der Zeitebenen kommt es zu einem ständigen Wechsel verschiedener Fiktionsebenen, der ebenso zu den typischen Kennzeichen postmodernen Erzählens zählt wie die metafiktionalen Reflexionen, das offene Ende und die Auflösung des eindeutig definierbaren Charakters.

Durchsetzt mit satirischen Seitenhieben auf akademische Geschichtsschreibung, wirft der Roman Fragen nach dem Prozeß der historischen Erkenntnis und dem epistemologischen und ontologischen Status von Geschichte auf. Mit seinen experimentellen Erzählverfahren und der Betonung des fiktionalisierenden Charakters jeder Form von Geschichtsdarstellung ist *Witchcraft* ein Prototyp des als *»historiographische Metafiktion«* bezeichneten Genres des postmodernen Romans, zu dem z. B. Romane von E. L. Doctorow, John Fowles, Andrew Sinclair und Graham Swift zu zählen sind.

A.Nü.

Ausgaben: Ldn. 1987. – Ldn. 1988.

Literatur: Anon., Rez. (in The Times, 28. 5. 1987, S. 17). – J. Melmoth, Rez. (in TLS, 12. 6. 1987, S. 626). – J. Sutherland, Rez. (in London Review of Books, 9, 1987, Nr. 11, S. 19–20).

Raymond Williams

* 31.8.1921 Pandy / Wales
† 26.1.1988 Cambridge

Literatur zum Autor:
J. P. Ward, *R. W.*, Cardiff 1981. – J. Gorek, *The Alien Mind of R. W.*, Columbia/Mo. 1988. – A. O'Connor, *R. W.*, Oxford 1989. – *R. W.: Critical Perspectives*, Hg. T. Eagleton, Boston 1989.

CULTURE AND SOCIETY 1780–1950

(engl.; *Ü: Gesellschaftstheorie als Begriffsgeschichte. Studien zur historischen Semantik von ›Kultur‹*). Kultursoziologische Studie von Raymond Williams, erschienen 1958. – Nach ersten Ansätzen zu einer englischen marxistischen Kulturtheorie während der dreißiger Jahre (Chr. Caudwell, A. West, R. Fox) entstanden während der fünfziger Jahre mit R. Hoggarts *The Uses of Literacy* (1957) und Williams' *Culture and Society* zwei Werke, die vor dem Hintergrund des neu erstarkten Konservativismus und des Kalten Krieges und noch vor der Rezeption von B. BRECHT und G. LUKÁCS in Großbritannien nach den spezifisch eigenen Formen der Arbeiterkultur bzw. nach der historischen Genese des modernen Kulturbegriffes fragen. Die kulturphilosophische Theorie Williams', dessen Untersuchung eine Fortsetzung seiner in der (1946–1948 zusammen mit C. COLLINS und W. MANKOWITZ herausgegebenen) Zeitschrift ›Politics and Letters‹ begonnenen Arbeit darstellt, entstand in den Jahren 1950 bis 1956.

Wort und Begriff *culture* im heutigen Sinne sind, so betont Williams nachdrücklich, ein Produkt der gesamten materiellen und geistigen Veränderungen der Periode, die mit der Industriellen Revolution und dem Erstarken der Arbeiterbewegung traditionelle Gesellschaftsvorstellungen in Frage stellte. Williams diskutiert den Bedeutungsgehalt des Begriffes *culture* deshalb auch in Relation zu weiteren, sich ebenfalls verändernden Schlüsselworten der Moderne: *industry, democracy (class)* und *art*. Der Begriff *culture*, so arbeitet Williams heraus, wird in der Folgezeit zur Benennung bestimmter moralischer und intellektueller Aktivitäten in Opposition zum Geist des Industrialismus und des Utilitarismus und als Berufungsinstanz humanitärer Interessen verwendet. Allerdings stellt die Einengung auf den Aspekt der Kultivierung des inneren Menschen nicht nur eine intellektuelle Antwort auf gesellschaftliche Probleme dar, sondern umgreift immer auch Vortheoretisches, was Williams mit dem relativ vage bleibenden Begriff der *structure of feeling* bezeichnet. Williams, der betont, *»life is whole and continuous – it is the whole complex that matters«*, fragt andererseits jedoch auch nach Ansätzen zu einem Begriff von Kultur, der nicht einen Aspekt, der in der Folge immer stärker mit den Wirkungen *»hoher«* Literatur assoziiert wird, absondert, sondern in der von ihm favorisierten Weise das Ganze einer materiell-emotional-geistigen Lebensweise *(»a whole way of life«)* umgreift.

Williams gliedert die historische Entwicklung in drei Phasen, denen die drei Teile des Buches entsprechen: Während der Jahre 1790 bis 1870 versuchte man in England, theoretisch mit den Herausforderungen des Industrialismus und der Demokratie fertig zu werden; den Zeitraum 1870 bis 1914 bezeichnet Williams als Interregnum, in dem die praktische Politik stärker in den Blickpunkt rückte, während seit 1914 die neuen Massenmedien und das Anwachsen großer Organisationen eine neue Herausforderung insbesondere für die universitäre Vermittlung der englischen Kultur darstellen.

Williams geht in seinem traditionellen Verfahren jeweils von Reaktionen einzelner Persönlichkeiten auf die meist nur angedeuteten gesellschaftlichen Probleme aus. So stellt er etwa BURKES Demokratiekritik und W. COBBETTS Polemik gegen die Unnatur der neuen industriellen Zivilisation gegenüber, oder er konfrontiert den konservativen R. SOUTHEY mit einem der Begründer des englischen Sozialismus, R. OWEN. Williams geht aber auch auf schriftstellerische Antworten auf die Veränderungen der literarischen Produktions- und Distributionsbedigungen ein, in deren Kontext die romantische Vorstellung von der Kunst als einem Zugang zu imaginitiver Wahrheit und vom Künstler als einem Spezialisten entstehen – eine der Quellen für die neue Idee der Kultur als eines Mediums der Vervollkommnung der Menschheit angesichts der für bedrohlich gehaltenen Industrialisierung und Demokratisierung.

Die Begriffe von Kultur und Kultivierung dienen, wie Williams etwa im Kapitel über J. S. MILLS Rezeption von S. T. COLERIDGE und J. BENTHAM zeigt, als Positionen der Verteidigung gegen das mechanistische Denken und gegen die Überbetonung des Nützlichkeitsprinzips. Kultivierung wird dabei im Gegensatz zur Zivilisation (assoziiert mit bloßem Fortschritt) an die Norm der harmonischen Entwicklung des Menschen gekoppelt und, etwa bei Coleridge, als Aufgabe einer unabhängigen Sondergruppe, der *clerisy*, zugeteilt, die bei Mill und anderen im Gedanken des Ausbaus des nationalen Erziehungssystems aufgegriffen wird. Williams diskutiert im folgenden die Klassiker der englischen Gesellschaftskritik des 19. Jahrhunderts, T. CARLYLE (Kritik an *laissez-faire*-Denken, Demokratie und Mechanisierung), J. H. NEWMAN, M. ARNOLD (Kultur als *»the best that has been thought and said in the world«*), J. RUSKIN und W. MORRIS. Er geht dabei interpretatorisch stets von Texten oder markanten Einzelpersönlichkeiten aus, bezieht zwar auch die sog. *Industrial Novel* (den englischen Sozialroman) mit seiner durchgängig artikulierten Furcht vor der Gewalt der Arbeiterklasse in den Nachweis eines *»general structure of feeling«* mit ein, bleibt jedoch hinsichtlich der materiellen, ökonomischen Veränderungen noch relativ vage. Im Zentrum der Darstellung steht allerdings auch nicht etwa die exakte sozialhistorische Analyse, sondern eher der sich der eigenen Historizität bewußte Respons auf Denker, mit denen Williams erkennbar in einen Dialog eintritt. So bezeichnet er gelegentlich Coleridge, Arnold und F. R. LEAVIS als seine Lehrer, denen er trotz ihres Konservativismus insofern verpflichtet sei, als *»a society is poor indeed if it has nothing to live by but its own immediate and contemporary experience«*. Andererseits kritisiert er Leavis' *»›minority culture‹ dogma«* und die Einengung von Kultur auf Literatur: *»... the ways in which we can draw on other experience are more various than literature alone. For experience that is formally recorded we go, not only to the rich source of literature, but also to history, building, painting, music, philosophy ... We go also, if we are wise, to the experience that is otherwise recorded: in institutions, manners, customs, family memories.«* Aufgrund dieser fachliche wie institutionelle Begrenzungen überwindenden, auf das Ganze kultureller Manifestationen gerichteten Perspektive, stellt diese Studie, wie das Gesamtwerk Williams', eine Auseinandersetzung dar mit *»what I take to be official English culture«* (so Williams in *Politics and Letters*, 1979).

Gegen Ende des dritten Teils beschäftigt sich Williams mit dem Thema Marxismus und Kultur. Er versucht u. a. zu zeigen, daß marxistische Theoretiker der dreißiger Jahre eigentlich im alten romantischen Protest wurzeln und daher neben genuin marxistischen Positionen am 130 Jahre zuvor entstandenen Kulturbegriff festhalten. Er selbst hält die Frage nach der Determination der Kultur durch die Ökonomie für noch nicht beantwortbar und meldet seine Skepsis gegen interpretatorische Verfahren an, die mechanisch von einem einseitig determinierten Basis-Überbau-Verhältnis ausgehen. Williams, dem die moralische Ernsthaftigkeit eines F. R. Leavis attestiert wurde, ohne daß er in irgendeiner Weise die elitären Vorstellungen des *Scrutiny*-Kreises geteilt hätte, wurde selbst noch in Besprechungen seines Buches *Marxism and Literature* (1977), in dem er u. a. die Basisbegriffe der Kultur, der Sprache, der Literatur und der Ideologie zu klären versucht, um dann eine Kultur- und eine Literaturtheorie zu entwickeln, der Vorwurf einer mangelnden Reflexion über den Zusammenhang von sozio-ökonomischen und kulturellen Prozessen gemacht. Während in *Culture and Society* manche These vage und mancher Begriff unscharf bleibt, versucht Williams in *Marxism and Literature* das für diese erste Untersuchung zentrale Konzept des *»structure of feeling«* unter Zuhilfenahme von A. Gramscis Begriff der *Hegemonie* und korrelierter Begriffe wie *Institution* und *Formation* zu klären.

Williams, seit 1961 Professor in Cambridge, zählt zu den Begründern einer sozialgeschichtlich fundierten Kulturtheorie, die er in vielbeachteten Werken wie *The Long Revolution* (1961), *Communications* (1967), *The Country and the City* (1973), *Culture* (1981) oder *Towards 2000* (1983) weiterentwickelte. T. Eagleton, der Williams zeitweilig scharf kritisierte, bezeichnete ihn gleichwohl als den *»single most masterly, original cultural thinker in Britain of the twentieth century«*. U.Bö.

Ausgaben: Ldn. 1958. – Harmondsworth 1961 (Penguin; ern. 1963; m. Nachw.). – Harmondsworth 1982. – NY 1983. – Ldn. 1990 (u. d. T. *Culture and Society: Coleridge to Orwell*).

Übersetzung: *Gesellschaftstheorie als Begriffsgeschichte. Studien zur historischen Semantik von ›Kultur‹*, H. Blumensath, Mchn. 1972.

Literatur: M. Green, *R. W. and Cultural Studies* (in Cultural Studies, 5, 1974). – J. Higgins, *R. W. and the Problem of Ideology* (in Boundary 2, 11, 1982/83, S. 145–154). – G. Pechey, *Scrutiny, English Marxism, and the Work of R. W.* (in Literature and History, 11, 1985, S. 66–76). – P. Brantlinger, *R. W.: From ›Culture‹ to ›Community‹* (in Postscript, 3, 1986, S. 19–25). – A.M. Abdul-Fatah, *The Literary and Cultural Criticism of R. W.* (in Neohelicon, 14, 1987, Nr. 2, S. 33–40). – Southern Review, 22, Adelaide 1989, Nr. 2 [Sondernr. *R. W.*]. – P. Brantlinger, *R. W.: Culture is Ordinary* (in Ariel, 22, Calgary 1991, Nr. 2, S. 75–81).

Angus Wilson

eig. Angus Frank Johnstone-Wilson

* 11.8.1913 Bexhill / Sussex
† 31.5.1991 London

Literatur zum Autor: J. Mander, *A House Divided* (in J. M., *The Writer and Commitment*, Chester Springs 1962, S. 111–152). – C. B. Cox, *The Free Spirit*, Ldn. 1963. – J. L. Halio, *A. W.*, Ldn. 1964. – R. Rabinovitz, *The Reaction against Experiment in the English Novel, 1950–1960*, NY 1967. – K. W. Gransden, *A. W.*, Ldn. 1969. – K. Schlüter, *Kuriose Welt im modernen engl. Roman. Dargestellt an ausgewählten Werken von Evelyn Waugh u. A. W.*, Bln. 1969. – B. Scheer-Schätzler, *A. W.* (in *Englische Literatur der Gegenwart*, Hg. H.W. Drescher, Stg. 1970, S. 104–133). – F. P. W. McDowell, *An Interview with A. W.* (in Iowa Review, 3, 1972, S. 77–105). – D. Escudié, *Deux aspects de l'aliénation dans le roman anglais contemporain, 1945–1965: A. W. et William Golding*, Paris 1975 [m. Bibliogr.]. – P. Faulkner, *A. W.: Mimic and Moralist*, Ldn./NY 1980. – J. L. Halio, *A. W.* (in DLB, Bd. 15, 1983, S. 591–614). – *Critical Essays on A. W.*, Hg. ders., Boston 1985. – A. Gardner, *A. W.*, Boston 1985 (TEAS). – E. Lehmann, *A. W.* (in *Der englische Roman der Gegenwart*, Hg. R. Imhof u. A. Maack, Tübingen 1987, S. 53–67).

ANGLO-SAXON ATTITUDES

(engl.; *Ü: Späte Entdeckungen*). Roman von Angus Wilson, erschienen 1956. – Im Mittelpunkt von Wilsons zweitem Roman, der zu seinen bekanntesten und bedeutendsten Werken zählt, steht Gerald Middleton, ein 64 Jahre alter Versager jener peinlichen Spielart, die man »Versager mit Gewissen« nennen könnte. Die skrupelhafte Lebensuntüchtigkeit des inzwischen emeritierten Professors für mittelalterliche Geschichte deutet sich symbolisch in seinem bewußten Schweigen über eine historische Fälschung an, die sich vierzig Jahre vor Beginn der eigentlichen Romanhandlung ereignet hat (und auf die in Rückblenden im ersten Teil des Buches wiederholt Bezug genommen wird): Ein heidnisches Fruchtbarkeitssymbol war 1912 in das Grab eines christlichen Bischofs aus dem 7. Jh. eingeschmuggelt worden. Ängstlichkeit und falsche Rücksichtnahme (Gilbert, der Sohn des die Ausgrabungen leitenden Professors Stokesay, hatte die Figur ins Grab gelegt, um die Experten zu täuschen) führten bei Middleton dazu, daß er die anfangs in ihn gesetzten Erwartungen nicht erfüllen konnte. Auch im Privatleben hat er Schiffbruch erlitten: Er heiratete eine ungeliebte Frau, unternahm nichts dagegen, daß diese ihre Kinder in zerstörerischer Selbstsucht als ihren alleinigen Besitz betrachtete, wagte nicht, sich zu seiner Geliebten Dollie zu bekennen, und sah tatenlos zu, wie diese schließlich der Trunksucht verfiel. Zu spät entschließt sich Middleton zum Handeln. Beruflich kann er sich durch Aufdeckung der Fälschung zwar noch aus seiner Lähmung befreien, doch im Privatleben ist die Entfremdung nicht mehr rückgängig zu machen.

In den Gestalten des Gerald Middleton und seiner beiden Söhne stehen sich verschiedene Lebensbereiche der modernen Gesellschaft gegenüber. Robin, der ältere Sohn, ist ein Industriemagnat, John, der jüngere, ein Linksintellektueller, war früher Mitglied des Parlaments und machte dann beim Fernsehen Karriere. Die Konfrontation der verschiedenen Lebenskreise bietet in diesem personen- und episodenreichen Roman vielfache Angriffspunkte für Wilsons moralkritische und satirische Attacken, denen seine scharfe Beobachtungsgabe für Details in Kleidung, Sprache und Auftreten zugute kommt. Die eigentliche Stärke des Romans liegt in der gelungenen Verschmelzung symbolischer und realistischer Elemente. In Middletons Dilemma spiegelt sich – wie schon in Bernard Sands' Krise im Erstlingsroman *Hemlock and After* (1952) – die moralische, seelische und geistige Zwangslage jener fortschrittsgläubigen Liberalen, deren Vorstellungen von einer humaneren Gesellschaft sich nicht erfüllt haben und die sich nun in einer amoralischen und richtungslosen Welt verloren fühlen. Das Scheitern ihrer Ideale setzt Wilson in Beziehung zu ihrem persönlichen Versagen und letztlich zu ihrem Mangel an Charakterstärke, fällt jedoch kein Urteil über sie, sondern zeigt Einsicht und Mitgefühl.

Anglo-Saxon Attitudes machte den Autor, der in den späten fünfziger Jahren zeitweilig fälschlich der Gruppe der *Angry Young Men* zugerechnet wurde, zu einem der führenden Nachkriegsschriftsteller in England. Von einigen der originellen und lebendig gezeichneten Nebenfiguren des Buchs fühlten sich manche Kritiker zu Recht an DICKENS erinnert. Der Roman läßt stellenweise auch Anklänge an Aldous HUXLEY erkennen, der Wilson früher beträchtlich beeindruckt hatte. Obwohl Wilson den Rahmen der angelsächsischen Romantradition nicht sprengt, gelingt ihm hier wie in seinen anderen Romanen ein originelles Panorama »angelsächsischer Attitüden« (der Titel verweist auf Lewis CARROLLS *Through the Looking-Glass*), ohne daß er je der Gefahr der Selbstwiederholung erläge.

J.v.Ge.-KLL

AUSGABEN: Ldn. 1956; [4]1971. – NY 1956. – Harmondsworth 1958; [6]1978. – NY 1963. – Ldn. 1985.

ÜBERSETZUNG: *Späte Entdeckungen*, A. Koval, Wiesbaden 1957. – Dass., ders., Reinbek 1961 (rororo). – Dass., ders., Ffm. 1984 (BS).

LITERATUR: I. Scott-Kilvert, *A. W.* (in Review of English Literature, 1, 1960, 2, S. 42–53). – F. R. Karl, *The Still Comic Music of Humanity* (in F. R. K., *The Contemporary English Novel*, NY 1962, S. 238–253). – T. Hahn, *Medievalism, Make-Believe, and Real Life in W.'s »Anglo-Saxon Attitudes«* (in Mosaic, 12, 1979, S. 115–134). – V. S. Pritchett, *A. W.: Going Downhill* (in V. S. P., *The Tale Bearers*, Ldn. 1980, S. 104–114). – D. L. Higden, *A. W.: »Anglo-Saxon Attitudes«. Echoes of Memory* (in D. L. H., *Shadows of the Past in Contemporary British Fiction*, Ldn./Athens (Ga.) 1984, S. 137–151).

AS IF BY MAGIC

(engl.; *Ü: Wie durch Magie*). Roman von Angus WILSON, erschienen 1973. – Wilsons siebter Roman, der weitgehend außerhalb Englands spielt (eine beträchtliche räumliche Erweiterung des Wilsonschen Romanspektrums) und der sich thematisch sowohl mit der Jugendkultur der späten sechziger Jahre als auch mit dem Problem des Fortschritts in der Dritten Welt auseinandersetzt, basiert auf zwei Erzählsträngen, die teilweise parallel geführt, teilweise miteinander verflochten sind. Der eine Strang rankt sich um die Gestalt des Pflanzengenetikers Hamo Langmuir, der eine besonders nahrhafte Reissorte namens »Magic« (»Wunderreis«) entwickelt hat, der andere um dessen Patentochter Alexandra Grant, deren Magie sexueller Art ist und die mit alternativen Lebensstilen experimentiert. Hamos züchterische Errungenschaft soll helfen, die katastrophale Nahrungssituation in Ländern der Dritten Welt zu verbessern.

Zu Beginn des Werkes wird er von seinem Chef, Sir Alec Langmuir, auf eine Reise um die Welt geschickt, um die neue Reissorte zu propagieren. Ebenfalls im Aufbruch befindlich ist Alexandra (Ally), die von Hamo zur Alleinerbin bestimmt wurde. Sie lebt mit zwei Männern, Ned und Rodrigo, in einer an D. H. LAWRENCE' *Women in Love* geschulten Birking-Ursula-Gerald-Beziehung. Ihre psychischen Probleme versucht sie in der von Ned geleiteten kommuneartigen Theatertruppe zu lösen. Bevor Hamo mit seinem Assistenten England verläßt, sucht er Allys Eltern, Perry und Zoe Grant, auf, um sich zu verabschieden. Dort trifft er auch Ally und die beiden Männer. Der Abschied verläuft nicht eben harmonisch. Ally bereitet ihren Eltern einiges Kopfzerbrechen, denn sie möchte mit Ned und Rodrigo nach Nordafrika, später nach Indien gehen. Als Abschiedsgeschenk überreicht sie ihrem Onkel ein Fernglas (*»magic glasses«*). – Im zweiten Buch bereist Hamo Amerika und den Fernen Osten; durch seine homosexuelle Veranlagung wird er wiederholt vom Begehren nach einem »Traumjungen« geplagt und gerät dabei häufig in Situationen, in denen er gegen gesellschaftliche Gepflogenheiten verstößt. Seinen »Traumjungen« findet er schließlich bei der Familie Jayasekere auf Ceylon. Die Jayasekeres halten Hamo für Dr. Malcom, den Sekretär des London University Exami-

nation Board, und Hamo spielt diese Rolle, um Muthu, dem Diener der Jayasekeres, nahe zu sein. Bei einem gesellschaftlichen Abend im Hause der Jayasekeres wird Hamos wahre Identität aufgedeckt und Hamo mit Muthu im Dienerschaftstrakt überrascht. Kurze Zeit danach erfährt er, daß Muthu geflohen ist. Hamo reist ab und bittet seinen Gastgeber, den Jungen suchen zu lassen.
Unterdessen erwartet Ally von Rodrigo ein Kind. Gegen den Wunsch der beiden Männer möchte sie das Kind austragen. Nach der Geburt ihres Sohnes reist sie mit Ned und Rodrigo nach Tanger, lebt dort in einer Kommune und versucht, ihre emotionale Abhängigkeit von den beiden Männern zu überwinden. Die Kommune löst sich jedoch nach einiger Zeit auf: Rodrigo erhält mit Allys Hilfe eine Stellung bei Sir Alec Langmuir in England; Elinor, eine befreundete junge Frau, die mystische Gemeinschaft mit *»the Great Being«* sucht, beschließt, mit Ned zu einem Guru nach Goa zu reisen; ihre Mutter, Thelma, die ihre versäumte Liebe an Elinor gutmachen möchte, reist ihr nach; Ally folgt ebenfalls. In Goa schließen sich Ally und Elinor einer religiösen Sekte an, die von einem österreichischen Swami angeführt wird, der Ally eines Tages eröffnet, daß Hamo gleichfalls in Goa sei. Als Hamo sein Fernglas einem indischen Jungen schenkt, gebraucht dieser die *»magic glasses«* dazu, die nackten Hippies am Strand zu beobachten, wofür ihn, eben als Elinor ihre spirituelle Erfüllung zu finden glaubt, wütende Jugendliche einer höheren Kaste zu Tode steinigen. So werden verschiedene Formen und Spielarten von »Magie« ständig in komisch-parodistischer Absicht gegenübergestellt und zusammenmontiert.
Hamo verfaßt einen Bericht an Sir James Langmuir mit der Bitte, ein Projekt ins Leben zu rufen, das der Entwicklung von speziellen Hybriden für besonders arme Böden dienen möge. Als er Ally trifft, bittet ihn diese, sie zu heiraten. Doch bevor es dazu kommen kann, wird Hamo von aufgebrachten Reispflanzern umgebracht, die sich aufgrund von in einem Interview dahingesagten Worten vom großen Reisgott Hamo verraten fühlen. – Im »Epilog« kehrt Ally nach England zurück und beabsichtigt, Hamos Projekt gegen die Pläne von Sir Alec und Sir James, der Anhänger des Swami ist und ein okkultistisches Zentrum errichten will, zu verwirklichen. Am Tage der Eröffnung des Zentrums erliegt Sir James einer Herzattacke, und Ally erbt sein gesamtes Vermögen. Sie läßt das Zentrum niederreißen und einen Wohnkomplex für finanziell minderbemittelte Menschen errichten. Magie, so weiß sie, kann ihr dabei nicht helfen.
Der Roman ist eine Apotheose liberaler, sozialdemokratischer Denkweise. Er fordert vom Leser, daß dieser zwischen verschiedenen Formen falscher Magie, einschließlich der wissenschaftlichen und fernöstlichen, unterscheidet. Unter Einsatz einer Unzahl literarischer Parodien – viele Szenen sind solchen aus Feydeaus Farcen nachgebildet – läßt Wilson unterschiedliche Erzählstandpunkte wirksam werden. Ein Geistlicher weiß zwar, daß *»the great mysteries ... never obscurantist«* waren, doch jenseits aller Magie dem *»clear light of love«* näherzukommen, ist allein Hamo und Ally vorbehalten.
R.Im.

Ausgaben: Ldn. 1973. – NY 1973. – Harmondsworth 1976. – Ldn. 1981. – Ldn. 1988.

Übersetzung: *Wie durch Magie*, W. Peterich, Mchn./Zürich 1975. – Dass., ders., Stg. 1976. – Dass., ders., Mchn. 1977 (Knaur Tb).

Literatur: M. Amis, Rez. (in New Statesman, 1.6.1973). – V. Glendinning, Rez. (in Irish Times, 2.6.1973). – J. Raban, Rez. (in Encounter, 41, Juli 1973, S. 78–81). – M. Drabble, Rez. (in National Observer, 10.11. 1973). – A. Wilson, *»As If By Magic«: A. W. on His Own Novel* (in Dutch Quarterly Review, 6, 1976, S. 259–277). – H. Rauter, *A. W.: »As If By Magic«* (in *Englische Literatur der Gegenwart, 1971–1975*, Hg. R. Lengeler, Düsseldorf 1977, S. 191–201).

THE MIDDLE AGE OF MRS. ELIOT

(engl.; *Ü: Meg Eliot*). Roman von Angus Wilson, erschienen 1958. – Am Beispiel Meg Eliots, der Titelheldin des Romans, und ihres Bruders David Parker zeigt Wilson in seinem dritten Roman den Prozeß der rationalen und seelischen Auseinandersetzung des auf sich selbst zurückverwiesenen Menschen mit seiner Umwelt. Beide verlieren ihren liebsten Menschen, und beide akzeptieren schließlich ohne Resignation diesen Verlust. – Meg, die 43jährige schöne und intelligente Frau des erfolgreichen Rechtsanwalts Bill Eliot, führt ein selbstzufriedenes und, wie sie glaubt, glückliches Leben. Ihre Freunde, das gemütliche Heim, die kostbare Porzellansammlung, Bücher, die gelegentliche Mitarbeit bei einer Altershilfeorganisation und vor allem ihr Mann – das sind die Interessen, die sie ausfüllen. Dieses Idyll wird jäh zerstört, als Bill auf einer gemeinsamen Geschäfts- und Urlaubsreise in den Fernen Osten einem Mordanschlag, der nicht ihm galt, zum Opfer fällt. Finanzielle Schwierigkeiten zwingen Meg, aus eigener Kraft einen neuen Lebensinhalt zu finden. Mit der allen Gestalten Wilsons eigenen selbstkritischen Einsicht erkennt sie die Künstlichkeit ihres früheren Daseins und sinnt auf Möglichkeiten, mit dem wirklichen Leben in Berührung zu kommen. Sie isoliert sich von fast allem, was an jene Zeit erinnert, lebt in Hotelzimmern und absolviert einen Sekretärinnenkurs. Die alten Freundinnen Jill, Poll und Viola, jede auf ihre Art am Leben gescheitert, sind die einzigen, die Meg Verständnis entgegenbringen und mit denen sie weiterhin verkehrt. Doch Megs Neigung, sich in das Leben anderer zu drängen, entfremdet sie schließlich auch ihnen. Meg fühlt sich gescheitert, erleidet einen körperlichen und seelischen Zusammenbruch und sucht Zuflucht bei ihrem Bruder David. Anders als Meg ist dieser ein stiller und verschlossener Mensch, der seine akademische Laufbahn abgebrochen und sich in die ländliche Abgeschiedenheit von Andredaswood zurückgezogen hat, wo er mit seinem Freund Gordon eine Großgärtnerei und Blumenzucht betreibt. Als Gordon, mit dem ihn eine homosexuelle Neigung verbindet, stirbt, flüchtet sich David in die Fürsorge für seine Schwester und hofft, in einer weltfernen Gemeinschaft mit ihr einen neuen Lebensinhalt zu finden. Meg versucht anfangs, ihren asketischen Bruder zu größerer Weltoffenheit zu »verführen«, erkennt dann aber, daß ihre Wege sich trennen müssen. Sie kehrt in ein tätiges Leben zurück und findet als Sekretärin bedeutender Männer zu jener Wirklichkeit, die sie nicht entbehren kann.

In Meg wie in David verkörpern sich die beiden Ausprägungen eines weltlichen Humanismus, die der Autor nach eigener Aussage als die einzig möglichen anerkennt: das kontemplative Leben in körperlicher und geistiger Askese und die aktive Teilnahme. Beide Geschwister sind auf der Suche nach der eigenen Identität, nach ihrem wahren Lebensinhalt – ein Thema, mit dem sich Wilson auch in seinen früheren Romanen *Hemlock and After* (1952) und *Anglo-Saxon Attitudes* (1956) auseinandergesetzt hat. In Davids Freund deutet sich eine dritte Alternative an, die eines religiös fundierten Humanismus, doch hat Wilson diese Möglichkeit der Weltbejahung in seinem Roman nicht ausgeschöpft. – Meg Eliot ist eine moderne Variante jenes Heldinnentypus, den Jane AUSTEN in Emma Woodhouse (*Emma*, 1816) und George ELIOT in Maggie Tulliver (*The Mill on the Floss*, 1860) – der Vorname »Meg« ist eine bewußte Assoziation – porträtiert haben, wie überhaupt Wilsons traditionelle Erzählweise der *novel of manners* des 19. Jh.s verpflichtet ist. KLL

AUSGABEN: Ldn. 1958; ²1980. – NY 1959. – Harmondsworth 1961; ³1982. – Ldn. 1979.

ÜBERSETZUNG: *Meg Eliot*, H. Lindemann, Wiesbaden 1960. – Dass., ders., Bln./Weimar 1969 [Nachw. K. Schirrmeister].

LITERATUR: J. Wain, Rez. (in New Yorker, 11. 4. 1959). – Ch. J. Rolo, Rez. (in Atlantic Monthly, April 1959, S. 138/139). – R. J. Kaufmann, Rez. (in Nation, 23. 5. 1959). – J. Raymond, *Meg Eliot Surprised* (in J. R., *The Doge of Dover*, Ldn. 1960, S. 170–178). – J. F. Kermode, *Mr. W.'s People* (in J. F. K., *Puzzles and Epiphanies*, Tampa/Fla. 1962, S. 193–197). – W. J. Smith, *A. W.'s England* (in Commonweal, 82, 1965, S. 18–21). – V. Shaw, *»The Middle Age of Mrs. Eliot« and »Late Call«: A. W.'s Traditionalism* (in Critical Quarterly, 12, 1970, S. 9–27). – K. Schlüter, *A. W.: »The Middle Age of Mrs. Eliot«* (in *Der moderne englische Roman*, Hg. H. Oppel, Bln. ²1971, S. 361–376).

NO LAUGHING MATTER

(engl.; *Ü: Kein Grund zum Lachen*). Roman in fünf Büchern von Angus WILSON, erschienen 1967. – Wilson hat sich selbst zu Recht als *»traditional novelist«* eingeschätzt: Seine Romane und Erzählungen sind gekennzeichnet durch Reichtum und Genauigkeit der zeitgeschichtlichen Situierung, durch eine Vorliebe für Institutionen als Schauplatz und durch die präzise soziale Charakterisierung der zahlreichen Figuren. Dabei darf freilich nicht übersehen werden, daß der Autor auch erzähltechnisch experimentiert hat: etwa in der Verwendung szenisch-dramatischer Passagen und im Verzicht auf eine durchkomponierte Fabel in *No Laughing Matter*, der ihm als sein bester Roman galt.

No Laughing Matter ist in mancher Hinsicht Wilsons komplexestes Werk. Es gründet nicht auf einer kausalverknüpften Handlung, sondern auf einer Serie von Episoden, welche die Geschichte der Familie Matthews durch die sozialen und politischen Veränderungen des letzten halben Jahrhunderts hindurch verfolgen. Die narrative Chronik eines dramatischen Familienlebens ist durchsetzt mit szenisch-dramatischen Einheiten, die verschiedene Dramenstile (von COWARD und ČECHOV bis BECKETT) übernehmen. Der Vater (»Billy Pop«) ist ein sich selbst bemitleidender gescheiterter Schriftsteller; die Mutter (»the Countess«) eine vitale Exzentrikerin, die Liebhaber unterhält; die Cockney-Köchin, Regan, ist eine typische Wilson-Figur, die an DICKENS erinnert. Die sechs Kinder, denen das Hauptinteresse gilt, leiden unter dem eigentümlichen Regime des Elternhauses; ihm entronnen, finden die meisten einen Platz in der Gesellschaft: Rupert als Schauspieler, Quentin als linksliberaler Journalist und später als Fernsehmogul, der homosexuelle Marcus als Kunsthändler und Margaret als Romanautorin.

Das Werk, dessen fünf Bücher etwa im Zehnjahresabstand aufeinander folgen, beginnt mit einer Szene, die die Londoner Earls-Court-Ausstellung von 1912 mit ihrer populären Wildwest-Show beschreibt. Thema sind die Hoffnungen und Träume der Familienmitglieder, und hierbei kommt die Dialektik von Fiktion und Wirklichkeit zum Tragen, die den gesamten Roman bestimmt. Neben persönlich-familiären Belangen sind mannigfaltige historische Ereignisse zwischen 1912 und 1967 bedeutsam. Am Ende des ersten Buches versucht Rupert, seinen Bruder Marcus dadurch zu trösten, daß er den Vater imitiert. So finden die beiden Jungen Erleichterung von den familiären Spannungen. Das Lachen ist eine Art, mit der unerträglichen Situation fertig zu werden; doch es ist kein ausreichendes Mittel. Das zeigt sich im zweiten Buch: 1919 kehrt Quentin aus dem Krieg zurück und führt die Geschwister in dem Versuch an, die Geschicke der Familie zu ordnen. Es ist der Morgen eines Sonntags, und im Verlauf des Tages kommt es aus geringfügigem Anlaß zu einer Familienkrise. Wieder flüchten die Kinder in ihr gewohntes Spiel

(»The Game«), indem sie die Eltern parodieren. Indes verstehen sie es nicht, sich von ihnen zu befreien. So wiederholt sich die Niederlage von 1919 zu späteren Zeitpunkten. Doch als die Eltern 1942 ums Leben kommen, sind sie zu erinnerungswürdigen Persönlichkeiten geworden. Als sich die Kinder 1946 im elterlichen Haus versammeln, ist jedes auf seine Weise erfolgreich geworden. Allerdings scheint das Hauptaugenmerk nun auf Margaret zu ruhen, die die Probleme ihres Schriftstellertums zu bewältigen sucht. Margarets kreative Bemühungen bieten Wilson allerlei Möglichkeiten, künstlerische Probleme und Erzählweisen zu thematisieren und so das erzähltechnische Spektrum gegenüber früheren Werken erheblich zu erweitern.

Wilson behandelt hier wie anderswo moralische Fragen; er stellt Figuren vor, die sich der moralischen Implikationen ihres Handelns nicht bewußt sind. Nahezu ausnahmslos geraten sie in Konflikte: Ihre sorgsam bedachten Entscheidungen verursachen Schmerzen für andere, was zur Folge hat, daß die Gestalten sich in eine Welt moralischer Inaktivität verziehen. Die Kinder der Familie Matthews werden mit unterschiedlichen Formen menschlichen Übels konfrontiert – durch das verantwortungslose Verhalten der Eltern, das sie mit dem Theaterspielen zu überwinden suchen; durch Nazitum, Kommunismus und Antisemitismus. Keines wird sich jedoch voll bewußt, daß in ihm oder um es herum Übel besteht. Die Mittel, welche sie einsetzen, um menschliche Grausamkeit zu bekämpfen, werden später zu limitierenden Kräften.

No Laughing Matter ist laut Wilson in mancher Hinsicht eine »Anti-*Forsyte Saga*«; denn der Roman zeigt, daß die Familie nicht unbedingt eine Einheit bedeutet, die für die Entwicklung eines Individuums hilfreich ist, und wirft außerdem die Frage auf, ob Chroniken englischen Familienlebens nach der Art von Galsworthys *The Forsyte Saga* trotz ihrer Popularität beim Publikum (nicht zuletzt in Form von Fernsehserien) als literarische Gattung noch Bestand haben. R.Im.

Ausgaben: Ldn. 1967; [4]1980. – NY 1967. – Harmondsworth 1969. – Ldn. 1979. – Ldn. 1987.

Übersetzung: *Kein Grund zum Lachen*, M. Dessauer, Mchn./Zürich 1969; ern. 1973 (Knaur Tb). – Dass., dies., Stg. 1971.

Literatur: G. Steiner, Rez. (in New Statesman, 6. 10. 1967). – V. S. Pritchett, Rez. (in NY Review of Books, 18. 1. 1968). – J. L. Halio, *A. W.'s »No Laughing Matter«* (in Massachusetts Review, 10, 1969, S. 394–397). – Ch. Gillie, *The Shape of Modern Fiction: A. W.'s »No Laughing Matter«* (in Delta, 43, 1968, S. 18–23). – H. Servotte, *A Note on the Formal Characteristics of A. W.'s »No Laughing Matter«* (in ES, 50, 1969, S. 58–64). – M. Bradbury, *The Fiction of Pastiche: The Comic Mode of A. W.* (in M. B., *Possibilities*, Oxford 1973, S. 211–230). – N. McEwan, *A. W.: »No Laughing Matter«* (in N. McE., *The Survival of the Novel*, Ldn. 1981, S. 60–77). – A. Zander, *Tradition und Innovation in A. W.s »No Laughing Matter«* (in ZAA, 37, 1989, S. 43–46).

THE OLD MEN AT THE ZOO

(engl.; *Ü: Die alten Männer im Zoo*). Roman von Angus Wilson, erschienen 1961. – Der Autor projiziert die Handlung seines vierten, neben *Setting the World on Fire*, 1980 *(Brüchiges Eis)*, ungewöhnlichsten Romans in die nahe Zukunft, nämlich in das England der Jahre 1970–1973, das fortgesetzt von politischen Krisen erschüttert wird und schließlich Krieg gegen das Vereinte Europa führen muß. Am Beispiel des zoologischen Gartens im Londoner Regent's Park (die Ähnlichkeit der dort lebenden Tiere mit der Bevölkerung der Britischen Inseln, ja die Austauschbarkeit beider, wird immer wieder sinnfällig gemacht) werden verschiedene Formen der Machtausübung und des Zusammenlebens in einem Staat demonstriert. Leacock, zu Beginn des Romans Direktor des Zoos, tritt für die Errichtung eines Nationalparks ein, in dem die Tiere eine »bedingte Freiheit« genießen, und kann diesen Plan mit Hilfe des Zeitungszaren und Politikers Lord Godmanchester verwirklichen. Doch bald darauf diskreditiert er selbst seine Idee: Er sieht sich nicht nur gezwungen, zur Beruhigung der Bevölkerung ein aus dem Naturschutzgebiet entwichenes Tier auf grausame Weise töten zu lassen, sondern muß auch aus familiären Rücksichten für den Tod seiner Tochter Harriet, die bei perversen Liebesspielen mit ihrem Schäferhund von diesem angefallen wurde, eines der im Freigehege lebenden wilden Tiere verantwortlich machen. Daraufhin zieht sich Godmanchester von dem Projekt zurück, wobei er sich, ebenso wie bei der anfänglichen Förderung Leacocks, allein von politisch-taktischen Erwägungen leiten läßt: ein Beweis dafür, wie sehr die Lebensbedingungen der Tiere, sprich Menschen, von den Interessen einzelner abhängen. Leacocks Nachfolger ist Sir Robert Falcon, dessen soziale Einstellung vom viktorianischen Autoritätsprinzip geprägt ist und der den Bewohnern seines Zoos möglichst bequeme Käfige zuweist. Falcons romantisch verworrener Wunsch nach einem apokalyptischen Ende der Welt, in die er nicht mehr hineinpaßt, scheint sich zu erfüllen, als während einer glänzend inszenierten Zooveranstaltung anläßlich des »Britischen Tages« der Krieg zwischen England und Europa ausbricht und die Tiere einem Bombenangriff zum Opfer fallen. Nach der Niederlage Englands gelangt ein totalitäres Regime an die Macht. Der neue Zoodirektor, Englander, den Tiere wie Menschen nur als Versuchsobjekte interessieren, wird bald von dem Faschisten Blanchard-White abgelöst, für dessen zynische Einstellung zur Macht der Vorschlag kennzeichnend ist, politische Gefangene anläßlich öffentlicher »Spiele« den Tieren zum Fraß vorzuwerfen, damit die Gerechtigkeit »ein wenig Spaß« ma-

che. Er wird aus dem Amt entfernt, als Vernunft und menschlicher Anstand wieder Oberhand gewinnen. Der künftige Zoodirektor Simon Carter, als Hauptfigur und Ich-Erzähler langjähriger Geschäftsführer des Tierparks, ist der jüngste der »alten Männer im Zoo«, aber auch er, der ständig zwischen seiner echten Tierliebe und den administrativen Notwendigkeiten hin und her gerissen ist, repräsentiert eine Spielart des traditionsbefangenen Politikers. Gleichwohl verbindet ihn viel mit den typischen humanistisch-intellektuellen Protagonisten von Wilsons anderen Romanen.
Diese Parabel über den Gebrauch und Mißbrauch der Macht und die in jeder noch so wohlgeordneten Gesellschaft vorhandenen Tendenzen zu Unvernunft, Gewalttätigkeit und zum Bösen weist zugleich auf die Diskrepanz zwischen der politischen Wirklichkeit und dem eingefleischten insularen Denken weiter Teile der englischen Bevölkerung. Die Vorfälle, die die latente Gewalttätigkeit exemplifizieren, scheinen zwar einer hysterischen Phantasie entsprungen, doch sind andererseits die gehäuften Exzentrizitäten als systematische Verdrängung der Realität zugunsten megalomaner Pläne erkennbar. So steht auch der durchweg bizarre Charakter der Ereignisse nur scheinbar im Gegensatz zu dem langatmigen und erstaunlich altmodischen Erzählstil Simon Carters. – Während die angelsächsische Kritik überwiegend positiv auf das Buch reagierte, zeigte sich die deutsche zurückhaltender und fand Wilsons »negative Utopie« in der Tradition eines HUXLEY oder ORWELL nur teilweise geglückt. Aus heutiger Sicht gehört dieser Roman jedoch zu seinen wichtigsten und originellsten Werken. J.v.Ge.-KLL

AUSGABEN: Ldn. 1961. – Ldn. 1979. – Ldn. 1983.

ÜBERSETZUNG: *Die alten Männer im Zoo*, P. Stadelmeyer, Ffm. 1962.

VERFILMUNG: England 1983 [TV].

LITERATUR: C. B. Cox, Rez. (in Critical Quarterly, 3, 1961, S. 369 f.). – J. Wain, Rez. (in Observer, 24. 9. 1961). – V. S. Pritchett, Rez. (in New Statesman, 29. 9. 1961). – P. Pickrel, Rez. (in Harper's Magazine, Nov. 1961, S. 110). – J. L. Halio, Rez. (in Crit, 5, 1962, S. 77–82). – W. Allen, *Tradition and Dream: The English and American Novel from the Twenties to Our Time*, Ldn. 1964, S. 291–295. – G. Blöcker, *Literatur als Teilhabe. Kritische Orientierungen zur literarischen Gegenwart*, Bln. 1966. – M. Lindberg, *A. W.: »The Old Men at the Zoo« as Allegory* (in Iowa English Yearbook, Herbst 1969, S. 44–48). – L. Glage, *A. W.s »The Old Men at the Zoo«* (in GRM, 26, 1976, S. 185–199). – J. Malin, *Metaphors of Enclosure: A. W.'s »The Old Men at the Zoo« (1961)* (in *Old Lines, New Forces*, Hg. R. K. Morris, Ldn. 1976, S. 1–11).

Die neuen Literaturen außerhalb Englands

III. Die australische Literatur

Am Anfang der australischen Literatur stand die Jahrtausende währende »Traumzeit« der Ureinwohner (Aborigines), die Zeit der totemistischen Ahnen, der Mythen und Rituale, die Zeit der mündlichen Überlieferung. Sie endete jäh mit der Ankunft der Europäer vor gut 200 Jahren. Im Gegensatz zur mündlichen Überlieferung, wie sie die wenigen verbliebenen »australischen Australier« zum Teil noch heute praktizieren, begann die geschriebene Literatur in Australien als »Literatur in Ketten«: thematisch mit den *Memoirs* (1819) von James Hardy VAUX (1782–1841), den Skizzen Henry SAVERYS (1791–1842), *The Hermit of Van Diemen's Land* (1829) und mit James TUCKERS (1808?–1888) Sträflingsroman *Ralph Rashleigh* (entstanden 1844–1850, erschienen 1952); metaphorisch in Abhängigkeit von Gattungen, Stiltraditionen und Publikumserwartungen des Mutterlandes. Diese weit länger als ein Jahrhundert währende Abhängigkeit von englischen Maßstäben zeigt sich nicht nur im Werk früher Lyriker wie Charles HARPUR, Henry KENDALL und Adam Lindsay GORDON, sondern auch bei vielen Prosaschriftstellern. Auch inhaltlich hinterließ das verhaßte Sträflingssystem seine Spuren: Leere und Einsamkeit angesichts der Weite des Landes zählen seit jeher zu den Hauptmotiven der künstlerisch dargestellten Australienerfahrung. Aber natürlich nicht nur bei Sträflingen, sondern auch bei bedeutenden Autoren wie Henry LAWSON, Christopher BRENNAN, Henry Handel RICHARDSON, Judith WRIGHT, A. D. HOPE und Patrick WHITE. Noch in der Mitte des 20. Jahrhunderts bestimmen diese Motive das Werk so bedeutender Maler wie Russel Drysdale (1912–1981), Sidney Nolan (geb. 1917) und Arthur Boyd (geb. 1920).

Drei Faktoren haben die australische Kultur, vor allem der kolonialen Epoche (1788–1880), entscheidend geformt: das europäische Erbe der Strafgefangenen und freien Siedler aus Großbritannien; die geographische Lage und Größe des Kontinents mit seinen ständig drohenden Naturkatastrophen; und das Doppelgesicht der Kultur dieses Landes, das seine Prägung sowohl durch die Ureinwohner als auch durch die Angelsachsen erfahren hat. Von Anfang an stellten dabei die irischen Sträflinge und Siedler eine einflußreiche Gruppe dar, deren Beitrag zum Kulturschaffen auch heute noch weit überproportional ist. Freilich haben sich den etwa zwölf Millionen »Australiern« nach dem Zweiten Weltkrieg über vier Millionen Einwanderer aus dem südlichen Europa (vor allem Italiener, Griechen und Jugoslawen) und in jüngster Zeit auch aus dem asiatischen Raum (besonders Vietnamesen und Chinesen) hinzugesellt und die offizielle Politik einer »multikulturellen« Gesellschaft wesentlich vorangetrieben. Wohl auch infolge der entschieden revidierten Politik gegenüber den Ureinwohnern entfaltete sich eine schriftliche »Aboriginal Literature« und gelangte zu einer ersten Blüte. Offiziellen Fördermaßnahmen – vor allem seitens des Australia Council – ist schließlich eine weitere Variante neuzeitlicher australischer Kultur zu danken, nämlich die sogenannte »Ethnic Minority Literature«, die als Ausdruck vielfältiger Ethnien nunmehr ihren Teil zum anglophonen Kultur- und Literatur-Mosaik Australiens beisteuert.

Freilich gab es in Australien von Anfang an immer wieder Spannungen zwischen Vertretern des Kulturkolonialismus (der in Übereinstimmung mit der transplantierten Kultur die Gemeinsamkeiten mit Großbritannien betont) und des Nationalismus (der eine australische Republik mit neuer Nationalflagge und eigenständiger Kultur fordert) sowie – unter Ablehnung dieser beiden Richtungen – immer wieder sowohl internationale wie auch isolationistische Tendenzen. Mit der von Rex INGAMELLS (1913–1955) begründeten Jindyworobak-Bewegung der dreißiger und vierziger Jahre des 20. Jahrhunderts verbindet sich gar das chauvinistische Programm einer kulturellen Rückwendung zu den Ursprüngen: zum Land, zur Sprache, zur Kunst und Weltanschauung der Ureinwohner.

Die Auseinandersetzung mit dem Land hat die australische Kultur über mehr als ein Jahrhundert nachhaltig geprägt. Die Siedler aus England, Irland und Schottland litten zunächst unter einem ausgesprochenen Entfremdungsgefühl gegenüber dem als indifferent oder feindselig empfundenen Kontinent, erkannten aber bald dessen wirtschaftliche Möglichkeiten. Nach erreichtem Wohlstand ließen sich viele in den Städten nieder, da dort ein leichteres Leben und ein angenehmerer Zeitvertreib geboten wurden. Der Ausdruck »Sydney oder der Busch« bezeichnet diese grundsätzliche Wahlmöglichkeit und prägt auch heute noch die Vorlieben von Schriftstellern für Gegenstände und Werte, wie sie sich etwa in der Dichtung eines Les MURRAY oder im Werk der suburbanen Dichter Bruce DAWE, Bruce BEAVER oder Gwen HARWOOD niedergeschlagen haben.

Die großen Themen der australischen Literatur entstammen den historischen, geographischen und gesellschaftlichen Gegebenheiten des Landes. Da ist zunächst das Thema der Reise, im topographischen wie im metaphysischen Sinn: Im Werk von Joseph FURPHY, Christopher Brennan, Xavier HERBERT, James MCAULEY, Patrick White und Randolph STOW sind Wanderer oder Forscher allerdings häufig Opfer der Fremdartigkeit des Landes; sie kommen mit der Formlosigkeit und dem Verzicht auf früher akzeptierte Maßstäbe nicht zurecht und werden gar dem Wahnsinn preisgegeben, etwa in H. H. RICHARDSONS (1870–1946) Trilogie *The Fortunes of Richard Mahoney* (1917–1929) und Patrick WHITES (1912–1990) Roman *Voss* (1957). Erforschung und Eroberung des Kontinents bieten sich als natürliche Metapher für die Erschließung seelischer Landschaften und für die Suche nach geistiger Identität geradezu an. Aber wie in den USA und Kanada gehört auch in Australien der Pioniertrieb ohne metaphysische Dimension, der Drang nach Besiedlung des Landes, Bezwingung der Grenzen und Gründung einer eigenen Familiendynastie zu den historisch bedingten literarischen Gemeinplätzen. Allerdings gibt es einen wichtigen Unterschied zu den üblicherweise romantisierenden Gestaltungen dieses Mythos; australische Romanciers wie H. H. Richardson, Brian PENTON und P. White neigen weniger zu Erfolgsstories als zu ironischer Darstellung der Unfähigkeit des Menschen, den riesigen Kontinent zu erobern. In ihren Romanen besiegt nicht der Mensch den Kontinent, sondern dieser den Menschen.

Die Suche nach der Vergangenheit auf dem Wege über die Erinnerung und die persönliche Erfahrung ist ein weiteres, vor allem seit 1930 wichtiger werdendes Thema der australischen Literatur; schon Marcus CLARKE (1846–1881) hatte es lange vor der Jahrhundertwende aufgegriffen, auch Dichter der neueren Zeit, R. D. FITZGERALD, Judith Wright, Thomas SHAPCOTT und David MALOUF, haben es literarisch umgesetzt; kaum jedoch im Sinne der Rückwendung zum verlorenen Paradies, vielmehr im Sinne der Hinwendung zu den unmenschlich-grausamen Anfängen der Strafkolonie, die doch so lange die mythische Bezeichnung »Terra Australis«, Land im Süden, trug.

Entsprechend spielt auch die Figur des Außenseiters literarisch eine wichtige Rolle, etwa in Gestalt des entlaufenen Sträflings oder des Buschräubers, des Ureinwohners oder des Immigranten. Über das Schicksal der ersten Gruppe weiß CLARKE in seinem Klassiker *For the Term of His Natural Life*, 1870 *(Lebenslänglich)*, viel zu berichten, desgleichen Rolf BOLDREWOOD (d. i. Thomas Alexander Browne; 1826–1915) in *Robbery under Arms* (1882). Mit viel Sympathie und Verständnis behandelt Xavier HERBERT (1901–1984) die Ureinwohner in *Capricornia* (1938) und *Poor Fellow my Country* (1975); problematisierend greifen das Thema der Aborigines auch Thomas KENEALLY (geb. 1935) in *The Chant of Jimmy Blacksmith* (1972) und Thea ASTLEY (geb. 1925) in *A Kindness Cup* (1974) auf. Als persönlich Betroffener nimmt sich in seinen Geschichtsromanen (*Long Live Sandawara*, 1979, und *Doktor Wooreddy's Prescription for Enduring the Ending of the World*, 1983) auch Colin JOHNSON, alias Mudooroo Narogin (geb. 1939), der Aborigines an. Immigrantenschicksale finden (unter dem Begriff des »*new chum*«) bereits in der Literatur der neunziger Jahre des 19. Jahrhunderts Berücksichtigung; die nichtenglischsprechenden Einwanderer der neuen Zeit haben im Werk der ethnischen Schriftsteller ihren Platz gefunden.

Das Gefühl der Unterdrückung, der Einsamkeit und der Entfremdung findet seinen symbolischen Ausdruck häufig in Gewalt oder in der Bedrohung durch Gewalt. Die australische Literatur ist geprägt von den verschiedensten Erscheinungsformen des Gewaltproblems: in Form von rechtlich sanktionierter Strafe, von gewalttätigen Beziehungen zwischen den Geschlechtern, in Form von Bandenkrieg oder politisch erklärtem Krieg. Oft verbindet sich die Darstellung von Brutalität auch mit der Vorstellung fehlender oder zerbrechlicher Kultur oder mit dem Gefühl, Kultur sei zwar anderswo oder zu anderer Zeit zu finden, nicht aber hier und jetzt.

Die australische Lyrik

Erst in den sechziger Jahren dieses Jahrhunderts hielt die Moderne nachhaltig Einzug in die australische Literatur. Trotz gelegentlicher Formexperimente in den dreißiger und vierziger Jahren blieben die australischen Lyriker bis in die sechziger Jahre dem romantischen Stilideal verhaftet. Dann jedoch begann – unter Umgehung von T. S. ELIOT – eine Hinwendung zur amerikanischen Tradition der Dichtung eines William Carlos WILLIAMS und einiger Vertreter der Beat-Generation, der Black Mountain-Schule und der New York Poets. Etwa zur gleichen Zeit entdeckten australische Romanciers das spielerische und ironische Stilelement, begannen australische Dramatiker, sich mit BRECHT auseinanderzusetzen. Erst jetzt schien endgültig die Dominanz des englischen Einflusses auf die australische Literatur gebrochen, erst jetzt schien Raum für eine Vielfalt von Einflüssen, Formen und Stilrichtungen gegeben zu sein. Mit Blick auf die australische Literatur der letzten Jahrzehnte läßt sich deshalb fraglos konstatieren, daß sie in thematischer wie ästhetischer Hinsicht Weltniveau erreicht hat. Geradezu symbolisch kommt die darin zum Ausdruck, daß Patrick WHITE 1973 den Nobelpreis für Literatur zugesprochen bekam.

Bis weit ins 20. Jahrhundert waren die australischen Lyriker, Erzähler und Dramatiker jedoch lediglich bestrebt, je auf ihre Weise zwischen der (be)lastenden Abhängigkeit von Europa (und später auch von Amerika) einerseits und den Schwierigkeiten der sich nunmehr entfaltenden australischen Zivilisation und Kultur andererseits selbst als Künstler Statur zu gewinnen. Insgesamt trifft zu, daß die Dichter (und auch die Maler) der Kolonialzeit (1788–1880) die australische Wirklichkeit noch nicht unvoreingenommen mit eigenen Augen erfassen konnten und nur selten über bloße Imitationen spätromantischer und viktorianischer Vorbilder hinausgelangten. Erst in der sogenannten nationalen Phase (1880 – ca. 1920) erklingen mit Henry Lawson (1867–1922) und Joseph Furphy (1843–1912) unverwechselbar australische Töne, da sie es als erste verstanden, das stark lokale Element mit unbewußter Universalität zu verbinden.

Die australische Dichtung begann mit Amateuren: Michael Massey Robinson (1774–1826), Barron Field (1786–1846) und William Charles Wentworth (1790–1872). Die Wende kam mit Harpur und Kendall: Charles Harpur (1813–1868) verstand es, in ausdrucksstarken Naturgedichten dramatische Landschaften zu beschreiben und zu deuten. Auch Henry Kendalls (1839–1882) Ruhm beruht vornehmlich auf seiner Landschaftsdichtung und auf der Zeichnung von »outback«-Figuren wie »Bill the Bullock Driver« und »Jim the Splitter«, die die Porträts ähnlicher Busch-Charaktere in den Liedern, Balladen und Geschichten von A. B. (»Banjo«) Paterson (1864–1941) und Henry Lawson vorwegnehmen. Die Ansätze einer bis in die heutige Zeit fortlebenden Naturlyrik, ihrerseits Kompensation für die fehlende historische Komponente, sind bei diesen frühen Dichtern zu suchen. Adam Lindsay Gordon (1833–1870), der legendäre Rennreiter und Schöpfer des in Australien weithin bekannten Gedichtes *The Sick Stockrider*, hat durch seine *Bush Ballads and Galloping Rhymes* (1870) die bedeutendsten Vertreter der nationalen Epoche, Paterson und Lawson, stark beeinflußt.

Die neunziger Jahre, *The Nineties* genannt, markieren diesen nationalen Neubeginn. Im Zeichen des damals entstehenden Nationalismus forderte man staatliche Schulen, eine Strafrechtsreform und vor allem eine einige, unabhängige Republik. Vorbereitet und gefördert wurden diese Bestrebungen in der Literatur durch das von J. F. Archibald (1856–1919) und John Haynes (1850–1917) im Jahre 1880 in Sydney gegründete radikale Journal ›The Bulletin‹, das ein nationales Selbstbewußtsein forderte und das Männlichkeitsethos der antiautoritären, hartgesottenen Buschmänner vertrat. Die Kurzgeschichten von Henry Lawson (z. B. *While the Billy Boils*, 1896) und die Gedichte sowie Buschballaden von A. B. Paterson (so *The Man from Snowy River*, 1895 oder *Old Bush Songs*, 1905), waren alle »Kinder« des ›Bulletin‹.

Zu Beginn unseres Jahrhunderts schufen dann der politische Patriot Bernard O'Dowd (1866–1952) und der vom französischen Symbolismus beeinflußte akademische Dichter Christopher Brennan (1870–1932) die Grundlagen einer eigenständigen modernen australischen Lyrik. Während O'Dowd die griechische Mythologie mit den Schicksalsfragen des Kontinents verband, verknüpfte Brennan die Sinnkrise des Jahrhunderts mit der persönlichen Suche nach dem verlorenen Paradies.

Norman Lindsay (1879–1969), der Maler und Schriftsteller, vertrat einen ästhetischen Eklektizismus auf internationaler Basis, so wie der »Weltbürger« Hugh McCrae (1876–1958) die heimische *bush poetry* mit dem Pantheismus und den Satyrn und Faun der klassischen Mythologie bevölkerte. Beide beeinflußten maßgeblich die bekanntesten Lyriker der folgenden Generation: Kenneth Slessor (1901–1971) und Robert D. FitzGerald (1902–1987), die freilich beide ihre eigenen Ausdrucksformen entwickelten: neoklassizistischer Stil und Gedankenlyrik hier, philosophische Themen (Zeit, Erinnerung, Geschichte), Sydney und das Meer in ungekünstelter Sprache dort.

In den zwanziger Jahren veröffentlichte das Naturtalent John Shaw Neilson (1872–1942) zarte, mystische Naturgedichte; auf ganz andere Art zu beeindrucken vermag das dichterische Werk der vier Dichter mit ausgeprägtem sozialkritischem Bewußtsein: Brennan, James McAuley (1917 bis 1976), Francis Webb (1925–1973) und Vincent Buckley (1925–1989), die in ihren Gedichten die geschichtlichen und geographischen Grenzen sprengen und das stellvertretende Schicksal des Menschen in diesem Jahrhundert aus christlicher Sicht gestalten.

A. D. Hope (geb. 1907) zählt mit Judith Wright (geb. 1915) und McAuley zu den modernen australischen Klassikern, deren Gedichte, noch in Reimen und gebundenen Strophenformen, anspruchsvolle und komplexe Themen behandeln: So schreibt Hope über Fragen des Menschseins, der Sexualität und der sinnentleerten Welt, während McAuley, Literaturprofessor und -kritiker wie Hope, historisch-mythologische Themen bevorzugt und dem antiken Vorbild der Ausgewogenheit zwischen Inhalt und Form folgt. Judith Wrights Themen sind die geschlechtliche Liebe, der Gegensatz zwischen europäischer Mythologie und australischer Realität sowie – in jüngerer Zeit – das Engagement für die Bewahrung der Natur, mit der sie sich in hohem Maße identifiziert: Sie hat in ihrer Dichtung die australische Landschaft für die Weltliteratur entdeckt.

Les A. Murray (geb. 1938), zu einer neuen Generation gehörend, steht für sich selbst. Sein dichterisches Credo gilt der bardischen Tradition Schottlands, den böotischen Werten der Familie, des Bodens und der Religion sowie dem Ideal einer ländlich-volkssprachlichen Republik (*The Vernacular Republic: Poems 1961–1981*, 1982). Murrays Themenvielfalt, die Verbindung von Biographie und Meinungsäußerung und sein deklaratorischer Stil haben einen ungeheuren Einfluß ausgeübt auf so verschiedenartige Dichter- und Schriftstellerpersönlichkeiten wie Roger McDonald (geb. 1941), Geoff Page (geb. 1940), Robert Gray (geb.

1945), Mark O'Connor (geb. 1945), Alan Gould (geb. 1949) und Kevin Hart (geb. 1954). Ähnlich wie Les Murray hat auch Bruce Dawe (geb. 1930) einen eigenen Ton und eine eigene Thematik (Politik, Business, Sport, Moral) in die australische Dichtung eingeführt; zudem ist es ihm überzeugend gelungen, die gesprochene Sprache mit der literarischen zu verbinden und erstmals dem »Homo Suburbiensis« (so auch ein Gedichttitel) seine Stimme zu leihen.

Im Gefolge der Pariser Studentenrevolte vom Mai 1968 und den Protestmärschen in Europa und Nordamerika begann auch in der australischen Lyrik eine neue, modernistische Phase. Zuvor hatte zwei Jahrzehnte lang (1940–1961) Douglas Stewart (1913–1985), Autor von Gedichtbänden und Versdramen (u. a. *Ned Kelly*, 1942), die 1896 von A. G. Stephens geschaffene, berühmte literarische *Red Page* des ›Bulletin‹ redigiert und den Gang der australischen Dichtung durch seine Publikationspolitik im Sinne formaler Dichtung maßgeblich beeinflußt. So lenkte das ›Bulletin‹ während dieser Zeit die Aufmerksamkeit auf eine große Zahl junger Dichter, zu denen so bekannte Namen wie Judith Wright, Francis Webb (1925–1973), David Campbell (1915–1979), Rosemary Dobson (geb. 1920), Randolph Stow (geb. 1935) und Chris Wallace-Crabbe (geb. 1934) gehörten. Die Zeit vor dem erwähnten Umbruch war noch durch ein weiteres, bis dahin unbekanntes Phänomen gekennzeichnet, nämlich die Regionalisierung dichterischer Entwicklungen. So versammelten sich um Vincent Buckley in Melbourne Dichter wie Evan Jones, Chris Wallace-Crabbe oder auch Noel Macainsh (geb. 1916). In Sydney, das zwar keinen gleichgewichtigen poetischen Zirkel vorzuweisen hatte, veröffentlichten dennoch damals so vielversprechende Talente wie Ray Mathew (geb. 1929), Andrew Taylor (geb. 1940) und Geoffrey Lehmann (geb. 1940). Und zu den Queenslandern aus Brisbane zählten Rodney Hall (geb. 1935), Thomas Shapcott (geb. 1935), David Malouf (geb. 1934) und Judith Green (geb. 1936). Zwar huldigten sie fast alle noch einem formal konservativen Ideal, doch ließen der auffallend skeptisch-ironische Grundzug und die selbstkritische Bekenntnishaftigkeit ihrer Dichtung den Übergangscharakter dieser Dekade bereits aufscheinen.

Am eigentlichen Beginn der modernistischen Phase steht die einflußreiche, 1960 von Donald Allen in New York veröffentlichte, in Australien zwar »verbotene«, aber doch nach und nach eingeschmuggelte Anthologie *The New American Poetry*. Diese Sammlung eröffnete jungen australischen Talenten den Zugang zur zeitgenössischen amerikanischen Lyrik: zu John Ashbery, Frank O'Hara, Allen Ginsberg und Charles Olson; ein anderer wichtiger Einfluß dieser Zeit erwuchs aus der Bekanntschaft mit Robert Lowell, Sylvia Plath, Bob Dylan, Gary Snyder, James Dickey und namentlich Wallace Stevens. Diese enthusiastische Hinwendung zur amerikanischen Dichtung, die häufig mit einer Ablehnung des englischen Einflusses und der »maßgeblichen« Dichtung im eigenen Land (v. a. Hopes und McAuleys) einherging, schlug sich nicht nur in den freien Versen und Rhythmen eines Alan Wearne (geb. 1948), Robert Kenny (geb. 1950), Charles Buckmaster (1951–1972) und Richard Tipping (geb. 1949) oder, möglicherweise ohne direkte Beziehung, in den Gedicht-Sequenzen eines Bruce Beaver (geb. 1928) (*Letters to Live Poets*, 1969), John Tranter (geb. 1943), Vincent Buckley, Thomas Shapcott und Robert Adamson (geb. 1943) nieder, sondern auch in der Vorstellung, daß Dichtung einen Prozeß, ein Spiel darstelle, sowie in der Überzeugung, daß der Vietnamkrieg abzulehnen sei und daß bürgerlicher Ungehorsam sowie der Konsum von Drogen durchaus mit der neu gewonnenen Selbstverantwortung korrespondierten.

1971 erschien die legendäre Anthologie gegen den Vietnamkrieg (ironischerweise mit der Titelzeile aus A. D. Hopes Gedichtbeitrag zu diesem Band): *We Took Their Orders And Are Dead*. Die neuen Entwicklungen trugen Früchte auch auf einem bis dahin unbekannten Felde, nämlich dem der Minderheiten- und Außenseiterliteratur. So fungierte der Lyriker (und später erfolgreiche Romancier) Rodney Hall (geb. 1935), der in den sechziger und siebziger Jahren das Feuilleton des ›Australian‹ betreute, beispielsweise als Herausgeber von Gefangenenlyrik (*Poems from Prison*, 1973). Es folgten Sammlungen von Frauendichtung (z. B. Kate Jennings *Mother I Am Rooted*, 1975) und Werke von Ureinwohnern: nach Kath Walkers (geb. 1920) Sammlung *We Are Going* (1964) erschienen nun auch Gedichtbände von Kevin Gilbert (geb. 1933) und Jack Davis (geb. 1918). Hall entdeckte zudem den Drogendichter Michael Dransfield (1948–1973), in dem die Australier den Repräsentanten der 68er Generation schlechthin erblickten und der wie Robert Adamson oder vor ihnen schon Christopher Brennan der (europäischen) Dekadenz-Tradition bis hin zur Selbstauslöschung zugetan war.

Zu den damals neu eingeführten »modernistischen« Darstellungsmitteln zählten neben dem freien Vers die surrealistische Logomanie, der fragmentarische Imagismus, die dislozierte Syntax und die symbolistische Anspielung; es entstand nicht nur poetologische Lyrik, sondern es zeigten sich auch Tendenzen zur ästhetischen Selbstzerstörung (Vicki Viidikas und John Tranter). Richard Tipping griff außerdem zu typographischen Innovationen und zu konkreter Poesie. Gegen Ende dieser Dekade veröffentlichte Manfred Jürgensen die Anthologie *Ethnic Australia* (1981) mit Gedichten und Kurzgeschichten von australischen Autoren, die aus dreizehn nichtenglischsprachigen Ländern stammen: z. B. Antigone Kefala, Stephen Kelen, Rudi Krausman, Yasmine Gooneratne und Margaret Diesendorf.

Der australische Roman

Der australische Roman begann mit autobiographisch grundierten Geschichten über Immigrantenprobleme, über das Sträflingssystem, das Verhältnis zu den Ureinwohnern, das Leben in der Kolonie, zumal im Busch, und über die Zeit des Goldrauschs. In Aufbau und Charakterzeichnung folgten die Autoren während der kolonialen Phase noch getreu der englischen Erzähltradition. Als erster australischer Roman gilt Henry Saverys *Quintus Servinton* (1831); während hier das Schicksal eines Exilierten nachgezeichnet wird und auch Charles Rowcroft (1798–1856) in seinen *Tales of the Colonies* (1843) die Situation in der Kolonie mit ihren Problemen darstellt, bieten Henry Kingsleys (1830–1876) *Recollections of Geoffrey Hamlyn* (1859) detailgetreue Milieuschilderungen, in deren Mittelpunkt die reichen Squatters und Schafbarone stehen. R. Boldrewood und M. Clarke bilden, wie schon erwähnt, mit *Robbery under Arms*, der Abenteuergeschichte über Buschräuber, Goldgräber, Farmer und Sträflinge bzw. *For the Term of His Natural Life*, dem sozialgeschichtlichen Klassiker über das Sträflingssystem, den Höhepunkt des angloaustralischen Romans der Kolonialzeit.

Schon bald nach Gründung des ›Bulletin‹ (1880) entstand unter der Führung von J. F. Archibald, Henry Lawson und Joseph Furphy die sogenannte ›Bulletin‹-Schule, die mit ihrem literaturpolitischen Programm für die nationale Phase (1880 – ca. 1920) prägenden Charakter gewinnen sollte: Man forderte die Abkehr vom angloaustralischen Roman, die Hinwendung zu realistischer Darstellung und das Bekenntnis zu gesellschaftlichem Engagement. Lawson befolgte diese Maximen in seinen berühmten Kurzgeschichten über das Leben im *outback*, Furphy in seinem Roman *Such is Life* (1903), der gerade wegen seiner nichtlinearen, diskontinuierlichen Handlungsführung und scheinbar akausalen Gesamtstruktur, – jedoch bewußt der Logik des Lebens nachgebildet –, heute zu Recht als »moderner« Klassiker dieser Epoche eingestuft wird.

Nachhaltig beeinflußt wurde das australische Romanschaffen an der Wende zur folgenden, gewöhnlich als »modern« apostrophierten Phase der Literaturentwicklung (seit 1920) durch eine Frau, die um die Jahrhundertwende über zehn Jahre in Europa gelebt und dort die symbolistischen und psychoanalytischen Strömungen kennengelernt hatte: die unter dem Pseudonym Henry Handel Richardson schreibende Ethel Florence Lindesay Robertson (1870–1946). Zu ihren Werken gehören der Künstlerroman *Maurice Guest* (1908) und die Trilogie *The Fortunes of Richard Mahoney* (*Australia Felix*, 1917, *The Way Home*, 1925, und *Ultima Thule*, 1929) über die geographische und seelische Desorientierung eines irischen Arztes, der als Wanderer zwischen den Welten zu guter Letzt durch tragische Schicksalsschläge in Wahnsinn und Tod getrieben wird.

Zu den Sozialrealisten der dreißiger und vierziger Jahre zählen vor allem Katherine Susannah Prichard (1883–1969) und Vance Palmer (1885–1959). Katherine Prichard, die 1920 der Kommunistischen Partei beigetreten war, beschreibt in *Black Opal* (1921) die Auseinandersetzung der Opalsucher mit großen Kapitalgesellschaften. Auch die Goldfeld-Trilogie *The Roaring Nineties* (1946) weist stark politisierende Züge auf wie schon *Working Bullocks* (1926), der Roman über die Holzarbeiter in Westaustralien, der zusammen mit dem ersten realistischen Portrait einer Ureinwohnerin, *Coonardoo* (1929), den literarischen Ruhm der Autorin begründete. Der Essayist, Kurzgeschichtenautor und Romancier Vance Palmer zeichnet in seiner Donovan-Trilogie *Golconda* (1948), *Seedtime* (1957) und *The Big Fellow* (1959) aus bewußt sozialistischer Sicht das Leben in einer Bergarbeiterstadt in Queensland; in vielen anderen seiner Romane geht es um die Schilderung des ländlichen Lebens, das auch zeitgenössischen Romanciers wie Frank Dalby Davison (1893–1970) und Brian Penton (1904–1951) ein Anliegen war. Politische Macht, persönliche Konflikte und australische Geschichte verbindet Eleanor Dark (1901–1985) in ihren Romanen, die neben den bereits erwähnten Werken von Xavier Herbert und Colin Johnson wohl die besten fiktionalen Darstellungen von Ureinwohnern im ersten Kontakt mit Weißen darstellen. Zu den Sozialrealisten zählen des weiteren Kylie Tennant (geb. 1912), z. B. mit *The Battlers* (1941), und Judah Waten (1911–1985), der jüdische Immigrant aus Rußland, mit *The Unbending* (1951) und *Distant Land* (1964).

Große schriftstellerische Begabungen lassen sich oft nur schwer zuordnen; zu ihnen zählt etwa Martin Boyd (1893–1972), der vorzugsweise in Form umfangreicher Familiensagas Leben und Aufstieg englischer Einwanderer schildert. Zu dieser Gruppe gehören auch die kosmopolitisch orientierte Christina Stead (1902–1983), mit ihren tiefgründigen Darstellungen der Entwicklungsphasen junger Frauen (wie in *The Man Who Loved Children*, 1940, *For Love Alone*, 1944) eine der großen englischsprachigen Romanschriftstellerinnen unserer Zeit, und Xavier Herbert, der als australischer Nationalist nicht nur sprachgewaltig die kapitalistische Ausbeutung Nordaustraliens und die Unterdrückung und Enteignung der Eingeborenen kritisiert, sondern auch den Glauben an die Möglichkeit einer besseren Gesellschaf vertritt.

Obwohl Patrick White (1912-1990), der erste australische Nobelpreisträger, auch sieben Theaterstücke veröffentlicht hat, wird er doch vornehmlich als – symbolistischer, sozialrealistischer – Romancier in Erinnerung bleiben. Zu seinen großen Themen zählen die Gespaltenheit der menschlichen Natur und die Sehnsucht nach Harmonie. Obwohl seine Figuren häufig in ihrem Kampf gegen Materialismus und bourgeoise Selbstzufriedenheit scheitern, erleben sie in Augenblicken der Erleuchtung völlige Integration. *The Tree of Man* (1955), *Voss* (1957), *Riders in the Chariot* (1961) und *The Twyborn Affair* (1979) zählen zu seinen bedeutungsvollsten Romanen. Auch in der Geschichte der australischen Short Story nimmt White mit seinen beiden Sammlungen (*The Burnt Ones*, 1964, und *The Cockatoos*, 1974) nach Henry Lawson und Hal PORTER (1911–1984), dem auch in seinen Romanen experimentierfreudigen und nuancenreichen Prosastilisten, und (chronologisch) vor Frank MOORHOUSE (geb. 1938) einen hervorragenden Platz ein.

Als australische Bestseller-Autoren sind zu erwähnen: Morris WEST (geb. 1916) mit religiösen oder politischen Romanen wie *The Devil's Advocate* (1959), *The Shoes of the Fisherman* (1963) und *The World is Made of Glass* (1983) sowie Colleen McCULLOUGH (geb. 1937) mit der (auch verfilmten) Familiensaga *The Thorn Birds* (1977). – Die australische Literatur kann sich seit den siebziger Jahren einer großen Zahl verheißungsvoller oder bereits arrivierter Romanschriftsteller(innen) rühmen, darunter: Thomas SHAPCOTT mit *White Stag of Exile* (1984); David MALOUF mit *An Imaginary Life* (1978) und *Harland's Half Acre* (1984); Thomas KENEALLY (geb. 1935) mit *Bring Larks and Heroes* (1967) und *Schindler's Ark* (1982); Randolph STOW mit *Tourmaline* (1963) und *The Suburbs of Hell* (1984); Christopher KOCH (geb. 1932) mit *The Year of Living Dangerously* (1978); Roger McDONALD mit *1915* (1979) und *Slipstream* (1982); David IRELAND (geb. 1927) mit *The Unknown Industrial Prisoner* (1971) und *A Woman of the Future* (1979); Thea ASTLEY mit *An Item from the Late News* (1982); Shirley HAZZARD (geb. 1931) mit *The Transit of Venus* (1980); Barbara HANRAHAN (geb. 1939) mit *The Scent of Eucalyptus* (1973); Elizabeth JOLLEY (geb. 1923) mit *Milk and Honey* (1984) und Gerald MURNANE (geb. 1939) mit *Tamarisk Row* (1974) und *The Plains* (1984).

Das australische Drama

Die Geburtsstunde eines nationalen australischen Dramas kam spät, nämlich erst nach dem Zweiten Weltkrieg, als man die Arbeitsbedingungen der Theater (durch Aufstockung staatlicher Subventionen und Schaffung neuer Spielmöglichkeiten) verbessert und 1954 den »Elizabethan Theatre Trust« geschaffen hatte. Dem erfolgreichen Stück von Ray LAWLER (geb. 1922), *Summer of the Seventeenth Doll* (1955), das als erstes internationale Anerkennung fand, war eine lange Geschichte der Desillusionen vorausgegangen. Zum kommerziell orientierten Theaterbetrieb der »Firma« J. C. Williamson mit Erfolgsstücken aus London oder New York boten zwar die »Pioneer Players« aus Melbourne bereits in den zwanziger Jahren unter ihren Gründern Louis ESSON, Stewart MACKY und Vance PALMER eine der frühen Alternativen; doch fehlten damals noch die Zuschauer, die an australischen Gegenständen und Problemen interessiert gewesen wären. Erst der Erfolg von Lawlers Stück stärkte das nationale Selbstvertrauen so nachhaltig, daß Investitionsbereitschaft und Zuschauerzahlen, die sich aus dem inzwischen erstarkten bildungsbeflissenen Mittelstand rekrutierten, gleichermaßen wuchsen.

Lawlers *Summer of the Seventeenth Doll* – das die alten australischen Ideale der Freiheit, Kameradschaft *(mateship)* und Liebe hinterfragt und dabei den nationalen Mythos von der natürlichen Überlegenheit des Helden im *outback* kritisch gestaltet – sowie die beiden realistisch-naturalistischen Stükke in seiner Nachfolge: *The Shifting Heart* (1957) von Richard BEYNON (geb. 1925), das von Xenophobie und Gewalttätigkeit in der städtischen Arbeiterklasse handelt, und das beliebte Stück über den Generationskonflikt zwischen Vater und Sohn (*The One Day of the Year*, 1961) von Alan SEYMOUR (geb. 1927) reflektieren den grundlegenden gesellschaftlichen Wandel der Zeit nach dem Krieg und seine Rückwirkungen auf das Image Australiens im Übergang von der überwiegend auf dem Lande lebenden Arbeiterklasse zu einer neuen städtischen Mittelschicht.

Das australische Drama huldigte lange dem naturalistischen Dreiakter und einem engeren Verständnis von gesellschaftlichem Realismus. Erst Patrick WHITE gelang es, mit seinen vier nichtnaturalistischen Stücken über Alltagsroutine und Identität, über Versuchung, Ehebruch und Zerstörung der Welt: *The Ham Funeral* (1961), *The Season at Sarsaparilla* (1962), *A Cheery Soul* (1963) und *Night on Bald Mountain* (1964), die expressionistische und symbolische Mittel einsetzen und eine gehobene Sprachgebung wählen, gehaltlich wie formal neue Akzente zu setzen. Das gilt auch für Whites experimentellere Dramen der siebziger und achtziger Jahre (wie *Signal Driver*, 1982).

Mehr als nationale Berühmtheit erzielte in den sechziger und siebziger Jahren Barry HUMPHRIES (geb. 1934) mit seinen komisch-satirischen Einmann-Shows, in denen die von ihm selbst geschaffenen Figuren Edna Everage und Sandy Stone auftraten und den schlechten Geschmack, die Naivität, die Raffgier und materialistische Einstellung der Mittelschichten anprangerten. – Im irisch-katholischen Milieu der Vorstädte siedelt Peter KENNA (geb. 1930) seine Stücke an (*The Slaughter of St Teresa's Day*, 1959, und *A Hard God*, 1974), während Barry OAKLEY (geb. 1931) australische Politik (*Marsupials*, 1981) und Geschichte (*The Feet of Daniel Mannix*, 1971) auf farcenhaft lustige Weise traktiert.

Die dramentechnisch Patrick White nahestehende Dorothy HEWETT (geb. 1923) bildet mit *The Chapel Perilous* (1971), der expressionistischen Umsetzung der Gralsqueste, eine Brücke zu den siebziger Jahren, in denen sie sich auch als Dichte-

rin (*Rapunzel in Suburbia*, 1975) weiter entfaltete, die aber auch als Dekade des *New Drama* oder der sogenannten *New Wave Writers* (Buzo, Williamson und Hibberd) gelten, welche die Konformität der Gesellschaft mit ihrer ethisch heruntergekommenen Philosophie der *mateship* ausdrücklich attackieren. So brandmarkt z. B. Alexander Buzo (geb. 1944) in *Norm and Ahmed* (1968) den Fremdenhaß der angeblich klassenlosen australischen Gesellschaft. David Williamson (geb. 1942), der inzwischen zu den herausragenden Drehbuchautoren (*Gallipoli*, 1981, und *Phar Lap*, 1983) und Vertretern des australischen Theaters zählt, greift das Thema soziokultureller und psychologischer Gewalt ebenfalls auf und dramatisiert in naturalistischem Stil und drastischer Umgangssprache männliche Rituale, Rivalitäten und gewalttätige Entladungen unterdrückter Sexualität (*Don's Party*, 1971, und *The Removalists*, 1971), auch Machtkämpfe unter Gruppen (*The Department*, 1974; *The Club*, 1974), während Jack Hibberd (geb. 1940) in *The Stretch of the Imagination* (1972) mit Hilfe des selbst-exilierten, monologisierenden Monk O'Neill die alte Stadt/Land-Dichotomie zu versöhnen und die Kluft zwischen australischem Provinzialismus und europäischer Urbanität zu überbrücken sucht. Eine politische Ausrichtung weist John Romeril (geb. 1945) auf, dessen expressionistische Stücke – ähnlich wie die Hibberds und Oakleys – durch eine Labour-freundliche, radikal-nationale Einstellung geprägt sind.
Auch international fand das australische Theater in dieser Zeit Anerkennung, so mit *The Elocution of Benjamin Franklin* (1976) von Steve J. Speirs (geb. 1951), *The Club* (1974) von David Williamson und *The Christian Brothers* (1975) von Ron Blair (geb. 1942)
Eine etwas andere Richtung schlugen Louis Nowra und Stephen Sewell ein, denen als Vertretern der »second wave« Ron Elisha zugesellt wird. Nowra (geb. 1950) nennt sein Werk *»emblematisches Theater«* und versteht seine visuellen Bilder und die Darstellungen von Psychosen als Spiegelungen politischer Zustände, etwa der Herrschaftsbestrebungen in der äußeren Welt: *Inner Voices* (1977), *Visions* (1978), *Inside the Island* (1980).
Sewell (geb. 1953) hingegen vertritt ein explizit politisches Konzept unter Einschluß von Revolutionstheorien und ideologischen Konfrontationen (*Traitors*, 1980; *The Blind Giant is Dancing*, 1983). Nowra und Sewell befassen sich beide mit zeitgenössischen Problemen, bedienen sich der Gewalt als Metonymie und lehnen parochiale Engstirnigkeit ab. Wie auch Ron Elisha (geb. 1951) in *Einstein* (1983) und *Pax Americana* (1984) bevorzugen sie, vor allem in ihren späten Stücken, internationale Themen und Schauplätze. Dennoch ist der Internationalismus nicht so entscheidend, wie es zunächst scheint, zumal sich Nowra und Sewell immer wieder ihrer eigenen Gesellschaft im Kontext umfassenderer politischer und kultureller Einflüsse zuwenden: so Nowra in *Spellbound* (1982), *Sunrise* (1983) und *Golden Age* (1985), Sewell in *Blind Giant* (1983) und *Dreams in an Empty City* (1986).
Das bezeichnendste Charakteristikum dieser Stükke aus den achtziger Jahren – und auch der jüngsten Werke von David Williamson, Alexander Buzo und Dorothy Hewett – ist die neue Art des Interesses, das man sowohl der Handlung und den sie prägenden mythischen oder ideologischen Strukturen als auch den Perspektiven (seien es diejenigen der Frau, des Reflektiven oder emotional Offenen) entgegenbringt. Dabei geht es den Dramatikern darum, jene Kräfte zu mythologisieren, welche die Kultur des Landes geprägt haben. Der Konflikt zwischen Schwarz und Weiß und die Problematisierung der Stellung des Ureinwohners innerhalb der australischen Gesellschaft hat den beiden Stücken (*The Dreamers*, 1982, und *No Sugar*, 1986) von Jack Davis (geb. 1918) weithin Erfolg beschert.
Es war Kath Walker (geb. 1920), der es 1964 mit dem in kürzester Zeit mehrfach neu aufgelegten Gedichtband *We are Going* gelang, den Bann zu brechen und als Ureinwohnerin eigene Probleme zur Sprache zu bringen. Auch in *The Dawn is at Hand* (1966) und *My People* (1970; rev. 1981) versucht sie erfolgreich, die Gefährdung der Ureinwohner-Kultur zu beleuchten und mittels politischer Rhetorik, in teilweise deklamatorischem Stil das ihrem Volk von den Weißen angetane Leid anzuprangern. Doch singt sie auch Lieder der Liebe und der zu bewahrenden Schöpfung, denn wie für die Indianer, so ist auch für sie das Land metaphysische Grundlage der eigenen Identität. Während Jack Davis in *The Firstborn, and Other Poems* (1970) und *Jagardoo: Poems from Aboriginal Australia* (1978) heftig gegen die Ungerechtigkeiten der eigenen Zeit protestiert, widmet er sich in seinen beiden (oben erwähnten) Stücken der Kritik an Weiß und Schwarz, ist aber zugleich bemüht, Trost und Hoffnung zu verbreiten. – Kevin Gilbert (geb. 1933) handelt in seinen Gedichten (*People Are Legends*, 1978) engagiert über Landrechte, Trunkenheit und Gewalt. Er hat auch mit *The Cherry Pickers* (1970) das erste »schwarze« Stück überhaupt geschrieben. – Colin Johnson (geb. 1938) fand bereits Erwähnung, nicht aber Archie Weller (geb. 1958), der 1981 den preisgekrönten Roman *The Day of the Dog* (1981) über die Situation der Ureinwohner in Perth veröffentlichte, und Faith Bandler, der zwei autobiographische Romane schrieb: *Wacvie* (1977) und *Welou, My Brother* (1984).
Es entbehrt nicht der Ironie, daß sich die ältesten wie die jüngsten Australier, nämlich die Ureinwohner und die (englisch- bzw. europäisch-sprachigen) Immigranten, als schriftstellerische »Neuankömmlinge« thematisch wie emotional mit den gleichen Problemen (Desorientierung, Entfremdung und Einsamkeit) auseinanderzusetzen haben wie schon die Strafgefangenen und Siedler vor zweihundert Jahren. W.Ar.

Literaturhinweise

A. Bibliographien und Nachschlagewerke

B. G. Andrews u. W. H. Wilde, *Australian Literature to 1900: A Guide to Information Sources*, Detroit 1980.

Australian National Bibliography, Canberra 1961 ff. (Vgl. auch die Jahresbibliographien in den Zeitschriften Australian Literary Studies, 1964 ff. und The Journal of Commonwealth Literature, 1965 ff.).

The Macquary Dictionary, Sydney 1981.

F. Lock u. A. Lawson, *Australian Literature: A Reference Guide*, Melbourne ²1976 [revidiert].

W. S. Ramson (Hg.), *The Australian National Dictionary: A Dictionary of Australianisms on Historical Principles*, Melbourne 1988.

S. Torre, *The Australian Short Story, 1940–1980: A Bibliography*, Sydney 1984.

B. Literatur- und Kulturgeschichte

R. Broome, *Aboriginal Australians: Black Response to White Dominance, 1788–1980*, Sydney 1982.

C. M. H. Clark, *A Short History of Australia*, New York 1963; ern. Melbourne 1981.

G. Dutton (Hg.), *The Literature of Australia*, Ringwood/Vic. ²1976 [revidiert].

K. Goodwin, *A History of Australian Literature*, London 1986.

H. M. Green, *A History of Australian Literature Pure and Applied*, revidiert von D. Green, 3 Bde., Sydney 1984 ff.

J. J. Healy, *Literature and the Aborigine in Australia 1970—1975*, St. Lucia 1978.

L. Hergenhan (Hg.), *The Penguin New Literary History of Australia*, Ringwood/Vic. 1988.

J. Isaacs (Hg.), *Australian Dreaming: 40 000 Years of Aboriginal History*, Sydney 1980.

G. Johnston, *Annals of Australian Literature*, Melbourne 1970.

L. Kramer (Hg.), *The Oxford History of Australian Literature*, Melbourne 1981.

R. Ward, *The History of Australia: The Twentieth Century 1901–1975*, London 1978.

W. H. Wilde, J. Hooton u. B. Andrews (Hg.), *The Oxford Companion to Australian Literature*, Melbourne 1985.

C. Zu den Gattungen

1. Zur Lyrik

P. K. Elkin (Hg.), *Australian Poems in Perspective: A Collection of Poems and Critical Commentaries*, St. Lucia 1978.

H. C. Jaffa, *Modern Australian Poetry, 1920–1970: A Guide to Information Sources*, Detroit 1979.

M. Jürgensen, *Hundert Jahre australische Lyrik* (in Akzente, 18, 1971, S. 83–95).

J. McAuley, *A Map of Australian Verse*, Melbourne 1975.

J. Wright, *Preoccupations in Australian Poetry*, Melbourne 1965.

2. Zum Roman

D. R. Burns, *The Directions of Australian Fiction: 1920–1974*, Sydney 1975.

A. G. Day, *Modern Australian Prose, 1901–1975: A Guide to Information Sources*, Detroit 1980.

K. G. Hamilton (Hg.), *Studies in the Recent Australian Novel*, St. Lucia 1978.

B. Kiernan, *Images of Society and Nature: Seven Essays on Australian Novels*, Melbourne 1971.

W. S. Ramson (Hg.), *The Australian Experience: Critical Essays on Australian Novels*, Canberra 1974.

3. Zum Drama

P. Fitzpatrick, *After ›The Doll‹: Australian Drama Since 1955*, Melbourne 1979.

P. Holloway (Hg.), *Contemporary Australian Drama: Perspectives Since 1955*, Sydney 1981.

H. Love (Hg.), *The Australian Stage: A Documentary History*, Sydney 1984.

L. Rees, *A History of Australian Drama*, 2 Bde., Sydney 1973–1978.

M. Williams, *Australia on the Popular Stage: 1829–1929*, Melbourne 1983.

ROLF BOLDREWOOD

d.i. Thomas Alexander Browne
* 6.8.1826 London
† 11.3.1915 Melbourne

LITERATUR ZUM AUTOR:
K. Burke, *Th. A. Browne – R. B.: An Annotated Bibliography*, Cremorne 1956. – J. Schulz, *Geschichte der australischen Literatur*, Mchn. 1960, S. 25–33. – H. M. Green, *A History of Australian Literature*, Bd. 1, Sydney 1961, S. 225–235. – C. H. Hadgraft, *Australian Literature: A Critical Account to 1955*, Ldn. 1962, S. 49 ff. – *The Literature of Australia*, Hg. G. Dutton, Harmondsworth/Melbourne 1964; Ringwood/Vic. ²1976. – C. Hamer, *B. Reassessed* (in Southerly, 26, 1966, S. 263–278). – T. I. Moore, *R. B.*, Ldn./Melbourne 1968. – A. Brissenden, *R. B.*, Melbourne 1972 [m. Bibliogr.]. – J. McLaren, *R. B. and the Mythologisation of Australia* (in Meanjin, 37, 1978, S. 251–256). – M. Nedeljkovic, *L'Aube d'une nation: les écrivains d'Australie de 1788 à 1910*, Paris 1982.

ROBBERY UNDER ARMS. A Story of Life and Adventure in the Bush and in the Goldfields of Australia

(engl.; *Die Reiter vom Teufelsgrund*). Roman von Rolf BOLDREWOOD (England/Australien), in Fortsetzungen erschienen 1882/83. – Das Buch spielt um die Mitte des 19. Jh.s (vor allem in Neusüdwales) und verdankt seine erstaunliche Wirkung wohl bis heute der Faszination des legendenumwobenen Buschräuberwesens, mit dem Boldrewood als Postkutschenpassagier und Polizeirichter selber in Berührung kam (der berüchtigte Ned Kelly und A. G. Scott wurden nur wenige Jahre vor Erscheinen des Romans hingerichtet) und das er mit großer Sachkenntnis darstellt. Die *bushrangers*, die durch ihre tollkühnen Überfälle jahrzehntelang eine Art Schreckensherrschaft ausübten, waren meist junge, in Banden operierende Desperados, in denen der Wunsch, rasch reich zu werden (nicht erst die Goldfunde lösten ein »moralisches Chaos« aus), sich offenbar mit noch in der Sträflingszeit wurzelnden antiautoritären Ressentiments und einem Protest *»of the ... landless against the squatters«* (T. I. Moore) gegen soziales Unrecht verbunden hatte. – Aus jugendlichem Übermut schlittern Dick und Jim Marston, die ihrem Vater Ben bei seinen geriebenen Viehdiebstählen assistieren, in schwerere Delikte hinein. Nach einem kühnen Coup werden Dick und der Anführer Starlight verhaftet, entkommen aber mit Hilfe des Starlight abgöttisch verehrenden, undurchsichtigen Warrigal, eines *aborigine* (Nachkomme der Ureinwohner), aus dem gefürchteten Berrima-Gefängnis und ziehen sich in ein schier uneinnehmbares Versteck in den Bergen zurück. Zusammen mit einigen die Spielregeln des Metiers mißachtenden Kumpanen verlegen sie sich aufs *bushranging*. Da ihre Raubüberfälle auch Menschenleben kosten, geraten die Buschreiter in unversöhnlichen Konflikt mit den Hütern des Gesetzes, denen sie, vor allem durch die Verwandlungsgabe des kaltblütigen Starlight, manches Schnippchen schlagen. Das Strafgericht, das sie erst ereilt, nachdem einige von ihnen als Goldgräber am Turon River gearbeitet haben, entbehrt nicht der ironischen Note: Nur triviale Zufälle und Verrat vereiteln die geplante Flucht von Queensland nach Amerika. Im dramatischen Endkampf in der Nähe der Grenze werden Jim und Starlight, aber auch dessen hartnäckiger Widersacher, Inspektor Goring, erschossen. Im »Terrible Hollow«, dem Schlupfwinkel der Bande, entdeckt man später die Leichen des (wegen eines Streits mit Dick) zum Verräter gewordenen Warrigal und des alten Marston, der nach vollstreckter Rache Selbstmord begangen hat.

Im Licht moderner Quellenstudien erscheint diese Abenteuergeschichte als ein aus historisch belegbaren Personen, Episoden und Lokalitäten zusammengesetztes Mosaik, und die chronikalische Faktizität des Buches hat dem Autor den Vorwurf eines nur oberflächlich romanhaft verhüllten Dokumentarismus eingetragen. Die Wirklichkeitsnähe und Farbigkeit von Boldrewoods Australienbild überzeugten aber selbst die zeitgenössischen Leser, für die die geschilderten Ereignisse noch nicht weit zurücklagen (auch wenn Boldrewood sich später, provoziert durch kleinliche Beanstandungen, zu bewußten Anachronismen und erfundenen Zutaten bekannte). Freilich besitzt er im Gegensatz zu Marcus CLARKE (vgl. *His Natural Life*) nicht die Gabe, vom Tatsächlichen ins Visionär-Allgemeingültige vorzustoßen; man hat jedoch seine Fähigkeit, Realität und Fiktion glaubhaft zu verschmelzen, erheblich unterschätzt. Boldrewood selbst warnt [1884]: *»Imagination ... will not do everything. There should be some experience of that most ancient conflict between the powers of Good and Evil«*. – Boldrewoods Ruf wurde zwar in London begründet – unter seinen Büchern wurde nur *Old Melbourne Memories* (1884) zuerst in Australien veröffentlicht –, aber man kann ihn keineswegs als einen mit dem englischen Publikum liebäugelnden kolonialen Baedeker-Romancier, *»the most succesful of the guide-book novelists«* (J. Barnes), abstempeln. An seiner Loyalität gegenüber Australien (wohin er mit vier Jahren kam) ist nicht zu zweifeln: *»the most Australian of the colonial novelists«* (T. Turner) – *»there is no one to rival him«* (A. G. Stephens); seine Einwanderer bleiben nicht Besucher wie Henry KINGSLEYS Helden (vgl. *The Recollections of Geoffry Hamlyn*), sondern werden zu Siedlern, und Boldrewoods Romane sollen für ihn *»un lieu de connivence ... entre vieux colon et nouvel arrivé«* schaffen (Nedeljkovic). – Unter den Hauptgestalten des Romans ragen der ritterlich-byroneske Buschräuber Starlight und vor allem der zähe Ben Marston hervor, ein wegen geringfügigen Wildfrevels aus Lincolnshire deportierter Gesetzesverächter, der im australischen *bush* die seinem Individualismus entsprechende Atmosphäre wilder Freiheitlichkeit findet. Boldrewoods fast knabenhafte Begeisterung für die überlebensgroße, geheimnisumwitterte Robin-Hood-Gestalt Starlight mit ihrem aristokratischen Ehrenkodex ist als undemokratischer Tribut an das englische Gentleman-Ideal belächelt worden. Weitaus entscheidender für die intensive Romantisierung des Stoffes dürfte jedoch das Vorbild Walter Scotts gewesen sein, dem der Autor neben seinem aus *Marmion* übernommenen Pseudonym »Boldrewood« auch in Stil und deskriptiver Technik vieles verdankt.

Im Spannungsfeld zwischen dem Reiz des draufgängerischen Räuberlebens und seiner eigenen gesetzestreuen Einstellung behilft sich Boldrewood mit viktorianischen Kompromißlösungen: Das Idol Starlight »büßt« durch seinen – allerdings heroischen – Tod von der Hand eines gleichsam sein Spiegelbild darstellenden Gegners, des weltmännischen Polizeichefs Sir Ferdinand Morringer; Dick Marston, schwerverwundet, gefangen, zum Strang verurteilt und begnadigt, findet als Geläuterter an der Seite der Jugendgeliebten mit dem sinnbildlichen Namen Grace, die standhaft auf seine Freilassung gewartet hat, ein Glück im Winkel. Boldrewood wählt gerade diese schlichte Gestalt zum Erzähler, der in der Gefängniszelle die Ereignisse zu Papier bringt und seinen Bericht mit moralischen Reflexionen spickt, die dem Leser die Maxime »Verbrechen lohnt nicht« einprägen und das Lob der (im erfolgreichen Biedermann George Storefield, Graces Bruder, verkörperten) arbeitsamen Rechtschaffenheit verkünden. Bei aller kolloquialen Frische des Stils (einer gewissen Neigung zu papierner Rhetorik erliegt der Autor nur selten) wirkt die Diktion der Ich-Erzählung eher literarisch-monologisch als spontan, zumindest im Vergleich mit Joseph Furphys *Such Is Life* (1903). Trotzdem ist das Buch, das auch dramatisiert, verfilmt und in Radiobearbeitungen verbreitet wurde, zum volkstümlichen Klassiker kanonisiert worden, zu einer weitgehend unproblematischen, vor allem aber spannenden australischen Version des Wildwestromans. J.H.T.

Ausgaben: o.O. 1882/83 (in Sydney Mail). – Ldn. 1888, 3 Bde. – Ldn./Melbourne 1947 [Einl. C. Barrett]. – Melbourne 1967 [Einl. R.B. Walker]. – Penrith 1968 [Einl. A.T. Brissenden]. – Ldn. 1969. – St. Lucia 1979 [Einl. A.T. Brissenden].

Übersetzung: *Die Reiter vom Teufelsgrund*, A. Bohn, 2 Bde., Mchn. 1954 (Tl. 1: *Die Buschreiter*; Tl. 2: *Die Buschpiraten*).

Verfilmungen: England 1957 (Regie: J. Lee). – Australien 1985 (Regie: R.K. Hannam u. D. Crombie).

Literatur: R.B., *How I Wrote »Robbery under Arms«* (in Life, 15.1. 1904, S.58–61). – R.B. Walker, *Bushranging in Fact and Legend* (in *Historical Studies of Australia and New Zealand*, Hg. J.J. Eastwood u. F.B. Smith, Bd. 11, Ldn. 1964, S. 206–221). – Ders., *The Historical Basis of »Robbery under Arms«* (in ALS, 2, 1965, S.3–14). – G. Dowsley, *»Robbery under Arms«: A Re-assessment* (in Tasmanian Journal of Education, 2, 1968, S.73–77). – P.H. McCarthy, *Starlight: The Man and the Myth*, Melbourne 1972. – A. Brissenden, *»Robbery under Arms«: A Continuing Success* (in *The Australian Experience: Critical Essays on Australian Novels*, Hg. W. S. Ramson, Canberra 1974, S. 38–60). – M. Nedeljkovic, *Rêve et réalités. Les débuts de la littérature d'immigrés en Australie; R. B. et les problèmes d'adaption (»Robbery under Arms«, 1888, et »The Squatter's Dream«, 1890)* (in Commonwealth, 1, 1974/75, S. 79–93). – V. Brady, *The Impulse to Order: »Robbery under Arms«* (in Australasian Universities Language and Literature Association, *19th Congress: Papers and Proceedings*, Brisbane 1978, S. 43–51). – J.H. Rosenberg, *Cultural Symbolism in »Robbery under Arms«* (in WLWE, 17, 1978, S. 488–504).

Martin A'Beckett Boyd

* 10.6.1893 Luzern
† 3.6.1972 Rom

Literatur zum Autor:
K. Fitzpatrick, *M.B. and the Complex Fate of the Australian Novelist*, Canberra 1953. – G. A. Wilkes, *The Achievement of M.B.* (in *Australian Literary Criticism*, Hg. G. Johnston, Melbourne 1962, S. 158–168). – K. Fitzpatrick, *M.B.*, Melbourne 1963. – A.L. French, *M.B.: An Appraisal* (in Southerly, 26, 1966, S. 219–234). – Th. Herring, *M.B. and the Critics: A Rejoinder to A.L. French* (ebd., 28, 1968, S. 127–140; Sondernr. *B.*). – L. Kramer, *The Seriousness of M.B.* (ebd., S. 91–109). – D. Green, *From Yarra Glen to Rome: M.B., 1893–1972* (in Meanjin, 31, 1972, S. 245–258). – B. Niall, *M.B.*, Melbourne 1974, [2]1977 [m. Bibliogr.]. – H. Heseltine, *Australian Fiction since 1920* (in *The Literature of Australia*, Hg. G. Dutton, Ringwood/Vic. [2]1976, S. 196 bis 247). – W. Gould, *The Family Face: M.B.'s Art of Memoir* (in ALS, 7, 1976, S. 269–278). – S. McKernan, *Much Else in Boyd: The Relationship Between M.B.'s Non-Fiction Work and His Later Novels* (in Southerly, 38, 1978, S. 309–330). – B. McFarlane, *M.B.'s Langton Novels*, Port Melbourne 1980. – A. Stewart, *The Search for the Perfect Human Type: Women in M.B.'s Fiction* (in *Who Is She?*, Hg. S. Walker, St. Lucia 1983, S. 118 bis

135). – A. P. Riemer, *This World, the Next, and Australia: The Emergence of a Literary Commonplace* (in Southerly, 44, 1984, S. 251–270). – P. M. St. Pierre, *M. B.: The Last Years* (ebd., S. 441–453).

THE MONTFORTS

(engl.; *Die Montforts*). Roman von Martin a'Beckett BOYD (Australien), erschienen 1928 unter dem Pseudonym »Martin Mills«. – Der nach *Love Gods* (1925) und *Brangane* (1926) letzte Roman, den Boyd unter einem Pseudonym veröffentlichte, machte die Öffentlichkeit auf einen Autor von Rang aufmerksam, dem im Erscheinungsjahr der *Montforts* die Goldmedaille der Australian Literary Society verliehen wurde. Man muß sich hüten, in dem bereits in diesem Roman auftauchenden *»Gefühl der doppelten Entfremdung«* (B. Niall), in der geographischen und kulturellen »Schizophrenie«, im rastlosen Orts- und Perspektivenwechsel zwischen England und Australien, im *complex fate* (ein Ausdruck von Henry JAMES, mit dem Boyd nach Meinung mancher Kritiker, z. B. H. Heseltine, eine gewisse Verwandtschaft aufweist) das monotone, mit einem fast aufdringlichen autobiographischen Element verquickte Hauptthema von Boyds Gesamtwerk erkennen zu wollen. Der Autor, ein feinnerviger, seit 1957 in Rom lebender Wanderer zwischen den Welten, ein Schriftsteller im Exil wie Christina STEAD, hat zweifellos in den *Montforts* und in späteren Werken den ernsthaften Versuch unternommen, sein geteiltes Erbe, die gespaltenen Loyalitäten, die spannungsreiche englisch-australische Ambivalenz zu analysieren und ohne Tendenz und Zerrissenheit (man vergleiche dazu sein autobiographisches Buch *Day of My Delight*, 1965) zu tieferem Verständnis dieser kosmopolitischen Mehrpoligkeit vorzudringen, die seinen anglo-australischen Romanen besonderes Gewicht verleiht.
Die bleibende Bedeutung der *Montforts* – zeitlich das weitgespannteste seiner Werke – liegt aber weit mehr in der spezifisch australischen, den herablassenden Unterton des Exotisch-Kuriosen vermeidenden Orientierung. Zwar schafft Boyd durch seine Distanzierung von Konventionen und Stimmungsgehalt der die »australische Legende« verherrlichenden Pionier- und Familiensaga eher einen entheroisierten, unpathetischen »Anti-Heimatroman« von psychologischem Raffinement und sozialer Exklusivität. Aber gerade in den *Montforts* scheint Australien vor dem Hintergrund kulissenhaft verfremdeter europäischer Lokalitäten in einer vitalen Frische auf, die überzeugender als patriotische Manifeste das Heranreifen einer nationalen Identität spiegelt.
Avantgardistischen Experimenten abhold, aber konservativen Erzähltechniken neue Nuancen abgewinnend, entwirft Boyd in diesem Stadt-Roman, mit dem er die ihm kongeniale historische Periode und Gesellschaftsklasse entdeckt, das Porträt eines Jahrhunderts. Allerdings dürfte er die Tragfähigkeit der ihm zusagenden Chronikform durch eine erdrückende Stoff- und Gestaltenfülle überfordert haben, so daß die Stärke des Romans in der kleinen Einheit, der emotionsgeladenen Szene, der scharf konturierten menschlichen Beziehung liegt und nicht im Kaleidoskopisch-Panoramischen. Den erlebnismäßigen und geistigen Kern der etwas sprunghaften Familiensaga bilden Boyds jenseits von Klassen- und Kastenmerkmalen angesiedelte Konzeption des Aristokratischen und sein ausgeprägter Sinn für die eigene Familientradition, in deren wiederholter romanhafter Gestaltung Schwerpunkt und Grenze seiner Begabung sichtbar werden, auch wenn seine Romane weit stärker von künstlerischen als von biographischen Faktoren geprägt sind. Der Vorwurf, Boyds offensichtliche Faszination durch das Phänomen der Vererbung behindere die Charakterzeichnung (die sich bei der chronikalischen Kondensierung der *Montforts* ohnedies nicht voll entfalten kann) und stelle das Geschehen unter die Zeichen von Dekadenz und Determinismus, ist verständlich, aber unberechtigt. In Boyds fundierter Darstellung der Assimilation einer – Zähigkeit mit Eleganz verbindenden – Familie in einem sich wandelnden Australien geht die Modifizierung erblicher Anlagen unter ungewohnten Existenzbedingungen mit historischen Wachstumsvorgängen einher. So halten sich in den *Montforts* Aufstieg und Versanden, Verfeinerung zum Morbid-Verwundbaren und Etablierung in respektabler Normalität, individuelles Streben und überpersönliche Beiträge zur Gemeinschaft, ererbte Haltungen und Freiheit der Entscheidung das Gleichgewicht und gehen auf in den übergreifenden Bildern des nicht abreißenden Lebensstroms, des zyklischen Rhythmus, der (trotz struktureller Einschnitte) betonten Einheit des Lebens.
Die weitverästelte Handlung des Romans (von Boyd selbst *pseudo-Galsworthian* genannt), dessen barocker Personenreichtum die Beigabe einer genealogischen Tabelle nötig macht, läßt sich nicht resümieren; sie umspannt die Schicksale mehrerer Generationen und Zweige der vornehmen Familie der Montforts of Farleigh-Scudamore, von der Auswanderung Simons und Henrys nach Port Phillip in der ersten Hälfte des 19. Jh.s bis zur Zeit nach dem Ersten Weltkrieg und der Verbindung des intellektualistischen, vom Autor mit besonderer Anteilnahme gezeichneten Raoul mit seiner Kusine Madeleine. In Charakter und Temperament dieser Liebenden verrät sich, wie bereits in früheren kritisch veranlagten »Rebellen«-Gestalten der Sippe, das eigenwillige Erbe (vgl. den Titel der amerikanischen Ausgabe) der leidenschaftlichen Madeleine du Rémy des Baux, die, vom Geistlichen Simon, dem Großvater der Auswanderer, verführt, eine Zweckheirat mit ihm einging und dann mit einem Offizier durchbrannte.
Mit *The Montforts* etablierte sich Boyd als Schriftsteller von hoher Sensibilität, dessen Anliegen und künstlerische Eigenart in die Sphäre der überlegenen Gesellschaftssatire weisen und dadurch dem Familienroman neue, die Klassifizierung jedoch erschwerende Dimensionen erschließen. Boyds alles

Fassadenhafte maliziös durchdringender »Röntgenblick«, sein ungewöhnliches Talent, soziale Schattierungen und Umwälzungen, untypisch-exzentrische Naturen und kollidierende Wertordnungen zu beleuchten, sowie die bisweilen das Tragikomische streifende Tonlage der witzigen Komödie legen den Vergleich mit Patrick WHITE nahe: *»like White he examines both the clash between and the merging of European and Australian consciousness«* (L. Kramer), mit dem Boyd auch den ausgeprägten Sinn für den an Zwischentönen reichen Dialog und die Neigung zur unüberhörbaren »Botschaft« gemein hat. Wie Whites Stil wurde auch der Boyds zur Zielscheibe seltsam widerspruchsvoller Angriffe, die allerdings seiner präzisen, kultivierten, oft verfänglich einfachen Diktion ihre nahezu perfekte Eignung als satirisches Ausdrucksmittel kaum absprechen können. – Boyd selbst zählte den (ihn bei der Revision 1963 unangenehm berührenden) Roman, *»an den ich mein bestes Rohmaterial verschwendete«*, zu seinen »Lehrlingsarbeiten«, und die Kritik bezeichnete die von ihr besonders intensiv analysierte Tetralogie *The Cardboard Crown* 1952, *A Difficult Young Man* 1955, *Outbreak of Love* 1957, *When Blackbirds Sing* 1962 (alle 1971 in Melbourne neuaufgelegt) als seine überragende Leistung. Wie der Autor selbst bestätigte, ist *The Montforts* als Wurzel, Vorstufe und »Steinbruch« für die freiere dichterische Gestaltung der Familiengeschichte in diesen Alterswerken der sogenannten Langton-Gruppe zu betrachten (in der jedem Hauptcharakter ein ganzes Buch gewidmet ist). Dies und seine Bedeutung als enzyklopädische, durch symbolische Züge bereicherte Chronik einer Epoche sichern Boyds frühem Erfolgsroman indes nachhaltige Anerkennung.

J.H.T.

AUSGABEN: Ldn. 1928. – NY 1928 (u. d. T. *The Madeleine Heritage*). – Adelaide 1963 [rev.].

LITERATUR: C. Hadgraft, *Australian Literature: A Critical Account to 1955*, Ldn. 1960, S. 251–254. – H. M. Green, *A History of Australian Literature*, Bd. 2, Sydney 1961, S. 1114–1118. – L. Kramer, *M. B.* (in Australian Quarterly, 35, 1963, S. 32–38). – B. Niall, *The Double Alienation of M. B.* (in Twentieth Century, 17, 1963, S. 197–206). – G. Dutton, *Gentlemen vs. Lairs* (in Quadrant, 9, 1965, S. 14–20). – M. Boyd, *Preoccupations and Intentions (Australian Writers in Profile: 1)* (ebd., 28, 1968, S. 83–90). – J. McLaren, *Gentlefolk Errant: The Family Writings of M. B.* (in ALS, 5, 1972, S. 339–351). – D. Green, *M. B.* (in *The Literature of Australia*, Hg. G. Dutton, Ringwood/Vic. 21976, bes. S. 518–522). – B. Niall, *Three Versions of »The Montforts«* (in Bibliographical Society of Australia and New Zealand Bulletin, 3, 1978, Nr. 4, S. 153–157).

ALEXANDER BUZO

* 23.7.1944 Sydney

NORM AND AHMED

(engl.; *Norm und Ahmed*). Drama von Alexander BUZO (Australien), erschienen 1969, Erstaufführung: Sydney, 9. 4. 1968, Old Tote Theatre. – Der realistische Einakter, zugleich Buzos erster Bühnenerfolg, ist bis heute ein kleiner Klassiker geblieben. Er vereinigt das seit Gründung der Strafkolonie bekannte Thema der Entfremdung der Exilierten und Emigrierten gegenüber dem Inselkontinent mit dem aktuellen Problem der Einstellung moderner Australier zur Immigration aus dem asiatischen Raum bzw. der Frage nach der Rolle Australiens im asiatischen Kontext. Die Verbindung dieser beiden Themen ist neu. Die Wirklichkeit gesellschaftlicher Gewalt mag in den sechziger und siebziger Jahren bedrängender gewesen sein; als brisantes Thema erweist sie sich in Gesellschaften mit einem hohen Anteil an Immigranten und Asylanten allemal.

Der Arbeiter Norm Gallagher, ein typischer Australier mittleren Alters, und Ahmed, ein Student aus Pakistan, treffen sich gegen Mitternacht zufällig in der Stadt. Norm hatte verzweifelt auf einen Menschen gewartet, den er in ein Gespräch verwikkeln könnte. Als Ahmed sich nähert, bittet er ihn um Feuer. Als dieser sich unverzüglich anschickt weiterzugehen, gibt Norm sich beleidigt und hält ihn mit Fragen und Beschwichtigungen zurück: Ahmed könne sich hier sicher fühlen, er selbst werde ihm nichts zuleide tun, er sei kein Säufer oder »Homo«. Norm bedeutet dem asiatischen Studenten dann freilich auch unmißverständlich, daß seine zurückhaltende, ja ängstlich abweisende Art für ihn eine Beleidigung darstelle. Auf die Frage, ob er Australien möge, hatte Ahmed gemeint, daß es durchaus nicht einfach sei, sich in einer fremden Welt zurechtzufinden und einer neuen Umgebung anzupassen. Nach einer kurzen Erörterung der Vor- und Nachteile Australiens berichtet Norm dann von seinen Afrikaerfahrungen bei Tobruk und demonstriert emotionalisiert und handgreiflich, wie er einen deutschen Kriegsgefangenen, der einen Fluchtversuch gemacht hatte, niedergestreckt und dann doch den Vorgesetzten überstellt habe.

Weitere Erwähnungen physischer Gewalt (etwa beim Sport oder in der Auseinandersetzung von Norms gewerkschaftsbegeistertem Vater mit dem Chef der Firma) bereiten das brutale Ende der Begegnung vor. Zwar alterniert Norms aggressive Verteidigungshaltung mit guten Ratschlägen (z. B. dem, Ahmed solle sich als nichtschwarzer, weil olivfarbener Akademiker in Australien, das Freundschaft mit seinen asiatischen Nachbarn suche, niederlassen, zumal er ein so gutes Englisch

spreche), doch der australische *Norm*-albürger (Mitglied der Kriegerkameradschaft, Ad-hoc-Verteidiger von Polizei und Autorität, Ex-Fußballer und Vater eines am MIT [Massachusetts Institute of Technology] studierenden Sohnes) ist im Tiefsten von Xenophobie und Rassismus befallen und fühlt sich – nach dem Tod seiner Frau noch einsamer geworden – letztlich unausgesöhnt mit dem Land, in dem er lebt, und dem jungen Pakistani, der die Geschichte seines Landes studiert und ein besseres Englisch spricht als er, unterlegen; deshalb reagiert er nach der anscheinend gemeinschaftsstiftenden Unterhaltung bei der Verabschiedung mit überraschenden Schlägen in die Magengrube und weiteren Tätlichkeiten, die den Fremden unter dem Fluchseufzer *»Fuckin' boong« (»Verdammter Fremdling«)* in die Gosse befördern. Diese Schlußzeile erregte bei der Erstaufführung und später öffentliches Ärgernis. L. Rees hat die damaligen offiziellen Reaktionen zusammengestellt.
Buzo wählt als Hauptfigur einen »digger« (wie in Australien die Landser genannt werden), der stolz ist auf sein Land, sich aber nicht die Mühe macht, es zu verstehen; der angesichts von Bedrohung selbst die Polizei und die sonst verachteten Autoritäten verteidigt; der sich in einem unverstandenen Kontinent an bourgeoise Sicherheiten wie Familie, Besitz und Rassismus klammert, um so seine Einsamkeit bestehen zu können (D. Carroll). Während es ihm in Tobruk noch möglich war, die eigentliche Entscheidung den Vorgesetzten zu überlassen, muß er hier in dem Gespräch mit dem Pakistani selbst zu einem Urteil kommen. Dabei erweist sich das Vorurteil für den freien weißen Australier als verläßliches Kriterium, dem er sich jenseits eigener Überlegung anvertrauen kann (K. Brisbane). *»Schockierend«* wurde das Ende deshalb genannt (R. Arnold), weil die vermutete kathartische Wirkung von Norms Sprachgebung (er wechselt im Stück die Register und spürt die Entfremdung und wachsende Spannung gegenüber dem ausdrucksgewandten Fremden) sich erst einstellt, als er sie mit physischer Gewalt koppelt. – Nach T. L. Sturms tentativer Deutung werden naturalistische Charakterisierung und Dialogführung in diesem Stück durch die Kulisse wirksam unterstützt: Die Baustelle mit dem weißen Schutzzaun könne man als Symbol der australischen Gesellschaft, die noch im Werden begriffen ist, verstehen und Norm, der vor der Baustelle auf und ab geht, als den selbsternannten Wächter, der mögliche Eindringlinge (wie z. B. Ahmed) fernzuhalten sucht. Auf oberflächliche Ähnlichkeiten des Stücks mit E. ALBEES *Zoo Story* sowie auf Einflüsse H. PINTERS auf die frühen Stücke von Buzo hat V. Duigan (›National Times‹, 29. 1.–3. 2. 1973) hingewiesen.
Hauptangriffspunkt Buzos ist sowohl die Selbstgefälligkeit und Egalitätsduselei des australischen Durchschnittsbürgers wie auch die Oberflächlichkeit der australientypischen Philosophie der *mateship* (Kameraderie) mit ihren homosexuellen Untertönen, die hier in ihr Gegenteil verkehrt wird. Norm hat wie viele Australier Angst vor zu vielen Asiaten im eigenen Land und präsentiert sich deshalb mit seinen komischen Absurditäten im Dialog und den Haltungswidersprüchen im Charakter als eine Karikatur des australischen Männerbildes (Fitzpatrick): Wie der Zugereiste, so ist auch der Einheimische letztlich Fremder im eigenen Land. Darin liegt die Tragik dieses fast handlungslosen Stücks. – Als Testfall und Wasserscheide der literarischen Zensur erzielte *Norm and Ahmed* zusätzlich eine ›skandalöse‹ Berühmtheit; historisch betrachtet, gehört es zu den Stücken, die den Durchbruch der »Neuen Welle« des australischen Theaters herbeigeführt haben. W.Ar.

AUSGABEN: Clayton 1969 (in Komos, 2, Nr. 2). – Sydney 1973; [2]1978 (in *Three Plays*; Vorw. K. Brisbane).

LITERATUR: L. Rees, *»Norm and Ahmed«: The Police and the Courts* (in *The Making of Australian Drama*, Hg. ders., Sydney 1973, S. 489–491; [2]1981). – R. Arnold, *Aggressive Vernacular: Williamson, B. and the Australian Tradition* (in Southerly, 35, 1975, S. 343–358). – T. L. Sturm, *A. B.: An Imagist With a Personal Style of Surrealism* (in *Contemporary Australian Literature*, Hg. P. Holloway, Sydney 1981, S. 323–339). – P. Fitzpatrick, *After »The Doll«*, Ldn. 1979, S. 101/102. – L. T. Sturm, *A. B.'s »Rooted« and »Norm and Ahmed«: A Critical Introduction*, Sydney 1980. – J. MacCallum, *Coping With Hydrophobia: A. B.'s Moral World* (in Meanjin, 1980, Nr. 39, S. 60–69). – W. Arens, *Das australische Drama nach 1955* (in *Drama im Commonwealth*, Hg. G. Stilz, Tübingen 1981, S. 23–25). – D. Carroll, *Australian Contemporary Drama 1909–1982*, NY u. a. 1985.

MARCUS ANDREW HISLOP CLARKE

* 24.4.1846 London
† 2.8.1881 Melbourne

LITERATUR ZUM AUTOR:
B. Elliott, *M. C.*, Oxford 1958; ern. Melbourne 1969. – F. H. Mares, *H. Kingsley, M. C. and R. Boldrewood* (in *The Literature of Australia*, Hg. G. Dutton, Ringwood/Vic. [2]1976). – S. R. Simmons, *M. C.: An Annotated Checklist 1863–1972*, Hg. L. T. Hergenhan, Sydney 1975. – M. Wilding, *M. C.*, Melbourne 1977. – *M. C.: Commemorative Issue* (in Margin, 1981, Nr. 7; Sondernr.). – I. F. McLaren, *M. C.: An Annotated Bibliography*, Melbourne 1982.

HIS NATURAL LIFE

(engl.; *Lebenslänglich*). Roman von Marcus Andrew Hislop CLARKE (Australien), erschienen 1870–1872. – Für den unter der Bohemienmaske des geistvollen Journalisten eher schwermütig veranlagten Autor stand nicht der soziale Protest gegen das größtenteils bereits der Vergangenheit angehörende, berüchtigt brutale Sträflingssystem in Tasmanien im Vordergrund, sondern das sensationelle Potential des düsteren Stoffs. Die Greuel, die er in seinem Roman beschreibt, sind aktenmäßig reichlich belegt. Die unter Zeitdruck verfaßten, im ›Australian Journal‹ erschienenen Fortsetzungen weisen viele dem populären Medium zuzuschreibende Schwächen auf, für die Clarkes glänzende journalistische Beobachtungsgabe nicht völlig entschädigt. Die spätere drastische Kürzung und Umarbeitung ersetzte u. a. das Happy-End durch einen tragischen Ausgang; ihr Ergebnis ist ein ungleich geschlosseneres und gehaltvolleres Werk.

Im Mittelpunkt der durch Episoden aufgebauschten Handlung stehen mehrere, vordergründig betrachtet recht schematisch anmutende Gestalten, deren Geschicke auf mysteriös-unheimliche Weise verflochten sind: der tugendhafte, unendlich leidensfähige Richard Devine, der lieber den Verdacht auf sich nimmt, die Leiche Lord Bellasis', dessen natürlicher Sohn er ist, beraubt zu haben, und sich lieber unter dem Namen Rufus Dawes in die australische Sträflingskolonie deportieren läßt, als daß er Sir Richard, den Mann seiner Mutter, der deren Fehltritt entdeckt und den »Bastard« verstoßen hat, dem Mordverdacht aussetzen oder seine Mutter kompromittieren würde; der geriebene John Rex, ebenfalls ein Sproß Bellasis' und dessen wirklicher Mörder, der nach einer abenteuerlichen Flucht aus Port Arthur seine Ähnlichkeit mit Richard skrupellos ausnutzt, um sich in den Besitz des Devineschen Vermögens zu bringen, zuletzt aber auf ironische Weise vom Schicksal ereilt wird; der trunksüchtige, von Anfechtungen gepeinigte Gefängnisgeistliche James North, der in der Mordnacht ebenfalls auf dem Familiensitz Hampstead Heath zugegen war, es aber zum eigenen Schutz unterließ, Dawes zu entlasten, und der zuletzt seine sündige Leidenschaft für Sylvia, die Frau von Dawes' Vetter und teuflischem Peiniger, überwindet, um Dawes, ihrem edelmütigen, aber verkannten Lebensretter, der in ihr den tröstlichen Lichtstrahl in seinem Dunkel sieht, die Flucht mit ihr zu ermöglichen. Das Schiff geht in einem Zyklon unter, und der Tod vereint die beiden.

Durch die Überbeanspruchung der Koinzidenz, die raffinierte Verschlingung der Handlungsfäden, das farbensatte, von Nebenfiguren wimmelnde Panorama wie auch durch den theatralisch grellen Prolog wirkt der vom Autor selbst humorvoll als *»his unnatural life«* bezeichnete Roman wie eine an Publikumskonzessionen reiche, wenn auch sehr düstere DICKENS-Imitation. An literarischen Vorbildern sei neben DEFOE, THACKERAY, READE, DOSTOEVSKIJ und DUMAS Père vor allem HUGO mit *Les misérables* genannt. – Die Kritik hat zwar die reißerischen und sentimentalen Züge ebenso wie die Forciertheiten in Clarkes oft allzu bewußtem Effektstil bemängelt, dabei aber nicht die atmosphärische und dramatische Kraft der Einzelszene (der Autor war auch für die Bühne tätig), sein erzählerisches Können und seine Gabe der durchdringenden Charakterisierung (Beispiel: der selbstquälerische North) übersehen. Bei aller Schärfe des Details kommt gerade auch der Phantasieleistung besonderes Gewicht zu: *His Natural Life* ist weit mehr als ein »historischer« Roman, so suggestiv darin auch das Bild einer versunkenen Epoche beschworen wird. Wie William HAYS Roman *The Escape of the Notorious Sir William Heans* (1919) wächst auch der Clarkes über das Stoffliche und Zeitbedingte hinaus und wird zur psychologischen Allegorie der Degradierung und Zersetzung. Er ist ein Klagegesang vom abgründigen seelischen Leiden der duldenden, schuldigen und verzweifelten Menschheit, *»eine Art Sträflings-Lear«* (B. R. Elliott). Aber das Buch verkündet auch die christliche Botschaft von den heilenden Kräften der Liebe, Sühne und Erlösung, vom Triumph über rohe und verrohende Gewalt, über das Böse schlechthin. Was vom ästhetischen und logisch-rationalen Blickwinkel her befremden mag, wird vom moralischen her verständlich. So gesehen, gewinnt das Buch eine ergreifende Größe, die es in die Nähe des Weltliterarischen rückt. – Nach zwiespältiger Aufnahme fand der Roman lebhaften Anklang. Seine »romantische« Formel wurde in Pioniergeschichten weidlich ausgeschlachtet. Obwohl er neuerdings etwas von seinem kanonischen Ansehen eingebüßt hat, zählt er zu den stärksten Werken der australischen Literatur des 19. Jh.s. J.H.T.

AUSGABEN: Melbourne 1870–1872 (in Australian Journal, 5–7). – Melbourne 1874. – Ldn./Melbourne 1886 *(For the Term of His Natural Life)*. – Sydney 1929 [Einl. H. Lofting]. – Harmondsworth 1944 *(Men in Chains)*. – Oxford 1952 (*For the Term of His Natural Life*; Einl. L. H. Allen). – Sydney 1969 [Einl. I. G. Smith]. – Harmondsworth 1970 [ursprüngl. Fassg.; Einl. S. Murray-Smith]. – Ldn. 1980. – Sydney 1982. – Harmondsworth 1985, Hg. S. Murray-Smith.

ÜBERSETZUNGEN: *Deportirt auf Lebenszeit*, anon., 3 Bde., Bln. 1877.– *Lebenslänglich* ..., K. Heinrich, Bln. 1957. – Dass., ders., Darmstadt 1963. – *Deportiert auf Lebenszeit*, anon., Ffm. 1974 (FiTb).

DRAMATISIERUNG: Anon., *For the Term of His Natural Life*, Ldn. 1886.

VERFILMUNG: USA 1921.

LITERATUR: L. Rees, *»His Natural Life« – The Long and Short of It* (in Australian Quarterly, 14, 1942, Nr. 2, S. 99–104). – R. G. Howarth, *M. C.'s »For the Term of His Natural Life«* (in Southerly, 15, 1954, S. 268–276). – H. M. Green, *A History of*

Australian Literature, Bd. 1, Sydney 1961, S. 215 bis 225. – L. R. Patané, *La letteratura dei ›Convicts‹ e l'opera di M. C.* (in Narrativa, 8, 1963, S. 78–91). – L. L. Robson, *The Historical Basis of »For the Term of His Natural Life«* (in ALS, 1, 1963, S. 104–121). – L. T. Hergenhan, *The Redemptive Theme in »His Natural Life«* (ebd., 2, 1965, S. 32–49). – Ders., *The Corruption of Rufus Dawes* (in Southerly, 29, 1969, S. 211–221). – J. E. Poole, *Maurice Frere's Wife: M. C.'s Revision of »His Natural Life«* (in ALS, 4, 1970, S. 383–394). – H. J. Boehm, *»His Natural Life« and Its Sources* (ebd., 5, 1971, S. 42–64). – L. T. Hergenhan, *The Contemporary Reception of »His Natural Life«* (in Southerly, 31, 1971, S. 50–63). – J. F. Burrows, *»His Natural Life« and the Capacities of Melodrama* (ebd., 34, 1974, S. 292–305). – A. Stewart, *The Design of »His Natural Life«* (in ALS, 6, 1974, S. 394–403). – M. Wilding, *M. C.: »His Natural Life«* (in *The Australian Experience: Critical Essays on Australian Novels*, Hg. W. S. Ransom, Canberra 1974, S. 19–37). – L. T. Hergenhan, *Unnatural Lives*, St. Lucia 1983, S. 47–61. – J. Colmer, *»For the Term of His Natural Life«: A Colonial Classic Revisited* (in Yearbook of English Studies, 13, 1983, S. 133–144). – C. Runcie, *Rufus Dawes: His Natural and His Spiritual Life* (in Southerly, 45, 1985, S. 62–80). – A. McDonald, *Rufus Dawes and Changing Narrative Perspectives in »His Natural Life«* (in ALS, 12, 1986, S. 347–358).

ELEANOR DARK

* 26.8.1901 Burwood / Sydney
† 11.9.1985 Katoomba / Sydney

THE TIMELESS LAND

(engl.; *Ü: Der erste Gouverneur*). Erster Band einer Romantrilogie von Eleanor DARK (Australien), erschienen 1941. – Nach einer Reihe von vorwiegend psychologischen Romanen wandte sich die Autorin der historischen Erzählkunst zu, zu der sie mit *The Timeless Land* und den anderen Bänden der Trilogie, *Storm of Time* (1948) und *No Barrier* (1953), denen allerdings die Geschlossenheit des ersten Bandes abgeht, einen bleibenden Beitrag geleistet hat. Darks Trilogie stellt einen großangelegten Versuch dar, auf solider dokumentarischer Basis, aber ohne Anspruch auf strenge historische Treue, das quellenmäßig überaus reich belegte erste Vierteljahrhundert der sozusagen in einem Vakuum geborenen australischen Geschichte zu gestalten. *The Timeless Land* erzählt ohne heroisierende oder romantisierende Retuschen von dem verbissenen Ringen mit einer unwirtlichen Natur und feindlichen Umwelt in den harten Jahren von der Ankunft der »First Fleet« (1788) bis 1792. In *Storm of Time* (der Band umspannt die Zeit bis 1808) verlagert sich der Akzent von den Problemen der Landnahme und dem Verhältnis der Kolonisatoren zu den Aborigines auf die politischen Machtkämpfe und die Komplexität der sich entwickelnden Gesellschaft. Der Schlußteil – sein Titel *No Barrier* deutet die entscheidende Überwindung der Gebirgsschranken (Blue Mountains) und allgemein die Bewältigung der materiellen Hindernisse an – ist dem Zeitraum 1809–1814 in der Ära des Gouverneurs Macquarie gewidmet.

The Timeless Land zeichnet sich durch eine selbst von Historikern anerkannte Authentizität aus. Mit fast durchwegs konventionellen Mitteln hat Dark ein in Stil und erzählerischer Optik episches Werk von strenger Schönheit geschaffen, dessen geschichtliche Faktizität und chronologischer Schematismus durch eine erfindungsreiche Phantasie ergänzt und belebt werden. Verrät die verwirrende Fülle von handelnden Personen die geheime Diktatur des voluminösen Quellenmaterials, so befähigt die bereits in Darks Roman *Waterway* (1938) erprobte Technik des – in *The Timeless Land* oft filmisch abrupten – Perspektivenwechsels den Leser, die Entstehung der Kolonie aus der Sicht mehrerer Charaktere und damit der verschiedensten sozialen Schichten zu erleben. – Auch wenn einer fiktiven Gestalt – dem unter den Eingeborenen aufwachsenden Sträflingskind Johnny Prentice – die Funktion zufällt, die einzelnen Teile der Trilogie zu verbinden, so ragen in *The Timeless Land* zwei »historische« Figuren hervor, die nicht nur zueinander, sondern auch zu ihrem eigenen Lager in einem gewissen Spannungsverhältnis stehen: der in seiner furchtlosen sittlichen Stärke und seelischen Vereinsamung glänzend porträtierte erste Gouverneur, Arthur Phillip, und der Aborigine Bennilong, vielleicht der wahre Protagonist des Romans. Man hat sogar das Land mit seinem zeitlosen Rhythmus als den eigentlichen Helden bezeichnet, aber die Thematik des Buches umspannt mehr als nur die etwas künstliche Mystik des rätselhaften, unbekannten Kontinents. Weit davon entfernt, ein nationalistisches Loblied auf den Pioniergeist oder eine Apologie imperialer Haltungen anzustimmen, übt Dark beißende Kritik an der Kultur des weißen Mannes, deren Tendenz zu Friedlosigkeit und Selbstzerstörung enthüllt wird. Mit wachem Sinn für historische Umbrüche, aber letztlich mehr allegorisch als geschichtlich, demonstriert die Autorin den Zusammenprall und die Dialektik unvereinbarer Zivilisationen und Mentalitäten, den vor allem in Phillip und Bennilong, dem domestizierten und dadurch herabgewürdigten Eingeborenen, personifizierten Konflikt der Traditionen und seine tragischen Folgen: geistige Krise, Verlust der naturhaften Geborgenheit und Ganzheit. Es überrascht nicht, daß die Kritik an dieser deutlich vom Mythos des »edlen Wilden« und des idyllischen Urzustands geprägten Schwarzweißzeichnung nicht ausblieb. Der Autorin geht es bei ihrer bewußt freien (vgl.

Vorwort) Behandlung der Aborigines offenbar weit mehr um Toleranzideen und um sozialkritischen und moralphilosophischen Kommentar (zu dem die von ihr mit Eigenschaften des weißen Eindringlings, etwa Artikulations- und Abstraktionsvermögen, ausgestatteten Ureinwohner die ideologischen Argumente liefern müssen) als um ein genaues anthropologisches Bild. Dadurch verliert dieser von sentimentalen Gemeinplätzen nicht freie Aspekt des Romans viel von seiner Überzeugungskraft. Daneben fallen andere beanstandete Punkte – Liebäugeln mit dem Effekt, eine etwas streberhaft seichte Intellektualität, die sich u. a. in aufdringlichen Meditationen der Hauptpersonen bekundet – weniger ins Gewicht. Auch wenn Dark ihr hochgespanntes Ziel nicht erreicht hat, darf dieser Roman, der u. a. mit HUXLEYS *Brave New World* verglichen wurde, als ihre bedeutendste Leistung gelten. J.H.T.

AUSGABEN: Sydney 1941. – Ldn. 1941; ern. 1956. – Sydney 1948 *(Storm of Time)*. – Sydney 1953 *(No Barrier)*. – Ldn. 1963, 3 Bde. [Trilogie]. – North Ryde u. a. 1986.

ÜBERSETZUNG: *Der erste Gouverneur*, Anneliese Schmundt, Hannover 1954.

LITERATUR: J. McKellar, *The Black Man and the White* (in Southerly, 9, 1948, S. 92–98). – E. Lowe, *The Novels of E. D.* (in Meanjin, 10, 1951, S. 341–349). – G. A. Wilkes, *The Progress of E. D.* (in Southerly, 12, 1951, S. 139–148). – C. Hadgraft, *Australian Literature*, Ldn. 1960, S. 235 bis 238. – J. Schulz, *Geschichte der australischen Literatur*, Mchn. 1960, S. 145–147. – H. M. Green, *A History of Australian Literature*, Bd. 2, Sydney 1961, S. 1092–1096. – A. K. Thomson, *Understanding the Novel: »The Timeless Land«*, Brisbane 1966. – A. G. Day, *E. D.*, Boston 1976 (TWAS). – G. Collier, *Some Fictive Australian Beginnings, and Levels of Reader-Expectation* (in *English Literature of the Dominions*, Hg. K. Gross u. W. Klooss, Würzburg 1981, S. 35–48).

FRANK DALBY DAVISON

* 23.6.1893 Glenferrie
† 24.5.1970 Melbourne

DUSTY, THE STORY OF A SHEEP-DOG

(engl.; *Ü: Dingo, Hund der weiten Steppe*). Tiergeschichte von Frank Dalby DAVISON (Australien), erschienen 1946. – Davison erzählt die Geschichte eines von einem *kelpie* (austral. Schäferhund) und einem Dingoweibchen abstammenden Hundes, der im Maranoadistrikt (Südqueensland) vom Farmarbeiter Tom Lincoln aufgezogen und zum hervorragenden, prämierten *sheep dog* geschult wird. Aber bei Dusty kommt jählings seine angeborene Wildheit zum Durchbruch: im Banne eines unwiderstehlichen Rufes wird er nachts zum reißenden Dingo (Wildhund), der die Schafherden anfällt. Der alte Tom bringt es jedoch nicht über sich, seinen geliebten Gefährten zu erschießen; um Dusty zu retten, verläßt er sogar seinen Arbeitsplatz bei einem Schafzüchter und schlägt sich in einer anderen Gegend als Fallensteller durch. Aber seine Gesundheit ist dem rauhen Freiluftleben nicht mehr gewachsen, und er erliegt einem Fieber. Dusty, der nach vorübergehender Trennung seinem Herrn bis zuletzt die Treue gehalten hat, kehrt als notorischer »Killer« ins Schafzuchtgebiet zurück, kann aber durch Schlauheit, Ausdauer und Zufall allen Nachstellungen entkommen. Ein fallender Ast macht schließlich seinem im Volksmund geradezu legendär gewordenen Räuberleben ein Ende.

Mit *Dusty* gelang Davison, zu dessen literarischen Ahnen LAWSON und FURPHY gehören, ein ähnlicher Erfolg wie fünfzehn Jahre zuvor mit *Man-Shy: A Story of Man and Cattle*. Das mit Unterstützung des »Commonwealth Literary Fund« geschriebene Tierbuch, das den Autor als naturverbundenden Vertreter eines kernigen, aber poetischen Wirkungen Raum lassenden Realismus des einfachen Lebens zeigt, errang im Jahre seines Erscheinens den Romanpreis des Melbourner ›Argus‹ und der ›Australasian Post‹ und wurde ein Bestseller. *Dusty* ist mehr als ein in seiner unverbildeten Frische sympathisches Jugendbuch. Über den charakteristisch australischen Gedanken des treuen, unpathetischen Zusammenhaltens hinaus gestaltet der Autor den Konflikt zwischen anerzogener Zivilisation und elementaren Regungen, vor denen die domestizierte Welt verblaßt – ein Thema, das am Schicksal des »Mischlings« Dusty im Wechselspiel seiner beiden Naturen unaufdringlich entwickelt wird. In der trivial erscheinenden Zufälligkeit von Dustys Tod kann man einen Ausdruck der *untrustworthiness of life*, der Unzuverlässigkeit des Lebens sehen, der, wie auch die dramatische Ironie der Handlung, von fern an das Weltbild von Xavier HERBERTS *Capricornia* (1938) erinnert. Davisons Stärke liegt in seiner Sachkenntnis, Liebe zur Kreatur und ungewöhnliches Einfühlungsvermögen verratenden Tierdarstellung. Der menschliche Bereich tritt im Unterschied zu *Man-Shy* stärker und plastischer hervor. Neben dem warmherzig gezeichneten schlichten, liebesfähigen Tom bleibt vor allem die scharf umrissene Jägergestalt des Einzelgängers Railey Jordan in der Erinnerung. Der rhythmische Wechsel von spannendem Geschehen und geruhsamem Stimmungsbild erscheint hie und da durch ein Übermaß episch-faktischer Breite gestört, in der geschickten Überblendung der Perspektive und der Prägnanz mancher Einzelszene beweist der Autor jedoch eine sichere Technik. J.H.T.

AUSGABEN: NY/Sydney 1946. – Ldn. 1947. – Sydney 1962 *(Dusty, a Dog of the Sheep Country)*.

ÜBERSETZUNG: *Dingo, Hund der weiten Steppe*, I. Altrichter, Stg. 1975.

LITERATUR: *A Dogged Novel*, Rez. (in The Bulletin, Sydney, 25. 12. 1946, S. 2). – H. M. Green, *A History of Australian Literature*, Sydney 1961, Bd. 2, S. 1034–1040. – J. Hetherington, *Forty-Two Faces*, Melbourne 1962, S. 36–41. – H. Dow, *F. D. D.*, Melbourne u. a. 1971. – O. Webster, *The Outward Journey*, Canberra 1978. – L. E. Rorabacher, *F. D. D.*, Boston 1979 (TWAS).

ROBERT DAVID FITZGERALD

* 22.2.1902 Sydney
† 24.5.1987 Glen Innes / New South Wales

ESSAY ON MEMORY

(engl.; *Versuch über das Gedächtnis*). Meditatives Gedicht von Robert David FITZGERALD (Australien), erschienen 1938. – Der Ruf des u. a. von YEATS und dem Australier Christopher BRENNAN (1870–1932) beeinflußten Autors beruht weitgehend auf dem Gedichtband *Moonlight Acre* und besonders auf dem darin enthaltenen *Essay on Memory*. FitzGerald experimentierte nicht gern mit Elementen der Form und Technik; er wandte sich gegen die »Zersetzung« der europäischen Lyrik, und modernistische Dissonanzen waren ihm fremd. Sein *Essay on Memory* umfaßt etwa 350 im allgemeinen fünfhebige gereimte Verse, die in strophenähnlichen Absätzen von ungleicher Länge gruppiert sind. Die etwas monoton wirkende Gesetzmäßigkeit der Reimpaare wird durch Kreuzreim, verschränkten Reim und bisweilen burschikos wirkende *half-rhymes (raps: drops; mystic: plastic)* aufgelockert. Im Rhythmischen, das keine besondere Originalität verrät, schlägt öfters eine unmusikalische Sprödigkeit, ein hartes Stakkato durch. Im ganzen – auch in der stilistischen Schicht, die bis an die Grenzen der Gesuchtheit von einem wachen Gestaltungswillen geprägt ist – zeugt das Werk von beachtlicher Formbeherrschung. Den geradezu verwirrenden Bilderreichtum des Gedichtes bändigt FitzGerald durch eine Struktur, die sich aus dem Zusammenspiel zwischen Dialektik von Frage und Antwort und Polarität von Vergangenheit und Gegenwart ergibt.
Thematischer Mittelpunkt der Dichtung ist das Geheimnis der Zeit, und *Essay on Memory* umkreist die ewige Einheit des Lebens, die Kontinuität (wie auch die Zweischneidigkeit) des Bewußtseins und die mit literarischer Tradition gesättigte Vorstellung der unaufhaltsamen, alles verschlingenden »*time*«. »*Memory*« – vom Dichter im weitesten Sinne genommen – vertritt das Kontinuum des Lebensstromes, die Totalität der Vergangenheit, die so alt ist wie das Leben selbst. Das Bild, das FitzGerald unter Einblendung romantisch-bizarrer Farben evoziert, ist mehrschichtig. *Memory* bedeutet u. a. »*the past itself, the dead time's will / poisoning today's pulse and potent still*«; »*one live link / of gone with all to come*« – und auch: »*We ourselves are memory and retain / so much of those gone, the little death can gain / is found a cheat of the senses ...*«
Das Gedicht läßt Wesen und Sinn der zyklischen Wiederholung, der nie erlöschenden Vitalität der Natur, des zeitlosen Typus, des Bleibenden im Wechsel der Erscheinungen ahnen. Der Mensch des Jetzt vermag sich nicht auf intellektuellem Wege eine von dem fast erdrückenden Fortwirken der kumulativen Vergangenheit abgeschirmte Sphäre zu schaffen – die sich im Unendlichen verlierende Perspektive der sich zur Vergangenheit wandelnden Gegenwart und der sich in der Gegenwart verwirklichenden Zukunft kündet von gegenseitiger Abhängigkeit. Die intensive Vergänglichkeitsidee des *Essay on Memory* verbindet sich mit dem Wissen um den nicht abreißenden, überpersönlichen Fluß der Lebensenergien. Zum Gehorsam gegenüber dem Vergangenen tritt die Macht über die Zukunft, und das Gedicht feiert – es werden hier weitere Grundthemen FitzGeralds angeschlagen – ein Ethos des strebenden Tatwillens (»*All good is effort, and all truth / encounter and overcoming*«) und klingt aus mit dem (von einigen Kritikern als forcierte patriotische Rhetorik beanstandeten) optimistischen Aufruf zur konstruktiven Gestaltung der großen australischen Möglichkeiten: »*Whatever the task, it lies in front: we must / build upward ...*«
Die starke, das Gedankliche unterwerfende Bildlichkeit des *Essay on Memory*, auf deren teils epigrammatische, teils kinästhetische Wirkung man mit Recht hingewiesen hat, ist kennzeichnend für FitzGeralds Kunst. Aber auch wenn die Bilder in rascher Folge inkohärent aufleuchten und im einzelnen immer wieder durch ihre Kraft bestechen, so strömen sie nicht aus einer wirklich bildschöpferischen Vision; sie entstammen eher dem Bereich des Traditionellen, spiegeln, alles Zwielichtige meidend, oft konkrete Umwelteindrücke und wenden sich auch unmittelbar an Intellekt und Bildung. Das vielbewunderte Regen-Bild – der Regen als Stimme der uralten überzeitlichen Naturerscheinungen –, das entsprechend der Grundambivalenz der *Memory*-Vorstellung in wechselnder Belichtung erscheint, jedoch zu früh fallengelassen wird, besitzt nicht genügend strukturprägende Symbolkraft, um dem langen Gedicht durchgehende Intensität der Aussage zu verleihen.
Obgleich in Literaturgeschichten als »*intellectual*« klassifiziert, ist FitzGerald in erster Linie ein – allerdings in hohem Maße verstandesmäßig bewußter – Künstler. *Essay on Memory* ist eher als lyrische Me-

ditation in Bildern denn als Philosophie zu lesen; denn es strebt weder nach Abstraktheit noch nach spekulativer Tiefe, seine Eigenart wird nicht durch Logik, sondern durch Phantasie bestimmt, und es klingt in ihm sogar eine anti-intellektualistische Note an. Hinsichtlich FitzGeralds dichtungstypologischer und historischer Einordnung fällt die Unsicherheit der Kritik im ästhetischen Urteil auf: Einerseits wurde *Essay on Memory »eines der bedeutendsten Gedichte unserer Literatur«* (Hadgraft) – anderseits *»ein unverdauliches und langweiliges Gedicht«* (Buckley) genannt. J.H.T.

Ausgaben: Sydney 1938 (in Sydney Morning Herald, 9.4. 1938). – Melbourne 1938 (in *Moonlight Acre*). – Melbourne 1944. – Sydney 1963 (in *R.D.F.*, Ausw. u. Einl. v. R.D.F.; Australian Poets).

Literatur: Rez. (in Sydney Morning Herald, 31.12.1938, S. 8). – A. R. Chisholm, *Mr. F.'s »Essay on Memory«* (in Australian Quarterly, 10, 1938, Nr. 3, S. 65–71). – T. I. Moore, *Six Australian Poets*, Melbourne 1942, S. 187–213. – A. Murphy, *Contemporary Australian Poets*, 1950, S. 36–40. – H. J. Oliver, *The Achievement of R.D.F.* (in *Australian Literary Criticism*, Hg. G. Johnston, Melbourne 1962, S. 69–78; auch in Meanjin, 13, 1954, S. 39–48). – F. M. Todd, *The Poetry of R.D.F.* (in Twentieth Century, 9, 1954/55 Nr. 1, S. 20–29). – V. Buckley, *The Development of R.D.F.* (in *Essays in Poetry Mainly Australian*, Melbourne 1957, S. 128 f.). – H. Anderson, *R.F., Humanist* (in Southerly, 19, 1958, Nr. 1, S. 2–10). – A. G. Day, *R.D.F.*, NY 1974 (TWAS). – G. A. Wilkes, *R.D.F.*, Melbourne/NY 1981. – *R.D.F.*, Hg. J. Croft, St. Lucia u. a. 1985.

STELLA MARIA SARAH MILES FRANKLIN

* 14.10.1879 Talbingo bei Tumut
† 19.9.1954 Sydney

Literatur zur Autorin:
R. Mathew, *M.F.*, Melbourne 1963. – M. Barnard, *M.F.*, NY/Melbourne 1967 (TWAS). – V. Coleman, *Her Unknown (Brilliant) Career: M.F. in America*, Ldn. 1981.

MY BRILLIANT CAREER

(engl.; *Meine glänzende Laufbahn*). Roman von Stella Maria Sarah Miles Franklin (Australien), erschienen 1901. – Miles Franklin schrieb ihren Erstlingsroman im Alter von sechzehn Jahren innerhalb weniger Wochen. Nachdem mehrere australische Verleger das Buch abgelehnt hatten, wurde es in Edinburgh veröffentlicht. – Über den Erlebnischarakter des Romans mit dem selbstironischen Titel gehen die Meinungen erheblich auseinander. Es liegt nahe, in der frühreifen, phantasievollen Hauptgestalt Sybilla die aus einer Familie von Pionieren und Herdenbesitzern stammende Autorin selber zu sehen und den Roman als ihr erweitertes Jungmädchen-Tagebuch, als ein Ventil für ihre aufgestauten und verwirrten Gefühle, als einen Ausbruch aus den sie einengenden Verhältnissen zu verstehen. Allerdings hat Miles Franklin selbst das Werk, das sie in Konflikt mit ihrer streng über die Unantastbarkeit der Privatsphäre wachenden Familie brachte, schließlich zurückgezogen, weil die törichte Buchstäblichkeit, mit der man es als ihre vermeintliche Autobiographie ausschlachtete, sie irritierte. In seinem militanten Feminismus, seiner ambivalenten Einstellung zur Liebe, seiner Mischung von Romantik und Realismus ist der Roman jedoch zweifellos stark von ihrer Persönlichkeit geprägt. Inhaltlich und stilistisch ist darin fast das gesamte spätere Werk der Autorin im Keim enthalten.

My Brilliant Career gibt sich als die Aufzeichnungen der jungen Sybilla Penelope, die als robustes *enfant terrible* in einer malerisch-wilden Gegend von Neusüdwales aufwächst. Ihr jovial gastfreundlicher Vater, »Dick« Melvyn, gibt, durch Unrast und unrealistische Projekte verleitet, sein stattliches Gut auf, um sein Glück als Viehmakler zu versuchen, ist aber nicht gerieben genug, um zu reüssieren, und verfällt dem Alkohol, der seinen Niedergang besiegelt. Die sensitive Sybilla leidet unter dem harten, eintönigen Leben auf der elenden Meierei in Possum Gully, aus dem eine Einladung ihrer Großmutter sie vorübergehend erlöst und in ein komfortables und kultiviertes Milieu versetzt. Das häßliche junge Entlein findet respektable Verehrer, unter ihnen der junge Gutsbesitzer Harold Beecham. Doch obwohl Sybilla verspricht, heimlich seinen Ring zu tragen, bleibt ihre Einstellung zu Harold seltsam spröde und zwiespältig. Erst als der reiche Märchenprinz sein Vermögen einbüßt und in die Welt hinauszieht, ist das warmherzige Mädchen bereit, ihm ein bindendes Versprechen zu geben. Dann verdunkelt sich plötzlich auch Sybillas Leben: Sie soll auf Betreiben der Mutter die Geborgenheit ihrer kulturellen Oase verlassen und bei der kinderreichen Familie M'Swats, gutmütigen, aber verwahrlosten, ungebildeten und materialistisch eingestellten Leuten, als Hauslehrerin arbeiten, um ein Darlehen zu verzinsen, das M'Swat ihrem Vater gewährt hatte. Diese verhaßte Aufgabe treibt sie in eine seelische Krise. Nach einer gefährlichen Krankheit muß Sybilla zu ihrer durch entbehrungsreiche Jahre verhärteten Mutter nach Possum Gully zurückkehren. Eines Tages kommt der durch ein Legat schwerreich gewordene Harold innerlich gereift zurück und bittet sie um ihre Hand. Sie aber, die sich durch ihr Anderssein zu stolzer

Einsamkeit verurteilt fühlt, bringt es nicht über sich, die Ambivalenz ihrer Empfindungen für Harold zu ignorieren. Ihre hohe Auffassung von der Ehe und ihre unbedingte Ehrlichkeit sich selbst gegenüber verbieten ihr, sich durch eine Heirat mit ihm aus Stagnation und Armut zu retten. Das Buch klingt mit einem pathetisch-patriotischen Anruf an die im Ringen mit der wilden Natur sich bewährenden Männer und die opferwilligen, arbeitsamen Frauen Australiens aus.

Mit Sybilla ist der Autorin eine beachtliche psychologische Studie gelungen: Undamenhaft, aber ungemein feminin, unkonventionell, kratzbürstig, rauhbeinig, fast zynisch, aber zugleich liebesfähig, erwartungsvoll, zartfühlend, selbstkritisch und grüblerisch verrät Sybilla viel *common sense*, aber auch eine verwundbare, schönheitsdurstige Seele. Daneben verblassen die anderen Gestalten, nicht zuletzt der etwas bombastische, unwahrscheinlich tugendhafte Harold, zur Staffage. – *My Brilliant Career* wurde von begeisterten Zeitgenossen wie dem Kritiker A. G. Stephens als »durch und durch australisch« empfunden und stellt wohl tatsächlich den ersten in der Mentalität echt australischen Roman dar. In diesem Buch, das ein getreueres, weniger stilisiertes Bild des ländlichen Lebens jener Zeit entwirft als etwa die Werke Henry LAWSONS (der sich warm für Miles Franklins Roman einsetzte) oder Joseph FURPHYS, entlädt sich ein geradezu maskuliner Tatendrang in leidenschaftlich demokratischer Heimatliebe, in intellektueller Auflehnung gegen das Außenseitertum des Künstlers in einer wenig kongenialen Zivilisation, gegen gesellschaftliche Konventionen und gegen die Versklavung der Frau in einer von Männern dominierten Welt. Den Roman als Dokument gärender Unreife zu deuten, liegt schon deshalb nahe, weil dieser thematische Aspekt sich auch im Darstellerischen spiegelt: in der Kunstlosigkeit und Unausgeglichenheit, in dem trotz würziger Kolloquialismen gespreizten und verstaubten Stil. Wenn der Roman noch heute mehr als historisches Interesse weckt, so ist das der psychologisch überzeugenden Selbstenthüllung der Heldin und der gefühlsmäßigen Ehrlichkeit des Buchs zuzuschreiben. Mit allen seinen Schwächen ist es das wohl originellste Werk der Autorin. J.H.T.

AUSGABEN: Edinburgh/Ldn. 1901 [Vorw. H. Lawson]. – Sydney 1965. – Sydney 1979. – Ldn. u. a. 1980; Nachdr. 1982. – NY 1980.

LITERATUR: *Gender, Politics, and Fiction: Twentieth Century Australian Women's Novels*, Hg. C. Ferrier, St. Lucia 1985, S. 22–43; 44–58.

UP THE COUNTRY. A Tale of the Early Australian Squattocracy

(engl.; *Landeinwärts. Eine Erzählung über die frühe australische »Squattokratie«*). Roman von Stella Maria Sarah Miles FRANKLIN (Australien), unter dem Pseudonym »Brent of Bin Bin« 1928 erschienen. – Das Werk ist der erste von fünf Romanen, die stofflich den Zeitraum von ca. 1830–1930 umfassen und zwischen 1928 und 1956 (nicht in thematischer Abfolge) veröffentlicht wurden. *Up the Country* und *Ten Creeks Run* (1930), die Ereignisse bis 1869 bzw. 1895 schildern, stellen die folgenden Bände, *Back to Bool Bool* (1931), *Cockatoos* (1954) und *Gentlemen at Gyang Gyang* (1956) in den Schatten. Die Frage nach dem wahren Verfasser der in Australien wie in England Beachtung findenden Werke löste lebhafte Spekulationen aus, aber erst nach dem Tod Miles Franklins bestätigte sich die verschiedentlich geäußerte Vermutung, daß sie es war, die sich hinter dem wie ein Squattername klingenden Pseudonym »Brent of Bin Bin« verborgen hatte. Offenbar hatte sie, nachdem sie mit ihrem Erstlingswerk (vgl. *My Brilliant Career*) ihre Familie schockiert hatte, in der Anonymität neue Freiheit und Vitalität gewonnen.

In ihrer Chronik mehrerer Familien aus dem gleichen Siedlungsraum entwirft die Autorin ein ungemein breites und farbenreiches Bild des ländlichen Lebens im Monarodistrikt im Südosten von Neusüdwales. Sie schildert die in fast magischer Geborgenheit in sich kreisende Welt der Siedler, deren durch eng verflochtene Verwandtschaftsbeziehungen verstärktes Gemeinschaftsgefühl sie ebenso trefflich charakterisiert wie ihre sozialen Vorurteile und ihren satten Besitzerstolz. Sie berichtet von gesellschaftlichen und wirtschaftlichen Erfolgen und Rückschlägen und von den vielerlei – von Überschwemmungen bis zum »Bushranger«-Unwesen reichenden – Heimsuchungen, die den in zäher Arbeit erworbenen Wohlstand immer wieder bedrohen. Die inhaltliche Fülle des von Figuren wimmelnden Buches, das mit einer Hochwasserkatastrophe am Yarrabongo-Fluß und den Vorbereitungen zur Hochzeit Rachel Mazeres und Simon Labosseers beginnt und mit dem Tod des alten Pioniers Mazere ausklingt, entzieht sich der Zusammenfassung. Interesse und Sympathien der Autorin konzentrieren sich vor allem auf Bert Pool, Sohn eines ehemaligen Sträflings und – als Verkörperung aller Buschmann- und Siedlertugenden – Idol der Jugend. Aber auch ihren Helden verschont die Frauenrechtlerin Franklin nicht mit ihrer Ironie: Der draufgängerische Herzensbrecher entpuppt sich als wortkarger und zaudernder Liebhaber. Lange durch die hoffnungslose Neigung zu seiner Schwägerin Rachel gehemmt, verlobt er sich schließlich mit ihrer Schwester Emily, die ihn seit Jahren liebt, kurz vor der Hochzeit aber tödlich verunglückt. Bei seiner späten Werbung um die einst von ihm abgewiesene Jessie M'Eachern und um die inzwischen verwitwete Rachel muß der einst Vielumschwärmte Körbe einstecken. Erst in *Ten Creeks Run* schließt »Onkel Bert« als abgeklärter Sechziger eine glückliche Ehe mit der blutjungen Milly Stanton.

Miles Franklin unternimmt keinen Versuch, den Erzählfluß in eine straffe Struktur zu zwingen. Sie bedient sich vielmehr einer episodischen Technik, wobei sie von jeweils einem unvermittelt einsetzenden und zahlreiche Personen an einem Ort vereinenden Ereignis ausgeht, dann allen seinen Verästelungen folgt und damit ein Spiegelbild des Lebens vermittelt (vgl. Vorwort der Ausgabe von 1951, S. VIII). Das Werk wird getragen von der visuellen Präzision der beschreibenden Abschnitte und den unerschöpflich sprudelnden Gesprächen der Romanfiguren, deren natürlicher Plauderton den Leser für viele stilistische Unebenheiten und prätentiöse Formulierungen entschädigen muß. In diesem die Pioniertugenden aus der »guten alten Zeit« (verkörpert etwa in der hilfsbereiten matriarchalischen Mrs. Mazere) verherrlichenden Roman ist, ebenso wie in den weiteren Bänden, die das Schwinden des Goldenen Zeitalters verfolgen, das Hauptthema Franklins der sich durch Generationen wiederholende Zyklus der menschlichen Existenz. Ihr zunächst aus Alltagstrivialitäten zusammengesetzes Bild erlangt erst durch die zeitliche Distanz und die Macht der verklärenden Erinnerung epische Größe. Die »Brent of Bin Bin«-Romane als *»geniale Leistung«* (R. Mathew) zu werten bedeutet eine krasse Überschätzung dieser vor allem durch ihre authentische Szenerie fortlebenden Bücher. Das frischeste, heiterste und nuancenreichste unter ihnen, *Up the Country*, durch seine Wirklichkeitsnähe und sein verhaltenes Ethos etwa Kingsleys *Recollections of Geoffrey Hamlyn* überlegen, beweist jedoch, daß Miles Franklin als Chronistin des australischen *station life* keinen ernsthaften Rivalen hat. J.H.T.

Ausgaben: Edinburgh 1928. – Sydney 1951. – Sydney 1966. – NY 1987.

Literatur: N. Palmer, *More about Brent of Bin Bin* (in Illustrated Tasmanian Mail, 18. 6. 1930, S. 4). – A. Ashworth, *Brent of Bin Bin* (in Southerly, 12, 1951, S. 196–202). – N. Muir, *M. F. Confesses* (in Sydney Morning Herald, 16. 7. 1966).

Joseph Furphy

* 26.9.1843 Yarra Glen / Melbourne
† 13.9.1912 Claremont / Queensland

SUCH IS LIFE. Being Certain Extracts from the Diary of Tom Collins

(engl.; *So ist das Leben. Auszüge aus Tom Collins' Tagebuch*). Roman von Joseph Furphy (Australien), erschienen 1903. – Furphys Hauptwerk verdankte seine Veröffentlichung dem Spürsinn und persönlichen Einsatz A. G. Stephens', eines Feuilleton-Redakteurs des ›Bulletin‹. Trotz dieser einflußreichen Protektion blieb das Werk, von dessen Manuskript der Autor bei der drastischen Kürzung zwei weitere vollständige, in Buchform erst postum publizierte Romane abtrennte (*Rigby's Romance*, 1921, ungekürzt 1946; *The Buln-Buln and the Brolga*, 1948), weithin unbekannt; in den ersten zwölf Jahren wurden nur 250 Exemplare abgesetzt. Erst allmählich erkannte man die Bedeutung des Buches, mit dem Furphy schließlich dem ihm komplementären Henry Lawson den Rang des »australischen Nationaldichters« ablief. Diese in manchen Punkten über das Ziel hinausschießende Aufwertung des zunächst anspruchlos anmutenden Buches hat in der Kritik zu einer bemerkenswerten Verschiebung der Akzente geführt: vom Eindruck kunstloser Unförmigkeit zu dem ingeniöser Subtilität; vom realistisch autobiographischen Regional- und Pionierroman des Riverinadistrikts (Neusüdwales) zu einem am pastoralen Nomadentum entwickelten »Modell« des Lebens. Begriff man früher den Roman des als »parteiisch« und »aggressiv australisch« geltenden Autors vor allem als ein sozialistisch-klassenkämpferisches Manifest, als den erwachenden Protest der Besitzlosen, so verzichtet man heute lieber darauf, ihn auf eine These oder ein einsträngiges Thema festzulegen, und sieht die von Furphy behandelten Probleme – z. B. Verantwortung, Gerechtigkeit, Alternativen des Handelns, Willkür des Schicksals und der Natur – als Einzelaspekte seines zentralen Anliegens, die verwirrende Totalität des Lebens zu evozieren. Auch der sich pedantisch-allwissend gebärdende Chronist Tom Collins, ein gutmütiger kleiner Beamter, kann nicht einfach als Furphys Sprachrohr gelten; denn auch er, der in seiner Beschränktheit etwa die wahren Zusammenhänge der Geschichte der durch einen Unfall verunstalteten Molly Cooper und ihres untreuen, später reuigen Liebhabers Warrigal Alf nicht durchschaut, ist aus einer distanzierenden, seine lehrhaften Exkurse relativierenden Perspektive gesehen und erscheint so als Anti-Held, als deutend mißdeutender und verunklärender Erzähler.
Der oft als manieriert bemängelte Stil Furphys besitzt dramatische Funktionalität und Charakterisierungskraft; der reizvolle Kontrast zwischen Collins' gewundener, mit angelesenem Wissen paradierender Diktion und der derb-farbigen Ausdrucksweise der *bullockies* (Ochsenkarren-Fuhrleute) vertieft die Komik des Romans, dessen Humor man bisweilen mit dem Sternes oder Mark Twains verglichen hat. Der Begriff der Ironie gibt den Schlüssel zum tieferen Verständnis von *Such Is Life*, denn dank Furphys avantgardistisch anmutendem, überlegenem Einsatz des Ironischen werden Romantheorie, Welt- und Menschenbild, Thematik und Struktur mit gedanklicher und künstlerischer Konsequenz zur Deckung gebracht. Die willkürlich wirkende Auswahl des Erzählten (das sich der abstrahierenden Zusammenfassung entzieht) – herausgegriffene, bewußt heterogene Tagebucheintragungen Collins' aus den Jahren 1883/84 – ist in Wirklichkeit Camouflage. Durch

die scheinbar diffuse Handlungsführung erreicht Furphy, was keine konventionell erzählte, mit einer Fülle an naturalistischen Details ausgestattete Fabel so überzeugend leisten könnte: eine ironische Vision des Lebens in seiner rätselhaften Unberechenbarkeit und Ambivalenz. Die karikierende Kritik des »belesenen Buschmannes« Furphy an der verfälschenden Künstlichkeit und Lebensferne der »romantischen« Erzählkunst in der Art von KINGSLEYS *Geoffrey Hamlyn* verdankt ihre Wirksamkeit der unorthodoxen Form seines Anti-Romans, jener Form, die allein für Furphy die Komplexität des Lebens – so und nicht als platter Fatalismus ist der Titel zu verstehen – wahrheitsgetreu zu spiegeln vermag.
Das gewichtige literarische Erbe englischer Provenienz, das in diesem betont australischen Buch von Hunderten von Shakespeare- und Bibelzitaten bis zu den nicht nur parodistischen Anleihen beim melodramatischen viktorianischen Roman reicht, unterstreicht die Vielschichtigkeit des kühn experimentellen Werks. Zeitbeständiger als seine Modernität, die zu manchen schiefen weltliterarischen Vergleichen Anlaß gegeben hat, werden Furphys schöpferische Phantasie und humorvolle Menschlichkeit bleiben. J.H.T.

AUSGABEN: Sydney 1903. – Melbourne 1917. – Ldn. 1937 [gek.]. – Ldn./Sydney 1944. – Chicago 1948 [m. Anm.]. – Sydney 1956. – Penrith 1968 [Einl. J. Barnes]. – St. Lucia 1981 (in *J. F.*, Hg. J. Barnes). – Ldn. 1986.

LITERATUR: Rez. (in Bulletin, 30. 7. 1903). – M. Franklin u. K. Baker, *J. F.: The Legend of a Man and His Book*, Sydney 1944. – W. Stone, *J. F.: An Annotated Bibliography*, Cremorne 1955. – J. Barnes, *The Structure of J. F.'s »Such Is Life«* (in Meanjin, 15, 1956, S. 374–389). – A. A. Phillips, *The Craftsmanship of F.* (in A. A. P., *The Australian Tradition*, Melbourne 1958, S. 33–49). – J. Schulz, *Geschichte der Australischen Literatur*, Mchn. 1960, S. 45–49. – H. M. Green, *A History of Australian Literature*, Bd. 1, Sydney 1961, S. 609–633. – F. H. Mares, *»Such Is Life«* (in Australian Quarterly, 34, 1962, S. 62–71). – B. Kiernan, *The Form of »Such Is Life«* (in Quadrant, 6, 1962, S. 19–27). – C. Wallace-Crabbe, *J. F., Realist* (in *Australian Literary Criticism*, Hg. G. Johnston, Melbourne 1962, S. 139–147). – B. Kiernan, *Society and Nature in »Such Is Life«* (in ALS, 1, 1963, S. 75–88). – J. Barnes, *J. F.*, Melbourne/Ldn. 1963. – C. Hamer, *The Christian Philosophy of J. F.* (in Meanjin, 23, 1964, S. 142–153). – B. Kiernan, *The Comic Vision of »Such Is Life«* (ebd., S. 132–141). – G. A. Wilkes, *The Australian Image in Literature: »Such Is Life« Reconsidered* (in The Teaching of English, 6, 1965, S. 5–16). – R. McDougall, *Australia Felix: J. F. and Patrick White*, Canberra 1966. – K. A. McKenzie, *J. F., Jacobean* (in ALS, 2, 1966, S. 266–277). – N. Lebedewa, *F. Criticism since 1955* (ebd., 3, 1967, S. 149/150). – J. Barnes, *J. F.*, Melbourne 1967; ern. 1979 [rev.]. – N. Knight, *F. and Romance: »Such Is Life« Reconsidered* (in Southerly, 29, 1969, S. 243–255). – J. K. Ewers, *No Ivied Walls* (in Westerly, 4, 1969, S. 60–68).

XAVIER HERBERT

* 15.5.1901 Port Hedland
† 10.11.1984 Alice Springs

LITERATUR ZUM AUTOR: H. Heseltine, *X. H.*, Melbourne 1973. – C. Price, *X. H.* (in Anglo-Welsh Review, 26, 1976, Nr. 56, S. 148–153). – M. Ehrhardt u. L. Stuart, *X. H.: A Checklist* (in ALS, 8, 1978, S. 499–511). – L. Clancy, *X. H.*, Boston 1981 (TWAS). – K. Goodwin, *A History of Australian Literature*, Basingstoke/Ldn. 1986, S. 103–111.

CAPRICORNIA

(engl.; *Ü: Capricornia. Die paradiesische Hölle*). Roman von Xavier HERBERT (Australien), erschienen 1938. – Xavier Herberts Erstlingsroman ist eine von ausgeprägtem sozialem Verantwortungsbewußtsein und Reformwillen getragene Auseinandersetzung mit dem Rassenproblem, hier der gesellschaftlichen und wirtschaftlichen Lage der Mischlinge im Norden des australischen Kontinents; die Verschlüsselung *Capricornia* (nördliches Territorium) und *Port Zodiac* (die Stadt Darwin) bleibt in diesem farbigen Panorama recht durchsichtig. Auf persönliche Eindrücke zurückgreifend – er war u. a. »Superintendent of Aborigines« –, zeichnet der Autor ein zwar dichterisch überhöhtes, aber unretuschiertes Bild der Zustände in diesem Gebiet, nicht zuletzt des demoralisierenden Einflusses der Weißen auf die »Abos« (Eingeborene); kaum zufällig trägt das erste Kapitel, das vom Eindringen des weißen Mannes handelt, den Titel *The Coming of the Dingoes* (Dingo: wilder Hund). *Capricornia*, sozusagen das männliche, leidenschaftliche Gegenstück zu Katherine S. PRICHARDS versöhnlich-lyrischem Roman *Coonardoo*, fällt ein polemisch scharfes, weder Behörden, Gerichte noch Missionen verschonendes Urteil über Rassendiskriminierung, Unmenschlichkeit, Korruption und prangert den geldgierigen Egoismus, die religiöse und moralische Heuchelei und die Verantwortungslosigkeit der weißen Herrenschicht an.
Im Mittelpunkt des ersten Teiles stehen die beiden ungleichen Brüder Oscar und Mark Shillingsworth. Sie kommen im Jahre 1904 als junge Regierungsbeamte nach Port Zodiac, dem Verwaltungszentrum des noch von unberechenbaren inneren

Krisen bedrohten Territoriums Capricornia. Während der konventionelle Oscar auf seinen gesellschaftlichen Aufstieg bedacht ist, erregt der impulsive Mark durch seinen Umgang mit anrüchigen Zechbrüdern und Eingeborenenfrauen in der streberhaft-unehrlichen Atmosphäre von Port Zodiac bald Anstoß und wird entlassen. Wiederholt von Gläubigern und der Polizei verfolgt, führt er ein abenteuerliches Leben. Er wird Vater eines Halbblutes. Nawnim *(no name)*, sein Sohn, wächst schließlich unter dem Namen Norman Shillingsworth als Adoptivsohn Oscars auf und übernimmt nach des Onkels Tod dessen Farm. Er läßt sich auch nach der Enthüllung seiner wirklichen Herkunft durch die Verachtung und Zurücksetzung, die er daraufhin als Mischling erdulden muß, nicht unterkriegen. Das wechselvolle Schicksal des begabten, lebensfreudigen Norman, vielfach verwoben mit der unsentimental berichteten Geschichte des armen Mischlingsmädchens Tocky und dem Leben zahlreicher Randfiguren, erzählt der längere zweite Teil des Romans. – Höhepunkte des Buches, das auf weite Strecken zum fesselnden, hintergründigen Kriminalroman wird, sind zwei sensationelle Mordprozesse, in die Mark und Norman Shillingsworth verwickelt sind, die für beide aber dank der blendenden Rhetorik und skrupellosen Taktik ihres Verteidigers mit einem Freispruch enden.

Capricornia, eine Mischung aus hartem Realismus und geräuschvoller Burleske, ist ein durchweg spannendes Buch mit einer kaleidoskopischen Fülle einprägsamer Charaktere und Szenen. Herbert, der kein bewußter Stilkünstler ist, erzählt meist lakonisch, aber mit packender Vitalität. Die mehrfach kritisierte Formlosigkeit, Überladenheit und Uneinheitlichkeit des Romans muß wohl auch aus seinem weltanschaulichen Standort gedeutet werden: Sein metaphysischer Kontext, gespiegelt in der den Rahmen einer rein gesellschaftskritischen Anklage sprengenden Darstellung der sozialen Verhältnisse, ist die Anomalie und Ungerechtigkeit, ja die Verworrenheit eines grausam-gleichgültigen Universums; die Menschen, die in der Illusion einer selbstgelenkten Ordnung befangen sind, irren unendlich isoliert umher, der Willkür des Schicksals ausgeliefert. Herbert macht diese scheinbare Sinnlosigkeit erträglich, indem er sie nicht pessimistisch resignierend, sondern aus einer humorvollen Sicht darstellt, die alle Spielarten der Satire, Parodie und Karikatur umfaßt. – Der von Miles Franklin mit *Onkel Toms Hütte* verglichene Roman, der verschiedene literarische Auszeichnungen errang und zu einem Bestseller wurde, ist ein Dokument der Humanität seines Verfassers, eine Bestätigung seiner Überzeugung, die er in den Worten ausdrückte: *»Genius is first of all a great capacity for loving.« (»Genie bedeutet vor allem große Liebesfähigkeit.«)* J.H.T.

Ausgaben: Sydney 1938. – Sydney 1943. – Sydney 1977. – Ldn. 1981.

Übersetzung: *Capricornia. Die paradiesische Hölle*, N. O. Scarpi [d. i. F. Bondy], Zürich 1950; ern. Flensburg 1954. – Dass., ders., Bln. 1958; [4]1961.

Literatur: E. M. Miller, *Australian Literature: A Bibliography to 1938, Extended to 1950*, Hg. F. T. Macartney, Sydney 1956, S. 229/230. – V. Buckley, *»Capricornia«* (in Meanjin, 1, 1960, S. 13–30). – H. Prideaux, *The Experimental Novel in Australia: Part I: X. H.'s »Capricornia«* (in Prospect: A Quarterly Review, 2, 1960, S. 13 f.). – H. M. Green, *A History of Australian Literature*, Bd. 2, Sydney 1961, S. 1128–1130. – X. Herbert, *How »Capricornia« Was Made* (in Bulletin, 8. 3. 1961, S. 51/52). – B. Kiernan, *X. H.: »Capricornia«* (in ALS, 4, 1970, S. 360–370). – L. Clancy, *The Design of »Capricornia«* (in Meanjin, 34, 1975, S. 150–156). – N. Mudge, *»Capricornia«: Seasonal, Diurnal and Colour Patterns* (in ALS, 9, 1979, S. 156–166). – R. McDougall, *»Capricornia«: Recovering the Imaginative Vision of a Polemic Novel* (ebd., 10, 1981, S. 67–78). – J. McLaren, *X. H.'s »Capricornia« and »Poor Fellow, My Country«*, Melbourne 1981.

POOR FELLOW, MY COUNTRY

(engl.; *Mein armes Vaterland*). Roman von Xavier Herbert (Australien), erschienen 1975. – An diesem mit fast 1500 Seiten längsten Roman der australischen Literatur hat Herbert fast zehn Jahre geschrieben. Das Werk stellt eine enzyklopädische Collage australischen Lebens in den dreißiger und vierziger Jahren dieses Jahrhunderts dar und verkündet die bewußt polemische Botschaft vom Versagen des weißen Australiers, nicht die tiefe Entfremdung gegenüber dem Kontinent überwunden und zu persönlicher, nationaler und kultureller Identität gefunden zu haben. Mit der Veröffentlichung des Romans sei sein früheres Werk bedeutungslos geworden, sagt Herbert. Sein Ziel sei es gewesen, durch sein Schaffen soviel wie möglich von der Wirklichkeit seiner eigenen Existenz zu entdecken, … und Selbstentdeckung bedeute Entdeckung der Welt. Diese Welt wird im Epigraph des Romans, der sich im Gegensatz zu Herberts bedeutendem Erstlingswerk *Capricornia* (1938) weniger als Preisgesang denn als Klagelied auf das jetzige Australien ausnimmt, als *»mein armes zerstörtes Land«* apostrophiert, dem Herbert einerseits voller Abscheu gegenübersteht, weil die weißen Siedler die Gesellschaft und Kultur der Ureinwohner und auch das Land selbst zerstört haben, von dem er sich aber andererseits als dem furchtgebietenden Kontinent und dem Land der Aborigines, die dort seit über 30 000 Jahren in Harmonie mit Natur und Landschaft gelebt haben, fasziniert fühlt. Der Roman erzählt zwar episch breit und verbos, aber er handelt facettenreich wie kein anderer über Welt und Kultur der Ureinwohner.

Chronologisch schließt das dreiteilige Werk an *Capricornia* an und umfaßt die Jahre 1936 bis 1942. Im ersten Buch (1936/37) mit dem Titel

Terra Australis (Land im Süden) geht es nach den Worten des Autors um die *»Idylle des schwarzen Mannes, geplündert von weißen Räubern, Dieben und Heuchlern«*. Dies ist zweifellos eine pointierte Formulierung, denn Jeremy Delacy, der weiße Protagonist des Romans, ein widerspruchsvoller, aber idealistischer Pionier, versucht auf seiner Farm Lily Lagoons, einem Refugium für geschundene Tiere und für Ureinwohner, durchaus friedlich und in Einklang mit Natur und Ureinwohnern zu leben. Doch gibt es auch Gewaltausbrüche: So wird, als sich Jeremys Enkel, der viertelblütige Prindy (in seiner Selbsteinschätzung aber reiner Ureinwohner), der ersten Stufe der Initiation unterziehen muß und deshalb mit dem Medizinmann Bobwirridirridi, der ihn zu Beginn des Buches als Stammesmündel adoptiert hat, Lily Lagoons verläßt, Prindys Stiefvater Willy Ah Loy ermordet. Im zweiten Fall handelt es sich um Prindys Mutter, die halbblütige Nellyerri, und seinen Stammesonkel Njorjinga, deren Tod die Folge der von den Behörden in Port Palmerston erzwungenen Trennung Prindys von seiner Mutter ist; dorthin hatte man die beiden nach Willys Ermordung gebracht. Zu den bestimmenden Erzählsträngen im ersten Buch gehört freilich die Beziehung Jeremys zu Lydia Lyndbrooke-Esk, die zwar mit Lord Vaisey, dem englischen Viehbaron und Eigentümer der ganzen Gegend, verlobt ist, sich aber bei den jährlich in Beatrice River stattfindenden Pferderennen in Jeremy Delacy verliebt hat. Lydias Mißgeschick besteht allerdings darin, daß sie bei einer Besichtigungstour mitsamt ihrer faschistischen Philosophie von Jeremy zurückgewiesen wird. Ähnlich ergeht es im folgenden Jahr der national gesonnenen Schriftstellerin Aelfreda Candlemass, die voller Idealismus ins Nordterritorium gekommen ist, sich aber, von Korruption und Gefühllosigkeit der Regierung enttäuscht, bei dem großen Rennen ebenfalls in Delacy verliebt und von ihm gleichermaßen abgewiesen wird; trotzdem unterstützt er Alfies Interesse an gesellschaftlichen und politischen Veränderungen, so daß sie nach der Rückkehr in den Süden ihre Feder in den Dienst der national-patriotischen »Australia Free«-Bewegung stellt.

Das zweite Buch trägt den ironischen Titel *Australia Felix (Glückliches Australien)*, vom Autor in den Satz gefaßt: *»Ideal des weißen Mannes, ausverkauft von Schurken und Narren«*. Es handelt von den Ereignissen der Jahre 1937 bis 1939, wo der Beginn des Zweiten Weltkriegs eine Verschiebung der Beatrice River Races notwendig macht. Vor dem Hintergrund der sich verschlechternden internationalen Beziehungen konzentriert sich die Handlung auf Lily Lagoons, wo sich Prindy zeitweilig vor dem Zugriff des Polizeisergeanten Dinny Cahoon (der Prindy für seinen Sohn hält) und des Protektors der Ureinwohner, Eddie McCuskey, in Sicherheit bringen kann. Zuvor war er Zeuge des Todes seiner Mutter und seines Onkels geworden, die aus Port Palmerston entkommen konnten. Von den neuen Charakteren auf Lily Lagoons heißt der eine Sir Mark Esk, der den Posten des britischen Militärkommandeurs der australischen Armee bekleidet und der Delacy das Kommando im nördlichen Territorium zu übertragen wünscht. Die andere neue Romanfigur ist das jüdische Flüchtlingsmädchen Rifkah, das (im Gegensatz zu dem Regierungsanthropologen Fabian Coots) durch die Begegnung mit der Kultur der Ureinwohner zu einer charakterprägenden Harmonie gefunden hat. Trotzdem droht ihr wegen angeblich kommunistischer Auffassungen die Deportation, sie findet aber auf einer Missionsstation Unterschlupf. Prindy schließt sich ihr dort wegen des kirchlichen Schutzes an, nachdem er selbst Dinny Cahoon entronnen ist, dessen Tötung er nun fest ins Auge faßt. Jeremy ist inzwischen im Australia Free Movement engagiert und reist nach Sydney und Melbourne, um Alfie bei der Inaugurierung dieser Bewegung als Partei zu unterstützen. Dabei geht es um die Reinigung von faschistischen und antisemitischen Elementen und um die Hinwendung zu mehr Verantwortungsbewußtsein für die Belange der Ureinwohner. Dieses Vorhaben schlägt allerdings fehl, so daß Jeremy am Ende von *Australia Felix* nach Lily Lagoons zurückkehrt.

Tag der Schande heißt der Titel des dritten Buches: *»Ein Pöbel wich dem Test der nationalen Einheit aus«*. Dieses auktoriale Kurzresümee erinnert an den Massenexodus aus Darwin im Jahre 1942, als die Japaner die Stadt anzugreifen drohen. Die Schilderung vom Fortgang des Krieges gehört hier zum Hintergrundgeschehen. Den Handlungsfaden hingegen bestimmt der Protagonist Delacy, der auf Wunsch von Mark Esk nach Süden zieht, um ihm und seinem Stab über die Situation in Malaya zu berichten. Esk ist in der Lage, Delacy davon zu überzeugen, daß die australische Armee ihre Opfer wieder für imperialistische statt für nationalistische Ziele bringt, so daß Jeremy seinen Auftrag zurückgibt, aber vor der Abreise aus Sydney zusammen mit Alfie bei einer politischen Veranstaltung in der Domain verprügelt wird. Folge davon ist, daß Alfie ihr Kind, dessen Vater Delacy ist, verliert und angesichts Jeremys mangelndem Einsatz bei einer Polizeiaktion völlig desillusioniert zurückbleibt. Nach seiner Rückkehr ins Territorium erfährt Delacy bald, daß sein Anwesen von der Armee besetzt werden soll, woraufhin er andernorts einen Neubeginn wagt. Prindy und Rifkah besuchen ihn dort, bevor sie wieder auf die zur Heimat gewordenen Leopold Mission zurückkehren. Dort findet Rifkah Erfüllung in der Beziehung zu einem Priester, während Prindy sich mit Savitra, der Tochter eines indischen Straßenhändlers, verbindet. Diese Idylle wird allerdings durch eine militärisch bedingte Evakuierung empfindlich gestört. Da ihre Ankunft in Port Palmerston aber mit der Bombardierung durch die Japaner zusammenfällt, brechen sie gemeinsam mit Bobdirriwirridi zu Jeremys Lager auf. In jener Gegend ereignen sich dann die abschließenden Tragödien: Savitra wird grausam ermordet, weil sie auf der Suche nach Prindy dessen Initiationsriten gestört und damit ein Tabu gebrochen hat. Ihre Verfolgung durch Jeremy endet mit Prindys Tod durch den Speer. Jeremy wird dann seinerseits wegen seiner Mitschuld an Prindys Tod von Bobdirriwirridi mit dem Speer durchbohrt. – Das Schlußkapitel – ein Epilog, der den Zeitrahmen bis in die siebziger Jahre spannt – unterstreicht den tiefen Pessimismus des Romans. Xavier Herbert zeigt u. a. anhand von Höhlenzeichnungen, die mystische Elemente aboriginaler Weltanschauung darstellen, wie nach dem Krieg Bergbau und Tourismus die Gesellschaft und Kultur der Ureinwohner gründlich zerstört haben.

Poor Fellow, My Country ist ein großes Buch über Glanz und Elend der australischen Ureinwohner. Der Titel bezieht sich auf eine Redensart der Aborigines, der zufolge Australien sich in einem desolaten Zustand befindet. Wie man dem Epigraph und den Resümees der Inhaltsübersicht entnehmen kann, teilt diese Ansicht dezidiert auch der Autor des Romans. Das Buch stellt außerdem einen neuen Höhepunkt in der Darstellung der australischen Landschaft (genauer, des tropischen Nordens) dar; die Landschaft steht aber nicht für sich, sondern ist auf die menschliche Gesellschaft bezogen. Der Roman bietet nämlich eine persönliche Perspektive der großen Leere des australischen Kontinents und zeichnet ein Bild der weißen Siedler als jener ziellosen Fremden, die kein spezifisches Ethos besitzen und keine Beziehung zu ihrer natürlichen Umgebung herstellen und denen außerdem der Gemeinschaftsgeist fehlt, der ihr Leben mit Sinn erfüllen könnte. Dieser Leere entspringen sowohl die apathische Mißachtung wie auch die Zerstörungshaltung gegenüber dem Land; beide verstärken das Gefühl der Entfremdung. *»Australier sind bittere Leute … bitter in Ermangelung eines Landes, das sie lieben.«* Die Ureinwohner hingegen erfüllen das Land, jeden Fels, jeden Baum, mit magischer Bedeutung, wie die Legenden und Mythen sie verkörpern und das ganz andere Erleben von Erde und Himmel es nahelegt. Nach Meinung Jeremy Delacys, der extrem nationalistisch eingestellten Hauptgestalt im fast achtzigköpfigen Figurenensemble des Romans und einem entschiedenen Anwalt der Ureinwohner, wurde das Land vor dem Krieg an die Poms (die Engländer) verschachert, während des Krieges und danach an die Yanks, während er selbst von einer schwarz-weißen Mischung, *»einer schönen Rasse«*, *»einer kreolischen Nation«* träumte. Sein Enkel Prindy, der wie ein Ureinwohner fühlt und lebt, soll offenbar deren Überlegenheit über die dekadente Weltsicht der Weißen verkörpern; man geht nicht ganz fehl, wenn man Anklänge an den Mythos vom edlen Wilden zu vernehmen meint.

Aus dem Künstler und Beobachter von *Capricornia* ist hier, so M. Clark, der Prophet und Prediger geworden, der nicht mehr Fragen stellt, sondern Antworten gibt. Diese besagen, daß die Ureinwohner, die Mischlinge und der australische Kontinent die Opfer sind, während die weißen Australier und die englischen Kapitalisten, allesamt *»bloody nutchins«* (ohne eigene, für sie charakteristische Kultur), die Bösewichter darstellen. L. Hergenhan, der das Manuskript schon 1972 lesen und kommentieren konnte, führt diese (etwas voreilige) These von der Vereinnahmung des Künstlers durch den Propheten auf ein Mißverständnis der Rolle Jeremys zurück. Denn zwei grundlegende Gesichtspunkte sprächen gegen seine Funktion als Sprachrohr des Autors: Jeremy sei zum einen ein Versager; seine Ansichten würden keineswegs alle vom Romantext gestützt, seine »Antworten« gar vielfach durch den Handlungsverlauf kritisiert bzw. in Frage gestellt. Seine Tragödie bestehe außerdem darin, daß er sich selbst nicht voll verwirklichen könne genau so, wie die Nation letztlich unverwirklicht bleibe. Zum andern würden auktoriale Meinungen auch von anderen Charakteren vertreten, z. B. von Alfie, Rifkah, General Esk und Fergus Ferris.

Zweifellos wirft die Romanlänge Strukturprobleme auf. Herbert hat sie mittels wiederkehrender Motive, Bilder, Orte und Ereignisse zu meistern gesucht. Schauplätze wie Lily Lagoons, Beatrice River (mit den jährlichen Pferderennen), Port Palmerston und Leopold Islands wirken genauso strukturbildend wie mythische Gestalten (die Sonnen- und Mondgeister Ol' Goomun und Igulgul, die Erdmutter Koonapippi und Tchamala, die Regenbogen-Schlange), politische Ereignisse und sozialhistorische Schilderungen aus der Zeit der ersten Jahrhunderthälfte. Über allem aber steht der dramatisierende Geschichtenerzähler, für den die fiktionale Gestaltung des *»spirit of the land«* in seinen physischen, magischen und numinosen Aspekten die größte Herausforderung darstellt, wenngleich als oberstes Ziel die Lösung der Identitätsfrage gilt; am Ende des ersten Buches ruft die glühende Patriotin Aelfreda Candlemass aus: *»We've a continent to win … a nation to build!«* W.Ar.

Ausgaben: Sydney/Ldn. 1975. – Sydney 1982.

Literatur: M. Clark, *Artist Turns To Angry Prophet* (in Canberra Times, 12. 9. 1975, S. 10). – H. Heseltine, *H.'s Blockbuster* (in The Australian, 13. 9. 1975, S. 27). – R. Campbell, *Defeated by Verbosity* (in The Bulletin, 4. 10. 1975, S. 46 f.). – H. P. Heseltine, *X. H.'s Magnum Opus* (in Meanjin, 34, 1975, S. 133–136). – H. McQueen, *»Poor Fellow My Country«* (in Arena, 41, 1976, S. 79–91). – D. Grant, *X. H.'s Botch* (in Overland, 65, 1976, S. 13–47). – R. Stow, *»Poor Fellow, My Country«* (in National Times, 2.–7. 8. 1976, S. 28 f.). – L. Clancy, *»Poor Fellow, My Country«: H.'s Masterpiece?* (in Southerly, 37, 1977, S. 163–175). – L. Hergenhan, *Rebuttal: A Defence of X. H.'s »Poor Fellow, My Country«* (in Overland, 67, 1977, S. 41/42). – D. Kelly, *Landscape in »Poor Fellow, My Country«* (ebd., S. 43–46). – L. Hergenhan, *An Australian Tragedy: X. H.'s »Poor Fellow, My Country«* (in *Studies in the Recent Australian Novel*, Hg. K. G. Hamilton, St. Lucia 1978, S. 29–60). – J. McLaren, *X. H.'s »Capricornia« and »Poor Fellow My Country«*, Melbourne 1981. – S. Monahan, *»Poor Fellow, My Country«: A Question of Genre* (in Westerly, 32, 1987, S. 45–56).

JACK HIBBERD

* 12.4.1940 Warracknabeal

A STRETCH OF THE IMAGINATION

(engl.; *Grenzenlose Phantasie*). Monodrama von Jack HIBBERD (Australien), erschienen 1973. – *A Stretch* ist neben *Dimboola* (1969), einer Parodie auf Hochzeitssitten und -gebräuche auf dem Lande, das erfolgreichste von Hibberds zahlreichen Stücken; nach Margaret Williams darf es als erster unmißverständlich australischer Theaterklassiker gelten. *A Stretch of the Imagination* wird auch als das bekannteste unter den vielen monologischen Dramen angesehen, die während der siebziger Jahre in Australien erschienen sind. – Zu ihnen zählen z. B. Peter KENNAS *Mates* (1975), Steve J. SPEARS' *The Elocution of Benjamin Franklin* (1976) und Ron BLAIRS *The Christian Brothers* (1976). – Bereits 1966 hatte sich an der Universität Melbourne eine Theatergruppe um den Mediziner Hibberd gebildet, die sich über die »La Mama Company« im Jahre 1969 zur »Australian Performing Group« weiterentwickelte. Dort liegen die Ursprünge des »New Wave Drama«, das fortan katalysatorische Wirkung hatte, weil es anders als das etablierte Theater z. B. die Präsenz des Zuschauers bei der Aufführung neu berücksichtigte und ihn mittels direkter Ansprache und überraschender Transformationen zu aktivieren versuchte. Für Hibberd hatte zudem die Verbindung von Gesellschaftskritik und Humor immer hohe Priorität.

A Stretch of the Imagination ist ein komisch-poetischer Monolog des achtzigjährigen Protagonisten Monk O'Neill, der in einer Blechhütte irgendwo im nordwestlichen Australien lebt und fortwährend Selbstgespräche führt, in denen er seine große Vergangenheit als Weltenbummler und Wissenschaftler, als Pionier, Goldgräber und Abenteurer, vor allem aber als Frauenheld in der Erinnerung nochmals erstehen läßt. Als unverbesserlicher Angeber behauptet er außerdem, den Weltmeister im Mittelgewicht, Les Darcy, auf dem Gipfel von Mount Kosciusko getroffen und Proust auf einem Friedhof in Paris die Hand gedrückt zu haben. Er liest die alten Klassiker, schimpft und flucht, ißt selbstgezogene Tomaten und nimmt auch verirrte Besucher auf. Nachmittag: Seine Uhr ist stehengeblieben. Steht das letzte Stündlein bevor? Monk hält sich beschäftigt. Obwohl er den einzigen Baum auf dem Hügel umgehauen hat, findet er Trost darin, den jungen Schößling mit dem eigenen Urin zu düngen. Nochmals überfliegt er sein Testament; darin hat er seinen ganzen Besitz den Ureinwohnern vermacht bzw., sollten diese vor ihm aussterben, den volkreichen orientalischen Nationen des Nordens. Monk antizipiert sein eigenes Ende, denkt nach über den Weg, den er zum Grab hinkriechen muß. Dieses ist bereits ausgehoben; doch am Ende kriecht er in seine Blechhütte zurück, in Erwartung eines neuen Morgens.

A Stretch gehört zu den bedeutenderen Erfolgen der »New Wave«. Das Stück entdeckt als »neues« Thema australische Stereotypen. Ihre Bühnenwirksamkeit liegt in der Dramatisierung mittels Karikatur und Parodie. Monk hat sich als provozierender Individualist selbst exiliert und der Gesellschaft den Rücken gekehrt, so daß er nun im *outback*, befreit von allen Formeln und Zwängen, nach Lust und Laune vergangene Rollen verkörpern und so seine Gegenwart gestalten kann. Der Preis ist hoch. Sein Name heißt Einsamkeit. Zwar gelingt es Monk, vielerlei Aspekte des australischen Mythos, die Legende vom Buschmann, Goldgräber, Sportler und *mate* (dem Kumpel und Kameraden im Hinterland) zu verkörpern, er repräsentiert aber auch sozialpsychologische Züge der Gesellschaft, z. B. Grobheit und Pharisäertum. Dabei variiert er Tempo und Stimmung, wechselt die Themen, agiert in verschiedenen Stil- und Tonlagen: pathetisch und würdevoll, komisch und tragisch, egoistisch und selbstlos. Hier wird das Bild imaginierten Lebens als Theater erlebt, aber fortwährend durch die Bewußtmachung einer realen Welt, nämlich der physischen Umgebung mit ihren Veränderungen und Zeitabläufen, und dem Wunsch, an die Dauerhaftigkeit dieser Einbildungen glauben zu können, unterlaufen. Diese Ironie, die im Titel angedeutet ist – als ob sich unsere Welt dem Vorstellungsrahmen unserer Phantasie entsprechend verändern würde –, stellt kulturelle wie dramatische Konventionen als problematische und zeitgebundene Formen der Beherrschung der Alltagswirklichkeit durch die Imagination dar. Die Beliebigkeit und Flüchtigkeit solcher Vorstellungen wird in dem episodischen, improvisatorischen Charakter der Handlung des Stücks gespiegelt.

Monks rituelle Handlungen sind bizarr und manisch. Sie zwingen das Publikum, seine Phantasie (im Sinne des Dramentitels) spielen zu lassen und die Stereotypie seiner Erwartungen und Sehnsüchte selbstkritisch zu erkennen. Trotz des herannahenden Todes demonstriert der Protagonist Gelassenheit und Optimismus. Trotzdem erlebt der Zuschauer intensiv Monks Kampf gegen die Einsamkeit, der er durch die ständigen Monologe zu entrinnen sucht, zwar ohne Erfolg, jedoch auch ohne die hoffnungslos absurde Selbstentfremdung, die sich in Samuel BECKETTS Stück *Krapp's Last Tape* findet, mit dem man *A Stretch of the Imagination* verglichen hat. Monk ist mit seiner unerschöpflichen Imagination vielmehr ein an DICKENS erinnernder Charakter, der trotz des Totenkopf-Symbolismus nicht über den »Tod im Leben« meditiert, sondern dem Motto huldigt: *»Das Leben geht weiter«*. W.Ar.

AUSGABE: Melbourne 1973.

LITERATUR: A. Sykes, *J. H. and the New Wave Drama* (in *Bards, Bohemians and Bookmen: Essays in*

Australian Literature, Hg. L. Cantrell, St. Lucia 1976). – J. McCaughey, *J. H. and Popular Theatre* (in Meanjin, 35, 1976, S. 412–415). – M. Williams, *Drama*, Melbourne 1977, S. 38/39. – L. Rees, *Australian Drama 1970–1985*, North Ryde 1978; ern. 1987, S. 49–52. – P. Pierce, *Revaluing Australian Legends: Some Plays by J. H.* (in ALS, 8, 1978, S. 342–350). – J. Davidson, *Interview: J. H.* (in Meanjin, 37, 1978, S. 443–455). – P. Fitzpatrick, *After »The Doll«: Australian Drama since 1955*, Ldn. 1979, S. 136–141. – D. Carroll, *Australian Contemporary Drama 1909–1982*, NY u. a. 1985, S. 212–214. – K. Goodwin, *A History of Australian Literature*, Basingstoke/Ldn. 1986, S. 198/199. – G. Sirmai, *An Interview with J. H.* (in Southerly, 45, 1985, S. 260–265). – Interview: *J. H.* (in Australasian Drama Studies, 10, 1987, S. 79–90). – J. Hainsworth, *J. H.*, Sydney 1987. – P. Fitzpatrick, *Mythmaking in Modern Drama* (in *New Literary History of Australia*, Hg. L. Hergenhan, Ringwood/Vic. 1988, S. 521–522). – P. McGillik, *J. H.*, Amsterdam 1988.

THOMAS (MICHAEL) KENEALLY

* 7.10.1935 Sydney

SCHINDLER'S ARK

(engl.; *Ü: Schindlers Liste*). Roman von Thomas KENEALLY (Australien), erschienen 1982. – Keneally, der neben Patrick WHITE wohl bekannteste australische Schriftsteller, hat inzwischen rund zwanzig Romane publiziert, die den Menschen in einer feindlichen Umwelt oder in der Auseinandersetzung mit autoritären Systemen zeigen. Schon der frühe, preisgekrönte Roman *Bring Larks and Heroes*, 1967, *(Bringt Lerchen und Helden)*, der den 1804 unternommenen irischen Aufstand von Vinegar Hill mit dem Kampf gegen das verhaßte Sträflings-»System« zum Gegenstand hat, unterstrich Keneallys Interesse an der Geschichte. Verstärkt fand dieses Interesse dann Ausdruck in Romanen wie *Blood Red, Sister Rose* (1974), mit einer Neuinterpretation der Figur der Jeanne d'Arc, und *The Chant of Jimmie Blacksmith*, 1972 *(Australische Ballade)*, einem auch durch die Verfilmung recht bekannt gewordenen Roman über die Lage der australischen Ureinwohner im 19. Jh., während *Gossip from the Forest*, 1975 *(Klatsch aus dem Wald)*, eine Verurteilung der Siegermächte bei den Friedensverhandlungen am Ende des Ersten Weltkriegs darstellt und *Confederates* (1979) eine späte Verteidigung des amerikanischen Südens zur Zeit des Bürgerkriegs unternimmt. Auch *Schindler's Ark*, durch Spielbergs Verfilmung inzwischen weltberühmt, ist einem geschichtlichen Stoff gewidmet, nämlich der Errettung von über 1000 Juden während der grausamsten Phase des Holocaust in Polen (1943–1945).

Man hat *Schindler's Ark* als historischen Roman bezeichnet, weil alle Figuren und Ereignisse die geschichtliche Wirklichkeit getreuer widerspiegeln als in den übrigen genannten Romanen. Dennoch bleibt die Frage der Gattungszugehörigkeit kontrovers: Ist *Schindler's Ark* ein dokumentarischer Roman, imaginativer historischer Journalismus oder narrative, anekdotische Geschichtsschreibung? Handelt es sich um einen Roman im Sinne fiktionaler Gestaltung von Wirklichkeit, oder ist es ein phantasievoll ausgeschmückter Dokumentarbericht? Die Geschichte von der wundersamen Rettung der Juden durch den Fabrikanten Schindler wurde allerdings nicht erst – wie britische Rezensenten meinten – durch Thomas Keneally publik. Vielmehr wollte Fritz LANG diese Begebenheit bereits 1951 verfilmen; auch in Hollywood gab es in den sechziger Jahren ähnliche Pläne. Zur Zeit des Eichmann-Prozesses in Jerusalem erhielt Oskar Schindler (1908–1974) zudem den Ehrentitel »Rechtschaffene Person«. Die Bundesrepublik verlieh ihm das Bundesverdienstkreuz, Großbritannien den Martin-Buber-Preis, und der Südwestfunk sendete 1977 und 1983 ein beachtenswertes Dokumentar-Feature über Schindler.

Keneallys Roman basiert auf Interviews mit etwa 50 sog. »Schindler-Juden« aus sieben Nationen, die vor der Vernichtung in den KZs bewahrt wurden. In einer Notiz des Autors werden viele Gerettete namentlich erwähnt, an erster Stelle Leopold Pfefferberg, dem der Roman gewidmet ist und in dessen Geschäft in Beverly Hills Keneally 1980 zum ersten Mal von Oskar Schindler, *»dem deutschen bon vivant, Spekulanten, Zauberer und Zeichen des Widerspruchs«*, erfuhr. Offizielle Dokumente, Briefe und private Aufzeichnungen, vor allem aber die Interviews mit Geretteten, die Schindler, dem sudetendeutschen Katholiken und Direktor eines Gefangenenlagers, ihr Leben verdanken, bürgen für die Authentizität des Buches.

Oskar Schindler, ein hedonistischer Industrieller aus Mähren, hatte sich im Gefolge der deutschen Invasion in Krakau niedergelassen, weil er hoffte, billig eine den Juden enteignete Fabrik erstehen und durch Aufträge von seiten der deutschen Wehrmacht rasch zu Profiten kommen zu können. Beides gelang, zumal die Juden in der Zeit vor der »Endlösung« von der SS als billige Arbeitskräfte verdingt wurden. Da sich Schindlers Deutsche Emailwaren Fabrik (DEF) nahe beim Arbeitslager Plaszow befand, beantragte er beim Kommandanten, dem mordlustigen SS-Hauptsturmführer Amon Goeth, kostenlose jüdische Arbeitskräfte. Schindler erhielt die Arbeiter mühelos, faßte aber schon zu Anfang den Plan, diese Menschen nicht auszubeuten, sondern vor dem grausamen Tod zu retten. Dabei nahm er große Risiken auf sich und wurde dreimal verhaftet, doch mit außerordentlicher Phantasie bestach er Beamte überall in

Deutschland, veranstaltete Saufgelage mit dem Kommandanten und Leuten in Führungspositionen und brachte ausgesuchte Geschenke mit. Im Jahre 1943, als die SS angesichts der heranrückenden Sowjetarmee an eine Liquidation der Lager in Polen dachte, gelang es ihm aufgrund seiner Schläue sogar, seine Fabrik samt Menschen und Maschinen nach Brinnlitz an der Moldau zu verlegen, unter dem Vorwand, dort dringend benötigte Panzerabwehrgranaten für die Front zu produzieren. Schindler und seine rund 1300 Juden überlebten das Kriegsende »unbeschadet«. – Nach dem Verlust seines Besitzes wurde Schindler von Juden in aller Welt dankbar unterstützt und vielfach geehrt. Auf eigenen Wunsch wurde er in Jerusalem bestattet.

Keneally selbst bezeichnet die Schindler-Geschichte als *»pragmatischen Triumph des Guten über das Böse, einen Triumph in eminent meßbaren, statistischen, handfesten Zahlen«*. Er ist sich bewußt, daß *»es ein riskantes Unterfangen ist, über Tugend schreiben zu müssen«*, wo doch eigentlich die menschliche Schlechtigkeit der Rohstoff der Erzähler sei. Wie andere vor ihm bediene er sich der *»Textur und der Mittel des Romans«*, um eine wahre Geschichte zu erzählen, zumal nur die Technik des Romans einem Charakter von der Ambiguität und Größe eines Oskar Schindler angemessen sei. Fiktives habe er jedoch unter allen Umständen zu vermeiden gesucht, weil jegliche Art von »Dichtung« das geschichtliche Zeugnis schmälern würde. – Das Gewicht der historischen und emotionalen Fakten in den 38 Kapiteln des Buches überwältigt den Leser so sehr, daß die Gattungsdiskussion zweitrangig erscheint. Anrührend ist z. B. jene Szene, in der ein alter Jude am letzten Kriegstag, um seine Dankbarkeit unter Beweis zu stellen, seine alte Zahnprothese herschenkt, damit ein Juwelier im Lager aus dem Gold einen Ring für Oskar Schindler anfertigen kann. Als Inschrift hat man eine Stelle aus dem *Talmud* gewählt: *»Wer ein einziges Leben rettet, der rettet die ganze Welt.«*

Damit ist die bewegende ethische Dimension dieses Buches berührt. Wenn Keneally sich auch bewußt von den Darstellungsmitteln und -methoden der Hagiographen und Mythenschöpfer distanziert und wiederholt die moralischen Schwächen seines Protagonisten ausbreitet, so erscheint trotz aller Problematisierung der christlichen Vorstellung von Tugend Oskar Schindler inmitten der Brutalität und des sadistischen Treibens der SS-Leute, obwohl selbst ein Hedonist, doch als gütiger und mitleidsvoller Mensch, als Helfer der Geschundenen und Lebensretter. Obwohl Keneally die Berichte seiner Informanten und die Materialien aus Archiven (zumal aus Yad Vashem) nach Legende und Wahrheit zu sichten versucht, sind die großen Szenen und die Charakterisierungen im Buch notwendigerweise faktenenthoben, d. h. fiktional gestaltet. Dieser imaginative Duktus des Romanciers verfälscht nicht, sondern erhöht im Gegenteil die moralische Wahrheit und Integrität der Aussage. Oskar Schindler, der Katholik, wird gerade aufgrund seiner ethischen Defizite zum Träger einer nicht leicht zu bestimmenden geistig-seelischen Kraft, die der Theologe (Keneally hat sechs Jahre katholische Theologie studiert) vielleicht mit dem Apostel Paulus als Stärke in der Schwachheit, der Philosoph hingegen als Glücksfall eines unschuldig Prinzipienlosen oder als pragmatische Stärke bezeichnen würde. Im Text klingt die Formel vom Schicksal als Gnade an; sie könnte am ehesten als metaphysische Erklärung für Retter wie Gerettete dienen. – Mit *Schindler's Ark* hat Keneally wie Anna SEGHERS (*Das siebte Kreuz*, 1942), Ernst WIECHERT (*Der Totenwald*, 1946) und Bruno APITZ (*Nackt unter Wölfen*, 1958) einen bedeutenden Beitrag zur Holocaust-Literatur geleistet. Der Roman wurde sofort nach der Veröffentlichung mit dem Booker-Preis ausgezeichnet. W.Ar.

AUSGABEN: Ldn. 1982. – NY 1982 *(Schindler's List)*.

ÜBERSETZUNG: *Schindlers Liste*, G. Danehl, Mchn. 1983. – Dass., ders., Mchn. 1985 (Goldm. Tb).

VERFILMUNG: USA 1993 (Regie: S. Spielberg).

LITERATUR: D. Lodge, Rez. (in Sunday Times, 24. 10. 1982). – M. Lurie, Rez. (in National Times, 5.–11. 12. 1982). – J. D. Pringle, Rez. (in Sydney Morning Herald, 27. 11. 1982). – M. Hollington, *The Ned Kelly of Cracow: K.'s »Schindler's Ark«* (in Meanjin, 43, 1983, S. 42–46). – M. Hulse, *Virtue and the Philosophic Innocent: T. K.'s »Schindler's Ark«* (in Quadrant, 27. 5. 1983, S. 69–71). – Ders., *Virtue and the Philosophic Innocent: The British Reception of »Schindler's Ark«* (in Critical Quarterly, 25, 1983, Nr. 4, S. 43–52). – C. Gaffney, *K.'s Faction: »Schindler's Ark«* (in Quadrant, 29. 7. 1985, S. 75–77). – J. Chernekoff, *T. K.: An Annotated Secondary Bibliography, 1979–1984* (in Bull. of Bibliography, 43, 1986, S. 221–227). – L. Hergenhan, *Interview with T. K.* (in ALS, 12, 1986).

HENRY KINGSLEY

* 2.1.1830 Barnack / Northamptonshire
† 24.5.1876 Cuckfield / Sussex

THE RECOLLECTIONS OF GEOFFRY HAMLYN

(engl.; *Die Erinnerungen Geoffry Hamlyns*). Roman von Henry KINGSLEY, erschienen 1859. – Kingsleys Erstlingswerk, das die Geschichte des australischen Romans einleitet, obwohl der Autor nur wenige Jahre dort lebte, erschien kurz nach der

Rückkehr nach England und stellte sozusagen die Talentprobe dar, die seine Zeit in Australien – von Dezember 1853 bis Februar 1858 – rechtfertigen sollte. Mit diesem rosig gefärbten Bild des australischen Landlebens, des goldenen Zeitalters der Siedleroberschicht *(squattocracy)* – in dem ihm vertrauten Monaro-Gebiet in Neusüdwales – schuf er das klassische Vorbild für eine bis ins 20. Jh. hinein dominierende literarische Form, die *romance of station life*.

Der umfangreiche, zu zwei Dritteln in Australien spielende Roman, der vom Titelhelden, dem engen Freund der Hauptfiguren, erzählt wird, handelt von den Erlebnissen mehrerer angesehener englischer Familien – vor allem der Buckleys, Brentwoods und Thorntons – vor, während und nach ihrem jahrzehntelangen Aufenthalt in der Kolonie. Das Buch setzt 1857 auf Buckleys Gut Baroona, N. S. W., ein (Hamlyn beginnt den Freunden seine »Erinnerungen« vorzulesen), greift dann mehr als ein halbes Jahrhundert zurück und führt die Chronik schließlich etwas über den Ausgangspunkt hinaus weiter. Im englischen Teil des Romans (Schauplatz: Devonshire) steht das Schicksal der südländisch attraktiven und leidenschaftlichen Pfarrerstochter Mary Thornton im Vordergrund, die, von Hamlyn, James Stockbridge und ihrem bärenstarken Vetter Tom Troubridge vergeblich umworben, mit dem faszinierenden, aber nichtsnutzigen George Hawker, dem unehelichen Sohn einer Zigeunerin, durchbrennt. Hawker, von dem entflohenen Sträfling William Lee wegen einer Unterschriftenfälschung erpreßt, wiederholt sein Vergehen und wird schließlich in London wegen Falschmünzerei verhaftet und nach Australien deportiert. Major Buckley muß aus finanziellen Gründen den Familiensitz Clere House aufgeben und wandert nach Australien aus, wo sich auch die anderen Protagonisten wiederbegegnen. Marys Vergangenheit wirft düstere Schatten über die pastorale Idylle: Ihr Mann, Hawker, ist entkommen und greift mit einer Bande verwegener Bushrangers die Besitzungen der Siedler an. Nach einem erregenden Kampf, in dessen Verlauf er unwissentlich seinen eigenen Sohn Charles erschießt, muß er sich ergeben und endet am Galgen. Mary findet ein spätes Glück mit Tom. Major Buckleys Sohn Sam, dem die besondere Sympathie des Autors gilt, kann Clere House wiedererwerben und kehrt mit seiner Frau Alice, der Tochter Captain Brentwoods, als gemachter Mann in die Heimat zurück, wo schließlich alle alten Freunde in behäbigem Wohlstand erneut vereint sind.

Im Kontext dieser extrovertierten Fabel hätten psychologisch eindringliche Charakterstudien, etwa in der Art von George ELIOTS *Adam Bede* oder George MEREDITHS *The Ordeal of Richard Feverel* (beide im gleichen Jahre veröffentlicht wie *Geoffry Hamlyn*) deplaciert gewirkt. (Wie die hintergründige Mary Hawker und manche profilierte Nebenfigur belegen, wäre Kingsley durchaus einer komplexeren Zeichnung fähig gewesen.) Die stark typisierten Hauptgestalten sind überlebensgroße, Tugendideale verkörpernde athletische Schuljungen – Thomas HUGHES *(Tom Brown's Schooldays*, 1856) gehört neben DICKENS zu den literarischen Vorbildern des Autors –, wahre Ausbünde an Männlichkeit und Edelmut (Denkmäler für Kingsleys als Schiffsoffizier in australischen Gewässern verstorbenen Bruder Gerald?). Der Roman ist ein durch gutmütigen Humor vor der Gefühlsüberfrachtung bewahrtes Hoheslied auf selbstlose Freundschaft und ausdauernde Lebensmeisterung – *»der protestantische Mythos von Robinson Crusoe«* (F. H. Mares). Dem erbaulich-märchenhaften Buch liegt ein romantischer Glaube an die Belohnung und den Triumph der Edlen, den Untergang oder die Bekehrung der Bösen, eine sittliche Vision von biederer Schlichtheit zugrunde, die zwar weniger aufdringlich wirkt als die Moraldidaktik im Werk von Henry Kingsleys berühmterem Bruder Charles, die aber unverhohlen das Credo universeller Menschenliebe, die praktische Philosophie eines virilen Christentums vertritt.

Es bleibt ein denkwürdiges Phänomen, daß ein den »kolonialen« Stoff primär als Exotikum auswertender viktorianischer Roman eines erzkonservativ englisch empfindenden, bis zur Herablassung klassenbewußten Besuchers für Generationen von Australiern zur beliebten Lektüre wurde. Kingsleys Helden siedeln sich ja nur in dem neuen Kontinent an, um in diesem temporären Exil (erst in dem stärker sozial orientierten Roman *The Hillyars and the Burtons*, 1865, wendet sich der Autor der weniger episodischen Auswanderung zu) rasch zu Reichtum zu gelangen; sie schaffen sich am andern Ende der Welt kultivierte Oasen nostalgischer Englandverehrung, ein aristokratisches Arkadien. Dennoch wäre es verfehlt, nur Kingsleys innere Distanz zum Gastland zu sehen und nicht auch sein zukunftsgläubiges Verständnis für die Entwicklungsprobleme einer vitalen jungen Gesellschaftsordnung, sein – mit Ausnahme ermüdender naturwissenschaftlicher Exkurse – geschickt integriertes Wissen und seinen wachen Sinn für das australische Kolorit, dem er die Befreiung seiner Phantasie verdankte und das er über seine Verwendung als pittoreske Kulisse hinaus in bahnbrechender Weise als Gestaltungselement einzusetzen wußte. Der begabte Aquarellist Kingsley vermag auch mit Worten Zartheit und Härte der Landschaft, die Magie der Fernsicht und der Lichtwirkungen mit einer selbst bei einheimischen Autoren seines Jahrhunderts seltenen liebevollen Versenkung heraufzubeschwören. Sein unausgeglichener, etwas salopper Stil zeigt sich in solchen Schilderungen von der besten Seite.

Der Roman wurde von den Zeitgenossen beifällig aufgenommen; Reichweite und Intensität seines Einflusses sind erstaunlich. Nach Joseph FURPHYS scharfer nationalistischer Attacke auf Kingsleys angeblichen Snobismus und die Künstlichkeit seines verklärten Australienbildes büßte er jedoch viel von seiner Anziehungskraft ein, ließ sich doch Furphys Kritik auch vom Künstlerischen und Gehaltlichen her rechtfertigen. Heute genießt Kingsley wieder wachsende Anerkennung; für sein frisches Erzähltalent, seine deskriptiven Fähigkeiten und seinen dramatischen Sinn nimmt man selbst die Lockerheit der Konstruktion, die Überspannung der Koinzidenz, die Oberflächlichkeit der Charakterisierung und die Plattheiten des Dialogs in Kauf. Folgt Kingsley auch allzusehr den Konventionen seiner Ära, so gelang es ihm dennoch, durch diesen Roman, dessen abenteuerliche Geschehnisse vor allem auch die Jugend ansprachen, Australien einem breiten Publikum nahezubringen. J.H.T.

AUSGABEN: Cambridge/Ldn. 1859, 3 Bde.; ²1860. – NY 1894. – Ldn. 1895 (in *Works*, 12 Bde., 1). – Ldn./NY 1910 (Everyman's Library; ern. 1924). – Ldn./Toronto 1924. – Melbourne 1952 *(Geoffry Hamlyn)*. – Ldn. 1954. – St. Lucia/Queensland 1982 (in *H. K.*, Hg. J. S. Mellick).

LITERATUR: S. M. Ellis, *H. K., 1830–1876: Towards a Vindication*, Ldn. 1931. – L. J. Kramer, *H. K.: Some Novels of Australien Life*, Canberra 1954. – M. Franklin, *Laughter, Not for a Cage*, Sydney 1956, S. 31–36. – H. M. Green, *A History of Australian Literature*, Bd. 1, Sydney 1961, S. 207–214. – J. C. Horner, *»Geoffry Hamlyn« and Its Australian Setting* (in ALS, 1, 1963, S. 3–15). – W. H. Scheuerle, *Romantic Attitudes in »Geoffry Hamlyn«* (ebd., 2, 1965, S. 79–91). – C. Hamer, *H. K.'s Australian Novels* (in Southerly, 26, 1966, S. 40–57). – L. T. Hergenhan, *»Geoffry Hamlyn« through Contemporary Eyes* (in ALS, 2, 1966, S. 289–295). – B. Elliott, *The Composition of »Geoffry Hamlyn«: The Legend and the Facts* (ebd., 3, 1968, S. 271–289). – J. Barnes, *H. K. and Colonial Fiction*, Melbourne 1971. – K. H. Scheuerle, *The Neglected Brother: A Study of H. K.*, Tallahassee/Fla. 1971 [m. Bibliogr.]. – J. S. Mellick, *The Passing Guest: A Biography of H. K.*, NY 1983.

RAY LAWLER

* 1921 Footscray bei Melbourne

SUMMER OF THE SEVENTEENTH DOLL

(engl.; *Ü: Der Sommer der siebzehnten Puppe*). Schauspiel in drei Akten von Ray LAWLER (Australien), Uraufführung: Melbourne, 28. 11. 1955, Union Theatre. – Viele Kritiker setzen die Uraufführung dieses Stücks mit der Geburtsstunde des modernen australischen Theaters gleich. Mit diesem häuslichen Drama der werktätigen Klasse, dessen bühnengerechte Formel verschiedene Nachahmer fand, erzielte der Schauspieler und Regisseur Lawler, der bereits ein Dutzend Stücke geschrieben hatte, einen sensationellen internationalen Erfolg – man sprach von einem australischen Tennessee Williams –, den er mit seinem satirischen Schauspiel *The Piccadilly Bushman* (1961 veröffentlicht) nicht zu wiederholen vermochte. *Summer of the Seventeenth Doll* erhielt einen Literaturpreis, begeisterte nach 350 Aufführungen in Australien Presse und Publikum in London, erlebte eine allerdings kurze Spielzeit am Broadway, wurde in andere europäische Sprachen übertragen und (mit einem den Ausgang sentimental verfälschenden Happy-End) verfilmt.

Seit sechzehn Jahren kommen zwei Freunde, der besonnene Roo und der quecksilbrige Schwerenöter Barney, nach der harten, aber lukrativen Erntearbeit in den sonnendurchglühten Zuckerrohrfeldern von Queensland nach Melbourne, um während der »Zwischensaison« mit ihren sie sehnsüchtig erwartenden Freundinnen Olive und Nancy Häuslichkeit ohne Verzicht auf Freiheit zu genießen. Aber der siebzehnte Sommer steht unter einem Unstern. Die Kraftnatur Roo, lange ungekrönter König seines Metiers, wird durch einen Jüngeren (Johnnie Dowd) entthront und hat Grund, an der Loyalität Barneys zu zweifeln, dem seinerseits die Heirat der des Provisoriums überdrüssigen Nancy und das Versagen seines Casanova-Charmes zu schaffen machen. Die kritische Unvoreingenommenheit Pearls, die Nancy ersetzen soll, mit ihrem Sicherheitsbedürfnis beim labilen Barney nicht auf ihre Rechnung kommt und sich gegen die Rolle der Lückenbüßerin auflehnt, beschleunigt die das gewohnte Sommerritual zersetzende Ernüchterung und Enttäuschung. Das Stück enthüllt die schwelende Uneinigkeit und ratlose Verwirrung der sich an die verklärte Vergangenheit klammernden Betroffenen, die Hohlheit ihrer Traumwelt, ihr ungelenkes, wortkarges Tasten nach Selbstverständnis, nach einem Ausweg. In einem verzweifelten Ausbruch weist Olive, bis zuletzt dem Unerreichbaren treu, den verspäteten Heiratsantrag Roos zurück. Für den gebrochenen Roo und für Barney bleibt als einziger Halt ihre lädierte Kameradschaft.

Lawler hat im Rahmen eines konventionellen Dreiakters ein technisch perfektes, bei aller Milieugerechtheit erstaunlich poetisches Stück geschaffen, dessen lyrischer Naturalismus nicht ohne symbolische Elemente auskommt. Das bedeutsamste ist die im Titel genannte siebzehnte Puppe, die Roo – der jedes Jahr eine neue mitgebracht hat – Olive beim Wiedersehen überreicht (Schluß der ersten Szene). Zu Boden geworfen (Schluß des 2. Aktes) und schließlich zerstört (Ende des 3. Aktes), versinnbildlicht sie fast überdeutlich das Verfliegen des Zaubers, das Zerbrechen der Illusionen. – *Summer of the Seventeenth Doll* gibt sich als unprätentiöses, thesenloses Stück, dessen Gestalten nicht als soziale Typen gesehen werden dürfen. Aber man hat mit Recht hinter den menschlichen Problemen der sich vom Altern bedroht fühlenden und dadurch aus ihrer naiven Wirklichkeitsfremdheit gerissenen Hauptgestalten, hinter der sich in Carlton, einer heruntergekommenen Vorstadt, in einer Aura verblichener Erinnerungen abspielenden Entlarvung der Lebenslüge eine tiefere, allerdings nicht wirklich ausgeschöpfte Thematik zu erkennen geglaubt, in der (wie in Alan SEYMOURS *The One Day of the Year*, 1959) nationale Selbstkritik anklingt. Der archetypische Heros der australischen Romantik, der virile, aggressiv selbstbewußte, mit legendärer Stärke begabte *bushman*, ja der Mythos des *outback* und der Kult der unverbrüchlichen *mateship* werden hier mit der unromantischen, pragmatischen Lebensform der Großstadt konfrontiert und auf ihre Relevanz hin geprüft. Der Sturz der Idole, die Situation Roos (wie Willy Loman in Arthur MILLERS *Death of a Salesman*, 1949, Opfer eines nationalen Traums) sollen wohl das Verebben der jugendlichen Kraft eines ganzen Volkes, das schmerzliche Erwachen zur Erwachsenenverantwortlichkeit andeuten.

Der vielbewunderte, seither von anderen Dramatikern kopierte umgangssprachliche Dialog leistet einen wesentlichen Beitrag zur thematischen Aussage: In dieser unrhetorischen, an Wiederholungen reichen, zur Abstraktion unfähigen Ausdrucksweise spiegelt sich die hilflose Inartikuliertheit der Gestalten, die ihre elementaren Gefühle nicht in Worte fassen können. Hier stößt man zugleich auf die Grenzen von Lawlers Realismus. Da die Handlung deutlicher sprechen muß als der Dialog, entlädt sich dramatische Spannung (vor allem im zentralen Konflikt Roo–Barney) allzuoft in äußerlicher Theatralik (z. B. in der Schlägerei, 2. Akt, 2. Szene). Wie Seymour geht Lawler einer tiefschürfenden Behandlung der aufgeworfenen Fragen aus dem Weg und gerät so mehrfach hart an die Grenze des Melodramatischen und Gefühlsseligen. Sein Verdienst liegt darin, mit hervorragendem Theatersinn und menschlichem Verständnis ein einheimisches Drama geschrieben zu haben, dessen Wirkung sich auch ein nichtaustralisches Publikum kaum entziehen kann.

Zwanzig Jahre nach diesem Erfolg erweiterte Lawler die Geschichte von Roo und Barney zur sog. »Doll-Trilogy«, indem er die in *Summer of the Seventeenth Doll* verklärte Vergangenheit aufdeckt. In *Kid Stakes* (Uraufführung 1975) geht er ins Jahr 1937 zurück, zum Beginn der Freundschaft; in *Other Times* (Uraufführung 1976) zeigt Lawler, wie sich ihre Beziehung zueinander und zu ihren Freundinnen im Laufe von acht Jahren und auch unter dem Einfluß des Krieges (die Handlung spielt 1945) verändert hat. J.H.T.

AUSGABEN: Ldn./NY 1957. – Ldn. u. a. 1958. – Glasgow 1959. – Ldn. 1978 (in *Doll Trilogy*). – Paddington 1985 (in *Doll Trilogy*).

ÜBERSETZUNG: *Der Sommer der siebzehnten Puppe*, C. u. M. Prerauer, Bln. 1957 [Bühnen-Ms.].

VERFILMUNG: Australien/USA 1960 (Regie: L. Norman).

LITERATUR: B. Grant, *English Critics and »The Doll«* (in Meanjin, 16, 1957, S. 295 ff.). – R. F. Brissenden, *Some Recent Australian Plays* (in Texas Quarterly, 5, 1962, S. 185–192). – P. H. Davison, *Three Australian Plays: National Myths under Criticism* (in Southerly, 23, 1963, S. 110–127). – H. G. Kippax, *Australian Drama since »Summer of the Seventeenth Doll«* (in Meanjin, 23, 1964, S. 229–242). – J. G. Baker, *Companion to R. L.: »The Summer of the Seventeenth Doll«*, Sydney 1965. – E. Hanger, *Australian Drama Now* (in MD, 8, 1965, S. 73–81). – A. Porteous, *Some Recent Australian Plays, and Problems of Their Criticism* (in ALS, 3, 1967, S. 83–97). – L. Rees, *The Making of Australian Drama*, 2 Bde., Sydney ²1978. – T. Goldie, *Dolls and Homes and the Anger of Reality* (in WLWE, 19, 1980, S. 203–212). – J. McCallum, *The »Doll« and the Legend* (in Australasian Drama Studies, 1985). – N. Fletcher, *Humour in »The Doll Trilogy«* (ebd.). – J. Hooton, *L.'s Demythologizing of the »Doll«: »Kid Stakes« and »Other Times«* (in ALS, 12, 1986).

DAVID MALOUF

* 20.3.1934 Brisbane

HARLAND'S HALF ACRE

(engl.; *Ü: Verspieltes Land*). Roman von David MALOUF (Australien), erschienen 1984. – Dieser fünfte Roman des in Queensland geborenen Dichters und Romanciers, der einer libanesisch-englischen Familie entstammt, ist nach *Johnno* (1975), der unvergeßlichen Schilderung seiner Vaterstadt in den fünfziger Jahren, nach *An Imaginary Life* (1978), dem Roman über die letzten zehn Jahre Ovids in der Verbannung am Schwarzen Meer, und nach den mit europäischem Hintergrund ausgestatteten bzw. europäischen Handlungselementen durchsetzten Kurzromanen *Child's Play* (1982) und *Fly Away Peter* (1982) – der vor allem in England und Amerika verlegte Autor lebt abwechselnd in der Toskana und in Australien – Maloufs bisher ehrgeizigstes und komplexestes Werk. Auch hier finden sich wie in allen genannten Romanen zwei männliche Charaktere, die in einer Art Spiegelverhältnis zueinander stehen; wie im Ovidroman und in *Child's Play* steht die Künstlerthematik im Vordergrund. Sie ist freilich nicht das einzige Thema dieses Romans mit den Schauplätzen Killarney, Southport, Brisbane und Bribie Island.

Frank Harland, der exzentrische Protagonist, zweiter von fünf Söhnen einer verarmten Farmersfamilie in Killarney bei Stanthorpe in Queensland, wird nach den Jahren der Depression und des Zweiten

Weltkriegs Maler und zieht sich schließlich (wie der bekannte Künstler Ian Fairweather) als Einsiedler auf Bribie Island in der Moreton-Bucht zurück (vierter Schauplatz, letztes Kapitel). Auf das Kapitel über das ländliche Killarney (Er-Erzählung) folgt die Welt des Städtchens Southport mit dem Ich-Erzähler Phil Vernon, einem Anwalt, der als jüngerer Freund zwischen Harland und der Gesellschaft zu vermitteln sucht. Dem Autor bietet sich hier die Möglichkeit, den nach dem Tod von Harlands Stiefmutter ausschließlich männlichen Haushalt in Killarney mit dem überwiegend weiblichen Haushalt in Southport zu kontrastieren und diese beiden Sphären auch unter dem Aspekt der Sexualität auszuleuchten. Dritter Schauplatz ist die Großstadt Brisbane, wo das dem Künstler verbundene Paar Knack und Edna auf fast allegorische Weise die (tragische) Verbindung von Europa und Australien nach dem Zweiten Weltkrieg repräsentiert. Zur Zeit von Harlands Tod werden seine letzten Arbeiten für eine erste größere Retrospektive zusammengestellt. Phil ist keineswegs glücklich über diese Ausstellung, weil so die Bilder, in viereckigen Rahmen steckend und angestrahlt, noch schwerer zu deuten sind. Vor allem aber führe der Versuch, eine Entwicklungslinie nachzuweisen, zu einem völlig falschen Künstlerbild: *»Was fehlte, war die Unordnung; und die war wesentlich.«* Ironischerweise sind die Anfangskapitel recht systematisch angelegt.

Orte, Landschaften und gesellschaftliche Erfahrungen stellen für Malouf die Quellgründe künstlerischen Schaffens dar; dies wird in der Schilderung der kontrastierenden Welten von Killarney und Southport deutlich. Die Harlandschen Felder waren durch Glücksspiel und Alkohol verlorengegangen, so daß sich Clem Harland, Franks zweifach verwitweter Vater, nach 1918 von ein paar Fetzen Land ernähren muß. Nach der Wiederverheiratung des Vaters verläßt Frank die Familie und wächst bei Tante Else und Onkel Fred auf. Nach dem Tod der Stiefmutter kehrt er jedoch zurück, bemuttert und erzieht die jüngeren Brüder und begibt sich auf die lebenslange Suche nach seiner zerbrochenen Familie, letztlich auch nach den verlorenen Feldern. Seine ersten Skizzen von den sanften Hügeln und den Bunyah-Pinien um Vaters Land herum sind daher ein *»erster Akt der Wiederinbesitznahme«*. In Wirklichkeit harrt nicht nur die alte, einst blühende Farm, sondern ein ganzer Kontinent der künstlerisch-kartographischen Vermessung.

Anders als Joyce CARY, Griffith WATKINS und Patrick WHITE, die sich ebenfalls mit der Künstlerthematik befaßten, sucht Malouf für seine Leser mit Leidenschaft und Intensität ein verlorenes Paradies zurückzugewinnen, die Landschaft seiner Jugend. Letztlich steht hinter Harlands Suche ein Vollkommenheitsstreben, dem Zeitgenossen mit Desinteresse begegnen und das man nur in der Erinnerung wahrnehmen kann. Phil Vernon dient als Mittler, er führt zum Verständnis von Franks künstlerischer Vision. Gegen Ende des Romans verdichtet sich diese Vision in Gestalt jugendlicher Surfer, die Bribie Island und auch Frank immer wieder besuchen, ihn liebevoll »Paps« nennen und, ohne es zu wissen, in ihrer Nacktheit physische Vollkommenheit verkörpern. Harlands halber Morgen ist daher nicht die Farm in Killarney, sondern das Mosaik seiner Gemälde, das den Glauben an die visionäre Kraft der Imagination und des Pinsels bezeugt: *»Die Decke war grüner als grün, ein Inselkontinent im Dunkel seines Schlafes. Er besaß Nachrichten von ihm, und die Nachrichten mußten jetzt verbreitet werden. In Farbe, in Farben. Wenn alles getan war und die Fragmente versammelt und nebeneinandergelegt waren, dann würde er etwa einen halben Morgen bloßgelegt haben.«*

Daß auch der Erzähler Land und Landschaften vermessen kann, hat Frank von seinem fabulierenden Vater gelernt, der ihn in seinen Bann schlug und damit »Macht« über ihn ausübte. Im Falle des Neffen Gerald führt diese Machtausübung des Onkels zum Selbstmord »unter dem Haus«, einem Raum, der bei Malouf zum Mythologem für Furcht und Phantasie im australischen Unterbewußtsein wird. Nach dem Schluß des Romans zu urteilen (und auch nach eigenem Bekunden) ist Malouf weniger an Harland als an Ort und Bedeutung der Kunst in der australischen Gesellschaft interessiert. Der Rückzug Harlands auf die Insel ist auch eine Aussage zur Thematik von Zentrum und Peripherie (die durch den Zusammenbruch des Britischen Empire zudem an Relevanz gewonnen hat): Dem Menschen in der Einsamkeit und Isolation, der marginalen Figur gilt Maloufs Interesse; und als solche erscheint auch Frank Harland. An einer Stelle des Romans werden epistemologisch mehrere Gemälde Harlands analysiert; neben solchen, die sich mit weiblicher Sexualität und dem Künstler als einer Art Christusfigur befassen, auch das Bild eines halbblütigen Boxers, der als Ureinwohner (und damit als Außenseiter) gegen die Übermacht der Gesellschaft um Anerkennung kämpft. Wahrscheinlich muß sich der Künstler, der Mensch generell, isolieren, um die Wirklichkeit zu bewältigen, seiner Berufung gerecht zu werden und die Wahrheit zu erkennen. Die persönliche und nationale Erinnerung macht den Menschen im Widerstreit mit dem aktuellen Leben letztlich zu dem, was er ist, verleiht ihm charakterliche, künstlerische und politische Identität. So ist *Harland's Half Acre* die Geschichte zweier Familien über drei Generationen vom Beginn des 20. Jh.s bis zur Gegenwart, zugleich aber auch Maloufs *»›half acre‹ of Australia«*. W.Ar.

AUSGABEN: Ldn. 1984. – NY 1984. – Ringwood (Vic.)/Harmondsworth 1985.

ÜBERSETZUNG: *Verspieltes Land*, E. Schüttpelz, Zürich 1989.

LITERATUR: J. Copland, *Interview with D. M.* (in ALS, 10, 1982, S. 429–436). – J. Pierce, *D. M.'s Fiction* (in Meanjin, 41, 1982, S. 526–534). – J. Crace, Rez. (in TLS, 15. 6. 1984). – L. Hergenhan, *Discoveries and Transformations: Aspects of*

D. M.'s Work (in ALS, 11, 1984). – P. Craven, *Crooked Versions of Art: The Novels of D. M.* (in Scripsi, 3, 1985, S. 99–126). – M. Leer, *At the Edge: Geography and the Imagination in the Work of D. M.* (in ALS, 12, 1985, S. 3–21). – C. Baker, *D. M.* (in *Yacker: Australian Writers Talk About Their Work*, Sydney/Ldn. 1986, S. 235–263). – K. Goodwin, *A History of Australian Literature*, Ldn. 1986, S. 226–228. – G. Schulz, Rez. (in FAZ, 3. 4. 1990).

FRANK MOORHOUSE

* 21.12.1938 Nowra / New South Wales

THE AMERICANS, BABY. A Discontinuous Narrative of Stories and Fragments

(engl.; *Die Amerikaner, Baby. Unterbrochene Erzählung von Geschichten und Fragmenten*). Erzählungssammlung von Frank MOORHOUSE (Australien), erschienen 1972. – Wie der Kurzgeschichtenband *Futility and Other Animals* (1969) gilt *The Americans, Baby* inzwischen als Großstadtchronik der späten sechziger und frühen siebziger Jahre, die bestimmt waren vom Schrei nach Befreiung von sexuellen, gesellschaftlichen und politischen Zwängen und von der Hinwendung zu einer alternativen Kultur unter Einschluß von Drogen. Spezifisch für diese Sammlung ist jedoch, daß sie von der Wirkungslosigkeit des politischen Aktivismus und der destabilisierenden, persönlichkeitsfragmentierenden Wirkung des Sex handelt. In formaler Hinsicht bedeutet die Sammlung mit ihrer recht zufälligen Plazierung teilweise zusammengehörender Geschichten eine Abkehr vom traditionellen linearen Handlungsgerüst, so daß die Betonung auf der einzelnen Geschichte, auf der isolierten Erfahrung liegt. – Beide Prosasammlungen haben wesentlich dazu beigetragen, die Reputation von Moorhouse als Kurzgeschichtenautor zu begründen und (zusammen mit den folgenden Sammlungen *The Electrical Experience*, 1974; *Conference-ville*, 1976; *Tales of Mystery and Romance*, 1977; *The Everlasting Secret Family and other Secrets*, 1980, und *Room Service*, 1985) der Gattung Short Story nach Henry LAWSON (1867–1922) und Hal PORTER (1911 bis 1984) wieder den angestammten Platz im australischen Kulturleben zurückzugewinnen.

Der Titel *The Americans, Baby* spielt auf die damals wiederholt kritisierte Amerikanisierung der australischen Gesellschaft an. Schauplatz der Geschichten ist vor allem der Stadtteil Balmain in Sydney, wo sich politisch radikale und sexuellen Experimenten gegenüber aufgeschlossene Künstler und Schriftsteller niedergelassen hatten. Von den zwanzig »Geschichten und Fragmenten« des Bandes sind sechs dem hypochondrischen Becker, einem amerikanischen Coca-Cola-Vertreter, gewidmet. Dieser fühlt sich in Australien isoliert, geht eine Liaison mit der unsteten Terri McDowell, der Tochter von George McDowell aus *The Electrical Experience*, ein, wird aus diesem Grunde seines Postens enthoben und verdient seinen Lebensunterhalt schließlich als Jazzpianist in einer Kneipe von Surfers Paradise. Einige der übrigen Geschichten handeln von den wechselnden Verbindungen zwischen Studenten und Radikalen, von der Brüchigkeit nur auf Sex aufgebauter Beziehungen, von Entfremdung und Isolation und porträtieren teilweise satirisch radikale Auswüchse der Zeit.

Ein erster Themenbereich ist der Enthüllung von Anziehung und Abwendung in sexuellen Beziehungen und der Unsicherheit bei der Übernahme sexueller Rollen (»Homo« oder »Hetero«, Herr/in oder Diener/in) gewidmet. Paul bringt so die latente Homosexualität Carls an den Tag *(The American, Paul Jonson)*, Sylvia verläßt Carl und wendet sich dem »Trotzkisten« Kim zu *(Who is Sylvia?)*, der seinerseits von Dell im Stich gelassen worden ist, obwohl sie von ihm ein Kind erwartet. Zu dieser Gruppe von Erzählungen gehören auch *Five Incidents Concerning the Flesh and the Blood* und (als Behandlung der für Australien so charakteristischen sexuellen Rollenverteilung) *The Girl Who Met Simone de Beauvoir in Paris*. Der zweite Themenbereich wird u. a. beleuchtet durch die Geschichte *Anti-Bureaucratisation and the Apparatchiki*, der zufolge ein Mädchen eine starke Persönlichkeit besitzen und eine treffliche Nahkämpferin sein muß, um innerhalb der Intelligentsia Sydneys bestehen zu können. Der Bruch zwischen Dell und Kim wirft Schatten auch in anderen Geschichten. Der dritte Bereich umfaßt die Becker-Stories, die den Aufstieg und Fall des »Coca-Cola Kid« aus Atlanta in der hartgesottenen australischen Gesellschaft schildern (*Becker and the Boys from the Band; Becker on the Moon; Soft Drink and the Distribution of Soft Drink* u. a.). Zu den besten Geschichten der Sammlung zählen *The American Poet's Visit* (über die Begegnung des »Gurus« Kenneth Rexroth mit den »Freiheitsjüngern« von Sydney), *A Person of Accomplishment* und *The St. Louis Rotary Convention of 1923, Recalled*. Die *Letters to Twiggy* stellen eine brillante Fiktionalisierung psychopathologischen Sexualverhaltens dar. Verfilmt wurden u. a. *The Girl from »The Family of Man«, The Machine Gun* und *The American Poet's Visit*.

Die Diskontinuität der Geschichten schärft zweifellos das Bewußtsein der Unsicherheit und Mehrdeutigkeit sowohl hinsichtlich der formalen Gestaltung wie auch des autobiographischen und historischen Gehalts der Geschichten. Moorhouse vertritt eine recht pessimistische Weltsicht: Die Aussichten für das Gelingen persönlicher Beziehungen und Bindungen sind nicht gut. Sein Weltbild ist zum einen geprägt von der indeterministischen, auf persönliche Freiheit bedachten Philosophie John ANDERSONS, zum andern von der Ablehnung absoluter Werte und der Skepsis gegenüber politischen oder sonstwie einengenden Systemen und Ideologien. Moorhouses journalistischer Stil (der Autor absolvierte ein Zeitungs-Volontariat) äußert sich in den teilweise reißerischen Titeln seiner Geschichten ebenso wie in der szenischen Konstruktionsweise und der häufigen Verwendung realistischer Dialoge. So zusammenhanglos, wie der Untertitel suggeriert, sind die Stories nicht. Der Autor, als innovativer Schriftsteller und Prosastilist gerühmt, erweist sich in dieser Sammlung als Meister der metaphernlosen Charaktergestaltung; mit seiner respektlosen Darstellung der Sexualität und seinen Formexperimenten zählt Moorhouse zu den Wortführern der australischen Avantgarde.

W.Ar.

AUSGABE: Sydney/Ldn. 1972.

VERFILMUNG: *The Coca-Cola Kid*, USA 1985 (Regie: D. Makavejev; Drehbuch: F. M.).

LITERATUR: I. Bedford, Rez. (in Nation, 22. 7. 1972). – R. Nichols, Rez. (in The Age, 22. 7. 1972). – B. Jefferis, Rez. (in Sydney Morning Herald, 22. 7. 1972). – B. Kiernan, Rez. (in The Australian, 29. 7. 1972). – I. Turner, Rez. (in The Bulletin, 19. 8. 1972). – D. Anderson, *F. M.'s Discontinuities* (in Southerly, 36, 1976, S. 26–38). – B. Kiernan, *F. M.: A Retrospective* (in MFS, 27, 1981, S. 73–94). – *The Oxford Companion to Australian Literature*, Melbourne 1985, S. 490–492. – K. Goodwin, *A History of Australian Literature*, Ldn. 1986, S. 255/256.

VANCE PALMER

* 28.8.1885 Bundaberg/Queensland
† 15.7.1959 Melbourne

THE PASSAGE

(engl.; *Der Meereskorridor*). Roman von Vance PALMER (Australien), erschienen 1930. – Das mehrfach mit Literaturpreisen ausgezeichnete Buch ist wohl das markanteste unter Palmers Werken der Reife (neben *Cronulla*, 1924, zwei weiteren im australischen Busch spielenden Romanen und der panoramischen Trilogie über den queensländischen Labour-Führer Macy Donovan: *Golconda*, 1948; *Seedtime*, 1957; *The Big Fellow*, 1959). In dem vom Gefühl sozialer Wandlungen durchpulsten Familiengemälde und Dorfroman vertauscht Palmer die zeitlose Pionierszenerie mit dem atmosphärisch äußerst glaubhaft gestalteten Leben an der Küste seines heimatlichen Queensland. Die »Passage« ist der Meeresarm zwischen Rathbone Island südlich des Großen Barriereriffs und dem Festland. Den Mittelpunkt des undramatischen Geschehens bildet der kraftvoll verhaltene Lew Callaway. Nachdem sein Vater im Meer ertrunken ist, fällt ihm die Aufgabe zu, den jüngeren Geschwistern, unter denen der begabte, aber labile Hughie hervorsticht, selbstlos zu dem von der ehrgeizigen Mutter erhofften Aufstieg aus der prekären Existenz des semikommunalen Fischertums zu verhelfen. Der Tod seines Onkels Tony, dessen Seefrachtunternehmen er weiterführt, bringt neue Verantwortung und Sorge für Lew. Als wolle er sein Recht auf seine individuelle Freiheit manifestieren, heiratet er zur Überraschung seiner Familie die Farmerstochter Lena Christenen, deren lässiger Stolz und physische Reize schon längst eine dumpfe Faszination auf ihn ausgeübt haben, auch wenn ihm gefühlsmäßig seine Jugendgespielin, die sensible Clem McNair, nähersteht, die jedoch (da er das erlösende Wort nicht über die Lippen brachte) zur künstlerischen Ausbildung nach Übersee geht. Bald wird die Kluft zwischen Lews verschlossenem, aber tief empfindendem Wesen und Lenas triebhaft-lebenshungriger Oberflächlichkeit offenbar. Die Entfremdung ist besiegelt, als Lena, ganz von der Wiederbegegnung mit ihrem früheren Liebhaber, dem Feldmesser Craig, in Anspruch genommen, durch Fahrlässigkeit den Tod des kränklichen Söhnchens Peter verschuldet. Lew verläßt den Ort, kehrt aber zurück, als er erfährt, daß Hughie nach blendenden geschäftlichen und gesellschaftlichen Erfolgen in Brisbane unter bedenklichen Umständen Bankrott gemacht hat und Hilfe braucht. Eng verknüpft mit der Chronik der Callaway-Sippe ist das Geschick der Dorfgemeinschaft, der durch das vom raffinierten Spekulanten Osborne in der Nähe lancierte Seebad Lavinia eine kurzlebige Drohung erwächst, deren Niedergang jedoch durch Lews pflichtbewußten Einsatz aufgehalten wird. Clem, als Künstlerin gescheitert, aber durch ihre fruchtlose Suche nach Selbstverwirklichung gereift, und Lew finden sich schließlich in intuitivem Verständnis und in ihrem gemeinsamen Eingestimmtsein auf den archaischen Lebensrhythmus der »Passage«.

Durch die schlichte Hauptgestalt, in ihrer bäurischen Zähigkeit, ihrer Solidität und Sittlichkeit der ruhende Pol im krisenhaften Wandel, gewinnt die Erzählung eine universellere Dimension. In Lews Harmonie mit seinem Lebensraum, vor allem der See, die das Leben der Dorfbewohner fast wie eine Gottheit dominiert (man hat Lews Bestattung seines Kindes im Meer geradezu als Versöhnungsopfer bezeichnet) und die auch in anderen Werken Palmers (so in *Legend for Sanderson*, 1937) als Bereich des Natürlichen und Quelle der Regeneration wesentlich ist, werden überpersönliche Kräfte und Gesetzmäßigkeiten angedeutet. In Lews Naturverbundenheit verkörpert sich das Numinose, der Geist der Örtlichkeit, und die bereits in *Men are Human* bedeutsame, in *The Passage* im Gegensatz zu *The Swayne Family* (1934) positiv aufgefaßte

Verflechtung zwischen Mensch und Lokalität, die schicksalhafte Geprägtheit durch die überwältigende Umwelt, welche diejenigen, die (wie Lena und Osborne) kein spontanes Verhältnis zu ihr besitzen, auszehrt oder verwirft, macht das eigentliche Thema des Buches aus.
Die literaturgeschichtliche Stellung Palmers, der früh die russischen und französischen Realisten entdeckte, beruht in nicht geringem Maß auf seinen Pionierleistungen für den Alltagsroman der australischen Gegenwart und auf seiner (im damals noch vom Widerspiel von Kolonialismus und Nationalismus bestimmten gedanklichen Klima) keineswegs selbstverständlichen, weder apologetischen noch militanten Verwendung einheimischer Schauplätze und Stoffe. Vorbehalte der Kritik haben eher mit seiner kultivierten Glätte und zerebralen Bewußtheit zu tun, mit seinem eigentümlichen Mangel an Humor, Vitalität, epischer Dichte und einem zwingenden darstellerischen Brennpunkt. Bezeichnenderweise zeigt sich Palmer dagegen auf dem Gebiet der Kurzgeschichte oft als ein Meister struktureller Kohäsion. Nachteilig wirkt sich vor allem seine deskriptive, bohrende Analyse wie karikaturistische Übersteigerung gleichermaßen meidende, etwas leblos-unwirkliche Charakterisierung aus. Sie hat ihr Gegenstück in seiner handlungsarmen, verhüllenden Erzählweise, die dem Emotionalen, Leidenschaftlichen und Drastischen mit *understatements* und diskreter Ausspartechnik aus dem Weg geht und vor dramatischen Zuspitzungen und Konflikten zurückscheut. Alec Hopes These, all dies gehe auf einen bewußten Verzicht des Autors und sein thematisches Anliegen zurück, ähnlich wie Thomas Hardy die Macht des Ortes über den Menschen zu zeigen, vermag nicht restlos zu überzeugen. Festzuhalten bleibt indessen, daß *The Passage* weder von biologischem Determinismus noch von Blut-und-Boden-Mystik inspiriert ist, sondern von einer liberalen, demokratisch verantwortungsbewußten Humanität. J.H.T.

Ausgaben: Ldn. 1930. – Melbourne 1944 (Australian Pocket Library). – Melbourne 1957.

Literatur: M. B. Eldershaw, *Essays in Australian Fiction*, Melbourne 1938, S. 81–120. – J. Lindsay, *The Novels [of V. P.]* (in Meanjin, 18, 1959, S. 146–172). – P. Smythe, *A Critical Survey of »The Passage«*, Sydney 1965. – A. A. Phillips, *The Australian Tradition: Studies in a Colonial Culture*, Melbourne ²1966. – H. P. Heseltine, *V. P.*, St. Lucia 1970. – V. Smith, *V. P.*, Melbourne 1971. – D. R. Burns, *V. P. and the Unguarded Awareness* (in ALS, 6, 1974, S. 259–264). – V. Smith, *V. and Nettie P.*, Boston 1975 (TWAS). – D. R. Walker, *Dream and Disillusion: A Search for Australian Cultural Identity*, Canberra 1976. – J. Barnes, *The Time Was Never Ripe: Some Reflections on Literary Nationalism* (in Westerly, 24, 1979, S. 35–44).

HAL PORTER

* 16.2.1911 Melbourne
† 29.9.1984

Literatur zum Autor:
J. H. Finch, *Bibliography of H. P.*, Adelaide 1966. – R. Burns, *A Sort of Triumph Over Time: H. P.'s Prose Narratives* (in Meanjin, 28, 1969, S. 19–28). – M. Lord, *H. P.*, Melbourne/Ldn. 1974. – Dies., *Interview with H. P.* (in ALS, 8, 1978, S. 269–279).

THE WATCHER ON THE CAST-IRON BALCONY

(engl.; *Der Betrachter auf dem schmiedeeisernen Balkon*). Autobiographie von Hal Porter (Australien) erschienen 1963. – Zusammen mit den Bänden *The Paper Chase* (1966) und *The Extra* (1975) bildet *The Watcher on the Cast-Iron Balcony* eine autobiographische Trilogie, die wesentlich dazu beitrug, Porters Ruf als experimentierfreudiger und nuancenreicher Prosastilist zu festigen. Der Autor zählt neben Henry Lawson, Patrick White und Frank Moorhouse zu den bedeutendsten Autoren der australischen Kurzgeschichte (sechs Sammlungen zwischen 1942 und 1981) und hat außerdem je drei Gedichtbände, Dramen und Romane (*A Handful of Pennies*, 1958; *The Tilted Cross*, 1961; *The Right Thing*, 1971) verfaßt. Schon bald nach der Veröffentlichung galt *The Watcher on the Cast-Iron Balcony* bei den meisten Kritikern als Klassiker der Autobiographie und als Porters Meisterwerk – nicht so sehr wegen der inhaltlichen Aussage als vielmehr aufgrund von Darstellung und Auswahl erinnerungswürdiger Details, von feinsinniger Sensibilität und stilistischen Qualitäten.
In *The Watcher on the Cast-Iron Balcony* läßt Porter 21 Jahre seines Lebens (1911–1932) in zehn Kapiteln Revue passieren. Seine mit der konkret-detaillierten Wahrnehmung seiner Umgebung beschäftigte Kindheit (1911–1917), die implizit von der Gegenwart seiner Eltern, besonders der Mutter, getragen ist, verbrachte der Autor in Kensington/Melbourne und zog dann mit der Familie aufs Land, nach Bairnsdale/Gippsland, wo er zehn Jahre lang, also bis zum 16. Lebensjahr, blieb. In der staatlichen Grundschule entdeckte er die Literatur und gewann erste Freunde. Nach dem Besuch der Bairnsdale High School arbeitete er kurzzeitig als Volontär beim ›Bairnsdale Advertiser‹, in dem Bestreben, das Elternhaus mit den sechs Kindern bald zu verlassen und das Stadtleben zu erkunden. Eine Möglichkeit dazu bot sich ihm als Junglehrer in der High-School in Williamstown im Großraum Melbourne, wo er sich unglücklich in eine ältere Lehrerin verliebte. In dieser Zeit erhielt er auch Schau-

spielunterricht unter Gregan McMahon und besuchte Malkurse an der Melbourne National Gallery. Nach zwölf Jahren, im Dezember 1928, kehrte er ins Gippsland und nach Bairnsdale zurück. Stärker als je zuvor verliebte er sich nach dem plötzlichen Tod der Mutter in die heimatliche Kleinstadt Bairnsdale (1977 erschien seine exzentrische Lokalgeschichte *Bairnsdale: Portrait of an Australian Country Town*).

Es ist charakteristisch, daß der fünfzigjährige Autor sein Werk mit der schmerzbeladenen Erinnerung an seine 1929 verstorbene Mutter und mit der unmittelbar folgenden distanzierten Schilderung des Todes seines Vaters eröffnet. Als große Leitmotive erweisen sich Zeit, Liebe und Tod. Dennoch bildet das Verhältnis zur Mutter den eigentlichen Kristallisationspunkt des Werkes; mit der allmählichen Entfaltung von Porters eigenem Leben tritt die Mutter freilich immer mehr zurück. Sie stirbt, als er den Höhepunkt seiner Entwicklung erreicht. Darin liegt zweifellos ein Stück naturbedingter Tragik, die Porter als das ernst stimmende Motiv »ein Leben für ein Leben« in die Biographie mit aufnimmt. Hier wirken die strukturellen Fähigkeiten des Romanschriftstellers und die Konzentrationskraft des Dichters aufs glücklichste zusammen.

Auch sozialhistorisch ist Porters Autobiographie von großem Interesse: *The Watcher* umfaßt das Ende der ländlich-agrarwirtschaftlichen Epoche und den Beginn der Industrialisierung Australiens und erweckt so eine Phase der bürgerlichen Kultur Australiens zwischen 1910 und 1930 zu neuem Leben. Das Werk mischt Erzählung, Aufzählung und Beschreibung und vermittelt dabei einen umfassenden und genauen Eindruck von der damaligen Zeit, von Menschen (Eltern, Lehrern, Freunden) und Handlungsorten. Großartig sind die detailfreudigen Landschafts- und Ortsschilderungen, die auch Triviales in die künstlerische Gestaltung mit einbeziehen.

Trotz seines Bemühens um Offenheit und Ehrlichkeit (besonders in der für die sechziger Jahre noch gewagten Schilderung seiner frühen sexuellen Abenteuer und Enttäuschungen) ist sich Porter der Problematik verklärender Erinnerung und der Gefahr der Selbsttäuschung bewußt: Wie kann ich, ein Subjekt, mich selbst als Objekt betrachten – wobei ich doch beides gleichzeitig bin – hoffen, den wahren Kern meines Tuns zu erkennen und mich selbst nicht zu betrügen? Gerade wegen seines Problembewußtseins und seiner detachierten Einstellung konnte Porter die meist linear chronologisch erzählende Autobiographie zu einer multiperspektivischen, facettenreichen Kunstform umgestalten und zudem ein bedeutendes Stück australischer Sozialgeschichte schreiben. W.Ar.

AUSGABE: Ldn. 1963.

LITERATUR: P. Ward, Rez. (in Australien Book Review, Okt. 1963). – Anon., Rez. (in TLS, 1.11. 1963, S. 883). – R. G. Geering, *H. P., the Watcher* (in Southerly, 24, 1964, S. 92–103). – J. Lindsay, *Autobiographical* (in Meanjin, 23, 1964, S. 442 bis 445). – S. Neuman, *The Observer Observed: Distancing the Self in Autobiography* (in Prose Studies, 4, 1981, S. 317–336). – J. Colmer, *»The Watcher on the Cast-Iron Balcony«* (in *Autobiographical and Biographical Writing in the Commonwealth*, Hg. D. McDermott, Barcelona 1984, S. 57–62). – Ders., *Australian Autobiography: A Hole in the Literary Landscape* (in Southerly, 45, 1985, S. 165–186). – D. R. Burns, *»The Watcher on the Cast-Iron Balcony«: H. P.'s Triumph of Creative Contradiction* (in ALS, 12, 1986, S. 359–366).

KATHARINE SUSANNAH PRICHARD

* 4.12.1883 Levuka / Fidschi-Inseln
† 2.10.1969 Greenmount bei Perth

COONARDOO: The Well in the Shadow

(engl.; *Coonardoo: Der Brunnen im Schatten*). Roman von Katharine Susannah PRICHARD (Australien), erschienen 1929. – An dem fünften Roman der Autorin ist ihr Weg von der Romantik zum Realismus deutlich abzulesen. Sie beleuchtet darin mit einem seinerzeit einzigartigen Verständnis und Einfühlungsvermögen das Verhältnis zwischen Weißen und Schwarzen im nordwestaustralischen *cattle country*. Diese erste authentische, einen Wendepunkt in der Literatur des Landes markierende Studie über eine Australschwarze greift das Eingeborenenproblem ohne die sentimentale Verkitschung und sensationslüsterne Grellheit, aber auch ohne die bevormundende Herablassung anderer Darstellungen auf. Die Autorin vermag aus eigener Anschauung – das Buch entstand am Schauplatz selbst – viel von den Sitten und Gebräuchen, der natürlichen Würde und der eigentümlichen Psyche der *aborigines* (»Abos«) überzeugend zu gestalten. Obwohl Heimatliteratur (ohne jede aufdringliche pionierhafte Rauhbeinigkeit), erhebt sich der Roman doch über das bloß Regionale und beweist, daß Australisches in Kolorit und Charakteren nicht eine künstlerische Hypothek bedeutet.

Auf der einsamen Station Wytaliba wächst das Vollblut-Abomädchen Coonardoo als Gespielin des weißen Jungen Hugh Watt auf, dessen von Weißen wie Schwarzen geachtete Mutter Bessie nach dem Tode ihres gutmütigen, aber dem Alkohol verfallenen Mannes Ted mit zähem Arbeitswillen das Erbe ihres Sohnes rettet. Die von ihr zu selbstloser Dienstbereitschaft erzogene Coonardoo lenkt schon bald die Blicke der Männer auf sich, aber Frau Bessie gestattet ihr erst, als sie sechzehn Jahre alt ist, die Gefährtin Wariedas, des besten Zureiters im ganzen Gebiet, zu werden. Nach langen auswärts verbrachten Schul- und Ausbildungsjahren kann Hugh aus den Händen der Mutter einen schuldenfreien Besitz entgegennehmen. Die unheilbar erkrankte Bessie trägt Coonardoo auf, in Zukunft für Hugh zu sorgen. Vor ihrem Tod warnt sie den Sohn vor dem grobschlächtigen Gutsbesitzer Sam Geary und dessen Absichten auf Wytaliba und auf Coonardoo. Nach einer schweren Typhuserkrankung, von der er sich nur dank Coonardoos aufopfernder Pflege und seinem verbissenen, Gearys hinterhältigen Plänen trotzenden Lebenswillen erholt, kehrt er von einer Kur an der Küste mit einer Frau zurück, der drallen, häuslichen Mollie, einem einfachen Stadtmädchen. Coonardoo, bereits Mutter zweier Töchter, hat während Hughs Abwesenheit einen Sohn, Winni, geboren, den die Schwarzen für ein Geschöpf des Wirbelwindes – Winning-Arra – halten. Hugh ahnt, daß das Kind die Frucht einer traumhaft unwirklichen, aber unvergeßlichen Begegnung mit Coonardoo ist, kann aber mit Rücksicht auf den wackeren Warieda seine Vaterschaft nicht anerkennen. – Nach Jahren harten Lebenskampfes auf Wytaliba zerbricht die Zweckehe zwischen Hugh und Mollie. Es kommt zur Trennung, als Mollie errät, daß Hugh Winnis Vater ist. Nachdem Warieda im Banne eines urtümlichen Abo-Zaubers in kurzer Zeit dahingesiecht ist, nimmt Hugh Coonardoo zu sich ins Haus, in den Augen der Welt als seine *gin*, in Wirklichkeit jedoch, ohne sich ihr zu nähern. Eines Tages – während er abwesend ist – erliegt Coonardoo, zermürbt von ihrem ungestillten Verlangen nach Hugh, der Gier des von ihr seit Jahren gefürchteten Geary, ohne jedoch Hugh innerlich untreu zu werden. Als dieser zufällig erfährt, was geschehen ist, schleudert er Coonardoo in jäher Wut ins Lagerfeuer. Nach diesem Vorfall bleibt sie verschwunden, und alles Suchen ist erfolglos. Jahre danach schlägt der verstörte und heruntergekommene Hugh den verhaßten Geary in einer Kneipe nieder, als dieser hämisch vom Schicksal der zur Matrosendirne herabgesunkenen Coonardoo berichtet. – Nach einem aussichtslosen Kampf mit der grausamen Natur verliert Hugh sein verlottertes Besitztum: Geary hat gesiegt. Hugh beschließt, mit einem alten Freund auf die Goldsuche zu gehen. – Coonardoo hat sich mit letzter Kraft nach dem verlassenen Wytaliba zurückgeschleppt. Von wirren Erinnerungen gepeinigt, aber Hugh, dessen Verhalten ihr unverständlich geblieben ist, noch immer treu ergeben, sinkt sie am verglommenen Feuer zu Boden, das leitmotivische Liedchen von den tanzenden Känguruhs auf den Lippen.

Der Roman zeichnet sich durch atmosphärische Dichte, Schlichtheit des Stils, echte menschliche Wärme und stillen Humor aus. Die Gleichgültigkeit der Naturgewalten wird suggestiv beschworen, und wenn die ungeheure Weite und Einsamkeit der Landschaft die Gestalten zu erdrücken droht, so nimmt dies bei einer Autorin, der Symbolik nicht fremd ist, kaum wunder. Die Kritik hat die einsträngig-spannungsarme Struktur als technischen Mangel des Romans beanstandet. Angesichts seines stark lyrisch-symphonischen Gepräges dürfte dieser Tadel weniger ins Gewicht fallen, wie es auch verfehlt erscheint, an die Charaktere, besonders an die Titelheldin (eine eher sinnbildliche Verkörperung des zentralen Treuethemas) und an ein Werk, das mit dichterischer Einfühlung seelische Leiden auslotet, den Maßstab genauer psychologischer Analyse zu legen. *Coonardoo*, wohl der düsterste, aber – nicht zuletzt dank dem Zurücktreten ihrer Tendenz zur sozialen, politischen Predigt – auch der bedeutendste Roman der Autorin, brachte dieser einen begehrten australischen Literaturpreis ein. J.H.T.

Ausgaben: Ldn. 1929. – NY 1930. – Sydney 1943. – Sydney 1956.

Literatur: C. Mann, *»Coonardoo«* (in The Bulletin, 14. 8. 1929). – J. Hetherington, *Forty-Two Faces*, Melbourne 1962, S. 7–12; ern. Freeport/N.Y. 1969. – E. Malos, *Some Major Themes in the Novels of K. S. P.* (in ALS, 1, 1963, S. 32–41). – J. Beasley, *The Rage of Life: The Work of K. S. P.*, Sydney 1964. – H. F. Y. Drake-Brockman, *K. S. P.*, Melbourne/Ldn. 1969. – V. Ikin, *The Political Novels of K. S. P.: I. The Metaphysical Perspective. II. The Nature of Man: »Coonardoo« and »Intimate Strangers«* (in Southerly, 40, 1980, S. 80–102; 43, 1983, S. 203–226). – K. Iseman, *K. S. P.: »Coonardoo« and the Aboriginal Presence in Australian Fiction* (in Women and Labour Conference Papers, 2, 1980, S. 540–556). – *K. S. P.: Centenary Essays*, Hg. J. Hay u. B. Walker, Nedlands/Ldn. 1984. – S. Burchill, *The Early Years of K. S. P.: The Growth of Her Political Consciousness* (in Westerly, 33, 1988, S. 89–100). – S. Thomas, *Interracial Encounters in K. S. P.'s »Coonardoo«* (in WLWE, 27, 1987, S. 234–244).

HENRY HANDEL RICHARDSON

eig. Henrietta Ethel Florence Lindesay Robertson geb. Richardson

* 3.1.1870 Melbourne
† 20.3.1946 Hastings / Sussex

Literatur zur Autorin:
H. H. R., *Myself When Young*, Ldn. 1948, ern. Melbourne 1964 [Autobiogr.; m. Studie v. J. G. Robertson, *The Art of H. H. R.*]. – N. Palmer, *H. H. R.: A Study*, Sydney 1950. – L. J. Gibson [d. i. L. Kramer], *H. H. R. and Some of Her Sources*, Melbourne 1954. – *H. H. R.: Some Personal Impressions*, Hg. E. Purdie u. O. M. Roncoroni, Sydney 1957. – T. I. Inglis, *The Misfortunes of H. H. R.*, Canberra 1957. – V. Buckley, *H. H. R.*, Melbourne

1962; ern. 1971. – Southerly, 23, 1963 [Sondernr. *H. H. R.*]. – V. D. Wittrock, *H. H. R.: An Annotated Bibliography* (in ELT, 7, 1964, S. 146–186). – L. Kramer, *H. H. R.*, Melbourne 1966. – *H. H. R.: Papers Presented at a Centenary Seminar*, Canberra 1972. – D. Green, *Ulysses Bound: H. H. R. and Her Fiction*, Canberra 1973. – W. D. Elliott, *H. H. R.*, Sydney 1975. – D. Green, *The Tradition of Social Responsibility in the Australian Novel: R. and Furphy* (in Literary Criterion, 15, 1980, Nr. 3–4, S. 23 bis 34). – E. J. Corones, *The Portrayal of Women in the Fiction of H. H. R.*, Lund 1983. – D. Green, *Power-Games in the Novels of H. H. R.* (in *Who Is She?*, Hg. S. Walker, NY 1983, S. 84–97). – N. Wattie, *H. H. R. and the German Bildungsroman* (in Commonwealth Essays and Studies, 6, 1984, S. 22–28). – K. McLeod, *H. H. R.: A Critical Study*, Melbourne 1985.

THE FORTUNES OF RICHARD MAHONY

(engl.; *Die Glücksfälle Richard Mahonys*). Romantrilogie von Henry Handel RICHARDSON (d. i. Ethel Florence Robertson; Australien), erschienen 1917–1929, Gesamtausgabe 1930. – Das stark autobiographisch geprägte Hauptwerk der Autorin, dessen Entstehungszeit fast zwei Jahrzehnte umfaßt, fand erst durch seinen dritten Teil Beachtung (Verleihung der Medaille der »Australian Literary Society«, Wahl zum »Book of the Month« in den USA). Trotz authentischer australischer Schauplätze steht es – nicht nur seines undemokratischen, lebensmüden Titelhelden wegen – in einer eher paradoxen Beziehung zum Geburtsland der Verfasserin, die Australien bereits mit siebzehn Jahren verließ und danach nur noch einmal kurz besuchte. – Erzählt wird die Geschichte eines jungen irischen Arztes aus guter Familie, dem die Verfasserin viele Züge ihres Vaters gegeben hat. Die Handlung beginnt 1854. Richard Mahony ist nach Australien gekommen, um auf den Goldfeldern sein Glück zu suchen. Er muß sich zeitweise als Krämer durchschlagen, heiratet die schlichte Polly (Mary) Turnham, ist als Arzt tätig, verkauft aber dann, von Ruhelosigkeit getrieben, seine gutgehende Praxis in Ballarat und schifft sich nach England, dem Land seiner Sehnsucht, ein. In diesem episodischen, unverkennbar viktorianischen ersten Teil – *Australia Felix* betitelt – läßt bereits das auf die Hauptfigur eingeengte Blickfeld erkennen, daß hier nicht ein Kolonialepos, sondern eine Charaktertragödie entstehen sollte.

Buch 2, *The Way Home*, schildert die beruflichen Enttäuschungen und privaten Ernüchterungen Mahonys in der Alten Welt, der Welt, der er entstammt. Unverhoffte Börsengewinne verschaffen dem reuig nach Australien Zurückgekehrten die Mittel und die Muße, sich dilettierend mit geistigen Dingen zu beschäftigen und die Kunst zu pflegen. »Ultima Thule«, sein herrschaftliches Haus, wird zu einem gesellschaftlichen Mittelpunkt, aber seine latente Unzufriedenheit treibt Mahony und seine vierköpfige Familie abermals nach Europa.

Ultima Thule, das letzte Buch, registriert mit fast klinischer Genauigkeit die unaufhaltsame Zerrüttung Mahonys, der, durch den Verlust seines Vermögens zur Heimkehr gezwungen, als beinahe fünfzigjähriger, vorzeitig gealterter, immer reizbarer, mißtrauischer und exzentrischer werdender Mann verzweifelt an seinem Stolz festhält, bis er schließlich körperlich und seelisch zusammenbricht. In einem Hinterraum des abgelegenen Postbüros, das seine Frau in dieser Notlage übernommen hat, erlöscht er in einer von Illusionen des Glücks durchflimmerten Umnachtung.

Das facettenreiche, auf dem Hintergrund einer illusionslos trüben Umwelt entworfene Porträt Mahonys zeigt eine hypersensible, disharmonische, gemeinschaftsunfähige Persönlichkeit, zugleich aber auch einen gewinnenden, aufopfernden Menschen und Arzt, der labil zwischen knabenhaftem Optimismus, Wahrheitssuchertum und selbstzerstörerischer Verbitterung schwankt und dessen aristokratische Allüren das Entwürdigende seines Niedergangs nur noch schonungsloser hervortreten lassen. Dieses Porträt zeugt von Henry H. Richardsons Humanität und Charakterisierungskunst, auch wenn sie sich bei der Seelenanalyse noch herkömmlicher und etwas schwerfälliger Mittel bedient. Mary, ein Gegenpol zu dem wirklichkeitsfremden Mahony, ist ein nicht weniger ambivalenter Charakter; man hat diese Gestalt sowohl als eine der Kräfte, die Mahony zerstören, wie auch als eine regenerative, wahrhaft menschliche Macht interpretiert. Weniger geglückt wirkt dagegen Cuffy, der unverstanden verkümmernde kleine Sohn, in dem sich bereits die unglückliche Veranlagung seines Vaters regt. Darüber, ob das an Ironien und Mehrdeutigkeiten (vgl. den Titel) reiche Buch lediglich eine Chronik zermürbender Trivialitäten, eine deprimierende Krankheitsgeschichte oder aber eine echte Tragödie darstellt, ist sich die Kritik bis heute nicht einig. Unbestreitbar ist jedoch die konstruktive Kraft, mit der im Rahmen einer ungewöhnlich weitgespannten Komposition ein mit fast antiker Unerbittlichkeit abrollendes Schicksalsdrama entwickelt wird. In struktureller Hinsicht ist der Roman jedenfalls weit besser gelungen als in sprachlicher. Man hat Richardsons auffallend unimaginativen, auch im Satzbau spröden Stil – es ist ein romantisch verbrämter, aber oft bis zur Banalität platter, ungeglätteter realistischer Stil – mit dem Hinweis auf die ausgeprägte australisch-englische Spannung im Roman wenig überzeugend als Reflex kolonialer Minderwertigkeitsgefühle erklären wollen.

Die Trilogie hat im neueren kritischen Urteil erheblich an Statur verloren. Ihre Längen, das Fehlen verbindlicher Wertperspektiven, die Begrenztheit der dichterischen Phantasie und des Gestaltungstalents lassen früher angestellte Vergleiche mit FLAUBERT, TOLSTOJ und DOSTOEVSKIJ unpassend erscheinen. Nach wie vor beachtenswert sind dagegen bis heute die Konzentration und analytische

Schärfe von *Ultima Thule*, jenem Teil des Werkes, in dem Rastlosigkeit und Leiden der ichbezogenen Hauptfigur zur Frage nach dem Sinn des Lebens überhaupt erweitert werden. J.H.T.

Ausgaben: Ldn. 1917, Bd. 1 *(The Fortunes of Richard Mahony. Australia Felix)*. – Ldn. 1925, Bd. 2 *(The Way Home, Being the Second Part of The Chronicle of the Fortunes of Richard Mahony)*. – Ldn./NY 1929, Bd. 3 *(Ultima Thule, Being the Third Part of The Chronicle of the Fortunes of Richard Mahony)*. – Ldn. 1930 (*The Fortunes of Richard Mahony*; rev. Fassg. der Trilogie). – Melbourne 1946. – Ldn. 1961. – NY 1962. – Penrith 1969 [Einl. G. A. Wilkes]. – Ldn. 1970. – Ringwood/Vic. 1971, 3 Bde. [Einl. L. Kramer]. – Ringwood/Vic. 1982 [Penguin]. – Sydney 1983.

Literatur: B. R. Elliott, *The Historical Novel in Australia* (in B. R. E., *Singing to the Cattle, and Other Australian Essays*, Melbourne 1947). – C. H. Hadgraft, *Diagnosis of Mahony* (in Australian Quarterly, 27, 1955, Nr. 2, S. 87–95). – A. A. Phillips, *The Australian Tradition*, Melbourne 1958. – G. K. Connolly, *The Classic Australian Three-Decker: A New Consideration of »The Fortunes ...«* (in Southerly, 19, 1958). – J. Dallimore, *»The Fortunes ...«* (in *Australian Literary Criticism*, Hg. G. Johnston, Melbourne 1962). – L. Kramer, *A Companion to »Australia Felix«*, Melbourne 1962. – S. B. Liljegren, *Ballard and the Great Gold Rush According to the Richard Mahony Trilogy*, Uppsala 1964. – E. Loder, *»The Fortunes ...«: Dream and Nightmare* (in Southerly, 25, 1965, S. 251–263). – A. Thomsen, *H. H. R.'s »The Fortunes ...«* (in Meanjin, 26, 1967, S. 423–433). – W. D. Elliott, *French Influences in »The Fortunes ...«* (in Discourse, 9, 1968, S. 108–115). – A. N. Jeffares, *Richard Mahony, Exile* (in Journal of Commonwealth Literature, 6, 1969, S. 106–119). – B. Kiernan, *»The Fortunes ...«* (in Southerly, 29, 1969, S. 199–209). – K. Stewart, *The Prototype of Richard Mahony* (in ALS, 4, 1970, S. 227–240; vgl. ebd. S. 279 f.). – Ders., *History and Fiction in »The Fortunes ...«* (in Teaching History, 4, 1970, Nr. 3, S. 24–39). – Ders., *»The Fortunes ...«: Symphony and Naturalism* (in *The Australian Experience*, Hg. W. S. Ransom, Canberra 1974, S. 97–120). – V. Brady, *›A Thick Crumbly Slice of Life‹: »The Fortunes ...« as a Cultural Monument* (in Westerly, 22, 1977, Nr. 3, S. 47–60). – B. McFarlane, *Power in Dark Places: »The Fortunes ...«* (in Southerly, 37, 1977, S. 211–228). – N. Macainsh, *Richard Mahony as Papa Hamlet: Consequent Naturalism in »The Fortunes ...«* (in AUMLA, 62, 1984, S. 133–150). – M. Mackenzie, *»The Way Home«* (in Span, 28, 1989, S. 63–84).

ALAN SEYMOUR

* 6.6.1927 Perth / Westaustralien

THE ONE DAY OF THE YEAR

(engl.; *Ü: Der eine Tag im Jahr*). Schauspiel in drei Akten von Alan Seymour (Australien), Uraufführung: Adelaide 1959 von einer Amateur-Theatergruppe, erste offizielle Aufführung: Sidney, 26. 4. 1961, Palace Theatre. – Das beachtlichste naturalistische Stück seit Ray Lawlers *The Summer of the Seventeenth Doll*, mit dem das lange verkümmerte australische Drama 1955 seine Mündigkeit erreichte, wurde von einer unabhängigen Jury zur Aufführung beim Adelaide Festival 1960 ausgewählt, vom Festivalkomitee wegen seiner kritischen Neubeleuchtung des »Anzac Day« (25. April), des Gedenktages der Landung bei Gallipoli 1915 (ANZAC: Australian and New Zealand Army Corps), an dem in ganz Australien die Kriegsveteranen durch die Straßen marschieren, jedoch abgelehnt. Seymour setzt mit seiner Darstellung die Revision nationaler Mythen fort, die Lawler eingeleitet hatte. Darüber hinaus erscheint das Stück reich an psychologischen Aspekten: die männerbündische martialische Gemeinschaft als Heilmittel gegen die Vereinzelung in einer säkularisierten, in rapider Umstrukturierung begriffenen Gesellschaft, der durch den Zweiten Weltkrieg bewirkte, mit Haßliebe getränkte Generationenkonflikt, der Zusammenprall emotionaler und rationaler Argumente, das Ringen um Kommunikation, um das Verständnis der Jugend für das Bedürfnis der vom Dasein enttäuschten Älteren, einmal im Jahr eine Dosis vom Opiat der Selbsttäuschung einzunehmen. Daß dieser massive Fragenkomplex nur peripher angeschnitten wird, ist eine der Schwächen des Stücks. Soweit eine dramatische Verwirklichung dieser Möglichkeiten versucht wird, verharrt sie in einem handwerklich äußerst soliden, dem Experiment abholden sozialen Realismus, der wohl Henry Miller verpflichtet ist, dessen Legierung von Melodrama und Humor auf O'Casey zurückweist und dessen Intimität dem Medium des Fernsehens entgegenkommt. Mit bemerkenswerter Hellhörigkeit für die soziologischen Nuancen der australischen Alltagssprache schafft Seymour, abgesehen von einigen Entgleisungen und Schablonen, einen Dialog von packender Lebensnähe und menschlicher Wärme, ohne indessen zu einer künstlerisch-phantasievollen Auswertung des Kolloquialen oder einer dramatischen Schärfung des Sprachstils vorzustoßen.

Schauplatz des Stücks ist das in einem Arbeiterviertel Sydneys gelegene Häuschen der Familie Cook. Der Volkswirtschaftsstudent Hughie, seinen schlichten Eltern entwachsen, plant zusammen mit Jan Castle, einer Studienfreundin aus der Oberschicht, den hohlen Hurrapatriotismus und die alkoholischen Exzesse des sakrosankten Gedenktags durch eine Bildreportage in der Studentenzeitung zu enthüllen. Wegen seiner Einstellung zum »Anzac Day«, zum Krieg überhaupt und insbesondere zum Gallipoli-Feldzug, den er als eine krasse Verschwendung von Menschenleben für politische Zwecke betrachtet, kommt es zum offenen Familienkonflikt, und auch Hughies Verhältnis zu Jan wird durch Meinungsverschiedenheiten über die schonungslos realistische Reportage gestört. Alfs letzte Hoffnung, sich durch eine erträumte Beförderung in den Augen des Sohnes zu rehabilitieren, zerschlägt sich. Nach einer explosiven Auseinandersetzung scheint Hughie sich endgültig vom Elternhaus zu lösen, aber das Stück schließt mit der Andeutung einer wenn auch resignierten Versöhnung.

Die Vertreter der jungen Generation, der unter seinem kleinbürgerlichen Milieu und seinen gespaltenen Loyalitäten leidende Hughie und seine Kommilitonin, sind am wenigsten glaubhaft geraten. Hughie bleibt eine relativ blasse, als ein Haupthandlungsträger inadäquate Durchschnittsfigur, und die unmotiviert spröde Zeichnung des verwöhnten, gelangweilt nach Abwechslung suchenden Mädchens aus gutem Hause schließt eine objektive Konfrontation der Gesellschaftssphären von vornherein aus. Überzeugender wirken die gutmütig polternde Mutter und – mit seinem natürlichen Witz und seiner blumigen Diktion eine besonders theatergerechte Type – der Erzpatriot Alf. Als Kind der Kriegs- und Krisenjahre muß er sich als Autodidakt ohne Qualifikationen damit begnügen, einen Fahrstuhl zu bedienen, und die aufgestaute Bitterkeit des im Leben immer wieder zu kurz Gekommenen entlädt sich periodisch, besonders unter Alkoholeinfluß, in Selbstmitleid, aggressivem Nationalismus und heftigen Tiraden demokratischen Stolzes. Nur in der Armee war Alf das Gefühl menschlicher Würde und Bedeutung zuteil geworden, und so begeht er den »einzigen Tag des Jahres«, der für ihn dieses Erlebnis erneuert, zugleich als symbolischen Anlaß und als Orgie feuchtfröhlicher Kameradschaftlichkeit. Es ist vielleicht bezeichnend, daß Seymour die Gestalt des alten, treuherzigen und wortkargen Wacka Dawson am besten gelungen ist. Wie er mit einem Minimum an sprachlichem Aufwand die Reminiszenzen und Empfindungen dieses einfachen, scheuen Mannes, der bei Gallipoli dabei war, im Morgengrauen des Anzac-Tages andeutet, verrät hochentwickelten Sinn für szenische Mittel. Dieser Bühneneffekt, der Wacka schlagartig, aber auf Kosten der Ökonomie des Stücks, dem Publikum näherbringt, unterstreicht, daß das vordergründig Theatralische in diesem Schauspiel vorherrscht. – *The One Day of the Year* wurde in verschiedenen Ländern auf der Bühne und im Fernsehen aufgeführt und erschien in Romanform 1967 in London, wo Seymour (mit Unterbrechungen) seit 1961 lebt und als Drehbuchautor für die BBC tätig ist.

J.H.T.

AUSGABEN: Ldn. 1962; Nachdr. 1977; Nachdr. North Ryde u.a. 1986. – Sidney 1962. – Harmondsworth/Baltimore 1963 (in *Three Australian Plays*; Einl. H.G. Kippax; Penguin). – Ldn. 1967 [Roman]. – St. Lucia 1977 (in *Five Plays for Stage, Radio, and Television*).

ÜBERSETZUNG: *Der eine Tag im Jahr*, H. Thiem u. H.P. Doll, Reinbek 1963 [Bühnenms.].

LITERATUR: P.H. Davison, *Three Australian Plays: National Myths under Criticism* (in Southerly, 23, 1963, S. 110–127). – H.G. Kippax, *Australian Drama since »Summer of the Seventeenth Doll«* (in Meanjin, 23, 1964, S. 229–242). – G. Baker, *Companion to ... A. Seymour: »The One Day«*, Sydney 1965. – C. Duncan, *A French Production of »The One Day of the Year«* (in Meanjin, 25, 1966, S. 229–237). – A. Porteous, *Some Recent Australian Plays and Problems of Their Criticism* (in ALS, 3, 1967, S. 83–97). – A. Seymour, *One Image of Australia* (in Meanjin, 26, 1967, S. 223–229). – A. Sykes, *A. S.* (in ALS, 6, 1974, S. 277–287). – *Contemporary Australian Drama*, Hg. P. Holloway, Sydney 1981. – A. Sykes u. K. Richards, *Another Look at the Old War-House: A. S.'s »The One Day of the Year«* (in Australasian Drama Studies, 2, 1984, Nr. 2, S. 65–89).

CHRISTINA ELLEN STEAD

* 17.7.1902 Rockdale / New South Wales
† 31.3.1983 Sydney

LITERATUR ZUR AUTORIN:
R.M. Beston, *A C. S. Bibliography* (in WLWE, 15, 1976, S. 96–103). – R.G. Geering, *C. S.*, NY 1969 (TWAS; ern. Sydney 1979; rev.). – M. Ehrhardt, *C. S.: A Checklist* (in ALS, 9, 1980, S. 508–535). – J. Lidoff, *C. S.*, NY 1982. – K.M. Stern, *C. S.'s Fiction and the Changing Sense of Decorum*, Diss. Loyola Univ., Chicago 1982 (vgl. Diss. Abstracts, 43, 1983, S. 3592A). – D.R. Dizard, *Changing the Subject: The Early Novels of C. S.*, Diss. Univ. of Massachusetts 1984 (vgl. Diss. Abstracts, 45, 1985, S. 3128/29A). – R. Bader, *C. S. and the »Bildungsroman«* (in WLWE, 23,1984, S. 31–39). – Southerly, 44, 1984, Nr. 1 [Sondernr. *C. S.*].

FOR LOVE ALONE

(engl.; *Allein aus Liebe*). Roman von Christina Ellen STEAD (Australien), erschienen 1944. – Stead, der man gelegentlich mit Hinweis auf ihre von 1928–1974 währende Abwesenheit in USA und

Europa einen Platz in der australischen Literatur hat streitig machen wollen, zählt aus heutiger Sicht aufgrund ihrer hohen Sprach- und Stilkunst, ihrer tiefgründigen Charakterporträts und anthropologisch zentralen Themen zusammen mit Patrick White zu den bedeutendsten Romanciers Australiens. Selten sind die Entwicklungsphasen und Krisen im Leben einer jungen Frau – in *The Man Who Loved Children* (1940) handelt es sich um Louise Pollit, in *For Love Alone* um Teresa Hawkins – in der Literatur so umfassend und tiefgründig dargestellt worden wie bei Christina Stead, die über die Grenzen Australiens hinaus auch zu den großen englischsprachigen Romanschriftstellerinnen unserer Zeit gerechnet wird.

In beiden genannten Romanen, die zu einem wesentlichen Teil autobiographischen Charakter tragen, werden dominante Themen des über zehn Romane zählenden Gesamtwerks von Christina Stead handlungsreich zur Sprache gebracht; zu diesen Themen zählen die Problembereiche familiäre Spannungen und jugendliche Auflehnung, Loslösung von der Familie und Suche nach Liebe und Freiheit, künstlerische Ambitionen und das Dilemma fraulicher Existenz in einer von Männern beherrschten Welt.

Der zweiteilige Roman spielt im Sydney und London der dreißiger Jahre und erzählt von der Suche der Teresa Hawkins nach der idealen Liebe. In ihrem Freiheitsdrang gibt sich die beruflich gelangweilte und gesellschaftlich frustrierte Lehrerin eskapistischen Träumen hin, beschließt leidenschaftlich, dem Schicksal ehelicher Routine in der Vorstadt, wie es ihrer Cousine Malfi widerfährt, zu entfliehen, indem sie versucht, die Gefühle des oberflächlich brillanten, im Grunde ihrer aber unwürdigen Jungakademikers Jonathan Crow zu entflammen. Dieser verkündet nämlich die freie Liebe, erweist sich schließlich aber als unfähig, sie zu praktizieren und den geistigen, emotionalen und sexuellen Hunger Teresas zu stillen. Entschlossen folgt Teresa Jonathan nach vier entbehrungsreichen Jahren, in denen sie die beabsichtigte Schiffspassage nach Europa zu finanzieren suchte, nach England, ohne jedoch zu begreifen, daß sie längst im Turm ihrer eigenen Illusionen gefangensitzt. – In London wird dann (in Teil II) die Beziehung der beiden einer minutiösen psychologischen Analyse unterzogen. Crow ist weiterhin sexbesessen (und in heimliche Liebschaften verwickelt), Teresas ganzes Verlangen gilt in ehrlicher Offenheit nur der Liebe und Heirat. Doch während der Leser schon bald die Unfähigkeit Crows zu echter Liebe erkennt, wird Teresa erst allmählich die Mittelmäßigkeit und egozentrische Oberflächlichkeit des jungen Mannes bewußt, der unverblümt behauptet, sie bedeute ihm nichts und einen Teil ihrer Briefe habe er deshalb auch nie geöffnet. Auch der Traum von einem intellektuell erfüllenden Universitätsstudium in Europa wird für Teresa nicht wahr. Angesichts der neu gewonnenen Einsichten führt der Weg nunmehr zu einer Selbstverwirklichung, die es ihr leicht macht, die hingebungsvolle Liebe eines älteren Mannes, des Amerikaners James Quick, zu erwidern und bei ihm Wohnung zu nehmen. Diese Erfahrung veranlaßt Teresa auch, ihre idealisierte Vision von Liebe über Bord zu werfen. Nach einer kurzen Affäre mit Quicks Freund Harry Girton findet Teresa zu einer distanzierteren Einschätzung von Leidenschaft und Liebe, erneuert aber ihre Beziehung zu Quick in dem Bewußtsein, daß Liebe Kompromisse verlangt.

Schon diese Handlungsskizze läßt das Muster der Reise als lebensdeutende Metapher im physisch-geographischen wie im geistigen Sinn hervortreten, so daß man *For Love Alone* unter dem Gesichtspunkt des fortschreitenden Zugewinns an Lebenserfahrung auf seiten der Protagonistin als einen Entwicklungsroman bezeichnen kann. Schon im Präludium und der ersten Titelüberschrift ist von Australien als einem leeren und isolierten Inselkontinent die Rede, was verstehen läßt, daß Teresa sich in den Anfangskapiteln von der europäischen Kunst und Bildung magisch angezogen fühlt; doch tritt dieser Aspekt wegen der aufkeimenden Liebe zu Jonathan dann mehr und mehr in den Hintergrund. Erst im 34. Kapitel wird die Künstlerthematik wieder aufgegriffen, als Quick Teresas Notizen für »Die sieben Häuser der Liebe« in die Hände fallen. Diese Entdeckung zeigt, wie stark Kunst und Liebe für Teresa, die ihre Queste als Reise nach Cythera, der Insel der Liebe, versteht, aufeinander bezogen sind.

Schon in Teil I kommen die verschiedenen Aspekte und Paradoxien der Liebe als einer der organisierenden Ideen des Romans zum Tragen. In der Tat ist die ganze Hawkins-Familie intensiv mit dem Liebesthema befaßt. Außer dem prahlerischen Vater und der lasziven Tante sind hier der Schürzenjäger Leo, der sexhungrige Lance und natürlich Teresa zu nennen, die zur Stillung ihrer Sehnsucht zu erotischen Klassikern greift. Auch der Kult um das Liebesidol Jonathan Crow bricht sich Bahn. Wichtiger Hinderungsgrund für eine vertrauensvolle und absolute Hinwendung der Protagonisten zueinander scheint auch die Mittellosigkeit zu sein, die der aus den Slums aufgestiegene Jonathan und die aus bescheidenen Verhältnissen stammende Teresa im Zusammenhang mit der Vorstellung vom Ehepartner als Eigentum des andern und der alles entscheidenden Bedeutung materiellen Besitzes (Kap. 19) erörtern (hier handelt es sich um ein Echo der Erfahrungen Steads, die trotz der Heirat mit einem Banker – und vielleicht gerade wegen ihres Berufes als Schriftstellerin – zeitlebens nicht zu den Begüterten zählte). Wenn Crow die Monogamie auch als »rostig« bezeichnet, so gibt es doch keine Anzeichen dafür, daß die Autorin dieser Meinung Glaubwürdigkeit leiht. Im Gegenteil vertritt sie die nicht gerade populäre These, daß die Heirat und die damit verbundene Sicherheit Voraussetzung für das von physischem Mangel und moralischen Vorwürfen freie Leben einer Frau ist.

Teil II engt die Thematik jedoch auf persönliche Beziehungen ein und schildert u. a. anhand der Jagdmetapher den sadistischen Crow (mit tiefer

Einsicht seitens der Autorin in die Psyche männlicher Egoisten, zu denen auch Sam Pollit in *The Man Who Loved Children* gehört) als eine Art Raubvogel, der sich an Teresas Leiden weidet und der Abweisung und Tod repräsentiert, während Quick (auch etymologisch) das Leben verkörpert. Jedoch bleibt festzuhalten, daß Teresa im Gegensatz zu den mystischen Schriften der hl. Teresa (einer ihrer Texte trägt die Überschrift *»Die sieben Wohnungen der Seele«*) über die sieben Häuser der Liebe schreibt und Erfüllung sucht in menschlicher Liebe, entschlossen, sie zu erfahren, koste es, was es wolle. Teresas Gedanke im Schlußkapitel, u. a. in der kurzen, leidenschaftlichen Affäre mit Harry Girton die Freiheit erlangt zu haben, verbindet sich bei ihr mit dem Verlangen nach Herrschaft über Männer; doch bei dem Versuch, den enttäuschten James Quick zurückzugewinnen, drängt sich ihr zunehmend die Einsicht auf, daß Mann und Frau nicht eigentlich wahre Gefährten sein können, daß jeder Tag einen weiteren Schritt darstellt, der in das Labyrinth von Heimlichkeit und Liebeslüge führt. Die verschiedentlich anklingenden, mitunter kritisierten Erwägungen über Armut, Natur, Schicksal und Moral geben dem Buch zwar eine individual- und gesellschaftsphilosophische Aura, dürfen aber nicht als kohärentes, autonomes Gedankensystem jenseits der Figurendarstellung mißdeutet werden. Nicht das Problem der eigenen Befreiung beschäftigt Teresa am Schluß, sondern das Schicksal jener, die weniger glücklich sind als sie. Ihre »närrische Odyssee« hat sie über Stationen der Desillusionierung zu einer »gerechteren« Wirklichkeitssicht geführt, so daß es durchaus stimmig erscheint, wenn Teresa am Ende das Problem fortdauernder Selbsttäuschung und -isolierung mit den Worten anspricht: *»Es ist furchtbar, sich vorzustellen, daß sich dies immer wieder von neuem wiederholt, er – und ich! Was gibt es, dies zu beenden?«* W.Ar.

AUSGABE: Ldn. 1945; [6]1979.

LITERATUR: L. Clancy, *The Economy of Love: C. S.'s Women* (in *Who Is She?* Hg. S. Walker, St. Lucia 1983). – D. R. Burns, *The Active Passive Inversion: Sex Roles in Garner, S., and Harrower* (in Meanjin, 45, 1986, S. 346–353). – N. Macainsh, *The Art of Compromise: C. S.'s »For Love Alone«* (in Westerly, 32, 1987, Nr. 4, S. 79–88). – S. Sheridan, *C. S.: Lives of Modern Women*, Brighton 1988. – A. Segerberg, *A Fiction of Sisters: C. S.'s »Letty Fox« and »For Love Alone«* (in ALS, 14, 1989, S. 15–25).

THE MAN WHO LOVED CHILDREN

(engl.; *Der Mann, der Kinder so gern mochte*). Roman von Christina Ellen STEAD (Australien), erschienen 1940. – Die anspruchsvolle Kunst Christina Steads, die einen wesentlichen Beitrag zur Entstehung des modernen australischen Romans leistete, fand lange Zeit gerade in ihrem Geburtsland erstaunlich wenig Beachtung. Wie alle ihre Werke wurde auch *The Man Who Loved Children* zuerst außerhalb Australiens publiziert.

Es ist die (1936 einsetzende) ernüchternde Geschichte des ehrgeizigen, aber hoffnungslos weltfremden amerikanischen Proletariersohns Sam Pollit, der nicht zuletzt dank guter Beziehungen eine leitende Stellung als Zoologe im »Fisheries Conservation Department« innehat und mit seiner Frau Henny, seiner Schwester Bonnie und sechs Kindern ein geräumiges Haus in Washington bewohnt. Die vielen Schwangerschaften, der arbeitsreiche Alltag, dem sie als einstige Dame der Gesellschaft nicht gewachsen ist, vor allem aber das Zusammenleben mit dem geschwätzigen Weltverbesserer und jovialen Kinderfreund Sam haben die katzenhafte Vitalität Hennys gebrochen; innerlich ausgelaugt und vorzeitig gealtert, schirmt sie sich durch Schlampigkeit und keifende Aggressivität gegen die Hölle ihrer Ehe ab und sucht Zuflucht in einer Liebesaffäre, die demütigend endet. Sam nimmt an einer anthropologischen Expedition in den Pazifik teil – wobei er sich wie ein zweiter Livingstone vorkommt –, hat sich aber durch sein törichtes Verhalten Feinde gemacht und fällt zur Schadenfreude seiner Neider nach dem Tod seines einflußreichen Schwiegervaters, David Collyer, in Ungnade. Dessen Ableben bringt den ständig in finanziellen Schwierigkeiten steckenden Pollits statt der erwarteten Erbschaft einen materiellen Rückschlag, so daß Sam, von seinem Amt suspendiert, zu Hennys Entsetzen mit der inzwischen um einen Kopf vermehrten Familie in eine baufällige Behausung in seinem Geburtsort Baltimore übersiedelt, die er mit hektischem Optimismus zu renovieren beginnt. Während Sam seine Anfechtungen mit der selbstgerechten Miene des edlen, schuldlosen Dulders hinnimmt, begeht Henny schließlich Selbstmord, indem sie den Zyankali enthaltenden Tee trinkt, mit dem Louisa (Looloo), Sams Tochter aus erster Ehe, ihre endgültig miteinander zerfallenen Eltern aus der Welt schaffen will. Der unbelehrbare Sam hält Looloos Geständnis für eine neurotische Pubertätslüge. Looloo, stets eine Außenseiterin in der forciert sonnigen Fröhlichkeit des Pollitschen Haushalts, verläßt Sam, um ihr Leben in die eigenen Hände zu nehmen.

Durch die Großaufnahmen der Sams beängstigender Liebestyrannei ausgesetzten Kinderschar gewährt das Buch einen intimen, unheimlich-realen Einblick in das Phänomen der Familie mit ihrem Geflecht von Beziehungen. Noch stärker aber wirkt es als die – Abgründe aufgestauten Hasses enthüllende – Studie eines gespenstischen häuslichen Kriegs zwischen unvereinbaren Charakteren, den die Kinder hilflos miterleben. Ob man in dem bitteren und doch auch humorvollen Roman mit einigen Kritikern eine geschliffene Satire auf das Scheinglück des Familienlebens, auf den amerikanischen Kult der »überlebensgroßen« Persönlichkeiten und auf die Washingtoner Bürokratie sehen darf, bleibe dahingestellt. Hauptangriffspunkt für Steads vernichtende Ironie ist offensichtlich die nichtsahnende, selbstverliebte Heuchelei des seelischen Spießbürgertums, das die Autorin durch ihre Technik der Verfremdung entlarvt. Und hier, in der scharf sezierten, entblößenden, alle Register ziehenden Charakterisierung der Personen, die bei aller grotesk-makabren Unverständigkeit menschlich plausibel bleiben, liegt die außergewöhnliche Phantasieleistung des Werks. Sam und Henny haben im zeitgenössischen angelsächsischen Roman kaum ihresgleichen. Sam: ein gigantisches Stehaufmännchen, ein sich selbst bemitleidendes, etwas sadistisches Kind von 38 Jahren, ein in seiner sentimentalen, besitzgierigen Vaterliebe alles aussaugender Diktator, der in salbungsvoller Humanitätsduselei mit der »Selbstlosigkeit« seines schrankenlosen Egoismus paradiert, eine ihren Kinder-Zoo mit immer neuen Projekten und Einfällen in Atem haltende Stimmungskanone, ein permanenter Superweihnachtsmann, aber letztlich ein Clown ohne Humor – ein bedrohliches, meisterlich gelungenes Porträt. Sein physischer und wesensmäßiger Antipode: die hagere, zigeunerhafte Henny, das verwöhnte, Chopin spielende Mädchen aus reichem Hause, das durch den Alpdruck seiner ehelichen Erniedrigungen zur hysterischen Xanthippe wird, die sich masochistisch in den Schmutz des Lebens einwühlt, im Tod aber tragische Würde gewinnt. Psychologischen Tiefblick (und Verständnis für die kindliche Seele) verrät auch die autobiographische Züge tragende Darstellung des begabten Aschenbrödels Looloo.

Bei seiner Veröffentlichung erlitt der Roman bei Publikum und Kritik einen eindeutigen Mißerfolg; der 1966 erschienene Neudruck mit Randall JARRELLS Vorwort (das seinen geradezu missionarischen Einsatz für das Werk Christina Steads spiegelt) wurde dagegen mit Interesse, zum Teil sogar mit Enthusiasmus aufgenommen. Die Einwände, die gegen den Roman erhoben worden sind – trotz des Lokalkolorits fehle eine echt amerikanische Realität und Atmosphäre, die Charaktere seien ins Unglaubhafte übersteigert, die Diktion sei ungebührlich pointiert – treffen nicht den Kern des in keine Schablone passenden Buchs. Es weist zweifellos Längen und überladene Passagen auf, aber es trägt in der Spannweite und Reife der Personengestaltung, der reichen Textur des Stils, die sich jedem individuellen Tonfall, vom Kinderlallen bis zum endlosen Redeschwall von Sams skurriler Sprachmontage, anschmiegt, der dramatischen Kraft der entscheidenden Szenen und der Magie einer Erzählgabe, die den Leser über die trostlose Häßlichkeit des geschilderten Alltags hinweghebt, die Kennzeichen einer epischen Begabung von ungewöhnlicher Originalität. J.H.T.

AUSGABEN: NY/Toronto 1940. – Ldn. 1941. – NY 1965. – Ldn. 1966 [Einl. R. Jarrell; ern. 1976]. – Harmondsworth 1983 (Penguin).

LITERATUR: N. Jillett, Rez. (in Age, 25. 6. 1966). – K. Dick, Rez. (in Sunday Times, Ldn., 26. 6. 1966). – P. Nestor, *An Impulse to Self-Expression: »The Man Who Loved Children«* (in Critical Review, 18, 1976, S. 61–78). – V. Brady, *»The Man Who Loved Children« and the Body of the World* (in Meanjin, 37, 1978, S. 229–339). – L. Clancy, *C. S.'s »The Man Who Loved Children« and »For Love Alone«*, Melbourne 1981. – M. Horne, *A Family Portrait: C. S. and »The Man Who Loved Children«* (in Durtch Quarterly Review, 11, 1981, S. 209–221). – J. McDonell, *C. S.'s »The Man Who Loved Children«* (in Southerly, 44, 1984, S. 394 bis 413). – R. L. Ross, *C. S.'s Encounter with ›the True Reader‹: The Origin and Outgrowth of Randall Jarrell's Introduction to »The Man Who Loved Children«* (in Library Chronicle of the Univ. of Texas, 1988, Nr. 42/43, S. 161–179).

RANDOLPH STOW

* 28.11.1935 Geraldton / Westaustralien

TO THE ISLANDS

(engl.; *Zu den Inseln*). Roman von Randolph STOW (Australien), erschienen 1958, in einer revidierten Fassung 1981. – Stow, der bereits mit *A Haunted Land* (1956) eine vielbeachtete Talentprobe abgelegt hatte, errang mit seinem dritten Roman zwei literarische Preise und fast einstimmige Anerkennung. Das Buch spielt auf einer abgelegenen Missionsstation und in der wilden Landschaft im Norden Westaustraliens; es wird dominiert von der Gestalt Heriots, eines diktatorischen, im Alter vereinsamten und ernüchterten Missionars, der an seiner Aufgabe und selbst an den Aborigines irre geworden ist und ungeduldig seine Abberufung erwartet – einer jener durch die Zerreißprobe der Isolation zerstörten Menschen, denen das besondere Interesse des Romanciers Stow gilt. Aus dem Drang, die Kollektivschuld seiner Rasse an dem brutalen Eingeborenen-Massaker von Onmalmeri zu sühnen, war Heriot zum Missionar geworden; jetzt aber vollzieht der Alte, von blindem Haß getrieben, selbst diese Bluttat nach, indem er den provozierenden Steinwurf des Eingeborenen Rex, eines jungen Unruhestifters, der Heriots Adoptivtochter geheiratet und nach dessen Meinung ihren Tod verschuldet hat, heftig erwidert. In der Annahme, Rex getötet zu haben, macht sich Heriot auf die Suche nach den mythischen Toteninseln der Aborigines, nur von seinem treuen Konvertiten Justin, der Verkörperung seiner guten Taten, begleitet, der ihn – hier dürfte das Motiv des »heiligen Wahnsinns« hereinspielen – wie ein liebevoller Irrenwärter umhegt. Heriots Wanderung durch die Einöde der Nord-Kimberleys, wo er einem entflohenen Mörder und dem einzigen Bewohner einer verlassenen, geisterhaften Missionsstation begegnet und im zeitlosen Zwielicht einer Bestattungshöhle der Eingeborenen haust, ist zugleich eine mit topographischer Präzision beschriebene Reise und eine an SHAKESPEARES *King Lear* erinnernde spirituelle Pilgerschaft, wie sie ähnlich auch in Patrick WHITES Romanen *The Aunt's Story* (1948) und *Voss* (1957) zu finden ist. Diese Reise führt Heriot im Dialog mit sich selbst in seine Vergangenheit, zur Entdeckung seiner eigenen Seele, zur Buße für sein Menschsein. In dem ihn aus seiner Hölle erlösenden Reinigungsprozeß fallen die Verhärtung, die seine Nächstenliebe zu ersticken drohte, und damit sein autoritärer Stolz, sein Selbstmitleid und seine Selbsttäuschung von ihm ab. Sein in der natürlichen Ordnung sicher geborgener Gefährte Justin versöhnt ihn stellvertretend mit Rex. Im Schatten des Todes erwirbt Heriot Weisheit, Mitleid, echte Demut; ohne jene mythischen Inseln erblickt zu haben, findet er den ersehnten Frieden in sich selbst.

Stow versucht beinahe gewaltsam, das Bild der menschlichen Existenz um eine zusätzliche Dimension zu erweitern, wobei er seiner Thematik durch schillernde Symbolik eine befremdliche Vieldeutigkeit verleiht, die gelegentlich angestellte Vergleiche mit BUNYANS *Pilgrim's Progress* deplaciert erscheinen läßt. Bezieht sich Stow einerseits explizit auf christliche Werte (Sündenbewußtsein und Sühneerlebnis seines den Märtyrernamen Stephen tragenden Helden), so legt er andererseits dem Leser nahe, Heriots innere Agonie mit dem vielschichtigen Konflikt zwischen den unterprivilegierten Aborigines (deren Hintergründigkeit glaubhaft angedeutet ist) und den vergebungsbedürftigen Weißen gleichzusetzen, und veranschaulicht an dem alten Missionar gewissermaßen die Umkehrung des traditionellen Bekehrungsvorgangs, nämlich die allmähliche Identifizierung mit mythisch-primitiven Vorstellungen. – Gegenüber Stows früheren Romanen *The Haunted Land* und *The Bystander* (1957) bezeichnet *To the Islands* einen künstlerischen Fortschritt, der sich in der Schlichtheit des Stils, der beinahe zur Kurzgeschichte tendierenden Ökonomie der Handlung und dem überlegenen Einsatz der Szenerie als Chiffre für seelische Vorgänge manifestiert. Weniger glücklich wirkt Stows Versuch, naturalistische Schilderung und mystisches Erleben zu verbinden. Angesichts der mit außergewöhnlicher Vorstellungskraft gestalteten, zwischen Vision und Alptraum schwankenden Reise Heriots durch die seltsame Landschaft seiner Seele wirken die mit Personen überladenen Szenen in der Missionsstation dürr und trivial.

1981 erschien eine sprachlich wie inhaltlich veränderte Fassung des Romans, in der Stow auch zahlreiche von der Kritik hervorgehobene Schwachstellen eliminierte. Seine bisweilen als künstlerisches Credo aufgefaßte Bemerkung im Vorwort von 1958, *To the Islands* sei mit Absicht kein realistischer Roman, begründete er damit, daß er sich dem Zwang zu einer realistischen Gesellschaftsdarstellung habe widersetzen wollen, dem er die australische Literatur damals ausgesetzt sah. Stow revidierte den Text stilistisch, nahm etliche »dunkle« Stellen wie auch gesucht wirkende poetische Anspielungen und Zitate heraus. Dies führt zu einer präziseren Charakterisierung einiger Figuren, vor allem Heriots, dessen im Metaphysischen angesiedelte Motive nun leichter nachzuvollziehen sind – und zu einer strafferen Handlung. Stow nahm aber auch Streichungen vor, die die Bedeutung des Romans als soziales Zeitdokument schmälern; der 1957 in den Missionsstationen herrschende paternalistische Ton der Weißen gegenüber den Aborigines ist kaum mehr spürbar.

Mit Patrick White, Hal PORTER (vgl. *The Tilted Cross*, 1961) u. a. gehört Stow zu den modernen Autoren, die mit ihrer »poetischen Prosa« dem australischen Roman neue Horizonte eröffnet haben. Daß seine Werke manches mit denen seines weltberühmten Landsmanns White gemeinsam haben (etwa die mit latentem Entsetzen geladene Doppelbödigkeit der Realität), darf angesichts Stows unleugbarer Originalität nicht einfach als Abhängigkeit interpretiert werden. J.H.T.

AUSGABEN: Ldn. 1958. – Boston 1959. – Melbourne 1962. – Melbourne u. a. 1981 [rev.].

LITERATUR: D. Martin, *Among the Bones* (in Meanjin, 18, 1959, S. 52–58). – V. Buckley, *In the Shadow of Patrick White* (ebd., 20, 1961, S. 144–154). – G. Dutton, *The Search for Permanence: The Novels of R. S.* (in Journal of Commonwealth Literature, 1, 1965, S. 135–148). – W. H. New, *Outsider Looking Out: The Novels of R. S.* (in Crit, 9, 1966, S. 90–99). – A. Oppen, *Myth and Reality in R. S.* (in Southerly, 27, 1967, S. 82–94). – P. O'Brien, *R. S.: A Bibliography*, Adelaide 1968. – J. Wightman, *Waste Places, Dry Souls: The Novels of R. S.* (in Meanjin, 28, 1969, S. 239–252). – L. T. Hergenhan, *R. S.'s »To the Islands«* (in Southerly, 35, 1975, S. 234–247). – D. R. Willbanks, *R. S.*, Boston 1978 (TWAS). – J. B. Beston, *The Theme of Reconciliation in S.'s »To the Islands«* (in MFS, 27, 1981, S. 95–107). – S. Thomas, *R. S.'s Revision of »To the Islands«* (in Southerly, 42, 1982, S. 288–294). – A. Dommergues, *The Confluence of Three Cultures in R. S.'s »To the Islands«* (in Commonwealth Essays and Studies, 6, 1984, Nr. 2, S. 49–55). – A. J. Hassall, *Strange Country: A Study of R. S.*, St. Lucia 1986. – H. Prießnitz, *Probleme einer kolonialen Existenz im Romanwerk von R. S.* (in Arbeiten aus Anglistik u. Amerikanistik, 11, 1986, S. 40–62).

KYLIE TENNANT

* 12.3.1912 Manly / Sydney
† 28.2.1988 Sydney

THE BATTLERS

(engl.; *Ü: Fahrendes Volk*). Roman von Kylie TENNANT (Australien), erschienen 1941. – In ihrem dritten Roman wandte sich Kylie Tennant vom städtischen Lebensbreich ab, der in fast allen ihren Werken dominiert, und der Welt der Landstraßen *(tracks)* in Neusüdwales zu. Wie John STEINBECKS *The Grapes of Wrath*, 1939 *(Die Früchte des Zorns)* ist *The Battlers* ein realistischer sozialer Roman, der während der Wirtschaftskrise der frühen dreißiger Jahre spielt und dessen Hauptgestalten die Arbeitslosen sind, die, sich von Stadt zu Stadt, von Dorf zu Dorf, von Camp zu Camp durchschlagend, ihrer Arbeitslosenunterstützung nachziehen. Kylie Tennant hat – darin wiederum Steinbeck ähnlich – in ihrem Roman naturalistische Charakterdarstellung mit einem lyrisch gefärbten Stil verbunden. Sie flicht dichterische Landschafts- und Naturschilderungen ein und verwebt Volkslieder aus dem Busch oder balladeske Arbeitersongs mit der eigentlichen Handlung.

Obwohl es in *The Battlers* keinen Einzelhelden gibt, sondern eine Gruppe von der Gesellschaft ausgestoßener Nomaden im Mittelpunkt steht, können als Angelpunkt der Handlung die Erlebnisse Theodore Grimshaws (oder »Snows«, wie sein Spitzname auf der Landstraße lautet) bezeichnet werden. Grimshaw ist ein zäher, robuster, meist wortkarger Mann, der seine angeborene Gutherzigkeit nur im betrunkenen Zustand verliert. Eigentlich ohne es zu wollen und nicht ohne Widerstreben sammelt er eine ganze Schar gleichfalls umherziehender Gefährten um sich, die bald als »Snows Bande« bekannt sind. Darcy Smith, »das verlaufene Tier« *(the stray)*, ein vor allem durch seine Zahnlosigkeit auffallendes Mädchen, ist das treueste Mitglied in Snows Gefolge. Dieses Geschöpf der Slums und Produkt verschiedener Besserungsanstalten in Sydney erscheint zunächst als verschlagenes, mißtrauisches Wesen und als eingefleischte Menschenverächterin, aber im Verlauf ihres Wanderlebens mit Snow enthüllt sich allmählich ihre wahre Natur, ihre treue Anhänglichkeit, Herzlichkeit und aufopfernde Ergebenheit gegenüber ihrem Beschützer. – Der Dritte im Bunde ist Harley Duke, ein sogenannter *busker*, der seinen Lebensunterhalt mit dem Vortrag von Balladen und Volksliedern verdient. Als vierte Hauptfigur lernt man die exzentrische Miss Dora Phipps kennen, die von dem ehrgeizigen Plan beseelt ist, die Regierung der Welt unter Führung eines mächtigen Frauenausschusses – natürlich Frauen ihres Schlages – neu zu organisieren. Der Gestalt dieser »Dame«, die wegen ihrer aristokratischen Prätentionen von ihren Gefährten ständig zurechtgewiesen wird, verdankt der Roman viele humoristische Züge. – Während die vier durch die unwirtlichen Gegenden des *outback* ziehen, begegnen sie anderen Schicksalsgenossen, etwa »Burning Angus«, einem Sozialisten, der sich bemüht, eine Gewerkschaft der wandernden Arbeitslosen zu gründen, dem Kommunisten »Dogger« und »Thirty-Bob«, dessen Name auf seine Geschäftstricks beim Pferdehandel schließen läßt. Inmitten ihrer Armut haben sich diese Menschen ihren Humor erhalten, ihre verbissene Entschlossenheit, im Daseinskampf nicht unterzugehen, ihre schier unzerstörbare Hoffnung und ihre echte Menschlichkeit.

Während Steinbeck in den *Früchten des Zorns* ein Bild des Elends entwirft, dessen ergreifender Ernst durch nichts gemildert wird, hat die Australierin die tragische Grundsituation ihres Romans durch behutsamen Optimismus und eine humorvolle, oft geradezu satirische Haltung aufgehellt. Ihr Stil ist schlicht und lebendig, sie hat ein gutes Ohr für Dialekt und Slang. Nur die Tektonik des Romans weist künstlerische Mängel auf: So stark und farbensatt die einzelnen Episoden auch sein mögen, es fehlt doch eine sie zwingend zur Einheit fügende Gesamtkonzeption. – Dem Buch wurden zwei australische Literaturpreise zugesprochen. W.B.

AUSGABEN: Ldn. 1941. – Sydney 1946. – Sydney 1983.

ÜBERSETZUNG: *Fahrendes Volk*, U. Markun, Zürich 1957.

LITERATUR: T. I. Moore, *The Tragi-Comedies of K. T.* (in Southerly, 18, 1957, S. 2–8). – M. Dick, *The Novels of K. T.*, Adelaide 1966. – T. I. Moore, *Social Patterns in Australian Literature*, Sydney 1971. – X. Pons, *»The Battlers«: K. T. and the Australian Tradition* (in ALS, 6, 1974, S. 364–380). – J. Sunderland, *A Form of Resistance: The Problematic Protagonist in the Novels of K. T.* (in Hecate, 5, 1979, S. 87–100). – *K. T.* (in *Something About the Author*, Bd. 57, Hg. A. Commire, Detroit 1989, S. 153–163).

JAMES R. TUCKER

* 8.8.1808 (?) Bristol
† 20.12.1888 Sydney

RALPH RASHLEIGH, or The Life of an Exile

(engl.; *Ralph Rashleigh oder Das Leben eines Verbannten*). Roman von James R. TUCKER (Australien), entstanden 1844/45, anonyme Ausgabe 1929, vollständiger Text erstmals 1952 erschienen. – Das Rätsel der Verfasserschaft dieses autobiographischen Sträflingsromans, dessen Manuskript 1920 in Privatbesitz auftauchte und 1929 in verballhornter Form publiziert wurde, vermochte erst die detektivische Kleinarbeit Colin Rodericks zu lösen, der nachweisen konnte, daß sich hinter dem Pseudonym »Giacomo di Rosenberg« ein gewisser aus Bristol stammender James Tucker verbarg, der 1827 wegen versuchter Erpressung nach Australien deportiert wurde und das Buch 1844/45 als Magazinverwalter des Sträflingsbeauftragten in Port Macquarie schrieb. (Tucker war auch als Dramatiker tätig, vgl. die Beschreibung von Theateraufführungen der Sträflinge in Kapitel 12.) Der Anlage nach ein pikaresker Roman in der Nachfolge SMOLLETTS, DEFOES und FIELDINGS, entwirft *Ralph Rashleigh* ein erschreckendes, durch bitteren Humor nur wenig aufgehelltes Bild der Brutalität und Ungerechtigkeit des Sträflingssystems, seit dem ersten in Australien verfaßten und gedruckten Roman, Henry SAVERYS *Quintus Servinton* (1830/31), ein Hauptstoffgebiet australischer Erzähler des 19. Jh.s.

Als lebenslustiger, aber mittelloser junger Mann kommt der Titelheld, Sohn einer rechtschaffenen Londoner Familie, auf Abwege und entwickelt sich zum ingeniösen Einbrecher. Ursprünglich wegen Diebstahls nach damaligem Recht zum Tod verurteilt, wird er schließlich auf Lebenszeit nach Australien deportiert, wo er alle Härten des *convict system* erlebt und in Konflikt mit schurkischen Aufsehern und skrupellosen Leuteschindern gerät. Als unfreiwilliger Mitläufer einer von dem gefürchteten Foxley geführten »Bushranger«-Bande wird Ralph zum schockierten Zeugen ihrer Greueltaten und Racheakte. Als die Bande dingfest gemacht ist, droht Ralph als vermeintlichem Komplizen der Tod am Galgen, doch auf die Fürbitte einer von den Bushrangers mißhandelten Frau, für die er sich mutig eingesetzt hatte, wird er vom Gouverneur begnadigt. Was seiner harrt, ist allerdings nicht die Freiheit, sondern das Inferno der Kohlenbergwerke und Kalkbrennereien von Newcastle, wo die Knute Orgien feiert. Mit einigen Schicksalsgenossen gelingt ihm die Flucht zu Schiff, aber Scharmützel mit Eingeborenen, blutige Zwietracht und Naturgewalten reiben die Gruppe auf. Als einziger kommt Ralph davon, der nun über vier Jahre lang unter der Protektion des greisen Häuptlings im Zustand *»freiwilliger Barbarei«* als *»white blackfellow«* bei einem Stamm von Ureinwohnern *(aborigines)* lebt, denen er in Lebensweise, Hautfarbe und Sprache zum Verwechseln ähnlich wird. Nach dem Tod seines Pflegevaters kommt es zur Kraftprobe mit dem neuen Häuptling. In einem animalisch wilden Kampf erschlägt Rashleigh seine Widersacher, aber auch seine treue schwarze Gefährtin Larra wird getötet. Er muß den Stamm verlassen, zieht in Begleitung zweier Eingeborenenfrauen als eine Art Medizinmann umher und vollbringt Taten erstaunlichen Edelmuts. Durch die Fürsprache Mrs. Marbys, einer Offiziersfrau, der er das Leben rettet, und ihres Vaters, Colonel Woodville, wird dem entlaufenen Sträfling, der seine Aborigine-Rolle wie eine Schlangenhaut abstreift, nach der Rückkehr nach Sydney endlich Milde zuteil. Durch seine Prüfungen geläutert, zeichnet er sich im Dienst seiner neuen Gönner durch treue Pflichterfüllung aus, und sein früher Tod – er wird als Aufseher einer Schaffarm von Schwarzen massakriert – wird allgemein beklagt.

Im Unterschied etwa zu Marcus CLARKES ebenfalls das System anprangerndem Werk *His Natural Life* (1870–1872) liegt der Akzent bei Tucker nicht auf den menschlichen Leiden, sondern auf der geradezu tierischen Grausamkeit der Wärter wie der Sträflinge. Es scheint plausibel, die morbid düstere Färbung der Sträflingssphäre als Auflehnung des sich als Opfer empfindenden, den gewöhnlichen Verbrechern überlegen fühlenden Autors gegen seine Strafe zu interpretieren und in Rashleighs in konventionellen Heroismus mündendem Duldertum eine Apologie Tuckers zu sehen. Durch einen wahren Alpdruck an Entsetzen führt er Rashleigh in den eskapistischen Freiheitsraum der Aborigine-Episode. Hier scheint der flüchtige Sträfling dem Grauen der Vergangenheit entronnen zu sein, er verfällt indessen nur einer anderen Form der Unfreiheit. Aus diesem Exil kehrt er als rassebewußter und tugendhafter Weißer in seine Welt zurück, und Tuckers inkonsequentes, aber endgültiges Urteil – *»diese blutrünstigen Barbaren, die von den falschen Philanthropen unserer Zeit als arglose, Unrecht leidende Wesen bezeichnet werden«* – enthält eine unüberhörbare Kritik am Mythos des »edlen Wilden«, dem der naive Rousseauismus der Aborigine-Kapitel doch selbst verpflichtet ist.

Rashleighs abenteuerliche Geschichte wird in einer etwas affektierten, wortreichen Prosa erzählt, die in ihrer starken Anlehnung an den zeitgenössischen Amtsstil und an literarische Muster zwar nicht einer altmodischen Eleganz, wohl aber der Präzision und künstlerischen Disziplin entbehrt. Das Buch wirkt eher als Katalog melodramatischer Ereignisse denn als durchgestalteter Roman. Die chamäleonartigen Wandlungen der Titelgestalt bleiben unglaubhaft, Figuren werden aus Handlungsrücksichten bedenkenlos eliminiert, der aufwendige Realismus ist nicht frei von krassen Irrtümern und mutet oft gestellt an. Die überschwengliche Begeisterung bei der »Entdeckung« des Romans hat seine sachliche Beurteilung erschwert. Tuckers Begabung reicht bei weitem nicht an die Clarkes heran, aber es lohnt sich, *Ralph Rashleigh* nicht bloß als literarisches Kuriosum zu lesen, sondern als ein lebendiges, bei aller Einseitigkeit verläßliches Gemälde des Sträflingslebens, als einen der wenigen nennenswerten Texte aus der Frühzeit der australischen Erzählliteratur vor Henry KINGSLEYS *Recollections of Geoffrey Hamlyn* (1859) und nicht zuletzt als *»den einzigen Roman von bleibendem Wert aus der Feder eines Mannes, der während seines Lebens in Australien niemals etwas anderes als ein Sträfling war«* (C. Roderick).

J.H.T.

AUSGABEN: Ldn. 1929 (*The Adventures of Ralph Rashleigh. A Penal Exile in Australia, 1825–1844*; anon.; Einl. Earl of Birkenhead; verstümmelter Text; ern. 1936). – Sydney 1952 (*Ralph Rashleigh*, Hg. C. Roderick; ern. Ldn. 1977).

LITERATUR: J. J. Healy, *The Convict and the Aborigine: The Quest for Freedom in »Ralph Rashleigh«* (in ALS, 3/4, 1968, 243–253). B. Argyle, *»Ralph Rashleigh«* (in Ariel, 2, Calgary 1971, S. 5–25). – B. Douglas, *Some Further Aspects of »Ralph Rashleigh«* (in Literature in North Queensland, 6, 1978, S. 16–23). – H. Prießnitz, *J. T.s »Ralph Rashleigh« als kritischer Kommentar zur Frühphase des »Australian Dream«* (in Poetica, 12, 1980, S. 205–226). – L. T. Hergenhan, *A Convict Dream: J. T.'s »Ralph Rashleigh«* (in L. T. H. *Unnatural Lives: Studies in Australian Fiction about the Convicts, from J. T. to Patrick White*, St. Lucia 1983, S. 16–30).

PATRICK WHITE

eig. Patrick Victor Martindale White

* 28.5.1912 London
† 30.9.1990 Sydney

LITERATUR ZUM AUTOR:
Bibliographien und Forschungsberichte:
J. Finch, *Bibliography of P. W.*, Adelaide 1966. – A. Lawson, *Unmerciful Dingoes?: The Critical Reception of P. W.* (in Meanjin, 32, 1973, S. 379 bis 392). – Ders., *P. W.*, Melbourne 1974. – *Annual Bibliography of Studies in Australian Literature* (in ALS, 6 ff., 1974 ff.). – A. Lawson, *Meaning and Experience: A Review-Essay on Some Recurrent Problems in P. W. Criticism* (in TSLL, 21, 1979, S. 280–295). – V. Wolf, *A Note on the Reception of P. W.'s Novels in German Speaking Countries (1957–1979)* (in ALS, 11, 1983, S. 108–119).
Gesamtdarstellungen und Studien:
B. Argyle, *P. W.*, Edinburgh 1967. – P. A. Morley, *The Mystery of Unity: Theme and Technique in the Novels of P. W.*, Montreal 1972. – I. Björksten, *P. W.: Die Stimme Australiens*, Düsseldorf 1973. – P. Beatson, *The Eye of the Mandala. P. W.: A Vision of Man and God*, Ldn. 1976. – W. Walsh, *P. W.'s Fiction*, Sydney 1977. – *P. W.: A Critical Symposium*, Hg. R. Shepherd u. K. Singh, Adelaide 1978. – B. Kiernan, *P. W.*, Ldn. 1980. – M. A. Berg, *Aspects of Time, Ageing, and Old Age in the Novels of P. W., 1939–1979*, Göteborg 1983. – H. Heltay, *The Articles and the Novelist*, Tübingen 1983. – A. M. McCulloch, *A Tragic Vision: The Novels of P. W.*, St. Lucia 1983. – J. A. Weigel, *P. W.*, Boston 1983 (TWAS). – P. Wolfe, *Laden Choirs: The Fiction of P. W.*, Lexington/Ky. 1983. – K. Hansson, *The Warped Universe: A Study of Imagery and Structure in Seven Novels by P. W.*, Lund 1984. – C. Bliss, *P. W.'s Fiction: The Paradox of Fortunate Failure*, Ldn. 1986. – H. Heltay, *P. W.* (in KLFG, 9. Nlg., 1986). – D. J. Tacey, *P. W.: Fiction and the Unconscious*, Melbourne 1988. – G. Laigle, *Le sens du mystère dans l'œuvre romanesque de P. W.*, Lille 1989. – L. Steven, *Dissociation and Wholeness in P. W.'s Fiction*, Waterloo/Ont. 1989. – Th. M. Stein, *Individuum u. Gesellschaft im Romanwerk P. W.s*, Essen 1990.

RIDERS IN THE CHARIOT

(engl.; *Ü: Die im feurigen Wagen*). Roman von Patrick WHITE (Australien), erschienen 1961. – Whites Romane sind insgesamt nach Thema und Stil breit angelegte metaphysische und poetische Werke, die öfters mit denen von D. H. LAWRENCE, William FAULKNER und Herman MELVILLE verglichen worden sind. Ihre Darstellungsformen sind häufig archetypisch, mythisch oder parabelhaft, da sich so der Wesenskern des Menschen am ehesten erfassen und beleuchten läßt. Dies versucht White z. B. durch die ironische Umkehrung von Leben und Tod in dem frühen Roman *The Living and the Dead* (1941), mittels der Leib-Seele-Dichotomie in *The Tree of Man* (1955) und durch die leitmotivartige Gegenüberstellung von Demut und Stolz in *Voss* (1957), dem Roman über die Exploration eines Kontinents (unter Einschluß des eigenen Ichs) im geographischen, historischen, individualpsychologischen und metaphysischen Sinn. Ein bestimmender Grundzug des Whiteschen Werkes ist die weltimmanente Transzendenz, die der bisher einzige Nobelpreisträger der Antipoden der vielbeschworenen australischen Leere und Langeweile entgegensetzt. Entsprechend sind Menschen, die wirklich zählen, nur jene, die wie die *Riders in the Chariot* Gott in diesem Leben zu schauen vermögen, ohne dabei ausgesprochen fromm oder gar christlich zu sein. Wie sehr sich White von Geheimnis und Irrationalität angezogen fühlt, zeigt die Konfrontation gegensätzlicher Welten in *Riders inthe Chariot*, seinem sechsten Roman. Während die Protagonisten in *The Tree of Man* und *Voss* um eine letzte Sinngebung im Diesseits ringen, liegt der Akzent in den mittleren Romanen – *Riders in the Chariot, The Solid Mandala* (1966) und *The Vivisector* (1970) – auf den verklärenden Erfahrungen von einsamen Visionären und Künstlern, die der Erleuchtung teilhaftig werden, ohne daß das Dunkel menschlichen Versagens, ohne daß Leid und Tod aus ihrem Leben verbannt wären.
Riders in the Chariot spielt vornehmlich in Sarsaparilla und Barranugli, den fiktiven Vorstädten von Sydney, die in Whites Werk als Symbol für Mittelmäßigkeit, Materialismus und Häßlichkeit stehen. Dort sind Leben und letzte geistige Begegnung der vier »Erleuchteten« angesiedelt. Zu ihnen zählen die alte Jungfer Mary Hare, der jüdische Flüchtling Mordecai Himmelfarb, die Hausfrau Ruth God-

bold und der tuberkulöse Ureinwohner und Künstler Alf Dubbo. Miss Mary Hare lebt in dem bröckelnden Landhaus »Xanadu«, das ihr halbverrückter Vater hatte bauen lassen. Da die Eltern bei ihrer Geburt einen Sohn erwarteten, ereilte die wenig attraktive Mary das Schicksal ungewollter und ungeliebter Kinder; sie wandte sich dennoch nicht von ihren Eltern ab, wird vielmehr immerfort von Erinnerungen an den gewaltsamen Tod ihres Vaters, bei dem sie zugegen war, gepeinigt. Allerdings suchte sie aus Mangel an Urvertrauen, menschliche Kontakte zu meiden, und fand aufgrund natürlicher Zuneigung bei Vögeln und Tieren ihr Zuhause; so sprudelt für sie auch dort, in der Welt instinktiven Verstehens, der Quell geistiger Wahrheit. Prägenden Einfluß gewann nach der ersten Begegnung ihre Freundschaft mit dem deutschen Juden Himmelfarb, der erst spät zum Glauben seiner orthodoxen Mutter zurückfand, obwohl er schon früh von anderen als *zaddik* angesehen wurde (*zaddikim* sind nach der jüdischen Legende gerechte und heilige Menschen, die heimlich durch die Welt wandern und heilen, deuten und gute Taten vollbringen). Mordecai sah auch in Mary Hare eine jener 36 Zaddikim, die es nach der Legende in jeder Generation geben soll und die den »feurigen Wagen« Gottes (auf den der Romantitel anspielt) bilden.

Im norddeutschen Holunderthal als Kind begüterter Kaufleute geboren, wurde Himmelfarb nach seinem Studium in Oxford und nach dem Militärdienst im Ersten Weltkrieg Professor für englische Literatur in Deutschland. Als Opfer des Antisemitismus wurde er in ein KZ nach Polen verschleppt, konnte allerdings bei einem Aufstand entfliehen und gelangte über Istanbul und Israel nach Australien, wo er in Harry Rosetrees Fahrradfabrik eine Beschäftigung fand. Doch erregt er wegen seiner orthodoxen Gläubigkeit bei Rosetree, der früher Rosenbaum hieß und inzwischen assimiliert ist, Anstoß; dies machen sich seine Arbeitskollegen zunutze und bereiten ihm ein demütigendes Martyrium. Anerkennung hingegen findet er bei Mary Hare, Ruth Godbold und Alf Dubbo, den übrigen Mitgliedern der Gesellschaft des »feurigen Wagens«, die sich trotz verschiedenartigster Biographien als gesellschaftliche Außenseiter immer wieder begegnen und geistig unterstützen.

Mrs. Godbold stammt aus dem ländlichen England. Mit einem gewalttätigen Trunkenbold verheiratet, muß sie mit Rücksicht auf ihre große Familie als Wäscherin ein Zubrot verdienen. Trotzdem ist sie eine fast heiligmäßige Person, deren Liebesfähigkeit auch die übrigen drei »Illuminati« in ihren Bann zieht. – Alf Dubbo schließlich, der vierte im Bunde, wurde in einem Reservat der Ureinwohner geboren und vom anglikanischen Geistlichen in Numburra, Timothy Calderon, und dessen Schwester, Mrs. Pask, adoptiert. Bei ihnen entdeckte er die Freude am Malen. Den homosexuellen Zudringlichkeiten seines Adoptivvaters konnte er sich freilich nur durch die Flucht entziehen. Danach ließ er sich bei zweifelhaften Frauen in der Stadt nieder. Während er von seiner Syphilis noch geheilt werden konnte, brachte ihm die TB ein unaufhaltsames Siechtum ein. Um das Malen finanzieren zu können, verdingt er sich als Gelegenheitsarbeiter in Rosetrees Fabrik und trifft dort auf Himmelfarb. In der Fabrik wird Dubbo auch Zeuge eines ungeheurlichen Geschehens: Die Arbeitskollegen kreuzigen Himmelfarb im Hof der Fabrik zum Scherz an einem Jacarandabaum und geben ihn dadurch tiefster Schmach preis, ohne daß ihm Dubbo oder ein anderer zu Hilfe gekommen wäre. Am gleichen Tag wird zudem Himmelfarbs Haus angezündet. Er kann sich zwar selbst noch in Sicherheit bringen, stirbt aber trotz aufopfernder Pflege durch die beiden weiblichen »Illuminati« am Karfreitag. Harry Rosetree wird von diesem Vorfall so erschüttert, daß er Selbstmord begeht. Dubbo malt noch die Kreuzabnahme und die vieldeutige Vision der vier Geschöpfe im Triumphwagen, ehe er nach Vollendung des Werkes stirbt. Miss Hare *»löst sich auf«*, wird wie WORDSWORTHS Lucy offenbar eins mit der Natur; auch Xanadu wird zerstört und muß Kunststoffhäusern weichen. Allein die inzwischen verwitwete Mrs. Godbold bleibt zurück, um der Welt Zeugnis zu geben von dem göttlichen Geheimnis, das die begnadeten Seher erleben durften.

Hatte sich Whites Kritik an der Gesellschaft in *Voss* gegen die angeborene Mittelmäßigkeit des australischen Volkes, insbesondere der Sydneysiders gewandt, so richtet sie sich in *Riders in the Chariot* gegen die oberflächliche, grausam ulktreibende Freizeitgestaltung und die Plastikkultur der Vorstädte. Hinzu tritt der komplexe Mythos vom australischen Erbe, das sich aus der europäisch-weißen und der autochthonen Kultur der Ureinwohner speist. Jedoch werden die gesellschaftskritischen, mythischen und psychoanalytischen Aspekte des Romans durch zahlreiche Anspielungen auf BLAKE und die *Bibel* und vor allem durch das Himmelfarb-Geschehen um eine – in Whites Weltsicht zentrale – Dimension erweitert: Auf den *»Wunsch, andere Menschen zur Wahrnehmung des Unendlichen zu erheben«*, verweist bereits das aus Blakes *Marriage of Heaven and Hell* entlehnte Epigraph des Romans. Nach seiner Rückkehr aus Europa im Jahre 1948 hatte sich White nämlich ausdrücklich vorgenommen, den eher journalistisch-realistisch geprägten australischen Roman im Sinne einer auf Geheimnis und Transzendenz angelegten, neu zu schaffenden Gattung zu überwinden. Er suchte daher das Außerordentliche hinter dem Alltäglichen und das Mysterium im durchschnittlichen Leben. Diese Absicht verwirklicht White in *Riders in the Chariot* formal nicht einfach mittels bekannter klassischer Dichotomien oder christlicher Dualitäten, sondern vornehmlich mit Hilfe der nach Blake einzig Fortschritt verheißenden Dialektik von Gegensätzen, welche die Regeneration der Seele befördern und sie auch beschreiben. Gerade die Begriffe von Zerstörung und Wiedergeburt sind daher für White im Sinne Blakes gegensätzliche, aber als Einheit unabhängig voneinander wirkende Kräfte, die den Romanfiguren Reinheit, Vollkommenheit und Ganzheit verheißen. In *Riders in the Chariot* vertraut White deshalb mehr auf die religiöse Tradition (wenn auch in ihrer säkularisierten Form) als auf Philosophie oder Psychologie. Je nach dem individuellen Weltbild entwickelt sich das Ideen- und Figurenmuster der vier »Illuminati« aus dem Bereich der natürlichen und horizontalen Religion (repräsentiert durch Miss Hare bzw. Ruth Godbold) über die vertikale Dimension (im Falle von Himmelfarb) zu einem mystischen Erleben bei dem Ureinwohner und Künstler Alf Dubbo. Alle vier dienen somit – ausdrücklich oder implizit – dem Ziel, Möglichkeiten aufzuzeigen, das Unendliche in allem und jedem zu erkennen, und zwar nicht nur in der Welt des gottlosen Australien, sondern generell in der endlichen und säkularisierten Welt von heute. W.Ar.

AUSGABEN: Ldn. 1961. – NY 1961. – Harmondsworth 1964 u. ö. (Penguin).

ÜBERSETZUNG: *Die im feurigen Wagen*, K. u. M. Perauer, Köln 1969. – Dass., dies., Reinbek 1974 (rororo).

LITERATUR: C. Roderick, *»Riders in the Chariot«: An Exposition* (in Southerly, 22, 1962, S. 62–77). – F. W. Dillistone, *P. W.'s »Riders in the Chariot«: Introduction and Commentary*, NY 1967. – J. Colmer, *P. W.'s »Riders in the Chariot«*, Port Melbourne 1978. – D. J. Tacey, *P. W.: Fiction and the Unconscious*, Oxford 1988. – W. Arens, *Destruction and Regeneration as Blakean Contraries in P. W.'s »Riders in the Chariot«* (in *Anglistentag 1988*, Hg. H.-J. Müllenbrock u. R. Noll-Wiemann, Tübingen 1989, S. 126–145).

THE SEASON AT SARSAPARILLA. A Charade of Suburbia

(engl.; *Saison in Sarsaparilla. Eine Scharade aus Suburbia*). Schauspiel in zwei Akten von Patrick WHITE (Australien), Uraufführung: Adelaide, 14. 9. 1962. – Seit den Uraufführungen seiner vier unkonventionellen und provozierenden Stücke *The Ham Funeral, The Season at Sarsaparilla, A Cheery Soul* und *Night on Bald Mountain* in den Jahren 1961–1964 gilt White bei einigen Kritikern als der erste bedeutende australische Dramatiker, wenngleich sein Ruf als Romanschriftsteller seine Bühnenwerke noch immer überschattet.

Auf der vorhanglosen Simultanbühne sieht der Zuschauer die Küchen und Hinterhöfe dreier benachbarter, genormt wirkender Häuser in Sarsaparilla, einem fiktiven Mittelstandswohnviertel von Sydney. Auf der einen Seite leben Ernie Boyle (der sein Eigenheim abbezahlt, indem er in einträglicher Nachtarbeit in unkanalisierten Stadtteilen die Abortkübel abholt) und seine vitale Frau Nola, auf der anderen Seite das biedere junge Ehepaar Harry (Branche: Herrenbekleidung) und Mavis Knott, in der Mitte der gewichtige Geschäftsmann Clive Pogson mit seiner standesbewußten Frau Girlie, die trotz ihres Namens ihren jungen Töchtern Pippy und Judy keine verständnisvolle Gefährtin ist. Im Verlauf des Stücks, das keine linear erzählbare Handlung aufweist, sondern als eine die reale Zeit nach Belieben raffende Bilderbogen-Moralität charakterisiert werden kann, kommt das erste Kind der Knotts zur Welt; erliegt Nola der raffiniert indirekten Werbung des unsteten Rowley Masson, eines Kriegskameraden ihres Mannes; erlangt die wissensdurstige Pippy Einblick in die geheimnisvollen Gesetzmäßigkeiten des Lebens; gibt Judy den Gedanken an eine musikalische Laufbahn auf, entdeckt, daß ihr der Freund, der Lehrer Roy Child, in seinem destruktiven Intellektualismus fremd geworden ist, und wendet sich dem unkomplizierten Postbeamten Suddards zu; begeht Judys Freundin, das Mannequin Julia Sheen, für dessen kalten Reiz auch Roy nicht unempfindlich ist, wegen einer unerwünschten Schwangerschaft Selbstmord; zieht Roy in die Welt, um sich selbst zu finden.

Der Vorort Sarsaparilla ist eine symbolische, tragikomische Verdichtung des modernen materialistischen »Suburbia«-Milieus, das, polypenartig wuchernd, Freiheit und Individualität erstickt; der tödlichen Mittelmäßigkeit, Monotonie und intoleranten Kleinlichkeit des synthetischen Lebens in den Vorstädten mit ihrem trivial-grotesken Alltagsritual. Unter dem (keineswegs originellen) soziologischen Kommentar dieses kulturpessimistischen Dramas läßt sich eine universellere Bedeutungsschicht erschließen, die zu einer von White in Drama und Prosa wiederholt abgewandelten Thematik gehört: der Antithese zwischen Sterilität und »Leben« (in einem an D. H. LAWRENCE erinnernden Sinn), zwischen lebensfeindlichem Sich-Versagen und liebender Hingabe. Die einzige »Saison« in Sarsaparilla ist die mit kalendermäßiger Regelmäßigkeit wiederkehrende Paarungszeit: Das Gekläff brünstiger Hunde durchzieht als drastisches Leitmotiv das Stück, in dem White freimütige Variationen der Liebe, von animalisch dumpfer Geschlechtlichkeit bis zur romantischen Sublimierung, präsentiert.

Ersteht in den sogenannten Sarsaparilla-Kurzgeschichten (veröffentlicht in *The Burnt Ones*, 1964) und vor allem im Roman *Riders in the Chariot* (1961) diese Örtlichkeit als furchterregende Vision dessen, was der Autor am modernen Leben verabscheut, so erscheint die bittere Karikatur der kleinbürgerlichen Existenzform in dieser »dunklen« Komödie durch warmes Verständnis gemildert (wie vor allem die Gestalt der kleinen Pippy, in ihrer Integrität und Offenheit wohl die Zentralfigur, zeigt). White laviert zwischen Naturalismus und antinaturalistischer Verfremdung. Wesentlicher als die oberflächliche Ähnlichkeit mit WILDERS *Our Town* dürften die Bezüge zu O'NEILL und letztlich zu den Skandinaviern sein. Trotz bühnenwirksamer, dicht gefügter Einzelszenen wirkt das Stück dramaturgisch bisweilen etwas unbeholfen. Um so mehr bestechen der vielschichtige, vibrierend aufgeladene Stil, der den fugisch verzahnten Dialogtext zu einer Wortpartitur von symphonischer Textur werden läßt, die Kunst der bedeutungsvollen Pause und der schöpferische Einsatz der Umgangssprache (hier zeigt sich White den zeitgenössischen australischen Dramatikern LAWLER und SEYMOUR überlegen). Die augenfälligsten Schwächen des Stücks sind eine bisweilen effekthascherisch wirkende Theatralik und das Mißverhältnis zwischen dem Pathos der direkten »didaktischen« Aussage (Roy Child als Kommentator) und der Alltagsdiktion des Dramas. Dennoch stellt *The Season at Sarsaparilla* einen Markstein in der Entwicklung des australischen Schauspiels dar. J.H.T.

AUSGABEN: Ldn. 1965 (in *Four Plays*). – Melbourne 1967 (in *Four Plays*; Einl. H. G. Kippax). – Melbourne 1977 (in *Four Plays*).

LITERATUR: R. F. Brissenden, *The Plays of P. W.* (in Meanjin, 23, 1964, S. 243–256). – E. Hanger, *Australian Drama Now* (in MD, 8, 1965, S. 73–81). – T. Herring, *Maenads and Goat-Song: The Plays of P. W.* (in Southerly, 25, 1965, S. 219–233). – J. F. Burrows, *P. W.'s Four Plays* (in ALS, 2, 1966, S. 155–170). – A. Porteous, *Some Recent Australian Plays and Problems of Their Criticism* (ebd., 3, 1967, S. 83–97). – J. R. Dyce, *P. W. as Playwright*, St. Lucia 1974. – D. Douglas, *Influence and Individuality: The Indebtedness of P. W.'s »The Ham Funeral« and »The Season at Sarsaparilla« to Strindberg and the German Expressionist Movement* (in *Bards, Bohemians, and Bookmen*, Hg. L. Cantrell, Lawrence/Kans. 1977, S. 266–280). – M.-B. Akerholt, *P. W.*, Amsterdam 1988, S. 33–62.

SIGNAL DRIVER. A Morality Play for the Times

(engl.; *Geben Sie dem Fahrer ein Zeichen. Eine Moralität für die Zeit*). Schauspiel in drei Akten von Patrick WHITE (Australien), Uraufführung: Adelaide, 5. 3. 1982, Playhouse. – Whites sechstes Stück, das fünf Jahre nach *Big Toys (Großes Spielzeug)* auf die Bühne kam, unterscheidet sich formal zwar beträchtlich, ist in Aussage und Charaktergestaltung jedoch mit *Big Toys* durchaus vergleichbar. Wie immer bei White war die Reaktion der Kritiker gemischt; Indifferenz ist Whites Romanen und Dramen gegenüber kaum möglich.
Handlungsort ist eine Haltestelle an einer der großen Einfallsstraßen nach Sydney. Als Handlungszeit hat White die Periode zwischen dem Ersten Weltkrieg und der Gegenwart gewählt; entsprechend dient die Bedarfshaltestelle des Titels anfangs der Straßenbahn, mit fortschreitender Entwicklung dann den Stadtbussen. Gegenstand der Handlung sind die einzelnen Phasen des langen gemeinsamen Ehelebens von Theo und Ivy Vokes. Freilich gibt es – im Gegensatz zu Whites früheren Stücken – in *Signal Driver* auch nichtrealistisch konzipierte Figuren: Das Stück beginnt mit zwei zeitlosen, übernatürlichen Wesen, »Avatars« genannt, die singen, tanzen und als Chor bzw. ironische Kommentatoren die Handlung begleiten. Sie machen witzig-ernste Bemerkungen über Liebe und Tod, vor allem aber über Ideal und Wirklichkeit, wie Theo und Ivy sie verkörpern. Gerade diese beiden in Gestalt und Sprache durchaus menschlichen, aber trotzdem zeitungebundenen »Wesen« machen es möglich, Vergangenheit und Zukunft umfassend zu berücksichtigen. Doch obwohl sie alles sehen und in Windeseile – eben wie die Avataras, die göttlichen Inkarnationen der hinduistischen Mythologie, – überall zugegen sind, werden auch den menschlichen Darstellern Theo und Ivy Vokes im Halbbewußtsein tiefere Einsichten zuteil. Dennoch sind wohl die beiden Avatars für den Untertitel »Morality Play« und für die damit suggerierte allegorische Struktur des Stückes maßgeblich.
Jeder der drei Akte spielt vom frühen Abend bis in die Nacht hinein. Der erste behandelt im wesentlichen die Frühzeit der Ehe als Phase der Desillusionierung mit den üblichen Auseinandersetzungen und Versöhnungsversuchen, wobei Ideal und Wirklichkeit, Unschuld und Erfahrung aufeinanderprallen. Im zweiten Akt gehen die Ideale in der Welt des Geldes, des Erfolges und der Kindererziehung verloren, während im dritten die gewonnene Lebenserfahrung nunmehr zur Annahme der Gegebenheiten und zum Ertragen des Unabänderlichen hindrängt. Durchgängig bietet die Haltestelle einen Schutz gegen die Realität des Ehe- und Alltagslebens, gleichzeitig aber auch eine Plattform für den Wiedereintritt in eben dieses Leben. Im Schutz der Haltestelle kann man reflektieren und meditieren und den erwähnten Wesen lauschen, deren Existenz jedoch kaum wahrnehmbar ist.
Zu Beginn des ersten Aktes taumelt Theo, ein junger Mann der zwanziger Jahre mit breitkrempigem Filzhut und altem Mantel, mit großem Koffer und schwerem Werkzeugkasten auf die Haltestelle zu, kann aber der davongefahrenen Straßenbahn nur noch hinterherschauen. Sein Bemühen, sich zum Verlassen seiner Frau zu überreden, wird von den Avatars ironisch kommentiert. Man wirft sich gegenseitig die Fehler vor: Ivy ihrem Mann die Kinderlosigkeit und sein Desinteresse an dem von ihr betriebenen Geschäft, das ihnen den notwendigen Lebensunterhalt sichert, während er Schränke zimmert, die keiner kaufen will; Theo macht Ivy Vorhaltungen wegen ihres mangelnden Verständnisses für seine Möbel und sein künstlerisches Talent. Dann verträgt man sich wieder. Doch der Waffenstillstand hält nicht lange; wie in der häuslichen Tragödie beginnt der Kampf von neuem. Auch die frühen Ideale lassen sich in der realen Welt nicht ohne weiteres verwirklichen. Theo hatte die Grausamkeiten des Ersten Weltkrieges auf dem Schlachtfeld erlebt und erfahren, wie bedeutungslos das Leben und die Jugend sein können. Seine tiefsten Überzeugungen kreisen jedoch um Bewahrung und Kontinuität, und auch Ivy will leben in ihren Kindern: Beide setzen also (in Übereinstimmung mit einem bekannten Whiteschen Themen-

muster) dem Tod und der Zerstörung positive Kräfte entgegen. Wie Ivy will auch Theo in der Ehe zum Ganzen zusammenfügen, was sich als Einzelphänomene darbietet. Doch trennt er das Physische vom Geistigen, so daß Totalität nicht entstehen kann. Trotzdem endet der Akt mit dem Versuch, sich – nach der Besinnungspause an der Haltestelle – gegenseitig zu verstehen und, einander stützend, den Heimweg anzutreten. Abschließend verallgemeinern die Wesen das Dilemma der Vokes im Blick auf die »Lucky Australians«. Der Zustand von Kunst, Kultur und Politik in Australien wird wie die Aufgeblähtheit der Medien und die Insularität der weißen Besiedlung der Lächerlichkeit preisgegeben.

Dreißig Jahre später haben im zweiten Akt die Bäume um die Haltestelle herum Gebäuden Platz machen müssen, die Pferdekarren und Straßenbahnen sind durch Autos und Busse ersetzt worden. Theo hat sich zu einem Herrn im Maßanzug gemausert, Ivy handelt als erfolgreiche Geschäftsfrau mit Antiquitäten, hat den modischen Namen Jasmine angenommen, spricht nunmehr die prätentiöse Sprache des Erfolges und läßt sich von ihrem Liebhaber Sol in die Restaurants der oberen Mittelklasse ausführen. Doch im Innern zeigen sich Leere, Furcht und Verzweiflung. Die Ideale sind dahin, Ivys und auch Theos Geist sind gebrochen; die Kinder (Tom und Nancy) entwicklen und entscheiden sich in ihrer Lebensgestaltung nicht nach den Vorstellungen der Eltern. In satirischen Versen besingen die Avatars diese Situation, und die Eltern forschen, z. T. in poetischen Dialogen, nach den Gründen. Sie finden dabei jedoch Gemeinsamkeit in der geistigen und physischen Schöpferkraft ihrer Naturen. Dennoch zeigt sich neben dem fruchtbaren auch der sterile Aspekt der Kreativität, zeigt sich die Entfremdung von ihren Kindern, voneinander und von sich selbst. – Theo hatte in den ersten beiden Akten rebellieren können durch Rückzug zur Haltestelle, doch vermochte er sie nicht zu transzendieren. Auch Ivys Verhältnis zu Sol läßt die Verbindung zu Theo keineswegs abbrechen; vielmehr sorgt sie für ihn, weil sie auf eine unerklärliche Weise zusammengehören. Trotz allem bietet die Haltestelle letztlich eine gewisse Stabilität in einer sich ständig ändernden Welt. Zum Schluß tanzen die Wesen und das Paar in einem theatralischen Wirbel zwischen Donner und Blitz und rezitieren abwechselnd eine Namenslitanei als Ausdruck der Erkenntnis und Reue.

Der dritte Akt spielt in den achtziger Jahren. Auf der Bühne steht das Zeichen »Signal Driver« (»Machen Sie sich beim Fahrer bemerkbar«) im Mittelpunkt. Ivy hat Angst, die stark befahrene Straße in Richtung Haltestelle zu überqueren. Wie der Straßenverkehr, so schreiten auch Politik, Materialismus, Leben und Tod voran. Als Theo auftaucht, erkennen die beiden einander nicht. Dennoch hat die Beziehung des Paares trotz allem gehalten. Theo und Ivy werden im Alter den beiden Wesen an der Haltestelle immer ähnlicher; auch die Autos halten nicht mehr, weil die Fahrer Theo und Ivy nicht als menschliche Wesen erkennen. Gemeinsam mit den Wesen beobachten die beiden die verrückte Welt jetzt aus der Perspektive der Gosse; ihr Haus wartet auf neue Unternehmer, die wissen, wie es weitergeht. Der physische Verfall erlaubt es Theo und Ivy allerdings erstmals, die kleinen Details des Lebens in größeren Zusammenhängen zu sehen. Während die beiden, sich (vielleicht zum letztenmal) gegenseitig stützend, den Zuschauerraum verlassen, bricht sich die australische Morgenröte (»Aurora Australis«) Bahn und erfüllt die ganze Bühne, ja das ganze Theater *»als sichtbare Projektion der Liebe ... [die] aus dem Innern des Stückes wächst«* (N. Armfield). Whites Moralitätenstück zeigt die Stärke des menschlichen Geistes, der nicht aufgibt, sondern Schicksalsschläge geduldig erträgt. Ein solcher Geist ist mächtiger als die physische Umgebung, der er eingepflanzt ist. W.Ar.

Ausgaben: Sydney 1983 [Einl. N. Armfield].

Literatur: A. Kruse, *P. W.'s Later Plays* (in *Contemporary Australian Drama*, Hg. P. Holloway, Sydney 1987, S. 304–325). – M.-B. Akerholt, *P. W.*, Amsterdam 1988.

THE TREE OF MAN

(engl.; *Ü: Zur Ruhe kam der Baum des Menschen nie*). Roman von Patrick White (Australien), erschienen 1955. – Sieben Jahre nach *The Aunt's Story* und Whites Rückkehr nach Australien erschienen, festigte dieser Bestseller Whites Stellung als bedeutendster lebender Autor seines Landes, rief aber eine in Lobeshymnen *(»der australische Thomas Hardy«)* und Polemik geteilte Reaktion hervor, deren Zwiespältigkeit für die kritische Aufnahme von Whites Schaffen symptomatisch erscheint. Dem Werk – dessen Titel A. E. Housmans *A Shropshire Lad* entnommen ist *(»The tree of man was never quiet...«)* – ist rein stofflich gesehen eine ans Banale streifende Simplizität eigen. Mit einem Minimum an dramatischer Handlung erzählt White die Geschichte des ehelichen und nachbarlichen Lebens von Stan und Amy Parker, die – wie Adam und Eva in der Genesis – als erste in einer unberührten (später der unersättlichen Großstadt Sydney einverleibten) Gegend ein Stück Land bebauen. Diese umfangreiche, mehr als ein halbes Jahrhundert (1880–1930) umspannende und mit Stans Tod endende Saga des »einfachen Lebens«, in der White aber auch *»das Außergewöhnliche hinter dem Gewöhnlichen«* entdecken will (wie er in dem Artikel *The Prodigal Son* in ›Australian Letters‹ 3/1958 erklärte), borgt den komplizierten Rahmen des konventionellen Pionierromans, entheroisiert aber den dieser epischen Großform zugrundeliegenden Mythos.

Von den beiden, in ihrer Inartikuliertheit gefangenen, schlichten, aber dennoch grundverschiedenen Hauptgestalten tritt Amy klarer umrissen hervor als ihr letztlich rätselhafter Gefährte. Ihr Wesen ist beherrscht von einer besitzhungrigen Sinnlichkeit und Liebesfähigkeit, die neurotische Züge hat und Amy der Selbstvernichtung nahe bringt. In romantischen Wunschträumen und Identifikationen, in seelischer und körperlicher Untreue reagiert sie einerseits ihr Ressentiment gegen den mehr introvertierten, ihrem derben Zugriff entgleitenden Stan ab, andererseits aber auch ihr Verlangen nach ihm, ihrem »Heros«. Vermag sie sich nie über die materialistisch-gegenständliche Sphäre zu erheben, so ersteht in Stan das Bild eines wortkargen, aus den Elementarmächten Erleuchtung schöpfenden Visionärs, der seiner Zerstörung durch die Gesellschaft nicht entgeht, der aber versucht, aus dem Kerker seiner Vereinzelung auszubrechen, und an der Schwelle des Todes – in einer umstrittenen Szene – im eigenen Speichel den Reflex des Göttlichen erblickt. Die Tochter Thelma stagniert – ein Vorklang auf Whites Schauspiel *The Season at Sarsaparilla* (1962) – in ihrer äußerlich gediegenen, innerlich sterilen Ehe mit einem Rechtsanwalt; ihr Bruder Ray, nicht zu solchen bürgerlichen Kompromissen bereit, flüchtet vor dem Übermaß mütterlicher Zuneigung in die schäbige Welt der Kriminellen und wird umgebracht.

Wirkt die quietistische Breite dieses Romans im Vergleich zur Ökonomie von *The Aunt's Story* etwas massig und unfertig, so verraten die Komposition, die dem Zyklus der Jahreszeiten folgt und durch kontrastierende und spiegelbildliche Gruppierungen von Ereignissen, Gestalten und Leitmotiven verstrebt ist, sowie die Erzähltechnik, die sich fast allzu virtuos das internationale Erbe des modernen Romans zunutze macht, waches künstlerisches Bewußtsein. Durch umsichtige Wahl seiner zentralen Symbole – Hochwasser, Feuersbrunst, Dürre, Sturm, Rosenbusch (das emotionale Emblem Amys) und Baum –, die zugleich als realistische Elemente und als Symptome innerer Zustände und fundamentaler Naturkräfte relevant werden, schafft White strukturbildende Vielschichtigkeit. Das Doppelgesicht seines Wirklichkeitserlebnisses spiegelt sich auch im vielkritisierten Stil, der durch seinen Assoziationsreichtum und seine von prismatischer Schärfe zu halluzinatorischer Verfremdung reichende Modulationsfähigkeit die angespannte Aufmerksamkeit des Lesers erfordert. Nach den meisterlich präzisen ersten hundert Seiten beginnt die Sprachmagie Whites zu erschlaffen, die Manierismen mehren sich und das Bestreben, durch rituelle Stilisierung biblische und kosmische Universalität zu erzielen, wird problematisch.

Selbst wenn man nicht der Auffassung folgen will, daß in dem Roman apokalyptische Vorstellungen (M. Mackenzie) oder Jungsche Ideen (A. P. Riemer) vorherrschen, bleibt das gehaltliche Spektrum des Buchs hinsichtlich der vom Autor beabsichtigten Akzente mehrdeutig. White wirft in dieser Parabel vom »Wachstum« Stans, des Suchers, der von den (im Roman gefeierten) einfachen Dingen und dem inneren Zerfall seiner Ehe zur Weisheit vorstößt, die Frage nach dem Sinn des Lebens auf, aber gerade die »Erhellung« bleibt obskur, und damit auch der letzte Wurzelgrund des »Baums des Lebens«. Dazu kommt, daß der seltsam schleppende und gekünstelte Schluß keinen Ersatz für die postulierte, aber nicht gestaltete Kontinuität des Lebens bietet, das White in seiner morphologischen Essenz vorzuführen bestrebt ist. Der dichterische Rang des Autors offenbart sich eher in den pessimistischen und den ironisch-humorvollen Aspekten des Romans, in der illusionslosen Einsicht in die Kontaktlosigkeit, Kommunikationsunfähigkeit und unheilbare Einsamkeit des sich selbst fremden Durchschnittsmenschen. Nicht Mythos oder Mystik, sondern mitfühlendes Verständnis für das tastende Suchen und hilflose Verstummen, für die ganze Schmerzhaftigkeit menschlicher Beziehungen macht im Verein mit Whites Begabung für tragikomische Gesellschaftssatire *The Tree of Man* zu einem großen Roman. J.H.T.

AUSGABEN: NY 1955; ern. 1966. – Ldn. 1956. – Harmondsworth 1961 u. ö. (Penguin). – NY 1975.

ÜBERSETZUNG: *Zur Ruhe kam der Baum des Menschen nie*, A. u. H. Böll, Köln 1957. – Dass., dies., Köln 1973. – Dass., dies., Mchn. 1973 (dtv; ⁴1988).

LITERATUR: V. Buckley, *P. W. and His Epic* (in *Australian Literary Criticism*, Hg. G. Johnston, Melbourne 1962, S. 187–197). – G. Wilkes, *P. W.'s »The Tree of Man«* (in Southerly, 25, 1965, S. 23–33). – M. Mackenzie, *Apocalypse in P. W.'s »The Tree of Man«* (in Meanjin, 25, 1966, S. 405–416). – A. K. Thomson, *P. W.'s »The Tree of Man«* (ebd., S. 21–30). – A. P. Riemer, *Visions of the Mandala in »The Tree of Man«* (in Southerly, 27, 1967, S. 3–19). – G. Barden, *P. W.'s »The Tree of Man«* (in Studies, Dublin, 57, 1968, S. 78–85). – J. Burrows, *Stan Parker's »Tree of Man«* (in Southerly, 29, 1969, S. 257–279). – J. B. Beston, *Dreams and Visions in »The Tree of Man«* (in ALS, 6, 1973, S. 152–166). – A. Maack, *Shakespearean Reference as Structural Principle in P. W.'s »The Tree of Man« and »The Eye of the Storm«* (in Southerly, 38, 1978, S. 123–140). – A. G. Khan, *A New Approach to P. W.'s »The Tree of Man«* (in *Indian Readings in Commonwealth Literature*, Hg. G. S. Amur u. a., NY/New Delhi 1985, S. 157–164).

THE TWYBORN AFFAIR

(engl.; *Ü: Die Twyborn Affäre*). Roman von Patrick WHITE (Australien), erschienen 1979. – Das Problem menschlicher Sexualität in Form von Homophilie und Transvestismus steht in Whites elftem Roman zum erstenmal im Mittelpunkt, obwohl der Autor das Thema in früheren Werken schon öfter, sozusagen wie zufällig, gestreift hatte. Der biographische Hintergrund wurde freilich erst durch *Flaws in the Glass*, das Selbstporträt von 1981, offenbar, als White sich zur Entrüstung des australischen Publikums zu seiner homosexuellen Veranlagung und zu seinem griechischen Lebensgefährten bekannte. Das Problemfeld sexueller Bipolarität und das der darin gründenden Ambiguitäten hatte den Romancier White – vor allem in Verbindung mit der Suche nach Ganzheit, nach Totalität – schon vielfach beschäftigt: Bereits in *Voss* (1957) wird die platonische Beziehung zwischen Laura und Voss, eines der zentralen Themen des Romans, unter dem Aspekt der Jungschen Polarität von *animus* und *anima* ausdrücklich mit der Mandala-Vorstellung von Totalität in Beziehung gesetzt. In *The Solid Mandala* (1966) demonstriert White dann das Problem der Spaltung und Zusammenführung des Ichs anhand der beiden Zwillingsbrüder Brown, von denen der eine, Waldo, den rationalistischen Willensmenschen verkörpert und der andere, Arthur, für Naivität und Emotion steht; die vier Glaskugeln haben für ihn mystische Bedeutung, werden für ihn eines Tages zum Symbol der Erlösung und Versöhnung, eben zum Mandala, dem Zeichen der Totalität.

Der dreiteilige Roman *The Twyborn Affair* handelt von einem Individuum, dem die eigene Sexualität zum Identitätsproblem von höchster Brisanz geworden ist: Eddie oder E. besitzt – als Kind des australischen Bezirksrichters Edward Twyborn und seiner Frau Eadie, die zum Transvestismus neigt – einen männlichen Körper, hat aber gleichzeitig ein weibliches Bewußtsein (diese Doppelnatur wird auch im Namen *Twyborn* – »zwiegeboren« – deutlich). Im ersten Teil des Romans erscheint E. zunächst als Eudoxia Vatatzes, die junge Frau von Angelos Vatatzes, einem alternden griechischen Kaufmann aus Smyrna, der byzantinische Großmachtphantasien unterhält. Man schreibt den Februar des Jahres 1914 und die beiden halten sich in einer kleinen französischen Stadt namens St. Mayeul auf. Dort befinden sich auch Freunde der beiden, nämlich E. Boyd Golson und seine lesbisch veranlagte Frau Joan, die von Eudoxia betört ist. Aus Furcht, ihr Geheimnis lüften zu müssen, reisen die Vatatzes allerdings bald ab. Angelos stirbt auf der »Flucht« in einer Pension und damit ist E. Eudoxia von einer mehr und mehr zur Belastung gewordenen Beziehung befreit.

Im zweiten Teil des Romans erscheint E. dann als Leutnant Eddie Twyborn, der nach dem Ersten Weltkrieg, mit zahlreichen Ehrungen dekoriert, nach Australien zurückkehrt. Dort kann er zwar mit seinen Eltern Wiedersehen feiern, aber wegen seines damals so plötzlichen Abschieds bleibt ständig ein Hauch von Fremdheit zwischen ihnen gegenwärtig. Da sich keine gelöste Beziehung mehr entwickeln will, setzt Eddie sich erneut ab und geht als Arbeiter auf eine Farm in Bogong, die einem gewissen Greg Lushington gehört. Da Eddie auf alle dort einen äußerst sympathischen Eindruck macht, fällt es Greg nicht schwer, ein väterliches Verhältnis zu dem Neuling zu entwickeln, das dieser seinerseits erwidert. Gregs Frau Marcia hingegener greift gleich die Gelegenheit, ihn zu ihrem Liebhaber zu machen. Mrs. Tyrrell hingegen, die Haushälterin des Managers Don Prouse, sieht in Eddie fast so etwas wie eine Tochter, während Prouse als sitzengelassener Ehemann und als Marcias Ex-Liebhaber Eddie verfällt und so auf seine durch den jungen Mann wachgerufenen, bisher verborgenen homosexuellen Gefühle reagiert. (Als natürliches Gegenbild zu all diesen problematischen Veranlagungen und Beziehungen erscheint die arrangierte Hochzeit zwischen dem des Lesens unkundigen Viehtreiber Denny Allen und der häßlichen Dot Norton, der Tochter des Kaninchenfängers Dick Norton, der auch der Vater ihres im Inzest gezeugten Babys ist.) Enttäuscht von den verschiedenen Formen sexueller Ausbeutung macht sich Eddie ein weiteres Mal davon. Später erfährt seine Mutter Eadie dann von Marcia, daß deren vierter – möglicherweise von Eddie stammender – Sohn wie schon Marcias frühere drei Söhne jung gestorben ist.

Zehn Jahre später taucht E. schließlich im dritten Teil des Romans als Eadith Trist in ihren mittleren Jahren auf, und zwar in der Eigenschaft als Bordellmutter in einem eleganten Londoner Etablissement, das teilweise von ihrem aristokratischen Gönner Lord Gravenor finanziert wurde. Moral ist für Eadith ein komplexes Phänomen, dem man mit konventionellen Maßstäben nicht gerecht wird. Gravenor liebt sie leidenschaftlich, doch ist diese Beziehung nicht frei von Spannungen, weil Eadith sich weigert, die volle Wahrheit über ihe Doppelnatur zu offenbaren. Erst nach der letzten Begegnung mit Gravenor wird Eadith klar, daß Gravenor sie in jeglicher Gestalt lieben würde. Als Eadith vom Tod des Vaters und vom Aufenthalt der Mutter in einem Londoner Hotel erfährt, kommt es dort – trotz Eadiths/Eddies Geschlechtsumwandlung – zu einem zärtlichen Wiedersehen. Eadith läßt sich von ihrer Mutter überreden, nach Australien zurückzukehren, nimmt die Rolle als Eddie wieder an und verkauft das Bordell. Auf dem Weg zur Mutter stirbt Eddie/Eadith jedoch bei einem Bombenangriff auf London.

In *The Twyborn Affair* geht es um die Problematik einer physischen wie psychischen Identitätsfindung unter den Bedingungen einer androgynen Veranlagung. Darüber hinaus weist der Roman deutlich gesellschaftskritische Züge auf, insofern er das Phänomen des angeborenen psychophysischen Grenzgängertums zu einer öffentlichen Angelegenheit, zu einer »Affäre« macht und damit das Problem der moralischen Bewertung der mannweiblichen Veranlagung durch die Öffentlichkeit aufwirft und deren hergebrachte Wertmaßstäbe in Frage stellt. Der Leser wird aufgefordert, sich den in jedem Individuum sich abspielenden psychischen Konflikt zwischen weiblichen und männlichen Komponenten als nicht zu verdrängende Alltagsgegebenheit bewußt zu machen. W.Ar.

AUSGABEN: Ldn. 1979. – NY 1980. – Harmondsworth 1981 (Penguin).

ÜBERSETZUNG: *Die Twyborn Affäre*, K. H. Hansen, Köln 1986. – Dass., ders., Mchn. 1991.

LITERATUR: J. Colmer, *Duality in P. W.* (in *P. W.: A Critical Symposium*, Hg. R. Shephard u. K. Singh, Adelaide 1978, S. 70–76). – D. Blamires, *P. W.: »The Twyborn Affair«* (in Critical Quarterly, 22, 1980, Nr. 1, S. 71–85). – J.-P. Durix, *Masks and Travesties: »The Twyborn Affair« by P. W.* (in Commonwealth, 4, 1980, S. 2). – J. Colmer, *P. W.'s Quest for Truth* (in *Essays on Contemporary Post-Colonial Fiction*, Hg. H. Bock u. A. Wertheim, Mchn. 1986, S. 355–369).

THE VIVISECTOR

(engl.; *Ü: Der Maler*). Roman von Patrick WHITE (Australien), erschienen 1970. – Mit seinem achten Roman hat Australiens bedeutendster Autor erneut einen mächtigen erratischen Block in die Landschaft der Gegenwartsliteratur gestellt. *The Vivisector* ist ein Künstlerroman, in dessen Mittelpunkt die Gestalt des hochbegabten Malers Hurtle Duffield steht. Als Sohn eines Altwarenhändlers geboren, wird der Frühbegabte von seiner Mutter für 500 Pfund an das neureiche, affektierte Ehepaar Courtney (bei dem sie als Wäscherin tätig ist) zur Adoption abgetreten, entzieht sich dann aber dem ihm aufgezwungenen Leben im Luxus, indem er im Ersten Weltkrieg Militärdienst leistet und sich dann in Paris künstlerisch ausbildet. Aus einer Periode der Erniedrigung und befreienden Wiedergeburt geht er als »Duffield der Maler« hervor, der durch expressionistisch-symbolische Bilder Berühmtheit erlangt. Nach einem an sterilen »Liebesaffären« reichen, exzentrischen Leben stirbt der alte, von einer Aura des Dämonischen und Legendären umgebene Duffield, der in seiner Malerei eine höhere Offenbarung gesucht hat, bei der Arbeit an einem mysteriösen Gemälde Gottes.

Das Sexuelle in all seinen Erscheinunsformen spielt in diesem Roman Whites eine ungewöhnlich große Rolle und bestimmt die meisten Verirrungen, in die sich Duffield im Dienst seiner Kunst verstrickt. Die oft sarkastisch gezeichneten, höchst unterschiedlichen, aber durchweg sehr bildhaften Frauengestalten bewegen sich zumeist nur an der Peripherie seines Daseins: die das junge Genie umsorgende Nance Lightfoot, eine Mutterfigur, die sich durch ihre aufgepfropft wirkenden sentimentalen Züge deutlich von der lebensechten Gestalt der Mutter Duffield abhebt, eine Dirne mit goldenem Herzen (nicht das einzige Klischee in diesem Roman, in dem Gemeinplätze eine beinahe leitmotivische Funktion haben), die ohne jedes Verständnis für Duffields Kunst seine ersten Meisterwerke inspiriert und durch Selbstmord endet; sodann Damen der Gesellschaft wie Duffields schöne Mäzenin Olivia Davenport oder die äußerlich einer Göttin gleichende und doch so gewöhnliche Hero Pavloussi, Gattin eines Schiffsmagnaten; und nach diesen sich prostituierenden Frauen Duffields »Lolita«, die ihn behexende und ausnutzende kindliche Geliebte Kathy Volkov, eine Pianistin. Meisterhaft ist das Porträt jenes weiblichen Wesens, dem Duffield nicht durch sexuelle Begierde verbunden ist: seiner verkrüppelten, scharfzüngigen Ziehschwester Roda Courtney, die ihm, nachdem er einen Schlaganfall erlitten hat, in seinen letzten Lebensjahren den Haushalt führt und in deren körperlicher Mißbildung seine seelische Invalidität eine Entsprechung findet.

White hat *The Vivisector* linear angelegt (in zehn, Lebensepisoden oder -phasen umfassenden, vom Jahrhundertbeginn bis zur Gegenwart führenden Kapiteln) und damit auf die formale und strukturelle Brillanz verzichtet, die in *The Solid Mandala* (1966) wesentlich zur Komplexität und Konzentration beiträgt. Technisch und künstlerisch um so bemerkenswerter erscheinen Bildlichkeit und Stil des trotz seines konventionelleren Aufbaus panoramischen Romans. In einer mit Metaphern und Symbolen gesättigten Sprache, in farblich reich nuancierten Wortgemälden, vor denen herkömmliche Trennungslinien zwischen Prosa und Poesie verblassen, wird eine Welt heraufbeschworen, die in ihrer Vielgestaltigkeit selbst innerhalb Whites Gesamtwerk neu erscheint. Whites Diktion gibt sich hier weniger kompliziert und spröde, weitaus direkter aus früher Seine evokative »malerische« Sprachbehandlung, die hier nicht manieristisch, sondern mit thematischer Relevanz eingesetzt wird, befähigt ihn, das notorisch heikle Problem (man denke an Th. MANNS *Doktor Faustus*), Phänomene *einer* Kunstgattung durch ein *anderes* Medium wiederzugeben – hier Weltsicht und Schaffen eines Malers durch literarische Mittel –, mit suggestiver Überzeugungskraft zu lösen.

White läßt Mrs. Courtney das zentrale, titelgebende Sinnbild des Romans prägen, wenn sie ihrem Adoptivsohn vorwirft, er sei *»mit einem Messer im Auge geboren«*. Zugleich aber verweist er damit auf die das ganze Buch durchziehende Ambivalenz des Skalpell-Symbols: Die Antivivisektionistin Courtney zerlegt die Gefühle des jungen Duffield; der unverstandene Künstler-Chirurg ist geschlagen mit einer Sehweise, die scheinbar gleichgültig das Innere der Welt bloßlegt, ihn dazu treibt, im Dienst einer höheren Wahrheit seinen Mitmenschen rücksichtlos Schaden zuzufügen, zugleich aber sich selbst zu sezieren.

The Vivisector stellt eine gewichtige Aussage Whites zu dem anspruchsvollen Thema »Vision und Realität« und zur Frage der künstlerischen Motivierung dar. Wie die Musikerin Kathy Volkov versucht der Maler Duffield in seiner Kunst ein reineres Selbst zu schaffen, und in der schrillen Diskrepanz zwischen dem idealistischen Bild, das er sich von Kathy macht, und der ungeschminkten Wahrheit (Kathy übertrifft in ihrem unmenschlichen Egoismus selbst ihren geistigen Vater) liegt einer der schärfsten ironischen Züge des Buches. Mit einem an Besessenheit grenzenden Ostinato stellt White in immer neuen Variationen die Andersartigkeit, die Unbehaustheit, das Außenseitertum, die – im Adoptivmotiv fast überbetonte – Gespaltenheit und Entfremdung des Malers Duffield dar. In ihm verkörpert sich ohne Zweifel die von White als alarmierend empfundene Isolation des modernen australischen Künstlers. Daraus resultiert der im tieferen Sinn autobiographische, bekenntnishafte Charakter des Buches, das darin wie auch in der Darstellung des abgesonderten Ausnahmemenschen Whites 1957 erschienenem Roman *Voss* verwandt ist.

In der *»scharf konturierten Konfrontation von Außenseiter und Spießer«* (R. Heltay) steckt eine der Doppelsinnigkeiten des Romans: Der über die Philister erhabene Künstler bedarf des Häßlichen, Schäbigen und Vulgären (etwa verkörpert in dem ordinären homosexuellen Kolonialwarenhändler Cutbush) als Rohmaterial; Dreck, abstoßende Spielarten des Sexuellen und körperliche Mißbildungen werden zu Sinnbildern für die *conditio humana*. Der Künstler Duffield, dazu erkoren, durch Grausamkeit Schönheit hervorzubringen, konsumiert und zerstört schonungslos Menschen, vor allem Frauen. Aber daß Whites natürliche Humanität und entwaffnender Humor dieser scharfen Gesellschaftssatire Züge einer menschlichen Komödie verleiht, straft den Vorwurf, sein Roman sei von misanthropischer Kälte, Lügen.

Mit der tragischen Doppelrolle des Vivisektors, der selbst seziert wird, weist White auf die Zwiespältigkeit der schöpferischen Existenz hin: Die »Herzlosigkeit« des Künstlers ist untrennbar verknüpft mit Selbstentäußerung und Opfer. Kunst und religiöses Erleben, die Fragen nach Gott und Mensch fallen im Begriff des Vivisektors zusammen. Wie alle Helden Whites ist Duffield ein Wahrheitssucher (die »naturalistische« Ernüchterung liefert den Kontrapunkt zu diesem Streben), der durch das Scheinhafte zum Unendlichen, Unaussprechbaren vorstoßen will. J.H.T.-KLL

Ausgaben: NY/Ldn. 1970. – Harmondsworth 1973 (Penguin). – NY 1975.

Übersetzung: *Der Maler*, W. Borgers u. E. Bootz, Düsseldorf 1972. – Dass., dies., Ffm. 1974. – Dass., dies., Mchn. 1989.

Literatur: Rez. (in Meanjin, 29, 1970, S. 526–529; 30, 1971, S. 125–129). – Rez. (in New Statesman, 23. 10. 1970, S. 536–538). – Rez. (in London Magazine, 10, 1971, S. 98–101). – J. B. Beston, *P. W.'s »The Vivisector«: The Artist in Relation to His Art* (in ALS, 5, 1971, S. 168–175). – T. Herring, *P. W.'s »The Vivisector«* (in Southerly, 31, 1971, S. 3–16). – P. A. Morley, *Doppelgänger's Dilemma: Artist and Man. »The Vivisector«* (in Queen's Quarterly, 78, 1971, S. 407–420). – T. Smith, *A Portrait of the Artist in P. W.'s »The Vivisector«* (in Meanjin, 31, 1972, S. 167–177). – J. Docker, *P. W. and Romanticism: »The Vivisector«* (in Southerly, 33, 1973, S. 44–61). – V. Brady, *The Artist and the Savage God: P. W.'s »The Vivisector«* (in Meanjin, 33, 1974, S. 136–145). – R. F. Brissenden, *»The Vivisector«: Art and Science* (in *The Australian Experience*, Hg. W. S. Ramson, Canberra 1974, S. 311–324). – R. S. Baker, *Romantic Onanism in P. W.'s »The Vivisector«* (in TSLL, 21, 1979, S. 203–225). – B. Burman, *The Misanthropic Painting or Settling an Account with the Almighty Mother: »The Vivisector« – P. W.'s Universal Work of Art* (in OL, 39, 1984, S. 266–283). – Ch. Duparc, *Images of the Artist in »The Vivisector« by P. W.* (in Commonwealth, 8, 1985, S. 11–18).

VOSS

(engl.; *Ü: Voss*). Roman von Patrick White (Australien), erschienen 1957. – Die introvertierte Parabel *Voss*, Whites fünfter Roman, brachte dem Autor, der sich damit erneut ostentativ von der herkömmlichen Erzählkunst abwandte, neben mehreren literarischen Preisen zwiespältige Rezensionen ein. Trotz unleugbarer Ähnlichkeiten zwischen der Titelfigur und dem exzentrischen, bis heute umstrittenen preußischen Australienforscher Ludwig Leichhardt (geb. 1813), der 1848 auf seiner dritten Entdeckungsreise spurlos verschwand, darf das Werk nicht als Schlüsselroman, der arrogant-linkische Voss, dessen Bild zwischen grotesker Inkompetenz und heroischer Größe schwankt, nicht als historisches Porträt mißverstanden werden. White scheint, angeregt von zeitgeschichtlichen Analogien und Kriegserlebnissen (vor allem in der nordafrikanischen Wüste) schon vor der Lektüre der Leichhardt-Dokumente die Studie eines sendungsbewußten Größenwahnsinnigen geplant zu haben und ließ sich nach der Lektüre von seiner künstlerischen Phantasie leiten.

Johann Ulrich Voss versucht im Jahr 1845, den australischen Kontinent von Osten nach Westen zu durchqueren; seine durch Entbehrungen, Krankheiten und seelische Krisen gefährdete, von feindlichen Eingeborenen bedrohte Expedition scheitert kläglich, und nur einer aus der kleinen, bunt zusammengewürfelten Gruppe, der ehemalige Sträfling Judd, der den Glauben an Voss verloren und mit zwei anderen Teilnehmern den Rückweg angetreten hat, bleibt am Leben. Voss selbst wird von seinem geliebten Aborigine-Jungen Jackie mit einem Messer, das er ihm geschenkt hat, enthauptet. Zwanzig Jahre später wird dem verschollenen Entdecker in Sydney ein Denkmal errichtet.

White bedient sich in *Voss* einer wirkungsvollen Kontrasttechnik, doch werden die Kontraste von einem weitgespannten, überlegen geknüpften kompositionellen Netz überlagert und verschwimmen in der nach Aussage des Autors eher »muskalischen« Textur des Romans. Entfaltet White bei der Schilderung der wohlhabenden kolonialen Gesellschaft Sydneys erneut sein satirisches Talent, so stellt er – in bewußter Paradoxie – die Realität vor allem in der symbolischen Traumwelt des unbesiegten Busches dar, den der Fremdling Voss instinktiv als die seinem übermenschlichen Streben angemessene geistige Landschaft begreift. Die Expedition hat den Charakter einer spirituellen, zur Selbstentdeckung, Erfüllung und transzendierendem Verstehen führenden Eroberungsfahrt; dem entspricht die (deutlich an *The Aunt's Story*, 1948, erinnernde) poetische, betont antinaturalistische Anlage des Werkes als einer Folge von Bildern, die zwischen überscharfer Wirklichkeit und surrealistischer Vision hin- und herflackern, eine hypnotische, oft unheimliche Wirkung erzeugen und den Verlgeich mit BLAKE und Dalí nahelegen. – Der von verzehrendem Stolz und messianischem Sendungsgefühl getriebene Voss – mehr die Verkörperung einer Idee als ein in sich glaubhafter Charakter – will auf seiner der Selbstverspottung dienenden Reise zu einer neuen Dimension der Erfahrung vorstoßen. Sein Versuch, mit qualvoll angespanntem Willen das Normalmaß des Menschlichen zu zerstören, macht die Expedition zu einer leuteschinderischen, letztlich blasphemischen Kraftprobe. Aber sein Rivalisieren mit dem Schöpfer endigt in heiligmäßiger Hingabe, seine Hybris in Demut. White verbindet – nicht ohne Gewaltsamkeiten – den Voss umgebenden Bereich des Traumes mit dem der Alltagswelt durch die eigenartige, der Erlöserfunktion Wagnerscher Heroinen ähnliche Rolle, die er der schönen Laura Trevelyan zuteilt: Die Adoptivtochter des (Voss' Abenteuer finanzierenden) Geschäftsmannes Edmund Bonner rettet Voss durch ihre als schicksalhaft verstandene Liebe vor der Selbstzerstörung. Nach kurzer Bekanntschaft vor dem Aufbruch der Expedition vollzieht sich Lauras wachsende Identifizierung und Vereinigung mit Voss, mit dem sie die Entfremdung von einer durchschnittlichen Umwelt teilt, ganz auf telepathischem Weg, untermalt von einer Farben-, Ding- und Traumsymbolik, die die Affinität von Mystik und Erotik grell beleuchtet.

Nicht nur die forcierte Symbolik des Romans, auch Whites (längst als »manieristisch« abgestempelter) Stil – in *Voss* eine eigentümlich sinnlich-unsinnliche, bisweilen blumige und oft allzu effektbewußte, Schlüsselwörter überbelichtende Prosa – hat die Kritik befremdet (von der unkonventionellen Gestaltung eines australischen »historischen« Vorwurfs ganz zu schweigen). Whites gedankenschwere Romane provozieren unweigerlich komplizierte metaphysische Deutungen. An *Voss* hat man nicht nur die Geistesverwandtschaft mit der Hochromantik und mit NIETZSCHE hervorgehoben, man hat das Buch auch als *»Roman aus dem Geist Schopenhauers«* (J. Cowburn) bezeichnet. Die Kritik hat offenbar Mühe, in dem pessimistisch verengten Lebens- und Menschenbild des Romans, im Schicksal des fanatischen Ausnahmemenschen die Universalität etwa von *The Tree of Man* (1955) wiederzufinden. Zudem herrscht Unklarheit über Whites Intentionen. Man hat ihm vorgeworfen, die christliche Dialektik des Triumphes durch Demut und Opfer sei zu abstrakt und unverbindlich gestaltet. Zudem stilisiert White die magnetisch-unsympathische Führerpersönlichkeit Voss zur Christusallegorie. Das allerdings eher an Johannes den Täufer gemahnende Ende des Dulders Voss wird präfiguriert durch den Märtyrertod des demütigen Palfreyman und unterstrichen durch die symbolischen Aspekte Judds (seines Petrus) und Jackies (seines Judas, der in einem Akt der Selbstbefreiung und um den Preis seiner atavistischen Treue zum Stamm seinen Herrn verrät, als dieser seine eigene Erlösung bereits gefunden hat).

White stellt, vor allem am Schluß des Romans, die Titelgestalt in eine mehrfach ironische Perspektive: durch die pompöse Bronzestatue, mit der eine ahnungslose Nachwelt den unansehnlichen und unorthodoxen »Entdecker« kanonisiert; durch den Umstand, daß in der Erinnerung des halbverrückten Judd der Christustod Palfreymans und die Ermordung des herrischen Expeditionsleiters (deren Zeuge Judd nicht war) ineinanderfließen; und durch das wie ein Rückfall in den Voss'schen »Egototalitarismus« (R. Mather) anmutende exklusive Wissen Lauras um den »wirklichen« Voss und sein geistiges Fortleben. White läßt offen, ob durch diese Beleuchtung eine echte Christusähnlichkeit des Protagonisten bewahrt, ob vor falschen Göttern gewarnt, ob Kritik an christlichem Ideengut oder an dem Nietzsches geübt werden soll. Man hat in dieser »Ambivalenz« und »Mehrfarbigkeit« (vgl. das Spiel mit dem Wort *particoloured*) ein Ausweichen Whites sehen wollen. (Bedeutsamerweise ist gerade von theologischer Seite vermerkt worden, es sei kennzeichnend für Whites dichterische Statur, daß er in *Voss* keine einheitliche Interpretation des menschlichen Dramas vorlegt.) Die etwas esoterische Originalität Whites ist unbestreitbar; die Größe seiner Leistung in *Voss* aber ist schwer zu definieren. Relevanter als die bei der Kritik beliebten Vergleiche mit Romanciers von Weltgeltung – von TOLSTOJ und Jane AUSTEN bis zu FAULKNER und PASTERNAK – dürfte der Hinweis darauf sein, daß White mit *Voss* den wohl bedeutendsten australischen Roman seit H. H. RICHARDSONS Romantrilogie *The Fortunes of Richard Mahony* (1917 bis 1929) geschaffen hat. J.H.T.

AUSGABEN: Ldn. 1957. – NY 1957. – Toronto 1957. – Harmondsworth 1960 u. ö. (Penguin). – Ldn. 1965, Hg. H. Heseltine. – Ldn. 1980.

ÜBERSETZUNG: *Voss*, J. Stickforth, Köln 1958. – Dass., ders., Darmstadt 1961. – Dass., ders. Reinbek [3]1976 (rororo).

VERTONUNG: R. Meale, *Voss* (Libretto: D. Malouf; Oper; Urauff.: Adelaide, 1. 3. 1986, Festival Centre).

LITERATUR: J. Cowburn, *The Metaphysics of »Voss«* (in Twentieth Century, 18, 1964, S. 352–361). – S. Gzell, *Themes and Imagery in »Voss« and »Riders in the Chariot«* (in ALS, 1, 1964, S. 180–195). – J. McAuley, *The Gothic Splendours: P. W.'s »Voss«* (in Southerly, 25, 1965, S. 34–44). – G. Wilkes, *A Reading of P. W.'s »Voss«* (ebd., 27, 1967, S. 159–173). – P. Shrubb, *P. W.: Chaos Accepted* (in Quadrant, 12, 1968, S. 7–19). – P. Beatson, *The Three Stages: Mysticism in P. W.'s »Voss«* (in Southerly, 30, 1970, S. 111–121). – A. Rutherford, *»Voss«: The Two Planes* (in Literary Half-Yearly, 13,

1972, S. 73–90). – J. u. R. M. Beston, *The Theme of Spiritual Progression in »Voss«* (in Ariel, 5, Calgary 1974, S. 99–114). – D. Green, *»Voss«: Stubborn Music* (in *The Australian Experience*, Hg. W. S. Ramson, Canberra 1974, S. 284–320). – B. Kiernan, *P. W.: The Novelist and the Modern World* (in *Cunning Exiles*, Hg. D. Anderson u. S. Knight, Melbourne 1974, S. 81–103). – K. Garebian, *The Theme of Completeness in »Voss«* (in MFS, 22, 1976/77, S. 557–569). – W. Walsh, *P. W.: »Voss«*, Ldn. 1976. – V. Brady, *The Novelist and the New World: P. W.'s »Voss«* (in TSLL, 21, 1979, S. 169–185). – S. A. Wood, *The Power and Failure of ›Vision‹ in P. W.'s »Voss«* (in MFS, 27, 1981, S. 141–158). – A. Smith, *»Voss«: Notes*, Harlow 1982 (York Notes). – Th. M. Stein, *P. W.: »Voss«*, Mchn. 1983. – R. Edgecombe, *Faith, Pride and Selfhood in P. W.'s »Voss«* (in English Studies in Africa, 27, 1984, S. 133–145). – N. Platz, *Überlegungen zu P. W.s »Voss«* (in *Anglistentag 1983, Konstanz*, Hg. J. Schlaeger, Gießen 1984, S. 378–390). – D. J. Tacey, *P. W.'s »Voss«: The Teller and the Tale* (in Southern Review, 18, Adelaide 1985, S. 251–271). – M. Nedeljkovic, *Voss or the Uneasy Conscience* (in Commonwealth Essays and Studies, 9, 1987, S. 84–91). – H. Teyssandier, *Le voyage et la quête dans »Voss«, de P. W.* (in *Le voyage romanesque et ses reécritures*, Hg. Ch. la Cassagnère, Clermont-Ferrand 1987, S. 271–287). – I. Petersson, *New ›Light‹ on »Voss«: The Significance of Its Title* (in WLWE, 28, 1988, S. 245–259). – M. Ewans, *»Voss«: W., Malouf, Meale* (in Meanjin, 48, 1989, S. 512–525). – G. W. Lyon, *The Dissonant Unity of »Voss«* (in Australian and New Zealand Studies in Canada, 4, 1990, S. 15–26). – D. Seaton, *Land and History: Inter-Discursive Conflict in »Voss«* (ebd., S. 1–14).

IV. Die neuseeländische Literatur

Die Inseln, die heute Neuseeland heißen, wurden erst vor etwa einem Jahrtausend von Menschen betreten, und vor dem 19. Jahrhundert kann man kaum von einer schriftlichen Literatur reden. Die lange mündliche Tradition der Maori hat allerdings noch im heutigen Schrifttum Spuren hinterlassen. Ihre wichtigsten Gattungen waren *whakapapa* (rezitierte Genealogien und Familientraditionen), *waiata* (gesungene Gedichte), *karakia* (Zauberformeln), *whakatauki* (Sprüche) und *korero* (Erzählungen). Dem Leser sind sie in Sammlungen der europäischen Forscher Sir George GREY, Edward SHORTLAND, John WHITE und Elsdon BEST zugänglich gemacht worden, allerdings bis heute nicht in kritischen Ausgaben, die den gesamten Stoff der Überlieferungen ausbreiten müßten. Die Auswahlveröffentlichungen dieser und anderer Forscher leiden unter der Neigung der Europäer, die ihnen vertrauten Gattungen und Formen zu bevorzugen oder gar fremde Formen dem Stoff aufzuprägen. Die besten Quellen bleiben deshalb bis heute die lebenden Stammesälteren.

Das Maori-Bild in den Romanen des 19. Jahrhunderts

In der englischsprachigen Literatur des 19. Jahrhunderts kann man manche der alten Legenden wiederfinden, allerdings unter noch engeren Auswahlkriterien als in den genannten Sammlungen. Die Geschichte von »Hinemoa und Tutanekae« ist zweifellos die beliebteste und wird in zahlreichen sentimentalen Gedichten der viktorianischen Zeit nacherzählt. Es handelt sich um die Geschichte eines Liebespaares, das sich Treue bis in den Tod bewahrt und dabei den Vorstellungen seiner Stammesleute trotzt. Tutanekae ertrinkt bei einem Sturm, als er zu seiner Geliebten schwimmen will, die auf eine Insel im Rotorua-See verbannt wurde. Die Gründe für die Beliebtheit dieser Geschichte unter den Kolonialherren schließen sicherlich die Anklänge an »Romeo und Julia« oder »Hero und Leander« sowie den süßlich-melancholischen Glauben ein, daß die Maori-»Rasse« vom Aussterben bedroht sei.
Bemerkenswert unter den Maori-Darstellungen englischsprachiger Autoren ist das 500seitige epische Gedicht *Ranolf and Amohia* (1872) von Alfred DOMETT (1811–1887), das die Geschichte der tragischen Liebe eines englischen Seemanns und einer Maori-Prinzessin erzählt. Teile dieses Werkes sind äußerst wirkungsvoll, und sein Status – langweilige Sentimentalität oder fehlerhaftes Meisterwerk? – ist immer noch umstritten. Verwandt mit diesem sind andere Erzählwerke, die den Maori als zuweilen unartiges, aber liebenswertes »Kind« darstellen. Dieses Maori-Bild taucht in Romanen der Pionierzeit auf, die das Land als rauhes Paradies auffassen, das nur gezähmt werden müsse, um ein wahres Paradies zu werden. Nach dieser Sichtweise könnte auch der Maori gezähmt werden. Beispiele für solche Romane sind *Distant Homes* (1862) von Isabella AYLMER, *Over the Hills and Far Away* (1874) von Charlotte EVANS und *Waitaruna* (1881) von Alexander BATHGATE.
Neben solchen Idyllen stehen andere Romane, die den Maori als brutalen »Wilden« und das Land selbst als unwegsam und menschenfeindlich darstellen. Insbesondere die Landkriege zwischen Maori und Siedlern in den sechziger und siebziger Jahren des 19. Jahrhunderts waren Anlaß und ergaben sensationellen Stoff für zahlreiche Romane dieser Art. Oft erreichen diese ihren Höhepunkt in der Darstellung eines Kannibalenfests – etwa in *Henry Ancrum: A Tale of the Last War* (1872) von J. H. K., *War to the Knife* (1898) von Rolf BOLDREWOOD (d. i. Thomas Alexander Browne) und *The Web of the Spider* (1891) von H. B. Marriott WATSON.
Diese beiden Romantypen existieren bis heute weiter, obwohl die ländliche Idylle häufig keine Maori-Figuren mehr aufweist. Sie hat eine ernsthafte und differenzierte Form in Georgina MCDONALDS *Grand Hills for Sheep* (1949) gefunden, einem Roman, der nicht mehr zur Trivialliteratur gezählt werden kann. Weitere Beispiele der Gattung sind die zahlreichen Romane von Mary SCOTT (1888–1979), die merkwürdigerweise in Europa besser bekannt sind als in Neuseeland. Dies liegt sicherlich am idealisierten Bild des Farmlebens – der Neuseeländer kennt dessen Härten besser.

Neuseeländische Erzählliteratur der Moderne

Neuere Beispiele für Romane, die sich die kolonialen Landkriege als Stoff vornehmen, sind ebenfalls zahlreich und zum Teil kontrovers. Das Thema wurde schon 1914 in einer ausgeglichenen und literarisch erfolgreichen Weise in William SATCHELLS (1860–1942) *The Greenstone Door* behandelt, und spätere eher einseitige Darstellungen der Kriege sind keinesfalls als Zeichen des Fortschritts zu sehen. Einer Trilogie von Errol BRATHWAITE (geb. 1924), *The Flying Fish* (1964), *The Needle's Eye* (1965) und *The Evil Day* (1967) folgten bedeutsame Romane von Maurice SHADBOLT (geb. 1932) und Witi IHIMAERA (geb. 1944). Shadbolts *Season of the Jew* (1986) und *Monday's Warriors* (1990) lassen den Leser die Kriege durch die Augen eines zynischen und dennoch patriotischen englischen Soldaten erleben, wohingegen Ihimaeras *The Matriarch* (1986) dieselben Szenen unter Heroisierung und Mythisierung der Maori-Kämpfer darstellt. Die Synthese dieser Standpunkte, die Satchell schon 1914 gelungen war, scheint späteren Schriftstellern nicht mehr möglich zu sein. Ihimaera ist das vorzüglichste Beispiel eines Maori-Schriftstellers der »Maori-Renaissance«, die seit etwa 1970 stattgefunden hat. Neben ihm ist Patricia GRACE (geb. 1937) die bekannteste Vertreterin dieser Bewegung, die darüber hinaus noch viele weitere Stimmen ermutigt hat. Graces Kurzgeschichten geben sich als bescheidene Erzählungen, sind aber bei näherer Betrachtung äußerst kunstvolle Darstellungen der gebrochenen Welt der heutigen Maori.

Überhaupt besitzt die Kurzgeschichte einen höheren Stellenwert in Neuseeland als in älteren Literaturen. In dieser Hinsicht sind die Werke Katherine MANSFIELDS (1888–1923) durchaus typisch für ihr Herkunftsland. Frank SARGESON (1903 bis 1982), der als der bedeutendste Schriftsteller seiner Generation gilt, hat diesen Ruf in erster Linie mit den sehr kurzen Erzählungen in *Conversation with My Uncle and Other Sketches* (1936) und den längeren in *A Man and His Wife* (1940) begründet, auch wenn spätere Romane und Autobiographien sein Werk abrunden. Roderick FINLAYSON (geb. 1904), Maurice DUGGAN (1922–1974) und A. P. GASKELL (geb. 1913) haben ebenfalls ihre breite Leserschaft ausschließlich mit Kurzgeschichten gewonnen. Janet FRAME (geb. 1924), die wiederum als die leitende Figur ihrer Generation und überhaupt als die faszinierendste Schriftstellerin Neuseelands anerkannt wird, hat ebenfalls wunderschöne Kurzgeschichten geschrieben; aber vor allem auf ihre Romane, die zugleich lyrisch und tragisch sowie sehr originell in Sprache und Form sind, gründet sich ihr Ruf. Noch jüngere Vertreter der Kurzgeschichte als Gattung sind Owen MARSHALL (geb. 1941) und Vincent O'SULLIVAN (geb. 1937), die neue Elemente von Ironie und Unbestimmtheit eingeführt haben.

Verglichen mit der Kurzgeschichte hat der Roman zwar eine weitere Verbreitung, aber oft weniger kritische Anerkennung gefunden. Der große internationale Erfolg von Keri HULMES (geb. 1947) *Unter dem Tagmond* (*The Bone People*, 1984) hat zum ersten Mal den Eindruck erweckt, daß man als im Lande wohnhafter Neuseeländer eine »Weltkarriere« machen kann; so sind in den letzten Jahren die Romanveröffentlichungen zahlenmäßig rapide gestiegen. Allerdings gibt es auch beachtliche lokale Erfolge aus früheren Jahren. William Satchell, Edith GROSSMAN (1863–1931), Jane MANDER (1877–1949) und Jean DEVANNY (1894 bis 1962) sieht man heute als Pioniere auf diesem Gebiet. In den dreißiger Jahren gab es ein erstes Aufblühen der Romanliteratur. John MULGAN (1911–1945) hat mit seinem Buch *Man Alone* (1939) den Grundstein für eine Reihe von Büchern gelegt, die Männlichkeit und Unabhängigkeit – etwa im Sinne Hemingways – feiern. Politisch engagiert war John A. LEE (1891–1982), dessen *Children of the Poor* (1934) ein schockierendes und wohl übertriebenes Bild von Armut in den Depressionsjahren malte. Robin HYDE (d. i. Iris Wilkinson, 1906–1939) untersuchte die Geschichte von Außenseitern der neuseeländischen Gesellschaft, wie etwa von einem Deserteur des Ersten Weltkriegs in *Passport to Hell* (1936). Auch als Lyrikerin wurde sie bekannt. Vorbild für viele spätere Schriftsteller war der bereits erwähnte Frank SARGESON. Dan DAVIN (1913–1990) begann etwas später als diese anderen mit *Cliffs of Fall* (1945), aber auch er und James COURAGE (1905–1963) können zu den engagierten Schriftstellern dieser Generation gezählt werden, die versuchten, die problematische Lage der ärmeren Bevölkerungsgruppen in Romanen darzustellen. Noch später erschien das erste Buch von Sylvia ASHTON-WARNER (1908–1984), nämlich *Spinster* (1958), ein Roman, der ihren Ruf als Schriftstellerin und als Pädagogin begründete.

Bemerkenswerte jüngere Romanciers sind R. H. MORRIESON (1922–1972), David BALLANTYNE (1924–1986), Ian CROSS (geb. 1925), Noel HILLIARD (geb. 1929), Maurice GEE (geb. 1931), dessen Hauptwerk *Plumb* (1978) zu den Meisterwerken des Genres gezählt werden muß, James MCNEISH (geb. 1931), C. K. STEAD (geb. 1932), der in Neuseeland lebende Samoaner Albert WENDT (geb. 1939), Fiona KIDMAN (geb. 1940), und Ian WEDDE (geb. 1946).

Die neuseeländische Lyrik

Viele Leser sind der Ansicht, daß in den Errungenschaften der Lyrik die Eigenart der neuseeländischen Literatur besser zum Ausdruck kommt als in der Erzählprosa. Der bedeutendste Lyriker ist zweifellos Allen Curnow (geb. 1911), der sein erstes Buch schon 1933 veröffentlichte und noch in den neunziger Jahren seine treue Leserschaft immer erneut überraschen kann. Seine kritischen Schriften haben ihm den Ruf eines Nationalisten eingebracht, aber keiner hat so offen wie er die Anregungen des internationalen Literaturbetriebs aufgenommen. Als Herausgeber der Anthologie *A Book of New Zealand Verse 1923–45* (1945) stellte Curnow seine eigene Generation als die »Gründerzeit« der neuseeländischen Literatur dar, und diese Idee wirkt nach. Erst in allerneuester Zeit wird sie in verschiedenen Artikeln in Frage gestellt. Letztlich gab es schon vor 1923 viele Lyriker in Neuseeland, und manche – Domett, Eileen Duggan (1894–1972), Arthur Adams (1872–1936), Blanche Baughan (1870–1958) – werden noch gerne gelesen. Trotzdem wird der älteste Dichter in Curnows Sammlung, nämlich R. A. K. Mason (1905–1971), oft als »Vater« der neuseeländischen Lyrik gefeiert. Denis Glover (1912–1980), der humoristische Verse und begeisterte Landschaftsdarstellungen sowie einige Satiren schrieb, hat den Status eines Volksdichters erreicht. Sein Freund A. R. D. Fairburn (1904–1947) war auch als humoristischer und lyrischer Dichter bekannt, stellte allerdings die sozio-politische Situation des Landes des öfteren in den Vordergrund. Charles Brasch (1909–1973), der als Lyriker und Übersetzer Bedeutendes leistete, ist eher als Gründer und langjähriger Herausgeber der Zeitschrift ›Landfall‹ (1947 ff.) bekannt; in dieser Eigenschaft achtete er auf hohe, streng konservative Standards, eröffnete freilich trotzdem vielen später bekannt gewordenen Schriftstellern die erste Veröffentlichungsmöglichkeit.

Etwas jünger als die Genannten ist der brillante und vielseitige Lyriker und Dramatiker James K. Baxter (1926–1972), dessen facettenreiche Gedichte eine der größten Errungenschaften der neuseeländischen Literatur darstellen. Seine Themen reichen von tiefer Religiosität bis zu pornographisch anmutender Liebeslyrik und von mystischen Beschwörungen der Landschaft bis zu satirischen Angriffen auf die zentralen Werte der neuseeländischen Gesellschaft. Die Formen sind so vielfältig wie die Themen und erhöhen das Bild einer schillernd-intensiven, humor- und gefühlvollen Persönlichkeit. In seinen letzten Jahren leitete er eine ländliche Kommune, und seine Gedichte aus dieser Zeit beschäftigen sich mit den Problemen der Armen und der Außenseiter, häufig von Maori.

Alistair Campbell (geb. 1925) wurde auf den Cook-Inseln geboren und gilt als »Maori-Dichter«; seine Lyrik ist sehr musikalisch und verhalten im Ton. Hone Tuwhare (geb. 1922) war der erste Maori, der als englischsprachiger Dichter Anerkennung fand, und er gilt vielen jüngeren als Vorbild. Lauris Edmond (geb. 1924) gehört ebenfalls dieser Dichtergeneration an – zumindest nach der Chronologie der Geburt –, aber sie fing vergleichsweise spät an, ihre Gedichte zu veröffentlichen, und zwar erst nachdem sie ihre sechs Kinder großgezogen hatte. Seit dem Erscheinen von *In Middle Air* (1977) zählt sie allerdings zu den wichtigsten Dichterinnen überhaupt. Ihre *New and Selected Poems* (1991) erreichten Bestsellerzahlen, was für einen Lyrikband fast einmalig ist. Die Musikalität und Vielschichtigkeit ihrer Sprache tragen ebenso wie ihre betont weibliche Sichtweise zu diesem Erfolg bei.

Das neuseeländische Theater

Obwohl die Neuseeländer begeisterte Theaterfreunde sind, hat es nur wenige beachtenswerte Dramen gegeben. In seiner Zeit stand Bruce Mason (1921–1982) fast allein da, und sein Hauptwerk *The End of the Golden Weather* (1962) ist in der Tat ein Werk für eine »One-Man Show«. Allerdings schrieb er auch weitere bedeutende Werke für die Bühne, die oft die Beziehungen zwischen Maori und Siedlern in Neuseeland thematisieren. Mit der sozialkritischen Komödie *Foreskin's Lament* (1981) hat Greg McGee (geb. 1950) seine Landsleute aufgeschreckt, und seither gibt es zahlreiche Versuche, neue Wege im Theater zu finden. Vincent O'Sullivan (geb. 1937), der auch als Lyriker und Kurzgeschichtenautor bekannt ist, hat mehrere faszinierende Dramen geschrieben, wie etwa *Shuriken* (1985), das eine Meuterei in einem neuseeländischen Kriegsgefangenenlager und interkulturelle Mißverständnisse zwischen Japanern und Neuseeländern behandelt, *Jones & Jones* (1989), über das Leben Katherine Mansfields, und *Billy* (1990) über die Rassenproblematik im kolonialen Australien. Wellington ist mit seinen vier Berufstheatern inzwischen zum Zentrum des experimentellen Theaters geworden, wo auch die Maori eine neue Synthese aus ihren kulturellen Darstellungsformen und dem westlichen Theater suchen. In letzter Zeit ist die gesamte literarische Produktion in Neuseeland merklich gestiegen, was für die Zukunft der neuseeländischen Literatur durchaus Gutes verheißen mag.

Nelson Wattie

Literaturhinweise

A. Anthologien

R. M. Chapman u. J. F. Bennett (Hg.), *An Anthology of New Zealand Verse*, London/Oxford 1956.

A. Curnow (Hg.), *The Penguin Book of New Zealand Verse*, Harmondsworth 1960; Neuausgabe Auckland u. a. 1986, Hg. I. Wedde.

W. Ihimaera, *Into the World of Light: An Anthology of Maori Writing*, Auckland 1983

M. P. Jackson, *The Oxford Book of New Zealand Writing Since 1945*, Auckland u. a. 1983.

E. Jakubassa (Hg.), *Märchen aus Neuseeland. Überlieferungen der Maori*, Köln 1985.

M. Orbell (Hg.), *Contemporary Maori Writing*, Wellington u. a. 1974.

D. A. Stewart u. N. Keesing, *Old Bush Songs and Rhymes of Colonial Times*, Sydney 1957.

B. Bibliographie und Studien

Annals of New Zealand Literature, Wellington 1936.

J. A. S. Burns, *New Zealand Novels and Novelists, 1861–1979: An Annotated Bibliography*, Auckland 1981.

A. Curnow, *Look Back Harder: Critical Writings 1935–1984*, Hg. P. Simpson, Auckland 1987.

W. Curnow (Hg.), *Essays on New Zealand Literature*, London 1973.

T. Goldie, *Fear and Temptation: The Image of the Indigene in Canadian, Australian, and New Zealand Literatures*, Kingston u. a. 1989.

J. Jones, *New Zealand Fiction*, Boston 1983.

E. H. McCormick, *New Zealand Literature: A Survey*, London 1959.

A. L. McLeod, *The Pattern of New Zealand Culture*, Ithaca/N.Y. 1968.

H. D. McNaughton, *New Zealand Drama*, Boston 1981.

J. Metge, *Women in Maori Literature*, Wellington 1960.

W. H. New, *Dreams of Speech and Violence: The Art of the Short Story in Canada and New Zealand*, Toronto u. a. 1987.

B. Pearson, *Attitudes to the Maori in Some Pakeha Fiction* (in *Fretful Sleepers and Other Essays*, Auckland 1974, S. 46–71).

F. Sargeson, *Speaking for Ourselves*, Christchurch 1945.

Ders., *Conversation in a Train and Other Critical Writing*, Hg. K. Cunningham, Auckland 1983.

J. Stevens, *The New Zealand Novel 1860–1960*, Wellington 1961.

G. A. Wilkes u. J. C. Reid, *The Literatures of Australia and New Zealand*, University Park (Ala.)/London 1971.

M. Williams, *Leaving the Highway: Six Contemporary New Zealand Novelists*, Auckland 1990.

Writers in New Zealand: A Questionnaire (in Landfall, 14, 1960, S. 36–70).

JAMES KEIR BAXTER

* 29.6.1926 Brighton / Otago / Neuseeland
† 22.10.1972 Auckland

DAS LYRISCHE WERK (engl.) von James Keir BAXTER (Neuseeland).
Ungewöhnliche Produktivität, Thematik, Persönlichkeit und dichterische Fähigkeiten haben James K. Baxter zu einem der bekanntesten und beliebtesten Lyriker Neuseelands gemacht, den die ›Auckland Sun‹ am Tag nach seinem Tode als *»Dichter, Philosophen und Kommune-Patriarchen«* bezeichnete. Baxter, dessen Vater ein schottischer Pazifist und dessen Mutter eine englische Akademikerin waren, hatte bereits sehr früh (zwischen 1937 und 1939 ging er in den englischen Cotswolds zur Schule) Schwierigkeiten, sich der Gesellschaft anzupassen: Diese Tatsache und seine frühreife emotionale Sensibilität veranlaßten ihn, so betonte er später, Dichter zu werden.
In seinen ersten Werken, den Gedichtssammlungen *Beyond the Palisade*, 1944 *(Jenseits der Palisade)*, und *Blow, Wind of Fruitfulness*, 1948 *(Blase, Wind der Fruchtbarkeit)*, sieht sich das gefallene Individuum im Kampf mit einem feindlichen Universum. Baxters sozialistische Kritik richtet sich dabei vor allem gegen Ausprägungen des – allerdings kulturell nicht dominanten – neuseeländischen Kalvinismus (insbesondere gegen Materialismus und Sexualfeindlichkeit). Die Abhängigkeit vom Alkohol, die Baxters mehr mit Gelegenheitsarbeiten denn mit dem Studium in Dunedin verbrachte Zeit prägte, ist jedoch nur selten zentrales Motiv seiner Gedichte (Ausnahme ist *Lament for Barney Flanagan – Klage um Barney Flanagan*, Zeugnis auch für seine virtuose Beherrschung der populären Balladenform); vielmehr schlägt sich diese Abhängigkeit eher in alptraumartigen Bildern der Gewalt nieder. Dagegen kümmerte sich Baxter nach seiner Konversion zum Katholizismus häufig um Alkohol- und Drogensüchtige, und seine Kritik an der fehlenden gesellschaftlichen *aroha* (in der Maorisprache bedeutet *aroha* soviel wie Liebe, Mitgefühl, aktive Hilfe, Unterstützung auf persönlicher und kommunaler Basis) prägt dann in besonderer Weise seine späten Gedichte.
Baxters Schreibweise hat sich im Laufe seiner Entwicklung beträchtlich gewandelt. An Vorbildern wie HARDY, YEATS, Dylan THOMAS und Louis MACNEICE orientiert, kennzeichneten ihn zunächst ein melancholischer Ton, aber auch zuweilen emotional übersteigerte Rhetorik, die nur dort poetisch geglückt scheint, wo es Baxter um die Erfassung des Konkreten geht. In den *Poems Unpleasant*, 1952 *(Unerfreuliche Gedichte)*, vier Jahre nach seiner Heirat und der Übersiedlung nach Wellington entstanden, zeigt sich sein Bemühen um das konkrete Detail, und die Gabe der genauen Beobachtung kommt später in *Autumn Testament*, 1972 *(Herbsttestament)*, voll zur Blüte. Darüber hinaus verwendet er in diesen Texten auch antiromantische und satirische Techniken (ein gutes Beispiel dafür ist *Conversation in a Road – Gespräch auf einer Straße*). Mit den beiden einen gewissen Einfluß Lawrence DURRELLS verratenden Sammlungen *In Fires of No Return*, 1958 *(Feuer ohne Umkehr)*, und *Howrah Bridge*, 1961 *(Howrah-Brücke)*, zeigt sich, in welchem Maße Baxter dramatische und erzählerische sowie balladeske Gedichtformen beherrscht. Die Sammlung *Pig Island Letters*, 1966 *(Briefe von der Schweine-Insel)*, ist gekennzeichnet durch die gewissenhafte Analyse der Realität und einen formloseren, aber kraftvollen Stil. Damit ist die ihm von der Kritik häufig vorgeworfene übersteigerte Emotionalität und Rhetorik geschwunden.
Stärker noch als *Howrah Bridge* ist *Pig Island Letters* von Baxters religiösen Einsichten durchdrungen, die mystischer und kontemplativer Art sind und auch Elemente des Maori-Denkens organisch in sich aufgenommen haben. Auf dieser Basis erreicht er eine große Einfachheit in der allegorischen Darstellung grundlegender menschlicher Situationen. Seine formale Meisterschaft zeigt sich in der geschickten Verwendung des Metrums und vor allem des Halbreims. Seine letzten Sammlungen, *Jerusalem Sonnets*, 1970 *(Jerusalem-Sonette)*, aus 39 Gedichten bestehend, und *Autumn Testament* (1972) dokumentieren seine Liebe zum Mitmenschen und zur Natur, wie er sie in der von ihm gegründeten »Kommune Jerusalem« gefunden hatte. In beiden Sammlungen verwendet er auf virtuose Weise die für ihn charakteristische Form der jeweils paarweise zusammengefügten Sonettzeilen, die häufig von ungleicher Länge sind und sich – mit zahlreichen Enjambements – auch nicht reimen. Die Sprache dieser Gedichte macht so den Eindruck des Freien und Ungezwungenen – Baxter spricht gelegentlich von seinem *»mäandernden Geist«* –, ist aber zweifellos Ausdruck einer Persönlichkeit, die noch aus den kleinsten Dingen wie der Laus im Bart oder den Bienen über dem Kirchenportal (Nr. 1 und 2 der *Jerusalem Sonnets*) tiefe spirituelle Einsichten zu gewinnen weiß, die dem urbanisierten Menschen entgehen. Diese, universelle Anliegen gestaltenden Gedichte haben meist die Form eines Dialogs mit dem eigenen Ich: *»Es handelt sich nicht um lehrhafte Dichtung, sondern um Lyrik der Erfahrung«* (C. K. Stead). – *Autumn Testament* enthält – neben einem Langgedicht und einigen Seiten Prosa – erneut mehr als fünfzig Sonette, unter anderem sieben mit dem Titel *Te Whiore o te Kuri (Der Schwanz des Hundes – der am Ende meines Buches wedelt*, wie es in Nr. 6 heißt); in ihnen ist das Maori-Denken und -Fühlen ebenso wie die Gewißheit Baxters, *»vorwärts zu gehen wie ein Mensch im Dunkeln«* (Nr. 7), geistiges Zentrum. Gerade wegen der organischen Integration dieser Maori-Elemente müssen die späten Gedichte Baxters als etwas Neues in der von Weißen geschriebenen neuseeländischen Lyrik angesehen werden. S.S.

Ausgaben: *Beyond the Palisade*, Christchurch 1944. – *Blow, Wind of Fruitfulness*, Christchurch 1948. – *The Fallen House*, Christchurch 1948. – *In Fires of No Return*, Ldn. 1958. – *Howrah Bridge and Other Poems*, Ldn. 1961. – *Pig Island Letters*, Ldn. 1966. – *The Rock Woman. Selected Poems*, Ldn. 1969. – *Jerusalem Sonnets*, Dunedin 1970. – *Autumn Testament*, Wellington 1972. – *Collected Poems*, Hg. J. Weir, Ldn. 1979. – *Selected Poems*, Hg. J. Weir, Ldn. 1982.

Literatur: H.W. Smith, *J.K.B.: The Poet as Playwright* (in Landfall, 22, 1968, S. 56–65). – J. E. Weir, *The Poetry of J.K. B.*, Wellington 1970. – V. O'Sullivan, *After Culloden: Remarks on the Early and Middle Poetry of J.K. B.* (in Islands, 2, 1973, S. 19–30). – Ch. Doyle, *J. K. B.: In Quest of the Just City* (in Ariel, 5, Calgary 1974, Nr. 3, S. 81–98). – Ders., *J. K. B.*, Boston 1976 (TWAS). – J. F. Davidson, *Philoctetes Down Under* (in AUMLA, 1977, Nr. 47, S. 49–56). – P. C. M. Alcock, *J. K. B. and the Terror of History* (in *Awakened Conscience: Studies in Commonwealth Literature*, Hg. C. D. Narasimhaiah, New Delhi 1978, S. 92–110). – F. McKay, *J. K. B. as a Critic*, Ldn. 1978. – C. K. Stead, *J. K. B.: A Loss of Direction/Towards Jerusalem* (in C. K. St., *The Class Case*, Auckland 1981, S. 211–226). – T. James, *Poetry in a Labyrinth: The Poetry of J. K. B.* (in WLWE, 23, 1983, S. 342–351). – K. E. Bachinger, *New Zealand Poetry of Death: Genre and Strategy* (ebd., 24, 1984, S. 208–213). – M. Bramwell, *Poets in a Second Grade Heaven: Social Criticism in New Zealand Poetry* (in *Poetry in the Pacific Region*, Hg. P. Sharrad, Adelaide 1984, S. 39–51). – T. James, *B.'s Two-Horned Poetry and its Critics* (in Landfall, 38, 1984, S. 459). – P. Simpson, *The Trick of Standing Upright: Allen Curnow and J. K. B.* (in WLWE, 26, 1986, S. 369–378).

James Courage

* 9.2.1903 Amberley / Canterbury (Neuseeland)
† 5.10.1963

THE YOUNG HAVE SECRETS

(engl.; *Die Jugend hat Geheimnisse*). Roman von James Courage (Neuseeland), erschienen 1954. – Courages fünfter und bester Roman spielt um 1914 in Christchurch, wie es der Autor in seiner Jugend gekannt hatte, ist aber, wie alle seine Erzählwerke, in der sozialen Wertordnung an England orientiert, wo Courage von 1923 bis zu seinem Tod lebte. Wegen einer häuslichen Krise wird der zehnjährige Walter Blakiston von der elterlichen Schaffarm in eine Schule nach Christchurch geschickt. Als Logiergast der Familie des Schuldirektors Garnett gerät das verträumte, durch die Trennung vereinsamte Kind in die emotionale Spannung einer erotischen Verwicklung: Die drei Töchter des Hauses lieben denselben Mann, den jungen schottischen Architekten Geoffrey Macauley, dessen kalvinistische Erziehung im Widerstreit mit seiner Triebhaftigkeit liegt: die elegante, feminine Hilda, die seine Frau geworden ist und ein Kind erwartet; die leidenschaftliche, unkonventionelle Rose, eine Krankenschwester, und die aufopfernde, tiefgründige Muriel, die durch ihre Eifersucht Macauley in Hildas Arme getrieben hat. Rose wird seine Geliebte, Hilda, der dies von Mrs. Nelson, einer boshaften, klatschsüchtigen Waschfrau, zugetragen wird, erleidet bei einer erregten Auseinandersetzung mit der Schwester einen Unfall und stirbt bei der verfrühten Geburt ihres Sohnes, an dem Muriel liebevoll-schuldbewußt Mutterstelle vertritt. Diese unglückseligen Ereignisse bringen Roses und Macauleys Leidenschaft zum Erlöschen. In die Geborgenheit des Elternhauses zurückgekehrt, erfährt Walter, daß Macauley, der inzwischen Soldat geworden ist, Muriel heiraten wird.

Bei seiner Behandlung des Kindheitsthemas, dessen hervorragende Rolle im neuseeländischen Roman auf Katherine Mansfield zurückgehen dürfte, konzentriert sich der Autor auf die Verwirrung des Kindes angesichts des (bei Courage bezeichnenderweise stets neurotisch gefärbten) Verhaltens der Erwachsenen. Die im Titel genannten »Geheimnisse« sind nicht die harmlosen Heimlichkeiten des schulischen Alltags, sondern die schockierenden Einblicke in das dem Kind unverständliche Chaos menschlicher Triebe und Rivalitäten, die beklemmende Ahnung von Gut und Böse, von der Rätselhaftigkeit der Liebe. Das Motiv der traumatischen, unbewältigten Schuld zieht sich fast überdeutlich durch den Roman, akzentuiert durch das ferne Grollen des Weltkriegs und durch drastische Sinnbilder (etwa durch den überfahrenen und noch lebend ins Wasser geworfenen Hund, der zum Symbol von Walters kreatürlicher Verwundbarkeit wird). Der Junge, in eine von Begierde, Unruhe und Einsamkeit heimgesuchte Erwachsenenwelt hineingerissen, wird zum verständnislosen, aber mitfühlenden Mitwisser ihrer Geheimnisse, hält sich für einen Verräter, weil er ihm Anvertrautes der ihn aushorchenden Mrs. Nelson ausgeplaudert hat, und versucht in einer Aufwallung verbissener Ritterlichkeit, Hildas Tod an ihrer indiskreten »Mörderin« zu rächen. Zu seinem Erstaunen erfährt er am Schluß, daß auch seine sanfte Mutter und sein wortkarger Vater nicht von jener mysteriösen Tollheit verschont geblieben sind, deren Augenzeuge er während seines Exils wurde. – Die augenfälligste Schwäche des Romans resultiert aus der auf Walters Erleben und Bewußtsein festgelegten Perspektive. Unter dem Zwang dieser Erzählhaltung wird der Junge, der als Gestalt unscharf bleibt und durch seine kontemplative und dem Klatsch abholde Veranlagung für seine Rolle denkbar ungeeignet erscheint, zum unentbehrlichen Vertrauten und unabsichtlichen Horcher für die Protagonisten, deren kaum motivierte Enthüllungen und Kommentare (da Walters begrenzte Sicht zur Interpretation der Problematik nicht genügt) allzu direkt an den Leser gerichtet sind. Das Artifizielle und bisweilen Groteske dieser Grundsituation verhindert, daß der Autor die künstlerische Möglichkeit, durch den Spiegel des verwirrten Kindergemüts die bedrohlichen Spannungen im Leben der Erwachsenen zu enthüllen, voll ausschöpft. Dennoch hat Courages anspruchsvollste Kindheitsstudie viel Positives aufzuweisen: die überzeugenden Nebenfiguren; vor allem die satirisch gezeichnete, vulgäre Mrs. Nelson und den resignierten alten Garnett, dessen Traum von einem neuseeländischen Eton sich nicht erfüllt hat; die Echtheit dieser Atmosphäre einer Kleinstadt, die, wie Walter selbst, ihre wahre Identität noch nicht gefunden hat; die prägnanten Schilderungen und Dialoge und den Sinn für dramatische, vor dem fast farblosen Hintergrund aufblitzende Effekte. J.H.T.

AUSGABE: Ldn. 1954.

LITERATUR: E. H. McCormick, *New Zealand Literature*, Ldn. 1959, S. 151–154. – R. A. Copland, *The New Zealand Novels of J. C.* (in Landfall, 18, 1964, S. 235–249). – M. H. Holcroft, *Islands of Innocence: The Childhood Theme in New Zealand Fiction*, Wellington 1964, S. 50–54. – Ph. Wilson, *J. C: A Recollection* (in Landfall, 18, 1964, S. 234/235). – J. Stevens, *The New Zealand Novel 1860–1965*, Wellington 1966, S. 74–77. – D. Young, *C. in Exile* (in Listener, 12. 6. 1982).

ALLEN CURNOW

* 17.6.1911 Timaru / Neuseeland

DAS LYRISCHE WERK (engl.) von Allen CURNOW.

Der Beitrag Allen Curnows zur neuseeländischen Literatur, der 1932 mit Gedichten in der in Auckland publizierten Zeitschrift ›Phoenix‹ beginnt, erstreckt sich auf zwei Bereiche: Lyrik und Beiträge zur literarischen Kritik. Als Sohn eines anglikanischen Pfarrers und einer in England geborenen Mutter hatte sich Curnow zunächst für ein Theologiestudium entschieden. Kurze Zeit nachdem er beim Phoenix-Verlag andere junge Dichter kennengelernt hatte, wandte er sich jedoch vom Christentum ab, und das Gefühl der religiösen Entfremdung prägt von nun an sein gesamtes Werk. Curnow steht in Opposition zur viktorianischen Sentimentalität und zum naiven Kolonialstil der neuseeländischen Lyrik des frühen 19. Jh.s, die er als *»Pseudo-Nationalismus«* und als *»schizoide Schriftstellerei«* bezeichnet. Er kämpft demgegenüber von Anfang an für eine klare Sprache, mit Hilfe deren er die Erlebniswelt des Neuseeländers präzise darstellen möchte. Sein Ziel ist demgemäß ein lyrischer Realismus, der in der Landschaft und im Alltag Neuseelands verankert sein soll: *»Die Realität muß regional und konkret sein an der Stelle, wo wir uns auf ihre Spuren begeben«*, heißt es in der Einleitung Curnows zum *Penguin Book of New Zealand Verse* (1960).

Sowohl die 1945 erschienene und von Curnow zusammengestellte Anthologie *A Book of New Zealand Verse, 1923–1945*, als auch die lange Einleitung zur späteren Sammlung hat den Lyrikern des Landes einen wichtigen Anstoß gegeben, sich von dem beherrschenden literarischen Einfluß Englands zu befreien. Allerdings stießen der in Curnows Lyrik in besonderem Maße akzentuierte Nationalismus ebenso wie der umstrittene Satz aus der Anthologie von 1960, daß die wahre dichterische Vision einzig von den Inseln Neuseelands ausgehen könne, auf herbe Kritik. James K. BAXTER sprach 1962 von einer Fixierung auf *»Kiwi-Zeugs, Buschgrübelei, Küstengrübelei, Gebirgsgrübelei von Dichtern, die immer noch London als das Zentrum der kulturellen Welt«* ansehen. Trotzdem ist unbestritten, daß Curnow mit der spezifischen Textauswahl der beiden Anthologien von 1945 und 1960 und mit seiner Ausarbeitung einer Theorie der einheimischen Literatur für die neuseeländische Dichtung wegweisende Arbeit geleistet hat. Dies gilt selbst heute noch, auch wenn ein junger Theoretiker wie Leigh DAVIS Curnows Ansichten und seine Lyrik 1984 als altmodisch und konservativ bezeichnete.

In seinen ersten Gedichten von 1933 bemühte sich Curnow um einen behutsamen und präzisen Sprachaufbau, vergleichbar mit dem handwerklichen Können und der Verfahrensweise eines Baumeisters. Dabei entstanden komplizierte und dicht geflochtene Gewebe von Bildern und Metaphern, die seine thematischen Anliegen ausdrücken sollen. Nie läßt er sich durch das Gefühl mitreißen, jedes Gedicht ist gleichsam ein philosophischer Akt. In den Texten der fünfziger Jahre treten dann allmählich die nationalen Themen zurück; statt dessen stehen etwa in *Spectacular Blossom* die Problematik von Altwerden und Jungbleiben sowie die Landschaft Aucklands im Mittelpunkt. Mit *Trees, Effigies, Moving Objects* brach Curnow 1972 ein fünfzehnjähriges Schweigen. Diese neuen Gedichte zeigen wiederum den Versuch, die Wirklichkeit zu beschreiben, obwohl die Sprache immer wieder zu versagen scheint, sowie die Beschäftigung mit den großen Themen der menschlichen Erkenntnisfähigkeit und des Todes; sprachlich fand er hier zu einer neuen lebhaften Frische und Lässigkeit. Der Titel der Sammlung deutet hin auf Curnows Bemühen um das spezifisch Neuseeländische in der Dichtung: *Bäume* stellt die Welt der Natur dar, *Abbilder* die Konstruktionen des menschlichen Ver-

standes bei dem Versuch, die Welt zu verstehen, und *Bewegte Objekte* verweist auf das ständige Verschwimmen und das Bruchstückhafte der Realität. Mit der Sammlung *You Will Know When You Get There* (1982) widerruft er sein bekanntestes Gedicht aus dem Jahre 1941: *»Not I, some child, born in a marvellous year / Will learn the trick of standing upright here«*. Es scheint, als ob das Sich-Zurechtfinden sowohl für den Dichter als auch für seine Mitmenschen in den Bereich des Möglichen gerückt sei. Curnow beschäftigt sich dabei auch mit dem Thema Vergänglichkeit und Tod, stellt aber im Sinne einer bürgerlichen Weltanschauung die Realität niemals grundsätzlich in Frage. Auch mit dem in *The Loop in Lone Kauri Road* (1986) enthaltenen Gedicht *In the Road to Erewhon* (*Erewhon* [Anagramm für *»nowhere«*, d. h. *»utopia«*] bzw. *Erewhon Revisited* sind zwei 1872 bzw. 1901 erschienene satirische Utopien des englischen Autors Samuel Butler, deren Handlungsort Neuseeland ist) beschäftigt sich Curnow mit den auch zuvor schon gestalteten Gegensätzen zwischen dem Hier und Dort, Neuseeland und Anderswo: *» Where you came from is where you're going.«*
Curnows Lyrik zeichnet sich insgesamt durch formales Können, intellektuelle Konzentration und eine reiche und komplexe Bildhaftigkeit aus, die ihn zu einem der wichtigsten neuseeländischen Dichter des 20. Jh.s gemacht haben. S.S.

Ausgaben: *Valley of Decision*, Auckland 1933. – *Three Poems*, Christchurch 1935. – *Enemies: Poems 1934–1936*, Christchurch 1937. – *Not in Narrow Seas*, Christchurch 1939. – *Island and Time*, Christchurch 1941. – *Sailing or Drowning*, Wellington 1943. – *Jack Without Magic*, Christchurch 1946. – *At Dead Low Water, and Sonnets*, Christchurch 1949. – *The Axe: A Verse Tragedy*, Christchurch 1949. – *Poems 1949–1957*, Wellington 1957. – *A Small Room With Large Windows*, Ldn. 1962. – *Trees, Effigies, Moving Objects*, Wellington 1972. – *An Abominable Temper and Other Poems*, Wellington 1973. – *Collected Poems 1933–1973*, Wellington 1974. – *An Incorrigible Music*, Ldn. 1979. – *You Will Know When You Get There: Poems 1979–1981*, Ldn. 1982. – *Selected Poems*, Ldn. 1982. – *The Loop in Lone Kauri Road*, Auckland 1986.
A Book of New Zealand Verse, 1923–1945, Hg. u. Einl. A. Curnow, Christchurch 1945; 1951. – *The Penguin Book of New Zealand Verse*, Hg. u. Einl. A. Curnow, Harmondsworth 1960.

Literatur: C. K. Stead, *For the Hulk of the Worlds Between* (in *Distance Looks Our Way*, Hg. K. Sinclair, Auckland 1961, S. 79–96). – K. Smithyman, *A Way of Saying: A Study of New Zealand Poetry*, Auckland 1965. – M. P. Jackson, *Conversation with A. C.* (in Islands, 2, 1973, S. 142–162). – T. Sturm, *A. C.: Forty Years of Poems* (ebd., 4, 1975, S. 68–75). – P. Simpson, *The Stain of Blood that Writes the Human Story* (ebd., 7, 1979, S. 548–550). – A. Roddick, *A. C.*, Auckland 1980. – R. Jackaman, *An Impossible Freedom* (in Pilgrims, 9, 1980, S. 61–68). – J. Wieland, *Reality's Adam: A Study of the Place of Myth in the Poetry of A. C.* (in Landfall, 34, 1980, S. 385–398). – C. K. Stead, *A. C.: Poet in the Real* (in *In the Glass Case*, Ldn. 1981). – T. James, *A. C.: Theologian Manqué* (in *Poetry of the Pacific Region*, Adelaide 1981, S. 57–64). – L. Davis, *Solo C.* (in And, 3, 1984, S. 49–62). – M. Leggott, *Joker – Playing Poetry in the Eighties: Manhire, C., Stead, Horrocks* (in WLWE, 23, 1984, S. 154–164).

Maurice Duggan

* 25.11.1922 Auckland
† 11.12.1974 Auckland

SUMMER IN THE GRAVEL PIT

(engl.; *Sommer in der Kiesgrube*). Kurzgeschichtensammlung von Maurice Duggan (Neuseeland), erschienen 1965. – Duggans Kurzgeschichten haben sowohl bei seinen Schriftstellerkollegen als auch unter seinen Landsleuten zu einem stärkeren Identitätsbewußtsein beigetragen: Janet Frame nannte das *»eine Bereicherung, wie sie eine schöne Landschaft nie wird geben können, auch nicht viele Schafe, oder berühmte Forschung über Grassorten«*. Duggan hat zu diesem Identitätsbewußtsein mit den während eines Zeitraums von dreißig Jahren entstandenen und in den Sammlungen *Immanuel's Land* (1956), *Summer in the Gravel Pit* und *O'Leary's Orchard and Other Stories*, 1970 *(O'Learys Obstgarten und andere Geschichten)*, publizierten Kurzgeschichten beigetragen.
Die bekannteste Kurzgeschichte der Sammlung, *Along Rideout Road That Summer (Den Rideout Weg entlang)*, stellt die ersten Liebeserfahrungen eines jungen Farmarbeiters dar, der sich zur Tochter seines Chefs hingezogen fühlt. Das junge Maori-Mädchen dient jedoch nur als Staffage für die Selbstdarstellung von Ich-Erzähler und Autor; ihre Gefühle und ihre Sicht der Dinge sind ausgespart. Durch ihre Einsilbigkeit deutet der Autor an, daß sie sowieso keine gute Partie für den Burschen auf dem Traktor wäre, dessen überlegene Selbsteinschätzung und *»pakeha«* (d. h. weiße) Erziehung ihn bereits längere Worte gebrauchen und kühnere Träume träumen lassen. Insofern enthält die Geschichte einen Gesellschaftskommentar, der intensiver klassenbezogen ist, als dem Autor bewußt war, denn mit der Beschreibung dieser warmen, entspannten Beziehung wollte er sicherlich gerade die Gleichheit zwischen dem jungen Weißen und dem Maori-Mädchen darstellen. In der Erzählung dokumentiert sich somit eine Abkehr von jener Art

zeitgenössischer neuseeländischer Literatur, die die einsilbige Kunst der Konversation in den Mittelpunkt stellt. Duggan will zeigen, daß der lakonische Held vom Lande – eine allgemein bekannte Figur in der Literatur Neuseelands zu dieser Zeit – durch seine Herkunft und Erziehung nicht mit dem zufrieden sein kann, was der Familie auf der Farm genügt: der junge Mann hat mehr im Sinn als Sex und Pflügen. Am schärfsten wird jedoch der Vater des Protagonisten verurteilt: Er erscheint als Verkörperung des engen Puritanismus und Rassismus aus Duggans eigener irisch-katholischer Vergangenheit.

Die Erzählung ist vor allem wegen ihrer literarischen Qualität von Bedeutung. Duggan gelingt es, frühere Fehler zu vermeiden: Seine Sprachfähigkeit hatte ihn immer wieder in die Gefahr gebracht, um der bloßen Rhetorik willen zu schreiben. Obwohl die Sprache für ihn – wie für sein Vorbild Frank SARGESON (1903–1982) – von höchster Wichtigkeit war, fürchtete Duggan, ein *»juwelengeschmücktes, aber leeres Kästchen«* zu schaffen. Seine besten Arbeiten, so meinte er, entstünden aus Geschichten, die ihn mit solcher Gewalt beschäftigten, daß die *»Gewohnheit der Rhetorik«* von ihm abfiele und die Behandlung des Themas seiner eigenen Erfahrungsintensität entspräche.

Die zum Großteil in England entstandene Sammlung *Immanuel's Land* (1956) enthält *»einige der perfektesten Kurzgeschichten, die je von einem Neuseeländer geschrieben wurden«* (C. K. Stead). Duggans Erfolg liegt darin, die kleinen Konflikte und Schwierigkeiten des Alltagslebens in einem realistischen Rahmen mittels eines teilweise lyrisch anmutenden Prosastils darzustellen (*A Small Story – Eine kleine Geschichte* oder *In Youth is Pleasure – Unbeschwerte Jugendzeit*). – Die Erzählung *Six Place Names and a Girl (Sechs Ortsnamen und ein Mädchen)*, die zehnte Veröffentlichung Duggans, war Vorbild für *Along Rideout Road That Summer* und ein wichtiger Entwicklungsschritt. Zuvor hatte sich der Autor verpflichtet gefühlt, seine Geschichten durch einen ›roten Faden‹ zu verbinden; so erfand er – ähnlich wie Katherine MANSFIELD – eine Familie, die Lenihans, deren Mitglieder Figuren einzelner Geschichten sein sollten (so in *A Small Story* und in *Race Day – Wett-Tag*). Aber die Absicht, einen zusammenfassenden »Familienroman« zu schaffen, gab er bald auf, wie auch der Titel der 1958 in der Zeitschrift ›Numbers‹ veröffentlichten Geschichte *Book One: A Fragment of a Work Abandoned (Erstes Buch: Teil eines aufgegebenen Werkes)* andeutet. Seit *Six Place Names and a Girl* schrieb er Werke, die *»weniger eine Geschichte waren als ein Fest in Prosa«*. Durch das Burns-Stipendium finanziell abgesichert, konnte er 1960 die ihn wenig befriedigende Werbeschriftstellerei aufgeben und ganz seinem Talent leben. Aus diesem Jahr stammt auch die bekannte Erzählung *Blues for Miss Laverty*, in der Duggan zum erstenmal eine Figur außerhalb seines eigenen Erfahrungsbereiches zeichnet.

Duggans Leben war gezeichnet von Tuberkulose und Alkoholismus, und als er 1973 erfuhr, daß er an Krebs erkrankt war, vernichtete er alle bis dahin unveröffentlichten Werke mit Ausnahme von *The Magsman Miscellany (Sammlung eines Plauderers)*. Sein Ende, meinte er offensichtlich, bedürfe keines Kommentars. D. H. LAWRENCE, den Duggan immer verehrt hatte, sagte einmal, gute Prosa brauche nur den *»lakonischen Mut der Erfahrung«* – und dies gilt vielleicht auch für Duggan selbst. S.S.

AUSGABEN: Ldn. 1965; ern. Auckland 1971. – Auckland/Ldn. 1981 (in *Collected Stories*, Hg. C. K. Stead).

LITERATUR: R. L. P. Jackson, *Canadian & New Zealand Short Stories* (in Journal of Commonwealth Literature, 6, Jan. 1969). – T. L. Sturm, *The Short Stories of M. D.* (in Landfall, 24, 1970, S. 50–71). – P. Evans, *Paradise or Slaughterhouse: Some Aspects of New Zealand Proletarian Fiction* (in Islands, März 1980, S. 71–85). – *Critical Essays on the New Zealand Short Story*, Hg. C. Hankin, Auckland 1982. – P. Evans, *M. D. and the Provincial Dilemma* (in Landfall, 36, 1982, S. 217–231). – I. Wedde, *From Blue to Gold: M. D.'s Short Stories* (in Islands, Nov. 1984, S. 128–139).

ARTHUR REX DUGARD FAIRBURN

* 2.2.1904 Auckland
† 25.3.1957

DOMINION

(engl.; *Dominion*). Sozialkritisches Gedicht von Arthur Rex Dugard FAIRBURN (Neuseeland), erschienen 1938. – Das in reimlosen, freien Versen abgefaßte Werk gliedert sich in fünf Abschnitte, die sich nach Thematik, Form und Grundstimmung voneinander unterscheiden, aber dem im Titel genannten zentralen Thema locker verbunden bleiben. In *Utopia*, dem ersten Abschnitt, steht die geschilderte Wirklichkeit neuseeländischen Lebens im Schatten der vorhergegangenen Weltwirtschaftskrise – die Dichtung wurde 1935 verfaßt –, die den Besitzlosen nur wenig Hoffnung ließ; ja dem kritisch prüfenden Blick des Autors erscheint – in Annäherung an die marxistische Auffassung – der Arbeiter innerhalb der Gesellschaftsordnung zum Tier degradiert, zur bloßen Gewinnquelle für die Ausbeuter. Der Kontrast zwischen den parasitären Wirtschaftsfunktionären und den ausgebeuteten, leichtgläubigen Arbeitermassen wird mit starkem sozialkritischem Akzent dargestellt. Weitere Opfer der satirischen Kritik des Autors sind Kirche und Presse, die er mit großer Heftigkeit in allen ihren Aspekten als pervertiert ablehnt. – *Al-*

bum Leaves (Albumblätter), einer Schilderung der frühen Tage der Landnahme folgend, ist eine Studie über den neuseeländischen Alltag und die Situation des englischen Einwanderers der dreißiger Jahre. Ein Rückblick auf die Landesgeschichte beleuchtet, satirisch konturiert durch einen Exkurs in die Gründungsgeschichte Roms, das Abhängigkeitsverhältnis des Dominions von der englischen Krone. – In *Elements (Elemente)* eröffnet sich dem Leser eine neue Welt. Der bisher temperamentvoll-aggressive, reformerische Ton weicht einer friedvollen Stimmung lyrischer Ergriffenheit. In ehrfürchtiger Betrachtung der Natur beschreibt der Dichter den Reiz der Jahreszeiten und die erfrischende Reinheit der Inseln, die Schönheit der Berge, Fluren und Gewässer, aus der ihm ein tiefes Gefühl des Glücks zuströmt. Er huldigt der Erde als dem Quell der Freude und des Lebens. In der Berührung mit den Elementen erfährt der Mensch ihre Liebe, die ihn zu Weisheit und Wahrheit führt. – In dem intellektuellen *Dialogue (Zwiegespräch)* wird in philosophischer Reflexion die Daseinsberechtigung des Menschen erörtert, während *Struggle in a Mirror (Kampf im Spiegel)* den apokalyptisch dunklen Schlußakkord bildet. Doch nach dem Blick in das weltweite Chaos, nach dem Klageschrei der zerstörten Erde klingt die Dichtung in einem prophetischen Bibelwort verheißungsvoll aus: *»Am Anfang wird wieder das Wort sein.«*

Die Dichtung umfaßt eine Fülle von Aspekten und Beobachtungen. Zwischen Zorn und Zuneigung entsteht eine Vision, die über die insularen Grenzen hinaus eine allgemeingültige Aussage über die Existenz des modernen Menschen sein will. J.Ke.

Ausgaben: Christchurch 1938. – Wellington 1952 (in *Three Poems*).

Literatur: E. H. McCormick, *New Zealand Literature*, Ldn. 1959, S. 110–114. – O. Johnson, *A. R. D. F. 1904–1957*, Univ. of Auckland 1958 [Bibliogr.]. – C. K. Stead, *F.* (in Landfall, 20, 1966). – W. S. Broughton, *A. R. D. F.*, Wellington 1968.

Janet Frame

* 28.8.1924 Dunedin

Literatur zur Autorin:
P. Evans, *An Inward Sun: The Novels of J. F.*, Wellington 1971. – Ders., *J. F.*, Boston 1977 (TWAS). – *J. F.*, Hg. J. Delbaere, Århus 1978. – M. Dalziel, *J. F.*, Wellington 1980. – W. H. New, *The Frame Story World of J. F.* (in Essays on Canadian Writing, 1984, Nr. 29, S. 175–191).

OWLS DO CRY

(engl.; *Ü: Wenn Eulen schrein*). Roman von Janet Frame (Neuseeland), erschienen 1957. – Der Titel dieses Werks, eines der bemerkenswertesten der modernen neuseeländischen Literatur, ist Shakespeares *Sturm* entnommen und deutet auf die Düsterkeit der dargestellten Schicksale. Im Mittelpunkt der etwa zwei Jahrzehnte umspannenden Handlung stehen die Heimsuchungen der in Waimaru, einer neuseeländischen Kleinstadt, lebenden Familie des Eisenbahnarbeiters Bob Withers. Nach dem Verlust seiner Tochter Francie, die sich bei einem Brand tödliche Verletzungen zugezogen hat, obliegt dem Ehepaar Withers die Sorge für drei weitere Kinder, von denen zwei krank sind: Toby, der einzige Sohn, leidet an epileptischen Anfällen, und Daphnes Geisteszustand macht ihre Einweisung in eine Heil- und Pflegeanstalt erforderlich. Nur für Theresa, genannt »Chicks«, scheint ein normales Leben möglich, doch gerade sie wird, nachdem sie das Elternhaus verlassen und geheiratet hat, das Opfer einer Tragödie: Ihr Mann, von der Monotonie und Kleinbürgerlichkeit neuseeländischen Lebens zur Verzweiflung getrieben, ermordet sie und legt dann Hand an sich. – Im Verlauf der Jahre versucht sich Toby, dessen Zustand sich gebessert hat, in verschiedenen Berufen und verdient schließlich genug, um seine Eltern unterstützen zu können. Doch als das Mädchen, das er liebt, einen andern heiratet, erkrankt er von neuem, wird immer apathischer, beginnt herumzuvagabundieren und wird schließlich wegen Landstreicherei verhaftet. Seine Schwester Daphne ist nach einer Gehirnoperation in der Lage, sich als Schneiderin ihr Brot zu verdienen, während Bob Withers nach dem Tod seiner Frau in einem Altersheim dahinvegetiert.

Sprache und Erzähltechnik machen diese Chronik des Elends und der Hoffnungslosigkeit zu einem Werk von hohem künstlerischem Rang. Die poetische Objektivität der Autorin verhilft besonders den in der Nervenheilanstalt spielenden Szenen und der Schilderung von Daphnes Geisteszustand zu faszinierender Wirkung. Die Vorstellungswelt, in der das Mädchen lebt, wird mit der Realität kontrastiert, wie sie sich Bob und Toby Withers (die bei ihren Besuchen von Daphne nicht erkannt werden) darstellt. Die Wahnsinnsvisionen werden durchweg zu dem Verhalten, das Daphne bei klarem Bewußtsein an den Tag legt, in Beziehung gesetzt und beide Bewußtseinslagen wiederum zur objektiven Wirklichkeit. Auch die Verlebendigung der anderen Charaktere geschieht durch Perspektivenwechsel und durch Kontrastierung von Kindheitserinnerungen und Zukunftsträumen mit der desillusionierenden Gegenwart, wobei ein Koordinatensystem unaufdringlicher Symbole die Atmosphäre der äußeren und inneren Isoliertheit intensiviert. – Das Buch begründete den literarischen Ruhm der Autorin, den spätere Werke, etwa *Faces in the Water*, 1961 *(Gesichter im Wasser)*, festigten.

J.v.Ge.

AUSGABEN: Christchurch 1957. – NY 1960; Nachdr. 1982. – Ldn. 1985; Nachdr. 1987.

ÜBERSETZUNG: *Wenn Eulen schrein*, R. Malchow, Hbg. 1961.

LITERATUR: C. H. Gratton, Rez. (in NY Times Book Review, 31. 7. 1960, S. 22). – Anon., Rez. (in The New Yorker, 13. 8. 1960). – F. H. Bullock, Rez. (in NY Herald Tribune Book Review, 14. 8. 1960, S. 4). – E. M. Williamson, *J. F.: New Zealand Writer* (in Northland, 23, 1963, S. 5–11).

TO THE IS-LAND. – AN ANGEL AT MY TABLE. – THE ENVOY FROM MIRROR CITY

(engl.; *Zu den Inseln. – Ein Engel an meinem Tisch. – Der Gesandte aus der Spiegelstadt*). Autobiographie von Janet FRAME (Neuseeland), erschienen 1982, 1984 bzw. 1985. – Für J. Frame, die seit ihrer Kurzgeschichtensammlung *The Lagoon: Stories* (1952; rev. Ausg. 1961) und Romanen wie *Owls Do Cry* (1957), *Faces in the Water* (1961), *Scented Gardens for the Blind* (1963) oder zuletzt *Living in the Maniototo*, 1979 (*Ü: Auf dem Maniototo*, 1986), vor allem die mentale Gefährdung des Individuums in einer nur sicher scheinenden Welt gestaltet hat, führen alle Träume *»zurück zum Alptraumgarten«* (*Intensive Care*, 1970); Schiffbruch, Orientierungslosigkeit, Kommunikationsverlust und Wahnsinn sind die bevorzugten Bilder und Themen, die sie mit einer zuweilen an J. JOYCE' spielerische Virtuosität erinnernden Sprache gestaltet, um dabei den verborgenen Bedeutungen *»am Rande des Alphabets«* nachzuspüren. Die Übergänge zur Welt des Traums sind fließend, für Leser wie Romanfiguren: etwa den nach einem Autounfall für tot erklärten Godfrey Rainbird, dem offizielle Verlautbarungen und sprachliche Konventionen auf makabre Weise Individualität und Leben rauben, ehe er einen endgültigen »zweiten Tod« stirbt (*The Rainbirds*, 1968).

Während Frame etwa in *Daughter Buffalo* (1972) mit dem in New York lebenden neuseeländischen Schriftsteller Turnlung die aus dieser allgemeinen Weltsicht resultierende Problematik künstlerischer Kreativität auf eine Weise gestaltet, daß die biographischen Erfahrungen einfach *»verwendet, erfunden, miteinander kombiniert, umgeformt, verändert, ergänzt, reduziert« (The Envoy from Mirror City)* werden, versucht sie in der Autobiographie erstmals einen eher unverschlüsselten und daher auch leichter zugänglichen Blick auf ihr Ich. Dieser autobiographische Neuansatz resultiert aus der Erkenntnis, daß zwischen dem lebensweltlichen Ich und den in die Fiktion eingegangenen Rollen ein dialektischer Zusammenhang besteht. Für Frame ist das reale Ich der *»Arbeiter, Lastenträger, Auswählende, die Position Bestimmende, Glättende«*, oder, mit dem Titel des dritten Bandes der Autobiographie, der *»Gesandte«*, der vermittelt: zwischen der taghellen, aber trügerischen und mediokren Alltagsexistenz und der dunkleren Realität eines Lebens in der *»Spiegelstadt, wo alles, was ich gekannt oder gesehen oder geträumt habe, in das Licht einer anderen Welt getaucht ist«*. Das Konzept dieser an die liguistischen Regeln der Alltagssprache nicht gebundenen und nichtempirischen *»Freiheit der Imagination«* in der von den Bindungen der gesellschaftlichen Realität freien, der *»Sonne«* der Vernunft nicht ausgelieferten *»Spiegelstadt«* steht, wie neben den metaphorischen Kontrastpaaren auch der direkte Hinweis in *An Angel at my Table* zeigt, in der Tradition der Romantik: Frame zitiert, ihre eigene Position präzisierend, jene berühmte Passage am Ende des 13. Kapitels von S. T. COLERIDGES *Biographia Literaria*, wo die Wirkweise von *»primärer«* und *»sekundärer Imagination«* erläutert wird. Coleridge bestimmt an dieser Stelle, die Frame schon früh *»auswendig«* lernte, Imagination als eine vitale, organische und die menschliche Perzeption wesentlich bestimmende Fähigkeit, die er von der bloß aggregierenden *»fancy«* als einer Funktion des Erinnerungsvermögens abgrenzt. Frames Imaginationsbegriff, dem eben diese Differenzierung in das bloße Erinnern und die kreative Transformation vorgefundenen Erfahrungsmaterials zugrunde liegt, resultiert jedoch andererseits wesentlich auch aus einer individuellen, aus der Biographie verständlich werdenden Weltsicht eigener Art, deren Bedingungen in der kreativitätsfeindlichen neuseeländischen Gesellschaft der dreißiger und vierziger Jahre liegen.

In diesem Sinne hat Frame die drei Bände von Anfang an – wie es zu Beginn von *To the Is-Land* heißt, als Bericht über den Weg *»von der liquiden Dunkelheit«* pränataler Existenz durch den *»zweiten Ort der Luft und des Lichtes«* einer trügerischen Realität hin zum *»Dritten Ort, wo der Ausgangspunkt der Mythos«* ist, konzipiert. An anderer Stelle nennt sie diese drei Orte, temporal differenzierend, auch *»War-Land«*, *»Ist-Land«* (dies ein Wortspiel mit dem englischen Nomen *»Is-Land«*: in dieser orthographischen Form kann es »Insel« oder »Ist-Land« bedeuten) und Land der *»Hoffnungen und Träume der Zukunft«*.

Frame hat also keine bloß erinnernde, an realistischen Darstellungskonventionen orientierte Autobiographie schreiben wollen, sondern sich vielmehr durchgängig an dem zum Ende von *The Envoy from Mirror City* erläuterten Konzept der kreativen Imagination orientiert: dessen Gegenstand ist, wie sie betont, *»die unveränderbare menschliche Natur«*, die *»wahre Grundlage der Fiktion, die großen Ereignisse des Lebens und Sterbens eines jeden – das Wiederkehrende, die Verluste, das Erreichte ... die lange Verfolgung durch die Toten und die Flucht vor ihnen und ihren Gegenständen«*.

Konsequenterweise endet die Autobiographie mit dem Bericht von der Rückkehr der Autorin aus England nach Neuseeland und an ihren Geburtsort: nach den geistig-seelischen Erfahrungen in England jedoch nicht mehr in die provinzielle Atmosphäre eines die kreative Imagination zerstörenden Landes, sondern zu den individuellen Ursprüngen. Sie schlägt damit auf einer übergeordneten Ebene einen Kreis zurück zum Anfang des Werks, der zugleich Ausgangspunkt für die imaginative Rückkehr zu den eigenen Anfängen darstellt – zum Pränatalen, zur Familie, zur Welt der Kindheit, derer sie nur noch in fragmentarischen Erinnerungen habhaft werden kann; es ist dies auch eine Rückkehr zur ersten *»Leidenschaft für die Außenwelt«* der Töne und Farben, der Sprache und des in der frühen Lektüre realisierten Vergnügens an abenteuernder Bewegung und an der realitätstranszendierenden Fiktion. Insofern ist Dunedin – gleiches gilt für Auckland, London, Paris, Ibiza, Stationen des biographischen Weges – zugleich eine *»Spiegelstadt«*, eine *»city in my mind«*.

Trotz der realistischen Details – etwa bei der Beschreibung der Lebensbedingungen in dem von der Weltwirtschaftskrise heimgesuchten Neuseeland, des langen Aufenthaltes in psychiatrischen Kliniken oder in der Großstadt London – erhalten deshalb alle Orte, Ereignisse und Figuren eine verborgene mythische Dimension: *»im Licht der gewöhnlichen Sonne und des gewöhnlichen Tages hatte ich für die ›realen‹ Erfahrungen immer weniger Interesse ... Je mehr ich als Schriftstellerin lebte, desto uninteressanter wurde mein Leben für das nach außen gerichtete Auge«*. Die *»Spiegelstadt blieb«*, wie sie anläßlich eines längeren Aufenthaltes in einem alten Haus in Suffolk sagt, der *»wahre, erwünschte Wohnort«*.

Nicht erinnernde Retrospektion ist deshalb das Ziel der drei Bände, sondern Beschreibung einer individuellen Selbstfindung, die für Janet Frame universelle Bedeutung hat. In diesem Sinne schildert etwa der zweite Band die Flucht der emotional und mental zunehmend isolierten jungen Janet in die Rolle der Schizophrenen (mit dem vorangestellten SHAKESPEARE-Motto aus *The Tempest* handelte es sich ihrerseits um *»some tricks of desperation«*), eine Rolle, die in diesem – nicht repräsentativen – Einzelfall auf bestürzende Weise von inkompetenten Psychiatern nicht durchschaut wird und zu Situationen indifferenter Inhumanität auf seiten der behandelnden Ärzte führt. Erst als Frank SARGESON als der *»Engel an meinem Tisch«* erscheint, der ihre individuelle Kreativität fördert und sie auf die Erfahrungsreise in die Welt – nach England – schickt, beginnt – dies Gegenstand des dritten Bandes – die Selbstfindung: das Sich-Lösen aus der Rolle der unheilbar Kranken (in diesem Falle mit Unterstützung der damals fortschrittlichen Psychiatrie in England), das Transzendieren der eingespielten Routinen, zwanghaften Anpassungsängste und Fremddefinitionen sprachlicher und sozialer Rollen: beeindruckend, wie sie nach der Begegnung mit einem amerikanischen Künstler auf Ibiza und einer weiteren Beziehung in den bergigen Regionen von Andorra (wie bei Max FRISCH ein gleichsam mythischer Ort des tötenden Rollenzwangs) schließlich den Weg der Selbstbestimmung als Mensch gehen kann. U.Bö.-S.S.

AUSGABEN: *To the Is-land*, NY 1982. – *An Angel at my Table*, Auckland/NY/Ldn. 1984. – *The Envoy from Mirror City*, Auckland/NY/Ldn. 1984.

LITERATUR: A. L. McLeod, Rez. von *»To the Is-Land«* (in World Literature Today, 57, 1983, S. 352). – E. Caffin, *Ways of Saying in Recent New Zealand Fiction* (in Journal of New Zealand Literature, 1984, Nr. 2, S. 7–14). – P. Evans, *J. F. and the Art of Life* (in Meanjin, 1985, Nr. 3, S. 375–390). – K. F. Stein, *The Dark Laughter of J. F.* (in Pacific Quarterly, 9, 1985, Nr. 2, S. 41–47). – A. L. McLeod, Rez. von *»An Angel at my Table«* (in World Literature Today, 59, 1985, S. 488/489). – L. Jones, *The One Story, Two Ways of Telling, Three Perspectives: Recent New Zealand Literary Autobiography* (in Ariel, 16, 1985, S. 128–150). – A. L. McLeod, Rez. von *»The Envoy from Mirror City«* (in World Literature Today, 60, 1986, S. 523). – A. Calder, *The Closure of Sense: J. F., Language, and the Body* (in Antic Three [Auckland], Nov. 1987).

KERI HULME

* 9.3.1947 Christchurch

THE BONE PEOPLE

(engl.; *Ü: Unter dem Tagmond*). Roman von Keri HULME (Neuseeland), erschienen 1984. – *The Bone People*, zunächst als Kurzgeschichte konzipiert, ist der zwischen 1966 und 1978 entstandene Erstlingsroman der zuvor nur durch die Gedicht- und Prosasammlung *The Silences Between* (1982) bekannt gewordenen Autorin. Mit seiner Thematik des individuellen und zugleich sozialen Wandels dreier Figuren, die *»zum Herz und Muskel und Geist von etwas Gefährlichem und Neuen, von etwas Fremdartigem und Wachsenden und Großen«* und damit zu *»Instrumenten der Veränderung«* werden, schließt Hulme an die Anfang der siebziger Jahre vor allem in Europa und den USA diskutierte Frage nach Möglichkeiten gesellschaftlicher Reorientierung an. Während in den USA die indianischen Kulturen wesentliche Anstöße für ein neues Denken gegeben haben, geschah das in der stärker gemischten neuseeländischen Gesellschaft durch die Maori-Kultur. So rekurriert auch die von schottisch-englischen Einwanderern und neuseeländischen Ureinwohnern abstammende Autorin auf den im Maori-Denken aufgehobenen *»Geist der Inseln, der ein Teil des Geistes der Erde selbst ist«*, um einen Ausweg aus der *»Klemme«* zu weisen, die die Pakehas (die Weißen) verursacht haben: *»Wir haben uns verändert.*

Wir haben aufgehört, das Land zu hegen. Wir haben miteinander gekämpft. Wir sind von den in Horden zusammenlebenden Weißen besiegt worden. Wir sind zerbrochen und dezimiert worden.«
Die Handlung des Romans führt in diesem Sinne in zwei Teilen zu jeweils zwei Großkapiteln aus dem Zustand des Gebrochenseins – der Absonderung und der Aggressivität – zunächst zu einer Scheinlösung, deren Unhaltbarkeit im noch nicht genügend getilgten Geist der Feindschaft liegt, dann jedoch nach der fundamentalen Krise der drei Hauptfiguren zur Pakehas und Maoris gleichermaßen umfassenden alternativen Lebensweise des »Commensalismus«. Diese »Tischgemeinschaft« findet ihre Konkretisation in der restaurierten Maori-*marae*, dem *»gemeinsamen Ort des Zusammenseins, des Lernens, des Lehrens, der Trauer und der Freude«*, der die Form des *»runden Schneckenhauses«* hat, das mit dem *»spiralartigen Umarmen«* als symbolischer Geste korrespondiert; die Räume dieses Hauses sind *»alle miteinander verbunden und Teil eines Ganzen«*, sie ermöglichen aber auch *»Alleinsein und Absonderung«*. Dieser Raumvorstellung des Schlusses sind andere, defekte Raum- und Lebensformen entgegengesetzt, die nur partiell Elemente der *marae* aufweisen. So lebt die reiche, aufgrund eines Zerwürfnisses von ihrer Familie getrennte Künstlerin Kerewin Holmes isoliert in einem *»finsteren und fremden und mit Zinnen versehenen«* rechteckigen Turm, dessen Wände mit Waffen behängt sind, der aber eine spiralförmige Treppe aufweist, was symbolisch auf Gemeinschaftlichkeit verweist. Dem zu Beginn des Romans in den Turm eingedrungenen sechsjährigen Simon, der zwar intelligent ist, aber nicht sprechen kann, steht Kerewin zunächst feindlich gegenüber. Allmählich gibt sie jedoch gegenüber dem sie immer wieder unverhofft besuchenden Simon/Haimona ihre Zurückhaltung auf. Sie läßt dabei, wie sie später erkennt, allerdings nur graduell von ihrem mit Abwehr und Aggressivität assoziierten *»sense of property«* zugunsten eines sich öffnenden *»sense of need«* des Jungen ab, der eine instinktive Furcht vor scharfen Gegenständen – Nadeln, Scheren – hat und dessen Sprachlosigkeit zunächst rätselhaft bleibt (es ist nur bekannt, daß er zwei Jahre zuvor der einzige Überlebende eines Schiffbruchs war – später findet man Heroin im Wrack). Simon wird von Joe Gillayley aufgezogen, der selbst gerade Frau und Kind durch Krankheit verloren hat. Der gebildete Joe, der sich alleinstehend nicht so recht um Simon kümmern kann und deshalb später verhalten um Kerewin wirbt, liebt den Jungen wie einen Sohn, züchtigt ihn jedoch – zuweilen im Rausch – brutal, um dessen Anpassung zu erzwingen: Anders als seinen Altersgenossen fehlt Simon jeglicher *»sense of property«* – er nimmt von überall Dinge mit –, und er besucht immer wieder einen als Päderasten verschrieenen Alten.
Ein gemeinsamer Aufenthalt im Ferienhaus von Kerewins Familie – einer am Meer stehenden quadratischen Hütte, in der die drei auf engstem Raume zusammen sind – scheint zunächst die Annäherung der Frau an den Jungen zu fördern und Joes Gewalttätigkeit abzubauen. Dieser Prozeß vollzieht sich in Analogie zu Ebbe und Flut, ähnelt aus subjektiver Perspektive der Figuren dann aber doch eher den als Bedrohung empfundenen *»Gezeitenkriegen«*, deren Symbol die zerklüftete Küste ist. Diese die Natur negativ betrachtende Sichtweise ist Ausdruck der noch nicht geheilten »Gebrochenheit« Joes und Kerewins, ihrer durch Aggressivität geprägten Beziehungen zur Umwelt. So bricht immer wieder, etwa beim Fischen oder in einem Kampf mit Joe, Kerewins *»Killer-Instinkt«* durch: Sie hat die Kampfestechnik des japanischen Aikido erlernt, ohne sich der Mühen einer auf Erreichung seelischer Harmonie gerichteten Meditation zu unterziehen.
Mit der durch das Gefühl der *»Sinnlosigkeit«* enger menschlicher Kontakte bedingten erneuten Absonderung Kerewins beginnt, im dritten Kapitel, die eigentliche Krise. Die Erwachsenen erkennen zunächst nicht die psychische Not Simons, der den alten Mann – betrunken in eine Scherbe gestürzt – verblutet auffindet. Die Scherbe entspricht auf bildlicher Ebene den schneidenden und stechenden Gegenständen (letztlich der Heroinspritze), vor denen Simon Angst hat, und dem Messer, nach dem Kerewin gerade in dem Augenblick verbohrt fragt, als sie Simon helfen müßte, den Tod des Alten zu verarbeiten. Das Lieblingsmesser mit den germanischen Runen ihres Namens auf der Klinge und der Funktion des *»Ausweidens, Häutens, Zerschneidens, Zerhackens, Aufschlitzens und Tötens«* ist Ausdruck ihres *»Killer-Instinkts«* und der Unfähigkeit, auf den Jungen einzugehen. Als Simon mit der gegen den *»sense of property«* gerichteten Zerstörung ihrer goldenen Gitarre und dem Einwerfen von Schaufensterscheiben antwortet, um sich mitzuteilen, wird er durch Joe – von Kerewin dazu autorisiert – brutal gezüchtigt; Simon verletzt Joe seinerseits mit einer messerscharfen Scherbe am Bauch. Simon trägt Stich- und Schlagverletzungen am Fuß (Holzsplitter) und am Kopf (Züchtigung Joes) davon; wenn ihm innerlich unwohl ist, erleichtert er sich durch Erbrechen. Anders die psychisch Gebrochenen: Verletzungen und Schmerzen in Lenden, Bauch und Magen verweisen auf die Störungen ihres instinktiv-emotionalen Seinszentrums. So wie Joe während seines Kampfes mit Kerewin einen *»Schmerz im Zentrum«* seines Körpers verspürt, quält Kerewin fortan ein messerartiger Schmerz, der sich mit der Verletzung des im Koma liegenden Simon krebsartig verschlimmert.
Die drei Abschnitte des vierten Kapitels stellen die drei über die Konfrontation mit dem Tode führenden Heilungsprozesse dar. Da an ihrem Endpunkt die Neubelebung von Maori-Weisheiten steht, beginnt dieser Teil mit Joes Weg zu einem fern der Zivilisation lebenden Maori-Kaumatua (Ältesten). Dieser wartet seit langem auf den exemplarischen *»gebrochenen und zu heilenden Menschen«*, und von dem Sterbenden erlernt Joe wieder den auf Harmonie mit der Natur gerichteten *»Geist des Landes«*. Das nächste Kapitel ist dem inzwischen geheilten

Simon gewidmet, der – Kerewin und Joe immer noch liebend – aus der staatlichen Pflegeanstalt flieht, aber sein Zuhause verlassen vorfindet. Der offene Schluß des Abschnittes demonstriert besonders eindringlich den *»sense of need«* des in Not Befindlichen. Kerewin antwortet darauf nach der Konfrontation mit dem eigenen Schmerz im Zentrum ihres Inneren, der bewußten Erfahrung eines *»sense of need«* und der Reflexion über den Traum des auf den Ruf der Natur antwortenden Menschen, dessen Knochen wieder in die Erde eingehen: Die Geheilte holt Joe und Simon zu sich und beginnt mit der Restaurierung der Maori-*marae*. Die drei vom aggressiven Pakeha-Geist befreiten Hauptfiguren sind damit im Sinne des Romantitels die *»Bone People«: »the beginning people, the people who make another people«*.
Die Handlung wird aus der personalen Perspektive der Figuren im Präsens geschildert, und die Darstellung erreicht eine hohe bildliche und emotionale Intensität. Auf diese Weise können längere mit kürzeren und selbst auf wenige Zeilen reduzierten Abschnitten abwechseln, die mikrostrukturell über die zentralen Bildbereiche Messer/Scherbe/Waffe, spiralenartig/rund/eckig, ganz/heil/gebrochen, Mond/Gezeiten/Kälte etc. zusammengehalten und durch die semantisch modifizierenden Maori-Elemente zu einem dichten Sinngewebe verknüpft sind. Trotz zahlreicher Auslassungen, die vor allem inhaltliche Zusammenhänge betreffen, ist das Buch jedoch auch makrostrukturell klar und übersichtlich aufgebaut.
Hulme konnte für ihren Roman zunächst keinen kommerziellen Verleger finden, ihn schließlich jedoch im feministischen Verlag der Spiral Collective veröffentlichen. Wegen der erzählerischen Kraft und der poetischen Intensität wurde die Öffentlichkeit schnell auf das Werk aufmerksam, das 1985 den neuseeländischen Mobil-Pegasus-Preis für Maori-Literatur und den renommierten britischen Booker-Literaturpreis erhielt: Wenn man von einzelnen Mängeln – der fehlenden Konkretisierung des Commensalismus oder der eigentümlichen Aussparung von Sexualität – absieht, muß *The Bone People* als ein Werk gelten, mit dem die neuseeländische Literatur endgültig das Niveau von Weltliteratur erreicht hat. S.S.-U.Bö.

AUSGABEN: Wellington 1984. – Baton Rouge/La. 1985. – Auckland/Ldn. 1985. – Ldn. 1986 (Pan).

ÜBERSETZUNG: *Unter dem Tagmond*, J. A. Frank, Ffm. 1987.

LITERATUR: J. Cowley, *We Are the Bone People* (in New Zealand Listener, 12. 5. 1984). – J. Tolerton, Rez. (in New Zealand Woman's Weekly, 19. 7. 1985). – D. Bagnall, Rez. (in Observer, 11. 11. 1985). – E. Webby, *K. H.: Spiralling to Success* (in Meanjin, 44, 1985, S. 15–23). – C. K. Stead, *K. H.'s »The Bone People«* (in Ariel, 16, Calgary 1985, S. 101–108). – J. Dale, *»The Bone People«* (in Landfall, 39, 1985, S. 413–428). – C. Gaffney, *Making the New Whole Again: K. H.'s »The Bone People«* (in Southerly, 46, 1986, S. 293–302).

WITI IHIMAERA

* 7.2.1944 Gisborne / Neuseeland

TANGI. – WHANAU

(engl.; *Tangi. – Ü: Der Tag nach der Hochzeit*). Romane von Witi IHIMAERA (Neuseeland), erschienen 1973 bzw. 1974. – Ihimaera hat *Tangi* als ein *»poetisches Drama in Prosa«* und als *»Roman«* bezeichnet (das erste von einem Maori geschriebene und veröffentlichte Werk dieser Art). Der Titel sowie die zahlreichen im Text selbst verwendeten Begriffe aus der Maori-Sprache einerseits und die der literarischen Tradition der Pakehas (der Europäer) entstammenden Gattungsbezeichnungen andererseits verweisen auf die *»zwei kulturellen Landschaften«*, die Ihimaera zufolge das Land prägen. Der Autor hat, so betonte er, zu schreiben begonnen, um die beiden einander immer noch mit Mißtrauen begegnenden Bevölkerungsgruppen – das jedenfalls zeigen die Kurzgeschichten der Sammlung *The New Net Goes Fishing*, 1977 *(Das neue Netz wird ausgeworfen)* – auf ihr doppeltes kulturelles Erbe aufmerksam zu machen. Ihimaera wendet sich also – seine eigene Lebensgeschichte bis hin zum Studium an den Universitäten von Auckland (1963–1966) und Wellington (1966–1972) literarisch verarbeitend – an den Maori-Leser, der seiner Meinung nach letztlich eine *»Pakeha-Landschaft«* bewohnt, ebenso wie an den Neuseeländer europäischer Abstammung; er bedient sich nicht nur der englischen Sprache, sondern versucht den Pakeha – deutlich etwa im zweiten Kapitel von *Whanau* – erzählerisch lenkend in die andersartige Lebenswelt der Maoris einzuführen.
Die Romane und Kurzgeschichten Ihimaeras – 1972 war bereits die Sammlung *Pounamu, Pounamu* (der Maori-Begriff bedeutet »Grünsteintuff«) erschienen – nehmen europäische wie einheimische literarische Traditionen auf. Sowohl die Titel *Tangi* und *Whanau* als auch die Figuren und deren Situierung in einer noch weitgehend intakten Maori-Lebenswelt deuten darauf hin, daß es Ihimaera aber vornehmlich um die Bewußtmachung der »Maoritanga«, der Wertwelt der eigenen Bevölkerungsgruppe, geht; dazu war es jedoch notwendig, die fast ausschließlich mündlich tradierten kulturellen Wissensbestände mit Hilfe der auf Schriftlichkeit basierenden europäisch-amerikanischen Techniken aufzuarbeiten, da der Autor letztlich auf ein weißes Lesepublikum angewiesen ist.
Tangi ist in diesem Sinne der Bericht des zweiundzwanzigjährigen Tama Mahana von den drei Tage

dauernden Klagefeierlichkeiten um den toten Vater (sowie von deren Vor- und Nachgeschichte), zugleich aber auch die Literarisierung dieser Klagethematik, die ein Zurückgreifen auf europäische Traditionen, Erzählstrukturen und Symbolisierungsverfahren erfordert. Tama fährt – so die grundlegende Handlungsstruktur – nach der Bestattung seines Vaters von seiner Heimatgemeinde Gisborne aus ein letztes Mal nach Wellington zurück, wo er während der letzten vier Jahre in der andersartigen Welt der Pakehas gelebt und gearbeitet hat; er ist entschlossen, dem Wunsch des Vaters zu folgen und als der älteste und daher verantwortliche Sohn wieder zur Mutter und zu den Geschwistern zurückzukehren.

Die Motive von Trennung und Rückkehr sind zum einen eingebettet in die mythischen Vorstellungen von den *»ersten Eltern«*, Rangitane (Himmel) und Papatuanuku (Erde), die den Menschen aus der Dunkelheit ihrer zeugenden Umarmung in den anbrechenden Tag entlassen haben. Dem entspricht auf der Handlungsebene Tamas Trennung von der Familie und seine Begegnung mit einer fremdartigen, aber auch teilweise faszinierenden urbanen Welt unvermeidlicher Isolation, die er schließlich wieder verläßt, um in den Zusammenhang der Familie zurückzukehren. Ihimaera bewertet diese Art des Kontaktes mit der Welt des Pakeha und dessen die Maori-Kultur eigentlich bedrohender Lebensweise im Sinne des mythischen Grundmusters positiv: Der kreisförmig angelegte Prozeß führt zum Ursprung zurück. Die mythische Dimension liefert mithin die ideologische Legitimation für Ihimaeras spezifisches Konzept der kulturellen Öffnung.

Tamas Entschluß zur Rückkehr in die eigene Kultur und Wertwelt resultiert letztlich aus seiner Teilnahme am drei Tage währenden Tangi; er leitet während der Bahnreise zum erinnernden Eintauchen in die individuelle Lebensgeschichte des weitgehend im Präsens vortragenden Erzählers über, in die Geschichte der Familie im engeren und im weiteren Sinne (des *Whanau* als der Dorfgemeinschaft) und schließlich in den Maori-Mythos, also die ursprüngliche »Geschichte« des Volkes. Dieser für Ihimaeras gesamtes Werk typische Erinnerungsprozeß wird einerseits (ein Motiv der europäischen Literatur) beim Blick aus dem Fenster auf die vorbeiziehende Landschaft über Assoziationen ausgelöst, ist jedoch tatsächlich ein bewußtes Eintauchen des Protagonisten in eine für ihn noch nicht verlorene Zeit; die Rückkehr ist deshalb für den gerade einundzwanzig Jahre alten, also ins Mannesalter übergetretenen Erzähler zugleich ein Neubeginn, ebenso wie für Ihimaera selbst die Literarisierung der Totenklage die Möglichkeit des aus der Rückkehr zur Maoritanga resultierenden kulturellen Neubeginns bietet.

Im Zentrum dieser Maoritanga steht die Vorstellung einer die Lebenden und Toten, die verwandtschaftlich Nahen und Fernen umschließenden Gemeinschaft, die durch *aroha* zusammengehalten wird; d. h. *»die Liebe, die wir einander entgegenbringen, so daß sie [die Geschwister] nie allein sein werden, wenn sie eines Tages Waituhi verlassen und in die Stadt gehen werden«*. Diese am Wert der Gemeinschaft orientierte *aroha* erwächst für Ihimaera aus der besonderen Nähe des Maori zur Erde und zum Boden, den er bestellt. Wenn sich der Mensch dem Rhythmus der mit den *»ersten Eltern«* identifizierten Natur anvertraut, gewinnt er jene Ruhe und Gelassenheit, die er in der Stadt zu verlieren droht. Gerade sein Vater, so erinnert sich Tama, strahlte Ruhe und Gelassenheit aus; er bezeichnet ihn deshalb wiederholt als *»Achse [seines] Universums«*, als *»Licht gebende Sonne«*, während die Mutter im komplementären Bild der Erde erscheint.

Ihimaera will jedoch nicht etwa die Maoritanga in ihrer kulturellen Reinheit konservieren, sondern auf die Notwendigkeit einer Rückbesinnung auf Werte hinweisen, die eine sinnvolle Existenz in der von Pakehas beherrschten *»Landschaft«* ermöglichen. Symbol für die angestrebte Synthese zweier Kulturformen ist das traditionelle Gemeinschaftshaus, das Ihimaera hier fast mit den gleichen Worten beschreibt wie in *Whanau*. In dieser vor mehreren Generationen gebauten *marae*, deren Dachgebälk den Himmel abzustützen (in ihn überzugehen) scheint, sind Elemente der Maori- und der Pakeha-Kunst harmonisch miteinander vereint, und zwar im Wissen um die Unvermeidbarkeit eines notwendigerweise auf Öffnung gerichteten Traditionswandels. Wie die kulturelle Synthese aber jenseits ihrer symbolischen Repräsentation lebensweltlich beschaffen sein könnte, das führt Ihimaera in *Tangi* nicht aus. Wenn er jedoch im Kontext von Tamas Familiengeschichte besonders ausführlich auf den gemäßigten wirtschaftlichen Aufstieg der Mahanas eingeht, die zunächst umherziehende Landarbeiter, später selbst Farmer sind, deutet das auf ein Plädoyer für den Gedanken der sozialen Modernisierung im Sinne europäisch-amerikanischer Gesellschaftstheorien hin. Allerdings geht es dann letztlich doch nicht allein um den sozialen Aufstieg, sondern auch um die damit gegebene Möglichkeit, daß die Mahanas an einem Ort ein stabiles Lebenszentrum errichten, wo mit der *marae* auch die Maoritanga am Leben erhalten werden kann.

Ein derartiger Gedanke steht – nach der Auszeichnung von *Tangi* mit dem James-Wattie-Buchpreis (1974) – im Zentrum von Ihimaeras zweitem Roman *Whanau*. Das sich über vierundzwanzig Stunden erstreckende Geschehen in einem Maori-Dorf wird erneut im Präsens dargeboten; an die Stelle des Ich-Erzählers ist jedoch ein behutsam lenkender auktorialer Erzähler getreten, unter dessen Regie die um eine Fülle unterschiedlicher Figuren mit verschiedenartigen kulturellen Positionen zentrierten Handlungsfäden zusammengehalten und schließlich zusammengeführt werden. *Whanau* vermittelt mit seinen Momentaufnahmen eines Sonntags das Panorama eines Dorfes, in dem die negativen Einflüsse der 16 Meilen entfernten Stadt bereits sehr viel deutlicher zu spüren sind als im Ort des vorangegangenen Romans. Da gibt es dem Trunk hingegebene *no-hopers*; Menschen, die in die

Pakeha-Welt integriert werden möchten; aber auch solche, die noch stärker in der Maoritanga verwurzelt sind, die nostalgisch in der Erinnerung an die Vergangenheit schwelgen oder an der Restaurierung ihrer *marae* arbeiten.

Der sich im letzten Drittel des Buches herauskristallisierende Konflikt resultiert – anders als in *Tangi* – aus den unterschiedlichen soziokulturellen Vorstellungen zweier Halbschwestern: Die eine möchte den alten und kranken Vater – den Kaumatua, den Ältesten des Dorfes – bei sich im eigenen Haus pflegen, während die außerhalb des Dorfes Wohnende ihn in ein Krankenhaus bringen will. Pene, ein neunjähriger Junge, der sich liebevoll um den alten Paora kümmert, flieht mit dem Alten in die dunkle Nacht. Alle Dorfbewohner – selbst die Hoffnungslosen – beteiligen sich dann an der Suche nach den beiden, die in die Nähe der *marae* geflüchtet sind. Im Augenblick, da der Alte das Gebäude betreten will, sieht der Junge *»das Dorf, wie es einmal war«*, und erkennt, *»wohin er geht«*: *»In ein Dorf kleiner Holzhäuser, wo alle zusammen immer noch eine Familiengemeinschaft bilden. Zu einem Gemeinschaftshaus, das nicht einstürzt und zerfällt, sondern den Himmel stützt. Zu einem Gemeinschaftshaus, das vom Lärm der Familientreffen widerhallt und das noch nicht verlassen ist. Zur Wärme des Familienherdfeuers, bevor die Glut erstirbt.«*

Der Zusammenhang, den die Suche nach Paora in die individuellen Geschichten bringt, manifestiert sich symbolisch im Bild des Drachens, den Kinder über dem Dorf fliegen lassen und das dem Erzähler den imaginativen Blick aus der Überschau ermöglicht, und im abschließenden mythischen Bild der Mutter Erde, die das Dorf mit ihrer schützenden Wärme umfängt. U.Bö.

AUSGABEN: *Tangi*: Auckland/Ldn. 1973. – Auckland/Ldn. 1975. – *Whanau*: Auckland 1974. – Ldn. 1975. – Ldn. 1983.

ÜBERSETZUNG: *Der Tag nach der Hochzeit*, O. u. E. Fetter, Bln./DDR 1977 *[Whanau]*.

LITERATUR: G. Wynn, *Tradition and Change in Recent Maori-Fiction: The Writings of W. I.* (in International Fiction Review, 2, 1975, S. 17–31). – J. Metge, *The Maoris of New Zealand*, Ldn. 1977. – N. Simms, *Maori Literature in English: W. I.* (in Pacific Quarterly, 3, 1978, S. 336–348). – N. Wattie, *The Community as Protagonist in the Novels of Ch. Achebe and W. I.* (in *Individual and Community in Commonwealth Literature*, Hg. D. Massa, Msida/Malta 1979, S. 69–74). – P. Nightingale, *All Any Man with a Club Can Do: A. Wendt and W. I.* (in *Myth and Metaphor*, Hg. R. Selick, Adelaide 1982). – S. Beckmann, *Language as Cultural Identity* (in *Language and Literature in Multicultural Contexts*, Hg. S. Nandan, Suva/Fiji 1983). – H. Isernhagen, *W. I.'s Fiction: From Indigenous Myth to Late Modernist City Night?* (in WLWE, 24, 1984, S. 189–199). – R. Corballis u. S. Garrett, *Introducing W. I.*, Auckland 1984. – S. Garrett, *A Maori Place in New Zealand Writing* (in *A Sense of Place in the New Literatures in English*, Hg. P. Nightingale, St. Lucia 1986).

GREG McGEE

* 24.10.1950 Oamaru / Neuseeland

FORESKIN'S LAMENT

(engl.; *Foreskins Klage*). Schauspiel in zwei Akten von Greg McGEE (Neuseeland), Uraufführung: 30. 10. 1980 Auckland. – McGee versteht sein dramatisches Werk als Reaktion auf das traditionelle Vorurteil vom kolonial-provinziellen, den Künstler nicht inspirierenden, sondern ins Exil treibenden Neuseeland. Mit Foreskin's Lament, dem ersten Stück, versucht er wie in *Out in the Cold* (1983) und *Whitemen* (1986), sein Verhältnis als das eines kritisch-distanzierten, zugleich aber produktiv in der eigenen Kultur verwurzelten Intellektuellen zu definieren.

McGee, der auch als Sportler Karriere machte und auf internationaler Ebene als Rugbyspieler eingesetzt wurde, greift in diesem Stück (nach dem Boykott der Olympischen Spiele von 1976 durch die Schwarzafrikaner als Reaktion auf eine Tour der neuseeländischen Nationalmannschaft durch Südafrika und kurz vor dem bevorstehenden Besuch der Südafrikaner in Neuseeland) auf die Metapher des Rugbyspiels zurück, um den politischen Zustand der Nation zu umschreiben. Das im Stil des sozialen Realismus beginnende, im zweiten Akt jedoch Mittel der dramatischen Verfremdung einsetzende und schließlich in eine emotionsgeladene, aber stilisierte Klage einmündende Stück spielt zunächst in einem Umkleideraum gegen Ende eines Trainingsabends; der Schauplatz des zweiten Akts ist die Veranda im Haus des homosexuellen Managers und Masseurs, der im Anschluß an ein wichtiges, aber verlorenes Spiel zu einer »after-match party« eingeladen hat.

Im Zentrum des Stücks steht der Schlußmann Seymour, wie seine Mannschaftskameraden Amateur. Als Student hebt er sich von den übrigen – dem Coach Tupper, dem Manager Larry und den Spielern Ken, Clean, Mean und Irish – ab, die in unterschiedlichem Maße das Ethos des Rugbyspiels verinnerlicht haben und Vertreter der dominanten, aggressiven und latent rassistischen Männergesellschaft sind. Während sie sich insbesondere im ersten Akt einer obzön-skatologischen Sprache bedienen und in homosexuelle Phantasien ausweichen, ist Seymour der intellektuelle Außenseiter. Er hat wie die übrigen einen Spitznamen (»Foreskin«, d. h. Vorhaut), der auf seine Sensibilität als Grund-

lage gesellschaftlicher Verantwortung verweist. Dieser Foreskin hat das »abstrakte Leben« des universitären »Elfenbeinturms« hinter sich gelassen und sucht »Poesie durch Bewegung«, d.h. im Engagement. So wie er in der Mannschaft als *fullback* den Überblick über das Kampfgeschehen hat, so auch als Intellektueller in der Gesellschaft.
Er steht dabei seinem Coach Tupper kritisch-distanziert gegenüber, der – so der Anfang des Stücks – seine Spieler mit bulliger Stimme zum bedingungslosen Kampf anfeuert *(»you're meant to be kicking shit out of the opposition«)* und für den Teamgeist, Charakter, Standfestigkeit die wichtigsten auch gesellschaftlich relevanten Werte sind. Rugby bedeutet für Tupper – ganz im Sinne des ursprünglich das Spiel sozial definierenden viktorianischen Erziehers Dr. Arnold – die Basis, von der aus die Mentalität der Unterordnung unter gemeinsame Ziele bis hin zum blinden Gehorsam geformt wird. Allerdings feuert er seine Mannschaft mit psychologischen Mitteln zum kompromißlosen körperlichem Einsatz an, bis hin zum Haß auf den Gegner *(»kick shit out of everything above grass height«* und *»Get a little more hate into this game«)*. Im Grunde muß er jedoch mit seinen Spielern darauf vertrauen, daß alle Beteiligten jene Grenzen respektieren, jenseits derer Kampf in Vernichtung umschlägt. Der Intellektuelle Foreskin analysiert im Verlauf des ersten Akts die Widersprüche zwischen den aufputschenden Worten des Coaches und seinen gemäßigten Intentionen. Da Foreskin Tupper in aller Öffentlichkeit kritisiert, beschuldigt man ihn, er untergrabe die Moral der Mannschaft.
Die latenten Widersprüche zwischen der Orientierung am Teamgeist und der Ideologie des Erfolges zeigen sich im Laufe des Stücks in der Person des Spielers Clean. Der ehemalige Vietnamsoldat, der jetzt Polizist ist, will unbedingt Kapitän der Mannschaft werden, um später daraus finanzielles Kapital schlagen zu können. Beobachtet von jeweils nur einem Mitspieler, verletzt er in zwei aufeinanderfolgenden Begegnungen im Kampfgetümmel heimtückisch den eigentlichen Kapitän Ken schwer. Nach dem ersten Mal sieht sich der ahnungslose Ken moralisch vom Coach unter Druck gesetzt, so daß er erneut antritt; dann wird er so stark getroffen, daß er längere Zeit im Koma liegt und stirbt.
Das Stück läuft durch diese kritische Analyse von Rubgyspiel und gesellschaftlichem Verhalten schlechthin auf die Frage nach dem moralischen Standort und damit der Identität des einzelnen wie der Nation hinaus. Folgerichtig wird die Bühnenhandlung durch die anfangs vom Coach im Sinne körperlichen Einsatzes und zum Schluß von Foreskin im Sinne der geistigen Verfassung gestellte Frage *»What are you?«* gerahmt. McGee beantwortet die – so Foreskins eigene Worte – *»interessante philosophische Frage«* durch die Kontrastierung zweier Positionen. Im ersten Akt beharrt der von Foreskin ironisch als »Vater« bezeichnete Coach auf widerspruchsloser Unterordnung unter seine Anweisungen, vor allem jedoch auf der Unterdrükkung von Schmerzempfindungen (die notwendige emotionale Entlastung erfolgt dann über Obszönitäten und skatologischen Jargon). Der Maßstab für Foreskins Protest sind in diesem Stadium lediglich die allgemeinen (intellektuellen) Prinzipien.
Erst im zweiten Akt geht es um die gesellschaftlichen Folgen des Protests; Foreskin ist zwar – abseits der alkoholisierten Party – auf der Veranda örtlich abgesondert, engagiert sich aber immer stärker emotional, bis er im klar herauszuspielenden Verfremdungskontrast zu den übrigen Spielern in einem Akt der Selbstenthüllung/-offenbarung *»die Maske des Teamgeistes«* ablegt. Seine lange, ans Publikum gerichtete Klage, von *»Wut, Sorge, Angst«* getragen, ist zunächst eine Totenklage auf den Spieler Ken, geht dann aber auf das Dilemma des *»von den gleichen Müttern geborenen«*, in die gleiche am Rugby-Geist orientierte Gesellschaft hineingewachsenen Intellektuellen ein, der auf der Universität durch die Konfrontation mit der nichtprovinziellen, insbesondere amerikanischen Kultur der eigenen entfremdet wurde – *»bellowed at, barthed at, pynched at / ... keseyed into acid / rubined into protest / cleavered / luthered ...«* – ohne eine Identität zu finden: der zurückgekommen ist und desillusioniert wurde und im sportlich-konkreten wie im gesellschaftlich übertragenen Sinne nicht mehr weiterspielen will. Zum Schluß stellt sich damit die Frage nach der gesellschaftlichen Identität. Foreskins Einsicht in die Notwendigkeit der Kommunikation mit einer Gesellschaft, gegenüber der er in Distanz geht, spiegelt aber deutlich McGees eigene Entschlossenheit, als Schriftsteller im Lande zu bleiben und vor allem die Ressourcen der Sprache und des Bewußtseins Neuseelands künstlerisch zu nutzen. U.Bö.

AUSGABE: Wellington 1981 [Vorw. M. Neill].

LITERATUR: N. Simms, Rez. (in World Literature Today, 1982, S. 573). – John Thomson, *New Zealand Drama 1930–1980*, Auckland 1984, S. 95–97. – S. Crawford, *The Game of ›Glory and Hard Knocks‹: A Study of the Interpenetration of Rugby and New Zealand Society* (in Journal of Popular Culture, 19, 1985, S. 77–91). – G. Cordery, *»Tom Brown's Schooldays« and »Foreskin's Lament«: The Alpha and Omega of Rugby Football* (ebd., S. 97–105). – L. Wilcox, *More Versions of the Pastoral: Postmodernism in the New Zealand Context* (ebd., S. 107–120).

JANE MANDER

* 9.4.1877 Ramarama bei Drury / Neuseeland
† 20.12.1949 Whangarei

THE STORY OF A NEW ZEALAND RIVER

(engl.; *Die Geschichte eines neuseeländischen Flusses*). Roman von Jane Mander (Neuseeland), erschienen 1920. – Mit diesem Roman trat Jane Mander als erste der in der neuseeländischen Erzählliteratur jener Periode dominierenden Schriftstellerinnen hervor. Trotz eklatanter Mängel, die Katherine Mansfield bereits 1920 in einer berühmt gewordenen Rezension aufzeigte, wurde das Buch, das eine Reihe von vier Regionalromanen einleitet und sich nicht nur im Titel an Olive Schreiners *Story of an African Farm* (1883) anlehnt, zum größten Erfolg der Autorin. Die wirklichkeitsgetreue, männlich-kühne Schilderung des verbissenen Ringens der Pioniere – zu denen auch Jane Manders Vater gehörte – mit den riesigen Kauriwäldern verleiht dem Werk nahezu historischen Quellenwert.
Der Otamateafluß und das Holzindustriegebiet in der Nähe von Kaiwaka (um die Jahrhundertwende) bilden den Schauplatz für ein ökologisches und menschliches Drama, in dessen Mittelpunkt drei grundverschiedene Charaktere stehen: die schöne Alice Roland, die einen jugendlichen Fehltritt durch eisig-puritanische Reserviertheit zu kompensieren sucht – eine bis zum Snobismus klassenbewußte, das Kulturideal des Mutterlandes verhimmelnde Britin, in ihrer herben Lebenssphäre fast sinnbildlich deplaciert durch ihre Zerbrechlichkeit und Sensibilität; ihr Mann Tom, ein ungehobelter, robuster, aber sympathischer Tatmensch, ungekrönter König der von ihm erschlossenen Kauriwälder; und der englische Arzt David Bruce, der, vital und empfindsam zugleich, zum Partner Alices prädestiniert ist und sich dank seiner kräftigen Konstitution und Charakterstärke in der rauhen Männerwelt Toms als dessen Vorarbeiter, Partner und Freund bewährt. Er und Alice fühlen sich unwiderstehlich zueinander hingezogen; aber obgleich Tom, der seine Frau jahrelang für die Geliebte Davids hält und sich selbst für seine disharmonische Ehe verantwortlich macht, den beiden den Weg freigibt, entsagt David aus Ehrgefühl und Freundestreue seiner Liebe. Alices voreheliche Tochter, in ihrer Spontaneität und Natürlichkeit das Gegenbild der Mutter (und – allzu offenkundig – Sprachrohr für Jane Manders die Zeitgenossen schockierende Ansichten über die Stellung der Frau und die freie Liebe), durchbricht die Schranken ihrer Erziehung und folgt ihrer Neigung zu einem verheirateten Mann. Tom verunglückt tödlich, als er einen Holztransport zum Entgleisen bringt, um auf der Strecke spielende Kinder zu retten, und wird in der ganzen Gegend als Held und Wohltäter betrauert. Jetzt erst dürfen David und Alice einander ganz angehören.
Die krassen Schiefheiten der ausgewalzten, von Sentimentalität und Edelmut triefenden Fabel, die Banalität der forcierten »Lösung« und die romantischen Klischees der Personenzeichnung sind ebenso auffällig wie die veraltete, episodische, sich oft in exotischen Wortgemälden erschöpfende Romantechnik. Aber bei aller Rückständigkeit (die auch der literarischen Randlage des neuseeländischen Romans jener Zeit zuzuschreiben ist) werden unter den *»false wrappings«* (K. Mansfield) immer wieder Manders naturhaftes Talent, unabhängiger Geist und wahre Menschlichkeit sichtbar. Die Verwendung der wilden Natur als Spiegel seelischen Geschehens wirkt zwar recht gestellt, und der Versuch der Autorin, aus der Ausbeutung und Zerstörung der majestätischen Wälder eine verbindliche Lebensdeutung abzuleiten, scheitert letztlich an der allzu vielschichtigen menschlichen und ideologischen Thematik des Romans und an der didaktischen Überdeutlichkeit der Darstellung. Aber Jane Manders freierer Ton, ihre die sexuellen Tabus der Epoche zertrümmernde Ehrlichkeit (die sie so vielen Mißverständnissen und Anfeindungen aussetzte, daß sie als Schriftstellerin früh verstummte), ihr wenn auch noch tastendes Fortschreiten in Richtung eines neuen Realismus im sozialen Milieu, im Dialog und in der Einbeziehung des Landschaftlichen wirkten bahnbrechend. Als Markstein und Wendepunkt in der Entwicklung der neuseeländischen Literatur kommt ihrem Buch bleibende Bedeutung zu.
J.H.T.

Ausgaben: Ldn./NY 1920. – Ldn. 1938. – Christchurch 1960; Nachdr. 1975.

Literatur: K. Mansfield, *Novels and Novelists*, Ldn. 1930, S. 217–220. – J. C. Reid, *Creative Writing in New Zealand: A Brief Critical History*, Auckland 1946, S. 52/53. – E. H. McCormick, *New Zealand Literature: A Survey*, Ldn. 1959, S. 94–96. – A. Mulgan, *Great Days in New Zealand Writing*, Wellington 1962, S. 84–89. – *An Encyclopedia of New Zealand*, Hg. A. H. McLintock, Bd. 2, Wellington 1966, S. 328/329; 395–397. – J. Stevens, *The New Zealand Novel 1860–1965*, Wellington 21966, S. 36–38. – D. Turner, *J. M.*, NY 1972 (TWAS). – Dies., *»The Story of a New Zealand River«: Perceptions and Prophecies in an Unfixed Society* (in *Critical Essays on the New Zealand Novel*, Hg. Ch. Hankim, Auckland 1976, S. 1–23).

KATHERINE MANSFIELD

eig. Kathleen Mansfield Beauchamp

* 14.10.1888 Wellington / Neuseeland
† 9.1.1923 Fontainebleau / Frankreich

LITERATUR ZUR AUTORIN:
Bibliographien:
R. E. Mantz, *The Critical Bibliography of K. M.*, Ldn. 1931; ern. 1968. – M. L. Bardas, *The State of Scholarship on K. M., 1950–1970* (in WLWE, 11, 1972, S. 77–93). – J. Meyers, *K. M.: A Bibliography of International Criticism, 1921–1977* (in Bull. of Bibliography, 34, 1977, S. 53–67). – B. J. Kirkpatrick, *A Bibliography of K. M.*, Oxford 1989.
Biographien:
R. E. Mantz u. J. M. Murry, *The Life of K. M.*, Ldn. 1933; ern. 1970., – M. A. Schwendimann, *K. M.: Ihr Leben in Darstellung u. Dokumenten*, Mchn. 1967. – J. Meyers, *K. M.: A Biography*, Ldn. 1978. – A. Alpers, *The Life of K. M.*, Ldn. 1980. – P. Citati, *K. M.: Beschreibung eines Lebens*, Ffm. 1982. – N. Crone, *A Portrait of K. M.*, Ilfracombe 1985 [m. Bibliogr.]. – C. Tomalin, *K. M.: A Secret Life*, NY 1988 (dt. *K. M.: Eine Lebensgeschichte*, Ffm. 1990).
Gesamtdarstellungen und Studien:
S. L. Berkman, *K. M.: A Critical Study*, Ldn. 1951; ern. 1971 [m. Bibliogr.]. – I. A. Gordon, *K. M.*, Ldn. 1954; ern. 1971. – J. M. Murry, *K. M. and Other Literary Studies*, Ldn. 1959. – A.-M. Monet, *K. M.*, Paris 1961. – S. R. Daly, *K. M.*, NY 1965 (TEAS). – M. Magalaner, *The Fiction of K. M.*, Carbondale/Ill. 1971. – V. O'Sullivan, *K. M.'s New Zealand*, Ldn. 1975. – M. K. Benet, *Writers in Love*, NY 1977, S. 1–109. – M. Rohrberger, *The Art of K. M.*, Ann Arbor/Mich. 1977. – S. J. Kaplan, *K. M.'s Passion for Technique* (in *Women's Language and Style*, Hg. D. Butturff u. E. L. Epstein, Akron 1978, S. 119–131). – MFS, 24, 1978, Nr. 3 [Sondernr. *K. M.*]. – N. Wattie, *Nation und Literatur*, Bonn 1980. – A. Gurr, *Writers in Exile*, Brighton 1981. – C. Hanson u. A. Gurr, *K. M.*, Ldn. 1981. – S. Gubar, *The Birth of the Artist as Heroine: (Re)production, the Künstlerroman Tradition, and the Fiction of K. M.* (in *The Representation of Women in Fiction*, Hg. C. G. Heilbrun u. M. R. Higonnet, Baltimore 1983, S. 19–59). – C. A. Hankin, *K. M. and Her Confessional Stories*, Ldn./Basingstoke 1983. – J. T. Banks, *Virginia Woolf and K. M.* (in *The English Short Story 1880–1945*, Hg. J. M. Flora, Boston 1985, S. 67–82). – D. McEldowney, *The Multiplex Effect: Recent Biographical Writing on K. M.* (in Ariel, 16, Calgary 1985, Nr. 4, S. 111–124). – K. Fullbrook, *K. M.*, Brighton 1986. – R. B. Nathan, *K. M.*, NY 1988.

BLISS

(engl.; Seligkeit, auch *Glück*). Kurzgeschichte von Katherine MANSFIELD (Neuseeland), erschienen 1918 in der Zeitschrift ›English Review‹, 1920 mit dreizehn anderen Erzählungen unter dem gleichen Sammeltitel vereinigt. – Im Mittelpunkt dieser Geschichte steht Bertha Young, eine glückliche junge Frau und Mutter. Zu Beginn der Handlung bereitet sie, in einem Zustand beseligender Erwartung und in der Gewißheit, daß etwas Wunderbares geschehen werde, für einen eigentümlich zusammengewürfelten Kreis von Gästen eine Abendgesellschaft vor. Neben einem Ehepaar mit nur angeblich ernsthaften künstlerischen Neigungen und einem jungen Dichter, der gerade en vogue ist, erwartet sie Pearl Fulton, eine schöne und geheimnisvolle junge Frau, zu der sie sich trotz der Kürze ihrer Bekanntschaft heftig hingezogen fühlt. Selbst die gelegentlichen sarkastischen Bemerkungen ihres Mannes über Miss Fulton können ihrer an Verzauberung grenzenden Zuneigung zu dieser Frau nichts anhaben. Als sie sich im Lauf des Abends mit Pearl Fulton im Garten von den anderen Gästen absondert, empfindet sie dieser gegenüber ein fast mystisches Zusammengehörigkeitsgefühl. Danach spürt sie zum erstenmal ein überwältigendes körperliches Verlangen nach ihrem Mann, entdeckt jedoch gleichzeitig, daß dieser längst selbst dem Zauber der Miss Fulton erlegen ist und ein Treffen mit ihr verabredet hat. Voller Entsetzen starrt Bertha Young in den wie zuvor lieblichen nächtlichen Garten.

Die zu schmerzlicher Einsicht führende Wendung am Schluß der Geschichte wie auch der Vorrang des Atmosphärischen vor der eigentlichen Fabel finden sich in den meisten Erzählungen der Autorin. Katherine Mansfield steht damit (wie der von ihr bewunderte Henry JAMES) dem impressionistisch-nostalgischen Stil des Russen ČECHOV näher als der angelsächsischen literarischen Tradition. Hierfür sprechen auch die ausgewogene Mischung aus teils naiven, teils ironisch gefärbten Aussagen der handelnden Personen, die Vielzahl an scheinbar belanglosen, tatsächlich aber zum Verständnis der Geschehnisse beitragenden Beobachtungen und die oft poetische Verdichtung von Symbolen in der so einfach anmutenden Prosaform. Ihre geschmeidige Erzähltechnik, ihre sorgfältige Detailwahl, ihre Kunst der Gefühlsanalyse – all dies macht bei Katherine Mansfield die Gestaltung intensiver, den Bereich des Allgemein-Menschlichen berührender seelischer Erfahrungen überzeugend. R.G.-KLL

AUSGABEN: Ldn. 1918 (in English Review, Aug.-Nr.). – Ldn. 1920. – Ldn. 1923. – Ldn. 1945 (in *Collected Stories*). – Harmondsworth 1973 (in *Bliss, and Other Short Stories*). – Oxford u. a. 1984 (in *The Stories of K. M.*, Hg. u. Einl. A. Alpers). – Ldn. 1988 (in *Bliss, and Other Short Stories*).

ÜBERSETZUNGEN: *Seligkeit*, H. E. Herlitschka, Wien 1937 (in *Für 6 Pence Erziehung*). – *Glück*,

R. Schirmer (in *Erzählungen u. Tagebücher*, Zürich 1974). – Dass., E. Schnack (in *Sämtl. Erzählungen*, 2 Bde., Köln 1980; ern. Ffm. 1988, 5 Bde.; FiTb). – *Seligkeit*, H. u. M. Herlitschka (in *Seligkeit. Erzählungen*, Mchn. 1981; dtv; ern. Darmstadt/Neuwied 1983; SLu). – Dass., H. Steiner (in *Meistererzählungen*, Ffm. 1983; BS). – *Glück*, U. Grawe (in *Erzählungen*, Stg. 1990; RUB).

VERTONUNG: C. Johnson, *Bliss*, NY 1961 [zus. m. *The Garden Party*].

LITERATUR: H. E. Nebeker, *The Pear Tree: Sexual Implications in K. M.'s »Bliss«* (in MFS, 18, 1972/73, S. 545–551). – M. Zorn, *Visionary Flowers: Another Study of K. M.'s »Bliss«* (in SSF, 17, 1980, S. 141–147). – W. E. Anderson, *The Hidden Love Triangle in M.'s »Bliss«* (in TCL, 28, 1982, S. 397–404). – P. Zaccaria, *Viaggi per la beatitudine all'interno di una casa inglese anni venti* (in Lingua e stile, 20, 1985, S. 73–87). – J. S. Neaman, *Allusion, Image, and Associative Pattern: The Answer in M.'s »Bliss«* (in TCL, 32, 1986, S. 242–254).

THE GARDEN PARTY AND OTHER STORIES

(engl.; *Das Gartenfest und andere Erzählungen*). Sammlung von fünfzehn Kurzgeschichten von Katherine MANSFIELD (Neuseeland), erschienen 1922. – Die Skizzen und kurzen Erzählungen spielen in Neuseeland und England. In keiner gibt es dramatische Ereignisse, ja die meisten sind so ausgesprochen handlungsarm, daß sie eher als Charakterstudien *(The Lady's Maid – Die Zofe; An Ideal Family – Eine ideale Familie)* oder als impressionistische Genreszenen *(Bank Holiday – Bankfeiertag; At the Bay – An der Bucht)* zu bezeichnen sind. Die Titelgeschichte ist typisch für den ganzen Band. Sie berichtet von den Vorbereitungen, die eine sehr wohlhabende Familie für ein Gartenfest trifft; mitten in dieser Geschäftigkeit erreicht sie die Nachricht, daß ein armer Mann aus der weiteren Nachbarschaft verunglückt ist und zu Hause bei seiner Frau und seinen sechs Kindern im Sterben liegt. Nur ein Kind der reichen Familie, Laura, zeigt sich von dieser Mitteilung bewegt; sie denkt sogar daran, die Gartengesellschaft abzusagen, erntet aber von ihren Geschwistern nur Spott für so viel Mitgefühl und vergißt ihre eigenen Bedenken schließlich über einem Kompliment, das man ihr eines hübschen neuen Hutes wegen macht. Erst nach dem Gartenfest geht Laura zur Familie des Verunglückten, um ihnen einen Korb mit übriggebliebenen Speisen zu bringen. Und nun wird sie so von Mitleid überwältigt, daß sie, vor dem Bett des Toten stehend, nur die Worte stammelt: *»Entschuldigen Sie, daß ich meinen Hut aufbehalte.«*
Die feine Ironie der Geschichte liegt darin, daß Laura einerseits zwar weichherzig, aber eben auch weiblich-eitel ist und daß sie andererseits durch das enge Nebeneinander von Fest und Tod zwar zur Einsicht in die Grausamkeit des Lebens kommt, aber am Ende vor lauter Rührung diese Einsicht nicht auszusprechen vermag. Der Satz, der den gedanklichen Kern der Geschichte enthält, bleibt fragmentarisch, und dennoch wird aus dem Verlauf der Geschichte klar, wie er lauten müßte. – Eine solche unterspielte Pointe oder unausgesprochene, nur angedeutete Einsicht enthalten noch weitere Erzählungen, die alle nicht einen dramatischen äußeren Wendepunkt, sondern höchstens eine plötzliche Erhellung von Charakteren oder menschlichen Situationen als Klimax haben; und selbst solche plötzlichen Erkenntnisse werden nur als seelische Vorgänge, als schweigende Wahrnehmungen gezeigt, auch wenn sie im Leben der betroffenen Personen einmal weitreichende Konsequenzen haben werden oder haben könnten.
Das geheime Thema aller Geschichten, von denen die meisten in einer Atmosphäre von sanfter Komik, vermischt mit versteckter Tragik, spielen, ist die Enthüllung des Charakters oder des Grades der Reife eines Menschen anläßlich einer bestimmten Situation – eine Enthüllung, zu der es nur ganz weniger Äußerungen, Gesten oder Vorgänge und der Beobachtung der Kleinigkeiten des Lebens bedarf, die oft zu bildlich-gegenständlichen Zeichen werden. Besonders Kinder und Tiere werden mit großer Sensibilität und Einfühlung beschrieben, ihr Denken, ihr Verhalten und ihre Spiele mit feinem Humor dargestellt.
Die Sprache der Erzählungen ist auf weite Strecken der Denk-, Seh- und Redeweise der Charaktere sehr nahe und bis in die Syntax und den Wortschatz hinein diesen angepaßt. Ähnlich wie in *Dubliners* von James JOYCE ist die Distanz des Erzählers zum Erzählten verringert, läßt die Technik des *style indirect libre*, der »erlebten Rede«, die Gedanken, Reflexionen und Gefühlsregungen der Charaktere unmittelbarer zu Wort kommen; die Sprache beschreibt nicht in begrifflicher Distanz die Vorgänge, sondern nimmt Ausrufe, plötzliche Gefühlsbewegungen, unvollendete Gedanken oder überrascht abgebrochene Sätze in sich auf: *»Und plötzlich, zwischen zwei großen plumpen Idioten – ›Aus dem Weg da!‹ bedeutete er ihnen mit dem Regenschirm – sah er eine erhobene Hand – einen weißen Handschuh, der ein Taschentuch schwenkte. Noch einen Augenblick, und Gott sei Dank, Gott sei Dank! – da war sie. Da war Janey. Da war Mrs. Hammond, ja, ja, ja – an der Reling stehend und lächelnd und nickend und ihr Taschentuch schwenkend«* (aus *The Stranger*). Durch diese der jeweiligen Stimmung und Gefühlslage nachgebende Sprache ist der Ton der Erzählungen und Skizzen von zarter Heiterkeit, bei allen impressionistischen Lyrismen zugleich aber treffend und von sparsamer Genauigkeit. J.Dr.

AUSGABEN: Ldn. 1922. – NY o. J. – Harmondsworth 1964; ern. 1971. – Stg. 1983, Hg. K. Friedman (RUB). – NY 1988. – Ldn. 1988.

ÜBERSETZUNGEN: *Das Gartenfest und andere Ge-*

schichten, H. u. M. Herlitschka, Wien 1938. – R. Schirmer (Ausw. in *Erzählungen und Tagebücher*, Zürich 1974). – *Das Gartenfest und andere Erzählungen*, E. Schnack, Mchn. 1977 (engl.-dt.; dtv). – H. Steiner (Ausw. in *Meistererzählungen*, Ffm. 1981; BS). – *Das Gartenfest. Erzählungen*, E. Schnack (in *Sämtl. Erzählungen*, 5 Bde., Ffm. 1988; FiTb). – U. Grawe (in *Erzählungen*, Stg. 1990; RUB).

VERTONUNG: C. Johnson, *The Garden Party*, NY 1961 [zus. m. *Bliss*].

LITERATUR: V. Woolf, *A Terribly Sensitive Mind* (in V. W., *Granite and Rainbow*, Ldn. 1958, S. 73–76). – R. S. Taylor u. D. A. Weiss, *Crashing the »Garden Party«: A Study of K. M.* (in MFS, 1959). – J. Gargano, *K. M.'s »Miss Brill«* (in Explicator, 1960). – D. W. Kleine, *»The Garden Party«: A Portrait of the Artist* (in Criticism, 5, 1963, S. 360–371). – R. M. Davis, *The Unity of »The Garden Party«* (in SSF, 2, 1964, S. 61–65). – R. Frikker, *»The Garden Party«* (in *Die englische Kurzgeschichte*, Hg. K.-H. Göller u. G. Hoffmann, Düsseldorf 1973, S. 203–213). – B. Satterfield, *Irony in »The Garden Party«* (in Ball State Univ. Forum, 23, 1982, S. 68–70). – C. Franklin, *M. and Richardson: A Short Story Dialectic* (in ALS, 11, 1983, S. 227–233). – A.-M. Harmat, *Essai d'analyse structurale d'une nouvelle lyrique anglaise: »Miss Brill« de K. M.* (in Les Cahiers de la Nouvelle, 1, 1983, S. 49–74). – H. Zapf, *Time and Space in K. M.'s »The Garden Party«* (in OL, 40, 1985, S. 44/45). – G. G. Fromm, *The Worldly and Unworldly Fortunes of K. M.* (in New Criterion, 5, 1986, S. 38–44). – H. Bonheim, *Teaching K. M.'s »The Voyage«: Metaphor Boxes* (in LWU, 20, 1987, S. 99–113). – H. u. H. Breuer, *Psychoanalytische Bemerkungen zu K. M.s Erzählung »The Stranger«* (ebd., S. 505–517). – B. C. Bell, *Non-Identical Twins: Nature in »The Garden Party« and »The Grave«* (in Comparatist, 12, 1988, S. 58–66).

IN A GERMAN PENSION

(engl.; *In einer deutschen Pension*). Sammlung von dreizehn Kurzgeschichten von Katherine MANSFIELD (Neuseeland), erschienen 1911. – Der Band enthält die ersten Arbeiten der Autorin, kurze Erzählungen, die Deutschland in der Zeit vor dem Ersten Weltkrieg zum Schauplatz haben. Eine Gruppe für sich bilden die episodenhaften Szenen und Genreskizzen, in denen eine Ich-Erzählerin englischer Nationalität von ihren Eindrücken in einem kleinen süddeutschen Kurort berichtet. In Momentaufnahmen werden Charakter, Verhalten und Äußerungen der spießbürgerlichen Gäste in der »Pension Müller« festgehalten. Viel von den bitteren persönlichen Erfahrungen Katherine Mansfields, die nach dem Scheitern ihrer ersten Ehe und nach einer Periode unsteten Umherwanderns 1909 in Bad Wörishofen eine Totgeburt hatte, ist in diese satirischen, oft boshaft karikaturistischen Skizzen eingeflossen. In jeder beleuchtet sie, vor dem Hintergrund des Pensionsalltags, eine Situation, die ihr typisch für die Einstellung der deutschen Kurgäste erscheint. In *Germans at Meat* ist es eine Frühstücksunterhaltung, die, von den Tischnachbarn des ausländischen Gastes mit spöttisch-herablassenden Bemerkungen über englische Vorlieben und Eigenheiten begonnen, unweigerlich in schier endlose Gespräche übers Essen, über den Gesundheitszustand und die Badekur mündet. In *The Baron* und *The Sister of the Baroness* gilt ihr trockener angelsächsischer Spott der blinden Ergebenheit gegenüber dem Adel, in *The Modern Soul* und *The Advanced Lady* der kritiklosen Bewunderung künstlerischer Ambitionen. – Ihre Absicht, Impressionen, nicht Ereignisse, zu vermitteln, verwirklicht die Autorin, indem sie in äußerst knapper Sprache Einzelmerkmale des Milieus und der Charaktere scharf belichtet und Unterhaltungen fast kommentarlos wiedergibt. Der häufige Gebrauch deutscher Wörter und Titel (»Herr Rat«, »Frau Feldleutnantswitwe«, »Frau Oberregierungsrat«) ist ein Mittel dieser Belichtungstechnik.

Neben den Porträts aus dem Wilhelminischen Bürgertum steht eine Gruppe von Kurzgeschichten, die zwar in Deutschland lokalisiert, deren Themen und Personen aber nicht spezifisch deutsch sind. In ihnen werden Situationen verdeutlicht, die entweder kennzeichnend für das Wesen eines Menschen sind (z. B. *A Birthday* und *The Swing of the Pendulum*) oder die Klimax eines persönlichen Dilemmas bedeuten (z. B. *Frau Brechenmacher Attends a Wedding* und *The Child-Who-Was-Tired*). In diesen Erzählungen berichtet nicht ein Außenstehender, sondern das Geschehen stellt sich aus der Sicht des Betroffenen dar. Hier verwendet Katherine Mansfield das Stilmittel der »erlebten Rede«.

Die Autorin distanzierte sich später von ihrem Erstlingswerk, das, wie sie erklärte, *»viel zu unreif«* und von *»jugendlicher Bitterkeit«* und *»grobem Zynismus«* geprägt sei. Während des Ersten Weltkriegs verhinderte sie eine Neuauflage, um nicht aus der in England herrschenden Deutschfeindlichkeit Kapital zu schlagen. Als frühe Zeugnisse einer Stilkunst, durch die Katherine Mansfield zur Wegbereiterin der modernen englischen *short story* wurde, gehören, bei aller mehr oder weniger berechtigten Selbstkritik der Verfasserin, auch diese Geschichten zu den klassischen Beispielen ihrer Gattung. J.Dr.

AUSGABEN: Ldn. 1911. – Ldn. 1956 (in *Collected Stories*). – Harmondsworth o. J. – Ldn. 1988.

ÜBERSETZUNGEN: *Die Schwester der Frau Baronin. Im Luftbad. Frau Brechenmacher geht auf eine Hochzeit*, H. u. M. Herlitschka (in *Seligkeit und andere Erzählungen*, Zürich 1952; Ausw.). – *In einer deutschen Pension*, E. Schnack, Köln 1982 (ern. in *Sämtl. Erzählungen*, 5 Bde., Ffm. 1988; FiTb). – *Frau Brechenmacher geht auf eine Hochzeit*, H. Steiner (in *Meistererzählungen*, Ffm. 1983; BS). – Dass., U. Grawe (in *Erzählungen*, Stg. 1990).

LITERATUR: E. A. Stauffer, *The Problem of the Personal in the Art of K. M.*, Diss. Univ. of Connecticut 1983 (vgl. Diss. Abstracts, 44, 1984, S. 2764A). – A. M. Harmat, *Un très mansfieldien plagiat de Tchekhov: »L'Enfant-qui-était-fatigué« de K. M.* (in Littératures, 16, 1987, S. 46–68).

NGAIO MARSH

* 23.4.1899 Christchurch / Neuseeland
† 18.2.1982 Christchurch

BLACK AS HE'S PAINTED

(engl.; *Ü: Schwarz wie die Nacht*). Kriminalroman von Ngaio MARSH (Neuseeland), erschienen 1974. – Die Autorin, die 1920 zum ersten Male auf der Bühne stand und später neuseeländische, australische und britische Theatergruppen leitete (sie erhielt dafür den Titel eines Commander of the British Empire), veröffentlichte ihren ersten Detektivroman *A Man Lay Dead* 1934 während der Periode des »Golden Age« der Gattung; sie gilt seitdem als eine der klassischen Vertreterinnen dieser Erzählform neben A. CHRISTIE, D. SAYERS und M. ALLINGHAM und hat mehr als dreißig Titel veröffentlicht.

Wie ihre Kolleginnen ist sie durch einen Seriendetektiv bekannt geworden, den im Lauf der Jahre bei Scotland Yard aufsteigenden Roderick Alleyn (ausgespr. *»al-in«*), einen Gentleman-Detektiv der alten Schule, aber nicht so exzentrisch und manieriert wie Conan DOYLES oder Agatha Christies Ermittler. Alleyn entstammt der englischen Aristokratie, ist ein eleganter, charmanter, gebildeter und witziger und vor allem gutaussehender Herr und hat das Flair des kultivierten Oxonians; er ist verheiratet mit der Malerin Agatha Troy, die ihm zuweilen – wie in *Black as He's Painted* – bei den Ermittlungen hilft.

Die Detektivromane der (bis auf kurze Aufenthalte in England) in Neuseeland lebenden Autorin, die als die bekannteste Schriftstellerin des Landes gilt, spielen überwiegend auf der britischen Insel. Ausnahmen sind *Vintage Murder* (1937), *Colour Scheme* (1943), *Died in the Wool* (1945) und *Photo Finish* (1980). Marsh ist einerseits stolz auf die in ihrer Heimat erfolgte Verschmelzung der beiden Bevölkerungsgruppen, der Maoris und der weißen Pekahas, und ihre positive Einstellung gegenüber anderen schwarzen Völkern zeigt sich auch in der Zeichnung von Afrikanern in *Black as He's Painted*, während sie Rassismus ablehnt. Andererseits ist sie der Meinung, die Kultur und vor allem die Sprache ihrer Heimat seien zu provinziell und monoton; das kultivierte Milieu der englischen Oberschicht dagegen entspricht ihren eigenen stilistischen und allgemein gesellschaftlichen Vorstellungen, die ihren eleganten Erzählton ebenso prägen wie die Sprache und die Verhaltensweisen Alleyns, dessen Mitarbeiter in der Regel von geringerer Herkunft sind.

Alleyn steht teilweise in der Tradition des bei Doyle oder Christie zu findenden großen Detektivs; er vertraut jedoch bei seinen Ermittlungen, die sich eher an konservativen Vorstellungen von politischer Stabilität und Erhaltung des Status quo orientieren, mehr auf konkrete Spuren als auf die subtile Analyse von Motiven. Damit weist Alleyn auf den routinierten professionellen Polizeiermittler der späteren Gattungsentwicklung voraus. Er vertraut weder auf den genialen Einfall, noch präsentiert er Lösungen in Kreuzworträtselmanier; er ist vielmehr der Meinung, daß ein Fall erst durch die mühsame Sammlung von Fakten abgeschlossen werden kann, die den von Anfang an mehr oder minder Verdächtigen schließlich überführen.

Marshs lebenslanges Interesse für die Bühne dokumentiert sich darin, daß einige ihrer Detektivromane das Theater als Schauplatz haben (z. B. *Enter a Murderer*, 1935; *Vintage Murder*, 1937; *Final Curtain*, 1947; *Killer Dolphin*, 1966; sowie *Light Thickens*, 1982, wo es um eine Londoner *Macbeth*-Aufführung mit einem Maori als Darsteller der ersten Hexe geht); einige Werke wurden auch für die Bühne adaptiert (*Surfeit of Lampreys*, 1950; *False Scent*, 1961). Vor allem schlägt sich dieses Interesse in den häufig dramatisch zugespitzten Dialogen und in der szenischen Darstellungstechnik nieder. Allerdings variiert Marsh in der Regel ihr Erzähltempo. So zeichnet sie – wie auch in *Black as He's Painted* – detailliert den Handlungshintergrund und stellt die beteiligten Figuren liebevoll vor, ehe der eigentliche Kriminalfall und die Ermittlungen größere Dramatik erfordern.

In *Black as He's Painted* geht es um den Staatsbesuch des Präsidenten von Ng'ombwana und den Empfang, den er in der Londoner Botschaft des Landes geben wird. Da er offensichtlich durch einen Anschlag gefährdet ist, sich aber kaum für größeren Personenschutz interessiert, reist Alleyn eigens nach Ng'ombwana, um seinen ehemaligen Schulfreund zur Einwilligung in präventive Maßnahmen der englischen Polizei während des Empfangs zu überreden. Der Roman wird allerdings eröffnet mit dem liebevoll ausgemalten Porträt des pensionierten Diplomaten Whipplestone, der gerade in die Nähe der Botschaft zieht und – weil er der fremden Sprache mächtig ist – später die Ermittlungsarbeiten unterstützen wird. Vor allem die Whipplestone zulaufende Katze, die eine gewisse Rolle innerhalb der Aufklärungshandlung spielen wird, steht ein Kapitel lang im Zentrum des Erzählinteresses.

Der eigentliche Mordfall ereignet sich allerdings erst zum Schluß des dritten von insgesamt zehn Kapiteln, nachdem die ansonsten im Hintergrund bleibende, aber elegante, elaboriert-humorvolle und stilistisch formvollendete Erzählerin bereits mehr als ein Drittel der gesamten Erzählzeit verbraucht hat. Der Leser erwartet dann selbstverständlich, daß einer der im Vorhinein Verdächtigen – Figuren, die in der Vergangenheit irgend etwas mit dem noch zum Commonwealth gehörenden Entwicklungsland zu tun hatten – während des Empfangs tatsächlich den Anschlag verübt. In Wirklichkeit endet das dritte Kapitel jedoch mit einer Pointe: Nicht der Präsident, sondern der Botschafter wird von einem Speer durchbohrt (eine der bei Marsh immer wieder zu findenden eher bizarren Todesarten). Alleyns intensive Ermittlungen führen schließlich zu dem Ergebnis, daß der Präsident dem geplanten Anschlag des Botschafters zuvorgekommen ist und daß seine Informanten – ein unsympathisches Geschwisterpaar mit Namen Sanskrit – von rassistisch-geheimbündlerischen Engländern erschlagen worden sind.

Im Hintergrund des Romans stehen die Probleme eines schwarzafrikanischen Entwicklungslandes, das trotz seiner Commonwealth-Zugehörigkeit kulturell und gesellschaftlich eigene Wege geht. Allerdings werden die möglichen Gründe für einen Anschlag auf den Präsidenten nur gelegentlich mit Bezug auf die Geschichte dieses Phantasiestaates erörtert. Ansonsten spielt das Politische in diesem Detektivroman, der einen eng umrissenen und in sich weitgehend abgeschlossenen Handlungsschauplatz aufweist (eine Skizze weniger Londoner Straßenzüge ist beigefügt), keine Rolle. Trotzdem wird Marshs Opposition gegen das verschwörerische rassistische Denken von Engländern, die von der Unabhängigkeit des afrikanischen Landes nicht profitieren konnten, sehr deutlich. U.Bö.

AUSGABE: Ldn. 1974.

ÜBERSETZUNG: *Schwarz wie die Nacht*, U. Seesslen, Bern 1975. – Dass., dies., Mchn. 1982.

LITERATUR: G. Barker, *Roderick Alleyn: N.M.'s Oxonian Superintendent* (in The Armchair Detective, 10, April 1977, S. 63–71). – J. M. White, *Murder Most Tidy: N.M.* (in New Republic, 30. 7. 1977, S. 36–38). – G. Barker, *To Walk Among Shadows* (in *Murderer Ink: The Mystery Reader's Companion*, Hg. D. Winn, Newton Abbott 1978, S. 426/427). – E. F. Bargainnier, *N.M.'s Theatrical Murders* (in The Armchair Detective, 11, Jan. 1978, S. 63–71). – Ders., *N.M.* (in *Ten Women of Mystery*, Bowling Green/Oh. 1981, S. 78–105). – J. Mann, *N.M.* (in J. M., *Deadlier than the Male: Why are Respectable English Women So Good at Murder?*, Ldn. 1981, S. 218–233). – B. Mason u. B. Harding, *In Memorian Dame N.M.* (in Landfall, 36, 1982, S. 240–245). – B. Harding, *The New Zealand Stories of N.M.* (ebd., S. 447–460). – A. C. u. L. J. Dooley, *Rereading N.M.* (in *Art in Crime Writing. Essays on Detective Fiction*, Hg. B. Benstock, NY 1983, S. 33–48). – C. Acheson, *Cultural Ambivalence: N.M.'s New Zealand Detective Fiction* (in Journal of Popular Culture, 19, 1985, S. 159 bis 174). – Auszüge aus der Kritik (in *Contemporary Literary Criticism*, Hg. D. G. Marowski u. R. Matuz, Bd. 53, Detroit 1989, S. 246–260).

BRUCE MASON

* 28.9.1921 Wellington / Neuseeland
† 31.12.1982

THE POHUTUKAWA TREE

(engl.; *Der Pohutukawa-Baum*). Schauspiel in drei Akten von Bruce MASON (Neuseeland), Uraufführung: Wellington 1957. – Als Mason 1953 für das sozialistisch orientierte Unity Theatre gesellschaftskritische Stücke zu schreiben begann, gab es unter der Ägide der British Drama League und dank der Bemühungen des an der Old Vic School G. Devines und M. St. Denis' ausgebildeten jungen Regisseurs Richard Campion die erste bescheidene Öffnung der neuseeländischen Bühne für neuere Klassiker sowie Ansätze zu einem professionellen Theater. Mason trat in einem Briefwechsel mit dem Kritiker John POCOCK (*Theatre in Danger*, 1957) selbst für eine derartige Professionalisierung ein. Allerdings wurde sein bekanntestes Stück, *The Pohutukawa Tree* (entstanden 1955, zwei Jahre später von Campions halbprofessionellem Tournee-Ensemble New Zealand Players uraufgeführt und zumindest bis Ende der siebziger Jahre das meistgespielte neuseeländische Schauspiel überhaupt), nur gelegentlich – so in der Fernsehaufzeichnung der BBC – von Berufsschauspielern produziert. Mason, der bei seinen ersten Stücken selbst Regie führte und sich auch an Operninszenierungen (Menotti und Mozart) wagte, ist mit der Tradition des lange Zeit die englische Bühne beherrschenden dreiaktigen *well-made play* vertraut, geht aber in *The Pohutukawa Tree*, seinem ersten Stück über Maori-Themen, über die Konventionen des Bühnerealismus hinaus. So wie die Details des Bühnenbildes mit dem Pohutukawa-Baum, der mit O'NEILLS Ulmen in *Desire Under the Elms* (1925) verglichen wurde, symbolische Bedeutung haben, so spielt auch die Handlung in einer – so Mason – *»halb-mythischen Landschaft«*. Sie dreht sich um eine in tragischer Größe an der selbstgestellten Aufgabe einer Versöhnung von Pakehas (Weißen) und Maoris zugrunde gehende Frau, neben der die übrigen Figuren als bloße Statisten erscheinen.

Das Stück spielt kurz nach dem Zweiten Weltkrieg in einer Maori-Familie, die nach dem Willen der sechzigjährigen Aroha Mataira an einem Ort geblieben ist, der für die aristokratisch aussehende und von »epischer« Trauer gekennzeichnete Hauptfigur eine im Pohutukawa-Baum manifeste symbolische Bedeutung hat (Aroha bedeutet in der Sprache der Maoris »Liebe«: die jedoch fehlt der eher protestantischen Frau). An diesem Ort, so erfährt der Zuschauer, haben sich die Vorfahren erfolgreich der Kolonisation der Weißen widersetzt. Erst später ist es den Pakehas gelungen, das Land den Maoris abzukaufen, die nunmehr – mit Ausnahme der Mataira-Familie – an einen entfernteren Ort an der Ostküste gezogen sind. Aroha, der Christus im Traum erschienen ist, will Maoris und Pakehas miteinander versöhnen. Als äußeres Zeichen dieses Aussöhnungsgedankens hängen im zweiten Akt zwei Bilder im Haus der Matairas: Holman Hunts Christus-Darstellung »The Light of the World« und das Photo des tätowierten Maori-Häuptlings Whetumarama (d.h. »Leuchtender Stern«).

Allerdings ist dieser Plan der Aussöhnung und der Verschmelzung der beiden rituell und religiös fundierten Lebensweisen von Anfang an zum Scheitern verurteilt. Zwar leben die Matairas (Aroha sowie der Sohn Johnny und die Tochter Queenie) in gutnachbarschaftlichem Verhältnis zu den weißen Grundbesitzern, den Atkinsons; aber wie etwa die Reden während der Hochzeit zwischen Sylvia Atkinson und George Rawlings zeigen (I,2), ist die nach außen hin vom Nationalstolz und von der christlichen Religion geprägte Welt der Pakehas weitgehend sinnentleert und materialistisch orientiert, und die Matairas sind für die sie patronisierenden Atkinsons letztlich nichts anderes als willige Arbeitskräfte, die in der Obstplantage und im Haushalt gute Dienste leisten und während der Hochzeitsfeier allenfalls das Flair des Exotischen vermitteln sollen.

Indem sich Aroha weigert, den fortgezogenen Maori-Verwandten nachzufolgen und auch ihr Land zu verkaufen, um am neuen Ort den Bau einer Gemeinschaftshalle zu ermöglichen, wird die durch Willenskraft charakterisierte Frau in einen Konflikt gestellt, den sie nicht bewältigen kann. So verführt der junge Roy MacDowell, der schon zu Beginn des Stücks vor der Kulisse des Pohutukawa-Baumes und beim Klang eines – das Eindringen der Pakeha-Welt andeutenden – Bing-Crosby-Songs aufgetreten war, wenig später die siebzehnjährige Queenie Mataira; er mag die Schwangere jedoch wegen der kleinbürgerlichen Rassenvorbehalte seiner Eltern auf keinen Fall heiraten.

Die Korruption Queenies und Johnnys durch die weiße Zivilisation wird immer wieder durch sparsame Details angedeutet: durch Requisiten, vor allem durch populäre Songs bzw. Maori-Lieder, durch den sprachlich differenzierten Dialog und den Hinweis etwa auf Trinkgewohnheiten. Aroha kann sich allerdings mit ihrer Orientierung am christlichen Gott der Liebe und Versöhnung nicht gegen die drohende Verderbnis zur Wehr setzen. So schreitet sie zwar ein, als Queenie während der Hochzeitsfeier einen amerikanischen Schlager zu singen beginnt, indem sie selbst ein altes Maori-Hochzeitslied anstimmt, dessen Worte aber niemand verstehen kann; ebenso energisch schickt sie, als Roy die Heirat verweigert, ihre Tochter aus dem Haus, um den »Fehltritt« der Tochter vor den Atkinsons zu verheimlichen. Aroha lebt, wie Mason betont, *»im gewollten Exil«* und also in einer fragmentierten Kultur.

Die Zentralmetapher des Stückes ist die des Schlachtfeldes. So ist zum einen immer wieder vom gerade zu Ende gegangenen Weltkrieg die Rede; zum anderen weiß Johnny die Widersprüche zwischen den Lehren der Bibel, die für Aroha eine neue Autorität darstellt, und der sozialen Realität mit den ungleichen ökonomischen Chancen nicht anders zu bewältigen, als daß er im Sinne des alten Maori-Ethos nach der Heiratsverweigerung Roys den immer noch an der Wand hängenden Speer ergreift und mit dem ihm zur Pflege übergebenen Atkinsonschen Pferd davonreitet, sich betrinkt und schließlich die Kirche des Ortes verwüstet. Während Johnny die Nichtvereinbarkeit von Maori- und Pakeha-Welt im Sinne eines depravierten Robin-Hood-Mythos in sinnlose äußere Aktionen umsetzt, trägt Aroha die Widersprüche zwischen den Welten, denen sie gerecht zu werden sucht, nach innen. Ihre im dritten Akt manifest werdende Krankheit, die ein immer tiefer herabhängender Ast des Baumes symbolisch andeuten soll, läßt sich – wie der weiße Arzt erklärt – medizinisch nicht heilen. Die Möglichkeit der *»seelischen Heilung«* wird von dem jungen, sich vom *»Massenmord«* seiner Generation und damit von der Ideologie des Schlachtfeldes distanzierenden Vikar Sedgwick angedeutet. Er vermählt Queenie am neugewählten Wohnort der Großfamilie und erwirkt sogar die Entlassung Johnnys aus der Besserungsanstalt. Aber Aroha will, innerlich bereits vom Kampf zwischen den beiden Kulturen zerstört, das Angebot, aus dem Exil in die umfassende Gemeinschaft der Maoris zurückzukehren, nicht mehr akzeptieren. Die gezeichnete, bereits todkranke Frau stirbt im Geist ihrer Vorfahren. Maoris haben Mason, der von Anthropologen wegen der Reaktion Arohas auf den Fehltritt Queenies kritisiert wurde, bescheinigt, daß die Entscheidung der alten Frau im letzten Akt zwar »falsch«, aber immerhin »authentisch« sei. Die richtige Lösung im übergreifenden Sinne ist dem Stück zufolge sicherlich das von Sedgwick propagierte friedliche Nebeneinander von Pakehas und Maoris.

Mason hat in der Folge weitere Stücke über die Thematik des in eine fremde Kultur versetzten Maori geschrieben (etwa das historische Stück *Hongi*, 1968, über einen »edlen Wilden« im viktorianischen England), zum Teil für den Rundfunk und speziell für den Maori-Sänger und Schauspieler Inia te Wiata. U.Bö.

AUSGABE: Wellington 1960; Nachdr. (rev.) zul. 1979.

LITERATUR: H. McNaughton, *The Plays of B.M.* (Interview, in Landfall, 27, 1973, S. 102–138). –

B. Mason, *New Zealand Drama: A Parade of Forms and a History*, Wellington 1973, S. 55–66. – J. Bertram, *B. M.* (in *Contemporary Dramatists*, Hg. J. Vinson, Ldn. 1973, S. 510–514). – H. McNaughton, *B. M.*, Wellington 1976. – D. Dowling, *Introducing B. M.*, Auckland 1982. – D. McAra, *B. M.'s »The Pohutukawa Tree«*, (in Landfall, 37, 1983). – J. Thomson, *New Zealand Drama 1930–1980*, Auckland 1984.

RONALD HUGH MORRIESON

* 29.1.1922 Hawera / South Taranaki
† 26.12.1972 Hawera

THE SCARECROW

(engl.; *Die Vogelscheuche*). Roman von Ronald Hugh MORRIESON (Neuseeland), erschienen 1963. – Morrieson, der lange Zeit als Unterhaltungsmusiker tätig war, ehe er seinen ersten Roman zu Papier brachte, veröffentlichte *The Scarecrow* im Alter von 41 Jahren in einem australischen Verlag. Nach enthusiastischen Rezensionen des Erstlings war die Kritik nach *Came a Hot Friday* (1964) verhaltener, und die beiden folgenden Romane *Predicament* und *Pallet on the Floor* fanden sogar erst postum einen Verleger (1975 bzw. 1976), als Morrieson allmählich auch in Neuseeland anerkannt wurde. Der Grund für die verspätete Rezeption liegt in dem weit verbreiteten Vorurteil, die Literatur des eigenen Landes sei kolonial-rückständig; hinzu kam, daß Morrieson nicht in den neuseeländischen Literaturbetrieb integriert war, zeit seines Lebens in der Provinz lebte und den Stoff seiner Werke daher wie selbstverständlich aus der unmittelbar gegebenen Erfahrungswirklichkeit nahm.

Die Handlung des stark mit melodramatischen Elementen durchsetzten ersten Romans spielt Mitte der dreißiger Jahre in dem Provinznest Klynham. Der »Chronist« eines ungewöhnlichen Ereignisses ist ein Mann mittleren Alters, der aber – abgesehen von wenigen neutralen Passagen – im wesentlichen aus der komisch-humoristischen Erlebnisperspektive eines vierzehnjährigen Zeugen erzählt. Neddy Poindexter steht gerade an der Schwelle zur Pubertät und schwankt daher emotional zwischen kindlicher Ahnungslosigkeit, jugendlicher Unbekümmertheit und einer sexuellen Phantasie, die ins Morbide hinüberspielt. Der Leser ist aus diesem Grunde auf die zunächst beschränkten, dann sich abklärenden Deutungen des Jungen zurückverwiesen. Der Gegenspieler des Jungen, den Morrieson hier inmitten seiner der unteren sozialen Schicht angehörenden Familie vorstellt (der Vater sammelt »antikes« Gerümpel), ist Hubert Salter, ein Frauenmörder mit nekrophilen Neigungen. Bereits der erste Satz des Romans deutet die Verschränkung zweier Welten und Handlungsstränge an, die einander schließlich überkreuzen: *»The same week our fowls were stolen, Daphne Moran had her throat cut.«* Ned und sein Freund Leslie Wilson, die Geflügel halten, verdächtigen die Victor-Lynch-Gang des Diebstahls ihrer Black Orpingtons, die in Wirklichkeit der versoffene Onkel Athol versetzt hat. Um sich zu rächen, stehlen die beiden ihrerseits das Geflügel der Lynchs, und Ned kommt in Schwierigkeiten: Er soll – dies eine Art von Erpressung – der Bande seine sechzehnjährige Schwester Prudence zuführen (sie erscheint nicht). Die Rivalität flakkert wieder auf, als die Lynchs später Neds Freundin Angela sexuell bedrohen: Das Mädchen kann zwar fliehen, wird aber am nächsten Tag vergewaltigt und ermordet aufgefunden. Erst gegen Ende des Buches stellt sich heraus, daß Salter der Mörder ist.

Dieser seit einer spöttischen Zurückweisung durch eine Frau psychisch getriebene Mörder hat, so die Information des Erzählanfangs, in einer 50 Meilen entfernten größeren Stadt einer Platzanweiserin die Kehle durchgeschnitten. Er taucht, ohne daß man seine Identität ahnte, in Klynham auf. Nachdem er Ned bereits zu Beginn aufgefallen ist, begegnet er ihm genau im zehnten von zwanzig Kapiteln wieder: Der augenblicklich bei einem ebenfalls ständig betrunkenen Bestattungsunternehmer beschäftigte Onkel Athol bringt ihn zu den Poindexters mit, wo er den weitgereisten Zauberkünstler spielt und Prudence verdeckt nachstellt. Als Ned und seine Schwester über Salter lachen, beschwören sie seine Mordpläne herauf. Salter verbirgt sich in der Folgezeit zwischen den Särgen des Bestattungsunternehmers, mit dem er sich angefreundet hat, und er versteckt schließlich das Mädchen gefesselt und geknebelt in einem Sarg. Der bevorstehende Mord kann jedoch verhindert werden.

Der im aussparenden und umschreibenden, teilweise tabuisierenden jugendlichen Soziolekt erzählende und durch stilistische Ungereimtheiten komisch wirkende Ned spricht gleich zu Beginn des Romans gelegentlich von seinem *»alten Unterbewußtsein, das klar seine Zwiebeln kennt«*. Damit ist die Bewegungsrichtung des inneren Geschehens angedeutet: von der nur Oberflächliches wahrnehmenden Unwissenheit des Protagonisten über die ersten Anzeichen vage begriffener sexueller Triebhaftigkeit, die sich an der von anderen umschwärmten attraktiven Schwester entzündet und in einen Traum ausartet, der der Salterschen Nekrophilie nahekommt, bis hin zur Erkenntnis der Ambivalenz der Sexualität und der Macht des Bösen, das der Fremde verkörpert.

Der Erzähler stellt Salter als eine grotesk gekleidete, magere Figur vor, als einen zombiehaft umherwandelnden Toten. Durch die Hinweise auf die krallengleichen Hände und den Vergleich mit einer Vogelscheuche knüpft Morrieson an den zu Beginn mit Ned assoziierten Bildbereich der Eier aus-

brütenden, also Leben hervorbringenden, aber eingesperrten Hühnervögel an, akzentuiert jedoch das komplementäre destruktive Element.
Während es jedoch zunächst so scheint, als dringe Salter als der »ganz andere« in die geschlossene Gesellschaft des Ortes ein, zeigt sich allmählich die Ambivalenz auch der Realität Klynhams: klare Grenzziehungen verschwimmen. Was Salter vorgeworfen wird, findet sich latent etwa in den Vergewaltigungsphantasien der Lynch-Gang wieder. Andererseits fungiert Salter auch als Neds Initiationsmedium. Kurz nach der Begegnung zwischen beiden versinkt Ned nämlich in einen traumähnlichen Zustand und erblickt eine Folge von *»schrecklichen Gesichtern«*, die er – abgesehen vom *»lüsternen«* Antlitz der sonst aus der Ferne verehrten jungen Josephine – nicht mehr identifizieren kann, weil sie *»seit zwei oder drei Millionen Jahren«* tot zu sein scheinen: Damit ist der Abstieg in ein der Sphäre des Bösen zugehörendes kollektives Unbewußtsein angedeutet.
Nach dieser offensichtlichen Initiation folgt in der zweiten Hälfte des Romans eine distanzierende Gegenbewegung; sie wird ausgelöst durch die Weigerung Prudences, sich länger mit ihren eher erbärmlichen Lebensverhältnissen abzufinden: Ned reißt in einer Zustimmung andeutenden Geste in ihrem Zimmer die in Fetzen herabhängende Tapete von der Wand und verschönert dann, außen wie im Innern, das heruntergekommene Haus. Diese Symbolik der Rekonstruktion (die Familie und die Freunde schließen sich an) steht dann im deutlichen Kontrast zu den Bildern des Gerümpels und der Müllkippe des Ortes sowie zur Destruktivität der erneut aggressiven Lynchs und zu den Greueltaten Salters, die Ned zur Erkenntnis einer grundsätzlichen Ambivalenz alles Sexuellen führen. Morrieson vermeidet zwar jegliche didaktische Eindeutigkeit, doch scheint der tatkräftig handelnde, der unbeständigen Prudence immer wieder verzeihende junge Polizeiconstabler Len Ramsbottom die positiven Werte des Autors zu verkörpern.
U.Bö.

AUSGABEN: Sydney 1963. – Sydney 1967 [rev.]. – Auckland 1976. – Auckland 1981 (Penguin).

VERFILMUNG: Neuseeland 1981 (Regie: S. Pillsbury).

LITERATUR: P. Simpson, *R. H. M.*, Auckland 1982. – L. Jones, *R. H. M.* (in Landfall, 36, 1982, S. 461–471). – B. McDonnell, *»The Scarecrow«: A Film Study Guide*, Auckland 1982. – A. Calder, *The Word, the Look, and the Flesh: Rereading »The Scarecrow«* (in And, 4, 1985, S. 3–22).

FRANK SARGESON

* 23.3.1903 Hamilton / Neuseeland
† 1.3.1982 Auckland

A MAN AND HIS WIFE

(engl.; *Ü: Ein Mann und seine Frau*). Kurzgeschichte von Frank SARGESON (Neuseeland), erschienen 1940. – Dies ist die Titelgeschichte eines Bandes, in dessen Skizzen und Erzählungen Sargeson, neben Katherine MANSFIELD der bedeutendste neuseeländische Erzähler des 20. Jh.s, vornehmlich Alltagsprobleme derer behandelt, die unter der Weltwirtschaftskrise am meisten zu leiden hatten: Fabrikarbeiter, Farmer, kleine Angestellte. Freilich geht es dem Autor nicht in erster Linie um Sozialkritik. In bewußter Hinwendung zu ungebildeten Charakteren seiner Heimat (die der Autor nach einer ausgedehnten Europareise von 1926 bis 1928 nie wieder verließ) und zum Idiom dieser Menschen entstand das für sein nicht sehr umfangreiches Kurzgeschichtenwerk (gesammelt in *Collected Stories*, 1964, erweitert als *The Stories, 1935–1973*, 1973) typische, unnachahmliche Muster einer Sargeson-Story: ein lakonisch-ironischer, dramatischer Monolog, der vom deutlich spürbaren Gegensatz zwischen der begrenzten Ausdrucksfähigkeit des Ich-Erzählers und der Trivialität der Ereignisse einerseits und der weitergehenden, ins Allgemeine zielenden Aussage zwischen den Zeilen andererseits bestimmt wird.
In *A Man and His Wife* zum Beispiel erinnert sich der Ich-Erzähler, ein Mann, den wirtschaftliche Not gezwungen hat, von einer menschenunwürdigen Behausung in eine andere zu ziehen, seines Leidensgefährten Ted, mit dem er einst in einem alten Stall kampierte. Teds ganze Liebe gilt seinem Hund, dessentwegen er und seine Frau sich getrennt haben. Als das Tier stirbt, legt er sich einen Kanarienvogel zu und redet sich ein, daß dieser ihm gegenüber die gleiche Anhänglichkeit empfinde wie einst der Hund. Als der Vogel bei der ersten Gelegenheit entfliegt, ist Ted zutiefst getroffen. Kein Zureden des Kameraden hilft: Ted will sein Herz nicht noch einmal an ein Tier hängen, um nicht wieder allein gelassen zu werden. Und jetzt erst findet er zu seiner Frau zurück.
Was in dieser Zusammenfassung notwendigerweise banal wirkt, lebt ganz von der Sprachgebung und vom impliziten Appell an die Menschenwürde. In späteren Werken, etwa in der Tagebuch-Novelle *I For One* (1952) oder in den Romanen *Memoirs of a Peon* (1965) und *The Hangover* (1967), erweiterte Sargeson die Ausdruckspalette der Kurzgeschichten, obwohl auch hier die Personenzahl meist beschränkt bleibt und erzähltechnische Raffinesse eine große Rolle spielt. Markenzeichen des Autors, der anders als Katherine Mansfield außerhalb des

englischen Sprachraumes kaum Beachtung fand, bleiben jedoch die täuschend einfachen diszipliniert-knappen Erzählungen, in denen einfache Leute mit ihrer begrenzten Ausdrucksfähigkeit ringen. Viele dieser Geschichten wurden in Anthologien aufgenommen.

Im hohen Alter fand Sargeson mit seiner autobiographischen Trilogie *Once Is Enough* (1972), *More Than Enough* (1975) und *Never Enough* (1977) nochmals internationale Beachtung. Mit seiner Konzentration auf die neuseeländische Umgangssprache wies er anderen Autoren seiner Heimat den Weg zur Eigenständigkeit innerhalb der englischsprachigen Gegenwartsliteraturen. J.Ke.-KLL

AUSGABEN: Christchurch 1940. – Hamilton 1944. – Hamilton 1964 (in *Collected Stories*; Einl. B. Pearson). – Auckland 1973 (in *Stories, 1935–1973*; ern. Harmondsworth 1982; Penguin).

ÜBERSETZUNG: *Ein Mann und seine Frau*, H. u. M. Stiehl (in *Damals im Sommer*, Mchn. 1968).

LITERATUR: E. H. McCormick, *New Zealand Literature: A Survey*, Ldn. 1959, S. 132–134. – *The Puritan and the Wolf: A Symposium of Critical Essays on the Work of F. S.*, Hg. H. L. [Shaw-]Hofman, Auckland 1954. – H.W. Rhodes, *F. S.*, NY 1969 (TWAS). – D. McEldowney, *F. S. in His Time*, Dunedin 1976. – R. A. Copland, *F. S.*, Wellington u. a. 1977.

WILLIAM ARTHUR SATCHELL

* 1.2.1860 London
† 21.10.1942 Auckland

THE GREENSTONE DOOR

(engl.; *Die Tür aus grünem Edelstein*). Roman von William SATCHELL (Neuseeland), erschienen 1914. – Nach den Romanen *The Land of the Lost*, 1902 *(Das Land der Verlorenen)*, *The Toll of the Bush*, 1905 *(Das Buschopfer)*, und *The Elixier of Life*, 1907 *(Das Lebenselixier)*, ist dies der vierte und letzte Roman Satchells, in dem er sich mit seiner zweiten Heimat Neuseeland befaßt. Er lebte nach seiner Ankunft 1886 sieben Jahre lang im Gebiet um den historischen Ort Hokianga (Schauplatz der ersten beiden Romane), und sammelte Material über die Sitten und Gebräuche der Maori, das er in den sieben Nummern seines Wochenmagazins ›The Maorilander‹ (1901) und in seinen literarischen Werken verarbeitete. Auch in *The Greenstone Door* greift er auf Personen und Begebenheiten aus der Geschichte Neuseelands zurück. – Der Roman spielt in der Zeit der blutigen Kämpfe der Maori gegen die weißen Kolonisten um die Mitte des 19. Jh.s. Satchell schildert die verheerenden Folgen, die sich für die Eingeborenen Neuseelands aus der Berührung mit der europäischen Zivilisation ergaben, mit der gleichen menschlichen Anteilnahme wie die aufopferungsvolle Arbeit und das oft grausame Schicksal der weißen Pioniere und Missionare – Purcell, ein Mann von ungewöhnlicher körperlicher Kraft und beträchtlichen geistigen Fähigkeiten, lebt als Händler friedlich in der Wildnis bei den Maori. Geduldig und verständnisvoll macht er sie mit den Grundbegriffen der christlichen Lehre bekannt. Er hat eine Eingeborene zur Frau. Cedric, der aus seiner Sicht die Begebenheiten schildert, ist ein weißer Junge, dessen Eltern von den Maori auf brutale Weise getötet wurden; er wird von Purcell adoptiert und wächst zusammen mit dessen Tochter Puhi-Huia und dem Häuptlingssohn Rangiora auf, der die edelsten Züge seiner Rasse in sich vereint. Die Maori sehen in Purcell einen großen weißen Häuptling und sind überzeugt, daß er ihnen beistehen würde, sollte es zum Krieg gegen die Engländer kommen. Als Purcells Frau in naivem Stolz diese Meinung äußert, liefert sie ihn damit nichtsahnend dem Urteilsspruch der Kolonialherren aus, die ihn als Verräter hinrichten lassen. Der Tod dieses Mannes, der im Glauben daran, daß eines Tages auf beiden Seiten die Toleranz siegen werde, mit seinem Geschick versöhnt stirbt, ist ebenso das Symbol einer glücklicheren Zukunft wie der leuchtende Smaragd, das kostbarste Freundschaftsgeschenk der Maori, das zum Unterpfand der Eintracht zwischen Cedric und Rangiora geworden ist.

Der Roman ist zwar in der Schilderung des idealen Zusammenlebens der Jugendgefährten in der Wildnis noch romantisch gefärbt, behandelt aber die Besiedlungsperiode im ganzen weit realistischer als die meisten der bis dahin entstandenen neuseeländischen Romane über dieses Thema. Zudem war Satchell mit seinem Eintreten für einen geistigen Wandel in der Gesellschaft hin zu Toleranz und Humanität seiner Zeit weit voraus. Zu Beginn des ersten Weltkriegs erschienen, wurde der Roman in London wegen seines pazifistischen, anti-patriotistischen Tons sehr zurückhaltend aufgenommen. Auch in Neuseeland fand das Œuvre Satchells erst mit den Nachdrucken seiner Werke ab Mitte der dreißiger Jahre die Würdigung, die es verdient. Kritiker wie E. H. McCORMICK sahen nun in William Satchell den bedeutendsten Romanschriftsteller Neuseelands vor dem Ersten Weltkrieg, der stilistisch wie thematisch weitreichenden Einfluß auf die nachfolgende Autorengeneration hatte: u. a. auf Janet FRAME (geb. 1924), Ian CROSS (geb. 1925), Maurice DUGGAN (1922–1974), Jane MANDER (1877–1949), Frank SARGESON (1903–1982) und Noel HILLIARD (geb. 1929). J.Ke.-KLL

AUSGABEN: Ldn./Toronto 1914. – NY 1914. –

Christchurch 1935 u.ö. – Auckland 1973 [Faks. d. Ausg. v. 1914].

LITERATUR: E.H. McCormick, *New Zealand Literature*, Ldn. 1959, S. 92–94. – P. Wilson, *The Maorilander: A Study of W. S.*, Christchurch 1961. – Ders., *W. S.*, NY 1968 (TWAS). – M. Butcher, *The ›Bildungsroman‹ Tradition in »The Greenstone Door« and »I Saw It in My Dream«* (in Kunapipi, 5, 1983, S. 88–100).

ALBERT WENDT

* 27.10.1939 Apia / West-Samoa

LEAVES OF THE BANYAN TREE

(engl.; *Ü: Der Clan von Samoa*). Roman von Albert WENDT (Neuseeland); erschienen 1979. – Der von deutschen Vorfahren stammende, auf der seit 1920 von Neuseeland verwalteten und 1962 unabhängig gewordenen Insel West-Samoa geborene Autor erhielt seine Schul- und Universitätsausbildung in New Plymouth und Wellington (Neuseeland). Seit Anfang der sechziger Jahre veröffentlichte er Gedichte (*Inside Us the Dead: Poems 1961 to 1974*, 1976; *Shaman of Visions*, 1984). Theaterstücke (*Comes the Revolution* und *The Contract*, 1972), Kurzprosa (*Flying-Fox in a Freedom Tree*, 1974; *The Birth and Death of a Miracle Man*, 1986) und Romane. Wie in *Sons for the Return Home* (1973) und *Pouliuli* (1977) beschäftigt sich Wendt, der seit 1964 als Lehrer und Universitätsdozent arbeitet und 1978 Rektor der University of the South Pacific Centre in Apia wurde, auch in *Leaves of the Banyan Tree* mit den Problemen der multikulturellen Gesellschaft seiner Heimat.

Der Roman besteht aus den Teilen *God, Money, and Success (Gott, Geld und Erfolg), Flying-Fox in a Freedom Tree (Fliegender Hund im Freiheitsbaum)* und *Funerals and Heirs (Begräbnisse und Erben)*. Im ersten Teil stellt Wendt den an westlichen ökonomischen und religiösen Werten orientierten Kampf des Plantagenbesitzers Tauilopepe Mauga, der mit seiner Großfamilie in dem Dorf Sapepe wohnt, dem um Ansehen und Einfluß rivalisierenden Händler Malo gegenüber, der am stärksten von der in die traditionelle agrarische Gesellschaft eindringenden Entfremdung durch die korrumpierenden Geldbeziehungen geprägt ist; er hat zudem bereits in der von den *papalagi* (Weißen, Europäern) dominierten und für gesellschaftlichen Fortschritt stehenden Stadt Apia gelebt. Tauilopepe führt seinen um Gott, Geld und Ansehen kreisenden Kampf mit allen Mitteln: Er macht seinen Einfluß über den an traditionellen Werten orientierten Dorfältesten Toasa geltend, er findet sich auch dazu bereit, in der Kirche als Diakon zu wirken, und er beginnt insgeheim ein Verhältnis mit Malos Frau, um sich auf diese Weise seiner finanziellen Schulden zu entledigen. Die Rivalität mit Malo mündet schließlich in gewalttätige Auseinandersetzungen zwischen den beiden Großfamilien; Malo wird, nachdem seine Frau von Tauilo vergewaltigt und fortgeschickt wurde, mit seinem Clan aus der Gemeinschaft verbannt. Das öffentliche Ansehen Tauilos hingegen manifestiert sich vor allem in der Rodung des Waldes und der Vergrößerung seiner Plantage, die den Namen *»Blätter des Banyan Baums«* erhält: Der hochaufragende Feigenbaum, der zu stark ist, um gefällt werden zu können, wird dabei mit Toasa und den Traditionen der alten Lebensart Samoas verknüpft. Die mit Sexualität assoziierte Gewalt, die dem Wald und dem Land angetan wird, führt schließlich zur Entfremdung Tauilos von seiner Frau, von seinem Sohn Pepe und von Toasa.

Der zweite Teil ist die Ich-Erzählung des mit tödlicher Turberkulose im Krankenhaus liegenden Sohnes Pepe, der den »Roman« seines Lebens und seiner Selbstfindung schreibt: wie er vom Vater auf die Schule nach Apia geschickt wird und sich in einem schmerzlichen Identitätsprozeß von seinen Eltern löst, sich bei einer Gerichtsverhandlung, bei der er sich für mehrere bewußt auch am Eigentum des Vaters begangene Straftaten verantworten muß, zum Atheisten erklärt, später erfolgreich als Marktleiter arbeitet, zum Familienvater wird und mit dem Tod von Freunden konfrontiert wird. Dieser zweite Teil steht unter dem Symbol der Lava: *»Eine Lavaflut überall. Aber an manchen Stellen siehst du, wie durch die Risse der Lava kleine Pflanzen sprießen, wie die lustigen Geschichten, die aus unserem steinernden Verstande hervorbrechen.«* Geprägt vom Bewußtsein, daß *»wir alle gleich sind in dem Schweigen, im Nichts, in der Lava«*, findet Pepe schließlich sich selbst und das Lachen dessen, der die Eitelkeiten des Lebens, die Reduzierung des Menschen zur Karikatur durch die fremde Welt der *papalagi* durchschaut und sich wie der Freund Tagata als einen *»Fliegenden Hund mit einem Adler in der Brust«* sieht (der mittlere Teil des Romans ist aus der Titelerzählung der 1974 erschienenen Kurzgeschichtensammlung hervorgegangen).

Der dritte Teil spielt nach dem Tod Pepes, der assoziativ mit Selbstzerstörung und existentialistischer Leere verbunden ist. Der Großvater nimmt Pepes Sohn Lalolagi zu sich, erzieht ihn in seinem Sinne und schickt ihn dann – es ist kurz vor der Unabhängigkeit Samoas 1962 – zur Schulausbildung nach New Plymouth in Neuseeland. Währenddessen wird in Sapepe auf Druck Touilopepes hin eine neue Kirche gebaut: als Denkmal für den ungeliebten atheistischen Sohn, im Grunde aber als Werk der Eitelkeit. Während der Abwesenheit Lalolagis erscheint ein Fremder mit Namen Galupo (»Welle der Nacht«), der das Haus Malos wieder aufbaut und die Plantage bearbeitet. Galupo gibt sich als der aus der Vergewaltigung von Malos Frau entsprossene Sohn Tauilos zu erkennen. Zunächst scheint sein Auftauchen auf einen weiteren Machtkampf hinauszulaufen; als jedoch ein Wirbelsturm Tauilos Plantage zerstört, arrangiert sich dieser mit seinem Sohn, um ihn für den Wiederaufbau der Plantage auszunutzen. Schließlich scheint er sein Ziel erreicht zu haben: *»Er hatte seine Vision in die Tat umgesetzt: in fruchtbare, moderne Plantagen, die sich bis zur Bergkette erstreckten, in ein modernes Krankenhaus, eine Schule, ein Leitungswasser-System, mehr Geld in den Taschen der Leute, moderne Nahrungsmittel in ihren Bäuchen, Bildung für ihre Kinder, papalagi-Häuser für fast alle aiga – und diese Kirche. Sapepe war das neue Samoa, der Fortschritt und die Verheißung, welche die papalagi für Samoa ins Auge gefaßt hatten.«* Galupo, der Tauilos Art der Machterweiterung auf Kosten treuer, ihm ergebener Mitarbeiter durchschaut, läßt jedoch kurz vor Tauilos Tod durch Erpressung des Rechtsanwalts das lediglich Lalolagi begünstigende Testament zugunsten anderer und seiner selbst fälschen. Galupo erhält zum Schluß des Romans eine ins Allegorische übergehende Funktion: Er erscheint als eine der *»eigenen Vorstellungskraft«* entsprungene Figur, deren Ziel der *»Kampf um die Wiedererschaffung des Ichs, um seine Befreiung von der anderen Welt«* ist und der deshalb ein *»Produkt der Geschichte und der ganzen Bewegung [ist], die unser Land einer ungewissen Zukunft entgegengetrieben haben«.* Die Bücher, die er bei seiner Abreise nach Sapepe mitnimmt, verweisen auf Dimensionen mythologischer, religiöser, philosophisch-existentialistischer und ästhetisch-politischer Selbstvergewisserung, und sie scheinen die Quellen zu sein, aus denen Wendt schöpft: es handelt sich um die *Bibel*, um Frazers *Golden Bough*, um Werke von Camus, Dostoevskij, Dreiser, D. H. Lawrence, Mailer, Naipaul und Borges. Der Prozeß der kulturellen Erneuerung kann, so scheint es, nicht bloß – dies die Vorstellung Pepes – auf einheimische Traditionen rekurrieren, sondern muß das Fremde positiv integrieren. U.Bö.

Ausgaben: Auckland 1979. – Ldn. 1981. – NY 1964 (u. d. T. *The Banyan*).

Übersetzung: *Der Clan von Samoa*, D. Pfaff, Wuppertal 1982.

Literatur: R. Robinson, *A. W.: An Assessment* (in Landfall, 34, 1980, Nr. 3). – H. Tiffin, *You Can't Go Home Again: The Colonial Dilemnna in the Works of A. W.* (in Meanjin, 37, 1980, S. 119–126). – M. S. Martin, *Order, Disorder, and Rage in the Islands: The Novels of V. S. Naipaul and A. W.* (in Perspectives on Contemporary Literature, 10, 1981, S. 33–39). – S. F. D. Hughes, *Pakeha and Maori behind the Tattooed Face: The Emergence of a Polynesian Voice in New Zealand Fiction* (in MFS, 27, 1981, S. 13–29). – M. Nightingale, *Islands to Come: A. W.'s Fiction* (in *Research in African Literatures*, Hg. B. Lindfors, Austin 1981, S. 16–23). – A. Wendt, *Towards a New Oceania* (in *Writers in East-West Encounter*, Hg. G. Amirthanayagam, Ldn. 1981). – P. Nightingale, *All Any Man with a Club Can Do: A. W. and W. Ihimaera* (in *Myth and Metaphor*, Hg. R. Sellick, Adelaide 1982, S. 53–70). – A. Wertheim, *»Leaves of the Banyan Tree«* (in WLWE, 24, 1984, 443–449). – H. W. Rhodes, *A. W.* (in *Contemporary Novelists*, Hg. D. L. Kirkpatrick, Ldn. 1986, S. 862 f.). – E. Ellerman, *Intertextuality in the Fiction of Camus and W.* (in *Comparative Literature East and West: Traditions and Trends*, Hg. C. N. Moore u. R. A. Moody, Honolulu 1989, S. 43–50). – H. Isernhagen, *Fables of Interculturality: Some Contemporary South Pacific Narratives* (in Commonwealth Essays and Studies, 12, 1990, Nr. 2, S. 40–51).

V. Die kanadische Literatur in englischer Sprache

Einleitung

»Einen kanadischen Roman liest man höchstens aus Versehen.« Diese sarkastische Behauptung konnte der kanadische Kritiker Douglas BUSH 1922 noch mit einigem Recht aufstellen. In den seither verstrichenen sieben Jahrzehnten hat sich die Situation aber von Grund auf gewandelt. Nicht nur innerhalb, sondern auch außerhalb Kanadas wird kanadische Literatur gelesen, seit Ende der fünfziger Jahre eine erstaunliche »literarische Renaissance« eingesetzt hat.

Dieser Aufschwung ist Teil einer allgemeinen Blüte englischsprachiger Literaturen im Bereich des ehemaligen Britischen Empires nach dem Zweiten Weltkrieg. Die Literatur Kanadas teilt mit anderen »Kolonialliteraturen«, wie der Australiens und Neuseelands, nicht nur die Sprache, sondern gemeinsame Themen (z. B. Siedler- und Exilproblematik), entwicklungsgeschichtliche Besonderheiten (zum Beispiel die allmähliche Befreiung von kulturellen Vorgaben) und häufig auch ein kulturelles Sendungsbewußtsein: Die Literatur soll ein neues Nationalbewußtsein im Vorgriff definieren und popularisieren.

Ob es sich bei diesen sog. »Commonwealth-Literaturen« um Nationalliteraturen im herkömmlichen Sinne handelt, erscheint allerdings fraglich, da wesentliche Kriterien – eigene Sprache und Geschichte, geschlossene ethnische Sprache und Geschichte, geschlossene ethnische Gemeinschaft – nicht mehr zutreffen. Die englische Sprache ist zur internationalen *lingua franca* geworden. Die Streitfrage, wer eigentlich als kanadischer Autor gelten könne, ist so alt wie die kanadische Literatur selbst. Typische Grenzfälle sind der Engländer Malcolm LOWRY (1909–1957), der mehrere Jahre an der Pazifikküste lebte und schrieb (*Under the Volcano*, 1947), bevor er nach Europa zurückkehrte; die aus Montreal stammende Mavis GALLANT (geb. 1922), die seit Jahrzehnten in Paris lebt; oder der irische Romancier Brian MOORE (geb. 1921), der 1948 nach Kanada auswanderte (*The Luck of Ginger Coffrey*, 1960), jedoch 1959 nach Kalifornien weiterzog. Zuordnungsprobleme anderer Art treten bei Autoren auf, die – wie der 1948 aus Deutschland eingewanderte Walter BAUER (1904–1976) – zeitlebens den Schritt in die englische Sprache vermieden.

Eine Sonderstellung unter den »neuen englischsprachigen Literaturen« (wie eine gebräuchliche Sammelbezeichnung lautet) nimmt die anglophone Literatur Kanadas allerdings aus mehreren Gründen ein: Sie entstand als englische Literatur auf nordamerikanischem Boden in einem von zwei Sprachen und Kulturen geprägten Raum; sie vollzog den Übergang von der Kolonialliteratur zur literarischen Unabhängigkeit in einem langsamen Entwicklungsprozeß, der ohne spektakuläre revolutionäre Umbrüche verlief; und sie steht außerdem seit jeher in einem Spannungsfeld zwischen den kulturell und ökonomisch dominierenden Kräften des britischen »Mutterlandes« und der Vereinigten Staaten.

Da die Beziehungen zwischen der anglophonen und der frankophonen Kultur in Kanada nie sonderlich eng waren, erscheint eine getrennte Darstellung beider Literaturen gerechtfertigt. Die englische Kulturpolitik nach der Eroberung von *Nouvelle France* um die Mitte des 18. Jahrhunderts beließ den ursprünglichen Siedlern eine gewisse Eigenständigkeit, die sich in der englisch-kanadischen Literatur bis ins späte 19. Jahrhundert als folkloristisch gefärbte (W. H. DRUMMOND, *The Habitant and Other French-Canadian Poems*, 1897) oder nostalgisch verklärte (William KIRBY, *The Golden Dog*, 1877) Sympathie für eine fast exotisch anmutende Minderheit niederschlug.

Nachdem sich die traditionell bäuerlich und klerikal geprägte, nach außen ein Jahrhundert lang isolierte Kultur Quebecs um die Mitte des 20. Jahrhunderts durch die »Stille Revolution« (Ministerpräsident Jean Lesage 1960) einer Modernisierung auf allen Gebieten geöffnet hatte, unterstützten anglophone Autoren und Kritiker die offizielle Politik der kanadischen Bundesregierung, eine zweisprachige Doppelkultur zu begründen, freilich ohne bei der frankophonen Seite auf große Resonanz zu stoßen. Dieser Versuch einer Annäherung der beiden großen Sprach- und Kulturgruppen in Kanada muß trotz zunehmender Übersetzungstätigkeit (vor allem aus dem Englischen ins Französische) angesichts der seit zwei Jahrzehnten stark angewachsenen separatistischen Tendenzen in Quebec heute wohl doch als gescheitert betrachtet werden.

Koloniale Ansätze: Entdeckungs- und Siedlerliteratur

Aus historischen Gründen setzt die englische Literatur Kanadas später ein als die französische. Erst der englische Sieg über Frankreich im Siebenjährigen Krieg (1756–1763) schuf die Voraussetzungen für einen englischsprachigen Siedlungs- und Kulturraum (mit frankophoner Minderheit), der sich zunächst an beiden Ufern des Sankt-Lorenz-Stroms stroms, nördlich der Großen Seen und an der Atlantikküste erstreckte, um später nach Westen in die Prärien und schließlich an den Pazifik auszugreifen. Erlebnisse und Erfahrungen der frühen Reisenden – Entdecker, Pelzhändler, Landvermesser – fanden ihren Niederschlag in zahlreichen Tagebüchern, Expeditionsberichten und autobiographischen Darstellungen. Sie begründen eine künstlerisch wenig anspruchsvolle, jedoch für das kanadische Selbstverständnis wichtige *»dokumentarische Tradition«* (Northrop Frye). Zu den bekanntesten Beispielen dieser frühen Literatur zählen der Expeditionsbericht des im Dienst der Hudson's Bay Company stehenden Samuel HEARNE (1745–1792), *A Journey from the Prince of Wales's Fort in Hudson's Bay to the Northern Ocean* (1795), Sir Alexander MACKENZIES (1764–1820) Schilderung der ersten Durchquerung Nordamerikas, *Voyages[...] through the Continent of North America* (1801), und der Bericht, den George VANCOUVER (1757–1798), ursprünglich Teilnehmer an den Entdeckungsreisen von James Cook, unter dem Titel *A Voyage of Discovery to the North Pacific* [...] (1798) über seine eigene spätere Expedition (1791) veröffentlichte. Die für die »Entdeckungsliteratur« maßgebliche Grundthematik der Konfrontation von fremder Umwelt mit dem isolierten Ich setzt sich nicht nur, anders als in den Vereinigten Staaten, bis ins 20. Jahrhundert fort (etwa in Martin Allerdale GRAINGERS *Woodsmen of the West*, 1908), sondern gewinnt über das Topographische hinaus als Erzählmodell für die imagninative Durchdringung des unbekannten Raumes in der Gegenwartsliteratur neue Bedeutung.

Entstehung und Entwicklung der frühen kanadischen Literatur sind stark regional geprägt. In den maritimen Provinzen (New Brunswick, Nova Scotia) und in Upper Canada, dem heutigen Ontario, entfaltete sich bereits gegen Ende des 18. Jahrhunderts ein reges kulturelles Leben. Es orientierte sich allerdings – auch noch zu einer Zeit, als sich die amerikanische Literatur politisch und kulturell bewußt vom britischen Mutterland absetzte — vornehmlich am Modell einer zweiten britischen Kultur jenseits des Ozeans: defensives Beharren auf überkommenen Werten und Lebensformen, verfaßt für ein europäisches Publikum von europäischen Autoren. Frances BROOKES (1723 bis 1789) vierbändiger Briefroman *The History of Emily Montague* (1769), mitunter als erster kanadischer, wenn nicht sogar nordamerikanischer Roman bezeichnet, spielt zwar im Garnisonsmilieu des eroberten Quebec, ist aber nach Thematik, Personal und Erzählform Teil der englischen Literatur. Das erfolgreiche Muster von Walter SCOTTS Waverley-Romanen überträgt John RICHARDSONS (1796–1852) historischer Roman *Wacousta* (1832) mit seiner zur Zeit der Indianerrebellion unter Häuptling Pontiac spielenden Liebes- und Intrigenhandlung in einen nordamerikanischen Kontext. Die realistische Darstellung der schwierigen Selbstbehauptung bäuerlicher Siedler in einer feindlichen Natur und konventionelle poetische Stilisierung prallen aufeinander in dem Erzählgedicht *The Rising Village* (1825), das Oliver GOLDSMITH (1794–1861) als optimistisches Gegenstück zu *The Deserted Village*, dem 1770 von seinem berühmten gleichnamigen Großonkel verfaßten Gedicht, schrieb.

In Form und Stil eigenständiger sind die Prosaskizzen, die der aus Nova Scotia stammende Richter Thomas Chandler HALIBURTON (1796–1865) in mehreren Folgen unter dem Titel *The Clockmaker; or The Sayings and Doings of Samuel Slick, of Slickville* (1836–1840) erscheinen ließ. Die um die Figur des dreisten Yankee-Uhrenhändlers Sam Slick kreisenden Episoden werfen trotz ihres humoristischen Grundtons ein scharfes Licht auf den Konflikt zwischen provinzieller Behäbigkeit und britischem Ordnungsdenken einerseits und der Dynamik einer sendungsbewußten und geschäftstüchtigen jungen Nation andererseits. Als Warnung für allzu optimistische Emigranten verfaßte die 1831 mit ihrem Ehemann nach Ontario ausgewanderte Susanna MOODIE (1803–1885) ihren autobiographischen Bericht *Roughing It in the Bush; or, Life in Canada* (2 Bde., 1852). Detailgenau und nicht ohne Selbstironie schildert Moodie das entbehrungsreiche, stets von Katastrophen bedrohte Siedlerleben als harte Bewährungsprobe bürgerlicher Werte in einer gänzlich außerbürgerlichen Situation, in der die europäischen Begriffe zu versagen drohen. Zeitgenössische Autorinnen haben die Texte Moodies, aber auch die ihrer Schwester Catherine Parr TRAILL (*The Backwoods of Canada*, 1836) neu entdeckt und als nur oberflächlich konventionelle Versuche interpretiert, eine von doppelter Marginalisierung (als isolierter Siedler und als Frau) geprägte Rolle zu sprengen.

Anfänge der Nationalliteratur

Der Zusammenschluß der britischen Kolonien zum »Dominion of Canada« im Jahre 1867 schuf zwar ein einheitliches staatsrechtliches Gebilde mit Ottawa als Hauptstadt, aber noch keine kanadische Literatur. Auch wenn sich im letzten Drittel des 19. Jahrhunderts vor allem innerhalb der bürgerlichen Mittelschicht in den älteren Zentren Montreal und Toronto ein reges literarisches Leben entfaltete, dem neue Zeitschriften wie ›The Canadian Magazine‹ (1893–1939) oder die zum Teil bis heute existierenden »University Magazines« (›Queens Quarterly‹, gegründet 1893; ›The University of Toronto Quarterly‹, gegründet 1895) als Sprachrohre dienten, so gewann doch zunächst nur die Lyrik eigenes Profil. Die »Confederation Poets« – vor allem [Sir] Charles G. D. Roberts (1860–1943), Bliss Carman (1861 bis 1929), Archibald Lampman (1861–1899) und Duncan Campbell Scott (1862–1947) – verbindet neben den nahezu identischen Geburtsjahren das zum Teil patriotisch motivierte Bestreben, eine spezifisch kanadische Poesie zu schaffen. So sehr sich die Gestaltung der eigenen Landschafts- und Lebenserfahrung (herausragende Beispiele sind Roberts' *Tantramar Revisited*, 1886, und Lampmans *Morning on the Lièvre*, 1888) auch des Formen- und Bilderschatzes der englischen Romantik bedient, liegen hier doch wichtige Ansätze einer künftigen eigenständigen Nationalliteratur.

Die in Kanada eigentlich populären Autoren der Jahrhundertwende waren allerdings Charles Dickens, Rudyard Kipling und Robert Louis Stevenson. Die Berufung auf britische Traditionen begleitete ein durchgreifendes Bewußtsein kolonialer Rückständigkeit, das trotz zahlreicher programmatischer Appelle bis ins frühe 20. Jahrhundert andauerte. Zu den literarischen Sonderformen und Einzelleistungen, die sich gleichwohl daneben entfalteten, gehören die realistischen Tiergeschichten von Charles G. D. Roberts (*Earth's Enigmas*, 1896) und Ernest Thompson Seton (*Wild Animals I Have Known*, 1898). Robert William Service (1874–1958) besingt in teils humoristischen, teils melodramatischen Balladen das rauhe Leben der Jäger und Goldsucher im hohen Norden (*Songs of a Sourdough*, 1907; *Ballads of a Cheechako*, 1909).

Während hier das Klischeebild einer naturbezogenen einfachen Volksdichtung geprägt wurde, das bis in unsere Zeit nachwirkt, befaßten sich andere Autoren intensiver mit der sozialen Realität Kanadas. So spiegelt Sara Jeannette Duncans (1861 bis 1922) Roman *The Imperialist* (1904) die schwierige Entstehung eines kanadischen Nationalbewußtseins im Spannungsfeld von provinzieller Selbstzufriedenheit und imperialem Anspruch. Ein frühes Beispiel für die kanadische Utopie bietet der postum veröffentlichte Roman *A Strange Manuscript Found in a Copper Cylinder* (1888) von James De Mille (1833–1880). Im Bereich der Kurzprosa bereiteten Duncan Campbell Scott (*In the Village of the Viger*, 1896) und der sehr produktive und vielseitige Volkswirtschaftsprofessor Stephen Leacock (1869–1944) in seinen ironischen Schilderungen der Kleinstadtgesellschaft Ontarios (*Sunshine Sketches of a Little Town*, 1912) die spätere Blüte der kanadischen Kurzgeschichte als zyklischer Form vor.

Aufbruch in die Moderne

Die literarische Moderne begann in Kanada erst spät und setzte sich nur zögernd durch. Ein konservativer Zeitgeschmack behinderte bis in die zwanziger Jahre den Einfluß der aus Europa oder aus den Vereinigten Staaten kommenden Avantgarde. Das breite Publikum bevorzugte lange Zeit sentimentale Familienromane, wie sie Mazo de la Roche (1879–1961) in ihrem fünfzehn Bände umfassenden *Jalna*-Zyklus (*Jalna*, 1927, bis *Morning at Jalna*, 1960) lieferte. Neue Impulse gingen zunächst von der Malerei aus: Tom Thomson (1877–1917) und eine Gruppe impressionistischer Landschaftsmaler (»Group of Seven«, gegründet 1920) erprobten authentische Formen der Naturdarstellung, deren Protest gegen die Konvention eine neue Generation von Lyrikern beeindruckte. F. R. Scott (1899–1985), der 1927 in seinem satirischen Gedicht *The Canadian Authors Meet* schonungslos mit dem sterilen Konservatismus seiner Zeitgenossen abrechnete (»*Virgins of sixty who still write of passion*«), bildete mit Autoren wie Leo Kennedy (geb. 1907) und A. J. M. Smith (1902–1980) die sogenannte »Montreal Group«. Ihre aus dem intellektuellen Universitätsmilieu hervorgegangene Anthologie *New Provinces. Poems of Several Authors* (1936) gilt in ihrer scharfen Abkehr von Themen und Formen einer nationalromantischen Naturlyrik und der entschiedenen Zuwendung zur Formensprache der internationalen Moderne als Manifest einer neuen Epoche der Poesie in Kanada.

Obwohl ursprünglich der »Montreal Group« nahestehend, nimmt der in Neufundland geborene Edwin John Pratt (1883–1946) eine Zwischenstellung zwischen Tradition und Moderne ein. In seinem umfangreichen Werk begegnen sich regionale und internationale Aspekte, viktorianischer Fortschrittsglaube und skeptische Zeitkritik, archaischer Fatalismus und christliche Hoffnung. Nach lokalen Anfängen (*Newfoundland Verse*, 1923) greift Pratt, der von 1920 bis 1953 an der Universität Toronto englische Literatur lehrte, später in virtuos gereimten Erzählgedichten immer wieder teils heroisierend, teils ironisierend den Kampf zwischen menschlicher Hybris und unberechenbarer Natur auf: *The Titanic* (1935) schildert die Schiffskatastrophe vom April 1912; *Brébeuf and His Brethren* (1940) behandelt den Untergang der französischen Jesuiten-Missionare im 17. Jahrhundert als Triumph des Glaubens; *Towards the Last Spike* (1952) mythisiert die Vollendung der transkontinentalen Eisenbahnverbindung (1885) als Sieg der zivilisatorischen Idee über den Widerstand der rohen Natur.

Durchgesetzt haben sich die Bild- und Formmuster der internationalen Moderne erst bei einer jüngeren Lyrikergeneration, die seit den vierziger Jahren zum Teil mit sozialkritischen Tendenzen hervortrat. Ihr gehören Autoren wie Earle BIRNEY (geb. 1904; *David and Other Poems*, 1947), Dorothy LIVESAY (geb. 1909; *Poems for People*, 1947) und Miriam WADDINGTON (geb. 1917; *Green World*, 1945) an. Diesen Vertretern Westkanadas stehen Autoren wie der aus dem jüdischen Großbürgertum stammende A. M. KLEIN (1907–1972) und Louis DUDEK (geb. 1918), aufgewachsen im Montrealer Arbeitermilieu, gegenüber. Dudek (*East of the City*, 1946) ebnete – zusammen mit Irving LAYTON (geb. 1912) und Raymond SOUSTER (geb. 1921) – durch avantgardistische Zeitschriften (›First Statement‹, gegründet 1942) und die Gründung der ›Contact Press‹ (1952) einer rigoros modernistischen kanadischen Lyrik im nordamerikanischen Kontext den Weg.

Im Bereich der Prosa leitete Frederick Philip GROVE (1879–1948) eine neue Phase ein. Sein Rang als Begründer eines an europäischen und amerikanischen Vorbildern orientierten realistischen Romans ist heute trotz mancher stilistischer und struktureller Mängel seines Werkes unumstritten. Grove, dessen Identität mit dem aus dem Umkreis von Neoromantik und Ästhetizismus hervorgegangenen deutschen Schriftsteller Felix Paul GREVE in Kanada jahrzehntelang unbemerkt blieb, hatte sich 1912 als Lehrer in Manitoba niedergelassen. Er gestaltet in halbautobiographischen Schriften (*Over Prairie Trails*, 1922; *A Search for America*, 1927; *In Search of Myself*, 1946) das Überleben des isolierten Immigranten in der zutiefst befremdlichen Welt Nordamerikas. In einer Reihe von Siedlerromanen entwirft Grove – ähnlich wie seine Zeitgenossen Martha OSTENSO in *Wild Geese* (1925) und etwas später Sinclair ROSS in *As for Me and My House* (1941) – ein Bild der Prärie nicht allein als geographischer Raum, sondern als Schauplatz der Leere und Weite, in der menschliche Einsamkeit, aber auch die Befangenheit des einzelnen in konventionell erstarrten Denk- und Verhaltensmustern besonders kraß zu Tage treten (*Settlers of the Marsh*, 1925; *The Yoke of Life*, 1930; *Fruits of the Earth*, 1933; *The Master of the Mill*; 1944).

»Literarische Renaissance« der sechziger Jahre

Nach dem Zweiten Weltkrieg schufen der fortschreitende Zerfall des Britischen Empire und der zunehmende kulturelle und ökonomische Einfluß der Vereinigten Staaten die äußeren Voraussetzungen für das Bestreben, eine eigene kanadische Identität schärfer abzugrenzen. Ein seit den späten fünfziger Jahren spürbarer literarischer Nationalismus erhob dabei in mitunter widersprüchlicher Weise einzelne Elemente der Siedlungsgeschichte in den Rang mythischer Grundstrukturen einer kanadischen Denk- und Lebensform, wie etwa das Überleben des Opfers (im Anschluß an Northrop FRYE) oder das »kulturelle Mosaik« unterschiedlicher Einwanderergruppen (als verkleinerte Version von Marshall McLUHANS Weltmodell eines *Global Village*). Gefördert wurde der nun eintretende literarische Aufschwung durch eine staatliche Kulturpolitik, die sich entschieden um die Definition eines nationalen Selbstverständnisses bemühte. Der »Massey Report« zur Kulturpolitik erschien 1951; die grundlegenden Empfehlungen der »Royal Commission on Bilingualism and Biculturalism« 1963. Kanadas wichtigster Literaturpreis, der 1937 gestiftete »Governor General's Award«, wird seit 1959 durch den zwei Jahre zuvor gegründeten *Canada Council* verliehen. Die Liste der Preisträger zeigt, daß die neue Epoche zunächst in der Lyrik begann. Ausgezeichnet wurden 1953 Douglas LEPAN für *The Net and the Sword*, 1954 P. K. PAGE für *The Metal and the Flower*, 1957 Jay MACPHERSON für *The Boatman*.

Während die ostkanadische Literatur dieser Zeit von einem oft aggressiven antiamerikanischen Grundton gekennzeichnet war, nahm eine Gruppe experimenteller Lyriker an der Westküste zu Beginn der sechziger Jahre bewußt amerikanische Einflüsse auf. Geschart um das kurzlebige, aber einflußreiche literarische Magazin ›Tish‹ (1961 bis 1969) lehnten George BOWERING (geb. 1935), Frank DAVEY (geb. 1940) und Fred WAH (geb. 1939) im Gefolge der amerikanischen »Black Mountain Poets« (Robert CREELEY, Robert DUNCAN, Charles OLSON) konventionellen Formalismus und elitäre Bildungstraditionen zugunsten von Schlichtheit, Mündlichkeit und sprachspielerischer Direktheit ab.

Die freiere lyrische Sprache der »West Coast Poets« machten sich in der Folgezeit andere, ganz unterschiedliche Autorengruppen zunutze: Vertreter einer intellektuell »mythopoetischen« Richtung wie Margaret ATWOOD (*The Circle Game*, 1966) Michael ONDAATJE (*The Collected Works of Billy the Kid*, 1970) und Robert KROETSCH (*Seed Catalogue*, 1977) neben experimentellen Lyrikern wie Douglas BARBOUR (geb. 1940), Bill BISSETT (geb. 1939), b. p. NICHOL (1944–1988) und Stephen SCOBIE (geb. 1943). Fred COGSWELL (geb. 1917) und Alden NOWLAN (1933–1983), beide aus dem atlantischen Kanada stammend, und Al PURDY (geb. 1918) aus Ontario entwickelten umgangssprachliche, regional verwurzelte Formen der Poesie.

Erst seit Ende der fünfziger Jahre entfaltete sich der moderne Roman in Kanada. Sein Vorläufer war Hugh MACLENNAN (1907–1990), der in seinen Romanen nicht allein zum erstenmal das Fehlen einer eigenständig kanadischen Erzähltradition artikulierte, sondern eine solche Tradition durch die Wahl seiner Themen zu begründen suchte. Das Frühwerk *Barometer Rising* (1941) behandelt die Explosionskatastrophe von 1917 im Hafen von Halifax vor dem Hintergrund nationaler Bewußtwerdung während des Ersten Weltkriegs; *Two Solitudes* (1945) – der einem Gedicht von RILKE ent-

lehnte Titel, wurde in Kanada zum geflügelten Wort – kreist um das prekäre Verhältnis der beiden großen Sprach- und Kulturgruppen Kanadas. Lennan griff dieses Thema später noch einmal in *Return of the Sphinx* (1967) auf. Erkauft wird die thematische Aktualität von MacLennans Romanwerk allerdings mit einem konventionellen Realismus allegorisch-romanzenhaften Zuschnitts, von dem sich der Autor auch in seinem Meisterwerk *The Watch That Ends The Night* (1959), in dem das Motiv der kulturellen Spannung Kanadas mit einer psychologisch differenzierten Dreiecksgeschichte verquickt wird, und in *Voices in Time* (1981), einer negativen Utopie aus dem nachatomaren Montreal, nicht gänzlich lösen konnte.
Erzählerisch und gedanklich komplexer ist das Romanwerk von Robertson DAVIES (geb. 1913), der nicht nur mit ironischer Distanz das Provinzmilieu Südontarios in internationale kulturgeschichtliche Bezüge setzt, sondern unter dem Einfluß der Archetypenlehre C. G. JUNGS reale Zufälligkeiten als durch ein mythisches Prinzip gesteuerte Gesetzlichkeiten erscheinen läßt. Nach der frühen »Salterton-Trilogie« (*Tempest-Tost*, 1951; *Leaven of Malice*, 1954; *A Mixture of Frailties*, 1958) und der »Deptford-Trilogie« (*Fifth Business*, 1970; *The Manticore*, 1972; *World of Wonders*, 1975) ist Davies spätestens mit der »Simon-Darcourt-Trilogie« (*The Rebel Angels*, 1981; *What's Bred in the Bone*, 1985; *The Lyre of Orpheus*, 1988) zu einem kanadischen Klassiker geworden.
Besonders westkanadische Romanciers wie Margaret LAURENCE (1926–1987) und Rudy WIEBE (geb. 1934) lösen sich seit den sechziger Jahren mehr und mehr aus dem formalen und thematischen Bannkreis der europäischen Tradition. Anknüpfend an Frederick Philip GROVE und Morley CALLAGHAN macht Margaret Laurence in ihrem »Manawaka«-Zyklus (*The Stone Angel*, 1964; *A Jest of God*, 1966; *The Fire-Dwellers*, 1969; *The Diviners*, 1974, und der Kurzgeschichtenzyklus *A Bird in the House*, 1970) eine fiktive Kleinstadt in der Prärie Manitobas zum Brennpunkt der Lebensgeschichte weiblicher Protagonisten und ihrer Suche nach eigener Erfahrung zwischen Verwurzelung in der Vergangenheit und entfremdender Gegenwart. Der mennonitischen Traditionen verpflichtete Rudy WIEBE unterwirft in seinen die herkömmliche Form zunehmend sprengenden Romanen die Entwicklung des Westens einer kritischen Überprüfung aus der Sicht von Randgruppen – der religiösen Minderheit der Mennoniten in *Peace Shall Destroy Many* (1962), der Indianer in *The Temptations of Big Bear* (1973) und der indianisch-frankokanadischen Siedler *(métis)* unter ihrem charismatischen Führer Louis Riel in *The Scorched-Wood People* (1977).
Das englisch-kanadische Drama hat anders als das in Quebec trotz einer Reihe bemerkenswerter Einzelwerke bislang kein klares Eigenprofil entwickelt. Der Ruhm des von den Zeitgenossen geschätzten Bibeldramas *Saul* (1857) von Charles HEAVYSEGE (1816–1876) ist verblaßt. Nachdem im 19. Jahrhundert noch das durch Wanderbühnen verbreitete britische Repertoirestück dominierte, ergaben sich erst um die Jahrhundertwende Ansätze zur Eigenständigkeit, vor allem durch das »Little Theatre Movement« und die darauf bezogene Form des Einakters (gesammelt zum Beispiel in *Canadian Plays from Hart House*, 2 Bände, 1926/1927). Neue Impulse für das Drama gingen von dem 1953 gegründeten und bis heute florierenden Shakespeare-Festival in Stratford/Ontario, später auch von mehreren Theatergründungen aus (Manitoba Theatre Centre, 1958; Vancouver Playhouse, 1962; National Arts Centre, Ottawa, 1967; St. Lawrence Centre, Toronto, 1970). Zugleich entstanden Experimentalbühnen wie das »Theatre Passe Muraille« in Toronto (1968).
Angesichts eines kommerzialisierten Theaterbetriebs haben es allerdings auch erfolgreiche Autoren schwer, sich mit anspruchsvollen Stücken zu behaupten. Zu diesen wenigen gehören George RYGA (1932–1987), dessen Stück *The Ecstasy of Rita Joe* (1967) den Konflikt zwischen indianischen Lebensformen und moderner Stadtwelt behandelt, und James REANEY (geb. 1926), der in der Trilogie *The Donnellys* (1976/77) in zum Teil surrealer Verfremdung einen historischen Mordfall aus dem Jahre 1880 dramatisiert. Auch Sharon POLLOCKS (geb. 1936) Dramen widmen sich historischen (*Walsh*, 1973) und sozialkritischen (*Blood Relations*, 1990) Themen. Unter den jüngeren Autoren ragen der 1947 geborene David FREEMAN (*Creeps*, 1972, ein Behindertenstück), David FRENCH (geb. 1939; *Jitters*, 1980, spielt im Theatermilieu) und John GRAY (geb. 1946) mit seinem witzigen Zweipersonenstück über ein kanadisches Flieger-As des Ersten Weltkriegs, *Billy Bishop Goes to War* (1981), heraus. Andere vielversprechende Autoren sind David FENNARIO (geb. 1947; *Balconville*, 1980), Judith THOMPSON (geb. 1954; *White Biting Dog*, 1984) und George F. WALKER (geb. 1947; *Zastrozzi*, 1977).

Strömungen der Gegenwartsliteratur

Mit Beginn der siebziger Jahre trat Kanada in eine innenpolitisch krisenhafte, literarisch jedoch außerordentlich fruchtbare Phase ein. Hier wie dort setzen sich zentrifugale Kräfte durch. Während separatistische Tendenzen vor allem in Quebec den Bestand des kanadischen Bundesstaats bedrohen, gibt der wachsende Widerstand gegen das realistische Erzählen als verbindliche Vorgabe experimentellen Schreibweisen den Weg frei. Eine neue Generation von Autoren sieht die Fiktion nicht so sehr als Widerspiegelung faktischer Wirklichkeit, sondern als parodistisches Spiel, als Umerzählen älterer Geschichten oder – unter dem Einfluß lateinamerikanischer Autoren wie Gabriel GARCÍA

MÁRQUEZ (*Hundert Jahre Einsamkeit*, 1967) – als magische Verwandlung der Wirklichkeit. Gerade die bislang beklagte Schwäche, die Abhängigkeit von europäischen und amerikanischen Vorbildern, das Fehlen einer ausgeprägten »Identität« erscheint nun als Voraussetzung einer neuen produktiven Vielfalt des Erzählens. Einer der prominentesten Gegenwartsautoren, Robert KROETSCH (geb. 1927), wie viele seiner Zeitgenossen zugleich Autor und akademischer Kritiker, weist darauf hin, daß die kanadische Literatur ohne den Widerpart einer ausgeprägten Moderne unmittelbar aus dem viktorianischen 19. Jahrhundert in die Postmoderne übergangen sei.

Diese innovative Vielfalt wird am deutlichsten an der Kurzgeschichte erkennbar, einer Gattung, die bereits in der ersten Hälfte des 20. Jahrhunderts durch Autoren wie Stephen LEACOCK, Frederick Philip GROVE, Morley CALLAGHAN (1903–1990) und Sinclair ROSS (geb. 1908) eine Blütezeit erlebt hatte, gegen Ende der fünfziger Jahre aber trotz der vielfältigen Bemühungen des Rundfunkjournalisten und Kritikers Robert WEAVER (geb. 1921) totgesagt wurde. Die Kurzgeschichte findet nun einerseits durch Autoren wie Clarke BLAISE (geb. 1940), Mavis GALLANT (geb. 1922), Hugh HOOD (geb. 1928), John METCALF (geb. 1938) und Alice MUNRO (geb. 1931) Anschluß an die internationale Tradition der Moderne, wird aber andererseits von Autoren wie George BOWERING (geb. 1935), Jack HODGINS (geb. 1938), Ray SMITH (geb. 1941) oder Audrey THOMAS (geb. 1935) als Experimentierfeld für neue nichtrealistische Formen der Kurzprosa entdeckt.

Anders als in den Vereinigten Staaten ist die postmoderne Literatur in Kanada keine *»Literatur der Erschöpfung«* (John BARTH, 1967), sondern als postkoloniale Literatur getragen von einem neuen Selbstbewußtsein. Die kulturelle Randlage erscheint nicht mehr als negative Beschreibung, sondern gibt Anlaß, Spielarten des Marginalen zum Thema zu machen. Charakteristisch ist eine neue Offenheit für Probleme von Randgruppen (autochthone Völker wie Inuit und Indianer, ethnische Minderheiten, aber auch Frauen), aber auch für das spielerische Aufgreifen und Umwerten von älteren, an den Rand gerückten Erzählformen wie Explorations- und Siedlerberichten, historischen und pikaresken Romanen.

Bei der literarischen Umsetzung gehen die einzelnen Autoren sehr unterschiedliche Wege. Robert KROETSCH formuliert in seiner »Out-West«-Trilogie (*The Words of My Roaring*, 1966; *The Studhorse Man*, 1969; *Gone Indian*, 1973) die Geschichte des kanadischen Westens um, indem er sie durch mythologische Querverweise zu einer Geschichte der westlichen Zivilisation überhaupt erweitert. In späteren Romanen (*Badlands*, 1975; *What the Crow Said*, 1978; *Alibi*, 1983) geht Kroetsch in der »De-Konstruktion« traditioneller Romanformen noch weiter. Wie Kroetsch greift auch der aus British-Columbia stammende George BOWERING als Autor und Kritiker amerikanische Vorbilder auf. Geschichtliche Wirklichkeit wie etwa George Vancouvers Erforschung der pazifischen Nordwestküste wird durch metafiktionale Reflexionen überlagert (*Burning Water*, 1980). Auch Timothy FINDLEY (geb. 1930) schreibt in seinen Romanen *history* im doppelten Sinn von erfundener Geschichte und dokumentierter Historie – in *The Wars* (1977) vor dem Hintergrund des Ersten, in *Famous Last Words* (1981) vor dem des Zweiten Weltkriegs. Collagentechnik und Blickpunktwechsel machen in den Romanen von Michael ONDAATJE (geb. 1943 in Ceylon) exzentrische Charaktere und Situationen zu Metaphern einer disparten Welt (*Coming Through Slaughter*, 1976; *Running in the Family*, 1982; *In the Skin of a Lion*, 1987). Ondaatje steht dabei, wie andere Autoren seiner Generation, unter dem Eindruck von Leonard COHENS (geb. 1934) umstrittenem Romanexperiment *Beautiful Losers* (1966). Die Aufwertung des Regionalen zum Mittelpunkt einer authentischen Lebenserfahrung ist besonders Jack HODGINS (geb. 1938) gelungen, der in seinem Roman *The Invention of the World* (1977) die kanadische Westküste, vor allem Vancouver Island, mit den Mitteln eines magischen Realismus zum Spiegel universaler Fragen macht.

»Ethnizität« gewinnt in den letzten Jahren als Modell eines pluralistischen Selbstverständnisses immer mehr an Bedeutung. Vorgeprägt ist die literarische Darstellung von Minderheitsstandpunkten bereits seit Ende der vierziger Jahre im Werk von jüdisch-kanadischen Autoren, die wie Henry KREISEL (1922–1991) das Emigranten- und Exilschicksal gestalten *(The Rich Man*, 1948), wie Abraham Moses KLEIN (1909–1972) das Verhältnis zu Israel thematisieren (*The Second Scroll*, 1951) oder wie Mordecai RICHLER (geb. 1931) die jüdische Stadtkultur in Montreal schildern (*The Apprenticeship of Duddy Kravitz*, 1959; *St. Urbain's Horseman*, 1971). In den letzten Jahren haben auch Autoren anderer Kulturkreise, wie z. B. Austin CLARKE (geb. 1932) aus Westindien und die japanisch-kanadische Autorin Joy KOGAWA (geb. 1935), dazu beigetragen, den ursprünglich in Opposition zur amerikanischen »melting-pot«-Ideologie formulierten Leitbegriff des »kulturellen Mosaiks« literarisch zu beleben. Ob sich der in jüngster Zeit unternommene Versuch, die kanadische Literatur durch Texte in »nichtoffiziellen« Sprachen, aber auch durch die oft nur mündlich tradierten Zeugnisse der autochthonen Gruppen zu erweitern, durchsetzt, muß dahingestellt bleiben.

Der bedeutende Beitrag, den Frauen seit den Anfängen im 18. Jahrhundert zur kanadischen Literatur geleistet haben, gipfelt im Werk von Margaret ATWOOD (geb. 1939). Als Lyrikerin und Romanschriftstellerin, aber auch als Kritikerin, nimmt sie gegenwärtig eine herausragende Sonderstellung ein – nicht nur aufgrund von Breite und Kontinuität ihres Werkes, sondern auch wegen der intellektuellen Schärfe und bildlichen Intensität, mit der sie anhand kanadischer Themen die Situation des einzelnen in einer von kollektiven Zwängen beherrschten Gegenwart analysiert. Nach mythopoetischen Anfängen (*Double Persephone*, 1961) setzte der Gedichtzyklus *The Journals of Susanna Moodie* (1970) als poetische Neudeutung einer historischen Figur unter dem modernen Gesichtspunkt von Ich-Verlust und Entfremdung neue Maßstäbe. Spätere Sammlungen, zum Beispiel *Power Politics* (1971), thematisieren den Konflikt der Geschlechterrollen. Obwohl feministisch wie national engagiert, ist Atwoods Werk doch frei von ideologischer Voreingenommenheit. Ironische Distanz und urbane Offenheit kennzeichnen ihr umfangreiches Romanwerk, das von *The Edible Woman* (1969) und *Surfacing* (1972) über *Lady Oracle* (1976) und *Bodily Harm* (1981) bis hin zur negativen Utopie *The Handmaid's Tale* (1985) und dem autobiographisch gefärbten Künstlerroman *Cat's Eye* (1988) reicht. Romane und Kurzgeschichten (zuletzt *Wilderness Tips*, 1991) haben Margaret Atwood in den letzten Jahren auch außerhalb Kanadas zur Symbolfigur für eine neue, sowohl selbstbewußte wie selbstkritische Ära der kanadischen Literatur werden lassen.

Walter Pache

Literaturhinweise

A. Allgemeines

A. E. Davidson (Hg.), *Studies on Canadian Literature: Introductory and Critical Essays*, NY 1990.
H. Kosok u. H. Prießnitz (Hg.), *Literaturen in englischer Sprache. Ein Überblick über englischsprachige Nationalliteraturen außerhalb Europas*, Bonn 1977.
R. Lecker u. a., *Canadian Writers and Their Works*, 20 Bde., Toronto 1983 ff.
D. Meindl (Hg.), *Zur Literatur und Kultur Kanadas*, Erlangen 1984.
W. H. New, *A History of Canadian Literature*, New York 1989.
W. Pache, *Einführung in die Kanadistik*, Darmstadt 1981.
J. Schäfer (Hg.), *Commonwealth-Literatur*, Düsseldorf u. a. 1981.
F. K. Stanzel u. W. Zacharasiewicz, *Encounters and Explorations: Canadian Writers and European Critics*, Würzburg 1986.
Ph. Stratford, *All the Polarities: Comparative Studies in Contemporary Canadian Novels in French and English*, Toronto 1986.
W. Tove (Hg.), *The Oxford Companion to Canadian Literatur*, Toronto 1983.

B. Zur englischsprachigen Literatur

M. Atwood, *Second Words: Selected Critical Prose*, Toronto 1982.
E. D. Blodgett, *Configuration: Essays in the Canadian Literatures*, Downsview/Ont. 1982.
P. Easingwood, R. Groß u. W. Klooss (Hg.), *Probing Canadian Culture*, Augsburg 1991.
K. El-Hassan, *Kurzgeschichtenensembles. Formen der Verknüpfung anglokanadischer Short-Stories*, Bochum 1991.
N. Frye, *The Bush Garden: Essays on the Canadian Imagination*, Toronto 1971.
A. R. Glaap (Hg.), *Das englisch-kanadische Drama*, Düsseldorf 1990.
K. Groß u. W. Pache (Hg.), *Kanada. Grundlagen zur Literatur in englischer Sprache*, Bd. 1, München 1987.
D. Harrison (Hg.), *Crossing Frontiers: Papers in American and Canadian Western Literature*, Edmonton 1979.
C. A. Howells, *Private and Fictional Worlds: Canadian Women Novelists of the 1970s and 1980s*, Ldn. u. a. 1987.
L. Hutcheon, *The Candian Postmodern: A Study of Contemporary English-Canadian Fiction*, Toronto u. a. 1988.
W. J. Keith, *Canadian Literature in English*, Ldn. u. a. 1985.
R. Kroetsch (Hg.), *Gaining Ground: European Critics on Canadian Literature*, Edmonton 1985.
M. Kuester, *Framing Truths: Parodic Structures in Contemporary English-Canadian Historical Novels*, Toronto 1992.
J. Metcalf, *Kicking Against the Pricks*, Downsview/Ont. 1982.
W. H. New (Hg.), *Native Writers and Canadian Writings*, Vancouver 1990.
P. Petrone, *Native Literature in Canada: From the Oral Tradition to the Present*, Toronto 1990.
W. Riedel, *Das literarische Kanadabild: Eine Studie zur Rezeption kanadischer Literatur in deutscher Übersetzung*, Bonn 1980.
D. Staines (Hg.), *The Canadian Imagination: Dimensions of a Literary Culture*, Cambridge/Mass. 1977.
F. K. Stanzel u. W. Zacharasiewicz (Hg.), *Encounters and Explorations: Canadian Writers and European Critics*, Würzburg 1986.

MARGARET ELEANOR ATWOOD

* 18.11.1939 Ottawa

LITERATUR ZUR AUTORIN:
S. Grace, *Violent Duality: A Study of M. A.*, Montreal 1980. – *The Art of M. A.*, Hg. A. u. C. Davidson, Toronto 1981 [m. Bibliogr.]. – *M. A.: Language, Text and System*, Hg. S. Grace, Vancouver 1983. – J. H. Rosenberg, *M. A.*, Boston 1984 (TWAS).

THE EDIBLE WOMAN

(engl.; *Ü: Die eßbare Frau*). Roman von Margaret ATWOOD (Kanada), erschienen 1969. – Atwoods erster Roman gestaltet in Form einer satirischen Gesellschaftskomödie das Bemühen einer Frau, den selbstentfremdenden Rollenzwängen zu entkommen, welche ihr von einer patriarchalischen und materialistischen gesellschaftlichen Realität aufgezwungen werden. Die kanadische Schriftstellerin thematisiert hier erstmals die Kulturphänomene *victimization* und *survival*, die sie drei Jahre später in ihrem Handbuch *Survival: A Thematic Guide to Canadian Literature* (1972) als symptomatisch für die kanadische Literaturtradition beschrieben hat. Die Auseinandersetzung mit einer übermächtigen, die Individualität des Einzelmenschen bedrohenden gesellschaftlichen und geographischen Lebenswirklichkeit erscheint in *The Edible Woman*, wie in vielen ihrer späteren Werke, als subtiler psychischer und zwischenmenschlicher Prozeß. Indem sich die Protagonistin, Marian MacAlpin, gegen alle »predatorischen«, d. h. nach Besitzergreifung und Vereinnahmung strebenden Einflüsse auflehnt, erringt sie am Ende eine neue, authentische Identität.

Der Roman gliedert sich in drei Großabschnitte, von denen der erste und der dritte aus der subjektiven Perspektive der Ich-Erzählerin und der mittlere in der objektivierenden dritten Person erzählt werden. Die Orientierungslosigkeit des Expositionsteiles und die distanzierte Analyse des Mittelteiles münden im Schlußteil in den allmählichen Selbstfindungsprozeß der Protagonistin. Der Konsumcharakter und die Inauthentizität modernen urbanen Lebens finden in Marians Berufswelt ihre metaphorische Verkörperung: Als Interviewerin einer Marktforschungsfirma erfährt sie hautnah die immer aggressiver und subtiler werdende Vermarktung und Manipulation des Menschen. Ihre Arbeitskolleginnen und Freundinnen, etwa die Nur-Mutter und Hausfrau Clara oder die männerjagende Wohngenossin Ainsley, sind längst zu außengesteuerten Opfern gesellschaftlicher »Normalität« geworden. Auch Marian selbst ist auf dem besten Weg, dieses Schicksal zu erleiden. Ihre Verlobung mit Peter, einem angepaßten, nach bürgerlicher Saturiertheit strebenden Aufsteiger, wird in ihrer vorprogrammierten Stereotypie zur buchstäblich lebensbedrohenden Gefahr. Die ständige Verdrängung ihrer tiefsten Selbstverwirklichungswünsche führt alsbald zu einer psychosomatischen Reaktion: das Verspeisen von Fleisch und in der Folge von weiteren Nahrungsmitteln verursacht ihr einen immer unkontrollierbareren physischen Ekel. Erst angesichts der Vorliebe ihres Verlobten für die Jagd und für das Fotografieren – als Metaphern der Viktimisierung bzw. Inbesitznahme anderer – beginnt Marian ihre eigene Opferrolle in diesem psycho-kannibalistischen Spiel zu erkennen. Ihre gleichzeitige heimliche Beziehung zu dem intellektuell-introvertierten, aber auch narzißtisch-schrullenhaften Literaturstudenten Duncan – dem absoluten Gegenpol zu Peter – wird zu einer Art Fluchtreaktion aus der sie erstickenden Normalität. Marians schrittweiser Selbstfindungsprozeß findet seinen Höhepunkt auf der von Peter veranstalteten Verlobungsparty, wo sie in ihrem modisch-attraktiven Aufputz plötzlich den Warencharakter ihrer Existenz schockhaft erkennt und in panischer Flucht davonstürzt. Der Roman endet damit, daß sich Marian vom Einfluß beider Männer befreit und damit den ersten Schritt in ein neues, selbstbestimmtes Leben vollzieht.

Die künstlerische Qualität von *The Edible Woman* liegt weniger in der relativ flachen Zeichnung der Charaktere – wobei die Nebenfiguren hauptsächlich als Spiegelung der inneren Befindlichkeit der Protagonistin fungieren – als in der subtilen Verknüpfung wiederkehrender Motive und Bilder. Vor allem die den Roman durchziehenden Bildreihen des Essens und Gegessenwerdens, des Fotografierens sowie von gejagten und in die Enge getriebenen Tieren verdichten sich zu einer überscharfen Metapher weiblicher und darüber hinaus allgemein menschlicher Viktimisierung. Wenn sich Marian am Ende des Romans ihrem Verlobten in Form eines selbstgebackenen Kuchens zum Verzehr anbietet und diesen in der Folge selbst verspeist, verkörpert sich in diesem Akt ihr zum Abschluß gekommener Erkenntnis- und Selbstbefreiungsprozeß. A.Hel.

AUSGABEN: Toronto 1969. – Ldn. 1969. – Boston 1969. – NY 1969; ²1983. – Toronto 1978. – Ldn. 1980.

ÜBERSETZUNG: *Die eßbare Frau*, W. Waldhoff, Düsseldorf 1985. – Dass., ders, Ffm. 1986; ²1987 (FiTb).

LITERATUR: P. Nodelman, *Trusting the Untrustworthy* (in Journal of Canadian Fiction, 1977, S. 73–82). – F. Mansbridge, *Search for Self in the Novels of M. A.* (ebd., 1978, S. 106–117). – J. Rule, *Life, Liberty and the Pursuit of Normalcy: The Novels of M. A.* (in Malahat Review, 14, 1977, S. 42–49). – E. Cameron, *Famininity or Parody of Autonomy: Anorexia Nervosa and »The Edible Woman«* (in

Journal of Canadian Studies, 20, 1985, Nr. 2, S. 45–69).

SURFACING

(engl.; *Ü: Der lange Traum*). Roman von Margaret ATWOOD (Kanada), erschienen 1972. – *Surfacing* gehört zu Atwoods erfolgreichsten, von der Kritik am meisten beachteten Romanen. Seine künstlerische Qualität zeigt sich vor allem in der komplexen Verknüpfung und metaphorischen Vertiefung verschiedener Themenkreise, welche dem Leser eine Vielfalt möglicher Konkretisationen und Interpretationen erlauben. Wie in *The Edible Woman*, aber psychologisch ungemein vertieft, steht auch hier der schmerzliche Selbstfindungsprozeß einer Frau im Mittelpunkt, die ihre psychophysische Gespaltenheit durch eine neue lebensbejahende und natürlichere Existenzform zu überwinden sucht. Der Roman folgt dem Strukturmuster des psychologisch-mythischen oder archetypischen Reiseromans im Sinne von Joseph CAMPBELLS *The Hero With a Thousand Faces*. In seinem Verlauf erfährt die namenlose Ich-Erzählerin einen inneren *rite de passage*, der sie am Ende zu einer neuen Identität führt. Rückkehr, Exploration, Katharsis und Neubeginn sind die strukturstiftenden Phasen dieser *interior journey*.

Nach neunjährigem, als Prozeß der Selbstentfremdung erlebtem Aufenthalt im zivilisatorischen *wasteland* der Großstadt kehrt die Protagonistin vorübergehend zurück in die abgeschiedene *bush*-Wildnis des nördlichen Québec, in das Inselhäuschen ihrer Eltern, wo sie während des Zweiten Weltkriegs ihre Kindheit verbracht hatte. Es ist ein schrittweises Hinabsteigen in die eigene Vergangenheit, in die Welt ihrer längst verstorbenen Mutter und ihres spurlos verschollenen Vaters, den sie zu finden sucht. Sie wird begleitet von ihrem primitiv-schweigsamen Lebensgefährten Joe und von David und Anna, einem jungen Intellektuellen-Ehepaar. Die Rückkehr in den Bereich der Kindheit hat zunächst nichts Vertrautes oder Nostalgisches an sich. Es ist ein Eindringen in längst Vergessenes, Unverstandenes, chaotisch Ungeordnetes. Aber die Kindheitserinnerungen lassen die Erzählerin sich ihrer inneren Gespaltenheit und emotionalen Lähmung bewußt werden. Das Auseinanderfallen von Geist und Körper, Denken und Fühlen haben sie in einen Zustand psychischer Sterilität und Sprachverarmung geführt. Diese individualpsychologische Thematik weitet sich alsbald in eine – im weitesten Sinne – ökologische aus, wobei die Ausbeutung der Frau durch eine patriarchalische Realität zur Metapher der Unterwerfung der Natur durch Technik und Kommerzialisierung wird. Die in den Wäldern verborgenen amerikanischen Raketenbasen und das zerstörerische Vordringen des Tourismus in die vormals unberührte Naturlandschaft versinnbildlichen die alles durchdringende Aggression gegen das Kreatürliche. Immer mehr erkennt die Ich-Erzählerin, daß auch David und Anna so wie sie selbst vom »amerikanischen« Virus infiziert worden sind. Die Szene, in der David seine Frau dazu zwingt, nackt vor der laufenden Kamera zu posieren, bringt die das gesellschaftliche Leben insgesamt beherrschende Gesinnung von Gewalt symbolisch zum Ausdruck. In der Folge konzentriert sich die Exploration der Erzählerin auf jenen Augenblick ihres Lebens, in dem ihre ursprüngliche psychische Ganzheit zerbrach. Alte Traumata steigen aus der Erinnerung auf, etwa die gescheiterte Beziehung zu einem Collegelehrer und die bislang ins Unbewußte verdrängte Abtreibung eines dieser Beziehung entstammenden Kindes. In einer symbolisch überfrachteten Tauchszene verschmilzt die Vision des toten Fötus mit der Entdeckung der im Wasser treibenden Leiche des Vaters. Schockhaft erkennt die Erzählerin, wie sehr sie zum Opfer destruktiver, lebensverneinender Kräfte geworden ist. Erst die Konfrontation mit dem nun als innerpsychische Realität erkannten Todestrieb ermöglicht *»surfacing«*, psychische Wiedergeburt. Die kindlichen Darstellungen, die sie in ihren alten Zeichenheften findet und die vom Vater aufgezeichneten oder fotografierten indianischen Götterbilder verschmelzen zu einer mythisch-mystischen Dimension. Der Individuationsprozeß der Protagonistin findet seinen Höhepunkt in der an Wahnsinn grenzenden Regression in einen animalischen und primordialen Bewußtseinszustand, in dem ihr Vater und Mutter als einander ergänzende Antipoden kosmischer Ganzheit erscheinen. Als »natural woman« kehrt sie geheilt zu Joe und in die reale Welt zurück. Mit ihrer Absicht, hinfort den zivilisatorischen Viktimisierungs- und Fragmentierungstendenzen zu widerstehen, endet der Roman.

Die in das Geschehen fugenlos eingebetteten Bildreihen untermauern die zentrale Thematik: Die wiederkehrenden Zerstückelungs- und Verstümmelungsmetaphern vermitteln die Erfahrung psychischer Fragmentierung, während der Kadaver eines von »Amerikanern« – in diesem Fall Kanadiern – getöteten und mit ausgebreiteten Flügeln »gekreuzigten« Reihers zum Symbol lebensverneinender Destruktivität wird. *Surfacing* ist weit mehr als ein feministisches oder spezifisch kanadisches Werk. Die verschiedenen Bedeutungsebenen des Romans vereinigen sich insgesamt zu einer Art öko-feministischem Manifest, das für die Abkehr von männlich-technologischer Naturfeindlichkeit zugunsten einer sanfteren, ganzheitlich-femininen Weltsicht plädiert. A.Hel.

AUSGABEN: Toronto 1972. – Ldn. 1973. – NY 1973. – Ldn. 1979.

ÜBERSETZUNG: *Der lange Traum*, R. Böhnke, Düsseldorf 1979. – Dass., ders., Ffm. u. a. 1981 (Ullst. Tb).

LITERATUR: C. McLay, *›The Divided Self‹: Theme and Pattern in M. A.'s »Surfacing«* (in Journal of Canadian Fiction, 10, 1975, S. 82–95). – R. Rubinstein, *»Surfacing«: M. A.s Journey to the Interior* (in MFS, 22, 1976, S. 387–399). – B. King, *M. A.'s »Surfacing«* (in Journal of Commonwealth Literature, 12, 1977, S. 23–32). – W. C. James, *M. A.'s »Surfacing«* (in Canadian Literature, 1981, Nr. 91, S. 174–181). – M. T. Clark, *M. A.'s »Surfacing«: Language, Logic, and the Art of Fiction* (in MLS 13, 1983, Nr. 3, S. 3–15). – A. Heller, *Literarischer Öko-Feminismus: M. A.s »Surfacing«* (in Arbeiten aus Anglistik u. Amerikanistik, 9, 1984, S. 39–50).

MORLEY CALLAGHAN

* 22.2.1903 Toronto
† 25.8.1990 Toronto

THE LOVED AND THE LOST

(engl.; *Geliebte und Verlorene*). Roman von Morley CALLAGHAN (Kanada), erschienen 1951. – Der Historiker und Journalist James McAlpine kommt nach Montreal, um bei einer liberalen Tageszeitung als Kolumnist zu arbeiten. Aus Neugier sucht er die Bekanntschaft Peggy Sandersons, eines Mädchens aus guter Familie, das allgemein Anstoß erregt, weil es Kontakt mit der – zahlenmäßig geringen – schwarzen Bevölkerung der Stadt pflegt. McAlpine, der sich schließlich in Peggy verliebt, wird sich allmählich darüber klar, daß ihr Außenseitertum sie in Gefahr bringt. Nicht nur, daß ihr der Zugang zu den Berufen, die ihrer akademischen Ausbildung entsprechen, verwehrt ist, daß sie in der Fabrik arbeiten und in einer schäbigen Behausung leben muß: Ihr Verhalten stößt auch bei den Farbigen auf Unverständnis und erzeugt, wo immer sie sich blicken läßt, Spannungen. Kennzeichnend für die Einstellung ihrer weißen Mitbürger ist der Versuch eines jüdischen Barbesitzers, sie und ihre farbigen Begleiter am Betreten seines Lokals zu hindern, weil er Peggys wegen Kunden zu verlieren fürchtet. Andere Weiße, unter ihnen der Journalist Malone, machen kein Hehl daraus, daß das Mädchen in ihren Augen kaum mehr als eine Prostituierte ist, und auch die Schwarzen glauben, daß Peggy, obwohl sie mit keinem von ihnen sexuelle Beziehungen unterhält, dazu bereit wäre, wenn sie selbst es so haben wollten. So kommt es zu anfangs versteckten, dann immer offeneren Rivalitäten und Mißverständnissen, die sich schließlich, geschürt von Malone, in einer von Peggy frequentierten Bar entladen und kurz danach zum gewaltsamen Tod des Mädchens führen. Auch McAlpine fühlt sich mitschuldig, denn obwohl er ihretwegen manche Demütigung auf sich nahm, hat auch er sie bis zuletzt sein Mißtrauen spüren lassen.

Callaghan stellt die Erniedrigung Peggys und die unausweichliche Katastrophe als tragische Folgen einer naiv praktizierten Menschlichkeit dar, für die im Dschungel der modernen Großstadt kein Platz mehr ist. Das Schicksal des Mädchens, das bei seinem Versuch, die Rassenschranken zu durchbrechen, auf Sympathie, Verständnis und ein wenig Freundschaft gezählt hatte und sich dann, als diese ihm nicht zuteil wurden, in seine Idee verbohrt hat, steht symbolisch für das Schicksal der Unschuld in einer von Mißtrauen, Selbstsucht und Selbstgerechtigkeit korrumpierten Welt. Der Autor behandelt dieses Thema mit dem Engagement des gläubigen Katholiken. Im Unterschied zu Graham GREENE, der in dem Roman *The Quiet American*, 1953 *(Der stille Amerikaner)*, ein ähnliches Thema aufgreift, interpretiert er die Unschuld in der modernen Welt nicht als Handlangerin, sondern als Opfer des Bösen: Weil sie sich zwangsläufig im Niemandsland bewegt, wird sie von beiden Fronten vernichtet. – Callaghan, dessen frühe naturalistische Romane aus dem Großstadtleben Torontos und Montreals dem Stil und der Weltsicht HEMINGWAYS (mit dem er sich während der gemeinsamen journalistischen Tätigkeit in Toronto 1920/21 angefreundet hatte) verpflichtet sind und dessen *The Loved and the Lost* das augenfälligste Beispiel für die spätere eigenständige Entwicklung in Richtung einer Synthese von Realismus und Symbolismus ist, zählt zu den interessantesten kanadischen Erzählern des 20. Jh.s. J.v.Ge.

AUSGABEN: Toronto/NY 1951. – Ldn. 1961. – Ldn. 1966. – Toronto 1970.

LITERATUR: E. Wilson, *M. C. of Toronto* (in The New Yorker, 36, 1960, S. 224–237). – G. Woodcock, *Lost Eurydice: The Novels of C.* (in Canadian Literature, 1964, Nr. 21, S. 21–35). – A. B. Conron, *M. C.*, NY 1966 (TUSAS). – V. Hoar, *M. C.*, Toronto 1969. – W. H. New, *In Defense of Private Worlds: An Approach to Irony in Canadian Fiction* (in Journal of Commonwealth Literature, 10, 1970, S. 140–141). – W. Walsh, *Streets of Life: Novels of M. C.* (in Ariel, 1, Calgary 1970, S. 31–42). – F. Sutherland, *The Style of Innocence: A Study of Hemingway and C.*, Toronto 1972. – J. Kendle, *Spiritual Tiredness and Dryness of the Imagination: Social Criticism in the Novels of M. C.* (in Journal of Canadian Fiction, 16, 1976, S. 115–130). – T. Marshall, *Tragic Ambivalence: The Novels of M. C.* (in Univ. of Windsor Review, 12, 1976, S. 33–48). – M. M. Darte, *Moral Vision and Naturalistic Technique: The Conflict in the Novels of M. C.*, Diss. Univ. of Toronto 1976 (vgl. Diss. Abstracts, 39, 1978, S. 1546A). – B. H. Pell, *Faith and Fiction: Religious Form in the Novels of Hugh MacLennan, M. C., and Hugh Hood*, Diss. Univ. of Toronto 1981 (vgl. Diss. Abstracts, 42, 1982, S. 4454/4455A). – J. Kendle, *M. C.: An Annotated Bibliography* (in *The Annotated Bibliography of Canada's Major Authors*, Hg. R. Lecker u. J. David, Downsview/Ontario 1984, S. 13–177).

LEONARD COHEN

* 21.9.1934 Montreal

DAS LYRISCHE WERK (engl.) von Leonard COHEN.
Obwohl der Höhepunkt der Lyrik des kanadischen Poeten und Liedermachers in den späten sechziger Jahren liegt, kann der Ursprung seiner Themen in der kulturpessimistischen Stimmung des davorliegenden Jahrzehnts gesucht werden. Unter dem Eindruck der Atombomben von Hiroshima und Nagasaki, der Intellektuellenhetze des Senators McCarthy in den USA und einer Gesellschaft, die vom Konformismus *»außengeleiteter Charaktere«* (D. Riesman) bestimmt war, erschien jegliche positive Utopie obsolet. Bezeichnenderweise zieht sich durch Cohens ersten Gedichtband *Let Us Compare Mythologies*, 1956 *(Laßt uns Mythologien vergleichen)*, leitmotivisch die Suche nach Schönheit und Erlösung in einer grausamen Welt. Während Christus aus *»countless wars, / Blinded and hopelessly lame« (»unzähligen Kriegen, erblindet und hoffnungslos lahm«)* zurückgekehrt ist, erwächst Dichtung aus dem toten Körper von Orpheus *(City Christ, Ballad)*. Nur die absolute Akzeptanz des Leidens als Weltzustand scheint das psychische Überleben zu sichern.
In den Liebesgedichten von Cohens zweitem Gedichtband *The Spice-Box of Earth*, 1961 *(Die Gewürzbüchse der Erde)*, wird diese Suche nach dem *»state of grace«* zu einer ekstatischen Vision der Verschmelzung im Liebesakt ausgeweitet, in dem einmal heiter *(Owning Everything; One of the Nights I Didn't Kill Myself)*, ein andermal apokalyptisch düster *(Credo; You All in White; You Have the Lovers)* die physische Realität von Trennung und Leiden transzendiert werden soll. Mit den Worten *» When I see a woman transformed by the orgasm we have achieved together, then I know we've met. Anything else is fiction« (» Wenn ich eine Frau durch unseren gemeinsamen Orgasmus verwandelt sehe, weiß ich, daß wir uns wirklich begegnet sind. Alles andere ist Fiktion«)* wird Cohen diese Haltung später in seinem ersten Roman *The Favorite Game*, 1963 *(Das Lieblingsspiel)*, zusammenfassen. In biblischen Bildern, poetischen Reflexionen und Augenblickseindrücken entfaltet Cohen daneben seine Vorstellung von der Rolle des Dichters als an der Welt gescheitertem und darum über sie erhabenen Menschen *(Gift; The Cuckold's Song; Song; Isaiah)*. Außerdem entwickelt er hier das für ihn typische Tableau von Meister-Schüler- und Herr-Sklave-Beziehungen, in denen das lyrische Ich durch die sinnliche Erfahrung des Liebesaktes und/oder physisches und seelisches Leiden den Zustand der *»sainthood«* erreicht, d.h. die Identität des Ich zugunsten einer Allerfahrung aufgelöst ist *(Alone the Master and the Slave Embrace; To a Teacher; I Have Not Lingered in European Monasteries; It Swings, Jocko)*.
Noch pessimistischer ist Cohens nächster Gedichtband *Flowers for Hitler*, 1964 *(Blumen für Hitler)*. War in den biblischen Anklängen von *The Spice-Box of Earth* schon eine Auseinandersetzung Cohens mit seiner jüdischen Herkunft zu sehen gewesen, so wird das Schicksal des jüdischen Volkes nun zur strukturierenden Metapher. Hitler und der Terror der Nazis sind symptomatisch für die Befindlichkeit der Welt überhaupt, unterliegen deshalb auch den Augenblicken des Friedens und der scheinbaren Normalität *(All There Is to Know about Adolph Eichmann; A Migrating Dialogue; Folk)*. Da jedes aktive Eingreifen unfreiwillig das Böse verstärkt, steht der Dichter gelähmt neben den Ereignissen *(The Only Tourist in Havanna Turns His Thoughts Homeward; Why I Happen to Be Free)*. Behaupten können sich in dieser absurden Welt einzig die *»beautiful losers«*, die Verlierer und Gescheiterten. Sie werden zu *»saints«* – eine Vorstellung, die Cohen zwei Jahre später in seinem Roman *Beautiful Losers (Schöne Verlierer)* literarisch ausbaute.
Seit etwa 1964 traten in den amerikanischen Städten die ersten Hippies auf. Mit ihrer Botschaft von Liebe, Frieden und Gewaltlosigkeit gewannen sie vor allem in der Jugend schnell zahlreiche Anhänger. Auch Cohen begann mit ihnen zu sympathisieren: In den friedlichen, phantasievollen Aussteigern finden seine *»saints«* ihre soziale Entsprechung. Kernstück von *Parasites of Heaven*, 1966 *(Parasiten des Himmels)*, sind so neben Stilexperimenten, lyrischer Prosa und unveröffentlichten älteren Gedichten – von der Kritik eher negativ beurteilt – vier Balladen zu dieser Problematik, die Cohen später vertonen und ab 1968 auf Schallplatten veröffentlichen sollte *(I Met a Woman Long Ago; Suzanne Takes You Down; I Believe You Heard Your Master Sing; I Stepped into an Avalanche)*. Durchgehendes Thema ist die Erlangung der *»sainthood«* durch Transzendenz der physischen Grenzen in der körperlichen Liebe und durch eine paradoxe Weltentsagung nach Bestehen der letzten Prüfung, in der Meister und Schüler, Herr und Sklave ihre Rollen tauschen. In ihrer surrealen Bildhaftigkeit unterlaufen die in den Gedichten angedeuteten Lösungen dabei jede vernunftmäßige Zweckbestimmung und ähneln damit den »koans« des Zen-Buddhismus, der durch die Beatbewegung in Amerika eingeführt worden war.
Mit seinen Liedern inzwischen zur Kultfigur geworden, veröffentlichte Cohen nach dem Roman *Beautiful Losers* erst 1972 wieder einen Gedichtband, *The Energy of Slaves (Die Energie von Sklaven)*, der einen deutlichen Einschnitt markiert. Die exotischen Bilder und der surreale Stil sind verschwunden. *»I am broken down«*, erklärt Cohen, *»no leader of the coming world, no saint for those in pain, no singer, no musician, no master of anything« (»Ich bin zusammengebrochen, bin kein Führer der kommenden Welt, kein Heiliger für die Schmerzgequälten, kein Sänger, kein Musiker, kein Meister von irgend etwas mehr«)*. Nachdem er nur 1968 als An-

hang seiner *Selected Poems 1956–1968 (Ausgewählte Gedichte)* einige neue Gedichte veröffentlicht hatte, versucht er hier nochmals ganz neu anzufangen. Neben Anklängen an frühere Versuche, eine Anti-Lyrik zu schaffen *(This is the only poem . . .; Overheard on every corner; I am no longer at my best practising . . .)*, findet sich, wie schon im Titel des Bandes angedeutet, eine Hinwendung zur politischen Reflexion *(War is no longer needed . . .; The killers that run . . .; Any system you contrive without us . . .)*. Der Ton ist jedoch bitter-selbstkritisch und anti-romantisch: Resigniert erkennt Cohen das Schreiben von Gedichten selbst als *»a way to betray / the revolution« (»eine Art, die Revolution zu verraten«)*.
Nach einer erneuten Schaffenspause wandte sich Cohen in *Death of a Lady's Man*, 1979 *(Tod eines Frauenlieblings)*, und *Book of Mercy*, 1984 *(Buch der Gnade)*, konsequent von der lyrischen Form ab und begann mit Prosalyrik zu experimentieren: In *Death of a Lady's Man* werden jeweils poetische Stücke mit einem satirischen Kommentar kontrastiert, der ironisch Tagebuchnotizen Cohens, Metareflexionen und Zitate aus der literaturkritischen Rezeption seines Werkes verbindet. Es entsteht ein fiktiver Dialog zwischen Autor, poetischem Werk und Leser. In *Book of Mercy* verließ Cohen diese dialogische Form wieder und versuchte im Rekurs auf jüdisch-mystische Tradition inhaltlich eine neue Position zu gewinnen. In Hymnen und Gebeten werden Zweifel und Elegie, religiöse Meditation und Beschwörungen der Liebe zu einem modernen Psalmenbuch verbunden.
Cohen ist wegen seiner melancholischen Grundhaltung oft als »schwarzer Romantiker« bezeichnet und von der Kritik in die Tradition von BAUDELAIRE und GENET gestellt worden. Tatsächlich wird in seiner Lyrik die Erfahrung des Leidens zur emotionalen Gestimmtheit überhaupt, denn angesichts einer als krank empfundenen Gesellschaft werden gerade deren negativ besetzte Werte zur Sphäre einzig noch möglicher Wahrheitserfahrung. Der Zweifel an den traditionellen Vorstellungen, der schließlich in die Idee absoluter Relativität aller moralischen Prinzipien und der von ihnen abgeleiteten sozialen Systeme mündet, gipfelt bei Cohen schließlich in einem melancholischen Rückzug in den inneren Schmerz an der Welt: Der Weg zum *»saint«* ist ein mystischer Weg des Leidens, der gerade in der Vernichtung des Selbst seine Vollendung findet. Diese Spannung bleibt auch in Cohens Liebeslyrik erhalten. Indem der Liebesakt die Liebenden zwar ekstatisch verschmelzen läßt, sie aber auch auf sich selbst zurückwirft, treffen sich in ihm Weltverlust und sinnliche Erfahrung des Selbst nur zu einem momentanen Gleichgewicht. Abgesehen von diesem Augenblick größter Nähe bleiben Cohens Liebhaber einander fremd. Ähnlich dem sozialen Protest der Beatniks gewinnt Cohens Lyrik ihre gesellschaftliche Position so in dem radikalen Gestus der Verweigerung, der einer als schlecht empfundenen Gesellschaft jede Mitarbeit aufkündigt. Allerdings ist der Preis dieser Verweigerung hoch: Die Zerstörung des Selbst bedingt auch den Verlust des Ausgangspunkts selbstbestimmten Handelns. H.P.R.

AUSGABEN: *Let Us Compare Mythologies*, Montreal 1956. – *The Spice-Box of Earth*, Toronto 1961. – *Flowers for Hitler*, Toronto 1964. – *Parasites of Heaven*, Toronto 1966. – *Selected Poems 1956–1968*, NY 1968. – *The Energy of Slaves*, Toronto 1972. – *Death of A Lady's Man*, Ldn. 1979. – *Book of Mercy*, Ldn. 1984.

ÜBERSETZUNGEN: *Blumen für Hitler: Gedichte und Lieder 1956–1970*, A. v. Cramer-Klett u. A. Hauptmann, Bln. 1971 [engl.-dt.]. – *Das Lieblingsspiel, Gedichte, Lieder, Schöne Verlierer*, E. Hannover-Drück, Ffm. 1974. – *Die Energie von Sklaven*, H. Rowohlt, Ffm. 1975 [engl.-dt.]. – *Parasiten des Himmels: Gedichte aus 10 Jahren*, C. Weissner, Ffm. 1976 [engl.-dt.; enth. auch teilw. *Let Us Compare Mythologies*]. – *Letzte Prüfung*, R. Hermstein, Ffm. 1982 [engl.-dt.; = *Death of a Lady's Man*]. – *Wem sonst als Dir*, R. Lindhoff u. U. Schmidt, Ffm. 1985 [engl.-dt.; = *Book of Mercy*].

LITERATUR: M. Ondaatje, *L. C.*, Toronto 1970. – P. A. Morley, *The Immoral Moralists: Hugh MacLennan and L. C.*, Toronto 1972. – J. Vassal, *L. C.*, Paris 1974. – M. C. Matos, *L. C.: Redescoberta da Vida e una Alegoria a Eros*, Lissabon 1975. – *L. C.: The Artist and His Critics*, Hg. M. Gnarowski, Toronto 1976. – A. Malus, *The Face of Holiness in the Writing of L. C.*, Diss. Montreal 1976. – S. Scobie, *L. C.*, Vancouver 1978. – H.-P. Rodenberg, *Subversive Phantasie. Studien zur Lyrik der amerikanischen Gegenkultur 1960–1975*, Gießen 1983.

ROBERTSON DAVIES

* 28.8.1913 Thamesville / Ontario

FIFTH BUSINESS

(engl.; *Ü: Der Fünfte im Spiel*). Roman von Robertson DAVIES (Kanada), erschienen 1970. – *Fifth Business* ist Davies' bisher bester und bekanntester Roman. Er bildet mit *The Manticore*, 1972 *(Das Fabelwesen)*, und *World of Wonders*, 1975 *(Welt der Wunder)*, die sog. »Deptford-Trilogie«, stellt aber ein in sich geschlossenes Werk dar. Der Reiz von *Fifth Business* liegt in seiner konzeptionellen Mehrschichtigkeit (Überlagerung dreier Interpretationsebenen), seinem eleganten Prosastil, der präzisen Diktion sowie der bescheidenen, aber intelligenten Art, in der das Werk komplexe Themen wie Schuld, Kausalität und Mystik in dramatisches Geschehen umsetzt.

Durch einen Zeitungsartikel verletzt, der seine Karriere als die eines langweiligen, alten Schulmeisters herabwürdigt, schreibt Dunstan Ramsay zur Rechtfertigung seine Memoiren. Sie sollen beweisen, daß sein Leben faszinierend und nützlich war. Die Rolle, die er dabei inne hatte, war die des »Fünften im Spiel«, d.h. desjenigen, der in der Welt der Oper die Verwicklungen der beiden Paare herbeiführt. Ramsay beginnt mit einem Ereignis in seiner Heimatstadt Deptford, das sein späteres Leben prägen sollte. Der Lausbub Percy Boyd Staunton wirft einen in einem Schneeball verborgenen Stein. Er gilt seinem Freund Ramsay. Der aber weicht zur Seite und das Geschoß trifft Mary Dempster, die schwangere Frau des Pfarrers. Die Unfallfolgen – Hirnverletzung und vorzeitige Niederkunft – erwecken in Ramsay tiefe Schuldgefühle gegenüber Mary. Zugleich fühlt er sich von ihr angezogen wie von einer Schutzpatronin und kümmert sich später, als sie wegen zunehmendem Schwachsinn von ihrem Mann verlassen wird, um ihr materielles Wohl. Ramsay sorgt sich auch um den zu früh geborenen, schwächlichen Sohn Paul und bringt ihm u.a. Zaubertricks bei. Mit Ausbruch des Ersten Weltkriegs verläßt Ramsay die ihm zu eng gewordene Kleinstadt Deptford. In der Schlacht von Passchendaele wird er schwer verwundet. Kurz bevor er in Ohnmacht fällt, erblickt er eine Statue der Hl. Maria, die Mary Dempster gleicht. Nach seiner Genesung in London und seiner Rückkehr nach Kanada besucht er die Universität von Toronto und unterrichtet dort anschließend 40 Jahre lang in einem College. Während dieser Zeit nimmt er auch den Kontakt zu Percy Boyd Staunton wieder auf, der sich inzwischen »Boy« nennt. Boy hatte in der Nachkriegszeit ein Wirtschaftsimperium aufgebaut und die Dorfschöne von Deptford, Leola Cruikshank, geheiratet. Ramsay wird zu Boys *confidant*, als dessen Ehe mit Leola langsam zerbricht; als Gegenleistung liefert ihm Boy Wirtschaftstips, die Ramsays Geldvermögen mehren und womit er später die Kosten für Mary Dempsters Unterbringung in einer Heilanstalt bezahlen kann.

In seinen Sommerferien reist Ramsay regelmäßig nach Europa, um ein Buch über Leben und Legenden der Heiligen zu schreiben. Dabei ist ihm der alte Jesuitenpater Ignacio Blazon von großer Hilfe. Auf einer dieser Reisen trifft er zufällig Paul Dempster. Paul war mit neun Jahren, aus Schuldgefühlen über das Schicksal seiner Mutter, für das ihn die Dorfbewohner mitverantwortlich machten, von zu Hause weggelaufen. Er ist jetzt Magier in einem Zirkus. Der gleiche Zufall scheint zu regieren, als sich Ramsay und Paul 15 Jahre später, diesmal in Mexico, begegnen. Paul ist inzwischen zum »Magnus Eisengrim« geworden und reist mit einer Truppe, die von der häßlichen Liesl Vitzlipützli geleitet wird. Ramsay schließt sich vorübergehend der Truppe an; dabei lernt er auch die hübsche Assistentin Faustina kennen. Einige Jahre später folgt Liesls Truppe einer Einladung Ramsays nach Toronto. Ramsay arrangiert ein Wiedersehen mit Boy und Eisengrim. Beide verlassen abends gemeinsam die Wohnung Ramsays. Am nächsten Morgen wird Boy auf dem Grund des Hafenbeckens von Toronto ertrunken aufgefunden. Er sitzt in seinem von innen verschlossenen Auto und hat den eiförmigen Stein im Mund, der in dem verhängnisvollen Schneeball gesteckt hatte. Der Stein hatte Ramsay jahrelang als Briefbeschwerer gedient.

Ramsays vielseitige Erlebnisse können als Stationen seiner Individuation (nach C. G. JUNG) verstanden werden, seiner allmählichen Selbstwerdung. Dieses Selbst besteht aus vielen Schichten, deren sich der einzelne erst bewußt werden muß. Der Roman verbildlicht diese Schichten durch die Personen, die in Ramsays Leben eintreten und in den Beziehungen, die er zu ihnen entwickelt. Demnach erlebt Ramsay eine Art Wiedergeburt, deren äußeres Zeichen das Glücksgefühl der inneren Ruhe ist. Die Abkehr von der rein realistischen Ebene erlaubt es Davies, den Individuationsweg des Protagonisten in allegorischer Klarheit (»Seelenbilder«) aufzuzeigen: seine jugendlichen Gefährtinnen heißen z.B. Agnes Day, Gloria Mundy und Libby Doe. Mary Dempster und Boy Staunton stellen nach dieser Lesart die Anima (den weiblichen Anteil der Psyche) und den Schatten (Zurückweisung aller ungeliebten Elemente in der eigenen Persönlichkeit) dar. Als archetypische Projektionen des kollektiven Unbewußten sind Magnus Eisengrim (als Magier), Pater Blazon (als der alte Weise), Faustina (als Gretchen), Leola (als Verführerin) und Liesl Vitzlipützli (als der Teufel) zu interpretieren.

Trotz dieser vielfältigen Anwendung Jungschen Gedankenguts bleibt der Text lesbar und spannend. Dies liegt nicht zuletzt daran, daß Davies seine Figuren in eine jeweils realistisch adäquat wirkende Umgebung stellt: Mary Dempster ist z.B. die Frau des Geistlichen und lebt nach ihrer Verletzung am Stadtrand von Deptford; Stauntons abstoßende Persönlichkeit wird angemessen durch seine Karriere in der Welt des Kommerzes und der Politik illustriert. Die vielen Zufälligkeiten der Handlung passen sich der Welt der Zirkusse und Zauberer an. Und das größte Rätsel von allen, der mysteriöse Tod Stauntons, findet seine »Erklärung« im allumfassenden Zweck des Romans: zu zeigen, daß die Menschen ein Bedürfnis nach dem Geheimnisvollen in ihrem Leben haben. H.Geh.

AUSGABEN: NY/Toronto 1970. – Ldn. 1971. – NY 1971. – Ldn. 1977. – Markham/Ont. 1977.

ÜBERSETZUNG: *Der Fünfte im Spiel*, M. Gridling, Wien 1984; ern. Mchn. 1986 (Goldm. Tb).

LITERATUR: G. Roper, *R. D.: »Fifth Business« and ›That Old Fantastical Duke of Dark Corners, C. G. Jung‹* (in Journal of Canadian Fiction, 1, 1972, Nr. 1, S. 33–39). – E. Buitenhuis, *R. D.*, Toronto 1972. – W. Cude, *Miracle and Art in »Fifth Business«; or, Who the Devil is Lieselotte Vitzlipützli?* (in Journal of Canadian Studies, 9, 1974, Nr. 4,

S. 3–16). – R. Brown u. D. Bennett, *Magnus Eisengrim: The Shadow of the Trickster in the Novels of R. D.* (in MFS, 9, 1976, S. 347–363). – C. Gerson, *Dunstan Ramsay's Personal Mythology* (in Essays on Canadian Writing, 1977, Nr. 6, S. 100–108). – Journal of Canadian Studies, 12, 1977, Nr. 1 [Sondernr. *R. D.*]. – J. S. Grant, *R. D.*, Toronto 1978.

FREDERICK PHILIP GROVE

d.i. Felix Paul Greve

* 14.2.1879 Radomno / Westpreußen
† 19.8.1948 Simcoe / Ontario

FRUITS OF THE EARTH

(engl.; *Früchte der Erde*). Roman von Frederick Philip GROVE (Kanada), erschienen 1933. – Bis Anfang der siebziger Jahre sah die kanadische Forschung in Groves Romanen geradezu prototypische Produkte einer spezifisch kanadischen Wirklichkeitserfahrung: des Kampfes des Individuums gegen eine feindliche Natur vor dem Hintergrund des Siedlerdaseins in der Prärie. Doch war dies ein biographischer Trugschluß, denn Grove war nicht der, als den er sich in seiner Autobiographie (*In Search of Myself*, 1946) ausgab: ein angeblich 1892 in Toronto gestrandeter, jugendlicher Schöngeist aus Schweden, der danach von zwei Jahrzehnten entbehrungsreicher Farmarbeit im kanadischen Westen geprägt wurde. Grove war vielmehr der gescheiterte deutsche Schriftsteller und Übersetzer Felix Paul Greve, der sich 1909 durch einen vorgetäuschten Selbstmord mit anschließender Flucht nach Nordamerika seinen Gläubigern (und seiner Frau) entzogen hatte. Seine geistig-künstlerische Reifung erfolgte somit größtenteils in Europa, und sie fiel in die Zeit des Naturalismus einerseits und der Dekadenzkritik (Fin de siècle) andererseits. Auch *Fruits of the Earth* ist eher von europäischen Geistesströmungen als von kanadischer Präriementalität geprägt. Der grundlegende Pessimismus des Romans und seine explizite Kritik am materiellen Streben der Neuzeit belegen dies. Inwieweit Grove auch vom Symbolismus beeinflußt wurde, ist dagegen schwieriger auszumachen. Die manchmal überpointierten Gestalten seiner Romane dürften weniger das Ergebnis literarischer Typisierungsversuche sein, als den unbewußten Wunsch nach Kompensierung eigener Persönlichkeitsdefizite ausdrücken. Zählten zu Groves bizarren Lebensumständen doch auch noch extravagante Reisen durch Europa in wilder Liaison und ein Jahr im Gefängnis wegen Betrugs. Und schließlich war der Autor ein Mensch, der trotz versagter Anerkennung für seine vier in Deutschland geschriebenen Romane von sich überzeugt war, eines Tages irgendwie, irgendwo *»ein Zentrum in der Welt«* zu sein.

Der Siedler Abe Spalding, die Hauptperson in *Fruits of the Earth*, möchte sich ein solches Zentrum verschaffen. Als junger Mann kommt er im Jahre 1900 in das dünn besiedelte Manitoba, steckt seinen Claim ab und beginnt sofort zu pflügen. Mit eigener Kraft möchte er aus dem Boden der Prärie eine Farm stampfen. Der Roman beschreibt detailliert, wie er sich nach und nach das Land untertan macht und schließlich ein Steingebäude, komplett mit modernem Maschinenpark, errichtet. Daneben ergreift er Maßnahmen zur Vorkehrung gegen Dürre und Überschwemmung und hat 1912 seinen größten Erfolg, als es ihm gelingt, durch eine veraltete, aber teure Methode eine Rekordernte zu erzielen. Seine Nachbarn, die sich über diese Vorsicht belustigt zeigten, verlieren ihre Ernte durch Dauerregen. Mit dem Gewinn kann Abe jetzt sein Anwesen vergrößern. Aber die Zielstrebigkeit und Härte, die für ein erfolgreiches Pionierdasein notwendig sind, legen Abe tragische Begrenzungen auf im Verhältnis zu seiner Familie. *Fruits* dramatisiert nicht nur den Kampf der Landnahme, sondern auch das Dilemma von Mann und Frau in einer Siedlergesellschaft. Abe hatte seine Frau Ruth in der Absicht geheiratet, eine Farmhilfe und eine Erzieherin für seine Kinder zu bekommen; ein gefühlsbezogenes, gar romantisches Eheverhältnis war nie in seinem Sinn. Ruth, die aus der Stadt stammt, gerät auf der Farm in immer stärkere Vereinsamung, beginnt unter Depressionen zu leiden und vernachlässigt ihr Äußeres. Sie zieht vier Kinder auf in der Absicht, sie auf ein besseres Leben in der Stadt vorzubereiten. Erst sehr spät in ihrem Leben lernt sie den Pioniergeist ihres Ehemannes schätzen. Aber die entscheidende Tragödie für Abe ist nicht das Unglück seiner Frau, sondern die zentrifugale Entwicklung seiner Kinder. Solange sie noch klein sind, ist er zu sehr mit dem Aufbau seiner Farm beschäftigt, um eine enge Beziehung zu ihnen herzustellen. Als sie älter sind, ist es für ihn zu spät, einen festen Einfluß auf sie auszuüben. Der älteste Sohn verunglückt tödlich auf der Farm; der jüngere Sohn verläßt wegen schwacher Leistungen vorzeitig die Schule, um in der Stadt Mechaniker zu werden; eine Tochter heiratet einen Rechtsanwalt, die andere gerät auf die schiefe Bahn und verläßt, schwanger geworden, Elternhaus und Bezirk. Abes patriarchalische Einstellung ist erschüttert. Sein mühevoll errungenes Lebenswerk, eine prachtvolle Farm, sollte den Kindern Existenzgrundlage sein. Aber auch seine weitere Umgebung wandelt sich. Der nach ihm als dem ersten Siedler benannte Bezirk Spalding versucht, mit einem zentralen Schulsystem den Anforderungen der »neuen Zeit« gerecht zu werden. Abe, ein Vertreter der alten Agrardemokratie, dessen Rat bisher von allen Nachbarn gern gehört wurde, wehrt sich erfolglos gegen diese Neuerung. Verärgert zieht er sich von allen öffentlichen Ämtern zurück. Weitere Modernisierungstendenzen lassen ihn immer altmodischer zurück:

Sein Sohn Jim wird ein Autonarr; in der alten Schule finden jetzt Tanzveranstaltungen statt; durch Grammophone, bunte Kleider und Seidenstrümpfe infiziert die Stadt das Land mit ihrem kommerziellen Geist. Abe sieht in all dem Dekadenz, und durch den Erzähler spricht Grove, wenn er dafür den Ersten Weltkrieg und amerikanische Vorbilder verantwortlich macht. In diesen Passagen der Demütigung des Helden nicht nur durch Familie und Gemeinde, sondern auch durch Zeit und Wandel ist der Autor am eloquentesten. In ihnen schlägt sich Groves pessimistische Beurteilung menschlichen Fortschritts nieder. Diese Einschätzung manifestiert sich auch in der konkreten Frage, warum ein Mensch, der fähig ist, aus dem Nichts der Prärie eine menschliche Ansiedlung zu errichten, emotional nicht in der Lage ist, die Früchte seiner Arbeit zu ernten. Groves Antwort ist philosophischer Art: *»An ideal realized would be an ideal destroyed.«* Abe Spalding als der wahre Pionier muß notwendigerweise scheitern, weil er durch die Zivilisierung der Wildnis seine eigene *raison d'être* negiert. Kaum steht sein großes Anwesen fünf Jahre, bemerkt er schon Verfallserscheinungen am Verputz – und sinngemäß gilt dies auch für seine Mitmenschen: Der alte Schullehrer, Mr. Blaine, der einst seine Kinder unterrichtete und den er persönlich eingesetzt hatte, ist inzwischen senil geworden. Trotz dieser Rückschläge verzweifelt Abe letztlich nicht. Im Verlauf seiner materiellen und persönlichen Verluste gewinnt er an menschlicher Einsicht. Er übernimmt wieder öffentliche Ämter und versucht, sich mehr seiner Frau zu widmen. Zwar würde er gern das Leben so wiederherstellen, wie es vor dem Krieg war, doch er anerkennt die Unvermeidbarkeit gesellschaftlichen wie menschlichen Wandels. Abe Spalding hat zum Schluß des Romans damit zwar nicht die Welt gewonnen, wohl aber Schaden von seiner Seele gewendet.

Fruits of the Earth gilt als Klassiker unter Groves realistischen Prärieromanen. Dennoch ist das Werk nicht frei von Mängeln. Ein wiederkehrender Vorwurf gilt dem belehrenden Ton und der oft gespreizten Sprache. Beide scheinen zusammenzuhängen und auf einen lebenslangen, gewaltigen Versuch des Autors zur Überwindung seines moralischen, mehr noch seines künstlerischen Versagens in Europa hinzuweisen. H. Geh.

AUSGABEN: Toronto 1933. – Toronto 1965.

LITERATUR: S. E. McMullin, *G. and the Promised Land* (in Canadian Literature, 49, 1971, S. 10–19). – A. Sirois, *G. et Ringuet: Témoins d'une époque* (ebd., S. 20–27). – M. R. Stobie, *F. P. G.*, NY 1973. – K. C. Dewar, *Technology and the Pastoral Ideal in F. P. G.* (in Journal of Canadian Studies 8, 1973, S. 19–28). – *The G. Symposium*, Hg. J. Nause, Ottawa 1974. – E. Thompson, *G.'s Vision of Prairie Man* (in Ariel, 10, 1979, S. 15–33). – W. Pache, *Der Fall G.* (in Deutschkanadisches Jb., 5, 1979, S. 121 bis 136). – R. Heidenreich, *The Search for F. P. G.* (in Canadian Literature, 1980, Nr. 80, S. 63–70). – H. Makow, *F. P. G.* (in *Profiles in Canadian Literature*, Hg. J. M. Heath, Toronto 1980, S. 49–56). – R. Bader, *F. P. G. and Naturalism Reconsidered* (in *Gaining Ground: European Critics on Canadian Literature*, Hg. R. Kroetsch u. R. M. Nischik, Edmonton 1985, S. 222–233). – T. L. Craig, *F. P. G. und der ›fremde‹ Einwanderer im kanadischen Westen* (in Deutschkanadisches Jb., 9, 1986, S. 141–151). – *A Stranger to My Time: Essays by and about F. P. G.*, Hg. P. Hjartarson, Edmonton 1986.

THOMAS CHANDLER HALIBURTON

* 17.12.1796 Windsor / Nova Scotia
† 27.8.1865 Isleworth / London

THE CLOCKMAKER, OR THE SAYINGS AND DOINGS OF SAMUEL SLICK, OF SLICKVILLE

(engl.; *Der Uhrmacher oder Reden und Taten des Samuel Slick aus Slickville*). Humoristische Erzählung von Thomas Chandler HALIBURTON (Kanada), anonym erschienen 1836. – Die den USA benachbarte kanadische Provinz Nova Scotia, die Heimat des Autors, bildet mit ihrem Halbinselcharakter und ihrem im Laufe einer wechselvollen Geschichte entstandenen Bevölkerungsgemisch den Schauplatz der Erzählung. In sketchartig aneinandergereihten Schilderungen wird von den Erlebnissen, Aussprüchen und Taten des Yankees Sam Slick berichtet, eines Uhrmachers, der auf seiner Reise durch die Provinz von dem wortkargen kanadischen Squire begleitet wird. Sam erweist sich als tüchtiger Geschäftsmann und guter Menschenkenner, der mit seinem *soft sawder*, einer für ihn typischen, einschmeichelnden Redeweise, seine Mitmenschen für sich zu gewinnen versteht. Amüsante, lebhaft geschilderte Episoden, die Sam und seinem Gesprächspartner Anlaß zu zahlreichen Diskussionen über die verschiedensten Probleme geben, fügen sich zu einem aufschlußreichen und authentischen Zeitbild.

Die Sprache des Werkes, in dem erstmals in der Literatur ein amerikanischer Dialekt verwendet wurde, weist eine Fülle idiomatischer Wendungen auf. Der nuancenreiche Humor, eine Kombination aus munterer Gutmütigkeit und bärbeißiger Derbheit, steht im Dienst politischer und sozialer Satire und enthüllt, pikant gewürzt, treffend beobachtete individuelle und nationale Charaktereigenheiten. Die typisierten Gestalten der Handlung dienen einem didaktischen Zweck; so wird am Beispiel des faulen Farmers Nick die sprichwörtliche Tölpelhaftigkeit der Landesbewohner demonstriert, die alle

Schuld an ihrer Armut der Regierungspolitik zuschieben, anstatt in ihrem eigenen Mangel an Ehrgeiz, Tatkraft und Zukunftsvertrauen die Ursache des Übels zu suchen. Ihre Gleichgültigkeit steht in krassem Gegensatz zu dem Unternehmungsgeist des US-Bürgers, den Sam Slick in vollkommener Weise verkörpert; er preist die führenden Männer und das bessere Englisch der Vereinigten Staaten, ja er vergleicht deren politisches System mit dem Glanz der Sonne. Doch wird andererseits auch die unleugbare und typische Eitelkeit des Yankees zur Zielscheibe des Spottes, womit der Autor ein beliebtes Thema späterer amerikanischer Humoristen vorwegnimmt.

In einer Mischung aus besinnlichem Ernst und spielerischer Heiterkeit (auch die grotesken Ausfälle haben einen nachdenklichen Unterton) zeichnet Haliburton wie ein Karikaturist mit scharfer Charakterisierungskunst ein Bild aller Bevölkerungsschichten. Seine reformerischen Ambitionen gelten jedoch nur solch gewichtigen Faktoren wie Moral, Erziehung und Religion, auch die damalige Reiseliteratur, der das Fremde nur zur Bestätigung vorgefaßter Meinungen diente, wird von seiner Ironie nicht verschont.

Zwei weitere *Sam Slick*-Serien *(The Attaché, or, Sam Slick in England* und *Sam Slick's Wise Saws and Modern Instances; or, What He Said, Did, or Invented)* brachte der Autor bis 1853 in London heraus.

J.Ke.

Ausgaben: Halifax 1836 (in Nova Scotian). – Halifax 1836 (Bd. 1; anon.). – Ldn. 1836 (2 Bde.; anon.). – Philadelphia 1938; Nachdr. Upper Saddle River/N.J. 1969. – Toronto 1929 *(Sam Slick, the Clockmacker: His Sayings and Doings)*. – Toronto 1941. – Toronto 1958 [Einl. R. L. McDougall; [14]1980].

Literatur: J. D. Logan, *Scott and H.: An Essay in the Psychology of Creative Satiric Humor*, Halifax 1921. – V. L. O. Chittick, *T. C. H.: »Sam Slick«. A Study in Provincial Toryism*, NY 1924. – E. Bengtsson, *The Language and Vocabulary of Sam Slick*, Kopenhagen/Uppsala 1956. – V. L. O. Chittick, *The Hybrid Comic: Origins of Sam Slick* (in Canadian Literature, 1962, Nr. 41, S. 35–42). – S. B. Liljegren, *Canadian History and T. C. H.: Some Notes on Sam Slick*, Uppsala 1969. – *On T. C. H.*, Hg. R. A. Davies, Ottawa 1979. – V. R. Lindquist, *The Soil and the Seed: The Birth of the Canadian Short Story in English, 1830–1867*, Diss. Univ. of New Brunswick/Kanada 1979 (vgl. Diss. Abstracts, 40, 1980, S. 4027/4028A). – R. W. Bailey, *The English Language in Canada* (in *English as a World Language*, Hg. ders. u. M. Görlach, Ann Arbor/Mich. 1982, S. 134–176). – E. E. Waldron, *T. C. H.* (in DLB, Bd. 11, 1982, S. 169–175).

JACK HODGINS

* 3.10.1938 Comox / Vancouver Island

THE INVENTION OF THE WORLD

(engl.; *Die Erfindung der Welt*). Roman von Jack Hodgins (Kanada), erschienen 1977. – Das Thema von Hodgins' erstem Roman ist der Versuch, Phantasie und Erfindungsbedürfnis in unserer realistischen Welt einen legitimen Platz einzuräumen. Durch den bizarren Inhalt und die unkonventionelle Struktur verwirklicht Hodgins sein Anliegen in gekonnter Form. Die demonstrierte Fabulierkunst hat aber noch einen weiteren Zweck. Sie dient auch der Restaurierung unseres Glaubens an den Instinkt bzw. an eine Art übernatürlicher Wahrnehmungsfähigkeit. Dieser *»spiritual sense«* verleiht dem Leben erst »Realität« und Bedeutung und läßt erkennen, daß die materielle Welt ein großer *»Eden-Schwindel«* ist. – Zentrale Metapher für diese neue Bewußtseinsdimension ist der nach der Rodung einsetzende *»second growth«* der Bäume auf Vancouver Island, dem Ort der Handlung. Insofern die kanadische Wildnis des Nordwestens gern als mystische Landschaft des modernen Utopia identifiziert wird, erlaubt der Handlungsort hier eine Erweiterung der zentralen Metapher um die verwandten Themen Selbstfindung, Wahrheit und ideale Gesellschaft.

Auf der Suche nach eben einer solchen Gesellschaft läßt sich im Jahre 1900 eine sogenannte »Offenbarungskolonie der Wahrheit« unter ihrem Führer Donald Keneally auf Vancouver Island nieder. Frei von den wirtschaftlichen Zwängen der Vergangenheit möchten diese Einwanderer, allesamt Pächter aus Connemara, Irland, ein neues, freieres Leben beginnen. Ihr nichtkonformes Verhalten – sie leben z. B. von Ackerbau anstatt, wie üblich, von der Holzfällerei – regt jedoch alsbald Phantasie wie Argwohn ihrer Nachbarn an. Dies führt zur Entstehung von Gerüchten, die sich, im Laufe der Zeit und über die nächste Generation tradiert, zu Verzerrungen, Legenden, Lügen und Widersprüchen verdichten. Strabo Becker, einer der Erzähler des Romans, möchte mit Tonband und Notizblock Licht in die Geschichten um Keneally und die Offenbarungskolonie bringen. Das Ergebnis seiner skrupelhaften Bemühungen ist eine extreme Mischung aus Dokumentation und Phantasie. Neben das Interview mit Keneallys noch lebender zweiter Frau, Lily, tritt z. B. die Aufzeichnung der mündlichen Überlieferung, wonach Keneally ein »Monstermessias« gewesen sei, der aus der Vereinigung seiner verrückt gewordenen Mutter mit einem schwarzen Bullen entsprungen sein soll. Die Fülle der offenbarten Details wird an dieser Stelle zum bewußten Inhalt des Romans. Denn wenn historische Wahrheit nur mittels eines solchen komplexen

Gewebes aus Fakten und Phantasie erschlossen werden kann, dann durfte Keneally legitim seine eigene Welt, sein eigenes Eden erfinden, und dann darf Becker, und mit ihm natürlich der Autor Hodgins, eine Welt aus Worten aufbauen, um der Bedeutung, die diese »historische Wahrheit« für sie jeweils hat, nahezukommen. Die Erfindung von Welten, ob real oder imaginativ, wird dem Leser also als legitimer Akt ständig vor Augen geführt.

Die befreiende Kraft der Phantasie wird auch an der Entwicklung zweier weiterer Hauptfiguren des Romans, Maggie Kyle und Wade Powers, demonstriert. Maggie ist die rastlose, sympathisch-launische Besitzerin der hinterlassenen Liegenschaften der Offenbarungskolonie, als diese sich 1928 mit dem Tod Keneallys auflöste. Sie hat in ihr Haus eine ganze Reihe exzentrischer Individuen, darunter auch Becker und Lily, in Untermiete aufgenommen. Schon als Kind hatte sie ihre Eltern verlassen in der festen Absicht, mehr zu werden als diese, die ein unstetes, armseliges Holzfällerdasein im Landesinnern führten und die sie kaum kannte. *»Second growth«* bei ihr impliziert also die Möglichkeit, in der zweiten Lebenshälfte eine höhere Ebene der persönlichen Reife zu erlangen, aber auch die Befreiung von den beengenden Verhältnissen der *Frontier*-Generation. Durch die Erzählungen Bekkers und Lilys spürt sie die faszinierende Macht der Legenden. Zusammen mit Wade, ihrem alten Jugendfreund, unternimmt sie deshalb in Erfüllung von Lilys Testament eine Pilgerfahrt an Keneallys mysteriösen Geburtsort, einen magischen Zirkel aus Monolithen auf dem Hügel von Kealkill in Irland. Während sie dort Keneallys Asche verstreuen, erleben sie die Wirkung, die von der Akzeptierung des Mythischen ausgeht: eine Wiederbelebung der Vorstellungskraft, ein höheres Verständnis von Realität, eine Art instinktive Unterscheidungsfähigkeit zwischen dem Echten und Unechten, dem Dauerhaften und Vorübergehenden, dem Heiligen und Profanen. Die neugewonnene, quasi visionäre Sehfähigkeit führt bei beiden zu einer Neuordnung ihres Lebens. Wade schließt das unechte historische Fort, das er selbst gebaut hat, um naiven amerikanischen Touristen Geld aus der Tasche zu ziehen, und Maggie widmet sich den von ihr abhängigen alten Mietern mit mehr Beständigkeit und weniger egoistischer Unabhängigkeit. Die gewonnene Selbstfindung verleiht ihnen jetzt auch den Mut, die eigene rauhe Schale der Pioniervergangenheit abzulegen und sich ihr gegenseitiges Bedürfnis nach Liebe und Zuneigung zu gestehen. Als »neuer Mann« und »neue Frau« beginnt ihr *»second growth«*, mit einer für Hodgins typisch fabel-haft beschriebenen Hochzeit.

Hodgins' Abkehr von der realistischen Erzähltradition Kanadas, die ihn mit Robert KROETSCH (geb. 1927) verbindet, ist jedoch nicht radikal. Sein Buch lebt auch von den ironischen Anspielungen auf konkrete kanadische Empfindsamkeiten: Toleranz in einem Vielvölkerstaat, naives Bedürfnis nach einer »usable past«, die Behandlung der Ureinwohner, überhaupt die leidige Suche nach einer kanadischen Identität. Hodgins, der selbst auf Vancouver Island aufwuchs und heute dort lebt, kennt seine Umgebung und seine Mitmenschen genau. Seine kraftvollen Dialoge geben die ganze Rauhbeinigkeit der Lumberjacks wieder, und sein Einfallsreichtum suggeriert die Fülle der Aspirationen, mit denen für die Einwanderer der Mythos des kanadischen Westens verbunden war. H.Geh.

AUSGABEN: Toronto 1977. – Scarborough 1978. – Toronto 1986.

LITERATUR: Rez. (in Essays on Canadian Writing, 1977/78, Nr. 9, S. 142–146). – A. Twigg, *The Invention of H.' World* (in Quill and Quire, 45, 1979, S. 11; 13). – S. Beckmann, *Canadian Burlesque: J. H.' »The Invention of the World«* (in Essays on Canadian Writing, 1980/81, Nr. 20, S. 106–125). – R. Lecker, *Haunted by a Glut of Ghosts: J. H., »The Invention of the World«* (ebd., S. 86–105).

WILLIAM KIRBY

* 13.10.1817 Kingston-on-Hull / Yorkshire
† 23.6.1906 Niagara / Ontario

THE GOLDEN DOG (LE CHIEN D'OR). A Romance of the Days of Louis Quinze in Quebec

(engl.; *Der goldene Hund. Ein Roman aus Quebec zur Zeit Ludwigs XV.*). Roman von William KIRBY (England/Kanada), vom Verfasser nicht autorisierte Ausgabe erschienen 1877, erste autorisierte und revidierte Ausgabe 1897. – Unter den historischen Romanen, die sich im Kanada des 19. Jh.s als einzige Romangattung durchsetzen konnten, war neben Sir Gilbert PARKERS *The Seats of the Mighty*, 1896 *(Die Hochburg der Mächtigen)*, Kirbys *The Golden Dog* der am weitesten verbreitete. Der Verfasser erkannte als erster, daß das breite Lesepublikum seines Landes mehr für romantische Geschichten aus dem Ancien régime übrig hatte als für die Darstellung der kanadischen Gegenwart.

Die Handlung seines Romans (dessen Titel auf ein Denkmal in Quebec anspielt) setzt im Jahr 1748 ein und umfaßt die letzten Jahre der französischen Feudalherrschaft in Kanada (Nouvelle France). Beeinflußt vom Erzählstil des älteren DUMAS, schildert Kirby die Bemühungen der Kolonialfranzosen, dem Mutterland das Juwel seines Kolonialreiches zu erhalten. Aber die Korruption und Gleichgültigkeit, die am französischen Hof herrschen, machen sich auch in Kanada bemerkbar. Unter der Leitung Bigots, eines Getreuen der Madame de

Pompadour, beutet eine Handelskompanie die Kolonie aus. Bigots Gegenspieler ist Philibert, ein ehrbarer Kaufmann adliger Herkunft. Pierre, Philiberts Sohn, liebt Amélie Le Gardeur, deren Bruder er das Leben gerettet hat. Der junge Le Gardeur wirbt um die schöne, kluge und vielbegehrte Angélique des Melloises (die eigentliche Hauptfigur des Romans), deren Stolz und krankhafter Ehrgeiz die düsteren Ereignisse auslösen. Kühl berechnend schmiedet sie ihre Pläne. Um Bigot für sich zu gewinnen, läßt sie zunächst kaltblütig eine Rivalin beseitigen, wird aber von Bigot der Tat verdächtigt und gelangt nicht an ihr Ziel. Dennoch ist sie ihm zu Diensten, als er den willensschwachen Le Gardeur benutzen will, um den unbequemen Philibert aus dem Weg zu räumen. Sie provoziert den ihr völlig verfallenen jungen Mann zum Mord an dem Kaufmann und zerstört damit auch das Glück Amélies, die ins Kloster geht, und Pierres, der Kanada verläßt. Doch schließlich fällt Angélique ihren eigenen Intrigen zum Opfer. Als Bigot, dessen Geliebte sie geworden ist, obwohl sie inzwischen einen seiner Gesinnungsgenossen geheiratet hat, sie verläßt und ins Mutterland zurückkehrt, macht sie ihrem verpfuschten Leben selbst ein Ende.

Bei aller Melodramatik und Konstruiertheit der Handlung gelang es Kirby, die Atmosphäre im französischen Quebec kurz vor der Eroberung durch die Briten (1759) und den freien Geist jener Menschen, die sich in der Neuen Welt bewähren wollten, lebendig wiederzugeben. J.Ke.

Ausgaben: NY/Montreal 1877 (*Le chien d'or. The Golden Dog; a Legend of Quebec*; frz. Übers. v. L. Fréchette u. P. Le May). – NY 1884 (*The Golden Dog. Le chien d'or*). – Boston 1897 [rev.; 1. autorisierte Ausg.]. – Montreal 1903. – Toronto 1925. – Toronto 1969 [Einl. D. Crawley]; Nachdr. 1985.

Literatur: W. R. Riddell, *W. K.*, Toronto 1923. – A. L. Mc Leod, *The Commonwealth Pen*, Ithaca/N.Y. 1961, S. 28. – R. Early, *Myth and Prejudice in K., Richardson and Parker* (in Canadian Literature, 1979, Nr. 81).

Robert Kroetsch

* 26.6.1927 Heisler / Alberta

THE STUDHORSE MAN

(engl.; *Der Zuchthengst-Mann*). Roman von Robert Kroetsch (Kanada), erschienen 1969. – Im Jahr der Erstveröffentlichung mit dem Governor General's Award ausgezeichnet, steht *The Studhorse Man* zwischen *The Words of My Roaring*, 1966 *(Die Worte meines Schreiens)*, und *Gone Indian*, 1973 *(Indianisch geworden)*, im Zentrum der auf den kanadischen Prärien angesiedelten »Out-West«-Trilogie des Romanciers, Lyrikers und Literaturkritikers Robert Kroetsch, der als einer der ersten englischsprachigen Autoren Kanadas die Prinzipien postmoderner Erzähltheorie konsequent in sein Werk eingebracht und in der Folge die Entwicklung der kanadischen Gegenwartsliteratur maßgeblich beeinflußt hat.

Oberflächlich betrachtet, läßt Kroetsch Demeter Proudfoot, seinen in der Badewanne eines Irrenhauses sitzenden Erzähler, die Geschichte Hazard Lepages rekonstruieren, der, bei Handlungsbeginn gerade den Wirren des Zweiten Weltkriegs in Frankreich entronnen, die mittlerweile 24 Jahre währende Suche nach einer qualifizierten Stute für seinen Deckhengst Poseidon, den letzten Vertreter eines noblen Stammbaums, wiederaufnimmt. Auf seiner Reise durch Kroetschs Heimatprovinz Alberta hat der Protagonist dabei eine Vielzahl absurder Prüfungen und grotesker Begegnungen mit (typologischen) Gestalten aus der kanadischen Vergangenheit und Gegenwart zu bestehen, die den erfolgreichen Abschluß seiner Suche von vornherein in Frage stellen.

Am Anfang dieser Reise, die den Titelhelden immer weiter von seinem Heimatort Burkhardt und damit auch von seiner Dauerverlobten Martha Proudfoot, einer Kusine Demeters, entfernt, die Hazard nicht nur stets den ersehnten Liebesakt verweigert, sondern auch Poseidon ihre eigenen fünf Stuten vorenthalten hat, steht eine handfeste Auseinandersetzung über finanzielle Unstimmigkeiten mit Marthas Onkel Tad, an die sich Hazards Flucht vor der Polizei auf einem Güterzug anschließt. Zu den markantesten Stationen der folgenden Irrfahrt zählt die Erfahrung der Fremde und Ver(w)irrung inmitten der urbanen Situation Edmontons, wo der Protagonist sogleich in die Fänge der mannstollen Kuratorin P. Cockburn gerät, der er nach nächtlichen Freuden im Museumsbett erst am folgenden Morgen, als Mountie verkleidet, auf einem geborgten Milchwagen entkommt, um als nächstes in dem von Sister Raphael geleiteten »Home for Incurables«, einer Art Altersheim, Zuflucht zu nehmen. Der bis dahin durch die Schienenführung der Canadian Pacific Railway zwangsläufig vorgegebene Fluchtweg nach Westen nimmt dann einen südlichen Verlauf. Hazard begibt sich von Edmonton aus in Richtung Calgary, wo er, inzwischen unter der Soutane eines Priesters vermeintlich geschützt, endlich für seinen Hengst eine geeignete Stute zu finden hofft. Neuerliche Verstrickungen, zu denen u. a. ein von der häßlichen Witwe Lank erpreßter Beischlaf, die Begegnung mit dem cleveren Geschäftsmann Eugene Utter sowie die Teilnahme an einer Hochzeitsfeier von Verwandten Marthas, die Hazard nach Tagen ausgelassener Zecherei im Morgengrauen versehentlich mit einem Coyoten verwechseln und per Gewehrschuß ins Gesäß verletzen, aber auch die verhängnisvolle Ruhepause im Hause Marie Eshpethers gehören, die Poseidons kostbares Sperma heimlich an eine Firma für künstliche Besamung veräußert, tragen schließlich zum Scheitern sämtlicher Bemühungen bei. Es gelingt dem Protagonisten zwar noch, wenigstens einmal die so lange vermißte sexuelle Befriedigung mit der üppigen Martha zu finden, am Ende des Romangeschehens verliert Hazard seine Verlobte jedoch an Eugene Utter und wird schließlich sogar von Poseidon zu Tode getrampelt.

Was sich dem Leser auf den ersten Blick als eine episodisch strukturierte, lineare Kette aberwitziger Ereignisse präsentiert, erweist sich sehr schnell als eine freie Adaptation der *Odyssee* mit pikaresken Zügen. Die von nahezu allen Autoren Kanadas metaphorisch mit der Weite des Meeres assoziierten Prärien geraten auch bei Kroetsch zur gefahrenträchtigen Seelandschaft, vor deren Hintergrund der »kanadische Odysseus« Hazard Lepage seine Abenteuer zu bestehen hat. Martha wird zu Penelope, der Zweite Weltkrieg zum Kampf um Troja, die Suche nach einer Stute für Poseidon, den »Gott des Meeres in Pferdegestalt«, zur gescheiterten Queste des modernen Antihelden.

Durch den Rückgriff auf Demeter Proudfoot, der sich dem Leser allerdings erst sehr spät als Vermittlungsinstanz zu erkennen gibt, legt sich Kroetsch nicht nur auf eine vorwiegend retrospektive Erzählstruktur fest, er ermöglicht mit Hilfe dieser Darstellungstechnik zugleich eine Verknüpfung von Vergangenheit und Gegenwart, wobei die letztlich fiktionale Qualität vorgeblich faktischen Geschehens in der Erzählung Demeters bloßgestellt wird. Flankiert wird dieses narrative Konzept durch einen beinahe spielerischen Umgang mit Metaphern und Symbolen sowie durch die für Kroetschs Verständnis postmoderner Ästhetik konstitutive Parodie tradierter Mythen. Exemplarisch deutet sich dieses Verfahren in einem für den gesamten Roman zentralen Wortspiel an, das »Odysseus'« Tod in der Prophezeiung »Kassandras«, einer alten Frau, der Hazard auf den französischen Schlachtfeldern begegnet ist, wie folgt vorwegnimmt: *»La mer sera votre meurtrière« (»Das Meer wird Ihr Mörder sein«)*. Der Autor bezieht sich hier auf das in der Phase der Konföderationsbildung (1867) bzw. im Zuge der Fertigstellung der transkontinentalen Eisenbahn (1885) entwickelte Nationalmotto Kanadas *»a mari usque ad mare« (»von Meer zu Meer«)*; zugleich verweist die phonetische Übereinstimmung zwischen dem englischen *mare* (Stute) und französischen *mer* (Meer) aber auch auf Hazards »Untergang« in der »stürmischen Präriesee« Kanadas.

Indem Kroetsch ein absurd-banales Handlungsgeschehen in das Struktur- und Figurenmuster des klassischen Heldenepos einbindet, stellt er die so konstruierte mythische Ebene des Textes in ein ironisches Spannungsverhältnis zur tatsächlichen historischen Tragweite seines Romangegenstands. Darüber hinaus parodiert er konsequent die Konventionen realistischer Darstellung, verfügt er doch mit dem (geistesgestörten) Demeter Proudfoot über einen Berichterstatter, der die Geschichte Hazards mittels »objektiver« Datenreihen, Listen und Notizzetteln zwar für den Leser akribisch recherchiert hat, gleichwohl aber auch selbst wiederholt aktiv in die Handlung eingreift und auf diese Weise den lediglich hypothetischen Charakter der erzählten Zeit offenlegt. Da Demeter mit seiner Darstellung Hazard überhaupt erst zum Leben erweckt, nimmt er sich konsequenterweise das Recht heraus, nach Belieben in die Identitätssuche seines Protagonisten einzugreifen. In der Folge verschwimmen die Gattungsgrenzen zwischen Biographie und Autobiographie, wie überhaupt die Autorität jeglicher Erzählinstanz radikal in Frage gestellt wird. Demeter verdrängt letztlich sogar den Autor aus seinem eigenen Text.

In Übereinstimmung mit den meisten seiner anderen Werke macht Kroetsch auch in *The Studhorse Man* deutlich, daß die Welt aus Geschichten und Mythen besteht, die immer wieder neu erzählt werden müssen, wenn sie nicht in den Verdacht kanonisierter Wahrheiten geraten sollen. Vor allem aber zeigt er auf, daß (historische) Wirklichkeit nur in der Erzählung lebendig wird bzw. sich überhaupt erst in der Fiktion konstituiert. W.Ks.

AUSGABEN: Toronto 1969. – Ldn. 1969. – NY 1970. – Markham/Ont. 1977; ²1980.

LITERATUR: R. Lecker, *An Annotated Bibliography of Works By and About R. K.* (in Essays on Canadian Writing, 1977, Nr. 7/8, S. 74–96). – P. Thomas, *R. K.*, Vancouver 1980. – S. Neuman u. R. Wilson, *Labyrinths of Voice: Conversations with R. K.*, Edmonton 1982. – *R. K.: Reflections* (in Open Letter, 5, 1984, Nr. 8/9). – R. Lecker, *R. K.*, Boston 1986 (TWAS). – R. Wilson, *R. K.* (in DLB, Bd. 53, 1986, S. 240–255).

MAZO DE LA ROCHE

* 15.1.1879 Newmarket / Ontario
† 12.7.1961 Toronto

JALNA

(engl.; *Ü: Die Brüder und ihre Frauen*). Roman von Mazo de LA ROCHE (Kanada), erschienen 1927. – Das Buch gehört zu einem Zyklus von fünfzehn Einzelromanen, in denen die Geschichte der Familie Whiteoak vom Jahr 1850 an aufgerollt wird, als Philip und Adeline Whiteoak nach Kanada einwanderten und »Jalna«, ihren Familiensitz, gründeten. Der *Jalna* betitelte Band wurde zwar als erster veröffentlicht, in der Chronologie der ein Jahrhundert umspannenden Saga steht jedoch *The Building of Jalna*, 1944 *(Die Gründung von Jalna)*, am Anfang. Behandeln dieser und die übrigen früher spielenden Romane die Schicksale der ersten beiden Whiteoak-Generationen, so konzentriert sich die 1924 einsetzende Handlung von *Jalna* auf die Enkel, ihre Frauen und die Großmutter Adeline, die in diesem Jahr ihren hundertsten Geburtstag feiert. Die stolze und herrische Patriarchin, zweifellos die einprägsamste, weil am schärfsten profilierte Gestalt der ganzen Romanreihe, wacht streng darüber, daß das Familienansehen durch die Eigenwilligkeit ihrer Enkel nicht über Gebühr geschädigt wird und Jalna ein Hort der Tradition und der familiären Eintracht bleibt. Aber auch Renny, der derzeitige Gutsherr, kann nicht verhindern, daß seine Brüder Piers, Eden und Finch (der jüngste, Wakefield, der in späteren Romanen in den Vordergrund tritt, ist zu dieser Zeit noch im Knabenalter), jeder auf seine Weise, die Familiendisziplin in Frage stellen. Anlaß zu Meinungsverschiedenheiten geben zumal die Frauen, die Piers und Eden heiraten. Gegenüber Piers' Frau Pheasant Vaughan, der unehelichen Tochter eines Nachbarn, hegt die standesbewußte Familie so lange Vorurteile, bis sie von der Großmutter akzeptiert wird. Zu schweren Konflikten kommt es, als der literarisch talentierte Eden aus seiner Leidenschaft für Pheasant keinen Hehl macht und seine Frau Alayne, eine ehemalige New Yorker Lektorin, ihre Liebe zu Renny entdeckt, der sie wiederliebt. Erst als Renny Alayne nach ihrer Scheidung von Eden heiratet, zieht wieder Friede auf Jalna ein. – In den späteren Romanen flackern Feindschaft und Mißgunst zwischen den Brüdern erneut auf, weil ausgerechnet der eigenbrötlerische Finch, der Außenseiter der Familie, von der kurz nach ihrem Geburtstag verstorbenen Großmutter zum Alleinerben eingesetzt worden ist. Doch die Taktik der Großmutter hat Erfolg: Finch bewährt sich, rettet Jalna in letzter Minute vor dem finanziellen Ruin und erhält damit der neuen Whiteoak-Generation das Symbol der familiären Zusammengehörigkeit und Kontinuität.

Mit ihrer natürlichen und humorvollen, wenn auch gedanklich anspruchslosen Darstellungsweise kam die Autorin dem schier unersättlichen Interesse weiter Leserkreise am Wohl und Wehe großer, traditionsreicher Familien entgegen. Ohne daß historische Zusammenhänge besonders unterstrichen würden, zeichnen sich in der Chronik der Whiteoaks die wichtigsten Stationen der kanadischen Geschichte ab. – Beim Tod der Autorin hatten die *Jalna*-Romane bereits eine Gesamtauflage von über zwölf Millionen erreicht, waren also geradezu eine »Institution« in der Unterhaltungsliteratur des 20. Jh.s geworden. KLL

Ausgaben: Boston 1927. – Ldn. 1927. – Lpzg. 1939. – Ldn. 1940 (in *Whiteoak Chronicles*). – Ldn. 1952.

Übersetzung: *Die Brüder u. ihre Frauen*, L. v. Strauß u. Torney, Jena 1932. – Dass., dies., Mchn. 1947 (in *Die Familie auf Jalna*). – Dass., dies., Ffm. 1959. – Dass., dies. (in *Jalna-Saga*, Bd. 3, Ffm./Bln. 1985; Ullst. Tb).

Dramatisierung: M. de La Roche, *Whiteoaks* (Urauff.: NY 1936).

Verfilmung: USA 1935 (Regie: J. Cromwell).

Literatur: S. North, *The Writings of M. de La R.* (in Canadian Bookman, Okt. 1938). – C. F. Klinck, *Literary History of Canada: Canadian Literature in English*, Toronto 1965, S. 660–672. – D. Livesay, *The Making of »Jalna«: A Reminiscence* (in Canadian Literature, 1965, Nr. 23, S. 25–30). – G. Hambleton, *M. de la R. of Jalna*, NY 1966. – G. Hendrich, *M. de la R.*, NY 1970 (TWAS).

MARGARET LAURENCE

* 18.7.1926 Neepawa / Manitoba
† 5.1.1987 Lakefield / Ontario

Literatur zur Autorin:
C. Thomas, *The Manawaka World of M. L.*, Toronto 1975. – *M. L.: The Writer and Her Critics*, Hg. W. H. New, Toronto 1977. – Journal of Canadian Studies, 13, 1978, Nr. 3 [Sondernr. *M. L.*]. – *The Annotated Bibliography of Canada's Major Authors*, Hg. R. Lecker u. J. David, Bd. 1, Downsview/Ontario 1979, S. 47–101. – Journal of Canadian Fiction, 27, Sommer 1980 [Sondernr. *M. L.*]. – P. Morley, *M. L.*, Boston 1981 (TWAS). – Études Canadiennes, 11, Dez. 1981 [Sondernr. *M. L.*]. – *A Place to Stand On: Essays By and About M. L.*, Hg. G. Woodcock, Edmonton 1983. – D. Staines, *M. L.* (in DLB, Bd. 53, 1986).

THE STONE ANGEL

(engl.; *Ü: Der steinerne Engel*). Roman von Margaret Laurence (Kanada), erschienen 1964. – Mit diesem Werk gelangte die Autorin zu internationalem Ansehen. Es begründet den sogenannten »Manawaka-Zyklus«, der, von Laurence ungewollt, aus drei weiteren Romanen und einer Kurzgeschichtensammlung entstanden ist und seinen Namen vom gemeinsamen Hintergrund dieser Werke, dem kanadischen Präriestädtchen Manawaka und seiner Bewohner, ableitet.

The Stone Angel ist die Charakterstudie der Ich-Erzählerin, der neunzigjährigen Hagar Shipley aus Manakawa, die am Vorabend ihrer Einweisung in ein Altersheim ihren lebenslang getragenen puritanischen Stolz und Hochmut zu rechtfertigen sucht. Durch den Akt des Erzählens aber gewinnt sie ein gewisses Maß an Einsicht, das es ihr erlaubt, kurz vor ihrem Tod noch einen Teil der Liebe und Demut zu spenden, die sie ihren Mitmenschen bis dahin zu ihrem eigenen Nachteil vorenthalten hat. – Hagars Erzählung verläuft auf zwei Handlungsebenen, was durch den wechselnden Gebrauch der Erzähltempora formal betont wird. Auf der Gegenwartsebene erleben wir die alte und gebrechliche, aber geistig ungebrochene Hagar, wie sie mit ihrem Sohn Marvin und ihrer Schwiegertochter Doris ein Leben voller persönlicher Reibereien führt. Sie wehrt sich insbesondere dagegen, in ein Altersheim abgeschoben zu werden, obwohl sie erkennen muß, daß der *»phlegmatische«* Marvin und die *»brütende Henne«* Doris, die sie verachtet, mit der gemeinsamen Situation nicht mehr fertig werden. Als sich der Familienkonflikt zuspitzt, flüchtet sie in ein verlassenes Ferienhaus mit dem bezeichnenden Namen Shadow Point. Dort trifft sie einen anderen Fremden, Murray Lees. Ihre Aussprache mit ihm hat kathartische Wirkung. Ohne Widerstand läßt sie sich danach in ein Krankenhaus bringen, wo sie, bevor sie stirbt, in einem Akt des Mitgefühls zur Selbstbefreiung gelangt. – Hagars rhythmisch flüssige Erzählung greift an assoziationsgeeigneten Stellen immer wieder Erlebnisse ihrer Vergangenheit auf, die uns Umstände und Entwicklung ihres steinharten Charakters enthüllen: ihre strenge Erziehung durch den puritanischen Vater, nachdem die Mutter im Kindbett gestorben war; ihre Jugend in der Isolierung einer tristen Frontier-Stadt; der Tod ihres Bruders; ihre Heirat aus Trotz mit dem gutaussehenden, aber liederlichen Bram Shipley; das entbehrungsreiche Leben auf einer verfallenen, staubigen Farm während der Depressionszeit; die Entfremdung von ihren Söhnen als Folge mangelnder Gefühlsbeziehungen, und ihre Mitverantwortung für den Tod des jüngeren Sohnes.

Das Textgeflecht aus Ereignissen der Gegenwart und der Vergangenheit ist Teil der kontrastiven Gesamtstruktur, zu der auch die Gespaltenheit der Person Hagars beiträgt: einerseits unnachgiebig und selbstgerecht, die Gefangene ihrer eigenen Rolle als Pionierfrau stolzer schottisch-presbyterianischer Ahnen, klagt sie andererseits über die vielen verpaßten Chancen eines gefühlsaktiven Lebens. Ihr verborgenes Potential an Spontaneität und Lebensfreude vermag sie nur noch in der Sprache ihrer Erzählung zu realisieren, die geistreich, witzig und bisweilen humorvoll selbstironisch ist. Die harte Seite ihrer Persönlichkeit aber dominiert und wird durch den übermächtigen steinernen Engel, der das Grab ihrer Mutter schmückt, symbolisiert: Wie dieser, der aus zwei toten Augen blickt, war sie in all ihren zwischenmenschlichen Beziehungen »doppelt blind«, ohne Weitsicht und ohne Einsicht. Über *The Stone Angel* lastet somit eine Atmosphäre der Düsternis, die aber – so M. Laurence in einem Interview – nicht unbedingt mit Verdammnis gleichzusetzen ist. Hagars zumindest teilweise Errettung am Ende suggeriert in der Tat eine moderne, allegorische Version der christlichen Pilgerreise von der Sünde zur Erlösung. Zahlreiche biblische Anspielungen (u. a. Hagars Name) sowie Bezüge zu COLERIDGES *Ancient Mariner* unterstützen diese Lesart.

In der Kritik wird der Roman vor allem wegen seiner *»consistency of character«* und *»unity of mood«* gelobt. *»Hagar«*, so schreibt ein Rezensent, *»is a piercingly engaging character who stands as a symbol of Canada ... she embodies the central conflict of Canadian psychology, our bondage to a Puritan heritage«* (A. Montagnes). H.Geh.

AUSGABEN: Toronto/Ldn./NY 1964. – Toronto 1968. – Ldn. 1970. – Toronto 1978. – Toronto 1981. – Ldn./Ontario 1982.

ÜBERSETZUNG: *Der steinerne Engel*, W. Schlüter, Mchn. 1965.

LITERATUR: A. Montagnes, Rez. (in The Globe and Mail, 13. 6. 1964). – A. Thompson, *The Wilderness of Pride: Form and Image in »The Stone Angel«* (in Journal of Canadian Fiction, 4, 1975, Nr. 3, S. 95–110). – C. Pollak, *The Paradox of »The Stone Angel«* (in Humanities Association Review, 27, 1976, S. 267–275). – C. N. Davidson, *Past and Perspective in M. L.'s »The Stone Angel«* (in American Review of Canadian Studies, 8, 1978, Nr. 2, S. 61–69). – *»The Stone Angel«: A Collection of Critical Essays*, Hg. M. Fabre, Paris 1981. – W. H. New, *Every Now and Then: Voice and Language in L.'s »The Stone Angel«* (in Canadian Literature, 1982, Nr. 93, S. 79–96). – P. Spriet, *A Retrospective Reading of »The Stone Angel« in the Light of »The Diviners«* (in WLWE, 24, 1984, S. 312–317). – P. Köster, *Hagar ›the Egyptian‹: Allusions and Illusions in »The Stone Angel«* (in Ariel, 16, Calgary 1985, Nr. 3, S. 41–52).

STEPHEN LEACOCK

* 30.12.1869 Swanmoor / Hampshire
† 28.3.1944 Toronto

SUNSHINE SKETCHES OF A LITTLE TOWN

(engl.; *Sonnige Skizzen aus einer kleinen Stadt*). Kurzgeschichten von Stephen LEACOCK (Kanada), erschienen 1912. – In der Tradition der satirischen Sam-Slick-Erzählungen (vgl. *The Clockmaker*) seines Landsmannes Thomas Chandler HALIBURTON (1796–1865) nahm der Professor für Volkswirtschaft und sehr produktive Schriftsteller und literarische Parodist Leacock spezifisch kanadische Charakterzüge aufs Korn, vor allem das durch die

Nachbarschaft zu den USA und durch die fortschreitende Verstädterung geförderte Gewinn- und Prestigestreben. Schauplatz seiner Skizzen ist die in der Grafschaft Missinaba gelegene Kleinstadt Mariposa, die zu Beginn des 20. Jh.s 5000 Einwohner zählt, deren Bürger jedoch behaupten, es seien bereits 10 000. Entsprechend hoch hinaus wollen die meisten jener Charaktere, deren Porträts der Autor zeichnet und deren fragwürdige Praktiken er ironisch beleuchtet: Joseph Smith, ein sich jovial und großzügig gebärdender Fettwanst, erschwindelt sich den Besitz des einträglichsten Hotels von Mariposa, scheut nicht vor Bestechung zurück, um die den Alkoholausschank einschränkenden Gesetze zu umgehen, und gewinnt als Kandidat der Konservativen mit ähnlichen Mitteln eine örtliche Wahl. Der für sein Amt wenig geeignete Geistliche Drone vergrößert die Finanzmisere seiner Gemeinde durch den Bau einer neuen, größeren Kirche, woraufhin seine Anhänger eine Spendenkampagne planen, bei der jedoch, da sie lediglich darüber debattieren und bei ihren Treffen vor allem an den Tafelfreuden in Smiths Hotel interessiert sind, nichts herauskommt. Als die hochversicherte neue Kirche abbrennt (was weniger einem glücklichen Zufall als dem Unternehmungsgeist Joseph Smiths zuzuschreiben ist), fegt Richter Pepperleigh, Mariposas Hüter von Gesetz und Recht, die Einwände der Versicherungsgesellschaft souverän vom Tisch. – Breiten Raum nimmt in Leacocks Satire die Werbung des jungen Bankangestellten Peter Pupkin um die Tochter des Richters ein, wobei eine der Episoden – Pupkins »heldenhafte« Verteidigung der Bank gegen nächtliche Einbrecher – besonders kennzeichnend ist für Leacocks geschickte Verwendung der ironischen Anspielung.

Leacock wurde als humoristischer und mit großem Sprachwitz begabter Autor berühmt. Inzwischen hat man, unter Berücksichtigung der zeitgenössischen Wirklichkeit, in der Bücher wie *Sunshine Sketches* und *Arcadian Adventures with the Idle Rich* (1914) entstanden, deren satirische Absicht und »Protesthaltung« (A. L. McLeod) erkannt.

J.v.Ge.-KLL

Ausgaben: NY/Ldn. 1912; Nachdr. Freeport/N.Y. 1970. – Toronto 1912. – NY 1941. – Toronto 1957 (in *The Best of L.*, Hg. u. Einl. J. B. Priestley). – Toronto 1970; ern. 1984.

Literatur: R. L. Curry, *S. L.: Humorist and Humanist*, Garden City/N.Y. 1959. – F. W. Watt, *Critic or Entertainer? S. L. and the Growth of Materialism* (in Canadian Literature, 1960, Nr. 5, S. 33–42). – R. E. Watters, *A Special Tang: S. L.'s Canadian Humour* (ebd., S. 21–32). – A. L. McLeod, *The Commonwealth Pen*, Ithaca/N.Y. 1961, S. 28/29. – W. R. Davies, *S. L.*, Toronto 1970. – D. M. Legate, *S. L.*, Toronto u. a. 1970; ern. 1978. – T. Marshall, *Balances and Perspectives in »Sunshine Sketches«* (in *Beginnings: A Critical Anthology*, Hg. J. Moss, Toronto 1980, S. 176 bis 187). – G. Lynch, *S. L.: Humour and Humanity*, Diss. Univ. of Western Ontario 1984 (vgl. Diss. Abstracts, 45, 1984, S. 1403A). – Ders., *»Sunshine Sketches«: Mariposa versus Mr. Smith* (in Studies in Canadian Literature, 9, 1984, S. 169–205). – *S. L.: A Reappraisal*, Hg. D. Staines, Ottawa 1986.

HUGH MACLENNAN

* 20.3.1907 Glace Bay / Nova Scotia
† 7.11.1990 Montreal

THE WATCH THAT ENDS THE NIGHT

(engl.; *Ü: Die Nacht der Versöhnung*). Roman von Hugh MacLennan (Kanada), erschienen 1959. – MacLennan, einer der erfolgreichsten kanadischen Romanciers der Gegenwart, wandte sich, nachdem er in Werken wie *Two Solitudes*, 1945 *(Zwei Einsamkeiten)*, das wichtigste nationale Problem seines Landes, den Konflikt zwischen Anglo- und Frankokanadiern, dargestellt hatte, in *The Watch That Ends the Night* dem Problem der persönlichen politischen und religiösen Entscheidung in einer von Krisen erschütterten Welt zu.

George Stewart, Mittvierziger, bekannter Rundfunkkommentator in Montreal, Nachkomme einer alteingesessenen, inzwischen verarmten Familie, ist mit der schwer herzkranken Catherine verheiratet. Seine achtzehnjährige Stieftochter Sally stammt aus Catherines Ehe mit Jerome Martell, der in den dreißiger Jahren seine glänzende Arztkarriere aufgab, um in Spanien gegen Franco zu kämpfen, und der, nachdem ihn das Schicksal in deutsche Konzentrationslager und dann nach Sibirien und China verschlagen hatte, für tot erklärt wurde. Mit seiner plötzlichen Rückkehr nach Montreal zur Zeit des Koreakriegs beginnt der Roman, der, ständig zwischen Gegenwart und Vergangenheit wechselnd, am Beispiel der Hauptfiguren die Reaktion unterschiedlicher Charaktere auf die weltpolitische Entwicklung seit der Depression nachzeichnet. – Zu den Hauptthemen des Buches zählt das Schicksal von Linksidealisten der dreißiger Jahre, insbesondere solcher, die sich später desillusioniert fühlten, Kompromisse schlossen und die Wohlstandsgesellschaft akzeptierten. Stewart, alles andere als kämpferisch veranlagt, trifft, nachdem er sich während der Wirtschaftskrise als Lehrer durchgeschlagen hat, seine Jugendgeliebte Catherine Carey als Ehefrau Martells wieder, der ihn in Kontakt mit der politischen Linken bringt. Er erlebt mit, wie der aus einfachsten Verhältnissen stammende, angesehene junge Arzt durch seine Unterstützung der kommunistischen Agitation für die Sache der spanischen Republikaner sich beim kanadischen Establishment mißliebig macht und welche seeli-

schen Qualen ihm der Entschluß bereitet, seine kranke Frau zu verlassen, um in Spanien zu kämpfen.
Ein weiteres Hauptthema ist die Wiederentdekkung religiöser Werte. Sein Leidensweg hat den politischen Idealisten Martell zu einem sich dem Willen Gottes beugenden Menschen gemacht, den George und Catherine »eine Art Heiligen« nennen und dessen Beispiel ihnen hilft, ihr bitteres Schicksal (Catherines unheilbare Krankheit) zu akzeptieren. – Verflochten mit diesen Themen ist das Generationsproblem, hier dargestellt am Beispiel der jungen Sally, die das politische Engagement der Linken der dreißiger Jahre für Torheit und die persönlichen Opfer, die ihre Eltern dafür gebracht haben, für unsinnig hält. – Rückblenden zeichnen ein plastisches Bild der großen Wirtschaftskrise und ihrer Auswirkungen auf Kanada.
Während die unspektakuläre Entwicklung George Stewarts psychologisch überzeugend dargestellt ist, leidet die Kontrastfigur Martell unter der durchweg zu starken Idealisierung. Und da aus der Anlage dieser Figur alle wichtigen Themen des Romans entwickelt werden, wird dieser letztlich der ehrgeizigen Absicht des Autors nicht gerecht. Für die ungewöhnliche Begabung des Erzählers MacLennan sprechen gerade die weniger ideenbefrachteten Passagen, vornehmlich die Schilderung des Lebens und der Atmosphäre Montreals in den dreißiger, vierziger und frühen fünfziger Jahren.

J.v.Ge.

AUSGABEN: NY 1959. – Ldn. 1959. – Toronto 1959. – NY 1964. – Toronto 1975 u. ö.

ÜBERSETZUNG: *Die Nacht der Versöhnung*, M. Wolff, Stg. 1959. – Dass., dies., Mchn. 1969.

LITERATUR: P. Goetsch, *Das Romanwerk H. MacL.s: Eine Studie zum literarischen Nationalismus in Kanada*, Hbg. 1961. – *H. MacL.*, Hg. ders., Toronto/NY 1973. – *The Annotated Bibliography of Major Canadian Authors*, Hg. R. Lecker u. J. David, Bd. 1, Downsview 1979, S. 103–153. – Journal of Canadian Studies, 14, 1979/80, Nr. 4 [Sondernr. *H. MacL.*]. – E. Cameron, *H. MacL.: A Writer's Life*, Toronto u. a. 1981. – B. H. Pell, *Faith and Fiction: Religious Vision and Form in the Novels of H. MacL., M. Callaghan and H. Hood*, Diss. Univ. of Toronto 1981 (vgl. Diss. Abstracts, 42, 1982, S. 4454/55A). – T. D. MacLulich, *H. MacL.*, Boston 1983 (TWAS).

SUSANNA MOODIE

* 6.12.1803 Bungay / Suffolk
† 8.4.1885 Toronto

ROUGHING IT IN THE BUSH, OR, LIFE IN CANADA

(engl.; *Mühsal in der Wildnis oder Das Leben in Kanada*). Autobiographischer Bericht von Susanna MOODIE, erschienen 1852. – Im Jahr 1832 wanderte die Autorin, gebürtige Engländerin, mit ihrem Mann, einem ehemaligen Offizier der britischen Armee, nach Kanada aus, wo die Regierung ihnen vierhundert Morgen unkultivierten Landes zur Verfügung gestellt hatte. Von ihren harten und abenteuerlichen Erfahrungen erzählt sie in diesem Buch und in *Life in the Clearings* (1853), wobei es ihr, ähnlich wie ihrer ebenfalls nach Kanada emigrierten Schwester Catherine TRAILL in *The Backwoods of Canada* (1836), vor allem darum ging, ihre Landsleute zu Hause sachlich über die Mühsal des Pionierdaseins zu informieren und sie vor Illusionen zu warnen. Doch der Bericht geriet ihr unter der Hand zu einer warmherzigen Beschreibung ihrer neuen Heimat und zu einer verständnisvollen, klugen Darstellung der Entwicklung einer neuen Gesellschaft, die sich dadurch herausbildete, daß Menschen verschiedenster Herkunft die gleichen Bewährungsproben zu bestehen hatten. Verglichen mit dem englischen Mutterland erscheint ihr diese Gesellschaft zwar unzivilisiert, derb und gewalttätig, aber auch hilfsbereiter und gastfreundlicher, und sie macht die Erfahrung, daß ihre Mitglieder, obwohl häufig Ausgestoßene, Exzentriker und Kriminelle, im Kampf gegen die Wildnis Menschlichkeit und Tapferkeit beweisen. In dieser Umwelt – auch im Umgang mit den Indianern – lernt der Leser die Autorin als eine ungewöhnlich mutige, großzügige und beharrliche Frau kennen, die sich ihr Verantwortungsgefühl gegenüber Hilfsbedürftigen bewahrt, ihr Standesdenken aber abgelegt hat. – Das Buch, dessen schlichter Erzählstil gelegentlich an Harriet Beecher STOWE erinnert, zählt zu den verläßlichsten Augenzeugenberichten über die Besiedlung Kanadas und wurde zum Klassiker der kanadischen Literatur. Die Romane der Autorin sind hingegen konventionell und sentimental, daher zu Recht vergessen.

J.v.Ge.-KLL

AUSGABEN: Ldn./NY 1852. – NY 1887. – Toronto 1913 *(Roughing It in the Bush; or, Forest Life in Canada)*. – Toronto 1952. – Toronto 1962 [Einl. C. F. Klinck]. – Toronto 1970. – Boston 1986, Hg. M. Atwood.

LITERATUR: E. A. McCourt, *»Roughing It« with the Moodies* (in *Masks of Fiction*, Hg. A. J. M. Smith,

Toronto 1961/62, S. 81–92). – C. Thomas, *Journeys to Freedom* (in Canadian Literature, 1972, Nr. 51, S. 11–19). – T. McLulich, *Crusoe in the Backwoods: A Canadian Fable?* (in Mosaic, 9, 1976, S. 115–126). – G. Norman, *Susanna and Her Critics: A Strategy of Fiction for »Roughing It«* (in Studies in Canadian Literature, 5, 1980, S. 280–289). – J. Tinker, *S. M.'s »Roughing It« and Marcus Clarke's »His Natural Life«* (in Canadian Literature, 1982, Nr. 94, S. 10–25). – M. Peterman, *S. M.* (in *Canadian Writers and Their Works*, Hg. R. Lecker u. a., Bd. 1, Downsview 1983, S. 63 bis 104). – C. Gerson, *Mrs. M.'s Beloved Partner* (in Canadian Literature, 1985, Nr. 107, S. 34–48).

BRIAN MOORE

* 25.8.1921 Belfast / Nordirland

THE GREAT VICTORIAN COLLECTION

(engl.; *Die große viktorianische Sammlung*). Roman von Brian MOORE (Kanada), erschienen 1975. – Moores neunter Roman behandelt in elf Kapiteln die phantastische Realität eines Wirklichkeit gewordenen Traums. Der Protagonist, Maloney, ein junger, unauffälliger Geschichtsprofessor aus Montreal mit Spezialkenntnissen der viktorianischen Epoche, hatte bisher mit seinem enthusiastisch verfolgten Plan, Viktoriana in einer großen kanadischen Sammlung zusammenzutragen, keine große Resonanz gefunden. Auf seiner Reise von San Francisco nach Big Sur im Anschluß an eine Tagung folgt er dem Rat, im Künstlerdorf Carmel-by-the-Sea Station zu machen. Vor Ablauf der ersten Nacht, im Traum der frühen Morgenstunden, kommen ihm Bilder von allen möglichen Beispielen viktorianischer Kunst und Kultur, selbst solchen, von deren früherer Existenz man nur durch Berichte weiß. Als er die Augen öffnet, befindet sich auf dem riesigen Parkplatz vor seinem Motelfenster eine beispiellose Kollektion – genau der Inhalt seines Traums. Wo er die schöpferische Einheit von Traum, Träumer und objektiviertem Traum annimmt, ziehen andere sie mit der Kernfrage in Zweifel: »Entschlüpften« all die Dinge seinem Unterbewußtsein, oder schuf er sie nach den ihm (mental) geläufigen Modellen in dem Moment, als er aufwachte? – Schöpfung oder Replikation? Diese Ambivalenz wird durch die Darstellung Carmels als triviales Künstlerparadies unterstrichen. Maloney verstrickt sich immer mehr in dieser doppelbödigen Welt und ist diesem Druck am Ende nicht mehr gewachsen. Zu den Selbstzweifeln an seiner Urheberschaft und zur spektakulären Ausschlachtung seiner Person und des Ereignisses durch die Medien gesellen sich polizeilich-behördlicher Argwohn, kleinbürgerliche Ängste seiner Familie, gutachterliche Prüfungen und Rivalitäten, wirtschaftliches Profitstreben und fundamental-religiöse Warnungen. Akademischer Kleinmut und kollegiale Mißgunst setzen ihm ebenso zu wie sein »faustischer« Drang nach unbegrenztem Vorstellungsvermögen, Ängste vor dem Verlust der Sammlung und das Erlebnis der Berühmtheit und der damit einhergehenden menschlichen Entfremdung. Maloney gewinnt dabei Einsichten in seine träumerische, eskapistische Veranlagung. In dem eigens errichteten Vergnügungsort Great Victorian Village wird die Sammlung kommerzialisiert und vulgarisiert, während die Objekte auf unerklärliche Weise langsam verfallen. Die Unmöglichkeit ihrer Annullierung durch vorsätzliche, jedoch vergebliche Zerstörungsversuche ihres Schöpfers läßt Maloney sein Ausgeliefertsein an seine Schöpfung erkennen; entnervt setzt er im Angesicht der Sammlung seinem Leben ein Ende.

Zwar entfällt in diesem Roman des gebürtigen Nordiren die deutlich katholische Einfärbung früherer Werke, doch bleibt eine religiös-weltanschauliche Aura insofern bestehen, als auch in *The Great Victorian Collection* die Manifestation der Innen- in der Außenwelt das Thema bildet. Das phantastische Konzept des wahr gewordenen Traums wird durch die an den Dokumentationsroman *The Revolution Script* (1971) erinnernde faktographisch geprägte Erzähltechnik realistisch aufgefangen. Auch dieser Roman verläuft sich wie seine Vorläufer nicht in den Komplexitäten ethischer oder theologischer Aspekte, sondern beschränkt sich auf die Dramatisierung psychologischer Auswirkungen, hier des Traumereignisses auf den Träumer. Dessen zunehmende Lebensbindung an den wahr gewordenen Wunschtraum hat den Preis sich vermindernder Lebensenergie. Die Schöpfung »frißt« schließlich ihren Schöpfer, womit der Dualismus von spiritueller und realer Welt restituiert ist. Maloneys Unvermögen, noch etwas anderes träumen zu können als das Kontrollieren seiner Sammlung in Videobildschirmperspektiven – Ausdruck seines Gefangenseins von den Objekten –, beeinträchtigt zusehends eine normale Lebensführung, selbst in der Liebe. Die Beschäftigung mit der Vergangenheit bringt so keine Erleuchtung mehr, sondern ist nur noch (er-)drückende Last.

Wie *An Answer from Limbo*, 1962 *(Die Antwort der Hölle)*, ist auch *The Great Victorian Collection* ein Künstlerroman. Als Allegorie der Situation des modernen Künstlers will er zeigen, daß dessen Werke kaum *ex nihilo* entstehen, daß sie strenggenommen weder Originale noch Repliken sind. Entsprechend wird der Normalität der künstlerischen Person die Anerkennung als Genie so lange versagt, bis der Druck von Experten sie erzwingt. Die Identifizierung des Künstlers mit seinem Werk gerät ins Wanken, wenn der Erfolg nicht mehr als sein Verdienst und das der Wirkung seiner Arbeit aufscheint, sondern als Ergebnis von profitsüchtigen Finanziers wie Vermarktungsexperten. Was

Maloney widerfährt, verdeutlicht in parabelhafter Weise, daß der Wunsch der Menschen nach Verwirklichung ihrer Träume selbstzerstörerische Folgen in sich birgt und Vergangenes, das prädominant wird, ein Zurechtkommen in der Gegenwart und eine zukunftsträchtige Orientierung erschwert. Erkennbar fließen in diesen Roman mit seinen Assoziationen an Oscar WILDES *The Picture of Dorian Gray* und Doris LESSINGS *Briefing for a Descent into Hell* (1971) Moores Erfahrungen als schöpferisch Tätiger in Kanada und Kalifornien wie auch die Hypothek der 1948 zurückgelassenen Heimat mit ihrer religiösen Prägung und der für ihn künstlerischen Präponderanz von James JOYCE und seinem *A Portrait of the Artist as a Young Man* ein. Der Roman wurde mit dem Governor General's Award ausgezeichnet. U.Ma.

AUSGABEN: Ldn. 1975. – NY 1975. – NY 1985.

LITERATUR: P.S. Prescott, Rez. (in Newsweek, 2.6. 1975). – P. Theroux, Rez. (in NY Times Book Review, 29.6. 1975). – D. Mahon, Rez. (in New Review, 17.10. 1975). – H. Dahlie, *The Marvel* (in Canadian Literature, 1975, Nr. 66, S. 101–104). – K. McSweeney, *B.M.: Past and Present* (in Critical Quarterly, 18, 1976, Nr. 2, S. 53–66). – H. Dahlie, *B.M.*, Boston 1981 (TWAS). – K. McSweeney, *Four Contemporary Novelists*, Montreal 1982.

ALICE MUNRO

* 10.7.1931 Wingham / Ontario

LIVES OF GIRLS AND WOMEN

(engl.; *Ü: Kleine Aussichten. Ein Roman von Mädchen und Frauen*). Kurzgeschichtenzyklus von Alice MUNRO (Kanada) erschienen 1971. – Munro, neben Mavis GALLANT und Margaret ATWOOD die führende Vertreterin der in der kanadischen Gegenwartsliteratur besonders hervortretenden Kurzgeschichte, nähert sich in ihrem zweiten Buch der Romanform. Ihre auch sonst charakteristische Tendenz zur – wenigstens thematischen – Verknüpfung von Geschichten geht hier so weit, daß die Folge der einzelnen Geschichten um die gleiche Heldin die Kapitel eines locker gefügten Entwicklungsromans ergeben.

Im Mittelpunkt steht Del Jordan, die schon in drei Geschichten von Munros erster Sammlung, *Dance of the Happy Shades* (1968), aufgetreten war. Sie wächst als Tochter eines bodenständigen Silberfuchszüchters und ihrer einzelgängerisch ambitionierten Mutter in Jubilee (einer bei Munro häufig wiederkehrenden fiktiven Kleinstadt im Südwesten Ontarios) während der vierziger und fünfziger Jahre des 20. Jh.s auf. Neben den sozialen Institutionen von Familie, Kirche und Schule spielt bei Dels Orientierungsversuchen die Mutter eine beherrschende Rolle, während der Vater völlig zurücktritt. Del teilt die intellektuelle Wißbegierde, das literarische Interesse und die emanzipatorische Grundeinstellung der Mutter, ohne ihre Neigung zur räsonnierenden Bevormundung und ihre in einem verzichtreichen Außenseiterleben verkümmerte Emotionalität ertragen zu können. Auch Dels Beziehungen zu Gleichaltrigen erweisen sich als ambivalent und letztlich enttäuschend. Die Freundin Naomi entfremdet sich ihr, indem sie früh konformistisch auf Beruf und Ehe zusteuert. Der Schulkamerad Jerry fasziniert sie mit seiner souveränen Intelligenz und Faktenkenntnis, kann sie aber in seiner Gehemmtheit nur verbal ansprechen. Der vitale Sägewerksarbeiter und überzeugte Baptist Garnet hingegen zieht sie erotisch an und wird ihr erster Liebhaber, bis er sie mit seiner vereinnahmenden Attitüde zur schmerzlichen Trennung treibt. Werden diese Konstellationsmuster in der herausragenden Geschichte *Baptizing* veranschaulicht, so zeigt der Epilog Del vor der Aufnahme des Studiums bei zaghaften schriftstellerischen Ansätzen: Am Fall einer degenerierten Familie will sie die latente Selbstzerstörung im Alltagsleben ihres Heimatortes fiktional ergründen, findet sich aber auf eine schwer faßbare Realität zurückverwiesen, deren kreative Bewältigung noch vor ihr liegt.

In der Tradition des modernen Bildungs- und Künstlerromans von D. H. LAWRENCE und James JOYCE sowie in deutlicher Nähe zu regionalliterarischen Erzählerinnen des amerikanischen Südens (Eudora WELTY) und der kanadischen Prairie (Margaret LAURENCE) entwirft Munro das Porträt einer Heldin, die sich während der Adoleszenz in einer beengenden Umwelt mit einer Reihe unbefriedigender Bezugspersonen und den dominanten weiblichen Rollenbildern auseinandersetzt, eine eigenständige Sensibilität gewinnt und sich dem problembewußten Weltverständnis der angehenden Künstlerin nähert. Munro zielt entsprechend auf eine mehrdeutige Sicht des wirklichen Lebens (»Real Life« lautet der ursprüngliche Titel des Buchs), und sie verarbeitet hier besonders ausgiebig autobiographische Erfahrungen, auch wenn sie deren Fiktionalisierung betont. Wie in ihrem Gesamtwerk konzentriert sie sich auf die authentische Evokation der kanadischen Provinzatmosphäre, die Entdeckung des Ungewöhnlichen im Alltäglichen, die konfliktreichen Verständigungsschwierigkeiten zwischen den Generationen (zumal Müttern und Töchtern) und den Geschlechtern, die Verunsicherung des entfremdeten Individuums und die Ergründung der Vergangenheit zum besseren Selbstverständnis sowie die Entwicklung von Fragestellungen ohne Lösungsangebote. Als Erzählerin folgt Munro weitgehend den Konventionen des psychologischen Realismus der Moderne, indem sie – hier in der (Nacherleben und retrospek-

tive Distanz mischenden) Ich-Form – den Verlauf des inneren Geschehens über die äußere Handlung stellt, epiphanieartige Situationen und aufschlußreiche Details einsetzt, ironische Verschiebungen vornimmt und offene Schlüsse bevorzugt.
Munros Erzählwerk, das oft zuerst in Zeitschriften wie ›The New Yorker‹ erscheint, hat internationale Anerkennung gefunden und die kanadische Literatur der achtziger Jahre merklich beeinflußt, wie die Kurzgeschichtensequenzen von Isabell HUGGAN oder Sandra BIRDSELL zeigen. E.Kr.

AUSGABEN: Toronto 1971. – NY 1972. – Ldn. 1973. – Harmondsworth 1982.

ÜBERSETZUNG: *Kleine Aussichten. Ein Roman von Mädchen und Frauen*, H. Petry, Stg. 1983.

LITERATUR: J. Moss, *Alice in the Looking Glass: »Lives of Girls and Women«* (in J. M., *Sex and Violence in the Canadian Novel: The Ancestral Present*, Toronto 1977, S. 54–68). – R.M. Macdonald, *Structure and Detail in »Lives of Girls and Women«* (in Studies in Canadian Literature, 1978, Nr. 3, S. 199–210). – *Probable Fictions: A. M.'s Narrative Acts*, Hg. L. K. MacKendrick, Downsview/Ont. 1983. – *The Art of A. M.: Saying the Unsayable*, Hg. J. Miller, Waterloo/Ont. 1984. – H. Dahlie, *A. M.* (in *Canadian Writers and Their Works*, Hg. R. Lecker u. a., Bd. 7, Toronto 1985, S. 215–256, m. Bibliogr.). – Th. E. Trausky, *What Happened to Marion? Art and Reality in »Lives of Girls and Women«* (in Studies in Canadian Literature, 1986, Nr. 11, S. 52–76). – W. R. Martin, *A. M.: Paradox and Parallel*, Edmonton/Alb. 1987. – E. D. Blodgett, *A. M.*, Boston 1988 (TWAS). – M. Gadpaille, *A. M.* (in *The Canadian Short Story*, Toronto 1988, S. 57–81). – B. Rasporich, *Dance of the Sexes: Art and Sexuality in the Fiction of A. M.*, Edmonton 1990.

MICHAEL ONDAATJE

* 12.9.1943 Colombo / Ceylon

DAS LYRISCHE WERK (engl.) von Michael ONDAATJE (Kanada).
Unter den zeitgenössischen Lyrikern Kanadas zählt Michael Ondaatje zu den bedeutendsten, obwohl sein Werk schwer einzuordnen ist und am wenigsten auf spezifisch kanadische Merkmale festgelegt werden kann. Der Autor, der einer holländisch-einheimischen Familie aus Ceylon entstammt, später in England lebte und 1962 nach Kanada auswanderte, nimmt eine kosmopolitische Grundhaltung ein, die auch sein literarisches Schaffen prägt. Grenzüberschreitungen machen im mehrfachen Sinne die Eigenart seines Gesamtwerks aus, in dem die Lyrik einen beträchtlichen, aber schwer ablösbaren Teil einnimmt. Eine Vorliebe für Außenseiterfiguren, die als obsessionelle Grenzgänger im prekären Extrembereich von Sinn und Wahn die Situation des Künstlers widerspiegeln, ist ebenso unverkennbar wie die Neigung zur Verwischung der Gattungsgrenzen zwischen Versdichtung und Erzählprosa, fiktionalen und dokumentarischen Texten. Während Ondaatjes Lyrik dies durch die ausgeprägte Tendenz zu narrativen, sequenzartigen Langformen ermöglicht, öffnet sich umgekehrt seine Erzählprosa lyrischen Einlagen oder poetischer Versdichtung.
Schon in seinem lyrischen Frühwerk bemüht sich Ondaatje durch thematische Gruppierung von Gedichten, durch diskontinuierliche Reihenbildung oder Schaffung eines Erzählrahmens deutlich um eine Strukturierung der Bände. *The Dainty Monsters* (1967) enthält Gedichte über die »zivilisierte Magie« der vertrauten häuslichen, mit exotischer Brutalität versetzten Welt und über mythische oder historische Figuren, die eine ähnliche Verquickung von Primitivität und Ordnung verkörpern. Die Sequenz *the man with seven toes* (1969) verarbeitet den historischen Fall einer Engländerin, die in die australische Wildnis verschlagen und von Ureinwohnern vergewaltigt wird, sich einem flüchtigen Strafgefangenen anschließt und mit knapper Not ins Siedlungsgebiet zurückfindet. Das in 34 Teile gegliederte Gedicht konzentriert sich auf die Bewußtseinsvorgänge der Hauptfiguren, die zugleich unterschwellige Regungen enthüllen und die widersprüchlichen Zusammenhänge von sinnlicher Faszination und abgründigem Schrecken zum Ausdruck bringen. In beiden Bänden bezeugt Ondaatje bereits seinen Sinn für visuelle Details, rasche Bildfolgen und surreale Sinnbilder, die den nachhaltigen Einfluß der modernen Malerei, der Fotografie und des Films zeigen.
Am weitesten geht Ondaatje mit seiner experimentellen Tendenz in der Textcollage *The Collected Works of Billy the Kid: Left Handed Poems* (1970), die sich aber aufgrund des Themas (einer Wildwestlegende) und der – gegenüber der oft kryptischen Komplexität seiner Gedichtbände – leichter zugänglichen Aufmachung des Buchs einem breiteren Publikum empfahl und sein erfolgreichstes Werk geblieben ist. Auch hier suggeriert der Untertitel, der sich auf die legendenbildende Produktivität des linkshändigen Revolverhelden bezieht, ein Primat des Poetischen. Im Wechsel von Gedichtgruppen und kurzen Prosastücken, in der Kombination von Fiktionalität und Dokumentation durch die Einbeziehung von Fotos, einem Zeitungsinterview oder einer Groschenroman-Probe wird ein Porträt des sensiblen wie brutalen Helden entworfen, das vorzugsweise in der Ich-Form von dramatischen Monologen bzw. quasi-authentischen Augenzeugenberichten seine sprachliche Gestalt findet. Ein kurzes, aber abenteuerlich bewegtes Leben wird so in Momentaufnahmen und Erin-

nerungsbildern aus diversen Perspektiven festgehalten und zusammengesetzt sowie in den nachhaltigen Anreizen, die es der volkstümlichen Phantasie gegeben hat, ins Blickfeld gerückt.
In *Rat Jelly* (1973) wendet Ondaatje sich wieder der Lyrik im engeren Sinne zu. Es ist eine Sammlung meist kürzerer Gedichte in drei Teilen, die dem Familienleben, der Tierwelt und dem Künstlerdasein gewidmet sind. Vor allem in der letzten Gruppe sind eine Reihe von Gedichten enthalten, die persönliche Reminiszenzen und indirekte poetologische Reflexionen des Autors präsentieren. Dabei geht es um die prekäre Balance zwischen Leben und Kunst, Form und Chaos, Artikulation und Schweigen *(Letters & Other Worlds; King Kong Meets Wallace Stevens; ›The Gate in the Head‹; White Dwarfs)*. Der problematischen Situation des Künstlers gilt auch *Coming Through Slaughter* (1976), die fiktionalisierte Lebensgeschichte des Jazzkornettisten Buddy Bolden, eines anderen Randständigen im Zwielicht der Geschichte, der mit seiner kreativen Besessenheit in den selbstzerstörerischen Wahnsinn abgleitet. Erst *In the Skin of a Lion*, 1987 *(In der Haut eines Löwen)*, kann mit seiner evokationsreichen Konfrontation der Torontoer Unter- und Oberschicht um 1930 gattungsspezifisch als Roman angesehen werden (und wurde als erstes Werk des Autors 1990 ins Deutsche übersetzt).
Mit *Running in the Familiy* (1982) entwickelt Ondaatje, der bislang lakonisch zurückhaltende Sprechweisen bevorzugt hat, einen offenen autobiographischen Ansatz. Das Werk ist aus einem Tagebuch über die Wiederbegegnung mit Sri Lanka hervorgegangen und setzt sich wiederum aus pittoresken Prosaskizzen, bizarren Anekdoten, Gedichten und Fotos zusammen, die sich hier aber auf die Vergangenheit der eigenen Familie und deren gegenwärtige Umwelt beziehen. Versteht Ondaatje dieses Buch als porträtierende »Geste« in Richtung der Selbstdarstellung, Familienchronik und Reisebeschreibung, so sieht er in dem Lyrikband *Secular Love* (1985) einen tagebuchartigen »Roman«, der eine akute Entwicklungsphase im eigenen Leben nachzeichnet (und auch einige Prosapassagen enthält). In vier chronologischen Sequenzen beschäftigt sich der Autor mit der Zerrüttung seiner Ehe, dem drohenden Nervenzusammenbruch und der Wiedergewinnung des seelischen Gleichgewichts durch das Erlebnis einer neuen Liebe. Indem er den exemplarischen Charakter der Erfahrungen betont und die Sprechsituationen wechselt, vermeidet er zugleich eine allzu starke Hervorkehrung der Subjektivität. E.Kr.

AUSGABEN: *The Dainty Monsters*, Toronto 1967. – *the man with seven toes*, Toronto 1969. – *The Collected Works of Billy the Kid: Left Handed Poems*, NY/Toronto 1970; ern. Berkeley/Calif. 1978; ern. Ldn. 1981. – *Rat Jelly*, Toronto 1973. – *Coming Through Slaughter*, Toronto/NY 1976; ern. Ldn. 1979. – *There's a Trick with a Knife I'm Learning to Do: Poems 1963–1978*, NY/Toronto 1978; ern. Ldn. 1980 (u. d. T. *Rat Jelly and Other Poems: 1963–1978*). – *Running in the Family*, NY/Toronto 1982; ern. Ldn. 1983. – *Secular Love*, Toronto 1985. – *In the Skin of a Lion*, NY/Toronto/Ldn. 1987. – *The Cinnamon Peeler: Selected Poems*, Ldn. 1989.

DRAMATISIERUNG: *The Collected Works of Billy the Kid* (Urauff.: Toronto, 23.4. 1971, St. Lawrence Centre).

LITERATUR: *Spider Blues: Essays on M. O.*, Hg. S. Solecki, Montreal 1985. – L. Mundwiler, *M. O.: Word, Image, Imagination*, Vancouver 1985. – A. Mandel, *M. O.* (in DLB, Bd. 60, 1987, S. 273–281).

SHARON POLLOCK

* 19.4.1936 Fredericton / New Brunswick

WALSH

(engl.; *Walsh*). Stück in zwei Akten und einem Prolog von Sharon POLLOCK (Kanada), Uraufführung: Calgary, 7. 11. 1973, Theatre Calgary. – Pollocks Werke kennzeichnet ein starkes Interesse an politisch-sozialen Themen aus Kanadas Gegenwart und Vergangenheit. Sie repräsentieren damit das neue anglokanadische Drama (seit etwa 1970), wo Autoren wie John RYGA *(The Ecstasy of Rita Joe*, 1971) und James REANEY *(The Donnellys*, Trilogie 1975–1977) ähnliches Engagement gezeigt haben. Mit *Walsh* brandmarkt die Autorin Kanadas Indianerpolitik des ausgehenden 19. Jh.s, als politisches Zweckdenken ganz offensichtlich Vorrang vor humanitären Überlegungen hatte.
Das Stück beginnt mit einem als Prolog bezeichneten, kunstvollen Epilog: In Gestalt typenhafter Figuren und in symbolhaften Szenen spielen die eigentlichen Charaktere das Ende der Karriere von Major James A. Walsh durch. Walsh, dessen Schicksal historisch verbürgt ist, befindet sich zu diesem Zeitpunkt, 1888, als weißhaariger Alkoholiker und als Ex-Major der berühmten Northwest Mounted Police in einem Saloon in Dawson City. Als in dem Saloon für einen vaterlosen Indianerjungen gesammelt wird, springt Walsh unbeherrscht auf und brüllt: *»I can give you nothing. I can give you nothing!«* Ganz im Stile des analytischen Dramas dienen nun die folgenden zwei Akte der schrittweisen Aufdeckung der Vorgeschichte. Weil das Werk jedoch auch ein historisches Drama ist, kommt Pollock nicht ohne weitere Exposition aus. Diese wird jeweils von Walshs Wagenmeister Harry übernommen, der damit auch als Chor fun-

giert. Sein längerer Monolog liefert eingangs die Begründung für die Anwesenheit von Sitting Bull und seinen Sioux-Indianern in Kanada: Aus Angst vor der Rache der Amerikaner für die schmachvolle Niederlage von General Custer in der Schlacht am Little Bighorn (1876) sind sie über die kanadische Grenze geflohen. Seit vier Jahren leben sie nun schon friedlich im Einflußbereich von Fort Walsh und dessen Kommandanten Major Walsh. Obwohl sie damit für Kanada wie für die USA ein übergreifendes politisches Problem darstellen, geht die Autorin das Thema auf der Ebene zweier Individuen, Walsh und Sitting Bull, an. Der Gefahr, daß das historisch Bedeutsame vom Interesse am persönlichen Schicksal der Handelnden verdeckt wird, begegnet sie mit einer konsequenten Montagetechnik: In der Gegenüberstellung unterschiedlicher Szenen versucht sie möglichst viele Aspekte der komplexen Außenwelt einzufangen.

In James Walsh bahnt sich der unvermeidliche, tragische Konflikt zwischen Pflicht und Gewissen an, als er Freundschaft mit Sitting Bull schließt und ihm gegenüber das einst von Königin Victoria gegebene Schutzversprechen durch Maßnahmen zur Linderung der Hungersnot der Sioux praktisch erfüllt. Dem steht entgegen, daß er als pflichtbewußter Offizier der kanadischen Regierung Anweisungen aus Ottawa unterworfen ist, die bestimmen, daß jegliche humanitäre Unterstützung für die Indianer zu unterbleiben hat. Ottawa hat ganz offensichtlich Angst vor dem imperialistischen Expansionswillen der USA und möchte aus politischem Kalkül Sitting Bull und seine Leute wieder aus dem Lande haben. Walsh wird von seinem Vorgesetzten MacLeod aufgefordert, diese unmenschliche Politik Sitting Bull gegenüber zu vertreten. Nicht nur seine Karriere bei den »Mounties«, die er zu seinem Lebensinhalt gemacht hat, steht auf dem Spiel, sondern – da er bei Sitting Bull im Wort steht – auch seine Ehre und sein Selbstwertgefühl. Walsh entscheidet sich für Pflicht und Gehorsam und gegen sein Gerechtigkeitsgefühl. *»That is the law«*, explodiert er frustriert, *»but where the hell is justice?«* Das Stück gibt keine direkte Antwort auf diese Frage, aber der Fortgang der Handlung – Boten berichten von der Abschiebung der Sioux und dem darauffolgenden gewaltsamen Ende Sitting Bulls und seines Sohnes Crowfoot in einem amerikanischen Internierungslager – insinuiert eine Mittäterschaft der kanadischen Regierung am Genozid der Amerikaner.

Custers *»last stand«* und der Pyrrhussieg der Hunkpapa Sioux haben die künstlerische Phantasie immer wieder beschäftigt. Man wird dem Anteil Pollocks an der jüngsten literarischen Umsetzung dieses historischen Stoffes vielleicht durch einen Vergleich mit Arthur Kopits Drama *Indians* und Thomas Bergers Roman *Little Big Man* gerecht. Mit ersterem teilt es auffallende Strukturmerkmale wie Montagetechnik, symbolische Lichteffekte und eine sarkastische Grundstimmung; mit letzterem ist es sich einig im Urteil, daß die vielbesungene Öffnung des nordamerikanischen Westens oft nichts anderes war als eine Kette menschlicher Dummheiten im Umgang mit den Ureinwohnern. Und allen drei Werken ist die Absicht gemeinsam, einer romantischen Verbrämung des »Wilden Westens« entgegenzuwirken – die schon immer Mythos und Show gern an die Stelle von Authentizität und geschichtlicher Wahrheit setzte. H.Geh.

Ausgaben: Vancouver 1973; rev. 1974; rev. 1983. – Vancouver 1986 (in *Modern Canadian Plays*, Hg. J. Wasserman).

Literatur: M. Page, *S. P.: Committed Playwright* (in Canadian Drama, 5, 1979, S. 104–111). – *The Work: Conversations with English-Canadian Playwrights*, Hg. R. Wallace u. C. Zimmermann, Toronto 1982, S. 115–126. – R. C. Nunn, *S. P.'s Plays: A Review Article* (in Theatre History in Canada, 5, 1984, S. 72–83). – *Canadian Drama and the Critics*, Hg. L. W. Conolly, Vancouver 1987, S. 135–144 (Rezensionen zu »Walsh«).

E. J. Pratt

eig. Edwin John Pratt

* 4.2.1883 Western Bay / Newfoundland
† 26.4.1964 Toronto

DAS LYRISCHE WERK (engl.) von E. J. Pratt (Kanada).

Pratt, der für seine literarischen Werke mehrmals mit dem Governor General's Award ausgezeichnet wurde, gilt nicht nur als Begründer der modernen kanadischen Lyrik, sondern auch als bedeutendster englischsprachiger Dichter Kanadas in der ersten Hälfte des 20. Jh.s, eine Bewertung, die vor allem auf seine epische Behandlung historisch-nationaler Themen wie der Jesuitenmission in Neufrankreich oder des Baus der transkontinentalen Eisenbahn zurückgeht.

Als Sohn eines aus Yorkshire stammenden Methodistenpfarrers und der Tochter eines neufundländischen Kapitäns wuchs Pratt zunächst in verschiedenen Kleinstädten Neufundlands auf, absolvierte dann das Methodisten-College in St. Johns, um sich nach einer Reihe unterschiedlicher Tätigkeiten – einschließlich einer dreijährigen Probationszeit – für die Fächer Philosophie und Psychologie am Victoria College der Universität von Toronto einzuschreiben. Trotz seiner Ordination im Jahre 1913 übte er das Priesteramt jedoch nicht aus, sondern lehrte statt dessen Psychologie, bevor er schließlich 1920 auf eine Professur im English Department berufen wurde und damit eine literarische Tradition am Victoria College begründete, die

u. a. mit den Autoren und Kritikern E. J. ROBBINS und Northrop FRYE, später auch Margaret ATWOOD und Dennis LEE verbunden ist.
Neben seiner weitläufigen akademischen Ausbildung, die Pratt nicht zuletzt mit der Psychologie Wilhelm Wundts und, bedingt durch die in Kanada zeitlich verzögerte Rezeption evolutionistischen Ideenguts, erst relativ spät mit den Arbeiten Darwins, Spencers und Huxleys bekannt machte, trugen vor allem der frühe geistige Einfluß des Vaters und die prägende Landschaftserfahrung der kanadischen Atlantikküste dazu bei, daß im lyrischen Werk Pratts von Beginn an die Auseinandersetzung mit Religion und Ethik sowie der Kampf des Menschen gegen eine übermächtig scheinende Natur zu einem zentralen Themenkomplex verschmolzen. In Anlehnung an die viktorianische Dichtkunst Alfred Lord TENNYSONS und Robert BROWNINGS griff Pratt dabei vorwiegend auf das erzählende Langgedicht als poetische Form zurück, um seinem thematischen Anliegen den angemessenen ästhetischen Ausdruck zu geben. Zugleich wurde er auf diese Weise nicht nur – ähnlich wie Thomas HARDY in England – zum Vermittler zwischen Viktorianismus und Moderne, sondern avancierte auch zu einem der bedeutendsten maritimen Dichter Nordamerikas.
Wie sehr der Evolutionsprozeß zur zentralen Metapher in seinem Werk geriet bzw. das Themenspektrum festlegte, innerhalb dessen Pratt seine lyrischen Motive fand und seinen eigenen poetischen Stil entwickelte, deutet schon *Rachel: A Sea Story of Newfoundland in Verse* (1917) an. Das Meer dominiert hier nicht nur als Bildfigur; in Abkehr von den für die kanadische Landschaftsdichtung des 19. Jh.s typischen romantisierenden Klischees ist die Beschreibung der See in dieser frühen Arbeit zudem deterministisch konnotiert. Pratt expliziert in *Rachel* bereits seine Auffassung vom (epischen) Kampf des Menschen gegen die Natur, wobei er dem schon aus der Explorations- und Siedlungslyrik bekannten stereotypen Triumph des Pioniers seine eigene ambivalente Deutung dieser Auseinandersetzung entgegensetzt. Als Teil des Evolutionsprozesses unterliegt der Mensch den gleichen irrational-zerstörerischen Kräften, die Pratt in der Natur am Werke sah; er vermag darüber hinaus aber mittels seiner rationalen bzw. der im Gefolge der Gattungsentwicklung entstandenen emotionalen Fähigkeiten immer wieder Gegengewichte zu schaffen. Entsprechend verwarf Pratt auch die im Kontext der amerikanischen Individualphilosophie so wirksamen sozialdarwinistischen Thesen Spencers und brachte statt dessen in sein eigenes, am Kollektiv orientiertes Gesellschaftsbild immer wieder jene christlich-humanitären Wertvorstellungen ein, ohne die ihm ein gesellschaftliches Überleben ausgeschlossen schien.
Exemplarisch kommt diese sozial-ethische Grundhaltung in den beiden Langgedichten *The Roosevelt and the Antinoe* (1930) und *The Titanic* (1935) zum Tragen: Im ersten wird, im Einklang mit den von Pratt propagierten Moralgesetzen (Liebe, Mut, Altruismus, Selbstopfer etc.), die Besatzung der vom Sturm bedrohten *»Antinoe«* durch die Mannschaft der *»Roosevelt«* gerettet, während in *The Titanic* ein monströser Eisberg die im Glauben an die technische Überlegenheit begründete Hybris der menschlichen Gesellschaft zunichte macht. Pratt bedient sich dabei jeweils einer narrativ-realistischen Darstellungsweise, die dann auch dem 1940 erschienenen *Brébeuf and His Brethren* zugrundeliegt, das von den meisten Kritikern als eigentlicher Höhepunkt im lyrischen Schaffen Pratts angesehen wird.
Wie schon in *The Titanic* bzw. später in *Dunkirk* (1941) oder *Towards the Last Spike* (1952) griff der Dichter in dieser epischen Verserzählung auf einen historisch nachgewiesenen und von ihm sorgfältig recherchierten Stoff zurück. Er wählte mit dem Martyrium des Jesuitenpaters Jean de Brébeuf, der bei seinem Versuch, die Huronen zu missionieren, im Jahre 1649 von den rivalisierenden Irokesen qualvoll gefoltert und getötet wurde, ein Thema aus der Geschichte Neufrankreichs, das nicht nur in Kanada wiederholt Anlaß zur literarischen Behandlung gegeben, sondern auch schon Francisco GOYA zu einer seiner grausamen Bildvisionen inspiriert hatte. Mit Brébeuf war Pratt, dem in den *Jesuit Relations* (1610–1791) sowie in Francis PARKMANS geschichtswissenschaftlicher Abhandlung *The Jesuits in North America in the Seventeenth Century* (1892) umfangreiches Quellenmaterial zur Verfügung gestanden hatte, zudem auf eine symbolträchtige Heldenfigur gestoßen, die zur poetischen Vermittlung seiner Weltanschauung besonders geeignet schien. Dies wird nicht zuletzt an Pratts auffällig negativer Indianerdarstellung deutlich, repräsentierte die nordamerikanische Urbevölkerung doch im Verständnis des Lyrikers eine vergleichsweise niedrige Stufe auf der Evolutionsskala. Allerdings mildert Pratt seine Beschreibung insofern durch ironisierende Züge ab, als er den Erfolg der missionarischen Bemühungen Brébeufs von Beginn an in Frage stellt: Dem hochentwickelten, abstrakten Normensystem der Jesuiten sind in der Vorstellungswelt der Eingeborenenbevölkerung Neufrankreichs unüberwindliche Grenzen gesetzt, der Prozeß der Zivilisation weist auf sich selbst zurück. Im Hinblick auf die formale Anlage des Werkes fällt die teilweise wörtliche Übernahme des verwendeten Quellenmaterials ins Auge, die *Brébeuf and His Brethren* in die Nähe des Dokumentargedichts rückt.
Von den späteren Werken verdient vor allem *Towards the Last Spike* (1952) Erwähnung, in dem sich Pratt erneut eines zentralen Themas aus der kanadischen Geschichte annahm. Die Vollendung der transkontinentalen Eisenbahn im Jahr 1885 markiert das wohl auffälligste Symbol anglokanadischen Nationaldenkens im 19. Jh. Dem von Premierminister John A. Macdonald politisch forcierten und von dem amerikanischen Ingenieur Van Horne praktisch geleiteten Unternehmen stellt Pratt den Laurentian Shield und die monströsen Felslandschaften der Rocky Mountains als quasi

personifizierte Herausforderer entgegen, die nur durch heroisches Engagement zu überwinden sind. Die Opposition zwischen Mensch und Natur findet dabei im Kontrast zwischen einer naturbezogenen Metaphorik und dem Wissenschaftsvokabular, mit dem Pratt die technischen Abläufe skizziert, ihr sprachliches Korrelat. W.Ks.

Ausgaben: *Rachel: A Sea Story of Newfoundland in Verse*, NY 1917. – *The Witches' Brew*, Ldn. 1925. – *The Roosevelt and the Antinoe*, NY 1930. – *The Titanic*, Toronto 1935. – *Brébeuf and His Brethren*, Toronto 1940. – *Dunkirk*, Toronto 1941. – *Behind the Log*, Toronto 1947. – *Towards the Last Spike*, Toronto 1952. – *Collected Poems*, Hg. u. Einl. N. Frye, Toronto 1944; 21958. – *Selected Poems*, Hg., Einl. u. Anm. P. Buitenhuis, Toronto 1968.

Literatur: J. Sutherland, *The Poetry of E. J. P.*, Toronto 1956. – M. Wilson, *E. J. P.*, Toronto 1969. – S. Djwa, *E. J. P.: The Evolutionary Vision*, Vancouver 1974. – *The E. J. P. Symposium*, Hg. G. Clever, Ottawa 1977. – *E. J. P. on His Life and Poetry*, Hg. S. Gingell, Toronto 1983. – D. Pitt, *E. J. P.: The Truant Years, 1882–1927*, Toronto 1984.

Al Purdy

eig. Alfred Wellington Purdy
* 30.12.1918 Wooler / Ontario

DAS LYRISCHE WERK (engl.) von Al Purdy (Kanada).
Unter den Lyrikern Kanadas, die seit den sechziger Jahren hervorgetreten sind, gilt Al Purdy als der unverkennbar »kanadischste« (G. Bowering). Kein anderer Dichter des Landes bemüht sich um eine so flächendeckende lyrische Erfassung der unterschiedlichen Regionen vom heimatlichen Süd-Ontario bis zum äußersten arktischen Norden, von den Cariboo-Bergen in British Columbia bis zur Küste von Neufundland; keiner versucht so beharrlich, die von den Pioniertagen bis in prähistorische Zeit zurückreichende Landesgeschichte in ihrer vielseitigen Bedeutung für das heutige Bewußtsein aufzuzeigen. Purdy hat sich aufgrund ausgedehnter Wanderjahre mit Gelegenheitsjobs und mit Hilfe seiner autodidaktischen Belesenheit eine robuste, unakademische Einstellung zum Leben und zur Literatur bewahrt. Auch nach seiner Niederlassung als freier Schriftsteller ist er immer wieder zu Reisen in alle Welt aufgebrochen, was in der sich weitenden Konzentrik seines Werks deutlich zum Ausdruck kommt.
Purdy hat ein umfangreiches Gesamtwerk von mehr als zwei Dutzend Gedichtbänden vorgelegt, das langsam herangereift ist, ohne das in den Bänden der Jahre 1965–68 erreichte Niveau immer halten zu können. Er hat selber in *Poems for All the Annettes* (1962, 1968) eine Auswahl der frühen Lyrik getroffen und auch spätere Gedichte für Sammelausgaben wiederholt überarbeitet. Das Bewußtsein der Vorläufigkeit und des Annäherungscharakters seiner Dichtung tritt nicht zuletzt in der Selbstironie des Autors, der Bevorzugung offener Formen und den Stilzügen der Variation, der Parenthese oder des Satzabbruchs hervor. Die in umgangssprachlicher, vortragserprobter Schreibweise gehaltenen Gedichte konzentrieren sich auf das alltägliche Hier und Jetzt, das in räumlich und zeitlich ausgreifenden Assoziationen entgrenzt wird.
Im Titelgedicht von *The Cariboo Horses* (1965) beschreibt Purdy eine Szene der westkanadischen Provinz, indem er ein Bild der vom technischen Fortschritt bedrohten Pferde der Cowboy-Tradition entwirft und die Erinnerung an andere vitale, weithin ausgestorbene Pferdearten verschiedener Zeiten und Kontinente heraufbeschwört. In Gedichten wie *Trees at the Arctic Circle* aus seinem unter Eskimos entstandenen lyrischen Reisetagebuch *North of Summer* (1968) ergreift ihn die Hochachtung vor dem noch so kümmerlichen, aber hartnäkkigen Überleben von Mensch und Natur unter den Extrembedingungen des Dauerfrostgebiets. In seinem wohl bekanntesten Gedicht, *The Country North of Belleville* aus *Wild Grape Wine* (1968), evoziert er – wie in den verstreuten ›Roblin Lake‹-Gedichten – Bilder seiner engeren Heimat, die von den nur befristet erfolgreichen Bemühungen der Pionier-Vorfahren um die Kultivierung der kargen Wildnis zeugen und dem Heimkehrenden zunächst fremd entgegenstehen.
Aus der Betrachtung der an konkreten Orten sichtbar werdenden Zeitlichkeit entwickelt der Autor vielfach mehrdeutige Perspektiven: Die Vergänglichkeit in der kurzen Spanne des Einzellebens wie auch der Unbeständigkeit des gemeinsam Geschaffenen steht neben der Kontinuität des Generationenerbes oder einer Raum und Zeit enthobenen Mythentradition, etwa aus den Kulturen der Ureinwohner Nordamerikas und der klassischen Antike. – Ein Themenkomplex, der bei Purdy wiederkehrt, ist der persönliche wie allgemein menschliche Dualismus von Liebe (Leben) und Tod, der schon im Titel der Sammlung *Sex and Death* (1973) anklingt. Zugleich geht Purdy auf brisante Zeitfragen ein: Im Titelgedicht von *A Handful of Earth* (1977) nimmt er zur politischen Kontroverse um die nationale Einheit Stellung; in *The Nurselog* aus *The Stone Bird* (1981) läßt er die Stimme der sich regenerierenden Natur zu einer umweltgeschädigten Welt sprechen. Insgesamt treten in den Gedichtbänden seit den siebziger Jahren in verstärktem Maße globale Horizonte hervor, schon weil Purdy hier ausgiebig Eindrücke von Reisen nach Ost- und Südeuropa, Japan, Afrika und Lateinamerika verarbeitet.

Bei aller Blickweitung und Einbildungskraft bleibt Purdys Grundhaltung säkular und empirisch. Im Leben und in der Kunst gilt sein Hauptinteresse der vielseitigen Alltagsbeobachtung und der Wahrnehmung des vitalistischen Prinzips, dem er im Titel seiner ersten Gesamtausgabe – *Being Alive* (1978) – programmatisch Ausdruck verliehen hat. Nicht von ungefähr stellt er sich in die Tradition von Autoren wie D.H. Lawrence und Irving Clayton. Purdy hat mit seinem lyrischen Werk bislang über die Grenzen Kanadas hinaus wenig Wirkung gehabt, doch als nationaler Dichter große Anerkennung gefunden. E.Kr.

Ausgaben: *Poems for All the Annettes*, Toronto 1962; rev. Ausg. Toronto 1968; ern. 1973. – *The Cariboo Horses*, Toronto 1965. – *North of Summer: Poems from Baffin Island*, Toronto 1967. – *Wild Grape Wine*, Toronto 1968. – *Sex and Death*, Toronto 1973. – *Sundance at Dusk*, Toronto 1976. – *A Handful of Earth*, Coatsworth/Ont. 1977. – *Being Alive: Poems 1958–1978*, Toronto 1978. – *The Stone Bird*, Toronto 1981. – *Piling Blood*, Toronto 1984. – *The Collected Poems of A. P.*, Hg. R. Brown, Toronto 1986; ern. 1989.

Literatur: D. Stevens, *In the Raw: The Poetry of A. P.* (in Canadian Literature, 1966, Nr. 28, S. 22 bis 30). – M. Doyle, *Proteus at Robin Lake: A. P.'s Transformations* (ebd., 1969, Nr. 41, S. 92–109). – G. Bowering, *A. P.*, Toronto 1970. – D. Duffy, *In Defence of North America: The Past in the Poetry of A. P.* (in Journal of Canadian Studies, 6, 1971, Nr. 2, S. 17–27). – O. Cohn-Sfectu, *The Privilege of Finding an Opening in the Past: A. P. and the Tree of Experience* (in Queen's Quarterly, 83, 1976, S. 262 bis 269). – L. Ricou, *A. P.* (in *Profiles of Canadian Literature*, Toronto 1980, Bd. 2, S. 25–32). – D. Stouck, *Major Canadian Authors: A Critical Introduction*, Lincoln/Nebr. 1984, S. 229–240; ern. 1988. – D. Lee, *The Poetry of A. P.: An Afterword* (in *The Collected Poems of A. P.*, Hg. R. Brown, Toronto 1986; ern. 1989). – G. Woodcock, *A. P.* (in DLB, 88, 1989, S. 246–256).

MORDECAI RICHLER

* 27.1.1931 Montreal

Literatur zum Autor:
M. R., Hg. G.D. Sheps, Toronto 1971. – G. Woodcock, *M. R.*, Toronto 1971. – D. E. Ryan, *Time and Geography in the Novels of M. R.*, Diss. Univ. of Oklahoma 1978 (vgl. Diss. Abstracts, 39, 1979, S. 2262A). – M. Darling, *M. R.* (in *The Annotated Bibliography of Canada's Major Authors*, Hg. R. Lecker u. J. David, Bd. 1, Downsview 1979, S. 155–211). – A. E. Davidson, *M. R.*, NY 1983. – V. J. Ramraj, *M. R.*, Boston 1983 (TWAS). – K. McSweeney, *M. R.* (in *Canadian Writers and Their Works*, Hg. R. Lecker u. a., Bd. 6, Downsview 1985, S. 131–179). – R. F. Brenner, *The Formative Influence of the Holocaust in the Writings of M. R.*, Diss. York Univ., Canada 1986 (vgl. Diss. Abstracts, 47, 1987, S. 3044A). – *Perspectives on M. R.*, Hg. M. Darling, Toronto 1986.

ST. URBAIN'S HORSEMAN

(engl.; *Ü: Der Traum des Jakob Hersh*). Roman von Mordecai Richler (Kanada), erschienen 1971. – Dieser Roman gilt als sehr persönliches Werk Richlers, verbrachte er doch seine Jugend in dem damaligen jüdischen Viertel um die St. Urbain Street. Wieder verwendet er seine früh entwickelte realistisch-satirische Technik und erweitert sie durch die Dimensionen der Leidenschaft und des Phantastisch-Imaginären. Thematisch öffnet sich die bisher mehr soziologisch betrachtete jüdische Ghettowelt von Montreal (wie z. B. in *The Apprenticeship of Duddy Kravitz*, 1959), um der Seelenanalyse einer zu kurz gekommenen Generation Raum zu geben. St. Urbain Street als die geographische Mitte zwischen den nicht mehr armen, aber noch nicht reichen Juden von Montreal ist Richlers Symbol für dieses Unbehagen; und *»the horseman«*, der apokalyptische Reiter, soll diesen Zustand ändern.

Protagonist ist der 37jährige Film- und Fernsehregisseur Jacob Hersh aus Montreal, der mit seiner Frau Nancy und drei Kindern seit einigen Jahren in England lebt. Was bei anderen als »midlife crisis« angesehen werden kann, hat sich bei ihm zu einem tiefen Gefühl existentieller Leere verdichtet. Jake fühlt, daß er und seine Generation in eine Zeit des Übergangs, der Ziel- und Zwecklosigkeit hineingeboren wurden. *»Immer nur Zuschauer, nie Teilnehmer«*, zu spät für den Holocaust, zu früh für Vietnam, ist der Kern seiner Klage. Der Glaubenstiefe seiner orthodoxen Verwandtschaft in Montreal kann er keinen moralischen Halt mehr abgewinnen. Auch in dieser Hinsicht lebt er schon lange im Exil. Seine angsterfüllte Leere läßt ihn überall um sich herum Korruption und Böswilligkeit sehen. Den stärksten Ausdruck findet dieser Zustand in einem Ereignis, das den Kern der Handlung ausmacht. Jake und sein dubioser Freund Harry Stein, ein Verfasser pornographischer Schriften, erwarten einen Prozeß wegen sexueller Belästigung Abhängiger. Es spielt keine Rolle, daß das Opfer willens war und daß Jake die Taten, deren er angeklagt wird, eigentlich gar nicht begangen hat. Was zählt, ist die Tatsache der Anklage und des entsprechenden Prozesses. Sie sind für ihn klare Beweise seiner existentiellen Bedrohung. Die Welt hat sich von ihrer wahren, ungerechten Seite gezeigt. Aber früher oder später, so glaubt Jake, wird es zur Vergeltung kommen. Der »Reiter von St. Urbain Street«, d. i.

Jakes Projektion seines geheimnisvollen Cousins Joey Hersh, wird dafür sorgen. Joey ist eigentlich ein unmoralischer Charakter, der sich mit Betrügereien im Ausland durchschlägt. Doch seine schattenhafte Existenz überall in der Welt macht ihn für Jake zur idealen Verkörperung eines »Racheengels«. Mit apokalyptischem Zorn wird dieser vor allem die Juden Europas rächen, insbesondere den KZ-Arzt Dr. Mengele im südamerikanischen Urwald aufspüren und den KZ-Prozessen in Deutschland beiwohnen. »Die Juden kommen« wird so zum Leitmotiv Jakes für die nachträgliche Bewältigung seines Traumas. Aber auch im kleineren Rahmen gibt es überall Ungerechtigkeiten zu sühnen. Die Zeitungen berichten täglich über unverschuldetes menschliches Leid, von Polio-Geschädigten bis zu Krebskranken. Für Jake steht fest: *»The Gods raise you, only the better to strike you down.«* Die Intensität der Gefühle Jakes wird deutlich, als er auf die Nachricht von Joeys Tod hin zusammenbricht. Sein metaphysisches Problem bleibt vorerst ungelöst. Symbolisch dafür steht auch der unbefriedigende Prozeßausgang: Er und Stein werden zwar zu unterschiedlichen Strafen verurteilt, aber die Beweisfindung hat im Grunde nichts erbracht. So muß Jake schließlich selbst zum reitenden Rächer werden. Auf der realistischen Ebene ist das aber gleichbedeutend mit dem schmerzlichen Prozeß, seine überzogenen Vorstellungen von Ordnung und Gerechtigkeit zu korrigieren, d.h. die Begrenztheit seiner Vorstellungen gegenüber der Realität einzusehen und zu akzeptieren. Daß er diese Bürde trotz des Zusammenbruchs tragen kann, lassen die Werte, die er in seinem Leben vertreten hat, vermuten: Würde und Tapferkeit sowie die Fähigkeit, zu lieben. Der Roman endet damit auf einer hoffnungsvollen Note, die nicht zuletzt durch Jakes Frau, Nancy, erklungen ist. Sie hatte ihn mit Liebe und Verständnis durch all seine depressiven Phasen geführt. Ihre Stärke läßt sie als die *»affirming flame ... beleaguered by negation«* des Epigraphs von Auden erkennen, das den Roman thematisch mitbestimmt.

Auch wenn Richlers Anliegen metaphysischer Natur ist, verblaßt der Roman nicht im Abstrakten. Jakes Klage bleibt auf der existentialistischen Ebene genauso anschaulich wie die des Alexander Portnoy (in Philip Roths *Portnoy's Complaint*) auf der realistisch-sozialen. Was der Text vom Leser allerdings verlangt, ist eine breite Kenntnis der kulturellen, politischen und sozialen Verhältnisse Kanadas der Jahre 1950–1960. Ohne diesen Hintergrund sind die vielen satirischen Anspielungen, u.a. auf die Gespaltenheit kanadischer Künstler zwischen Broadway und Royal Court, nur unvollständig zu verstehen. Vernichtend spottet Richler auch über das Leben blasierter Exilkanadier in einer Episode, die er als ursprünglich separate Charakterskizze mit dem Titel *Playing Ball on Hempstead Heath* in den Text integrierte. Richlers Kritiker (etwa M. Callaghan) haben ihm in diesem Zusammenhang Nestbeschmutzung und mangelnde künstlerische Seriosität vorgeworfen. Die menschliche Ernsthaftigkeit des Themas und die kontrollierte, komplexe Erzähltechnik, insbesondere das Doppelgänger-Motiv, lassen diesen Vorwurf jedoch verblassen. H.Geh.

Ausgaben: Toronto/NY 1971. – Ldn. 1972. – St. Albans 1973. – Toronto 1978. – Toronto 1985.

Übersetzung: *Der Traum des Jakob Hersh*, G. Stege, Mchn. 1980.

Literatur: G. Woodcock, *The Wheel of Exile* (in Tamarack Review, 1971, Nr. 58, S. 65–72). – W. Tallman, *Need for Laughter* (in Canadian Literature, 1973, Nr. 56, S. 71–83). – G. D. Sheps, *Waiting for Joey: The Theme of the Vicarious in »St. Urbain's Horseman«* (in Journal of Canadian Fiction, 3, 1974, Nr. 1, S. 83–92). – W. Cude, *The Golem as Metaphor for Art: The Monster Takes Meaning in »St. Urbain's Horseman«* (in Journal of Canadian Studies, 12, 1977, Nr. 2, S. 50–69). – Z. Pollock, *The Trial of Jake Hersh* (in Journal of Canadian Fiction, 22, 1978, S. 93–105).

Sinclair Ross

* 22.1.1908 Wild Rose / Saskatchewan

AS FOR ME AND MY HOUSE

(engl.; *Was mich und mein Haus betrifft*). Roman von Sinclair Ross (Kanada), erschienen 1941. – Ross' Erstlingswerk ist inzwischen zu einem Klassiker der kanadischen Literatur geworden. Es führt die von Frederick Philip Grove, Robert James Campbell Stead, Martha Ostenso u. a. begründete Tradition des realistischen Prärieromans in Kanada fort, erweitert diese aber um die puritanische Dimension der Introspektion. Damit leitet er für sein Land eine anhaltende Suche nach dem »kanadischen Wesen« ein wie sie, vergleichsweise, Nathaniel Hawthorne für die amerikanische Psyche und John Steinbeck für das amerikanische soziale Selbstverständnis geleistet haben.

Im Mittelpunkt des Romans steht der wortkarge Geistliche Philip Bentley, der überzeugt ist, daß ihn ein böses Schicksal von seiner eigentlichen Erfüllung als Künstler und Intellektueller abgehalten hat. Äußerlich als frommer Mann geltend, übt er an seinem derzeitigen Wirkungsort, der tristen Präriestadt Horizon, seine Rolle ohne Glauben und Hingabe aus. Den durch seine Scheinheiligkeit aufgebauten inneren Druck entlädt er in einem Wust grimmiger Zeichnungen mit stets gleichem Motiv: schemenhafte Dorfbewohner vor den Scheinfassaden ihrer Häuser stehend. Seine Spannungen verraten sich auch in der demütigenden Mißachtung seiner Frau, die schließlich im Ehebruch mit einem ebenso einsamen, wie nach »Höherem« strebenden Mitglied des Kirchenchors (Judith West) kulminiert.

Mrs. Bentley ihrerseits sublimiert ihre psychischen und emotionalen Bedürfnisse durch wiederholte Flucht aus dem baufälligen Pfarrhaus, durch Kontakte mit Paul, dem Hobby-Philologen und Dorflehrer, durch die vorübergehende Aufnahme des obdachlosen Jungen Steve und schließlich durch die Adoption von Judiths Kind, als diese im Kindbett stirbt. Die christliche Geste des Verzeihens, mit der Mrs. Bentley die Schuld ihres Ehemannes aufheben will (sie kennt den Vater des Kindes), verheißt, nach über einem Jahr »Horizon«, einen Neubeginn für beide. Sie kann Philip überzeugen, aus der Stadt zu ziehen, um woanders als Buchhändler ein seiner eigentlichen Berufung entsprechendes, neues Leben zu beginnen.

Ross' fiktionale Umwandlung eigener Erlebnisse in diesem Buch – er wuchs in einem kanadischen Prärieflecken auf und spielte einmal mit dem Gedanken, Priester zu werden – kommt nirgends deutlicher als in seinen Symbolen zum Ausdruck. Die für die Baugeschichte Nordamerikas so typischen Scheinfassaden der Main Street-Häuser spiegeln die moralischen Masken der Kleinstadtleute wider, die in repressiver Strenge darauf achten, daß kein Mitbewohner an den falschen Göttern Schicklichkeit und Konformität rüttelt; der gnadenlos in die Häuser eindringende Staub der Präriestürme – wie Ross sie erlebt hatte – verkrustet, bildlich, die Seelen der Bewohner; die Dürre, die während der Depressionszeit, in welcher die Handlung spielt, das Leben im kanadischen Westen noch unerträglicher machte, versinnbildlicht die geistige und kulturelle Trockenheit solcher Neugründungen wie Horizon. Diese natürliche Symbolik wird ergänzt durch eine mehr private Symbolik. Der Titel des Buches, der zugleich das alttestamentarische Motto von Philips Standardrede darstellt *(»As for me and my house, we will serve the Lord«)*, drückt in ironischer Umkehrung Philips religiöse Scheinheiligkeit aus; sein angestrebtes aber nie erreichtes Bildungsziel schließlich wird in dem Ortsnamen Horizon symbolisiert. Bezeichnenderweise geraten ihm seine künstlerischen Skizzen erst dann zur vollen Zufriedenheit, als er Horizon einmal für einen kurzen Ferienaufenthalt verlassen hat.

Trotz seiner gefälligen Symbolik beruht die Wirkung des Romans jedoch auf einem anderen Kunstmittel: der (glücklich gewählten) Perspektive. Philips Leidensweg wird in Form von Tagebucheinträgen aus der Sicht seiner Frau erzählt. Die naturgemäß verschlossene, sich wiederholende Art solcher Eintragungen liefert eine zwingende Form für das zentrale Thema des Romans, nämlich Selbstfindung in einer puritanisch repressiven Gesellschaft.

Darüber hinaus erlaubt das Tagebuch eine sehr wirkungsvolle Auswahl in bezug auf Handlungsort, Handlungszeit und Charaktere. Alles, was sich dem spezifischen Erkenntnisinteresse des Beobachters entzieht, wird nicht beschrieben. Für den Interpreten eröffnet sich damit sogleich die Frage nach der Glaubwürdigkeit des Erzählers. In der Tat geht im Fall von Mrs. Bentley die Kritik weit auseinander: Sie, die einst davon träumte, selbst eine Künstlerkarriere einzuschlagen, und die von ihrem ganzen Temperament her ungeeignet ist, die demütige, oft banale Rolle als Frau eines Kleinstadt-Priesters zu spielen, kann leicht verdächtigt werden, Philips Schwächen ebenso wie das repressive Kleinstadtklima zu übertreiben, um ihr eigenes Versagen (fehlende Gefühlsbande, Kinderlosigkeit) zu rationalisieren und ihr übermächtiges Verlangen nach einer Flucht aus Horizon zu legitimieren. In der Tat würde ja auch die offensichtliche Ursache ihrer ganz persönlichen Mißstimmung, nämlich das Bedürfnis Mrs. Bentleys, vollständig in ihrem Ehemann aufzugehen, um sich dadurch seine Liebe zu sichern, durch den Umzug keinesfalls beseitigt. Insofern kann auch der Sturm, der kurz vor ihrem Umzug die Scheinfassaden der Läden von Main Street umreißt, in seiner symbolhaft-reinigenden Funktion nicht voll überzeugen.

Aber auch wenn der Leser somit erkennt, wie Mrs. Bentley sich selbst betrügt, fühlt er doch Sympathie für sie; und er ist auch dankbar für die Teile der Erzählung, in denen Mrs. Bentley nicht erkennt, daß sie durch ihre Urteile selbst Gegenstand des Urteils wird.

Neben seiner sprachlichen Schärfe, mit der Schein und Sein einer typisch kanadischen Kleinstadt in einer für Kanada wirtschaftlich traumatischen Epoche offengelegt werden, gewinnt der Roman seine Bedeutung durch Ross' großes psychologisches Einfühlungsvermögen, mit dem er – gleichsam als Kommentar zur Kulturgesellschaft – die lähmende Spannung zwischen zwei gemütsmäßig entgegengesetzten Ehepartnern beschreibt.

H.Geh.

AUSGABEN: NY 1941. – Toronto 1957. – Lincoln/Nebr. 1978.

LITERATUR: S. Djwa, *No Other Way: S. R.'s Stories and Novels* (in Canadian Literature 1971, Nr. 47, 49–66). – D. J. Dooley, *»As For Me And My House«: The Hypocrite and the Parasite* (in D. J. D., *Moral Vision in the Canadian Novel*, Toronto 1979, S. 38–47). – W. Cude, *Beyond Mrs. Bentley* und *Getting Philip's Story* (in W. C., *A Due Sense of Difference: An Evaluative Approach to Canadian Literature*, Boston 1980, S. 31–49 und S. 50–68). – P. Denham, *Narrative Technique in S. R.'s »As For Me And My House«* (in Studies in Canadian Literature, 5, 1980, S. 116–126). – B. Godard, *El Greco in Canada: S. R.'s »As For Me And My House«* (in Mosaic, 14, 1981, Nr. 2, S. 55–76). – *S. R.* (in *Annotated Bibliography of Canada's Major Authors*, Hg. R. Lecker u. J. David, Bd. 3, Downsview 1981, S. 365–395). – D. Stouck, *Major Canadian Authors*, Lincoln/Nebr. 1984, S. 111–126.

GEORGE RYGA

* 27.7.1932 Deep Creek / Alberta
† 18.11.1987 Summerland / B.C.

THE ECSTASY OF RITA JOE

(engl.; *Die Ekstase der Rita Joe*). Stück in einem Akt von George RYGA (Kanada), Uraufführung: Vancouver, 23. 11. 1967, Vancouver Playhouse. – Durch die zunehmende Öffentlichkeitsarbeit der nordamerikanischen Indianer seit den siebziger Jahren ist das Thema weder für kanadische noch für europäische Zuschauer neu: der Kulturkonflikt zwischen Weißen und Indianern. Aber beeindrukkend ist in jedem Fall die sprachliche Ausdruckskraft und die dramatische Gestaltung. Eine Bühne, auf der eine kreisrunde Rampe verläuft, ist das dominierende Requisit. Es symbolisiert das ethnische Dilemma, in dem die Protagonistin, die Indianerin Rita Joe, gefangen ist: Weder kann sie sich in die städtische Welt der Weißen integrieren noch garantiert ihr die Rückkehr in die pastoral-ländliche Lebensweise ihres Vaters, David Joe, ein Überleben für die Zukunft. Ihre Gegenwart kennzeichnet deshalb ein Leben in sozialem Elend zwischen Landstreicherei und Prostitution. Dies bringt sie naturgemäß immer wieder vor die Gerichte der Weißen. Das Stück ist denn auch im Grunde eine einzige Gerichtsszene. Im Verhör vor dem Amtsrichter werden direkt oder indirekt all jene sozialen und menschlichen Faktoren angesprochen, die ursächlich für Rita Joes Zerstörung sind. Die Fülle der Probleme bewirkt ein Gefühl der Hoffnungslosigkeit beim Zuschauer und verhindert, daß Rita Joes Leben als vermeidbare, individuelle Tragödie abgetan werden kann.

Die Komplexität von Ritas Leben wird durch die Zeitstruktur des Dramas unterstützt. Es gleicht darin den »memory plays« von Arthur MILLER. Von der realistischen Ebene – Rita Joes erstem Dialog mit dem Amtsrichter – bewegt sich das Geschehen auf die surrealistische: Rita Joes Gedanken werden zur Bühnenhandlung. Ihre Vergangenheit wird in paralleles Spiel der Gegenwart umgesetzt – sechs frühere Auftritte vor dem Richter, Erlebnisse aus ihrer Kindheit, Erinnerungen an Vater und Schwester, die wenigen glücklichen Momente mit ihrem Freund Jamie Paul, und frustrierende Vorfälle mit Mr. Homer, dem Sozialbeauftragten für Indianerangelegenheiten. Die Einstellung der weißen Zeugen im Gerichtssaal, die abwechselnd über Ritas Vergangenheit befragt werden, so Ritas frühere Lehrerin, Ritas Priester sowie Mr. Homer und ein Polizist, wird zunehmend feindseliger, bis der Richter Rita Joe schließlich als einen sozialen Leprafall aufgibt und sie nur noch formal verurteilt. Diese Indifferenz aber bedeutet ihr Todesurteil. Es wird bildhaft ausgedrückt durch drei Gestalten, deren Umrisse sich zu Beginn des Verhörs schemenhaft im Hintergrund, dann immer deutlicher im Vordergrund abzeichnen. Auf dem Höhepunkt des Gerichtsurteils treten sie aus dem Schatten und vergewaltigen und ermorden Rita Joe. Die krasse Realität ihres Lebens wird konstrastiert durch die naiven und traurig-schönen Lieder, mit denen ein Balladensänger Rita Joes Anhörung vor dem Richter begleitet. Selbst sympathisierende Weiße sind offenbar nicht in der Lage, die wahre Tiefe der indianischen Entwurzelung auszuloten!

Worin liegt nun die Ekstase der Rita Joe? Ryga läßt die Antwort offen. Der Titel mag ironisch-sarkastisch gemeint sein und die verzweiflungsvolle Leere der Protagonistin andeuten, die sie kennzeichnet. Dazu würde ihre Passivität passen. Es kann aber auch die Apotheose aus Rygas verwandtem Stück *Indians* gemeint sein, d.h. die Verzückung des Märtyrers, angesichts größter körperlicher und seelischer Qualen der eigenen Überzeugung treu bleiben zu können. Rita Joe widersetzt sich allen »Bekehrungsversuchen« staatlicher und kirchlicher Repräsentanten – dem Lehrer, dem Priester, dem Richter, dem Beauftragten für Indianerangelegenheiten – und bleibt sich auch treu angesichts des gewaltsamen Endes, das sie in all seiner Erbärmlichkeit schon lange klar voraussah: *»I seen it all happen once before ... men I once dreamed about ... an' it was like this.«* – Ryga hat mit diesem Stück sein bestes sozialkritisches Drama geschrieben.

H.Geh.

AUSGABEN: Vancouver 1970. – Toronto 1971 [m. Einl. von R. B. Parker].

LITERATUR: N. Carson, *G. R. and the Lost Country* (in Canadian Literature, 1970, Nr. 49, S. 33–40). – M. Moore, *Four Canadian Playwrights*, Toronto 1973. – Ch. McInnes, *Politics and the Playwright: George Ryga*, Toronto 1985. – J. Wasserman, *Modern Canadian Plays*, Vancouver 1985, S. 25–26.

VI. Die Literatur der Karibik in englischer Sprache

Als V. S. NAIPAUL 1962 mit dem Diktum, in der Karibik sei nie etwas Originäres geschaffen worden, den Zorn seiner Schriftstellerkollegen auf sich zog, hatte er selbst als karibischer Schriftsteller schon internationale Anerkennung gefunden, und der westindische Raum war bereits eine feste Größe in der Literaturszene. Als Literaturlandschaft hatte Westindien allerdings schon lange vorher gedient, von SHAKESPEARES *Sturm* (1611) über Aphra BEHNS *Oroonoko* (1688) zu DEFOES *Robinson Crusoe* (1719) und STEVENSONS *Schatzinsel* (1883). Aber nicht nur als imaginierte Szenerie, vor der sich der Kolonisator Prospero, der edle Wilde Oroonoko, der puritanische Pflichtmensch Crusoe als Prototypen westlicher Zivilisation verwirklichen konnten, sondern auch als reale, natürliche Landschaft hat die Karibik europäische Autoren als Sujet fasziniert. Sir Walter RALEIGH beschrieb seine Suche nach dem Goldland El Dorado in dem Reisebericht *The Discovery of the large, rich, and beautiful Empire of Guiana* (1595), Richard HAKLUYTS *Principle Navigations, Voyages, Traffiques, and Discoveries of the English Nation* (1599) forderte Spanien als Vormacht in der Karibik heraus. Aber auch der Schauerromantiker Monk LEWIS schrieb sein *Journal of a West India Proprietor* (1834). Lady NUGENT, die Frau des britischen Gouverneurs in Jamaika, zeichnet in ihrem Journal ein Bild der weißen Aristokratie, aber auch der Sklaven im ersten Jahrzehnt des 19. Jahrhunderts Anthony TROLLOPE, vielgelesener Romancier des viktorianischen Englands, hat seine Eindrücke im Reisebericht *The West Indies and the Spanish Main* (1859) in prägnanter Weise beschrieben.

Die Sehnsucht nach den alten Heimatländern

Ganz entgegen NAIPAULS Verdikt über seine Heimat ist die Karibik immer wieder Ausgangspunkt für literarische, kulturelle und soziale Bewegungen gewesen, die sich in Amerika, Europa und Afrika nachhaltig ausgewirkt haben. Der Afrokaribe lebt in dem Bewußtsein einer aufgezwungenen historischen Tradition der Sklaverei und der Deportation. Der Traum von der Rückkehr nach Afrika gewinnt immer wieder neue Gestalt: in der *Back-to-Africa*-Bewegung eines Marcus GARVEY (1887–1940), der die Selbstdefinition der Afroamerikaner in den dreißiger Jahren, aber auch die *Black Consciousness*-Bewegung in den USA und in Afrika bis in die achtziger Jahre nachhaltig beeinflußte, ebenso wie in der Reggae-Populärkulturbewegung der Rastafarians oder in den Ritualen der Voodoo-Kulte, wo die Toten zur Mutter Afrika zurückkehren. Viele Formen westindischer Religiosität lassen sich auf afrikanische Ahnenkulte zurückführen und sind als dezidierter Versuch zu sehen, die genealogische und spirituelle Verbindung mit Afrika nicht abreißen zu lassen. Der Afro-Karibe sucht so einer Entwurzelung zu begegnen, die ihn zum geschichtslosen Strandgut der Sklavenwirtschaft reduzierte. Aber auch dieses bewußte Aufsuchen der Wurzeln in Afrika bedeutet wiederum eine Dissoziation von der aktuellen Lebenswelt der Menschen in der Karibik.

Auch die indischen Kontraktarbeiter, die Engländer, Franzosen und Holländer nach Abschaffung der Sklaverei einführten, haben liebevoll die Illusion gehegt, ihr Aufenthalt in der Karibik sei nur eine Durchgangsstation vor der endgültigen Rückkehr nach Indien. Mit der zweiten und dritten Generation westindischer Ostinder wurde das Bewußtsein für das Illusionäre dieser Vorstellung zwar immer offenkundiger, aber das Faktum der Dissoziation zwischen emotional-kultureller Verortung in einem geographisch und zeitlich fernen Traumindien und der realen Existenz in der westindischen Gegenwart wurde beibehalten.

Die weißen Westinder, Nachfahren der Pflanzer, Verwalter und Kolonialbeamten, fühlen sich ohnehin als *expatriates*, sie orientieren sich kulturell an der Metropole London. So ist den ethnischen Gruppen bei aller Verschiedenheit doch eines gemeinsam: Keine sieht ihren kulturellen Standort dort, wo sie gemeinsam leben: in der Karibik. Aber alle teilen sich das wichtigste Kulturinstrument und die wichtigste Voraussetzung für die Entwicklung einer nationalen Kultur und Literatur: eine gemeinsame Sprache. Und die, das westindische Creole, ist ganz dezidiert in Raum und Zeit der Karibik verortet. So hat es in der Karibik auch immer wieder Bemühungen gegeben, im heimischen Territorium sich auf eine spezifisch karibische Identität zurückzubesinnen. Der *afro-cubanismo* und der *indigénisme* auf Haiti, der *indigenismo* auf Puerto Rico, das *Trinidad Awaking* versuchten alle, der kulturellen Fremdbestimmung im kolonialen System etwas Eigenständiges entgegenzusetzen, die Ein- und Auswanderungsregion Karibik als Ort zu konstituieren, dem sich seine Bewohner nicht nur physisch-geographisch, sondern auch kulturell zugehörig fühlen. Zwischen diesen beiden Polen des Ausgreifens nach draußen und der insulären Abgeschiedenheit hat sich auf den karibischen Inseln so etwas wie eine westindische Identität gebildet, ein aus dem Gemisch der Völker und Gefühlslagen resultierendes Gefühl der Kosmopolität, das seinen Niederschlag in einer bedeutenden Literatur findet.

Die Tradition der Oralliteratur

Die Kaste der Weißen kontrollierte die Institutionen der formellen Kultur, die Schulen, Zeitungen, Theater, und füllte sie mit Inhalten hauptstädtischer Kultur, oder zumindest mit dem, was sie dafür hielt. Kulturelle Aktivitäten der Afro-Kariben wurden auch nach der Sklavenemanzipation eher unterbunden. Tanz, Gesang, Trommeln wurde auf den Plantagen mißtrauisch als Ausgangspunkt von Aufständen betrachtet. Die Herrenhuter Brüdergemeinde hat gegen den erbitterten Widerstand der Pflanzer ab Mitte des 19. Jahrhunderts Afrikaner in ihre Missionsschulen aufgenommen. Man muß also von der Existenz zweier getrennter Kulturen ausgehen: einer weißen Herrschaftskultur, die sich als provinzialisiertes Imitat der Hauptstadtkultur darstellte, und einer informellen Kultur der beherrschten schwarzen Mehrheit, die sich nur in Opposition zu den Herrschaftsmechanismen artikulieren konnte.

Diese mündliche Literaturtradition der schwarzen Bevölkerung hat von ihren Entstehungs- und Kommunikationsbedingungen her, aber auch im Inhaltlichen etwas Konspiratives an sich. Das Verpacken der Botschaften in die Sonntagspredigt, in scheinbar harmlose jahreszeitliche oder religiöse Rituale, die Suche nach Formen und Anlässen, mit denen das Versammlungsverbot der Pflanzer unterlaufen werden konnte, all das sind Indizien für eine subtile Form des Widerstandes. Wo offene Artikulation und freie Wortergreifung nicht möglich sind, kann eben nur die List der Verstellung helfen. Dieses Listprinzip spiegelt sich auch in den Inhalten wider. Die beliebteste Erzählgattung ist die Anansi-Geschichte, die aus dem Gebiet der Akan im heutigen Ghana stammt. Anansi – der Spinnenmensch, anthropomorph und zoomorph zugleich wie viele westafrikanische Masken – muß sich in immer neuen Geschicklichkeits- und Mutproben gegen körperlich überlegene Gegner bewähren. In Anansi tritt uns nicht der begnadete Held europäischer Märchen entgegen, der von einer gütigen Vorsehung geführt alle Fährnisse letztendlich unbeschadet besteht und für sich persönliches Glück und Wohlergehen erlangt. Anansi kann nicht auf die Hilfe einer gütigen Vorsehung vertrauen. Er muß ums nackte Überleben kämpfen, gegen die widrigsten Umstände und eine scheinbar unüberwindliche Übermacht. Ihm kann allein seine Schläue helfen, seine Verschlagenheit und seine Tricks, wenn es sein muß auch schmutzige Tricks. Auch die Tiergeschichten von Brer Rabbit, ebenfalls in ganz Westafrika verbreitet, folgen einem ähnlichen Muster: Brer Rabbit sieht sich immer überlegenen Gegnern gegenüber, gegen die er nur durch List und Verschlagenheit bestehen kann. Im westindischen Kontext der Sklavengesellschaft haben die westafrikanischen Tierfabeln eine neue Akzentuierung erfahren: Der Held der Fabel, sei es Anansi oder Brer Rabbit, wird als ein Held des Widerstandes gesehen.

Eine der originellsten Formen mündlicher Literatur ist der Calypso in Trinidad. Auch er geht auf afrikanische Ursprünge zurück, auf den Sängerwettstreit. So wurde er auch in der Karibik zunächst von zwei Solisten bestritten, die aus dem Stegreif in französischem Créole sangen. Das Muster von Ruf und Antwort, *call and response*, zwischen Sänger und Publikum und der Refrain mit seinem charakteristischen Rhythmuswechsel geben dem *Calypsonian* Zeit, seinen Faden weiterzuspinnen. Heute ist der Calypso vollständig kommerzialisiert; er wird nicht mehr in französischem Créole und schon gar nicht mehr aus dem Stegreif gesungen. Geblieben ist die Produktion von Text, Melodie, Arrangement und Vortrag aus einer Hand, geblieben sind auch die Themen und Stoffe des Calypso: Aktuelles aus Politik, dem öffentlichen Leben oder auch einfacher Klatsch. Lokale Tagesereignisse werden in ihrer Bedeutung maßlos übertrieben bis zu weltpolitischem Niveau, dann aber durch naive Verallgemeinerungen und Personalisierungen zurückgeholt auf das Niveau des Festzeltes. In Vortrag und Gestus wird die Plattheit der eben vorgetragenen Moral bereits wieder ironisiert. Für V. S. Naipaul war der *Calypsonian* Inbegriff der moralischen Orientierungslosigkeit der westindischen Gesellschaft, die ihre von der weißen Pflanzerschicht entlehnten Wertvorstellungen nicht mit ihren eigenen Erfahrungen zur Dekkung bringen kann.

Auch Vorkommnisse und Figuren aus der Sklavenzeit sind in die lokale Folklore eingegangen: Die Aufrührer Cudjoe und Quashi – bezeichnend ist die Beibehaltung der afrikanischen Akan-Tagesnamen –, der Räuber Threefingered Jack oder die Maronenkönigin Nanny sind ebenso Gegenstand volkstümlicher Erzählungen geworden wie eine berüchtigte Plantagenbesitzerin als *»the white witch of Rose Hall«* – eine Figur, die später im weißen Kulturbetrieb im Roman und auf der Bühne wieder zu Ehren kam. Diese mündliche Erzähltradition hat früh die Aufmerksamkeit von Sammlern gefunden. Der Direktor des Nationalarchivs in Jamaika, Clinton Black, hat die Geschichten aus der Sklavenzeit gesammelt und nacherzählt. Beide Zweige der oralen folkloristischen Tradition waren somit schon zur Zeit der Unabhängigkeit um 1960 schriftlich fixiert.

Weiße Kolonialliteratur

Die weiße Herrschaftskultur hat im Vergleich zu dem umfangreichen und populären Corpus der schwarzen Oralliteratur nur eine bescheidene Zahl von Werken hervorgebracht. 1759 schrieb der farbige Jamaikaner Francis WILLIAMS eine lateinische Ode zum Amtsantritt des Gouverneurs Haldane. James GRAINGER verfaßte ein pastorales Epos über das Leben auf den Plantagen, *The Sugar Cane* (1764). M. J. CHAPMAN goß seine Aversion gegen die Abolitionsbestrebungen in eine Sammlung von Gedichten, *Barbados and Other Poems* (1833), und der guyanesische Dichter Egbert MARTIN veröffentlichte zwei Gedichtsammlungen, *Poetical Works* (1883) und *Lyrics* (1886), in denen erstmals das westindische Creole eine Rolle als dichterisches Ausdrucksmittel spielt.

Aber erst zu Beginn des 20. Jahrhunderts wurde der Versuch unternommen, westindische Literatur für den heimischen Markt zu schreiben und zu publizieren. 1904 veröffentlichte Thomas MCDERMOT, der Herausgeber der ›Jamaica Times‹ (Pseudonym Thomas Redcam), den Roman *Becka's Buckra Baby* als ersten Band seiner *All Jamaica Library*. In dieser Buchreihe wollte McDermot Lyrik, Prosa, Essays von jamaikanischen Autoren zu jamaikanischen Themen für ein jamaikanisches Publikum zu einem so niedrigen Preis anbieten, daß sie sich jedermann leisten konnte. Insgesamt wurden vier Romane in der *All Jamaica Library* veröffentlicht: *Becka's Buckra Baby*, McDermots zweiter Roman *One Brown Girl And-* (1909), E. A. DODD, *Maroon Medicine* (1905) und W. A. CAMPBELL *Marguerite: A Story of the Earthquake* (1907). Wie in der Volksbildungsbewegung in Europa war McDermots kulturpolitisches Programm paternalistisch motiviert: Es sollte den bisher ungebildeten Massen den Einstieg in die bürgerliche Kultur ermöglichen. Der Autor scheiterte künstlerisch, da er das Schicksal Beckas nicht aus der Trivialität des exotischen Melodrams herauszuheben vermochte und auch nicht den sozialen Kontext Jamaikas als Handlungsmotivation seiner Figuren einsichtig machen konnte. Angesichts des Desinteresses der Elite wie auch der ausbleibenden Resonanz jener neuen Leserschichten, die er eigentlich gewinnen wollte, blieb auch der Erfolg des ersten Versuchs aus, westindische Literatur aus der hegemonialen Position der Elite für die Massen zu verordnen. 1929 publizierte die Präsidentin der *Jamaica Poetry League* J. E. Clare MCFARLANE eine erste Lyrikanthologie unter dem Titel *Voices from Summerland*. Doch auch diese Hymnen auf die Schönheit der tropischen Landschaft fanden beim heimischen Publikum kaum Resonanz. Die in England publizierenden Autoren Herbert George DE LISSER, Alfred H. MENDES und C. L. R. JAMES hatten mit ihren sozialkritischen Romanen *Jane's Career* (1914), *Pitch Lake* (1934) und *Minty Alley* (1936) mehr Erfolg. Bereits 1912 hatte Claude MCKAY zwei schmale Gedichtbände in Dialekt veröffentlicht, *Constab Ballads* und *Songs of Jamaica*. Aber McKay verließ noch im gleichen Jahr Jamaika, wurde eine der führenden Figuren der *Harlem Renaissance* und schrieb erst zwanzig Jahre später in der Emigration *Banana Bottom* (1933), den zu diesem Zeitpunkt bedeutendsten Roman über ein westindisches Thema. Jean RHYS, die weiße Pflanzertochter aus Domenica, ebenfalls eine der frühen Emigranten, erlangte im Paris der späten zwanziger Jahre mit *The Left Bank and Other Stories* (1927) literarisches, aber auch ein etwas zweifelhaftes gesellschaftliches Renommée. Ihr Meisterwerk über die Karibik, *Wide Sargasso Sea*, erschien erst 1966.

Peripherie und Metropole

Eine entscheidende Rolle für die Entwicklung westindischer Literatur haben in den dreißiger und vierziger Jahren die literarischen Zeitschriften gespielt. 1931 erschien in Trinidad zum ersten Mal ›The Beacon‹, herausgegeben von Albert GOMES, eine Zeitschrift der linksintellektuellen *Beacon Group* von C. L. R. JAMES, Alfred MENDES und Gomes. Auch das von Gene DE BOISSIER in Trinidad herausgegebene ›Callaloo‹ war dem sozialrevolutionären Zeitgeist der dreißiger Jahre verpflichtet. In Jamaika hat der konservative Herausgeber des ›Daily Gleaner‹ DE LISSER das Jahrbuch ›Planters' Punch‹ herausgebracht, das 1943 von der weit anspruchsvolleren Zeitschrift ›Focus‹ abgelöst wurde. Herausgeberin von ›Focus‹ war die Bildhauerin Edna MANLEY, die Frau des späteren Premierministers der westindischen Föderation, Norman Manley. Sie veröffentlichte Gedichte, Essays und Erzählungen von John HEARNE, John FIGUEROA, Victor REID, Roger MAIS und des im jamaikanischen Exil lebenden Südafrikaners Peter ABRAHAMS. 1945 erschien in Guyana die Zeitschrift ›Kyk-over-al‹, herausgegeben von A. J. SEYMORE, in der Wilson HARRIS und Jan CAREW erstmals zu Wort kamen. Am breitesten angelegt war die seit 1942 auf Barbados erscheinende Zeitschrift ›Bim‹ von Frank COLLYMORE. Alle Autoren, die das Bild der westindischen Literatur in den fünfziger und sechziger Jahren prägten, haben ihre ersten Arbeiten in ›Bim‹ publiziert: Edgar MITTELHOLZER, George LAMMING, Sam SELVON, Derek WALCOTT und viele andere. Die Lebendigkeit dieser Literaturzeitschriften hat sicherlich dazu beigetragen, das in der Kriegszeit und der beginnenden Ära der Unabhängigkeitsbewegungen neu erwachte kulturelle Selbstbewußtsein in literarische Bahnen zu lenken. Zugleich haben die Zeitschriften geholfen, jene Grundlage für ein *»environment«* oder *»temper of the age«*, wie T. S. ELIOT es nennt, zu schaffen, in dem, wie in Eliots »großen Zeitaltern«, vielleicht nicht mehr Talent produziert, aber weniger Talent vergeudet wird. Auf der anderen Seite konnten die Zeitschriften den von ihnen selbst geweckten literarischen Ehrgeiz der Autoren auf Dauer nicht befriedigen. Denn der Durchbruch als Schriftsteller war nur über die Veröffentlichung in einem großen Verlag zu schaffen. Und diese Verlage hatten und haben ihren Sitz in London, New York und Boston. Anfang der fünfziger Jahre kehrten George Lamming, V. S. Naipaul, Sam Selvon und viele andere ihrer westindischen Heimat den Rücken und veröffentlichten in rascher Folge in England ihre aufsehenerregenden Erstlingsromane: *In the Castle of My Skin* (Lamming 1953), *Miguel Street* (Naipaul 1959) und *The Mystic Masseur* (Naipaul 1957), *A Brighter Sun* (Selvon 1952). Auch hier hat wieder eine in der Karibik herangewachsene intellektuelle Bewegung erst volle Früchte getragen, nachdem sie nach England verpflanzt worden war.

Wie sehr sich das Zentrum westindischer kultureller Produktion mangels einer ausreichenden kulturellen Infrastruktur vor Ort nach London verlagert hat, wird an zwei Beispielen deutlich: Eine der wichtigsten Institutionen für die Entwicklung und Verbreitung westindischer Literatur in den fünfziger Jahren wurde die BBC-Sendung *Caribbean Voices*. Hier sind alle aufstrebenden westindischen Autoren zu Wort gekommen, sowohl für die rasch wachsende Gemeinde westindischer Immigranten in England als auch für die Zuhausegebliebenen in der Karibik. Und die Uraufführung von Derek Walcotts erstem Theaterstück *Henri Christophe* über den Helden der haitianischen Revolution fand im Januar 1952 ebenfalls in London statt. George Lamming schrieb den Prolog zu dem Stück; Regie führte Errol HILL, ein erfolgreicher westindischer Dramatiker, Regisseur und Theaterwissenschaftler. Die Hauptrolle spielte Errol JOHN, der ebenfalls als Dramatiker bekannt wurde. Die Namen im Programmheft dieser Produktion zeigen, daß alles was in der Karibik Rang und Namen als Schauspieler, Regisseur und Bühnenbildner hatte, in London versammelt war, ja daß diese Produktion in dieser erfolgreichen und theatergeschichtlich wichtigen Form nur in London, aber nirgendwo in der Karibik möglich war. Kurzgeschichte, Lyrik, Essay und folkloristisches Musical, also literarische Kleinformen, das war offensichtlich das Maximum dessen, was mit den lokalen Ressourcen der westindischen kulturellen Infrastruktur zu leisten war. Die Emigration der Künstler läßt nur den einen Schluß zu, daß auch nach ihrer eigenen Einschätzung für die Realisierung eines ambitiöseren Werkes, eines Romans oder einer aufwendigen Theaterproduktion, nur die Metropole die geeigneten Mittel bereitstellen konnte.

Der westindische Roman

Der westindische Roman der fünfziger und sechziger Jahre, von den großen englischen Verlagshäusern »entdeckt« und verbreitet, hat über lange Zeit das Erscheinungsbild und die kritische Wahrnehmung westindischer Literatur bestimmt. In diesen Romanen wurde ein Themenkreis abgehandelt, der signifikant war für die historische, gesellschaftliche und kulturelle Entwicklung der Karibik und die daraus resultierende westindische Befindlichkeit. Die Rassen- und Klassenhierarchie der westindischen Gesellschaft ist das Thema von Edgar MITTELHOLZERS *Morning at the Office* (1950). Immer wieder wird versucht, westindische Identität in der Ursprünglichkeit ländlicher Gesellschaft aufzusuchen. Hier, wo sich die spirituellen Traditionen der alten Heimatländer am besten erhalten hatten, konnten sowohl das menschliche Potential dieses kulturellen Erbes, wie auch seine Fragmentierung in der kolonialen Diaspora ausgeleuchtet werden. Dies gilt für die afrokaribische Landbevölkerung Jamaikas in Andrew SALKEYS *A Quality of Violence* (1959) ebenso wie für die ostindischen Westinder in Sam SELVONS *A Brighter Sun* oder V. S. NAIPAULS *The Mystic Masseur* oder *The Suffrage of Elvira* (1958). Vor allem die synkretistischen Kulte der Pocomania, des Obeah und des Voodoo werden immer wieder als Spezifikum der westindischen Doppelidentität (Afrika und Europa) thematisiert. So etwa in Sylvia WYNTERS *The Hills of Hebron* (1962), Ismith KHANS *The Obeah Man* (1964) oder auch George LAMMINGS *Season of Adventure* (1960). Die nahezu vollständige Fragmentierung individueller wie auch der kollektiven Identität des Westinders in den Slums der Hauptstädte steht im Mittelpunkt von Roger MAIS' sozialkritischen Reportagen *Brother Man* (1954) und *The Hills Were Joyful Together* (1953) sowie Orlando PATTERSONS *The Children of Sisyphus* (1964). Hier findet der sozialkritische Roman der Beacon-Gruppe aus Trinidad seine Fortsetzung. Politische Schlüsselromane, die sich mit der Rolle der alten und neuen Eliten vor und nach der Unabhängigkeit auseinandersetzen, haben John HEARNE mit *Voices under the Window* (1955), George Lamming mit *Of Age and Innocence* (1958), V. S. Naipaul mit *The Suffrage of Elvira* (1958), *The Mimic Men* (1967) und *A Flag on the Island* (1967) geliefert. Naipaul hat seine Vorliebe für die Kommentierung der moralischen Insuffizienz der Politiker auch in seinen späteren Romanen beibehalten, allerdings mit einer markanten Verschiebung der Perspektive: In *Guerillas* (1975), *In a Free State* (1971) und *A Bend in the River* (1979) läßt er jeweils einen ausländischen Entwicklungsexperten über den Zerfall der politischen Ordnung berichten.

Literarische Darstellungen historischer Ereignisse und Entwicklungen spielen in allen kolonialen und postkolonialen Gesellschaften eine bedeutsame Rolle. Geht es doch darum, sich seine eigene Geschichte überhaupt erst anzueignen, sie von der entstellenden und meist auch herabwürdigenden Fremdsicht der Kolonialhistoriker zu befreien. Es ist sicher kein Zufall, daß bei der vorherrschenden antikolonialen Stimmung nach Kriegsende, die auf die Unabhängigkeit hinzielte, aber zunächst nur zu einem literarischen Befreiungsschlag führte, der historische Roman *New Day* (1949) von Vic REID ganz am Anfang steht. Reid schildert über drei Generationen die Familiengeschichte der Campbells von der Morant Bay Rebellion 1865 bis zum Ende der Kronkolonieverfassung in Jamaika 1944. Vic Reid hat in einem weiteren historischen Roman, *The Jamaicans* (1976), den Übergang von der spanischen zur britischen Kolonialherrschaft aus der Sicht der freien Maronen beschrieben. Da die indianischen Arawaken von den nun fliehenden Spaniern ausgerottet wurden, verstehen sich diese Afrokariben als die eigentlichen Jamaikaner, denen die Insel rechtmäßig gehört. Edgar Mittelholzer hat in seiner *Kaywana*-Trilogie (1952 bis 1958) die auf Unterdrückung, Ausbeutung und Vergewaltigung basierende Kolonialgeschichte seiner Heimat Guyana beschrieben. Kennzeichnend für alle historischen Darstellungen ist die Brutalität, mit der die menschliche und nicht zuletzt die sexuelle Unterwerfung der Indianer und Afrikaner erfolgte. George Lamming hat in *Natives of My Person* (1972) dieser Brutalität der Konquistadoren nachgespürt, und auch Wilson HARRIS gibt in seiner mythisch-magischen Darstellung einer Konquistadorenexpediton ins Innere Guyanas in *Palace of the Peacock* (1960) zu verstehen, daß Gewalt die historische Grunderfahrung in der Karibik ist.

Neben der Rekonstruktion kollektiver Identität im antikolonialen Geschichtsroman kommt der Konstituierung individueller Identität im autobiographisch eingefärbten Bildungsroman eine besondere Bedeutung zu. Die *novel of childhood*, die Geschichte über das Heranwachsen zum gereiften Erwachsenen ist geradezu ein Markenzeichen des westindischen Romans geworden. George Lammings *In the Castle of My Skin* (1953) hat den Maßstab für dieses Genre gesetzt. Austin CLARKES *Among Thistles and Thorns* (1965), Michael ANTHONYS *The Year in San Fernando* (1965), Naipauls *Miguel Street* oder Merle HODGES *Crick Crack Monkey* (1970) schildern, was es bedeutet, als farbiger Westinder aufzuwachsen, Geoffrey DRAYTONS *Christopher* und Jean RHYS' *Wide Sargasso Sea* beschreiben die Zwiespältigkeiten einer weißen Kindheit. In jüngster Zeit hat Jamaica KINKAID aus Antigua mit *Annie John* eine postmoderne Version westindischer Kindheit geliefert. Sowohl Lamming wie auch Kinkaid setzen als Schlußpunkt der Kindheit den Gang zum Hafen, wo das Schiff bereit liegt, das den Helden oder die Heldin herausführt aus der insularen Abgeschlossenheit der Karibik und der Kindheit. Unweigerlich, so scheint es, steuert die Kindheitsbiographie eines Westinders auf den Punkt zu, wo man die Inseln hinter sich lassen muß; Erwachsenwerden, elterliche Bevormundung abzuschütteln scheint gleichbedeutend mit dem Abschütteln der insularen Beschränkung.

Der Abreise von den Inseln als Ziel- und Endpunkt der karibischen Bildungsromane entspricht die Ankunft in London, New York oder Toronto in den Emigrantenromanen. Lamming hat das Thema in *The Emigrants* (1954) behandelt, Selvon die Seelenlandschaften der Emigranten in London immer wieder untersucht: in *The Lonely Londoners* (1956), *Moses Ascending* und *Moses Migrating*. Austin Clarke hat mit seiner Toronto-Trilogie *The Meeting Point* (1967), *A Storm of Fortune* (1973) und *The Bigger Light* (1975) die Bedingungen des kanadischen Exils dargestellt. Schon Claude McKAY hatte in seinen rhapsodischen Texten *Home to Harlem* (1928), *A Long Way from Home* (1937) und *Banjo* (1929) die Kondition des Westinders als Exilanten thematisiert. Unter dem Gesichtspunkt, daß in der Zwischenzeit die zweite Generation westindischer Auswanderer herangewachsen ist, kommt dem Emigrantenroman eine wichtige literaturgeschichtliche Bedeutung zu. Selvon und Clarke stehen mit ihren Romanen am Beginn einer Entwicklung, die heute zu eigenständigen literarischen Kategorien geführt hat: Als *Black British* und *Black Canadian Literature* bezeichnet man eine Literatur, die in Inhalt und Form der Erfahrungswelt und der Befindlichkeit der Westinder in ihren neuen Heimatländern Rechnung tragen will.

Die erste Generation westindischer Schriftsteller hatte das Erscheinungsbild westindischer Literatur als Teil der Weltliteratur bestimmt und den Roman als vorherrschendes Ausdrucksmittel etabliert. Aber trotz der Bemühungen – etwa des *Institute of Jamaica* –, mit Publikationsmöglichkeiten vor Ort literarische Produktion als integrativen Bestandteil einer westindischen Gesamtkultur am Ort ihrer Inspiration zu verankern, ist das selbstgewählte Exil der Autoren und der Kulturexport in die Verlagshäuser der Metropolen das beherrschende Muster der kulturellen Szenerie geblieben. Mit Andrew Salkey, Paule Marshall, Jamaica Kincaid und Sylvia Wynter in den USA, Austin Clarke und Cyril Dabydeen in Kanada, V. S. Naipaul, Sam Selvon und Wilson Harris in England hat sich die Aufspaltung in Inspirations- und tatsächlichen Produktionsort innerhalb der literarischen Landschaft eher verfestigt. Mit George Lamming, John Hearne und dem Trinidader Earl LOVELACE, der mit *The Dragon Can't Dance* (1979) dem Roman neue Impulse gegeben hat, gibt es jedoch auch bedeutende westindische Autoren, die ihrer Region treu geblieben sind.

Theater und Volkskultur

Weit mehr als der Roman sind das Theater, die Lyrik, insbesondere als Performance in Verbindung mit Musik, und die Kurzgeschichte zu einem wichtigen Bestandteil der kulturellen Produktion westindischer Gesellschaften in der Karibik, in England und in Kanada geworden. Im Bereich des Theaters ist die Kluft zwischen der Herrschaftskultur der weißen Pflanzerschicht und der Volkskultur der Schwarzen noch offenkundiger, da diese Form der kulturellen Produktion an die Verfügbarkeit kultureller Einrichtungen gebunden ist. Die Existenz eines öffentlichen Theaters ist für Jamaika bereits für das Jahr 1682 bezeugt; in Barbados wurde schon 1729 Theater gespielt, ab 1812 in einem eigenen Theater; selbst das kleine Antigua und St. Lucia hatten ab 1788 bzw. 1832 ihre eigenen Theater, und Trinidad verfügte um 1820 gar über drei Theater. Bespielt wurden diese Bühnen gelegentlich von einheimischen Amateurtruppen, meist jedoch von eher drittklassigen englischen und amerikanischen Tourneetruppen. Neben den unvermeidlichen Shakespeareaufführungen dominierten die Gesellschaftskomödien des 18. Jahrhunderts im Spielplan. Das Theater in Barbados wurde am 1. Januar 1812 mit Richard CUMBERLANDS Komödie *The West Indian* (1771) eröffnet. Das Stück muß ein Kassenschlager gewesen sein, denn Gastspiele und Engagements von Schauspielern aus Barbados in Jamaika sind bezeugt. *The West Indian*, ein Stück über die Rolle, die ein reicher westindischer Pflanzer in der feinen Londoner Gesellschaft spielt, kam wohl dem Geschmack des westindischen Publikums sehr entgegen.
Ansätze für ein eigenes dramatisches Genre finden sich bei DE LISSER, der *The White Witch of Rosehall* als Melodram auf die Bühne brachte, bei Tom REDCAM / McDERMOT in *San Gloria*, Una MARSON in *Pocomania*, Frank HILL in *Upheaval* und Roger MAIS in *Hurricane*. In Trinidad versuchten sich C. L. R. JAMES, Arthur ROBERTS und Wilson ROGERS als Dramatiker.
Elemente der Theatralität waren in der oralen Kultur der Afrokariben reichlich vorhanden. Auch die Prosaerzählung über Anansi, den Spinnenmenschen, hatte Performancecharakter mit Publikumsbeteiligung. Stocktänze als ritualisierte Zweikämpfe (Schwerter waren den Sklaven selbstverständlich verboten), pantomimische Tanzformen über die Arbeit auf den Zuckerplantagen wurden zum Abschluß der Erntezeit geduldet als *cannes brulées* (verbranntes Zuckerrohr) oder *crop over*. In der östlichen Karibik hat sich eine elaborierte Karnevalstheatralik entwickelt, in St. Lucia, der Heimat von Derek WALCOTT, sind die Stegreifsketche und Verkleidungsriten der rivalisierenden Gruppen *La Rose* und *La Marguerite* verbreitet, in Jamaika ziehen um die Weihnachtszeit die John-Canoe-Gruppen tanzend durch die Straßen: ausnahmslos Formen der Theatralität, die in ein bodenständiges Theateridiom aufgenommen werden können, wie dies zum Beispiel Sylvia WYNTER mit ihrem John-Canoe-Stück *Maskarade* getan hat.
1941 gründete Greta FOWLER in Jamaika das *Little Theatre* und versuchte, dem Theater breitere Publikumsschichten zu erschließen. So wurde aus dem *Christmas Morning Concert* die sogenannte *Pantomime*, die inzwischen zu einem festen Bestandteil des Kulturkalenders geworden ist. 1949 erfolgte mit *Bluebird and Brer Anancy* eine Jamaikanisierung des Genres. Die *Pantomime* mischt Tanz- und Gesangsnummern aus dem Bereich der Volkskultur mit Soloauftritten populärer Künstler, die in humorvoll-kritischen Kommentaren zu aktuellen sozialen oder politischen Fragen Stellung nehmen. All diese Einzelnummern werden durch ein loses Handlungsgerüst zu einem thematischen Ganzen verknüpft.
Nach seinem Debut in London mit *Henri Christophe* (1951) hat Derek WALCOTT den *Trinidad Theatre Workshop* begründet. Hier sind seine Stükke *Ti-Jean and His Brothers* (1958), *Drums and Colours* (1958) und *Dream on Monkey Mountain* (1959–1967) erarbeitet worden. In den sechziger Jahren, unmittelbar nach der Unabhängigkeit, setzte eine kulturelle Initiative ein. Rex NETTLEFORD gründete in Jamaika sein eigenes Tanztheater, das *Barn Theatre* spielte die Stücke von Trevor RHONE, an der University of The West Indies spielte die Theatergruppe der Universität unter der Regie von Errol HILL Peter WEISS' *Marat-Sade*. Errol Hills *Man Better Man* wurde in Yale, Errol JOHNS *Moon on a Rainbow Shawl* in New York uraufgeführt. Marina Omowale MAXWELL gründete das *Yard Theatre*, und die Gruppe *Sistren* trat mit kollektiven Workshop-Produktionen über die soziale Lage in den Slums von Jamaika in Erscheinung. Earl LOVELACE produzierte *Jestina's Calypso* und Kendel HIPPOLYTE aus St. Lucia versuchte mit Stücken wie *The Drum Maker*, die Volkskultur als Medium der Befreiung zu nutzen. Der Trend, das elitäre Theater der Kolonialgesellschaft durch ein aussagestarkes Volkstheater zu ersetzen, wird auch in der fast ausschließlichen Verwendung von Creole als Bühnensprache ersichtlich.

Lyrik als Performance

Eine ähnliche Entwicklung läßt sich auch bei westindischer Lyrik nachzeichnen. Während bis in die fünfziger Jahre die Faszination der tropischen Szenerie die Lyrik bestimmte – WALCOTT sprach geringschätzig von *postcard poetry* – hat Louise BENNET mit dem Creole als Ausdrucksmittel auch die soziale Realität als Stoff der Lyrik entdeckt. Derek Walcott und Edward Kamau BRATHWAITE haben in langen epischen Gedichten die *condition humaine* des von seinen Wurzeln getrennten Westinders beschrieben. Walcotts *The Castaway* (1965), *The Gulf* (1970), *Another Life* (1973) und Brathwaites *The Arrivants – A New World Trilogy (Rights of Passage, Masks, Islands)* sehen den Atlantik und die Tradition des Sklavenhandels nicht nur als Trennendes, sondern auch als eine Verbindung der Karibik zu Afrika und Europa. Walcotts *Omeros* (1990) beschreibt die mythohistorischen Ursprünge der Karibik in Analogie zu Homers *Ilias* und *Odyssee*.

Inzwischen sind eine ganze Reihe neuer Autoren ins Blickfeld gerückt: Mervin Morris mit *The Pond* (1973) und *Shadowboxing* (1979), Dennis Scott mit *Uncle Time* (1973), Wayne Browne mit *On the Coast* (1972) und Anthony McNeill mit *Reel from Life Movies* (1972). Eine entscheidende Wendung hat jedoch die Lyrik mit dem Aufkommen des Reggae, der Rastafarians, der brisanten sozialen Lage in der Karibik genommen. Lyrik ist nun zu einem Mittel im Kampf gegen die Unterdrückung geworden. Reggae und Dub Poetry, *Prophesight* und *Prophesay* haben Lyrik zu einem Massenmedium des sozialen Protestes gemacht, die bei Demonstrationen die Stimmung der Unterdrückten artikuliert. Rhythmischer Sprechgesang, Trommel- und Gesangsbegleitung, Choruspantomime prägen die Performance. Die junge Lyrik der Karibik sucht neue Wege der literarischen Kommunikation und wendet sich ganz offenkundig an ein anderes Publikum als der konventionelle Gedichtband. Veröffentlichung erfolgt primär beim öffentlichen Auftritt, bei der Performance, in der Interaktion mit dem Publikum, und erst sekundär in gedruckter Form. Lyrik ist ein kämpferisches, ja aggressives, aber öffentliches Medium geworden. Michael Smith, einer der populärsten Dub-Poeten Jamaikas, fiel einem Lynch-Mob zum Opfer.

Wie lebendig die literarische Szene in den achtziger Jahren geworden ist, zeigen die neuesten Anthologien westindischer Literatur, die die ganze Breite der Produktion dokumentieren. *Her True Name: An Anthology of Women's Writing from the Caribbean* (1989) enthält Texte von Erna Brodber, Joan Riley, Olive Senior, Grace Nichols, Merle Collins und Merle Hodge. In *Caribbean New Wave: Contemporary Short Stories* (1990) sind Lorna Goodison, Amryl Johnson, Jamaica Kincaid vertreten; *Voice Print: An Anthology of Oral and Related Poetry from the Caribbean* (1989) präsentiert eine breite Palette von oralen Texten, von Calypsos, Mento-Songs, von älteren, an der oralen Tradition ausgerichteten Gedichten, aber auch die Texte von Bob Marley und Jimmy Cliff, von Linton Kwesi Johnson oder Brother Resistance, die die neue Oralität der urbanen Gesellschaft repräsentieren.

Diese neue Mündlichkeit hat in den westindischen Kultgemeinden Londons, Birminghams, Liverpools, besonders auch unter dem Eindruck wachsender Fremdenfeindlichkeit, ein besonders starkes Echo gefunden. Linton Kwesi Johnson mit seinen Attacken auf das »Mutterland« (*»Inglan is a bitch«)*, aber auch die im Ton konzilianteren David Dabydeen, John Agard, Joan Riley sind zu Exponenten der neuen literarischen Bewegung der *Black British Literature* geworden. Wie schon zu Zeiten der *Harlem Renaissance* und der frühen fünfziger Jahre präsentiert sich die Literatur Westindiens auch heute zwiespältig. Sie ist wieder stark oral orientiert, aber wird zugleich elektronisch verbreitet; sie ist regional ausgerichtet, aber international präsent und wirksam; sie konzentriert sich auf die Spezifik westindischer Identität und Erfahrung und ist doch zugleich Ausdruck von Interkulturalität. E.Bre.

Literaturhinweise

A. Allgemeines

M. Cobb, *Harlem, Haiti, and Havana*, Washington D.C. 1979.
G. R. Coulthard, *Race and Colour in Caribbean Literature*, Ldn. 1962.
S. R. Cudjoe, *Resistance and Caribbean Literature*, Athens/Oh. 1980.
U. Fleischmann, *Zum Problem der Literaturgesellschaft im Karibischen Raum* (in *La literatura latinoamericana en el Caribe*, Hg. A. Losada, Bln. 1983, S. 49–115).
F. Gewecke, *Die Karibik. Zur Geschichte, Politik und Kultur einer Region*, Ffm. 1984.
M. Horowitz (Hg.), *Peoples and Cultures of the Caribbean*, NY 1971.
B. Lindfors u. R. Sander (Hg.), *Twentieth-Century Caribbean and Black African Writers*, 2 Bde., Detroit 1992/93 (= DLB, Bd. 117 u. 125).
R. Sander (Hg.), *Der karibische Raum zwischen Selbst- und Fremdbestimmung*, Ffm. 1984.
Steger/Schneider (Hg.), *Karibik. Wirtschaft, Gesellschaft und Geschichte*, Mchn. 1983.
W. Williams, *From Columbus to Castro: The History of the Caribbean*, NY 1970.

B. Frankophone Literatur

J. Chevrier, *Littérature nègre*, Paris 1984.
J. Corzani, *La littérature des Antilles-Guyane Françaises*, 6 Bde., Fort-de-France 1978.
Ders., *Prosateurs des Antilles et de la Guyane française*, Fort-de-France 1971.
J. M. Dash, *Literature and Ideology in Haiti 1915–1961*, Ldn. 1981.
U. Fleischmann, *Ideologie und Wirklichkeit in der Literatur Haitis*, Bln. 1969.
L.-F. Hoffmann, *Le roman haïtien*, Sherbrooke 1982.
J. Jahn, *Geschichte der neoafrikanischen Literatur*, Düsseldorf/Köln 1966.

J. Jonassaint, *Le pouvoir des mots, les maux du pouvoir. Des romanciers haïtiens de l'exil*, Montreal 1986.
L. Kesteloot, *Les écrivains de langue française: naissance d'une littérature*, Brüssel 1963.
M. Laroche, *La littérature haïtienne. Identité, langue, réalité*, Ottawa 1981.
R. Menil, *Tracées. Identité, négritude, esthétique aux Antilles*, Paris 1981.
J. Riesz (Hg.), *Frankophone Literaturen außerhalb Europas*, Ffm. 1987.
A. Viatte, *Histoire littéraire de l'Amérique Française*, Laval/Paris 1984.
Ders., *Histoire comparée des littératures francophones*, Paris 1980.

C. Anglophone Literatur

E. Baugh, *West Indian Poetry 1900–1970*, Savacou 1977.
Ll. W. Brown, *West Indian Poetry*, Boston 1978 (TWAS).
Ders. (Hg.), *West Indian Poetry*, London 1984.
R. Cobham-Sander, *The Creative Writer and the West Indian Society: Jamaica 1900–1950*, Ann Arbor/Mich. 1982.
K. Cosby, *Theatre in the Caribbean*, London 1982.
D. Dabydeen u. N. Wilson-Tagoe, *A Reader's Guide to West Indian and Black British Literature*, Ldn. 1988.
D. C. Dance (Hg.), *Fifty Caribbean Writers*, Westport/Conn. 1986.
M. Gilkes, *The West Indian Novel*, Boston 1981 (TWAS).
L. James, *The Islands in Between: Essays on West Indian Literature*, Ldn. 1968.
B. King (Hg.), *West Indian Literature*, Ldn. 1979.
G. Moore, *The Chosen Tongue: English Writing in the Tropical World*, Ldn. 1969.
K. Omotoso, *The Theatrical into the Theatre: A Study of Drama and Theatre of the English-Speaking Caribbean*, Ldn./Port of Spain 1982.
K. Ramchand, *The West Indian Novel and Its Background*, Ldn. 1970.
Ders., *An Introduction to the Study of West Indian Literature*, Ldn. 1976.

LOUISE BENNETT

* 7.9.1919 Kingston / Jamaika

JAMAICA LABRISH

(engl.; *Jamaica Creole*). Gedichtsammlung von Louise BENNETT (Jamaika), erschienen 1966. – Seit den vierziger Jahren gehört Louise Bennett zu den Repräsentanten und Befürwortern einer spezifisch jamaikanisch-creolischen Kultur und Literatur. Zu einem Zeitpunkt, als Creole als »schlechtes Englisch« mißverstanden wurde und daher als Literatursprache auch von der jamaikanischen Mittelschicht nicht akzeptiert wurde, hat Louise Bennett aufgehört, in Englisch zu schreiben und sich nur noch des »Dialekts« (wie sie selber ihre Sprache linguistisch inkorrekt oft bezeichnete) als sprachlichem Medium bedient.

Als ausgebildete Journalistin und Volkskundlerin fühlte sie sich der präzisen Recherche, als Schauspielerin und Schriftstellerin der künstlerischen Wiedergabe ihres jamaikanischen Milieus verpflichtet. Somit war Louise Bennetts künstlerische Entscheidung für ihr heimatliches Lokal, für den jamaikanischen Stoff und für ihre Sprache in der Spätphase des englischen Kolonialismus eine kulturpolitische, antikolonialistische Entscheidung. Mit ihren Personenporträts, ihren Situationsskizzen, ihren dörflichen Genreszenen, ihren kritischen Kommentaren zum Leben in den »shanty towns« von Kingston oder den Vierteln der Mittelschicht unterstreicht Louise Bennett, daß eine für die Jamaikaner bedeutungsvolle Lyrik nicht die Lyrik der englischen Romantik und der Viktorianer sein kann, die in den jamaikanischen Schulbüchern dominierte, sondern nur eine Lyrik, die sprachlich und stofflich eine ebenso harmonische Einheit bildet wie WORDSWORTHS englische Naturlyrik im englischen Kontext.

Die Ernsthaftigkeit und vor allem die Tragweite von Louise Bennetts Anliegen ist zu lange unterschätzt worden. Das kulturbeflissene jamaikanische Publikum der Mittelschicht blickte bewundernd zur Herrschaftskultur des »Mutterlandes« auf und verachtete die ländliche Volkskultur als primitiv. Es akzeptierte Louise Bennett als Humoristin, als Performance-Künstlerin; es glaubte im dramatischen Vortrag ihrer Dialektgeschichten die eigene koloniale Mentalität wiederzuerkennen, die sich mit dem Hintergrund der Hochsprache und der Hochkultur über die Schlichtheit der Volkskultur und auf Kosten des »einfachen Dörflers« lustig macht. Zu diesem Mißverständnis hat Louise Bennetts bevorzugte Form des dramatischen Monologs mit beigetragen. Als lyrische Erzählerin und Vortragende präsentiert sie sich dem Zuhörer als scheinbar naiver als er selbst. Sie nimmt eine ironische Erzählattitüde ein, die sie ebenfalls aus dem lakonisch verschlagenen Humor des volkstümlichen Erzählens gewinnt.

In den Gedichten dominiert der aktuelle gesellschaftskritische und politische Kommentar wie z. B. in *Passa fi White* und *Independence*. Über den unmittelbaren Kommentar hinaus gibt Louise Bennett ihren Gedichten durch Bilder, leitmotivische Wiederholung oder auch parodistische Imitation der englischen Klassiker eine tiefere Bedeutungsdimension. *Independence* imitiert eine Ballade von Charles WOLFE, *The Burial of Sir John Moore at Corunna*, die jedes jamaikanische Schulkind auswendig lernen mußte. Das Pathos des Originals wird durch das Creole ironisiert, zugleich mit dem Begräbnis eines großen Engländers die eigene Unabhängigkeit assoziiert, d. h., das große England wird im unabhängigen Jamaika zu Grabe getragen. *Passa fi White* kommentiert ein ganzes Geflecht von sozialen Aspirationen der jamaikanischen Mittelschicht. Miss Janes Tochter schreibt stolz aus Amerika, daß sie zwar in ihrer Prüfung durchgefallen sei, aber für weiß gehalten werde. Den Stolz der Eltern über diesen Erfolg kommentiert Louise Bennett mit einem komplexen Bild, das nur aus seinem jamaikanischen Hintergrund verständlich wird: *»Five year back dem Jim-Crow him, now dem pass him pickney white«*. *Jim* Crow bezeichnete den amerikanischen Rassismus der dreißiger Jahre, *John* Crow ist der pechschwarze Geier in Jamaika. Aber seine Jungen schlüpfen schneeweiß aus dem Ei (*pickney* = Bastard-Kind). Die schon beinahe verflogene Wut über eigene rassistische Erfahrungen, das bauernschlaue Austricksen des Systems mit seinen eigenen Waffen, aber auch die Überschätzung der Möglichkeiten der eigenen Kinder und die Fixierung auf die feinsten Schattierungen der Hautfarbe als einzig gültigen Statusanzeiger – dieses ganze breite Spektrum an Assoziationen ist in einem einzigen knappen Bild eingefangen.

Louise Bennett hat in den sechziger Jahren mit *Jamaica Labrish* gegen den Widerstand der britischen Puristen eine Entwicklung der karibischen Lyrik eingeleitet, die heute zu deren Markenzeichen geworden ist. Sie hat ein originales lyrisches Idiom und den Vortragsstil der Performance geschaffen. Ohne sie wären die heutige Rap Poetry und Performance Poetry in der Karibik und in den anglo-karibischen Zentren Notting Hill oder Brixton/London nicht möglich. Sie ist die Vorläuferin zu Michael SMITH wie auch Lynton Kwesi JOHNSON. E.Bre.

AUSGABEN: Kingston 1966. – Kingston 1982 (in *Selected Poems*, Hg. M. Morris; m. Einl. u. Komm.).

LITERATUR: Rez. (in TLS, 15. 12. 1966). – M. Morris, *On Reading L. B., Seriously* (in Jamaica Journal, 1, Dez. 1967, S. 69–74; Nachdr. aus Sunday Gleaner, Juni 1964). – D. Scott, *Bennett on Bennett* (in Caribbean Quarterly, 14, März–Juni 1968, S. 97–101; Interview). – C. Cooper, *Noh Lickle Twang: An Introduction to the Poetry of L. B.* (in

WLWE, Apr. 1978, S. 317–327). – L. Brown, *The Oral Tradition: Sparrow and L. B.* (in L. Brown, *West Indian Poetry*, Boston 1978, TWAS; ern. Ldn. 1984, S. 100–117). – C. R. Cobham-Sander, *The Creative Writer and West Indian Society: Jamaica 1900–1950*, Diss. Univ. of St. Andrews 1982, S. 158–168; 241 f. – E. K. Braithwaite, *History of the Voice: The Development of Nation Language in Anglophone Caribbean Poetry*, Ldn. 1984, S. 26–30. – M. Morris, L. B. (in *Fifty Caribbean Writers*, Hg. D. C. Dance, Westport/Conn. 1986, S. 35–45). – DLB, Bd. 117 (1992), S. 93 bis 97.

JAN CAREW

* 24.9.1925 Agricola / Brit.-Guyana

LITERATUR ZUM AUTOR:
F. A. Collymore, *Writing in the West Indies: A Survey* (in Tamarack Review, 14, 1960, S. 111–124). – J. C., *Some Aspects of Literature and Language in the Developing Countries* (in Afro-Asian Writings 2, Kairo 1970, S. 190–199). – E. Baugh (Hg.), *Critics on Caribbean Literature*, Ldn. 1978. – J. C., *The Caribbean Writer and Exile* (in Caliban, 2, 1978, Nr. 2).

BLACK MIDAS

(engl.; *Ü: Schwarzer Midas*). Roman von Jan CAREW (Britisch-Guyana), erschienen 1958. – Der Roman erzählt die Entwicklungsgeschichte Aron Smarts, eines jungen Mannes aus der bäuerlichen Küstengegend Britisch-Guyanas. Ein geheimnisvoller Mäzen, der, wie sich später herausstellt, eine Gewissensschuld gegenüber Arons verstorbenem Vater abtragen will, ermöglicht ihm den Besuch einer Schule. Aron bricht jedoch seine Ausbildung ab, um sein Glück als Diamanten- und Goldschürfer zu suchen. Dreimal erwirbt er ein ungeheures Vermögen, das er jedesmal wieder aufs Spiel setzt und verliert.

Faszinierend sind die Schilderungen der tropischen Wälder Guayanas, seiner Flüsse und seiner Diamanten- und Goldfelder, faszinierend ist auch die Gestaltung der Charaktere. Natur und Menschen sind erlebt aus der Weltsicht des Afroamerikaners. So kennt der Kapitän des Urwalddampfers zwar den Fluß genau und meistert mit vollendet technischem Geschick alle Gefahren der Fahrt, verläßt sich aber dabei auf die Hilfe der Wassergeister und der vielen Toten, die dieser Fluß schon gefordert hat. Und so findet Aron, als er reich genug ist, um sich das leerstehende Haus eines Europäers leisten zu können, darin erst Ruhe, als der »Obeahmann« (der afrikanische Medizinmann) durch eine Zauberhandlung den rumorenden Geist des Europäers gebannt hat. (Viel später erweist sich dann freilich, daß die Beschwörung doch nicht wirksam war.) Eigentlicher Gegenstand des Romans ist nicht ein abenteuerliches Leben mit seinen Wechselfällen von Reichtum und Armut, sind nicht die kraftvollen Frauen und Männer, sondern die afroamerikanische Seele selbst, die aus all diesen meisterhaft geschilderten Gestalten und Ereignissen spricht.

J.H.J.

AUSGABEN: Ldn. 1958. – NY 1958 *(A Touch of Midas)*. – NY 1972 *(A Touch of Midas)*.

ÜBERSETZUNG: *Schwarzer Midas*, I. Nadolny, Mchn. 1959; ern. 1980.

LITERATUR: J. Lash, *Dimensions in Racial Experience: A Critical Survey of Significant Books by and about Negroes Published in 1958* (in Phylon, 20, 1959, S. 115–131). – A. D. Drayton, *West Indian Fiction and West Indian Society* (in KR, 25, 1963, S. 129–141). – W. Harris, *History, Fable and Myth in the Caribbean and Guianas* (in Caribbean Quarterly, 16, 1970, S. 1–32). – H. Maes-Jelinek, *The Myth of El Dorado in the Caribbean Novel* (in Journal of Commonwealth Literature, 6, 1971, S. 113–127).

RALPH DE BOISSIÈRE

* 6.10.1907 Trinidad

CROWN JEWEL

(engl.; *Ü: Kronjuwel*). Roman von Ralph DE BOISSIÈRE (Trinidad), erschienen 1952. – Ralph De Boissière, Abkömmlung einer französischstämmigen Kreolenfamilie in Trinidad, gehört mit C. L. R. JAMES, Albert GOMES und Alfred MENDES zu einer Intellektuellen- und Künstlergruppe in Trinidad, die mit der Begründung der Zeitschrift ›Trinidad‹ und ›The Beacon‹ eine literarisch-kulturelle Bewegung mit eindeutig sozialistischer und antiimperialistischer Zielsetzung in der Karibik ausgelöst hat. De Boissières Romane *Crown Jewel* und *Rum and Coca-Cola*, die sich mit der Sozialgeschichte in dem von den letzten Auswirkungen der Weltwirtschaftskrise geschüttelten Trinidad beschäftigten, sind eindeutiger als die Romane von Mendes, Gomes und C. L. R. James am sozialistischen Realismus, aber auch am russischen Realismus des 19. Jh.s orientiert. De Boissières Romane haben jedoch ihren Weg zum Publikum in Trinidad erst mit vierzig Jahren Verspätung gefunden. Während James, Mendes und Gomez bereits in den dreißiger Jahren publiziert worden sind, konnten die gleichzeitig entstandenen Romane *Crown Jewel* und *Rum and Coca-Cola* erst in den fünfziger Jahren in Australien und Anfang der achtziger Jahre in England publiziert werden: Als einer der ästhetisch und ideologisch wichtigsten Mitgestalter des »Trinidad Awakening« wurde Ralph De Boissière erst in den achtziger Jahren entdeckt.

André de Coudray, aus dessen Perspektive die wesentlichen Teile des Romangeschehens in *Crown Jewel* berichtet werden, trägt eindeutig autobiographische Züge. Wie De Boissière stammt er aus einer französischen Kreolenfamilie, die von den britischen Vertretern des Kolonialregimes abschätzig als farbig, gemischtrassig und ohne respektablen Familienhintergrund abgetan wird. Auf der anderen Seite fühlen sich die französischstämmigen Kreolen den anderen Gruppierungen der trinidadischen Rassen-, Klassen- und Hautfarbenhierarchie weit überlegen: den Portugiesen, den Syrern, den alteingesessenen Mulattenfamilien und dem gemeinen Volk der Inder, Chinesen und Neger.

Wie De Boissière selbst hat André de Coudray Neigungen als Musiker und Literat. Mit Freunden gibt er ein kulturpolitisches Magazin heraus, für seinen Lebensunterhalt aber muß er als kaufmännischer Angestellter arbeiten. Andrés Verhältnis zu Frauen ist zwar nicht handlungsbestimmend, aber von weitreichender symbolischer Bedeutung für das Verhältnis der Rassen untereinander, besonders in der spannungsgeladenen Atmosphäre des sozialen Konflikts und der Arbeitskämpfe der dreißiger Jahre. Über weite Strecken des Romangeschehens schwankt Andrés Zuneigung zwischen der venezolanischstämmigen Farbigen Elena und Gwenneth, der Tochter des englischen Obersten Richters, der schließlich auch über die Anführer des Hungermarsches von San Fernando nach Port of Spain, Le Maître und Cassandra zu Gericht sitzt. In dem Maß, wie sich die wirtschaftliche und soziale Situation der Arbeiter auf den Zuckerrohrplantagen, den Ölfeldern oder im Kleingewerbe verschlechtert und sie unter Führung von Gewerkschaftlern mit Streiks und Protestkundgebungen die Aufmerksamkeit der politisch Verantwortlichen auf sich zu ziehen versuchen, und angesichts der zunehmenden Härte, mit der die lokalen Politiker im Einvernehmen mit der britischen Kolonialverwaltung immer repressiver reagieren, verändert sich auch Andrés Verhältnis zu den beiden Frauen. Nachdem Richter Osborne die Arbeiterführer Le Maître und Cassandra (Cassie) zu einer fünfjährigen Gefängnisstrafe verurteilt hat und André auch zu verstehen gegeben wurde, daß er als Farbiger kein Umgang für seine Tochter sei, wendet sich André wieder seiner eigenen trinidadischen Herkunft in Gestalt von Elena zu.

Neben der starken autobiographischen Komponente in einer der Hauptfiguren des Romans hat De Boissière in *Crown Jewel* zahlreiche biographische und historische Fakten aus den dreißiger Jahren verarbeitet. Nach Art des sozialistischen Realismus werden unterschiedliche gesellschaftliche und politische Triebkräfte in einzelnen Figuren personalisiert; über die Anordnung der Figurenkonstellation wird dem Gesamtgeschehen eine ästhetische wie ideologisch eindeutig sozialistische Interpretation und Gestaltung gegeben. Auf der Seite der Arbeiterführer ragt der bescheidene, in revolutionärer Philosophie autodidaktisch ausgebildete Le Maître hervor. Er sieht sich als Teil der proletarischen Massen und lebt für ihre Mobilisierung als revolutionäre Kraft. Sein Gegenspieler, der weiße Bürgermeister von Port of Spain, Boisson, ist wie Le Maître selbst Veteran des Ersten Weltkriegs. Beide haben jedoch aus ihrer Kriegserfahrung gegensätzliche Schlüsse gezogen. Boisson ist zwar Führer der Arbeiterpartei und gibt sich volksnah, in Wirklichkeit erschöpft sich aber seine Politik in Selbstbereicherung und in faulen Kompromissen mit den Vertretern des Kapitals, der Handels- und Kolonialaristokratie. Auf der Seite des Proletariats treten einige weitere Führerfiguren hervor, wie Popito, der als lumpenproletarischer Faulenzer und Trinker beginnt, dann aber einen Prozeß der politischen Bewußtseinsbildung durchläuft und als Märtyrer der Arbeiterklasse und der Revolution endet.

Eine ähnliche Entwicklung durchlebt auch Cassandra, Popitas zeitweilige Lebensgefährtin bis zu dem Zeitpunkt, da er von einem Polizeispitzel erschlagen wird. Sie ist Hausangestellte im Hause des Richters Osborne und wird durch die Ereignisse auf der Straße und die Reaktion der Familie Osborne zunehmend politisiert. Sie gewinnt eine Rosa-Luxemburg-Statur als mitreißende Rednerin bei politischen Versammlungen und wird deshalb von ihrem früheren Arbeitgeber als Aufrührerin gnadenlos zu Gefängnis verurteilt. Auf der Seite des Kapitals treten einige mittlere Geschäftsleute und zunehmend Interessensvertreter bzw. Manager von ausländischen amerikanischen Kapitalinteressen in Erscheinung. Hier zeigt De Boissière bereits eine weitere historische Entwicklungslinie auf: die Ablösung des britischen Kolonialismus durch den amerikanischen Wirtschafts- und Kulturimperialismus in der Karibik. Zwischen diesen beiden Lagern versuchen André de Coudray und Joe Elias, Sohn eines syrischen Händlers, sich zu arrangieren. Joe Elias, voller politischem Ehrgeiz und Machtbesessenheit – er träumt davon, den weißen Bürgermeister Boisson als Parlamentarier an die Wand zu spielen – sucht den typischen Ausweg des Politikers, indem er die Interessen der proletarischen Basis zwar lautstark vertritt, in den Hallen der Macht jedoch seinem verbalen Radikalismus keinen Handlungswillen folgen läßt. André Coudray, auf der anderen Seite, schlägt sich zum Ende des Romans eindeutig zu seiner trinidadischen Gesellschaft und Kultur, die für ihn automatisch eine proletarische, vielrassige, gemischtrassige Volkskultur ist. E.Bre.

AUSGABEN: Melbourne 1952; Nachdr. Ldn. 1981. – Lpzg. 1956.

ÜBERSETZUNG: *Das Kronjuwel*, E. Schumann, Bln. 1954.

LITERATUR: C. Sealy, *»Crown Jewel«: A Note on R. De B.* (in Voices, 1973, Nr. 2, S. 1 ff.). – Ders., *A Backward Glance: »Crown Jewel«* (ebd., 1977, Nr. 2, S. 8–11). – S. Rushdie, *Exemplary Lives* (in TLS, 7. 8. 1981). – J. Thieme, *Socialist Classic* (in Literary Review, Sept. 1981). – L. James, *Review of »Crown Jewel«* (in Journal of Commonwealth Literature, 17, 1982, S. 13–15). – R. W. Sander, *A Caribbean Writer in Australia: An Interview with R. De B.* (in Komparatistische Hefte, 1982, Nr. 5/6, S. 195–208). – Ders., *R. De B.* (in *Fifty Caribbean Writers*, Hg. D. C. Dance, Westport/Conn. 1986, S. 151–159). – Ders., *The Trinidad Awakening: West Indian Literature of the Nineteen-Thirties*, Westport/Conn. 1989.

HERBERT GEORGE DE LISSER

* 9.12.1878 Falmouth / Jamaika
† 18.5.1944 Kingston / Jamaika

JANE'S CAREER

(engl.; *Janes Karriere*). Roman von Herbert George DE LISSER (Jamaika), erschienen 1913 in Fortsetzungen in ›The Daily Gleaner‹, in Buchform 1914. – *Jane's Career* ist symptomatisch für die Anfänge der Literatur in einem Land unter dem Kolonialismus, das durch *»cultural absenteeism«* geprägt ist, also durch die Abwanderung der Intellektuellen. *Jane's Career* wurde zuerst als Fortsetzungsroman in der Kingstoner Tageszeitung ›Daily Gleaner‹ veröffentlicht, deren Chefredakteur De Lisser war. Typisch ist das Verhältnis des Autors zu seinem Sujet. De Lisser gehörte als Weißer, als Chef der einzigen Tageszeitung und als Direktor des (Kultur-) »Institute of Jamaica« zur Oberschicht, und dies wird in der herablassenden Attitüde gegenüber seinen Figuren in *Jane's Career* deutlich, besonders aber in seinen anderen, teils historischen Romanen (*Revenge*, 1918; *The White Witch of Rosehall*, 1929; *Morgan's Daughter*, 1953). Als Anhänger der Fabian Society mit ihrem Humansozialismus fühlte sich der Autor zum Fürsprecher des einfachen Bauern und Arbeiters berufen.
Die Handlungsmotive von *Jane's Career* finden sich in vielen westindischen Romanen später wieder: Das Adoleszenz-Motiv, das Heranwachsen zur Erwachsenenreife, hat einen spezifischen westindischen Romantypus begründet. Der Weg vom schlichten Landleben in die Stadt mit ihren Gefahren wird als Bewährungsprobe empfunden – ebenfalls ein geläufiger Topos. Schließlich spielt De Lisser die soziale Bedeutung von Nuancen der Hautfarbe aus, also den internen Rassismus der kolonialen westindischen Gesellschaft, wie ihn Edgar MITTELHOLZER in *A Morning at the Office* (1950) gestaltet hat.
Jane Burell ist die erste schwarze Heldin in der westindischen Literatur, literarische Ahnfrau einer reichen Zahl von selbstbewußten, durchsetzungswilligen Charakteren aus der Unterschicht. Sie stammt aus einer Kleinbauernfamilie, die hoch in den Bergen mühsam aber redlich ihr Dasein fristet. Gleich zu Beginn läßt De Lisser damit eines der gängigsten Themen einer sozialkritischen westindischen Literatur anklingen: die Mühseligkeit, aber auch das Ethos im Leben der Klasse der Kleinbauern, der *peasants*. Mangel an landwirtschaftlicher Nutzfläche ebenso wie an gewerblichen Verdienstmöglichkeiten treiben die Jungen und Tüchtigen in die Stadt oder ins Ausland: auf die Plantagen Costa Ricas oder an die Großbaustelle des Panamakanals. So ist auch Jane dazu ausersehen, als Dienstmädchen bei der prätentiösen Mulattin Mrs. Mason die Familienkasse zu entlasten. Vor der Abreise schärfen die Eltern und Dorfhonoratioren der kaum Sechzehnjährigen ein, welche Gefahren des Stadtlebens sie bedrohen könnten. Ihre Freundinnen dagegen sehen nur den Glanz von Kingston, wie er von Rückkehrern verklärend beschrieben wird. Sie beneiden Jane um ihre Chance zum Ausbruch aus der engen Welt des Dorfes. Die Stelle bei Mrs. Mason erweist sich aber keineswegs als Traumjob: Mrs. Mason repräsentiert den Typ der arroganten farbigen Mittelschicht, die ihre Dienstmädchen rücksichtslos ausnutzt und für *»nager«* wie Jane nur Verachtung übrig hat. Zudem stellt ihr Neffe Cecil Jane sofort nach.
In diesem Teil des Romans kommt neben der Frage der Hautfarbe ein weiteres Hauptthema westindischer Literatur erstmals zum Tragen: die Sprache als sozialer Indikator. Jane und ihresgleichen sprechen jamaikanisches Creole, die Masons aber bemühen sich – oft vergeblich – um *»proper English«*. Janes erste Reifungsphase geht abrupt zu Ende, als sie das Haus der Masons verläßt. Sie kommt bei einer Freundin in einem Slum unter und findet Arbeit in einer Getränkefabrik. Damit hat De Lisser den typischsten und ergiebigsten Schauplatz westindischer Literatur eingeführt, den *»yard«*, der bis in die Reggae-Texte und die Dub-poetry der Gegenwart eine zentrale Rolle spielt.
Nach der Initiation in die Rassen-/Klassengesellschaft muß sich Jane nun im Proletariermilieu des Yard zurechtfinden. Sie lernt schnell, wann, wie, bei wem sie Solidarität findet und vor wem sie sich in acht nehmen muß. Auch an ihrem neuen Arbeitsplatz muß sich Jane die Aufdringlichkeit des Vorarbeiters gefallen lassen. (De Lisser kommentiert hier einen der Zwänge im Leben eines Stadtmädchens – sie kann gerade überleben oder aber sich von einem Mann aushalten lassen.) Jane widersteht der Versuchung. Im Yard trifft sie Vincent Broglie, einen Schriftsetzer, der das einzige Zwei-Zimmer-Hüttchen im ganzen Viertel bewohnt. Er organisiert

einen Druckerstreik, Jane kann ihm aber die Teilnahme im letzten Augenblick noch ausreden mit dem Argument, er könne sich auf die anderen Arbeiter nicht verlassen. So wird Vincent zum Streikbrecher statt zum Streikführer; im Betrieb rückt er auf und kann sich sogar ein kleines Haus außerhalb des Slums kaufen. Die Anfänge der Arbeiterbewegung in Kingston geben De Lisser Gelegenheit, sozialkritische Genrebilder zu zeichnen. Aber er kommentiert auch auktorial das Pathos der Streikversammlungen. Vincents Verhalten als Streikbrecher wird als individuelle Klugheit gewertet, nachdem gerade noch Streikbruch als Wankelmut der Massen verurteilt wurde. Den Höhepunkt von Janes Karriere stellt ihre Heirat mit Vincent Broglie dar. Die Personen, denen sie auf ihren Lebensstationen begegnete, stehen vor der Kirche Spalier. – Jane ist als Konstrukt einer Gesellschaftstheorie erkennbar, der These von der moralischen Integrität des Kleinbauern, dessen Drang nach Selbstverwirklichung mit dem Aufstieg in die Schicht der Kleinbürger belohnt wird. Die Stationen von Janes Karriere sind Beleg für die Richtigkeit der Theorie und daher erzählerisch schlüssig, aber das Bild einer charaktervollen Frauengestalt ließ sich damit nicht zeichnen. E.Bre.

AUSGABEN: Kingston 1913 (in The Daily Gleaner als *Jane: A Story of Jamaica*). – Ldn. 1914 *(Jane's Career)*. – NY 1971. – Ldn. 1972.

LITERATUR: W. A. Roberts, *Six Great Jamaicans*, Kingston 1952. – K. Ramchand, *The West Indian Novel and Its Background*, Ldn. 1970, S. 54–62. – J. J. Figueroa, *»Jane's Career«* (in WLWE, 12, 1973, Nr. 1, S. 97–105). – M. Morris, *H. G. De L.: The First Competent Caribbean Novelist in English*, (Carib, 1, Kingston 1979, S. 18–26). – F. Birbalsingh, *The Novels of H. G. De L.* (in International Fiction Review 9, 1982, Nr. 1, S. 41–46). – R. Cobham-Sander, *The Creative Writer and West Indian Society 1900–1950*, Diss. Univ. of St. Andrews 1982 (vgl. Diss. Abstracts, 43, 1983, S. 3314/3315A). – F. Birbalsingh, *H. G. de L.* (in DLB, Bd. 117, 1992, S. 141–149).

WILSON HARRIS

* 24.3.1921 New Amsterdam / Brit.-Guyana

THE GUYANA QUARTET

(engl.; *Das Guyana Quartett*). Erzählungszyklus von Wilson HARRIS (Guyana), erschienen 1960–1963. – Die vier langen Erzählungen des *Guyana Quartet*, vom Autor selbst als *»novels of expedition«*, als Expeditions- oder Erkundungsromane bezeichnet, sind inhaltlich unabhängige, lediglich durch Thematik, Stil, Struktur und Handlungsort (die Landschaften Guyanas als Spiegelung innerer Befindlichkeiten) verknüpfte Werke, in denen es um die Zerstörung und mögliche Wiederherstellung der zersplitterten karibischen Psyche und Identität geht. Dieser weitgehend psychologisch-metaphysischen Thematik entsprechend ist die Handlung auf ein Minimum reduziert; jeder Bewegung, jedem Sinneseindruck, jedem Gedankengang, jeder bewußten oder unbewußten Regung, jedem beschriebenen Phänomen in Landschaft und Natur kommt dafür eine mehrschichtige Bedeutung zu. So sind die Erzählungen vieldeutige Elaborate der Metaphern und Symbole, der Metamorphosen der Bilder und Vorstellungen (gelegentlich auch der Charaktere), der Andeutungen, Gegenüberstellungen, Parallelisierungen und Spiegelungen. Die Sprache soll vor allem Assoziationen hervorrufen und wird ein Medium der Vision, die als tiefe Ein- und weite Voraussicht erscheint.

Der erste Band, *Palace of the Peacock*, 1960 *(Ü: Der Palast der Pfauen)*, beschreibt ebenso wie der letzte – *The Secret Ladder*, 1963 *(Die geheime Leiter)* – eine Reise ins Landesinnere Guyanas. Beide Reisen dauern in Anspielung auf den biblischen Schöpfungsmythos sieben Tage und sind sowohl physisch-historische Reisen ins Landesinnere und in die Vergangenheit als auch geistig-psychologische (zeitlose) Reisen in die innere Landschaft der Charaktere der aus allen Rassen und Kulturen zusammengewürfelten Mannschaften. Die beiden mittleren Erzählungen – *The Far Journey of Oudin*, 1961 *(Oudins lange Reise)*, und *The Whole Armour*, 1962 *(Das ganze Waffenkleid)* – umfassen einen längeren Handlungszeitraum, haben eine größere Handlungsbreite, erweitern aber und vertiefen lediglich das thematische Hauptanliegen von Harris: die Darstellung der Zerrissenheit des multirassischen karibischen Bewußtseins, das nur durch Kreuzung der Kulturen und Ethnien zu *»einem einzigen, vielgestaltigen Schoß und Mutterleib« (Palace of the Peacock)* und damit zu einer Heilung in einer neuen Identität gelangen kann.

Palace of the Peacock ist Präludium und zugleich Kernstück des Quartetts. Donne, ein weißer Grundbesitzer, der im Ruf steht, brutal und grausam zu sein, unternimmt mit einer gemischtrassigen Crew per Boot eine Expedition zur Missionsstation von Mariella, wohin sich seine indianischen Arbeitskräfte und seine indianische Geliebte vor seiner Grausamkeit geflüchtet haben. Als die Mannschaft die Mission erreicht, sind die Indianer – bis auf eine alte Arawakfrau – abermals geflohen; wieder setzt ihnen die Mannschaft nach. Sie hat nun Stromschnellen, Wasserfälle und andere Hindernisse zu überwinden; einer nach dem anderen kommen die Mitglieder der Crew ums Leben, jeder einzelne Tod aber ist ein Schritt und Baustein zu tieferer Erkenntnis, die in dem Schlußsatz kulminiert: *»Nun endlich hielten wir alle in den Armen, wo-*

nach wir immer gesucht und was wir seit aller Ewigkeit besessen hatten.«

The Far Journey of Oudin stellt die indischen Einwohner Guyanas (sie spielen in den anderen Erzählungen keine Rolle) und das traumatische Erlebnis der Versklavung und totalen Abhängigkeit in den Mittelpunkt. Die drei Brüder Mohammed, Hassan und Kaiser haben zusammen mit ihrem Vetter Rajah ihren schwachsinnigen Halbbruder getötet und um das vom Vater vererbte Land betrogen. Ram, ein Wucherer, hat Oudin angestiftet, seinerseits Mohammed um sein Vieh zu betrügen und dann Beti, Rajahs Tochter, zu ent- und zu verführen, deren Sohn dann, so will es der impotente Ram, Erbe seines Vermögens werden soll. Doch Oudin flieht mit Beti, behält sie bei sich und lebt dreizehn Jahre lang mit ihr zusammen. In dieser Zeit kommen die Brüder und Rajah durch Unfälle ums Leben. Als Beti nach Jahren erneut schwanger wird, schließt Oudin mit Ram einen Vertrag, in dem er ihm den noch ungeborenen Sohn »verkauft«. In der Nacht darauf stirbt er, die analphabetische Beti entwindet ihm den Vertrag und ißt ihn auf, Ram so um seinen »Erben« bringend, aber auch den Teufelskreis der Abhängigkeiten aufbrechend.

The Whole Armour verlagert den Handlungsort vom Osten der Guyanaküste *(The Far Journey of Oudin)* zur Westküste, dem Mündungsgebiet des Pomeroon mit seiner weitgehend afrikanisch durchmischten Bevölkerung. Magda, eine gemischtrassige Prostituierte, und ihr Sohn Cristo, die junge Sharon, deren Verlobten Cristo versehentlich getötet hat, und der »Weiße« Abram, ein Kunde Magdas, stehen zu Anfang im Zentrum des Geschehens. Abram findet sich bereit, den von der Polizei gesuchten Cristo bei sich zu verstecken, erleidet aber während eines Wortgefechts mit ihm einen Herzschlag. Cristo flüchtet zu seiner Mutter, die ihm nicht glaubt, daß er Abram nicht umgebracht hat, dennoch will sie ihn wieder vor der Polizei retten. Die von einem Jaguar (von der Bevölkerung »Tiger« genannt) zur Unkenntlichkeit angefressene Leiche Abrams gibt sie für die Cristos aus; Cristo versteckt sich im Busch. Sharons neuer Verlobter Mattias erleidet durch die Hand ihres Vaters Peet das Schicksal des ersten Verlobten, er wird von ihm versehentlich erstochen. Der in Sharon verliebte Cristo kommt nach vierzig Tagen aus dem Dschungel zurück (eine Anspielung auf Christus, der vierzig Tage in der Wüste verbrachte) und verlobt sich mit Sharon, die kurz darauf schwanger wird. In seiner Einsamkeit ist Cristo zu der Erkenntnis gelangt, daß er die Rolle des Sündenbocks für die Gemeinschaft übernehmen muß: Er läßt sich widerstandslos von der Polizei festnehmen.

The Secret Ladder schließlich zeigt die Konfrontation zwischen Russell Fenwick, einem staatlichen Landvermesser, und Poseidon, dem alten Oberhaupt einer kleinen Gemeinschaft von Nachkommen ehemals entlaufener Sklaven. Fenwick und seine multirassische Crew – in der nun auch zwei chinesischstämmige Mitglieder in den Vordergrund rücken – bereiten ein Bewässerungsprojekt vor, dem Poseidons Land zum Opfer fallen wird. Bryant, der einzige Schwarze in Fenwicks Mannschaft, verehrt Poseidon als Vaterfigur, doch gerade durch seine Hand kommt der alte Dorfchef ums Leben, obgleich das Geschehen ein Unfall ist. Die aufgebrachte Dorfgemeinde nimmt Bryant und seine Geliebte Catalena – die er gerade vom Zugriff ihres brutalen Ehemannes gerettet hat – gefangen und will sie lynchen. Da kommen zwei der Dorfbewohner zurück, die ein Mitglied von Fenwicks Mannschaft überfallen und dabei getötet zu haben glauben. In panischer Angst vor der Dschungelpolizei flüchten die Dorfbewohner, noch ehe Poseidon beerdigt worden ist.

Das neue Identitätsbewußtsein, das aus der Durchmischung und gegenseitigen Befruchtung der karibischen Rassen entstehen könnte, ist das immer wiederkehrende Thema von Wilson Harris. Voraussetzung für dieses neue Bewußtsein ist Selbsterkenntnis, die nur durch tiefe Einsicht in die traumatische Vergangenheit (Eroberung, Ausrottung, Vertreibung, Ausbeutung, Sklaverei, Kolonisation, kulturelle und rassische Entwurzelung) erlangt werden kann. Diese Vergangenheit also muß kreativ aufgearbeitet werden; durch ihre visionäre Rekonstruktion in der kollektiven wie der individuellen Psyche wird der Boden geschaffen, auf dem die neue verantwortliche, aus der rassisch-kulturellen Zersplitterung zur Einheit gelangte Identität entstehen kann. Erst nach der Verarbeitung der Geschichte kann es zur Versöhnung der Gegensätze kommen. Da es sich hierbei um geistig-psychologische Prozesse handelt, muß die Aussage der Erzählungen weniger in der oberflächlichen Handlung oder der Charakterzeichnung gesucht werden als vielmehr in den ihnen unterliegenden Metaphern und Symbolen, den Wandlungen, Anspielungen und Assoziationen der Texte. I.U.

AUSGABEN: *Palace of the Peacock*: Ldn. 1960; Nachdr. 1968; 31977 [Einl. K. Ramchand]; Nachdr. 1985; 21988 [m. Vorw. d. Verf.]. – *The Far Journey of Oudin*: Ldn. 1961. – *The Whole Armour*: Ldn. 1962; Nachdr. 1973 [m. *The Secret Ladder* u. Vorw. d. Verf.]. – *The Secret Ladder*: Ldn. 1963; Nachdr. 1973 [m. *The Whole Armour* u. Vorw. d. Verf.]. – Ldn. 1985 *(The Guyana Quartet)*.

ÜBERSETZUNG: *Der Palast der Pfauen*, I. Uffelmann, Zürich 1988.

LITERATUR: P. West, Rezensionen (in New Statesman, 27. 8. 1960; in TLS, 30. 9. 1960; ebd., 7. 9. 1962; ebd., 15. 2. 1963). – J. Hearne, Rez. (in *The Islands in Between*, Hg. L. James, Ldn. 1968, S. 177–187). – M. Gilkes, *W. H. and the Carribbean Novel*, Ldn. 1975, S. 22–100. – H. Maes-Jelinek, *W. H.*, Boston 1982 (TWAS). – S. E. Drake, *W. H. and the Modern Tradition*, NY 1986, S. 49–91. – G. Sütterlin, *Eine Vision der Karibik u. der Welt. W. H. und sein Roman »Der Palast der Pfauen«* (in NZZ, 17. 2. 1989). – *W. H.: The Un-*

compromising Imagination, Hg. H. Maes-Jelinek, Aarhus 1991. – J.P. Durix, *W.H.* (in DLB, Bd. 117, 1992, S. 166–185)

CYRIL LIONEL ROBERT JAMES

* 4.1.1901 Chaguanas / Trinidad
† 31.5.1989 London

LITERATUR ZUM AUTOR:
S. R. Cudjoe, *Resistance and Caribbean Literature*, Athens/Oh. 1970. – K. Ramchand, *The West Indian Novel and Its Background*, Ldn. 1970. – I. Munro u. R. Sander, *Interview with C. L. R. J.* (in *Interviews with Three Caribbean Writers in Texas*, in Kas-Kas, Austin 1972, S. 22–41). – E. Collier, *C. L. R. J.* (in *Fifty Caribbean Writers*, Hg. D. C. Dance, Westport/Conn. 1986, S. 229–238). – *C. L. R. J.: His Life and Work*, Hg. P. Buhle, Ldn./NY 1986. – Ders. *C. L. R. J.: The Artist as Revolutionary*, Ldn./NY 1986. – R. Sander, *C. L. R. J.* (in DLB, Bd. 125, 1993, S. 41–47).

THE BLACK JACOBINS. Toussaint L'Ouverture and the San Domingo Revolt

(engl.; *Ü: Schwarze Jakobiner. Toussaint L'Ouverture und die San-Domingo-Revolution*). Historiographische Darstellung von Cyril L. R. JAMES (Trinidad), erschienen 1938. – Nach den frühen literarischen Arbeiten *Triumph* und *Minty Alley* übersiedelte James von Trinidad nach London, wo er sich als freier Publizist niederließ und sich in trotzkistischen Kreisen bewegte. Seinen Lebensunterhalt verdiente er allerdings als Cricket-Kommentator. James verlegte seinen Arbeitsschwerpunkt von der Belletristik auf die politische und kulturkritische Publizistik, insbesondere auf die Kolonialismuskritik und die Revolutionstheorie. Sein erstes politisches Buch, *The Life of Captain Cipriani* (1932), aus dem drei Kapitel unter dem Titel *The Case for West Indian Self-Government* 1933 in London erschienen, ist eines der wichtigen Dokumente der beginnenden Unabhängigkeitsbestrebungen in der Karibik. 1936 hatte James ein Theaterstück über den haitianischen Revolutionshelden Toussaint L'Ouverture geschrieben, das mit dem bekannten schwarzen Schauspieler Paul Robeson in der Hauptrolle aufgeführt wurde. Diese Beschäftigung mit Toussaint als Helden der schwarzen Geschichte, mit der Geschichte der Revolution im allgemeinen und der schwarzen Revolution in Haiti im besonderen hat zur Abfassung des panafrikanischen Polit-Klassikers *The Black Jacobins* geführt. Zu einem Zeitpunkt, da die Geschichtsschreibung eurozentrisch in der Perspektive und im Ansatz auf die Darstellung politischer Ereignisgeschichte ausgerichtet war, hat James sein Gegenmodell der Kolonialgeschichte aus der Perspektive der Kolonisierten mit einem wirtschafts- und sozialgeschichtlichen Ansatz vorgelegt. Aus diesem Bemühen, die Geschichte des Kolonialismus zu berichtigen, hat James vor allem in den Anfangskapiteln eine polemische Strukturierung seines Stoffes vorgenommen, die schon allein in ihrer Anordnung und ihrer Nomenklatur eine Provokation der herkömmlichen Historiographie darstellt.

Die Hauptakteure der haitianischen Revolution, die schwarzen Sklaven, führt James im Eingangskapitel unter dem Titel *Das Eigentum* ein. Damit denunziert er die Rolle der westlichen Industrienationen bei der kolonialistischen Ausbeutung der Dritten Welt, sowie die aus diesem System hervorgegangene Historiographie, die als rassen- und klassengebundene Geschichtsschreibung automatisch die Perspektive der Sklavenhalter einnehmen mußte, und somit den Schwarzen ihre Humanität, wie auch jede Möglichkeit, eine geschichtsträchtige oder geschichtsprägende Rolle zu übernehmen, absprechen mußte. Die Protagonisten der Revolution in Haiti sind bis zum Beginn des Aufstandes im Sinne von James' marxistischem Ansatz reines Produktionsmittel. Sie stehen aber in der Priorität an erster Stelle. Erst im zweiten Kapitel geht James auf die »Besitzer« dieses Produktionskapitals, die Sklavenhalter und Plantagenbesitzer, näher ein. Er entwickelt das Bild einer dekadenten und korrupten bourgeoisen Gesellschaft, zeichnet aber auch den für das Verhältnis zur Dritten Welt entscheidenden Prozeß nach – die Abschöpfung der in der Kolonie erwirtschafteten Gewinne durch die Metropole. Wie sein späterer politischer Kontrahent in Trinidad, Eric WILLIAMS in *Capitalism and Slavery* (1944), legt James dar, daß die Gewinne der vorindustriellen Plantagenwirtschaft in die technologisch-industrielle Entwicklung des Mutterlandes investiert wurden und damit die Grundlage bildeten für die spätere Phase der kolonialen Expansion am Ende des 19. Jh.s, die von den Interessen der Exportwirtschaft beherrscht wurde.

Die Kapitel über die Anfänge der Französischen Revolution und deren Auswirkungen auf Wirtschaft und Gesellschaft in Saint Domingue/Haiti unter dem Titel *Parlament und Eigentum* legen dar, daß die bürgerliche Revolution bis hin zu den Girondisten den Widerspruch zwischen den Idealen der Revolution und den sozioökonomischen Gegebenheiten des Kolonialismus nicht aufzulösen gewillt waren. Die bürgerliche Revolution – und hier zieht James implizit die Parallele zu den Revolutionen im 20. Jh. – muß unvollständig bleiben, da sie allein auf die Beteiligung des Bürgertums an der politischen Macht ausgerichtet ist, die dessen bereits erreichter wirtschaftlichen Macht entsprechen soll. In diese systemkritische Analyse führt James dann Toussaint L'Ouverture als historische Persönlichkeit im Sinne eines Katalysators historischer und gesellschaftlicher Kraftfelder ein. Toussaint er-

scheint in James' Darstellung zwar durchaus als positive Persönlichkeit, aber nicht als Spezies einer personalisierenden, hagiographischen Geschichtsschreibung. James zeichnet das Bild eines genialen Organisators und Strategen, ja eines beinahe konservativen Zuchtmeisters seiner Revolutionsarmee, der wegen seiner vertrauensseligen Anhänglichkeit an die revolutionären Führer in Frankreich und seiner Unerfahrenheit im politischen Ränkespiel letztendlich scheitern muß. In der Person Toussaints wird die regionalgeschichtliche Bedeutung der Revolution in Haiti faßbar gemacht, zugleich aber ihre überregionale Signalwirkung und ihre nahtlose Einbindung in den großen Rahmen der weltgeschichtlichen Ereignisse offenkundig.
Toussaint ist der unangefochtene Führer der eben erst befreiten Sklaven, der Kommandeur der von ihm selbst aufgebauten und ihm treu ergebenen Armee von Exsklaven. Aber er agiert in wechselnden Koalitionen mit den Spaniern im benachbarten Santo Domingo, den aus Frankreich entsandten Politkommissaren und den verschiedenen Mulattenführern. Sein besonderes Augenmerk richtet James, der zur Zeit der Abfassung dieses Buches in England lebte, auf die konterrevolutionäre Rolle des britischen Empire in seiner Auseinandersetzung mit dem revolutionären Frankreich und den für die Sklavenbefreiung kämpfenden westindischen Kolonien. England fürchtet seinerseits das Ausgreifen der Sklavenrevolte auf seine eigenen Kolonien, auf der anderen Seite sieht es in den revolutionären Wirren seine weltpolitische Chance, die reichste Kolonie sich einzuverleiben und damit unbestrittene wirtschaftliche Führungsmacht zu werden.
James' historisches Meisterwerk besticht durch die weitgespannten Bögen historischer Zusammenhänge, in der Darlegung politischer aktueller Vergleiche, aber auch durch die bildhafte Beschreibung dramatischer Aktionen, sowie psychologischer oder lokaler Details. Für die panafrikanische wie auch die antikoloniale Bewegung der Nachkriegszeit war der Autor als Gesprächspartner von George Padmore, Jomo Kenyatta, Kwame Nkrumah einflußreich. Sein Hauptwerk *The Black Jacobins* ist für beide Bewegungen zu einem Schlüsseltext geworden. E.Bre.

AUSGABEN: NY 1938. – NY 1963 [rev.]. – Ldn. 1972.

ÜBERSETZUNG: *Schwarze Jakobiner. Toussaint L'Ouverture u. die Unabhängigkeitsrevolution in Haiti*, G. Löffler, Köln 1984. – *Schwarze Jakobiner. Toussaint L'Ouverture u. die San-Domingo-Revolution*, ders., Bln. 1984.

LITERATUR: I. Oxaal, *Black Intellectuals Come to Power: The Rise of the Creole Nationalism in Trinidad and Tobago*, Cambridge 1968. – P. Griffith, *C.L.R.J. and Pan-Africanism: An Interview* (in Black World, 21, 1971, S. 4–13).

MINTY ALLEY

(engl.; *Münzgasse 2*). Roman von Cyril L. R. JAMES (Trinidad), erschienen 1936. – Zusammen mit den beiden portugiesisch-stämmigen Trinidadern A. M. GOMES und A. MENDES gehörte der Afro-Karibe C. L. R. James zum Kern einer Intellektuellen- und Künstlergruppe, die mit den beiden Zeitschriften ›Trinidad‹ und vor allem ›The Beacon‹ das »Trinidad Awakening« Ende der zwanziger Jahre einleitete. Die literarisch-kulturpolitische Bewegung der Beacon-Gruppe ist in ihrer Zielsetzung den gleichzeitigen kulturemanzipatorischen Bewegungen der Harlem Renaissance, des *indigenismo/indigénisme* in Kuba, Puerto Rico und Haiti vergleichbar. In der literaturgeschichtlichen Entwicklung der anglophonen Karibik stellt das »Trinidad Awakening« ein wichtiges Bindeglied zwischen den Anfängen unter Tom REDCAM mit seinem volksbildnerischen Bemühen der *All Jamaica Library* und der Blüte des westindischen Romans ab 1950 dar. Im Gegensatz zu der provinziell-westindisch ausgerichteten Bewegung von Tom Redcam und Herbert George DE LISSER und den im Londoner Exil wirkenden Autoren der fünfziger Jahre war die Literatur des »Trinidad Awakening« fest in den lokalen Verhältnissen verwurzelt und dennoch mit der weltweiten intellektuellen Diskussion der zwanziger Jahre verbunden. So sind James' frühe Kurzgeschichten *Triumph* und *La Divina Pastora* in der englischen Anthologie von E. J. O'BRIEN, *Best British Short Stories* (1928), und im linksintellektuellen Organ ›Saturday Review‹ erschienen.
Mit *Minty Alley* schuf C. L. R. James den Prototyp eines westindischen Genres – der *yard-novel*. Dieses sozialkritische Genre konzentriert sich auf den topographischen Ort der Handlung: die Wohnquartiere der Unterschicht in den wachsenden Städten der Region. In den Unterkünften von Minty Alley 2 ereignen sich die kleinen alltäglichen Tragödien von Mrs. Rouse, Benoit McCarthy, Philomen oder Maisie – jeweils unter wortreicher Anteilnahme der anderen Yard-Bewohner, die in ihrer Summe jedoch das Bild einer echten sozialen Tragödie ergeben. Hauptfigur des Romans ist Mrs. Rouse, die mit ihrer Plackerei als Bäckerin gegen ihren sozialen und wirtschaftlichen Abstieg ankämpft. Sie ist eine jener typischen westindischen Frauenfiguren, die ihre Umgebung dominiert, mit viel Pathos und Theatralik die anderen Yard-Bewohner an ihrem Schicksal Anteil nehmen läßt und sich dennoch mit ihrem mageren Einkommen von einem dandyhaften Schürzenjäger, Mr. Benoit McCarthy, ausbeuten läßt. Die beiden hatten über viele Jahre in einer *common law*-Ehe zusammengelebt. Sie hatten zusammen das Anwesen Minty Alley 2 erworben und aufgebaut, so wie Mr. Biswas (in NAIPAULS Roman) sich sein provisorisch-dauerhaftes Heim gezimmert hatte. Sie hatten sich oft und heftig in ihrem Ehekrieg bekämpft, aber erst als Benoits Verhältnis mit der ebenfalls im Yard wohnenden Krankenschwester auffliegt, zerbricht die Beziehung

endgültig. In einer melodramatischen Szene, bei der Mrs. Rouse vorgibt, ihren untreuen Partner im eifersüchtigen Affekt erstechen zu wollen, vertreibt sie Benoit samt Freundin aus dem Hinterhofquartier. Zutiefst gedemütigt fühlt sich Mrs. Rouse dadurch, daß sich Benoit mit der Krankenschwester kirchlich trauen läßt, was er ihr immer verweigert hatte. Daß sie mit ihrer Beziehung zu Benoit indessen noch lange nicht zum Ende gekommen ist, wird daran deutlich, daß sie sich von anderen Yard-Bewohnern detailliert von der Hochzeitsfeier berichten läßt und somit einen masochistischen Zug ihrer Anhänglichkeit offenbart. Mrs. Rouses Konfliktfreudigkeit konzentriert sich nun auf ihre Nichte Maisie, die nicht minder starrköpfig ist als ihre Tante. Diese beiden Frauen verkörpern gegensätzliche Verhaltensmuster zweier Generationen der kolonialen Gesellschaft. Mrs. Rouse repräsentiert die koloniale Mentalität des späten 19. Jh.s, die die Ärmlichkeit des Yard und die Härte des Lebens darin fraglos akzeptiert. Sie weiß, daß die Bedingungen ihres Lebens im fernen London bestimmt werden, aber das unverrückbare Zentrum, der Fixpunkt ihres Lebens ist der Yard in Minty Alley. Maisie dagegen kann die Beschränktheit des Hinterhofes und die Enge der Insel Trinidad auf Dauer nicht ertragen. Sie revoltiert gegen ihre Tante, aber damit auch gegen die Gesellschaft in Trinidad und sucht, wie viele Westinder, eine bessere Zukunft im fernen Amerika. Auch der Bruch dieser Beziehung wird in einer an Stummfilmkomödien erinnernden Theatralik dargestellt. Maisie und Mrs. Rouse haben das Zimmer des jeweiligen Gegners erobert und werfen dessen Habseligkeiten auf den vom Gewitterregen in einen Sumpf verwandelten Hof.

Berichterstatter über das Leben in Minty Alley 2 ist Mr. Haynes, Angestellter in einer Buchhandlung, der aus Sparsamkeit in das Haus eingezogen ist, das eigentlich unter seinem sozialen Niveau liegt. Er ist Angehöriger der kleinbürgerlichen Schicht, als solcher auch eher ein unbeteiligter Beobachter als ein echtes Mitglied der Gemeinschaft im Yard. Dies wird daran deutlich, daß viele der Begebenheiten im Hof von ihm durch ein Astloch beobachtet werden. Haynes ist von seiner Lebenserfahrung und von seiner Klassenzugehörigkeit her prädestiniert zum naiven Erzähler, dem die Mentalität und die Vitalität der Yard-Bewohner unverständlich bleiben. Mit Haynes als Erzählmedium thematisiert James eines seiner wichtigsten Anliegen: die Entfremdung der Mittelschicht vom einfachen Volk. Als Angehöriger einer sozial höheren Schicht wird Haynes immer wieder als Schlichter in Streitigkeiten, als Ratgeber in schwierigen Situationen bemüht. Damit kann James glaubhaft machen, daß sein Erzähler über viele Interna Bescheid weiß. Aber Haynes bleibt Außenseiter. Auch erscheint er farblos gegenüber den emotionalen Ausbrüchen von Mrs. Rouse oder Maisie. Mr. Haynes spiegelt einige Erfahrungen des Autors wider, der selbst in einem der Yards gewohnt hat. James' frühe Kurzgeschichten und der Roman *Minty Alley* sind im Grunde auch Milieustudien und Materialsammlungen für seine späteren politischen und soziologischen Schriften. E.Bre.

AUSGABEN: Ldn. 1936. – Ldn. 1971.

LITERATUR: J. Wickham, Rez. (in Bim, 14, Jan.–Juni 1972, S. 111–113). – L. S. Lawrence, *Three West Indian Heroines: An Analysis* (in CLA, 21, 1977, S. 238–250). – M. Gilkes, *The West Indian Novel*, Boston 1981, S. 28–35 (TWAS). – L. S. Lawrence, *Women in Caribbean Literature: The African Presence* (in Phylon, 44, 1983, S. 1–11). – R. Sander, *The Trinidad Awakening*, Westport/Conn. 1988.

JAMAICA KINCAID

* 25.5.1949 St. John's

ANNIE JOHN

(engl.; *Ü: Annie John*). Roman von Jamaica KINCAID (Antigua), erschienen 1985. – Wie schon Jamaica Kincaids erste Sammlung von Kurzgeschichten und Genreskizzen, *At the Bottom of the River*, 1983 *(Am Grund des Flusses)*, sind auch einzelne Kapitel von *Anni John* ab 1983 in der Zeitschrift ›The New Yorker‹ erschienen. *Annie John* ist jedoch trotz der in Teilen erfolgten Vorabveröffentlichung ein dichter, zusammenhängender Lebensbericht über eine Kindheit auf einer der kleinen Antilleninseln, auf Antigua. Jeder Abschnitt steht unter dem Gegensatzpaar Anziehung und Entfernung. Während der hier beschriebenen Entwicklungsgeschichte Annies vom zehnjährigen Mädchen zur jungen Frau mit siebzehn Jahren werden durch ihre Neigung zu bestimmten Freundinnen, zu bestimmten Tätigkeiten die entscheidenden Phasen in der Entwicklung ihrer Persönlichkeit charakterisiert. Ebenso signalisiert die Entfernung von diesen Freundinnen und den jeweiligen Vorlieben ihr geistiges und soziales Wachstum. Diesem transitorischen Element von Anziehung und Entfernung von Schulkameraden und Jugendfreunden sind drei durchgängige Geistes- und Gefühlshaltungen unterlegt: Das Verhältnis zu ihrer Heimat Antigua; die Beziehung zu ihrem Vater und insbesondere zu ihrer Mutter. Aus der Summe dieser divergierenden und zugleich ineinander verschränkten psychischen Haltungen ergibt sich ein atmosphärisch und emotional sehr dicht gewebtes Bild einer Jugend *(girlhood)*.

Jamaica Kincaid zeichnet den Bildungsweg einer Persönlichkeit nach, die über ihre geographische Beschränktheit der kleinen Heimatinsel Antigua ebenso hinauswächst wie über die soziale Eingeschränktheit der Mittelklassenfamilie ihrer Eltern: Annie John beginnt ihren Lebensbericht als Zehnjährige, die einer seltsamen Faszination durch den Tod unterliegt und jedem Begräbnis auf dem benachbarten Friedhof beiwohnt. Dort wird sie Zeugin des christlichen Totenrituals; in den Erzählungen und Kommentaren der Alten hört sie aber auch vom afrikanischen Geisterglauben, von der Wiederkehr der Toten als »Duppies«. In ihrer kindlichen Psyche ist sie durchaus in der Lage, die große emotionale Spannung zwischen dem äußeren Schein und den damit verbundenen mythisierenden Verklärungen zu erfassen, eine Spannung, die nahezu alle Episoden charakterisiert. Das zentrale Moment ist Annies Beziehung zu ihrer Mutter, die mit sechzehn Jahren ihr Elternhaus verlassen hat und alle Erinnerungsgegenstände an Annies Reifungsprozeß in ihrem alten Seekoffer aufbewahrt hat. Mutter und Tochter verbringen Stunden damit, diese Erinnerungskiste zu durchsuchen. Dabei erzählt die Mutter ihrer Tochter bei jeder der hier aufbewahrten Reliquien die entsprechende Anekdote, beispielsweise zum Kommunionkleid oder zur ersten Schuluniform. So bildet sich in Annies Bewußtsein eine an Erinnerungsstücken konkretisierte, immer wieder aktualisierbare Konzeption ihrer eigenen Biographie, die noch über ihr eigenes Sein hinaus zu den Eltern und Großeltern zurückverlängert wird. Vor allem aber ist dieses Bewußtwerden ihrer eigenen Persönlichkeit sehr stark durch die Präsenz und die emotionale Zuwendung geprägt, die sie von ihrer Mutter erfährt. So ist die schmerzlichste Erfahrung ihrer Kindheit verständlicherweise die allmähliche Auflösung dieser intimen Bindung zu ihrer Mutter. Annie ist zwar in der Schule allen anderen Mädchen voraus, sie ist die erste in ihrer Klasse, die menstruiert, sie drängt in ihrem Verhalten ungestüm auf Selbständigkeit und Reife, aber in ihrem Verhältnis zur Mutter wehrt sie sich heftig gegen die Ablösung der tröstlichen einfachen Mutter-Kind-Beziehung durch eine anspruchsvollere Beziehung von Frau zu Frau. In den geheimnisvoll getuschelten Gesprächen ihrer Freundinnen, in ihren Phantasien, ihren Tagträumen und Nachtmahren taucht in wechselnden Bildern immer wieder dasselbe Thema auf, die Trennung von der Mutter, die Verstoßung durch sie. Das widersprüchlich-schmerzhafte Psychogramm eines pubertierenden Mädchens wird in diesen Bildern lebendig. Natürlich reagiert Annie auch gegen die vermeintliche Verstoßung durch ihre Mutter, indem sie sich mit einem wilden, ungewaschenen Mädchen anfreundet – das genaue Gegenteil dessen, was die Mutter für Annie anstrebt –, indem sie sich, durch ihre Lektüre von Charlotte Brontës *Jane Eyre* angeregt, in die Traumwelt des Alleinlebens in Belgien hineinversetzt, nur weil da ihre Mutter nicht nachkommen kann. Die Schlußepisode *A Walk to the Jetty* faßt die ganze Jugendgeschichte nochmals schlaglichtartig zusammen. Annie ist auf dem Weg zur Landungsbrücke, wo sie das Schiff nach England besteigen wird. Wie in ihrer Kindheit geht sie zwischen Vater und Mutter, nur daß sie jetzt beide körperlich und in ihrem Lebenswillen überragt. Der Weg vom Elternhaus zur Landungsbrücke führt an allen Stationen der Kindheit vorbei, der Schule, der Kirche, dem Leuchtturm. Und wieder stellt sich dieses Gefühlsgemisch aus Freude, Zukunftshoffnung aber auch Angst und Verlustempfinden ein bei dem Gedanken: *»Ich werde das alles hier nie mehr wieder sehen.«* Jamaica Kincaids Seelenbericht über eine Kindheit hat paradigmatische Qualitäten für eine ganze Generation von Westindern. Sie schreibt zwar in feinen Nuancen, sie leuchtet die schattigen Winkel einer wachsenden und sehr individuellen Persönlichkeit mit dem warmen Licht der Anteilnahme aus – wohl auch weil die Romanfigur Annie John sehr viel mit der Autorin gemein hat –, aber sie zeichnet auch ein Bild von großer Allgemeingültigkeit. In der Kritik ist *Annie John* als das weibliche Gegenstück zu George Lammings Jugendgeschichte *In the Castle of my Skin* (1953) gepriesen worden. Wie Lamming für die karibische Literatur der fünfziger Jahre wird Jamaica Kincaid als Leitfigur einer neuen Generation der karibischen Literatur der achtziger Jahre gesehen. E.Bre.

Ausgabe: NY 1985.

Übersetzung: *Annie John*, B. Henninges, Stg. 1989.

Literatur: B. Magnum, *J. K.* (in *Fifty Carribean Writers*, Hg. D. C. Dance, Westport/Conn. 1986, S. 255–263). – A. Petersen-Khodami, Rez. (in Welt am Sonntag, 8. 10. 1989). – G. Herler, Rez. (in Stuttgarter Ztg., 11. 10. 1989). – W. Dutton, *Merge and Seperate: J. K.'s Fiction* (in World Literature Today, 63, 1989, Nr. 2). – C. Tapping, *Children and History in the Caribbean Novel: George Lamming's »In the Castle of My Skin« and J. K.'s »Annie John«* (in Kunapipi, 11, 1989, Nr. 2, S. 51–59).

George Lamming

* 8.6.1927 Carrington Village / Bridgetown (Barbados)

Literatur zum Autor:
J. Figueroa, *Introduction to G. L.* (in Review Interamericana, 5, 1975, S. 146–148). – I. Munro, *G. L.* (in *A Festschrift for E. R. Seary*, St. Johns 1975). – A. Kemoli, *On Interviewing G. L.* (in Umma, 3, Nairobi 1976, S. 20–22; 24/25; 30). – I. Munro, *The Early Work of G. L.: Poetry and Short Prose, 1946–1951* (in *Neo-African Literature and Culture*, Hg. B. Lindfors u. U. Schild, Wiesbaden 1976,

S. 327–345). – J. Robinson, *Mother and Child in Three Novels by G. L.* (in Release, 6/7, 1979, S. 75–83). – J. B. Haugaard, *The Fiction of G. L.: Ideological Mandate, Narrative Despair*, Diss. Cornell Univ. 1980 (vgl. Diss. Abstracts, 41, 1980, S. 1625A). – K. A. Sandiford, *Ralph Ellison and G. L.: Two Episodes, One Myth* (in Minority Voices, 3, 1980, Nr. 2, S. 19–25). – E. Birney, *Meeting G. L. in Jamaica* (in Canadian Literature, 1982, Nr. 95, S. 16–28). – A. M. Diaz, *G. L.: A Descriptive Bibliography of Criticisms and Reviews* (in Journal of Commonwealth Literature, 16, 1982, S. 165–173). – S. K. Paquet, *The Novels of G. L.*, Ldn. 1982. – R. A. Williams, *Third World Voices: An Analysis of the Works of Chinua Achebe, G. L. and V. S. Naipaul*, Diss. Lehigh Univ. 1982 (vgl. Diss. Abstracts, 43, 1982, S. 798A). – A. Kom, *G. L. et la Conscience Historique* (in Komparatistische Hefte, 1984, Nr. 9/10, S. 115–121). – Ders., *G. L. et le destin des Caraïbes*, Quebec 1986. – H. Tiffin, *The Novels of G. L.* (in *Essays on Contemporary Post-Colonial Fiction*, Hg. H. Bock u. A. Wertheim, Mchn. 1986, S. 253–274). – I. H. Munro, *G. L.* (in *Fifty Caribbean Writers*, Hg. D. C. Dance, Westport/Conn. 1986, S. 264–275). – S. B. Paquet, *G. L.* (in DLB, Bd. 125, 1993, S. 54–69).

IN THE CASTLE OF MY SKIN

(engl.; *In der Burg meiner Haut*). Roman von George Lamming (Barbados), erschienen 1953. – Der Titel variiert eine Zeile des westindischen Lyrikers Derek Walcott: *»The brittle china shepherdess holds / Her crook like a question sign, asks / Why your complexion should have held you from me. / You in the castle of your skin, I the swineherd. / Ach du lieber Augustin, alles ist weg weg weg.«*

Lammings erster Roman hat stark autobiographischen Charakter. Zum Teil in der Ichform geschrieben, schildert er die unbeschwerte Jugend des Erzählers in einem kleinen Dorf auf Barbados, ungefähr von den ausgehenden dreißiger Jahren bis zum Ende des Zweiten Weltkriegs. Mit den völlig vom kindlichen Standpunkt aus dargestellten Streichen und Abenteuern des Jungen und seiner Freunde wechseln in lockerer Folge Episoden, die die politischen, wirtschaftlichen und sozialen Veränderungen im Dorf und auf der Insel beschreiben. Diese Veränderungen scheinen von dem ehemaligen Lehrer Slime auszugehen und zerstören das friedliche Leben der Dörfler. Der Boden, auf dem das Dorf steht, gehört Mr. Creighton, einem reichen Engländer, zu dem die Einwohner aufschauen wie zu einem Schutzherrn, obgleich er sich kaum um sie kümmert. Slime, der eine gutgehende Bank gegründet hat und sich als Freund der Arbeiter aufspielt – er inszeniert in der nahen Stadt Streiks und Aufstände, die Creighton fast das Leben kosten –, entpuppt sich als Exponent einer ungenannten Gruppe übler »Geschäftsleute«. Bei Kriegsende kauft die Gruppe das ganze Dorf auf, um es parzelliert weiterzuveräußern; die Einwohner, die von Creighton vergebens Hilfe erhoffen, werden davongejagt, ohne zu wissen, wie ihnen geschieht. – Für den Erzähler beginnt ein neuer Lebensabschnitt; dank einem Stipendium hat er die höhere Schule besuchen können, und es ist ihm gelungen, eine Lehrerstelle auf Trinidad zu bekommen. Am Abend vor der Abreise unterhält er sich mit einem Freund, der in die USA ausgewandert ist und seiner Heimat einen kurzen Besuch abstattet. Das Gespräch macht ihm zum erstenmal bewußt, wie komplex die Welt jenseits seiner Insel ist, und daß er als Schwarzer zu einer Gemeinschaft gehört, deren Schicksal auch das seine sein wird.

Bereits mit diesem Erstlingswerk hat Lamming sich als einer der begabtesten englischsprachigen Schriftsteller seiner Generation erwiesen. Seine einfühlsame Gestaltung der naiven, ungebrochenen Weltsicht des Kindes hat dem Buch den Ruf eines westindischen *Huckleberry Finn* eingetragen. Das Heranwachsen des Erzählers drückt sich in seinem Verhältnis zur Umwelt aus: Sie schrumpft zusammen und wird zugleich vielschichtiger, die Erwachsenen verlieren immer mehr von ihrer Vollkommenheit und Sicherheit, sie werden verwundbarer, aber auch liebenswerter. Nicht weniger eindrucksvoll wird das zweite Thema gestaltet: Das Schicksal der Dörfler, die vergebens auf Hilfe gegen Slime hoffen und sich in ihrem grenzenlosen Vertrauen auf England getäuscht sehen, sagt mehr über das Versagen des Kolonialismus aus als alle politischen Traktate. Ein drittes Thema, das für die neueren Romane aus Westindien charakteristisch ist und mit dem Lamming sich in seinen späteren Romanen von der fiktiven Insel San Cristobal beschäftigt, wird hier nur leicht angeschlagen: Der Erzähler – er steht für Lamming selbst – entwächst seiner engen Heimat, er braucht ein weiteres Feld, um seine Fähigkeiten entfalten zu können. Das aber zwingt ihn, sich mit Traditionen auseinanderzusetzen, die nicht die seinen sind, und sich damit abzufinden, daß er – als Künstler und als Mensch – ein »Fremder« ist. J.v.Ge.

Ausgaben: Ldn. 1953. – NY 1954 [Einl. R. Wright]. – NY 1970. – Trinidad 1970. – NY 1983. – Ldn. 1986.

Literatur: C. R. Larson, *The Novel in the Third World*, Washington D.C. 1976. – E. Baugh, *Cuckoo and Culture: »In the Castle of My Skin«* (in Ariel, 8, Calgary 1977, Nr. 3, S. 23–33). – D. S. West, *L.'s Poetic Language in »In the Castle of My Skin«* (in Literary Half-Yearly, 18, 1977, Nr. 2, S. 71–83). – A. Kom, *»In the Castle Of My Skin«: G. L. and the Colonial Caribbean* (in WLWE, 18, 1979, S. 406–420). – P. P. Ojo, *Nature in Three Caribbean Novels* (in Journal of Caribbean Studies, 2, 1981, Nr. 1, S. 85–107). – C. T. Brown, *The Myth of the Fall and the Dawning of Consciousness in G. L.'s »In the Castle of My Skin«* (in World Literature Today 57, 1983, S. 38–43). – G. Lyn, *Once Upon a Time: Some Principles of Storytelling: »In the Castle Of My Skin«* (in *Critical Issues in West Indian Lit-*

erature, Hg. E. Smilowitz u. R. Knowles, Parkersburg/Ia. 1984, S. 112–124). – J. Jonas, *Carnival Strategies in L.'s »In the Castle of My Skin«* (in Callaloo, 11, 1988, S. 346–360). – N. ten Kortenaar, *G. L.'s »In the Castle of My Skin«: Finding Promise in the Land* (in Ariel, 22, Calgary 1991, S. 43–53).

THE PLEASURES OF EXILE

(engl.; *Die Freuden des Exils*). Essays von George Lamming (Barbados), erschienen 1960. – Wie viele andere Westindier und zahlreiche seiner westindischen Schriftstellerkollegen hatte Lamming Anfang der fünfziger Jahre seiner Heimat Barbados und seinem Arbeitsplatz als Redakteur in Trinidad den Rücken gekehrt und war nach England ausgewandert. In London war er maßgeblich an der BBC-Sendereihe *Caribbean Voices* beteiligt, die einen Dialog zwischen den Westindiern zu Hause und den Emigranten in England aufrecht erhielt und auch wesentlich zur Entwicklung der karibischen Literatur beitrug: kaum ein Autor, dessen Werk zu dem reichen Korpus des in den späten vierziger Jahren plötzlich aufblühenden westindischen Romans gezählt wird, dessen Name nicht über *Caribbean Voices* in England und in der Heimat bekannt geworden wäre.

In *The Pleasures of Exile* versucht Lamming, die Bedingungen und die Gründe zu beschreiben, die zum Exodus der Intellektuellen aus der Karibik geführt haben: Er versucht, die Auswirkungen der Exilsituation auf die Arbeit des Schriftstellers zu analysieren und die Grundkonditionen der Kreativität im Kontext des Kolonialismus darzulegen. Lammings Argumentationskette hat nicht die Errichtung eines Theoriegebäudes nach Art der Kulturtheoretiker zum Ziel; als Schriftsteller argumentiert er unter Berufung auf symbolträchtige Schlüsseltexte wie Shakespeares *The Tempest* und C. L. R. James' *Black Jacobins*, um die gegensätzlichen Perspektiven von Metropole und Peripherie darzulegen, er illustriert seine Argumentation mit persönlichen, alltäglichen Begebenheiten seines Exildaseins. Lammings Essays sind auch eine vorweggenommene Antwort auf V. S. Naipauls *The Middle Passage* (1962), dessen rundum negative Bestandsanalyse der kulturellen Deprivation der Karibik in dem vielzitierten Satz gipfelt, daß diese Region bisher keine eigene, originäre kulturelle Leistung hervorgebracht habe. Naipauls Aufsätze, in *The Middle Passage* zusammengefaßt, waren in den fünfziger Jahren im ›Spectator‹ erschienen.

Anders als Naipaul, der die kulturellen Überbleibsel der vielfältig ethnischen Gruppen der Karibik als funktionslose Folkloristik aus zweiter und dritter Hand abtut, sieht Lamming in der ethnisch-kulturellen Vielfalt der Karibik ein Potential für die Zukunft. Für ihn ist Multi-Ethnizität ein zwar mit Fehlern behaftetes, aber bedenkenswertes Modell für die unausweichliche soziale Entwicklung in den vom Kolonialismus bestimmt Gesellschaften – im Mutterland genau so wie in den damals auf die Unabhängigkeit zustrebenden Kolonien (*In the Beginning* und *The Occasion for Speaking*). Die Nabelschnur, die die Kolonialmacht und die zur Unabhängigkeit strebenden Kolonien weiterhin verbinden wird, ist die gemeinsame Sprache. Lammings Schlüsseltext, an dem er sich in dieser Frage orientiert, ist Shakespeares *Der Sturm*. Prospero, der Archetyp des Kolonialisten, hat bei der kolonialen Eroberung Sycorax vertrieben. Ihre Sprache bestand vorwiegend aus Flüchen. Ihrem Sohn Caliban jedoch hat Prospero seine eigene Sprache beigebracht und damit auch seine Perspektive des Denkens aufgeprägt, obwohl er ihn als koloniales Ausbeutungsobjekt real in eine antithetische Position verweist. Calibans originäre Leistung ist es, daß er die Sprache des Unterdrückers zum Ausdrucksmedium für seinen auf Befreiung gerichteten Protest ummünzt. Hier liegt die Analogie zu den karibischen Schriftstellern: Vic Reid, Edgar Mittelholzer, Sam Selvon, Roger Mais haben sich der Herrschaftsprache bemächtigt, sie haben das dominante literarische Genre des Kulturimperialismus, den englischen Roman, gekapert und für die Karibik mit dem westindischen Roman der fünfziger Jahre eine vergleichbare Leistung erbracht wie Fielding, Goldsmith oder Smollett für das England des 18. Jh.s.

Caliban, der Repräsentant der ländlichen Bevölkerung, auf dessen Seite sich auch die Schriftsteller geschlagen haben, verfügt über das Potential zur Selbstbefreiung. Lamming diagnostiziert aber auch ein gegenteiliges Verhalten innerhalb der Kolonialsituation: das des versierten, etwas kultivierteren, aber doch servilen Ariel. Er hat nicht nur die Sprache, sondern auch das Denken und das Verhalten Prosperos übernommen, ohne selbst je in dessen Fußstapfen treten zu können. Er ist der Luftgeist, der weder der erdverbundenen Realität Calibans, noch der Machtrealität Prosperos teilhaftig wird. Er steht für die Mittelschicht der Karibik, die sich willenlos der Gehirnwäsche des Kulturimperialismus unterzogen hat. Auf die gegenwärtige Situation des westindischen Schriftstellers bezogen – so Lamming – sind es die vielen »Ariels« in den Amtsstuben, die lieber nach London schielen als sich kulturell in Port of Spain umzutun, und die Stummheit der »Calibane« in den Dörfern, die den Exodus der Intellektuellen bewirken. Er appelliert an die Politiker mit intellektuellem Format, speziell an Eric Williams, Premier in Trinidad, und seinen ideologischen Gegenspieler C. L. R. James, durch politische Entscheidungen den Künstlern die Arbeit mit und für ihre eigene Gesellschaft zu ermöglichen. In dem Essay *Caliban Orders History* führt Lamming seine These am historischen Beispiel des haitianischen Revolutionshelden Toussaint L'Ouverture und an C. L. R. James' Schlüsseltext über die Revolution in Haiti, *Black Jacobins*, weiter aus. Die Karibik besitzt das Potential zu originärer Kreativität, zu modellhaften Entwicklungen: Die Sklaven in Haiti nahmen die Französische Revolution ernst und setzten sich an die Spitze der Bewegung, so wie in den fünfziger und sechziger Jahren die Multiethnizität, die kulturelle Vielfalt der Karibik, einen Vorgeschmack auf die interkulturelle Entwicklung in Europa und den nun unabhängigen Ländern vermittelt hat. E.Bre.

AUSGABEN: Ldn. 1960. – Ldn./NY 1984. – Ann Arbor/Mich. 1992.

LITERATUR: W. Cartey, *G. L. and the Search for Freedom* (in New World Quarterly: Barbados Independence Issue, 1966/67, S. 121–128). – G. Yarde, *G. L.: The Historical Imagination* (in Literary Half-Yearly, 11, 1970, S. 35–45). – Ngugi wa Thiong'o, *Homecoming: Essays on African and Caribbean Literature, Culture, Politics*, NY 1972. – K. Ramchand, *The Theatre of Politics* (in Twentieth-Century Studies, 10,1973, S. 20–36). – E. Nunez-Harell, *L. and Naipaul: Some Criteria for Evaluation the Third World Novel* (in ConL, 19,1978, S. 26–47). – M. Nightingale, *G. L. and V. S. Naipaul: Thesis and Antithesis* (in ACLALS Bulletin, 5, Mysore 1980, S. 40–50).

SEASON OF ADVENTURE

(engl.; *Ü: Zeit der Abenteuer*). Roman von George LAMMING (Barbados), erschienen 1960. Die Handlung spielt in der fiktiven Antillenrepublik San Cristobal. Fola, die Heldin des Romans, wächst im Hause ihres Stiefvaters, des Polizeipräfekten Piggott, auf; er gehört der Klasse privilegierter Farbiger an, die in allem unreflektiert den europäischen Lebensstil imitiert. Die Teilnahme an einer Zeremonie in einem Voodoo-Heiligtum bedeutet eine Wende in Folas Leben. Sie will erfahren, wer ihr leiblicher Vater war. Da Mutter und Stiefvater ihr die Antwort verweigern, verläßt sie ihr Elternhaus. Im Armenviertel der Stadt lernt sie eine Welt kennen, in der die afrikanischen Traditionen, z. B. Totenzeremonien und »sprechende« Trommeln, noch lebendig sind. Der Maler Chiki, Gast der verrufenen Glühmondbar, entwirft für Fola ein Bild ihres wirklichen Vaters, wie er in seiner Vorstellung sich darstellt. Dieses Porträt wird den Revolutionär Powell retten, als er, ein Vorkämpfer für soziale Gerechtigkeit, den Präsidenten ermordet. Folas Stiefvater läßt die Trommler des Armenviertels mit brutaler Gewalt festnehmen. Da behauptet Fola, ihr von Chiki gezeichneter fiktiver Vater sei der Mörder, und nach ihm wird nun im ganzen Land steckbrieflich gefahndet. Die Unruhe in San Cristobal verstärkt sich, das Volk fordert seine Trommeln zurück. Doch als diese, nach einem geglückten Aufstand, wieder geschlagen werden, sprechen sie eine andere Sprache; ihr Klang symbolisiert nun die Einheit zwischen Alt und Neu. Das findet seinen Ausdruck darin, daß sich alle zusammentun, um den Vater Folas zu suchen. Fola aber wird nie erfahren, daß ihre Mutter einst von einem Weißen und einem Schwarzen in einem Obstgarten überrascht und geschwängert wurde – daß sie zwei Väter hat.

Der Roman, in dem die symbolische Überhöhung des realen Geschehens überzeugend gelang, spiegelt die Verhältnisse eines Antillenstaats unmittelbar nach der Erlangung der Unabhängigkeit von England. Fola repräsentiert das Land, Erbe zweier Kulturen, das auf der Suche ist nach seiner Identität. Auch im Stil läßt Lamming die Symbolik erkennen: Er setzt afrikanische und europäische Stilmittel bald gegen-, bald nebeneinander. Vertrautheit mit dem psychologischen Rüstzeug europäischer Romanciers beweist der Autor, wenn er z. B. Folas zwiespältige Haltung ihren Eltern gegenüber aus Kindheitserlebnissen erklärt oder Piggotts Sucht nach europäischen Statussymbolen mit dessen einfacher Herkunft motiviert. KLL

AUSGABEN: Ldn. 1960. – Ldn. 1979.

ÜBERSETZUNG: *Zeit der Abenteuer*, W. Neuhäuser, Bln. 1962.

LITERATUR: I. Munro, *G. L.'s »Season of Adventure«: The Failure of the Creative Imagination* (in Studies in Black Literature, 4, 1973, S. 6–13). – E. Campbell, *Two West Indian Heroines: Bita Plant and Fola Piggott* (in Caribbean Quarterly, 29, 1983, S. 23–29).

WATER WITH BERRIES

(engl.; *Wasser mit Beeren*). Roman von George LAMMING (Barbados), erschienen 1971. – Mehr als zehn Jahre nach *Seasons of Adventure* und *Of Age and Innocence* (1958) trat Lamming mit *Water with Berries* und *Natives of My Person* (1973) wieder als einer der führenden Romanciers der Karibik in Erscheinung. In *Water with Berries* greift er zentrale Themen und Symbole seiner früheren Romane wieder auf: Das Allerseelenritual, das die Beziehung der Lebenden zu den Toten, den Ahnen, aktualisiert, wird zum Symbol für das Verhältnis des Menschen zu seiner spezifischen Geschichtlichkeit. San Cristobal, die fiktive Inselrepublik, wird zum Symbol der karibischen Staatenwelt insgesamt, mit ihrem Hang zum Anti-Intellektualismus und zum autoritären Regieren. Das Exil als Grunderfahrung der Westindier, wie es in *The Emigrants* (1954) behandelt wurde, wird hier zur Kernerfahrung des westindischen Intellektuellen kondensiert.
Das Verhältnis zwischen Prospero und Caliban aus SHAKESPEARES *Der Sturm* lieferte nicht nur den Titel des Romans – Caliban wirft Prospero vor, er habe sich seine Unterwerfung erschlichen indem er ihm *»water with berries in't«* gegeben habe –, es ist auch die zentrale Bedeutungschiffre, was allerdings erst gegen Ende des Romans erschließbar wird. *Water with Berries* ist ein Musterbeispiel für Intertextualität. Während die früheren Romane durch ihren erzählerischen Duktus wirkten, erzielt der Autor in diesem Buch die beabsichtigte Wirkung durch ein Gespinst von Referenzen, Zitaten, Anspielungen, Reflektionen der aktuellen politischen

oder kulturellen Diskussion, ebenso wie die Reflektion klassischer und moderner literarischer Texte. Lamming greift die amerikanische Interventionspolitik in der Karibik (Invasion in Santo Domingo und der Schweinebucht in Kuba) auf, die Stützung autoritärer Regimes, den zunehmenden Rassismus in England: Ohne diesen Hintergrund sind die Biographien der drei Hauptfiguren Teeton, Roger und Derek, dreier ins Exil getriebener Künstler/Intellektueller, nicht verständlich. Der Autor bezieht sich darüber hinaus auf eines der wichtigsten Bücher des akademischen Diskurses, auf Eldred JONES' *Othello's Countrymen* (1965), in dem der Kritiker aus Sierra Leone die Afrikaner-Imago in der englischen Literatur analysiert. Lammings drei Künstler, der Musiker Roger, der Maler Teeton, der Schauspieler Derek, sind alle drei an einer *Othello*-Inszenierung in Stratford beteiligt. Lamming reflektiert NAIPAULS Exilroman *Mimic Men* (1967). Von zentraler Bedeutung für das Verständnis des Textes aber ist die von Lamming selbst in *The Pleasures of Exile* (1960) ausgelöste *Sturm*-Diskussion, die im ersten Jahrzehnt nach der Unabhängigkeit die Kolonialismus-Imperialismus-Neokolonialismus-Debatte beherrschte.

Neben den intertextuellen Referenzen ist *Water with Berries* durch einen konstruktivistischen Ansatz gekennzeichnet. Die Handlung verläuft zunächst getrennt in zwei Strängen: Auf der einen Seite die drei Exilanten aus San Cristobal, die man als »Caliban«-Partei bezeichnen könnte; auf der anderen Seite die Ex-Kolonialisten auf San Cristobal, Old Dowager, ihr Schwager, der auf San Cristobal als Fernando firmierte, und ihre Tochter Myra, in der leicht die Miranda aus dem *Sturm* zu erkennen ist, also die »Prospero«-Partei. Zwischen beiden gibt es zunächst scheinbar nur zufällige Kontakte, z. B. ist Teeton, der Maler, Mitbewohner im Haus von Old Dowager, deren Verbindung zu San Cristobal als Prosperos Frau und Fernandos Geliebte erst zum Ende des Romans enthüllt wird. San Cristobal, die ferne Karibikinsel, ist zunächst als eine unliebsame Erinnerung in unendliche Distanz zum aktuellen Handlungsort London gerückt, es ist für die drei Exilanten eine Lokalität, von der sie sich losgesagt haben und eine Vergangenheit, vor der sie sich davonzustehlen scheinen.

Roger ist der Sohn des Obersten Richters von San Cristobal, der sich mit seinem Vater überworfen hat und im Zorn von seiner Heimat geschieden ist. Teeton war an einer Rebellion gegen die Regierung beteiligt und wurde inhaftiert. Seine Frau Rana erwies dem amerikanischen Botschafter sexuelle Gefälligkeiten und konnte dadurch Teetons Freilassung erwirken. Teeton aber läßt angewidert seine Frau und seine Heimatinsel hinter sich. In London fristen die drei Intellektuellen ein kümmerliches Dasein als wurzel- und ziellos lebende Menschen. Symptomatisch dafür ist der Schauspieler Derek, der früher mal Othello spielte, jetzt aber nur noch Engagements als Leiche in billigen Kriminalstücken bekommt. Sie sind die Bastarde des Kolonialismus – einerseits Nachkommen Calibans, des wilden Verweigerers, andererseits aber auch Abkömmlinge des Magiers Prospero, der Kraft aus seinen Büchern und seiner Intellektualität schöpft. So ist es auch nicht verwunderlich, daß sexuelle Unterwerfung und Bastardisierung weitere durchgängige Topoi im Romangeschehen sind (eine Chiffre für imperiale Literatur seit LIVIUS' Beschreibung des Raubs der Sabinerinnen). Auf der anderen Seite aber holt San Cristobal das Tagbewußtsein der Exilanten immer wieder ein. Dies wird deutlich an den ritualisierten konspirativen Treffen der Exilanten, die der Vorbereitung einer Intervention in San Cristobal dienen sollen. Teeton erhält von einem Angehörigen der Botschaft die Nachricht, daß seine Frau Rana Selbstmord begangen habe; und dies zu einem Zeitpunkt, da er bereits alle seine Bilder verkauft hat, um mit dem Erlös seiner künstlerischen Arbeit im Exil in die Heimat zurückzukehren. Die moralisch dekadente Präsenz San Cristobals am Handlungsort London wird immer oppressiver, je intensiver die Handlungszüge der »Caliban«-Partei (die Künstler) und der »Prospero«-Partei (die Kolonialisten) miteinander verwoben werden. In Analogie zu der Prospero-Caliban-Konstellation im *Sturm* klingt hier die Beziehung zwischen Prosperos Erben und Calibans Nachkommen, zwischen Kolonialisierten und Kolonialisten, als ein Erklärungsmodell für die Brutalisierung der karibischen Gesellschaft an. So erliegt Roger dem traumatischen Klischee von der Untreue seiner weißen Frau, also einem Desdemona-Syndrom. Nicole geht zu Teeton, ihrem angeblichen Liebhaber, und begeht in seinem Zimmer Selbstmord. Damit tritt sie eine Lawine melodramatischer Verwicklungen los. Roger verliert den Verstand und zündet nacheinander sein eigenes tristes Wohnquartier an, dann die Mona-Bar, wo sich die Freunde regelmäßig getroffen hatten und schließlich noch das Haus von Old Dowager, Prosperos Witwe, die bei dem Brand umkommt. Auch hier spielt Lamming auf ein bereits mehrfach gebrochenes Motiv der englischen und karibischen Literatur an: auf die brandstifterische Verrückte karibischer Herkunft in Charlotte BRONTËS *Jane Eyre* – also ein Zitat zur Imagologie in der englischen Literatur – und auf die Verarbeitung dieses Motivs in Jean RHYS' *Wide Saragasso Sea* (1966).

Die Zusammenhänge innerhalb der Prospero-Handlungslinie werden erst vom Romanschluß her deutlich. Teeton hat jahrelang ein freundschaftliches Verhältnis zu seiner Hausherrin Old Dowager unterhalten, ohne jemals von ihrer Verbindung zum kolonialistischen San Cristobal zu erfahren. Durch Zufall trifft er bei Nacht in einem Londoner Park (Hampstead Heath) auf eine unbekannte Frau, die sich durch ihre Lebensbeichte als Myra/Miranda, also Prosperos Tochter, zu erkennen gibt. Sie wurde auf San Cristobal das Opfer der Orgie aus Sex und Gewalt, die Prospero selbst provoziert hat. Nachdem Fernando seinen Bruder und Rivalen Prospero umgebracht hat, rotten sich die Calibane auf Prosperos Plantage zusammen, vergewaltigen kollektiv Myra/Miranda und zwingen Fernando, Zeuge der Vergewaltigung zu sein. Seither huldigt Fernando einem fanatischen Rassenhaß. Sein Name wird nie erwähnt, ebenso wie Old Dowager, die alte Witwe, namenlos bleibt. Die Handlung explodiert zum Schluß in einem Exzeß von Blut und Brand. Wie in einer jakobäischen Rachetragödie ist die Bühne mit Trümmern und Leichen übersät: Nicole beging Selbstmord, Old Dowager, O'Donnell, einige weitere Nebenpersonen verbrennen in den von Roger angezündeten Häusern, Fernando wird erschossen und Myra – so wird angedeutet – fällt der Syphilis zum Opfer. Die schuldbeladenen oder vom Schicksal geschlagenen Akteure bleiben zwar auf der Strecke, aber all die Brandopfer haben kaum eine heilende, läuternde oder reinigende Wirkung. Am Schluß ist die Bühne leer, aber die Katharsis hat eigentlich nicht stattgefunden. E.Bre.

AUSGABEN: Ldn. 1971. – NY 1972 (rev.). – Ldn. 1973.

LITERATUR: H. Tiffin, *Freedom After the Fall: Rennaissance and Disillusion in »Water with Berries« and »Guerillas«* (in *Individual and Community in Commenwealth Literature*, Hg. D. Massa, Malta 1979, S. 90–98). – Dies., *The Tyranny of History: G. L.'s »Natives of My Person« and »Water with Berries«* (in Ariel, 10, Calgary 1979, S. 37–52). – A. Kom, *Londres des nègres dans »The Emigrants« et dans »Water with Berries« de G. L.* (in Études Anglaises, 34, 1981, S. 44–60).

EARL LOVELACE

* 13.7.1935 Toco / Trinidad

THE DRAGON CAN'T DANCE

(engl.; *Ü: Der Drachentanz*). Roman von Earl LOVELACE (Trinidad), erschienen 1979. – Die Romane und Theaterstücke dieses Autors erschienen seit den späten sechziger Jahren, internationale Anerkennung hat er jedoch erst mit *The Dragon Can't Dance* gefunden. Lovelace bezeichnet sich selbst als Autodidakten, obwohl er eine Ausbildung in Land- und Forstwirtschaft wie auch mehrere Programme in »Creative Writing« absolviert hat. Neben den amerikanischen Realisten waren für ihn vor allem die Autoren des »Black Consciousness Movement« in den USA prägend. So ist die Frage nach dem individuellen und kollektiven Selbstverständnis, *»personhood«*, wie es Lovelace nennt, zentral für alle seine Romane. In *The Dragon Can't Dance* spürt Lovelace einem schwarzen Selbstverständnis *(Black Personality)* in einer Reihe wohlstrukturierter Variationen nach. Er spielt das Thema mit einer Reihe unterschiedlicher Figuren durch; zugleich läßt er die Selbstwahrnehmung seiner Figuren auf unterschiedlichen Ebenen der realistischen, symbolischen, rituellen Handlung ablaufen. Formales Vorbild für *The Dragon Can't Dance* ist der Sozialrealismus des engagierten Romans der dreißiger Jahre in Trinidad, der *yard novel* im Stil von A. MENDES oder C. L. R. JAMES. Lovelace geht jedoch über die realistische Schilderung sozialer Zuständlichkeit in den Slumhinterhöfen hinaus, indem er den emotionalen und mentalen Zustand der Yardbewohner zum Hauptgegenstand seiner Darstellung macht, für die die äußeren Umstände der Armut lediglich Symptom sind.

Zentrales Symbol für das Lebensgefühl der Menschen im Hinterhof des Slums von Calvary Hill in Port of Spain ist der Karneval, die Maskerade. Das ganze Jahr hindurch scheinen die Quartiere des Hofs und seine Bewohner dumpf vor sich hinzudämmern, ja bei einigen Bewohnern ist eine Aktivität überhaupt nur während der Vorbereitung zum Karneval und während der wenigen Festtage zu erkennen.

Miss Clothilde, die die Wohnung im Obergeschoß des Hauptgebäudes zur Straße hin bewohnt, also mit allen Insignien der Überlegenheit über die schwarzen Bewohner der Hinterhäuser ausgezeichnet ist, streift plötzlich ihre Arroganz ab, schlüpft wieder in die Rolle der Karnevalskönigin für die Steelband von Calvary Hill und gibt die Karnevalslosung aus *»all of we is one« (Wir sind alle gleich«)*, einen Satz, den sie selbst das ganze Jahr über tief verachtet. Die Benzinfässer der Steelbands werden frisch gestimmt; Philo, der Calypsosänger, testet mit dem kleinen Publikum des Hinterhofs seine neuen Texte, immer in der Hoffnung, diesmal den Sprung in die Endauswahl zu schaffen, vielleicht sogar den begehrten Titel des Calypsokönigs zu erringen. Fischauge, der eigentlich zu gar nichts zu gebrauchen ist und deshalb nur die Baßtrommel in der Steelband spielen darf, wärmt seinen überkommenen afrikanischen Kriegermut auf; er wird wieder in vorderster Linie kämpfen bei den Straßenschlachten, den ritualisierten Schlägereien mit den anderen Steelbands aus den anderen Slums von Port of Spain. Aldrick Prospect schneidert wieder an seinem Drachenkostüm, mit dem er jedes Jahr neu den Geist der Rebellion seiner Sklavenvorväter, die geheimnisvolle Macht der afrikanischen Ahnenmasken, den Widerstand der unterdrückten Slumbewohner gegen die neue Elite zum Ausdruck bringen will. Aldricks Drachentanz ist für ihn mehr als reine Maskerade. Er will die Zuschauer aufstacheln, ihnen ihre Widerstandskraft zu Bewußtsein bringen, er will zur Aktion ermuntern. Zum Zeichen, daß es ihm mit seinem Tanz ernst ist, weist er das Geld, das ihm die Zuschauer zuwerfen, zurück, denn damit würde er eingestehen, daß seine Karnevalsmaske nicht sein wirkliches Selbst darstellt, sondern nur Maskerade ist.

Für die Menschen von Calvary Hill, die Bewohner des Hinterhofs in Alice Street ist Karneval die einzige Gelegenheit, bei der sie sich für ganz Port of Spain selbst darstellen können und bei der von ihrer Existenz überhaupt Notiz genommen wird. Dies ist für sie die wichtigste Bestätigung ihrer *»personhood«*, ihres Menschseins. Den Rest des Jahres sind sie anonyme Masse, Slumleute ohne Identität, unsichtbar. Karneval als Ritual der Rebellion und der Selbstbestätigung ist zugleich ein Zeichen der Selbsttäuschung, der Vergeblichkeit, aber auch der Unveränderlichkeit der Gesellschaft. Als Rite de passage mit den drei Stationen soziopolitische Zuständlichkeit, egalitär-kommunistische Dynamik des »Wir sind alle gleich« und Umkehrung von sozialen Hierarchien zur Wiederherstellung des alten Zustandes am Aschermittwoch fungiert Karneval als nützliches Instrument der psychosozialen Hygiene, aber zugleich auch als Ersatzhandlung für wirkliche Veränderung, für wirkliche Aktion. Miss Clothilde, die mit ihrem Slogan »Wir sind alle gleich« den Ritus eröffnet, bringt ihn auch für alle sichtbar zum Abschluß, wenn sie am Aschermittwoch mit dem Aschenkreuz auf der Stirn ostentativ den Hinterhof betritt und ihre alte Rolle der Superiorität wieder einnimmt.

Der Wandel in der trinidadischen Gesellschaft wird auch im Verhalten der Leute im Hinterhof spürbar. Ihre Umgangsformen im Zusammenleben und vor allem die Funktion des Karnevals verändern sich: vom Ritual zum folkloristischen Touristenspektakel. Ein Repräsentant des Wandels ist der Inder Pariag, der einzige Nichtschwarze im Hinterhof. Er sucht Anerkennung, Selbstverwirklichung durch seinen Arbeitseifer und mit Hilfe des wirtschaftlichen Erfolgs; aber er verstößt damit gegen den Kodex der Besitzlosigkeit. Pariags neues Fahrrad, mit dem er Aufmerksamkeit auf sich lenken will, wird demoliert. Gleichwohl ist er am Ende des Romans nicht mehr der fliegende Händler mit Bauchladen, ihm gehört jetzt das Geschäft an der Ecke. Ebenso verändert sich Philo, der Calypsosänger. Mit seinen aggressiven Protestsongs hatte er nie Erfolg; als er sich auf unpolitische, aber reichlich obszöne Texte umstellt, wird er Calypsokönig und kann sich ein Haus außerhalb des Slums leisten. Die Kommerzialisierung des Karnevals zeigt sich besonders deutlich an den Steelbands, den früheren Kampftruppen des karnevalistischen Rebellengeistes; aus ihnen sind brave Showbands geworden, Werbeträger für Sponsoren aus der Geschäftswelt. Die Elite, gegen die sich die karnevalistische Rebellion gerichtet hatte, hat den Karneval vereinnahmt und zu einem touristischen Geschäftszweig umgewandelt. In dieser Situation inszenieren Aldrick und Fischauge als Hüter des alten Rebellengeistes ein letztes Widerstandsritual. Sie kapern einen Streifenwagen der Polizei, spielen sich als Volksbefreiungsarmee auf und halten zwei Tage lang die Stadt in Schach. Aber die Staatsmacht wartet ruhig ab: So wie das Karnevalsspektakel nach zwei Tagen unweigerlich zu Ende geht, so fällt auch dieses Rebellenspektakel nach zwei Tagen in sich zusammen. Die Rebellion war auch nur Maskerade, Ersatzhandlung, Ventil, keine wirkliche Rebellion. Nach sechs Jahren Gefängnis kehrt Aldrick in den Slum auf Calvary Hill zurück. Die Passion der Bewohner des Kalvarienberges wird weiterhin als skurriles Passionsspiel inszeniert. E.Bre.

Ausgaben: Ldn. 1979. – Ldn. 1981. – Ldn. 1985.

Übersetzung: *Der Drachentanz*, E.v. Wiedenroth, Bornheim-Merten 1984.

Literatur: K.Warner, *The Trinidad Calypso*, Washington D.C. 1982. – H.Barratt, *Metaphor and Symbol in »The Dragon Can't Dance«* (in WLWE, 23, 1984, S.405–413). – L.James, *Making the Dragon Dance* (in Wasafiri, 1, Ldn. 1984, S.13–15). – A.Reyes, *Carnival: Ritual Dance of the Past and the Present in E.L.'s »The Dragon Can't Dance«* (in WLWE, 24, 1984, S.107–120). – M.Thorpe, *In Search of the West Indian Hero: A Study of E.L.'s Fiction* (in *Critical Issues in West Indian Literature*, Hg. E.S. Smilowitz u. R.Q. Knowles, Parkersburg/Ia. 1984). – D.Williams, *The Artist as Revolutionary: Political Commitment in »The Dragon Can't Dance« and »Interim«* (in *West Indian Literature and Its Social Context*, Hg. M.McWatt, Barbados 1985, S.141–147). – C.D. Dance, *E.L.* (in *Fifty Caribbean Writers*, Hg. ders., Westport/Conn. 1986, S.276–283). – R.Hamner, *The Measure of the »Yard Novel«: From Mendes to L.* (in Commonwealth Essays and Studies, 9, 1986, S.98–105). – C.Thompson-Cager, *E.L.* (in DLB, Bd.125, 1993, S.70–77).

Roger Mais

* 11.8.1905 Kingston / Jamaika
† 15.6.1955 Saint Andrew / Jamaika

Literatur zum Autor:
G.Lamming, *Tribute to a Tragic Jamaican* (in Bim, 6, 1957, Nr.24, S.242–244). – K.Williamson, *R.M.: West Indian Novelist* (in Journal of Commonwealth Literature, 2, 1966, S.138–147). – O.R. Dathorne, *R.M.: The Man on the Cross* (in StN 4, 1972, S.275–283). – R.M. Lacovia, *R.M.: An Approach to Suffering and Freedom* (in Black Images, 1, 1972, Nr.2, S.7–11). – A.R. Baytop, *James Baldwin and R.M.: The Pentecostal Theme* (in Jamaica Journal, 42, 1978, S.14–21). – C.O. Ogunyemi, *From a Goat Path in Africa: R.M. and Jean Toomer* (in Obsidian, 5, 1979, Nr.3, S.7–21). – E.H. Vanouse, *R.M.: The Romantic Voice and the Nationalist Image*, Diss. Univ. of Minnesota 1982 (vgl. Diss. Abstracts, 43, 1982, S.1156A). – D.Morris, *R.M.* (in *Fifty Caribbean Writers*, Hg. D.C. Dance, Westport/Conn. 1986, S.303–317).

– F. Wilmot, *R. M.* (in Kyk-over-al, 33/34, 1986, S. 134–138). – E. J. Hawthorne, *The Writer in Transition: R. M. and the Decolonization of Caribbean Culture*, NY 1989. – E. K. Brathwaite, *R. M.* (in DLB, Bd. 125, 1993, S: 78–81).

BROTHER MAN

(engl.; *Ü: Bruder Mensch*). Roman von Roger MAIS (Jamaika), erschienen 1954. – Mais erzählt die Geschichte des Führers einer Sekte von Bibelerklärern und Heilsuchern. »Bruder Mensch«, von Beruf Pflasterer, ist in seiner Umgebung als Heilkundiger bekannt. Die Meinungen über ihn gehen auseinander. Sein stärkster Widersacher ist Ambo, der Obeahmann (afrikanischer Zauberdoktor), der von den Angehörigen der Sekte zum schwarzen Magier gestempelt wird. Dritte Hauptperson ist Papacita, ein durchtriebener Gangster aus der jamaikanischen Unterwelt, der sich dem Leben mit allem, was es umfaßt, bedingungslos hingibt. (Diese Figur hat Mais am kräftigsten konturiert, während er Ambos Charakterisierung etwas vernachlässigt und dem »Bruder Mensch« allzuoft selbstgefällige Platitüden in den Mund legt.) Durch seine naiv gütige Hilfsbereitschaft wirkt »Brother Man« so herausfordernd und aufreizend auf seine Umgebung, daß die in ihrem Gewissen aufgerüttelten Nachbarn beschließen, ihn wie Christus zu opfern. Er fügt sich diesem Schicksal, spielt mit einem gewissen Behagen das Opferlamm und entwickelt dabei einen höchst unchristlichen Dünkel. Der Autor hat in der Hauptgestalt eine in ihrer Mischung aus afrikanischer und christlicher Religiosität typische Figur geschaffen, die stark autobiographische Züge trägt. Er zeichnet ein hartes und ungeschminktes Bild vom Leben, von der Armut, der Hoffnungslosigkeit und Verzweiflung in den Slums von Jamaika, aber er will nicht sensationell wirken. Grundzug seines Werkes ist das menschliche Mit-Leiden, das ihn jedoch gelegentlich dazu verleitet, den Konflikt zwischen Gut und Böse zu sehr zu vereinfachen. Häufig wird die Handlung von lyrischen Passagen unterbrochen, die wie Gesänge anmuten, in denen das individuelle Schicksal mit dem allgemeinen Leiden und Erdulden zusammenklingt. J.H.J.

AUSGABEN: Ldn. 1954. – Ldn. 1966 (in *The Three Novels of R. M.*; ²1970). – Ldn. 1974 [Nachw. E. Brathwaite].

ÜBERSETZUNG: *Sie nannten ihn Bruder Mensch*, J. Jahn, Freiburg i. B. 1967. – *Bruder Mensch*, ders., Zürich 1981 [Nachw. E. Brathwaite].

LITERATUR: E. Brathwaite, *»Brother Man«* (in Tapia, 4, 1974, S. 43). – J. D'Costa, *R. M.: A Critical Study of »The Hills Were Joyful Together« and »Brother Man«*, Ldn. 1978 (Longman Critical Studies of Caribbean Writers). – M. Thorpe, *R. M.: »Brother Man«*, Harlow 1979. – R. Hamner, *The Measure of the ›Yard Novel‹: From Mendes to Lovelace* (in Commonwealth Essays and Studies, 9, 1986, Nr. 1, S. 98–105).

THE HILLS WERE JOYFUL TOGETHER

(engl.; *Ü: Und alle Hügel sollen jubilieren*). Roman von Roger MAIS (Jamaika), erschienen 1953. – Mittelpunkt des Geschehens ist ein Hof in den Slums von Kingston. Die Schicksale seiner Anwohner werden in kurzen Szenen und scharf gezeichneten Bildern dargestellt. Scheinbar zusammenhanglos und ohne zeitliche Ordnung reiht der Autor Episoden aneinander – eine für ihn charakteristische Technik, deren er sich auch in seinem letzten Roman, *Black Lightning*, 1955 *(Schwarzer Blitz)*, bedient. Die Szenen verbinden sich zu einem breitangelegten Panorama des Elends.
Ohne zu werten, stellt Mais seine Personen vor: Euphemia, eine verführerisch schöne Frau, lebt mit Shag zusammen. Sie betrügt ihn, wird aber verraten und, als sie schon glaubt, mit einem blauen Auge davongekommen zu sein, von Shag mit der Machete zerhackt. Bedosa, der sie verraten hat, ist ein Unheilstifter und obendrein ein Feigling. Seine Frau hat er zur Bigotterie getrieben; jedem Mädchen läuft er nach. Er bringt einen Kollegen im Schlachthaus um seinen Arbeitsplatz, wird deshalb von ihm verfolgt und gerät auf der Flucht unter einen Zug. Zephir, eine Prostituierte, ist die Wohlhabendste in dieser Gemeinschaft; sie hat ein gutes Herz, hilft allen, tröstet alle, weiß alles und schwatzt nicht. Sie liebt Denny, einen ordentlichen Burschen. Am dramatischsten gestaltet Mais die Geschichte des jungen Surjue, der im Grunde ein anständiger Kerl ist und zunächst mit der schönen Rema glücklich lebt. Durch zwei schlechte Kumpane wird er zu einem Einbruch verleitet, der mißlingt. Er kommt ins Gefängnis, führt sich gut, verhindert eine Meuterei und freundet sich mit dem Anstaltsgeistlichen an, der sich vergeblich bemüht, ihm einen Tag Ausgang zu verschaffen. Als Surjue bei einem Ausbruchsversuch getötet wird, übergießt Rema ihre ganzen Habseligkeiten mit Öl und zündet sie an. Die Nachbarn können den Brand nicht löschen und während die drei »Barmherzigen Schwestern« Erweckungslieder singen – darunter das im Titel genannte *And the Hills Were Joyful Together* – stirbt Rema in den Flammen.
Mais' erster Roman ist eine wahre Topographie des Elends und der Laster, deren Nährboden es ist und die Gesellschaft, die dieses Elend verschuldet hat, erscheint als eine ferne, anonyme schicksalhafte Macht, mit der die Betroffenen sich abgefunden haben. J.H.J.

AUSGABEN: Ldn. 1953. – Ldn. 1966 (in *The Three Novels of R. M.*; ²1970). – Ldn. 1981 [Einl. D. Morris].

ÜBERSETZUNG: *Und alle Hügel sollen jubilieren*, J. Hildebrand, Zürich 1983.

LITERATUR: G. Escoffery, Rez. (in Bim, 1953, Nr. 18, S. 235–237). – J. D'Costa, *R. M.: A Critical Study of »The Hills Were Joyful Together« and »Brother Man«*, Ldn. 1978 (Longman Critical Studies of Caribbean Writers). – J. Codina, *»Das montañas jubilosas«: Una novela reveladora* (in Casa de las Americas, 1979, Nr. 114, S. 129–133).

ALFRED H. MENDES

* 18.11.1897 Trinidad

PITCH LAKE

(engl.; *Teersee*). Roman von Alfred H. MENDES (Trinidad), erschienen 1934. – Zusammen mit Ralph DE BOISSIÈRE, C. L. R. JAMES und Albert M. GOMES gehört Alfred Mendes zu einer Gruppe linker Intellektueller, die in den zwanziger und dreißiger Jahren an der literarisch-ideologischen Debatte um Realismus und Sozialismus in den USA und Europa teilhatten. Die Rezeption dieser Debatte fand in der Zeitschrift ›The Beacon‹ ihren Niederschlag, deren Autoren vorwiegend einem sozialen Realismus verpflichtet waren. Resultat ihrer literarischen Bemühungen war die *yard novel* als typische Ausprägung des »Trinidad Awakening«. A. Mendes' Erstlingsroman *Pitch Lake* bewegt sich jedoch nicht in dem üblichen sozialen Milieu der *yard novel*, also der Schilderung der sozialen Verhältnisse in den Hinterhöfen der Slum- und Arbeiterquartiere. Mendes hat hier eine kleine, isolierte ethnische Gruppe aus der vielfältigen Palette der Gruppierungen in Trinidad ausgewählt, der er selbst angehört: die Gruppe der Madeira-Portugiesen. Sie waren gegen Ende des 19. Jh.s als Kontraktarbeiter nach Trinidad gekommen, hatten aber schnell als Barbesitzer, Kleinhändler, Krämer die afrikanisch- oder indischstämmige Landbevölkerung überflügelt. Als Weiße teilten sie den Hochmut gegenüber den Farbigen, als Mediterrane waren sie in den Augen der Briten Weiße zweiter Klasse. In diesem engen sozialen Spielraum versuchten sie sich durch konsequente Isolierung und durch geschäftliche Tüchtigkeit zu bewähren. Mendes fängt die bedrückende Enge, in die sich diese kleine ethnische Gruppe hineinmanövriert hat, in *Pitch Lake* präzise ein.

Joe da Costa, der Protagonist, hat jahrelang in der Rumbude seines Vaters Antonio mitgeholfen. Antonio war aus Madeira gekommen und hat den Durchsetzungswillen des kleinen Immigranten, die Emsigkeit und die Sparsamkeit verinnerlicht. Joe dagegen gehört der neuen Generation an. Für ihn sind die Jahre hinter dem Tresen in San Fernando verlorene Jahre, weil die Kundschaft nur aus Negern, Mulatten, Indern besteht. Er fühlt sich von jedem sozialen Kontakt abgeschnitten, der ihm zum Aufstieg verhelfen könnte: lediglich zu dem Mulattenmädchen Maria kann er eine echte Zuneigung entwickeln. Zugleich ist ihm aber klar, daß Maria, die Farbige, für ihn, den Weißen, nie für eine Ehe in Frage kommen wird. Joe verläßt seinen Vater Antonio und versucht über seinen Bruder Henry in Port-of-Spain den wirtschaftlichen und sozialen Aufstieg zu schaffen. In der Portugiesenclique der Hauptstadt, die ihrerseits gegen alle anderen Gruppen abgeschottet ist, wird Joe als »Schnapsbudenportugiese« verachtet, weil diese Leute den Schritt zum »richtigen« Händler, zum Geschäftsmann bereits geschafft haben. Zur Enge der ethnischen Gruppe gesellt sich die Engstirnigkeit kleinbürgerlicher Gesinnung. Während Joe unsicher seinen Weg zu ertasten sucht und immer wieder in Depressionen, Aggressionen und Selbstzweifel verfällt, hat sein Bruder Henry sich von dem Materialismus der Händlerportugiesen völlig abstumpfen lassen. Seine Frau Myra dagegen versucht sich als vorwärtstreibende Kraft. Sie bringt Joe mit der reichen und unabhängigen Cora zusammen. Cora ist von Mendes offensichtlich als die Zukunfts-Hoffnung beschrieben, die einzige Figur, die selbständig und großzügig die kleinkarierten Clankonventionen überwindet.

Joe befindet sich inzwischen auf dem ersehnten Weg zu Respektabilität und Erfolg. Er hat einen guten Job, die Verlobung mit Cora ist perfekt. Unter die Vergangenheit der Schnapsbudenjahre wird ein Strich gezogen, als der Vater Antonio seine Bude verkauft und in die USA auswandert. Seine Söhne Henry und Joe verabschieden sich an der Pier von ihm mit der lakonischen und gefühllosen Redensart *»Das war's dann wohl«*. Hier wird deutlich, daß hinter der Fassade des Erfolgs ein emotionales Vakuum herrscht. Ganz im Sinne dieser Fassadenmoral hat Joe ein Verhältnis mit dem indischen Dienstmädchen Stella begonnen. Als sie schwanger wird, scheut er vor den Konsequenzen, vor allem vor dem gesellschaftlichen Skandal zurück; und da Stella ihm den Weg nach oben versperrt, bringt er sie um. – Mendes hat mit *Pitch Lake* das Bild einer gesellschaftlichen Gruppe mit einem gnadenlosen Durchsetzungswillen gezeichnet. Er hat die rassistischen Züge im Verhalten der armen Weißen aufgezeigt, die sich wie Joe allein aufgrund ihrer Hautfarbe zu Höherem berufen fühlen, sich aber in Selbstmitleid und Opfermentalität ergehen, wenn ihre Ausflüge über die selbst gesetzten Rassenschranken nach Verantwortungsbereitschaft für ihr Handeln verlangen. E.Bre.

AUSGABEN: Ldn. 1934; Nachdr. Nendeln 1970. – Ldn. 1980.

LITERATUR: A. H. Gomes, *Through a Maze of Colour*, Port of Spain 1974. – R. W. Sander, *The Turbulent Thirties: An Interview with A. M.* (in WLWE, 12, 1973, S. 66–79). – Ders., *The Thirties and Forties* (in *West Indian Literature*, Hg. B. King,

Hamden/Conn. 1979, S. 45–62). – H. Barratt, *Literature and Society: The Female Image in M.'s Fiction* (in ACLALS Bull., 7, 1986, Nr. 4, S. 95–102). – R.W. Sander, *A.H.M.* (in *Fifty Caribbean Writers*, Hg. D.C. Dance, Westport/Conn. 1986, S. 318–326). – Ders., *The Trinidad Awakening: West Indian Literature of the Nineteen-Thirties*, Westport/Conn. 1988.

EDGAR MITTELHOLZER

* 16.12.1909 New Amsterdam / Britisch-Guyana
† 5.5.1965 bei Farnham / Surrey

A MORNING AT THE OFFICE

(engl.; *Vormittag im Büro*). Roman von Edgar MITTELHOLZER (Guyana/Trinidad), erschienen 1950. – Zusammen mit Frank COLLYMORE und A.J. SEYMOUR gehört Mittelholzer zu den Pionieren der englischsprachigen Literatur der Karibik nach dem Zweiten Weltkrieg. Er stammt aus einer gemischtrassigen Familie, und so ist eines der wichtigsten Themen seiner Romane, ethnische Abstammung, Schattierung der Hautfarbe und Klassenzugehörigkeit, auch eines der entscheidenden Themen seiner eigenen Biographie (vgl. seine Autobiographie *A Swarthy Boy*, 1963). Nach vergeblichen Versuchen, sich als Schriftsteller in der Karibik zu etablieren, da sowohl Verlage wie auch ein ausreichendes Lesepublikum fehlten (die Schwierigkeiten, seine Manuskripte zu publizieren, sind auch in einer Episode in *A Morning at the Office* thematisiert), emigrierte er nach England. Erst danach konnte er seine frühen Arbeiten und seine monumentale Trilogie über die Geschichte Guyanas, die *Kaywana*-Trilogie, veröffentlichen. Mittelholzer ist Realist, wie sich aus der minutiösen Detailbeschreibung seiner Schauplätze ablesen läßt, aber auch in der Schilderung von psychologischen und atmosphärischen Spannungssituationen.

A Morning at the Office schildert einen alltäglichen Vormittag vom Arbeitsbeginn des Bürogehilfen, der die Bürotür aufschließt bis zur Mittagspause. Die »Essential Product Company«, eine Speditions- und Import-Export-Firma, gehört zu einem großen britischen Unternehmen, das sowohl in der Plantagenwirtschaft der Kolonien, wie auch in der Verarbeitung und dem Verkauf von Kolinialprodukten engagiert ist. Die Zusammensetzung der Belegschaft ist nach Hautfarbe und Rang in der Firmenhierarchie ein getreues Spiegelbild der Kolonialgesellschaft Trinidads: Auf der untersten Stufe der sozialen und der beruflichen Erfolgsleiter steht Horace Xavier, der schwarze Bürobote, der lernbegierig und arbeitseifrig ist. Von ihm wird gesagt, daß er beruflich wohl Karriere machen könne, gesellschaftlich aber als Schwarzer nie Anerkennung finden werde. Der Hilfsbuchhalter ist Mr. Jagabir, ein von den Zuckerrohrplantagen soeben in die Stadt übergesiedelter Inder mit einem Hang zur Intrige und zur Wichtigtuerei. Er wird von allen verächtlich als *»coolie man«* abgetan. Im Gegensatz zu ihm gehört die Sekretärin Miss Bissnauth zur Klasse der gebildeten, zum Christentum konvertierten Inder; sie hat eine poetische Ader. Die Telefonvermittlung erledigt Miss Labelle, eine arme Weiße portugiesischer Abstammung. Die Chinesin Yen Tip ist Sekretärin, Mr. Lopez ein spanischstämmiger Kreole. Die Sekretärinnen der Geschäftsleitung, Miss Henery und Mrs. Hinckson, gehören zu der olivbraunen farbigen Bourgeoisie von Trinidad, die sich durch ein ausgeprägtes Klassen- und Rassenbewußtsein auszeichnet. An der Spitze des Unternehmens stehen selbstverständlich zwei Engländer, der energische Mr. Waley und Mr. Murrain, ein Kriegsveteran, der seine herausgehobene Position nur seiner weißen Hautfarbe und seiner englischen Herkunft verdankt. Er ist für alle sichtbar inkompetent und unterbeschäftigt.

Horace hat sich in die junge Witwe Mrs. Hinckson verliebt und legt ihr vor Arbeitsbeginn ein Shakespearezitat als anonyme Liebeserklärung auf den Schreibtisch. Alle Kollegen erfahren von diesem Vorgang. Das unmögliche Ansinnen des Sohns einer schwarzen Köchin, einer Angehörigen der besten farbigen Familien Trinidads einen solchen Antrag zu machen, bietet reichlich Anlaß zum Büroklatsch. Andere Handlungselemente haben nur episodische Funktion; sie dienen der Illustration der charakteristischen Unterschiede und der Interaktion zwischen den Rassen und Klassen: so der Besuch der biederen, aber gesellschaftlich ambitionierten Mrs. Murrain, die mit ihrer britischen Arroganz einen heftigen Zusammenstoß mit der farbigen Miss Henery provoziert. Die gesamte Bürobelegschaft ergreift Partei für Miss Henery, ein Symptom für die trinidadisch-nationalistische Stimmung in den Anfangsjahren der politischen Unabhängigkeitsbewegung. In dieselbe Richtung zielt eine Episode, die sich auf der Straße vor dem Büro ereignet. Dort ziehen Streikende mit Spruchbändern vorbei und skandieren anti-britische Slogans. Auch diese Stimmung wird von den Menschen im Büro positiv reflektiert. Der Kern der Erzählung spielt jedoch innerhalb der Büroräume. In kaleidoskopartigem Wechsel der Erzählperspektive läßt Mittelholzer jede der Personen als Repräsentanten ihrer jeweiligen Klasse/Rasse zu Wort kommen; die Position der eigenen Gruppe wird in *stream-of-conciousness*-Technik aus Kindheitserinnerungen und den sozialen Rahmenbedingungen der Familie und Gesellschaftsschicht entfaltet und das Verhältnis zu den anderen Klassen-/Rassengruppen reflektiert. In diesen Erinnerungen an die Kindheit, den Projektionen einer unmittelbaren Vergangenheit oder einer erträumten Zukunft weitet sich der Erzählraum des Romans über die engen Grenzen die-

ses Büros zu einer umfassenden Darstellung von ganz Trinidad: die Bürogemeinschaft als Miniatur der Gesamtgesellschaft.
Mittelholzer nimmt gegenüber seinen Figuren eine ironische Haltung ein. Im wesentlichen bestätigen sie die gängigen Vorurteile ihrer Gruppe gegenüber den anderen. Allein Mrs. Hinckson schlägt einen differenzierteren Ton an, wenn sie über die Motive für Horaces Liebeskläriung nachdenkt oder die für sie in Frage kommenden Liebhaber nach der Schattierung ihrer Hautfarbe klassifiziert. Aber selbst sie verwirft das Klassen-/Rassenschema keineswegs, sondern akzeptiert es schulterzuckend mit der Begründung: wenn nicht nach der Hautfarbe klassifiziert würde, hätte sich der Mensch sicherlich ein anderes Instrument der Diskriminierung ausgedacht. Die Stimmung dieses Vormittags im Büro wird beherrscht von der eifersüchtigen Beobachtung des Verhaltens der anderen – auch dies ist ein Spiegel der Eingeschränktheit und Engstirnigkeit einer kleinräumig stratifizierten Rassen- und Klassengesellschaft in den letzten Jahren des Britischen Empires. E.Bre.

AUSGABEN: Ldn. 1950. – NY 1950 [u. d. T. *A Morning in Trinidad*]. – Toronto 1950. – Harmondsworth 1964 (Penguin). – Ldn. 1974.

LITERATUR: A. J. Seymour, *E. M.: The Man and His Work*, Georgetown/Guyana 1968. – J. L. Sparer, *Attitudes Towards Race in Guyanese Literature* (in Caribbean Studies, 8, 1968, S. 23–63). – W. J. Howard, *E. M.'s Tragic Vision* (in Caribbean Quarterly, 16, 1970, S. 19–28). – M. Gilkes, *The Spirit in the Bottle: A Reading of M.'s »A Morning at the Office«* (in WLWE, 14, 1975, S. 237–252). – Ders., *Racial Identity and Individual Consciousness in the Caribbean Novel*, Georgetown/Guyana 1975. – Ders., *E. M.* (in *West Indian Literature*, Hg. B. King, Hamden/Conn. 1979, S. 95–110). – V. L. Chang, *E. M.* (in *Fifty Caribbean Writers*, Hg. D. C. Dance, Westport/Conn. 1986, S. 327–340). – F. M. Birbalsingh, *E. M.* (in DLB, Bd. 117, 1992, S. 236–246).

V. S. NAIPAUL

eig. Vidiadhar Surajprasad Naipaul
* 17.8.1932 Chaguanas / Trinidad

LITERATUR ZUM AUTOR:
P. Theroux, *V. S. N.: An Introduction to His Work*, Ldn. 1972. – R. D. Hamner, *V. S. N.*, NY 1973 (TWAS). – W. Walsh, *V. S. N.*, Edinburgh 1973. – L. White, *V. S. N.: A Critical Introduction*, Ldn. 1975. – R. K. Morris, *Paradoxes of Order: Some Perspectives on the Fiction of V. S. N.*, Columbia/Mo. 1975. – M. Thorpe, *V. S. N.*, Harlow 1976. – *Critical Perspectives on V. S. N.*, Hg. R. D. Hamner, Ldn. 1979. – S. Rai, *V. S. N.: A Study in Expatriate Sensibility*, New Delhi 1982. – A. Boxhill, *V. S. N.'s Fiction: In Quest of the Enemy*, Fredericton/N.B. 1983. – K. Graf u. K. Unger, *V. S. N.* (in KLFG, Grundlfg. 1983). – J. Caldwell, *V. S. N.* (in DLB, Yearbook 1985, 1986, S. 413–425). – P. Hughes, *V. S. N.*, Ldn./NY 1988. – S. R. Cudjoe, *V. S. N.: A Materialist Reading*, Amherst/Mass. 1988. – J. Thieme, *The Web of Tradition: Uses of Allusion in V.S.N.'s Fiction*, Aarhus 1988. – D. Z. Hassan, *V. S. N. and the West Indies*, NY 1989. – K. Jarvis, *V. S. N.: A Selective Bibliography with Annotations, 1957–1987*, Metuchen/N.J. 1989. – R. Kelly, *V. S.N.*, NY 1989. – R. Nixon, *London Calling: V. S. N., Postcolonial Mandarin*, NY/Oxford 1992. – T. F. Weiss, *On the Margins: The Art of Exile in V. S. N.*, Amherst/Mass. 1992. – J. Thieme, *V. S. N.* (in DLB, Bd. 125, 1993, S. 121–144).

A BEND IN THE RIVER

(engl.; *Ü: An der Biegung des großen Flusses*). Roman von V. S. NAIPAUL (Trinidad/England), erschienen 1979. – Während einer sechsmonatigen Afrikareise besuchte Naipaul 1975 auch das seit 1965 unabhängige Zaïre. Während er sich in dem Essay *A New King for the Congo: Mobuto and the Nihilism of Africa* (1975) unmittelbar mit der Situation in der ehemals belgischen Kolonie auseinandersetzte, entstand *A Bend in the River* in einem größeren zeitlichen und zugleich reflexiven Abstand. Dadurch gewinnt der Roman, dessen Handlung in einem nicht näher bezeichneten zentralafrikanischen Staat spielt, der aber nach dem Modell Zaïres gezeichnet ist, den Charakter einer geschichtsphilosophischen Spekulation auf fiktionaler Basis. Naipaul schließt dabei in wesentlichen Punkten an J. CONRADS Congo-Reise (1890) und dessen Erzählung *Heart of Darkness* (1899) an.
A Bend in the River ist zunächst die Geschichte des Ich-Erzählers Salim, der einer vor langer Zeit aus Indien zugewanderten und daher zu den Minoritäten gehörenden, freilich wohlhabenden muslimischen Familie der Ostküste entstammt. Schon sehr früh hat der in einer traditionalistischen Gesellschaft aufwachsende Junge die Haltung des distanzierten Betrachters eingenommen, der im Unterschied zu seiner Umgebung die Zeichen historischer Veränderungen sieht und sich entschließt, aus der Familie und der Gemeinschaft auszubrechen. Um nicht wie sie unterzugehen, will er auf sich gestellt *»Herr seines Schicksals«* werden. So entschließt er sich, das Geschäft eines Freunds der Familie im Ort *»an der Biegung des großen Flusses«* im benachbarten Staat zu übernehmen, das jener nach den auf die dortige Unabhängigkeitserklärung folgenden politischen Wirren aufgegeben hat.
Im Mobuto-Essay assoziiert Naipaul diesen Ort (d. h. Stanleyville, später Kisangani) mit Conrads

Heart of Darkness und dem Motiv der desorientierenden Begegnung des Weißen mit der Wildnis, zugleich aber auch mit der kurzen Schreckensherrschaft des ehemaligen Erziehungsministers Mulele in der von Kolonisatoren erbauten Stadt in der Nähe der großen Wasserfälle. Naipaul deutet Muleles Aktionen als Ausdruck eines *»afrikanischen Nihilismus«*, der seiner Meinung nach aus dem politisch verordneten Nebeneinander von Traditionalismus und Offenheit für moderne Entwicklungen resultiert und in die *»Wut des primitiven, zu sich selbst kommenden Menschen«* umschlagen muß, in Umkehrung Conrads also beim Kontakt des Schwarzen mit der weißen Zivilisation.

Salim geht als kleiner Geschäftsmann und als zwischen Weißen und Schwarzen stehender Beobachter an diesen Ort, und er berichtet aus einer Haltung der Neutralität, aber auch mit einem starken persönlichen Interesse an der Wiederherstellung von Ordnung über die auf die *Second Rebellion* (Kap. 1) folgende Entwicklung einer neuen politischen Kultur unter der Regie eines Präsidenten, der die Hoffnung auf *»Ordnung und Kontinuität«* weckt. Naipaul verdeutlicht die vom Präsidenten verordnete Entwicklung im zweiten Kapitel, das die Modernisierung des Landes am Beispiel der auf den *»Ruinen der alten Zivilisation«* am Rande des Hauptschauplatzes erbauten neuen Stadt *(The New Domain)* zeigt, die ein Polytechnikum beherbergt. Drei weitere Figuren repräsentieren dabei unterschiedliche, zugleich in den Reaktionen Salims subjektivierte gedankliche Positionen. Der junge Ferdinand wird von seiner Mutter, Stammeszauberin und Händlerin aus dem Busch, die die erste Stufe des Kontaktes mit der weißen Zivilisation verkörpert, auf das *lycée* geschickt, um auf dem Wege der Alphabetisierung und der Bildungsaneignung aufzusteigen (er wird später in die Administration des Staates aufgenommen). Indar, Freund Salims aus der Heimat, studiert in London und kommt als Intellektueller zurück, der *»gelernt hat, die Vergangenheit* [d. h. das traditionelle Afrika] *niederzutrampeln«*. Raymond schließlich ist ein weißer Afrikanologe, der das Polytechnikum leitet und zunächst als Berater des Präsidenten fungiert, später aber dessen Gunst verliert. Mit den sexuellen Beziehungen Salims zu Yvonne, der jungen Frau Raymonds, zeigt Naipaul schließlich die immer noch kolonialistisch bestimmten Auswirkungen der Modernisierung auf der Ebene zwischenmenschlicher Beziehungen.

Im Sinne der Analyse des Mobuto-Essays zeigt Naipaul dann im dritten Kapitel *(The Big Man)* die Krise in diesem Prozeß einer forcierten und falschen Annäherung an die Zivilisation der ehemaligen Kolonialherren, vor allem die inneren Widersprüche, die der Modernisierungsideologie des Präsidenten und seiner Idee eines synthetischen, auf die eigene Mutter fixierten Mutterkults anhaften. Sowohl der Widerstand der Bevölkerung gegen diesen Kult als auch die fundamentalistische Kehrtwendung politisch orientierter Intellektueller, die den *»Kräften des Imperialismus«* den Kampf ansagen, weil *»die Ahnen kreischen«*, führt zu einer Verschärfung der inneren Situation. Salim flieht für einige Zeit nach London, ohne jedoch dort einen festen Orientierungspunkt zu finden.

Er kehrt dann (Kap. 4: *The Battle*) in eine Situation der politischen *»Radikalisierung«* zurück, u. a. der Enteignung von Ausländern, zu denen er zählt (indem Naipaul den Ort an der Biegung des Flusses als Treffpunkt verschiedener Völker konzipiert, verdeutlicht er zugleich seine These vom innerafrikanischen Kolonialismus, zu dem auch der arabische Sklavenhandel gehörte). Salim wird so mit den für Naipaul logischen Folgen der Modernisierung konfrontiert: *»Wir mußten unbedingt radikalisieren. Wir erwarteten zuviel vom Präsidenten. Niemand wollte Verantwortung übernehmen. Jetzt hat man dem Volk mit Gewalt die Verantwortung aufgezwungen.«* Das Resultat ist jedoch allgemeiner moralischer Verfall, Orientierungslosigkeit, Gesetzlosigkeit, Zerbrechen persönlicher Beziehungen, Mißachtung des Individuums. Salim kommt zwar durch die Hilfe des Kommissars Ferdinand aus dem Gefängnis frei, aber wie die im Bild des kristallenen Briefbeschwerers auf dem Schreibtisch des Kommissars enthaltene Anspielung auf G. ORWELLS Roman *1984* suggeriert, ist die utopische Vision der Modernisierung in ihr dystopisches Gegenteil umgeschlagen, das Naipaul im Mobuto-Essay als *»afrikanischen Nihilismus«* bezeichnet.

Das Resümee dieses über weite Strecken stark reflexiven Romans ist – und darin liegt bei aller Kritik an der pessimistischen Aussage sein ästhetischer Wert – in den leitmotivisch eingefügten Bildern von Fluß, Wasserfall, Busch, Blume, Dampfer und sich anhängendem Einbaum aufgehoben. Die im Briefbeschwerer eingeschlossene Blume etwa korrespondiert auf metaphorischer Ebene mit den sich ungefähr seit Beginn der Modernisierung des Landes massenhaft aussäenden Wasserhyazinthen, die sich losreißen und den großen Fluß hinuntergetrieben werden: Die kristallene Umhüllung suggeriert die Unmöglichkeit, die gegebene postkoloniale Situation, die zum Schluß des Romans in ein erneutes Kurtz/Mulele-Massaker einzumünden scheint, zu überwinden. Allenfalls der Einleitungssatz des Romans – *»men who are nothing, who allow themselves to become nothing, have no place in it«* – deutet auf Salims Vorstellung von der notwendigen Resistenz des kleinen Mannes gegenüber einer Ideologie wie dem im Persönlichkeitskult gipfelnden *»Mobutism«* hin, der das Individuum zu einem Nichts macht, und er wäre dann jener Strohhalm, von dem Naipaul im erst 1980 veröffentlichten *Congo Diary* spricht: *»... perhaps the idea of the value of the people, ›le petit peuple‹, is the most important. Perhaps ... this is the thing that points to the future ... One is clutching at straws now, because all the proclaimed ideas deserve a better organized and more educated country. A different country.«* U.Bö.

AUSGABEN: Ldn. 1979. – Harmondsworth 1980 (Penguin).

Übersetzung: *An der Biegung des großen Flusses*, K. Graf, Köln 1980. – Dass., dies., Ffm. 1983 (FiTb; ern. 1986).

Literatur: J. Cooke, ›*A Vision of the Land*‹: *V. S. N.'s Later Novels* (in Caribbean Quarterly, 25, 1979, Nr. 4, S. 31–47). – E. Campbell, *A Refinement of Rage: V. S. N.'s »A Bend ...«* (in WLWE, 18, 1979, S. 394–406). – L. Prescott, *Past and Present Darkness: Sources for V. S. N.'s »A Bend ...«* (in MFS, 30, 1984, S. 547–559). – H. Pyne-Timothy, *V. S. N. and Politics: His View of Third World Societies in Africa and the Caribbean* (in CLA, 28, 1985, S. 247–262). – S. Blakemore, *An Africa of Words: V. S. N.'s »A Bend ...«* (in South Carolina Review, 18, 1985, S. 15–23). – J. P. Naugrette, *L'Afrique à la courbe du temps: L'Apocalypse selon V. S. N.* (in *Age d'or et apocalypse*, Hg. R. Ellrodt, Paris 1986, S. 303–317). – T. A. Koh, *The Empire's Orphans: Stayers and Quitters in »A Bend ...« and »Scorpion Orchid«* (in *Discharging the Canon: Cross Cultural Readings in Literature*, Hg. P. Hyland, Singapore 1986, S. 38–53). – R. Blaber, ›*This piece of earth*‹: *V. S. N.'s »A Bend ...«* (in *A Sense of Place*, Hg. P. Nightingale, St. Lucia 1986, S. 61–67). – H. Tiffin, *New Concepts of Person and Place in »The Twyborn Affair« and »A Bend ...«* (ebd., S. 22–31). – S. Klein, *Big Mans schreckliche Drohung. An der Biegung des Flusses: Auf den Spuren von V. S. N. in Zaire* (in SZ, 9. 1. 1988).

FINDING THE CENTRE

(engl.; *Ü: Prolog zu einer Autobiographie*). Autobiographie von V. S. Naipaul (Trinidad/England), erschienen 1984. – Naipaul hat über viele Jahre hinweg von England aus schreibend seine literarischen Sujets an der Peripherie, in den Ländern der Dritten Welt gesucht und dabei allmählich eine stets gleichbleibende Arbeitsweise entwickelt: Reiseerfahrungen wurden journalistisch ausgewertet, z. B. in Artikelserien für den ›New Statesman‹, es folgte ein Non-Fiction Buch und danach ein Roman. So hat er Indien, Iran, Argentinien, Zaïre abgehandelt. Auch die Erzählkonstellationen waren analog: Als Erzählmedium diente ein Bewohner eines anderen Dritt-Welt-Landes oder ein Entwicklungsexperte, der finanziell oder sexuell involviert, andererseits aber emotional distanziert ist vom jeweiligen Land. Dies hatte zu Negativvisionen über die Möglichkeiten, den Zustand und die Zukunft der Dritten Welt geführt, wie sie in dem sarkastischen Pessimismus von *Guerrillas* (1975) oder *A Bend in the River* (1979) gipfelten. Mit seiner Autobiographie *Finding the Centre* liefert Naipaul eine zunächst erstaunliche Neubewertung seiner bisherigen schriftstellerischen Arbeit. Auf der Suche nach seinem Gravitationspunkt als Autor, nach der Quelle seiner schriftstellerischen Inspiration und der Herkunft seiner Sujets, kehrt er nun zu seinen Anfängen zurück. Er lokalisiert sein Zentrum in der Peripherie Westindiens, in seiner Heimat Trinidad – und er findet auf dieser Suche auch zurück zu der einfühlenden Situationsschilderung der frühen Werke.

Naipaul beschreibt, wie er 1953 nach seinem Studium in Oxford in einem Büro der BBC seine erste Geschichte, eine der Skizzen aus *Miguel Street* (1959) schreibt, wie der Stoff, aber auch die Erzählstruktur seine eigene Erfahrung reflektiert. Bei der Ergründung seiner Aufgabe als Schriftsteller, wie er sie am Anfang seiner Karriere verstanden hatte, tritt Naipaul unwillkürlich in einen Dialog mit seinem verstorbenen Vater ein, der als Journalist des ›Trinidad Guardian‹ für Naipaul Vorbild- und Initiationsfunktion hatte. *»Ich las jedes neue Manuskript, das mein Vater schrieb, während die Geschichte wuchs. Es war die größte, die Phantasie anregendste Erfahrung meiner Kindheit.«* Die analysierende Rückerinnerung an das Verhältnis zu seinem Vater, an dessen familiären Hintergrund, an sein Arbeitsethos als Journalist, wächst sich zu einem erhellenden Werkkommentar zu Naipauls wichtigstem Roman *A House for Mr Biswas* (1961) aus. Ebenso wird deutlich, daß die Lektüre der Artikel, die sein Vater im Lohnhauptbuch einer Zuckerrohrplantage gesammelt hatte, Stoff und Inspiration für die frühen karibischen Romane des Sohnes geliefert hatte. Naipaul senior brillierte als Schreiber von *»human interest stories«* aus seiner Heimatstadt Chaguanas. Hier fand Naipaul junior die Porträts von Exzentrikern, von schrulligen Versagern und von Familienfehden und Machtkämpfen der großen indischen Clans. Der Deutung seiner persönlichen Geschichte aus der Familiengeschichte, wie sie in *Finding the Centre* vorgenommen wird, ist in Naipauls Schriftstellerleben die Ergründung seiner Herkunft aus der weiteren regionalen oder ethnischen Geschichte vorangegangen. Sein Besuch in Indien führte ihn in das Dorf seiner Vorväter – die Indienerfahrung wurde in *An Area of Darkness* (1964) aufgearbeitet. Die Ergründung seines karibischen Hintergrunds ließ ihn Familienangehörige in Venezuela und auf anderen karibischen Inseln aufspüren. Dies ist in *The Middle Passage* (1962) und *The Loss of El Dorado* (1969) eingegangen. In *Finding the Centre* wird offenkundig, daß die Aufarbeitung des offiziellen, weltgeschichtlichen Hintergrundes zumindest im Rückblick in einem engen Wechselverhältnis zur persönlichen und familiären Geschichte des Autors stattgefunden hat, wie sie mündlich innerhalb der Familie überliefert wurde. Naipauls Bemühen, über die Familiengeschichte seine historischen Wurzeln tief in den Boden der Karibik und Indiens zu versenken, steht im Widerspruch zu seinen früheren Äußerungen über die Geschichts- und Traditionslosigkeit der Karibik und zeigt einen Neuansatz im Urteil des Autors.

Naipaul schildert seinen Vater als einen Menschen, der in einer Atmosphäre des gesellschaftlichen Umbruchs versucht, für seine Person eine Brücke zu schlagen zwischen dem vergangenheitsorientierten Konservatismus seiner hinduistischen Familie und der kolonialen Situation in Trinidad. Naipaul senior kann als Journalist das traditionelle Milieu zwar beschreiben, aber ihm nicht mehr angehören. Daß er aus der ländlichen Siedlung Chaguanas weggeht und sich in der Hauptstadt der Kolonie niederläßt, ist äußeres Zeichen für seine geistig-intellektuelle Progression. Naipaul junior kann diese Zwischenstellung, die Notwendigkeit, das Alte hinter sich zu lassen, als Paradigma für seine eigene Lebenssituation ansehen. Er muß als Schriftsteller das provinzielle Port of Spain hinter sich lassen, wenn er sich vom kolonialen zum universalen Autor wandeln möchte.

Die Unsicherheit geistig kultureller Werte, die Notwendigkeit, über die Beschränktheit des Provinziellen sich zu erheben, hat in all seinen Romanen eine zentrale Stellung eingenommen. In *Finding the Centre* kommt jedoch eine bisher kaum gehörte Qualität mit dazu: die Notwendigkeit der Verwurzelung des Autors, die Notwendigkeit einer sozialen und lokalen Basis für die schriftstellerische Arbeit. *»Um Schriftsteller, eine erhabene Persönlichkeit zu werden, hatte ich es für notwendig gehalten wegzugehen. Um tatsächlich schreiben zu können, war es notwendig zurückzugehen. Es war der Beginn der Selbsterkenntnis.«* Selbst die Berufung zum Schriftsteller bringt Naipaul in einen moralischen Kausalnexus zur Familiengeschichte und zur familiären Verpflichtung: *»Mein Vater war gestorben. Unsere Familie war in Not. Ich hätte zurückgehen sollen. Doch ich konnte nicht zurückgehen, solange ich nicht Schriftsteller geworden war. Während meines elften Monats in London schrieb ich über Bogart* [eine der Figuren aus *Miguel Street*]. *Ich schrieb mein Buch. Ich begann zurückzugehen.«* E.Bre.

AUSGABE: Ldn. 1984.

ÜBERSETZUNG: *Prolog zu einer Autobiographie*, K. Graf, Köln 1984.

LITERATUR: L. Harig, Rez. (in SZ, 20. 5. 1984). – R. Schostack, Rez. (in FAZ, 9. 6. 1984).

GUERILLAS

(engl.; *Ü: Guerillas*). Roman von V. S. NAIPAUL (Trinidad/England), erschienen 1975. – Historische Basis dieses Romans sind Ereignisse zu Beginn der siebziger Jahre, als der selbsternannte Schwarzenführer Michael Abdul Malik auf der Grundlage einer – so Naipaul – den besonderen ökonomisch-politischen Problemen Trinidads nicht gerecht werdenden Black-Power-Ideologie eine agrarische Kommune gründete, in der mehrere Mitglieder, u. a. die Engländerin Gale Benson, auf rituelle Weise getötet wurden. Naipaul berichtet darüber in einem der im *»kreativen Loch«* der Jahre 1970–1975 neben den Reiseberichten entstandenen Essays (*Michael X and the Black Power Killings in Trinidad*, 1973). Im Gefolge seiner Auseinandersetzung mit den politischen Vorstellungen Maliks, der bereits während der späten sechziger Jahre in London als Michael X von – wie Naipaul meint – bürgerlichen Pseudorevolutionären hofiert worden war, für politische Unruhe gesorgt hatte und nach Verbüßung einer Gefängnisstrafe nach Trinidad hatte fliehen können, entstand zwischen September 1973 und November 1974 der (wie *The Mimic Men*, 1967, und *In a Free State*, 1971) politische Roman *Guerrillas*, der allerdings die Handlung auf eine nicht weiter identifizierte Insel der Karibik verlagert und die historischen Vorlagen weitgehend modifiziert.

Im Mittelpunkt der zumeist aus der wechselnden personalen Figurenperspektive ohne auktoriale Einmischung erzählten Handlung stehen drei Figuren. Der nach seinen Anti-Apartheid-Aktivitäten im südafrikanischen Gefängnis gefolterte, dann jedoch freigekommene Peter Roche arbeitet für eine durch ihre kolonialistische Vergangenheit in der Karibik bekannte Firma, um die agrarische Kommune des aus einer chinesischen Einwandererfamilie stammenden und daher einer Randgruppe angehörenden Jimmy Ahmed zu betreuen. Jimmy ist – wie Michael X in England – mit dem Gesetz in Konflikt geraten (Vergewaltigung) und tritt jetzt in der Kommune von Thrushcross Grange für die Rückkehr aufs Land und für eine schwarze *»Revolution«* ein (der Name der Kommune stammt aus Emily BRONTËS *Wuthering Heights*; dort handelt es sich indes um ein gepflegtes Herrenhaus). Die dreißigjährige, mit Roche seit der Publikation seines Südafrika-Berichtes bekannte und jetzt mit ihm zusammenlebende englische Verlegerin Jane ist gerade vor kurzem in die ehemalige Kolonie gekommen. Nun will sie, als sich die Situation nach der Erschießung eines versteckten Kommunemitglieds und nach der Eindämmung politischer Unruhen verschärft (u. a. fliegen amerikanische Helikopter ein), wieder nach London zurückkehren. Nach der Entfremdung von Roche wird sie jedoch, als sie sich von Jimmy verabschieden will, der als Schwarzenführer fallengelassenen wurde und mit dem sie zuvor sexuelle Beziehungen hatte, anal vergewaltigt; anschließend liefert Jimmy sie dem homosexuellen Bryant aus, einem der letzten verbliebenen Kommunemitglieder, der ihn wegen seines Verhältnisses zu Jane bedroht: Jane wird mit einem Kurzsäbel erstochen und in die Abfallgrube geworfen. Roche entdeckt zwar kurz danach einen Hinweis auf Janes Besuch bei Jimmy. Er flieht jedoch vor der drohenden Gewalt der Schwarzen und verzichtet darauf, das Verschwinden Janes, die bei der Ankunft nicht registriert wurde, zu melden.

Die Interaktion zwischen den drei Hauptfiguren wird durch deren zunehmende Desillusionierung und den Zusammenbruch ideologisch brüchiger Pläne und Hoffnungen bestimmt. Im Unterschied zu E. M. FORSTER oder J. CONRAD, den er wegen seiner Analyse der *»moralischen Degradierung der* [politischen] *Idee«* in *Nostromo* (1904) schätzt (*Conrad's Darkness*, 1974), zielt Naipauls Kolonialismuskritik jedoch nicht allein auf die Normen und Werte der Europäer, die an den Rändern des Empire mit ihrer eigenen inneren Leere konfrontiert werden, sondern – zu einem späteren historischen Zeitpunkt – vor allem auf die Kolonialisierten selbst. Obwohl nach außen hin entkolonialisiert, befinden sie sich kulturell und sozial noch im Stadium der Abhängigkeit. Das zeigt sich nicht nur in der Tatsache, daß eine durch Sklavenwirtschaft mächtig gewordene Firma die Agrarkommune finanziell unterstützt, sondern auch in Jimmys Orientierung an englischer Literatur und Kultur, vor allem bei seinen Schreibversuchen. In den Roman eingefügt sind nämlich Jimmys aus der Perspektive einer Weißen namens Clarissa geschriebenen Briefe und Tagebücher, die die Orientierung etwa am Vorbild S. RICHARDSONS andeuten; in diesen Passagen lebt Jimmy seine sublimierten sexuellen Phantasien aus, deren Ausgangspunkt die ritterliche Hilfe für eine von einer schwarzen Gang Vergewaltigte ist. Dem einer Minoritätengruppe angehörenden Jimmy, der allerdings in einiger Entfernung von der Kommune wohnt, gelingt es jedoch auch in der Fiktion nicht, zu einer in sich geschlossenen, ganzen Persönlichkeit zu werden (ähnliches gilt für Bryant, der seine Identität in den Helden des amerikanischen Films zu finden versucht). Peter Roche andererseits, der von seiner Firma aus Publicity-Gesichtspunkten engagiert wurde, entpuppt sich mehr und mehr als ein entwurzelter Intellektueller, der seine Welt auf Sand gebaut sieht. Jane ihrerseits, die in ihm einen zum Handeln entschlossenen Aktivisten erwartet hatte, aber einen eher an Autoritätsnormen orientierten Mann vorfindet, der selbst nicht die Gründe für sein südafrikanisches Engagement zu nennen weiß, wird mit einer auf dem Meeresboden sicher verwurzelten, aber durch das Wasser hin und her bewegten Seeanemone verglichen: Sie ist voller Widersprüche und ohne feste Identität.

Naipaul konfrontiert den Leser mit einer pessimistischen Sicht der karibischen Situation, die er bereits in dem Essay *Power* (1970) mit den Worten kommentiert hatte: *»Die kleinen Inseln der Karibik werden Inseln bleiben, verarmt und unerfahren ... ihre Menschen werden nirgendwo gebraucht ... sie werden ewig konsumieren; sie werden niemals kreativ tätig sein«*. Dies sei, so Naipaul, eine Situation, in der immer wieder ein Führer auftreten und das Millennium ankündigen werde: Revolutionen müßten deshalb ins Leere laufen. In *Guerrillas* manifestiert sich diese Aussichtslosigkeit in den leitmotivisch den Text durchziehenden Bildern von Fragmentierung, Zerfall, Trockenheit, Unterminierung, Instabilität und Explosivität, die die utopischen Vorstellungen von der kolonialen Stadt auf dem Hügel (das Weißenwohngebiet *»the Ridge«* entspricht dem puritanischen Ideal der *»city upon a hill«*) bzw. der regressiven agrischen Kommune inmitten industrieller Verwüstung als realitätsfremd entwertet. Jimmy faßt analoge Erfahrungen gelegentlich im Bild des überfüllten Mietshauses, das zu einer Situation des Kampfes aller gegen alle führt und jeden zu einem Guerillero macht. Wenn Naipaul aber diesen Satz Jimmys dem gesamten Text als Motto voranstellt, dann zeigt sich darin doch wieder die Sonderstellung des farbigen Außenseiters. Auch wenn er schließlich, im Widerspruch zu seinen Phantasien, nicht *»der Mann ist, der seinen Haß kontrolliert«*, scheint er doch als ansatzweise kreatives Individuum dazu in der Lage, tiefer zu blicken als die übrigen Figuren des Romans. Trotzdem bleibt *Guerrillas*, wie die Kritik immer wieder betont hat, ein zutiefst pessimistischer Roman, und die wiederholten Anspielungen auf T. HARDYS *The Woodlanders* (1887) evozieren einen Fatalismus, den Naipaul zu teilen scheint. Der Roman ist deshalb auch bezeichnet worden als *»elitäres Traktat, das die Versuche der befreiten Nationen, ihre eigene soziale Realität zu schaffen, als sinnloses Unterfangen«* (S. R. Cudjoe) abqualifiziert. U.Bö.

AUSGABEN: Ldn. 1975. – Harmondsworth 1976 (Penguin).

ÜBERSETZUNGEN: *Guerillas*, U. v. Zedlitz zu Hohenlohe, Unterägeri/Zug 1978. – Dass., dies., Reinbek 1982 (rororo). – Dass., J. Behrens, Ffm. 1989.

LITERATUR: R. Johnstone, *Politics and V. S. N.* (in Journal of Commonwealth Literature, 14, 1979, S. 100–108). – K. I. M. Rao, *V. S. N.'s »Guerrillas«: A Fable of Political Innocence and Experience* (ebd., S. 90–99). – J. Riis, *N.'s Woodlanders* (ebd., S. 109–115). – J. Thieme, *›Apparition of Disaster‹: Brontëan Parallels in »Wide Sargossa Sea« and »Guerrillas«* (ebd., S. 116–132). – H. Tiffin, *Freedom after the Fall: Renaissance and Desillusionment in »Water with Berries« and »Guerrillas«* (in *Individual and Community in Commonwealth Literature*, Hg. D. Massa, Msida/Malta 1979, S. 90–98). – S. R. Cudjoe, *Revolutionary Struggle and the Novel* (in Caribbean Quarterly, 25, 1979, Nr. 4, S. 1–30). – M. Neill, *Guerrillas and Gangs: Frantz Fanon and V. S. N.* (in Ariel, 13, Calgary 1982, Nr. 4, S. 21–62). – P. C. Sederberg, *Faulkner, N., and Zola: Violence and the Novel* (in *The Artist and Political Vision*, New Brunswick/N.J. 1982, S. 291–315). – H. Wirth-Nesher, *The Curse of Marginality: Colonialism in N.'s »Guerrillas«* (in MFS, 30, 1984, S. 531–545). – J. Berman, *V. S. N.'s »Guerrillas« as a Postmodern Naturalistic Novel* (in Perspectives on Contemporary Literature, 12, 1986, S. 29–34).

A HOUSE FOR MR BISWAS

(engl.; *Ü: Ein Haus für Mr Biswas*). Roman von V. S. NAIPAUL (Trinidad/England), erschienen 1961. – Zusammen mit der Kurzgeschichtensammlung *Miguel Street* (1959) sowie den politischen Satiren *The Mystic Masseur* (1957), *The Suffrage of Elvira* (1958) und *Guerrillas* (1975) gehört *A House for Mr Biswas* zu den frühen, noch in der Karibik spielenden Werken des Autors, der einer aus Indien nach Trinidad emigrierten, der Kaste der Brahmanen angehörenden Familie entstammt. Naipaul selbst ging 1950 zum Studium nach England, wo er seitdem als Schriftsteller lebt. Wie die frühen *»sozialen Komödien«* beschäftigen sich auch die düsteren und sehr viel grimmigeren späteren Erzählungen und Romane, neben die zahlreiche Reiseberichte getreten sind, häufig mit dem Schicksal sich zumeist in einer ungeordneten nachkolonialen Welt komödiantisch durchschlagender Menschen, die – falls sie versuchen, die eigene Freiheit und Individualität zu bewahren – immer scheitern. Allerdings macht Naipaul nicht ausschließlich die Kolonialmächte, sondern auch die Kolonisierten für die selbst zu verantwortende Atmosphäre von Lethargie, Korruption, Resignation und schließlich Gewalt verantwortlich, die eine selbstbestimmte kreative Gestaltung der eigenen Welt als unerreichbar erscheinen läßt.

Derartiges gilt auch für den zwischen 1957 und 1961 entstandenen Roman *A House for Mr Biswas*, eine fiktive Biographie, in der sich indisch-westindische mündliche Erzähltraditionen mit dem Realismus der europäischen Literatur verbinden. Naipaul hat *A House for Mr Biswas* als sehr persönliches Buch bezeichnet (›New York Review of Books‹, 1983), das auf der Biographie seines Vaters Seepersad Naipaul basiert und Motive aus dessen 1943 erschienenen Kurzgeschichten aufgreift (1976 vom Sohn mit einem Vorwort unter dem Titel *Gurudeva and Other Indian Tales* neu publiziert).

Naipauls Ausgangspunkt war die imaginative Rekonstruktion der noch weitgehend indisch-hinduistisch geprägten Lebenswelt des Vaters zu Beginn des Jahrhunderts, an deren Stelle nach und nach die komplexere und durch vielfältige europäische und amerikanische Einflüsse verformte, durch das Nebeneinander verschiedener Rassen und mehr noch Religionen gezeichnete Gesellschaft Trinidads tritt. Während der erste Teil des insgesamt durch einen Prolog und einen Epilog gerahmten Romans mit einem das Pastorale der Kindheit thematisierenden Kapitel beginnt und durchweg auf dem Lande spielt, ist der zweite Teil in Port-of-Spain lokalisiert und registriert in zunehmendem Maße die Auswirkungen etwa des Zweiten Weltkriegs oder der Amerikanisierung.

Im Mittelpunkt der Handlung steht Mohun Biswas, Sohn eines armen Landarbeiters. Nach dem Tod des Vaters muß die Mutter das Elternhaus aufgeben, und Mr. Biswas, wie ihn der ironisch distanzierte Erzähler von Geburt an nennt, wird zu einem Pundit in die Lehre geschickt, arbeitet dann in einem Rumladen, kommt schließlich als Schildermaler in das Haus der reichen Tulsis, die u. a. ein Kaufhaus sowie Land besitzen. Ohne daß er es eigentlich will, wird er, obwohl arm, als Angehöriger der brahmanischen Kaste mit einer der Töchter der nach dem Tod des Oberhauptes die Familie dominierenden Mrs. Tulsi verheiratet. Den größten Teil seines weiteren Lebens verbringt er in den Häusern der im zweiten Teil zunehmend auseinanderbrechenden Familie. Der mit einem – wenig später abfallenden – sechsten Finger und *»verkehrt herum«* geborene Biswas entpuppt sich immer wieder als ein bizarre Aktionen liebender Protagonist, der auch bei den Tulsis sozialer und intellektueller Außenseiter bleibt und sich nicht in die gemeinschaftlich orientierte Großfamilie einordnen mag, obwohl er sich andererseits immer wieder zu ihr hingezogen fühlt. Während er zunächst in Hunamun House in Arwacas lebt, dann – jeweils an den bestehenden Lebensbedingungen scheiternd – in einem Dorf einen kleinen Laden der Familie übernimmt und später Aufseher auf dem Landbesitz der Tulsis wird, geht er zu Beginn des zweiten Teils nach Port-of-Spain, wo er sich zum Journalisten, später sogar zum Mitarbeiter des Sozialministeriums hocharbeitet, dann aber erkrankt, entlassen wird und mittellos stirbt.

Von Anfang an prägt ihn der sozial bedingte Auseinanderfall der Familie sowie der Verlust des elterlichen Hauses: beides weckt in ihm den Traum vom Haus. Als Ladeninhaber und als Aufseher wohnt er zwar in den eigenen vier Wänden, wird aber in beiden Fällen nach kurzer Zeit vertrieben. Sowohl im ersten wie im zweiten Teil verläßt er außerdem den Wohnsitz der Tulsis. Erst kurz vor seinem Tod erwirbt er – mit einem eigentlich nicht rückzahlbaren Darlehen – ein Haus und muß nach dem Kauf zahlreiche Mängel feststellen, die darauf hindeuten, daß er übers Ohr gehauen wurde.

Biswas' Suche nach dem eigenen Haus ist zunächst einmal Ausdruck seines sozialen Aufstiegswillens, der sich programmatisch in der Lektüre seines auch dem Sohn empfohlenen Lieblingsbuches *Self Help* (1859) von Samuel SMILES zeigt. Allerdings deutet sich mit der Vorliebe sowohl für Smiles als auch für Victor HUGO, DICKENS, EPIKTETUS und MARK AUREL die Problematik des Haustraums an, der nicht in einer *»hoch organisierten Gesellschaft«* realisiert werden kann, sondern den Bedingungen der *»konfuseren und beschränkteren«* Kolonialwelt (so Naipauls Differenzierung in *The Return of Eva Peron*, 1980) ausgeliefert ist, die die Initiative des Protagonisten immer wieder ins Leere laufen läßt. Der Haustraum ist darüber hinaus Ausdruck von Biswas' Willen zur Selbstbehauptung und Individualität. Kontrastfolien sind einerseits die unhistorisch *»pastorale«* Welt des Vaters, die dem Fortschritt weichen muß (als man Öl findet, werden alle Spuren des väterlichen Hauses getilgt), zum anderen Hunamun House, das einem unübersichtlichen Ameisenhaufen gleicht und in das die zahllosen Familienmitglieder kommen, ohne ein Eigenleben führen zu können. Die Suche nach dem eigenen Haus ist damit letztlich Reaktion auf die Erfahrungen existentieller Nichtigkeit und Geschichtslosigkeit, die Biswas in ein Gefühl *»bodenloser Leere«* stürzen. Der umgrenzte Raum im Haus ebenso wie das eigene Haus gelten ihm deshalb als Schutzareale, scheinen die Grundlage schaffen zu können für gelebte Existenz, die, vermittelt über Objekte und Menschen, an die sich Lebenserinnerungen und Erfahrungen heften, Spuren hinterläßt.

Allerdings stellt sich jeweils am Schluß der einzelnen Teile heraus, in welchem Maße der Mensch der nicht hintergehbaren Situation der Unbehaustheit ausgeliefert ist. Nachdem Biswas aufgrund der

Kontroversen mit den Tulsis Hunamun House verlassen hat, versucht er, als er auf dem Landbesitz Green Vale als Aufseher tätig ist, auf einem zuvor den Lohnarbeitern verpachteten Stück Land ein Haus zu bauen. Lediglich mit seinem jungen Sohn Anand zusammenlebend, ist Biswas der Agressivität von Mensch (Arbeiter) und Natur ausgeliefert: Während eines Sturmes, der das Wellblechdach und die Wände des nur teilweise fertiggestellten Hauses fortbläst, gerät er – schutzlos der Erfahrung der Angst ausgeliefert – an den Rand des Wahnsinns. Nach der Genesung geht er zwar in die Stadt und verdankt den relativen Wohlstand und den durch Bildungsbemühungen erreichten sozialen Aufstieg der Kinder der eigenen Initiative. Das eigene Haus aber bietet nur den Schein von Schutz: Es ist der Ort, an dem er schließlich (nachdem er am Anfang von Teil 2 im symbolisch die Hälfte des Lebens bezeichnenden einunddreißigsten Jahre steht) vorzeitig im Alter von achtundvierzig Jahren sterben muß. Das Symbol des solcherart unfertigen Hauses nimmt in Naipauls Werk eine zentrale Rolle ein und verweist auf die Problematik menschlichen Ausgeliefertseins generell. U.Bö.

Ausgaben: Ldn. 1961. – Harmondsworth 1969 (Penguin; Nachdr. 1983). – Harlow 1982, Hg. R. Pitt.

Übersetzung: *Ein Haus für Mr Biswas*, K. Graf, Köln 1981. – Dass., dies., Ffm. 1983 (FiTb).

Literatur: B. Krikler, *The Novel Today: V. S. N.'s »A House...«* (in The Listener, 13. 2. 1964, S. 270). – D. Ormerod, *Theme and Image in V. S. N.'s »A House...«* (in TSLL, 8, 1966, S. 579–602). – B. Argyle, *V. S. N.'s »A House...«* (in Literary Half-Yearly, 14, 1973, Nr. 2, S. 81–95). – A. Boxill, *Mr. Biswas, Mr. Polly and the Problem of V. S. N.'s Sources* (in Ariel, 8, Calgary 1977, S. 129–141). – J. Carthew, *Adapting to Trinidad: Mr. Biswas and Mr. Polly Revisited* (in Journal of Commonwealth Literature, 13, 1978, S. 58–64). – B. Belitt, *The Heraldry of Accomodation: A House for Mr. N.* (in Salmagundi, 54, 1981, S. 23–41). – F. M. Robinson, *Comic Realism and V. S. N.'s »A House...«* (in Thalia, 5, 1982/83, S. 14–23). – V. S. Naipaul, *Writing »A House...«* (in NY Review of Books, 24. 11. 1983, S. 22/23). – G. Pankow, *L'homme absurde et son escape* (in Esprit, Jan. 1984, S. 96–108). – L. A. Myers, *›Bring Memory to Silence‹: The Celebratory Nature of V. S. N.'s »A House...«* (in Journal of Indian Writing in English, 12, 1984, S. 71–81). – K. Garebian, *The Grotesque Satire of »A House...«* (in MFS, 30, 1984, S. 487–496). – J. Bardolph, R. Diot u. M. Fabre, über *»A House...«* (in Commonwealth Essays and Studies, 9, 1986, S. 59–90). – J.-P. Durix, *La création dans »A House ...«* (in Études Anglaises, 40, 1987, S. 51–61).

THE MYSTIC MASSEUR

(engl.; *Ü: Der mystische Masseur*). Roman von V. S. Naipaul (Trinidad/England), erschienen 1957. – Mit seinem ersten veröffentlichten Roman übernahm Naipaul in der Gruppe der westindischen Romanciers, ja der aufblühenden Commonwealth-Literatur gleich eine Führungsrolle. Sein Erstlingswerk *Miguel Street* war zwar schon 1954 entstanden, erschien aber erst 1959. In *The Mystic Masseur* zeichnet Naipaul ein mitfühlendes, wenn auch ironisches, bisweilen sogar lächerliches Bild der indischen Landbevölkerung im Süden Trinidads. Diese Atmosphäre der mitfühlenden Anteilnahme am Schicksal und am Versagen seiner Figuren ist eine Qualität, die Naipauls frühe Werke auszeichnet, die aber später einer überheblichen, ja aburteilenden Erzählhaltung gegenüber Schauplätzen und Figuren gewichen ist – eine Wandlung, die Naipaul heftige Kritik von seinen Autorenkollegen und Kritikern aus der Dritten Welt eintrug.

The Mystic Masseur ist im Grunde ein neo-pikaresker Roman, ein Schelmenroman, wie er für Gesellschaften in Zeiten des historischen Umbruchs charakteristisch ist. Ganesh Ramsumir, der Protagonist, ist ein Scharlatan und Prophet, ein Betrüger und Überzeugungstäter in einem, der nur in einem Milieu reüssieren kann, wo die hergebrachten Wertvorstellungen brüchig und durch keine neuen Überzeugungen ersetzt worden sind. Die Inder in Naipauls Geburtsort Chaguanas sind desorientiert: Einerseits blicken sie sehnsuchtsvoll zurück auf ein romantisch verklärtes Indien, aus dem ihre Väter als Kontraktarbeiter kamen, zum anderen setzen sie sich als Geschäftsleute und Händler sehr pragmatisch in ihrer neuen Umgebung durch. Eine dritte Komponente bildet die britische Kolonialtradition, die moderne Ausbildung und Aufstiegsmöglichkeiten bietet, zugleich aber Geringschätzung für Indien und Westindien vermittelt. Die abschätzige Bemerkung *»You know the kind of people it have in Trinidad...«* oder *»The trouble with Indians here is ...«*, die Distanz zur eigenen ethnischen Gruppe und zum neuen Heimatland signalisiert, hat leitmotivische Funktion. In diesem Spannungsfeld driftet Ganesh Ramsumir lange Zeit unentschlossen hin und her. Nach seiner Schulausbildung am Queens Royal College versucht er sich als Lehrer in Port of Spain und versagt kläglich. Zurück im Dorf, lebt er von dem Geld, das die Ölquelle auf dem väterlichen Grundstück abwirft. Er redet viel und gern von den großen Büchern, die er schreiben wird, aber er schreibt nichts. Auch seine Versuche als Heiler scheitern. Die Bandbreite von Naivität, Weltfremdheit bis zur Verschlagenheit in Ganeshs Charakter verdeutlichen zwei Episoden: als er in den Hinduismus initiiert, als Pilger gekleidet und auf Pilgerschaft nach Benares geschickt wird, nimmt er diese Aufforderung wörtlich und zieht los. Ein Verwandter rennt hinter ihm her und bringt ihn auf den Boden der Realität zurück: *»Du bist hier in Trinidad, nicht in Indien, du Idiot.«* Bei seiner Hochzeit jedoch versteht er genau, den traditionellen Ritus zur persönlichen Bereicherung zu nutzen, denn der Brautvater muß dem Bräutigam Mitgift anbieten, bis dieser sein Hochzeitsmahl beendet hat. Ganesh ißt ganz langsam, aber sehr viel; um sich vor den Hochzeitsgästen nicht zu blamieren, muß ihm sein Schwiegervater mehr als das Doppelte der ursprünglich vereinbarten Mitgift ausbezahlen. Ganesh prügelt seine Frau Leela; beide empfinden dies als ein Zeichen der Reife, der Normalität ihrer Partnerschaft. Leela kann Ganeshs Drückebergerei schließlich nicht mehr ertragen. Sie verläßt ihn und kehrt zu ihrem Vater zurück – ein grundlegender Bruch der Konventionen. Damit löst sie aber bei Ganesh den ersten Aktivitätsschub in seinem Leben aus. Er schreibt das Buch, von dem er immer nur geredet hat: *»101 Questions and Answers on Hinduism«*. In seiner Autobiographie (*Finding the Centre*, 1984) schreibt Naipaul über seine eigenen Aspirationen, Schriftsteller zu werden: *»Der Wunsch Schriftsteller zu sein, ging nicht mit einem Wunsch oder einem Bedürfnis einher, tatsächlich zu schreiben. Er ging nur mit der mir vermittelten Vorstellung von einem Schriftsteller einher, einem Hirngespinst voller Erhabenheit. Es war etwas, das in der Zukunft lag, etwas außerhalb des Lebens.«* Diese Haltung nimmt Ganesh ein, diese Haltung wird ihm entgegengebracht.

Mit seinem Buch über den Hinduismus gelingt es Ganesh, sich bei seiner Familie und in der ganzen Umgebung zu rehabilitieren. Mit seinem Freund Beharry diskutiert er das Buch: Die Schrifttype ist zu klein, zu bescheiden, das Papier zu dünn, Aufmachung und Einband sind nicht großartig genug. Das Büchlein umfaßt nur 30 Seiten und sieht erbärmlich aus, aber sein Aussehen ist immer noch besser als der Inhalt. Und dennoch begründet dieses »Werk« Ganeshs Aufstieg. Dieser Hang zur Prätention, zur leeren Fassade, zum äußeren Schein ohne wirkliche Substanz zieht sich wie ein roter Faden durch das Buch.

Zur gleichen Zeit erzielt Ganesh auch den Durchbruch als Wunderheiler. Er kuriert einen Jungen, der sich von einer Wolke verfolgt fühlt. Teilweise zeigt sich in Ganeshs Verhalten eine charismatische Begabung, er ist insofern durchaus seriös. Er nimmt seine Patienten ernst, hört gut zu, flößt ihnen Selbstvertrauen ein. Offensichtlich besitzt er ein hohes psychisches Einfühlungsvermögen. So bewirkt Ganesh, daß der Beruf des Wunderheilers seine Respektabilität zurückgewinnt, indem er all die Scharlatane aus dem Feld schlägt. Andererseits kann er selbst der Scharlatanerie, dem Nepp nicht widerstehen. Er inszeniert seine Heilungen mit viel mystischem Pomp. Er nimmt von den Patienten nur, was sie bereit sind zu geben, aber zugleich organisiert er mit seiner Frau und seinem Freund Beharry ein ausgeklügeltes System, um seine Kundschaft zu schröpfen. Leela eröffnet ein Restaurant für die wartenden Patienten. Beharry bietet in seinem Laden Devotionalien, Opfergaben an, Ganesh verkauft seine Bücher, Beharry verkauft die Opfergaben, Ganesh führt für die Patienten die Opferrituale durch, Leela verarbeitet die Gaben weiter in ihrem Restaurant. Und weil Fuente Grove so weit abgelegen ist, sind die Preise entsprechend höher. Seinen ausgeprägten Realitätssinn beweist Ganesh, als er das Taxiunternehmen seines Schwiegervaters, der sich ein Monopol für die Strecke nach Fuente Grove gesichert hatte, durch Bluff und Erpressung in seine Hand bringt und damit auch noch an den Reisekosten seiner Patienten verdient. Dieselbe Verschlagenheit legt er an den Tag, als es gilt, für die anstehenden Wahlen die Hindu-Liga seines Rivalen Narayan in seine Hand zu bringen. Er manipuliert geschickt die Delegiertenversammlung und läßt sich selbst statt Narayan als Kandidat für die Wahlen aufstellen. Selbst als Abgeordneter oszilliert Ganesh zwischen Schau, Ernsthaftigkeit und Ignoranz. Zunächst gibt er sich indisch-nationalistisch, stellt sich in heftige Opposition zur Kolonialregierung, deckt jeden Skandal auf, dann aber paßt er sich völlig an und wird der beliebteste Gast bei den Cocktails des Gouverneurs. In einem knappen Epilog begegnet der Leser Ganesh in England, nicht mehr in indischer Tracht sondern im Anzug mit Weste. Auch seinen Namen hat er geändert und damit seine alte Identität abgeschüttelt. Er nennt sich jetzt G. Ramsay Muir M. B. E.

Aus Naipauls Biographie geht hervor, daß das Material zu diesem Roman zu einem großen Teil aus Artikeln seines Vaters für den ›Trinidad Guardian‹ stammt. Naipaul hat hier bereits die für ihn typische Erzählerkonfiguration angewandt. Ein Ich-Erzähler, zwar aus Trinidad stammend, aber erzählend aus der Distanz des nüchternen Englands, führt Ganesh ein, tritt am Wendepunkt in dessen Biographie vom Faulenzer zum Auserwählten auf und begegnet Ganesh wieder, als dieser seinen Namen in Ramsay Muir anglisiert hat. Als weitere Quelle wird Ganeshs Autobiographie *»The Years of Guilt«* herangezogen und aus dieser Mehrzahl der Stimmen eine überragende Erzählerinstanz interpoliert. Der Ich-Erzähler der Rahmenhandlung, der der Stimme des Autors am nächsten ist, unterliegt übrigens derselben Eitelkeit wie Ganesh selbst. Er stellt verstimmt fest, daß sein Besuch bei Ganesh als Patient in *»The Years of Guilt«* nicht einmal erwähnt wird. So hat Naipaul die Distanz zwischen Erzähler und Erzählgegenstand, zwischen Autor und Figuren durch Selbstironie auf ein erträgliches Maß reduziert. E.Bre.

AUSGABEN: Ldn. 1957. – NY 1959. – Exeter/N.H. 1971.

ÜBERSETZUNG: *Der mystische Masseur*, K. Graf, Köln 1984. – Dass., dies., Bergisch-Gladbach 1987.

LITERATUR: K. Amis, *Fresh Winds from the West* (in The Spectator, 2. 5. 1958). – G. Baro, *Ganesh's Beguiling Exploits* (in NY Herald Tribune Book Review, 7. 6. 1959). – Anon., Rez. (in TLS, 31. 5. 1957). – R. M. Lacovia, *The Medium Is the Divide: An Examination of V. S. N.'s Early Works* (in Black

Images, 1, 1972, Nr. 2, S. 3–6). – B. MacDonald, *Symbolic Action in Three of V. S. N.'s Novels* (in Journal of Commonwealth Literature, 9, 1975, Nr. 3, S. 41–52). – R. Schostack, Rez. (in FAZ, 29. 12. 1984).

VICTOR STAFFORD REID

* 1.5.1911 Kingston / Jamaika
† 25.8.1987

THE JAMAICANS

(engl.; *Die Jamaikaner*). Roman von Victor Stafford REID (Jamaika), erschienen 1976. – Mit seinem ersten Roman, *New Day* (1949) hatte Vic Reid einen Markstein in der Geschichte der westindischen Literatur gesetzt; *New Day* ist ein historischer Roman, der am Beispiel einer Familie den Kampf um die Freiheit und Unabhängigkeit Jamaikas schildert, von der Morant Bay Rebellion 1865 bis zur Einführung der Selbstverwaltung nach dem Zweiten Weltkrieg. *New Day* spiegelt die politische Diskussion der späten vierziger Jahre in Jamaika wider; 25 Jahre später legte Reid mit *The Jamaicans* einen weiteren historischen Roman vor, der auf die heftige Debatte der siebziger Jahre, in deren Zentrum die Frage nach der spezifischen kulturellen Identität der Westinder stand, eine historische Antwort zu geben versucht. (Die Popularität der Reggae-Musik ist nur ein Indiz für die Breite dieser Identitätsdiskussion.)

The Jamaicans handelt vom Ursprung des modernen Jamaika Mitte des 17. Jh.s. Die spanischen Kolonisatoren hatten die indianische Urbevölkerung der Arawaken bereits völlig ausgerottet und schwarze Sklaven aus Afrika als Arbeitskräfte in den Bergwerken und auf den Plantagen eingeführt, als die britische Regierung unter Oliver Cromwell 1655 Jamaika besetzen ließ. Die Jamaikaner, von denen Reids Roman handelt, sind die früheren Afrikaner – nicht die wenigen spanischen Siedler, die sich vor den Briten zurückziehen und teilweise nach Kuba flüchten, und nicht die neu angekommenen englischen Siedler-Soldaten mit ihren aus Irland gewaltsam deportierten Frauen. Im Bewußtsein dieser afrokaribischen Jamaikaner ist die Erinnerung an die afrikanische Heimat noch lebendig, das Wissen um das Schicksal der Arawak-Indianer noch frisch. Afrika als Stammland und die Karibik als ihre neue Heimat, in die sie das Schicksal verschlagen hat und mit der sie sich ganz bewußt identifizieren, das sind die Koordinaten, nach denen die Hauptfiguren Juan de Bolas, Pablo de Leon, Old Miguel und die Freiheitskämpferin Kedela ihre Identität bestimmen. Aber sie haben von den Spaniern die Sprache und die Religion übernommen und stehen nun vor der Notwendigkeit, sich mit den protestantischen Briten zu arrangieren. Denn daß sie aus eigenen Kräften eine neuerliche koloniale Besitznahme nicht verhindern können, ist zu offenkundig. Juan de Bolas und seine Mitstreiter haben das Joch der spanischen Sklaverei bereits abgeschüttelt, sich in die Berge zurückgezogen und unterstützen nun die Spanier als eine eigenständige politische und militärische Kraft im Kampf gegen die Engländer. Sie sind die »Maroons« (»Maronen«, eine Anspielung auf ihre dunkle Hautfarbe), die den Engländern über 100 Jahre lang mit ihrem Guerillakrieg Widerstand geleistet haben und schließlich inmitten der Kolonie eine Enklave der Selbstverwaltung vertraglich absichern konnten.

Das Bild der Maroons war stets bestimmt durch die Berichte britischer Offiziere, die wiederholt empfindliche Niederlagen einstecken mußten; für sie waren die Maroons einfach Räuber und Plünderer. Vic Reid hat demgegenüber in *The Jamaicans* eine radikale Umwertung unternommen. Die Maroons, wie er sie sieht, sind nicht nur die Vorkämpfer der Unabhängigkeit, sie sind auch Politiker und Strategen, die bei ihren Handlungen sehr wohl auch geopolitische Gesichtspunkte in Rechnung zu stellen wissen. In der Audiencia, dem demokratisch gewählten Führungsgremium der Maroons – eine Anspielung auf die aktuelle Demokratiediskussion in Jamaika – entbrennt eine heftige Debatte um die politische Richtung, die fortan eingeschlagen werden soll. Old Miguel faßt die konträren Standpunkte zusammen: *»Pablo sieht Jamaika aus der Perspektive Spaniens. Ich, Miguel, sehe es aus der Perspektive Afrikas, dem Land aus dem unsere Vorfahren vor 150 Jahren kamen. Ich suche die Seele Jamaikas in seinem afrikanischen Erbe. Jeder hat hier das Recht auf seine eigene Meinung. Nur, sucht Juan de Bolas die Seele Jamaikas durch die Cromwells aus England?«* – und Kedela antwortet ihm: *»Er will ein jamaikanisches Jamaika!«* Die politische Situation um 1660 *»mit den Engländern im Süden, den Spaniern im Norden und den Guerillas in den Bergen«* entspricht auffallend der politischen Situation der siebziger Jahre. Der wirtschaftlich-politische Druck der USA auf der einen Seite, die Verlockungen des kubanischen Revolutionsmodells auf der anderen und eine jamaikanische Regierung, die versucht, zwischen den ideologischen Blöcken von Kapitalismus und Sozialismus ihren eigenen Weg zu gehen. Eine Politik der Blickfreiheit ist Juan de Bolas oberstes Ziel in Reids Roman – vielleicht nicht ganz im Einklang mit der historischen Figur Juans. Um den dafür nötigen politischen Handlungsraum zu sichern, will er den Engländern an ihrer scheinbar unverwundbaren Stelle, der streng bewachten Hauptstadt Spanish Town (vormals St. Jago de la Vega) durch einen Guerillaangriff eine militärische Lehre erteilen. Der Überfall soll die Stärke der Maroons unter Beweis stellen und die Engländer nötigen, sie als selbständige politische Kraft zu respektieren, damit man sich dann aus

einer Position relativer Stärke mit den Engländern arrangieren kann.
An diesem Strategiekonzept entzünden sich die grundsätzlichen Differenzen zwischen Juan und Pablo, die zu einer Spaltung der Maroons führen. Der Konflikt wird schließlich in einem Zweikampf der beiden Protagonisten ausgetragen, bei dem beide umkommen. Juan hatte noch unmittelbar vor dem Kampf versucht, dem dogmatisch denkenden Pablo die Ziele und die Rationalität seines politischen Kalküls zu erläutern, aber vergeblich. Kedela, die von Juan ein Kind erwartet, findet die beiden Kontrahenten in ihrer tödlichen Verklammerung: *»Sie sind so eng verschlungen; sie sind sich so ähnlich!«* Auch dies ist eine Kommentierung der politischen Diskussion der siebziger Jahre: die Selbstzerfleischung der ideologischen Fraktionen, wo doch die Ziele und die moralische Basis der Politik dieselben sind.
Reid hat für diesen Roman die offizielle Geschichte der Karibik aufgearbeitet, aber er hat die Perspektive gewechselt und die politischen Ereignisse aus der kolonialen Rivalität, aus der Sicht der Betroffenen, der Jamaikaner, geschildert. Geschichte »von unten gesehen« bestimmte schon Reids Erstling *New Day*. Neben den historisch verbürgten Fakten und Figuren benutzte Reid auch Motive und Materialien aus der mündlichen, der Folkloretradition Jamaikas. Die Kämpferin Kedela erinnert an die Maroonenführerin Nanny. In den Figuren des Führungsquartetts – Juan, Pablo, Miguel, Kedela – mischen sich Züge des historischen Juan de Bolas mit jenen der ebenfalls historischen Widerstandsanführer Cudjoe, Quao und Cuffe (anglisierte Namen aus der Akansprache Westafrikas), um die historische wie auch die zeitpolitische Dimension des Widerstandes zu bekräftigen. Vor allem das tödliche Duell von Juan und Pablo folgt einer Erzählung vom Three-Fingered Jack und dem Maroon Quashee. – Reid fügt also in seinem Schlüsselroman zur Identität der Jamaikaner der historisch-ethnischen Argumentation durch die Einbeziehung jamaikanischer oraler Erzählsegmente ein wirkungsvolles Element der Beglaubigung hinzu.
E.Bre.

AUSGABEN: Kingston 1976; ²1978.

LITERATUR: K. Ramchand, *History and the Novel: A Literary Critics Approach* (in Savacou, 5, 1971, S. 103–113). – S. S. Wynter, *Novel and History, Plot and Plantation* (ebd., S. 95–102). – S. S. R. Cudjoe, *Resistance and Caribbean Literature*, Athens/Oh. 1980. – D.C. Dance, *V.R.* (in *Fifty Caribbean Writers*, Hg. ders., Westport/Conn. 1986, S. 377–389). – M.G. Cooke, *V. S. R.* (in DLB, Bd. 125, 1993, S. 256–260).

ANDREW SALKEY

* 30.1.1928 Colón / Panama

LITERATUR ZUM AUTOR:
B. Carr, *A Complex Fate: The Novels of A. S.* (in *The Islands in Between: Essays in West Indian Literature*, Ldn. 1968). – C. R. Gray, *Mr. S.'s Truth and Illusion* (in Jamaica Journal, 2, Juni 1968, S. 46–54). – K. Ramchand, *The West Indian Novel and Its Background*, Ldn. 1970. – W. Harris, *Tradition, the Writer and Society: Critical Essays*, Ldn. 1973. – S. P. Paquet, *The Fifties* (in *West Indian Literature*, Hg. B. King, Ldn. 1979). – D. E. Herdeck, *Caribbean Writers: A Bio-Bibliographical Critical Encyclopaedia*, Washington D.C. 1979. – M. A. Hughes, *A Companion to West Indian Literature*, Ldn. 1979. – J. B. Allis, *West Indian Literature: An Index to Criticism*, Boston 1981. – *Fifty Caribbean Writers*, Hg. D. C. Dance, Westport/Conn. 1986. – A. Boxhill, *A. S.* (in DLB, Bd. 125, 1993, S. 270–275).

A QUALITY OF VIOLENCE

(engl.; *Eine bestimmte Art von Gewalt*). Roman von Andrew SALKEY (Jamaika), erschienen 1959. – Die Biographie des Autors ist typisch für einen Jamaikaner seiner Generation: geboren in Panama als Sohn jamaikanischer Kontraktarbeiter am Kanal, aufgewachsen im ländlichen Jamaika unter der Obhut der Großmutter und weiblicher Verwandter, Studium in England und anschließend Arbeit bei der BBC für »Caribbean Voices«, schließlich eine Professur für Literatur in den USA. Aus diesen Lebensstationen erklären sich auch Salkeys literarische Hauptthemen sowie sein Selbstverständnis als Förderer der westindischen Literatur. »Caribbean Voices« war eine Plattform für junge karibische Autoren, die das Zusammengehörigkeitsgefühl der Emigranten in England förderte, aber auch das Bewußtsein einer spezifisch karibischen kulturellen Identität stärkte, die sich in einer eigenen Literatur Ausdruck verschaffte, und zwar sowohl in der englischen Diaspora als auch zu Hause auf den Inseln. Als Förderer karibischer Literatur wirkte Salkey auch als Redakteur der Literaturzeitschriften ›Calibans‹, ›New Letters‹, ›Savacou‹ und als Herausgeber einer Reihe von Anthologien zur karibischen Literatur.
Salkeys Erstlingsroman *A Quality of Violence* spielt im Milieu seiner Jugenderfahrungen, dem ländlichen Jamaika während der Dürrekatastrophe von 1900. Schauplatz und historischer Hintergrund des Romans weisen auf zwei Vorbilder zurück: Das von Dürre geschlagene Land und die zum Auswandern nach Haïti bereiten Kleinbauern erinnern an John STEINBECKS Agrardrama *The Grapes of Wrath*, 1939 *(Früchte des Zorns)*, das Arme-Leute-

Milieu verweist auf *Brother Man* (1954) und *The Hills Were Joyful Together* (1953) von Salkeys Landsmann Roger Mais. Was Mais für das städtische Proletariat in Kingston geleistet hat, versucht Salkey für das ländliche Proletariat Jamaikas: Er liefert ein Soziogramm der Gesellschaft und vor allem ein Psychorama, indem er die Hysterie und die Wundersüchtigkeit der einfachen Dorfbewohner erklärbar zu machen versucht. Die Koordinaten für das Selbstverständnis der Dorfbewohner sind einerseits eine Orientierung an Afrika, verknüpft mit der verklärenden Vorstellung magischer Kräfte, ein Rückblick auf die noch in lebhafter Erinnerung verbliebene Sklaverei und eine mystische Vorstellung des Landes als Mutter und Nährboden, andererseits eine emotionale Distanz zum Heimatboden, die in der Bereitschaft zur Emigration oder auch in dem Gefühl, Jamaika sei ein Land, das zum Selbstmord treibt, Ausdruck findet. Die rationalen Elemente dieser Bewußtseinslage manifestieren sich in dem Wunsch nach wirtschaftlicher Prosperität und individueller Selbstbestimmung, konstituieren also eine Art von Modernität. Diese Haltung wird aber von den Traditionalisten vorwurfsvoll als egoistisch und plantagenherrschaftlich – also »weiß« – abgetan.

Die Hoffnungslosigkeit und die existentielle Krise, mit der die Dürre die Dorfgemeinschaft überzog, hat einen Machtkampf unter den Vertretern dieser beiden Positionen ausgelöst. Dada Johnson ist es gelungen, mit seinem Voodoo-Kult der Pocomania die Mehrzahl der Dorfbewohner für sich zu gewinnen. Doch Johnson ist ein Zyniker und Betrüger. Er täuscht Trancezustände vor, er manipuliert die Gemeindemitglieder, er mißbraucht die Frauen, die bei ihm Heilung oder religiösen Trost suchen. Obwohl er die Dörfler auch finanziell ausbeutet, gelingt es ihm immer wieder, die Gemeinde bei den Gebetsversammlungen in Ekstase zu versetzen. Er appelliert an das Animalische, das Dumpfe, an die Angst, und so feiert er seine Triumphe, wenn er das Blut der Opfertiere – es muß ein weißer Hahn sein – über die Gemeindemitglieder verspritzt. Doch schließlich wird Dada Johnson selbst Opfer seiner Gewaltrituale: Als er mit seinem Gehilfen sich auf einen Wettstreit der Selbstgeißelung einläßt, wird er von den ekstatischen Gläubigen zu Tode gepeitscht.

Immer wieder entlädt sich die Spannung und der Druck, der auf dem ausgedörrten Dorf lastet, in Gewaltausbrüchen. Selbst drei junge Mädchen, die sich am Dorfrand heimlich einen kleinen Schrein angelegt haben, wo sie in kindlichem Ritual um Regen beten, fallen plötzlich übereinander her. Einem Höhepunkt treibt die Bereitschaft zur Gewalt entgegen, als Johnsons Witwe dessen Erbe als religiöse Führerin antreten will. In einer zu einem hysterischen Tribunal pervertierten Betstunde versetzt sie die Gemeindemitglieder in Pogromstimmung gegen alle Nicht-Pocomanier. Missa Marshall verbarrikadiert sich im Gemeindehaus, Brother Parkin, der andere standfeste Rationalist, wird gefangen und gefoltert. Parkin gelingt es durch die Enthüllung der dubiosen Praktiken des Ehepaares Johnson, die Stimmung der Masse nochmals umzukehren. Doch nun fordern die Gemeindemitglieder den Kopf von Ma Johnson. Sie wollen ihr Opfer – soweit haben die Johnsons gesiegt. Noch einmal wirken Marshall und Parkin mäßigend auf die hysterische Menge ein, aber schließlich macht Ma Johnson all ihre Bemühungen zunichte, indem sie sich selbst provokativ als Opfer anbietet: *»Bringt mich um, bringt mich um, ihr Judaspack.«* Ma Johnson wird gesteinigt, aber ihr Tod bricht weder die Dürre, noch löst er die sozialen Spannungen.

Wilson Harris hat an *A Quality of Violence* kritisiert, daß der Roman mit einem Triumph der Sinnlosigkeit ende, S. P. Paquet bemängelt, daß der synkretistische Kult der Pocomania nur negativ als Quelle der Gewalt, nicht aber als Quelle der Selbstfindung dargestellt werde, wie in George Lammings *Season of Adventure* (1960). Andrew Salkeys argumentatives Ziel bleibt unklar. Daß er einen Erweckungsreligionskult wie Pocomania als Opium fürs Volk betrachtet, ist eindeutig – schließlich wird von den Pocomaniern eifrig Ganja geraucht. Aber auch die Modernisten, Brother Parkin und Mr. Marshall, bleiben auf die reine Anti-Pocomania-Haltung beschränkt. E.Bre.

Ausgaben: Ldn. 1959 [Nachdr. Nendeln 1970]. – Ldn. 1978.

Samuel Dickson Selvon

* 20.5.1923 Trinidad

THE LONELY LONDONERS

(engl.; *Die einsamen Londoner*). Roman von Samuel Dickson Selvon (Trinidad), erschienen 1956. – Zentralfigur und Thema dieses Romans griff der Autor in den beiden späteren Büchern *Moses Ascending*, 1975 *(Moses im Aufstieg)*, und *Moses Migrating*, 1983 *(Moses auf Wanderschaft)*, wieder auf; alle drei werden auch als *The Moses Trilogy* bezeichnet. – Nach dem Ende des Zweiten Weltkriegs, an dem er als Marinefunker der »Royal Naval Reserve« teilgenommen hatte, gehörte Selvon zur ersten Gruppe von Autoren, die ihre Heimat in der Karibik verließen, weil sie in der Enge der Kolonialgesellschaft keine Entfaltungsmöglichkeiten für sich sahen; und wie George Lamming, mit dem er auf demselben Schiff im Jahre 1950 nach London emigrierte, wurde Selvon einer jener Schiftsteller, die dem westindischen Roman zu internationaler Anerkennung verhalfen.

Selvons kleinere Arbeiten aus der Marinezeit wurden über die »Caribbean Voices« der BBC verbreitet; 1952, noch vor V. S. NAIPAULS *Mystic Masseur*, erschien Selvons Roman *A Brighter Sun*, ein Bildungsroman, der den mühsamen Weg des einfachen indischen Landarbeiters Tiger und seiner Kindfrau Urmilla vom Land in die Stadt, von geistiger und materieller Abhängigkeit zu Selbstverantwortung und Selbstfindung beschreibt. *A Brighter Sun* mit seinen einfühlsamen Schilderungen der sozialen und natürlichen Landschaft Trinidads hat Selvon einen festen Platz in der Entwicklungsgeschichte der westindischen Literatur gesichert. Mit *Turn Again Tiger* (1958) schrieb Selvon eine Fortsetzung zu *A Brighter Sun*; Tiger kehrt als Spezialist auf eine landwirtschaftliche Versuchsfarm in seiner Heimatregion zurück. *The Plains of Coroni* (1970) schildert die Revolte der Landarbeiter gegen die Einführung von mechanischen Erntemaschinen auf den Zuckerrohrplantagen; *Those Who Eat the Cascadura* (1972) handelt vom Volksglauben, von Zauber- und Besessenheitsriten in dem kleinen Dorf Tacarigua, in dem sich Selvon 1969 als Guggenheim-Stipendiat zur Feldforschung aufhielt. Allen diesen Arbeiten ist eines gemeinsam: die liebevolle Darstellung eines harmonischen Ineinanders von Mensch und Natur, eine bei aller kritischer Distanz und sozialer Satire beinahe pastorale Atmosphäre des Ländlichen, die in der übrigen westindischen Romanliteratur, den überwiegend auf die urbane Landschaft konzentrierten *yard novels*, den Slum-Romanen, nicht zu finden ist und die die Trinidad-Romane Selvons auch markant von den in England spielenden Emigrantenromanen unterscheidet.

Zwei Jahre nach George Lammings polemischem Roman *The Emigrants*, 1954 *(Mit dem Golfstrom)*, erschien Selvons Version vom Leben der Westinder in der Empiremetropole, *The Lonely Londoners*. Schon die Titelgebung macht deutlich, daß die beiden Autoren das Thema Emigration/Immigration von verschiedenen Blickwinkeln angehen. In Struktur und Thematik ist der Immigrationsroman das genaue Gegenstück zu den Kindheits- und Jugenderinnerungen, den »Bildungsromanen«, wie Lammings *In the Castle of My Skin*, 1953 *(In der Burg meiner Haut)*, Michael ANTHONYS *The Year in San Fernando*, 1965 *(Das Jahr in San Fernando)*, oder Jamaica KINCAIDS *Annie John* (1985), in denen das Verlassen des gewohnten Milieus der Jugendzeit, das Aufbrechen in eine neue Zukunft in neuer Umgebung der eigentliche Zielpunkt ist, auf den die Handlung zustrebt. Der Abreise als wesentlichem Strukturmerkmal zum Romanende entspricht im Immigrantenroman Selvons die Ankunft in der Metropole, der Neuanfang im neuen Milieu. Den idyllischen, traumatischen, formativen Erlebnissen auf dem Weg zum Erwachsenwerden in jenen Büchern entsprechen hier die Routineerfahrungen des Erwachsenseins, verschärft durch das kolonialistisch oder oft auch rassistisch motivierte Negativerlebnis der Randgruppenexistenz mitten im Herzen der Metropole. Die Suche nach Wohnung, Arbeit, Freunden, Geborgenheit, Erinnerungen, vor allem die enttäuschten Hoffnungen sind Elemente eines »Überlebenstrainings«, das schließlich in einer Entscheidungssituation kulminiert, in der der Held vor die Wahl gestellt wird, seine Immigrantenidentität, d. h. seine soziale Marginalität in dem ihm fremdgebliebenen Umfeld für sich zu akzeptieren, oder aber in die geographische Marginalität – seine Heimat – zurückzukehren.

In *The Lonely Londoners* eilt Moses Alloetta am Beginn zur Victoria Station, um den Freund eines Freundes vom *»boat train«* abzuholen, der die Immigranten vom Schiff nach London bringt. Nach einem der fahrenden Ritter aus der Artussage nennt er den Neuankömmling Galahad. Die Abenteuer, die Fährnisse, die dieser fahrende Ritter (und seinesgleichen) aus den Kolonien in dem Zauberwald Londons bestehen müssen, bilden den Hauptteil der Erzählung. Jeden Sonntag treffen sich die *»boys«* in Moses' Einzimmerwohnung und tauschen die Erfahrungen der letzten Woche aus – genügend Stoff für mehrere komische Episoden. Aber sie suchen auch Trost, Stütze, Heimat, Geborgenheit in der Gruppe von Gleichgesinnten, gleich Leidenden, einer Schicksals- und Rassengemeinschaft von Ausgeschlossenen. Die Realität des Lebens der *»boys«* in London ist eher eintönig, ja trostlos. *»Schlafen, Essen, ein paar Muschis jagen, Arbeiten.«* In Briefen nach Hause gewinnen Namen wie Hyde Park, Bayswater, Shepherd's Bush (heruntergekommene Arbeiterquartiere) einen exotischen Glanz. Moses analysiert seine Lage aber auch illusionslos: *»... nach all den Jahren, nicht einmal eine ordentliche Wohnung, kein Pfennig auf dem Sparbuch, ich bin keinen Schritt vorangekommen, immer nur auf der Stelle getreten, ich muß mich schon anstrengen, daß ich nicht rückwärts marschiere.«* Heimweh gesellt sich zum Gefühl des Versagens, der Erfolglosigkeit. In den ersten Jahren hat Moses noch die Namen der auslaufenden Schiffe genau studiert, aber er hat nie das Geld für die Passage auftreiben können, und zudem konnte er in Trinidad ja nicht mit leeren Händen ankommen. Von der Tower Bridge schaut Moses einem Schiff nach, er weiß, daß *»die boys doch nur deshalb lachen, weil sie Angst haben, daß sie sonst nur weinen könnten ...«* Moses hat für diesmal wieder seine Wahl getroffen, er wird sich lieber den traurigen Gewißheiten einer Zukunft in der Fremde stellen, als der Ungewißheit einer Zukunft in seiner Heimat.

1965 hat Selvon das Thema der Lebensbedingungen der westindischen Immigranten mit anderer Besetzung wieder aufgegriffen, in *The Housing Lark*. Mit *Moses Ascending* (1975) kehrte er jedoch zu seiner alten Hauptfigur zurück, an der er den Wandel der Einstellungen sowohl des politisch-sozialen Umfelds, als auch der alten Immigranten selbst demonstrieren konnte. Moses hatte sich in *Lonely Londoners* mit der leicht hingeworfenen Idee, einen Bestseller zu schreiben, um endlich voranzukommen, vom Leser verabschiedet. In *Moses Ascending* ist er endlich auf dem Weg nach oben. Und diese Erfolgsgeschichte präsentiert er nun als seine Memoiren. Nicht mehr der überpersönliche Erzähler, der über die Gruppe der *»boys«* berichtet, sondern der Ich-Erzähler, der seine eigene Person in den Mittelpunkt rückt, bestimmt den Ton in *Moses Ascending*. Moses ist stolzer Besitzer eines abbruchreifen Hauses in Shepherd's Bush geworden und aus der Kellerwohnung in das Penthouse umgezogen. Als der »schwarze Robinson«, der sich seine neue Umwelt unterwirft, heuert er einen Arbeitslosen als seinen »Freitag« an. Wie sehr sich in England die Immigrantenszene seit der kühlen Ablehnung der westindischen Einwanderer *(»tolerated but not accepted«)* in den fünfziger Jahren verändert hat, wird in den Kernepisoden des Romans ganz deutlich.

Die Mieter in Moses' Haus entpuppen sich als eine militante Black-Power-Gruppe, die unter Führung der verführerischen Brenda ihr Hauptquartier in dem Haus einrichten. Moses fliegt natürlich auf Brenda, die zur politischen Brisanz den nötigen Schuß Sex liefert. Schließlich verliert er völlig die Kontrolle über die Vorgänge in seinem Haus, als der Pakistani Faizull ihm Schmiergeld zugehen läßt und das Haus als Unterschlupf für illegale Einwanderer aus Pakistan nutzt. Aber auch dieses Geld verschwindet, als Moses gutmütig für einen Black-Power-Anhänger die Kaution stellt. Und schließlich verliert er sogar gegen seinen »Freitag«. Der ertappt Moses im Badezimmer *in flagranti* mit seiner Frau und erpreßt ihn. So muß Moses am Ende die Penthousewohnung für ihn räumen und findet sich selbst in der Kellerwohnung wieder. Auch diesmal ist Moses nur auf der Stelle getreten, eher sogar noch abgerutscht. – Strukturell gelang dem Autor mit *Moses Ascending* dagegen ein großer Schritt nach vorn, verglichen mit der episodischen Erzählung *The Lonely Londoners*. Als Moses' Memoiren ist das Werk ein poetologischer Roman, der selbstreflektorisch von Kreativität, von der Generierung von Sinngestalt und der Strukturierung von Bedeutung handelt. Der Roman steht in einem engen intertextuellen Verhältnis zu Naipauls Exilroman *The Mimic Men* (1967), dessen Hauptfigur Kirpalsingh ebenfalls durch das Schreiben seiner Memoiren erst die Ordnungsstrukturen schaffen kann, die sein wirkliches Leben nie aufweisen konnte. Selvon ist hier einen Schritt in Richtung zum postmodernen Roman gegangen.

In *Moses Migrating* hat Selvon die Figur des Moses 1983 noch einmal aufleben lassen. Mit zwiespältigen Gefühlen beschließt er, sich den alten Wunsch einer Heimkehr nach Trinidad doch noch zu erfüllen. Doch nun reist er als britischer Staatsbürger in einer Reisegruppe von Karneval-Touristen. Noch hat er den Plan, eine lokale Schönheit zu heiraten und sich als der reiche und weltgewandte Heimkehrer dauerhaft niederzulassen, nicht völlig begraben. Aber dann zieht er die alte Kolonialmethode doch vor, seine Auserwählte einfach sitzen zu lassen und wieder nach England zu verschwinden. Seit den *Lonely Londoners* hat sich Moses radikal verändert. Damals war er Kontaktmann für die Neuankömmlinge, Helfer im Überlebenskampf gegen das kalte London. Jetzt gibt er sich als der waschechte Brite, dessen überlegenen Status seine früheren Landsleute eigentlich honorieren müßten. Gewandelt hat sich damit auch die Romanstruktur. Noch einmal wird die Reisemetapher, die Struktur von Aufbruch und Ankunft, von Loslösung und Besitznahme der Lokalitäten variiert, die Richtung der Quest-Reise umgekehrt. Mit der Fahrtrichtung von der Peripherie zur Metropole hatten sich die Helden der Bildungsromane, der *»novel of West Indian boyhood«* ihrer Universalität als Weltbürger vergewissert oder die Helden der Emigrantenromane ihr Anrecht an der Konkursmasse des zerfallenden Empire gesichert. Mit *Moses Migrating* lebt die alte Fahrtrichtung der kolonialen Entdeckerreisen von der Metropole zur Peripherie wieder auf, allerdings in der banalisierten Variante des Dritte-Welt-Tourismus. Auch die Haltung des Autors zu seinem Helden hat sich grundlegend gewandelt. An die Stelle von mitfühlender Komik und Selbstironie ist die distanzierte Haltung der Satire und der Karikatur getreten. Geblieben ist Selvons entlarvende Handhabung der sprachlichen Register, des *»Code switching«* vom bemühten Standard English zu einem differenzierenden Creole oder Patois.

Die Beharrlichkeit, mit der Selvon über mehr als zwanzig Jahre hinweg das Thema der westindischen Einwanderer in England behandelt hat, stellt ihn an den Anfang einer neuen literarischen Entwicklung, der »Black British Literature«, in der die alten Einwanderer, besonders aber die nachgeborenen britischen Staatsbürger westindischer kolonialer Abstammung ihre Lebenswelt und Lebenserwartungen in einer multirassischen Gesellschaft artikulieren. Von Selvons *Moses Trilogie* führt eine Linie zu den neuen Autoren wie David DABYDEEN, Linton Kwesi JOHNSON, John AGARD oder Grace NICHOLS, und Joan RILEY. E.Bre.

AUSGABEN: *The Lonely Londoners:* Ldn. 1956; [3]1985. – *Moses Ascending:* Ldn. 1975; [2]1984. – *Moses Migrating:* Ldn. 1983.

LITERATUR: F. Birbalsingh, *S. S. and the West Indian Literary Renaissance* (in Ariel, 8, Calgary 1977, S. 5–22). – M. Fabre, *S. S.* (in *West Indian Literature*, Hg. B. King, Ldn./Hamden (Conn.) 1979, S. 111–125). – M. Fabre, *Moses and the Queen's English: Dialect and Narrative Voice in S. S.'s London Novels* (in WLWE 21, 1982, S. 385–392). – K. Ramchand, *»The Lonely Londoners« as a Literary Work* (in WLWE, 21, 1982, S. 644–684). – S. P. Paquet, *S. D. S.* (in *Fifty Caribbean Writers*, Hg. D. C. Dance, Westport/Conn. 1986, S. 439–449). – D. Dabydeen u. N. Wilson-Tagoe, *A Readers' Guide to West Indian and Black British Literature*, Kingston-upon-Thames 1987. – V. Kirpal, *The Third World Novel of Expatriation: A Study of Emigré Fiction by Indian, West African and Caribbean Writers*, Ldn. 1990. – H. Barratt, *S. S.* (in DLB, Bd. 125, 1993, S. 281–290).

DEREK WALCOTT

* 23.1.1930 Castries / St. Lucia

LITERATUR ZUM AUTOR:
Bibliographien:
R. D. Hamner, *D. W.: His Works and His Critics – An Annotated Bibliography, 1947–1980* (in Journal of Commonwealth Literature, 16, 1981, S. 142–184). – I. E. Goldstraw, *D. W.: An Annotated Bibliography of His Works*, NY 1984.
Gesamtdarstellungen und Studien:
S. Beckmann, *The Mulatto of Style: Language in D. W.'s Drama* (in Canadian Drama, 6, 1960, S. 71–89). – T. Colson, *D. W.'s Plays* (in WLWE, 12, 1973, S. 80–96). – R. D. Hamner, *Conversation with D. W.* (ebd., 16, 1977, S. 409–420). – E. Baugh, *D. W.: Memory as Vision*, Ldn. 1978. – L. W. Brown, *West Indian Poetry*, Boston 1978. – D. Jones, *R. W.* (in DLB Yearbook 1981, S. 270–278). – R. D. Hamner, *D. W.*, Boston 1981 (TWAS). – K. Omotoso, *The Theatrical into Theatre*, Ldn. 1982. – E. Hill, *D. W.*, Ldn. 1984. – E. Baugh, *D. W.* (in *Fifty Caribbean Writers*, Hg. D. C. Dance, Westport/Conn. 1986, S. 462–473). – J. Brodsky, *The Sound of the Tide* (in J. B., *Less Than One*, NY 1986). – S. Brown, *D. W.*, Ldn. u. a. 1991. – *The Art of D. W.*, Hg. S. Brown, Bridgend/Wales 1991. – R. D. Hammer, *D. W.* (in DLB, Bd. 117, 1992, S. 290–312).

DAS LYRISCHE WERK (engl.) von Derek WALCOTT (Westindien).

Walcott, 1992 mit dem Nobelpreis für Literatur ausgezeichnet, ist als Lyriker und Dramatiker eine Doppelbegabung. Seine Werke in beiden Gattungen schöpfen aus der Vielfalt der Mischkultur des westindischen Archipels, dem er entstammt und dem er – trotz langjähriger Aufenthalte in den Vereinigten Staaten (seit 1981 lebt er in Boston) – sprachlich und thematisch treu geblieben ist. Diese Fixierung der Imagination auf eine bestimmte Örtlichkeit bedeutet aber keineswegs eine Verengung seines spezifisch dichterischen Repertoires, sondern macht gerade die Stärke Walcotts aus, da die Geographie und die wechselhafte Geschichte seines Inselreiches eng mit den europäischen, afrikanischen sowie den nord- und südamerikanischen Völkern und Sprachen verknüpft sind, deren Einfluß noch heute spürbar ist. Die jeweilige Überlagerung des einheimischen Elements in seiner Vermischung mit dem afrikanischen Einfluß ehemaliger Sklaven durch »Kolonisatoren« englischer, französischer, holländischer und spanischer Herkunft, zu denen sich in jüngerer Zeit der touristische Imperialismus der Vereinigten Staaten und der sozialistische Imperialismus Kubas gesellten, trug zu einer multilingualen, multirassischen kulturellen Mélange bei, die bei den betroffenen Insulanern zu einer Verwischung von Identität führte. Erst in den fünfziger Jahren des 20. Jh.s begannen Autoren wie V. S. NAIPAUL, Edward THOMAS und Derek Walcott, neben anderen, engagiert kulturelle Eigenständigkeit zu proklamieren und die Vielfalt der westindischen kulturellen Ressourcen nicht als diffuses Imitat, sondern als Erbschaft anzunehmen, die zu sichten, zu prüfen, zu gestalten war, weil sie von ihnen als paradigmatisch für die Befindlichkeit der sog. »Dritten Welt« begriffen wurde.

In a Green Night: Poems 1948–1960, 1962 *(In einer grünen Nacht)*, Walcotts erster größerer Gedichtband, nimmt Texte aus drei in Trinidad und Jamaica erschienenen frühen Sammlungen (1948; 1949; 1953) auf. *In a Green Night* konnte in London publiziert werden und markiert den Durchbruch des Lyrikers Walcott, der bereits mit mehreren Theaterstücken und als Leiter einer eigenen Schauspieltruppe an die (westindische) Öffentlichkeit getreten war. »Durchbruch« bedeutete zunächst, daß Walcott im Mutterland seiner englischen Sprache Anerkennung fand. Hier bereits wird ein Konflikt sichtbar, den Walcott auch in Zukunft thematisieren sollte: der Konflikt zwischen der Liebe zur Sprache SHAKESPEARES, MARVELLS, WORDSWORTHS und ARNOLDS und der zunächst erforderlichen Anerkennung durch die Geschmacksrichter der Kolonialmacht Großbritannien, denn in England galt er als Vertreter »kolonialer« Dichtung, rubriziert unter dem Etikett *Commonwealth Literature*. Walcott sah sich nicht an seiner eigenen Kultur gemessen, die die Möglichkeiten der gemeinsamen Literatursprache Englisch erweitert. Er durfte, schreibt er ironisch in *Prelude* (in *In a Green Night*), seine Gedichte nicht veröffentlichen, *»Until I have learnt to suffer / In accurate iambics« (»Bis ich lerne, zu leiden / In akkuraten Jamben«)*. Und er ergänzt im Titelgedicht des Bandes *»Where shall I turn, divided to the vein? / I who have cursed / The drunken officer of British rule, how choose / Between this Africa and the English tongue I love?« (»Wohin soll ich mich wenden, geteilt bis in die Venen? / Ich, der den betrunkenen Offizier / der britischen Herrschaft verfluchte, / wie soll ich wählen zwischen diesem Afrika / und der geliebten englischen Sprache?«)*

Walcott, dem Konservatismus britisch-insularer Präzeptoren bald entkommen, entschloß sich zur Inklusivität, indem er aus allen Quellen seiner Kultur schöpfte, aus der »aschenen Prosa« John DONNES und dem Kreolenpatois, aus der Mystik Sir Thomas BROWNES und Thomas TRAHERNES sowie aus heimischen Voodoo-Riten, aus der *Bibel* und HOMER, aus Wallace STEVENS und T. S. ELIOT. Diese *»geborgten Vorfahren«*, wie es in dem Band *The Gulf and Other Poems*, 1969 *(Der Golf und andere Gedichte)*, heißt, verbinden allegorisch den Norden und den Süden der Tradition europäischer Literatur und Seinserfahrung mit dem Norden Englands und der Vereinigten Staaten einerseits und den südlichen Regionen seiner Heimat sowie dem Süden der USA andererseits. In der Thematisierung des Nord-Süd-Konflikts, der bei Walcott auch unvermeidlich engagierte politische Züge hat, trifft sich der Westindier mit der US-Amerikanerin Elizabeth Bishop, indem er geographische Situierung als lebensbestimmend betrachtet. Im Gegensatz zu Bishop, einer Dichterin des Nordens, die im Süden auf Entdeckungsreisen ging, schreibt Walcott aus der Sicht des »Eingeborenen«, der darauf besteht, seine eigene Kultur selbst dichterisch zu definieren und, mit Blick auf den amerikanischen Norden und dessen rassi(sti)sche Vergangenheit und Gegenwart, als schwarzer Dichter zivilisierend zu wirken.

Zunächst aber, in den Gedichtsammlungen *The Castaway and Other Poems,* 1965 *(Der Schiffbrüchige und andere Gedichte), The Gulf and Other Poems* (in einer erweiterten amerikanischen Ausgabe 1970 als *The Gulf* neu veröffentlicht) und *Another Life*, 1973 *(Ein anderes Leben)*, machte sich Walcott schrittweise an die Aufgabe, die poetische *terra incognita* der westindischen Inselwelt zu verkarten. Diese lyrische Pionierarbeit – denn darum handelt es sich – besteht in der Aufgabe, die Heterogenität einer literarisch seit Shakespeares *Sturm* zwar bekannten, aber eigensprachlich unerschlossenen Land- und Seelandschaft sprachlich zu bewältigen. Walcott widmete sich dieser Aufgabe mit Gusto, und es gelang ihm, die wuchernde tropische Fülle von Flora und Fauna seiner Welt ebenso in poetische Sprache zu fassen wie die Eigenart der dort lebenden Menschen. Das Ergebnis sind in dieser Phase Gedichte, deren Bilder- und Metaphernreichtum geradezu vegetativ zu wuchern scheint. Andererseits bleibt Walcott durchweg der scharfäugige Kritiker tropischer Indolenz; denn es geht ihm – neben der Kritik an den Überbleibseln amerikanisch-europäischer kolonialer Sehweise – auch darum, populäre und klischierte Sehweisen zu zerstören, wenn er schreibt, *»der Mythos von der goldenen Karibik«* sei wie ein *»abgenutzter Film«*. Zu Walcotts kritischer Analyse von Zustand und Wirkung der karibischen Kultur, die für eine konstante Brechung des Bildes von der Tropenfülle sorgt, gehört als integraler Bestandteil auch ein autobiographisches Element – als Zeichen, daß Walcott seine persönliche Betroffenheit (und kulturelle Gespaltenheit) zwar weder sentimentalisiert noch harsch polemisierend einsetzt, aber auch keineswegs leugnet. In diesem Kontext ist es kein Zufall, daß der Titelheld von Defoes Roman *Robinson Crusoe* in den Gedichten zwischen 1965 und 1973 wieder und wieder erscheint. Die Figur des Gestrandeten, der sich in fremder, exotisch neuer Welt aus den Resten der verlassenen Welt durch Benennung (in der Rolle Adams) und in Selbsthilfe eine Mischwelt – und sich selbst – erschaffen muß, gerät zur Metapher für das Leben des Dichters Walcott zwischen England, Amerika und der westindischen Inselwelt. Walcotts Robinson Crusoe gestaltet eine *»profane Genesis«*, wie es in dem Gedicht *Crusoe's Journal* (1970) heißt, in der Freitag als sein zweites Ich lebt und in seinen Nachfahren diese Schöpfung fruchtbar macht.

Die auch in späteren Gedichtsammlungen noch mehrfach variierte Robinson-Freitag-Metapher, das Inselthema, aber auch die überragende Rolle des Meeres (im häufigen Rückgriff auf homerisch-mediterrane Analogien, wie im Titel seines umfangreichen epischen Gedichts *Omeros*, 1990, erkennbar) sowie die Themen der Identitätsfindung auf personaler und kultureller Ebene bestimmen auch die formale Seite dieser Lyrik. Wiewohl Walcott eine erstaunlich perfekte Beherrschung traditioneller Versformen demonstriert (und sie zugleich brillant variiert), so daß ihm der Spott über zeitgenössische (besonders nordamerikanische) »Freiversnachtigallen« nicht angekreidet werden kann, ist sein poetisch-formaler Impuls eher episch-dramatisch als dem kurzen, in sich geschlossenen und wohlgerundeten lyrischen Gedicht zugewandt. Walcott bevorzugt das epische Langgedicht, dessen zyklischer oder sequentieller Bau über Hunderte von Zeilen hinweg eine Breite der Beschreibung, des dramatisch-dialogischen Sprechens, der Meditation und der Analyse erlaubt. Er schließt – besonders in *Another Life* – hier weniger an die amerikanische als an die englische Tradition des Langgedichts an. *Another Life* kann in seinen Explorationen, Erinnerungen, Projektionen durchaus im Sinne von Wordsworths *Prelude* als Bericht über das Wachsen des poetischen Geistes des Dichters Walcott gelesen werden. Dieser epischen Intention entspricht auch die Einteilung in vier »Bücher« und dreiundzwanzig »Kapitel«, die Gliederung in erinnerte autobiographische Szenen, historische Berichte sowie Passagen lyrischer Reflexion im Bemühen um Wissensermittlung. *Another Life* kann in der Vielfalt seiner Gegenstände und der Flexibilität seiner Sprache als Walcotts poetisches *magnum opus* betrachtet werden – zugleich Sammelbecken seines früheren Denkens und Reservoir seiner weiteren Entwicklung.

Die Bestandsaufnahme und Exploration dieser expansiven *tour-de-force* ermöglichte Walcott in den folgenden Bänden die Wiederaufnahme, Weiterentwicklung und den Transfer bereits erprobter Themen. Nach *Sea-Grapes*, 1976 *(Seetrauben)*, einer meditativen Odyssee in karibischen Gewässern, die jedoch zugleich in kurzen Formen europäische Vorbilder (z. B. Osip Mandel'štam) aufrufen, gelang Walcott mit den drei folgenden Bänden, *The Star-Apple Kingdom*, 1979 *(Das Königreich des Sternapfels), The Fortunate Traveller*, 1981 *(Das glückliche Geschick des Reisenden)*, und *Midsummer*, 1984 *(Mittsommer)*, eine Gedichtserie höchster Qualität und auch lyrischer Intensität, die ihn, wie sein Freund, der Literaturnobelpreisträger von 1987, Joseph Brodsky, schreibt, *»zu einem großen Dichter der englischen Sprache«* macht. Diese Aussage ist um so berechtigter, als Walcotts neuere Gedichte bis zu seiner Sammlung *The Arkansas Testament*, 1987 *(Das Arkansas-Testament)*, sich verstärkt auch der amerikanischen Ausprägung angelsächsischer Literatur und Kultur zuwenden und sich ihre Tradition zunutze machen. Es finden sich Echos der Schreibweisen von Stevens und Robert

LOWELL, ohne daß Walcott diesen und anderen Dichtern und ihren Schulen als Gefolgsmann zuzuordnen wäre. Walcotts Dichtung seit *The Star-Apple Kingdom* zeigt sich nunmehr von einer Sicherheit des beobachtenden Auges, des Verstandes und der Sprache, die ihresgleichen sucht. Diese Qualität wird auch in der Sammlung *Collected Poems 1948–1984* (1986) sehr deutlich. Mag Walcott weiterhin zu Recht als der Dichter gelten, der die Karibik für die Dichtung entdeckt und fest auf der Karte der Poesie verortet hat, so weist seine Lyrik insgesamt freilich darüber hinaus. Seine stilbildende Internationalität besteht darin, daß er – wie T. S. Eliot oder Ezra POUND – sich zwischen den Literaturen und Stilen, immer als er selbst erkennbar, einen eigenen poetischen Freiraum geschaffen hat, der nationale und kulturelle Grenzen überschreitet.
K.Ma.

AUSGABEN: *Twenty-Five Poems*, Port of Spain/Trinidad 1948. – *Epitaph for the Young*, Bridgetown/Barbados 1949. – *Poems*, Kingston/Jamaica 1953. – *In a Green Night: Poems 1948–1960*, Ldn. 1962. – *Selected Poems*, NY 1964. – *The Castaway and Other Poems*, Ldn. 1965. – *The Gulf and Other Poems*, Ldn. 1969; NY 1970 [erw. Ausg.]. – *Another Life*, NY 1973. – *Sea Grapes*, NY 1976. – *Selected Verse*, Ldn. 1976. – *The Star-Apple Kingdom*, NY 1979. – *The Fortunate Traveller*, NY 1981. – *Midsummer*, NY 1984. – *Collected Poems 1948–1984*, NY 1986. – *The Arkansas Testament*, NY 1987 – *Omeros*, NY 1990.

ÜBERSETZUNGEN: *Auf den Virgin Islands*, J. Beilharz u. M. Mundhenk (in Akzente, 1982, H. 6). – *Das Königreich des Sternapfels. Gedichte 1979–1984*, K. Martens, Mchn. 1989 [Vorw. J. Brodsky].

LITERATUR: C. King u. L. James, *In Solitude for Company: The Poetry of D. W.* (in *The Islands in Between: Essays on West Indian Literature*, Hg. L. James, Ldn. 1968, S. 86–99). – R. Fuller, *»The Gulf« and Other Poems by D. W.* (in London Magazine, N. S., 9, 1969, Nr. 8, S. 89/90). – L. W. Brown, *Caribbean Castaway New World Odyssey: D. W.'s Poetry* (in Journal of Commonwealth Literature, 11, 1976, S. 149–159). – M. T. Lane, *A Different ›Growth of a Poet's Mind‹: D. W.'s »Another Life«* (in Ariel, 9, Calgary 1978, S. 65–78). – B. DeMott, *Poems of Caribbean Wounds* (in NY Times Book Review, 13. 5. 1979, S. 11; 30).

DREAM ON MONKEY MOUNTAIN

(engl.; *Der Traum vom Affenfelsen*). Traumspiel von Derek WALCOTT (Westindien), Uraufführung: Toronto 1967, St. Mark's Playhouse. – Walcott bezeichnet sich selbst als »Promenadenmischung« mit einem Großvater aus dem Ashanti-Königreich in Ghana und einem aus dem englischen Warwickshire. Diese karibische Identität, in der die Alte und die Neue Welt sich treffen, nimmt er bewußt als Stärke an. Er läßt sich nicht den Schuh der »Marginalität des Kolonialen« anziehen, sondern setzt positiv auf die Universalität des Kariben, der aus einer Vielzahl divergierender und sich ergänzender Kulturtraditionen schöpfen kann: *»Als Autor bin ich in gewisser Weise zwiespältig. Einerseits ist in mir die orale Erzähltradition, das Mimetische, Tänzerische stark und weist mich in eine Richtung, zum andern baue ich auf die klassische Tradition der imperialen Literaturen der Griechen, der Römer, der Briten«* (*Meanings*, 1970). So ist das Nebeneinander, das ineinander Verschränkte, aber auch das Gegeneinander der Kulturen ein durchgängiges Thema in Walcotts Dramen und Gedichten. Dies gilt im stofflich-inhaltlichen Bereich (Robinson-Thematik, *Sturm-* oder Historienadaption) ebenso wie im sprachlichen Medium, das von reinstem Englisch zu unterschiedlichen Registern des Kreolischen und Patois reicht. Das trifft aber auch für die formale Gestaltung zu: Einerseits bekennt sich Walcott zu seinen literarischen Vorbildern T. S. ELIOT, W. H. AUDEN oder Dylan THOMAS – *»nur zweitklassige Autoren leben in der ständigen Angst, reine Imitatoren zu bleiben« (The Muse of History)* –; andererseits verwirft er die neueren Theaterstile und Theatertheorien (Theater der Grausamkeit, absurdes Theater, »armes« Theater) als *»Büßerkulte, die nach Absolution lechzen« (What the Twilight Says: An Overture)* und lehnt sich statt dessen an die älteren Formen des nachshakespearischen Melodramas, besonders aber an das expressionistische und epische Drama an. Als Theaterpraktiker hat Walcott 1959 den Trinidad Theatre Workshop ins Leben gerufen, mit dem er auch die meisten seiner eigenen Stücke erarbeitet und aufgeführt hat. Auch dieser Workshop ist Walcotts synkretistischem Glauben an das spezifisch Karibische verpflichtet als *»ein Theater, in dem man mit derselben Überzeugung und Ernsthaftigkeit Shakespeare spielen oder einen Calypso singen kann«*. Den Stoff für seine Stücke sucht sich Walcott aus Geschichte und Folklore, aus politischen oder sozialen Spannungssituationen; aber er überträgt auch klassische Stücke in einen karibischen Kontext (z. B. TIRSO DE MOLINAS Don-Juan-Stück *El Burlador de Sevilla*). Alle Stücke spiegeln das Bemühen, den Facettenreichtum westindischer Identität zu fassen und eine diesem Ziel entsprechende spezifisch karibische Theatersprache zu schaffen.

Das Erstlingswerk *Henri Christophe: A Chronicle* (1950), ein Stück über die Revolution in Haiti, zeigt Walcott auf der Suche nach dem karibischen Helden. An der historischen Figur des Revolutionsführers wird jedoch nur deutlich, wie Sklaven zu Tyrannen werden. In den folgenden Stücken greift Walcott auf Folklore und mündliche Erzähltradition seiner Heimatinsel St. Lucia zurück: *The Sea at Dauphin* (1954) beschreibt das beschwerliche Leben eines einfachen Fischers, *Drums and Colours* (1958) zeichnet 400 Jahre Kolonialgeschichte aus der Perspektive des kleinen Mannes nach. *Ti-Jean and His Brothers* (1958) verschmilzt orale Erzähltradition und die Maskerade des karibischen

Karnevals. Grundlage ist ein Reihen-Märchen über einen Teufelspakt. Ti-Jean (»Klein-Hans«) und seine beiden Brüder, Gros-Jean und Mi-Jean, schließen eine Wette mit dem Teufel in Gestalt eines weißen Plantagenbesitzers ab. Gros-Jean versucht, den Teufel mit seiner Körperkraft zu bezwingen; Mi-Jean vertraut auf sein angelerntes Wissen, aber nur Ti-Jean besteht die Probe mit List und Verschlagenheit. Er ist der typische Held der karibischen Trickster-Erzählungen, der seine soziale oder intellektuelle Schwäche in Schlauheit umzusetzen versteht. Die späteren Stücke beziehen sich unmittelbar auf die aktuelle soziale Situation der Karibik: *O Babylon!* (1976) handelt von der Rastafari-Bewegung in Jamaika; *Remembrance* (1977) von dem Black-Power-Aufstand in Trinidad 1970, *Pantomime* (1979) spielt die Robinson-Freitag-Konstellation neu durch am Beispiel eines englischen Touristen und eines schwarzen Kellners.

Die Produktion von *Dream on Monkey Mountain* (1967) stellte den Höhepunkt von Walcotts Arbeit mit dem Trinidad Theatre Workshop und zugleich einen Markstein in der Entwicklung des westindischen Theaters dar. Walcott hatte mit seiner Truppe über Jahre vor allem Körpersprache, Bewegung und Tanz trainiert, Improvisations- und Konzentrationsübungen gemacht, um Perfektion und Disziplin im körperlichen Spiel zu erzielen. Während eines Aufenthalts in New York hatte er über Brecht Zugang zum japanischen Theater, insbesondere zum Kabuki-Tanztheater, gefunden und diese Erfahrungen in den westindischen Kontext umgesetzt. In seinem Vorwort zu *Dream on Monkey Mountain* weist Walcott aber auch auf Strindbergs *Traumspiel* als Inspiration hin: *»Das Stück ist ein Traum, der von den Hauptfiguren und dem Autor geträumt wird. Als Traum ist es unlogisch, widersprüchlich, keineswegs originell. Es gründet sich auf eine Metapher und sollte als ein verkörperlichtes Gedicht dargestellt werden.«*

Im Prolog zeigt Walcott, wie der Köhler Makak wegen einer Wirtshausrauferei verhaftet, mit den beiden Dieben Tigre und Souris in eine Zelle gesperrt und in einer Scheinverhandlung vom Corporal Lestrade verurteilt wird, dargeboten in einem schnellen Wechsel zwischen Chor-, Solo- und Tanzszenen. In einer Sequenz von Rück- und Vorausblenden werden Makaks Visionen der Weißen Göttin gezeigt; als Abkömmling afrikanischer Könige fordert sie ihn zur Rückkehr nach Afrika auf. Zusammen mit seinem Freund, dem Krüppel Moustique, macht sich Makak auf die Questreise, stellt seine Auserwähltheit durch Wunderheilungen unter Beweis, ersticht (im Traum) den Gefängniswärter Lestrade, um sich und die beiden Diebe zu befreien, die ihm als Vasallen folgen. Während auf dem Markt Makaks Taten balladesk besungen werden, versucht Moustique – als Makak verkleidet –, Kapital aus dem frisch erworbenen Ruhm zu schlagen. Wie der Held von O'Neills *The Emperor Jones* streifen Makak und sein Gefolge durch den Busch, wobei offen bleibt, ob sie zum Affenberg hinaufsteigen oder sich schon durch den afrikanischen Dschungel kämpfen. Hier stößt auch der Mulatte Lepestre wieder zu der Truppe, der sich inzwischen von einem Preisredner auf die koloniale Ordnung zu einem zelotischen Verfechter von »Black Power« gewandelt hat. Als König sitzt nun Makak selbst zu Gericht. Unter heftigem Drängen des »Volkes«, allen voran von Lepestre, verurteilt er die Weiße Göttin zum Tode und enthauptet sie. Im Epilog springt die Handlung dann wieder zurück in die Realität des Gefängnisses. Makak hat plötzlich seinen Namen wiedergefunden, die Afrikaschwärmerei der Weißen Göttin ebenso hinter sich gelassen wie die Erniedrigung durch den Kolonialistenknecht Lepestre. Sein Platz ist oben auf dem Affenberg, dort liegt sein Zuhause.

Die Vereinfachungen der Handlung durch Tanzpartien sowie vor allem die Namengebung belegen die Nähe des Stückes zur Fabel und zur Moralität: »Makak« ist der Affe, »Moustique« die Mücke, »Tigre« der Tiger und »Souris« die Maus. Lepestre, der Mulatte, halb weiß, halb schwarz, ist derjenige, der auf beiden Schultern Wasser tragen will. – Walcott behandelt in seinem Traumstück eine Menge sozialen und politischen Sprengstoff; er greift die »Zurück-nach-Afrika«-Bewegungen auf, die leichte Verführbarkeit durch die religiösen Erweckungs- und Besessenheitskulte, aber auch die Korruption der Macht und die politische Revolte. In der Traumversion verleiht er all dem eine Leichtigkeit, neben der die Notwendigkeit, sich mit der Realität der Diaspora in der Karibik zu identifizieren, kaum ins Gewicht fällt, die aber für die Selbstfindung von Felix Hobain als Westinder doch unerläßlich ist. – *Dream on Monkey Mountain* wurde 1970 nach der New Yorker Aufführung als bestes ausländisches Stück mit dem Obie Award ausgezeichnet. Sein eigentliches Ziel, mit diesem Stück zur Identifikation der Inselbewohner mit der Karibik und ihrer Tradition beizutragen, erreichte Walcott freilich nur halb, denn zum Markstein in der Entwicklung des karibischen Theaters wurde die Produktion des Trinidad Theatre Workshop zunächst einmal außerhalb der Karibik. E.Bre.

Ausgabe: NY 1970 (in *Dream on Monkey Mountain and Other Plays*).

Literatur: L.W. Brown, *Dreamers and Slaves – The Ethos of Revolution in W. and Leroi Jones* (in Caribbean Quarterly, 17, 1971, Nr. 3/4, S. 36–44). – E. Hill, *The Emergence of a National Drama of the West Indies* (ebd., 18, 1972, Nr. 4, S. 9–40). – V. Questel, *»Dream on Monkey Mountain« in Perspective* (in Tapia, 8, Sept. 1974, Nr. 35–37). – R. Hamner, *Mythological Aspects of W.'s Drama* (in Ariel, 8, Calgary 1977, S. 35–58).

VII. Die Literatur Schwarzafrikas in englischer Sprache

Englischprachige Literatur und Nationalliteraturen

Im Jahre 1789 erschien in London *The Interesting Narrative of the Life of Olaudah Equiano or Gustavus Vassa, the African, Written by Himself.* Wäre da nicht der fremdländische Name Olaudah und würde da nicht in den ersten Kapiteln von einer Jugend im heutigen Nigeria berichtet, könnte man meinen, man hätte einen jener damals zahlreichen Reiseberichte von englischen Seefahrern vor sich. Die Autobiographie von Olaudah EQUIANO (1745–1801?) ist jedoch eines der ersten Werke einer Literatur in englischer Sprache, die *nicht* aus dem Nährboden der englischen Nationalkultur erwachsen ist, die nicht Teil der englischen Nationalliteratur ist und die den Rahmen der Konzeption von Nationalliteratur sprengt. An Equianos Autobiographie lassen sich die Spezifika einer neuen, internationalen englischsprachigen Literatur ebenso aufzeigen wie die Probleme ihrer Klassifikation innerhalb eines kritischen Diskurses, der durch die Kategorien von Nationalkultur, Nationalsprache, Nationalliteratur definiert ist. Da Equiano amerikanische Lokalitäten beschreibt und sein Buch Vorbild für die amerikanischen *Slave Narratives* wurde, ist er von der amerikanischen (National-)Literatur vereinnahmt worden. Nigerianische Kritiker wiederum haben (insbesondere nachdem es gelungen war, Equianos Geburtsort mit einiger Gewißheit zu identifizieren) ihn als den Urvater der nigerianischen Literatur reklamiert. In England wurde er zunächst als Exponent der von William WILBERFORCE (1759–1833) initiierten *Anti-Slavery*-Bewegung, also als Teil eines »besseren« Englands gesehen, kürzlich jedoch zum Begründer der *Black British Literature* ernannt, also jener Literatur, die von Immigranten der ersten und zweiten Generation über England als den Ort ihrer Erlebniswelt geschrieben wird. Diese scheinbar beliebige Zuordnung eines Autors wie Equiano zeigt, daß die Konzeption der Nationalliteratur zu der Zeit, als sie zwischen Aufklärung und Romantik erstmals definiert wurde, von der Entwicklung des Englischen zu einer supranationalen *lingua franca* bereits überholt worden war. Nur wenige Jahre vor der Veröffentlichung von Equianos Autobiographie hatten die amerikanischen Kolonien ihre Unabhängigkeit erklärt und damit auch den Anspruch auf eine spezifisch amerikanische kulturelle Identität erhoben. Dabei sollte die englische Sprache mehr als Verbindungsglied innerhalb einer ethnischen und sprachlichen Vielfalt bei der Schaffung einer neuen Identität dienen denn als Ausweis einer kulturgenealogischen Herkunft. Während die Entstehung einer neuen englischsprachigen Literatur in Amerika auf einem massiven Transfer von menschlicher Produktivkraft und Kreativität beruhte, ist ein literarisches Phänomen vom Typus Olaudah Equianos das Resultat einer kolonialistischen Intervention. Anders als die in Afrika verbreitete orale Literatur ist die schriftlich fixierte Literatur an das Vorhandensein eines durchorganisierten Literaturbetriebs gebunden. Um den Autor mit seinem Leser in Verbindung zu bringen, bedarf es eines Verlags- und Vertriebswesens, eines Netzes von Buchhandlungen und einer publizistischen, akademischen oder auch offiziellen Kritik, die Öffentlichkeit herstellt, und vor allem eines sprachkundigen, lesefähigen und kauffreudigen Publikums, das sich von der Lektüre eine wie auch immer geartete Befriedigung von Wünschen und Aspirationen verspricht. Diese Voraussetzungen waren in Equianos afrikanischer Heimat zum Ende des 18. Jh. nicht gegeben.

Kolonialismus als Kulturkontakt

Die Entstehung von europäischsprachigen Literaturen außerhalb Europas ist eindeutig ein Folgeprozeß des kolonialen Ausgreifens von Europa auf die Welt, ein Prozeß, der auch nach dem Ende der Epoche des politischen Kolonialismus weiter andauert. So wie im Bereich der Sprachentwicklung die kolonialistische Expansion zur Entwicklung der Kontaktsprachen, der Pidgins und Kreoles geführt hat, so ist auch die Entstehung europäischsprachiger Literaturen Ergebnis eines Kreolisierungsprozesses, bei dem der Import an europäischen Formen und Kommunikationsstrukturen mit dem Substrat afrikanischer Themen, Inhalte, Bilder, Sinnelemente und weltanschaulicher Vorstellungen eine neue Verbindung eingeht. Wenn man die Beziehungen zwischen den Ländern des

Nordens und denen des Südens nach dem Verhältnis zwischen kulturellen Investitionen aus dem Norden und dem Ertrag an literarischer Produktion im Süden betrachtet, ergibt sich folgendes Bild: Im 18. Jahrhundert leisteten die Länder des Nordens keinerlei Beitrag zur kulturellen Entwicklung. Sie waren lediglich an der Exploitation der menschlichen Ressourcen interessiert, am Export von Menschen als Handelsware, im Austausch gegen Glasperlen und Feuerwaffen. Daß der Ertrag dieses Exports ein literarischer Text war, wie im Falle EQUIANOS, war die nicht vorhergesehene und nicht eingeplante Ausnahme. Schließlich hatte Equiano selbst ja lange genug als »normaler« Sklave gearbeitet. Gleichgültig jedoch, ob es sich um körperliche oder geistige Arbeit handelte, der Ertrag der Arbeit kam nicht der Entwicklung ihrer eigenen Gesellschaften zugute, sondern schlug im Bruttosozialprodukt des Nordens zu Buche.
Im 19. Jahrhundert änderte sich diese Situation. Schon 1795 hatte J. C. Ritter in Kapstadt die erste Druckerpresse aufgestellt. 1823 wurde dort die erste öffentliche Bibliothek eingerichtet; Thomas PRINGLE (häufig als Vater der südafrikanischen Literatur bezeichnet) wurde ihr erster Leiter und zugleich Redakteur der Zeitschrift ›South African Commercial Advertiser‹, die die Siedlergemeinschaft in der Kapkolonie von der kulturellen Beherrschung durch die Metropolen in London und Edinburgh etwas unabhängiger machen sollte. Seit den späten zwanziger Jahren des vorigen Jahrhunderts wurde die Basler Mission an der Goldküste aktiv; um 1840 brachten die Missionare die erste Druckerpresse nach Accra und begründeten den heutigen Verlag Waterville Publishing House sowie das Basel Mission Book Depot. Zu dem Komplex Druckerei, Verlag, Buchhandlung gesellte sich bald eine Ausbildungsstätte für Katecheten und Lehrer. Ziel dieser missionarischen Kulturinvestitionen war sicherlich nicht die Förderung einer einheimischen afrikanischen Literatur, sondern die Verbreitung des christlichen Glaubens. Die Einrichtung von Druckerei, Verlag, Buchhandlung zeigt jedoch, daß ein Teil der missionarischen Arbeit schon Erfolg gezeitigt hatte: Offenkundig gab es um die Mitte des 19. Jahrhunderts in Accra ein lesekundiges Publikum, das mit den Druckerzeugnissen von Waterville kultiviert und gepflegt wurde. Die Verlagspolitik ging auch eindeutig über die Herstellung der reinen Bibellesefähigkeit hinaus. John BUNYANS Erbauungsbuch *The Pilgrim's Progress* (1678–1684) wurde in Ga und Twi übersetzt, die Publikation von Fibeln, Lehrbüchern und Begleitlektüre für den Unterricht im Lehr- und Katechetenseminar folgte als nächster Schritt.
In Luanda wurde 1845 die erste Druckerpresse aufgestellt und 1878 eine öffentliche Bibliothek mit 6000 Bänden eröffnet. Im südlichen Afrika haben ab der Mitte des 19. Jahrhunderts schottische Missionare in der Missionsstation Morija eine Druckerei mit Verlag und eine Schule begründet, der um die Jahrhundertwende mit Fort Hare die erste Bildungseinrichtung für Schwarze im tertiären Bildungsbereich angegliedert wurde. Im Siedlungsgebiet der Sotho ließen sich schon in den vierziger Jahren französische Missionare nieder und errichteten an der Station Lovedale ebenfalls Druckerei, Verlag und Schule. Übersetzungen der *Bibel* und von *The Pilgrim's Progess* in Sotho, Tswana, Xhosa boten Lesestoff für die Bewohner der Missionsstation. Die einheimischen Mitarbeiter in Verlag und Schule gaben Zeitschriften, Almanache, Jahrbücher heraus. Von der Lovedale Press wurden auch die ersten belletristischen Arbeiten afrikanischer Autoren gedruckt. Um die Missionsstationen bildete sich eine erste Generation afrikanischer Intellektueller, die – schreibkundig und bibelfest – erste Anstöße für die Entwicklung einer schriftlichen afrikanischen Literatur in afrikanischen wie auch in europäischen Sprachen gaben.
In Freetown in Sierra Leone wurde 1840 das Fourah Bay College gegründet, die erste höhere Bildungsanstalt Schwarzafrikas. In der Kriobevölkerung Freetowns aus befreiten Sklaven und Rückwanderern aus der Karibik und Amerika gaben die Intellektuellen aus der Karibik den Ton an. Edward Wilmont BLYDEN (1832–1912) aus St. Thomas kam über die »Methodist Missionary Society« nach Sierra Leone, wo er sich als Publizist profilierte. Sein Hauptwerk *Christianity, Islam and the Negro Race* (1887) ist das erste geschichtsphilosophische Werk aus und über Afrika, das man als Vorläufer zu den Werken von Cheik Anta DIOP betrachten könnte. An der Goldküste im heutigen Ghana hat Carl REINDORF seine *History of the Gold Coast and Ashanti* (1882) publiziert.
Um die Jahrhundertwende wurde außerhalb von Accra das Achimota College gegründet, die erste Sekundarschule zur Ausbildung einer einheimischen Elite. 1907 entstand auf Betreiben des anglikanischen Bischofs von Uganda das King's College Budo, wo eine Baganda-Elite für die Verwaltung des Protektorats herangezogen wurde. Budo wurde jedoch bald zum Bildungszentrum für ganz Ostafrika. In den Annalen der afrikanischen Literatur finden sich die Absolventen von Kings College Budo und Achimota mit an vorderster Stelle. In den zwanziger Jahren wurde in Kampala das Makerere College als Institution der tertiären Bildung eingerichtet. In den späten vierziger Jahren erhielt Makerere, ebenso wie das neugegründete College in Ibadan, als College der University of London Universitätsstatus. Mit der kolonialen Besitzergreifung wurden also verstärkt Investitionen in den Bildungsbereich und die kulturelle Infrastruktur getätigt. Auch »Humankapital« in Form von Lehrern und Bildungsplanern, Missionaren, z. T. aus der amerikanischen Diaspora wie Edward Wilmot Blyden, wurde investiert. Vereinzelt wurden auch hochbegabte oder mit besonderen Beziehungen ausgestattete Afrikaner zur Ausbildung an Universitäten in Europa geschickt. Der Ertrag aus diesen Investitionen in Form von literarischen Texten blieb jedoch verhältnismäßig gering.

Nach dem Zweiten Weltkrieg, als der politische Druck der Unabhängigkeitsbewegungen stärker wurde, erweiterte man die Ausbildungskapazitäten in den afrikanischen Ländern, um den Afrikanisierungsgrad innerhalb der Kolonialverwaltung zu erhöhen, also Druck abzubauen. Die offiziellen Kultur- und Bildungseinrichtungen unterstanden allerdings selbstverständlich der Kolonialverwaltung, und selbst wenn die Leitung liberalen und keineswegs kolonialistisch gesonnenen Persönlichkeiten übertragen wurde, so waren doch Bildungsinhalte und Ausbildungsziele an den Bedürfnissen der Kolonialherren ausgerichtet.

Kristallisationspunkte für die Entwicklung schriftlicher Literaturen in Afrika waren die beiden Universiäten Ibadan (Nigeria) und Makerere Kampala (Uganda). In Ibadan trafen sich in dem von Ulli Beier mitbegründeten Mbari Club die jungen Talente Chinua Achebe, Wole Soyinka, John Pepper Clark. Hier wurden eigene Arbeiten vorgelesen, kritisiert, diskutiert und auch die Verbindung zu den anderen Künsten aufrechterhalten. Mit der Zeitschrift ›Black Orpheus‹ hat die Künstlergruppe in Ibadan sich ein Organ zur Veröffentlichung von Arbeiten und kritischen Aufsätzen geschaffen, das bald auf ganz Afrika ausstrahlte; so veröffentlichte z. B. auch der Südafrikaner Alex La Guma hier seine ersten Kurzgeschichten. Um 1960, als Nigeria seine Unabhängigkeit erlangte, waren in Ibadan nicht nur die kommenden nigerianischen Schriftsteller versammelt, sondern auch die Begründer einer Kritik der afrikanischen Literatur wie Gerald Moore und Ulli Beier.

In Kampala (Uganda) hatte sich in den späten fünfziger Jahren eine Gruppe britischer Lehrer und Beamter zusammengefunden, die britische Theatertradition pflegte, insbesondere Shakespeare. Dies hat u. a. Byron Kawadwa angeregt, einen ugandischen Schultheaterwettbewerb zu organisieren. Wycliffe Kiyingi (geb. 1932) gründete als Gegengewicht zu den verschiedenen weißen, indischen oder Goa-indischen Kulturgruppen seine African Theatre Artists. Große Bedeutung kam den Theater- und Lyrikerwettbewerben der Studentenwohnheime der Makerere-Universität zu (Inter-Hall Competition). Hier wurde Ngugi wa Thiong'o (geb. 1938) erstmals mit einem Preis ausgezeichnet. Mit der Zeitschrift ›Transition‹ entstand für das östliche Afrika ein mit ›Black Orpheus‹ in Nigeria vergleichbares Organ. Miles Lee, der damalige Programmdirektor der East African Broadcasting Corporation, und der Literaturprofessor David Cook haben in der wöchentlichen Radiosendung *In Black and White* eine weitere Plattform für die jungen Intellektuellen um die Makerere-Universität eingerichtet. Dort hatte sich in den sechziger Jahren eine erlesene Gruppe von Intellektuellen zusammengefunden: Ali Mazrui war Dozent für Politikwissenschaft, der amerikanische Romancier Paul Theroux unterrichtete am Centre for Continued Education, der karibische Romancier V. S. Naipaul war Gastprofessor für Literatur. Neben Ngugi wa Thiong'o waren John Ruganda, Peter Nazareth und der malawische Dichter David Rubadiri als Studenten und Dozenten an der Universität tätig. Eine nachhaltige Wirkung erzielte das Makerere Travelling Theatre: Eine Gruppe von Studenten und Dozenten der Universität zog während der Semesterferien mit einem Repertoire von einem halben Dutzend Stücken in English, Swahili und Runyoro/Rotoro über Land. Der Ertrag dieser kulturellen Blüte des »Athens von Afrika« schlug sich in einer Reihe von Dramen- und Lyrikanthologien nieder, in den Romanen von Robert Serumaga (1939–1980), *Return to the Shadows* (1969) und David Rubadiri (geb. 1930), *No Bride Price* (1967). Der überwiegende Teil der Dramentexte blieb jedoch unveröffentlicht. Auch die kritische Dokumentation dieser Ära ist durch den rapiden Verfall der politischen Sitten unter den Regimes von Milton Obote und Idi Amin nicht mehr zustande gekommen. Während es über die Rolle des Mbari Clubs für die Entwicklung der nigerianischen Literatur mehrere Dissertationen gibt, wurde die frühe Entwicklung der Literatur in Ostafrika nur in einigen wenigen Aufsätzen gestreift, bezeichnenderweise in Artikeln, die im ›Index on Censorship‹ erschienen.

Eine besondere Rolle in der ostafrikanischen Literaturszene spielt der Atscholi (Norduganda) Okot p' Bitek (1931–1982), der erste ugandische Direktor des National Theatre in Kampala. Seine ursprünglich in Atscholi geschriebenen und später von ihm selbst ins Englische übersetzten Verserzählungen *Song of Lawino, Song of Ochol* und *Song of Prisoner* tangieren eines der Kardinalthemen afrikanischer Literatur: das Verhältnis der Autoren zu ihrer Muttersprache und zur Kolonialsprache Englisch.

Politische Unabhängigkeit – kulturelle Kolonialismus?

Die Investitionen im Bildungsbereich zusammen mit den Energien, die durch die Unabhängigkeitsbewegungen freigesetzt wurden, regten in West- und Ostafrika eine beachtliche literarische Produktivität an. 1960, zum Zeitpunkt der Unabhängigkeit, gab es pro Region, im äußersten Falle pro Land eine Universität in den neuen Hauptstädten. In diesem universitären Umfeld konzentrierte sich die kleine Gruppe von Intellektuellen, die sowohl Produzenten wie auch Konsumenten einer neuen, schriftlich orientierten kulturellen Produktion waren. Ein breites Lesepublikum für Literatur in englischer oder französischer Sprache existierte lokal oder national sicherlich nicht; verlegerisch/wirtschaftlich interessant war afrikanische Literatur in den europäischen Sprachen nur, sofern sie sich in einem panafrikanischen Kontext bzw. international vermarkten ließ.

Entsprechend den Thesen der Unesco-Konferenz von Addis Abeba 1961, daß eine bessere Ausbildung der afrikanischen Bevölkerung die erste Voraussetzung für eine zukünftige wirtschaftliche und soziale Entwicklung sei, investierten die meisten Länder in Bildungseinrichtungen. So verfügt Nigeria 30 Jahre nach der Unabhängigkeit über etwa 50 universitäre Bildungseinrichtungen, Ghana über vier, Uganda über drei und Kenia über mehr als ein Dutzend Universitäten. Trotz dieser massiven Expansion scheint sich aber jene kulturinteressierte Mittelschicht, die in den Industrienationen des Nordens das Hauptlesepublikum gehobener literarischer Produkte bildet, nicht im gleichen Maße erweitert zu haben. Ein breites lesefähiges Massenpublikum hat sich jedenfalls nicht herausgebildet. Der enorme Nachholbedarf an Bildung einerseits und die wachsende Zahl von Menschen aufgrund der Bevölkerungsexplosion andererseits haben die Quote der Lesekundigen beinahe auf dem Niveau des Beginns der Unabhängigkeit gehalten.

Politische Repression und Literatur

Die politische und wirtschaftliche Entwicklung in den neuen unabhängigen Ländern wurde nirgendwo so gestaltet, daß die Früchte kulturpolitischer Investitionen auch einschränkungslos im Lande selber hätten geerntet werden können. Der rapide wirtschaftliche Abstieg in Ghana führte schon Anfang der siebziger Jahre dazu, daß ghanaische Intellektuelle und Akademiker ihren Lebensunterhalt im Ölland Nigeria, in den Golfstaaten, in Europa oder den USA verdienten. Der wirtschaftliche Niedergang Nigerias in den achtziger Jahren hatte ähnliche Folgen. Die international bekannten Künstler und Wissenschaftler halten sich heute überwiegend außerhalb des Landes auf, da die Verdienstmöglichkeiten im universitären Bereich oder aus künstlerischer Produktion nicht ausreichen. In Ostafrika waren es vor allem die Diktaturen von Idi Amin und Milton Obote, die in Uganda zu einem massiven Exodus der Kulturschaffenden führten. In Malawi hat der unaufgeklärte Absolutismus des Dr. Hastings Banda ebenfalls zur Vertreibung der besten Köpfe geführt. Malawis bekanntester Lyriker Jack MAPANJE beispielsweise war drei Jahre ohne Anklage in Haft und konnte erst 1991 nach Großbritannien ausreisen. In Kenia ist die Regierung Daniel Arap Mois nicht weniger rabiat gegen Intellektuelle vorgegangen: NGUGI WA THIONG'O war ohne Anklage in Haft und lebt seit Anfang der achtziger Jahre im Exil. Seine Mitstreiter NGUGI WA MIRII und Micere MUGO sind nach Simbabwe geflohen. Die ugandischen Intellektuellen, die lange Zeit in Kenia Schutz vor der Verfolgung durch Amin oder Obote gesucht hatten, kehren in ihre Heimat zurück, nachdem ihnen die ugandische Regierung Yoweri Musewenis die intellektuelle Freiheit gewährt, die ihnen in Kenia zunehmend verweigert wird.

Die politische Repression hat meist wirtschaftliche Depression zur Folge, d. h., die Chancen, seinen Lebensunterhalt durch eine künstlerische Produktivität nach westlichem Muster zu bestreiten, reduzieren sich gegen Null.

In der letzten Dekade des 20. Jahrhunderts, dreißig Jahre nach der Unabhängigkeit, präsentiert sich die kulturelle Landschaft Afrikas, soweit sie auf Strukturen eines westlich orientierten Kulturbetriebes angewiesen ist, in einer prekären Lage, die durchaus an die Verhältnisse im 18. Jahrhundert erinnert: Wiederum wird im großen Stil geistige Produktivkraft exportiert, und die lokalen Potentaten sind ursächlich für diesen *»braindrain«* mit verantwortlich.

Multinationale und regionale Verlage

Neben der Förderung von Bildung und Wissen ist die zweite unerläßliche Voraussetzung für die Entwicklung einer Buch- und Lesekultur das Verlagswesen. Mit dem Ausbau des Bildungswesens ab den späten vierziger Jahren und dem damit verbundenen größeren Bedarf an Lehrbüchern errichteten die großen Verlage Macmillan, Longman, Nelson, Heinemann und Evans Regionalbüros mit lokaler Produktion in Ost- und Westafrika. Nach der Unabhängigkeit kamen die großen Verlagshäuser der Afrikanisierungstendenz insoweit entgegen, als sie auf nationaler Basis Tochtergesellschaften gründeten; deren Personal wurde zwar weitgehend aus dem Land selbst rekrutiert, die Firmen aber blieben den multinationalen Mutterkonzernen verbunden. Heinemann Educational Books begann 1962 mit Chinua ACHEBES Bestseller *Things Fall Apart* die »Heinemann African Writers Series«, eine verlegerische Initiative, die die Entwicklung und vor allem die Verbreitung afrikanischer Literatur weltweit maßgeblich gefördert hat. Longman, Macmillan und Evans folgten diesem Beispiel mit eigenen Reihen, die jedoch zunächst mehr als Lektüretexte, als Begleitmaterialien für den Schulunterricht angelegt waren; inzwischen kontrolliert Longman mit der »Pacesetter«-Reihe den Buchmarkt für jugendliche Leser fast vollständig.

Den einheimischen Verlagen ist es hingegen nur selten gelungen, in die Domänen der Großverlage einzudringen. Auf einem Buchmarkt, der fast ausschließlich vom Typus Schulbuch bestimmt wurde, waren die alten Verlage mit ihrem Know-how und ihrer viel besseren Kapitalausstattung weit überlegen. Der Ghana Publishing Corporation ist vom Präsidenten Nkrumah aus politischen Erwägungen ein Monopol im Schulbuchmarkt verordnet worden, aber mit der sich alsbald verschlechternden Wirtschaftslage konnte das Unternehmen schon bald eine ausreichende Versorgung der Schulen nicht mehr gewährleisten. Insbesondere in Nigeria gab es eine beträchtliche Zahl (teils sehr kurzlebiger) einheimischer Verlage, die sich um die Publikation von Literatur in den einheimischen Sprachen verdient gemacht haben. Die Statistik des *African Book Publishing Record* weist aus, daß über neunzig Prozent der Buchproduktion in Afrika von den zehn multinationalen Verlagen stammen, die ungefähr vierhundert einheimischen Verlage dagegen lediglich zehn Prozent publizieren. Auch die Anteile der Sprachen sind aufschlußreich: In Ghana und Nigeria wurden um 1970 neunzig Prozent der Auflagen in Englisch, nur zehn Prozent in afrikanischen Sprachen herausgebracht. Regional konzipierte Verlagshäuser mit staatlicher Unterstützung wie das East African Publishing House und das East African Literature Bureau konnten in den späten sechziger und den frühen siebziger Jahren in ihrem Verbreitungsgebiet den multinationalen Verlagen Paroli bieten; doch mit der zunehmenden Rivalität der drei sie tragenden Regierungen in Tansania, Uganda und Kenia ist auch diese verlegerische Initiative schnell wieder bedeutungslos geworden. Allein kircheneigene Verlage wie die Mambo Press in Simbabwe konnten sich mit einem gehobenen Produktionsniveau behaupten.

Die beiden wesentlichen Elemente für die Konstituierung eines afrikanischen Lesepublikums, das Bildungswesen und das Verlagswesen, erweisen sich somit als mentale Importstrukturen, die eine Neuorientierung der gesellschaftlichen Zielsetzungen und sozialen Werthaltungen entscheidend mitbestimmen.

Die Kraft und Vitalität mündlicher Erzähltradition

Die überkommenen kulturellen Strukturen unterscheiden sich markant voneinander. Die Initiationsschulen für Jungen und Mädchen, die Erziehung durch Literatur bei den abendlichen Erzählrunden sind nicht als säkularisierte, isolierte Institutionen zu sehen, ähnlich dem formalen staatlichen Bildungssystem, sondern sie sind in einen rituellen religiös-sozialen Gesamtzusammenhang integriert. Die Erzählrunden sind als moralische Unterweisungen auf die Einübung sozialer Verhaltensweisen, also auf Lebenspraxis ausgerichtet und nicht auf die Erlangung eines abstrakten Schulabschlußzeugnisses, das zwar Eintrittsbillet für eine Lebenskarriere neuen Stils ist, aber auch als Distanzierung von der Wertewelt alten Stils verstanden wird. Diese alten Kulturtraditionen sind durchaus elaboriert; insbesondere gilt dies für die »höfische Dichtung« in Westafrika, die große Epen und Verserzählungen, aber auch zahlreiche Gelegenheitsdichtungen und Preislieder hervorgebracht hat. Sie sind jedoch immer inklusive und intensive Strukturen in dem Sinne, daß der kulturelle Kommunikationsprozeß stets vor einem Präsenzpublikum abläuft, das meist alle Gruppierungen und Schichtungen der lokalen Gesellschaft umschließt. Der literarische Prozeß findet in der Interaktion zwischen einem Autor/Darsteller und seinem Publikum statt. Die Performance als unverzichtbarer Bestandteil der literarischen Kommunikation ist Träger der Inklusivität (partizipierender Einschluß des Publikums) und der Intensität (die Form der dialogisierenden Darstellung). Der Performer und sein Publikum üben beide gemeinsam die Kontrolle über den Kommunikationskanal der Performance aus.

Die neue Schriftkultur dagegen ist exklusiv und extensiv strukturiert. Der Autor und seine Leserschaft haben die Kontrolle über den Kommunikationskanal – das Buch und seine Vertriebswege – abtreten müssen an eine Vermittlungsinstanz. Die Schriftliteratur ist exklusiv, weil mit der Grundanforderung der Lesefähigkeit weite Schichten der Bevölkerung vom Kommunikationsprozeß ausgeschlossen bleiben; und sie ist extensiv, weil die Verbreitung als Buch weit über das unmittelbare soziale Umfeld des Autors hinausgreift. Verglichen mit der kommunikativen Intensität der oralen Kultur ist der Autor der schriftlichen Literatur genauso isoliert wie sein Leser. Kulturelle Produktion als ein dialogischer Prozeß zwischen dem Autor und seinem Gegenüber wird ersetzt durch die monologische Form des an den unbekannten Leser gerichteten Werks.

Die orale Literatur wirkte für die schriftliche als eine Fundgrube für Themen, Genres und auch Erzähltechniken. Beide Formen der Kommunikation haben nicht nur zeitlich nebeneinander existiert, sondern stehen heute auch in einem Wechselverhältnis gegenseitiger Beeinflussung. Insbesondere der klischeehaft behauptete Antagonismus, wonach die ländlichen Regionen oralliterarisch geprägt seien, in den städtischen Zentren hingegen die schriftliche Literatur vorherrsche, hat sich in den letzten Jahren zunehmend differenziert. Formen einer neuen Oralität haben nicht nur über die Medien Radio, Video und Fernsehen Eingang in die städtische Massenkultur gefunden. Auch in den unterprivilegierten Wohngebieten der afrikanischen Großstädte, wo Radio und Fernsehen weniger verbreitet sind, haben sich Formen einer städtischen Oralität mit Performances und populären Theater entwickelt – häufig in linguistisch hybrider Form mit Wechsel von Englisch zur Lokalsprache und oft in präsentativer, ja imitativer Anlehnung an die dem Publikum bekannten Darstellungsformen des Fernsehens.

Trivialliteratur aus Onitsha (Nigeria)

1948 erschien Cyprian EKWENSIS (geb. 1921) Erzählung *When Love Whispers*. Anders als die mythischen Phantasien von Daniel FAGUNWA (um 1910–1963) und Amos TUTUOLA (geb. 1920) handelt Ekwensis Erzählung von den Versuchungen des modernen Lebens in der Stadt. *When Love Whispers* ist in Onitsha veröffentlicht worden. Der große Markt an der Nigerbrücke in Onitsha, die die Ost- und die Westregion Nigerias verbindet, ist nicht nur zum wichtigsten Warenumschlagplatz, sondern auch zu einem Zentrum für eine neue Popularliteratur geworden. In kleinen Druckereien werden die häufig nur hektographierten Pamphlete, Heftchen und schmalen Bändchen produziert, die an den Marktständen vertrieben werden. Ein großer Teil dieser »Onitsha Market Literature«, die nach dem Biafra-Krieg neu aufgeblüht ist, besteht aus einfachen Ratgebern, die Auskunft geben über die veränderten sozialen Zielsetzungen der mobilen und zunehmend verstädterten Igbogesellschaft. Es werden nicht nur Rezepte *»how to write successful love letters«*, oder wie man das Herz der Damen gewinnt, angeboten, sondern auch Ratschläge für die berufliche Karriere, für eine erfolgreiche Ausbildung und für das gesellschaftliche Fortkommen. Tragische Liebesgeschichten und belehrende Erzählungen über den Sittenverfall des Stadtlebens, warnende Beispiele für die neu vom Land Zugewanderten, deuten darauf hin, daß hier überwiegend männliche Leser angesprochen werden, die im Modernisierungsprozeß der Igbogesellschaft mithalten wollen. Der Anteil der lesefähigen Frauen war zum damaligen Zeitpunkt minimal; auch die Themen (Berufserfolg und Erfolg bei Frauen) sind typische Männerthemen. Entsprechend der Brückenfunktion Onitshas zwischen Ost und West ist ein großer Teil dieser Popularliteratur in Englisch oder gar in Pidgin geschrieben, weniger dagegen in der Regionalsprache Igbo. Dies ist auch ein Indiz für das gewandelte Sprachbewußtsein der Leser, die Modernität und berufliches Fortkommen mit der Kolonialsprache Englisch, traditionelles Leben und dörfliche Gemeinschaft mit der Regionalsprache Igbo assoziieren. Die Handlung der Onitsha-Pamphlete ist einfach und vorhersehbar, die Charakterisierung der Figuren schlicht und flach, die Moral eindeutig und häufig platt. Sie enthalten aber alle wichtigen Ingredienzen einer entstehenden Mittelklasse-Lesekultur.

Neue Literatur in Westafrika

Cyprian EKWENSI hat in seinen nächsten Romanen *People of the City* (1954) und *Jagua Nana* (1961) die Handlungsmuster der Trivialliteratur beibehalten, in der Darstellung seiner Figuren jedoch eine Differenziertheit erreicht, die den Zwiespalt zwischen traditionellen ländlichen Werthaltungen und dem Pragmatismus des Stadtlebens psychologisch glaubwürdig macht. Vor dem Hintergrund der Stadt-Land-Wanderung gelingt es Ekwensi, das Individualschicksal seiner Figuren nicht nur als die Suche nach einer neuen individuellen Identität darzustellen, sondern exemplarische Schicksale vorzuführen, die eine Gesellschaft im Aufbruch zu neuen Zielen zeigt.

Im Jahr 1960, als Nigeria unabhängig wurde, kehrte Wole SOYINKA (geb. 1934) aus England in seine Heimat zurück. Im Rahmen der Unabhängigkeitsfeiern inszenierte er sein Theaterstück *A Dance of the Forests* (1963). Die Organisatoren der Festlichkeiten aber waren mit Soyinkas Beitrag gar nicht zufrieden, denn er lieferte nicht das gewünschte Weihestück für die Geburtsstunde der Nation. Soyinka lenkt den Blick zurück in die Vergangenheit. Die nigerianischen Potentaten, die in der vorkolonialen Zeit die Macht in Händen hielten, sind in seiner Sicht nicht die makellosen Helden. Damit wirft er die Frage auf, wie die neuen Potentaten in der nachkolonialen Zeit mit der politischen Macht umgehen werden.

Auch Chinua ACHEBE (geb. 1930) hält in seinem Erfolgsroman *Things Fall Apart* (1958) Rückschau auf das Urerlebnis der kolonialen Besitznahme, auf das erste Zusammentreffen der traditionellen Igbogesellschaft mit den weißen Eindringlingen. Auch Achebe zeichnet mit seinem Helden Okonkwo und dem Dorf Umuofia keineswegs eine idealisierte Heldenfigur oder eine ethnographische Idylle. Okonkwo ist ein Ultrakonservativer, der glaubt, im Alleingang das bereits vom Verfall gezeichnete Umuofia retten zu können. Achebe hat die Geschichte des Dorfes in der *Der Pfeil Gottes* (*Arrow of God*, 1964) weitergeführt. Diesmal sind die Kontrahenten der englische District-Officer und der Priester Ezeulu, der in einem Ritual die Pflanzperiode für die Yams zu eröffnen hat, also die wirtschaftliche Grundlage der Dorfgemeinschaft kontrolliert. In *No Longer at Ease* (1960) kehrt Okonkwos Enkel nach einem Studienaufenthalt in England in seine Heimat zurück. Er ist voller guter Vorsätze, seinem Land in der bevorstehenden Unabhängigkeit zu dienen, erliegt aber den Versuchungen der Korruption. *A Man of the People* (1966) handelt von dem Militärputsch 1966. Und Achebes letzter Roman *Anthills in the Savannah* (1987) befaßt sich wiederum mit dem Verhältnis der Intellektuellen zur politischen Macht, deren Komplizenschaft und Mitverantwortung für die Militärregimes in den siebziger und achtziger Jahren. Chinua Achebe hat mit seinen Romanen die gesamte Spannweite der Geschichte des neueren Nigeria behandelt. Er hat seine Aufgabe vor allem als die eines Lehrers gesehen, der seinen Landsleuten eine berichtigte Version der Geschichte Nigerias bietet, und wollte seine

Arbeit auch als eine Antwort, ja eine Widerlegung des von Joyce Cary (1888–1957) verbreiteten Afrikabilds verstanden wissen. Vor allem aber begründete Achebe eine spezifische Form des Geschichtsromans, indem er den historischen Prozeß und das Urteil über geschichtliche Persönlichkeiten und Ereignisse radikal von der eurozentrischen Perspektive der kolonialen Metropolen befreite und eine autochthone afrikanische Historizität postulierte.

Der aus dem nigerianischen Westen stammende Yoruba Wole Soyinka hat ein facettenreiches Œuvre aus Lyrik, Drama, Prosa und Essay vorgelegt, das 1986 mit dem Literatur-Nobelpreis ausgezeichnet wurde. Die Theaterstücke *The Lion and the Jewel* (1963) und *Death and the King's Horseman* (1976) sind im traditionalen Yoruba-Milieu angesiedelt, *Kongi's Harvest* (1967) und *A Play of Giants* (1984) sind direkte Attacken auf die politische Herrschaft in Schwarzafrika, die *Brother-Jero*-Plays bis zu *Requiem for a Futurologist* kommentieren satirisch die Orientierungslosigkeit der nigerianischen Übergangsgesellschaft. Soyinka ist zugleich Kommentator und Agitator: In den Romanen *The Interpreters* (1965) und *Season of Anomy* (1973) kommentierte er das Verhalten der nigerianischen Intelligenz unmittelbar nach der Unabhängigkeit und während des Bürgerkriegs. Mit seinem Guerilla Theater, mit dem er auf Straßen und Plätzen und sogar auf dem Vorplatz des Parlaments in Lagos auftrat, agitierte er für eine andere Politik in Nigeria. Soyinka ist Opfer, aber auch Beteiligter am politischen Prozeß. Während des Bürgerkriegs des nach Unabhängigkeit strebenden Ostteils saß Soyinka in Haft und schrieb darüber *The Man Died* (1972) und die Gedichte *Idanre* (1967). Er hat auch Stoffe der griechischen Antike (*The Bacchae*, 1973), sowie Brechts *Dreigroschenoper* bearbeitet und »afrikanisiert«.

Elechi Amadi (geb. 1934) greift in seinen Romanen *The Concubine* (1966) und *The Great Ponds* (1969) auf die vorkoloniale Vergangenheit zurück. Gabriel Okara (geb. 1921), wie Amadi aus dem Nigerdelta stammend, experimentierte in seinen Gedichten wie auch in dem Roman *The Voice* (1964) mit der englischen Sprache. Er hat Bildwelt, Idiomatik und Strukturen seiner Muttersprache Igbibio auf das Englische übertragen und damit eine Sprache geschaffen, die sich erheblich vom britischen Standardenglisch unterscheidet. Timothy M. Aluko (geb. 1918), von Beruf Tiefbauingenieur, behandelte in einer Reihe von Romanen die Probleme der strukturellen Anpassung an die angeblichen Erfordernisse der modernen Technik, Chukwuemeka Ike (geb. 1931) beschreibt in satirischen Romanen die Attitüden der eben erst zur Macht gekommenen Eliten.

In Ghana trat Ayi Kwei Armah (geb. 1939) mit *The Beautiful Ones Are Not Yet Born* (1968) hervor, einer Auseinandersetzung mit der Regierung Nkrumah. Armah legt den wachsenden Zwiespalt zwischen den rhetorisch wirkungsvoll formulierten Zukunftsvisionen des Präsidenten und dem sozialen Niedergang im Lande offen. In *Two Thousand Seasons* (1973), einem unkonventionellen, in Form einer »oralen Chronik« komponierten Roman, versucht Armah eine historische Bilanz des Verhältnisses zwischen Afrika und Europa zu ziehen. Ama Ata Aidoo (geb. 1942) greift in ihrem ersten Theaterstück *The Dilemma of a Ghost* (1965) das Thema der kulturellen Divergenzen zwischen Afrikanern und schwarzen Amerikanern auf, ein Thema, das meist nur von Afroamerikanern behandelt wird. Auch ihr experimenteller Lyrik- und Prosatext *Our Sister Killjoy* (1977) befaßt sich mit dem Problem der interkulturellen Begegnung; eine afrikanische Studentin erlebt die Fremdheit einer oberbayerischen Kleinstadt.

Die Krise des Nationalstaats: Biafra

Das beherrschende Thema der nigerianischen Literatur in den siebziger und den frühen achtziger Jahren ist der Biafra-Krieg. Achebe publizierte eine Kurzgeschichtensammlung *Girls at War* (1972), Soyinka seinen Roman *Season of Anomy* (1973), Elechi Amadi seinen Gefangenenbericht *Sunset in Biafra* (1973). Die Oberkommandierenden der beiden Streitkräfte haben Zeugnis abgelegt (Obasanjo, *My Command*, 1977; Ojukwu, *Because I am Involved*, 1983). Von der Vätergeneration der nigerianischen Schriftsteller hat Cyprian Ekwensi seinen Kriegsroman *Survive the Peace* (1976) vorgelegt, aber auch Autoren der jüngeren Generation wie Festus Iyayi (*Violence*, 1979), haben das Thema aufgegriffen. Eine neue Note klingt in Buchi Emechetas (geb. 1944) *Destination Biafra* (1982) und Flora Nwapas (geb. 1939) *Never Again* (1975) bzw. *Wives At War* (1980) an, in denen die Kriegserfahrung aus der weiblichen Perspektive geschildert wird.

Die Sezession Biafras hat den jungen nigerianischen Staat in eine schwere Identitätskrise gestützt, wurde doch damit die offizielle These von einer neu sich formierenden Nation in ihren Grundfesten erschüttert. Das Kampfgeschrei *»One Nigeria«* oder *»Free Biafra«* stellte noch vor Ende der ersten Dekade der Unabhängigkeit afrikanischer Staaten die Tragfähigkeit der Entkolonisierungspolitik in Frage. Ein Erfolg der Abspaltung Biafras hätte in vielen Staaten Afrikas den separatistischen Bewegungen Auftrieb gegeben und zu einem Verfall der mühsam konstruierten afrikanischen Staatenwelt geführt. Biafra war aber vor allen Dingen ein Testfall dafür, ob die Idee der Nation und des Nationalstaats, die aus der politischen Vorstellungswelt der einstigen Kolonialmächte übernommen worden war, für die postkolonialen Nationalitätenstaaten Afrikas tragfähig werden und bleiben konnte. Für die afrikanische Autoren stellte sich damit auch die Frage nach ihrem Selbstverständnis und ihrer politischen Rolle neu. Sollten sie zuvörderst für die Entwicklung einer nationalen Literatur oder gar einer patriotischen Literatur schreiben und damit einen Beitrag zum *»nation building«* leisten, z. B. indem sie die überregionale Sprache Englisch benutzten – oder drückt etwa Chinua Achebes schriftstellerisches Wirken eine grundlegende Verschiebung der Kategorien von Regionalität, Nationalität und Internationalität aus, wenn er – der Igbo-Angehörige – seine Gedichte in Igbo schreibt, die Romane und Kurzgeschichten aber in Englisch?

Neue Literatur in Ostafrika

In Kenia hat Ngugi wa Thiong'o ein Œuvre von ähnlicher historischer Breite vorgelegt wie Chinua Achebe. *The River Between* (1965) handelt von der Enteignung der Stammesländereien im kenianischen Hochland und der Begründung der unabhängigen christlichen Schulbewegung unter den Gikuyu. *Weep not, Child* (1964) verfolgt die Geschichte weiter in die Zeit der Mau-Mau-Guerillas, *A Grain of Wheat* (1967) zeigt am Beispiel der Unabhängigkeitsfeiern in einem kenianischen Dorf die Probleme der Vergangenheitsbewältigung – wer stand auf der Seite der Befreiungsbewegung, wer auf der Seite der britischen Kolonialverwaltung und ihrer Polizei? Aus der Sicht der gar nicht so rühmlichen Vergangenheit setzt Ngugi auch ein dickes Fragezeichen hinter die Uhuru-Euphorie der jungen kenianischen Regierung. In *Petals of Blood* (1977) sucht Ngugi denselben Schauplatz erneut auf. Nach 15 Jahren Unabhängigkeit ist Ilmorog ein Symbol für das moderne Kenia; es liegt direkt an der Trans-Afrikana, besitzt eine Bierbrauerei, touristische Einrichtungen und einige kleinere Industriebetriebe. In Ngugis Interpretation drückt sich die Modernität darin aus, daß einige auswärtige Investoren und ihre kenianischen Strohmänner diese Stadt, aber auch das ganze Land fest im Griff haben.

Seit Mitte der siebziger Jahre arbeitet Ngugi an seinem Konzept der kulturellen Dekolonisation. In dem Essayband *Decolonizing the Mind* (1986) plädiert er für die Abkehr von der kulturellen Hinterlassenschaft des Kolonialismus und für die Aufwertung der afrikanischen Sprachen als Kern einer neuen Popularkultur. Ngugis literarische Arbeit hat sich dementsprechend gewandelt. Die Prosatexte *Devil on the Cross* (1982) und *Matigari* sind in Gikuyu geschrieben und erst später ins Englische übersetzt worden. Vor allem aber sind dies keine Lesetexte mehr in der Art des europäischen Romans, sondern Vorlesetexte. Ngugi beschreibt nicht ohne Stolz, daß nicht nur die erste Auflage von *Devil on the Cross* innerhalb weniger Monate ausverkauft war, sondern daß die Verbreitung des Buches weit über den engen Käuferkreis hinausging. Aus dem Buch wurde vorgelesen in Kneipen, in Bussen und an den Halteplätzen der Matatus; eine neue Form der oralen Literatur war hier entstanden.

Ngugi wa Thiong'o trug seine Offensive für eine neue populäre afrikansiche Literatur viel Kritik, aber auch heimliche Bewunderung ein. Innerhalb seines eigenen Heimatlandes Kenia, das er 1982 verlassen mußte, orientierten sich die Schriftstellerkollegen mehr am westlichen Konzept der populären Literatur/Trivialliteratur. Kardinalthema war die Widerstandsbewegung der Mau Mau gegen die englischen Kolonialherren. Charles Mangua griff das Thema auf in *A Tail in the Mouth* (1972), ebenso Meja Mwangi (geb. 1948) in *Carcase for Hounds* (1974). Ali Mazrui, der Politikwissenschaftler, ging in seinem einzigen Roman, *The Trial of Christopher Okigbo* (1971) am Beispiel des biafranisch/nigerianischen Lyrikers und Kampfpiloten Okigbo der Frage nach, wann der Schriftsteller die Feder beiseite legen und das Gewehr zur Hand nehmen solle. Im Zuge der zunehmend repressiven Politik der kenianischen Regierung wurde der Mau-Mau-Aufstand zu einem Tabu: Widerstand gegen die politische Herrschaft, gleich welcher Art, sollte in Kenia nicht mehr Thema literarischer Darstellung sein. Meja Mwangi hat in *Going Down River Road* (1976) eine Sozialreportage über das Elend der ungelernten Bauarbeiter in der Boom-Stadt Nairobi geliefert. Mwangi Ruheni greift in *The Minister's Daughter* (1975) ein typisches Thema der Drittweltliteratur auf: die Tochter aus gutem Hause – hier einem Pfarrerhaushalt –, die in der Stadt moralisch unter die Räder kommt, mag sie wirtschaftlich auch sehr erfolgreich sein. Eine breite Palette der Trivialliteratur bietet mit Klischeekonflikten dem Lesepublikum der Mittelschicht in Nairobi emotionale Fluchtwege aus der keineswegs berückenden Wirklichkeit an.

Im benachbarten Uganda ist der Kulturbetrieb der Schriftliteratur – deren typischstes Genre der moderne Roman ist – immer hinter dem weniger formalisierten Kulturbetrieb des Theaters und der Performance zurückgeblieben. Bonnie Lubegas *The Outcasts* (1971) und *The Burning Bush* (1971) sind ethnographische Erzählungen über das Leben der Baganda-Dorfgemeinschaften. Timothy Wangusa (geb. 1942) beschreibt in *Upon this Mountain*, 1989 *(Der Berg am Rande des Himmels)*, seine Kindheit am Fuße des Mount Elgon an der Grenze zu Kenia, der Royalist Robert Serumaga (1939–1980) in dem Roman *Return to the Shadows* Milton Obotes Coup von 1966, als er den König der Baganda vom Präsidentensessel Gesamt-Ugandas vertrieb und gleichzeitig auch noch die vier westugandischen Königreiche demontierte. John Nagenda (geb. 1938) schildert in *The Seasons of Thomas Tebo* (1986) den Lebensweg eines Bonvivants, der zwischen politischen Desinteresse, Absonderung im Exil und persönlichem Engagement im Buschkrieg schwankt. Die Kern-

themen der ethnischen Vielfalt und der sehr zurückhaltenden Auseinandersetzung mit den politischen Problemen des Landes sind in der Prosa also vor und nach den Obote- und Amin-Diktaturen virulent geblieben. Bezeichnenderweise erschien während der Obote/Amin-Zeit kein nennenswertes Prosawerk eines ugandischen Autors.
In Tansania betrieb Präsident Julius Nyerere, der selbst als Übersetzer von Shakespeares Dramen in Swahili am Kulturbetrieb beteiligt war, eine nationale Kultur- und Sprachpolitik. Swahili wurde massiv gefördert, der Gebrauch von Englisch als Verwaltungs- oder Literatursprache eher vernachlässigt. Angefangen mit dem 1947 in Kikerewe geschriebenen und vom Autor selbst in Swahili übersetzten Roman *Bwana Myombekere na Bibi Bugonoka*, 1980 *(Die Kinder des Regenmachers/Sohn und Tochter)*, von Aniceta Kitereza (1896–1981) ist die kulturelle Produktion Tansanias in Lyrik, Prosa, Drama überwiegend in Swahili erfolgt. Der Roman des tansanischen Inders Moyez G. Vassanji (geb. 1950), *The Gunny Sack*, 1989 *(Das Erbe der Muscheln)*, ist da eher eine Ausnahme geblieben.
Simbabwe, das erst 1980 nach einem langen Befreiungskrieg gegen das weiße Minderheitenregime seine heutige Staatsform erlangte, durchlief eine Sonderentwicklung. Der Befreiungskampf ist verständlicherweise auch für die Literatur das vorherrschende Thema. Solomon Mutswairu beschwor 1978 in seinem historischen Bericht *Mapondera – Soldier of Zimbabwe* die Widerstandsbewegung von 1896 gegen die englische Kolonialmacht. Auch Chenjerai Hove (geb. 1954) vergleicht in *Bones*, 1988 *(Knochen)*, den Widerstand gegen die Briten mit dem Befreiungskampf der siebziger Jahre. Stanley Nyamfukudza beschreibt in *The Non-Believer's Journey* (1980) die zwischen Opportunismus und Engagement schwankende Haltung eines Lehrers im Befreiungskampf. Der Roman *The House of Hunger* (1979) von Dambudzo Marechera (1955 bis 1987) handelt von der Brutalisierung der städtischen Jugendlichen infolge der rassistischen Entmündigung und des militärisch organisierten Widerstands. Der Befreiungskampf war das naheliegende Hauptthema der von der Befreiungsbewegung selbst aktiv betriebenen Kulturarbeit; in den befreiten Gebieten wurden für die Schule eigene Lesetexte zur Verfügung gestellt und für den Rebellensender eigene Hörspiele produziert. – Tsitsi Dangarembga dagegen schildert in *Nervous Condition* (1988) die Schwierigkeiten, die ein Mädchen zu überwinden hat, sobald sie in einer Männergesellschaft auch nur eine ordentliche Schulbildung erlangen möchte.

Regionalisierung und Politisierung – Neue Formen mündlicher Literatur

1977 hat Ngugi wa Thiong'o mit der Bevölkerung des kenianischen Dorfes Kamirithu das Theaterstück *Ngaahika Ndeenda* (englisch: *I Will Marry When I Want*) aufgeführt. Dieses Ereignis ist zu einem Markstein in der Entwicklung der afrikanischen Literatur geworden. Die Theateraufführung war ursprünglich Teil einer Alphabetisierungskampagne, die die Bewohner von Kamirithu in ihrem selbstgegründeten und selbstgebauten Kulturzentrum organisiert hatten. Die Initiative für diese Theaterproduktion wie auch der Handlungsentwurf für das Theaterstück ging von der Dorfbevölkerung aus. Ngugi wurde eingeladen, seine Erfahrungen als Autor und Regisseur in die Workshop-Arbeit einzubringen. Er stellte seine Aufgabe auch immer als die eines Sekretärs oder Notars dar, der die Gedanken und Vorstellungen der Dorfbewohner lediglich notiert und in dramatische Form gebracht habe. Geschrieben und gespielt wurde in Gikuyu, und Ngugi wurde nicht müde zu betonen, daß er in der Zusammenarbeit mit den Leuten von Kamirithu seine Ausdrucksfähigkeit in seiner eigenen Sprache erheblich verbessert habe.
Das Stück handelt vom Verhältnis der Klasse der Neureichen zur Klasse der Kleinbauern, es handelt von der Selbstbereicherung der »Comprador-Klasse«, die von dem Wirtschaftszentrum Nairobi nun auch auf das weitere ländliche Umland ausgreift, und von der Proletarisierung der Kleinbauern, die ihr Land an die reichen Kaufleute verlieren – ein Thema, das Ngugi in seinen Romanen und Essays immer wieder behandelt hat. Schon während der Probezeiten nahm nicht nur die gesamte Dorfbevölkerung von Kamirithu regen Anteil an dem Ereignis, auch aus der weiteren Umgebung kamen die Zuschauer und trugen mit ihren Anregungen noch zur Entwicklung des Stücks bei. Zu den tatsächlichen Aufführungen kamen ganze Buskolonnen aus Nairobi in das Kulturzentrum von Kamirithu mit seiner Kapazität für maximal 2000 Zuschauer. Es wurde geschätzt, daß insgesamt zwischen 10 000 und 20 000 Zuschauer die Aufführungen und Proben von *I Will Marry When I Want* gesehen haben. Das Kamirithu-Experiment wurde auch dadurch ein Sensationserfolg, daß die kenianische Regierung einschritt, weitere Aufführungen verbot, das Kulturzentrum schloß und Ngugi ohne Anklage verhaftete. Fünf Jahre später, als Ngugi mit der Dorfbevölkerung einen Wiederbelebungsversuch des Kulturzentrums unternahm, intervenierte die Regierung erneut; schließlich wurde das Theater niedergerissen. Dieses radikale Vorgehen und die Beteiligung des international bekannten Autors Ngugi sind wohl die wichtigsten Gründe dafür, daß dem Kamirithu-Projekt in der internationalen wissenschaftlichen Diskussion soviel Aufmerksamkeit geschenkt wurde.
Ausgangs- und Zielpunkt des Projektes sind die Bedürfnisse der lokalen Bevölkerung. Es sollte die eben erst erworbene Lesefähigkeit geübt werden, es sollten Inhalte von lokaler Bedeutung disku-

tiert, das lokalpolitische Bewußtsein gefördert werden. Durchgeführt wurde das ganze Projekt ausschließlich aus den lokalen Ressourcen.

Das Kamirithu-Projekt ist jedoch keineswegs die einzige und erste Initiative dieser Art. Bereits in den fünfziger Jahren hatte in Uganda Wycliffe KIYINGI als Gegengewicht zu den britischen oder indischen kulturellen Vereinigungen seine *Uganda Amateuer Artists Association* begründet, die sich zum Ziel setzte, Stücke ugandischer Autoren in ugandischen Sprachen für ein einheimisches Publikum aufzuführen.

So wie zu Zeiten der Unabhängigkeitsbewegung eine politisch motivierte Literatur die kulturelle Landschaft Afrikas beherrschte, setzte zum Ende der zweiten postkolonialen Dekade eine neue Welle politisch motivierter Literatur ein. Damals waren die Ansprechpartner der Autoren die fremde Kolonialmacht und die heimischen Eliten. Die bevorzugte Gattung war die Form des Romans. Jetzt wird nicht mehr die fremde Herrschaft beklagt, sondern der Mißbrauch der Macht durch die politischen Eliten und die soziale und wirtschaftliche Verelendung der Bevölkerung. Adressat ist nun der einfache Mann, und das vorherrschende Genre ist Theater und Performance. Mit dem Wechsel der Zielgruppen der kulturellen Produktionen haben sich auch deren Parameter verschoben, von der schriftlichen Kommunikation zu den Kommunikationsstrukturen der neuen Oralität. Wole SOYINKA und sein Guerilla Theater haben in den Stücken *Abuja* (die neue nigerianische Hauptstadt) und *Rice Unlimited* mit der Form des agitatorischen Theaters experimentiert. Die Aufführungen an öffentlichen Plätzen gingen nahtlos in politische Demonstrationen über. Der musikalischen Gestaltung durch mitreißende Songs kommt hier große Bedeutung zu. Dabei standen sowohl die Tradition der Yoruba Folk Opera und des Yoruba Travelling Theater als auch die Verwendung von Songs im Brechtschen Theater Pate. Aus denselben Quellen schöpft auch die jüngere Generation der nigerianischen Dramatiker wie etwa Femi OSOFISAN (geb. 1946) und Niyi OSUNDARE (geb. 1952).

Ebenso wie bei dem Aufblühen des Romans in den sechziger Jahren die Literaturabteilungen der Universitäten eine entscheidende Rolle gespielt haben, übernehmen jetzt die Theaterabteilungen der Universitäten eine Führungsrolle bei der Entwicklung der populären kulturellen Produktion der postkolonialen Periode. Während SOYINKA und in geringerem Grade OSOFISAN noch der Form des Autoren- und Regisseur-Theaters verpflichtet sind, hat sich an der nordnigerianischen Universität Zaria eine Theatergruppe etabliert, die sich eine radikale massendemokratische Theaterpraxis zum Ziel gesetzt hat. Die Stücke und die Aufführungen werden in Zusammenarbeit mit der Zielgruppe, der Bevölkerung des Slumgebiets von Samaru, erarbeitet. In Sierra Leone experimentieren Theaterwissenschaftler der Universität mit einem improvisierten städtischen Straßentheater wie auch einem ländlichen *»storytelling«*-Theater. In Buea, vormals Sitz des deutschen Gouverneurs, im englischsprachigen Westkamerun betreibt Viktor MUSINGA seit vielen Jahren eine Theatertruppe. Musingas Stücke, ursprünglich komödienhafte sozialkritische Kommentare, sind in den letzten Jahren politisch brisanter geworden. Soweit die Stücke gedruckt veröffentlicht wurden, geschah dies überwiegend in englischer Sprache, auf der Bühne wird aber meist in Pidgin gespielt. Bole BUTAKE aus der Nordwestprovinz Kameruns schreibt seine politisch-historischen Allegorien entsprechend dem heute vorherrschenden Sprachgebrauch des *Codeswitching* in einer Mischung aus Englisch, Pidgin und den Lokalsprachen. Auch hier ist der Sprachgebrauch in der Aufführungspraxis eindeutig lokaler, »kamerunischer«, als in der gedruckten Fassung. Für Westafrika mit seinen stark ausgeprägten Varietäten des Englischen, der weiten Verbreitung von Krio in Sierra Leone und des Pidgin in Nigeria und Kamerun ist mit der neuen kulturellen Praxis des populären Theaters und der Performance die alte Streitfrage, in welcher Sprache der afrikanische Autor denn schreiben solle, einfach obsolet geworden. Der Sprachgebrauch paßt sich – auf das Publikum abgestimmt – überwiegend den natürlichen Sprechsituationen an.

Universität und Massenkultur

In Botswana wurde schon Mitte der siebziger Jahre eine ländliche Mobilisierungskampagne mit der Theaterbewegung *Laedza Batanani* (»Laßt uns aufstehen und anpacken«) gestartet und war Ausgangspunkt für weitere Theaterinitiativen im südlichen Afrika. Im benachbarten Zambia haben Dozenten und Studenten der Universität das Chikwakwa Travelling Theatre initiiert. In Malawi zogen die Studenten von Chancellor College mit dem University Travelling Theatre über Land, in Simbabwe wird Animationstheater im ländlichen Bereich um Bulawayo, aber auch in den städtischen Slums von Harare betrieben. Der südafrikanische Exildramatiker Zakes MDA hat diese Form der Theaterpraxis in seinem Marotholi-Theatre konsequent zu einer Form des partizipatorischen Theaters weiterentwickelt. Auch in Tansania wurde Mitte der siebziger Jahre eine von der Regierung geförderte Theaterbewegung zur Aufklärung und als Begleitmaßnahme zum »Community Development« mit großer Resonanz ins Leben gesetzt. Entsprechend der offiziellen Regierungspolitik wurde hier Swahili als Sprache favorisiert.

In Uganda fand 1986 nach der Machtübernahme durch den linksliberalen Rebellenführer Yoweri Museveni geradezu eine Explosion theatralischer Aktivitäten statt. Hunderte von Theatergruppen spielen ihre Stücke an jedem Wochenende in allen

Stadtteilen der Hauptstadt Kampala wie auch in den größeren Städten im Lande. Schriftliche Literatur, Prosa oder Lyrik, hat wegen mangelnder Publikationsmöglichkeiten kaum eine Chance. Gespielt wird überwiegend in Luganda. Je näher die Spielorte am Stadtzentrum liegen, desto höher ist der Anteil der englischsprachigen Passagen, die im Weg des *Code-switching* eingestreut werden.
Englischsprachige Stücke wie die von Alex MUKULU *(The Wounds of Africa, Thirty Years of Bananas)* oder Grace OKOKURUT *(The Death of Captain Sankara)* sprechen ein elitäres Publikum aus dem Umkreis der Makerere-Universität an. Wie schon in den sechziger Jahren mit dem Makerere Travelling Theater gehen auch jetzt wieder Theaterinitiativen in den Slums von Kampala, im vom Krieg zerstörten Luweru oder auch den ländlichen Gebieten des Westens und Nordostens von Studenten und Dozenten der Universität aus. 1986 hatte die Theaterwissenschaftlerin Rose MBOWA mit ihrem auch international aufgeführten Stück *Mother Uganda and Her Children* einen Appell an die Politiker und die Bevölkerung des Landes gerichtet, die ethnische Diversität als Potential für eine reichere multikulturelle Zukunft zu verstehen. Die bisherigen ugandischen Regierungen hatten ethnische Rivalitäten als Instrument zur Machtsicherung benutzt. Wie NGUGI WA THIONG'O sah sich Rose Mbowa mit der Frage konfrontiert, in welcher Sprache sie mit ihrem Zielpublikum kommunizieren könne. Sie hat einen grundsätzlich anderen Weg als Ngugi wa Thiong'o beschritten, indem sie die Beschreibung ethnischer Identitäten über ein außersprachliches Idiom von Gesang, Tanz und Pantomine leistete. Der überwiegende Teil ihrer multiethnisch-nationalen Argumentation bewegt sich so im Bereich des Atmosphärischen und Emotiven. Die diskursiven, dialogischen Passagen sind auf ein Minimum reduziert. Es sind nur noch Bindeglieder zwischen den einzelnen Bildsequenzen. Hier geht es um die gesamtugandische Argumentation, und die trägt Rose Mbowa in Englisch vor. Ihre dramaturgische Strategie des *Code-switching* ist eine pragmatische und vielleicht sogar dem tatsächlichen Sprachverhalten der Bevölkerung angemessenere Strategie als Ngugis Grundsatzposition gegen den Sprachimperialismus der ehemaligen Kolonialmächte.

Die Sprache der neuen Oralität

NGUGIS Kampagne für die afrikanischen Sprachen, vorgetragen in einer Reihe von theoretischen Schriften wie auch in seiner Theaterpraxis und seinen neueren Prosaarbeiten, hat viel zur Belebung der Sprachdebatte, zu ihrer theoretischen Vertiefung und zur kritischen Reflexion vieler »Kulturarbeiter« über ihre eigene Kulturpraxis beigetragen. Die erbitterten Wortgefechte, die sich Ngugi und Chinua ACHEBE über die Sprachenfrage geliefert haben, zeigen, daß sich die Einstellungen zum Englischen oder zu den afrikanischen Sprachen in West-, Ost- und dem südlichen Afrika erheblich unterscheiden. Dies beruht teilweise auf unterschiedlichen historischen Erfahrungen – der Siedlerkolonialismus in Ostafrika hat offensichtlich ein anderes reaktives Verhalten erzeugt als der Händlerkolonialismus in Westafrika. Im südlichen Afrika ist der Gebrauch der englischen Sprache ein Politikum, da die Apartheid-Regierung den Gebrauch der Bantusprachen favorisiert hat als sprachpolitische Begleitmaßnahme zur Politik der »getrennten Entwicklung«. In Westafrika ist die Ausprägung spezifischer Varietäten des Englischen weit vorangeschritten. Mit Nigerian Standard English und domestizierten Schriftformen des Pidgin stehen Sprachformen zur Verfügung, die offensichtlich nicht mehr als Erblast des Kolonialismus verstanden werden. Auch hier ist wieder Chinua Achebes Haltung beispielhaft. In der auf den Afroamerikaner James BALDWIN zurückgehenden Debatte, ob die Herrschaftssprache den emotionalen Bedürfnissen der Beherrschten gerecht werden könne, hat Achebe immer wieder ausgeführt, daß er die englische Sprache nach seinen Bedürfnissen handhaben werde. Achebes Sprachreservoir und das vieler anderer westafrikanischer Autoren reicht von seiner Muttersprache Igbo über verschiedene Register des Pidgin zu Nigerian Standard English und »normalem Standardenglisch«, und er schöpft diese breite Palette der sprachlichen Ausdrucksfähigkeit in seinen Arbeiten selbstverständlich aus.
In Ostafrika steht mit dem Swahili eine afrikanische internationale Alternativsprache zum Englischen zur Verfügung. Daneben gibt es einige dynamisch expansive afrikanische Sprachen wie Kikuyu, Luganda, Shona oder Ndebele. Die Spracheinstellungen zum Swahili sind jedoch sehr unterschiedlich. In Uganda wird es nicht als Alternative zum Englischen gesehen, da es als die Sprache der Armee und der Polizei mit den Terrorregimes der letzten zwanzig Jahre assoziiert wird. Wenn man sich jedoch das sprachliche Handeln in den zahlreichen kulturellen Aktivitäten der neuen Oralität ansieht, so gewinnt man den Eindruck, daß viele Praktiker sich nicht mit derselben Schärfe vor eine Alternativentscheidung zwischen kultureller Emanzipation und kulturellem Neokolonialismus gestellt fühlen, wie dies bei Ngugi wa Thiong'o der Fall ist. Außer Frage steht, daß den vielfältigen kulturellen Aktivitäten der neuen Oralität (Theater, Performance, Rezitation, mimetischer Tanz) quantitativ wie auch in ihrer Effektivität für die Weiterentwicklung afrikanischer Binnenkulturen heute größere Bedeutung zukommt als den Produkten der Schriftkultur. Die kulturelle Produktion der Oralität, an der die von der eher zentralistischen Schriftkultur herkommenden Intellektuellen maßgeblich beteiligt sind, ist eine Bewegung zur Revitalisierung regionaler Kulturen und kulturel-

ler Zentren. Es ist sicherlich ein wesentlicher Beitrag zur kulturellen Entkolonialisierung, da die Metropole der ehemaligen Kolonialmacht, deren Hegemonialanspruch im Bereich der Schriftkultur zwar nicht ohne Widerspruch, aber doch *de facto* perpetuiert wurde, schlicht aus dem Blickfeld verschwindet. Das Eigene wird wieder in Besitz genommen, wiederbelebt und ins Zentrum gerückt, wogegen das Fremde der kolonialen Kultur marginalisiert wird.

»Black British Literature«

Seit den frühen fünfziger Jahren haben westindische Autoren wie Samuel SELVON oder auch V. S. NAIPAUL ihre gruppenspezifischen Erfahrungen in England literarisch gestaltet. Die Nigerianerin Buchi EMECHETA begann ihre Karriere als Romanautorin mit zwei Sozialreportagen über ihre Zeit in London: *In the Ditch* (1972) und *Second Class Citizen* (1976). Die Zahl der westindischen, afrikanischen, indischen, pakistanischen Autoren, die entscheidende Abschnitte ihres Lebens in England verbracht oder sich dort dauerhaft niedergelassen haben, ist Legion. Seit den siebziger Jahren treten zunehmend Autoren der zweiten Immigrantengeneration auf, die in England geboren oder aufgewachsen sind, die aber dennoch England als soziales und literarisches Umfeld ganz anders erlebt haben als ihre englischen Schriftstellerkollegen. Auch wenn sie, wie z. B. der Guyanese David DABYDEEN, die britische Erziehung in den Eliteanstalten Oxford und Cambridge durchlaufen haben, ist ihre Wahrnehmung der englischen sozialen Umwelt, ihre Rezeption englischer und anderer Literaturen und damit auch ihre literarische Reaktion und die Verarbeitung ihrer Erfahrungen anders als die ihrer britischen Kolleginnen und Kollegen.

Mit dem Begriff »Black British Literature« versuchte man dem neuen kulturellen Phänomen einen definitorischen Rahmen aufzuprägen. Die Terminologie ist verständlicherweise umstritten, da sie die Autoren dieser Literatur nach ihrer Hautfarbe und den Charakter der Literatur nach bestimmten Themen charakterisiert, also wiederum eine Form der internen Marginalisierung betreibt. »Black British Literature« ist gewissermaßen die Umkehr der alten Kolonialliteratur, der Reiseberichte der Entdeckungsreisenden oder auch der »Novel of Africa« von Joyce CARY und Graham GREENE. Es findet ein markanter Paradigmen-Wechsel zwischen der Position des Autors und seines literarischen Sujets statt. Wie bei den Autoren der Kolonialliteratur haben wir nun Autorenpersönlichkeiten vor uns, deren geographische Herkunft und deren kulturelle Verortung nicht deckungsgleich mit ihrer sozialen und kulturellen Umgebung ist, ja die soziale und kulturelle Divergenz zwischen dem aus der »Peripherie« mitgebrachten Eigenen und dem in der »Metropole« vorgefundenen Fremden ist sowohl Schreibanlaß wie auch charakteristisches Merkmal der kulturellen Produktion. Die Kernbegriffe des postmodernen/postkolonialen politischen kritischen Diskurses von dem Eigenen und dem Fremden, dem Zentrum und der Peripherie haben mit dem Entstehen der »Black British Literature« viel von ihrer definitorischen Trennschärfe verloren.

Kennzeichnend ist auch, daß sich »Black British Literature« überwiegend der oralen Kommunikationsformen bedient. Lynton Kwesi JOHNSON, James BERRY oder Jean Binta BREEZE verdanken ihre Popularität nicht nur der provokativen Qualität ihrer Texte, sondern auch ihrer Qualität als Performer. Selbstverständlich stehen diese städtischen Darstellungen der Oralität in großen Sälen des farbigen Londoner Stadtteils Brixton oder beim Massenspektakel des Notting Hill Carneval in engem Zusammenhang mit musikalischen Darbietungen. Lynton Kwesi Johnson tritt mit seiner Band auf. Der Rhythmus von Reggae und Rap sind beherrschende Stilelemente. Andererseits hat sich aus dem Fringe Theater eine lebendige schwarze Theaterlandschaft entwickelt. Autoren wie Mustapha MATURA oder Regisseure wie Albie JAMES mit seinem Temba Theater besitzen eine feste Gemeinde im südlichen England. Über das Royal Court Theater, an dem auch Wole SOYINKA als Gastregisseur tätig war, und auch die BBC sind die Verbindungen zu den offiziellen Kulturinstitutionen hergestellt. Innerhalb der dominanten britischen Schriftkultur präsentiert sich die Kultur der »Black Brits« nicht nur thematisch, sondern auch darstellerisch und in ihrer Organisationsstruktur als Kontrastmodell zur offiziellen Kultur. Hanif KUREISHI (geb. 1954; *The Buddah of Suburbia*, 1990), der sich dagen verwahrt, als »Black Author« bezeichnet zu werden (er ist der Sohn einer Engländerin und eines Pakistani), ist als Roman-, Drehbuchautor und Regisseur ein Beispiel dafür, daß sich die Alternativkultur sehr wohl auch der offiziellen Kanäle zu bedienen weiß.

1789 hat der zwangsweise nach England verbrachte Nigerianer Olaudah Equiano mit seiner Autobiographie einen beachtlichen Verkaufserfolg verzeichnen können. 1991 wurde sein Landsmann BEN OKRI (geb. 1959), der sich freiwillig in London angesiedelt hat, für seinen dritten Roman, *The Famished Road*, mit dem renommierten englischen Booker Prize ausgezeichnet. 1789 war London das alleinige Zentrum für englischsprachige Literatur, 1991 ist es noch immer eine wichtige, aber keineswegs mehr die einzige Kulturkapitale für die internationale englischsprachige Welt. E.Bre.

Literaturhinweise

P. G. Altbach (Hg.), *Publishing and Development in the Third World*, Oxford 1992.

Ch. Amuta, *Dissonant Harmony: Art and Social Reality in Literature Based on the Nigerian Civil War*, Diss. Univ. of Ife 1982.

S. Arnold u. A. Nitecki (Hg.), *Culture and Development in Africa*, Trenton/N. J. 1990.

B. Ashcroft u. a. (Hg.), *The Empire Writes Back: Theroy and Practice in Post-Colonial Literatures*, Ldn. 1989.

U. Beier (Hg.), *Introduction to African Literature*, Ldn. 1967.

E. Breitinger (Hg.), *Black Literature*, Mchn. 1979.

J. O. Chinweizu u. I. Madubuike (Hg.), *Toward the Decolonization of African Literature*, Washington D.C. 1983.

D. Cook, *African Literature: A Critical View*, Ldn. 1977.

C. Dunton, *Make Man Talk True: Nigerian Drama in English Since 1970*, Oxford 1992.

M. Etherton, *The Development of African Drama*, Ldn. 1982.

R. Finnegan, *Oral Literature in Africa*, Oxford 1970.

H. L. Gates Jr., *Black Literature and Literary Theory*, Ldn. 1984.

A. S. Gérard, *African Language Literatures*, Ldn. 1981.

Ders., *European Language Writing in Sub-Saharan Africa*, 2 Bde., Budapest 1986.

D. E. Herdeck (Hg.), *African Authors: A Companion to Black African Writing 1300–1973*, Washington D. C. 1973.

A. Imfeld, *Vision und Waffe. Afrikanische Autoren, Themen, Traditionen*, Zürich 1981.

A. Irele, *The African Experience in Literature and Ideology*, Ldn. 1981.

J. Jahn, *Muntu: An Outline of the New African Culture*, NY 1961.

Ders., *Die neoafrikanische Literatur. Gesamtbibliographie von den Anfängen bis zur Gegenwart*, Düsseldorf/Köln 1968.

E. Julien, *African Novels and the Question of Orality* Bloomington/Ind. 1992.

M. Laurence, *Long Drums and Cannons: Nigerian Dramatists and Novelists 1952–1966*, Ldn. 1968.

B. Lindfors, *Black African Literature in English*, Detroit 1979; Supplement NY 1986.

Ders. u. R. Sander (Hg.), *Twentieth-Century Caribbean and Black African Writers*, 2 Bde., Detroit 1992/93 (= DLB, Bd. 117 u. 125).

T. Lo Lyong (Hg.), *Popular Culture in East Africa*, Nairobi 1972.

A. Maja-Pearce, *A Mask Dancing: Nigerian Novelists of the Eighties*, Oxford 1992.

P. M. Mlama, *Culture and Development: The Popular Theatre Approach in Africa*, Uppsala 1991.

G. Moore, *African Literature and the Universities*, Ibadan 1965.

Ders., *Twelve African Writers*, Ldn. 1980.

E. Mphalele, *The African Image*, Ldn. 1961.

V. Y. Mudimbe, *The Invention of Africa: Gnosis, Philosophy, and the Order of Knowledge*, Bloomington/Ind. 1988.

E. Ngara, *Stylistic Criticism and the African Novel*, Ldn. 1982.

Ngugi wa Thiong'o, *Writers in Politics*, Ldn. 1981.

Ders., *Decolonizing the Mind*, Ldn. 1986.

L. Nkosi, *Home and Exile*, Ldn. 1965.

E. Obiechina, *Culture, Tradition and Society in the West African Novel*, Cambridge 1975.

J. Okpaku (Hg.), *New African Literature and the Arts*, 2 Bde., NY 1970.

I. Okpewho, *African Oral Literature*, Bloomington/Ind. 1992.

J. Olney, *Tell Me Africa: An Approach to African Literature*, Princeton/N. J. 1973.

E. Palmer, *An Introduction to the African Novel*, Ldn. 1972.

W. Soyinka, *Myth, Literature and the African World*, Cambridge 1976.

F. Veit-Wild, *Teachers, Preachers, Non-Believers: A Social History of Zimbabwean Literature*, Oxford 1992.

G. Wileatz, *Binding Cultures: Black Women Writers in Africa and the Diaspora*, Bloomington/Ind. 1992.

Ch. Zabus, *The African Palimpsest: Indigenization of Language in the West African Europhone Novel*, Amsterdam/Atlanta 1991.

H. Zell u. a. (Hg.), *A New Readers' Guide to African Literature*, New York [2]1983 [rev. u. erw.].

CHINUA ACHEBE

* 16.11.1930 Ogidi / Nigeria

LITERATUR ZUM AUTOR:
V. K. Evalds, *C. A.: Bibliography and Selected Criticism, 1970–1975* (in African Journal, 8, 1977, Nr. 2, S. 101–130). – *Critical Perspectives on C. A.*, Hg. C. L. Innes u. B. Lindfors, Washington D.C. 1978 [mit Bibliogr.]. – R. Jestel, *Literatur und Gesellschaft Nigerias*, Diss. Mainz 1979. – R. M. Wren, *A.'s World: The Historical and Cultural Contexts of the Novels of C. A.*, Washington D.C. 1980. – D. Carroll, *C. A.*, NY ²1980. – Chinweizu, *An Interview with C. A.* (in Okike, 20, 1981, S. 19–32). – *An Interview with C. A.* (in TLS, 1982, Nr. 26, S. 209). – A. Ch. Ogbonaya, *C. A. and the Igbo World View*, Madison/Wis. 1984. – I. Glenn, *Heroic Failure in the Novels of C. A.* (in English in Africa, 12, 1985, Nr. 1, S. 11–27). – H. I. Goddard, *The Post-Colonial Syndrome in the Works of C. A.*, Diss. Montreal 1985. – G. D. Killam, *C. A.* (in DLB, Bd. 117, 1992, S. 15–33).

ARROW OF GOD

(engl.; *Ü: Der Pfeil Gottes*). Roman von Chinua ACHEBE (Nigeria), erschienen 1964, revidierte Fassung 1974. – Nach dem im Großstadtmilieu spielenden Buch *No Longer at Ease* (1960) wandte sich Achebe in seinem dritten Roman wieder der Geschichte seines Volkes zu. Das Werk ist komplexer als sein erster Dorfroman *Things Fall Apart* (1958), dessen Thematik es fortführt und um eine religiöse Komponente erweitert. *Arrow of God* hat seine Wurzeln in afrikanischer Tradition, Kultur und Denkweise und wurde auf dem schwarzen Kontinent rasch zu einem modernen Klassiker. Aus mündlichen und schriftlichen Quellen schöpfend, rekonstruiert Achebe ein authentisches Bild des Stammeslebens (Bräuche, Religion, Zeremonien, Feste, Ackerbau) in einem Ibo-Dorf Mitte der zwanziger Jahre unseres Jahrhunderts. Seine exakte, detailreiche Schilderung, die aber stets der Romanstruktur untergeordnet bleibt bzw. diese unterstreicht, ist daher weder eine anthropologische Studie noch simples folkloristisches Dekor. Es ist das Anliegen dieses Chronisten einer sich auflösenden Zivilisation, seinen europäisch beeinflußten Landsleuten wieder ein Gefühl der Selbstachtung zu geben, das auf dem Bewußtsein der Werte ihrer traditionellen Kultur basiert.

Sachlich untersucht Achebe einen kritischen Zeitpunkt des Wandels, doch liegt das Gewicht nie auf dem Tun der Weißen, auch wenn erst durch ihr Einwirken Konflikte, wie sie jede Gesellschaft zu allen Zeiten kennt, katastrophale Dimensionen annahmen. Er geht über das Lokale hinaus und verfolgt universellere Fragen nach Macht, Verantwortung und Schuld, nach der *conditio humana*.

In dem fiktiven Dorf Umuaro ist alles Handeln noch weitgehend religiös bestimmt. Ezeulu, der Hauptpriester des Schutzgottes Ulu hat die Aufgabe, all jene Rituale auszuführen, die dem Clan jedes Jahr den lebenswichtigen Ernteertrag an Jamswurzeln sichern sollen. Er ist ein machtorientierter, starrköpfiger Mann. Daher hat er viele neidische Gegner im eigenen Stamm und legt sich auch mit der britischen Kolonialverwaltung an. Er kämpft an mehreren Fronten gegen sich anbahnende Krisen und Entwicklungen und begeht dabei folgenschwere Fehler. Als sich sogar sein eigener Gott gegen Ezeulu zu stellen scheint, kann sein Geist dieses unlösbare Dilemma nicht entwirren, und er verfällt dem Wahnsinn – ein Ereignis, in dem sich das Ende der alten Ordnung und der Beginn einer neuen Zeit manifestieren.

Der Roman ist eine Analyse der besonderen Probleme, die sich aus der Beziehung eines Gottes zu seinem Priester ergeben. Bereits auf den ersten Seiten sinniert Ezeulu, ob er lediglich ein passives Werkzeug (= *arrow*) in der Hand Ulus ist oder ob er wirkliche Freiheit und Macht bei den rituellen Entscheidungen (Ankündigung der Saat- und Erntetermine) besitzt. Da er ehrgeizig ist, überschreitet er erstmals in Gedanken die Grenze seiner Rechte als Priester. Auch sein Dorf, das in einem gespaltenen Verhältnis zu dem unbequemen Priester lebt, will er zur Strafe seine Macht spüren lassen. Durch seine religiöse und öffentliche Funktion gerät er in weitere Spannungsfelder, aus denen er sich mit den traditionellen Verhaltensweisen nicht befreien kann. Obwohl er alle Beziehungen zu Weißen ablehnt, schickt er vorsorglich seinen Sohn (sozusagen als Spion) in die Missionsschule. Er ahnt nicht, daß Oduche bald als Christ zurückkommt und sogar die heilige Python töten will. Noch fatalere Folgen für Ezeulu und den Dorfclan hat seine Konfrontation mit den Briten. Als der Distriktbeamte Captain Winterbottom ihm die Häuptlingswürde aus den Händen der Regierung anträgt (eine Führungsposition, die es in der urdemokratischen Ibo-Gesellschaft nicht gab), lehnt er arrogant ab und wird daraufhin ins Gefängnis geworfen. Die Zeit im Arrest verhindert, daß Ezeulu alle heiligen Jamswurzeln auf zeremonielle Weise essen und dann das Zeichen zum Erntebeginn geben kann. Vielleicht weil er seinem Dorf wieder zürnt, weigert er sich, das von Ulu vorgeschriebene Ritual zu ändern, obwohl er weiß, daß Hunger und Tod die Folge sein müssen. In dieser lebensbedrohenden Situation wird das Angebot der christlichen Missionare zu einem neuen Erntefest als Erlösung empfunden, und die Dorfbewohner wenden sich in Scharen dem neuen Glauben zu. Ezeulu hat die Dinge nicht aufhalten können. Die endgültige Niederlage des Gottes Ulu nimmt er nicht mehr wahr, da seit dem Tod seines Lieblingssohnes sein Verstand verwirrt ist. Der Clan aber, gegen den sich seine harte Hand oft gerichtet hat, lebt – wenn auch unter jetzt völlig anderen Lebensbedingungen – weiter.

Es heißt oft, der Autor verfüge über »mehrere Sprachstile«, so geschmeidig wechselt er vom Standardenglisch der deskriptiven Passagen zur individualisierten Redeweise der einzelnen Personen. Sein großes Verdienst ist es, ein idiomatisches »afrikanisiertes« Englisch geschaffen zu haben, das so koloriert ist, daß es den Duktus der Ibo-Sprache widerspiegelt. Dabei können die zahlreich vorkommenden Ibo-Sprichwörter mit ihrem Schatz kollektiver traditioneller Erfahrung geradezu als Schlüssel zum richtigen Verständnis von Achebes Romanen gelten. Die Rivalität zwischen Ezeulu und den Anhängern Idemilis, des Priesters der Python, wird von rhetorisch eindrucksvollen Debatten begleitet, in denen Sprichwörter die Argumente untermauern. Achebes Stil ist einfach, ohne Schnörkel. Die häufige motivartige Wiederholung bestimmter Sprichwörter, Bilder oder Szenen bewirkt wie in der Oralliteratur eine engere Verflechtung der Episoden. N.G.

AUSGABEN: Ldn. 1964. – Ldn. 1965. – NY 1967. – Ldn. 1974 [rev.].

ÜBERSETZUNG: *Der Pfeil Gottes*, M. von Schweinitz, Wiesbaden 1965.

LITERATUR: A. Shelton, *The ›Palm-oil‹ of Language: Proverbs in C.A.'s Novels* (in MLQ, 30, 1969, S. 86–111). – J. Jordan, *Culture Conflict and Social Change in A.'s »Arrow of God«* (in Crit, 13, 1971, S. 66–82). – K.-H. Böttcher, *Tradition und Modernität bei Amos Tutuola und C.A.*, Bonn 1974. – S. Soile, *Tragic Paradox in A.'s »Arrow of God«* (in Phylon, 37, 1976, S. 283–295). – G. D. Killam, *The Writings of C.A.*, Ldn. 1977. – M. B. Cham, *Language as Index of Character, Humor and Conflict in »Arrow of God« and »A Man of the People« by C.A.* (in Current Bibliography on African Affairs, 17, 1984/85, S. 243–265). – J. Swann, *Disrupted Worlds: Knowledge and Encounter in Amos Tutuola's »The Palm-Wine Drinkard« and C.A.'s »Arrow of God«* (in *Studies in Commonwealth Literatures*, Hg. E. Breitinger u. R. Sander, Tübingen 1985, S. 27–38).

A MAN OF THE PEOPLE

(engl.; *Ein Mann des Volkes*). Roman von Chinua ACHEBE (Nigeria), erschienen 1966. – In seinem vierten Roman wendet sich Achebe erstmals einem zeitgenössischen Thema zu: den politischen und sozialen Mißständen im jetzt unabhängigen Staat während der sog. Afrikanisierungsphase. In einer lose zusammenhängenden Trilogie hatte er zuvor an tragischen Einzelschicksalen die Folgen der Begegnung Afrikas mit den europäischen Kolonialmächten geschildert (vgl. *Things Fall Apart; No Longer at Ease; Arrow of God*), so daß sein Gesamtwerk einen Zeitraum nigerianischer Geschichte von ca. 1890 bis 1964 umspannt.
Die Handlung spielt in einem Dorf und der fiktiven Hauptstadt eines ungenannten Landes, das aber durch die Erwähnung bestimmter Ereignisse (Inflation, Poststreik, Tumulte im Parlament, Wahlkampfauswüchse) unschwer als Nigeria in den Jahren vor 1964 auszumachen ist. Achebe zeigt und kritisiert die Apathie der Menschen im neuen Staatswesen, ihre Verführbarkeit und die Entfremdung von den alten Werten. Die Tagesaktualität der witzig geschriebenen Satire verhalf ihr zu rascher Popularität. Nach dem Erscheinen dieses Werks verstummte Achebe als Romanautor zwei Jahrzehnte lang (er wurde 1967 auch in die Wirren des Biafrakriegs verwickelt) und veröffentlichte bis zum Erscheinen von *Anthills in the Savannah* (1987) nur Gedichte, Essays und Kurzgeschichten.
Der junge, idealistische Lehrer Odili, ein typischer Vertreter der neuen intellektuellen Elite des Landes, berichtet in einer ausführlichen Rückblende, wie es dazu kam, daß er in die Tagesereignisse verstrickt wurde. Das erste Kapitel bringt seine Wiederbegegnung mit Chief Nanga, dem ehemaligen Lehrer und jetzigen Kulturminister, der bei einer Reise in den Heimatstimmkreis auch Odilis Schule besucht. Obwohl Odili recht sarkastisch sowohl Nangas fehlende akademische Qualifikation als auch die brutalen, undemokratischen Methoden kommentiert, mit denen er und andere korrupte Politiker an die Macht gelangten, nimmt er dennoch die Einladung in dessen Stadtvilla an. Bald zeigt sich, wie Odili dem Charme Nangas und den Annehmlichkeiten des Luxuslebens verfällt. Er scheint bereit, seinen hohen ethischen Prinzipien abzuschwören und einige Praktiken des Ministers zu tolerieren. Schon wirkt er wie ein potentieller zweiter Nanga, da verführt dieser Odilis Freundin Elsie. Aus verletztem Mannesstolz schwört Odili Rache, obwohl Nanga ihn noch mit verlockenden Angeboten von Auslandsstipendien beschwichtigen will.
In dieser gereizten Stimmung tritt der bisher apolitische Individualist eher zufällig der neugegründeten Oppositionspartei seines Freundes Max bei. Sein politisches Bewußtsein wächst, als er den Zynismus der Volksvertreter und die schier unveränderbare Passivität des Volkes erkennt. Er beschließt, bei den anstehenden Parlamentswahlen in Nangas eigenem Stimmkreis als Gegenkandidat anzutreten. Zwar ist sein Wahlkampf dilettantisch und seine Siegeschance gleich null, doch duldet der volkstümliche Politiker Nanga keine Konkurrenz. Da Bestechungsgelder nicht wirken, setzt er den unterlegenen Odili mit physischer Gewalt und Verhaftung außer Gefecht. Betrugsmanöver verhelfen der alten Regierung und Nanga zur Wiederwahl. Da es im Land keine echten revolutionären Kräfte gibt, hat sich auch die Situation nicht geändert. Aber als die gut bezahlten Wahlkampfschlägertrupps ihre Pfründe schwinden sehen, zetteln sie Krawalle an, die sich so ausweiten, daß das Militär in einem Putsch die Macht im Land übernimmt. Erst jetzt empört sich das Volk lautstark über die Korruptheit des abgesetzten Regimes. Für Odili gibt es wenigstens ein privates Happy-End: Er

kann endlich mit Edna Hochzeit feiern. Das Geld für den Brautpreis holt er sich – in der Manier Nangas – aus der Parteikasse.
Von der Literaturkritik wurde *A Man of the People* sehr unterschiedlich beurteilt. Besonders das Ende der Geschichte erscheint konstruiert und wenig befriedigend. Da Achebe selbst keinerlei Lösung anbietet, ist seine Gesellschaftskritik eher moralischer als politischer Art. Durchaus ambivalent sind die beiden Protagonisten gezeichnet, auch erlaubt die begrenzte Perspektive des Ich-Erzählers keine tiefgehenden Einblicke in die gesellschaftlichen Prozesse. Odili ist ein etwas naiver Intellektueller, der durch seinen Werdegang der Stammesgemeinschaft ganz entfremdet ist. Infolge seiner Selbstisolation ist er zu schwach, seine abstrakten moralischen und sozialen Ideen in die Tat umzusetzen. Skepsis ist sogar am Schluß angebracht: Arrangiert er sich doch wieder auf opportunistische Art. Der »Schurke« Nanga dagegen ist Odili in jeder Beziehung überlegen. Er ist der Prototyp des cleveren, rücksichtslosen, aber jovialen und populären Politikers, ein echter »Mann des Volkes«, der über weite Strecken geradezu sympathisch wirkt. Das Volk protestiert nicht gegen die Korruption, weil es selbst allzu anfällig ist. Das neue unabhängige Staatswesen ist noch keine organische Einheit und kennt noch keine neuen, gesellschaftlich als verbindlich anerkannten Werte: ein pessimistischer Ausblick.
Sehr überzeugend wirkt wiederum Achebes Beherrschung der englischen Sprache. Er bevorzugt einen einfachen Stil, doch gelingt ihm eine höchst individuelle Charakterisierung der Personen durch meisterhaftes Nuancieren ihrer Redeweise. In stärkerem Umfang benutzt er diesmal bei Dialogen auch westafrikanisches Pidgin-Englisch, das vor allem in der urbanen Gesellschaft Nigerias als Kommunikationsmittel zwischen Angehörigen verschiedener Stämme dient. N.G.

Ausgaben: Ldn. 1966. – NY 1967.

Literatur: B. King, *Introduction to Nigerian Literature*, Ldn./Lagos 1971. – Ch. L. Wanjala, *A.: Teacher and Satirist* (in *Standpoints on African Literature: A Critical Anthology*, Hg. ders., Nairobi 1973, S. 161–171). – N. Ekaney, *Corruption and Politics in C. A.'s »A Man of the People«: An Assessment* (in Présence Africaine, 104, 1977, S. 114 bis 126). – M. B. Cham, *Language as Index of Character, Humor and Conflict in »Arrow of God« and »A Man of the People« by C. A.* (in Current Bibliography on African Affairs, 17, 1984/85, S. 243 ff.

THINGS FALL APART

(engl.; *Ü: Okonkwo oder Das Alte stürzt*). Roman von Chinua Achebe (Nigeria), erschienen 1958. – Achebes erster Roman fand seine Fortsetzung in dem gewichtigeren *No Longer at Ease*, 1960 (*Obi*). Der Autor, der dort engagiert zu den Problemen der Kolonialpolitik Stellung nahm, beließ es hier noch bei der breit angelegten Schilderung des unberührten Stammeslebens in einem Ibodorf. Erst gegen Schluß des Romans wird die im Titel angesprochene Auflösung der alten afrikanischen Kultur Gegenstand des Romans.
Der Held des aus Einzelepisoden aufgebauten Werks ist Okonkwo, Symbol des eigenständigen, kraftvollen Afrika. Als reicher Mann besitzt er großen Einfluß im Dorf Umuofia. Peinlich genau beachtet er alle Bräuche seines Stammes. Innere Unsicherheit, die ihren eigentlichen Grund in dem problematischen Verhältnis zu seinem Vater, einem Taugenichts, hat, kompensiert Okonkwo mit herrischen, zuweilen grausamen Auftritten. Aus Opposition zu diesem schwachen Vater glaubt er die aus eigner Kraft aufgebaute Position mit allen Mitteln verteidigen zu müssen. So schneidet er auf Wunsch des Dorfes seinem heißgeliebten Adoptivsohn, einem Kriegsgefangenen von einem anderen Stamm, die Kehle durch, eine Szene, die in *No Longer at Ease* noch einmal als Beispiel atavistischer Grausamkeit erwähnt wird. Das letzte Drittel des Romans ist stärker handlungsbetont als die vorausgehenden Teile. Okonkwo hat aus Versehen einen Dorfbewohner getötet und muß nun nach alter Sitte für sieben Jahre sein Dorf und seine dort mühsam errungene Stellung aufgeben. Im Exil lernt er weiße Missionare kennen und erlebt, daß sein leiblicher Sohn, ebenfalls aus Opposition zum Vater, sich der neuen Religion anschließt. Als er endlich nach Umuofia zurückkehren kann, findet er auch dort das alte Leben durch den Einfluß der Missionare verändert. Er führt noch einen letzten verzweifelten Kampf gegen das Neue, tötet dabei einen Gerichtsdiener und erhängt sich schließlich, nachdem er eingesehen hat, daß alles, wofür er ein Leben lang gekämpft hat, verloren ist.
Achebe hat in Okonkwo das Bild des afrikanischen Sagenhelden beschworen. Indem er aber das Verhalten des Protagonisten psychologisch begründet und seinen Untergang als historische Notwendigkeit erscheinen läßt, distanziert er sich zugleich von diesem Heldentum. In *Things Fall Apart* stellt Achebe seine eigene Auseinandersetzung mit dem alten Afrika dar, hier beleuchtet er auch kritisch die romantische Sehnsucht vieler afrikanischer Intellektueller nach ihrer Vergangenheit. Nach dem Untergang Okonkwos war für Achebe gleichsam der Weg frei geworden für die Konfrontation mit den Problemen des modernen Afrika, denen er sich dann in *No Longer at Ease* zuwandte. U.F.

Ausgaben: Ldn. 1958. – NY 1959. – Ldn. 1962 (African Writers Series). – Greenwich 1969.

Übersetzungen: *Okonkwo oder Das Alte stürzt*, R. Moering, Stg. 1959. – Dass., D. Heusler u. E. Petzold, Ffm. 1983 (es).

Literatur: G. D. Killiam, *The Novels of C. A.*, Ldn. 41975, S. 13–35. – A. M. Kemoli, *Notes on C. A.'s »Things Fall Apart«*, Nairobi 1975. – K.

Turkington, *C.A.: »Things Fall Apart«*, Ldn. 1977. – J. Beneke, *C.A.: »Things Fall Apart«. Der Fall in die Geschichte* (in *Black Literature*, Hg. E. Breitinger, Mchn. 1979, S. 126–155). – R.M. Wren, *»Things Fall Apart«*, Ldn. 1980 (Longman Guides to Literature). – T. A. Dunn, *York Notes on C.A.: »Things Fall Apart«*, Ldn. 1981. – K. Ogbaa, *A Cultural Note on Okonkwo's Suicide* (in Kunapipi, 3, 1981, Nr. 2, S. 126–134). – W. P. Taylor, *The Search for Value Themes in C.A.'s Novel »Things Fall Apart«: A Crisis of the Soul* (in Griot, 2, 1983, Nr. 2, S. 17–26). – B. C. Njoku, *The Four Novels of C.A.*, NY 1984, S. 14–38. – P. Cairns, *Style, Structure and the Status of Language in C.A.'s »Things Fall Apart« and »Arrow of God«* (in WLWE, 25, 1985, 1, S. 1–10). – R. McDougall, *Okonkwo's Walk: The Choreography of »Things Fall Apart«* (ebd., 26, 1986, 1, S. 24–33).

AMA ATA AIDOO

* 23.3.1942 Abeadzi Kyiakor / Ghana

OUR SISTER KILLJOY OR REFLECTIONS FROM A BLACK-EYED SQUINT

(engl.; *Unsere Schwester, die Spielverderberin*). Erzählung von Ama Ata AIDOO, erschienen 1977. – Dieses erste längere Werk der ghanaischen Autorin, die sich vor allem durch ihre Kurzgeschichten einen Namen gemacht hat, widersetzt sich der eindeutigen Eingliederung in einen Genretyp. Das in vier Abschnitte untergliederte Bändchen knüpft stilistisch an die oralen Traditionen Afrikas an, Prosa und Lyrik wechseln ab, gehen ineinander über, so wie auch der traditionelle Erzähler seine Geschichten mit Liedern ausschmückt oder ergänzt. Das Werk entstand unter dem Eindruck einer längeren Studienreise, die Aidoo in den sechziger und frühen siebziger Jahren durch verschiedene Länder Europas und durch die USA führte. Die *»Betrachtungen mit schwarzem Augenzwinkern«* sind ein verdichteter Bericht über äußere Erfahrungen während dieser Reisen, die in die innere Erkenntnis umgesetzt werden, daß Heimkehr not tut – nicht sentimentale Rückkehr ins Land der Geburt im Sinne einer emotionsüberfrachteten *Négritude*, sondern Rückkehr in die Heimat Afrika, um dort anzupacken, zu arbeiten, aufzubauen, der eigenen Identität den ihr zustehenden Raum zu geben und die ihr innewohnende Würde zu erhalten.
Der sehr kurze erste Teil *(Into a Bad Dream)* berichtet von den Vorbereitungen der ersten Reise in das Land der Weißen. Zu diesen Vorbereitungen gehört das Zusammentreffen von Sissie, der Heldin der Episoden, der Spielverderberin, der Miesmacherin, mit einem *»been-to«*, einem Landsmann, der bereits in Europa gewesen ist und dessen adulatorisches Verhalten den Weißen gegenüber in Sissie Verwirrung und Abscheu auslöst. Die Flugreise nach Frankfurt und die ersten Kontakte mit der europäischen Bevölkerung setzen Überlegungen in Gang, die das merkwürdige Verhalten dieser fremden Menschen zu erklären suchen. Sie bilden das Kernstück des zweiten Teils *(Plums)*. Sissie verbringt einige Wochen in einer ungenannten süddeutschen Kleinstadt und kommt hier mit einer jungen Deutschen in Kontakt, deren naiv-wißbegierige Fragen nach Sissies Zuhause Reflexionen über alle möglichen Probleme des schwarzen Kontinents und die problematischen Beziehungen zwischen den Rassen auslösen. Ein von Sissie nicht gewolltes lesbisches Abenteuer steht stellvertretend für den vergewaltigenden Überfall auf Afrika durch die Kolonialmächte; schlägt aber augenblicklich um in verzeihendes Verstehen für die Einsamkeit der Frau, sprich Europas, das freilich keine Entschuldigung enthält. Im dritten Teil *(From Our Sister Killjoy)* trifft Sissie mit anderen Afrikanern im Lande des ehemaligen Kolonialherren England zusammen und sieht sich mit deren ungezügelter Begeisterung für die Errungenschaften der modernen Wissenschaft konfrontiert, die in der Leistung des großen »Doktor Christian« (Barnard) kulminieren, dem es gelungen ist, einem Weißen mit dem transplantierten Herz einer Schwarzafrikanerin das Leben zu verlängern. Der vierte Teil *(A Love Letter)* ist ein Abschiedsliebesbrief an den in Europa gebliebenen afrikanischen Freund.
Sissies Reflexionen sind von Verständnis und Mitleid, nicht von Haß und Beschuldigungen getragen; dabei ist sie gegenüber dem ehemaligen Kolonialherren, dem Weißen insgesamt, milder und nachsichtiger gestimmt als gegenüber dem eigenen Landsmann, der Europa huldigt, es nachäfft und damit das eigene Land, die eigenen Leute, die eigene Kultur verrät. Galt es früher, sich gegen die Unterdrückung durch die Fremden zur Wehr zu setzen, so gilt der Kampf heute dem inneren Feind. Der gefährliche Gegensatz heißt nicht Weiße gegen Schwarze, sondern schwarze Bourgeoisie gegen den Rest von Afrika. Sissie ist sich darüber im klaren, daß ihre Forderung nicht leicht zu erfüllen ist, denn der Weg, den zu gehen sie ihre Landsleute auffordert, ist nicht der Weg in ein »Home, Sweet Home«, es ist der Weg in die Einsamkeit, gepflastert mit Vorwürfen der eigenen Leute: *»Warum hast du uns keinen Kühlschrank gebracht, kein Auto?«* Und dem steht nur das ziemlich aussichtslose Unterfangen gegenüber, ihnen zu erklären, daß *»Autos und Kühlschränke die Stricke sind, an denen ihr euch selbst aufhängt«*. I.U.

AUSGABE: London 1977.

LITERATUR: A. Imfeld, *Vision und Waffe*, Zürich 1981, S. 267–277. – A. Kern, Rez. (in WLWE, 17, Nr. 1, 1978, S. 56). – N.B. Horne, *A.A.A.* (in DLB, Bd. 117, 1992, S. 34–39).

AYI KWEI ARMAH

* 28.10.1939 Takoradi / Ghana

LITERATUR ZUM AUTOR:
B. J. Barthold, *Three West African Novelists: Chinua Achebe, Wole Soyinka and A. K. A.*, Diss. Univ. of Arizona 1975 (vgl. Diss. Abstracts, 36, 1975, S. 4473/74A). – W. A. Walker Jr., *Major Ghanaian Fiction in English: A Study of the Novels of A. K. A. and Kofi Awoonor*, Diss. Texas Univ., Austin 1975 (vgl. Diss. Abstracts, 36, 1975, S. 2816A). – R. Fraser, *The Novels of A. K. A.: A Study in Polemical Fiction*, Ldn. 1980. – D. Wright, *A. K. A.* (in DLB, Bd. 117, 1992, S. 54–76).

THE BEAUTYFUL ONES ARE NOT YET BORN

(engl.; *Ü: Die Schönen sind noch nicht geboren*). Roman von Ayi Kwei ARMAH (Ghana), erschienen 1968. – Wie in einigen Romanen anderer afrikanischer Autoren (vgl. Wole SOYINKA in *The Interpreters*, 1965 und Chinua ACHEBE in *A Man of the People*, 1966) ist auch in Armahs Erstlingswerk die politische Korruption in post-kolonialen Staaten Afrikas das zentrale Thema. Den Romantitel formulierte der im Senegal lebende Autor als resignierende Antwort auf den bekannten amerikanischen Slogan *»Black is beautiful« (Schwarz ist schön)*: *»Die Schönen sind [eben] noch nicht geboren.«* Die staatliche und gesellschaftliche Wirklichkeit Ghanas sieht im Jahre 1966, kurz vor dem Sturz von Nkrumahs Einheitspartei, fürwahr anders als »schön« aus, wie die Dreck- und Fäkalienmetaphorik des Romans verdeutlicht.

Als Protagonist, »der Mann« genannt, fungiert ein kleiner Eisenbahnbeamter, der sich angesichts der Verlogenheit der herrschenden Klasse nach Sauberkeit und moralischer Integrität sehnt und der den an überquellenden Abfallkübeln prangenden Appell *»Keep Your Country Clean/By Keeping Your City Clean« (»Halte deine Stadt rein/und du hältst dein Land rein«)* nur als ironische Diskrepanz von Ideal und Wirklichkeit begreifen kann. »Der Mann« avanciert allerdings nicht zur zentralen Handlungsfigur, denn nicht er, sondern die Gesellschaft ist Gegenstand des Romans; der namenlose »Held« bleibt vielmehr als Beobachter und Berichterstatter gewissermaßen außerhalb der Gesellschaft. Nach der Fahrt mit dem Bus, der nur noch durch Rost zusammengehalten wird, schlurft er am frühen Morgen durch eine Welt voller Unrat, Dreck und Exkremente, bis er schließlich am Eisenbahn-Verwaltungsblock ankommt, wo er als Kontrolleur beschäftigt ist. Der Zerfall des Treppengeländers korrespondiert mit dem moralischen Niedergang, exemplifiziert durch den Versuch eines Kunden, ihn wegen einer Holzladung zu bestechen. Auf dem Heimweg trifft er seinen alten Schulkameraden Koomson, der inzwischen zum großen Politiker aufgestiegen ist. Beeindruckt von dessen teurem Wagen und der Perücke, die Koomsons Frau mit dem europäischen Namen Estella sich leisten kann, erzählt »der Mann« seiner Frau Oyo von der Begegnung, wird von dieser allerdings beschimpft, weil er sich nicht auf Bestechung, den Nationalsport schlechthin, verstehe.

Seinem einzigen Freund, »dem Lehrer«, berichtet er über seine Depressionen und das Gefühl, ein Verbrecher zu sein, obwohl er sich keines Unrechts bewußt sei. *»Du hast nicht getan, was jedermann macht, ... und das ist ein Verbrechen«*, antwortet der Freund. In der Rückschau erkennt er den Materialismus und die Orientierung zum Westen hin als die verhängnisvolle neue Religion und das Geld als den neuen Gott. Der Eintritt in die politische Unabhängigkeit habe kaum etwas Neues gebracht und die politische Korruption keineswegs beendet, im Gegenteil: *»Es gibt also keinen Unterschied. Keinen Unterschied zwischen den Weißen und den Affen, den Juristen und den Händlern, und jetzt den Affen der Affen, unsern Partei-Bonzen.«*

Zu Beginn des siebten Kapitels wird diese resignative Einschätzung verallgemeinert: *»Der Mann erinnerte sich an Momente, als Lehrer mit Ungeduld von hoffnungsvollen Dingen gesprochen hatte, aber dann kam er immer zum gleichen Schluß: Ob die Fäulnis und die Schwachheit trotz allem der ewige Fluch Afrikas wären, gegen den das Volk letzten Endes nichts vermochte, was von Dauer war. Einmal würde sich dieser Tod aller Hoffnungen über die ganze Welt ausbreiten.«* Voller Verzweiflung setzt sich »der Mann« dann mit dem Präsidenten (Nkrumah) auseinander, dessen Sehnen nur darauf gerichtet gewesen sei, *»so zu sein wie der weiße Gouverneur selbst, über aller Schwarzheit thronend im alten Sklavenkastell«*. Alles Schreien gegen die Weißen könne man deshalb nicht als Haß, sondern nur als perverse Liebe bezeichnen.

Nach dem Szenenwechsel zu Koomson tritt Oyo in den Blick, die Frau des »Helden«, die bereit ist, anstelle von Koomson die Papiere für ein Boot zu unterzeichnen, da es der sozialistische Staat Politikern verbietet, Eigentum zu besitzen. »Der Mann« will mit dem Bootskauf nichts zu tun haben, und auch Oyo muß erkennen, daß sie auf diesem Wege nicht zu Reichtum gelangen kann. Monate später erfolgt ein Coup durch die Polizei und das Militär: *»Aber für die Nation selber wechselten nur die Veruntreuer und die Jäger und die Gejagten.«* Koomson gehört nun nicht mehr zu den Großen und muß um sein Leben fürchten. Die Polizei fährt vor, und dem feisten Ex-Minister bleibt kein anderer Ausweg, als hinter »dem Mann« durch die enge Brille der verkrusteten Gemeinschaftslatrine auf die Gassen hinter dem Wohnblock zu flüchten. Dann *»wanderten sie das Reich des Latrinenmannes entlang durchs Leben«* in Richtung auf das Boot am Meer; sobald »der Mann« von Koomsons Rettung überzeugt ist, springt er über Bord und schwimmt ans Ufer zurück. Auf symbolische Weise fühlt er sich gereinigt, wenn auch von nichts anderem als der Verbindung mit Koomson. Das hier anklingende Thema Wiedergeburt könnte einen optimistischen Romanschluß erwarten lassen, doch nach der am Strand verbrachten Nacht stößt »der Mann« auf eine Straßensperre und beobachtet, wie ein Polizist dem Fahrer eines kleinen grünen Busses erst nach Erhalt eines Bestechungsgeldes freie Fahrt gewährt: Auch unter dem neuen Regime hat sich nichts geändert. Auf der Rückseite des Busses steht der Satz: *»The Beautyful Ones/Are Not Yet Born«*. Schmiergelder und Korruption sind immer noch der Nationalsport. Die Schönen müssen erst noch geboren werden. »Dem Mann« bleiben einstweilen: *»Oyo, die Augen der Kinder nach Feierabend, das Büro und der Alltag und über allem die Gewißheit, daß ihm für den Rest des Lebens eine schmerzende Leere bleiben wird.«* Armah hat sich mit diesem Roman einen Platz unter der neuen Generation afrikanischer Schriftsteller erobert. In souveräner Manier entwirft er ein beunruhigendes Bild von den Gebrechen eines dekadenten politischen Systems, das alle moralischen Werte über Bord geworfen hat. Trotzdem spürt der Leser sowohl Armahs brennendes Interesse an der Nationwerdung seiner Heimat Ghana wie auch die Verantwortung für den Prozeß einer nationalen Identitätsfindung.

In der Kritik hat nicht nur dieser Roman von Armah vor allem von afrikanischer Seite Widerspruch erfahren; zum einen, weil eine ausgesprochen pessimistische Auffassung über die gegenwärtige afrikanische Gesellschaft vorherrsche (Kibera), zum andern, weil Armah eine nicht-afrozentrische, (besonders von Europäern gepriesene) universelle Perspektive verfolge (Awoonor). Die allegorische, typisierende Namensgebung, das Motiv der Reise, die Verwendung von PLATOS Höhlengleichnis sowie das Thema der Desillusionierung und Entfremdung des Protagonisten stützen zweifellos letztere Deutung, doch dient die sozio-historische Verankerung des Romangeschehens genauso dem Besonderen, wie seine allegorische Anlage für Allgemeingültigkeit spricht. Wenn auch der Romantitel Enttäuschung oder gar Resignation über den Zustand Ghanas ein Jahrzehnt nach der Unabhängigkeitserklärung (1957) ausdrückt, so versteht es der Autor doch auch gleichzeitig, das Lebensgefühl, die Hoffnungen und Ängste, vor allem aber die sozialen, politischen und moralischen Ansprüche des namenlosen Mannes aus dem Volke gegenüber den Regierenden zu artikulieren. Die damit einhergehende didaktische Tendenz des Romans ist nicht zu übersehen.

Die überwiegend positive Rezeption des Romans in Europa und den USA erklärt sich aus der durch geschickte Überblendung von Partikulärem und Universalem gewonnenen künstlerischen Geschlossenheit, die der Darstellung des Themas Korruption ebenso zugute kommt, wie die konsequente Metaphorik von Fäulnis und Verfall als symbolisches Pendant zu eben diesem dominierenden Sujet verstanden werden muß. W.Ar.

AUSGABEN: Boston 1968. – Ldn. 1969; [4]1973. – Ldn. 1975.

ÜBERSETZUNG: *Die Schönen sind noch nicht geboren*, H. Loetscher u. F. Z. Küttel, Olten/Freiburg i. B. 1971; ern. 1979.

LITERATUR: G. Griffiths, *Structure and Image in A. K. A.'s »The Beautyful Ones Are Not Yet Born«*, (in Studies in Black Literature, 2, 1971, Nr. 2, S. 1–9). – E. Palmer, *An Introduction to the African Novel*, Ldn. 1972, Kap. 5. – K. Awoonor, *Voyager and the Earth* (in News Letters, 40, 1973, S. 85–93). – K. Ogungbesan, *Symbol and Meaning in »The Beautyful Ones Are Not Yet Born«* (in WLWE, 12, 1973, Nr. 1, S. 4–25). – D. Stewart, *L'être et le monde dans les premiers romans d'A. K. A.* (in Présence africaine, 1973, Nr. 85). – J. Solomon, *A Commentary on A. K. A.'s »The Beautyful Ones Are Not Yet Born«* (in English in Africa, 1, 1974, Nr. 2, S. 25–31). – L. Kibera, *Pessimism and the African Novelist: A. K. A.'s »The Beautyful Ones Are Not Yet Born«* (in Journal of Commonwealth Literature, 14, 1979, Nr. 1, S. 64–72). – D. Wright, *Method and Metaphor: A Note on A.'s First Novel* (in New Literature Review, 14, 1985, S. 42–46). – Ders., *Motivation and Motif: The Carrier Rite in A. K. A.'s »The Beautyful Ones Are Not Yet Born«* (in English Studies in Africa, 28, 1985, Nr. 2, S. 119–133).

TWO THOUSAND SEASONS

(engl.; *Zweitausend Jahreszeiten*). Roman von Ayi Kwei ARMAH (Ghana), erschienen 1973. – Mit seinem vierten Roman geht Armah erstmals stilistisch völlig neue Wege. Die kollektive Stimme eines Wir-Erzählers läßt in den sieben Kapiteln und dem Prolog des Romans eine visionäre Rekonstruktion der Vergangenheit der schwarzen, ausgebeuteten Völker Afrikas entstehen, die zugleich als soziale Zukunftsperspektive dienen soll. Die im Laufe der Geschichte durch fremde Über- und Eingriffe zerstörten Werte und Qualitäten werden in prophetischer Rückerinnerung als Modell der Zukunft wiederbelebt. *»Die alte Idee, auf alles von außen Kommende zu verzichten, wird vertieft, und die tansanische Philosophie von Self-Reliance, auf den eigenen Füßen Stehen und Gehen, gemeinschaftlich und vereint, ohne ›weiße‹ Entwicklungshilfe, wird geradezu als Notwendigkeit einer Erlösung aus der Abhängigkeit von allem ›Weißen‹ postuliert«* (Imfeld).

Der Prolog macht deutlich, daß die vom Autor angesprochenen Leser *(»hearers, seers, imaginers, thinkers, rememberers, you prophets«)* selbst die Gruppe bilden, deren Geschichte erzählt, deren Vergangenheit aufgearbeitet und deren Zukunft beschworen wird. Die *»Menschen des Weges« (the people of the way)* sind die Unterdrückten, die Unterjochten, die den *»Weg« (the way)* einst besaßen, immer weiter von ihm abgekommen sind, ihn aber zurückgewinnen könnten. Der Roman selbst sollte

wohl eher als fiktive Chronik bezeichnet werden, denn er zeichnet die Geschichte Afrikas während der letzten tausend Jahre – mehr eine mythische als eine konkrete Zahl – so auf, als würde sie von einem traditionellen Hofchronisten vorgetragen. Schon im Anfang der Geschichte liegt der Keim zur Abkehr vom Weg, ist aber auch die Möglichkeit zur Rettung schon vorgezeichnet, und diese Rettung heißt: Trennung von denen, die vom »Weg« abweichen. War diese Trennung in der frühen Zeit der kleinen wandernden Horden leicht, so wurde sie mit dem Einfall der Räuber *(the predators)*, der arabisch-islamischen Eroberer – gemeint, aber nicht explizit genannt sind hier die Begründer der ersten afrikanischen Königreiche Ghana und Mali –, immer schwieriger, denn die ›Menschen des Weges‹ waren den Räubern nicht nur waffentechnisch unterlegen, sie begingen auch den Fehler, sich geistig zu unterwerfen, die fremde Religion, Ideologie und Lebensführung anzunehmen. Die wenigen, die den Weg bewahrten, warteten auf ihre Chance, nahmen exzessive Rache an den Räubern – und fielen im weiteren Verlauf der Geschichte den christlich-europäischen Zerstörern *(the destroyers)*, Sklavenhändlern, Missionaren, Kolonisatoren in die Hände.
Die Form der Aufarbeitung der Vergangenheit macht deutlich, daß keine sentimental-nostalgische Rückwendung zur vorkolonialen Zeit angestrebt wird; schon das angeblich autochthone Königtum wird als Abweichung vom Weg, als Materialisierung von außen durch Räuber und Zerstörer herangetragener Ideen dargestellt. Mit äußerstem Nachdruck weist der Erzähler, der sich gelegentlich der Stimmen von Propheten der Menschen des Weges bedient, immer wieder darauf hin, daß der schlimmste Feind des Weges in den Mittelsmännern aus den eigenen Reihen zu suchen ist. Wiedererlangung des Weges kann nur einhergehen mit der kompromißlosen Absage an alle gegnerischen, feindlichen Einflüsse, ja ihrer Zerstörung – auch und vor allen Dingen in den eigenen Reihen. Dabei bleibt der von den Weisen und Sehern, von den Lehrern und Propheten immer wieder beschworene Weg eine vage, unbestimmte Ideologie. Er definiert sich hauptsächlich aus der Gegenüberstellung von der unfruchtbaren Unersättlichkeit der Wüste, die als Metapher für die Räuber und Zerstörer das ganze Buch durchzieht, und dem Bild des Fruchtbarkeit und Regeneration bringenden Quellwassers. Die Begriffe *›Reziprozität‹* und *›Verbundenheit‹*, die als Synonyme für den ›Weg‹ immer wieder auftauchen, sollen deutlich machen, daß es sich um den Weg des ungehinderten, sich frei entfaltenden Lebens handelt, der dem Pfad des Todes der Gegenseite gegenübersteht. Die wiederzuentdeckende früheste Vergangenheit, die Modell der Zukunft ist, entpuppt sich so allmählich als ein ursprünglicher Egalitarismus, den es um den Preis der Ausmerzung aller nichtegalitären Tendenzen wiederzubeleben und zu erhalten gilt.
Kritiker haben immer wieder auf die Parallele zwischen *Two Thousand Seasons* und Yambo Ouologuems *Le devoir de violence*, 1968 *(Das Gebot der Gewalt)* hingewiesen; der größte Unterschied zwischen beiden Werken scheint vor allem darin zu liegen, daß Armah großen Wert darauf legt, dem Leser diejenigen Werte nahezubringen, die im Prozeß der Überlagerung durch das Fremde vernichtet wurden, während Ouologuem die Existenz solcher Werte überhaupt in Abrede stellt. I.U.

Ausgaben: Nairobi 1973. – Ldn. 1979.

Literatur: Wole Soyinka, *Myth, Literature and the African World*, Cambridge 1976, S. 97–140. – J. Fiebach, *Literatur der Befreiung in Afrika*, Mchn. 1979, S. 178–201. – A. Imfeld, *Vision und Waffe*, Zürich 1981, S. 235–258.

Kofi Awoonor

* 13.3.1935 Wheta / Ghana

THIS EARTH, MY BROTHER ...

(engl.; *Ü: Schreckliche Heimkehr nach Ghana*). Roman von Kofi Awoonor (Ghana), erschienen 1971. – Der ghanaische Autor, der zuvor vor allem durch seine Lyrik bekannt geworden war, möchte auch seinen ersten Roman nicht eigentlich als Prosawerk, sondern vielmehr als ein *»sehr langes Gedicht«* von und über Afrika verstanden wissen. Chinua Achebe bezeichnete den Roman in einer Rezension als Allegorie. Es ist die Geschichte des Anwalts Amamu, der als »Been-to«, als einer, der in Europa studiert hat, in seine Heimat Ghana zurückkehrt, hier alle Privilegien seiner sozialen Stellung nutzen kann und nutzt, der aber vor den Realitäten der von der kolonialen Vorgeschichte geprägten Unabhängigkeit – dem unvereinbaren Gegensatz zwischen saturierter, unproduktiver, verwestlichter Intelligenzschicht und Bürokratie einerseits und dem Elend der Massen andererseits – in den Wahnsinn flüchtet, weil er sich unfähig sieht, etwas Konkretes zur grundlegenden Änderung der Situation zu tun.
Zwölf der fünfzehn Kapitel des Romans sind Unterkapitel in höchst kondensierter, poetischer Sprache beigeordnet: Tagebuchnotizen des Anwalts, die aus Erinnerungsfetzen, philosophischen Gedankensplittern, Kommentaren, Zitaten, Reflexionen und herber Selbstkritik bestehen. Die fortlaufenden Kapitel, in leichterem Erzählstil gehalten, haben Episoden des Alltagslebens zum Gegenstand, ohne einer chronologischen Ordnung zu folgen. Das fiktive Abbild ist so zerrissen, zerstükkelt, in Einzelbegebenheiten gespalten, die mitein-

ander verwoben und doch scheinbar beziehungslos sind, wie die Wirklichkeit selbst. Dennoch lassen sich die einzelnen Episoden drei aufeinanderfolgenden Erfahrungszeiträumen zuordnen: koloniale Vorgeschichte – die mit der Kindheit des Protagonisten zusammenfällt –, die Zeit des Studiums und der Auslandsaufenthalte Amamus und die Zeit nach der Rückkehr in das unabhängige Ghana. Ein dem Buch vorangestelltes DANTE-Zitat – Beginn des ersten Gesangs des ersten Teils der *Göttlichen Komödie* – hat leitmotivischen Charakter: Man befindet sich in der Mitte der Reise in einem dunklen Wald, der rechte Weg ist verloren, eine Situation, kaum weniger schlimm als der Tod. Dieser Tod ist die Sackgasse, in die sich alles hineinzubewegen scheint, die zusammengewürfelten Ereignisse türmen sich, streben einem unausweichlich scheinenden, katastrophalen Ende zu, das von Amamu um so schmerzlicher empfunden wird, als seine Tagebuchnotizen deutlich werden lassen, daß Chancen und Möglichkeiten bestanden, aber vertan wurden und ungenutzt blieben. Wie der Schmetterling, den das Kind Amamu fing und den es für den Mond hielt, der ihm aber entwischte, und der durch all die vielen Falter, die er später einfing, nicht ersetzt werden konnte, wie die Kusine, die als Kind starb und der noch heute seine ganze Liebe gilt, die er in den späteren Geliebten wieder suchte und nie fand, so hat auch die Unabhängigkeit die damit verbundenen Erwartungen nicht eingelöst; statt Veränderung und Erneuerung von Grund auf zu bringen – was sie hätte leisten können –, brachte die Unabhängigkeit nur einen Tausch der Eliten und Ausbeuter, erwies sie sich als Verrat. Bilder, die diesen Verrat des Vertrauens und der Verantwortung verdeutlichen, tauchen wieder und wieder auf, sind Leitmotive der Episoden, die zugleich eine von quälender Sehnsucht getriebene Suche nach der verlorenen Unschuld der reinen Anfänge sind. Der kühl und selbstsicher erscheinende Anwalt Amamu, der sich in die gegebene Situation ebenso glatt einzufügen scheint wie seine ineffektiven, parasitären Freunde im Klub, geht immer mehr eigene Wege, tritt immer deutlicher den Rückzug in sich selbst, in die ganz eigene Welt an.

This Earth, My Brother wirft wie andere Romane der sogenannten »Post-Independence Disillusionment« – der Ernüchterung nach der Unabhängigkeit, wie etwa ARMAHS *The Beautyful Ones Are Not Yet Born (Die Schönen sind noch nicht geboren)*, Wole SOYINKAS *The Interpreters (Die Ausleger)* oder Chinua ACHEBES *A Man of the People (Ein Mann des Volkes)* – Fragen auf, ohne Antworten oder gar Lösungen zu bieten, ist aber gleichermaßen kompromißlos in seinen Angriffen auf die neue schwarze Elite. I.U.

AUSGABEN: NY 1971. – Ldn. 1972.

ÜBERSETZUNG: *Schreckliche Heimkehr nach Ghana*, U. Goertz, Ffm. 1985.

LITERATUR: Chinua Achebe, Rez. (in Transition, 8, 1972, Nr. 4, S. 69/70). – K. Anyidoho, *K.A.* (in DLB, Bd. 117, 1992, S. 77–92).

JOHN PEPPER CLARK

* 6.4.1935 Kiagbodo / Nigeria

OZIDI

(engl.; *Ozidi*). Drama von John Pepper CLARK (Nigeria), erschienen 1966. – Im Nigerdelta, der Heimat des Autors, wird alle 25 Jahre die Geschichte Ozidis, des Helden des Ijo-Volkes, in einem siebentägigen Festival gefeiert – ein Ritual und eine dramatische Inszenierung, an der die ganze Stadt beteiligt ist. Clark hat in den vierziger Jahren eine Aufführung miterlebt. Als Literaturprofessor an der Universität Ibadan ließ er 1963 den Barden Okabour Obojolo seine Fassung der Saga rezitieren, zeichnete sie in der Originalsprache Ijo auf und publizierte sie auch in englischer Übersetzung. Zusammen mit Frank SPEED hat Clark das Ozidi-Festival gefilmt (*Tides of the Delta*), Lieder und Tänze als Schallplatte publiziert und schließlich auf der Basis dieses Materials sein Theaterstück *Ozidi* verfaßt. *Ozidi* ist ein einzigartiges Beispiel dafür, wie traditionelle Literatur als Epos oder Zentrum eines Festivals wissenschaftlich dokumentiert werden, aber auch zugleich Inspiration für eine moderne dramatische Bearbeitung eines überlieferten literarischen Korpus liefern kann. Clark hat seine unterschiedlichen Rollen in diesem komplexen Vermittlungsprozeß in einer Reihe von Essays (*The Example of Shakespeare*, 1970) reflektiert. Die lockere Episodenstruktur der Erzählung Okabour Obojolos ersetzt Clark durch eine straffe dramatische und auf dem Prinzip von Ursache und Wirkung beruhende Struktur, indem er das Thema Tod und Regeneration als Ausgangs- und Zielpunkt des dramatischen Geschehens hervorhebt und die psychosoziale Entwicklung des Helden als Handlungsbegründung einfügt.

In der Deltastadt Orua hatte eine Pockenepidemie auch die Königsfamilie weggerafft. Die Herrschaft fällt nun an die Familie Ozidis, aber eifersüchtige Honoratioren wählen den debilen Temugedege statt des soldatischen Ozidi (d. h. in der Ijo-Sprache: *Krieger*). Als Tribut an den neuen König, Herrscher über Leben und Tod, muß ein menschlicher Schädel dargeboten werden. Die Verschwörer locken Ozidi in einen Hinterhalt und erschlagen ihn und bringen Temugedege den Schädel seines Bruders. Die Vorgeschichte als Handlungsursprung, die in der Saga eher beiläufig behandelt wird, nimmt den ersten Akt des Dramas ein. Kollektiver Tod als Folge von Krankheit, individueller

Tod als Folge der Gewalt geben den Ton an. Zugleich erfahren wir, daß Ozidis Frau Orea schwanger ist, also der Lebenszyklus sich fortsetzt.
Im zweiten Akt wird gezeigt, wie der junge Ozidi heranwächst, wie ihn seine Großmutter Oreame, eine mächtige Zauberin, charakterlich und rituell auf seine zukünftige Rolle als Rächer seines Vaters und Retter Oruas vorbereitet. Im dritten Akt macht Ozidi sich auf, seine Lebensbestimmung zu finden. Er erfährt, daß sein Vater ermordet wurde, wer die Mörder waren, und rächt seinen Vater, indem er einen nach dem anderen im Zweikampf besiegt. In der Saga und im Festival nehmen diese Kämpfe wegen ihres spektakulären Aktionismus breiten Raum ein, Clark spielt in seinem Stück nur zwei Kämpfe voll aus, die übrigen werden summarisch zusammengefaßt. Mit Ozidis Rache an den Mördern seines Vaters wird zunächst eine familiäre Rechnung beglichen und Ozidi selbst durch diese Sequenz von Bewährungsproben als Heros ausgewiesen, der dazu berufen ist, auch größere Taten zu vollbringen. Im vierten Akt dehnt sich Ozidis Aktionsradius aus. Er bekämpft und besiegt eine Reihe von Ungeheuern, die das Gemeinwesen bedrohen. In all diesen Gefechten wird er durch die Zauberkräfte seiner Großmutter tatkräftig unterstützt. So unwiderstehlich Ozidis physische Kraft als Kämpfer ist, so erweist er sich doch als »tumber Tor« wie der junge Parzival. Auch seine sexuelle Initiation, durch die er erst zum vollgültigen Mann wird, verläuft nach dem für Ozidi typischen Verhaltensmuster der Gewalt: Widerwillig zwar bringt er auf Drängen seiner Großmutter die Frau und das Kind eines besiegten Feindes um, aber die Initiation hat ihn soweit reifen lassen, daß er gegen das Diktat der Großmutter, gegen die Beherrschung durch das Mutterprinzip revoltiert und auch die Großmutter tötet.
Eine Episode der Sage – Ozidi besiegt den Hodenkönig und schwimmt durch einen Spermasee zu neuen Ufern – hat Clark psychoanalytisch verfremdet als Traum in sein Drama eingefügt, d. h., er hat sowohl die Reifung Ozidis wie auch die Lösung vom Mütterlichen dezidiert als psychologische Begründung gefaßt und nicht in der distanzierenden Symbolik der Folklore belassen. Im letzten Akt überwindet Ozidi schließlich auch noch den Pokkenkönig und dessen Kampfgefährten Fieber, Schüttelfrost und Schlaffheit, die im ersten Akt für die Auslösung der ganzen Ereigniskette verantwortlich waren. Aber Ozidi überwindet seine Krankheit als passiv Duldender, durch die Fürsorge seiner leiblichen Mutter Ore, nicht als Kämpfer wie in der Saga. Erstmals ist nun sein Handeln nicht vom Gebot der Gewalt diktiert, und dennoch ist dies sein größter, für die Gemeinschaft wertvollster Triumph. E.Bre.

AUSGABEN: Ldn./Ibadan 1966 *(Ozidi)*. – Ldn./Ibadan 1977 (O. Obojolo, *The Ozidi Saga*, Übers. u. Hg. J. P. Clark).

VERFILMUNG: *Tides of the Delta – The Saga of Ozidi*, Großbritannien 1977 (Regie: F. Speed u. J. P. Clark).

LITERATUR: T. O. McLoughlin, *The Plays of J. P. C.* (in English Studies in Africa, 18, 1975, Nr. 1, S. 31–40). – J. E. Ifie, *Notes on Ezon Religion and Culture in »The Ozidi Saga«* (in Orita, Ibadan, 12. 1. 1978). – H. Masembe, *The Use of Proverbs and Superstition in J. P. C.'s Plays*, Pasadena 1984 (Munger Africana Library Notes, S. 17). – R. M. Wren, *J. P. C.*, Boston 1984, S. 87–127 (TWAS). – O. Onwukene, *»The Ozidi Drama«* (in African Theatre Review, 1, 1985, Nr. 1, S. 119–121). – R. Fraser, *»The Resurrecting Back: Centripetal Forces in Ijaw Poetry: J. P. C. and Gabriel Okara* (in *Studies in Commonwealth Literatures*, Hg. E. Breitinger u. R. Sander, Tübingen 1985, S. 39–50). – R. M. Wren, *J. P. C.* (in DLB, Bd. 117, 1992, S. 112–133).

CYPRIAN EKWENSI

* 26.9.1921 Minna / Nigeria

JAGUA NANA

(engl.; *Ü: Jagua Nana*). Roman von Cyprian EKWENSI (Nigeria), erschienen 1961. – Cyprian Ekwensi, von Beruf Förster und Apotheker, gehört zur ersten Generation nigerianischer Schriftsteller, die noch in den vierziger Jahren erste Arbeiten in Englisch veröffentlichten. 1947 publizierte er eine in seiner Heimatregion des Igbolandes (Ostnigeria) gesammelte Reihe von Igbomärchen. In der ersten Anthologie afrikanischer Literatur, *African New Writing* (1947), die in England erschien, waren fünf seiner Kurzgeschichten enthalten. Seit 1947 produzierte Ekwensi eine wöchentliche Radiosendung, »Your Favourite Story Teller«, in der er traditionelle Folkloreliteratur nacherzählte, aber auch eigene Erzählungen präsentierte. Eine Sammlung dieser Kurzgeschichten erschien 1948 unter dem Titel *When Love Whispers* in Onitsha, dem wichtigsten Handelszentrum Ostnigerias mit seiner spezifischen Form der Populärliteratur, der »Onitsha Market Literature«. Auch Ekwensis erster Roman, *People of the City* (1954), verweist mit seiner Struktur auf die Radioserie, mit seinen Genreszenen auf die Onitsha-Literatur.
Jagua Nana läßt mit seinen Schauplätzen, der Figurenkonstellation und der Handlungsstruktur noch das Muster des Onitsha-Genres erkennen. Ekwensi hat aber die schlichte Eindeutigkeit der Trivialliteratur weit hinter sich gelassen und in der Titelheldin Jagua eine mehrschichtige Figur geschaffen. Jagua als Zentrum der Handlung ist zugleich Reflektor eines sozialen Panoramas, das

durch die Ambivalenz dieses Charakters ebenfalls seine schlichte Plattheit verliert. Jagua lebt als Prostituierte (im bereits fortgeschrittenen Alter) in der rasch expandierenden nigerianischen Hauptstadt Lagos. Für sie ist der Nachtclub Tropicana der Inbegriff von Freiheit und moderner städtischer Lebensart. Dort trifft sie ihre Freier; an jede Affäre knüpft sie die Hoffnung, endlich einen verläßlichen Partner zu finden, der ihr zu Geborgenheit, Sicherheit und Respektabilität verhilft. Freddie, der junge Lehrer, dem sie ein Jurastudium in England ermöglicht, verkörpert die neue Elite des zur Unabhängigkeit strebenden Nigeria: den *»been-to (England)«*, der über seine europäische Universitätsausbildung automatisch in die politische Führungsschicht Eingang findet. Ihm gegenüber steht Onkel Taiwo, der Prototyp des nigerianischen Politikers alten Schlages: halbgebildet, verschlagen, korrupt, brutal, aber auch generös. Eine kurze Affäre hat sie mit Dennis, einem Gangster aus den Slums, der sie durch sein Draufgängertum fasziniert, sie aber auch in Hehlergeschäfte verwickelt. Mit dem Chief von Krinameh aus dem Nigerdelta feiert sie ein erotisches Versöhnungsritual, das einen alten Streit zwischen zwei verfeindeten Kommunen beilegt. Der Chief verkörpert den energischen, aufgeschlossenen traditionellen Herrscher, der sich der Würde und Machtvollkommenheit seines Amtes voll bewußt ist und seine Kraft und Autorität für die Modernisierung, für den Bau von Schulen in seinem Herrschaftsbereich einsetzt.

Obwohl Jagua sich sexuell leicht verfügbar hält, wahrt sie eine moralische Unabhängigkeit von ihren Freiern. An Freddies Intellektuellenkreis, der sich im British Council trifft, durchschaut sie rasch das Prätentiöse der intellektuellen Pose. Für Onkel Taiwo läßt sie sich zwar als Wahlkampfrednerin einspannen, distanziert sich aber von seinem Zynismus gegenüber seinem politischen Rivalen Freddie und gegenüber den Wählern. Sie bewundert das herrscherliche Selbstbewußtsein des Chiefs von Krinameh, aber sie tritt ihm doch als gleichgewichtige Gesprächspartnerin gegenüber, eine Erfahrung, die der Chief bisher mit Frauen noch nie gemacht hat. So schwankt Jagua Nana zwischen weiblicher Unterwürfigkeit, sexueller Anpassung und einer selbstbewußten Affirmation ihres Selbstwertes als Frau; zwischen ihrer Rolle als Prostituierte – da ist sie kalt, geldgierig und berechnend – und ihrer Rolle als Frau oder gar Mutter, wobei sich beide Rollen in ihrem Verhältnis zu dem zwanzig Jahre jüngeren Freddie überlagern. Sie hatte ihre ganze Hoffnung auf Freddie gesetzt und erwartet, daß er nach seiner Rückkehr aus England sie heiraten und ihr Sicherheit gewähren würde. Aber Freddie heiratet die Tochter einer Rivalin Jaguas. Als er sich als Gegenkandidat zu Onkel Taiwo für die Parlamentswahlen aufstellen läßt, wird er von Taiwos Schlägertrupp ermordet.

Im Gegensatz zu ihrer hoffnungslosen Liebe zu Freddie ist Jaguas Verhältnis zu Taiwo immer pragmatisch berechnend. Und doch verdankt sie ihm indirekt, daß sie nach all den Katastrophen ihrer persönlichen Beziehungen in Lagos sich doch noch als respektable Händlerin nach Onitsha zurückziehen kann. Taiwo konnte trotz Wahlbetrug und Bestechung keinen Sitz im Parlament gewinnen; da er auch noch die Parteikasse geplündert hatte, mußte er flüchten und wurde schließlich auf offener Straße ermordet. Aber er hatte Jagua vor seiner Flucht die Parteikasse anvertraut, mit der sie als Startkapital ihre neue Karriere als »Market Queen« – als Händlerin beginnt. Erst gegen Ende des Romans, als Jagua sich bereits wieder in ihrem Heimatdorf niedergelassen hat, liefert Ekwensi eine psycho-biographische Erklärung nach, die die lockere Episodenstruktur von Jaguas »sündigem« Leben in Lagos in einen größeren Handlungszusammenhang stellt. Sie hatte in jungen Jahren einen Tankstellenbesitzer geheiratet, aber die Ehe war kinderlos geblieben – d. h., Jagua hat nach nigerianischer Vorstellung als Frau versagt. Ihre Flucht nach Lagos wird so vom Romanende her als eine Flucht zur Bestätigung ihrer Vollwertigkeit als Frau interpretiert. Mit einer melodramatischen Wendung läßt Ekwensi Jagua durch eine flüchtige Affäre mit einem Urlauber doch noch schwanger werden, aber das Kind überlebt nicht. Ihr Leben in Lagos hatte sich für Jagua als ein Fehlschlag, aber auch eine Flucht vor sich selbst erwiesen: *»Sie ließ sich in Lagos von dem Glitzerlicht des Tropicana Clubs blenden, sie war dem verführerischen Lachen und dem Geldgeklimper der Männer verfallen. Sie hatte vergessen, daß sie Vater und Mutter hatte, die ihrer Liebe bedurften. Ohne Mann, ohne Kinder, ohne Eltern war sie durch den Dschungel der Glitzerstadt Lagos gestreift, als Frau unter all den Eitlen und Arrivierten, hinter deren großspurigem Getue sich genau wie bei ihr selbst eine gähnende Leere auftat.«*

Bestätigung und Erfüllung findet Jagua schließlich in der Einfachheit der ländlichen Umgebung, nachdem sie ihre »Jaguaness« – die Unbezähmbarkeit des Jaguars, das Glitzernde des Jaguar-Sportwagens abgelegt hat. Im Grunde ist *Jagua Nana* eine Bekehrungsgeschichte in der Tradition von DEFOES *Moll Flanders* und BALZAC, auf die auch der soziale Realismus und der Titel verweisen.

Ekwensis Roman ist aber nicht nur deshalb bedeutsam, weil Ekwensi anders als Chinua ACHEBE und Amos TUTUOLA eine individuelle – nicht eine kollektive Frauengestalt in den Mittelpunkt des Geschehens stellt, sondern auch wegen seiner sprachlichen Gestaltung. Weite Passagen sind in Pidgin gehalten, das damit den Status einer literaturfähigen Sprache erhalten hat. Auch hier ist wieder der Vergleich zu Achebes und Tutuolas Sprachgebrauch aufschlußreich, die ihr Englisch an die regionalen Sprachen des Igbo oder Yoruba anpassen. Ekwensi dagegen benutzt das typische Medium der multiethnischen nigerianischen Stadtgesellschaft. Von Freddie und Jagua sagt Ekwensi gleich zu Beginn, daß sie zwar beide Igbos seien, aber lieber Pidgin sprechen, *»denn als Bewohner des modernen Lagos wollten sie sich in nichts an die Welt des Buschs und der veralteten Sitten ihrer Heimat erinnern lassen.«*

Ekwensi hat den Typus des realistischen sozialen

Romans nach Nigeria übertragen, ihn im sprachlichen Ausdrucksmittel, im Lokalkolorit und Personal afrikanisiert und damit ein erstes Porträt dessen geschaffen, was der südafrikanische Kritiker und Romancier Eskia Mphalele das Paradox des modernen Afrikaners nannte: enttribalisiert, verwestlicht, aber dennoch ganz Afrikaner. E.Bre.

Ausgaben: Ldn. 1961. – NY 1969. – Ldn. 1975.

Übersetzung: *Jagua Nana*, U. Heilmann, Mchn./Esslingen 1965.

Literatur: U. Beier, Rez. (in Black Orpheus, 10, 1961). – Rez. (in TLS, 31. 3. 1961). – L. Adebayo, Rez. (in Radio Times, 25. 6. 1961). – B. Lindfors, *C. E.: An African Popular Novelist* (in African Literature Today, 3, 1970). – E. Emenyonu, *C. E.* (in *Modern African Writers*, Ldn. 1974). – Ders., *The Rise of the Igbo Novel*, Ldn. 1978. – L. Hawkins, *The Free Spririt of E.'s »Jagua Nana«* (in African Literature Today, 10, 1979). – P. O. Iheakaram, *The City as Metaphor in the Fiction of C. E.* (in International Fiction Review, 6, 1979). – F. Balogun, *Entre la tradition et un monde nouveau: Aspects de la société nigériane* (in Peuples noirs – peuples africains, 1980, S. 68–75). – E. Breitinger, *Girls at War – Girls at Peace: Heroines of Nigerian Prose* (in Komparatistische Hefte, 1980, H. 1, S. 67–76). – F. Osofisan, *Domestication of an Opiate: Western Paraaesthetics and the Growth of the E. Tradition* (in Positive Review, Ile-Ife 1981, H. Jan./Feb.). – U. Abdurrahman, *Social and Political Reality in C. E.'s Major Novels*, Diss. Madison/Wis. 1987. – E. Emenyonu, *C. E.* (in DLB, Bd. 117, 1192, S. 149–158).

OLAUDAH EQUIANO

* 1745 Essaka / Igboland
† 1801(?) London

THE INTERESTING NARRATIVE OF THE LIFE OF OLAUDAH EQUIANO; OR GUSTAVUS VASSA; THE AFRICAN; WRITTEN BY HIMSELF

(engl.; *Die interessante Lebensgeschichte des Olaudah Equiano oder Gustavus Vassa, des Afrikaners; von ihm selbst geschrieben*). Autobiographie von Olaudah Equiano (Nigeria), erschienen 1789. – Equianos Autobiographie gehört zu den frühen Zeugnissen afrikanischer Literatur in europäischen Sprachen. Wie seine Schriftstellerkollegen Ignatius Sancho (*Collected Letters*, 1782), die afroamerikanische Lyrikerin Phyllis Wheatly (*Poems*, 1773) und der in Dresden promovierte Philosoph Amo oder Ottobah Cugoano (*Thoughts and Sentiments on the Wicked and Evil Traffic of Slavery*, 1787), schreibt Equiano ohne literarisches Vorbild aus seiner eigenen Kultur; sein Buch markiert einen Neubeginn. Um so verständlicher ist, daß Equiano, wie auch die anderen afrikanischen Autoren des 18. Jh.s, sich an den literarischen Mustern Europas orientiert. Equianos Autobiographie war ein Verkaufserfolg (bereits in den ersten fünf Jahren acht Auflagen), weil sie die zentralen Gedanken der Naturrechtsdiskussion und der Antisklavereibewegung von Wilberforce aufgriff. Dementsprechend galt die Aufmerksamkeit der frühen Kritik hauptsächlich jenen Passagen, in denen sich der Autor mit den Praktiken der Sklaverei auseinandersetzt. In den letzten Jahren hat sich das Interesse ganz auf die ersten Kapitel konzentriert, in denen Equiano seine Heimat im Igboland/Nigeria beschreibt. Sein Werk wird als erstes authentisches Zeugnis über die vorkoloniale Kultur Nigerias gewertet.

Equianos Lebensbericht beginnt mit einer beinahe idyllischen Beschreibung seiner Jugend in Essaka im Igboland (Ostnigeria), wo er im Alter von elf Jahren Sklavenjägern in die Hände fiel, zur Küste gebracht wurde und in einem Sklavenschiff die berüchtigte »Middle Passage« über den Atlantik erdulden mußte. Bereits in diesen Anfangskapiteln wird die Erzähl- und Argumentationsstrategie der *Slave Narrative*, der im Interesse der Anti-Sklaverei-Bewegung konzipierten Kampfschrift deutlich. Equianos Erinnerung an seine Kindheit war nach 40 Jahren verständlicherweise verblaßt. So wird das Bild der Igbogesellschaft, aus der er seine Persönlichkeit selbstbewußt herleitet, mehr aus der Außensicht des beobachtenden Kommentators geschrieben. Geographische Beschreibung, historisch politischer Bericht über die Zugehörigkeit seiner Heimat zum Königreich Benin sprengen eindeutig die Perspektive kindlicher Erinnerung und sind auf die Tradition des europäischen Reiseberichts zurückzuführen. Dagegen steht das persönliche Erleben im Vordergrund des Schockereignisses jedes Sklavenberichts, der Gefangennahme und der Verschiffung nach Amerika. Die Überzeugungsstrategie des Genres bedingt den persönlichen, aber exemplarischen Schicksalsschlag als Ausgangspunkt für die eigentliche Erzählung. Für die Schilderung seines eigenen Lebensweges als Sklave in der Karibik, in Nordamerika (Georgia und Virginia), in England, als Matrose bei der britischen Mittelmeerflotte und auf Handels- und Sklavenschiffen in der Karibik, bis er sich endlich durch Fleiß, Unternehmergeist und Sparsamkeit freikaufen kann, verwendet Equiano erfolgreich eine wechselnde Perspektive von erlebendem Ich-Erzähler und wertendem Kommentator. Dieser Wechsel der Erzählperspektive wird ergänzt durch den Wechsel von Rousseauistischer Imagologie des Edlen Wilden zur Naturrechtstheorie. In den ersten Kapiteln bis zur Ankunft in der Karibik nimmt Equiano die Position des naiven kindlichen Beobachters ein, der aus der harmonischen Igbogesellschaft in ein System von unfaßbarer Brutalität und Unmenschlichkeit gestürzt wird. Die weißen Sklavenhändler erscheinen ihm wie böse Geister, wie Kannibalen. Aber er kann sich selbst den Zwängen der Sklavengesellschaft nicht entziehen: *»Bald war mir keine Schreckenstat mehr fremd und ich wurde – zumindest in dieser Hinsicht – beinahe wie ein Engländer.«* Die Erfahrungen mit dem Sklavensystem in der Karibik führen ihn zu dem Schluß, daß die Sklaverei im Widerspruch zu all dem steht, was die Weißen als die Errungenschaften ihrer Kultur preisen: Die Grausamkeit der Sklaverei beschäme jene, die man als Barbaren bezeichnet, ihre Ungerechtigkeit und ihr Aberwitz verletze das moralische Empfinden eines Hottentotten, sie negiere jegliches Moralprinzip und zerstöre das menschliche Empfinden aller Beteiligten, das der Herren noch mehr als das der Sklaven.

Nachdem Equiano in der britischen Kriegsflotte gekämpft hat, wird er von seinem Herrn um seinen Lohn und um das Prisengeld betrogen. Als er bei Fahrten in der Karibik einen eigenen Handel beginnt, um sich freikaufen zu können, wird er von weißen Geschäftspartnern immer wieder betrogen, da sie das Unrechtssystem des Sklavenrechts auf ihrer Seite wissen: Klagen von Schwarzen gegen Weiße werden vor Gericht nicht zugelassen und so treten ehrbare Kaufmänner ihr hochgepriesenes Ideal des »christlichen Kaufmanns« mit Füßen. Trotz all dieser Widerstände gelingt es Equiano, sich ein bescheidenes Vermögen zu erarbeiten und sich freizukaufen, sehr zum Mißfallen seines Herrn. Auf zahlreichen Fahrten erweist sich, daß er auch als Seemann die Weißen übertrifft und mehr als einmal rettet er die gesamte Besatzung vor dem Ertrinken, weil der Kapitän durch mangelnde Umsicht sein Schiff auf die Klippen steuert. Wenn so die Anfangskapitel des Buches ihre Verwandtschaft zu den Reiseberichten des 18. Jh.s nicht verleugnen können, so verdanken die Schlußkapitel viel dem Genre des bürgerlichen Romans und dem Motiv der imaginären Reise. DEFOES Robinson und SWIFTS Gulliver werden als Paten genannt; von Swift stammt die Reisemetapher, die der Entlarvung der britischen Gesellschaft dient. Defoes Robinson ist für Equiano vorbildlich als der erfolgreiche Selfmade-Man.

Equianos Lebensgeschichte ist die Geschichte eines persönlichen Erfolges, den ein Afrikaner gegen alle institutionellen und schlicht rassistischen Widerstände erzielt. Equiano schließt seinen Bericht mit einem Ausblick in die Zukunft und erörtert die Möglichkeit, wie das irrationale unmenschliche System der Sklavenwirtschaft durch ein aufgeklärtes Freihandelssystem des freien Warenaustausches zwischen Nord und Süd, zwischen Afrika und Europa abgelöst werden kann. Er ist zugleich ein überzeugter Vertreter der europäischen Aufklärung, wie auch ein selbstbewußter Repräsentant rassischer Gleichheit oder gar der »African Personality«. E.Bre.

AUSGABEN: Ldn. 1789, 2 Bde.; Faks. 1969, Hg. P. Edwards. – NY 1971. – Ldn. [7]1793 [erw.]. – Leeds/Ldn. 1814 [korr.]. – Ldn. 1967, Hg. P. Edwards (*Equianos Travels. His Autobiography The Interesting Narrative ...*).

LITERATUR: Rez. (in Monthly Review, Juni 1789). – Rez. (in Gentleman's Magazine, Juli 1789). – Rez. (in General Magazine and Impartial Review, Juli 1789). – G. I. Jones, *O. E. of the Niger Igbo* (in *Africa Remembered*, Hg. P. D. Curtis, Ldn. 1967, S. 60–69). – P. Edwards, *»The Interesting Narrative of the Life of O. E., or Gustavus Vassa, the African; Written by Himself«: A Manuscript Letter of O. E.* (in NQ, Juni 1968, S. 222–225). – Ders., *E.'s Round Unvarnished Tale* (in African Literature Today, 5, 1971, S. 12–20). – S. E. Ogude, *Facts into Fiction: E.'s Narrative Revisited* (in Okike, Sept. 1982, Nr. 22, S. 57–66). – P. Edwards, *18th Century Writing in English* (in *European Language Writing in Sub-Saharan Africa*, Hg. A. Gérard, Bd. 1, Budapest 1986, S. 57–76). – W. D. Samuels, *Disguised Voice in »The Interesting Narrative of O. E., or Gustavus Vassa, the African«* (in Black American Literature Forum, 19, 1986). – C. O. Acholonu, *The Home of O. E. – A Linguistic and Anthropological Search* (in Journal of Commonwealth Literature, 22, 1987). – K. A. Sandiford, *Measuring the Moment: Strategies of Protest in Eighteenth Century Afro-English Writing*, London 1988.

NURUDDIN FARAH

* 1945 Baidoa

FROM A CROOKED RIB

(engl.; *Ü: Aus einer Rippe gebaut*). Roman von Nuruddin FARAH (Somalia), erschienen 1970. – Nuruddin Farah stammt aus Somalia, dem einzigen Land Afrikas, das eine einheitliche Nationalsprache besitzt. Daneben besteht – im Gegensatz zu den meisten anderen Ländern – eine Rivalität zwischen den offiziellen Verwaltungssprachen der ehemaligen Kolonialherren – Italienisch und Englisch. Nuruddin Farah hat nach eigenem Bekunden zunächst Erzählungen in Somali geschrieben; mit *From a Crooked Rib* legte er sein Erstlingswerk in englischer Sprache vor. Die Entscheidung für Englisch statt Italienisch als Literatursprache stellt eine sehr bewußte Entscheidung Farahs dar, mit der er sich in den Kreis der afrikanischen Autoren einreiht, die in europäischen Sprachen schreiben.

From a Crooked Rib erzählt die sehr moderne Geschichte einer jungen Frau, die sich gegen die gesellschaftlichen Konventionen ihrer Heimat auf-

lehnt; aber Farah gibt seiner Geschichte in Sprache und Erzählduktus die Melodie einer oralen Erzählung. Ebla, die Heldin des Romans, wächst als Waise im Clan ihres Großvaters auf, einem Clan von Hirtennomaden. In einem Prolog markiert Farah die beherrschenden Mächte in Eblas Leben: Die Natur, der Frühling, der Regen bestimmen den Jahresablauf, die Wanderung der Menschen. Die Tiere, die Kamele bestimmen den Tagesablauf, über die Beziehungen der Mitglieder des Clans untereinander entscheidet der Großvater. Er wacht über die religiösen Riten, er ist der Hüter der Tradition, er rezitiert die Epen über Somalias Nationalhelden, den Sayyid. Aber er spricht auch seinen Fluch über jemanden wie Ebla, die aus dieser Enge ausbricht: *»Möge Gott deine Pläne durchkreuzen, möge Allah dich zur Mutter vieler Bastarde machen!«* Mit diesem Fluch, der im Verlauf der Erzählung eingelöst werden muß, setzt Farah ein wichtiges Strukturelement der Oralliteratur an den Anfang seines Romans. Ebla tritt dem Leser als eine Frau gegenüber, die zwar nicht lesen und schreiben kann, *»die aber Gedanken hat, die eine Frau wie sie eigentlich nicht denken sollte«*. Ihr Leben entfaltet sich wie in einem Reihenmärchen in drei Stationen; jedesmal muß sich die Heldin in Prüfungen bewähren. Als der Großvater sie an einen 30 Jahre älteren Mann verheiraten will, rennt Ebla weg. Sie findet Unterschlupf bei einem Verwandten in einer Kleinstadt. Dort wiederholt sich ihr scheinbar unausweichliches Schicksal: Auch der Vetter versucht, Ebla in eine Ehe zu verkaufen, um mit dem Brautpreis seine Schulden bezahlen zu können. Wieder ergreift sie die Flucht und findet sich in einer fast freiwilligen Ehe mit einem Ministerialbeamten in der Hauptstadt wieder.
Diese zyklischen Stationen sind an sich schon typisch genug für das Schicksal einer Frau. Farah hat darüber hinaus den individuellen und zugleich repräsentativen Lebensweg Eblas mit dem generellen Lebenszyklus einer Frau verwoben. Die Stationen der Initiation, Beschneidung, Verheiratung, Defloration, Geburt und Trennung durchlebt Ebla selbst und wird zugleich Zeuge dieser Ereignisse im Leben anderer Frauen. Dabei durchlebt sie erneut ihre eigenen Schmerzen und die anderer Frauen und gelangt dadurch zunehmend zu einem geschärften Bewußtsein ihrer eigenen gesellschaftlichen Rolle und zu einem zunehmend stärkeren Willen, dieses Stereotyp zur individuellen Selbstbehauptung einzusetzen. Als ihr Vetter sie in die Ehe verkaufen will, rebelliert sie dagegen, wie ein Stück Vieh verkauft zu werden, denn sie ist ein Mensch und will als Mensch respektiert werden. Als ihre Ehe mit dem Beamten Awill zu scheitern droht, gelingt es Ebla, den Entscheidungsspielraum zwischen den sozialen Zwängen in ihrer Gesellschaft und ihrer individuellen Selbstachtung klarer zu fassen. Sie erkennt, daß sie mit ihrer Sexualität, mit ihrer Gebärkraft als Frau einen Teil der Macht zurückgewinnen kann, die Männer über Frauen ausüben. So gelangt sie schließlich zu einer pragmatischen Konzeption ihrer Frauenrolle, in der die Frage, wer ihr Geschlechtspartner oder wer der Vater ihres Kindes wird, zweitrangig ist gegenüber der Tatsache, daß sie ihre Funktion als Frau und Mutter erfüllt. Dies bedeutet auch, daß Ebla sich ihre persönliche Moral zurechtgelegt hat, die auf einem delikaten Gleichgewicht zwischen individueller Verantwortung und gesellschaftlicher Konditionierung beruht.
Ebla erweist sich also im Laufe ihrer Geschichte als eine Person, die von der schlichten Auflehnung gegen Fremdbestimmung zu einer Persönlichkeit mit einem differenzierten Verhaltenskodex heranwächst. So ist auch der Romanschluß durchaus offen und zweideutig. Ebla arrangiert sich mit ihrem Ehemann Awill, aber sie bewahrt sich einen Freiraum der emotionalen Distanz und eigener Entscheidungsfreiheit. Diese Offenheit, die für Farahs weitere Romane ebenso typisch ist, zeigt auch, wie der Autor sein Erzählmuster aus der oralen Tradition strukturell dem modernen Thema eines Persönlichkeitskonflikts anzupassen versteht. Der südafrikanische Kritiker Lewis Nkosi hat *From A Crooked Rib* als die beste Darstellung der Rolle der Frau in Afrika bezeichnet. Nuruddin Farah selbst wertet seinen Erstlingsroman als eine Herausforderung an die Mächtigen, *»die offiziellen Autoritäten«*, denn die Mächtigen sind nach wie vor die Männer, und wenn Ebla die Macht der Männer in Zweifel zieht, zieht der Roman die Macht an sich in Zweifel. E.Bre.

Ausgabe: Ldn. 1970.

Übersetzung: *Aus einer Rippe gebaut*, G. Böhnke, Köln 1987.

Literatur: K. Peterson, *The Personal and the Political: The Case of N. F.* (in Ariel, 12, Calgary 1981, S. 93–108). – D. R. Ewen, *N. F.* (in *The Writing of East and Central Africa*, Hg. G. D. Killam, Ldn. 1984, S. 192–210). – I. Vivan, *Tessere per un mosaico africano*, Verona 1984. – J. Bardolph, *Un cas singulier: N. F., écrivain somalien* (in Notre librairie, 1986, Nr. 85, S. 61–64). – A. Versi, *F.'s Mindscape* (in New African, 1986, Nr. 224). – J. Riesz, Rez. (in Nürnberger Ztg., 22. 11. 1986). – J. Bardolph, *N. F.* (in DLB, Bd. 125, 1993, S. 35–40).

SWEET AND SOUR MILK

(engl.; *Ü: Staatseigentum*). Roman von Nuruddin Farah (Somalia), erschienen 1979. – *Sweet and Sour Milk* ist das Mittelstück einer Romantrilogie, in der sich der Autor mit dem System der politischen Herrschaft in seinem Heimatland Somalia auseinandersetzt. In *A Naked Needle*, 1976 *(Wie eine nackte Nadel)*, benutzt Farah ein gemischtrassiges Paar, die Engländerin Nancy und den somalischen Lehrer Koschin als kontrastreichen Reflektor soziopolitischer Realität. In *Sardines*, 1981 *(Sardinen)*, weigern sich die Journalistin Medina und ihre Tochter Sagal, der Sportstar des Landes, dem Regime als propagandistisches Aushängeschild zu dienen. Selbst die Publikationsgeschichte von *Sweet and Sour Milk* wurde durch die Machtverhältnisse in Somalia und durch den politischen Frontwechsel des Diktators Siad Barre bestimmt, der sich von den Sowjets abwandte und zum Verbündeten des Westens wurde: Nachdem bereits die Veröffentlichung von *A Naked Needle* das Mißfallen der Machthaber erregt hatte, hielt der Verlag Heinemann (London) die Veröffentlichung von *Sweet and Sour Milk* zurück, um den Autor nicht zu gefährden. Erst nach einem Europaaufenthalt und Farahs Entscheidung, »vorläufig nicht zurückzukehren«, konnte der Roman erscheinen.

Sweet and Sour Milk ist eine Abrechnung mit dem neuen Totalitarismus in Afrika, dargestellt am Beispiel des Regimes von Siad Barre und seinen damaligen Hintermännern des KGB. Der Autor versichert, daß mit Ausnahme der Namen der Hauptfiguren nichts erfunden sei und stellt somit sein Werk in die Tradition der politischen Faktographie. Die Handlung beginnt nach Art eines Kriminalromans mit dem mysteriösen Tod des politischen Spitzenbeamten Soyaan, der nach Aufklärung verlangt. Sowohl der Genrebegriff der politischen Reportage wie auch der des analytischen Kriminalromans können die formale und thematische Spannweite von *Sweet and Sour Milk* nicht befriedigend definieren. Farah benutzt Formelemente unterschiedlicher Genres und unterschiedlicher literarischer Traditionen nach dem modernistischen Verfahren der Dekonstruktion und Rekonstruktion.

Zunächst dominiert der Erzählduktus des Kriminalromans. Nach dem Tod seines Zwillingsbruders Soyaan findet sich der Zahnarzt Loyaan unversehens in der Rolle des analysierenden Privatdetektivs, der das vermutete Verbrechen aufklären soll. Doch die Informationen, die er sammelt, führen ihn immer weiter weg von der Aufklärung von Soyaans Individualschicksal hin zur Erklärung eines kollektiven Schicksals durch die Analyse des politischen Systems. Je mehr das Formelement der Kriminalgeschichte zurücktritt, um so stärker dominieren die Charakteristika der politischen Reportage, die sich zu einer politischen Antiutopie erweitert.

Ein weiteres bestimmendes Formelement gewinnt Nuruddin Farah aus der mündlichen Erzähltradition. Farahs Diktion ist knapp und lakonisch, Personen und Situationen werden nur kurz benannt oder skizziert, die Rätselhaftigkeit des Geschehens bleibt somit durchgängig erhalten und wird nicht plump enthüllt. Aus der Folkloretradition übernimmt Farah auch die variierende Reihung, die Kennzeichnung von Personen durch leitmotivisch wiederkehrende Bilder. Auch die erzählerische Grundstruktur ist aus der Folklore entlehnt: die Handlung ist zyklisch angelegt, sie endet dort, wo sie begonnen hat. Soyaan, der Politiker, ist durch seine kritische Beurteilung der politischen Lage für das Regime gefährlich und unbequem geworden. Er soll auf einen Botschafterposten abgeschoben werden, stirbt aber kurz vor der Abreise. Es hat den Anschein, als wäre der KGB-geschulte Geheimdienst Somalias für Soyaans Tod verantwortlich. Als Soyaans Zwillingsbruder Loyaan, der ganz als Alter ego angelegt ist, die Hintergründe für den Tod seines Bruders zu ergründen versucht, tritt er unversehens in dessen Fußstapfen. In einem symbolischen Doppelzyklus von zweimal sieben Tagen – zwischen Tod und Beerdigung, zwischen Beerdigung und abschließender Totenfeier, wie es der Ritus des Islam vorschreibt – wird Loyaan zum Nachfolger seines Bruders, vielleicht sogar zu dessen Reinkarnation. Er muß dieselben Niederungen der Einschüchterung, der Erpressung durch Politiker, Polizei und Geheimdienst durchleben. Er muß sich Prüfungen unterziehen, sich beweisen, und steht am Ende dort, wo auch sein Bruder gestanden hatte: Er soll dessen Botschafterposten übernehmen. Der Roman endet damit, daß Loyaan – wie schon vor ihm Soyaan – verabredungsgemäß abgeholt wird. Aber es bleibt offen, ob ihn das Auto zum Flugplatz, in eine Vernehmungszelle des Geheimdienstes oder zu einem Hinrichtungsort bringt.

Kernpunkt der Thrillerhandlung ist ein Geheimdienstdossier Soyaans mit dem Titel *»Dionysos' Ohr«*, in dem er die Bespitzelungspraktiken des »allwissenden, allgütigen« Diktators geißelt. So wird in Analogie zur griechischen Geschichte dem attischen Demokratiemodell des Mutterlandes (Athen) die Tyrannis der Kolonie (Syrakus) gegenübergestellt. Dabei ist es letztlich unerheblich, ob sich die Diktatur der (Ex-)Kolonie auf westliche oder östliche Verbündete stützt. Entscheidend ist vielmehr, daß sich hier ein Konflikt zwischen Aufklärung und Dogmatismus auftut, der sich auf allen politischen Ebenen wiederholt: auf der internationalen Ebene der Nord-Süd-Beziehungen, auf der nationalen Ebene des politischen Herrschaftssystems, schließlich in der Machtstruktur der Familie. Farah schildert das in einer symbolkräftigen Episode aus der Kindheit des Zwillingspaares: Soyaan und Loyaan finden am Strand einen Ball, den sie freudestrahlend als Erdball ihrem Vater Keyaan bringen. Der nimmt ihnen den Ball weg, verwirft wütend die Vorstellung von der Erde als Kugel und verbietet das weitere Spiel. Aufklärung und fundamentalistischer Dogmatismus, kindlicher Wissensdrang und väterliche Autorität, Weltanschauungen und Generationen stoßen aufeinander. Der Vater übernimmt die Rolle des unkritischen Erfüllungsgehilfen eines Dogmatismus, so wie er sich auch zum Erfüllungsgehilfen des politischen Systems machen läßt. Macht und Unterdrükkung beginnen also in der Familie. Der Familientyrann bezieht seine Autorität durch seine Unterwerfung unter familien-fremde Autoritäten, die ihm Macht borgen. Ebenso funktionieren nach Farah auch die politischen Regime im postkolonialen Zeitalter: Sie borgen ihre Macht von außen und setzen sie gegen ihr eigenes Fleisch und Blut durch; es sind Stellvertreterregime, die sich bis in die Sozialstruktur der Familien eingenistet haben. So wird auch das Gift, mit dem Soyaan ermordet wurde und das vielleicht auch Loyaan töten wird, nicht von Fremden verabreicht, sondern vom eigenen Vater, von Freunden und Vertrauten. Nach Farahs Analyse politischer Machtstrukturen erwächst also die Gefahr für die afrikanischen Länder aus den Verhältnissen im Inneren, sie werden von den Stammesseparatisten und den Eliten bedroht, die mit ihren Sonderinteressen von ausländischen Mächten gekauft werden können, um stellvertretend die Infektion der Überfremdung ins eigene Land zu tragen. E.Bre.

Ausgabe: Ldn. 1979.

Übersetzung: *Staatseigentum*, I.M. Artl, Ffm. 1980.

Literatur: E. Breitinger, Rez. (in Stuttgarter Ztg., 14. 3. 1981). – D. R. Ewen, Rez. (in WLWE, 20, 1981, S. 221–224). – A. Walmsley, *N. F. and Somalia* (in Index on Censorship, 10.4. 1981, S. 17–19). – I. Adam, *N. F. and James Joyce* (in WLWE, 24, 1984, S. 34–42). – D. R. Ewen, *N. F.* (in *The Writing of East and Central Africa*, Hg. G. D. Killam, Ldn. 1984, S. 192–210). – E. Breitinger, *Experiments in the Novel Form: Soyinka, F., Ngugi, Fugard* (in *Studies in Commonwealth Literatures*, Hg. ders. u. R. Sander, Tübingen 1985, S. 95–104). – J. Okonkwo, *Literature and Politics in Somalia: The Case of N. F.* (in Africa Today, 35, 1985, S. 57–65). – R. Moss, *Mapping the Psyche* (in West Africa, 1. 9. 1986; Interview). – J. Bardolph, *N. F.* (in DLB, Bd. 125, 1993, S. 35–40).

Meja Mwangi

* Dezember 1948 Nyeri / Kenia

GOING DOWN RIVER ROAD

(engl.; *Ü: Nairobi. River Road*). Roman von Meja Mwangi (Kenia), erschienen 1976. – Der vierte Roman des Autors ist eine Reportage von unten über die »Entwicklung« der kenianischen Hauptstadt zur Wirtschafts- und Touristenmetropole Ostafrikas. Beschrieben wird der Bau von Nairobis ehrgeizigstem Bauprojekt, dem 25stöckigem »Development House«. Am Beginn des Romans schuften die Arbeiter im zweiten und dritten Stock, am Ende fährt der Held Ben erstmals mit dem Fahrstuhl vom 25. Stock zum Erdgeschoß, das nach frischer Farbe und neu verlegten Holzvertäfelungen riecht. Vom obersten Stock hat Ben beobachtet, wie auf der anderen Straßensteite die Fundamente für das nächste Entwicklungsprojekt ausgehoben werden, das »Sunshine Hotel« mit 200 Betten. Die Entwicklung, der Fortschritt gehen weiter, Ben ist sogar zum Vorarbeiter avanciert, weil die Regierung die »Afrikanisierung« auch der indischen Bauunternehmen betreibt. So kann sich Ben zwar Hoffnungen auf einen festen Job für die nächsten 18 Monate machen, er wird für die Touristen, *»ohne die die Kenianer angeblich alle hungern müßten«*, komfortable Appartments bauen, aber er selbst ist obdachlos. Nachdem die zwei Frauen seines Kollegen Ocholla vor der Dürrekatastrophe vom Land in die Stadt geflüchtet sind und sich in der von Ben und Ocholla notdürftig zusammengezimmerten, illegal gebauten Slumhütte einquartiert haben, ist für Ben kein Platz mehr. Er steht wieder einmal auf der Straße, zusammen mit Baby, dem Sohn seiner Exfreundin Wini.

Der Roman handelt im Sinne Brechts von denen, die (Rom) Nairobi gebaut haben. Er ist bevölkert von nahezu namenlosen Figuren wie Ben, Wini, Ocholla, Jussuff; nur die Bauunternehmer, die Politiker besitzen volle Namen, Vor- und Familiennamen, die sie aus der Anonymität der Masse herausheben. Eine eigene Identität und individuellen Charakter lassen jedoch nur Figuren wie Ben erkennen – die großen Namen sind nicht mehr als Firmenschilder, Zeichen für die Geldbesessenheit, den Bereicherungswillen der Oberschicht. Im Gegensatz zum hektischen wirtschaftlichen Aufstieg der Stadt, wie er sich in den Hotel- und Entwicklungsagenturpalästen manifestiert, ist die Geschichte Bens eher die eines kontinuierlichen Abstiegs. Er hatte als Offizier in der Armee angefangen, mit Aussicht auf eine ordentliche Karriere. Aber in der Hoffnung auf schnelles Geld hatte er eine Gangstertruppe mit Waffen aus dem Arsenal der Armee beliefert und wurde unehrenhaft entlassen. *»Nichts war unmöglich in jenen Tagen«*, erzählt Ben. *»Jeder versuchte an das große Geld zu kommen. Du hättest das ganze verdammte Land verkaufen können, viele der Typen mit ihren dicken Autos haben das gemacht. Ich war ein mieser Verkäufer.«* Ben hatte seine Chance, und er hat sie verspielt. Einen guten Job bei einer Versicherung verlor er, als seine Vergangenheit aufgedeckt wurde. Jetzt ist er Hilfsarbeiter am Bau, am alleruntersten Ende der sozialen Skala, wo nur das Überleben zählt und sozialer oder beruflicher Aufstieg längst unbekannte Vorstellungen geworden sind. Bens Leben oszilliert zwischen der Baustelle mit ihrer Schinderei, ihrem Dreck, ihrem Frust und seinem Privatleben mit Wini und später mit Ocholla. Aber auch die bescheidenen Ansätze zu privatem Glück sind so instabil, daß die geringsten Erschütterungen sie wieder zum Einsturz bringen. Zwischen Bauhütte und Slumhütte liegen die zahllosen Bars, Bierbuden, billigen Bordelle, wo dieser Bodensatz der Gesellschaft seine Depression aus beruflichem und häuslichem Elend vorübergehend in Suff und Sex betäuben kann.

Am Anfang des Romans ist Ben gerade von seinem Zimmerwirt gefeuert worden, weil er die Miete nicht mehr bezahlen konnte. Er findet bei Wini, einer Gelegenheitsprostituierten, Unterschlupf.

Als sie schwanger wird, träumt er den Traum vom häuslichen Glück, von einem Job in Winis Firma, von seiner Rolle als Familienvater für sein eigenes und Winis Baby. Aber Wini brennt mit ihrem Chef durch und läßt Ben mit dem Baby sitzen. Gleichzeitig holt ihn auch auf der Baustelle seine Vergangenheit ein. Einer seiner Ex-Unteroffiziere, der wie Ben wegen dessen Waffendeals unehrenhaft entlassen worden war, taucht als Lastwagenfahrer auf und versucht mehrfach, Ben zu überfahren oder ihn unter einer Ladung Stahl oder Steinen zu begraben. Der Truckfahrer Onesmus, der auf der Baustelle als käuflicher Killer bekannt ist, fällt schließlich einem »Unfall« zum Opfer. Die Ladung eines Krans zerschmettert die Fahrerkabine seines Kippers. Bei der Untersuchung dieses Unfalls durch die Polizei, bei den Wahlkampagnen für Gemeinderat und Parlament, bei den mittäglichen Versammlungen um einen Möchtegern-Gewerkschaftsführer (den Ben einmal erwischt, wie er eine Arbeiterin vergewaltigt) – bei all diesen Gelegenheiten wird die abgrundtiefe Desillusionierung, die völlige Perspektivlosigkeit der proletarischen Massen deutlich. Sie haben Recht und Gesetz, Politik, die Versprechungen von Fortschritt und Entwicklung immer nur als gewaltigen Betrug erlebt. Sie sehen, daß die Früchte immer in den oberen Schichten geerntet werden, am unteren Ende der sozialen Skala spürt man nur die galoppierende Inflation und die Verwilderung der kapitalistischen Sitten der Vermieter.

Anders als sein Landsmann NGUGI zeigt Meja Mwangi nur auf, beschreibt, stellt bloß, aber er zieht keine theoretisch fundierten oder gar ideologischen Schlüsse. Als Ben auch aus Winis Zimmerchen gefeuert wird und zu Ocholla zieht, kommt er gerade rechtzeitig, um mitzuerleben, wie die Männer der Gesundheitspolizei das ganze Viertel abreißen oder niederbrennen lassen – angeblich, weil es ein Herd für Cholera ist. Bis zum Abend haben Ben und Ocholla ihre Hütte am selben Platz wieder notdürftig aufgebaut. Ngugi hat über das Slumdasein ein Theaterstück und ein Hörspiel geschrieben. Für Meja Mwangi ist es ein weiteres Indiz innerhalb eines morbiden Systems, das jedoch durch seine Ineffizienz, seine Bestechlichkeit noch irgendwie erträglich ist. Inmitten all des Schmutzes, der Armut und Verkommenheit, bewahren Ben und Ocholla ihre menschliche Würde. Sie sind proletarische Helden eines Werks, das außerhalb der Schule des sozialistischen Realismus bleiben will. In einer Gesellschaft, in der nur die Gesetze des Dschungels zu gelten scheinen, zeigen Ben und Ocholla nicht nur proletarische Solidarität, sie zeigen auch eine zukunftsweisende, auf die Überwindbarkeit der allgemeinen gesellschaftlichen Verwilderung und Verrohung hindeutende soziale Verantwortung. Ocholla, der immer nur über die Gier seiner Frauen geschimpft hat, steht plötzlich zu seiner moralischen Verpflichtung gegenüber seinen Frauen und Kindern. Ben, der von Wini böse hinters Licht geführt wurde, übernimmt die Rolle des Vaters für Winis Sohn, zahlt für ihn das Schulgeld, kauft für ihn die Schuluniform und sorgt dafür, daß er sich nicht mit den kriminellen Jugendbanden herumtreibt. *»Es gibt tausende von Dingen, von denen Ben wünscht, er könnte sie gemeinsam mit Baby besprechen. Dinge, von denen man erwartet, daß Väter sie ihren Söhnen erzählen.«* E.Bre.

AUSGABEN: Nairobi 1976. – Ldn. 1976; Nachdr. 1981 u.ö.

ÜBERSETZUNG: *Nairobi, River Road*, C.Böhnk, Wuppertal 1982.

LITERATUR: B. Lindfors, *Interview with M. Mw.* (in Kunapipi, 1, 1978, Nr. 2, S. 68–76). – E. Palmer, Rez. (in African Literature Today, 9, 1978, S. 104–108). – Ders., *M. Mw.* (in E. P., *The Growth of the African Novel*, Ldn. 1979, S. 307–321). – S. Gikandi, *M. Mw.* (in DLB, Bd. 125, 1993, S. 114–120).

NGUGI WA THIONG'O

auch James Ngugi wa Thiong'o

* 5.1.1938 Kamirithu / Kenia

A GRAIN OF WHEAT

(engl.; *Ü: Freiheit mit gesenktem Kopf*, auch *Preis der Wahrheit*). Roman von NGUGI WA THIONG'O (Kenia), erschienen 1967. – In seinen zahlreichen Kurzgeschichten, Romanen, Essays und Theaterstücken hat der Autor immer gegen die Kolonisierung der Gehirne (*Decolonizing the Mind*, 1986) angeschrieben. In Kenia, das als Siedlerkolonie konzipiert war, hatten die britischen Plantagenbesitzer einen großspurigen, aber kleingeistigen Kulturbetrieb etabliert, wie ihn schon Tania BLIXEN in *Out of Africa* (1937) beschreibt. Dieser Kulturbetrieb hatte jedoch mit Kenia und den Kenianern nicht das geringste zu tun. Ngugi wa Thiong'o hat hier einen ersten Markstein gesetzt, als er in seiner Funktion als Literaturprofessor an der Universität von Nairobi das Institut für Englische Literatur zu einem Institut für Literatur umfunktionierte, damit den Alleinvertretungsanspruch des Englischen brach und afrikanische Literatur in den Lehrplan der Universität aufnahm. Ngugis Weg als kulturpolitischer Advokat und Agitator ist gekennzeichnet von einem zunehmenden Purismus – seine Gegner werfen ihm Radikalität und Kompromißlosigkeit vor. Diese prokenianische, antikolonialistische Position beschränkte sich zunächst auf die Inhalte; in der sprachlichen und formalen Gestaltung seiner frühen Romane und Kurzgeschichten blieb er dem Vorbild der »Großen Tradition« des englischen Romans noch treu (Leavis, *The Great Tradition*). Der 1977 erschienene Roman *Petals of Blood* zeigt indes über die inhaltliche Kritik am Neokolonialismus in Kenia hinaus auch eine deutliche formale Distanzierung von den Konventionen des englischen Romans. Ngugis Beteiligung an einem Kultur- und Theaterprojekt in Kamirithu – gespielt wurde das 1980 kollektiv produzierte Theaterstück in Kikuyu *Ngaahika ndeenda (Ich heirate, wann ich will!)* – hat ihm ein Jahr Gefängnis eingetragen. Während dieser Zeit der Beugehaft (Gefängnisbericht *Detained*, 1981) wurde seine Haltung noch unbeugsamer. Er schreibt seither nur noch in seiner Muttersprache Kikuyu. Den bisher letzten Schritt vollzog er im europäischen Exil: Mit seinem Essayband *Decolonizing the Mind* hat er sich programmatisch aus der englischsprachigen Literatur verabschiedet. Damit setzte er für die Entwicklung der afrikanischen Literatur ein Signal, das ihn zur Zielscheibe heftiger Kritik auch seiner afrikanischen Schriftstellerkollegen gemacht hat.

Ngugis frühe Romane, Dramen und Kurzgeschichten behandeln drei zentrale Themenbereiche: die Landenteignung durch die britischen Siedler seit den zwanziger Jahren, den Befreiungskampf der Mau-Mau-Bewegung in den fünfziger Jahren und die Erlangung der politischen Unabhängigkeit – Uhuru – Anfang der sechziger Jahre. Sein frühes Meisterwerk *A Grain of Wheat* spielt in den letzten Tagen vor der Unabhängigkeit und gipfelt in der Uhuru-Feier in dem Dorf Thabai. Zentralfigur des Romans ist Kihika, ein Sohn des Dorfes, einer der wagemutigsten Mau-Mau-Führer, der an die Briten verraten und in dem Dorf öffentlich hingerichtet wurde – eine Variation der historischen Figur Dedan Kimathi, von der Ngugis Theaterstück *The Trial of Dedan Kimathi* (1976) handelt. Dem Andenken Kihikas soll die Unabhängigkeitsfeier im Dorf gewidmet sein. Zugleich aber wollen seine Mitstreiter die Gelegenheit benutzen, um endlich Kihikas Verräter zu entlarven und somit die Feier zu einem Tribunal gegen die Feinde der Freiheit zu machen.

Zu Beginn des Romans sind die Dorfbewohner von Thabai auf der Suche nach dem würdigsten Festredner für die Feier. Im Rückblick auf die Zeit des Ausnahmezustandes während des Mau-Mau-Krieges und im Vorgriff auf die Feierlichkeiten des folgenden Tages werden die Schicksale der Kämpfer und Kollaborateure im Dorf, die Atmosphäre, die Ängste und Befürchtungen der Vergangenheit, die Hoffnungen für die Zukunft ausgebreitet. Uhuru – die Unabhängigkeit Kenias – beginnt indessen in Thabai mit einem Fehlstart. Anstelle von Glanz und Stolz stellt sich Beschämung ein, denn keiner der vermeintlichen Freiheitshelden des Dorfes ist ohne Makel. So endet die Uhuru-Feier beinahe in einem Lynchmord an einem Unschuldigen. Die politischen Affinitäten der Romanfiguren zeigen sich in ihrem unterschiedlichen Verhältnis zu dem Märtyrer Kihika; die persönlichen Verhaltensweisen spiegeln sich im Verhältnis zu Kihikas Schwester Mumbi. Sie wird von Gikonyo und Karanja umworben; Gikonyo gewinnt Mumbi, aber die Engländer stecken ihn sechs Jahre lang in ein Lager. Während dieser Zeit kollaboriert Karanja mit den Engländern, er wird Polizeikommandant, unter seinem Kommando wird Kihika hingerichtet. Auf ihn fällt der Verdacht, Kihikas Verräter zu sein. Ihm gelingt es, Mumbi zu verführen, indem er ihr die Freilassung Gikonyos verspricht. Als dieser aus dem Lager entlassen wird, findet er Mumbi mit einem Kind von Karanja vor.

Einer der Höhepunkte der Unabhängigkeitsfeier ist ein Drei-Meilen-Lauf, der zu einem Duell zwischen Gikonyo und Karanja wird. Während des Rennens lassen die beiden Kontrahenten ihr Leben als Gedankenstrom *(stream of consciousness)* Revue passieren: Stationen ihrer Liebe zu Mumbi, aber auch ihre Verbindungen zu den Freiheitskämpfern bzw. zur Kolonialmacht. Jede der drei Romanfiguren hat versagt. Karanja hat sich opportunistisch – vielleicht auch aus Liebe zu Mumbi – gegen seine eigenen Landsleute und deren Freiheitskampf gestellt. Jetzt zittert er vor der Abreise seines englischen Beschützers, Col. Thompson. Mumbi hat während der Abwesenheit ihres Mannes dem Drängen Karanjas nachgegeben. Und Gikonyo ist unfähig, seiner Frau zu verzeihen. Er vergräbt sich in seinem persönlichen Leid und kompensiert es durch die Härte seiner Geschäftspraktiken als Zimmermann und Bauunternehmer.

Nur einer im Dorf scheint ohne Fehl zu sein: Mugo, der fromme Einzelgänger, der sich bei der Zwangsarbeit schützend vor die Frauen gestellt, der sich für andere Gefangene eingesetzt hat. Er wird im Dorf wie ein Heiliger des Freiheitskampfes verehrt; ihm beichten Mumbi und Gikonyo ihr persönliches Versagen. Mugo wird ausersehen, die Festansprache bei der Unabhängigkeitsfeier zu halten. Mugo hat seine geheimen Gründe, warum er sich dieser Verpflichtung entziehen will, aber die Dorfbewohner werten sein Zögern als ein Zeichen seiner Bescheidenheit. In Wirklichkeit ist Mugos Frömmelei nur eine Kompensationshandlung. Denn er hat den Freiheitshelden des Dorfes an die Engländer verraten, er hat sich dabei von dem englischen Distriktoffizier demütigen lassen, aber er wollte sich die Belohnung sichern, die auf Kihikas Kopf ausgesetzt war, um sich damit ein Stück Land zu kaufen – eine Variante des Judasmotivs. Als bei der Uhuru-Feier der selbsternannte General R. den Verräter Kihikas auffordert vorzutreten, steht nicht Karanja auf, wie alle vermuteten, sondern Mugo tritt zögernd vor. Die Feier endet in einer Antiklimax. Uhuru ist also kein Anlaß zum Jubel – die Freiheit wird eher mit hängendem Kopf hingenommen. Das Scheitern in der Vergangenheit während des Befreiungskampfes, das menschliche Versagen, die menschliche Schwäche wird aus der Kolonialzeit als Hypothek in die Zeit der Unabhängigkeit übertragen. *»Das war wie warmes Wasser im Munde eines Durstigen. Es war nicht das, worauf wir so viele Jahre gewartet hatten.«* E.Bre.

AUSGABEN: Ldn. 1967. – Ldn. 1975; Nachdr. 1986.

ÜBERSETZUNG: *Preis der Wahrheit*, K. Schultz, Bln./DDR 1971. – *Freiheit mit gesenktem Kopf*, ders., Olten/Freiburg i. B. 1979. – Dass., ders., Ffm./Bln. 1982 (Nachw. I. Uffelmann; Ullst. Tb).

LITERATUR: D. Cook, *A New Earth: A Study of J. N.'s »A Grain of Wheat«* (in East Africa Journal, 6, Nairobi 1969, S. 13–20). – A. Ravenscroft, *Novels of Disillusion* (in Journal of Commonwealth Literature, 6, 1969, S. 120–137). – S. A. Gakwandi, *N.'s »A Grain of Wheat« and Sembene Ousmane's »God's Bits of Wood«: The Novel and Contemporary Experience in Africa*, Ldn. 1973. – A. Mazrui, *The Patriot as Artist* (in *African Writers on African Writing*, Hg. G. D. Killam, Ldn. 1973, S. 71–96). – R. Serumaga, *A Mirror of Integration: Chinua Achebe and J. N.* (in *Standpoints on African Literature: A Critical Anthology*, Hg. C. L. Wanjala, Nairobi u. a. 1973). – L. Monkman, *Kenya and the New Jerusalem in »A Grain of Wheat«* (in African Literature Today, 7, 1975, S. 111–116). – J. Martini, *N. wa T.: East African Novelist* (in *Individual and Community in Commonwealth Literature*, Hg. D. Massa, Msida/Malta 1978). – C. B. Robson, *N. wa T.*, Ldn. 1979. – G. N. Sharma, *N.'s Christian Vision: Theme and Pattern in »A Grain of Wheat«* (in African Literature Today, 10, 1979, S. 167 bis 176). – B. Jabbi, *Conrad's Influence on Betrayal in »A Grain of Wheat«* (in Research in African Literatures, 11, 1980, S. 50–83). – G. D. Killam, *An Introduction to the Writings of N.*, Ldn. 1980. – D. Cook u. M. Okenimpke, *N. wa T.: An Explanation of His Writing*, Ldn. 1982. – G. Czernik, *N. wa T.* (in KLFG, Grundlfg., 1983). – C. Sichermann, *N. wa T.: A Bibliography of Primary and Secondary Sources 1957–1987*, Mchn. u. a. 1989. – D. Maughan-Brown, *N. wa T.* (in DLB, Bd. 125, 1993, S. 145–169).

GABRIEL IMOMOTIMI GBAINGBAIN OKARA

* 24.4.1921 Bumoundi / Nigeria

THE VOICE

(engl.; *Ü: Die Stimme*). Roman von Gabriel Imomotimi Gbaingbain OKARA (Nigeria), erschienen 1964. – Okara, ein aus dem Osten Nigerias stammender Ijaw, hatte sich, bevor er seinen kurzen Roman vorlegte, bereits als Lyriker einen Namen gemacht und ist danach wieder zur Dichtung zurückgekehrt. Die thematische Grundidee von *The Voice* – die Problematik des sich als moralisch absolut integer verstehenden Individuums im Clinch mit einer nach selbstsüchtigen Motiven handelnden Gesellschaft – klingt auch in den Gedichten Okaras immer wieder an, findet aber im Roman erschöpfendere Ausarbeitung. Um der Thematik optimal gerecht werden zu können, verzichtet der Autor so weit wie irgend möglich auf die Beschreibung des äußeren Umfeldes, sogar der Schauplatz Afrika (Nigeria) muß fast erahnt werden. Die Charaktere sind Symbolfiguren, Repräsentanten und Personifikationen von Eigenschaften und Verhaltensweisen und als solche statisch.

Okolo – der Name ist ein Wort aus dem Ijaw und bedeutet »Stimme« – ist nach einem Auslandsstudium in seine Heimatstadt Amatu zurückgekehrt, wo er eine Gesellschaft vorfindet, die in der letzten Phase vor Erlangung der Unabhängigkeit bereits Anzeichen unproduktiver Erstarrung zeigt, angesichts der Unterdrückung, der Selbstsucht und hemmungslosen Ausbeutung derer, die in die Fußstapfen der abziehenden Kolonialherren zu treten gedenken. Okolos konstante Frage an die Menschen, ob sie »es« *(it)* haben, löst bei Chief Izongo und seinen Ältesten die Ahnung aus, daß ihre Machtposition untergraben werden könnte. Man verbannt Okolo aus dem Dorf, schickt ihn nach Sologa, wo er seine Suche nach dem *it* fortsetzt und folglich vor die Alternative gestellt wird, auch diese Stadt zu verlassen oder ins Irrenhaus gesteckt zu werden. Okolo kehrt nach Amatu zurück. Tuere, eine Frau, die außerhalb der Gesellschaft steht – sie ist unverheiratet und kinderlos und deshalb als Hexe verschrieen –, die als Ausgestoßene aber ebenso wie der Krüppel Ukule *it* besitzt und daher Okolos Anliegen versteht, hatte ihm schon anfangs Unterschlupf und Hilfe gewährt und macht sich auch jetzt wieder hilfreich für ihn stark, weshalb sie vom Dorf verurteilt wird, Okolos Schicksal zu teilen. Aneinandergefesselt werden sie in einem Kanu ausgesetzt; in den Strudeln des Flusses sterben sie den Märtyrertod.

The Voice gehört zu den Romanen, die sich in der Zeit der gerade erlangten Unabhängigkeit kritisch mit der politischen Situation auseinandersetzen, wobei hier aber der Schwerpunkt weniger auf sozialen als vielmehr auf moralischen Aspekten liegt. Das im Rahmen des Romans nie erläuterte *it* erweist sich als moralischer Imperativ, nach dem Okolo selbst nicht mehr auf der Suche ist; er glaubt sich wie Don Quijote im Besitz der Tugend und sucht nun als unschuldiger Idealist auch bei den anderen danach, die ihrer aber in der korrupten, materialistischen, verängstigten Welt längst verlustig gegangen sind. Wie der edle Ritter von der Mancha bei CERVANTES wird er für verrückt erklärt, wie KAFKAS K. sieht er sich einer feindlichen und ihm unverständlichen juristischen Maschinerie gegenüber, der er hilflos ausgeliefert ist, der er aber in der unbeugsamen Überzeugung seiner moralischen Überlegenheit entgegentritt, im Glauben, vorbildhaft zu wirken. Anders als etwa die kritisierenden Charaktere in Wole SOYINKAS *The Interpreters* (1965), die selbst der Kritik des Lesers anheimfal-

len sollen, zeichnet Okara mit Okolo einen moralisch integren Märtyrer, dessen Opfertod nicht sinnlos ist. Einem Christus gleich wird er gemordet, doch sein Tod setzt ein Zeichen der Hoffnung, das Nachwirkungen haben wird.
Der Roman hält seine besondere Stellung im Kanon der afrikanischen Literatur vor allem seines Stils und seiner Sprache wegen. Er gilt als literarisches Experiment, insofern als Okara versucht hat, seine Muttersprache Ijaw so weit wie möglich ins Englische zu übertragen. Sprichwörter, Redewendungen und Sageweisen der Igbo hatte auch schon Chinua ACHEBE in seine Romane integriert; Okara aber ging noch einen Schritt weiter und glich auch die Syntax des Englischen der seiner eigenen Sprache an, übertrug Sprechweisen wortwörtlich aus dem Ijaw ins Englische. Dieser von der Kritik vielbeachtete Versuch fand allerdings in der von Okara gewählten Extremform keine Nachahmer. I.U.

AUSGABEN: Ldn. 1964. – Ldn. 1970 [Einl. A. Ravenscroft]. – Ldn. 1975; Nachdr. 1985.

ÜBERSETZUNG: *Die Stimme*, O. u. E. Fetter, Bln./DDR 1975.

LITERATUR: E. Palmer, *An Introduction to the African Novel*, Ldn. 1972, S. 155–168. – R. Jestel, *Literatur u. Gesellschaft Nigerias*, Darmstadt 1979, S. 148 ff. – J. Booth, *Writers & Politics in Nigeria*, NY 1981, S. 73–77. – S. Iyasere, *Narrative Techniques in O.'s »The Voice«* (in African Literature Today, 12, 1982, S. 5–21). – B. King, *G. O.* (in DLB, Bd. 125, 1993, S. 188–199).

CHRISTOPHER IFEKANDU OKIGBO

* 16.8.1930 Ojoto / Nigeria
† August 1967 Nsukka / Nigeria

LABYRINTHS. - PATH OF THUNDER

(engl.; *Labyrinthe – Pfad des Donners*). Gedichte von Christopher Ifekandu OKIGBO (Nigeria), postum erschienen 1971. – Das lyrische Werk des 1967 während des Biafra-Krieges an der Front bei Nsukka gefallenen, aus Ostnigeria stammenden Igbo Christopher Okigbo ist nicht umfangreich, von afrikanischen und internationalen Kritikern aber wird es als so hervorragend eingestuft, daß dem Autor ein Platz in vorderster Reihe unter den Dichtern Schwarzafrikas zuerkannt wird. Der humanistisch-altphilologisch gebildete Okigbo zeigte schon in seiner Schulzeit auch eine ausgeprägte Neigung zur Musik der europäischen Klassik der Moderne und des amerikanischen Jazz, und so sind seine Gedichte – von den frühesten, von ihm nicht in diese Sammlung aufgenommenen *Poems: Four Canzones*, die zwischen 1957 und 1961 entstanden waren, bis hin zu den Gedichten des Zyklus *Labyrinths* – in Analogie zur europäischen Musiktradition konstruiert. Sie sind in Sätze mit einheitlichem Thema gegliedert, die sich in Variationen, Entwicklungen, Wiederholungen, Umkehrungen, Leitmotive auffächern; darüber hinaus sind sie an poetischen Vorbildern der klassischen Antike ebenso orientiert wie an der europäischen Moderne und der traditionellen afrikanischen Lyrik und Musik. Dieser Vielzahl inspirierender Quellen entsprechend sind die Gedichte höchst kompliziert, mitunter in ihrer gänzlich individuellen Symbolik hermetisch und bedurften daher – wie etwa T. S. ELIOTS *The Waste Land* (1922), das ebenso wie Gedichte von W. B. YEATS und Ezra POUND Einflußnahme erkennen läßt – der erläuternden Anmerkungen bzw. des ausführlichen Vorworts des Autors, um verständlich zu werden.
Die im Zyklus *Labyrinths* zusammengefaßten Gedichte entstanden in der Zeit zwischen 1960 und 1964 zunächst als Einzelgedichte und wurden auch als solche veröffentlicht. Erst später stellte sie Okigbo zu einem Zyklus zusammen, was möglich war, da sie, wie Okigbo im Vorwort ausführt, *»organisch verwandt«* waren; dennoch mußten die vier Teile *Heavensgate, Limits, Silences* und *Distances* überarbeitet und umgestaltet werden, um sich zu einem organischen Ganzen zu fügen.
Labyrinths ist *»die Fabel von der immerwährenden Suche des Menschen nach Erfüllung«* und führt so in der höchst esoterischen Sprache des Dichters durch die Stationen dieser Suche des Dichter-Protagonisten, der eine Odysseus-Gestalt ist, in der sich Züge des Orpheus mit denen des Gilgamesch, des Aeneas, des Helden von MELVILLES *Moby Dick* – (Ahab oder der weiße Wal selbst?) – und des Fischerkönigs aus Eliots *The Waste Land* vereinen. Die Reise, welche Rituale der Reinigung, Initiationen und Lernprozesse ebenso umfaßt wie religiöse Erfahrungen, ekstatische Augenblicke der Erleuchtung und Momente der Ernüchterung, der Verzweiflung, des Verlorenseins und schließlich der Heimkehr – einer Heimkehr freilich, deren einziger Zeuge der Protagonist selbst ist –, diese Reise durch die Stationen des Zyklus entspricht – so Okigbo – dem Beten des Rosenkranzes, wobei die Perlen der Gebetskette zu verstehen sind als die Miniaturgloben der Qual und Seelenpein, die aufgereiht sind auf dem Faden der Erinnerung.
Über die private Erfahrung hinaus aber versucht *Labyrinths* auch die Situation der nigerianischen Nation mit in den Blick zu nehmen, die zu der Zeit, als die Gedichte entstanden, von der wachsenden Gefahr eines Bürgerkriegs bedroht war. Die persönliche Suche des Dichter-Protagonisten gerät so auch zur Reflexion über die politischen Gegebenheiten des Landes, wobei der innere Zusammenhang dieser beiden Aspekte gelegentlich obskur bleibt und erzwungen erscheint. Die nach 1966 geschriebenen und zunächst auch erst als Einzelpubli-

kationen erschienenen Gedichte, die in die Sammlung *Labyrinths* aufgenommen wurden, ohne Teil dieses Zyklus zu sein, haben hier die bessere Lösung zu bieten. Die ursprünglich unter dem Titel *Path of Thunder: Poems Prophesying War* zusammengefaßten sechs Gedichte sind in der für Okigbo typischen Sprache der Andeutungen und Analogien, der Übertragungen, Bilder und Symbole geschrieben, doch sie beziehen Stellung in ihrer Aussage, und sie sind direkt mit den Ereignissen im Nigeria von 1966 verknüpft. Sie bilden eine innere Einheit und wären – hätte Okigbo überlebt – von ihm wohl ebenfalls in einen zusammenhängenden Zyklus gebracht worden. I.U.

AUSGABEN: Ldn. 1971. – Ldn. 1979; Nachdr. 1985.

LITERATUR: M. Whitelaw, *Interview with C. O., 1965* (in Journal of Commonwealth Literature, 1970, Nr. 9, S. 28–37). – S. O. Anozie, *C. O.: Creative Rhetoric*, NY 1972. – Ny. O. Udoeyop, *Three Nigerian Poets: A Critical Study of Soyinka, Clark and O.*, Ibadan 1973. – J. Ngate, *Two African Prodigals: Senghor and O.*, Diss. Univ. of Washington 1979 (vgl. Diss. Abstracts, 40, 1979, S. 4021A). – D. Okafor, *Nationalism in O.'s Poetry*, Enugu/Nigeria 1980. – K. Goodwin, *Understanding African Poetry*, Ldn. 1982, S. 30–48. – *Critical Perspectives on C. O.*, Hg. D. I. Nwoga, Washington D.C. 1984 [m. Bibliogr.]. – Ders., *C. O.* (in DLB, Bd. 125, 1993, S. 200–224).

OKOT P' BITEK

* 1931 Gulu
† 19.7.1982 Kampala

SONG OF LAWINO

(engl.; *Ü: Lawinos Lied*). Gedicht von OKOT P'BITEK (Uganda), erschienen 1966. – Dieses ursprünglich in Atscholi – der Muttersprache des Autors – verfaßte, dann von ihm selbst ins Englische übertragene lange Gedicht gilt als Markstein der Literatur Ostafrikas, auf deren Entwicklung es entscheidenden Einfluß hatte. Okot p'Bitek greift Elemente der traditionellen oralen Literatur auf und verwebt sie mit Eigentümlichkeiten der modernen europäischen Dichtung, womit er für viele Autoren Ostafrikas zum Vorbild wurde. Diese Verschränkung von Tradition und Moderne findet sich schon in der 1956 in Atscholi geschriebenen Fassung *(Wer pa Lawino)*, für die sich aber kein Verleger fand. Dort benutzt der Autor einen nicht ganz konsequent eingehaltenen Reim nach dem Schema *abab*; da sich in der traditionellen Atscholidichtung Reime nur zufällig ergeben und ihnen geringer poetischer Wert beigemessen wird, hat Okot p'Bitek hier ein neues Element eingeführt. Für die englische Neufassung verzichtete der Autor auf den Reim, um die stilistischen Merkmale der Atscholi-Dichtung um so klarer hervortreten lassen zu können: Alliterationen, Reduplikationen, Wiederholungen bestimmter Phrasen, sprichwörtliche Redensarten, Sprichwörter und direkte Anrede.

Song of Lawino ist die Klage und Anklage der der Atscholitradition verhafteten Lawino darüber, daß ihr Mann Ocol sich von der eigenen Kultur abgewendet und sich ganz und gar der Übernahme europäischer Werte verschrieben hat. In dreizehn Abschnitten, die jeweils in Strophen unterschiedlicher Länge gegliedert sind, beklagt Lawino, daß Ocol sich eine europäisierte Nebenfrau, Clementine, genommen hat; doch nicht die Nebenfrau ist das Problem, nicht Eifersucht spricht aus Lawino – wie sie, nicht ganz glaubhaft, zu versichern sucht –, sondern Trauer darüber, daß Ocol, der geliebte Mann, mit ihr, der analphabetischen und deshalb von ihm als dumm und rückständig verachteten Lawino, nichts mehr zu tun haben will. Europäischen Sitten und Bräuchen werden jeweils die afrikanischen Äquivalente mit ihren – aus Lawinos Sicht natürlich positiven – Aspekten gegenübergestellt. Die europäische Weise sich zu kleiden, zu schminken, zu tanzen, europäische Eßgewohnheiten, Regeln der Kindererziehung, Formen der Ausbildung, der Freizeitgestaltung, der gesamten Lebensweise, bringt Lawino zur Sprache und häuft Hohn und Verachtung auf ihre Nebenbuhlerin und ihren Mann Ocol, jene Verkörperungen europäischer Verhaltensweisen, mit denen Lawino nichts anzufangen weiß und die ihr sittliches Empfinden verletzen.

In der Komplexität und Widersprüchlichkeit der Gedanken und Gefühle Lawinos gestaltet Okot p'Bitek die Problematik der kulturellen Überfremdung Afrikas und artikuliert die Trauer über Verlust und Leugnung der alten Werte. Doch indem Lawino das Neue und Andersartige verspottet, beschimpft, ablehnt, ohne es wirklich zu kennen, es verdammt, ohne dessen mögliche Nützlichkeit oder Sinnhaftigkeit zu hinterfragen, nimmt sie eine Haltung ein, die der des Europäers gleicht, der die afrikanischen Werte verdammt und verachtet. Der Autor regt durch die Gegenüberstellung zweier gleichermaßen verhärteter Haltungen zum Nachdenken an; er redet sowenig einer unreflektierten Glorifizierung und Beibehaltung afrikanischer Tradition das Wort wie einer unüberlegten Übernahme alles Europäischen, noch einer Abschaffung und Ausrottung der einen oder anderen Ideenwelt. Durch die Stimme Lawinos erweist sich Okot p'Bitek als scharfer Beobachter, der mit spitzer Zunge die Hohlheit aller unüberlegt albernen Nachäfferei europäischer Sitten bloßlegt; indem er seine Heldin selbst aber als starrköpfig, vorurteilsbehaftet und uneinsichtig darstellt, regt er zur kritischen Auseinandersetzung an, zur Abwägung und zur Suche nach möglichem Ausgleich. Diesem Aspekt trägt auch die Tatsache Rechnung, daß Okot p'Bitek mit seinem 1970 veröffentlichten Gedicht *Song of Ocol* das argumentative, auf Ocol bezogene Gegenstück zu *Song of Lawino* vorlegte.

I.U.

AUSGABEN: Nairobi 1966. – Cleveland/Oh. 1969.

ÜBERSETZUNG: *Lawinos Lied*, M. Welter, Tübingen 1972. – Dass., dies., Ffm./Bln. 1982.

LITERATUR: G.A. Heron, *The Poetry of O.p'B.*, Ldn. 1976. – K. Goodwin, *Understanding African Poetry: A Study of Ten Poets*, Ldn. 1982, S. 154–173. – A. Imfeld, *Vision und Waffe. Afrikanische Autoren, Themen, Traditionen*, Zürich 1981, S. 91–111. – B. Lindfors, *O.p'B.* (in DLB, Bd. 125, 1993, S. 225–237).

WOLE SOYINKA

eig. Akinwande Oluwole Soyinka

* 13.7.1934 bei Abeokuta / Nigeria

LITERATUR ZUM AUTOR:
E.D. Jones, *The Writing of W.S.*, Ldn. 1973. – B. Lindfors, *The Early Writings of W.S.* (in Journal of African Studies, 2, 1975, S. 64–86). – O. Ogunba, *The Movement of Transition: A Study of the Plays of W.S.*, Ibadan 1975. – R. Böttcher-Wöbcke, *Komik, Ironie u. Satire im dramatischen Werk von W.S.*, Hbg. 1976. – G. Moore, *W.S.*, Ldn. 21978. – H. Webb, *S.'s Novelistic Autobiography* (in New Literature Review, 5, 1978, S. 108–120). – M. Page, *W.S.: Bibliography, Biography, Playography*, Ldn. 1979. – C.A. Carpenter, *Studies of W.S.'s Drama: An International Bibliography* (in MD, 24, 1981, S. 96–101). – A. Imfeld, *Vision u. Waffe. Afrikanische Autoren, Themen, Traditionen*, Zürich 1981, S. 191–209. – R.W. July, *The Artist's Credo: The Political Philosophy of W.S.* (in Journal of Modern African Studies, 19, 1981, S. 477–498). – *Critical Perspectives on W.S.*, Hg. J. Gibbs, Ldn. 1981. – B.M. Ibitohun, *The Pseudo-Selves: An Aspect of S.'s Dramaturgy* (in WLWE, 21, 1982, S. 23–37). – E. Galie, *The European and African Critical Reception of W.S.* (in AFRAM Newsletter, 15, 1982, S. 12–22). – S. Larsen, *A Writer and His Gods*, Stockholm 1983 [m. Bibliogr.]. – N. Osundare, *Words of Iron, Sentences of Thunder: Aspects of S.'s Prose Style* (in African Literature Today, 13, 1983, S. 24–37). – R. Sekoni, *Metaphor as a Basis Form in S.'s Drama* (in Research in African Literature, 14, 1983, S. 34–57). – C. Degen, *Gesellschaftskritik im anglophonen Gegenwartsroman Afrikas*, Ffm. u.a. 1984.– E. Galle, *W.S. and Ritual Drama* (in Commonwealth Essays and Studies, 7, 1984, S. 20–28). – J. Gibbs, *Grafting Is an Ancient Art: The Relationship of African and European Elements in the Early Plays of W.S.* (in WLWE, 24, 1984, S. 87–99). – A.J. Ahmed, *W.S.: An African Balzac?* (in Ufahamu, 14, 1985, Nr. 3, S. 114–126). – R. Sethuraman, *The Role of Women in the Plays of W.S.* (in WLWE, 25, 1985, S. 222–227). – C. Amuta, *The Ideological Content of W.S.'s War Writings* (in Commonwealth Essays and Studies, 8, 1986, S. 102–112). – K.H. Katrak, *W.S. and Modern Tragedy*, Ldn. 1986. – I. Uffelmann, *W.S.* (in KLFG, 24. Nlg., 1991). – J. Gibbs, *W.S.* (in DLB, Bd. 125, 1993, S. 298–326).

DEATH AND THE KING'S HORSEMAN

(engl.; *Der Tod und der Reitergeneral des Königs*). Stück in fünf Bildern von Wole SOYINKA (Nigeria), Uraufführung: Ile-Ife (Nigeria), Dezember 1976. – Dem Drama liegt ein historisches Ereignis zugrunde: In der traditionellen Yoruba-Gesellschaft pflegte sich der Reitergeneral des Königs von Oyo nach dessen Tod in einer religiösen Zeremonie im Tanz in eine Trance zu versetzen, in der er, durch reine Willenskraft, seinem Leben ein Ende setzte. Er erwies so dem toten König, der als Mittler zwischen Lebenden und Toten eine für die ganze Gemeinschaft wichtige spirituelle Funktion ausübte, die ihm gebührende Ehre der Begleitung und sicherte dadurch den Fortbestand des harmonischen Verhältnisses zwischen Diesseits und Jenseits. Im Jahre 1946 wurde die Zeremonie durch das Eingreifen des britischen Distriktsbeamten Simon Pilkings unterbrochen; eine Katastrophe für die Bevölkerung Oyos, der der Sohn des Elesin Oba, des Reitergenerals, durch seinen stellvertretend vollzogenen Freitod entgegenzuwirken suchte.
Soyinka geht es in seinem Stück nicht um die Rekonstruktion der historischen Fakten, schon gar nicht um die Auseinandersetzung mit den Handlungsmotiven der historischen Persönlichkeiten; das historische Ereignis bildet lediglich den Rahmen, innerhalb dessen eine übergeordnete Problematik zum Thema erhoben ist: die Bewältigung des unabänderlichen, unausweichlichen Phänomens, das der Tod darstellt, in einem bestimmten kulturellen System und die katastrophalen Folgen, die der Zusammenbruch des Systems für die Bewältigung des Problems mit sich bringt. Für Soyinka ist der Zusammenbruch nicht Folge des »Kulturkonflikts«, er ist vielmehr in der tragischen Persönlichkeit des Elesin Oba angelegt.
Das streng strukturierte Stück zeigt in seinen fünf Bildern alternierend die Welt des Elesin Oba und die des Distriktsbeamten, doch dient diese Parallelisierung vor allem der Verdeutlichung der afrikanischen Weltsicht, die sich als ebenso logisch und relevant erweist wie die britische für die britischen Charaktere. Der eigentlich tragische Konflikt erwächst aber nicht aus dem Zusammenprall unter-

schiedlicher Wertungen, etwa von Begriffen wie »Ehre« oder »Pflicht«, er liegt in der Person des Elesin Oba, der der Erde mit ihren materiellen Gütern zu sehr verhaftet ist. So läßt er sich in der ersten Szene nicht nur mit Lob, Geschenken, Ehrbezeugungen und Vorschußlorbeeren überhäufen, er besteht auch darauf, eine letzte Ehe mit einer jungen Frau einzugehen, ein letztes Kind zu zeugen. Iyaloja, die Sprecherin der Marktfrauen, gewährt ihm den Wunsch, denn ginge Elesin mit Groll gegenüber den Lebenden, wäre seine Mission wertlos, doch sie warnt ihn in aller Deutlichkeit. Daß letztlich Pilkings die weit vorangeschrittene Zeremonie noch unterbrechen kann, ist vor allem Folge der »Erdgebundenheit« des Elesin. Für Pilkings seinerseits ist nicht die »Barbarei« des rituellen Selbstmordes Grund zum Eingreifen, vielmehr besteht die Gefahr eines Aufstandes, dies erst läßt Pilkings den Befehl geben, Elesin zu verhaften – einheimische Polizisten waren entsandt worden, auszukundschaften, was tatsächlich vor sich geht, und gerieten mit den Marktfrauen in Konflikt, die ihnen verboten, die Hochzeitszeremonie zu unterbrechen.
Olunde, der Sohn des Elesin Oba, von Pilkings selbst vor Jahren nach England zum Medizinstudium geschickt (eine von den geschichtlichen Tatsachen abweichende dichterische Freiheit, ebenso wie die Vorverlegung der Ereignisse in die Kriegsjahre), versucht der Frau des Distriktsbeamten Sinn und Zweck des Rituals verständlich zu machen, in dem Glauben, die Sache sei bereits zum vorgesehenen Ende gekommen. Seine Ausführungen machen deutlich, daß sich jede Kultur zur Bewältigung bestimmter Situationen bestimmter Rituale bedient, die grundsätzlich austauschbar wären, deshalb aber noch lange nicht willkürlich austauschbar sind. Nachdem er am Ende des vierten Bildes gesehen hat, daß sein Vater noch lebt, begeht er den Selbstmord, den sein Vater nicht zu Ende brachte, wobei offenbleibt, ob er den Glaubensinhalt der Vorstellungen seines Volkes persönlich teilt oder nur die Notwendigkeit zur Abwendung der spirituellen Katastrophe – wie sie seinem Volk erscheint – sieht und danach handelt. Die letzte Szene, in der Iyaloja den gefangengesetzten Elesin erbarmungslos mit seiner Schande konfrontiert, macht zugleich deutlich, daß Olundes Selbstopfer von ihr, als Sprecherin für die Tradition, nur als Notlösung anerkannt wird. Der eigentlich Schuldige ist in ihren Augen Elesin, der, überwältigt von seiner Schande, sich die mit Handschellen gebundenen Hände um den Hals legt und sich selbst stranguliert; ein Tod, der nur noch Flucht aus der Unerträglichkeit irdischer Schmach und Unehre ist, tragisch, da er jeder rituellen Bedeutung entbehrt und die Schande ins Jenseits hinüberträgt.

I.U.

AUSGABEN: Ldn. 1975; ²1978. – NY 1976.

LITERATUR: G. Moore, *S.'s New Play* (Kritik der Urauff., in West Africa, 10. 1. 1977, S. 60/61). – D. S. Izevbaye, *Mediation in S.: The Case of the King's Horseman* (in *Critical Perspectives on W. S.*, Hg. J. Gibbs, Ldn. 1981, S. 116–125). – F. Osofisan, *Tiger on the Stage: W. S. and Nigerian Theatre* (in *Theatre in Africa*, Hg. O. Ogunba u. A. Irele, Ibadan 1978, S. 151–176).

IDANRE, AND OTHER POEMS

(engl.; *Idanre und andere Gedichte*). Gedichte von Wole SOYINKA (Nigeria), erschienen 1967. – Diese erste Gedichtsammlung Soyinkas enthält in sieben Sektionen Gedichte, die seit 1960 geschrieben und zum Teil schon vor der Buchausgabe in Literaturzeitschriften veröffentlicht worden waren. Das Titel-Gedicht *Idanre*, ein langes Poem, das den Yorubagott Ogun feiert, wurde für das »Commonwealth Arts Festival« von 1965 geschrieben, war jedoch – so die Vorbemerkung des Autors – unter dem Eindruck eines persönlichen Erlebnisses entstanden.
Die Einteilung in sieben Sektionen ist nicht willkürlich. Sieben ist die heilige Zahl Oguns, der im gesamten Gedichtband direkt oder indirekt eine große Rolle spielt – *Idanre* selbst ist wiederum in sieben Abschnitte unterschiedlicher Länge unterteilt. Jede der Sektionen des Gedichtbändchens – *of the road; lone figure; of birth and death; for women; grey seasons; october '66* – findet im langen Poem *Idanre* Spiegelung und Widerhall, jedes der übergeordneten Themen, die den Sektionen den Titel geben, wird in *Idanre* aufgegriffen; manche Passage, die in einem Gedicht einer der Sektionen obskur bleibt, erhellt sich aus *Idanre* und umgekehrt. Fast alle Texte, vor allem aber das Titelgedicht, sind in der für die frühe Lyrik Soyinkas typischen Dichte und Gedrängtheit der Sprache und Bilder geschrieben: Elliptisch, nicht auf erzählerischen Inhalt, sondern auf Stimmung und Eindruck Wert legend, erinnern sie in der Reihung der Bilder an die Preislieder *(oriki)* der Yoruba.
Ogun, traditionell der Gott des Eisens und des Krieges der Yoruba, ist im Gesamtwerk des Autors eine Symbolfigur und Metapher für die widerstreitenden Aspekte des Schöpferischen und Zerstörerischen im Menschen, derzufolge die individuelle Existenz eine Widersprüchlichkeit in sich birgt, die es zu überwinden und mit sich selbst immer aufs neue in Einklang zu bringen gilt. Dies kann nur in einem ständigen Kontinuum gelingen, einem immer wiederkehrenden Kreislauf, denn schöpferische Kraft bedingt notwendigerweise die Zerstörung des zuvor Gewesenen, und doch ist ohne Kreativität keine Weiterentwicklung möglich. Die traditionellen Ogunmythen werden deshalb in Soyinkas Werk in ihrem Sinngehalt erweitert und auch uminterpretiert, so daß Ogun über seine traditionelle Rolle hinaus als Gott der Schöpferkraft, als Entdecker, der sich in das Unbekannte vorwagt, als Erzrevolutionär gefeiert wird, als schöpferisches Wesen, das – notwendigerweise – Tod bringt. Als Gott des Eisens etwa ist er auch der Gott der Autofahrer; die Straße ist sein Altar, auf dem ihm die

Verkehrstoten als Opfer dargebracht werden. All diesen Aspekten wird im Poem auf verschiedenen Ebenen Raum gegeben. Die ekstatische Feier Oguns präsentiert sich als eine nächtliche Wanderung des Autors auf den Hügel von Idanre während eines Gewittersturms – Zeichen für die Anwesenheit eines anderen Yorubagottes: Sango, Gott des Blitzes, der mit Ogun eine »ideale Fusion« eingeht, als Oguns eiserner Kultstab den Blitzen Sangos als Ableiter dient, der elektrische Energie als befruchtend-schöpferische Kraft in den Boden leitet. Der Dichter durchlebt in der Anwesenheit der Gottheiten die mythischen Ereignisse, eine junge Palmweinverkäuferin am Wegesrand nimmt dabei die Rolle der Göttin Oya ein (Ehefrau Oguns, später Sangos), und ist zugleich ein bei einem Verkehrsunfall getötetes Opfer für Ogun. Die Erinnerungen des Dichters schweifen zurück in prämythische Zeit, als der Sklave der ersten, einzigen Gottheit einen Felsbrocken auf diese schleuderte und so das Götterpantheon der Yoruba entstehen ließ, und als allein Ogun die eiserne Waffe besaß (geschmiedet aus dem Eisen, das er dem Schoß der Mutter Erde entriß), um damit den Pfad zu schlagen, der Götter und Menschen verbinden konnte. Dieser positiven Tat Oguns steht sein Frevel gegenüber: Von den Bewohnern der Stadt Ire in Kriegsbedrängnis um Hilfe gerufen, schlachtet der vom Palmwein sinnlos trunkene Gott die eigenen Leute ab – ein Gemetzel, das ein Gegenstück in den Gedichten der Sektion *october '66* findet, die nach den Pogromen an den Ibo Nigerias kurz vor Ausbruch des Biafra-Krieges entstanden. Während der Dichter mit dem Gott die furchtbare Tat beklagt, die im endlosen Zyklus des unausweichlichen Karma sich immer und immer zu wiederholen scheint, enthüllt sich dem Dichter in einer Vision der endlos in sich geschlossene Ring der sich selbst verschlingenden Schlange (das traditionelle Symbol Oguns) als Möbiussche Schleife, als *»mathe-magischer Ring, unendlich in seiner Selbsterneuerung in unabhängige und doch ineinander verschlungene Ringe und deshalb ... ein Symbol des Optimismus, denn es enthält die Illusion eines ›Knicks‹ im Kreis und dadurch die Möglichkeit einer zentrifugalen Flucht aus dem ewigen Kreislauf des Karmas, der des Menschen schlimme Geschichte geworden ist ...«*. I.U.

Ausgaben: Ldn. 1967; [5]1979. – NY 1968.

Literatur: N. J. Udoeyop, *Tree Nigerian Poets: A Critical Study of S., Clark and Okigbo*, Ibadan 1973. – K. Goodwin, *Understanding African Poetry*, Ldn. 1982, S. 107–142.

THE INTERPRETERS

(engl.; *Ü: Die Ausleger*). Roman von Wole Soyinka (Nigeria), erschienen 1965. – Dieser erste Roman des Dramatikers Soyinka durchleuchtet und interpretiert die Gesellschaft des neueren Afrika – eine Gesellschaft *in statu nascendi*, die sich ihre Normen und Gesetze erst schaffen muß. Soyinka schildert sie aus der Perspektive von fünf jungen nigerianischen Intellektuellen, deren Erlebnisse er in lose zusammenhängenden Szenen, Erinnerungen und Rückblenden wiedergibt. Der Journalist Sagoe, der im Außenministerium beschäftigte Egbo, der Maler Kola, der Ingenieur Sekoni und der Lehrer Bandele sind Freunde seit ihrer Schulzeit. Ihre Diskussionen und ihre Begegnungen mit der neuen Oberschicht von Lagos und Ibadan, die die Traditionen ihres Volkes als barbarisch verachtet und um jeden Preis als modern und kultiviert gelten möchte, aber nur imstande ist, die bewunderte Kultur der einstigen Kolonialherren, der Briten, in leeren Äußerlichkeiten nachzuäffen, bieten dem Autor Gelegenheit zu einer erbarmungslosen Satire auf die nigerianische Bourgeoisie.

Doch sind diese Bilder und Szenen nur der Rahmen für das eigentliche, innere Geschehen. Den Freunden wird bewußt, daß ihre in Europa erworbene Bildung sie ihrer Heimat entfremdet hat, daß sie, jeder für sich, einen Ausgleich, eine Synthese zwischen den Kräften der Tradition und der Moderne suchen müssen. Sekoni findet diesen Ausgleich in schöpferischer Arbeit als Bildhauer, nachdem ihn Leerlauf und Korruption in einem Ingenieurbüro buchstäblich an den Rand des Wahnsinns getrieben haben. Sagoe versucht, den Konflikt zwischen seinen Idealen und der Alltagswirklichkeit mit einer ironisch-absurden »Entleerungs«-Philosophie zu überwinden: einer drastischen Persiflage auf alle abendländischen »Ismen«. Ihm bietet die Freundin Dehinwa den Halt, den er braucht. Kola will den Ausgleich zwischen Tradition und Gegenwart wie Sekoni in der Kunst erreichen; in einem großen, vielfigurigen Gemälde stellt er die gesamte Yoruba-Mythologie dar. Doch er stößt auf Schwierigkeiten: *»Es fehlt nur noch die Brücke, die Leiter zwischen Himmel und Erde. Ein Seil oder eine Kette. Das Bindeglied, das ist alles.«* Schließlich findet er es in Lazarus, einem Sektengründer; der ist ihm *»eine Brücke aus Mondlicht, die Himmel und Erde durchbohrt, leicht wie ein Geist und beschwerlich wie die Auferstehung«*. Egbo, auf den an der Nigermündung ein Fürstentum wartet, das er erben soll, bemüht sich vergebens, von der Macht der Toten, der Vergangenheit und der Geschichte loszukommen. *»Die Entscheidung eines Menschen sollte aus ihm selbst kommen, nicht aus den Antrieben seiner Vergangenheit ...«* Aber das Erbe, das er nicht antreten will, beherrscht seine Erinnerungen. Die Wassergottheiten, denen seine Eltern zum Opfer fielen, die aber ihn ins Leben zurückwarfen, ziehen ihn magisch an, und in einer felsigen Höhlung am Ogunfluß erlebt er *»die Nacht als Schoß der Götter«*, fühlt er sich von der Gottheit durchströmt. An diese Stelle der Kommunikation führt er eine unbekannte Studentin, die plötzlich versteht, daß ihm der Liebesakt Religion ist. In ihr hat er die Brücke, das Bindeglied zur Vergangenheit, gefunden. Der weise, verständige Bandele endlich ist selbst die Brücke zwischen ihnen allen.

Der vielschichtige Roman, der den Bogen von der

satirisch betrachteten Gegenwart zur Mythologie schlägt, zeigt in Struktur und Stil Einflüsse von JOYCE und FAULKNER – die Verwendung des »inneren Monologs«, das Zerbrechen der Chronologie –, aber auch Merkmale der oralen Yoruba-Tradition: Manche epigrammatischen Formulierungen in den zahlreichen Dialogen nähern sich dem Sprichwort, und Passagen, die in die afrikanische Vergangenheit zurückweisen, zeigen rhythmische Gliederung.
Soyinkas Werk ist das erste der neoafrikanischen Literatur aus Nigeria, das internationale Anerkennung gefunden hat. Der Autor wurde 1986 mit dem Literatur-Nobelpreis ausgezeichnet. J.H.J.

AUSGABEN: Ldn.1965; ²1972. – Ldn.1970 [Einl. u. Anm. E. Jones]. – NY 1970 [Einl. L. A. Lacy]. – NY 1972.

ÜBERSETZUNG: *Die Ausleger*, I. Uffelmann, Olten 1983. – Dass., dies., Mchn. 1986 [Nachw. E. Breitinger; dtv].

LITERATUR: K. W., Rez. (in West Africa, 4, Juni 1965). – G. Moore, Rez. (in The New African, 4, Sept. 1965). – L. R. Early, *Dying Gods: A Study of W. S.'s »The Interpreters«* (in Journal of Commonwealth Literature, 12, 1977, S. 162–174). – D. Maughan-Brown, *Interpreting and »The Interpreters«: W. S. and Practical Criticism* (in English in Africa, 6, 1979, S. 51–62). – L. Houbein, *»The Interpreters«: The Whole Soyinka?* (in ACLALS Bulletin, 5, 1980, Nr. 3, S. 98–111). – J. Okonkwo, *The Essential Unity of S.'s »The Interpreters« and »Season of Anomy«* (in African Literature Today, 11, 1980, S. 110–121). – D. Attwell, *W. S.'s »The Interpreters«: Suggestions on Context and History* (in English in Africa, 8, 1981, S. 59–71). – A. R. Gurnah, *»The Interpreters«: Technique as Structure* (in Ariel, 13, Calgary 1982, Nr. 2, S. 67–81). – N. MacEwan, *Africa and the Novel*, Atlantic Highlands/N.J. 1983, S. 61–79. – A. C. Jaccard, *Portraits de femmes dans »Les Interprètes« de W. S.* (in Nouvelles du Sud, 1985/86, Nr. 2, S. 99–127). – J. O. Omole, *A Sociolinguistic Analysis of W. S.'s »The Interpreters«*, Diss. Univ. of Wisconsin 1985 (vgl. Diss. Abstracts, 46, 1986, S. 2283A).

THE LION AND THE JEWEL

(engl.; *Ü: Der Löwe und die Perle*). Komödie von Wole SOYINKA (Nigeria), erschienen 1963. – In einem Dorf des Yorubalandes stellt der Lehrer Lakunle, ein Mann mit europäischer Bildung, der Dorfschönen Sidi nach. Er will sie zu seiner Frau machen und ihr europäisches Benehmen beibringen. Sidi aber fordert nach alter afrikanischer Sitte den Brautpreis, den Lakunle – vor allem weil er ihn nicht entrichten kann – für *»unzivilisiert und primitiv«* erklärt. In dem Bale (Dorfkönig) Baroka erwächst Lakunle ein Rivale um die Gunst Sidis: Ein Illustriertenfoto, das Lakunle von Sidi gemacht hat, bringt Baroka auf den Gedanken, sich wieder einmal ein neues Weib zuzulegen. Die Auserwählte aber lehnt das Angebot, das ihr von Sadiku, der ersten Frau des Bale, unterbreitet wird, ab, weil ihr Baroka zu alt ist. Dieser läßt daraufhin durchsickern, es sei mit seiner Zeugungsfähigkeit vorbei. Sadiku feiert die Nachricht mit einem Freudentanz, denn der Verlust der Manneskraft bedeutet, daß die Frauen den »Löwen« besiegt haben. Sidi wagt sich daraufhin in dessen Höhle, um seine Begierde anzustacheln und sich dann an seiner Schmach zu weiden. Aber sie hat sich gründlich geirrt: Der gewitzte Baroka hatte seine Impotenz nur vorgetäuscht, um Sidi eine Falle zu stellen. Nachdem er ihr seine Manneskraft eindrucksvoll demonstriert hat, weiß Sidi, zu wessen Gunsten sie ihre Entscheidung treffen muß. Lieber will sie das Juwel ihrer jugendlichen Schönheit dem alten, aber ungebrochenen Löwen schenken als dem zungenfertigen, wetterwendischen Lehrer, der bereits der nächsten Schönen nachscharwenzelt, während Sidi stolz ihren Hochzeitstanz tanzt.
Die Personen dieses nigerianischen Dorfschwanks haben Symbolcharakter: Der Lehrer steht für den Fortschritt europäischer Provenienz, der Bale für die afrikanischen Traditionswerte, die es vor der Überfremdung durch die europäische Zivilisation zu bewahren gilt, Sidi für das Dorf in seiner natürlichen Vitalität. In das an Überraschungen und zündenden Dialogen reiche, nach dem Muster klassischer europäischer Komödien gebaute Stück – und hier ergibt sich ein gewisser Widerspruch zwischen Form und Inhalt – sind afrikanische Tänze und Gesänge eingestreut. Mit diesem und anderen Bühnenwerken hat Soyinka, der »schwarze Aristophanes«, dem jungen Drama des nachkolonialen Afrika Weltgeltung verschafft. J.H.J.

AUSGABEN: Ldn./Ibadan 1963. – Ldn./Ibadan 1964 (in *Five Plays*). – Ldn./NY 1974 (in *Collected Plays*, 2 Bde., 1973/74, 2). – Oxford 1984.

ÜBERSETZUNG: *Der Löwe und die Perle*, H. Heinrich, Bln./DDR 1973 [Nachw. B. Forstreuter].

LITERATUR: M. Esslin, *Two African Playwrights* (in Black Orpheus, Nigeria, 1966, Nr. 19, S. 33–39). – O. Ogunba, *Le théâtre au Nigéria* (in Présence Africaine, 58, 1966, S. 67–90). – L. Erapu, *Notes on W. S.'s »The Lion and the Jewel«*, Nairobi 1975. – P. D. Tripathi, *»The Lion and the Jewel«: A Comparative and Thematic Study* (in Ba Shiru, 11, 1980, Nr. 1, S. 82–101). – H. Banham u. Y. Cantù, *»The Lion and the Jewel«: A Critical View*, Hg. W. Soyinka, Ldn. 1981. – J. O. Egbulefu, *Die Schwarzafrikanische Literatur*, Darmstadt 1981, S. 217–228. – J. Gibbs, *York Notes on »The Lion and the Jewel«*, Beirut 1982. – R. René, *The Stage Directions in W. S.'s Plays: Suggestions for an Interpretation* (in Commonwealth Essays and Studies, 7, 1984, S. 1–19).

AMOS TUTUOLA

* 1920 Abeokuta / Nigeria

LITERATUR ZUM AUTOR:
G. Moore, *A. T.: A Nigerian Visionary* (in *Introduction to African Literature*, Hg. U. Beier, Ldn. 1967). – H. R. Collins, *A. T.*, NY 1969 (TWAS). – A. Afolayan, *Language and Sources of A. T.* (in *Perspectives on African Literature*, Hg. C. Heywood, Ldn. 1971, S. 49–63). – O. R. Dathorne, *A. T.: The Nightmare of the Tribe* (in *Introduction to Nigerian Literature*, Hg. B. King, Lagos 1971, S. 64 bis 76). – R. Priebe, *T., Fagunwa, and Shakespeare* (in Journal of Commonwealth Literature, 8, 1973, S. 110 f.). – K.-H. Böttcher, *Tradition u. Moderne bei A. T. und Chinua Achebe*, Bonn 1974. – H. R. Collins, *A Theory of Creative Mistakes and the Mistaken Style of A. T.* (in WLWE, 13, 1974, S. 155–171). – E. O. Eko, *The Critical Reception of A. T., Chinua Achebe and Wole Soyinka in England and America 1952–1974*, Diss. Univ. of North Carolina, Greensboro 1974 (vgl. Diss. Abstracts, 25, 1975, S. 7902A) – *Critical Perspectives on A. T.*, Hg. B. Lindfors, Washington D.C. 1975; [2]1980. – M. Dussutour-Jammer, *A. T.: Tradition orale et écriture du conte*, Paris 1976. – O. Ogundipe-Lesli, *The Years of T. Studies* (in African Perspectives, 1977, Nr. 1, S. 67–76). – E. Breitinger, *A. T.: Von der Oralliteratur zur Nationalliteratur* (in E. B., *Black Literature*, Mchn. 1979, S. 156–192). – B. Lindfors, *A. T.'s Search for a Publisher* (in *Toward Defining the African Aesthetics*, Hg. L. A. Johnson u. a., Washington D.C. 1982, S. 95–104). – D. Coussy, *Deux romanciers Yoruba: A. T. et Wole Soyinka* (in L'Afrique littéraire, 1983, Nr. 67). – B. Lindfors, *A. T.* (in DLB, Bd. 125, 1993, S. 332 bis 346).

THE PALM-WINE DRINKARD AND HIS DEAD PALM-WINE TAPSTER IN THE DEADS' TOWN

(engl.; *Ü: Der Palmweintrinker. Ein Märchen von der Goldküste*). Erzählung von Amos TUTUOLA (Nigeria), erschienen 1952. – Als 1952 Tutuolas *Palm-Wine Drinkard* bei dem renommierten Verlag Faber & Faber in London erschien, war das eine literarische Sensation. Der Autor und sein Werk unterschieden sich markant von den üblichen literarischen Neuerscheinungen. Tutuola stammt aus dem Yoruba-Land in Westnigeria; er hat nur fünf Jahre lang die Schule besucht und als Bauer, Schmied und schließlich als Lagerist bei der Nigerian Broadcasting Corporation gearbeitet. Sein *Palm-Wine Drinkard* ist eine mythisch-märchenhafte Erzählung voller Monster, Abenteuer und Wunder, geschrieben in einem Englisch, das in Wortschatz und Grammatik dem Queen's English Hohn zu sprechen schien. Und dennoch wurde das Buch von zwei der bedeutendsten zeitgenössischen britischen Autoren hoch gelobt, von Dylan THOMAS in einer Rezension im ›Observer‹ und von V. S. PRITCHETT im ›New Statesman‹.

Tutuolas *Palm-Wine Drinkard*, das erste Werk englischsprachiger westafrikanischer Literatur, unterscheidet sich deutlich von den Romanen afrikanischer Autoren, die seit den späteren fünfziger Jahren erschienen. Tutuola bringt die mündliche Erzähltradition der Yoruba in schriftliche Form. Sein Blick scheint ganz nach rückwärts auf die Vorstellungs- und Glaubenswelt der Yoruba gerichtet zu sein, ohne Bezug zum politisch-literarischen Kardinalthema der Zeit, dem Streben nach Unabhängigkeit von den Kolonialmächten. Bereits Ende der dreißiger Jahre hatte Daniel O. FAGUNWA (um 1910–1963) dieses Genre der folkloristischen Erzählung eingeführt. Fagunwa schrieb auf Yoruba, erzielte aber dennoch hohe Auflagenzahlen. So ist Tutuola von nigerianischen Kritikern lange Zeit das Plagiat bei Fagunwa und der Folklore vorgehalten worden, also mangelnde Originalität. Die europäischen Kritiker dagegen rühmten gerade den Einfallsreichtum und die Originalität seiner Erzählungen. Stoffe, Themen und Motive stammen zwar ausschließlich aus der oralen Tradition, ebenso der Erzählstil, aber Erzählhaltung und deskriptive Details zeigen Tutuolas Willen zur individuellen Gestaltung unter Einschluß moderner Aspekte, die über die reine Wiedergabe von Überlieferungen der Oralliteratur hinausgehen.

Der Held der Geschichte huldigt zunächst einem grenzenlosen Hedonismus. Sein Lebensinhalt bestand darin, täglich gewaltige Mengen Palmwein zu konsumieren. Als nun sein Weinzapfer tödlich verunglückt, findet dieses fröhliche Leben ein jähes Ende. Von seinen Vorvätern weiß er, daß die Verstorbenen sich in der Totenstadt aufhalten. Um sein bisheriges Leben weiterführen zu können, macht er sich also auf die Suche nach seinem toten Zapfer und tritt die Quest-Reise in die Unterwelt an. Zunächst muß er sich einigen Eingangsprüfungen unterziehen, die er mit seinem persönlichen Zauber *(juju)* erfolgreich besteht. Er befreit eine Dorfschönheit aus den Fängen eines bösartigen Geistes und heiratet sie. Sie wird eine treue und hilfreiche Begleiterin auf der weiten Reise. Von Episode zu Episode, von einer Station der Queste zu nächsten steigern sich die Schwierigkeiten der Bewährungsproben, werden die Prüfungen gefährlicher. Eine kurze Verschnaufpause erlebt der Palmweintrinker auf der paradiesischen Geisterinsel *(Wraith Island)*, wo er sich dank der märchenhaften Fruchtbarkeit erfolgreich als Farmer bewährt. Von dieser Idylle gerät der Held unvermittelt in die Vorhölle der *»unwiederbringlichen Himmelsstadt«*, wo nur Feinde Gottes wohnen. Zusammen mit seiner Frau wird er bei lebendigem Leib begraben, ein heftiger Gewitterschauer weicht jedoch die Erde auf, so daß sich die beiden befreien können. Zur Strafe zünden sie die Stadt an und kommen wiederum in eine paradiesische Lokalität bei der *»treuen Mutter«*. In der *»roten Stadt«* tötet er den *»roten Fisch«* und den *»roten Vogel«*, die die Stadt terrorisieren und immer neue Menschenopfer fordern. Schließlich gelangen die beiden zu der Totenstadt, wo sie ihren toten Zapfer finden. Zu ihrer großen Enttäuschung teilt er ihnen aber mit, daß er nicht mehr in die Welt der Lebenden zurückkehren könne. All die Mühen, Gefahren, Strapazen der Queste scheinen umsonst gewesen zu sein. Doch gibt ihnen der Zapfer zwei Dinge auf den Heimweg mit: eine Belehrung über das Wesen von Leben und Tod und ein magisches Ei, das noch große Wunder vollbringen wird. Schließlich kehrt das Paar wieder in die Heimatstadt des Palmweintrinkers zurück. Dort wird wie in alten Zeiten ein großes Fest mit viel Palmwein gefeiert; ganz so, als ob der Zapfer mit zurückgekommen wäre. Unversehens entbrennt jedoch ein Streit zwischen den beiden Hauptgottheiten der Stadt, der Erdgöttin und dem Himmelsgott. Die Ernte verdorrt und die Stadt wird von einer Hungerkatastrophe bedroht. Mit Hilfe des magischen Eis kann der Palmweintrinker nun die Hungersnot lindern und es gelingt ihm sogar, Himmel und Erde miteinander auszusöhnen. Dank seinem Eingreifen wird die Harmonie im Kosmos wiederhergestellt.

Tutuola hat wie in einer Anthologie oraler Erzähltradition ein ganzes Kompendium von Mythen und Märchen aneinandergereiht. Anders als in der oralen Tradition üblich ist die Erzählung als persönlicher Erlebnisbericht in der Ich-Form verfaßt. Mag die Reihenfolge der Episoden zunächst beliebig erscheinen, so ergibt sich aus der Doppelperspektive des erlebenden und des erzählenden Ichs eine Handlungsstruktur, die den Reifungsprozess des Quest-Helden vom eigensüchtigen Genüßling zum altruistischen Kulturheros und Retter seines Volkes thematisiert. Die Aventüren des Palmweintrinkers können sozialpsychologisch als Initiationsriten *(rite de passage)* gedeutet werden, die von der Übertragung bzw. Übernahme der Macht von einer Generation auf die nächste zeugen, sie können aber auch mytho-historisch gedeutet werden: Der Palmweintrinker, der die gnadenlosen Herrscher der *»roten Stadt«* stürzt, der die *»unwiederbringliche Himmelsstadt«* zerstört, der unter Ausschaltung des regierenden Herrschers seiner Heimatstadt den Konflikt zwischen Himmel und Erde schlichtet – dies sind Indizien für einen realen politischen Machtwechsel, sei es durch Invasion von außen oder durch Aufruhr von innen.

Tutuola siedelt seine Erzählung zwar in einer unbestimmten, vorkolonialen Vergangenheit an *(»In jener Zeit gab es kein anderes Geld als Muschelgeld«)*, aber innerhalb dieses fiktiven zeitlichen Rahmens zeigt er eine für Oralliteratur völlig atypische Präzision in der Angabe von Tages- oder Jahreszeiten, von Entfernungen und allem, was meßbar ist. Andererseits delektiert er sich an den »verkehrten Welten«, in denen alles auf den Kopf gestellt scheint: Schon zum Auftakt mokiert sich der trinkfreudige Held über den Arbeitseifer seiner Brüder, nimmt also die Anti-Heldenhaltung ein. In der *»unwiederbringlichen Himmelsstadt«*, wo die Werte von Gut und Böse völlig verkehrt sind, ist er es jedoch, der die traditionellen Werthaltungen durchsetzt, und sei es mit Gewalt.

Auch wenn Tutuola – wie in der Folkloreliteratur – die Benennung seiner Charaktere nach ihren Haupteigenschaften oder ihren Funktionen (Trinker, Zapfer usw.) beibehält, so ist seine Erzählweise doch episch personalisiert und durchaus realitätsbezogen. H. R. Collins meinte in den »Ghost Novels« von Tutuola den Grundstein für eine eigenständige nigerianische Nationalliteratur zu erkennen; Gerald Moore dagegen hält den von Tutuola eingeschlagenen Weg des Erzählens eher für eine Sackgasse. E.Bre.

AUSGABEN: Ldn. 1952. – NY 1953. – Ldn. 1962. – Westport/Conn. 1970.

ÜBERSETZUNG: *Der Palmweintrinker. Ein Märchen von der Goldküste*, W. Hilsbecher, Heidelberg 1955 [Einl. J. Jahn]. – Dass., ders., Stg. 1986.

LITERATUR: D. Thomas, Rez. (in The Observer, 6. 7. 1952). – V. S. Pritchett, Rez. (in The New Statesman, 25. 3. 1954). – B. Lindfors, *A. T.'s »The Palm-Wine Drinkard« and Oral Tradtition* (in Crit, 11, 1968, S. 49). – M. Ogundipe, *»The Palm-Wine Drinkard«: A Reassessment of A. T.* (in Présence africaine, 1969, Nr. 71, S. 99–108). – P. Edwards, *The Farm and the Wilderness in T.'s »Palm-Wine Drinkard«* (in Journal of Commonwealth Literature, 9, 1974, S. 57–65). – D. Armason, *A. T.'s »The Palm-Wine Drinkard«: The Nature of T.'s Achievement* (in Journal of Canadian Fiction, 3, 1975, S. 188–196). – R. G. Armstrong, *A. T. and Kola Ogunmola: A Comparison of Two Versions of »The Palm-Wine Drinkard«* (in Callaloo, 3, 1980, S. 165–174). – J. Coates, *The Inward Journey of »The Palm-Wine Drinkard«* (in African Literature Today, 11, 1980, S. 122–129). – J. Swann, *Disrupted Worlds: Knowledge and Encounter in A. T.'s »The Palm-Wine Drinkard« and Chinua Achebe's »Arrow of God«* (in *Studies in Commonwealth Literature*, Hg. E. Breitinger u. R. Sander, Tübingen 1985, S. 27–38). – O. A. Asagba, *The Folktale Structure in A. T.'s »The Palm-Wine Drinkard«* (in Lore and Language, 4, 1985, Nr. 1, S. 31–39). – V. Beilis, *Ghosts, People, and Books of Yorubaland* (in Research in African Literatures, 18, 1987, S. 477–457).

VIII. Die Literatur Südafrikas in englischer Sprache

Südafrikanische Antagonismen

Die »alten« Sprachen und Literaturen des Nordens und Westens sind in einem über Jahrhunderte sich entfaltenden Entwicklungsprozeß aus ihren je eigenständigen kulturellen Voraussetzungen zu ihrem gegenwärtigen Erscheinungsbild herangereift. Sprache, literarische Tradition, Imagologie und natürliche und soziale Umwelt stehen dabei in einem organischen Verhältnis wechselseitiger Bedingtheiten. Den »neuen« Literaturen des Südens hingegen mangelt diese Struktur eines tieferen geistig-sozialen Zusammenhangs. Am Anfang der literarischen Gestaltung der natürlichen und mentalen Landschaften des Südens stand deren »Entdekkung« durch die Neuankömmlinge aus dem Norden. Es folgte die politisch-reale und die verbalmentale Besitzergreifung. Dabei wurde das vorgefundene Fremde nicht in seiner Fremdheit erkannt und akzeptiert, vielmehr durch die vertrauten Bilder- und Gedankenkonventionen der importierten Muttersprache oder Heimatsprache gefiltert und zugleich umgestaltet; es wird entsprechend dem Auffassungs- und Ausdrucksvermögen der von den Einwanderern mitgebrachten Heimatkultur und Heimatsprache zugleich vereinnahmt und auf Distanz gehalten.

Dies gilt in besonderem Maße für die literarische Landschaft des südlichen Afrika, das wegen seiner wichtigen geopolitischen Lage als verkehrs- und wirtschaftspolitisches Bindeglied zwischen den maßgeblichen Regionen der Alten Welt, dem Orient und dem Okzident, früher und intensiver ins Blickfeld der Europäer geraten ist als andere Weltregionen. So steht am Anfang der literarischen Beschreibung des südlichen Afrikas die Schilderung von Vasco da Gamas Umsegelung des Kaps der Guten Hoffnung (1497) in den *Lusiaden* (1572) des Luís Vaz de CAMÕES. Camões hat die Fremdheit des nebelverhangenen Tafelbergs als die Erscheinung des menschenverschlingenden Giganten Adamastor dämonisiert, er hat mit diesem Bild die Assoziationen zu den zivilisationsbringenden Großtaten der Heroen der Odyssee provoziert und damit den Appell zur Überwindung und Pazifizierung dieses Dämons der Fremdheit an den Anfang der Literatur über Südafrika gestellt.

Die Perspektive der Außenwahrnehmung in den Reiseberichten von Lady Anne BARNARD (1779), John BARROW (1806) oder Dr. LICHTENBERG (1810), die auch für das bescheidene Lesepublikum in Südafrika die erste Lektüre darstellten, läßt das vertraute Heimische als das fremde Andere erscheinen. In der zweiten Hälfte des 19. Jahrhunderts prägten dann der schottische Missionar David LIVINGSTONE (1813–1873) und der englische Kolonialpolitiker und Gentleman-Farmer Henry Rider HAGGARD (1856–1925) zwei scheinbar gegensätzliche Topoi der kolonialen und kolonialliterarischen Wirklichkeitserfassung: Livingstone hat in seinem Bericht *Missionary Travels and Researches in South Africa* (1857) sich wohl bemüht, ein – wie ihm schien – getreues Bild der Gesellschaft seines Lieblingsstammes, der Makololo unter ihrem Häuptling Sekeletu, zu zeichnen. Er stützt diese Beschreibung jedoch weniger auf Erkenntnisse aus teilnehmender Beobachtung als vielmehr auf seine präkonzipierten Vorstellungen eines Missionars und beschreibt die Lebensverhältnisse der Makololo fast ausschließlich unter dem Aspekt, wie und bis zu welchem Grad deren Daseinsformen umgestaltet werden müßten. Er sieht also die Fremdheit der Makololo in der Perspektive von deren angeblich notwendiger Pazifizierung und Domestizierung. Begleitend dazu entwickelt sich ein entsprechendes wirtschaftspolitisches Szenario; danach fällt Afrika in dem durch die industrielle Revolution etablierten weltwirtschaftlichen Gesamtkontext lediglich die Rolle des Rohstofflieferanten und des Abnehmers von industriellen Fertigprodukten zu – eine typisch kolonialistische, inferiore Einschätzung und Rollenzuweisung.

HAGGARD hingegen schildert in seinen Abenteuerromanen wie *King Solomon's Mines* (1885) die Fremdheit des südafrikanischen Terrains als Herausforderung und Bewährungsmöglichkeit für den draufgängerischen kolonialen Helden. In den Augen dieses Autors sind die »Eingeborenen« dumm, blutrünstig und hinterhältig. Zwar leben die Bewohner von Kukuanaland inmitten der Überreste der salomonischen Monumentalkultur, aber sie sind zivilisatorisch unfähig, dieses Erbe anzutreten und weiterzuführen. Ihre Leistungsfähigkeit reicht allenfalls zu parasitärem Verhalten. Dagegen stehen die kolonialen Lichtgestalten, Alan Quartermain, Sir Henry Curtis und John Good, die in einem Zug das Rätsel des salomonischen Reichtums lösen, die Etablierung eines Systems kolonialer Kontrolle vollziehen und die Inthronisierung eines willfährigen Herrschers über die »Eingeborenen« (nach der Art der späteren Homeland-Politik) realisieren.

Das koloniale Denkmuster von Superiorität und Inferiorität setzt sich intern fort im Verhältnis von Weißen zu Schwarzen, es unterliegt aber auch innerhalb des weißen Lagers den Spannungen zwischen Engländern und Buren. Beide haben um die Jahrhundertwende mit beispielloser Brutalität zwei Kriege gegeneinander geführt. Während die Anglo-Südafrikaner bis heute unangefochten die wirtschaftliche Macht des Landes in Händen halten, konnten die Buren 1948 mit dem Wahlsieg der Nationalen Partei ihre militärische Niederlage wettmachen und die politische Macht erobern. Die in der heutigen Einschätzung häufig beobachtbare Simplifizierung der Verhältnisse – hier »liberale« Anglo-Südafrikaner, da »verkrampte« Buren – entspricht nicht der komplexen Wirklichkeit, aber es besteht kein Zweifel daran, daß sich die beiden Volksgruppen über die Verschiedenheit der Sprachen hinaus in ihrer sozialen und kulturellen Strukturierung markant unterscheiden, sowohl in der jeweiligen Selbst- bzw. Fremdeinschätzung, wie auch vor allem in einem geradezu gegensätzlichen historischen Bewußtsein.
Auf seiten der einheimischen Bevölkerung gibt es ähnliche, historisch bedingte Rivalitäten. Seit der militärischen Expansion der Zulu im ersten Viertel des 19. Jahrhunderts stehen die Tswana, Venda, Sotho oder Xhosa den Zulu eher mißtrauisch gegenüber. Damit ist die ethnische Komplexität der Zwischengruppierungen, der Juden, Griechen, Portugiesen, Italiener am Rande des weißen Spektrums, der Inder und Malaien, insbesondere aber der in prekärer Position stehenden Farbigen der Kapprovinz noch gar nicht angesprochen. Ethnische Vielfalt bedeutet, daß sich jede Gruppe auf eine andere linguistisch-literarische Tradition beruft, um ihren eigenen kulturellen Standort zu definieren und sich von den anderen Gruppierungen abzusetzen.
Derartige Tendenzen sind besonders beim Afrikaans erkennbar, das – verglichen mit der Internationalität des Englischen – in seiner Reichweite deutlich begrenzt ist. Die Partikularisierung innerhalb der Bantusprachgruppen geht auch auf die Aktivitäten der Missionen zurück, die sich früh um eine Verschriftlichung der Bantusprachen bemüht haben; damit haben sie zwar zur Entwicklung einer schriftlichen Literatur in den einheimischen Sprachen beigetragen, aber auch den Grundstein für die Sprachenpolitik des Apartheid-Regimes gelegt, die darauf ausgerichtet war, die Gemeinsamkeiten innerhalb der ethnischen und sozialen Gruppierungen in der südafrikanischen Gesellschaft zu eliminieren und ausschließlich das Trennende hervorzuheben. So wurde eine rigorose Politik der Spaltung und der kulturellen Parzellierung betrieben, die sich seit 1948 auf die gesamte historische und auch literaturgeschichtliche Wahrnehmung ausgewirkt hat. Der Blick der Literaten und der Literaturkritiker war seither stets darauf gerichtet, was sie voneinander trennt, und die nach 1948 einsetzende Spaltung ist sogar auf jene historischen Perioden übertragen worden, in denen eine multikulturelle, gesamtafrikanische Gesellschaft durchaus noch denkbar war. Es ist voraussehbar, daß sie auch die Post-Apartheids-Ära noch eine Zeitlang prägen wird.
Neben der Aufspaltung von Kultur und Literatur in sprachliche und ethnische Gruppierungen ist die gewaltsam herbeigeführte Diskontinuität der literaturgeschichtlichen Entwicklung in Südafrika ein wesentlicher Faktor. Ein wichtiges Instrument zur Durchsetzung des Dogmatismus der Apartheids-Ideologie war die Zensur. Der Bann, mit dem die Zensurbehörden so viele schwarze Autoren, aber auch zahlreiche weiße Schriftsteller belegt haben, bedeutete den Ausschluß dieser Autoren und ihrer Werke aus dem kulturellen Diskurs innerhalb des Landes. Gebannte Autoren durften weder publiziert noch verkauft oder zitiert werden; damit war ihre Arbeit als Bezugsgröße für die zeitgenössische Literatur ebenso eliminiert wie als Vorbild für nachfolgende Autoren. So wurden kontinuierlich Werke aus dem entstehenden Korpus einer südafrikanischen Literatur herausgebrochen, noch ehe ein Konsens über den zu bildenden literarischen Kanon erzielt werden konnte.
Die schwarzen Autoren waren davon besonders stark betroffen: Die Arbeiten von Solomon PLAATJE oder der Brüder DHLOMO aus den zwanziger und dreißiger Jahren blieben den Autoren der ›Drum‹-Generation – ›Drum‹ war die einflußreichste schwarze Zeitschrift der fünfziger Jahre – weitgehend unbekannt; die früh verstorbenen ›Drum‹-Autoren Can THEMBA (1923–1967) oder Nat NAKASA (1937–1965) oder die ins Exil ausgewichenen Autoren Bloke MODISANE (1923 bis 1986), Lewis NKOSI (geb. 1936) und selbst Es'kia (Ezekiel) MPHALELE (geb. 1919) waren der Generation nach dem Massaker von Sharpeville (1960: brutale Niederschlagung von Massendemonstrationen gegen die Apartheid) nur dem Namen nach, nicht durch ihre Arbeiten bekannt. Die Autoren der *Black-Consciousness*-Bewegung in den siebziger Jahren um Steve Biko oder die militanten oder auch konzilianteren Autoren aus den achtziger Jahren wie Maishe MAPONYA (geb. 1951) oder Mongane Wally SEROTE (geb. 1944) finden sich gleichermaßen in der Situation, das Spektrum literarischer Ausdrucksmöglichkeiten neu entwickeln zu müssen, da sie weitgehend vom Diskurs mit den Vorgängern und den Zeitgenossen abgeschottet waren.
Eine kontinuierliche Entwicklung südafrikanischer Literatur findet zum erheblichen Teil lediglich im Ausland statt, wo die Texte verfügbar und die Autoren präsent sind und wo der Austausch von Meinungen ermöglicht wird. Ähnliches gilt für einen wesentlichen Teil der die literarische Entwicklung begleitenden Literaturkritik.

Ein südafrikanisches Spezifikum: der Farmroman

Das unterschiedliche historisch-kulturelle und ethnische Umfeld hat in Südafrika selbst unterschiedliche Gruppenidentitäten und Gruppenaspirationen entstehen lassen, die auch die jeweilige literarische Perspektive entscheidend mitbestimmt haben. Für die Buren als Agrarkolonisatoren waren Landnahme und Landbesitz die wichtigste sozialhistorische Gruppenerfahrung; in der afrikaansen Literatur wird in immer neuen Variationen der Große Treck zum prägenden Mythos der Burennation heroisiert. Eine spezifische Form ist der *Plaasroman*, eine Variation des europäischen Heimat- und Bauernromans, in dem die Tugenden des Landlebens, die soziale Harmonie der bäuerlichen Großfamilie, die Farm insgesamt als kulturstiftende Institution, als Bollwerk gegen die Barbarei der Kaffern und als Hort von Zucht und Moral des gottesfürchtigen und auserwählten Volkes der Buren gepriesen werden.

Die englische Siedlungspolitik seit dem ersten Viertel des 19. Jahrhunderts in der Kapprovinz hat eine spezifische Variante des Farmromans hervorgebracht. Thomas Pringle (1789–1834), ein schottischer Siedler, wird üblicherweise als der »Vater« der englischsprachigen südafrikanischen Literatur bezeichnet. Er hatte seine Erfahrungen in dem Erlebnisbericht *Narrative of a Residence in South Africa* (1834) und in seinen *Poems Illustrative of South Africa* (1834) beschrieben. Pringles Gedichte über die Betchuana, die Xhosa und die Buschmänner sind durch seine Zugehörigkeit zur Antisklaverei-Gesellschaft geprägt; sein Prosabericht dagegen betont mehr die Interessenlage des Siedlers. Trotz aller romantischer Einfühlungsgabe bleibt Pringles Perspektive aber die des Kolonialisten.

Zwei Generationen später hat Olive Schreiner (1855–1920) mit ihrer zweibändigen *Story of an African Farm* (1883) erstmals südafrikanische Lebensverhältnisse aus der Innensicht beschrieben. In ihrem Buch ist allerdings die Farm keine pastorale Idylle; schon eine Generation nachdem sich die Pioniere am Rande der Karoowüste angesiedelt haben, ist ausgreifender Pioniergeist nicht mehr gefragt. Die Söhne und Enkel haben sich in der Erde, die ihre Vorväter erobert haben, geistig verkrallt. Daher müssen die Protagonisten der Handlung, Lyndall und Waldo – Lyndall eine sozialphilosophische Autodidaktin, Waldo ein inspirierter Künstler, Erfinder, Moralphilosoph – ausbrechen, um überleben zu können. Aber beide scheitern an der Außenwelt; die Erstarrung, die auf der Farm herrscht, spiegelt das geistige Klima der gesamten südafrikanischen Gesellschaft. Lyndall und Waldo kehren später zur Farm zurück, allerdings nur, um dort zu sterben. Aber dennoch ist dies die emotionale Heimat, von der sie sich – wenn auch vergeblich – Trost und Linderung für ihr Scheitern an der Welt erhoffen. Olive Schreiner selbst ist ja nach langen Jahren des Exils, in denen sie sich im intellektuellen Umfeld der englischen *Fabian Society* bewegt hatte, nach Südafrika zurückgekehrt. Auch sie selbst lebte wie ihre Charaktere in diesem Zwiespalt zwischen Abstoßung und Bindung.

Wiederum eine Generation später schrieb Pauline Smith (1882–1959) eine weitere Variante des *Farmromans*. In ihren Jugendjahren hatte sie ihren Vater, einen Landarzt, bei seinen Visiten in in den ländlichen Distrikten begleitet. Diese Beobachtungen sind in die Genre-Skizzen von *The Little Karoo* (1925) eingegangen. Auch ihr 1926 erschienener Romand *The Beadle (Der Küster)* spielt im sozialen Milieu der armen weißen Landbevölkerung, der *bijwoner*. Auch hier steht eine heranwachsende junge Frau im Mittelpunkt. Andrina du Toit wächst als mittellose und nicht erbberechtigte Waise im Haushalt ihrer Tanten Jacoba und Johanna auf. Unter demselben Dach wohnt auch Aalst Vlokman, der sittenstrenge Küster der kleinen calvinistischen Kirche, die der Grundherr Mijnheer van der Merve neben seinem Farmhaus für seine *bijwoner* im Aangenaam-Tal hat erbauen lassen. Tante Johanna und Aalst Vlokman verbindet ein Geheimnis – das Wissen um das Schicksal von Andrinas Mutter – und daraus folgend eine innige Feindschaft. In einer Szene der Selbstbezichtigung vor der Kirchengemeinde gesteht Vlokman schließlich, der Vater der unehelichen Andrina zu sein; er hat damals seine Verlobte, die Tante Jacoba, mit deren Schwester Klaartje betrogen (eine Szene, die an Nathaniel Hawthornes *The Scarlet Letter*, 1850 – *Der scharlachrote Buchstabe*, erinnert). Andrina ist also für den Calvinisten Aalst Vlokman die fleischgewordene Sünde, das lebende Mahnmal für sein menschliches Versagen vor den Augen Gottes. Doch sie ist auch prädestiniert, selbst wieder der Sünde zu verfallen. Pauline Smith zeichnet von der Gesellschaft im Aangenaam-Tal und der Harmony-Farm ein Bild, das von Mißgunst und Eifersucht, Habgier und Bigotterie bestimmt wird. In ihrer Pastorale dominiert das Feindselige und Zerstörerische über das Idyllische und Harmonische.

Auch Doris Lessing (geb. 1919) hat in ihrem Erstling *The Grass is Singing* (1950) das Schicksal einer Frau und einer Farm beschrieben. Diesmal handelt es sich jedoch um einen typischen Neubauern der Nachkriegsgeneration. Nach mehreren gescheiterten Versuchen einer beruflichen Karriere innerhalb Südafrikas hofft Dick Turner, als Farmer im damaligen Rhodesien sein Glück zu machen. Bei einem seiner Besuche in der Stadt trifft er Mary, eine Büroangestellte. Die beiden heiraten überstürzt, weniger aus gegenseitiger Zuneigung als vielmehr aus Angst vor Vereinsamung. Beide sind im Grunde Stadtmenschen, die weder eine feste emotionale Bindung zueinander noch zu ihrem Land aufbauen können. Das andauernde Wirtschaften am Rande des Bankrotts führt bei Mary Turner zu einer völligen Desintegration ihrer Persönlichkeit. Obwohl von Haus eher rassistisch empfindend, schlittert sie in dem wachsenden Zustand ihrer Depressionen in eine zwiespältige Affäre mit ihrem Hausboy Moses. In den Augen der weißen Siedler haben die Turners gegen alle Regeln des weißen Verhaltenskodexes verstoßen. Sie sind wirtschaftlich nicht erfolgsorientiert und sondern sich gesellschaftlich ab. Als Mary Turner auch noch das strikteste Tabu weißer Siedlermoral bricht, sich mit ihrem schwarzen *boy* einläßt und von diesem schließlich ermordet wird, löst dies in der weißen Siedlergemeinschaft kein Mitgefühl, sondern nur Schulterzucken und völlige Mißachtung aus.

Während der afrikaanse *Plaasroman* ein überwiegend männliches und rein affirmatives Genre ist, scheint der englischsprachige *Farmroman* eine Domäne der Frauen zu sein. Auch das Bild von der Farm und vom Land unterscheidet sich von dem des *Plaasromans*. Nicht die Fruchtbarkeit des Bodens und die Harmonie des Farmlebens stehen im Mittelpunkt, sondern die Dürre, die sich auf die Menschen und ihre Beziehungen bedrückend auswirkt. Im Ringen des Menschen mit dem Boden, dem er wirtschaftlichen Ertrag abringen will und zu dem er starke emotionale Bindungen entwikkelt, bleibt das unwirtliche Land der Sieger.

Schwarzes Geschichtsbewußtsein

Der Besitz des Landes – nicht nur im engen Sinne territorialer Herrschaft, sondern auch im weiteren Sinne der Verfügung über die historischen und kulturellen Quellen des Landes – steht von Anfang an auch im Mittelpunkt der schwarzen südafrikanischen Literatur. Thomas Mofolo (1876–1948) hat um die Jahrhundertwende in der Missionsstation Morija mit seinem (in der Sotho-Sprache verfaßten) historischen Roman über den Zuluherrscher *Chaka* (das Buch erschien erst 1925) den Grundstein für die schriftliche schwarze Literatur gelegt. Mofolo verbindet in seinem Roman die Traditionen der christlichen Erbauungsliteratur mit der Tradition der *Isibongo*, der Preislieddichtung der Zulu. Vor allem aber hat Mofolo die Konzeption von Historizität des abendländischen Geschichtsromans auf ein Thema und eine Epoche angewendet, die nach abendländischem Verständis in die Zeit der vorkolonialen Geschichtslosigkeit fällt. Mit der Darstellung Chakas nach den Strukturmerkmalen des westlichen Geschichtsromans hat Mofolo den gleichrangigen Anspruch der afrikanischen Völker auf Geschichtlichkeit gestellt. Zu einer Zeit, da imperiales Superioritätsdenken die geistige Landschaft auch im südlichen Afrika beherrschte, redet Thomas Mofolo der Rekonstruktion und Wiederinbesitznahme der eigenen afrikanischen Geschichte das Wort.

Solomon Plaatjes (1876–1932) Roman *Mhudi* (1930) schließt sich unmittelbar an Mofolos *Chaka*-Roman an. Die historisch herausragende Persönlichkeit in Plaatjes Roman ist der Mtabele-Herrscher Mzilikasi, einst General in Chakas Zuluarmee und nun Herrscher über eines der Diadochenreiche. Der Tswana Plaatje und der Sotho Mofolo schreiben jeweils aus der Position historischer Gegnerschaft zu dem Zulu- oder Mtabele-Imperialismus. Für Sol Plaatje hat der historische Stoff aber auch die wichtige Funktion einer politischen Allegorie. Kernpunkt des historischen Romangeschehens ist die militärische Allianz der Barolong, der Griqua und der eben erst von den Mtabele empfindlich geschlagenen Treck-Buren, die die militärische Vorherrschaft Mzilikasis bricht und die Mtabele auf das Gebiet des heutigen Simbabwe zurückdrängt. Die aktuelle politische Botschaft, die Plaatje aus seiner historischen Darstellung deduziert, ist offenkundig: Am Anfang der modernen südafrikanischen Geschichte steht ein historischer Vertrag zwischen Schwarz und Weiß, bei dem die Buren eher Juniorpartner sind. Damals ist es den schwarzen politischen Führern mit ihrer Aktionsgemeinschaft gelungen, zwei grundlegende Bedrohungen von ihren Völkern abzuwenden: Sie konnten die Unterdrückung durch eine fremde Macht – hier die Mtabele – überwinden, und sie konnten den Verlust ihres Landes – hier durch die Begehrlichkeit der Treck-Buren – verhindern. Sol Plaatje, Gründungsmitglied des *African National Native Congress*, schrieb seinen Roman *Mhudi* während der Debatte um den *Native Land Act*, ein Gesetz, das der schwarzen Bevölkerung Landbesitz und Landnutzung nur noch in einem winzigen Teil der Republik Südafrika erlaubte. Mit dem *Native Land Act* haben die Buren die historische Allianz von 1830 einseitig aufgekündigt, um mit einem juristischen Trick doch noch das zu erreichen, was sie beim Großen Treck mit militärischen Mitteln nicht erreicht haben. Plaatjes Roman ist Teil der politischen Debatte der zwanziger Jahre; er baut auf die Wiederherstellung der Dialogfähigkeit der Kontrahenten, indem er der Machtausübung der Unionsregierung ein historisch-moralisches Argument gegenüberstellt.

1948, nach dem Wahlsieg der Nationalen Partei, lenkt Peter Abrahams (geb. 1919) in seinem Roman *Wild Conquest* (1950) noch einmal den Blick zurück auf die historischen Ursprünge der jetzigen geschichtlichen Entwicklung. Auch Abrahams nimmt den Großen Treck als historisches Exempel zur Erklärung der politischen Situation der Gegenwart. Während Sol Plaatje im Vertrauen auf die Dialogfähigkeit der Kontrahenten für die Erhaltung der Gemeinsamkeiten plädiert, analysiert Peter Abrahams die historischen Ursachen für den Verlust der Dialogfähigkeit. Unter dem Eindruck der radikalen Einführung des Apartheid-Systems nach dem Regierungsantritt von Daniel Malan 1948 sucht Abrahams eine historische Erklärung für die nun zur offiziellen Regierungspolitik gewordene Spaltung der südafrikanischen Gesellschaft und findet sie ganz am Anfang der Geschichte des modernen Südafrika, in dem Zusammenstoß von Buren und Mtabele. Die psychische Ausnahmesituation der Treck-Buren, die sich auch geistig in ihren Wagenburgen verschanzten, und die Hysterie der Mtabele, die sich von weißen Teufeln angegriffen glaubten, erklärt die extreme Polarisierung in historischer Zeit. Damals ging es vor allen Dingen um den physischen Besitz des Landes. 1950 ist daraus ein Konflikt um den geistigen Besitz des Landes geworden, denn mit der Politik der Apartheid versuchten die Buren, die Schwarzen auch geistig und kulturell aus ihrem angestammten Territorium zu vertreiben.

Der Streit um den realen wie auch mentalen Besitz des Landes beherrscht also die Literatur der schwarzen wie der weißen Autoren.

Für die schwarzen Autoren sind mit dem historischen Exempel und der Landfrage zwei Grundanliegen verknüpft: die Rekonstruktion der eigenen Geschichte und die argumentative Auseinandersetzung mit der aktuellen Politik der Entmündigung.

Rassismus und Apartheid

Während die schwarzen Autoren noch ihre historische und kulturelle Position vis-à-vis der weißen Minderheit zu definieren suchten, haben die weißen Autoren die Rassentheorien aus Europa aufgegriffen und versucht, sie mit Blick auf die multirassische Situation in Südafrika zu interpretieren. Bei all den Traktaten und Romanen über die Reinheit des Blutes und den Warnungen vor der Rassenvermischung geht es darum, die Ziele einer zukünftigen gesellschaftlichen Entwicklung in Südafrika festzuschreiben: Soll die Union Südafrika in eine wirklich integrierte multirassische Gesellschaft umgewandelt oder zu einer fragmentierten Gesellschaft isolierter und damit unausweichlich antagonistischer rassischer Gruppen gemacht werden? Sarah Millin (1888–1968) hat in ihrem Roman *God's Stepchildren* von 1924 vehement die Position der Rassentrennung vertreten. Sie beschreibt das Schicksal der Nachkommen des schottischen Missionars Andrew Flood, der um 1820 ans Kap gekommen war, um in der neuen Missionsstation Kanaan die Hottentotten zu bekehren. Flood glaubt, daß seine Missionsarbeit deshalb erfolglos blieb, weil die Hottentotten ihn als Außenseiter und Fremdling ansehen. Um einer von ihnen – seinen Missionsobjekten – zu werden, heiratet er ein Hottentottenmädchen und setzt damit den unseligen Prozeß der Bastardisierung in Gang. Von Generation zu Generation werden die Nachkommen Andrew Floods hellhäutiger, ihr Wunsch, als Weiße akzeptiert zu werden, wird stärker, aber – so Sarah Millin – der Anteil des schwarzen Blutes, der in ihren Adern fließt, wird ihnen als Erblast ewig anhaften. Erst in der vierten Generation gelingt es Barry scheinbar, sich von den Fesseln seines rassisch minderwertigen Herkommens zu lösen. Er studiert in England Theologie und heiratet eine Engländerin; zurück in Südafrika wird Barry als Farbiger enttarnt, er schultert die Erblast seines schottischen Urgroßvaters Andrew Flood und kehrt nun seinerseits nach Kanaan zurück, um nicht mehr als weißer Eindringling, sondern als einer der Einheimischen die Missionsarbeit voranzutreiben. Sarah Millin, die sicherlich bibelfeste Jüdin aus dem Baltikum, hat die Missionsstation von Andrew Flood und Barry nach dem biblischen Land der Verheißung benannt. Der Stammvater Kanaan ist aber auch einer der Nachkömmlinge Hams, jenes verstoßenen Sohnes Noahs, der nach biblischer Auffassung als der Urvater der afrikanischen Völker gilt. Das Buch der Ostjüdin Sarah Millin ist von den Nationalsozialisten als Beleg für die Richtigkeit ihrer Rassentheorie benützt worden.

William Plomer (1903–1973) hat in seinem Roman *Turbott Wolfe* von 1925 eine gegensätzliche Position vertreten. Anders als in Sarah Millins dogmatischem Plädoyer für die Trennung der Rassen läßt er die unterschiedlichsten Auffassungen zu Wort kommen. Turbott Wolfe ist als Engländer nicht mit den angestammten Rassenvorurteilen der verschiedenen Gruppierungen belastet, also der ideale Katalysator für diese Frage. In seinem Laden am Rande eines Eingeborenengebiets verkehren ganz selbstverständlich die Vertreter der unterschiedlichsten Gruppierungen: Bloodfield, der radikale Rassist, D'Elvadere, der alte Liberale, Mabel van der Horst, die junge radikale Progressistin, und Friston, der frisch aus England entsandte Missionar, der sich später als kommunistischer Untergrundkämpfer entpuppt. Der Laden wird aber auch zum Treffpunkt für die Eingeborenen; in seinem Haus wird die Bewegung »Jung Afrika« ins Leben gerufen, die u. a. durch die Propagierung der Rassenmischung neue Wege für die zukünftige Entwicklung der südafrikanischen Gesellschaft weisen möchte. Turbott Wolfe selber ist eines der frühesten literarischen Beispiele für die Rolle des Liberalen, der zwischen den Fronten zerrieben wird und seine theoretisch-moralischen Überzeugungen nie voll zur Deckung bringen kann mit seinem Handeln. Er wird auch von den weißen Rassisten bei der Geheimpolizei und der Bantu-Administration angeschwärzt und ist Objekt polizeilicher Ausspähung. Die Gegenüberstellung von Millins *God's Stepchildren* und Plomers *Turbott Wolfe* zeigt, daß auch bei diesem Kardinalthema der südafrikanischen Gesellschaft literarisch die radikale Position eindringlicher gestaltet werden kann als die liberal argumentative.

Nach dem Machtantritt der Nationalen Partei 1948 ist die »Reinheit des Blutes« nicht nur ein moralisches Postulat geblieben, sondern zu einem Gesetz erhoben worden. Nach den Bestimmungen des *Immorality Act* 1953 sind damit Geschlechtsbeziehungen zwischen Schwarzen und Weißen zu einem Straftatbestand geworden. Wie die Nationalsozialisten mit ihrem »Gesetz zum Schutze des deutschen Blutes und der deutschen Ehre« (1935) maßt sich hier der Staat an, die privateste Angelegenheit seiner Bürger zu reglementieren und damit auch die Spaltung zwischen Schwarz und Weiß zu vertiefen.

Die Debatte um die »Reinheit des Blutes« in der Vorkriegsperiode betraf zunächst die überindividuellen Aspekte der Rassenmischung, den Status der Farbigen über die Generationen hinweg. Das Folgethema schwarz-weißer Beziehungen nach Inkrafttreten des *Immorality Act* dagegen befaßt sich mit dem individuellen Schicksal schwarz-weißer Liebespaare. Hier werden die Auswirkungen der gesellschaftlichen und rechtlichen Tabuisierung auf die Beziehung zwischen zwei Menschen beschrieben. Alan PATON (1903–1988), der Gründer und Vorsitzende der liberalen Partei Südafrikas, hat mit seinem 1953 erschienenen Roman *Too Late the Phalarope* sein Bild von der rigorosen Haltung der Buren gezeichnet. Der Held des Romans, Pieter van Vlaanderens, besitzt alle Voraussetzungen zu einem Musterburen. Er ist ein hervorragender Schütze, wurde in Stellenbosch, der renommiertesten Burenuniversität ausgebildet und gehört der Rugby-Nationalmannschaft an: wesentliche Voraussetzungen für eine glanzvolle Karriere in der südafrikanischen Polizei. Ausgerechnet er läßt sich auf eine Affäre mit Stefanie ein, einer Farbigen, die er schon unzählige Male wegen illegalen Schnapsbrennens, Bierbrauens, wegen kleiner Eigentumsdelikte und den unvermeidlichen Verstößen gegen die Paßgesetze verhaftet hatte. Bei ihr, die alle Demütigungen und Erniedrigungen scheinbar klaglos hinnimmt, um für sich und ihren Sohn einen Rückzugsbereich zu sichern, findet er jene menschliche Wärme und Liebe, von der er immer geträumt, die er aber in seinem Elternhaus nie erfahren hat. Über die Motive und die Konsequenzen dieser Affäre für die farbige Stefanie schweigt sich Paton weitgehend aus. Um so eindringlicher schildert er aber die Konsequenzen, die Pieter nach seinem unverzeihlichen Verstoß gegen das geheiligteste Tabu der burischen Rassengesellschaft zu tragen hat. Mit einer theatralischen Geste läßt sich der »Oubaas«, der Familienpatriarch Jakob van Vlaanderens, die Familienbibel reichen, die seine Vorfahren aus Holland zum Kap und mit dem Treck vom Kap nach Natal gebracht hatten. Er streicht den Namen seines Sohnes aus der Familienbibel, d. h., nach den genealogischen Denkkategorien des Burenclans hat Pieter van Vlaanderens nie existiert.

Lewis NKOSI (geb. 1936) veröffentlichte erst nach langen Jahren im Exil seinen Roman *Mating Birds* (1986), der sich wie eine Gegendarstellung zu PATONS *Too Late the Phalarope* aus der Perspektive der Schwarzen liest. Auch Nkosis Hauptfigur Sibiya ist einer der Hoffnungsträger seiner ethnischen Gruppe und seiner Generation. Trotz des Handicaps seiner *Bantu Education* hat Sibiya als einer der wenigen Schwarzen die Zulassung an die Universität von Natal erreicht und sich dort als Führer der Studentenschaft profiliert. Seine Partnerin oder Kontrahentin paßt ebensowenig zu seinem Erscheinungsbild wie Pieters Geliebte Stefanie: Die Engländerin Veronika Slater bestreitet ihren Lebensunterhalt offensichtlich als Stripperin und Gelegenheitsprostituierte. Wie Stefanie in Patons Roman hat auch Veronika keinerlei Skrupel, ihren Liebhaber an die Polizei zu verraten. Dabei wird allerdings der grundlegende Unterschied zwischen Schwarz und Weiß deutlich: Derselbe Straftatbestand des Verstoßes gegen den *Immorality Act* hat für den weißen Polizisten die gesellschaftlich blamable Konsequenz, daß sein Name aus der Familienbibel gestrichen wird, für den schwarzen Studentenführer jedoch führt die Affäre mit Veronika direkt in die Todeszelle.

Athol FUGARD (geb. 1932) hat in seinem Stück *Statements after an Arrest under the Immorality Act* (1972) den Aspekt der strafrechtlichen Verfolgung nur schlaglichtartig beleuchtet. Der Polizist DuPreez stürmt in das Schlafzimmer von Frieda Joubert und schießt zum Beweis ihrer »verbrecherischen« Beziehung mit einem Schwarzen einige kompromittierende Fotos. Im Laufe der späteren Vernehmung der weißen Bibliothekarin Frieda Joubert und des farbigen Schulleiters Erroll Philander wird offenkundig, daß das, was die beiden für tief empfundene, aufrichtige Liebe hielten, vom Gesetz nicht nur mit Stafe belegt, sondern weit über die gesetzliche Sanktionierung hinaus emotional unmöglich gemacht worden ist. Die öffentliche Bloßstellung im Verhör, der demütigende Zwang zur Selbstbezichtigung und zur Denunzierung des anderen läßt deutlich werden, daß die Liebe zwischen Frieda und Erroll angesichts der Infamie des rassistischen *Immorality Act* keinen Bestand haben kann, ja daß die Brutalität dieses rassistischen Gesetzes jede individuelle Neigung zerstört.

Nadine GORDIMER (geb. 1923) hat für *An Occasion for Loving* (1963) ein ähnliches Szenario gewählt. Sie verzichtet in ihrer Analyse der Beziehung zwischen der Engländerin Anne David und dem schwarzen Maler Gideon auf alle Erscheinungen einer äußeren, strafrechtlichen Verfolgung der Liebenden, vielmehr stellt sie die beiden in einem Beziehungsgeflecht zu Tom und Jessie Stillwell, ihrem Ehemann Boas David und einer Gruppe von Künstlern und Intellektuellen dar, die sich alle einer geradezu exzessiven Toleranz und Liberalität gegenüber dem ungewöhnlichen Paar befleißigen – auch wenn sie persönliche oder vielleicht sogar moralische Vorbehalte hegen, wie Jessie Stillwell. Aber selbst diese günstigen Bedingungen erweisen sich als brüchig, sobald die beiden Liebenden ihre Beziehung mit einem Anspruch auf ein Minimum an Normalität leben wollen. Das Haus der Stillwells, ihr Ferienhaus, die Wohnung von Gideons Freunden, wo er sein Atelier eingerichtet hat, all jene Orte, wo Anne und Gideon zusammentreffen können, gleichen winzigen Inseln in einem Meer der Intoleranz.

Das Thema von der Reinheit des Blutes und der Rasse zeigt die Prinzipien und die grundlegenden Denkkategorien auf, nach denen die Spaltung der südafrikanischen Gesellschaft konzipiert ist. Das Thema der schwarz-weißen zwischenmenschlichen Beziehungen zeigt am Detail der Individualschicksale, wie radikal das Verbot geschlechtlicher Beziehungen zwischen den Rassen die Fähigkeit zur Aufrechterhaltung oder zur Aufnahme allgemeinmenschlicher Beziehungen beschädigt hat.

Lewis Nkosis Märtyrer des südafrikanischen Rassismus/Sexismus (Mitiya – in *Mating Birds*) hat seine Lebensgeschichte in der Todeszelle des Gefängnisses erzählt. Sein Zuhörer ist ein ausschließlich wissenschaftlich interessierter Psychologe, Dr. Dufré, der sich in der Methode seiner Befragung allerdings kaum von einem Vernehmungsbeamten unterscheidet. Er erinnert an Breyten Breytenbachs (geb. 1939) unsichtbares Gegenüber, an das er in den *True Confessions of an Albino Terrorist* (1983) sein schriftliches Geständnis richtet. Der Gefängnisbericht – und Breyten Breytenbachs *Albino-Terrorist* gehört ebenso dazu wie Nkosis *Mating Birds* – ist eine Form der literarischen Kampfschrift, die in allen Ländern mit unterentwickelten demokratischen und politischen Strukturen, ganz besonders aber in Südafrika, zu trauriger Popularität gelangt ist. Die zahllosen gesetzlichen Bestimmungen, mit denen jegliche Form der künstlerischen oder journalistischen Produktion reglementierbar wurde, hatten zur Folge, daß zeitweise die meisten Angehörigen der kritischen Intelligenz entweder hinter Gittern saßen oder sich im Exil aufhielten. So sind Robben Island und das Pollsmore-Gefängnis zu traurigen Anlässen literarischer Inspiration geworden. Dennis Brutus (geb. 1924) hat mit seinen Briefen in Gedichtform von Robben Island, den *Letters to Martha* (1968), international Anerkennung gefunden; in Südafrika wurde er gebannt. Indres Naidoo, eines der führenden Mitglieder der indischen Sektion des National Congress, saß zur gleichen Zeit wie Brutus in Robben Island. Seine Erfahrungen sind in dem Bericht *Island in Chains. Prisoner 885/63* (1982) zusammengefaßt. Athol Fugard hat in seinem, in ganz Afrika wohl meistgespielten Theaterstück *The Island* (1973) die durch diese Form des Strafvollzugs beabsichtigte geistige Selbstverstümmelung dargestellt. John und Winston, die sich eine Zelle auf Robben Island teilen müssen, proben eine Aufführung der sophokleischen *Antigone*. Das ist eine ihrer Strategien, um der geistigen Verelendung zu begegnen. Dies gelingt allerdings nicht immer: Winston, zu lebenslanger Haft verurteilt, weigert sich, die Rolle der Antigone weiterzuspielen. Das sei eine Beleidigung seiner Männlichkeit, die Geschichte nur kindisches Gestammel, gemessen an seiner Realität. So wird die Gefangenenperspektive zur beherrschenden Dimension der Wahrnehmung von Wirklichkeit.

Auch in Alex La Gumas (1925–1985) Roman *The Stone Country* (1967) wird Südafrika insgesamt mit einem Gefängnis gleichgesetzt. La Guma saß wie Breytenbach im Pollsmore-Gefängnis in Kapstadt ein, aber er schrieb über seine Gefängniserfahrungen keinen persönlichen Bericht, sondern verfaßte einen politischen Thesenroman. Sein Protagonist George Adams ist nach dem Vorbild des proletarischen Helden konzipiert, er ist bemüht, ein Minimum an Solidaritätsgefühl unter den Gefangenen zu verbreiten, und von ihm erfährt ein jugendlicher Mörder zum erstenmal in seinem Leben menschliche Anteilnahme. Nicht der Gefängnispfarrer, sondern der kommunistische Ideologe steht diesem jungen menschlichen Wrack auf seinem Weg zur Todeszelle moralisch bei.

Der Gefängnisbericht, in dem die persönlichen Erfahrungen verarbeitet und überwunden werden, ist zunächst ein sehr individuelles Genre, ein Medium innerer Befreiung. Als Anklage gegen das politische System dagegen ist dies zugleich eine öffentliche Form des Schreibens, die ihre Überzeugungskraft aus der Wahrhaftigkeit des tatsächlich Erlebten gewinnt. So ist der Gefängnisbericht Erbauungsliteratur mit umgekehrten Vorzeichen: Er will nicht erhebende Gefühle, sondern Wut und Widerstand wecken. Darin liegt seine politische Durchschlagskraft.

Das Elend in den Städten

Die rapide Industrialisierung und Verstädterung in den Nachkriegsjahren einerseits und die Trennung der städtischen Wohnbereiche nach ethnischer Zugehörigkeit entsprechend dem *Groups Area Act* sind der Hintergrund für ein weiteres beherrschendes Thema der südafrikanischen Literatur: das Thema *»Jim comes to Jo-burg«*, womit das Schicksal der Zuwanderer aus den ländlichen Gebieten in die Goldstadt Johannesburg angesprochen wird.

Alan Paton hat dieses Problem als erster Schriftsteller mit seinem 1948 erschienenen Bestseller *Cry, the Beloved Country* zur Sprache gebracht. Stephen Kumalo, der Zulupfarrer in einem rapide erodierenden und verarmenden Bantustan, macht sich auf den Weg nach Johannesburg, um dort seinen verlorenen Sohn Absalom und seine Schwester Gertrude ausfindig zu machen. Die Suche nach seinen Verwandten führt ihn durch die erbärmlichsten Slums der Stadt, aber auch in die trostlosen neuen Siedlungsgebiete wie Orlando. Schließlich findet er seine Schwester: Sie lebt vom illegalen Schnaps- und Bierverkauf und von Gelegenheitsprostitution. Sein Sohn Absalom, eben aus der Jugendstrafanstalt Diepkloof entlassen (Paton war selbst Leiter dieser Jugendstrafanstalt), tötet bei einem Einbruch den liberalen Publizisten Jarvis und wird in einem aufsehenerregenden Prozeß zum Tode verurteilt. Hier stellt Paton die Rückkopplung zum ländlichen Herkunftsbereich von

Stephen Kumalo her: Jarvis' Vater betreibt die Farm High Place in der Nähe von Kumalos Kirchengemeinde; er hat das Geld für die Renovierung der Kirche gespendet. Der Vater des Mörders und der Vater des Opfers sind also über die Rassengrenzen hinweg in ihrem christlichen Engagement miteinander verbunden. Noch im Jahr 1948, vor dem Regierungsantritt der Nationalen Partei, schien Paton offensichtlich ein Verständigungsfriede zwischen Schwarz und Weiß vorstellbar. Sein Roman war international ein Erfolg (in den USA gab es eine Musical-Adaption mit Musik von Kurt Weill), schwarze Kritiker jedoch verurteilten ihn als paternalisierend, als romantische Verklärung der Rassenkonfrontation.

Peter ABRAHAMS hat in seinem Erstling *Song of the City* (1945) das Thema der Stadt/Landwanderung bereits aufgegriffen und in seinem Erfolgsroman *Mine Boy* (1946) weiterentwickelt. Abrahams' Innensicht seines Helden Xuma ist sicherlich überzeugender als Patons Außenansicht des Stephen Kumalo. Xuma kommt in die Stadt, um in den Goldminen Arbeit zu finden. Leah, Wirtin einer illegalen Kneipe, wird seine Lehrmeisterin im Umgang mit der brutalisierten Slumgesellschaft. Die Kneipe ist ein Zufluchtsort für die von Armut und Rassismus Geschlagenen. Was Xuma als Überlebensstrategie lernt, ist eine kompromißlose Härte nach außen und eine ausgeprägte Solidarität innerhalb der Gruppe. Daddy wird Xuma als warnendes Beispiel vor Augen gehalten. Er war einst ein Führer der Arbeiter, stark, wie Xuma jetzt ist. Heute ist er ein ausgebranntes menschliches Wrack; er betäubt sein Scheitern an der Stadt im Delirium. Xuma hingegen entwickelt sich vom einfältigen Zuwanderer vom Land zu einem respektierten Arbeiterführer für Schwarz und Weiß, der nur den einen Wunsch kennt, *»Mensch zu sein, nur Mensch, ohne Rücksicht auf die Hautfarbe«.*

In dem »Jim Comes to Jo-burg«-Motiv sind zwei Elemente aus der westlichen Romantradition bestimmend: das Reisemotiv und die Grundstruktur des Bildungsromans. Der Bildungsroman bleibt auch Modell für das Genre der *Township-Novel*. Ähnlich der *Slum-Novel* in England, der *Tenement-Tale* in den USA oder der *Yard-Novel* in Westindien gibt die *Township-Novel* primär ein realistisches Porträt des sozialen Milieus. Athol FUGARD hat in seinem Anfang der sechziger Jahre entstandenen Roman *Tsotsi* (1980) den durch sein soziales Umfeld bedingten Lebensweg eines namenlosen jugendlichen Gangsters beschrieben. Seine Karriere, die von zunehmender Brutalität gekennzeichnet ist, führt ihn schließlich zu einem Scheitelpunkt, von dem er aus der Anonymität des Tsotsi, des Vorstadtgangsters, in die ethische Verantwortung seiner Individualität und Identität als David Madondo geworfen wird. Sipho SEPAMLA (geb. 1932) schildert in *A Ride on the Whirlwind* (1981) auch die politischen Implikationen des Lebens in den Townships von Johannesburg. James MATTHEWS (geb. 1929) liefert in *Schattentage* (1983) und *Die Träume des David Patterson* (1986) eine soziale Milieustudie über die zerfallenden Familien in den farbigen Townships, z. B. in Athlone in Kapstadt. Sepamla ist vor allem durch seine Lyriksammlung *The Soweto I Love* (1977) bekannt geworden, James Matthews als Protestlyriker mit den Sammlungen *Cry Rage* (1972) und *No Time for Dreams* (1981). Die *Township-Novel* steht damit in engem Zusammenhang mit der Protestlyrik der siebziger und achtziger Jahre.

Nur wenige Jahre vor seinem Tod erschien 1986 der letzte Roman von Richard RIVE (1930–1989), *Buckingham Palace District 6*. Auch dieser Roman kann als eine späte Antwort auf PATONS *Cry, the Beloved Country* gelesen werden. Pastor Adam Druintjies aus dem ländlichen Boland macht nach langen Jahren seine Tochter Mary im District 6 von Kapstadt ausfindig; sie betreibt inzwischen in Buckingham Palace ein gutgehendes Bordell. Nur wenn Marys Vater zu Besuch kommt, gibt sich das Etablissement den Anschein eines hochanständigen Mädchenwohnheims. Die Mädchen des Buckingham Palace nehmen auch am Wohltätigkeitsbasar der Kirchengemeinde teil – und am Ende des Basars liefern sie den mit Abstand größten Spendenbetrag in die Kirchenkasse ab. Die Idylle dieser heiteren halbseidenen Welt, in der rassische und moralische Tabus ganz klein geschrieben werden, gerät unter den Druck der Apartheids-Politik. District 6 soll geräumt werden und einem weißen Wohngebiet Platz machen. Mary Druintjies und ihre Mädchen, ihre Beschützer und die Rausschmeißer des Buckingham Palace, die ehrbaren Kirchgänger und der indische Ladenbesitzer, die über Jahrzehnte zwar nicht spannungsfrei, aber doch harmonisch zusammengelebt hatten, werden nun auseinandergerissen und über die neuen Wohngebiete verteilt, entsprechend ihrer rassischen Klassifizierung. So zeigt Rive trotz aller humorvoller Verkleidung seiner Geschichte, wie die weiße Regierung existierende Formen des Zusammenlebens unterschiedlicher Rassen gnadenlos zerstört hat, nur um ihre Ideologie von der Rassentrennung zu untermauern. Rives Roman ist voller Humor und ohne Hoffnung.

Richard Rives *Buckingham Palace* ist ein Beispiel für den neo-pikaresken Roman, der sich zwar nicht in seinem politischen Anliegen, wohl aber in der Form der Darstellung von den Sozialreportagen und Protestromanen unterscheidet. J.M. COETZEE (geb. 1940) hat auf seiten der weißen Autoren die Seelenlandschaft Südafrikas mit einer dezidiert postmodernen Schreibweise zu fassen versucht. In den Erzählungen *Dusklands*, den Romanen *Waiting for the Barbarians* (1980) und *Life and Times of Michael K.* (1983) sucht Coetzee jeweils das Grenzland eines imaginären Imperiums auf. Diese Schnittstelle zwischen Zivilisation und Barbarei ist natürlich eine Reflexion des Mythos der alten Pioniererfahrung, die der Autor in eine neue, mentale Grenzlanderfahrung ummünzt. In seinem Roman *Foe* (1986) greift Coetzee die alte Kolonialismusdebatte zwischen Robinson und Freitag aus DEFOES *Robinson Crusoe* auf.

Autobiographisches Schreiben als identitätsstiftender Akt

In der südafrikanischen Situation der Konfrontation zwischen einer rassistischen Oberschicht und verschiedenen Gruppen von Unterprivilegierten kommt dem autobiographischen Schreiben eine besondere Bedeutung zu. Schreiben über sich selbst zur Definition der eigenen individuellen Identität, zur Klärung der eigenen Gruppenidentität vis-à-vis den Ansprüchen und Pressionen anderer Gruppen, stellt das Einzelschicksal als repräsentative Erfahrung dar. Individuelle Lebenserfahrung wird zum Exemplum von Lebenskonditionen; implizit enthält so ein Lebensbericht die dringende Mahnung, eben diese typischen Lebensbedingungen nicht weiterbestehen zu lassen.

Bereits zum Ende des vorigen Jahrhunderts hatte der Kapitän der Koikoi/Hottentotten Hendrik Witbooi (gest. 1905) in Briefen und Tagebuchaufzeichnungen (*Die dagboek van Hendrik Witbooi, 1884–1905*, 1929) das Verständnis seiner selbst als Führer der Koi gegenüber dem deutschen Kommandeur Leutwein wie auch gegenüber den anderen Kapitänen der Bastaards, der Hereros und anderer Koi/Hottentotten-Gruppierungen festgeschrieben. Alan Paton hat in *Towards the Mountain* (1980) einen Bericht über seine Erfahrungen als Leiter der Jugendstrafanstalt Diepkloof und zugleich ein Porträt des progressiven Liberalismus der fünfziger und sechziger Jahre geliefert. Von den schwarzen Autoren der ›Drum‹-Generation erzählt Es'kia Mphalele (geb. 1919) in *Down Second Avenue* (1959) die Geschichte einer Kindheit, deren bedrückende Ärmlichkeit ganz sicher nicht den weiteren Lebensweg dieses Autors erwarten ließ. Bloke Modisanes (1923–1986) *Blame Me on History* (1963) schildert die prekäre, aber doch zu gewissen Hoffnungen berechtigende Lage der Intellektuellen, die sich beim ›Drum‹-Magazin zusammengefunden hatten. Mit *My Traitor's Heart* (1990) schrieb Rian Malan (geb. 1954) die Autobiographie eines Rebellen; er erzählt darin zugleich die Familiengeschichte der Malans, die seit dem 17. Jahrhundert das Schicksal Südafrikas mitbestimmt haben – insbesondere in Gestalt von Daniel Malan (1874–1959), in dessen Regierungszeit als Ministerpräsident der Südafrikanischen Union (1948–1954) das Apartheid-System gesetzlich verankert wurde (1948).

Innerhalb des Systems der Entmündigung der schwarzen Bevölkerung wurden die schwarzen Frauen einer völligen Entrechtung unterworfen. Nach den Gesetzen der Apartheid sind schwarze Frauen keine rechts- oder geschäftsfähigen Subjekte; sie haben den Rechtsstatus von Minderjährigen. Andererseits sind schwarze und weiße Frauen in führenden Positionen an der Widerstandsbewegung beteiligt, und dieser Zwiespalt zwischen eigenem Engagement und formalem rechtlichen Status findet Eingang in zahlreiche Autobiographien von Frauen: Ellen Kuzwayo beschreibt in *Call Me Woman* (1985) nicht nur ihre Arbeit in zahlreichen Selbsthilfeorganisationen für Frauen, sie zeichnet auch ein Bild der Aspirationen und des Willens der schwarzen Frauen, ihren Lebensweg selbständig zu gestalten. Elsa Joubert hat in dem ursprünglich in Afrikaans veröffentlichten *The Long Journey of Poppie Nongena* (1978) den verworrenen Lebensweg einer Farbigen in der Kapprovinz nach deren eigener Erzählung niedergeschrieben. Miriam Tlali (geb. 1933) beschreibt in *Muriel at Metropolitan* (1979) die typischen Einschränkungen und Demütigungen, die eine durchschnittlich gebildete Frau in der städtischen Arbeitswelt von Johannesburg erdulden muß. Miriam Makeba (geb. 1932) hat zusammen mit dem Journalisten James Hole die Erfolgsgeschichte ihres Lebens nachgezeichnet (*My Story*, 1987). Es führte sie von den Anfängen als Sängerin in Kirchengruppen und bei den Manhattan Brothers im Johannesburg der fünfziger Jahre über die weibliche Hauptrolle des Musicals *King Kong* von 1959 zu internationalem Ruhm als Sängerin und Repräsentantin Südafrikas, ja der afrikanischen Frauen allgemein, in der Generalversammlung der Vereinten Nationen.

Township-Theater und Performance-Lyrik: neue Formen literarischer Öffentlichkeit

Literatur in gedruckter Form von schwarzen und weißen Autoren war theoretisch schwarzen und weißen Lesern gleichermaßen zugänglich, vorausgesetzt, sie konnten sich Bücher leisten und Bücher in englischer Sprache lesen. In Wirklichkeit jedoch war und ist es der enge Kreis kultureller Eliten, der die kulturelle Produktion anderer ethnischer Gruppen wahrnimmt, also ein integriertes Kulturverhalten zeigt. Kulturschaffende, die ihre Arbeit in den Dienst des Befreiungskampfes stellten – und dies ist die Mehrzahl in Südafrika –, mußten versuchen, ein weiteres, auch leseunkundiges, aber integriertes Publikum zu erreichen, die Intervention durch die Zensurbehörden zu umgehen und auf aktuelle politische Ereignisse schneller zu reagieren, als dies in der üblichen Belletristik möglich ist. Theater und Performancedichtung boten sich als Alternativstrategien an.

Die gesetzlichen Voraussetzungen allerdings standen einem integrierten südafrikanischen Theater im Wege. Es gab lange Zeit keine Spielorte, an denen schwarze Schauspieler vor einem weißen Publikum, weiße Schauspieler vor einem schwarzen Publikum oder gar gemischte Theatergruppen hätten auftreten können. Athol Fugards Produktion von *Sizwe Bansi Is Dead* (1972) z. B. wurde mit vielen Auflagen belegt; u. a. durften die schwarzen Schauspieler auf keinen Fall die »weißen Toiletten« des Spielortes benutzen. »Subventioniertes Staatstheater« für Weiße, ein experimentelles Fringe-Theater wie das von Athol Fugard, das immer im Bereich jenseits der Apartheid-Legalität operierte, schwarzes Township-Theater andererseits beherrschen die Szene. In den fünfziger Jahren gab es noch integrierte Produktionen wie das berühmte Musical *King Kong*, die unter der Ägide der Künstlergewerkschaft *Union Artists* mit weißem Geld finanziert, von weißen Regisseuren und Produzenten eingerichtet, von schwarzen Schauspielern, Sängern und Musikern gespielt wurden. Trotz aller Vorbehalte gegen diese weiß dominierten, auf das Klischee »schwarze Exotik« zielenden Produktionen waren sie für die Entwicklung des Township-Theaters eine wichtige Durchgangsstation. Gibson KENTE, der über zwei Jahrzehnte hinweg als einziger mit seinen Musicals ein Unterhaltungsangebot in die Townships brachte, ist aus den Produktionen der *Union Artists* hervorgegangen. Athol Fugard hat seit den sechziger Jahren mit seinen Werkstattproduktionen einen andern Weg des integrierten Theaters versucht, doch mit seinen Stücken außerhalb Südafrikas größere Resonanz gefunden.

Gibson Kentes Professionalismus im Training seiner Schauspieler in Gesang und Tanz sowie seine Pflege traditioneller Darstellungsmittel einerseits, Athol Fugards Arbeitsweise des Workshopping und seine Experimente mit dem »armen Theater« im Stile GROTOWSKIS sind die beiden maßgeblichen Einflüsse auf das schwarze Theater der späten siebziger und achtziger Jahre. Im Drama Department der Universität am Witwatersrand wurde im *Workshop 71* von schwarzen und weißen Schauspielern mit einem politisch und darstellerisch radikalen Theater experimentiert. Mitte der siebziger Jahre entstanden mit dem Market-Theater in Johannesburg und dem Baxter-Theater in Kapstadt die beiden einzigen Spielorte, in denen Schwarze, Weiße und Inder auf der Bühne und im Anditorium gleichermaßen Zugang hatten. Das Market-Theater hat auch den schwarzen Theatergruppen mit künstlerischem Rat und organisatorischer und technischer Unterstützung zur Seite gestanden.

Die Möglichkeit, in einem nach professionellem Standard ausgestatteten Theater und vor einem großen und anspruchsvollen Publikum zu spielen, hat die künstlerische Qualität der Produktionen aus den Townships rapide verbessert. Das Stück *Woza Albert!* von Percy MTWA (geb. 1954) und Mbongeni NGEMA (geb. 1956) ist zum Synonym für das neue Township-Theater geworden – ein Theaterstil, der dem Ausstattungstheater eine dezidierte Absage erteilt und sich ganz auf das körperliche Spiel und die Ausagekraft der Schauspieler konzentriert. Die Fabel über die Wiederkunft Christi nach Südafrika ist ironisch-aggressiv, voller aktueller Anspielungen, durchaus realistisch in der Wiedergabe der sozialen politischen Atmosphäre, aber imaginativ in der Art szenischer Gestaltung. Percy Mtwa hat in seinem nächsten Stück *Bopha* über das Schicksal eines schwarzen Polizisten die offene Form mit einer klarer strukturierten Handlungslinie unterlegt. Mbongeni Ngema dagegen löste in seinem Gefängnisstück *Asinamali* die Form weiter auf in eine Folge autobiographischer Einzelskizzen. Matsemela MANAKA stellt in *Egoli*, 1980 *(Die Goldstadt)*, die Frustrationen zweier Bergarbeiter aus den Goldminen dar, die sich in den Massenunterkünften ein kleines Zimmerchen teilen müssen. In *The Hungry Earth* schildert er die Ausbeutung des Reichtums der Erde durch die Ausbeutung der schwarzen Minenarbeiter. In Kapstadt hat eine Gruppe von drei Frauen, beraten von der Regisseurin Phyllis KLOTZ, das Erfolgsstück *You Strike the Woman, You Strike the Rock* über die Situation der Marktfrauen erarbeitet. Maishe MAPONYE befaßt sich in *Gangsters* mit der Repression der Intellektuellen durch die Polizei. In Johannesburg hat das Junction Avenue Theater die Tradition des Musicals von Gibson Kente wieder aufgegriffen und in *Sophia Town* die gewaltsame Räumung des letzten integrierten Wohnbezirks in Johannesburg historisch aufgearbeitet. In Kapstadt wurde das Musical *District Six* – auch hier geht es um die Zwangsumsiedlung der farbigen Bevölkerung aus dem berühmt-berüchtigten District Six in Kapstadt – aufgeführt; es behandelt dasselbe politische Thema. *District Six* erzielt einen erheblichen Teil seiner dynamischen Wirkung aus der neuen Kapstädter Jazzmusik. Mbongeni Ngema hat diese neue Richtung des Musicals aufgegriffen und zu internationalem Erfolg geführt. Mit einer Truppe aus Schülern und Obdachlosen formte er eine neue Musicaltruppe und machte die Musicals *Sarafina* und *Township Fever* zum Kulturereignis. Markenzeichen des neuen Township Theaters ist die absichtsvolle Kunstlosigkeit der Produktionen geworden, wobei die Spielfläche zugleich Bühne, Garderobe und Requisitenraum, das Dargebotene zugleich Handlung wie auch Inszenierung und theatrale Umsetzung der Handlung ist.

Lyrik, insbesondere Performance-Lyrik wurde seit Mitte der siebziger Jahre zu einem der einflußreichsten Genres literarischer Kommunikation in Südafrika. Die Einschränkungen durch die Zensur einerseits und die Politisierung jeglicher kultureller oder sozialer Manifestation andererseits haben dazu geführt, daß die beinahe täglich stattfindenden Begräbnisse von Opfern der Polizeibrutalität als Foren für eine neue, zunächst orale Dichtung genutzt wurden. Massenveranstaltungen in den Sportstadien wurden maßgeblich von Performance-Künstlern, von rezitierenden Poeten und begleitenden Musikern gestaltet. Selbst Betriebsversammlungen der großen Industriekomplexe – seien sie offiziell innerhalb des Fabrikgeländes oder illegal vor den Fabriktoren – wurden für Performance-Dichtung genutzt. Durch die Initiative einiger »Kulturarbeiter« des Council of South African Trade Unions (COSATU) ist in dem Dunlop-Werk in Durban eine ganze Riege von Performance-Dichtern/Arbeiterdichtern herangewachsen. Albert QABULA, die herausragende Persönlichkeit der COSATU-Kulturarbeit, ist mit seinen in Zulu und Englisch vorgetragenen/getanzten Gedichten in ganz Südafrika und auch bei internationalen Festivals aufgetreten. In dieser Vortragskunst gehen divergente literarische Traditionen eine neue Verbindung ein. Die alte orale Dichtung, insbesondere die Isibongi-Dichtung der Preislieder, wird hier neu belebt und für moderne Themen genutzt. Andererseits sind die Einflüsse schriftlicher Lyrik erkennbar, wie sie seit den zwanziger und dreißiger Jahren in der Gruppe um die Zeitschrift ›Vorslag‹ von William PLOMER, Roy CAMPELL und Laurens van der POST, der überwiegend in Afrikaans schreibenden *Sestiger* um Breyten BREYTENBACH oder in den Gedichten von Uys KRIGE und Van Wyk LOUW oder Arthur NORTJE entwickelt wurde. In Kapstadt hat James MATTHEWS seit seiner Zeit als Mitarbeiter bei ›Drum‹ Gedichte veröffentlicht; sie wurden sofort gebannt. In Johannesburg schrieb Sipho SEPAMLA mit *The Soweto I Love* (1977) zugleich ein Bekenntnis zu seinem Soweto wie auch eine Anklage gegen ein System, das ein Soweto braucht oder duldet. Oswald MTSHALI (geb. 1940) ist mit seiner Lyriksammlung *Sounds of a Cowhide Drum* (1971) als Vorläufer der *Black-Consciousness*-Dichter in Erscheinung getreten. Matsemela MANAKA und Mongane Wally SEROTE sind mit ihren Theaterstücken und Gedichtsammlungen zu Exponenten der Widerstandsbewegung um den 1977 zu Tode gefolterten Steve Biko geworden.

1990 hat Albie SACHS (geb. 1935), einer der (weißen) Vordenker des ANC, in ›The Weekly Mail‹ einen aufsehenerregenden Artikel *Preparing Ourselves for Freedom* veröffentlicht, in dem er entschieden von der bisherigen Linie des ANC abweicht, daß Kultur und Literatur Mittel und Teil des politischen Kampfes seien. Sachs beklagt die thematische Einschränkung und das, was er *»solidarity criticism«* nennt, durch die bisherige Politik des ANC und fordert eine Entideologisierung der südafrikanischen Literatur. Njambule NDEBELE hatte bereits 1989 in seinem Essay *Redefining Relevance* aus der Sicht des Schriftstellers und Literaturkritikers eine ähnliche Position eingenommen, die sich vor allem gegen die präskriptive Ästhetik der *Black Consciousness*-Bewegung richtete. Eine Neuorientierung ist also eingeleitet, sowohl von seiten der Politik wie auch der Literaten selbst. Mit *Tooth and Nail*, einer neuen Produktion des Junction Avenue Theater, ist auch bereits der erste praktische Versuch mit einer entpolitisierten kulturellen Praxis unternommen worden. E.B.

Literaturhinweise

D. Adey, *Companion to South African English Literature*, Craighall 1986.

D. R. Beeton (Hg.), *A Pilot Bibliography of South African English Literature from the Beginnings until 1971*, Pretoria 1976.

A. Brink, *Mapmakers: Writing in a Stage of Siege*, Ldn. 1983.

M. Chapman (Hg.), *A Century of South African Poetry*, Johannesburg 1981.

Ch. Clayton (Hg.), *Women and Writing in South Africa*, Marshalltown 1989.

J. M. Coetzee, *White Writing: On the Culture of Letters in South Africa*, New Haven/Conn. 1988.

D. B. Coplan, *In Township Tonight*, Ldn./NY 1985.

G. V. Davis u. M. Senior (Hg.), *South Africa – The Privileged and the Dispossessed*, Paderborn 1983.

G. V. Davis (Hg.), *Crisis and Conflict: Essays on Southern African Literature*, Essen 1990 [Kongreßakten].

M. J. Daymond, J. U. Jacobs u. M. Lenta (Hg.), *Momentum – On Recent South African Writing*, Pietermaritzburg 1984.

A. Fuchs, *Playing the Market: The Market Theatre Johannesburg 1976–1986*, Chur u. a. 1990.

S. Gray, *Southern African Literature*, Kapstadt 1979.

N. Gordimer u. L. Abrahams (Hg.), *South African Writing To-day*, Harmondsworth 1967.

N. Gordimer, *The Black Interpreters: Notes on African Writing*, Johannesburg 1973.

C. Heywood (Hg.), *Aspects of South African Literature*, Ldn. 1976.

A. C. Jordan, *Towards an African Literature: The Emergence of Literary Form in Xhosa*, Berkeley/Calif. 1973.

R. Kavanagh, *Theatre and Cultural Struggle in South Africa*, Ldn. 1985.

E. Lehmann, *Current Themes in Contemporary South African Literature*, Essen 1989.

M. Nathan, *South African Literature*, Kapstadt 1925.

L. Nkosi, *Home and Exile*, Ldn. 1965.

M. Orkin, *Drama and the South African State*, Manchester 1991.

K. Parker (Hg.), *The South African Novel in English*, Ldn./NY 1978.

J. A. Pereyre, *The Poetry of Commitment in South Africa*, Ldn. 1984.

A. Sampson, *Drum: A Venture into New Africa*, Ldn. 1956.

J. Sévry, *Afrique du sud, ségrégation et littérature: Anthologie critique*, Paris 1989.

F. C. Slater (Hg.), *The New Centenary Book of South African Verse*, o. O. 1945.

P. N. Thuynsma, *The Oral Tradition in South African Literature*, Ann Arbor/Mich. 1980.

M. Van Wyk Smith u. D. McLennan, *Olive Schreiner and After: Essays on Southern African Literature in Honour of Guy Butler*, Kapstadt 1983.

J. Watts, *Black Writers from South Africa – Towards a Discourse of Liberation*, Oxford 1989.

L. White (Hg.), *Literature and Society in South Africa*, Harlow 1984.

PETER ABRAHAMS

* 19.3.1919 Vrededorp / Johannesburg

LITERATUR ZUM AUTOR:
P. Abrahams, *Tell Freedom*, Ldn. 1954 [Autobiogr.]. – M. Wade, *The Novels of P. A.* (in Crit., 11, 1968, 1, S. 82–95). – V. Klima, *South African Prose Writing in English*, Prag 1971. – M. Wade, *P. A.*, Ldn. 1972. – Ders., *South Africa's First Proletarian Writer* (in *The South African Novel in English*, Hg. K. Parker, Ldn./NY 1978, S. 95–113). – K. Ogunbesan, *The Writing of P. A.*, NY 1979. – W. A. Umezinwa, *La voix de silence du roman de P. A. et de Mongo Beti* (in *Proceedings of the Eighth Congress of the International Comparative Literature Association*, Bd. 2, Hg. B. Köpeczi u. G. Vojda, Stg. 1980, S. 261–265). – B. Lindfors, *Exile and Aesthetic Distance: Geographical Influences on Political Commitment in the Works of P. A.* (in International Fiction Review, 13, 1986, Nr. 2, S. 76–81). – M. Wade, *P. A.* (in DLB, Bd. 117, 1992, S. 3–14).

MINE BOY

(engl.; *Der Kumpel*). Roman von Peter ABRAHAMS (Südafrika), erschienen 1946. – Abrahams ist der erste farbige südafrikanische Autor, der international Anerkennung gefunden hat. *Mine Boy* knüpft an die autobiographischen Notizen *Dark Testament* (1942) an, in denen Abrahams seine Jugend in dem Johannesburger Slum Vrededorp schildert. In *Mine Boy* erhält das Slum jedoch eine weiterreichende Bedeutung als die der sozialen Szenerie: Schwarzes Slum und weiße Vorstadt sind Synonyme für die *condition humaine* in Südafrika. Der Autor knüpft auch an *Song of the City* (1945) an, in dem das Thema Stadt-Land behandelt wird. Damit nimmt er die bis in das 18. Jh. zurückreichende Tradition des moralisch-sozialkritischen Romans auf, wobei sich der Gegensatz zwischen integrer ländlicher Gesellschaft und der komplex-anonymen Stadtgesellschaft im Afrika des 20. Jh.s mit großer politischer Relevanz neu stellt. Die Reise des Helden vom Land in die Stadt ist aber zugleich auch ein Grundmuster des Bildungsromans.

Xuma, die Hauptgestalt des Romans, trifft bei Einbruch der Dunkelheit in der Großstadt Johannesburg ein. Er sucht Arbeit in den Goldminen. Seine erste Kontaktperson in der Stadt ist Leah, eine »Shebeen Queen«, Betreiberin einer illegalen Kneipe. Leah ist eine für Abrahams typische dominierende Frauenfigur. Auch sie stammt wie Xuma aus dem Norden, hat aber die Verbindung zu ihrer Stammesheimat abgebrochen und lebt das typische Leben des Slumbewohners. Sie huldigt einem aggressiven Individualismus kleinkapitalistischer Prägung, nur um ihr eigenes Wohl besorgt. Sie wird Xumas Lehrmeisterin im Umgang mit der brutalisierten Slumgesellschaft und im Umgang mit einer erpresserischen, aber auch korrupten Polizei. Bei aller Härte nach außen zeigt Leah doch große menschliche Wärme: Ihr Haus ist Zufluchtsort für die von Armut und Rassismus Geschlagenen, und die Wunden, die die südafrikanische Gesellschaft schlägt, werden bei Leah zwar nicht geheilt, aber doch gepflegt. Eliza, Leahs Pflegetochter, ist Lehrerin. Als gebildete Schwarze fühlt sie sich nicht nur ihrer ethnischen Herkunft entfremdet, wie Leah, sondern ihrer Rasse und damit ihrer grundsätzlichen menschlichen Identität beraubt. Sie faßt das Ausmaß ihrer Entfremdung in den Worten zusammen: *»In meinem Innern bin ich nicht schwarz und möchte auch nicht schwarz sein.«* Xumas Liebe zu Eliza muß scheitern, da er seine Kraft aus seiner Stammeszugehörigkeit schöpft und daher Elizas Verlangen nach *»den Dingen des weißen Mannes«* nur ablehnen kann.

Daddy, der im Suff verkommende Alte, repräsentiert ein weiteres Slum-Stereotyp: den ausgepowerten Arbeiter, der sein Scheitern an der Stadt im Delirium betäubt. Daddy hat jedoch eine Geschichte hinter sich, die ihn zu einer Schlüsselfigur für Abrahams' politische Botschaft macht. Einst ein hünenhafter, unermüdlicher Arbeiter, von Schwarz und Weiß respektiert, der Streiks und politische Demonstrationen anführte, war Daddy körperlich und geistig scheinbar unverwüstlich, so wie es Xuma bei seiner Ankunft in der Stadt auch ist. Daddy ist von der Stadt gebrochen worden; er steht für Abrahams' marxistische Analyse, daß das individuelle Bewußtsein Ausfluß des gesellschaftlichen Seins sei. So ist Daddys Hoffnungslosigkeit das sozio-politische Korrelativ zur Machtlosigkeit der schwarzen Mehrheit. Xuma urteilt über Daddy nach dem Ist-Zustand, wie er ihn in Leahs Shebeen sieht. Leah aber hält ihm den alten Säufer als warnendes Beispiel für die erodierende Wirkung der Stadt vor Augen, der auch er ausgesetzt sein wird. Daddys Entfremdung ist die Entfremdung von seiner sozio-politischen Identität.

Die Handlung in und um Leahs Kneipe verläuft episodisch, jedoch mit zunehmender Tragik der Einzelereignisse: Razzien, Ermordung eines Polizeispitzels, der Tod Daddys, der von einem Auto überfahren wird, Leahs Verhaftung und Verurteilung zu neun Monaten. Die Gruppe um Leah, die Xuma zunächst die Geborgenheit der Stammesgemeinschaft ersetzt hatte, wird auseinandergerissen, so daß er zunehmend auf sich selbst gestellt ist. Er lernt, sich im Ghetto zu behaupten, wo jeder gegen jeden kämpft, aber er lernt auch bei seinen Ausflügen in die weißen Stadtviertel, die gesellschaftliche Spaltung seines Landes zu erkennen und in einem Prozeß politischer Bewußtseinsbildung zu verarbeiten. Abrahams' Lichtsymbolik von Hell/Dunkel, Schwarz/Weiß sorgt für eindeutige Zuordnung: Über die Schwarzenghettos bricht jeden Abend die Düsternis herein, während die weißen Stadtteile in gleißendes Licht getaucht sind. Xuma weiß, daß die Weißen, die im Licht sind, ihn nicht verstehen können, da *»sie mit dem Kopf verstehen. Ich aber verstehe mit dem Herzen, mit den Schmerzen meiner Seele, nicht mit den Lippen.«*

In seinem anderen Lebensbereich, an seinem Arbeitsplatz, fühlt Xuma sich frei, denn selbst der weiße Vorarbeiter hört auf ihn. Aber auch im Goldbergwerk muß er Entfremdung durch Arbeit erdulden. Sysiphusartig karrt er Sand auf die Abraumhalden, ohne am Ende des Arbeitstages eine Spur seiner Arbeit zu erkennen. Bei jedem Schichtwechsel sieht er die anonyme Kolonne der Kontraktarbeiter von ihren Massenquartieren in die Grube marschieren. Wirklich er selbst scheint er nur in der Düsternis unter Tage zu sein. Er ist *»boss boy«*, die rechte Hand des weißen Kolonnenführers Paddy O'Shea. Zusammen mit Paddy verhilft er einem kranken Kumpel zu einer Abfindung; zusammen mit Paddy birgt er nach einem Grubenunglück zwei tote Kumpel. Xuma allein weigert sich, mit seiner Kolonne einzufahren, solange die Unglücksstelle nicht gesichert ist. Hier geht er voran, und der weiße Vorarbeiter Paddy schließt sich dem Streik seines Boys an. So führt Xumas Weg vom einfachen Landarbeiter, der in der Stadt sein Brot sucht, zu einem Arbeiterführer für Schwarz und Weiß. Als proletarischer Held stellt er sich schließlich der Polizei mit seiner Vision einer den Rassismus hinter sich lassenden, kämpferischen Klassengemeinschaft: *»Xuma fühlte sich stärker als je zuvor in seinem Leben, stark genug um Mensch zu sein – ohne Rücksicht auf die Hautfarbe. Plötzlich wußte er, daß dies möglich war: Mensch sein, nur Mensch sein – nichts weiter.«* E.Bre.

AUSGABEN: Ldn. 1946. – NY 1955. – NY 1970 [Einl. Ch. R. Larson].

LITERATUR: Rez. (in Public Opinion, Kingston, 14. 6. 1946, S. 7 u. 13). – S. Rodman, *A Search for a Place in the Sun* (in NY Times, 12. 6. 1955). – J. E. Reinhardt, *People Are People* (in Phylon, 16, 1955, S. 476 f.). – K. Ogunbesan, *The Political Novel of P. A.* (in Présence Africaine, 83, 1972, Nr. 3, S. 33–50).

WILD CONQUEST

(engl.; *Ü: Wilder Weg*). Roman von Peter ABRAHAMS (Südafrika), erschienen 1950. – In seinem Londoner Exil gehörte Abrahams zum Kreis schwarzer Intellektueller um Kwame Nkrumah (Ghana) und Jomo Kenyatta (Kenia) und war Initiator des ersten Panafrikanischen Nationalkongresses. Zwei Jahre nach dem Wahlsieg D. F. Malans und seiner burischen Nationalpartei (1948), als der Rassismus der Apartheid zur Staatsdoktrin wurde, hat er den Ursprung des bis in die Gegenwart andauernden Rassenkonflikts in seinem historischen Roman *Wild Conquest* zu ergründen versucht.

Der Große Treck der Buren (1835–1838) unter Hendrik Potgieter und Piet Retief ist beliebtes Thema einer nationalistisch gestimmten Populärliteratur in Südafrika. Aus der Perspektive der Schwarzen hatte Sol PLAATJE (1878–1932), Mitbegründer des African National Congress (ANC), in seinem Roman *Mhudi* (1930) die Zeit des Trecks und der Mtabele-Kriege beschrieben. Abrahams bewegt sich also sowohl in der Form des historischen Romans wie auch thematisch innerhalb einer literarischen Tradition. Um so mehr entscheidet die spezifische Gestaltung über den literarischen Wert eines Werks. Tatsächlich schrieb Abrahams mit diesem Buch mehr als einen historischen Kostümroman in farbenprächtigem historischem Kolorit; es ist ihm vielmehr gelungen – und hier scheint ihm die marxistische Geschichtsanalyse nützlich gewesen zu sein –, die großen historischen Triebkräfte, die hinter dem Zusammenstoß von Treck-Buren und Mtabele-Kriegern stehen, in sinnlich erfahrbare Bilder und Episoden umzusetzen: den unausweichlichen Konflikt zweier aggressiv expansiver Viehzüchtergesellschaften, nämlich der Buren und der Mtabele.

Dieser Konflikt bestimmt die Struktur des Romans. Entsprechend der dramatischen Konzeption entfaltet sich das Geschehen in drei Akten. Das erste Buch, *Mit Bibel und Gewehr*, schildert den Auszug der Buren aus der Kapkolonie, nachdem die britische Regierung die Befreiung der Sklaven proklamiert hatte. Der Roman setzt ein mit dem einsamen Reiter Kasper Jansen, der die Nachricht von der politischen Umwälzung auf seine entlegene Farm bringt. Zusammen mit seinem Bruder Koos, seiner Frau Anna und dem Sohn Stefan, bricht Kasper auf, um sich dem Treck nach Norden anzuschließen. Schon auf dieser Ebene kommt es zu einer gewalttätigen Auseinandersetzung mit den gerade befreiten Schwarzen. Beim Versuch, das Waffenarsenal der Farm zu sichern, schießt Koos den Sohn des treuen Sklavenführers Johannes nieder. Dieses kaltblütige Morden wird zu einem Kennzeichen der »Verkrampten« unter den Buren, zu deren widerwärtigsten Repräsentanten Koos gehört. Auch bei Kasper steht am Anfang des Trecks eine geistige Verhärtung. Er deutet die Befreiung der Sklaven durch die britische Krone dahin um, daß der Exsklave Johannes der eigentliche Schuldige sei, der ihn von seinem angestammten Land vertreibe. Um Johannes nicht in den Genuß des Besitzes kommen zu lassen, zündet Kasper das Farmhaus an, als er mit seinem Planwagen das Tal verläßt. Was bei der Familie Jansen mit symptomatischen Einzelaktionen begonnen hat, wächst sich im Verlauf des ersten Buches zu einer burischen Massenbewegung aus: Die Jansens, die bisher isoliert operierten, stoßen auf andere Treckburen; die Wagenkolonne wird immer größer, bis schließlich am Ufer des Oranje-Flusses unter Hendrik Potgieter sich ein ganzes Volk zusammenfindet auf der Suche nach »seiner« Freiheit.

Mit dem politischen Slogan »Freiheit von der britischen Kolonialherrschaft« verdrängen aber die Buren die elementaren wirtschaftlichen Ursachen des Trecks: Hunger nach mehr Land für größere Herden innerhalb einer großagrarischen Oligarchie. Und sie verdrängen auch, daß ihre Freiheit vom britischen Kolonialismus die Unterjochung anderer Völker unter den burischen Kolonialismus bedeutet. Diese Selbsttäuschung über ihre wahren Ziele wie auch die Verhärtung der burischen Seele in der Bewährungsprobe des Trecks, wird ermöglicht durch eine religiöse Propaganda mythischen Ausmaßes. Wie die Propagandisten der mittelalterlichen Kreuzzüge predigt Pastor Smuts seiner Gemeinde, daß Potgieter und Retief als neuer Moses das auserwählte Volk der Buren aus der ägyptischen Knechtschaft des britischen Kolonialismus in das gelobte Land im Norden führen werden. In dieser Atmosphäre religiöser Euphorie des Auserwähltseins haben gemäßigte Kräfte im Burenlager keine Chance. Anna Jansen resigniert vor der Starrheit ihres Mannes Kasper, schwört sich aber, das Kind, das sie trägt, zur Toleranz zu erziehen. Paul van As, der dem Traum eines friedlichen Nebeneinanders nachhängt und daher als einziger die Sprache der Bantu erlernt, steht im Burenlager isoliert. Diese beiden Repräsentanten eines versöhnlichen Burentums sterben beide am Tag der Entscheidungsschlacht: Anna im Kindbett, Paul im Kampf gegen die Mtabele. Mit ihnen stirbt die Hoffnung auf eine konfliktärmere Zukunft.

Im Gegensatz zur Volksarmee der Buren werden die Mtabele im zweiten Teil des Buches als Marionetten eines streng hierarchischen Militärstaates dargestellt. Abrahams versucht, ein Bild der krisenbedrohten Mtabelegesellschaft in einem nur wenige Tage umspannenden Bericht aus der Hauptstadt Inzwinyani zu zeichnen. Dadurch werden die Porträts der intriganten Generäle und Hofschranzen, der Zauberdoktoren scherenschnittartig vereinfacht, die Ereignisse plakativ vergröbert: ein Rachefeldzug, die Hinrichtung von Verrätern, ein zum Blutbad ausartender Hexenexorzismus und schließlich der Auszug der fanatisierten Krieger. Warnungen vor der überlegenen Kriegstechnologie der Buren werden arrogant in den Wind geschlagen. So ist das Desaster der Mtabele-Armee unvermeidlich. Auch bei den Mtabele sind in dieser Zeit der äußeren Gefahr mäßigende Stimmen weniger gefragt als das Gekreische der Einpeitscher. Mkomozi, Zauberer und Sozialphilosoph seines Volkes, predigt vergeblich gegen die Kriegshysterie. Gubuza, der Schöpfer und Kommandant der Mtabele-Armee, hatte sich von den Weißen eine neue Dynamik erhofft, die die Erstarrung der Mtabele brechen könnte, aber als er erkennt, daß die Weißen keine neue Weisheit, sondern nur wieder Krieg bringen, zieht er mit seinem Heer in die Schlacht. Er stirbt an der Spitze der letzten Angriffswelle, die bis ins Lager der Buren vordringt, neben dem Buren van As. Seine letzten Worte sind: *»Ich habe schon lange nicht mehr das Land gepflügt.«* So macht Abrahams in seinem Schlußbild noch einmal die historische Entwicklung deutlich: Am Anfang des Romans, um 1840, stand der Konflikt um den physischen Besitz des Landes; 1950 ist daraus ein Konflikt um dessen geistigen Besitz geworden, denn mit der Politik der Apartheid versuchen die Buren, die Schwarzen auch geistig und kulturell aus ihrem angestammten Territorium zu vertreiben. Der »neue Tag« des Schlußkapitels, der den Weg in die Zukunft weist, ist sicher kein Tag für neue Hoffnungen. E.Bre.

Ausgaben: NY 1950; [2]1971. – Ldn. 1951. – Walton 1982.

Übersetzung: *Wilder Weg*, E. Schnack, Zürich 1952.

Literatur: B. Jackson, *Aurora Borealis* (in Phylon, 11, 1950, S. 290 f.). – L. Hale, Rez. (in Observer, 24. 6. 1951). – Rez. (in TLS, 11. 8. 1961, S. 522). – J. Carew, *African Literature – From the Breath of Gods* (in NY Times, 2. 4. 1972). – K. Ogunbesan, *In the Beginning Was Conflict* (in Studies in Black Literature, 4, 1973, Nr. 2, S. 11–20).

BREYTEN BREYTENBACH

* 16.9.1939 Bonnievale / Kapprovinz

END PAPERS

(engl.; *Ü: Schlußakte Südafrika*). Essays von Breyten Breytenbach (Südafrika), erschienen 1986. – Breyten Breytenbach ist Lyriker, Maler, Romancier, Essayist. Er hat in seinem Vaterland Südafrika die Lyrikbände *Kouevuur* (1969), *Skryt* (1970) und *Voetskrif* (1976) in seiner Muttersprache Afrikaans veröffentlicht und damit ein neues Kapitel in der Geschichte der Literatur in Afrikaans eröffnet. International bekannt wurde er durch seinen »Fall«, seine Verhaftung und Verurteilung zu neun Jahren Gefängnis wegen terroristischer Konspiration und seinen englisch geschriebenen Bericht *True Confessions of an Albino Terrorist* (1983) und das während seiner Einzelhaft geschriebene Romanexperiment *Mouroir*, 1983 *(Mouroir, Spiegelungen eines Romans)*. Seine *»Wahren Bekenntnisse«* hatte Breytenbach abgelegt, um sich von der menschlichen Entwürdigung während seiner Haft freizuschreiben. *End Papers* hat Breytenbach nach seiner Entlassung zusammengestellt, um einen Schlußstrich zu ziehen und die *»Akte Südafrika ein für allemal«* zu schließen. Sein Schreiben suggeriert daher die Funktion und die Dimension eines Exorzismus, mit dem Breytenbach das teuflische System des Rassismus aus sich herausschreibt. Er stellt dem dogmatischen Sendungsbewußtsein, dem religiös-fanatischen Auserwähltsein, der *»entstellten Lehre ihres öden Glaubens«* des weißen Stammes der Afrikaander als Schreibmotivation eine provokante

Häresie entgegen; er definiert seine Rolle als Schriftsteller als die eines Häretikers gegen einen bigotten, anachronistischen Glauben.
Die *End Papers* sind Aufsätze, Reden, Essays aus der Zeit vor der Inhaftierung (1967–1974) und nach seiner Freilassung (1983–1985). Über die einschneidende Zäsur seiner Biographie hinweg stellt sich Breytenbach eine durchgängige Frage: die Frage nach der Aufgabe des Schriftstellers, nach der Funktion der Literatur, nach der Freiheit des Denkens und Schreibens angesichts der politischen Situation. Für Breytenbach, der sicherlich einer der theoretisch-ästhetisch fundiertesten modernen Autoren ist, steht ohne Zweifel fest: *»Kunst um der Kunst willen, Kunst, losgelöst von der Klasse (oder der ethnischen Gruppe oder Gemeinschaft), die sie hervorbringt, Kunst, unabhängig von Politik oder neben ihr existierend, gibt es in der Realität nicht.«* Die Perspektive, vor allem die Unerbittlichkeit im bildlichen Ausdruck Breytenbachs hat sich im Gefängnis gewandelt, aber das Grundsätzliche seiner Analyse bleibt über die Jahre beständig. In *Der gefesselte Geist* (1967) definiert er Kultur als die *»Artikulation der Träume einer Nation, ihrer Hoffnungen, Ängste, Phantasien und Wünsche«. »Kultur ist das Mittel, mit dessen Hilfe die Angehörigen einer Nation sich selbst und ihre Landsleute entdecken.«* 1983 in *Schriftsteller und Verantwortung* ordnet Breytenbach die Rangfolge genau umgekehrt, aber die Bestandteile dessen, was Kultur und schriftstellerische Arbeit ausmachen, bleiben dieselben: *»Er* [der Schriftsteller] *ist der unerbittliche Kritiker, der die Sitten, Einstellungen und Mythen seiner Gesellschaft hinterfragt, aber er ist auch Träger der Hoffnungen seines Volkes.«*
Breytenbach betont die besonders exponierte Stellung des Schriftstellers in den »armen und kolonialisierten Ländern« – offensichtlich rechnet er Südafrika mit dazu – mit extremen sozialen und wirtschaftlichen Mißständen. Die moralische Pflicht des Autors ist es, die Träume und Hoffnungen des Volkes zu artikulieren; damit gerät er aber automatisch in Konflikt zu den Politikern, selbst dort, wo der Schriftsteller als »Kulturschaffender« für den Aufbau einer neuen Gesellschaft herangezogen wird. In Südafrika, *»der eiternden Wunde im Gewissen der Welt«*, wird durch das Stammesdenken des weißen Mannes, durch Apartheid das betont, was die ethnischen Gruppen voneinander trennt. Kultur wird zu Folklore reduziert, die Fortentwicklung von Folklore zu Kultur verhindert, das Banale, das Provinzielle verherrlicht, das Originelle aber verachtet. In dieser Situation kann der weiße Schriftsteller nur *»ein Verräter, eine Geisel oder ein käuflicher Kriecher sein. In der zutiefst polarisierten Umwelt Südafrikas wird er immer von irgendeinem Teil der Bevölkerung getrennt sein, wo er auch stehen mag«*. Breytenbach hat immer wieder beschrieben, daß Apartheid als ein menschenunwürdiges System sich gegen alle Beteiligten wendet, auch gegen die weißen Afrikaander. In dem Aufsatz *Geier-Kultur – Die Entfremdung des weißen Südafrika* bringt er seine Argumentation auf den Punkt, indem er den Buren engstirniges Stammesdenken vorwirft und ihnen allenfalls eine kleinkarierte Stammeskultur zubilligt. Der Stamm der Buren/Afrikaander erwartet, *»daß der Dichter ein Exponent der Stammeswerte ist, nicht ein Dissident. Diese Werte sind ausschließlich Machtwerte«*. Daher sind die kulturellen Äußerungen von Weißen für Weiße durch *»einen sentimentalen Traditionalismus eingeengt«*; es werden einfache Werte verherrlicht, erdverbundene und patriotische Stimmungen wie in der Blut-und-Boden-Kunst der Hitler-Zeit, ohne allerdings deren technisches Niveau zu erreichen. Daß bisher kein einziges in Afrikaans geschriebenes Buch gebannt wurde, wertet Breytenbach als sicheres Indiz für *»die Fäulnis, die die intellektuellen Afrikaander befallen hat«*.
Freiheit als Humanitätsideal, als Endziel, das der Schriftsteller mit seiner Arbeit erstreben und mit realisieren soll, und die Freiheit als Voraussetzung der schriftstellerischen Arbeit, um dieses Ziel überhaupt anvisieren zu können, dies sind die Angelpunkte von Breytenbachs Argumentation. Diese Freiheit ist seine individuelle Freiheit als Agnostiker, sein Freisein von den Eingrenzungen des Stammesdenkens, aber auch seine Freiheit in einem strukturellen Rahmen: *»Die Freiheit des Schriftstellers zeigt sich darin, was mit seinem Produkt geschieht...; seine Freiheit zeigt sich in dem Verhältnis zwischen ihm und den Menschen, über die und für die er schreibt.«* E.Bre.

AUSGABE: Amsterdam 1986.

ÜBERSETZUNG: *Schlußakte Südafrika*, M. Müller u. E. Schönfeld, Köln 1986. – Dass., dies., Ffm. 1988.

LITERATUR: P. P. van der Merve, *B. B. and the Poet Revolutionary* (in Theoria, Pietermaritzburg 1981, Nr. 56, S. 51–72). – J. C. Kannemeyer, *Geskiedenis van die afrikaanse literatuur*, Bd. 2, Pretoria u. a. 1983, S. 462–488. – A. v. Bormann, *Wir sind ein Bastardvolk* (in Die Zeit, 20. 9. 1985). – B. Breytenbach, *Dieses Land ist reif für die Würmer* (ebd., 2. 5. 1986). – W. F. Schoeller, *Er nennt sich Bastard* (in SZ, 5./6. 7. 1986). – J. Riesz, *Offene Wunde* (in Nürnberger Ztg., 5. 7. 1986).

DENNIS VINCENT BRUTUS

* 28.11.1924 Salisbury / Rhodesien (heute Harare / Simbabwe)

A SIMPLE LUST. Selected Poems

(engl.; *Eine einfache Lust. Ausgewählte Gedichte*). Gedichtsammlung von Dennis Vincent BRUTUS

(Rhodesien, heute Simbabwe), erschienen 1973. – Der Band vereinigt Brutus' Frühwerk: *Sirens Knuckles Boots* (1963), *Letters to Martha* (1968), *Poems from Algiers* (1970) sowie *Thoughts Abroad* (1970 unter dem Pseudonym John Bruin).

Die Gedichte von *Sirens* hat Brutus als *»Briefe an bestimmte Personen in der Form von Gedichten«* beschrieben. Obwohl nicht für den Druck bestimmt, wurden sie von U. Beier in Nigeria veröffentlicht, als der Autor wegen seiner Aktivitäten als Präsident des Südafrikanischen Nicht-Rassischen Olympischen Kommitees im Gefängnis von Robben Island einsaß. Sie wurden auch Gegenstand eines Verhörs. Die an seine Schwägerin adressierten *Letters to Martha* befassen sich mit den Haftbedingungen, während die Bände *Poems* und *Thoughts* jene Gedichte enthalten, die er im darauffolgenden Exil schrieb. Der Sammelband markiert also wichtige Stadien im Leben des Verfassers, er gewährt aber auch Einblick in die Entwicklung seines lyrischen Stils.

Die subtile Mischung von Liebeslyrik und politischer Aussage, die für Brutus' frühe Gedichte kennzeichnend ist, zeigt sich schon im Eröffnungsgedicht von *Sirens*. Der Lyriker stellt sich als »Troubadour« des Mittelalters dar, der kämpfend, liebend und singend durchs Land zieht. Die Geliebte, um die er mit den Waffen der Liebe, Humor und Dichtung wirbt und für die er alles riskiert, ist keine Frau, sondern sein Land. Seine Beziehung zu Südafrika gestaltet sich als Liebesaffäre, sein lyrisches Mittel ist die Metaphorik von Leidenschaft und sexueller Eroberung. Ähnlich vielschichtig das Gedicht *At a Funeral*: Der Dichter beklagt den Tod einer frühverstorbenen schwarzen Ärztin, deren Schicksal zum Gleichnis für die Lage aller Schwarzen Südafrikas wird; die Sinnlosigkeit ihres Opfers, die frustrierten Hoffnungen, die mit ihr begraben werden, bieten den Anlaß, zum Aufstand gegen Unterdrückung aufzurufen, da *»Not Death but death's-head tyranny scythes our ground«*.

Für das Frühwerk des Dichters waren die Einflüsse von Donne, Shakespeare, Hopkins, Eliot und Joyce wesentlich. Den englischen Metaphysikern verdankt er seine ausgeprägte Vorliebe für manierierte gedankliche Spielereien; den Ton der Shakespearschen Sonnette hört man in Zeilen wie *»It is the constant image of your face«* oder *»A common hate enriched our love and us«*. Typisch für die frühe Lyrik Brutus' ist eine wortschöpferische Überladenheit des Stils, etwa in Adjektiv-Prägungen wie *»passionkeen«* oder *»sweat-tear-sodden«* oder im Gebrauch von Substantiven als Verben wie *»Sharpevilled«* oder *»quixoting«*.

Während der Einzelhaft auf Robben Island unterzog Brutus seine eigene frühe Lyrik einer weitgehenden Kritik. Infolgedessen wird die sprachliche Dichte seiner Ausdrucksweise nun (etwa in *Erosion*) zugunsten eines wesentlich einfacheren Stils aufgegeben. Ergebnis dieses Prozesses sind die *Letters to Martha*. Diese Gedichte formulieren mit äußerster Präzision und Direktheit die Erlebnisse und Empfindungen des Dichters während der Haft. Manche beschreiben Gewalttätigkeit, Brutalität und sexuelle Erniedrigung, andere versuchen die Haltung des Inhaftierten zu Fragen der Religion, der Kunst und der zwischenmenschlichen Beziehungen neu zu bestimmen. Sie überzeugen durch die Ehrlichkeit ihrer Aussage, durch ihr Plädoyer für die Menschlichkeit. Exemplarisch die Standortbestimmung des Dichters im 1971 geschriebenen Schluß- und Titelgedicht der Sammlung, *A simple lust is all my woe*: Die einfache Lust ist der menschliche Drang nach Freiheit, die Funktion des Dichters ist das Artikulieren der Leiden und Hoffnungen der Entrechteten, der Enteigneten.

Die Lyrik von Dennis Brutus ist umstritten. Sowohl seine politische Haltung als auch seine stilistische Entwicklung sind heftig kritisiert worden. Außer Zweifel steht allerdings seine Bedeutung in der Literatur Südafrikas. Brutus wurde aber 1962 gebannt; danach wurde er in Südafrika totgeschwiegen, seine Werke waren nicht zugänglich, jedes Gesuch, auch nur einzelne seiner Gedichte zu drucken, wurde abgelehnt. C. Gardners in Südafrika gehaltener Vortrag *Brutus and Shakespeare* – ein rühmenswerter Versuch, die Zensurbestimmungen zu umgehen – konnte dort nicht erscheinen. Erst 1988 wurden seine Werke in Südafrika wieder zugelassen. G.V.D.

Ausgabe: Ldn. 1973.

Literatur: D. Abasiekong, *Poetry Pure and Applied: Rabearivelo and B.* (in Transition, 1965, Nr. 23, S. 45–48). – C. Pieterse u. D. Duerden, *African Writers Talking*, Ldn. 1972, S. 53–61. – C. J. Driver, *The View From Makana Island: Some Recent Prison Books From South Africa* (in Journal of Southern African Studies, 2, 1975, S. 109–119). – B. Tejani, *Can the Prisoner Make a Poet?* (in African Literature Today, 6, 1973, S. 130–144). – R. N. Egudu, *Picture of Pain: The Poetry of D. B.* (in *Aspects of South African Literature*, Hg. C. Heywood, Ldn./NY 1976, S. 131–143). – W. E. Thompson, *D. B.: An Interview* (in Ufahamu, 12, 1983, Nr. 2, S. 69–77). – J. Alvarez-Péreyre, *The Poetry of Commitment in South Africa*, Ldn. 1984, S. 130–145, – C. Gardner, *B. and Shakespeare* (in Research in African Literatures, 15, 1984, S. 334–364). – T. Ojaide, *The Troubadour: The Poet's Persona in the Poetry of D. B.* (in Ariel, 17, Calgary 1986, Nr. 1, S. 55–69). – A. R. JanMohamed, *D. B.* (in DLB, Bd. 117, 1992, S. 98–105).

J. M. Coetzee

eig. John Marie Coetzee
* 9.2.1940 Kapstadt

Literatur zum Autor:
R. M. Post, *Oppression in the Fiction of J. M. C.* (in Crit, 27, 1986, Nr. 2, S. 67–77). – A. Viola, *Survival in J. M. C.'s Novels* (in Commonwealth, 9, 1986, Nr. 1, S. 11–18). – S. Watson, *Colonialism and the Novels of J. M. C.* (in Research in African Literature, 17, 1986, S. 370–392). – I. Käthner, *J. M. C.* (in KLFG, in Vorb.). — T. Dovey, *The Novels of J. M. C.: Lacanian Allegories*, Craighall 1988.

DUSKLANDS

(engl.; *Länder der Abenddämmerung*). Roman von J. M. Coetzee (Südafrika), erschienen 1974. – Coetzees Erstlingswerk besteht aus zwei Novellen unterschiedlicher Länge, *The Vietnam Project* und *The Narrative of Jacobus Coetzee*. Das Werk ist ein geistreiches Spiel mit der Rolle des Autors: Coetzee tritt nicht nur als Verfasser des Romans auf, sondern auch als Auftraggeber des »Vietnamprojekts«, für den der Berichtende nun seinen Text revidiert, und im Reisebericht als dessen Herausgeber und Übersetzer. Durch solche Fiktionalisierung der Rolle des Autors sowie durch die teilweise parodierende Nebeneinanderstellung verschiedener Textsorten konfrontiert Coetzee den Leser mit neuen Erzählstrategien, zwingt er ihn, herkömmliche Geschichtsschreibung in Frage zu stellen, Geschichte selbst neu zu überdenken.

Der Titel *Dusklands* ist durch seine Anklänge an Spengler (*Der Untergang des Abendlandes* 1918–1922) und Nietzsche (*Götzen-Dämmerung*, 1888) philosophisch wie auch mit Hinweis auf unerforschte Regionen der menschlichen Seele psychisch zu deuten. Thema des Werks ist der Kolonialismus als geistige Ausgeburt eines vermeintlichen westlichen Zivilisationsauftrags, sowohl in seinen materiellen und politischen Konsequenzen für die Kolonisierten als auch in seinen psychischen Rückwirkungen auf die Kolonisierenden selber. Der Krieg der USA gegen Vietnam erscheint als Fortsetzung desselben westlichen Drangs zur Kolonisierung wie die Entdeckung und Eroberung des südlichen Afrikas im 18. Jh. Die geistige Arbeit des Intellektuellen in der modernen Kriegsplanung ist Ausdruck der gleichen Ideologie wie der körperliche Einsatz des Entdeckers bei der praktischen Ausführung. Die Frage des Eugene Dawn (*»Wessen Schuld bin ich?«*) findet eine mögliche Antwort in der Geschichte des Jacobus Coetzee.

The Vietnam Project spielt in den sechziger Jahren in den USA. Eugene Dawn, Angestellter in der »Mythographie«-Abteilung eines Regierungsbüros, schreibt an einem Bericht zur Verbesserung der Methoden der im Vietnamkrieg angewandten psychologischen Kriegführung. Um seine Phantasie zu beflügeln, verwendet er Bilder von Greueltaten und sexueller Erniedrigung. Im Ergebnis seines Berichts schlägt Dawn die Einstellung jeglicher Propaganda, die Rückkehr zum totalen Krieg und die vollständige Vernichtung des Gegners vor. Der Wahnsinn des Kriegs schlägt sich im fortschreitenden Wahnsinn des Schreibtischtäters Dawn nieder: Allmählich löst er sich aus menschlichen Bindungen, seine Ehe zerfällt. Nachdem er seinem von ihm entführten Sohn ein Messer in den Leib gestoßen hat, wird er in eine Anstalt eingewiesen.

The Narrative of Jacobus Coetzee ist als kommentierte wissenschaftliche Ausgabe eines alten Reiseberichts gestaltet, die mit einem Vorwort des Übersetzers, einem aus einer früheren, vom Vater des Herausgebers besorgten Ausgabe übernommenen Nachwort sowie einer eidesstattlichen Aussage des Reisenden selbst aus dem Jahr 1760 versehen wird. Jeder dieser Texte erzählt die Geschichte des Jacobus Coetzee anders. Im eigentlichen Reisebericht erzählt Jacobus Coetzee ausführlich von zwei Reisen nach Namaqualand in den Jahren 1760 und 1761/62. Die erste Beschreibung schildert sein Zusammentreffen mit einem Stamm der Hottentotten, seine Krankheit und Genesung, seine Ausweisung nach der Verstümmelung eines Kindes, das Verbleiben seiner Diener bei den Eingeborenen, seine Existenz als »weißer Buschmann« und seine einsame Rückkehr zu den Weißen; der zweite Text berichtet von seinem Überfall auf das Dorf, von der Niedermetzelung der Bewohner und schildert die von ihm angeordnete Hinrichtung seiner ehemaligen Diener als Vergeltungsakt für die ihm zugefügte Erniedrigung. Im Nachwort wird die Veröffentlichung dieser zynischen Bloßlegung der Seele des weißen Herrschers mit der vermeintlichen Objektivität des Wissenschaftlers als Beitrag zur *»Korrektur gewisser antiheroischer Verzerrungen, die sich in unser Bild des Zeitalters der Entdeckungen eingeschlichen haben«* bezeichnet und dessen Verfasser als einer der ersten Helden Südafrikas gepriesen. In der abschließenden eidesstattlichen Aussage (tatsächlich der einzige authentische Text) gibt Jacobus Coetzee einen kurzen sachlichen Bericht über den Verlauf der von ihm unternommenen Elefantenjagd ins unbekannte Namaqualand, bei der er eine neue Tierart entdeckt habe.

Dusklands ist zugleich eine Studie zur Geschichte der westlichen Kolonisierung und zur Psychologie der Kolonisatoren. Der Autor zeigt die selbstzerstörerische Wirkung des Willens zur Macht, entlarvt Gewalttätigkeit als Maskierung der Leere innerhalb der westlichen Zivilisation. Durch die provokatorische Gegenüberstellung der beiden Novellen postuliert er eine Identität des Bewußtseins bei Dawn und Coetzee, um so die Kontinuitäten des kolonialistischen Denkens aufzuzeigen.

Beim Erscheinen wurde das Werk als Bruch mit den liberal-individualistischen und den realistischen Traditionen des südafrikanischen Romans, gar als Einbruch der Moderne in die südafrikanische Literatur überhaupt gewertet. Die souverän beherrschten Techniken der Fiktionalisierung wurden dem Einfluß von J. L. Borges und V. Nabokov sowie des Strukturalisten Roland Barthes zugeschrieben. Obwohl dem Roman der Vorwurf des Intellektualismus nicht erspart wurde, bleibt er einer der bemerkenswertesten Versuche, die südafrikanische Geschichte durch die Dekonstruktion ihrer Mythen neu zu interpretieren und neu zu gestalten. G.V.D.

Ausgaben: Johannesburg 1974. – Ldn. 1982. – Harmondsworth 1983.

Literatur: L. Abrahams, Rez. (in Snarl, 1, 1974, Nr. 1, S. 2/3). – J. Crewe, Rez. (in Contrast, 9, 1974, Nr. 2, S. 90–95). – W. J. B. Wood, *»Dusklands« and the Impregnable Stronghold of the Intellect* (in Theoria, 54, 1979, S. 13–23). – S. Christie u. a., *Perspectives on South African Fiction*, Johannesburg 1980, S. 174–183. – P. Knox-Shaw, *»Dusklands«: A Metaphysics of Violence* (in Contrast, 14, 1982, Nr. 1). – T. Dovey, *C. and His Critics: The Case of »Dusklands«* (in English in Africa, 14, 1987, Nr. 2).

WAITING FOR THE BARBARIANS

(engl.; *Ü: Warten auf die Barbaren*). Roman von J. M. Coetzee (Südafrika), erschienen 1980. – In seiner Erzählung *Dusklands* (1974) ließ Coetzee in einem fiktiven Bericht seinen Vorfahren Jacobus Coetzee von einer Forschungsreise in das unbekannte Innere des Landes berichten. Als unbewaffneter, nackter Mensch muß Jacobus Coetzee von den »Wilden«, den Koinkoin, eine demütigende moralische Niederlage einstecken. Nur mit einer Strafexpedition in der vollen Kriegsausrüstung seiner technisierten Zivilisation kann er sein Selbstwertgefühl und seine Überlegenheit über die »Kaffern« wiederherstellen. Dieser blinde, brutale Forschertyp ist in *Waiting for the Barbarians* in der Gestalt des Oberst Joll wiedererstanden.
Der Roman spielt in einer unbestimmbaren Vergangenheit in der Grenzstadt eines Reiches; jenseits der Stadt liegt nur eine unendliche Weite, ein Vakuum, und irgendwo dort leben die »Barbaren«. *Warten auf die Barbaren* beschreibt ein mächtiges Reich, das sich dennoch einer neurotischen Angst vor den Barbaren hingibt. Aus dieser Angst heraus hat das Reich seinen staatlichen Machtapparat nach innen wie nach außen zu einem Instrument brutaler Gewalt ausgebaut. Das Romangeschehen wird von einem namenlosen alternden Richter in einer schnörkellosen, direkten Sprache erzählt. Er hat die Konflikte mit den Grenzstämmen durch eine liberale Politik eingedämmt, der Region eine schon fast träge Ruhe beschert, die er selbst bis zu seiner nahen Pensionierung genießen will. Er betreibt geschichtliche, archäologische, literarische Studien. Aus dieser scheinbaren Idylle verfällt die Stadt wieder einmal *»in Hysterie, was die Barbaren angeht. Es gibt keine Frau im Grenzland, die nicht schon von einer dunklen Barbarenhand geträumt hat, die unter dem Bett hervorlangt; es gibt keinen Mann, der sich nicht angstvoll ausmalt, wie die Barbaren in seinem Hause zechen, das Geschirr zerschlagen, die Vorhänge anzünden und seine Töchter vergewaltigen«.*
Aus der fernen Hauptstadt taucht plötzlich der Staatsschützer Oberst Joll in der Stadt auf; er diagnostiziert eine akute Bedrohung des Reiches, bringt von seinen Aufklärungszügen im Feindesland Gefangene mit, die er, *»um die Wahrheit zu finden«*, brutal foltert, teilweise sogar ermordet. Der Richter sieht angeekelt, wie in seinem eigenen Hause, in dem er bisher Recht gesprochen hat, Recht und Gerechtigkeit der Folter, der Einschüchterung, der Gewalt weichen. Er beschimpft Oberst Joll, aber er tut nichts, um ihn zu hindern. Nach der Abreise Jolls greift er in der Stadt eine Bettlerin auf, eines der Opfer von Jolls Wahrheitssuche, geblendet und schrecklich verstümmelt. Er nimmt das Barbarenmädchen mit sich nach Hause und pflegt es gesund. Wie Jesus vor den Jüngern kniet der Richter vor dem Barbarenmädchen und wäscht ihr die von Joll zerschmetterten Füße. Er unterwirft sich und das Mädchen einem ausgedehnten Reinigungsritual – wobei unklar bleibt, ob er sich selbst entsühnt wegen seiner Schuld, die er durch Feigheit auf sich geladen hat, ob er stellvertretend für Joll handelt oder ob die Zuwendung zu dem Mädchen nicht doch erotischen Charakter hat. Der Richter nimmt auch die gefährliche Reise tief ins Barbarenland auf sich, um das Mädchen wieder zu seiner Familie zurückzubringen. (Bei dieser Gelegenheit erscheinen die »Barbaren« das einzige Mal leibhaftig in dem Roman.)
Bei seiner Rückkehr findet der Richter wieder den Oberst Joll vor, diesmal begleitet von Soldaten und weiteren Experten des gefürchteten *»Dritten Büros«*. Er wird wegen Konspiration mit dem Feind verhaftet und in sein eigenes Gefängnis gesteckt, während Joll sich mit seiner Armee aufmacht, um den Endsieg über die Barbaren zu erkämpfen. Der Richter wird Zeuge von Gefangenenmißhandlungen, von Massakern an Kriegsgefangenen. Er selbst muß eine Scheinhinrichtung über sich ergehen lassen. Als er verdreckt, zerlumpt, vor Angst zitternd von dem als Galgen dienenden Baum zum Gaudium der Zuschauer vor dem Staatsschützer in den Dreck fällt, ist dies die extremste Erniedrigung, die der Richter als Repräsentant eines liberalen Rechtsstaates über sich ergehen lassen muß. Auch als er sich vor seinen Verfolgern unter dem Bett einer Prostituierten versteckt, spielt er eine erbärmliche Rolle, keineswegs die eines aufrechten Verteidigers oder gar Märtyrers der Gerechtigkeit. Joll sucht die Stadt mit den demoralisierten Resten seiner Armee heim, plündert sie aus und flüchtet in die Hauptstadt. Die Barbaren haben ihm eine vernichtende Niederlage beigebracht, nicht im offenen Kampf, sondern durch ihren Rückzug in das Vakuum ihrer Wüste. Sie haben Joll gewissermaßen *in absentia* geschlagen. Jolls Niederlage enthüllt das Paradox des Barbarensyndroms des Reiches: Er

scheitert an der vermuteten Präsenz und der realen Absenz der Barbaren. Der Richter nimmt wieder seinen angestammten Platz als Verwaltungschef der Stadt ein, aber seine Orientierungslosigkeit ist umfassend geworden: *»Ich habe das Gefühl, so einfältig zu sein wie ein Mensch, der schon lange von seinem Weg abgekommen ist, aber auf dem Pfad weitergeht, der wahrscheinlich nirgendwohin führt.«*
Man ist versucht, den Roman als Allegorie auf das heutige Südafrika zu lesen: Joll als der Vertreter der harten Linie der »Verkrampten« und des Broederbunds, die letztendlich scheitern muß; der Richter als Repräsentant der Liberalen, die scheitern müssen, weil sie vor den »Verkrampten« und vor sich selber versagen. Coetzee hat aber gegen eine solch schlichte Analogie zahlreiche Sperren eingebaut, vor allem durch sein Kunstmittel der absichtlichen Unbestimmtheit in der lokalen und historischen Verankerung und der Bestimmtheit des sprachlichen Duktus. Des Richters Analyse der Rolle Jolls und seiner eigenen Rolle zeigt, daß es um die moralische Grundsatzfrage der Korrumpierung durch das Gewaltpotential der politischen Macht geht. *»Ich bin die Lüge gewesen, die das Reich in ruhigeren Zeiten sich selbst erzählt, die das Reich ausspricht, wenn rauhere Winde wehen. Zwei Seiten imperialen Herrschens, nicht mehr, nicht weniger.«* E.Bre.

AUSGABE: Ldn. 1980.

ÜBERSETZUNG: *Warten auf die Barbaren*, B. Weidmann, Bln. 1984.

LITERATUR: M. Du Plessis, Rez. (in Contrast, 13, 1981, Nr. 4, S. 77–87). – C. J. D. Harvey, Rez. (in Standpunkte, 34, 1981, S. 3–8). – N. J. B. Wood, *»Waiting for the Barbarians«: Two Sides of Imperial Rule and Some Related Considerations* (in H. J. Diamond u. a., *Momentum: On Recent South African Writing*, Pietermaritzburg 1984, S. 129–140). – J. Gillmer, *The Motif of the Damaged Child in the Work of C.* (ebd., S. 107–120). – W. Schulz-Keil, Rez. (in Der Spiegel, 3. 6. 1985). – L. Olson, *The Presence of Absence: C.'s »Waiting for the Barbarians«* (in Ariel, 16, Calgary 1985, S. 47–56). – R. G. Martin, *Narrative, History, Ideology: A Study of »Waiting for the Barbarians« and »Burgher's Daughter«* (ebd., 17, 1986, S. 3–21). – D. Penner, *Sight, Blindness and Double Thought in J. M. C.'s »Waiting for the Barbarians«* (in WLWE, 26, 1986, S. 34–45).

ROLFES ROBERT REGINALD DHLOMO

* 1901 Siyamu bei Pietermaritzburg
† 1971 Siyamu

AN AFRICAN TRAGEDY

(engl.; *Eine afrikanische Tragödie*). Roman von Rolfes Robert Reginald DHLOMO (Südafrika), erschienen 1928. – Dhlomos erster Roman, sein einziger auf englisch, ist zugleich der erste veröffentlichte Roman eines schwarzen Südafrikaners überhaupt. Herausgegeben von der Lovedale Mission, die ihn als »Beitrag zur Verhinderung des Niedergangs des Lebens der Eingeborenen in den Großstädten« vorstellte, wird das Werk des erst siebenundzwanzigjährigen, als Schreibkraft bei den Bergwerken von Johannesburg arbeitenden Autors, der regelmäßige Beiträge für die Zeitung ›Ilanga lase Natal‹ schrieb, von dem tiefen christlichen Glauben eines auf Missionsschulen erzogenen jungen Mannes und von der Beobachtungsgabe eines angehenden Journalisten getragen.
Der im Untertitel als *»A Novel in English by a Zulu Writer«* bezeichnete Roman ist eher eine in fünf Kapitel gegliederte Erzählung. Der Autor hat sein Werk als *»Ergebnis seiner Untersuchung der Faktoren, die den Frieden und die Glückseligkeit der neugegründeten Herde der Jungvermählten untergraben«* beschrieben. Dies erläutert er anhand des traurigen Schicksals eines Paares, Robert Zulu und Jane Nhlauzeko. Um den von Janes Vater sehr hoch angesetzten Brautpreis zahlen zu können, begibt sich der christliche Lehrer Robert auf Arbeitsuche nach Johannesburg. Dort gerät er in schlechte Gesellschaft, wird zum Trinker, besucht Bordelle. Als er sich nach der Sperrstunde für Schwarze ohne Erlaubnis in der Stadt aufhält, sucht er Unterschlupf im Hause eines Freundes. Dort wird er in ein Kartenspiel verwickelt, das einen tödlichen Ausgang findet. Obwohl unschuldig, flüchtet er nach Hause, um seiner Verhaftung zu entgehen. Als nach der Hochzeit mit Jane keine Kinder zur Welt kommen, wird auch ihr – wie es der Tradition entspricht – vorgeworfen, daran mitschuldig zu sein. Das Kind, um das Jane Gott angefleht hat und das sie dann auch bekommt, erblindet und stirbt. Sie zweifelt nach diesem Schicksalsschlag an der Existenz Gottes. Robert, der Trunksucht erneut verfallen, wird schließlich von zwei Männern, deren Frauen er verführt hat, vergiftet. Auf dem Sterbebett bekennt er, in Johannesburg geschlechtskrank geworden zu sein – und so auch den Tod des eigenen Kindes verschuldet zu haben. Einen Priester bittet er, für ihn zu beten.
Der Einfachheit dieser Geschichte entspricht die Schlichtheit des Stils, dessen moralisierender Ton durch Bibelzitate und didaktische Exkurse des Au-

tors erhöht wird. Dhlomos Roman ist ein Dokument der frühen Industrialisierungsphase Südafrikas. Robert Zulu verkörpert exemplarisch die Konfliktsituation des entwurzelten Afrikaners zwischen Traditionsgebundenheit in den ländlichen Gebieten einerseits und den sozialen Folgen der Verstädterung andererseits: in die Stadt fährt er, um sich den Brautpreis zu verdienen; dort verfällt er dem Laster.

Dhlomos Kritik erschöpft sich aber nicht in christlicher Empörung über die Auswirkungen von Alkoholismus und Immoralität auf das Familienleben der Schwarzen: Er zeigt, wie Glaube und Bildung zunichte gemacht werden, sorgt sich um die Gefährdung der schwarzen Einheit und prangert die seit 1913 in Kraft getretene Politik der Rassentrennung (Paßgesetze usw.) an, die das Leben eines Robert Zulu bestimmt. Die Bedeutung des Romans liegt in der Thematisierung der bis heute existierenden Probleme und Erfahrungen vieler schwarzer Südafrikaner, die, um Arbeit zu finden, in die Großstädte ziehen und sich dort mit den Bestimmungen einer fremden Gesetzgebung konfrontiert sehen. Damit begründete er den in Südafrika unter der Rubrik »Jim comes to Jo'burg« bekannten Romantypus, dessen berühmtestes Beispiel Alan Patons *Cry, the Beloved Country* (1948) ist. G.V.D.

Ausgabe: Lovedale 1928.

Literatur: Anon., Rez. (in Ilanga lase Natal, 11. 1. 1929). – A. S. Gérard, *Four African Literatures: Xhosa, Sotho, Zulu, Amharic*, Berkeley 1971, S. 220–225. – English in Africa, 2, 1975, Nr. 1 [Sondernr. *R. R. R. D.*]. – T. Couzens, *The New African. A Study of the Life and Work of H. I. E. Dhlomo*, Johannesburg 1985, S. 57–62.

ATHOL FUGARD

* 11.6.1932 Middelburg / Kapprovinz

Literatur zum Autor:
A. F., Hg. S. Gray, Johannesburg 1982. – A. F., *Notebooks 1960–1977*, Hg. M. Benson, Ldn. 1983. – D. Walder, *A. F.*, Ldn. 1984. – R. Vandenbroukke, *Truths the Hand Can Touch: The Theatre of A. F.*, NY 1985. – M. Seidenspinner, *Exploring the Labyrinth: A. F.'s Approach to South African Drama*, Essen 1986. – Dies., *A. F.* (in KLFG, 15. Nlg., 1988).

THE ISLAND

(engl.; *Ü: Die Insel*). Drama in vier Szenen von Athol Fugard (Südafrika), Uraufführung: Kapstadt, 2. 7. 1973, The Space; deutsche Erstaufführung: Würzburg, 2. 5. 1976, Kammerspiele. – Das Drama entstand als *workshop*-Produktion bei Fugards Theaterarbeit mit den schwarzen Schauspielern John Kani und Winston Ntshona und gehört mit *Sizwe Bansi Is Dead* (1972) und *Statements after an Arrest under the Immorality Act* (1972) zur Trilogie der *Statement Plays*. Mit der »Insel« ist Robben Island, die berüchtigte Gefängnisinsel für politische Gefangene vor der südafrikanischen Küste bei Kapstadt gemeint.

Schauplatz der Handlung ist die spärliche Zelle zweier schwarzer Häftlinge, John und Winston. Nach dem sinnlosen Umschichten von Sandhaufen (als pantomimische Eröffnung des Stücks) versorgen die beiden ihre Wunden, die ihnen der Aufseher zugefügt hat. Dann beginnen sie die Proben für ein Theaterstück, nämlich eine eigene Version von Sophokles' *Antigone*, die sie an einem Bunten Abend für das Gefängnispersonal aufführen wollen. Dabei treten die Gegensätze zwischen den beiden Charakteren zutage: John ist dynamisch und clever, Winston wirkt eher schwerfällig und naiv; ihm, der Antigone spielen soll, geht das Verständnis für theatralische Illusion völlig ab, und er weigert sich, die Rolle einer Frau zu übernehmen. Trotz dieser Differenzen sind die beiden einander solidarisch verbunden. Als John erfährt, daß er vorzeitig entlassen werden soll, freut sich Winston zunächst mit ihm und malt ihm voller Begeisterung die Rückkehr zu seiner Familie und zu seinen Freunden aus. Allmählich erkennt Winston aber, daß er als lebenslänglicher Häftling keine Zukunft hat.

In der letzten Szene geben John und Winston ihre Vorstellung von dem Verhör und der Verurteilung Antigones durch Kreon. Hier werden thematische Parallelen offenkundig zwischen der Situation der Häftlinge und der Antigones, die das Gebot der Humanität über das Gesetz stellt und damit Verrat am Staat begeht. Wie Antigone wird Winston gleichsam bei lebendigem Leib eingemauert, weil seine politischen Ideale vom Staat als Verrat angesehen werden.

Die Parallelisierung der antiken Dramenhandlung mit der Handlung des Stücks und der außerliterarische Bezug zur politischen Realität Südafrikas stärken die Aussage des Protests, die *The Island* zum vielleicht »politischsten« von Fugards Theaterstükken macht. Darüber hinaus ist es ein packendes Drama, das nur spärliche Mittel einsetzt und bei der Zeichnung einer desperaten Situation starke Eindrücke beim Zuschauer hervorruft. Selbst ein gewisses Maß an Komik ist durch die Eingliederung von Spielelementen gewährleistet. Darin – wie auch in der Anlage der Handlungsstruktur und der Figurenkonstellation – erinnert es von ferne an *En attendant Godot* (1953) von Samuel Beckett, dessen überragenden Einfluß auf sein Dramenschaffen Fugard mehrfach anerkannt hat. W.H.

AUSGABEN: Oxford 1974 (in *Statements: Three Plays*).

ÜBERSETZUNG: *Die Insel*, E. Walch (in A. F., *Aussagen*, Ffm. 1979).

LITERATUR: J. D. Raymer, *Eight Recent Plays by South African Dramatist A. F.*, Diss. Ohio Univ. 1975 (vgl. Diss. Abstracts, 37, 1976/77, S. 5105A). – E. Wendt (in Theater heute, 1975, H. 2, S. 39). – E. Durbach, *Sophocles in South Africa: A. F.'s »The Island«* (in Comparative Drama, 18, 1984, S. 252–264).

STATEMENTS AFTER AN ARREST UNDER THE IMMORALITY ACT

(engl.; *Ü: Aussagen nach einer Verhaftung auf Grund des Gesetzes gegen Unsittlichkeit*). Drama in einem Akt von Athol FUGARD (Südafrika), Uraufführung: Kapstadt, 25. 3. 1972, The Space; überarbeitete Version: London, 22. 1. 1974, The Royal Court; deutsche Erstaufführung: Düsseldorf, 30. 11. 1975, Schauspielhaus. – Als Teil der Trilogie der *Statement Plays* – zusammen mit *Sizwe Bansi Is Dead* (1972) und *The Island* (1972) – zeigt das Stück anhand einer beispielhaften Situation die Auswirkungen der Apartheid auf das alltägliche Leben in Südafrika. Hintergrund in diesem besonderen Fall sind die Gesetze gegen Unsittlichkeit und Mischehen, die sexuelle Beziehungen zwischen Weißen und Nichtweißen verbieten.

Eine weiße Frau, Frieda Joubert, Bibliothekarin in einer Kleinstadt, und Erroll Philander, ein farbiger Lehrer aus einer Siedlung für Mischlinge, haben miteinander eine illegale intime Beziehung begonnen. Sie sind nackt auf dem Boden im Nebenzimmer der Bibliothek zu sehen. In ihrem Dialog werden der falsche Stolz und das Minderwertigkeitsgefühl des Farbigen gegenüber der weißen Frau deutlich. Die Rassenschranken reichen selbst in den intimsten Bereich: Die beiden Liebenden verstricken sich in einem Gewirr von gegenseitigen Schuldzuweisungen und Vorwürfen der Feigheit. Als sie sich wieder einander nähern wollen, gerinnt die Szene zu einer Aufnahme des Polizeifotografen. Im zweiten, weniger realistischen Teil verliest ein Polizeibeamter seinen Bericht und die Zeugenaussage einer Nachbarin, die zu der Verhaftung des Liebespaares geführt hatte. In das Verlesen des Polizeiberichtes sind kurze, blitzlichtartig erhellte Szenen eingeblendet, die alptraumhaft Friedas und Errolls Gedanken und Gefühle im Augenblick der Entdekkung zeigen. Ebenso werden damit Teile des späteren Verhörs und die Rekonstruktion der Geschichte der Liebesbeziehung verknüpft.

Fugard gelingt es hier mit minimalen theatralischen Mitteln, ein eindrucksvolles Stück über die Vergänglichkeit menschlicher Beziehungen zu gestalten. Obwohl es auf einer grausamen Realität basiert, transzendiert das Stück den aktuellen politischen Bezugsrahmen, um besonders am Ende in eine eher lyrisch zu nennende Erkundung des Themas Liebe, Tod und Einsamkeit zu münden. W.H.

AUSGABEN: Oxford 1974 (in *Statements: Three Plays*).

ÜBERSETZUNG: *Aussagen nach einer Verhaftung auf Grund des Gesetzes gegen Unsittlichkeit*, J. van Dyck (in Theater heute, 1976, H. 1, S. 47–52 u. in A. F., *Aussagen*, Ffm. 1979).

LITERATUR: J. D. Raymer, *Eight Recent Plays by South African Dramatist A. F.*, Diss. Ohio Univ. 1975. – E. Wendt (in Theater heute, 1975, H. 2, S. 39). – G. Jäger (ebd., 1976, H. 1, S. 43–46).

NADINE GORDIMER

* 20.11.1923 Springs / Transvaal

LITERATUR ZUR AUTORIN:
R. J. Nell, *N. G., Novelist and Short Story Writer: A Bibliography of Her Works*, Johannesburg 1964. – R. F. Haugh, *N. G.*, NY 1974 (TWAS). – R. J. Green, *N. G.: The Politics of Race* (in WLWE, 16, 1977, S. 256–262). – E. Gerver, *Women Revolutionaries in the Novels of N. G. and Doris Lessing* (ebd., 17, 1978, S. 38–50). – *The South African Novel in English*, Hg. K. Parker, Ldn. 1978, S. 114–163. – M. Wade, *N. G.*, Ldn. 1978. – J. Cooke, *N. G.: A Bibliography* (in Bull. of Bibliography, 36, 1979, S. 81–84). – R. Moss, *Hand in Glove: N. G., South African Writer* (in Pacific Quarterly, 6, 1981, Nr. 3/4, S. 106–122). – D. Driver, *N. G.* (in English in Africa, 10, 1983, Nr. 2, S. 29–54). – C. Heywood, *N. G.*, Windsor/Berkshire 1983. – J. Cooke, *The Novels of N. G.: Private Lives/Public Landscapes*, Baton Rouge 1985. – R. I. Smyer, *Risk, Frontier and Interregnum in the Fiction of N. G.* (in Journal of Commonwealth Literature, 20, 1985, S. 68–80). – S. Clingman, *The Novels of N. G.*, Ldn. 1986. – A. Hagena, *N. G.s neuere Romane*, Essen 1987. – Ariel, Calgary, Okt. 1988 [Sondernr. *N. G.*]. – J. Käthner, *N. G.* (in KLFG, 19. Nlg. 1989). – K. Kreimeier, *N. G.*, 1991.

BURGER'S DAUGHTER

(engl.; *Ü: Burgers Tochter*). Roman von Nadine GORDIMER (Südafrika), erschienen 1979. – Wie in ihren bisher neun Romanen und neun Kurzgeschichtenbänden seit 1949 beschäftigt sich Nadine Gordimer, 1991 mit dem Nobelpreis für Literatur ausgezeichnet, auch in *Burger's Daughter* mit dem Leben unter den Bedingungen der Apartheid in Südafrika. Rosa Burger, Tochter des linken weißen Arztes und Aktivisten Lionel Burger (für den der südafrikanische Kommunistenführer Bram Fischer als Modell diente), beginnt ihre bisherige Idenität in Frage zu stellen, als sie – viel zu früh – ihre Eltern verloren hat. Ganz selbstverständlich hatte sie Kontakte mit häufigen schwarzen Besuchern im Hause – auch mit einem schwarzen Ziehbruder, Baasie – und war im Klima des bedingungslosen Einsatzes für die Unterdrückten herangewachsen, hatte Vater und Mutter im Gefängnis besucht, Konfrontation mit der Polizei miterlebt usw.

Nun fragt sie sich, ob das alles nicht nur eine vom Vater geborgte Identität sei, und versucht in neuer Umgebung, unter neuen Menschen ein Leben, das den eigenen Kern ihrer Persönlichkeit zutage bringen soll. Sie reist sogar nach Europa, genießt das anmutig-kultivierte Leben an der Riviera und möchte dort von der geschiedenen ersten Frau ihres Vaters erfahren, warum diese ihn verließ. Doch schließlich kommt ihr ein Leben, das nur auf die Erfüllung emotionaler Bedürfnisse in der Liebe ausgerichtet ist, dekadent und sinnlos vor; und als sie in London Baasie, ihren jetzt im Exil lebenden Ziehbruder, wiedersieht und von ihm als Weiße schroff zurückgewiesen wird, erkennt sie in der Solidarität mit den unterdrückten Schwarzen einen elementaren Bestandteil ihrer Existenz. Sie kehrt Europa den Rücken und stürzt sich in Johannesburg wieder in die Arbeit für die Schwarzen. Im Gefängnis, wo sie sehr bald landet, ist sie in der Gemeinschaft mit den anderen Insassen wieder eins mit sich selbst – und mit ihrem Vater.

Eine derartige Zusammenfassung der Handlung klingt, als handele es sich bei *Burger's Daughter* um einen rein didaktischen Roman oder gar ein Propaganda-Pamphlet. Doch die eindringliche Darstellungsweise gewährleistet, daß Rosas Suche nach ihrem wahren Selbst sich zu einem ganz individuellen Schicksal formt. Neben einer großen Zahl an Momenten von stark sinnenhaft-konkretem Erleben trägt hierzu vor allem die anspruchsvolle Erzähltechnik bei. Besonders in dem ersten und längsten der drei Teile, in die der Text gegliedert ist, sieht der Leser sich mit einer – chronologisch sprunghaften – Folge von Passagen mit wechselnden Erzählsituationen konfrontiert; kurze Szenen, in denen Rosa von außen gesehen ist (in auktorialer Distanz, oder etwa auch aus der Perspektive der Polizei), vergegenwärtigen mit oft schlaglichtartiger Wirkung die gesellschaftliche Wirklichkeit; längere innere Monologe Rosas vermitteln ihre Empfindungen, Bewertungen, Konflikte, kurz: ihre innere Suche. Diese Monologe setzen jeweils von Rosa bloß vorgestellte Zuhörer voraus und gestalten sich über weite Strecken als bohrende Rechtfertigungen Rosas gegenüber diesen stummen Zuhörern, die mit den drei Teilen des Romans wechseln: Im ersten Teil ist es Conrad, eine Zeitlang Rosas Liebhaber, der mit gewissen Fragen ihre Suche in Gang bringt, im zweiten ist es Madame Colette alias Katya, die geschiedene erste Frau des Vaters, und im dritten der inzwischen längst verstorbene Vater.

Nadine Gordimer hat ihr literarisches Schaffen immer als eine Form der engagierten Auseinandersetzung mit der Apartheidsproblematik begriffen; mit *Burger's Daughter* ist ihr ein Roman von besonders starker künstlerischer Ausdruckskraft gelungen, der – bezeichnenderweise in Südafrika verboten – zu ihren bekanntesten und besten Werken gehört. E.Gr.

AUSGABEN: Ldn. 1979. – NY 1979. – Harmondsworth 1980.

ÜBERSETZUNG: *Burgers Tochter*, M. Carroux, Ffm. 1981. – Dass., dies., Ffm. 1982; zul. 1986 (FiTb).

LITERATUR: A. Sampson, Rez. (in NY Times Book Review, 19.8.1979). – A. Tyler, Rez. (in Saturday Review, 29.9. 1979).– N. Gordimer u. a., *What Happened to »Burger's Daughter«, or How South African Censorship Works*, Johannesburg 1980. – R. Smith, *Living for the Future: N. G.'s »Burger's Daughter«* (in WLWE, 19, 1980, S. 163–173). – M. Daymond, *»Burger's Daughter«: A Novel's Reliance on History* (in *Momentum*, Hg. ders. u. a., Pietermaritzburg 1984). – J. Newman, *Prospero's Complex: Race and Sex in »Burger's Daughter«* (in Journal of Commonwealth Literature, 20, 1985, S. 81–99).

A GUEST OF HONOUR

(engl.; *Ü: Der Ehrengast*). Roman von Nadine GORDIMER (Südafrika), erschienen 1970. – Der fünfte und umfangreichste Roman Gordimers – von der Autorin wie auch von der Kritik gleichermaßen geschätzt – stellte einen Meilenstein in ihrer literarischen und politischen Entwicklung dar. Der bisher einzige ihrer Romane, der gänzlich außerhalb Südafrikas spielt, vermittelt die Erkenntnisse wiederholter Reisen der Autorin durch Afrika, weist aber in seiner politischen Intention unmißverständlich auf die Wirklichkeit Südafrikas hin. Die Schilderung des dialektischen Zusammenhangs zwischen dem Übergang eines afrikanischen Staates vom Kolonialismus zur Unabhängigkeit und der persönlichen wie politischen Emanzipation eines ehemaligen weißen Kolonialbeamten dokumentiert auch die ideologische Entwicklung der Verfasserin von einer eher liberalen Haltung zu einer sozialistischen Überzeugung.

Der »Ehrengast« des Romantitels, Oberst James Bray, verlor seinen Posten in einem zentralafrikanischen Land auf Drängen weißer Siedler, die sein Eintreten für den afrikanischen Nationalismus mißbilligten. Zehn Jahre später akzeptiert er die Einladung eines der Führer der inzwischen erfolgreichen Unabhängigkeitspartei und künftigen Präsidenten des Landes, Adamson Mweta, der Unabhängigkeitsfeier beizuwohnen. Als Mweta ihn beauftragt, als Sonderberater für das Erziehungswesen einen Bericht über Erwachsenenbildung und Fachausbildung anzufertigen, entscheidet sich Bray, vorerst im Lande zu bleiben – ohne seine in England verbliebene Frau. Besichtigungen von Fischerei- und Eisenerzbetrieben ermöglichen ihm, die durch die Unabhängigkeit unveränderten wirtschaftlichen Verhältnisse des Landes kennenzulernen. Als Bray einen zweiten, der Unabhängigkeitsfeier ferngebliebenen Führer der nationalen Bewegung, den Sozialisten Edward Shinza besucht, erläutert dieser dem skeptischen Bray am Schicksal eines gefolterten Gewerkschaftsführers die wahren Verhältnisse im Land. Der Versuch des auf Versöhnung bedachten weißen Liberalen, zwischen den beiden afrikanischen Führern zu vermitteln, scheitert; Mweta erläßt Notstandsgesetze. Kontrapunktisch zu Brays politischer Bewußtwerdung verläuft sein Erwachen im persönlichen Bereich: Er verliebt sich in die jüngere, ebenfalls verheiratete Sekretärin Rebecca Edwards.

Die politische Auseinandersetzung zwischen Mweta als dem Angehörigen der neokolonialen Elite und Shinza als dem Vertreter der Arbeiterschaft spitzt sich bei einem Parteikongreß zu. In der Frage, ob der Generalsekretär der Gewerkschaften von den Arbeitern gewählt oder vom Staatspräsidenten ernannt werden soll, spaltet sich die Partei endgültig. Bray, der sich zu Shinza und somit zur Opposition gesellt, erklärt sich bereit, als Streiks und Unruhen das Land erschüttern, sich außer Landes zu begeben, um Mittel für den bewaffneten Kampf zu beschaffen. Bevor er diesen Auftrag ausführen kann, wird er auf der Fahrt in die Hauptstadt von Dorfeinwohnern überfallen und erschlagen, offenbar in der irrigen Annahme, er sei ein von Mweta angeheuerter Söldner. In der Folge beginnt Rebecca ein desolates neues Dasein in England; Shinza geht ins Exil; Mweta, dessen Macht bestätigt wird, veröffentlicht den »Bray-Bericht« über ein neues Erziehungssystem.

Der Roman spielt unmittelbar nach erreichter Unabhängigkeit in einem typisierten zentralafrikanischen Staat, wobei offenbar Einzelheiten aus der Geschichte Zambias verwendet worden sind. Gordimer gelingt es, durch den Lernprozeß Brays ein realistisches Panorama der wirtschaftlichen, sozialen und politischen Verhältnisse im Neokolonialismus zu gestalten. Mit geradzu dokumentarischer Akribie zeigt sie die unterschiedlichen Interessenlagen der politischen Führungselite und der ausgebeuteten Arbeiterschaft. Den weißen *expatriates*, der Gemeinde der im Ausland lebenden Europäer, gilt ihr besonderes Interesse. Bray, der sich einst für die Befreiung vom Kolonialismus entschied, steht erneut vor einer Wahl: Er bekennt sich nun zum Kampf gegen den Neokolonialismus und zum afrikanischen Sozialismus. Auf schockierende und ironische Art läßt ihn die Autorin diese Überzeugung mit dem Leben bezahlen: Im Tode aber wird Bray zum Afrikaner.

Der Roman ist auch aus südafrikanischer Perspektive von großem Interesse. Er eröffnete südafrikanischen Lesern eine neue Sicht auf das unabhängige Afrika. Seine ideologische Fragestellung betrifft aber nicht nur das schwarze Afrika, sondern auch und vor allem Südafrika. Er befaßt sich als eines der ersten Werke der südafrikanischen Literatur mit der künftigen Gesellschaftsordnung des Landes, und er berührt das stets wiederkehrende Thema der Werke Gordimers: die politische Bewußtwerdung der weißen Südafrikaner. Ihnen stehen die gleichen Entscheidungen wie Bray bevor; auch die Risiken werden die gleichen sein. Darin liegt bis heute die große Aktualität des Werks. G.V.D.

AUSGABEN: NY 1970. – Ldn. 1971. – Harmondsworth 1973.

ÜBERSETZUNG: *Der Ehrengast*, K. Hoffer, Ffm. 1986.

LITERATUR: R. Green, *N. G.'s »A Guest of Honour«* (in WLWE, 16, 1977, S. 55–66). – M. Wade, *N. G. and Europe-in-Africa* (in *The South African Novel in English*, Hg. K. Parker, Ldn. 1978, S. 131–163). – J. K. Van Donge, *N. G.'s »A Guest of Honour«: A Failure to Unterstand Zambian Society* (in Journal of Southern African Studies, 9, 1982, S. 74–92). – S. Clingman, *The Novels of N. G.*, Ldn. 1986, S. 111–134.

JULY'S PEOPLE

(engl.; *Ü: Julys Leute*). Roman von Nadine GORDIMER (Südafrika), erschienen 1981. – Nach den breit angelegten und komplex strukturierten Romanen *A Guest of Honour* (1970), *The Conversationist* (1974) und *Burger's Daughter* (1979) legte Nadine Gordimer mit *July's People* eine knappe und eher schlicht erzählte, aber thematisch um so brisantere Geschichte vor. Sie wählte für diesen Roman eine politische Situation, die von weißen Politikern immer wieder als Untergang jeglicher Zivilisation beschworen wird: die gewaltsame Übernahme der Macht durch die schwarze Mehrheit. Gordimers Szenario ist futuristisch; sie spekuliert darüber, wie sich das Unvermeidliche abspielen könnte, vor allem aber über die Bedeutung des Machtwechsels für diejenigen, die Macht und Privilegien abgeben müssen. Sie rührt so an das geheiligte Tabu der offiziellen Politik und der inoffiziellen Werthaltungen, denn der Verlust der Macht an die schwarze Mehrheit ist in der südafrikanischen Gesellschaft absichtlich in den Bereich der unbewältigten Urängste verwiesen und damit einer rationalen Auseinandersetzung entzogen worden. Gerade weil der Prozeß des Machtwechsels in der offiziellen Politik als etwas Unaussprechliches gilt, ist dieses Tabu zu einem zentralen Symbol geworden, das die weiße Minderheit zu einer Schicksalsgemeinschaft zusammenschweißt und die Lagermentalität fördert. Nadine Gordimer hat dieses Tabu des Schweigens gebrochen und dargelegt, wie an jenem Tag X die anachronistische Welt des weißen Südafrika vom Kopf auf die Füße gestellt wird, wie

die Verhältnisse der Apartheid umgekehrt und aus Herren Knechte, aus Knechten Herren werden. Als die schwarzen Freiheitskämpfer bis nach Johannesburg vorstoßen, packt der erfolgreiche Architekt Bam Smales seine Frau, seine Kinder und den Boy July in den Jeep und sucht in Julys Homeland Zuflucht. Das Homeland, das für die Schwarzen jahrzehntelang ein Ort der Verzweiflung war, ist für die Weißen ein Ort der Hoffnung aufs Überleben. Aber mit der Ankunft der Smales kehren sich die Vorzeichen der Abhängigkeit um. Jetzt ist es July, der Unterschlupf gewährt, Nahrung herbeischafft, Vergünstigungen gewähren oder verweigern kann. Nach geltendem »weißen« Gesetz ist der Aufenthalt der Smales im Homeland ungesetzlich. Jetzt sind sie auf den guten Willen Julys angewiesen, so wie er vorher auf ihre Unterschrift in seinem Paß angewiesen war. Die Smales hatten immer fest an die Menschlichkeit ihrer liberalen Haltung gegenüber July geglaubt. Erst jetzt, da sie selbst Opfer einer umgekehrten Apartheid sind, begreifen sie, daß menschliche Entwürdigung durch Liberalität nicht gemildert werden kann.
Der Schock dieser verkehrten Welt beginnt für die Smales bei den kleinen, materiellen Alltäglichkeiten. Von üppigem Wohlstand sind sie auf das reine Existenzminimum reduziert. Angeschlagene Tassen und zerbeulte Töpfe, die sie July früher für seine Heimatbesuche mitgegeben hatten, gehören jetzt zu ihren wertvollsten Schätzen. Sie finden sich im Abfall ihres früheren Wohlstandsdasein wieder, schätzen Dinge wieder hoch, die sie früher als wertlos verachtet und weggegeben haben. Dem Leser wird der Eindruck vermittelt, als ob die gesamte materielle Kultur des Homelands aus diesem Wohlstandsabfall bestehe. Doch die Entbehrung materieller Güter ist nur ein äußeres Zeichen für die Radikalität, mit der die Umkehrung der Machtverhältnisse in das Leben der Weißen eingreift. Die mentale Anpassung an die neue Situation fällt den Smales noch viel schwerer, denn auch für den liberal Denkenden ist die Radikalität dieses Umbruchs jenseits des Vorstellbaren geblieben. Maureen Smales wird sich dessen plötzlich bewußt, als sie sich das einzige Buch, das sie auf die Flucht mitgenommen hat, zum Lesen vornimmt: *»Die Gemütsbewegung, die einem ein Roman verschafft, das Scheinbewußtsein, in einer anderen Zeit, an einem anderen Ort, in einem anderen Leben zu sein, worin für sie die Freude des Lesens bestand, vermochte sie nicht zu erlangen. Sie* war *in einer anderen Zeit, an einem anderen Ort, in einem anderen Bewußtseinszustand. Sie war schon nicht mehr, was sie gewesen war. Kein Werk der Literatur konnte sich mit dem messen, was sie lebte und doch sich nicht hätte vorstellen können.«*
Bam und Maureen Smales versuchen, ihre Rollen als Vater und Mutter der neuen Situation anzupassen und werden dabei in ihrem Selbstwertgefühl erheblich reduziert. Maureen geht mit den Frauen des Dorfes aufs Feld und sammelt Früchte, Kräuter und Wurzeln. Aber Julys Frau muß sie wie ein kleines Kind an der Hand führen und ihr die Verwendbarkeit der einzelnen Pflanzen erklären. Maureen ist also auch in ihrer veränderten Mutterrolle von den Frauen des Dorfes abhängig. Genauso ist Bam von den Männern, besonders von July und dem Chief abhängig. Seine Rolle als weißer Mann wird radikal zerstört. Da sein Aufenthalt im Homeland illegal ist, nimmt July den Wagen und macht die Besorgungen im indischen Laden. Der Chief, ein echtes Produkt des Apartheidsystems, der die Kommunisten und die Freiheitskämpfer mehr fürchtet als die Bantu-Administration, verlangt, daß Bam seinen Leuten mit seinem Jagdgewehr Schießunterricht erteilt, damit sie das Dorf verteidigen können. So ist Bam aller Insignien weißer Macht entkleidet: Geld und Scheckkarte sind für ihn schon lange wertlos geworden, aber jetzt steht er auch ohne Auto und Gewehr da, als Mann gewissermaßen kastriert, innerhalb der Homeland-Gesellschaft völlig bedeutungslos.
Maureen Smales kann die Erniedrigung, der sie und vor allem ihr Mann ausgesetzt sind, nicht verkraften. Sie versagt sogar in ihrer reduzierten Mutterrolle, in ihrer Verantwortung gegenüber Kindern und Mann. Als ein Hubschrauber außerhalb des Dorfes landet, ergreift sie die Flucht und rennt an ihren Kindern, ihrem Mann vorbei, getrieben von dem einzigen Wunsch, aus ihrer Situation zu entkommen. Sie weiß nicht einmal, ob der Hubschrauber zur schwarzen Befreiungsarmee oder zur weißen Armee gehört. Während die schwarzen Familien den Druck des Apartheidsystems, die Armut im Homeland, die Trennung der Familien von ihren Männern jahrzehntelang überdauern, zerbricht die weiße Mittelklassenfamilie an der umgekehrten Apartheid innerhalb weniger Wochen. Es bleibt ein unauffälliges Hoffnungszeichen: Die Kinder der Smales haben keinerlei Schwierigkeiten, sich anzupassen; je mehr Status und Funktion ihrer Eltern zerbröckeln, um so leichter integrieren sie sich in die Gemeinschaft der Dorfjugend.
July's People ist in zweifacher Hinsicht auf Kritik gestoßen: Nadine Gordimer habe eine simplistische Geschichte unter ihrem sonstigen erzählerischen Niveau geschrieben, und die Hauptfiguren Maureen und Bam Smales seien als Stereotypen der weißen Mittelklasse weit entfernt von der subtilen Charaktertiefe etwa der Personen in *Burger's Daughter*. Andererseits wurde ihr vorgeworfen, daß sie das Thema des Machtwechsels nicht umfassend, sondern reduziert auf die kleinbürgerliche weiße Perspektive darbiete und damit eher die Ängste der heute noch Mächtigen schüre, als einen Beitrag für ein künftiges multirassisches Südafrika zu leisten. Sicherlich hat Gordimer hier ein Bild der kollektiven psychischen Realität der Ethnie der weißen Südafrikaner gezeichnet und dafür ein Erzählverfahren gewählt, das dem der schwarzen Autoren in Afrika näherkommt als postmoderne Erzähltechniken. Vor allem aber hat sie das brennendste Thema aus der Unsichtbarkeit der Verdrängung, aus der Unartikuliertheit der Psychose herausgeholt und ihre Landsleute damit schonungslos konfrontiert.

E.Bre.

AUSGABEN: Ldn. 1981. – NY 1981. – Johannesburg 1981.

ÜBERSETZUNG: *Julys Leute*, M. Carroux, Ffm. 1982. – Dass., dies., Ffm. 1985 (FiTb).

LITERATUR: R. Schostack, *Den blutigen Ernstfall vor Augen* (in FAZ, 11. 9. 1982). – K. Stromberg, *Die mögliche Katastrophe* (in SZ, 6. 10. 1982). – A. v. Münchhausen, *Vom kühlen Zauber* (in Die Zeit, 22. 10. 1982). – G. Mander, Rez. (in Stuttgarter Ztg., 19. 2. 1983). – J. Leitenberger, Rez. (in Die Presse, 13. 7. 1983). – N. Bailey, *Living Without the Future: N. G.'s »July's People«* (in WLWE, 24, 1984, S. 215–224). – P. Rich, *Apartheid and the Decline of the Civilisation Idea: An Essay on N. G.'s »July's People« and Coetzee's »Waiting for the Barbarians«* (in Research in African Literature, 4, 1984, S. 365–393). – R. Smith, *Masters and Servants: N. G.'s »July's People« and the Themes of Her Fiction* (in Salmagundi, 62, 1984, S. 93–107).

A WORLD OF STRANGERS

(engl.; *Ü: Fremdling unter Fremden*). – Roman von Nadine GORDIMER (Südafrika), erschienen 1958. – *»In verschiedenen Welten, aber im selben Land lebend, gehörten Cecil und Steve zu jenen, die sich nicht engangieren wollen. Ihre Freiheit war eine seltsame Freiheit: die Freiheit der Indifferenten ... Ich konnte das verstehen. Denn war nicht auch ich, aus ganz persönlichen Gründen, in meiner eigenen Welt in England ein Fremdling und indifferent gewesen? Und war das nicht der Grund dafür, daß ich mich in diesem afrikanischen Land merkwürdig heimisch fühlte, ein Fremdling unter Menschen, die einander fremd waren?«* Diese Gedanken bewegen den Protagonisten und Ich-Erzähler von Nadine Gordimers zweitem Roman, den 28jährigen Toby Hood, Sohn einer wohlhabenden englischen Familie, die seit den zwanziger Jahren der Ideolgie der Linken huldigt und deren progressivem Gebaren und abstraktem Freiheitsbegriff Toby längst skeptisch gegenübersteht. Seine recht laue »Rebellion gegen die Rebellion« ist kennzeichnend für die Einstellung zahlreicher Engländer seiner Generation (zumindest bis zur Suezkrise 1956, die viele zu echtem politischem Engagement herausforderte).

Als Toby nach Johannesburg zur Zweigstelle des familieneigenen Verlags geschickt wird, glaubt er, in Südafrika unbeeinflußt von den politischen und rassischen Problemen und in einem Kreis von Menschen, die ihn *»interessieren und amüsieren«*, leben zu können. Aber durch den engen Kontakt mit zwei von vielen *»Fremden im eigenen Land«* wird er allmählich eines Besseren belehrt. Durch Cecil Rowe, eine junge geschiedene Frau, lernt er die Welt der herrschenden weißen Schicht kennen. Cecil, die nur hohlen Vergnügungen nachjagt, läßt sich auf eine Affäre mit ihm ein, deren Leidenschaftslosigkeit ihrer und seiner Einstellung zum Leben entspricht, und heiratet schließlich aus reinem Egoismus und Sicherheitsbedürfnis einen anderen Mann. Tobys Kontakt zur Welt der Farbigen (den er Cecil wohlweislich verschweigt), beschränkt sich zwar ebenfalls auf Menschen ohne kämpferisches Engagement, konfrontiert den jungen Engländer aber fortgesetzt mit den Auswirkungen der Apartheidgesetze. Durch Anna Louw, eine zutiefst von der Ungerechtigkeit dieser Gesetze überzeugte Weiße, lernt er Steven Sitole kennen, mit dem ihn bald eine enge Freundschaft verbindet. Sitole, der in England studiert hat, bekennt sich im Gegensatz zu den meisten Schwarzen seines Bildungsniveaus nicht zum aktiven Kampf gegen Benachteiligung und Unterdrückung, sondern versucht, ähnlich wie Toby und Cecil, aus den herrschenden Verhältnissen stets das Beste für sich persönlich herauszuholen. Allerdings geht er dabei ungleich größere Risiken ein: Er macht illegale Geschäfte, verkehrt mit Kriminellen und hat keine Skrupel, seine weniger wendigen Rassegenossen ebenso übers Ohr zu hauen wie die Weißen.

Zwischen diesen beiden Welten bewegt sich Toby mehr oder minder als Zuschauer. Erst als er – am Schluß des Romans – in der Absicht, bald endgültig nach Südafrika überzusiedeln, eine Reise nach England antritt, weist manches darauf hin, daß er zu einer neuen Bewußtheit gefunden hat. Der Tod Sitoles, der bei einer Razzia geflohen und mit dem Auto verunglückt ist, hat Toby nicht nur klargemacht, daß auch das anscheinend ziellose Leben des Freundes vorgezeichnet war von jenen, die die Unterdrückung legalisieren, sondern ihm auch zu der Einsicht verholfen, daß Indifferenz angesichts des Zustandes unserer Welt das Übel vermehrt.

Nadine Gordimer schildert diesen Erkenntnisprozeß unter Verzicht auf dramatische und melodramatische Effekte und – darin E. M. FORSTER ähnlich – als eine Folge »innerer« Ereignisse. Der Roman – im Grunde auch das Gesamtwerk der Autorin – kann sogar als (teilweise explizit geführte) Auseinandersetzung mit Forsters Werk und Weltanschauung gesehen werden. Stilistische Berührungspunkte ergeben sich in einem symbolisch überhöhten Realismus. Thematisch dient Forsters humanistisches Credo *»only connect«* (Motto zu *Howards End*) als Verbindung. Selbst wenn sich Gordimer im Lichte der politischen Entwicklung in Südafrika seit den sechziger Jahren 1977 in einem Interview von diesem Credo distanzierte, galt es (nicht nur ihr) 1958 in *A World of Strangers* noch als mögliche Lösung des Konflikts. So ist es kein Zeichen liberaler Naivität, wenn in *A World of Strangers* im Sinne Forsters zuallererst die mentale Überwindung der Apartheid propagiert wird, das Zusammenleben von Menschen unterschiedlicher Rasse, Klasse und Herkunft.

Die Veränderungen der politischen Situation seit 1960 schlugen sich dann in Form zunehmender Radikalisierung der Romanfiguren (insbesondere der weiblichen) und in Form zunehmender politischer Ausweglosigkeit der Konflikte in Gordimers Werk nieder, besonders in den Romanen *The Late Bourgeois World* (1966), *The Conservationist*

(1974), *Burger's Daughter* (1979) und *July's People* (1981); doch setzte diese Entwicklung bereits in einigen frühen Werken ein, von denen besonders die Kurzgeschichtensammlung *Six Feet of the Country*, 1956 *(Sechs Fuß Erde)*, und der 1953 erschienene Roman *The Lying Days (Entzauberung)* hervorzuheben sind. – Die Taschenbuchausgabe von *A World of Strangers* wurde 1962 in Südafrika aus politischen Gründen verboten. J.v.Ge.-KLL

AUSGABEN: Ldn. 1958. – NY 1958. – Harmondsworth 1962. – Ldn. 1976.

ÜBERSETZUNG: *Fremdling unter Fremden*, W. v. Einsiedel, Ffm. 1962. – Dass., ders., Ffm. 1982; zul. 1986 (FiTb).

LITERATUR: A. Lomberg, *›Withering into the Truth‹: The Romantic Realism of N. G.* (in English in Africa, 3, 1976, S. 1–12). – C. Gardner, *N. G.'s »World of Strangers«* (in Reality, 8, 1976, S. 13–15). – R. Green, *N. G.'s »World of Strangers«: Strains in South African Liberalism* (in English Studies in Africa, 22, 1979, S. 45–54). – K. Ogunbesan, *Reality in N. G.'s »A World of Strangers«* (in ES, 61, 1980, S. 142–155). – R. J. Smyer, *Risk, Frontier and Interregnum in the Fiction of N. G.* (in Journal of Commonwealth Literature, 20, 1985, S. 68–81).

BESSIE HEAD

* 6.7.1937 Pietermaritzburg
† 17.4.1986 Serowe / Botswana

LITERATUR ZUR AUTORIN:
E. Mphahlele, *The New Mood in African Literature* (in Africa Today, 19, 1972, Nr. 4, S. 54–70). – B.M. Fradkin, *Conversations with B.* (in WLWE, 17, 1978, S. 427–434). – J. Marquard, *B. H.: Exile and Community in Southern Africa* (in London Magazine, 18, 1978, Nr. 9/10, S. 48–61). – L. W. Brown, *Women Writers in Black Africa*, Westport/Conn. 1981, S. 158–185. – L. Nkosi, *Tasks and Masks: Themes and Styles in African Literature*, Ldn. 1981, S. 98–103. – O. Taiwo, *Female Novelists of Modern Africa*, NY 1985, S. 185–214. – A. A. Aidoo, *For B.H.* (in Kunapipi, 8, 1986, Nr. 3, S. 114–117). – S. Gardner u. P. E. Scott, *B. H.: A Bibliography*, Grahamstown 1986. – K. Geurts, *Personal Politics in the Novels of B. H.* (in Présence Africaine, 1, 1986, Nr. 2, S. 47–75). – *B. H.*, Hg. C. Abrahams, Africa World Press 1988. – G. D. Little, *B. H.* (in DLB, Bd. 117, 1992, S. 186–193).

A QUESTION OF POWER

(engl.; *Ü: Die Farbe der Macht*). Roman von Bessie HEAD (Südafrika/Botswana), erschienen 1973. – In einer autobiographischen Notiz schreibt Bessie Head: *»Ich wurde am 6. 7. 1937 in der Nervenklinik von Pietermaritzburg in Südafrika geboren. Der Grund für die Geburt an diesem ungewöhnlichen Ort war, daß meine Mutter weiß war und mich von einem schwarzen Mann empfangen hatte. Deshalb wurde sie für verrückt erklärt und als Schwangere in die Nervenklinik eingewiesen.«* Und in einer Ansprache bei einem afrikanischen Schriftstellerkongreß erläuterte sie ihren biographischen Hintergrund folgendermaßen: *»In Südafrika gibt es Tausende wie mich, deren Geburt von ›Schimpf und Schande‹ überschattet ist – Menschen, die gewissermaßen die Leiche im Schrank der eigenen Gesellschaft repräsentieren. Wegen der Umstände meiner Geburt sind alle Spuren meiner Familiengeschichte säuberlich getilgt worden. Ich weiß nichts von der Existenz irgendeines Verwandten; ich habe keinen Familienstammbaum und keinerlei Indizien dafür, daß ich meine Begabung, meine psychische Labilität oder gar die Form meiner Nase auf das Erbgut einer Großmutter oder gar Urgroßmutter zurückführen könnte. Ich bin immer nur ich selbst gewesen ohne irgendeinen Bezug zu irgend etwas außerhalb meiner selbst.«* Diese beiden Bekenntnisse enthüllen die Widersprüche und inneren Spannungen, die für Bessie Heads Leben und Schreiben charakteristisch sind. Einerseits sieht sie sich unlösbar mit der südafrikanischen Gesellschaft verknüpft, als deren Produkt sie sich versteht. Andererseits betont sie ihr Abgelöstsein von jeglicher ethnischen oder sozialen Bindung.

Bessie Head hatte Ende der fünfziger Jahre mit dem Schreiben für die schwarze Zeitschrift ›Drum‹ begonnen. Obwohl keine politische Aktivistin, mußte sie Südafrika 1964 verlassen und ließ sich im Nachbarland Botswana nieder, wo sie sich wieder in einer Außenseiterrolle fand. So schwankt sie zwischen distanziertem Beobachten und persönlichem Engagement für den Aufbau einer Handwerker- und Bauernkooperative in Serowe. Ihr ethnographischer Bericht *Serowe: Village of the Rainwind* (1981) reflektiert ihre journalistische Begabung für die prägnante, detailgenaue Reportage, die auch für die Beschreibung des sozialen oder natürlichen Umfeldes der Charaktere ihrer Romane und Kurzgeschichten typisch ist. Der erste Roman *When the Rain Clouds Gather* (1969) verquickt diese Prägnanz der Beschreibung materieller Alltäglichkeiten mit analytischer Klarsicht für soziale Interaktion oder psychische Motivation der handelnden Dorfcharaktere. Die Frage nach sozialem Anpassungsdruck und individueller Freiheit, nach der Ausübung persönlicher Macht über einzelne und über die Gemeinschaft wird in dem zweiten Roman *Maru* (1972) noch pointierter gestellt und nimmt schließlich in *A Question of Power* die zentrale Rolle ein. Das Gewicht des Autobiographischen wächst von Roman zu Roman; zugleich wird der faktographische Erzählduktus durch einen zuneh-

mend fantastischen psychischen Realismus abgelöst. *A Question of Power* ist zugleich das offenkundige autobiographische Selbstbekenntnis wie auch eine mythisch anmutende Reise in die Tiefenschichten einer leidenden Seele.
Die Protagonistin des Romans, Elizabeth, steht zwischen zwei Männern, Sello und Dan, die jedoch nicht untereinander um Elizabeths Gunst rivalisieren, sondern sich ergänzen in dem Bemühen, über sie zu dominieren. Elizabeth kann diesem Druck nicht standhalten und erleidet einen Nervenzusammenbruch. Sie wird in eine Anstalt eingewiesen, Freunde sorgen für ihren Sohn. Schließlich verliert sie auch ihre Stelle als Lehrerin, findet dagegen Befriedigung und Anerkennung als Leiterin der Gartenkooperative. Doch die rein äußere Handlung gibt nichts von der Dichte der bedrückenden Atmosphäre wieder, die Elizabeth weitgehend aus sich selbst heraus erzeugt. Bezeichnenderweise treten die beiden tyrannischen Männer fast ausschließlich nachts in Elizabeths dunklem Zimmer auf; sie erliegt schließlich der Klaustrophobie ihrer Psyche und ihrer Hütte. Erst als sie sich traut, die Tür ihrer Hütte aufzustoßen und ins Freie hinauszutreten, begegnet sie den unambitionierten Dorfbewohnern, die in ihrer Gewöhnlichkeit zu Lichtgestalten werden. Erst als sie die Düsternis ihrer Hütte verläßt, hat sie das Erfolgserlebnis, ihren Garten und sich selbst zum Erblühen zu bringen.
Das Bild der beiden Männer Sello und Dan ersteht ausschließlich durch die subjektivistische, nach innen gekehrte Perspektive der Erzählerin. So sind die Männergestalten mehr als Projektionen einer desintegrierten Psyche denn als reale Charaktere zu verstehen. Sie erlangen eine eindringliche psychische Realität insoweit, als Bessie Heads Roman eine minutiöse Reportage über Ursprung, Entwicklung und Verlauf einer psychischen Krankheit ist. Im Gegensatz dazu werden die Figuren der Kooperative, die Bewohner von Motabeng, aus einer viel objektiveren, auf die Wahrnehmung der Außenwelt abzielenden Erzählperspektive geschildert. Im Laufe von Elizabeths Krankheitsgeschichte wird auch zunehmend unklar, ob Sello und Dan tatsächlich zwei verschiedene Personen sind oder ob sie gar nur die unterschiedlichen Aspekte eines imaginierten Gegenübers darstellen. Die Überfrachtung von Elizabeths Beziehungsgeschichte mit psychologischer Theorie legt eine Interpretation des Figurendreiecks als disharmonischen Dreiklangs von Ego, Alter ego und Id nahe. – Sello wird zunächst positiv als eine »Zwillingsseele« Elizabeths eingeführt; beide verbindet die *»Suche nach dem Seelischen«*, der Drang nach *»Erkenntnissen über das Böse«* und *»die Liebe als Weg zur Freiheit der Herzen«*. Elizabeth nimmt Sello jedoch immer mehr als eine Bedrohung wahr, als jemanden, der Macht über ihre Seele zu erlangen sucht. So tritt er in ihren Visionen auch nicht mehr in dem weißen Gewand religiös-philosophischer Reinheit auf, sondern im Braunhemd des Faschismus. Er wird begleitet von Medusa, einer Frau von absoluter Destruktivität, die Elizabeth als Fremde und als Mischling rassisch diskriminiert und ihr sogar ihr Frausein abspricht, indem sie behauptet, sie habe nicht einmal eine Vagina. Sellos Psychodiktatur gipfelt schließlich in Elizabeths Vorstellung, daß er sich seine eigene Tochter sexuell unterwirft. – Dan ist demgegenüber eine Repräsentation der Körperlichkeit. Er tritt zunächst als der zärtliche Liebhaber auf, der die physische Beglückung körperlicher Liebe vermitteln kann. Aber auch er wird in Elizabeths Vorstellung zu einer oppressiven Macht, die nur auf ihre körperlich-sexuelle Unterwerfung abzielt. Dan brüstet sich in Elizabeths Visionen vor ihr mit einer langen Parade von zu Sexualobjekten degradierten Frauen, seinen Eroberungen, die alle seinem mächtigen Penis verfallen sind. Aus diesem psychischen Fegefeuer tritt Elizabeth nach dem völligen geistigen Zusammenbruch in die heilende Atmosphäre der Dorfkooperative ein. Ihr Garten ist für sie ein Garten Eden. Was in der Auseinandersetzung mit Sello und Dan auf einer innerpersonalen, psychischen Ebene über die Konstituierung von Macht und Herrschaft ausgeführt wurde, wird nun mit einem idealen sozialen Gegenmodell konfrontiert. Die Gartenkooperative ist ein egalitäres, herrschaftsfreies Gemeinwesen, ein utopisches Ideal, das auch die rassistischen Neigungen europäischer Entwicklungshelfer nicht beschädigen können. E.Bre.

AUSGABEN: Ldn. 1973. – Ldn. 1974. – Ldn. 1983.

ÜBERSETZUNG: *Die Farbe der Macht*, U. Goridis, Bln. 1987.

LITERATUR: Anon., Rez. (in Encore, 3, 1974, Nr. 7, S. 45). – Ch. Larson, Rez. (in Books Abroad, 48, 1974, Nr. 3). – R. L. Berner, Rez. (ebd., 49, 1975, Nr. 1). – L. S. Beard, *B. H.'s »A Question of Power«: The Journey Through Disintegration to Wholeness* (in Colby Library Quarterly, 15, 1979, S. 267–274). – L. W. Brown, *Creating New Worlds in Southern Africa: B. H. and the »Question of Power«* (in Umoja, 3, 1979, Nr. 1, S. 43–53). – J. Johnson, *Metaphor, Myth, and Meaning in B. H.'s »A Question of Power«* (in WLWE, 25, 1985, Nr. 2, S. 198–210). – K. H. Katrak, *The Philosophical and Political Vision of B. H.'s Protagonists* (in Ba Shiru, 12, 1985, Nr. 2, S. 26–35).

DAN JACOBSON

* 7.3.1929 Johannesburg

LITERATUR ZUM AUTOR:
M. Decter, *Novelist of South Africa* (in Commonwealth, 25, 1958, S. 539–544). – C. Ricks, *One*

Little Liberal (in New Statesman, Juni 1966). – M. Yudelman, *D. J.: A Bibliography*, Johannesburg 1967. – S. Roberts, *South African Postrevolutionary Fiction* (in Standpunkte, 35, 1982, Nr. 3, S. 44–51). – S. Roberts, *D. J.*, Boston 1984 (TWAS). – Dies., *»Tamar« and After: A Glance at D. J.'s Recent Work* (in *Momentum: On Recent South African Writing*, Hg. M. J. Daymond u. a., Pietermaritzburg 1984, S. 141–146). – D. Jacobson, *A Way of Seeing* (ebd., S. 287/288). – Ders., *Time and Time Again*, Ldn. 1985.

THE CONFESSIONS OF JOSEF BAISZ

(engl.; *Die Bekenntnisse des Josef Baisz*). Roman von Dan Jacobson (Südafrika), erschienen 1977. – Obwohl Dan Jacobson seit Ende der fünfziger Jahre in London lebt, rechnet ihn Sheila Roberts, selbst eine weiße südafrikanische Schriftstellerin im Exil, ohne Zweifel zur südafrikanischen Literatur und postuliert über deren Kernthema – die Frage der Macht – eine Gemeinsamkeit der durch die Apartheid in getrennte Lager verwiesenen schwarzen und weißen Autoren. *»Die Romane und Kurzgeschichten von Dan Jacobson handeln von der Psychologie der Macht und den Machtlosen. Ja, die gesamte südafrikanische Literatur, die Anspruch auf Seriosität erhebt, kreist um diesen Themenkomplex. Der Besitz der Macht, ihre Struktur, ihr Gebrauch, vor allem aber der Mißbrauch der Macht hat die Autoren von Olive Schreiner bis Coetzee beschäftigt; es ist das Kardinalthema aller schwarzen Autoren«* (S. Roberts). Mit *The Rape of Tamar* (1970), einem biblischen Thema am Hofe König Davids, hatte Jacobson Südafrika als literarische Lokalität scheinbar hinter sich gelassen; auch *The Confessions of Josef Baisz* spielen in der Phantasierepublik Sarmeda, jedoch die Lokalitäten wie die Gefängnisinsel, die Hauptstadt Bailaburg oder Josefs Geburtsort Vliss sind leicht als Robben Island, Pretoria oder Transvaal zu erkennen. Jacobsons Geschichte vom Aufstieg des skrupellosen Karrieristen Josef Baisz stellt die Gegenposition zu J. M. Coetzees *Life and Times of Michael K.*, 1983 *(Leben und Zeit des Michael K.)*, und Breyten Breytenbachs *The True Confessions of an Albino Terrorist*, 1983 *(Wahre Bekenntnisse eines Albino-Terroristen)*, dar. Er beschreibt die Grausamkeit pervertierter politischer Macht nicht aus der Perspektive des Opfers *(Michael K.)* oder des Oppositionellen *(Albino Terrorist)*, sondern aus der Innensicht des »Lagers«, aus der Perspektive dessen, der aus der Handhabung der Macht einen perversen, geradezu erotischen Lustgewinn zieht.

Jacobsons *Confessions* folgen der alten literarischen Form der Herausgeber-Fiktion, mit der einer außergewöhnlichen Geschichte ein besonderer Wahrheitsgehalt verliehen wird; denn die Erzählung figuriert ja nicht als Erfindung des Autors, sondern gewissermaßen als eigenständiges Dokument, und der Autor gibt vor, nur der Übermittler zu sein. Dem Rahmenerzähler M. D. de B., der wie Jacobson in London lebt, wird von einem Unbekannten das Manuskript übergeben zusammen mit dem kryptischen Begleitbrief eines »gemeinsamen Freundes«. Er überprüft einige Fakten von Josef Baisz' Autobiographie, die sich als korrekt erweisen. Dennoch bleiben seine Vorbehalte gegen den Wahrheitsgehalt dieser Skandalgeschichte bestehen; aber er übersetzt (wohl aus Afrikaans) und publiziert Baisz' Geschichte.

Josef Baisz stammt aus dem erbärmlichen Nest Vliss im Norden der Republik. Sein Vater war ein kleiner Beamter, der wegen Veruntreuung und Unterschlagung ins Gefängnis kam und sich in seiner Zelle erhängte. Die Mutter führte einen Krämerladen und zeigte früh Anzeichen von Geisteskrankheit. Josefs ältere Schwester zieht in die Stadt – als Prostituierte. Nur zu seiner jüngeren Schwester Beata hat Josef ein herzliches Verhältnis. Das Milieu und die Region, aus der Josef stammt, sind nicht die besten Voraussetzungen zum Aufstieg bis zum stellvertretenden Minister für »Moral Guidance«, jedenfalls nicht in einem normalen Land. Aus der pubertären Entwicklung des jungen Baisz werden vom Autor zusätzlich bezeichnende Indizien für die Persönlichkeitsstruktur seines Autobiographen mitgeteilt: Tierquälereien, jugendliche Sexspiele, Anschwärzen von Mitschülern weisen voraus auf den Sadismus, die Verschlagenheit und Josefs Hang, Sexualität als Mittel der Macht über andere zu mißbrauchen.

Während seiner Militärzeit bei der Nationalgarde macht sich Josef als Informant verdient. In Anerkennung dieser Spitzeldienste nimmt ihn sein Kommandant als Leibwächter/Adjutant in die Hauptstadt mit, als er einen Ministerposten ergattern kann. Aus den Niederungen seiner sozialen Herkunft ist Josef der Sprung ins Zentrum der Macht gelungen – ein rasanter Aufstieg, der allerdings über die Hintertreppe moralischer Selbstentäußerung führt und ihm auch den Hinterhof der Macht als seinen Bereich zuweist: Dort, wo all die heimlichen Abscheulichkeiten zur Machterlangung und -erhaltung begangen werden, ist Josef künftig zu Hause. Sein Chef beauftragt ihn schon bald, seiner eigenen Frau Gita nachzuspionieren. Sie stammt aus einer altehrwürdigen Familie, die dem neuen Regime reserviert gegenübersteht. Josef aber beginnt ein Verhältnis mit ihr und inszeniert einen Unfall, der den Chef ins Krankenhaus bringt und ihm Gelegenheit gibt, mit Gita endlich ungestört zusammenzusein. Bei einem seiner wenigen Familienbesuche in Vliss resümiert er trotzig seinen bisherigen Weg. *»Da stand ich also, da war meine Familie, meine Herkunft; da war ihre und meine Geschichte, die es mir unmöglich macht, mich völlig von ihnen zu lösen – der Vater ein Selbstmörder, die Mutter verrückt, eine Schwester eine Nutte, die andere ein gefallenes Mädchen. Und dann Josef, der Sohn, der es in der Stadt zu was gebracht hat! Der seinen Chef attackiert hatte und die Frau des Chefs beschlief ... Welch ein Triumph.«*

Mit sicherem Gespür für politische Intrige wechselt Josef Baisz seinen »Herrn«. Er arbeitet jetzt für den

Chef des Sicherheitsdienstes, Brigadier Kerrick, der ihn als Spitzel auf den Obersten Richter Haifert ansetzt. Josef wird in die Familie eingeschleust, weil Haifert verdächtigt wird, Kontakt zu Oppositionellen zu pflegen. Baisz soll Haiferts Kinder entführen, damit der Richter die Namen seiner Kontaktleute preisgibt. Der Plan mißlingt jedoch: Haifert begeht Selbstmord, aber auch Brigadier Kerrick fällt einer Palastrevolte innerhalb des Regimes zum Opfer. Josef ist mit dabei, als der Mob das Gebäude des Sicherheitsdienstes stürmt und die johlende Menge Kerrick lyncht; er johlt eifrig mit und versäumt nicht, im Gebäude des Sicherheitsdienstes zu randalieren und seine eigenen Akten zu verbrennen. Bei seiner Schwester Beata im verhaßten heimatlichen Vliss wartet er dann die politische Entwicklung ab, lauert auf seine nächste Chance. Wieder resümiert er zynisch seine Rolle: *»Ich war der Experte in Sachen Verrat! Ich war der Experte in Liebe! Nur die, die ich verraten habe, habe ich geliebt. Na und!«*

Schließlich heiratet er die Witwe des Obersten Richters, den er zum Selbstmord getrieben hatte; er wird Stiefvater der Kinder, die er entführt hatte. Wie Richard III. in SHAKESPEARES Drama genießt er die Perversität dieser Beziehung. Der angstvolle Haß seiner Frau, die Furcht der Kinder verschaffen ihm tiefe Befriedigung. Inzwischen ist er zum Leiter der moralischen Führung des Gefängniswesens aufgestiegen. Ihm gelingt, dank seiner »psychologischen Einfühlsamkeit«, das Unvorstellbare: Die politischen Gefangenen, die es offiziell natürlich gar nicht gibt, wandeln sich unter seiner Führung von aufsässigen Rebellen zu reuigen Sündern, die an den Staatspräsidenten eine Petition richten, ihr Strafmaß zu erhöhen, damit sie vollkommen umerzogen werden können. Josef Baisz versteht es, seine Verdienste ins rechte Licht zu rücken. Er inszeniert für den Staatspräsidenten eine Loyalitäts- und Unterwerfungskundgebung der Gefangenen. Bei dieser Gelegenheit wird er mit dem höchsten Orden ausgezeichnet und zum stellvertretenden Minister ernannt. Nur ein winziges Detail verläuft unplanmäßig: Als er mit dem »Heerser«, dem Diktator, die Front der Gefangenen abschreitet, ruft eine Frau Josefs Namen, stürzt vor und wirft sich Josef zu Füßen. Es ist seine Schwester Beata. Josef verleugnet sie und geht ungerührt weiter. Er hat den Höhepunkt seiner politischen Karriere, zugleich aber auch den Gipfel moralischer Verworfenheit erreicht: den Verrat seiner eigenen Schwester, des einzigen Menschen, der ihm in seinem Leben etwas bedeutet hat. Später bringt Josef in Erfahrung, daß Beata ins Gefängnis kam, weil sie ihren Mann, der sie verlassen hatte, vor der Polizei versteckte. Beatas beispielhaftes Verhalten, auf Vertrauensbruch mit noch größerer Loyalität zu antworten, bringt sein pervertiertes Ego ins Wanken. Er zieht sich zurück und schreibt seine »Bekenntnisse«, seine Lebensbeichte. E.Bre.

AUSGABE: Ldn. 1977.

ALEX LA GUMA

* 20.2.1925 Kapstadt
† 11.10.1985 Havanna / Kuba

LITERATUR ZUM AUTOR:
D. Th. Reichel, *Schriftsteller gegen Apartheid*, Bln. 1977, S. 43–65. – G. Moore, *Twelve African Writers*, Ldn. 1980, S. 105–122. – R. Green u. A. Lonje, *A. La G.: A Selected Bibliography* (in WLWE, 20, 1981, S. 16–22). – A. R. JanMohamed, *A. La G.: The Literary and Political Function of Marginality in the Colonial Situation* (in Boundary, 11, 1982/83, S. 271–290). – U. Schild, *A. La G.* (in KLFG, Grundlfg. 1983/11. Nlg., 1986). – C. Abrahams, *A. La G.*, Boston 1984 (TWAS). – K. B. Fatton, *The Novels of A. La G.: The Representation of a Political Conflict*, Diss. Univ. of Notre Dame 1984 (vgl. Diss. Abstracts, 45, 1984, S. 843/844A). – *A. La G.*, Hg. H. C. Abrahams, Trenton/N.J. 1989. – Ders., *A. La G.* (in DLB, Bd. 117, 1992, S. 211–226).

A WALK IN THE NIGHT

(engl.; *Gang durch die Nacht*). Roman von Alex LA GUMA (Südafrika), erschienen 1962. – La Gumas Erstlingsroman, mit dem der Autor internationales Renommee erworben hat, sein Stil, wie auch die Rahmenbedingungen, unter denen er geschrieben und veröffentlicht wurde, sind symptomatisch für die Protestliteratur der farbigen und schwarzen südafrikanischen Autoren Ende der fünfziger Jahre. La Guma stand als Angeklagter in dem berüchtigten Hochverratsprozeß (Treason Trial) vor Gericht, er wurde inhaftiert, gebannt, unter Hausarrest gestellt. Als gebannter Schriftsteller konnte er in Südafrika nicht überleben, denn seine Bücher durften nicht gedruckt, nicht zitiert, nicht verkauft werden. *A Walk in the Night* wurde in Nigeria herausgegeben, andere Arbeiten erschienen in der DDR. Auch in der stilistischen Anlage reflektiert dieser Roman die Einflüsse und Vorbilder, an denen sich die schwarzen Autoren in Südafrika orientierten; sie rezipierten schwarzamerikanische Literatur, Konzeptionen der proletarischen Literatur und des sozialen Realismus (J. STEINBECK; E. HEMINGWAY).

La Guma erzählt ein alptraumhaftes Geschehen, dessen Ablauf bestimmt wird durch das Umfeld des Farbigenghettos District Six in Kapstadt. In einer dichten Sequenz optisch konzipierter Einzelszenen, die nach Filmmanier hart gegeneinander geschnitten sind, entfaltet der Autor stückweise das Geschehen. In den kurzen, eher aktionsarmen Bildern werden die Figuren meist isoliert vorgeführt mit deutlicher Betonung äußerer Details (Kleidung, Aussehen, Gestik). Michael Adonis und Willieboy repräsentieren jene Bewohner des District Six, die sich in der prekären Ghettosituation zwischen den antagonistischen, im Grunde aber gleich zerstörerischen Systemkräften hindurchlavieren, die das Ghetto beherrschen: auf der einen Seite das Verbrechen, repräsentiert durch Foxy und seine Gang; auf der anderen Seite das Gesetz, repräsentiert durch die Polizeistreife des korrupten und brutalen Constable Raalt. Durch die Schnittfolge der Einzelszenen und das leitmotivisch wiederkehrende Auftreten von Raalt und Foxy stellt La Guma die Verstrickung der Figuren mit diesen Systemkräften wie auch untereinander her. Die Schnittfolge erzeugt eine Kausalkette, läßt das Geschehen aber auch als schicksalhafte Verkettung von Zufällen erscheinen.

Michael Adonis ist von seinem Arbeitgeber gefeuert worden. Nachdem er seine Wut mit Bier und Wein hinuntergespült hat, gerät er in eine der üblichen Polizeikontrollen. Constable Raalt, voller Frust und Aggressivität wegen der vermeintlichen Untreue seiner Frau, demonstriert gegenüber Michael Adonis – wie auch bei seinen anderen Auftritten – die Willkür der Gesetzesmacht. Trotz seines alkoholisierten Bewußtseins wird Michael Adonis schlagartig deutlich, daß er arbeits-, mittel- und rechtlos ist in seinem eigenen Land. In dieser Stimmung erliegt er mehr und mehr den Anwerbeversuchen des Gangsters Foxy, während sich Willieboy in den Kneipen herumtreibt, weil er zu Hause verprügelt wird. Constable Raalts Kollege, der Fahrer des Streifenwagens, verachtet Raalt wegen seiner vorschriftswidrigen Sheriffallüren. Er denkt aber nicht minder rassistisch; er glaubt, daß eine streng vorschriftsmäßige Anwendung der Rassengesetze den Schwarzen Respekt abnötigen werde.

Im Zentrum des Romangeschehens steht die Begegnung zwischen Michael Adonis und dem armen Weißen Mr. Doughty, der auf derselben Etage einer heruntergekommenen Mietskaserne wohnt wie Michael. Mr. Doughty prahlt mit seiner früheren Schauspielerkarriere, als er in *Hamlet* den Geist des toten Vaters gespielt hat. Er rezitiert: *»Ich bin deines Vaters Geist, verdammt, auf eine Zeitlang nachts zu wandern …«* und räsonniert dann betrunken: *»Ja, das sind wir, Michael, mein Junge. Gespenster, nichts als Gespenster, verdammt, nachts zu wandern.«* Michael packt plötzlich wieder die Wut über seinen verlorenen Job, und im Affekt erschlägt er mit der Flasche, die er mit Doughty geleert hat, den alten Mann. Willieboy, der zu Doughty gekommen ist, um ihn anzupumpen, entdeckt den Toten, flüchtet, wird aber von Grace Lorenzo und John Abrahams gesehen. Constable Raalt stößt zu dem Menschenauflauf vor der Mietskaserne und fängt selbstherrlich mit der Vernehmung an. Dabei schlägt ihm der Haß entgegen, den die Farbigen gegen den weißen Polizisten hegen. Raalt aber genießt diesen Haß geradezu und läßt sich dadurch nur zu größerer Brutalität hinreißen. Schließlich entdeckt Raalt den als Täter gesuchten Willieboy, er veranstaltet eine filmreife Verfolgungsjagd und schießt den Jungen ohne triftigen Grund nieder. Während Willieboy im Heck des Streifenwagens verblutet, holt sich Raalt kaltschnäuzig Zigaretten in einer Bar. Er findet sogar noch Zeit für ein Schwätzchen mit dem Wirt. Zur gleichen Zeit schließt sich Michael Adonis den Gangstern an und zieht los zu seinem ersten Einbruch. Innerhalb von knapp sechs Stunden ist er von einer akzeptablen Arbeiterexistenz in die Kriminalität abgestürzt.

Gespenstisch wirken in La Gumas Erzählung die Lokalitäten, die Kneipen, die Spielclubs, die Mietshäuser, aber auch die desillusionierte Weltsicht seiner Figuren. Die »Verbrechen«, die nach dem SHAKESPEARE-Zitat durch den Spuk der gespenstischen Figuren hinweggeläutert werden müßten, sind jene Untaten, die ein menschenverachtendes Regime begeht, indem es seine Untertanen willkürlich kriminalisiert. In einem Schlußschwenk führt La Guma nochmals schlaglichtartig die Befindlichkeit aller Beteiligten vor. Grace Lorenzo, die als zufällige Zeugin unfreiwillig zum Tod Willieboys beigetragen hat, spürt in sich neues Leben wachsen – ein Schlußakzent der Hoffnung, der Kontinuität des Lebens und ein literarischer Verweis auf den Romanschluß von Steinbecks *Grapes of Wrath*. E.Bre.

AUSGABEN: Ibadan/Nigeria 1962. – Ldn.1967. – Ldn. 1968 (u. d. T. *A Walk in the Night, and Other Stories*; ern. 1980).

LITERATUR: L. Nkosi, *A. La G. – the Man and His Work* (in South Africa: Information and Analysis, 59, 1968, S. 1–8). – D. Rabkin, *La G. and Reality in South Africa* (in Journal of Commonwealth Literature, 8, 1973, S. 54–62). – S. O. Asein, *The Revolutionary Vision in A. La G.'s Novels* (in Lotus. Afro-Asian Writings, 24/25, 1975, Nr. 2/3, S. 9–21). – M. Wade, *Art and Morality in A. La G.'s »A Walk in the Night«* (in *The South African Novel in English*, Hg. K. Parker, Ldn. 1978, S. 164–191). – D. Garcia Santos, *A. La G.: Revolutionary Intellectual* (in Black Scholar, 14, 1986, Nr. 4). – Beiträge von K. B. Hadjor, K. Parker u. B. Pityana in Third World Book Review, 2, 1986.

SARAH GERTRUDE MILLIN

* 3.(19.?)3.1888 Žagarė / Litauen
† 6.7.1968 Johannesburg

GOD'S STEPCHILDREN

(engl.; *Ü: Gottes Stiefkinder*). Roman von Sarah Gertrude MILLIN (Südafrika), erschienen 1924. – Dieses Buch machte die Autorin, die damals bereits drei Romane veröffentlicht hatte, international bekannt. In den USA wurde es ein Bestseller, es wurde in zehn Sprachen übersetzt und ist bis heute neben der neun Jahre später erschienenen Biographie Cecil Rhodes' das meistgelesene Werk S. G. Millins geblieben. – *God's Stepchildren* ist ein Roman über das Mischlingsproblem in Südafrika, geschrieben aus der Sicht einer Weißen, deren Familie seit Generationen dort ansässig ist, die den tragischen Aspekten ihres Themas warmes Verständnis entgegenbringt und sie objektiv schildert, obwohl sie der Meinung ist, daß die Rassenmischung den weißen wie den schwarzen Einwohnern ihres Landes nicht zum Guten gereicht. Sie erzählt unsentimental und direkt, sie ist ein scharfer, oft kühl distanziert wirkender Beobachter.

Bis in die fünfte Generation verfolgt der in fünf Abschnitte unterteilte Roman die Auswirkungen einer Mischehe auf die Nachkommen. 1821 kommt der Missionar Flood in die Kapkolonie. Um die afrikanischen Eingeborenen besser verstehen zu lernen, heiratet er das Hottentottenmädchen Silla. Aus dieser Ehe gehen eine Tochter, Deborah, und ein Sohn, Kleinhans, hervor. Deborah, die eine Missionsschule besucht, ist ein frühreifes Mädchen. Sie läßt sich von einem Weißen verführen und bringt einen Sohn zur Welt. Ihr Bruder ist stolz auf seine weißen Vorfahren, verachtet seine Mutter und haßt schließlich sich selbst. Als sein Versuch, eine weiße Frau zu heiraten, scheitert, wendet er sich Lena Smith, einem hübschen Halbblut, zu. Ihrer Verbindung entspringt Elmira, der man nicht ansieht, daß sie ein Mischling ist. Sie wird von Lenas weißem Arbeitgeber Lindsell auf eine europäische Schule geschickt, wo sie in ständiger Furcht davor lebt, daß ihre wahre Abstammung ans Licht kommt. Auch sie fühlt sich ihren dunkelhäutigen Verwandten überlegen, auch sie haßt und verachtet sie. Als schließlich ein Mann, der sie heiraten will, ihr Geheimnis entdeckt, geht sie aller Vorrechte verlustig, die sie als angebliche Weiße genossen hat. Eine neue Chance bietet sich der Achtzehnjährigen, als der alte Lindsell sie zu seiner Frau machen will. Sie willigt ein und bringt 1890 einen Sohn, Barry, zur Welt. Er, der hellhäutige Angehörige der vierten Generation, in Kapstadt und Oxford erzogen, ist entschlossen, das *»weiße Erbe«* zurückzugewinnen, auf das sein Urgroßvater Flood durch seine Mischehe verzichtet hat. Barry glaubt, sein Ziel erreicht zu haben, als er eine weiße Frau heiratet. Doch als er mit ihr nach Kapstadt zurückkehrt, erreicht ihn der Notruf seiner sterbenden Mutter, und nun erkennt er, daß es ihm auferlegt ist, das Unrecht zu sühnen, das seine weißen und schwarzen Vorfahren begingen, als sie ihre Nachkommen dem Dilemma des Mischlingsdaseins aussetzten. Er entschließt sich, seine Frau zu verlassen und denen zu helfen, die sein Schicksal teilen. Die fünfte Generation, das Kind, das seine Frau erwartet, wird sich mit den gleichen Problemen auseinanderzusetzen haben. J.Ke.

AUSGABEN: Ldn./NY 1924. – Ldn. 1951.

ÜBERSETZUNG: *Gottes Stiefkinder*, A. Steiner, Mchn. 1933.

LITERATUR: J. P. L. Snyman, *The Works of S. G. M.*, Johannesburg 1955. – M. Wade, *Myth, Truth and the South African Reality in the Fiction of S. G. M.* (in Journal of South African Studies, 1, 1974, S. 91–108). – M. Rubin, *S. G. M.: A South African Life*, Johannesburg/Ldn. 1977. – D. Rabkin, *Race and Fiction: »God's Stepchildren« and »Turbott Wolfe«* (in *The South African Novel in English*, NY 1978, S. 77–94). – C. Sarvan u. L. Sarvan, *»God's Stepchildren« and »Lady Chatterley's Lover«: Failure and Triumph* (in Journal of Commonwealth Literature, 14, 1979, S. 53–57). – J. M. Coetzee, *Blood, Flaw, Taint, Degeneration: The Case of S. G. M.* (in English Studies in Africa, 23, 1980, S. 38–49). – R. Ross, *A New Time for the Fiction of S. G. M. and Olive Schreiner* (in WLWE, 24, 1984, S. 239–243).

ES'KIA (EZEKIEL) MPHAHLELE

* 17.12.1919 Pretoria

LITERATUR ZUM AUTOR:
U. A. Barnett, *E. M.*, Boston 1976 (TWAS). – G. Moore, *Twelve African Writers*, Ldn. 1980, S. 41–66. – N. C. Manganyi, *Looking Through the Keyhole*, Johannesburg 1981, S. 4–50. – Ders., *Exiles and Homecomings: A Biography of E. M.*, Johannesburg 1983. – Ders., *Bury Me at the Marketplace: Selected Letters of E. M., 1943–1980*, Johannesburg 1984. – D. Ruth, *Through the Keyhole: Masters and Servants in the Work of E. M.* (in English in Africa, 13, 1986, Nr. 2, S. 65–88). – *E. M.: A Bibliography*, Hg. C. Woeber u. I. Read, Grahamstown 1989. – U. A. Barnett, *E. M.* (in DLB, Bd. 125, 1993, S. 89–108).

DOWN SECOND AVENUE

(engl.; *Ü: Pretoria, Zweite Avenue*). Autobiographischer Roman von Es'kia (Ezekiel) MPHAHLELE (Südafrika), erschienen 1959. – Das Interesse an sozialkritischen Aufzeichnungen von Kindheits- und Jugenderlebnissen teilt Mphahlele mit vielen zeitgenössischen Schriftstellern aus dem Bereich der neoafrikanischen Literatur, z. B. mit Richard WRIGHT, Ferdinand OYONO, Camara LAYE und mit seinem Landsmann und Mitschüler Peter ABRAHAMS. Letzteren bedenkt er in seinem Werk allerdings mit sehr kritischen Bemerkungen, obwohl erstaunliche Parallelen formaler und inhaltlicher Art Abrahams' starken Einfluß auf ihn verraten: Beide Autoren berichten von ihrer Jugend bis zu dem Zeitpunkt, als sie um der Möglichkeit des freien Schaffens willen die Südafrikanische Union verließen. Die Beschränkung auf diesen Zeitraum unterstreicht die auf Südafrika gemünzte gesellschaftskritische Absicht der Werke. Beide Autoren sehen in dem Leben, das sie in den Wellblechsiedlungen Vrededorp und Marabastad geführt haben, den Anstoß zu ihrer späteren Laufbahn als politische Führer der Schwarzen im Kampf um die Emanzipation. Auch ihr literarisches Schaffen dient – mehr oder minder direkt – diesen Zielen.

Hauptthema Mphahleles ist die Schilderung seiner Kindheitsumwelt in der Zweiten Avenue von Marabastad, einer armseligen Negervorstadt Pretorias. Die täglichen Erlebnisse scheinen zwar ebenso wie die Schicksale der Nachbarn zunächst nur für sich zu stehen, werden jedoch in jedem Falle als Reaktion auf die Terrorherrschaft der Weißen geschildert. Die panische Angst, die Dinku Dikae zu einem Mord treibt, die schmachvolle Unterwerfung seiner Eltern unter die Weißen, der Aufruhr und die Gewaltakte Boeta Lems stehen stellvertretend für die tragische Situation aller. Mit dem Bericht über den Auszug aus der Zweiten Avenue und den Besuch der Oberschule mündet das Werk in Reflexionen über den beruflichen und geistigen Werdegang des Autors. Den Erzählgang unterbrechend, beschäftigt sich Mphahlele hier ausführlich mit politischen und literarischen Problemen. Die Zweite Avenue ist nun nicht mehr reine Ortsbezeichnung, sondern wird zum Symbol einer Lebensweise, die der Autor zwar überwunden hat, die jedoch immer noch Antrieb seiner politischen und literarischen Aktivität ist. Daß diese Straße die Schicksale ihrer Bewohner unauslöschlich prägt, wird in einem der letzten Kapitel des Buches bestätigt, in dem Mphahlele die weiteren Schicksale seiner Romangestalten verfolgt und das mit den Worten schließt: *»Es gibt noch viele Zweite Avenuen mit schmutzigem Wasser und Fliegen und Kindern, denen Urinspuren die Beine hinunterlaufen, und mit Hühnern, die in den Exkrementen der Kinder herumpikken. Seit meiner Geburt bin ich die Zweite Avenue hinauf- und hintergeschlendert und habe es mir nie träumen lassen, daß ich mich von diesem Alpdruck jemals befreien könnte.«* U.F.

Ausgaben: Ldn. 1959. – Bln. 1962. – Ldn. 1965. – Garden City/N.Y. 1971. – Ldn. 1972.

Übersetzung: *Pretoria, Zweite Avenue. Autobiographischer Roman aus Südafrika*, L. Krüger, Bln. 1961.

Literatur: P. Segal, *Passage to Africa* (in Contrast, 2, 1962, 1, S. 7–14). – H. Abrahamsen, *A Schematic Analysis of E. M.'s »Down Second Avenue«* (in ACLALS Bull., 2, 1973, S. 23–31). – T. Gotoh, *On South African Black Writer M.'s Autobiography, »Down Second Avenue«* (in Africa-Kenkyu, 14, Tokio 1974, S. 52–61). – O. Obuke, *South African History, Politics and Literature: M.'s »Down Second Avenue« and Rive's »Emergency«* (in African Literature Today, 1979, S. 191–201). – E. Mphahlele, *»Down Second Avenue«* (in S. Christie u. a., *Perspectives on South African Fiction*, 1980, S. 122–131).

THE WANDERERS

(engl.; *Die Wanderer*). Roman von Es'kia (Ezekiel) Mphahlele (Südafrika), erschienen 1971. – Seinen ersten Roman widmete Mphahlele einer der bestimmenden Erfahrungen des eigenen Lebens – der des Exils. Nachdem er Südafrika 1957 verlassen hatte, verbrachte er die erste Hälfte seines zwanzig Jahre dauernden Aufenthalts außer Landes vor allem in Nigeria und Kenia, die zweite zumeist in den USA. Bekannt als Autor eines Erzählungsbandes, *Man Must Live and Other Stories* (1946), sowie als Mitarbeiter der Zeitschrift ›Drum‹, veröffentlichte er 1959 die vielbeachtete romanhafte Autobiographie *Down Second Avenue*. Für seinen schon 1968 vollendeten Roman erhielt er den Grad eines Dr. phil. der Universität Denver. Das Werk wurde als »bester afrikanischer Roman des Jahres 1968« von der Universität von Kalifornien prämiert, in Südafrika aber verboten. Im Zuge einer einzigartigen – und umstrittenen – Entscheidung kehre Mphahlele 1977 nach Südafrika zurück. Auf Antrag eines dortigen Verlegers hob die Zensurbehörde das in Südafrika geltende Verbot 1983 mit der Begründung auf, der literarische Charakter des Werks überwiege etwaige politische Aussagen, das Buch sei »ausgewogen« und deshalb als »nicht mehr unerwünscht« zuzulassen.

Zentrale Figur des in vier Teile nebst Epilog gegliederten Werks ist der Journalist und Lehrer Timi Tabane, dessen Lebensweg über Südafrika, Nigeria (hier Iboyoru genannt) und Kenia (hier Lao-Kiku) der Verfasser dem eigenen nachgezeichnet hat. Die Romanhandlung setzt mit der Mitteilung des Erzählers (im ersten und letzten Teil ist dies Timi selbst) ein, sein ältester Sohn Felang sei im Befreiungskampf auf besonders grausige Art von weißen Farmern ermordet worden, und es wird nun rückblickend versucht, die Vorgeschichte dieses tragischen Ereignisses erzählend zu analysieren.

Die ersten beiden Teile, die noch in Südafrika spielen, sind Timis Tätigkeit bei der politisch engagierten Zeitschrift »Bongo« gewidmet. In der Überzeugung, ihr Mann sei unter Mitwirkung der Polizei zur Zwangsarbeit entführt worden, wendet sich die junge Naledi an die Mitarbeiter der Zeitschrift. Timi begleitet sie nach Goshen, wo es ihm gelingt, sich mit Hilfe eines falschen Ausweises als Farmarbeiter einzuschleichen, um so das Schicksal des Vermißten in Erfahrung zu bringen: Es stellt sich heraus, daß er an den Folgen brutaler Mißhandlungen elend verreckt ist. Als Timi einen Artikel verfaßt, um derartige Mißstände bekannt zu machen, wird der von ihm gestellte Antrag auf einen Reisepaß abgelehnt, so daß er das Land nur auf illegalem Wege verlassen kann.

Erzähler des zweiten Teils ist Steven Cartwright,

Freund Timis und Redakteur bei »Bongo«. Er verliebt sich in die nunmehr verwitwete Naledi, verschafft ihr auch eine Stelle, kann sie aber vorerst nicht gewinnen, da sie sich ihm mit der Begründung verweigert, er sei Weißer. Als ihr Vater bei einer Demonstration gegen die rassistische Gesetzgebung des Apartheid-Systems verhaftet wird, berichtet Steven über den Vorgang. Naledi entwikkelt sich zur Aktivistin. Einen weißen Polizisten, der versucht, sie zu vergewaltigen, läßt sie anklagen; er aber kommt mit einer geringen Strafe davon.

Der dritte Teil des Romans – der als einziger keinen Ich-Erzähler hat – spielt zwei Jahre später in Iboyoru kurz nach einem Militärputsch. Steven fliegt ein, um für ein Londoner Blatt darüber zu berichten, besucht den dort inzwischen als Lehrer eingestellten Timi und teilt ihm mit, Naledi habe eingewilligt, ihn zu heiraten. Erst jetzt tritt Felang für kurze Zeit in den Vordergrund des Geschehens. Er haßt sein Internat, weigert sich, schulische Leistungen zu erbringen, und trotz angestrengter Bemühungen vermögen seine Eltern den Grund für seine Weigerung nicht zu ermitteln. Den letzten Teil der Geschichte erzählt nun wieder Timi, der inzwischen in Lao-Kiku lebt. Die Schwierigkeiten mit seinem Sohn nehmen überhand, bis dieser endgültig verschwindet und – wie schon eingangs mitgeteilt – bei einer Aktion einer Befreiungsbewegung umkommt. Timis Frustration nimmt zu, als ihm kaum Hilfe bei der Verbesserung des Erziehungswesens zuteil wird und seine Aufenthaltsgenehmigung – gerade im Zuge der nachkolonialen Afrikanisierung – nicht verlängert wird. Er erwägt, Afrika zu verlassen, bis er in ein Land (und dabei denkt er offenbar an Südafrika) zurückkehren kann, wo er gebraucht wird und wozu er sich auch seinerseits bekennen kann. Bis dahin wird er Wanderer bleiben müssen. – In einem Epilog wird über den Tod Stevens als Kriegsberichterstatter im Kongo berichtet; Naledi bleibt in London zurück.

Der Roman belegt auf ungewöhnlich aufschlußreiche Weise, wie bestimmend die Lebenserfahrung eines Schriftstellers für die Gestaltung seines literarischen Werks sein kann. Autobiographie und Fiktion sind hier so eng ineinander verwoben, daß der Leser, der die Hintergründe kennt, zum Enträtseln nur oberflächlich verschleierter Tatsachen geneigt sein kann: Die Personen der Handlung sind als fiktionalisierte Porträts der einstigen Kollegen des Autors bei ›Drum‹ zu erkennen; erfundene Ortsnamen sind ebenfalls einfach zu entziffern; wesentliche Handlungselemente – etwa die Geschichte der Zwangsarbeit auf der Farm bei Goshen – gehen auf berühmte Reportagen in dieser Zeitschrift zurück. Was sich beim Erscheinen des Werks als Unbeholfenheit einer Erstlingsarbeit darstellte, erweist sich jedoch aus heutiger Sicht als weniger gravierend, betrachtet man es als Dokument für das Südafrika der fünfziger Jahre sowie des gerade unabhängig gewordenen, nachkolonialen Afrikas aus der Perspektive eines Betroffenen. In Südafrika, wo der Roman neu herauskam, ist das noch eher der Fall, bezieht der Roman doch einen Teil des Interesses zweifelsohne aus der Tatsache, daß die schwarze Literatur gerade jener Zeit durch Verbotserlasse fast vollständig zum Erliegen gebracht wurde.

Trotzdem sind deutliche Schwächen in Konzeption und Ausführung nicht zu übersehen: die Handlungslinie weist bedeutende Lücken auf, die einzig und allein durch den Lebensweg des Verfassers zu erklären, nicht aber aus der inneren Logik des Geschehens zu begründen sind; die Verschiebung der Erzählperspektive wirkt eher störend als aufschlußreich; die Gestaltung der Charaktere ist nirgendwo konsequent durchgeführt. Ob das allein durch den fragmentarischen Charakter des Wanderlebens eines Exilanten, auf den der Autor hingewiesen hat, aufgewogen wird, hat die Kritik bezweifelt. Beim Erscheinen des Romans wurde das Fehlen eines tragfähigen, stringent dargelegten Themas beanstandet; allzu bereitwillig wurde auch über die autobiographischen Hintergründe spekuliert. Trotz dieser Mängel ist die Bedeutung des Romans um so mehr hervorzuheben. Mphahlele ging es hier um eine Bestandsaufnahme seiner persönlichen Lage wie auch um eine zusammenfassende Darstellung seiner politischen und philosophischen Ideen. In dieseme Sinne hat er den Roman als Destillat seiner Gedanken zum afrikanischen Humanismus, zum nachkolonialen Afrika sowie zum Erziehungswesen gestaltet. Zudem schildert das Werk aus unmittelbarer Erfahrung die Qual des Exils und den Prozeß der Selbsterkenntnis des Exilierten. So gesehen, behandelt er ein zentrales Thema der südafrikanischen Literaturgeschichte nicht nur jener Jahre und stellt darüber hinaus eine Vorwegnahme jener schwerwiegenden Entscheidung dar, womit Mphahlele zehn Jahre später seinem Dasein als »Wanderer« ein Ende setzte, indem er nach Südafrika zurückkehrte. G.V.D.

AUSGABEN: NY 1971. – Kapstadt 1984.

LITERATUR: B. C. McCartney, Rez. (in East Africa Journal, Juli 1971, S. 41–42). – J. Povey, Rez. (in African Studies Review, 14, 1971, H. 3, S. 494–497).

OSWALD MBUYISENI MTSHALI

* 17.1.1940 Vryheid / Natal

SOUNDS OF A COWHIDE DRUM

(engl.; *Töne einer Trommel aus Kuhhaut*). Gedichtband von Oswald Mbuyiseni MTSHALI (Südafrika), erschienen 1971. – Zusammen mit *Cry Rage*, 1972 *(Schrei deinen Zorn hinaus, Kind der Freiheit)*, von James MATTHEWS und *Yakhal'inkomo* (1972) von Mongane Wally SEROTE kündigte diese erste Gedichtsammlung Mtshalis die Renaissance schwarzer Dichtung an, die Anfang der siebziger Jahre die Literatur in Südafrika prägte. Erhöhte Aufmerksamkeit erlangten diese Werke auch deshalb, weil sie das seit Inkrafttreten der Gesetze zur Zensur (1963) und zur »Unterdrückung des Kommunismus« (1966) oktroyierte Schweigen schwarzer Literaten durchbrachen. Dort, wo die Werke einer ganzen Generation inzwischen meist ins Exil gegangener schwarzer Prosaisten verboten waren, schien die Lyrik eine unauffällige, subtilere Art der Gesellschaftskritik, gar des literarischen Überlebens des Schriftstellers selbst, zu bieten. – Mit dieser Gedichtsammlung war Mtshali, nach ersten kleineren Veröffentlichungen in Zeitschriften, ein enormer Erfolg beschieden. Noch nie waren so viele Exemplare eines Gedichtbandes in Südafrika verkauft worden. Der Dichter selbst erhielt als erster Schwarzer den nach Olive SCHREINER (1855 bis 1920) benannten Preis für Dichtung der Englischen Akademie des Südlichen Afrikas.

Mtshalis Gedichte dokumentieren Strukturen und Auswirkungen des Apartheid-Systems aus der Sicht der Betroffenen. Er zeigt das Leben der städtischen, ihren Stammestraditionen entfremdeten Schwarzen, die gezwungenermaßen in einer nach weißen Wertmaßstäben geschaffenen, nach weißer Gesetzgebung geregelten Welt leben. Die Folgen davon sind Hunger, Armut, wirtschaftliche Ausbeutung, Zerfall des Familienlebens und moralische Verkommenheit. Viele der Gedichte zeichnen ein erschütterndes Bild eines erniedrigten Volkes, viele schildern die Trostlosigkeit entmenschlichter Arbeit: der Wanderarbeiter, der in den Arbeitslagern der Goldminen eingepfercht wird *(Amagoduka at Glencoe Station)*; die Waschfrau, die sich bis zur Erschöpfung abrackern muß, um den luxuriösen Lebensstil ihrer weißen Herren zu erhalten *(The Washerwoman's Prayer)*; der Nachtwächter, der sich nach Frau und Kind in den Bergen von Zululand sehnt *(The Watchman's Blues)*. Auch Kinder zeigt Mtshali als Opfer dieser Gesellschaft – oft mit erschreckender Deutlichkeit: In *An Abandoned Bundle* kämpfen Hunde um den Leichnam eines ausgesetzten Kindes; in *A Brazier in the Street* kauern verhungerte, wärmesuchende Gassenjungen um eine Kohlenpfanne; in *Boy on a Swing* fragt ein spielendes Kind nach dem Verbleib seines inhaftierten Vaters. Mtshali findet oft einprägsame Worte, das Leiden seiner Landsleute zu beschreiben, beispielsweise wenn er bei der Betrachtung eines hungernden Kindes (in *The Face of Hunger*) von den *»bones protruding as if chiselled / by a sculptor's hand of famine«* spricht.

Mtshalis Werk kennzeichnet aber auch die Ironie, mit der er religiöse Heuchelei beschreibt *(An Old Man in Church)*, Aspekte der Apartheid-Gesetzgebung der Lächerlichkeit preisgibt *(Pigeons at the Oppenheimer Park)* bzw. den Lebensstil verbürgerlichter Schwarzen satirisiert, die sich bar jeder politischen Überzeugung an die Konventionen der weißen Wohlstandsgesellschaft angepaßt haben *(The Detribalized)*. Poesie gewinnt Mtshali aus dem Prosaischen. In *The Detribalized* z. B. verschmilzt er Ortsnamen, Werbeslogans, Markenbezeichnungen und die modischen Ausdrücke blasierter Städter zu einer kunstvollen Widerspiegelung schwarzen Vorstadtlebens. Sein Englisch spickt er mit Afrikaans und Zulu.

Trotz der Not und der Unterdrückung, die er schildert, sind Mtshalis Gedichte keine Zeugnisse der Hoffnungslosigkeit. Sie erinnern an den Stolz großer Führer der Zulus *(The Birth of Shaka)* und rufen das Erbe der Vergangenheit *(Sounds of a Cowhide Drum)* ins Gedächtnis. Im Zeichen der damals vorherrschenden Philosophie des »schwarzen Bewußtseins« machen diese Gedichte – zurückhaltend, aber bestimmt – das Recht der Schwarzen auf Würde und Achtung geltend. Der Erfolg Mtshalis mit diesem Buch war umstritten. Nadine GORDIMER trug zweifelsohne zu seinem Ansehen bei, als sie in ihrer Einleitung den Verfasser mit William BLAKE, W. H. AUDEN und Sylvia PLATH verglich und ihn als »Villon von Soweto« apostrophierte. Nicht alle Kritiker konnten diesem Urteil zustimmen. Es wurde behauptet, Mtshali verdanke seinen Erfolg eher den weißen Liberalen Südafrikas, die zu jener Zeit das Lesepublikum für Gedichtbände bildeten und für die Mtshali eine ihnen unbekannt gebliebene Welt beschrieben hatte. Daß seine Situation widersprüchlich war, bestätigte der Dichter selbst, als er 1974 sagte: *»When I read you my poems, you appreciate them, but you will not acknowledge me as a person when you meet me in the street.«* G.V.D.

AUSGABEN: Johannesburg 1971. – NY 1972. – Ldn. 1972. – Johannesburg 1982.

LITERATUR: M. Lee, Rez. (in Star, 12. 6. 1971). – J. Marquard, Rez. (in Contrast, 7, 1971, Nr. 3, S. 84–90). – A. James, *M.: A Discordant View* (in New Nation, 5, Okt. 1971, S. 22). – N. Gordimer, *The Black Interpreters*, Johannesburg 1973. – G. Goldstein, *O. M. M.: South African Poet. An Annotated Bibliography*, Johannesburg 1974. – O. M. Mtshali, *Black Poetry in South Africa: What It Means* (in *Aspects of South African Literature*, Hg. C. Heywood, Ldn. 1976, S. 121–127). – U. Barnett, *A Vision of Order: A Study of Black South African Literature in English (1914–1980)*, Ldn. 1983, S. 50–54. – J. Alvarez-Péreyre, *The Poetry of Commitment in South Africa*, Ldn. 1984, S. 170–184. – G. V. Davis u. M. Senior, *South Africa: The Privileged and the Dispossessed*, Paderborn 1985, S. 184–199. – C. Lockett, *O. M. M.* (in DLB, Bd. 125, 1993, S. 109–113).

LEWIS NKOSI

* 5.12.1936 Durban

MATING BIRDS

(engl.; *Ü: Weiße Schatten*). Roman von Lewis NKOSI (Südafrika), erschienen 1986. – Als eine der führenden Figuren im Schwarzenghetto Sophiatown von Johannesburg gehörte Nkosi in den fünfziger Jahren zu den Schriftstellern, Dichtern, Journalisten, die für die einflußreiche Zeitschrift ›Drum‹ schrieben. In den langen Jahren des Exils hat sich der Autor später vor allem als scharfsinniger Kritiker der afrikanischen Literatur ausgezeichnet.

Mating Birds berührt den neuralgischen Punkt jeder rassistischen Gesellschaft: die sexuellen Beziehungen zwischen Angehörigen unterschiedlicher Rassen. In diesem Sinne kann die Geschichte von Sibiya, der mit der weißen Stripperin Veronica Slater schläft, auch als Antwort und Gegendarstellung zu Alan PATONS *Too Late the Phalarope* (1953) gelesen werden. Der Unterschied zwischen schwarzer und weißer Perspektive wird darin offenkundig, daß der Verstoß gegen das Gesetz gegen Unsittlichkeit (Immorality Act) durch den weißen Polizisten in Patons Roman als eine moralische Verirrung hauptsächlich mit sozialen Sanktionen geahndet wird, wogegen ein ähnlicher Vorgang im Falle des schwarzen Sibiya als Vergewaltigung ausgelegt wird, die nur mit der Todesstrafe gesühnt werden kann. Lewis Nkosi erzählt die kurze Lebens- und Liebesgeschichte von Sibiya aus dem Rückblick des Häftlings in der Todeszelle; jedes Detail wird im Bewußtsein seiner fatalen Folgen gewertet. Darüber hinaus wird er zur Selbstreflektion ermuntert durch einen Schweizer Psychoanalytiker, der ihn in seiner Todeszelle aus rein wissenschaftlichem Forschungsinteresse aufsucht. Obwohl Mr. Dufré als Reflektor von Sibiyas Gedanken mit Respekt dargestellt ist, wird dennoch eine sehr kritische Note deutlich, denn das Grundanliegen des Forschers zeigt eindeutig Züge des Voyeurismus. Ebenso offenkundig ist sein Unverständnis für Lebens- und Gesellschaftsformen, sei es in der traditionellen afrikanischen Familie oder in der Abartigkeit der Apartheid, wo seine Erklärungsmuster der Schulpsychologie nicht mehr greifen. Andererseits ist Dufré in seiner Wissenschaftsbesessenheit so borniert und gefangen, daß er die Unangemessenheit seiner Mittel nicht erkennen kann und munter falsche Schlüsse in bezug auf die Persönlichkeit seines »Forschungsobjekts« Sibiya zieht. Dieser hat schnell vor der Unbelehrbarkeit und Uneinsichtigkeit des Wissenschaftlers resigniert; er gibt es auf, Dufré zu korrigieren, und läßt ihn einfach schulterzuckend mit seinen neugewonnenen Fehleinschätzungen ziehen.

Als Gefängnisbericht – eine der wichtigsten literarischen Gattungen Südafrikas – weckt der Roman eine breite Palette literarischer Assoziationen, als Bekenntnis vor einem auf Wahrheitsfindung versessenen Gesprächspartner erinnert das Buch an B. BREYTENBACH. Nkosi hat seine Geschichte in den knappen Rahmen einer Gegenwartshandlung gestellt: Sibiya beobachtet von seinem Zellenfenster aus zu Beginn und am Schluß des Romans die Vögel, die sich nach dem Gesetz der Natur im freien Flug paaren. Dagegen handelt die Binnengeschichte Sibiyas von der widernatürlichen Segregation der Geschlechtspartner in schwarz und weiß. Als Sibiya am Strand von Durban Veronica Slater zum erstenmal sah, erkannte er in ihr nur die begehrenswerte Frau, aber das große trennende Schild »Whites only« hat er übersehen. Dieses Schild entzieht ihm Veronica, es definiert Veronicas Weiblichkeit rassistisch begrenzt um. Sibiyas Verstoß besteht hauptsächlich darin, daß er als Mensch, als natürliches Wesen gedacht und reagiert hat und nicht auch noch seinen Kopf und seine Sinneswahrnehmung der Perversion der Apartheid unterwirft und deformieren läßt. Dabei hatte ihn sein Vater von früher Kindheit an gewarnt: *»Wir leben anders als die Weißen; wir sprechen eine andere Sprache als die Weißen. Die Weißen sind glatt wie Aale, aber sie zerreißen uns wie die Haie.«*

Auch gegen eine weitere Simplifizierung wehrt sich der Autor, wenn er sich darüber lustig macht, daß die Weißen alle Welterklärungsversuche aus Trier, Wien oder Zürich, von MARX, FREUD oder JUNG herleiten. Dabei versäumt er es nicht, die grundsätzliche Unterschiedlichkeit im Verhalten von schwarz und weiß offenzulegen. Dufré begreift im Grunde nicht, was in den Gefängnissen Südafrikas vor sich geht, auch dann nicht, als bei einem der endlosen Gespräche in Sibiyas Zelle die Schreie der gefolterten politischen Gefangenen zu hören sind. Sibiya kommt im Lauf des Romans immer mehr dazu, sich sein eigenes Leben, seinen biographischen Hintergrund gegen den Strich von Dufrés psychologischem Frageraster zurechtzulegen. Die Frage nach den Familienverhältnissen, nach der Kindheit, nach Vater- und Mutterbeziehung, all die Schlüsselerlebnisse in der psychologischen Entwicklung eines Kindes im europäischen Kulturkreis, führt Sibiya *ad absurdum*.

Im Gegensatz zu den Thesen der Entwicklungspsychologie scheint die Erfahrung an der Universität die prägendste gewesen zu sein. Sibiya ist an der Universität von Natal eingeschrieben, wo die schwarzen Studenten das große Privileg genießen, gelegentlich in Vorlesungen zusammen mit ihren weißen Kommilitonen sitzen zu dürfen. Ein Schlüsselerlebnis hat Sibiya mit einem Wissenschaftler, der die Studenten – mit dem Pathos und Absolutheitsanspruch wissenschaftlich begründeter Wahrheit – mit der Geschichtslüge konfrontiert, Südafrika sei bei der Ankunft der ersten Holländer unter van Riebeck ein menschenleeres und herrenloses Land gewesen. Sibiya rebelliert gegen diese Lüge und gegen die umfassendere von der

Verschiedenheit der Menschen je nach Hautfarbe. Er wird zum Anführer der studentischen Protestbewegung (Anklänge an Steve Biko und die South African Students Organisation SASO). Sibiya wird von der Universität verwiesen. Arbeitslos und ohne Studienplatz hängt er am Strand von Durban herum, wo ihm Veronica Slater ins Auge fällt. Nachdem Veronica und Sibiya schon tagelang Augenkontakt gepflegt hatten, treffen sie sich zufällig in einem Tabakladen der Stadt wieder. In jedem anderen Land wäre dies ein glücklicher Zufall am Beginn einer menschlichen Beziehung. Nicht so in Südafrika: hier ist die Begegnung der beiden potentiellen Liebenden der Anfangspunkt der Katastrophe.
Neben der Widernatürlichkeit der Rassentrennung und der Unfähigkeit der Weißen, die Situation der Schwarzen zu verstehen, selbst wenn sie (wie Dufré) meinen, sie gäben sich viel Mühe, steht als drittes durchgängiges Motiv das der Lüge. Der Historiker präsentiert seinen Studenten eine Geschichtslüge. Die Gerichtsverhandlung gegen Sibiya ist nichts anderes als eine verlogene Farce. Hinter einer Fassade überkorrekter Formalitäten wird die Grundtatsache versteckt, daß dieser Gerichtshof nicht der Gerechtigkeit unter den Menschen dient, sondern eine Opferstätte für den Rassismus ist. Aber Sibiya hat schnell erkannt, daß er als Sündenbock – als Opfer – auf dem Altar der weißen Rassenideologie und Rassenreinheit geopfert werden soll. Lüge ist auch die Essenz der Zeugenaussage von Veronica Slater. Ruhig und kalt bestätigt sie den Vorwurf der Anklage, daß sie vergewaltigt worden sei, und besiegelt damit das Todesurteil gegen Sibiya. Das tumultartige Überkochen der »Volksseele« bei der Urteilsverkündung zeigt nur, daß dieses Verfahren nicht zur Findung der Wahrheit oder zum Üben von Gerechtigkeit abgehalten wurde, sondern zur Bestätigung und Festigung von Vorurteilen des rassistischen Credos. Ein seriös gekleideter Herr springt erregt auf und fordert zur Lynchjustiz auf: *»Elender verfickter Kaffernbastard. Hackt ihm doch seinen dreckigen schwarzen Pimmel ab, dem verkommenen Schwein.«*
Natürlich trifft Veronica Slater persönliche Schuld am Tod ihres Liebhabers, genauso wie Sibiya persönliche Verantwortung dafür zu tragen hat, daß er sich auf diese Affäre eingelassen hat. Beider Schuld ist aber hauptsächlich systembedingt. *»Die Besitzerin weißer Haut... war einfach nur ein Werkzeug... das Mädchen wurde ... zum willkommenen Anlaß, daß der Staat mal wieder seine Mordgier und seinen Appetit für Vernichtung ausleben kann; sie wurde nützlich als der attraktivste Köder, den man einem reinrassigen Afrikaner in den Weg legen kann.«* Was an der Oberfläche der Erzählung über weite Strekken als Sex-and-Crime-Story wirkte, entwickelt sich im Schlußkapitel doch noch zu einem eminent politischen Diktum: Sibiya stimmt in seiner Zelle in die Freiheits- und Kampflieder ein, die von den Zellen der Politischen zu ihm herübertönen. Als Opfer einer Rassenideologie ist er zu einem politischen Märtyrer geworden. E.Bre.

Ausgabe: NY 1986.

Übersetzung: *Weiße Schatten*, E. Bornemann, Zürich 1987.

Literatur: D. Rabkin, *Drum Magazine*, Diss. Leeds 1975. – E. Dieterich, Rez. (in Wiesbadner Tagblatt, 3. 10. 1987). – F. Furger, Rez. (in Berner Ztg., 30. 6. 1988).

ALAN PATON

* 11.1.1903 Pietermaritzburg
† 12.4.1988 Hillcrest / Natal

Literatur zum Autor:
A. Paton, *Towards the Mountain: An Autobiography*, NY 1980. – R. J. Linnemann, *A. P.: Anachronism or Visionary* (in Commonwealth Novel in English, 3, 1981, Nr. 1, S. 88–99). – E. Callan, *A. P.*, Boston 21981 (TWAS). – T. Morphet, *A. P.: The Honour of Meditation* (in English in Africa, 10, 1983, Nr. 2, S. 1–10). – R. Moss, *A. P.: Bringing a Sense of the Sacred* (in World Literature Today, 57, 1983, S. 233–237). – A. Nash, *The Way to the Beloved Country: History and the Individual in A. P.'s ›Towards the Mountain‹* (in English in Africa, 10, 1983, Nr. 2, S. 11–27). – F. M. Birbalsingh, *Urban Experience in South African Fiction* (in Présence Africaine, 1984, Nr. 129, S. 111–121).

CRY, THE BELOVED COUNTRY. A Story of Comfort and Desolation

(engl.; *Ü: Denn sie sollen getröstet werden*). Roman von Alan Paton (Südafrika), erschienen 1948. – Der schwarze Landgeistliche Stephen Kumalo verläßt seine Zulugemeinde, um in Johannesburg nach seinem Sohn Absalom zu forschen, der den Briefwechsel mit ihm abgebrochen hat und spurlos verschwunden ist. Seine Suche führt Kumalo durch die Eingeborenenslums und bringt ihn in Berührung mit den verschiedensten Typen schwarzer und weißer Hautfarbe: mit Wohlfahrtsbeamten, Prostituierten, jugendlichen Verbrechern, Geistlichen und mit seinen eigenen, in der Stadt lebenden Verwandten. Er findet seinen Sohn schließlich im Gefängnis wieder. Absalom, der wegen Mordes an einem Weißen verhaftet wurde, gesteht, bei einem Einbruch in panischer Angst auf den weißen Hausbesitzer geschossen zu haben. Seine beiden Komplizen leugnen jede Beteiligung. Tragischerweise ist der Tat ein liberal gesinnter Weißer zum Opfer gefallen, der sich nach Kräften bemüht hatte, die durch die Apartheid verursachten Mißstände in der

Südafrikanischen Union zu bekämpfen. Absalom wird zum Tod verurteilt, und sein Vater wandert mit der jungen Frau und dem Kind seines Sohnes in seinen Heimatort zurück.

Die Rassentrennung ist das eigentliche Thema des im gedämpften Ton christlicher Versöhnungsbereitschaft geschriebenen Buches. Diese Haltung manifestiert sich vor allem in der auf gegenseitigem Mitleid und Verständniswillen basierenden Beziehung, die sich zwischen dem Vater des schwarzen Mörders und dem Vater des weißen Opfers anbahnt. Der Roman hat die Vorzüge und Schwächen der meisten »sozialen Protestromane«. Als programmatischer Autor, der von seiner »Kreuzzugsidee« überzeugt ist, beschwört Paton glaubwürdig und lebendig die Krisensituation, die entsteht, wenn eine rassische Majorität in Armut, Unwissenheit, Schmutz und Elend belassen wird, auf daß der Wohlstand einer weißen Minorität erhalten bleibe. Die Kirche protestiert, handelt aber nicht; die schwarzen Politiker, die keine wirkliche Macht und damit auch keine Verantwortung besitzen, verfolgen rein selbstsüchtige Zwecke; die Masse der schwarzen Afrikaner, der eine subhumane Lebens- und Denkweise aufgezwungen wird, vegetiert apathisch in unvorstellbarem Elend dahin, das sie nur gelegentlich im Alkohol- und Sinnenrausch zu vergessen sucht. Die Folge sind Gewalttätigkeiten, zunächst nur sporadisch, unorganisiert und meist im kriminellen Bereich auftretend, aber doch bedrohlich genug, um Furcht auszulösen – eine Furcht, die Weiße und Schwarze gleichermaßen befällt und die dazu führt, daß die weißen Herren sich so verhalten, als befänden sie sich in einem permanenten Belagerungszustand.

Als Romancier zeigt Paton einige Schwächen: Zwar hütet er sich davor, seine Weißen als ganz und gar böse hinzustellen, im großen und ganzen begnügt er sich jedoch mit einer stark vereinfachenden Charakterzeichnung. Überdies belastet er die in den Grundzügen packende Handlung mit Lektionen im Predigtton. Dennoch sind ihm ergreifende Szenen gelungen, etwa die Gespräche zwischen Vater und Sohn Kumalo, die Unterredung zwischen beiden Vätern und die Reaktion des Landpfarrers auf das hektische Treiben in der Großstadt Johannesburg. – Dem Roman, in dem die Schrekken des Rassenfanatismus mit oft bewegender Würde und Zurückhaltung verdeutlicht werden, war in vielen Ländern der Welt ein außerordentlicher Erfolg beschieden. J.v.Ge.

AUSGABEN: NY 1948. – Ldn. 1949; [31]1970. – Ldn. 1962 [gekürzt; Einl. v. J.E. Blacksell]. – Harmondsworth 1974 (Penguin; ern. 1986).

ÜBERSETZUNG: *Denn sie sollen getröstet werden*, M. Hackel, Hbg. 1951. – Dass., dies., Ffm./Hbg. 1956 (FiBü; ern. Ffm. 1982; FiTb).

DRAMATISIERUNG: F. Komai, *Cry, the Beloved Country*, Ldn. 1954.

VERFILMUNG: England 1952 (Regie: Z. Korda).

VERTONUNG: K. Weill, *Lost in the Stars*, NY 1949 (Libretto: M. Anderson; Oper).

LITERATUR: S. Baker, *P.'s »Beloved Country« and the Morality of Geography* (in CE, 19, 1957, S. 56–61; vgl. dazu: H. A. Gailey, *S. Baker's »Paton's Beloved Country«*, ebd., 20, 1958, S. 143/144). – F. C. Rooney, *The ›Message‹ of A. P.* (in Catholic World, 194, 1961, S. 92–98). – F. H. Marcus, *»Cry, the Beloved Country« and »Strange Fruit«: Exploring Man's Inhumanity to Man* (in English Journal, 51, 1962, S. 609–616). – *»Cry, the Beloved Country«: The Novel, the Critics, the Setting*, Hg. S. Baker, NY 1968. – W. Brownsword, *»Cry, the Beloved Country«: Study Guide*, NY 1968. – S. O. Asein, *Christian Moralism and Apartheid: P.'s »Cry, the Beloved Country« Reassessed* (in African Quarterly, 14, 1974, S. 53–63). – K. W. Mbeboh, *»Cry, the Beloved Country«: A Liberal Apology* (in Cameroon Studies in English & French, 1, 1976, S. 71–77). – R. W. H. Holland, *Fiction and History: Fact and Invention in A. P.'s »Cry, the Beloved Country«* (in Zambezia, 5, 1977, Nr. 2, S. 129–139). – R. C. Sharma, *A. P.'s »Cry, the Beloved Country«: The Parable of Compassion* (in Literary Half-Yearly, 19, 1978, Nr. 2, S. 64–82). – E. Odumuh, *The Theme of Love in A. P.'s »Cry, the Beloved Country«* (in KUka, 1980/81, S. 41–50). – S. Watson, *»Cry, the Beloved Country« and the Failure of Liberal Vision* (in English in Africa, 10, 1982, S. 29–44). – A. A. Monye, *»Cry, the Beloved Country«: Should We Merely Cry?* (in Nigeria Magazine, 1983, Nr. 144, S. 74–83).

TOO LATE THE PHALAROPE

(engl.; *Ü: Aber das Wort sagte ich nicht*). Roman von Alan PATON (Südafrika), erschienen 1953. – In seinem Bestseller *Cry the Beloved Country* (1948) hatte Paton Schicksal und Denkungsart der Zulus und der englischstämmigen Südafrikaner gegeneinandergestellt. Entstanden zwischen Kriegsende und dem Wahlsieg des Dr. Malan und seiner rassistischen nationalen Partei, klingt Paton's früher Roman aus in einem Hoffnungsschimmer für ein zukünftiges Südafrika der rassischen Integration. Im Jahre 1953, nach Installierung des Apartheidregimes, gibt es diese Hoffnung nicht mehr. So ist *Too Late the Phalarope*, das sich ganz auf die Ergründung der Mentalität der burischen Südafrikaner konzentriert, ein düster deterministisches Buch – wie der Calvinismus der Buren. Der Sturz der strahlenden Heldengestalt Pieter van Vlaanderen läuft mit der Unausweichlichkeit einer Schicksalstragödie ab. Pieter verkörpert (fast) alle Tugenden des Afrikaanders, aber seine soziale Umwelt kehrt »Afrikaanerdom« in rassische Hybris. Nach klassischer Konzeption muß das Schicksal den hervorragenden Vertreter der Gruppe zu Fall bringen, um die Afrikaander wieder auf menschliches Maß zurückzustutzen. Was Anfang der fünfziger Jahre als

Exemplum einer Familiengeschichte gelesen werden konnte, klingt heute mehr wie eine Vision über den unvermeidlichen Sturz des Burenstaates und des Afrikaanerdoms insgesamt – ähnlich Nadine GORDIMERS Roman *July's People* (1981).

Alan Paton greift in *Too Late the Phalarope* das Kardinalthema jeder rassistischen Ideologie auf: das Dogma von der Reinheit der (Über-) Rasse und das Tabu der Rassenmischung. In Südafrika hat dieses Thema eine lange literarische Tradition. Sarah Gertrud MILLIN hatte mit *God's Stepchildren* (1924) die Obsession der Weißen ob der drohenden Bastardisierung geschildert, Athol FUGARDS *Aussagen nach einer Verhaftung auf Grund des Gesetzes gegen Unsittlichkeit* (1972) zeigt den Aberwitz eines sexistischen Rassismus, Lewis NKOSIS *Mating Birds* (1986) ist eine direkte Antwort auf Patons Roman aus der Perspektive der Schwarzen, und Breyten BREYTENBACH wird nicht müde, die Verlogenheit des burischen Mythos von der reinen Rasse bloßzustellen, wenn er sich selbst als Angehörigen eines Bastardvolkes bezeichnet.

Die Lebensgeschichte Pieter van Vlaanderens wird aus der Perspektive seiner unverheirateten Tante Sophie erzählt, die mit im Hause der Vlaanderens lebt und für Pieter von Kindesbeinen an eine besondere Liebe, einen Ersatz für die ihr versagt gebliebene Mutterliebe zeigt. Als Pieters Vertraute und als interessierte Beobachterin kennt sie die psychologische Entwicklung des Helden so genau, daß sie wie eine allwissende Erzählerin berichten kann. Vor allem kann sie die Gegenwartshandlung – Pieters Kardinalverbrechen gegen das Dogma der Rassenreinheit – aus ihrer Kenntnis seiner Vergangenheit, seiner Biographie und seines Umfelds psychoanalytisch erklären und zur Verdeutlichung noch Pieters Tagebuchaufzeichnungen aus der Untersuchungshaft als Beleg einfügen. Diese Verbindung aus Distanziertheit und familiärer Betroffenheit, aus Rückblick in die Vergangenheit und visionärem Ahnen über die unmittelbare Gegenwart hinaus, verleiht der Erzählerinstanz der Tante Sophie eine seherische Qualität, die den tragisch-schicksalhaften Determinismus des Geschehensablaufs unterstreicht.

Pieter wächst als burischer »Musterknabe« heran (wild, stark und ein guter Schütze), studiert in Stellenbosch, der burischsten aller Universitäten, macht Karriere bei der Polizei und der Armee und steht in der Auswahl für die Springboks, die Rugby-Nationalmannschaft. Aber zugleich hatte er schon von Kind auf – in den Augen seines Vaters – unverzeihliche, unburische Charakterzüge: Er las gerne, träumte, sammelte Briefmarken und hat eine Neigung, Schwachen beizustehen. Die psychosoziale Atmosphäre, in der Pieter aufwächst, wird von seinem Vater Jakob van Vlaanderen, dem *Oubaas* bestimmt, einem alttestamentarischen Patriarchen, *»dem das Wort Gehorsam alles und das Wort Liebe wenig bedeutet«*. Für Jakob gelten nur die vier Grundwerte des Afrikaanders: *volk, tal, kerk, land* (Burenvolk, Burensprache Afrikaans, holländisch reformierte Kirche, von den Vortreckern erobertes Land). Die Familienbibel, die seine Vorfahren vor 150 Jahren aus der Kapprovinz auf dem Großen Treck mitgebracht hatten – und deren Vorfahren aus Holland – verehrt er wie eine Reliquie. Die Bibel ist das einzige Buch, das er liest. Jakob mißtraut der Weichheit im Charakter seines Sohnes, dieser Schwärmerei für Musik, Blumen, Schönheit. So lebt Pieter von Kind auf in der eiskalten Atmosphäre eines emotionalen Vakuums. Zuwendung erfährt er allenfalls in schüchtern-versteckter Form von Tante Sophie, der Erzählerin. Auch seine Frau Nella ist zu puritanisch verklemmt, um Pieter die menschliche Wärme spüren zu lassen, die er anderen entgegenbringen will. In dieser Stimmungslage dauerhafter emotionaler Frustration stößt Pieter immer wieder auf die schwarze Frau Stephanie, polizeibekannt als illegale Schnaps- und Bierverkäuferin, Stammkunde im lokalen Gefängnis und Sorgenkind der Burengattinnen von der kirchlichen Fürsorge. Im Verhalten Stephanies, die Pieter immer wieder festnehmen und vor Gericht bringen muß, erkennt er allmählich eine menschliche Qualität, die er in seiner Burenfamilie immer vermißt hat. Denn Stephanie verstößt gegen das Gesetz oder erduldet die Erniedrigungen als Hausmädchen bei tyrannischen Burenfamilien allein aus Liebe zu ihrem Kind, sie opfert sich auf für ihr Kind. Pieter, als Polizist der Exponent der kalten Apartheidsideologie, ist von Stephanies menschlicher Wärme überwältigt, weil er so etwas selbst nie erlebt, sich aber wohl immer gewünscht hat. Er läßt sich auf ein Verhältnis mit ihr ein, obwohl er sich darüber klar ist, daß dies die Erzsünde für einen Buren ist, obwohl er im Prinzip das Dogma der Rassenreinheit akzeptiert. Er handelt durchaus aus persönlicher Verantwortung, lädt persönliche Schuld auf sich, aber sein Schuldigwerden ist bedingt durch das Credo seiner Rasse, seine Schuld ist hauptsächlich durch die Überheblichkeit seiner Rasse als Schuld definiert.

Zur gleichen Zeit, da Pieter an seinen burischen Gewissensbissen und der Furcht vor Entdeckung leidet, zeichnet sich eine Annäherung zu seinem Vater ab. Pieter hatte ihm zum Geburtstag das Buch »Birds of South Africa« geschenkt, das einzige Buch außer der Bibel, das Jakob van Vlaanderen jemals angesehen hat. Auf eine sehr unterschiedliche Weise verehren Vater und Sohn die Schönheit der Natur. Auf einem Familienausflug beobachten sie gemeinsam die seltenen Wotanshähnchen (Phalarope), Zugvögel aus dem fernen Europa. Auch wenn der Vater seinem Sohn hauptsächlich beweisen will, daß er als burischer Farmer mehr über die Vögel Südafrikas weiß als der englische Autor des Buches, das ihm der Sohn geschenkt hat, so scheint hier doch zum ersten und einzigen Mal etwas wie gegenseitiges Verständnis zwischen Vater und Sohn auf. Aber das gemeinsame Erlebnis mit den Wotanshähnchen kommt zu spät. Denn inzwischen hat Pieters Untergebener, Sergeant Steyn, von Pieters Verhältnis zu Stephanie Wind bekommen. Wie Jago, der Intrigant in SHAKESPEARES *Othello*, stellt Steyn seinem Vorgesetzten eine Fal-

le, um selber dessen Posten einzunehmen. Und Stephanie spielt mit, lockt Pieter ins Verderben, weil Steyn ihr drohte, ihr Kind wegzunehmen. Ihre Mutterliebe führt also in doppelter Weise Pieter ins Verderben. Die Reaktion von Pieters Familie und des ganzen Dorfes auf dessen Verstoß gegen das Gesetz gegen Unsittlichkeit zeigt, daß hier nicht allein gegen ein Gesetz verstoßen wurde, sondern gegen ein geheiligtes Tabu, gegen eine götzenhaft verehrte Idee von Rassenreinheit, die doch nichts anderes ist als die pseudorationalisierte Urangst jedes Erobervolkes vor der zahlenmäßigen Überlegenheit der Unterworfenen, also eine Angst vor dem Verlust der Macht.
Pieter selbst hatte am Romananfang einen Jungen gewarnt, den er erwischt aber nicht angezeigt hatte: *»Im Gefängnis bekommst du drei Jahre, aber außerhalb ist es immer lebenslänglich.«* Und bei Pieter selbst ist nicht er allein betroffen, sondern die ganze Sippschaft wird sozial geächtet. Wie gnaden- und seelenlos das Afrikaanderdogma gehandhabt wird, demonstriert der Vater Jakob van Vlaanderen. Als er die Nachricht hört, läßt er sich die Familienbibel geben und streicht den Namen Pieters, d. h. er tilgt ihn aus der Familiengeschichte. Außerdem läßt er alles, was an Pieter erinnert, zusammentragen und im Hof verbrennen. Die Rassenschande des Sohnes wird in einem götzendienerischen Ritual des Exorzismus aus der Familientradition ausgebrannt. Zwei Tage später findet man Jakob van Vlaanderen tot über der Familienbibel. Als letztes hat er das *Buch Hiob* gelesen. Die Hybris, daß er seine Heimsuchung mit der Heimsuchung Hiobs gleichsetzt, zeigt, wie der Rassenwahn jeden Sinn für Proportion, ja für menschliche Reaktion überhaupt hat verkommen lassen. Pieters Vorgesetzter, der englischstämmige Polizeikommandant, bringt die Unmenschlichkeit und letztlich Unchristlichkeit der burischen Ideologie in seinem Schlußwort an Tante Sophie auf den Punkt: *»Jenseits der von Menschen gemachten Gesetze gibt es ein moralisches Gesetz, das besagt, daß je tiefer wir verletzt worden sind, um so schneller werden wir wieder genesen, wenn wir nur bereit sind zu verzeihen.«* E.Bre.

AUSGABEN: NY 1953; [17]1970. – Ldn. 1970. – Harmondsworth 1983 (Penguin).

ÜBERSETZUNG: *Aber das Wort sagte ich nicht*, M. Hackel, Hbg. 1954. – Dass., dies., Ffm./Hbg. 1958 (FiBü).

LITERATUR: H. Gardiner, Rez. (in H. G., *In All Conscience*, NY 1959). – V. Klima, *South African Prose Writing in English* (in Dissertationes Orientales, 32, 1971, S. 71–78). – S. Gray, *Southern African Literature. An Introduction*, Kapstadt 1979, S. 145 ff.

SOLOMON TSHEKISHO PLAATJE

* 9.10.1876 Boshof District / Südafrika
† 19.6.1932 Nancefield / Südafrika

MHUDI. An Epic of South African Native Life a Hundred Years Ago

(engl.; *Mhudi. Ein Epos über das südafrikanische Eingeborenenleben vor hundert Jahren*). Roman von Solomon Tshekisho PLAATJE (Südafrika), erschienen 1930. – Sol Plaatje ist eine der Schlüsselfiguren in der frühen Entwicklung der schwarzen südafrikanischen Literatur, bei der Definition eines schwarzen Bewußtseins (nach 1976: »Black Consciousness«) und der politischen Organisation der Schwarzen in Südafrika. Plaatje diente den Briten im Burenkrieg als Übersetzer, er war Zeuge und Berichterstatter der Belagerung von Mafeking. Er war Mitbegründer und Sekretär des African National Congress und Führer der ANC-Delegation, die 1914 nach London entsandt wurde, um im britischen Parlament den Protest der schwarzen Bevölkerung Südafrikas gegen den Native Land Act vorzutragen, mit dem der Landbesitz der schwarzen Mehrheit Südafrikas enteignet wurde und sie auf eine Fläche von nur 10 Prozent der Gesamtfläche Südafrikas zusammengedrängt wurde. Sol Plaatje war aber auch ein engagierter Forscher und Sammler von Sprachzeugnissen und Literatur seines Heimatvolkes der Bechuana. Zusammen mit dem berühmten englischen Phonetiker Daniel JONES hat er den *Sechuana Reader* (1916) herausgegeben, er hat *Sechuana Proverbs* (1916) ediert und SHAKESPEARE in Sechuana übersetzt.
Plaatjes Roman *Mhudi* ist der erste englischsprachige Roman eines schwarzen Südafrikaners; während seines Englandaufenthaltes 1914–1917 geschrieben, konnte das Buch jedoch erst 1930 in dem Missionsverlag Lovedale Press erscheinen. *Mhudi* steht in seiner literaturgeschichtlichen Bedeutung und in seiner Intentionalität auf einer Ebene mit dem in Sotho geschriebenen Roman *Chaka* (1925) von Thomas MOFOLO. Während Mofolo aus der Sicht der Basuto ein kritisches historisches Gemälde des Soldatenkönigs des Zulu-Reiches zeichnet, handelt Plaatjes Roman von Größe und Niedergang des Chaka-Diadochenreiches, dem Mtabele-Reich unter Mzilikasi, dem Herrscher und Exfeldherr Chakas. Plaatjes Roman steht aber auch in einem unmittelbaren Zusammenhang mit der politischen Gegenwart, denn seine Darstellung der Geschichte, der Tributpflichten und Abhängigkeitsverhältnisse der verschiedenen Territorialstaaten am oberen Vaal vor der Ankunft der burischen Vortrecker entlarvt die Gesetzgebungsinitiative des Native Land Acts als Landraub und eklatanten Vertragsbruch. In einer der politischen Schlüsselszenen des Romans berichtet Plaat-

je über die Verhandlungen zwischen dem Treckführer Potgieter und den Führern seiner schwarzen Verbündeten im Krieg gegen den gemeinsamen Feind der Mtabele. Potgieters Vorschlag, den Verbündeten das erbeutete Vieh der Mtabele zu überlassen, für die Buren selber aber das gesamte Land zu reservieren, stößt bei seinen Verbündeten nur auf Hohngelächter. Die Vertragsbasis dieser militärischen Allianz ist die Respektierung der Landrechte der Bechuana und Barolong. Dieser Vertrag ist nun mit dem *Native Land Act* von den Buren gebrochen worden. Plaatjes politische Argumentation gegen die Landraubgesetzgebung wird durch historisch generalisierende, individuell moralisierende sowie naturphilosophisch mythologisierende Strukturen unterstützt.
Der Romananfang zeigt das Mtabale-Reich auf der Höhe seiner Macht. Die Steuereintreiber der Mtabele sind allgegenwärtig und gefürchtet, weil eine rasch und rücksichtslos zuschlagende Militärmacht hinter ihnen steht. Als der Barolong-König Tauana seine Tributzahlung verweigert und die beiden Abgesandten Mzilikasis hinrichten läßt, setzt dieser sofort eine Armee aus jungen Wehrpflichtigen unter dem Kommando seines Sohnes Solanga in Marsch, die die Hauptstadt der Barolong dem Erdboden gleichmachen und in einem beispiellosen Blutbad nahezu das gesamte Volk ausrotten. Plaatje entwickelt das Romangeschehen im Kontrast von spektakulären geschichtlichen Ereignissen und privaten Individualgeschichten. Opfer dieses Massakers an den Barolong sind auch der Krieger Ra-Thaga und die Titelheldin Mhudi, die dem Genozid zwar unversehrt entkommen können, aber beide isoliert wochenlang auf der Flucht vor streunenden Mtabele in der Wildnis leben. Die Begegnung von Ra-Thaga und Mhudi ist nach der Tradition der Volkserzählung mit einer Bewährungsprobe verbunden: ohne Waffen muß er einen Löwen verjagen, um Mhudi zu gewinnen.
Die Mtabele feiern den Sieg über die Barolong in ihrer Hauptstadt Inzwinyani mit einem rauschenden Fest. Es signalisiert zugleich den Höhepunkt der Mtabele-Militärmacht, wie auch ihren beginnenden Niedergang. Gumbuza, der Oberkommandierende der Mtabele-Armee, der am Feldzug gegen die Barolong nicht beteiligt war, bezweifelt die Verhältnismäßigkeit der Militäraktion und stellt die Prognose, daß sich die Mtabele mit diesem Sieg nur neue Feinde geschaffen hätten. Die Richtigkeit dieser Analyse wird kurze Zeit später bestätigt, als Mtabele-Krieger in einem erneuten Feldzug gegen die Bechuana erstmals eine empfindliche Niederlage erleiden. Die Bechuana-Krieger weichen vor den Mtabele zurück und locken sie tief in die Kalahari-Wüste, wo sie sich ohne Proviant und ohne Wasser schließlich ergeben müssen. Um die Demütigung perfekt zu machen, schickt sie der Bechuana-König mit einem weißen Ochsen als Geschenk zu ihrem Herrscher Mzilikasi zurück. Gegenüber diesen Symptomen des beginnenden Zerfalls der Mtabele-Herrschaft wirken Mhudi und Ra-Thaga wie das Urelternpaar eines neuen Zeitalters. In deutlichem Anklang an den biblischen Schöpfungsmythos leben sie wie Adam und Eva in einem Zustand paradiesischer Einfachheit. Auch ihre Hochzeit deutet auf das Anbrechen eines neuen Zeitalters hin; da keine Verwandten gegenwärtig sind, findet die Hochzeit wie eine moderne monogame Heirat statt, die ganz auf gegenseitige Achtung und Verantwortlichkeit aufbaut. Kein Brautpreis wird bezahlt und kein Rind geschlachtet. Die Idylle eines naturharmonischen Lebens dieses Paars gibt Plaatje Gelegenheit, die Tugenden des traditionellen Lebens einer Jäger- und Viehzüchtergesellschaft darzustellen. Mhudi und Ra-Thaga finden schließlich Anschluß an einen Nachbarstamm und von dort an eine Gruppe ihres eigenen Stammes, Überlebende des Massakers in der Barolong-Hauptstadt. Auch hier zeichnet Plaatje ein Bild der gesellschaftlichen Organisation und insbesondere der Ausgewogenheit der traditionellen Rechtsprechung bei den Barolong.
Während bei den Mtabele die ersten Anzeichen des Niedergangs erkennbar werden, tritt mit den Treckburen eine neue politische und militärische Kraft auf den Plan. Plaatje macht deutlich, daß der Große Treck nicht die einzige historische Kraft ist, sondern ein Faktor unter vielen in einer politisch-militärischen Situation, in der sich die Kräfteverhältnisse zuungunsten der bisher dominierenden Mtabele verschieben. Auch die neue militärische Kraft der Treckburen wird aus der Perspektive der Barolong wahrgenommen. Ra-Thaga freundet sich mit Phil Jay an. Die beiden werden gemeinsam auf eine Kundschaftermission geschickt, um die militärischen Vorbereitungen der Mtabele auszuforschen. Ra-Thaga ist von dem Wagemut und der kriegerischen Effizienz der Buren zunächst völlig eingenommen. Mhudi dagegen bemerkt bei ihren Besuchen im Camp der Buren die menschliche Härte und Kälte im Umgang untereinander und einen brutalen Rassismus im Umgang mit den Hottentotten, die den Treck als Viehtreiber und Hausmägde begleiten. So wie die exzeptionelle Brutalität der Mtabele nur über Mhudis persönliches Erleben als Frau voll deutlich wurde, so sind es auch bei den neuen zukünftigen Herrschern die Perspektive und das Leiden der schwarzen Frauen, die faßbar machen, daß der Wechsel der Herrscher von den Mtabele zu den Buren keine Änderung in der Qualität der Herrschaft bewirken wird.
Auf seiten der Barolong wird der Entscheidungskampf gegen die Mtabele als ein individueller Vergeltunsschlag Ra-Thagas personalisiert. Auch im Lager der Mtabele wird die Desintegration der Macht Mzilikasis auf der familiären Ebene exemplifiziert: Seine Lieblingsfrau Umnandi wird durch eine Hofintrige der anderen Frauen aus dem Königspalast vertrieben. Umnandi und Mhudi treffen sich schließlich zufällig in der Wildnis. Beide sind auf der Suche nach ihren Männern, die sie vor der drohenden militärischen Katastrophe warnen wollen. Zwischen der Barolong Mhudi und der Mtabele-Frau Umnandi erwächst eine moralische Allianz der Frauen dieser Welt gegen die kriegerische Zer-

störungswut der Männer: *»Warum müssen die Männer, an deren Beratungen wir nicht teilnehmen, immer nur Kriege führen, die Augen der Frauen von Tränen überquellen lassen und die Erde mit dem wertvollsten von Gottes Schöpfung tränken – dem Blut der Söhne der Frauen.«*
Zahlreiche Prophezeiungen, Visionen und ominöse Naturerscheinungen wie das Auftreten des Halleyschen Kometen signalisieren die schicksalshafte Unabwendbarkeit des Niedergangs der alten Vormacht der Mtabele. Diese Weissagungen von Zauberern und Sehern weisen zurück auf das alte Afrika. Wenn man jedoch die Ereignisse zwischen 1830 und 1845 als historische Allegorie auf Plaatjes Gegenwart bezieht, erlangen die Erwartungen von damals eine neue Bedeutung: daß nämlich nach hundert Jahren die neue Vormacht der Buren endlich abgelöst werde und die afrikanischen Völker ihre Unabhängigkeit und Freiheit erlangen könnten. Plaatje setzt Signale für die Freiheit in beiden Lagern, bei den Buren wie bei den Barolong. Bei ihrem ersten Auftreten erklären die Buren ihren Treck aus der Kapkolonie damit, daß sie der Unterdrückung durch die Briten entfliehen und endlich in Freiheit ihren Gott verehren wollten. Plaatje stellt diesen Freiheitsanspruch der Buren als eine Verpflichtung dar, die Freiheit der anderen zu respektieren. Ebenso postuliert er eine moralische Verpflichtung der Buren – die ihr Überleben auf dem Treck nach den ersten Niederlagen gegen die Mtabele der Nahrungsmittelhilfe der Bechuana verdankten –, nun auch die eingegangene historische Verpflichtung einzuhalten und den Landbesitz der afrikanischen Nationen zu respektieren. In der ursprünglichen Auseinandersetzung des Romans, der Rebellion der Barolong gegen die Mtabele, setzt Plaatje noch ein weiteres Zeichen: Widerstand gegen Unterdrückung ist möglich und führt schließlich zur Befreiung. Mzilikasi, der über weite Strecken des Romans den Eindruck eines engstirnigen Militaristen gemacht hatte, entwickelt sich auf der Flucht zu einem Visionär von historischer Klarsicht. Er faßt seine Vision in die traditionelle Form der *»Parabel vom alten Zungu«*. Der hatte einen Löwenwelpen liebevoll großgezogen. Aber das scheinbar so zahme Tier verschlang seine Frauen und Kinder, und Zungu selbst entkam nur knapp dem Tode. Ebenso werde es den Bechuana ergehen, die sich mit jenen scheinbar friedfertigen *»Zauberern von jenseits des Meeres«* eingelassen haben.
Plaatjes literaturgeschichtliche Bedeutung als Begründer der schwarzafrikanischen Literatur ist erst in den letzten Jahren gewürdigt worden. Sein Roman *Mhudi* diente als Vorbild für Peter ABRAHAMS' *Wild Conquest* (1950). In seiner doppelten Absicht, die Würde des kulturellen Lebens in den traditionellen Gesellschaften zu beschreiben und die Sicht der historischen Ereignisse durch die Perspektive der schwarzen Bevölkerung zu objektivieren, gehört Plaatjes Werk in eine Reihe mit dem 26 Jahre später erschienenen Klassiker von Chinua ACHEBE, *Things Fall Apart* (1958). E.Bre.

AUSGABEN: Lovedale 1930. – Johannesburg 1976. – Ldn. 1978, Hg. S. Gray [Einl. T. Couzens; Ill.]; ern. 1982.

LITERATUR: Rez. (in South African Outlook, 1. 12. 1930). – C. M. Doke, Rez. (in Bantu Studies, 5, 1931, S. 86). – Rez. (in TLS, 31. 8. 1933). – T. J. Couzens, *Sol P.'s »Mhudi«* (in Journal of Commonwealth Literature, 8, 1973, Nr. 1). – S. Gray, *Sources of the First Black South African Novel in English: Sol P.'s Use of Shakespeare and Bunyan in »Mhudi«* (in Munger Africana Library Notes, 37, Pasadena 1976). – B. Willan, *Sol P.* (in B. W., *South African Nationalists 1876–1932*, Ldn. 1984, S. 349–371. – Ders., *Sol P. and Tswana Literature* (in *Literature and Society in South Africa*, Hg. L. White u. T. Couzens, Ldn. 1984, S. 81–100). – Ders., *Sol P.* (in DLB, Bd. 125, 1993, S. 251–255).

WILLIAM PLOMER

* 10.12.1903 Pietersburg / Transvaal
† 21.9.1973 London

TURBOTT WOLFE

(engl.; *Ü: Turbott Wolfe*). Roman von William PLOMER (Südafrika), erschienen 1925. – Tödlich erkrankt, vom Fieber geschüttelt, monologisiert der Titelheld über die erregendste und bitterste Phase seines Lebens, nur selten unterbrochen von Bemerkungen und Fragen seines Zuhörers, des Autors. Mit seiner Übersiedlung von England nach Südafrika, wo er nahe einem Eingeborenenreservat eine Handelsstation übernahm, hat sich, so erzählt Turbott Wolfe, sein Leben grundlegend geändert. Zunächst empfindet er den Ortswechsel als erfrischend und anregend, bald jedoch sieht er sich ungeahnten Problemen gegenüber. Stößt er schon dadurch, daß er sich in seiner Freizeit den schönen Künsten widmet und sich mit Philosophie und Religion befaßt, auf das Unverständnis seiner geistig unbeweglichen weißen Nachbarn, so erregt er durch sein Verhalten gegenüber den Schwarzen, die er als Gleichberechtigte behandelt, die Empörung seiner Umwelt. Die Tiefe und Reinheit seiner Zuneigung zu einer jungen, schönen Eingeborenen steht in eklatantem Gegensatz zu der Gewissenlosigkeit, mit der andere weiße Männer insgeheim Verkehr mit farbigen Frauen pflegen. Mit Herz und Verstand sucht Wolfe das Wesen der Eingeborenen zu ergründen. Seinen Nachbarn, die sich in ihrer Heuchelei und Arroganz von ihm durchschaut fühlen und denen seine absolute Rechtschaffenheit ein Stachel im Fleisch ist, gilt er als Verräter am Überlegenheitsanspruch der Weißen. – In dem neuen Missionar Friston findet Wolfe einen Gesinnungsgenossen. Gemeinsam mit zwei gebildeten Afrikanern und einem holländischen Mädchen gründen sie die Bewegung »Junges Afrika« und treten für die Mischung der Rassen ein. Die Diskrepanz zwischen ihren idealistischen Vorstellungen und der Wirklichkeit wird ihnen klar, als zwei Gründungsmitglieder, Zachery und Mabel, die Theorie in die Praxis umsetzen wollen. Angesichts ihres Entschlusses, zu heiraten, erscheint den meisten weißen Angehörigen der Bewegung die Rassenmischung plötzlich wieder als der große Alptraum, der die Kolonialherren seit je verfolgt hat. Friston hält diesem Dilemma nicht stand und fällt in geistige Verwirrung, Wolfe erscheint die Bewegung jetzt als eine monströse Farce. Ernüchtert und verbittert kehrt er nach England zurück.

In dem durch Tagebuchnotizen ergänzten Bericht Turbott Wolfes wechseln objektive Schilderungen der gesellschaftlichen Verhältnisse mit teils humorvollen, teils bitter-satirischen Charakterporträts und mit poetisch-bildhaften Evokationen der Eingeborenenwelt. Innerhalb der englischsprachigen Literatur Südafrikas wirkte dieser Erstlingsroman des auch mit Kurzgeschichten und Lyrik hervorgetretenen Autors bei seinem Erscheinen zukunftsweisend – sowohl in thematischer als auch in formaler Hinsicht. Kurz danach entschloß sich Plomer, dessen Einstellung zur Rassenpolitik seines Landes zunehmend kritischer wurde, auszuwandern. J.Ke.

Ausgaben: Ldn. 1925. – Ldn. 1965 [Einl. L. van der Post]. – Johannesburg 1980, Hg. S. Gray [m. versch. Rezz. u. Aufsätzen].

Übersetzung: *Turbott Wolfe*, P. Naujack, Zürich 1965. – Dass., ders., Zürich 1976.

Literatur: M. Wade, *W. P.: English Liberalism, and the South African Novel* (in Journal of Commonwealth Literature, 8, 1973, S. 20–32). – S. Nowell-Smith, *The Autobiography of W. P.*, Ldn. 1975. – A. Paton, *W. P.: Soul of Reticence* (in Theoria, 46, 1976, S. 1–15). – P. Wilhelm, *The Single Dreamer: The African Poetry of W. P.* (in *Poetry South Africa: Selected Papers from Poetry '74*, Johannesburg 1976, S. 23–34). – D. Rabkin, *Race and Fiction: »God's Stepchildren« and »Turbott Wolfe«* (in *The South African Novel in English*, Hg. K. Parker, NY 1978). – M. Herbert, *The Early Writings of W. P.: Some New Material* (in English Studies in Africa, 12, 1979, Nr. 1, S. 13–26). – P. F. Alexander, *Campbell, Plomer, van der Post and Voorslag* (in English in Africa, 7, 1980, Nr. 2, S. 50–59). – S. Gray, *W. P.'s Stories: The South Africans Origins of New Literature Modes* (in Journal of Commonwealth Literature, 21, 1986, Nr. 1, S. 53–61).

OLIVE SCHREINER

* 24.3.1855 Wittebergen / Basutoland
(heute Lesotho)
† 11.12.1920 Kapstadt

THE STORY OF AN AFRICAN FARM

(engl.; *Ü: Geschichte einer afrikanischen Farm*). Roman in zwei Bänden von Olive Schreiner (Südafrika), erschienen 1883 unter dem Pseudonym »Ralph Iron«. – Die Veröffentlichung dieses heute als klassisches Werk der angloafrikanischen Literatur geltenden Romans ist George Meredith zu verdanken, der sich für die junge, als Tochter eines deutschstämmigen Missionars in Basutoland geborene Autorin einsetzte. Die dichterische Verarbeitung der Kindheits- und Jugenderlebnisse Olive Schreiners hat in zweifacher Hinsicht dokumentarischen Charakter: als das persönliche Bekenntnis eines nach geistiger Entfaltung drängenden jungen Menschen, der, in der endlosen Weite eines kargen Landes gleichermaßen gefangen wie in der Enge seines sozialen Milieus, ganz auf die eigene Denkbemühung angewiesen war, und als eine der ersten Darstellungen kolonialer Lebensbedingungen in Südafrika.

In der Geschichte dreier Heranwachsender hat die Autorin ihre Erfahrungen bei der Auseinandersetzung mit dem Leben auf zwei verschiedene Gestalten übertragen: auf die des jungen Waldo (dessen Vater, dem deutschen Farmaufseher, sie Züge des eigenen Vaters gegeben hat) und auf die des Mädchens Lyndall, der verwaisten englischen Nichte von »Tant' Sannie«, der Besitzerin der Farm (einer Burenfrau, deren Porträt zu den originellsten des Romans gehört). Waldo und Lyndall haben einen unersättlichen Wissensdurst und einen leidenschaftlichen Erkenntnisdrang gemeinsam, der sich um so ergreifender kundtut, als ihm alle äußeren Wege zur Entfaltung versperrt sind. So ist die *Geschichte einer afrikanischen Farm* in Wahrheit der Roman einer inneren Entwicklung, der sich, indem er die dumpfe Triebhaftigkeit, aber auch die kalkulierte Bosheit der dieser Entwicklung feindlichen Umwelt vergegenwärtigt, zum sozialen Roman weitet. Selbst dort, wo das Buch auf heutige Leser didaktisch, im Ausdruck unbeholfen und befangen in den Vorstellungen seiner Entstehungszeit wirken mag, verleihen ihm die Begeisterungs- und Leidensfähigkeit der Autorin, die Unmittelbarkeit ihres Erlebens und ihre natürliche poetische Begabung eine starke Ausstrahlung. Die Personen- und Milieuschilderungen verraten eine kritische Anschauungskraft, die in manchen, an Pieter Breughels Bilder erinnernden Szenen (etwa der einer bäuerlichen Werbung und Hochzeit) bewirkt, daß der anfangs liebe- und humorvolle Ton plötzlich in anklägerisch scharfe, bittere Ironie umschlägt.

Wie mit ihrem späteren Einsatz für die Gleichberechtigung der Frauen hat Olive Schreiner mit diesem Buch Pionierarbeit geleistet: Für die Entwicklung einer spezifisch südafrikanischen, thematisch von der Natur und der Kolonialgeschichte des Landes geprägten Literatur war ihre *Story of an African Farm* von entscheidender Bedeutung. F.W.-KLL

AUSGABEN: Ldn. 1883, 2 Bde. – Boston 1924 [Einl. S.C. Cronwright-Schreiner]. – NY 1927 [Einl. F.B. Young]. – Ldn. 1951. – Westerham 1961 [Einl. I. Dinesen; Ill. P. Hogarth]. – Greenwich/Conn. 1968. – Harmondsworth 1971 [Einl. D. Jacobson]. – NY 1976 [Einl. D. Lessing]. – Johannesburg 1978.

ÜBERSETZUNGEN: *Lyndall. Roman aus dem südafrikanischen Farmerleben*, M. Schramm-MacDonald, 2 Tle., Mchn. 1892. – *Geschichte einer afrikanischen Farm*, E. Schnack, Zürich 1964 [m. Nachw.]. – Dass., dies., Mchn. 1967 (dtv).

DRAMATISIERUNG: M. Hodge, *Story of an African Farm*, Ldn. 1939.

LITERATUR: J. Marquard, *Hagar's Child: A Reading of »The Story of an African Farm«* (in Standpunkte, 1976, Nr. 121, S. 35–47). – J. Tessitore, *O. S.'s »Story of an African Farm«: Prototype of Lawrence's Early Novels* (in English Language Notes, 14, 1976, S. 44–51). – J. A. Berkman, *O. S.: Feminism on the Frontier*, Montreal 1979. – R. First u. A. Scott, *O. S.*, Ldn. 1980. – O. Ogede, *The Tragic Vision in O. S.'s »The Story of an African Farm«* (in Kuka, 1980/81, S. 26–33). – V. C. A. Duckworth, *The Victorian Crisis of Doubt in the Novels of O. S.*, Diss. Univ. of Georgia 1981 (vgl. Diss. Abstracts, 42, 1981, S. 2139/40A). – R. D. Haynes, *Elements of Romanticism in »The Story of an African Farm«* (in ELT, 24, 1981, Nr. 2, S. 59–79). – J. A. Berkman, *O. S.* (in DLB, Bd. 18, 1983, S. 270–277). – G. Reckey, *»The Story of an African Farm«: Colonial History and the Discontinuous Text* (in Critical Arts, 3, 1983, Nr. 1, S. 65–78). – A. E. Voss, *Not a Word or a Sound in the World about Him that Is Not Modifying Him: Learning, Lore and Language in »The Story of an African Farm«* (in *O. S.*, Hg. C. Clayton, Johannesburg 1983, S. 170–181). – H. Katsorke, *Die Widerspiegelung der britischen Kolonialherrschaft in Südafrika im Schaffen von O. S.* (in ZAA, 32, 1984, Nr. 2, S. 114–127). – G. Monsman, *The Idea of ›Story‹ in O. S.'s »Story of an African Farm«* (in TSLL, 27, 1985, S. 249–269).

SIPHO SEPAMLA

eig. Sipho Sidney James Sepamla

* 1932 Krugersdorp / Witwatersrand

A RIDE ON THE WHIRLWIND

(engl.; *Ein Ritt mit dem Wirbelsturm*). Roman von Sipho SEPAMLA (Südafrika), erschienen 1981. – Der nach *The Root is One* (1979) zweite Roman des vorwiegend als Lyriker bekannten schwarzen Südafrikaners Sepamla behandelt das zentrale Ereignis der neueren Geschichte seines Landes, den Aufstand, der im Juni 1976 in Soweto, der großen, nach den Bestimmungen der Rassentrennung ausschließlich von Schwarzen zu bewohnenden Trabantenstadt am Rande Johannesburgs, aufloderte und sich wie ein Lauffeuer durch andere schwarze Wohnbezirke (»townships«) landesweit verbreitete. Die als Demonstration gegen die Einführung von Afrikaans als Unterrichtssprache in den Schulen der Schwarzen einsetzende Protestbewegung, die mit äußerster Brutalität von der Polizei niedergeschlagen wurde – wobei Hunderte von meist jugendlichen Menschen starben –, hat die seit jeher bestehende Rassenkonfrontation im Lande verschärft, dem Widerstand der unterdrückten schwarzen Mehrheit aber entscheidenden neuen Antrieb gegeben.

Von großer Bedeutung bei den von Studenten und Schülern initiierten Kämpfen in Soweto und anderswo war die Anfang der siebziger Jahre entstandene »Black Consciousness«-Bewegung (BCM), die sich auch als Widerstandsorganisation in der Tradition der seit 1960 verbotenen Befreiungsorganisationen ANC (African National Congress) und PAC (Pan Africanist Congress) verstand. Die Ideologie des »schwarzen Bewußtseins« hat nicht nur den politischen Kampf entscheidend geprägt, sie hat auch maßgeblich zu einer Wiederbelebung der schwarzen Literatur geführt. Wenn der Soweto-Aufstand eine weitgehende Politisierung Sepamlas herbeigeführt hat, so hat die »Black Consciousness«-Bewegung, zu deren politischen und künstlerischen Zielen er sich durchaus bekannt hat, wichtige Impulse für sein literarisches Werk vermittelt. Daß er damit nicht allein stand, zeigen drei weitere, ebenfalls Anfang der achtziger Jahre verfaßte Romane, die seinem Werk in Thematik und Ideologie vergleichbar sind: Miriam TLALIS *Amandla* (1980), Mongane SEROTES *To Every Birth its Blood* (1981) und Mbulelo MZAMANES *The Children of Soweto* (1982). Daß Inhalt und Zielsetzung dieser Werke politisch brisant waren, beweist die Reaktion des Regimes auf ihr Erscheinen: Sie wurden allesamt verboten und konnten erst mit zum Teil erheblicher Verspätung neu publiziert werden.

Die Romanhandlung beginnt mit der Rückkehr

des im Ausland zum Guerillakämpfer ausgebildeten Mzi nach Südafrika drei Tage nach dem Beginn des Soweto-Aufstandes. Mit sich trägt er – in einem Blumenstrauß versteckt– eine Maschinenpistole; seine Mission ist die »Eliminierung« des wegen seiner Brutalität berüchtigten schwarzen Polizisten Andries Batata. In Soweto trifft sich Mzi mit Uncle Ribs Mbambo, einem älteren Mitglied der verbotenen Befreiungsbewegung, der die Kämpfe der fünfziger Jahre gut in Erinnerung hat. Dank dessen Vermittlung macht er die Bekanntschaft von Mandla Nkosi, einem Studentenführer, der aus seinem Versteck im Hause Sis Ida Diradikayis zusammen mit anderen Studenten den Widerstand zu organisieren versucht. Vom »revolutionären Freiheitskämpfer« zeigt sich Mandla fasziniert, erhofft sich durch dessen Beteiligung einen schlagkräftigeren – da bewaffneten – Kampf. Ribs hingegen betrachtet den Neuankömmling, dessen Arroganz und Rücksichtslosigkeit zu seinen hervorstechendsten Merkmalen gehören, mit Skepsis. Mzi verspricht sich durch geschickte Ausnutzung des Studenten- und Schüleraufstands bessere Erfolgschancen; er will – wie der Titel des Romans besagt – »im Wirbelsturm von Soweto mitreiten«.
In der Allianz von Mzi und Mandla verbinden sich zwei Arten des Widerstandes: der spontan aufflakkernde Kampf der Massen und der organisierte, bewaffnete Kampf einer politischen Befreiungsbewegung. Zusammen greifen sie das Polizeirevier an, wo sie den als Kollaborateur verhaßten Batata vermuten. Opfer des Attentats wird jedoch ein anderer, Batata überlebt. Die Aktion genügt indes, um die Polizei auf den Plan zu rufen, die unter Leitung eines überzeugten, fanatischen Afrikaanders, Oberst Kleinwater, und eines eher hilflos stammelnden Engländers, Major Hall, die Ermittlungen gegen die Täter einleitet. Ribs wird als Mitglied der Bewegung identifiziert, kann aber dank der Hilfe Sergeant Ndlovus (der, dem Vorbild Nelson Mandelas folgend, selbst der Bewegung beigetreten ist) nach Botswana entkommen. Als einer der Studenten beim Basteln einer Benzinbombe eine Explosion auslöst, wird der Vorfall von einem Spitzel der Polizei übermittelt. Bei der darauffolgenden Polizeiaktion gelingt zwei der Studenten die Flucht, andere aber werden verhaftet.
Nun verlaufen zwei Handlungsstränge parallel: Während die Polizei versucht, durch menschenunwürdige Haftbedingungen, sexuelle Erniedrigung, ausgedehnte Verhöre und Folterungen – wobei sie nicht vor dem geplanten Mord an einem der Studenten zurückscheut – Aussagen zu erzwingen, beschließen Mandla und Mzi, ihre Mission, das Attentat auf Batata, gemeinsam auszuführen. In überschwenglicher Selbstüberschätzung handelt Mandla jedoch allein, und wieder wird der Falsche getötet (der getroffene Sergeant Rampa steht gerade bewundernd vor einem Bild des schwarzen Führers Shaka, als er sterben muß, womit vermutlich angedeutet werden soll, daß er den Zielen der Bewegung eher wohlwollend gegenübersteht). Infolgedessen geht Mandla reumütig ins Exil; Mzi gelingt es, Batata vor dessen Haustür zu erschießen, er muß aber selbst, mit der Hilfe einer ihm (auch sexuell) wohlgesonnenen weißen Mitarbeiterin einer karitativen Organisation die Flucht ergreifen, als er zufällig erfährt, daß auch Papa Duz, der ihm ein Auto geliehen hatte, verhaftet worden ist.
Der Verfasser, der stets für literarische Qualität eingetreten ist, legt hier einen Roman nach Art eines Politthrillers vor, ohne selbst in Agitprop-Klischees zu verfallen. Das gelingt ihm vor allem dank realistischer Milieuschilderung und der psychologischen Differenziertheit seiner Charakterdarstellung. Auf stets anspruchsvollem stilistischem und sprachlichem Niveau durchleuchtet er die Motivationen seiner Personen, mit deren Schicksalen er sich erkennbar identifiziert. Das Leid der vom Machtapparat des Apartheidsystems geschundenen Menschen macht er an den Folgen ständiger Repressionen (in Form von Haft, Folter, Exil usw.) glaubwürdig. Anhand der Reaktionen der stets solidarischen Bevölkerung zeigt er, wie der Widerstand sich aus dem Gemeinschaftsgefühl und dem traditionellen afrikanischen Humanismus speist. Hier, wie etwa im Mißtrauen gegenüber den Weißen und im Glauben an die Einheit aller Schwarzen, wirken sich Grundsätze der Ideologie der BCM im Roman besonders deutlich aus. Daß solche Prinzipien aber auch von Schwarzen untergraben und gefährdet werden, führt der Autor an den Aktivitäten von Spitzeln und Polizisten aus, die beide von der übrigen Bevölkerung als Kollaborateure des Regimes geächtet werden, da sie Angst und Mißtrauen unter der Bevölkerung auslösen. Das Interesse dieses Romans liegt also vor allem darin, daß er viele Fragen aufwirft, die für den Kampf gegen Apartheid von Bedeutung sind. Welche Strategien sind zu bevorzugen? Welche Organisationsformen sind zu wählen? Soll der Widerstand individuell oder kollektiv geleistet werden? Wie ist Gewaltanwendung zu beurteilen? Sepamla verfolgt hier einen politischen Zweck, er will seine Leser zum Nachdenken aufrütteln. G.V.D.

Ausgaben: Johannesburg 1981. – Ldn. 1984. – Ldn. 1985.

Literatur: *Censor's Report on »A Ride on the Whirlwind«* (in Index on Censorship, 3, 1983, S. 12). – P. Rich, *Growing and Grappling: S. S. and the Construction of a Black South African Literary Identity* (in Wasafiri 4, 1986, S. 11–14). – K. Sole, *The Days of Power: Depictions of Politics and Community in Four Recent South African Novels* (in Research in African Literatures, 19, 1988, S. 65–88). – Ders., Einl. (in S. Sepamla, *Soweto*, Rom 1989, S. VII–XXXIV; ital.).

THE SOWETO I LOVE

(engl.; *Ü: Soweto, das ich liebe*). Gedichtsammlung von Sipho Sepamla (Südafrika), erschienen 1977. – Der dritte Gedichtband (nach *Hurry Up to It!*,

1975, und *The Blues Is You in Me*, 1976) des in Soweto lebenden schwarzen Südafrikaners wurde in England gedruckt, bei der Einfuhr nach Südafrika allerdings vom Zoll beschlagnahmt. Am 19. Oktober 1977, als alle Mitgliedsorganisationen der Bewegung »Schwarzes Bewußtsein« (Black Consciousness Movement) durch Regierungserlaß gebannt wurden, setzten die Behörden auch diese Gedichte auf die Liste verbotener Bücher. Ironischerweise wurde somit das erste Werk des Dichters, das im Ausland erschien (und dort seinen Ruhm begründete), zum ersten seiner Werke, das in seiner Heimat verboten wurde. Es sind Gedichte des Zorns und der Trauer, aber auch der Hoffnung. Ihre Funktionsbestimmung geht aus der Widmung hervor: *»For / the dead in Johannesburg, Cape Town and elsewhere, / the living of these places who will be keeping / vigil over tombstones.«* Sie sollen der Toten gedenken und die Überlebenden ermutigen. Der Dichter tritt als Zeuge der Geschichte auf, faßt die Erfahrungen seines Volkes in Worte und gibt sie als dessen Sprachrohr weiter.
Thema des Bandes ist der Aufstand in Soweto, der schwarzen Vorstadt Johannesburgs, im Juni 1976. Mit ihrer Bezugnahme auf die Gesetzgebung des Apartheidsystems, ihrer Beschreibung der Lebensbedingungen der entrechteten und enteigneten Schwarzen sowie den Schilderungen von Einzelepisoden aus den Tagen des Aufstandes geben die Gedichte Auskunft über die Beweggründe der betroffenen Menschen und tragen so zum Verständnis der Ursachen und Folgen eines der wichtigsten Ereignisse in der modernen Geschichte Südafrikas bei. Der Protest wurde vor allem von Schülern und Studenten getragen, die zu Hunderten sterben mußten, als die Polizei ihre Demonstrationen mit unerhörter Brutalität niederschlug. Der Dichter beschreibt die Angst von Kindern vor der Entfesselung von Gewalt *(»I saw this morning / panic in the location / little children clasping schoolbags / put to flight ...«)*; er berichtet über das grausame Ende eines zu Tode geschlagenen Kindes *(»he was grabbed / he was hurled to the ground / like grain / he was pounded and pounded / with a gun-butt«)*; er dokumentiert das Leiden der trauernden Familien, deren Mitglieder gewaltsam getötet worden sind *(»how can I say this is home / when mother has to plug wounds dripping blood / with sweat-stained hands / when sister has to shield from bullets / breasts drooping squirting pain«)*. Es sind Bilder des Grauens, vermittelt durch eine Sprache von fast unerträglicher Direktheit. Einige Gedichte thematisieren Grunderfahrungen schwarzen Alltagslebens in Südafrika, die bei den Ereignissen von Soweto lediglich einen Gipfelpunkt erreichten: Gefängnis, Tod in Polizeigewahrsam, Hausarrest, Exil. In diese Reihe gehört auch das Gedicht *The Island*, das die Einkerkerung junger, von den Behörden als politische Gewalttäter eingestufter Teilnehmer am Aufstand auf der Gefängnisinsel Robben Island durch die Beschwörung des Geistes langjährig Inhaftierter wie Nelson Mandela in ein Symbol des Widerstandes gegen das Regime umkehrt.
Die Absage an die Herrschaft der Weißen ist kennzeichnend für die Haltung des Dichters. Für die von den Weißen dem südlichen Afrika aufoktroyierte »Zivilisation« hat er oft nur Spott (so in *Measure for Measure* und *Civilization, aha*). In einem imposanten, deklamatorischen Gedicht macht er den Anspruch der Schwarzen auf das eigene Land geltend *(»I am this land / I've never asked for a portion / there's never been a need to / I am the land«)*; seinen Landsleuten spricht er im Kampf um ihre Rechte Mut zu: *»it is our belief / we'll triumph over all fear«*; mit souveräner Zuversicht sagt er das Ende der weißen Herrschaft voraus: *»go ahead / your time runs out«*. Die Bitterkeit, die in vielen der Gedichte zu spüren ist, hindert ihn jedoch nicht daran, die Sammlung mit einer Geste der Versöhnung gegenüber den Unterdrückern zu beenden: *»a wish of mine remains / peace at all times with all men«*.
Der aus früheren Gedichtbänden bekannte subtile Humor des Dichters findet in einer solchen Sammlung kaum einen Platz, wohl aber sein Sinn für Ironie. In *Words, words, words* z. B. kommt er besonders zur Geltung, indem die von Schwarzen abgelehnte offizielle Terminologie des Apartheidsystems durch umgangssprachliche Kommentare ironisiert und somit entlarvt wird. Manche Gedichte zeigen durch ihren rhetorischen Aufbau besonders deutlich, wieviel Sepamla der Tradition des öffentlichen Vortrags verdankt.
Die Gedichte dieser Sammlung sind aus dem Geist des schwarzen Bewußtseins der siebziger Jahre entstanden, markieren somit einen entscheidenden Wendepunkt in der politischen und literarischen Geschichte Südafrikas. Sie sind das Zeugnis eines politisch Gemäßigten, der es verstanden hat, durch die Kraft seiner Sprache und die Ehrlichkeit seines Eintretens gegen Unrecht und Gewalt zu verdeutlichen, wie und warum die Ereignisse von 1976 Südafrika gründlich verändern konnten. G.V.D.

AUSGABEN: Kapstadt 1977. – Ldn. 1977; Nachdr. 1987. – Ldn. 1978. – Washington D.C. 1978.

ÜBERSETZUNG: *Soweto, das ich liebe*, A. Behnert u. R. Greis, Bln. 1978.

LITERATUR: S. Sepamla, *The Black Writer in South Africa Today: Problems and Dilemmas* (in New Classic, 3, 1976, S. 18–26; ern. in *Soweto Poetry*, Hg. M. Chapman, Johannesburg 1982, S. 115 bis 121). – D. Wright, Rez. (in TLS, 21. 10. 1977). – V. February, Rez. (in African Literature Today, 10, 1979, S. 256–258). – U. A. Barnett, *A Vision of Order. A Study of Black South African Literature in English (1914–1980)*, Ldn. 1983, S. 60–65. – J. Alvarez-Péreyre, *The Poetry of Commitment in South Africa*, Ldn. 1984, S. 215–226. – M. Chapman, *South African English Poetry: A Modern Perspective*, Johannesburg 1984, S. 223–227. – G. V. Davis u. M. Senior, *South Africa: The Privileged and the Dispossessed*, Paderborn 1985, Bd. 2, S. 82–88; 149 bis 159; 263–272.

PAULINE SMITH

* 2.4.1882 Oudtshoorn / Kapprovinz
† 29.1.1959 Broadstone / Surrey

LITERATUR ZUR AUTORIN:
G. Haresnape, *P. S.*, NY 1969. – D. R. Beeton, *P. S. and South African Literature in English* (in Unisa English Studies, 11, 1973, S. 35–50). – G. Sumeli-Weinberg, *Naturalism in P. S.* (in Quarry, 1980–1982, S. 91–102). – J. M. Coetzee, *P. S. and the Afrikaans Language* (in English in Africa, 8, 1981, Nr. 1, S. 25–32). – G. Haresnape u. J. Heywood, *P. S.: A Commemorative Introduction to Her Life and Work*, Kapstadt 1982. – J. Heywood, *P. S.: A Centenary Tribute* (in Crux, 16, 1982, Nr. 4, S. 5–18). – M. Gardiner, *Critical Responses and the Fiction of P. S.* (in Theoria, 1983, Nr. 60, S. 1–12). – *P. S.*, Hg. D. Driver, Johannesburg 1983. – Ders., *P. S.: A Gentle Music of Her Own* (in Research in African Literature, 15, 1984, S. 45–71). – C. P. Sarvan, *P. S.: A Gentle Rebel* (in WLWE, 24, 1984, S. 244–250). – S. Roberts, *A Confined World: A Rereading of P. S.* (ebd., S. 232–238).

THE LITTLE KAROO

(engl.; *Ü: Die kleine Karru*). Kurzgeschichtenband von PAULINE SMITH (Südafrika), erschienen 1925. – Die Autorin, die als Tochter eines englischen Arztes in der Kapkolonie aufwuchs, hat in diesen Erzählungen der Landschaft und den Menschen der kleinen Karru, einer zwischen den Zwaartebergen der Großen Karru und dem Küstengebiet gelegenen kargen Hochebene, ein literarisches Denkmal gesetzt. Ihr Mentor war Arnold BENNETT, der ihr Erzähltalent erkannte und sie bei der Abrundung ihrer Geschichten zu einem organischen Ganzen beriet. Den acht Erzählungen der Erstausgabe fügte die Autorin später zwei weitere hinzu.
Pauline Smith berichtet von den zähen Anstrengungen der in weit auseinandergelegenen Weilersiedlungen lebenden Karrubewohner – neben einer kleinen Zahl von Engländern und Schotten meist Nachkommen jener Buren, die sich dem Großen Treck (1835–1838) nicht angeschlossen hatten –, auf dem wasserarmen, felsigen Boden Getreide, Tabak und Wein anzubauen, und von ihrer durch die räumliche Isolierung geförderten moralischen und religiösen Unbeugsamkeit. Im Leben dieser Menschen, deren Familienordnung eine patriarchalische und deren Gott der protestantische Gott holländisch-reformierter Prägung ist, können alltägliche Ereignisse zu Prüfsteinen des Zusammenlebens werden, Traditionsgebundenheit und Starrköpfigkeit zu Familientragödien führen. Die Fähigkeit der Autorin, auch die seelische Vereinsamung, die diese Lebensverhältnisse zur Folge haben können, einfühlsam darzustellen, erweist sich vor allem in der Kurzgeschichte *Parson's Daughter (Des Pfarrers Tochter)*: Niccoline Johanna verzichtet auf die Erfüllung ihrer Liebe zu dem Farmer Paul Marais, um sich zunächst der Pflege ihrer kranken Mutter, dann des Vaters zu widmen. Als sie schließlich frei ist, hat Paul eine andere geheiratet, die jedoch kurz nach der Geburt des gemeinsamen Kindes stirbt. Auch Paul stirbt bald an der Schwindsucht, und Niccoline nimmt die Tochter an Kindes statt an.
Die besonderen politischen Probleme der damaligen Kapkolonie spielen in diesen Erzählungen keine Rolle: In der Weite der Karru haben Buren und Briten täglich die gleichen Schwierigkeiten zu überwinden und fühlen sich als Schicksalsgenossen. Die sozialen Probleme der *»poor whites«*, der besitz- und wurzellosen Weißen, klingen auch bei Pauline Smith an, während das Rassenproblem in religiös-mystische Bereiche abgedrängt erscheint. Innerhalb der englischsprachigen Literatur Südafrikas räumt die Kritik diesen Erzählungen der später nach England zurückgekehrten Autorin noch heute einen hervorragenden Platz ein. J.Ke.

AUSGABEN: Ldn. 1925 [Einl. A. Bennett]. – Ldn. 1956. – Kapstadt 1981 [Einl. A. Bennett; Vorw. G. Butler u. W. Plomer].

ÜBERSETZUNG: *Die kleine Karru. Südafrikanische Erzählungen*, M. Hackel, Stg. 1962.

LITERATUR: G. Haresnape, *Barriers of Race and Language: P. S.'s Critique of a Rural Society* (in English in Africa, 4, 1977, Nr. 1, S. 40–46). – C. Wilhelm, *The Style of Poverty: The Language of P. S.'s »Little Karoo«* (in English Studies in Africa, 20, 1977, S. 65–78). – R. Beeton, *An Aspect of P. S.'s Little Karoo Vision: The Typescript of »The Pain«* (in Quarterly Bull. of the South African Library, 40, 1985, Nr. 1, S. 19–31).

MIRIAM TLALI

* 1933 Doornfontein / Johannesburg

MURIEL AT METROPOLITAN

(engl.; *Ü: Geteilte Welt*). Roman von Miriam TLALI (Südafrika), erschienen 1979. – *Muriel at Metropolitan* ist der erste Roman aus der Feder einer südafrikanischen schwarzen Autorin, ein autobiographischer Bericht mit Tendenz zur sozialen Reportage und impliziten politischen Kommentierung. Miriam Tlali schildert einen kleinen Abschnitt ihres Lebens, die Zeit, als sie als Schreibkraft und Buchhalterin in einem Möbel- und Radiogeschäft arbeitete, dessen Kunden hauptsächlich arme Weiße (also meist Buren) und schwarze Arbeiter waren. Aber selbst die Entstehungs- und Publikationsgeschichte von *Muriel at Metropolitan* könnte Teil des Romans sein. Schreibmotivation, das Schreiben und das Geschriebene sind über das Inhaltliche hinaus Dokumente für die doppelte Benachteiligung der schwarzen Frauen in Südafrika: Miriam Tlali hatte sich an der Universität Witwatersrand eingeschrieben, mußte aber ihr Studium der Soziologie/Psychologie und der afrikanischen Sprachen abbrechen, als mit dem »University Administration Act« (Hochschulverwaltungsgesetz) den Schwarzen der Besuch einer Universität untersagt wurde. Ohne Chancen einer Berufsausbildung mußte sie sich wie die meisten schwarzen Südafrikanerinnen mit Gelegenheitsjobs der unteren Kategorie über Wasser halten. Diese Erfahrungen im Erwerbsleben hat Miriam Tlali während einer Zwangspause 1969 niedergeschrieben. Sie mußte ihre kranke Schwiegermutter pflegen und hat praktisch an deren Krankenbett ihren Bericht einer kranken Gesellschaft abgefaßt. Aber auch der Versuch, ihr Manuskript zu veröffentlichen, hat ihr noch einmal ihren Status als Schwarze und Frau vor Augen geführt. Da nach südafrikanischer Gesetzgebung schwarze Frauen nicht geschäftsfähig sind, war kein Verlag bereit, mit ihr einen Autorenvertrag abzuschließen – es sei denn, ihr Mann wäre als Vertragspartner eingesprungen. Nach sechs Jahren schließlich fand sich der liberale Verlag Ravan Press bereit, ihr einen Vertrag zu geben, der natürlich rechtsunwirksam war. Miriam Tlali hat sogar mit diesem Abschluß eines Autorenvertrags gegen gesetzliche Bestimmungen verstoßen, wofür sie mit Gefängnis hätte bestraft werden können. So konnte sie sich auch nicht dagegen wehren, daß die Erstausgabe (1975) erheblich gekürzt und ihr Titel *»Between Two Worlds«* in *Muriel at Metropolitan* geändert wurde. Die ungekürzte Ausgabe des Romans, die 1979 bei Longman erschien, wurde »gebannt«, d.h. Verkauf, Besitz, Zitieren des Buches unter Strafe gestellt. (In einem Interview berichtete Miriam Tlali, daß *Muriel* zuvor schon in Fortsetzungen in der schwarzen Kulturzeitschrift ›Drum‹ abgedruckt worden sei.)

Die Veröffentlichung von *Muriel* hat ein beachtliches kritisches Echo auch bei weißen Kritikern gefunden. Zusammen mit den SOWETO Poets hat Miriam Tlali 1976/77 die Zeitschrift ›Staffrider‹ (ebenfalls im Verlag Ravan Press) ins Leben gerufen und sich als Autorin der Kolumne *»SOWETO-Speaking«* einen Namen gemacht. Der Stil dieser biographischen Skizzen von einfachen Händlern, Arbeitern, Hausmädchen ist eine Fortsetzung ihres dokumentarischen Stils, der *Muriel at Metropolitan* so populär gemacht hat. Miriam Tlali schreibt exakt, direkt, konkret, mit unterschwelligem Humor und unaufdringlicher kritischer Analyse. Als Situationsbericht mit Reportagecharakter weist *Muriel* nicht die Handlungslinie einer Fiktion auf, vielmehr stellt die Autorin in einer Abfolge von Detailszenen einen Lebensabschnitt dar, in dem ihre Erfahrungen als Angestellte in einem weißen Betrieb als anscheinend unabänderliche Zuständlichkeit bestätigt werden. Mit psychologischem Scharfblick, auch für scheinbar Marginales, entwirft die Autorin ein Bild der mühseligen, durch Mißtrauen, Vorurteile und Verachtung verstümmelten Interaktion zwischen Schwarzen und Weißen, Kunden und Personal, Chef und Angestellten im Metropolitan. Symptomatisch ist die Holzschranke, die Büro und Ladengeschäft in einen weißen und einen schwarzen Bereich teilt.

Das Kaufhaus Metropolitan ist nicht symbolhaft als Abbild der südafrikanischen Wirklichkeit gestaltet; dem steht Miriam Tlalis journalistischer Dokumentarismus und die Zufälligkeit des Autobiographischen entgegen. Aber das Leben im Kaufhaus entlarvt symptomatische Verhaltens- und Denkweisen, insbesondere die scheinbar grenzenlose Bereitschaft der Weißen, aber auch der Farbigen und Schwarzen, das menschlich-moralisch Unerträgliche zu akzeptieren. Besitzer des Metropolitan ist Mr. Bloch, ein Jude, der den Betrieb autokratisch – bisweilen wie ein erratisch wirkender Patriarch – führt. Seine Schwester, Mrs. Kuhn, versteht sich als geschäftliches Korrektiv zu Mr. Blochs Gutmütigkeit. Die Buchhaltung erledigt die Burin Mrs. Stein, die Korrespondenz die englischstämmige Mrs. Green. Auf der anderen Seite der Holzschranke sitzen Muriel und der dienstälteste Angestellte, das Faktotum Adam, der, wie alle afrikanischen Kunden auch, unabhängig vom Alter mit »boy« angesprochen wird.

Die Vertreter/Verkäufer, die Fahrer, die die Waren ausliefern und bei Zahlungsverzug wieder einkassieren, sind Schwarze. Der Chef spricht gelegentlich Jiddisch, Mrs. Stein spricht Englisch mit dem schweren Akzent der Buren, Mrs. Green spricht nur Englisch. Muriel wird bald unentbehrlich für den Umgang mit den schwarzen Kunden, die in ihrer Sprache (Zulu, Xhosa, Sotho) oder dem unter Bergarbeitern in Johannesburg verbreiteten Fangalo beraten werden wollen. Mr. Bloch macht sein Geschäft vorwiegend mit Teilzahlungsverkäufen an Schwarze, teilweise auch weiße Arbeiter. Selbstverständlich sind die Zinsen für die schwarze Kundschaft höher als für die weiße. Muriel wird bald auch mit komplizierteren Aufgaben betraut, aber nicht dafür bezahlt, denn nach dem Gesetz (Job Reservation Act) darf sie keine qualifizierten Arbeiten übernehmen. Sie kann sich auch beim Arbeitgeber nicht beschweren, denn wenn er ihr verärgert kündigt, verliert sie nicht nur ihren Job, sondern auch ihre Aufenthaltsgenehmigung für Johannesburg und damit auch das Recht, mit Mann und Kindern zusammenzuleben. *»Diese Ungewißheit liegt wie ein Alptraum über unserem Leben. Nichts ist sicher, es gibt nichts, auf das man bauen kann. Haus, Arbeit, die Zukunft der Kinder, alles hängt an einem dünnen Faden, der jederzeit gekappt werden kann.«*

Muriel reflektiert über ihre eigene Position als Zuträger für die Weißen: Sie schließt die Teilzah-

lungsverträge ab, sie schickt den Kunden die Mahnungen und die Schuldeneintreiber ins Haus, sie fordert die Vorlage des Paßbuchs wie ein Polizist. Sie ist jedoch nicht bereit, auch noch persönliche Beleidigungen zu schlucken. Auf das verächtliche *»Diese Affen bilden sich ein, sie seien wie wir!«* antwortet Muriel: *»Ich will überhaupt nicht so sein wie ihr. Ich bin stolz darauf, daß ich bin, wie ich bin.«* – Das ist die Argumentation der Black-Consciousness-Bewegung von Steve Biko.
Das Verhältnis der Mitarbeiter untereinander ist bestimmt von Abhängigkeit und Abstoßung, von Furcht und Mißtrauen, von einer spezifisch südafrikanischen Art der Haßliebe, einer nicht begründbaren Vertrautheit/Unvertrautheit mit dem »Anderen«. Symptomatisch dafür ist die Diskussion über Professor Barnards Herztransplantation, der einem Weißen Patienten das Herz eines Farbigen eingesetzt hat: *»Zu welcher Rassengruppe soll der denn nun gehören – ein Weißer mit dem Herzen eines Farbigen.«* Barnards Operation war als großer Erfolg des Burenstaates propagandistisch ausgeschlachtet worden. (Barnard hat auch einen Namen als Dichter in Afrikaans.) Miriam Tlali benutzt dieses Ereignis, um die bedrückende Absurdität der Rassenklassifizierung zu denunzieren, indem sie ein Weltereignis als Büroklatsch wiedergibt.
Muriel at Metropolitan steht am Beginn einer neuen Entwicklung innerhalb der schwarzen südafrikanischen Literatur: Frauen treten aus dem Hintergrund in die Frontlinie des Protests und des Widerstandes. Mit der Beschreibung ihres Lebensschicksals dokumentieren sie ohne Schnörkel und ohne Selbstmitleid die doppelte Benachteiligug der schwarzen Frau – so Ellen KUZWAYO, eine Sozialarbeiterin und politische Aktivistin in ihrer Autobiographie *Call Me Woman*, 1985 *(Mein Leben. Frauen gegen Apartheid)*, wie auch die Sängerin Miriam MAKEBA in *My Story*, 1987 *(Homeland Blues. Ein farbiges Leben)*. Wie schon in den Anfangsphasen der schwarz-amerikanischen, der schwarz-südafrikanischen und vieler anderer »Minderheiten«-Literaturen, erweist sich das faktographische Potential der Autobiographie als die natürliche Quelle eines literarischen Neuanfangs. E.Bre.

AUSGABEN: Johannesburg 1975 [gek.]. – Ldn. 1979; ern. 1987.

ÜBERSETZUNG: *Geteilte Welt*, M. Huber, Ffm. 1989 (m. Einl.; FiTb).

LITERATUR: M. Vaughan, *›Staffrider‹ and Directions within Contemporary South African Literature* (in *Literature and Society in South Africa*, Hg. L. White u. T. Couzins, Ldn. 1984, S. 196–212). – M. Tlali, *Remove the Chains: South African Censorship and the Black Writer* (in Index on Censorship, 1986, Nr. 6). – *Sometimes When It Rains: Writings by South African Women*, Hg. A. Oosthuizen, Ldn. 1987. – J. Alvarez-Péreyre, *Images of Power in the South African Novel: The Novels of M. T.* (in Matatu, 3, 1988, Nr. 4, S. 111–124). – *Between the Lines*, Hg. C. Mackenzie u. Ch. Clayton, Grahamstown 1989, S. 69–85 [Interview].

IX. Literatur Indiens in englischer Sprache

Wie eine ganze Reihe anderer »neuer« Literaturen in englischer, französischer, spanischer oder portugiesischer Sprache wurzelt auch die indo-englische Literatur in der politischen, der gesellschaftlichen und der kulturellen Auseinandersetzung eines von einer europäischen Großmacht kolonisierten Landes mit seinen Kolonisatoren. In der Folge der Abhängigkeit Indiens von England umspannt die Geschichte einer eigenen englischsprachigen Literatur, die im ersten Viertel des 19. Jahrhunderts einsetzte, inzwischen mehr als 150 Jahre, und trotz der seit vier Jahrzehnten herrschenden Unabhängigkeit des Landes mit seinem politisch und ideologisch längere Zeit gespaltenen Verhältnis zu Großbritannien und zum Westen läßt sich ein Ende dieser Literatur ganz und gar nicht ausmachen. Eher das Gegenteil ist der Fall. Statistische Daten zur Literaturproduktion Indiens belegen, daß englischsprachige Veröffentlichungen stets eine führende Rolle eingenommen haben, während Verlage, die sich die Förderung der indo-englischen Literatur angelegen sein lassen, florieren und gerade in den letzten Jahren ihre Produktion stetig ausgebaut haben. Ergänzt wird dieses positive Bild von einer lebendigen Literaturproduktion und -rezeption im Lande durch eine kontinuierliche Zunahme von Veröffentlichungen indischer Autoren in der Diaspora – in Großbritannien, den USA und Kanada. Von indischen Schriftstellern auf englisch verfaßte Literatur, insbesondere der Roman und die Kurzgeschichte, erfreut sich also nicht erst seit Salman RUSHDIES (geb. 1947) *Midnight's Children* (1981), seither aber zweifellos stärker als zuvor, eines Interesses bei Lesern und Literaturkritikern, das noch in den sechziger Jahren kaum denkbar gewesen wäre. Und hiervon profitieren inzwischen auch ältere, oft schon in Vergessenheit geratene Werke, die in den letzten Jahren von einigen indischen und englischen Verlagshäusern erneut auf den Markt gebracht wurden. In welcher Hinsicht zeichnet sich nun die indo-englische Literatur ganz allgemein aus, und wo liegen darüber hinaus die Gründe gerade für diese jüngste Entwicklung?

Ein kurzer Blick auf historische Ereignisse und Entwicklungen, verknüpft mit der Frage nach der Rolle und Funktion der englischen Sprache in Indien, bietet sich als Zugangsmöglichkeit an. Vier Jahreszahlen lassen sich in der jüngeren Geschichte Indiens ausmachen, die einem literaturgeschichtlichen Überblick als Orientierungspunkte dienen können: 1823, 1885, 1915 und 1947. Für die postkoloniale Entwicklung, die zweifellos das interessanteste und vielfältigste Bild indo-englischer Literatur bietet, sind außerdem noch einmal zwei Einschnitte zu Beginn der sechziger und der achtziger Jahre zu konstatieren.

Zunehmend engere Kontakte zwischen indischen Intellektuellen und englischen Verwaltungsbeamten, Offizieren, Gelehrten, Erziehern und Missionaren, die sich alle von unterschiedlichen »Missionierungs«motiven leiten ließen, führten zu Beginn des 19. Jahrhunderts zur Gründung von Schulen und Colleges, an denen Inder in englischer Sprache ausgebildet wurden und sich vor dem Hintergrund ihres neu angeeigneten europäischen Gedankenguts mit kulturellen und literarischen, sozialen und politischen, religiösen und pädagogischen Fragen zu beschäftigen begannen. Die ersten englisch verfaßten Texte entstanden. Als deren ältester gilt inzwischen *A Short Account of the Dancing Girls* (1806) von P. Ragaviah CHARRY, doch es war vor allem das publizistische Wirken des aus Bengalen stammenden Sozialreformers Ram Mohan ROY (1772–1833), das die zunehmend wichtigere Rolle des Englischen im ersten Viertel des 19. Jahrhunderts bestimmte. In einem 1823 an den Generalgouverneur Lord Amherst gerichteten Brief plädierte er für die Einführung englischer Erziehungsinhalte und -methoden an indischen Ausbildungsstätten, deren erste er selbst 1816/17 in Kalkutta gegründet hatte. Damit war der Grundstein gelegt für die Entscheidung des Generalgouverneurs Lord Bentinck, der das von Thomas B. MACAULAY verfaßte Memorandum *Minute on Education* (1835), mit seiner Empfehlung, das Englische als Unterrichtssprache an höheren Schulen bzw. Colleges einzuführen, in die Tat umsetzte.

Konfrontation und Interaktion

In den zwanziger Jahren kam es dann auch zu den ersten literarischen Veröffentlichungen, wobei, zweifellos am Vorbild der englischen Romantik orientiert, doch auch der eigenen literarischen Tradition verpflichtet, zunächst die Dichtung als das bevorzugte Genre galt. Der junge Henry L. V. DEROZIO (1809–1831) unterrichtete in Kalkutta nicht nur englische Literatur, sondern zog in sei-

nen eigenen dichterischen Versuchen europäische Formen wie das Sonett heran und begründete mit Gedichten wie *To India – My Native Land* oder *The Harp of India* (1827) eine literarische Tradition, die auch thematisch bis weit ins 20. Jahrhundert hineinwirkte. Zweifellos romantisch, doch durchaus auch realistisch rief er hier nach kultureller und sozialer Erneuerung, ja nach nationaler Selbstbesinnung.
Eine zweite, komplementäre Linie erwuchs aus dem durch europäische Anstöße sich herausbildenden indischen historischen Bewußtsein. War Derozios Dichtung noch weitgehend »unhistorisch«, so diente Michael Madhusudan Dutt (1824 bis 1873) ein historischer Stoff – die Vernichtung des letzten Hindukönigreiches unter Prithvīrāj durch den Islam im 12. Jahrhundert – in seinem Gedicht *Captive Ladie: An Indian Tale* (1849) als Gegenstand der Reflexion auf die eigene kulturelle und politische Tradition.
Verstärkung erfuhr dieser Entwicklungsstrang, der mit historischer Rückbesinnung stets Aufklärung meinte, in der nun bald einsetzenden erzählenden Prosa, wobei die geschichtliche Komponente durch realistisch gestaltete Einsprengsel und Passagen über das alltägliche, von hinduistischen Bräuchen und Riten geprägte Leben informative Ergänzung fand. So etwa in Baṅkim Chandra Chatterjees (1838–1894) Roman *Rajmohan's Wife* (1864) oder C. Swamys *Everyday Life in South India* (1885). Das heißt, daß die auktoriale aufklärerische Intention ohne Zweifel auch vom Wunsch getragen war, nicht allein ins eigene Land hinein zu wirken, sondern zugleich auch den mit der indischen Kultur unvertrauten englischen Leser zu belehren. Damit aber etablierte sich in der indo-englischen Prosa des späten 19. Jahrhunderts jene »metatexthafte« Textbeschaffenheit, die alle »neuen« englischsprachigen Literaturen zumindest in ihrer Entstehungsphase kennzeichnet. Erwachsen aus der Konfrontation und der Interaktion zweier einander fremder Kulturen spiegeln diese literarischen Werke den Versuch wider zu vermitteln, und sehen sich in diesem Prozeß gewissermaßen gezwungen, auf unterschiedliche Textsorten zu rekurrieren – was ihnen von der westlichen Literaturkritik in der Vergangenheit häufig den Vorwurf eingetragen hat, es handle sich weniger um literarische als »soziologische« Werke. Nicht bedacht bei einem solchen Urteil ist allerdings, daß die Metatexthaftigkeit dieser fiktiven Literatur ein notwendiges Konstitutionsmerkmal ist, ohne die sie ihre mediale Funktion gar nicht hätte wahrnehmen können. Hier wäre es geboten, anstatt anmaßend von mangelnder literarischer Gestaltungsfähigkeit z. B. indischer Schriftsteller oder einer »natürlich« zum Scheitern verurteilten Verwendung einer »fremden« Sprache und »fremder« literarischer Formen zu reden, die kulturhistorische Problematik zu erkennen, der sich indische, aber auch afrikanische oder karibische Autoren zu Beginn der Entwicklung ihrer »neuen« Literaturen ausgesetzt sahen. Daß sich im übrigen eine ansehnliche Zahl indo-englischer Werke der vergangenen zwei Jahrzehnte einer solchen Rezeptionsproblematik kaum ausgesetzt sahen – man denke etwa an Rushdies *Midnight's Children* oder I. Allan Sealeys (geb. 1951) *The Trotter Nama* (1988), belegt nicht etwa, daß sie literarisch gelungener und »reifer« sind als ihre Vorgänger, sondern daß hier eine bewußte interkulturelle Vermittlung nicht länger angestrebt wird.

Hinduistische Spiritualität und kosmopolitische Modernität

Zwei weitere Orientierungspunkte stellen die Jahre 1885 und 1915 dar, denn in den drei Jahrzehnten von der Gründung des Indian National Congress, der Kongreßpartei, bis zur endgültigen Rückkehr Mahatma Gāndhīs nach Indien traten die allmählich recht unterschiedliche Positionen zwischen reformerischen und radikalen Kräften zutage. Ging es den einen darum, politisch wie kulturell einen Mittelweg zwischen westlicher und indischer Kultur zu finden, in der auch die englische Sprache ihren Platz hätte, so verlangten die anderen zunehmend ungeduldiger nach endgültiger und radikaler Abkehr von der Kolonial- und Imperialmacht England. In der indo-englischen Literatur der Zeit wirkte sich diese Polarisierung, die erst durch das Wirken Gāndhīs überwunden wurde, in einer weiteren, zumeist an der englischen Literatur ausgerichteten Entfaltung historischer, kultur- und sozialkritischer Themen in der Erzählliteratur aus und ganz allgemein in der Erweiterung des literarischen Spektrums. Neben historische Romane wie Romesh Chunder Dutts (1848–1909) *The Slave Girl of Agra* (1909) traten beispielsweise die romantisch-sentimentale Erzählung *Padmini: An Indian Romance* (1903) von T. R. Pillai, die Abenteuergeschichte *The Adventures of Mrs. Russell* (1909) eines S. B. Banerjea oder S. S. Boses *Humorous Sketches* (1903).
Zum anderen aber wandte sich die bisher ebenfalls nicht unwesentlich von englischer Dichtungstradition geprägte, teils romantische, teils religiöse Lyrik z. B. der bengalischen Familie Dutt (*The Dutt Family Album*, 1870) nun thematisch bewußt einer hinduistisch geprägten Verinnerlichung und einer dichterischen Gestaltung spiritueller und religiösmystischer Erfahrungen zu. Stellvertretend sind hier Gedichtbände der Sarojini Naidu (1879–1949), *The Golden Threshold* (1905) oder *The Bird of Time* (1912), die Gedichtsammlung *Feast of Youth* (1918) ihres Bruders Harindranath Chattopādhyāya (1898) oder die Veröffentlichungen der beiden Brüder Man Mohan Ghose (1869–1924) und Śrī Aurobindo (1872–1950) zu nennen. Nicht zufällig ist diese Lyrik von einer traditionalistischen Richtung der indischen Literaturkritik hoch gepriesen worden. So meinte V. K.

Gokak (geb. 1909), einer ihrer wichtigsten Repräsentanten und selbst Verfasser und Herausgeber von indo-englischen Gedichten (*The Golden Treasury of Indo-Anglian Poetry – 1828–1965*, 1972): *»Die Neo-Symbolisten in Indien ... verfügen über ein lebendiges Erbe, aus dem sich ihre kulturelle Sensibilität speist«*, und es sei gerade ihre introspektive Lyrik, in der der Genius Indiens zum Ausdruck komme. Allerdings hat sich an dem vielleicht repräsentativsten Werk der neosymbolistischen Dichtung, nämlich an Aurobindos um 1900 begonnenem und 1950/51 erschienenem zwölfbändigen Opus *Savítri – A Legend and a Symbol*, der Streit darüber entzündet, was moderne indo-englische Dichtung denn zu leisten habe.

P. Lal (geb. 1928), einst Wortführer der »Neo-Modernisten«, Dichter, Übersetzer, Verleger und Herausgeber der Anthologie *Modern Indian Poetry in English: An Anthology and a Credo* (1969), brach in einem engagierten und 1951 im ›Sunday Standard‹ veröffentlichten Plädoyer mit der »Aurobindo-Schule« und forderte, deren introspektive metaphysische und ekstatisch-religiöse Dichtung durch eine vitale, originelle und sprachlich anschauliche Verarbeitung der konkret erlebten Wirklichkeit zu ersetzen und sich hierbei zugleich die Freiheit des Experiments zu nehmen. Die indo-englische Lyrik, die sich tatsächlich allmählich dem Schatten Aurobindos, Naidus und ihrer Zeitgenossen und Epigonen zu entziehen begann, steht seither ohne Zweifel der von Lal skizzierten Poetikauffassung näher als den Neo-Symbolisten, ohne sich allerdings von ihr als einem präskriptiven Modell leiten zu lassen. Nissim Ezekiel (geb. 1924), Jayanta Mahapatra (geb. 1928), A. K. Ramanujan (geb. 1929), Arun Kolatkar (geb. 1932), Kamala Das (geb. 1934), Rajgopal Parthasarati (geb. 1934), Keki N. Daruwalla (geb. 1937), Gieve Patel (geb. 1940), Sunita Jain (geb. 1940), Eunice de Souza (geb. 1940), Adil Jussawalla (geb. 1940) und P. Lal selbst sind einige der herausragenden Repräsentanten einer modernen und außerordentlich lebendigen englischsprachigen Dichtung, die sich in der Vielfältigkeit ihrer Ausdrucksformen, in Haltung, Ton und Thematik zwar durchgängig ihrem indischen Hintergrund verpflichtet fühlt, sich aber stets als kosmopolitisch aufgeschlossen zeigt: als provinzielle Literatur im besten Sinne des Wortes, der es ohne sichtbare Anstrengung gelingt, allzu eng gefaßte nationalliterarische Grenzen zu überschreiten.

Wegbereiter der politischen Unabhängigkeit

Bereits einige Jahrzehnte früher als die indo-englische Lyrik erfuhr die erzählende Literatur ihre Wende zur Moderne. Nach dem Ende des Ersten Weltkriegs und mit dem Beginn des unter Gāndhīs Führung einsetzenden Kampfes um die politische Unabhängigkeit Indiens wandte sich Ende der zwanziger und zu Beginn der dreißiger Jahre eine jüngere Generation von Erzählern aktuellen politischen und gesellschaftlichen Themen zu. Fragen und Konflikten zudem, mit denen sie sich selbst konfrontiert sah. Und auch formal beschritten sie neue Wege. So blieb die literatur- und kulturtheoretische Debatte der europäischen Schriftsteller und Intellektuellen des *Thirties Movement* in Europa nicht ohne Auswirkungen auf Autoren wie Mulk Raj Anand (geb. 1905) oder Raja Rao (geb. 1909), die in Europa längere Studienaufenthalte verbrachten. Trotz vielfältiger Gemeinsamkeiten, die hieraus resultierten – so knüpften ausnahmslos alle Autoren an die aufklärerische Tradition der indo-englischen Literatur des 19. Jahrhunderts an –, entstand ein sehr vielfältiges Bild literarischer Praxis. K. S. Venkataramani (1891–1951) vermochte sich als der erste »moderne« Romancier in *Murugan, the Tiller* (1927) und *Kandan, the Patriot* (1932) zwar noch nicht gänzlich der romantisch verbrämten Erzähltradition des 19. Jahrhunderts zu entziehen, doch Anand begründete nur wenige Jahre später mit *Untouchable* (1935), *Coolie* (1936) und *Two Leaves and a Bud* (1937) eine äußerst realistisch gestaltete und humanistischem Denken verpflichtete *littérature engagée*. Ahmed Ali (geb. 1912) führte in *Twilight in Delhi* (1940) das literarisch-dokumentarische Erzählen in den indo-englischen Roman ein, und Raja Rao griff mit *Kanthapura* (1938), seiner zum Klassiker avancierten Geschichte vom politischen Unabhängigkeitskampf eines südindischen Dorfes, auf die mündlich vorgetragene Volkserzählung Indiens zurück. Realistisch erzählt, wenn auch bei weitem nicht so politisch radikal und sozialkritisch wie Anand, vielmehr eher liebenswert-menschlich und humorvoll-ironisch vorgetragen, ergänzte schließlich R. K. Narayan (geb. 1906) das Spektrum des modernen indo-englischen Romans der dreißiger Jahre mit Familiengeschichten aus dem mittelständischen Milieu einer südindischen Kleinstadt mit *Swami and Friends* (1935), *The Bachelor of Arts* (1937) und *The Dark Room* (1938).

Sieht man einmal vom Epigonentum der »Aurobindo-Schule« ab, so trat in den Jahren von 1915 bis 1947 die Lyrik fast völlig in den Hintergrund, denn weder die politisch engagierte Sarojini Naidu, die keine Gedichte mehr verfaßte, noch auch jüngere Autoren stellten sich auf literarisch überzeugende Weise den tiefgreifenden politischen und kulturellen Veränderungen des Landes. Neben der hier dominierenden Prosa kam allenfalls dem Bühnendrama – übrigens zum ersten Male überhaupt in der Geschichte der indo-englischen Literatur – eine gewisse, allerdings bloß quantitative Bedeutung zu. Zwar entstand während dieser Zeit über ein Drittel aller bis 1947 insgesamt veröffentlichten etwa 100 Stücke in englischer Sprache, doch im Theaterleben des Landes spielten sie, ebenso wie das Dramenschaffen der postkolonialen Epoche, keine nennenswerte Rolle. Eine Erklärung hierfür dürfte darin liegen, daß das indo-englische Drama mit dem äußerst lebendigen (Volks-)Theater in den verschiedenen indischen Sprachen nie ernsthaft hat konkurrieren können. Zudem haben sicherlich auch das verschwindend kleine englischsprachige Publikum, die mangelnde Bühnenerfahrung vieler Dramenautoren und nicht zuletzt ihr Versäumnis, sich der lebendigen klassischen oder der spezifisch indischen Volkstheatertradition zu bedienen, dazu beigetragen, daß nur wenige wirklich überzeugende und auch bühnenwirksame Stücke entstanden sind. So sind für den jüngsten Abschnitt der indo-englischen Literaturgeschichte neben Asif CURRIMBHOY (geb. 1928), der seit 1959 über zwei Dutzend Stücke verfaßt hat, unter ihnen die wiederholt erfolgreich aufgeführten zeitkritischen Dramen *Goa* (1964), *Inquilab* (1970) oder *Sonar Bangla* (1972), lediglich noch Autoren wie Nissim EZEKIEL oder Gurcharan DAS zu nennen, dessen Theaterstück *Larins Sahib* (1970) verhältnismäßig viel Beachtung bei Kritik und Publikum fand.

Die Umbruchphase der sechziger Jahre. – Perspektivenwechsel

Läßt sich das erste Jahrzehnt nach der Unabhängigkeit noch dem vorangegangenen Abschnitt der indo-englischen Literatur zuordnen, insofern mit K. A. ABBAS (1913–1987), Bhabānī BHATTĀCHĀRYA (1906–1988), Manohar MALGONKAR (geb. 1913), Khushwant SINGH (geb. 1915) oder Kamala MARKANDAYA (geb. 1924) zwar neue Stimmen hinzustießen, die gängige sozialkritische und realistisch gestaltete historische Thematik der Erzählliteratur jedoch weiterhin den Ton angab, so sind die frühen sechziger Jahre als Umbruch zu markieren. Hier setzte ein weitreichender wirtschaftlicher, gesellschaftlicher und kultureller Wandlungsprozeß des Landes ein, dessen Auswirkungen bis heute noch nicht abgeschlossen sind. Für die indo-englische Literatur bedeutete dies vor allem, daß die großen nationalen Themen, die einen politischen Konsens der Öffentlichkeit suggeriert hatten, allmählich zurücktraten und sich der Blick der Autoren zunehmend der individuellen Problematik des modernen städtischen Menschen öffnete. Den beiden ersten Romanen von Anita DESAI (geb. 1937), *Cry, the Peacock* (1963) und *Voices in the City* (1965), in denen eine junge Autorin auf psychologisch eindringliche Weise das persönliche Schicksal von Frauen ihrer Generation und ihres eigenen großstädtisch-bürgerlichen Milieus gestaltete, kam hier ebenso wie der bereits erwähnten Gedichtsammlung *Modern Indian Poetry in English* geradezu paradigmatische Bedeutung für den Umbruch oder den Neubeginn der englischsprachigen Literatur zu. Mehr als 130 überwiegend jüngere Stimmen trug LAL in seiner Anthologie zusammen, und sie alle setzten sich vornehmlich mit der in ihrer Generation zum ersten Male direkt und bewußt erfahrenen Vereinzelung des indischen Menschen, seiner Wurzellosigkeit und Entfremdung, seinem Identitätsverlust und seiner Orientierungssuche auseinander. Und dies in einer Welt, die nichts mehr mit den Erfahrungen des politischen Kampfes der älteren Generation verband.

Neben der psychologischen Studie und der Lyrik erfaßte der Perspektivenwechsel in der indo-englischen Literatur auch andere literarische Genres. So wurde der Autobiographie, einem bisher keineswegs vernachlässigten Genre, auf neue Weise Aufmerksamkeit zuteil. Denn wenn hier beispielsweise Mulk Raj ANAND in *Morning Face* (1968) und *Confession of a Lover* (1976), Kamala DAS (geb. 1934) in *My Story* (1976) oder Firdaus KANGA (geb. 1959) in *Trying to Grow* (1990) die Grenze zwischen Dokumentation und Fiktion bewußt überschritten, so wohl vor allem deshalb, weil es ihnen um das Psychogramm ihrer Ich-Protagonisten und nicht um eine wahrheitsgetreue Wiedergabe der eigenen Lebensgeschichte ging. Eine ähnliche Akzentuierung des individuell-psychologischen Momentes durch Grenzüberschreitungen zwischen Dokumentation und Fiktion kennzeichnet auch historische Romane wie Bhagwan GIDWANIS (geb. 1923) *The Sword of Tippu Sultan* (1976), Manohar MALGONKARS *The Men Who Killed Gandhi* (1978) oder Chaman NAHALS (geb. 1927) *Azadi* (1975), die bisher literarisch eindrucksvollste Verarbeitung der Aufteilung Britisch-Indiens in Pakistan und Indien.

Zwei weitere Aspekte des gesellschaftlichen Wandels beleuchten die Entwicklung der indo-englischen Prosaliteratur und der Dichtung in den siebziger Jahren. Vom besseren Bildungs- und Ausbildungsangebot, zunehmender Mobilität der Mittelschicht, wachsender Urbanisierung mit ihrer Tendenz zur sozialen Nivellierung und einem expandierenden Medienmarkt profitierten nun auch immer häufiger jüngere, literarisch interessierte Frauen, so daß verhältnismäßig rasch eine moderne, außerordentlich lebendige und interessante feministische Frauenliteratur entstand. Im Mittelpunkt von Kurzgeschichten – deren Zahl inzwischen unübersehbar geworden ist – und Romanen stehen ausnahmslos Frauen der indischen Mittelschicht, die sich ebenso kritisch wie die Autorinnen selbst mit dem traditionellen Rollenverständnis der Frau auseinandersetzen. Eine Alternative bieten sie bisher kaum an, denn es scheint ihnen zunächst dringlicher, überlieferte Vorstellungen erst einmal in Frage zu stellen. Stellvertretend sei hier lediglich auf Rama MEHTAS *Inside the Haveli* (1977) sowie Shashi DESHPANDES Roman *The Dark Holds No Terror* (1980) verwiesen, die sich mit einer für weibliches Schreiben in Indien bisher kaum gekannten Offenheit auf das Geschlechter- und Generationenverhältnis einlassen.

Die Expansion des Buchmarktes und ein größeres Lesepublikum bewirkten letztlich auch die Entstehung einer ausgesprochen populären Unterhaltungsliteratur in englischer Sprache, die in thematischer und auch formaler Hinsicht ohne Umschweife mit der internationalen Trivialliteratur verglichen werden kann und allenfalls noch durch ihr Lokalkolorit und ihr exotisches Flair – etwa in *Maharani* (1972) von Diwan Jarmani Dass oder *The Valley of Terror – Chambal* (1977) von T. C. Bhaduri – besonderes Interesse zu erwecken verstand.

Tendenzen der Internationalisierung

Mit Salman Rushdies herausragendem, mit dem Booker-Preis ausgezeichnetem Roman *Midnight's Children* (1981) setzte schließlich der bisher jüngste Abschnitt der indo-englischen Prosaliteratur ein, dessen Spezifikum ohne Zweifel in einer erstmalig zu beobachtenden engeren Verbindung von indischer und internationaler literarischer Praxis liegt. Ihren Beitrag hierzu haben Schriftsteller wie Rushdie geleistet, die außerhalb Indiens leben oder als Pendler zwischen Indien und dem Westen ästhetische und philosophische Anregungen aus Europa, Latein- und Nordamerika aufgegriffen und mit eigenen zentralen Anliegen verbunden haben. Modernes, vom realistischen Erzählen stetig weiter abrückendes Fabulieren zielt in einer auffällig großen Zahl von Neuerscheinungen ab auf eine eigentümliche Rekonstruktion von Historie, die an der Geschichte einer Gruppe festgemacht wird. Dies geschieht quasi-repräsentativ am Beispiel einer Familie – so in *Midnight's Children* oder Bapsi Sidhwas (geb. 1939) *The Crow Eaters* (1978), Amitav Ghoshs (geb. 1956) *The Circle of Reason* (1986) und *The Shadow Lines* (1989) und Boman Desais *The Memory of Elephants* (1988). Demgegenüber steht das Schicksal mehrerer Familienclans stellvertretend für die Geschichte Pakistans in Rushdies *Shame* (1983) oder die des Pandschab in Nina Sibals *Yatra* (1987), während Shashi Taroor (geb. 1956) mit *The Great Indian Novel* (1989) teils witzig und scharfsinnig, teils farcenhaft verfremdend eine ganz ungewöhnliche Geschichte Indiens im 20. Jahrhundert vorgelegt hat. Die interessantesten englischsprachigen Veröffentlichungen der achtziger Jahre haben in der indo-englischen Literatur nicht nur thematisch und erzähltechnisch neue Akzente gesetzt, sondern belegen eindrucksvoll, daß indische Dichter und Erzähler souverän-unbekümmert mit der englischen Sprache umzugehen verstehen, einer Sprache, die nicht länger das Ausdrucksmittel einer nur kleinen, gebildeten und auch oft anglophilen Schicht ist, sondern bereits in spezifisch lokalen Ausprägungen wie Bombay-, Delhi-, oder Madras-Englisch existiert oder als Soziolekt (z. B. »Convent-English«) den unterschiedlichen gesellschaftlichen Hintergrund ihrer Sprecher anzeigt. Wie in vielen anderen Werken gerade der jüngsten Zeit ist das Englische auch in dem sinnigerweise *English August: An Indian Story* (1988) betitelten Roman von Upamanyu Chatterjee (geb. 1957) nach anderthalb Jahrhunderten seiner Aneignung, Adaptation und Umformung längst zum literarisch angemessenen Ausdrucksmittel des Lebensgefühls moderner städtischer Inder geworden. D.Ri.

Literaturhinweise

S. P. Chavan, *The Fair Voice: A Study of Indian Women Poets in English*, New Delhi 1984.
A. N. Dwivedi, *Studies in Contemporary Indian Fiction in English*, Allahabad 1987.
V. K. Gokak, *Studies in Indo-Anglian Poetry*, Bombay 1972.
F. F. Jussawalla, *Family Quarrels: Towards a Criticism of Indian Writing in English*, New York 1985.
B. King, *Modern Indian Poetry in English*, Delhi 1987.
P. Lal, *The Alien Insiders. Essays on Indian Writing in English*, Calcutta 1987.
M. K. Naik, *A History of Indian English Literature*, New Delhi 1982.
K. Natwar-Singh (Hg.), *Tales from Modern India*, New York 1973.
D. Riemenschneider (Hg.), *Shiva tanzt – Das Indien-Lesebuch*, Zürich 1987.
W. Ruben, *Indische Romane*, 3 Bde., Berlin 1964–1967.
D. Rubin, *After the Raj: British Novels of India since 1947*, Hanover/N.H. 1987.
G. P. Sarma, *Nationalism in Indo-Anglian Fiction*, New Delhi 1978.
K. R. Srinivasa Iyengar, *Indian Writing in English*, Bombay 1962; New Delhi [4]1984.
K. Steinvorth, *Indo-English Novel*, Stuttgart 1975.
G. Stilz, *Die anglo-indische Short-Story*, Tübingen 1980.
Ders., *Grundlagen zur Literatur in englischer Sprache: Indien*, München 1982.
H. M. Williams, *Indo-Anglian Literature*, New Delhi 1976.

AHMED ALI

* 1.7.1910 Delhi / Indien

LITERATUR ZUM AUTOR:
Contemporary Authors, New Revision Series, Hg. L. Metzger u. a., Bd. 15, Detroit 1985. – C. Cappola, *Nationalism and Urdu Literature of India and Pakistan* (in *Essays on Nationalism and Asian Literatures*, Austin/Tex. 1987, S. 45 ff.).

TWILIGHT IN DELHI

(engl.; *Dämmerung in Delhi*). Familienroman von Ahmed ALI, erschienen 1940. – Lange bevor S. R. RAU in ihrem Roman *Remember the House* (1956) als Antwort auf die von E. M. FORSTER in *A Passage to India* (1924) an den Hindus geübte Kritik den westlichen Lesern einen Einblick in Leben und Denken einer Hindufamilie vermittelte, hatte Ahmed Ali in *Twilight in Delhi* die private Welt des indischen Mohammedaners geschildert. Forster, der in seinem Indienroman die Gestalt des mohammedanischen Arztes Aziz mit viel Sympathie gezeichnet hat, setzte sich denn auch für Ahmed Alis Werk ein und ermöglichte, daß es 1940 trotz der Kriegswirren veröffentlicht wurde.
Der Roman hat keine Handlung im eigentlichen Sinn: Der Verfasser reiht Ereignisse, die sich von 1910–1920 in der Familie des Mir Nihal in Delhi abspielen, lose aneinander, wobei er allerdings streckenweise Nihals Sohn Asghar in den Vordergrund rückt. Trotz des heftigen Widerstands seines Vaters heiratet Asghar die aus einer Familie niederer Herkunft stammende und in traditioneller Abgeschlossenheit aufgewachsene Bilqeece, deren Einfalt und mangelnde Bildung er bald als frustrierend empfindet. Erst kurz vor Bilqeeces frühem Tod finden die Gatten wieder zueinander. Als sich Asghar später in die jüngere Schwester seiner verstorbenen Frau verliebt, weigert sich deren Mutter, der Heirat zuzustimmen. – Neben diesen Geschehnissen werden – ebenfalls sehr detailliert und mit wechselndem Erzählerstandpunkt – einzelne Szenen aus dem Leben des Mir Nihal, seiner anderen Kinder und seiner verschiedenen Verwandten geschildert. Durch diese Erzählweise will der Autor die vielfältigen Beziehungen deutlich machen, die auch den modernen Mohammedaner mit seinen Angehörigen innerhalb des Frauenhauses *(zenana)* und mit seinen dort zugelassenen Verwandten verbinden. So läßt sich dieser Roman als ein unablässiges »Gespräch in den inneren Gemächern« charakterisieren, dessen Gleichmaß nur von religiösen Zeremonien, von Hochzeit, Geburt und Tod unterbrochen wird. – Das Frauenhaus, ein für den inneren Zusammenhang dieses Romans bedeutsames Motiv, versinnbildlicht auch die selbstgewählte Isolierung der indischen Muslime von ihrer Umwelt. Unberührt von den historischen Entwicklungen hat sich hier die Illusion von der Überlegenheit der Mohammedaner erhalten, lebt die islamische Kultur in unzähligen Erinnerungen an die alte Größe und in den Versen der klassischen persischen und der Urdu-Dichtung weiter, die exemplarische Situationen und islamische Lebensform in schwermütigen Formeln widerspiegeln. Das Englisch Ahmed Alis ist so transparent, daß es sogar die eleganten Phrasen und die inneren Strukturen der Urdu-Sprache von Delhi deutlich erkennen läßt.
Das Buch läßt keinen Zweifel daran, daß die gebildeten Mohammedaner Delhis, obwohl einige der alten Traditionen durch den Generationenwechsel und die politische Entwicklung abzubröckeln begannen, in einer völlig anderen Welt lebten als die Hindus. In dem stolzen Bewußtsein, Nachkommen der Mogul-Herrscher Indiens zu sein, lehnten sie es kategorisch ab, sich mit den Hindu-Nationalisten Gandhis zu arrangieren. So läßt der Roman auch etwas von der Dynamik des indischen Islams erkennen, die schließlich zur Gründung eines modernen mohammedanischen Staates (Pakistan) auf indischem Boden führte. P.G.

AUSGABEN: Ldn. 1940. – Bombay 1966. – New Delhi 1967; ern. 1973. – Karachi/NY 1984.

LITERATUR: L. Brader, *Two Novels by A. A.* (in Journal of Commonwealth Literature, 3, 1967, S. 76 ff.).

MULK RAJ ANAND

* 12.12.1905 Peshawar / jetzt Pakistan

LITERATUR ZUM AUTOR:
M. Berry, *M. R. A.: The Man and Novelist*, Amsterdam 1971. – M. K. Naik, *M. R. A.*, New Delhi 1973. – G. S. Balarama Gupta, *M. R. A.*, Bareilly 1974. – S. Cowasjee, *So Many Freedoms: A Study of the Major Fiction of M. R. A.*, Calcutta/New Delhi 1977. – *Perspectives on M. R. A.*, Hg. K. K. Sharma, Ram Nagar 1978. – M. Fisher, *The Wisdom of the Heart: A Study of the Works of M. R. A.*, New Delhi 1985.

THE OLD WOMAN AND THE COW

(engl.; *Ü: Gauri*). Roman von Mulk Raj ANAND (Indien), erschienen 1960. – Nach langjährigem Aufenthalt in England kehrte Anand 1946 in seine indische Heimat zurück. Bekannt geworden durch eine Reihe sozialkritischer Werke, deren Handlung in der Kolonialzeit spielt, widmete sich Anand in den nun folgenden Romanen der unmittelbaren Gegenwart: *The Private Life of an Indian Prince* (1953) schildert den Übergang vom feudalistisch regierten Indien der Rajas und Maharajas zur parlamentarischen Demokratie; *Death of a Hero* (1963) lenkt den Blick auf den Kashmirkonflikt; *The Road* (1961) und *The Old Woman and the Cow* (1960) stellen die Frage, was sich denn seit der Unabhängigkeit 1947 für die Menschen geändert habe. Im letztgenannten Roman greift Anand dabei auf bereits bewährte und aus seinen früheren Werken bekannte Erzählmuster und Themen zurück: Im Mittelpunkt des Geschehens steht eine Figur, die der gesellschaftlichen Unterschicht entstammt und in eine Krise gerät. Das Geschehen selbst wird auf einen kurzen Zeitraum eingeengt, chronologisch dargeboten und in szenisch gestaltete, aneinandergereihte Episoden gegliedert. Viele der auftretenden Charaktere sind den Lesern Anands aufgrund ihres typologischen Zuschnitts vertraut, so der skrupellose Geschäftsmann und Geldverleiher, der heuchlerische Brahmane und Priester, der engagierte Intellektuelle oder der aufrechte Freund. Mit *The Old Woman and the Cow* schlägt der Autor aber auch neue Wege ein. So stellt er zum erstenmal eine Frau in den Mittelpunkt des Geschehens, aus deren Blickwinkel die Ereignisse dargeboten werden. Zudem wirft Anand die Frage auf, ob die alten Mythen des Hinduismus, so die Geschichte von Rama und Sita, in der Gegenwart noch Gültigkeit beanspruchen können. Die Lösung der Lebenskrise Gauris, der Hauptfigur, zeigt an, daß dem in den Augen des sozialkritischen Autors wohl nicht so ist.

The Old Woman and the Cow erzählt die Geschichte der Erniedrigung, des Widerstands und der Emanzipation der einfachen, bäuerlich-dörflichen Verhältnissen entstammenden Gauri, die die sprichwörtliche Sanftheit, Güte und Demut der von den Hindus verehrten Kuh (Hindi: *Gauri*) besitzt. Erniedrigung erfährt sie durch ihren Ehemann Panchi und ihre Mutter Laxmi. Unreif und unfähig, sich der Verdächtigungen Gauris durch seine Ziehmutter und Tante sowie der von ihr beeinflußten Dorfbewohner zu erwehren, verstößt Panchi seine Frau, als er von ihr erfährt, daß sie schwanger ist. Er glaubt, sie sei nicht nur schuld an seinen finanziellen Sorgen, die mit der Eheschließung einsetzten, sondern sei ihm auch untreu geworden. Laxmi fügt dem an Gauri begangenen Unrecht ein weiteres hinzu, indem sie ihre Tochter an einen Geldverleiher verschachert, um ihre Schulden zu begleichen. Doch nun setzt Gauris Widerstand ein. Sie vermag sich der Zudringlichkeiten des alten Mannes ebenso zu erwehren wie jener eines jungen Arztes, der in der Klinik ihres Befreiers und Wohltäters, Dr. Mahindra, arbeitet. Mahindra ist es auch, der sie bestärkt, ihren eigenen Weg zu finden. Voller Reue und schuldbewußt holen Panchi und Laxmi Gauri zurück. Doch der junge Mann hat nichts dazugelernt. Er glaubt eher den Verdächtigungen der Dorfbewohner und seiner Tante als allen Beteuerungen seiner Frau, daß sie ihm in der Stadt treu geblieben sei. Diesmal trennt sich Gauri von ihrem Mann. Sie wird nicht wieder zurückkehren, sondern bei Mahindra arbeiten und dort ihr Kind zur Welt bringen.

Gauris Verkauf an den Geldverleiher, ihre Befreiung und Rückkehr zu Panchi weisen Parallelen zur Geschichte Sitas und Ramas aus dem Epos *Ramayana* auf. Doch hier endet die Ähnlichkeit. Sita, von Rama aus der Gewalt des Dämonen Ravana befreit und zurückgekehrt, reagiert auf die Zweifel an ihrer ehelichen Treue, indem sie Rama verläßt und, von einem gnädigen Schicksal aufgenommen, in der sich öffnenden Erde versinkt. Gauri dagegen schreitet fest aus, um ein neues Leben zu beginnen, voller Hoffnung, daß ihr Kind sich als mutiger erweisen wird als Panchi. Anand plädiert so für eine Revision des Mythos und für die Verwirklichung einer egalitären Gesellschaft, in der die indische Frau einen gleichberechtigten Platz neben dem Mann findet. Um dieses Ziel zu erreichen, müssen die Frauen selbst durch ihren Widerstand gegen gesellschaftliche Zwänge, religiöse Vorurteile und materielle Abhängigkeit kämpfen.

Indem Anand die unverbrüchliche Wahrheit des Mythos von Rama und Sita in Frage stellte, zog er sich die Kritik seiner Landsleute zu, die ihm Verrat am Hinduismus vorwarfen. Von seiten der Literaturkritik dagegen wurden Einwände gegen Schwarzweißmalerei, Wiederholung bereits bekannter Thesen und die unzureichende Charakterzeichnung und sprachliche Gestaltung von *The Old Woman and the Cow* erhoben. Doch auch wenn der Roman in seiner literarischen Qualität an frühere Werke nicht heranreicht, hat der Autor der indoenglischen Erzähltradition wieder einmal neue Wege gewiesen; denn erst in den späten sechziger Jahren setzt die literarische Beschäftigung mit der indischen Frau ein, nachdem eine jüngere Generation von Schriftstellerinnen die in *The Old Woman and the Cow* aufgegriffenen Fragen zielbewußt weiterverfolgt und aus eigener, weiblicher Perspektive zu gestalten beginnt. D.Ri.

AUSGABEN: Bombay 1960. – New Delhi 1981 *(Gauri)*.

ÜBERSETZUNG: *Gauri*, R. Peterli, Zürich 1986.

LITERATUR: D. Riemenschneider, *An Ideal of Man in A.'s Novels* (in Indian Literature, 10, 1967, S. 29–51). – S. Cowasjee, *So Many Freedoms: A Study of the Major Fiction of M. R. A.*, Calcutta/New Delhi 1977, S. 154–160. – A. Niven, *The Yoke of Pity*, New Delhi 1978, S. 105–113. – K. R. Srinivasa Iyengar, *Indian Writing in English*, New Delhi ^{3}1983, S. 331–357.

UNTOUCHABLE

(engl.; *Ü: Der Unberührbare*). Roman von Mulk Raj ANAND (Indien), erschienen 1935. – Mit *Untouchable* verfaßte der in englischer Sprache schreibende Anand seinen ersten und zugleich einen seiner besten Romane. Wie er selbst darlegte, schrieb er die erste Fassung während eines Wochenendes im Jahr 1930 in England nieder, wo er sich damals als Student der Philosophie und der Kunstgeschichte aufhielt. Die episodisch gegliederte Handlung spielt während der britischen Kolonialzeit, offenbar in den zwanziger Jahren dieses Jahrhunderts, in einer nordindischen Garnisonstadt und schildert auf knapp 150 Seiten einen Tag im Leben des achtzehnjährigen Latrinenreinigers Bakha. Beeinflußt von der realistischen Erzählweise Englands (Dickens) und Rußlands (Gor'kij), aber auch vom Bewußtseinsroman Joyce', zeichnet Anand als erster moderner indischer Autor ein zutreffendes und teilweise bewegendes Bild von der Lebenswirklichkeit eines Unberührbaren, der im Gefüge der erstarrten hinduistischen Kastengesellschaft nach menschlicher Anerkennung sucht und sich als vollwertiges Mitglied der menschlichen Gesellschaft begreifen möchte. Dies geschieht auf gradlinig-chronologische Weise ohne Pathos und Sentimentalität.

Untouchable läßt sich in zwei Teile gliedern, deren erster den Vormittag und deren zweiter den Nachmittag eines offenbar beliebigen Tages in Bakhas Leben schildern. Die Kastenlosen leben, von der Gesellschaft verstoßen, am Rande der Stadt unter unwürdigen hygienischen Bedingungen in Lehmhütten, umgeben von Schmutz und Gestank. Anand stellt seine Hauptfigur kontrastierend in diese Welt hinein, indem er Bakha als jungen Mann zeichnet, der sich nach Sauberkeit, nach anständiger Kleidung und nach Bildung sehnt. So wird schon in der ersten Szene der dramatische Konflikt angelegt, der das folgende Geschehen im Roman bestimmt. Immer wieder nämlich stoßen Bakhas Lebenswille und seine Sehnsucht nach Verwirklichung als empfindsamer, hart arbeitender und verantwortungsbewußter Mensch auf den Widerstand der anderen, der Kasteninder zumal, aber auch der eigenen Familie und der Freunde, die sich mit ihrem Schicksal als Ausgestoßene längst abgefunden haben. In einander schnell folgenden Episoden, die den dramatischen Grundton der Erzählung unterstreichen, illustriert Anand das menschenunwürdige Dasein indischer Unberührbarer, denen im wörtlichen Sinne kein Raum zum Leben gewährt wird. Bakha berührt unbeabsichtigt einen Kastenhindu, verunreinigt ihn somit und zieht dessen Beschimpfungen und Schläge auf sich, deren er sich angesichts einer johlenden Menge nicht zu erwehren wagt. Auch der Tempel, dem er sich fast kindlich-naiv und neugierig nähert, bleibt ihm verschlossen. Brahmanen jagen ihn mit Beschimpfungen davon. Zugleich muß er tatenlos miterleben, wie seine Schwester von einem Priester unsittlich belästigt wird. Unberührbare sind nicht nur Schmutz, sondern auch Freiwild. Schließlich gönnt ihm eine Kasteninderin nicht einmal einen Platz zum Ausruhen auf den Treppenstufen ihres Hauses, sondern beschimpft und verflucht Bakha, der ihr Haus nun verunreinigt habe.

Der Autor nutzt diese Vorfälle, um die Problematik der Unberührbaren unmittelbar vor Augen zu führen. Das geschieht erzähltechnisch durch szenische Gestaltung, die freilich durch inneren Monolog, auktoriale Kommentare sowie die Wiedergabe von Erinnerungen und Träumen Bakhas von der Oberfläche bloßen Geschehens weggeführt wird. So entsteht einerseits ein konkretes Bild gesellschaftlicher Zustände und Bezüge, andererseits aber auch eine psychologisch differenzierte Darstellung eines einzelnen, durch den der dokumentarische Charakter des Erzählten erst wirklich verlebendigt wird.

Den zweiten Teil des Romans nutzt Anand nun, konkrete Möglichkeiten anzuvisieren, die es Bakha und mit ihm den Unberührbaren des Landes gestatten, die Bürde der gesellschaftlichen Aussätzigkeit abzuwerfen. Der junge Latrinenreiniger hat sein Tagewerk vollbracht, kann seine Freunde treffen und seinen Nachmittag frei verbringen. Bieten Solidarität und Freundschaft der Unberührbaren untereinander Trost? Liegt in der Menschlichkeit einzelner Hoffnung, etwa in der eines Soldaten, der Bakha mag und ihm einen Hockeyschläger schenkt? Oder bieten bestimmte Ideologien eine Lösung? Ein englischer Missionar bietet Bakha an, sich zum Christentum zu bekehren. Gandhi verkündet die Botschaft von der Gleichheit der Menschen und verlangt die Revolution der Herzen; ein Dichter diskutiert im Anschluß an Gandhis Rede als Alternative den technischen Fortschritt, der mit dem Bau eines Abwassersystems und der Einrichtung von Toiletten mit Wasserspülung die Latrinenreinigung durch Unberührbare überflüssig werden ließe. Wie schon im ersten Teil des Romans erfährt Bakha diese Ereignisse eher passiv. Seine Jugend ebenso wie seine gesellschaftliche Stellung erlauben es ihm kaum, sich mehr als nur emotional mit Christentum und Gandhi, humanem Verhalten und der Idee des technischen Fortschritts auseinanderzusetzen. Doch in dieser Unfähigkeit liegt gerade die Authentizität dieser Figur, so daß der hoffnungsvolle Ausblick des Romans überzeugt: Vielleicht wird es bald eine Revolution der Herzen – und Toiletten mit Wasserspülung geben.

Anand griff mit *Untouchable* ein Thema auf, das in der indischen Literatur bis dahin wenn nicht geradezu tabuisiert, so doch nur sehr diskret behandelt worden war. Eigene Kindheitserlebnisse, die Konfrontation mit einem ganz anderen Menschenbild in Europa und die persönliche Begegnung mit Gandhi bildeten hierzu entscheidende Anstöße, denen der Autor auch in der Folge treu blieb. Angesichts der gesellschaftlichen und politischen Brisanz des Themas reagierten die englischen Verlage freilich nicht unerwartet auf *Untouchable*. Es bedurfte der Ablehnung durch nicht weniger als neunzehn Verleger und der Verfassung eines Vorworts durch E. M. Forster, ehe sich Lawrence & Wishart zur Veröffentlichung bereit erklärte. Der zögernden ersten Reaktion folgte bald eine sehr positive Aufnahme des Romans, der seither in über zwanzig Sprachen übersetzt und weit über zehn

Millionen Mal verkauft wurde. *Untouchable* ist die populärste indische Prosaerzählung. Sie begründete Anands Ruf als Romancier und leitete den Beginn der modernen indo-englischen Romanliteratur ein. Hierzu trug gleichermaßen Wahl und Bearbeitung des Themas wie Anands Versuch, auch sprachlich neue Wege zu gehen, bei. Indem er sich vom Standardenglisch seiner Vorgänger abwandte und durch die Verwendung indischen Sprachmaterials vor allem in den Dialogpartien sowie durch oft wortgetreue Übertragungen aus seiner Muttersprache, dem Panjabi, ein eigenes Idiom zu schaffen bemühte, setzte Anand neue Akzente, die den indo-englischen Roman nachhaltig beeinflußten. Mit Bakha schuf er eine literarische Figur, die in ihrem Anspruch auf Menschlichkeit zugleich den Anspruch auf Humanität überhaupt symbolisierte in einer Zeit, in der sie verlorenzugehen drohte.

D.Ri.

AUSGABEN: Ldn. 1935. – Bombay o.J. – Ldn. 1947. – Toronto 1970. – New Delhi 1981.

ÜBERSETZUNG: *Der Unberührbare*, J. Kalmer, Wien u.a. 1954; ern. Zürich 1984.

LITERATUR: D. Riemenschneider, *An Ideal of Man in A.'s Novels* (in Indian Literature, 10, 1967, S. 29–51). – S. Cowasjee, *So Many Freedoms: A Study of the Major Fiction of M. R. A.*, Calcutta/New Delhi 1977, S. 41–60. – K. R. Srinivasa Iyengar, *Indian Writing in English*, New Delhi [3]1983, S. 331–357. – M. Fisher, *The Wisdom of the Heart: A Study of the Works of M. R. A.*, New Delhi 1985.

ARAVINDA GHOSE

d.i. Śrī Aurobindo

* 15.8.1872 Kalkutta
† 5.12.1950 Pondicherry

LITERATUR ZUM AUTOR:
The Integral Philosophy of Sri Aurobindo: A Commemorative Symposium, Hg. H. Chaudhuri u. F. Spiegelberg, Ldn. 1960. – *Hommage à Sri Aurobindo* (in Synthèses, 1965, Nr. 235, S. 330–471). – O. Wolff, *Sri Aurobindo in Selbstzeugnissen u. Bilddokumenten*, Reinbek 1967 (rm). – *Sri Aurobindo Bibliography*, Hg. V. M. Reddy, Pondicherry. – Rishabchand, *Sri Aurobindo: His Life Unique*, Pondicherry. – K. R. Srinivasa Iyengar, *Indian Writing in English*, New Delhi [3]1983, S. 169–187. – Alphons van Dijk, *European Influences on Sri Arobindo's Thought* (in The Indian P. E. N., Bd. 46, Nr. 1 & 2, S. 8–18).

THE LIFE DIVINE

(engl.; *Ü: Das göttliche Leben*). Hauptwerk des indischen Religionsphilosophen und Dichters ARAVINDA GHOSE, zuerst erschienen 1918–1921 als Folge von Essays in Aurobindos Monatszeitschrift ›Arya‹, überarbeitete und erweiterte Buchausgabe 1939/40. – Aurobindos Religionsphilosophie, die in *The Life Divine* ihren umfassendsten Ausdruck findet, gilt als *»die vollständigste Synthese, die bisher aus dem Genius Asiens und dem Genius Europas verwirklicht wurde«* (R. Rolland). Aurobindo selbst hat in *The Life Divine* allerdings keine Philosophie im herkömmlichen Sinn gesehen, sondern die systematische Niederschrift seiner Yoga-Erfahrung. Auch versteht er das Werk nicht als eine Synthese des indischen und europäischen Genius, also indischer Spiritualität und abendländischer Weltbejahung, sondern als die Versöhnung von Geist und Materie auf der Grundlage der autoritativen Hinduschriften. Dementsprechend stellt er jedem der 56 Kapitel des *Life Divine* ausführliche Zitate aus der ältesten Sanskritliteratur (vornehmlich aus den *Veden* und den *Upaniṣads*) voran und gibt damit zu erkennen, daß eine grundsätzliche Neubewertung und Aufwertung der Welt der Erscheinungen – jahrhundertelang in einer von der Philosophie des Vedanta-Philosophen ŚAṄKARA beherrschten Tradition als Illusion mißachtet – im Rahmen der heiligen Überlieferung geleistet werden könne. Der im *Life Divine* beschriebene Yoga wird im Unterschied zu allem bisherigen Yoga »integral« genannt, weil er beansprucht, alle Dimensionen des Lebens zu integrieren und dem erlösten, »supramentalen« Menschen eine fortdauernde tätige Existenz in der Welt anzuweisen. Das supramentale Wesen, höchste Verwirklichungsstufe, zu der der Mensch bestimmt ist, hat in seinem Selbst die Gegensätze von Individuum und Welt, Personalität und Impersonalität, Meditation und Aktion versöhnt und die Harmonie realisiert, auf die das Universum angelegt ist und die es unvermeidlich aus sich hervorbringen wird.
Der Geist, der sich in der »Involution« in die äußerste Selbstverhüllung der Materie und der Ignoranz begeben hat, bringt sich durch die »Evolution« in den aufeinanderfolgenden Stufen der Materie, des Lebens und des menschlichen Bewußtseins wieder an die Schwelle der Selbstmanifestation. *»Der niedere Begriff des Seins, in dem wir jetzt leben, enthält in sich das Prinzip und die Intention dessen, was ihn überschreitet«*, so daß nun die Entwicklung zur Verwirklichung der supramentalen Übernatur oder zur *»Transformation des Erdbewußtseins«* drängt. Daß die Geburt des Geistes in der Materie das Ziel alles Werdens ist, ist eine vom »Vedānta« (Philosophie der *Upaniṣads* am Ende des *Veda*) vermittelte und in der Yogapraxis erhärtete Einsicht. Die Logik der Dinge gestattet kein Abbrechen der Gottwerdung im Menschen, sondern drängt unaufhaltsam zur größeren Manifestation jenseits der gegenwärtigen Bedingungen der Existenz in der Selbstoffenbarung des trinitarischen *saccidānanda* (Sein-

Bewußtsein-Wonne), denn die ganze Welt ist, wenn auch noch verborgen, göttliche Wonne.
Von der so verstandenen Evolution her wird deutlich, daß sich der »integrale Yoga« des *Life Divine* nicht mehr, wie in der indischen Tradition, auf die individuelle Selbstverwirklichung beschränken kann. Einzelne mögen darin vorangehen, aber in der Konsequenz der Entwicklung liegen das »gnostische Kollektiv« und schließlich die »Spiritualisierung« der ganzen Gesellschaft, aus der dann Nichtwissen, Schmerz, ethische Konflikte und niedere Bedürfnisse wie Ehe, Politik und Arbeit verschwunden sein werden.
Die Interpretation des *Life Divine* wird dadurch erschwert, daß Aurobindo bei der Revision des Werks 1939/40 Erfahrungen seines Yoga verarbeitet hat, die einen geradlinigen und unvermeidlichen Verlauf der Evolution fraglich erscheinen lassen. Aurobindo hatte zunächst das Böse als einen Aspekt im Komplex der Ignoranz erfahren. Demnach schließen die unendlichen Möglichkeiten des Göttlichen in der Involution die Manifestation von Schmerz und Übel ein; sie müssen aber im Verlauf der Evolution von selbst verschwinden, da das göttliche Universum ja nichts als Wonne ist. Bei dem Versuch nun, die individuelle in eine kollektive Selbstverwirklichung zu überführen, stößt Aurobindo aber auf das Böse *(asura)* als eine objektive, anti-evolutionäre Kraft, die in ihrem eigenen Prinzip als »Annex an die herabsteigende Weltordnung« existiert. Das Böse, ebenso unerklärlich wie unübersehbar, läßt sich damit nicht mehr integrieren, d. h. als Element im Evolutionsprozeß begreifen, und die Menschheit steht nun, anstatt unvermeidlich emporgehoben zu werden, vor der Wahl, durch Übernahme hoher mentaler und moralischer Ideale für die Transformation des Erdbewußtseins zu optieren oder sich selbst durch Stagnation und Rückfall als evolutionären Fehlschlag der Natur zu erweisen. K.Do.

Ausgaben: Madras 1918–1921 (in Arya). – Pondicherry 1939/40, 2 Bde. – Pondicherry 1955; 21960.

Übersetzungen: *Das göttliche Leben*, H. Kappes, 3 Bde., Gladenbach 1974/75.

Literatur: K.W. Bolle, *The Persistence of Religion: An Essay on Tantrism and Sri Aurobindo's Philosophy*, Leiden 1965 [Vorw. M. Eliade]. – K. R. Srinivasa Iyengar, *Sri Aurobindo's »The Divine Life«* (in *Perspectives on Indian Prose in English*, Hg. M.K. Naik, New Delhi 1982, S. 104–123).

Anita Desai

* 24.6.1937 Mussoorie

Literatur zur Autorin:
R. Rao, *The Novels of A.D.*, Delhi 1978. – R.S. Sharma, *A.D.*, New Delhi 1981. – M. Prasad, *A.D. the Novelist*, Allahabad 1982.

CLEAR LIGHT OF DAY

(engl.; *Das helle Licht des Tages*). Roman von Anita Desai (Indien), erschienen 1980. – Anita Desais gedanklich wie erzählerisch bisher vielleicht anspruchsvollster Roman greift die bereits 1977 in *Fire on the Mountain* thematisierte Problematik von der Bedeutung der Vergangenheit für die Gegenwart wieder auf. In *Clear Light of Day* geht es freilich nicht nur um das individuelle Verhältnis einzelner Figuren zu ihrer Vergangenheit, sondern auch um die Beziehung zur Geschichte des Landes. Damit reiht sich der Roman in eine in den siebziger Jahren einsetzende Entwicklung der indo-englischen Romanliteratur ein, die der Frage nach der Bedeutung der indischen Geschichte für die Gegenwart zunehmend Beachtung schenkt.
Wie bereits in ihren früher publizierten Werken gliedert Anita Desai auch diesen Roman in mehrere Teile und verwendet hierbei neben unterschiedlichen Erzählperspektiven verschiedene Zeitebenen. Die eigentliche Erzählung spielt an wenigen Tagen im Sommer 1970 in einem alten Haus der Familie Das in Delhi. Hierzu bilden die Kapitel eins und vier die Gegenwartshandlung. In ihren Erinnerungen an Kindheit und Jugend, Familie, Schule und Nachbarschaft rekonstruieren die beiden Schwestern Tara und Bim nach langen Jahren der Entfremdung die gemeinsame Vergangenheit. Tara, die zu Besuch weilt, und Bim, die sich um den geistig zurückgebliebenen Bruder Baba und das Haus kümmert, erkennen, daß es unerläßlich ist, den Doppelcharakter der Zeit, ihre bewahrende wie zerstörerische Kraft, hinzunehmen. Nur wenn die Vergangenheit mit all ihren schmerzlichen Erfahrungen akzeptiert wird, ist der Weg zur eigenen Identität zu finden.
Stellen Eingangs- und Schlußkapitel die inneren Stationen auf dem Weg zu diesem Ziel dar, so bildet das zweite Kapitel einen Rückblick auf die Jahre 1947 und 1948, in denen das Ende einer geschichtlichen Epoche Indiens und der Beginn einer neuen Zeit zu verzeichnen sind, in denen aber auch die Auflösung der Familie Das erfolgt. Die Eltern und eine Tante sterben, Tara und der Bruder Raja heiraten und verlassen das Haus, Bim lehnt einen Heiratsantrag ab und beginnt, sich Baba zu widmen. Noch weiter zurück in die Vergangenheit greift schließlich das dritte Kapitel, aus dem nun erst er-

sichtlich wird, wie das gestörte Verhältnis der Eltern zu ihren Kindern und deren Entfremdung voneinander beschaffen war. Zum Schluß versöhnt die beiden Schwestern die Offenheit ihrer Vergangenheitsbewältigung. Bim gesteht Tara zu, daß sie nicht nur selbstlos Pflichten übernommen hat und deshalb auf das persönliche Eheglück verzichtete, sondern daß ihr Handeln auch als ein Akt der Liebe für die anderen verstanden werden kann. Tara dagegen, von Schuldgefühlen getrieben, erkennt, daß Bim längst keine Vorwürfe mehr an sie richtet.
Neben dieser versöhnlichen, doch durchaus einsichtig gestalteten Konfliktlösung übersieht Anita Desai freilich nicht, daß Frauen auch weiterhin Opfer der Gesellschaft sind. So schildert sie am Schicksal der Tante Mira, die als Fünfzehnjährige verwitwet, von den Angehörigen verstoßen und als Last empfunden, von der Familie Das aufgenommen wird und schließlich als Alkoholikerin endet, wie gnadenlos die orthodoxe indische Gesellschaft mit alleinstehenden Frauen umgehen kann. Auch die Mutter scheint kaum in der Lage, ihr Leben befriedigend gestalten zu können, denn sie verbringt einen Großteil der Zeit kartenspielend im Club. Die Nachbarinnen dagegen, allzu jung verheiratet, werden bald von ihren Männern vernachlässigt und vegetieren unbeachtet und verspottet dahin. Keinem Mann wird ein ähnliches Schicksal zuteil, im Gegenteil: der zurückgebliebene Baba wird über Jahrzehnte von seiner Schwester versorgt und Raja konnte stets tun und lassen, was er wollte.
Mit *Clear Light of Day* gelingt es der Autorin, Wege aufzuzeigen, wie indische Frauen trotz der ihnen von einer traditionellen Gesellschaft immer noch weitgehend aufgezwungenen Rollen zur eigenen Identität und Selbstverwirklichung finden können. Eine der entscheidenden Hürden, die es hierbei zu überwinden gilt, liegt darin, die Isolation voneinander zu durchbrechen. Nur in der Bereitschaft, über sich selbst, die eigenen Ängste, Schmerzen, Frustrationen und Hoffnungen offen zu sprechen, liegt die Möglichkeit der Selbstbefreiung. Der Roman beeindruckt durch seine innere Geschlossenheit, die thematische Auflösung und die Charakterstudien, aber auch durch eine assoziative Erzähltechnik, die die komplexe Wirklichkeit einfängt, von einer Figur zur anderen überleitet und ein dichtes Netz menschlicher Beziehungen webt. Der zeitgenössische Hintergrund wird funktional in die Familiengeschichte einbezogen und verleiht ihr eine umgreifendere Symbolik. Die Jahre der Unabhängigkeit Indiens, die Moslemkultur Delhis, die Atmosphäre der christlichen Schulen oder auch die Welt Alt-Delhis mit seiner trägen, allmählich verfallenden Kultur verleihen hierbei der Erzählung jenen sinnlich-anschaulichen Hintergrund, der den Roman nicht nur als Geschichte zweier indischer Frauen ausweist, sondern auch als ein Dokument des wohl wichtigsten Umbruchs in der indischen Geschichte seit der Mitte des 19. Jh.s. *Clear Light of Day* hat zum Ansehen Anita Desais als einer der eindrucksvollsten indischen Autorinnen der Gegenwart beigetragen. D.Ri.

AUSGABEN: Ldn. 1980. – New Delhi 1980.

LITERATUR: D. Riemenschneider, *History and the Individual in A. D.'s »Clear Light of Day« and Salman Rushdie's »Midnight's Children«* (in WLWE, 23, 1984, Nr. 1, S. 196–207).

FIRE ON THE MOUNTAIN

(engl.; *Ü: Berg im Feuer*). Roman von Anita DESAI (Indien), erschienen 1977. – Die Romane und Kurzgeschichten der indischen Autorin Anita Desai lassen sich in doppelter Weise als repräsentative Werke der indo-englischen Erzählliteratur der jünsten Zeit begreifen. Zum einen setzt mit ihnen die eigentliche Entwicklung der modernen indo-englischen Frauenliteratur ein, die sich in den siebziger Jahren breit entfaltet. Zum anderen verstärken und untermauern sie die Tendenz indo-englischer Autoren, sich von den großen, nationalen Themen der Literatur der vorangegangenen Epoche abzuwenden und sich mit der Individualität junger, vereinzelter städtischer Menschen zu beschäftigen. Auch in *Fire on the Mountain* porträtiert Anita Desai wie in ihren vier vorangegangenen Romanen indische Frauen. Im Gegensatz zu *Cry, the Peacock* (1963) oder *Where Shall We Go this Summer?* (1975) stehen hier aber nicht verheiratete Frauen und die Problematik ihrer Rollenidentität im Mittelpunkt, sondern zwei ältere, alleinlebende Frauen und ein Mädchen. Damit erweitert die Autorin zum ersten Male ihr Spektrum und lenkt den Blick auf die Frage nach der Lebensbewältigung alleinstehender Frauen im heutigen Indien.
Der Roman ist in drei Teile gegliedert und umfaßt eine erzählte Zeit von nur wenigen Tagen. *Nanda Kaul at Carignano* porträtiert eine alte Frau, die sich nach dem Tod ihres Mannes in die Einsamkeit der Berge des Himalaja zurückgezogen hat, um hier, zum ersten Male in ihrem Leben, ganz den eigenen Bedürfnissen genügen zu können. Natur, Ruhe und Einsamkeit sollen ihr helfen, immer größeren Abstand zur Vergangenheit zu finden, die durch Lärm, Hektik, Arbeit, Gewalt und die Ansprüche ihrer Familie gekennzeichnet war. Doch ihr Leben im eigenen Haus erscheint plötzlich bedroht, als ihre Urenkelin Raka eintrifft, die aus einer zerrütteten Familie fortgeschickt wird, um Erholung zu finden. *Raka Comes to Carignano* schildert das Verhältnis zwischen Nanda Kaul und Raka, das paradoxerweise die alte Frau verunsichert, weil Raka sie offen ablehnt. Alle Versuche Nandas, das junge Mädchen für sich zu gewinnen, scheitern. *Ila Das Leaves Carignano* führt eine dritte weibliche Figur ein, die alte, unverheiratete und völlig verarmte Ila Das, die Nanda aus ihrer Jugendzeit kennt. Nach einem Besuch bei Nanda, bei dem Ila nostalgisch in Erinnerungen schwelgt, wird sie auf dem Heimweg vergewaltigt und ermordet. Nanda erfährt die erschütternde Nachricht, während der Berg in einer Feuersbrunst versinkt, die Raka herbeigeführt hat.

Fire on the Mountain kontrastiert Vergangenheit und Gegenwart im Leben zweier alter indischer Frauen. Während Nanda Kaul versucht, ganz in der Gegenwart aufzugehen, um die Vergangenheit zu vergessen, klammert sich Ila Das an die Vergangenheit, denn zu schmerzlich erniedrigend ist für sie die Gegenwart. Doch beide Frauen scheitern schließlich. Nanda erzählt ihrer Urenkelin von ihrem Vater und ihrer glücklichen Kindheit, will Vergangenes also durchaus auch positiv sehen und erreicht dennoch nicht ihr Ziel, Raka für sich einzunehmen. Ilas Erinnerungen enthalten dagegen durchaus unübersehbare Verweise auf erfahrene Gewalt – eine Gewalt, die sie schließlich in der Gegenwart einholt und zerstört. Während sich für sie die Wahrheit als tödlich erweist, gesteht sich Nanda ein, ihr augenblickliches Leben auf Lügen aufgebaut zu haben. So entwickelt Anita Desai aus der Porträtierung zweier einsamer, alter Frauen die Frage nach der Bedeutung der Vergangenheit für die Gegenwart, eine Frage, die im Zentrum des folgenden Romans, *Clear Light of Day* (1980), stehen wird. Zugleich läßt die Autorin freilich offen, welche Möglichkeiten der Selbstverwirklichung sich Frauen vom Typ Nanda Kauls oder Ila Das' in Indien bieten. Beide finden keine Antwort, stehen möglicherweise noch allzusehr in der Tradition einer Gesellschaft, die ihnen nie die Möglichkeit geboten hat, nach eigenen Wegen zu suchen. *Fire on the Mountain* spiegelt damit auch das Dilemma der indo-englischen Autorinnen wider, trotz Zweifeln an den vorgegebenen Frauenrollen Alternativen aufzeigen zu können. Das Symbol des Feuers, das zugleich das Tote vernichtet und die Seele reinigt, verweist noch nicht auf das, was folgen wird. Und auch die Gestalt der Raka birgt – wenn sie als völlig sich selbst genügend, die Einsamkeit der Geselligkeit vorziehend und fasziniert von der Welt der Berge gezeichnet wird – weniger das Potential einer sich von allen Zwängen befreienden Frau, als daß sie als Katalysator eingesetzt wird: Ihre Zurückweisung der Urgroßmutter veranlaßt diese, der Wahrheit ins Auge zu sehen; daß sie von der Macht des Feuers gefangengenommen wird und den Berg in Flammen setzt, unterstreicht diesen Aspekt.

Anita Desai ist mit ihrem Roman eine eindrucksvolle Studie der Welt zweier indischer Frauen gelungen, die nicht nur deren Dilemma überzeugend vor Augen führt, sondern auch die Fähigkeit der Autorin aufzeigt, einfühlsam, genau beobachtend und beschreibend psychische und emotionale Prozesse darzustellen. Dies geschieht sprachlich auf äußerst sinnlich-anschauliche Weise, indem immer wieder symbolische Bezüge zwischen Innen und Außen, Seele und Natur hergestellt werden. Die Kritik hat überwiegend positiv auf Anita Desais Werke reagiert, wobei *Fire on the Mountain* eine zweifache Auszeichnung durch den Winifred Holtby Memorial Preis der Royal Society of Literature und den Sahitya Akademi Award erfahren hat.

D.Ri.

AUSGABEN: Ldn. 1977. – NY 1977. –Ldn. 1982.

ÜBERSETZUNG: *Berg im Feuer*, H. Pfetsch, Mchn. 1986.

LITERATUR: V. K. Sunwani, *Carignano – A Quiet Place* (in Journal of Literary Studies, 2, 1979, S. 79–92). – R. Schostack, Rez. (in FAZ, 26. 6. 1986).

GOVINDAS VISHNUDAS DESANI

* 8.7.1909 Nairobi / Kenia

ALL ABOUT H. HATTERR

(engl.; *Alles über H. Hatterr*). Roman von Govindas Vishnudas DESANI (Indien), erschienen 1948. – Desani leistete mit seinem einzigen Roman einen außergewöhnlichen Beitrag zur indo-englischen Erzählliteratur, indem er nicht wie seine Zeitgenossen Mulk Raj ANAND, R. K. NARAYAN oder Raja RAO auf realistische Weise, sondern in der Form einer Parabel der Frage nach der Möglichkeit eines sinnerfüllten Lebens nachgeht. Aus der Sicht Hatterrs, eines geistig-spirituellen Wanderers zwischen Orient und Okzident, schildert Desani erzähltechnisch-formal wie sprachlich einzigartig in der bis dahin vorliegenden indo-englischen Romanliteratur die Bemühungen seines Helden darum, das Gesetz des Lebens zu erforschen, so daß er sich gegen alle Schicksalsschläge wappnen kann.

Hatterr erläutert zunächst, daß er seine Autobiographie niedergeschrieben habe, um selbst hieraus zu lernen, aber auch um aufzuzeigen, daß das Leben letztlich unergründlich ist. Um dies zu illustrieren, verknüpft er in sieben Kapiteln jeweils drei verschiedene Zugriffe auf die Wirklichkeit. Zunächst schildert er seine Begegnungen mit einer Reihe von weisen Männern, die ihm sehr unterschiedliche Ratschläge mit auf den Weg geben, mit deren Hilfe er sein Leben meistern möge. Diesen »Anweisungen« betitelten Teilen folgen die jeweiligen »Präsumtionen«: Hatterr versucht in ihnen, moralische Schlüsse aus den Lehren der weisen Männer zu ziehen. Schließlich folgt der dritte und längste Abschnitt der jeweiligen Kapitel, in denen eine Umsetzung der Anweisungen erfolgt. Unglücklicherweise negiert die Lebenspraxis, verneinen die *»life-encounters«* stets, was Hatterr für bare Münze genommen hatte. Die desillusionierenden Erfahrungen mit der Wirklichkeit münden schließlich in den meisten Kapiteln in Reflexionen oder einen philosophischen Diskurs Hatterrs mit seinem Freund Banerrji. Dieser bietet ihm als Lösung aller seiner Probleme die Weisheit der großen europäischen

Denker und Dichter an. Doch Hatterr erkennt allmählich, daß weder der »praktische« Orient noch der »weise« Okzident ihm die Wahrheit vermitteln können, nach der er sucht.
Was auf den ersten Blick wie ein ungeordnetes Nebeneinander verschiedener Lebensmaximen und ernüchternder Lebenserfahrungen aussieht, erweist sich in der Sequenz der Ereignisse als Fortgang der Hatterrschen »Queste«. Das findet bereits seine symbolische Entsprechung in der Folge von Hatterrs Begegnungen mit den Weisen, die ihn, im Uhrzeigersinne voranschreitend, von Kalkutta über Rangun, Madras, Bombay und Delhi bis in den Himalaja führen, jenem »Ort«, wo die Götter wohnen und wo man sich ihnen und ihrer Weisheit am nächsten fühlen kann. In gleicher Weise führen Hatterr die *»life-encounters«* zu immer umfassenderer Einsicht in das Wesen der Welt. Er lernt auf schmerzliche Weise, daß unser sinnliches Erkenntnisvermögen uns einen nur sehr unzureichenden Einblick in die Wirklichkeit des Seins vermittelt und daß der Sexualtrieb als Urtrieb des Menschen durchaus nicht allein Welt erschafft. Gleichermaßen ist das Dasein weder ausschließlich durch Meditation zu ertragen noch durch ungezügelte Anhäufung materiellen Besitzes. Immer wieder erweist sich das Leben als genau das Gegenteil dessen, was Hatterr sich hierunter vorstellt, so daß er den Gegensatz, *»contrast«*, als bestimmendes Seinsgesetz erkennt. In den abschließenden Episoden gilt die Aufmerksamkeit des Helden nun der Frage, auf welchem Gesetz diese erfahrene Dualität gründet: Macht sich ein göttliches Wesen einen Scherz daraus, die Menschen an der Nase herumzuführen? Verkleidet sich das Böse als Gutes, als Wahrheit, um Gott in seinem Plan ins Handwerk zu pfuschen? Oder »reguliert« gar der Zufall, das Schicksal, *kismet*, den Lauf der Dinge? Hatterr findet keine Antwort und begnügt sich damit, das Leben so hinzunehmen, wie es ist. Damit zeigt *All About H. Hatterr* seine Nähe zur Existenzphilosophie, wie Desani sie während seines Aufenthalts in Europa in den vierziger Jahren wohl kennengelernt hatte. Meditation und mystische Versenkung, die sich Hatterr in einer Episode ebenfalls als Möglichkeit der Wirklichkeitsbewältigung bieten, werden hier noch zurückgewiesen. Desani sollte sich ihnen erst nach seiner Rückkehr nach Asien widmen, wo er in den fünfziger und sechziger Jahren in verschiedenen Klöstern lebte, sich der Philosophie zu- und von der Schriftstellerei abwandte.
All About H. Hatterr variiert auf ganz eigene Weise eins der zentralen Themen indischen Denkens, das der menschlichen Selbstverwirklichung. Das geschieht philosophisch eher auf westliche denn indische Weise, erzählerisch dagegen weniger in der europäischen Tradition des Romans oder der Autobiographie als in der für die indische Literatur typischen Form der Lehrerzählung und des philosophischen Diskurses. Sprachlich schließlich schuf Desani mit diesem Buch seinen eigenen Stil, das »Hatterresische«, eine Mischung aus britischem Slang, Umgangsenglisch, indischem Englisch, Übersetzungen und Wortmaterial aus indischen Sprachen, SHAKESPEAREscher Rhetorik und Neuprägungen. Hatterrs Sprache erscheint zunächst oberflächlich, ja zynisch, doch hinter ihr verbirgt sich die Sensibilität des Betroffenen, des Leidenden und Suchenden, der immer wieder die eigene Begrenztheit und die Unzulänglichkeit der Wirklichkeit erfahren muß. Die aus Sprache und Haltung erwachsende Spannung wird oft in Komik, Witz, Absurdität und Farce aufgelöst und läßt so den Roman zu einer außerordentlich unterhaltsamen Lektüre werden. Hierin und in Desanis Stiloriginalität hat die europäische Kritik vor allem den literarischen Rang von *All About H. Hatterr* gesehen, während die indische Rezeption erst in den letzten Jahren eingesetzt hat und sich erwartungsgemäß vorwiegend mit dem inhaltlichen Problem des Buches beschäftigt. Desanis Roman hat erst in jüngster Zeit in der indo-englischen Erzählprosa Nachwirkungen gezeitigt, so etwa in Salman RUSHDIES *Midnight's Children*, 1981 *(Mitternachtskinder)*, oder Amitav GHOSHS *The Circle of Reason* (1986).

D.Ri.

AUSGABEN: Ldn. 1948. – NY 1970. – Ldn. 1972 [Nachw. G. V. Desani].

LITERATUR: S. C. Harrex, *The Fire and the Offering*, Bd. 2, Kalkutta 1978. – M. Ramanujan, *G. V. D.*, New Delhi 1980. – M. K. Naik, *The Method in the Madness: A Thematic Analysis of »All About H. Hatterr«* (in *Perspectives on Indian Fiction in English*, Hg. ders., New Delhi 1985, S. 104–118). – D. Riemenschneider, *»All About H. Hatterr« and the Problem of Cultural Alienation* (in Literary Criterion, 20, 1985, Nr. 2, S. 23–35).

MICHAEL M. DUTT

eig. Maikel Madhusūdan Datta

* 25.1.1824 Sagardari
† 29.6.1873 Kalkutta

CAPTIVE LADIE. An Indian Tale

(engl.; *Die gefangene Prinzessin. Eine indische Erzählung*). Verserzählung von Michael M. DUTT (Indien), erschienen 1849, ursprünglich zur Veröffentlichung im ›Madras Circulator and General Chronicle‹ bestimmt. – Die beiden Cantos des Werkes gliedern sich in Strophen von unterschiedlicher Länge, die aus gereimten Verspaaren mit vierhebigen Jamben bestehen, aber durch metrische Modifikationen stellenweise einen lebhafteren Rhythmus erhalten. In Thema und Aufbau kommt die »Erzählung«, wie Dutt sein Werk nennt, eher

dem Typ des Heldengedichts nahe, erweitert doch der Autor mit epischer Breite und reichem Dekor die Hauptdarstellung, die aus der Zeit kurz vor der berühmten Expedition Mohammeds von Ghizni tradiert ist. Nach dieser Überlieferung demonstriert der König von Kanoje seine Macht durch ein prunkvolles Siegesfest, um die Huldigung der indischen Prinzen zu empfangen. Nur der Herrscher von Delhi verweigert durch sein Fernbleiben dem Gastgeber die Anerkennung der gewaltsam erlangten Würde eines Oberherrn, da nach altem Herkommen dieses Amt exklusives Privileg des Königshauses von Delhi war. Der Sage nach dringt dieser Hindukönig mit seinen Gefährten am letzten Tag des Festes heimlich in den Palast ein und raubt eine königliche Prinzessin, um deren Hand er bisher vergeblich geworben hatte. Die Entführer werden jedoch gezwungen, die Prinzessin wieder auszuliefern; sie wird nun auf einer einsamen Burg streng bewacht, von wo der verwegene Liebhaber in der Verkleidung eines indischen Troubadours sie abermals entführt. Diese Beleidigung kann der Herrscher von Kanoje nie verzeihen, und als das Delhireich von Mohammed von Ghizni überfallen wird, versagt er dem König von Delhi jegliche Hilfe und führt so mittelbar dessen tragisches, wenn auch heroisches Ende herbei.
Dutt weicht von der Überlieferung insofern ab, als in seiner Darstellung die Prinzessin bereits vor dem Siegesfest als Gefangene auf der Burg weilt. Mit dem Stimmungsbild eines friedlichen Abends erhält die Erzählung einen romantischen Auftakt, während sich im Kontrast dazu die Schilderung der Siegesfeier in einer Bilderfülle von glühender orientalischer Pracht entfaltet. In zahlreichen Gesprächen wird die Sagenwelt des Hindu-Pantheon lebendig, die stellenweise eine überraschende Ähnlichkeit mit der griechischen Mythologie aufweist. So entspricht Swargas himmlischer Wohnsitz dem Olymp der Hellenengötter, der Jüngling Kama dem griechischen Eros. Auch die Gestalt des Bhât mit der Leier (eine indische Version des Troubadour) erinnert an die europäische Tradition. In seiner sehr gewählten Sprache gibt der Autor traditionellen poetischen Wendungen neue Bedeutungen: So erscheinen z. B. bekannte Metaphern wie Blumen oder rauschende Blätter nicht als Bilder des Glücks, sondern als Ausdruck der Sorge. J.Ke.

Ausgabe: Madras 1849.

Literatur: K. R. Srinivasa Iyengar, *Indian Writing in English*, Bombay 1962, S. 35/36.

SUDHIN N. GHOSE

eig. Sudhīndranāth Ghoṣ
* 30.7.1899 Burdwan / Indien
† 1965

THE VERMILION BOAT

(engl.; *Das zinnoberrote Boot*). Roman von Sudhin N. Ghose, erschienen 1953. – Unter den in englischer Sprache geschriebenen Romanen indischer Autoren ist *The Vermilion Boat* ein seltenes Beispiel ironisch-verspielten Erzählens teils realistischer, teils phantastischer Motive. Daß S. N. Ghose – wie der indische Literarhistoriker K. R. S. Iyengar andeutet – dem Vorbild von James Joyce gefolgt sei und sich vor allem an die von diesem geschaffene Romanfigur Stephen Dedalus angelehnt habe, ist wegen der langjährigen Tätigkeit des Autors als Dozent in England nicht unwahrscheinlich; in dem vorliegenden Roman weist jedoch die Art, wie S. N. Ghose die Realität behandelt und sie nahtlos in Traum- und Symbolwelten übergehen läßt, mehr auf den von Rabīndranāth Tagore in seinen Kurzerzählungen gehandhabten Erzählstil. Überdies gehört der Ich-Erzähler, ein skurriler Held überraschender Abenteuer, dem gleichen Typ an wie der Titelheld des von Sharatchandra Chatterjee (d. i. Śaraccandra Caṭṭopādhyāya, 1876–1933) verfaßten Romans *Śrīkānta*, in dem das Absonderliche des bengalischen Individualismus literarischen Ausdruck gefunden hat. Aber sowohl die Fabel – es handelt sich um eine Beichte, die ein bengalischer Student über seine Liebeserfahrungen mit einer Anglo-Inderin, seiner Lateinlehrerin, ablegt – als auch die Selbstironie, mit der er seine Empfindungen und Erlebnisse beschreibt, unterscheiden sich im Stoff, in der Thematik und in der Darstellungsweise durchaus von anderen modernen indischen Erzählwerken.
Bei den Ereignissen, von denen er berichtet, bieten sich dem Autor zahlreiche Anknüpfungspunkte zur Einblendung von Erinnerungen, Assoziationen, Träumen, symbolhaften Gestalten und Begebenheiten. In breit ausgesponnener Erzählweise schildert S. N. Ghose, wie der Held in dem alten, geschichtsträchtigen Haus der Großmutter in (der damals noch französischen Kolonie) Chandernagor bei Kalkutta seine Kindheit verbringt; dann folgen die Studienjahre in Kalkutta zur Zeit des Nationalistenführers Subhas Chandra Bose (1894–1945?), wobei zu vermerken ist, daß der Autor mit dem Mentor Boses, dem Politiker Rāsbihārī Ghoṣ, verwandt war. Ausführlich beschrieben werden ferner die kommunistische Agitation in den Jahren 1934–1940, die Aktivität der (jainistischen) Sekte des Rama Svami, der beabsichtigte, Raubtiere zu Pflanzenfressern umzuzüchten, sowie der fiktive Schlangenkult im Tempel der Göttin

Manasā in Kalkutta und in dem am Ausfluß des Hoogly (auch »Hugli«, westlicher Mündungsarm des Ganges) ins Meer gelegenen Dorf Jater Dol. – In diesem Rahmen vollzieht sich stufenweise die Entwicklung des Ich-Erzählers, der als Kind ein zinnoberrotes Spielzeugschiff geschenkt bekam, das er auf einem Teich, in dem es von giftigen Wasserschlangen wimmelte, schwimmen ließ, und der am Ende des Romans in einem kleinen zinnoberroten Ruderboot auf der stürmischen See untergehen will, doch von einem der Göttin Manasā geweihten Delphin gerettet wird. Die Erschließung dieses Leitsymbols als Sinnbild der Jugend erfolgt durch den eingeschobenen (und veränderten) Mythos von der Göttin Manasā (vgl. *Manasāmaṅgala*), in dem der Kaufmann Chand zu der Einsicht geführt wird, daß der Fromme auch in einer Welt des Unheils die Pflicht hat, froh und glückselig zu sein, denn *»Freudlosigkeit bedeutet Gottlosigkeit«*. Das zinnoberrote Boot zerbricht zwar am Ende der Erzählung, aber der Erzähler gewinnt dafür die *»Fülle der freudevollen Existenz«* des Mannes.
Ghoses teils verschlüsselte, teils offen-ironische Darstellung verehrter Gestalten, Institutionen und allgemein anerkannter Werte der Gesellschaft in Bengalen hat ihm viele Feinde gemacht und dazu beigetragen, daß er seine Professur an der von Rabīndranāth Tagore gestifteten Universität in Śāntiniketan aufgeben mußte. P.G.

AUSGABE: Ldn. 1953.

LITERATUR: K. R. Srinivasa Iyengar, *Indian Writing in English*, Bombay 1962, S. 322–324. – M. E. Derret, *The Modern Indian Novel in English*, Brüssel 1966. – H. Ghoshal, *S. G. in London* (in Shakti, 3, 1966, Nr. 4). – Ders., *In Search of a New Novel: A Study of S. G.* (ebd., Nr. 11). – L. Ray, *Dr. S. Ghosh: An Obituary* (in The Indian P. E. N., 32, 1966). – D. McCutchion, *Indian Writing in English*, Kalkutta 1969. – Sh. A. Narayan, *S. N. G.*, Delhi 1973 [m. Bibliogr.].

RUTH PRAWER JHABVALA

* 7.5.1927 Köln

HEAT AND DUST

(engl.; *Ü: Hitze und Staub*). Roman von Ruth Prawer JHABVALA (Indien/England), erschienen 1975. – Seit ihrem 1955 erschienenen Erstlingswerk *To Whom She Will* (*Ü: Amrita und Hari*, 1956) hat Ruth Prawer Jhabvala – in Köln als Tochter polnisch-jüdischer Eltern geboren, 1939 nach England emigriert, dort aufgewachsen und mit einem Inder verheiratet – eine Anzahl von Romanen und Kurzgeschichten in englischer Sprache geschrieben, die in den Erfahrungen einer Europäerin wurzeln, die viele Jahre ihres Lebens in Indien verbracht hat (u. a. *Esmond in India*, 1957; *A Backward Place*, 1965). Sie alle stellen einen interessanten Beitrag zur englischsprachigen Weltliteratur dar, die sich mit der Begegnung unterschiedlicher Kulturen beschäftigt, und lassen sich zwischen zwei literarischen Traditionen ansiedeln. Mit der anglo-indischen, die durch Autoren wie Rudyard KIPLING, E.M. FORSTER oder, in jüngerer Zeit, M. M. KAYE oder Paul SCOTT verkörpert wird, verbindet Jhabvalas Erzählen die Sichtweise des europäischen Betrachters, der von außen beobachtend und beschreibend die Faszination und Fremdheit der gesellschaftlichen Wirklichkeit Indiens zu begreifen sucht. Eine Brücke zur indo-englischen Tradition, der englischsprachigen Literatur indischer Autoren, schlägt Jhabvalas Werk dagegen mit seiner ins Detail gehenden, präzisen und authentischen Schilderung des indischen Alltags, seiner Menschen und dem stetig wiederkehrenden Thema des Kulturkonflikts. So nimmt die europäisch-indische Schriftstellerin eine Mittlerposition ein, die in der Erzählhaltung einer »Outsider-insider«-Doppelperspektive zum Ausdruck kommt.
Immer erneut kreisen die indischen Geschichten Jhabvalas um die Frage, ob und auf welche Weise eine kulturelle Verständigung zwischen europäischem und indischem Denken, Empfinden und Handeln möglich ist. Ihre Charaktere sehen sich vor die Herausforderung gestellt, angesichts aufeinandertreffender unterschiedlicher Wertvorstellungen und Verhaltensweisen ihre Identität zu finden und zu wahren. Meist spielt das Geschehen im Milieu der oberflächlich anglisierten städtischen Mittelschicht Indiens, das die Autorin selbst so gut kennt, und in dem europäisches und indisches Denken nebeneinander existieren oder miteinander in Konflikt geraten, in einen Konflikt, der Inder wie dort lebende Europäer gleichermaßen erfaßt.
Heat and Dust, Jhabvalas achter und bislang bekanntester Roman, der 1975 mit dem Booker Prize ausgezeichnet wurde, setzt diese thematische Tradition fort. Zugleich bietet sein Geschehen eine interessante Variante, denn er bezieht neben der Gegenwart auch die Vergangenheit mit ein. Das Bild einer in dürftigen Verhältnissen lebenden unteren Mittelschicht des inzwischen unabhängigen Landes wird verknüpft – und kontrastiert – mit einem Porträt des Kolonialbeamtentums während der britischen Herrschaft in den zwanziger Jahren und einem Blick auf das in feudalistischem Luxus erstarrte Leben eines indischen Kleinfürsten. Das Geschehen wird aus der Sicht von zwei jungen englischen Frauen geschildert, die sich mit einer ihnen völlig unvertrauten Welt konfrontiert sehen, sich allmählich Zugang zu ihr verschaffen und schließlich persönliche Entscheidungen treffen, die ihr Leben in eine neue Richtung lenken. Der Autorin geht es also in *Heat and Dust* gleichermaßen um

eine kritische Schilderung der Verhältnisse europäischer/englischer Menschen zu Indien und um die Gestaltung der Möglichkeit individueller Identitätsfindung durch die Erfahrung einer anderen Kultur.

Ausgangspunkt des Romans ist die Reise einer namenlos bleibenden jungen Engländerin nach Indien, um hier in Satipur, einer kleinen Provinzstadt im Norden, den Spuren Olivias nachzugehen, der ersten Frau ihres Großvaters Douglas Rivers, der nahezu drei Jahrzehnte als Kolonialbeamter in Indien gelebt hatte. Bald nach ihrer Ankunft in Satipur war Olivia eine Liebesbeziehung mit dem Nawab von Khatm eingegangen, einem Muslimfürsten, der unweit der Provinzstadt über einen kleinen Staat herrschte. Obwohl sie glücklich verheiratet schien, den Luxus genoß, den nur das koloniale Indien den englischen Memsahibs bot, und im kleinen Kreis ihrer Landsleute geachtet und beschützt lebte, hatte sie sich der Persönlichkeit des Nawab und des Reizes seiner Welt nicht entziehen können. Ein Kind, das sie offenbar von ihrem Geliebten erwartete, ließ sie abtreiben, um dann, nach kurzem Aufenthalt in der kleinen englischen Krankenstation, Douglas und der anglo-indischen Gesellschaft endgültig den Rücken zu kehren. Der Nawab schenkte ihr ein Haus in den Bergen, in dem sie bis zu ihrem Tode 1959 lebte, ohne England wiederzusehen.

Diese Geschichte rekonstruiert die junge Besucherin und Ich-Erzählerin mit Hilfe der ausführlich und sehr persönlich gehaltenen Briefe, die Olivia vor allem in dem ereignisreichen Jahr 1923 ihrer Schwester Marcia in Frankreich geschrieben hatte. Dabei versetzt sich die Erzählerin so unmittelbar in die Gedanken- und Empfindungswelt Olivias, daß ihre Schilderung nicht etwa die Form eines Briefromans annimmt, sondern zur Erzählung einer allwissenden Beobachterin wird. Unterbrochen wird der Ablauf des rund ein halbes Jahrhundert zurückliegenden Geschehens immer wieder von den Tagebucheintragungen der Erzählerin, die sich, ganz wie Olivias Geschichte, über nur wenige Monate hinweg erstrecken und ihre eigenen Eindrücke und Erlebnisse in Indien wiedergeben. Im Mittelpunkt stehen vor allem Begegnungen mit Menschen, Engländern wie Indern, die allmählich bewirken, daß sich die Erzählerin dem Land immer weiter öffnet, ja bald glaubt, es zu verstehen und mit ihm zu verschmelzen. Auch sie geht eine intime Beziehung ein und erwartet das Kind eines Inders; doch sie entschließt sich, es zur Welt zu bringen, und zwar an jenem Ort, an dem Olivia ihr Leben in zunehmender Einsamkeit verbracht hatte.

Trotz zeitbedingter Unterschiede verbindet beide Protagonistinnen eine Reihe von Grunderfahrungen, die sie zu ganz ähnlichen Reaktionen herausfordern. Physisch und psychisch werden sie auf fast unerträgliche Weise belastet durch die Hitze des indischen Sommers und den durch alle Ritzen dringenden Staub, durch das unattraktive Erscheinungsbild von Stadt und Natur, den nur von wenigen Festen unterbrochenen ereignislosen Ablauf der Tage, den unauflösbar scheinenden Zyklus von Geburt und Tod und die hiermit offenbar einhergehende Erfahrung von Frustration und Sinnlosigkeit des Lebens. Sie müssen sich entscheiden, wie weit sie sich dem Land ausliefern können, ohne sich zu verlieren, und wagen schließlich den Schritt, die eigene Welt hinter sich zu lassen. Doch Olivias Schicksal, das den Nawab im Verlauf der Jahre weniger und weniger kümmert, und die ungewisse Zukunft der Erzählerin erwecken Zweifel daran, ob Indien ihnen zu einem erfüllten Leben verhilft.

Heat and Dust ist von unebener literarischer Qualität. Jhabvala überzeugt in den Passagen, die der Gegenwart gewidmet sind. Hier werden ihre Menschen lebendig und die Konflikte, in denen sie stehen, anschaulich und glaubwürdig. Weit weniger gut gelingt ihr die Zeichnung des britischen Indiens. Mit Ausnahme Olivias vermag sie keiner ihrer Figuren individuelle Statur zu verleihen. Alle spielen Rollen, die ihnen die Autorin zuweist und die zudem zum Repertoire anglo-indischen Erzählens gehören. Weder der pflichtbewußte, Pfeife rauchende und seine Frau sorgsam von Indien fernhaltende Beamte Douglas oder der sensible Arzt, der sich seine eigene Philosophie zurechtgezimmert hat, noch der änigmatische, teils verworfen, teils mit allergrößtem Charme handelnde indische Fürst mit seinem dekadenten Gefolge oder die unberechenbare Mutter stellen mehr als Typen dar, die oft in die Nähe der Karikatur geraten. Zweifellos dienen sie der Autorin auch als Zielscheibe ihrer satirischen Absichten. Damit nehmen sie aber dem Akt der Rebellion Olivias jene Ernsthaftigkeit, die ihm doch offenbar zukommen soll.

Heat and Dust ist, nicht unerwartet, von der europäischen Kritik überwiegend positiv aufgenommen worden, von der indischen dagegen kritisch bis ablehnend. Trotz seiner zweifellos authentisch geschilderten Abschnitte vermag sich der Roman in der Gestaltung des so komplexen Verhältnisses von Europa und Indien nicht wirklich vorgefaßter Bilder zu entledigen und bleibt so weit hinter einem Werk wie E. M. Forsters *Passage to India* zurück. D.Ri.

AUSGABEN: Ldn. 1975. – NY 1977.

ÜBERSETZUNG: *Hitze und Staub*, U. Roy-Siefert, Stg. 1986.

VERFILMUNG: England 1983 (Regie: J. Ivory; Buch: R. Prawer Jhabvala).

LITERATUR: V. A. Shahane, *R. P. J.*, Delhi 1976 und 1983. – Y. Gooneratne, *Silence, Exile and Cunning*, Delhi 1983. – D. Rubin, *After the Raj: British Novels of India Since 1947*, Hanover (N.H.)/Ldn. 1987, S. 76–102.

ARUN JOSHI

* 1939

THE STRANGE CASE OF BILLY BISWAS

(engl.; *Der merkwürdige Fall Billy Biswas*). Roman von Arun JOSHI (Indien), erschienen 1971. – Mit seinen vier Romanen *The Foreigner* (1968), *The Strange Case of Billy Biswas*, *The Apprentice* (1974) und *The Last Labyrinth* (1981) betritt zu Beginn der siebziger Jahre nach Anita DESAI ein zweiter Erzähler die Bühne der englischsprachigen Literatur Indiens, der die Entwicklung des modernen indo-englischen Romans nachhaltig beeinflußt. Hatte das Interesse der vorangegangenen Generation der in den ersten Jahrzehnten des 20. Jh.s geborenen Autoren vornehmlich weitgespannten Themen wie dem Unabhängigkeitskampf, dem Kulturkonflikt zwischen Europa und Indien oder sozialen Fragen der Kasten- und Klassengesellschaft gegolten, so wendet sich der Blick der Jüngeren zunehmend der existentiellen Problematik des einzelnen zu. Joshi, Desai, Salman RUSHDIE und andere Schriftsteller beschäftigt die individuelle Verarbeitung eines in der Periode der Unabhängigkeit einsetzenden gesellschaftlichen Veränderungsprozesses, in dem sich ein festgefügtes Wertesystem aufzulösen beginnt, ohne dem einzelnen anzuzeigen, in welche Richtung sich dieser Prozeß entwickelt. So bestimmt häufig die Erfahrung innerer Entfremdung und äußerer Isolation das tägliche Leben von Menschen, die von diesen sozialen Veränderungen betroffen sind: Angehörigen der neu entstandenen Mittelschicht, die wirtschaftlich, politisch und intellektuell die wichtigste Rolle im Land einzunehmen beginnen.

Joshis Romanfiguren, insbesondere seine Protagonisten, gehören dieser sozialen Gruppe an und weisen Gemeinsamkeiten auf. Sie leben in gesicherten wirtschaftlichen Verhältnissen, entstammen der alten indischen Mittelschicht, verfügen über eine gute, oft in den Vereinigten Staaten erworbene Ausbildung, sind urban und intellektuell. Zugleich fügen sie sich nicht widerstandslos in die ihnen von der Gesellschaft zugewiesenen Rollen ein, zweifeln Erwartungen an und rebellieren. Ihr Widerstand richtet sich gegen vorherrschende Wertvorstellungen und Handlungsnormen, doch er zielt keineswegs auf revolutionäre soziale Veränderungen. Joshis Hauptfiguren prägt auch nicht eine bestimmte politische oder philosophisch-religiöse Ideologie; vielmehr handeln sie ganz subjektiv und werden offenbar von einem tief im Unbewußten verankerten Verlangen nach geistiger und seelischer Erneuerung und Ganzheit getrieben. Über das genaue Ziel ihrer Suche vermögen sie keine Auskunft zu geben, doch ihre einmal getroffene Entscheidung, nach einem erfüllten Leben zu streben, bleibt unumstößlich. Familie und Freunde, Kollegen und Vorgesetzte verstehen sie nicht mehr, wenden sich ab und stempeln sie zu Außenseitern oder Einzelgängern, deren Motive undurchsichtig, ja irrational und absurd erscheinen. Joshis Romane, deren sich die indische Kritik zunächst nur zögernd annahm, während sie international bisher kaum Beachtung gefunden haben, sind gelegentlich existentialistisch genannt worden. Hierzu mögen Äußerungen des Autors selbst beigetragen haben, in denen er vom Einfluß A. CAMUS' sprach. Doch eine einfache Zuweisung seiner Werke zu einer europäisch-philosophischen Tradition des 20. Jh.s wird der spezifischen Kulturgebundenheit von Joshis Thematik nicht gerecht. Zutreffender ist es sicher, sie vor dem religiös-philosophischen Hintergrund des Hinduismus zu sehen. Für Billy Biswas bedeutet die Suche nach einem sinnerfüllten Leben auch die nach dem rechten Leben gemäß des Gebots des *Bhagavad Gita*, dem moralischen Gesetz, *dharma*, zu genügen. Nur so handelt der Mensch richtig auf dem Weg zu seinem Ziel, der Erlösung von *maya*, *moksha*.

The Strange Case of Billy Biswas ist die Geschichte eines einer angesehenen Familie entstammenden jungen Professors der Anthropologie. Nach nur wenigen Jahren Lehrtätigkeit an der Universität Delhi kehrt er eines Tages von einer Exkursion mit seinen Studenten nicht mehr zurück, die ihn zu den Bhils geführt hatte, Ureinwohnern des Landes in Zentralindien. Visionen und Träume von einem einfachen, erfüllten Leben, die ihn seit seiner Jugend verfolgt hatten, die oberflächliche Gesellschaft Delhis, inkompetente und desinteressierte Kollegen, die Ehe mit einer auf Äußerlichkeiten bedachten Frau und eine sexuelle Affäre in Bombay – all dies hatte Billy vor die Wahl gestellt, entweder seiner Vision zu folgen oder moralisch zu versagen. Bei den Bhils wird er Zeuge eines ihrer Feste, das ihn tief berührt. Er entschließt sich, bei ihnen zu bleiben, geht eine Beziehung zu einer jungen Frau ein, die für ihn zum mystischen Erlebnis wird, und kehrt seiner alten Welt ohne ein Wort der Erklärung den Rücken.

Nach zweijähriger ergebnisloser Suche wird »der merkwürdige Fall Billy Biswas« zu den Akten gelegt und der Verschollene für tot erklärt. Zehn Jahre später steht er plötzlich seinem Freund Romesh Sahai gegenüber, der als leitender Verwaltungsbeamter in jenem Distrikt wirkt, in dem Billy einst verschwunden war. Beide kennen sich seit jenem Sommer vor fünfzehn Jahren, als Romesh Billys Wohnung in Harlem mit ihm teilte. Nach ihrer Rückkehr hatten sie sich in unregelmäßigen Abständen immer wieder getroffen, und zwischen ihnen war eine tiefe Freundschaft entstanden. Um so tragischer entwickeln sich die Ereignisse nach Billys unerwartetem Auftauchen. Er, der bei den Bhils seine Vision von einem einfachen, erfüllten Leben hat verwirklichen können, möchte in einem Konflikt zwischen seiner und der anderen Welt vermitteln. Doch damit begibt er sich »zurück in die Zivilisation«, die ihn nun nicht mehr freigibt. Romeshs

Frau, der er ebenfalls seine Hilfe erweist, informiert Billys Angehörige. Der Vater veranlaßt gegen Romeshs Protest eine erneute Suche nach seinem Sohn. Auf der Flucht tötet Billy einen Verfolger und wird erschossen. *»Der merkwürdige Fall Billy Biswas war endgültig abgeschlossen. Abgeschlossen auf die einzige Art, auf die eine oberflächliche Gesellschaft ihre Rebellen, ihre Seher und wahren Liebenden erledigte.«*
Romesh, der Rückschau haltende, nachdenkliche und seine Erzählung immer wieder kommentierende Zeuge des Geschehens, will Billy kein Denkmal setzen. Er glaubt auch nicht, daß er ihn wirklich verstehen kann, weil er daran zweifelt, ob dies möglich ist. Vielmehr sieht er in dem Dilemma des Freundes, zwischen dem Wunsch, dem inneren Ruf zu folgen, oder in der Gesellschaft moralisch unterzugehen, eine radikale existentielle Herausforderung an den Menschen überhaupt. Wenn er Billys Geschichte erzählen will, dann um seiner Bewunderung Ausdruck zu verleihen, daß es *»mitten im 20. Jahrhundert, im Herzen von Delhis smarter Gesellschaft einen Mann von solch außergewöhnlicher Besessenheit gab«*; einen Menschen, der darüber hinaus den Mut aufbrachte, seiner Vision zu folgen und nicht, wie die meisten in einer ähnlichen Situation, Kompromisse einzugehen.
Die Perspektive des berichtenden und kommentierenden Erzählers schafft zugleich Unmittelbarkeit und Distanz. Romesh wechselt immer wieder seinen Blickwinkel. Einmal berichtet er vom äußeren Geschehen, ein anderes Mal reflektiert er hierüber. Dann wieder läßt er Billy selbst sehr ausführlich zu Wort kommen, läßt ihn über sich und sein Leben mit den Bhils erzählen und Stellung beziehen. Damit gibt Romesh die Möglichkeit aus der Hand, dem Leser die eigene Sicht des Geschehens aufzuzwingen, und hierin liegt der besondere Beitrag von Joshis Romanen zur modernen indo-englischen Literatur. Mit ihm lösen sich indische Autoren von der Perspektive des allwissenden Erzählers und beginnen ihre Zweifel an der Wahrheit des Erzählens zu formulieren. Der Autor-Erzähler tritt mehr und mehr zurück und überantwortet dem Leser die Aufgabe, die Wirklichkeit zu entdecken – ein Prozeß, der zu den magisch-realistischen Romanen Salman Rushdies und den Klan-Historien der achtziger Jahre führt. D.Ri.

AUSGABE: New Delhi 1971.

LITERATUR: *The Fictional World of Arun Joshi*, Hg. R. K. Dhawan, 1986.

KAMALA MARKANDAYA

eig. Kamala Purnaiya Taylor
* 2.5.1924 Barain

LITERATUR ZUR AUTORIN:
Uma Parameswaran, *A Study of Representative Indo-English Novelists*, New Delhi 1976. – M. P. Joseph, *K. M.*, New Delhi 1980. – Shanta Krishnaswamy, *Glimpses of Woman in India*, New Delhi 1983. – D. Rubin, *After the Raj: British Novels of India Since 1947*, Hanover (N.H.)/Ldn. 1987, S. 157–171. – P. Kumar, *Conflict and Resolution in the Novels of K. M.* (in World Literature Today, 60, 1986, S. 22–27).

A HANDFUL OF RICE

(engl.; *Ü: Eine Handvoll Reis*). Roman von Kamala MARKANDAYA (Indien), erschienen 1966. – Die thematische Neuorientierung des indo-englischen Romans während der fünfziger und sechziger Jahre, die Markandayas *A Handful of Rice* recht anschaulich belegt, spiegelt gesellschaftliche Veränderungen wider, die zum Teil von der politischen Elite Indiens nach der Unabhängigkeit 1947 in Bewegung gesetzt worden waren. Eine zentrale Rolle spielte hier der Ausbau des Bildungssystems, glaubte man doch, besonders der jüngeren Generation jene Qualifikationen vermitteln zu müssen, die für die wirtschaftliche Entwicklung des Landes erforderlich waren. Es stellte sich bald heraus, daß diese Rechnung nicht aufging, denn für das anschwellende Heer von Schul- und Collegeabsolventen gab es bei weitem nicht die Zahl an Arbeitsplätzen, um sie alle zu beschäftigen. Die Folgeerscheinungen sind bekannt: Landflucht und Arbeitslosigkeit, Wohnungsnot und Kriminalität, Frustration, Not und Elend der Betroffenen.
Wie eine Reihe zeitgenössischer Romane und Erzählungen, die sich mit den betrogenen Hoffnungen des politisch unabhängigen Indien und seinem akademischen Proletariat beschäftigen, widmet sich auch *A Handful of Rice* der prekären Situation der jungen studentischen Generation, die in den sechziger Jahren augenfällig wurde. Zugleich ordnet sich der Roman in das Gesamtwerk Markandayas ein, in dem stets das Schicksal eines einzelnen im Kontext seines sozialen Umfeldes vor dem Hintergrund allgemeiner historischer Veränderungen beleuchtet wird. Zu *Nectar in a Sieve* läßt sich gar eine direkte Verbindungslinie ziehen, denn wie dort verläßt auch in *A Handful of Rice* ein etwa zwanzigjähriger junger Mann seine bäuerliche Familie, in der er nur Armut, Hunger und fatalistische Ergebenheit in ein offenbar unabwendbares Schicksal kennengelernt hat. Ravi, der Antiheld des Romans, hat Schulausbildung erhalten, rebelliert

gegen die ältere Generation, die er in seinem Vater verkörpert sieht, und glaubt, daß er in der südindischen Metropole Madras sein Schicksal selbst bestimmen und meistern kann.

Zunächst fällt Ravi in die Hände des skrupellosen und zynischen Damodar, der eine kriminelle Bande von Dieben, Schmugglern und Hehlern nach dem Prinzip »greif zu oder geh unter« organisiert hat. Im Zweifel, ob dies das erhoffte Leben ist und stets auf der Flucht, entschließt sich Ravi nach einem mißglückten Einbruch, eine ordentliche Existenz aufzubauen. Den Ausschlag hierzu gibt Nalini, die Tochter des Paares, in dessen Haus er eingedrungen und wo er festgenommen worden war. Ravi verliebt sich, Nalini erwidert seine Gefühle, er gewinnt das Vertrauen ihres Vaters Apu, der ihn bei sich beschäftigt, und er erlernt das Schneiderhandwerk. Nach der Hochzeit folgt eine Zeit der Harmonie und der wirtschaftlichen Geborgenheit. Allein Ravis Wunsch nach einem sorglosen und einem wohlhabenden Leben erfüllt sich nicht. Immer wieder rebelliert er aus seiner Frustration heraus gegen die Ungerechtigkeit einer Gesellschaft, die eine strikte Trennungslinie zwischen Reich und Arm zieht und in der die wohlhabenden Kunden Apus einfachen Menschen wie Ravi ihre Gleichgültigkeit, ja ihre Verachtung zeigen. Aggressiv reagiert er auch auf Nalini, ihren Vater und die übrigen Mitglieder der Großfamilie, die passiv, gleichgültig oder unterwürfig den Platz akzeptieren, den ihnen die Reichen zuweisen. Angesichts des harten Existenzkampfes aber, in dem Apu seine eigene Überlebensstrategie erfolgreich praktiziert, verstehen die anderen Ravi nicht. Die Isolation, in die er gerät, verstärkt sich nach dem Tod des Alten, mit dem die Familie sich aufzulösen beginnt. Die Kunden wandern zur Konkurrenz; wirtschaftliche Not, Krankheit und die täglichen Sorgen wachsen Ravi über den Kopf. Eines Tages muß er sich eingestehen, daß die Hoffnung *»auf ein bequemes und friedliches Leben sich als Illusion erwiesen hat«* in einer Gesellschaft, die *»von der Geburt bis zum Verbrennungsplatz ein Dschungel war«*. Auch ein letzter Ausweg bleibt Ravi verstellt, der Damodar seine Dienste anbietet, *»weil er für niemanden mehr Loyalität oder Verantwortung empfindet«*. Reich geworden und trotz seiner kriminellen Geschichte von der Gesellschaft akzeptiert, weist Damodar ihn zurück. Für Schwächlinge hat er keine Arbeit. Ravi steht, kaum dreißig Jahre alt, hilflos vor seinem zerstörten Leben.

In keinem ihrer vorangegangenen vier Romane geht Markandaya so hart mit der indischen Gesellschaft ins Gericht wie in *A Handful of Rice*. Ravi, der nicht mehr als Gleichberechtigung verlangt, um ein menschenwürdiges Leben führen zu können, vertritt offenbar ein Menschenbild, das weder von der gut situierten Mittelklasse noch von den Bauern oder der armen unteren Mittelschicht geteilt wird. Sein Anspruch erscheint der Gesellschaft gar als anmaßend, soweit sie ihn überhaupt versteht. Markandayas Gesellschaftskritik ist philosophisch und moralisch begründet. Sie richtet sich gegen die traditionelle hinduistische Vorstellung von einer religiös sanktionierten Klassen- und Kastengesellschaft und gegen einen menschenverachtenden Antihumanismus. Die indische Gesellschaft der sechziger Jahre erscheint der Autorin nicht demokratisch, sondern klassenorientiert, nicht dynamisch, sondern statisch. Es scheint, als habe der Kolonialismus mit seiner radikalen Unterscheidung von Weiß und Braun, Reich und Arm, Herr und Knecht das politisch unabhängige Indien nichts gelehrt.

Ravis Konflikt stellt die eine Seite des Romans dar, dessen andere in einem fast zwanghaft logischen Ablauf eines Prozesses gegenseitiger menschlicher Zerstörung liegt, der durch die Armut verursacht wird. Ihr kann sich keine der Figuren entziehen. Hunger, Entbehrung und die Sorge um das Überleben vernichten menschliche Rücksichtnahme und das Mitgefühl für andere, die Liebe von Mann und Frau, von Eltern und Kindern. Jeder kämpft mit seinen Waffen gegen jeden, und hinter der nach außen aufrecht erhaltenen Fassade einer scheinbar intakten Großfamilie in der Stadt verstecken sich Frustrationen und Aggressionen, Gewalt und Leid. Markandaya zeichnet in Ravi einen sensiblen, mit einem Sinn für Gerechtigkeit, Form und Schönheit ausgestatteten, verantwortungsbewußten und nachdenklichen jungen Mann, der zwischen zwei Traditionen steht und an diesem Konflikt zerbricht. Sie rekonstruiert zugleich ebenso genau und zutreffend die Lebensverhältnisse einer repräsentativen Familie der unteren Mittelschicht, die einen Großteil der Gesellschaft ausmacht. Dies geschieht ohne Kommentar und verliert sich weder in Analysen noch in Belehrungen. *A Handful of Rice* ist eine Betroffenheit erweckende, realistische Erzählung ohne Prätention oder Wehleidigkeit und muß als zeitgenössische Reaktion auf die Enttäuschung der sechziger Jahre gesehen werden: ein Roman der »Desillusionierung«, der Markandayas Engagement am Schicksal ihres Landes bedrükkend unter Beweis stellt. D.Ri.

AUSGABE: New Delhi 1966; ern. 1980.

ÜBERSETZUNG: *Eine Handvoll Reis*, M. Gräfin v. Saurma u. H. Graef, Zürich 1987.

NECTAR IN A SIEVE

(engl.; *Ü: Nektar in einem Sieb*). Roman von Kamala MARKANDAYA (Indien), erschienen 1954. – Für die englischsprachige Literatur Indiens bedeutet die politische Unabhängigkeit des Landes 1947 nicht das von vielen Nationalisten erwünschte und vorausgesagte Ende, sondern eher eine Zäsur, ja in mancher Hinsicht gar den Beginn einer neuen Entwicklung. Das läßt sich zweifellos für die von Frauen verfaßte erzählende Prosa behaupten, die sich während der Kolonialzeit kaum nennenswerter Werke rühmen konnte. Zu ihrer führenden Vertreterin wuchs in den fünfziger und sechziger Jahren

Kamala Markandaya heran, die mit ihrem ersten Roman, *Nectar in a Sieve*, die eigene literarische Karriere begründete und zugleich den Grundstein für die moderne indo-englische Frauenliteratur legte. Deren wichtige Rolle im Spektrum der englischsprachigen Literatur Indiens heute ist ohne Markandayas etwa ein Dutzend Romane schwerlich vorstellbar. Sie war es, die den Blick auf die indische Frau richtete, um ihr einen gleichberechtigten Platz in der Literatur einzuräumen. Feministische Überlegungen oder Positionen, die eine Reihe ihrer jüngeren Kolleginnen vertreten, die in den achtziger Jahren zu schreiben begannen, waren und sind ihr weitgehend fremd geblieben. Sie interessiert das Selbstverständnis ihrer weiblichen Hauptfiguren und wie sie die Ansprüche der Umwelt bewältigen. Dabei beschränkt sich die Autorin nicht auf eine bestimmte gesellschaftliche Schicht, wie etwa Anita Desai, oder eine gewisse Altersgruppe, sondern schildert Frauen aus ganz unterschiedlichen Lebensbereichen. Erzählerisch geschieht dies auf konventionell realistische Weise und in einer Sprache, die dem Standardenglisch nahekommt. Markandayas Romane bilden literaturgeschichtlich eine Brücke zwischen der indo-englischen Erzähltradition der dreißiger und vierziger Jahre und ihrer thematischen Neuorientierung nach der Unabhängigkeit des Landes.

Nectar in a Sieve, dessen Titel einem Gedicht S. T. Coleridges entstammt, erzählt zugleich die Geschichte der etwa fünfzigjährigen Rukmani und das Schicksal armer südindischer Bauern, die während eines Zeitraums von drei Jahrzehnten erleben, wie jahrhundertealte wirtschaftliche und soziale Strukturen durch die Industrialisierung des Landes zerstört werden. Rückblickend erinnert sich Rukmani, wie sie mit zwölf Jahren an den sozial niedriger stehenden armen Pachtbauern Nathan verheiratet wurde, weil ihre Eltern keine Mitgift zahlen konnten. In einer Lehmhütte auf dem kleinen Stück Pachtland müssen bald sechs Kinder ernährt werden. In guten Erntejahren lassen sich die einfachsten Lebensbedürfnisse gerade befriedigen, wenn Dürre oder Überschwemmung zu Not und Hunger führen, muß die Habe der Familie versetzt werden, um den Pachtzins aufzubringen. Der jüngste Sohn verhungert während einer besonders schlimmen Dürreperiode. Trotz harter Arbeit bleibt Rukmanis Familie wie viele andere auch abhängig von der Natur und dem Wohlwollen des Zamindar oder Landbesitzers.

Noch folgenreicher erweist sich die Umwandlung der bäuerlichen Gesellschaft durch die Industrialisierung. Eine Gerberei wird inmitten des Dorfes gebaut. Sie bringt Geld und Wohlstand für einige wenige, Armut und die Vernichtung der kärglichen bäuerlichen Existenz für viele andere, so auch für Rukmanis Familie. Zwei Söhne finden Arbeit in der Fabrik, beteiligen sich an einem Streik, werden entlassen und wandern aus nach Ceylon. Ein dritter Sohn wird beim Versuch, Felle aus der Gerberei zu stehlen, von Wächtern niedergeschlagen und tödlich verletzt. Irawaddy, die einzige Tochter Rukmanis, von ihrem Mann nach kurzer Ehe verstoßen, weil sie ihm keine Söhne gebar, wendet sich aus verzweifelter Not während der Dürrezeit wie andere junge Frauen der Prostitution zu, die mit den fremden Arbeitern der Gerberei Einzug gehalten hat. Es wirkt wie eine Ironie des Schicksals, daß sie ein uneheliches Kind, einen Albino, zur Welt bringt, durch den die Familie nun noch eine weitere Belastung erfährt. Schließlich müssen Rukmani und Nathan Hütte und Land verlassen; der Zamindar hat es an die Gerberei verkauft, die nun die ehemals ländliche Region wirtschaftlich völlig beherrscht. In der Stadt suchen sie vergeblich nach ihrem vierten Sohn, der längst seine Stelle und seine Familie verlassen hat. Nathan stirbt, und Rukmani kehrt zu Tochter, Enkel und ihrem einzigen verbliebenen Sohn zurück, der an einem Krankenhaus arbeitet. Von einem weißen Arzt mit Spenden aufgebaut, stellt es für Rukmani ein Symbol menschlichen Handelns dar, *»denn es wurde nicht nur mit Geld gebaut, sondern auch von hoffenden und mitleidenden Menschen«*.

Von der Kritik ist Markandayas erster Roman überwiegend positiv, ja als herausragende literarische Leistung gewürdigt worden. Dem scheint die Melodramatik des Geschehens, die Häufung aller nur denkbaren Unglücksfälle in Rukmanis Leben und auch der einer einfachen Frau oft unangemessene Sprachstil zu widersprechen. Sicher sind in den Roman allzu viele Themen hineingearbeitet; doch die Ich-Erzählerin Rukmani und der Duktus ihres Erzählens nehmen diesen Schwächen ihre negative Wirkung. Rukmani ruht trotz aller Schicksalsschläge unerschütterlich in sich selbst und bezieht ihre innere Stärke aus ihrer Willenskraft und der Liebe, die ihr Nathan erweist und die sie für ihre Kinder aufbringt. In schweren Stunden überläßt sie sich weder dem Selbstmitleid noch richtet sie anklagende Vorwürfe an andere. Zugleich beobachtet Rukmani sehr scharf und unterscheidet zwischen den Menschen und ihren Handlungen. *Nectar in a Sieve* ist die Geschichte einer reifen Frau, die ihre Beobachtungen, Erinnerungen und Gedanken miteinander verknüpft, ohne sich in philosophische Spekulationen oder sozio-politische Analysen zu verlieren. Damit gelingt es Markandaya, ihrer Erzählerin ein hohes Maß an Glaubwürdigkeit zu verleihen und den Leser mit einer Fülle von Fragen zu konfrontieren, die er selbst zu beantworten hat: Wo liegt der Sinn einer bäuerlichen Existenz, wenn sie ein so kärgliches Leben bietet? Stellt sich als Alternative die Industrialisierung des Landes, die ebenso viele Opfer von den einfachen Menschen verlangt? Wie sollen sich die Menschen selbst verhalten? Genügt der Gleichmut Rukmanis und Nathans, den der weiße Arzt Kenny als Passivität, ja Fatalismus geißelt? Wie steht es mit traditionellen Anschauungen, die Frauen Männern unterordnen, angesichts der Opfer, die Rukmani oder Ira bringen?

Nectar in a Sieve dokumentiert die Stärke, Leidensfähigkeit und den Lebensmut einfacher indischer Frauen und ist zu Recht ein Klassiker der indo-englischen Romanliteratur geworden. Thematisch knüpft er an Erzählungen von R. TAGORE, M. R. ANAND oder PREMCAND an, doch die Sensibilität und Kommentarlosigkeit, mit der Markandaya die Situation indischer Bauern schildert, verleiht *Nectar in a Sieve* große Eindringlichkeit. D. Ri.

AUSGABEN: NY 1954. – Bombay 1956; ern. 1973.

ÜBERSETZUNG: *Nektar in einem Sieb*, T. Geißler u. G. Grotz, Zürich 1986.

LITERATUR: S. Z. H. Abidi, *K. M.'s »Nectar in a Sieve«: A Critical Study*, Bareilly 1976.

R. K. NARAYAN

eig. Rasipuram Krishnaswami Narayan
* 10.10.1906 Madras

LITERATUR ZUM AUTOR:
K. R. Srinivasa Iyengar, *Indian Writing in English*, Bombay 1962. – E. Gerow, *The Quintessential N.* (in Literature East and West, 1966, H. 1/2, S. 1–18). – V. P. Rao, *The Art of R. K. N.* (in Journal of Commonwealth Literature, 1968, Nr. 5, S. 29–40). – H. Raizada, *R. K. N.: A Critical Study of His Works*, Delhi 1969. – W. Walsh, *R. K. N.*, Ldn. 1971. – L. Holmstrom, *The Novels of R. K. N.*, Kalkutta 1973. – P. S. Sundaram, *R. K. N.*, Delhi 1973. – H. M. Williams, *Studies in Modern Indian Fiction*, Bd. 1, Kalkutta 1973, S. 53–94. – S. C. Harrex, *The Fire and the Offering*, Bd. 2, Kalkutta 1977, S. 11–144. – *Perspectives on R. K. N.*, Hg. Atma Ram, Ghaziabad 1981. – W. Walsh, *R. K. N.: A Critical Appreciation*, Ldn. 1982. – *R. K. N.: A Critical Spectrum*, Hg. B. S. Goyal, Meerut 1982. – The Literary Endeavour, 1982, Nr. 3/4 [Sondernr. *R. K. N.*, Hg. V. Ras]. – M. K. Naik, *The Ironic Vision: A Study of the Fiction of R. K. N.*, New Delhi 1983. – D. Riemenschneider, *R. K. N.* (in KLFG, 8. Nlg., 1985).

THE FINANCIAL EXPERT

(engl.; *Ü: Gold vom Himmel*). Roman von R. K. NARAYAN (Indien), erschienen 1952. – In seiner Studie *The Ironic Vision* (1983) vertritt der indische Literaturwissenschaftlicher M. K. Naik die Auffassung, daß mit der Veröffentlichung des vorliegenden Romans die wichtigste Schaffensperiode Narayans einsetze, insofern nun Ironie nicht länger allein dazu diene, Figuren und ihre sozialen Interaktionen in ihrer Unvollkommenheit bloßzustellen, sondern als allumfassende Weltsicht den Text in seiner Gesamtheit charakterisiere. Tatsächlich stellt die Veröffentlichung des *Financial Expert* eine Zäsur zu den vorangegangenen fünf Romanen dar und läßt sich mit den folgenden Werken, *The Guide* (1958) und *The Man-Eater of Malgudi* (1961) als eine Art Trilogie begreifen, in der Narayans ironische Betrachtungsweise das gesamte Geschehen von der Titelzeile bis zu den abschließenden Sätzen färbt. Sogar der Ausgangspunkt seiner Erzählungen, das Problem nämlich, ob denn der einzelne – und dies bedeutet hier stets der moderne indische Mensch – sein Schicksal selbst gestalten könne, erscheint bereits als unernst formulierte Frage, auf die die Antwort längst vorliegt. So nehmen denn die Romane fast den Charakter einer immer wieder praktizierten Schreibübung an, deren Rahmen abgesteckt ist und die nur der Entfaltung auktorialer Phantasie bedarf. Eingebunden in die sozialen Konventionen und religiösen Wertvorstellungen der hinduistischen Gesellschaft, läßt Narayan seine Protagonisten die ihnen aufgezeigten Grenzen überschreiten. Doch der Akt der Befreiung, den sie hierbei zu erfahren meinen, erweist sich als Illusion, und das Ausmaß ihrer Blindheit bestimmt die Höhe ihres Falles. Dabei gewinnt der Autor der Hybris seiner Figuren allerdings keine tragische Dimension ab, sondern belächelt ihr Irren und ihr vergebliches Unterfangen, die Welt nach dem eigenen Kopf gestalten zu wollen. In einem Universum festgefügter und letztlich unabänderlicher Bezüge ist dem Menschen, so legt es der Autor seinen Lesern nahe, die Möglichkeit verwehrt, zum eigenen Gesetzgeber zu werden.

Der »Finanzexperte« Margayya, *»einer, der den Weg weist«*, stellt wie der Fremdenführer Raju und der »Menschenfresser« Vasu eine jener Narayanschen Figuren dar, die die Welt nach ihren eigenen Vorstellungen formen wollen und daran scheitern. Er, der selbst einem Dorf entstammt und nur über geringe formale Ausbildung verfügt, berät mit einer Mischung aus angeborenem Talent, undurchsichtigen finanziellen Transaktionen und Respekt einflößender Rhetorik simple Bauern bei der Aufnahme von Krediten. Dies alles geschieht im Schatten eines Banyanbaumes gegenüber der örtlichen »Central Co-operative Land Mortgage Bank« und wirft gerade soviel ab, daß Margayya sich mit seiner Frau und dem jungen Sohn Balu über Wasser halten kann. Als es eines Tages zu einer Auseinandersetzung mit der Bank kommt, der »Finanzexperte« seinen Arbeitsplatz räumen muß und auch noch erlebt, daß der stets eigenwillige und oft störrische Balu alle seine schriftlichen Unterlagen vernichtet, vermag nicht einmal er selbst sich jenen *»Weg zu weisen«*, der ihn endlich an das Ziel aller seiner Wünsche bringt, zu Macht, Ansehen und Selbstrespekt. Doch dann begegnet er zufällig dem Pseudosoziologen Dr. Pal, der einen Ratgeber in sexuellen Fragen verfaßt hat. Margayya kauft ihm das Manuskript mit dem Rest seines Geldes ab und veröffentlicht es gemeinsam mit einem Druckereibesitzer unter dem Titel *»Domestic Harmony«*.

Der finanzielle Erfolg stellt sich schnell ein und er-

laubt es ihm bald, das Leben eines respektierten Bürgers der wohlhabenden Mittelschicht zu führen. Besonderen Wert legt er dabei auf die Ausbildung seines Sohnes, den er sich als erfolgreichen Wissenschaftler vorstellt. Doch der zeigt keinerlei Interesse an den väterlichen Wünschen und Ideen, durchkreuzt sie, wann immer sich ihm eine Gelegenheit bietet, begehrt gegen die autoritären Erziehungsmaßnahmen des Vaters auf und läuft schließlich davon. Zwar gelingt es Margayya, Balu zurückzuholen, doch die Brücke zu seinem Sohn hatte er längst selbst schon abgebrochen mit dem Entschluß, die Rechte an *»Domestic Harmony«* zu verkaufen und wieder seinen alten Bankgeschäften nachzugehen – nun in einem ansehnlichen Büro, zu dem ihm wiederum Dr. Pal verhilft.
Margayya gründet eine eigene Bank, bietet seinen Kunden einen Zinssatz von zwanzig Prozent und erstickt bald in den prall gefüllten Geldsäcken, die ihn von früh bis spät beschäftigen und seiner Umwelt nun völlig entfremden. Zur unausweichlichen Krise kommt es schließlich, als Balu seinen Anteil am Erbe einfordert. In den Streit zwischen Vater und Sohn wird auch Dr. Pal verwickelt, der längst zum *»pal«*, zum Intimus Balus und geheimen Widersacher Margayyas geworden ist. Aus Rache verbreitet er das Gerücht, der Finanzexperte sei zahlungsunfähig, so daß dessen Kunden voller Panik ihr Geld zurückfordern. Margayyas Kartenhaus stürzt ein; er muß seinen gesamten Besitz verkaufen und findet sich am Ende dort wieder ein, wo er schon viele Jahre seines Lebens verbracht hat: unter dem Banyanbaum gegenüber der Bank.
Narayans Aufmerksamkeit gilt trotz einer Reihe humorvoll-ironisch gezeichneter Nebencharaktere uneingeschränkt der Titelfigur. Sie steht stets im Mittelpunkt des Geschehens, das sich über einen längeren Zeitraum in den dreißiger und vierziger Jahren abspielt, und das wie so viele Geschichten dieses Autors eine Zirkelstruktur aufweist. Mit Margayya wird dabei ein Typus aufs Korn genommen, der jedem indischen Leser wohlvertraut sein dürfte: der ganz und gar auf Gelderwerb ausgerichtete kleine Geschäftsmann. Berechnend und voller Mißtrauen, egozentrisch und autoritär, gefühllos, wenn es darum geht, andere um ihren Besitz zu bringen, und verschlagen bei der Förderung der eigenen Ziele – so stellt Narayan seinen Protagonisten dar, dem der Leser, so scheint es, vergleichsweise wenig Sympathie entgegenzubringen vermag. Ihm mangelt fast gänzlich jene Menschlichkeit, die Schwächen zwar nicht vergessen, aber doch vergeben läßt.
Doch Margayyas Niedergang stellt nicht lediglich eine Bestrafung seines Irrglaubens dar, Gelderwerb als Lebensprinzip und Regulativ der Welt anzusehen, sondern ist Zurückweisung eines Parvenüs in einer festgefügten, hierarchischen Gesellschaft. Der Finanzexperte irrt nur, insoweit er sich als ein im Grunde einfacher Dörfler anmaßt, das Regelsystem einer Welt verstehen und handhaben zu können, in die er nicht hineingeboren wurde und der er letztlich auch fremd bleibt; denn mit seiner Blindheit und Schwäche gegenüber Balu wird offenbar, wie sehr er trotz allem geschäftstüchtigen Gebaren der eigenen simplen Herkunft verhaftet geblieben ist. So erweist sich seine Schwäche paradoxerweise gleichermaßen als Verhängnis wie sie das Mittel darstellt, ihn wieder in eine Gesellschaft einzugliedern, in der jeder seinen festen Platz einzunehmen hat. Ob Margayya diese Lektion gelernt hat, bleibt allerdings offen. Man ist fast geneigt, es zu bezweifeln, denn in den folgenden Romanen tritt er unter anderen Namen wieder auf.
The Financial Expert ist das erste der Narayanschen Werke, das von tiefer Skepsis gegenüber freiem menschlichen Handeln zeugt. Einschränkung erfährt diese Haltung allerdings dadurch, daß der Zufall in der Gestalt Dr. Pals allzu häufig bemüht wird und auch der Fortgang des Geschehens durch oft abrupte Aussparungen und unerwartete Übergänge sehr deutlich manipuliert wird. Erst *The Guide (Der Fremdenführer)* weist jenen Zusammenklang von Erzählung und Form auf, der Narayans ironisch-skeptische Weltsicht uneingeschränkt zum Tragen bringt. D.Ri.

AUSGABEN: Ldn. 1952. – East Lansing/Mich. 1952; Nachdr. Chicago 1981.

ÜBERSETZUNG: *Gold vom Himmel*, anon., Mchn. 1955 [Nachw. G. Greene].

THE GUIDE

(engl.; *Ü: Der Fremdenführer*). Roman von R. K. NARAYAN (Indien), erschienen 1958. – Raju, soeben aus dem Gefängnis der südindischen Kleinstadt Malgudi entlassen, wo er eine Strafe wegen Urkundenfälschung verbüßt hat, sucht Zuflucht in einem außerhalb gelegenen alten Tempel, um zu überlegen, was er nun beginnen soll. Die in der Gegend ansässigen Bauern halten den Unbekannten für einen heiligen Mann. Als Raju feststellt, daß er mit seinem gesunden Menschenverstand viele ihrer Probleme lösen und damit, wie auch mit seiner Fähigkeit, tiefgründig klingende Banalitäten von sich zu geben, seinen neu erworbenen Ruf festigen kann, beschließt er, sich mit dieser Rolle abzufinden, nicht zuletzt, weil die Bauern bereit sind, für seine bescheidenen Bedürfnisse zu sorgen. Nach einiger Zeit wird das Land von einer Dürre heimgesucht, und Rajus Anhänger vertrauen darauf, daß er die Katastrophe abwenden wird. In die Enge getrieben, versucht er, sie davon zu überzeugen, daß er um nichts heiliger und weiser ist als sie selbst. Zum Beweis erzählt er einem von ihnen seine Lebensgeschichte.
Einst war er ein wohlhabender Ladenbesitzer in Malgudi gewesen. Von Natur gesellig und an anderen Menschen interessiert, betätigte er sich außerdem als Fremdenführer. Sein Leben änderte sich grundlegend, als er sich in die Tänzerin Rosie verliebte, die seinetwegen ihren Mann verließ. Er wurde ihr Impresario, und dank seines Organisations-

talents und seiner Beredsamkeit kamen beide bald zu Erfolg und Geld. Rajus Niedergang begann, als er in der irrtümlichen Annahme, der verlassene Ehemann wolle sich an ihm rächen, seine Zuflucht zu Lug und Betrug nahm. Dies führte zu seiner Verhaftung, Verurteilung und zur Trennung von Rosie.

Der Bauer, der diese Beichte hört, ist zu naiv, um einen Widerspruch zwischen Rajus Vergangenheit und seinem Wirken als »heiliger Mann« zu entdekken. Vom grenzenlosen Vertrauen dieser einfachen Menschen gezwungen, seine Rolle des Weisen weiterzuspielen, entschließt sich Raju zum erstenmal in seinem Leben, völlig selbstlos zu handeln. Gemäß der Tradition der heiligen Männer Indiens gelobt er, solange zu fasten, bis der ersehnte Regen kommt, und in Erfüllung seines Gelübdes stirbt er. Ironisch und bewegend zugleich hat Narayan die Tragikomödie dieses Lebens dargestellt. Sein Titelheld, halb Menschenfreund, halb Schlawiner, verliert selten die ironische Distanz zu seinen eigenen Erlebnissen und gewinnt, fern jeder Sentimentalität, mit seinem letzten Entschluß menschliche Größe. – So unaufdringlich der Hintergrund gezeichnet ist – Indien mit der verwirrenden Vielfalt seiner Kasten, Sprachen und Sekten, mit seinen den Ausländer faszinierenden Traditionen, die sich für das Land selbst so fortschrittshemmend auswirken, ist dennoch in jeder Szene präsent. J.v.Ge.

AUSGABEN: Ldn./NY 1958. – Harmondsworth 1980 (Penguin).

ÜBERSETZUNG: *Der Fremdenführer*, H. Haas, Mchn. 1960; ern. 1969. – Dass., dies., Zürich 1986.

VERFILMUNG: Indien 1965 (Regie: T. Danielewski; Buch: ders. u. P. S. Buck).

LITERATUR: N. Mukerji, *Some Aspects of the Technique of R. K. N.'s »The Guide«* (in Western Humanities Review, 15, 1961, S. 372/373). – C. D. Narasimhajah, *R. K. N.'s »The Guide«* (in *Aspects of Indian Writing in English*, Hg. M. K. Naik, New Delhi 1979, S. 172–198).

THE PAINTER OF SIGNS

(engl.; *Ü: Der Schildermaler*). Roman von R. K. NARAYAN (Indien), erschienen 1976. – Auf zweifache Weise läßt sich der Roman *The Painter of Signs* in Narayans Gesamtwerk einordnen. Wie alle Romane dokumentiert und begleitet er den Fortgang der indischen Geschichte und insbesondere die gesellschaftlichen und ideologischen Veränderungen, die die indische Mittelschicht erfaßt haben. Darüber hinaus stellt er einmal mehr unter Beweis, daß Narayans literarische Texte immer wieder stattfindende Proben jenes Theaterstückes sind, das von ihm unter dem Titel »Tradition und Moderne« seit über fünfzig Jahren auf der Bühne der fiktiven südindischen Stadt Malgudi in Szene gesetzt wird. Das um die Liebesbeziehung Ramans und Daisys angelegte Geschehen spielt im Jahr 1972 und eröffnet einen Vergleich mit dem 1938 erschienenen Roman *The Dark Room*. Hier wie dort geht es um die Möglichkeit der Selbstbehauptung einer jungen Frau in der patriarchalischen Gesellschaft Indiens. Doch während im früheren Werk die traditionelle Abhängigkeit der Frau vom Mann bestätigt wird, behauptet sich Daisy eine Generation später selbstbestimmt und weist alle gesellschaftlichen und religiösen Konventionen zurück, die ihrem eigenen Selbstverständnis im Wege stehen. Narayan selbst meint zu diesem veränderten Frauenbild, daß auch er mit der Zeit gegangen sei.

Das immer wieder vom Autor in den Mittelpunkt gerückte Thema der Konfrontation von Tradition und Moderne gewinnt in *The Painter of Signs* Kontur in der Konkretisierung einer Reihe binomischer Gegensätze, die einerseits Raman und Daisy einander gegenüberstellen und so die äußere dramatische Handlung vorantreiben – Mann und Frau, Ratio und Leidenschaft, Privatsphäre und öffentliche Aktivitäten, Handwerk und Technologie. Andererseits sind sie in den Figuren selbst angelegt und erweitern das Geschehen um innere Konflikte: Vernunft und Gefühl, Sexualität und Askese, Selbstbestimmtheit und Abhängigkeit. Letztlich konkretisiert sich in all diesen Gegensatzpaaren Narayans philosophische Beschäftigung mit dem Verhältnis von Schein und Sein, das sein gesamtes Schaffen wie ein roter Faden durchzieht. *Der Schildermaler* gewinnt dieser Problematik aus der Sicht eines distanziert und amüsiert ironischen Beobachters neue Perspektiven ab. Ihre rhetorische Inszenierung geschieht mit jenen Mitteln, die dem Leser Narayans bereits vertraut sind: Antithese und Paradoxon, Humor und Ironie, Typisierung und Übertreibung, Mythosbezug und Allegorisierung.

Aus einer Mischperspektive von auktorialem Erzählen, erlebter Rede und innerem Monolog entwickelt Narayan die Krisengeschichte Ramans, dessen geruhsames Leben und inneres Gleichgewicht durch den Auftritt Daisys abrupt zerstört werden. Als sie, zugereist nach Malgudi, ihn bittet, für das von ihr geleitete Familienplanungszentrum ein Schild mit der Inschrift *»Familienplanungszentrum – Kostenlose Beratung«* zu malen, verliebt er sich Hals über Kopf in die attraktive junge Frau, deren Tätigkeit und Verhalten Ramans bisherigem Bild von der indischen Frau so völlig widersprechen. Zugleich wechselt der Autor mit dieser Szene das Erzähltempo. An die Stelle bisher bevorzugter Detailbeschreibung eines nahezu idyllischen Ortes, an dem jede auftretende Figur ihren Platz gefunden hat, tritt nun ein sich zuspitzendes äußeres und inneres dramatisches Geschehen, das dem Höhepunkt zugeführt und schließlich aufgelöst wird. Damit bleibt Narayan auch in diesem Roman der Grundstruktur seines Erzählens treu, in der der Auftritt eines Außenseiters Unruhe, Störung, ja Verwirrung in die Welt Malgudis und seiner Men-

schen hineinträgt, die erst durch die Entfernung des störenden Elementes wieder aufgelöst wird. Ramans Verliebtheit läßt ihn völlig vergessen, daß seine bisherige Lebensphilosophie darin bestand, nur der Vernunft zu vertrauen und Leidenschaft und Sexualität abzulehnen. Sein Werben um Daisy, ja die Unterordnung seines ganzen Lebens unter das Ziel, sie für sich zu gewinnen, kennzeichnet ihn nun aber als völlig »unvernünftigen« Menschen. Mehr noch: Narayan ironisiert nicht nur Ramans Glauben an die Vernunft, sondern auch dessen Vorstellung vom Verhältnis von Mann und Frau. Nicht der Schildermaler ist der starke, rational handelnde Mensch, sondern Daisy, die es sich zum Ziel gesetzt hat, gegen die Überbevölkerung ihres Landes mit wissenschaftlichen Argumenten und Mitteln anzukämpfen, und die sich auch von Ramans Liebe nicht von ihrem Weg abbringen läßt. Er dagegen ist der passiv sich verhaltende, schwache und gefühlsbetonte, »feminine« Mann, bereit, sich auf alle Bedingungen Daisys einzulassen, wenn dies ihn nur an das Ziel seiner Wünsche bringt.
Als Daisy schließlich einzuwilligen scheint – nicht ohne Bedingungen für ein gemeinsames Leben zu stellen –, muß sich Raman eingestehen, daß eine »de facto-Ehe«, die von der Geliebten jederzeit wieder aufgelöst werden kann, nicht seiner Vorstellung vom Glück entspricht. Doch wieder ist es Daisy, die handelt, indem sie sich von Raman trennt und sich nun ganz ihrer Lebensaufgabe zuwendet. Er dagegen flüchtet zurück in die Welt Malgudis, in seine fast künstlerisch betriebene Arbeit und in das *»Schilderlose Hotel«*, wo er in der Gesellschaft von Freunden auch in Zukunft über Gott und die Welt diskutieren wird. Ob er tatsächlich aus der Liebesaffäre mit Daisy reifer hervorgegangen ist, läßt der Autor offen. Seine Absicht ist es nicht, die Wahrheit einer bestimmten Philosophie zu bekräftigen, sondern menschliches Handeln in seiner Unvollkommenheit ironisch zu beleuchten.
Das gilt im übrigen auch für Daisy, denn ihr Vorhaben, die einfachen Menschen Indiens davon zu überzeugen, weniger Kinder zur Welt zu bringen, wird ständig konterkariert. Bei ihrer Kampagne in den Dörfern muß sie immer wieder feststellen, daß die Geburtenrate seit ihrem letzten Besuch zu-, statt abgenommen hat. Zwar beirrt sie dies keineswegs, doch Narayan relativiert auf diese Weise die Gültigkeit »modernen« wissenschaftlich geprägten Handelns ebenso wie er Ramans letztlich traditionsgebundenes Verhalten in Frage stellt. Was bleibt, ist die Skepsis des Schriftstellers angesichts fertiger Denkschemata – doch nicht ganz! Ramans alte Tante, die das gegen konventionelle indische Normen verstoßende Liebesverhältnis der beiden jungen Menschen ablehnt, entschließt sich, nach Benares zu reisen, um dort ihr Leben zu beschließen. Sie bleibt sich selbst als älterer religiöser Mensch treu, womit der Autor offenbar unterstreicht, daß zumindest in dieser Generation unverbrüchliche Wertvorstellungen und soziale Normen in der indischen Gesellschaft weiterhin ihre Gültigkeit besitzen.
Narayan hat mit *The Painter of Signs* die Welt Malgudis um eine weitere Facette bereichert und seinem Thema eine neue, ganz in der Moderne Indiens gründende Variante abgewonnen. D.Ri.

AUSGABEN: NY/Markham (Kanada) 1976. – Ldn. 1977. – Harmondsworth 1977 u.ö. (Penguin).

ÜBERSETZUNG: *Der Schildermaler*, G. Böttcher, Bln./DDR 1979.

LITERATUR: V. Rao, *The Woman Question in R. K. N.'s Novels* (in Literary Criterion, 1980, H. 10, S. 8–16).

JAWAHARLAL NEHRU

* 14.11.1889 Allahabad
† 27.5.1964 Delhi

AN AUTOBIOGRAPHY with Musings on Recent Events in India

(engl.; *Ü: Indiens Weg zur Freiheit*) von Jawaharlal NEHRU, erschienen 1936. – Das Buch, in dem Nehru seine geistige Entwicklung und seine persönliche Einstellung zu den zeitgenössischen Ereignissen der indischen Geschichte zu umreißen sucht, entstand in der Zeit von Juni 1934 bis Februar 1935 während einer von Nehrus zahlreichen Haftperioden in den Gefängnissen der britischen Kolonialmacht. Trotzdem ist es frei von Bitterkeit und Polemik, und selbst die englische Kritik hob den gemäßigten und sachlichen Ton des Autors hervor. Nehru schildert zunächst seine Kindheit in Indien und sodann die Schul- und Studienjahre in Harrow und Cambridge. Nach Indien zurückgekehrt, folgt er dem Vorbild seines Vaters und ergreift die politische Laufbahn. Er wird zum Anhänger von Gandhi und dessen Programm der *»non-violence and non-cooperation«* (Gewaltlosigkeit und Verweigerung der Zusammenarbeit). – Nachdem er zunächst die Interessen seiner eigenen bürgerlichen Gesellschaftsklasse vertreten hat, kommt Nehru im Jahr 1920 fast ungewollt in Berührung mit der indischen Arbeiterbewegung und dem linksgerichteten Sozialismus, der seine politische Arbeit als Sekretär (1923) und mehrmaliger Präsident des indischen Nationalkongresses (ab 1930) entscheidend beeinflussen sollte. Obwohl er weiterhin ein entschiedener Feind des Terrorismus und ein Verehrer Gandhis bleibt, beginnt Nehru nun, sich kritisch mit der Theorie der absoluten *»non-violence«* auseinanderzusetzen. Hatte Gandhi die Lösung der sozialen und politischen Probleme auf dem Weg über eine moralische und geistige Erziehung des einzelnen erstrebt, so erwartet Nehru um 1934/35 eine solche Lösung einzig von der Errichtung eines zunächst nationalstaatlichen und später weltumspannenden sozialistischen Gesellschaftssystems, für dessen Errichtung und Aufrechterhaltung er ein gewisses Maß an Zwang als notwendig erachtet. – Neben der Wiedergabe seines politischen Werdegangs und seiner politischen Ideen aus der Zeit um 1934/35, die den Hauptteil der Biographie ausmachen, vermittelt Nehru dem Leser gelegentlich ebenso interessante wie freimütige Einblicke in seinen Charakter und sein Privatleben. – Jawaharlal Nehru führte von 1947 bis zu seinem Tod 1964 die erste Regierung des unabhängigen Indien. E.F.

AUSGABEN: Ldn. 1936. – Ldn. 1939. – Ldn. 1945 *(New Edition, Containing an Additional Chapter: Five Years Later)*. – Ldn. 1955. – Ldn. 1958. – Bombay 1962. – Delhi 1982.

ÜBERSETZUNG: *Indiens Weg zur Freiheit*, R. Aeberhard, Zürich 1948. – Dass., ders., Hbg. 1950.

LITERATUR: F. Moraes, *J. N.*, NY 1956. – M. Brecher, *N.: A Political Biography*, Oxford 1959 (dt.: *N.: Eine politische Biographie*, Mchn. 1963). – S. Gopal, *J. N.: A Biography*, 3 Bde., Ldn. 1975–1984. – D. Gräfin Bernstorff, *J. N.* (in *Die Großen der Weltgeschichte*, Hg. K. Fassmann u. a., Bd. 11, Zürich 1978, S. 866–877). – K. P. Karūnakaran, *The Phenomenon of N.*, Delhi 1979. – A. C. Dutt, *Socialism of J. N.*, Delhi 1981. – A. K. Chakraborty, *J. N.'s Writings: A Literary Estimate*, Kalkutta 1981. – R. C. Gupta, *Indian Freedom Movement and Thought: Nehru and the Politics of Right Versus Left (1930–1947)*, Delhi 1983. – R. C. Pillai, *J. N. and His Critics: 1923–1947. A Study with Reference to the Ideas of N., Gandhi, Sūbhas Chandra Bose, M. N. Roy and the Communists*, Delhi 1986. – B. Schorr u. a., *J. N.*, Bln./DDR ²1989.

RAJA RAO

* 8.11.1908 Hassan / Mysore

LITERATUR ZUM AUTOR:
M. K. Naik, *R. R.*, NY 1972 (TWAS; ern. 1982; verb.). – C. D. Narasimhaiah, *R. R.*, Delhi 1975. – *Indo-English Literature: A Collection of Critical Essays*, Hg. K. K. Sharma, Ghaziabad 1977, S. 157–200. – *Perspectives on R. R.*, Hg. K. K. Sharma, Ghaziabad 1980. – K. R. Rao, *The Fiction of R. R.*, Aurangabad 1980. – P. C. Bhattacharya, *Indo-Anglian Literature and the Works of R. R.*, Delhi 1983. – R. Iha, *Gandhian Thought and Indo-Anglian Novelists*, Delhi 1983. – Shiva Niranja, *R. R.*, Ghaziabad 1985. – P. Sharrad, *R. R. and Cultural Tradition*, Delhi 1987. – World Literature Today, 62, 1988, Nr. 4 [Sondernr. *R. R.*].

KANTHAPURA

(engl.; *Kanthapura*). Roman von Raja RAO (Indien), erschienen 1938. – Mit der Veröffentlichung von *Kanthapura*, Raja Raos erstem Roman, erfuhr die Szene der modernen englischsprachigen Prosaliteratur Indiens in den dreißiger Jahren eine literaturgeschichtlich bedeutsame Erweiterung. Setzten bisher die realistisch erzählten sozialkritischen Romane Mulk Raj ANANDS und die ironisch-episodischen Alltagsgeschichten R. K. NARAYANS die entscheidenden Akzente, so brachte nun Rao neue thematische und formale Elemente in den indoenglischen Roman ein. Indem er seine Geschichte vom Widerstand südindischer Menschen unter Anleitung Gandhis gegen die britische Kolonialherrschaft im dörflichen Kanthapura ansiedelte, lenkte er nicht nur den Blick vom vorwiegend städtischen Milieu der Romane Anands und Narayans auf das ländliche Indien, wo die große Mehrheit der Bevölkerung lebt, sondern er verlieh auch einer bisher überwiegend allgemein behandelten historischen Problematik deutlich aktuelle politische Bezüge. Formal rückte Rao hierbei von der auktorialen, eher westlich geprägten Erzählweise der beiden anderen Autoren ab und griff auf eine traditionelle Darbietungsform zurück, die *sthala purana*. Diese vor allem in der Volksliteratur Indiens verbreitete »legendäre Lokalgeschichte« berichtet vom Wirken einer Gottheit, auf die ein Dorf oft seinen Ursprung zurückführt, von Leben und Tod seiner Bewohner, über die sie gebietet, und von der Verehrung, die man ihr entgegenbringt.
Kanthapura ist eine moderne *sthala purana*, die von aktuellen Ereignissen erzählt und doch zugleich über deren lokale Bedeutung hinausgreift. Hierzu wählt Rao die Perspektive eines Autor-Erzählers, der das Wirken des Mahatma nicht allein politisch oder sozialreformerisch begreift, sondern in einen umfassenden religiös-philosophischen Zusammenhang rückt. Der Kampf Kanthapuras gegen koloniale Unterdrückung, aber auch gegen orthodox-dogmatische Züge des Hinduismus, nimmt den Charakter eines Rückbesinnungs- und Erneuerungsprozesses der Menschen im Kontinuum ihrer kulturellen Tradition an, in dem Gandhi als *avatar*, als eine Reinkarnation der Erlöser- und Erhalterfigur erscheint, wie sie der Hinduismus in der Gottheit Vishnu verehrt.
Verweist so *Kanthapura* auf Raos eigentliches Anliegen, nämlich den übergreifenden kulturellen Kontext, der sich hier, jenseits des politisch-historischen Geschehens, auftut, so wird dies in seinen folgenden Romanen noch deutlicher. Damit aber reiht er sich in die Tradition philosophischen Erzählens Indiens ein, die er nicht nur fortführt, sondern in ihrer englischsprachigen Variante auch begründet und deren hervorragender Vertreter er bis

heute ist. Ganz in der Tradition der *purana*, der einzigen Erzählform, die sich Raja Rao für seine Romane vorstellen kann, berichtet Achakka, *»unsere verehrte ältere Schwester«*, rückschauend über jene Ereignisse, die vor gut einem Jahr das Leben der einfachen Menschen in einem südindischen Dorf hoch in den Bergen der »Western Ghats« nachhaltig verändert haben.

In nahezu atemlosem Erzähltempo reiht sie dramatische Episoden und Charakterzeichnungen, Beschreibungen religiöser Riten und Gebräuche, die den Ablauf der Tage und Monate in Kanthapura bestimmen, und Reflexionen über Gandhis Denken und seinen Einfluß auf die Dorfbewohner und die auf der benachbarten Teeplantage ausgebeuteten Kulis aneinander und kommentiert sie mit lehrhaften Einsichten. Ihre Geschichte setzt mit der Rückkehr des jungen Brahmanen Moorthy ein, der sich in Bombay Gandhis ökonomischen, sozialreformerischen und politischen Ideen verschrieben hat und nun die Bewohner seines Dorfes hierfür gewinnen möchte. So leitet er sie an, täglich ihr eigenes Garn zu spinnen, um wirtschaftlich wieder unabhängig zu werden, und organisiert Zusammenkünfte, bei denen man über Gandhis Vorstellungen von einer kastenlosen und politisch freien Gesellschaft spricht und gemeinsam *bhajans*, religiöse Lieder, singt. Schließlich führt er die Dorfbewohner an, auf gewaltlose Weise gegen die Ausbeutung der Kulis durch den britischen Plantagenbesitzer und seine indischen Mittelsmänner zu protestieren. Insbesondere die Frauen und die Kastenlosen schließen sich Moorthy an, doch bei orthodoxen Brahmanen wie dem Landbesitzer und Geldverleiher Bhatta oder dem gelehrten Swami stößt er auf Widerstand. Sie befürchten den Verlust ihrer materiellen Einkünfte und ihrer sozialen Stellung und beginnen die Gandhi-Anhänger immer militanter zu verfolgen. Moorthy wird exkommuniziert, weil er sich mit den Unberührbaren eingelassen hat, und schließlich verhaftet.

Doch auch ohne ihn wächst der Wille der Dorfbewohner, die Gesellschaft vom Joch des Kolonialismus und eines dogmatischen Hinduismus zu befreien. Es kommt zur unausweichlichen Konfrontation zwischen den *satyagrahis*, die sich ganz *ahimsa*, dem gewaltlosen Widerstand, verpflichtet haben, und den brutal vorgehenden indischen Polizisten unter der Anleitung britischer Offiziere. Unter großem Verlust muß Kanthapura sich den Mächtigen beugen. Doch im Exil jenseits der Grenze, im Fürstenstaat Mysore und im Dorf Kashi – dessen Name die heilige Stadt Varanasi/Benares oder Kashi assoziiert –, empfinden Achakka und ihre Mitstreiter/innen Trost in der inneren Bereicherung, die sie erfahren haben, und in der Gewißheit, daß Gandhis Ideen eines Tages den Sieg davontragen werden.

Das dramatisch-episch wiedergegebene Geschehen entfaltet sich wie eine klassische Tragödie, in der die Einheiten von Ort, Zeit und Handlung strikt gewahrt bleiben und in der die in der Wir-Form vortragende Erzählerin die Funktion des Chores übernimmt. Rao verknüpft, hier wohl unbewußt, Formelemente zweier verschiedener literarischer Traditionen, wie er sich andererseits ganz bewußt der Aufgabe stellt, ein Bild von Indien durch das Medium der englischen Sprache zu vermitteln, das seine Authentizität wahrt. Dies gelingt ihm vor allem durch einen Redestil, der *»das Tempo des indischen Lebens«* ins Englische überträgt. Anaphorische Reihungen, Parataxis, Aufzählung, Häufung und Wiederholung sowie die Verwendung syntaktischer Strukturen des Kannada, Raos Muttersprache, tragen hierzu in gleichem Maße bei wie die wörtlichen Übertragungen von Bildern und Vergleichen, idiomatischen Wendungen und rhetorischen Elementen des Kannada und die Nutzung indischen Wortmaterials. Das Tempo der lebendigen, mündlich vorgetragen wirkenden Erzählung variiert zwischen den eher umgangssprachlich erzählten dramatischen Episoden und poetisch gestalteten, breit entfalteten Schilderungen von der tiefen Verwurzelung indischen Lebens in der Religion. Sprache und Text stellen für Raja Rao ein Mittel des Zugangs zum Numinosen dar, Meditation *(sadhana)*. Für den Leser, der Raos kulturelle Prämissen nicht teilt, verkörpert *Kanthapura* dagegen einen Akt der Wiederentdeckung und Wiederinbesitznahme der eigenen, durch den Kolonialismus scheinbar entfremdeten Kultur. In der Rezeptionsgeschichte des Romans hat diese Bedeutung inzwischen die Interpretation des Werkes als eine interessante Geschichte aus Indien ersetzt und so zu Raos Ruf als dem vielleicht überzeugendsten Vertreter des indo-englischen Romans beigetragen. D.Ri.

AUSGABEN: Ldn. 1938. – Bombay 1947. – NY 1963. – Westport/Conn. 1977.

LITERATUR: J. P. Gemmill, *»Kanthapura«: India en Route to Independence* (in CEA Critic. Journal of the College English Association, 44, 1982, Nr. 4, S. 30–38). – V. Y. Kantak, *The Language of »Kanthapura«* (in Indian Literary Review, 3, 1985, Nr. 2, S. 15–24). – V. A. Shahane, *R. R.: »Kanthapura«* (in *Major Indian Novels*, Hg. N. S. Pradhan, Atlantic Highlands/N.J. 1986, S. 22–40).

THE SERPENT AND THE ROPE

(engl.; *Die Schlange und das Seil*). Roman von Raja RAO (Indien), erschienen 1960. – Der Titel des Romans spielt auf ein bekanntes Beispiel der altindischen Irrtumslehre an: Aus der Tatsache, daß man in der Dämmerung ein Seil leicht für eine Schlange halten kann, geht hervor, daß es für die menschliche Erkenntnis schwierig ist, das eigentliche Wesen der Welt zu begreifen. Der Autor möchte dieses Beispiel im Sinn der alten Vedānta-Philosophie verstanden wissen, die allein dem *brahma* (Allseele) Realität zuerkennt, die Welt hingegen als metaphysischen Irrtum begreifen will (vgl. auch *Śārīrakamīmāṃsābhāṣya*). Diesen Gedanken verbindet er mit der neohindustischen Auffassung, daß das *brahma* in der Seele eines Menschen mit dem *brahma* in der Seele jedes Mitmenschen identifiziert werden kann. Überdies wird von ihm der alte Satz *»Ich bin das brahma«* zu dem Ausspruch *»Die Seele Indiens ist das brahma«* erweitert.

Der Roman selbst ist in Form eines Berichts des Ich-Erzählers Ramaswamy, eines jungen südindischen Brahmanen, abgefaßt, der in Aix-en-Provence eine Dissertation über die christliche Sekte der Katharer schreibt. Der Protagonist erzählt von seiner mißglückten Ehe mit der französischen Lehrerin Madeleine, seinen Liebeserlebnissen mit zwei Inderinnen und seinen Reisen nach Indien und England. Sein Bericht darf jedoch nicht als Konfession einer sehr differenzierten Seele verstanden werden, sondern ist vielmehr eine umfassende Interpretation von Erfahrungen, Ideologien, Religionen und Geschichtsabläufen vom Standpunkt eines modernen Vedānta-Philosophen. Allerdings bedient er sich dabei nicht der Analyse, sondern entfaltet eine Fülle von Symbolen und Metaphern, die letzten Endes immer wieder auf das Bild von dem Seil und der Schlange hinauslaufen. – Insgesamt führen die Reflexionen eines Inders in Europa zu dem Eingeständnis, daß es unmöglich ist, die Vedānta-Philosophie über den Bereich des Subkontinents Indien bzw. den brahmanischen Umkreis hinaus zu verbreiten. Trotz der anfänglichen Harmonie zwischen dem Erzähler und Madeleine, gelingt es der Europäerin nicht, das *brahma* als die einzige Realität zu erkennen. Sie *»sieht das Seil mit den Augen der Schlange«*, d. h., sie bleibt in liebevollem Mitleid der inhaltslosen Welt zugekehrt und wird Buddhistin. Diese Entwicklung, die zu Madeleines Trennung vom Erzähler führt, symbolisiert zugleich auch den Untergang des Buddhismus in Indien und sein Fortleben in anderen Ländern.

Der Roman endet mit Ramaswamys Entschluß, sich einem Guru (religiöser Lehrer) anzuvertrauen. Dieser Entschluß ist jedoch keineswegs als Akt der Verzweiflung zu deuten. Die Erfahrungen und Reflexionen des Helden bilden vielmehr die Stufen einer Entwicklung, die ihn schließlich zur Reife führt und ihn befähigt, mit Hilfe des Guru die Einheit von Ich und *brahma* zu realisieren. – Vor diesem Hintergrund wird auch deutlich, daß das eigenartige Oszillieren zwischen Symbol und Realität ebenso wie die manchmal etwas gewaltsame Interpretation der Geschichte wesentliche Elemente der Struktur dieses Romans bilden, der ein kraftvolles, geistiges Experiment in einer auch von Engländern bewunderten glanzvollen Sprache (vgl. etwa bei M. E. Derret) darstellt und der – wenngleich sein politisches und soziales Engagement unbedeutend ist – als Dokument neohinduistischer Weltsicht gelten darf. P.G.

AUSGABEN: Ldn. 1960; ern. 1986. – NY 1963; 101985. – Delhi 1968. – Westport/Conn. 1976. – Woodstock/N.Y. 1986.

LITERATUR: L. Schmithausen, *Maṇḍanamiśra's Vibhramavivekaḥ mit einer Studie zur Entwicklung der indischen Irrtumslehre*, Wien 1965. – M. E. Derret, *The Modern Indian Novel in English*, Brüssel 1966 [m. Bibliogr.]. – M. K. Naik, *»The Serpent and the Rope«* (in *Critical Essays on Indian Writing in English*, Hg. ders. u. a., Dharwar 1968). – R. K. Kaul, *»The Serpent and the Rope« as a Philosophical Novel* (in Literary Criterion, 15, 1980, Nr. 2, S. 32–43). – P. Dayal, *The Influence of Vedanta on R. R.* (in Journal of Medieval Indian Literature, 7, 1983, S. 62–74). – V. A. Shahane, *R. R.'s »The Serpent and the Rope« and Patrick White's »The Solid Mandala«: A Comparative Appraisal* (in *The Laurel Bough: Essays Presented in Honor of Prof. M. V. Rama Sarma*, Hg. G. N. Rao, Bombay 1983, S. 177–189). – K. C. Belliappa, *The Question of Form in R. R.'s »The Serpent and the Rope«* (in WLWE, 24, 1984, S. 407–416). – P. Sharrad, *Aspects of Mythic Form and Style in R. R.'s »The Serpent and the Rope«* (in Journal of Indian Writing in English, 12, 1984, S. 82–95). – Ders., *A Sense of Place in R. R.'s »The Serpent and the Rope«* (in *A Sense of Place in the New Literatures in English*, Hg. P. Nightingale, St. Lucia 1986, S. 86–96).

SALMAN RUSHDIE

* 19.6.1947 Bombay

LITERATUR ZUM AUTOR:
E. W. Herd, *Blechtrommel und indische Flöte: G. Grass' Einfluß auf S. R.* (in *Zeitgenossenschaft: Fs. für E. Schwarz*, Hg. P. M. Lützeler, Ffm. 1987, S. 224–240). – K. K. Sangari, *The Politics of the Possible* (in Cultural Critique, 7, 1987, S. 157–186). – P. Brigg, *S. R.'s Novels: The Disorder in Fantastic Order* (in WLWE, 27, 1987, S. 119–130). – T. Brennan, *India, Nationalism, and Other Failures* (in South Atlantic Quarterly, 87, 1988, S. 131 bis 146). – A. D. Needham, *The Politics of Post-Colonial Identity in S. R.* (in Mass. Review, 29, 1988/89, S. 609–624). – T. Brennan, *S. R. and the Third World: Myths of the Nations*, Ldn. 1989. – S. Albertazzi, *In the Skin of the Whale: S. R.'s »Responsibility for the Story«* (in Commonwealth, 12, 1989, S. 11–18). – M. Alexander, *Flights from Realism*, London 1990, S. 137–144, 200–206. – M. Illerhaus, *S. R.* (in KLFG, 22. Nlg., 1990).

MIDNIGHT'S CHILDREN

(engl.; *Ü: Mitternachtskinder*). Roman von Salman RUSHDIE (Indien/England), erschienen 1981. – Mit der Veröffentlichung seines zweiten Romans (nach *Grimus*, 1975) verhalf der seit 1964 in Großbritannien lebende Autor dem indischen Subkontinent zwar keineswegs dazu, seine (literarische) Stimme zu finden, wie dies der Kritiker der ›New York Times‹ 1981 vermutete, doch *Mitternachtskinder* bildet ohne Zweifel eine Zäsur in der geschichtlichen Entwicklung des modernen indo-englischen Romans. So bricht der Erzähler formal mit der realistischen Darbietungsweise der Werke der vergangenen fünf Jahrzehnte, während er sprachlich von der Verwendung des britischen Englisch (A. Desai, K. Markandaya) bzw. von bewußt gestalteten Varietäten eines literarischen indischen Englisch (M. R. Anand, G. V. Desani, R. Rao) abrückt. Beeindruckt von der weiterhin lebendigen oralen Erzählpraxis Indiens (Interview in der Zeitschrift ›Kunapipi‹, 1985), will Rushdie *»eine literarische Form* [schaffen], *die der Form der mündlichen Erzählung entspricht ... ›Mitternachtskinder‹ wird erzählt, so daß ein unmittelbarer Bezug zur mündlichen Erzählung besteht«*. Zu deren Qualität trägt zweifellos auch die meisterhafte Verwendung unterschiedlicher Varietäten des indischen Englisch bei, insbesondere verschiedenster Register der gesprochenen, urbanen Sprache, wie sie z. B. für die polyglotte, multi-ethnische und von großen sozialen Gegensätzen geprägte Megalopolis Bombay charakteristisch sind.

Auch inhaltlich und thematisch löst sich Rushdie von älteren Mustern indo-englischen Erzählens, indem er z. B. oft gepflegte lokale und zeitliche Eingrenzungen eines Geschehens überschreitet. Sein Erzähler Saleem Sinai durchwandert fast den gesamten Subkontinent – von Kashmir im Norden bis Bombay im Süden und von Rawalpindi im Westen bis Dhaka im Osten – und versucht, sein eigenes Leben wie auch die Geschichte seiner Familie möglichst vollständig zu rekonstruieren. Im Unterschied zu vorangegangenen historischen Romanen zielt dieser erzählende Rückblick nun aber nicht auf eine Rehabilitierung Indiens nach der Epoche kolonialer Abhängigkeit, sondern geht der Frage nach, wie Geschichte zu erzählen ist, die den Ansprüchen auf Objektivität und Wahrheit genügen will. Hier trifft der in Cambridge ausgebildete Historiker Rushdie auf den indischen Erzähler; d. h., eine in jüngster Zeit in der Historiographie des Westens ins Zentrum gerückte Fragestellung wird dem fundamentalen indischen Erkenntnisinteresse gegenübergestellt, das Ganze umfassend wahrnehmen zu wollen, um es so in seinem Wesen zu erkennen. Rushdies Erzähler behauptet: *»Ich habe mir die Lebensschicksale einverleibt; und um zu wissen, wer ich bin, ich ganz allein, müßt ihr euch alles einverleiben.«*

Beide Fragestellungen sind für den Autor aufs engste mit einer Kunstauffassung verknüpft, die ihn ein weiteres Mal radikal von seinen indo-englischen Vorgängern trennt. Modernes Erzählen, so Rushdie, kann sich nicht länger damit begnügen, Ausschnitte der Wirklichkeit *»realistisch«* abzubilden oder *»bestimmte Themen bestimmten Gruppen vorzubehalten«*. Vielmehr liegt das Wesen des Kunstwerks darin, jenes Wagnis des Künstlers zum Ausdruck zu bringen, das er eingeht, *»wenn er sein Werk bis an die Grenze des Möglichen treibt in der Absicht, die Summe dessen, was denkbar ist, zu vergrößern. Bücher sind gut, die an den Abgrund treten und das Risiko auf sich nehmen, hinunterzustürzen.«* Und dies heißt auch, die Grenze zwischen der realen und der irrealen, magischen Welt zu überschreiten.

Rushdies literarisches Werk spiegelt aber nicht nur persönliche Auffassungen wider, sondern entspringt auch der Situation jener stetig wachsenden Gruppe immigrierter Schriftsteller Großbritanniens, die gemeinsam mit der hier geborenen zweiten Generation von Einwanderern aus dem Commonwealth die sogenannte »schwarze britische« Literatur begründet haben. Deren thematisches Anliegen beruht ganz allgemein in der intensiven Auseinandersetzung der Autoren mit künstlerischen, philosophischen und soziopolitischen Fragen ihrer eigenen kulturellen Herkunft, denen nun, aus geographischer und zeitlicher Distanz und in Kenntnis westlich-europäischen Gedankenguts, nachgegangen wird. *»Unsere weite geographische Perspektive«*, meint Rushdie dazu, *»stattet uns vielleicht mit ...* [neuen] *Blickwinkeln aus«*; Sichtweisen jedoch, wie er ergänzt, in denen sich auch die Erfahrung von *»Migration, Entwurzelung und Leben in einer Minderheit«* niederschlägt.

Saleem Sinai, fast 31 Jahre alt, glaubt kurz vor seinem Tod zu stehen. Genau um Mitternacht am 15. August 1947, dem Tag der indischen Unabhängigkeit, in Bombay geboren, hatte er sich sein Leben lang als vom Schicksal dazu auserwählt gesehen, auf sein Land Einfluß nehmen zu können. Und hierzu hatte er allen Grund, denn *»Zeitungen feierten mich; Politiker hießen meine Stellung willkommen. Jawaharlal Nehru schrieb: Liebes Baby Saleem ... Wir werden deinen Lebensweg aufs genaueste verfolgen; er wird gewissermaßen ein Spiegel unseres eigenen sein.«* Außergewöhnliche Eigenschaften – wie die Fähigkeit, die Gedanken anderer lesen, die Fähigkeit, mit den 1000 »Mitternachtskindern«, die wie er in der ersten Stunde des neuen Indien geboren waren, gedanklich unmittelbar Kontakt aufnehmen oder die Empfindungen und Gefühle von Menschen riechen zu können – hatten Saleem von einem höheren Zweck seines Lebens träumen lassen, den er im gemeinsamen Handeln mit allen Mitternachtskindern zum Wohle eines unabhängigen und demokratischen Indien glaubte erfüllen zu können. Doch dreißig Lebensjahre belehren ihn eines Besseren. Er erfährt, daß er tatsächlich der uneheliche Sohn eines Engländers namens Methwold und der Frau des armen Straßenmusikanten Wee Willie Winkie ist und unmittelbar nach der Geburt von der Krankenschwester Mary Pereira mit dem richtigen Saleem Sinai vertauscht wurde, um eine bessere Zukunft zu haben. Allmählich all seiner teils übernatürlichen Fähigkeiten beraubt, einsam, krank, dazu von Indira Gandhis Schergen während des Ausnahmezustandes wie alle noch überlebenden 420 Mitternachtskinder zwangssterilisiert, fürchtet Saleem nun, sinnlos gelebt zu haben. Nur wenn er sein Leben erzählend bewahrt, glaubt er ihm noch Bedeutung verleihen zu können. Drei Aufgaben gilt es dabei zu bewältigen: möglichst das gesamte Geschehen zu erzählen, weil ja alles ineinandergreift; sich stets der eigenen geheimnisvollen Fesselung an die Geschichte bewußt zu bleiben – und damit letztlich doch die eigene Bedeutung zu unterstreichen; und auf die Familienchronik vor der eigenen Geburt zurückzugreifen, weil hier sein Leben *»wirklich begann«*.

»Buch Eins« umfaßt diesen Abschnitt, setzt im Frühling 1915 mit der Rückkehr von Saleems Großvater Doktor Aadam Aziz nach Kashmir ein und endet mit der Geburt des Erzählers. Herausgegriffen werden wichtige Familienereignisse der Jahre 1915–1919, 1942–1946 und 1947. Aadam lernt seine Frau Naseem kennen und trifft mit ihr nach der Zwischenstation in der Stadt Amritsar 1919 an seinem neuen Tätigkeitsort Agra ein. Dort lernt Saleems zukünftige Mutter Mumtaz 1942 ihren ersten und, nachdem die Ehe scheitert, ihren zweiten Mann Ahmed Sinai kennen. 1946 ziehen beide nach Delhi und ein Jahr später nach Bombay, wo Ahmed von Methwold, der Indien verläßt, ein Haus ersteht. »Buch Zwei« schildert Saleems Kindheit und Jugend bis zu seinem 18. Lebensjahr. Auch hier konzentriert sich das Geschehen auf einige wenige Jahre. 1947/48 erweist sich als ein Abschnitt voll familiärer Rückschläge, während die Selbstentdeckung Saleems und erste ernsthafte Konflikte mit seiner Umwelt in die Jahre 1956–1958 fallen. 1962–1965 wird ein letztes Mal das Schicksal der Großfamilie Aziz in den Mittelpunkt gestellt, bevor der indisch-pakistanische Krieg dem Leben von Großmutter, Eltern, Tanten und Onkeln Saleems in Pakistan ein Ende setzt. »Buch Drei« schließlich berichtet über die siebziger Jahre und Saleems Niedergang im Dienst der pakistanischen Armee, von seinem kurzen Aufenthalt unter den »Zauberern« in einem Slum Alt-Delhis, von der Haft während des Ausnahmezustandes in Benares und schließlich von Bombay. Hier hat er in Padma, der Managerin einer »pickle factory«, in der Gemüse und Früchte konserviert werden, eine fürsorgliche Frau und aufmerksame Zuhörerin für seine Erzählung gefunden, die sich gar in ihn verliebt und ihn immer wieder aus dem Gewirr seiner vielen Geschichten *»in die Welt der linearen Erzählung, des Universums von was-passiert-jetzt zurückdrangsaliert«*. Mit Erfolg, denn Saleem stellt zum Schluß mit Genugtuung fest, daß er glaubt, mit seinem Erzählen nicht nur die *»Erinnerung ... vor der Korruption durch die Uhren bewahrt«*, sondern auch Sinnvolles geleistet zu haben, wenn er nun die dreißig Kapitel seiner Biographie und Familienchronik auf die vergeßliche Nation losläßt. Ganz in der Konvention des mündlichen Erzählers will er das Geschehen um sich und die Mitternachtskinder als Lehrgeschichte verstanden wissen.

Auf den ersten Blick reiht sich der mit dem Booker-Preis ausgezeichnete Roman in die europäische Tradition der pikaresken Erzählung ein, in der ein erzählendes Ich von den teils alltäglichen, oft jedoch eher wunderbaren, ja unglaublichen Erfahrungen seines Lebens berichtet, die es, über manche Niederlage hinweg, haben reifen lassen. So hat die westliche Kritik auch bald nach dem Erscheinen der *Mitternachtskinder* Rushdie der Tradition von Cervantes und Grimmelshausen, Rabelais und Voltaire, Sterne und Dickens, Grass, García Márquez und anderen zugeordnet – zum Unwillen des Verfassers, der die Geschichte Saleem Sinais in den kulturellen und literarischen Zusammenhang Indiens eingeordnet wissen möchte. Auf besonderes Interesse im Westen sind, ebenfalls nicht unerwartet, auch die Thematisierung des Erzählvorgangs durch den Erzähler und die Affinität des Romans zur Tradition des magischen Realismus gestoßen sowie Saleems Ausführungen zum Wesen und Verhältnis von Historiographie und Narrativität und von Realität und Imagination, die wie Leitmotive besonders die Gegenwartsebene des Romans, zumeist zu Beginn oder am Ende einzelner Kapitel, kennzeichnen. Generelle Aufmerksamkeit haben andererseits die vielfältigen literarischen Symbole gefunden, denen Rushdie eher leitmotivische als symbolische oder allegorische Funktion einräumt; so etwa das mit einem Guckloch versehene Bettlaken, durch das Aadam Aziz seine spätere Frau medizinisch behandelt und sie kennen- und liebenlernt; oder der silberne Spucknapf, den Saleem als Sammelbecken der indischen Gesellschaft mit ihren unterschiedlichen Völkern ansieht und den er bei der gewaltsamen Zerstörung des Slums in Alt-Delhi verliert.

Von zentraler Bedeutung insbesondere für indische Kritiker hat sich die fast unübersehbare Fülle von Analogien erwiesen, mit der Rushdie auf eine spezifisch indische sinnliche Wahrnehmungs- und kognitive Verarbeitungsform zurückgreift, die Ähnlichkeiten auch zwischen offensichtlich miteinander unverbundenen Dingen entdeckt. *»Es ist eine Art nationaler Sehnsucht nach Form – oder vielleicht einfach der Ausdruck unseres tiefen Glaubens daran, daß Formen in der Wirklichkeit verborgen liegen.«* Ihre auffälligste literarische Umsetzung erfährt diese Sehnsucht natürlich in der Parallelität von Ereignissen in Saleems Familie und der Geschichte Indiens. Sie reicht von der Rückkehr Aadam Aziz' im Jahr 1915, die mit Gandhis Ankunft koinzidiert und jeweils einen neuen geschichtlichen Abschnitt einleitet, zieht sich hin u. a. über die scheiternde Ehe von Mumtaz und die gleichzeitig politisch erfolglose »Quit India«-Bewegung der Kongreßpartei 1942 oder die verheißungsvolle Geburt der Mitternachtskinder am Unabhängigkeitstag 1947 bis zu ihrer Sterilisierung durch das Regime Indira Gandhis 1976, die mit der Erklärung des Ausnahmezustandes die schon schwache Hoffnung auf eine freie, demokratische und egalitäre Gesellschaft endgültig zunichte macht. Auch die Analogie des Verhältnisses von Saleem zu den ihm nächststehenden Mitternachtskindern Shiva und Parvati sowie deren Sohn Aadam zur Hindumythologie ist der indischen Kritik nicht verborgen geblieben. Für eine in jüngster Zeit vermehrt mit der Literatur der sogenannten »Dritten Welt« befaßte Kritik ordnet sich Rushdies Werk schließlich durch seine selbstbewußte, doch auch selbstkritische Bestandsaufnahme der jüngsten Geschichte eines »Entwicklungslandes« jenen »postkolonialen« Texten zu, in denen, wie Rushdie es ausdrückt, *»the Empire writes back with a vengeance« (»das Weltreich voller Zorn zurückschreibt«)* und die so einen gleichberechtigten Platz einnehmen. Die Generation des 1975 geborenen Aadam – der im übrigen nur tut, was er selbst will –, wird zeigen, ob sie anders als die Mitternachtskinder von 1947 nicht Opfer, sondern Lenker der Geschichte sein wird. D. Ri.

Ausgaben: Ldn. 1981. – Ldn. 1982.

Übersetzung: *Mitternachtskinder*, K. Graf, Mchn./Zürich 1985.

Literatur: S. Rushdie, Interview (in Kunapipi, 4, 1982, S. 17–26). – Tariq Ali, *»Midnight's Children«* (in New Left Review, 1982, Nr. 136, S. 87–95). – S. Rushdie, *The Indian Writer in England* (in *The Eye of the Beholder: Indian Writing in English*, Hg. M. Butcher, Ldn. 1983, S. 75–83). – S. A. Narayan, *»Midnight's Children«* (in Literary Criterion, 18, 1983, S. 21–29). – S. Rushdie, *›Errata‹: Unreliable Narration in »Midnight's Children«* (in *A Sense of Place*, Hg. B. Olinder, Göteborg 1984, S. 98–100). – R. Bader, *Indian Tin Drum* (in International Fiction Review, 11, 1984, S. 75–83). – D. Riemenschneider, *History and the Individual in Anita Desai's »Clear Light of Day« and S. R.'s »Midnight's Children«* (in WLWE, 23, 1984, S. 196–207). – K. Wilson, *»Midnight's Children« and Reader Responsibility* (in Critical Quarterly, 26, 1984, S. 23–27). – F. Jussawalla, *Family Quarrels: Towards a Criticism of Indian Writing in English*, NY 1985, S. 103–133. – J. Swann, *›East is East and West is West‹? S. R.'s »Midnight's Children« as an Indian Novel* (in WLWE, 26, 1986, S. 353–362). – N. E. Batty, *The Art of Suspense: R.'s 1001 (Mid-)Nights* (in Ariel, 18, Calgary 1987, S. 49–65). – U. Parameswaram, *The Perforated Sheet: Essays on S. R.'s Art*, New Delhi 1988. – K. Hewson, *Opening Up the Universe a Little More: S. R. and the Migrant as Story Teller* (in Span, 1989, S. 82–93). – S. Tyssens, *»Midnight's Children« or the Ambiguity of Impotence* (in Commonwealth, 12, 1989, S. 20–29). – A. Lee, *Realism and Power: Postmodern British Fiction*, Ldn. 1990, S. 47–53; 115–119.

THE SATANIC VERSES

(engl.; *Ü: Die Satanischen Verse*). Roman von Salman Rushdie (Indien/England), erschienen 1988. – Kein literarisches Werk hat in jüngster Zeit international soviel Aufsehen erregt wie Rushdies inzwischen vierter Roman – ein Aufsehen allerdings, das weniger der literarischen Qualität des umfangreichen Textes gilt als bestimmten Passagen, die dem Autor von muslimischer Seite den Vorwurf der Blasphemie eingetragen haben. Rushdies umstrittene Darstellung des Propheten Mohammed (der hier Mahound heißt) und seiner Frauen wie auch der Offenbarung des *Koran* führte nur wenige Tage nach der Veröffentlichung des Buches Ende September 1988 zu heftigen Protesten in der islamischen Welt und seinem Verbot in Indien, Pakistan, Südafrika, dem Iran und fast allen arabischen Ländern. Bei Demonstrationen in Pakistan und Indien wurden 22 Menschen getötet, und in Großbritannien kam es zur öffentlichen Verbrennung des Romans. Am 14. 2. 1989 schließlich spitzte sich die »Rushdie-Affäre« dramatisch zu, als der iranische Religionsführer Ayatollah Ruhollah Khomeini (1900–1989) *»fatwa«* aussprach, das Todesurteil über den Gotteslästerer und Apostaten, für dessen Vollstreckung mehrere Millionen Dollar ausgesetzt wurden. Der Autor stellte sich unter den Schutz der britischen Regierung und hält sich seither vor der Öffentlichkeit verborgen.

Mit der Morddrohung aus Teheran, die auch Verlagen und Buchhandlungen galt, falls sie *The Satanic Verses* weiterhin verbreiteten, setzte eine Monate währende Diskussion ein, die sich mit den politischen, ideologischen und moralischen Aspekten des Todesurteils einer religiösen Instanz gegen den Verfasser eines literarischen Textes beschäftigte, der sich längst vom Islam abgewandt hatte, die britische Staatsangehörigkeit besaß und als Schriftsteller beanspruchte, *»das zu tun, worauf das Wort Roman [novel] zu insistieren scheint: die Welt neu zu sehen«*. Der Debatte, die sich schnell zum »Streit zwischen westlichen Freiheiten und östlicher Unfreiheit« entwickelte, setzte Rushdie freilich entgegen, daß das Buch *»eigentlich nicht vom Islam handelt, sondern von Migration, Metamorphose, gespaltenem Ich, Liebe, Tod, London und Bombay«*. Es wolle *»zeigen, wie der Verlust Gottes das Leben eines Menschen zerstören kann«*, und sei der Versuch, *»auf imaginative Weise das Wesen der Offenbarung und die Kraft des Glaubens auszuloten«*. Wenn es sich hierbei gegen *»den Absolutismus des moralisch Reinen«* wende, so deshalb, weil es nicht die Auffassung vertrete, daß *»die Vermischung mit einer anderen Kultur unausweichlich die eigene schwächen und zerstören wird«*, sondern daß eine *»Umwandlung, die durch unerwartete Verbindungen zwischen Menschen, Kulturen, Ideen, politischem Handeln, Filmen, Songs zustande kommt«*, die heutige Welt zunehmend kennzeichnet (so der Autor in seinem Essay *In Good Faith*, Febr. 1990).

In der öffentlichen Debatte, von der der Autor fast völlig ausgeschlossen blieb, spielten diese Argumente – vermutlich teilweise aus Unkenntnis des Buches – eine nur nebensächliche Rolle. Politiker, Schriftsteller und ihre Verbände, Intellektuelle und Journalisten im Westen standen Vertretern islamischer Institutionen, muslimischen Intellektuellen, Politikern sowie einzelnen Autoren und Journalisten vorwiegend aus arabischen, afrikanischen und asiatischen Ländern gegenüber. Der Konflikt um einen Roman enthüllte einen längst schwelenden Kulturkonflikt. Die eine Seite interpretierte das

Verhalten der anderen jeweils als Versuch, von innenpolitischen Spannungen abzulenken, erblickte hinter den religiösen Argumenten politische Machtinteressen und trat an, die Errungenschaften der säkularen Gesellschaft gegen mittelalterliches Denken, Humanismus gegen totalitäre Barbarei zu verteidigen. Hinter der Fixierung auf den Propheten stehe die Angst, der »Islam sei in Gefahr«, sich weiter aufzuspalten; iranischer Empfindlichkeit gegenüber Rushdies Glaubenslästerungen widerspreche die Gefühlskälte, mit der dort Folterung, Mord und die Opferung von Kindern im Krieg gegen den Irak in Kauf genommen werde.

Auf der anderen Seite fand Khomeinis *»fatwa«* in moderaten islamischen Kreisen kaum Zustimmung. Gleichwohl verurteilten sie *The Satanic Verses*, weil das Buch innerislamische Gegensätze zwischen Orthodoxen und Liberalen sowie der Masse und der Elite zugunsten des fundamentalistischen Flügels verstärke, den Rassismus in Großbritannien weiter anfache und antiislamische Vorurteile im Westen fördere. Die Polemik des »politischen Traktats«, in dem der *Koran* zum Mythos reduziert werde, verstünden einfache Muslims nicht, während der gebildete Leser vergeblich nach einer Konzeptualisierung des Streites Religion–Kunst Ausschau halte; denn die Erzählung thematisiere nicht etwa eine kollektive Problematik, sondern zelebriere *»introspektiv Feinheiten der Individualität* [Rushdies]«. Außer der Blasphemie habe Rushdie sich zudem des Verrats am kulturellen Erbe des Islam schuldig gemacht. Ihm und dem Westen, dem er nun als »Weißer ehrenhalber« angehöre, müsse Heuchelei vorgeworfen werden, denn Zensur und Mordaufträge seien auch dort opportune politische Praxis. Schließlich zeihen Rushdies Gegner ihn persönlichen unmoralischen Verhaltens; die boshafte, ja pornographische Bloßstellung muslimischer Menschen diene nur seinem materialistischen Gewinnstreben. Mangelnde Sensibilität und Urteilskraft sowie rechthaberische und arrogante Selbstdarstellung disqualifizierten ihn, sich über den Islam zu äußern.

Die unversöhnlichen politischen und ideologisch-moralischen Gegensätze in der »Rushdie-Affäre« spiegeln sich auch in der öffentlich weniger bedeutsamen literarischen Debatte wider. Hier reklamiert die eine Seite für *The Satanic Verses* einen Literaturbegriff, der zwischen Fiktion und historischen Fakten unterscheidet, auf den Traumcharakter der anstößigen Passagen verweist, Literatur als stetes Suchen, als Unfertiges begreift und sich so vom islamischen »Kult des Textes« absetzt – ausnahmslos Argumente, die für die andere Seite keine Gültigkeit besitzen. Einige muslimische Kritiker des Romans differenzieren allerdings zwischen Rushdies Anspruch und seinem literarischen Diskurs, werfen ihm eine *»bewußte Manipulation falscher Bilder des Propheten, seiner Anhänger und Frauen«* vor und bemängeln, daß die Zweifel Gibril Farishtas, einer der beiden Hauptfiguren, nicht aus der Perspektive einer »höheren Norm« gewichtet würden.

Die »Rushdie-Affäre« hat trotz wiederholter Bekräftigung der *»fatwa«* durch Khomeinis Nachfolger inzwischen an politischer Schärfe verloren, gehört aber keineswegs der Vergangenheit an. Rushdies Angebot eines Dialogs, ja seine Distanzierung von den inkriminierten Passagen und sein Bekenntnis zum Islam (Dez. 1990) sind zurückgewiesen worden. Der mit seinem Roman ins Bewußtsein der westlichen Öffentlichkeit getretene Konflikt zwischen der islamischen und der nichtislamischen Welt läßt sich so einfach weder durch einen Appell zum rationalen Diskurs, *»eine anspruchsvolle intellektuelle Debatte über die privilegierte Kunstform des Romans«*, noch durch ein Schuldeingeständnis beilegen, sondern setzt *»eine Politik der gesellschaftlichen Integration und Rassengleichheit* durch ..., *nicht* gegen *die ethnische* [und kulturelle] *Vielfalt«* voraus, von der beide Seiten noch weit entfernt sind.

Trotz der überbordenden Fülle von Gestalten und Ereignissen, Motiven und Themen, historischen, kulturellen und literarischen Verweisen und Anspielungen, die ebenso wie Rushdies Stil dem Leser der *Satanic Verses* die Lektüre nicht gerade leicht machen, ist die Erzählung klar gegliedert und aufgebaut. Haupt- und Nebenhandlungen, Gegenwart und Vergangenheit, Wirklichkeit und Vision, Erzähler- und Figurenperspektive lassen sich deutlich voneinander abgrenzen. Das Anfangs- und das Schlußkapitel setzen mit einer Flugreise ein, die Gibril Farishta und Saladin Chamcha *»so um den ersten Januar«* (1985?) von Bombay nach London und etwa drei Jahre später zurück in ihre Heimat führt. Das erste Kapitel gibt rückblickend zudem Auskunft über den Hintergrund beider Figuren, deren schicksalhafte Verstricktheit miteinander den Gegenstand der Kapitel III, V und VII bildet, die in London spielen. Unterbrochen wird der Gang der Haupt- und Gegenwartshandlung durch die exakt gleichlangen Kapitel II, IV, VI und VIII, die Gibrils Träume und Visionen wiedergeben. Dem Hauptstrang wird schließlich noch eine Reihe von Nebenhandlungen zur Seite gestellt, die teils auf die Vergangenheit von Nebenfiguren zurückgreifen, teils parallel zum Hauptgeschehen ablaufen. Wie schon in *Midnight's Children* zeigt sich Rushdie auch in diesem Roman erneut als geschickter Arrangeur einer kompliziert inszenierten Geschichte, die nun nicht um einen Ich-Erzähler, sondern um zwei Figuren kreist.

Kurz vor der Landung in London wird ein Air India Jumbo-Jet von indischen Extremisten in die Luft gesprengt. An Bord sind auch der Schauspieler Gibril Farishta und der Stimmenimitator Saladin Chamcha. Der eine kehrt seinem Land den Rücken, um der Himalaja-Bergsteigerin Alleluia Cone zu folgen, in die er sich in Bombay verliebt hat; der andere befindet sich nach dem Besuch seiner Eltern auf dem Rückflug zu seiner Frau Pamela Lovelace. Beide überleben auf wunderbare Weise den Fall aus 29002 Fuß Höhe, doch während Gibril den Weg zu Allie Cone nach London findet, wird Saladin als illegaler Immigrant verhaftet, gefoltert und in eine Irrenanstalt gesperrt. Hatte der

Sturz Gibril mit einem Heiligenschein versehen, so verwandelt sich Saladin in ein Tier mit Fell, Hörnern und Schwanz, das dem Teufel ähnlich sieht. Mit Hilfe anderer, ebenfalls in Tiere verwandelter Immigranten gelingt ihm die Flucht. Er kommt bei einer Familie aus Bangla Desh unter, da seine Frau inzwischen ein Verhältnis mit dem Dichter Jumpy Joshi eingegangen ist und man ihm auch den Arbeitsvertrag gekündigt hat. Als er eines Nachts in einem Nachtclub versteckt wird, der Immigranten als Treffpunkt dient, überkommt ihn ein Anfall von Raserei – und er gewinnt seine menschliche Gestalt zurück. Nun rächt er sich an Gibril, der ihn im Stich gelassen hatte, und suggeriert dem eifersüchtigen Liebhaber Alleluias mit verstellter Stimme am Telefon und in »satanischen Versen«, daß sie ihn betrüge; das Liebesverhältnis zerbricht. Im Gefolge von Rassenunruhen rettet Gibril den erkrankten Saladin aus dem brennenden Haus der Bangla-Desh-Familie, obwohl er plötzlich ahnt, daß Saladin der anonyme Anrufer war. Beide kehren zurück nach Bombay: Gibril, um wieder zu filmen, und Saladin zu seinem todkranken Vater. Während der eine mit Filmen, die seine Visionen schildern, kommerziellen Schiffbruch erleidet und in Verdacht gerät, seinen Filmproduzenten Sisodia erschossen und Alleluia vom Dach eines Wolkenkratzers gestürzt zu haben, söhnt sich der andere mit seinem Vater aus. Ihr letztes Zusammentreffen endet mit dem Selbstmord Gibrils. Saladin dagegen folgt der Aufforderung der Ärztin Zeeny Vakil, die ihn liebt, *»zum Teufel hier zu verschwinden«*, mit den Worten *»Ich komme«*.

Gibrils Träume und Visionen, Ausdruck seiner zunehmenden Schizophrenie, umfassen nur ein Viertel des Romans und setzen ein, nachdem er, von einer unerklärlichen Krankheit genesen, seinen Glauben an Gott verliert und bewußt gegen die moralischen Gesetze des Islam verstößt. Stets wenn er einen physischen Zusammenbruch erleidet, träumt er sich als Erzengel Gabriel. In Kapitel II erzählt er die Geschichte von Jahilia (d. i. Mekka) und berichtet über seine Rolle bei der Entstehung des *Koran* und der *»satanischen Verse«*, mit denen zunächst drei weibliche Gottheiten Jahilias in den Koran aufgenommen, dann aber wieder verstoßen wurden. Handelte Gabriel, der beide Male Gottes Wort dem Propheten Mahound eingab, als Satan? Wo befindet sich die Grenze zwischen Gut und Böse, göttlichen und »satanischen« Versen, fragt er sich. In Kapitel IV trägt der Engel den im Londoner Exil lebenden Imam nach »Jerusalem«, wo er die Kaiserin Aischa von Desch, hinter der sich Al-Lat, die mächtigste Gottheit Jahilias verbirgt, besiegt und dem Imam zur *»Herrschaft der Unzeit«* verhilft. Hieran schließt sich die Geschichte der gläubigen Aischa aus dem Dorf Titlipur in Indien an (in Kapitel VIII zu Ende geführt), der die Dorfbewohner in die Fluten des Arabischen Meeres folgen, durch das sie trockenen Fußes nach Mekka zu gelangen hoffen. Kapitel VI schließlich berichtet von der Rückkehr Mahounds nach Mekka und dem Widerstand des Dichters Baal, der, im Bordell versteckt, die Huren dazu anstiftet, sich Namen und Identität der Frauen des Propheten anzueignen, denn so fördern sie ihr Geschäft. Entdeckt und zum Tode verurteilt, wirft er Mahound vor, Huren und Dichtern nicht vergeben zu können – Menschen, zwischen denen jener keinen Unterschied sehe. Gibrils Traum endet mit dem Tod des Propheten.

Haupthandlung und kontrapunktisch ergänzende und variierende »visionäre« Nebenhandlungen verbindet das zentrale Thema des Romans von Glaube und Zweifel, das durch eine Fülle von Gegensatzpaaren wie Gut und Böse, Sakrales und Profanes, Liebe und Haß, Rache und Vergebung, Geborgenheit und Exil, Leben und Tod, Wirklichkeit und Vision erweitert wird. Literarisch transponiert in Ereignisse und Figuren, konstituiert diese Dichotomie nicht nur das dramatische Geschehen der überaus zahlreichen Episoden, sondern wird auch immer wieder in Frage gestellt. Kein Ereignis und keine Handlungsfigur läßt sich eindeutig festlegen und interpretieren. Gibrils und des Erzählers *»kan ma kan, fi quadim azzaman . . .; es war so, es war nicht so, in einer lang vergessenen Zeit«* wird geradezu zum Leitspruch der *Satanic Verses* und unterstreicht Rushdies radikalen Skeptizismus, der keineswegs nur dem islamischen Glauben oder dem Propheten gilt.

Das zentrale Motiv der Reise verkörpert zugleich Suche nach Geborgenheit und ihren Verlust, Beginn und Ende des Exils, wie es am Beispiel Gibrils und Saladins, Mahounds, des Imams und Aischas deutlich wird. Der Fall Gibrils und Saladins beendet ihr altes Leben und eröffnet ihnen einen Neubeginn. *»Um wiedergeboren zu werden . . ., mußt du erst sterben«*, lautet der erste Satz des Romans, mit dem Gibril sich immer wieder Hoffnung nach seinem metaphorischen »Fall« aus der Geborgenheit des Glaubens macht. Alleluia Cones Fall vom Wolkenkratzer dagegen endet tödlich; für sie bedeutet das Bergsteigen Geborgenheit, die höchstmögliche menschliche Annäherung an das Göttliche, so wie auch Mahound immer wieder den Berg Coney erklimmt, wo er Gott nahe ist und sein Wort empfängt. Gibrils Zweifel an Gottes Existenz führt ihn aus der (doch nicht so) realen Welt des Filmhelden in die irreale Welt geträumter und imaginierter Wirklichkeit, in der er sich immer stärker in die Rolle eines Urhebers hineinsteigert: Durch ihn, so behauptet er, kam Gottes Wort in die Welt, er lenkte und half Mahound und Baal, dem Imam und Aischa. Als guter Engel will er »Babylondon« von der Sünde befreien, als Todesengel die Stadt bestrafen. Gibrils vergangenes Leben, in dem er alle wichtigen Gottheiten des Hindupantheons in den indischen *»theologicals«* verkörperte, reicht in sein neues Leben hinein und läßt ihn die Grenze von Schein und Sein überschreiten. Ist seine Schizophrenie die Rache Gottes an einem Apostaten, so wie sich Mahound an Baal rächt? Bedeutet sein Selbstmord Strafe für den Sieg des Bösen über das Gute, den Verlust von Glaube und Liebe?

Wirklichkeit und Vision stehen sich auch in Saladin gegenüber, der als anglophiler Inder der eigenen

Kultur abschwört, weil er die Fremdheit bewundert, doch dann als *»Mann der tausend Stimmen und der Stimme«* seine eigene Identität verliert und zum *»Imitator gar nicht vorhandener Menschen verkommt«*. Wird er hierfür mit der Verwandlung in ein stinkendes und grunzendes Tier bestraft? Warum erhält er dann seine menschliche Gestalt zurück, während seine Rache an Gibril folgenlos bleibt? Gut und Böse, Vergebung und Rache fließen ineinander über, sind ebenso wie das Verwischen von Sakralem und Profanem in der Bordellszene nicht klar voneinander unterscheidbar. Nur das Ende der Geschichte scheint, je weiter sie sich aus der Welt irrealer und surrealer Begebenheiten entfernt, »eindeutig«: Dem Zweifel *»als menschliche Befindlichkeit«* muß die Annahme des Lebens hier und jetzt entgegengesetzt werden, denn *»die Welt ist wirklich; wir müssen hier leben, weiterleben«* – so wie es Saladin schließlich tut.

Dieser Ausblick eines Romans, der nicht nur die Ungeborgenheit einer stetig wachsenden Zahl von Menschen aus der sogenannten Dritten Welt thematisiert, sondern am Schicksal indischer Immigranten in Großbritannien eine Allegorie der Moderne zeichnet, führt *The Satanic Verses* über *Midnight's Children* und *Shame* hinaus, in denen Rushdie wesentlich unnachgiebiger mit dem Begriff der politischen Herrschaft umgeht. Verfremdung, Ironie, Parodie und Satire sowie die Verknüpfung von Realität und Irrealität richten sich hier allerdings auch nicht ausschließlich gegen *ein* Herrschaftssystem, sondern gegen jeglichen Herrschaftsanspruch: dem der Welt Mahounds und der Gründungsepoche des Islam ebenso wie dem des weißen Rassismus in Großbritannien, des gewalttätigen Fundamentalismus in »Jerusalem« oder seiner hinduistischen Variante in Indien. Am kulturellen Identitätsverlust Gibrils, Saladins und anderer Figuren werden zugleich die Auswirkungen kolonialer Herrschaft und der totalen Kommerzialisierung des Lebens bloßgelegt und angeklagt. Das Schicksal von Rushdies Figuren belegt die längst eingetretene Vermischung der Kulturen überall auf der Welt. Sie zu bezweifeln, wie dies seine muslimischen Kritiker tun, bedeutet, die Augen vor der geschichtlichen Entwicklung zu verschließen. Und auch in dieser Beurteilung hat der so kontroverse Roman eine unterschiedliche Rezeption in der westlichen und der islamischen Welt erfahren.

Das von iranischer Seite offiziell proklamierte »Todesurteil« gegen den Autor war mit schwerwiegenden Drohungen gegen Verlagsunternehmen verbunden, die eine weitere Verbreitung des Buches beabsichtigten. Während eine amerikanische Ausgabe im Februar 1989 davon unberührt blieb, verzichteten einige Lizenznehmer in europäischen Ländern – so auch der deutsche Verlag – darauf, ihre jeweiligen Übersetzungspläne in der zunächst vorgesehenen Form zu realisieren. Eine deutschsprachige Ausgabe erschien dann 1990 in einem eigens zu diesem Zweck geschaffenen »Artikel 19 Verlag«, an dem sich nahezu 80 westdeutsche Verlage sowie zahlreiche Institutionen und Einzelpersonen beteiligten und dessen Name sich auf Art. 19 der *Allgemeinen Erklärung der Menschenrechte* (»Recht auf freie Meinungsäußerung«; beschlossen von der Generalversammlung der Vereinten Nationen am 10. 12. 1948) bezieht. D.Ri.

AUSGABE: Ldn./NY 1988.

ÜBERSETZUNG: *Die Satanischen Verse*, Artikel 19 Verlag, 1990.

LITERATUR: Rezensionen: In TLS, 30. 9. 1988; NY Times Book Review, 29. 1. 1989; NY Review of Books, 2. 3. 1989. – J. Krönig, K. Kruse u. a., *Tod dem Dichter des Satans* (in Die Zeit, 24. 2. 1989; Dossier zum »Fall R.«). – Der Spiegel, 43, 1989, Nr. 9 (27. 2. 1989). – V. Hage, Interview mit G. Grass (in Die Zeit, 10. 3. 1989). – W. Winkler, Rez. (ebd., 10. 3. 1989). – L. Appignanesi u. S. Maitland, *The Rushdie File*, Ldn. 1989. – Shabbir Akhtar, *Be Careful with Mohammad! The S. R. Affair*, 1989. – Srinivas Aravamudan, *›Being God's Postman Is No Fun, Yaar': S. R.'s »The Satanic Verses«* (in diacritics, 19, 1989, Nr. 2, S. 3–20). – J. Bardolphe, *Language is Courage: »The Satanic Verses«* (in Commonwealth, 12, 1989, S. 1–10). – *A Dialogue on the »Satanic Verses«* (in Black Scholar, März/April 1989, S. 14–18). – C. Fuentes, *Words Apart* (in Guardian, 24. 2. 1989). – F. Halliday, *The Struggle for the Migrant Soul* (in TLS, 14.–20. April 1989, S. 387 f.). – B. King, *Who Wrote »The Satanic Verses«?* (in London Review of Books, 18. 5. 1989, S. 4). – Public Culture, 2, 1989, Nr. 1. – D. Riemenschneider, *Die Unzeit des Imam* (in Literaturnachrichten, 21, 1989, S. 1–4). – S. Rushdie, *In Good Faith* (in The Independent on Sunday, 4. 2. 1990; vgl. auch die Umfrage *Should the Paperback Version Be Published?* ebd. und die Diskussion ebd., 11. 2. 1990). – J. Kelman, *English Literature and the Small Coterie* (in Glasgow Herald, 14. 4. 1990, S. 26). – J. McLaren, *The Power of the Word: S. R. and »The Satanic Verses«* (in Westerly 1, 1990, S. 61–65). – M. Ruthven, *A Satanic Affair*, Ldn. 1990. – S. Suleri, *Contraband Histories: S. R. and the Embodiment of Blasphemy* (in Yale Review 78, 1990, S. 604–624). – R. Webster, *A Brief History of Blasphemy: Liberalism, Censorship and »The Satanic Verses«*, Southwold 1990.

SHAME

(engl.; *Ü: Scham und Schande*). Roman von Salman RUSHDIE (Indien/England), erschienen 1983. – Mit seinem dritten Roman knüpft Rushdie sowohl an *Grimus* (1975) wie an *Midnight's Children* (1981) an, insofern er das phantastisch-utopische Moment des ersten mit der Darstellung einer historischen Epoche des zweiten Werkes verknüpft. Doch nicht nur in der Verbindung von irreal-surrealen Elementen mit historisch akkurat wiedergegebenen Ereignissen liegt das Neue in *Shame*, sondern auch in der gebrochenen Erzählperspektive. Im Gegensatz zu den beiden vorangegangenen Romanen kontrolliert hier ganz bewußt ein Erzähler die Geschichte und tritt sogar selbst als *persona* auf, die gelegentlich als der Autor Rushdie direkt erkennbar wird. Damit nehmen sich Erzähler/Autor das Recht, kommentierend in das Geschehen, den Ablauf der Ereignisse und die Charaktergestaltung einzugreifen, ja wieder und wieder über Möglichkeit und Unmöglichkeit zu reflektieren, *eine* Geschichte, geschweige denn *die* Geschichte zu erzählen. So führt der indisch-britische Schriftsteller auch mit diesem Werk wiederum neuartige, an westliche Erzähltechniken erinnernde Elemente in den indo-englischen Roman ein.

Wie schon in *Midnight's Children* verknüpft Rushdie auch in *Shame* technisch-formale Neuerungen mit der Frage nach dem Begriff der Geschichte, ihrer möglichen Rekonstruktion und ihres potentiellen Sinnes – ohne freilich einer Antwort näher zu kommen; im Gegenteil: *Shame* verwirft die Möglichkeit eines rationalen Geschichtsverständnisses und damit auch rationaler Einsichtsmöglichkeiten in menschliches Handeln. Ähnlich wie in *Grimus* greifen unfaßbare irreale Kräfte – hier am Symbol der Rose veranschaulicht – in das Handeln der Menschen ein. In *Shame* geschieht dies nicht von außen, sondern aus dem Inneren der Figuren. Als unerheblich erweist es sich hierbei, ob der einzelne sich passiv verhält, wie der »periphere Held« Omar Khayyam Shakil, oder aktiv wie die eigentlichen Hauptfiguren Iskander Harappa und Raza Hyder, hinter denen sich mit Zulfikar Ali Bhutto und Mohammad Zia ul-Haq zwei Figuren aus der jüngsten Geschichte Pakistans verbergen. Als geschichtsformende Kräfte bleiben sie ganz und gar wirkungslos, treten irgendwann auf und wieder ab, ohne nennenswerte Spuren zu hinterlassen.

Nach dem Scheitern der »Mitternachtskinder« Indiens scheint Rushdie die Entwicklung in Pakistan als Beispiel für die Unfähigkeit der Menschen des indischen Subkontinents, ihre eigene (politische) Geschichte zu gestalten, offensichtlich noch tiefer zu berühren als das Schicksal Indiens. Das erklärt ganz sicher die an Häufigkeit und Intensität weit über *Midnight's Children* hinausgehenden ironisch-satirischen und phantastisch-grotesken Ereignisse und Figuren dieses Romans, der sich, entgegen kritischer Einschätzung, nicht umstandslos dem »magischen Realismus« oder dem phantastischen Roman zuordnen läßt, sondern eine bitterböse Satire ist. Sie ist vor dem Hintergrund der staatlichen Entwicklung eines Landes angesiedelt, das, von Indien 1947 getrennt, mit der kolonialen Vergangenheit Britisch-Indiens nichts mehr zu schaffen haben will. Doch die Elite Pakistans verstand es vier Jahrzehnte lang nicht, die beiden geographisch mehr als 2000 km voneinander entfernten Teile des Landes, die ethnisch, sprachlich und kulturell grundverschieden sind und allenfalls den Islam als gemeinsames Band besitzen, noch die einzelnen westpakistanischen Provinzen zu einer Nation zu formen, mit der sich die gesamte Bevölkerung identifizieren kann. Am Beispiel von drei Familienclans – dem Omar Khayyams, Iskander Harappas und Raza Hyders – geht Rushdie der Geschichte dieses Staatswesens nach, die für ihn, ähnlich wie diejenige Indiens in *Midnight's Children*, etwa um 1915 einsetzt.

Der Roman ist in fünf Teile gegliedert, deren erster Kindheit und Jugend Omar Khayyams schildert. Sohn dreier Mütter – der Vater bleibt unbekannt –, die ihn bis zu seinem Ausbruch im zwölften Lebensjahr in ihrem Haus eingesperrt halten, gelingt es ihm erst mit Zwanzig, sich allmählich aus der ihm aufgezwungenen Passivität zu befreien, als er sich zum Studium nach Karachi begibt. Auch wenn man nicht in jeder einzelnen Episode Analogien zur Geschichte des späteren Westpakistan suchen will, läßt sich der allegorische Charakter des »peripheren Helden«, der am Rande Britisch-Indiens liegenden Provinz, und seiner drei »Mütter« (England, die Kongreßpartei und die Moslemliga) nicht übersehen.

Die folgenden drei Teile lassen sich am besten als »groteske Familiensaga der beiden mächtigsten Familienclans«, der Harappas und der Iskanders, beschreiben, die nach dem Mord an Liaquat Ali Khan 1951 um »das Erbe Pakistans« streiten. Ironischerweise entsteht die Feindschaft beider aus ihrer Rivalität um die gleiche Frau, während zugleich Frauen in der orthodox-patriarchalischen muslimischen Gesellschaft Pakistans als Ware gehandelt werden. Hierin erblickt Rushdie einen ganz wesentlichen Grund für das geschichtliche Scheitern des Landes, der sich im Triumph der zunehmend wichtigeren Figur der Sufiya Zinobia Hyder spiegelt, Raza Hyders Tochter, die Omar Khayyam heiratet. Bereits bei ihrer Geburt errötend, wird sie von ihrer Mutter »Scham« genannt und besitzt, als Ausgleich für ihre geringen geistigen Fähigkeiten, ein übersteigertes Schamempfinden. Während die Rivalität von Raza Hyder und Iskander Harappa das Land immer mehr dem Niedergang zuführt, dem schließlich auch Iskander erliegt, vermag Sufiya die Schamlosigkeit der Menschen und ihres Handelns nicht länger passiv zu ertragen. Der letzte Teil des Romans, *Das Jüngste Gericht*, läßt die Wirklichkeit Pakistans hinter sich und schildert, wie Sufiya als reißendes Tier, dem niemand Einhalt zu gebieten vermag, Menschen zu ermorden beginnt und schließlich auch Omar Khayyam vernichtet, der sich längst mit den Machthabern arrangiert hat und getreu dem Wahlspruch seines berühmten Namensvetters aus Persien das Leben in vollen Zügen genießt. Am Ende birst das Land, äußerlich durch die Abspaltung Bangla Deshs geschwächt und innerlich der totalen Anarchie der Immoralität verfallen, in einer gewaltigen Detonation in ein Nichts, über dem eine *»schweigende Wolke in Form eines riesigen, grauen, kopflosen Mannes hing, einer Traumgestalt, einem Phantom, das einen Arm in einer Abschiedsgeste hochhielt«.*

Shame ist das bei weitem kritischste und kompromißloseste Werk Rushdies, denn nicht eine seiner Figuren und auch nicht das Ende der Geschichte bieten den geringsten Hoffnungsschimmer. Zugleich stellen Parodierung und satirische Darstellung der Ereignisse, die durchgängige Karikierung aller Figuren und die Aufsplitterung der Geschichte in eine fast übergroße Zahl episodischer Ereignisse sowie das ständige, die Geschichte verfremdende Eingreifen des Erzählers hohe Ansprüche an das Aufnahmevermögen des Lesers, zumal des westlichen, der die Ereignisse der pakistanischen Geschichte nicht immer gegenwärtig hat. Rushdie legt mit *Shame* einen Parforceritt für die Auseinandersetzung der – im weitesten Sinne – indischen Literatur mit der eigenen Geschichte vor, der in der Kritik sehr unterschiedlich bewertet worden ist, an dessen Engagiertheit für das Schicksal jener Menschen, denen der Schriftsteller sich letztlich zugehörig fühlt, aber kein Zweifel bestehen kann.

D.Ri.

AUSGABEN: Ldn. 1983. – Kalkutta 1983.

ÜBERSETZUNG: *Scham und Schande*, K. Graf, Mchn./Zürich 1985.

LITERATUR: J.-P. Durix, *The Artistic Journey in S. R.'s »Shame«* (in WLWE, 23, 1984, S. 451 bis 463). – M. Hollington, *S. R.'s »Shame«* (in Meanjin, Sept. 1984, S. 403–407). – H. Watson-Williams, *An Antique Land: S. R.'s »Shame«* (in Westerly, Dez. 1984, S. 37–45). – S. P. Rath, *Narrative Design in S. R.'s »Shame«* (in Journal of Indian Writing in English, 23, 1985, S. 27–38). – S. Rushdie, Interview (in Kunapipi, 7,1985, H. 1, S. 1–19). – M. D. Fletcher, *S. R.'s »Shame« as Apologue* (in Journal of Commonwealth Literature, 21, 1986, S. 120–132). – T. Brennan, *»Shame's« Holy Book* (in Journal of Indian Writing in English, 16, 1988, Nr. 2, S. 210–227).

KHUSHWANT SINGH

* 2.2.1915 Hadali / West Panjab (heute Pakistan)

LITERATUR ZUM AUTOR:
V. A. Shahane, *K. S.*, NY 1972. – R. K. Dhawan, *Three Contemporary Novelists: K. S., Chaman Nahal, Salman Rushdie*, Delhi 1985.

DELHI

(engl.; *Delhi*). Historischer Roman von Khushwant SINGH (Indien), erschienen 1989. – In seinem dritten Roman setzt sich der auch als Historiker hervorgetretene Autor – er schrieb mehrere Abhandlungen über die Geschichte seiner Religionsgemeinschaft, der Sikhs – mit der Geschichte der Stadt Delhi auseinander. Neun als Zeitzeugenberichte in Ich-Form verfaßte historische Erzählungen führen durch die Zeit vom ersten Sultanat (13. Jh.) bis zum Attentat auf Mahātma Gāndhī (1948). Zu Wort kommen einerseits die Eroberer Timur (1398) und Nādir Shāh (1739), die Mogulkaiser Aurangzeb (1658–1707) und Bahādur Shāh II (1837–1857), andererseits auch die Untertanen und Opfer der Geschichte, u. a. der berühmte Urdu-Poet Mīr Taqī (1722–1810). Durch die verschiedenen, z. T. einander widersprechenden Erzählerperspektiven ergibt sich ein vielschichtiges und facettenreiches Geschichts- und Sittenbild. In dessen Mittelpunkt steht die Stadt als Zentrum eines fortwährenden imperialen Machtkampfes, als Schmelztiegel, in dem sich indische Geschichte exemplarisch vollzieht.

Dem Autor gelingt es mitunter meisterhaft, jenes in Dichtung, Architektur und einem prunkvollen Hofleben aufblühende, zauberhafte Flair indo-islamischer Kultursynthese einzufangen. Die in einige Erzählungen eingestreuten Verszitate aus der Urdu- und Farsi-Dichtung werden im Verlauf von Dichterwettbewerben, der geschliffenen Diskussion am Hof und in den Reflexionen der Herrscher geäußert. Neben Mīr Taqī, der in seiner subtilen, von Weltschmerz erfüllten Poesie das Ende seiner großen Liebe und die Zerstörung der Stadt durch Nādir Shāh betrauert, geben auch noch Amīr Khushrau (1253–1325) und der sich als Dichter Zafar nennende Bahādur Shāh Proben ihres dichterischen Könnens.

Als durchgängiges, historisches Kernmotiv steht der durch die Machtpolitik der muslimischen Herrscher heraufbeschworene Konflikt zwischen den Religionsgemeinschaften der Muslime, Hindus und Sikhs im Vordergrund. Die Unterwerfung der Hindus und Sikhs unter ein lange Zeit repressives religiöses Diktat, traumatische Erinnerungen wie die Hinrichtung des Sikh-Gurus Tēgh Bahādur durch Aurangzeb (1675) haben verhängnisvolle Konsequenzen. Diese kulminieren in dem von drei Erzählern geschilderten Sepoy-Aufstand und seiner Niederschlagung durch die Briten (1857) sowie auf besonders tragische Weise in der Ermordung von Mahātma Gāndhī. Als Erbe der Geschichte schält sich eine im jahrhundertealten religiösen Konflikt und in der Konfrontation mit britisch-westlicher Kultur aufgeriebene Identität der Stadt Delhi heraus. In der die historischen Kapitel verknüpfenden Rahmenerzählung stellt sich Khushwant Singh dieser Problematik, die ihn als Angehörigen einer anglisierten, städtischen Oberschicht besonders betrifft. (In der Erzählung *The Builders*, die aus der Perspektive seines auf britischer Seite stehenden, in der Kolonialzeit zu Ansehen und Reichtum gelangten Vaters geschrieben ist, hat er sich mit diesem Thema schon zuvor auseinandergesetzt.)

Die autobiographischen Züge in der Person des Erzählers sind unverkennbar. Er ist ein anglophiler

Sikh, der ein akzentfreies Oxford-Englisch spricht, ein namhafter Journalist und Experte für die Geschichte Delhis. Er erzählt von seinem Verhältnis zu Bhagmati, einer hermaphroditen Prostituierten *(hijda)* Delhis, die er eines Tages auf einer Straße bewußtlos auffindet. Aus der zufälligen Begegnung entwickelt sich eine lebenslange Beziehung. Bhagmati – die Kapitel der Rahmenerzählung sind mit ihrem Namen überschrieben – wird zur Verkörperung seiner Haßliebe zu Delhi, in der er den größten Widerspruch seines Lebens sieht. Sowohl die Stadt als auch die *hijda* widern ihn wegen ihrer Verdorbenheit und Falschheit an. Seine Fluchtversuche ins Ausland bzw. in Affären mit Ausländerinnen sind jedoch vergeblich. Bhagmati und Delhi fesseln ihn durch den schillernden, lasziven Reiz einer unbestimmbaren Identität. Bhagmati bekennt sich weder fest zu einem Geschlecht noch zu einer Religion. Sie ruft alle Götter an. Um existieren zu können, gibt sie sich jedem, auch dem Perversen, hin, so wie Hindus und Sikhs den muslimischen Herrschern und die Stadt als Ganzes sich den fremden Eroberern unterwerfen mußte. Ihren Liebhabern schenken Bhagmati und Delhi jedoch eine außergewöhnliche Hingabe und Sinnlichkeit. Nur in der Liebe scheint auch die Überwindung des Identitätskonfliktes möglich. Am Ende der Erzählung, die auch den vorläufigen Endpunkt der Geschichte Delhis darstellt, bleibt jedoch ein inzwischen altgewordener und desillusionierter Erzähler zurück. Fassungslos müssen er und Bhagmati dem letzten blutigen Kapitel der Geschichte Delhis zusehen, dem Massaker an Tausenden von Sikhs nach der Ermordung von Indira Gāndhī durch ihre Sikh-Leibwächter (1984). K.Rh.

Ausgabe: Delhi 1989; ern. 1990.

TRAIN TO PAKISTAN

(engl.; *Zug nach Pakistan*). Roman von Khushwant Singh (Indien), erschienen 1956. – Kein Geschehen in der jüngeren Geschichte des indischen Subkontinents hat derart tiefe Spuren in der Psyche und im Gedächtnis der Menschen hinterlassen wie die Teilung der Region in die beiden Staaten Indien und Pakistan im Jahre 1947 und, als deren furchtbare Folge, der Tod von einer Million Menschen sowie der Verlust der Heimat von weiteren zehn Millionen Hindus, Moslems und Sikhs. Wie traumatisch die Erfahrung von Gewalt und Vertreibung, Verlust und Tod für eine ganze Generation war, belegen nicht nur ungezählte historische Zeugnisse, sondern auch die Spannungen zwischen beiden Staaten, die nach mehr als vier Jahrzehnten politisch eigenständiger Entwicklung fast unvermindert anhalten und bei den Menschen immer wieder zum Ausbruch kommen.

Fast ein Jahrzehnt sollte vergehen, bevor die Ereignisse um die Unabhängigkeit Indiens und Pakistans von der britischen Kolonialmacht nun auch zum ersten Male literarisch eingehender verarbeitet wurden. Es mag dabei kein Zufall sein, daß dies in englischer Sprache geschah, so als sei das fremde Medium möglicherweise geeigneter, das bittere Geschehen wiederzugeben, als eine nordindische Sprache wie Hindi, Panjabi oder Urdu. Zugleich läßt Khushwant Singhs englischsprachiger Text den Leser aber auch nicht im unklaren darüber, daß er sich nach außen wenden will, um über einen bestimmten Abschnitt indischer Geschichte zu informieren. Trotz seiner außergewöhnlichen Thematik reiht sich so *Train to Pakistan*, der erste und für viele bedeutendste Roman des Autors, der als Angehöriger der Sikh-Religionsgemeinschaft vom Verlust seiner Heimatstadt Lahore selbst betroffen war, in die Tradition realistischen Erzählens, das aufklären und informieren will, in der indo-englischen Romanliteratur jener Jahre ein.

Mit der Schilderung von nur drei Wochen im August 1947 gelingt es dem Erzähler, das Dörfchen Mano Majra, am Grenzfluß Satledsch und an der Eisenbahnlinie Delhi-Lahore gelegen, als Mikrokosmos des ländlichen Indien entstehen zu lassen. Den Hintergrund bildet ein friedliches Szenarium, das vom mitmenschlichen Verhältnis zwischen den Sikh-Kleinbauern und ihren moslemischen Landarbeitern geprägt ist. Die drei einzigen aus Stein errichteten Gebäude des Dorfes, das Haus des Geldverleihers Lala Ram Lal, die Moschee und der Sikh Gurdwara, stellen lokale und kulturelle Orientierungspunkte dar, während die regelmäßig verkehrenden Personen- und Güterzüge den Tagesrhythmus der Menschen bestimmen. Vier fast gleichzeitig ablaufende Ereignisse bilden nun den Ausgangspunkt einer sich immer enger verkettenden Geschehensabfolge, in deren Verlauf die fast idyllisch wirkende Dorfgemeinschaft auseinanderbricht und die steinernen Fixpunkte ebenso wie der das Leben regulierende Zugverkehr ihre Funktion einbüßen.

Während eine Bande von *dacoits* (Räubern) Lala Ram Lal ermordet und beraubt, trifft sich Juggat Singh am Ufer des Satledsch mit seiner Geliebten Nooran. Der Polizei kein Unbekannter, muß sich der Sikh mit der jungen Tochter des fast blinden Dorfmullah heimlich treffen, denn sexuelle Beziehungen zwischen Sikhs und Moslems stoßen auf allgemeine Ablehnung. Unterdessen läßt sich in einem Bungalow am Rande des Dorfes der Hindu Hukum Chand, als District Commissioner höchster Verwaltungsbeamter des Distrikts, von moslemischen Musikanten und der noch kindlichen Tänzerin Haseena Begum unterhalten. Mit dem ersten Zug am nächsten Morgen trifft schließlich Iqbal Singh im Dorf ein, der offenbar aus der Stadt aufs Land geschickt wurde, um hier für die Kommunistische Partei und gegen die neue bürgerliche Regierung Indiens unter Nehru zu agitieren. Nach der Aufdeckung des Mordes wird er ebenso wie Juggat Singh, der kein Alibi vorweisen kann, auf Befehl Hukum Chands verhaftet.

Nur wenige Tage später beginnt sich das Geschehen zuzuspitzen. Ein geheimnisvoller Zug aus Pakistan trifft ein, dessen schreckliche Fracht von

Hunderten von Leichen unter Hukum Chands Anweisung am Bahnhof verbrannt wird. Der nach dem einsetzenden Monsun angeschwollene Satledsch führt immer häufiger Trümmer zerstörter Hütten und Häuser, Tierkadaver und menschliche Leichen mit sich. Die Last der offenkundig mörderischer werdenden Auseinandersetzungen zwischen Moslems, Hindus und Sikhs beiderseits der Flußgrenze beginnt auch die Menschen in Mano Majra zu bedrücken. Während sich die Sikhbevölkerung häufiger als je zuvor in ihrem Gemeinschafts- und Religionszentrum zusammenfindet, veranlaßt der bisher eher zynische und ichbezogene Hukum Chand, daß die Moslems zur eigenen Sicherheit in ein Lager abtransportiert werden. Flüchtlinge aus Pakistan bemächtigen sich ihrer Habe und Hütten. Eine Gruppe junger bewaffneter Sikhs trifft im Dorf ein, beginnt die Bevölkerung gegen die Moslems aufzuhetzen und rekrutiert schließlich Freiwillige, die einen Zug mit Moslem-Flüchtlingen vor dem Überschreiten der Grenze angreifen sollen. Hukum Chand erfährt hiervon und setzt Juggat Singh frei, der, so hofft er, den Plan aus Liebe zu Nooran vereiteln wird. Gemeinsam mit den Moslems aus Mano Majra befindet sie sich im »Zug nach Pakistan«, und auch die Rettung Haseena Begums würde den Commissioner dann von eigenen Schuldgefühlen befreien. Juggat Singh opfert sich, und die Menschen können unbehelligt das Land verlassen.

Auf engstem Raum und in ebenso knapper Erzählform skizziert Khushwant Singh eine Fülle unterschiedlicher kultureller und historischer Aspekte, um die besondere geschichtliche Konstellation der indischen Gesellschaft zum Zeitpunkt der politischen Unabhängigkeit vor Augen zu führen. Dies geschieht insbesondere durch die Hauptfiguren des Romans, Hukum Chand, Iqbal Singh und Juggat Singh, aber auch durch Nebencharaktere wie Meet Singh, der verantwortlich für den Gurdwara ist, und den Mullah Imam Baksh. Der noch während der Kolonialzeit ausgebildete Beamte Hukum Chand verkörpert die Ebene säkular politisch-administrativen Handelns, Iqbal Singh dagegen steht für den machtlosen Parteipolitiker, der eine bestimmte Ideologie durchsetzen möchte. Juggat Singh schließlich symbolisiert den dem täglichen Existenzkampf ausgesetzten einfachen Menschen, während Meet Singh und Imam Baksh sich um dessen seelisches Wohl kümmern.

Das stabile Verhältnis dieser Menschen zueinander, Abbild gesellschaftlicher Kräfteverhältnisse in friedlichen Zeiten, wird durch den Einbruch von religiösem Fanatismus und Gewalt in Frage gestellt, so wie dies bis in jüngste Zeit immer wieder für den indischen Subkontinent zu konstatieren ist. Hierzu tragen aber auch die persönlichen Schwächen der einzelnen bei, so daß der Konflikt der Kräfte, die sie repräsentieren, auch individuell begründet ist. Hukum Chands Hedonismus weist ihn als zynisch handelnden Beamten aus, der seinen genialen Plan zur Rettung der Moslems durch Juggat Singh keineswegs nur aus purer Menschlichkeit in Szene setzt. Iqbal Singhs städtisch-überhebliches Gebaren dagegen straft nicht nur seine großen Worte von einer egalitären, sozialistischen Gesellschaft Lügen, sondern verbirgt auch seine persönliche Unsicherheit und Unreife. Juggat Singhs Rettungstat schließlich bedeutet für ihn, auch Rache an den *dacoits* zu nehmen, die ihn in eine mißliche Lage gebracht hatten und deren mißlingender Überfall auf den Zug ihm als Beweis der eigenen Überlegenheit dient.

Khushwant Singhs etwa 150 Seiten umfassender Roman beeindruckt durch die Vielfältigkeit der hier skizzierten kulturellen und historischen Aspekte seines Landes, durch die geschickte Verknüpfung der einzelnen Erzählstränge, knappe und überzeugende Charaktergestaltung und einen äußerst spannend geschilderten Geschehensablauf. Trotz des offensichtlichen Versagens der Gesellschaft in einer geschichtlichen Ausnahmesituation stellt der Autor letztlich die Kraft und Notwendigkeit verantwortlichen individuellen Handelns heraus, so daß *Train to Pakistan* zum Zeugnis menschlicher Schwächen und Stärke wird. Nicht immer begnügt sich der Autor/Erzähler allerdings mit der Rolle des neutralen Beobachters, so daß seine Erläuterungen spezifisch kultureller, religiöser oder auch klimatischer Gegebenheiten ebenso wie seine gelegentlichen moralischen Einlassungen die Erzählhaltung ambivalent erscheinen lassen. Hier spiegelt sich einerseits Khushwant Singhs gleichermaßen starkes Interesse an der historischen und journalistischen Darbietung wie am Geschichtenerzählen, andererseits aber auch jenes in den fünfziger Jahren noch keineswegs geklärte Verhältnis der englischsprachigen Literatur als Vermittlerin zwischen indischer und westlicher Kultur. Daß der Roman aber immer wieder neu aufgelegt wurde und sich auch vorwiegend positiver Stellungnahmen der Kritik erfreut, läßt ihn, trotz seiner Schwächen, als repräsentative literarische Verarbeitung der tragischen Geschehnisse nach der Unabhängigkeit Indiens erscheinen. D.Ri.

AUSGABEN: Ldn. 1956. – NY 1956 (u. d. T. *Mano Majra*). – Bombay 1961; ern. 1964. – Delhi 1971; ern. 1988.

LITERATUR: J. F. Adkis, *History as Art Form: K. S.'s »Train to Pakistan«* (in Journal of Indian Writing in English, 2, 1974, Nr. 2, S. 1–12). – S. I. Hemenway, *The Novel of India*, Bd. 2, 1975, S. 46–52. – S. Harrex, *The Fire and the Offering*, Bd. 1, 1977, S. 168–176. – Q. Z. Alam, *»Train to Pakistan«: A Model of New Journalism* (in Language Forum, 6, 1980, Nr. 1/2, S. 47–57). – Shasti Brata, *Two Partition Novels* (in Indian Literature, 18, 1985, Nr. 3, S. 83–103).

Die Verfasser der Beiträge

A.B.	Dr. Anneliese Botond
A.De.	Anette Degott
A.Hel.	Prof. Dr. Arno Heller
A.Ja.	Dr. Anke Janssen
A.Maa.	Prof. Dr. Annegret Maack
A.Mah.	Andreas Mahler
A.Nü.	Dr. Ansgar Nünning
A.U.	Dr. Alfons Uhl
B.Le.	Prof. Dr. Bernd Lenz
B.S.S.	Prof. Dr. Brigitte Scheer-Schäzler
B.We.	Dr. Brunhilde Wehinger
D.Mk.	Dr. Dolores MacKenna
D.Ri.	Prof. Dr. Dieter Riemenschneider
E.Br.	Dr. Elisabeth Bronfen
E.Bre.	Dr. Eckhard Breitinger
E.F.	Dr. Egbert Faas
E.Gr.	Dr. Eberhard Griem
E.Kr.	Prof. Dr. Eberhard Kreutzer
E.Ne.	Eva Neunzig
E.Spä.	Dr. Eberhard Späth
E.S.R.	Eva-Sabine Rosen
E.St.	Dr. Eckart Stein
F.W.	Dr. Fritz Walter
F.W.P.	Fritz W. Pöppel
G.Ba.	Gertrud Baruch
G.Bj.	Dr. Gerhild Bjornson
G.Ha.	Gertraud F. Hasemann
G.He.	Gisela Hesse
G.Ja.	Prof. Dr. Günter Jarfe
G.Nie.	Dr. Gottfried Niedhardt
G.V.D.	Dr. Geoffrey V. Davies
H.En.	Horst Ensslen
H.Geh.	Dr. Hansjörg Gehring
H.Me.	Prof. Dr. Horst Meller
H.P.R.	Prof. Dr. Hans-Peter Rodenberg
H.Qu.	Dr. Helga Quadflieg
H.Str.	Horst Strittmatter
H.Thi.	Dr. Henning Thies
H.Ve.	Dr. Heinz Vestner
I.E.	Irmela Erckenbrecht
I.U.	Inge Uffelmann
J.Ass.	Dr. Johann Aßbeck
J.Bou.	Dr. John Bourke
J.Dr.	Prof. Dr. Jörg Drews
J.D.Z.	Jack D. Zipes
J.F.	Prof. Dr. Johannes Feest
J.H.J.	Janheinz Jahn
J.H.T.	Prof. Dr. Johannes H. Tisch
J.Ke.	Jörg Keilbach
J.Km.	Dr. Jürgen Kamm
J.N.S.	Prof. Dr. Johann N. Schmidt
J.v.Ge.	Jerôme von Gebsattel
K.Do.	Dr. Karl Dockhorn
K.E.	Dr. Klaus Ensslen
K.G.	Karl Groß
K.Hä.	Karl Häußler
KLL	Redaktion Kindlers Literatur Lexikon
K.Ma.	Prof. Dr. Klaus Martens
K.Rh.	Kurt Rosshirt
M.Ho.	Michael Hofmann
M.Kö.	Michael Köhler
M.Mü.	Monika Müller
M.Pf.	Prof. Dr. Manfred Pfister
M.Th.	Manuel Thomas
M.W.	Prof. Dr. Martin Wierschin
N.G.	Norbert Groß
O.Ku.	Dr. Ortwin Kuhn
P.E.	Prof. Dr. Peter Erlebach
P.G.	Prof. Dr. Peter Gaeffke
P.Stu.	Dr. Peter Stummer
R.G.	Rolf Geisler
R.Im.	Prof. Dr. Rüdiger Imhof
R.R.	Dr. Rüdiger Reitemeier
R.Sch.	Dr. Rolf Schröder
S.Hau.	Sonja Hauser
S.Ko.	Prof. Dr. Stephan Kohl
S.S.	Suzanne Sullivan
T.J.S.	Thomas J. Schröder
U.Bö.	Prof. Dr. Uwe Böker
U.F.	Prof. Dr. Ulrich Fleischmann
U.Ma.	Ulrich Martzinek
V.Nü.	Dr. Vera Nünning
W.Ar.	Dr. Werner Arens
W.B.	William T. Bedwell
W.Bo.	Dr. Wilhelm Bomke
W.D.	Wilfried Dittmar
W.F.S.	Dr. Wilfried F. Schoeller
W.Fü.	Prof. Dr. Wilhelm Füger
W.G.M.	Prof. Dr. Wolfgang G. Müller
W.H.	Dr. Werner Huber
W.J.	Wolfgang Jeschke
W.Kl.	Dr. Walter Kluge
W.Ks.	Prof. Dr. Wolfgang Klooss
W.Ph.	Wendy Philipson
W.Pü.	Dr. Wolfgang Püschel
W.v.E.	Dr. Wolfgang von Einsiedel

Abkürzungsverzeichnis

1. Allgemeine Abkürzungen

Abh.	Abhandlung(en)
Abt.	Abteilung(en)
Ala.	Alabama
Anh.	Anhang
Anm.	Anmerkung(en)
Ariz.	Arizona
Ark.	Arkansas
Art.	Artikel
Aufl.	Auflage
Ausg.	Ausgabe
Ausw.	Auswahl
Ausz.	Auszug/Auszüge
AW	Ausgewählte Werke
B.C.	British Columbia
Bd., Bde.	Band, Bände
Bearb.	Bearbeitung
Bibliogr.	Bibliographie
Biogr.	Biographie
Bln.	Berlin
Bull.	Bulletin
Calif.	Kalifornien
Cod.	Codex
Colo.	Colorado
Conn.	Connecticut
dass.	dasselbe
D.C.	District of Columbia
Del.	Delaware
ders.	derselbe
dies.	dieselbe(n)
Diss.	Dissertation
durchges.	durchgesehen
ebd.	ebenda
Ed.	editio, Edition, édition
Einf.	Einführung
Einl.	Einleitung
enth.	enthält
erg.	ergänzt
Erl.	Erläuterungen
ern.	erneut
erw.	erweitert
f., ff.	folgende
Faks.	Faksimile
Fassg.	Fassung(en)
Ffm.	Frankfurt/Main
Fla.	Florida
Frgm.	Fragment
Fs.	Festschrift
GA	Gesamtausgabe
Ga.	Georgia
geb.	geboren
gek.	gekürzt
Ges.	Gesellschaft
Gesch.	Geschichte
GS	Gesammelte Schriften
GW	Gesammelte Werke
H.	Heft
Hbg.	Hamburg
Hg.	Herausgeber
hist.-krit.	historisch-kritisch
Hs.	Handschrift
Ia.	Iowa
Id.	Idaho
Ill.	Illinois
Illustr.	Illustration(en)
Ind.	Indiana
Inh.	Inhalt
Inst.	Institut
in Vorb.	in Vorbereitung
Jb.	Jahrbuch
Jg.	Jahrgang
Jh.	Jahrhundert
Kans.	Kansas
Kap.	Kapitel
kgl.	königlich
Kl.	Klasse
Komm.	Kommentar, Kommission
korr.	korrigiert
krit.	kritisch
Ky.	Kentucky
La.	Louisiana
Ldn.	London
Lex.	Lexikon
Lfg.	Lieferung
Lit.	Literatur
Lpzg.	Leipzig
MA	Mittelalter

Mass.	Massachusetts
Mchn.	München
Md.	Maryland
Me.	Maine
Mich.	Michigan
Minn.	Minnesota
Miss.	Mississippi
Mitt.	Mitteilung(en)
Mo.	Missouri
Mont.	Montana
Ms.	Manuskript
Nachdr.	Nachdruck
Nachw.	Nachwort
N.B.	New Brunswick / Kanada
N.C.	North Carolina
N.D.	North Dakota
Nebr.	Nebraska
Neudr.	Neudruck
Nev.	Nevada
N.F.	Neue Folge
N.H.	New Hampshire
N.J.	New Jersey
Nlg.	Nachlieferung
N.Mex.	New Mexico
N.R.	Neue Reihe
Nr.	Nummer
N.S.	Neue Serie, New Series
N.S.W.	New South Wales / Australien
NY	New York City
N.Y.	New York (Staat)
Oh.	Ohio
o.J.	ohne Jahr
Okla.	Oklahoma
Ont.	Ontario
o.O.	ohne Ort
Oreg.	Oregon
Orig.	Original
Pa.	Pennsylvania
phil.	philosophisch, philologisch
Progr.	Programm
Pseud.	Pseudonym
Publ.	Publikation(en), Publication(s)
publ.	publiziert
R.	Reihe
R.I.	Rhode Island
rev.	revidiert
Rez.	Rezension
S.	Seite(n)
s.	siehe
sämtl.	sämtliche
S.C.	South Carolina
S.D.	South Dakota
selbst.	selbständig
Ser.	Serie
Slg.	Sammlung(en)
Sp.	Spalte
Stg.	Stuttgart
Str.	Strophe
SS	Sämtliche Schriften
Suppl.	Supplement
s. v.	sub verbo
SW	Sämtliche Werke
Tb.	Taschenbuch
Tenn.	Tennessee
Tex.	Texas
Tl., Tle.	Teil, Teile
Tsd.	Tausend
UB	Universitätsbibliothek
u. d. T.	unter dem Titel
Ü	Übersetzung [für autorisierte Übersetzungen, wenn das Original noch dem siebzigjährigen Urheberrechtsschutz unterliegt]
Übers.	Übersetzung
Univ.	Universität
u. ö.	und öfter
unveränd.	unverändert
unvollst.	unvollständig
Urauff.	Uraufführung
Ut.	Utah
V.	Vers
Va.	Virginia
veränd.	verändert
verb.	verbessert
Verf.	Verfasser
verm.	vermehrt
veröff.	veröffentlicht
Verz.	Verzeichnis
vgl.	vergleiche
Vic.	Victoria / Australien
vollst.	vollständig
Vorw.	Vorwort
Vt.	Vermont
Wash.	Washington
Wb.	Wörterbuch
Wis.	Wisconsin
Wiss.	Wissenschaft(en)
wiss.	wissenschaftlich
W.Va.	West Virginia
Wyo.	Wyoming
zeitgen.	zeitgenössisch
Zs.	Zeitschrift
Ztg.	Zeitung
zugl.	zugleich

2. Bücher, Zeitschriften und Reihen

ALS	Australian Literary Studies
ASSL	Archiv für das Studium der neuen Sprachen (und Literaturen)
AUMLA	Journal of the Australasian Universities Language and Literature Association
BS	Bibliothek Suhrkamp
CA	Cuadernos Americanos
CE	College English
CL	Comparative Literature
CLA	College Language Association Journal
ConL	Contemporary Literature
Crit	Critique. Studies in Modern Fiction
detebe	Diogenes Taschenbuch
DLB	Dictionary of Literary Biography
DRs	Deutsche Rundschau
dtv	Deutscher Taschenbuch Verlag
DVLG	Deutsche Vierteljahrsschrift für Literaturwissenschaft und Geistesgeschichte
EC	Exempla Classica
EdF	Erträge der Forschung
EIC	Essays in Criticism. A Quarterly Journal of Literary Criticism
ELH	Journal of English Literary History
ELT	English Literature in Transition (1880–1920)
ES	English Studies. A Journal of English Letters and Philology
es	Edition Suhrkamp
ESC	English Studies in Canada
EsCr	L'Esprit Créateur
ETJ	Educational Theatre Journal [ab Bd. 31, 1979 Theatre Journal]
FAZ	Frankfurter Allgemeine Zeitung für Deutschland
FH	Frankfurter Hefte
FiBü	Fischer Bücherei
FiTb	Fischer Taschenbuch
FMLS	Forum for Modern Language Studies
FR	French Review
FRs	Frankfurter Rundschau
GGT	Goldmanns Gelbe Taschenbücher
Goldm.Tb	Goldmann Taschenbuch
GR	Germanic Review
GRM	Germanisch-Romanische Monatsschrift
IB	Insel Bücherei
JEGPh	Journal of English and Germanic Philology
HZ	Historische Zeitschrift
KLFG	Kritisches Lexikon zur fremdsprachigen Gegenwartsliteratur
KLRG	Kritisches Lexikon der Romanischen Gegenwartsliteraturen
KR	Kenyon Review
LangMod	Les Langues Modernes
LdD	Letras de Deusto
LR	Les Lettres Romanes
LWU	Literatur in Wissenschaft und Unterricht
MD	Modern Drama
MFS	Modern Fiction Studies
MLN	Modern Language Notes
MLQ	Modern Language Quarterly
MLR	Modern Language Review
MLS	Modern Language Studies
MPh	Modern Philology
NCF	Nineteenth-Century Fiction [ab Band 41, 1986/87 Nineteenth Century Literature]
NCL	Nineteenth Century Literature
Neoph	Neophilologus. Driemaandeliks tijdschrift voor de weetenschapelike beoefening van levende vreemde talen en van haar letterkunde
NNRF	La Nouvelle Nouvelle Revue Française
NphM	Neuphilologische Mitteilungen
NQ	Notes and Queries for Readers and Writers, Collectors and Librarians
NRF	La Nouvelle Revue Française. Revue mensuelle de littérature et de critique
NRs	Die Neue Rundschau
NSp	Die neueren Sprachen. Zeitschrift für Forschung und Unterricht auf dem Gebiet der modernen Fremdsprachen
NSRs	Neue Schweizer Rundschau
NZZ	Neue Zürcher Zeitung
OL	Orbis Litterarum. Revue internationale d'études littéraires
OUP	Oxford University Press
PBSA	Papers of the Bibliographical Society of America
PLL	Papers on Language and Literature
PMLA	Publications of the Modern Language Association of America
PQ	Philological Quarterly. A Journal Devoted to Scholarly Investigation in the Classical and Modern Languages and Literatures
RCF	Review of Contemporary Fiction
rde	Rowohlts Deutsche Enzyklopädie
RDM	La Revue des Deux Mondes
RESt	Review of English Studies. A Quarterly Journal of English Literature and the English Language
RJb	Romanistisches Jahrbuch
RKl	Rowohlts Klassiker

RLC	Revue de la Littérature Comparée
RLM	Rivista de Letterature Moderne (e comparate)
RLMod	Revue des Lettres Modernes
rm	Rowohlts Monographien
RoNo	Romance Notes
rororo	Rowohlts Rotations Romane
RUB	Reclams Universalbibliothek
SLu	Sammlung Lucherhand
SR	Sewanee Review
SSF	Studies in Short Fiction
st	Suhrkamp Taschenbuch
StN	Studies in the Novel
StPh	Studies in Philology
stw	Suhrkamp Taschenbuch Wissenschaft
SuF	Sinn und Form. Beiträge zur Literatur
SZ	Süddeutsche Zeitung
TCL	Twentieth-Century Literature
TDR	The Drama Review (früher: Tulane Drama Review)
TEAS	Twayne's English Authors Series
TLL	Traveaux de linguistique et de littérature
TLS	Times Literary Supplement
TSLL	Texas Studies in Literature and Language
TUSAS	Twayne's United States Authors Series
TWAS	Twayne's World Authors Series
Ullst.Tb	Ullstein Taschenbuch
WB	Weimarer Beiträge. Zeitschrift für Literaturwissenschaft, Ästhetik und Kulturtheorie
WdF	Wege der Forschung
WLWE	World Literature Written in English
WZHalle	Wissenschaftliche Zeitschrift der Martin-Luther-Universität Halle-Wittenberg. Gesellschafts- und sprachwissenschaftliche Reihe
ZAA	Zeitschrift für Anglistik und Amerikanistik

Register der Autoren und Werke